ENZYKLOPÄDIE DER BETRIEBSWIRTSCHAFTSLEHRE

BAND X

Handwörterbuch der
Führung

Zweite, neu gestaltete und ergänzte Auflage

Herausgegeben von
Professor Dr. Alfred Kieser
Professor Dr. Dr. h. c. Gerhard Reber, MBA
Professor Dr. Rolf Wunderer

Unter Mitarbeit
von zahlreichen Fachgelehrten
und Experten
aus Wissenschaft und Praxis

SCHÄFFER-POESCHEL VERLAG STUTTGART
MCMXCV

Redaktion:
Mag. Barbara Auer-Rizzi, Linz
Dr. Petra Dick, St. Gallen
Dr. Peter Walgenbach, Mannheim

Die Deutsche Bibliothek – CIP-Einheitsaufnahme

Enzyklopädie der Betriebswirtschaftslehre.
– Stuttgart: Schäffer-Poeschel.

Bd. 10. Handwörterbuch der Führung.
– 2., neugestaltete Aufl. – 1995

Handwörterbuch der Führung
hrsg. von Alfred Kieser.
– 2., neugestaltete Aufl. –
Stuttgart: Schäffer-Poeschel, 1995
(Enzyklopädie der Betriebswirtschaftslehre; Bd. 10)
ISBN 3-7910-8043-1
NE: Kieser, Alfred [Hrsg.]

Dieses Werk einschließlich aller seiner Teile ist urheberrechtlich geschützt. Jede Verwertung außerhalb der engen Grenzen des Urheberrechtsgesetzes ist ohne Zustimmung des Verlages unzulässig und strafbar. Das gilt insbesondere für Vervielfältigungen, Übersetzungen, Mikroverfilmungen und die Einspeicherung und Verarbeitung in elektronischen Systemen.

© 1995 Schäffer-Poeschel Verlag für Wirtschaft · Steuern · Recht GmbH
Satz: SCS Schwarz Satz & Bild digital, L.-Echterdingen
Druck: Franz Spiegel Buch GmbH, Ulm
Printed in Germany

Schäffer-Poeschel Verlag Stuttgart
Ein Tochterunternehmen der Verlagsgruppe Handelsblatt und der Spektrum Fachverlage GmbH

VORWORT DER HERAUSGEBER ZUR 1. AUFLAGE

„Werkleute sind wir: Knappen, Jünger, Meister, und bauen Dich, Du hohes Mittelschiff. Und manchmal kommt ein ernster Hergereister, geht wie ein Glanz durch unsre hundert Geister und zeigt uns zitternd einen neuen Griff." *(R. M. Rilke, Das Stundenbuch)*

Nicht nur Poeten, auch Unternehmerbiographen bevorzugen solche Führungskonzepte. Peter Drucker, der bekannte Managementforscher und -berater, zeichnet dagegen ein recht prosaisches Bild: „Es ist nichts Großartiges daran, eine effektive Führungskraft zu sein. Man hat einfach einen Posten auszufüllen wie tausend andere auch... Wenn wir Heilige, Poeten oder auch nur erstrangige Gelehrte nötig hätten, unsere Denkarbeiter-Positionen zu besetzen, würde eine Organisation großen Stils einfach absurd und unmöglich sein. Die Bedürfnisse der Großorganisationen müssen befriedigt werden durch gewöhnliche Menschen, die ungewöhnliche Leistungen vollbringen können." *(Die ideale Führungskraft, Düsseldorf 1971, S. 163)*

Und wie entwickelte sich die Diskussion in unserem Fach? Auch in der deutschsprachigen Betriebswirtschaftslehre lassen sich recht unterschiedliche Positionen zur Führung ausmachen. Lange Zeit klammerte die Betriebswirtschaftslehre Führungsphänomene weitgehend aus; Kosten- und Produktionsfunktionen, Rechnungswesen, Planung und Kontrolle standen im Vordergrund. Unternehmungsführung wurde v. a. als eine technisch-betriebswirtschaftliche Funktion gesehen, der Führer auf den homo oeconomicus, bestenfalls auf den innovativen Unternehmer (Schumpeter) reduziert.

Mit der Öffnung gegenüber sozialwissenschaftlichen Disziplinen wurde Führung jedoch mehr und mehr auch als ein interpersonales Problem interpretiert und als „Mitarbeiterführung" bzw. „Personalführung" diskutiert. Wie bei neu aufgegriffenen Fragestellungen fast unvermeidlich, entstanden viele unterschiedliche Sichtweisen, die sich auch sehr unterschiedlicher Methoden bedienten.

Nach etwa 25 Jahren betriebswirtschaftlicher Führungslehre scheint die Zeit reif für eine Zwischenbilanz. Das Handwörterbuch der Führung (HWFü) will dazu einen Beitrag leisten.

Das HWFü bezweckt dabei v. a.:

– zu Grundlagen bzw. Grundfragen mit 191 Beiträgen einen Einblick und Überblick zu geben, insbesondere zu Begriffen und Betrachtungsweisen, zu Bezugsrahmen und Forschungsergebnissen, zu Forschern und Quellen;
– die betriebswirtschaftliche Enzyklopädie um den Bereich der Personalführung zu ergänzen;
– eine Verbindung zu anderen Handwörterbüchern, v. a. mit den Schwerpunkten Organisation, Planung, Personalwesen herzustellen;
– eine Brücke zu benachbarten Disziplinen zu schlagen (46 Autoren diskutieren Führungsfragen aus dieser Sicht);
– den Blickwinkel über den deutschsprachigen Bereich hinaus zu erweitern (30 Stichwörter);
– neben Führungsforschern auch ausgewiesene Führungspraktiker (20 Stichwörter) zu Wort kommen zu lassen.

Bezugsrahmen des HWFü ist ein allgemeines Kontingenzmodell, dessen Mittelpunkt die Beziehungen (Interaktionen) eines Führers (Vorgesetzten) mit einer Gruppe von Geführten (Untergebenen) bilden. Diesem Ansatz kann man den Namen „interaktioneller Ansatz" geben. Er ist in die Führung von Betriebswirtschaften eingefügt, die sich in Wirtschaft und Gesellschaft behaupten wollen, die Effizienzkriterien unterliegen. Eine solche interaktionelle Perspektive erlaubt auch eine Abgrenzung vom Handwörterbuch der Organisation, in dem Führungsfragen vorwiegend unter „strukturellen" Aspekten bzw. auf der „makrosozialen Ebene" angesprochen werden, und dem Handwörterbuch des Personalwesens, in dem Führungsfragen v. a. unter individuellen Aspekten behandelt bzw. auf der „Individualebene" einbezogen werden.

Die Grundelemente des Bezugsrahmens können in einer Abbildung dargestellt werden:

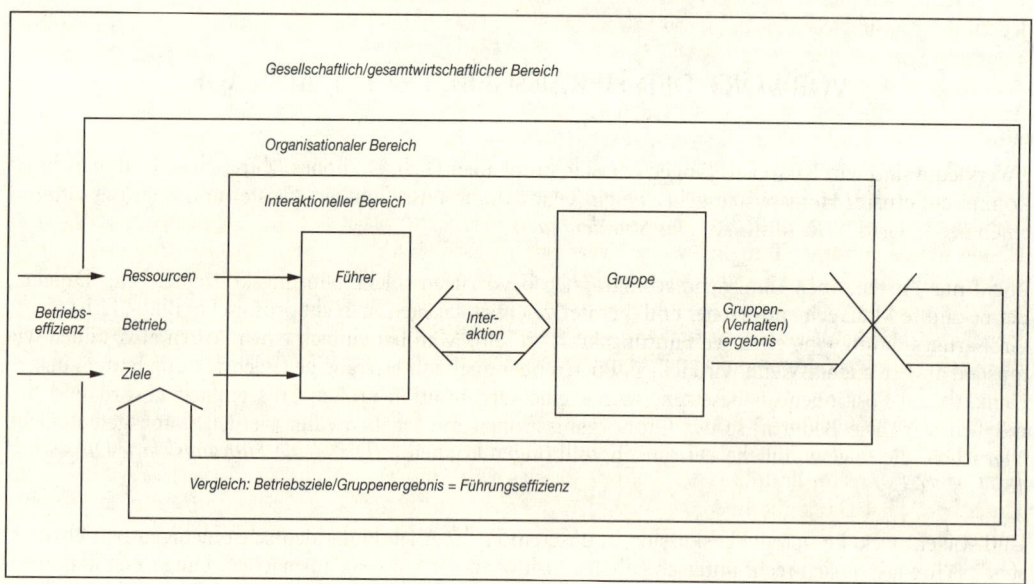

Auf der Basis dieser Grundelemente wurde unter Beachtung der üblichen Terminologie die Liste der einzelnen Stichwörter entwickelt. Dabei wurde keine puristische Orientierung an den Grenzlinien des Modells angestrebt. Der Bezugsrahmen sollte helfen, keine wichtigen Forschungs- und Lehrbereiche zu übersehen. Der Zusammenhang zwischen Modell und den Beiträgen geht aus folgender Klassifizierung der Stichwörter hervor:

- *Interaktioneller Bereich:*
  Diesem Bereich sind zunächst Beiträge über *Führungstheorien und relevante Forschungskonzeptionen und -methoden* (48 Stichwörter) zuzuordnen, aber auch Beiträge zu *Führungstechniken* (10 Stichwörter) und zu *Ausbildungs-/Trainingsaspekten* (4 Stichwörter) gehören dazu. Interaktionelle Aspekte stehen ebenso im Vordergrund, wenn auf *spezielle Zielgruppen* der Führung (z. B. ältere Mitarbeiter, Frauen und Männer – 8 Stichwörter) oder auf die *Rollen bestimmter Führungskräfte* (z. B. Arbeitsdirektoren – 4 Stichwörter) eingegangen wird. Im engeren Bereich des Führungsverhaltens werden *spezielle Führungsfunktionen* (z. B. Kommunikation, Planung – 15 Stichwörter) und *Führungsinstrumente* (z. B. Personalbeurteilung, Personalentwicklung – 15 Stichwörter) einbezogen. Besonderheiten der *Geführten* als Individuum und als Gruppe behandeln 4 Stichwörter.

- *Struktureller Bereich:*
  Stichwörter, die auf den Einfluß struktureller Bestimmungsfaktoren auf interaktionelle Führungsprozesse abzielen, umfassen folgende Gruppen: *Aspekte der betrieblichen Gesamtstruktur* (z. B. Betriebsverfassung, Betriebsgröße – 26 Stichwörter), besondere *Bedingungen bestimmter betrieblicher Funktionen* für die Führung (Beschaffung, Marketing, F&E mit 5 Stichwörtern) oder bestimmter *Institutionen* i.w.S. (z. B. Bürokratien, Verbände, Militär usw. – 12 Stichwörter). Auch ein zusammenfassendes Stichwort zur Effizienz der Führung ist hier einzuordnen.

- *Gesellschaftlich/gesamtwirtschaftliche Faktoren:*
  Auf dieser konzeptionalen Ebene lassen sich vier Gruppen bilden: Einflüsse der *Gesamtwirtschaft* (z. B. Wirtschaftskrisen – 3 Stichwörter), *der Technik* (2 Stichwörter), *kulturelle Einflußgrößen* (z. B. gesellschaftlicher Wandel, Humanisierungsbestrebungen – 14 Stichwörter) und *rechtliche Bedingungen* (4 Stichwörter).

Außerhalb des theoretischen Konzepts liegen Stichwörter zu *Institutionen der Führungsforschung und -lehre* (1 Stichwort), zum Stand der Führungsforschung in einzelnen *Ländern resp. Kulturbereichen* (11 Stichwörter), zur Führung in verschiedenen *geschichtlichen Epochen* (3 Stichwörter) sowie zu *Interessenvertretungen von Führungskräften* (1 Stichwort).

Das *formale Konzept* definierte Anzahl, Umfang, Länge und Gliederung der Beiträge. Die insgesamt 191 Beiträge wurden von ausgewiesenen Vertretern aus Wissenschaft und Praxis verfaßt.
Jedem Beitrag sind Verweisstichworte vorangestellt. Sie sollen den Zusammenhang zu anderen Beiträgen aufzeigen und das integrierte Lesen verwandter Beiträge erleichtern. Diesem Zweck dienen auch die im Text eingesetzten Quellenverweise auf andere Beiträge.
Ausführliche Quellenverzeichnisse wollen dem Leser einen schnellen Einstieg in die Literatur sichern. Gegensätzlich zur Tradition der Enzyklopädie wurden die Quellen alphabetisch aufgeführt. Dies erleichtert das Auffinden der zitierten Literatur und die Identifikation gesuchter Autoren.
Die Original-Beiträge ausländischer Autoren wurden von den Herausgebern und wissenschaftlichen Mitarbeitern übersetzt und zum Teil redaktionell differenziert bearbeitet. Im Gegensatz zur bisherigen Übung wurde auf sog. „Tote Stichworte" verzichtet. Ausführliche Sach- und Personenregister sollen das Lösen von speziellen Fragestellungen erleichtern.

Der *Dank* der Herausgeber gilt zunächst den Autoren. Sie haben in knapper Zeit ihre Beiträge verfaßt, dann noch gekürzt oder erweitert und redaktionell überarbeitet.
Ohne die Hilfe der Mitarbeiter wäre das Vorhaben nicht in so kurzer Zeit und so gründlich realisierbar gewesen. In Mannheim half Frau Dipl.-Kfm. Roswitha Lasser mit; als Linzer Mitarbeiter haben Frau Dr. jur., Mag. rer. soc. oec. Elisabeth Landerl und Frau Helga Aichberger mitgewirkt, in St. Gallen waren es Frau Sylvia Albrecht, Frau lic. oec. Beatrice Brack sowie Herr Dipl.-Kfm., Dipl.-Psych. Bernd Vaassen. Unser herzlicher Dank gilt ihnen wie auch den Übersetzern, deren Namen im Verzeichnis der Übersetzer aufgeführt sind.
Zum Teil haben auch die Hochschulen der Herausgeber dem Projekt tatkräftige Unterstützung und eine dankenswerte Förderung angedeihen lassen. Die Zusammenarbeit mit dem Poeschel-Verlag war von enger Kooperation, gegenseitigem Verständnis und wechselseitiger Unterstützung gekennzeichnet. Zahlreiche große und kleine Probleme konnten damit schnell, unbürokratisch und befriedigend gelöst werden. Unser besonderer Dank gilt dafür Herrn Dipl.-Kfm. Karl Rainer Köhler, Frau Assessorin Marita Mollenhauer, Frau Petra Wägenbaur und Frau Margarethe Trinkle. So erwies sich die Realisierung des Handwörterbuchs als ein großes Kooperations-Projekt zwischen Autoren, Mitarbeitern, Verlag und Herausgebern; die Bereitschaft zu Eigenverantwortung und Selbststeuerung aller Beteiligten erleichterte die Arbeit beträchtlich. Wir danken allen sehr dafür.

Möge das Handwörterbuch der Führung einen Pfad im „Dschungel der Managementtheorien" aufzeigen, das „Sammeln und Jagen" von Erkenntnissen zur Mitarbeiterführung erleichtern, die Gestaltung von weiterführenden Ansätzen in Forschung und Praxis unterstützen und damit eine Funktion erfüllen, die sich Führung schon immer zu eigen machte: Wege zu weisen.

Mannheim, Linz, St. Gallen, im Sommer 1986
ALFRED KIESER
GERHARD REBER
ROLF WUNDERER

VORWORT DER HERAUSGEBER ZUR 2. AUFLAGE

Die Mitarbeiterführung rangiert bei jüngsten Prognosestudien zu Funktionen des Personalmanagements an oberster Stelle. Gleiche Bedeutung wird ihr für die Inhalte von Fort- und Weiterbildungsmaßnahmen zugesprochen. Dies dürfte das hohe Interesse an der vor sieben Jahren publizierten ersten Auflage dieses Handwörterbuchs mit erklären.

Zielsetzungen, Bezugsrahmen sowie der Umfang des Werks blieben grundsätzlich unverändert. Sie sind im Vorwort der ersten Auflage ausführlich beschrieben. Dagegen wurden von den nun 194 Beiträgen nur 12 unverändert übernommen, 26 auch im Titel modifiziert und 54 gestrichen. Verzichtet wurde v. a. auf Beiträge, die in den neuen Auflagen der thematisch benachbarten Handwörterbücher für Personalwesen bzw. Organisation behandelt sind; weitere Freiräume brachte der Verzicht auf sehr spezielle Stichworte aus dem Bereich einzelner Führungstheorien, länderspezifischer Besonderheiten sowie auf Stichwörter zu als nicht mehr so bedeutsam eingeschätzten Führungsproblemen. Viele dieser Aspekte konnten zudem in umfassendere Beiträge einbezogen werden.

Die 61 neuen Stichworte konzentrieren sich auf neuere Führungstheorien (z. B. Social Information Processing Theory, Agency Theory), interdisziplinäre Bezüge (z. B. Führungsethik, Organisationssoziologie und -psychologie), wichtige Umweltfaktoren (z. B. Wertewandel und Demographie), auf inzwischen stärker diskutierte Führungsfunktionen (z. B. Führungs- und Entwicklungs-Controlling) oder Führungsperspektiven (z. B. Führung durch nächsthöhere Vorgesetzte oder Führung von unten) sowie noch bedeutsamer eingeschätzte Qualifikationen (z. B. Sozialkompetenz) bzw. Prozesse (z. B. Transformationsmanagement). Schließlich wurden weitere führungsstrategische Themen (z. B. Unternehmerische Mitarbeiterführung, Qualitätsmanagement, Transformationsprozesse und Kooperationen) sowie damit angesprochene Führungsstile (z. B. transaktionale, transformationale und konsultative Führung) einbezogen. Da auch viele der im Titel unveränderten Stichworte von anderen Autoren bearbeitet wurden, ging es schließlich um die Herausgabe eines weitgehend neuen Werks, das wir nach über zweijähriger Bearbeitung vorstellen.

Unser Dank gilt zunächst den Autoren, die trotz knapper Zeit ihre Beiträge wiederum sehr sorgfältig verfaßt haben und zugleich bereit waren, Änderungsvorschläge der Herausgeber zu berücksichtigen. Besonderer Dank gebührt den drei Mitarbeiterinnen und Mitarbeitern, die den Großteil der umfassenden redaktionellen Arbeit getragen haben:
Frau Magistra Barbara Auer-Rizzi, Universität Linz,
Frau Dr. Petra Dick, Hochschule St. Gallen,
Herrn Dr. Peter Walgenbach, Universität Mannheim.
Sie arbeiteten in enger Kooperation v. a. wieder mit Frau Margarethe Trinkle vom Verlag Schäffer-Poeschel zusammen, der dafür ein besonderer Dank gebührt.

Wir sind uns bewußt, daß die junge Disziplin der Führungsforschung und -lehre noch einen weiten Entwicklungsweg unter turbulenteren und globaleren Bedingungen vor sich hat – bei zunehmender Spezialisierung im Wissenschaftsbereich. So konnten wir gerade bei dieser Publikation unsere Ziele als Herausgeberteam nur mit verschiedenen Arbeitsschwerpunkten und vor allem in einem noch weiter ausgebauten Netzwerk mit Kollegen in aller Welt erreichen. Dies war für uns die wesentliche Arbeitsvoraussetzung und zugleich ein besonderes Erfolgserlebnis, wofür wir allen Beteiligten dankbar sind. Denn solche Netzwerke sind auch die richtige Antwort auf die selbst nach 2000 Jahren „Erkenntnisfortschritt" für den Einzelnen immer zutreffendere Einsicht: „Ich weiß, daß ich nichts weiß" (Sokrates).

Das HWFü will dazu beitragen, Fragen zu Führungsbeziehungen wegweisend, fundiert und effizient beantworten zu helfen.

Mannheim, Linz, St. Gallen, im Herbst 1994
ALFRED KIESER
GERHARD REBER
ROLF WUNDERER

HINWEISE FÜR DEN BENUTZER

1. Die Beiträge des HWFü sind formal einheitlich aufgebaut:
   - Im Vorspann eines jeden Beitrages wird in alphabetischer Reihenfolge auf *sachlich verwandte Stichwörter* verwiesen. Im Anschluß an diese Verweise sind die *Hauptgliederungspunkte* als Überblick aufgeführt.
   - Jedem Beitrag ist ein *Literaturverzeichnis* in alphabetischer Ordnung angefügt, die Neuauflagen nach dem Jahr der zitierten Auflage.
2. Alle Beiträge folgen bei Verweisen den nachfolgenden Regelungen:
   - In den Text sind *Verweise auf andere Beiträge des HWFü* eingearbeitet, um thematische Querverbindungen deutlich zu machen.
   - *Literaturverweise* im Text geben jeweils Autor (und Erscheinungsjahr) der zitierten Auflage eines Werkes an. Nur im Falle wörtlicher Zitate wird zusätzlich die Seite der Quelle genannt. Die vollständige Quellenangabe befindet sich im alphabetisch geordneten Literaturverzeichnis des Beitrages.
3. Eine Reihe von *Verzeichnissen* bzw. *Registern* soll die Benutzung des HWFü zusätzlich erleichtern:
   - Das alphabetisch geordnete *Autorenverzeichnis* gibt einen Überblick über die am HWFü beteiligten Verfasser aus Wissenschaft und Praxis sowie deren Wirkungsstätten.
   - Das alphabetisch geordnete *Inhaltsverzeichnis* dient der zusammenfassenden Orientierung über alle im HWFü abgehandelten Stichwörter.
   - Das alphabetisch geordnete *Übersetzerverzeichnis* enthält eine Zusammenfassung der übersetzten Beiträge und bezeichnet die entsprechenden Übersetzer bzw. Bearbeiter, Originalautoren sowie die Originaltitel.
   - Mittels des *Abkürzungsverzeichnisses* ist die Bedeutung der in den Beiträgen benutzten Abkürzungen festzustellen.

Während die obigen Verzeichnisse am Anfang des HWFü stehen, sind die folgenden Register am Ende des HWFü eingefügt:
- Eine *personenbezogene* Benutzung des HWFü wird neben dem Autorenverzeichnis durch das umfangreiche *Personenregister* erleichtert. Bei seiner Erstellung wurden auch die Literaturverzeichnisse der Beiträge berücksichtigt. Die Namen der Autoren von HWFü-Beiträgen sind durch Fettdruck hervorgehoben, ebenso die Anfangsspalten der zugehörigen Beiträge.
- Zur *sachlichen* Orientierung des Lesers dient das umfangreiche *Sachregister*. Es enthält neben den durch Fettdruck hervorgehobenen Stichwörtern (Überschriften der Beiträge) Sachwörter mit zugehörigen Spaltenangaben als Fundstellen.

AUTORENVERZEICHNIS

Die Ziffern im Anschluß an die einzelnen Beiträge bezeichnen die Spaltenzahlen

ACKERMANN, KARL-FRIEDRICH Prof. Dr.
Universität Stuttgart
  Ausbildung an Institutionen und Hochschulen
  79–90

ALIOTH, ANDREAS Dr.
Meilen (Schweiz)
  Selbststeuerungskonzepte 1894–1902

ARGYRIS, CHRIS Prof., PhD
School of Business Harvard University
Cambridge, Mass. (USA)
  Interventionen und Führungseffizienz
  1253–1272

ARNOLD, HUGH Dean Prof., PhD
University of Toronto (Kanada)
  Empirische Führungsforschung, Methoden
  der 276–296
  mit KELSEY, BARBARA L.

AUER-RIZZI, WERNER Dr.
Johannes-Kepler-Universität Linz (Österreich)
  DV-Unterstützung von Gruppenprozessen
  und Führung 256–262

BÄRENZ, PETER Dr.
Altrip
  Physische Belastungen von Führungskräften
  1758–1763

BARTH, STEPHANIE
  Intrapreneuring und Führung 1272–1284
  mit FREY, DIETER und
  KLEINMANN, MARTIN

BARTÖLKE, KLAUS Prof. Dr.
Bergische Universität GHS Wuppertal
  Mitbestimmung, Führung bei 1555–1565
  mit JORZIK, HERBERT

BARTSCHER, SUSANNE Dipl.-Kffr.
Mannheim
  Führungstheorien – Entscheidungstheoretische
  Ansätze 906–915
  mit MARTIN, ALBERT

BASS, BERNHARD M. Prof., PhD
School of Management SUNY Binghamton (USA)
  Transaktionale und transformationale Führung
  2053–2062
  mit STEYRER, JOHANNES

BAUER, ROBERT Dr.
Johannes-Kepler-Universität Linz (Österreich)
  Coaching 200–211

BECKER, FRED G. Prof. Dr.
Friedrich-Schiller-Universität Jena
  Anreizsysteme als Führungsinstrumente
  34–45

BERTHEL, JÜRGEN Prof. Dr.
Universität GHS Siegen
  Karriere und Karrieremuster von Führungs-
  kräften 1285–1298

BEYME, KLAUS VON Prof. Dr.
Universität Heidelberg
  Führungstheorien, politikwissenschaftliche
  968–979

BIERHOFF, HANS W. Prof. Dr.
Ruhr-Universität Bochum
  Helfendes Verhalten und Führung
  1147–1154
  Vertrauen in Führungs- und Kooperations-
  beziehungen 2148–2158

BLEICHER, KNUT Prof. em. Dr.
Hochschule St. Gallen (Schweiz)
  Spitzenverfassung der Führung 1959–1967

BÖCKENFÖRDE, BJÖRN Dr.
Stockholm (Schweden)
  Sanierung und Turnaround, Führungsaufgaben
  bei 1859–1868

BÖHNISCH, WOLF Prof. Dr.
Johannes-Kepler-Universität Linz (Österreich)
  Interkulturelle Unterschiede im Führungsver-
  halten 1226–1239
  mit DUDORKIN, JIRI/JAGO, ARTHUR G./MACZYN-
  SKI, YERZY/REBER, GERHARD und ZAVREL, JAN
  Soziale Kompetenz 1945–1958
  mit NÖBAUER, BRIGITTA

Autorenverzeichnis

BOMKE, PAUL Dipl.-Kfm.
Universität Mannheim
  Restrukturierung, Führung bei   1829–1843
  mit KIESER, ALFRED

BOSETZKY, HORST Prof. Dr.
Berlin
  Bürokratie, Führung in der   182–192
  Mikropolitik und Führung   1517–1526

BRANDSTÄTTER, HERMANN Prof. Dr.
Johannes-Kepler-Universität Linz (Österreich)
  Auswahl von Führungskräften   112–123
  mit BRANDSTÄTTER, VERONIKA

BRANDSTÄTTER, VERONIKA Dr.
Max Planck-Institut München
  Auswahl von Führungskräften   112–123
  mit BRANDSTÄTTER, HERMANN

BRAUCHLIN, EMIL Prof. Dr.
Hochschule St. Gallen (Schweiz)
  Entscheidungstechniken   340–352

BRUNSTEIN, INGRID Prof. Dr.
Université Robert Schuman, Strasbourg (Frankreich)
  Führung und Führungsforschung in romanischen Ländern   466–480

BURSCHEL, CARLO J. Dr.
Rheinisch-Westfälische Technische Hochschule Aachen
  Soziale Herkunft von Führungskräften   1935–1945
  mit HÖRNING, KARL H.

CHILD, JOHN MA, PhD, ScD, TBIM
University of Cambridge, Großbritannien
  Führungsforschung, Führung in China   586–595
  mit LU, YUAN

CHMIELEWICZ, KLAUS † Prof. Dr.
Ruhr-Universität Bochum
  Unternehmensverfassung und Führung   2074–2081

CLAESSENS, DIETER Prof. Dr.
Berlin
  Autorität   123–128

COOPER, CARY L. Prof., PhD
University of Manchester (Großbritannien)
  Psychische Belastung von Führungskräften   1794–1808
  mit FURNHAM, ADRIAN und KIRKCALDY, BRUCE D.

DAINTY, PAUL Prof., PhD
EAP – European School of Management Studies Oxford (Großbritannien)
  Führungsforschung, Führung in Großbritannien   595–609
  mit KAKABADSE, ANDREW

DELHEES, KARL H. Prof. Dr.
Eidgenössische Technische Hochschule (ETH) Zürich (Schweiz)
  Führungstheorien – Eigenschaftstheorie   897–906

DOMSCH, MICHEL E. Prof. Dr.
Universität der Bundeswehr Hamburg
  Forschung und Entwicklung, Führung in   369–380
  mit GERPOTT, TORSTEN J.
  Führung in der dualen Hierarchie   437–444
  mit GERPOTT, TORSTEN J.
  Mobilität und Fluktuation von Führungskräften   1565–1578
  mit KRÜGER-BASENER, MARIA
  Personalbeurteilung von Führungskräften   1694–1704
  mit GERPOTT, TORSTEN J.
  Personalinformation für Führungskräfte   1725–1736
  mit LADWIG, DESIRÉE

DUBS, ROLF Prof. Dr.
Hochschule St. Gallen (Schweiz)
  Pädagogik und Führung   1689–1694
  Sanktionen als Führungsinstrumente   1868–1873

DUDORKIN, JIRI Dr.
Czech Technical University Prag
  Interkulturelle Unterschiede im Führungsverhalten   1226–1239
  mit BÖHNISCH, WOLF/JAGO, ARTHUR G./MACZYNSKI, JERZY/REBER, GERHARD und ZAVREL, JAN

EBERS, MARK Prof. Dr.
Universität Augsburg
  Organisationskultur und Führung   1664–1682

ECKARDSTEIN, DUDO V. Prof. Dr.
Wirtschaftsuniversität Wien (Österreich)
  Führungsnachfolge   785–798
  mit WILKENS, INES

ELANGOVAN, A. R. V. Prof., PhD
University of Victoria (Kanada)
  Intervention bei lateralen Konflikten   1239–1253
  mit WHYTE, GLEN

EVANS, MARTIN Prof., PhD
University of Toronto (Kanada)
  Führungstheorien – Weg-Ziel-Theorie
  1075–1092

EVERS, HEINZ Dr.
Gummersbach
  Entgeltpolitik für Führungskräfte   297–306

FEIN, HUBERT Dr.
Johannes-Kepler-Universität Linz (Österreich)
  Führungskräfte als lernende Systeme
  750–760

FIEDLER, FRED E. Prof., PhD
University of Washington (USA)
  Führungstheorien – Kontingenztheorie
  940–953
  mit MAI-DALTON, RENATE

FIELD, RICHARD H. G. Prof., PhD
University of Alberta, Edmonton
(Kanada)
  Self-fulfilling Prophecy im Führungsprozeß
  1918–1927

FISCHER, THOMAS M. Dr.
Universität Augsburg
  Budgets als Führungsinstrument   155–164

FÖHR, SILVIA Dr.
Bayerische Julius-Maximilian-Universität
Würzburg
  Wissenschaftstheoretische Grundfragen der
  Führungsforschung – Phänomenologie und
  Konstruktivismus
  2206–2214
  mit SCHAUENBERG, BERND

FREY, DIETER Prof. Dr.
Ludwig-Maximilian-Universität München
  Intrapreneuring und Führung   1272–1284
  mit KLEINMANN, MARTIN und
  BARTH, STEPHANIE
  Social Information Processing Theory
  1927–1935
  mit KLEINMANN, MARTIN

FRIELING, EKKEHART Prof. Dr.
Gesamthochschule Kassel
  Behinderte und Leistungsgewandelte, Führung
  von   138–146

FUNK-MÜLDNER, KATHRIN Dipl.-Psych.
Universität Saarbrücken
  Sprache in der Führung   1977–1986
  mit HERRMANN, THEO
  und WINTERHOFF-SPURK, PETER

FURNHAM, ADRIAN Prof. Dr.
University College London (England)
  Psychische Belastung von Führungskräften
  1794–1808
  mit COOPER, CARY L. und
  KIRKCALDY, BRUCE D.

GANTER, HANS-DIETER Prof. Dr.
Fachhochschule Kehl
  Arbeitsverhalten von Managern, empirische
  Untersuchungen zum   61–71
  mit WALGENBACH, PETER

GAUGLER, EDUARD Prof. Dr. Dres. h.c.
Universität Mannheim
  Information als Führungsaufgabe   1175–1185
  Leistungsbewertung als Führungsinstrument
  1423–1431
  mit MUNGENAST, MATTHIAS

GAULHOFER, MANFRED Dr.
Berlin
  Führung in der Transformation von plan-
  wirtschaftlichen zu marktwirtschaftlichen
  Systemen   453–466
  mit SYDOW, JÖRG

GEBERT, DIETHER Prof. Dr.
Technische Universität Berlin
  Führung im MbO-Prozeß   426–436
  Führungsforschung und Organisations-/Sozial-
  psychologie   679–698
  mit ROSENSTIEL, LUTZ V.
  Gruppengröße und Führung   1138–1146

GERPOTT, TORSTEN J. Prof. Dr.
Gerhard-Mercator-Universität Duisburg
  Forschung und Entwicklung, Führung in
  369–380
  mit DOMSCH, MICHEL E.
  Führung in der dualen Hierarchie   437–444
  mit DOMSCH, MICHEL E.
  Personalbeurteilung von Führungskräften
  1694–1704
  mit DOMSCH, MICHEL E.

GERUM, ELMAR Prof. Dr.
Universität Marburg
  Manager- und Eigentümerführung
  1457–1468

GOECKE, ROBERT Dipl.-Inform.
Technische Universität München
  Bürokommunikationstechnik und Führung
  164–182
  mit REICHWALD, RALF

GRAEN, GEORGE B. Prof., PhD
University of Cincinnati (USA)
  Führungstheorien – Austauschtheorien
  862–877
  mit ZALESNY, MARY D.
  Führungstheorien, von Dyaden zu Teams
  1045–1058
  mit UHL-BIEN, MARY

HAUSCHILDT, JÜRGEN Prof. Dr.
Christian-Albrechts-Universität zu Kiel
  Verantwortung 2097–2106

HEARN, JEFF PhD
School of Applied Social Studies Bradford
(Großbritannien)
  Frauen, Männer und Führung 392–408
  mit PARKIN, P. WENDY

HERRMANN, THEO Prof. Dr.
Universität Mannheim
  Sprache in der Führung 1977–1986
  mit FUNK-MÜLDNER, KATHRIN und
  WINTERHOFF-SPURK, PETER

HILB, MARTIN Prof. Dr.
Hochschule St. Gallen (Schweiz)
  Innere Kündigung und Führung 1185–1200

HILDEBRANDT, REINHARD Prof. Dr.
Rheinisch-Westfälische Technische Hochschule
Aachen
  Geschichte der Führung – Mittelalter und
  Frühe Neuzeit 1111–1122

HILL, EARL Prof., PhD
Emory Business School/Emory University,
Atlanta (USA)
  Verhandlungstechniken als Führungs-
  instrument 2139–2147

HOFSTÄTTER, PETER R. † Prof. Dr.
Buxtehude-Ottensen
  Führungstheorien, tiefenpsychologische
  1035–1044

HOLLANDER, EDWIN P. Prof., PhD
City University of New York (USA)
  Führungstheorien – Indiosynkrasiekredit-
  modell 926–940

HOLLING, HEINZ Prof. Dr.
Westfälische Wilhelms Universität Münster
  Beeinflussung von Gruppenprozessen als
  Führungsaufgabe 129–137
  mit LAMMERS, FRANK

HÖRNING, KARL H. Prof. Dr.
Rheinisch-Westfälische Technische Hochschule
Aachen
  Soziale Herkunft von Führungskräften
  1935–1945
  mit BURSCHEL, CARLO J.

HORVÁTH, PÉTER Prof. Dr.
Universität Stuttgart
  Controlling und Führung 211–226

HOUSE, ROBERT J. Prof., PhD
Wharton School of the University of Pennsylvania
(USA)
  Führungstheorien – Charismatische Führung
  878–897
  mit SHAMIR, B.

INNREITER-MOSER, CÄCILIE Dr.
Johannes-Kepler-Universität Linz (Österreich)
  Führung in der öffentlichen Verwaltung
  444–453
  mit STREHL, FRANZ
  Personalentwicklungs-Controlling
  1716–1725

JAGO, ARTHUR G. Prof., PhD
University of Missouri (USA)
  Führungsforschung/Führung in Nordamerika
  619–637
  Führungstheorien – Vroom-Yetton-Modell
  1058–1075
  Interkulturelle Unterschiede im Führungsver-
  halten 1226–1239
  mit BÖHNISCH, WOLF/DUDORKIN, JIRI/
  MACZYNSKI, JERZY/REBER, GERHARD und
  ZAVREL, JAN

JORZIK, HERBERT Dr.
Bergische Universität GHS Wuppertal
  Mitbestimmung, Führung bei 1555–1565
  mit BARTÖLKE, KLAUS

KAKABADSE, ANDREW Prof., PhD
Cranfield School of Management Bedford
(Großbritannien)
  Führungsforschung/Führung in Großbritannien
  595–609
  mit DAINTY, PAUL

KÄLIN, KARL Dr.
Lachen (Schweiz)
  Transaktionsanalyse und Führung
  2039–2053

KALTENSTADLER, WILHELM Doz. Dr.
Rohrbach/Ilm
  Geschichte der Führung – Altertum
  1093–1102

KASPER, HELMUT Prof. Dr.
Wirtschaftsuniversität Wien (Österreich)
  Kontrolle und Führung   1358–1369

KAYSER, GUNTER Dr.
Institut für Mittelstandsforschung, Bonn
  Klein- und Mittelbetriebe, Führung in
  1298–1309

KELLER, EUGEN VON Dr.
München
  Kulturabhängigkeit der Führung   1397–1406

KELSEY, BARBARA L., PhD
University of Toronto (Kanada)
  Empirische Führungsforschung, Methoden
  der   276–296
  mit ARNOLD, HUGH

KERR, STEVEN Prof., PhD
University of Southern California Los Angeles
(USA)
  Führungstheorien – Theorie der Führungs-
  substitution   1021–1034
  mit MATHEWS, CHARLES S.

KETS DE VRIES, MANFRED F. R. Prof.
INSEAD, Fontainebleau (Frankreich)
  Narzißmus und Führung   1609–1622
  mit MILLER, DANNY

KIESER, ALFRED Prof. Dr.
Universität Mannheim
  Loyalität und Commitment   1442–1456
  Neue Mitarbeiter, Führung von   1636–1642
  mit STEGMÜLLER, RUDI
  Restrukturierung, Führung bei   1829–1843
  mit BOMKE, PAUL

KIRKCALDY, BRUCE D. Dr. MA
Ruhr-Universität Bochum
  Psychische Belastung von Führungskräften
  1794–1808
  mit COOPER, CARY L. und FURNHAM, ADRIAN

KLEINMANN, MARTIN Dr.
Christian-Albrechts-Universität zu Kiel
  Intrapreneuring und Führung
  1272–1284
  mit BARTH, STEPHANIE und FREY, DIETER
  Social Information Processing Theory
  1927–1935
  mit FREY, DIETER

KLIMECKI, RÜDIGER G. Prof. Dr.
Universität Konstanz
  Arbeitszeitverteilung als Führungsaufgabe
  71–79
  Organisationsentwicklung und Führung
  1652–1664

KÖHLER, RICHARD Prof. Dr.
Universität zu Köln
  Führung im Marketingbereich   1468–1483

KOLODNY, HARVEY F. Prof., PhD
University of Toronto (Kanada)
  Matrixorganisation und Führung   1483–1495

KOSSBIEL, HUGO Prof. Dr.
Johann Wolfgang Goethe-Universität Frankfurt
  Anerkennung und Kritik als Führungsinstrumente   22–34
  Personalplanung für Führungskräfte
  1736–1749
  mit SPENGLER, THOMAS

KRAMER, ERNST A. Prof. Dr.
Universität Basel (Schweiz)
  Individualrechtliche Bedingungen der Führung
  1166–1174

KREIKEBAUM, HARTMUT Prof. Dr.
European Business School, Oestrich-Winkel
  Strategische Führung   2006–2014

KREUTER, ANDREAS Dipl.-Wirt.-Ing.
Universität Mannheim
  Qualitätsmanagement als Führungsaufgabe
  1809–1818

KRÜGER, WILFRIED Prof. Dr.
Justus-Liebig-Universität Gießen
  Projektmanagement und Führung
  1780–1793
  Stellenbeschreibung als Führungsinstrument
  1986–1995

KRÜGER-BASENER, MARIA Dipl.-Kfm., Dipl.-Psych.
Universität der Bundeswehr Hamburg
  Mobilität und Fluktuation von Führungskräften   1565–1578
  mit DOMSCH, MICHEL E.

KÜPPER, HANS-ULRICH Prof. Dr.
Ludwig-Maximilian-Universität München
  Steuerungsinstrumente von Führung und
  Kooperation   1995–2005

LADWIG, DESIRÉE Dipl.-Kffr.
Universität der Bundeswehr Hamburg
  Personalinformation für Führungskräfte
  1725–1736
  mit DOMSCH, MICHEL E.

LAMMERS, FRANK Dr.
Westfälische Wilhelms Universität Münster
  Beeinflussung von Gruppenprozessen als
  Führungsaufgabe   129–137
  mit HOLLING, HEINZ

LATHAM, GARY P. Prof., PhD
University of Toronto (Kanada)
   Zielsetzung als Führungsaufgabe 2222–2234
   mit LOCKE, EDWIN A.

LEHNER, JOHANNES Dr.
Johannes-Kepler-Universität Linz (Österreich)
   Führungserfolg – Messung 550–562

LEHR, URSULA M. Prof. Dr.
Universität Heidelberg
   Ältere Mitarbeiter, Führung von 1–14
   mit NIEDERFRANKE, ANNETTE

LENK, HANS Prof. Dr. Dr. h.c. mult.
Universität (TH) Karlsruhe
   Sport, Führung im 1967–1977

LOCKE, EDWIN A. Prof., PhD
University of Maryland (USA)
   Zielsetzung als Führungsaufgabe 2222–2234
   mit LATHAM, GARY P.

LU, YUAN, PhD
University of Cambridge (Großbritannien)
   Führungsforschung, Führung in China
   586–595
   mit CHILD, JOHN

LUEGER, GÜNTER Dr.
Wirtschaftsuniversität Wien (Österreich)
   Beurteilungs- und Fördergespräch als
   Führungsinstrument 147–155

LUTHANS, FRED Prof., PhD
University of Nebraska (USA)
   Führungstheorie – Soziale Lerntheorie
   1005–1021
   mit ROSENKRANTZ, STUART A.

LUX, EMIL Dr.
Remscheid
   Verhaltensgitter der Führung (Managerial
   Grid) 2126–2139

MACHARZINA, KLAUS Prof. Dr.
Universität Hohenheim
   Entsendung von Führungskräften ins Ausland
   352–360

MACZYNSKI, JERZY Dr.
Technical University of Wroclaw (Polen)
   Interkulturelle Unterschiede im Führungsver-
   halten 1226–1239
   mit BÖHNISCH, WOLF/DUDORKIN, JIRI/JAGO,
   ARTHUR G./REBER, GERHARD und ZAVREL, JAN

MAI-DALTON, RENATE Dr.
University of Kansas (USA)
   Führungstheorien – Kontingenztheorie
   940–953
   mit FIEDLER, FRED E.

MANZ, CHARLES C. Prof., PhD
Arizona State University (USA)
   Selbststeuernde Gruppen, Führung in
   1873–1894
   mit SIMS, HENRY P.

MARR, RAINER Prof. Dr.
Universität der Bundeswehr München
   Rekrutierung von Führungskräften
   1819–1828
   mit SEISL, PETRA

MARTIN, ALBERT Prof. Dr.
Universität Lüneburg
   Führungstheorien – Entscheidungstheoretische
   Ansätze 906–915
   mit BARTSCHER, SUSANNE

MATHEWS, CHARLES S. Prof. Dr.
California Lutheran University (USA)
   Führungstheorien – Theorie der Führungssubstitution 1021–1034
   mit KERR, STEVEN

MAYRHOFER, WOLFGANG Prof. Dr.
Technische Universität Dresden
   Führungsposition 809–815

MEYER, HARALD Dr.
Gesamthochschule Bamberg
   Führungsmotivation 773–785
   mit REBER, GERHARD

MILLER, DANNY Prof., PhD
Ecole des Hautes Etudes Commerciales, Montreal
(Kanada)
   Narzißmus und Führung 1610–1622
   mit KETS DE VRIES, MANFRED F. R.

MITCHELL, TERENCE R. Prof., PhD
University of Washington (USA)
   Führungstheorien – Attributionstheorie
   847–861

MITTMANN, JOSEF Dr.
Dortmund
   Identifikationspolitik 1155–1166
   mit WUNDERER, ROLF

MOORHEAD, GREGORY Prof., PhD
Arizona State University Tempe (USA)
   Groupthink und Führung 1130–1138
   mit NECK, CHRISTOPHER P.

MÜHLEMEYER, PETER Prof. Dr.
Fachhochschule Worms
  Innovation und Kreativität als Führungsaufgaben   1200–1214
  mit STAUDT, ERICH

MÜLLER, GÜNTER F. Dr.
Universität Oldenburg
  Verhaltensdimensionen der Führung
  2113–2126
  mit NACHREINER, FRIEDHELM

MÜLLER, WERNER R. Prof. Dr.
Universität Basel (Schweiz)
  Führungsforschung/Führung in der Bundesrepublik Deutschland, in Österreich und in der Schweiz   573–586

MÜLLER-STEWENS, GÜNTER Prof. Dr.
Hochschule St. Gallen (Schweiz)
  Unternehmenskooperation und Führung (Fusion, Allianz, Joint Ventures)
  2063–2074

MUNGENAST, MATTHIAS Dr.
Karlsruhe
  Leistungsbewertung als Führungsinstrument
  1423–1431
  mit GAUGLER, EDUARD

MÜRI, PETER Dr.
Zürich (Schweiz)
  Chaos und Führung   193–200

MURRAY, VICTOR V. Prof., PhD
York University (Kanada)
  Rückentwicklung von Organisation und Führung   1843–1858

NACHREINER, FRIEDHELM Prof. Dr.
Universität Oldenburg
  Verhaltensdimensionen der Führung
  2113–2126
  mit MÜLLER, GÜNTER F.

NAUJOKS, HENRIK Dr.
  Führungstheorien – Evolutionstheorien der Führung   915–926
  mit PROBST, GILBERT

NECK, CHRISTOPHER P. Prof., PhD
University of Colorado at Colorado Springs, (USA)
  Groupthink und Führung   1130–1138
  mit MOORHEAD, GREGORY

NEUBERGER, OSWALD Prof. Dr.
Universität Augsburg
  Führungsdilemmata   533–540
  Führungstheorien – Machttheorie   953–968
  Führungstheorien – Rollentheorie   979–993
  Moden und Mythen der Führung   1578–1590

NEUBURGER, RAHILD Dr.
Ludwig-Maximilian-Universität München
  Agency Theorie und Führung   14–21
  mit PICOT, ARNOLD

NIEDERFRANKE, ANNETTE Dr.
Universität Heidelberg
  Ältere Mitarbeiter, Führung von   1–14
  mit LEHR, URSULA M.

NIENHÜSER, WERNER Dr.
Universität GHS Paderborn
  Demographie und Führung   241–250

NÖBAUER, BRIGITTA Mag.
Johannes-Kepler-Universität Linz (Österreich)
  Soziale Kompetenz   1945–1958
  mit BÖHNISCH, WOLF

NUTZINGER, HANS G. Prof. Dr.
Universität GHS Kassel
  Selbstverwaltungsbetriebe und Genossenschaften, Führung in   1902–1918

NYSTROM, PAUL C. Prof., PhD
The University of Wisconsin Milwaukee (USA)
  Krisensituationen, Führung in   1386–1397
  mit STARBUCK, WILLIAM H.

ONDRACK, DANIEL A. Prof., PhD
University of Toronto (Kanada)
  Entgeltsysteme als Motivationsinstrument
  307–328

OPGENOORTH, ERNST Prof. Dr.
Augustin-Mülldorf
  Geschichtswissenschaftliche Theorie und Führung   1122–1129

PARKIN, P. WENDY
School of Applied Social Studies Bradford (Großbritannien)
  Frauen, Männer und Führung   392–408
  mit HEARN, JEFF

PASCHEN, KLAUS Prof. Dr.
Fachhochschule Flensburg
  Duale Führung   250–256

PICOT, ARNOLD Prof. Dr.
Ludwig-Maximilian-Universität München
  Agency Theorie und Führung   14–21
  mit NEUBURGER, RAHILD
  Verfügungsrechtstheorie, Transaktionskosten und Führung   2106–2113

PROBST, GILBERT Prof. Dr.
Université de Genève
  Führungstheorien – Evolutionstheorien der Führung   915–926
  mit NAUJOKS, HENRIK

PULLIG, KARL-KLAUS Prof. Dr.
Universität GHS Paderborn
  Konferenztechniken   1318–1328

REBER, GERHARD Prof. Dr. Dr. h.c. MBA
Johannes-Kepler-Universität Linz (Österreich)
  Führungsforschung, Inhalte und Methoden   652–666
  Führungsmotivation   773–785
    mit MEYER, HARALD
  Interkulturelle Unterschiede im Führungsverhalten   1226–1239
    mit BÖHNISCH, WOLF/DUDORKIN, JIRI/JAGO, ARTHUR G./MACZYNSKI, JERZEY und ZAVREL, JAN
  Motivation als Führungsaufgaben   1590–1608

REDEL, WOLFGANG Prof. Dr.
Fachhochschule Rheinland-Pfalz, Abt. Worms
  Führungsgremien   706–720

REICHWALD, RALF Prof. Dr. Dr. h.c.
Technische Universität München
  Bürokommunikationstechnik und Führung   164–182
  mit GOECKE, ROBERT

RIEKHOF, HANS-CHRISTIAN Dr.
Hamburg
  Personalentwicklung als Führungsinstrument   1704–1716

ROSEN, CLAUS FRHR. V. Dr.
Führungsakademie der Bundeswehr Hamburg
  Militär, Führung im   1526–1539

ROSENKRANTZ, STUART A. Prof., PhD
University of Nebraska (USA)
  Führungstheorie – Soziale Lerntheorie   1005–1021
  mit LUTHANS, FRED

ROSENSTIEL, LUTZ V. Prof. Dr.
Ludwig-Maximilian-Universität München
  Führungsforschung und Organisations-/Sozialpsychologie   679–698
    mit GEBERT, DIETHER
  Leistungszurückhaltung, Führung bei   1431–1442
  Wertewandel   2175–2189

RÜHLI, EDWIN Prof. Dr.
Universität Zürich (Schweiz)
  Führungsmodelle   760–772
  Führungstechniken   839–846

SATTELBERGER, THOMAS
München
  Fortbildung, Training und Entwicklung von Führungskräften   380–391

SCHANZ, GÜNTHER Prof. Dr.
Georg-August-Universität Göttingen
  Wissenschaftstheoretische Grundfragen der Führungsforschung   2189–2197

SCHAUENBERG, BERND Prof. Dr.
Bayerische Julius-Maximilian-Universität Würzburg
  Wissenschaftstheoretische Grundfragen der Führungsforschung – Phänomenologie und Konstruktivismus   2206–2214
  mit FÖHR, SILVIA

SCHIENSTOCK, GERD Dr.
Akademie für Technikfolgenabschätzung Stuttgart
  Führungsforschung und Organisationssoziologie   698–706

SCHMIDTCHEN, STEFAN Prof. Dr.
Universität Hamburg
  Familie, Führung in der   361–369

SCHOLL, WOLFGANG Prof. Dr.
Humboldt-Universität zu Berlin
  Philosophische Grundfragen der Führung   1749–1757

SCHREIBER, SUSANNE Dr.
Erftstadt
  Freisetzung als Vorgesetztenaufgabe   408–417

SCHREYÖGG, GEORG Prof. Dr.
Freie Universität Berlin
  Führungstheorien – Situationstheorie   993–1005

SCHWUCHOW, KARLHEINZ Dr.
München
  Ausbildung an Managementinstitutionen   90–103

SEISL, PETRA Dipl.-Kffr.
Universität der Bundeswehr München
  Rekrutierung von Führungskräften   1819–1828
  mit MARR, RAINER

SEIWERT, LOTHAR J. Prof. Dr.
Fachhochschule Wiesbaden
    Arbeitstechniken 45–61

SHAMIR, B. Dr.
The Hebrew University (Israel)
    Führungstheorien – Charismatische Führung
    878–897
    mit HOUSE, ROBERT J.

SIEGRIST, HANNES PD Dr.
Freie Universität Berlin
    Geschichte der Führung – Industrialisierung
    1102–1111

SIMS, HENRY P. JR. Prof., PhD
University of Maryland (USA)
    Selbststeuernde Gruppen, Führung in
    1873–1894
    mit MANZ, CHARLES C.

SONNENFELD, JEFFREY Prof., PhD
Emory Business School/Emory University, Atlanta (USA)
    Wechsel von Topmanagern – Folgerungen für die Führung 2159–2175
    mit WARD, ANDREW

SPENGLER, THOMAS Dr.
Johann Wolfgang Goethe-Universität Frankfurt
    Personalplanung für Führungskräfte
    1736–1749
    mit KOSSBIEL, HUGO

STARBUCK, WILLIAM H. Prof., PhD
The University of Wisconsin Milwaukee (USA)
    Krisensituationen, Führung in 1386–1397
    mit NYSTROM, PAUL C.

STAUDT, ERICH Prof. Dr.
Ruhr-Universität Bochum
    Innovation und Kreativität als Führungsaufgaben 1200–1214
    mit MÜHLEMEYER, PETER

STEGER, ULRICH Prof. Dr.
Institut für Umweltmanagement GmbH, Oestrich-Winkel
    Ökologie und Führung 1643–1652

STEGMÜLLER, RUDI Dipl.-Kfm.
Universität Mannheim
    Mentoring 1510–1517
    Neue Mitarbeiter, Führung von 1636–1642
    mit KIESER, ALFRED

STEINLE, CLAUS Prof. Dr.
Universität Hannover
    Führungsdefinitionen 523–533

Führungskonzepte und ihre Implementation
736–750
Mitarbeitermotivation in den neuen Bundesländern 1548–1555

STEYRER, JOHANNES Dr.
Wirtschaftsuniversität Wien
    Transaktionale und transformationale Führung
    2053–2062
    mit BASS, BERNHARD M.

STREHL, FRANZ Prof. Dr.
Universität Innsbruck (Österreich)
    Führung in der öffentlichen Verwaltung
    444–453
    mit INNREITER-MOSER, CÄCILIE

STYMNE, BENGT Prof. Dr.
Stockholm School of Economics, Stockholm (Schweden)
    Führungsforschung/Führung in Skandinavien
    638–652

SYDOW, JÖRG Prof. Dr.
Universität GHS Wuppertal
    Führung in der Transformation von planwirtschaftlichen zu marktwirtschaftlichen Systemen
    453–466
    mit GAULHOFER, MANFRED
    Netzwerkbildung und Kooptation als Führungsaufgabe 1622–1635

TAJIMA, MORIYUKI Prof., PhD
Hitotsubashi University (Japan)
    Führungsforschung/Führung in Japan
    610–619

THOM, NORBERT Prof. Dr.
Universität Bern (Schweiz)
    Interessenvertretungen und Verbände der Führungskräfte 1214–1225

TITSCHER, STEFAN Prof. Dr.
Wirtschaftsuniversität Wien (Österreich)
    Kommunikation als Führungsinstrument
    1309–1318
    Konflikte als Führungsproblem 1329–1337
    Konflikthabung 1337–1350

TÖPFER, ARMIN Prof. Dr.
Technische Universität Dresden
    Führungs- und Kooperations-Controlling
    489–501
    Führungsprinzipien und -normen 815–826

TÜRK, KLAUS Prof. Dr.
Bergische Universität mit GHS Wuppertal
    Entpersonalisierte Führung 328–340

UHL-BIEN, MARY, PhD
University of Cincinnati (USA)
  Führungstheorien, von Dyaden zu Teams
  1045–1058
  mit GRAEN, GEORGE B.

ULRICH, HANS Prof. em. Dr.
St. Gallen (Schweiz)
  Führungsphilosophie   798–808

ULRICH, PETER Prof. Dr.
Hochschule St. Gallen (Schweiz)
  Führungsethik   562–573
  Wissenschaftstheoretische Grundfragen der Führungsforschung – Kritische Theorie
  2198–2206

WALGENBACH, PETER Dr.
Universität Mannheim
  Arbeitsverhalten von Managern, empirische Untersuchungen zum   61–71
  mit GANTER, HANS-DIETER
  Organisationsstrukturen und Führung
  1682–1688
  Zeitmanagement   2215–2222

WARD, ANDREW Prof., PhD
Emory Business School/Emory University, Atlanta (USA)
  Wechsel von Topmanagern – Folgerungen für die Führung   2159–2175
  mit SONNENFELD, JEFFREY

WEBER, WOLFGANG Prof. Dr.
Universität GHS Paderborn
  Ausländische Mitarbeiter, Führung von
  103–112

WEIBLER, JÜRGEN PD Dr.
Hochschule St. Gallen (Schweiz)
  Führung durch den nächsthöheren Vorgesetzten   417–426
  Symbolische Führung   2015–2026

WEINERT, ANSFRIED Prof. Dr.
Universität der Bundeswehr Hamburg
  Menschenbilder und Führung   1495–1510

WEITBRECHT, HANSJÖRG Prof. Dr.
Universität Heidelberg
  Führung und kollektive Arbeitsregelung
  480–489

WHYTE, GLEN Prof., PhD
University of Toronto (Kanada)
  Intervention bei lateralen Konflikten
  1239–1253
  mit ELANGOVAN, A. R. V.

WILDEMANN, HORST Prof. Dr.
Technische Universität München
  Produktionsbereich, Führung im   1763–1780

WILKENS, INES Dr.
Wirtschaftsuniversität Wien (Österreich)
  Führungsnachfolge   785–798
  mit ECKARDSTEIN, DUDO V.

WINTERHOFF-SPURK, PETER Prof. Dr.
Universität des Saarlandes, Saarbrücken
  Sprache in der Führung   1977–1986
  mit HERRMANN, THEO und FUNK-MÜLDNER, KATHRIN

WISWEDE, GÜNTER Prof. Dr.
Universität zu Köln
  Führungsrollen   826–839

WITTE, EBERHARD Prof. Dr.
Ludwig-Maximilian-Universität München
  Effizienz der Führung   263–276

WUNDERER, ROLF Prof. Dr.
Hochschule St. Gallen (Schweiz)
  Delegative Führung   227–240
  Führung von unten   501–512
  Führungsanalysen   513–523
  Führungsforschung und Betriebswirtschaftslehre   666–679
  Führungsgrundsätze   720–736
  Identifikationspolitik   1155–1166
  mit MITTMANN, JOSEF
  Konsultative Führung   1350–1358
  Kooperative Führung   1369–1386
  Laterale Kooperation als Führungsaufgabe (Schnittstellenmanagement)   1407–1423
  Mitarbeiterführung – Entwicklungstendenzen
  1539–1548
  Unternehmerische Mitarbeiterführung
  2081–2096

ZALESNY, MARY D. Prof., PhD
Michigan State University (USA)
  Führungstheorien – Austauschtheorien
  862–877
  mit GRAEN, GEORGE B.

ZAVREL, JAN Dr.
Czech Technical University, Prag
  Interkulturelle Unterschiede im Führungsverhalten   1226–1239
  mit BÖHNISCH, WOLF/DUDORKIN, JIRI/JAGO, ARTHUR G./MACZYNSKI, JERZY und REBER, GERHARD

ZIEGLER, ALBERT Pater Dr.
Zürich (Schweiz)
  Theologische Aspekte der Führung
  2027–2038

ZÜNDORF, LUTZ Prof. Dr.
Universität Lüneburg
  Führungsebene und Führung   540–550

ÜBERSETZERVERZEICHNIS

Die Ziffern im Anschluß an die einzelnen Beiträge bezeichnen die Spaltenzahlen

AUER-RIZZI, BARBARA Mag.
Johannes-Kepler-Universität Linz (Österreich)
Führungsforschung/Führung in Nordamerika
619–637
mit STREHL, FRANZ Prof. Dr.
(JAGO, ARTHUR G. Prof., PhD, University of Missouri, USA
Leadership Research in North America)

Führungstheorien – Attributionstheorie
847–861
mit REBER, GERHARD Prof. Dr. Dr. h.c. MBA
(MITCHELL, TERENCE R. Prof., PhD, University of Washington, USA
Using Attribution to understand Leadership)

Führungstheorien – Idiosynkrasiekreditmodell
926–940
mit GRAENITZ, ILONA Dipl.-Kfm.
(HOLLANDER, EDWIN P. Prof., PhD,
City University of New York, USA
The Idiosyncrasy Credit Model of Leadership)

Führungstheorien – Kontingenztheorie
940–953
mit REBER, GERHARD Prof. Dr. Dr. h.c. MBA
(FIEDLER, FRED E. Prof., PhD, University of Washington, USA/MAI-DALTON,
RENATE Dr., University of Kansas, USA
The Contingency Model)

Führungstheorien – Vroom/Yetton-Modell
1058–1075
mit ZOBL, ANNA Mag.
(JAGO, ARTHUR G. Prof., PhD, University of Missouri, USA
Vroom/Yetton-Model of Leadership)

Interventionen und Führungseffizienz
1253–1272
mit VYSLOZIL, WILFRIED Dr. Mag.
(ARGYRIS, CHRIS Prof., PhD, School of Business Harvard University, Cambridge, Mass., USA
Interventions for Improving Leadership Effectiveness)

Matrixorganisation und Führung   1483–1495
mit REBER, GERHARD Prof. Dr. Dr. h.c. MBA
(KOLODNY, HARVEY F. Prof., PhD, University of Toronto, Kanada
Leadership in a Matrix Organization)

AUER-RIZZI, WERNER Dr.
Johannes-Kepler-Universität Linz (Österreich)
Groupthink und Führung   1130–1138
(MOORHEAD, GREGORY Prof., PhD, Arizona State University, Tempe, USA/
NECK, CHRISTOPHER P. Prof., PhD, University of Colorado at Colorado Springs, USA
Groupthink Reexamined: The critical role of the Leader in the Effective Decision Making)

Intervention bei lateralen Konflikten
1239–1253
(ELANGOVAN, A. R. V. Prof., PhD, University of Victoria, Kanada/
WHYTE, GLEN, Prof., PhD, University of Toronto, Kanada
Managerial Intervention in lateral Conflict)

AUTENRIETH, CHRISTINE Dipl.-Kffr.
Universität der Bundeswehr Hamburg
Frauen, Männer und Führung   392–408
mit WALGENBACH, PETER Dr.
(PARKIN, P. WENDY/HEARN, JEFF PhD,
School of Applied Social Studies Bradford, Großbritannien
Women, Men and Leadership)

BOMKE, PAUL Dipl.-Kfm.
Universität Mannheim
Führungsforschung/Führung in Großbritannien
595–609
(DAINTY, PAUL Prof., PhD, EAP-European School of Management Studies, Oxford, Großbritannien/KAKABADSE, ANDREW Prof., PhD, Cranfield School of Management Bedford, Großbritannien
Leadership and Leadership Research: An Overview with Special Emphasis on Developments in Great Britain)

BORN, ILSE Mag.
Johannes-Kepler-Universität Linz (Österreich)
  Empirische Führungsforschung, Methoden der
  276–296
  (ARNOLD, HUGH J. Dean Prof., PhD, University
  of Toronto, Kanada/KELSEY, BARBARA L., PhD
  University of Toronto, Kanada
  Methods of Empirical Leadership Research)

DIKANY, MARLENE Mag.
Johannes-Kepler-Universität Linz (Österreich)
  Führungstheorien – Weg-Ziel-Theorie
  1075–1092
  (EVANS, MARTIN Prof., PhD, University of
  Toronto, Kanada
  Path-Goal-Theory of Leadership)

DORFMEISTER, ANNEGRET MA
Johannes-Kepler-Universität Linz (Österreich)
  Narzißmus und Führung 1609–1622
  (KETS DE VRIES, MANFRED F. R. Prof.
  INSEAD, Fontainebleau, Frankreich/
  MILLER, DANNY Prof., PhD, Ecole des
  Hautes Etudes Commerciales, Montreal,
  Kanada
  Narcissism and Leadership: An Object
  Relations Perspective)

FEIN, HUBERT Dr.
Johannes-Kepler-Universität Linz (Österreich)
  Führungstheorien – Charismatische Führung
  878–897
  (HOUSE, ROBERT J. Prof., PhD, Wharton School
  of the University of Pennsylvania/SHAMIR, B.
  Dr., The Hebrew University, Israel
  Charismatic Theories of Leadership)

  Psychische Belastung von Führungskräften
  1758–1763
  (COOPER, CARY L. Prof., PhD, University of
  Manchester, Großbritannien/
  KIRKCALDY, BRUCE D. Dr. MA, Ruhr-
  Universität Bochum/FURNHAM, ADRIAN,
  Prof. Dr., University College London, England
  The Impact of Organisational stress on
  managers)

FISCHER, ROLAND Mag.
Johannes-Kepler-Universität Linz (Österreich)
  Selbststeuernde Gruppen, Führung in
  1873–1894
  (MANZ, CHARLES C. Prof., PhD, Arizona State
  University, USA/SIMS, HENRY P. JR. Prof., PhD,
  University of Maryland, USA
  The Leadership of Self-Managing Teams)

GRAENITZ, ILONA Dipl.-Kfm.
Johannes-Kepler-Universität Linz (Österreich)
  Führungstheorien – Idiosynkrasiekreditmodell
  926–940
  mit AUER-RIZZI, BARBARA Mag.
  (HOLLANDER, EDWIN P. Prof., PhD,
  City University of New York, USA
  The Idiosyncrasy Credit Model of
  Leadership)

KREUTER, ANDREAS Dipl.-Wirtschaftsing.
Universität Mannheim
  Führungsforschung/Führung in Skandinavien
  638–652
  (STYMNE, BENGT Prof. Dr., Stockholm School
  of Economics, Stockholm, Schweden)
  Krisensituationen, Führung in 1386–1397
  (STARBUCK, WILLIAM H. Prof., PhD, The University of Wisconsin, Milwaukee, USA/
  NYSTROM, PAUL C. Prof., PhD, The University
  of Wisconsin, Milwaukee, USA
  Leading Organizations Away from Crises)

LEHNER, JOHANNES Dr.
Johannes-Kepler-Universität Linz (Österreich)
  Zielsetzung als Führungsaufgabe
  2222–2234
  (LATHAM, GARY P. Prof., PhD, University of
  Toronto, Kanada/LOCKE, EDWIN A., Prof.,
  PhD, University of Maryland, USA)

OHLER, SABINE Mag.
Johannes-Kepler-Universität Linz (Österreich)
  Verhandlungstechniken als Führungsinstrument 2139–2147
  (HILL, EARL Prof., PhD, Emory Business
  School/Emory University, Atlanta, USA
  The Role of the Leader in the Negotiation
  Process)

PETERWAGNER, PETER Prof. Dr.
Johannes-Kepler-Universität Linz (Österreich)
  Führungstheorien – Soziale Lerntheorie
  1005–1021
  (LUTHANS, FRED Prof., PhD, University
  of Nebraska, USA/ROSENKRANTZ, STUART
  Prof., PhD, University of Nebraska,
  USA
  Social Learning Theory and Leadership)

  Self-Fulfilling Prophecy im Führungsprozeß
  1918–1927
  (FIELD, RICHARD H. G. Prof., PhD, University
  of Alberta, Edmonton, Kanada
  Self-Fulfilling Prophecy in Leadership
  Process)

Putz, Peter Mag.
Johannes-Kepler-Universität Linz (Österreich)
   Rückentwicklung von Organisationen und
   Führung   1843–1858
   (Murray, Victor V. Prof., PhD, York University, Kanada
   Leadership and Organizational Decline)

Reber, Gerhard Prof. Dr. Dr. h. c. MBA
Johannes-Kepler-Universität Linz (Österreich)
   Entgeltsysteme als Motivationsinstrument
   307–328
   (Ondrack, Daniel A. Prof., PhD, University of Toronto, Kanada
   Pay Systems as a Motivating Instrument of Leaders)

   Führungstheorien – Attributionstheorie
   847–861
   mit Auer-Rizzi, Barbara Mag.
   (Mitchell, Terence R. Prof., PhD, University of Washington, USA
   Using Attributions to Understand Leadership)

   Führungstheorien – Kontingenztheorie
   940–953
   mit Auer-Rizzi, Barbara Mag.
   (Fiedler, Fred E. Prof., PhD, University of Washington, USA und Mai-Dalton, Renate Dr., University of Kansas, USA
   The Contingency Model)

   Führungstheorien – Theorie der Führungssubstitution   1021–1034
   (Kerr, Steven Prof., PhD, University of Southern California Los Angeles, USA/ Mathews, Charles S. Prof. Dr., California Lutheran University, USA
   Substitutes for Leadership; Some Implications for Management and Organizational Design)

   Matrixorganisation und Führung   1483–1495
   mit Auer-Rizzi, Barbara Mag.
   (Kolodny, Harvey F. Prof., PhD, University of Toronto, Kanada
   Leadership in a Matrix Organization)

   Wechsel von Topmanagern, Folgerungen für die Führung   2159–2175
   (Ward, Andrew Prof., PhD, Emory Business School/Emory University, Atlanta, USA/ Sonnenfeld, Jeffrey Prof., PhD, Emory Business School/Emory University, Atlanta, USA
   The Consequences of CED Succession)

Stegmüller, Rudi Dipl.-Kfm.
Universität Mannheim
   Führungsforschung/Führung in China
   586–595
   mit Walgenbach, Peter Dr.
   (Child, John MA, PhD, ScD, FBIM/Lu, Yuan PhD, University of Cambridge, Großbritannien
   Leadership and Leadership Research in China)

Strehl, Franz Prof. Dr.
Johannes-Kepler-Universität Linz (Österreich)
   Führungsforschung/Führung in Nordamerika
   619–637
   mit Auer-Rizzi, Barbara Mag.
   (Jago, Arthur G. Prof., PhD, University of Missouri, USA
   Leadership Research in North America)

Süss, Martina Mag.
Johannes-Kepler-Universität Linz (Österreich)
   Führungstheorien – Austauschtheorie
   862–877
   (Zalesny, Mary D. Prof., PhD, Michigan State University, USA/Graen, George B. Prof., PhD, University of Cincinnati, Ohio, USA
   Exchange Theory in Leadership Research)

   Führungstheorien, von Dyaden zu Teams
   1045–1058
   (Graen, George B. Prof., PhD, University of Cincinnati, USA/Uhl-Bien, Mary PhD, University of Cincinnati, USA
   Vertical Dyad Linkage Theory)

Vaassen, Bernd Dipl.-Kfm. Dipl.-Psych.
St. Gallen/Schweiz
   Führungsforschung/Führung in Japan
   610–619
   mit Tajima, Moriyuki Prof., PhD, Hitotsubashi University, Japan

Vyslozil, Wilfried Dr. Mag.
Innsbruck (Österreich)
   mit Auer-Rizzi, Barbara Mag.
   Interventionen und Führungseffizienz
   1253–1272
   (Argyris, Chris Prof., PhD, School of Business, Harvard University, Cambridge, Mass., USA
   Interventions for Improving Leadership Effectiveness)

Walgenbach, Peter Dr.
Universität Mannheim
   Frauen, Männer und Führung   392–408
   mit Autenrieth, Christine Dipl.-Kffr.
   (Parkin, P. Wendy/Hearn, Jeff PhD, School of Applied Social Studies Bradford, Großbritannien
   Women, Men and Leadership)

Führungsforschung/Führung in China
586–595
mit STEGMÜLLER, RUDI Dipl.-Kfm.
(CHILD, JOHN MA, PhD, ScD, FBIM/LU, YUAN PhD, University of Cambridge, Großbritannien
Leadership and Leadership Research in China)

ZOBL, ANNA Mag.
Johannes-Kepler-Universität Linz (Österreich)
Führungstheorien – Vroom/Yetton-Modell
1058–1075
mit AUER-RIZZI, BARBARA Mag.
(JAGO, ARTHUR G. Prof., PhD, University of Missouri, USA
Vroom/Yetton-Model of Leadership)

INHALTSVERZEICHNIS

Die Ziffern im Anschluß an die einzelnen Beiträge bezeichnen die Spaltenzahlen

Ältere Mitarbeiter, Führung von   1–14
Prof. Dr. Lehr, Ursula M./
Dr. Niederfranke, Annette

Agency Theorie und Führung   14–21
Prof. Dr. Picot, Arnold/
Dr. Neuburger, Rahild

Anerkennung und Kritik als Führungsinstrumente   22–34
Prof. Dr. Kossbiel, Hugo

Anreizsysteme als Führungsinstrumente   34–45
Prof. Dr. Becker, Fred G.

Arbeitstechniken   45–61
Prof. Dr. Seiwert, Lothar J.

Arbeitsverhalten von Managern, empirische Untersuchungen zum   61–71
Prof. Dr. Ganter, Hans-Dieter/
Dr. Walgenbach, Peter

Arbeitszeitverteilung als Führungsaufgabe   71–79
Prof. Dr. Klimecki, Rüdiger G.

Ausbildung an Institutionen und Hochschulen   79–90
Prof. Dr. Ackermann, Karl-Friedrich

Ausbildung an Managementinstitutionen   90–103
Dr. Schwuchow, Karlheinz

Ausländische Mitarbeiter, Führung von   103–112
Prof. Dr. Weber, Wolfgang

Auswahl von Führungskräften   112–123
Prof. Dr. Brandstätter, Hermann/
Dr. Brandstätter, Veronika

Autorität   123–128
Prof. Dr. Claessens, Dieter

Beeinflussung von Gruppenprozessen als Führungsaufgabe   129–137
Prof. Dr. Holling, Heinz/
Dr. Lammers, Frank

Behinderte und Leistungsgewandelte, Führung von   138–146
Prof. Dr. Frieling, Ekkehart

Beurteilungs- und Fördergespräch als Führungsinstrument   147–155
Dr. Lueger, Günter

Budgets als Führungsinstrument   155–164
Dr. Fischer, Thomas M.

Bürokommunikationstechnik und Führung   164–182
Prof. Dr. Dr. h.c. Reichwald, Ralf/
Dipl.-Inform. Goecke, Robert

Bürokratie, Führung in der   182–192
Prof. Dr. Bosetzky, Horst

Chaos und Führung   193–200
Dr. Müri, Peter

Coaching   200–211
Dr. Bauer, Robert

Controlling und Führung   211–226
Prof. Dr. Horváth, Péter

Delegative Führung   227–240
Prof. Dr. Wunderer, Rolf

Demographie und Führung   241–250
Dr. Nienhüser, Werner

Duale Führung   250–256
Prof. Dr. Paschen, Klaus

DV-Unterstützung von Gruppenprozesen und Führung   256–262
Dr. Auer-Rizzi, Werner

Effizienz der Führung   263–276
Prof. Dr. Witte, Eberhard

Empirische Führungsforschung, Methoden der 276–296
  Dean Prof. Hugh, Arnold, PhD/
  Kelsey, Barbara L., PhD

Entgeltpolitik für Führungskräfte 297–306
  Dr. Evers, Heinz

Entgeltsysteme als Motivationsinstrument 307–328
  Prof. Ondrack, Daniel A., PhD

Entpersonalisierte Führung 328–340
  Prof. Dr. Türk, Klaus

Entscheidungstechniken 340–352
  Prof. Dr. Brauchlin, Emil

Entsendung von Führungskräften ins Ausland 352–360
  Prof. Dr. Macharzina, Klaus

Familie, Führung in der 361–369
  Prof. Dr. Schmidtchen, Stefan

Forschung und Entwicklung, Führung in 369–380
  Prof. Dr. Domsch, Michel E./
  Prof. Dr. Gerpott, Torsten J.

Fortbildung, Training und Entwicklung von Führungskräften 380–391
  Sattelberger, Thomas

Frauen, Männer und Führung 392–408
  Parkin, P. Wendy/Hearn, Jeff, PhD

Freisetzung als Vorgesetztenaufgabe 408–417
  Dr. Schreiber, Susanne

Führung durch den nächsthöheren Vorgesetzten 417–426
  PD Dr. Weibler, Jürgen

Führung im Marketingbereich 1468–1483
  Prof. Dr. Köhler, Richard

Führung im MbO-Prozeß 426–436
  Prof. Dr. Gebert, Diether

Führung in der dualen Hierarchie 437–444
  Prof. Dr. Gerpott, Torsten J./
  Prof. Dr. Domsch, Michel E.

Führung in der öffentlichen Verwaltung 444–453
  Prof. Dr. Strehl, Franz/
  Dr. Innreiter-Moser, Cäcilie

Führung in der Transformation von planwirtschaftlichen zu marktwirtschaftlichen Systemen 453–466
  Prof. Dr. Sydow, Jörg/Dr. Gaulhofer, Manfred

Führung und Führungsforschung in romanischen Ländern 466–480
  Prof. Dr. Brunstein, Ingrid

Führung und kollektive Arbeitsregelungen 480–489
  Prof. Dr. Weitbrecht, Hansjörg

Führungs- und Kooperations-Controlling 489–501
  Prof. Dr. Töpfer, Armin

Führung von unten 501–512
  Prof. Dr. Wunderer, Rolf

Führungsanalysen 513–523
  Prof. Dr. Wunderer, Rolf

Führungsdefinitionen 523–533
  Prof. Dr. Steinle, Claus

Führungsdilemmata 533–540
  Prof. Dr. Neuberger, Oswald

Führungsebene und Führung 540–550
  Prof. Dr. Zündorf, Lutz

Führungserfolg – Messung 550–562
  Dr. Lehner, Johannes

Führungsethik 562–573
  Prof. Dr. Ulrich, Peter

Führungsforschung/Führung in der Bundesrepublik Deutschland, in Österreich und in der Schweiz 573–586
  Prof. Dr. Müller, Werner R.

Führungsforschung/Führung in China 586–595
  Child, John, MA, PhD, ScD, TBIM/
  Lu, Yuan, PhD

Führungsforschung/Führung in Großbritannien 595–609
  Prof. Dainty, Paul, PhD/
  Prof. Kakabadse, Andrew, PhD

Führungsforschung/Führung in Japan 610–619
  Prof. Tajima, Moriyuki, PhD

Führungsforschung/Führung in Nordamerika 619–637
  Prof. Jago, Arthur G., PhD

Führungsforschung/Führung in Skandinavien 638–652
  Prof. Dr. Stymne, Bengt

Führungsforschung, Inhalte und Methoden 652–666
  Prof. Dr. Dr. h.c. Reber, Gerhard, MBA

Führungsforschung und Betriebswirtschaftslehre
666–679
   Prof. Dr. Wunderer, Rolf

Führungsforschung und Organisations-/Sozialpsychologie   679–698
   Prof. Dr. Rosenstiel, Lutz v./
   Prof. Dr. Gebert, Diether

Führungsforschung und Organisationssoziologie
698–706
   Dr. Schienstock, Gerd

Führungsgremien   706–720
   Prof. Dr. Redel, Wolfgang

Führungsgrundsätze   720–736
   Prof. Dr. Wunderer, Rolf

Führungskonzepte und ihre Implementation
736–750
   Prof. Dr. Steinle, Claus

Führungskräfte als lernende Systeme   750–760
   Dr. Fein, Hubert

Führungsmodelle   760–772
   Prof. Dr. Rühli, Edwin

Führungsmotivation   773–785
   Dr. Meyer, Harald/
   Prof. Dr. Dr. h.c. Reber, Gerhard, MBA

Führungsnachfolge   785–798
   Prof. Dr. Eckardstein, Dudo v./
   Dr. Wilkens, Ines

Führungsphilosophie und Leitbilder   798-808
   Prof. em. Dr. Ulrich, Hans

Führungsposition   809–815
   Prof. Dr. Mayrhofer, Wolfgang

Führungsprinzipien und -normen   815–826
   Prof. Dr. Töpfer, Armin

Führungsrollen   826–839
   Prof. Dr. Wiswede, Günter

Führungstechniken   839–846
   Prof. Dr. Rühli, Edwin

Führungstheorien – Attributionstheorie
847–861
   Prof. Mitchell, Terence R., PhD

Führungstheorien – Austauschtheorie   862–877
   Prof. Zalesny, Mary D., PhD/
   Prof. Graen, George B., PhD

Führungstheorien – Charismatische Führung
878–897
   Prof. House, Robert J., PhD/Dr. Shamir, B.

Führungstheorien – Eigenschaftstheorie
897–906
   Prof. Dr. Delhees, Karl H.

Führungstheorien – Entscheidungstheoretische
Ansätze   906–915
   Prof. Dr. Martin, Albert/
   Dipl.-Kffr. Bartscher, Susanne

Führungstheorien – Evolutionstheorien der
Führung   915–926
   Prof. Dr. Probst, Gilbert/Dr. Naujoks, Henrik

Führungstheorien – Idiosynkrasiekreditmodell
926–940
   Prof. Hollander, Edwin P., PhD

Führungstheorien – Kontingenztheorie   940–953
   Prof. Fiedler, Fred E., PhD/
   Dr. Mai-Dalton, Renate

Führungstheorien – Machttheorie   953–968
   Prof. Dr. Neuberger, Oswald

Führungstheorien, politikwissenschaftliche
968–979
   Prof. Dr. Beyme, Klaus von

Führungstheorien – Rollentheorie   979–993
   Prof. Dr. Neuberger, Oswald

Führungstheorien – Situationstheorie   993–1005
   Prof. Dr. Schreyögg, Georg

Führungstheorie – Soziale Lerntheorie
1005–1021
   Prof. Luthans, Fred, PhD/
   Prof. Rosenkrantz, Stuart A., PhD

Führungstheorien – Theorie der Führungssubstitution   1021–1034
   Prof. Kerr, Steven, PhD/
   Prof. Dr. Mathews, Charles S.

Führungstheorien, tiefenpsychologische
1035–1044
   Prof. Dr. Hofstätter, Peter R. †

Führungstheorien, von Dyaden zu Teams
1045–1058
   Prof. Graen, George B., PhD/
   Uhl-Bien, Mary, PhD

Führungstheorien – Vroom-Yetton-Modell
1058–1075
   Prof. Jago, Arthur G., PhD

Führungstheorien – Weg-Ziel-Theorie
1075–1092
  Prof. EVANS, MARTIN, PhD

Geschichte der Führung – Altertum   1093–1102
  Doz. Dr. KALTENSTADLER, WILHELM

Geschichte der Führung – Industrialisierung
1102–1111
  PD Dr. SIEGRIST, HANNES

Geschichte der Führung – Mittelalter und Frühe
Neuzeit   1111–1122
  Prof. Dr. HILDEBRANDT, REINHARD

Geschichtswissenschaftliche Theorie und Führung
1122–1129
  Prof. Dr. OPGENOORTH, ERNST

Groupthink und Führung   1130–1138
  Prof. MOORHEAD, GREGORY, PhD/
  Prof. NECK, CHRISTOPHER, P., PhD

Gruppengröße und Führung   1138–1146
  Prof. Dr. GEBERT, DIETHER

Helfendes Verhalten und Führung   1147–1154
  Prof. Dr. BIERHOFF, HANS W.

Identifikationspolitik   1155–1166
  Prof. Dr. WUNDERER, ROLF/
  Dr. MITTMANN, JOSEF

Individualrechtliche Bedingungen der Führung
1166–1174
  Prof. Dr. KRAMER, ERNST A.

Information als Führungsaufgabe   1175–1185
  Prof. Dr. Dres. h.c. GAUGLER, EDUARD

Innere Kündigung und Führung   1185–1200
  Prof. Dr. HILB, MARTIN

Innovation und Kreativität als Führungsaufgabe
1200–1214
  Prof. Dr. STAUDT, ERICH/
  Prof. Dr. MÜHLEMEYER, PETER

Interessenvertretungen und Verbände der
Führungskräfte   1214–1225
  Prof. Dr. THOM, NORBERT

Interkulturelle Unterschiede im Führungs-
verhalten   1226–1239
  Prof. JAGO, ARTHUR G., PhD/
  Prof. Dr. Dr. h.c. REBER, GERHARD, MBA/
  Prof. Dr. BÖHNISCH, WOLF/
  Dr. MACZYNSKI, JERZY/Dr. ZAVREL, JAN/
  Dr. DUDORKIN, JIRI

Intervention bei lateralen Konflikten
1239–1253
  Prof. ELANGOVAN, A. R. V., PhD/
  Prof. WHYTE, GLEN, PhD

Interventionen und Führungseffizienz
1253–1272
  Prof. ARGYRIS, CHRIS, PhD

Intrapreneuring und Führung   1272–1284
  Prof. Dr. FREY, DIETER/Dr. KLEINMANN,
  MARTIN/BARTH, STEPHANIE

Karriere und Karrieremuster von Führungskräften
1285–1298
  Prof. Dr. BERTHEL, JÜRGEN

Klein- und Mittelbetriebe, Führung in
1298–1309
  Dr. KAYSER, GUNTER

Kommunikation als Führungsinstrument
1309–1318
  Prof. Dr. TITSCHER, STEFAN

Konferenztechniken   1318–1328
  Prof. Dr. PULLIG, KARL-KLAUS

Konflikte als Führungsproblem   1329–1337
  Prof. Dr. TITSCHER, STEFAN

Konflikthabung   1337–1350
  Prof. Dr. TITSCHER, STEFAN

Konsultative Führung   1350–1358
  Prof. Dr. WUNDERER, ROLF

Kontrolle und Führung   1358–1369
  Prof. Dr. KASPER, HELMUT

Kooperative Führung   1369–1386
  Prof. Dr. WUNDERER, ROLF

Krisensituationen, Führung in   1386–1397
  Prof. STARBUCK, WILLIAM H., PhD/
  Prof. NYSTROM, PAUL C., PhD

Kulturabhängigkeit der Führung   1397–1406
  Dr. KELLER, EUGEN VON

Laterale Kooperation als Führungsaufgabe
(Schnittstellenmanagement)   1407–1423
  Prof. Dr. WUNDERER, ROLF

Leistungsbewertung als Führungsinstrument
1423–1431
  Prof. Dr. Dres. h.c. GAUGLER, EDUARD/
  Dr. MUNGENAST, MATTHIAS

Leistungszurückhaltung, Führung bei
1431–1442
   Prof. Dr. ROSENSTIEL, LUTZ V.

Loyalität und Commitment   1442–1456
   Prof. Dr. KIESER, ALFRED

Manager- und Eigentümerführung
1457–1468
   Prof. Dr. GERUM, ELMAR

Marketingbereich, Führung im   1468–1483
   Prof. Dr. KÖHLER, RICHARD

Matrixorganisation und Führung   1483–1495
   Prof. KOLODNY, HARVEY F., PhD

Menschenbilder und Führung   1495–1510
   Prof. Dr. WEINERT, ANSFRIED B.

Mentoring   1510–1517
   Dipl.-Kfm. STEGMÜLLER, RUDI

Mikropolitik und Führung   1517–1526
   Prof. Dr. BOSETZKY, HORST

Militär, Führung im   1526–1539
   Dr. Rosen, CLAUS FRHR. V.

Mitarbeiterführung – Entwicklungstendenzen
1539–1548
   Prof. Dr. WUNDERER, ROLF

Mitarbeitermotivation in den neuen Bundesländern   1548–1555
   Prof. Dr. STEINLE, CLAUS

Mitbestimmung, Führung bei   1555–1565
   Prof. Dr. BARTÖLKE, KLAUS/
   Dr. JORZIK, HERBERT

Mobilität und Fluktuation von Führungskräften
1565–1578
   Prof. Dr. DOMSCH, MICHEL E./Dipl.-Kfm.,
   Dipl.-Psych. KRÜGER-BASENER, MARIA

Moden und Mythen der Führung   1578–1590
   Prof. Dr. NEUBERGER, OSWALD

Motivation als Führungsaufgabe   1590–1608
   Prof. Dr. Dr. h.c. REBER, GERHARD, MBA

Narzißmus und Führung   1609–1622
   Prof. KETS DE VRIES, MANFRED F. R./
   Prof. MILLER, DANNY, PhD

Netzwerkbildung und Kooptation als Führungsaufgabe   1622–1635
   Prof. Dr. SYDOW, JÖRG

Neue Mitarbeiter, Führung von   1636–1642
   Prof. Dr. KIESER, ALFRED/
   Dipl.-Kfm. STEGMÜLLER, RUDI

Ökologie und Führung   1643–1652
   Prof. Dr. STEGER, ULRICH

Organisationsentwicklung und Führung
1652–1664
   Prof. Dr. KLIMECKI, RÜDIGER G.

Organisationskultur und Führung   1664–1682
   Prof. Dr. EBERS, MARK

Organisationsstrukturen und Führung
1682–1688
   Dr. WALGENBACH, PETER

Pädagogik und Führung   1689–1694
   Prof. Dr. DUBS, ROLF

Personalbeurteilung von Führungskräften
1694–1704
   Prof. GERPOTT, TORSTEN J./
   Prof. DOMSCH, MICHEL E.

Personalentwicklung als Führungsinstrument
1704–1716
   Dr. RIEKHOF, HANS-CHRISTIAN

Personalentwicklungs-Controlling   1716–1725
   Dr. INNREITER-MOSER, CÄCILIE

Personalinformation für Führungskräfte
1725–1736
   Prof. Dr. DOMSCH, MICHEL E./
   Dipl.-Kffr. LADWIG, DÉSIRÉE

Personalplanung für Führungskräfte
1736–1749
   Prof. Dr. KOSSBIEL, HUGO/
   Dr. SPENGLER, THOMAS

Philosophische Grundfragen der Führung
1749–1757
   Prof. Dr. SCHOLL, WOLFGANG

Physische Belastung von Führungskräften
1758–1763
   Dr. BÄRENZ, PETER

Produktionsbereich, Führung im   1763–1780
   Prof. Dr. WILDEMANN, HORST

Projektmanagement und Führung
1780–1793
   Prof. Dr. KRÜGER, WILFRIED

Psychische Belastung von Führungskräften
1794–1808
    Prof. Cooper, Cary L., PhD/Dr. Kirkcaldy,
    Bruce D., MA/Prof. Dr. Furnham, Adrian

Qualitätsmanagement als Führungsaufgabe
1809–1818
    Dipl.-Wirt.-Ing. Kreuter, Andreas

Rekrutierung von Führungskräften   1819–1828
    Prof. Dr. Marr, Rainer/Dipl.-Kffr. Seisl, Petra

Restrukturierung, Führung bei   1829–1843
    Prof. Dr. Kieser, Alfred/
    Dipl.-Kfm. Bomke, Paul

Rückentwicklung von Organisationen und
Führung   1843–1858
    Prof. Murray, Victor V., PhD

Sanierung und Turnaround, Führungsaufgaben
bei   1859–1868
    Dr. Böckenförde, Björn

Sanktionen als Führungsinstrumente
1868–1873
    Prof. Dr. Dubs, Rolf

Selbststeuernde Gruppen, Führung in
1873–1894
    Prof. Manz, Charles C., PhD/
    Prof. Sims, Henry P. jr., PhD

Selbststeuerungskonzepte   1894–1902
    Dr. Alioth, Andreas

Selbstverwaltungsbetriebe und Genossenschaften,
Führung in   1902–1918
    Prof. Dr. Nutzinger, Hans G.

Self-Fulfilling Prophecy im Führungsprozeß
1918–1927
    Prof. Field, Richard H. G., PhD

Social Information Processing Theory
1927–1935
    Dr. Kleinmann, Martin/Prof. Dr. Frey, Dieter

Soziale Herkunft von Führungskräften
1935–1945
    Prof. Dr. Hörning, Karl H./
    Dr. Burschel, Carlo J.

Soziale Kompetenz   1945–1958
    Prof. Dr. Böhnisch, Wolf/
    Mag. Nöbauer, Brigitta

Spitzenverfassung der Führung   1959–1967
    Prof. em. Dr. Bleicher, Knut

Sport, Führung im   1967–1977
    Prof. Dr. Dr. h.c. mult. Lenk, Hans

Sprache in der Führung   1977–1986
    Prof. Dr. Winterhoff-Spurk, Peter/
    Prof. Dr. Herrmann, Theo/
    Dipl.-Psych. Funk-Müldner, Kathrin

Stellenbeschreibung als Führungsinstrument
1986–1995
    Prof. Dr. Krüger, Wilfried

Steuerungsinstrumente von Führung und
Kooperation   1995–2005
    Prof. Dr. Küpper, Hans-Ulrich

Strategische Führung   2006–2014
    Prof. Dr. Kreikebaum, Hartmut

Symbolische Führung   2015–2026
    PD Dr. Weibler, Jürgen

Theologische Aspekte der Führung   2027–2038
    Pater Dr. Ziegler, Albert

Transaktionsanalyse und Führung   2039–2053
    Dr. Kälin, Karl

Transaktionale und transformationale Führung
2053–2062
    Prof. Bass, Bernhard M., PhD/
    Dr. Steyrer, Johannes

Unternehmenskooperation und Führung (Fusion,
Allianz, Joint Ventures)   2063–2074
    Prof. Dr. Müller-Stewens, Günter

Unternehmungsverfassung und Führung
2074–2081
    Prof. Dr. Chmielewicz, Klaus †

Unternehmerische Mitarbeiterführung
2081–2096
    Prof. Dr. Wunderer, Rolf

Verantwortung   2097–2106
    Prof. Dr. Hauschildt, Jürgen

Verfügungsrechtstheorie, Transaktionskosten und
Führung   2106–2113
    Prof. Dr. Picot, Arnold

Verhaltensdimensionen der Führung
2113–2126
    Prof. Dr. Nachreiner, Friedhelm/
    Dr. Müller, Günter F.

Verhaltensgitter der Führung (Managerial Grid)
2126–2139
    Dr. Lux, Emil

Verhandlungstechniken als Führungsinstrument
2139–2147
  Prof. Hill, Earl, PhD

Vertrauen in Führungs- und Kooperationsbeziehungen   2148–2158
  Prof. Dr. Bierhoff, Hans W.

Wechsel von Topmanagern – Folgerungen für die Führung   2159–2175
  Prof. Ward, Andrew, PhD/
  Prof. Sonnenfeld, Jeffrey, PhD

Wertewandel   2175–2189
  Prof. Dr. Rosenstiel, Lutz v.

Wissenschaftstheoretische Grundfragen der Führungsforschung   2189–2197
  Prof. Dr. Schanz, Günther

Wissenschaftstheoretische Grundfragen der Führungsforschung – Kritische Theorie
2198–2206
  Prof. Dr. Ulrich, Peter

Wissenschaftstheoretische Grundfragen der Führungsforschung – Phänomenologie und Konstruktivismus   2206–2214
  Prof. Dr. Schauenberg, Bernd/
  Dr. Föhr, Silvia

Zeitmanagement   2215–2222
  Dr. Walgenbach, Peter

Zielsetzung als Führungsaufgabe   2222–2234
  Prof. Latham, Gary P., PhD/
  Prof. Locke, Edwin A., PhD

ABKÜRZUNGSVERZEICHNIS

Abkürzungen für Periodika, Nachschlagewerke und Sammelwerke

Akt. Gerontol.	Aktuelle Gerontologie	IMR	Industrial Management Review
Absw.	Absatzwirtschaft	IO	Industrielle Organisation
AMJ	Academy of Management Journal	JABS	Journal of Applied Behavioral Science
AMR	Academy of Management Review	JAP	Journal of Applied Psychology
Adm. & Soc.	Administration and Society	JASP	Journal of Abnormal and Social Psychology
AJS	American Journal of Sociology		
Am. Psych.	American Psychologist	JBus	Journal of Business
ASR	American Sociological Review	Jb. f. Sowi.	Jahrbuch für Sozialwissenschaft
ASQ	Administrative Science Quarterly	JMark	Journal of Marketing
		JMS	Journal of Management Studies
BFuP	Betriebswirtschaftliche Forschung und Praxis	JOB	Journal of Occupational Behavior
		J. Occupat. Psychology	Journal of Occupational Psychology
BJS	British Journal of Sociology		
BW	Der Betriebswirt	J. Psychol.	Journal of Psychology
CMR	California Management Review	JPSP	Journal of Personality and Social Psychology
DB	Der Betrieb		
DBW	Die Betriebswirtschaft	JSI	Journal of Social Issues
DöV	Die öffentliche Verwaltung	JVB	Journal of Vocational Behavior
DU	Die Unternehmung	Proc. 9th Internat. Congr. Gerontol.	Proceedings of the 9th International Congress of Gerontology
Ed. Th.	Educational Theory		
Handbook of Soc. Psychol.	Handbook of Social Psychology		
HBR	Harvard Business Review	KZSS	Kölner Zeitschrift für Soziologie und Sozialpsychologie
HCR	Human Communication Research		
HdSW	Handwörterbuch der Sozialwissenschaften	Man. Rev.	Managerial Review
		Man. Sc.	Management Science
HdW	Handbuch der Wirtschaftswissenschaften	MIR	Management International Review
HdWW	Handwörterbuch der Wirtschaftswissenschaft	NB	Neue Betriebswirtschaft
		OBHP	Organizational Behavior and Human Performance
HF	Human Factors		
HIOP	Handbook of Industrial and Organizational Psychology	OS	Organization Studies
		PJ	Personnel Journal
HR	Human Relations	PP	Personnel Psychology
HWA	Handwörterbuch der Absatzwirtschaft	PR	Psychological Review
		Psych. Bull.	Psychological Bulletin
HWB	Handwörterbuch der Betriebswirtschaft	ROB	Research of Organizational Behavior
HWF	Handwörterbuch der Finanzwirtschaft	R&D	R&D Management
		SF	Social Forces
HWO	Handwörterbuch der Organisation	Soc.	Sociology
HWP	Handwörterbuch des Personalwesens	Soc. Qu.	Sociological Quarterly
		SMR	Sloan Management Review
HWProd	Handwörterbuch der Produktionswirtschaft	SW	Soziale Welt
		WiSt	Wirtschaftswissenschaftliches Studium
HWR	Handwörterbuch des Rechnungswesens		
		Wpfg	Die Wirtschaftsprüfung

ZBR	Zeitschrift für Beamtenrecht	ZfbF	Zeitschrift für betriebswirtschaftliche Forschung
ZEP	ZEP-Zeitschrift für Entwicklungspädagogik	ZfhF	Zeitschrift für handelswissenschaftliche Forschung (bis 1963, dann ZfbF)
ZfB	Zeitschrift für Betriebswirtschaft		
Z. f. Diff. u. Diagnost. Psych.	Zeitschrift für Differenzielle und Diagnostische Psychology	Zfo	Zeitschrift für Organisation
		ZfP	Zeitschrift für Personalforschung
		ZfSP	Zeitschrift für Sozialpsychologie

Abkürzungen für Gesetze, Entscheidungssammlungen und Rechtsinstitutionen

AktG	Aktiengesetz	EG	Europäische Gemeinschaft, -en
BetrVG/ BetrVerfG	Betriebsverfassungsgesetz	KschG	Kündigungsschutzgesetz
		MitbestErgG	Mitbestimmungs-Ergänzungsgesetz
BGB	Bürgerliches Gesetzbuch		

Allgemeine Abkürzungen

Abb.	Abbildungen	Hb., Handb.	Handbuch
Abs.	Absatz	H.	Heft
Abschn.	Abschnitt	Hrsg.	Herausgeber
AG	Aktiengesellschaft	hrsg. v.	herausgegeben von
Art.	Artikel	i. S.	im Sinne
A.	Auflage	i. S. v.	im Sinne von
ADV	Automatisierte Datenverarbeitung	i. a.	im allgemeinen
ADVA	Automatisierte Datenverarbeitungsanlage	i. e. S.	im eigentlichen Sinn, im engeren Sinn
Bd, Bde	Band, Bände	i. Geg.	im Gegensatz
BWL	Betriebswirtschaftslehre	i. w. S.	im weiteren Sinn
bzw.	beziehungsweise	incl.	inclusive
Bl.	Blatt, Blätter	i. d. F.	in der Fassung
c. p.	ceteris paribus	i. d. R.	in der Regel
ca.	circa	insb.	insbesondere
d. h.	das heißt	intern.	international
d. s.	das sind	Jg	Jahrgang
dergl., dgl.	dergleichen	Jh	Jahrhundert
ders.	derselbe	KG	Kommanditgesellschaft
dt.	deutsch	KGaA	Kommanditgesellschaft auf Aktien
DGB	Deutscher Gewerkschaftsbund	KGSt	Kommunale Gemeinschaftsstelle für Verwaltungsvereinfachung
Diss.	Dissertation		
ebd.	ebenda	Lfg.	Lieferung
e. V.	eingetragener Verein	MbO	Management by Objectives
einschl.	einschließlich	MIS	Management Information System
EDV	Elektronische Datenverarbeitung	max	Maximum
engl.	englisch	nachf.	nachfolgend
erl.	erläuternd, erläutert	Neuaufl.	Neuauflage
etc.	et cetera	N.F.	Neue Folge
evtl.	eventuell	N. S.	New series, Nouvelle série
f (ff.)	„folgende" Seite(n)	no., No.	Numero
F&E	Forschung und Entwicklung	Nr.	Nummer, number
ggfs.	gegebenenfalls	o.g.	oben genannt
gem.	gemäß	o. ä.	oder ähnliches
Gen.	Genossenschaft	OHG	Offene Handelsgesellschaft
GHS	Gesamthochschule	o.J.	ohne Jahr
GmbH	Gesellschaft mit beschränkter Haftung	o.O.	ohne Ort
		o.O. u.J.	ohne Ort und Jahr
Habilschr.	Habilitationsschrift	o.V.	ohne Verfasser

OR	Operations Research	u. a. m.	und andre(-s) mehr
Org.	Organisation	u. ä.	und ähnliche, -es
p. a.	per anno	usw.	und so weiter
resp.	respektive	Univ.	Universität
rd.	rund	u. E.	unseres Erachtens
S.	Seite	u. Mitw. v.	unter Mitwirkung von
s.	siehe	u. U.	unter Umständen
s. a.	siehe auch	Verb.	Verbindung, Verband
s. o.	siehe oben	Verf.	Verfahren
s. u.	siehe unten, siehe weiter unten	Verf.	Verfasser
sog.	sogenannter, -e, -es	vgl.	vergleiche
Sp.	Spalte(n)	vs.	versus
Tab.	Tabelle(n)	Vol., vol.	volume
T.	Teil oder Titel (nach Sachzusammenhang)	v. H.	vom(n) Hundert
		v. d. H.	von der Höhe
TBd	Teilband	z. B.	zum Beispiel
u.	und	z. T.	zum Teil
u. a.	und andere; unter anderem	z. Zt.	zur Zeit

A

Ältere Mitarbeiter, Führung von

Ursula M. Lehr/Annette Niederfranke

[s. a.: Arbeitszeitverteilung als Führungsaufgabe; Behinderte und Leistungsgewandelte, Führung von; Entscheidungstechniken; Fortbildung, Training und Entwicklung von Führungskräften; Frauen, Männer und Führung; Führungstechniken; Führungstheorien – Attributionstheorie; Interventionen und Führungseffizienz; Motivation als Führungsaufgabe; Personalbeurteilung von Führungskräften; Personalentwicklung als Führungsinstrument; Personalplanung für Führungskräfte.]

I. Problemaufriß; II. Ursachen der wachsenden Bedeutung älterer Mitarbeiter: Sozialer Wandel und Änderung des Rentenrechts; III. Handlungsfelder einer alternden Berufswelt; IV. Ältere Mitarbeiter – das vergessene Potential; V. Betriebliche Maßnahmen und Konsequenzen; VI. Ausgliederung aus dem Erwerbsleben: Mehr Flexibilität.

I. Problemaufriß

Demographisch bedingte soziale Wandlungsprozesse zeigen nachhaltige Wirkungen auf die Arbeitswelt im allgemeinen, auf die Situation älterer Mitarbeiter im besonderen. Wir haben es künftig mit einer alternden Berufswelt infolge der Erhöhung des prozentualen Anteils älterer Arbeitnehmer zu tun. Diese Tendenz wird dadurch verstärkt, daß Arbeitnehmerinnen und Arbeitnehmer in immer jüngeren Jahren zur Gruppe der Älteren gerechnet werden, auch wenn die berufs-, tätigkeits-, geschlechts- und betriebsspezifischen Merkmale der Zuordnung nicht unterschätzt werden dürfen. Heute gilt: In manchen Branchen, etwa im Dienstleistungsgewerbe (z. B. bei Versicherungen), zählt man bereits ab dem 40. Lebensjahr zur Gruppe der älteren Mitarbeiter.

Mit dieser Zuordnung sind vielfältige Konsequenzen verbunden. Die Wahrnehmung und Bewertung älterer Mitarbeiter durch Vorgesetzte und Kollegen ist oft durch ein defizitäres Altersbild bestimmt, was sich hinsichtlich der →*Personalentwicklung als Führungsinstrument* und Weiterbildungsauswahl auswirkt. Ältere Mitarbeiter gelten von vornherein als leistungsgemindert, mitunter sogar als behindert (→*Behinderte und Leistungsgewandelte, Führung von*). Noch vor wenigen Jahren bedeutete die Zuordnung zur Gruppe der älteren Mitarbeiter einen Ausschluß aus *Personalbeurteilungen*. Unter Führungsperspektive wurden sie allenfalls als Problemgruppe thematisiert. Heute begreift man jedoch langsam, daß älteren Mitarbeitern eine gewichtige Bedeutung bei der Personalentwicklung, Weiterbildung und Führung in Unternehmen zukommt. Um älteren Mitarbeitern gerecht zu werden, bedarf es einer realistischen Einschätzung ihrer Fähigkeiten und eines Aufräumens mit Vorurteilen.

II. Ursachen der wachsenden Bedeutung älterer Mitarbeiter: Sozialer Wandel und Änderung des Rentenrechts

Bei aller Unterschiedlichkeit der Prognosen über die zukünftige gesellschaftliche Entwicklung besteht noch Einigkeit über den fortschreitenden Strukturwandel infolge der demographischen Veränderungen. Entsprechend der gesamtgesellschaftlichen – demographisch bedingten – Wandlungsprozesse müssen wir von einer veränderten Situation am Arbeitsmarkt ausgehen: Auch die Berufswelt altert infolge der Erhöhung des prozentualen Anteils der älteren Arbeitnehmer. Wir haben es in Zukunft analog zu der „ergrauten Gesellschaft" auch mit einer „graying industrial world" zu tun (*Stagner* 1985; *Sterns/Alexander* 1987). Schon 1989 waren 44,6 Prozent der Erwerbspersonen älter als 40 Jahre (vgl. *Statistisches Jahrbuch für die Bundesrepublik Deutschland* 1991, S. 96); ein Prozentsatz, für den in den kommenden Jahren eine weitere Steigerung prognostiziert ist. Was Pauline Robinson und ihre Kolleginnen 1985 mit Recht für die Vereinigten Staaten beklagen, gilt auch für die Bundesrepublik: In gerontologischen Forschungen und bei betrieblichen Maßnahmen wurde diesem Strukturwandel innerhalb der Arbeitswelt bislang zu wenig Beachtung geschenkt (*Reuter* 1989; *Robinson* et al. 1985).

Der Anteil der älteren Arbeitnehmer wird weiterhin dadurch steigen, daß auf längere Sicht die vorzeitigen und flexiblen Altersruhegelder (mit Ausnahme des flexiblen Altersruhegeldes wegen

Schwerbehinderung, Berufs- oder Erwerbsunfähigkeit) abgeschafft werden sollen, indem die jeweiligen Altersgrenzen ab dem Jahr 2001 sukzessive auf die Regelaltersgrenze von 65 Jahren angehoben werden. Jene, die vorzeitig eine Altersrente beziehen wollen – was frühestens ab dem 62. Lebensjahr möglich ist –, müssen versicherungsmathematische Rentenabschläge in Kauf nehmen (vgl. *Rolf/Wagner* 1990, S. 510) – eine Möglichkeit, von der angesichts der finanziellen Schlechterstellung in den Rentenbezügen nur relativ wenige Gebrauch machen werden. Allerdings sollte man bedenken, daß ursprünglich die Altersgrenze bei 70 Jahren lag, 1916 dann auf 65 Jahre heruntergesetzt wurde. Erst 1973 wurde – ausgelöst durch die Lage auf dem Arbeitsmarkt – im Rahmen einer Flexibilisierung der Altersgrenze der Berufsaustritt mit 63 Jahren möglich. Die nun geplante *Ausdehnung der Erwerbsphase durch die Anhebung der Altersgrenze* auf den Stand von 1973 berührt die Situation der älteren Arbeitnehmer unmittelbar. Wenn man also bereits heute (in Abhängigkeit vom Tätigkeitsprofil) 40- und 45jährige Arbeitnehmer mit dem Attribut „alt" versieht (vgl. *Naegele* 1992; *Niederfranke/Lehr* 1992; *Robinson* et al. 1985; *Tews* 1990), dann werden in Zukunft die Arbeitnehmer mehr als die Hälfte ihrer Erwerbsphase zur Gruppe der Älteren zählen.

Die markierten *sozialen Wandlungsprozesse* werfen Fragen auf, die sowohl das Erwerbsleben als auch die alternden Frauen und Männer im Berufsleben betreffen. Insbesondere ist zu diskutieren, welche Konsequenzen sich aus dem aufgezeigten strukturellen und normativen Wandel ergeben im Hinblick auf die Veränderung der Leistungsanforderungen und die Möglichkeit für ältere Mitarbeiter, diesen zu entsprechen.

III. Handlungsfelder einer alternden Berufswelt

Wenn wir Altern im Erwerbsleben nicht ausschließlich als individuelles Schicksal verstehen wollen, sondern das *Altern der Berufswelt* in Augenschein nehmen, dann ergeben sich Aufgabenfelder für die Führung älterer Mitarbeiter, insbesondere für →*Führungstechniken*, und für das Zusammenspiel der Generationen im Arbeitsleben, die mit unterschiedlichen Risiken und Optionen für langjährige Mitarbeiter verbunden sind (→*Führungstheorien – Attributionstheorie*).

1. Wandel in der Definition des älteren Mitarbeiters

Untersuchungen zeigen, daß die Einordnung als „älterer Mitarbeiter" berufs-, tätigkeits-, geschlechts-, betriebs-, konjunktur- und epochalspezifisch ist. In wirtschaftlich angespannten Zeiten erfolgt eine Zuordnung zur Gruppe der älteren Mitarbeiter in einem früheren Lebensalter (*Lehr* 1991; *Naegele* 1992; *Niederfranke* 1991).

Neben diesen kontextabhängigen Zuordnungen münden soziale Wandlungsprozesse in einer *veränderten Definition vom älteren Mitarbeiter*: Ältere Mitarbeiter können nicht mehr wie bisher pauschal als leistungsvermindert eingestuft werden (→*Behinderte und Leistungsgewandelte, Führung von*); viele von ihnen bringen aufgrund ihrer langjährigen Berufserfahrung beachtliche Qualifikationen für das weitere Erwerbsleben mit, an denen Fortbildungs-, Trainings- und Entwicklungsmaßnahmen (→*Fortbildung, Training und Entwicklung von Führungskräften*) anzusetzen haben.

Ältere Arbeitnehmer der Zukunft werden sich aufgrund veränderter Ausgangsbedingungen im Bildungs- und Ausbildungsbereich sowie technischer Anforderungen innerhalb der Arbeitswelt und daraus resultierender Notwendigkeit zur *Weiterqualifikation auch jenseits des 40. Lebensjahres* von den älteren Arbeitnehmern der Vergangenheit unterscheiden. Sie haben zum einen ein höheres Bildungs- und Ausbildungsniveau (*Geißler* 1988; *Höhn* et al. 1992; *Schmähl* 1988) und unterschiedliche Sozialisationsbedingungen auch im Hinblick auf den Umgang mit technischen Innovationen. Zum anderen wird aber auch eine *Pluralisierung* bzw. *Individualisierung der Lebensstile und Lebensverläufe* zu berücksichtigen sein, zumal hier ein Zusammenspiel von außerberuflichen und beruflichen Verläufen, Markierungen und Anforderungen gegeben ist.

Gerade die zunehmende Erwerbsbeteiligung von Frauen nach der Lebensmitte – sei es auf Basis einer kontinuierlichen oder unterbrochenen Berufstätigkeit, sei es auf Basis einer Teilzeit- oder Vollzeitbeschäftigung – wird zu einem markanten Indikator für die Differenzierung der Lebens- und Arbeitsverläufe älterer Mitarbeiter (*Tölke* 1989; *Wilms-Herget* 1985). Berufliche Lebensräume werden somit auch für ältere Frauen und deren Lebensgestaltung bedeutsam (*Lehr* 1987; *Niederfranke* 1992; *Wilms-Herget* 1985). Diese quantitativen (mehr Frauen stehen im Erwerbsleben) und qualitativen (die erwerbstätigen Frauen sind in qualifizierteren Berufen) Veränderungen fordern spezifische Personalentwicklungs- und Führungsmaßnahmen (→*Frauen, Männer und Führung*) sowie eine differenzierte →*Personalplanung für Führungskräfte* (vgl. *Atchley/Corbett* 1977; *Depner/Ingersoll* 1982; *Niederfranke* 1991, 1992; *Streib/Schneider* 1971). Personalentwicklung wird gerade im Hinblick auf ältere Mitarbeiter zu einem wichtigen Führungsinstrument (→*Personalentwicklung als Führungsinstrument*).

2. Konflikte zwischen den Generationen im Arbeitsleben?

Die Frage wird sich stellen, ob angesichts dieser Entwicklung ein Motivationseinbruch seitens jüngerer Arbeitnehmer zu erwarten ist, weil die Gefahr bestehen könnte, daß die attraktiven Führungs- und Schlüsselpositionen in den Händen älterer Arbeitnehmer liegen, die diese Positionen möglicherweise über viele Jahre hinweg „blockieren"? Wie kann es gelingen, daß jüngeren Arbeitnehmern die Motivation für den und die Chance des beruflichen Aufstiegs nicht genommen wird?

Bei der Suche nach Lösungen für diese Fragen kommt den Arbeitgebern und den Gewerkschaften (vor allem Betriebs- und Personalräten) eine Schlüsselrolle zu. Ihre zentrale Rolle bei der *Beilegung von Generationskonflikten im Erwerbsleben* einerseits, bei der *Beeinflussung von Entwicklungsverläufen und Steuerung von Chancenmanagement für jüngere und ältere Arbeitnehmer* andererseits muß in Führungs- und Personalentwicklungskonzepten herausgearbeitet werden (*Bundesministerium für Arbeit und Sozialordnung* 1983; *Naegele* 1992; *Niederfranke* 1991; *Robinson* et al. 1985).

3. Konsequenzen des technologischen Wandels in einer alternden Berufswelt

Die *Rolle der Technologie* in einer alternden Berufswelt der Zukunft ist mehrdeutig und ungeklärt. Unter einer optimistischen Perspektive kann man von einer Reduzierung körperlicher Herausforderungen am Arbeitsplatz sowie von einer Erhöhung der Qualifikationsanforderungen bei geistigen Tätigkeiten und einer Unterstützung von Autonomie ausgehen. Unter dem Aspekt der Motivationsförderung (→*Motivation als Führungsaufgabe*) können neue Technologien ältere Arbeitnehmer unterstützen, zumal deren Leistungsfähigkeit erwiesenermaßen von motivationalen Faktoren stark beeinflußt ist (*Dohse* et al. 1982; *Lehr* 1988; *Thomae/Lehr* 1973). Wir haben eine *Entwicklung von „muscle-work to brain-work"*, die älteren Mitarbeitern zugute kommen kann, zumal geistige Fähigkeiten durch Training aufrechterhalten werden können. Unter einer pessimistischen Perspektive dagegen könnte man erwarten, daß der technologische Wandel sich lediglich für ausgewählte Tätigkeitsfelder positiv auswirkt und für andere Bereiche eher eine Verschlechterung zu erwarten ist und ältere Mitarbeiter zu den Opfern des technologischen Wandels werden.

Bislang muß man feststellen, daß ältere Arbeitnehmer in innovativen, schnell expandierenden Bereichen unterrepräsentiert sind und in der Gefahr stehen, von innerbetrieblichen technischen Entwicklungen und daraus resultierenden Organisationsänderungen ausgeschlossen zu werden (*Lehr* 1988; *Kühn* 1990; *Stagner* 1985; *Thomae/Lehr* 1973).

Folgende durch den technologischen Wandel ausgelöste Veränderungen des Anforderungsprofils sind in betrieblichen Maßnahmen für ältere Mitarbeiter bereits heute zu berücksichtigen:

Erhöhung der kognitiven Anforderungen, Verminderung der körperlichen Belastungen; Reduzierung der körperlichen Kraftanforderungen, Steigerung der feinmotorischen Anforderungen; *neue Beanspruchungsschwerpunkte* im konkreten Arbeitsablauf (Verstärkung von Kontrolltätigkeiten); *lebenslanges Lernen* wird zu einer Notwendigkeit für nahezu alle Arbeitsfelder.

Wie sehen ältere Menschen selbst die zunehmende Technisierung? In empirischen Untersuchungen konnte die Annahme nicht erhärtet werden, daß ältere Arbeitnehmer eine geringere Technikakzeptanz haben als jüngere. „Das Argument, ältere Arbeitnehmer seien technikfeindlicher oder technikängstlicher als jüngere Arbeitnehmer, kann zurückgewiesen werden und liefert keinen Vorwand für den Ausschluß älterer Mitarbeiter von dem Umgang mit moderner Technik" (*Kühn* 1990, S. 110). Untersuchungen zeigen, daß insbesondere *das Selbstbild eigener Fähigkeiten ein bedeutender Prädiktor allgemeiner und spezifischer Technikakzeptanz ist.* Die Arbeitnehmer, die sich im besonderen Maße als in ihrer Lebenswelt kompetent erleben, stehen moderner Technik offen gegenüber. „Es sind also nicht spezifische Kompetenzen, sondern eine allgemeine Kompetenzwahrnehmung, die für Technikakzeptanz ausschlaggebend ist" (*Kühn* 1990, S. 111).

IV. Ältere Mitarbeiter – das vergessene Potential

Zählt man heute zur Gruppe der älteren Mitarbeiter, so ist dies in der Regel immer noch mit Restriktionen, negativen Wahrnehmungen und Erwartungen des Abbaus und Verlusts von Fähigkeiten verbunden. Nach den *spezifischen Kompetenzen langjähriger Mitarbeiter* wird gar nicht erst gefragt; der Fokus liegt vielmehr auf den Defiziten. Ältere Arbeitnehmer scheinen zu einem vergessenen Potential geworden zu sein. In Zukunft werden es sich Unternehmen angesichts der Altersstruktur ihrer Belegschaft nicht mehr leisten können, das Potential der langjährigen, zumeist älteren Mitarbeiter weiter „brach" liegen zu lassen.

1. Der Alters-Bias in der Wahrnehmung und Bewertung von älteren Arbeitnehmern

Viele Restriktionen in bezug auf ältere Arbeitnehmer und Arbeitnehmerinnen basieren jedoch weniger auf konkreten Daten über berufliche Leistungsfähigkeit und -bereitschaft, denn auf Stereotypen über das Älterwerden und den damit erwarteten Leistungsabfall (*Lehr* 1988, 1991; *Robinson* et al. 1985; *Stagner* 1985). Auf die Arbeitswelt angewendet wird behauptet, daß ältere Arbeitnehmer weniger leistungsfähig und häufiger krank sind als jüngere Arbeitnehmer, daß sie stark unfallgefährdet und weniger bereit und in der Lage sind, sich an technische Neuerungen anzupassen. Da diese Vorstellungen älteren Arbeitnehmern lediglich aufgrund ihres Alters zugesprochen werden und nicht auf der Basis empirisch nachgewiesener Verhaltens- und Einstellungsmerkmale, haben wir es mit Altersstereotypen zu tun, die einer *„impliziten Persönlichkeitstheorie"* gleichkommen (*Moscovici* 1981).

Die Stereotypen zeigen ihre unmittelbaren Effekte in der Wahrnehmung und Bewertung von Leistungen älterer Arbeitnehmer durch verantwortliche Vorgesetzte und beeinflussen die Einstellungschancen und Aufstiegsmöglichkeiten sowie spezifische Fort- und Weiterbildungschancen (*Lehr* 1988). *Die Beurteilung der älteren Arbeitnehmer unterliegt jedoch ihrerseits einem „Alters-Bias" auf seiten der Beurteilenden:* Ältere Vorgesetzte und solche mit häufigem direkten Kontakt zu älteren Mitarbeitern beurteilen die Leistungsfähigkeit Älterer positiver als jüngere Vorgesetzte und solche mit weniger direkten Kontakten zu älteren Arbeitnehmern (vgl. *Lehr* 1988; *Naegele* 1985, 1992; *Schmidt* 1974; *Stagner* 1985).

2. Berufliche Leistungsfähigkeit und Berufszufriedenheit

Daß die Thesen von einem altersbedingten Leistungsabfall, einer vermehrten Unfallhäufigkeit, einer größeren Krankheitsrate etc. angesichts differenzierter empirischer Untersuchungen nicht zu halten sind, ist vielfältig belegt (vgl. *Doering* et al. 1983; *Lehr* 1988, 1991; *Robinson* et al. 1985; *Sadri/Robertson* 1993; *Stagner* 1985; *Sterns/Alexander* 1987; *Thomae/Lehr* 1973). Zudem konnte gezeigt werden, daß durch angemessene und fördernde Arbeitsumgebungen und Führungsinstrumente beruflich relevante intellektuelle Fähigkeiten (etwa Beurteilungs- und Entscheidungsfähigkeit) gesteigert werden können (→*Interventionen und Führungseffizienz*) (*Naegele* 1992; *Rebok* et al. 1986; *Sadri/Robertson* 1993).

Die Bedeutung von Selbstsicherheit und eines positiven Selbstbilds für die berufliche Leistungsfähigkeit und -bereitschaft ist hinlänglich belegt (*Naegele* 1992; *Niederfranke* 1992). Das *Selbstbild älterer Mitarbeiter* wiederum wird wesentlich *bestimmt durch* die Verhaltenserwartungen der Umwelt, das sogenannte ‚Fremdbild', aber auch durch die berufliche Belastbarkeit, die ihrerseits mit der familiären Belastung korreliert. Die Altersvariable allein trägt hingegen zur Varianzaufklärung des Selbsterlebens wenig bei.

Seitens der gerontologischen Wissenschaft ist längst herausgearbeitet, daß gerade *ältere Arbeitnehmer über spezifisches Experten- oder Erfahrungswissen verfügen, das sie zu Leistungen befähigt, die jüngere Arbeitnehmer in diesem Ausmaß nicht zeigen:*

- Leichtigkeit im Umgang mit komplexeren Sachverhalten und größeren Gesamtkonzepten. Ältere Mitarbeiter können sowohl komplexe organisatorische Modelle gut handhaben als auch weiterreichende Zeitplanungen durchführen.
- Herabgesetztes Erleben von Eigenbetroffenheit in potentiell belastenden Situationen.
- Erhöhte Toleranz in bezug auf alternative Handlungsstile, auf Situationseinschätzungen in bezug auf Entscheidungen und deren Ausführung.
- Bessere Einschätzung eigener Fähigkeiten und deren Grenzen; Entscheidungen werden mit mehr Bedacht, mit größerer Vorsicht und nüchternem Realismus getroffen, Komplikationen und Konfrontationen werden besser durch vorausschauendes Arrangieren berücksichtigt (*Lehr* 1991; *Labouvie-Vief* 1985).
- Ältere Arbeitnehmer sind in der Lage, Defizite zu kompensieren und gerade mit Situationen, die durch ein hohes Maß an Unsicherheit gekennzeichnet sind, erfolgreich und integrierend umzugehen (*Baltes* et al. 1984).

V. Betriebliche Maßnahmen und Konsequenzen

Welche betrieblichen Konsequenzen ergeben sich aus den wissenschaftlichen Erkenntnissen für die Konzipierung betrieblicher Maßnahmen?

1. Personalentwicklungs- und Führungsmaßnahmen

Zunächst gilt es, älteren Mitarbeitern mit positiven Erwartungen gegenüberzutreten und sie keinesfalls generell als Problemgruppe zu sehen. Es gilt, älteren und jüngeren Mitarbeitern in gleicher Weise gerecht zu werden; es gilt, bei jüngeren das Entstehen wachsender Ressentiments gegenüber älteren Mitarbeitern zu verhindern. Hier könnte eine größere *Flexibilisierung in der Besetzung von Positionen* einen Ausweg schaffen, wobei das Lebensalter als Kriterium völlig zurückzutreten hat. Diese Flexibilisierung, die von betrieblichen Umsetzungen über die Eröffnung von Weiterbildungsoptionen bis zur Ermöglichung von Teilzeitarbeit reichen kann, ist ohnehin angesichts technischer Wandlungsprozesse und einer Flexibilisierung der Altersgrenze unumgänglich (*Dohse* et al. 1982; *Sterns/Alexander* 1987; *Stitzel* 1987). So sollte in Personalentwicklungsmaßnahmen berücksichtigt werden, daß ältere Arbeitnehmer in jenen Bereichen gefördert und eingesetzt werden, in denen sie eine hohe Leistungsfähigkeit haben durch praktische Intelligenz und Erfahrungswissen (*Baltes* et al. 1984; *Hoyer* 1985; *Rebok* et al. 1986). Betriebliche Umsetzungen dürfen dann nicht den Charakter des „Abschiebens" oder des „Entzugs erworbener sozialer Besitzstände" haben, sondern müssen von dem Ziel geleitet sein, vorhandene Fähigkeiten zu nutzen und individuelle Stärken zu optimieren.

Um attraktive Positionen innerhalb der ‚Linie' (Hierarchie) für jüngere Arbeitnehmer nicht zu versperren, wäre der *Ausbau von ‚Stabsstellen'* anzuregen, die dann für besonders befähigte ältere Arbeitnehmerinnen und Arbeitnehmer zugänglich sind.

2. Weiterbildungsmaßnahmen

Um die Restriktionen abzubauen und um den Anschluß an technische Innovationen nicht zu verlieren, ist für Arbeitnehmer während der gesamten Berufszeit eine *qualifizierte beständige berufliche Weiterbildung unerläßlich*. Von betrieblicher Seite ist folgendes zu berücksichtigen (*Kühn* 1990; *Niederfranke* 1991):

– Eine kontinuierliche Weiterbildung bis zur beruflichen Altersgrenze erfordert zwar hohe Investitionen, die sich jedoch auszahlen.
– Eine qualifizierte Weiterbildung muß an den je individuell gegebenen Voraussetzungen der Arbeitnehmer ansetzen. Dies erfordert, daß Defizite wie auch vorhandene Potentiale der Arbeitnehmer differenziert erfaßt werden.
– Die Qualifikationsbereitschaft, d. h. Motivation der älteren Arbeitnehmer, gilt es zu stärken, das Selbstvertrauen zu fördern. Mögliche Barrieren auf seiten der Betroffenen wie Alter, Geschlecht, Qualifikationsvoraussetzungen gilt es ebenso zu berücksichtigen wie situative und organisatorische Barrieren, die sich durch die Unternehmenspolitik, durch Arbeitsregelungen und private Handlungsspielräume ergeben.

Daß technische Wandlungsprozesse auch für ältere Arbeitnehmer einen Aufforderungscharakter zu beruflicher Weiterqualifikation beinhalten, ist vor allem dann zu erwarten, wenn die betrieblichen Rahmenbedingungen einen hohen *Motivationsanreiz* bieten (*Dohse* et al. 1982; *Thomae/Lehr* 1973).

3. Gestaltung von Arbeitsplätzen

Eine Anpassung des Arbeitsplatzes an einen in seiner Leistungsfähigkeit veränderten Arbeitnehmer ist ein weiterer betrieblicher Beitrag, um Einschränkungen auszugleichen und optimale Rahmenbedingungen zu schaffen. Hier hat die Arbeitswissenschaft vielfältige Anregungen gegeben, denen zu folgen in vielen Unternehmen bereits selbstverständlich ist.

VI. Ausgliederung aus dem Erwerbsleben: Mehr Flexibilität

Betriebliche Führungs- und Personalentwicklungsmaßnahmen für ältere Mitarbeiter müssen die Ausgliederung aus dem Erwerbsleben und den Übergang in den Ruhestand mit berücksichtigen.

Bereits im Jahre 1982 wurde im Rahmen der *UN-Weltversammlung zu Fragen des Alterns* – auf Basis internationaler wissenschaftlicher Expertise – der sogenannte „*Wiener Internationaler Aktionsplan zur Frage des Alterns*" vorgelegt. Die dort in seltener Einstimmigkeit verabschiedeten Empfehlungen sind bis heute nicht eingelöst. Sie haben ihre Gültigkeit jedoch nach wie vor nicht verloren und fassen die Erwartungen an die Zukunft einer humanen Arbeitswelt für ältere Mitarbeiter sowie einer humanen nachberuflichen Lebensphase zusammen.

Empfehlung 37

Staatlicherseits sollte die Beteiligung älterer Menschen am Wirtschaftsleben erleichtert werden. Zu diesem Zweck:

a) sollten in Zusammenarbeit mit Arbeitgeber- und Arbeitnehmerorganisationen geeignete Maßnahmen ergriffen werden, die es älteren Arbeitnehmern gestatten, unter zufriedenstellenden Bedingungen weiterzuarbeiten und einen gesicherten Arbeitsplatz zu haben;
b) sollten die Staaten die Diskriminierung auf dem Arbeitsmarkt beseitigen und für eine Gleichbehandlung im Arbeitsleben sorgen. Einige Arbeitgeber haben noch immer eine klischeehafte, negative Vorstellung von älteren Arbeitnehmern. Von staatlicher Seite sollte daher veranlaßt werden, daß Arbeitgeber und Personalberater über die Fähigkeiten älterer Arbeitnehmer unterrichtet werden, die in den meisten Berufen recht beachtlich bleiben. Ältere Berufstätige sollten ferner gleichberechtigten Zugang zu Berufsberatungs-, Ausbildungs- und Arbeitsvermittlungsdiensten und -einrichtungen haben;
c) sollten Maßnahmen ergriffen werden, um älteren Menschen zu helfen, eine selbständige Tätigkeit zu finden oder in sie zurückzukehren, indem neue Arbeitsmöglichkeiten geschaffen und Ausbildung oder Umschulung erleichtert werden. Der Anspruch älterer Arbeitnehmer auf Beschäftigung sollte nach ihrer Leistungsfähigkeit und nicht nach ihrem Alter beurteilt werden (*Vereinte Nationen* 1983, S. 48 ff.).

Empfehlung 40
Staatlicherseits sollten Maßnahmen ergriffen oder gefördert werden, die einen harmonischen und schrittweisen Übergang vom Berufsleben in den Ruhestand ermöglichen und bei der Festsetzung des Alters für den Pensionsanspruch einen größeren Spielraum lassen. Solche Maßnahmen könnten Kurse zur Vorbereitung auf den Ruhestand und die Erleichterung der Arbeitsbelastung in den letzten Jahren der Berufstätigkeit einschließen, beispielsweise durch eine Änderung der Arbeitsbedingungen, der Arbeitsumwelt und der Arbeitsorganisation und durch die Förderung einer schrittweisen Verkürzung der Arbeitszeit (*Vereinte Nationen* 1983, S. 50).

Eines wird deutlich: Veränderungen im Lebenszyklus des Menschen und arbeitsmarktpolitische Veränderungen zwingen zu einem Umdenken: Welche konkreten Modelle zur Gestaltung der letzten Berufsphase und des Übergangs in den Ruhestand lassen sich ableiten, bzw. werden bereits erprobt? Neuere Überlegungen resultieren in sehr unterschiedlichen Modellen, etwa in Form von

- Flexibler Altersgrenze,
- „sabbatical-periods",
- „job-sharing",
- „work-sharing" und
- gleitenden Übergangsmodellen („phased retirement").

Schon 1972 forderte *Hearnshaw* (1972) mit der Einrichtung von „periodical sabbaticals", d. h. arbeitsfreien Jahren oder Perioden, die regelmäßig (etwa alle sieben oder alle fünf Jahre) in das Erwerbsleben eingeschaltet werden, eine Verknüpfung von Arbeit, Aus- und Weiterbildung und Freizeit während des gesamten Lebenslaufs. Unter dem Aspekt der Ruhestandsvorbereitung können sogenannte „pre-retirement sabbaticals" verhindern, daß die Berufsaufgabe einen abrupten Einschnitt darstellt. Es wird ermöglicht, jene Tätigkeiten zu aktivieren und aufzubauen, die das Ruhestandsleben begleiten werden.

Eine Variation der Teilzeitarbeit ist „job-sharing" oder „work-sharing", wobei der Arbeitsplatz und der Arbeitsanfall von zwei oder mehreren Beschäftigten geteilt wird, in Form von Teilung der Arbeitszeit eines Tages, einer Woche, eines Monats oder eines Jahres. Diese Arbeitsform fördert nicht nur die Arbeitssolidarität, sondern erhöht generationsübergreifende Verständigung und Verpflichtung. Wird die Arbeit durch intergenerationelle Teams gemeinsam bewältigt, können Ältere ihr Erfahrungswissen weitergeben und an dem neuen technischen Wissen Jüngerer partizipieren (*McConnell* 1980).

Zur Vermeidung einer abrupten Ausgliederung aus dem Erwerbsleben werden zunehmend Modelle des gleitenden Übergangs in den Ruhestand, des „phased retirement" diskutiert (*Lehr* 1991; *Lehr/Niederfranke* 1991; *McConnell* 1980; *Niederfranke* 1987; *Stitzel* 1987). Diese Modelle berühren zwei Aspekte: Die Bestimmung des Zeitpunkts und des Ausmaßes der Arbeitszeitreduktion. Idealiter sollte der Beginn der gleitenden Pensionierung, das Ausmaß der Zeitverkürzung und die Dauer des Gleitens frei wählbar sein. Aus administrativen und arbeitsökonomischen Gesichtspunkten haben sich in der industriellen Wirklichkeit Modelle durchgesetzt – vor allem in Frankreich, Schweden und den USA –, bei denen diese Kriterien zum Teil vorgegeben sind. Der „Selective Early Partial Retirement Plan" in den USA gewährt eine Arbeitsreduktion ab dem 55. Lebensjahr, allerdings ohne feste Altersgrenze nach oben, so daß auch 70jährige z. B. noch 10 Wochenstunden arbeiten können, wobei sie 25 Prozent des vollen Lohnes und 75 Prozent der Rente erhalten.

Freizeit und Arbeit sollten den Bedürfnissen der alternden Menschen entsprechend kombiniert werden. Flexible Altersgrenzen ermöglichen es Älteren, die eigene Schaffenskraft ihrem eigenen Kompetenzerleben entsprechend einzusetzen. Flexible Altersgrenzen geben der Industrie die Gewähr, motivierte und fähige Mitarbeiter in den letzten Berufsjahren entsprechend ihrer Kompetenzen sinnvoll einzusetzen und einen Wissenstransfer von „Alt" nach „Jung" und vice versa zu unterstützen. Insgesamt gesehen ist dies der richtige Schritt auf dem Weg zu einer humaneren Gestaltung der letzteren Berufsjahre und des Übergangs in die arbeitsfreie Lebensphase.

Literatur
Atchley, R. C./Corbett, S. L.: Older Women and Jobs. In: *Troll, l. E./Israel, J.* (Hrsg.): Looking Ahead. New York 1977. S. 121–125.
Baltes, P. B./Dittmann-Kohli, F./Dixon, R.: New Perspectives on the Development of Intelligence in Adulthood: Toward a Dual-Process Conception and a Model of Selective Optimization with Compensation. In: *Baltes, P. B./Brim, O. G.* (Hrsg.): Life-span Development and Behavior. New York 1984, S. 33–76.
Bundesministerium für Arbeit und Sozialordnung (Hrsg.): Arbeitnehmer in der Spätphase ihrer Erwerbstätigkeit. Forschungsbericht 91. Bonn 1983.
Doering, M./Rhodes, S. R./Schuster, M.: The Aging Worker. Beverly Hills 1983.
Dohse, K./Jürgens, U./Russig, H. (Hrsg.): Ältere Arbeitnehmer zwischen Unternehmensinteressen und Sozialpolitik. Frankfurt/M. 1982.
Geißler, E. E.: Altern – pädagogische Apsekte. In: *Staatsministerium Baden-Württemberg* (Hrsg.): Altern als Chance und Herausforderung. Stuttgart 1988, S. 133–152.
Hearnshaw, L. S.: Work and Age. In: Age and Aging 1, 1972, S. 81–87.
Hoyer, W. J.: Aging and the Development of Expert Cognition. In: *Shlechter, T. M./Toglia, M. P.* (Hrsg.): New Directions in Cognitive Science. New York 1985, S. 69–87.
Kühn, D.: Die Akzeptanz moderner Technik bei älteren Arbeitnehmern. Unveröffentlichte Diplomarbeit im Fach Psychologie. Bonn 1990.

Labouvie-Vief, G.: Intelligence and Cognition. In: *Birren, J. E./Schaie, K. W.* (Hrsg.): Handbook of the Psychology of Aging, 2nd Ed. New York 1985, S. 500–530.
Lehr, U.: Zur Situation der älterwerdenden Frau. München 1987.
Lehr, U.: Ältere Arbeitnehmer heute und morgen: Berufliche Leistungsfähigkeit und Übergang in den Ruhestand. In: *Staatsministerium Baden-Württemberg* (Hrsg.): Altern als Chance und Herausforderung. Stuttgart 1988, S. 67–76.
Lehr, U.: Psychologie des Alterns. 7. A., Heidelberg 1991.
Lehr, U./Niederfranke, A.: Pensionierung. In: *Oswald, W. D./Herrmann, W. M./Kanowski, S./Lehr, U. M./Thomae, H.* (Hrsg.): Gerontologie. 2. A., Stuttgart 1991, S. 377–388.
McConnell, S. R.: Alternative Work Patterns for an Aging Work Force. In: *Ragan, P. D.* (Hrsg.): Work and Retirement: Policy Issues. Los Angeles 1980, S. 68–86.
Moscovici, S.: On Social Representations. In: *Forgas, J. P.* (Hrsg.): Social Cognition Perspectives on Everyday Understanding. New York 1981, S. 181–209.
Müller, W.: Women's Labor Force Participation over the Life Course: A Model Case of Social Change? In: *Baltes, P. B./Featherman, D. L./Lerner, R. M.* (Hrsg.): Life-Span Development and Behavior Vol. 7. New York 1986, S. 43–67.
Naegele, G.: Überblick über die wichtigsten Ergebnisse des Forschungsprojekts „Arbeitnehmer in der Spätphase ihrer Erwerbstätigkeit". In. Zeitschrift für Gerontologie, 1985, S. 251–259.
Naegele, G.: Zwischen Arbeit und Rente. Augsburg 1992.
Niederfranke, A.: Vor-Ruhestand: Erleben und Formen der Auseinandersetzung bei Männern aus psychologischer Sicht. Bonn 1987.
Niederfranke, A.: Älterwerden im Beruf: Berufs- und Lebensperspektiven älterer Arbeitnehmerinnen und Arbeitnehmer. In: Zeitschrift für Gerontologie, 1991, S. 251–256.
Niederfranke, A.: Ältere Frauen in der Auseinandersetzung mit Berufsaufgabe und Partnerverlust. Stuttgart 1992.
Niederfranke, A./Lehr, U.: Altersgrenze auf dem Höhepunkt der Schaffenskraft? – Chancen und Probleme. In: Zeitschrift für Unternehmensgeschichte 75, S. 76–88.
Brien, G. E./Dowling, P.: Age and Job Satisfaction. In: Australian Psychologist, 1981, S. 49–61.
Rebok, G. W./Offermann, L. R./Wirtz, P. H. W./Montaglione, Ch. J.: Work and Intellectual Aging: The Psychological Concomitants of Social-Organizational Conditions. In. Educational Gerontology 12, 1986, S. 359–374.
Reuter, E.: Alternde Bevölkerung – schrumpfende Wirtschaft? In: Versicherungswirtschaft, 20 1989, S. 1332–1340.
Robinson, P. K./Coberly, S./Paul, C. E.: Work and Retirement. In: *Binstock, R. H./Shanas, E.* (Hrsg.): Handbook of Aging and the Social Sciences, 2nd Ed. New York 1985, S. 503–527.
Rolf, G./Wagner, G.: Alterssicherung und sozialer Wandel in Deutschland – Defizite der Rentenreform 1992. In: WSI Mitteilungen, 8, 1990, S. 509–519.
Sadri, G./Robertson, I. T.: Self-efficacy and Work-related Behaviour: A Review and Meta-analysis. In: Applied Psychology, 1993, S. 139–152.
Schmähl, W.: Erwerbsleben, Ausscheiden aus dem Erwerbsleben und Leben im „Ruhestand" – Veränderungen und Aufgaben aus ökonomischer Sicht. In: Staatsministerium Baden-Württemberg (Hrsg.): Altern als Chance und Herausforderung. Stuttgart 1988, S. 77–98.
Schmidt, H.: Das Problem der beruflichen Anpassung von älteren Arbeitnehmern im Bereich hochtechnischer Arbeitsplätze der industriellen Produktion. In: Aktuelle Gerontologie, 1974, S. 21–28.
Stagner, R.: Aging in Industry. In: *Birren, J. E./Schaie, K. W.* (Hrsg.): Handbook of the Psychology of Aging, 2nd Ed. New York 1985, S. 789–817.
Statistisches Bundesamt (Hrsg.): Statistisches Jahrbuch 1991 für die Bundesrepublik Deutschland. Stuttgart, 1991.
Sterns, H. L./Alexander, R. A.: Industrial Gerontology: The Aging Individual and World. In: *Schaie, K. W./Eisdorfer, C.* (Hrsg.): Annual Review of Gerontology and Geriatrics, Vol. 7. New York 1987, S. 243–264.
Stitzel, M.: Der gleitende Übergang in den Ruhestand. Interdisziplinäre Analyse einer alternativen Pensionierungsform. Frankfurt/M. 1987.
Streib, G./Schneider, C.: Retirement in American Society. Ithaca 1971.
Tews, H. P.: Neue und alte Aspekte des Strukturwandels des Alters. In: WSI Mitteilungen, 1990, S. 478–491.
Thomae, H./Lehr, U.: Berufliche Leistungsfähigkeit im mittleren und höheren Erwachsenenalter. Göttingen 1973.
Tölke, A.: Lebensverläufe von Frauen. Weinheim, München 1989.
Tölke, A.: Lebenswege von Frauen im Wandel. In: Aus Politik und Zeitgeschichte, 34–35, 1990, S. 29–37.
Vereinte Nationen (Hrsg.): Wiener Internationaler Aktionsplan zur Frage des Alterns. New York 1983.
Welch, H. P./La Van, H.: Inter-Relation between Organizational Commitment and Job Characteristics, Job Satisfaction, Professional Behavior, and Organizational Climate. In. HR, 1981, S. 1079–1089.
Wilms-Herget, A.: Frauenarbeit. Frankfurt/M. 1985.

Agency Theorie und Führung

Arnold Picot/Rahild Neuburger

[s. a.: Anreizsysteme als Führungsinstrumente; Entgeltsysteme als Motivationsinstrument; Verfügungsrechtstheorie, Transaktionskosten und Führung.]

I. Problemstellung; II. Die Agency Theorie; III. Führung als Agency-Situation; IV. Würdigung.

I. Problemstellung

Unter Führung wird gemeinhin die „zielorientierte soziale Einflußnahme zur Erfüllung gemeinsamer Aufgaben" verstanden (z. B. *Wunderer/Grunwald* 1980, S. 145 f.). Mit derartigen Beeinflussungsprozessen beschäftigen sich verschiedene Theorien wie z. B. die Interaktionstheorie oder die Anreiz-Beitrags-Theorie (*March/Simon* 1958; z. B. *Kupsch/Marr* 1991). Zunehmende Bedeutung erlangt die tendenziell mikroökonomisch orientierte Forschungsrichtung der Neuen Institutionenökonomik (für einen Überblick *Coase* 1984; *Picot* 1991). Im Mittelpunkt steht die Entstehung und Entwicklung wirtschaftlicher Institutionen für die arbeitsteilige Aufgabenbewältigung wie z. B. organisatorische Regeln, Vertragstypen oder Unternehmensverfassungen. Da sich der Führungsprozeß auf eine arbeitsteilige Aufgabenabwicklung bezieht, liegt die Frage nach den Implikationen dieser Forschungsrichtung für Führungsfragen nahe. Als theoretische Ansätze der Neuen Institutionenökonomik lassen sich im wesentlichen die Agency Theorie, die Theorie der Verfügungsrechte sowie der Transaktionskostenansatz unterscheiden (*Picot* 1991). Während an anderer Stelle die Theorie der Verfügungsrechte sowie der Transaktionskostenansatz explizit auf Führungsfragen bezogen werden (→ *Verfügungsrechtstheorie, Transaktionskosten und Führung*), geht es bei den folgenden Überlegungen um Implikationen der Agency Theorie.

II. Die Agency Theorie

Im Mittelpunkt dieser Theorierichtung steht die ökonomische Analyse des Verhältnisses zwischen Auftraggeber (Principal) und Auftragnehmer (Agent) in einer durch unvollkommene Information und Unsicherheit gekennzeichneten Umwelt (z. B. *Ross* 1973; *Jensen/Meckling* 1976; *Grossmann/Hart* 1983; *Milgrom/Roberts* 1992). In der typischen Agency-Situation herrscht asymmetrische Informationsverteilung. Sie ist insbesondere bei unterschiedlicher Zielverfolgung und differierender Risikoeinstellung problematisch. Bei unterstellter individueller Nutzenmaximierung kann der Principal keine sicheren Rückschlüsse darauf ziehen, ob der Agent i. S. der vom Principal angestrebten Zielerreichung handelt oder die ihm gewährten Handlungsspielräume zum eigenen Vorteil i. S. seiner Interessen ausnutzt. Differiert die Risikoneigung, präferieren Principal und Agent unterschiedliche Handlungen. Der Principal kann sich hier nicht sicher sein, daß die vom Agent gewählten Handlungen seiner Risikoneigung und seiner Intention entsprechen. Mit der Bewältigung dieser hier vereinfacht dargestellten Situation sind spezifische Kosten, sog. Agency-Kosten, verbunden. Sie setzen sich aus den Überwachungs- und Kontrollkosten des Principals, den Garantiekosten des Agenten sowie dem Residualverlust (verbleibender Wohlfahrtsverlust) zusammen.

Innerhalb der Agency Theorie befassen sich zwei Ausrichtungen mit dieser Problematik: Die positive Agency Theorie und die normative Principal-Agent-Theorie (z. B. *Eisenhardt* 1989). Sie unterscheiden sich primär in ihrer Zielrichtung und der Anwendung mathematischer Hilfsmittel. Während die eher deskriptiv orientierte positive Richtung beobachtbare Principal-Agent-Beziehungen zu erklären versucht, befaßt sich die stärker auf mathematische Hilfsmittel und formale Methoden zurückgreifende Principal-Agent-Theorie mit der Entwicklung effizienter Anreiz- und Organisationsformen für diese Beziehungen. Beide Richtungen ergänzen sich: Der positive Zweig identifiziert verschiedene Organisationsformen; die normative Principal-Agent-Theorie untersucht die Bedingungen, unter denen die Anreiz- und Organisationsformen effizient sind. Anwenden läßt sich die hier nur grob skizzierte Agency Theorie prinzipiell auf jede Beziehung, deren Struktur als Agency-Situation charakterisierbar ist. Wichtige Anwendungsgebiete sind Fragen der Unternehmensfinanzierung (z. B. *Jensen/Meckling* 1976; *Wenger/Terberger* 1988), der Gestaltung von Informations- und Kommunikationssystemen (*Picot* 1989), die Personalauswahl oder – und darauf wird später zurückzukommen sein – die Gestaltung von Anreizsystemen (z. B. *Eisenhardt* 1989; *Laux* 1990).

III. Führung als Agency-Situation

1. Führungsprozesse als Agency-Probleme

Bezogen auf Führungsprozesse stellt sich das Agency-Problem wie folgt dar: Der Führende beauftragt den Geführten, i. S. der von ihm angestrebten Ziele zu agieren.

Situationsabhängig kann es sich bei dem Führenden um Kapitaleigner oder Manager/Geschäftsführer, bei dem Geführten entsprechend um Manager/Geschäftsführer oder Mitarbeiter handeln. Das zugrundeliegende Agency-Problem ist bei beiden Konstellationen gleichermaßen gegeben. Handelt der Geführte im Eigeninteresse gemäß seiner individuellen Nutzen- und Risikoeinstellung, ist der Führende auf Grund der zugrundeliegenden Informationsasymmetrie nicht in der Lage, eine für ihn suboptimale Zielerreichung eindeutig auf Fehlentscheidungen des Geführten zurückzuführen. Als Ursachen nennt die Richtung der Principal-Agent-Theorie die auf Arrow (*Arrow* 1985) zurückgehenden Informationsasymmetrien „hidden characteristics" (dem Principal sind für ihn wichtige Eigenschaften des Agenten wie z. B. Qualifikation oder Kreditwürdigkeit bei Vertragsschluß unbekannt), „hidden action" (der Principal kann die Handlungen des Agenten gar nicht oder zumindest nicht kostenlos beobachten) sowie „hidden intention" (der Principal kann die Handlungen des Agenten zwar beobachten, kennt jedoch die Absichten nicht). In allen drei Fällen ergeben sich spezifische Risiken: „adverse selection" (Auswahl unerwünschter Vertragspartner), „moral hazard" (der Agent nützt seinen Verhaltensspielraum opportunistisch aus) sowie hold up (Agent nützt seine Situation opportunistisch aus, ohne vom Principal daran gehindert werden zu können). Abb. 1 verdeutlicht die Problematik im Überblick.

Informations-asymmetrie	hidden characteristics	hidden action	hidden intention
Informations-problem	Qualifikation des Geführten unbekannt	Anstrengungen/ Arbeitseinsatz des Geführten nicht beurteilbar	Absichten des Geführten unbekannt
Verhaltens-spielraum des Geführten	vor Vertrags-abschluß	nach Vertrags-abschluß	nach Vertrags-abschluß
Beispiel	Einstellung von Mitarbeitern	Leistungs-verhalten von Mitarbeitern/ Geschäftsführer	Abhängigkeit von Geschäfts-führung/Verweil-absicht von Mitarbeitern
Risiko	adverse selection	moral hazard	hold up
Problem-bewältigung	signaling/ screening Selbstauswahl Interessen-angleichung	Interessen-angleichung	Interessen-angleichung
Beispiel	Zeugnis/ Bilanz diff. Arbeits-verträge Reputation/ Probezeit	Erfolgsbetei-ligung	Sicherheiten

Abb. 1: Delegationsrisiken und Möglichkeiten zu ihrer Begrenzung (in Anlehnung an Picot 1993, S. 139/Dietl 1993, S. 144)

Zur Vermeidung dieser Agency-Problematik, die häufig auch als Delegationsrisiko bezeichnet wird, sind prinzipiell zwei Strategien denkbar: Zum einen die Beseitigung der zugrundeliegenden Informationsasymmetrie durch signaling/screening (der Geführte signalisiert seine Qualifikationen bzw. die Qualität der von ihm angebotenen Leistungen in Form von Zeugnissen, Bilanzen, Handelsbriefen u. ä. an den Prinzipal, der an Hand dieser unerwünschte Vertragspartner herausfiltert) oder durch Selbstauswahl (dem Geführten werden differenzierte Verträge angeboten, aus denen er gemäß seinen Qualitätseigenschaften den effizientesten auswählt), zum anderen die Angleichung der Interessen zwischen Principal und Agent. In Abhängigkeit des jeweils zugrundeliegenden Risikos bieten sich hier z. B. Reputation oder Probezeiten (bei adverse selection), Ergebnisbeteiligung (bei moral hazard) oder entsprechende Sicherheiten (bei hold up) an.

Vor diesem Hintergrund gilt es nun, Führungsinstrumente so zu gestalten und einzusetzen, daß sich bei möglichst geringen Agency-Kosten das Delegationsrisiko begrenzen läßt.

2. Implikationen für Führungsinstrumente

Die Frage stellt sich, welche Führungsinstrumente diesen Anforderungen gerecht werden können.

a) Informationssysteme

Die der Agency-Problematik zugrundeliegende asymmetrische Informationsverteilung kann der Führende zumindest teilweise beheben, wenn er sich – soweit wie möglich – Zugang zu den ihm fehlenden Informationen verschafft. Eine Möglichkeit hierzu besteht in dem gezielten Entwurf und Einsatz von Informationssystemen wie z. B. Budgetierungs- oder Berichts- und Dokumentationssystemen (*Eisenhardt* 1989, S. 61; *Picot* 1989).

Ähnlich wie die oben angesprochenen Zeugnisse und Bilanzen erfüllen sie die Funktion eines Signals, anhand dessen der Führende Informationen über die vom Geführten gewählten Tätigkeiten erhalten und damit zumindest dem Risiko des „moral hazard" entgegenwirken kann. Gegen dieses Instrument sprechen die mit ihm verbundenen Agency-Kosten, die bei Entwurf und Einsatz unweigerlich entstehen, sowie die teilweise sich ergebende Rückdelegation der Verantwortung.

b) Explizite Verhaltensnormen

Denkbar sind auch explizite Verhaltensnormen (z. B. *Laux* 1990), die „dem Agenten bestimmte beobachtbare Handlungen vorschreiben oder verbieten" (*Wenger/Terberger* 1988, S. 507). Mit „hidden action" und „hidden intention" zusammenhängende Risiken lassen sich dadurch begrenzen, die Situation ähnelt dann eher der Situation vollkommener Information. Sie bedingt gleichzeitig eine sehr starke Einschränkung des Handlungsspielraums des Geführten. Dies kann wiederum dazu führen, daß Handlungen nicht ausgeführt oder Informationen nicht weitergegeben werden, obwohl sie für die Zielerreichung des Führenden nützlich wären. Für diese entstehen damit neben dem erheblichen Aufwand für die Planung und explizite Darstellung dieser Verhaltensnormen zusätzliche Agency-Kosten i. S. von Wohlfahrtsverlusten.

c) Kontroll- und Überwachungssysteme

Der gezielte Einsatz von Kontroll- und Überwachungssystemen hilft, Risiken wie „moral hazard" und „adverse selection" zu begrenzen. Der Führende erhält durch sie zumindest einen annähernden Überblick über die Aktivitäten der Geführten und kann sich ein Bild über deren tatsächlichen Fähigkeiten machen. Neben den mit Gestaltung und Einsatz verbundenen Agency-Kosten besteht die Gefahr einer kontraproduktiven Wirkung auf die Geführten. Denkbar ist die Rückdelegation der übertragenen Aufgaben an den Führenden, die sich z. B. in ständiger Nachfrage und Absicherung bei ihm ausdrückt. Nicht auszuschließen ist zudem, daß das von den Geführten gewählte Aktivitätenniveau ohne Kontroll- und Überwachungsinstrumente höher wäre und damit möglicherweise stärker der Intention des Führenden entsprechen würde. Ähnlich wie zuvor entstehen dann für ihn zusätzliche Agency-Kosten i. S. von Wohlfahrtsverlusten.

d) Anreizsysteme

Bei der Gestaltung von Anreizsystemen (→*Anreizsysteme als Führungsinstrumente*) sind Entscheidungen über die Art der Anreize (materiell, immateriell etc.; für einen Überblick *Petersen* 1989), die Bemessungsgrundlage sowie die funktionale Beziehung zwischen Höhe der Anreize und Bemessungsgrundlage zu treffen (*Laux* 1990). Das Aktivitätenniveau des Geführten als Bemessungsgrundlage erscheint dann effizient, wenn sich die Aktivitäten kostenlos beobachten lassen. Ein bestimmtes Aktivitätenniveau läßt sich dann vereinbaren, bei dessen Erreichen der Geführte seine entsprechende Vergütung erhält (*Laux* 1990). Kann der Führende auf Grund von „hidden action" den Arbeitseinsatz des Geführten nicht feststellen, entsteht das Risiko des „moral hazard", so daß sich i. S. der oben angesprochenen Strategie der Interessenangleichung der erzielte Erfolg als Bemessungsgrundlage anbietet. Erfolgsorientierte Anreizsysteme verfolgen aus Sicht der Agency-Theorie im wesentlichen zwei Ziele (z. B. *Müller* 1993): Zum einen soll der Geführte motiviert werden, i. S. der Ziele und Interessen des Führenden zu handeln (Steuerungs- und Motivationsfunktion), zum anderen soll das mit der Zufallsabhängigkeit des Erfolges zusammenhängende Risiko in Abhängigkeit von der individuellen Risikoneigung auf beide Parteien verteilt werden (Funktion der paretooptimalen Risikoallokation). Zwischen diesen Zielen besteht ein Konflikt, wie folgendes Beispiel veranschaulichen kann (*Laux* 1990): Bei risikoneutralem Führenden und risikoaversem Geführten ist die Risikoallokation paretooptimal, wenn der Führende das gesamte Risiko übernimmt und der Geführte eine feste Vergütung für seine Tätigkeit erhält. Da diese vom Führenden nicht beobachtbar ist, ist nicht auszuschließen, daß der Geführte den geringstmöglichen Arbeitseinsatz wählt und damit nicht unbedingt i. S. der Interessen des Führenden handelt (*Laux/Schenk-Mathes* 1992). Eine paretooptimale Risikoallokation bedingt damit nicht automatisch eine i. S. des Führenden optimale Steuerung und Motivation des Geführten. Stärker motivieren läßt sich dieser durch eine direkt vom Erfolg abhängige Belohnung (→*Entgeltsysteme als Motivationsinstrument*). Sie läßt ihn gleichzeitig am Erfolgsrisiko partizipieren. Der risikoaverse Geführte wird dieses Risiko nur dann zu tragen bereit sein, wenn er dafür eine Risikoprämie erhält. Sie ist um so höher, je größer das Erfolgsrisiko, je stärker die Partizipation des Entscheidungsträgers und je höher seine Risikoaversion ist. Damit wird der Konflikt deutlich: Je höher der Erfolgsanteil des Geführten, desto stärker ist zwar seine Motivation, desto größer ist jedoch auch die von ihm geforderte Risikoprämie und damit die für den Führenden entstehenden Agency-Kosten.

Aus Sicht der Agency-Theorie besteht somit das Kernproblem darin, Anreizsysteme zu konstruieren, die in Abhängigkeit der Risikoeinstellungen beim Führenden und Geführten sowie in Abhängigkeit der Informationsmöglichkeiten des Führenden optimal sind (*Laux* 1990). Mit diesem Problem beschäftigt sich der Großteil der Agency-Literatur, der zumeist an Hand von mathematischen Modellen für unterschiedliche Agency-Situationen effiziente Anreizsysteme zu entwickeln versucht (z. B. *Laux* 1990; *Petersen* 1989; *Laux/Schenk-Mathes* 1992; *Müller* 1993; *Föhr* 1991).

e) Vertragsgestaltung

Den Agency-Situationen liegen i.d.R. Arbeitsverträge zugrunde. Auf Grund des Rahmenvertrag-Charakters eröffnen sie dem Geführten Verhaltensspielräume, die er möglicherweise opportunistisch ausnützt. Kann dies der Führende auf Grund von „sunk costs" (irreversible Investitionen bei Rekrutierung und Einstellung der Geführten), Kündigungsschutzbestimmungen oder unternehmensspezifischen Qualifikationen des Geführten nicht verhindern, liegt eine typische „hold up" Situation vor (*Alewell* 1994). Gelingt es dem Führenden, durch entsprechende Vertragsgestaltung eine gegenseitige Abhängigkeit herzustellen, kann er den Verhaltensspielraum des Geführten in eine von ihm gewünschte Richtung lenken und damit das „hold up" Risiko begrenzen. Durch die vertragliche Zusage von beispielsweise Pensionszusagen, Abfindungen oder ähnlichen Gegenleistungen, deren Inanspruchnahme an bestimmte zu erbringende Leistungen oder Dienstzeiten seitens des Geführten geknüpft ist, läßt sich eine bilaterale „hold up" Situation herstellen.

IV. Würdigung

Im Unterschied zu anderen Führungstheorien geht die Agency Theorie explizit von realitätsnahen Verhaltens- und Umweltannahmen aus. Damit stellt sie ein Instrument zur Verfügung, das einerseits hilft, Führungsprozesse innerhalb und außerhalb von Unternehmen besser zu verstehen und andererseits bei der konkreten Überprüfung und Gestaltung von Führungsinstrumenten wie insbesondere bei Anreizsystemen eine wertvolle Hilfe darstellen kann (z. B. *Sadowski* 1991).

Literatur

Alewell, D.: Informationsasymmetrien in Arbeitsverhältnissen. In: ZfB, 1994, S. 57–78.
Arrow, K. J.: The Economics of Agency. In: *Pratt, J. W./Zeckhauser, R. J.* (Hrsg.): Principals and Agents: The Structure of Business. Boston 1985, S. 37–51.
Coase, R. H.: The new institutional economics. In: Zeitschrift für die gesamte Staatswissenschaft, 1984, S. 229–231.
Dietl, H.: Institutionen und Zeit. Tübingen 1993.
Eisenhardt, K. M.: Agency Theory: An Assessment and Review. In: AMR, 1989, S. 57–74.
Föhr, S.: Ökonomische Analyse der internen Organisation. Wiesbaden 1991.
Grossman, S. J./Hart, O. D.: An Analysis of the Principal-Agent Problem. In: Econometrica 1983, S. 7–45.
Jensen, M. C./Meckling, W. H.: Theory of the Firm: Managerial Behavior, Agency Costs and Ownership Structure. In: The Journal of Financial Economics, 1976, S. 305–360.
Kupsch, P. U./Marr, R.: Personalwirtschaft. In: *Heinen, E.* (Hrsg.): Industriebetriebslehre: Entscheidungen im Industriebetrieb. Wiesbaden 1991, S. 623–767.
Laux, H.: Risiko, Anreiz und Kontrolle: Principal-Agent-Theorie. Heidelberg 1990.
Laux, H./Schenk-Mathes, H. Y.: Lineare und nichtlineare Anreizsysteme – Ein Vergleich möglicher Konsequenzen. Heidelberg 1992.
March, J. E./Simon, H. A.: Organizations. New York et al. 1958.
Milgrom, P./Roberts, J.: Economics, Organization and Management. New Jersey 1992.
Müller, C.: Betriebliche Anreizsysteme aus der Sicht der volkswirtschaftlichen Agency-Theorie. Duisburg 1993.
Petersen, T.: Optimale Anreizsysteme – Betriebswirtschaftliche Implikationen der Prinzipal-Agenten-Theorie. Wiesbaden 1989.
Picot, A.: Zur Bedeutung allgemeiner Theorieansätze für die betriebswirtschaftliche Information und Kommunikation: Der Beitrag der Transaktionskosten- und Principal-Agent-Theorie. In: *Kirsch, W./Picot, A.* (Hrsg.): Die Betriebswirtschaftslehre im Spannungsfeld zwischen Generalisierung und Spezialisierung. Wiesbaden 1989, S. 361–779.
Picot, A.: Ökonomische Theorien der Organisation – Ein Überblick über neuere Ansätze und deren betriebswirtschaftliches Anwendungspotential. In: *Ordelheide, D./Rudolph, B./Büsselmann, E.* (Hrsg.): Betriebswirtschaftslehre und ökonomische Theorie. Stuttgart 1991, S. 143–170.
Picot, A.: Organisation. In: *Bitz et al.* (Hrsg.): Vahlens Kompendium der Betriebswirtschaftslehre, Band 2, 3. A., München 1993, S. 101–174.
Ross, S. A.: The Economic Theory of Agency: The Principal's Problem. In: The American Economic Review, Papers and Proceedings 63, 1973, S. 134–139.
Sadowski, D.: Humankapital und Organisationskapital – Zwei Grundkategorien einer ökonomischen Theorie der Personalpolitik in Unternehmen. In: *Ordelheide, D./Rudolph, B./Büsselmann, E.* (Hrsg.): Betriebswirtschaftslehre und ökonomische Theorie. Stuttgart 1991, S. 127–141.
Wenger, E./Terberger, E.: Die Beziehung zwischen Agent und Prinzipal als Baustein einer ökonomischen Theorie der Organisation. In: WiSt, 1988, S. 506–514.
Wunderer, R./Grunwald, W.: Führungslehre. Bd. I. Berlin 1980.

Anerkennung und Kritik als Führungsinstrumente

Hugo Kossbiel

[s. a.: Führungstheorien – Soziale Lerntheorie; Kommunikation als Führungsinstrument; Menschenbilder und Führung; Motivation als Führungsaufgabe; Sanktionen als Führungsinstrument; Sprache in der Führung; Transaktionsanalyse und Führung.]

I. Begriffsklärungen; II. Formen von Anerkennung und Kritik; III. Ziele und Wirkungen von Anerkennung und Kritik; IV. Theoretische Zugänge zu Anerkennung und Kritik als Führungsinstrumente.

I. Begriffsklärungen

(1) Unter *Anerkennung* (Kritik) verstehen wir „jede Verhaltensweise einer Person oder Personengruppe, mit der sie einer anderen Person oder Personengruppe gegenüber zum Ausdruck bringen will, daß sie deren Verhalten oder Verhaltensergebnis positiv (negativ, d. V.) bewertet" (*v. Rosenstiel* 1973, Sp. 22). Anerkennung und *Kritik* werden dabei als Gegensatzpaar verwendet. Die Auffassung, daß der Begriff Kritik sich „nur auf verbale Stellungnahmen zu einem negativen Ereignis" (*v. Rosenstiel* 1973, Sp. 23) beziehe, wird damit nicht geteilt. Kritik kann ebenso wie Anerkennung durch Gestik (z. B. Abwinken), Mimik (z. B. Stirnrunzeln) sowie anderes nonverbales Verhalten (z. B. Abwenden) geäußert werden.

(2) Unter Führungsinstrumenten verstehen wir die Klasse jener Handlungen, die von Personen in Führungspositionen als geeignet angesehen werden, Einfluß auf das Verhalten der ihnen unterstellten Personen auszuüben. Anerkennung und Kritik als Führungsinstrumente zu betrachten, heißt demnach, sie als Verhaltensweisen von Vorgesetzten zu begreifen, mit denen diese das Ziel verfolgen, auf das Verhalten ihrer Mitarbeiter einzuwirken.

II. Formen von Anerkennung und Kritik

Die Möglichkeiten, Anerkennung und Kritik auszudrücken, sind vielfältig. Will ein Vorgesetzter einem Mitarbeiter wegen dessen überdurchschnittlicher Leistung Anerkennung zollen, so kann er ihm auf die Schulter klopfen, ihn loben, ihn privat einladen, ihm zusätzlichen Urlaub gewähren, ihn für eine Gehaltserhöhung oder Beförderung vorschlagen, ihm eine neue interessantere und verantwortungsvollere Aufgabe übertragen, ihm mehr

Freiheiten bei der Aufgabenerledigung einräumen usw. Im Grunde genommen läßt sich jede person- oder gruppenbezogene Darbietung eines vom Vorgesetzten positiv eingeschätzten Anreizes, aber auch jede person- oder gruppenbezogene Beseitigung eines vom Vorgesetzten negativ eingeschätzten Anreizes als Ausdruck der Anerkennung interpretieren, soweit diese Darbietung und Beseitigung in einem Grund-Folge-Zusammenhang mit einem vorgängigen, positiv bewerteten Verhalten der Adressaten steht. In ähnlich vielfältiger Weise kann ein Vorgesetzter Kritik üben, indem er z. B. einem wiederholt zu spät kommenden Mitarbeiter seine Mißbilligung durch einen strafenden Blick zu verstehen gibt, ihn zur Rede stellt, ihn nach Dienstschluß nacharbeiten läßt, ihn schriftlich abmahnt, ihn bei der nächsten Gehaltsrunde übergeht, ihm eine anspruchsvolle Aufgabe entzieht u. a. m.

Welche Form und welche Ausprägung der Anerkennung und Kritik ein Vorgesetzter wählt, ist nicht nur eine Frage des „Temperaments", sondern maßgeblich mitbestimmt von dem Verhalten, das anerkannt oder kritisiert werden soll, von der Person des Mitarbeiters (→*Motivation als Führungsaufgabe*), von dem sozio-ökonomischen und sozio-kulturellen Kontext, vom Führungsleitbild sowie vom Menschenbild (→*Menschenbilder und Führung*) und nicht zuletzt von Aufwands- und Ertragserwägungen des Vorgesetzten.

Das Anerkennung oder Kritik auslösende Mitarbeiterverhalten spielt vor allem unter dem Aspekt der Reaktionsangemessenheit, und zwar in thematischer, in intensitätsmäßiger und in temporaler Hinsicht eine Rolle. So würde es z. B. weder der Art noch der Ausprägung (Verhältnismäßigkeit!) nach als angemessen gelten, wenn ein Vorgesetzter das einmalige Zuspätkommen eines Mitarbeiters mit einem scharfen schriftlichen Verweis (→*Sanktionen als Führungsinstrumente*) ahnden würde. Als unangemessen würde es aber auch empfunden werden, wenn ein Mitarbeiter für die Erledigung eines Routineauftrages unter ganz normalen Bedingungen öffentlich ausgezeichnet würde. Schließlich können auch die verzögert geäußerte Anerkennung oder Kritik eines Verhaltens, das ein spontanes Reagieren des Vorgesetzten nahelegt, als nicht (mehr) adäquat angesehen werden.

Form und Ausprägung von Anerkennung und Kritik hängen von der Person des Adressaten ab, wenn ein Vorgesetzter auf vergleichbares Verhalten unterschiedlich reagiert, je nachdem an wen sich die Anerkennung bzw. Kritik richtet. Alter, Geschlecht, wahrgenommene Sensibilität, persönliche Wertschätzung, sozialer Status des Mitarbeiters u. a. m. kommen dabei als Differenzierungskriterien in Betracht.

Art und Ausmaß von Anerkennung und Kritik werden mitbestimmt von sozio-ökonomischen Bedingungen und sozio-kulturellen Normen. In Phasen der wirtschaftlichen Entwicklung, in der Arbeitskräfte knapp sind, wird Kritik tendenziell zurückhaltender und Anerkennung bereitwilliger geäußert als in Phasen, in denen Arbeitskräfte leichter ausgetauscht werden können. Den Einfluß sozio-kultureller Normen kann man etwa an der sozialen Ächtung anderswo oder ehemals akzeptierter, hier und heute aber als exzessiv eingeschätzter Formen der Kritik (z. B. „Ohrfeigen", „Anschnauzen"), aber auch an der Ablehnung nicht mehr zeitgemäßer Formen der Anerkennung (z. B. Auszeichnung mit Urkunden für besondere Verdienste) ablesen.

Vorstellungen von Vorgesetzten darüber, „wie Führungskräfte sein sollten" (Führungsleitbild), das heißt welches (stereotype) Grundverständnis vom Verhältnis zwischen Führenden und Geführten sie verinnerlicht haben, und „wie Mitarbeiter sind" (*Menschenbild*), das heißt welche Motive und Qualitäten sie haben, dürfte das Anerkennungs- und Kritikverhalten von Führungskräften entscheidend prägen. So wird ein patriarchalischer Vorgesetzter Anerkennung und Kritik in anderer Weise (Wortwahl, Tonfall) artikulieren als ein kollegialer Vorgesetzter. Ähnlich unterschiedlich dürften die Reaktionsweisen von Vorgesetzten sein, die in ihren Mitarbeitern nur an monetären Anreizen interessierte „Drückeberger" (Theorie X, McGregor 1960) sehen, im Vergleich zu solchen, die ihre Mitarbeiter für verantwortungsbewußt und leistungsmotiviert halten (Theorie Y, McGregor 1960). Bedeutsam scheinen in diesem Zusammenhang auch die normativen Erwartungen zu sein, denen sich der Vorgesetzte von seiten seiner Vorgesetzten und Mitarbeiter ausgesetzt sieht.

Über die bereits genannten Einflußfaktoren hinaus hängen Anerkennung und Kritik auch von Aufwands- und Ertragsüberlegungen (nicht notwendig im ökonomischen Sinne) des Vorgesetzten ab. Fragen wie die, ob sich der mit der Anerkennung und Kritik verbundene Aufwand an Zeit, Energie oder Geld überhaupt lohnt bzw. wie Anerkennung und Kritik dosiert sein müssen, damit sie sich lohnen, gehören hierher. Eine Anerkennung, die nicht erwünscht ist, bzw. eine Kritik, die „auf taube Ohren stößt", verfehlen ihr Ziel, das Verhalten der Mitarbeiter zu beeinflussen. Diese Betrachtungen leiten über zu der Frage nach den Wirkungen von Anerkennung und Kritik als *Führungsinstrument*.

III. Ziele und Wirkungen von Anerkennung und Kritik

Soweit Anerkennung und Kritik als Führungsinstrumente eingesetzt werden, geschieht dies mit dem Ziel, das Verhalten von Mitarbeitern zu beeinflussen. Nun knüpfen Anerkennung und Kritik jedoch an bereits stattgefundenes und insofern nicht mehr beeinflußbares Verhalten an. Es stellt sich also die Frage, ob bzw. wie „zukünftiges" Verhalten durch die genannten Führungsinstrumente beeinflußt werden kann. Hierzu ist folgendes festzustellen:

(1) Anerkennung und Kritik informieren darüber, wie das Verhalten des Mitarbeiters vom Vorgesetzten aufgenommen und bewertet worden ist, und bieten damit Anhaltspunkte für künftiges Verhalten (Orientierungsfunktion).

(2) Anerkennung und Kritik sind (zumindest der Intention nach) Anreize mit positiver bzw. negativer Instrumentalität (Dienlichkeit, Bedrohlichkeit) für das Bedürfnis nach (Fremd-)Achtung. Hoffnung auf Anerkennung und Furcht vor Kritik bestimmen als positive und negative Erwartungsemotionen das zukünftige Verhalten von Personen (Motivationsfunktion). Dabei brauchen Anerkennung und Kritik nicht einmal selbst erfahren worden zu sein, vielfach genügen schon Vermutungen, Versprechungen und Drohungen.

Ob Anerkennung und Kritik sowohl ihre Orientierungs- als auch ihre Motivationsfunktion erfüllen, ist an verschiedene Voraussetzungen gebunden. Für die Orientierungsfunktion ist zunächst wichtig, daß Anerkennung und Kritik vom Betroffenen als solche wahrgenommen werden und der Bezug zum anerkannten oder kritisierten Verhalten durch inhaltliche Klarheit und zeitliche Nähe gewahrt ist.

Ein wesentlicher Unterschied zwischen Anerkennung und Kritik besteht nun darin, daß sich mit der Äußerung von Anerkennung unmittelbar die Nachricht verbindet, welches Verhalten – vielleicht sogar wie stark – erwünscht ist, während die Äußerung von Kritik zunächst nur darüber informiert, welches Verhalten nicht erwünscht ist. Damit bleibt ohne Zusatzinformation bei der Kritik offen, welche *Verhaltenskorrekturen* beim Adressaten normativ erwartet werden, es sei denn, daß der Kontext in dieser Hinsicht eindeutig ist.

Ob und in welchem Ausmaß Anerkennung und Kritik auch *Motivationswirkung* erzielen, hängt zunächst davon ab, ob die als positive und negative Stimuli gemeinten Verhaltensreaktionen des Vorgesetzten vom Mitarbeiter vergleichbare Bewertungen erfahren. Hierbei spielt sowohl der überdauernde Ausprägungs- als auch der aktuelle Deprivationsgrad des Fremdachtungsbedürfnisses eine Rolle. Nicht zu unterschätzen ist zudem der Einfluß, der vom anerkennenden oder kritisierenden Vorgesetzten selbst ausgeht. So wird die Anerkennung oder Kritik durch einen als unfähig oder böswillig eingeschätzten Vorgesetzten vielfach keinerlei motivierende Wirkung auf das Verhalten der Mitarbeiter ausüben. Besonders schwierig einzuschätzen ist die motivationale Wirkung von Anerkennung und Kritik durch den Vorgesetzten dann, wenn andere Bezugspersonen oder Bezugsgruppen (Kollegen, Untergebene) das Verhalten des Betroffenen mit gegensätzlichen Reaktionen belegen.

Bedeutungsvoll im Zusammenhang mit der motivationalen Kraft von Anerkennung und Kritik ist auch die sog. *„psychische Distanz"* (*Heckhausen* 1963), die der Mitarbeiter zu solchen Reaktionsweisen seines Vorgesetzten hat. Die „psychische Distanz" bildet sich auf der Grundlage der Vorstellung, wie bald (Zeitaspekt) und wie sicher (Wahrscheinlichkeitsaspekt) der Betroffene mit der Anerkennung bzw. Kritik des Vorgesetzten als Konsequenz seines Verhaltens rechnet. Tendenziell gilt: Je größer die zeitliche Entfernung der Reaktion des Vorgesetzten vom Verhalten des Mitarbeiters und je geringer die Wahrscheinlichkeit ist, daß der Vorgesetzte auf das Verhalten des Mitarbeiters reagiert, um so geringer ist c. p. die motivationale Wirkung von Anerkennung und Kritik. Auf die so verstandene psychische Distanz haben die eigenen und von anderen mitgeteilten Erfahrungen bezüglich der Verhaltensweisen des Vorgesetzten (erkannte Reaktionsmuster) einen bestimmenden Einfluß. Insofern spielen Konsistenz und damit Erwartbarkeit anerkennenden und kritisierenden Verhaltens des Vorgesetzten eine große Rolle.

IV. Theoretische Zugänge zu Anerkennung und Kritik als Führungsinstrumente

Für eine theoretische Auseinandersetzung mit Anerkennung und Kritik kommen verschiedene Ansätze in Betracht, die hier nur kurz skizziert werden können:

1. Ein kybernetischer Ansatz

Aus kybernetischer Sicht lassen sich Anerkennung und Kritik als Elemente eines *Regelkreises* interpretieren, in dem dem Vorgesetzten die Rolle des sog. „Reglers", dem Mitarbeiter die Rolle der sog. „Regelstrecke" zukommt, jener Einheit also, deren Verhalten beeinflußt werden soll (vgl. Abb. 1). Die hinter diesem Modell stehende Idee läßt sich wie folgt verdeutlichen: Das (tatsächliche) Verhalten eines Mitarbeiters wird vom Vorgesetzten wahrgenommen und mit dem normativ erwarteten Verhalten verglichen. Werden die Verhaltensstandards erfüllt, dann wird der Vorgesetzte eine positive (Anerkennung), werden sie nicht erfüllt, eine negative Rückmeldung (Kritik) an den Mitarbeiter geben. Im ersten Fall soll das Verhalten des Mitarbeiters stabilisiert, im zweiten Fall korrigiert werden. Dabei wird in dem Modell berücksichtigt, daß das Verhalten des Mitarbeiters nicht nur von dessen (unbekannter) Persönlichkeitsstruktur und von „steuernden" Eingriffen des Vorgesetzten abhängt, sondern auch von situativen Einflüssen, z. B. solchen der physischen und sozialen Umwelt.

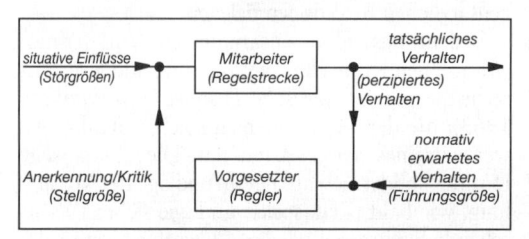

Abb. 1: Anerkennung und Kritik im Regelkreismodell

Anerkennung und Kritik haben in diesem Modell den Charakter von Rückkopplungs- oder Feedback-Informationen und bilden zusammen mit der Wahrnehmung und Bewertung des tatsächlichen Verhaltens eine sog. Feedback-Schleife, über die das Verhalten des Mitarbeiters „geregelt" wird.

Obwohl diesem Modell prima facie eine hohe Plausibilität zugesprochen werden kann, hat es eine entscheidende Schwäche: Das Regelkreis-Modell ist ein formales Modell, das keinerlei inhaltliche Aussagen über die Beschaffenheit seiner konstituierenden Elemente enthält. Mitarbeiter und Vorgesetzter werden als „black boxes" – als irgendwie funktionierende Einheiten – betrachtet.

2. Ein lerntheoretischer Ansatz

In lerntheoretischer Sichtweise (→*Führungstheorien – Soziale Lerntheorie*) sind Anerkennung und Kritik zunächst nichts anderes als von einer Person oder einer Personengruppe dargebotene Stimuli (Reize), die auf das Verhalten einer anderen Person oder Personengruppe folgen. Gegenstand der Lerntheorie behavioristischer Prägung ist die Frage, ob und wie solche dem Verhalten folgenden Stimuli (Verhaltenskonsequenzen) auf künftiges Verhalten wirken.

Für die folgenden Überlegungen sei vorausgesetzt, daß Anerkennung durch den Vorgesetzten für die Mitarbeiter eine Belohnung (einen positiven Stimulus) und Kritik durch den Vorgesetzten eine Bestrafung (einen negativen oder aversiven Stimulus) darstellen. Daß diese Voraussetzung nicht zutreffen muß, wurde an früherer Stelle (untüchtige, unbeliebte Vorgesetzte) bereits angedeutet.

Die Lerntheorie (*Opp* 1972) unterscheidet vier Arten von Belohnungen und Bestrafungen, und zwar:

- „positive" Belohnung: Präsentation eines positiven Stimulus (z. B. Anerkennung)
- „negative" Belohnung: Elimination eines negativen Stimulus (z. B. Einstellung von Kritik)
- „positive" Bestrafung: Präsentation eines negativen Stimulus (z. B. Kritik)
- „negative" Bestrafung: Elimination eines positiven Stimulus (z. B. Entzug von Anerkennung).

In bezug auf diese Unterscheidungen kann die folgende Aussage als gut bestätigt gelten: Sowohl die positive als auch die negative Belohnung, Belohnung schlechthin, wirkt sich positiv verstärkend auf das belohnte Verhalten aus, d. h. die Häufigkeit, mit der das belohnte Verhalten auftritt, steigt. Als nicht hinreichend bestätigt muß dagegen die Aussage gelten, daß Bestrafung die Häufigkeit, mit der das bestrafte Verhalten auftritt, senkt. Zur Erklärung der Tatsache, daß sich hinsichtlich der Wirkung von Bestrafungen auf das Verhalten keine generellen Aussagen machen lassen, wird z. T. damit argumentiert, daß Verhalten im sozialen Bereich häufig *gleichzeitig* belohnt und bestraft wird (*Opp* 1972). Ein solches Argument dürfte allerdings auch den Grad der Bewährung der Hypothese über die Wirkung von Belohnungen nicht unberührt lassen.

Eine der wichtigsten Fragestellungen, mit denen sich die Lerntheorie befaßt, bezieht sich auf die Bedeutung erfahrener Verhalten-Konsequenzen-Kopplungen für das Verhalten von Individuen. Besonders geht es dabei um das Erkennen der Wirkungen unterschiedlicher Konsequenzen-Muster.

Folgende Belohnungsmuster werden untersucht (die Bestrafungsmuster sind analog definiert):

(1) Kontinuierliche Belohnung (jedes Verhalten einer bestimmten Art wird belohnt), Beispiel: Ein Vorgesetzter lobt einen Mitarbeiter jedesmal, wenn dieser ihm die Tür aufhält.
(2) Diskontinuierliche Belohnung, mit den Unterfällen
  (a) fixe Raten- oder Quotenverstärkung, Beispiel: Für jeden fünften Neuabonnenten erhält der Zeitschriftenwerber vom Vorgesetzten eine besondere Prämie.
  (b) fixe Intervallverstärkung, Beispiel: Jeden Freitag, kurz vor Dienstschluß, informiert sich der Vorgesetzte, welche seiner Mitarbeiter noch an ihrem Schreibtisch arbeiten; diese werden von ihm gelobt.
  (c) variable Raten- oder Quotenverstärkung, Beispiel: Jeder sechste bis zehnte Bericht eines Reisenden über durchgeführte Kundenbesuche wird vom Vertriebsleiter genauer analysiert und mit anerkennenden Worten bedacht.
  (d) variable Intervallverstärkung, Beispiel: Einmal in der Woche kommt der Vorgesetzte früher als üblich ins Büro; die vor Dienstbeginn eintreffenden Mitarbeiter werden von ihm persönlich begrüßt.

Hinsichtlich der Wirkungsweise der unterschiedenen Belohnungsmuster sind in der Lerntheorie eine Reihe von Hypothesen entwickelt worden, die hier nur sehr verkürzt und komprimiert referiert werden können (*Opp* 1972):

(1) Je seltener bei Ratenverstärkung und je häufiger bei Intervallverstärkung belohnt wird, um so häufiger wird das belohnte Verhalten gezeigt.

(2) Variable Verstärkungen führen zu stabileren Verhaltensmustern als fixe Verstärkungen.

Die Kenntnis dieser Zusammenhänge zwischen Belohnungsmuster und Verhaltensweisen bildet die theoretische Basis des sog. „Kontingenzmanagement" (*Neuberger* 1984), in dessen Rahmen sozialtechnologische Folgerungen aus den lerntheoretischen Aussagen gewonnen und angewendet werden.

Ähnlich wie im kybernetischen Modell wird der Mensch auch im lerntheoretischen Ansatz als „black box" betrachtet. Zudem erinnern Bemühungen, Verhaltensänderungen bei Mitarbeitern durch eine Sozialtechnologie herbeizuführen, die aus lerntheoretischen Aussagen abgeleitet wird, mit peinlicher Deutlichkeit an „Dressurakte". Sie werden daher auch unter ethischen Gesichtspunkten stark kritisiert. Ihre Verfechter begegnen dieser Kritik mit der Forderung nach Einhaltung bestimmter Prinzipien beim Einsatz lerntheoretisch fundierter Beeinflussungstechniken, die sich auf deren Offenlegung und Begründung sowie auf ihre Akzeptanz durch alle Beteiligten beziehen.

3. Ein transaktionsanalytischer Ansatz

Im Gegensatz zu den bisher referierten Ansätzen wird die Persönlichkeit beteiligter Individuen im transaktionsanalytischen Ansatz (→*Transaktionsanalyse und Führung*) stark betont. Unter Transaktion wird dabei eine soziale Interaktion im Sinne einer Stimulus-Reaktions-Folge verstanden, die sich zwischen zwei Personen abspielt. Im hier diskutierten Zusammenhang sind Anerkennung und Kritik als Stimuli zu interpretieren.

Grundlage der Transaktionsanalyse (*Berne* 1975) ist die Annahme, daß drei Ich-Zustände für das Verhalten des Menschen maßgeblich sind. Bei diesen Ich-Zuständen handelt es sich um „kohärente Gedanken- und Gefühlssysteme, die durch entsprechende Verhaltensmuster zum Ausdruck gebracht werden" (*Berne* 1975, S. 26). Im einzelnen werden unterschieden:

– Das Eltern-Ich (EL) mit seinen beiden Seiten, dem fürsorglichen (natürlichen) und dem kritischen (kontrollierenden) Eltern-Ich: Es handelt sich hierbei um die „Kondensate" der elterlichen Erziehung (wie „man" sein soll, wie „man" sich verhalten soll usw.).
– Das Erwachsenen-Ich (ER): Es handelt sich hierbei um die „Kondensate" bisheriger Erfahrungen mit der Realität (was möglich ist, was wahrscheinlich passiert). Das Erwachsenen-Ich ist die kritische Instanz, die die aus dem Eltern- und dem Kindheits-Ich kommenden Verhaltensimpulse auf situative Angemessenheit überprüft (*Schulz von Thun* 1984).
– Das Kindheits-Ich (K) mit seinen drei Seiten, dem natürlichen (ausgelassen, verspielt, spontan), dem angepaßten (gehorsam, unterwürfig) und dem rebellischen Kindheits-Ich (trotzig, patzig, wehleidig): Es handelt sich um Reaktionsweisen, die sich aus einer früheren Lebensphase (drei bis fünf Jahre) erhalten haben.

Jede der drei Ich-Zustände kann das Verhalten der Transaktionspartner bestimmen. Dabei ist sowohl der Stimulus (S) als auch die Reaktion (R) als Nachricht (Beispiel: EL → K) zu verstehen, die von einem der drei Ich-Zustände des Senders (Beispiel: EL) ausgeht, und sich an einen der drei Ich-Zustände des Empfängers (Beispiel: K) richtet. *Berne* unterscheidet vier verschiedene Typen von Transaktionen (vgl. Abb. 2).

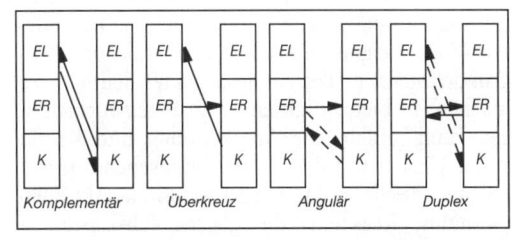

Abb. 2: Typen von Transaktionen (Berne)

(1) Komplementär-Transaktion: Beide Partner legen der Interaktion die gleiche Ich-Zustands-Dyade zugrunde.

Beispiel:
Vorgesetzter (S): „Können Sie nicht zuhören, wenn ich Ihnen etwas sage?" (EL → K); Mitarbeiter (R): „Entschuldigen Sie bitte, es wird nicht wieder vorkommen." (K → EL).

(2) Überkreuz-Transaktion: Die beiden Partner legen der Interaktion unterschiedliche Ich-Zustands-Dyaden zugrunde.

Beispiel (sog. Übertragung):
Vorgesetzter (S): „Ich habe mich gefreut, daß Sie den Bericht gestern noch abgeschlossen haben." (ER → ER); Mitarbeiter (R): „Sie haben gut reden, ich habe bis nachts 1 Uhr daran gesessen." (K → EL).

(3) Angulär-Transaktion: Ein Stimulus ist einmal offen, einmal verdeckt an zwei verschiedene Ich-Zustände des Empfängers adressiert. Der Empfänger kann mit einem der beiden Ich-Zustände reagieren, aber auch mit dem dritten nicht angesprochenen.

Beispiel:
Vorgesetzter (S): „Ich bin Ihnen dankbar, daß Sie mir so offen Ihre Meinung gesagt haben." (ER → ER). (Verdeckt: „Es ist eigentlich unpassend, daß ein Mitarbeiter seinen Vorgesetzten in dieser Weise kritisiert." (ER → K)); Mitarbeiter (R): „Ich glaube, ich muß mich entschuldigen, ich werde mich künftig mehr zurückhalten." (K → ER).

(4) Duplex-Transaktion: Ähnlich wie bei der Angulär-Transaktion spielt sich die Interaktion – offen und verdeckt – auf zwei Ebenen ab, die hier aber nicht miteinander verschränkt sind. Es gibt zwei klar getrennte Ebenen, eine soziale (offene) und eine psychische (verdeckte).

Beispiel:
a) Offene Transaktion: Vorgesetzter (S): „Sie haben die Vorlage wieder mit viel Zahlenmaterial angereichert." (ER → ER); Mitarbeiter (R): „Ja, ich finde auch, daß Zahlen eine große Ausdruckskraft besitzen." (ER → ER).

b) Verdeckte Transaktion: Vorgesetzter (S): „Ihnen fehlt – wie immer – der Blick für das Wesentliche." (EL → K); Mitarbeiter (R): „Sie können eben nicht mit Zahlen umgehen." (K → EL).

Der in psychoanalytischer Tradition stehende transaktionsanalytische Ansatz scheint in besonderer Weise geeignet, die sozialen Interaktionen zugrundeliegenden Beziehungsaspekte deutlich zu machen. Er bietet zugleich Erkärungen für gelungene und mißlungene Anerkennung und Kritik, deren Ursachen auf der Beziehungsebene liegen. Solange die Interaktionspartner ihren Aktionen (Stimulus; Reaktion) die gleiche Ich-Zustands-Dyade zugrundelegen wie im Fall der Komplementär-Transaktion und in gewisser Weise auch der Duplex-Transaktion, sind kommunikative Störungen kaum zu erwarten. Unterlegen die Transaktionspartner ihren Aktionen dagegen unterschiedliche Ich-Zustands-Dyaden wie bei der Überkreuz-Transaktion, so ist eher mit Störungen, wenn nicht gar mit Abbrüchen der Interaktion zu rechnen. Mit diesen Feststellungen ist über die Qualität, insbesondere die Situationsangemessenheit kommunikativer Akte überhaupt nichts ausgesagt: In Gefahrensituationen z. B. vermag das rechtzeitige Kreuzen von Transaktionen (Herbeiführung einer Überkreuz-Transaktion) mehr zur Verhinderung von Eskalation oder Panik beizutragen als die Aufrechterhaltung von Komplementär-Transaktionen. Insoweit repräsentieren die Transaktionstypen auch taktisch oder strategisch nutzbare Einflußpotentiale (s. dazu die Ausbildung von Passagierbetreuern auf Schiffen und Flugzeugen). Am wenigsten eindeutig bezüglich der Konsequenzen sind die sog. Angulär-Transaktionen, da die Reaktion auf den Stimulus sowohl auf der offenen als auch auf der verdeckten Beziehungsebene erfolgen kann, ohne daß die Interaktion gestört wird. Erst wenn die Reaktion weder vom offenen noch vom verdeckt adressierten Ich-Zustand ausgeht, sind Interaktionsprobleme zu erwarten.

4. Ein kommunikations-psychologischer Ansatz

Einen sehr breiten theoretischen Zugang zu Anerkennung und Kritik ermöglicht der kommunikations-psychologische Ansatz (in der Version von *Schulz von Thun*), zumal sich Erkenntnisse anderer theoretischer Ansätze, z. B. des transaktionsanalytischen und kybernetischen, mühelos integrieren lassen. Anerkennung und Kritik werden dabei als Nachrichten verstanden, die von einem Sender (hier: Vorgesetzter) an einen Empfänger (hier: Mitarbeiter) gerichtet werden.

Das „Herzstück" des Ansatzes bildet das sog. Vier-Seiten-Modell der Kommunikation (vgl. Abb. 3), einer Weiterentwicklung von Überlegungen, die auf *Bühler* (1934) (→*Sprache in der Führung*) und *Watzlawick* und *Beaven* (1969) zurückgehen.

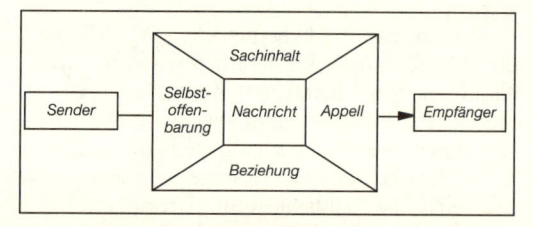

Abb. 3: Das Vier-Seiten-Modell der Kommunikation (Schulz von Thun)

Nach diesem Modell läßt sich jede zwischenmenschliche Kommunikation sowohl vom Standpunkt des Senders als auch vom Standpunkt des Empfängers der Nachricht unter den folgenden vier Aspekten beschreiben und analysieren:

(1) Dem Sachinhaltsaspekt: Er betrifft die Frage, was der Sender mit der Nachricht sachlich mitteilt.

(2) Dem Selbstoffenbarungsaspekt: Er betrifft die Frage, was der Sender mit der Nachricht über sich selbst aussagt.

(3) Dem Beziehungsaspekt: Er betrifft die Frage, was der Sender mit der Nachricht über sein Verhältnis zum Empfänger kundtut.

(4) Dem Appellaspekt: Er betrifft die Frage, was der Sender mit der Nachricht beim Empfänger bewirken will.

Beispiel:
Der Vorgesetzte (Sender) sagt zu seinem Mitarbeiter (Empfänger): „Ich finde es gut, daß Sie dem Fehler nachgegangen sind."

Sachinhaltsaspekt: „Ich habe bemerkt, daß Sie einem Fehler nachgegangen sind, und bewerte dieses Verhalten positiv."

Selbstoffenbarungsaspekt (z. B.): „Ich achte darauf, was meine Mitarbeiter tun und wie sie es tun; ich überlasse sie nicht sich selbst."

Beziehungsaspekt (z. B.): „Ich schätze Sie als einen gewissenhaften Mitarbeiter."

Appellaspekt (z. B.): „Machen Sie so weiter!"

Das Hauptanliegen des kommunikations-psychologischen Ansatzes von *Schulz von Thun* besteht darin, die Vorgänge zwischen Sender und Empfänger von Nachrichten, insbesondere die Gründe für gestörte und ungestörte Kommunikation offenzulegen (Erklärungsfunktion) und daraus Empfehlungen für eine Verbesserung kommunikativer Prozesse abzuleiten (Gestaltungsfunktion). Im einzelnen werden die folgenden Elemente von Kommunikation betrachtet:

(1) Die Nachricht, die vom Sender ausgeht, mit ihren expliziten und impliziten, ihren verbalen und nonverbalen Botschaften sowie ihre innere Stimmigkeit (kongruente und inkongruente Nachrichten).

(2) Die Nachricht, die beim Empfänger ankommt, vor dem Hintergrund bestimmter Empfangsgewohnheiten (partielle Wahrnehmung von Botschaften) und Störquellen (Verständigungsprobleme, Stereotype).
(3) Die Interaktion als wechselseitiger Austausch von Nachrichten zwischen zwei oder mehreren Personen (gegenseitige Beeinflussung, unterschiedliche Interpretation von Ursachen und Wirkungen in bezug auf Ereignisfolgen).
(4) Die Metakommunikation als Kommunikation über Kommunikation.

Der kommunikations-psychologische Ansatz, der der humanistischen Psychologie zuzurechnen ist, kann als eine „eingängige" und zugleich erklärungskräftige Theorie auch für kommunikative Akte vom Typ der Anerkennung und Kritik bezeichnet werden. Dieses Urteil stützt sich zum einen auf das bereits erwähnte Integrationsvermögen in bezug auf andere Theorieansätze, zum anderen auf das bereitgestellte Instrumentarium zur Analyse kommunikativer Akte (Nachrichten) und kommunizierender Partner (Sender, Empfänger). Zudem können Gestaltungsempfehlungen zur Führung von Anerkennungs- und Kritikgesprächen mit diesem Ansatz plausibler begründet werden als mit Argumenten „aus der (theorie-)hohlen Hand".

Literatur

Berne, E.: Was sagen Sie, nachdem Sie „Guten Tag" gesagt haben? – Psychologie des menschlichen Verhaltens. München 1993.
Bühler, K.: Sprachtheorie. Jena 1934.
Grochla, E./Lehmann, H./Fuchs, H.: Einführung in die systemtheoretisch-kybernetisch orientierten Ansätze. In: *Grochla, E.* (Hrsg.): Organisationstheorie. 2. Tbd., Stuttgart 1976, S. 532–541.
Hacker, W.: Allgemeine Arbeits- und Ingenieurpsychologie. Psychische Struktur und Regulation von Arbeitstätigkeiten. 2. A., Berlin et al. 1978.
Heckhausen, H.: Eine Rahmentheorie der Motivation in zehn Thesen. In: Zeitschrift für angewandte und experimentelle Psychologie, 10. Jg., 1963, S. 604–628.
Heinzel, H./Heinzel, F.: Zielwirksam führen aus transaktionsanalytischer Sicht. 2. A., Grafenau 1990.
Kieser, A./Kubicek, H.: Organisation. 3. A., Berlin, New York 1992.
Kossbiel, H.: Personalbereitstellung und Personalführung. In: *Jacob, H.* (Hrsg.): Allgemeine Betriebswirtschaftslehre – Handbuch für Studium und Prüfung. 5. A., Wiesbaden 1988.
McGregor, D.: The Human Side of Enterprise. New York et al. 1985.
Neuberger, O.: Anerkennung und Kritik als Führungsinstrumente. In: Problem und Entscheidung, Heft 3, 1970, S. 12–68.
Neuberger, O.: Führen und Geführt werden. 3. A., Stuttgart 1989.
Niederfeichtner, F.: Führungsforschung und ihre betriebswirtschaftliche Rezeption: Defizite und Anstöße zur Weiterentwicklung. In: DBW, 43. J., 1983, S. 605–622.
Oechsler, W. A.: Konfliktmanagement. Wiesbaden 1979.
Opp, K.-D.: Verhaltenstheoretische Soziologie. Reinbek 1972.
v. Rosenstiel, L.: Anerkennung und Korrektur. In: *Gaugler, E.* (Hrsg.): HWP. Stuttgart 1975, Sp. 21–32.
Schulz von Thun, F.: Miteinander Reden: Störungen und Klärungen. Psychologie der zwischenmenschlichen Kommunikation. Reinbek 1981.
Schulz von Thun, F.: Psychologische Vorgänge in der zwischenmenschlichen Kommunikation. In: *Fittkau, B./Müller-Wolf, H.-M./Schulz von Thun, F.* (Hrsg.): Kommunizieren lernen (und umlernen). 6. A., Aachen 1989, S. 9–100.
Staehle, W.: Management. 6. A., München 1991.
Watzlawick, P./Beaven, J. H./Jackson, D. D.: Menschliche Kommunikation. 8. A., Toronto 1990.

Anreizsysteme als Führungsinstrumente

Fred G. Becker

[s. a.: Entgeltsysteme als Motivationsinstrument; Leistungsbewertung als Führungsinstrument; Motivation als Führungsaufgabe; Personalentwicklung als Führungsinstrument; Sanktionen als Führungsinstrumente.]

I. Einführung; II. Wirkungszusammenhang von Motiven, Anreizen und Anreizsystemen; III. Funktionen von Anreizsystemen; IV. Elemente von Anreizsystemen; V. Resümee.

I. Einführung

Anreizsysteme sind Bestandteil jedwedes Führungssystems und dienen als Subsystem instrumentell zur Erreichung der betrieblichen Ziele. Mit ihnen wird versucht, direkt oder indirekt Mitarbeiter zu motivieren, zielgerichtetes Verhalten zu zeigen. Als *Führungsinstrumente* sind sie Objekt strategischer Gestaltungsmaßnahmen und von daher zentraler Teil der Unternehmungs- und Personalpolitik.

Verschiedene *Ebenen eines betrieblichen Anreizsystems* sind zu differenzieren:

– *Anreizsystem im weitesten Sinne*. Verhaltensbeeinflussende Stimuli gehen stets von den vorhandenen innerbetrieblichen Bedingungen aus. Auf dieser Ebene konstituiert sich ein Anreizsystem unbedingt durch jede strukturelle, prozessuale und operative Entscheidung sowie deren Umsetzung – und das unabhängig davon, ob die damit verbundenen Anreizwirkungen bewußt oder unbewußt bzw. gewollt oder ungewollt sind: Der Betrieb ist ein Anreizsystem!

- *Anreizsystem im weiteren Sinne.* Aus analytischer Sicht vollzieht sich die Führung eines Betriebes innerhalb eines Führungssystems, das die grundlegenden Handlungsparameter des Top-Managements darstellt. Es läßt sich entlang der Managementfunktionen in verschiedene Subsysteme aufspalten: Planungs-, Organisations-, Kontroll- sowie Personal- und Anreizsystem (*Wild* 1974). Diese dienen als Führungsinstrumente zur Generierung wie auch Umsetzung betrieblicher Ziele. Auf dieser Ebene richten sich Anreizsysteme durch eine zielgerichtete Gestaltung auf die Motivation der Mitarbeiter: Der Betrieb hat ein Anreizsystem!
- *Anreizsystem im engeren Sinne.* Aus der generellen Systemgestaltung werden zeitspezifisch individuelle Anreizpläne auf die einzelnen Mitarbeiter abgeleitet. Sie stellen auf der dritten Ebene das Anreizsystem dar, welches sich konkret auf einzelne Mitarbeiter richtet: Der Betrieb setzt individuelle Anreizsysteme ein!

Die nachfolgenden Überlegungen beschäftigen sich inhaltlich v. a. mit Anreizsystemen im weiteren Sinne; sie unterliegen der Gestaltung des Managements und stellen ein Führungsinstrument dar. Unter *Anreizsystemen* wird in diesem Sinne die Summe aller im Wirkungsverbund bewußt gestalteten und aufeinander abgestimmten Stimuli (Arbeitsbedingungen i. w. S.), die bestimmte Verhaltensweisen (durch positive Anreize, Belohnungen) auslösen bzw. verstärken, die Wahrscheinlichkeit des Auftretens unerwünschter Verhaltensweisen dagegen mindern sollen (durch negative Anreize, Sanktionen), verstanden (*Wild* 1973; *Becker* 1990). Dieses Verständnis erfaßt die Gesamtheit der von Vorgesetzten und dem Betrieb gewährten materiellen und immateriellen Anreize, die für Mitarbeiter einen subjektiven Wert besitzen, sowie die Systemelemente, die die Verteilung wie Verwaltung der Anreize betreffen.

II. Wirkungszusammenhang von Motiven, Anreizen und Anreizsystemen

Grundlegendes Verhaltensmodell stellt die *Anreiz-Beitragstheorie* dar. Sie besagt, daß Mitarbeiter bei freier Wahl des Arbeitsplatzes ihr Arbeitsverhältnis eingehen und leistungsorientiertes Verhalten in einem Betrieb beibehalten bzw. steigern werden, wenn und solange ihr Anreiznutzen (alle erwarteten Belohnungen) den Beitragsnutzen (Kosten für die Beiträge bzw. maximaler Anreizwert der Belohnungen, bei einer anderen oder weniger intensiven Tätigkeit) übersteigt bzw. ihm entspricht (*Cyert/March* 1963; *March/Simon* 1958).

Um Anreizsysteme als Führungsinstrument einsetzen zu können, bedarf es einer Kenntnis des individuellen *Motivationsprozesses (→Motivation als Führungsaufgabe)* und des Zustandekommens von Arbeitsergebnissen. Auf Basis von Erwartungs-Valenz-Ansätzen wird nachfolgend auf wesentliche Determinanten der Leistungserbringung eingegangen (*Berthel* 1991; s. Abb. 1). Für Gestaltung und Einsatz eines Anreizsystems als Führungsinstrument ist die Kenntnis eines prozessualen Modells von Relevanz. Die gesamten Wirkungen und nicht allein eine verkürzte Sichtweise auf direkte Anreize werden darin verdeutlicht.

Die *Einsatz- und Leistungsbereitschaft* von Mitarbeitern und damit deren Motivation wird v. a. von zwei Konstrukten beeinflußt: (1) Beim ersten Konstrukt handelt es sich um die *Motivstruktur*, die die individuellen Motive und Einstellungen eines Mitarbeiters zu bestimmten Zeitpunkten beinhaltet. *Motive* sind Verhaltensbereitschaften, unter denen z. T. angeborene und im Rahmen der Sozialisation unterschiedlich entwickelte, zeitlich stabile Dispositionen verstanden werden. Sie legen fest, was Individuen wünschen, um motivational befriedigt zu sein. Motive können durch wahrgenommene Arbeitsbedingungen (= Anreize) aktiviert werden (= *Motivation*) und sich nachfolgend

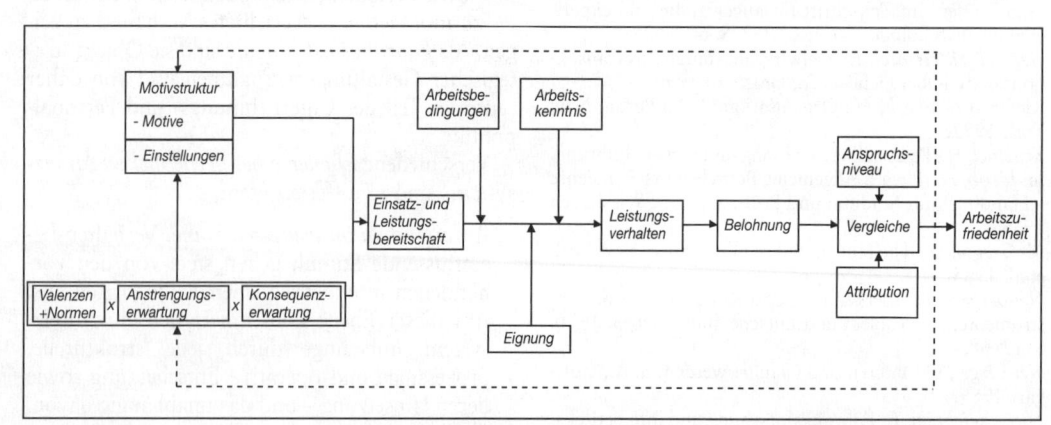

Quelle: In Anlehnung an Berthel (1991)
Abb. 1: Leistungsdeterminantenkonzept

in individuellem Verhalten manifestieren. Mit verschiedenen *Motivarten* lassen sich unterschiedliche Zugänge zum Motivationspotential differenzieren (*v. Rosenstiel* 1975; *Rüttinger/v. Rosenstiel/Molt* 1974): Als *intrinsisch motiviert* wird Verhalten angesehen, wenn es um seiner selbst willen angestrebt wird; es bietet Befriedigung unmittelbar aus der Arbeit. V. a. folgende Motivarten sind von Bedeutung: Leistungs-, Macht-, Kontakt-, Tätigkeits- und Selbstverwirklichungsmotiv. Als e*xtrinsisch motiviert* wird Verhalten angesehen, das instrumentellen Charakter zur angestrebten Belohnung hat. Es ist umweltabhängig. Extrinsische Motive *materieller Art* betreffen das Streben nach monetär erfaßbaren Belohnungen, bspw. Einkommen-, Zusatzleistungen und bestimmte Konsumwünsche. Mit extrinsischen Motiven *immaterieller Art* verbunden sind finanziell nicht meßbare Ziele, z. B. Sicherheits-, Karriere und Prestigestreben. (2) Im Rahmen des zweiten Konstrukts sind drei Determinanten im Zusammenhang zu berücksichtigen: *Valenzen und Normen, Anstrengungserwartung* (subjektive Wahrscheinlichkeit, eine erwartete Leistung aufgrund eigenen Könnens und zur Verfügung stehender Ressourcen erbringen zu können) und *Konsequenzerwartung* (subjektive Wahrscheinlichkeit, eine Belohnung mit bestimmten Leistungsverhalten erreichen zu können) (*Wiswede* 1980).

Erst wenn die drei Determinanten positiv ausgeprägt und die Motive durch Anreize angesprochen sind, kann eine individuelle Bereitschaft zum Leistungseinsatz erwartet werden. Das *Leistungsverhalten* in Art, Intensität und Güte wird zusätzlich noch von der *Eignung* der Mitarbeiter für eine bestimmte Tätigkeit, den geltenden *Arbeitsbedingungen* sowie der *Arbeitskenntnis* mit bestimmten Aufgaben determiniert. Die Komponenten wirken zudem über die individuelle Wahrnehmung auf die Erwartungen ein, indem sie deren Ausprägungen beeinflussen (z. B. erhöht eine empfundene Eignung die Anstrengungserwartung). Individuelles Ergebnis eines Leistungsverhaltens ist die *Belohnung* immaterieller oder materieller Art. Je nachdem wie diese Belohnung im Vergleich zum eigenen *Anspruchsniveau* oder zu den Belohnungen anderer Personen wahrgenommen sowie das erreichte Leistungsverhalten einer internen oder externen *Attribution* (Wer oder was ist für das Ergebnis verantwortlich?) unterzogen wird, entsteht danach *Arbeitszufriedenheit*. Vielfältige tatsächliche und/oder antizipative Rückkopplungen nehmen weiteren Einfluß auf Leistungsbereitschaft und -verhalten.

Grundlage für den Einsatz von *Anreizen* (→*Sanktionen als Führungsinstrumente*) sind die Annahmen der Personalverantwortlichen über die Motivation menschlichen Handelns. Die Diskussion, was Mitarbeiter motiviert, ist kontrovers. Je nach Menschenbild wurde und wird die Bedeutung des Entgelts oder bestimmter immaterieller Anreize herausgestellt. Solche eindimensionale Vorstellungen werden der Vielfalt von Verhaltensmotiven kaum gerecht; der vielfach diskutierte Wertewandel hat dies deutlich gemacht. Verschiedene Anreize sind anzubieten:

- *materielle bzw. finanzielle Anreize* (durch fixe und variable Entgelte, Erfolgs-/Kapitalbeteiligung, Zulagen, Werkswohnung u. ä.) sowie
- *immaterielle Anreize* wie v. a. *soziale Anreize* (durch Kontakte mit Kollegen, Vorgesetzten und Mitarbeitern, angenehmes soziales Klima); *Anreize der Arbeit selbst* (Arbeitsinhalte, Autonomie, Partizipation, mitarbeiterorientiertes Vorgesetztenverhalten, Leistungsverhalten, Varietät der Qualifikationsanforderungen); *Karriereanreize* (Möglichkeiten zur Qualifizierung, zum betrieblichen Aufstieg, zu interessanten Positionen) sowie *Anreize des organisatorischen Umfeldes* (bspw. durch Image und Kultur des Betriebes)

stellen Arbeitsbedingungen i. w. S. dar und sind insofern bereits im Modell enthalten.

Motivations- und führungstheoretische Ansätze sprechen für eine individuelle Verhaltensbeeinflussung entsprechend der jeweiligen Mitarbeitermotive und damit für eine *Individualisierung des Anreizsystems*. Dadurch, daß standardisierte personalwirtschaftliche Instrumente quasi von genormten Mitarbeitern ausgehen, wird die Individualität kaum berücksichtigt. Entsprechend der Heterogenität der Belegschaft sind differenzierte Anreizmodelle zu erarbeiten. Individualisierung bedeutet dabei, daß ein Betrieb stärker von individuellen Motiven, Valenzen und Fähigkeiten ausgeht, soweit dadurch der betriebliche Erfolg nicht anderweitig gefährdet ist (*Lawler* 1974; *Schanz* 1978). Die Berücksichtigung individueller Motive wirkt bereits tendenziell motivierend; die Wirkung wird noch verstärkt, wenn eine Befriedung erzielt werden kann (*Drumm* 1989, 1992). Trotzdem liegt die Verwendung von generalisierten Anreizen als Mittel für die Befriedigung vieler Motive wegen der Vielfalt und Veränderlichkeit von Motiven sowie ökonomischer Zwänge nahe. Geld kann zur Motivbefriedigung vielfältig genutzt werden; es wirkt instrumentell, wobei auch immaterielle Motive mit ihm befriedigt werden können (immaterielle Wirkung materieller Anreize, z. B. Statussymbol). Sein Einsatz muß davon abhängig gemacht werden, ob es mit den individuellen Motiven korrespondiert. Nur ein Anreizsystem, welches trotz des Konflikts „Standardisierung vs. Differenzierung" vielfältige Anreizarten berücksichtigt, ist in der Lage, eine Verhaltensbeeinflussung zu bewirken.

III. Funktionen von Anreizsystemen

Die bewußte Gestaltung eines Anreizsystems stellt eine Reaktion auf die wahrgenommenen Grenzen der Einsatz- und Leistungsbereitschaft der Mitarbeiter dar. *Eintrittsanreize* an qualifizierte Positionsinteressenten und *Bleibeanreize* an qualifizierte Mitarbeiter sowie *Leistungsanreize* zu spezifischem Arbeitsverhalten sollen die Bereitschaft fördern (*Schanz* 1991a; *March/Simon* 1976).

Im einzelnen kommen dem Anreizsystem dabei als Führungsinstrument v. a. folgende, nicht ganz überschneidungsfreie Funktionen zu:

– *Aktivierungsfunktion*. Die vorhandenen Mitarbeitermotive sollen aktiviert und die kognitiven Komponenten positiv beeinflußt sowie letztendlich in eine aktuell wirkende Motivation (Leistungsbereitschaft) umgesetzt werden, um die gesamte Qualifikation der Mitarbeiter besser zu nutzen.
– *Steuerungsfunktion*. Prinzipiell besteht bei verschiedenen Elementen eines Anreizsystems (z. B. variable Entgelte, Karrierekriterien) die Möglichkeit, eine direkte Verknüpfung zu betrieblichen Zielen vorzunehmen. Anreize können dadurch Art und Intensität des Mitarbeiterverhaltens antizipativ und nachhaltig beeinflussen, indem sie dieses entsprechend positiv oder negativ sanktionieren.
– *Informationsfunktion*. Anreizsysteme vermitteln mit ihren Elementen Informationen über die Führungspolitik, die Strategie, die Organisationskultur u. a. Es werden explizit formulierte wie hintergründige Signale gesendet, die den Mitarbeitern vermitteln, was angesehen ist oder nicht und entsprechend positiv bzw. negativ sanktioniert wird.
– *Veränderungsfunktion*. Im Rahmen von Veränderungsstrategien (Organisationsentwicklung, Neuorientierung) können Anreizsysteme dazu genutzt werden, veränderte Anforderungen an die Mitarbeiter zu verdeutlichen. Anreize können an die intendierten Veränderungen angepaßt werden, um so einen Beitrag zur Umsetzung zu leisten.

Welche der Funktionen nun durch ein spezielles Anreizsystem erfüllt werden soll, liegt in den Intentionen der Systemgestalter begründet.

IV. Elemente von Anreizsystemen

Jegliches Anreizsystem nimmt Bezug auf verschiedene, bewußt zu gestaltende Elemente, um die Möglichkeiten des Führungsinstruments nutzen zu können. Entsprechend der Differenzierung der Anreize kann das System in ein *materielles Anreizsystem* und ein *immaterielles Anreizsystem* untergliedert werden (s. Abb. 2) (*Schanz* 1991).

Unter dem *materiellen Anreizsystem* (→*Entgeltsysteme als Motivationsinstrument*) wird die Summe aller vom Betrieb angebotenen und zu zahlenden materiellen Belohnungen für die von den Mitarbeitern – z. T. wie auch immer – erbrachten Arbeitsleistungen verstanden. Die Belohnungen bestehen aus zwei Hauptkategorien: dem obligatorischen Teil mit Lohn/Gehalt, Sozialleistungen und Zusatzleistungen sowie dem fakultativen Teil, durch den Mitarbeiter am Erfolg einer Organisationseinheit beteiligt werden können (Erfolgs-/Kapitalbeteiligungen, variable Entgelte) (*Weber* 1993; *Ondrack* 1987).

Die *Vergütung der tariflichen Mitarbeiter* ist zum überwiegenden Teil kollektivvertraglich durch die Sozialpartner gestaltet. Neben dem Arbeitsentgelt in verschiedenen Grundformen (Zeit-, Akkord-, Prämien-, Polyvalenzlohn), Sozialleistungen (Altersversorgung, Urlaubs-/Weihnachtsgeld, Deputate etc.) und sonstigen Lohnkomponenten (Zulagen, Gratifikationen, Provisionen u. ä.) erfolgt in manchen Fällen noch eine Erfolgs- und/oder Kapitalbeteiligung. Diese beiden Formen umfassen ma-

```
                        Elemente des Anreizsystems
                       /                          \
        Materielles Anreizsystem              Immaterielles Anreizsystem
           (Entgeltsystem)
           /           \
   obligatorisches   fakultatives

*Festgehalt (v.a.     *Erfolgsbeteiligung    *Planungssystem
 nach Gehaltsgrup-    *Kapitalbeteiligung    *Personalsystem (Aus- und Weiter-
 pen, Arbeitsbewer-   *variables Entgelt      bildung, Karrieresystem, Arbeits-
 tung, Qualifikation)                         strukturierung, Mitarbeiterführung)
*Sozialleistungen                            *Informations- und Kommu-
*Zusatzleistungen                             nikationssystem
                                             *Organisationssystem (organisatorische
                                              Regeln)
                                             *unternehmungspolitischer Rahmen
                                              (Organisationskultur, Identität)
```

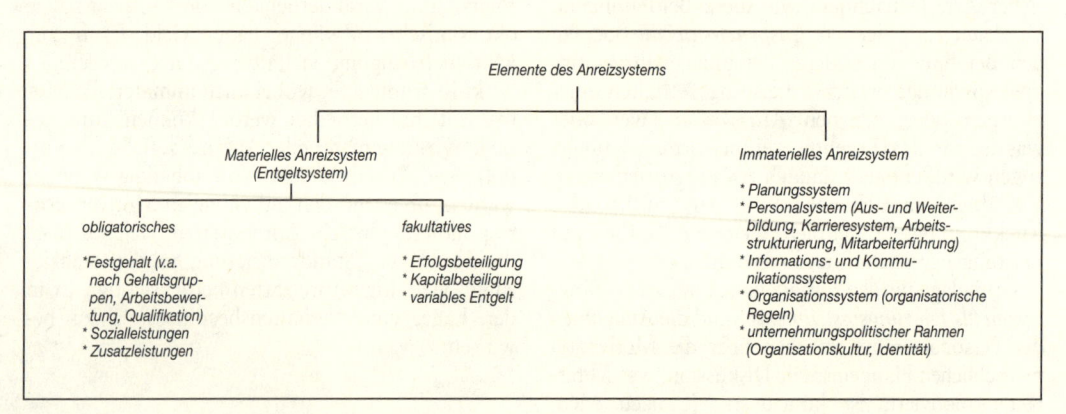

Abb. 2: Elemente eines Anreizsystems i. w. S.

terielle, variable Belohnungen, die die Mitarbeiter aufgrund freiwilliger, vorab getroffener Vereinbarungen erhalten. Die Steuerungswirkung dieser Teilinstrumente ist nicht hoch anzusehen; es besteht keine unmittelbare Beziehung zwischen Anreiz und individueller Leistung (*Becker* 1993). Bei *Führungskräften* (→*Entgeltpolitik für Führungskräfte*) setzt sich die außertarifliche Vergütung aus drei Hauptkomponenten zusammen (*Becker* 1990; *Evers* 1988): (1) Grundentgelt (als Jahres-/Monatsbeträge, inkl. Urlaubs- und Weihnachtsgelder), (2) variable Entgelte (*Boni*, Tantiemen etc.) und (3) Zusatzleistungen (sonstige Geld-/Sachleistungen des Betriebs, z. B. Dienstwagen, Altersversorgung, Gehaltsfortzahlung, Firmenkredite). Die Vergütung findet i. d. R. im Regelungsbereich von Einzelarbeitsverträgen statt.

Eine Möglichkeit, um im Rahmen der *individuellen Entgeltpolitik* auf die Motive der Mitarbeiter eingehen zu können, ist zum einen die Einrichtung eines Cafeteria-Systems (*Dycke/Schulte* 1986; *Wagner* 1991). Durch ein solches System erhalten Mitarbeiter eine unterschiedliche Anzahl an Optionen (als Teil des Gesamtentgelts), um aus einem Belohnungspaket zu einem selbst gewählten Zeitpunkt ein ihnen genehmes Belohnungsobjekt zu wählen. Dadurch wird ein eher motivbezogenes Anreizangebot mit nachfolgender höherer Motivbefriedigung erreicht. Der Nutzungsgrad der Belohnungen – und damit letztlich die Wirkung des Führungsinstruments – erhöht sich. Zum anderen ist eine Individualisierung des Systems durch variable Entgelte möglich, wenn die Erreichung spezifischer Ziele (und eine genauere Verhaltenssteuerung) mit ihnen verbunden ist.

Das *immaterielle Anreizsystem* betrifft jene Anreize, die immaterielle Motive aktivieren sollen. Die Anreize werden durch die Gestaltung der Führungssubsysteme gesetzt; v. a. mit folgenden können vielfältige Anreizwirkungen verbunden sein:

– Die Partizipation der Arbeitnehmer im *Planungs- und Entscheidungssystem* bezieht sich zum einen auf gesetzlich geregelte Mitbestimmungsobjekte (→*Mitbestimmung, Führung bei*). Die individuelle Mitbestimmung ist faktisch so gering, daß sie unter Anreizaspekten belanglos ist. Die betriebliche und die unternehmerische Mitbestimmung beteiligt mittels der Organe „Betriebsrat" und „Aufsichtsrat". Diese indirekte Beteiligung hat kaum motivationale Auswirkungen auf Mitarbeiterverhalten und kann die anvisierten Funktionen nicht erfüllen. Die zum anderen anzuführende freiwillige Beteiligung der Mitarbeiter im betrieblichen Entscheidungsprozeß (individuelle *Partizipation*) ist unter Anreizaspekten von größerer Bedeutung. Eine verstärkte, über reine Ausführungstätigkeiten hinausgehende Mitwirkung bei Planung und Entscheidung ist durch verschiedene organisatorische und personalbezogene Maßnahmen möglich. Zu nennen sind bspw.: autonome Arbeitsgruppen, Fertigungssegmente und v. a. Fertigungsinseln, Job Enrichment, Delegation (*Ulich/Conrad-Betschart* 1991; *Becker* 1993a; →*Delegative Führung*).

– Innerhalb des *Personalsystems* werden Anreize v. a. durch verschiedene Teilsysteme gesetzt: (1) Viele Mitarbeiter wissen, daß sie im Berufsleben auf Dauer nur bestehen können, wenn sie ihre Qualifikation anpassen und erweitern. Sie schätzen deshalb die Förderung durch *Personalentwicklung* (→*Personalentwicklung als Führungsinstrument*) als Anreiz ein. Verstärkt wird dies dadurch, daß Qualifizierungsinvestitionen das Interesse an den Mitarbeitern verdeutlichen, sowie durch eine Partizipation an entsprechenden Planungen. (2) Im Rahmen des *Karrieresystems* (→*Karriere und Karrieremuster von Führungkräften*) sind immaterielle wie materielle Belohnungen möglich. Zum ersten bietet die Übernahme höherwertiger Positionen verschiedene Anreize, v. a. Wertschätzung der Qualifikation und der Person, erweiterte Entscheidungs- und Handlungsspielräume, neue und interessante Arbeitsinhalte, Prestige sowie Einkommensverbesserung. Manche dieser Stimuli wirken auch bei horizontalen Karrierepositionen und bei Fachlaufbahnen. Je mehr Karrieremöglichkeiten ein Betrieb anbieten kann, desto weniger ist er auf den Einsatz kompensatorischer Anreizmittel angewiesen. Zum zweiten bietet für viele eine *partizipative Karriereplanung* (→*Kooperative Führung*) Anreize. Eine dezentrale Partizipation ermöglicht in Abhängigkeit von der subjektiven Wahrnehmung und Mitwirkungswünschen eine Verbesserung der Leistungsmotivation und einen treffenderen Personaleinsatz durch die Einbeziehung der Wünsche und Kenntnisse der Mitarbeiter. Zum dritten kann das Karrieresystem aber auch gezielt zur *Steuerung* der Mitarbeiter eingesetzt werden, wenn man bei betrieblichen Karriereentscheidungen auf das intendierte Leistungsverhalten Bezug nimmt. (3) *Individuelle Arbeitsstrukturierung* mit für den Einzelnen attraktiven, vielfach im dispositiven Bereich angesiedelten Aufgaben steht mit struktureller Führung in engem Zusammenhang. Ein differenziertes Vorgehen (Positionsgestaltung) Delegation, Job-Rotation, Projektaufgaben u. ä.) ist in diesem Zusammenhang gezielt möglich. Diese Individualisierung kann vielfältige Motivationswirkungen zur Folge haben. (4) *Mitarbeiterbezogenes Führungsverhalten* wird in vielen Bereichen verstärkt als individueller Anreiz wahrgenommen. Ziel der individualisierten Mitarbeiterführung ist der Verzicht auf Schematisierung. Statt dessen soll ein differenziertes Führungsverhalten des Betriebes und der Vorgesetzten gegenüber jedem Mitarbeiter den individuellen Motiven entgegenkommen. Die traditionelle Vorgesetztenrolle wandelt sich, indem bspw. konsequent Aufgaben und Verantwortung delegiert, die Qualifizierung gefördert, Arbeitsziele vereinbart, Informationen ausgetauscht werden u. a. m.

- Auch die Gestaltung des *Informationssystems* (→*Kommunikation als Führungsinstrument*) kann Anreize bieten. Regelmäßige, rechtzeitige, umfassende Informationen über aufgaben- und betriebsrelevante Entwicklungen können dazu beitragen, sich als ernstgenommene Aufgabenträger zu empfinden. Innerbetriebliche Informationspolitik ist ein wirksames Mittel, um Mitarbeitern die Wertschätzung des Betriebes auszudrücken.
- Im Rahmen des *Organisationssystems* (→*Organisationsstrukturen und Führung*) werden manche der bereits genannten immateriellen Anreize strukturell verankert. Bspw. sind Kompetenzregelungen, Aufgabeninhalte, Karriereräume u. ä. festzulegen, die unmittelbar Anreizwirkungen für viele Mitarbeiter zur Folge haben.
- Auch von Komponenten des *unternehmungspolitischen Rahmens* (Organisationskultur, Betriebsverfassung, Identität, Image) gehen Anreizwirkungen auf Mitarbeiter aus, die zu berücksichtigen sind.

Die Instrumentalisierung der Anreize wie auch die gerade in der Praxis vorliegende Betonung materieller Anreize ist durch eine von *Sprenger* (1991) ausgelöste Diskussion in die Kritik geraten. Seine Thesen weisen eindrücklich auf zwei Aspekte hin: Zum einen werden immaterielle Motive und Anreize in ihrer Wirkung i. d. R. unterschätzt. Zum zweiten demotiviert letztlich jeglicher gezielter Einsatz von Anreizinstrumenten zur Motivations- und Verhaltenssteuerung die Mitarbeiter. Je ausgeklügelter die Entgeltsysteme sind, um so demotivierender und fehlleitender sind ihre Wirkungen. Mitarbeiter hätten keine „Motivationslücke", insofern wäre jede instrumentalisierte Motivierung eine Form des Mißtrauens mit negativen Effekten auf die Motivation, da die Aufgabenerfüllung zugunsten der Anreizerrechnung zurücktreten würde. Die Schlußfolgerung, daß letztlich nur Achtung vor Mitarbeitern sowie wenig gezielte Steuerungsversuche Motivation entfalten, scheint so realitätsfern. Allein aus Gründen der Managerqualifikation ist eine Instrumentalisierung notwendig, wobei verstärkt immaterielle Formen, also Anreize durch die Arbeit selbst und soziale Anreize durch die Arbeit stehen sollten.

V. Resümee

Mit dem Führungssubsystem „Anreizsystem" hat das Management ein vielfältiges, wenn auch schwierig zu gestaltendes Führungsinstrument zur Verfügung. Es kann direkt insbesondere über materielle Elemente sowie indirekt, speziell über immateriell wirkende Elemente, Mitarbeiterverhalten aktivieren, steuern, informieren und verändern. Dazu bedarf es der Kenntnis des individuell und zeitspezifisch unterschiedlich verlaufenden Motivationsprozesses sowie der Berücksichtigung motivationaler wie kognitiver Elemente dieses Prozesses.

Die spezifische Ausgestaltung der Anreizsysteme ist allerdings mit prinzipiellen *Problemen* behaftet, v. a.: (1) Bislang ist es nicht gelungen, Situationstheorien der Mitarbeitermotivation zu entwickeln, die es erlauben, technologische Prognosen über die Wirkung der Verwendung bestimmter Anreize aufzustellen. Die Ausführungen haben insofern immer spekulativen Charakter. (2) Anreizsysteme sollen einen größeren Personenkreis ansprechen, aber auch auf die individuellen Motive eingehen. Dieser Gegensatz ist nicht aufzulösen. (3) Zumindest bei materiellen Anreizen sind Betriebe i. d. R. an tarifvertragliche Vereinbarungen gebunden. Diese erschweren eine auf die Situation adäquat zugeschnittene Gestaltung der Anreizsysteme. (4) Die aufwendigsten Systeme erfüllen Ansprüche wie Gerechtigkeit nur sehr bedingt. Sie versuchen, durch eine quantitative Scheingenauigkeit die weiterhin zugrundeliegenden Ermessensentscheidungen zu vermeiden. Ein technokratisches System kann zudem kaum die Wirklichkeit von Motivationsprozessen erfassen. (5) Der treffendste Anreiz nutzt nichts, wenn er von den Individuen nicht erkannt wird oder erkannt werden kann.

Der ökonomische Nutzen eines Anreizsystems ist im Hinblick auf diese Argumente nur schwer abzuschätzen. Die angesprochenen Erkenntnisse und Erfahrungen aus Wissenschaft und Praxis können daher nur als Leitlinien für die Gestaltung von Anreizsystemen als Führungsinstrument verwendet werden.

Literatur

Becker, F. G.: Anreizsysteme für Führungskräfte. Stuttgart 1990.
Becker, F. G.: Strategische Ausrichtung von Beteiligungssystemen. In: *Weber, W.* (Hrsg.): Entgeltsysteme. Stuttgart 1993.
Becker, F. G.: Anreizsysteme bei dezentraler Fertigung. In: *Corsten, H.* (Hrsg.): Produktionsmanagement. Stuttgart 1993a.
Berthel, J.: Personal-Management. 3. A., Stuttgart 1991.
Cyert, R. M./March, J. G.: A Behavioral Theory of the Firm. Englewood Cliffs, N. J. 1963.
Drumm, H. J. (Hrsg.): Individualisierung der Personalwirtschaft. Bern/Stuttgart 1989.

Drumm, H. J.: Personalwirtschaftslehre. 2. A., Berlin et al. 1992.
Dycke, A./Schulte, Ch.: Cafeteria-Systeme. In: DBW, 1986, S. 577–589.
Evers, H.: Führungskräfte richtig vergüten. Freiburg i. Br. 1988.
Lawler, E. E.: The individual Organization. In: CMR, 1974, S. 31–39.
March, J. G./Simon, H. A.: Organizations. New York 1958 (deutsch: Organisation und Individuum. Wiesbaden 1976).
Ondrack, D.: Entgeltsysteme als Motivationsinstrument. In: *Kieser, A./Reber, G./Wunderer, R.* (Hrsg.) HWFü. Stuttgart 1987, Sp. 210–231.
Rosenstiel, L. v.: Die motivationalen Grundlagen des Verhaltens in Organisationen. Berlin 1975.
Rüttinger, B./Rosenstiel, L. v./Molt, W.: Motivation des wirtschaftlichen Verhaltens. Stuttgart 1974.
Schanz, G.: Verhalten in Wirtschaftsorganisationen. München 1978.
Schanz, G. (Hrsg.): Handbuch Anreizsysteme. Stuttgart 1991.
Schanz, G.: Motivationale Grundlagen der Gestaltung von Anreizsystemen. In: *Schanz, G.* (Hrsg.): Handbuch Anreizsysteme. Stuttgart 1991a, S. 3–30.
Sprenger, R. K.: Mythos Motivation. Frankfurt/M./New York 1991.
Ulich, E./Conrad-Betschart, H.: Anreizwirkungen von neuen Formen der Arbeitsgestaltung. In: *Schanz, G.* (Hrsg.): Handbuch Anreizsysteme. Stuttgart 1991, S. 71–89.
Wagner, D.: Anreizpotentiale und Gestaltungsmöglichkeiten von Cafeteria-Modellen. In: *Schanz, G.* (Hrsg.): Handbuch Anreizsysteme. Stuttgart 1991, S. 91–109.
Weber, W. (Hrsg.): Entgeltsysteme. Stuttgart 1993.
Wild, J.: Organisation und Hierarchie. In: ZfO, 1973, S. 45–54.
Wild, J.: Betriebswirtschaftliche Führungslehre und Führungsmodelle. In: *Wild, J.* (Hrsg.): Unternehmungsführung. Berlin 1974, S. 141–179.
Wiswede, G.: Motivation und Arbeitsverhalten. München/Basel 1980.

Arbeitstechniken

Lothar J. Seiwert

[s. a.: Delegative Führung; Entscheidungstechniken; Konferenztechniken; Zeitmanagement; Zielsetzung als Führungsaufgabe.]

I. *Begriff und Inhalt*; II. *Arbeitstechniken im Management-Regelkreis*; III. *Arbeitstechniken im Überblick*; IV. *Arbeitstechniken als Führungsgrundlage*.

I. Begriff und Inhalt

Arbeitstechniken können wesentlich zum Erfolg einer Führungskraft beitragen. Wer seine Leistung voll entfalten oder steigern will, braucht entsprechende Methoden sowohl zur Bewältigung der Tagesaufgaben als auch zur langfristigen Zielerreichung. Die Methoden- und Begriffsvielfalt dieses Bereichs spiegelt sich in Schlagworten wie Arbeitsmethodik, Arbeitsorganisation, Rationelle Arbeitstechniken, Persönliches Management oder Selbstmanagement, häufig in Verbindung mit Zeitmanagement, wider.

Inhaltlich werden dem Begriff „*Arbeitstechniken*" ebenso Problemlösungs- und →*Entscheidungstechniken*, →*Konferenztechniken*, Zeitplantechniken (→*Zeitmanagement*), darüber hinaus auch Lesetechniken, Informationsverarbeitung, Präsentations- und Moderationstechniken, Ideenfindungsmethoden oder Netzplantechniken zugeordnet. In der Fachliteratur und der wissenschaftlichen Literatur gibt es jedoch keine einheitliche Begriffsbestimmung oder klare Abgrenzung von Arbeitstechniken (*Rühle* 1982). *Wagner* (1993) faßt darunter „die Summe aller Verfahren (zusammen, A. d. V.), durch deren Anwendung die *menschliche Arbeitsleistung effektiver* gestaltet werden kann." Häufig wird auch von „*persönlichen Arbeitstechniken*" gesprochen. *Gogoll* et al. (1979) verstehen darunter „das Handlungspotential (...), das die Auseinandersetzung mit Arbeitsaufgaben und ihren technisch-organisatorischen Determinanten im Prozeß des Arbeitens ermöglicht".

Als *Arbeitstechniken* sollen nachfolgend alle Methoden und Instrumente bezeichnet werden, die Führungskräften und Mitarbeitern als Mittel zu einer effizienten, und zwar zielorientierten, systematisch geplanten und rationell erledigten Aufgabenerfüllung dienen. Persönliche Arbeitstechniken leisten einen Beitrag zur Zielerreichung und sollen den persönlichen Erfolg und das betriebliche Ergebnis verbessern helfen.

II. Arbeitstechniken im Management-Regelkreis

Management im funktionalen Sinne ist die Beschreibung von Prozessen und Aufgaben, die in und zwischen Organisationen ablaufen (*Staehle* 1991). Führung läßt sich nach diesem Ansatz durch die einzelnen Funktionen im *Management-Regelkreis* darstellen (Abb. 1).

Die mit Hilfe von *Arbeitstechniken* täglich zu bewältigenden Aufgaben und Probleme können den entsprechenden Management-Aktivitäten innerhalb des Regelkreises zugeordnet werden. Diese Funktionen stehen in einem bestimmten Zusammenhang miteinander, weshalb sie in der Regel auch in einer bestimmten Reihenfolge ablaufen:

(1) Analyse und Formulierung der angestrebten *Ziele*

(2) *Planung* als Vorbereitung zur Verwirklichung von Zielen
(3) *Entscheidung* über durchzuführende Aufgaben
(4) *Durchführung*, d. h. Organisation und Realisation von Maßnahmen
(5) *Kontrolle* der Arbeitsabläufe und -ergebnisse
(6) Austausch von *Informationen* und Kommunikation.

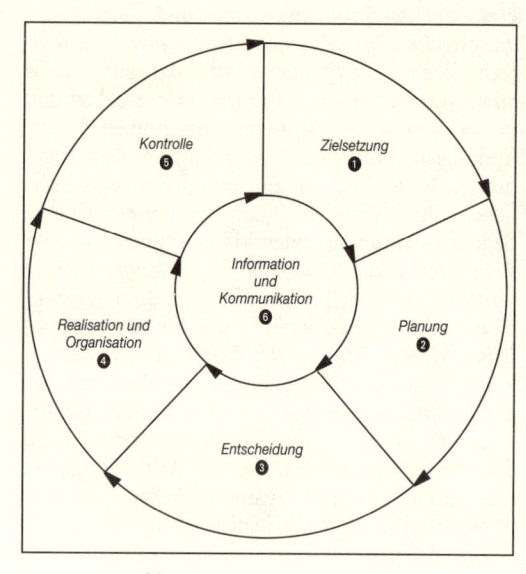

Abb. 1: Management-Regelkreis

Im einzelnen bilden die vielfältigen Planungs-, Entscheidungs- und Informationsprozesse im Unternehmen jedoch ein hierarchisch strukturiertes System vielfach vermaschter Regelkreise (*Schiemenz* 1983; *Dülfer* 1984).

III. Arbeitstechniken im Überblick

Eine schematische Darstellung der wichtigsten Arbeitstechniken und deren Anwendungsmöglichkeiten erfolgt in Abb. 2. Nachstehend wird kurz exemplarisch auf einzelne Arbeitstechniken eingegangen; für ein vertiefendes Studium sei auf *Wagner* (1993) und *Seiwert* (1994) verwiesen.

Funktion	Arbeitstechniken Methoden	Erfolge, Ergebnisse (Zeitgewinn durch...)
① Zielsetzung	Zielfindung Situationsanalyse Zielstrategien und Erfolgsmethoden Zielformulierung	Motivierung, Beseitigung der Schwachstellen, Erkennen der Vorteile, Konzentration der Kräfte auf den Engpaß, Fixierung der Termine und nächsten Schritte
② Planung	Jahresplanung Monatsplanung Wochenplanung Tagesplanung Prinzipien des Zeitmanagement ALPEN-Methode Management by Zeitplanbuch	Vorbereitung zur Verwirklichung der Ziele, optimale Einteilung und Ausnutzung der zur Verfügung stehenden Zeit, Reduzierung der Durchführungszeit
③ Entscheidung	Prioritätensetzung Pareto-Zeitprinzip (80:20-Regel) ABC-Analyse Eisenhower-Prinzip Delegation	Erfolgreiche Arbeitsgestaltung, Lebenswichtige Probleme vor nebensächlichen Problemen, Ordnen der Aufgaben nach Wichtigkeit, Überwindung der „Tyrannei" des Dringenden, Produktiver Arbeitseinsatz
④ Realisation und Organisation	Tagesgestaltung Leistungskurve Biorhythmus Selbstentfaltung Tagesrahmenplan	Anwendung des Selbstmanagement, Konzentration auf die wesentlichen Aufgaben, Ausnutzung des Leistungshochs, Berücksichtigung periodischer Schwankungen, Entwicklung eines persönlichen Arbeitsstils
⑤ Kontrolle	Arbeitsablaufkontrollen (Ist-Soll-Vergleich) Ergebniskontrollen (Zielkontrollen, End-, Zwischenkontrollen) Tagesrückschau (Selbstkontrolle)	Sicherstellung der geplanten Leistung, Positive Lebensführung
⑥ Information und Kommunikation	Rationelles Lesen Rationelle Besprechungen Rationelle Zweier-Gespräche (Besuchermanagement) Rationelles Telefonieren Rationelle Korrespondenz Checklisten – Formulare	Höhere Lesegeschwindigkeit, Bessere Konferenzorganisation, Sprechzeiten, Abschirmung vor Störungen, Weniger Unterbrechungen, Weniger Papierkrieg

Quelle: Seiwert 1994
Abb. 2: Arbeitstechniken im Überblick

1. Zielsetzungstechniken

Ziele (→*Zielsetzung als Führungsaufgabe*) setzen bedeutet, sein Tun und Handeln *bewußt* auf bestimmte Leitlinien und Orientierungen, z.B. →*Führungsgrundsätze*, auszurichten. Gemeinsam vereinbarte bzw. für sich selbst formulierte Ziele und deren Bewertungskriterien schaffen einen Maßstab zur Beurteilung von Leistungen, an dem Arbeitseinsatz und -ergebnisse gemessen werden können. Erst durch Ziele werden auch Arbeitstechniken effektiv, weil die individuellen Kräfte auf den eigentlichen Schwerpunkt bzw. kybernetisch wirkungsvollsten Punkt (*Engpaß*, vgl. *Wagner* 1981) konzentriert werden können.

Zielvereinbarungen zwischen Vorgesetzten und Mitarbeitern (→*Führung im MbO-Prozeß*) sind ein effizientes Führungsinstrument, aufgrund dessen die persönlichen Managementmethoden ge-

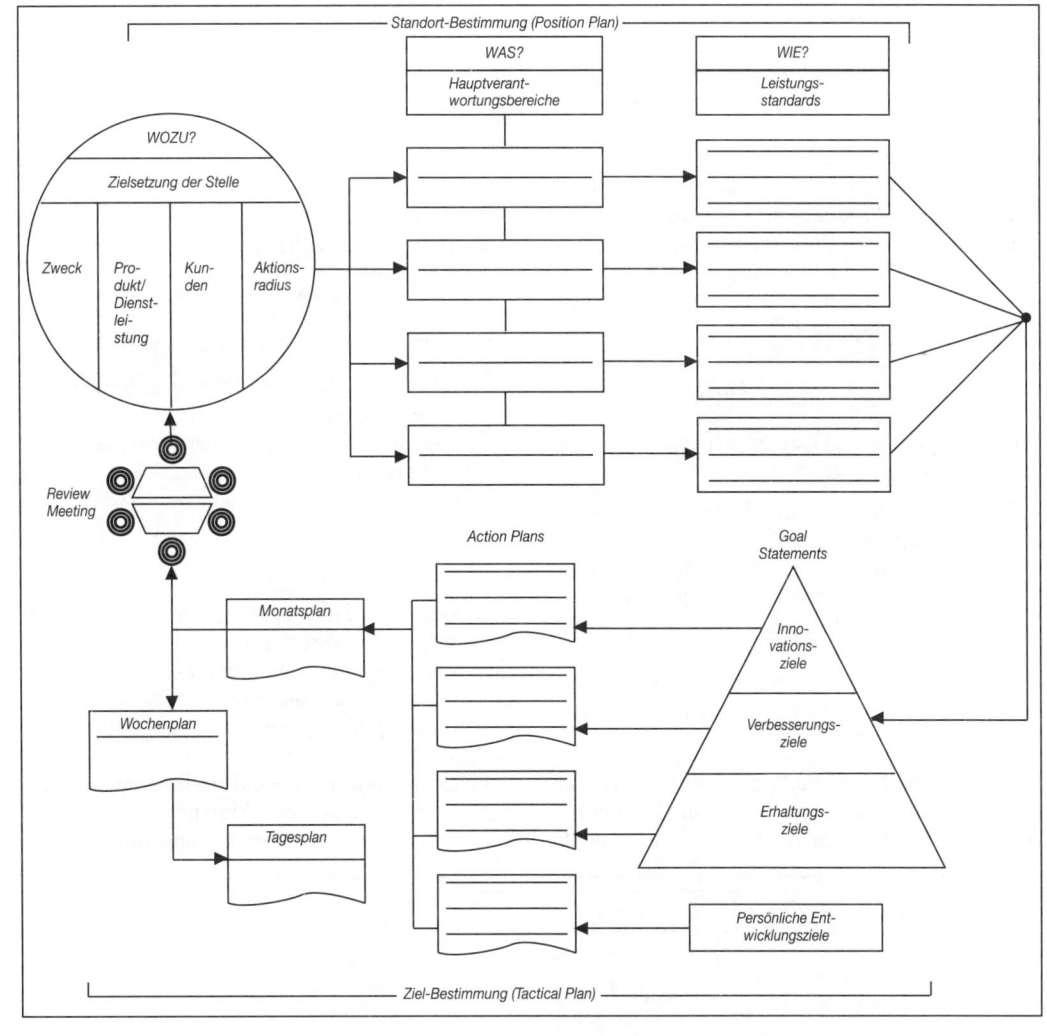

Abb. 3: Zielvereinbarungstechnik (MbO bei Hewlett-Packard)

steuert und dennoch flexibel gehalten werden, denn die (Zeit-)Planung wird beschleunigt, die Entscheidungsfindung und Festlegung von Prioritäten systematisiert und Verantwortung delegiert sowie die Kontrolle operationalisiert.

Die arbeitsmethodische Vorgehensweise bei der Festlegung von Zielen soll am Beispiel des *MbO bei Hewlett-Packard (o.J.)* kurz dargestellt werden (Abb. 3).

Der *Zielplanungsprozeß* umfaßt sechs Fragenbereiche, die vom Mitarbeiter erarbeitet und vom Vorgesetzten überprüft werden:

a) *Standort-Bestimmung („Position Planning")*

(1) *Übergeordnete Zielsetzung* der Stelle *(„wozu?")*
– Zweck: Wozu gibt es meine Stelle?
– Produkt/Dienstleistung: Was wird durch die gemeinsamen Aktivitäten meiner Mitarbeiter und mir geliefert oder bereitgestellt, was habe ich zu bieten?
– Kunde: Für wen arbeite ich (intern), wer ist mein Kunde (extern)?
– Aktionsradius: In welchen organisatorischen bzw. geographischen Bereichen bin ich tätig?

(2) *Hauptverantwortungs-* und Aufgaben*bereiche* der Stelle *(„was?")*
– Welche laufenden Tätigkeiten sind notwendig, damit das übergeordnete Ziel der Stelle erreicht wird (Führungsaufgaben und ausführende, fachbezogene Aufgaben)?
– Welches sind die strategisch wichtigen Hauptverantwortungsbereiche meiner Stelle (Pareto-Prinzip)?

(3) *Leistungsstandards* für die einzelnen Hauptverantwortungsbereiche als Meßgrößen zur Zielerreichung *(„wie?")*

- Unter welchen Bedingungen kann der jeweilige Hauptverantwortungsbereich vom Ergebnis her als gut eingestuft werden (Planvorgaben, Budgets, Kostenstandards, Umsätze, Rahmenbedingungen)?
- Wie kann der betreffende Bereich weiter in meßbare Ergebnisgrößen gegliedert werden (z. B. Leiterplatten-Produktion – Qualität – Ausschuß, Liefertreue, Reklamationen)?
- Wie können für die Ergebnisgrößen die konkreten, gewünschten Ergebnisse definiert werden (z. B. Ausschußquote <5%)?

b) Ziel-Bestimmung („Tactical Planning")

(1) *Zielsetzungen* („Goal Statements") für das nächste Jahr

- Erhaltungsziele: Was soll beibehalten, fortgeführt, verlängert werden?
- Verbesserungsziele: Was soll erhöht, was soll reduziert, welche Probleme sollen gelöst werden?
- Innovationsziele. Was soll neu entwickelt, eingeführt, verändert werden?
- Persönliche Entwicklungsziele: Welche persönlichen Ziele will ich in bestimmten Bereichen erreichen?

Jede Führungskraft formuliert 5 oder 6 strategisch wichtige Ziele („key objectives") für ihre Hauptverantwortungsbereiche (Ziff. a) (2), die sinnvoll, konkret, meßbar und in der verfügbaren Zeit erreichbar sind und schriftlich festgehalten werden.

(2) *Zielerreichungspläne* („Action Plans")
Welche konkreten Maßnahmen sind notwendig, um die einzelnen Ziele zu erreichen?

- Projektschritte
- Verantwortlichkeiten (Personen)
- Zwischen- und Endtermine
- Budget, Kosten
- Kontrolltermine

(3) *Zielerfüllungs-Gespräch* („Review Meeting")

- Durchsprache der Zielerfüllung zwischen Vorgesetzten und Mitarbeitern
- Lösung noch offen gebliebener Probleme
- Festlegung neuer Ziele („Next Year's Goal Statements")

2. Planungstechniken

Je besser eine Führungskraft ihre Zeit einteilt (= plant), desto besser kann sie die Zeit für ihre Zielvorstellungen nutzen. *Planung* bedeutet geistige Strukturierung zukünftigen Geschehens zur Zielerreichung und erfordert ein abgestuftes und methodisches Vorgehen.

Eine Arbeitsaufgabe wird in Teilaufgaben zerlegt, um die verschiedenen Aktivitäten auf einzelne Zeitabschnitte verteilen zu können. Im Rahmen

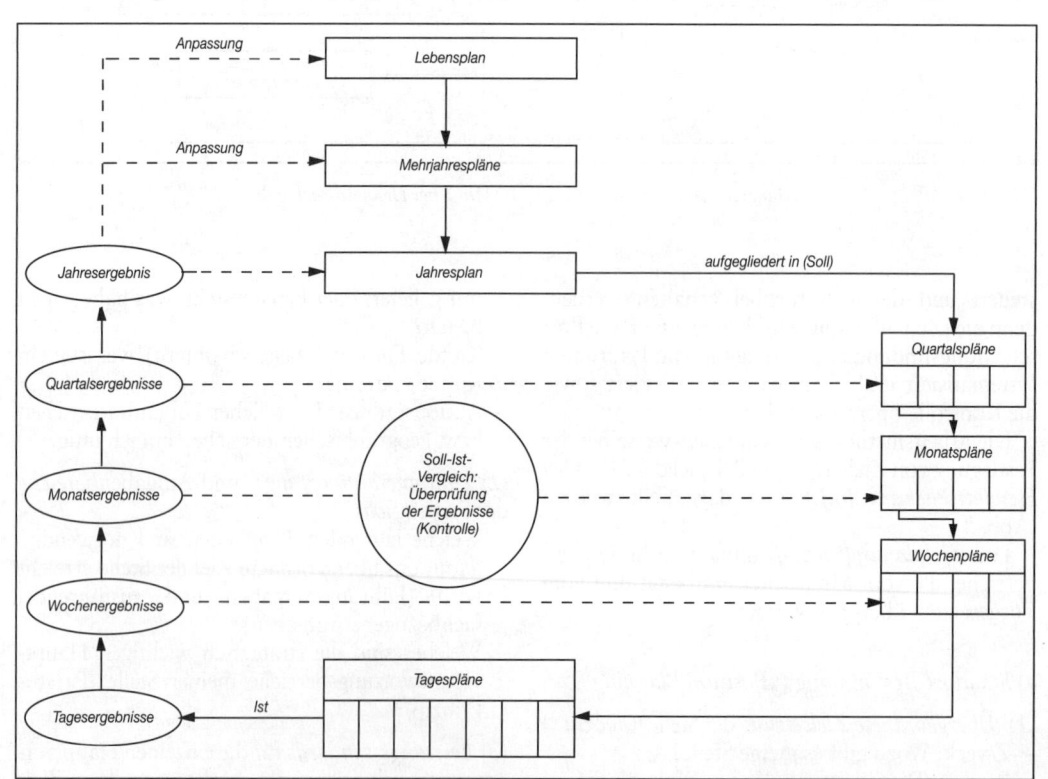

Abb. 4: System der Zeitplanung

der Gesamtplanung orientiert sich die Zeitplanung an den jeweiligen strategischen Zielen, die schrittweise in überschaubare operative Teilziele aufgeteilt werden.

Als *Planungszeiträume* können dabei zugrunde gelegt werden:

- Mehrjahrespläne für langfristige Ziele (3 bis 5 Jahre oder mehr)
- Jahrespläne für mittelfristige Ziele (1 bis 3 Jahre)
- Quartalspläne für kurzfristige Ziele (3 Monate bis 1 Jahr)
- Monats- und Wochenpläne für laufende Ziele (1 Woche bis 3 Monate)

In Abb. 4 ist die *Zeitplanung* als geschlossenes *System* dargestellt, woraus die Zusammenhänge zwischen den Einzelplänen deutlich werden: Aus den langfristigen Plänen leiten sich entsprechend die mittel- und kurzfristigen Pläne für die laufende Periode ab, die sich schließlich in der Planung des Tagesgeschäftes konkretisieren. Nach Ablauf der Planungszeiträume werden durch *Soll-Ist-Vergleich* (Kontrolle) die Periodenergebnisse ermittelt und evtl. Plankorrekturen vorgenommen (Rückkopplung).

3. Entscheidungstechniken

Entscheiden als Arbeitstechnik heißt *Prioritäten* setzen. Eines der Hauptprobleme überlasteter Führungskräfte ist der Versuch, zuviel auf einmal zu tun, und die Gefahr, sich in einzelnen Aufgaben zu verzetteln. Voraussetzung für eine rationale Arbeitstechnik ist deshalb, eindeutige Prioritäten festzulegen und auch einzuhalten. Oft erbringen bereits 20 Prozent der strategisch richtig eingesetzten Zeit oder Mittel 80 Prozent der Ergebnisse (*Pareto-Prinzip, Seiwert* 1994).

Prioritätensetzung heißt, darüber zu entscheiden, welche Aufgaben erstrangig, zweitrangig etc. und welche nachrangig zu behandeln bzw. zu delegieren (→*Delegative Führung*) sind. Aufgaben mit höchster Priorität müssen zuerst erledigt werden.

Eine *Wertanalyse* der Zeitverwendung zeigt, daß die Anteile von sehr wichtigen (A), wichtigen (B) und weniger wichtigen (C) Aufgaben an der tatsächlichen Zeitverwendung nicht unbedingt ihrem Anteil am Wert aller Aufgaben für die Erfüllung einer bestimmten Funktion (z. B. Personalleiter) entsprechen (Abb. 5).

Die Technik der *ABC-Analyse* empfiehlt sich zur Prioritätensetzung, wenn man die wichtigsten, d. h. ertragreichsten Aufgaben zuerst in Angriff nehmen will *(sog. A-Aufgaben),* um mit diesen wenigen Tätigkeiten bereits den größten Anteil am Erfolg zu erzielen. Die nächst wichtigen Vorhaben (*B-Aufgaben,* teilweise delegierbar) bringen noch einmal einen gewissen Ertragszuwachs, während mit der Erledigung der relativ vielen, aber weniger wichtigen *C-Aufgaben* (Kleinkram, Routinearbeiten, Papierkram) nur noch ein geringer Betrag gewonnen wird.

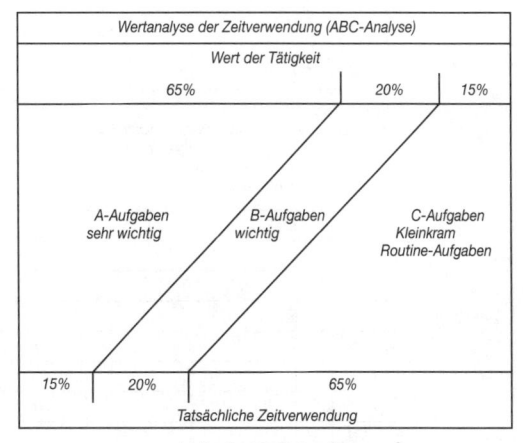

Abb. 5: ABC-Analyse

4. Arbeitstechniken bei der Organisation und Realisation

Zentrales Instrument einer persönlichen Arbeitstechnik i. S. eines „Schlußsteins" ist der am Ende des Vortages aufgestellte *Tagesplan* (Abb. 6). Das Unterbewußtsein verarbeitet bereits die geplanten, d. h. visualisierten Aufgaben für den Folgetag und bewirkt eine bessere Konzentration auf das Wesentliche. Hierbei kann man nach der *ALPEN-Methode* in fünf Stufen vorgehen (*Seiwert* 1994a):

(1) Aufgaben und Termine zusammenstellen
(2) Länge der Tätigkeiten schätzen
(3) Pufferzeit für Unvorhergesehenes reservieren
(4) Entscheidungen über Prioritäten, Kürzen, Verschieben oder Delegieren treffen
(5) Nachkontrolle – Übertrag der unerledigten Aktivitäten.

Ein realistischer Tagesplan sollte grundsätzlich nur das enthalten, was in diesem Zeitraum auch erledigt werden kann. Erfahrungsgemäß sind aufgrund von Fehlschätzungen bzw. von unvorhergesehenen Dingen nur maximal 50–60% der Zeit verplanbar.

Gerade weil tagsüber zahlreiche Störungen und Unterbrechungen erhebliche Leistungsverluste verursachen, hat sich die „*Stille Stunde*" als störungsfreie Zeit bewährt. Sie ist eine „Terminvereinbarung mit sich selbst", eine persönliche Sperrzeit, in der man konzentriert an wichtigen (A-)Aufgaben arbeitet. Führungskräfte lassen sich währenddessen abschirmen; Anrufe und Besucher werden anschließend nach der „Rückruf- oder Rücksprache-Methode" erledigt.

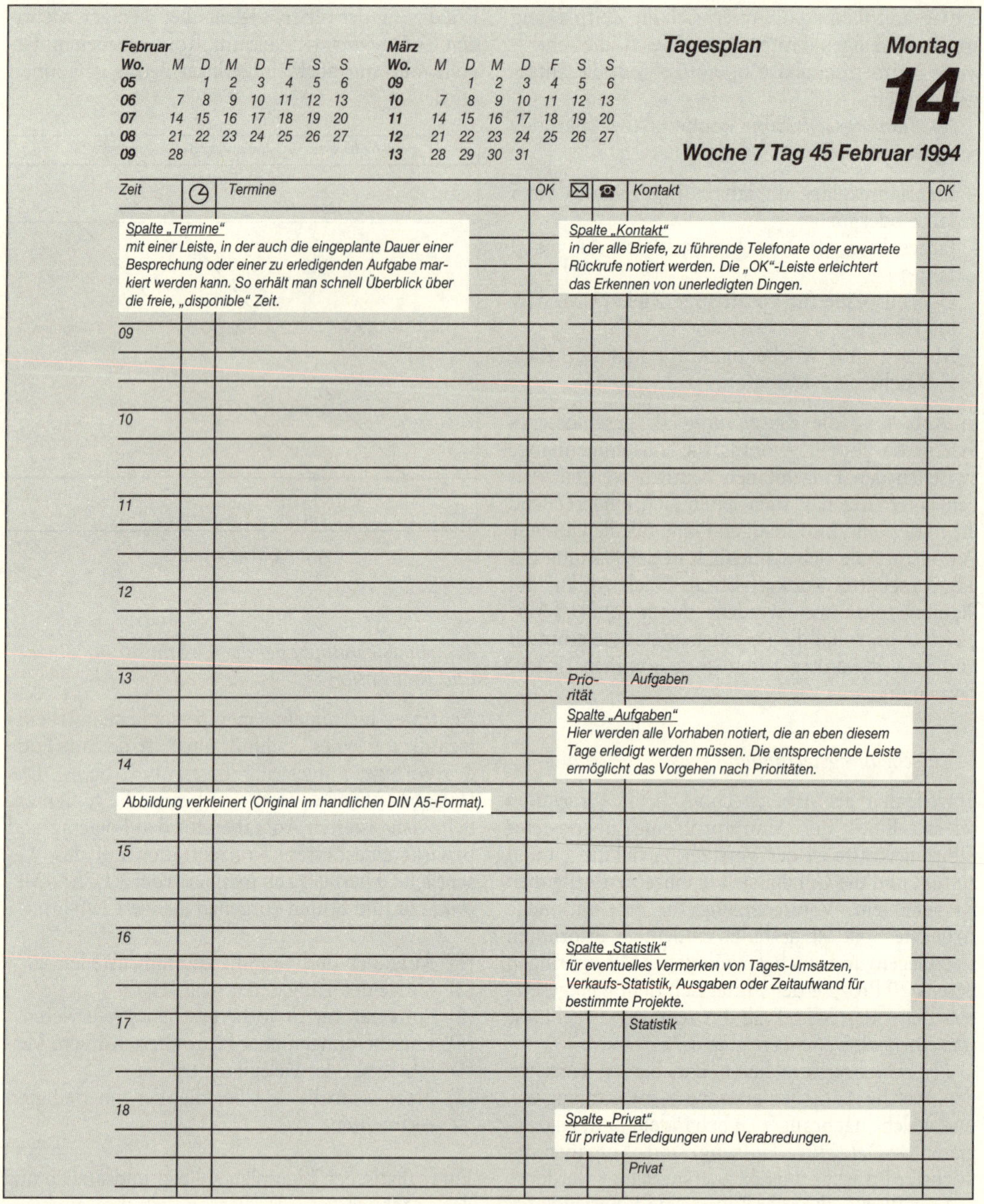

Arbeitstechniken

Februar							März							Tagesplan	Montag
Wo.	M	D	M	D	F	S S	Wo.	M	D	M	D	F	S S		
05		1	2	3	4	5 6	09		1	2	3	4	5 6		**14**
06	7	8	9	10	11	12 13	10	7	8	9	10	11	12 13		
07	14	15	16	17	18	19 20	11	14	15	16	17	18	19 20		
08	21	22	23	24	25	26 27	12	21	22	23	24	25	26 27		Woche 7 Tag 45 Februar 1994
09	28						13	28	29	30	31				

Zeit | ⊕ | **Termine** | **OK** | ✉ ☎ | **Kontakt** | **OK**

Spalte „Termine"
mit einer Leiste, in der auch die eingeplante Dauer einer Besprechung oder einer zu erledigenden Aufgabe markiert werden kann. So erhält man schnell Überblick über die freie, „disponible" Zeit.

Spalte „Kontakt"
in der alle Briefe, zu führende Telefonate oder erwartete Rückrufe notiert werden. Die „OK"-Leiste erleichtert das Erkennen von unerledigten Dingen.

09

10

11

12

13 | Priorität | Aufgaben

Spalte „Aufgaben"
Hier werden alle Vorhaben notiert, die an eben diesem Tage erledigt werden müssen. Die entsprechende Leiste ermöglicht das Vorgehen nach Prioritäten.

14

Abbildung verkleinert (Original im handlichen DIN A5-Format).

15

16 | *Spalte „Statistik"*
für eventuelles Vermerken von Tages-Umsätzen, Verkaufs-Statistik, Ausgaben oder Zeitaufwand für bestimmte Projekte.

17 | Statistik

18 | *Spalte „Privat"*
für private Erledigungen und Verabredungen.

| Privat

Quelle: Time/system, Hamburg

Abb. 6: Tagesplan

Eine weitere Arbeitstechnik bei der Tagesorganisation ist die Beachtung der physiologischen *Leistungskurve*.

Jeder Mensch ist in seiner Leistungsfähigkeit biorhythmischen Schwankungen unterworfen, die trotz individueller Unterschiede folgendes gemeinsam haben (REFA-Normkurve):

– Der *Leistungshöhepunkt* liegt am Vormittag, hier sollte die Erledigung komplizierter und wichtiger Dinge *(A-Aufgaben)* eingeplant werden.
– Im *Leistungstief* nach dem Essen sollten soziale Kontakte und Routinetätigkeiten *(C-Aufgaben)* wahrgenommen werden.
– Im *Zwischenhoch* am späten Nachmittag können wieder wichtige Aktivitäten *(B-Aufgaben)* in Angriff genommen werden.

Durch die Soforterledigung bzw. „Einzelfertigung" von Telefonaten, Kurzmitteilungen, Briefen, Besprechungen etc. geht meist viel Zeit verloren. Eine Zusammenfassung gleichartiger Aufgaben zu sog. *Arbeitsblöcken* hilft, daß bestimmte Arbeitsgänge nur einmal vorbereitet zu werden brauchen und die Führungskraft bei Tätigkeiten gleicher Art bleibt (Serienproduktion). Auch größere Aufgaben, in Teilaktivitäten über den ganzen Tag verteilt, nehmen mehr Zeit in Anspruch als in Abarbeitung während eines kompakten effizienten Zeitblocks.

5. Kontrolltechniken

Ergebniskontrollen dienen der Verbesserung, im Idealfall der Optimierung des Arbeits- bzw. Selbstmanagement-Prozesses *(Soll-Ist-Vergleich)*. Sie machen deutlich, ob die angestrebten Leistungsziele erreicht wurden, und leiten ggf. entsprechende Korrekturen ein. Zielerreichungs-Kontrollen vermögen die Arbeitsmotivation zu steigern *(Erfolgserlebnis)* und Impulse für neue Fragestellungen und Probleme zu geben.

Kontrollen als Arbeitstechniken umfassen vier Aufgaben:

(a) Erfassung des Ist-Zustandes
    Was wurde bis zum Kontrollzeitpunkt erreicht?
(b) Soll-Ist-Vergleich
    Inwieweit wurde das angestrebte Ziel erreicht?
(c) Abweichungs-Analyse
    Liegen Abweichungen vor und warum?
(d) Feedback (Rückkopplung)
    Welche korrektiven Maßnahmen sollen eingeleitet werden?

Zeitpunkt, Dauer und Häufigkeit der Kontrollen hängen maßgeblich von der Art der durchzuführenden Aufgabe und dem gesetzten Ziel ab. In diesem Zusammenhang kann zwischen Ablaufkontrollen und Tätigkeitskontrollen einerseits und Ergebniskontrollen (Zielkontrollen) andererseits unterschieden werden.

6. Informations- und Kommunikationstechniken

Information und Kommunikation sind Schlüsselfunktionen jedes Führungs- und (Selbst-)Managementprozesses von Organisationen, ja von sozialen Systemen überhaupt. So wird unsere heutige Zeit als Beginn und Entwicklung zu einer „Informationsgesellschaft" bezeichnet. Manager verbringen im Durchschnitt 80% ihrer Zeit mit Lesen, Telefonieren, Korrespondieren, Konferieren, Ordnen, Suchen etc. Im Führungsgeschehen sollten darum alle Informations- und Kommunikationsvorgänge zielgerichtet vorbereitet und rationell bewältigt werden.

Zu diesem Komplex existiert eine Fülle von Lern-, Denk- und Arbeitstechniken, die an dieser Stelle nicht weiter behandelt werden können (*Becker* 1991; *Covey* 1992; *Gesellschaft für Arbeitsmethodik* [Hrsg.] 1989; *Heinold* 1989; *Hirzel* 1989; *Kitzmann* 1992; *Ochsner* 1990; *Reineke* 1992; *Seiwert* 1994, 1994b; *Stroebe* 1993; *Theisen* 1993; *Wagner* 1993; *Zielke* 1988).

- *Informationstechniken:* Lesen, Gedächtnis, Konzentration, Lernen
- *Kommunikationstechniken:* Besprechungen, Telefonate, Besucher, Post, Korrespondenz
- *Hilfsmittel:* Formulare, Checklisten, Arbeitsmittel zur Visualisierung und Verbreitung von Informationen (Tabellen, Charts, Overheadfolien, Pinnwände, Desk-Top Presentation (DTP) etc.)

7. Arbeitstechnik-Instrument Zeitplanbuch

Entscheidendes Instrument für eine dauerhaft erfolgreiche, persönliche Arbeitstechnik der Führungskraft ist der tägliche Einsatz eines *Zeitplanbuches*, mit dessen Hilfe gewährleistet werden kann:

- einen Überblick über alle anstehenden Aufgaben zu haben,
- alle wichtigen Vorhaben, Termine und Aktivitäten systematisch und zielorientiert zu planen, aufeinander abzustimmen und
- ihre Erledigung und Weiterführung erfolgreicher zu organisieren und zu kontrollieren.

Ein Zeitplanbuch (ZPB) ist mehr als ein Terminkalender, der in der Regel nur eine Erinnerungshilfe für Termine und Daten darstellt. Ein ZPB enthält demgegenüber Aktivitätenlisten, Prioritäten, Zeitdauer und Zielsetzungen von Aufgaben, die selbst erledigt oder delegiert werden. Aufbau und Funktionen eines solchen Arbeitsringbuches sind in Abb. 7 dargestellt. Das Arbeitstechnik-Instrument *Zeitplanbuch* wird heute von zahlreichen Führungskräften in Wirtschaft und Verwaltung erfolgreich eingesetzt und von über 70 Fachverlagen und Institutionen angeboten (*Roth/Seiwert/Wagner* 1994). Mittlerweile gibt es ständig neue *elektronische Zeitplan-Tools* wie PIM-Software (Personal Information Management) für Zeitplanung mit persönlichem Projektmanagement, Electronic Organizer zur Unterstützung des mobilen Informationsmanagements sowie Personal Digital Assistants (PDAs) als mobile Notepads ohne Tastatur (*Roth/Seiwert/Wagner* 1994).

IV. Arbeitstechniken als Führungsgrundlage

Viele streßgeplagte Manager klagen über Zeitnot und Arbeitsüberlastung. Nicht nur Überarbeitung,

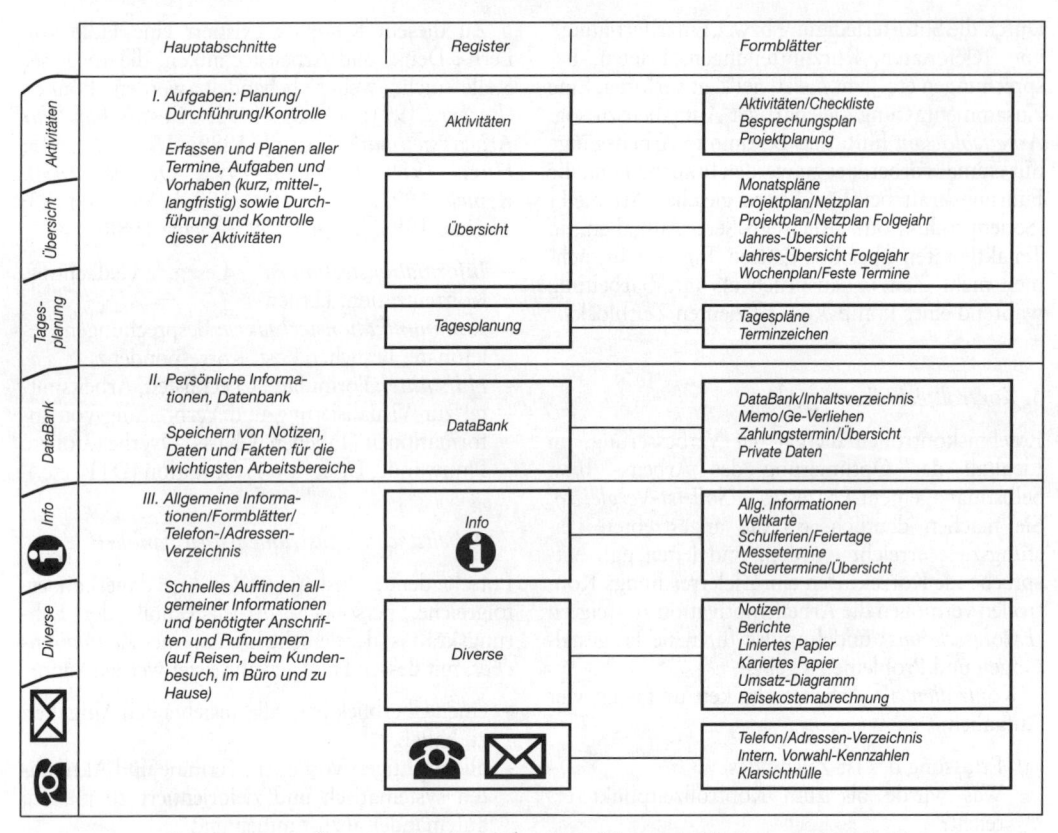

Hauptabschnitte	Register	Formblätter
I. Aufgaben: Planung/ Durchführung/Kontrolle Erfassen und Planen aller Termine, Aufgaben und Vorhaben (kurz, mittel-, langfristig) sowie Durchführung und Kontrolle dieser Aktivitäten	Aktivitäten	Aktivitäten/Checkliste Besprechungsplan Projektplanung
	Übersicht	Monatspläne Projektplan/Netzplan Projektplan/Netzplan Folgejahr Jahres-Übersicht Jahres-Übersicht Folgejahr Wochenplan/Feste Termine
	Tagesplanung	Tagespläne Terminzeichen
II. Persönliche Informationen, Datenbank Speichern von Notizen, Daten und Fakten für die wichtigsten Arbeitsbereiche	DataBank	DataBank/Inhaltsverzeichnis Memo/Ge-Verliehen Zahlungstermin/Übersicht Private Daten
III. Allgemeine Informationen/Formblätter/ Telefon-/Adressen-Verzeichnis Schnelles Auffinden allgemeiner Informationen und benötigter Anschriften und Rufnummern (auf Reisen, beim Kundenbesuch, im Büro und zu Hause)	Info	Allg. Informationen Weltkarte Schulferien/Feiertage Messetermine Steuertermine/Übersicht
	Diverse	Notizen Berichte Liniertes Papier Kariertes Papier Umsatz-Diagramm Reisekostenabrechnung
	☎ ✉	Telefon/Adressen-Verzeichnis Intern. Vorwahl-Kennzahlen Klarsichthülle

Abb. 7: System-Aufbau eines Zeitplanbuches (in Anlehnung an Time/system, Hamburg)

sondern vor allem mangelnde Zeitplanung und Arbeitsmethodik zwingen Führungskräfte oft mehr als 48 Stunden in der Woche an den Schreibtisch. Die permanente Überlastung ergibt sich meist durch Überschneidung vielfältiger Aufgaben. Oft müssen viele Dinge gleichzeitig erledigt werden. Die Folge: Ziele und Prioritäten werden falsch gesetzt, weniger wichtige Aufgaben nicht delegiert, und das Management selbst in seinem Vorgehen zu sehr durch das Tagesgeschehen bestimmt und durch Nebensächlichkeiten abgelenkt.

Der Schlüssel zur Lösung dieses Problems liegt in einer konsequenten, persönlichen Arbeitstechnik, mit deren Hilfe die Führungskraft ihre vielfältigen Tätigkeiten und Ablenkungen so in den Griff bekommt, daß sie „Mehr Zeit für das Wesentliche" (*Seiwert* 1994) hat. Entscheidend beim Einsatz von Arbeitsmethodik ist, daß solche Methoden nicht auf Insellösungen bei Individuen oder Gruppen beschränkt bleiben, sondern von Management oder Organisation gleichermaßen getragen werden, möglichst als gemeinsam vereinbarte Prinzipien der Arbeitsplanung und Spielregeln der Zusammenarbeit.

Rationelle Arbeitstechniken erhöhen die Effizienz und Leistungswirksamkeit der Führungskraft (Abb. 8). Nur wer sich selbst führt (Selbstmanagement), kann auch andere bzw. das Unternehmen führen. Eine gute Arbeitstechnik ist somit ein strategischer Erfolgsfaktor für eine gute *Managementeffizienz*.

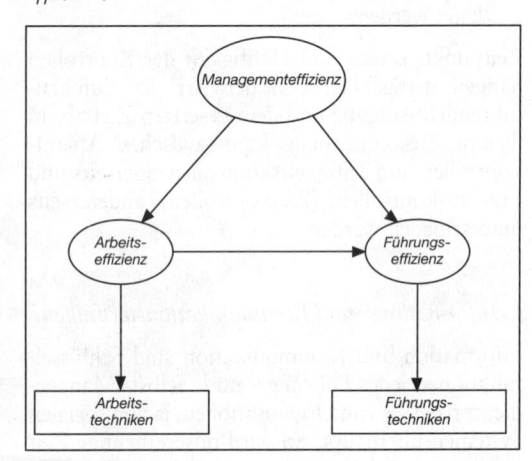

Abb. 8: Arbeitstechniken und Managementeffizienz

Literatur

Becker, H. L.: Ganzheitliche Management-Methodik. 2. A., Ehningen 1991.
Covey, St. R.: Die sieben Wege zur Effektivität. Frankfurt/M. et al. 1992.

Dülfer, E.: Betriebswirtschaftslehre der Kooperative. Göttingen 1984.
Gesellschaft für Arbeitsmethodik (GfA) e.V. (Hrsg.): Methodenbuch der Arbeits-, Führungs- und Erfolgsmethoden (Loseblatt). 3. A., Kaiserslautern 1989.
Gogoll, W. D./Gräber, H.-J./Hiesler, G.: Persönliche Arbeitstechnik. Frankfurt/M. 1979.
Heinold, E.: Erfolgreicher und methodischer arbeiten. 2. A., Düsseldorf 1989.
Helfrecht, M.: Planen, damit's leichter geht (2 Bd.): Bad Alexandersbad 1984.
Hewlett-Packard GmbH: Management by Objectives (Resource Material). Böblingen o. J.
Hirzel, M.: Managementeffizienz. 4. A., Wiesbaden 1989.
Kitzmann, A.: Persönliche Arbeitstechniken und Zeitmanagement. Ehningen 1992.
Ochsner, M.: Persönliche Arbeitstechnik. Gießen 1990.
Reineke, W.: Optimal arbeiten und führen. 6. A., Heidelberg 1992.
Roth, W./Seiwert, L. J./Wagner, H. (Hrsg.): Zeitmanagement-Methoden auf dem Prüfstand. Management mit Zeitplanbuch plus PC. 3. A., Springe und Bremen 1994.
Rühle, H.: Persönliche Arbeitstechniken. Diss. Goch 1982.
Schiemenz, B.: Betriebskybernetik. Stuttgart 1982.
Seiwert, L. J.: Mehr Zeit für das Wesentliche. 16. A., Landsberg a. Lech 1994.
Seiwert, L. J.: Das „neue" 1x1 des Zeitmanagement. 16. A., Bremen 1994a.
Seiwert, L. J.: Selbstmanagement. 5. A., Bremen 1994b.
Staehle, W. H.: Management. 6. A., München 1991.
Stroebe, R. W.: Arbeitsmethodik I und II (2 Bde): 6./5. A., Heidelberg 1993.
Theisen, M. R.: Wissenschaftliches Arbeiten. 7. A., München 1993.
Wagner, H.: Die kybernetische Management-Lehre (EKS) – Das System der Engpaß-Konzentrierten Strategie. In: *Brecht, H./Wippler, E.* (Hrsg.), Jahrbuch für Führungskräfte 81. Grafenau 1981, S. 426–447.
Wagner, H.: Persönliche Arbeitstechniken. 5. A., Bremen 1993.
Zielke, W.: Handbuch Lern-, Denk-, Arbeitstechniken. München et al. 1988.

Arbeitsverhalten von Managern, empirische Untersuchungen zum

Hans-Dieter Ganter/Peter Walgenbach

[s. a.: Führungsebene und Führung; Mikropolitik und Führung; Zeitmanagement.]

I. Ausgangspunkt der Studien; II. Kennzeichen der Arbeitsweise von Managern; III. Inhalte der Aktivitäten von Managern.

I. Ausgangspunkt der Studien

„What do managers do? ist die zentrale Ausgangsfrage einer empirisch orientierten Forschungsrichtung, die sich, angestoßen durch die Arbeit von *Carlson* (1951), insbesondere im anglo-amerikanischen Sprachraum weiterentwickelt hat und die als eigenständiger Ansatz in der Führungsforschung angesehen wird (*Staehle* 1991).

Anstoß zu dieser Forschungsrichtung war die Unzufriedenheit über den mangelnden empirischen Gehalt der sogenannten klassischen Managementlehre (*Carlson* 1951; *Sayles* 1964; *Mintzberg* 1973, 1975; *Stewart* 1976). Kritisiert wurde vor allem, daß die Funktionen von Managern, wie beispielsweise Planung oder Koordination, nur vage Ziele der Arbeit von Managern beschreiben, daß jedoch dem Aspekt, wie Manager die Fülle ihrer Aufgaben und Verantwortlichkeiten bewältigen und so zur Zielerreichung der Organisation beitragen, nur wenig Aufmerksamkeit geschenkt wird. Die klassische Managementlehre hatte ein eher folkloristisches Bild vom Manager, das ihn als reflexiven, systematischen Planer präsentiert, der losgelöst von täglich wiederkehrenden Verpflichtungen mit hochaggregierten Informationen arbeitet. Vertreter der empirisch orientierten Forschungsrichtung wollen diesem folkloristischen Bild das reale Bild der Arbeit von Managern gegenüberstellen.

Inzwischen hat sich diese Forschungsrichtung zu einem kaum mehr zu überschauenden Feld unterschiedlichster Forschungsschwerpunkte entwickelt (Überblicke vermitteln *Martinko/Gardner* 1985; *Hales* 1986; *Carroll/Gillen* 1987; *Neuberger* 1990; *Schirmer* 1991, 1992). Die einzelnen Studien weisen zum Teil erhebliche Unterschiede in ihrem Fokus und in den verwendeten Kategorien und Modellen auf, was den Vergleich und die Kombination der Studien und damit die Möglichkeit, zu allgemeingültigen Aussagen zu gelangen, erheblich erschwert (*Hales* 1986; *Stewart* 1989; *Schirmer* 1991, 1992). Fraglich ist jedoch, ob diese Studien mehr leisten können, als einen nur groben Eindruck von der Wirklichkeit der Tätigkeiten von Managern zu vermitteln, zumal beklagt wird, daß es der Forschung zum Arbeitsverhalten von Managern an einer übergreifenden und zukunftsweisenden theoretischen Orientierung fehlt.

II. Kennzeichen der Arbeitsweise von Managern

Eine Vielzahl von Studien zum Arbeitsverhalten von Managern konzentriert sich auf die Kennzeichen der Arbeitsweise von Managern. Unter Kennzeichen werden dabei zumeist nur direkt beobachtbare, rein äußerliche Merkmale des Arbeitsverhaltens von Managern verstanden (*Mintzberg* 1973). Zentral in diesem Zusammenhang ist der Begriff der Aktivität. Die von den Aktivitätsforschern in der Regel vorab festgelegten Aktivitätskriterien können als Konkretisierung und Operationalisierung der verfolgten Ausgangsfragestellung „What do managers do?" verstanden werden. Typische Unterscheidungskriterien für einzelne Aktivitäten sind regelmäßig die Kontaktpersonen des Managers oder die Art der Aktivität, wie bspw. Lesen oder Schreiben. Der Arbeitstag der Manager wird so schon während der Beobachtung des Arbeitsverhaltens in eine Vielzahl von einzelnen Episoden zerlegt, wobei die Anzahl der gemessenen Episoden als Maß für die Fragmentierung des Arbeitstages dient.

Bei einer Durchsicht der Aktivitätstudien zeigen sich bemerkenswerte Ähnlichkeiten, aber auch augenfällige Unterschiede zwischen und innerhalb höchst unterschiedlicher Populationen von Managern. Ein durchgängiger Befund der Studien ist, daß das tägliche Arbeitsmuster durch ein hohes Maß an Fragmentierung, Vielfalt und Kürze gekennzeichnet ist. Dabei zeigt sich, daß die Fragmentierung des Arbeitstags ein Maß ist, durch das sich obere und mittlere Managementebenen von unteren Managementebenen abgrenzen lassen (→*Führungsebene und Führung*). Während im Topmanagement und im mittleren Management regelmäßig unter 50 Aktivitäten je Arbeitstag festgehalten wurden (*Burns* 1954; *Stewart* 1967; *Mintzberg* 1973; *Kurke/Aldrich* 1983), liegt der Fragmentierungswert bei Managern in Positionen auf den unteren Hierarchieebenen regelmäßig über 200 (*Guest* 1956; *Ponder* 1957). *Beishon/Palmer* (1979) stellen fest, daß nur wenige Aktivitäten der von ihnen beobachteten Manager länger als drei Minuten dauerten.

Ein wichtiger Bestandteil der Arbeit von Managern ist verbale Kommunikation. Durchweg zeigen die Befunde der Studien, daß durchschnittlich zwischen 40% und 80% der Arbeitszeit mit verbaler Kommunikation verbracht wird (*Burns* 1954; *Horne/Lupton* 1965; *Stewart* 1967; *Mintzberg* 1973; *Müller-Böling/Ramme* 1990; *Schreyögg/Hübl* 1992). Allerdings variieren die Werte zwischen den beobachteten Managern zum Teil erheblich (siehe exemplarisch *Dubin/Spray* 1964; *Stewart* 1976). Die Kommunikationsaktivitäten der Manager verteilen sich nicht nur auf die Mitarbeiter und den Vorgesetzten, sondern auch auf Kollegen und Organisationsexterne. So berichtet beispielsweise *Landsberger* (1961), daß bis zu 62% der Kommunikationsaktivitäten der Manager horizontal verlaufen. Bei den Kommunikationsaktivitäten der Manager spielen Telefonate und kurze, vorher nicht vereinbarte Gespräche „zwischen Tür und Angel" eine ebenso große Rolle wie vorab vereinbarte Besprechungen (*Stewart* 1967; *Mintzberg* 1973; *Horne/Lupton* 1965). Insgesamt scheint bei den Managern eine Vorliebe für aktuelle Themen zu bestehen. Spekulationen und Gerüchten wird mehr Aufmerksamkeit geschenkt als Routineberichten. Ein weiterer wichtiger Befund der Aktivitätsstudien ist, daß in vielen Fällen die Kontakte von anderen veranlaßt werden und daß es weniger der Manager ist, der die Dinge in Gang setzt (*Lawler/Porter/Tennenbaum* 1968; *Mintzberg* 1973; *Hannaway* 1989).

Vor dem Hintergrund einer starken Fragmentierung des Arbeitstags, sehr vielen Kontakten, die zum großen Teil ungeplant sind, d. h. nicht durch fest vereinbarte Besprechungen zustandekommen, und eines geringen Zeitanteils, der auf sogenannte Schreibtischarbeiten entfällt, erscheinen den Aktivitätsforschern die Manager weniger als langsam und methodisch vorgehende, strategische Planer, sondern mehr als „intuitive Macher", die unmittelbar auf die Probleme, mit denen sie konfrontiert werden, reagieren (*Brewer/Tomlinson* 1964; *Stewart* 1967; *Mintzberg* 1973). Ein fragmentierter Arbeitstag ohne längere, ungestörte Arbeitsphasen heißt für *Stewart* (1967) sogar, daß Manager keine Zeit zum Nachdenken haben. Konsequenterweise beschäftigen sich die Autoren dieser Forschungsrichtung dann auch mit den Ineffizienzen, die aus der Fragmentierung der Arbeit der Manager resultieren können. Für *Mintzberg* (1973) ist die präzise Erfassung der Aktivitäten der Manager letztlich nur eine Voraussetzung für eine Rekonstruktion, Reprogrammierung und (Teil-)Automatisierung der Arbeit der Manager. Er unterstellt dabei, daß die Arbeitsergebnisse und die erforderlichen Arbeitsschritte der Manager in Art und Ablauf regelhaft bestimmt werden können, und legt damit einen Grundstein für das Wachstum der „*Zeitmanagement-Bewegung*", die die aktive Zeitbudgetierung und die „effektive und effiziente" Nutzung der Arbeitszeit durch eine an Rationalitätskriterien orientierte Gestaltung des Arbeitstags zum „*Soll-Konzept*" für jeden Manager macht (→*Zeitmanagement*). Dem muß entgegengehalten werden, daß die Charakterisierung der Arbeit von Managern als fragmentiert lediglich auf einer Ansammlung von „Schnappschüssen" basiert, die sowohl die Inhalte und die prozessuale Verknüpfung der Aktivitäten als auch den Kontext des Handelns von Managern ausblenden (*Schirmer* 1991, 1992). Eine solche konzeptionelle Fassung und empirische Erfassung des Arbeitsverhaltens von Managern, die sich auf rein beobachtbare Aktivitäten und die Aufaddierung äußerlich gleich erscheinender Aktivitäten beschränkt, unterläuft das inhaltliche „Was" und das prozessuale „Wie" des Verhaltens von Managern und damit die Komplexität und Differenziertheit, die die Arbeitsprozesse von Managern kennzeichnen dürften. So wird durch die Aufaddierung äußerlich gleich erscheinender Aktivitäten unterstellt, daß den einzelnen Aktivitäten einer Aktivitätskategorie die gleiche Bedeutung zukommt, und damit stillschweigend übersehen, daß Aktivitäten oder Handlungen für die Person, die sie ausführt, eine bestimmte Bedeutung haben. Was der Wissenschaftler für eine bloße Wiederholung derselben physischen Aktivität halten kann, kann für den Beobachteten eine ganz andere Bedeutung haben, je nach Art und Weise, in der er die Situation definiert. Schon von daher erscheinen Konzeption und Methodik dieser Studien der Komplexität des Untersuchungsobjekts nicht angemessen. Durch die Beobachtung physischer Aktivitäten kann nicht vollständig aufgezeigt werden, was Manager tun (*Carroll/Gillen* 1987). Mentale Prozesse des Planens oder Reflektierens können mit dieser Methode nicht identifiziert werden. Aus der Beobachtung physischer Aktivitäten kann auch nicht gefolgert werden, wie es in den Studien trotzdem häufig geschieht, daß Manager keine oder nur wenig Zeit mit Planung verbringen. Die Schlußfolgerung, daß das Bild des Managers als Stratege, Planer und Denker ein Mythos ist, die aufgrund der Befunde eines immer wieder unterbrochenen Arbeitsflusses, des reaktiven Verhaltens der Manager und auch einer Vielzahl von ungeplanten „Face-to-face-Kontakten" gezogen wird, ist vermutlich ein Artefakt. Diese Überlegung wird durch eine Untersuchung von *Snyder/Glueck* (1980) gestützt, die in einer Replikation der Mintzberg-Studie die von ihnen beobachteten Manager baten, bei jeder Aktivität zu erläutern, was sie gerade tun und warum sie diese Aktivität ausführen. Ihre Ergebnisse zeigen, daß Manager durchaus mit Planung befaßt sind, und daß Planungsaktivitäten sogar einen großen Teil der Arbeitszeit von Managern beanspruchen (siehe auch die Studien von *Mahoney/Jerdee/Carroll* 1965; *Pheysey* 1972). Die Studien zu den Arbeitsaktivitäten von Managern bedürfen insofern zumindest des Einbezugs der Inhalte und der Zwecksetzung der Aktivitäten von Managern.

III. Inhalte der Aktivitäten von Managern

Einzelne Studien versuchen, über die Erfassung von Zeitanteilen, die auf unmittelbar beobachtbare Aktivitäten entfallen, hinauszugehen und die Inhalte der Aktivitäten von Managern zu erfassen (siehe exemplarisch *Horne/Lupton* 1965; *Torrington/Weightman* 1982, 1987; *Luthans/Hodgetts/Rosenkrantz* 1988). Besondere Bedeutung wird dabei der Studie von *Mintzberg* (1973) beigemessen, der während der Beobachtung des Arbeitsverhaltens der Manager deren Postverkehr und deren verbale Kontakte nach den zugrundeliegenden Zwecken (wie bspw. Informationen geben) klassifizierte. Die Gruppierung dieser Aktivitäten führt ihn zu dem, was er selbst als die Crux seiner Studie bezeichnet – eine Theorie über das, was Manager tun.

Mintzberg entwickelt zehn Managerrollen, von denen er (1973, S. 55) behauptet: „These ten roles are common to the work of all managers." *Mintzberg* erhebt damit einen ähnlich universellen Anspruch wie die klassische Managementlehre – und das auf der Basis von fünf beobachteten Topmanagern. Er unterscheidet drei interpersonale, drei informationelle und vier Entscheidungsrollen.

1. Interpersonale Rollen

a) *Repräsentant:* Der Manager handelt als symbolische Spitze seiner Organisationseinheit und hat in dieser zeremonielle Aufgaben gesetzlicher und sozialer Art zu erfüllen.
b) *Liaison:* Der Manager muß die Verbindung zwischen seiner Organisationseinheit und der Umwelt der Organisationseinheit leisten.
c) *Vorgesetzter:* Der Manager muß die persönlichen Bedürfnisse seiner Mitarbeiter und die Ziele der Organisation in Übereinstimmung bringen, um die Effizienz seiner Organisationseinheit sicherzustellen.

2. Informationelle Rollen

a) *Monitor:* Der Manager empfängt und sammelt Informationen, die es ihm ermöglichen, ein umfassendes Verständnis über seine organisatorische Einheit und deren Umwelt zu entwickeln.
b) *Informationsverteiler:* Der Manager leitet Information aus der Umwelt an seine Organisationseinheit und von einem Mitarbeiter zum anderen weiter.
c) *Sprecher:* Der Manager übermittelt Informationen an Personen außerhalb seiner organisatorischen Einheit.

3. Entscheidungsrollen

a) *Unternehmer:* Der Manager sucht in seiner Organisationseinheit und in deren Umwelt nach Chancen zur Innovation und initiiert systematischen Wandel, der den Bestand und die Weiterentwicklung seiner Organisationseinheit gewährleisten soll.
b) *Störungsregler:* Der Manager muß sich mit nicht vorherzusehenden Störungen befassen, für deren Behebung keine organisationalen Programme existieren, und mit Krisen auseinandersetzen, die dadurch entstehen, daß bestimmte Probleme zu lange ignoriert wurden.
c) *Ressourcenzuteiler:* Der Manager muß über die Zuordnung von Ressourcen zu Personen und Gruppen entscheiden.
d) *Verhandler:* Der Manager repräsentiert seine Organisationseinheit in bestimmten Umweltsegmenten und trifft mit anderen Verhandlern Entscheidungen, die die Organisationseinheit des Managers auf bestimmte zukünftige Aktivitäten verpflichten.

Mintzberg (1973) geht davon aus, daß die zehn Rollen ein integriertes Ganzes (eine Gestalt) bilden, weist aber darauf hin, daß die Bedeutung einzelner Rollen von Stelle zu Stelle variieren kann. Er versucht, eine Kontingenztheorie der Aktivitäten von Managern zu entwickeln, die er als eine Ansammlung von Hypothesen betrachtet, die weiterer Prüfung bedürfen. Er erwartet, daß die Rollen des Störungsreglers und des Verhandlers, die eine unmittelbare Reaktion auf aktuelle Geschehnisse erfordern, auf unteren Hierarchieebenen besondere Bedeutung haben. Auch vermutet er, daß die Rolle des Repräsentanten in unteren Hierarchieebenen an Bedeutung verliert. Deutliche Unterschiede in der Wichtigkeit einzelner Rollen sieht *Mintzberg* zwischen Stellen in unterschiedlichen Funktionsbereichen. Er geht davon aus, daß in der Produktion die Rollen des Störungsreglers sowie des Verhandlers und im Verkauf die interpersonalen Rollen von höherer Bedeutung sind. In Stabsabteilungen dürften die Rollen des Beobachters und des Sprechers hohe Bedeutung haben, während die Rollen des Repräsentanten, Vorgesetzten, Störungsreglers und Ressourcenzuteilers vergleichsweise unwichtig sein dürften.

Mintzbergs Studie hat eine Reihe von Folgeuntersuchungen nach sich gezogen (*Alexander* 1979; *Paolillo* 1980; *McCall/Segrist* 1980; *Lau/Newman/Broedling* 1980; *Lau/Pavett/Newman* 1980). Die Ergebnisse dieser Studien sind jedoch nicht einheitlich. Weder werden *Mintzbergs* Hypothesen über den Zusammenhang zwischen Hierarchieebene und Bedeutung einzelner Rollen, noch über den Zusammenhang zwischen Funktionsbereich und Wichtigkeit einzelner Rollen von den Folgestudien einhellig bestätigt, noch zurückgewiesen. In der Folge wurde das Mintzbergsche Rollenkonzept zum Teil scharf kritisiert. Auf harsche Kritik stößt vor allem die mangelnde Spezifizierung der einzelnen Rollen (*Snyder/Wheelen* 1981; *Stewart* 1976, 1982). *McCall/Segrist* (1980) sehen die Überlappung der Aktivitäten, die den Rollen zugeordnet wurden, als so weitreichend an, daß einzelne Rollen, wie bspw. die des Repräsentanten, nicht als separierbar zu betrachten seien. Auch wird in Frage gestellt, ob die konzeptionelle Fassung der Aktivitäten von Managern in den zehn Rollen wirklich eine grundsätzliche Alternative zu den Funktionskatalogen der klassischen Managementlehre darstellt. *Steinmann/Schreyögg* (1990) sehen z. B. Verbindungslinien zwischen der Managementfunktion Planung und den Rollen des Unternehmers, Monitors und Ressourcenzuteilers. Zudem stellt *Mintzbergs* Rollenkonzept eine statische Betrachtung des Arbeitsverhaltens von Managern dar.

Nur wenige Autoren (*Dalton* 1959; *Sayles* 1964; *Kotter* 1982) versuchen in ihren Studien, die den Aktivitäten von Managern zugrundeliegenden Arbeitsprozesse zu erfassen. Eine zentrale Stellung wird der Arbeit von *Kotter* (1982) beigemessen. Statt eine Perspektive zu wählen, die das Arbeitsverhalten der Manager von vornherein auf eine Gruppe von Aktivitäten, Rollen oder Funktionen reduziert, versucht *Kotter* erst einmal, die zentralen Anforderungen und Dilemmata, die mit den stellenbezogenen Verantwortlichkeiten und Kommunikationsbeziehungen der Manager einhergehen, zu identifizieren. Kotter stellt so eine Beziehung zwischen dem Arbeitsverhalten und dem Kontext des Arbeitsverhaltens her (siehe hierzu auch die Studien von *Stewart* 1976, 1982; *Stewart/Kieser/Barsoux* et al. 1994).

Kotter sieht das Informationsverhalten der Manager, bspw. i. S. einer Vielzahl von „Face-to-face-Kontakten", als Basis der Entwicklung von Handlungsplänen. Handlungspläne von Managern umfassen laut *Kotter* lose verbundene Ziele, die sich auf die kurz-, mittel- und langfristigen Verantwortlichkeiten der Manager beziehen. Um diese Pläne umsetzen zu können, verbringen die Manager sehr viel Zeit damit, ein weit verzweigtes Netzwerk kooperativer Beziehungen zu denjenigen Personen aufzubauen, von denen sie glauben, daß sie auf diese zur Umsetzung ihrer Handlungspläne an-

Wie die Manager an ihre Stelle herangehen	*Das tägliche Verhalten*
Insgesamt konzentriert sich der Ansatz der Manager auf den Aufbau eines Netzwerkes von Personen, von denen sie aufgrund ihrer Stelle abhängig sind, sowie auf die Inanspruchnahme des Netzwerks, um Handlungspläne zu entwickeln, zu implementieren und zu aktualisieren.	→ Sie verbringen den größten Teil ihrer Arbeitszeit mit anderen Personen.
Das Netzwerk umfaßt die meisten oder alle diejenigen Personen, von denen die Manager abhängig sind: Es schließt Vorgesetzte, Mitarbeiter, Kollegen und Externe ein.	→ Die anderen Personen sind nicht nur der Vorgesetzte und die direkt unterstellten Mitarbeiter.
Die Handlungspläne beziehen in der Regel alle Bereiche ein, für die die Manager verantwortlich sind.	→ In den Gesprächen mit anderen wird ein weites Spektrum von Themen behandelt.
Die Entwicklung von Handlungsplänen erfordert eine dauernde Informationssammlung. Diese erfolgt durch Befragung der Mitglieder des Netzwerks zu einer Vielzahl von Themen, die im Hinblick auf die Verantwortlichkeiten des Managers von Relevanz sind. Die Manager können so einen nicht schriftlich fixierten Handlungsplan entwickeln. Dieser Prozeß ist nicht beobachtbar.	→ In diesen Gesprächen stellen die Manager viele Fragen..., ...aber es ist selten zu beobachten, daß sie bedeutende Entscheidungen fällen.
Der Aufbau des Netzwerks erfolgt durch Einsatz einer Vielzahl von taktischen Maßnahmen, wie zum Beispiel den Einsatz von Humor. Die Aufrechterhaltung des Netzwerkes erfordert oft, daß der Manager sich mit Dingen befaßt, die für das eigentliche Geschäft unwichtig sind, die aber für bestimmte, für ihn wichtige Personen seines Netzwerks eine große Bedeutung haben.	→ Die Diskussionen beinhalten typischerweise viele Witzeleien und Themen, die in keinem unmittelbaren Zusammenhang mit der Arbeit stehen. Die Themen sind häufig sogar vergleichsweise unbedeutend für ein Geschäft oder die Organisation.
Zur Sicherstellung der Umsetzung der Handlungspläne durch das Netzwerk benutzen die Manager höchst unterschiedliche Methoden der direkten und indirekten Beeinflussung. Die traditionelle Form der Anweisung ist nur eine davon.	→ In diesem Zusammenhang geben die Manager selten Anweisungen..., ...aber sie versuchen häufig, andere zu beeinflussen:

Abb. 1: Die Beziehung zwischen einigen alltäglichen Verhaltensweisen von Managern und der Art und Weise, wie Manager die mit ihren Stellen verbundenen Anforderungen bewältigen (leicht modifiziert entnommen aus: Kotter 1982, S. 87)

gewiesen sind. Es umfaßt neben den Mitarbeitern und Vorgesetzten auch Kollegen, Mitarbeiter der Mitarbeiter und Organisationsexterne. Bei der Umsetzung der Handlungspläne identifiziert *Kotter* ein wiederkehrendes Muster:

Es werden bestimmte Personen innerhalb des Netzwerks kontaktiert, die dem Manager bei der Umsetzung behilflich sein können. Die Personen und die Art und Weise, wie der Manager an sie herantritt, werden können so gewählt, daß möglichst viele Ziele auf einmal erreicht werden und zugleich wird darauf geachtet, daß nicht unachtsamerweise wichtige Beziehungen im Netzwerk gestört oder zerstört werden. Dabei setzen die Manager direkte und indirekte Formen der Beeinflussung ein (→*Mikropolitik und Führung*), um die Mitglieder des Netzwerks auf die Umsetzung der Handlungspläne zu verpflichten.

Durch die Gegenüberstellung der Konstrukte Handlungsplan, Netzwerk und Umsetzung der Handlungspläne durch das Netzwerk zu den täglich beobachtbaren Aktivitätsmustern von Managern (s. o.) gelingt es *Kotter*, die Verbindung zwischen beobachtbaren Aktivitäten, Aufgaben und Verantwortlichkeiten von Managern herzustellen. Durch diese Gegenüberstellung erscheinen zudem die Befunde und Interpretationen vieler früherer Studien in einem neuen Licht, denn das von *Kotter* beobachtete Verhalten der Manager erinnert in seiner äußerlichen Erscheinung sehr an die Befunde, die sich in ähnlicher Weise schon in vielen früheren Studien zum Arbeitsverhalten von Managern finden (siehe Abb. 1).

Literatur

Alexander, L. D.: The effect level in the hierarchy and functional area have on the extent Mintzberg's roles are required by managerial jobs. In: Academy of Management Proceedings, 1979, S. 186–189.
Beishon, J. R./Palmer, A. W.: Untersuchung von Managerverhalten. In: Zündorf, L. (Hrsg.): Industrie- und Betriebssoziologie. Darmstadt 1979, S. 183–209.
Brewer, E./Tomlinson, J. W. C.: The manager's working day. In: Journal of Industrial Economics, 1964, S. 191–197.
Burns, T.: The directions of activity and communication in a departmental executive group. In: HR, 1954, S. 73–97.
Carlson, S.: Executive behavior. Stockholm 1951.
Carroll, S. J./Gillen, D. J.: Are the classical management functions useful in describing managerial work?. In: AMR, 1987, S. 38–51.
Dalton, M.: Men who manage. New York 1959.
Dubin, R./Spray, S. L.: Executive behavior and interaction. In: Industrial Relations, 1964, S. 99–108.
Guest, R. H.: Of time and the foreman. In: Personnel, 1956, S. 478–486.
Hales, C. P.: What do managers do? – A critical review of the evidence. In: JMS, 1986, S. 88–115.
Hannaway, J.: Managers managing. Oxford 1989.
Horne, J. H./Lupton, T.: The work acitivities of „middle" managers. In: JMS, 1965, S. 14–33.

Kotter, J. P.: The general managers. New York 1982.
Kurke, L. B./Aldrich, H. E.: Mintzberg was right!. In: Man. Sc., 1983, S. 975–984.
Landsberger, H. A.: The horizontal dimension in bureaucracy. In: ASQ, 1961, S. 299–332.
Lau, A. W./Newman, A. R./Broedling, L. A.: The nature of managerial work in the public sector. In: Public Administration Review, 1980, S. 513–520.
Lau, A. W./Pavett, L. M./Newman, A. R.: The nature of managerial work. In: Academy of Management Proceedings 1980, S. 339–343.
Lawler, E. E. III/Porter, L. W./Tennenbaum, A.: Managers' attitudes towards interaction episodes. In: JAP, 1968, S. 432–439.
Luthans, F./Hodgetts, R. M./Rosenkrantz, S. A.: Real managers. Cambridge 1988.
Mahoney, T. A./Jerdee, T. H./Carroll, S. J.: The job(s) of management. In: Industrial Relations, 1965, S. 97–110.
Martinko, M. J./Gardner, W. L.: Beyond structured observation – Methodological issues and new directions. In: AMR, 1985, S. 676–695.
McCall, M. W./Segrist, C. A.: In pursuit of the manager's job. Technical Report No. 14, Center for Creative Leadership. Greensboro, NC 1980.
Mintzberg, H.: The nature of managerial work. New York 1973.
Mintzberg, H.: The manager's job: Folklore and fact. In: HBR, 1975, S. 676–695.
Müller-Böling, D./Ramme, I.: Informations- und Kommunikationstechniken für Führungskräfte. München 1990.
Neuberger, O.: Führen und geführt werden. 3. A., Stuttgart 1990.
Paolillo, J. P. G.: Role profiles for managers at different hierarchical levels. In: Academy of Management Proceedings 1980, S. 91–94.
Pheysey, D. C.: Activities of middle managers. In: JMS, 1972, S. 158-171.
Ponder, Q. D.: The effective manufacturing foreman. In: Young, E. (Hrsg.): Proceedings of the tenth annual meeting, Industrial Relation Research Association. New York 1957, S. 41–54.
Sayles, L.: Managerial behavior – Administration in complex organisations. New York 1964.
Schirmer, F.: Aktivitäten von Managern: Ein kritischer Review über 40 Jahre „Work Activity"-Forschung. In: Staehle, W. H./Sydow, J. (Hrsg.): Managementforschung 1, Berlin et al. 1991, S. 206–253.
Schirmer, F.: Arbeitsverhalten von Managern – Bestandsaufnahme, Kritik und Weiterentwicklung der Aktivitätsforschung. Diss. Wiesbaden 1992.
Schreyögg, G./Hübl, G.: Manager in Aktion. In: ZfO, 1992, H. 2, S. 82–89.
Snyder, N. H./Glueck, W. F.: How managers plan – The analysis of managers' activites. In: Long Range Planning, 1980, S. 70–76.
Snyder, N. H./Wheelen, T. L.: Managerial roles. In: Academy of Management Proceedings, 1981, S. 249–253.
Staehle, W. H.: Management. 6. A., München 1991.
Steinmann, H./Schreyögg, G.: Management. Wiesbaden 1990.
Stewart, R.: Managers and their jobs. London 1967.
Stewart, R.: Contrasts in management. Maidenhead 1976.
Stewart, R.: Choices for the manager. Englewood Cliffs, N. J. 1982.
Stewart, R.: Studies of managerial jobs and behaviour: The ways forward. In: JMS, 1989, S. 1–10.

Stewart, R./Kieser, A./Barsoux, J.-L. et al.: Managing in Britain and Germany. London 1994.

Torrington, D./Weightman, J.: Technical atrophy in middle management. In: Journal of General Management, 1982, S. 5–17.

Torrington, D./Weightman, J.: Middle management work. In: Journal of General Management, 1987, S. 74–89.

Arbeitszeitverteilung als Führungsaufgabe

Rüdiger G. Klimecki

[s. a.: Delegative Führung; Führungsgrundsätze; Laterale Kooperation als Führungsaufgabe (Schnittstellenmanagement); Selbststeuerungskonzepte; Stellenbeschreibung als Führungsinstrument; Zeitmanagement; Zielsetzung als Führungsaufgabe.]

I. Arbeitszeit „in Aktion"; II. Der Führungskontext: Rahmenbedingungen der Arbeitszeitverteilung; III. Aktionsfelder der Führungsaufgabe Arbeitszeitverteilung; IV. Die Führungskräfte im Spannungsfeld der Arbeitszeitverteilung; V. Perspektiven eines strategischen Arbeitszeitmanagements.

I. Arbeitszeit „in Aktion"

Die Arbeitszeit ist in Bewegung geraten und wird von einer handlungsbegrenzenden zu einer gestaltbaren Variable des Managements (*Marr* 1987a). Im Zuge eines sich entwickelnden *Arbeitszeitmanagements* (*Marr* 1987a; *Beyer* 1990) soll eine bessere Allokation der Ressource Zeit im Wertschöpfungsprozeß erreicht und zugleich die Zeitsouveränität der Mitarbeiter erhöht werden (*Klimecki* 1987; *Glaubrecht/Wagner/Zander* 1988). Dies wird durch eine Flexibilisierung von Lage und Umfang der Arbeitszeit je Periode (z. B. Tag, Woche, Monat, Jahr) ermöglicht. Arbeits- und Betriebszeit werden entkoppelt. Je stärker diese Entkopplung und je veränderlicher die Zeitmodelle, desto größer wird der Handlungsspielraum des Arbeitszeitmanagements. An die Stelle des „Normalarbeitsverhältnisses" tritt eine Vielfalt dezentraler Arbeitszeitmodelle mit neuartigem Selbstorganisations- und Koordinationsbedarf (*Baillod* 1986; *Bieleneski/Hegner* 1985).

Echte „Zeitpioniere" (*Hörning/Gerhard/Michailow* 1990) sind jedoch noch rar. Vielmehr findet gegenwärtig vorwiegend eine „Randzonen-Flexibilisierung" bei nach wie vor stabilen Kernzeiten statt. Die Gründe hierfür sind vielfältig:

- Zeitmodelle mit hohem „eingebautem Flexibilitätspotential" (z. B. zeitautonome Arbeitsgruppen) finden noch wenig Beachtung. Gleitzeit, teilflexible Schichtarbeit etc. dominieren.
- Eine aktive betriebliche Arbeitszeitpolitik steckt noch „in den Kinderschuhen" (*Hoff* 1983). Man beschränkt sich vorwiegend auf reaktive Anpassungsmaßnahmen und „ex-post-Lösungen".
- Die Arbeitszeitgestaltung erfolgt isoliert in einem wenig flexibilitätsfreundlichen Umfeld.
- Die Flexibilisierungsbereitschaft der Betroffenen wird überschätzt, und generell wird den Implementationsproblemen zu wenig Aufmerksamkeit geschenkt.
- Unterschätzt wird hingegen der erhebliche Änderungsbedarf, den eine solche Flexibilisierung für die Führung mit sich bringt. So zeigt sich, daß ein „lack of supervision" und das Fehlen adäquater Führungsinstrumente als wesentliche Flexibilisierungsbarrieren anzusehen sind (*McKendrick* 1989; *Marr* 1987c).

II. Der Führungskontext: Rahmenbedingungen der Arbeitszeitverteilung

Die Bedeutung der Führung ergibt sich aus einer mit der Flexibilisierung verbundenen Delegation (→*Delegative Führung*) arbeitszeitbezogener Gestaltungsaktivitäten an die jeweiligen operativen Einheiten. Damit steigt der Bedarf an →*Selbststeuerungskonzepten* auf Abteilungs- oder Gruppenebene. Das Management dieser Selbststeuerung, die Koordination von Arbeitszeiten in und zwischen Gruppen sowie eine Integration differentieller und konflikthaltiger Arbeitszeitmodelle wird von einer zentralen Organisations- zu einer dezentralen Führungsaufgabe. Diese ist jedoch nicht isoliert, sondern kontextabhängig zu gestalten (Abb. 1).

Flexible *Arbeitszeitmodelle* können nur in Grundzügen zentral „vorgefertigt" werden. Deren Ausdifferenzierung zu problemgerechten Handlungsmodellen ist Aufgabe der dezentralen Steuerung. Diese Modelle dürfen jedoch nicht nur auf die Bewältigung bereits bekannter Probleme ausgerichtet sein (Flexibilität 1. Ordnung), sondern müssen auch eine „built-in-flexibility" aufweisen, um lernfähig zu bleiben (Flexibilität 2. Ordnung). In sich fortentwicklungsfähige Modelle bedürfen der Unterstützung. Arbeitszeitflexibilisierung ist also stets eine „konzertierte Aktion". So kann sie sich nur innerhalb einer ebenso flexiblen *Arbeitsorganisation* entfalten. Dezentrales *Personalmanagement, flexible und flache Unternehmensstrukturen*, die eher am Netzwerkgedanken als an der Hierarchie ausgerichtet sind, sowie eine lernfreundliche Kultur (*Ackermann* 1990) stellen wei-

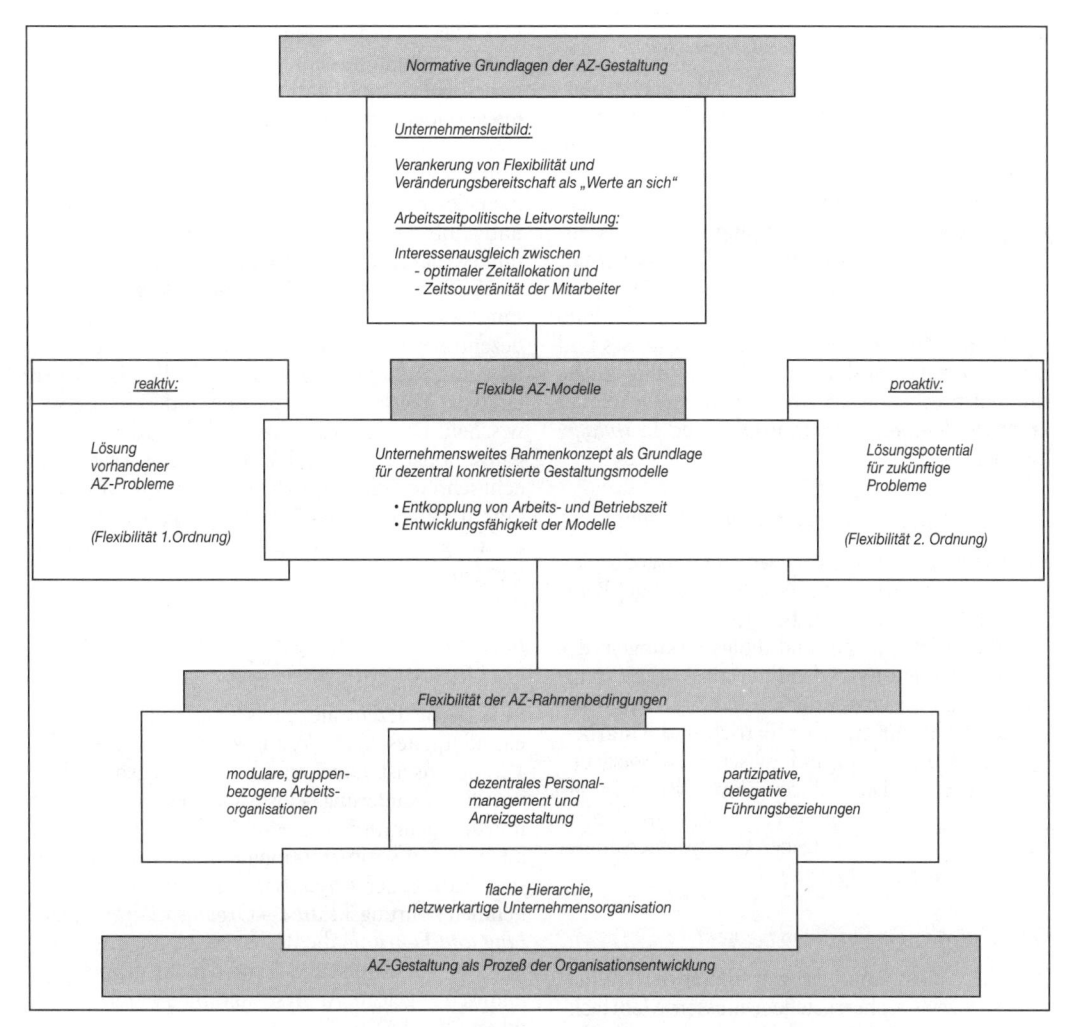

```
┌─────────────────────────────────────────────────────────────────────┐
│                  Normative Grundlagen der AZ-Gestaltung              │
│                                                                      │
│              Unternehmensleitbild:                                   │
│              Verankerung von Flexibilität und                        │
│              Veränderungsbereitschaft als „Werte an sich"            │
│                                                                      │
│              Arbeitszeitpolitische Leitvorstellung:                  │
│              Interessenausgleich zwischen                            │
│                - optimaler Zeitallokation und                        │
│                - Zeitsouveränität der Mitarbeiter                    │
│                                                                      │
│   reaktiv:              Flexible AZ-Modelle              proaktiv:   │
│                                                                      │
│   Lösung          Unternehmensweites Rahmenkonzept als Grundlage     │
│   vorhandener     für dezentral konkretisierte Gestaltungsmodelle    │
│   AZ-Probleme                                         Lösungspotential│
│                   • Entkopplung von Arbeits- und Betriebszeit        │
│                   • Entwicklungsfähigkeit der Modelle   für zukünftige│
│   (Flexibilität 1.Ordnung)                              Probleme     │
│                                                                      │
│                                                     (Flexibilität 2. Ordnung)│
│                                                                      │
│                 Flexibilität der AZ-Rahmenbedingungen                │
│                                                                      │
│   modulare, gruppen-   dezentrales Personal-    partizipative,       │
│   bezogene Arbeits-    management und           delegative           │
│   organisationen       Anreizgestaltung         Führungsbeziehungen  │
│                                                                      │
│                        flache Hierarchie,                            │
│                        netzwerkartige Unternehmensorganisation       │
│                                                                      │
│          AZ-Gestaltung als Prozeß der Organisationsentwicklung       │
└─────────────────────────────────────────────────────────────────────┘
```

Abb. 1: Aktions- und Kontextfelder eines integrativen Arbeitszeitmanagements

tere Rahmenbedingungen dar. Zudem sollten die arbeitszeitpolitischen Grundvorstellungen in einem „Leitbild Arbeit" festgelegt werden, damit für die Ausdifferenzierung abteilungs- oder gruppenspezifischer Modelle eine gemeinsame Orientierungsgrundlage vorhanden ist und die „Spielregeln" für die Ermittlung interessenausgleichender Lösungen transparent werden. Als partizipative und kontinuierliche Veränderungsstrategie empfiehlt sich eine Verbindung von →*Organisationsentwicklung und* (kooperativer) *Führung* (Marr 1987b).

III. Aktionsfelder der Führungsaufgabe Arbeitszeitverteilung

Aus dem vorgenannten Rahmenkonzept lassen sich die einzelnen Führungsaufgaben ableiten. Generell umfassen sie alle dezentralen Aktivitäten, die auf die Einführung, Sicherung und Weiterentwicklung von Arbeitszeitsystemen gerichtet sind. Dabei gilt: Je flexibler die Modelle, desto höher der Dezentralisierungsbedarf und desto umfassender die Anforderungen an die Führung.

1. Analyse der Ausgangslage

Die Ermittlung und Analyse von Arbeitszeitinteressen der Mitarbeiter sowie Betriebszeiterfordernissen der dezentralen Einheiten stellen die Voraussetzung für eine Ausdifferenzierung des arbeitszeitpolitischen Rahmenmodells dar. Vor allem bei der Ersteinführung ist es dabei notwendig, zu einer realistischen Einschätzung der Flexibilitätsbereitschaft aller Beteiligten zu kommen und auch mögliche Vorurteile und Widerstände zu berücksichtigen, da sonst der Implementationsprozeß nachhaltig gestört wird. Eine wichtige Hilfestellung für diese Führungsaufgabe bieten *Mitarbeiterbefragungen*.

2. Sinnvermittlung und Interessenausgleich

Flexibilisierung, verstanden als Lern- und Anpassungsbereitschaft, stellt nicht nur ein technisch-instrumentelles Problem dar, sondern ist im wesentlichen ein kommunikationsbedürftiges Wertekonzept. Die Führungskräfte sind wichtige Bezugspersonen für die Vermittlung der arbeitszeitpolitischen Wertebasis, die allerdings dauerhaft nur gelingen kann, wenn eine interessenausgleichende Feinsteuerung der Arbeitszeitverteilung stattfindet. Zur Vorsteuerung dieses Prozesses und als Argumentationshilfe für die Führungskräfte sind entsprechende (partizipativ zu entwickelnde) Leitbilder (→*Führungsphilosophie und Leitbilder*) hilfreich.

3. Prozeßsteuerung und Konflikthandhabung

Die Suche nach ausgewogenen, interessenausgleichenden Lösungen sowie die (wechselseitige) Beratung und Unterstützung bei der Diskussion von Gestaltungsfreiräumen und Folgewirkungen der Flexibilisierung ist von den Führungskräften zu initiieren und zu moderieren. Interessenkonflikte können nicht nur zwischen Betrieb und Mitarbeitern, sondern auch in und zwischen Arbeitsgruppen auftreten. Die Führungskraft ist hier als Schlichter und Konfliktlöser gefragt, muß aber auch die Interessen der eigenen Gruppe nach außen vertreten (*Fürstenberg* 1989).

4. Dezentrales Personalmanagement

Um die Selbststeuerung zeitdifferenzierter Leistungsprozesse sicherzustellen, müssen Mehrfachqualifikationen und *soziale Kompetenzen* (→*Soziale Kompetenz*) aufgebaut werden (*Hegner* 1989). Personaleinsatz, -beurteilung und -entwicklung werden damit zu einem Pflichtprogramm für die Führungskräfte. Der Vorgesetzte wird zum „Coach" seines Teams, insbesondere wenn die Art der Arbeitsgestaltung ein günstiges Forum für Personalentwicklung darstellt (z. B. *zeitautonome Arbeitsgruppen*). Verlangt wird dabei eine gruppendynamische Steuerung der Selbstorganisation und die Förderung des Gruppenlernens. Dezentrale Lösungen erfordern aber auch eine entsprechend angepaßte *flexible Anreizpolitik* (z. B. nach dem Cafeteria-Prinzip), die von den Führungskräften mitverantwortet werden sollte. Flexible Arbeitszeitmodelle stellen dabei zum einen selbst einen Anreiz dar, zum anderen bedürfen sie jedoch auch der Anreize (z. B. zum Ausgleich unattraktiver Zeitlagen).

5. Gestaltung der Arbeitsorganisation

Eine flexible *Arbeitsorganisation* erhöht den arbeitszeitbezogenen Handlungsspielraum beträchtlich. Dieser wird allerdings durch den nachfolgenden Koordinationsbedarf limitiert. Aufgrund ihres hohen Selbstkoordinationspotentials sind deshalb insbesondere modular aufgebaute (*Marr* 1990) sowie gruppenorientierte Formen der Arbeitsgestaltung empfehlenswert. Diese Organisationsformen bieten zugleich Chancen für „job enrichment" und „job rotation" und unterstützen damit eine umfassendere „Flexibilisierung der Arbeit" (*Klimecki/Probst/Gmür* 1993; *Olmsted/Smith* 1989). Eine flexible Arbeitsorganisation ist ebenfalls nur dezentral zu steuern und weiterzuentwickeln. Sie ist eine „Adhocratie", in der sich die klassischen Grenzen zwischen Organisation und Führung verwischen. Die Anforderungen an das „flexible Organisationstalent" der Führungskräfte steigen beachtlich, da die vormals von Organisationsverfahren aufgebrachten Steuerungsleistungen durch Führung und Selbstorganisation übernommen werden müssen.

6. Arbeitszeitgestaltung als Prozeß der Organisationsentwicklung

Eine solche dezentrale „Steuerungslogik" erfordert ein adäquates Veränderungskonzept. Die Art des Veränderns ist dabei mindestens ebenso wichtig wie die Veränderung selbst. Entscheidend ist nicht nur die sachrationale Logik des Modells, sondern auch dessen sozio-emotionale „Paßform". In diesem Prozeß der *Organisationsentwicklung* übernehmen Führungskräfte (→*Organisationsentwicklung und Führung*) die Rolle von „change agents". Sie sind Initiatoren und Experten für gruppendynamisch angelegte Analyse- und Interventionstechniken.

IV. Die Führungskräfte im Spannungsfeld der Arbeitszeitverteilung

Führungskräfte sind die „kritische Erfolgsgröße" der Arbeitszeitgestaltung (*Hörning/Gerhard/Michailow* 1990, *Sigl* 1988), wobei insbesondere die mittleren und unteren Ebenen für das „*Schnittstellenmanagement*" zwischen Konzeption und Realisierung verantwortlich sind. Das empirische Wissen über die damit verbundenen Führungsaufgaben und ihre besonderen Probleme ist jedoch gering (*Teriet* 1993). Die vorliegenden Erfahrungen deuten aber darauf hin, daß mangelnde Motivation und Qualifikation von Führungskräften eine ernstzunehmende Barriere für die weitere Verbreitung flexibler Modelle darstellen (*Hegner* 1989; *Marr* 1987c). Folgende Gründe sind hierfür ausschlaggebend: Reduzierte persönliche Kontakte zu den Mitarbeitern führen zu einem *Macht- und Kontrollverlust* (*Sigl* 1988). Dieser erschwert jedoch gerade jene *Integrations- und Koordinationsaufgaben*, auf die es bei der Flexibilisierung ganz besonders ankommt (*Marr* 1987c; *Ergenzinger* 1993). Die mit einer gleichzeitigen Anwesenheit (und Beobachtbarkeit) der Mitarbeiter verbundenen *symbolischen Leistungsnachweise* (*Hörning/Gerhard/Michailow* 1990) gehen verloren. Unsicherheit und Intransparenz sind mögliche Folgen. In ihrer Funktion als Interessenvermittler müssen Führungskräfte einerseits einen Beitrag zur *Individualisierung* der Arbeit leisten, andererseits haben sie jedoch auch für jenes zusätzliche Maß an *Kooperation* zu sorgen, das diese Individualisierung erst ermöglicht (*Marr* 1987d; *Hörning/Gerhard/Michailow* 1990). Dabei steht ihren Mitarbeitern in der Regel mehr Zeitsouveränität zur Verfügung, als sie selbst besitzen (wollen), da das *Führungsselbstverständnis* primär durch Normarbeitszeiten, Überstunden als Leistungssymbole sowie die Unteilbarkeit der Führungsposition geprägt zu sein scheint (*Marr* 1990). Der Umgang mit Selbstorganisationsprozessen erzeugt zusätzlich *soziale Führungsanforderungen*, denen sich die Vorgesetzten nicht immer gewachsen fühlen mögen (*Marr* 1987c; *Ergenzinger* 1993).

Aus diesen Problemen wird deutlich, daß die Vorgesetzten Unterstützung in kognitiver und emotionaler Hinsicht benötigen (*Hegner* 1989). Diese kann zunächst durch eine bessere Vorbereitung auf den Umgang mit flexiblen Zeitmodellen und die damit verbundenen Verhaltensanforderungen (kooperative Führung, Prozeß-Kompetenz) im Rahmen der *Personalentwicklung* erreicht werden. Eine laufende „on-the-job"-Betreuung, etwa in Form des →*Coaching*, ist besonders dann empfehlenswert, wenn mit hohen Streß- und Konfliktbelastungen zu rechnen ist (*Ergenzinger* 1993; *Marr* 1987c). Zusätzlich muß jedoch eine weitergehende Entlastung von Routinetätigkeiten durch verbesserte *Delegation* erreicht werden. Des weiteren ist zu prüfen, ob die Vorgesetzten bei Koordinationsaufgaben durch Zeitbeauftragte (*Hegner* 1989) und *Zeitcontrolling* (*Beyer* 1990) unterstützt werden können. Nicht zuletzt können zeitbezogene Führungsaufgaben auch auf *Stellvertreter* übertragen werden (*Sigl* 1988). Eine solche Arbeitsteilung bietet darüber hinaus Möglichkeiten, auch die Führungsposition selbst zeitflexibler zu organisieren (*Friedel-Howe* 1987; *Hess* 1988).

V. Perspektiven eines strategischen Arbeitszeitmanagements

Es ist davon auszugehen, daß der Bedarf an flexiblen Lösungen noch deutlich zunehmen wird. Der Umgang mit der Variable „Arbeitszeit" wird für viele Unternehmen zu einer alltäglichen Managementnotwendigkeit. Für einen solchen Trend sprechen etwa die folgenden Entwicklungen: Es entsteht ein zunehmender gesellschaftlicher Druck auf eine gerechtere Verteilung des knapper werdenden Gutes Arbeit. Der Bedarf an flexiblen Teilzeitlösungen nimmt zu (z. B. bedingt durch eine Zunahme der Frauenerwerbsquote). Im Zuge des fortschreitenden Wertewandels erhöhen sich die Zeitsouveränitätsansprüche auch weiterhin. Die zunehmende Konkurrenz um „leistungstragende" Mitarbeiter führt zu einer entsprechenden Optimierung von Arbeitsplatzangeboten (Personalmarketing). Der Einsatz neuer Managementpraktiken (wie z. B. „lean production") erhöht den Bedarf an zeitflexiblen Lösungen. Die generell steigende Bedeutung der Zeit im Managementprozeß gibt auch der Arbeitszeitdiskussion neuen Auftrieb. Ein Ausgleich von Allokations- und Souveränitätsinteressen ist in diesem Szenario nur bei fortschreitender Flexibilisierung der Arbeitszeit zu erzielen. Dies bedeutet aber auch eine weitere „Verbetrieblichung" der Arbeitszeitpolitik (*Hoff* 1983). Umso notwendiger ist es deshalb, die isolierte Gestaltung der Arbeitszeit zugunsten umfassenderer Flexibilisierungskonzepte zu überwinden und die (Arbeits-)Zeit als „window of opportunity" für den Aufbau *strategisch nutzbarer Wettbewerbsvorteile* einzusetzen (*Ackermann* 1990).

Um diese Nutzenpotentiale freisetzen zu können, ist allerdings nicht nur ein integriertes Arbeitszeitmanagement (vgl. Abb. 1) erforderlich, sondern auch dessen Einbezug in die strategische Unternehmensführung. Derart intelligente Lösungen werden gegenwärtig auf der politischen Ebene nachdrücklich gefordert. Sie weisen den Weg zu einem umfassenden und strategisch ausgerichteten Flexibilisierungsmanagement (*Klimecki/Probst/Gmür* 1993). Der „Zeitfaktor" wird dann zu einer universellen Erfolgsgröße (high-speed-management) und somit zu einem entscheidenden Beurteilungskriterium für die Wettbewerbsfähigkeit von Managementkonzepten ... und Führungskräften.

Literatur

Ackermann, K.-F.: Arbeitszeitmanagement im „Kritischen Erfolgsfaktoren-Konzept" der strategischen Unternehmensführung. 1990. In: *Ackermann, K.-F./Hofmann, M.* (Hrsg.): Innovatives Arbeitszeit- und Betriebszeitmanagement. Frankfurt/M./New York 1990, S. 5–29.
Ackermann, K.-F./Hofmann, M. (Hrsg.): Innovatives Arbeitszeit- und Betriebszeitmanagement. Frankfurt/M./New York 1990.
Baillod, J.: Arbeitszeit. Stuttgart 1986.
Beyer, H.-T.: Strategische Perspektiven des Arbeitszeitmanagements. In: *Ackermann, K.-F./Hofmann, M.* (Hrsg.): Innovatives Arbeitszeit- und Betriebsmanagement. Frankfurt/M./New York 1990, S. 29–42.
Bielenski, H./Hegner, F.: Flexible Arbeitszeiten. Schriftenreihe: Humanisierung des Arbeitslebens, Bd. 68, hrsg. v. *Bundesminister für Forschung und Technologie*. Frankfurt/M./New York 1985.
Ergenzinger, R.: Arbeitszeitflexibilisierung. Bern et al. 1993.

Friedel-Howe, H.: Arbeitszeitflexibilisierung bei Führungstätigkeiten. In: *Marr, R.* (Hrsg.): Arbeitszeitmanagement. Berlin 1987, S. 317–328.
Fürstenberg, F.: Soziale Konfliktfelder bei der Arbeitszeit-Flexibilisierung. In: Arbeit und Sozialpolitik 3/1989, S. 38–43.
Glaubrecht, H./Wagner, D./Zander, E.: Arbeitszeit im Wandel. 3. A., Freiburg i. Br. 1988.
Hegner, F.: Bewegliche Zeitgestaltung im Unternehmen. In: Personalführung 10/1989, S. 934–940.
Hess, M.: Individuelle Arbeitszeitsysteme für Führungskräfte. Grüsch 1988.
Hörning, K. H./Gerhard, A./Michailow, M.: Zeitpioniere. Frankfurt/M. 1990.
Hoff, A.: Betriebliche Arbeitszeitpolitik zwischen Arbeitszeitverkürzung und Arbeitszeitflexibilisierung. München 1983.
Klimecki, R. G.: Management flexibler Arbeitssysteme. In: DU, 1987, S. 341–352.
Klimecki, R. G./Probst, G./Gmür, M.: Flexibilisierungsmanagement. In: Die Orientierung, Nr. 102, hrsg. v. der *Schweizerischen Volksbank*. Bern 1993.
Marr, R. (Hrsg.): Arbeitszeitmanagement. Berlin 1987.
Marr, R.: Arbeitszeitmanagement: Die Nutzung der Ressource Zeit. 1987a. In: *Marr, R.* (Hrsg.): Arbeitszeitmanagement. Berlin 1987, S. 15–38.
Marr, R.: Die Implementierung eines flexiblen Arbeitszeitsystems als Prozeß organisatorischer Entwicklung. 1987b. In: *Marr, R.* (Hrsg.): Arbeitszeitmanagement. Berlin 1987, S. 339–354.
Marr, R.: Arbeitszeitflexibilisierung und Personalentwicklung. 1987c. In: *Marr, R.* (Hrsg.): Arbeitszeitmanagement. Berlin 1987, S. 255–266.
Marr, R. Arbeitszeitflexibilisierung: Perspektiven und Probleme. 1987d. In: Personalwirtschaft, 6/1987, S. 237–244.
Marr, R.: Schnittstellen des Arbeits- und Betriebszeitmanagements. In: *Ackermann, K.-F./Hofmann, M.* (Hrsg.): Innovatives Arbeitszeit- und Betriebszeitmanagement. Frankfurt/M./New York 1990, S. 343–360.
McKendrick, J. E.: Stretching Time in '89. Part-Time Work Becomes more Prevalent, while Flextime Holds Steady. In. Management World (MWL), 4/1989, S. 10–11.
Olmsted, B./Smith, S.: Flex for Success! In: Personnel, June 1989, S. 50–55.
Sigl, H.: Die Auswirkung der Flexibilisierung auf die Führungsaufgabe. In: Personalwirtschaft, 6/1988, S. 279–285.
Teriet, B.: Arbeits- und Betriebszeitflexibilisierung. In: Personal, 1993, S. 64–67.

Ausbildung an Institutionen und Hochschulen

Karl-Friedrich Ackermann

[s. a.: Ausbildung an Managementinstitutionen; Effizienz der Führung; Fortbildung, Training und Entwicklung von Führungskräften; Führungsforschung, Inhalte und Methoden; Karriere und Karrieremuster von Führungskräften; Mitarbeiterführung – Entwicklungstendenzen.]

I. Die institutionalisierte Führungsausbildung als Forschungsobjekt; II. Istzustand der Führungsausbildung; III. Soll-Ist-Vergleich der Führungsausbildung; IV. Die Rolle der Universitäten und Hochschulen bei der Führungsweiterbildung.

I. Die institutionalisierte Führungsausbildung als Forschungsobjekt

1. Historische Ausgangslage

Lehre und Studium an Universitäten und Hochschulen in der Bundesrepublik Deutschland sollen nach dem geltenden Hochschulrahmengesetz den Studenten auf ein berufliches Tätigkeitsfeld vorbereiten und ihm die dafür erforderlichen fachlichen Kenntnisse, Fähigkeiten und Methoden dem jeweiligen Studiengang entsprechend vermitteln. Diese generelle Zielvorgabe gilt auch für Lehre und Studium der Betriebswirtschaftslehre, die sich als eine angewandte Führungslehre i. w. S. begreift. Im folgenden wird der Begriff „Führungslehre" enger gefaßt und auf die Personalführung bezogen, d. h. auf die systematische Vermittlung von fachlichen Kenntnissen, Fähigkeiten und Methoden zur zielgerichteten Verhaltensbeeinflussung von Individuen und Gruppen in Organisationen (→*Mitarbeiterführung – Entwicklungstendenzen*). Dieser wichtige Teilbereich der betriebswirtschaftlichen Ausbildung fällt vornehmlich in den Objektbereich der Personalmanagementlehre, die sich seit den 60er Jahren als ein eigenständiges Diplomprüfungsfach in bereits bestehenden oder neu geschaffenen betriebswirtschaftlichen Studiengängen mit zunehmender Bedeutung etabliert hat (*Ackermann* 1979). Neben und zusätzlich zur Personalmanagementlehre bieten Organisationslehre und Allgemeine Betriebswirtschaftslehre „Führung" im oben genannten Sinne für die Studierenden an. Zunehmend erkannt wird neuerdings die Notwendigkeit, auch an der Weiterbildung bereits praktizierender Führungskräfte durch Angebot spezieller Personalführungsveranstaltungen mitzuwirken.

2. Kritik an der institutionalisierten Führungslehre

Die an Universitäten und Hochschulen institutionalisierte Führungslehre gilt als eine der Hauptschwächen der betriebswirtschaftlichen Ausbildung des Führungsnachwuchses im deutschsprachigen Raum und als eine wesentliche Ursache für die seit langem erkannte „Managementlücke" gegenüber den USA (*Servant-Schreiber* 1967; *Stifterverband* 1969; *Rauter* 1970; *Hamer* 1984); neuerdings auch gegenüber Japan. So vertritt z. B. *v. Brauchitsch* aus Unternehmersicht die These: „Die 80er Jahre werden den Hochschulabsolventen der Wirtschaftswissenschaften mehr und besseres Führungsverhalten abverlangen. Die gegenwärtigen Fähigkeiten auf diesem Gebiet sind bei den meisten Jungakademikern unzureichend ausgebildet" (*v. Brauchitsch* 1981, S. 36). *Mertens* weist in einer Zitatensammlung zum Praxisbezug des Studiums auf eine Allensbach-Umfrage hin, nach der „62% der Auskunftspersonen in der Wirtschaft bemängeln, daß die Hochschulabsolventen es nicht verstehen, Menschen zu führen" (*Mertens* 1981, S. 48). *Kossbiel* und *Seelbach* identifizierten in einer umfangreichen empirischen Untersuchung ebenfalls erhebliche fachliche und überfachliche Fähigkeitsdefizite aus Sicht der Unternehmenspraxis, insbesondere in den sozialen Fähigkeiten, „mit Menschen umzugehen", „Mitarbeiter zu führen und zu motivieren" (*Kossbiel/Seelbach* 1982, S. 241 ff.). Nach neueren großzahligen Befragungen und Stellungnahmen einzelner Experten hat sich an dieser negativen Einschätzung der institutionalisierten Führungslehre an Universitäten und Hochschulen bis heute nichts verändert. Ja, ist in Teilen sogar noch ausgeprägter geworden (vgl. z.B. *UNIC-Studie* 1992). Die Ansprüche der Unternehmenspraxis an die wissenschaftliche Personalführungslehre sind aus verschiedenen Gründen weiter gestiegen und mit ihnen die Anforderungen an die Führungsfähigkeit der Hochschulabsolventen, die sich nach relativ kurzer Verweildauer im Beschäftigungssystem als Linien- und Stabsvorgesetzte, zunehmend auch als Leiter von Projektteams bewähren sollen (*Weber* 1979).

Ein weiterer Gegenstand der Kritik ist seit langem die Rolle der Hochschulen im deutschsprachigen Raum bei der Weiter- und Fortbildung der Führungskräfte. „Sie bilden nicht nur die zu ihnen kommenden jungen Leute nicht zu Unternehmern aus, sondern haben ihr Lehrangebot auch nicht auf den Fortbildungsbedarf der bereits in der Praxis stehenden Unternehmer ausgedehnt, wie dies in den USA bereits selbstverständlich ist" (*Hamer* 1984, S. 136). Dabei werden bevorzugt die „Graduate Schools" und „Business Schools" der großen nordamerikanischen Universitäten mit ihren umfangreichen Weiterbildungsaktivitäten zum Vergleich herangezogen (*Arndt* et al. 1968; *Pack* 1969). Im Rückblick zeigt sich, daß es trotz vielversprechender Ansätze an verschiedenen Universitäten und Hochschulen bislang nicht gelungen ist, den Weiterbildungsbedarf der Führungskräfte gerade im Bereich der Personalführung durch attraktive Führungstrainingsprogramme in nennenswertem Umfang zu befriedigen.

Die Kritik an der institutionalisierten Führungslehre stellt das Selbstverständnis der neueren Betriebswirtschaftslehre als eine umfassende Management- und Führungslehre (*Kirsch* 1977) in Frage, zu deren Kernbereich unbestritten die Führung von Mitarbeitern gehört.

3. Offene Fragen

Ob und inwieweit die externe Kritik an der institutionalisierten Führungslehre berechtigt ist, bedarf der näheren Untersuchung. So liegen z.B. noch wenig Informationen darüber vor, welche Ziele verfolgt und welche Lehrinhalte mit welchen Lehrmethoden vermittelt werden. Um den Ist- und Sollzustand der institutionalisierten Führungsausbildung aus der Sicht ihrer Vertreter zu ermitteln, wurden vom Verfasser in den 80er Jahren 39 Hochschullehrer mit dem Lehr- und Forschungsschwerpunkt Personalmanagementlehre und/oder Organisationslehre in der Bundesrepublik Deutschland, in Österreich und in der Schweiz befragt (*Ackermann* 1985). Die Ergebnisse dieser Hochschullehrerbefragung sind trotz eingetretener kleinerer Veränderungen noch immer aktuell und bilden die empirische Grundlage für die folgenden Abschnitte II. und III.

II. Istzustand der Führungsausbildung

1. Grundbegriffe und Grundlagen

Eine einheitliche Definition der Führung hat sich unter den Anbietern von Personalführungslehren bislang nicht durchgesetzt. Von sieben vorgeschlagenen Definitionen wurde die folgende am häufigsten genannt: „Führung in Organisationen ist die zielorientierte soziale Einflußnahme zur Erfüllung gemeinsamer Aufgaben in/mit einer strukturierten Arbeitssituation."

Jede Führungsausbildung geht von der Prämisse aus, daß Führung lernbar ist. Daß auch die befragten Träger der institutionalisierten Führungslehre zumindest von der begrenzten Lernbarkeit von Führung im Rahmen eines betriebswirtschaftlichen Studiums überzeugt sind, mag niemand überraschen; hervorzuheben ist aber die Einschränkung: „wenn neben der Theorie auch aktive Elemente des Lernens (Rollenspiele, Planspiele, Diskussionen etc.) zur Ausbildung gehören." Zurückgewiesen wird erwartungsgemäß sowohl die These „Effiziente Führung kann man nicht bzw. nur durch Praxis lernen" als auch die andere Extremposition: „Effiziente Führung lernt man am besten durch Theorievermittlung in Vorlesungen." Offensichtlich werden die Grenzen der traditionellen Führungsausbildung an Universitäten und Hochschulen und ihre Ergänzungsbedürftigkeit erkannt.

Soweit sich die angebotenen Führungslehrveranstaltungen ausschließlich an die Studierenden richten, die Personalmanagementlehre und/oder, Organisationslehre als Spezielle Betriebswirtschaftslehren im Hauptstudium gewählt haben, wird lediglich ein relativ kleiner Adressatenkreis unter den Studierenden erreicht, während die ganz überwiegende Mehrzahl kaum je einmal mit Fragen der Personalführung konfrontiert wird. Allerdings gibt die Hälfte der befragten Hochschullehrer an, Führungswissen auch im Rahmen der Allgemeinen Betriebswirtschaftslehre zu vermitteln.

2. *Lehrziele und Lehrinhalte* der Führungsausbildung

Als Lehrziele der Führungausbildung werden mit Abstand am häufigsten genannt: „Grundinformationen und Orientierung zur Führung geben" und „Führungstheorie vermitteln". Angestrebt wird die Vermittlung von Führungswissen, das der künftigen Führungskraft helfen soll, die jeweilige Problemsituation zu analysieren, das eigene Verhaltensrepertoire zu erweitern und die Aufmerksamkeit auf jene Bedingungen zu konzentrieren, von denen der Erfolg seiner Führungsaktivitäten wesentlich abhängt. Dadurch soll u. a. eine Grundeinstellung zur Personalführung gefördert werden, die durch „Einsicht" statt durch Probieren, durch Lernoffenheit statt durch Fixierung auf subjektive Überzeugungen geprägt ist. Demgegenüber wird das Erlernen und Einüben eines bestimmten Führungsmodells oder eines bestimmten Führungsverhaltens grundsätzlich nicht als Aufgabe der institutionalisierten Führungslehre angesehen.

Die Lehrinhalte sind breit gestreut. Die Urteile der Befragten darüber, welche Bedeutung bestimmte führungsrelevante Standardthemen besitzen, lassen 5 Themenschwerpunkte erkennen: „Motivationale Grundlagen der Führung", „Führungstheorien", „Organisationale Grundlagen der Führung", „Führungstechniken und Führungsstile". Es folgen Themenkreise wie z. B. Führungsphilosophien, Menschenbilder und Managementkonzeptionen sowie Fragen der Macht und der Führungseffizienz.

Es ist nicht zu übersehen, daß bestimmte *Führungstheorien* und *Führungskonzepte* im Lehrangebot eine dominierende Bedeutung besitzen. Die Befragung läßt eine deutliche Präferenz zugunsten der Situationstheorien der Führung erkennen. Auch wird der Verhaltens- und Interaktionstheorie der Führung eine größere Bedeutung beigelegt als etwa der Rollentheorie und Eigenschaftstheorie. Unter den zahlreichen *Management-by-Konzepten* findet das MbO die meiste Beachtung. Alle anderen Konzepte sind in den Lehrangeboten eher von untergeordneter Bedeutung. Eine Wiederholung der Hochschullehrerbefragung würde vermutlich eine Akzentverschiebung der Lehrinhalte in Richtung auf die verstärkte Berücksichtigung der kulturellen Personalführung (→*Organisationskultur und Führung*) und der Selbststeuerung (→*Selbststeuerungskonzepte*) erkennen lassen.

Die Analyse der genannten Lehrinhalte und der ebenfalls erhobenen Grundlagenliteratur zeigt, daß die institutionalisierte Führungslehre im wesentlichen durch drei →*Führungsgrundsätze* und →*Führungsprinzipien und -normen* geprägt ist: Delegation, Partizipation und Kooperation (vgl. Abschnitt IV.).

3. *Lehrformen der Führungsausbildung*

Die Vermittlung der Führungslehre geschieht durch vielfältige Lehrformen, die sich wechselseitig ergänzen, gelegentlich auch ersetzen können. Am häufigsten genannt werden die traditionellen Lehrformen: Vorlesung, Seminar und Übung. Andere (aktive) Lehrformen werden nach der vorliegenden Untersuchung offenbar mehr als in anderen Teilgebieten der Betriebswirtschaftslehre üblich bei der Führungsausbildung eingesetzt. Die meisten Befragten verwenden Fallstudien, weniger häufig Rollenspiele und Planspiele. Praktikervorträge und Betriebsexkursionen sind relativ weit verbreitet und dienen u. a. dem Zweck, aktive Elemente in herkömmliche Lehrformen einzubauen.

Die allgemein schlechter gewordenen Rahmenbedingungen der betriebswirtschaftlichen Ausbildung an Universitäten und Hochschulen lassen vermuten, daß seither keine wesentlichen Fortschritte in der Anwendung neuerer Lehrformen erzielt werden konnten. Eher ist mit der Rückkehr zu traditionellen Lehrformen aus Zeit- und Kostengründen zu rechnen.

4. *Praxisbezug der Führungsausbildung*

Die gegenwärtige Führungsausbildung ist nach Selbsteinschätzung der befragten Hochschullehrer weder durch ausschließliche Theorie- oder Wissenschaftsorientierung noch durch eine ausschließliche Praxisorientierung gekennzeichnet. Vielmehr stellt das Lehrangebot einen Kompromiß zwischen beiden Orientierungen dar. Um den gewünschten Grad der Praxisorientierung zu sichern, werden häufig besondere Formen des Praxisbezugs eingesetzt, so z. B. die Mitwirkung von Praktikern bei Führungslehrveranstaltungen, Betriebspraktika und Betriebsexkursionen und der Einsatz von Lehrbeauftragten aus der Praxis. Darüber hinaus soll der Einsatz aktiver Lehrmethoden zu einer verstärkten Praxisorientierung beitragen.

5. *Beurteilung des Istzustandes*

Der Einfluß der Führungslehre, wie sie von den Universitäten und Hochschulen vermittelt wird, auf die Führungspraxis der Betriebe wird von den befragten Hochschullehrern im allgemeinen als gering eingestuft. Als mögliche Gründe kommen u. a. sowohl die mangelnde Effizienz der institutionalisierten Führungsausbildung als auch die fehlenden Möglichkeiten der Hochschulabsolventen in Betracht, zu Beginn ihrer beruflichen Karriere einen nennenswerten Einfluß auf die Führungspraxis in ihren arbeitgebenden Unternehmen ausüben zu können. Im übrigen ist zu berücksichtigen, daß trotz des zunehmenden Akademisierungsgrades die wenigsten Führungskräfte in der Unternehmenspraxis eine wissenschaftliche Ausbildung in Personalführung erfahren haben. Reichweite und Durchdringungsgrad der institutionalisierten Personalführung an Universitäten und Hochschulen müssen daher nach wie vor eher als bescheiden bezeichnet werden.

III. Soll-Ist-Vergleich der Führungsausbildung

1. Ergebnis des Soll-Ist-Vergleichs

Der gegenwärtige Istzustand der Führungslehre entspricht weder den Anforderungen der Unternehmenspraxis noch den Sollvorstellungen der Hochschullehrer. Im einzelnen werden folgende Änderungswünsche von den befragten Hochschullehrern genannt:

(1) Mehrheitlich gewünscht wird eine Erweiterung der Zielgruppe. Führungslehrveranstaltungen sollten sich primär an alle Studierende der Betriebswirtschaftslehre wenden, also nicht nur wie bisher vornehmlich an die Studierenden bestimmter Spezialfächer wie Personalmanagementlehre und Organisationslehre.

(2) Die Bedeutung der Führungslehre in betriebswirtschaftlichen Studiengängen sollte wesentlich erhöht werden, so z. B. durch mehr führungsrelevante Lehrangebote mit erhöhten Zeitanteilen am Gesamtangebot der Lehre. Ebenso wird die erhöhte Prüfungsrelevanz der Führungslehre und deren verstärkte Verankerung in der Allgemeinen Betriebswirtschaftslehre gefordert.

(3) Die Inhalte der Führungslehre sind änderungsbedürftig. Der Soll-Ist-Vergleich der Lehrinhalte macht die gewünschte Änderungsrichtung und die künftigen Schwerpunkte deutlich: statt Vermittlung von generellen Führungsrezepten mit zweifelhafter Verwertbarkeit in der Unternehmenspraxis hin zu einer erhöhten Sensibilisierung für die jeweilige Führungssituation, Bewußtmachen der eigenen impliziten Führungsprämissen, bessere Erkenntnis des eigenen Führungsverhaltens mit dem Ziel, die Fähigkeit und die Bereitschaft zu einer situationsgerechten Führung im beruflichen Tätigkeitsfeld zu entwickeln. Damit gewinnen Themenkreise, die die Rahmenbedingungen des Führens im Unternehmen betreffen, einen erhöhten Stellenwert. Genannt werden z. B. →*Führungsphilosophie und Leitbilder,* →*Führungsgrundsätze,* →*Führungskonzepte und ihre Implementation,* →*Führungstheorien – Machttheorie,* →*Menschenbilder und Führung.* Erhöhte Aufmerksamkeit sollte auch der →*Effizienz der Führung* gewidmet werden.

(4) Aktive Lehrformen, so vor allem Rollenspiele, Fallstudien und Planspiele, sollten als Voraussetzung für eine effizientere Führungsausbildung noch stärker genutzt werden. Sie sollten die traditionellen Lehrformen (Vorlesung, Seminar und Übung) zwar nicht ersetzen, wohl aber ergänzen.

(5) Mit der Tendenz zur situationsgerechten, durch aktive Lehrmethoden unterstützenden Führungsausbildung verbindet sich die Forderung nach verstärkter Praxisorientierung der Führungausbildung. Diese kann z. B. realisiert werden durch den vermehrten Einsatz von Führungskräften und Personalberatern aus der Praxis als Lehrbeauftragte und/oder als Vortragende in Seminar- und Übungsveranstaltungen. Ergänzend dazu lassen sich Betriebsexkursionen und Betriebspraktika für eine verstärkte Praxisorientierung nutzen.

2. Verbesserungsvorschläge zur Reform der Führungsausbildung

Um die Diskrepanz zwischen Soll- und Istzustand der Führungsausbildung zu vermindern, werden die folgenden konkreten Maßnahmen vorgeschlagen – in der Reihenfolge der Nennung:

- Mehr aktive Lehrformen
- Verstärkte Führungsforschung und engere Verbindung von Forschung und Lehre
- Vergrößertes Lehrangebot (mehr Semesterwochenstunden)
- Mehr Dozenten aus der Praxis
- Erhöhte Prüfungsrelevanz.

Auch aus neuerer Sicht haben die genannten Verbesserungsvorschläge nichts von ihrer Gültigkeit verloren. Als Objekt der aktiven Lehrformen bietet sich vor allem das „Social skills training" an.

3. Rezeption und Kritik der anglo-amerikanischen Führungslehre

Nach Auffassung der befragten Hochschullehrer wird die Führungslehre an deutschsprachigen Universitäten und Hochschulen sehr weitgehend durch anglo-amerikanische Ansätze geprägt, obwohl eine Übertragung dieser Ansätze auf die Unternehmenspraxis in Mitteleuropa übereinstimmend als nicht ohne weiteres möglich, zumindest als problematisch betrachtet wird. Aus der Sicht der Unternehmenspraxis wird diese Schwachstelle der derzeitigen Führungsausbildung kritisch vermerkt: „Es wird gar nicht oder zu wenig auf soziokulturelle Rahmenbedingungen (Werte und Normen unterschiedlicher Länder, Geschichte, Organisationskultur und -klima der Unternehmen sowie soziale Herkunft, Persönlichkeit und Interesse der Vorgesetzten und Mitarbeiter) eingegangen" (*Wesser/ Grunwald* 1985, S. 47 f.). Eine inhaltliche Reform der Führungsausbildung müßte somit verstärkt die →*Kulturabhängigkeit der Führung* in den Lehrprogrammen berücksichtigen.

4. Implementierungschancen der Verbesserungsvorschläge

Eine Reform der Führungsausbildung an Universitäten und Hochschulen unter Berücksichtigung der genannten Handlungsempfehlungen hat heute noch begrenztere Implementierungschancen als in den 80er Jahren.

Der vorrangig geforderte Einsatz von mehr aktiven Lehrformen stößt auf die Schwierigkeit, daß in Massenuniversitäten im allgemeinen ungünstige Voraussetzungen für betreuungsaufwendige (aktive) Lehrformen und Arbeit in Kleingruppen bestehen. Ob und inwieweit es möglich sein, wird, die laufenden Forschungsaktivitäten auf dem Gebiet der Personalführung noch zu verstärken und enger mit der Lehre zu verzahnen, wird vor allem von der Möglichkeit abhängen, zusätzliche Forschungskapazitäten zu gewinnen und dem Zweck der Führungsforschung – gegebenenfalls zu Lasten anderer Vorhaben – zu widmen. Auch ist die geforderte Erweiterung des Führungslehrangebots bei gegebenen Studienplänen und festgelegten Semesterwochenstunden für einzelne Teilgebiete der Betriebswirtschaftslehre nicht ohne weiteres bzw. ohne Kürzung anderer Lehrangebote realisierbar. Zusätzlich sind finanzielle und personelle Schwierigkeiten zu überwinden, wenn mehr Dozenten aus der Praxis für die Durchführung von Führungslehrveranstaltungen gewonnen werden sollen.

Ohne Verbesserung dieser Rahmenbedingungen ist eine durchgreifende Reform der Führungsausbildung an Universitäten und Hochschulen kaum zu erwarten. Unabhängig davon sind die generellen Grenzen zu beachten, die jeder Führungsausbildung gesetzt sind: "Was jedoch durch ein Training günstigstenfalls erreicht werden kann, ist, daß Handlungsvoraussetzungen für eine verbesserte Menschenführung geschaffen werden. Ob die verbesserten Handlungsvoraussetzungen genutzt werden oder zum Tragen kommen können, hängt nicht nur vom Wollen und Umsetzenkönnen des Handelnden ab, sondern in hohem Maße von der situationalen Günstigkeit" (*Fisch/Fiala* 1984, S. 200).

IV. Die Rolle der Universitäten und Hochschulen bei der Führungsweiterbildung

1. Reformbedürftigkeit der traditionellen Mitarbeiterführung

Eine Reform der Mitarbeiterführung in deutschen Unternehmen wurde seit den 50er Jahren von verschiedenen Autoren immer wieder als vordringlich angemahnt.

Seitdem sind deutliche Fortschritte in Richtung auf mehr Partizipation und Kooperation in Abhängigkeit von den jeweiligen betriebsspezifischen Rahmenbedingungen erzielt worden. Es bleibt jedoch das Ringen um ein effizientes Führungsverhalten als Dauerproblem und mit ihm die Forderung nach geeigneten Aus- und Weiterbildungsprogrammen. Effizientes Führungsverhalten ist eine zentrale Aufgabe der Weiterbildung von Führungskräften geblieben.

2. Der Beitrag der Universitäten und Hochschulen zur Führungsweiterbildung

Die Universitäten und Hochschulen haben die Befriedigung des Weiterbildungsbedarfs der Führungskräfte weitestgehend den Unternehmen selbst und den in großer Zahl auf Initiative einzelner Unternehmen, Verbände, Kammern und Privatpersonen entstandenen „Management-Schulen" überlassen (→*Fortbildung, Training und Entwicklung von Führungskräften;* →*Ausbildung an Managementinstitutionen*). Bereits Anfang der 80er Jahre wurden über 200 Weiterbildungsinstitute in der Bundesrepublik Deutschland ermittelt (*Bunge* et al. 1983). Diese Zahl ist seitdem noch beträchtlich gestiegen. Ein größerer Teil davon bietet neben vorwiegend fachbezogenen Lehrveranstaltungen auch spezielle Kurz- und Langzeitseminare zur Mitarbeiterführung an (*Ackermann/Rothenberger* 1987).

Im Angebot an Weiterbildungsmöglichkeiten mit speziellem Bezug zur Personalführung tritt der Beitrag der Universitäten und Hochschulen wenig in Erscheinung. Dabei wird freilich häufig übersehen, daß Hochschullehrer wiederholt als Initiatoren, Gründer und Leiter von Weiterbildungsinstitutionen hervorgetreten sind. Dies gilt z. B. für das USW wie auch für die „Unternehmerseminare", „Kontaktseminare" und „Unternehmergespräche", die in jüngster Zeit an verschiedenen Universitäten eingerichtet wurden. Erheblich unterschätzt wird regelmäßig auch die aktive Rolle der Hochschullehrer als Dozenten und/oder Träger außerbetrieblicher und innerbetrieblicher Weiterbildungsveranstaltungen für Führungskräfte, ebenso wie ihr Einfluß auf das Selbstlernen der Führungskräfte durch fachspezifische Publikationen.

3. Ausblick

Eine Voraussetzung für ein verstärktes Engagement der Universitäten und Hochschulen bei der Weiterbildung von Führungskräften, gerade auch im Bereich der Führungslehre, dürfte der erwartete Rückgang der Studentenzahlen sein, der es erlaubt, zumindest einen Teil der dann freiwerdenden Kapazitäten für Weiterbildungsaktivitäten zu nutzen. Wichtiger als die Frage nach den Voraussetzungen und Möglichkeiten einer effizienten Vermittlung der Führungslehre ist jedoch die Frage nach Ansatzmöglichkeiten für eine qualitative Verbesserung der Führungslehre aufgrund von Fortschritten in der wissenschaftlichen Personalführungsforschung.

Literatur

Ackermann, K.-F./Rothenberger, P.: Aus- und Weiterbildung von Führungskräften auf dem Prüfstand II: Weiterbildungsangebote der „Management-Schulen" zur betrieblichen Personalführung. Forschungsberichte „Personalmanagement und Unternehmensführung" Nr. 12, Stuttgart 1987.
Ackermann, K.-F.: Aus- und Weiterbildung von Führungskräften auf dem Prüfstand I: Die Personalführungslehre an Hochschulen. Forschungsberichte „Personalmanagement und Unternehmensführung" Nr. 8, Stuttgart 1985.
Ackermann, K.-F.: Hauptströmungen und gegenwärtiger Entwicklungsstand der Personalwirtschaftslehre an den Hochschulen in der Bundesrepublik Deutschland. In: *Bisani, F./Fridrichs, H.* (Hrsg.): Das Personalwesen in Europa, Teil I. Königstein/Ts. 1979, S. 18–74.
Arndt, H.-J./Hassbender, S./Hellwig, H.: Weiterbildung wirtschaftlicher Führungskräfte an der Universität. Düsseldorf/Wien 1968.
Brauchitsch, E. v.: Bildung und Beschäftigung im Wandel. In: ZfbF, Sonderheft 12, 1981, S. 29–39.
Bunge, G./Kreklau, C./Schlaffke, W. (Hrsg.): Wege zur Weiterbildung, Köln 1983.
Fisch, R./Fiala, S.: Wie erfolgreich ist Führungstraining. Eine Bilanz neuester Literatur. In: DBW, 1984, S. 193–204.
Hamer, F.: Die Unternehmerlücke. Stuttgart 1984.
Kirsch, W.: Betriebswirtschaftslehre als Führungslehre. München 1977.
Kossbiel, H./Seelbach, H.: Vorstellungen der Praxis zum Studium der Wirtschaftswissenschaften. In: DBW, 1982, S. 241–255.
Mertens, P.: Der gegenwärtige Stand von Forschung und Lehre in der Betriebswirtschaft. In: ZfbF, Sonderheft 12, 1981, S. 40–54.
Pack, L.: Ausbildung und Weiterbildung von Führungskräften an amerikanischen und deutschen Universitäten. Wiesbaden 1969.
Rauter, A. E.: Management-Training. Wien 1970.
Servant-Schreiber, J. J.: Le Défi Americain. Paris 1967.
Stifterverband für die Deutsche Wirtschaft (Hrsg.): Haben wir eine „Management-Lücke"? In: Wissenschaft und Wirtschaft. Essen 1969.
UNIC University Connection: Das Image der wirtschaftswissenschaftlichen Fachbereiche in Deutschland, Österreich und in der Schweiz. Bonn 1992 (UNIC-Studie 1992).
Weber, W.: Betriebswirtschaftliches Studium und Berufspraxis. In: *Gaugler, E.* (Hrsg.): Ausbildungskonzeptionen und Berufsforderungen für das betriebliche Personalwesen. Berlin 1979, S. 81–128.
Wesser, W./Grunwald, W.: Das Dilemma der Führung. In: Harvard Manager, 1985, H. 1, S. 46–50.
Wunderer, R.: Kooperation. Stuttgart 1991.

Ausbildung an Managementinstitutionen

Karlheinz Schwuchow

[s. a.: Ausbildung an Institutionen und Hochschulen; Fortbildung, Training und Entwicklung von Führungskräften; Führungskräfte als lernende Systeme; Personalentwicklung als Führungsinstrument.]

I. Der Markt für Managementausbildung; II. Managementinstitutionen in Europa und den USA; III. Ausbildungsformen; IV. Ausbildungsinhalte; V. Ausblick.

I. Der Markt für Managementausbildung

Die Aufwendungen der Unternehmen für die *betriebliche Aus- und Weiterbildung* sind in den letzten Jahren erheblich gestiegen. Während es nach Schätzungen des Instituts der deutschen Wirtschaft im Jahre 1972 erst 2,1 Mrd. DM waren, beliefen sie sich 1987 bereits auf mehr als 26 Mrd. DM (*Weiß* 1990). Aktuelle Schätzungen der Arbeitgeberverbände gehen inzwischen sogar von einem Betrag von mehr als 40 Mrd. DM aus. Das Volumen der von Managementinstitutionen durchgeführten Qualifizierungsprogramme wird für 1987 auf mehr als 6,7 Mrd. DM veranschlagt, wobei mehr als die Hälfte auf die EDV-Ausbildung entfällt (*o. V.* 1989).

Um eine Klassifizierung des Marktes für Managementausbildung durchführen zu können, nehmen wir folgende Unterscheidung vor:

(1) *Interne Bildungsprogramme* finden in den Unternehmen entweder arbeitsplatzbezogen – z. B. durch die Übertragung von Sonderaufgaben oder im Rahmen einer *Job-Rotation* – oder außerhalb des Arbeitsplatzes in Seminaren oder anderen Veranstaltungen statt. Dabei kann die arbeitsplatzbezogene Qualifizierung informell als Bestandteil der täglichen Arbeit oder formell im Rahmen eines berufsbegleitenden Programmes erfolgen.

Im Zuge der Ausweitung ihrer Bildungsaktivitäten haben zahlreiche Unternehmen in den vergangenen Jahren eigene Schulungseinrichtungen geschaffen bzw. weiter ausgebaut. Alle Großunternehmen besitzen eigene Bildungszentren, deren

Programmangebot oftmals wesentlich umfassender als das externer Anbieter ist. Allerdings ist nach Jahren des Wachstums gegenwärtig ein Umdenken und eine Abkehr von der reinen Angebotsorientierung sowie die stärkere Verlagerung von Bildungsaktivitäten zurück an den Arbeitsplatz zu erkennen. Dies unterstreicht die zunehmende Umsetzungsorientierung der Weiterbildung, die im Gegensatz zum ursprünglichen Belohnungscharakter vieler Programme steht *(Byrne* 1993).

In den USA haben sich zahlreiche interne Bildungseinrichtungen inzwischen verselbständigt. Über 25 Unternehmen besitzen Weiterbildungszentren mit universitätsähnlichem Status und verleihen akademische Grade *(Eurich* 1985; *Naisbitt/Aburdene* 1985; *Wiggenhorn* 1994).

(2) *Externe Bildungsprogramme* werden von speziellen Managementinstitutionen durchgeführt. Sie werden zum einen am Markt angeboten – man spricht in diesem Zusammenhang von offenen Programmen. Zum anderen werden sie als firmenspezifische Programme auf die besonderen Belange eines einzelnen Unternehmens zugeschnitten und nur von Mitarbeitern des betreffenden Unternehmens besucht.

(3) Eine weitere Variante, die in jüngster Zeit an Bedeutung gewonnen hat, stellen *Konsortialprogramme* dar. Hierbei handelt es sich um gemeinsame Qualifizierungsaktivitäten mehrerer Unternehmen mit ähnlich gelagerten Ausbildungszielen. Diese Maßnahmen können gemeinsam unter Nutzung eigener Ressourcen oder von einem externen Anbieter durchgeführt werden *(Roth* 1986; *Siehlmann* 1988). So schlossen sich z. B. IBM und Shell zusammen, um eines der ersten Konsortialprogramme zu initiieren. Das dem INSEAD angegliederte CEDEP führt ausschließlich Konsortialprogramme für einen kleinen Kreis von Mitgliedsunternehmen durch. Daneben kooperieren auch Bildungsanbieter – so z. B. das deutsche USW (Universitätsseminar der Wirtschaft), das englische Ashridge Management College und das französische CPA (Centre aux Perfectionnement des Affaires) –, um als Konsortium offene Programme anzubieten und auf diese Weise Unternehmen in verschiedenen Ländern anzusprechen.

Der Markt für Managementausbildung war in den vergangenen Jahren durch ein überdurchschnittliches Wachstum *firmenspezifischer Programme* gekennzeichnet. Ihre Wachstumsrate war in der Zeit von 1982 bis 1987 fast zehnmal so hoch wie die offener Programme *(Schwuchow* 1992). Diese Entwicklung ist als Reaktion auf die Zunahme der unternehmensinternen Bildungsaktivitäten sowie der Forderung nach einer stärkeren Integration der externen Weiterbildung zu sehen. Daneben hat sich das Umfeld der externen Managementausbildung durch den Eintritt neuer Anbieter verändert und an Wettbewerbsintensität zugenommen. Hierzu zählen:

(1) Unternehmensberater, die die Notwendigkeit einer Verbindung von Beratung und Weiterbildung erkennen, um entwickelte Konzepte umsetzen zu können *(Hilleke/Kucher* 1994).

(2) Verlage, die ihr Produktspektrum über die klassischen Printmedien hinaus erweitern. So bietet die Verlagsgruppe Handelsblatt bereits seit langer Zeit Seminare an. Der Gabler-Verlag übernahm 1992 das Management-Institut Starnberg, um seine Position im Weiterbildungsmarkt auszubauen; die WEKA-Gruppe das Management-Institut Hohenstein.

(3) Unternehmen, die als Systemanbieter Dienstleistungen – beispielsweise die Anwenderschulung – zur Ergänzung ihres Produktangebotes mit in ihr Angebot aufnehmen. Nahezu alle EDV-Unternehmen, wie z. B. IBM, Siemens Nixdorf und Digital Equipment, und viele Unternehmen des Maschinen- und Anlagenbaus haben diesen Weg beschritten. Dabei gewinnt teilweise die Schulungsdienstleistung – auch im Hinblick auf den Gewinnbeitrag – im Vergleich zum Kernprodukt immer mehr an Bedeutung.

(4) Unternehmen, die ihren Weiterbildungsbereich als *Profit-Center* ausgliedern und damit interne wie externe Kunden ansprechen. So bietet die Lufthansa im Rahmen der Lufthansa Consulting Group Beratungs- und Weiterbildungsleistungen an, Philips gründete die Philips Akademie und die Deutsche Aerospace plant, ihre interne Business School auch für Teilnehmer aus anderen Unternehmen zu öffnen.

(5) Im Gegensatz zu den USA, wo die Universitäten bzw. die Business Schools wichtigster Träger der Managementausbildung sind, nimmt die *universitäre Weiterbildung* in Deutschland gegenwärtig nur einen vergleichsweise kleinen Raum ein und stellt noch keinen relevanten Wettbewerbsfaktor für die kommerziellen Bildungsanbieter dar. Bislang sind es eher die privaten Hochschulen, die sich durch das Angebot von Managementprogrammen zusätzliche Finanzquellen erschlossen haben. Zwar beschreiten einige Universitäten mit dem Angebot von Kontaktstudiengängen etc. neue Wege in der Weiterbildung *(Graeber* 1994). Trotz der im Hochschulrahmengesetz festgeschriebenen Verpflichtung zur Weiterbildung handelt es sich hierbei angesichts der gegenwärtigen Situation in der studentischen Ausbildung und den damit verbundenen Kapazitätsengpässen jedoch um Randaktivitäten, die zudem durch rechtliche Bestimmungen eingeschränkt werden. In den meisten Fällen werden Weiterbildungsaktivitäten für Unternehmen von Hochschullehrern in eigener Regie außerhalb der Hochschule durchgeführt. Sinkende Studentenzahlen und zurückgehende Mittelzuwei-

sungen lassen hier aber in der Zukunft eine Neuorientierung und damit strukturelle Veränderungen im Weiterbildungsmarkt erwarten.

Die dargestellten Entwicklungen im Weiterbildungsmarkt machen es erforderlich, daß sich externe Bildungsanbieter gegenüber ihren Wettbewerbern ebenso wie gegenüber unternehmensinternen Bildungsangeboten abgrenzen.

Die Frage, welche Ausbildungsform von den Unternehmen bevorzugt wird, hängt dabei sehr stark von der Managementebene der Zielgruppe ab (*Feuchthofen* 1991). Während für das Top Management 43% der befragten Unternehmen externe Angebote bevorzugen, sind es beim mittleren Management 17%.

II. Managementinstitutionen in Europa und den USA

Der Markt für Managementausbildung ist durch eine große Intransparenz gekennzeichnet. *Mahari/Schade* (1990) listen in ihrer Übersicht allein für den deutschsprachigen Raum mehr als 600 Institutionen auf, wobei die Anbieterfluktuation jedoch sehr groß ist. Die Zahl der darüber hinaus im gleichen Segment tätigen Einzeltrainer liegt bei mehreren Tausend.

1. Managementinstitutionen in Europa

Eine Untersuchung von 127 Institutionen mit nationaler bzw. internationaler Bedeutung in 14 europäischen Ländern läßt zwei Parameter erkennen, die als Ordnungskriterium zu einer Systematisierung herangezogen werden können: Produktspektrum und Produktdauer (*Monte-Robl* 1992). Während das Produktspektrum primär inhalts- und zielgruppenbezogen definiert werden kann, korreliert die Dauer eng mit der Potentialeinschätzung der Mitarbeiter und den eingesetzten *Lernmethoden*.

Hierauf aufbauend läßt sich die Marktstruktur der europäischen Weiterbildungsanbieter wie folgt beschreiben (vgl. Abb. 1):

a) Anbieter von Kurzzeitprogrammen mit einer großen Zahl von verschiedenen Kursen und Themen, wie z. B. die ASB Management Seminare (Heidelberg) mit jährlich 800 Programmen und 300 Themen.

b) Spezialanbieter, die sich auf bestimmte Themenfelder beschränken, wie z. B. die TQM-Programme des Steinbeis-Transferzentrums (Ulm) oder die auf Fragen der Personalarbeit ausgerichteten Veranstaltungen der Deutschen Gesellschaft für Personalführung (Düsseldorf).

c) Anbieter, die ausschließlich firmenspezifische Programme durchführen, wie z. B. das dem INSEAD angeschlossene CEDEP.

d) Anbieter längerer Programme, die in der Regel eine kleinere Programmvielfalt aufweisen, dafür aber in der Behandlung einzelner Themenfelder wesentlich weiter gehen. Hierzu zählen beispielsweise das USW (Universitätsseminar der Wirtschaft) (Schloß Gracht), das INSEAD in Fontainebleau, das IMD in Lausanne sowie die Hochschule St. Gallen.

Eine Konkurrenzanalyse von 30 europäischen Anbietern zeigt, daß das INSEAD – gefolgt von der London Business School und dem IMD (Lausanne) – als bedeutendster europäischer Wettbewerber eingestuft wird (*Gerlach* 1992). Danach folgen das Henley Management College, das Ashridge Management College, HEC (Paris) und IESE (Barcelona). Auf deutscher Seite wird insbesondere das USW (Universitätsseminar das Wirtschaft) (Schloß Gracht) hervorgehoben, das sich durch die Praxisnähe seines Angebotes auszeichnet (*Lentz* 1988).

Neben der Praxisnähe werden von den Unternehmen insbesondere die Teilnehmerzahl und die Qualifikation der Referenten als Auswahlkriterien für externe Bildungsanbieter hervorgehoben.

Ein Vergleich der Strukturen externer Weiterbildung in den deutschsprachigen Ländern kommt zu folgendem Ergebnis (*Monte-Robl* 1992):

Zielgruppe										
	Top-M'mt	3	1	–	–	–	–	–	2	6
	Oberes-M'mt	38	10	14	7	7	16	2	7	11	112
	Mittleres-M'mt	10	8	15	8	7	5	2	4	22	81
	Nachwuchs	12	1	4	–	–	–	–	–	4	21
	Σ	63	20	33	15	14	21	4	11	39	220
		Gen. M'mt	Fin	Mark	Per	Prod	Stra	F&E	Bra	Div	Σ
			Funktional								
		Produktgruppen									

Quelle: Monte-Robl 1992, S. 15

Abb. 1: Marktstruktur europäischer Bildungsanbieter

a) Deutschland

Es gibt eine starke Tendenz zu Kurzzeitprogrammen, kaum mehrwöchige Programme für Führungskräfte, aber eine große Zahl von Spezialanbietern.

b) Österreich

Die Managementausbildung wird von den Industrie- und Handelskammern dominiert und tendiert – mit Ausnahme der Angebote des Hernstein International Management Institutes – zur Massenweiterbildung.

c) Schweiz

Es besteht einerseits ein Trend zu Kurzseminaren, der auch durch das ZfU Zentrum für Unternehmensführung geprägt wird, andererseits ist – vor dem Hintergrund eines nur geringen nationalen Teilnehmerpotentials – die Weiterbildung in der Schweiz sehr international ausgerichtet, was z. B. durch die Arbeit des IMD deutlich wird.

2. Managementinstitutionen in den USA

Während die Hochschulen bzw. hochschuleigene Einrichtungen in Europa in der Managementausbildung nur eine nachgeordnete Rolle spielen, entfällt in den USA mehr als ein Viertel der Gesamtausgaben für Führungskräfteweiterbildung, die auf 12 Milliarden Dollar geschätzt werden, auf die Business Schools (*Byrne* 1993). Die Harvard Business School nahm 1991 fast 27 Millionen Dollar durch ihre Führungskräfteprogramme ein. Mehr als 150 Business Schools bieten Managementprogramme an, wobei allein die 20 größten Schulen 1992 fast 40 000 Teilnehmer rekrutierten.

Angesichts sinkender Einnahmen aus der MBA-Ausbildung nimmt die Führungskräfteentwicklung einen immer breiteren Raum ein, der – bei Gebühren von 3000–4000 Dollar pro Woche – zudem auch finanziell wesentlich lukrativer als die studentische Ausbildung ist (*o. V.* 1992).

Eine Marktstudie der Zeitschrift BUSINESS WEEK kommt basierend auf einer Befragung von Weiterbildungsteilnehmern und den entsendenden Unternehmen zu der folgenden Rangliste amerikanischer Business Schools in der Managemententwicklung (*Byrne* 1993):

(1) University of Michigan
(2) University of Virginia
(3) Northwestern University
(4) Duke University
(5) Stanford University
(6) Harvard University
(7) University of Pennsylvania
(8) Columbia University
(9) INSEAD
(10) University of North Carolina.

Bemerkenswert an dieser rein amerikanischen Untersuchung ist, daß das INSEAD als europäischer Anbieter im Gesamtergebnis den 9. Platz einnimmt, von den Unternehmen sogar als zweitbeste Business School genannt wird. Diese Entwicklung ist insbesondere vor dem Hintergrund des zunehmenden Stellenwertes der Internationalisierung (→*Entsendung von Führungskräften ins Ausland*) zu sehen, der von den Unternehmen wesentlich stärker hervorgehoben wird als von den befragten Teilnehmern.

3. Vergleich Europa und USA

Vergleicht man die Situation in Europa mit der in den USA, so kann basierend auf einer an 25 führenden Managementinstitutionen in Europa und den USA durchgeführten empirischen Erhebungen folgendes festgestellt werden (*Schwuchow* 1992):

a) In Europa nehmen – bezogen auf die Zahl der jährlich durchgeführten Seminarwochen – firmenspezifische Programme bereits seit den achtziger Jahren einen breiteren Raum ein als offene Seminare. Dieser Trend setzt sich fort und wird durch die wachsenden Anforderungen der Unternehmen an die Umsetzungsorientierung der Managementausbildung noch verstärkt.

b) Demgegenüber lehnen es in den USA führende Anbieter – z. B. Stanford und MIT – noch ab, Programme für einzelne Unternehmen zu veranstalten, weil sie ihre Unabhängigkeit in Forschung und Lehre sowie akademische Standards gefährdet sehen und Interessenkonflikte mit anderen Firmen – Kunden ihrer offenen Seminare – befürchten. Inzwischen hat jedoch auch ein Prozeß des Umdenkens begonnen, so daß z. B. Harvard – nicht zuletzt aufgrund einer wachsenden Kritik in der Öffentlichkeit – 1993 erstmals Programme für einzelne Unternehmen durchgeführt hat. Diese Entwicklung ist auch vor dem Hintergrund der Tatsache zu sehen, daß unabhängige Anbieter von Managementprogrammen, die sich ausschließlich der Zielgruppe der Führungskräfte zuwenden – wie z. B. das Aspen Institute in Colorado oder das Center for Creative Leadership in North Carolina – an Bedeutung und Marktanteilen gewonnen haben.

III. Ausbildungsformen

Ein Vergleich interner und externer Weiterbildungsprogramme läßt erkennen, daß diese nicht ohne weiteres substituierbar sind, da sie unterschiedliche Lernprozesse auslösen (*Nork* 1989; *Pobel/Schindler* 1991). Zur Auswahl und Bewertung von Qualifizierungsalternativen sind Bildungsziele heranzuziehen, die sich an der Unternehmensstrategie orientieren. Sie schaffen die notwendige Verbindung zwischen Management- und Unternehmensentwicklung und verhindern eine Isolation der betrieblichen Aus- und Weiterbildung. Dennoch werden in der Praxis Bildungsentscheidungen häufig unter Kapazitätsaspekten getroffen. So wird die Möglichkeit, an externen Programmen teilzunehmen, oftmals dann eingeschränkt, wenn für interne Veranstaltungen keine ausreichende Teilnehmerzahl zur Verfügung steht. In diesem Fall wird der kurzfristigen Kapazitätsauslastung Vorrang vor strategieorientierter Weiterbildung eingeräumt.

1. Offene und firmenspezifische Programme

Betrachten wir die von externen Managementinstitutionen angebotenen Bildungsprogramme, so können wir folgende Klassifizierung vornehmen:

a) Offene Programme, die von den Managementinstitutionen am Markt frei angeboten werden. Sie wenden sich an Teilnehmer aus unterschiedlichen Unternehmen und ermöglichen es, durch den unternehmens- und branchenübergreifenden *Erfahrungsaustausch* interne Barrieren zu überwinden. Die Zusammensetzung des Teilnehmerkreises schafft ein strategisches Wissenspotential, das intern kaum realisiert werden kann. Gleichzeitig gestattet die Herauslösung aus dem Unternehmen ein hierarchie- und konkurrenzfreies Lernen. Daneben erlauben offene Programme die individuelle Qualifizierung ausgewählter Mitarbeiter.

Als entscheidenden Erfolgsfaktor offener Programme nennen die Managementinstitutionen den Erfahrungsaustausch und die Qualität der Referenten (*Schwuchow* 1992). Der Erfahrungsaustausch wird insbesondere mit Blick auf die Nachhaltigkeit des Lernerfolges hervorgehoben und wesentlich durch die Zusammensetzung des Teilnehmerkreises sowie die angewandten Lernmethoden und das Lernumfeld bestimmt.

Bei der Beurteilung des Lernmethoden-Mixes stehen der Umfang der aktiven Einbeziehung der Teilnehmer und damit verbunden die Integration neuen Wissens in deren Erfahrungspotential sowie die Anwendung der vermittelten Inhalte auf reale Situationen im Vordergrund.

Zu ähnlichen Ergebnissen kommt *Hall* (1985) aufgrund einer Befragung oberer Führungskräfte, von denen 75% angaben, daß sie am meisten aus der Diskussion mit anderen Teilnehmern gelernt haben.

b) Firmenspezifische Programme werden im Auftrage einzelner Unternehmen entwickelt und bauen daher in starkem Maße auf den speziellen Bedürfnissen eines einzelnen Unternehmens auf. Sie unterstützen die Teamentwicklung und schaffen unternehmensweite Netzwerke. Dies hat insbesondere in diversifizierten oder dezentral organisierten Unternehmen unmittelbare Auswirkungen auf die Nutzung von Informationen und trägt erheblich zur internen *Unternehmenskommunikation* bei. Qualifizierungsprogramme dienen damit nicht nur der Personalentwicklung im engeren Sinne, sondern auch dem Aufbau von unternehmensweiten bzw. übergreifenden Beziehungen. Die Teilnahme einer größeren Zahl von Mitarbeitern ermöglicht es, unternehmens- und fachbezogenes Wissen rasch und wirksam zahlreichen Mitarbeitern zu vermitteln (→*Information als Führungsaufgabe*).

So kann die Umsetzung einer neuen Strategie durch breit angelegte firmenspezifische Programme wirksam unterstützt und das für die Veränderung von Unternehmen notwendige kritische Bewußtsein geschaffen werden. Gleichzeitig sind firmenspezifische Programme ein wichtiges Instrument für die Übertragung von unternehmenskulturell relevanten Eigenschaften, wie etwa Handlungsnormen und Werthaltungen (→*Organisationskultur und Führung*). Weitere Ziele sind – neben der Vermittlung von Wissen und Fähigkeiten – die Sozialisation neuer Mitarbeiter sowie die Steigerung der Identifikation mit dem Unternehmen (→*Identifikationspolitik*).

2. Programmdauer und Qualifizierungskonzepte

Die zeitliche Dauer der angebotenen Managementprogramme liegt zwischen wenigen Stunden und mehreren Jahren. Während *Managementkonferenzen* am unteren Ende der Skala stehen, sind mehrjährige Programme insbesondere dann anzutreffen, wenn es sich – wie z. B. bei dem von der GfW (Gesellschaft für Weiterbildung) an der Universität der Bundeswehr München in Zusammenarbeit mit dem Henley Management College angebotenen MBA-Programm – um ein berufsbegleitendes Qualifizierungsprogramm handelt, das mit einem anerkannten Abschluß endet.

Demgegenüber steht ein wachsendes Angebot von ein- oder zweitägigen Kurzveranstaltungen, die als Managementkonferenzen primär Informationscharakter haben. In der Bundesrepublik hat in den letzten Jahren eine kleine Zahl von Anbietern – wie z. B. Euroforum, IIR (Institute for International Research) und Management Circle – v. a. durch ein intensives Marketing (Direkt Mail) einen neuen Markt geschaffen.

Obwohl die Initiierung von Lernprozessen eine gewisse Zeit benötigt, ist der Markt für mehrwöchige Seminare sehr begrenzt und tendenziell rückläufig. In Deutschland bieten nur wenige Anbieter, allen voran das USW (Universitätsseminar der Wirtschaft), mehrwöchige Seminare für Führungskräfte an. In den USA decken Harvard und Stanford zusammen etwa ein Drittel dieses Segmentes ab. Dennoch hat eine tendenziell zurückgehende Nachfrage nach längeren Seminaren auch dort Programmkürzungen zur Folge (*Porter/McKibbin* 1988).

Neben einer Verkürzung ist die Aufteilung von Programmen in mehrere Module eine Lösung, die von zahlreichen Institutionen umgesetzt wird. Insbesondere General Management-Programme werden zum überwiegenden Teil bereits modular durchgeführt (*Monte-Robl* 1992). Über den zeitlichen Aspekt hinaus gestattet es dieses Vorgehen, seminarbezogenes Lernen mit konkreter Arbeitsplatzerfahrung zu verknüpfen und auf diese Weise die Relevanz der behandelten Themen zu erhöhen und deren direkte Umsetzung zu fördern („Intervall-Lernen"). Allerdings stellt sich bei *modularen Programmen* das Problem, die Zusammensetzung der Teilnehmergruppe über einen längeren Zeitraum konstant zu halten. Sie erlauben jedoch andererseits eine stärkere Individualisierung, indem einzelne Kurssegmente je nach Bedarf besucht werden können. Dies setzt voraus, daß die einzelnen Module in sich abgeschlossen sind, gleichzeitig aber auch den Gesamtkontext berücksichtigen, wodurch der gesamte Zeitbedarf für ein Qualifizierungsprogramm aufgrund notwendiger Wiederholungen größer wird.

Eine wachsende Bedeutung haben im Zusammenhang mit modular angelegten Qualifizierungskonzepten in den letzten Jahren abschlußorientierte Programme erlangt, die berufsbegleitend zu absolvieren sind. Während MBA-Programme für Führungskräfte in den USA eine lange Tradition haben und von mehr als 100 Business Schools angeboten werden, stoßen ähnliche Programme inzwischen auch in Deutschland auf wachsendes Interesse, wobei die Diskussion um die Qualität der angebotenen Programme intensiv geführt wird.

3. Anforderungen an die externe Managementausbildung

Die Modularisierung und die Integration unternehmensbezogener Projekte stellen wichtige Schritte zur Förderung der *Lerntransfers* dar. Darüber hinaus sollten die folgenden Punkte beachtet werden, um die Wirksamkeit der Ausbildung an Managementsituationen zu erhöhen:

a) Die Managementausbildung darf nicht als isolierte Funktion betrachtet werden. Die Gestaltung der einem Qualifizierungsprogramm zeitlich vor- und nachgelagerten Phasen bestimmt die Umsetzung des Gelernten. Dies setzt die Vereinbarung konkreter Ausbildungsziele ebenso voraus wie deren Kommunikation im betrieblichen Umfeld. Ferner sind eine konkrete Umsetzungsplanung sowie die Unterstützung nach der Rückkehr an den Arbeitsplatz notwendig.

b) Die Managementausbildung sollte sich auch an konkreten Handlungen orientieren. Dies erfordert eine laufende persönliche *Aktionsplanung*, die die Lerninhalte und persönliche sowie unternehmensbezogene Ziele miteinander verknüpft. Auf diese Weise erhält die Ausbildung einen hohen Grad an Verbindlichkeit für den Teilnehmer und das Unternehmen.

c) Die Managementausbildung erfordert die Unterstützung des gesamten Unternehmensumfeldes. Der Lerntransfer, die Anwendung neuer Ideen im Rahmen der beruflichen Tätigkeit dürfen nicht als individuelle Aufgabe betrachtet werden. Die Einbindung von Vorgesetzten, Kollegen und Mitarbeitern bestimmt die Wirksamkeit der Managementausbildung (*Nilsson* 1987).

Hinsichtlich der Verwertbarkeit und Umsetzbarkeit ergeben sich, wie eine als Längsschittstudie angelegte Teilnehmerbefragung zeigt, im Zeitablauf Beurteilungsunterschiede, die die Notwendigkeit einer systematischen Einbindung des Arbeitsumfeldes unterstreichen (*Schwuchow* 1992). So wird beispielsweise die Möglichkeit einer direkten Anwendung von Kenntnissen aus dem Seminar mit wachsendem zeitlichen Abstand zunehmend schlechter eingeschätzt. Ursächlich hierfür ist eine nur als gering eingestufte Unterstützung von Vorgesetzten, Kollegen und Mitarbeitern. Die externe Managementausbildung läuft damit Gefahr, lediglich individuelle Akzente zu setzen und nicht Ausgangspunkt für Veränderungsprozesse im Unternehmen zu sein.

IV. Ausbildungsinhalte

Eine vergleichende Untersuchung des Weiterbildungsangebotes von 16 europäischen Managementinstitutionen – insgesamt 220 Qualifizierungsprogramme – zeigt, daß mit mehr als 54 Programmen Strategie- und General Management-Programme den thematischen Schwerpunkt für obere Führungskräfte bilden (*Monte-Robl* 1992). Demgegenüber überwiegen für das mittlere Management funktionale Themen, wie z. B. Marketing, sowie Personalführungsseminare (vgl. Abb. 2). Eine Befragung von deutschen Unternehmen unterstreicht diese Ergebnisse (*Feuchthofen* 1991). Ganz vorn in der Wertschätzung der Unternehmen liegen Themen zur strategischen Unternehmensführung, es folgen Personalmanagement und Marketing-Management.

Programminnovationen sind insbesondere im Hinblick auf eine stärkere Internationalisierung sowie eine stärkere *Branchen- und Zielgruppenorientierung* zu erkennen, z. B. das „Global Leadership Program" der University of Michigan, „Managing Cultural Diversity" der Columbia University oder das Seminar „Managing Critical

Resources" der University of Virginia. In Europa sind es in zunehmendem Maße internationale Managementprogramme, die von Anbietern aus mehreren Ländern gemeinsam durchgeführt werden, so daß eine Internationalisierung erreicht wird, ohne den nationalen Bezug zu verlieren.

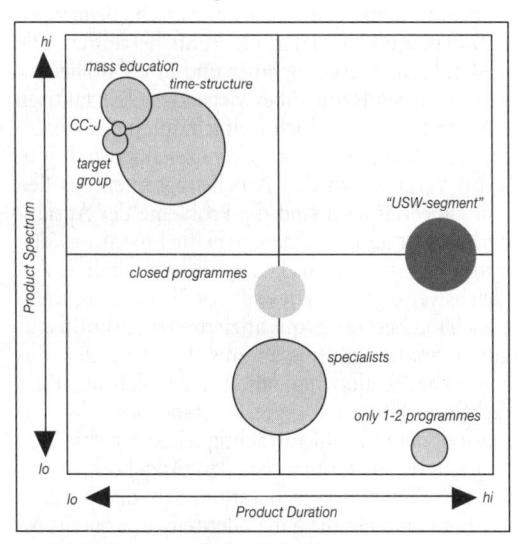

Quelle: Monte-Robl 1992, S. 8
Abb. 2: Zielgruppen externer Bildungsprogramme

V. Ausblick

Die im Hinblick auf die Ausbildung an Managementinstitutionen in jüngster Zeit geäußerte Kritik bezieht sich in erster Linie auf die zeitliche Dauer der Programme, die Flexibilität der Anbieter hinsichtlich der Programmkonzeption sowie die Kosten und die konkrete *Umsetzungsorientierung* der Bildungsprogramme (*Byrne* 1993). Auch ist angesichts der Tatsache, daß inzwischen die meisten Führungskräfte einen Hochschulabschluß besitzen, ein Umdenken angesagt.

Als Hauptproblem der Ausbildung an Management-Institutionen wird häufig eine geringe Relevanz der vermittelten Inhalte für die konkrete berufliche Tätigkeit genannt. Diese Schwäche kann durch einen starken Praxisbezug, z. B durch die systematische Einbindung von Referenten aus der Unternehmenspraxis und durch Projekte, die konkrete Fragestellungen aus den beteiligten Unternehmen aufgreifen, teilweise ausgeräumt werden. Ergänzend stellt *Hussey* (1987) fest, daß durch die Integration des Top-Managements die Bildungsarbeit wesentlich dynamischer wird.

Die systematische Einbindung von Referenten aus Unternehmen ist eine besondere Herausforderung für die Business Schools, die eine eigene Fakultät einsetzen – verglichen mit Managementinstitutionen, die von Unternehmen getragen werden und sehr eng mit diesen zusammenarbeiten. Hierin äußert sich auch ein häufiger Kritikpunkt im Hinblick auf die Praxisnähe der angebotenen Programme.

Kritik erfährt auch die klassische Fallmethode, die insbesondere in den USA die Managementausbildung geprägt hat. Mit Blick auf die Zielgruppe berufstätiger Führungskräfte rückt die Arbeit an konkreten Problemstellungen aus dem eigenen Unternehmen in den Mittelpunkt, wie es z.B. von Daimler-Benz im Rahmen der Konzernseminare oder von General Electric als „Work Out" praktiziert wird (*O'Reilly* 1993).

Diese Entwicklungen unterstreichen einen Wandel in der Zielsetzung von Managementprogrammen: von der individuellen Entwicklung der einzelnen Führungskraft hin zur Unternehmensentwicklung, um auf diese Weise einen Beitrag zur Veränderung im Unternehmen zu leisten. Programme der Managementausbildung sind – so *Schrempp* (1992) – nur so gut, wie der Erfolg des organisatorischen Wandels, den sie im Unternehmen auslösen.

Literatur

Byrne, J. (Hrsg.): Business Week's Guide to the Best Executive Education Programs. New York 1993.
Eurich, N.: Corporate Classrooms – The Learning Business. Princeton 1985.
Feuchthofen, J.: Unternehmen bevorzugen betriebsexterne Weiterbildungsangebote. In: Karriere, 1. November 1991, S. K2.
Gerlach, K.: Projektstudie Managementinstitute in Europa, Teil 2. In: *Wittkämper, G. W.* et al. (Hrsg.): Trends and Developments in European Executive Education, USW-Working-Paper 1/92, Erftstadt 1992, S. 51–75.
Graeber, J.: Anbieter und Programme. In: *Schwuchow, K.* et al. (Hrsg.): Jahrbuch Weiterbildung 1994, Düsseldorf 1994, S. 230–239.
Hall, D.: Making the Most of Top Managers. In: Management Today, Januar 1985, S. 37–40.
Hilleke, K./Kucher, E.: LERNSTRAT – Lernen, Beratung, Umsetzung. In: *Simon, H./Schwuchow, K.* (Hrsg.): Management-Lernen und Strategie. Stuttgart 1994, S. 243–256
Hussey, D. E.: Management-Training and Corporate Strategy. New York 1987.
Lentz, B.: Votum für die Praxis. In: JBV, 7. September 1988, S. 1729–1731.
Mahari, J./Schade, M. (Hrsg.): Seminare '91. Hamburg 1990.
Monte-Robl, I. de: Projektstudie Europäische Weiterbildungsinstitute, Teil 1. In: *Wittkämper, G. W.* et al. (Hrsg.): Trends and Developments in European Executive Educations, USW-Working-Paper 1/92. Erftstadt 1992, S. 1–32.
Naisbitt, J./Aburdene, P.: Re-Inventing the Corporation. New York 1985.
Nilsson, W. P.: Achieving Strategic Goals through Executive Development. Reading 1987.
Nork, M.: Management-Training. München und Mering 1989.
o.V.: Betriebliche Weiterbildung – Die vierte Säule. In: Informationsdienst des Instituts der deutschen Wirtschaft v. 5. Oktober 1989.

o.V.: Leaner Times for Business Schools. In: The Economist, 8. Februar 1992, S. 65–66.
O'Reilly, C. A.: How Execs Learn now. In: Fortune International v. 5. April 1993, S. 52–58.
Pobel, K./Schindler, U.: Lernen-off-the-job. In: *Schwuchow, K.* et al. (Hrsg.): Jahrbuch Weiterbildung 1991. Düsseldorf 1991, S. 138–140.
Porter, L. W./McKibbin, L. E.: Management Education and Development. New York 1988.
Roth, L. M.: Management Development Trends – A Corporate Perspective. New York 1986.
Schrempp, J.: Internationale Managementenwicklung und Intrapreneurship. Unveröffentlichtes Manuskript. München 1992.
Schwuchow, K.: Weiterbildungsmanagement. Stuttgart 1992.
Simon, H./Schwuchow, K. (Hrsg.): Management-Lernen und Strategie. Stuttgart 1994.
Siehlmann, G.: Weiterbildung im zwischenbetrieblichen Verbund. Köln 1988.
Weiß, R.: Die 26-Mrd-Investition – Kosten und Strukturen betrieblicher Weiterbildung. In: *Göbel, U./Schlaffke, W.* (Hrsg.): Berichte zur Bildungspolitik 1990 des Instituts der deutschen Wirtschaft. Köln 1990, S. 11–254.
Wiggenhorn, W.: Die Motorola University – Durch Lernen wettbewerbsfähig bleiben. In: *Simon, H./Schwuchow, K.* (Hrsg.): Management-Lernen und Strategie. Stuttgart 1994, S. 225–242.

Ausländische Mitarbeiter, Führung von

Wolfgang Weber

[s. a.: Demographie und Führung; Führungstheorien – Attributionstheorie, – Kontingenztheorien, – Rollentheorie; Kommunikation als Führungsinstrument; Konflikte als Führungsproblem; Kulturabhängigkeit der Führung; Soziale Kompetenz.]

I. Grundlegung; II. Kennzeichnung der Führungssituation; III. Konsequenzen für die Mitarbeiterführung.

I. Grundlegung

Abhängige Beschäftigte, die nicht die Staatsangehörigkeit des Landes innehaben, in dem sie beschäftigt sind, werden als *ausländische Arbeitnehmer, Arbeitsmigranten, Fremdarbeiter* oder *Gastarbeiter* bezeichnet. Der Sprachgebrauch engt die Betrachtung vielfach auf Angehörige solcher Nationalitäten ein, deren sozio-kultureller Hintergrund sich deutlich von dem des Aufnahmelandes unterscheidet (→*Kulturabhängigkeit der Führung*). Diese eingeengte Fassung des Begriffs des ausländischen Arbeitnehmers wird auch hier zugrunde gelegt. In Deutschland, in Österreich und in der Schweiz sind damit primär die ausländischen Arbeitnehmer aus den Mittelmeerländern angesprochen.

Diese Einengung der Betrachtung ist zweckmäßig, weil sich bei dieser Personengruppe die Probleme häufen, die aus der verschiedenartigen nationalen und sozialen Herkunft herrühren. Die ausländischen Arbeitnehmer und ihre Familienangehörigen sind zum überwiegenden Teil faktisch *Einwanderer*, die jedoch vielfach durch eine ausgeprägte Rückkehrillusion gekennzeichnet sind.

Im Vergleich zu den Arbeitsmigranten aus den Mittelmeerländern sind die Probleme der Ausländerbeschäftigung bei den Arbeitnehmern aus den mittel-, west- und nordeuropäischen Ländern vergleichsweise gering. Dies gilt vor allem dann, wenn es sich um besonders qualifizierte Arbeitskräfte mit guten Sprachkenntnissen aus Ländern der Europäischen Union handelt, für die sich auch die rechtliche Situation angleicht. Eine besondere Situation, deren Problemträchtigkeit unterschiedlich beurteilt wird, besteht bei den Angehörigen der zweiten Einwanderergeneration, d. h. den Kindern der Einwanderer, die ganz oder teilweise bereits im Gastland aufgewachsen sind: Dem größeren Vertrautsein mit Sprache und Kultur des Aufnahmelandes steht die Konfliktsituation der Verankerung in zwei Kulturen gegenüber.

Das Phänomen „ausländische Mitarbeiter" tritt unter unterschiedlichen Bezeichnungen in allen entwickelten Volkswirtschaften auf. Die Anteile der ausländischen Wohnbevölkerung bewegen sich in den Ländern der Europäischen Gemeinschaft zwischen etwas über 1% (Portugal, Spanien, Italien) und gut 9% (Belgien).

Relativ hohe Anteile der ausländischen Bevölkerung gibt es außerdem in Deutschland mit 6,9%, Frankreich mit 6,4%, Niederlande mit 4,6% und Großbritannien mit 4,3% (*Institut der deutschen Wirtschaft* 1993). In der Schweiz ist der Anteil mit rund 16% besonders hoch. Die größten Ausländergruppen stellen die Türken (in Deutschland, in den Niederlanden und in Dänemark), Marokkaner (Frankreich, Niederlande), Afrikaner (Italien, Griechenland, Portugal) und Asiaten in Großbritannien und Griechenland. Besonders große Zahlen ausländischer Erwerbspersonen gibt es in Deutschland (2,7 Millionen), Frankreich (1,5 Millionen) und Großbritannien mit rund einer Million (*Stat. Bundesamt* 1993). In Deutschland lebten 1991 etwa 1,7 Millionen Moslems. Rund die Hälfte der ausländischen Arbeitnehmer in der Bundesrepublik Deutschland stammt aus den traditionellen Anwerbeländern im Mittelmeerraum: 1991 stammten rund 632 000 Arbeitnehmer aus der Türkei, 325 000 aus dem ehemaligen Jugoslawien, 172 000 aus Italien, 105 000 aus Griechenland, 61 000 aus Spanien und 46 000 aus Portugal (*Bun-

desanstalt für Arbeit 1992; Zahlen gerundet; zu neueren Entwicklungen: *Council of Europe* 1992).

II. Kennzeichnung der Führungssituation

Die Führungssituation ist gekennzeichnet durch die Beteiligten (Führende, Geführte) und den situativen Kontext (→*Führungstheorien – Situationstheorie*) des Führungsgeschehens. Damit sind insbes. Arbeitsaufgaben und Gruppenkonstellation angesprochen. Die folgende Kennzeichnung der spezifischen Führungssituation erstreckt sich hier deshalb auf die Merkmale der ausländischen Arbeitskräfte, den sozialen Kontext, auf die typischen Arbeitsaufgaben und auf Charakteristika der Vorgesetzten. Schlußfolgerungen hinsichtlich der Beeinflussung des Führungsgeschehens müssen auf diese Konstellation Bezug nehmen.

1. Arbeitsaufgaben

Der weitaus größte Teil der ausländischen Arbeitskräfte aus den Mittelmeerländern und den außereuropäischen Entwicklungsregionen ist im verarbeitenden Gewerbe, im Dienstleistungsbereich und in der Bauindustrie vor allem an solchen Arbeitsplätzen beschäftigt, die wegen geringerer Verdienstmöglichkeiten, unangenehmer Arbeitsbedingungen und entsprechend niedrigem sozialen Status von Inländern gemieden werden.

Für ausländische Arbeitskräfte der ersten Einwanderergeneration sind Routinearbeitsplätze typisch. Verbreitet ist Schichtarbeit und eine überdurchschnittliche Unfallquote, die sowohl durch Merkmale des Arbeitsplatzes als auch durch Orientierungsprobleme der ausländischen Arbeitnehmer in der industriellen Umwelt bedingt sind. Diese Befunde sind charakteristisch für die europäischen Länder mit Ausländerbeschäftigung (*Gaugler/Weber* et al. 1978) als auch für klassische Einwandererländer wie Australien (*Collins* et al. 1979; *Krupinski/Berry* 1987; *Weber* 1987).

Die Zuordnung dieser weniger attraktiven Arbeitsplätze steht in engem Zusammenhang mit der durchschnittlich geringeren *Qualifikation* der ausländischen Arbeitskräfte. Empirische Befunde und humankapitaltheoretische Überlegungen stützen die These, daß nicht die Nationalität über die Verteilung von Arbeitsplätzen, Aufstiegsmöglichkeiten und über Arbeitsplatzkarrieren bestimmt, sondern die Qualifikation, die bei der hier betrachteten Personengruppe durchschnittlich geringer ist als bei den Angehörigen des Aufnahmelandes. Ausländische Jugendliche der *zweiten Einwanderergeneration*, die wesentlich von der schulischen und beruflichen Sozialisation in Deutschland geprägt sind, werden bei gleichen Qualifikationen wie Deutsche behandelt (*Bee* 1994).

An den typischen Ausländer-Arbeitsplätzen herrscht ein eher aufgabenorientiertes Führungsverhalten mit knappen Anweisungen vor.

2. Vorgesetzte

Die Vorgesetztenpositionen nehmen meist Angehörige der einheimischen Bevölkerungsmajorität ein, deren Wertvorstellungen und Verhaltensweisen die Norm prägen. Die Kenntnisse und Vermutungen der Vorgesetzten über den *sozio-kulturellen Hintergrund* des Verhaltens ihrer ausländischen Mitarbeiter und Mitarbeiterinnen stützen sich nur selten auf eine ausreichende persönliche Erfahrungsbasis in den jeweiligen Herkunftsländern.

Ausländische Vorgesetzte waren Ende der 70er Jahre am ehesten in Großbetrieben mit hohem Ungelernten- und Ausländeranteil und bei Konzentration auf eine oder wenige ethnische Gruppen anzutreffen (*Gaugler/Weber* 1978). Änderungen dieser Situation sind erst bei der zweiten und dritten Einwanderergeneration zu erwarten.

In Arbeitsgruppen mit Mitgliedern unterschiedlicher ethnischer Herkunft ist sowohl bei inländischen als auch bei ausländischen Vorgesetzten prinzipiell die gleiche Problematik zu vermuten: Eine intensive Beschäftigung mit dem Wertehintergrund, mit typischen Verhaltensweisen oder mit der Sprache der Arbeitsmigranten kann nicht erwartet werden. Dennoch nehmen die Vorgesetzten *Attributionen* hinsichtlich des Verhaltens ihrer Untergebenen vor (→*Führungstheorien – Attributionstheorie*), wobei die Attributionen häufig mit der Realität nicht übereinstimmen. Ein wichtiger Einflußfaktor auf die Attribution sind *Vorurteile* und *Irrtümer* (*Miller/Ross* 1975). Dieser Zusammenhang wird durch Ergebnisse der Ausländerforschung gestützt: Die Angehörigen aller Nationalitäten schätzen ihre Landsleute positiver ein als die Angehörigen anderer Nationalitäten. Das gilt auch für die wechselseitige Einschätzung der verschiedenen Ausländergruppen untereinander (*Gaugler/Weber* et al. 1985). Allerdings gilt auch hier die *Kontakthypothese*, die eine sympathiefördernde Wirkung interethnischer Kontakte behauptet (z. B. *Amir* 1969). Die Vermutung dieses Zusammenhangs wird jedoch durch eine Reihe von Bedingungen eingeschränkt (*Esser* 1993): Die behauptete Wirkung stellt sich z. B. eher unter Personen mit gleichem Status ein. Dies bedeutet, daß die Kontakthypothese eher für die Arbeitskollegen untereinander als für das Verhältnis zwischen Vorgesetzten und Untergebenen gilt.

3. Ausländische Arbeitskräfte

Die Art der Arbeitsplätze, die ausländischen Arbeitskräften zugewiesen werden, die Qualifikationsstruktur und weitere *Schichtmerkmale* bewirken gemeinsam mit der Andersartigkeit von Ausländern deren meist niedrigen sozialen *Status*. Für einen großen Teil der ausländischen Arbeitskräfte ist deshalb das geringe Ansehen bzw. der Versuch, mehr Ansehen zu erwerben, ein zentrales persönliches Problem (*Weber* 1985a). Die Bedeutung dieses Aspektes wird dadurch verstärkt, daß ausländische – ebenso wie deutsche – Arbeitnehmer den sozialen Beziehungen am Arbeitsplatz besonders großes Gewicht beimessen (*Gaugler/Weber* et al. 1985), gleichzeitig aber die Kommunikationsmöglichkeiten wegen der oft geringen Sprachkenntnisse begrenzt sind (*Kremer/Spangenberg* 1979).

Aus dem unterschiedlichen *sozio-kulturellen Hintergrund* der verschiedenen Herkunftsländer folgen unterschiedliche Erwartungen und Verhaltensweisen. Zwar sind *Rollenerwartungen* bei deutschen und ausländischen Arbeitnehmern im Hinblick auf viele Norminhalte weitgehend identisch (z. B. Ehrlichkeit, Ordnung, Pünktlichkeit, Bereitschaft zur Zusammenarbeit); dennoch lassen sich selbst bei einer pauschalen Betrachtung der ausländischen Arbeitskräfte besondere Akzente hinsichtlich einzelner *Normen* feststellen. Ausländer aus den Mittelmeerländern nannten z. B. die Norm „Respektierung des Vorgesetzten" wesentlich häufiger, die Norm „Zuverlässigkeit" seltener als deutsche Arbeitnehmer (*Gaugler/Weber* et al. 1985). Unterschiedliche Ausprägungen der *Rollenzumutungen* treten bei den im deutschen Sprachraum noch seltenen Detailanalysen des Verhaltens der Angehörigen unterschiedlicher ethnischer Gruppen deutlicher hervor. Beispiele sind die Erwartung autoritärer Führung durch Türken oder die starke Betonung des Selbstentscheidungsrechts durch Griechen (*Eggeling* 1985).

Beträchtliche Probleme löst die oft ungeklärte Frage nach Verbleib oder Rückkehr bei den ausländischen Arbeitnehmern und deren Familien aus. Die meisten Ausländer hatten zwar bei ihrer Einreise eine Aufenthaltsdauer von wenigen Jahren geplant; ihr tatsächliches Verhalten unterscheidet sich jedoch deutlich von der Planung.

4. Gruppensituation

Die Auswirkungen des verschiedenartigen soziokulturellen Hintergrunds der einzelnen ethnischen Gruppen hängen wesentlich von der *Belegschaftsstruktur* des Unternehmens bzw. der Arbeitsgruppe ab. Die Mehrheit bestimmt im wesentlichen die Norm. Deshalb sind andere Konstellationen in Arbeitsgruppen mit geringem Ausländeranteil zu erwarten als in Arbeitsgruppen mit Dominanz von einer oder mehreren Ausländergruppen (→*Demographie und Führung*). Vor diesem Hintergrund sind auch die Rollenzumutungen zu bewerten (→*Führungstheorien – Rollentheorie*).

Bedeutsam ist die Erscheinung, daß *intra-ethnische Kontakte* häufiger sind als *inter-ethnische Kontakte:* Die Angehörigen einer Nationalität haben untereinander mehr Kontakte als mit den Angehörigen anderer Nationalitäten. Da die ausländischen Arbeitnehmer in der Regel Minderheiten in einer Arbeitsgruppe sind, haben sie während der Arbeit insgesamt weniger soziale Kontakte und weniger Kontaktpartner. Außerdem konzentrieren sich die über die Angehörigen der eigenen Nationalität hinausgehenden Kontakte auf relativ wenige Personen (*Gaugler/Weber* et al. 1985).

Diese besondere Situation der ausländischen Arbeitnehmer spiegelt sich in folgenden Befunden wider: Eine empirische Untersuchung, bei der 2698 deutsche und ausländische Arbeitnehmer aus 166 vollständig erfaßten Arbeitsgruppen in 118 verschiedenen Betrieben befragt wurden, ergab, daß 53% der deutschen und 42% der ausländischen Arbeitnehmer globale *Arbeitszufriedenheit* äußern. Bei einer differenzierten Analyse der Äußerungen zu einzelnen Dimensionen des Arbeitslebens erweisen sich für die Ausländer die Bereiche Lohnhöhe (obwohl eine Einkommensbenachteiligung innerhalb vergleichbarer Arbeiten nicht festzustellen war), körperliche Belastung und Arbeitsplatzsicherheit als besonders problembeladen. Die Probleme in diesen drei Bereichen überlagern die ebenfalls vorhandenen Probleme im sozialen Bereich. Die befragten Ausländer äußern zwar zur Frage nach Kollegen- und Vorgesetztenbeziehungen Zufriedenheit, wünschen aber gleichzeitig in großem Maße Änderungen. Sie können deshalb allenfalls als eingeschränkt zufrieden bezeichnet werden (*Gaugler/Weber* 1986). Fast die Hälfte der ausländischen Arbeitnehmer gibt gleichzeitig an, ihr Meister behandle sie ungerecht. Für diese Einschätzung ist möglicherweise weniger das tatsächliche Verhalten des Meisters als vielmehr die Interaktionssituation zwischen Meister und Gruppenmitgliedern verantwortlich (*Gaugler/Weber* et al. 1985).

Mit einer schnellen Angleichung der ausländischen Arbeitnehmer an die Verhaltensweisen und Normen, die für vergleichbare deutsche Arbeitnehmer typisch sind, ist angesichts der oben gekennzeichneten Situation nicht zu rechnen. Wahrscheinlich sind eher deutliche Veränderungen des *Anspruchsniveaus* und des daraus folgenden Verhaltens nach folgendem Muster: zunächst hohes Maß an Zufriedenheit wegen der objektiven Verbesserung der persönlichen Situation, große Unsicherheit und starke Orientierung des Verhaltens an den Erwartungen der jeweiligen sozialen Umwelt in der ersten Phase des Aufenthalts; wachsende Sicherheit in der neuen Umwelt und Vergleichsmöglichkeiten lassen in einer zweiten Aufenthaltsphase Unzufriedenheit entstehen, die Veränderungsaktivitäten auslöst: Qualifikationserwerb, Aufstiegsstreben, Wechsel der Arbeitsstelle, Engagement bei

Gewerkschaften und betrieblicher Arbeitnehmervertretung, Nachholen von Familienmitgliedern, evtl. auch Rückkehr in das Heimatland; schließlich Leben im Einklang mit einer neuen Identität des Ausländers, die Elemente des Herkunftslandes und des Aufnahmelandes umfaßt. Verhaltensweisen, die von der Mehrheitsnorm abweichen, werden demnach mit zunehmender Aufenthaltsdauer zuerst wahrscheinlicher, ehe Assimilationserscheinungen sichtbar werden.

III. Konsequenzen für die Mitarbeiterführung

Die Kennzeichnung der Führungssituation läßt erkennen, daß wichtige Voraussetzungen für erfolgreiche Führung im Sinne intendierter Verhaltensbeeinflussung nicht erfüllt sind, wenn Personen mit unterschiedlichem kulturellen Hintergrund am Führungsgeschehen beteiligt sind und spezifische Maßnahmen zur Reduzierung des Problempotentials fehlen: Störungsfreie *Kommunikation* wird durch das Fehlen einer gemeinsamen Sprache und unterschiedliche Verhaltensmuster für nonverbale Kommunikation, Einflußnahme auf das Verhalten durch unterschiedliche *Rollenerwartungen* und Unsicherheit über die zu erwartenden Reaktionen erschwert. Die Führungssituation wird zusätzlich belastet, wenn die Arbeitssituation und die soziale *Akzeptanz* von den Geführten als unbefriedigend wahrgenommen wird. Anreize, die sich an den Bedürfnissen der Mehrheit orientieren und die Bedürfnislage von *Minderheiten* ignorieren, können überdies die beabsichtigte Wirkung nicht voll entfalten.

Weder die Behandlung der Ausländerproblematik als Betreuungsproblem, die in den Anfangsjahren der Ausländerbeschäftigung dominierte, noch Assimilierungsstrategien, die kurzfristige Änderungen der *ethnischen Identität* anstreben, sind dieser Konstellation angemessen.

Hinweise für die Behandlung dieser Problematik sind nur vereinzelt im Hinblick auf ausländische Arbeitnehmer erarbeitet worden (*Eggeling* 1985, *Wuppertaler Kreis* 1988). Allerdings bieten auch die Diskussion der Führungsproblematik in internationalen Unternehmen bzw. die Beiträge zum *Internationalen Personalmanagement* (z. B. *Adler* 1991) Anknüpfungspunkte und Hinweise (z. B. *Lichtenberger* 1992).

Es liegt nahe, mit den Gestaltungsmaßnahmen zunächst bei der Erleichterung der Kommunikation, dem Vertrautmachen mit dem jeweiligen Werte- und Normenhintergrund sowie der wechselseitigen Akzeptanz anzusetzen. Dabei müssen Führende und Geführte einbezogen werden. Darüber hinaus ergeben sich besondere Anforderungen an die adäquate Gestaltung des *Anreizsystems* und des Systems der Förderung bzw. Entwicklung des Personals. Schließlich stellt sich die Bewältigung von *Konfliktsituationen* in einem anderen Licht dar.

Ausgangspunkt für die Entwicklung eines ausländerbezogenen Konzepts zur Handhabung und Erleichterung der Führungsprobleme ist zweckmäßigerweise eine umfassende Bestandsaufnahme der Fakten (*Productivity Promotion Council of Australia* 1981), die die ethnische Herkunft der Beschäftigten, Aufenthaltsdauer, familiäre Strukturen, persönliche Ziele, jeweilige Gruppenstruktur u. ä. umfaßt. Ein wichtiges Instrument kann dabei das regelmäßige *Mitarbeitergespräch* sein, das Vorgesetzte führen.

Zentrale Bedeutung zur Erleichterung der *Kommunikation* kommt der Vermittlung von Kenntnissen der jeweiligen, hier der deutschen Umgangssprache, zu. Kommunikationsprobleme sind im Umgang mit Migranten das zentrale Problem (*Krupinski/Berry* 1987). Kursmäßig organisierte Maßnahmen versprechen allerdings kaum Erfolg. Bewährt haben sich verschiedene Formen des Sprachtrainings, das an typischen Arbeits- und Alltagssituationen anknüpft.

Viele Einzelprobleme, die in Statusfragen ihre Ursachen haben, können durch angemessene Formen der Qualifikationsvermittlung reduziert werden. Besondere Bedeutung kommt als Informations- und Qualifizierungsinstrument dem *Lernstatt*-Konzept zu. Ein wichtiger Schritt zur Befriedigung des Bedürfnisses nach sozialem Aufstieg können gezielte Hilfen zum nachträglichen Erwerb der Facharbeiterqualifikation sein.

Analog zu den Bemühungen, die darauf zielen, die ausländischen Arbeitskräfte mit den Besonderheiten der Industriegesellschaft, mit betrieblichen Zusammenhängen, mit typischen Normen und Werten der sie aufnehmenden Gesellschaft vertraut zu machen, sind Trainingsmaßnahmen für inländische Vorgesetzte und Arbeitskollegen am Platze, die auf ein besseres Verständnis des Fühlens und Handelns der verschiedenen ethnischen Gruppen abzielen. Erste Arbeitshilfen hierzu stehen zur Verfügung (*Eggeling* 1985; *Wuppertaler Kreis* 1988).

Die Maßnahmen, die ein besseres gegenseitiges Verständnis und wechselseitige Akzeptanz fördern sollen, werden durch die bewußte Pflege der sozialen Beziehungen in der Arbeitsgruppe und durch das Training sozialer Fähigkeiten bei allen Arbeitnehmern, insbesondere aber bei den Vorgesetzten, unterstützt.

In Konfliktfällen kann die Analyse der ethnischen Gruppenstruktur und eine intensive Exploration bei den Beteiligten, gegebenenfalls unter Beiziehung eines sachkundigen Dritten, ratsam sein. Vor allem aber die stärkere Einbindung der ausländischen Arbeitnehmer in die Arbeit der *Betriebsräte,* in denen die ausländischen Arbeitnehmer deutlich unterrepräsentiert sind (*Mehrländer* 1981; *Economides* 1983; *Weber* 1985b), kann die Bemühungen um eine effizientere Konflikthandhabung fördern.

Schließlich liegt es nahe, langfristig auch die *Arbeitsorganisation* als mögliche Ursache für die latente und manchmal auch offen zutage tretende Unzufriedenheit mit den Arbeitsbedingungen in die Gestaltungsmaßnahmen einzubeziehen.

Literatur

Adler, N. J.: International dimensions of organizational behavior. 2. A., Boston 1991.
Amir, Y.: The Contact Hypothesis in Ethnic Relations. In: Psych. Bull., 1969, S. 319–342.
Bee, A.: Die Beschäftigungs- und Arbeitssituation junger spanischer, türkischer und deutscher Arbeitnehmer in der Bundesrepublik Deutschland. München/Mering 1994.
Bundesanstalt für Arbeit (Hrsg.): Arbeitsstatistik 1991. Jahrzeszahlen. Nürnberg 1992.
Collins, R./Quinlan, M./Rimmer, M.: „Well at least it's better than the line". Sydney 1979.
Council of Europe (1992): People on the move. New migration flows in Europe. Strasbourg 1992.
Economides, B.: Probleme der Mitbestimmung von Ausländern in der Bundesrepublik Deutschland. Spardorf 1983.
Eggeling, W. J.: Türkische, griechische, jugoslawische Mitarbeiter verstehen und führen. Köln 1985.
Esser, H.: Ethnische Konflikte und Integration. In: *Robertson-Wensauer, C. Y.* (Hrsg.): Multikulturalität – Interkulturalität? Probleme und Perspektiven der multikulturellen Gesellschaft. Baden-Baden 1993, S. 31–61.
Gaugler, E./Weber, W. et al.: Ausländer in deutschen Industriebetrieben. Königstein i. Ts. 1978.
Gaugler, E./Weber, W.: Integration ausländischer Arbeitnehmer in deutschen Industriebetrieben. In: *Reimann, H./Reimann, H.* (Hrsg.): Gastarbeiter. München 1986.
Gaugler, E./Weber, W./Gille, G./Martin, A.: Ausländerintegration in deutschen Industriebetrieben. Königstein i. Ts. 1985.
Gaworek-Behringer, M.: Literaturdokumentation zur Arbeitsmarkt- und Berufsforschung, Sonderheft 3: Ausländische Arbeitnehmer (5. Ergänzung 1988/89), hrsg. vom Institut für Arbeitsmarkt- und Berufsforschung der Bundesanstalt für Arbeit. Nürnberg 1989.
IDW – Institut der deutschen Wirtschaft (Hrsg.): Informationsdienst des Instituts der deutschen Wirtschaft, 19. Jahrgang, Nr. 42, 1993.
Kremer, M./Spangenberg, H.: Assimilation ausländischer Arbeitnehmer in der Bundesrepublik. Königstein i. Ts. 1979.
Krupinski, B./Berry, S.: Einwanderer in der Industrie – Handhabung der Probleme in drei australischen Unternehmen. In: *Weber, W.* (Hrsg.): Einwanderungsland Australien. Frankfurt/M. 1987.
Lichtenberger, B.: Interkulturelle Mitarbeiterführung. Stuttgart 1992.
Mehrländer, U.: Situation der ausländischen Arbeitnehmer und ihrer Familienangehörigen in der Bundesrepublik Deutschland – Repräsentativuntersuchung '80, Bonn 1981.
Miller, D./Ross, M.: Selfserving Biases in the Attribution of Causality: Fact or Fiction? In: Psych. Bull., 1975, S. 213–225.
Park, K.: Führungsverhalten in unterschiedlichen Kulturen. Mannheim 1983.
Productivity Promotion Council of Australia: Multicultural Employment in the Australian Workplace – A Guide for Management. Melbourne 1981.
Statistisches Bundesamt (Hrsg.): Statistisches Jahrbuch 1993 für das Ausland. Wiesbaden 1993.
Weber, W.: Betriebliche Partizipation und Integration ausländischer Arbeitnehmer. In: *Schlaffke, W./Zedler, R.* (Hrsg.): Die zweite Ausländergeneration. Köln 1980, S. 39–71.
Weber, W.: Betriebliche Weiterbildung. Stuttgart 1985a.
Weber, W.: Faktoren der Arbeitsbeziehungen aufgrund der Beschäftigung ausländischer Arbeitnehmer. In: *Endruweit, G./Gaugler, E./Staehle, W./Wilpert, B.* (Hrsg.): Handbuch der Arbeitsbeziehungen. Berlin/New York 1985b, S. 13–27.
Weber, W.: Einwanderer in der australischen Arbeitswelt. In: *Weber, W.* (Hrsg.): Einwanderungsland Australien. Frankfurt/M. 1987, S. 203–229.
Wuppertaler Kreis e. V. (Hrsg.): Junge ausländische Mitarbeiter. Köln 1988.

Auswahl von Führungskräften

Hermann Brandstätter/Veronika Brandstätter

[s. a.: Effizienz der Führung; Fortbildung, Training und Entwicklung von Führungskräften; Führungserfolg-Messung; Führungsmotivation; Führungsposition.]

I. Ermittlung von Anforderungen; II. Erfassung der persönlichen Eigenschaften; III. Verfahrenskombinationen der Praxis; IV. Die Entscheidung des Stellenbewerbers; V. Evaluation von Auswahlverfahren.

Die Frage nach der Eignung eines Menschen für eine bestimmte Führungsposition setzt voraus, daß sich Menschen erkennbar in Eigenschaften unterscheiden, die einen Erfolg in der zu besetzenden Position mehr oder weniger wahrscheinlich machen, und daß sich Führung in einer Wechselwirkung zwischen der Person (ihren Fähigkeiten, Motiven und sozialen Verhaltensweisen) und ihrer Umwelt (den Anforderungen, Anreizen und dem sozialen Milieu der Position) vollzieht (*Brandstätter* 1993). Der folgende Beitrag soll in Umrissen skizzieren, was psychologische Forschung und die daraus entwickelten Verfahren zu besseren Entscheidungen bei der Besetzung von Führungspositionen beitragen können.

I. Ermittlung von Anforderungen

Eine sinnvolle Auswahl von Führungskräften setzt hinreichend klare Vorstellungen über die Anforderungen der Position voraus. Immer wieder empfohlen, aber selten praktiziert wird das von *Flanagan* (1954) vorgeschlagene Verfahren *kritischer Ereignisse* (vgl. auch *Bownas/Bernardin* 1988). Über *Interview* oder *Fragebogen* werden von den Positionsinhabern, eventuell auch von ihren Vorgesetzten, möglichst konkrete Vorgänge geschildert, in denen sich nach Auffassung der Befragten ein deutlicher Erfolg oder ein deutlicher Mißerfolg manifestierte. In verschiedenen Schritten der Abstraktion und Interpretation entsteht dann ein Bild der Anforderungen.

Das *Tagebuch* ist eine geeignete Methode, wenn es um eine möglichst umfassende und repräsentative Bestandsaufnahme der Führungstätigkeiten geht (*Neuberger* 1990, S. 157 f.). Mit dem *Fragebogen zur Arbeitsanalyse* (*Frieling/Hoyos* 1978) untersuchte *Frieling* (1980) Managementpositionen in einem Großkonzern, um Grundlagen für eine nach Klassen von Positionen differenzierte Kombination psychologischer Eignungstests zu erarbeiten. Auch das von *Frieling* et al. (1990) entwickelte *Tätigkeits-Analyse-Inventar (TAI)* kann zur Bestimmung der von Führungskräften benötigten Eigenschaften (→*Führungstheorien – Eigenschaftstheorie*) verwendet werden, wenngleich dazu noch keine Erfahrungen vorliegen. Weniger analytisch, weil auf den Arbeitsplatz und nicht auf die einzelnen Tätigkeiten oder Tätigkeitselemente bezogen, ist das Verfahren von *Fleishman/Quaintance* (1984).

Indirekt können die Anforderungen einer Position auch dadurch bestimmt werden, daß man untersucht, in welchen Eigenschaften sich erfolgreiche von weniger erfolgreichen Stelleninhabern unterscheiden. Dies ist der übliche Weg der Überprüfung der Aussagekraft (Validität) von psychodiagnostischen Verfahren. Will man daraus Stellenanforderungen ableiten, setzt man allerdings voraus, daß keine wichtigen Eigenschaften bei der Zusammenstellung der Tests übersehen und die wirklich relevanten Erfolgskriterien ausgewählt wurden.

II. Erfassung der persönlichen Eigenschaften

In der folgenden Darstellung werden führungsrelevante Persönlichkeitseigenschaften nach kognitiven Fähigkeiten, motivationalen Aspekten und sozialen Verhaltensweisen gegliedert und schwerpunktmäßig bestimmten diagnostischen Verfahren zugeordnet, von denen manche mit größerer Präzision einen sehr speziellen Aspekt, andere mit geringerer Genauigkeit eine breitere Palette von Merkmalen erfassen.

1. Kognitive Fähigkeiten

Intelligenztests. Eine Meta-Analyse einer großen Zahl von Validitätsstudien (*Hunter/Hunter* 1984) kommt zu dem Schluß, daß über die verschiedensten Positionen hinweg *kognitiven Fähigkeitstests* bei der Auswahl von externen, d. h. von nicht bereits im Betrieb beschäftigten Bewerberinnen und Bewerbern, die relativ höchste Validität zukommt. Dies gilt im wesentlichen auch für Managementpositionen. *Brickenkamp* (1975, 1983) und *Horn* (1986) geben für diagnostisch tätige Psychologen einen kritisch-wertenden Überblick zu den im deutschen Sprachraum verfügbaren Tests. Über die Verwendungshäufigkeit psychologischer Tests in verschiedenen Arten von Organisationen informieren *Brambring* (1983) und *Schuler* et al. (1993).

Arbeitsproben. Tests für intellektuelle Leistungsfähigkeit sind in der Regel so konstruiert, daß sie die unterscheidbaren Dimensionen der Intelligenz isolieren und mit möglichst homogenen Aufgaben (Items) erfassen. Arbeitsproben sind dagegen typischen beruflichen Aufgaben nachgebildet, die das Zusammenwirken eines ganzen Bündels von Fähigkeiten verlangen. Ihre diagnostische Brauchbarkeit wird meist mit der intuitiv eingeschätzten oder analytisch bestimmten Ähnlichkeit zwischen Arbeitsprobe und beruflichen Aufgaben begründet, kann aber auch empirisch (durch Korrelation von Leistungen bei der Arbeitsprobe mit Kriterien beruflicher Bewährung) überprüft werden.

Eine der am häufigsten verwendeten Arbeitsproben ist der Postkorb, der auf *Frederiksen* et al. (1957) zurückgeht und den am Schreibtisch zu erledigenden Aufgaben von Managern nachgebildet ist. *Theis/Brandstätter* (1994) haben gezeigt, daß in Kooperation mit erfahrenen Praktikern ein den Qualitätskriterien der Testkonstruktion entsprechender Postkorb entwickelt werden kann, der mit geringem Zeitaufwand eine objektive Bewertung der einzelnen Leistungen ermöglicht und treffende diagnostische Schlüsse erlaubt.

Wenn die Qualität der Aufgabenerledigung stark erfahrungsabhängig ist, sagen derartige Arbeitsproben etwas über die aktuelle Leistungsfähigkeit; Schlüsse auf die in einer Potentialdiagnose vorrangig interessierende Lern- und Entwicklungsfähigkeit sind nur dann möglich, wenn die zu vergleichenden Personen einen nach Art und Ausmaß ähnlichen Erfahrungshintergrund aufweisen.

Computersimulation komplexer Systeme. Mit Hilfe von Computern kann man die Steuerung von komplexen Systemen simulieren und das Steuerungsverhalten fortlaufend registrieren. Über Probleme und einige Ergebnisse diagnostischer Verwendung von derartigen Computersimulationen berichten u. a. *Dörner* (1986) und *Streuffert* et al. (1988). Obwohl die Steuerung von dynamischen

Systemen in ihrer Grundstruktur gewisse Ähnlichkeiten mit anspruchsvolleren Managementaufgaben aufweist und Simulationsaufgaben in eignungsdiagnostischen Situationen von den Bewerbern nicht ungern als berufsrelevant akzeptiert werden, ist noch zu wenig geklärt, welche Art von Leistungsindikatoren unter welchen Systembedingungen diagnostisch valide sind.

2. Motivation

Motivation (Wollen) ist neben Fähigkeiten (Können) wesentlich für den Erfolg und die Zufriedenheit einer Führungskraft. Um so mehr verwundert es, wie wenig sich die Eignungsdiagnostik bislang mit diesem Themenbereich befaßt hat (→*Führungsmotivation*).

Motive. McClelland/Boyatzis (1982) sehen im sog. „*Führungsmotivmuster*" (starkes Machtmotiv, schwaches Anschlußmotiv und hohe Selbstkontrolle) eine Bedingung des Erfolgs von Managern in höheren Positionen. *Hoffmann* (1980) fand hingegen bei Filialleitern einer Genossenschaftsbank eine positive Korrelation zwischen der Stärke ihres Anschlußmotivs und dem Geschäftserfolg der Filiale. Es kommt also wesentlich auf die Art der Tätigkeit und des Umfelds an, welche Motivkonstellation günstig ist (*Lehner* 1989). Die individuelle Stärke von Motivation kann aus den Phantasiegeschichten zu mehrdeutigen Bildsituationen erschlossen oder mit Fragebögen gemessen werden (*Halisch* 1986). Fragebögen sind gegen Antwortverfälschungen anfällig. Gegen eine eignungsdiagnostische Verwendung projektiver Tests bestehen rechtliche Bedenken (*Comelli* 1990).

Wertorientierungen. Die Identifikation einer Führungskraft mit den Zielen des Unternehmens hängt wesentlich davon ab, inwieweit die persönlichen Wertorientierungen (→*Wertewandel*) mit den Unternehmenszielen und der Unternehmenskultur (→*Organisationskultur und Führung*) in Einklang stehen (*v. Rosenstiel/Stengel* 1987). In einer Längsschnittstudie (*v. Rosenstiel* et al. 1989) erwiesen sich Wertorientierungen von Stellenbewerbern bei der Vorhersage, wer eine Stelle findet und im Unternehmen aufsteigt, als fast ebenso guter Prädiktor wie Examensnote, Studienfach oder Geschlecht.

Es spricht vieles dafür, bei der Führungsdiagnostik auch *Werthaltungen* zu berücksichtigen und dies vor den Bewerbern nicht zu verbergen, dabei aber stets mit zu bedenken, daß durch eine allzu weitgehende Übereinstimmung der Werthaltungen im Unternehmen zwar die Wahrscheinlichkeit von Konflikten gemindert wird, jedoch gleichzeitig ein wichtiges Potential für Innovationen verloren geht.

Interessen sind durch eine besondere Beziehung einer Person zu einem subjektiv bedeutsamen Gegenstands- oder Wissensbereich gekennzeichnet. Interessegeleitetes Handeln ist in sich wertbesetzt und bedarf daher keiner zusätzlichen äußeren Verstärkung. Es wird von positiv getöntem Erleben begleitet, das bis hin zum völligen Aufgehen in der Tätigkeit reichen kann. Interesse führt darüber hinaus im betroffenen Gegenstandsbereich zu einer komplexen Wissensstruktur und einem umfangreichen Handlungsrepertoire (*Prenzel* et al. 1986; *Prenzel* 1988). Wenn die Interessenstruktur eines Bewerbers der für den Tätigkeitsbereich typischen Interessenstruktur entspricht, kann größere Zufriedenheit und größere Beständigkeit der Mitarbeit erwartet werden (*Holland* 1985). Die Aussagekraft der vorhandenen Interessentests ist allerdings bislang mehr für die Berufsberatung als für die Eignungsdiagnostik gesichert.

Konzept von der eigenen Fähigkeit und Attributionsstil. Die bisher genannten Faktoren (Motive, Werthaltungen, Interessen) repräsentieren den Wertaspekt motivationaler Prozesse. Wesentlich für die Motiviertheit einer Person ist jedoch auch die Erwartung, durch eigenes Handeln Positives erreichen bzw. Negatives vermeiden zu können (*Bandura* 1990; *Meyer* 1984; →*Führungstheorien – Attributionstheorie*).

Personen mit großem Vertrauen in ihre Fähigkeiten setzen sich höhere Ziele und zeigen angesichts von Schwierigkeiten bei der Aufgabenbearbeitung größere Ausdauer. Von Bedeutung ist auch, wie jemand seine Erfolge und Mißerfolge zu interpretieren pflegt (*Seligman* 1990). Das Vertrauen in die eigenen Fähigkeiten und der Attributionsstil einer Person kommen als Prädiktoren des beruflichen Erfolgs von Führungskräften in Frage, es bedarf aber noch weiterer empirischer Belege für ihre prognostische Brauchbarkeit.

Handlungs- und Lageorientierung. Die motivationspsychologische Forschung befaßt sich neuerdings mit Prozessen, die die Umsetzung von Absichten in Handeln betreffen und damit auch für eine wichtige Führungsaufgabe, nämlich Entscheidungen zügig in die Tat umzusetzen, relevant sein könnten. Handlungsfähigkeit erfordert zum einen, günstige Handlungsgelegenheiten zu erkennen und zu nutzen (*Gollwitzer* 1993), zum anderen die in Frage stehende Absicht gegenüber konkurrierenden Handlungstendenzen abzuschirmen (*Kuhl* 1992).

Personen unterscheiden sich hinsichtlich ihrer Fähigkeit, einmal getroffene Entscheidungen zügig zu verwirklichen; man spricht in diesem Zusammenhang von „Handlungs-" und „Lageorientierung". Handlungsorientierten Personen gelingt es im Vergleich zu lageorientierten besser, ihre Aufmerksamkeit nur auf jene Umweltaspekte zu richten, die für die aktuelle Absicht von Bedeutung sind. Handlungs- und Lageorientierung kann derzeit nur mit einem für Forschungszwecke konzipierten Fragebogen erfaßt werden (*Kuhl* 1992).

3. Soziale Verhaltensweisen

Persönlichkeitsfragebogen. In der psychologischen Forschung zeichnet sich in den letzten Jahren ein gewisser Konsens über die grundlegenden Dimensionen („Big Five") der Persönlichkeit ab, die auch als die wesentlichen Aspekte des sozialen Verhaltens (→*Soziale Kompetenz*) aufgefaßt werden können: *Neurotizismus, Extraversion, Offenheit für Erfahrung, Verträglichkeit* und *Gewissenhaftigkeit* (*Borkenau/Ostendorf* 1991; *Goldberg* 1993). Damit vergleichbar sind die Sekundärfaktoren des 16PF (*Schneewind* et al. 1986), eines seit Jahrzehnten in vielen Ländern verwendeten, sehr umfassenden Persönlichkeitsfragebogens. Weitere Verfahren, die für die Managementdiagnostik in Frage kommen, sind kurz bei *Weinert* (1990) beschrieben, der für die Führungsdiagnostik vor allem die deutsche Fassung des CPI (California Personality Inventory) empfiehlt.

Biographische Fragebogen. Informationen zur Biographie eines Bewerbers werden schon immer bei Auswahlentscheidungen berücksichtigt. Dabei geht man von der plausiblen Annahme aus, daß man aus früherem auf künftiges Verhalten schließen könne. In biographischen Fragebogen werden diagnostisch relevante Erfahrungen und Verhaltensweisen (z. B. Gründe für eine bestimmte Berufswahl, Engagement in einer Jugendgruppe) in standardisierter Form erfaßt, um daraus auf persönliche Eigenschaften zu schließen (*Schuler/Funke* 1993; *Schuler/Stehle* 1990). Die Bewertung der einzelnen Antworten bedarf aber in besonderem Maße der empirischen Überprüfung, die von Zeit zu Zeit zu wiederholen ist, weil die Validität der Items eines biographischen Fragebogens nicht nur stärker auf die jeweilige Organisation beschränkt, sondern auch zeitlich weniger stabil ist. *Bliesener* (1992) berichtet aufgrund einer Meta-Analyse von 162 Validierungsstudien, die seinen methodischen Mindestanforderungen genügten, eine mittlere Validität von r = 0,32 für Managementpositionen.

Das *Vorstellungsgespräch*, das einen sehr konkreten und unmittelbaren Eindruck von einem Bewerber zu vermitteln verspricht, zählt zu den gängigsten Verfahren in der Praxis der Personalauswahl. Es dient auch dazu, sich über die gegenseitigen Erwartungen und Pläne zu informieren, um besser abschätzen zu können, ob Angebot und Nachfrage sich hinreichend decken. In Form eines improvisierten und unsystematischen Gesprächs kommt ihm aber nur eine geringe prognostische Validität zu. Eine auf wichtige Bewährungssituationen abgestimmte Auswahl von Fragen und eine differenzierte Bewertung der einzelnen Stellungnahmen des Kandidaten im Rahmen eines *strukturierten Interviews* führen dagegen zu einer deutlich höheren Aussagekraft (*Schuler* 1992).

Die *Auswahlkonferenz,* für die sich die sonderbare Bezeichnung *„Assessment Center"* (AC) durchgesetzt hat, ist die derzeit gebräuchlichste Methode zur Beurteilung der Eignung und des Entwicklungspotentials von Führungskräften (*Kompa* 1989; *Jeserich* 1981; *Lattmann* 1989; *Schuler/Stehle* 1992). Sie gibt mehreren Beurteilern aus den höheren Führungsebenen der Organisation die Gelegenheit, eine Gruppe von externen Bewerbern oder Aufstiegskandidaten aus dem Betrieb in verschiedenen, vorwiegend sozialen Leistungssituationen (Rundgesprächen, Rollenspielen, Problemlösen in Gruppen, Arbeitsproben von der Art eines Postkorbs oder der Planung eines Ablaufs von Besorgungen, neuerdings auch von Simulationen komplexer dynamischer Systeme) zu beobachten und zuerst individuell, dann nach Diskussion im sozialen Konsens zu beurteilen (zur Kritik des Verfahrens siehe *Kompa* 1990; *Brandstätter* 1991). Obwohl die AC-Beobachter begrifflich unterscheidbare Eigenschaften kaum auseinanderhalten, sondern nur global angeben können, wie gut die einzelnen Aufgaben bearbeitet wurden, ist die Validität der AC-Gesamtbeurteilung für die Prognose des Berufserfolgs, gemessen an Vorgesetztenbeurteilungen und darauf aufbauenden Beförderungen, recht beachtlich (vgl. *Schuler/Funke* 1993). Alle Bedenken gegen die Relevanz der Kriterien auszuräumen ist freilich nicht möglich. So könnte ein Teil der Übereinstimmung – die Korrelation beträgt im Mittel etwa r = 0.40 – auf eine in beiden Beurteilungssituationen wirksame systematische Fehlgewichtung von Merkmalen zurückzuführen sein, z. B. auf eine Überschätzung der Redegewandtheit und der Gefälligkeit der äußeren Erscheinung.

Leider gibt es seit Jahrzehnten kaum eine ausdrucksdiagnostische Forschung, obwohl die intuitive und unreflektierte Wahrnehmung des Ausdrucks von Gesicht, Stimme, Körperhaltung und Körperbewegung den Eindruck und die Beurteilung von Personen stark beeinflußt (*Ambady/Rosenthal* 1992). Eine stärkere Berücksichtigung der sozialpsychologischen Forschungsergebnisse zur Personwahrnehmung (*Kenny/La Voie* 1984; *Zebrowitz* 1990) und zur Konsensbildung in Gruppen (*Paulus* 1989) könnte sicher zu einer Verbesserung des Verfahrens beitragen. In Auswahlkonferenzen auf die Mitwirkung eines Psychologen zu verzichten, wenn keine „geheimnisvollen" psychologischen Verfahren eingesetzt werden, sondern nur „mit freiem Auge" beobachtet und eine oft trügerische Urteilssicherheit durch Diskussion hergestellt wird, ist zumindest für die diagnostische Funktion der Auswahlkonferenz nicht zuträglich.

III. Verfahrenskombinationen der Praxis

Die oben skizzierten, durch psychologische Forschung entwickelten Verfahren werden weniger häufig eingesetzt, als aufgrund ihrer nachgewiesenen Nützlichkeit zu erwarten wäre (*Schuler* et al. 1993). In der Praxis konkurrieren sie mit traditionellen Formen der Informationsgewinnung, dem Bewerbungsschreiben, den Arbeitszeugnissen, Referenzen und dem Vorstellungsgespräch, gelegentlich als „Hearing" vor einer Auswahlkommission gestaltet. Die spärlichen Untersuchungen zur Aussagekraft von *Bewerbungsunterlagen* lassen nur eine sehr beschränkte Validität für die Auswahl von Führungskräften vermuten. Gar nicht so selten werden auch *graphologische Gutachten* eingeholt, deren Validität bislang nicht überzeugend nachgewiesen werden konnte (*Heinze* 1990), obwohl den Ausdrucks- und Darstellungsphänomenen der Handschrift nicht jede Bedeutung abgesprochen werden kann (*Brandstätter* et al. 1968).

Wenn im eigenen Betrieb kein geeigneter Aufstiegskandidat sichtbar wird, beauftragen Unternehmen bei der Besetzung von höheren Führungspositionen *Personalberater* mit der Suche nach und Vorauswahl von geeigneten Bewerberinnen und Bewerbern oder potentiellen Interessenten (*Gaugler* 1980). Auch wenn *Personalberatungs*firmen immer noch häufig auf die Mitarbeit von Psychologen und damit auch auf eine volle Nutzung psychologisch-wissenschaftlicher Erkenntnisse verzichten, werden ihre vielfältigen Erfahrungen in der Vorbereitung personeller Entscheidungen und ihre Kontakte zu potentiellen Bewerbern von den Auftraggebern geschätzt.

Wie *Beförderungsentscheidungen* in der Organisation zustandekommen, wer darauf Einfluß nimmt, wie das Kräftespiel dieses Einflusses aussieht und welche Strategien dabei angewandt werden, wurde bisher nicht systematisch untersucht. Die tatsächliche Eignung von Aufstiegskandidaten wird vielfältig und widersprüchlich im subjektiven Eindruck von Personen reflektiert, die nicht nur den Organisationszweck im Sinn haben, sondern in ihre Präferenzen auch persönliche Interessen, Hoffnungen und Befürchtungen eingehen lassen.

IV. Die Entscheidung des Stellenbewerbers

Obwohl Arbeitsverträge nur dann zustandekommen, wenn sie beide Partner, Arbeitgeber und Arbeitnehmer, vorteilhaft finden, hat sich die Forschung erstaunlich wenig um die Entscheidungen der Stellenbewerber(innen) gekümmert. Hier wird eine bedenkliche Einseitigkeit der Forschung und der Nutzung von Forschungsergebnissen sichtbar. Bewerber werden zu sehr als Objekte der eignungsdiagnostischen Urteilsbildung behandelt, statt sie als gleichberechtigte und gleichermaßen sachverständige Partner in den Entscheidungsprozeß einzubeziehen. Die meisten Menschen wissen recht gut, wo ihre Stärken und Schwächen liegen, welche Aufgaben und welche Umgebung ihrer Leistungsfähigkeit und ihrem Wohlbefinden zuträglich oder abträglich sind, was sie stimuliert und was sie langweilt, auch wenn sie es nicht jedem und nicht in jeder Situation sagen. Es ist daher nicht nur legitim, sondern für eine gute Entscheidung notwendig, Bewerber(innen) umfassend und wahrheitsgemäß darüber zu informieren, was sie am Arbeitsplatz erwartet (*Wanous* 1989).

V. Evaluation von Auswahlverfahren

Bei der Evaluation eines Auswahlverfahrens ist vorweg zu klären, welche Kriterien des Führungserfolgs (Beurteilungen durch Vorgesetzte, Beförderungen, Ansehen bei den Fachkollegen, Produktions- und Umsatzzahlen von Abteilungen, Einstellungen und Verhaltensweisen der Mitarbeiter etc.) für die Organisation relevant sind, d. h. am besten den Beitrag der Führungskraft zum Unternehmenserfolg repräsentieren (→*Effizienz und Führung*). Die Relevanz von Kriterien läßt sich letztlich nur durch sorgfältig abwägende und kritisch reflektierte Expertenurteile bestimmen.

Dann wird man mit geeigneten statistischen Verfahren den Zusammenhang zwischen prognostischen Informationen und Bewährungskriterien bestimmen und/oder in einem sachverständigen Urteil die psychologische Ähnlichkeit zwischen Auswahlkriterien und Bewährungskriterien einzuschätzen versuchen. Letzteres setzt voraus, daß man ein theoretisch begründetes und empirisch möglichst gut bestätigtes Verständnis der Entstehungsbedingungen aller Art von verwendeten Informationen hat. Künftig wird man auch stärker auf die persönlichkeitsspezifische Validität von Leistungstests achten müssen.

Es wäre im übrigen ein Fehler, nur auf die prognostische Validität von diagnostischen Verfahren und nicht auch auf den sozialen Interaktionscharakter und die sozialen Wirkungen ihrer Anwendung zu achten (*Schuler/Staehle* 1983). Bezüglich weiterer methodischer Probleme von Bewährungskontrollen sei auf die einschlägige Literatur verwiesen (*Hollmann* 1991; *Sarges* 1990; *Schuler/Funke* 1991; *Schmitt* 1992; *Wottawa/Hossiep* 1987). Abschließend sei noch die Möglichkeit einer betriebswirtschaftlichen Kosten-Nutzen-Rechnung von Auswahlverfahren erwähnt (*Brandstätter* 1970; *Funke/Barthel* 1990). In Kenntnis der Validität der eingesetzten Verfahren, der Auswahlquote, der Standardabweichung der individuellen Beiträge zum Unternehmenserfolg (in Geld ausgedrückt) und der Verfahrenskosten ist es möglich, ungefähr anzugeben, welchen Ertrag ein Auswahlverfahren bringt. Man kann in der Regel zeigen, daß sich Investitionen in eine Verbesserung des Verfahrens in hohem Maße lohnen.

Literatur

Ambady, N./Rosenthal, R.: Thin slices of expressive behavior as predictors of interpersonal consequences. A meta-analysis. In: Psychological Bulletin, 111, 1992, S. 256–274.
Bandura, A.: Self-regulation of motivation through anticipatory and self-reactive mechanisms. In: *Dienstbier, R. A.* (Hrsg.): Nebraska Symposium on Motivation. Lincoln 1990, S. 69–164.
Bliesener, T.: Methodological problems in generalizing the validity of biographical data in personnel selection. Paper presented at the XXV International Congress of Psychology, Brussels, July 1992.
Borkenau, P./Ostendorf, F.: Ein Fragebogen zur Erfassung fünf robuster Persönlichkeitsfaktoren. In: Diagnostica, 37, 1991, S. 29–41.
Bownas, D. A./Bernardin, H. J.: Critical incident technique. In: *Gael, S.* (Hrsg.): The job analysis handbook for business, industry, and government, Vol. 2. New York 1988, S. 1120–1137.
Brambring, M.: Spezielle Eignungsdiagnostik. In: *Groffmann, K. J./Michel, L.* (Hrsg.): Intelligenz- und Leistungsdiagnostik. Enzyklopädie der Psychologie, B/II/2. Göttingen 1983, S. 414–481.
Brandstätter, H.: Leistungprognose und Erfolgskontrolle. Bern 1970.
Brandstätter, H.: Das Assessment Center ist so übel nicht. In: DBW, 1991, S. 260–264.
Brandstätter, H.: Persönliche Verhaltens- und Leistungsbedingungen. In: *Schuler, H.* (Hrsg.): Lehrbuch Organisationspsychologie. Bern 1993, S. 213–233.
Brandstätter, H./Kunkel, W./Rosenstiel, L. v.: Zur Diagnostik des Gefühls als des Zentrums der Integration. In: *Tenzler, J.* (Hrsg.): Wirklichkeit der Mitte. Freiburg 1968, S. 504–550.
Brickenkamp, R.: Handbuch psychologischer und pädagogischer Tests. Göttingen 1975.
Brickenkamp, R.: Erster Ergänzungsband zum Handbuch psychologischer und pädagogischer Tests. Göttingen 1983.
Comelli, G.: Juristische und ethische Aspekte der Eignungsdiagnostik im Managementbereich. In: *Sarges, W.* (Hrsg.): Management-Diagnostik. Göttingen 1990, S. 82–99.
Dörner, D.: Diagnostik der operativen Intelligenz. In: Diagnostica, 32, 1986, S. 290–308.
Flanagan, J. C.: The critical incident technique. In: Psychological Bulletin, 51, 1954, S. 327–358.
Fleishman, E. A./Quaintance, M. K.: Taxonomics of human performance. Orlando 1984.
Frederiksen, N./Saunders, D. R./Wand, B.: The In-Basket Test. In: Psychological Monographs, 71, 7, Whole No. 438, 1957.
Frieling, E./Facaoaru, C./Bednix, J. et al.: Tätigkeits-Analyse – Inventar (TAI). Landsberg 1993.
Frieling, E./Hoyos, C. Graf: Fragebogen zur Arbeitsanalyse. Bern 1978.
Frieling, E.: Analyse von Managementpositionen in einem Großkonzern. In: *Neubauer, R./Rosenstiel, L. v.* (Hrsg.): Handbuch der Angewandten Psychologie. Bd. 1: Arbeit und Organisation. München 1980, S. 175–188.
Funke, U./Barthel, E.: Nutzen und Kosten von Personalentscheidungen. In: *Sarges, W.* (Hrsg.): Managementdiagnostik. Göttingen 1990, S. 458–647.
Gaugler, E.: Personalberatung bei der Besetzung von Führungspositionen. In: Personal, 32, 1980, S. 262–267.
Goldberg, L. R.: The structure of phenotypic personality traits. In: American Psychologist, 48, 1993, S. 26–34.
Gollwitzer, P. M.: Goal achievement: The role of intentions. In: *Stroebe, W./Hewstone, M.* (Hrsg.): European Review of Social Psychology, Bd. 4. Chichester 1993, S. 141–185.
Halisch, F.: Operante und respondente Verfahren zur Messung des Leistungsmotivs. (Unveröffentlchtes Manuskript. Max-Planck-Institut für psychologische Forschung). München 1986.
Heinze, B.: Graphologie. In: *Sarges, W.* (Hrsg.): Managementdiagnostik. Göttingen 1990, S. 368–371.
Hoffmann, V.: Motivation, Managerverhalten und Geschäftserfolg. Berlin 1980.
Holland, J. L.: Making Vocational Choices. Englewood Cliffs 1985.
Hollmann, H.: Validität in der Eignungsdiagnostik. Neue Ansätze einer sachgerechten Bewertung und effizienten Verbesserung. Göttingen 1991.
Horn, R.: Alle wichtigen Tests zur Auswahl von Bewerbern. München 1986.
Hunter, J. E./Hunter, R. F.: Validity and utility of predictors of job performance. In: Psychological Bulletin, 96, 1984, S. 72–98.
Jeserich, W.: Mitarbeiter auswählen und fördern. München 1981.
Kenny, D. A./La Voie, L.: The social relations model. In: *Berkowitz, L.* (Hrsg.): Advances in experimental social psychology. Vol. 18, Orlando 1984, S. 141–182.
Kompa, A.: Assessment Center. München 1989.
Kompa, A.: Demontage des Assessment Centers: Kritik an einem modernen personalwirtschaftlichen Verfahren. In: DBW, 1990, S. 587–609.
Kuhl, J.: A theory of self-regulation: Action vs. state-orientation, self-discrimination, and some applications. Applied Psychology: An International Review, 41, 1992, S. 97–129.
Lattmann, C. (Hrsg.): Das Assessment-Center-Verfahren der Eignungsbeurteilung. Heidelberg 1989.
Lehner, J. M.: Motivation und Führer-Gruppen-Effizienz. Dissertation. Universität Linz 1989.
McClelland, D. C./Boyatzis, R. E.: Leadership motive pattern and long-term success in management. In: Journal of Personality and Social Psychology, 67, 1982, S. 737–743.
Meyer, W. U.: Das Konzept von der eigenen Begabung. Bern 1984.
Neuberger, O.: Führen und geführt werden. 3. A., Stuttgart 1990.
Paulus, P. B.: Psychology of group influence. 2nd ed. Hillsdale 1989.
Prenzel, M.: Die Wirkungsweise von Interessen. Opladen 1988.
Prenzel, M./Krapp, A./Schiefele, H.: Grundzüge einer pädagogischen Interessentheorie. In: Zeitschrift für Pädagogik, 32, 1986, S. 163–173.
Rosenstiel, L. v./Nerdinger, F. W./Spieß, E. et al.: Führungsnachwuchs im Unternehmen. Wertkonflikte zwischen Individuum und Organisation. München 1989.
Rosenstiel, L. v./Stengel, M.: Identifikationskrise? Zum Engagement in betrieblichen Führungspositionen. Bern 1987.
Sarges, W.: Managementdiagnostik. Göttingen 1990.
Schmitt, M.: Interindividuelle Konsistenzunterschiede als Herausforderung für die Differentielle Psychologie. In: Psychologische Rundschau, 43, 1992, S. 30–45.
Schneewind, K./Schröder, G./Cattell, R. B.: Der 16-Persönlichkeits-Faktoren-Test (16PF) (2. A.). Bern 1986.
Schuler, H.: Das Multimodale Einstellungsinterview. In: Diagnostica, 38, 1992, S. 1–20.

Schuler, H./Frier, D./Kauffmann, M.: Personalauswahl im europäischen Vergleich. Göttingen 1993.
Schuler, H./Funke, U. (Hrsg.): Eignungsdiagnostik in Forschung und Praxis. Stuttgart 1991.
Schuler, H./Funke, U.: Diagnose beruflicher Eignung und Leistung. In: *Schuler, H.* (Hrsg.): Lehrbuch Organisationspsychologie. Bern 1993, S. 235–283.
Schuler, H./Stehle, W.: Neuere Entwicklungen des Assessment-Center-Ansatzes – beurteilt unter dem Aspekt der sozialen Validität. In: Psychologie und Praxis. Zeitschrift für Arbeits- und Organisationspsychologie, 27, 1983, S. 33–44.
Schuler, H./Stehle, W. (Hrsg.): Biographische Fragebogen als Methode der Personalauswahl (2. A.). Göttingen 1990.
Schuler, H./Stehle, W. (Hrsg.): Assessment Center als Methode der Personalentwicklung (2. A.). Göttingen 1992.
Seligman, M. E.: Learned optimism. New York 1990.
Streuffert, S./Pogash, R./Piasecki, M.: Simulation-based assessment of managerial competence: Reliability and validity. In: Personnel Psychology, 4, 1988, S. 537–557.
Theis, U./Brandstätter, H.: Arbeitsprobe Postkorb. Konstruktion und Analyse. Unveröffentlichtes Manuskript. Psychologisches Institut der Universität Linz 1994.
Wanous, J. P.: Installing a realistic job preview: Ten tough choices. In: Personnel Psychology, 42, 1989, S. 117–134.
Weinert, A. B.: Persönlichkeitstests. In: *Sarges, W.* (Hrsg.): Managementdiagnostik. Göttingen 1990, S. 420–428.
Wottawa, H./Hossiep, R.: Grundlagen psychologischer Diagnostik. Göttingen 1987.
Zebrowitz, L. A.: Social perception. Buckingham 1990.

Autorität

Dieter Claessens

[s. a.: Delegative Führung; Führungstheorien – Charismatische Führung, – Rollentheorie; Loyalität und Commitment; Organisationskultur und Führung; Sanierung und Turnaround, Führungsaufgaben bei; Verantwortung.]

I. *Entwicklung des Begriffs*; II. *Amtsautorität*; III. *Funktionale Autorität*; IV. *Legitimation*; V. *Autorität und Sanktionen, Motivationsproblematik.*

I. Entwicklung des Begriffs

1905 hieß es in Meyers Großem Konversationslexikon zu Autorität: „(lat. auctoritas), im weitesten Sinn Ansehen und auf Ansehen begründete oder Ansehen gebende Macht; im engeren Sinne der Respekt einflößende geistige Einfluß, den der Besitz überlegener Macht oder anerkannter hervorragender Einsicht, Weisheit oder Tugend verschafft...".
Überdenkt man die Passage: „... auf Ansehen begründete oder Ansehen gebende Macht..." so wird deutlich, warum der heute übliche Hinweis auf die Differenz zwischen „auctoritas" und „potestas" im Römischen Recht fehlt: „Potestas", d. h. (nach *Hartfiel* 1972) „Herrschaft aufgrund von Zwangsgewalt", scheint durch den Bezug von „Ansehen" bereits aus der obigen Definition von Autorität ausgeschlossen. Andererseits wird allerdings der „Besitz überlegener Macht" unbefangen als mögliche Quelle von Autorität mit aufgezählt. Diese Unbefangenheit hat sich in den vergangenen 80 Jahren verloren. Gleichzeitig – beginnend mit den Analysen von *Max Weber* (1960) zu Macht, Herrschaft und Bürokratie (1956) – verlagert sich der Begriff Autorität und wird spezialisiert. Entsprechend heißt es bei *Hartfiel* (1972): „Autorität wirkt als soziale Kontrolle über die Interaktionen von Gruppenmitgliedern oder über die sozialen Beziehungen in Organisationen. Sie tritt als Gesamt-Autorität oder nur für abgegrenzte, näher bezeichnete Lebens- bzw. Funktionsbereiche auf". Die Entstehungsursachen von Autorität sind kulturell bestimmt und darum vielfältig. Man unterscheidet „persönliche" oder „primäre", d. h. in kleinen Gruppen erworbene, von „abstrakter", „formaler", „sekundärer", in zweckrationalen Organisationen zugeteilter Autorität. Sozialpsychologische Untersuchungen von Gruppen ergaben, daß Autorität von Personen erlangt wird, die sich besonders streng nach gemeinsamen *Gruppennormen* verhalten (*Hofstätter* 1957; *Gouldner* 1950; *Homans* 1965). Autorität muß auf diese Weise immer erst durch Anerkennung erworben werden, um dem Träger von Autorität später einen normativ neugestaltenden Einfluß zu verschaffen. Mit dem sozialen Wandel verändern sich die Grundlagen der Autorität. Diese Veränderungen werden oft irrtümlich als Autoritätsauflösung interpretiert, wie auch Aufklärung allgemein u. a. als Entwertung der Autoritätsgrundlagen gilt. Die auf Tradition, Glaubensvorstellungen, angebliche magische Kräfte (→*Führungstheorien – Charismatische Führung*), Vorrechte der Geburt oder des Besitzes beruhenden Formen der „*Herrschafts-Autorität*" sind mit der Entwicklung zur rationalen Industriegesellschaft mehr und mehr durch die „*Auftrags-Autorität*" abgelöst worden, die sich auf den ausdrücklich erteilten, sachlich definierten und widerrufbaren Auftrag der Beherrschten gründet und sich durch Leistung fortwährend neu zu bewähren hat (*Strzelewicz* 1959). Für die Gegenwart moderner Gesellschaften wird eine Bevorzugung der „funktionalen Autorität" erkannt, bei der die Autorität als Einfluß auf das Verhalten anderer von kontrollierbarer, der Kritik unterworfener Sachverständigkeit abhängt (*Hartmann* 1964).

II. Amtsautorität

Die von *Hartfiel* (1972) erwähnte Auftragsautorität tritt am deutlichsten in der „*Amtsautorität*" (Max Weber 1960) auf, die sich als staatliche Verwaltungsautorität von der traditionalen Autorität durch Sozialprestige (*Kluth* 1957) abhebt. Ihre Rahmenbedingungen sind: nur sachliche Amtspflichten; feste Amtshierarchie; klare abgegrenzte Amtskompetenzen; Einstellung aufgrund fachlicher Qualifikation; Unkündbarkeit; Aufstiegschance in der Hierarchie; einheitliche Amtsdisziplin und Kontrolle (*Schmid/Treiber* 1975). Diese staatlich garantierten Rahmenbedingungen bilden wohl auch die Basis für das Vertrauen, das – besonders in Deutschland – der (staatlichen und kommunalen) Amtsführung und -ausübung entgegengebracht wird. Damit gelangt nicht nur ein Anteil früherer Autoritätsformen in die Amtsautorität, es findet auch eine Entlastung im Sinne von *Gehlen* (1949) bzw. eine „Reduktion von Komplexität" (*Luhmann* 1964) für Amtsträger und Klienten statt: Organisatorische Unklarheit über Aufgaben, Kompetenzen und Klientenkreis beim „Amt", Mißtrauen und Handlungshemmung bei den Klienten werden aufgehoben.

III. Funktionale Autorität

Die Amtsautorität ist u. E. nur Ausdruck der historisch wachsenden Betonung der *funktionalen Autorität*, in der nun der *Sachverstand* als ausschlaggebend dafür auftritt, daß Autorität zugestanden wird. Während „Autorität durch Charisma" schwindet, wenn es sich nicht bewährt, (was erfahrungsgemäß nicht lange dauert: Historische Beispiele zeigen, daß Charisma allein selten den Zeitraum von zwei Jahren übersteht) und *Amtsautorität* an den staatlich vorgegebenen Rahmen gebunden ist, tritt *funktionale Autorität*, nämlich überprüfbarer Sachverstand, unmittelbar als Autoritätsquelle auf. Nach *Hartmann* (1964) trifft das für den Bereich *Politik* weniger zu, weil das Verhältnis zum Wähler eher durch persönliche Attribute, Interessenverbindungen und durch lokale Gewohnheiten bestimmt ist.

Folgende Situationen sind der Beanspruchung und damit auch Profilierung von funktionaler Autorität besonders förderlich (*Hartmann* 1964): ein Prozeß der *Spezialisierung* von Wissen und Können; *extreme Situationen; ideologische Konflikte*. Die *Spezialisierung* von Wissen und Können ist ein Kennzeichen des industriellen Zeitalters. Die hiermit zusammenhängende Steigerung der Produktion fordert wiederum neue Formen der Organisation und Verwaltung. Es werden daher zunehmend Spezialisten auf allen Gebieten benötigt. Zugleich steigt das Ansehen von Spezialisten und damit die funktionale Autorität. Noch innerhalb dieser Entwicklung gibt es besondere funktionale Autorität dort, wo der *Experte* gebraucht wird. – Besonders in *extremen Situationen* kommt funktionale Autorität in dem Sinne zur Geltung, daß Sachwissen dringend gefordert und zugleich auch anerkannt wird. Damit wird zugleich – wie *Hartmann* (1964, S. 32) betont – die Umgebung des Experten „laisiert", d. h., es werden soziale Distanzen geschaffen, oder – wo vorhanden – verstärkt. Bei *ideologischen Konflikten* wird funktionale Autorität in dem schlichten Sinne gefordert und honoriert, daß Grundbedürfnisse gestillt und Versorgung garantiert werden müssen. Der dazu erforderliche Sachverstand wird i. d. S. honoriert, daß von ideologischen Bekenntnissen – mindestens vorübergehend – abgesehen wird. Diese anfängliche Freisetzung kann sich bei Bewährung leicht verfestigen, so daß funktionale Autorität *allein* einen sicheren (und hohen) Status gewährleistet. – Den höchsten Rang von funktionaler Autorität erreicht entsprechend der Spezialist des Krisenmanagements, der als *Generalist* (d. h. „Spezialist zur Koordination von Spezialisten") in der Lage ist, normale, extreme und ideologisch brisante Situationen zu managen. Hierzu sind genaue Kenntnisse der *inneren* Verfassung einer Organisation, der internen Machtverhältnisse und ihrer personellen Repräsentanz sowie latenter Konflikte notwendig. D. h., auf die Organisation spezialisiertes Wissen um Urteilsbildungsprozesse und um die Chancen der Durchsetzbarkeit von Vorstellungen gehören dazu. Dieser Anteil funktionaler Autorität hat viel mit „Dienstwissen" bei *Max Weber* (1984, S. 273) zu tun.

IV. Legitimation

In eine solche funktionale Autorität gehen sowohl Wissenselemente als auch nicht eindeutig vermittelbare Kenntnisse und Erkenntnisse ein. D. h.: Auch hier – also noch im Bereich der funktionalen Autorität – mischen sich rationale mit weniger rational erfaßbaren Elementen, so daß zu fragen ist, wo die funktionale Autorität aufhört und eine andere Art von Autorität beginnt, deren Quellen sowohl persönlich als auch soziologisch bedingt sind. Hat die funktionale Autorität ihren Ursprung im überlegenen Sachwissen, so muß sich die weitergehende Autorität noch anders legitimieren. Die Bereitschaft zu Anerkennung solcher Autorität basiert meist nicht nur auf der Anerkennung von Überlegenheit im Bereich der mitmenschlichen Beziehungen (Verhältnisse in der Organisation, Konflikte, Ausgleichschancen sachlicher Art), sondern auch auf der Anerkennung einer Überlegenheit, die sich als Vermittlungs- und Gestaltungskraft sowie Überzeugungsfähigkeit äußert. Damit verschiebt sich die Legitimation aus dem technisch-sachlichen in schwieriger zu definierende Bereiche, die dicht an den mit *Charisma* benannten Bereich angrenzen. Legitimation von Autorität bezieht sich dann nicht nur auf sachliche und legale Gründe, sondern ist zugleich *wertorientiert* (*Hartmann* 1964): Funktionale Autorität muß – wenn auch widerwillig – anerkannt werden; darüber hinaus gehende Autorität wird von Gruppen verliehen und dann anerkannt, wenn sie sich in der „aufgebauten" Autorität wiedererkennen. Persönliche emotionale Elemente dieser Autorität verbinden sich typischerweise mit den von einer Gruppe oder Gruppen gewünschten und per Inanspruchnahme der Autorität wieder abgerufenen Elementen zu einer Gestalt, in der der Träger der Autorität nur als der Exponent von Gruppenwünschen erscheint (*Fleck* 1980). Andererseits muß der Autoritätsträger selbst einen „Gestaltblick" haben, um imstande zu sein, seine persönlichen Möglichkeiten mit der inneren und äußeren Situation der Organisaiton in Deckung zu bringen. Dieser „Blick für das Ganze" deckt sich mit einem Begriff von → *Verantwortung*, der bedeutet, daß jemand Antworten auf schwierige technische und personelle Fragen parat hat, indem er die *Fragen* kennt.

V. Autorität und Sanktionen, Motivationsproblematik

Autorität scheint nur indirekt mit Sanktionen (→*Sanktionen als Führungsinstrumente*) zusammenzuhängen. In Wirklichkeit bedeutet Autorität auch Sanktionsmacht. „Durchsetzungsfähigkeit" ist oft nur die eine Seite der Sanktionsmacht. Daher hat die Reduktion von Sanktionsmacht oder -möglichkeiten durch Vorgesetzte *und* Kollegen im Zuge allgemeiner Demokratisierung (mindestens in der Form gestiegener Anrechte) auch zur Reduktion von Autoritätschancen beigetragen. Diesem, in der modernen Industriegesellschaft offenbar unabwendbaren Autoritätsverschleiß entspricht die *Motivationsproblematik*. Läßt innere Motivation zu Engagement nach und werden Sanktionsmöglichkeiten sehr beschränkt, dann wird der Motivationszirkel höher beansprucht. Ein Motivationszirkel entsteht durch gegenseitige Anregung in positiver oder negativer Weise: Motivierte Vorgesetzte regen die Motivation bei Mitarbeitern an; motivierte Mitarbeiter motivieren auch Vorgesetzte. Ein „entmotiviertes Betriebsklima" entmotiviert... Damit verlagert sich die Autoritätsfrage auf nur scheinbare Trivialitäten: Autorität wird nun nur dem zugestanden, der einen höheren Arbeitseinsatz oder eine deutlich höhere Effektivität zeigt. Zur richtigen Zeit da sein, informiert sein, zuhören, einordnen können muß nun gezeigt werden. Da Problemlösungskompetenz und Klugheit im Sinne eines „Gestaltblicks" (s. o.) nicht unbedingt mit Anwesenheit verbunden sein müssen, Präsenz häufig in Überlastung umschlagen kann, hilft hier vermutlich nur eine gezielte Aufteilung von Autorität im Sinne der *Arbeitsteilung*. Autorität kann dann von einem Team ausgehen bzw. ihm zuerkannt werden. Das Wort von *Gehlen* (1949) „Persönlichkeit, das ist eine Institution in *einem* Fall" heißt dann modernisiert: „Ein kompetentes und im oben gemeinten Sinn arbeitsteiliges Führungsteam kann Institution in einem Fall sein".

Literatur

Bernsdorf, W. (Hrsg.): Wörterbuch der Soziologie. Frankfurt/M. 1972.
Claessens, D.: Rolle und Macht. 3. A., München 1974.
Fleck, L.: Entstehung und Entwicklung einer wissenschaftlichen Tatsache. Frankfurt/M. 1980 (erstmals 1935).
Gehlen, A.: Sozialpsychologische Probleme in der industriellen Gesellschaft. Tübingen 1949.
Gouldner, A. W.: Studies in Leadership. New York 1950.
Hartfiel, G.: Wörterbuch der Soziologie. Stuttgart 1972.
Hartmann, H.: Funktionale Autorität. Stuttgart 1964.
Hofstätter, P. R.: Gruppendynamik. Hamburg 1957.
Homans, G. C.: Theorie der sozialen Gruppen. Köln, Opladen 1965.
Kluth, H.: Sozialprestige und sozialer Status. Stuttgart 1957.
König, R. (Hrsg.): Soziologie. Frankfurt/M. 1972.
Luhmann, N.: Funktionen und Folgen formaler Organisation. Berlin 1964.
Schluchter, W.: Aspekte bürokratischer Herrschaft. München 1972.
Schmid, G./Treiber, H.: Bürokratie und Politik. Zur Struktur und Funktion der Ministerialbürokratie in der Bundesrepublik Deutschland. München 1975.
Strzelewicz, W.: Zum Autoritätsproblem in der modernen Soziologie. In: KZfSS, 1959, S. 198–222.
Weber, M.: Max Weber Gesamtausgabe, hrsg. v. *Mommsen, W. F.*, in Zusammenarbeit mit *Hübner, G.*: Bd. 1: Schriften und Reden 1914–1918, Teil 15: Zur Politik im Weltkrieg, hrsg. v. *Baier, H.* et al., Tübingen 1984.
Weber, M.: Soziologische Grundbegriffe. Tübingen 1960.
Weber, M.: Wirtschaft und Gesellschaft. Tübingen 1956.

B

Beeinflussung von Gruppenprozessen als Führungsaufgabe

Heinz Holling/Frank Lammers

[s. a.: Führungstheorien – Eigenschaftstheorie; – Rollentheorie; Konflikte als Führungsproblem; Leistungszurückhaltung, Führung bei; Neue Mitarbeiter, Führung von; Organisationsstrukturen und Führung; Selbststeuernde Gruppen, Führung in.]

I. Definition des Begriffs „Gruppe"; II. Phasenmodelle der Gruppenentwicklung; III. Folgerungen für die Führung von Gruppen; IV. Wirkung spezifischer Gruppenvariablen auf die Führungsaufgabe; V. Zusammenfassung.

I. Definition des Begriffs „Gruppe"

In der Sozial- und der Organisationspsychologie gehört die *Gruppe* zu den zentralen Untersuchungsthemen. Allerdings existiert bis heute keine einheitliche Definition. Eine für die organisationspsychologische Forschung wichtige Bestimmung dieses Begriffes gibt *v. Rosenstiel* (1980). Demnach können „als typische *Bestandteile von Gruppendefinitionen* gelten, daß die Mitglieder

- durch ein *Wir-Gefühl* verbunden sind;
- sich als *zusammengehörig* erleben oder explizit als zusammengehörig definieren;
- interagieren bzw. mehr *Interaktion*... untereinander als nach außen haben;
- gemeinsame *Normen*... und Verhaltensvorschriften für einen bestimmten Verhaltensbereich teilen;
- durch komplementäre *Rollendifferenzierung* gekennzeichnet sind...;
- räumlich und/oder zeitlich von anderen Personen *abgehoben* sind;
- sich mit einer gemeinsamen *Bezugsperson* (bzw. einem Führer) identifizieren..." (*v. Rosenstiel* 1980, Sp. 793 f.).

Gruppen, die in Organisationen z. B. während gemeinsamer Tätigkeiten entstehen, lassen sich sinnvoll mit Hilfe dieser Begriffsbestimmung identifizieren. Für den Prozeß der Gruppenbildung existieren nach *Witte* und *Ardelt* (1989) verschiedene *Prozeßmodelle*, die die Interaktionsprozesse in der Gruppe thematisieren. Die Erkenntnisse wurden vorwiegend an Therapie-, Selbsterfahrungs- und Trainingsgruppen gewonnen, lassen sich jedoch auf Arbeitsgruppen übertragen.

II. Phasenmodelle der Gruppenentwicklung

Analysiert man den Entwicklungsprozeß verschiedener sich bildender Gruppen, kann man übereinstimmende Phasen der Entwicklung entdecken. Zwar haben verschiedene Autoren bis heute eine Reihe von Modellen entworfen, diese Ansätze unterscheiden sich aber nur selten hinsichtlich der grundlegenden Prinzipien, wie der Art und Anzahl der zu durchlaufenden Stufen. Eine Zusammenstellung etablierter Modelle geben z. B. *Lacoursiere* (1980) oder *McGrath* (1984). Das bekannteste dieser Modelle stammt aus der Sozialpsychologie und wurde von *Tuckman* (1965) formuliert.

1. Tuckmans Phasenmodell

Der Autor entwickelte ein Vier-Stadienmodell, das er später um eine fünfte (Abschluß-)Phase ergänzte (*Tuckman/Jensen* 1977). Dieses Modell beschreibt die Veränderungen anhand zweier verschiedener Aspekte: der *Aufgabenorientierung* und des *Gruppenprozeß*.

Die Aufgabenorientierung bezieht sich auf alle Schritte und Verhaltensweisen, die die Gruppe zur Erfüllung der ihr gestellten Aufgabe einsetzt. Der Gruppenprozeß umfaßt die interpersonellen Beziehungen und die Aktionen der Gruppenmitglieder untereinander, die die Durchführung der Aufgabe begleiten. Dieser Aspekt stellt somit die soziale, emotionale und integrative Dimension der *Gruppenentwicklung* dar, gegenüber der mehr funktionalen Sachorientierung der ersten Dimension. Wie sehen nun die vier bzw. fünf Phasen aus, die Tuckman beschreibt?

Die erste Phase stellt eine *Orientierungsphase* dar. Im Rahmen der Aufgabenorientierung informiert sich die neu gestaltete Gruppe über die wesentlichen Merkmale ihrer Aufgabe, das vorhandene Wissen und die Erfahrungen der Gruppenmitglieder. Der Gruppenprozeß ist gekennzeichnet durch die Versuche der einzelnen Mitglieder herauszufinden, welches Verhalten in der Gruppe angemessen ist und vom Gruppenleiter und den anderen Mitgliedern akzeptiert wird.

Bei der zweiten Phase handelt es sich um die *Redefinitionsphase*. Hinsichtlich der Aufgabenorientierung ist eine emotionale Reaktion auf die Anforderungen der Aufgabe zu erwarten. Die Gruppenmitglieder stellen fest, daß ihre persönlichen Wünsche und Neigungen zum Teil im Widerspruch stehen zu den Erfordernissen der Aufgabe und reagieren darauf mit *Widerstand*.

Auch hinsichtlich des Gruppenprozesses ist die zweite Phase als Konfliktphase zu kennzeichnen. Die Gruppenmitglieder werden untereinander und dem Gruppenleiter gegenüber zunehmend unfreundlicher bis hin zur offenen Feindseligkeit. Sie versuchen damit, sich der fortschreitenden Bildung und Verfestigung der Gruppenstrukturen zu widersetzen und sich einen angemessenen Freiraum zur Entfaltung ihrer Individualität zu sichern.

Die dritte Phase kann als eine *Angleichungsphase* angesehen werden. Im Rahmen der Aufgabenorientierung kommt es zu einem offenen Austausch von relevanten Interpretationen und Meinungen hinsichtlich der zu lösenden Aufgabe. Die Aufgabenstellung wird ausgehend von den verschiedenen Blickwinkeln der Teilnehmer beleuchtet, Lösungsvorschläge werden gemacht und Alternativen diskutiert.

Im Fortschreiten des Gruppenprozesses entwickelt sich ein Gruppenzusammenhalt. Die Mitglieder akzeptieren die Gruppe und die Eigenarten anderer Teilnehmer. Es entwickeln sich *gruppeneigene Normen*, die den Fortbestand der Gruppe sichern. Ist die zweite Phase noch von Konflikten geprägt, so steht jetzt Harmonie im Vordergrund.

Die vierte Phase schließlich ist die *Arbeitsphase*. Im Rahmen der Aufgabenorientierung entstehen konstruktive Lösungsansätze, um die Aufgabe zu meistern. Das *Arbeitsklima* ist effektiv und sachorientiert. Innerhalb des Gruppenprozesses entsteht eine problemlösungsorientierte, *funktionale Rollenverteilung*. In der Gruppe, die sich während der letzten Phase zu einer Einheit entwickelt hat, werden nun Rollen zur Aufgabenbewältigung verteilt.

Die fünfte Phase, die erst später hinzugefügt wurde (*Tuckman/Jensen* 1977), beinhaltet die Beendigung und Auflösung der Gruppe. In der Regel besteht diese Phase aus einer kritischen Rückschau und abschließenden Bewertung.

Tuckman verdichtete die Inhalte der einzelnen Stufen seines Phasenmodells zu der leicht eingängigen Beschreibung: (a) „forming", (b) „storming", (c) „norming", (d) „performing", (e) „adjourning". Unter diesen Begriffen fand das Modell in der Literatur eine weite Verbreitung und wird auch heute noch für die Beschreibung von Gruppenentwicklungen herangezogen (*Witte/Ardelt* 1989), so auch in der neueren amerikanischen Managementliteratur (z. B. *Gordon* 1991).

2. Ergänzende Entwicklungen in der Prozeßforschung

Andere Modelle zur Gruppenentwicklung unterscheiden sich in der Regel durch eine geänderte Zusammenfassung der Phasen, andere Stufenbezeichnungen oder eine Differenzierung auf zusätzlichen Dimensionen. Sie legen aber meist ähnliche interpersonelle Prozesse zugrunde. So identifizieren *Langmaack* und *Braune-Krickau* (1989) in ihrem Modell, das auf einer langjährigen, praktischen Erfahrung der Autoren als Gruppenleiter basiert, die folgenden Stufen zur Gruppenentwicklung: (a) Ankommen – Auftauen – Sich orientieren, (b) Gärung und Klärung, (c) Arbeitslust und Produktivität, (d) Ausstieg und Transfer.

Bereits die Phasenüberschriften zeigen eine Reihe von Übereinstimmungen mit dem Modell von *Tuckman*. Auch die Inhalte der Phasen, die sich weitgehend aus den Überschriften ableiten lassen, gleichen durchweg den entsprechenden, oben dargestellten Phasen.

Über die beiden hier vorgestellten Modelle hinaus gibt es eine Vielzahl weiterer Ansätze, die Gruppenentwicklungen zu erfassen suchen (z. B.: *Brower* 1989; *Smith/Gemmill* 1991). Ihnen kommt allerdings bis heute, vor allem hinsichtlich ihrer Möglichkeiten zur Ableitung von Führungsverhalten, nur eine untergeordnete Bedeutung zu.

Alle Entwicklungsmodelle können die ablaufenden Prozesse nur auf einer sehr generellen Ebene beschreiben. Die Phasen variieren von Gruppe zu Gruppe durch eine unterschiedliche Dauer oder Intensität. Sie können durch bestimmte Begebenheiten klar voneinander trennbar sein oder fließend ineinander übergehen. Externe Ereignisse, z. B. in Form geänderter Unternehmensrichtlinien oder politischer Turbulenzen, beeinflussen die Vorgänge zusätzlich (→*Organisationsstrukturen und Führung*). Welche Folgerungen lassen sich nun aus den Erkenntnissen der Phasenmodelle für einen Gruppenleiter ableiten?

III. Folgerungen für die Führung von Gruppen

Entsprechend der sich verändernden Situation in der Gruppe werden unterschiedliche Anforderungen an das Verhalten des Gruppenleiters herangetragen (→*Konflikte als Führungsproblem*). Im folgenden werden anhand der Phasen des Tuckman-Modells die sich verändernden Beziehungen zwischen dem Gruppenleiter und den

Gruppenmitgliedern erörtert und Auswirkungen auf die Führungsaufgabe dargestellt.

In der ersten Phase – der Orientierungsphase – führt die situative Unsicherheit dazu, daß die Gruppenmitglieder die Autorität des Leiters nicht anzweifeln, ja sogar wünschen, um die Verantwortung für die Arbeitsfähigkeit der Gruppe an ihn delegieren zu können. Der Leiter sollte diese „Vorschuß"-Autorität nutzen, um den Entwicklungsprozeß einzuleiten. Er sollte jedoch bemüht sein, die Verantwortung für den weiteren Fortgang der sozialen Integration und den Anstieg der *Arbeitsproduktivität* so früh wie möglich an die Gruppe zu übertragen.

In der zweiten Phase – der Redefinitionsphase – wird der Leiter mit mehr Aggressivität gegen sich, aber auch der Mitglieder untereinander, konfrontiert. Je nach Temperament und Selbstvertrauen wünschen einige Mitglieder bereits eine weitgehende Unabhängigkeit vom Gruppenleiter, während andere noch vor jeder Verantwortungsübernahme zurückschrecken. Der Leiter muß weiter Verantwortung delegieren, ohne zu früh die hierarchischen Strukturen zu verfestigen. Gleichzeitig muß er wirkungsvolle Mechanismen installieren, um die Spannungen, die in der Gruppe entstehen, produktiv zu lösen und damit Energie für inhaltliche Arbeit freizusetzen. So kann er in dieser durch eine hohe Emotionalität geprägte Phase einen eher sachlichen Diskussionsstil einfordern, darf dabei aber nicht verhindern, daß emotionale Probleme zwischen Gruppenmitgliedern im Zuge der „Versachlichung" nicht mehr angesprochen werden.

Witte (1989) weist darauf hin, daß Gruppen häufig versuchen, dieser zweiten Phase der Konfrontation auszuweichen. Die Vermeidungsstrategie führt aber nicht zu dem Ziel, die Arbeit konfliktfrei fortzusetzen. Im Gegenteil, latente Auseinandersetzungen über den Status einzelner Mitglieder oder über arbeitstechnische Probleme verschlechtern das *Gruppenklima* dauerhaft und behindern einen Produktivitätsanstieg. Insofern ist das bewußte Durchlaufen der Redefinitionsphase ein wichtiger Bestandteil der Entwicklung und sollte unter gar keinen Umständen, z. B. von einem konfliktscheuen Gruppenleiter, unterbunden werden.

Erreicht die Gruppe die dritte Phase – die Phase der Angleichung –, wechselt der vorherrschende Interaktionsstil von „Konflikt" zu „Harmonie". Der Leiter muß jetzt vermehrt darauf bedacht sein, sich nicht von der vorübergehenden *Aversion gegenüber Konflikten* innerhalb der Gruppe einfangen zu lassen. Es besteht beispielsweise die Gefahr, daß suboptimale Lösungsansätze ohne kritische Diskussion akzeptiert werden, weil man den gerade erreichten Gruppenkonsens oder die positive Stimmung nicht gefährden möchte. Eine betonte Führung der Gruppe, die vorhandene – aber vielleicht nicht angesprochene – Gegensätze und Alternativen in Erinnerung ruft, scheint angebracht.

In der vierten Phase – der Produktivitätsphase – existiert ein stabiles Arbeitsklima innerhalb der Gruppe. Der Gruppenleiter kann in gewissen Grenzen die Gruppe sich selbst überlassen. Er darf allerdings nicht den Fehler begehen, sich soweit aus der Gruppe zurückzuziehen, daß er Veränderungen im Gruppenprozeß nicht mehr rechtzeitig bemerkt. Der Gruppenleiter sollte sich, während er selbst im Hintergrund bleibt, regelmäßig vergewissern, ob die vorhandenen Gruppenstrukturen und Arbeitsbedingungen noch adäquat sind, um die Aufgaben zu bewältigen. Gegebenenfalls muß er auf Fehlentwicklungen aufmerksam machen und gegensteuern.

Die Beendigungsphase spielt vor allem bei zeitlich terminierten Gruppen, wie z. B. Projektgruppen, eine Rolle. Geht die zur Verfügung stehende Zeit zur Neige, muß der Gruppenleiter eventuell erneut die Koordination, zumindest teilweise, übernehmen. Zeitdruck und in ihren Arbeitsergebnissen unterschiedlich weit vorangeschrittene Teilgruppen können Konflikte evozieren, die sich durch eine vorausschauende Planung des Leiters vermeiden lassen. Außerdem sollte der Gruppenleiter nach Projektende ein ausführliches Feedback-Gespräch zwischen allen Beteiligten arrangieren.

IV. Wirkung spezifischer Gruppenvariablen auf die Führungsaufgabe

Neben den Entwicklungsstufen gibt es innerhalb der Gruppeninteraktion eine Reihe von Merkmalen und Prozessen, die einen Einfluß auf das Führungsverhalten ausüben. Es seien einige relevante Ergebnisse aus der Gruppenforschung dargestellt, deren Berücksichtigung einem Gruppenleiter in seinem Führungsalltag von Nutzen sein kann. Eine Übersicht über wichtige Publikationen der letzten Jahre zur Gruppenforschung, bei denen solche Bedingungsvariablen im Mittelpunkt stehen, haben *Levine* und *Moreland* (1990) zusammengestellt.

1. Wechselwirkung zwischen Kohärenz und Leistung

Die *Kohärenz* oder auch *Kohäsion* ist ein vielschichtiger Begriff, der sehr unterschiedliche Phänomene umfaßt. Vereinfacht kann er hier definiert werden als der Zusammenhalt einer Gruppe bzw. als die Solidarität der Mitglieder untereinander (*Sader* 1976). Kohärenz ist eine der Eigenschaften, die sich mit den Entwicklungsstufen der Gruppe verändert. Erreicht eine Gruppe die Arbeitsphase (4. Phase im Tuckman-Modell), kann man davon ausgehen, daß sie einen Gruppenzusammenhalt – ein „Wir"-Gefühl – entwickelt hat.

Oftmals wird implizit ein positiv-korrelativer Zusammenhang zwischen der Kohärenz und der Leistung der Gruppe angenommen, d. h. je größer die Kohärenz, desto größer die Leistung. Prinzipiell bestätigt eine Meta-Analyse von *Evans* und *Dion* (1991) diesen Sachverhalt, allerdings geben die Autoren zu bedenken, daß ihre Ergebnisse bei Arbeitsgruppen in Organisationen aufgrund einer Vielzahl von externen Einflüssen nur eingeschränkt gelten mögen. Kohärente Gruppen bieten eine Reihe von Vorteilen. Die Gefahr des Auseinanderbrechens aufgrund von Konflikten ist geringer. Gruppennormen werden leichter akzeptiert, die Teilnahme an Gruppenaktivitäten ist höher, und die Mitglieder widerstehen eher Abwanderungsgedanken (*Levine/Moreland* 1990). Eine Steigerung der Leistung aber erfolgt in der Regel nur bis zu einem Optimalpunkt. Wächst die Kohärenz darüber hinaus, muß mit einem Leistungsrückgang gerechnet werden. *Kelly* und *Duran* (1985) zeigten diesen Zusammenhang bei dem Versuch, mit Hilfe des SYMLOG-Verfahrens zur Interaktionsanalyse von Bales (*Bales/Cohen* 1982) einige Eigenschaften zu identifizieren, die Gruppen mit hoher Leistung von Gruppen mit niedrigerer Leistung unterscheiden. Ein wichtiger Unterschied bestand in der Kohärenz. Die „Hochleistungs"-Gruppen hatten eine gute, situationsadäquate Kohärenz entwickelt, die trotz des Zusammenhalts die verschiedenen Eigenschaften der Gruppenmitglieder erkennen ließ. Die „Niedrigleistungs"-Gruppen zeigten dagegen häufig eine extrem hohe Kohärenz und weiterhin nur geringe Unterschiede zwischen den einzelnen Gruppenmitgliedern auf den beobachteten Eigenschaftsdimensionen. Ein weiteres Problem hoher Kohärenz, auf das *v. Rosenstiel* (1993) hinweist, sind Leistungsrestriktionen (→*Leistungszurückhaltung, Führung bei*) und Fehlentscheidungen der Gruppe.

Als Folge für das Führungsverhalten ergibt sich aus diesem Zusammenhang, daß der Gruppenleiter zwar auf die Bildung eines Gruppenzusammenhalts achten muß, er diesen Prozeß aber nur bis zu einem Optimum vorantreiben darf. Eine Überbetonung der *Gruppenkohärenz*, wie es z. B. eine oberflächlich verstandene „Human-Relations"-Bewegung versuchte (*v. Rosenstiel* 1993), kann nicht als probates Mittel zur Beseitigung der verschiedenen Schwierigkeiten innerhalb einer Gruppe angesehen werden.

2. *Formaler und informeller Führer*

Entsteht eine Gruppe, entstehen mit ihr *Rollen*, die auf die Gruppenmitglieder verteilt werden (→*Führungstheorien – Rollentheorie*). Nach *Levine* und *Moreland* (1990) wird eine Rolle bestimmt durch die übereinstimmenden Erwartungen, wie sich eine bestimmte Person in einer Gruppe verhalten sollte. Dabei unterscheidet man von außen festgelegte Rollen, z. B. die eines vorab bestimmten Gruppenleiters in Form des Vorgesetzten (*formaler Führer*), und Rollen, die sich spontan während der Gruppenentwicklung herausbilden, z. B. die des Außenseiters, des Experten oder des Gruppenführers einer nach Plan führerlosen Gruppe (*informeller Führer*). Diesen Rollen muß der formale Leiter Beachtung schenken und sie in seinem Führungsverhalten berücksichtigen. Besonders beachten muß er die Rolle des informellen Gruppenführers. Dieser steht in verdeckter Konkurrenz zum formalen Gruppenführer um die Autorität in der Gruppe. Er kann damit Führungsversuche eher zunichte machen als jedes andere Gruppenmitglied.

Welche Eigenschaften der Mitglieder prädestinieren für die Rolle des informellen Gruppenführers (→*Führungstheorie – Eigenschaftstheorie*; →*Selbststeuernde Gruppen, Führung in*)? Hinweise auf die zugrundeliegenden Unterschiede bei der Herausbildung von *Führungsrollen* geben einige neuere Meta-Analysen. So finden sich häufig Differenzen zwischen den Geschlechtern. In anfangs führerlosen Gruppen übernehmen wesentlich öfter Männer als Frauen die Führung. Besonders bei Kurzzeit-Gruppen und bei Gruppen, die eine Aufgabe ohne komplexe soziale Interaktionen zu bewältigen haben, gibt es eine höhere Wahrscheinlichkeit für einen männlichen als für einen weiblichen Leiter. In sozialen Situationen dagegen wird die Leitung der Gruppe häufiger in die Hände einer Frau gelegt (*Eagly/Karau* 1991). Weiterhin führt auch eine hohe verbale Beteiligung in der Gruppe mit großer Wahrscheinlichkeit zur Position des Gruppenführers (*Mullen/Salas/Driskell* 1989).

Es zeigt sich also, daß nicht die Person mit der höchsten Kompetenz, sondern der „männliche Vielredner" – ein klassisches Stereotyp – überwiegend zum informellen Führer avanciert. Das bedeutet für den Gruppenleiter, den Prozeß rechtzeitig zu steuern, da er ansonsten eine produktivitätsmindernde Entwicklung durch suboptimale Rollenzuweisungen zu befürchten hat. Er hat die Möglichkeit, z. B. durch eine rechtzeitige Darlegung dieses Sachverhalts, korrigierend einzugreifen. Wie bei Beurteilerschulungen für die Personalauswahl kann der Leiter zu Beginn des Projektes seine Gruppe über fälschliche Kompetenzzuweisungen aufgrund von Vorurteilen informieren und sie dazu anhalten, verbale Beiträge hinsichtlich ihrer Nützlichkeit kritisch zu begutachten.

V. *Zusammenfassung*

Eine Gruppe durchläuft verschiedene Entwicklungsstadien, bis sie eine „richtige Gruppe" geworden ist. In jedem Stadium kann der Leiter der Gruppe mit einem anderen Interaktionsmuster innerhalb der Gruppe rechnen. Somit erfordert in der Regel jede Phase auch unterschiedliche Führungsreaktionen. Wenn auch nicht jede Phase eindeutig identifizierbar ist, so hilft doch das Wissen um diese Vorgänge dem Leiter, die Gruppe differenzierter zu führen und erhöht damit die Wahrscheinlichkeit für eine erfolgreiche Arbeit.

Literatur

Bales, R. F./Cohen, S. P.: SYMLOG – Ein System für die mehrstufige Beobachtung von Gruppen. Stuttgart 1982.
Brower, A. M.: Group development as constructed social reality: A social-cognitive understanding of group formation. In: Social Work with Groups 1989, S. 23–41.
Eagly, A. H./Karau, S. J.: Gender and the emergence of leaders: A meta-analysis. In: JPSP 1991, S. 685–710.
Evans, C. R./Dion, K. L.: Group cohesion and performance. A meta-analysis. In: Small Group Research 1991, S. 175–186.
Gordon, J. R.: A Diagnostic Approach to Organizational Behavior. 3. A., Boston 1991.
Kelly, L./Duran, R. L.: Interactions and performance in small groups: A descriptive report. In: International Journal of Small Group Research 1985, S. 182–192.
Lacoursiere, R. B.: The Life Cycle of Groups: Group Development Stage Theory. New York 1980.
Langmaack, B./Braune-Krikau, M.: Wie die Gruppe laufen lernt. Anregungen zum Planen und Leiten von Gruppen. 3. A., München 1989.
Levine, J. M./Moreland, R. L.: Progress in small group research. In: Annual Review of Psychology 1990, S. 585–634.
McGrath, J. E.: Groups: Interaction and performance. Englewood Cliffs, N. J. 1984.
Mullen, B./Sales, E./Driskell, J. E.: Salience, motivation, and artifacts as contributions to the relation between participation rate and leadership. In: Journal of Experimental Social Psychology 1989, S. 545–559.
Rosenstiel, L. v.: Gruppen und Gruppenbeziehungen. In: Grochla, E. (Hrsg.): HWO. 2. A., Stuttgart 1980, Sp. 793–794.
Rosenstiel, L. v.: Kommunikation und Führung in Arbeitsgruppen. In: Schuler, H. (Hrsg.): Lehrbuch Organisationspsychologie. Bern 1993, S. 321–351.
Sader, M.: Psychologie der Gruppe. München 1976.
Smith, C./Gemmill, G.: Change in the small group: A dissipative structure perspective. In: HR 1991, S. 697–716.
Tuckman, B. W.: Developmental sequence in small groups. In: Psych. Bull. 1965, S. 364–399.
Tuckman, B. W./Jensen, M. A. C.: Stages of small group development revisited. In: Group and Organizational Studies 1977, S. 419–427.
Witte, E. H.: Sozialpsychologie: Ein Lehrbuch. München 1989.
Witte, E. H./Ardelt, E.: Gruppenarten, -strukturen und -prozesse. In: Roth, H. (Hrsg.): Organisationspsychologie, Enzyklopädie der Psychologie D/III/3. Göttingen 1989, S. 459–485.

Behinderte und Leistungsgewandelte, Führung von

Ekkehart Frieling

[s. a.: Ältere Mitarbeiter, Führung von; Motivation als Führungsaufgabe.]

I. Problemstellung; II. Definition der „Behinderten" und „Leistungsgewandelten"; III. Statistische Angaben zur Gruppe der Behinderten und Leistungsgewandelten; IV. Behinderte und Leistungsgewandelte im Selbst- und Fremdbild; V. Organisatorische Regelungen zur Eingliederung bzw. Beschäftigung Behinderter und Leistungsgewandelter.

I. Problemstellung

Eine humanen Zielen verpflichtete Unternehmensführung sollte die gleichberechtigte Behandlung von behinderten und nichtbehinderten Mitarbeitern anstreben. Die in privaten Beziehungen gewünschte und erwartete wechselseitige Respektierung als Persönlichkeit erfährt mit steigender Unternehmensgröße und zunehmender Bürokratisierung Veränderungen. Standardisierte Arbeitsvollzüge und eine systematische Vernachlässigung persönlicher Bedürfnisse durch betriebsbedingte Zeitregime und produktionstechnische Notwendigkeiten verhindern eine individuelle Behandlung der Mitarbeiter. Vor allem in Zeiten erhöhten Wettbewerbsdruckes sind viele Betriebe nicht bereit, den Anspruch behinderter und leistungsgewandelter Mitarbeiter auf angemessene Beschäftigung zu realisieren. Durch die Neuformulierung des Schwerbehindertengesetzes von 1991 (SchwbG) versucht der Gesetzgeber, mit Hilfe von Zwangsmaßnahmen und Empfehlungen einen Interessensausgleich zu schaffen.

II. Definition der „Behinderten" und „Leistungsgewandelten"

Eine einheitliche Definition dieser beiden Begriffe liegt nicht vor. Für den Betrieb ist die Definition aus dem SchwbG von Bedeutung. Dort heißt es im §1:

„*Schwerbehinderte* im Sinne dieses Gesetzes sind Personen mit einem Grad der Behinderung von wenigstens 50 vom Hundert, sofern sie ihren Wohnsitz, ihren gewährleisteten Aufenthalt oder ihre Beschäftigung auf einem Arbeitsplatz im Sinne des §7 Abs. 1 rechtmäßig im Geltungsbereich dieses Gesetzes haben" (SchwbG von 1991).

Dieser Personengruppe werden im §2 SchwbG Personen gleichgestellt, „mit einem Grad der Behinderung von weniger als 50 vom Hundert, aber wenigstens 30 vom Hundert, bei denen im übrigen die Voraussetzungen von §1 SchwbG vorliegen ..."

Als Behinderung im Sinne dieses Gesetzes (vgl. §3 SchwbG) werden Auswirkungen verstanden, die nicht nur vorübergehend zu einer Funktionsbeeinflussung führen. Diese Funktionsbeeinträchtigungen beruhen hierbei auf sogenannten regelwidrigen körperlichen, geistigen oder seelischen Zuständen (§3 SchwbG). „Regelwidrig ist der Zustand (im Sinne des Gesetzes, §3 SchwbG, Anm. d. Verf.), der von dem für das Lebensalter typischen abweicht. Als nicht nur vorübergehend gilt ein Zeitraum von mehr als 6 Monaten. Bei mehreren sich gegenseitig beeinflussenden Funktionsbeeinträchtigungen ist deren Gesamtauswirkung maßgeblich".

Im Absatz 2 des §3 SchwbG ist aufgeführt, daß der Grad der Funktionsbeeinträchtigung als Grad der Behinderung in Zehnergraden von 20 bis 100 festgelegt ist.

Da der Grad der Behinderung (GdB) einer Person nicht arbeitsplatz- oder tätigkeitsbezogen definiert wird, sondern nach den vom Bundesminister für Arbeit und Sozialordnung herausgegebenen „Anhaltspunkten für die ärztliche Begutachtung Behinderter nach dem SchwbG", kann es sein, daß ein Behinderter mit 70% GdB an einem geeigneten Arbeitsplatz die volle Arbeitsleistung eines Nicht-Behinderten erbringen kann. Es ist aber auch umgekehrt möglich, daß bei Verlust von 3 Fingern (entspricht einem GdB von 30%) eine Berufsunfähigkeit gegeben ist, z. B. bei einem Pianisten. Der versorgungsrechtlich relevante GdB sagt etwas aus über den Umfang der Unterstützung, läßt aber keine eindeutigen Rückschlüsse auf die berufliche Leistungsfähigkeit zu.

Für die Festlegung des GdB ist das Versorgungsamt und nicht der Betrieb zuständig.

Bei den *Leistungsgewandelten* ist die Situation anders. Für sie gibt es keinen gesetzlich definierten Status, sondern betriebsspezifische Definitionen. Üblicherweise fallen unter diesen Begriff Mitarbeiter, die irgendwelche für die Arbeit bedeutsame gesundheitliche Einschränkungen oder Beschwerden haben. Als zusätzliches Kriterium liegt häufig bei dieser Personengruppe ein ärztliches Attest bzw. eine medizinische Empfehlung durch den Betriebsarzt vor, die sich auf den Ausschluß bestimmter Arbeitstätigkeiten bezieht. Eine Leistungswandlung ist im Gegensatz zum GdB immer arbeitsplatzbezogen definiert. Sie verliert aus betrieblicher Sicht ihre Bedeutung, wenn es gelingt, für die betreffenden Personen einen geeigneten Arbeitsplatz zu finden. In vielen Fällen handelt es sich bei den Leistungsgewandelten, ähnlich wie bei den Behinderten, um ältere Mitarbeiter (→*Ältere Mitarbeiter, Führung von*), so daß sich für diese Personengruppen z.T. vergleichbare Probleme ergeben. Es ist daher zweckmäßig, für diese Personen organisatorische Maßnahmen zu planen und umzusetzen, die zu einer Vermeidung arbeitsbedingter Erkrankungen und damit verbunden zu einer Verbesserung ihrer Einsatzchancen führen.

III. Statistische Angaben zur Gruppe der Behinderten und Leistungsgewandelten

Die unterschiedlichen Behindertendefinitionen bewirken erhebliche Schwankungen in der Statistik und in den Schätzungen. Die Zahlen für die Bundesrepublik schwanken zwischen 4 und 6,5 Millionen. Aus der amtlichen Statistik der Bundesrepublik lassen sich für den Stichtag 31. 12. 1991 bei Personen mit einem GdB von 50% und mehr folgende Behinderungsarten ablesen (s. Abb. 1).

Art der Behinderung	Anzahl GdB ≥ 50
Verlust oder Teilverlust von Gliedmaßen	105.735
Funktionseinschränkung von Gliedmaßen	809.652
Funktionseinschränkung der Wirbelsäule und des Rumpfes, Deformierung des Brustkorbes	894.765
Querschnittslähmung	12.579
Blindheit und Sehbehinderung	244.752
Sprach- und Sprechstörung, Taubheit etc.	177.664
Verlust einer Brust oder beider Brüste	118.671
Beeinträchtigung von inneren Organen bzw. Organsystemen	1.804.239
Zusammen	**4.168.057**
Hirnorganische Anfälle	111.390
Hirnorganisches Psychosyndrom etc.	243.809
Störungen der geistigen Entwicklung	184.720
Psychosen, Neurosen, Persönlichkeits- und Verhaltensstörungen	125.326
Suchtkrankheiten	11.380
Zusammen	**676.625**

Abb. 1: Schwerbehinderte am 31. 12. 1991 (Ursachen der Behinderung)

Die in Abb. 1 aufgeführten Behindertengruppen zeigen, daß die Behinderungen der Muskeln und des Skelettsystems und die inneren Krankheiten überwiegen. Die angeborenen Behinderungen sind demgegenüber erheblich geringer. Mit zunehmendem Alter wächst die Zahl der Behinderten sowohl in den Behindertenstatistiken (*Hell* et al. 1984) als auch in den amtlichen Statistiken.

Erfahrungen aus den verschiedenen Industriebetrieben deuten in Übereinstimmung mit den Aussagen der Statistik (vgl. Abb. 1) darauf hin, daß die

Behinderten, denen man die Behinderung nicht ansieht, die größte Gruppe darstellen. Rollstuhlfahrer, Amputierte u. ä. sind eher die Ausnahme. Dieser Hinweis ist wichtig, da mit dem „Behinderten" häufig dieser Personenkreis assoziiert wird, dem, im Vergleich zu den weniger offensichtlich Behinderten, im Betrieb erheblich mehr Rücksichtnahme entgegengebracht wird. Für die Leistungsgewandelten gibt es gegenüber den offiziell erfaßten Schwerbehinderten keine vergleichbar exakten Erhebungen. Schätzungen in Produktionsbetrieben (z.B. der Automobilindustrie) liegen je nach Altersgruppen und Art der Produktionsbereiche zwischen 10 und 30%, wobei mit Steigen des Altersdurchschnitts (in der Automobilindustrie liegt er z.B. zwischen 34 und 40 Jahren – Stand 1993) auch ein Anwachsen der Leistungsgewandelten unterstellt werden kann, d.h., daß das Behinderten- und Leistungsgewandeltenproblem für die Betriebe – bedingt durch den entsprechenden Rechtsschutz (z.B. Kündigungsschutz: §§16, 17 SchwbG, Zusatzurlaub: §47 SchwbG, Freistellung von Mehrarbeit: §46 SchwbG, etc.) und die Sozialverantwortung der Unternehmer – an Bedeutung eher zu- als abnimmt.

IV. Behinderte und Leistungsgewandelte im Selbst- und Fremdbild

Der bei Behinderten/Leistungsgewandelten häufiger stattfindende Arbeitsplatz- und Berufswechsel führt dazu, daß erworbene Fertigkeiten und Fähigkeiten im Laufe der Zeit weniger verwertet werden können als bei Nichtbehinderten. Diese Situation bewirkt nach *Tews/Wöhrl* (1981) bei ca. einem Drittel der in einer Untersuchung befragten Behinderten und Leistungsgewandelten Resignation und Enttäuschung. Die notwendigen betrieblichen Umsetzungen werden als Verschlechterung empfunden, für die man die eigene Behinderung verantwortlich macht, obgleich sie aus ihrer Sicht in der erlebten Form nicht notwendig ist. Sie halten sich zu über 60% für genauso leistungsfähig wie die Nichtbehinderten, und sie wollen auch soviel leisten wie diese. Sie haben die Absicht, keinem zur Last zu fallen, halten aber ihre Ansprüche an eine berufliche Entwicklung im selben Umfang für gerechtfertigt, wie sie auch von Nichtbehinderten geäußert werden. Die Meinung, daß Behinderte/Leistungsgewandelte ihre Behinderung ausnützen, teilen nur 20% von ihnen. Ebenfalls für unangemessen halten sie den Vorwurf, höhere Fehlzeiten zu produzieren oder sich schwer an Veränderungen anpassen zu können. Ganz anders sieht das Bild bei den Behinderten/Leistungsgewandelten aus, wenn man Nichtbehinderte befragt und die Untersuchungsergebnisse mit denen vergleicht, die sich auf die Einstellung gegenüber älteren Mitarbeitern be-

ziehen. Auffallend ist, daß die im Arbeitsprozeß befindlichen Körperbehinderten mit sichtbaren Behinderungen (z.B. Rollstuhlfahrer, Amputierte, Blinde oder teilweise Gelähmte) von Vorurteilen weitgehend verschont bleiben (*Hell* et al. 1984). Im Gegenteil: Man bewundert ihren Einsatzwillen, ihre Zähigkeit und ihre Verläßlichkeit. Die „berühmten Arbeitstugenden" wie Fleiß, Pünktlichkeit, Einsatzfreude und Willensstärke werden ihnen häufig zugeordnet. Die Leistungsgewandelten und/oder älteren Arbeitnehmer werden dagegen in Vorurteilen eher abqualifiziert (*Lehr* 1983; *Hell* et al. 1984):

- ihre Arbeitsproduktivität sinkt
- sie haben eine höhere Unfallhäufigkeit
- sie fehlen häufiger infolge von Krankheiten
- ihre geistigen und intellektuellen Fähigkeiten gehen ebenso zurück wie ihre körperlichen
- sie zeigen kaum Bereitschaft zur Weiterbildung
- sie können sich nicht an neue Arbeitstätigkeiten anpassen
- sie sind unsicher, ihnen fehlt Selbstvertrauen.

Bei den Leistungsgewandelten kommt noch das Vorurteil dazu:

- sie drücken sich durch das Attest von der Arbeit
- sie haben wenig Sinn für die Arbeit und ein geringes Verantwortungsgefühl gegenüber dem Betrieb
- sie sind nicht kooperationsbereit.

Diese negativen Vorurteile gegenüber älteren Mitarbeitern und in verstärktem Maße gegenüber Leistungsgewandelten sind trotz gegenteiliger wissenschaftlicher Befunde (*Lehr* 1983) schwer auszurotten. Die Krankheit wird als negative Einstellung zur Arbeit, als Ausdruck von Unzufriedenheit interpretiert, der man nicht durch die Zuweisung eines anderen Arbeitsplatzes beikommen kann. Als Ursache für die Leistungswandlung/-minderung werden falsches Freizeitverhalten (z.B. gefährliche Sportarten) genannt, ungesunder Lebenswandel, zuviel Alkohol oder Nebenerwerb. Ein Vorgesetzter mit diesen Vorurteilen erspart sich die Auseinandersetzung mit Arbeitsbedingungen, für die er verantwortlich ist und die in einem möglichen Bezug zur Behinderung bzw. Leistungswandlung stehen können. Wenn es den vorurteilsbeladenen Vorgesetzten (*Tews/Wöhrl* 1981) in der betrieblichen Praxis nur in Ausnahmefällen geben wird, so erstaunt doch, daß über 50% der Vorgesetzten einzelne der aufgeführten Vorurteile benennen und sich in ihrem konkreten Führungsverhalten daran orientieren. Sie versuchen nicht, bei der Analyse ihrer Problemfälle auf die komplizierte Wechselwirkung zwischen Person und Organisation, Person und Arbeitsbedingungen oder Person und Arbeitsinhalt zu achten, sondern sie verlagern Probleme, für die sie z.T. mitverantwortlich sind, auf die Person, indem sie die Schuld bei dem Behinderten, Leistungsgewandelten oder Älteren suchen.

Die genannten Vorurteile stützen die bequeme Verweigerungsstrategie, Arbeitsplätze für den angesprochenen Personenkreis suchen zu müssen, die Eingliederung zu erleichtern oder geeignete Arbeitsgestaltungsmaßnahmen zu ergreifen.

Der Abbau dieser Vorurteile, die sich gegen Behinderte, Leistungsgewandelte und Ältere gleichermaßen richten, ist eine wichtige Führungsaufgabe. Die Lösung dieser Aufgabe darf sich nicht in abstrakten Appellen erschöpfen, sie muß sich in konkreten Maßnahmen zeigen.

V. Organisatorische Regelungen zur Eingliederung bzw. Beschäftigung Behinderter und Leistungsgewandelter

Da in größeren Unternehmen für informelle Lösungen weniger Spielraum besteht und es nicht dem einzelnen Vorgesetzten überlassen sein kann, ob er sich aufgrund seiner persönlichen Kontakte und seines sozialen Engagements für die Interessen einzelner Behinderter und/oder Leistungsgewandelter einsetzt oder ob er aus vordergründigen wirtschaftlichen Überlegungen heraus diese Personengruppe möglichst aus seinem Bereich entfernen möchte, ist es erforderlich, innerbetriebliche Regelungen zu finden, die dem Unternehmen ebenso nützen wie dem einzelnen Beschäftigten und den Vorgesetzten nicht aus seiner sozialen Verpflichtung entlassen. Solche Regelungen können sich – wie im folgenden kurz dargestellt – auf die Umsetzung und Eingliederung von Behinderten und Leistungsgewandelten beziehen, auf deren Qualifizierung, auf die Gestaltung der Ablauforganisation und der Arbeitsplätze, auf die Personalinformationssysteme (→*Personalinformation für Führungskräfte*), auf die Schulung der Arbeitsplaner und Meister etc. Die organisatorischen Regelungen sollten aber nicht dazu dienen, informelle, sozial motivierte Einzelmaßnahmen zu unterdrücken.

1. Verbesserung des Informationssystems

Aus der Sicht der Personal(einsatz)planer wird durch ein Informationssystem, das sowohl Arbeitsplatz- als auch Personendaten enthält, die Zuordnung von Mitarbeitern zu geeigneten Arbeitsplätzen erleichtert (*Hackstein* 1975). Ein Informationssystem, das diese Aufgabe tatsächlich erfüllen kann, gibt es nach Meinung des Verfassers derzeit nicht und wird es in naher Zukunft auch nicht geben, da der Systempflegeaufwand im Verhältnis zum Ergebnis nicht befriedigend sein kann.

Die Zuordnung von Menschen zu Arbeitsplätzen erfolgt nach den Gesetzen des Arbeitsmarktes, den sozialen Wertungen und persönlichen Vorlieben der Einsatzplaner, mehr, als dies durch wissenschaftliche Erkenntnisse über Persönlichkeitsmerkmale (Fähigkeiten, Fertigkeiten, Interessen) und Arbeitsplatzkennziffern jemals möglich sein wird. Die Anpassungsfähigkeit der Beschäftigten (Mitarbeiter zu Vorgesetzten und umgekehrt) ist gemeinhin größer als vermutet und eine Gewähr dafür, daß Personaleinsatzprognosen trotz äußerst wackeliger Entscheidungsfundamente im großen und ganzen zutreffen. Trotz dieser Einschränkungen ist es sinnvoll, die Datenstruktur und die Informationsmenge auf dem Gebiet der Arbeitsplätze innerbetrieblich so zu erweitern, daß ein hinreichend genaues Bild von der gesamten Arbeitssituation entsteht. Nützlich für die Belange der Behinderten und Leistungsgewandelten ist es, wenn in solchen Dateien vermerkt wird, ob es sich um einen Steh-/Sitzarbeitsplatz handelt, ob im Akkord oder im Schichtbetrieb gearbeitet werden muß, ob erschwerende Arbeitshaltungen verlangt werden (z. B. Überkopfarbeit, Liegen, Bücken, Kriechen) oder ob beeinträchtigende Umgebungsbedingungen (Lärm, Schmutz, Stäube, Kälte-/Hitzearbeitsplätze) vorliegen. Mit relativ wenigen Merkmalen (zwischen 30 und 50) lassen sich Arbeitsplätze so charakterisieren, daß bei einer ersten Auswahl ersichtlich wird, ob sie für Personen mit körperlichen Beeinträchtigungen geeignet sein können oder nicht. Darüber hinaus können in einer entsprechenden Datei Arbeitsplätze mit einem Sperrvermerk versehen werden, die einen besonderen Rationalisierungsschutz genießen, da sie für Behinderte und Leistungsgewandelte geeignet erscheinen. Diese Sperrvermerke sollten von einer Arbeitsgruppe erarbeitet werden, in der u.a. der Betriebsrat, der Vertrauensmann der Schwerbehinderten, der Betriebsarzt, der Fertigungsleiter und der Personalleiter mitwirken.

2. Arbeitsplatzgestaltung

In § 14 III SchwbG wird der Arbeitgeber dazu verpflichtet, „Arbeitsräume, Betriebsvorrichtungen, Maschinen und Gerätschaften unter besonderer Berücksichtigung der Unfallgefahr so einzurichten und zu unterhalten und den Betrieb so zu regeln, daß wenigstens die vorgeschriebene Zahl Schwerbehinderter in ihren Betrieben dauernde Beschäftigung finden kann..."

Diese sehr allgemein gehaltene Empfehlung betrifft sowohl die räumliche Ausgestaltung als auch die Arbeitsplatzgestaltung im engeren Sinne. Die Realisierung dieser Empfehlungen unter Berücksichtigung ergonomischer, arbeitswissenschaftlicher, arbeits- und architekturpsychologischer Erkenntnisse (vgl. hierzu *Wieland* 1992) erleichtert nicht nur die Beschäftigung Behinderter und Leistungsgewandelter, sondern nützt auch den Nichtbehinderten und leistet einen Beitrag zum Schutz der physischen und psychischen Gesundheit aller Mitarbeiter. Für das betriebliche Management erwächst daraus die Aufgabe, schon bei der Planung von Arbeitsräumen, bei der Einrichtung neuer Produktionssysteme und bei der Anschaffung von Maschinen und technischen Einrichtungen die arbeitswissenschaftlichen Erkenntnisse durch entsprechende Prüflisten und Liefervorschriften so zu sichern, daß das ergonomische Niveau des jeweiligen Betriebes erheblich angehoben wird. Bei einer optimalen arbeitswissenschaftlich orientierten Arbeitsplatzgestaltung sind Behinderte leichter einzugliedern und physische Verschleißerkrankungen (z. B. des Stütz- und Halteapparates) bei Nichtbehinderten weniger wahrscheinlich (*Laurig/Wieland* 1984).

In der zweiten Verordnung zur Durchführung des SchwbG (BGBl. I. 484) sind in §15 die Leistungen an Arbeitgeber aufgeführt, die sich bemühen, Arbeits- und und Ausbildungsplätze für Schwerbehinderte zu schaffen.

3. Qualifizierungsmaßnahmen

Die Arbeitgeber werden durch §14 II SchwbG dazu aufgefordert, „Schwerbehinderte so zu beschäftigen, daß diese ihre Fähigkeiten und Kenntnisse möglichst voll verwerten und weiterentwickeln können". Diese sehr allgemeine Forderung gilt auch für jeden anderen Beschäftigten im Unternehmen. Es sind daher präventive Qualifizierungsmaßnahmen einzuleiten, um schwerpunktmäßig den Mitarbeitern in der Produktion zwischen dem 35. und 45. Lebensjahr Zusatzqualifikationen zu vermitteln, die sie in die Lage versetzen, andere Arbeiten auszuführen. Setzen die Schulungsmaßnahmen erst mit dem Auftreten körperlicher Beschwerden ein, so besteht die Gefahr der Überforderung, des Abbruchs der Schulungsmaßnahmen und – verbunden damit – die Gefahr des Arbeitsplatzverlustes. Die Einführung EDV-gestützter Bearbeitungstechnologien bietet hier z. B. Chancen, erfordert aber eine rechtzeitige und umfassende altersangemessene Unterweisung. Konzepte der Gruppenarbeit mit Integration der Sekundärtätigkeit (Logistik, Instandhaltung, Qualitätssicherung etc.) bieten für Leistungsgewandelte größere Beschäftigungschancen als sogenannte Einzelplatzarbeiten.

4. Verbesserung der Kommunikationsstrukturen

Solange das Prinzip „Miteinander reden statt übereinander" in der betrieblichen Praxis nicht ausreichend verwirklicht ist, bleiben die Vorurteile und die damit verbundenen Nachteile für Behinderte/Leistungsgewandelte nicht aus. Konkrete Erfahrungen im Umgang mit dieser Personengruppe erleichtern die Korrektur der Vorurteile (*Lehr* 1983), d. h., Behinderte/Leistungsgewandelte dürfen nicht in Schon-, Sonder- oder gar Behindertenabteilungen innerbetrieblich isoliert werden. In jeder Abteilung sind entsprechende Arbeitsplätze einzurichten. In sog. *Haus-Auswärts- oder Fremdvergabe-Kommissionen* ist zu prüfen, ob nicht bestimmte Arbeitsaufgaben innerbetrieblich erledigt werden können, um dadurch für die Betroffenen möglicherweise geeignete Arbeitsplätze zu erhalten. Die phasenweise hochaktuelle Diskussion über die Fertigungstiefenoptimierung berücksichtigt meist zu wenig die Folgekosten, die mit einer Reduzierung gerade derjenigen Arbeitsplätze verbunden sind, die von Behinderten und Leistungsgewandelten üblicherweise ausgefüllt werden; in der Automobilindustrie z. B. einfache/komplexe Vormontagen oder Kleinteilefertigungen. Durch die Fremdvergabe dieser Tätigkeiten wird die Einsatzflexibilität dieses Personenkreises erheblich eingeschränkt. Die in größeren Betrieben arbeitsteilige Bearbeitung persönlicher Probleme der Mitarbeiter durch die Personalabteilung, den unmittelbaren Vorgesetzten, den Behindertenreferenten oder den Vertrauensmann sollte nicht zu weit getrieben werden. Der unmittelbare Vorgesetzte muß durch entsprechende Schulungsmaßnahmen befähigt werden, für Behinderte/Leistungsgewandelte in seinem eigenen Verantwortungsbereich sowohl arbeitsgestalterische als auch arbeitsorganisatorische Maßnahmen durchzuführen.

Literatur

Hackstein, R.: Ein Analyse-Instrumentarium zur Erfassung und zum Vergleich von Arbeitsplatz-, Anforderungs- und Personalfähigkeitsdaten. Aachen 1975.
Hell, W./Schulz, M./Weertz, K.: Integration überwiegend körperlich Behinderter in einem Industriebetrieb. München et al. 1984.
Hell, W./Weertz, K./Heckert, V./Schleypen, K./Schulz, M./Weber, W./Rietschel, E./Winkler, K.-O.: Instrumentarium zur Anforderungs- u. Belastbarkeitsanalyse (ABA). Berlin 1983.
Laurig, W./Wieland, K.: Handbuch technischer Arbeitshilfen für die Arbeitsplatzgestaltung. Bundesanstalt für die Arbeitsschutz- und Unfallforschung, Bd. 375, Dortmund 1984.
Lehr, U.: Der ältere Mitarbeiter im Betrieb. In: *Stoll, F.* (Hrsg.): Arbeit und Beruf 2. Weinheim et al. 1983, S. 361–380.
Tews, H. P./Wöhrl, H. G.: Behinderte in der beruflichen Rehabilitation. Weinheim et al. 1981.
Wieland, K.: Technische Arbeitshilfen. Handbuch zur ergonomischen und behinderungsgerechten Gestaltung von Arbeitsplätzen. Dortmund 1992.

Beurteilungs- und Fördergespräch als Führungsinstrument

Günter Lueger

[s. a.: Entgeltsysteme als Führungsinstrument; Helfendes Verhalten und Führung; Kommunikation als Führungsinstrument; Leistungsbewertung als Führungsinstrument; Konflikte als Führungsproblem; Sanktionen als Führungsinstrumente.]

I. Einleitung; II. Begriff und Zielsetzungen des Beurteilungsgespräches; III. Kommunikationsverhalten und Gesprächsstile; IV. Wahrnehmungsverzerrungen im Beurteilungs- und Fördergespräch; V. Voraussetzungen für den Einsatz als Führungsinstrument.

I. Einleitung

Kommunikation (→*Kommunikation als Führungsinstrument*) stellt eine der wesentlichsten Aufgaben der *Mitarbeiterführung* dar, wobei dem Gespräch besondere Bedeutung als *Führungsinstrument* in der Vorgesetzten-Mitarbeiter-Beziehung zukommt. Der Vorgesetzte kann seine Aufgaben (Ziele setzen, motivieren, organisieren, entscheiden, kontrollieren, delegieren…) nur dann erfüllen, wenn er mit seinen Mitarbeitern unmittelbar in Kontakt tritt. Das Gespräch mit dem Mitarbeiter ist somit „Flaschenhals" (*Berkel* 1989) und Kristallisationspunkt der *vertikalen Kommunikation*.

Die im Zusammenhang mit Mitarbeitergesprächen angeführten Zielsetzungen sind vielfältig. Es wird fast bei allen Problemen in der Vorgesetzten-Mitarbeiter-Beziehung als Führungsinstrument genannt (*Westermann* 1992; *Rischar* 1991) und somit als „eierlegendes Wollmilchschwein" (*Neuberger* 1980) betrachtet. Die im weiteren diskutierten Beurteilungs- und Fördergespräche stellen eine wesentliche Variante des Mitarbeitergesprächs dar.

II. Begriff und Zielsetzungen des Beurteilungsgespräches

Beurteilungsgespräche bilden einen festen Bestandteil der betrieblichen Personalbeurteilung (*Strametz/Lometsch* 1977) und sind in fast allen Großunternehmen institutionalisiert (*Bernadin/Beatty* 1984). Die meist mit einem strukturierten Beurteilungsverfahren (Beurteilungsbogen) gewonnenen Urteile eines Vorgesetzten werden dem Untergebenen mitgeteilt bzw. mit diesem besprochen. Der Vorgesetzte erläutert und begründet sein Urteil über das Leistungsverhalten des Mitarbeiters, und der Mitarbeiter bezieht zu dieser Beurteilung Stellung. Daher ist eine ausreichende Vorbereitungszeit für den Mitarbeiter notwendig. Wird kein Konsens über die Beurteilung erreicht, sind meist Regelungen zur Handhabung der Einschätzungsunterschiede festgelegt (z. B. schriftlicher Vermerk des Mitarbeiters über konfliktäre Punkte).

Die Zielsetzungen des Beurteilungs- und Fördergesprächs sind unmittelbar mit den Zielsetzungen der Personalbeurteilung verbunden. Dabei bestehen bei der Unternehmensleitung und den Vorgesetzten einerseits und den Mitarbeitern andererseits z. T. unterschiedliche Zielvorstellungen. Folgende weiter differenzierbare Zielbereiche lassen sich unterscheiden (*Rübling* 1988; *Lueger* 1993a):

– Ziele der Unternehmensleitung wie Personaleinsatz- und Personalentwicklungsentscheidungen, Lohndifferenzierung, Beratung und Förderung, Steuerung des Leistungsverhaltens, Unterstützung und Verbesserung der Personalführung und Evaluierung von personalpolitischen Entscheidungen, sowie von Veränderungsmaßnahmen der Organisation. Neben diesen manifesten Zielen beeinflussen oft auch latente Ziele (*Grunow* 1976) des Managements (z. B. Stabilisierung von Macht- und Herrschaftsstrukturen) den Ablauf von Beurteilungsgesprächen.
– Ziele der Mitarbeiter wie: Leistungs-, Kooperations-, Informations-, Beratungs-, Einkommens- und Karriereziele.

Die genannten Zielsetzungen sind insbesondere bei durch Multifunktionalität überfrachteten Beurteilungssystemen (→*Leistungsbewertung als Führungsinstrument*) (*Cleveland/Murphy/Williams* 1989) auch widersprüchlich. Vor allem zwei Widerspruchslinien beeinflussen den Ablauf von Beurteilungsgesprächen (*Beer* 1986):

– Der Widerspruch zwischen Organisation und Individuum: Mitarbeiter erwarten sich in Beurteilungsgesprächen die Bestätigung ihres Selbstbildes und Anerkennung bzw. Gratifikationen, während von seiten der Organisation bzw. des Vorgesetzten die Hoffnung auf Offenheit des Mitarbeiters für Kritik und Verbesserungsvorschläge, die seiner Leistungssteigerung dienen, besteht. Dieses Konfliktpotential wird um so größer, je schwächer die Leistung ist.
– In bezug auf die Zielinhalte besteht ein ausgeprägter Konflikt (→*Konflikte als Führungsproblem*) zwischen „Selektionszielen" (Entlohnung, Karrierechancen) und „Förderungszielen" (Beratung, Qualifizierung…). Stehen Selektionsziele im Vordergrund, ist der interindividuelle Vergleich des Leistungsverhaltens notwendig, wo mögliche unangenehme Entscheidungen

über die Zukunft des Mitarbeiters ein auf Gegnerschaft ausgerichtetes, angstbesetztes Gesprächsklima bewirken. Dies steht in krassem Widerspruch zum Zielbündel „Förderungsziele", wo die Erfassung der individuellen Persönlichkeit und des Qualifikationspotentials sowie Motivation und Lernen ein möglichst angstfreies, von Sanktionen (→*Sanktionen als Führungsinstrumente*) unbelastetes Gesprächsklima erfordern (*Breisig* 1989).

In der Person des Vorgesetzten kristallisiert sich die Problematik zu einem Rollenkonflikt (*Mohrman/Resnick-West/Lawler* 1989). Als „Richter" soll er Unabhängigkeit und soziale Distanz, als „Förderer" hingegen emotionale Anteilnahme und Ermutigung zeigen. Die jeweils notwendigen Kommunikationsprozesse sind praktisch nicht vereinbar (*Laan/Laan* 1992).

Zur Handhabung (jedoch nicht Eliminierung) dieser durch Multifunktionalität bedingten Probleme wird in der Literatur zunehmend eine Differenzierung von Beurteilungsgesprächen (und Beurteilungssystemen) gefordert (*Ilgen/Feldman* 1983; *Lueger* 1993a).

– Innerhalb eines „Selektionssystems" mit einem Beurteilungsgespräch i. e. S. werden Selektionsfunktionen (z. B. Entlohnungsentscheidungen [→*Entgeltsysteme als Führungsinstrument*]) und mittels eines
– „Förderungssystems" und des Fördergespräches werden die Entwicklungsziele gehandhabt und v. a. Feedbackfunktionen erfüllt.

Bei der instrumentellen Unterstützung der Gespräche sind jeweils die Methoden den Zielen (z. B. Skalierungsverfahren für Selektion und „MbO" [→*Führung im MbO-Prozeß*] für Entwicklung) anzupassen (*Mungengast* 1990).

In der Praxis läßt sich die zunehmende Verbreitung (*Laan/Laan* 1992) sowie Akzeptanz (*Barthel/Hein/Römer* 1991) und somit Betonung der Fördergespräche beobachten.

Die skizzierten Gesprächsformen entsprechen der institutionalisierten Form der Beurteilungs- und Fördergespräche (sie werden in festgelegten Abständen – oft jährlich – durchgeführt). Für die Personalführung sind aber auch laufende Beurteilungsgespräche (day-to-day-appraisals) von Bedeutung (*Latham/Wexley* 1981).

III. Kommunikationsverhalten und Gesprächsstile

Zur Thematik der Kommunikation (→*Kommunikation als Führungsinstrument*) in Gesprächssituationen liegt eine Reihe von Modellen vor, die vor allem Störungen im Kommunikationsprozeß analysieren. Sender-Empfänger-Modelle (*Neuberger* 1980) beschäftigen sich mit der Gestaltung einer Nachricht hinsichtlich der Informationsvermittlung (verschlüsseln – senden – entschlüsseln – empfangen). „Mehr-Ebenen-Modelle" der Kommunikation (*Schulz von Thun* 1981; *Neuberger* 1982) grenzen unterschiedliche Aspekte (Ebenen) einer Nachricht voneinander ab und erklären Störungen vorwiegend durch Verwechslungen der Ebenen. Neben verbalen Äußerungen sind auch *nonverbale Aspekte* (*Birkenbihl* 1985) Einflußfaktoren des Gesprächsklimas. Bei Inkongruenzen von verbaler und nonverbaler Ebene setzt sich in der Regel die nonverbale Botschaft durch (*Schulz von Thun* 1981).

Daneben sind eine Fülle von – kaum theoretisch gestützten – „How-to"-Hinweisen für die Gestaltung des Kommunikationsprozesses (*Kempe/Kramer* 1987) und Sozialtechniken der Gesprächsführung *(Gesprächs- und Verhandlungstechniken)* vorzufinden (→*Verhandlungstechniken als Führungsinstrument*).

Die differentielle Kommunikationspsychologie liefert Typen von Gesprächshaltungen. Neben universellen, für alle Kommunikationssituationen gültigen Typologien wie z. B. der sich distanzierende Stil, der *helfende Stil* (→*Helfendes Verhalten und Führung*) usw. (*Schulz von Thun* 1990) finden sich auch spezifische Typologien für Mitarbeitergespräche (*Wahren* 1987). Bei einer Unterscheidung nach Ausmaß der Steuerung durch den Vorgesetzten und Eingehen auf persönliche Sichtweisen des Mitarbeiters ergeben sich vier „Idealtypen" (*Neumann* 1993):

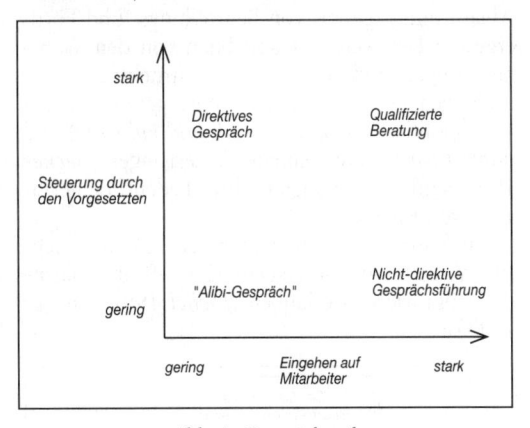

Abb. 1: Gesprächsstile

Im „direktiven" Gespräch steuert nur der Vorgesetzte den Ablauf entweder in Form des Streßgesprächs, wo dem Mitarbeiter quasi in einer Verhörsituation Zugeständnisse abgerungen werden, oder in Form des etwas milderen autoritären Gesprächs, wo der Mitarbeiter keine Gelegenheit hat seine Vorstellungen einzubringen. Im „Alibigespräch" ist das wesentlichste Kennzeichen die Oberflächlichkeit in bezug auf Gesprächsablauf und Eingehen auf Fakten und Sichtweisen. Eine umfassende Einbeziehung des Mitarbeiters erfolgt bei der „qualifizierten Beratung" und bei der „nicht-direktiven Gesprächsführung", wobei bei letzterer „Hilfe zur Selbsthilfe" im Vordergrund steht.

Daneben ist auch häufig die auf Maier (*Maier* 1976) zurückgehende Differenzierung von Gesprächshaltungen in „tell and sell", „tell and listen" und „problem solving" vorzufinden (*Pillhofer* 1982; *Beer* 1985; *Mungengast* 1990). Keine der angeführten Gesprächshaltungen ist universell, sondern nur unter bestimmten Bedingungen einzusetzen. Zur Auswahl des jeweils effektiven Stils sind Merkmale des Mitarbeiters und des Vorgesetzten, die Beziehung zwischen beiden und organisationsspezifische Faktoren zu berücksichtigen (*Wexley* 1986). Zentral ist auch hier die Zielsetzung des Gesprächs: beim Beurteilungsgespräch i. e. S. sind direktivere, beim Fördergespräch nicht-direktive Gesprächsformen angeraten.

Wenig Aufmerksamkeit wird in der Literatur dem Gesprächsverhalten des Mitarbeiters gewidmet. Hier sind Faktoren wie das Ausmaß der Offenheit des Mitarbeiters und seine Fähigkeiten zur Eindruckssteuerung („Impression-Management") für das Gesprächsergebnis von Bedeutung.

IV. Wahrnehmungsverzerrungen im Beurteilungs- und Fördergespräch

Ablauf und Ergebnis von Beurteilungs- und Fördergesprächen werden maßgeblich von den Wahrnehmungen und somit auch Wahrnehmungsverzerrungen der beteiligten Akteure geprägt. Auch mikropolitisch (→*Mikropolitik und Führung*) und durch Instrumente bedingte Verzerrungen (*Becker* 1992) sind – wenn auch in ihrer Bedeutung geringer – von Relevanz.

Zu wahrnehmungsverzerrenden Faktoren liegt eine Vielzahl von Untersuchungen vor, die folgende Strukturierung erlauben (*Liebel* 1992; *Lueger* 1993a):

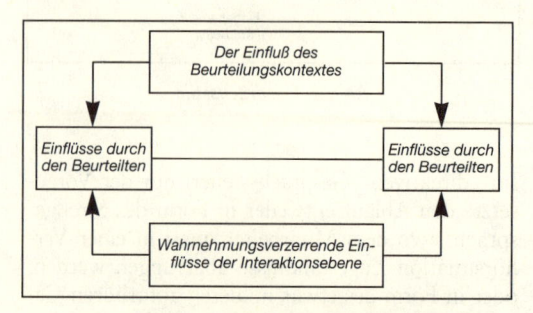

Abb. 2: Einflußfaktoren von Wahrnehmungsverzerrungen eines Beurteilers

1. Verzerrungen des Beurteilers

Untersuchungen des „Social-Cognition-Ansatzes" (*Ilgen/Feldman* 1983; *DeNisi/Williams* 1988) belegen den zentralen Einfluß des Informationsverarbeitungssystems auf die Wahrnehmung eines Beurteilers bzw. Gesprächsteilnehmers. Beurteiler nehmen Informationen über Leistungen und Verhalten nicht passiv auf, sondern verarbeiten diese höchst aktiv auf ihre persönliche Art und Weise. Bei dieser Verarbeitung beeinflussen „kognitive Strukturen" (Schemata, Stereotype, implizite Persönlichkeitstheorien) die Wahrnehmung, wobei die Informationen der sozialen Umwelt an die kognitiven Strukturen angepaßt werden (*Feldman* 1985; *Krzystofiak/Cardy/Newman* 1988). Solche „kognitive Strukturen" sind Wissenselemente eines Beurteilers über „Typen von Menschen" (z. B. Intellektueller, Karrieremensch, Weltverbesserer, Betriebsrat,...), die die wichtigsten Merkmale angeben, welche diese „Art von Mensch" kennzeichnen (machtgierig, kritisch, höflich...), sowie festlegen, welche Kombinationen von Merkmalen möglich oder nicht möglich sind (*Schwarz* 1985). Der Anpassungsprozeß der Informationen an die eigenen „kognitiven Strukturen" erfolgt ähnlich einer „Filterung": Schon bei der Auswahl von Informationen über andere Personen erfolgt eine Selektion (bestimmte Aspekte werden stärker beachtet, andere eher ausgeblendet), die dann selektiv weiterverarbeitet werden (z. B.: Halo-Effekte, Primacy- und Recency-Effekte) und schließlich noch selektiv erinnert werden. Durch Prozesse der „sich selbst erfüllenden Prophezeiung" (→*Self-fulfilling prophecy im Führungsprozeß*) erfolgt eine Stabilisierung der kognitiven Strukturen, da diese schließlich bei den wahrgenommenen Personen beobachtet werden (*Eden* 1990).

Auch die Selbstwahrnehmung beeinflußt die Wahrnehmung des anderen (Gesprächspartners). Dabei werden selbstrelevante Dimensionen, d. h. Dimensionen, die auch zur Beschreibung der eigenen Person herangezogen werden, mit größerer Wahrscheinlichkeit zur Wahrnehmung anderer herangezogen (*Rosemann/Kerres* 1986). Ist darüber hinaus die Selbsteinschätzung auf einer Verhaltensdimension positiv, so wird die Bedeutung dieser Dimension noch stärker überschätzt. Neben kognitiven Theorien sind auch tiefenpsychologische Theorien besonders zur Erklärung von Verzerrungen geeignet. Im Mittelpunkt stehen hier v. a. Abwehrmechanismen wie Projektion, Reaktionsbildung, Verschiebung usw. (*Lenz/Mertens/Lang* 1991).

2. Der Beurteilte als Einflußfaktor

Der Beurteilte verfügt über Beeinflussungsmöglichkeiten auf die Wahrnehmung eines Beurteilers, insbesondere wenn er über Fähigkeiten der Selbstdarstellung und somit Eindrucksteuerung („Impression Management") verfügt (*Mummendey* 1990). Bestehen bei einem Beurteilten Ängste und Befürchtungen und somit wenig Vertrauen und Offenheit, so ist mit geringerer und selektiver Informationsweitergabe von arbeitsrelevanten Problemen zu rechnen (*Beer* 1987; *Sabel* 1993).

3. Einfluß der Interaktionsebene auf die Wahrnehmung

Hier beeinflußt die „interpersonale Attraktion" positiv die Wahrnehmungen eines Beurteilers. Die „interpersonelle Attraktion" ihrerseits wird durch die physische Attraktivität, die wahrgenommene Ähnlichkeit zwischen Beurteiler und Beurteiltem, die Ähnlichkeit der Wahrnehmung und durch Konditionierungseffekte determiniert (*Lueger* 1993a).

Auch psychoanalytische Phänomene wie Übertragung, Gegenübertragung und interpersonelle Abwehr sind von Relevanz (*Mentzos* 1988).

4. Der Beurteilungskontext

Wesentlich verzerrender Einfluß wird durch das Beurteilungssystem bedingt, da insbesondere der „personalisierende Charakter" die Wahrnehmung v. a. auf personelle und weniger auf situative Merkmale lenkt (*Lueger* 1993b). Auch Zielsetzungen und Beurteilungskriterien der Personalbeurteilung sowie Merkmale der Organisationskultur stellen Einflußfaktoren dar.

V. Voraussetzungen für den Einsatz als Führungsinstrument

Beurteilungs- und Fördergespräche stellen durch ihre wahrnehmungsleitende Funktion und ihre vielfältigen Einsatzmöglichkeiten einen zentralen Steuerungsparameter für das Leistungsverhalten von Mitarbeitern dar.

Die Effektivität ihres Einsatzes wird jedoch auch häufig durch Probleme behindert: Beurteilte sind nach Gesprächen verunsichert, Verhaltensveränderungen eher die Ausnahme, Vorgesetzte werden vorwiegend direktiv erlebt oder auch nach Beurteilungsgesprächen schlechter beurteilt (*Bernardin/Beatty* 1984). Aus diesem Grund werden eine Reihe von Forderungen als Voraussetzung für den erfolgreichen Einsatz erhoben (*Neuberger* 1980; *Wexley* 1986; *Leonhardt* 1991; *Liebel* 1992):

- Einsatz nur für kompatible und nicht für widersprüchliche Zielsetzungen
- Klare Strukturierung des Gesprächsprozesses: Vereinbaren von Gesprächszielen, umfassende Diskussion von Problemen, Festhalten von Ergebnissen...
- umfassende Vorbereitung (beider!)
- Einbeziehung des Beurteilten
- Unterstützung durch Trainingsmaßnahmen (Einer, der sprechen kann, muß nicht auch ein Gespräch führen können)
- Abstimmung mit der Führungskonzeption.

Unter Berücksichtigung dieser Forderungen stellt das Beurteilungs- und Fördergespräch ein wichtiges Instrument für Vorgesetzte zur Verhaltenssteuerung in Zeiten steigender Anforderungen an Führungskräfte dar.

Literatur

Barthel, E./Hein, H./Römer, H.: Mitarbeiterbeurteilung als Instrument der Personalentwicklung. In: *Schuler, H.* (Hrsg.): Beurteilung und Förderung beruflicher Leistung. Stuttgart 1991, S. 81–90.
Becker, F.: Grundlagen betrieblicher Leistungsbeurteilungen. Stuttgart 1992.
Beer, M.: Note on Performance Appraisal. In: *Beer, M./Spector, B.* (Hrsg.): Readings in Human Resource Management, New York 1985, S. 312–331.
Beer, M.: Performance Appraisal. In: *Rowland, K./Ferris, G.* (Hrsg.): Current Issues in Personnel Management. Boston et al. 1986, S. 142–151.
Beer, M.: Performance Appraisal. In: *Lorsch, J.* (Hrsg.): Handbook of Organizational Behavior, Englewood Cliffs, N. J. 1987, S. 286–300.
Berkel, K.: Mit dem Mitarbeiter sprechen. München 1989.
Bernardin, H./Beatty, R.: Performance Appraisal. Boston 1984.
Birkenbihl, V.: Signale des Körpers. Landsberg am Lech 1985.
Breisig, T.: Personalbeurteilung als Führungsinstrument. Berlin 1989.
Cleveland, J./Murphy, K./Williams, R.: Multiple Uses of Performance Appraisal. In: Journal of Applied Psychology 1989, S. 130–135.
DeNisi, A./Williams, K.: Cognitive Approaches to Performance Appraisal. In: *Ferris, G./Rowland, K.* (Hrsg.): Research in Personnel and Human Resource Management. Greenwich 1988, S. 109–156.
Eden, D.: Pygmalion without Interpersonal Contrast Effects. In: Journal of Applied Psychology 1990, S. 394–398.
Feldman, J.: Jenseits der Attributionstheorie. In: *Hampp, R./Hilgenfeld, C.* (Hrsg.): Beurteilungspersonal, Großheselohe 1985, S. 45–90.
Grunow, D.: Personalbeurteilung. Stuttgart 1976.
Ilgen, D./Feldman, J.: Performance Appraisal. In: *Cummings, L./Staw, B.* (Hrsg.): Research in Organizational Behavior 1983, S. 141–197.
Kempe, J./Kramer, R.: Tips für Mitarbeitergespräche. Bergisch Gladbach 1987.
Krzystofiak, F./Cardy, R./Newman, J.: Implicit Personality and Performance Appraisal. In: Journal of Applied Psychology 1988, S. 515–521.
v. d. Laan, J./v. d. Laan, K.: Beurteilungsverfahren in kooperativen Arbeitsbeziehungen. In: *Selbach, R./Pullig, K.* (Hrsg.): Handbuch Mitarbeiterbeurteilung, Wiesbaden 1992, S. 165–194.
Latham, G./Wexley, K.: Increasing Productivity Through Performance Appraisal. Massachusetts 1981.
Lenz, G./Mertens, W./Lang, H.: Die Seele im Unternehmen. Berlin et al. 1991.

Leonhardt, W.: Das Mitarbeitergespräch als Alternative zu formalisierten Beurteilungssystemen. In: *Schuler, H.* (Hrsg.): Beurteilung und Förderung beruflicher Leistung. Stuttgart 1991, S. 91–106.
Liebel, H.: Personalentwicklung durch Verhaltens- und Leistungsbewertung. In: *Liebel, H./Oechsler, W.*: Personalbeurteilung. Wiesbaden 1992, S. 103–188.
Lueger, G.: Die Bedeutung der Wahrnehmung bei der Personalbeurteilung. München, Mering 1993a.
Lueger, G.: Personalbeurteilung. In: *Kasper, H./Mayrhofer, W.* (Hrsg.): Management-Seminar, Band Personal. Wien 1993b, S. 71–108.
Maier, N.: The appraisal interview. California 1976.
Mentzos, S.: Interpersonale und institutionalisierte Abwehr. Frankfurt 1988.
Mohrman, A./Resnick-West, S./Lawler, E.: Designing Performance Appraisal Interviews. San Francisco, London 1989.
Mummendey, H.: Psychologie der Selbstdarstellung. Göttingen et al. 1990.
Mungengast, M.: Grenzen merkmalsorientierter Einstufungsverfahren. München 1990.
Neuberger, O.: Das Mitarbeitergespräch. Goch 1980.
Neuberger, O.: Miteinander arbeiten – miteinander reden. München 1982.
Neumann, P.: Das Mitarbeitergespräch. In: *Rosenstiel, L./Regnet, E./Domsch, M.* (Hrsg.): Führung von Mitarbeitern. 2. A., Stuttgart 1993, S. 195–210.
Pillhofer, G.: Leistungsbeurteilung in den USA. Krefeld 1982.
Rischar, K.: Schwierige Mitarbeitergespräche erfolgreich führen. München 1991.
Rosemann, B./Kerres, M.: Interpersonales Wahrnehmen und Verstehen. Bern 1986.
Rübling, G.: Verfahren und Funktionen der Leistungsbeurteilung in Unternehmen. Konstanz 1988.
Sabel, H.: Mitarbeitergespräche: Problemlösung im „Prozeß der Offenheit". In: Personalführung 1993, S. 320–325.
Schulz von Thun, F.: Miteinander reden 1. Reinbek b. Hamburg 1981.
Schulz von Thun, F.: Miteinander reden 2. Reinbek b. Hamburg 1990.
Schwarz, N.: Theorien konzeptgesteuerter Informationsverarbeitung in der Sozialpsychologie. In: *Frey, D./Irle, M.* (Hrsg.): Theorien der Sozialpsychologie. Band 3, Bern 1985, S. 269–291.
Strametz, D./Lometsch, A.: Leistungsbeurteilung in deutschen Unternehmen. Frankfurt 1977.
Westermann, F.: Das Mitarbeitergespräch. In: *Wagner, H./Zander, E./Hauke, Ch.* (Hrsg.): Handbuch der Personalleitung. München 1992, S. 708–731.
Wahren, K.: Zwischenmenschliche Kommunikation und Interaktion im Unternehmen. Berlin, New York 1987.
Wexley, K.: Appraisal Interview. In: *Berk, R.* (Hrsg.): Performance Assessment. Baltimore, London 1986, S. 167–185.

Budgets als Führungsinstrument

Thomas M. Fischer

[s. a.: Anreizsysteme als Führungsinstrumente; Controlling und Führung; Ökologie und Führung; Strategische Führung.]

I. Begriffliche Abgrenzung; II. Budgets als Bestandteil des Führungssystems; III. Budgetfunktionen im Führungsprozeß; IV. Verhaltensorientierte Aspekte.

I. Begriffliche Abgrenzung

Der Begriff *Budget* stammt aus der öffentlichen Haushaltswirtschaft und stellt die geplanten Einnahmen und Ausgaben gegenüber. Inzwischen werden Budgets in Unternehmen mit öffentlichen und privaten Trägern verschiedener Branchen eingesetzt (*Dolff* 1975; *Horváth* 1987; *Kracht* 1985; *Ossadnik* 1990; *Troßmann* 1992). Dabei gehen die Anwendungsgebiete über die Einordnung als Finanzplan hinaus: Das *Budget* ist „ein formalzielorientierter, in wertmäßigen Größen formulierter Plan, der einer Entscheidungseinheit für eine bestimmte Zeitperiode mit einem bestimmten Verbindlichkeitsgrad vorgegeben wird" (*Horváth* 1991, S. 255). Budgets existieren im Unternehmen auf allen Planungsstufen und für verschiedene Planungsfristigkeiten (*Dambrowski* 1986; *Horváth* et al. 1985). Sie stellen Hilfsmittel der zielorientierten Steuerung von Unternehmensaktivitäten dar, indem organisatorischen Teileinheiten die zu realisierenden Handlungsergebnisse vorgegeben werden (*Grimmer* 1980).

Budgets fungieren somit in mehrfacher Hinsicht als *Führungsinstrument*. Sie sind zunächst Bestandteil des *Führungssystems* im Unternehmen, wobei sich operative, strategische und ökologische Budgets unterscheiden lassen. Jede dieser Budgetarten erfordert eine eigenständige Umsetzung im *Führungsprozeß*. Dies gilt hinsichtlich der Erfüllung struktureller Führungsfunktionen im Unternehmen. Dabei sind Verhaltensaspekte der beteiligten Mitarbeiter zu berücksichtigen.

II. Budgets als Bestandteil des Führungssystems

Die geordnete Gesamtheit aufeinander abgestimmter Budgets bildet das *Budgetsystem*, das operative, strategische und ökologische Budgets beinhalten kann.

1. Operative Budgets

Operative Budgets dienen der Planung und Kontrolle von Erfolg und Liquidität im Unternehmen. Sie sind Inhalt der kurzfristigen Planung im Unternehmen. Das Aufstellen operativer Budgets kann *retrograd*, d. h. die Budgetinhalte werden aus einer vorgegebenen Erfolgsgröße abgeleitet, oder *progressiv*, d. h., der Erfolg ergibt sich als Residuum aus den einzelnen Teilbudgets, erfolgen (*Marettek*

1976). Häufig werden die zentrale, top-down-gerichtete Vor-Budgetierung und die dezentralen, bottom-up-gerichteten Planungsvorschläge simultan eingesetzt. Zur Minimierung der erforderlichen Abstimmungsprozesse eignet sich das sog. Gegenstromverfahren (*Streitferdt* 1988). Operative Budgets können anhand verschiedener Merkmale differenziert werden (*Horváth* 1991): *Geltungsdauer* (z. B. Monats-, Quartals-, Jahresbudget), *Wertdimension* (z. B. Ausgaben-, Kosten-, Umsatz-, Deckungsbeitragsbudget), *Entscheidungseinheit* (z. B. Kostenstellen-, Abteilungs-, Bereichs-, Unternehmensbudget *[vertikale Differenzierung]*; Produkt-, Projektbudget *[horizontale Differenzierung]*).

Je nach Konkretisierungsgrad der zu erfüllenden Aufgaben sollten die Budgetvorgaben unterschiedlich detailliert formuliert werden (*Ramey* 1993; *Warschkow* 1993).

Die Erstellung der operativen Budgets vollzieht sich in der Praxis häufig vergangenheitsorientiert, d. h. bestehende Vorgaben werden „ex-post-plus" in die Zukunft fortgeschrieben. Dies kann Inflexibilität und Unwirtschaftlichkeit bewirken. Hieraus resultiert als Führungsaufgabe, die vorhandenen Strukturen und Abläufe, z. B. durch Zero-Base-Budgeting (*Meyer-Piening* 1990), fortlaufend kritisch zu überprüfen.

2. Strategische Budgets

Das strategische Budget ist ein Plan zur nachhaltigen, langfristigen Existenzsicherung des Unternehmens (→*Controlling und Führung*), der für jeden Verantwortungsbereich die langfristigen Kosten und Erlöse von externen Erfolgspotentialen (z. B. Marktchancen) und internen Fähigkeitspotentialen (z. B. technologisches Know-how) ausweist und abgleicht. Im Vergleich zu operativen Budgets werden längere Zeithorizonte betrachtet. Daraus resultieren ein niedrigerer Detaillierungsgrad, eine höhere Unsicherheit sowie geringere Verbindlichkeit für die Entscheidungsträger (*Weber* 1993). Zu operativen Budgets ergeben sich dennoch folgende Analogien (*Lehmann* 1991):

Der operativen *Sachzielplanung*, in der das Mengengerüst hinsichtlich der Ressourcen und Produkte festgelegt wird, entspricht die Sachzielplanung auf Basis von strategischen Erfolgspotentialen und Fähigkeiten. Es wird festgelegt, welche Erfolgspotentiale marktlich umgesetzt werden sollen und welche Fähigkeiten hierzu im Unternehmen vorliegen müssen.

Der operativen *Formalzielplanung*, in der die Input- und Outputgrößen monetär bewertet werden, entspricht auf strategischer Seite die Bewertung der Erfolgspotentiale, die die langfristigen Erlöse des Unternehmens generieren, ebenso wie die Bewertung der Fähigkeiten, die die langfristigen Kosten des Unternehmens bestimmen. Diese stellen Indikatoren für die Anpassung oder den Abbruch von Strategien im Unternehmen dar.

3. Ökologische Budgets

Maßnahmen zur Erreichung der vom Unternehmen angestrebten ökologischen Ziele können über ökologische Budgets gesteuert werden, die ausschließlich ökologiebezogene Kosten beinhalten (*Gray* 1993). Hierzu existieren folgende Gestaltungsoptionen (*Günther* 1994):

Als restriktivste Form der ökologieorientierten Unternehmenssteuerung gelten extern oder intern festgelegte Auflagen, die entweder zu erfüllende Mindeststandards oder zu erreichende Belastungshöchstgrenzen beinhalten. Die Unternehmensleitung muß entscheiden, welche Belastungen vorrangig reduziert werden sollen. Anschließend sind geeignete kostenminimierende Maßnahmen zur Erreichung der Grenzwerte festzulegen, z. B. Vermeidung, Verminderung, Substitution, Verwertung sowie Entsorgung.

Aufgrund des wettbewerblichen und rechtlichen Umfeldes kann es für Unternehmen erforderlich sein, ein festes Budget für Ökologiekosten einzuplanen, mit dem eine maximale Entlastung der Umwelt erreicht werden sollte. Falls das vorgegebene Budget Kosten enthält, die bereits internalisiert sind, wären diese zu subtrahieren, da sie aufgrund ihrer Determiniertheit nicht mehr disponibel sind. Für die optimale Allokation des Residuums sind anhand einer Prioritätenfolge diejenigen Belastungen festzulegen, die durch entsprechende Maßnahmen vorrangig reduziert werden sollen.

Damit ein zieladäquater Einsatz ökologischer Budgets im Unternehmen gewährleistet ist, sind folgende Aspekte ergänzend zu berücksichtigen.

Die zentrale Vorgabe von ökologischen Zielen ist dann effizienter und wirtschaftlicher, wenn die einheitliche Durchsetzbarkeit gewährleistet und keine aufwendige Koordinations- und Kontrollmaßnahmen erforderlich sind. Dies ermöglicht gleichzeitig einen Vergleich der Unternehmensbereiche. Allerdings liegen in den einzelnen Bereichen oft detailliertere Informationen über Belastungen der Umwelt und Möglichkeiten zu deren Beseitigung vor, die bei zentraler Vorgabe von ökologischen Zielen u. U. nicht voll genutzt werden. Falls die gestellten ökologischen Anforderungen von den Bereichen mit minimalen Kosten erfüllt und mit den vorhandenen Technologien weitere Reduzierungen der Belastungen nicht erreicht werden können, dann fehlen bei zentraler Vorgabe die Anreize, selbständig nach weiteren, verbesserten ökologischen Lösungen zu suchen.

III. Budgetfunktionen im Führungsprozeß

Durch Budgets werden im Führungsprozeß verschiedene Funktionen erfüllt (*Buckley/McKenna* 1972; *Hofstede* 1967; *Siegwart* 1987, kritisch *Samuelson* 1986):

- Abschätzen der mutmaßlichen Zukunftsentwicklung des Unternehmens *(Prognosefunktion)*.
- Schaffen eines Rasters für zielorientiertes Handeln und dispositives Entscheiden der Führungskräfte *(Orientierungs- und Entscheidungsfunktion)*.
- Verteilen knapper Ressourcen, deren Verwendung innerhalb und zwischen den Teilbereichen aufeinander abzustimmen ist *(Koordinations- und Integrationsfunktion)*.
- Generieren von Maßstäben zur Leistungsmessung und Ergebniskontrolle *(Kontrollfunktion)*.
- Schaffen von Leistungsanreizen zur Erreichung der Zielvorgabe *(Motivationsfunktion)*.

Hinsichtlich der Bedeutung dieser Funktionen ergeben sich im internationalen Vergleich z.T. bemerkenswerte Unterschiede (*Anyane-Ntow* 1991; *Kobayashi* 1990; *Lyne* 1988; *Umapathy* 1987).

Damit die vereinbarten Budgetziele wirtschaftlich, d.h. mit möglichst geringen „Reibungsverlusten" zwischen den Beteiligten erreicht werden können, sollten folgende Gestaltungsforderungen beim Aufbau des Budgetsystems berücksichtigt werden.

- *Zielsetzung:* Vorgabe quantifizierter und kontrollierbarer Sollwerte.
- *Aktualität und Koordination:* Zeitnahe Erfassung und Auswertung der Istwerte auf verschiedenen Unternehmensebenen.
- *Rückkopplung:* Dokumentation der Abweichungen zwischen Soll- und Istwerten; ggf. Durchführen von Korrekturmaßnahmen.

IV. Verhaltensorientierte Aspekte

Das Erreichen der im Unternehmen vereinbarten Budgetziele erfordert, das Verhalten der beteiligten Mitarbeiter in zweifacher Hinsicht zu berücksichtigen: Zum einen individuelle Verhaltenswirkungen und zum anderen Verhaltensaspekte aus der Interaktion der am Budgetierungsprozeß beteiligten Mitarbeiter.

1. Beeinflußbarkeit und Genauigkeit der Budgetvorgaben

Budgets sollten möglichst nur Vorgaben enthalten, die durch die Verantwortlichen auch beeinflußbar sind. Darüber hinaus wirken sich unpräzise Vorgaben negativ auf das Leistungsverhalten der Mitarbeiter aus, da in diesem Fall nicht eindeutig bestimmbar ist, wann das vereinbarte Ziel erreicht ist. Zur Unterstützung dieser Hypothese kann die Anspruchsniveautheorie angeführt werden. Das *Anspruchsniveau* eines Entscheidungsträgers ist dabei jenes Ziel, das ein subjektives Gefühl des Erfolgs erzeugt, wenn es erreicht wird. Bei Nichterreichen entsteht ein subjektives Gefühl des Mißerfolgs (*Coenenberg* 1970).

2. Abstimmen der Budgetvorgabe mit dem spezifischen Leistungsvermögen der Handlungsträger

Aus der Anspruchsniveautheorie wird weiter die Notwendigkeit abgeleitet, Budgetvorgaben mit dem spezifischen Leistungsvermögen der Handlungsträger abzustimmen. Auf den empirischen Befund, daß sowohl zu niedrige als auch zu hohe Zielvorgaben demotivierend wirken, sind sog. „*Budgetary Slacks*" zurückzuführen, mit denen das Anspruchsniveau der Budgetvorgaben gesenkt wird. Durch bewußte Unterschätzung der zu erwartenden Leistungen oder Überschätzung der benötigten Ressourcen werden Reserven in den Vorgaben gebildet, um den Budgetnehmern die Sicherheit für eine erfolgreiche Realisierung der übertragenen Aufgaben zu geben (*Argyris* 1953). Für operative Budgets wurde die Wirkung von „Budgetary Slacks" empirisch untersucht (*Buggert* 1991; *Cyert/March* 1963; *Dunk* 1993; *Govindarajan* 1986; *Merchant* 1985; *Merchant/Manzoni* 1989). Demnach bieten „Slacks" durchaus Vorteile, da unvorhergesehene Störungen mit den gebildeten Reserven kompensiert werden können. Nachteilig ist dagegen die inhärente Verfolgung von Individualzielen bzw. die Fehlallokation von Ressourcen im Unternehmen.

Ebenfalls als Fehlverhalten ist das sog. „*Budget Wasting*" zu beurteilen. Dieses beruht entweder darauf, daß Neubewilligungen von Budgets häufig von der Ausschöpfung der früher bereitgestellten Ressourcen abhängig gemacht werden, oder daß der Erfolg der Verwendung bereitgestellter Mittel nicht meßbar ist. Eine Änderung dieses Verhaltens würde erfordern, daß Nachweise über die Notwendigkeit des Mitteleinsatzes erbracht werden (*Horváth* 1991).

3. Partizipation der Budgetverantwortlichen am Budgetierungsprozeß

Die Auswirkungen der *Partizipation* von Budgetnehmern bei der Festlegung der Budgetvorgaben wurden unter verschiedenen Aspekten empirisch untersucht (*Gaertner* 1983; *Höller* 1978; *Mia* 1987; *Searfoss* 1972 und die Übersicht von *Penno*

1990). Empirisch bestätigt wurde der Zusammenhang zwischen Partizipation des Budgetnehmers am Budgetierungsprozeß und der Verminderung dysfunktionalen Verhaltens (*Brownell* 1982; konträres Ergebnis bei *Milani* 1975). Der Anreiz, selbstgesetzte Vorgaben zu erfüllen ist größer, als extern vorgegebene Ziele erreichen zu müssen. Die Anstrengungsbereitschaft als eine Bestimmungsgröße menschlicher Arbeitsleistung steigt. Außerdem sind Zielvorgaben im allgemeinen dann realitätsnäher, wenn konkrete Sachkenntnis vorliegt, als wenn die Ziele fremdbestimmt festgelegt werden (*Göpfert* 1993). Hinsichtlich der Arbeitszufriedenheit ergeben sich durch Partizipation der Budgetnehmer an der Budgetierung für Top-Manager signifikant höhere Werte als für Manager in niedrigeren Hierarchiestufen (*Dunk* 1992). Ergänzend zu berücksichtigen ist die Beobachtung, daß rigides Festhalten an Vorgaben bei hoher Aufgabenunsicherheit dysfunktionales Verhalten bei der Zielbildung und anschließende Ergebnismanipulation fördert (*Hirst* 1987; *Otley* 1982). Deshalb sollte die Ergebniskontrolle durch zusätzliche Verfahrenskontrollen ergänzt werden.

4. Motivationsbezogene Auswirkungen der Budgetvorgaben

Nach herrschender Auffassung dienen Budgets dazu, die Verantwortlichen zu einem Verhalten zu motivieren (→*Motivation als Führungsaufgabe*), das zur Erreichung der vereinbarten Vorgaben führt. In frühen Studien (*Stedry* 1960) wurde dieser Zusammenhang mit der Anspruchsniveautheorie begründet. Aussagefähiger ist die *Erwartungs-Valenz-Theorie* der Motivation. Demnach wird die Anstrengung einerseits durch Erwartungen – den subjektiv erwarteten Auswirkungen der Anstrengung auf die Leistung und den subjektiv erwarteten Belohnungen bzw. Bestrafungen infolge der Leistung – bestimmt, andererseits durch die subjektive Bewertung (Valenz) der Belohnungen und Strafen (→*Anreizsysteme als Führungsinstrumente*). Ein Budget würde demnach beim Budgetnehmer nur dann zu höheren Anstrengungen führen, wenn sich nach subjektiver Einschätzung die Wahrscheinlichkeit erhöht, die Budgetvorgaben zu erreichen und damit im Vergleich zum Nichterreichen größere (extrinsische oder intrinsische) Anreize zu erzielen (*Birnberg* 1993; *Eisenführ* 1992). Die Erwartungskomponente der Budgetnehmer wird durch Partizipation an der Budgetierung positiv beeinflußt (*Brownell/McInnes* 1986).

Ein budgetäres Anreizsystem sollte sich möglichst an den Präferenzen des Budgetgebers orientieren: Wird z. B. nur das Erreichen der Budgetvorgaben belohnt, sind vom Budgetnehmer kaum darüber hinausgehende Leistungen zu erwarten. Falls die Vorgaben von diesem nicht erreicht werden können, fehlen geeignete Anreize zur Anstrengung (*Mowen/Middlemist/Luther* 1981).

5. (Mikro-)politische Aspekte

Idealtypisch könnte jedes Budget aufgefaßt werden als „ein Vertrag, der zwischen allen Betroffenen geschlossen wird und dessen Bedingungen von ihnen zu erfüllen sind. Auf diese Weise wird die Solidarität aller für die Erreichung der gemeinsam vereinbarten Ziele des Unternehmens dokumentiert" (*Perridon/Steiner* 1993, S. 533). Allerdings ist zu berücksichtigen, daß die an der Budgetierung beteiligten Organisationsmitglieder auch egoistische Individualziele verfolgen (*Collins/Munter/Finn* 1987). Obwohl Budgetentscheidungen scheinbar sachlogisch, rational und funktional getroffen werden, scheint es angebracht, das Verhalten der an der Budgetierung beteiligten Organisationsmitglieder auch (mikro-)politisch (→*Mikropolitik und Führung*) (*Neuberger* 1991) zu deuten.

Literatur

Anyane-Ntow, K.: A Comparison of Budgetary Control Systems in American and Japanese Manufacturing Firms. In: APJM 1991, 8. Jg., Nr. 2, S. 210–221.
Argyris, C.: Human Problems with Budgets. In: HBR 1953, 1, S. 97–110.
Birnberg, J. G.: Current Trends in Behavioral Accounting Research in the United States. In: DBW 1993, S. 5–25.
Brownell, P.: The Role of Accounting Data in Performance Evaluation, Budgetary Participation, and Organizational Effectiveness. In: JAR 1982, 20. Jg., Nr. 1, S. 12–27.
Brownell, P./McInnes, M.: Budgetary Participation, Motivation, and Managerial Performance. In: AR 1986, S. 587–600.
Buckley, A./McKenna, E.: Budgetary Control and Business Behavior. In: ABR 1972, 2. Jg., Nr. 6, S. 137–150.
Buggert, W.: Dysfunktionale Verhaltenswirkungen von Budgetierungssystemen. In: CM 1991, S. 28–38.
Coenenberg, A. G.: Zur Bedeutung der Anspruchsniveautheorie für die Ermittlung von Vorgabekosten. In: DB 1970, S. 1137–1141.
Collins, F./Munter, P./Finn, D. W.: The Budgeting Games People Play. In: AR 1987, 62. Jg., Nr. 1, S. 29–49.
Cyert, R. M./March, J. G.: A Behavioral Theory of the Firm. Englewood Cliffs, N. J. 1963.
Dambrowski, J.: Budgetierungssysteme in der deutschen Unternehmenspraxis. Darmstadt 1986.
Dolff, P.: Die Budgetierung als Instrument der Planung, Koordination und Kontrolle in Kreditinstituten. In. Mülhaupt, L. (Hrsg.): Fragen der Bankplanung aus Sicht von Wissenschaft und Praxis. Frankfurt/M. 1975, S. 29–55.
Dunk, A. S.: The Effects of Managerial Level on the Relationship Between Budgetary Participation and Job Satisfaction. In: BAR 1992, S. 207–214.
Dunk, A. S.: The Effect of Budget Emphasis and Information Asymmetry on the Relation Between Budgetary Participation and Slack. In: AR 1993, 68. Jg., Nr. 2, S. 400–410.
Eisenführ, F.: Budgetierung. In: Frese, E. (Hrsg.): HWO. 3. A., Stuttgart 1992, Sp. 363–373.

Gaertner, J. F.: The Impact of Participation in Budgeting-Setting on Employee Performance. In: CAM 1983, 56. Jg., Nr. 4, S. 35–38.
Göpfert, I.: Budgetierung. In: *Wittmann, W./Kern, W./Köhler, R.* et al. (Hrsg.): HWB. 5. A., Bd. 1, Stuttgart 1993, Sp. 589–602.
Govindarajan, V.: Impact of Participation in the Budgetary Process on Managerial Attitudes and Performance. In: DS 1986, 17. Jg., S. 496–516.
Gray, R.: Accounting for the Environment. London 1993.
Grimmer, H.: Budgets als Führungsinstrument in der Unternehmung. Bern, Frankfurt/M. 1980.
Günther, E.: Ökologieorientiertes Controlling. Diss. München 1994.
Hirst, M. K.: The Effects of Setting Budget Goals and Task Uncertainty on Performance. In: AR 1987, 62. Jg., Nr. 4, S. 774–784.
Höller, H.: Verhaltenswirkungen betrieblicher Planungs- und Kontrollsysteme. München 1978.
Hofstede, G.: The Game of Budget Control. Assen 1967.
Horváth, P.: Chancen und Risiken der Budgetierung für die Führung von Wirtschaftsbetrieben. In: KU 1987, S. 438–442.
Horváth, P.: Controlling. 4. A., München 1991.
Horváth, P. et al.: Die Budgetierung im Planungs- und Kontrollsystem der Unternehmung. In: DBW 1985, S. 138–155.
Kobayashi, T.: Budgetierung und Steuerung in japanischen dezentralisierten Industrieunternehmen. In: ZfbF 1990, S. 343–355.
Kracht, P. J.: Budgetierung als Instrument der Betriebsführung. In: KU 1985, S. 448–458.
Lehmann, F. O.: Strategische Budgetierung. In: ZfP 1991, S. 319–366.
Lyne, S. R.: The Role of the Budget in Medium and Large UK Companies and the Relationship with Budget Pressure and Participation. In: ABR 1988, 18. Jg., Nr. 71, Summer, S. 195–212.
Marettek, A.: Budgetierung. In: *Grochla, E.* (Hrsg.): HWB. 4. A., Bd. 1, Stuttgart 1976, Sp. 1031–1038.
Merchant, K. A.: Budgeting and the Propensity to Create Budgetary Slack. In: AOS 1985, 10. Jg., Nr. 2, S. 201–210.
Merchant, K. A./Manzoni, J.-F.: The Achievability of Budget Targets in Profit Centers. In: AR 1989, 64. Jg., Nr. 3, S. 539–558.
Meyer-Piening, A.: Zero-Base-Planning. Köln 1990.
Mia, L.: Participation in Budgetary Decision Making, Task Difficulty, Locus of Control, And Employee Behavior. In: DS 1987, 18. Jg., Nr. 4, S. 547–561.
Milani, K.: The Relationship of Participation in Budget-Setting to Industrial Supervisor Performance and Attitudes. In: AR 1975, 50. Jg., Nr. 2, S. 274–284.
Mowen, J. C./Middlemist, R. D./Luther, D.: Joint Effects of Assigned Goal Level and Incentive Structure on Task Performance. In: JAP 1981, S. 598–603.
Neuberger, O.: Mikropolitik. In: *Rosenstiel, L. v.* et al. (Hrsg.): Führung von Mitarbeitern, Stuttgart 1991, S. 35–42.
Ossadnik, W.: Unternehmenslenkung durch Budgetierung?. In: DB 1990, S. 1673–1676.
Otley, D. T.: Budgets and Managerial Motivation. In: JGM 1982, S. 27–42.
Penno, M.: Accounting Systems, Participation in Budgeting, and Performance Evaluation. In: AR 1990, 65. Jg., Nr. 2, S. 303–314.
Perridon, L./Steiner, M.: Finanzwirtschaft der Unternehmung. 7. A., München 1993.
Ramey, D. W.: Budgeting and Control of Discretionary Costs. In: JCM 1993, 7. Jg., Nr. 2, S. 58–64.
Samuelson, L. A.: Discrepancies Between the Roles of Budgeting. In: AOS 1986, 11. Jg., Nr. 1, S. 35–45.
Searfoss, D. G.: An Empirical Investigation of the Relationships Between Selected Behavioral Variables and the Motivation to Achieve the Budget. Indiana 1972.
Siegwart, H.: Budgets als Führungsinstrument. In: *Kieser, A./Reber, G./Wunderer, R.* (Hrsg.): HWFü. Stuttgart 1987, Sp. 105–115.
Stedry, A. C.: Budget Control and Cost Behavior. Englewood Cliffs, N. J. 1960.
Streitferdt, L.: Grundlagen der Budgetierung. In: WISU 1988, S. 210–215.
Troßmann, E.: Gemeinkosten-Budgetierung als Controlling-Instrument in Bank und Versicherung. In: *Spremann, K./Zur E.* (Hrsg.): Controlling. Wiesbaden 1992, S. 511–539.
Umapathy, S.: Current Budgeting Practices in U. S. Industry. New York et al. 1987.
Warschkow, K.: Organisation und Budgetierung zentraler FuE-Bereiche. Stuttgart 1993.
Weber, J.: Controlling. 4. A., Stuttgart 1993.

Bürokommunikationstechnik und Führung

Ralf Reichwald/Robert Goecke

[s. a.: DV-Unterstützung von Gruppenprozessen und Führung; Effizienz der Führung; Führungstechniken; Information als Führungsaufgabe; Kommunikation als Führungsinstrument; Kontrolle und Führung; Mitbestimmung, Führung bei; Organisationskultur und Führung.]

I. Neue Formen der technischen Bürokommunikation; II. Führung als kommunikativer Prozeß; III. Führungssituation und Bürokommunikation; IV. Wirkungstrends der technischen Bürokommunikation auf die Führung.

I. Neue Formen der technischen Bürokommunikation

Der Begriff „Bürokommunikation" hat infolge der dynamischen Entwicklungen im Bereich der Informations- und Kommunikationstechnik einen starken inhaltlichen Wandel erfahren. Dieser Wandel ist bis heute nicht abgeschlossen. Die Anwendungen neuer Formen der Telekommunikation betreffen ein breites Spektrum in öffentlichen und privaten Organisationen sowie auf den Märkten.

Die technischen Trends in der Bürokommunikation sind gekennzeichnet durch Integration auf verschiedenen Ebenen: Zum einen findet eine Integration von Netzen, Diensten (Integrated Services Digital Network – ISDN) und Endgeräten (multifunktionale Endgeräte und Personal Computer) für den Büroarbeitsplatz statt. Zum anderen gibt es eine Integration auf der inhaltlichen Ebene der Übertragung von Text, Daten, Grafik, Sprache und Bildern (Multimedia-Kommunikation). Darüber hinaus verschmelzen technische Kommunikations- und Informationssysteme (vgl. *Reichwald* 1990; *Picot/Reichwald* 1991; *Rau* 1991; *Witte* 1992; *Kornwachs* 1993) im Zuge der fortschreitenden Vernetzung von Computersystemen über lokale (Local Area Network – LAN), regionale (Metropolitan Area Network – MAN) und globale (Wide Area Network – WAN) Netzwerke. Diese Entwicklung ermöglicht unter anderem auch neuartige Formen der computergestützten Kommunikation, Vorgangsbearbeitung und Kooperation (Computer Supported Cooperative Work – CSCW) in Arbeitsgruppen (*Reichwald* 1991; *Goecke* 1992; *Nastansky* 1993; *Baecker* 1993).

Im Führungsbereich werden DV-gestützte Informations-, Planungs- und Entscheidungsunterstützungssysteme mit Komponenten der Bürokommunikation (z. B. Electronic Mail oder Teamanwendungen wie elektronische Dokumentenablage und Kalenderfunktionen) zu Management- bzw. Führungsinformationssystemen kombiniert (*Rockart/De Long* 1988; *Krallmann/Rapke/Rieger* 1992). Auf diese Weise können sowohl die Informationsaufgaben als auch die Kommunikationsaufgaben im mittleren und oberen Management technisch unterstützt werden (*Boone* 1991; *Vallone* 1991). Hilfestellung für Entscheidungsträger in schlecht-strukturierten Entscheidungssituationen versprechen auch neuere gruppenorientierte Entscheidungsunterstützungssysteme (Group Decision Support Systems – GDSS, vgl. *Krcmar* 1988; *Krcmar/Lewe* 1992). Neben den technologischen Integrationstendenzen ergeben sich wesentliche Impulse für die Telekommunikation im Führungsbereich vor allem aus der flächendeckenden Einführung von Mobilfunkdiensten sowie der Miniaturisierung von Computern und Kommunikationsendgeräten. Dabei entstehende Formen synchroner und asynchroner Mobilkommunikation (*Gora/Bohländer* 1992) dienen der Reduzierung räumlicher und zeitlicher Kommunikationsbarrieren und eröffnen neue Möglichkeiten der Arbeitsgestaltung im Management.

Eine Übersicht über die derzeit aktuellen Formen der technischen Bürokommunikation mit Relevanz für Anwendungen im Führungsbereich bietet Abbildung 1. Die Anwendungsbreite richtet sich nach der „sozialen Nähe" (Social Presence) der Kommunikationsmedien einerseits sowie nach der Integrationsfähigkeit der Kommunikationsform mit elektronischer Dokumentenverarbeitung und DV-Anwendungen andererseits (*Short/Williams/Christie* 1976; *Fulk/Steinfield* 1990). Der Trend zur Integration von Kommunikationsnetzen und Kommunikationsdiensten und der Übergang von schmalbandigen zu breitbandigen Kommunikationsnetzen (Breitband-ISDN) erhöht die soziale Präsenz der Kommunikationspartner, die mit der Videokommunikation am stärksten ausgeprägt ist. Bürokommunikationssysteme, die Videokommunikation, Sprachkommunikation, Text- und Datenkommunikation gleichzeitig ermöglichen, besitzen die größte Kapazität bzw. Reichhaltigkeit der

Telekommunikationsform	Beschreibungsmerkmale	Ausprägungsform	Beispielhafte Anwendung
Video-kommunikation	Synchrone Übertragung von Bewegtbildern und Sprache	z.B. – Videokonferenz – Bildtelefon – Multimedia-Arbeitsplatz	Audio-visueller Informationsaustausch zwischen Teilnehmern an verschiedenen, räumlich verteilten Standorten
Sprach-kommunikation	Synchrone und asynchrone Übertragung von Sprache	z.B. – Telefon – Mobilfunk – Voice Mail – Anrufbeantworter – Tele-/Audiokonferenz	Neben stationärer Sprachkommunikation gewinnt schnurlose und mobile Sprachkommunikation größere Bedeutung, z.B. über Autotelefon, Voice-Mail mit Fernabfrage, mobile Sprachdienste
Electronic Mail	Asynchrone (synchrone) Übertragung von Text/Daten sowie empfängerseitig weiterverarbeitbaren Multimedia-Dokumenten	z.B. – elektronischer Text- und Dokumentenaustausch – Datenkommunikation – Computerkonferenz – Bulletin Board System	Alle Formen der computergestützten Text- oder Dokumentenkommunikation am Arbeitsplatz, per Modem mit mobilen Computern, ab 1994 Datenkommunikation auch über Mobilfunk möglich.
Telefax	Asynchrone Übertragung von Dokumenten (Festbilder) in festen Formaten	z.B. – Fernkopierer – PC-Fax	Bildübertragung von Dokumenten Punkt für Punkt, ab 1994 auch über Mobilfunk möglich.
Telegraphie	Asynchrone Übertragung von Zeichen in einem festen Standardzeichensatz	z.B. – Fernschreiber im Telexdienst	Weltweit verbreitete standardisierte Textübertragung
Paging/Funkruf	Funkübertragung von Signalen oder (kurzen) numerischen bzw. alphanumerischen Zeichenfolgen	z.B. – Cityruf – Eurosignal – Ermes-Rufsystem	Funkrufdienste, die verschiedene Formen des „Ausrufens" von Personen in definierten Zonen anbieten

Abb. 1: Einordnung von Telekommunikationsformen nach ihrer sozialen Nähe (Social Presence/Media Richness)

Informationsübertragung und damit das höchste qualitative Niveau (Media Richness) der technischen Multimedia-Kommunikation in der Bürowelt (*Trevino/Lengel/Daft* 1987). Andererseits ist auch die Integration von kommunikationstechnischen Anwendungen und DV-Anwendungen zur Unterstützung von Arbeitsprozessen im Führungsbereich ein wesentlicher Anwendungsgesichtspunkt.

Eine besondere Bedeutung kommt der mobilen und asynchronen Telekommunikation für Anwendungsformen im Managementbereich zu, da die direkte persönliche Kommunikation (Face-to-Face Kommunikation), die mitunter eine hohe Mobilität erfordert (sitzungs- und dienstreisebedingte Abwesenheit vom Arbeitsplatz), auch künftig den größten zeitlichen Anteil von Kommunikationsprozessen im Führungsbereich ausmachen wird und durch neue Formen der Tele-Präsenz wirksam unterstützt werden kann (*Wahren* 1987; *Picot/Reichwald* 1991).

II. Führung als kommunikativer Prozeß

Führung von Personen in einer Organisation ist an drei Voraussetzungen gebunden: die Existenz einer Gruppe, eine gemeinsame Aufgabe dieser Gruppe und unterschiedliche Verteilung von Aufgaben und Verantwortlichkeiten unter den Gruppenmitgliedern (*Stogdill* 1950).

Führung soll verstanden werden als Steuerung und *Koordination* von aufgabenbezogenen Gruppenaktivitäten durch gezielte interpersonelle Beeinflussung des Verhaltens der Gruppenmitglieder durch eine Führungsinstanz (→*Zielsetzung als Führungsaufgabe*) (*Fiedler* 1967; *Koontz/O'Donnell* 1972; *Burns* 1978; *Wunderer* 1993). Führung ist in diesem Sinne ein kommunikativer Prozeß der Einflußnahme zum Zwecke kooperativer und zielgerichteter Leistungserstellung. Unter diesem Aspekt stellt die Gestaltung der betrieblichen Infrastruktur zur Generierung, Versendung und Speicherung von Informationen ein Kernproblem der Führung dar (→*Information als Führungsaufgabe*).

Fragt man nach den Nutzungsmöglichkeiten der technischen Bürokommunikation für Führungsaufgaben und →*Führungstechniken,* so müssen die Anforderungen und Eignungen der Technik für kommunikative Führungsprozesse analysiert werden (*Chapanis* 1980; *Daft/Macintosh* 1981; *Klingenberg/Kränzle* 1983; *Reichwald/Nippa* 1992).

Die Ergebnisse der jüngeren Kommunikationsforschung zeigen hier interessante Zusammenhänge für die Unterstützungsmöglichkeiten von Führungsprozessen, aber auch Grenzen für die *Akzeptanz* der neuen Medien (*Fulk/Steinfield* 1990; *Müller-Böling/Ramme* 1990). Empirisch fundierte Akzeptanzmodelle zum Einsatz von Informations- und Kommunikationstechnik im Führungsbereich weisen neben technischen und aufgabenbezogenen auch persönliche Faktoren und das organisatorisch-soziale Umfeld als wesentliche Akzeptanzfaktoren aus (*Müller-Böling/Ramme* 1990).

Kommunikationsmedien gelten darüber hinaus als wichtiger Bestandteil der Organisationskultur. Während einerseits die bestehende Organisationskultur mit über die Akzeptanz und Einsatzformen neuer Bürokommunikationstechniken entscheidet, wird sie durch diese auch stark geprägt (*Goldhaber/Barnett* 1989; *Clampitt* 1991; *Schein* 1992; *Witt* 1993; *Grote* 1994).

Ganz allgemein muß davon ausgegangen werden, daß jeder geschäftliche Kommunikationsvorgang durch vier Merkmale gekennzeichnet ist (*Picot* 1992; *Reichwald* 1993), die jeweils besondere Anforderungen an einen Kommunikationsweg (Kommunikationsmedium) stellen (vgl. Abb.2).

Dies gilt gleichermaßen für herkömmliche Kommunikationswege: persönliches Gespräch (Face-to-Face), Brief, Telefon und für neue technische Kommunikationsformen. Je nachdem, welches Gewicht diesen Merkmalen im Führungsprozeß beizumessen ist, sind technische Bürokommunikationsformen mehr oder weniger geeignet:

(1) *Schnelligkeit und Bequemlichkeit* des Kommunikationsprozesses stehen dann im Vordergrund, wenn im Führungsteam die dispositive Reaktionsfähigkeit vorrangig ist, d. h. wenn ein hoher Abstimmungs- und Informationsbedarf zwischen den Mitgliedern einer Führungsgruppe besteht. Bei diesem Merkmal besitzen die Telemedien besondere Eignung, die Face-to-Face-Kommunikation wird hier als umständlich empfunden.

(2) *Genauigkeit* der Kommunikation spielt in bürokratischen Führungsprozessen eine entscheidende Rolle. Bei diesem Merkmal kommt es auf die administrative Exaktheit, auf die Dokumentationsfähigkeit und die Weiterbearbeitbarkeit der ausgetauschten Informationen an. Dokumentenorientierte Kommunikationsformen (Telefax, Text/Graphik-Systeme) sind besonders geeignet, während z. B. die reine Sprachkommunikation unzulänglich ist.

(3) Die *Vertraulichkeit* als kommunikatives Merkmal steht dann im Vordergrund, wenn es um die Erzielung einer wertorientierten Übereinkunft zwischen Mitgliedern einer Führungsgruppe geht. Man spricht in diesem Fall auch von der Notwendigkeit einer *interpersonellen Vertrauensbildung*. Hier dominiert die Face-to-Face-Kommunikation, während den Telemedien diese Eignung überwiegend abgesprochen wird.

(4) Mit dem Merkmal der *Komplexität* sind Führungsprozesse dann verbunden, wenn es um

Anforderungen an einen geschäftlichen Kommunikationsvorgang			
Komplexität	**Vertraulichkeit**	**Genauigkeit**	**Schnelligkeit/Bequemlichkeit**
• Bedürfnis nach eindeutigem Verstehen des Inhalts • Übermittlung schwieriger Sachzusammenhänge • Austragen von Kontroversen • Lösung komplexer Probleme	• Übertragung vertraulicher Inhalte • Schutz vor Verfälschung der Nachricht • Identifizierbarkeit des Absenders • Interpersonelle Vertrauensbildung	• Übertragung des genauen Wortlauts • Dokumentierbarkeit der Information • Einfache Weiterverarbeitung • Überprüfbarkeit der Information	• Kurze Übermittlungszeit • Kurze Erstellungszeit • Schnelle Rückantwort • Einfachheit des Kommunikationsvorgangs • Übertragung kurzer Nachrichten

Gut geeignet	Face-to-Face	Face-to-Face	Textkommunikation Telefax	Telefon Voice Mail
Mittelmäßig geeignet	Video/Multi-Media/Telefon	Telefon/Bildtelefon	Telegraphie	Electronic Mail/Zettelkommunikation
Nicht geeignet	Textkommunikation	Telefax/Sprechfunk/Electronic Mail	Sprachkommunikation	Brief

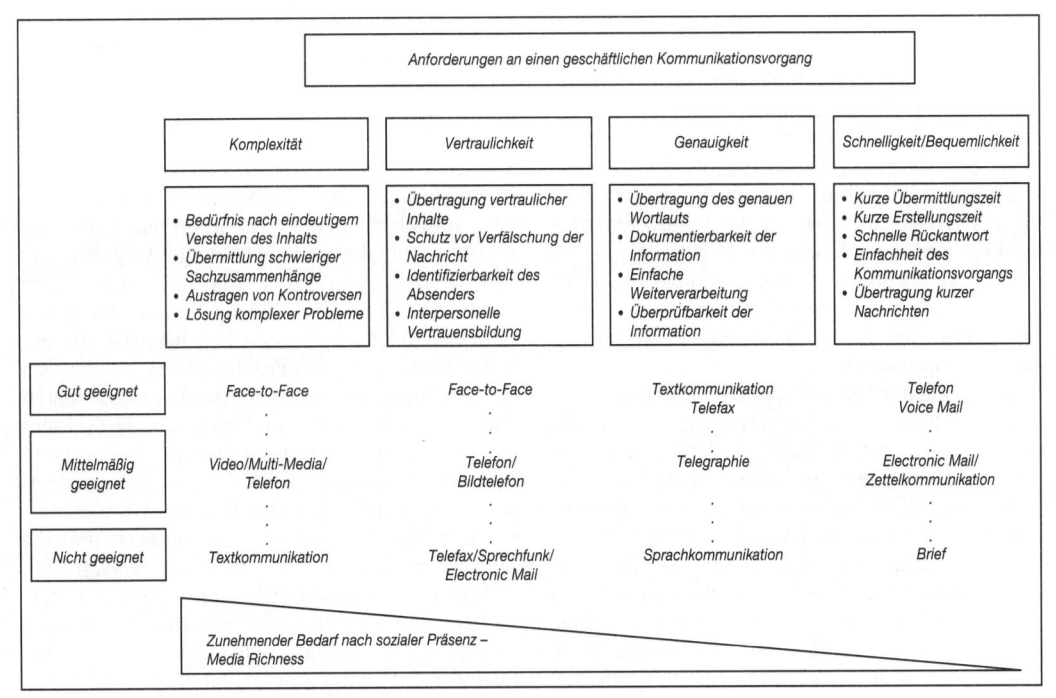

Zunehmender Bedarf nach sozialer Präsenz – Media Richness ▶

Abb. 2: Kommunikationsanforderungen und Kommunikationsformen

die Klärung schwieriger Inhalte geht, bei denen komplizierte sachliche und personenbezogene Fragen wechselseitig verstanden werden müssen. Hier stehen Unmittelbarkeit des Dialogs, Rückkopplung sowie Wechselspiel zwischen verbaler und nonverbaler Kommunikation im Mittelpunkt (*Mehrabian* 1971; *Chapanis* 1980). Kein technischer Kommunikationsweg kann hier die Face-to-Face-Kommunikation ersetzen. Gewisse Chancen allerdings werden dem Bildtelefon und der Video-Konferenz als technischen Bürokommunikationsmedien eingeräumt.

Je nachdem, welches Merkmal im Kommunikationsprozeß dominiert, besitzen herkömmliche wie technische Kommunikationswege unterschiedliche Eignung (vgl. Abb. 2). Bei der Bewältigung von Führungsaufgaben treten die Merkmale je nach Aufgabeninhalt mit unterschiedlichem Gewicht auf, was die eindeutige Zuordnung von Kommunikationsmedien zu Führungsaufgaben erschwert. Dennoch zeigt die analytische Betrachtung grundsätzliche Zusammenhänge über Technikbedarf und Akzeptanzchancen von Telemedien im Führungszusammenhang auf.

Die Abbildung 2 verdeutlicht, daß keine Kommunikationsform den vier Merkmalsanforderungen gleichermaßen vollständig gerecht werden kann. Somit sind die herkömmlichen Kommunikationsformen unzureichend. Auf der anderen Seite sind auch den technischen Bürokommunikationsformen Grenzen gesetzt. Für das Ausloten dieser Grenzen sind die Überlegungen von *Watzlawick/Beavin/Jackson* (1992) von Bedeutung.

Danach hat jede zwischenmenschliche Kommunikation zwei Komponenten, eine inhaltliche und eine soziale Komponente. Die inhaltliche Komponente wird primär durch verbale Kommunikation, die soziale Komponente durch nonverbale Kommunikation (Bild, Mimik, Ausstrahlung) geprägt. Über die nonverbale Kommunikation wird das Klima zwischen den Kommunikationspartnern in Verhandlungsprozessen, Gesprächen oder organisatorischen Auseinandersetzungen beeinflußt (→*Organisationskultur und Führung*).

Steht die soziale Komponente zwischen den Mitgliedern einer Führungsgruppe im Vordergrund, so wird den Telemedien eine eingeschränkte Eignung zuerkannt. Ausgehend von der Face-to-Face-Kommunikation fällt die soziale Nähe bei telefonischer oder schriftlicher Kommunikation ab.

Neuere empirische Untersuchungen über die Auswirkungen elektronischer Kommunikation auf Führungsprozesse zeigen, daß die Nutzung von Telekommunikationsmedien zur Kommunikation zwischen Führungskräften und ihren Mitarbeitern relativ gut geeignet ist, um die Aufgaben- und Zielorientierung von Gruppen (Lokomotion) zu unterstützen. Hingegen erweisen sich beispielsweise computergestützte Kommunikationsformen wie Electronic Mail als weniger geeignet, um die sozialen Beziehungen zwischen den Gruppenmitgliedern und der Führungskraft (Kohäsion) zu fördern (*Grote* 1994). Mit der Wahl technischer Kommunikationsformen können somit die inhaltlichen und aufgabenbezogenen wie auch die sozialen Beziehungen von Kommunikationspartnern beeinflußt werden. Entsprechend den empirischen Befunden, die darauf hindeuten, daß lokomotionsorientiertes Führungsverhalten mit der Leistung der Gruppe und kohäsionsorientierte Führungsmuster mit der Arbeitszufriedenheit der Gruppenmitglieder korreliert sind (*Neuberger* 1990; *v. Rosenstiel* 1992), lassen sich wichtige Rückschlüsse über den Einfluß der Kommunikationsmedien auf den Führungserfolg ziehen (→*Kommunikation als Führungsinstrument*).

Betrachtet man die vielfältigen Formen und Einsatzmöglichkeiten der Bürokommunikationstechnik im Unternehmen (*Bullinger* 1991), so bilden die technisch-organisatorischen Lösungen der neuen Telemedien ein erweitertes Gestaltungsspektrum für die Organisation von Führungsprozessen. Welche Vorzüge, aber auch welche Nachteile mit der Anwendung technischer Bürokommunikation im Führungszusammenhang verbunden sind, läßt sich nicht generell, sondern nur unter Bezugnahme auf die Merkmale der Führungssituation verdeutlichen.

III. Führungssituation und Bürokommunikation

Um das Gestaltungspotential der neuen Bürokommunikationsformen für die Unterstützung von Führungsprozessen darzustellen, sollen nachfolgend vier situationsbestimmende Merkmale zugrunde gelegt werden, die sich in der empirischen Kommunikationsforschung als bestimmend erwiesen haben (Abb. 3).

1. Strukturiertheit der Führungsaufgabe

Für die Fragen des Unterstützungspotentials der Bürokommunikationsformen im Führungsbereich ist zunächst der Strukturiertheitsgrad der Führungsaufgabe von Bedeutung. Aufgaben mit niedrigem Strukturiertheitsgrad (z. B. Führung im Forschungs- und Entwicklungsbereich, im Personalwesen oder im strategischen Bereich), die mit hoher Komplexität der Problemstellung verbunden sind, besitzen ein geringes Anwendungspotential für technische Kommunikationsformen (Dominanz der Komplexitätsanforderung). Hier verlangt der Führungsprozeß meist die unmittelbar dialogische Kommunikation zwischen den Gruppenmitgliedern, die Rückkopplungsmöglichkeit und die persönliche Nähe für das inhaltliche Verständnis. Je höher der Strukturiertheitsgrad der Führungsaufgabe ist, desto mehr dominieren die Merkmale „Genauigkeit" sowie „Schnelligkeit" und „Bequemlichkeit" im Kommunikationsprozeß. Bürokommunikationsformen für die Text- und Dokumentenkommunikation besitzen in diesem Bereich ein hohes Eignungspotential.

Experimentelle Anwendungen neuer Telekommunikationsformen (z. B. In-House-Konferenzen auf Text- und Dokumentenbasis) haben hier interessante Aufschlüsse geben können (*Beckurts/Reichwald* 1984). Neuere Versuche über Problemlösungs- und Entscheidungsprozesse in Gruppen mittels textbasierter Computerkonferenzen zeigen, daß im Vergleich zu Face-to-Face-Meetings mehr

Situative Merkmale von Führungsaufgaben	Merkmalsausprägung und Anwendungspotential der Bürokommunikationstechnik		
Strukturiertheit der Führungsaufgabe	Zunehmende Bedeutung von text- und dokumentenorientierten Kommunikationsformen in Verbindung mit Management-Informationssystemen	hoch ─── niedrig Strukturiertheitsgrad	Zunehmende Bedeutung von persönlicher (Face-to-Face) Kommunikation; bedingte Unterstützung durch Videokonferenzen und GDSS
Planbarkeit des Informationsbedarfs und Informationsaustauschs	Zunehmende Bedeutung asynchroner text- und dokumentenorientierter Kommunikation und Informationsbeschaffung	hoch ─── niedrig Planbarkeitsgrad	Zunehmende Bedeutung schneller, dialogorientierter Kommunikation: Telefon, Mobilkommunikation, Message Handling Systeme
Kooperationsbeziehungen	Zunehmende Bedeutung der Vernetzung der Kooperationspartner über lokale und globale Telekommunikations- und Informationssysteme	hoch ─── niedrig Grad der räumlichen Dezentralisierung/ Anzahl der Kooperationspartner	Zunehmende Bedeutung von Face-to-Face-Kommunikation, lokaler Vernetzung von Informations- und Kommunikationssystemen.
Führungsstil und Handlungsspielraum	Zunehmende Bedeutung eines individuellen und direkten Informationszugriffs (Vernetzung), gruppenorientierter Kommunikation und dezentraler Informationssysteme	hoch ─── niedrig Grad der Partizipation/ Individual- bzw. Gruppenautonomie	Zunehmende Bedeutung zentraler Managementinformationssysteme zur Planung und Kontrolle; eher quantitativer Informations- und Kommunikationsbedarf

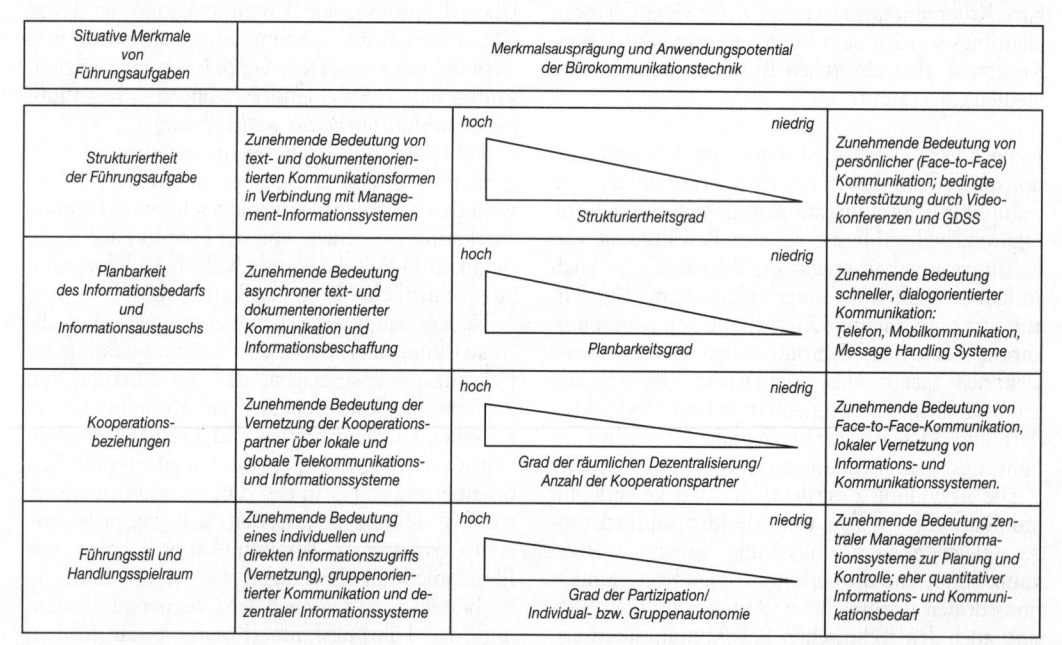

Abb. 3: Merkmalsausprägung von Führungsaufgaben und Anwendungspotential der Informations- und Kommunikationstechnik

Teilnehmer eine größere Anzahl von Ideen in den Entscheidungsprozeß einbringen, diese gleichberechtigter und kontroverser diskutieren sowie zu weniger vorhersehbaren, unkonventionellen Entscheidungen kommen (*Sproull/Kiesler* 1992; *Hiltz/Turoff* 1993). Diese Effekte, die vor allem mit dem Mangel an sicht- und fühlbaren Informationen über den sozialen Status und die emotionale Verfassung der anderen Teilnehmer der Computerkonferenz begründbar sind, führen im Experiment auch zu längeren Entscheidungsprozessen. Während textorientierte elektronische Gruppenkommunikation vor allem in weltweiten Forschungsnetzen in Form sog. elektronischer Bulletin Boards ihre Verbreitung gefunden hat, kommt sie im Führungsbereich lediglich bei der kooperativen Abwicklung relativ wohlstrukturierter Aufgaben (z. B. bei der gemeinschaftlichen Bearbeitung von Berichten) zur Anwendung. Für besonders gut strukturierte Entscheidungsaufgaben eignet sich außerdem der begleitende Einsatz von Entscheidungsunterstützungssystemen (Decision Support Systems – DSS), Management-Informationssystemen (*Kirsch/Klein* 1977; *Reichwald* 1989; *Bullinger/Friedrich/Koll* 1992) oder Online-Datenbanken. Bei der kooperativen Bewältigung schlechtstrukturierter Führungsaufgaben erweisen sich text- und dokumentenorientierte Telekommunikations- und Informationssysteme jedoch im allgemeinen als unzureichend.

Lange Zeit wurde die fehlende Technikakzeptanz besonders im oberen Führungsbereich mit psychologischen und teilweise kulturellen Hemmfaktoren erklärt (Status, Zugangsbarrieren, Versagerangst). Nach dem heutigen Wissensstand liegen die Akzeptanzhindernisse überwiegend in der unzureichenden Eignung dokumentenorientierter Bürokommunikationstechnik für schlecht-strukturierte Aufgaben. Aus der Erkenntnis, daß viele Entscheidungsprozesse in Gruppen ablaufen, wurden in der letzten Zeit besonders für niedrig strukturierte Problemlösungsprozesse gruppenorientierte Entscheidungsunterstützungssysteme (Group Decision Support System – GDSS oder auch „Groupware") entwickelt. Dabei handelt es sich um Systeme zur Unterstützung der Kommunikation in Arbeitsgruppen, z. B. durch Einbeziehung entfernter Teilnehmer über Telemedien, multimediale Aufzeichnung und Auswertung der Diskussionsbeiträge, den gemeinsamen Zugriff auf elektronische Dokumente und Informationen bzw. die Durchführung computergestützter Analysen und Abstimmungen (Meeting Support Systems, Meeting Augmentation bzw. Groupware vgl. *DeSanctis/Gallupe* 1987; *Krcmar* 1992; *Baecker* 1993). Die technische Entwicklung solcher Groupware-Anwendungen steckt jedoch noch in der Anfangsphase und ihre Auswirkungen auf den Führungsbereich lassen sich bislang kaum abschätzen.

Je höher der Strukturiertheitsgrad der Führungsaufgabe ist, desto wirkungsvoller können Führungsprozesse mit dokumentenorientierten Bürokommunikationsformen unterstützt werden. Diesen allgemeinen Zusammenhang belegen auch neuere empirische Untersuchungen von *Rice* (1992), nach denen die Effektivität der kooperativen Aufgabenerfüllung positiv mit der Übereinstimmung von Aufgabenanalysierbarkeit und geeigneter Media Richness der gewählten Kommunikationsform (vgl. Abb. 2) korreliert ist.

2. Planbarkeit des Informationsbedarfs

Die Planbarkeit des Informationsbedarfs zur Durchführung von Führungsaufgaben hängt nicht nur vom Strukturiertheitsgrad der Aufgabe ab, sondern besonders von der Art des Auftretens der Aufgabe. *Mintzberg* (1973) hebt in diesem Zusammenhang einen Aufgabentypus hervor, den er als Ad-hoc-Aufgabe bezeichnet. Ad-hoc-Aufgaben werden im allgemeinen mit dem Begriff der Fremdgesteuertheit assoziiert; sie treten unvermutet auf, und der mit ihrer Lösung verbundene Informationsbedarf ist nicht planbar. Besonders kritisch für den Führungsprozeß werden Ad-hoc-Aufgaben dann, wenn sie eine sofortige Erledigung verlangen. Ad-hoc-Aufgaben sind dann meist mit dialogorientierter Kommunikation verbunden (Telefonate, Gespräche) und ziehen häufig dokumentenorientierte Kommunikation (Anfertigung von Schriftstücken, Memos) nach sich.

Geplante Aufgaben sind bei hohem Strukturiertheitsgrad eher mit dokumentenorientierter Abstimmung und Koordination verbunden. Je planbarer und regelmäßiger der Informationsbedarf ist, desto besser können gut strukturierte Aufgaben durch Management-Informationssysteme (auch Executive Informations Systems – EIS bzw. Executive Support Systems – ESS) unterstützt werden (*Rockart/De Long* 1988; *Watson/Rainer/Koh* 1991). Ad-hoc-Aufgaben haben dagegen die Tendenz, geplante Aufgaben zu verdrängen. Zur Sicherung der mittel- bis langfristigen Aufgabenerfüllung müssen die geplanten Aufgaben vor den Ad-hoc-Aufgaben geschützt werden. Für die Unterstützung der Bewältigung von Ad-hoc-Aufgaben muß daher ein Flexibilitätspotential im organisatorischen Umfeld der Führungskräfte (z. B. in Form des Sekretariats- und Assistenzbereiches) vorhanden sein (*Beckurts/Reichwald* 1984). Durch die Nutzung neuer Kommunikationsmedien kann dieses Flexibilitäts- und Leistungspotential erheblich erhöht werden (→*Effizienz der Führung*). So ermöglichen Message Handling Systeme und neue Formen der Multimedia- und Mobilkommunikation einen schnelleren, orts- und zeitunabhängigen Informationsaustausch bei der kooperativen Bewältigung von Ad-hoc-Aufgaben. Voraussetzung für den Aufbau dieses Potentials ist die Einbeziehung aller Gruppenmitglieder in einen Infrastrukturverbund mit Kommunikationstechnik. Dabei sollte sich die technische Ausstattung des einzelnen Arbeitsplatzes nach den aufgabenbezogenen Schwerpunkten richten (z. B. text- und graphikorientierte Technik im Assistenzbereich, dokumentenorientierte Technik in der Sachbearbeitung, dialogorientierte Technik im Führungsbereich).

Je höher der Anteil an Ad-hoc-Aufgaben im Führungsbereich ist, desto bedeutender wird die Verfügbarkeit dialogorientierter, schneller und mobiler Kommunikationsmedien für schnelle Rückkopplung, Informationsübertragung, -beschaffung und -verteilung.

3. Kooperationsbeziehungen

Führung ist immer mit Arbeitsteilung und Koordination verbunden. Die Kooperationsbeziehungen in Führungsprozessen können vertikal und horizontal organisiert sein. Besonders bei großer vertikaler Leitungsspanne sind die Kooperationsketten mit bürokratischen Prozeduren und Informationsverlusten verbunden (*Kieser/Kubicek* 1992). Die neuen Formen der Bürokommunikation eröffnen dabei die Möglichkeit, auch über mehrere Organisationsebenen und Standorte hinweg arbeitsteilige Aufgabenabwicklung effizienter zu organisieren. Dies gilt auch für die horizontale Kooperation und die Kooperation zwischen Mitgliedern verschiedener Organisationen. Die Kommunikationstechnik verschafft Möglichkeiten für einen besseren Einblick in die inhaltlichen Beiträge der einzelnen Gruppenmitglieder. Damit erhöht sie aber auch das Kontrollniveau in vertikaler wie auch in horizontaler Richtung, was zu erheblichen Nachteilen für die Motivation der Mitarbeiter und dem Problem der Informationsüberlastung (Information Overload) im Management führen kann (→*Kontrolle und Führung*). Durch Vernetzung mit Kommunikationstechnik können einerseits erhebliche Schwachstellen der heutigen arbeitsteiligen Aufgabenabwicklung im Büro- und Verwaltungsbereich abgebaut werden (z. B. Doppelarbeiten, lange Kommunikationswege, Medienbrüche). Andererseits führt der Vernetzungsaspekt auch zu einer starken Abhängigkeit der Organisationen von der Funktionsbereitschaft und Sicherheit ihrer immer komplexer werdenden technischen Informations- und Kommunikationssysteme. Je größer die Leitungsspanne und je höher der Grad der räumlichen Dezentralisierung der Kooperationspartner sind, desto bedeutender wird die kommunikationstechnische Vernetzung und Mobilisierung der Kooperationspartner für die Unterstützung arbeitsteiliger Aufgabenabwicklung. Gleichzeitig steigt in räumlich konzentrierten, kleinen Arbeitsgruppen die Bedeutung der Face-to-Face-Kommunikation und der lokalen Vernetzung von Informations- und Kommunikationssystemen.

4. Führungsstil

Die Art der Einflußnahme einer Führungsinstanz auf den Lösungsweg bei kooperativer Aufgabenerfüllung kennzeichnet den Führungsstil. Eng mit dem Führungsstil verbunden ist auch die Art der Beteiligung der Gruppenmitglieder an der Strukturierung des Lösungsweges (Partizipation) *Kieser/Kubicek* 1992). Der Einsatz von Bürokommunikationstechnik im Bereich kooperativer Aufgabenerfüllung führt zu besserer Dokumentierbarkeit der Einzelbeiträge von Gruppenmitgliedern (erhöhte Transparenz). Ein weiterer Gesichtspunkt ist der prinzipielle Zugang zu allen aufgabenrelevanten Informationen für alle Mitglieder einer Führungsgruppe (Erhöhung des Informationsniveaus). Dies erlaubt eine Erweiterung der Entscheidungsautonomie für den einzelnen (Entscheidungsdezentralisierung) und als mögliche Folge der organisatorischen Dezentralisierung eine Individualisierung der Aufgabenerfüllung (Erhöhung des Partizipationsniveaus) (→*Mitbestimmung, Führung bei*).

Mit dem Übergang von hierarchie- zu gruppenorientierten Führungsstrukturen und der Vergrößerung des Handlungsspielraums (*Ulich/Groskurth/Bruggemann* 1973) wächst die Bedeutung eines direkten Informationszugriffs sowie direkter Kommunikationsbeziehungen (Vernetzungsaspekt) zwischen allen Gruppenmitgliedern (*Nippa* 1988; *Kieser/Kubicek* 1992; *Kieser* 1993a; *Picot* 1993).

V. Wirkungstrends der technischen Bürokommunikation auf die Führung

Die neueren Entwicklungen in der Bürokommunikationstechnik sind durch Integration, Vernetzung, Dezentralisierung und Mobilisierung gekennzeichnet. Zum einen wachsen die getrennten Kommunikationsformen für Text, Daten, Bild und Sprache zusammen (horizontale Integration – Multimedia-Kommunikation), zum anderen erlaubt die Verschmelzung von Informations- und Kommunikationstechnologien (Vernetzung – vertikale Integration) die Realisierung verteilter Bürokommunikationssysteme (z. B. multifunktionale, vernetzte Personal Computer am Arbeitsplatz mit Zugriff auf verteilte Informationssysteme in sog. „Client-Server" Architekturen). Gleichzeitig eröffnet die flächendeckende Einführung von Mobilfunknetzen neue Formen ortsunabhängiger Sprach-, Text- und Datenkommunikation.

Mit der Anwendung dieser Technologien zeichnen sich neben Produktivitätseffekten (*Witte* 1989) deutliche Trends für neue organisatorische Entwicklungen in der Arbeitswelt ab (*Kieser* 1993b), die auch Konfliktpotentiale beinhalten (*Lullies/ Bollinger/Weltz* 1990).

(1) Überwindung von Kommunikationsbarrieren
Im Führungsbereich tragen moderne Bürokommunikationstechniken auf vielfältige Weise zur Überwindung räumlicher und zeitlicher Kommunikationsrestriktionen in den Kooperationsbeziehungen bei. Dabei unterstützen sie die Entstehung neuer Organisations- und Kooperationsformen in Unternehmen und öffentlichen Verwaltungen. Abb. 4 zeigt eine Einordnung neuer Telekommunikationsmedien entsprechend ihrer Eignung, verschiedene Formen von Kommunikationsprozessen zu unterstützen. Nach dem Kommunikationszeitpunkt lassen sich synchrone (die Kommunikationspartner kommunizieren zur gleichen Zeit) und asynchrone (die Kommunikationspartner senden bzw. empfangen die Information zu verschiedenen Zeitpunkten) Kommunikationsvorgänge unterscheiden. Dabei können sich die Kommunikationspartner stationär am gleichen Ort oder an verschiedenen Orten aufhalten. Die Einführung der Mobilkommuniktion ermöglicht darüber hinaus eine ortsunabhängige Kommunikation, z. B. in Verkehrsmitteln oder mittels portabler Endgeräte.

Kommunikationspartner		Kommunikationszeitpunkt	
		zur gleichen Zeit (synchron)	zu verschiedenen Zeiten (asynchron)
stationär	am gleichen Ort	- Meeting Support Systeme - Group Decision Support System (GDSS)	- Bulletin Board - Electronic Mail - Voice Mail
	an verschiedenen Orten	- Telefon - Audiokonferenz - Screen Sharing - Videokonferenz - Bildtelefon	- Electronic Mail - Voice Mail - Telefax - Computerkonferenz - Verteilte Text- und Dokumentbearbeitung
mobil	ortsunabhängig	- Mobiltelefon - Pagingdienste - Sprechfunk	- Asynchrone Mobilkommunikation - Electronic Mail - Voice Mail - Telefax

Abb. 4: Potentiale neuer Telekommunikationsmedien zur Überwindung räumlicher und zeitlicher Kommunikationsrestriktionen (nach Bullen und Bennett 1991)

(2) Modularisierung und Führungspyramide
Seit Mitte der 80er Jahre ist in allen Organisationsbereichen mit dem Einsatz der Informations- und Kommunikationstechnik ein Trend zur Aufgabenintegration und ganzheitlichen Aufgabenerfüllung zu erkennen (*Reichwald* 1985). Ganzheitliche Aufgabenstrukturen sind in der Regel mit der Erweiterung des Handlungsspielraums (*Ulich/ Groskurth/Bruggemann* 1973; *Ulich* 1991) für Individuen und Gruppen (organisatorische Dezentralisation) verbunden. Besonders auf wettbewerbsintensiven Märkten, die von den Unternehmen ein hohes Maß an Flexibilität und Innovationsfähigkeit verlangen, zeigt sich heute ein Trend zur Modularisierung und Auflösung der Organisation in handlungsfähige autonome Organisationseinheiten (vgl. *Wildemann* 1990; *Höller/Kubicek* 1991; *Warnecke* 1992; *Frese* 1993), die durch dezentrale Informations- und Kommunikationssysteme unterstützt werden. Der Abbau von vertikaler Arbeitsteilung führt dabei zu einer Verkürzung der vertikalen Leitungsspanne. Da die Informations- und Kommunikationstechnik zugleich neue Möglichkeiten für eine Erweiterung der horizontalen Leitungsspanne fördert (*Zuboff* 1988), ergibt sich ein verschärfter Trend zur Abflachung der Führungspyramide.

(3) Globalisierung und Vernetzung
Die zunehmende elektronische Vernetzung von Organisationen und Märkten (z. B. für den zwischenbetrieblichen elektronischen Austausch von Geschäftsdaten über EDI – Electronic Document Interchange) fördert die inner- und überbetriebliche Integration vor- und nachgelagerter Stufen des Wertschöpfungsprozesses sowie zwischenbetriebliche Kooperationen. Dabei steigt z. B. im Rahmen funktions- und organisationsübergreifender Aufgaben die Bedeutung teamorientierter Aufgabenerfüllung auch im Führungsbereich (*Katzenbach/Smith* 1993). Die wachsende Aufgabenkomplexität und die strategische Bedeutung des Faktors Zeit erfordern flexible Organisationsformen, in denen wesentliche Aufgaben durch kurzfristig gebildete Arbeitsgruppen gelöst werden (*Peters* 1992; *Davidow/Malone* 1992). Führungskräfte gehören oft gleichzeitig mehreren Projektteams an, deren Mitglieder häufig auf viele Standorte verteilt sind. Die Etablierung temporärer team- und projektbezogener Kommunikationsinfrastrukturen wird dabei zu einer wichtigen Managementaufgabe und trägt gleichzeitig zur Flexibilität moderner Organisationsstrukturen (Trend zu vernetzten „virtuellen" Organisationen) bei (*Nohria/Eccles* 1992; *Szyperski/Klein* 1993).

Im Zuge der Globalisierung der Geschäftsaktivitäten verteilt sich aber auch der Arbeitsplatz von Führungskräften stärker auf verschiedene Standorte. Für die effiziente Bewältigung dieser Globalisierung von Führungsaufgaben kommt der Bürokommunikationstechnik entsprechend ihres Potentials zur Überwindung räumlicher und zeitlicher Kommunikationsrestriktionen (vgl. Abb. 4) eine Schlüsselrolle zu. Von besonderer Bedeutung sind im Führungsbereich mobile Kommunikationsformen, da sie wichtige Führungsfunktionen während der dienstreisebedingten Abwesenheit unterstützen.

(4) Dezentralisierung und Mobilität
Mit der organisatorischen Dezentralisierung steigt auch die Unabhängigkeit der Führungsaufgabe, und es wird – zumindest längerfristig – ein räumlicher Dezentralisierungstrend erwartet (*Picot* 1985). Eine verstärkte räumliche und organisatorische Dezentralisierung wird sich vor allem für solche Aufgabenbereiche anbieten, die wenig komplex und hoch strukturiert sind. Um die ökonomischen Vor- und Nachteile standortverteilter Kooperation über Telemedien zu testen und den wachsenden Verkehrsproblemen in den Ballungsräumen zu begegnen, werden Pilotprojekte mit Telearbeitsplätzen in privaten Haushalten (Teleheimarbeit) oder speziell ausgestatteten Telearbeitszentren (Telehäuser) unternommen (*Gray/Hodson/Gordon* 1993). Für marktnahe Aufgaben und Projekte an wechselnden Standorten (z. B. Vertriebs- und Serviceaufgaben oder Beratungsprojekte) erweisen sich dezentralisierte außerbetriebliche Arbeitsstätten schon heute als ökonomische Lösungen. Mobile Systeme der Bürokommunikation sind für die Unterstützung marktnaher Lösungen der Aufgabenerfüllung (z. B. Kundenbesuche) besonders hilfreich. Für einzelne Branchen in der Wirtschaft, insbesondere in serviceintensiven Bereichen und bei Finanzdienstleistungen, zeigt sich ein deutlicher Trend zum mobilen Arbeitsplatz. Der Entwicklung neuer Methoden der mediengestützten Führung von Telearbeitern fällt dabei ein besonderes Gewicht zu.

Literatur

Baeker, R. M. (Hrsg.): Readings in Groupware and Computer-Supported Cooperative Work. Assisting Human-Human Collaboration. San Marco, CA 1993.
Beckurts, K.-H./Reichwald, R.: Kooperation im Management mit integrierter Bürotechnik. München 1984.
Boone, M. E.: Leadership and the Computer. Rocklin, CA 1991.
Bullen, C. V./Bennett, J. L.: Groupware in Practice: An Interpretation of Work Experiences. In: *Dunlop, C./Kling, R.* (Hrsg.): Computerization and Controversy: Value Conflicts and Social Choices. New York 1991.
Bullinger, H.-J. (Hrsg.): Handbuch des Informationsmanagements im Unternehmen. 2 Bde. München 1991.
Bullinger, H. J./Friedrich, R./Koll, P.: Management-Informationssysteme (MIS): Vorgehensweisen, Trends und Entwicklungen. In: Office Management, Nr. 11, 1992, S. 6–18.
Burns, J. M.: Leadership. New York 1978.

Chapanis, A.: The Human Use of Telecommunication Systems. Baltimore 1980.
Clampitt, P. G.: Communicating for Managerial Effectiveness. Newbury Park. CA 1991.
Daft, R. L./Macintosh, N. B.: A Tentative Exploration into the Amount and Equivocality of Information Processing in Organizational Work Units. In: ASQ, 1981, S. 207–224.
Davidow, W. H./Malone, M. S.: The Virtual Corporation: Customization and Instantaneous Response in Manufacturing and Service; Lessons from the world's most advanced companies. New York 1992.
DeSanctis, G./Gallupe, R. B.: A Foundation for the Study of Group Decision Support Systems. In: Man. Sc. 1987, S. 589–609.
Fiedler, F. E.: A Theory of Leadership Effectiveness. New York 1967.
Frese, E.: Grundlagen der Organisation. 5. A., Wiesbaden 1993.
Fulk, J./Steinfield, C.: Organizations and Communication Technology. Newbury Park 1990.
Goecke, R.: Computergestützte Kommunikation in F & E Projekten. In: VDI Berichte Nr. 991. Bürokommunikation für Ingenieure. Düsseldorf 1992.
Goldhaber, G. M./Barnett, G. A. (Hrsg.): Handbook of Organizational Communication. Norwood, New Jersey 1988.
Gora, W./Bohländer, E.: Mobilkommunikation-Technologien und Einsatzmöglichkeiten. Bergheim 1992.
Gray, M./Hodson, N./Gordon, G.: Teleworking Explained. Chichester 1993.
Grote, G.: Auswirkungen elektronischer Kommunikation auf Führungsprozesse. In: Zeitschrift für Arbeits- und Organisationspsychologie 38. Jg., (N. F. 12) 1994, 2, S. 71–75.
Grote, G.: Schneller, besser, anders kommunizieren? – Die vielen Gesichter der Bürokommunikation. Zürich/Stuttgart 1993.
Hiltz, S. R./Turoff, M.: The Network Nation-Human Communication via Computer. 2. A., Cambridge 1993.
Höller, H./Kubicek, H.: Angemessener Techikeinsatz zur Unterstützung selbststeuernder Arbeitsgruppen in der öffentlichen Verwaltung, Teil 1–4. In: Verwaltungsführung, Organisation, Personal 1991, S. 21–25, 131–133, 177–181, 240–243.
Katzenbach, J. R./Smith, D. K.: The Wisdom of Teams: Creating the High-Performance Organization. Boston 1993.
Kieser, A. (Hrsg.): Organisationstheorien. Stuttgart 1993a.
Kieser, A./Kubicek, H.: Organisation. 3. A., Berlin et al. 1992.
Kieser, A.: Organisationsstruktur. In: *Hauschildt, J./Grün, O.* (Hrsg.): Ergebnisse empirischer betriebswirtschaftlicher Organisationsforschung: Zu einer Realtheorie der Unternehmung – Festschrift für Eberhard Witte. Stuttgart 1993b, S. 55–82.
Kirsch, W./Klein, H. K.: Management-Informationssysteme. Bd. I. Stuttgart 1977.
Klingenberg, H./Kränzle, H.-P.: Kommunikationstechnik und Nutzerverhalten. In: *Picot, A./Reichwald, R.* (Hrsg.): Forschungsprojekt Bürokommunikation, Bd. 2, München 1983.
Koontz, H./O'Donnell, C.: Principles of Management: An Analysis of Managerial Functions. Tokyo et al. 1972.
Kornwachs, K.: Information und Kommunikation – Zur menschengerechten Technikgestaltung. Berlin et al. 1993.

Krallmann, H./Papke, J./Rieger, B.: Rechnergestützte Werkzeuge für das Management: Grundlagen, Methoden und Anwendungen. Berlin 1992.
Krcmar, H. A. O.: Computer-Aided Team – Ein Überblick. In: Office Management, Nr. 1, 1992, S. 6–9.
Krcmar, H. A. O.: Computerunterstützung für Gruppen – neue Entwicklungen bei Entscheidungsunterstützungssystemen. In: Information Management, Nr. 3, 1988, S. 8–14.
Lullies, V./Bollinger, H./Weltz, F.: Konfliktfeld Informationstechnik. Frankfurt/M. 1990.
Mehrabian, A.: Silent Messages. Belmont, CA 1971.
Mintzberg, H.: The Natur of Managerial Work. New York et al. 1973.
Müller-Böling, D./Ramme, I.: Informations- und Kommunikationstechniken für Führungskräfte – Top-Manager zwischen Technikeuphorie und Tastaturphobie. München et al. 1990.
Nastansky, L. (Hrsg.): Workgroup Computing – Computergestützte Teamarbeit in der Praxis. Hamburg 1993.
Neuberger, O.: Führen und geführt werden. Stuttgart 1990.
Nippa, M.: Gestaltungsgrundsätze für die Büroorganisation – Konzepte für eine informationsorientierte Unternehmungsentwicklung unter Berücksichtigung neuer Kommunikationstechniken. Berlin 1988.
Nohria, N./Eccles, R. G. (Hrsg.): Networks and Organizations – Structure Form and Action. Boston 1992.
Peters, T.: Liberation Management: Necessary Disorganization for the Nanosecond Nineties. London 1992.
Picot, A./Reichwald, R.: Informationswirtschaft. In: *Heinen, E.* (Hrsg.): Industriebetriebslehre, 9. A., Wiesbaden 1991, S. 241–393.
Picot, A.: Integrierte Telekommunikation und Dezentralisierung in der Wirtschaft. In: *Kaiser, W.* (Hrsg.): Integrierte Telekommunikation. Berlin et al. 1985, S. 484–500.
Picot, A.: Organisation. In: Vahlens Kompendium der Betriebswirtschaftslehre. 3. A., Bd. 2. München 1993, S. 103–174.
Rau, K.-H.: Integrierte Bürokommunikation. Wiesbaden 1991.
Reichwald, R.: Innovative Anwendungen neuer Telekommunikationsformen in der industriellen Forschung und Entwicklung. In: *Heinrich, L. J./Pomberger, G./Schauer, R.* (Hrsg.): Die Informationswirtschaft im Unternehmen. Linz 1991, S. 253–280.
Reichwald, R.: Integrierte Telekommunikation und Aufgabenintegration. In: Kaiser, W. (Hrsg.): Integrierte Telekommunikation. Berlin et al. 1985, S. 502–514.
Reichwald, R.: Kommunikation und Kommunikationsmodelle. In: *Wittmann, W./Kern, W./Köhler, R.* et al. (Hrsg.): HWB. 5. A., Bd. 2, Stuttgart 1993, Sp. 2174–2188.
Reichwald, R.: Kommunikation. In: Vahlens Kompendium der Betriebswirtschaftslehre, 2. A., Bd. 2, München 1990, S. 413–459.
Reichwald, R.: Mensch-Maschine-Kommunikationssysteme in der Planung. In: *Szyperski, N.* (Hrsg.): HWPlan, Stuttgart 1989, Sp. 1098–1119.
Reichwald, R./Nippa, M.: Informations- und Kommunikationsanalyse. In: *Frese, E.* (Hrsg.): HWO. 3. A., Stuttgart 1992, Sp. 855–872.
Rice, R. E. (Hrsg.): The New Media – Communication, Research, and Technology. Beverly Hills et al. 1984.
Rice, R. E.: Task Analysability, Use of New Media, and Effectiveness: A multi-site exploration of media richness. In: Organization Science 1992, S. 475–500.
Rockart, J. F./De Long, D. W.: Executive Support Systems: The Emergence of Top Management Computer Use. Homewood, IL 1988.
Rosenstiel, L. v.: Grundlagen der Organisationspsychologie – Basiswissen und Anwendungshinweise. 3. A., Stuttgart 1992.
Schein, E. H.: Organizational Culture and Leadership. San Francisco 1992.
Short, J./Williams, E./Christie, B.: The Social Psychology of Tele-Communications. London et al. 1976.
Sproull, L./Kiesler, S.: Connections – New Ways of Working in the networked Organization. Cambridge et al. 1992.
Stogdill, R. M.: Leadership, Membership and Organization. In: Psych. Bull., 1950, S. 1–14.
Szyperski, N./Klein, S.: Informationslogistik und virtuelle Organisationen. In: DBW 1993, S. 187–208.
Trevino, L./Lengel, R. H./Daft, R. L.: Media Symbolism, Media Richness, and Media Choice in Organizations: A Symbolic Interactionist Perspective. In: Communications Research 1987, S. 553–574.
Ulich, E./Groskurth, P./Bruggemann, A.: Neue Formen der Arbeitsgestaltung – Möglichkeiten und Probleme einer Verbesserung der Qualität der Arbeitslebens. Frankfurt/M. 1973.
Ulich, E.: Arbeitspsychologie. Stuttgart 1991.
Vallone, C.: Designkonzepte einer kommunikationsorientierten computergestützten Arbeitsplatzumgebung für das Management. Diss. St. Gallen 1991.
Wahren, H.-K.: Zwischenmenschliche Kommunikation und Interaktion in Unternehmen. Berlin et al. 1987.
Warnecke, H. J.: Die Fraktale Fabrik – Revolution der Unternehmenskultur. Berlin et al. 1992.
Watson, H. J./Rainer, R. K. Jr./Koh, E.: Executive Information Systems: A Framework for Development and a Survey of Current Practices. In: Management Information Systems Quarterly 1991, S. 13–30.
Watzlawick, P./Beavin, J. H./Jackson, D. D.: Menschliche Kommunikation. 9. A., Bern 1992.
Wildemann, H.: Die modulare Fabrik – Kundennahe Produktion durch Fertigungssegmentierung. 3. A., St. Gallen 1992.
Witt, F.-J. (Hrsg.): Manager-Kommunikation. Stuttgart 1993.
Witte, E. (Hrsg.): Bürokommunikation – Ein Beitrag zu Produktivitätssteigerung. Berlin et al. 1984.
Witte, E.: Telekommunikation. In: *Frese, E.* (Hrsg.): HWO, 3. A., Stuttgart 1992, Sp. 2417–2432.
Wunderer, R.: Führung und Zusammenarbeit. Stuttgart 1993.
Zuboff, S.: In the Age of the Smart Machine – The Future of Work and Power. Oxford et al. 1988.

Bürokratie, Führung in der

Horst Bosetzky

[s. a.: Autorität; Entpersonalisierte Führung; Führung in der öffentlichen Verwaltung; Führungstheorien – Charismatische Führung.]

I. Interaktionelle Führung als scheinbar untergeordnetes Steuerungselement in der bürokratischen Organisation; II. Widerstände gegen das Geführt-

werden; III. Möglichkeiten und Notwendigkeit interaktioneller Führung in der bürokratischen Organisation.

I. Interaktionelle Führung als scheinbar untergeordnetes Steuerungselement in der bürokratischen Organisation

Interaktionelle Führung, also Führung als „zielbezogene, interpersonelle Verhaltensbeeinflussung mit Hilfe von Kommunikationsprozessen" (*Baumgarten* 1977, S. 9), ist sowohl im „Prinzip bürokratische Organisation" *(Bürokratie)* wie in der Praxis existierender Bürokratien nur als marginal-uneigentliches Funktionselement zu kennzeichnen, d. h. die Zielerreichung bürokratischer Organisationen wird viel eher in Abhängigkeit von „harten Strukturvariablen" als von einer Vielzahl geglückter Beziehungen zwischen Vorgesetzten und Mitarbeitern gesehen.

Leitmotiv *Max Webers* bei der Konstruktion des *Idealtyps der Bürokratie* war die Frage, wie soziales Handeln – seiner Natur nach immer tendenziell ungewiß und schwer prognostizierbar – berechenbar gemacht werden könnte. Und seine Antwort im Hinblick auf eine Verwaltung, die eine „rein technisch zum Höchstmaß der Leistung vervollkommenbare, in all diesen Bedeutungen: formal *rationalste Form der Herrschaftsausübung*" sein soll (*Weber* 1964, S. 164), geht eindeutig in Richtung eines Maschinenmodells: „Ihre spezifische, dem Kapitalismus willkommene, Eigenart entwickelt sie um so vollkommener, je mehr sie sich ‚entmenschlicht', je vollkommener, heißt das hier, ihr die spezifische Eigenschaft, welche ihr als Tugend nachgerühmt wird, die Ausschaltung von Liebe, Haß und allen rein persönlichen, überhaupt aller irrationalen, dem Kalkul sich entziehenden Empfindungselementen aus der Erledigung der Amtsgeschäfte gelingt" (*Weber* 1964, S. 718). Das heißt nichts anderes, als daß Führung als zwischenmenschlicher Kommunikationsakt nach Möglichkeit aus jedem bürokratischen Apparat zu eliminieren ist, und die *Steuerung der Organisationsmitglieder allein über verinnerlichte Werte und Normen* – in der öffentlichen Verwaltung zusammengefaßt im „Beamtenethos" und in den „Amtswalterpflichten", im Bereich industrieller Bürokratien im Phänomen der „Unternehmenskultur" – *und die strukturellen Bedingungen* erfolgen sollte, d. h. von einer präzisen und von den vorgegebenen Aufgaben ausgehenden Aufbau- und Ablauforganisation mit überwiegend Wenn-Dann-Entscheidungen in Routineprogrammen (*Kübler* 1974, S. 212), verbunden mit einer ehernen Amtsdisziplin. Führung wird damit in einer Bürokratie vor allem verstanden als Durchsetzung formaler Macht und Autorität und nicht als Motivierung von Mitarbeitern zur zielorientierten Leistung (über die bloße Pflichterfüllung hinaus). Es findet eine „*Entpersönlichung der Führung*" (→*Entpersonalisierte Führung*) und „*Funktionalisierung des gesamten Leistungsprozesses*" statt (*Laux* 1975, S. 28), die interaktionelle Führung ihrer Unwägbarkeiten wegen bewußt zur Quantité négligeable werden läßt. So ist es nur logisch, daß in der öffentlichen Verwaltung „Führungskonzepte... bisher deshalb so wenig... eingeführt (worden sind), weil ihre Relevanz für die erklärten oder vermeintlichen Bedürfnisse der potentiellen Anwender noch wenig einsichtig ist..." (*Böhret/Junkers* 1976, S. 138 f.), und sich auch in verwaltungswissenschaftlichen Standardwerken der Begriff der interaktionellen Führung und seine inhaltliche Erörterung kaum oder gar nicht finden lassen.

Aber nicht nur die Dominanz der strukturellen Steuerung engt den Führenden ein und läßt die Elemente interaktioneller Führung in den Hintergrund treten, sondern auch der *systemimmanente Widerstand der Untergebenen* gegen das Geführtwerden durch andere Organisationsmitglieder.

II. Widerstände gegen das Geführtwerden

Jede Herrschaft trägt tendenziell den Keim zu ihrer Überwindung in sich, jedes Führungsverhältnis ist latent auf seine Aufhebung bzw. Umkehrung hin angelegt. Diese anthropologische bzw. sozio-kulturelle Ambivalenz und Dialektik der Dyade Führender – Geführter (→*Führungstheorien, von Dyaden zu Teams*) gilt auch für formal-juristisch so eindeutig auf ein stufenförmiges Machtgefälle hin ausgerichtete soziale Systeme, wie sie Bürokratien darstellen. Für diesen systemeigenen Widerstand gegen das Geführtwerden gibt es eine Reihe von Gründen, insb. sind es aber die *Autonomiebedürfnisse* der Mitarbeiter und die Selbstverwirklichungsqualität von Auflehnung.

1. Die Autonomiebedürfnisse des „professionalisierten Bürokraten"

Die *Autonomiebedürfnisse* von Mitgliedern großer Organisationen sind lange Zeit unterschätzt worden, da *Bürokraten* per Definition (z. B. *Scott* 1968) nur zur Ausführung repetitiver Teilaufgaben fähig seien und wegen des Fehlens internalisierter Normen und Standards durch äußere Kontrollen gesteuert werden müßten. In Wirklichkeit aber haben erhebliche Teile der Beamten und Angestellten großer Verwaltungen die erforderlichen Selbststeuerungsnormen durchaus verinnerlicht, wie sie auch – was bei *Scott* nur dem *professional* zugebilligt wird – (zumindest teilweise) über eine externe

Ausbildung und über umfassende Fertigkeiten (im Sinne von großem Dienst- und Fachwissen) verfügen; schon bei *Weber* (1964, S. 704 f.) wird ja die „Amtsführung des Beamten" als „eine besondere Kunstlehre" gesehen. Mit dem sog. „Wertewandel" (u. a. Emanzipation von den Autoritäten, Autonomie des einzelnen, Ungebundenheit und Eigenständigkeit; vgl. *Klages* 1985), der Propagierung „autopoietischer Systeme" und den New Age-Einflüssen auf die Managementlehre (vgl. *Gerken* 1991) dürfte dieser Trend noch spürbarer werden.

Für diesen (idealtypischen) *professionalisierten Beamten* ist das Geführtwerden damit tendenziell überflüssig und dysfunktional, eine ebenso ärgerliche wie arbeitshemmende Tatsache. Wird seinem Autonomiebedürfnis, das sowohl Ich- oder *Selbstverwirklichungsbedürfnissen* wie auch objektiven Systemnotwendigkeiten entspringt, nicht ausreichend Rechnung getragen – und interaktionelle Führung in Bürokratien neigt wegen des höheren Machtpotentials des einen Partners immer dazu –, so sind bestimmte Reaktanz-Manifestationen, z. B. gegen den Vorgesetzten gerichtete Aggressionen, zu erwarten (*Bosetzky/Heinrich* 1989).

2. Anarchische Elemente und Tendenzen in historisch gewachsenen Großorganisationen

Zwar versprechen Machtunterwerfung und Gehorsam, also die Anerkennung des „Prinzips Ordnung", dem Organisationsmitglied die immer auch mehr oder minder von ihm gesuchte *sozio-emotionale Sicherheit*, doch entwickelt es zugleich mit seiner Anpassung, zumindest latent, ein je nach Situation mehr oder minder großes *Auflehnungspotential gegen die institutionalisierte soziale Ungleichheit in der Organisation und gegen die Führenden*, weil ihm zum einen das Geführtwerden wegen seiner Ähnlichkeit mit dem Eltern-Kind-Verhältnis den erstrebten Erwachsenen-Status zu nehmen droht und weil zum anderen Renitenz und Insubordination als notwendige Mittel der „Identitätsbehauptung gegenüber der Identitätsbedrohung durch Machtunterwerfung" zu verstehen sind (*Schimank* 1981).

Anarchische Elemente ergeben sich ferner aus der permanenten Abwertung von Führenden durch Angehörige anderer organisationsinterner Koalitionen (s. u.) und der Tatsache, daß die eigene Profilierung und Karriere oft nur über die „Demontage" bzw. Eliminierung der alten Herrschenden gelingen kann. Dem „Prinzip Ordnung", das Führung im hier gemeinten Sinne miteinschließt, steht also immer das „Prinzip Un-Ordnung" gegenüber: das *Konterkarieren und Zunichtemachen von Führung* (*Bosetzky* 1982).

III. Möglichkeiten und Notwendigkeit interaktioneller Führung in der bürokratischen Organisation

Da es der entscheidende Konstruktionsfehler des *Idealtypus der Bürokratie* sein dürfte, Informations- und Motivationsfunktionen nicht voneinander zu trennen (*Luhmann* 1986), muß in der Realität bürokratischer Organisationen, wenn die strukturelle Führung rein auf die Information abzielt und im Hinblick auf die Leistungsoptimierung in erheblichem Maße auch dysfunktional ist (vor allem durch die aufkommende Entfremdung der Mitglieder von Arbeit und Arbeitsprozeß und von den Zielen der Organisation), ein erhebliches Motivationsdefizit entstehen, das zu schließen Aufgabe direkter sozialer Einflußnahme ist; allerdings nicht nur förmlich zwischen „entmenschlichten" Rollenträgern (s. o.) bzw. „Charaktermasken" – dies wäre wohl nicht wirksam genug –, sondern zwischen „sich voll einbringenden", d. h. die Mitgliedschafts- und die Arbeitsrolle transzendierenden Menschen.

1. Zur Realität interaktioneller Führung

Trotz der Dominanz strukturell-institutionalisierter Führung und der bürokratischen Versachlichung von Herrschaft verbleiben dem Vorgesetzten in der Bürokratie die folgenden interaktionellen Führungsfunktionen: (1) *Die demonstrative Wahrnehmung von Leitungsaufgaben* (der Führende weist die Richtung, offenbart vorbildlich ein bestimmtes Verhalten und symbolisiert die hierarchische Ordnung nach außen), (2) *die sichtbare Wahrnehmung von Kontrollfunktionen* (der Führende leitet Vorgaben und Weisungen weiter und sorgt für ihre Ausführung, gibt Erläuterungen, greift ein bei Fehlern und Fehlverhalten und bei sich ändernden Geschäftsverteilungsplänen, Arbeitsverfahren und Dienstvorschriften) (*Hegner* 1982), (3) *die sichtbare Wahrnehmung der Fürsorgepflicht* (der Führende hat seine Mitarbeiter zu trösten und „wiederaufzurichten", wenn sie von den unvermeidlichen Frustrationen des Gesamtsystems erschüttert worden sind) (*Bosetzky* 1982). Wie, d. h. mit welchem Führungsstil dies geschieht, läßt sich bei der bekannten Vielfalt von Behörden bzw. Verwaltungsaufgaben nur dahingehend verallgemeinern, daß bei einfachen Angelegenheiten und gegenüber Kommunikationspartnern unterer Ränge ein „straffer Führungsstil" vorzuherrschen scheint, während sich auf höheren hierarchischen Ebenen – bedingt auch durch eine tendenzielle Absicherungs- bzw. Rückversicherungshaltung der Führenden – deutlich teamartige Organisationsformen und partizipative Führungselemente erkennen lassen (man denke an die vielen Rücksprachen und Besprechungen). Die Praxis beklagt häufig *falsches*

Führungsverhalten, denn statt zu konzipieren und zu organisieren und statt zu initiieren, zu korrigieren und zu kontrollieren, konzentrieren sich die Führungskräfte „häufig zu einseitig auf herausgehobene Sachbearbeitung und vernachlässigen vor allem personenbezogene Führungsfunktionen wie Anerkennung, Förderung und Konfliktregelung" (Abgeordnetenhaus von Berlin 1984, S. 18). Diese *Flucht aus der Führung* dürfte ebenso eine Folge der für viele (jüngere) Vorgesetzte prägenden Zeitströmung sein, Macht und Herrschaft a priori als negativ zu bewerten, wie auch der (als funktional gewerteten) generellen Verschleierung von Herrschaft in großen Organisationen (*Hopf* 1975) und einer Tendenz zur „*kalkulierten Leistungsbereitschaft*" auf allen Rängen (zu starke strukturelle Führung führt automatisch zum Laissez-faire-Führungsstil). Daß in nahezu allen empirischen Untersuchungen bis zu drei Viertel der Befragten das Verhältnis zu ihrem Vorgesetzten als gut oder sehr gut bezeichnen, stützt diese These. Die Führungsrealität in bürokratischen Organisationen wird also durch drei – teilweise stark konfligierende – Tatbestände gekennzeichnet: (1) die Versachlichung bürokratischer Herrschaft bzw. die →*Entpersonalisierung von Führung* (durch die vorgegebene Dominanz struktureller Führung ebenso wie durch die dahin gehenden Wünsche der Mitarbeiter), (2) die ebenso systemimmanenten wie gesamtkulturell vorgegebenen Autonomiebedürfnisse und Widerstandsreaktionen bei den Geführten und (3) die *gleichzeitige* Notwendigkeit interaktioneller Führung zur Motivierung und zur „Feinsteuerung" der Mitarbeiter, die tendenziell zur Selbstorientierung und zur „Abschirmung" gegen Leistung, Mobilität und Übernahme von Verantwortung neigen.

Die bürokratische Organisation benötigt damit für ihr Funktionieren ein Maß an interaktioneller Führung, das sie aufgrund ihrer organisationalen und situativen Bedingungen an sich nie erreichen kann, sie löst dieses Dilemma aber weithin durch die Aktivierung der Ressource „informelle Organisation". Durch sie erfolgt eine erhebliche *Re-Personalisierung von Führung*, durch sie wird das funktionsnotwendige Gemeinschaftshandeln in die bürokratischen Apparate zurückgeholt.

2. Die Re-Personalisierung von Führung durch Elemente der informellen Organisation

Insb. mit den Phänomenen der „*kameradschaftlichen Bürokratie*" (*Bosetzky* 1971) und der →„*Mikropolitik*" (*Bosetzky* 1971) kehrt die interaktionelle Führung, die mit dem primär mechanistisch-organizistischen Denkansatz des *Idealtypus der Bürokratie* aus der Organisationsgestaltung verbannt worden war, in den Verwaltungsalltag zurück.

Im wesentlichen lassen sich drei Möglichkeiten des interaktionellen Führens auf informeller Ebene unterscheiden:

(1) *Führung durch Instrumentalisierung persönlicher Bindungen und durch Förderung einer gewissen familiär-häuslichen Arbeitsatmosphäre.* – Die Homogenität der Angestellten und Beamten großer Verwaltungen im Hinblick auf Herkunft, Sozialisation, Wertorientierung, Sprache und Verhalten hat zu einer historisch einmaligen, weil jetzt „massenhaft" gewordenen Organisations- oder *Bürokultur* (→*Organisationskultur und Führung*) geführt, die sich am kürzesten als das Hineinreichen bzw. Hineinwirken der bürgerlichen Kleinfamilie und der (klein)bürgerlichen Wohnung in die Verwaltungsbereiche großer Organisationen kennzeichnen läßt. Für das Phänomen Führung hat dieses (der Tendenz nach) *bürgerliche Büro* zumindest zwei funktionale Folgen: Zum einen wird es in einem Milieu, das derart auf Höflichkeit und schönen Schein angelegt ist, schon auf der eher rituell-spielerischen Ebene schwierig bis unerhört, dem Vorgesetzten eine angemessen vorgetragene Bitte abzuschlagen, zum anderen kommt mit der Kategorie bzw. der Qualität „Freundschaft" (Sympathie, Zuneigung) das gewichtigste aller Elemente sozialer Einflußnahme in die Organisation hinein. Je enger, intensiver und persönlicher die Bindung, desto eher ist ein anderer (bei allen damit verbundenen Konfliktgefahren) auch zu einem Handeln zu bewegen, zu dem er sich auf der „formalen Schiene", also in der Interaktion zwischen zwei Nur-Rollenträgern, so leicht nicht entschließen könnte. Freundschaft zwischen den Bediensteten (eine undenkbare Größe im Idealtypus der Bürokratie) hebt die arbeitsbezogene Kommunikation auf eine höhere und ganz zentrale Ebene des „ganzheitlichen" Lebens und läßt sie für die Identität und die Persönlichkeit des Handelnden existenziell wichtig werden, so daß – hedonistische Grundzüge des Menschen ebenso unterstellt wie die Internalisierung (und Romantisierung) solidarischer Werte – Enttäuschungen und Verletzungen des anderen und durch den anderen gefürchtet und darum nach Möglichkeit vermieden werden.

Wer nun als Vorgesetzter in einer an bürgerlichen Wert- und Verhaltensmustern orientierten Bürokratie seine Mitarbeiter in der beschriebenen Art und Weise persönlich an sich bindet, hat sich damit ein hervorragendes (wenn auch sehr fragiles) Steuerungsinstrument geschaffen.

(2) *Führung durch Rollenakkumulation und durch Ausnutzen von Loyalitätszwängen externen Organisationen gegenüber.* – Ein ausgezeichnetes Mittel zum Wirksamwerden von Führung in der Bürokratie und zur Herausbildung von Führungspersönlichkeiten ist die *Rollenakkumulation*, insb.

die Übernahme von Leitungsaufgaben in Parteien, Gewerkschaften und (regional) bedeutsamen Organisationen (Vereinen, Verbänden, Kirchen etc.). Dies bringt dem Führenden nicht nur eine Vergrößerung seiner Autorität und seines organisations- wie umweltbezogenen Wissens (er bekommt den „Durchblick") und einen erheblichen Statuszuwachs, sondern vor allem auch die Chance der Einflußnahme auf Mitarbeiter, die derselben externen Organisation normativen Charakters angehören. Hier gilt dasselbe wie bei der Führung vermittels kollegial-freundschaftlicher Beziehungen (s. o.): Ist der andere nicht auf der dienstlichen Ebene ansprechbar, dann auf der „ideologischen" bzw. „privat-utilitaristischen" Dimension (vgl. *Scheuch/Scheuch* 1992).

(3) *Führung durch Offerieren von privat verwalteten organisationalen Belohnungen.* – Das eben Gesagte kulminiert im Phänomen der *Mikropolitik*, dem Versuch von Organisationsmitgliedern, durch Koalitionsbildung in der und gegen die Organisation die eigenen wie die gruppenspezifisch-partikularistischen Ziele zu erreichen und die Verteilung der organisationalen Belohnungen (Positionen mit mehr Entgelt, Macht und Prestige und mit größeren Selbstverwirklichungschancen) zu eigenen Gunsten bzw. zu Ungunsten anderer zu verändern. Der Mikropolitiker vereint funktionale, koordinative und *charismatische Autorität* (→*Autorität;* →*Führungstheorien, Charismatische Führung*) mit „Polit-Autorität" (d. h. dem Einfluß, den er durch Mitgliedschaft in Parteien, Gewerkschaften, Personalräten etc. gewinnt) und „konspirativer Autorität" (d. h. dem bes. Maß an Hintergrunds- und „Geheimwissen", mit dem er stets Kenntnis davon hat, wie die anstehenden Entscheidungen aussehen werden, und wer aktiviert, gegen wen ausgespielt und mit wem zusammengebracht werden muß, wenn bestimmte Ziele erreicht werden sollen), und er schafft sich, indem er Kollegen mit Rat und Tat zur Seite steht, vielfach auch gegen die Zentral-Abteilungen wie Personal, Haushalt und Organisation, nach dem „*Don Corleone-Prinzip*" (*Bosetzky* 1974) Gefolgsleute (Seilschaften, Promotionsbündnisse), die er mit dem Versprechen und der Vergabe von Beförderungen (und anderen Belohnungen) an sich bindet und die dann aus Dankbarkeit dafür (soziales Verhalten als Tauschprozeß) „Agentenfunktionen" für ihn wahrnehmen (müssen) (PR-Arbeit für ihn und seinen eigenen Aufstieg, Beschaffung von Informationen aus anderen Subsystemen und Beschleunigung bzw. Verzögerung dort ablaufender Prozesse).

Erst dieses Machtsurplus aus kameradschaftlichen und mikropolitischen Bezügen ermöglicht wirksame interaktionelle Führung in der Bürokratie.

3. Führungspersönlichkeiten in der Bürokratie

Nach dem eben Gesagten kann als *Führungspersönlichkeit in der Bürokratie* i. a. gelten, wer bei überdurchschnittlich großem *Dienst- und Fachwissen* (insb. auf den Gebieten des Verwaltungs- und öffentlichen Dienstrechts, des Haushaltswesens und der bis ins letzte Detail gehenden „Organisations- und Verwaltungskunde") und einem bestimmte Maße an *charismatischer Autorität,* gewonnen vor allem durch „*administrative Chuzpe*" beim Ausnutzen von Lücken und Widersprüchen in der „gesatzten Ordnung", dem *spielerisch leichten Zurechtfinden im Labyrinth der Normen und Regelungen und dem Niederringen interner wie externer Gegner,* mit der *Hausmacht des eigenen Subsystems,* dessen Mitglieder er mit erheblicher emotionaler Zuwendung, großzügiger Auslegung der vom Gesamtsystem auferlegten generellen Leistungs- und Verhaltensnormen („indulgency pattern") und unter Berücksichtigung ihrer Autonomie- und Selbstverwirklichungsbedürfnisse informell beherrscht („*kameradschaftliche Bürokratie*"), als „humaner Machiavellist" durch Rollenakkumulation und Koalitionsbildung mit externen und internen Personen und Gruppen (erfolgreicher „*Mikropolitik*" also), unter Nutzung ihm eine gewisse allgemeine Beliebtheit sichernder „populistischer Züge" (z. B. Lächerlichmachen und „Abschießen" unbeliebter Positionsinhaber, insb. „bürokratischer Persönlichkeiten", Offenlegen und – u. U. „schwejkistisches" – Konterkarieren absurder Regelungen und Maßnahmen oder Förderung der „dionysischen Elemente" der *Bürokultur,* bei Betriebsfeiern etwa) den *vollen Durchblick* hat und seine Ziele mit einer gewissen juristisch-administrativen Virtuosität und, was seine Strategie und die Vorausplanung seiner Aktionen angeht, schachmeisterlichen Souveränität erreicht, dabei im Sinne der self-fulfilling prophecy, d. h. durch die Zuschreibung von Führungsqualitäten und in positiver Rückkopplung, mit der Zeit immer mehr an Macht und Einfluß gewinnend.

Die dem Führenden von der Bürokratie institutionell einzig zur Verfügung gestellte →*Autorität,* die hierarchische oder *Amtsautorität* (zusammen mit der traditionalen), kann immer nur der Kern eines erfolgreichen Führungsverhaltens sein; wer nur mit ihr auskommen will (und muß), ist zumeist zum Scheitern verurteilt oder bleibt ein bloßer Bürokrat, eine blasse und entbehrliche Figur, an der die Handlungsströme weithin vorbeilaufen. Erst die *Instrumentalisierung der Bürokratie für die eigenen Bedürfnisse und Ziele,* d. h. das Sprengen der vorgegebenen Rolle und das Aufbrechen der lediglich eine leistungsnivellierende „Pflichterfüllung" bewirkenden strukturellen Führung, und die hier geschilderte *Re-Personalisierung von Führung* ergeben die Führungspersönlichkeit von Format.

So erweist sich die interaktionelle Führung letztendlich doch als ein unentbehrliches Steuerungsinstrument in der bürokratischen Organisation.

Literatur

Abgeordnetenhaus von Berlin, 9. Wahlperiode: Drucksache 9/1829 v. 21. 6. 1984, 2. Bericht (Schlußbericht) der Enquete-Kommission zur Verwaltungsreform v. 30. Mai 1984.
Baumgarten, R.: Führungsstile und Führungstechniken. Berlin et al. 1977.
Böhret, C./Junkers, M.-Th.: Führungskonzepte für die öffentliche Verwaltung. Stuttgart 1976.
Bosetzky, H.: Das Don Corleone-Prinzip in der öffentlichen Verwaltung. In: Baden-Württembergische Verwaltungspraxis, 1. Jg., 1974, S. 50–53.
Bosetzky, H.: Die instrumentelle Funktion der Beförderung. In: Verwaltungsarchiv, 63. Jg., 1972, S. 372–384.
Bosetzky, H.: Die „kameradschaftliche Bürokratie" und die Grenzen der wissenschaftlichen Untersuchung von Behörden. In: Die Verwaltung, 4. Jg., 1971, S. 325–335.
Bosetzky, H.: Systemimmanente Grenzen einer planvollen Verwaltungsführung. In: *Remer, A.* (Hrsg.): Verwaltungsführung. Berlin et al. 1982, S. 219–230.
Bosetzky, H./Heinrich, P.: Mensch und Organisation. Köln 1989.
Gerken, G.: Management by Love. Düsseldorf et al. 1991.
Hegner, F.: Das „magische" Viereck der Verwaltungsführung... in: *Remer, A.* (Hrsg.): Verwaltungsführung. Berlin et al. 1982, S. 71–88.
Hopf, Chr.: Arbeitssituation und gewerkschaftliches Bewußtsein, hrsg. v. ÖTV Stuttgart, Stuttgart 1975.
Klages, H.: Wertorientierungen im Wandel. Frankfurt/M. et al. 1985.
Kübler, H.: Organisation und Führung in Behörden. Stuttgart 1974.
Laux, E.: Führung und Führungsorganisation in der öffentlichen Verwaltung. Stuttgart 1975.
Luhmann, N.: Zweck-Herrschaft-System. Grundbegriffe und Prämissen Max Webers. In: *Mayntz, R.* (Hrsg.): Bürokratische Organisation. Köln 1968, S. 36–55.
Scheuch, E. K./Scheuch, U.: Cliquen, Klüngel und Karrieren. Reinbek 1992.
Schimank, U.: Identitätsbehauptung in Arbeitsgruppen – Individualität in der Formalstruktur. Frankfurt/M. 1981.
Scott, W. R.: Konflikte zwischen Spezialisten und bürokratischen Organisationen. In: *Mayntz, R.* (Hrsg.): Bürokratische Organisation. Köln 1968, S. 201–216.
Weber, M.: Wirtschaft und Gesellschaft. 2 Bde., Köln et al. 1964.

C

Chaos und Führung

Peter Müri

[s. a.: Führungsdilemmata; Führungskräfte als lernende Systeme; Krisensituationen, Führung in; Organisationsentwicklung und Führung; Selbststeuerungskonzepte.]

I. Begriff und Bedeutung des Chaos für die Führung; II. Die Chaos-Theorie in den Naturwissenschaften; III. Analoge Chaos-Prozesse in Human-Systemen; IV. Chaos-Phänomene in der Führung; V. Das Chaos-Management als Führungskonzept; VI. Erwünschte Chaos-Fähigkeiten der Führungskraft.

I. Begriff und Bedeutung des Chaos für die Führung

Chaos ist in unserem heutigen Sprachverständnis ein begrifflicher Antipol zu Führung. Mit Führung verbinden wir Vorstellungen wie Ordnung, Kontrollierbarkeit, Transparenz und Beeinflußbarkeit. Als Chaos wird dagegen bezeichnet, was unsystematisch, ungegliedert, unüberschaubar, schwer erfaßbar und dem Zufall überlassen erscheint.

Ein Management-Prozeß hat nach vorhersehendem Verständnis systematisch abzulaufen, wenn er Ergebnisse bringen soll (→*Führungsprinzipien und -normen*; →*Führungskonzepte und ihre Implementation*). Die Mitarbeiter sind zu „disziplinieren" und zu geordnetem Denken und Verhalten zu erziehen, wenn die Ziele des Unternehmens erreicht werden sollen.

Chaos ist dabei ein unerwünschter Störfaktor – so sagt es die klassische Lehre – und möglichst zu vermeiden durch den Einsatz von entsprechenden Führungsinstrumenten (→*Zielsetzung als Führungsaufgabe*; →*Führung im MbO-Prozeß*; →*Zeitmanagement*).

Demgegenüber behauptet das Chaos-Management: Chaos ist erwünscht. Es setzt neue Kräfte frei, bringt neue Perspektiven ein, macht flexibel und schafft damit Raum für Innovationen; alles Anforderungen unserer Zeit an Unternehmen und Führungskräfte.

Damit wird nun allerdings nicht die Nützlichkeit von Normen und Spielregeln, von Strukturen und Systemen im Unternehmen in Frage gestellt. Chaos-Management predigt keine Strategie der Struktur-Auflösung oder -zerstörung, um Neues entstehen zu lassen. Als Gegensatz zu einem solchen destruktiven Chaos arbeitet das Chaos-Management mit dem *konstruktiven Chaos*, das Normen und Strukturen nur vorübergehend außer Kraft setzt, um deren kreativitätstötende Wirkung zu relativieren.

Damit sich kreatives Chaos entfalten kann und nicht aus Angst vor dem destruktiven Chaos abdriftet, muß ein sicherer Boden geschaffen werden (Verständnis, Vertrauen, Vision und Verstehen, siehe der innere Halt im Chaos in *Müri* 1985). Dazu gehören methodische Rahmenbedingungen, die verbindlich und streng aufgezogen sein müssen, damit sich innerhalb des abgesteckten Freiraums der chaotische Entwicklungsprozeß ungehemmt entfalten kann.

Aus dieser Perspektive erhält Chaos ein neues Gesicht. Es ist nicht mehr nur das Gestörte, Kranke, Negative. Die Instabilität, das Ungleichgewicht, das Verrücken von Ordnungen machen plötzlich als Türöffner der Kreativität Sinn.

Dieses neue Chaosverständnis wird nun durch die naturwissenschaftliche Chaosforschung unterstützt. Der Physiker sagt: „Ordnung und Chaos sind heute nicht mehr unbedingt widersprüchlich: Im Gegenteil, Chaos kann – und ich betone kann – eine besondere Form hoher Ordnung sein" (*Brun* 1993).

Nach Hesiod und Ovid entsteht die Welt aus dem Chaos, aus der „in unermeßlicher Finsternis liegenden, gestaltlosen Urmasse". Metaphorisch könnte man daraus im Sinne des griechischen Weltverständnisses schließen: Am Anfang jeder Schöpfung steht das Chaos, d. h. die Leere. Psychologisch gesehen macht diese Interpretation viel Sinn. Jede Neuerung setzt voraus, daß das Alte abgelegt wird. Im Übergangs-Zustand vom Alten zum Neuen entsteht eine Leere (alter Chaosbegriff), die sich emotional in Orientierungslosigkeit und Verunsicherung ankündigt (neuer Chaosbegriff). Die Verhaltenswissenschaften wissen, daß gerade das Gefühl des Bodenlosen, Ungeordneten (neuer Chaosbegriff) beweist, daß es sich um eine echte Neuerung und nicht um eine vermeintliche handelt, die in Wirklichkeit nur eine Anpassung, Umgestaltung oder Aufpfropfung ist.

Unter diesem neuen Aspekt können Chaosprozesse als unvermeidbare Zustände der Normalität zugerechnet werden, ja, sie sind als Entwicklungshelfer geradezu erwünscht und werden deshalb auch gewollt konstelliert.

II. Die Chaos-Theorie in den Naturwissenschaften

Die Chaos-Theorie hat das lineare, mechanistische Naturverständnis, wie es auch der heutigen Betriebswirtschafts- und Managementlehre zugrunde liegt, revolutioniert. Deshalb wird die Chaos-Theorie gerne als Paradigma des neuen Führungsverständnisses benutzt.

Die naturwissenschaftliche Chaosforschung ist noch voll im Fluß. Es lassen sich folgende Hauptergebnisse herausschälen:

1. Nichtlinearität

Mit der Nichtlinearität oder Diskontinuität – könnte man summarisch behaupten – hält der Zufall als letzte, ernsthafte Größe Einzug und wird die absolute Berechenbarkeit der Welt verabschiedet. Typische Experimente sind Berechnungen von Populationsentwicklungen (z. B. von Insekten), die unvorherzusehende, nicht erklärbare Sprünge enthalten.

2. Fraktale Strukturen

Benoît *Mandelbrot* entdeckte, daß z. B. eine scheinbar chaotisch verlaufende Küstenlinie einen versteckten Code besitzt, der sich nach dem Prinzip der *Selbständigkeit* immer wieder reproduziert und ein Grundmuster (Mandelbrot-Menge) ergibt.

3. Schmetterlingseffekt

M. E. *Lorenz* ermittelte „seltsame Attraktoren", welche ein System mit minimalen Einflüssen aus dem Kurs bringen oder von einer Bahn auf eine andere springen lassen. Nach kleinster Änderung der Anfangsbedingungen kann ein System „verrückt spielen".

4. Dissipative Strukturen

Ilya Prigogine nennt dissipative Strukturen neue Ordnungen, die durch unerwartete Selbstorganisationsprozesse im System selbst (Fluktuation) plötzlich entstehen. Kleine Schwankungen im Kontext des Systems, chaotische Störungen z. B., verstärken sich, bis sie das ganze System erfassen und dieses einen neuen Ordnungszustand aus sich selbst produziert.

5. Autopoiese

Die Systemtheoretiker haben das Phänomen der *Selbstorganisation* auf alle Systemformen (z. B. soziales System wie das Unternehmen) übertragen (*Jantsch* 1979) und die Fähigkeit eines lebenden Systems beschrieben, sich selbst so zu erneuern, daß die Integrität der Struktur letztlich gewahrt bleibt, aber vorübergehend in Turbulenz gerät.

Die Ergebnisse der fünf Forschungsrichtungen lassen sich in den Worten eines Physikers (*Brun* 1993) wie folgt zusammenfassen:

- Chaos ist das Kind von Nichtlinearitäten
- Nichtlineare Dynamik ist facettenreich und voller Überraschungen
- Ordnung wächst und zerfällt spontan (siehe bei Überordnung)
- Unerwartete Zeitskalen treten auf
- Komplexe Systeme zeigen oft Versklavungen der Schwachen
- Kleine Eingriffe haben enorme Wirkungen
- Chaos hängt empfindlich von Anfangsbedingungen ab
- Seltsame Attraktoren (Schmetterlingseffekt) haben Chaos-Indikatoren
- Chaos-Indikatoren sind berechenbar
- Wege ins und durchs Chaos folgen allgemeinen Regeln
- Geregeltes Chaos ist modellierbar
- Chaos ist intelligent kontrollierbar.

In dieser Aussageabfolge wird der Weg vom unverständlichen Chaos zum Chaos mit innerem Gesetz sichtbar. Auf die menschliche Ebene übertragen hieße dies, wer sich ins Chaos einläßt, wird mit der Zeit eine höhere Ordnung erkennen, allerdings eine andere und besondere Form der Ordnung, die nicht unserem linearen Denken entspricht.

III. Analoge Chaos-Prozesse in Human-Systemen

In sozialen Systemen, wie z. B. in Unternehmen, herrschen die nichtlinearen Prozesse vor. Jeder Versuch, soziale Vorgänge, beispielsweise erfolgreiche Führung, festzumachen und zu berechnen, schlugen bislang fehl. *Führungsprozesse* verhalten sich analog zu Chaos-Phänomenen:

(1) Chaos ist in sozialen Systemen so häufig und selbstverständlich wie Ordnung. Die Destabilisierung eines geordneten Systems wird zwar als Störung empfunden. Sie hat aber eigentlich eine positive Signalfunktion, die durch ein Ungleichgewicht anzeigt, daß ein *Entwicklungssprung* bevorsteht. Jede Störung (wie auch jede Krankheit) hat ihren systemimmanenten Sinn.

(2) Ein soziales System ohne temporäres Ungleichgewicht (Chaosphasen) gerät in *Überordnung*. Der Überschuß an Ordnung bringt das System zum Kippen und erfahrungsgemäß an den Rand des Ruins.
(3) Jedes soziale System neigt per se nach einer gewissen Entwicklungszeit zur *Instabilität*. Jede Ordnung hat damit nur eine beschränkte Lebensdauer und wird irgendwann einmal kopfüber gestellt (Fluktuation). „Es gibt kein System, das in bezug auf alle möglichen Störungen stabil wäre" (*Prigogine* 1981).
(4) *Wandlungsprozesse* sind nie linear. Schwankungen und Sprünge sind die Regel. Zeit und Sache entwickeln sich diskontinuierlich. Alles fließt, aber nicht regelmäßig. Jede Evolution hat auch ihre Revolution.
(5) Eine nur verhältnismäßig schwache Störung kann einen unverhältnismäßigen Effekt erzielen. *Ursache und Wirkung* sind disproportional *(Schmetterlingseffekt)*. Aber auch hier: Nicht jeder Schmetterling verursacht einen Tornado.
(6) Entscheidend ist der *Eröffnungszug*. So wie es beginnt, so endet es. Die Anfangsbedingungen haben deshalb einen hohen Stellenwert.
(7) Organismische Systeme reagieren sensibel und flexibel und damit nicht vorausplanbar. Jede Einbindung in eine Struktur kann nur dem besseren Verstehen, nicht aber der wirksameren Steuerung dienen. Das Strukturverständnis muß durch das *Prozeßverständnis* ergänzt werden.
(8) Prozesse in sozialen Systemen sind nur vermeintlich chaotisch. Sie haben eine versteckte *innere Ordnung*, die sich nicht durch Analyse, d. h. Teilen und Ordnen enthüllt, sondern durch eine synthetische, kontextuelle Sichtweise (vgl. die fünf Entwicklungsstufen bzw. Hindernisse des kreativen Prozesses nach *Müri* 1984).

IV. Chaos-Phänomene in der Führung

Wo haben wir es mit Nichtlinearitäten in der Führung zu tun? Wo in der Führung arbeiten wir erfolgreicher mit Synthese- und Kontextverständnis als mit Analyse? Die Antwort ist erstaunlich einfach: Da, wo der Mensch nicht nur als Vernunftwesen, sondern als ganzheitliches Verstandes-, Gefühls- und Intuitionswesen verstanden und gelebt wird. Da, wo Entwicklungen nicht durch Strukturen gebändigt werden, sondern Kreativität verlangen.

In Kurzform hier die Beweise, daß Führung weitgehend Chaos-Charakter haben muß (ausführlich dargestellt in *Müri* 1985):

(1) Der Mensch ist als *Gefühls- und Intuitionswesen* auch chaotisch, da seine Handlungen und Entscheidungen nie nur rational begründbar sind.
(2) Die *Beziehung zwischen Menschen* ist infolge der Komplexität nie dingfest zu machen, sondern entzieht sich immer wieder jedem willentlichen Einfluß von Regeln und Gesetzen.
(3) Wertewelten (→*Kulturabhängigkeit der Führung*; →*Organisationskultur und Führung*) können zwar rein rational definiert werden und *Konflikte* (→*Konflikte als Führungsproblem*) zwischen Wertewelten sind prinzipiell regelbar, aber letztlich entziehen sich *Kulturen* immer wieder allen Regeln einer Ordnung.
(4) So gut ein Unternehmen formal organisiert ist, es wird immer seine informelle, gelebte *Struktur* haben, die nicht disziplinierbar ist und oft chaotisch reagiert.
(5) Sobald ein *Entwicklungsprozeß* aus rigiden Strukturen (→*Projektmanagement und Führung*; →*Entscheidungstechniken*) entlassen wird, entwickelt er seine eigene chaotische Innendynamik, die sich der Verstandeskontrolle entzieht.

V. Das Chaos-Management als Führungskonzept

Worin unterscheidet sich Chaos-Management vom alt-naturwissenschaftlichen Management (scientific management)?

(1) Im *Chaos-Management* kommt Prozeß vor Struktur. Strukturen, Regeln und Systeme entstehen im prozessualen Entwickeln durch die Betroffenen selbst (→*Organisationsentwicklung und Führung*).
(2) Das Chaos-Management sucht in allem den inneren Motor, der das Ganze zusammenhält und antreibt. Die „*Innen-Dynamik*" eines Geschehens kann auch nicht mit rationaler Analyse erschlossen werden, sondern stellt sich im Prozeß von selbst in Form einer Evidenz ein *(Intuition)*.
(3) Im Chaos-Management wird die Gefühls- und Intuitionswelt der Verstandeswelt gleichgestellt. Chaos-Management arbeitet mit der *Gefühlsbesetzung* der Gedanken (→*Wertewandel*) und läßt die aus dem „Nichts" (d. h. Unbewußten) aufsteigenden Lösungsbilder als nützliche Hilfen zu (ausführliche Darstellung in *Müri* 1990).
(4) Das Chaos-Management geht immer vom Strategischen zum Operativen, vom Konzeptionellen zum Aktionsorientierten, vom Komplexen zum Einfachen und nicht umgekehrt.

(5) Das Chaos-Management transzendiert die von der Vergangenheit geprägte Gegenwartsbindung, legt den Erfahrungsrucksack ab und begibt sich in die Vogelperspektive der *„Vision"*.

VI. Erwünschte Chaos-Fähigkeiten der Führungskraft

Ein solches Führungskonzept fordert von den Führungskräften neue Qualitäten. Bezogen auf die Grundaufgaben der Führung (vgl. *Müri* 1990) ergeben sich folgende Verschiebungen:

(1) *Grundaufgabe Organisation und Kompetenzklärung:* Anstelle von Strukturfähigkeit tritt Prozeßfähigkeit. Die *Aufbauorganisation* wird nicht festgeschrieben, sondern befindet sich im Fluß. Anstelle der Abgrenzungen durch Diagramme und zeitraubenden Schnittstellendiskussionen treten zeitlich befristete Kontrakte.

(2) *Grundaufgabe Zielsetzung und Kooperation:* Die Abschottung und Zuordnung von Zielbereichen wird ersetzt durch *Synergiefelder*, die gemeinsam durch fliegende Stabübergabe verantwortet werden. Vernetzungsfähigkeit ist mehr gefragt als Zielpaukerei.

(3) *Grundaufgabe Projektmanagement und Kommunikation:* Die Expertokratie macht einem echten professionellen *Generalistentum* Platz, das die Zusammenhänge sieht und Maßnahmen auf Visionen ausrichten kann. Dies setzt eine hohe Qualifikation in zwischenmenschlicher Kommunikation voraus, die vor allem die Perzeption fremder und neuer Perspektiven einschließt und eine hohe Sensibilität für lösungsträchtige Signale auf Nebenschauplätzen.

(4) *Grundaufgabe Strategie- und Kulturentwicklung:* Die Fortschreibung des Jahresbudgets in die Zukunft wird ersetzt durch eine Planung vom *Konzeptionellen* her, abgeleitet aus einer übergeordneten Vision. Die Strategie verdichtet sich anstelle von breiter bisheriger Differenzierung auf wenige Schwergewichte *(Durchbruchziele)*.

(5) *Grundaufgabe Innovations- und Kreativitätsförderung:* Anstelle von oft künstlich gezüchteter Spontaneität (Brainstorming) tritt die Ablösefähigkeit (Ablaktivität) und die Fähigkeit zu echter *kreativer Entwicklung (Müri* 1984, 1985).

(6) Übergeordnete Führungsaufgabe der *Konfliktfähigkeit:* Anstelle der Konfliktvermeidung und -verniedlichung tritt die *Konfliktsensibilität* und die Ambiguitätstoleranz (Fähigkeit, gegensätzliche Spannungen über längere Zeit wirken zu lassen). Dazu gehört die Bemühung um Auslotung von Konfliktsignalen und Krisen im Hinblick auf höhere Ordnungen des Chaos. Jeder Konflikt hat seine Funktion und seinen Sinn für das Unternehmen.

Chaos-Management läßt Raum für das Intuitive, Unvorhergesehene und Unerklärbare, wissend, daß das wirklich echt Neue und Problemlösende aus einer anderen Schicht als dem Verstand auftaucht.

Mithin kann Chaos-Management als kreatives, entwickelndes *Führungskonzept* bezeichnet werden, das neue Bewußtseinszustände aktiviert.

Literatur

Brun, E.: Chaos heute, eine neue Form der Ordnung. Unveröff. Manuskript des Physik-Institutes. Zürich 1993.
Cramer, F.: Chaos und Ordnung. Stuttgart 1988.
Haken, H.: Erfolgsgeheimnisse der Natur. Frankfurt/M. 1984.
Jantsch, E.: Die Selbstorganisation des Universums. München 1979.
Maturana, H. R./Varela, F. J.: Der Baum der Erkenntnis. Bern 1987.
Müri, P.: Erfolg durch Kreativität. Egg/Zürich 1984.
Müri, P.: Chaos-Management. Egg/Zürich 1985 (Taschenbuchausgabe München 1989).
Müri, P.: Dreidimensional führen mit Verstand, Gefühl und Intuition. Thun 1990.
Prigogine, I./Stengers, I.: Dialog mit der Natur. München 1981.
Sheldrake, R.: Das schöpferische Universum. München 1983.
Wilber, K.: Das Spektrum des Bewußtseins. Bern 1988.

Coaching

Robert Bauer

[s. a.: Helfendes Verhalten und Führung; Mentoring.]

I. Begriff und Diskurs; II. Vier Modelle; III. Implementierung.

I. Begriff und Diskurs

(1) Die Relevanz des Begriffs für die Führungsdiskussion beruht gerade darauf, daß er nicht unmittelbar mit dem Themenkreis Management in Verbindung gebracht wird: Die Bilder, die mit „Coaching" assoziiert sind und mit denen nunmehr in Zusammenhang mit Führung und Personalentwicklung gearbeitet wird, beinhalten die Beziehung zwischen Athleten und ihrem Coach, vor dem Hintergrund der Welt des Spitzensports.

Mit dem Transfer des Begriffs in den Kontext personalwirtschaftlicher Konzepte wird neben dem beruflichen Alltag eine Welt der Stars ins Spiel gebracht; Protagonisten, Maßnahmen und Zielpublikum des Human Resource Management erscheinen im Naheverhältnis zu Bereichen größtmöglicher Wertschätzung.

(2) In ihren Versuchen, die Coaching-Metapher inhaltlich auszudefinieren, differieren die Autoren beträchtlich: auf breitere Zustimmung stößt im angloamerikanischen Raum die Version vom Linienvorgesetzten als Coach seiner Mitarbeiter, wobei hier die aufgabenbezogene Unterstützung betont wird, im Gegensatz zu „counselling", das psychologische Momente hervorhebt (*Buzzotta* et al. 1977; *Axmith* 1982). Dagegen ist die Interpretation, die im deutschsprachigen Raum am ehesten allgemeine Verbindlichkeit beanspruchen kann, jene des Coach als externer Berater, der insbesondere ausgebildet ist, die Arbeit an personbezogenen Thematiken zu unterstützen (*Neubeiser* 1990; *Looss* 1991).

In den beiden Interpretationen kommen jedoch nur leichte Tendenzen in Richtung einheitlichen Sprachgebrauchs zum Ausdruck. Charakterisiert ist der Coaching-Begriff durch seine Heterogenität, da sowohl (a) unterschiedliche inhaltliche Schwerpunktsetzungen als auch (b) variierende – vor allem zeitliche – Rahmenbedingungen und (c) verschiedenste hierarchische Konstellationen als analog zur Beziehung zwischen Coach und Athleten beschrieben werden.

Diese Differenzen bringen im deutschsprachigen Raum zunehmende Unsicherheit bezüglich des Coaching-Begriffs mit sich; seine ursprüngliche Anschaulichkeit und unmittelbare Überzeugungskraft – „ein Bild sagt mehr als tausend Worte" – droht (über-)kompensiert zu werden durch eine als verwirrend und inflationär empfundene Vielfalt an Versuchen, die Reichhaltigkeit der Metapher auf jeweils eine präzisierende Erläuterung zu reduzieren.

(3) Für eine (weitere) partielle Definition zu plädieren, erscheint im Sinne der Begriffsklärung wenig zielführend. Daher wird vorgeschlagen, anstelle nach der einzig wahren Bedeutung von Coaching zu fragen, den Begriff seinerseits als den Versuch der Beantwortung einer (anderen) Frage zu verstehen, nämlich jener, wie Schwierigkeiten und Tabus bei der Thematisierung und Realisierung von *Hilfestellung für den einzelnen im betrieblichen Kontext* überwunden werden können (→*Helfendes Verhalten und Führung*). Die angesprochenen Probleme rühren einerseits daher, daß Denken und Handeln im organisationalen Zusammenhang üblicherweise an der Annahme der Austauschbarkeit jedes einzelnen orientiert sind. Der einzelne als Mittel und „Beitragslieferant" im Lichte der Systemrationalität betrachtet, kollidiert mit der Betonung der unverwechselbaren Einmaligkeit jedes Individuums; gerade auf letztere aber einzugehen, zeichnet den erfolgreichen Coach aus und hebt ihn von unterstützenden strukturellen Maßnahmen ab, die nach dem „Gießkannenprinzip" allen in gleicher Weise gerecht zu werden versuchen. Andererseits steht die Idee der Hilfestellung selbst häufig im Widerspruch zum (Selbst-)Bild des Managers: Während zur Erreichung organisationaler Ziele selbstverständlich unterstützende Maßnahmen gesetzt werden, gerät Hilfe, die einem einzelnen zuteil werden soll, leicht zum „kiss of death": Sobald nämlich dessen Leistungsfähigkeit dadurch in Zweifel gezogen erscheint, können Führungskräfte eine Stigmatisierung fürchten, die ihnen Glaubwürdigkeit, Legitimität und Vertrauen und in letzter Konsequenz übertragene Aufgaben entzieht. Das Bild vom Coach dagegen macht deutlich, daß Hilfestellung und (selbst Spitzen-)Leistung im Sinne professioneller Arbeitsteilung durchaus zueinander passen. Das Nachvollziehen dieses Zusammenhangs macht Hilfe erst für Führungskräfte annehmbar und hilft ihnen, der Verführung der eigenen Rhetorik zu widerstehen und wenigstens nicht selbst dem Mythos vom allzeit souveränen Manager anzuhängen.

II. Vier Modelle

1. Berater

Die Rolle des *Beraters* ist die des Anbieters und Auftragnehmers, komplementär zu jener des ratsuchenden Klienten, welcher Unterstützung für eine von ihm zu verantwortende Problemlösung nachfragt. Der Beitrag des Beraters ist gänzlich immaterieller Art, besteht in kommunikativer Fähigkeit und Information, wobei sich die Leistungsfähigkeit der Beratungsbeziehung daran mißt, ob der Akteur zu einer Problembeschreibung gelangt, welche zufriedenstellendes Handeln stimuliert. Autorität und Legitimität gewinnen Berater (wie Hofnarren, Beichtväter und Experten) daraus, daß sie, wiewohl sie mit dem Wirkungsbereich ihres Klienten vertraut sind, selbst in einer anderen Welt nach anderen Spielregeln und Qualitätskriterien als ihre Auftraggeber agieren.

(1) Berater, die als Coach für Führungskräfte tätig werden, benötigen eine interdisziplinäre Qualifikation: Diese umfaßt einerseits eine wirtschaftswissenschaftliche Ausbildung und/oder entsprechende Erfahrung als Führungskraft; sie beinhaltet andererseits ein humanwissenschaftlich basiertes Training für Sozialintervention, das Selbsterfahrung im Sinne einer grundlegenden Auseinandersetzung mit der eigenen Person – dem wichtigsten Instrument für personorientierte Beratung – einschließt (*Looss* 1991).

(2) Gegenstand des Coaching sind alle beruflichen Fragen persönlicher Natur wie konfliktträch-

tige Arbeits- und insbesondere Führungsbeziehungen, berufliche Veränderungen von Karrieresprung bis Outplacement, Vorbereitung auf wichtige Anlässe (Verhandlungen, öffentliche Auftritte etc.), Lebens- und Karriereplanung, persönliche Belastungsphasen und *Krisen* sowie Reflexion bei Entscheidungen oder als routinemäßige Überprüfung der beruflichen Situation.

(3) Die zeitlichen und räumlichen Rahmen variieren je nach den Bedürfnissen der zu beratenden Führungskraft und dem Beratungsmodell, das der Coach seiner Arbeit zugrundelegt: Üblich sind einstündige bis halbtägige Treffen in Wochen- bis Monatsintervallen, meist in eigens dafür vorgesehenen Räumen des Beraters, aber auch als Zusammentreffen in der Arbeitsumgebung der Führungskraft oder in Form der bekannten Waldspaziergänge.

(4) Die wichtigste Leistung des Coach besteht im Angebot einer Beziehung, die es der Führungskraft ermöglicht, sich in geschützter Atmosphäre freier und umfassender, aber auch genauer und authentischer zu äußern und wahrzunehmen als dies sonst im Dialog der Fall ist. Notwendige Bedingung dafür ist, daß der Klient wahrnimmt, daß sein Coach um Empathie – und nicht nur um kognitives Verstehen – bemüht ist, daß er bestrebt ist kongruent – also authentisch und transparent – zu sein und daß er sich des Urteils enthält – also bereit ist, die Führungskraft so zu akzeptieren, wie sie ist (*Rogers* 1982). Hinzu kommt Problemlösungskapazität durch neue Sichtweisen und Interpretationen, die der Berater beiträgt, sowie durch die Verwendung bereichernder Kommunikationsmedien wie Bilder, Bewegung, Metaphern etc.

Gelingt dies, erweitert die Führungskraft ihr Wahrnehmungsspektrum, ihre Problembeschreibung und ihr Handlungsrepertoire; die Diskrepanzen zwischen körperlichem Erleben, emotionaler Wahrnahme und kognitiver Interpretation werden geringer, Selbstbeschreibung und Weltbild werden differenzierter und dynamischer, da veraltete und trivialisierende Beschreibungsmuster aktuellen, dem konkreten Fall entsprechenden „Repräsentationen" Platz machen (*Bandler/Grinder* 1981).

Diese Lernleistung bezieht sich primär auf die jeweilige Problemstellung; lediglich sekundär erfolgt Persönlichkeitsentwicklung, als Nebenprodukt des Problemlösens oder durch die Internalisierung des Dialogs mit dem Coach; die Aufmerksamkeit gilt der Person, um dadurch organisationalen Aufgabenstellungen besser gerecht zu werden.

Darüber hinaus kommt dem Coach vielfach eine psychohygienische bzw. Entlastungsfunktion zu, da die Reflexion im Dialog und die Möglichkeit, sich einem kompetenten Gegenüber anvertrauen zu können, selbst schon psychologischen Druck reduzieren und die Aufmerksamkeit steigern.

2. Paten

Die Rolle des *Paten* konturiert sich anhand zweier Ideen: Erstens an der des sozialen Netzes (Familie, Organisation, Glaubensgemeinde etc.), für dessen Aufrechterhaltung dem Paten eine Schlüsselfunktion zukommt, und zweitens an jener der Zeit im allgemeinen bzw. des Alter(n)s im speziellen.

Der Pate ist Sozialisationshelfer seiner Schützlinge (Patenkinder). Er steht als Modell zur Verfügung und vermittelt, indem er Geschichte(n) tradiert, die Spielregeln der Gemeinschaft; er stellt Kontakte her und hält Informationen bereit.

Sein Hauptaugenmerk gilt den Normen und Werten: Er wählt, fordert und fördert Loyalität ihm und der Gemeinschaft gegenüber; seine unterstützenden Aktivitäten zielen auf die Internalisierung des netzwerkkonstituierenden Weltbildes durch dessen jüngere Mitglieder.

Zugleich ist die Beziehung zum einzelnen Patenkind auf Transformation und Emanzipation gerichtet: Die Protegés sollen unter dem Schutz des Paten kräftig genug werden, eine wichtige, eigenverantwortliche Position im Netzwerk der Gemeinschaft einzunehmen und damit – der schützenden Hand nicht mehr bedürfend – aus seinem Schatten herauszutreten. So trifft der Pate Vorsorge, daß sein (Netz-)Werk in seinem Sinne, wenn auch an sich ändernden Gegebenheiten orientiert, weitergeführt wird, wenn er selbst sich bereits von den aktiven Bereichen stärker und schließlich ganz zurückgezogen haben wird.

(1) In Anspielung auf den väterlichen Freund des Telemach, ist vom *Mentor* die Rede, wenn ein erfahrener Manager Coaching-Funktionen in Form einer Patenschaft für Nachwuchsführungskräfte übernimmt (→*Mentoring*). Idealtypisch sind Protegés ihren Mentoren nicht unmittelbar hierarchisch unterstellt; daher kommen weder Anweisung im Namen des Kollektivs noch Zuweisung organisationaler Ressourcen als Grundlage der Hilfestellung in Betracht. Die Quelle, aus der der Mentor als Coach schöpft, ist seine Erfahrung: Lebenserfahrung, Erfahrung im Metier Management und Erfahrung mit den Menschen und Spielregeln der speziellen Organisation und ihrer Geschichte.

So ist auch er seinem Schützling Ratgeber; weniger als beim Berater besteht sein Angebot jedoch in der besonderen Art der Kommunikation, als vielmehr in ihrem Inhalt, konkret in seinem Wissen und günstigenfalls auch in seiner Weisheit, die er dem Protegé zugänglich macht. Hinzu kommt Unterstützung, indem der Coach eigene Reputation in seinen Schützling investiert, wenn er für ihn Kontakte herstellt oder ihm durch Empfehlung Türen öffnet („Sponsoring", *Atkinson* et al. 1980).

(2) Die Beziehung Mentor-Protegé ist langfristig und auf Dynamik im Sinne ihrer eigenen Transformation angelegt; Mentoring trägt dem

Eindruck Rechnung, daß immer mehr junge Menschen sich für einen Karriereweg und nicht für eine Position entscheiden.

Am Anfang einer Mentoring-Beziehung stehen häufig Identifikation und narzistische Phantasie (Führungskräfte bewundern den Coach und hoffen, er werde ihnen alle Probleme aus dem Weg räumen; Paten sehen sich selbst in den Jüngeren und erwarten, daß diese mit vollem Elan und unablässig, jedoch ausschließlich im Interesse des Coaches agieren). An diese Phase der Vertrauensbildung sollen Phasen realistischer gegenseitiger Erwartungen und schließlich die Unabhängigkeit des Schützlings anschließen (*Kram* 1983). Gelingt das nicht, droht ödipale Rivalität die Kräfte beider zu binden, und der Mentor kann sich als Mühlstein für die Entwicklung einer fachlich und persönlich kompetenten Führungskraft entpuppen (*Lasden* 1987; *Baum* 1992).

(3) Mentoren werden häufig als kritischer Wettbewerbsfaktor für den individuellen *Karriere*erfolg betrachtet (HBR 1978; *Fagenson* 1988, 1989). Das macht deutlich, daß neben den technisch-rationalen Leistungsmaßstäben nach wie vor auch archaische Mechanismen wie das narrative Tradieren von mythologischem Wissen oder die Logik der Sippen- und Cliquenzugehörigkeit das Leben in modernen Organisationen prägen. Deren Schattenseiten färben auch auf das Bild der Mentoren ab: Ihren Aktivitäten haftet nicht selten der Geruch von „Freunderlwirtschaft" und Cliquenbildung sowie von innovationsfeindlicher Selbstreproduktion der Führungsschicht an. Besonders deutlich wird dies bei weiblichen Nachwuchsführungskräften: Die geringe Zahl an Frauen im Spitzenmanagement wird zur selbsterfüllenden Prophezeiung, die junge Managerinnen schwerer als ihre männlichen Kollegen einen Mentor finden läßt; gelingt es dennoch, zeigt sich, daß Modellernen in gegengeschlechtlichen Beziehungen schwieriger ist als in gleichgeschlechtlichen, und daß insbesondere ein berufliches Naheverhältnis zwischen einem erfahrenen Mann und einer jungen *Frau* häufig des unmoralischen Mißbrauchs eines beruflichen bzw. eines biologischen Vorteils verdächtigt und zu Fall gebracht wird (*Bowen* 1985).

3. Führer

Führern wird die Kompetenz für Zielerreichung zugeschrieben. Komplementär zum Führungsanspruch, verzichten jene, die Gefolgschaft leisten, auf einen Teil ihrer Selbstbestimmung, in der Hoffnung, ein ihnen vorteilhaft erscheinendes Ziel zu erreichen. Die Bandbreite möglicher Ziele erstreckt sich von konkreten Projekten über geographische Orte und abstrakte Steuergrößen bis zu kollektiven Utopien. Gleichermaßen vielfältig sind die Möglichkeiten Gefolgschaft zu attribuieren: vernünftige Einsicht in die Koordinationsvorteile, Vermeidung von Verantwortung, Fähigkeit, Vertrauen zu schenken, Vorliegen physischer oder ökonomischer Zwangssituation.

(1) Die Idee des Linienvorgesetzten als Coach ruft einmal mehr in Erinnerung, was bereits die Führungsforschung der 70er Jahre propagierte; insbesondere jene Führungskonzepte, welche an den spezifischen Defiziten der Mitarbeiter ansetzen (→*Führungstheorien – Weg-Ziel-Theorie*): Der Vorgesetzte fungiert als Katalysator für den Einsatz der Fähigkeiten seiner Mitarbeiter in Hinblick auf die organisationale Zielerreichung; dabei jedoch kann es nicht nur um Koordination, Überwachung und Entlohnung gehen, sondern er muß insbesondere dafür Sorge tragen, daß seine Mitarbeiter auch in der Lage sind, die erwarteten Leistungen zu erbringen. Wie der Coach soll er daher für adäquate Vorbereitung der Akteure sorgen, sie gegebenenfalls begleitend unterstützen bzw. anleiten und die notwendigen Rahmenbedingungen bereitstellen (*Knippen/Green* 1990); als „Machtpromotor" (*Witte* 1973) ermöglicht er den Transfer innovativer Ansätze in die Organisation bzw. deren Entwicklung innerhalb derselben.

(2) Coaching durch den Linienvorgesetzten erfolgt in enger Koppelung an organisationale Ziele („performance coaching", *Sattelberger* 1991). Dabei kommt als entscheidende Einflußchance und Besonderheit des Linienvorgesetzten als Coach zum Tragen, daß (nur) er kraft hierarchischer Komptenz Anweisungen geben und organisationale Ressourcen einsetzen kann. Dies wiederum geschieht beim Coaching in genauer Abstimmung auf den einzelnen Mitarbeiter; Führung wird als dyadisches Phänomen gesehen (→*Führungstheorien, von Dyaden zu Teams*) und die Partialinklusion des Organisationsmitglieds wird nicht bloß konstatiert, sondern vielmehr versucht der Coach neben der konkreten Arbeitssituation auch auf die je besondere Lebens- und Karriersituation Bedacht zu nehmen.

(3) Je deutlicher Personal(entwicklungs)aufgaben an die Linie (re-)delegiert werden, desto mehr gewinnt das Verhältnis des Führers als „erster Diener" seiner Mitarbeiter an Bedeutung. Jedoch führen weder diese Grundorientierung, noch das Konzept „Coaching" oder damit verbundene Instrumente wie das Mitarbeitergespräch zu routinemäßig wiederholbaren, standardisierbaren Verhaltensweisen; vielmehr sind sie als Leitbilder und Orientierungshilfen für permanentes Bemühen um ihre bestmögliche konkrete Ausgestaltung zu verstehen und nicht als endgültig implementierbare Lösungen.

Die Coaching-Idee lebt aus der Erfahrung, daß *Führungsrollen* diese „Dienstleistungsfunktion" aus ihrer „Sandwich"-Position nicht zu realisieren in der Lage sind. Gleicher Diener gegenüber „je-

	Berater	Pate	Führer	Gefährte
Organisations-bezug	frei-beruflicher Berater	Der Coach ist selbst Manager; die Beziehung zum Coach ist...		
	organisationsextern	indirekt hierarchisch.	direkt hierarchisch.	lateral.
	spricht als Nicht-Teil...	Der Coach spricht als Teil...		
	„mit" einem Teil	„über" das Ganze.	„im Namen" des Ganzen.	„mit" einem Teil.
Entwicklungs-/ Zeitbezug	Die Coach-Beziehung...	Transformation/Emanzipation	...wird erhalten und optimiert.	
	Kurz- und mittelfristige...	langfristig	...Coaching-Aktivitäten, die wiederholt werden können.	
Zielbezug	anstehende Probleme lösen	Karriereweg optimieren/Normenkonformer „Nachwuchs"	organisatorische Ziele erreichen	gemeinsame Situation (Nicht-Nullsummenspiel) gestalten
Unterstützung	Coaching ist „immaterielle" Unterstützung...		„materiell"	...durch Kommunikation:
als	Klärung/Entlastung	Informationen/Kontakte	organisationale Ressourcen	Austausch/Beistand
beruhend auf	kommunikativer Fähigkeit	Erfahrensvorsprung	hierarchischer Kompetenz	gemeinsamer Erfahrung
Rollen	Coaching beruht auf komplementären Verhaltensmustern:			reziprokes Muster
	Berater/Klient	Pate/Schützling Mentor/Protegé	Führer/Geführter Vorgesetzter/Mitarbeiter	Gefährte/Gefährte

Tab. 1: Synopsis der vier Modelle

dermann" seiner Mitarbeiter zu sein, widerspricht dem Individualisierungsaspekt in der Verpflichtung der Förderung und Differenzierung der Leistungsbeiträge. Neben dem Linienvorgesetzten auch andere Modelle des Coaching einzusetzen, bietet dem Führer Entlastungsmöglichkeiten und hilft →*Führungsdilemmata* vermeiden, die aus Rollenkonfusion resultieren.

4. Gefährten

Gefährten sind durch die Erfahrung des gemeinsamen Weges miteinander verbunden. Formal betrachtet handelt es sich hier um idente Rollen, die wechselseitig aufeinander bezogen sind; das schließt an Verhaltensweisen Rivalität ebenso mit ein wie konkrete Hilfestellung für den einzelnen. Die Wirksamkeit der Unterstützung durch Gefährten beruht auf wenig formalisierter weil gleichrangiger Kommunikation, die zu Flexibilität und Offenheit im Umgang miteinander ermutigt sowie auf der „Rückenstärkung", die der einzelne in der Solidargemeinschaft erfährt.

Im betrieblichen Zusammenhang wurde der *Peer-Beziehung* bislang geringe Aufmerksamkeit geschenkt. Die wenigen bisher unternommenen Forschungsbemühungen lassen allerdings für den Gefährten als Coach ähnlich positive Effekte auf Persönlichkeits- und Karriereentwicklung vermuten, wie bei Patenschaften (*Kram/Isabella* 1985). In die gleiche Richtung weisen Erfahrungen im Bereich der Ausbildung von Therapeuten, Beratern und Trainern, wo Peer-Gruppenarbeit seit Jahren fixer Bestandteil der Curricula ist.

In der gemeinsamen Reflexion, im gegenseitigen Erfahrungsaustausch, in Informationsweitergabe und den Möglichkeiten einander (emotional) Beistand zu leisten liegen Unterstützungspotentiale, die überdies keine Engpaßfaktoren sind – im Gegensatz zur Verknappung bei Patenschaft und Führung, bedingt durch die nach oben sich verjüngende Pyramidenform der Hierarchie.

III. Implementierung

(1) Coaching impliziert zwei Akzentsetzungen in der Interpretation des personal-organisationalen Spannungsfelds:

Einzelfallorientierung
Das Interesse an Coaching geht mit einer steigenden Bedeutung des Einzelfalls einher. Führungskräfteentwicklung bedingt individuelle Lösungen und Instrumente, die flexibel auf die Situation des einzelnen abgestimmt sind. Wichtigstes Medium der *Persönlichkeitsentwicklung* (auch) im Betrieb sind tragfähige persönliche (Zweier-)Beziehungen. Gegenüber Pauschallösungen werden für die punktgenaue Vorgangsweise Kostenvorteile, höhere Wirksamkeit und geringe Transferprobleme ins Treffen geführt; ihre Realisierung wird durch mittlerweile hochentwickelte Verfahren der persönlichen Beratung unterstützt.

Dienstleistungsorientierung
Die Tendenz der Dienstleistungsgesellschaft zur Professionalisierung des Zwischenmenschlichen findet auf betrieblicher Ebene Niederschlag: Der Coach ist Dienstleister und professioneller „Menschenarbeiter". Nachgefragt wird seine Leistung von Personen, die reaktiv oder proaktiv an der Sicherung ihrer Erwerbsfähigkeit arbeiten, sowie von

jenen Organisationen, für die Führungskapazität strategischer Wettbewerbsfaktor ist. Sie tragen damit den gestiegenen Anforderungen an die Person der Führungskraft Rechnung, die aus der technisch bedingten zunehmenden Beschleunigung, Vernetzung und Internationalisierung bzw. sozial bedingt aus der steigenden Forderung seitens der Mitarbeiter nach situativ unterschiedlichen Führungsqualitäten resultieren. Und sie reagieren auf gesellschaftliche Veränderungen, als deren Folge die stabilisierenden und regenerierenden Funktionen nicht mehr selbstverständlich vom Mann an die Frau und von der Organisation an die Familie delegiert werden können, sondern statt dessen die „Akteure" selbst stärker für ihre Persönlichkeitsentwicklung, ihre Lebensqualität und die langfristige Erhaltung ihrer Leistungsfähigkeit verantwortlich sind.

(2) Vor diesem Hintergrund kann auf Basis der vier Modelle der Stellenwert jeder einzelnen Coaching-Variante im Rahmen der betrieblichen *Führungskräfteentwicklung* gesondert bestimmt werden. Ziel ist ein „Coaching-Mix", bei dem die Modelle in Kombination einander ergänzen, für jedes einzelne aber Ziele, zeitliche Rahmen, Personenkreis und einzusetzende Ressourcen spezifiziert werden.

Hingegen ist für die konkrete Coaching-Beziehung davon auszugehen, daß sie genau einem Modell folgt. Den jeweils anderen Modellen entlehnte Verhaltensweisen und Akzente sind als bereichernde, die Regel bestätigende Ausnahmen möglich und zeugen von der →*sozialen Kompetenz* des Coach. Jedoch erfordert die für eine hilfreiche Beziehung notwendige Rollenklarheit, daß beide Beteiligten übereinstimmend wahrnehmen, wie ihre Beziehung formal geregelt ist und welche Ressourcen dem Coach zu Verfügung stehen. Diese Rahmenbedingungen müssen im „Beziehungsvertrag" ihren Niederschlag finden, denn Widersprüche zwischen dessen Inhalt und Kontext hätten Beziehungsfallen („double bind") zur Folge.

(3) Wie gut eine Coaching-Beziehung sich in das Netz bestehender organisationaler Beziehungen einfügt, hängt davon ab, inwieweit es gelingt, dem jeweiligen Einzelfall angemessene Antworten auf die Fragenkomplexe Deklariertheit und Loyalität zu finden.

Deklariertheit
Das Maß, in dem eine unterstützungsorientierte Beziehung als solche ausgesprochen und definiert wird, hat entscheidenden Einfluß auf ihre Qualität: Eine ausdrücklich erklärte Coaching-Beziehung nimmt anders in die Pflicht als sporadische, beiläufige Hilfestellung; sie wertet auf und schafft Verbindlichkeit, verschiebt die Aufmerksamkeit von der unsicherheitsreduzierenden Frage „Ob?" zum klärenden „Wie?" und impliziert Evaluation. Jedoch müssen sowohl Angebot als auch Nachfrage nach Coaching-Beziehungen sorgfältig kommuniziert werden, um nicht einen der Beteiligten unangemessen zu exponieren oder durch frühzeitigen Druck auf Festlegung zu überfordern. Coaching setzt voraus, daß beide Partner die Beziehung als persönlich tragfähig und beruflich relevant empfinden; es beruht auf Freiwilligkeit, kann vom einzelnen oder seitens der Organisation zu Recht gefordert, nicht aber wirksam befohlen werden. Implementierung bedeutet daher, zu allererst Selbstorganisation zuzulassen und Initiative durch Angebot an Infrastruktur, Know-how und Legitimität zu stärken.

Loyalität
In der dyadischen Struktur von Coaching erhält die Persönlichkeit des einzelnen organisationale Relevanz anstatt ins Informelle abgedrängt zu werden. Die Komplexität der Beziehung zwischen Manager und Coach weist jedoch weit über das Dialogische hinaus: Dritter im Bunde, als Auftraggeber und/oder Adressat der erzielten Leistungen, ist die Organisation als Ganzes, primär repräsentiert durch den unmittelbaren Vorgesetzten. Coaching schließt daher immer bewußten Umgang mit Loyalität der Organisation gegenüber ein und ist so (transparent) zu gestalten, daß diesbezüglich keine Zweifel entstehen. Der Linienvorgesetzte ist dahingehend miteinzubinden, daß er allenfalls berührte Interessen der Organisation rechtzeitig artikulieren und den Coaching-Prozeß – Komplement, nicht Substitut seiner Führungsverantwortung – stützen kann, anstatt sich ungünstigenfalls veranlaßt zu sehen, seine Anstrengungen gegen die der Coaching-Dyade wenden zu müssen.

Literatur
Atkinson, C. et al.: Management Development Roles: Coach, Sponsor and Mentor. PJ 1980, S. 918–921.
Axmith, M.: Coaching and Counseling: A Vital Role for Managers. In: Business Quarterly, 1982, S. 44–53.
Bandler, R./Grinder, J.: Metasprache und Psychotherapie. Paderborn 1981.
Baum, H.: Mentoring: Narcisstic Fantasies and Oedipal Realities. In: HR, 1992, S. 223–246.
Buzzotta, V. R. et al.: Coaching and Counseling: How You Can Improve the Way it's Done. In: Training and Development Journal, 1977, S. 50–54.
Fageson, E.: The Power of a Mentor: Protegés and Non Protegés' Perception of Their Own Power in Organizations. In: Group and Organization Studies, 1988, S. 182–194.
Fagenson, E.: The Mentor Advantage: Perceived Career/Job Experience of Protegés versus Non Protegés. In: JOB, 1989, S. 309–320.
Harvard Business Review: Everyone Who Makes it Has a Mentor. HBR, 1978, S. 88–101.
Knippen, J./Green, Th.: Coaching. In: Management Accounting, 1990, S. 36–39.
Kram, K.: Phases of the Mentor Relationship. In: AMR, 1983, S. 608–625.

Kram, K./Isabella, L.: Mentoring Alternatives: The Role of Peer Relationships in Career Development. In: AMR, 1985, S. 110–132.
Lasden, M.: A Mentor Can Be a Millstone. In: Computer Decisions, 1987, S. 74–81.
Looss, W.: Coaching für Manager. Landsberg a. Lech 1991.
Neubeiser, M.-L.: Management-Coaching – der neue Weg zum Manager von morgen. Zürich et al. 1990.
Rogers, C.: On Becoming a Person. Boston 1961.
Sattelberger, T.: Die lernende Organisation. Wiesbaden 1991.
Witte, E.: Organisation für Innovationsentscheidungen – Das Promotorenmodell. Göttingen 1973.

Controlling und Führung

Péter Horváth

[s. a.: Budgets als Führungsinstrument; Kontrolle und Führung.]

I. Aufgabenstellung des Controllers; II. Kontrolle, Control, Controlling, Controllership, Controller; III. Controlling im Führungssystem; IV. Ergebnisorientierte Koordination als Hauptfunktion des Controlling; V. Koordination des Planungs- und Kontrollsystems; VI. Koordination des Informationsversorgungssystems; VII. Organisation des Controlling; VIII. Entwicklungstendenzen des Controlling.

I. Aufgabenstellung des Controllers

Die folgende Definition des *Controller Vereins* gibt die Aufgabenstellung des Controllers in der heutigen Wirtschaftspraxis gut wieder: „Der Controller leistet in einer das Management begleitenden Rolle betriebswirtschaftlichen Service; sorgt für Kosten-, Ergebnis- und Strategie-Transparenz; koordiniert die Ziele und Teilpläne des Unternehmens ganzheitlich; organisiert ein unternehmensübergreifendes führungs- und steuerungsgeeignetes Berichtswesen und sorgt mit seiner Methodik für mehr Wirtschaftlichkeit im System der Unternehmung als Regelkreis" (*Controller Verein e.V.*, o. J., S. 2). Trotz der kontextbedingten Vielfalt im Verständnis und in der Ausgestaltung dieser Aufgabe (vgl. *Amshoff* 1993) dürfte die zitierte Definition den gemeinsamen Nenner der Praxis darstellen und für wissenschaftliche Analysen als Basis dienen.

In der folgenden Darstellung soll zwischen der Institutionalisierung der Aufgabe (= Controller) und der Funktion (= *Controlling*) unterschieden und die funktionalen Aspekte in den Vordergrund gestellt werden.

II. Kontrolle, Control, Controlling, Controllership, Controller

Mißverständnisse mit der Funktion „Controlling" entstehen im deutschen Sprachraum häufig, weil das englische Wort „to control" vielfältig verwendet und unterschiedlich übersetzt wird.

In der deutschsprachigen betriebswirtschaftlichen Literatur versteht die Mehrzahl der Autoren unter „Kontrolle" allein die Durchführung eines Vergleichs zwischen geplanten und realisierten Werten zur Information über das Ergebnis des betrieblichen Handelns (→*Kontrolle und Führung*).

Unter „Control" versteht man in der englischsprachigen Managementliteratur die Beherrschung, Lenkung, Steuerung und Regelung von Prozessen. „Control" und „Controlling' werden dort in diesem Zusammenhang häufig synonym verwendet. Auf die Führung bezogen ist von „Management Control" die Rede. „,Management Control' is the process by which managers influence other members of the organization to implement the organization's strategies" (*Anthony* et al. 1992, S. 10). Die Definition zeigt, daß „Control" weit mehr bedeutet als „Kontrolle". „Management Control" könnte man am besten mit „*Unternehmenssteuerung*" übersetzen.

„Control" bzw. „Controlling" ist im Sinne von Steuerung eine zentrale Führungsaufgabe. Jeder Manager übt auch Control bzw. Controlling aus.

In der englischsprachigen Literatur wird folgerichtig die Funktion des Controllers – wie sie eingangs beschrieben wurde – als „*Controllership*" bezeichnet, um die Aufgaben eines Managers (Management Control) und eines Controllers (Controllership) zu unterscheiden (vgl. *Willson/Colford* 1990).

Der Zusammenhang der beiden Funktionen wird aus der Beschreibung von *Anthony* (1989, S. 77 f.) sehr deutlich: „The person responsible for the operation of the management control system is here called the ‚controller'. The controller organization is a staff unit, in contrast with the management control function itself, which is a line function. Its responsibility is similar to that of a telephone company in that it assures that messages flow through the system clearly, accurately and promptly, but it is not responsible for the content of these messages or for acting on the information they contain."

In der deutschen Praxis ist das Bild des „Piloten" und des „Navigators" für dieses Zusammenwirken sehr verbreitet (vgl. *Deyhle* 1990, Bd. I).

Im deutschen Sprachgebrauch wird in der Regel mit „Controlling" die Funktion „Controllership" und nicht die Funktion „Management Control" bezeichnet.

III. Controlling im Führungssystem

Führung wird hier „als eine Tätigkeit definiert, die die Steuerung und Gestaltung des Handelns anderer Personen zum Gegenstand hat. Sie vollzieht sich in Teilprozessen (wie Zielbildung, Planung, Entscheidung, Kontrolle usw.), die wir Führungsprozesse nennen, und schafft Systeme, die der Koordinierung dieser Prozesse dienen. Einzelne Führungsfunktionen (wie Planung, Entscheidung, Organisation usw.) können aus den Teilprozessen der Steuerung bzw. den Tätigkeiten der Systemgestaltung abgeleitet werden" (*Wild* 1980, S. 158).

„Controlling" im Sinne von Steuerung und Kontrolle wird in der gesamten Führungsliteratur als ein solches abgeleitetes Subsystem (-funktion bzw. -prozeß) der Führung angesehen.

Controlling im Sinne von Controllership stellt ein spezifischeres Führungssubsystem dar: Controlling ist dasjenige Subsystem der Führung, dem die ergebnisorientierte Koordination der übrigen Führungssubsysteme, insbesondere des Planungs- und Kontrollsystems sowie des Informationsversorgungssystems (vgl. *Horváth* 1978), obliegt (vgl. Abb. 1).

IV. Ergebnisorientierte Koordination als Hauptfunktion des Controlling

Die Koordinationsfunktion des Controlling wird in der Literatur übereinstimmend als die zentrale Controllingfunktion gesehen (vgl. *Horváth* 1978 und 1991; *Küpper* 1990; *Weber* 1991; *Küpper/Weber/Zünd* 1990; *Reichmann* 1993; *Hahn* 1993). Auch besteht Einigkeit darüber, daß sich die Koordination durch das Controlling auf das Führungssystem und nicht auf das gesamte Unternehmensgeschehen bezieht. Hinsichtlich der Ausrichtung des Controlling gibt es zwei Auffassungen. *Hahn*, *Horváth* und *Reichmann* vertreten die Auffassung, daß die Koordination durch Controlling wertziel-, insbesondere ergebniszielorientiert sei. *Küpper* und *Weber* wollen dagegen die Koordination auf das gesamte Zielsystem der Unternehmung (bzw. einer anderen Organisation) ausdehnen. Für die erstere Auffassung – die hier vertreten wird – spricht die notwendige und auch in der Praxis generell feststellbare Fokussierung und damit Abgrenzbarkeit der Controllingfunktion. Auch die Entstehung des Controlling bestätigt diese Sicht. Denn das Controlling ist in der Praxis

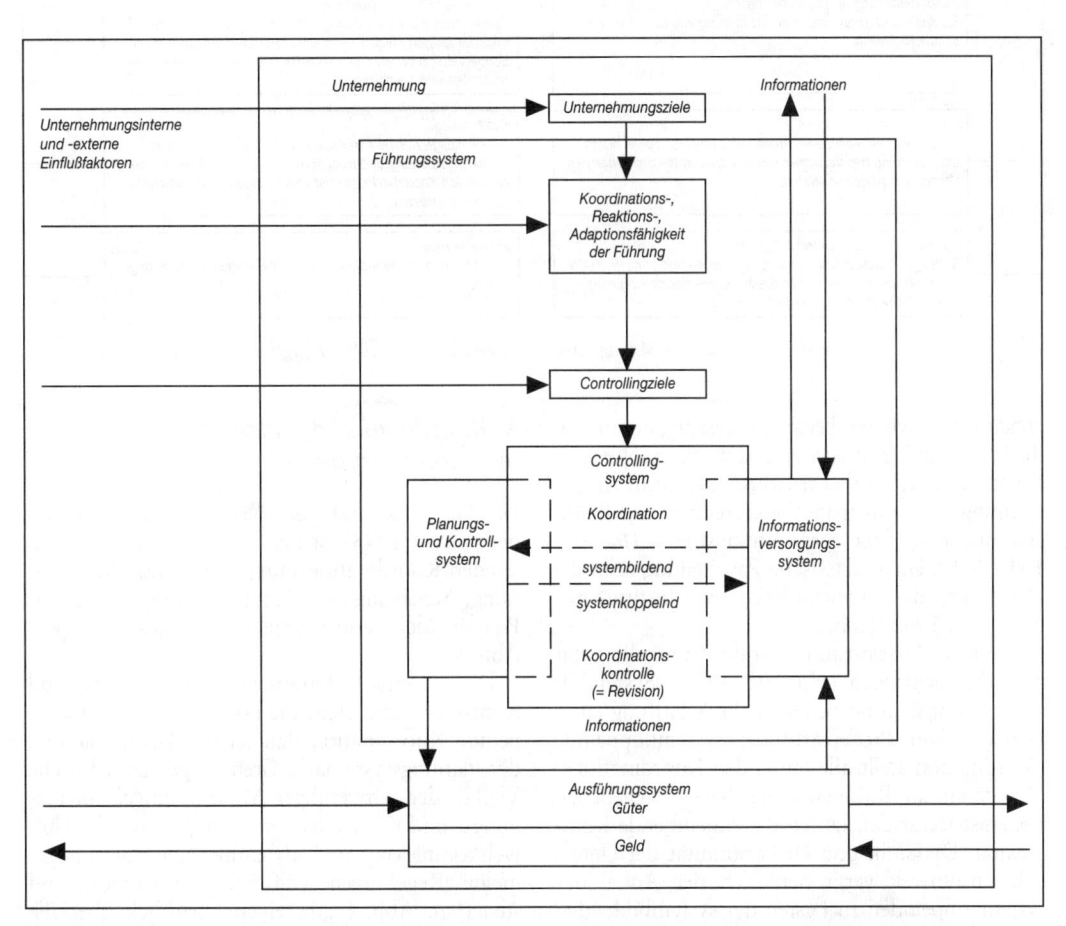

Abb. 1: Das Controllingsystem

Financial Management

Controllership

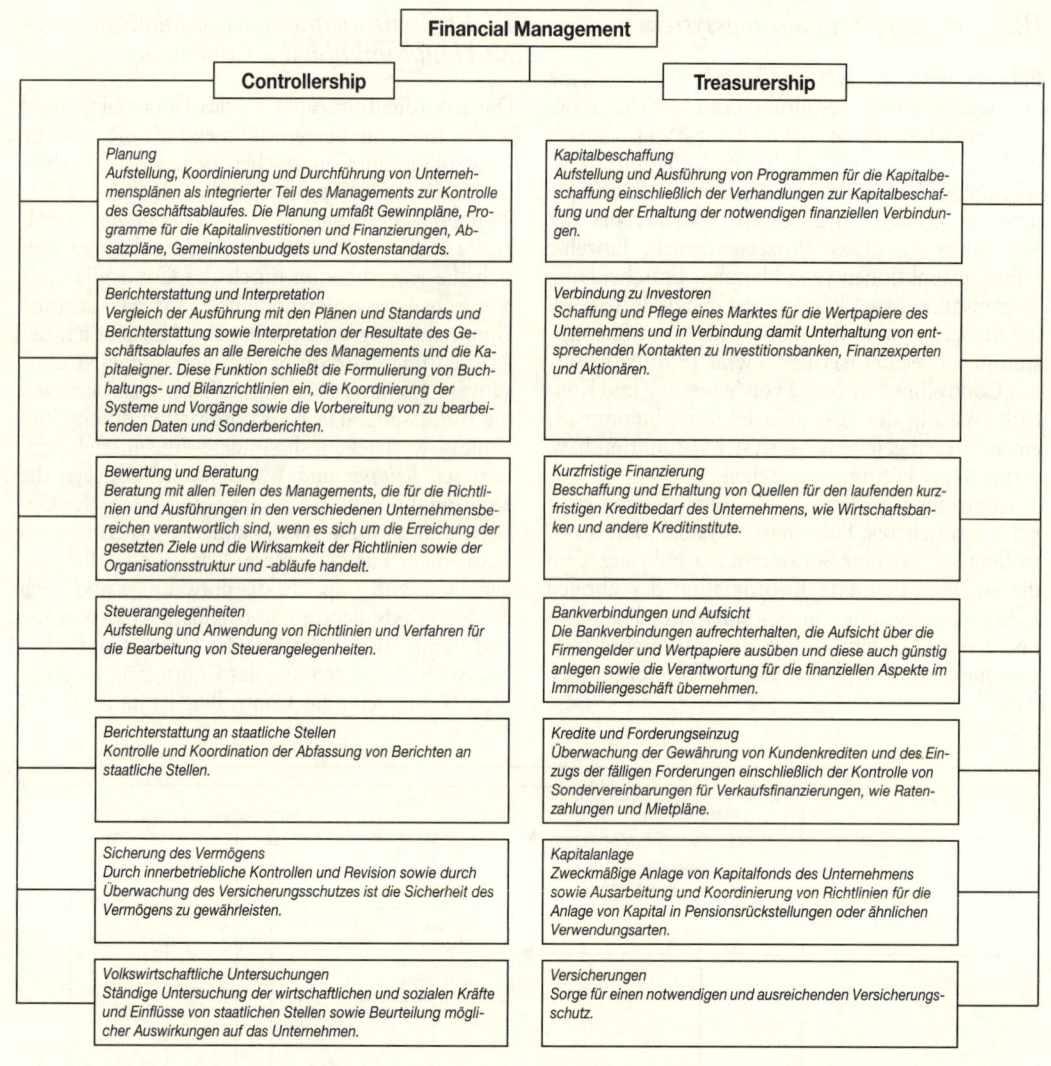

Planung
Aufstellung, Koordinierung und Durchführung von Unternehmensplänen als integrierter Teil des Managements zur Kontrolle des Geschäftsablaufes. Die Planung umfaßt Gewinnpläne, Programme für die Kapitalinvestitionen und Finanzierungen, Absatzpläne, Gemeinkostenbudgets und Kostenstandards.

Berichterstattung und Interpretation
Vergleich der Ausführung mit den Plänen und Standards und Berichterstattung sowie Interpretation der Resultate des Geschäftsablaufes an alle Bereiche des Managements und die Kapitaleigner. Diese Funktion schließt die Formulierung von Buchhaltungs- und Bilanzrichtlinien ein, die Koordinierung der Systeme und Vorgänge sowie die Vorbereitung von zu bearbeitenden Daten und Sonderberichten.

Bewertung und Beratung
Beratung mit allen Teilen des Managements, die für die Richtlinien und Ausführungen in den verschiedenen Unternehmensbereichen verantwortlich sind, wenn es sich um die Erreichung der gesetzten Ziele und die Wirksamkeit der Richtlinien sowie der Organisationsstruktur und -abläufe handelt.

Steuerangelegenheiten
Aufstellung und Anwendung von Richtlinien und Verfahren für die Bearbeitung von Steuerangelegenheiten.

Berichterstattung an staatliche Stellen
Kontrolle und Koordination der Abfassung von Berichten an staatliche Stellen.

Sicherung des Vermögens
Durch innerbetriebliche Kontrollen und Revision sowie durch Überwachung des Versicherungsschutzes ist die Sicherheit des Vermögens zu gewährleisten.

Volkswirtschaftliche Untersuchungen
Ständige Untersuchung der wirtschaftlichen und sozialen Kräfte und Einflüsse von staatlichen Stellen sowie Beurteilung möglicher Auswirkungen auf das Unternehmen.

Treasurership

Kapitalbeschaffung
Aufstellung und Ausführung von Programmen für die Kapitalbeschaffung einschließlich der Verhandlungen zur Kapitalbeschaffung und der Erhaltung der notwendigen finanziellen Verbindungen.

Verbindung zu Investoren
Schaffung und Pflege eines Marktes für die Wertpapiere des Unternehmens und in Verbindung damit Unterhaltung von entsprechenden Kontakten zu Investitionsbanken, Finanzexperten und Aktionären.

Kurzfristige Finanzierung
Beschaffung und Erhaltung von Quellen für den laufenden kurzfristigen Kreditbedarf des Unternehmens, wie Wirtschaftsbanken und andere Kreditinstitute.

Bankverbindungen und Aufsicht
Die Bankverbindungen aufrechterhalten, die Aufsicht über die Firmengelder und Wertpapiere ausüben und diese auch günstig anlegen sowie die Verantwortung für die finanziellen Aspekte im Immobiliengeschäft übernehmen.

Kredite und Forderungseinzug
Überwachung der Gewährung von Kundenkrediten und des Einzugs der fälligen Forderungen einschließlich der Kontrolle von Sondervereinbarungen für Verkaufsfinanzierungen, wie Ratenzahlungen und Mietpläne.

Kapitalanlage
Zweckmäßige Anlage von Kapitalfonds des Unternehmens sowie Ausarbeitung und Koordinierung von Richtlinien für die Anlage von Kapital in Pensionsrückstellungen oder ähnlichen Verwendungsarten.

Versicherungen
Sorge für einen notwendigen und ausreichenden Versicherungsschutz.

Abb. 2: Controllership im Financial Management (vgl. FEI 1962, S. 289, dt. Agthe 1969, Sp. 353 ff.)

entstanden, „when it became necessary, because of the large volume of accounting work involved, or advantageous for other reasons, to separate the accounting functions from the secretarial and financial functions of the corporate business" (*Jackson* 1949, S. 9). Diese klassische Zweiteilung zeigt die Darstellung des Financial Executives Institute aus dem Jahre 1962 (Abb. 2).

Die Koordinationsfunktion des Controlling hat zwei Ausprägungen (*Horváth* 1978): Systembildende Koordination bedeutet die Schaffung einer Gebilde- und Prozeßstruktur; systemkoppelnde Koordination stellt alle laufenden Koordinationsaktivitäten im Rahmen einer bereits gegebenen Systemstruktur dar. Durch die zunehmende Komplexität, Dynamik und Diskontinuität der Unternehmensumwelt vergrößert sich der Anteil der systemkoppelnden zu Lasten der systembildenden Koordination.

V. Koordination des Planungs- und Kontrollsystems

Das Planungs- und Kontrollsystem (vgl. insbesondere *Hahn* 1993) ist das Ergebnis der systembildenden Koordination durch das Controlling. Planung, Steuerung und Kontrolle werden hier als Phasen des Führungsprozesses gesehen (vgl. Abb. 3).

Die laufende „Betreuung" des Planungs- und Kontrollsystems stellt die notwendige systemkoppelnde Koordination dar, da der Formalisierung der Planungssystematik Grenzen gesetzt sind. Die Vielfalt der notwendigen Verknüpfungen im Planungs- und Kontrollsystem ist angesichts der Umweltkomplexität und -dynamik nicht durch allgemeine Regelungen vollständig beschreib- und steuerbar. Abb. 4 gibt einen Überblick über die wichtigsten Koordinationsaspekte der Planung.

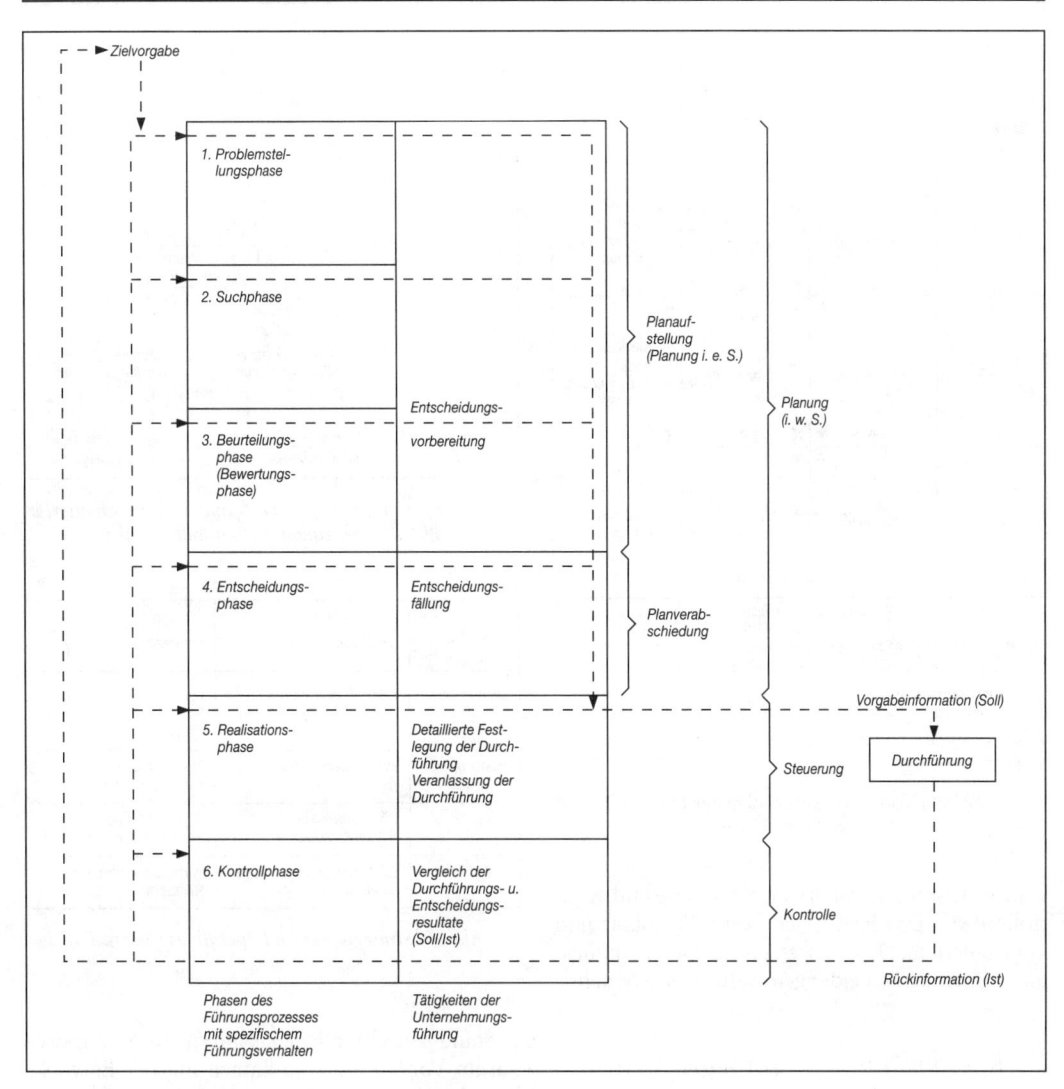

Abb. 3: Planung, Steuerung und Kontrolle im Führungsprozeß (Hahn 1993, S. 42)

Im Sinne der Wertzieldominanz des Controlling ist es von besonderer Bedeutung, zwischen wertziel- und sachzielorientierter Planung zu unterscheiden und ihre Koordination sicherzustellen (vgl. Abb. 5). In der Praxis des Controlling nimmt die wertzielorientierte Planung (= *Budgetierung*) (→*Budgets als Führungsinstrument*) einen zentralen Platz ein. In amerikanischen Unternehmungen wird „Controllership" häufig mit „*Budgeting*" gleichgesetzt.

Eine wichtige Fragestellung bei der Koordination des Planungs- und Kontrollsystems ist auch, inwieweit die Koordination der strategischen Planung zur Controllingfunktion gehört („Strategisches Controlling"). Das klassische Controlling ist operativ orientiert: im Mittelpunkt steht das Ergebnisziel im Rahmen der Einjahres- oder Mehrjahresbudgetierung. Heute besteht allerdings in Literatur und Praxis Einigkeit darüber, daß die *strategische Planung* ebenso wie die *operative Planung* Koordination benötigt. Wird Controlling als ein Ansatz zur Verbesserung der Koordinations-, Adaptions- und Reaktionsfähigkeit der Führung gesehen, so ist diese Gesamtaufgabe nicht auf die operative und taktische Planung zu beschränken (*Horváth* 1981). Bereits 1978 hat eine empirische Untersuchung von *Hahn* gezeigt, daß die Koordination der strategischen Planung als eine der wichtigsten Aufgaben von Controllern angesehen wird (*Hahn* 1978).

Planung und Kontrolle stellen funktional gesehen eine Einheit dar. Bei der Gestaltung des Planungssystems muß daher strukturgleich das Kontrollsystem mitgestaltet werden. Die Arbeitsteilung zwischen Manager und Controller ist bezüglich Planung und Kontrolle klar: Entscheidungen trifft der Manager, der Controller liefert koordinierende Entscheidungsunterstützung in Gestalt des Planungs- und Kontrollsystems und in Form der lau-

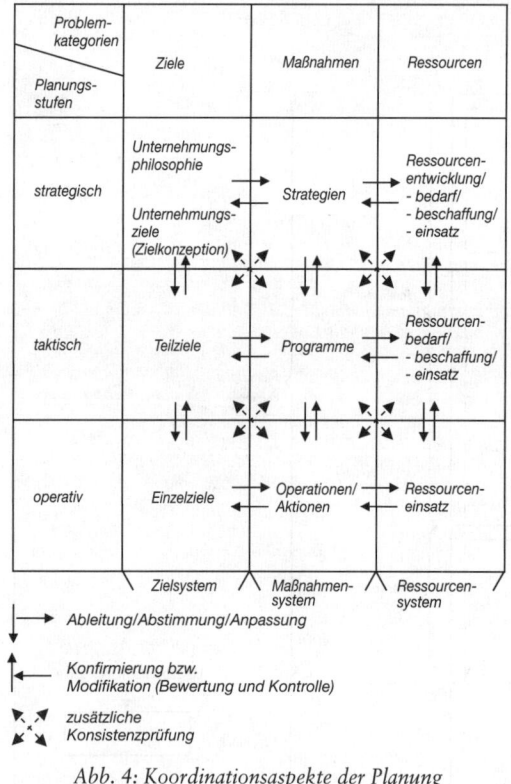

Abb. 4: Koordinationsaspekte der Planung (Töpfer 1976, S. 130)

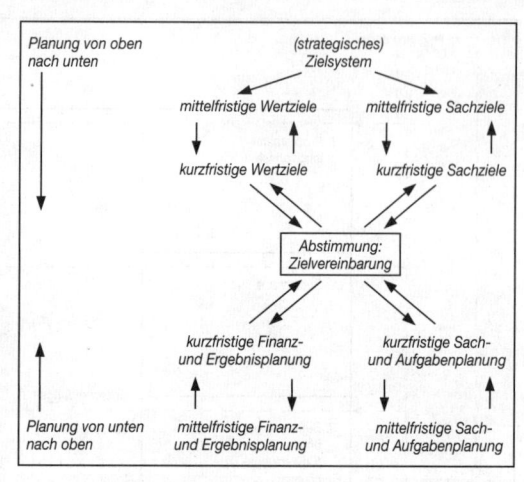

Abb. 5: Koordination von wert- und sachzielorientierter Planung bei einem Automobilhersteller

C.-Typen Merkmale	Strategisches Controlling	Operatives Controlling
Orientierung	Umwelt und Unternehmen: Adaption	Unternehmen: Wirtschaftlichkeit betrieblicher Prozesse
Planungsstufe	strategische Planung	Taktische und operative Planung, Budgetierung
Dimensionen	Chancen/Risiken, Stärken/Schwächen	Aufwand/Ertrag Kosten/Leistungen
Zielgrößen	Existenzsicherung, Erfolgspotential	Wirtschaftlichkeit, Gewinn, Rentabilität

Abb. 6: Strategisches und operatives Controlling

fenden Abstimmungshilfe im Planungs- und Kontrollprozeß. Das heißt: Der Controller plant und kontrolliert nicht, er sorgt dafür, daß Planungs- und Kontrollentscheidungen stattfinden können.

VI. Koordination des Informationsversorgungssystems

Planung und Kontrolle bedürfen der *Informationsversorgung*. Es geht darum, alle für Planung und Kontrolle benötigten quantitativen und nichtquantitativen Informationen mit dem erforderlichen Genauigkeits- und Verdichtungsgrad am richtigen Ort und zum richtigen Zeitpunkt bereitzustellen. Die Informationsversorgung ist von Anfang an Kernaufgabe des Controllers.

„Generally the controller is responsible for the design and operation of the *system* by means of which control information is collected and reported but the *use* of this information in actual control is the responsibility of line management" (*Anthony* 1970, S. 433). Hierbei sind Koordinationsaufgaben in zwei Richtungen zu lösen: Systembildende und systemkoppelnde Koordination im Informationsversorgungssystem ist wahrzunehmen; hinzu kommt die Definition, Festlegung und laufende Abstimmung der Schnittstellen mit dem Planungs- und Kontrollsystem.

Stand zunächst allein das interne Rechnungswesen im Vordergrund, so kamen mit der Entwicklung des Controlling Informationen über Chancen und Risiken im Markt sowie über Stärken und Schwächen des Unternehmens hinzu.

Es gilt jedoch weiterhin: „A management control system is ordinary built around a financial core, since money is the only common denominator for the heterogenous elements of inputs and outputs" (*Anthony* 1965, S. 78). Dieser „financial core" im Sinne eines Management Accounting ist zu einem Zahlenwerk auszubauen, das auf Mengen-, Zeit- und Wertangaben beruhend es erlaubt, das gesamte Unternehmensgeschehen ex ante und ex post ergebnis- und liquiditätsbezogen abzubilden. *Hahn* (1993) spricht von einer Planungs- und Kontrollrechnung (PuK). „In ihr lassen sich Ziele, Alternativen der Zielerreichung, Wirkungen von Alternativen auf Ziele, *Entscheidungsergebnisse* sowie Durchführungsresultate und damit *Abweichungsangaben* durch *Zahlen* ausdrücken bzw. errechnen, wobei Entscheidungsergebnisse und Abweichungsangaben *Ergebnisse der Prozesse Planung und Kontrolle* sind" (*Hahn* 1993, S. 51). Das

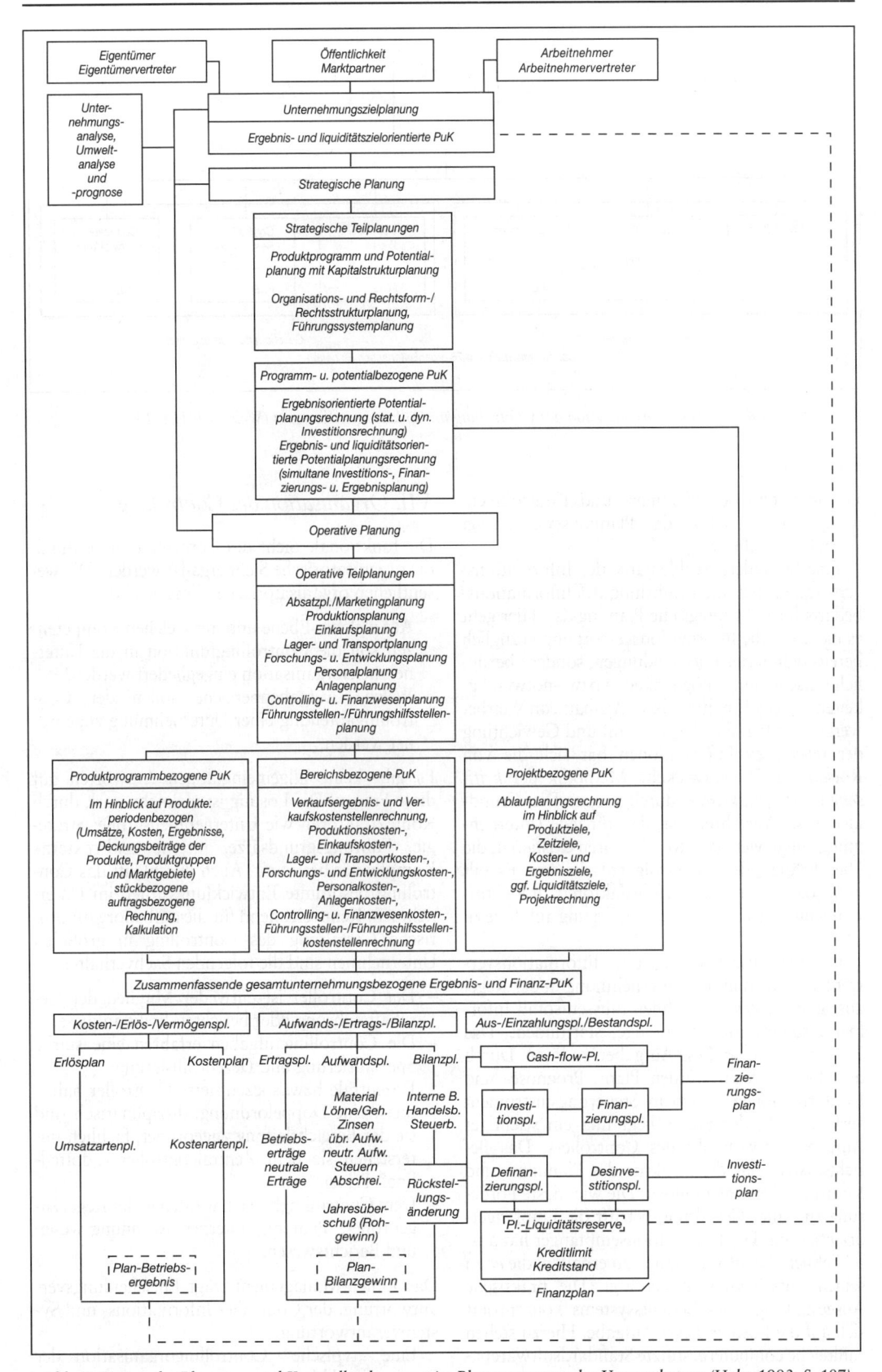

Abb. 7: System der Planungs- und Kontrollrechnungen im Planungssystem des Unternehmens (Hahn 1993, S. 197)

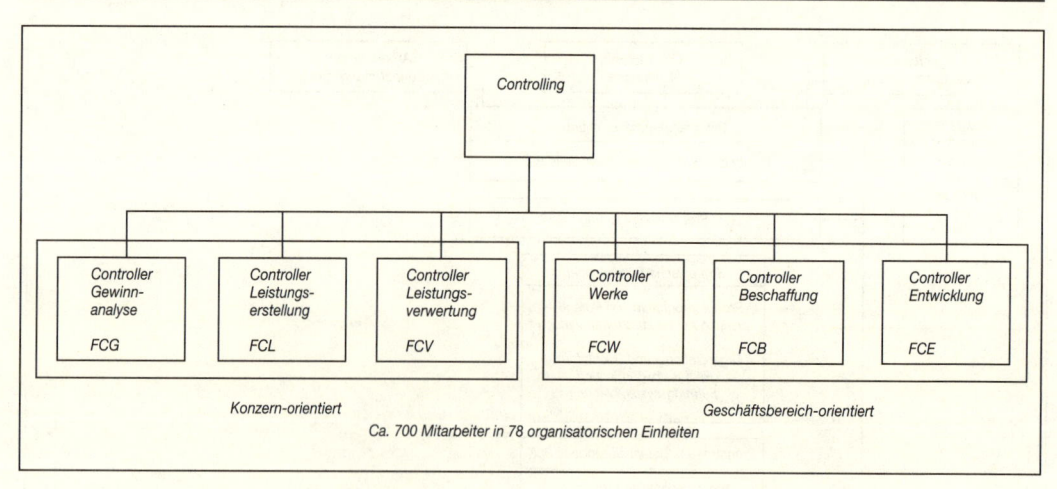

```
                                    Controlling
                                         │
    ┌──────────────┬──────────────┬──────┴───────┬──────────────┬──────────────┐
Controller      Controller     Controller     Controller     Controller     Controller
Gewinn-         Leistungs-     Leistungs-     Werke          Beschaffung    Entwicklung
analyse         erstellung     verwertung
FCG             FCL            FCV            FCW            FCB            FCE

         Konzern-orientiert                        Geschäftsbereich-orientiert
            Ca. 700 Mitarbeiter in 78 organisatorischen Einheiten
```

Abb. 8: Strukturorganisation des Controlling im Volkswagen-Konzern (Weiße 1991, S. 146)

Gesamtsystem der Planungs- und Kontrollrechnungen eingebettet in das Planungssystem zeigt vorstehende Abb. 7.

Eine besondere Problematik der Informationsversorgung stellt die Ermittlung des Informationsbedarfs für die strategische Planung dar. Hier geht es nicht um die Informationsversorgung bezüglich bereits definierter Entscheidungen, sondern bezüglich Entscheidungsmöglichkeiten bzw. -notwendigkeiten zwecks Erhaltung bzw. Ausbau von Wettbewerbsvorteilen. Für die Auswahl und Gewichtung der relevanten Informationen hat sich die von *Rockart* (1979) entwickelte Methodik der *kritischen Erfolgsfaktoren* durchgesetzt. Die Grundidee dieses Verfahrens ist, daß für jede Unternehmung einige wenige Erfolgsfaktoren existieren, die über Erfolg oder Mißerfolg entscheiden. Es gilt nun, solche kritischen Erfolgsfaktoren zu identifizieren und die Informationsversorgung auf diese zu konzentrieren.

Informationsentstehung und Informationsverwendung fallen in der Unternehmung in der Regel auseinander. Zwischen ihnen müssen somit Informationsübermittlungsvorgänge stattfinden. Das Berichtswesen hat diese Aufgaben zu lösen. Durch das Berichtswesen werden Plan-, Prognose- und Istinformationen zu einem Steuerungsinstrument verknüpft. In der Praxis liegt hier ein wichtiger Aufgabenschwerpunkt des Controllers. Das Berichtssystem hat die Struktur des Planungs- und Kontrollsystems abzubilden. Die wichtigste Forderung zu seiner Gestaltung betrifft die Empfängerorientierung: Der Informationsempfänger hat ausschließlich die Informationen zu erhalten, die *er* zu seinen Entscheidungen benötigt. Die praktische Ausgestaltung eines Berichtssystems konzentriert sich auf die Lösung dieser Aufgabe. Hierzu stehen zahlreiche computergestützte Standardsoftwarepakete zur Verfügung.

VII. Organisation des Controlling

Die funktionale Sicht des Controlling muß durch die organisatorische Sicht ergänzt werden. Die wesentlichen organisatorischen Fragen sind:

– Auf welcher Ebene und mit welchen Kompetenzen soll die Controllingfunktion in die Unternehmensorganisation eingegliedert werden?
– Welche Aufgabenbereiche sollen der Controllingabteilung einer Unternehmung zugeordnet werden.

Es gibt keine allgemeingültigen Antworten auf diese Fragen. Die Lösung ist vielmehr stark durch Kontextfaktoren wie Unternehmensgröße, Strategie, Führungsgrundsätze, interne und externe Komplexität bestimmt. Auch durchläuft das Controlling bestimmte Entwicklungsstufen im Unternehmen. Kennzeichnend für die aufbauorganisatorische Gestaltung des Controlling in größeren Unternehmen sind die folgenden Sachverhalte:

– Der Controller ist entweder Mitglied der Geschäftsführung oder berichtet direkt an diese.
– Die Controllingaufgaben erfahren eine starke Spezialisierung und Dezentralisierung.
  Dezentrale bzw. spezialisierte Controller haben meist eine Doppelordnung: disziplinarisch sind sie der Bereichsleitung zugeordnet, fachlich unterstehen sie dem Zentralcontroller („dotted-line"-Prinzip).
– Dem Controllingbereich werden in der Regel zugeordnet: Planung, internes Rechnungswesen und Berichtswesen.

Das Linien-Management trägt Entscheidungsverantwortung, der Controller Informations- und Systemverantwortung.

Eine „typische" Controllingorganisation der Praxis zeigt Abb. 8.

VIII. Entwicklungstendenzen des Controlling

Die Controllingfunktion als „Führungsservice" folgt in der Ausgestaltung den Anforderungen, die die Führung an sie stellt. Die Entwicklungstendenzen werden durch die steigende Diskontinuität, Dynamik und Komplexität der Umwelt bestimmt, die eine Neuorientierung der Unternehmensführung erfordern. „Eine schlecht vorhersehbare Welt des Wandels kann nicht mit Instrumenten für eine beherrschbare, stabile Welt bewältigt werden" (*Berthel* 1984, S. 10).

Für die Wahrnehmung der Controllingfunktion bedeutet dies, daß man von der eher operativ-unternehmenserhaltenden Sicht des Geschehens zu einer innovationsfördernden Sicht gelangt. Hiermit ist die Erweiterung und Verlagerung der Koordinations- und Informationsaufgaben verbunden. Die Unterstützung der strategischen Planung und Kontrolle rückt zunehmend in den Vordergrund.

Die Controllingfunktion faßt gegenwärtig in Branchen und Bereichen Fuß, wo sie bislang noch nicht bewußt wahrgenommen wurde. Insbesondere eröffnet sich in der öffentlichen Verwaltung ein weites Betätigungsfeld für den Controller.

Literatur

Agthe, K.: „Controller". In: *Grochla* (Hrsg.): Handwörterbuch der Organisation. Stuttgart 1969.
Amshoff, B.: Controlling in deutschen Unternehmungen – Realtypen, Kontext und Effizienz. Wiesbaden 1993.
Anthony, R. N.: Planning and Control Systems – A Framework for Analysis. Boston, Mass. 1965.
Anthony, R. N.: Management Accounting Principles. Homewood, Ill. 1970.
Anthony, R. N.: The Management Control Function. Boston, Mass. 1989.
Anthony, R. N./Dearden, J./Govindarajan, V.: Management Control Systems, 7. A. Homewood, Ill., Boston, Mass. 1992.
Berthel, J.: Unternehmensführung im Wandel? Perspektiven für Theorie und Praxis. In: Zeitschrift für Organisation, 1984, S. 7–12.
Camillus, J. C.: Strategic Planning and Management Control – Systems for Survival and Success. Lexington, Mass. 1986.
Controller Verein e.V. (Hrsg.): Controller Statements. Gauting o. J..
Deyhle, A.: Controller Handbuch, 6 Bände, 3. A. Gauting 1990.
Hahn, D.: Hat sich das Konzept des Controllers in Unternehmungen der deutschen Industrie bewährt? In: BFuP, 1978, S. 101–128.
Hahn, D.: Planungs- und Kontrollrechnung, 4. A. Wiesbaden 1993.
Horváth, P.: Entwicklung und Stand einer Konzeption zur Lösung der Adaptions- und Koordinationsprobleme der Führung. In: ZfB, 1978, S. 194–208.
Horváth, P./Gassert, H./Solaro, D. (Hrsg.): Controllingkonzeptionen für die Zukunft – Trends und Visionen. Stuttgart 1991.
Horváth, P.: Controlling, 5. A. München 1994.
Horváth, P.: Entwicklungstendenzen des Controlling: Strategisches Controlling. In: *Rühli, E./Thommen, J.-P.* (Hrsg.): Unternehmensführung aus finanz- und bankwirtschaftlicher Sicht. Stuttgart 1981, S. 397–415.
Jackson, J. H.: The Comptroller: His Functions and Organization, 2. Printing. Cambridge, Mass. 1949.
Küpper, H. U.: Koordination und Interdependenz als Bausteine einer konzeptionellen und theoretischen Fundierung des Controlling. In: *Lücke, W.* (Hrsg.): Betriebswirtschaftliche Steuerungs- und Kontrollprobleme. Wiesbaden 1988, S. 163–183.
Küpper, H. U.: Industrielles Controlling. In: *Schweitzer, M.* (Hrsg.): Industriebetriebslehre. München 1990, S. 781–891.
Küpper, H. U./Weber, J./Zünd, A.: Zum Verständnis und Selbstverständnis des Controlling – Thesen zur Konsensbildung. In: ZfB, 1990, S. 281–293.
Reichmann, T.: Controlling mit Kennzahlen und Managementberichten: Grundlagen einer systemgestützten Controlling-Konzeption. 3. A. München 1993.
Rockart, J. F.: Chief executives define their own data needs. In: HBR, 1979, March/April, S. 81–92.
Töpfer, A.: Planungs- und Kontrollsysteme industrieller Unternehmungen – Eine theoretische, technologische und empirische Analyse. Berlin 1976.
Weber, J.: Einführung in das Controlling, 3. A. Stuttgart 1991.
Weiße, W.: Controlling-Profil: Volkswagenkonzern. In: Controlling, 1991, S. 144–149.
Welge, M. K.: Unternehmensführung, 3 Bände. Stuttgart 1988.
Wild, J.: Grundlagen der Unternehmensführung, 3. A. Opladen 1980.
Willson, J. D./Colford, J. P.: Controllership – The Work of the Managerial Accountant, 4. A. New York 1990.

D

Delegative Führung

Rolf Wunderer

[s. a.: Führung im MbO-Prozeß; Führungskonzepte und ihre Implementation; Führungsmodelle; Führungsphilosophie und Leitbilder; Führungsprinzipien und -normen; Konsultative Führung; Kooperative Führung; Organisationskultur und Führung; Selbststeuernde Gruppen, Führung in; Selbststeuerungskonzepte; Verantwortung; Zielsetzung als Führungsaufgabe.]

I. Dimensionen und leitende Konzepte der Delegation; II. Strukturelle Delegationskonzepte; III. Verhaltensorientierte Delegationsansätze; IV. Ein Rahmenkonzept delegativer Führung; V. Praktische Implikationen; VI. Fazit.

I. Dimensionen und leitende Konzepte der Delegation

1. Zwei Dimensionen

Lokalisiert man delegative Führung im zweidimensionalen Kontinuum der Führungsstile (vgl. →*Konsultative Führung*, Abb. 2), so ergibt sich folgendes Bild:

In der *Entscheidungsebene* wird bei delegativer Führung der Entscheidungsinhalt mit maßgeblicher Beteiligung oder weitgehender Selbständigkeit der Geführten festgelegt und v. a. umgesetzt. Die für den kooperativen *Führungsstil (→Kooperative Führung)* charakteristische Gemeinsamkeit bei der Entscheidungsfindung und z. T. auch Umsetzung im Team ist deutlich geringer ausgeprägt. Vorgesetzte und Mitarbeiter arbeiten im delegativen Stil wesentlich unabhängiger voneinander, müssen dafür aber auch grundsätzlicher, planmäßiger und systematischer ihre selteneren gemeinsamen Entscheidungsaktivitäten durchführen.

Für die *Beziehungsebene* gilt ähnliches. Da bei delegativer Führung die wechselseitige Interaktion geringer ist als bei kooperativer Führung, muß eine grundsätzlich positive prosoziale Beziehung zwischen den Betroffenen bestehen. Erforderlich ist insbesondere hohes Vertrauen des Delegierenden in die Fähigkeiten, die Verantwortungsbereitschaft, die Loyalität und die Motivation zur Aufgabenerfüllung des Mitarbeiters. Die begrenzte oder fehlende Handlungskontrolle wird durch hohe Selbstkontrolle des Delegierten sowie durch Ergebniskontrolle des Delegierenden ersetzt. Die geringeren wechselseitigen Interaktionen verringern allgemein auch den Anteil an interaktioneller Führung. Dafür wird die strukturelle Führung (v. a. durch Planung, Organisation und institutionelle Kontrolle) stärker eingesetzt.

2. Strukturelle versus verhaltensbezogene Delegationsphilosophien und -konzepte

In der wissenschaftlichen Diskussion findet man – auch je nach Menschenbild (→*Menschenbilder und Führung*) und Disziplin – sehr unterschiedliche Grundansätze.

Von Organisationsforschern und -praktikern sowie von Anhängern bürokratischer Regelungen wurden strukturelle Ansätze bevorzugt. Das heißt v. a. klare, transparente, entpersönlichte, möglichst standardisierte und schriftliche Festlegung der Delegationsspielräume. Dies geschieht über Regelungen der Aufbauorganisation (z. B. durch klare Abgrenzungen hierarchisch abgestufter Kompetenzen), der Ablauforganisation (v. a. durch Stellenbeschreibungen) sowie spezielle Richtlinien (z. B. Führungsanweisungen).

Besonders bekannt und typisch für diese Gestaltungsphilosophie ist das sog. „Harzburger Modell", das mit 315 Regeln (vgl. *Guserl* 1973, S. 53 und *Höhn* 1966) möglichst alle Aspekte, Instrumente und Methoden des Delegationsphänomens in umfassender Weise zu regeln versuchte. Wie die Kritik an diesem Konzept zeigt (vgl. *Guserl* 1973; *Steinle* 1975), wurde bei der Konzeption dieses Modells zu wenig berücksichtigt, daß man zu seiner erfolgreichen Realisierung auch Menschen mit bürokratischen Denk- und Verhaltensstrukturen benötigt.

Der verhaltensorientierte Delegationsansatz wird besonders am Konzept von *Hersey* und *Blanchard* (1977) deutlich, der sich allerdings einseitig auf die Verhaltensdimension des Führers reduziert (vgl. Wunderer 1993, S. 188). Dem Vorgesetzten wird empfohlen, seinen *Führungsstil* gegenüber den ihm unterstellten Mitarbeitern danach zu variieren, inwieweit diese fähig und motiviert sind, Entscheidungen selbstverantwortlich zu treffen und zu erledigen. Dieser „Reifegrad" zur Delegation kann über eine differenzierte Einschätzung des Mitarbeiters durch den Vorgesetzten mittels Fragebogen ermittelt werden.

Wir vertreten die Meinung, daß ein integrierter Ansatz die Wirklichkeit besser abbilden kann. Im folgenden werden deshalb struktur- und verhaltensorientierte Ansätze diskutiert, dabei die strukturelle Dimension des Führungsstils zuerst behandelt.

II. Strukturelle Delegationskonzepte

Im Zentrum der strukturellen Delegation steht deren Inhalt. Wir unterscheiden danach drei Dimensionen: aufgaben-, ziel- und missionsorientierte Delegation.

1. Aufgabenorientierte Delegationskonzepte

Sie zeichnen sich durch eine Fokussierung der Delegationsregelungen auf die Aufgaben ab. Diese werden in – zum Teil sehr ausführlichen – Stellenbeschreibungen (→*Stellenbeschreibung als Führungsinstrument*) geregelt. Das „Harzburger Modell" (*Höhn* 1966) (→*Führungsmodelle*) ist dafür das beste Beispiel. Die Praxis hat bisher diesen Ansatz bevorzugt. Auf der Basis einer differenzierten Aufgabenregelung werden ebenso differenzierte Festlegungen zur damit verbundenen Entscheidungs-, Weisungs- und Verantwortungsdelegation getroffen. Die Beziehungen zwischen Führungsorganisation und *Führungsstil* im Harzburger Modell verdeutlicht Abbildung 1.

Mit einer klaren Aufgabenregelung sind aber nur Mittel zur Erreichung von Führungszielen definiert, so daß die politische Ausrichtung (v. a. durch Ziele) davon weitgehend abgelöst bleibt. Der weitgehenden Selbständigkeit in der Aufgabenerfüllung steht dann leicht eine ebenso umfassende Unklarheit bzw. Unselbständigkeit in der Zielfestlegung gegenüber.

2. Zielorientierte Delegationskonzepte

Mit wachsendem Reifegrad in den Managementfunktionen (v. a. Planung, Entscheidungsfindung, Organisation und Kontrolle), aber auch mit steigender Qualifikation und wachsenden Ansprüchen an selbständige Aufgabenerledigung sowie mit besseren Managementinstrumenten und -methoden entwickelte sich schon Ende der fünfziger Jahre in den USA ein Konzept der zielorientierten Mitarbeiterführung, „Management by Objectives (MbO)" (→*Führung im MbO-Prozeß*) genannt.

In den sechziger und siebziger Jahren wurden hierzu zahlreiche Varianten entwickelt und publiziert (vgl. z. B. *Humble* 1972; *Odiorne* 1965). Dieses MbO-Konzept wurde mit großer Emphase aufgenommen, jedoch in den allerwenigsten Firmen in Form einer Führung über Zielvorgabe oder Zielvereinbarung praktiziert. Der hohe Abstraktions- und Komplexitätsgrad von Zielen – im Gegensatz zu Aufgaben –, die mangelnden Erfahrungen mit der Zielformulierung und Operationalisierung sowie die fehlenden Instrumente zu ihrer Definition und Evaluation führten meist dazu, daß Ziele mit Hauptaufgaben oder maximal mit Schwerpunktaufgaben (Programmen) gleichgesetzt wurden. Damit waren aber wieder nur die Mittel zur Zielerreichung definiert und nicht der Kurs selbst. In den achtziger Jahren unterstützten die wachsende Verbreitung von großen, häufig multinationalen Konglomeraten deren Dezentralisierung sowie das Konzept strategischer Unternehmensführung die Entwicklung einer ziel- und ergebnisorientierten Delegationskonzeption. Diese erforderte Änderungen in der Organisationsstruktur und der Verhaltensdimension der Führungskräfte.

Führungsorganisatorisches Mittel	Führungsstildimension	
	wirkt auf →	
Stellenbeschreibung, Delegation von Verantwortung, Dienstaufsicht, Erfolgskontrolle, Allgemeine Führungsanweisung	Maß der Entscheidungsdelegation an Mitarbeiter	a
Stellenbeschreibung, Einschaltung der Mitarbeiter bei der Feststellung des Solls, Mitarbeiterbesprechung, Mitarbeitergespräch, Teamarbeit	Maß der Entscheidungspartizipation von Mitarbeitern	b
Allgemeine Führungsanweisung, Anregungen des Vorgesetzten gegenüber dem Mitarbeiter	Grad der partnerschaftlichen Führung des Vorgesetzten im Hinblick auf die informierende (instruierende) und die motivierende Komponente seines Führungsverhaltens	c
Allgemeine Führungsanweisung, Mitarbeitergespräch, Mitarbeiterbesprechung	Grad der Mitarbeiterorientierung des Vorgesetzten	d
Allgemeine Führungsanweisung, Kritik und Anerkennung, Dienstgespräch, Dienstbesprechung, Mitarbeitergespräch, Mitarbeiterbesprechung, Teamarbeit, Rundgespräch	Maß des statusrelevanten Vorgesetztenverhaltens, das die Statusgleichheit im Verhältnis zu den Mitarbeitern betont	e

Abb. 1: Führungsorganisatorische Mittel im „Harzburger Modell" (Seidel 1993, Sp. 1304)

Die Vorteile zielorientierter Führung werden v. a. in einer wesentlich stärkeren Entlastung (*Grochla* et al. 1981) der Führenden von operativen Entscheiden, einer deutlich höheren Selbständigkeit der Geführten in der Zielumsetzung, einer meist höheren Mitwirkung schon bei der Zielvereinbarung sowie einer ziel- und ergebnisorientierten Evaluation mit entsprechenden Konsequenzen gesehen. Damit wird die unternehmerische Ausrichtung der Führung (→*Unternehmerische Mitarbeiterführung*) auch in den Subsystemen gefordert und gefördert. Dies verlangt Führungskräfte, die neben ihrem Spezialwissen über Managementqualifikationen verfügen, ihren Bereich ziel- und ergebnisorientiert zu führen und die Verantwortung für die Resultate zu übernehmen. Den Zusammenhang zwischen Führungsstruktur und

Führungsstil im MbO-Konzept zeigen *Seidel* et al. (1988) (vgl. Abb. 2).

Führungsorganisatorisches Mittel	Führungsstildimension wirkt auf	
Profit-Center-Konzept, Cost-Center-Konzept, Aktionsplan, Selbstkontrolle	Maß der Entscheidungsdelegation an Mitarbeiter	a
Zielvereinbarungsgespräch, Aktionsplan	Maß der Entscheidungspartizipation von Mitarbeitern	b
Anreizsystem, Zielvereinbarungsgespräch, Leistungsbeurteilungsgespräch, Aktions-Verbesserungsplan	Grad der partnerschaftlichen Führung des Vorgesetzten im Hinblick auf die informierende (instruierende) und die motivierende Komponente seines Führungsverhaltens	c
Anreizsystem, Entwicklungsgespräch, Zielvereinbarungsgespräch, Personalentwicklungsplan	Grad der Mitarbeiterorientierung des Vorgesetzten	d
Selbstkontrolle, Zielvereinbarungsgespräch, Leistungsbeurteilungsgespräch	Maß des statusrelevanten Vorgesetztenverhaltens, das die Statusgleichheit im Verhältnis zu den Mitarbeitern betont	e

Abb. 2: *Führungsorganisatorische Instrumente im MbO-Konzept (Seidel 1993, Sp. 1305)*

3. Missions- bzw. visionsorientierte Delegationskonzepte

Das Jesuswort: „Gehet hin in alle Welt und lehret alle Völker..." demonstriert am eindrücklichsten, wie eine motivierende Mission bei eigenverantwortlichen „Missionaren" trotz der im Altertum meist fehlenden Kommunikations- und Managementinstrumente genügte, eine erfolgreiche Umsetzung mit relativ geringen operativen Eingriffen in einer sehr flachen Hierarchie (die katholische Kirche hat bis heute international nur drei Ebenen) zu erreichen. Einen vergleichbaren Ansatz versuchen Managementtheorie und -praxis verstärkt seit den achtziger Jahren. Unter Reifegradaspekten könnte dies mit der höheren Fähigkeit und Motivation von Managern zusammenhängen, nach erfolgter Kursbestimmung („Mission") die dafür erforderlichen Ziele und Wege selbstverantwortlich zu definieren. Aber auch die Probleme mit zielorientierten Konzepten können ein Grund dafür sein, sich auf weniger planorientierte und kontrollierbare Visionen zurückzuziehen. Verhaltenspsychologisch könnte man diese Entwicklung auch damit erklären, daß Visionen eine höhere Identifikations- bzw. Motivationswirkung versprechen, weil sie die Sinnfrage des Handelns in den Mittelpunkt stellen. Die wichtigsten Kommunikationsinstrumente dafür sind Unternehmens- und Führungsleitbilder (vgl. *Bleicher* 1991, 1992; *Wunderer/Klimecki* 1990). Wenn sich diese allerdings so ähneln, daß sie ohne Mühe zwischen Unternehmen wechselseitig austauschbar sind, dann muß auch deren Wirkung als zentrales Führungsmittel überprüft werden.

4. Ein integrierter Ansatz

Wir bevorzugen ein integratives, mit differenzierten Führungszielen verbundenes Delegationskonzept.

Danach würde die Mission, also die zentrale Sinndeutung und -interpretation zum „Warum" des organisatorischen Handelns in möglichst pointierter (also gerade nicht beliebig verallgemeinerbarer) Form definiert – als Leitplanke zu den Entscheidungs- und Handlungsspielräumen. In der zielorientierten Dimension delegativer Führung sind die für die mittelfristige Periode ausgewählten und gewichteten Ziele beschrieben. Zielkonflikte sollten dabei offen angesprochen und geregelt werden. In der Aufgabendimension sind dagegen neben den einzelnen Funktionen die damit verbundenen Grundentscheide zur funktionsorientierten Festlegung und Verteilung von Kompetenzen zu regeln.

Wir sind allerdings nicht der Auffassung (vgl. z.B. *Bleicher* 1991), daß diese drei Dimensionen unterschiedlichen hierarchischen Ebenen zugeordnet werden können. Danach bliebe die Vision der obersten, die Zielfestlegung der mittleren, die Aufgabenorientierung der ausführenden Ebene vorbehalten. Gerade unter systemischer Betrachtung muß auch für die Delegation an untere Subsysteme eine Verbindung von Vision, Zielorientierung und Aufgabenorientierung in jeder Position gesichert sein. Denn die oberste Geschäftsleitung kann unmöglich für Tausende von Mitarbeitern eine einzige Sinndeutung und -interpretation festlegen und vermitteln. Und jeder Mitarbeiter – insbesondere bei hohem Professionalisierungsgrad – muß deshalb eine aufgaben- und funktionsorientierte Vision, Zielbestimmung und Aufgabendefinition mit seinem direkten Management vereinbaren können. Gerade in dieser Ebene fehlt es meist an Sinn- und Zielorientierung und somit an entsprechender Identifikation und Motivation. Umgekehrt ist auch für oberste Ebenen eine Ziel- und Aufgabenorientierung erforderlich.

Jede delegative Führung erfordert damit missions-, ziel- und aufgabenorientierte Anteile, wenn auch mit unterschiedlichen Schwerpunkten. Die stärksten Differenzierungen zwischen einzelnen Stellen sind im Rahmen der konkreten Aufgaben und der damit verbundenen Kompetenzdelegation möglich. Dies betrifft den Delegationsumfang (z.B. Kompetenzgrad), die Richtung (z.B. Stellvertretung durch Mitarbeiter, Vorgesetzte und Kollegen), die Zuordnung (z.B. personengeteilte oder -verteilte Delegation), die Position (z.B. gesetzlich oder statuarisch festgelegt), die Managementphasen (z.B. Planungs-, Organisations-, Entscheidungs-, Kontroll- oder Umsetzungsaufgaben) und die Delegationszeit (dauernd oder zeitlich genau begrenzt).

III. Verhaltensorientierte Delegationsansätze

Diese von Psychologen – aber auch von direkten Führungskräften – bevorzugten Ansätze der Führungsdelegation beschreiben und erklären die wesentlichen Einflußvariablen auf das Delegationsverhalten von Führern sowie die Delegationsakzeptanz von Geführten. Im Kontext eines allgemeinen Bezugsrahmens der Führung (vgl. *Wunderer* 1993, S. 215) kann man dabei folgende Einflußfaktoren auf eine verhaltensbezogene Delegation besonders herausstellen: Potential, Aufgabenstruktur, Umfeld und Umwelt.

Beim Potential wird zwischen Qualifikation und Wertorientierung differenziert. Die *Qualifikation des Mitarbeiters* zur Aufgaben- und Zielerfüllung wird aus Vorgesetztensicht meist in den Mittelpunkt gestellt. Sie steht auch im Zentrum des diskutierten Reifegradmodells von *Hersey* und *Blanchard*. Gerade unter verhaltenswissenschaftlicher Sicht ist klar, daß die Qualifikationseinschätzung auch sehr subjektiv (bis manipulativ) erfolgen kann, z. B. um den bestehenden Delegationsgrad zu legitimieren. Es wird aber auch deutlich, daß über gezielte Personalentwicklungsmaßnahmen der Delegationsgrad erhöht, Delegation als Entwicklungsansatz für selbständige Arbeitserledigung verstanden werden kann. Desto besser Vorgesetzte selbst über die Aufgabe Bescheid wissen, desto weniger neigen sie zur Delegation. Dies kann bis zum Exzeß des „Peterprinzips" führen (*Peter* 1970).

Werthaltungen der Betroffenen sind ein weiterer wesentlicher Bestimmungsfaktor. Die Grundhaltungen von Vorgesetzten und Mitarbeitern (Selbstbestimmung vs. Fremdbestimmung) haben hier besonderen Einfluß. Daneben wird die individuelle Einschätzung der Motivation zur Aufgabenerfüllung und der Bereitschaft zur Verantwortungsübernahme bei den einzelnen Mitarbeitern zu unterschiedlichen Delegationsstilen der Vorgesetzten führen.

Meist vernachlässigte Einflußfaktoren sind die Werthaltungen der indirekten Vorgesetzten sowie die allgemeine *Führungskultur*. Sie wiederum geben grundsätzliche und bedeutsame Ermunterung zu delegativer Führung oder begrenzen sie bis zur Unmöglichkeit. Dazu gehört auch die verbreitete Übung oberster Führungskräfte, nachgeordnete Ebenen zu Einzelheiten direkt anzusprechen und sofortige Antwort zu erwarten.

Aufgabenstruktur: Hier sind die Komplexität, damit Planbarkeit, Definierbarkeit und Operationalisierung der Aufgaben in konkreten Weisungen von besonderer Bedeutung. Je komplexer die Aufgaben, desto mehr ist missions- oder zielorientierte Delegation gefordert. Schließlich sind Status und die externe Auswirkung bzw. Vernetzung von Aufgaben weitere Kriterien für Delegationsentscheide.

Umfeld und Umwelt: Hier sollen nur beispielhaft globale und spezielle Einflußfaktoren genannt werden, wie Wirtschaftssystem (Zentralverwaltungswirtschaften fordern auch zentralistische und autoritäre Führungsformen), die Wirtschaftssituation (in schlechten Zeiten werden Delegationen zurückgenommen oder freiwillig zurückgegeben), der Zeitdruck und die Verfügbarkeit von Mitarbeitern (beide Einflußfaktoren wirken delegationshemmend).

Diese Faktoren beeinflussen die Wahl des *Führungsstils* in erheblichem Maße.

Die *Beziehungsqualität* definiert als zentrale Führungsstildimension die spezifischen Beziehungen zwischen Vorgesetzten und dem jeweiligen Mitarbeiter in Kategorien wie Vertrauen, ähnlichen Werthaltungen und Zielsetzungen, wechselseitiger Loyalität, positiven Erfahrungen mit vergleichbaren Aufgaben, gegenseitigen Verpflichtungen und Absprachen (vgl. *Hackman/Dexter* 1990). Die goldene Regel der Reziprozität, also wechselseitig ausgeglichener Austauschbeziehungen (vgl. *Wunderer/Grunwald* 1980), dürfte auch hier das Leitkonzept sein.

Die *Entscheidungsqualität* als zweite Stildimension definiert den Grad der Selbst- bzw. Mitbestimmung im Arbeitsprozeß. Eine delegative Ausprägung ist durch hohen Einfluß der Mitarbeiter bei der Bestimmung von Aufgaben, Zielen und Missionen charakterisiert.

IV. Ein Rahmenkonzept delegativer Führung

Im folgenden wird versucht, anhand acht wesentlicher Dimensionen (vgl. dazu auch *Wild* 1974) einen Bezugsrahmen für die delegative Führung zu entwickeln (vgl. Abb. 3). Dabei wird die strukturelle mit der verhaltensbezogenen Dimension integriert.

Das *Wertesystem* bildet die Basis bzw. oberste Grundlage für Delegationsentscheide. Dies gilt zunächst für die Makroebene, also die gemeinsam geteilten und gelebten Werte zur Führung, also die *Führungskultur*. Und sie betrifft die individuellen Wertkonzepte sowie die bilateralen Wertbeziehungen in der Führungsdyade. Dazu gehören besonders Autonomiewerte, wie Selbständigkeit, Selbstverantwortlichkeit, und -organisation, Selbstentwicklung und -realisierung.

Das *Zielsystem* betrifft sowohl die Auswahl der vereinbarten oder vorgegebenen Ziele (Zielkombination bzw. -konfiguration) als auch die Erarbeitung und Vereinbarung von Zielen.

Das *Aufgabensystem* wird einerseits durch die Komplexität, Vernetztheit oder Dringlichkeit der Aufgaben definiert, andererseits wird es als Ansatz

```
┌─────────────────────────────────────────────────────────────────────┐
│ BEZIEHUNGS-                              ORGANISATIONS-             │
│ SYSTEM                                   SYSTEM                     │
│              ┌──────────────────────┐                               │
│              │ WERTE/MISSION        │                               │
│         ←──→ │ - Wertekonsens       │ ←──→                          │
│              │ - Eigenmotivation/   │                               │
│              │   Identifikation     │                               │
│              │ - unterstützende     │                               │
│              │   Arbeitssituation   │                               │
│              └──────────────────────┘                               │
│                        ↕                                            │
│  - Vertrauen    ┌──────────────┐        Regelungen zur              │
│  - wechselseitiges│ ZIELE      │        - Aufgaben-                 │
│    Commitment ←→│ - Entwicklung│ ←──→   - Entscheidungs-            │
│  - wechselseitige│ - Erarbeitung│       - Weisungs-                 │
│    Loyalität    │ - Vereinbarung│       - Verantwortungs-           │
│  - Austausch-   └──────────────┘        kompetenz                   │
│    beziehung            ↕                                           │
│              ┌──────────────────────┐                               │
│              │ AUFGABEN             │                               │
│         ←──→ │ - Komplexität        │ ←──→                          │
│              │ - Vernetztheit       │                               │
│              │ - Dringlichkeit      │                               │
│              └──────────────────────┘                               │
│        ↑                 ↑                      ↑                   │
│ ANREIZE          ENTWICKLUNG/FÖRDERUNG    KONTOLLE                  │
│ - Handlungsfreiheit - Förderung des       - ergebnisorientiert      │
│ - Selbstentfaltung    Reifegrades zur     - offen-institutionell    │
│ - Ergebnisorientierung Delegation         - Selbstkontrolle         │
│ - Aufgaben- und     - Förderung einer     - vertrauensorientiert    │
│   Organisations-      Delegationskultur   - Problemlösung           │
│   identifikation    - On-the-job Training                           │
│                     - Selbstentwicklung                             │
└─────────────────────────────────────────────────────────────────────┘
```

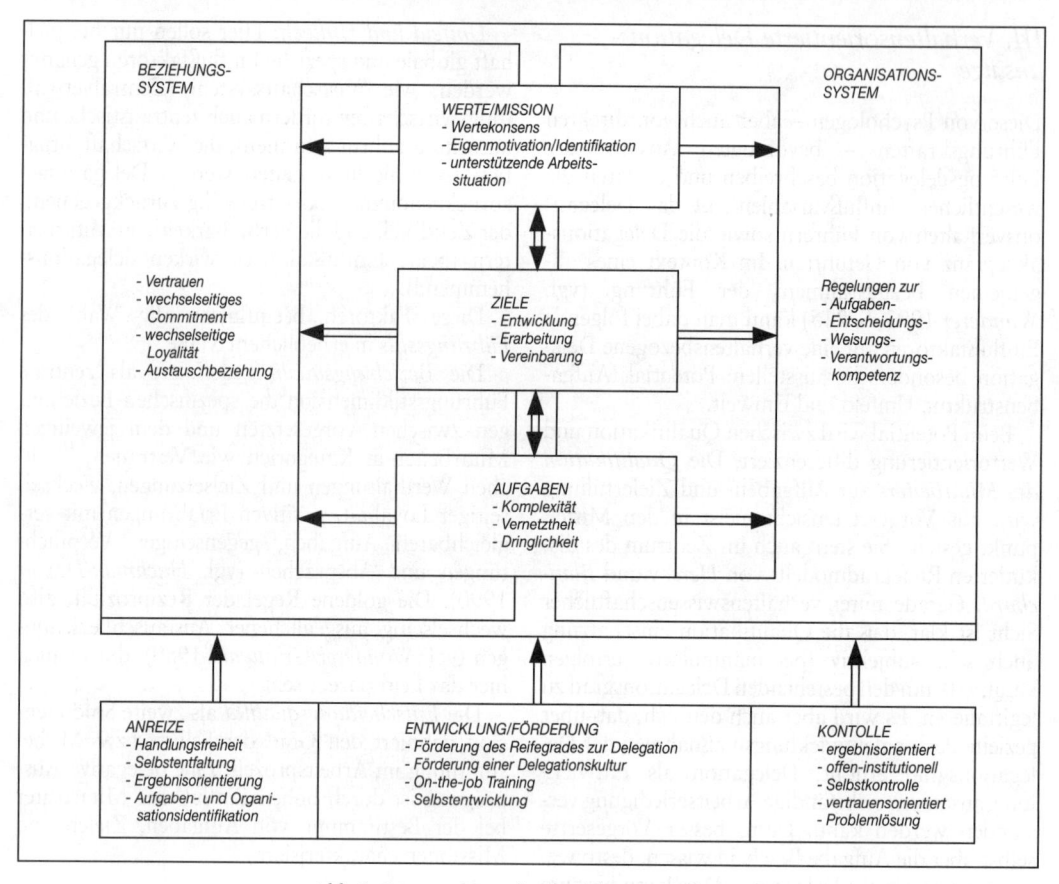

Abb. 3: Bezugsrahmen für die delegative Führung

zur Regelung von Delegationen auf der Basis von Funktionen verstanden.

Im *Organisations- und Kompetenzsystem* werden die strukturellen und tendenziell personenunabhängigen Grundentscheide zur Dezentralität der Aufbauorganisation sowie die damit verbundenen Entscheide zur Arbeits- und Ablauforganisation geregelt. Besondere Bedeutung hat die Abstimmung zwischen Ziel- und Aufgabensystem und den entsprechenden Regelungen zur Entscheidungs-, Weisungs- und Verantwortungskompetenz.

Das *Kontrollsystem* (→*Kontrolle und Führung*) ist gerade bei delegativer Führung von besonderer Bedeutung, will man nicht in den Bereich einer „Laissez-faire"-Führung geraten. Allerdings ist die Kontrolle bei delegativer Führung von deutlich anderer Qualität. Sie ist mehr ergebnis- als handlungsorientiert, mehr offen institutionell als verdeckt persönlich, mehr formell als informell, mehr selbstkontrollorientiert als auf Fremdkontrolle basierend, mehr vertrauens- als mißtrauensorientiert und schließlich mehr lern- als revisionsbezogen.

Das *Anreizsystem* (→*Anreizsysteme als Führungsinstrumente*) delegativer Führung muß mit allen anderen Teilsystemen abgestimmt werden. Zunächst geht es um die immateriellen, intrinsisch motivierenden Anreize delegativer Führung, die sich v. a. in Handlungsfreiheit, Möglichkeit zur Selbstentfaltung und -organisation zeigen. Es muß aber auch deutliche materielle Aussagen beinhalten. Dabei geht es nun weniger um die Belohnung von Fähigkeiten und Verhaltensweisen, als um die ergebnisorientierte, damit auch variable Vergütung der erbrachten Leistungen.

Das *Beziehungssystem* wurde v. a. durch Vertrauens-, Commitment-, wechselseitige Austausch- und Loyalitätsbeziehungen charakterisiert. Es ist besonders von der jeweiligen Zweierbeziehung geprägt, die zudem noch starken situativen Schwankungen unterliegen kann. In der Praxis ist sie wohl die wesentlichste Einflußgröße auf das wechselseitige Delegationsverhalten.

Schließlich ist das *Entwicklungs- und Förderungssystem* einzubeziehen. Es basiert zunächst auf dem Anforderungsprofil delegativer Führung – sowohl für Vorgesetzte wie für Mitarbeiter. Im Zentrum steht die „on-the-job"-Förderung. Wesentlich ist dabei auch die Förderung einer entsprechenden Delegationskultur, die bis zur Institutionalisierung von „Intrapreneuring-Programmen" (*Bitzer* 1991) bzw. der bewußten Förderung einer →*Führung von unten* geht. →*Mentoring,* →*Coaching* und *Counselling* (vgl. *Wunderer* 1993, S. 236 ff.) sind dafür typische Ansätze.

V. Praktische Implikationen

1. Verhaltensempfehlungen für delegative Führung

In der neueren Diskussion zu Führungsstilen werden besonders die Konzepte transformatorischer und transaktionaler Führung diskutiert (vgl. *Avolio/Bass* 1988).

Die *transaktionale Führung* konzentriert sich auf die klassische Interpretation der ziel- und aufgabenorientierten Führung. Schon Konfuzius hat dazu folgende Maxime formuliert: „Herrscht ein Großer, so weiß das Volk kaum, daß er da ist. Die Geschäfte gehen ihren Lauf und alle denken, das haben wir allein vollbracht." Dazu werden folgende konkrete Verhaltensempfehlungen gegeben:

– Konzentriert sich auf vorgegebene Ziele
– Definiert Ziele klar und operational (z. B. als Aufgaben/Programme)
– Nutzt Präferenzen der Mitarbeiter für gewünschte Ergebnisse
– Beeinflußt die Erwartung, daß Leistungseinsatz zu angestrebten Ergebnissen führe (Instrumentalität)
– Analysiert Verträglichkeit von Mitarbeiterzielen und Arbeitszielen
– Analysiert Aufgabeneignung und -motivation
– Fördert Fähigkeiten zur Zielerreichung
– Sorgt für günstige Arbeitssituation
– Sichert Belohnung für Zielerreichung

Die *transformationale Führung* baut nach *Avolio/Bass* (1988) auf der transaktionalen auf und zeichnet sich dadurch aus, daß die Führer hier Werthaltungen und Motive auf eine höhere Ebene transformieren und damit verändern können, diese also nicht nur als Mittel zur Erreichung von Leistungszielen verwenden. Die dafür zutreffende Maxime formulierte *Saint-Exupéry:* „Wenn Du ein Schiff bauen willst, so trommle nicht die Männer zusammen, um Holz zu beschaffen, Werkzeuge vorzubereiten und Aufgaben zu vergeben, sondern lehre sie die Sehnsucht nach dem endlosen weiten Meer." Diese charismatische Form der wertdelegativen Führung wird wie folgt operationalisiert:

– Artikuliert v. a. Werte und Visionen
– Appelliert an höhere, umfassendere Werte
– Verändert fundamentale Motive und Werhaltungen
– Aktiviert Motive und transformiert sie auf höhere
– Steigert Attraktivität (Valenzen) von Aufgaben und Zielen
– Erhöht das Selbstvertrauen der Geführten
– Erreicht hohe Aufgaben- und Personalidentifikation.

2. Zur Implementation delegativer Führung

Die Einführung eines delegativen Führungskonzepts kann über verschiedene strategische Ansätze realisiert werden (vgl. dazu *Gebert* 1976; *Höhn/Böhme* 1979; *Wunderer/Grunwald* 1980).

Die Formulierung von expliziten Wertaussagen zur Erwünschtheit delegativer Führung sollte am Anfang stehen. Sie legitimiert, motiviert und sanktioniert gegebenenfalls das erwünschte Führungskonzept.

Von entscheidender Bedeutung bei der Umsetzung ist neben der Bekanntmachung und instrumentellen Fundierung solcher Leitbilder das persönliche Vorbild oberer Führungskräfte. Ihr Verhalten wird auch als symbolische Interpretation der real und tatsächlich gültigen Leitbilder verstanden (→*Symbolische Führung*). Neben der Konzeptentwicklung muß die *Organisationsentwicklung* für entsprechende Strukturen in der Aufbau- und Ablauforganisation und deren Umsetzung sorgen. Dies betrifft die Zahl und Ausstattung der einzelnen Führungsebenen wie auch die Verbindung, Vernetzung und Abgrenzung einzelner Positionen.

Die Entwicklung des Führungsverhaltens sollte v. a. „on-the-job" orientiert sein. Ihre Wirkung muß durch entsprechende Kriterien der *Personalbeurteilung* (→*Personalbeurteilung von Führungskräften*) laufend analysiert, gewichtet und evaluiert werden. Das *Anreizsystem* ist direkt damit zu verkoppeln. Ergänzende Führungstrainings (→*Fortbildung, Training und Entwicklung von Führungskräften*) zum erwünschten *Führungsstil* bringen zusätzliche Informationen, ermöglichen Erfahrungsaustausch und die Lösung von schwierigen bzw. konfliktären Delegationssituationen.

Damit wird deutlich, daß es nicht genügen kann, ein Führungsleitbild in die Welt zu setzen und zu verteilen und dann mit bürokratischer Naivität auf dessen automatische Realisierung zu hoffen. Daß mit dieser „Strategie" schon Moses scheiterte, berichtet das alte Testament! Es bedarf also einer umfassenden und abgestimmten Integration aller Führungsinstrumente auf den gewählten Grundstil der Führung (vgl. Abb. 4).

Reifegrad und Integration der wesentlichen Führungsinstrumente (Auswahl, Beurteilung, Anreize, Förderung, Organisation, Personalentwicklung, Leitsätze, Personalwerbung etc.) sind weitere wichtige Voraussetzungen. Das beginnt also schon mit der Auswahl eigenverantwortlicher und eigenmotivierter Mitarbeiter sowie von Führungskräften, die ihre Funktion in erster Linie in der Infrastrukturgestaltung für die Mitarbeiter sehen und nicht in der Vormacher- und Dirigentenrolle (vgl. *Wunderer* 1993, S. 131 ff.). Ebenso von Bedeutung sind der fachliche und motivationale Reifegrad der direkt Betroffenen, aber auch der Entwicklungsstand der Planungs-, Rechnungs-, Kontroll- und Organisationssysteme.

Dabei kann es nur um die Festlegung von Verhaltensspielräumen gehen, die eine situative Variation des *Führungsstils* im Verhaltenssystem innerhalb der Leitplanken akzeptieren.

Die Beziehungsebene bleibt für die reale Gestaltung von Delegationsbeziehungen in der Regel die bedeutsamste. Sie kann nur begrenzt von außen beeinflußt werden. Das betont weiterhin die Bedeutung von Personalauswahl und Personaleinsatz.

Die Einführung und Realisierung dieses anspruchsvollen Konzepts erfordert schließlich lange Entwicklungszeiten.

Abb. 4: Die Abstimmung delegativer Führung mit anderen personalpolitischen Instrumenten

VI. Fazit

Delegative Führung kann man als das anspruchsvollste Konzept im Kontinuum der Führungsstile bezeichnen. Die Grenzen liegen v. a. in der Möglichkeit zur befriedigenden Erfüllung der zuvor diskutierten Variablen.

Gerade die Erfahrungen mit dem Harzburger Modell haben gezeigt, daß es nicht genügt, Delegation über *strukturelle Führung* (insbesondere Organisation) auf der Aufgabenebene zu regeln.

Ebenso einseitig haben sich rein verhaltensorientierte Ansätze erwiesen, da sie den strukturellen „Oberbau", also das gesamte situationale Umfeld in unzulässiger Weise vernachlässigen, damit eine Art Robinson-Crusoe-Philosophie (vgl. *Defoe* 1970) unterstellen, nach welcher Vorgesetzte und Mitarbeiter sich auf einer Insel befinden, in der sie entscheiden können, ob sie heute oder morgen „jagen, fischen oder am Strand liegen".

Literatur

Avolio, B./Bass, B.: Transformational Leadership, Charisma and Beyond. In: *Hunt, J. G./Baliga, B. R./Dachler, H. P./Schriesheim, C. A.* (Hrsg.): Emerging Leadership Vistas. Lexington, Mass. 1988, S. 29–49.
Bitzer, M.: Intrapreneurship – Unternehmertum in der Unternehmung. Stuttgart/Zürich. 1991.
Bleicher, K.: Integriertes Management – Das St. Galler Management-Konzept. Frankfurt/M., New York 1991.
Defoe, D.: The Life and Adventures of Robinson Crusoe. Hammondsworth 1719/1970.
Gebert, D.: Zur Erarbeitung und Einführung einer neuen Führungskonzeption. Berlin 1976.
Grochla, E./Vahle, M./Puhlmann, M./Lehmann, H.: Entlastung durch Delegation. Berlin 1981.
Guserl, R.: Das Harzburger Modell – Idee und Wirklichkeit. Wiesbaden 1973.
Hackman, B./Dexter, C.: Managerial Delegation. In: *Cooper, C./Robertson, I.* (Hrsg.): International Review of Industrial and Organizational Psychology, Vol. 5, Chichester et al. 1990, S. 35–57.
Hersey, P./Blanchard, K.: Management and Organizational Behavior. Englewood Cliffs, N. J. 1977.
Höhn, R.: Stellenbeschreibung und Führungsanweisung. Bad Harzburg 1966.
Höhn, R./Böhme, G.: Der Weg zur Delegation von Verantwortung – Ein Stufenplan. 5. A., Stuttgart 1979.
Humble, J.: Praxis des Management by Objectives. München 1972.
Odiorne, G.: Management by Objectives. New York 1965.
Peter, L. J.: Das Peter-Prinzip und die Hierarchie der Unfähigkeit. Reinbek bei Hamburg 1970.
Seidel, E.: Führungsmodelle. In: *Wittmann, W./Kern, W./Köhler, R.* et al. (Hrsg.): HWB. 5. A., Teilband I, Stuttgart 1993, Sp. 1299–1311.
Seidel, E./Jung, R. H./Redel, W.: Führungsstil und Führungsorganisation, Bd. 2. Darmstadt 1988.
Steinle, C.: Leistungsverhalten und Führung in der Unternehmung: Das Harzburger Modell im Vergleich mit einem motivationstheoretisch fundierten Leistungs-Verhaltensmodell. Berlin 1975.
Wild, J.: Betriebswirtschaftliche Führungslehre und Führungsmodelle. In: *Wild, J.* (Hrsg.): Unternehmensführung. Berlin 1974, S. 141–179.
Wunderer, R.: Führung und Zusammenarbeit. Stuttgart 1993.
Wunderer, R./Grunwald, W.: Führungslehre, Bd. II: Kooperative Führung. Berlin, New York 1980.
Wunderer, R./Klimecki, R.: Führungsleitbilder – Grundsätze für Führung und Zusammenarbeit in deutschen Unternehmen. Stuttgart 1990.

Demographie und Führung

Werner Nienhüser

[s. a.: Entpersonalisierte Führung; Frauen, Männer und Führung; Führungstheorien – Theorie der Führungssubstitution, – Weg-Ziel-Theorie; Motivation als Führungsaufgabe.]

I. Problem- und Begriffsabgrenzungen; II. Modell; III. Makrodemographische Trends; IV. Wirkungen auf betrieblicher Ebene.

I. Problem- und Begriffsabgrenzungen

Der demographische Wandel wird die künftige soziale Struktur des Personals in den Unternehmen verändern, was wichtige Folgen für die betriebliche Führung hat. *Demographie* meint die Zusammensetzung der Bevölkerung nach den sozialen Merkmalen Alter, Geschlecht, Nationalität und Qualifikation, aber auch nach ihren Wertvorstellungen. *Führung* wird hier in einem sehr weiten Sinne verstanden als eine spezifische Form der Handlungskontrolle im Hinblick auf organisationale Ziele, die durch die Medien interaktionelle und strukturelle Führung ausgeübt werden kann. Diese Medien müssen immer im Kontext einer Reihe von funktionalen Äquivalenten gesehen werden (→*Führungsdefinitionen*; →*Entpersonalisierte Führung*; →*Führungstheorien – Theorie der Führungssubstitution*; *Türk* 1981).

Es stellt sich daher die Frage: Wie wirkt der demographische Wandel auf den *Führungsbedarf* und auf die *Möglichkeiten der Befriedigung des Führungsbedarfs*?

II. Modell

Das Modell in Abbildung 1 (in Anlehnung an *Türk* 1981) strukturiert die weitere Analyse. Die *Grundidee* besteht darin, daß in Abhängigkeit von den zu erfüllenden Arbeitsaufgaben bestimmte normative Anforderungen [1] an die Personalstruktur [2] gestellt werden. Wenn die Personalstruktur den normativen Anforderungen nicht genügt, dann entsteht Führungsbedarf [3], dem mit Hilfe bestimmter Führungsmedien und -substitute [4] entsprochen werden kann.

Wenn nun der demographische Wandel die *Personalstruktur* verändert, kann ein Ungleichgewicht (in Form von Unter- oder Überdeckungen) zwischen den normativen Anforderungen und der kollektiven Eignung der Personalstruktur entstehen, woraus insbesondere bei Unterdeckung Führungsbedarf resultiert. Die Personalstruktur (*Türk* 1981) bzw. die *Organisationsdemographie* (*Pfeffer* 1983;

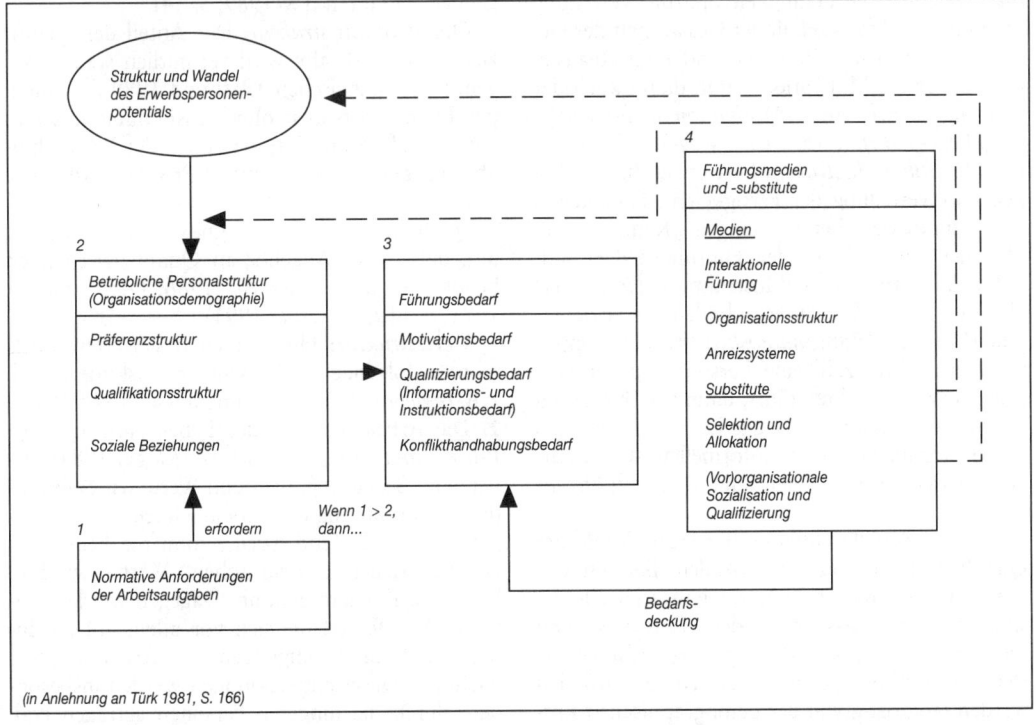

Abb. 1: Das Modell

Nienhüser 1991) bildet daher eine zentrale Variable. In der *Führungsforschung* wird der Einfluß der Komposition der Gesamtheit der Geführten auf Führungsprozesse meist auf Gruppenebene betrachtet (vgl. z. B. *Bass* 1981, S. 419 ff.). In der weiteren Analyse wird der Einfluß des demographischen Wandels nicht auf die Gruppenebene heruntergebrochen, sondern auf die Gesamtorganisation bezogen. Dabei ist zu beachten, daß man von makrodemographischen Entwicklungen direkt weder auf Veränderungen der Organisations- noch der Gruppendemographie schließen kann: *Selektionsprozesse* von Arbeitskräften und Arbeitgebern sowie *Allokationsprozesse,* d. h. Zuordnungen von Arbeitnehmern innerhalb des Unternehmens, wirken als moderierende Variablen zwischen Bevölkerungs- und Organisations- bzw. Gruppendemographie.

Es geht hier also *nicht um die Führung von Individuen,* sondern – was pragmatisch relevanter ist – um die Führung von Personenmehrheiten (→*Beeinflussung von Gruppenprozessen als Führungsaufgabe*).

Die Merkmale, mit denen die Bevölkerungs- und die Organisationsdemographie üblicherweise beschrieben werden, wie Alter, Geschlecht usw., kann man als Näherungsvariablen für tieferliegende Dimensionen des *Gesamtarbeitsvermögens* auffassen. Solche, sich auf die Gesamtheit der Arbeitskräfte beziehenden Dimensionen sind insbesondere die Präferenzstruktur, die Qualifikationsstruktur und die sozialen Beziehungen. Die *Präferenzstruktur* bezeichnet die Häufigkeit und die Verteilung bestimmter Präferenzen in der Gesamtheit der Geführten. Von den Präferenzen und ihrer Realisierung hängt die Motivation – und damit auch der Führungsbedarf – ab (→*Motivation als Führungsaufgabe;* →*Führungstheorien* – *Weg-Ziel-Theorie*). Die *Qualifikationsstruktur* bezeichnet die Häufigkeit und Verteilung der Fertigkeiten, Fähigkeiten und Kenntnisse. Hiervon hängen „Kennen" und „Können" und damit der Führungsbedarf hinsichtlich Information und Instruktion (*Türk* 1981) ab. Die *sozialen Beziehungen* bilden das Sozialkapital (*Coleman* 1988; *Sadowski* 1991) eines Unternehmens: Wenn z. B. eine Personalstruktur vorliegt, die zu Konflikten führt, dann sind hierdurch die Motivation, aber auch das Leistungsvermögen durch Störungen bei der informellen Weitergabe von Wissen, negativ beeinflußt (→*Konflikte als Führungsproblem*).

Von der Berücksichtigung der Präferenzen, der Qualifikationen und der sozialen Beziehungen durch den Führer/die Führerin hängt jeweils die situative Angemessenheit des Einsatzes von *Führungsmedien und -substituten* ab (→*Führungstheorien – Kontingenztheorie*). Diese Variablen werden langfristig von der demographischen Entwicklung beeinflußt.

III. Makrodemographische Trends

Allen Modellrechnungen zufolge ist in den nächsten Jahrzehnten ein gravierender, qualitativer Wandel der Struktur der Bevölkerung und des Erwerbspersonenpotentials zu erwarten (DIW 1990; *Thon* 1991; *Sommer* 1992), der sich in folgenden Dimensionen zeigt:

Altersstruktur: Es kommt zu einer „Alterung" des Erwerbspersonenpotentials: In den alten Bundesländern sinkt der Anteil der 15- bis 30jährigen potentiellen Erwerbspersonen von 32 Prozent im Jahre 1990 auf 22 Prozent im Jahr 2000 ab; in absoluten Zahlen ein Rückgang von rund 2,8 Mio. Personen (*Thon* 1991, S. 686). Gleichzeitig wächst der Anteil der 30- bis 50jährigen von 45 auf 55 Prozent an, absolut um fast 3,8 Mio. Entwicklungen in den neuen Bundesländern beeinflussen diese Tendenzen kaum (*Franke/Buttler* 1991, S. 107; *Förster* 1992, S. 90).

Geschlechterstruktur: Die Frauenerwerbstätigkeit wird weiter ansteigen (*Thon* 1991); man rechnet mit einer Erhöhung des Frauenanteils von rund 39 Prozent im Jahr 1990 auf etwa 44 Prozent in 2010 (*Fuchs* 1992, S. 152).

Nationalitätenstruktur: Der Anteil der ausländischen Arbeitnehmer an den Erwerbstätigen wird von 8 Prozent in 1990 auf etwa 10 Prozent ab dem Jahre 2000 (IW 1989, Tab. 12, S. 34) zunehmen (*Thond* 1991; *Franke/Buttler* 1991). Erhöhen wird sich auch der Anteil der *Aussiedler* von rund 3 Prozent im Jahre 1990 auf 5 bis 8 Prozent in den folgenden 10 Jahren (IW 1989, S. 34).

Qualifikationsstruktur: Der Anteil der qualifizierten Arbeitskräfte wird vermutlich weiter steigen. So sank zwischen 1980 und 1989 der Anteil der Erwerbspersonen ohne Ausbildungsabschluß von 32 auf 25 Prozent; der Anteil der Hochschulabsolventen stieg von 7 auf 11 Prozent (IAB 1992, S. 175).

Qualifikationsbedarfsprognosen deuten darauf hin, daß dieses Angebot an Qualifizierten auch benötigt wird (*Prognos AG* 1986; *Franke/Buttler* 1991, S. 119; *Tessaring* 1991).

Wertestruktur: Hinsichtlich des Wertewandels werden folgende Entwicklungen diskutiert (vgl. z. B. *Inglehart* 1989; zusammenfassend *Voß* 1990): 1. Die Arbeit als Sinn des Lebens und die sog. *Pflicht- und Akzeptanznormen* (*Klages* 1984) verlieren an Bedeutung, während Werte wie Selbständigkeit, Entfaltung der Persönlichkeit u. ä. wichtiger werden. 2. Tendenziell nimmt die Bedeutung von materiellen, „extrinsischen" Werten wie Einkommen, Karriere usw. ab. Dagegen werden „intrinsische" Werte, die sich vor allem auf die Inhalte und die Bedingungen der Arbeit richten, wichtiger. Diese Entwicklungen werden insbesondere durch die jüngeren Personen getragen (vgl. *Pawlowsky* 1986).

Allerdings sind die Interpretation und die Bewertung dieser Phänomene strittig. So wird argumentiert, daß es sich weniger um einen tiefergreifenden Wertewandel handele, sondern vielmehr um einen Wandel situativ bedingter und weniger änderungsresistenter Einstellungen (*Voß* 1990, S. 272 f.; *Neuberger* 1991, S. 81). Außerdem wird bezweifelt, ob die empirischen Befunde tatsächlich einen bedrohlichen, für das ökonomische System dysfunktionalen *Werteverfall* (*Noelle-Neumann* 1978) signalisieren (*Klages* 1984, *Voß* 1990).

IV. Wirkungen auf betrieblicher Ebene

Im folgenden wird eine Prognose der Wirkungen auf die Personalstruktur und auf die Führungsprozesse versucht.

1. Personalstrukturveränderungen

a) Präferenzstruktur

Die Präferenzstruktur wird insbesondere von den Entwicklungen der Altersstruktur, aber auch der Geschlechter- und Nationalitätenstruktur beeinflußt.

(1) *Veränderungen der Altersstruktur* wirken – in Verbindung mit dem Wertewandel – auf die Präferenzstruktur vor allem durch den Kohortenwandel. Der *Kohortenwandel* (vgl. z. B. *Blossfeld* 1989), d. h. die „Ablösung" der älteren Arbeitnehmergruppen durch jüngere, in das Erwerbsleben eintretende Alterskohorten, führt dazu, daß künftig die geburtenstarken Jahrgänge der zwischen 1950 und 1970 Geborenen das Erwerbsleben prägen werden (*Tessaring* et al. 1990, S. 369). Durch den Eintritt dieser Altersgruppen verändert sich die Präferenzstruktur der Arbeitnehmer in Richtung auf intrinsische Werte (*Inglehart* 1989) und eine geringere Akzeptanz autoritativer Führung (s. a. *Grunwald/Lilge* 1981). Auch bei der *(künftigen) Führerschaft* wird der Kohortenwechsel kollektive Präferenzveränderungen bewirken: Der künftige Führungsnachwuchs (Studierende) ist weniger karriereorientiert (*v. Rosenstiel* et al. 1989); und jüngere Führungskräfte weisen eine geringere Pflicht- und Leistungsorientierung auf als die älteren und bevorzugen einen personenorientierten gegenüber einem aufgabenbezogenen Führungsstil (→*Verhaltensdimensionen der Führung*) (*Matiaske* 1992). Allerdings muß man mit berücksichtigen, daß die Mitglieder der heute jungen Kohorten altern und betrieblichen Sozialisationsprozessen unterworfen sind. Insofern werden kohortenbedingte Präferenzstrukturveränderungen evtl. durch Alterungs- und Sozialisationseffekte (über-)kompensiert, vor allem dann, wenn es sich bei den oben skizzierten Werten tatsächlich eher um stärker änderungsfähige Einstellungen handelt.

(2) Neben der Altersstruktur wirken die veränderte *Geschlechter- und Nationalitätenstruktur sowie die Aussiedlerzuwanderung* auf die Präferenzen der Arbeitnehmerschaft, wobei diese Entwicklungen noch schwerer einzuschätzen sind als die vorhergehend skizzierten. Man kann folgendes vermuten: Die zunehmende *Frauenerwerbstätigkeit* wird vor allem zu veränderten Ansprüchen an die Vereinbarkeit zwischen Familie und Beruf sowie zu einer Zunahme der Forderungen nach einem Abbau der Benachteiligungen der Frauen führen (s. a. *Krell/Osterloh* 1992). Die *Zuwanderung von Ausländern und Aussiedlern* bewirkt möglicherweise einen leichten Bedeutungsgewinn materieller Werte, der sich allerdings mit zunehmender Integration der Zuwanderer (s. a. *Blaschke* 1989) reduziert.

b) Qualifikationsstruktur

Demographisch bedingt nimmt vor allem das kollektiv-kognitive Qualifikationsniveau zu. Hierfür ist – neben der steigenden Bildungsbereitschaft – der altersstrukturelle Wandel als Ursache anzusehen: Erstens nimmt der Anteil (formal) höher qualifizierter Arbeitnehmer zu, weil die neu in das Beschäftigungssystem eintretenden Kohorten zu größeren Anteilen über einen Berufs- oder Hochschulabschluß verfügen. Zum anderen nimmt der Bestand an Erfahrungswissen bei den Beschäftigten zu, wenn die Alterungstendenz des Erwerbspersonenpotentials anhält, da mit zunehmendem Alter *Erfahrungswissen* akkumuliert wird. Das physische Leistungsvermögen reduziert sich hingegen (→*Ältere Mitarbeiter, Führung von*).

c) Soziale Beziehungen und Konflikte

Die künftige Personalstruktur beeinflußt auch die Qualität der sozialen Beziehungen, die wiederum auf die Motivation und das Leistungsvermögen wirkt. Insbesondere ist zu vermuten, daß Konflikte zwischen verschiedenen Gruppen entstehen bzw. verstärkt werden. Erstens sind *Kohortenkonflikte* zu erwarten: Da künftig die geburtenstarken Jahrgänge als zahlenmäßig dominante Kohorte (*Pfeffer* 1983) quasi „durch die betrieblichen Aufstiegswege wandern", kommt es in vielen Unternehmen zu sog. „Beförderungsstaus" (*Meixner* 1987), weil aus dieser Kohorte lange Zeit Aufstiegspositionen besetzt werden können, ohne auf andere Altersgruppen zurückzugreifen. Für die nachfolgenden Kohorten verschlechtern sich damit die Chancen. Es ist daher mit Verteilungskonflikten zwischen den Kohorten, aber auch innerhalb der großen Kohorte zu rechnen (*Pfeffer* 1983; *Meixner* 1987). Zu vermuten sind zweitens *Geschlechterkonflikte* um knappe Ressourcen wie Aufstieg, interessante Arbeitsplätze etc. (s. a. *Friedel-Howe* 1991, S. 393 ff.; →*Frauen, Männer und Führung*).

Drittens sind *Minoritäts-Majoritätskonflikte* und Verschlechterungen des sozialen Klimas in Bereichen mit zunehmendem Ausländer- und Aussiedleranteil wahrscheinlich. So steigt mit zunehmendem Anteil einer Minderheit die Diskriminierung und die Aggression gegenüber dieser Minderheit (*Blalock* 1967; differenzierend *Martin* 1991).

2. Führungsbedarf

Zusammenfassend läßt sich vermuten, daß die demographischen Veränderungen erstens dazu führen, daß die betrieblichen Personalstrukturen durch größere Anteile von Beschäftigten gekennzeichnet sein werden, die höhere Erwartungen an die Qualität der Arbeit stellen, direktiv-autoritäre Führung ablehnen und über relativ hohe Qualifikationen verfügen. Zweitens werden sich die sozialen Beziehungen durch Verteilungskonflikte sowie durch Minoritäts-Majoritätskonflikte verändern. Damit steigt einerseits der Bedarf an Handlungskontrolle und Konfliktregulierung durch die interaktionelle und strukturelle Führung; andererseits finden bestimmte Möglichkeiten der Führungsbedarfsrealisierung (z. B. autoritäre Führung, Kontrolle über die Organisationsstruktur) weniger Akzeptanz.

Diese Führungsprobleme stellen sich nicht für alle Arbeitskräfte in gleicher Art und Weise. Im folgenden wird eine Trennung zwischen zwei Segmenten vorgenommen: das erste Segment umfaßt weniger qualifizierte Arbeitnehmer, die relativ leicht auf dem Arbeitsmarkt rekrutierbar sein werden; das zweite Segment wird gebildet durch höher qualifizierte Arbeitskräfte, bei denen die Herstellung und Erhaltung des Arbeitsvermögens mit höheren Kosten verbunden sind.

a) Führungsbedarf und Bedarfsentsprechung bei leicht reproduzierbarem Arbeitsvermögen

Bei einer Arbeitskräftestruktur mit geringen Qualifikationsanforderungen wird der *Qualifizierungsbedarf* (im Sinne von *Informations- und Instruktionsbedarf*) steigen. Durch die zunehmende Ausländer- und Aussiedlerzuwanderung, die sich in diesem Segment am stärksten niederschlägt, wird es nötig sein, den Einsatz der Führungsmedien den sprachlichen und sozialisatorischen Voraussetzungen anzupassen (→*Ausländische Mitarbeiter, Führung von*). Der *Motivationsbedarf* dürfte für viele Arbeitnehmer in diesem Segment noch durch materielle Anreize auszugleichen sein. *Konflikthandhabungsbedarf* (→*Konflikthandhabung*) wird vor allem dort entstehen, wo alters-, geschlechter- oder nationalitätenstrukturbedingte Konflikte zu verzeichnen sind. Es wird eine Aufgabe der Vorgesetzten sein, derartige, Leistungsverluste bedingende Auseinandersetzungen zu regulieren.

b) Führungsbedarf und Bedarfsentsprechung bei schwer reproduzierbarem Arbeitsvermögen

Gerade bei den qualifizierten Arbeitskräften tritt erheblicher Führungsbedarf hinsichtlich Motivation und Konflikthandhabung auf. Gleichzeitig ist der betriebliche Handlungsspielraum bei den Möglichkeiten, diesem Bedarf zu entsprechen, recht gering. Bei dieser Arbeitskräftegruppe werden materielle Anreize weniger als bisher geeignet sein, den *Motivationsbedarf* zu decken. Dieses Defizit kann nicht durch die interaktionelle Personalführung allein ausgeglichen werden. Eine Möglichkeit zur Deckung des Motivationsbedarfs besteht darin, die Arbeit selbst als Quelle der Motivation zu gestalten. Wegen des zunehmenden Erfahrungswissens und der höheren formalen Bildungsabschlüsse sinkt der *Qualifikationsbedarf*. Damit verlagert sich die Rolle der Personalführung von der Motivations- und Qualifizierungsfunktion hin zu einer Koordinierungsfunktion.

Größerer Führungsbedarf wird entstehen, wenn der Trend zur (formalen) Höherqualifizierung anhält, diese Arbeitnehmer jedoch nicht ihrer Eignung entsprechend eingesetzt werden. Dann steigt der Motivations- und *Konflikthandhabungsbedarf* ganz erheblich. Weder materielle Anreize noch organisationsstrukturelle Kontrollmechanismen allein werden hier zu den erwünschten Resultaten führen. Zu erwarten ist daher, daß die Unternehmen auf eine stärkere Sozialisation, z. B. durch Weiterbildungsmaßnahmen, durch Förderung der Organisationskultur (→*Organisationskultur und Führung*) u. ä., zurückgreifen.

Zusammenfassend kann vermutet werden, daß der demographische Wandel zum einen den Führungsbedarf qualitativ und quantitativ verändert und zum anderen eine Verschiebung in der relativen Bedeutung der Führungsmedien und -substitute bewirkt.

Literatur

Bass, B. M.: Stogdill's Handbook of Leadership. New York, London 1981.
Blalock, H. M.: Towards a Theory of Minority-Group Relations. New York 1967.
Blaschke, D.: Aussiedler – Eine Problemskizze aus der Arbeitsmarkt- und Berufsforschung. In: Arbeit und Sozialpolitik, Nr. 8/9, 43. Jg., 1989, S. 238–245.
Blossfeld, H.-P.: Kohortendifferenzierung und Karriereprozeß. Frankfurt/M. 1989.
Coleman, K. S.: Social Capital in the Creation of Human Capital. In: AJS, Vol. 94, 1988, Supplement S95–S120.

DIW – Deutsches Institut für Wirtschaftsforschung: Angebot an Arbeitskräften in Wirtschland auf längere Sicht. In: Wochenberichte des DIW, 57. Jg., H. 49, 1990, S. 679–690.
Förster, M.: Die neuen Bundesländer. Prognose ihrer demographisch-ökonomischen Entwicklung 1990 bis 2040. Berlin et al. 1992.
Franke, H./Buttler, F.: Arbeitswelt 2000. Frankfurt/M. 1991.
Friedel-Howe, H.: Frauen und Führung: Mythen und Fakten. In: *Rosenstiel, L. v./Regnet, E./Domsch, M.* (Hrsg.): Führung von Mitarbeitern. Stuttgart 1991, S. 386–397.
Fuchs, J.: Zu- und Abgangsrechnung für die Erwerbstätigen nach Branchen. Nürnberg 1992.
Grunwald, W./Lilge, H. G.: Change of Leadership Style in German Enterprises: From Authoritative to Participative Leadership. In: *Dlugos, G./Weiermair, K.* (Hrsg.): Management under Differing Value Systems. Berlin, New York 1981, S. 721–755.
IAB – Institut für Arbeitsmarkt- und Berufsforschung: Zahlen-Fibel. Nürnberg 1992.
Inglehart, R.: Kultureller Umbruch. Frankfurt/M., New York 1989.
IW – Institut der Deutschen Wirtschaft: Die Integration deutscher Aussiedler – Perspektiven für die Bundesrepublik Deutschland. Köln 1989.
Klages, H.: Wertorientierungen im Wandel. Frankfurt/M. 1984.
Krell, G./Osterloh, M. (Hrsg.): Personalpolitik aus der Sicht von Frauen – Frauen aus der Sicht der Personalpolitik. München, Mering 1992.
Martin, A.: Statusabgrenzung gegenüber ausländischen Arbeitnehmern. In: DBW, 51. Jg., H. 5, 1991, S. 629–647.
Matiaske, W.: Wertorientierungen und Führungsstil. Frankfurt/M. et al. 1992.
Meixner, H. E.: Personalstrukturplanung. 2 Bde. Köln et al. 1987.
Neuberger, O.: Führen und Geführt Werden (3. A., von „Führung"). Stuttgart 1990.
Neuberger, O.: Personalentwicklung. Stuttgart 1991.
Nienhüser, W.: Organisationale Demographie – Darstellung und Kritik eines Forschungsansatzes. In: DBW, 31. Jg., H. 6, 1991, S. 763–780.
Noelle-Neumann, E.: Werden wir alle Proletarier? Osnabrück, Zürich 1978.
Pawlowsky, P.: Arbeitseinstellungen im Wandel. München 1986.
Pfeffer, J.: Organizational Demography. In: *Cummings, L. L./Staw, B. M.* (Hrsg.): Research in Organizational Behavior, Vol. 5. Greenwich, London 1983, S. 299–357.
Prognos AG: Zum Arbeitskräftebedarf nach Qualifikationen bis zum Jahr 2000, BeitrAB 95. Nürnberg 1986.
Rosenstiel, L. v./Nerdinger, F. W./Spieß, E. et al.: Führungsnachwuchs im Unternehmen. München 1989.
Rosenstiel, L. v.: Führungs- und Führungsnachwuchskräfte: Spannungen und Wandlungen in Phasen gesellschaftlichen Umbruchs. In: Zeitschrift für Personalforschung, 6. Jg., H. 3, 1992, S. 327–351.
Sadowski, D.: Humankapital und Organisationskapital – Zwei Grundkategorien einer ökonomischen Theorie der Personalpolitik in Unternehmen. In: *Ordelheide, D./Rudolph, B./Büsselmann, E.* (Hrsg.): Betriebswirtschaftslehre und Ökonomische Theorie. Stuttgart 1991, S. 127–141.
Sommer, B.: Entwicklung der Bevölkerung bis 2030. In: Wirtschaft und Statistik, H. 4, 1992, S. 217–222.
Tessaring, M.: Tendenzen des Qualifikationsbedarfs in der Bundesrepublik Deutschland bis zum Jahre 2010. In: Mitteilungen aus der Arbeitsmarkt- und Berufsforschung, H. 1, 1991, S. 45–62.
Tessaring, M. et al.: Bildung und Beschäftigung im Wandel. Nürnberg 1990.
Thon, M.: Neue Modellrechnungen zur Entwicklung des Erwerbspersonenpotentials im bisherigen Bundesgebiet bis 2010 mit Ausblick bis 2030. In: Mitteilungen aus der Arbeitsmarkt- und Berufsforschung, 24. Jg., H. 4, 1991, S. 673–688.
Türk, K.: Personalführung und soziale Kontrolle. Stuttgart 1981.
Voß, G. G.: Wertewandel: Eine Modernisierung der protestantischen Ethik? In: Zeitschrift für Personalforschung, 4. Jg., H. 3, 1990, S. 263–275.

Duale Führung

Klaus Paschen

[s. a.: Führung in der dualen Hierarchie; Familie, Führung in der; Führungsrollen; Führungstheorien – Rollentheorie; Soziale Kompetenz.]

I. Die Erscheinung und Interpretation von Führungsdualen; II. Gründe für die Divergenz der Führerrolle; III. Duale Führungskonzepte; IV. Duale und Plurale Führung; V. Konsequenzen für die Führungspraxis und -forschung.

I. Die Erscheinung und Interpretation von Führungsdualen

Die Analyse von sozialen Prozessen hat das sog. *Führungsdual* aufgedeckt, das aus dem sog. *Tüchtigkeitsführer* und dem sog. *Beliebtheitsführer* besteht. Als Beispiele für die Führungsduale nennt *Hofstätter* (1971) u. a. Vater und Mutter, Kanzler und Präsident und Kommandeur und Stabschef. Die Aufdeckung von Führungsdualen in *Kleingruppen* geht auf die empirischen Untersuchungen von *Bales* (1950) zurück, der mit Hilfe seiner Interaktions-Prozeß-Analyse (IPA) und soziometrischen Methoden die Trennung zwischen den beiden „Führungstypen" ermittelte.

Das Führungsdual wird als eine personelle Aufspaltung bei der Erfüllung der Führungsaufgabe interpretiert und führte u. a. zu dem sog. *Divergenztheorem*, demzufolge diese Trennung einen *grundsätzlichen Widerspruch* zwischen „Tüchtigkeit" und „Beliebtheit" widerspiegelt (*Hofstätter* 1967). Auf dem Hintergrund anderer dualer Betrachtungen in der Führungsforschung kommt es zu unterschiedlichen Interpretationen des Führungsduals, z. B. (*Paschen* 1978):

- Aus *funktionaler* Sicht besteht die personelle Trennung hinsichtlich der beiden *Hauptfunktionen der Führung*: *Lokomotion* (Aufgabenerfüllung) und *Kohäsion* (Gruppenzusammenhalt).
- Die Differenzierung des Führungs*verhaltens* in *Aufgaben- und Mitarbeiterorientierung* führt zu der Annahme, daß jeder der beiden Führertypen eine der beiden *Verhaltensdimensionen* in besonderem Maße erfüllt.

II. Gründe für die Divergenz der Führerrolle

Die Entstehung von Führungsdualen wird auf dem Hintergrund *gruppendynamischer* Prozesse erklärt: Die personelle Spezialisierung ergibt sich daraus, daß Verhaltensweisen, die auf die Zielerreichung ausgerichtet sind (Aufgabenverhalten), ihrerseits zu Spannungen und Feindseligkeiten in der Gruppe führen *(sozio-emotionale Probleme)*. Diese Spannungen werden von einem anderen Gruppenmitglied reduziert (Sozio-emotionaler Spezialist), und der Aufgabenspezialist erhält dadurch wieder Handlungsfreiheit; das gemeinsame Auftreten entspricht den *divergenten Erwartungsrichtungen* der Gruppe (*Bales/Slater* 1969; *Burke* 1967). Eine Reihe von Folgeuntersuchungen beschäftigen sich mit den Einflußgrößen, die eine *Divergenz der Führerrolle* begünstigen bzw. verhindern, wobei zwischen *strukturellen* und *personenbezogenen* Faktoren unterschieden wird (*Müller* 1974; *Paschen* 1978).

Der wichtigste *strukturelle* Einfluß geht von der *Werthaltigkeit der Gruppenaufgabe* aus (*Burke* 1968): Je stärker sich die Gruppenmitglieder mit der Aufgabe identifizieren, desto eher wird das tüchtigste Mitglied auch die meisten Sympathien auf sich ziehen und umgekehrt. Für das Auftreten von Führungsdualen ist auch das *Fähigkeitspotential des Führers* zusätzlich von besonderer Bedeutung: Je breiter dieses angelegt ist, desto eher ist er in der Lage, auch im sozio-emotionalen Bereich erfolgreich zu sein. Dabei wird er bei hoher *Aufgabenidentifikation* der Gruppenmitglieder tendenziell weniger Mühe haben, beiden Verhaltensdimensionen zu genügen *(Great Man)* als im umgekehrten Fall.

Die *strukturellen* und/oder *personenbezogenen* Bedingungen können also durchaus so ausfallen, daß es zu *keiner* Divergenz kommt; sog. Great Men können sich in beiden Bereichen als Spezialist profilieren *(Konvergenz)*.

III. Duale Führungskonzepte

Mit der Verteilung von Aufgaben auf verschiedene Personen wird eine *Entlastung* und/oder eine *Aufgabenspezialisierung* angestrebt. Dies führt häufig zu einer Arbeitsteilung bei der Erfüllung von Führungsfunktionen. So stellen z. B. die Einrichtung von *Sozialabteilungen* und die Tätigkeit von *Sozialarbeitern* den Versuch dar, die von den aufgabenorientierten Abteilungen induzierten Spannungen zu *kompensieren* und die Lösung sozio-integrativer Probleme zu *professionalisieren*. Ob es diesen Institutionen gelingt, die Integration zu erreichen und Konflikte zu glätten, wird jedoch maßgeblich von ihrer *Unabhängigkeit* und *Akzeptanz* bestimmt; dies wird z. B. bei dem Konzept des sog. *Ombudsmannes* angestrebt, um eine erfolgreiche Vermittlung zwischen divergierenden Erwartungen zu erreichen (*Paschen* 1980). Diese *kompensatorischen* Konzepte Dualer Führung vernachlässigen jedoch, daß die Führungsfunktionen häufig *nicht unabhängig* voneinander zu erreichen sind und viele Aktivitäten auf beide Funktionen *gleichzeitig* einwirken. *Aufgabenbezogene* Aktivitäten können die *Integration* sogar derart *negativ* beeinflussen, daß diese nicht mehr allein durch gesonderte soziale Handlungen aufgefangen werden können. Mit der *Institutionalisierung* von Kohäsionsspezialisten läßt sich daher – wenn überhaupt – nur in einem begrenzten Rahmen eine zusätzliche Motivationsbeschaffung (→*Motivation als Führungsaufgabe*) sicherstellen und „Fehler" anderer ausgleichen. Erforderlich ist vielmehr eine *enge Kooperation* zwischen beiden Führungsbereichen bzw. -spezialisten (*Paschen* 1978).

Angesichts der Erscheinung von Führungsdualen macht *Etzioni* (1968) den Vorschlag, die Führungsdualität bei der Strukturierung von Führungsprozessen in Organisationen durch *zwei* Vorgesetzte zu berücksichtigen.

Ein Verhaltensdefizit ließe sich demnach durch die Einsetzung eines *komplementären* Führers beheben, der den anderen hinsichtlich der *fehlenden Verhaltensdimension* ergänzt. Diese *führungsorganisatorische* Maßnahme stellt nach Etzioni eine *Alternative* zu dem Versuch dar, das *Verhaltenspotential* von Vorgesetzten durch *Trainingsmaßnahmen* zu erhöhen. Die Ermittlung und Bildung von Führungs- bzw. Vorgesetztendualen ist jedoch in hohem Maße erschwert, da von Situation zu Situation *verschiedene* komplementäre Verhaltensrepertoires notwendig sind und somit jeweils andere Gruppenmitglieder das für die Situation erforderliche Führungsdual darstellen (*Paschen* 1978).

Die kompensatorischen Dualen Führungskonzepte zeigen, daß integrativ-orientierte Abteilungen nur begrenzt unabhängig vom Aufgabenbereich erfolgreich sein können und leicht in die Gefahr geraten, eine bloße *Alibifunktion* zu erfüllen. Zwischen den Aufgaben- und integrativen Bereichen muß es daher zu einer *Handlungsprogrammabstimmung* kommen, um die notwendige *Akzeptanz* für beide „Führungsbereiche" zu erhalten.

Soweit das Führungsproblem darin besteht, *Defizite* im Verhaltensrepertoire von Vorgesetzten zu beseitigen, stellt die Duale Führung eine Alternative zum Verhaltens*training* dar. Mit der Erweiterung des Verhaltensrepertoires ist jedoch nicht der typische *Rollenkonflikt* der Führung gelöst (→*Führungstheorien – Rollentheorie*). Wenn gegensätzliche Erwartungen, Bedürfnisse und Ziele verfolgt werden, hat die Führung zwischen diesen zu vermitteln, um überhaupt zu einem *gemeinsamen* Handeln zu kommen *(politische Dimension der Führung)*. Das Auffinden eines „optimalen" Kompromisses stellt die eigentliche Führungsleistung dar, die beim Führungsdual von beiden Vorgesetzten gemeinsam zu erbringen ist. Der *Intra-Rollenkonflikt* erscheint als *Inter-Rollenkonflikt*. Das *strukturell-bedingte* Konfliktfeld der Führerrolle wird durch ein *institutionalisierte* Führungsdual kaum entschärft. Derjenige, der den besten Kompromiß findet, wird sich als der „politische" Führer profilieren, der weder der Tüchtigste noch der Beliebteste, sondern eher ein Gruppenmitglied ist, das *beide* Führungsdimensionen in der *„richtigen Mischung"* zeigt.

IV. Duale und Plurale Führung

Die Diskussion über Duale Führungskonzepte macht deutlich, daß es im Laufe von Einflußprozessen häufig zu einer *arbeitsteiligen* Wahrnehmung der Führungsaufgaben kommt. Reicht das *Verhaltensrepertoire* eines Vorgesetzten nicht aus, so stellt die „Installierung" eines komplementären Vorgesetzten eine führungs*organisatorische* Möglichkeit dar, dieses Defizit zu beheben.

Die unterschiedlichen Interpretationen der Führungsdualität zeigen allerdings, daß die verschiedenen Kriterien, wie z. B. „Tüchtigkeit" und „Beliebtheit" keineswegs *personale* Eigenschaften darstellen, sondern *situationsabhängig* sind, so daß diese auf *mehrere* oder *alle* Gruppenmitglieder im Wechsel zutreffen können. Das Ziel einer institutionalisierten Führungskomplementarität wird sich somit im allgemeinen auf die *ganze* Gruppe beziehen müssen. Es wird somit auch von der personellen *Zusammensetzung* einer Gruppe abhängen, ob sich die Gruppenmitglieder in den verschiedenen Situationen hinsichtlich der erforderlichen Führungsqualitäten ergänzen *(Paschen* 1978). Das Ziel Dualer Führungskonzepte, Verhaltensdefizite *situationsflexibel* zu beheben, läßt sich daher im allgemeinen nur in *pluraler* Form erreichen *(Plurale Führung)*.

Die Ergänzung fehlenden Führungsverhaltens durch *komplementäre* Führer macht jedoch die Koordinierung und Kompromißbildung bei gegensätzlichen Zielen nicht überflüssig. Bei der *Kompromißbildung* sind vielmehr *alle* Gruppenmitglieder mit einzubeziehen, um *gemeinsames* Handeln zu erreichen.

V. Konsequenzen für die Führungspraxis und -forschung

Die Erscheinung von Dualer Führung macht deutlich, daß Führungsprozesse häufig nicht *unipersonal* erfolgreich gesteuert werden können. Führung stellt vielmehr einen *wechselseitigen* Einflußprozeß zwischen *allen* Gruppen- bzw. Organisationsmitgliedern dar. Für die Praxis ergeben sich folgende Konsequenzen, die auch auf eine *Reintegration* von Führungsaufgaben abzielen *(Paschen* 1988):

– Das *Verhaltenspotential* von Vorgesetzten ist durch richtige *Selektion* und/oder *Trainingsmaßnahmen* so vorzunehmen bzw. zu erweitern, daß sie in verschiedenen Situationen auch die *divergierenden* Erwartungen der Gruppenmitglieder erfüllen können und die Notwendigkeit von personell ausgegliederten kompensatorischen Kohäsionsspezialisten weitgehend *überflüssig* machen und/oder

– die *organisatorischen* und *strukturellen* Anforderungen an Vorgesetzte sind so zu gestalten, daß die Vorgesetzten mit ihren vorhandenen Verhaltenspotentialen die verschiedenen Erwartungen an die Führung erfüllen können.

– Unter dem Aspekt moderner *kooperativer* Führung (→*Kooperative Führung*) als wechselseitigem Einflußprozeß sind möglichst viele Organisationsmitglieder in den Führungsprozeß miteinzubeziehen. Alle am Führungsprozeß Beteiligten sind sowohl bei der *Selektion* als auch bei der *Entwicklung* von *Führungsbeziehungen* zu berücksichtigen. Bei der Selektion sind die Führungspotentiale *aller* Organisationsmitglieder und die *Beziehung zwischen* ihnen zu beachten. Bei der Verhaltensentwicklung sind nicht nur die Verhaltenspotentiale der einzelnen Mitglieder zu trainieren, sondern vor allem die *Beziehungen zwischen ihnen* zu entwickeln. Dies erfordert eine Personal- und Organisationsentwicklung, die sich vornehmlich auf die Gesamtgruppe bzw. -organisation bezieht (Entwicklung der Family-Groups). So sind z. B. nicht nur das Informationsverhalten von *Vorgesetzten,* sondern ebenso das der *Mitglieder* und *vor allem* die *Informationsbeziehungen* untereinander zu entwickeln *(Paschen* 1993).

Empirische Untersuchungen und Theorien der Führungsstilforschung stellen den Versuch dar, *allgemein gültige* Führungs- und Kooperationsdimensionen (→*Verhaltensdimensionen der Führung*) zu ermitteln; dabei ist es zu einer Fülle von Differenzierungen und verschiedenen Klassifikationen des Führungsverhaltens gekommen, die jedoch kaum wissenschaftlichen Kriterien genügen können und vielfach Ergebnisse tradierter vorwissenschaftlicher Anschauungen darstellen (*Wunderer/Grunwald* 1980). Welche und wieviel Verhaltensdimensionen in der jeweiligen Führungspraxis eine Rolle spielen, hängt möglicherweise entscheidend von der *Wahrnehmungsfähigkeit und -bereitschaft* der jeweiligen Beteiligten ab.

Wie z. B. *Selg* (1965) bei Schülern empirisch belegen konnte, hängt die Unterscheidung zwischen Tüchtigkeit und Beliebtheit u. a. vom Entwicklungsstand ab; danach identifizieren sich erst ältere Schüler weniger mit der Tüchtigkeitsbeurteilung des Lehrers, so daß bei ihnen ein anderer als der Tüchtigste zum Sympathieträger wird.

Welche praktische Relevanz Verhaltensdimensionen tatsächlich erhalten, läßt sich erst *„im Felde"* feststellen und entsprechend für die praktische Führung berücksichtigen. Die Führungsforschung ist daher um die Ermittlung und Untersuchung der *Wahrnehmungsbeziehungen* zwischen den Kooperierenden und deren Entwicklung zu ergänzen (→*Social Information Processing Theory*). Hierbei sind u. a. folgende Fragestellungen eingehender zu untersuchen:

- Welche Faktoren beeinflussen die *individuelle* Wahrnehmung von Führungsdimensionen?
- Wie *entwickeln* sich im Laufe von Kooperationsprozessen diese Wahrnehmungsunterschiede (*Anpassungsprozeß* der Wahrnehmungen)?
- Inwieweit *stören* Wahrnehmungsunterschiede hinsichtlich der Verhaltensdimensionen den Führungs- und Kooperationsprozeß?

Da die Quantität und Qualität von Führungsdimensionen in hohem Maße von der jeweiligen Führungssituation und vor allem von den daran Beteiligten abzuhängen scheinen, ist eine Abkehr von der Suche nach *generellen* Führungsdimensionen zu empfehlen. Statt dessen sollte in verstärktem Maße der *Wahrnehmungsprozeß* zwischen den Direktbeteiligten zur Grundlage der Führungsstilforschung gemacht werden, um sich so schrittweise der Komplexität der Führungspraxis anzunähern.

Literatur

Bales, R. F.: Interaction Process Analysis: A Method of Small Groups. Cambridge, Mass. 1950.
Bales, R. F./Slater, P. E.: Role Differentiation in Small Decision-Making Groups. In: *Gibb, C. A.*: Leadership, Harmondsworth 1969, S. 255–276.
Etzioni, A.: Dual Leadership in Complex Organizations. In: ASR, 1968, S. 688–698.
Burke, P. J.: The Development of Task and Social-Emotional Role Differentiation. In: Sociometry, 1967, S. 376–392.
Burke, P. J.: Role Differentiation and the Legitimation of Task Activity. In: Sociometry, 1968, S. 404–411.
Hofstätter, P. R.: Sozialpsychologie. Berlin 1967.
Hofstätter, P. R.: Gruppendynamik. Hamburg 1971.
Müller, D. B.: Zur Konvergenzthese marxistischer Sozialpsychologen. In: ZfO, 1974, S. 131–136.
Paschen, K.: Führerspezialisierung und Führungsorganisation. Köln 1978.
Paschen, K.: Ombudsmann im Betrieb. In: Fortschrittliche Betriebsführung, 1980, S. 37–41.
Paschen, K.: Formen der Personalorganisation – Von der funktionalen Organisation zum Integrationsmodell. In: ZfO, 1988, S. 237–241.
Paschen, K.: Information als Führungsaufgabe. In: *Bethel, J./Groenewald, H.* (Hrsg.): Personalmanagement. München 1993.
Selg, H.: Über den Zusammenhang zwischen Tüchtigkeit und Beliebtheit in Schulklassen. In: Psychologische Forschung, 1965, S. 587–597.
Wunderer, R.: Führung und Zusammenarbeit. Stuttgart 1993.
Wunderer, R./Grunwald, W.: Führungslehre. Band 1, Berlin/New York 1980.

DV-Unterstützung von Gruppenprozessen und Führung

Werner Auer-Rizzi

[s. a.: Bürokommunikationstechnik und Führung.]

I. CSCW und Groupware; II. Computer-mediierte Kommunikation und sozialpsychologische Prozesse; III. Auswirkungen von Groupware auf Gruppenprozesse; IV. Implikationen für Führungsprozesse.

I. CSCW und Groupware

Groupware werden kommerziell verfügbare Softwaresysteme genannt, die kooperatives Arbeiten unterstützen. Dieser Begriff wurde 1982 von *Johnson-Lenz/Johnson-Lenz* zum ersten Mal erwähnt. Daß erst einige Jahre später der Begriff *„Computer Supported Cooperative Work"* (CSCW) eingeführt wurde (ACM 1986), bekräftigt die am Anfang im Vordergrund stehende Frage nach der technischen Machbarkeit, deren Diskussion die Informatik dominierte. Relativ bald wurde deutlich, daß damit allein Gruppen kaum in der Bewältigung ihrer Aufgaben geholfen werden kann. Dies zeigt sich auch darin, daß elektronischer Nachrichtenaustausch die einzige bisher breit angewendete Kategorie von Groupware darstellt und ein Großteil der Produkte das Stadium von Prototypen und Laborexperimenten meist noch nicht verlassen hat. Aus der Literatur ist die einmütige Meinung zu erkennen, daß es einer grundlegenden und interdisziplinären Erforschung des Phänomens der Gruppenarbeit durch die Bereiche Arbeitswissenschaft, Psychologie, Soziologie, Organisationstheorie und Informatik bedarf. Ziel der CSCW-Forschung ist die (Re-)Definition von Gruppenarbeit und resultierend die Klärung der Frage nach Unterstützungsmöglichkeiten von Kooperationssituationen zwischen Akteuren sowie die Entwicklung und

Implementierung der technischen Umsetzung einer möglichen Unterstützung.

Eine in der Literatur häufig verwendete „klassische" Kategorisierung von Groupware ist nach geographischen und zeitlichen Gesichtspunkten der zugrundeliegenden Kooperationssituation gegliedert, je nachdem ob die Akteure zeitlich versetzt oder gleichzeitig an einer Aufgabe arbeiten und ob sie dies räumlich getrennt oder an einem gemeinsamen Ort tun. Durch diese zwei Dimensionen wird der Begriff der Gruppe aus organisationstheoretischer und arbeitswissenschaftlicher Sicht und den damit verbundenen fortschrittlichen Arbeitsorganisationskonzepten (z.B. teilautonome Arbeitsgruppen etc.) jedoch nicht im notwendigen Maße berücksichtigt (*Kubicek/Höller* 1991).

In der Literatur besteht keine konsistente Anwendung des Begriffes Groupware bzw. CSCW. Häufig werden folgende Bezeichnungen synonym für ein und dasselbe Phänomen verwendet: *Group Decision Support Systems, Computer Supported Work, Computer Aided Team, Electronic Meeting Systems, Coordination Technology, Workgroup Computing, Collaboration Technology, Group Support Systems* etc. Geibel (1993) definiert genannte Begriffe als „... interaktive, computer- und modellgestützte sowie gegebenenfalls wissensbasierte Systeme, die Gruppen von Entscheidungsträgern bei der Lösung vorwiegend schlecht-definierter und/oder schlecht-strukturierter Probleme unterstützen sollen" (S. 139). *Kraemer/Pinsonneault* (1990) unterscheiden hierfür zwischen Systemen zur Kommunikationsunterstützung *(Group Communication Support Systems – GCSS)* und solchen zur Entscheidungsunterstützung *(Group Decision Support Systems – GDSS)*. Diese Differenzierung basiert im wesentlichen auf der Drei-Ebenen-Klassifikation von *DeSanctis/Galuppe* (1987).

Group Communication Support Systems unterstützen primär den Kommunikationsprozeß zwischen den Mitgliedern einer Gruppe, versuchen also Kommunikationsbarrieren innerhalb einer Gruppe zu reduzieren (z.B. Electronic Mail, Computerkonferenzen, Telekonferenzen, Elektronische Wandtafeln, Großbildschirme, Unterstützung für die anonyme Eingabe von Ideen, Strukturierung von Arbeitssitzungen). Systeme dieser Art sind häufig in sog. „elektronischen Entscheidungsräumen" zu finden. *Group Decisions Support Systems* hingegen dienen der Strukturierung von Entscheidungsprozessen innerhalb einer Gruppe. Sie können dergestalt sein, daß ein Gruppenmitglied in seiner Individualentscheidung unterstützt wird (Beispiele solcher Systeme wären Planungs- und Modellierungswerkzeuge, die z.B. in der normativen Entscheidungstheorie und im Operations Research zu finden sind, wie PERT, CPM, Gantt, Modelle zur Ressourcenallokation, Nutzwertverfahren, Verfahren zur Risikoanalyse etc.) und andererseits die „elektronische" Form von Techniken zur Unterstützung des Gruppenentscheidungsprozesses annehmen (z.B. automatisierte Delphi Methode, Informationszentrum, Entscheidungskonferenz, Kollaborationslabor, Nominalgruppentechnik).

II. Computer-mediierte Kommunikation und sozialpsychologische Prozesse

Eine der zentralen Thesen in bezug auf sozialpsychologische Prozesse durch computer-mediierte Kommunikation ist, daß verschiedene Eigenheiten elektronischer Kommunikation psychologische Zustände und Prozesse auslösen, die zu einem geringeren Einfluß von Normen und deregulierteren und extremeren Verhaltensweisen führen (*Kiesler/Siegel/McGuire* 1984; *Sproull/Kiesler* 1986; *Lea/Spears* 1991). Diese Tendenzen manifestieren sich in einem weniger gehemmten Verhalten von Individuen und in einer Zunahme extremer und polarisierter Gruppenentscheidungen. *Kiesler/Siegel/McGuire* (1984) führen diese *Entscheidungspolarisierung* auf die „Theorie der überzeugenden Argumente" zurück, derzufolge sich die Polarisierung daraus ergibt, daß im Prozeß der Diskussion die Akteure einem größeren Pool von Argumenten, die den preferierten Pol unterstützen, ausgesetzt sind. Folgende Ursachen werden hauptsächlich dafür verantwortlich gemacht: (a) Nicht-Vorhandensein eines sozialen Rollenkontext, (b) De-Individualisierung, (c) Fehlen von regulierendem Feedback, (d) Depersonalisierung.

(a) Durch das durch Anonymität hervorgerufene Defizit von sozialen Rollen und Status kann von einer gleichmäßigeren Partizipation und einem Austausch extremerer Argumente ausgegangen werden. Eine Unterminierung des Führungsprozesses durch das Fehlen des Rollenkontext kann in weiterer Folge zu ungehemmteren Verhalten und zum Austausch extremerer Argumente führen. Dies kann in vielen Situationen ein Problem darstellen, jedoch in Fällen, in denen eine anonyme Eingabe von Ideen Vielfalt und Neuartigkeit fördert (z.B. Brainstorming), sehr erwünscht sein (*Galuppe/Bastianutti/Cooper* 1991).

(b) Computer-mediierte Kommunikation schließt einige der Aspekte ein, die zu einer De-Individualisierung führen. Gemeint ist der Prozeß, der durch das Untertauchen in einer Gruppe Anonymität und einen Verlust der Identität, sowie als Konsequenz daraus ein Abschwächen von sozialen Normen und Beschränkungen produziert (*Festinger/Pepitone/Newcomb* 1952).

(c) Computer-mediierte Kommunikation ist durch eine dramaturgische Schwäche charakterisiert, nonverbale Äußerungen gehen verloren. Dies führt zum Verlust von Informationen, die von den Akteuren zur Regulation und Kontrolle des Diskussionsprozesses verwendet werden können. Das Fehlen dieses regulierenden Feedback kann zu weniger gehemmten Verhalten und zur angesprochenen Polarisierung führen. Ebenso kann es als weitere Erklärung zur gleichmäßigen Partizipation, die wiederum das oben erwähnte Konzept der „überzeugenden Argumente" fördert, dienen.

(d) Durch die Verwendung von geschriebenem Text entsteht in computer-mediierten Kommunikationsformen eine De-Personalisierung in der Weise, daß sich die am Kommunikationsprozeß beteiligten Akteure ihr Auditorium vorstellen müssen. Dies führt zu einer Konzentration der Teilnehmer mehr auf den Inhalt und den Kontext der Beiträge als auf den sozialen Kontext. *Sproull/Kiesler* (1986) fanden in einer Feldstudie heraus, daß die Diskussionsteilnehmer sich mehr auf sich selbst als auf die anderen in der Gruppe konzentrieren und die Relevanz der eigenen Beiträge in computer-mediierter Kommunikation tendenziell überschätzt, sowie jene der anderen Gruppenmitglieder unterschätzt wird. Die erhöhte Selbstkonzentration bzw. „Selbstabsorption" (*Lea/Spears* 1991) in den Beiträgen führt wiederum zu einer geringeren Soziabilität und normabweichendem Verhalten.

III. Auswirkungen von Groupware auf Gruppenprozesse

Um die Wirkungsrichtungen von Groupware auf Gruppenprozesse besser zu deuten, erscheint eine Differenzierung zwischen GDSS und GCSS hilfreich (*Kraemer/Pinsonneault* 1990), da ohne diese Unterscheidung die Befunde inkonsistent wären.

1. Group Decision Support Systems (GDSS)

GDSS haben nach *Kraemer/Pinsonneault* (1990) wesentliche Auswirkungen auf Gruppen: Durch deren Einsatz steigt die Aufgaben- bzw. Problemorientierung der Gruppe, d. h. die Tiefe bzw. Gründlichkeit der Problemanalyse, außerdem wird die aufgabenbezogene Kommunikation erhöht. Zusätzlich wird quantitativ gesehen durch die Gruppe mehr Aufwand in den Entscheidungsprozeß investiert. Ein anderer wichtiger Befund ist eine Steigerung der Partizipation und Reduktion der Dominanz in der Gruppe durch eine oder wenige Personen. Durch die verstärkte Aufgabenbezogenheit steigt die Qualität der Entscheidung sowie das Vertrauen und die Zufriedenheit der Gruppenmitglieder mit dieser Entscheidung. Diese Effekte führen im weiteren zu einer erhöhten Zufriedenheit der Gruppenmitglieder mit dem Entscheidungsprozeß.

2. Group Communication Support Systems (GCSS)

GCSS weisen folgende Wirkungen auf: sie führen zu einer Steigerung der Analysegründlichkeit, einer erhöhten Partizipation und einer Reduktion der Dominanz in der Gruppe durch ein oder wenige Mitglieder. Die empirischen Befunde bezüglich des Partizipationsgrades und der Dominanz sind jedoch eingeschränkt auf relativ junge Gruppen, die sich noch in ihrer Aufbauphase befinden, während bei bereits etablierten Gruppen keine Auswirkungen auf beide Merkmale zu erkennen sind. Diese Differenzen deuten darauf hin, daß eine Veränderung der Partizipationsmuster und der Dominanzstrukturen nur in den Anfangsphasen einer Gruppenformation möglich ist (*Kraemer/Pinsonneault* 1990) und durch den Einsatz von GCSS dominante Gruppen oder Individuen nicht „entmachtet" werden, es aber möglich zu sein scheint, ihr Aufkommen in späteren Phasen der Gruppenentwicklung zu verhindern, falls sie sich nicht schon in den frühen Phasen etablierten.

Durch eine erhöhte Partizipation trägt der Einsatz von GCSS zu einer Reduktion der Konsenserreichung bei. Dies scheint darin begründet zu sein, daß im Gegensatz zu GDSS die erhöhte Partizipation nicht nur aufgabenbezogenen, sondern auch mikropolitischen Zwecken (→*Mikropolitik und Führung*) zugute kommt. Auch hier werden die empirischen Befunde von der Entwicklungsphase der Gruppe beeinflußt: In der Aufbauphase einer Gruppe werden die Bemühungen der Gruppenmitglieder auf die eigene Beeinflussung der Gruppennormen und die Kontrolle über den Entscheidungsprozeß gerichtet, während bei etablierten Gruppen dies nicht mehr notwendig ist.

Konsistent mit den genannten Auswirkungen ist eine Erhöhung der Zeitdauer, die für die Entscheidung benötigt wird. Obwohl durch den Einsatz von GCSS die Qualität der Entscheidung erhöht wird, zeigt sich ein geringeres Vertrauen der Gruppenmitglieder in die getroffene Entscheidung und eine geringere Zufriedenheit mit dem Entscheidungsprozeß.

Diese genannten Einflüsse sind eher tendenzieller Natur und bedürfen weiterer Erforschung. Die zugrundeliegenden Studien wurden durchwegs in Laborsituationen durchgeführt, deren Teilnehmer sich mit wenigen Ausnahmen aus Studenten rekrutierten.

IV. Implikationen für Führungsprozesse

Im Rahmen von Führungsprozessen stellt sich für Führungskräfte die Frage, in welchem Maße Groupware für Entscheidungsprozesse bzw. Gruppenkommunikation eingesetzt werden kann.

Durch die (technische) Kommunikationskomponente lassen sich Informationen schnell und gleichmäßig verteilen und alle Mitglieder der Gruppe – insbesondere geographisch verteilter Gruppen – sind in der Lage, gleichmäßig Informationen zu geben bzw. sich am Entscheidungsprozeß zu beteiligen. Dies würde auf die Möglichkeit einer Erhöhung der Leitungsspanne (*Kieser/Kubicek* 1982) hinweisen und für die Führungskraft eine Erhöhung von Delegationschancen bedeuten. In bezug auf den Qualitätsaspekt von Entscheidungen kann von einer erhöhten Analysegründlichkeit durch Strukturierungserleichterungen der Diskussions- und Entscheidungsprozesse ausgegangen werden. Die mögliche Gewährleistung von Anonymität kann die Identifikation von Divergenzen innerhalb der Gruppe oder zwischen Führer und Untergebenen erleichtern. Führungskräfte müssen sich im klaren sein, daß ihr eigener Einfluß durch das Fehlen des Rollenkontext geringer wird, andererseits ergibt sich die Chance einer höheren Partizipation der Gruppenmitglieder.

Die Wirkungsrichtungen computer-mediierter Kommunikation bergen einerseits die Gefahr in sich, Phänomene des Gruppendenkens (*Janis* 1972) (→*Groupthink und Führung*) anzusprechen – insbesondere kann die Tendenz zur Entscheidungspolarisierung das Symptom von Rationalisierungen des eingeschlagenen Weges unterstützen –, andererseits eröffnet sich die Chance durch eine mögliche Anonymität die Rolle eines kritischen Beurteilers leichter einzunehmen und damit Gruppendenken entgegenzuwirken.

Literatur

ACM (Hrsg.): Proceedings of the Conference on Computer-Supported Cooperative Work: CSCW 86 Austin. New York 1986.

Bowers, J. M./Benford, S. D. (Hrsg.): Studies in Computer Supported Cooperative Work: Theory, Practice and Design. Amsterdam et al. 1991.

DeSanctis, G./Gallupe, R. B.: A Foundation for the Study of Group Decisions Support Systems. In: Man. Sc., 1987, S. 589–609.

Festinger, L./Pepitone, A./Newcomb, T.: Some Consequences of De-Individuation in a Group. In: JASP, 1952, S. 382–389.

Galegher, J./Kraut, R. E./Egido, C. (Hrsg.): Intellectual Teamwork: Social and Technological Foundations of Cooperative Work. Hillsdale 1990.

Gallupe, R. B./Bastianutti, L. M./Cooper, W. H.: Unblocking Brainstorms. In: JAP, 1991, S. 137–142.

Geibel, R.: Computergestützte Gruppenarbeit. Stuttgart 1993.

Janis, I. L.: Victims of Groupthink. Boston 1972.

Johnson-Lenz, P./Johnson-Lenz, T.: Groupware: The Process and Impacts of Design Choices. In: *Kerr E. B./Hiltz, S. R.* (Hrsg.): Computer Mediated Communication Systems: Status and Evaluation. New York 1982.

Kiesler, S./Siegel, J./McGuire, T. W.: Social Psychological Aspects of Computer-Mediated Communication. In: Am. Psych., 1984, S. 1123–1134.

Kraemer, K. L./Pinsonneault, A.: Technology and Groups: Assessment of the Empirical Research. In: *Galegher, J./Kraut, R. E./Egido, C.* (Hrsg.): Intellectual Teamwork: Social and Technological Foundations of Cooperative Work. Hillsdale 1990, S. 375–405.

Kubicek, H./Höller, H.: Das Organisationskonzept teilautonomer Arbeitsgruppen als Leitbild für die Gestaltung von Groupware-Systemen. In: *Oberquelle, H.* (Hrsg.): Kooperative Arbeit und Computerunterstützung. Stuttgart 1991, S. 149–174.

Lea, M./Spears, R.: Computer-mediated Communication, De-Individuation and Group Decision-Making. In: International Journal of Man-Machine Studies, 1991, S. 283–301.

Oberquelle, H.: CSCW- und Groupware-Kritik. In: *Oberquelle, H.* (Hrsg.): Kooperative Arbeit und Computerunterstützung. Stuttgart 1991, S. 37–61.

Oberquelle, H. (Hrsg.): Kooperative Arbeit und Computerunterstützung. Stuttgart 1991.

Sproull, L./Kiesler, S.: Reducing Social Context Cues: Electronic Mail in Organizational Communication. In: Man. Sc., 1986, S. 1492–1512.

Effizienz der Führung

Eberhard Witte

[s. a.: Führungstheorien – Eigenschaftstheorie; – Kontingenztheorie; – Situationstheorie; – von Dyaden zu Teams; – Vroom/Yetton-Modell; Information als Führungsaufgabe; Psychische Belastung von Führungskräften; Verhaltensdimensionen der Führung;]

I. Messung der Effizienz; II. Befunde zur Effizienz.

Effizienz (efficiency) und *Effektivität* (effectiveness) gehen auf einen gemeinsamen lateinischen Begriffsursprung zurück, der grob mit „Wirksamkeit" übersetzt werden kann. Es ist versucht worden, zwischen den beiden Begriffen etwa dahingehend zu differenzieren, daß *Effektivität* als Maßgröße für die wirksame Aufgabenerfüllung (Output) und Effizienz als Maßgröße der wirtschaftlichen Zielerreichung (Output-Input-Relation) verstanden wird. Diese Versuche haben jedoch nicht zu einem einheitlichen wissenschaftlichen Sprachgebrauch geführt. Nach wie vor steht die *Effizienz* im Vordergrund des Interesses. Sie wird sowohl auf führende als auch auf ausführende Tätigkeiten bezogen. Hier interessiert nur die Effizienz der Führung.

I. Messung der Effizienz

Die unbestrittene Forderung nach Effizienz der Führung bleibt farblos und inhaltsleer, solange die Maßstäbe unklar bleiben, an denen die Effizienz gemessen werden soll. Zur wissenschaftlichen und praktischen Bewältigung des Effizienzproblems bedarf es also einer möglichst exakten Operationalisierung der jeweils gemeinten Effizienz.

1. Effizienzvariable

Die *Effizienzmessung* bezieht sich auf zwei grundsätzlich verschiedene Tatbestände: die Effizienz der Leistung und die Effizienz der Person. Bei der Betrachtung der *Leistungseffizienz* kann die Effizienz des Leistungsergebnisses (Produkt, Output) oder die Effizienz des Leistungsprozesses (Kosten, Dauer, Konflikt) gemessen werden (*Gzuk 1975*).

Sowohl bei Betrachtung des Leistungsergebnisses als auch bei Betrachtung des Leistungsprozesses können die Beiträge mehrerer Personen einbezogen werden, so daß die Effizienz des Individuums dann nicht isolierbar ist. Dagegen liegt bei der Betrachtung der *Personeneffizienz* der Akzent gerade auf der Wirksamkeit einer einzelnen Führungskraft oder allenfalls einer gemeinsam operierenden Gruppe. Beispiele für ergebnisbezogene Effizienzvariablen sind Produktivität, Deckungsbeitrag, Innovationsbereitschaft etc., während personenbezogene Variablen z. B. in der Zufriedenheit, in Gruppenzusammenhalt, Kooperationsbereitschaft, Vertrauen etc. gesehen werden.

Effizienz kann als Grad der Zielerreichung (goal attainment; degree of goal achievement) definiert werden (*Reimann 1975; Budäus/Dobler 1977; Cunningham 1977*). Die Auswahl von Effizienzvariablen in einem konkreten Forschungsprojekt oder in einer praktischen Problemstellung sollte sich daher am jeweils verfolgten Ziel orientieren. Der Vorteil einer strikten Zielorientierung der Effizienzmessung liegt darin, daß die Führungskräfte mit demselben Effizienzmaß kontrolliert werden, mit dem sie durch das Ziel vorausschauend gesteuert werden.

Die gewünschte Eindeutigkeit von Ziel und Effizienz geht allerdings in der Realität häufig dadurch verloren, daß das Ziel auf einer höheren Abstraktionsebene formuliert ist, während die Effizienzmessung nur an konkreten Indikatoren orientiert werden kann. So werden als Ziele häufig der Gewinn, die Rentabilität, der Marktanteil, das Wachstum genannt oder auch personenbezogene Maßstäbe wie Moral, Leistungsmotivation, Loyalität etc. Die operationalisierten Effizienzvariablen beziehen sich dagegen auf konkrete Tatbestände wie Planabweichungen, Ausschußmenge, Informationsaufwand, Problemlösungszeit als Leistungseffizienzen oder Kündigungen, Fehlzeiten, Beschwerden, Kommunikationszeiten als personenbezogene Variablen. Es entsteht eine Inkongruenz, da die gemessenen Effizienzen jeweils nur Teilbereiche des übergeordneten Zieles abdecken. Die Effizienzmessung ist also nur im Idealfall identisch mit der Zielvorgabe.

Die Kongruenz zwischen Ziel und Effizienzvariable ist am ehesten dadurch zu erreichen, daß ein abstraktes Oberziel in hierarchisch (mehrstufig) untergeordnete Teilziele zunehmenden Konkretisierungsgrades zerlegt wird. Je detaillierter und konkreter dies gelingt, desto eher findet die Zielhierarchie Anschluß an das Niveau konkreter Effizienzmessungen. Wenn die Unterziele tatsächlich (zwingend deduktiv) das abstrakte Oberziel abbilden, dann ist mit der Effizienzmessung die Erreichung des Oberziels erfaßt.

Aber auch wenn eine hierarchische Untergliederung des Oberziels nicht gelingt, kann sich die Effizienzmessung dem Oberziel dadurch annähern, daß der Effizienzbereich vergrößert wird und im Grenzfall auf die Unternehmung als Ganzes bezogen wird. Dann kann der Gewinn (oder andere Oberziele) unmittelbar als Effizienzvariable gemessen werden. Eine Übersicht über die Effizienzvariablen unterschiedlichen Konkretisierungsgrades zeigt Abbildung 1.

2. Effizienzsysteme

Es wird selten gelingen, den Grad der Zielerreichung an einer einzigen Effizienzvariablen zu messen. Auch nebeneinander durchgeführte Quantifizierungen unterschiedlicher Effizienzvariablen verschaffen nicht den gewünschten Einblick in die umfassende Wirksamkeit der Führung.

Gesucht ist also in jedem Einzelfall der zielbewußte Entwurf eines *Effizienzsystems*, in das die als relevant erkannten Effizienzvariablen eingehen (Gzuk 1975). Diese Variablen stehen im Effizienzsystem nicht einfach nebeneinander; sie müssen nicht gleichrangig und auch nicht voll gegenseitig verträglich sein. Insofern entsprechen die Effizienzsysteme den Zielsystemen. Die Effizienzvariablen können ebenfalls hierarchisch gegliedert werden. Sie müssen nicht unbedingt auf eine Maximierung innerhalb einer Kardinalskala gerichtet sein, sondern können auch komparative Ansprüche in Ordinalskalen abbilden. Effizienzvariablen, die nominal ausgeprägt sind, lassen sich als strenge Nebenbedingungen (constraints) formulieren. Wenn z. B. für einen bestimmten Leistungsprozeß angestrebt wird, daß der Umsatzgewinn maximiert wird, jedoch nicht um den Preis einer Gefährdung des Zusammenhaltes innerhalb der Arbeitsgruppe, dann ist eine Maximaleffizienz mit der strengen Nebenbedingung einer Bewahrungseffizienz verknüpft. Alle Maßnahmen, die den Gruppenzusammenhalt aufheben, um den Umsatzgewinn zu erhöhen, wären nicht mehr als effizient anzusehen.

Je mehr derartig qualitative Tatbestände in das Effizienzsystem aufgenommen werden, desto komplexer, schwerer operationalisierbar und weniger handhabbar wird das System. Insbesondere wenn auch außerökonomische und außerbetriebliche Variablen berücksichtigt werden, die in den Bereich der politischen, gesamtwirtschaftlichen und gesellschaftlichen Effizienz hineinführen, wird eine exakte betriebswirtschaftliche Effizienzmessung erschwert.

Allenfalls läßt sich noch der *Systemansatz*, wie ihn z. B. Parsons vertritt, auch betriebswirtschaft-

```
                              Gesamteffizienz
         ┌────────────────────────┼────────────────────────┐
A) generelle ökono-      B) Leistungsprozeßeffizienz     C) Personeneffizienz
   mische Effizienz
                         ┌──────────┴──────────┐         ┌──────────┴──────────┐
                      materielle           immaterielle  arbeitsbezogene   individualbezogene
                   Leistungsprozesse     Leistungsprozesse   Einstellung        Einstellungen
```

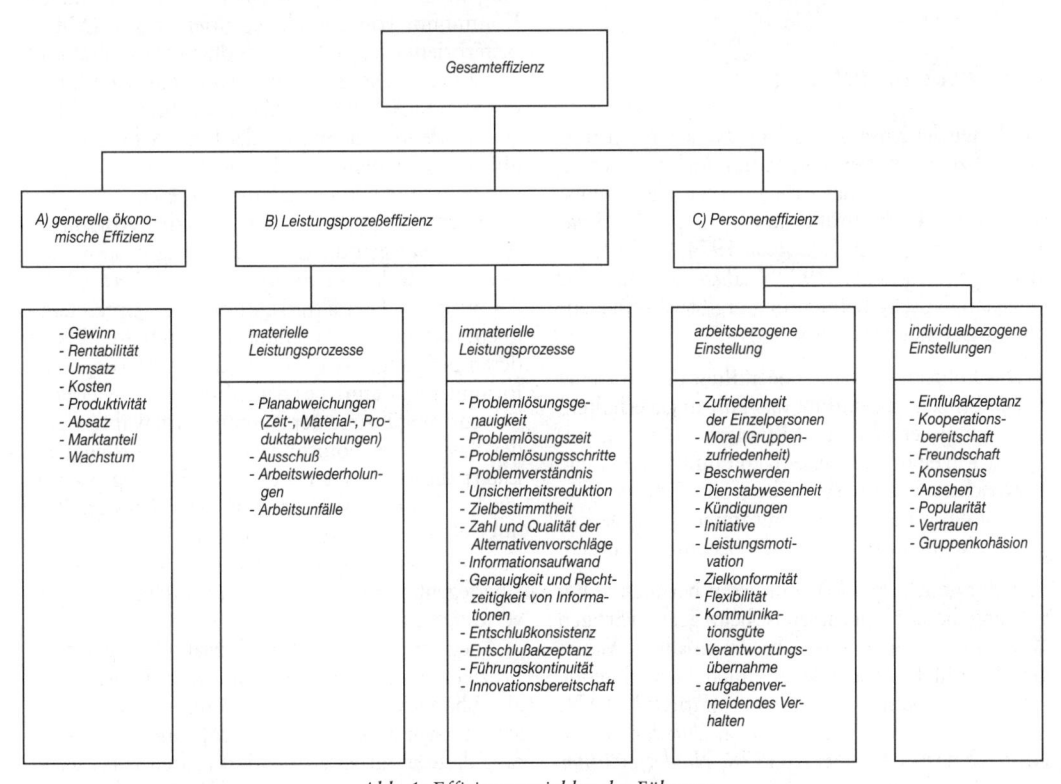

A) generelle ökonomische Effizienz	B) Leistungsprozeßeffizienz		C) Personeneffizienz	
	materielle Leistungsprozesse	immaterielle Leistungsprozesse	arbeitsbezogene Einstellung	individualbezogene Einstellungen
- Gewinn - Rentabilität - Umsatz - Kosten - Produktivität - Absatz - Marktanteil - Wachstum	- Planabweichungen (Zeit-, Material-, Produktabweichungen) - Ausschuß - Arbeitswiederholungen - Arbeitsunfälle	- Problemlösungsgenauigkeit - Problemlösungszeit - Problemlösungsschritte - Problemverständnis - Unsicherheitsreduktion - Zielbestimmtheit - Zahl und Qualität der Alternativenvorschläge - Informationsaufwand - Genauigkeit und Rechtzeitigkeit von Informationen - Entschlußkonsistenz - Entschlußakzeptanz - Führungskontinuität - Innovationsbereitschaft	- Zufriedenheit der Einzelpersonen - Moral (Gruppenzufriedenheit) - Beschwerden - Dienstabwesenheit - Kündigungen - Initiative - Leistungsmotivation - Zielkonformität - Flexibilität - Kommunikationsgüte - Verantwortungsübernahme - aufgabenvermeidendes Verhalten	- Einflußakzeptanz - Kooperationsbereitschaft - Freundschaft - Konsensus - Ansehen - Popularität - Vertrauen - Gruppenkohäsion

Abb. 1: Effizienzvariablen der Führung

lich bewältigen. Ausgangspunkt ist auch hier das Ziel, dessen Erreichung mit der Effizienzmessung abgebildet wird. Darüber hinaus werden jedoch Variablen der Anpassung an die Umwelt (adaptation), der Integration und Koordination von Handlungen (integration) und der Erhaltung der internen Sozialstruktur (pattern maintenance) einbezogen (*Parsons* 1960). Eine Organisation, wie z. B. ein Unternehmen, wird somit als offenes System betrachtet, das sich der Umwelt anpaßt und seinen Dauerbestand durch innere Koordination und Entwicklung der Sozialstruktur sichert. Hier wird der Systemansatz besonders deutlich, weil die Zielerreichung nicht um den Preis eines Beziehungsbruchs im Inneren und zur Umwelt vorangetrieben werden darf.

Auch die in jüngster Zeit stärker beachtete ökonomische Theorie der Institutionen befaßt sich mit dem Problem der Führung. Insbesondere der *Principal-Agent-Ansatz* versteht die Beziehung zwischen Führer und Geführtem als eine vertikale Arbeitsteilung zwischen Auftraggeber (Principal) und Auftragnehmer (Agent) (*Wunderer* 1993). Der Principal hat die sogenannten Agency-Costs zu tragen: Kosten zur Vereinbarung und Kontrolle, Kosten des abweichenden Verhaltens und Sanktionskosten. Effiziente Führung bedeutet hier Minimierung der Agency-Costs. Als institutionelle Regelungen zur Sicherung der Effizienz werden Kommunikations- und Kontrollsysteme diskutiert.

II. Befunde zur Effizienz

Zur Frage der Zusammenhänge zwischen Führung und Effizienz existiert eine kaum noch übersehbare Vielzahl empirischer Arbeiten (vgl. die systematisierenden Literaturübersichten bei *Klockhaus* 1970; *Neuberger* 1972; *Stogdill* 1974; *Seidel* 1978; *Wunderer/Grunwald* 1980b; *Bass* 1990). Eine kausalanalytische Betrachtung ergibt verschiedene konkurrierende Hypothesen:

- Das Führungsverhalten beeinflußt die Effizienz.
- Die Effizienz beeinflußt das Führungsverhalten.
- Führungsverhalten und Effizienz stehen miteinander in einer wechselseitigen Einflußbeziehung.
- zwischen Führungsverhalten und Effizienz besteht ein differenzierter Zusammenhang derart, daß sie von dritten Faktoren beeinflußt werden.

Eine auf gesicherten Erkenntnissen beruhende Bewertung dieser Hypothesen ist beim gegenwärtigen Wissensstand nicht möglich, da zu allen Aussagen sowohl bestätigende als auch falsifizierende empirische Befunde vorliegen (*Stogdill* 1974; *Vogel* 1975; *Neuberger* 1976a; *Nieder* 1976; *Nieder/Naase* 1977; *Seidel* 1978; *Niederfeichtner* 1983; *Wunderer* 1993).

1. Leadership-Forschung

Die frühe Führungsforschung behauptete einen stringenten Wenn-Dann-Zusammenhang zwischen Führung und Effizienz und lenkte damit die Aufmerksamkeit auf die Bedeutung alternativer Führungskonzepte – hier besonders die Leistungsvorteile partizipativer Führung.

Die Arbeiten im Rahmen der *Ohio-State-Studien* hatten primär die Entwicklung eines Instrumentariums zu Beschreibung des Führungsverhaltens zum Ziel (*Stogdill/Coons* 1957). Ausgehend von einem Katalog von zunächst neun Kategorien des Führungsverhaltens kamen *Halpin/Winer* (1957) zu den beiden Hauptfaktoren „consideration" (Beziehungsorientierung) und „initiating structure" (Aufgabenorientierung) (→*Verhaltensdimensionen der Führung*). Im Gegensatz zu der traditionell eindimensionalen Betrachtung, nach der sich Beziehungsorientierung und Aufgabenorientierung gegenseitig ausschließen, behaupteten die Vertreter der Ohio-Schule die Unabhängigkeit der beiden Dimensionen. Der erfolgreiche Führer weist demnach hohe Ausprägungen in beiden Dimensionen auf. Trotz der Kritik, die in nachfolgenden Untersuchungen an den Ohio-State-Studien geübt wurde (*House* et al. 1971), ist die Zweidimensionentheorie der Ohio-Schule zur Grundlage einer Vielzahl praxisorientierter Führungskonzepte geworden.

Anders der Ansatz der *Michigan-Studien*. Hier ging man zunächst von einem eindimensionalen Kontinuum von „employee orientation" (Mitarbeiterorientierung) und „production orientation" (Leistungsorientierung) aus (*Katz* et al. 1950). Erst in späteren Arbeiten wurden Mitarbeiter- und Leistungsorientierung wie bei der Ohio-Schule als unabhängige Dimensionen betrachtet.

Likert fand heraus, daß die Vorgesetzten in produktiven Gruppen stärker mitarbeiterorientiert führten, dagegen diejenigen in wenig produktiven Gruppen stark aufgabenorientiert (*Likert* 1961). Als weiteres Charakteristikum von Vorgesetzten hochproduktiver Abteilungen ermittelte Likert deren Neigung, klare Ziele und Anforderungen zu formulieren, dann aber den Mitarbeitern viel Freiheit zur Ausführung der Aufgabe zu gewähren. Auf der Basis dieser Forschungsergebnisse propagierte Likert die mitarbeiterorientierte Führung als den idealen Führungsstil, der mit den höchsten Produktivitätsergebnissen verbunden sei. Trotz Inkonsistenz in den Befunden hat sich die These von der Überlegenheit *partizipativer Führung* in der Praxis verfestigt (*Neuberger* 1972).

Auch für die umgekehrte Kausalrichtung mit der Effizienz als unabhängiger und dem Führungsstil als abhängiger Variablen existieren empirische Belege. *Vroom* weist darauf hin, daß ein Manager gerade dann mitarbeiterorientiert führen wird, wenn er durch nachgewiesene gute Leistungen der Gruppe vom Leistungsdruck entlastet wird (*Vroom* 1964).

Graen und seine Mitarbeiter interpretieren in ihrer *Führungsdyadentheorie* (Vertical Dyad Linkage Theory of Leadership) (→*Führungstheorien, von Dyaden zu Teams*) das Führungsverhalten als Austauschbeziehung zwischen Führern und Geführten (*Dansereau/Haga* 1975; *Liden/Graen* 1980). Vorgesetzte richten ihr Verhalten an den erwarteten Leistungsbeiträgen der Untergebenen zum Gruppenerfolg aus. Damit hängt nicht nur der Führungserfolg vom Führungsverhalten ab, sondern ebenso die Art des Führungsverhaltens vom (zukünftig erwarteten) Erfolg der Unterstellten. Weiterhin konnte gezeigt werden, daß eine gute Qualität der Führer-Mitarbeiter-Beziehung arbeitsbezogene Probleme verringert und die Einsatzbereitschaft steigert (*Cashman* et al. 1976).

Erweitert man die Betrachtung der Zusammenhänge zwischen Führung und Effizienz auf weitere Einflußfaktoren, so ist als wesentliche intervenierende Variable die *Situation* (→*Führungstheorien – Situationstheorie*) (Kontext) zu konstatieren. Systematisierungen der Einflußfaktoren auf die Effizienz der Führung finden sich bei mehreren Autoren (*Krech* et al. 1962; *Wild* 1973; *Nieder/Naase* 1977; *Vroom/Jago* 1991; *Wunderer* 1993).

Besondere Beachtung hat das *Kontingenzmodell von Fiedler* (*Fiedler* 1967) (→*Führungstheorien – Kontingenztheorie*) gefunden. Fiedler untersuchte den Einfluß verschiedener Situationsvariablen auf die Beziehung zwischen Führungsverhalten und effizientem Gruppenverhalten. Zur Bestimmung des Führungsverhaltens eines Vorgesetzten entwickelte er den LPC (last preferred co-worker)-Wert, der das Ausmaß angibt, in dem der Führer den am wenigsten geschätzten Mitarbeiter noch relativ wohlwollend beschreibt. Fiedler ist der Auffassung, daß hohe LPC-Werte der Dimension Beziehungsorientierung (consideration) entsprechen, niedrige dagegen der Dimension Aufgabenorientierung (initiating structure).

Die Führungssituation mißt Fiedler in drei Dimensionen: *Führer-Mitarbeiter-Beziehungen* (Maß dafür, inwieweit der Führer von seinen Mitarbeitern akzeptiert und geachtet wird), *Aufgabenstruktur* (zur Erfüllung strukturierter Aufgaben kann die Bereitschaft der Mitarbeiter eher erzwungen werden, während bei unstrukturierten Aufgaben der Führer stärker darauf angewiesen ist, seine Mitarbeiter zu aktivieren und zu inspirieren) und *Positionsmacht* (Macht des Vorgesetzten, bei den Mitarbeitern auch gegen ihren Willen Gehorsam durchzusetzen).

Durch die Kombination der drei Dimensionen, die jeweils nach zwei Ausprägungen dichotomisiert wurden, ergeben sich unterschiedliche Führungssituationen, die sich in einem achtzelligen Würfel abbilden lassen.

Die *Effizienz eines Führungsstils* mißt Fiedler an der Leistung der Gruppe im Hinblick auf die Aufgabenstellung und an der Zufriedenheit der einzelnen Gruppenmitglieder. Er kommt zu dem Resultat, daß leistungsorientiertes Führungsverhalten sowohl in sehr günstigen (positive Ausprägung aller drei situativen Dimensionen) als auch in sehr ungünstigen Situationen (durchweg negative Ausprägung) zur höchsten Effizienz führt. In allen Stufen zwischen diesen Extremsituationen erbringt mitarbeiterorientiertes Führungsverhalten die höchste Effizienz. *Vroom* und *Yetton* (*Vroom/Yetton* 1973; *Vroom/Jago* 1991) (→*Führungstheorien – Vroom/Yetton-Modell*) entwickelten ein Führungsmodell, das ebenso wie Fiedlers Ansatz die Führungssituation (Kontext) berücksichtigt. Allerdings wird die „Situation" hier verstanden als ein Entscheidungsproblem, mit dem der Vorgesetzte konfrontiert ist. Relevante Merkmale der Situation sind der Informationsstand des Vorgesetzten, die Strukturiertheit des Problems und Konflikte zwischen den Mitarbeitern. Mit Hilfe einer Situationsanalyse in Form eines Entscheidungsbaumes werden aus fünf möglichen Entscheidungsstrategien eine oder mehrere ausgewählt. Diese Strategien reichen von „stark autokratisch" bis „stark partizipativ". Ein Führungsverhalten, das innerhalb der Empfehlungen des Vroom-Yetton-Modells liegt, ist tendenziell erfolgreicher (*Böhnisch/Jago/Reber* 1987). Die Anwendung des Modells führt sowohl hinsichtlich leistungsbezogener (z. B. Produktivität) als auch personenbezogener Zielkriterien (z. B. Zufriedenheit) zu erhöhter Effizienz (*Paul/Ebadi* 1989).

2. Entscheidungsforschung

In der klassischen Managementtheorie wird überwiegend eine Trennung der Entscheidung von der Durchsetzung als dem eigentlichen Führungsakt behauptet. Empirische Befunde haben jedoch die These erhärtet, daß der Entscheidungsprozeß mit Elementen der Durchsetzung durchdrungen ist und umgekehrt im Durchsetzungsprozeß auch weitere Entschlüsse fallen (*Witte* 1969) (→*Führungstheorien – Entscheidungstheoretische Ansätze*). Deshalb umschließt das Problemfeld der Führung sowohl die Entscheidung als auch deren Durchsetzung.

Eine für die Effizienzmessung wichtige Aussage besteht darin, daß der *Entscheidungsprozeß* selbst wieder aus einer Mehrzahl von Teilentscheidungen zusammengesetzt ist, die das Gesamtproblem schrittweise lösen (Vorentschlüsse) (*Witte* et al. 1988). Neben der Effizienz des Gesamtprozesses können also Effizienzen für Vor-(Teil-)entschlüsse festgestellt werden. Für die Effizienz der Führungsorganisation ist dabei wichtig, daß der Gesamtprozeß nicht von dem am Ende stehenden Finalentschluß, dem „letzten Wort" her beherrscht werden kann. Die rechtskräftige Beschlußfassung durch den Vorstand oder die Unterzeichnung eines Vertrages stellen weitgehend nur die Ratifikation von vorgelagerten Teilentscheidungen dar.

Der Entscheidungsprozeß besteht im wesentlichen aus Informationsaktivitäten. Dabei ist zu unterscheiden zwischen Informationsnachfrageaktivität und Informationsversorgungsaktivität (→*Information als Führungsaufgabe*). Empirisch wurde festgestellt, daß die Effizienz des erarbeiteten Entschlusses (gemessen am Innovationsgrad) nicht mit der *Informationsversorgungsaktivität*, sondern mit der *Informationsnachfrageaktivität* korreliert. Eine ungefragte Versorgung mit Informationen kann nicht auf Effizienzsteigerung hoffen. Dagegen ist die Informationsnachfrageaktivität geeignet, die begehrten und problembezogenen Informationen in den Entscheidungsprozeß einzusteuern (*Witte* 1972).

Die Effizienz von Entscheidungsprozessen wächst mit der *Anzahl der Wiederholungen* gleicher (ähnlicher) Problemlösungen (*Grün* 1973). Innerhalb desselben Entscheidungsprozesses steigt die Effizienz mit der Anzahl der betrachteten *Problemlösungsalternativen*; jedenfalls führen drei betrachtete Alternativen zu einer signifikant besseren Lösung als zwei (*Hauschildt* et al. 1983). Im Gegensatz zu anderen geistigen Leistungsprozessen wie Forschung, Entwicklung, Planung etc. stehen Führungsprozesse häufig unter *Zeitdruck* (Streß). Deshalb ist es wichtig, empirisch zu prüfen, welcher Zusammenhang zwischen *Streß* und Führungseffizienz (→*Psychische Belastung von Führungskräften*) besteht. In Laborexperimenten wurde nachgewiesen, daß Zeitdruck zwar zunächst zu einer Leistungsminderung führt. Mit der Wahrnehmung der Streßsituation wächst jedoch bei Führungskräften, die über eine hohe Zeitdrucksensitivität verfügen, die Fähigkeit zur Streßbewältigung. Dadurch erhöht sich wiederum die Effizienz, so daß schließlich festgestellt werden konnte, daß der Streß nicht zwingend zu einer Effizienzminderung führen muß (*Bronner* 1973).

In empirischen Felduntersuchungen zu innovativen Entscheidungsprozessen konnte der Nachweis geführt werden, daß *externe Berater* die Entschlußeffizienz positiv beeinflussen, daß der Grad der Effizienzsteigerung jedoch auch vom Verhalten der beratenen Unternehmung abhängt (*Klein* 1974). Im Zusammenhang damit ist die Frage aufgeworfen worden, ob die organisatorische Steuerung des Entscheidungsprozesses eine Effizienzsteigerung bewirkt. Der empirische Befund zeigt, daß die *organisatorische Strukturierung* der geistigen Arbeit zwar die Prozeßeffizienz erhöht (Rationalität, Umsicht, niedrigere Kosten), jedoch keinen signifikanten Einfluß auf die Entschlußeffizienz hat (*Joost* 1975).

Neben dieser Effizienzmessung der ablauforganisatorischen Regelungen interessiert die Effizienz alternativer aufbauorganisatorischer Strukturen. Es ist empirisch großzahlig nachgewiesen worden, daß komplexe Entscheidungsverläufe nicht über genügend innere Energie verfügen, um eine Problemlösung bis zum Ende voranzutreiben. Einer zügigen Herbeiführung von Entschlüssen stehen erhebliche *Barrieren* des Nichtwissens und Nichtwollens im Wege. Zur Überwindung der Barrieren sind *Promotoren* geeignet, die kinetische Energie in den Entscheidungsprozeß eingeben. Zu unterscheiden sind *Machtpromotoren*, die über hierarchisches Potential verfügen, und *Fachpromotoren*, die Expertenwissen besitzen. Während der Machtpromotor (→*Führungstheorien – Machttheorie*) die Barrieren des Nichtwollens überwindet, bewältigt der Fachpromotor die Barrieren des Nichtwissens. Unter verschiedenen Effizienzkriterien (Poblemlösungsdauer, Aktivitätsdichte, Problemlösungsumsicht, Innovationsgrad) wurde deutlich, daß die effizienteste Organisationsform in dem Zusammenwirken eines Machtpromotors und eines Fachpromotors (*Promotorengespann*, Tandemstruktur) besteht (*Witte* 1973a, 1973b, 1976; *Witte* et al. 1988).

3. Führungskräfteforschung

Solange die Führungskunst als ein Reservat der geborenen Führungspersönlichkeit und damit als singulare Erscheinung verstanden wurde, war der Theoriebedarf nocht nicht geweckt. Seitdem jedoch die Führung zum Gegenstand der wissenschaftlichen Forschung erklärt wurde, werden die Merkmale der Führungskräfte (→*Führungstheorien – Eigenschaftstheorie*) als bewirkende Variablen der Effizienz systematisch untersucht. Man fragt, welche *personalen Kennzeichen* eine erfolgreiche Führung begünstigen („trait theory", „great-man-theory"). Bisher lag das Hauptaugenmerk auf physischen Kennzeichen (z. B. Körpergröße, Gewicht, Gesundheit, äußere Erscheinung) und psychischen Kennzeichen (z. B. Intelligenzquotient, Fleiß, Prestigestreben, Introvertiertheit, Konservativismus) (*Witte* 1978). Bei einer empirischen Untersuchung von Führungskräften wurden folgende persönliche Anforderungen an Führungspositionen der Unternehmung (in absteigender Reihenfolge der Wichtigkeit) genannt: In der Kategorie „erwartete Persönlichkeitsmerkmale" steht die gesundheitliche Belastbarkeit eindeutig an der Spitze. Es folgen Selbstsicherheit, Willensstärke und Kompromißbereitschaft. Als „erwartete intellektuelle Fähigkeiten" sind zu nennen: schöpferisches und kritisches Denken sowie sprachliches Ausdrucksvermögen (*Witte* 1981).

Die Ergebnisse der Eigenschaftstheorie der Führung sind bisher nicht überzeugend. Die verschiedenen Studien zur Persönlichkeit von Führungskräften haben noch nicht zu verläßlichen Aussagen über die Charakterisierung des Erfolgreichen geführt. Deshalb wird häufig behauptet, die Führungsqualifikation sei eine so dominante Variable, daß die situativen Einflüsse unerheblich bleiben.

In der neueren Literatur wird andererseits immer wieder betont, daß die jeweiligen Randbedingungen, wie z. B. Aufgabenart, Erwartungen der Interaktionspartner, Ressourcenknappheit, Organisationskontext etc. als intervenierende Variablen Berücksichtigung finden müssen (*Wunderer/Grunwald* 1980a).

Der Eigenschaftstheorie der Führung verwandt ist die charismatische Führungstheorie (→*Führungstheorien – charismatische Führung*). Ein charismatischer Führer nimmt kraft seiner Ausstrahlung vor allem Einfluß auf die Emotionen und Werthaltungen der Geführten (*Wunderer* 1993). Untersuchungen (*Yammarino/Bass* 1990; *Seltzer/Bass* 1990) konnten zeigen, daß eine solche wertorientierte Führung mit Variablen wie Zusatzarbeit, Effektivität und Zufriedenheit mit dem Führer stärker korreliert als eine eher zielorientierte Grundhaltung.

Eine gleichermaßen theoretisch wie praktisch reizvolle Frage ist es, wie Führungskräfte selbst ihren eigenen *Führungserfolg* bewerten (→*Führungserfolg-Messung*), welchen Anteil am Unternehmenserfolg oder -mißerfolg sie sich also zurechnen. In einer empirischen Untersuchung wurden 121 Spitzenführungskräfte – also Mitglieder der obersten geschäftsführenden Instanz der Unternehmung – und 2490 obere Führungskräfte nach dem Ausmaß der Beeinflussung des Unternehmenserfolges durch die Geschäftsleitung, die Führungskräfte sowie die Gruppe der Arbeiter und tariflichen Angestellten befragt. Auf einer Skala von 1 (niedrigster Wert) bis 7 (höchster Wert) rechneten sich die Spitzenführungskräfte mit einem Mittelwert von 6,3 den deutlich größten Anteil am Unternehmenserfolg zu, während die oberen Führungskräfte sowohl ihren eigenen Beitrag als auch den der Spitzenführungskräfte mit 5,8 ebenfalls noch sehr hoch bewerteten. Beide Gruppen sind sich einig, daß die Arbeiter und tariflichen Angestellten einen deutlich geringeren, wenn auch mit Skalenwert von 4,5 noch über dem mittleren Skalenwert liegenden Erfolgseinfluß ausüben (*Witte* 1981). Naturgemäß handelt es sich bei den Ergebnissen der Befragung nicht um objektive Aussagen. Dennoch ist – auch bei Berücksichtigung subjektiver Verfälschungen – zu konstatieren, daß Erfolg oder Mißerfolg von Unternehmen offensichtlich zu einem beträchtlichen Teil von den Fähigkeiten und dem Verhalten der Führungskräfte abhängen. Diese Resultate unterstreichen die Bedeutung, die der Messung der Führungseffizienz zukommt.

Literatur

Bass, B. M.: Stogdill's Handbook of Leadership. New York 1990.
Böhnisch, W./Jago, A. G./Reber, G.: Zur interkulturellen Validität des Vroom/Yetton-Modells. In: DBW (47), 1987, S. 85–93.
Bronner, R.: Entscheidung unter Zeitdruck. Tübingen 1973.
Budäus, D./Dobler, C.: Theoretische Konzepte und Kriterien zur Beurteilung der Effektivität von Organisationen. In: MIR, 1977, S. 61–75.
Cashman, J. F.: Organizational Understructure and Leadership: A Longitudinal Investigation of the Managerial Role-Making Process. In: Organizational Behavior and Human Performance (15), 1976, S. 278–296.
Cunningham, J. B.: Approaches to the Evaluation of Organizational Effectiveness. In: AMR, 1977, S. 463–474.
Dansereau, F./Graen, G./Haga, W.: A Vertical Dyad Linkage Approach to Leadership within Formal Organizations. In: OBHP, 1975, S. 46–78.
Fiedler, F. E.: A Theory of Leadership Effectiveness. New York 1967.
Gemünden, H. G.: Innovationsmarketing. Tübingen 1981.
Grün, O.: Das Lernverhalten in Entscheidungsprozessen der Unternehmung. Tübingen 1973.
Gzuk, R.: Messung der Effizienz von Entscheidungen. Tübingen 1975.
Halpin, A. W./Winer, B. J.: A Factorial Study of the Leader Behavior Descriptions. In: Stogdill, R. M./Coons, A. E. (Hrsg.): Leader Behavior: Its Description and Measurement. Columbus, Ohio 1957, S. 39–51.
House, R. J./Filley, A. C./Kerr, S. T.: Relation of Leader Consideration and Initiating Structure to R&D Subordinates Satisfaction. In: ASQ, 1971, S. 19–30.
Joost, N.: Organisation in Entscheidungsprozessen. Tübingen 1975.
Katz, D./Maccoby, N./Morse, N. C.: Productivity, Supervision and Morale in an Office Situation. Detroit, Mich. 1950.
Klein, H.: Die Konsultation externer Berater. In: Klein, H./Knorpp, J. (Hrsg.): Entscheidung unter Außeneinfluß. Tübingen 1974, S. 1–108.
Klockhaus, R.: Führungsverhalten und Effektivität. In: Psychologie und Praxis, 14. Jg., 1970, S. 145–160.
Krech, D./Crutchfield, R. S./Ballachey, E. L.: Individual in Society. Tokyo 1962.
Liden, R. C./Graen, G.: Generalizability of the Vertical Dyad Linkage Model of Leadership. In: AMJ, Vol. 3, 1980, S. 451–465.
Likert, R.: New Patterns of Management. New York 1961.
Neuberger, O.: Ergebnisse der Führungsstilforschung. In: WiSt, 5. Jg., 1976b, S. 13–18.
Neuberger, O.: Experimentelle Untersuchungen von Führungsstilen. In: Gruppendynamik, 3/1972, S. 192–219.
Neuberger, O.: Führungsverhalten und Führungserfolg. Berlin 1976a.
Nieder, P. (Hrsg.): Führungsverhalten im Unternehmen. München 1976.
Nieder, P./Naase, Ch.: Führungsverhalten und Leistung. Bern, Stuttgart 1977.
Niederfeichtner, F.: Führungsforschung und ihre betriebswirtschaftliche Rezeption: Defizite und Anstöße zur Weiterentwicklung. In: DBW, 43. Jg., 1983, S. 605–622.
Parsons, T.: Structure and Process in Modern Societies. New York, London 1960.

Paul, R. J./Ebadi, Y. M.: Leadership Decision Making in a Service Organization: A Field Test of the Vroom-Yetton Model. In: Journal of Occupational Psychology (62), 1989, S. 201–211.
Reimann, B. C.: Organizational Effectiveness and Management's Public Values: A Canonical Analysis. In: AMJ, 1975, S. 224–241.
Seidel, E.: Betriebliche Führungsformen. Stuttgart 1978.
Seltzer, J./Bass, B. M.: Transformational Leadership: Beyond Initiation and Consideration. In: Journal of Management (1), 1990, S. 693–703.
Stogdill, R. M.: Handbook of Leadership. New York, London 1974.
Stogdill, R. M./Coons, A. E. (Hrsg.): Leader Behavior: Its Description and Measurement. Columbus, Ohio 1957.
Vogel, H. C.: Die Beziehung zwischen Führung und Effizienz von Arbeitsgruppen. Diss. Bochum 1975.
Vroom, V. H.: Work and Motivation. New York 1964.
Vroom, V. H./Jago, A. G.: Flexible Führungsentscheidungen – Management der Partizipation in Organisationen. Stuttgart 1991.
Vroom, V. H./Yetton, P. W.: Leadership and Decision Making. Pittsburgh 1973.
Wild, J.: Organisation und Hierarchie. In: ZfO, 42. Jg., 1973, S. 45–54.
Witte, E.: Analyse der Entscheidung – organisatorische Probleme eines geistigen Prozesses. In: Grochla, E. (Hrsg.): Organisation und Rechnungswesen, Festschrift für Erich Kosiol zu seinem 65. Geburtstag. Berlin 1954, S. 104–124.
Witte, E. Auf dem Weg zu einer Realtheorie der wirtschaftlichen Entscheidung. In: Forschung in der Bundesrepublik Deutschland, hrsg. v. d. Deutschen Forschungsgemeinschaft, Weinheim 1983, S. 235–245.
Witte, E.: Entscheidungsprozesse. In: Grochla, E. (Hrsg.): HWO. 2. A., Stuttgart 1980, Sp. 633–641.
Witte, E.: Führungsstile. In: Grochla, E. (Hrsg.): HWO. 1. A., Stuttgart 1969.
Witte, E.: Das Informationsverhalten in Entscheidungsprozessen. Tübingen 1972.
Witte, E.: Innovationsfähige Organisation. In: ZfO, 42. Jg. 1973b, S. 17–24.
Witte, E.: Kraft und Gegenkraft im Entscheidungsprozeß. In. ZfB, 46. Jg., 1976, S. 319–326.
Witte, E.: Organisation für Innovationsentscheidungen. Das Promotorenmodell. Göttingen 1973a.
Witte, E.: Die Organisation komplexer Entscheidungsverläufe – ein Forschungsbericht. In: ZfbF, 20. Jg., 1968, S. 581–599.
Witte, E.: Phasen-Theorem und Organisation komplexer Entscheidungsverläufe. In: ZfbF, 20. Jg., 1968, S. 625–647.
Witte, E.: Spitzenführungskräfte im empirischen Portrait. In: Geist, M. N./Köhler, R. (Hrsg.): Die Führung des Betriebes. Festschrift für Curt Sandig zum 80. Geburtstag. Stuttgart 1981, S. 165–175.
Witte, E.: Unternehmensführung. In: Albers, W. et al. (Hrsg.): HdWW. Stuttgart, New York 1978, S. 136–144.
Witte, E.: Zu einer empirischen Theorie der Führung. In: Wild, J. (Hrsg.): Unternehmungsführung. Festschrift für Erich Kosiol zu seinem 75. Geburtstag. Berlin 1974, S. 181–220.
Witte, E./Kallmann, A./Sachs, G.: Führungskräfte der Wirtschaft. Eine empirische Analyse ihrer Situation und ihrer Erwartungen. Stuttgart 1981.
Witte, E./Thimm, A. L. (Hrsg.): Entscheidungstheorie – Texte und Analysen. Wiesbaden 1977.
Witte, E./Hauschildt, J./Grün, O. (Hrsg.): Innovative Entscheidungsprozesse. Tübingen 1988.

Wunderer, R.: Führung. In: Hauschildt, J./Grün, O. (Hrsg.): Ergebnisse empirischer betriebswirtschaftlicher Forschung. Festschrift für Eberhard Witte. Stuttgart 1993, S. 633–672
Wunderer, R./Grunwald, W.: Führungslehre, Band 2: Kooperative Führung. Berlin, New York 1980b.
Wunderer, R./Grunwald, W.: Führungslehre, Band 1: Grundlagen der Führung. Berlin, New York 1980a. Forschu–672.
Yammarino, F. J./Bass, B. M.: Transformational Leadership and Multiple Levels of Analysis. In: Human Relations (43), 1990, S. 975–995.

Empirische Führungsforschung, Methoden der

Hugh Arnold/Barbara L. Kelsey

[s. a.: Führungsforschung/Führung in Nordamerika; Führungstheorien – Attributionstheorie; Kontingenztheorie; – Soziale Lerntheorie; Verhaltensdimensionen der Führung;]

I. Einführung; II. Fragebogenmaße; III. Beobachtungsmaße; IV. Alternative Maße der Führung; V. Labor- versus Feldforschung.

I. Einführung

Von zentraler Bedeutung in fast allen empirischen Forschungsbemühungen war die Messung oder die Einschätzung der *Verhaltensdimensionen* des Führers. Empirische Forschung entweder der Determinanten oder der Konsequenzen von Führung kann nicht durchgeführt werden, ohne adäquate Methoden zur Einschätzung des Führerverhaltens selbst (*Korman* 1974). Außerdem gilt, daß, wenn die Methoden zur Einschätzung des Führerverhaltens psychometrisch unzulänglich sind, das Fehlerpotential in bezug auf die Validität der hypothetisierten kausalen Beziehungen dramatisch zunimmt. Da die Einschätzung des Führerverhaltens eine so wesentliche Rolle in der empirischen Führungsforschung spielt, stellen wir diese in den Mittelpunkt unseres Beitrages.

Die empirische Einschätzung des Führerverhaltens wurde primär mittels *Fragebogen* durchgeführt. Deshalb beginnen wir mit einem extensiven Überblick über einige der wesentlichsten Fragebogen, die entwickelt und bei der Einschätzung des Führerverhaltens eingesetzt wurden. Kritiken an diesen Fragebogenmessungen haben in jüngster Zeit zur Entwicklung einer Vielzahl von *Beobachtungs*techniken zur Einschätzung der Führung geführt. Diese Beobachtungstechniken werden in einem nächsten Abschnitt beschrieben. Der nachfolgende Abschnitt wendet sich der Eignung alternativer Messungskonzepte des Führerverhaltens zu.

II. Fragebogenmaße

Während der letzten 40 Jahre wurden Hunderte von Studien durchgeführt, die Fragebogen zur Messung von Führerverhalten und seiner Korrelation mit Kriteriumvariablen einsetzten (*Yukl* 1989). In einer Übersicht über die Führungsforschung in der Zeit zwischen 1960 und 1976 konnten *Schriesheim/Kerr* (1977a) über mehr als 120 unterschiedliche Fragebogenmaße für das Führungsphänomen und das Führerverhalten berichten. Unglücklicherweise wurden die meisten dieser Fragebogen jeweils nur für eine einzige Studie entwickelt, so daß es keinerlei Klarheit über die psychometrischen Eigenheiten dieser Skalen gibt. Damit Skalen für empirische Prüfungen aussagefähiger Hypothesen in bezug auf Führungsphänomene überhaupt geeignet sind, müssen Informationen über ihre *Reliabilität* und *Validität* vorliegen.

Eine detaillierte Beschreibung der Techniken zur Einschätzung der Reliabilität und Validität von Maßen überschreitet die Aufgabenstellung dieses Beitrags (Exzellente Darstellungen der Themenstellungen und Beschreibung von Methoden für die Einschätzung der Reliabilität und Validität sind in folgenden Studien zu finden: *Campbell/Stanley* 1963; *Cook/Campbell* 1973; *Campbell* 1979; *Ghiselli* et al. 1983 und *Kerlinger* 1973).

Drei Skalen wollen wir in bezug auf ihre Reliabilität und Validität eingehender behandeln. Zuerst wenden wir uns den Ohio-State-University-Führungsskalen zu, die während der 50er und 60er Jahre von *Hemphill* et al. entwickelt wurden. Diese Skalen sind wahrscheinlich die am meisten angewandten und intensiv erforschten Instrumente im Bereich der empirischen Führungsforschung (→*Führungsforschung – Führung in Nordamerika*). In einer kürzlich erschienenen Meta-Analyse von 162 Studien über Führungsstile und Geschlecht fanden *Eagly* und *Johnson* (1990), daß der „Leader Behavior Description Questionnaire" (LBDQ) der Ohio State Forscher die am meisten verwendete Skala war und in 135 dieser Studien eingesetzt wurde. Anschließend untersuchen wir die „Least Preferred Coworker (LPC)"-Skala, die von Fiedler entwickelt wurde und als Eckstein seiner Kontingenztheorie der Führung dient (→*Führungstheorien – Kontingenztheorie*). Zusammen mit dem LBDQ hat der LPC die Führungsforschung der letzten 40 Jahre dominiert (*Bass* 1990). Schließlich besprechen wir den „Managerial Behavior Suvery" von *Yukl* und seinen Mitarbeitern.

1. Die Ohio-State-Skalen

Es war *Hemphill* (1949), der mit 1800 Fragebogen-Items begann, die mit dem Ziel entwickelt worden waren, die unterschiedlichen Aspekte und Komponenten des Führerverhaltens zu messen. Diese Vielzahl wurde zuerst auf einen Satz von 150 Fragen reduziert und nachfolgend auf 40 Fragen beschränkt, die den ursprünglichen „Leader Behavior Description Questionnaire, LBDQ" ausmachen (*Hemphill* 1950; *Hemphill/Coons* 1957). Weitere Faktorenanalysen der Fragen führten zu der Schlußfolgerung, daß die LBDQ-Skala zwei grundlegende Faktoren oder Komponenten des Führerverhaltens aufzeigen konnte (*Halpin/Winer* 1957). Diese Faktoren wurden „Consideration" (*Mitarbeiterorientierung*) und „Initiating of Structure" (*Aufgabenorientierung*) genannt (→*Verhaltensdimensionen der Führung*).

Obgleich der LBDQ der erste von den Führungsforschern an der Ohio State University entwickelte Fragebogen war, sind es eigentlich vier Fragebögen, die gemeint sind, wenn man im allgemeinen von den Ohio-State-Führungsskalen spricht, die alle darauf abgestimmt sind, Aufgaben- und Mitarbeiterorientierung zu messen. Einer dieser Fragebogen, der Leadership Opinion Questionnaire (LOQ), wird vom Führer selbst ausgefüllt und ist darauf gerichtet zu messen, ob die Führer wahrnehmen, wie sie sich in ihrer Führerrolle verhalten sollten (*Fleishman* 1957a). Die verbleibenden Fragebogen sind alle von den Untergebenen auszufüllen und geben deshalb Reihungen des Führerverhaltens aus der Perspektive der Untergebenen wieder. Neben dem ursprünglichen LBDQ wurde der „Supervisory Behavior Description Questionnaire (SBDQ)" explizit für den Einsatz im Bereich der Industrie entwickelt (*Fleishman* 1957b). Eine nachfolgende Revision des LBDQ, bekannt unter dem Namen „LBDQ-Form XII" (oder einfach LBDQ-XII), fügt der Einschätzung der Aufgaben- und Mitarbeiterorientierung Skalen hinzu, die 10 weitere Dimensionen des Führerverhaltens aufzeigen sollen (*Stogdill* 1963). Der LBDQ-XII, die am meisten verwendete Version des LBDQ (*Bryman* 1986), ist wohl der am stärksten eingesetzte Fragebogen in der Führungsforschung im Verlaufe der vergangenen 20 Jahre. Dementsprechend konzentriert sich unsere Diskussion der Reliabilität und Validität auf diese Skala (eine detailliertere Diskussion der psychometrischen Eigenschaften aller Ohio-State-Fragebogen findet sich in: *Bass* 1981 und *Schriesheim/Kerr* 1974, 1977).

a) Reliabilität des LBDQ-XII

Zur Abschätzung der Reliabilität einer Skala werden normalerweise zwei unterschiedliche Wege beschritten:

Interne Konsistenzreliabilität umfaßt das Ausmaß, in dem die Skalenitems untereinander korrelieren. Wenn alle Items einer Skala tatsächlich das zugrundeliegende Konstrukt ansprechen, dann sollten die Werte der unterschiedlichen Items, die die Skala bilden, hoch miteinander korrelieren. *Kronbachs* Alpha ist die einem Korrelationskoeffizienten vergleichbare Statistik, die als Standardindex der internen Konsistenzreliabilität angesehen werden kann.

Die zweite Methode, um die Reliabilität einer Skala einzuschätzen, besteht im Vergleich der Korrelationen zwischen Werten der Skala, die vom gleichen Untersuchungsobjekt zu unterschiedlichen Zeitpunkten gewonnen wurden. Wenn die Skala tatsächlich ein spezifisches zugrundeliegendes Konstrukt akkurat mißt, dann sollten die Ergebnisse der Messungen, die zu unterschiedlichen Zeitpunkten durchgeführt wurden, miteinander sehr ähnlich sein. Die Test-Retest-Korrelationen ergeben einen direkten Index dieser Form der Reliabilität.

Im allgemeinen erbringen die Untersuchungen der Reliabilität der beiden Dimensionen des LBDQ-XII zufriedenstellende Ergebnisse. Interne Konsistenzreliabilitäten erreichen meist den Wert von 0,75 (eine interne Konsistenzreliabilität von mindestens 0,70 oder größer wird im allgemeinen als ein akzeptabler Wert angesehen). So erreichten z.B. *Blank* et al. (1990) in einer Studie eine Reliabilität von 0,84 in der Dimension Mitarbeiterorientierung und 0,78 in der Dimension Aufgabenstrukturierung. In einer anderen Studie mit 459 Mitarbeitern in über 100 Filialen einer amerikanischen Einzelhandelskette wurde eine Reliabilität von jeweils 0,88 und 0,4 für die Dimensionen Mitarbeiterorientierung und Aufgabenstrukturierung erreicht (*Goodson* et al. 1989). In bezug auf die Test-Retest-Reliabilität liegen weitaus weniger Daten vor; was aber vorliegt, stützt die Reliabilität der Skalen. *Greene* (1973) erhielt Test-Retest-Koeffizienten für Ein-, Zwei- und Dreimonatsintervalle, die zwischen 0,71 und 0,79 in der Dimension Mitarbeiterorientierung und von 0,57 bis 0,72 für die Dimension Aufgabenorientierung reichten.

b) Validität des LBDQ-XII

Zur Abschätzung der Validität einer Skala ist eine Vielzahl unterschiedlicher empirischer Vorgehensweisen möglich. Die *Konstruktvalidität* ist wahrscheinlich die fundamentalste Form der Validität; sie umfaßt die Einschätzung des Ausmaßes, in dem eine Skala tatsächlich das mißt, was sie vorgibt zu messen. Konvergente oder diskriminante Validität sind zwei Komponenten der Konstruktvalidität. Hinweise auf konvergente Validität existieren, wenn unterschiedliche Skalen für das gleiche Konstrukt hoch miteinander korrelieren. Diskriminante Validität gilt als erwiesen, wenn Maße des Konstrukts, von denen behauptet wird, daß sie differenzieren, auch tatsächlich unkorreliert sind.

Im allgemeinen kann man sagen, daß entsprechende Forschungen auf eine relativ starke konvergente Validität für die beiden Dimensionen des LBDQ-XII hinweisen, wenn die Messungen des Konstrukts von unterschiedlichen Quellen stammen, die nicht den Führer selbst einschließen (*Schriesheim/Kerr* 1977a; *Yunker/Hunt* 1976; *Zaccaro* et al. 1991). Wenn sich jedoch der Führer selbst auf der LBDQ-XII-Skala gleichzeitig mit der Bewertung seiner Untergebenen einschätzt, kommt es zu nur sehr schwachen Beziehungen zwischen den zwei Beurteilungsquellen sowohl auf der Dimension der Aufgaben- als auch auf der Dimension der Mitarbeiterorientierung (*Graham/Gleno* 1970; *Mitchell* 1970; *Solomon* 1976). Da das Fehlen einer Korrelation zwischen der Selbsteinschätzung und den anderen Bewertungen wiederholt und mit verschiedenen Fragebogen auftritt (*Bass* 1990), scheint es, daß ein anderes, ungemessenes Phänomen verantwortlich ist. Dieses Phänomen kann von *Lords* (1985) „Social Information Processing"-Modell erklärt werden, welches unten diskutiert wird.

Untersuchungen zur diskriminanten Validität der Skalen zeigen im allgemeinen schwache Resultate. Während *Stogdill* (1968) zeigen konnte, daß Beobachter in einem Experiment erfolgreich zwischen Aufgaben- und Mitarbeiterorientierung unterscheiden konnten, zeigt die Mehrzahl der Ergebnisse aus Feldstudien keine überzeugenden Ergebnisse (*Schriesheim/Kerr* 1974). So fanden z.B. *Schriesheim* et al. (1976) in einer Übersicht über 10 Studien, die den LBDQ-XII einsetzten, eine durchschnittliche Korrelation von 0,52 zwischen den beiden Skalen. Ein ähnliches Ergebnismuster wurde bei Einsatz einer „Multitrait-Multimethod-Analyse" von *Yunker/Hunt* (1976) berichtet. Eine neuere Studie (*Castaneda* 1993) über zwei voneinander unabhängige Mitarbeiterstichproben mit insgesamt 743 Versuchspersonen verwendet die Confirmatory Factor Analysis, um die Faktorenstruktur von LBDQ-XII zu analysieren. Es wurde herausgefunden, daß schiefwinklige Lösungen eine bessere Anpassung ergaben als orthogonale Lösungen, was voneinander abhängige Konstrukte impliziert.

Insgesamt gesehen gilt, daß der Nachweis der Konstruktvalidität des LBDQ-XII entweder zu unterschiedlichen oder zu negativen Resultaten geführt hat. Die unterschiedliche Evidenz scheint anzuzeigen, daß eine Vielzahl von Beobachtern den Führer ähnlich sehen, diese Wahrnehmung jedoch nur gering mit der Selbstwahrnehmung des Führers übereinstimmt. Die wesentlich schwächere Evidenz in bezug auf die diskriminante Validität legt den Schluß nahe, daß die Aufgaben- und Mitarbeiterorientierungen keine vollständig separaten und unabhängigen Dimensionen des Führerverhaltens sind. Die Studien legen jedoch nahe, daß sie keine gegenüberliegenden Endpunkte desselben Spektrums sind (*Lucas* et al. 1992; *Castaneda* 1993).

Für den LBDQ-XII liegen Untersuchungsergebnisse zu Validitätstypen vor. Inhaltsvalidität beschäftigt sich mit dem Problem, ob die Fragen, die in einer Skala enthalten sind, adäquat die gesamte Inhaltsweite aller potentiell möglichen Fragen zum untersuchten Konstrukt abbilden oder nicht. *Schriesheim/Kerr* (1977a) haben die Inhaltsvalidität der Ohio-Skalen in Fragen gestellt, obwohl dieses Problem für die Einschätzung des LBDQ-XII nicht von besonderer Vordringlichkeit zu sein scheint.

Gleichzeitige und prognostische Validität beziehen sich auf das Ausmaß, in dem die Skalenwerte mit anderen Variablen von theoretischem Interesse korrelieren. Der Nachweis für gleichzeitige Validität wird aus Studien abgeleitet, in denen Daten über alle Variablen zum gleichen Zeitpunkt gesammelt werden. Studien der prognostischen Validität beschäftigen sich mit dem Zusammenhang zwischen den Skalenwerten als den Prädikatoren und prognostizierten Kriterien, Ereignissen also, die erst in der Zukunft eintreten. Zur gleichzeitigen Validität des LBDQ-XII existieren konsistente Forschungsergebnisse (*Kerr* et al. 1974; *Schriesheim/Kerr* 1974). In bezug auf die prognostische Validität sind die Daten weniger eindeutig (*Bass* 1981).

c) Zusätzliche psychometrische Diskussionspunkte

Es wurde geltend gemacht (*Bass* 1981; *Schriesheim/Kerr* 1977a), daß die Skalen durch systematische Urteilstendenzen, wie den „Mildefehler" oder die Tendenz, vorwiegend sozial erwünschte Urteile abzugeben, stark verzerrt sind. *Schriesheim* et al. (1979) kamen zu dem Schluß, daß diese Einflüsse wahrscheinlich in bezug auf die Aufgabenorientierung nur sehr schwach seien, daß sie aber in bezug auf die Mitarbeiterorientierung potentiell wichtige fehlleitende Faktoren seien. Es wurde auch gezeigt, daß der LBDQ-XII von Priming-Effekten abhängig ist (*Head* 1991). Diese treten auf, wenn ein Item in einem früheren Teil eines Fragebogens die Reaktion der Person auf ein späteres Item beeinflußt („primed"). Bezugnahme auf eine spezielle Haltung oder ein Verhalten können tatsächlich die Wahrnehmung des Beantworters verändern und eine Antwort hervorrufen, die ursprünglich irrelevant erschienen wäre. *Head* (1991) warnt daher, daß Führungsforschung, die auf Fragebogenmaßen beruht, nichts als eine sich selbst erfüllende Prophezeiung hervorrufen könnte.

Halo-Effekte und der Einsatz impliziter Führungstheorien auf seiten der Beantworter wurden ebenso als fehlleitende Faktoren angegeben. Halo-Effekte treten ein, wenn Fragebogenantworten weitgehend ähnlich sind, obwohl das Führerverhalten in unterschiedlichen Dimensionen und Aspekten durchaus verschieden sein kann. Zusätzlich können die Antworten von Personen unbewußt beeinflußt sein von ihren impliziten Theorien über Führungseffizienz. Wenn eine Person z. B. zu ihrem Vorgesetzten eine sehr positive Einstellung hat, mögen ihre Antworten auf einem Fragebogen über sein Verhalten besser mit der eigenen impliziten Theorie eines guten Führerverhaltens übereinstimmen als mit dem tatsächlichen Führerverhalten. Bestätigungen für Auswirkungen des *Halo-Effekts* und impliziter Führungstheorien wurden in einer Vielzahl von Forschungsarbeiten gefunden (*Eden/Leviathan* 1975; *Hollander/Offermann* 1990; *Lord* et al. 1986; *Rush* et al. 1977; *Schneider* 1973; *Seeman* 1957).

d) Prozesse der Verarbeitung sozialer Informationen

Lord und seine Kollegen (*Lord* 1985; *Lord* et al. 1978; *Phillips/Lord* 1981, 1982) haben ein Modell der Verarbeitung sozialer Informationen entwickelt und dieses auf den Prozeß der Beurteilung des Führerverhaltens beim Einsatz des LBDQ-XII eingesetzt (→*Social Information Processing Theory*). Dieses Modell enthält folgende Schritte: Selektive Zuwendung, Kodierung, Einlagern und im Speicher festhalten, Wiedergewinnung und Beurteilung. Die kognitiven Prozesse, die Wahrnehmung formen, können automatisch oder kontrolliert sein (*Lord/Maher* 1990) und variieren daher beträchtlich bezüglich der benötigten Aufmerksamkeit. Andere neuere Ausweitungen der sozialen Informationsverarbeitung-Theorie setzen voraus, daß äußere Einflüsse wie die sozialen Netze des einzelnen oder der Kreis der Mitarbeiter (*Rice/Aydin* 1991) und die Muster interpersoneller Verwandtschaft (*Baldwin* 1992) die Informationsverarbeitungsprozesse des Individuums und seine Konzepte oder sich entwickelnden kognitiven Strukturen beeinflussen. *Lord* et al. argumentierten, daß dann, wenn Untergebene aufgefordert werden, das Verhalten ihrer Vorgesetzten nach dem LBDQ-XII zu beurteilen, das Potential für Fehler und Vorurteile auf allen Stufen der Informationsverarbeitung existiert. Die Ergebnisse ihrer empirischen Forschungen weisen darauf hin, daß Untergebene, wenn sie aufgefordert werden, den LBDQ-XII zu bearbeiten, im allgemeinen rückwärts arbeiten und dabei eher ein allgemeines Konzept oder Konstrukt von Führung erzeugen, als ein spezifisches Führerverhalten differenzieren. Untergebene scheinen abzuleiten, was ein plausibles Führerverhalten sein sollte (→*Führungstheorien – Attributionstheorie*), wobei sie sich auf ein generelles Konzept stützen, das sie selbst über ihren Führer entwickelt haben. LBDQ-XII Urteile reflektieren einen hochintegrativen Prozeß, in dem sehr leicht Verhaltensinformationen dadurch gestört werden, daß sie vereinfacht und mit anderen Informationstypen assimiliert werden. Dies führt zu dem Ergebnis, daß LBDQ-XII-Maße tatsächliches Führerverhalten weit weniger akkurat abbilden, als dies Führungsforscher annehmen und wichtige Unterschiede zwischen ähnlich klassifizierten Führern wahrscheinlich verwischt werden.

2. Die Least Preferred Coworker (LPC)-Skala

Die LPC-Skala wurde von Fiedler als Teil seiner Kontingenztheorie der Führung entwickelt. Die jüngste Version der LPC-Skala besteht aus 18 Paaren bipolarer Adjektive, die durch eine 8-Punkte-Skala wie folgt getrennt werden:

Freundlich : — : — : — : — : — : — : — : — : Unfreundlich

Bei Vorlage der Skala werden Personen aufgefordert, jene Person, mit der sie am wenigsten gern in der Vergangenheit zusammengearbeitet haben, in den Begriffen der 18 gegensätzlichen Adjektive zu beschreiben (→*Führungstheorien – Kontingenztheorie*).

a) Die Reliabilität der LPC-Skala

In bezug auf die interne Konsistenz und die Test-Retest-Reliabilität der LPC-Skala liegt ein beachtliches Datenmaterial vor. Auf der Grundlage einiger älterer Versionen der Skala berichtet *Rice* (1978a, b) eine „mean split-half reliability" von 0,88. Der gleiche Autor faßte 5 Studien zur internen Konsistenz der jüngeren 18-Items-Version der Skala zusammen und fand Reliabilitäten, die von 0,79 bis 0,81 reichten (*Rice* 1979); *Bryman* et al. (1987) führten eine Skalen-Reliabilitäts-Analyse durch und errechneten einen Alpha-Koeffizient von 0,89 für LPC.

Dreiundzwanzig Studien beschäftigen sich mit der Test-Retest-Reliabilität des LPC. Die Reliabilitäten, die hierbei gefunden wurden, variieren von 0,01 bis 0,91 mit einem Medianwert von 0,67 (*Chemers/Skrzypek* 1972; *Fiedler* et al. 1969; *Hardy* et al. 1973; *Hardy* 1971, 1975; *Hardy/Bohren* 1975). Diese Befunde über die Stabilität der LPC-Skala können in zwei Richtungen hin interpretiert werden. Eine Interpretation besteht in dem Hervorheben des relativ hohen Medianwertes von 0,67 und der Schlußfolgerung, daß die vorliegenden Befunde die Reliabilität der Skala stützen (*Bons* 1974; *Rice* 1978b; *Prothero/Fiedler* 1974). Andere Interpreten haben sich jedoch an der Tatsache gestoßen, daß einige Studien extrem niedrige Test-Retest-Reliabilitäten (bis zu einem Tiefpunkt von 0,01) ergeben haben. Diese Autoren argumentieren, daß die Tatsache solch niedriger Reliabilitäten Zeugnis darüber abgibt, daß das von der Skala gemessene Konstrukt im Zeitablauf nicht stabil ist (*Fishbein* et al. 1969; *Schriesheim/Kerr* 1977a; *Schriesheim* et al. 1979). Insgesamt gesehen kann man zu dem Schluß kommen, daß die interne Konsistenzreliabilität der LPC-Skala relativ hoch ist, daß aber über die Test-Retest-Reliabilität eine höhere Unsicherheit besteht.

b) Validität der LPC-Skala

Zur Validität der LPC-Skala liegen eine Vielzahl von Forschungsarbeiten vor, die zu vielfältigen Interpretationen der Bedeutung der durch die Skala ermittelten Meßwerte geführt haben. Unglücklicherweise hat die gewaltige Forschungsanstrengung nicht zum Konsens darüber geführt, was die LPC-Skala tatsächlich mißt. *Fiedler/Chemers* (1974) kommen zu folgendem Schluß: „Seit nahezu 20 Jahren haben wir versucht, den LPC mit jeder vorhandenen Persönlichkeitseigenschaft und jeder vorliegenden Verhaltensbeobachtung zu korrelieren. Generell kann man sagen, daß diese Analysen sich als einheitlich fruchtlos erwiesen haben". *Sashkin/Burke* (1990) stimmen bei, daß kein motivationales oder psychologisches Maß gefunden wurde, das mit den LPC-Ergebnissen in Verbindung steht. *Schriesheim/Kerr* (1974) haben darauf hingewiesen, daß die Interpretation des LPC bei Vorliegen neuer Ergbnisse sich wiederholt geändert hat von einer Orientierung an der Arbeit zu einer Attitüde, zu einem Maß für kognitive Komplexität, zu der Fähigkeit, Unterschiede wahrnehmen zu können und letztlich zu einem Index für eine Zielhierarchie. Die Frage ist jedoch immer noch nicht gelöst, da *Offermann* (1984) vorschlägt, daß der LPC eine transitorische Attitüde mißt.

Studien zu der Beziehung zwischen dem LPC und beobachtetem Führerverhalten konnten auch nicht dazu beitragen, ein konsistenteres Ergebnismuster zu erreichen als die Forschungen, die das Entdecken von Zusammenhängen zwischen LPC-Werten und anderen Persönlichkeitscharakteristiken zum Ziel hatten. So haben beispielsweise eine Anzahl von Studien Ergebnisstrukturen ermittelt, die konsistent mit Fiedlers Interpretation des LPC sind; sie konnten zeigen, daß Personen, die niedrige LPC-Werte erreichten, ein aufgabenorientiertes Verhalten zeigten und Personen mit hohen LPC-Werten ein mitarbeiterorientiertes Verhalten – jeweils im Sinne der Ohio-Skalen – an den Tag legten (*Fox* 1974; *Chemers/Skrzypek* 1972; *Green* et al. 1974; *Yukl* 1970). Gleichzeitig jedoch haben andere Forschungsarbeiten eine glatte Umkehrung der erwarteten Verhaltensmuster gezeigt

(*Nealy/Blood* 1968), während wieder andere zu negativen Ergebnissen kamen (*Evans* 1973; *Graen* et al. 1971; *Stinson* 1972).

Der LPC scheint als eine Attitüde auffaßbar zu sein, die Unterschiede in bezug auf interpersonale Beziehungen und Aufgabenerfüllung reflektiert. Jeder Versuch, Verallgemeinerungen in bezug auf das Verhalten von hohen und niedrigen LPC-Führern zu ziehen, ist auf unzuverlässigem Sand gebaut, da es keinen soliden Beweis dafür gibt, daß sich Führer tatsächlich so verhalten, wie das Modell es nahelegt (*Meyer* 1982; *Sashkin/Burke* 1990). Trotz dieser Probleme wird die LPC-Skala jedoch häufig sowohl in der Forschung als auch in Management-Trainings-Programmen verwendet.

3. Der Managerial Behaviour Survey

Yukls Managerial Behaviour Survey (MBS) ist das Ergebnis eines Forschungsprogramms, das 1975 begonnen wurde, um Kategorien von Führerverhalten zu identifizieren, die für effektives Management wichtig sind. Eine der Hauptüberlegungen war, auf Verhaltenskategorien aufzubauen, die zuvor von anderen in der Führungseffektivitätsforschung aufgebaut worden waren (*Yukl* et al. 1990). Diese neue Verhaltenstaxonomie war also so gestaltet, daß sie wichtige frühere Taxonomien integrieren konnte, insbesondere solche, die Führerverhalten (z. B.: *Stogdill* 1963), Managementverhalten (z. B.: *Morse/Wagner* 1978) und beobachtete Managementaktivitäten (z. B.: *Mintzberg* 1973; *Luthans/Lockwood* 1984) beschrieben. Der ursprüngliche Fragebogen wurde „Managerial Behaviour Survey" genannt (*Yukl/Nemeroff* 1979) und mit Hilfe von Faktorenanalysetechniken entwickelt. Davon ausgehend und unter Zuhilfenahme von theoretischer Ableitung, Tagebüchern, Kritischen-Ereignis-Analysen und der Evaluation von Begutachtern entwickelte sich der Fragebogen zu seiner 1982-Version mit 115 in 23 Skalen gruppierten Items. Weitere Verfeinerungen ergaben die Version von 1988 (nunmehr „Managerial Practices Survey" genannt) mit 110 Items, die 11 Hauptskalen und drei Ergänzungsskalen beinhalten. Gleichzeitig entwickelte *Yukl* (1989) seine integrative Taxonomie des Manager-Verhaltens. Die elf Manager-Praktiken dieser Taxonomie werden in Tabelle 1 definiert.

Die elf Hauptskalen wurden so formuliert, daß sie sowohl von Untergebenen wie Gleichrangigen verwendet werden können, während die drei Ergänzungsskalen auf Führerverhalten fokussieren, das hauptsächlich auf Untergebene bezogen ist. Die Version von 1988 wurde auch so modifiziert, daß sie auf Manager in allen Führungsebenen angewandt werden kann.

1. *Networking*: Informelle zwischenmenschliche Kontakte zur Informationsbeschaffung und Unterstützung durch periodische private und geschäftliche Kontakte, Telephongespräche und Briefe.
2. *Unterstützen*: Freundliches und verständnisvolles Verhalten, Sympathiebekundungen und Unterstützung von verärgerten Mitarbeitern, Anhören von Beschwerden und Problemen, Verfolgen der Interessen und aktive Karriereunterstützung anderer.
3. *Konfliktmanagement und Teamaufbau*: Ermutigen und Erleichtern von konstruktiven Konfliktlösungen, Förderung von Teamwork und Kooperation, Aufbau von Identifikationsmöglichkeiten mit dem Team/der Organisationseinheit.
4. *Motivieren*: Einflußnahme über Emotionen, Wertvorstellungen oder Logik, zur Generierung von Enthusiasmus und Engagement für Arbeit und Aufgabenstellung oder um jemanden dazu zu bringen, einer Bitte um Unterstützung, Kooperation, Hilfeleistungen, Ressourcen oder Autorisierung nachzukommen; auch durch vorbildliches eigenes Verhalten, erwünschte Wege aufzeigen.
5. *Anerkennen und Belohnen*: Für Lob, Anerkennung und greifbare Belohnungen für effiziente und wichtige Leistungen und spezielle Beiträge sorgen; Respekt und Anerkennung gegenüber den Erfolgen anderer zum Ausdruck bringen.
6. *Planung und Organisation*: Langfristige Zielsetzungen und Strategien zur Umweltanpassung festlegen, zur Durchführung eines Projektes oder einer Aktivität notwendige Aktionsschritte verdeutlichen, Ressourcen nach Prioritäten verteilen, Entscheidungen zur Verbesserung der Effizienz, Produktivität und Koordination mit anderen Teilen der Organisation treffen.
7. *Problemlösen*: Arbeitsspezifische Probleme identifizieren, systematische und schnelle Problemanalyse zur Ursachenfeststellung durchführen und Lösungssuche initiieren, bei Krisen und zum Durchsetzen von Lösungen entscheidungsfreudig handeln.
8. *Konsultation und Delegation*: Rücksprache mit Personen, die von Veränderungen betroffen sind, Ermutigen von Verbesserungsvorschlägen und zur Teilnahme an Entscheidungsvorgängen, Einbauen von Ideen und Vorschlägen anderer bei Entscheidungen, Möglichkeit zum selbständigen Arbeiten und Problemlösen für andere eröffnen.
9. *Arbeitsabläufe und Umwelt überwachen*: Informationen über den Fortschritt und die Arbeitsqualität, den Erfolg oder Mißerfolg von Aktivitäten und Projekten und die Leistung von einzelnen Mitarbeitern sammeln; die Bedürfnisse von Kunden oder Benutzern feststellen, überprüfen der Umwelt zur Feststellung von Bedrohungen und Möglichkeiten.
10. *Informieren*: Weitergabe von relevanten Informationen über Entscheidungen, Pläne und Aktivitäten an Mitarbeiter, die sie zur Arbeit benötigen, schriftliches Material und Dokumente zur Verfügung stellen, Anfragen nach technischen Informationen nachkommen, die Reputation der Organisationseinheit fördern.
11. *Rollenabklären und Zielsetzen*: Arbeitsaufgaben zuteilen, Richtlinien für den Arbeitsprozeß geben, klares Verständnis von Verantwortlichkeiten, Zielsetzungen, Termine und Leistungserwartungen kommunizieren.

Tab. 1: Definition der Managerial Behaviour Kategorien in der Integrationstaxonomie (Yukl 1989)

a) Reliabilität des Managerial Behaviour Survey

Es existieren relativ starke Beweise für die interne Konsistenz-Reliabilität der MBS-Version von 1986. Vier voneinander unabhängige Studien, die insgesamt 1373 Untergebene und Manager in einer großen Krankenversicherung, einem großen Chemie-Konzern und in der U. S. Air Force umfassen, ergaben interne Konsistenz-Koeffizienten zwischen 0,80 und 0,93 (*Yukl* et al. 1990). Die Ergebnisse von drei unabhängigen Studien aus den Jahren 1984, 1985 und 1986 (*Yukl* et al. 1990) zeigten mittlere bis gute Test-Retest-Reliabilitäten, mit einem Stabilitätsindex zwischen 0,48 und 0,94. Da jedoch die Zeitdauer zwischen den einzelnen Messungen nur drei bis sechs Wochen betraf, kann nicht festgestellt werden, ob der MBS stabile Messungen auch über einen längeren Zeitraum (z. B. vier Monate) ergeben würde.

b) Validität des Managerial Behaviour Survey

Um die Konstruktvalidität des MBS zu testen, führten *Yukl* et al. (1990) vier Tests durch, bei denen unabhängige Beurteiler verschiedene Items in die jeweils passende Verhaltenskategorie einstuften. Alle vier Studien ergaben über 80% korrekte Klassifikationen. Die einzige Ausnahme ergab sich im Test von 1986 für die Kategorien „Motivierung" und „Konfliktmanagement" mit einem Durchschnitt von 72% beziehungsweise 73% korrekten Klassifikationen. Da der Test von 1986 mit Studenten aus den unteren Semestern durchgeführt wurde, kann dieses schlechtere Ergebnis ihrem Mangel an Berufserfahrung zugeschrieben werden.

Untersuchungen der gleichzeitigen Validität des MBS kommen zu unterschiedlichen Ergebnissen. *Yukl* et al. (1990) prüften fünf Studien und kamen zu dem Schluß, daß es Beweise für die Validität der meisten Skalen in zumindest einer Studie gab. Eine genauere Überprüfung der Daten zeigt jedoch starke Schwankungen der Ergebnisse. Nur die Kategorien „Problemlösen" und „Erläutern" ergaben Korrelationen von 0,24 oder mehr bei einer Kriteriumvariablen in allen fünf Studien. Die höchste Korrelation war 0,58 für „Entwickeln". Bei zwei Kategorien („Konsultation und Delegation", „Planung und Organisation") wurde jedoch in einer der Studien eine negative Korrelation gefunden (*Yukl/Van Fleet* 1982), während „Unterstützung" in zwei Studien negativ korreliert war (*Yukl/Cayer* 1986; *Yukl/Van Fleet* 1982). In den anderen Studien waren die Korrelationen positiv. Während es daher Beweise gibt, daß diese Verhaltenskategorien tatsächlich die Konstrukte messen, die sie zu messen vorgeben, gibt es nur schwache Aussagen darüber, daß gleichzeitige Validität vorliegt.

III. Beobachtungsmaße

In jüngster Zeit haben *Luthans* und seine Kollegen sich darum bemüht, ein Programm zu verwirklichen, das solide Beobachtungsmaße der Führung ermöglichen soll (*Luthans/Lockwood* 1984) (Bericht hierüber in →*Führungstheorien – Soziale Lerntheorie*).

1. Reliabilität des „Leader Observation System (LOS)"

Luthans/Lockwood (1984) haben die Reliabilität und Validität des LOS untersucht. Die Interrater-Reliabilität wurde auf der Grundlage der Urteile von zwei unabhängigen Beobachtergruppen berechnet, die das Verhalten des gleichen Führers einschätzten. Die Bestätigung der Interrater-Reliabilität auf der Grundlage des LOS ist sehr stark, es kam zu einer 93,5%igen Übereinstimmung zwischen den beiden Beobachtergruppen. Statistische Tests bestätigen, daß dieses hohe Maß an Übereinstimmung kein Zufalls-Phänomen war.

2. Validität des LOS

Die Konstruktvalidität des LOS wurde durch die Überprüfung der konvergenten und diskriminanten Validität mit Hilfe des LBDQ-XII und des Managerial Behaviour Survey (MBS) (*Yukl/Nemeroff* 1979) überprüft. Wenn die auf dem LOS beruhenden Beobachtungsmaße von Teilnehmern und außenstehenden Beobachtern als multiple Methoden der Messung von Führerverhalten betrachtet werden, ergeben sich relativ starke Hinweise sowohl für die konvergente als auch die diskriminante Validität des LOS. Wenn jedoch das LOS und Fragebogenmaße (LBDQ-XII und MBS) als multiple Maße behandelt werden, sind die Validitätsergebnisse nicht besonders ermutigend: Die Bestätigung für die konvergente Validität der LOS-Kategorien ist mittel bis schwach; für die diskriminante Validität ergeben sich nur schwache Hinweise.

IV. Alternative Maße der Führung

In den letzten Jahren sind einige Forscher dazu übergegangen, weder Fragebogen noch Beobachtungsmaße zu verwenden, um Führerverhalten zu studieren. In einigen Fällen wurden Befürchtungen geäußert, daß die Verwendung von vorherbestimmten Kategorien und traditionellen quantitativen Analysen in den Ergebnissen eine vorher ausgedachte Struktur widerspiegeln könnte, anstatt die wirklichen zugrundeliegenden Verhaltensmuster aufzudecken (Bryman et al. 1987). Aufgrund der in anderen Messungen inhärenten Meßartefakten und der Wirkung, die implizite Führertheorien (Lord et al. 1986) sowohl auf Forscher als auf Forschungssubjekte haben, bevorzugen diese Forscher qualitative Forschungsmethoden. So haben besonders jüngere Arbeiten zum Thema implizite Führertheorien gezeigt, daß die Werte in Reaktion auf das Stichwort „Supervisor" signifikant weniger günstig sind als die in Reaktion auf das Stichwort „Führer" (Offermann/Kennedy 1987), obwohl dieselben Dimensionen verwendet werden, um Supervisoren und Führer zu beschreiben (Hollander/Offermann 1990). Weiters wächst die Erkenntnis, daß es im Verhalten von Supervisoren und Managern fundamentale Unterschiede gibt zu dem von Spitzenmanagern und transformationalen und charismatischen Führern (→Führungstheorien – charismatische Führung) (Bass/Avolio 1990, Day/Lord 1988). In ihrem Überblick über →transaktionale und transformationale Führung behaupten Bass/Avolio (1990), daß die Anerkennung von transformationalem Führerverhalten ein neues Paradigma in der Führungsforschung darstellt, während die Führungsforschung im letzten halben Jahrhundert auf ein Paradigma fokussierte, das durch eine transaktionale Form der Führung charakterisiert ist.

Infolge des wachsenden Bewußtseins, daß es unpassend wäre, „Konstruktisomorphismus" (Day/Lord 1988) zwischen dem Verhalten von leitenden (Spitzen-)Managern und mittleren und unteren Managern und dem von transaktionalen und transformationalen Führern anzunehmen, gilt es nun, neue Zugänge zur Feststellung von Führerverhalten zu finden. Da sich die Attribute von transformationalen Führern und ihrem Einfluß auf die Motivation von Untergebenen genügend von denen der traditionellen Manager unterscheiden, um ein neues Paradigma der Führungsforschung darzustellen (Bass/Avolio 1990), werden insbesondere neue Maße für Führung benötigt, die dieses einzigartige Verhalten wahrnehmen. Bass/Avolio (1990) haben die Antworten auf offenen Fragebogen analysiert, um den „Multifactor Leadership Questionnaire" zu entwickeln, der transaktionales und transformationales Führerverhalten identifizieren kann. Interviewmitschriften wurden inhaltlich analysiert (Howell/Higgins 1990), um Charakteristika von Führern zu identifizieren, die technologische Innovation vorantreiben. Aussagen im Rahmen kritischer Ereignisse wurden ebenfalls verwendet (Bolman/Deal 1992; Henemann et al. 1989). Reportagen in den Printmedien (Chen/Meindel 1991), Briefe des Präsidenten (der Vereinigten Staaten), Antrittsreden, Autobiographien (House et al. 1991; Spangler/House 1991) und Fallstudien (Howell/Higgins 1990) sind andere alternative Maßnahmen, die das Verhalten von effektiven und ineffektiven Führern ermitteln und feststellen sollen, wie sich Führungskonzepte entwickeln.

Neben der Debatte über diese neueren Formen zur Messung von Führerverhalten ist immer noch eine intensive Auseinandersetzung darüber im Gange, ob es sinnvoller ist, die Energien in die Weiterentwicklung von Fragebogen oder in die Verbesserung von Beobachtungsmaßen zu stecken.

Das oben im Zusammenhang mit Validitätsüberlegungen im Bereich des LBDQ-XII erwähnte und von Lord (1985) entwickelte Modell der Verarbeitung sozialer Informationen hat weitgehende Implikationen in bezug auf den Einsatz von Fragebogenmaßen im Bereich der Führungsforschung. Lord argumentiert, daß eine Analyse des menschlichen Informationsverarbeitungsprozesses zu der Schlußfolgerung führt, daß jede Form der Einschätzung von Führungsverhalten auf der Grundlage von Fragebogen mit großer Wahrscheinlichkeit gravierende Fehlleistungen hervorruft und dies aus vielerlei Gründen. Erstens ist festzuhalten, daß der menschliche Informationsverarbeitungsprozeß in hohem Maße selektiv ist und damit viele Verhaltensaspekte, denen der Beurteiler ausgesetzt ist, nicht die notwendige Aufmerksamkeit finden oder nicht in das Gedächtnis eingelagert werden. Zweitens gilt, daß die Informationen, die eingelagert werden, in der Regel in Begriffe übersetzt werden, die für das Individuum sinnvoll erscheinen, daß diese Begriffe aber nicht mit den Konzepten übereinzustimmen brauchen, die von der Führungsforschung gemessen werden. Drittens wird angenommen, daß Informationen über Führungsverhalten, die nicht in eine vereinfachte Form transferiert werden können, der Tendenz unterworfen sind, entweder mit der Zeit verlorenzugehen (sie werden vergessen) oder sehr schwierig zugänglich sind zum Zeitpunkt, an dem die Befragung erfolgt. Letztlich gilt, daß Informationen, die der Untergebene über die Effizienz eines Führers zur Verfügung hat, den Gesamteindruck des Untergebenen über den Führer beeinflussen und dieser Einfluß sich auch bei der Beurteilung des Führers im Fragebogen niederschlägt.

Nimmt man alle diese Faktoren zusammen, so scheinen sie wichtige Gründe für die Abschaffung von Fragebogenmaßen und den Einsatz der Ressourcen zur Verbesserung der psychometrischen Qualitäten von Beobachtungstechniken – so wie etwa der oben erwähnte LOS – ins Feld zu führen. Es ist offensichtlich, daß dann, wenn wir daran interessiert sind, die Theorien und Modelle über die Ursachen und Konsequenzen des tatsächlichen Führerverhaltens zu entwickeln, wesentliche Argumente für den Einsatz und die Entwicklung von Beobachtungsmaße vorliegen. Da Untergebene einer solchen Vielfalt von Informationsverarbeitungsirrtümern und Vorurteilen unterworfen sind, ist es schwer, andere Argumente als jener der Arbeitserleichterung für die Forscher zu finden, die für eine Fortsetzung des Einsatzes der herkömmlichen Fragebogen in der Führungsforschung sprechen.

Damit ist diese Frage aber nicht so einfach beantwortet. Die angeführten Argumente in bezug auf die Vorurteile und Fehler im Informationsverarbeitungsprozeß sind sicherlich relevant und wichtig, wenn das Ziel in der Entwicklung und dem Test von Theorien über tatsächliches Führungsverhalten besteht. Wenn wir jedoch an der Erklärung der Wirkung von Führung auf die Gedanken, Gefühle und das Verhalten der Untergebenen interessiert sind, dann liegt die Quelle der relevanten Informationen bei den Untergebenen selbst. Fehler und Vorurteile in den Methoden, die Untergebene bei der Verarbeitung der Informationen über das Verhalten ihrer Vorgesetzten benutzen, sind wichtige zu beachtende Faktoren zur Erforschung der Wirkungen von Führungsverhalten. Ein weiterer wichtiger Faktor ist, daß das, was Untergebene über ihre Reaktionen berichten, sich von ihren Gedanken über ihre Reaktion unterscheiden kann und auch davon, was wirklich ihre Reaktion ist. Selbst wenn die Wahrnehmungen und Erinnerungen der Untergebenen in bezug auf das Verhalten ihrer Führer verzerrt und inkorrekt sind, bilden sie die Grundlage zur Erklärung der Gedanken, Gefühle und Verhaltensweisen der Untergebenen in bezug auf ihre Führer.

V. Labor- versus Feldforschung

Die Frage nach der Validität von *Feldforschung* gegenüber *Laborforschung* stellt sich in ähnlicher Form in jedem Gebiet der Organisationsforschung. Der wesentliche Nachteil besteht in Fragen der internen gegenüber der externen Validität der Forschungsergebnisse. Laborstudien erlauben ein hohes Maß an Kontrolle der internen Validität auf Kosten von einer möglichen Generalisierbarkeit der Ergebnisse (i. e. externe Validität). Feldforschung kann stärker generalisiert werden, leidet aber unter den strengen Grenzen, die die meisten realen Organisationssituationen der Kapazität des Forschers auferlegen, der in das Experiment adäquate experimentelle Kontrollen einbauen will. Mangel an Kontrolle machte es aber extrem schwierig, eindeutige Schlüsse über die kausale Auswirkung von unabhängigen oder für die Studie interessanten Variablen zu ziehen.

Cook/Campbell (1975) zeigen auf, daß Schritte, welche den einen Typus von Validität verbessern sollen, den anderen reduzieren. So ist es z. B. wahrscheinlich, daß, je mehr Kontrollen in eine Studie eingebaut werden, um die interne Validität zu erhöhen, die Experimentsituation die Organisationssituationen, an denen der Forscher interessiert ist, nicht realistisch genug wiedergibt, um die Ergebnisse zu generalisieren. Es ist daher unmöglich, irgendwelche Blanko-Empfehlungen darüber abzugeben, ob Führungsforschung in Labor- oder in Feldstudien durchgeführt werden soll. Beide Arten von Studien sind notwendig, um unser Verständnis von Führer unf Führereffizienz zu vertiefen. Experimentelle Kontrolle von Laborstudien ist wesentlich, um unser Vertrauen in die kausalen Auswirkungen von unterschiedlichem Führerverhalten auf abhängige Interessen-Variablen zu verstärken. Feldforschung, die auf den Ergebnissen aus dem Labor aufbaut, ist wesentlich, um sicherzustellen, daß die Phänomene der Laborforschung auch die Dynamik und die Prozesse widerspiegeln, die im Führerverhalten in realen Organisationen vorkommen.

Literatur

Baldwin, M. W.: Relational Schemas and the Processing of Social Information. In: Psych. Bull. 1992, S. 461–484.
Bass, B. M.: Stogdill's Handbook of Leadership. New York 1981.
Bass, B. M.: Bass and Stogdill's Handbook of Leadership. 3. A., New York 1990.
Bass, B. M./Avolio, B. J.: The Implications of Transactional and Transformational Leadership for Individual, Team and Organizational Development. In: Research in Organizational Change and Development 1990, S. 231–272.
Blank, W./Weitzel, J. R./Green, S. G.: A Test of the Situational Leadership Theory. In: Personnel Psychology 1990, S. 579–597.
Bolman, L. G./Beal, T. E.: Leadership and Management Effectiveness: A Multi-Frame, Multi-Sector Analysis. In: Human Resource Management 1992, S. 509–534.
Bons, P. M.: The Effect of Changes in Leadership Environment on the Behaviour of Relationship and Task-Motivated Leaders. Diss. University of Washington, Seattle 1974.
Bryman, A.: Leadership and Organizations. Boston 1986.
Bryman, A./Bresnen, M./Ford, J. et al.: Leader Orientational Transience: An Investigation Using Fiedler's LPC Scale. In: Journal of Occupational Psychology 1987, S. 13–19.
Bryman, A./Bresnen, M./Ford, J. et al.: Qualitative Research and the Study of Leadership. In: HR 1988, S. 13–30.
Campbell, D. T./Stanley, J. C.: Experimental and Quasi-Experimental Designs for Research. Chicago 1963.
Castaneda, M. B.: Revisiting the Factor Structure of the LBDQ: An Application of Confirmatory Factor Analysis. Paper presented at the 1993 Academy of Management Annual Meeting. Atlanta 1993.
Chemers, M. M./Skrzypek, G. J.: Experimental Test of the Contingency Model of Leadership Effectiveness. In: JPSP 1972, S. 172–177.
Chen, D. D./Meindl, J. R.: The Construction of Leadership Images in the Popular Press: The Case of Donald Burr and People Express. In: ASQ 1991, S. 521–551.
Cook, T. D./Campbell, D. T.: The Design and Conduct of

Quasi-Experiments and True Experiments in Field Settings. In: *Dunette, M. D.* (Hrsg.): HIOP Chicago 1975.
Cook, T. D./Campbell, D. T.: Quasi-Experimentation: Design and Analysis for Field Settings. Chicago 1979.
Day, D. V./Lord, R. G.: Executive Leadership and Organizational Performance: Suggestions for a New Theory and Methodology. In: Journal of Management 1988, 14, S. 453–464.
Eagly, A. H./Johnson, B. T.: Gender and Leadership Theory as a Determinant of the Factor Structure Underlying Supervisory Behaviour Scales. In: JAP 1975, S. 736–741.
Eden, D./Leviathan, U.: Implicit Leadership Theory as a Determinant of the Factor Structure Underlying Supervisory Behaviour Scales. In: JAP 1975, S. 736–741.
Evans, M. G.: A Leader's Ability to Differentiate: The Subordinate's Perception of the Leader and Subordinate's Performance. In: PP 1973, 26, S. 385–395.
Fiedler, F. E.: A Theory of Leadership Effectiveness. New York 1967.
Fiedler, F. E.: Personality, Motivational Systems and Behaviour of High and Low LPC Persons. In: Technical Report (University of Washington, Seattle) Nr. 70/12, 1970.
Fiedler, F. E./Chemers, M. M.: Leadership and Effective Management. Glenview 1974.
Fiedler, F. E./Chemers, M. M./Mahar, L.: Improving Leadership Effectiveness: The LEADER MATCH Concept. New York 1976.
Fiedler, F. E./O'Brien, G. E./Ilgen, D. R.: The Effect of Leadership Style Upon the Performance and Adjustment of Volunteer Teams Operating in Successful Foreign Environments. In: HR 1969, S. 503–514.
Fishbein, M./Landy, E./Hatch, G.: Some Determinants of an Individual's Esteem for the Least Preferred Coworker: An Attitudinal Analysis. In: HR 1969, S. 173–188.
Fleishman, E. A.: The Leadership Opinion Questionnaire. In: *Stogdill, R. M./Coons, A. E.* (Hrsg.): Leader Behaviour: Its Description and Measurement. Columbus 1957a, S. 120–133.
Fleishman, E. A.: A Leader Behaviour Description for Industry. In: *Stogdill, R. M./Coons, A. E.* (Hrsg.): Leader Behaviour: Its Description and Measurement. Columbus 1957b, S. 103–119.
Fox, W. M.: Least Preferred Coworker Scales: Research and Development. In: Technical Report (University of Florida, Gainesville) Nr. 70/5, 1974.
Ghiselli, E. E./Campbell, J. P./Zedeck, S.: Measurement Theory for the Behavioural Sciences. San Francisco 1981.
Goodson, J. R./McGee, G. W./Cashman, J. F.: Situational Leadership Theory: A Test of Leadership Prescriptions. In: Group and Organization Studies 1989, S. 446–461.
Graen, G./Orris, J. B./Alvares, K. M.: Contingency Model of Leadership Effectiveness: Some Experimental Results. In: JAP 1971, S. 196–201.
Graham, W. K./Gleno, T.: Perception of Leader Behaviour and Evaluation of Leaders Across Organization Levels. In: Exp. Publ. System. American Psychological Association 114A, 1970.
Green, S. G./Nebeker, D. M./Boni, M. A.: Personality and Situational Effects in Leader Behaviour. In: Organizational Research, Technical Report (University of Washington, Seattle) Nr. 74/55, 1974.
Greene, C. N.: A Longitudinal Analysis of Relationships Among Leader Behaviour and Subordinate Performance and Satisfaction. In: Proceedings of the Academy of Management 1973.
Halpin, A. W.: Manual for the Leader Behaviour Description Questionnaire. Columbus 1957.
Halpin, A. W./Winer, B. J.: A Factorial Study of the Leader Behaviour Descriptions. In: *Stogdill, R. M./Coons, A. E.* (Hrsg.): Leader Behaviour: Its Description and Measurement. Columbus 1957, S. 39–51.
Hardy, R. C.: Effect of Leadership Style on the Performance of Small Classroom Groups: A Test of the Contingency Model. In: JPSP 1971, S. 367–374.
Hardy, R. C.: A Test of Poor Leader-Member Relations Cells of the Contingency Model on Elementary School Children. In: Child Development 1975, S. 958–964.
Hardy, R. C./Bohren, J. F.: The Effect of Experience on Teacher Effectiveness: A Test of the Contingency Model. In: J. Psychol. 1975, S. 159–163.
Hardy, R. C./Sack, S./Harpine, F.: An Experimental Test of the Contingency Model on Small Classroom Groups. In: Journal of Psychology 1973, S. 3–16.
Head, T. C.: An Examination of the Priming Effect as It Pertains to the Leader Behaviour Description Questionnaire Form XII. In: Psychological Reports 68, 1991, S. 515–520.
Hemphill, J. K.: Situational Factors in Leadership. Columbus 1949.
Hemphill, J. K.: Leader Behaviour Description. Columbus 1950 (mimeo).
Hemphill, J. K./Coons, A. E.: Development of the Leader Behaviour Description Questionnaire. In: *Stogdill, R. M./Coons, A. E.* (Hrsg.): Leader Behaviour: Its Description and Measurement, Columbus 1957, S. 6–38.
Heneman, R. L./Greenberger, D. B./Anonyou, C.: Attributions and Exchanges: The Effects of Interpersonal Factors on the Diagnosis of Employee Performance. In: AMJ 1989, S. 466–476.
Hollander, E. P./Offermann, L. P.: Relational Features of Organizational Leadership and Followership. In: *Clark, K. E./Clark, M. B.* (Hrsg.): Measures of Leadership. West Orange 1990, S. 83–97.
House, R. J./Spangler, W. D./Woycke, J.: Personality and Charisma in the U. S. Presidency: A Psychological Theory of Leader Effectiveness. In: ASQ 1991, S. 364–396.
Howell, J. M./Higgins, C. A.: Champions of Technological Innovation: In: ASQ 1990, S. 317–341.
Kerlinger, F. N.: Foundations of Behavioural Research. 2. A., New York 1973.
Korman, A. K.: Contingency Approaches to Leadership: An Overview. In: *Hunt, J. G./Larson, L. L.* (Hrsg.): Contingency Approaches to Leadership. Carbondale 1974, S. 189–195.
Kerr, S./Schriesheim, C. A./Murphy, C. J. et al.: Toward a Contingency Theory of Leadership Based Upon the Consideration and Initiating Structure Literature. In: Organizational Behaviour and Human Performance 1974, S. 62–82.
Lord, R. G.: An Information Processing Approach to Social Perceptions. In: *Cummings, L. L./Staw, B. M.* (Hrsg.): Research in Organizational Behaviour. Greenwich 1985, S. 87–128.
Lord, R. G./Binning, J./Rush, M. C. et al.: Effects of Performance and Leader Behaviour on Questionnaire Ratings of Leader Behaviour. In: Organizational Behaviour and Human Performance 1978, S. 27–39.
Lord, R. G./De Vader, C. L./Alliger, G. M.: A Meta-Analysis of the Relation Between Personality Traits and Leadership Perceptions: An Application of Validity Generalization Procedures. In: JAP 1986, S. 402–410.
Lord, R. G./Maher, K. J.: Perceptions of Leadership and Their Implications in Organizations. In: *Carroll, J. S.* (Hrsg.): Applied Social Psychology and Organizational Settings. Hillsdale 1990.
Lucas, P. R./Messner, P. E./Ryan, C. W. et al.: Preferred Leadership Style Differences: Perceptions of Defense Indu-

stry Labour and Management. In: Leadership and Organizational Development Journal 1992, S. 19–22.
Luthans, F./Lockwood, D. L.: Towards an Observation System for Measuring Leader Behaviour in Natural Settings. In: *Hunt, J. G./Hosking, C. A./Schriesheim, C. A.* et al. (Hrsg.): Leaders and Managers. New York 1984, S. 117–141.
Meyer, H.: Noch einmal und zum letzten Mal: Was mißt der LPC Fiedlers? In: DBW 1982, S. 427–439.
Mintzberg, H.: The Nature of Managerial Work. New York 1973.
Mitchell, T. R.: The Construct Validity of Three Dimensions of Leadership Research. In: Journal of Social Psychology 1970a, S. 89–94.
Mitchell, T. R.: Leader Complexity and Leadership Style. In. JPSP 1970b, S. 166–174.
Morse, J. J./Wagner, F. R.: Measuring the Process of Managerial Effectiveness. In: AMJ 1978, S. 23–35.
Nealey, S. M./Blood, M. R.: Leadership Performance of Nursing Supervisors at Two Organizational Levels. In: JAP 1968, 52, S. 414–422.
Offermann, L. R.: Short-term Supervisory Experience and LPC Score: Effects of Leader's Sex and Group Sex Composition. In: Journal of Social Psychology 1984, S. 115–121.
Offermann, L. R./Kennedy, J. R. Jr.: Implicit Theories of Leadership: A Look Inside. Paper presented at the meeting of the Society for Industrial and Organizational Psychology. Atlanta 1987.
Phillips, J. S./Lord, R. G.: Causal Attributions and Perceptions of Leadership. In: Organizational Behaviour and Human Performance 1981, S. 143–163.
Phillips, J. S./Lord, R. G.: Schematic Information Processing and Perceptions of Leadership in Problem-Solving Groups. In: Journal of Applied Psychology 1982, S. 486–492.
Prothero, J./Fiedler, F. E.: The Effect of Situational Change on Individual Behaviour and Performance: An Extension of the Contingency Model. In: Organization Research Technical Report (Univ. of Washington, Seattle) 1974, 74/59.
Rice, R. W.: Construct Validity of the Least Preferred Coworker Scale. In. Psych. Bull. 1978a, S. 1199–1237.
Rice, R. W.: Psychometric Properties of the Esteem for Least Preferred Coworker (LPC) Scale. In: AMR 1978b, S. 106–118.
Rice, R. W.: Reliability and Validity of the LPC Scale: A Reply. In: Academy of Management Review 1979, S. 291–294.
Rice, R. W./Aydin, C.: Attitudes Towards New Organizational Technology: Network Proximity as a Mechanism for Social Information Processing. In: ASQ 1991, S. 219–244.
Rush, M. C./Thomas, J. C./Lord, R. G.: Implicit Leadership Theory: A Potential Threat to the Internal Validity of Leader Behaviour Questionnaires. In: OBHP 1977, S. 93–110.
Sashkin, M./Burke, W. W.: Understanding and Assessing Organizational Leadership. In: *Clark, K. E./Clark, M. B.* (Hrsg.): Measures of Leadership. West Orange 1990, S. 297–325.
Schneider, D. J.: Implicit Personality Theory: A Review. In: Psych. Bull. 1973, S. 294–309.
Schriesheim, C. A./Bannister, B. D./Money, W. H.: Psychometric Properties of the LPC Scale: An Extension of Rice's Review. In: AMR 1979, S. 287–290.
Schriesheim, C. A./House, R. J./Kerr, S.: Leader Initiating Structure: A Reconciliation of Discrepant Research Results and Some Empirical Tests. In: OBHP 1976, S. 297–321.
Schriesheim, C. A./Kerr, S.: Psychometric Properties of the Ohio State Leadership Scales. In: Psych. Bull. 1974, S. 756–765.
Schriesheim, C. A./Kerr, S.: Theories and Measures of Leadership: A Critical Appraisal of Present and Future Directions. In: *Hunt, J. G./Larson, L. L.* (Hrsg.): Leadership: The Cutting Edge. Carbondale 1977a, S. 9–44.
Schriesheim, C. A./Kerr, S.: R.I.P. LPC: A Response to Fiedler. In: *Hunt, J. G./Larson, L. L.* (Hrsg.): Leadership: The Cutting Edge. Carbondale 1977b, S. 51–56.
Schriesheim, C. A./Kinicki, A. J./Schriesheim, J. F.: The Effect of Leniency on Leader Behaviour Descriptions. In: OBHP 1979, S. 1–29.
Schriesheim, C. A./Stogdill, R. M.: Differences in Factor Structure Across Three Versions of the Ohio State Leadership Scales. In: PP 1975, S. 189–206.
Seeman, M.: A Comparison of General and Specific Leader Behaviour Descriptions. In: *Stogdill, R. M./Coons, A. E.* (Hrsg.): Leader Behaviour: Its Description and Measurement, Columbus 1957, S. 86–102.
Solomon, R. H.: Personality Changes in Leaders and Members of Personality Laboratories. In: Dissertations Abstracts International 1976, S. 5285–5286.
Spangler, W. D./House, R. J.: Presidential Effectiveness and the Leadership Motive Profile. In: JPSP 1991, S. 439–455.
Stinson, J. E.: „Least Preferred Coworker" as a Measure of Leadership Style. In: Psychological Reports 1972, S. 390.
Stogdill, R. M.: Manual for the Leader Behaviour Description Questionnaire – Form XII. Columbus 1963.
Stogdill, R. M.: Validity of Leader Behaviour Descriptions. In: PP 1969, S. 153–158.
Yukl, G. A.: Leadership in Organizations, 2. A., Englewood Cliffs 1989.
Yukl, G. A.: Leader LPC Scores: Attitude Dimensions and Behavioural Correlates. In: Journal of Social Psychology 1970, S. 207–212.
Yukl, G. A./Cayer, M.: Unpublished manuscript 1986.
Yukl, G. A./Nemeroff, W.: Identification and Measurement of Specific Categories of Leadership Behaviour: A Progress Report. In: *Hunt, J. G./Larson, L. L.* (Hrsg.): Crosscurrents in Leadership. Carbondale 1979, S. 164–200.
Yukl, G. A./Van Fleet, D.: Cross-Situational, Multi-Method Research on Military Leader Effectiveness. In: OBHP 1982, S. 87–108.
Yukl, G. A./Wall, S./Lepsinger, R.: Preliminary Report on Validation of The Managerial Practices Survey. In: *Clark, K. E./Clark, M. B.* (Hrsg.): Measures of Leadership. West Orange 1990, S. 86–102.
Yunker, G. W./Hunt, J. B.: An Empirical Comparison of the Michigan Four-Factor and Ohio State LBDQ Leadership Scales. In: OBHP 1976, S. 45–65.
Zaccaro, S. J./Foti, R. J./Kenny, D. A.: Self-Monitoring and Trait-Based Variance in Leadership: An Investigation of Leader Flexibility Across Multiple Group Situations. In: JAP 1991, S. 308–315.

Entgeltpolitik für Führungskräfte

Heinz Evers

[s. a.: Budgets als Führungsinstrument; Entgeltsysteme als Motivationsinstrument; Stellenbeschreibung als Führungsinstrument; Zielsetzung als Führungsaufgabe.]

I. *Begriff*; II. *Entgeltpolitik im Spannungsfeld divergierender Interessen*; III. *Aktueller Stand*; IV. *Entwicklungstendenzen*, V. *Anreizpolitik als Bezugsrahmen*.

I. Begriff

Entgeltpolitik beinhaltet die Ausgestaltung und Bemessung der materiellen Leistungen, die die Unternehmen ihren Mitarbeitern als Gegenwert für ihre Arbeitsleistungen zuwenden. *Entgelt*, synonym: *Vergütung*, setzt sich bei Führungskräften aus den drei Hauptkomponenten zusammen:

1. Grund- oder Festbezüge

Sie sind entweder – wie vor allem im oberen Management – in einem Jahresbetrag vereinbart oder umfassen auf das Jahr bezogen die festen Monatsgehälter multipliziert mit Anzahl der Zahlungen im Jahr zuzüglich evtl. gesondert gewährter Weihnachts- und Urlaubsgelder.

2. Variable Bezüge

Dabei handelt es sich um zusätzliche monetäre Bezüge in Form von Erfolgsbeteiligungen, Tantiemen, Prämien oder sonstigen Jahresabschlußvergütungen. Sie sind regelmäßig dem Grunde nach zugesagt, in ihrer Höhe aber mehr oder weniger variabel. Die Höhe richtet sich zumeist nach der Entwicklung bestimmter Bezugsgrößen oder basiert auf Ermessensentscheidungen zuständiger Instanzen.

3. Zusatz- und Sozialleistungen

Sie beinhalten alle sonstigen Sach- und Geldleistungen oder Leistungszusagen, die die Unternehmen über die monetären Bezüge hinaus ihren Mitarbeitern erbringen.

Die Entgeltpolitik gegenüber den ausführenden Mitarbeitern ist größtenteils tarifvertraglich vorgegeben und insofern der betrieblichen Entscheidungssphäre entzogen. Sie wird wesentlich durch die Sozialpartner konzipiert und gestaltet. Dagegen ist die Entgeltpolitik für Führungskräfte, die überwiegend zu den außertariflichen oder leitenden Angestellten zählen, noch in weiten Bereichen Objekt einzelvertraglicher Regelungen und unterliegt somit der Entscheidungskompetenz der einzelnen Unternehmen. Auf diese Entgeltbereiche beschränken sich die folgenden Ausführungen. Sie lassen insbesondere die gesetzlich normierten Sozialleistungen aufgrund ihres Zwangscharakters unberücksichtigt.

II. Entgeltpolitik im Spannungsfeld divergierender Interessen

Da die Entgeltpolitik auf einen Ausgleich z. T. gegenläufiger Interessen von Unternehmen und Führungskräften abzielt, setzen ihr Verständnis und ihre Gestaltung die Analyse der unterschiedlichen Anforderungen voraus, die beide Parteien jeweils von ihren Standpunkten aus an die Vergütung richten.

1. Anforderungen der Führungskräfte

Für die Führungskräfte bildet das Arbeitsentgelt die *materielle Existenzgrundlage*. Es ermöglicht ihnen und ihren Familien einen angemessenen Lebensstandard. Die Feststellung, daß diese Funktion des Entgelts heute mit wachsendem Wohlstand an Gewicht verliert, hat zu dem verbreiteten Fehlschluß geführt, die Motivationswirkung der Vergütung (→*Entgeltsysteme als Motivationsinstrument*) grundsätzlich zu verneinen. Die ausschließliche Sicht des Entgelts als Mittel zur Befriedigung physiologischer Bedürfnisse ist jedoch zu einseitig und verstellt nur den Blick für eine effiziente Vergütungspolitik.

Die Vergütung erfüllt gleichermaßen *Sicherheitsbedürfnisse*. Es geht hier um die Vorsorge für Krankheit, Invalidität und Tod sowie um die materielle Absicherung für den Ruhestand oder bei Verlust des Arbeitsplatzes. Diesen Bedürfnissen, die in der gegenwärtigen Wirtschaftssituation besondere Aktualität besitzen, tragen nicht primär die monetären Bezüge Rechnung, sondern in stärkerem Maße Zusatzleistungen, wie Gehaltsfortzahlungen bei Krankheit und Tod, Unfallversicherungen, Pensions- und Abfindungsregelungen.

Darüber hinaus erwarten die Führungskräfte, daß das Entgelt der sozialen Umwelt die Wertschätzung dokumentiert, die das Unternehmen ihnen und ihrer Arbeitsleistung entgegenbringt (*Groenewald* 1984). Es signalisiert beruflichen Erfolg und vermittelt *Sozialprestige*. Je stärker bei den Führungskräften das Bedürfnis nach Anerkennung ausgeprägt ist, um so bedeutsamer ist diese Entgeltfunktion. Da die monetären Bezüge der Umwelt kaum transparent sind, drückt sich die Wertschätzung der Unternehmen vor allem in Vergütungskomponenten aus, die den Charakter von Statussymbolen tragen. Dazu gehören Typ und Hubraumklasse des Firmenwagens, Teilnahme an internationalen Kongressen oder Incentive-Reisen, aber auch die exklusive Büroausstattung oder die großzügige Spesenerstattung. Die Wirkung dieser Statussymbole wurde in der Vergangenheit häufig unterschätzt. In einer Überbetonung rationaler Beweggründe maß man ihnen nur ihre geldwerte Bedeutung bei und baute sie im Zuge von Rationalisierungsmaßnahmen vielfach ab. Eine solche Betrachtung erscheint jedoch als zu vordergründig. Als Vermittler von Sozialprestige haben derartige Leistungen im Rahmen einer zeitgemäßen Entgeltpolitik durchaus ihren festen Platz.

Die Vergütung dient den Führungskräften aber auch als *persönlicher Leistungsmaßstab*. Je mehr der einzelne infolge fortschreitender Arbeitsteilung das unmittelbare Ergebnis seiner Arbeit aus den Augen verliert, um so stärker sucht er nach Orientierungspunkten für den eigenen Erfolg. Insbesondere leistungsmotivierte Menschen verlangen nach derartigen Maßstäben. Als Instrument der Selbstwertschätzung soll die Vergütung insofern in ihrer Höhe und Entwicklung den Führungskräften ihren eigenen Standort innerhalb des betrieblichen Leistungsgefüges verdeutlichen (*Groenewald* 1984). Sinnvoll gestaltete leistungsorientierte Vergütungsregelungen entsprechen dieser Erwartungshaltung.

Schließlich ein letzter, wichtiger Aspekt: Die Führungskräfte erwarten ein „gerechtes" Entgelt in dem Sinne, daß ihr individueller Beitrag zum Unternehmenserfolg angemessen berücksichtigt wird. Ihr Urteil über diese *Verteilungsgerechtigkeit* resultiert dabei aus einem Vergleich der Relation zwischen eigener Leistung und Vergütung zur Leistung und Vergütung bestimmter Bezugsgruppen. Innerbetrieblich sind das vor allem vergleichbare Positionsinhaber auf derselben Führungsebene sowie unterstellte Mitarbeiter, aber auch – soweit Entgeltinformationen verfügbar sind – die eigenen Vorgesetzten. Außerbetrieblich orientiert man sich an Personengruppen, die man selbst als vergleichbar einschätzt. Der externe Vergleich wird um so entscheidender, je höher die Führungskräfte in der Unternehmenshierarchie aufsteigen und je weniger gleichgestellte Bezugspersonen sich ihnen damit innerbetrieblich anbieten.

2. Anforderungen der Unternehmen

Neben diese Erwartungen der Führungskräfte an ihre Vergütung treten gleichrangig die Anforderungen und Interessen der Unternehmen. Sie betrachten Arbeitsentgelte zunächst als Kosten, die es – wie jede andere Kostenart – zu minimieren bzw. in angemessenen Grenzen zu halten gilt. Wirtschaftlichkeitserwägungen spielen insofern bei jeder betrieblichen Diskussion um Führungskräfteentgelte eine wesentliche Rolle.

Die ausschließlich kostenorientierte Betrachtung reicht allerdings für eine sinnvolle Entgeltpolitik nicht aus. Führungskräfte sind primär „Gewinnproduzenten", nicht „Kostenverursacher". Es liegt insofern vorrangig im Unternehmensinteresse, das Führungskräfteentgelt als wirksames *Anreizinstrument zur Erreichung der Unternehmensziele* einzusetzen (→*Entgeltsysteme als Motivationsinstrument*). Die dazu notwendige Verknüpfung von Entgelt und Leistung verlangt primär die entsprechende Gestaltung variabler Entgeltkomponenten. Aber auch das Angebot an Zusatzleistungen ist möglichst leistungsorientiert auszurichten.

Die Gewinnung und langfristige Bindung qualifizierter Führungskräfte wird für die Unternehmen zunehmend zur Existenzfrage. Sie sind daher bestrebt, die Vergütung als wirksames Instrument im Rahmen ihres Personalmarketing einzusetzen. Dazu gilt es, durch ein entsprechendes Vergütungsniveau und ein attraktives Mix der Vergütungskomponenten gegenüber Konkurrenten am externen Arbeitsmarkt Wettbewerbsvorteile zu erringen bzw. zumindest konkurrenzfähig zu bleiben.

3. Entgeltpolitik als Interessenausgleich

Zwischen diesen Unternehmens- und Mitarbeiterinteressen muß die Entgeltpolitik einen fairen Kompromiß finden. Ziel ist eine Vergütung, die im innerbetrieblichen Vergleich der Bedeutung der jeweiligen Führungsaufgabe i. S. ihres relativen Beitrages zum Unternehmenserfolg Rechnung trägt *(Funktionsgerechtigkeit)*, den Grad der Aufgabenerfüllung des Stelleninhabers angemessen berücksichtigt *(Leistungsgerechtigkeit)* und außerbetrieblich im Rahmen dessen liegt, was Unternehmen mit vergleichbarer personalstrategischer Zielsetzung ihren Führungskräften vergüten *(Marktgerechtigkeit)*. Die Vergütung sollte dabei sowohl durch zweckmäßig gestaltete variable Bezüge als auch durch ein attraktives, auf die individuellen Bedürfnisse zugeschnittenes Zusatzleistungsangebot den Führungskräften wirksame Leistungsanreize bieten und sie auf Dauer an das Unternehmen binden.

III. Aktueller Stand

In der deutschen Wirtschaft bildet die Führungskräftevergütung eine deutliche *Schwachstelle betrieblicher Personalpolitik*. Die Erkenntnis, daß die Vergütung nicht nur Kosten verursacht, sondern zugleich ein wichtiges Motivations- und Führungsinstrument darstellt, hat bislang nicht zu den notwendigen Konsequenzen geführt. Konzeption und Realisierung einer systematischen, ganzheitlichen Entgeltpolitik für Führungskräfte finden sich nur in wenigen Unternehmen, vornehmlich in Großunternehmen sowie in Tochtergesellschaften amerikanischer Konzerne. In der Mehrzahl der deutschen Unternehmen wird die Personalkostenbelastung zwar als drückend beklagt, ein umfassendes Vergütungsmanagement aber weder als Aufgabe noch als Chance erkannt. Zudem ist die derzeitige Vergütungspraxis durchweg operativ ausgerichtet.

Eine strategische Orientierung findet sich bislang kaum.

In den *monetären Komponenten* mangelt es der Führungskräftevergütung vor allem an systematischer Fundierung. Verfahren zur Arbeitsbewertung und Leistungsbeurteilung als die notwendigen Grundlagen einer funktions- und leistungsgerechten Entgeltfindung (→*Entgeltsysteme als Motivationsinstrument*) sind die Ausnahme. Als Gründe dafür sind maßgeblich: Schwierigkeiten bei der herkömmlichen personenunabhängigen Arbeitsbewertung durch den prägenden Einfluß der Führungskräfte auf den Stelleninhalt, Beurteilungsprobleme aufgrund der überwiegend qualitativen Aspekte der Führungsleistung sowie ihrer relativen Einzigartigkeit, schließlich die fehlende Einsicht in die Notwendigkeit der Entgeltsystematisierung angesichts einer vermeintlich überschaubaren Zahl von Führungskräften. Daneben stehen auch die negativen Erfahrungen, die viele Unternehmen mit ihren *analytischen Arbeitsbewertungs- und Personalbeurteilungssystemen* im Führungskräftebereich sammeln mußten, einer weiteren Verbreitung der Entgeltsysteme im Wege.

Diese in der Vergangenheit zumeist empfohlenen, mit hohen Erwartungen eingeführten Bewertungsverfahren erwiesen sich nicht nur als äußerst arbeits- und kostenaufwendig in Einführung und Pflege, sie zeigten auch in der praktischen Anwendung erhebliche Mängel. Beklagt werden vor allem die bürokratische Schwerfälligkeit und Inflexibilität dieser Systeme gegenüber internen und externen Veränderungen sowie die verstärkte Einflußnahme der Betriebsräte auf die Führungskräftevergütung. Hinzu kommt die wachsende Einsicht, daß selbst die aufwendigsten Bewertungssysteme die propagierten Ansprüche auf Objektivität und Gerechtigkeit nur sehr bedingt erfüllen und sich unter dem Deckmantel quantitativer Scheingenauigkeit nach wie vor nur Ermessensentscheidungen verbergen.

Infolge der unzureichenden Systematisierung sind die tatsächlichen Entgeltstrukturen im Management häufig unausgewogen und von Zufälligkeiten geprägt. Sie spiegeln vielfach eher das individuelle Verhandlungsgeschick früherer oder aktueller Positionsinhaber wider als die tatsächliche Bedeutung der Funktion oder den Leistungsgrad des Stelleninhabers.

Diese Irrationalität der Entgeltstrukturen ist zugleich ursächlich für das Bestreben der Unternehmen, das monetäre Entgeltgefüge innerbetrieblich intransparent zu halten. Die *Tabuisierung der Führungskräftevergütung* – durch arbeitsvertragliche Geheimhaltungsbestimmungen noch vielfach normiert – hat hier eine ihrer wesentlichen Wurzeln.

Auch die *zwischenbetriebliche Vergütungstransparenz* als die notwendige Voraussetzung einer wettbewerbsfähigen, marktgerechten Entgeltgestaltung ist in den Unternehmen zumeist nur rudimentär gegeben. Die Marktorientierung der Entgeltpolitik beruht noch vielfach primär auf mehr oder weniger zufälligen Informationen seitens befreundeter Unternehmen bzw. auf punktuellen Erfahrungen aus Gehaltsverhandlungen mit externen Bewerbern. Im Gegensatz zum angelsächsischen Raum, wo fundierte zwischenbetriebliche Entgeltvergleiche seit langem zum festen Bestandteil personalwirtschaftlichen Instrumentariums zählen, setzt sich in Deutschland die Einsicht in den Nutzen und die Notwendigkeit derartiger Untersuchungen erst allmählich durch.

Da die generelle Aufteilung der Festbezüge in einen funktionsabhängigen und einen leistungsabhängigen Teil bei Führungskräften die Ausnahme darstellt, ergibt sich hier zumeist nur ein indirekter Leistungsbezug über die subjektive Einschätzung der vorgesetzten Instanzen und der daraus resultierenden Gehaltsentwicklung. Da diese Leistungseinschätzung den betroffenen Führungskräften allerdings weder in ihren Maßstäben noch in den finanziellen Konsequenzen voll einsichtig ist, bleibt die Anreizwirkung dieser Entgeltkomponente zwangsläufig gering.

Einen unmittelbaren Ausdruck findet die *leistungsorientierte Entgeltpolitik* dagegen in den variablen Bezügen.

Immerhin erhalten derzeit in Deutschland ca. 85% aller Top-Manager und 60% der Führungskräfte auf den beiden Leitungsebenen darunter variable Bezüge. Ihr Anteil an den Gesamtbezügen umfaßt im Top-Management durchschnittlich 25%, bei den Führungskräften sind es 15% (*Kienbaum Vergütungsberatung* 1992). Dieses Bild darf jedoch nicht zu Fehlschlüssen verleiten. Schließlich erhält von den Führungskräften kaum ein Drittel der Empfänger die variablen Bezüge auf einer vertraglich zwingenden Basis. Für die überwiegende Zahl werden sie als reine Ermessenstantiemen oder gar ohne jegliche vertragliche Grundlage gezahlt und sind von daher zu gezielter Leistungs- und Verhaltenssteuerung kaum geeignet. Selbst von den Top-Managern erhalten über 40% ihre Tantiemen ohne vertraglich bindende Form.

Aber auch im Falle rechtsverbindlicher Zusagen dienen als Bezugsgrößen durchweg globale Erfolgskategorien, wie etwa der Jahresgewinn, das Betriebsergebnis oder die ausgeschüttete Dividende. Sie stehen zur Tagesarbeit vor allem der unteren und mittleren Führungskräfte in einem viel zu losen Zusammenhang, um wirksame Leistungsanreize zu vermitteln. Für die Arbeit der Top-Manager besitzen diese Erfolgsgrößen zwar einen höheren Sinngehalt; doch sind sie regelmäßig nur auf die einzelne Abrechnungsperiode und damit zu kurzfristig ausgerichtet. Zudem honorieren sie vor allem das taktisch-operative Verhalten, vernachlässigen hingegen die notwendige strategische Orientierung (*Bleicher* 1992).

Da Inflation, Steuerprogression und steigende Sozialabgaben die monetären Bezüge stetig auszehren, erfreuen sich gegenwärtig die freiwilligen Zusatzleistungen bei den Mitarbeitern wachsender Wertschätzung. Zugleich nimmt ihr relatives Gewicht im Rahmen der betrieblichen Personalkosten stetig zu. Ungeachtet dessen findet sich in deutschen Unternehmen eine systematisch konzipierte, an klaren personalwirtschaftlichen Zielsetzungen orientierte Zusatzleistungspolitik bislang nur selten. Die aktuellen Leistungsangebote sind in Inhalt und Form zumeist traditionell gewachsen, dementsprechend noch eher Ausfluß patriarchalischer Fürsorge als bewußt gestaltete Parameter aktiver Entgeltpolitik. Ihre Wirksamkeit wird zudem häufig durch eine Zersplitterung in verschiedenste Teilleistungen sowie die mangelnde Berücksichtigung individueller Bedürfnisstrukturen gemindert. Sofern aber attraktive Leistungen geboten werden – dazu gehört vor allem die betriebliche Altersversorgung –, verhindert ein verbreitetes Informationsdefizit über Kosten und Leistungsinhalte bei den begünstigten Mitarbeitern die volle Entfaltung der Motivationswirkung.

IV. Entwicklungstendenzen

Die Bestrebungen zur *Systematisierung und Strukturierung der monetären Führungskräftevergütung* orientieren sich derzeit weg von komplexen analytischen Bewertungsverfahren hin zu einfach handhabbaren summarischen Systemen. Diese vermeiden den problematischen Umweg der Analytik – von den Stellenaufgaben über die Bewertung verschiedener Anforderungsarten zur Gehaltsbestimmung – und verknüpfen statt dessen die Führungsaufgaben direkt mit den Bezügen (*Bach* 1979). Die für Führungskräfte vor allem relevanten externen Marktwerte erhalten dabei stärkeres Gewicht.

Sie werden für die einzelnen Positionen durch systematische Vergütungserhebungen ermittelt und dienen unter Berücksichtigung der jeweiligen entgeltpolitischen Zielsetzungen als Basis zur wertmäßigen Festlegung von Gehaltsbändern bzw. -gruppen. Diese Gruppen lehnen sich entsprechend der Vergütungsrealität stark an die hierarchisch gegliederte Leitungsorganisation der Unternehmen an. Für einzelne Leitungsebenen werden nur dann mehrere Gehaltsgruppen eingerichtet, wenn gravierende Unterschiede in den Marktwerten oder in der betrieblichen Bedeutung der hier angesiedelten Positionen eine solche Differenzierung eindeutig erfordern. Die Gehaltsgruppen sind regelmäßig durch obere und untere Grenzwerte definiert. Vielfach ist eine weitere Untergliederung nach Leistungsstufen vorgesehen.

Zur Vermeidung hoher Anpassungskosten entscheidet man sich zumeist für eine „inoffizielle" Einführung der neukonzipierten Systeme. Sie dienen zunächst nur als unverbindliche Zielrahmen einer effizienten Vergütungspolitik und werden erst nach einigen Jahren für verbindlich erklärt.

Bei den variablen Bezügen konzentrieren sich die vergütungspolitischen Bestrebungen derzeit vor allem auf *Systeme zielorientierter Leistungsbewertung* (→*Budgets als Führungsinstrument;* →*Zielsetzung als Führungsaufgabe*). Die Basis bilden positionsspezifische Zielvorgaben, die soweit möglich direkt an *zentrale Stellenaufgaben* anknüpfen. Sie sind zumeist quantitativ, seltener qualitativ definiert. Für Querschnitts- und Stabsfunktionen, für die sich zentrale Leistungsstandards nicht operational definieren lassen, verwendet man zunehmend *einmalige Projekt- oder Aktionsziele*. Sie leiten sich situationsbezogen aus der laufenden Unternehmenstätigkeit ab und bezwecken bzw. honorieren letztlich Verbesserungen im jeweiligen Verantwortungsbereich.

Die Zielfindung erfolgt nach Möglichkeit *partizipativ*, indem etwa die Führungskraft für das kommende Jahr eine Reihe von Projekten vorschlägt, aus denen sich die vorgesetzte Instanz entsprechend ihren Leistungserwartungen – ggf. nach Modifikationen – die „förderungswürdigsten" Projekte auswählt und in einem Zielvereinbarungsgespräch festlegt (→*Zielsetzung als Führungsaufgabe*).

Zwei bis vier solcher Projektziele, nach betrieblicher Priorität gewichtet, bieten neben den zentralen Leistungsstandards die fundierte Basis zur Festsetzung leistungsbezogener variabler Bezüge. Die Untermauerung der Projektvorgaben durch Maßnahmen- und Zeitpläne ermöglicht eine laufende Fortschrittskontrolle. Das Ausmaß der Zielerfüllung läßt sich nur vereinzelt quantitativ, etwa durch exakte Prozentsätze, messen. Häufiger ist man statt dessen auf mehrstufige verbale Beurteilungsskalen angewiesen. Die Erörterung und Festlegung der Zielerreichung und damit zugleich der variablen Bezüge erfolgt in Feedback-Gesprächen. Da dabei konkrete Arbeitsergebnisse diskutiert werden und nicht die Persönlichkeits- oder Verhaltensmerkmale des Beurteilten, sind solche Gespräche für beide Parteien sachlicher und konfliktfreier zu führen als die herkömmlichen Beurteilungsgespräche.

Neben der Honorierung positionsspezifischer Zielerreichung bietet es sich für die oberen Führungskräfte an, einen Teil ihrer variablen Bezüge mit übergeordneten Firmenzielen zu verknüpfen. Diese Verklammerung beugt einem zu starken Ressortegoismus vor und erhöht die Identifikation der Manager mit dem Gesamtunternehmen.

Für die Top-Manager schließlich ist man

bemüht, aus der strategischen Planung gewonnene quantitative und qualitative Erfolgsgrößen periodengerecht zu zerlegen und die Erreichung dieser „strategischen Meilensteine" entsprechend zu honorieren (→Strategische Führung).

Bei den *freiwilligen Zusatzleistungen* zwingt die zunehmende Kostenbelastung der Unternehmen zu kritischer Revision. Ziel ist weniger, das derzeitige Leistungsniveau generell zu senken, als vielmehr die Motivationswirkung der gebotenen Zusatzleistungen bei konstanten Gesamtkosten nachhaltig zu erhöhen.

Hier bietet sich zunächst die Umschichtung des Leistungspaketes von motivational ausgelebten Leistungen auf attraktive, von den Führungskräften geschätzte Leistungen an. Fundierte Präferenzanalysen dienen dabei als Entscheidungshilfe. Desweiteren zielen die Bestrebungen auf eine *stärkere Flexibilisierung und Individualisierung* der bisher zumeist starren, kollektiv geregelten Leistungsangebote. Die Spannweite der Möglichkeiten reicht von einer stärker gruppenspezifischen Differenzierung von Inhalt und Kosten der angebotenen Zusatzleistungen, etwa nach einzelnen Führungsstufen oder Altersgruppen, bis zu sog. *Cafeteria-Systemen*, in denen sich die Führungskräfte jährlich aus einer Leistungspalette im Rahmen eines fixierten Kostenbudgets individuell die jeweils für sie passenden Angebote auswählen. Vielfach werden in diese Budgets auch die variablen Bezüge, ganz oder zum Teil, einbezogen und zur individuellen Disposition gestellt.

Der Erfolg dieser Bemühungen hängt entscheidend von einer Verbesserung der betrieblichen Informationspraxis ab. Das in vielen Personalabteilungen geübte defensive Informationsverhalten über Zusatzleistungen muß zu diesem Zweck in eine offensive Informationspolitik umgestaltet werden.

V. Anreizpolitik als Bezugsrahmen

Die Diskussion, was Mitarbeiter zur Arbeit motiviert, wurde in der Vergangenheit vielfach kontrovers geführt. Je nach Menschenbild wurden das materielle Entgelt oder aber immaterielle Anreize zumeist einseitig herausgestellt und in entsprechende Motivationskonzepte umgesetzt.

Heute wächst die Einsicht, daß derart eindimensionale Vorstellungen der Komplexität der Menschen und der Vielfalt ihrer Handlungsmotive nicht gerecht werden. Man geht statt dessen zunehmend davon aus, daß die Mitarbeitermotivation von der Summe verschiedenartiger Leistungsanreize abhängt. Sie umfassen sowohl die monetären Bezüge und sonstige materielle Komponenten als auch eine Vielzahl immaterieller Faktoren: vom Arbeitsinhalt über Handlungsfreiräume und Führungsstil bis zum Betriebsklima oder der Arbeitsplatzsicherheit. Letztlich erlebt der Mitarbeiter das gesamte Unternehmen als ein ganzheitliches Anreizsystem (*Becker* 1987).

Die Entgeltpolitik bildet von daher stets nur ein – wenn auch zentrales – Segment einer umfassenden Anreizpolitik und ist in ihrer Wirksamkeit in diesen Gesamtrahmen eingebettet. Angesichts ihrer Schlüsselrolle stellt die Anreizpolitik für Führungskräfte heute eine besondere Herausforderung der Unternehmensleitungen dar. Diese sollten in die systematische, zukunftsorientierte Ausgestaltung des Anreiz-Mixes für ihre Führungskräfte deutlich mehr Zeit und Engagement investieren, als es bislang in den meisten Unternehmen erfolgt.

Literatur

Ackermann, K. F.: Lohn- und Gehaltsdifferenzierung, betriebliche. In: *Gaugler, E.* (Hrsg.): HWP. Stuttgart 1975, Sp. 1242–1255.
Bach, O.: Gehaltsbestimmung für Angestellte. Stuttgart 1979.
Becker, F. G.: Anreizsysteme für Führungskräfte im Strategischen Management, 2. A., Bergisch Gladbach/Köln 1987.
Bleicher, K.: Strategische Anreizsysteme. Stuttgart/Zürich 1992.
Evers, H.: Führungskräfte richtig vergüten, 2. A., Freiburg 1988.
Evers, H.: Leistungsanreize für Führungskräfte. In: *Schanz, G.* (Hrsg.): Handbuch Anreizsysteme in Wirtschaft und Verwaltung. Stuttgart 1991, S. 739–751.
Evers, H.: Zukunftsweisende Anreizsysteme für Führungskräfte. In: *Kienbaum, J.* (Hrsg.): Visionäres Personalmanagement. Stuttgart 1992, S. 385–401.
Evers, H./Grätz, F./Näser, Ch.: Die Gehaltsfestsetzung bei Geschäftsführern der GmbH und GmbH & Co., 3. A., Köln 1992.
Groenewald, H.: Leistungsbewertung. In: Management Enzyklopädie. 2. A., Bd. 6., München 1984, S. 80–106.
Kienbaum Vergütungsberatung (Hrsg.): Gehaltsstrukturuntersuchung 1992. Bd. I: Leitende Angestellte, Bd. II: Geschäftsführer, Gummersbach 1992.
Knebel, H. (Hrsg.): Stand der Leistungsbeurteilung und Leistungszulagen in der Bundesrepublik Deutschland. Frankfurt/M. 1981.
Lattmann, Ch.: Leistungsbeurteilung als Führungsmittel. Bern/Stuttgart 1975.
Lawler, E. E.: Strategic Pay. San Francisco/Oxford 1990.
Wagner, D.: Personalbeurteilungssysteme als Führungsinstrument. In: ZfO, 54. Jg., 1985, 2, S. 109–114.
Wagner, D.: Möglichkeiten und Grenzen des Cafeteria-Ansatzes in der Bundesrepublik Deutschland. In: BFuP 1986, S. 16–27.
Zander, E.: Handbuch der Gehaltsfestsetzung. 5. A., München 1990.

Entgeltsysteme als Motivationsinstrument

Daniel A. Ondrack

[s. a.: Entgeltpolitik für Führungskräfte; Führungstheorien – Austauschtheorie, – Idiosynkrasiekreditmodell, – Machttheorie, – Soziale Lerntheorie, – Theorie der Führungssubstitution, – Weg-Ziel-Theorie; Personalbeurteilung von Führungskräften.]

I. Ein umfassendes Kompensationsmodell; II. Die Administration der Entlohnung.

I. Ein umfassendes Kompensationsmodell

Es scheint uns notwendig, von einem umfassenden Kompensationsmodell auszugehen. Ein solch umfassendes Modell (auch totales Kompensationsmodell genannt, *Lawler* 1981) setzt einen Führer in die Lage, die Komplexität der Kompensation zu verstehen, so daß er das spezielle Instrument der Entlohnung zur *Motivation* seiner Mitarbeiter am besten einsetzen kann.

Wenn wir die Mitarbeiter als Arbeitnehmer betrachten, dann steht eine Vertragsbeziehung mit dem Arbeitgeber im Zentrum des Modells. Der Arbeitnehmer bietet Fertigkeiten, Zeit, Energie usw. an, die er entsprechend den Anforderungen der Arbeitsaufgabe einzusetzen bereit ist. Die Fertigkeiten, Zeit usw. des Arbeitnehmers können allerdings auch anderen Opportunitäten oder zugunsten seiner persönlichen Interessen (Familie, Erholung usw.) eingesetzt werden. Der Arbeitgeber bietet in Entsprechung hierzu ein Bündel unterschiedlicher Kompensationstypen an, die Attraktivität für den Arbeitnehmer besitzen und dem Konzept eines fairen Austauschs (→*Führungstheorien – Austauschtheorie*) genügen müssen. Die Verhandlungen zwischen beiden spielen sich sowohl auf einer expliziten als auch auf einer impliziten Diskussionsebene ab und umfassen sowohl Aspekte einer formalen als auch einer informalen Kompensation. Das Ergebnis dieser Verhandlungen ist ein echter *psychologischer Vertrag,* dem beide Parteien auf der Basis dessen zustimmen, was sie glauben, vom anderen versprochen bekommen zu haben, und was sie als die jeweiligen Inputs und Outputs wahrnehmen können.

Wenn der Führer und seine Untergebenen aus der Zusammenarbeit immer mehr Erfahrungen gewinnen, erhalten auch beide zusätzliche Informationen über die Realitäten ihres Arbeitsverhältnisses. Die zusätzlichen Informationen können die ursprünglichen Annahmen bestätigen oder ihnen zuwider laufen; hieraus könnte es notwendig erscheinen, einige Aspekte des psychologischen Vertrages zu modifizieren. Auf diesem Wege durchläuft der psychologische Vertrag einen evolutionären Prozeß reziproker Beeinflussung zwischen Führer und Geführten (*Brenne* 1975; *Barrow* 1976). Wenn der Führer überzeugt ist, daß die Leistung des jeweiligen Untergebenen anhält, hinreichend befriedigend zu sein, und der Untergebene hinreichend zufrieden mit der Arbeitssituation ist, dann verbleibt der psychologische Vertrag in Kraft. Veränderungen in den Erwartungen, den Leistungen oder den Belohnungen, welche die Toleranzgrenzen für Ausnahmen übersteigen, bedrohen die Gültigkeit des Vertrages und können dazu führen, daß der Vertrag gelöst wird.

Das Bündel der Kompensationskomponenten, die von der Organisation angeboten werden, besteht sowohl aus materiellen als auch immateriellen Kompensationen oder Zahlungen. Viele der materiellen Komponenten sind von der Organisation festgelegt, und der Führer hat auf sie kaum einen Einfluß. Aber er hat in der Regel einen großen Einfluß auf die immateriellen Kompensationen. Abbildung 1 zeigt ein Modell der materiellen und immateriellen Kompensationen; jede dieser Komponenten wird im folgenden im einzelnen diskutiert.

Die Komponenten der formalen Kompensation werden im wesentlichen festgelegt durch die Politik der Organisation (→*Führungstheorien – Theorie der Führungssubstitution*), die Bestimmungen zur Einkommens- und Lohnsteuer und die Bedingungen auf dem Arbeitsmarkt.

Da das Gerüst der formalen *Kompensation* im wesentlichen für den Einflußbereich des Führers vorbestimmt ist, verbleibt ihm im formalen Zusammenhang die Entscheidung der Einordnung der Mitarbeiter in das formale Kompensationsschema. In vielen Organisationen haben Führer einen starken Einfluß darauf, wer eine Lohnerhöhung erhält oder wer für andere Vorteile in Frage kommt oder wer ausersehen ist, in ein Gewinn- oder Vermögensbeteiligungssystem der Firma einbezogen zu werden. Normalerweise allerdings kommen solche Entscheidungen nur für Angestellte oder gar nur für leitende Angestellte in der Organisation in Frage. Je niedriger die Positionsebene in der Organisation ist, desto geringer ist häufig die Einflußchance auf Kompensationsunterschiede.

In bezug auf die informale Kompensation hat der Führer weitaus mehr Gelegenheiten, eine Belohnungssituation zu gestalten, die in der Lage ist, die Organisation für Untergebene zu individualisieren (*Lawler* 1982). Im allgemeinen gilt, daß jede der im folgenden angesprochenen Komponenten der psychologischen oder immateriellen Kompensation nur in dem Ausmaß effektiv oder sinnvoll für den Untergebenen ist, in dem die Kompensation als attraktiv angesehen wird oder eine positive

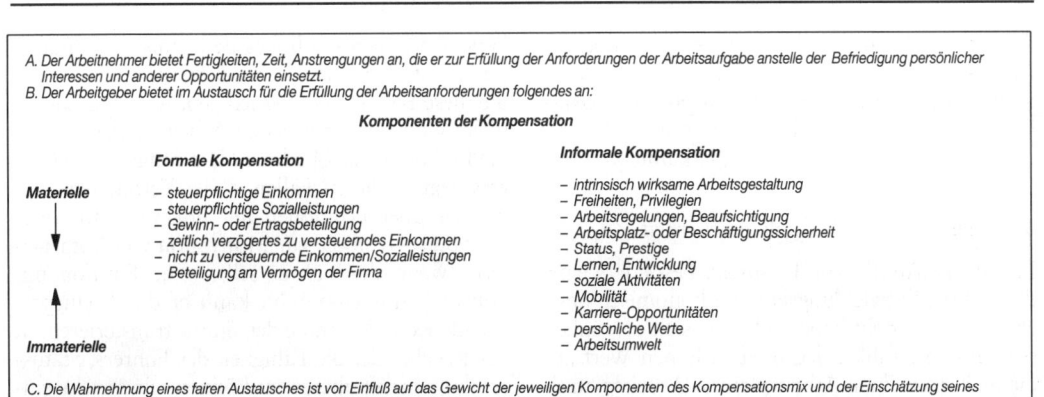

A. Der Arbeitnehmer bietet Fertigkeiten, Zeit, Anstrengungen an, die er zur Erfüllung der Anforderungen der Arbeitsaufgabe anstelle der Befriedigung persönlicher Interessen und anderer Opportunitäten einsetzt.
B. Der Arbeitgeber bietet im Austausch für die Erfüllung der Arbeitsanforderungen folgendes an:

Komponenten der Kompensation

	Formale Kompensation	**Informale Kompensation**
Materielle ↑ ↓ **Immaterielle**	– steuerpflichtige Einkommen – steuerpflichtige Sozialleistungen – Gewinn- oder Ertragsbeteiligung – zeitlich verzögertes zu versteuerndes Einkommen – nicht zu versteuernde Einkommen/Sozialleistungen – Beteiligung am Vermögen der Firma	– intrinsisch wirksame Arbeitsgestaltung – Freiheiten, Privilegien – Arbeitsregelungen, Beaufsichtigung – Arbeitsplatz- oder Beschäftigungssicherheit – Status, Prestige – Lernen, Entwicklung – soziale Aktivitäten – Mobilität – Karriere-Opportunitäten – persönliche Werte – Arbeitsumwelt

C. Die Wahrnehmung eines fairen Austausches ist von Einfluß auf das Gewicht der jeweiligen Komponenten des Kompensationsmix und der Einschätzung seines Gesamtwertes.
D. Der individuelle Zeithorizont beeinflußt die Wahrnehmung der Austauschsituation; das heißt z.B., eine kurzfristige Ungleichheit kann toleriert werden in der Erwartung eines wichtigeren langfristigen Ausgleichs der Austauschbeziehung.

Abb. 1: Ein umfassendes Kompensationsmodell

Valenz hat, und nur so lange motivierend wirkt, als die Kompensation als fair angesehen wird, d. h., daß jeweils wahrgenommen wird, daß die Austauschbeziehungen ein gleichgewichtiges Verhältnis aufweisen (vgl. Abb. 1).

1. Intrinsische Arbeitsgestaltung

Ein Teil der Arbeitnehmer wird charakterisiert als Personen, die eine instrumentelle Orientierung zu ihrer Arbeit haben; dies bedeutet, daß sie mehr an der Höhe des Arbeitseinkommens *(extrinsische Belohnung)* interessiert sind als an dem Inhalt ihrer Arbeit *(intrinsische Belohnung)* (*Lawler* 1971). Die meisten ihrer psychologischen Bedürfnisse werden außerhalb der Arbeit befriedigt, und die Arbeit wird zum überwiegenden Teil als Mittel gesehen, um die Kosten für die Freizeitaktivitäten bezahlen zu können. Wenn Arbeitnehmer eine hohe Instrumentalität oder eine niedrige Stärke ihrer Wachstumsbedürfnisse (*Hackmann/Oldham* 1980) zeigen, dann hat der Führer eine Arbeitssituation anzubieten, die gekennzeichnet ist durch eine adäquate Entlohnung nach den Standards des Arbeitsmarktes, klar definierte Aufgaben und Verantwortlichkeiten; der Führer kann bestenfalls eine Motivation erwarten, die gerade ausreicht, um das Minimum der Aufgaben und Verantwortlichkeiten zu erfüllen.

Andere Arbeitnehmer sind jedoch sehr interessiert daran, ob die Arbeitsaufgabe Motivatoren im Sinne *Herzbergs* (1968) enthält oder die Befriedigung ähnlicher Bedürfnisse höherer Art (*Alderfer* 1969) ermöglicht. Wenn die Arbeitnehmer eine geringe Instrumentalität oder hohe Wachstumsbedürfnisse zeigen, dann suchen sie nach Gelegenheiten, ihre Bedürfnisse innerhalb der Arbeitsaufgabe zu befriedigen. Je mehr der Führer mit seinen Mitarbeitern angereicherte Arbeitsinhalte aushandeln kann, desto mehr kommen sie zu der Überzeugung, daß die Arbeitsaufgabe ihren Bedürfnisstrukturen entgegenkommt. Der Wert dieser wahrgenommenen Bedürfnisbefriedigungsopportunitäten kann nicht quantifiziert werden, aber es gibt genügend Befunde darüber, daß viele Mitarbeiter einer interessanten Arbeitsaufgabe eine höhere Priorität geben als der formalen Einkommensebene ihrer Arbeit (*Ondrack* 1973). Eine Grundüberzeugung, die der Idee der Humanisierung der Arbeit (*Kolodny/Van Beinum* 1984) zugrunde liegt, ist die Annahme, daß ein großer Teil der Arbeitnehmerschaft positiv auf die Anreicherung der Opportunitäten für Zufriedenheit und intrinsische Bedürfnisbefriedigung aufgrund einer entsprechenden Arbeitsgestaltung reagiert. Hieraus ergibt sich, daß eine angereicherte Arbeitsaufgabe als eine wichtige psychologische Kompensation im Zusatz zu der formalen Kompensation angesehen wird.

2. Freiheiten, Privilegien

Wenn einige Arbeitnehmer Wert auf spezielle Privilegien legen und der Führer darauf aus ist, sie zu belohnen oder zu motivieren, dann ist die Fähigkeit des Führers, solche *Privilegien* zu gewähren, eine wichtige Ergänzung für die formale Kompensation. Dieses Prinzip liegt der Entwicklung solcher Kompensationsvorteile wie einer flexiblen *Arbeitszeit* oder einer verkürzten Arbeitswoche zugrunde. Informale Privilegien für einzelne Personen können in der Freiheit liegen, für sich allein ohne enge Überwachung zu arbeiten; ebenso liegen sie vor, wenn dem einzelnen gestattet ist, seine Arbeitszeit, seine Arbeitsgeschwindigkeit, seine Arbeitsmethoden selbst festzulegen. Das gleiche gilt für die Freiheit, jene Projekte auswählen oder Prioritäten setzen zu können, die den eigenen Interessen am meisten entsprechen. Der Einsatz von Privilegien als eine Form der Kompensation hat den Effekt, daß die Formalisierung der Arbeitsbeziehungen reduziert wird und dadurch eine individuellere Arbeitssituation entsteht. Die Entwicklung solcher individualisierter Arbeitsbedingungen sollte natürlich durch den Arbeitnehmer durch eine entsprechende befriedigende Leistung anerkannt werden.

3. Arbeits- und Beschäftigungssicherheit

Eine große Anzahl von Personen, besonders jene, die in ihren Entwicklungsjahren ökonomisch unsichere Zeiten erlebt haben oder die sich persönlich sehr unsicher fühlen, legen einen hohen Wert auf die Sicherheit ihres Arbeitsplatzes. Arbeitsplatzsicherheit bezieht sich auf die Wahrscheinlichkeit, im Rahmen der gleichen Arbeitsaufgabe Beschäftigung zu finden; Beschäftigungssicherheit meint die Wahrscheinlichkeit, beschäftigt zu bleiben, auch wenn dies die Möglichkeit des Einsatzes für unterschiedliche Arbeitsaufgaben einschließt. Da beide Arten der Sicherheit einer Person einen relativ vorhersehbaren Einkommensstrom bringen, kann die Person bereit sein, die Einkommenshöhe gegenüber der Einkommenssicherheit zurückzustellen. Jüngere Arbeitnehmer sind in der Regel mehr an Einkommenshöhe interessiert, während ältere Arbeitnehmer (besonders jene mit familiären Verpflichtungen) stärker auf die Stabilität des Einkommens achten (*Burack/Smith* 1982). Abhängig von der Art der Organisation kann ein Führer mehr oder weniger fähig sein, die Arbeits- oder Beschäftigungssicherheit zu beeinflussen. Fest steht jedoch, daß die Beschäftigungssicherheit ein wichtiger Aspekt der Reaktion auf Veränderungen in bezug auf Arbeitsinhalte und die Arbeitsverteilung ist. In der Regel kommt es zu einer höheren Akzeptanz von technologischen Veränderungen am Arbeitsplatz, wenn Beschäftigungssicherheit garantiert werden kann, selbst dann, wenn die *Arbeitsplatzsicherheit* nicht gewährleistet werden kann (*Hackman* 1977).

4. Status und Prestige

Generell gilt eine Beziehung zwischen der Entgeltsebene und dem Umfang von Status und Prestige, die mit der entsprechenden Arbeitsaufgabe verbunden sind. Dessen ungeachtet kommt es manchmal aber doch zu größeren Diskrepanzen zwischen beiden. So ist es häufig so, daß Angehörige der öffentlichen Verwaltung, religiöser, militärischer und mit Erziehungsaufgaben betrauter Organisation formal weit geringer bezahlt werden als Führungskräfte der Privatindustrie, obgleich erstere ein höheres Prestige oder einen höheren Status haben als letztere. Arbeitsaufgaben mit hohem Status sind häufig mit leicht wahrnehmbaren Statussymbolen (z. B. Uniformen) verbunden, die für andere hochbezahlte, aber mit niedrigerem Status ausgestattete Arbeitnehmer nicht zur Verfügung stehen. Einige Personen haben ein hohes Bedürfnis nach Status, und sie streben entsprechend Arbeitsaufgaben an, die diese Bedürfnisse befriedigen, während andere mehr Wert auf interessante Arbeitsaufgaben oder die Einkommenshöhe legen. Die Aufgabe des Führers liegt in diesen Fällen in der Verfügungsmöglichkeit über Positionen mit hohem Status oder über Statussymbole zur Motivation von Mitarbeitern. Wenn der Führer selbst eine Position mit hohem Status einnimmt, kann er durch entsprechende Kontaktnahme den Status transferieren. In der Regel bildet die Fähigkeit des Führers, Statussymbole manipulieren zu können, einen sehr einflußreichen Mechanismus, der Einkommen substituieren kann und häufig sehr wenig kostet.

5. Lernen und Entwicklung

Für viele Personen liegt in der Gelegenheit, als wertvoll erachtete Fertigkeiten erwerben zu können, ihr Wissen ausweiten und Erfahrung gewinnen zu können etwa dadurch, daß sie in einer speziellen Organisation oder mit einem speziellen Führer arbeiten können, eine wichtige Kompensation. In solchen Situationen ist es nicht ungewöhnlich, daß die betroffenen Personen geringere Einkommen im Austausch für die Gelegenheit, weiterlernen zu können, akzeptieren. Eine Organisation oder ein Führer, der/dem es gelingt, den Ruf zu erringen, überlegene Ausbildungschancen zu gewähren, kann qualifiziertere Mitarbeiter anziehen und eine höhere Motivationsebene erreichen.

Lern- und Entwicklungschancen können sowohl für den Führer als auch den Untergebenen eine sehr befriedigende Austauschbeziehung bilden; der Austausch kann jedoch mit der Zeit in bezug auf mindestens zwei Aspekte modifiziert werden. Zum einen kann der lernende Untergebene zu der Überzeugung kommen, daß er alles Nötige oder Mögliche von dem Führer gelernt hat. Wenn sich dies einstellt, kann die Attraktivität des Austausches sehr zurückgehen, und der Untergebene wird weniger durch den Lernaspekt in der jeweiligen Beziehung motiviert sein. Zum zweiten kann der Führer darin versagen, Schritt mit den neuesten Entwicklungen auf seinem Gebiet zu halten; mit der Zeit wird er hieraus immer weniger attraktive Lernchancen bieten können. Die Implikationen für einen Führer aus diesen beiden Aspekten sind, daß er eine Sättigung in der Lernkurve der Untergebenen erwarten muß und im gleichen Ausmaß die motivationale Kraft der Lernopportunitäten abnimmt. Zweitens hat der Führer anzuerkennen, daß er auf seinem Sachgebiet den Anschluß nicht verpassen darf, wenn er Lerngelegenheiten als motivierenden Kompensationsfaktor im Einsatz behalten will.

6. Soziale Beziehungen

Einige Personen, die hohe Ausprägungen der „other Directedness" (*Riesman* 1950) oder den sozialen Beziehungsbedürfnissen (*Alderferner* 1969) hohe Bedeutung zuerkennen, bewerten ihre Arbeitssituation unter dem Aspekt, ob sie Gelegenheiten entweder für *soziale Interaktionen* (mit Klienten, Lieferanten usw.) oder für Sozialbeziehungen bei der Arbeit (Kollegen) bereithält. Andere Personen ziehen es vor, möglichst unabhängig oder in relativer Isolation von anderen zu arbeiten. Dies kann z. B. geschehen, um sich besser auf ihre Arbeit konzentrieren zu können oder um soziale Interaktionen aus Schüchternheit oder einer Scheu vor anderen Menschen zu vermeiden. Wie immer dies auch sein mag, für den Führer ist es empfehlenswert, alles zu tun, um die soziale Präferenz von Mitarbeitern bei der Zuweisung von Arbeitsaufgaben soweit wie möglich zu beachten. So sollten z. B. ihrer Natur nach gesellige Personen Aufgaben erhalten bzw. nicht versagt bekommen, die soziale Interaktionen ermöglichen oder gar notwendig machen, und Personen mit isolierender Tendenz sollten nicht gezwungen sein, solche Aufgaben wahrzunehmen.

Ein anderer wichtiger Aspekt der sozialen Interaktion als Kompensationschance ergibt sich, wenn der Führer einige der in der soziotechnischen Systemtheorie (*Trist* et al. 1963) angesprochenen Eigenschaften des Arbeitsprozesses genauer untersucht. Wenn die Arbeitstechnologie ein relativ hohes Maß an Isolation zwischen den Mitarbeitern schafft (und aus praktischen Gründen das technologische System nicht wesentlich modifiziert werden kann), kann der Führer gezwungen sein, höhere Kompensationen anderer Art zahlen zu müssen, um die Motivation der Mitarbeiter erhalten zu können. Wenn jedoch das technologische System modifiziert werden kann, so daß die Chancen für soziale Interaktionen steigen, können hier signifikante Verbesserungen der Motivation erzielt werden. In diesem Zusammenhang sei an die berühmte Untersuchung von *Trist/Bamforth* (1951) zur Technologie in englischen Kohlebergwerken erinnert.

Einem Vorgesetzten muß es nicht immer möglich sein, das Technologiesystem an den einzelnen Arbeitsplätzen verändern zu können; aber es gilt auch, was *Cherns* (1976) herausgearbeitet hat: Ein Vorgesetzter sollte einen technologischen Determinismus nicht als gegeben annehmen, und er sollte sensitiv auf den Einfluß sein, den das technologische System auf das Sozialsystem hat.

7. Mobilität

Personen unterscheiden sich in bezug auf den Wert, den sie der Chance beimessen, daß ihre Arbeit die Notwendigkeit von Reisen mit sich bringt oder häufige Wohnsitzverlegungen Teil ihrer normalen Arbeitsaufgabe sind (*French* 1982). Die gleichen Chancen oder Anforderungen werden von einigen als sehr negativ wahrgenommen und als wesentliche Attraktion von anderen. Es liegen auch Befunde vor, daß die Wertschätzung von *Mobilitätschancen* im Zeitablauf in Beziehung zu Veränderungen des Familienlebens oder des Alters (*Srinivas* 1984) wechseln. Ein anderer Mobilitätstyp von Bedeutung liegt in der beruflichen Mobilität innerhalb der gleichen Organisation. So praktizieren z. B. große japanische Firmen (*Ouchi* 1981; *Pascale/Athos* 1981) eine systematische Jobrotation, die Führungskräfte mit Aufgaben in unterschiedlichen Funktionen der gleichen Organisation betraut. Eine solche Tradition gibt den in Ausbildung befindlichen Führungskräften Gelegenheit, sich unterschiedliches Wissen anzueignen, und ermöglicht es auch der Organisation, die Leistung der Betroffenen in einer Vielzahl von Arbeitstypen zu beobachten. Andere Organisationen behalten Mitarbeiter als funktionale Spezialisten in einer Abteilung. Abhängig von den Werten der betroffenen Individuen können größere Chancen für eine intra-organisationale Mobilität als großer Vorteil oder als bedeutsame Belastung des Arbeitsverhältnisses angesehen werden. Auch hier hat der Vorgesetzte die unterschiedlichen zur Verfügung stehenden Opportunitäten einer Organisation im Lichte der unterschiedlichen Bedürfnisse jedes einzelnen Untergebenen abzuwägen und zu beurteilen, ob die Mobilität ein nützlicher Kompensationsfaktor ist.

8. Karrierechancen

Der Effekt von Karrierechancen ist ähnlich zu dem Effekt von Lernchancen und der Mobilität. Organisationen, die bessere Karrierechancen anbieten, können bessere Kandidaten anziehen und eine höhere Motivationsebene aktivieren als Organisationen, die weniger tiefe oder breite *Karriereopportunitäten* (→*Karriere und Karrieremuster von Führungskräften*) aufweisen. Organisationen, die hier weniger anbieten können, müssen stärker in andere Kompensationsformen investieren. Dem entspricht, daß Personen ein höheres Maß an materiellen, kurzfristigen Kompensationszahlungen für die Abwesenheit langfristiger Belohnungschancen verlangen. *Ondrack* (1985) fand in einer Befragung, daß die meisten einen Zuwachs von 16% über ihr gegenwärtiges Einkommen hinaus für einen Wechsel von ihrem gegenwärtigen Arbeitsplatz zu einem ansonsten identischen Arbeitsplatz verlangen. Wenn der neue Arbeitsplatz dafür bekannt ist, nur geringe Aufstiegschancen zu bieten, wächst der für einen Arbeitsplatzwechsel verlangte durchschnittliche Lohnzuwachs auf 25%. Wenn ein Arbeitsplatz angeboten wurde, an dem die Aufstiegschancen dem jetzigen wesentlich überlegen waren, ging der geforderte Einkommenszuwachs auf einen Durchschnitt von 10% herunter. Es scheint auch beachtenswert, daß ein kleiner Teil der untersuchten Führungskräfte ein gegensätzliches Verhaltensmuster zeigt. Diese Personen waren bereit, ein niedrigeres Einkommen für einen Arbeitsplatz ohne Aufstiegschancen zu akzeptieren und verlangten ein höheres Einkommen für Arbeitsaufgaben mit schnell realisierbaren Karrierechancen. Dabei handelt es sich um Personen, die einen geringen Wert auf hierarchische Karriereopportunitäten legten und das Angebot dieser Opportunitäten als negative Aspekte eines Arbeitsverhältnisses ansahen, für die sie höhere formale Kompensationen verlangten. Diese Ergebnisse illustrieren wiederum die Bedeutung individueller Unterschiede bei der Beurteilung von Gleichgewichtsbedingungen beim sozialen Austausch von Kompensationen.

9. Persönliche Wertvorstellungen

Alle der bisher diskutierten Aspekte der psychologischen Kompensation haben eine Abhängigkeit von individuellen Werteinstellungen gezeigt, um unterschiedliche Aspekte als positiv, negativ oder neutral für die Beurteilung der Kompensation wirksam werden zu lassen. Darüber hinaus spielen andere Dimensionen des personalen Wertgefüges dafür eine Rolle, ob eine spezifische Person die Arbeit für einen speziellen Vorgesetzten oder eine Organisation als konsistent ansieht mit den persönlichen Zielen in bezug auf die Gesellschaft, die Familie, Religion oder andere persönliche Werte. Es liegen unzählige Beispiele von Einzelpersonen vor, die es ablehnen, für eine Organisation zu arbeiten oder bestimmte Aufgaben durchzuführen, wenn sie die Ziele der Organisation oder die Ergebnisse ihrer Arbeit als in Konflikt stehend mit ihrem persönlichen Wertsystem (→*Wertewandel*) sehen. Andere mögen solche Konflikte wohl auch erleben, sie bringen es aber fertig, diese Konflikte unter Kontrolle zu halten oder zu unterdrücken auf der Grundlage eines Pflichtgefühles gegenüber höhergeordneten Werten oder als Zugang zu anderen sehr hoch bewerteten Belohnungen. So mag z. B. ein Polizeioffizier einen Wertkonflikt in bezug auf einen Schießbefehl auf Zivilisten unterdrücken dadurch, daß er seinen Karrierechancen einen höheren Wert beimißt.

Es ist offensichtlich, daß Führer in einer schwierigen Situation sind, wenn Untergebene sich in einem von ihrer Arbeitsaufgabe verursachten persönlichen Konflikt befinden und dieser Konflikt die Motivation der Betroffenen wesentlich beeinflußt.

Im allgemeinen haben Vorgesetzte in dieser Situation drei Möglichkeiten, von denen jede mit Schwierigkeiten verbunden ist. Eine Möglichkeit besteht in dem Einsatz von Zwang durch die Bedrohung anderer hoch bewerteter Belohnungen für den Untergebenen. Wenn dieser Weg erfolgreich ist, führt er zu Unterwerfung und bringt kein höheres Maß an Motivation über den Punkt hinaus, der gerade noch notwendig ist, um die minimalen Arbeitsanforderungen zu erfüllen. Unterwerfendes Verhalten wird nur temporär fortgesetzt und wird mit großer Wahrscheinlichkeit so bald aufhören, als der Untergebene eine Möglichkeit sieht, der Zwangssituation zu entkommen. Die zweite Möglichkeit besteht in der Erhöhung des Ausmaßes an anderen Belohnungen bis zu einem Ausmaß, in dem die Attraktivität der neuen Belohnungen den *Wertkonflikt* übermannt. Dies bedeutet die Gestaltung einer Situation, in der die betroffene Person für ihr Wertsystem einen Kompromiß dadurch findet, daß ihr ein Angebot gemacht wird, das sie nicht zurückweisen kann. Im Ergebnis führt das auch zu einer Form der Unterwerfung durch den Untergebenen, der große Schuldgefühle darüber entwickeln kann, daß er es zu einem „Ausverkauf" seiner Werte kommen ließ. Auch hier führt das Ergebnis nicht zu einer hohen Arbeitsmotivation, es sei denn, daß die Person tatsächlich eine Umgestaltung ihrer Wertprioritäten als Mittel ihres Konfliktabbaus oder Dissonanzabbaus angesichts des neuen Verhaltens (*Cohen* 1964; *Festinger* 1957) vornimmt.

Die dritte Möglichkeit liegt in einer sehr ernsthaften Diskussion zwischen dem Vorgesetzten und dem Untergebenen über Werte und Prioritäten und dem Versuch, Bereiche der Nichtübereinstimmung oder der Fehlinterpretation von Arbeitsanforderungen und persönlichen Werten zu klären. Solche Themen auf rationaler Basis zu diskutieren ist schwer; hieraus ergibt sich, daß dieser dritte Weg ein hohes Maß an interpersonaler Kompetenz (→*Soziale Kompetenz*) auf seiten des Führers erfordert, um den Prozeß in der Hand behalten zu können. Das Endergebnis einer solchen Diskussion kann enweder ein Unentschieden sein, in dem beide zu realisieren haben, daß eine fundamentale Nichtübereinstimmung der Werte besteht, oder ein Akkord, in dem eine Klärung oder Neuorientierung der Werte erreicht wird. Im Falle des Unentschiedens kann die Konsequenz in einer neuerlichen Zuweisung oder einer Entlastung von der Arbeitsaufgabe bestehen. Im Fall des Akkords sollte weder ein Zwangs- noch ein Schulderlebnis vorliegen und die Aufgabe mit Motivation und Engagement angegangen werden. Es ist durchaus möglich, daß einige offensichtliche Konflikte im Wertsystem (→*Konflikte als Führungsproblem*) ihre Ursachen in Fehlinterpretationen und schlechter Kommunikation (→*Kommunikation als Führungsinstrument*) haben und ein Dialog zur Klarstellung von Werten schnell dazu verhelfen kann, diese Konflikte zum Verschwinden zu bringen.

Die drei erwähnten Möglichkeiten reichen von Zwang zur Bestechung und zu etwas, das gefährlich nahe an Manipulation heranreicht. Nur der dritte Weg macht es nicht notwendig, daß zusätzliche Belohnungen oder Drohungen eingesetzt werden. Viele Vorgesetzte fühlen sich sehr unwohl, wenn sie mit Untergebenen den Bereich persönlicher Werthaltungen berühren. Es ist offensichtlich, daß Führer, die wenig Zweifel in bezug auf ihre Werte und Prioritäten haben, zuversichtlicher in den Versuch gehen, von Untergebenen Leistungen in Übereinstimmung mit diesen Werten zu verlangen. Das Risiko, das in Dialogen über die Klarstellung von Werten enthalten ist, liegt darin, daß es der Führer ist, der seine Werte anstelle des Untergebenen ändert, wenn er als Führer unsicher in bezug auf seine eigenen Werte ist. Ein Kennzeichen charismatischer Führerschaft (→*Führungstheorien – Charismatische Führung*) ist das Vertrauen in die eigenen Ziele und Werte; andere Führer mögen sich nicht in gleichem Maß einer solchen Selbstsicherheit erfreuen.

Mit dem Hinweis auf Werte haben wir einen extrem wichtigen Aspekt psychologischer Kompensation angesprochen: Sie stellen sich ein, wenn der Untergebene eine starke Korrespondenz zwischen persönlichen Werten und den Zielen der Organisation oder des Führers wahrnimmt. Wenn Untergebene den Vorgesetzten in Übereinstimmung mit ihren eigenen persönlichen Werten, Ansprüchen oder Zielen handeln sehen, erreicht der Führer eine sehr kraftvolle „Referent Social Power" (*French/Raven* 1960). Nach den Begriffen der sozialen Austauschtheorie (→*Führungstheorien – Austauschtheorie; – Idiosynkrasiekreditmodell*) zeigen Untergebene ein hohes Maß an Motivation zugunsten des Führers, der von ihnen als die Verkörperung oder Personifizierung ihrer eigenen Werte und Ansprüche gesehen wird (das gleiche gilt für Organisationen, deren Aktivitäten oder Image persönlichen Werten entspricht). In solchen Fällen arbeiten Personen für solche Führer oder Organisationen gegen wesentlich geringere formale Entlohnungen und nehmen die Gesamtkompensation als gleichgewichtig und fair an, verursacht durch das hohe Maß an psychologischer Kompensation. In gewöhnlichen Organisationen erreichen Vorgesetzte nicht solche hohen Ausprägungen von „Referent Social Power", wie sie in politischen, militärischen oder religiösen Organisationen zu finden sind; dessen ungeachtet können aber auch in Wirtschaftsorganisationen mit kraftvollen Wertsystemen eine Vielzahl entsprechender Beispiele gefunden werden (*Iaccoca/Novak* 1984; *Peters/Waterman* 1982; *Moss-Kanter* 1983).

10. Arbeitsbedingungen

Dieser Aspekt der Kompensation bezieht sich sowohl auf die geographische Region, in der das Beschäftigungsverhältnis liegt, als auch auf die physische Umwelt des Arbeitsplatzes. Die physische Umwelt des Arbeitsplatzes wird gewöhnlich durch Gesundheits- und Sicherheitsvorschriften sowie durch die Kollektivverträge geregelt. Einige Organisationen sorgen für Arbeitsumwelten, die den Minimalstandards der Vorschriften weit überlegen sind; so schenken einige der *Ergonomie* am Arbeitsplatz wesentliche Beachtung. Der Effekt dieser Strategien liegt im wesentlichen darin, das Ausmaß an Ablenkung oder Irritation am Arbeitsplatz zu reduzieren. Nach der Motivationstheorie von *Herzberg* gilt, daß dann, wenn akzeptable Umweltstandards erzielt sind, diese „Hygienefaktoren der Arbeit" ihre Bedeutung für die psychologische Kompensation verlieren (*Herzberg* et al. 1959). Wenn jedoch die Unterschiede in bezug auf die Hygienefaktoren als Unterschiede in bezug auf Status, Prestige oder Privilegien in einer Organisation wahrgenommen werden, dann bekommen diese Faktoren eine wesentliche Bedeutung für Aspekte der Kompensation. Die Phänomene gelten insbesondere für Organisationen, die andere signifikante Unterschiede in der formalen Kompensation nicht anbieten können. Personen in solchen Organisationen legen symbolischen Unterschieden große Bedeutung zu, die durch Unterschiede in bezug auf Möbel, Lage der Büroräume, persönliche Vorrechte, Anzahl von Assistenten respektive Sekretärinnen usw. augenscheinlich werden. Wenn der Vorgesetzte über solche symbolische Hygienefaktoren verfügen kann und diese von den Untergebenen als Belohnungen bewertet werden, können diese bedeutende Faktoren der Motivation sein.

Ein anderer Aspekt der Arbeitsbedingungen liegt in der geographischen Region des Arbeitsplatzes. Das beste, was ein Vorgesetzter hier tun kann, ist, einen Arbeitsplatz auszuwählen, der in einer Region liegt, die attraktiv für bestimmte Mitarbeiter ist. So versuchen Organisationen, die eine große Anzahl hochqualifizierter, wissenschaftlicher Mitarbeiter beschäftigen, ihren Standort nahe an eine Universität oder in die Nachbarschaft zu einem ähnlichen Betrieb zu legen. Andere versuchen, nahe an leicht erreichbaren öffentlichen Verkehrsmitteln, Informationszentren, Einkaufsmöglichkeiten, guten Wohnlagen usw. zu liegen. Organisationen, die gezwungen sind, ihren Standort in weniger wünschenswerten Regionen zu haben, werden als weniger attraktive Arbeitgeber angesehen und haben in der Regel andere Arten von Kompensationen für die Nachteile einer Arbeit dort anzubieten. Solche mögen in Erschwerniszulagen, speziellen Werksküchenleistungen, Schulen und Kindergärten, Transporteinrichtungen und Erholungsmöglichkeiten liegen.

Einige Organisationen, die ihren Standort zufällig oder durch geschickte Auswahl in besonders attraktiven geographischen Bereichen haben, mögen feststellen, daß sie von Bewerbern überflutet werden, aber auch, daß wenige ihrer Mitarbeiter bereit sind, Versetzungen oder einen Aufstieg in andere, geographisch unterschiedlich gelegene Teile der Organisation zu akzeptieren.

II. Die Administration der Entlohnung

Die *Administration* der formalen Entgelte ist normalerweise Angelegenheit der Personalabteilung einer Organisation, und der Führer ist in der Regel unbelastet von diesen Aufgaben. Die Personalabteilung ist ebenso verantwortlich für die Verwaltung der Sozialleistungen, Abzüge wie z.B. für einen Sparplan und ebenso für das Erstellen von Berichten und Statistiken über die Kompensation. Was Vorgesetzte im wesentlichen von der Personalabteilung verlangen, ist die Sicherheit, daß alle notwendigen Routinen der Entgeltsverwaltung effizient und zuverlässig durchgeführt werden, so daß weder sie noch die Untergebenen von ihren Arbeitsproblemen abgelenkt werden. Im folgenden werden wir uns deshalb nur ganz kurz mit den fünf wesentlichen Elementen der Administration der Entlohnung befassen, die ein Vorgesetzter kennen sollte, so daß er weiß, was von der Personalabteilung in diesem Zusammenhang erwartet werden kann. Jedes der fünf Elemente wird ebenso unter dem Aspekt der Beteiligung des Vorgesetzten diskutiert.

1. Arbeitsanalyse und -bewertung

Eine Arbeitsanalyse kann mit Hilfe einer Vielfalt von Methoden, die sehr einfach oder sehr komplex sein können, durchgeführt werden; alle versuchen, den gleichen Zweck zu erfüllen: Das Ziel liegt in der Kennzeichnung der bedeutsamsten Arbeitsinhalte eines bestimmten Arbeitsplatzes, so daß es klar wird, was eine Person bei ihrer Arbeit zu tun hat. Das, was eine Person zu tun hat, kann beschrieben werden als Pflichten, Verantwortlichkeiten, Ziele, Aktivitäten, Autonomiegrade, Ergebnisse sowie Fertigkeiten und Wissensanforderungen. Es ist offensichtlich, daß der Vorgesetzte eine bedeutende Informationsquelle in bezug auf die Arbeitsinhalte ist, da er die Einteilung der Arbeit mitgestaltet und die erwarteten Ergebnisse definiert.

Wenn der Arbeitsinhalt auf irgendeine systematische Art durch die Personalabteilung diagnostiziert ist, sind die Möglichkeiten für eine Arbeitsbewertung geschaffen (*Burack/Smith* 1982). Der Zweck der Arbeitsbewertung liegt in der Entwicklung einer internen Arbeitsplatzhierarchie, gestaffelt nach ihrem relativen Wert für die Organisation. Die Methoden der Arbeitsbewertung können von sehr einfacher Art sein; es können aber auch sehr komplexe Verfahren eingesetzt werden. Auf diese Unterschiede wollen wir hier nicht eingehen. Welche Verfahren auch immer angewandt werden, generell besteht die Beteiligung des Vorgesetzten bei der Arbeitsbewertung darin, innerhalb von Bewertungsausschüssen mitzuarbeiten oder die Personalabteilung mit ersten Schätzungen des Arbeitswertes zu versorgen. Der Vorgesetzte kann auch als Schiedsrichter über die Fairneß und Angemessenheit der Bewertungsentscheidung fungieren. Da Auseinandersetzungen dieser Art auf Unterschiede in der subjektiven Beurteilung der Gewichte und Anzahl der von einer Arbeitsaufgabe in Anspruch genommenen Komponenten beinhalten, wird von den Vorgesetzten ein hohes Maß an diplomatischen Fähigkeiten zum Erreichen eines befriedigenden Kompromisses erwartet.

2. Arbeitsklassen und Ebenen

Arbeitsanalysen und -bewertungen können in kleinen und mittelgroßen Organisationen in detaillierter Form für jeden Arbeitsplatz vorgenommen werden, in großen Organisationen ist eine solche individualisierte Betrachtungsweise kaum durchführbar. Große Organisationen versuchen deshalb, Arbeitsplätze, die in ihrem Inhalt und in ihrem Wert ähnlich sind, zu bündeln oder in Arbeitsfamilien zusammenzufassen. Solche Bündel können auf die gleiche Art behandelt werden wie einzelne Arbeitsplätze. In der Praxis bedeutet dies, daß es nur notwendig ist, detaillierte und periodische Arbeitsanalysen für Schlüsselaufgaben innerhalb eines Bündels durchzuführen; dies gilt zumindest so lange, als es nicht zu radikalen Veränderungen in der Hierarchie innerhalb eines Bündels kommt. Grundsätzlich hat der Vorgesetzte hier die gleiche Aufgabe wie bei der individualen Arbeitsanalyse und -bewertung. Da die Durchführung solcher Verfahren mehr Aufwand und ein stärkeres Spezialwissen erfordert, besteht allerdings die Tendenz, daß Spezialisten der Personalabteilung Vorgesetztenurteile weitgehend ersetzen.

3. Entlohnungsspannweiten

Wenn Arbeitsbündel und Arbeitsklassen in einer Organisation festgelegt wurden, geht es darum, zu bestimmen, welche Lohnhöhe jeder Klasse zugewiesen wird. Außerdem ist zu entscheiden, welche Spannweite für jede Klasse gelten soll. Wenn die Spannweite der Fertigkeiten einer Lohnklasse sehr eng ist (es bestehen geringe Unterschiede in bezug auf die verlangten Fertigkeiten zwischen der Eintrittsqualifikation und jener eines erfahrenen Arbeiters), kann lediglich ein Lohnsatz pro Klasse angesetzt werden. Normalerweise jedoch haben Arbeitsaufgaben eine Spannweite von Fertigkeiten zwischen einem Anfänger und einem erfahrenen Arbeiter (manchmal wird eine extra Lohnklasse für weit überdurchschnittliche Leistungen vorgesehen). Die Spannweite von Lohnunterschieden, die für einen Arbeitsplatz (oder ein Arbeitsplatzbündel) angeboten wird, sollte die Abstufungen an Fertigkeiten widerspiegeln, die für Arbeitsplätze oder eine Anzahl von Arbeitsplätzen innerhalb der Arbeitsklasse gefordert werden. Abbildung 2 soll diese Vorstellung in bezug auf einige hypothetische Arbeitsklassen verdeutlichen.

	Position	Arbeits-ebene	Erfolgs-ebene	Leistungsebene
Arbeitsklasse 7	Höchstwert	5	120%	Spitzenleistung
		4	110%	Überdurchschnitt
	Mittelwert	3	100%	Qualifiziert oder Durchschnitt
		2	90%	Entwicklungsfähig oder Unterdurchschnitt
	Eintrittswert	1	80%	Anlernleistung
Arbeitsklasse 6	Höchstwert	5	120%	Spitzenleistung
		4	110%	Überdurchschnitt
	Mittelwert	3	100%	Qualifiziert oder Durchschnitt
		2	90%	Entwicklungsfähig oder Unterdurchschnitt
	Eintrittswert	1	80%	Anlernleistung

Abb. 2: Spannweite der Entgelte in Arbeitsklassen

Abbildung 2 zeigt, daß jede Arbeitsklasse einen Eintritts-, Mittel- und Höchstwert für die Entlohnung enthält und diese Werte mit Leistungsebenen korrespondieren. Das System der Entgeltspannweiten zielt auf die Gestaltung und Pflege eines internalen Gleichgewichts innerhalb des *Entlohnungssystems* einer Organisation. Wenn es gelungen ist, ein akzeptables internales Gleichgewicht zu finden, besteht die nächste Aufgabe darin, ein externales Gleichgewicht in Beziehungen zu den Arbeitsmarktbedingungen zu finden. Dies bedeutet, daß Personalabteilung und die betroffenen Vorgesetzten festzulegen haben, ob die in der relevanten Arbeitsmarktregion bezahlten Löhne ähnlich zu jenen sind, die innerhalb der Organisation bezahlt werden. Die Arbeitsmarktlöhne können dazu benutzt werden, um entweder den Eintrittswert, den Mittelwert oder den Höchstwert für jede Arbeitsklasse festzulegen; dies setzt voraus, daß solche Arbeitsmarktwerte existieren und daß die externalen Arbeitsplätze mit den internalen vergleichbar sind. Es ist festzuhalten, daß die Organisation nicht vollständig an die Arbeitsmarktraten für einen bestimmten Arbeitsinhalt gebunden ist. Es ist möglich, eine Kompensationspolitik zu wählen, die unterhalb des Arbeitsmarktniveaus liegt. Diese Politik wird generell eingesetzt, wenn sich die Firma keine höheren Entlohnungsniveaus leisten kann oder wenn sie in der Lage ist, konkurrenzfähige, alternative Formen der Kompensation anzubieten.

Es kann auch dazu kommen, Löhne oberhalb des Arbeitsmarktniveaus anzubieten, um nur die besten Kandidaten für eine Arbeitsaufgabe anzuziehen, oder es kann die Notwendigkeit vorliegen, höhere Entgelte anzubieten im Ausgleich für einige negative Aspekte der Arbeit in der Organisation (z. B. Gefahren-, Erschwerniszulagen oder Kompensationen für einen abgelegenen Standort usw.).

4. Lohnsteigerung

Die meisten Arbeitnehmer in westlichen Industriegesellschaften erwarten eine Steigerung ihrer formalen Entgelte entweder um mit dem Anwachsen der Lebenshaltungskosten Schritt halten zu können oder um ihren Lebensstandard verbessern zu können. Zuwächse zum Ausgleich gestiegener Lebenshaltungskosten werden normalerweise durch die Kräfte des Marktes in der Form von ausgehandelten Tarifverträgen, unterschiedlichen Formen der Indexierung des Lohnniveaus (festgemacht an einigen Indikatoren der Lebenshaltungskosten) oder Reaktionen des Arbeitsmarktes auf die Inflationsrate realisiert. In Nordamerika kam es jüngst dazu, daß Firmen, die eine gravierende Existenzgefährdung vor sich sahen, in der Lage waren, Tarifverträge abzuschließen, die keine Lohnzuwächse enthielten; darüber hinaus sind echte Reduktionen der Löhne als Reduktion der Herstellungskosten vereinbart worden. Dies zeigt, daß Erwartungen im Bereich des Arbeitsmarktes auf einen perpetuierten Zuwachs der Arbeitnehmereinkommen grundlegend verändert werden können, wenn die ökonomischen Konditionen ernst genug sind, und die Tarifvertragsparteien Konzessionen als Ausweg gegenüber der Arbeitslosigkeit als gerechtfertigt und von ihren Mitgliedern als akzeptabel angesehen werden.

Für betroffene Vorgesetzte liegt ein gleichermaßen wichtiges Thema im Bereich der Lohnzuwächse in Zahlungen, die über Inflationsraten hinausgehen und für die Untergebenen Verbesserungen ihres Lebensstandards bedeuten. Diese Arten des Lohnzuwachses werden im allgemeinen mit zwei Kriterien begründet: *Seniorität* (Betriebszugehörigkeit) und *Leistung*.

a) Seniorität

Senioritätsabhängige Zuwächse des Einkommens sind mit der Annahme verbunden, daß eine Person mit größeren Erfahrungen an einem Arbeitsplatz eine wertvollere Leistung erbringt. Diese überlegene Leistung kann durch Fortschritte auf der Lernkurve durch Aneignung effizienterer Methoden oder anderer Aspekte, die mit einer Meisterschaft in der Beherrschung einer Arbeitsaufgabe zusammenhängen, verursacht sein. Senioritätsbegründete Entlohnungszuwächse haben den Vorteil, auf ein objektives Kriterium abgestellt zu sein, da die Seniorität ein leicht feststellbarer Tatbestand ist. Die Seniorität ist auch ein valides Kriterium, solange die Annahmen über die Lernkurve usw. richtig sind. Senioritätssysteme werden im allgemeinen dort benutzt, wo eine große Zahl von Arbeitnehmern betroffen ist und nicht leicht wahrnehmbare oder nur unwesentliche Unterschiede in der Quantität oder in der Qualität von Leistungen zwischen den Arbeitnehmern bestehen.

Probleme mit dem Einsatz der Senioritätsregel können aufkommen, wenn die Person mit mehr Dienstjahren keine Fortschritte auf der Lernkurve zeigt oder ihre Leistung gegenüber den akzeptablen Standards immer mehr abfällt. Betroffene Vorgesetzte sind dann in einer Position, Bevorzugten Löhne für eine Substandardleistung zustimmen zu müssen. Auch jüngere Arbeitnehmer mit hohem Leistungsniveau werden eine Ungleichheit zwischen ihrem Einkommen/Leistungsverhältnis wahrnehmen, wenn sie ihre Leistungsergebnisse mit jenen von Älteren vergleichen. Ein zweites Problem kann sich ergeben, wenn das Senioritätssystem es erlaubt, an eine Obergrenze für eine bestimmte Arbeitsaufgabe auf der Grundlage der Seniorität zu kommen. In einem solchen System erreichen alle Arbeitnehmer in einer Arbeitsplatzklasse diese Obergrenze. Wenn ihre Leistung lediglich durchschnittlich ist, kommen betroffene Vorgesetzte wiederum in die Lage, überhöhte Löhne relativ zu der vollbrachten Leistung bezahlen zu müssen. Diese Situation zwang gerade in den letzten Jahren einige Unternehmen in Nordamerika dazu, mit aller Intensität Lohnkonzessionen durchzukämpfen, um hohe, nicht konkurrenzfähige Herstellungskosten auf der Grundlage extrem hoher Lohnniveaus zu reduzieren.

b) Leistung

Unterschiede in der Bezahlung auf der Grundlage von Leistungsunterschieden können ein wesentlicher, die Motivation berührender Faktor sein. Führungskräfte können leistungsorientierte Entlohnungsformen als ein Mittel ansehen, Personen dazu zu motivieren, Quantität und Qualität ihrer Inputs zur Erledigung einer Arbeitsaufgabe zu steigern, um ein höheres Ausmaß an formalen Belohnungen (oder einer Kombination von formalen und informalen Kompensationen) erreichen zu können. Daneben können leistungsbezogene Entlohnungsformen auch als Feedback-Mechanismen angesehen werden für den Einsatz der Lerntheorie am Arbeitsplatz (→*Führungstheorien – Soziale Lerntheorie*). Wenn ein Vorgesetzter darauf aus ist, bestimmte Verhaltensweisen am Arbeitsplatz zu forcieren, kann er entsprechende Entgelte als Belohnung für solche Mitarbeiter einsetzen, die das erwünschte Verhalten zeigen. Neben formalen Zahlungen zur Konditionierung des Verhaltens an einem Arbeitsplatz können aber auch psychologische Belohnungen verwendet werden, wie z. B. Anerkennung, Mut machen und positives Feedback, um Leistungseffizienz zu belohnen (*Hammer* 1974); *Craighead* et al. 1976; *Miller* 1978). Ein dritter Aspekt leistungsbezogener Entlohnung ist die Konsistenz mit der Austauschtheorie, nach der der Leistende ein höheres Maß an Belohnung verdient (→*Führungstheorien – Austauschtheorie*). Es wird hier letztlich die Existenz einer linearen Beziehung zwischen Leistung und Lohnhöhe angenommen.

Ungeachtet der im Vorstehenden geschilderten Vorteile der leistungsbezogenen Entlohnung sind unterschiedliche Probleme oder Schwierigkeiten zu erkennen, die überwunden werden müssen, bevor eine Führungskraft diesen starken Mechanismus effektiv benutzen kann. Eine wesentliche Schwierigkeit liegt in der Natur der Arbeit selbst. Einige der Arbeitsplätze können durch externale Kräfte oder gegebene Technologie so determiniert sein, daß eine nur geringe Varianz in bezug auf den Ablauf, das Volumen oder die Qualität der Arbeit verbleibt. Wenn der betroffene Untergebene kaum in der Lage ist, die Varianzen zu beeinflussen, dann macht es wenig Sinn, leistungsbezogene Entlohnungsformen einzusetzen. Wenn jedoch die Arbeitsaufgabe nicht so hoch programmiert ist, so daß die Untergebenen (oder eine Gruppe von Untergebenen) einen starken Einfluß auf die Varianz in bezug auf die Leistung haben, dann sind die Voraussetzungen gegeben, um ein leistungsbezogenes Entlohnungssystem zur Motivation und Belohnung höherer Leistungen einzusetzen (*Galbraith* 1977). Bei der Überlegung zum Einsatz leistungsorientierter Entlohnung muß die Führungskraft abschätzen, ob die Untergebenen einen Einfluß auf die Arbeitsvarianz haben, und außerdem beurteilen, ob dieser Einfluß aus Anstrengungs- oder Fähigkeitsunterschieden erwächst. Es ist wichtig, daß die leistungsorientierte Entlohnung lediglich für die geeigneten Arbeitsaufgaben eingesetzt wird. Ebenso ist sie nur dann angebracht, wenn die richtige Art der Varianz in der Leistung angereizt werden soll.

Ein zweites Thema, das mit leistungsorientierter Entlohnung verbunden ist, ist die Frage der Verantwortungsgrenzen respektive die Festlegung, wo der Beitrag eines Untergebenen für eine Leistung beginnt und endet. Wenn der Erfolg einer Organisation wesentlich von Varianzen im Bereich der Rohstoffe oder der Zuverlässigkeit von Zulieferungen abhängt, kann ein Untergebener mit größter Energie und mit besten Kenntnissen an einem Arbeitsplatz arbeiten und trotzdem nur mittelmäßige Leistungen vollbringen, wenn aus der Umwelt schlechte Voraussetzungen geschaffen werden. Ähnlich können andere Untergebene zu exzellenten Ergebnissen kommen, ohne daß sie große Anstrengungen einsetzen, da die externalen Faktoren für ihre Arbeitsaufgabe sehr günstig sind. Um hier das Konzept des Gleichgewichts einzuhalten, ist es Aufgabe der Führungskraft, Effekte externaler Faktoren auf die Leistung an unterschiedlichen Arbeitsplätzen zu erkennen und lohnwirksam zu machen.

Ein drittes Thema in bezug auf leistungsorientierte Entlohnung berührt den Führer mit der Aufgabenstellung, unterschiedliche Leistungen beurteilen zu können. Solche Messungen oder Abschätzungen liegen in der Aufgabenstellung der Leistungsbeurteilung, für die es eine Vielzahl von Methoden gibt (*Latham/Wexley* 1981).

5. Bonus- und Anreizsysteme

Der Einsatz von Boni und Anreizen ist ein häufig gebrauchtes Mittel, um Personen dazu zu motivieren, bei ihrer Arbeit produktiver zu sein. Ein Anreiz ist ein Versprechen, eine spezielle zusätzliche Zahlung an Untergebene zu leisten, wenn sie bestimmte Anforderungen ihrer Arbeitsaufgabe erfüllen. Ein Bonus ist die tatsächliche Zahlung eines Anreizes nach der Erledigung der Aufgabe. Auf diese Weise wirkt ein Anreiz als ein Motivator, und ein Bonus wirkt als eine Belohnung oder als eine Form positiven Feedbacks. Der Einsatz von Boni ist konsistent mit den Prinzipien der Austauschtheorie: Untergebene können feststellen, daß ihre formalen Entgelte in dem Ausmaße anwachsen, in dem sie zusätzliche Inputs in ihre Arbeit hineinstecken. Boni sind ebenso konsistent mit der Erwartungstheorie (→*Führungstheorien – Weg-Ziel-Theorie*): Das Versprechen und die tatsächliche Auszahlung von Boni erhöht die Leistungs-/Belohnungs-Erwartungen.

Anreize und Boni unterscheiden sich von Lohnzuwächsen dadurch, daß Bonuszahlungen einmalige Ereignisse sind, die von spezifischen Verbesserungen der Leistung bedingt werden. Wenn eine Person einen Bonus in einer bestimmten Zeitperiode erhält, bleibt das Grundeinkommen unverändert, aber das Gesamteinkommen nimmt in dieser Periode zu. Wenn die Leistung auf die normale Ebene zurückfällt, ist damit nicht länger die Qualifikation für einen Bonus gegeben und die Zahlung kehrt zum Normaleinkommen zurück. Dadurch, daß das Grundeinkommen konstant bleibt (ausgenommen etwa Anpassungen an den gestiegenen Lebensstandard oder Senioritätslohnzuwächse) und durch den Einsatz spezieller Boni für spezifische Leistungen, können Führungkräfte eine Situation herstellen, in der ein Untergebener ganz deutlich einen direkten Zusammenhang zwischen Leistung und Entlohnung wahrnimmt. Diese Situation kann eine starke motivationale Kraft entfalten, vorausgesetzt, daß die folgenden Bedingungen erfüllt sind:

(a) Der Untergebene muß an formalen Entgelten ein genügendes Interesse haben.
(b) Die Arbeitsaufgabe des Untergebenen muß eine genügende Varianz beinhalten, die es ermöglicht, daß zusätzliche Anstrengungen zu höheren Outputs führen.
(c) Die zusätzlichen Outputs müssen relativ leicht meßbar oder beurteilbar sein.
(d) Der Wert der zusätzlichen Outputs muß für die Organisation größer sein als die Kosten der Bonuszahlungen und mit ihr in Zusammenhang stehende Ausgaben.
(e) Der Untergebene muß wahrnehmen, daß ein Gleichgewicht besteht zwischen den notwendigen zusätzlichen Anstrengungen und den erhaltenen zusätzlichen Belohnungen.

Diese Bedingungen stellen für viele Arbeitsplätze einer Organisation keine unüberwindlichen Hindernisse dar, aber die Führungskraft muß insbesondere beachten, daß ein Bonus-Anreizsystem sich nur dann lohnt, wenn die zusätzlich erzielbaren Leistungsergebnisse Investitionen an Zeit und Konfliktmöglichkeiten, die mit einem Bonussystem verbunden sind, übertreffen. Neben diesem Grundproblem soll die Führungskraft zwei weitere Aspekte beachten, bevor sie sich für den Einsatz eines Anreiz/Bonussystems entscheidet.

Das erste Problem entsteht dann, wenn Personen Boni so regelmäßig erhalten, daß sie den Leistungs-/Belohnungszusammenhang zu übersehen beginnen und damit annehmen, daß Bonuszahlungen ein Teil ihres Grundeinkommens sind. Ein Arbeitgeber kann aus zwei Gründen in die Falle hineingeraten, Boni zu zahlen, die zur Routine geworden sind: Ein Grund liegt darin, daß ein Bonus nicht wirklich auf individuale Leistungsunterschiede gegründet ist. An ihrer Stelle benutzt ein Arbeitgeber Boni dann als ein Mittel informaler Gewinnbeteiligung für eine große Gruppe von Arbeitnehmern. So kann eine Firma ein sehr gutes finanzielles Ergebnis über einige Zeitperioden hinweg aufweisen und den Wunsch verspüren, Teile dieses Ergebnisses der Mitarbeiterschaft „en masse" zur Verfügung zu stellen. Wenn diese Praxis zum Einsatz kommt, wird sie wohl von den Arbeitnehmern sehr geschätzt werden, aber es wird nicht dazu kommen, daß eine Beziehung zwischen den eigenen persönlichen Anstrengungen an ihrem Arbeitsplatz und den Extrazahlungen, die als firmenweiter Bonus aufscheinen, wahrgenommen wird. Auf diese Weise verliert die Firma die Gelegenheit, die Erwartungstheorie zu nutzen dadurch, daß der Leistungs-/Belohnungs-Zusammenhang nicht verstärkt wird.

Ein zweiter Weg, um in die Falle zu geraten, Boni routinemäßig auszahlen zu müssen, tritt ein, wenn die Leistungsstandards oder die Schwelle für die Erreichbarkeit von Boni zu niedrig gesetzt sind. Wenn Personen sich zu einfach für Boni qualifizieren, werden die Extrazahlungen auch sehr leicht zur Routine, aus der heraus nur eine geringe motivierende Kraft für das System entsteht.

Zusammengefaßt kann man sagen, daß Anreize und Boni sehr effiziente Mittel zur Motivation von Leistungen in einer Organisation darstellen können. Zur Nutzung ihres größten Effekts ist es aber wichtig, daß Bonuszahlungen als unterschiedlich von allen anderen Mitteln eines Entgeltzuwachses wahrgenommen werden. Ein Bonus sollte nicht zu einem Teil des Grundeinkommens werden. Wenn dies eintritt, verschwindet die Sichtbarkeit eines Bonus als spezielle Zahlung für spezielle Leistungen, und die Organisation wird dazu verleitet, ein höheres Lohnniveau zahlen zu müssen, als notwendig ist.

Literatur

Alderfer, C. P.: An Empirical Test of a New Theory of Human Needs. In. OBHP, 1969, S. 142–175.
Barrow, J. c.: Worker Performance and Task Complexity als Causal Determinants of Leader Behavior Style and Flexibility. In: JAP, 1976, S. 433–440.
Beer, M./Spector, B./Lawrence, P. R. et al.: Managing Human Assets. New York 1984.
Burack, E. H./Smith, R. D.: Personnel Management: A Human Resource Systems Approach. New York 1982.
Cherns, A. B.: The Principles of Organizational Design. In: HR, Vol. 29/8, 1976, S. 783–792.
Cohen, A. R.: Attitude Change and Social Influence. New York 1964.
Craighead, W. E./Kazdin, A. E./Mahoney, M. J.: Behavior Modification. Boston 1972.
Festinger, L.: A Theory of Cognitive Dissonance. Evanston, Ill. 1957.
French, J. R. P./Raven, B.: The Bases of Social Power. In: *Cartwright, D./Zander, A. F.* (Hrsg.): Group Dynamics. 2. A., Evanston, Ill. 1960.
French, W. L.: The Personnel Management Process. Boston 1982.
Galbrith, J.: Organization Design. Reading Mass. 1977.
Hackman, J. R.: Guidelines for Installing Planned Changes in Jobs. Improving Life at Work; *Hackman, J. R./Suttle, J. L.* (Hrsg.) Santa Monica, Cal. 1977, S. 148–158.
Hackman, J. R./Oldham, G. R.: Work Redesign. Reading, Mass. 1980.
Hammer, W. C.: Reinforcement Theory and Contingency Management in Organization Settings. In: *Tosi, H. L./Hammer, W. C.* (Hrsg.): Organizational Behavior and Management: A Contingency Approach. Chicago 1974.
Herzberg, F.: One More Time: How Do you Motivate Employees? In: HBR, 1968, Januar–Februar, S. 53–62.
Herzberg, F./Mausner, B./Snyderman, B.: The Motivation to Work. New York 1959.
Iaccoca, L./Novak, W.: Iaccoca: A Personal Autobiography. New York 1984.
Kochan, T. A./Barocci, T. A.: Human Resource Management and Industrial Relations. Boston 1985.
Latham, G. P./Wexley, K. N.: Increasing Producitivity Through Performance Appraisal. Reading, Mass. 1981.

Lawler, E. E.: Creating High Involvement in Work Organizations. In: *Hackman, J. R./Lawler, E. E./Porter, L. W.* (Hrsg.): Perspective on Organizational Behavior. 2. A., New York 1982.
Lawler, E. E.: Motivation in Work Organizations. Monterey, Cal. 1973.
Lawler, E. E.: Pay and Organization Development. Menlo Park, Cal. 1981.
Lawler, E. E.: Pay and Organizational Effectiveness: A Psychological View. New York 1971.
Meyer, H. H.: The Pay for Performance Dilemma. In: Organizational Dynamics, 1975, S. 39–50.
Miller, L. M.: Behavior Management. New York 1978.
Moss-Kanter, R.: The Cange Masters: Innovations for Productivity in American Corporation. New York 1983.
Ondrack. D. A.: Compensation Equity Perceptions Under Different Conditions of Employment. Arbeitspapier Faculty of Management Studies, University of Toronto 1985.
Ondrack, D. A.: Emerging Occupational Values: A Review and Some Findings. In: AMJ, Vol. 1673, 1973, S. 423–432.
Ondrack, D. A./Oliver, C.: Performance Appraisal for Professional Service Employees. Hrsg. v. *Ontario Ministry of Education*, Toronto 1985.
Ouchi, W. G.: Theory, Z: How American Business Can Meet the Japanese Challenge. Reading, Mass. 1981.
Pascale, R. T./Athos, A. G.: The Art of Japanese Management. New York 1981.
Peters, T. J./Waterman, R. H.: In Search of Excellence: Lessons from America's Best Run Companies. New York 1982.
Riesman, D.: The Lonely Crowd. New York 1950.
Schuster, F. E.: Human Resource Management. 2. A., Reston, Virginia 1984.
Srinivas, K. M.: The Labour Force and the Experience of Work. In: *Srinivas, K. M.* et al. (Hrsg.): Toronot 1984.
Tannenbaum, R./Schmidt, W. H.: How to Choose a Leadership Pattern. In: HBR, März–April, 1959, S. 95–101.
Trist, E. L./Bamforth, K. W.: Some Social and Psychological Consequences of the Longwall Method of Coal Getting. In: HR, Vol. 4, 1951, S. 3–38.
Trist, E. L./Higgin, G. W./Murray, H./Pollock, A. B.: Organizational Choice. London 1963.

Entpersonalisierte Führung

Klaus Türk

[s. a.: Bürokratie, Führung in der; Führungstheorien – Theorie der Führungssubstitution; Information als Führungsaufgabe; Kommunikation als Führungsinstrument; Kontrolle und Führung.]

I. Vorbemerkung; II. Organisation als Trennungsmuster; III. Die Widersprüchlichkeit von Führung in Organisationen; IV. Unpersönliche und entpersonalisierte Führung; V. Voraussetzungen entpersonalisierter Führung; VI. Medien entpersonalisierter Führung.

I. Vorbemerkung

Auf den ersten Blick erscheint das Stichwort „*entpersonalisierte Führung*" als ein Widerspruch in sich selbst; denn in den Sozialwissenschaften hat sich offenbar ein begrifflicher Konsens herausentwickelt, unter „*Führung*" gerade die persönliche face-to-face-Beziehung bzw. den in dieser ablaufenden asymmetrischen Einflußprozeß der Vorgesetzten gegenüber den Unterstellten zu verstehen. Danach wäre eine „entpersonalisierte Führung" keine Führung mehr, sondern irgend etwas anderes, z. B. strukturelle Herrschaft. Es ist nun aber analytisch fruchtbar, diesen begrifflichen Widerspruch als realen Widerspruch zum Thema zu machen: die vermeintlich „versachlichende" Rationalisierung betrieblicher Führungs-, Herrschafts- und Kontrollstrukturen als bloßen Oberflächenschein aufzudecken, hinter dem sich durchaus an Personen bzw. typischen Personengruppen festmachbare Interessen verbergen.

II. Organisation als Trennungsmuster

Gleich, ob man „personalisierte" oder „versachlichte" Formen und Prozesse der Steuerung von Handeln in Arbeitsorganisationen untersucht, es ist erforderlich, ein theoretisches Grundverständnis der Realität zu entwickeln. Dieses soll nun kurz umrissen werden.

Im Unterschied zur traditionellen Wirtschaftstheorie läßt sich Arbeit nicht einfach als ein Produktionsfaktor neben anderen verstehen, der über Tauschprozesse am Arbeitsmarkt beschafft wird. Was über den Arbeitsmarkt von einer Unternehmung „eingekauft" werden kann, ist nämlich nicht konkrete Arbeit und auch nicht ökonomischen Wert schaffende – abstrakte – Arbeit, sondern die zunächst nur formelle Einbindung von Menschen in einen organisationalen Kontext, etwa über den Arbeitsvertrag. Damit entsteht zwar ein „Leistungsversprechen" und eine rechtlich einklagbare Arbeitspflicht, Teile des Arbeitsvermögens betriebsorientiert zu verausgaben, mehr aber noch nicht. Das sich daraus für den Unternehmer in Produktionsverhältnissen, in denen die Arbeitserträge der Subjekte nicht von diesen selbst angeeignet werden können, ergebende Problem wird „Transformationsproblem" genannt; es handelt sich aus der Sicht dessen, der fremdes Arbeitsvermögen für sich nutzen will, um ein *Umsetzungsproblem*: abstraktes Arbeitsvermögen muß – ggfs. auch gegen Widerstand – in Arbeit, die für den Arbeitgeber einen Tauschwert am Markt besitzt, von den Subjekten angewendet, realisiert werden. Mit einer vergleichbaren Problemstruktur befaßt sich übrigens auch die sog. „Transaktionskostentheorie".

Die an Mehrwert interessierten Arbeitgeber haben also keinen direkten Zugang zur Arbeitsleistung wie bei einer (einfachen) funktional spezialisierten Maschine, sondern sie müssen mit subjektiven, in den Persönlichkeitssystemen der Subjekte gelegenen Handhabungsweisen von Anforderungen und Erwartungen rechnen, da sie es stets mit dem lebendigen ganzen Menschen zu tun haben sowie darüber hinaus mit den im organisationalen Kontext mehr oder weniger naturwüchsig emergierenden sozialen Beziehungen. Das Umsetzungsproblem, dessen Ausmaß je nach weiteren, spezifischen Arbeitsbedingungen variiert, ist also dem herrschaftlich konfigurierten Kontext moderner Organisationen immanent. Dieser Herrschaftscharakter besteht darin, daß betrieblich wie auch außerbetrieblich geleistete Arbeit asymmetrisch angeeignet wird; im Rahmen unseres Themas ist allerdings nur der innerbetriebliche Kontext von Interesse.

Das Besondere der modernen organisationsförmigen Herrschaft liegt nun darin, daß sie versucht, Handlungen und Kooperationen in hohem Maße funktional zu spezifizieren, was nicht fälschlicherweise mit „Arbeitsteilung" gleichgesetzt werden darf. Arbeitsteilung ist ein in menschlichen Gemeinschaften ubiquitärer Sachverhalt und nicht für die moderne Organisation spezifisch oder typisch. „Funktionale Spezifizierung" dagegen basiert auf der sog. „funktionalen Differenzierung" der modernen Gesellschaft (vgl. dazu vor allem *Luhmann* 1984), d. h. der perspektivistischen Handlungs- und Deutungsorientierung an abstrakten Prinzipien bzw. Kriterien (wie z. B. Geld, Gewinn, Macht, Wahrheit). Moderne Organisationen spannen Handlungskontexte auf, vermittels derer menschliche Kooperation unter hochgradig abstrakten Perspektiven genutzt bzw. synthetisiert wird, also z. B. unter Kriterien stark selektiver Effizienz, ökonomistisch definierten Tauschwerten oder Sicherung politisch-ökonomischer Macht. Organisationale Kontexte stellen in diesem Sinne also „Trennungsmuster" dar, die selektiv und abstrahierend konstruiert sind (vgl. dazu ausführlicher *Stolz/Türk* 1992 sowie *Türk* 1993). Aufgrund dieser Trennungen wird nicht nur abgesehen von den lebendigen Qualitäten des individuellen Subjektes, sondern auch von deren menschlicher Kooperation. Deshalb kann es auch dazu kommen, daß Produktivität der Organisation zugerechnet wird und nicht der kooperativen Arbeit, die zudem in aller Regel auch organisational nicht unmittelbar subsumierte Arbeit umfaßt. Diese Produktivitätsfiktion ist wesentlicher Bestandteil der herrschenden Ideologie von Organisation.

III. Die Widersprüchlichkeit von Führung in Organisationen

Unter organisationssoziologischer Perspektive sind Organisationen widersprüchliche herrschaftliche Modi der Fremdnutzung menschlichen Arbeitsvermögens. Dies manifestiert sich in besonders klarer Weise im Phänomen der (Personal-)Führung, über deren Notwendigkeit sich offenbar Arbeitgeber und andere „Organisationsherren" stets im klaren waren; davon zeugt allein der große Umfang diesbezüglicher Literatur und Beratungstätigkeit. „*Organisation*" ist eben keine produktive Kooperationsgemeinschaft, sondern ein Nutzungskonstrukt, das auf die *Kooperation* lebendiger Subjekte angewiesen ist, auf die sie selbst aber keinen unmittelbaren Zugriff hat. Diese Angewiesenheit ist – zusammengefaßt – zweifacher Art: Die Subjekte müssen nicht nur selbsttätig Teile ihres Arbeitsvermögens entlang fremdgesetzter Qualifikationsanforderungen entäußern, sondern jegliche Produktion bleibt auch bei noch so stark ausgeprägter Technisierung auf die lebendige Arbeit, d. h. auf wesentliche weitere Teile menschlichen Arbeitsvermögens angewiesen – anders als es etwa die Qualifikationskategorien von Stellenbeschreibungen suggerieren. Dies zeigt sich z. B. bereits deutlich bei den erheblichen Problemen, die sich ergeben, wenn für scheinbar einfachste Handgriffe Roboter eingesetzt werden sollen. Die Aneignung von Natur für den Menschen kann letztlich nur durch den lebendigen Menschen selbst erfolgen.

Innerhalb dieses Kontextes kann nun (Personal)Führung als ein Indikator des genannten Sachverhaltes angesehen werden: Da Organisationen nicht selbsttätig (selbstorganisatorisch, autopoietisch oder wie auch immer die gegenwärtigen fehlleitenden Beschreibungen lauten mögen) funktionieren, finden wir stets *interaktive Herrschaftspraktiken*, die eine Vermittlung zwischen lebendigen Subjekten und abstrahiertem Verwertungssystem leisten sollen. Diese Praktiken, in denen die operative Unabgeschlossenheit von Organisationen sich unter der Hand ausdrückt, sind als (Personal-)Führung zu bezeichnen.

Führung hat also die Funktion, organisational subsumierte Subjekte und ihre Zusammenarbeit so zu konditionieren, daß ihr Handeln systemkonform ausfällt. Um dies vollziehen zu können, müssen die Vorgesetzten sich gleichsam außerhalb des organisationalen Kontextes stellen und die „Geführten" als Individuen ansprechen, sie müssen also Dimensionen der Personalität mobilisieren, von denen die Organisation gerade abstrahiert. Führung findet somit in einem widersprüchlichen Doppelkontext von individueller Konkretion und organisationaler Abstraktion statt. Man könnte vor diesem Hintergrund einen Begriff „entpersonalisierter Führung" bilden, der Handlungsweisen des Vorgesetzten bezeichnet, die ausschließlich in den Bahnen formaler Organisierung verlaufen, also gerade die Besonderheiten von Individuen bzw. ihrer sozialen Beziehungen außer Betracht lassen: z. B. formelle Anweisung und Kontrolle, Überwachung von formalisierten Rollenerwartungen, „sachlich" unpersönlicher Kommunikationsstil, also Behördenkommunikation im Sinne des Bürokratietypus von *Max Weber* oder *Franz Kafka*. Eine solche Führungskommunikation wird allerdings in der Literatur wie im Alltag eher als „unpersönlich" bezeichnet.

IV. Unpersönliche und entpersonalisierte Führung

Unter dem hier zu bearbeitenden Stichwort ist diese oben getroffene Differenzierung in persönliche und unpersönliche Formen von Führung von Bedeutung. Diese Unterscheidung von Kontrollformen ist in der Organisationssoziologie schon lange geläufig (z. B. *Woodward* 1970). Die Kriteriumsvariable „persönlich – unpersönlich" kann sich dabei grundsätzlich auf verschiedene Sachverhalte im Rahmen des Kommunikationsprozesses (→*Kommunikation als Führungsinstrument*) zwischen Vorgesetzten und Unterstellten beziehen. Jede Führungskommunikation ist asymmetrischer Art, und zwar in der Weise, daß auf der einen Seite (der Seite der „Geführten") Auslöseinformationen durch tatsächliche oder erwartete Ereignisse produziert werden, die eine konkrete Führungssituation schaffen, d. h. *Führungsbedarf* aus der Sicht der Herrschenden hervorrufen. Auf der Seite des Führenden werden auf der Basis solcher Auslöseereignisse Leistungen erbracht, die man im Hinblick auf die „Geführten" als „*Selektionsleistungen*" bezeichnen kann (*Luhmann* 1979; *Türk* 1981): die Führerseite versucht, die Eintrittswahrscheinlichkeit für bestimmte Handlungen zu erhöhen, für andere zu senken. Sie kann dies nie unmittelbar tun, da sie keinen direkten Zugang zur Handlungsaktivation des zu Führenden hat; dieser ist keine Maschine, sondern ein biologisch-personales System für sich, das man nur mittelbar zu beeinflussen vermag (→*Motivation als Führungsaufgabe*). In diesem Kommunikationssystem kann das Kriterium „persönlich – unpersönlich" auf folgende Sachverhalte bezogen werden:

(1) auf den Führenden
der Führende als „Sollgeber", als „Selektor", kann eine Person sein oder sekundär eine Objektivation (z. B. eine Regel, eine Maschine), in die natürlich von Personen einmal Führungsgrößen implizit oder explizit eingegeben wurden;

(2) auf die Geführten
die Führungsleistung kann auf eine Persönlichkeit zugeschnitten oder generalisierter Art sein, sie kann z. B. in der Schaffung von allgemeinen Regeln liegen;

(3) auf die Führungskommunikation
die Führungsinhalte können personenbezogen sein (z. B. Lob, Tadel) (→*Anerkennung und Kritik als Führungsinstrumente*) oder aufgaben-, sachbezogen (z. B. Information, Instruktion) (→*Information als Führungsaufgabe*);

(4) auf den Führungsstil
die Führungskommunikationen können – wie die Führungsforschung in langer Tradition gezeigt hat – eher mitarbeiterorientiert sein oder eher aufgabenorientiert ausfallen, was dann, wenn dies eine gewisse Redundanz aufweist, „Führungsstil" (→*Verhaltensdimensionen der Führung*) genannt wird.

Gegenüber einem auf diese Weise bestimmbaren Begriff von „unpersönlicher Führung" kann nun deutlicher als zuvor das Attribut „entpersonalisiert" abgegrenzt werden. Im folgenden soll nur dann noch von „entpersonalisiert" die Rede sein, wenn in dem Kommunikationssystem die Kommunikation nicht mehr „unter Anwesenden" (*Luhmann* 1979) erfolgt, sondern mediatisiert über menschliche Objektivationen, also dann, wenn Führung in sozialen oder technischen Konstruktionen gleichsam inkorporiert ist.

Zwei weitere Abgrenzungen sind überdies erforderlich: Medien entpersonalisierter Führung sind nicht identisch mit dem, was üblicherweise „Führungsinstrumente" genannt wird. Führungsinstrumente, z. B. Personalbeurteilungen, Belobigungen, sind ja durchaus unter Anwesenden anwendbar. Medien sind vielmehr in sich selbst verständliche Selektoren, hinter denen der Führende gerade zurücktreten, wenn nicht gar verschwinden oder sich verstecken kann. Mit dem Führer verschwindet aber natürlich nicht die in den Medien inkorporierte Herrschaft.

Von entpersonalisierten Führungsbeziehungen sind zweitens Führungs*substitute* zu unterscheiden. Führungssubstitute ersetzen gerade Führung, treten an deren Stelle, vermindern also „Führungsbedarfe" (vgl. *Türk* 1981). In der Literatur (z. B. bei *Kerr/Jermier* 1978) wird diese Differenz meist nicht deutlich genug gesehen. So ist z. B. die schulische Sozialisation ggf. z. T. ein Substitut für Führung, insofern sie frühzeitig eine Selbstkontrolle des Subjekts verinnerlicht; die „organisationspolitische Einbindung" (*Türk* 1978) eines Organisationsmitgliedes ist ein weiteres Beispiel, weil sie dazu führt, daß wegen systemkonformer Selbstmotivierung keine Führungsbedarfe mehr entstehen. Auch gewisse Formen der sozialen Kontrolle durch Gruppendruck der „peers" gehören zu den Führungssubstiten.

Von der Substitutionsfunktion konformierender Mechanismen ist die „präparierende" Funktion zu unterscheiden: so dient die schulische Sozialisation nicht nur der Verminderung von „Führungsbedarfen", sondern auch der Ermöglichung bzw. Vereinfachung von Führung, weil solche Muster bereits im Prinzip gelernt wurden.

Im folgenden soll es nur um „entpersonalisierte" Führung in dem oben bestimmten Sinne gehen.

V. Voraussetzungen entpersonalisierter Führung

Die Funktionsfähigkeit entpersonalisierter Führung ist an das Vorhandensein einer Reihe von Voraussetzungen gebunden. In seinem Essay über „Über- und Unterordnung" weist *Simmel* (1922) auf die je nach historischer Gesellschaftsformation unterschiedliche Wertschätzung von persönlicher Unterordnung gegenüber der Unterordnung unter ein Objekt bzw. eine „objektive" Ordnung hin. Die besondere Bevorzugung „objektiver" Unterordnungsverhältnisse in der modernen Gesellschaft wird von *Simmel* als Ausdruck bürgerlichen Freiheitsempfindens gedeutet. Sie sei in der Regel vertragsrechtlicher Natur, binde nicht nur die eine Seite, sondern ordne gleichsam beide Parteien einer objektiven Ordnung unter. Zudem begründe ein solches versachlichtes Über-Unterordnungsverhältnis nicht einen totalen Zugriff auf die Gesamtperson, sondern nur noch auf im einzelnen bestimmbare Leistungen. Die Person selbst könne sich frei wähnen, sie stelle sich – z. B. im Arbeitsverhältnis – nur mit begrenzten Verpflichtungen zur Verfügung. Wenn die Wertungen *Simmels*, insbesondere, was das Arbeitsverhältnis anbelangt, auch angesichts realer Verhältnisse als zu euphemistisch anzusehen sind – verwiesen sei insbesondere auf die oben beschriebene organisierte Abstraktion – so bleibt doch die gesamtgesellschaftliche Kontextualisierung von personalisierten versus entpersonalisierten Herrschaftsformen von bleibendem Erkenntniswert. Die von *Simmel* implizierten Prämissen entpersonalisierter Führung betreffen zunächst die *kulturelle Verfaßtheit* einer Gesellschaft. Überdies wird auf die *rechtlichen Voraussetzungen* verwiesen: eine *vertragsrechtliche* Konzeptionierung von Über- und Unterordnung muß überhaupt erst einmal gesellschaftliche Realität erlangt haben. Diese Voraussetzungen sind zu erweitern um eine *individualistisch-utilitaristische Interpretation* von Freiheit, die sich gesellschaftlich durchgesetzt haben muß. Hinzu kommt das Erfordernis von *allgemein geteilten Wissensbeständen*, die ein gleichsinniges Verstehen von objektivierten Unterordnungsmedien sicherstellen.

Schließlich bedarf es einer gesellschaftlichen Gesamtkonstruktion, die die *Akzeptanz von „versachlichten" Strukturen und Prozessen* bewirkt. Voraussetzungen dieser Art entstehen in der Zeit der Aufklärung, der Industrialisierung und Bürokratisierung mit dem Aufkommen der Idee und der Realität *formaler Organisationen,* die als *selbständige Gebilde* gedacht werden (vgl. *Türk* 1993). Die leitende Idee formaler Organisation besteht ja gerade in der Abkopplung und sekundären, kontraktuellen Wiederverkoppelung von formalisiertem System und Person. Auf Prinzipien persönlicher Abhängigkeit oder gar persönlichen Leibeigentums lassen sich keine modernen Organisationen aufbauen. Wie die Geschichte – insbesondere der Arbeitsorganisationen – zeigt, ist dies bis heute ein überaus spannungsreicher und leidvoller Prozeß. So wurde die Arbeiterschaft als Klasse insgesamt einer über Generationen hinweg währenden disziplinierenden Sozialisation auf die unpersönlichen, „versachlichten", auf das Gesetz der Kapitalverwertung in der kapitalistischen Marktwirtschaft hin ausgerichteten Arbeitsbedingungen in der Industrie unterworfen.

Nach historischen Forschungen der „Neuen Linken" in Nordamerika (z. B. *Stone* 1973; *Noble* 1979; *Clawson* 1980), ist dabei ein Großteil der Investitionen und Diffusionen von Maschinentechnologien und administrativen Verfahren (Industriebürokratie) nicht auf das Ziel der Steigerung der ökonomischen Effizienz der Unternehmung zurückzuführen, sondern auf das *Interesse der Erhaltung bzw. Steigerung von kapitalistischem Kontrollpotential* über den Arbeitsprozeß. In dieser neueren historisch orientierten Richtung der Industriesoziologie werden deshalb Medien entpersonalisierter Kontrolle als Instrument des Klassenkampfes interpretiert (vor allem *Clawson* 1980 und *Marglin* 1977).

VI. Medien entpersonalisierter Führung

Die ersten, mit historischer Wirkung durchgreifenden Medien entpersonalisierter Führung sind *Manufaktur und Fabrik* als solche, indem sie durch die Kasernierung von Arbeitern den ersten Schritt von der „formellen" zur „reellen Subsumtion" der Arbeiterschaft unter das Kapital *(Marx)* vollziehen. Damit werden die institutionell organisatorischen Voraussetzungen geschaffen zur Planung und Organisation des Produktionsprozesses nach systemeigenen Kriterien sowie zur weitestgehenden Kontrolle der Arbeitenden durch Reglement und Maschinerie, durch Schaffung existentieller Abhängigkeit von Wohl und Wehe der Unternehmung, durch Anonymisierung der Herren, durch Entstehung eines „stummen Zwanges der Verhältnisse" *(Marx).*

1. Differenzierung

Da nun auch die Arbeitskraft wie ein marktgängiges Gut gehandelt wird, entwickelt sich zunehmend das *Geld* als Hauptmedium der Remuneration, so daß die Abhängigkeit vom Lohn vollständig wird. *Geld* ist bis heute ein zentrales Medium entpersonalisierter Führung geblieben. Wurde es zunächst auf dem Existenzminimum gehalten und in Form des Lohnabzugs als Strafmittel (Fabrikreglements, Betriebsordnungen) sehr weit verbreitet eingesetzt, so zeigte sich alsbald, daß die Kontrollfunktion – insbesondere bei allgemeiner Erhöhung des Lohnniveaus – verstärkt werden kann durch *Lohndifferenzierung.* Die soziale Erfindung der „*Karriereleiter*" (→*Karriere und Karrieremuster von Führungskräften*) ist im wesentlichen auf Kontrollintentionen zurückzuführen, als sich zeigte, daß durch die stärker entwickelte Technologie die Arbeiten der einzelnen Arbeiter homogener wurden (*Stone* 1979). Eine artifizielle Heterogenisierung wurde angestrebt und durch künstliche Hierarchisierung von Positionen zu erreichen versucht. Diese Art von Differenzierung hat neben der Anreizfunktion eine weitere kontrollierende Wirkung auf die gesamte Arbeiterschaft: sie erschwert die Ausbildung solidarischen Klassenbewußtseins, und zwar einmal durch Schaffung von Konkurrenz um künstlich verknappte, besser dotierte Positionen, zudem aber auch über die Entwicklung von positionsspezifischen Bewußtseinsinhalten, die soziale Distanzen entstehen lassen.

Besonders deutlich wird dies in der klaren Herausentwicklung von in bezug auf die Arbeitsorganisation lagespezifischen Positionsgruppen wie die un- bzw. angelernten Arbeiter, die Facharbeiter, die Vorarbeiter, die Meister und schließlich die Industriebeamten bzw. -angestellten.

Solche arbeitsorganisatorisch erzeugten Spaltungen des Personals setzen sich bis heute fort in *Diskriminierungen bzw. Privilegierungen nach askriptiven Merkmalen,* also nach meist biologischen oder ethnischen Eigenschaften von Personen und nicht nach deren Leistungs- oder Qualifikationsmerkmalen: „Rassen"- oder Volkszugehörigkeit, Alter oder Geschlecht sind die am häufigsten vorfindbaren Differenzierungskriterien.

Neben die arbeitsorganisatorisch erzeugten Differenzierungen tritt eine weitere Form der Aufspaltung der Beschäftigten, und zwar eine in der einzelwirtschaftlichen Beschäftigungspolitik liegende: dies ist die personalwirtschaftliche Strategie der *Segmentation des Personals,* d. h. eine Differenzierung der Beschäftigten dergestalt, daß sich die Beschäftigungschancen und -risiken sehr ungleich auf verschiedene Gruppen verteilen (z. B. *Edwards* 1981). Insbesondere die Unterteilung in Stamm- und Randbelegschaften mit je unterschiedlichen Mobilitäts- und Risikozumutungen vermag neben

Elastizitäts- auch Kontrollfunktionen zu erfüllen (*Edwards* 1981). Diese bestehen zunächst in der Verhinderung von Solidarisierungen der Beschäftigten als soziale Klasse, überdies aber auch in der differenziellen Anreizgestaltung. Kann von der Stammbelegschaft Loyalität und Identifikation erwartet werden, so steht die Randbelegschaft – insbesondere in Krisenzeiten – unter permanentem Druck des Beschäftigungsrisikos sowie der gegenseitigen Konkurrenz um knappe Arbeitsplätze. Beides mag sich im Sinne der Konformitäts- und Machterhaltung (→*Führungstheorien – Machttheorie*) auswirken.

2. Technologie

Seit Beginn der Industrialisierung läßt sich nachweisen, daß die Weiterentwicklung und der Einsatz maschineller Technologie keinesfalls nur nach rein technologischen und im engeren Sinne ökonomischen Kriterien erfolgte, sondern auch mit dem Ziel, die Kontrolle über die Arbeitenden zu sichern bzw. zu erhöhen. Bereits *Ure* (1835) lobt den „Durchsetzer" der automatischen Spinnmaschine *Arkwright* (er war nicht deren Erfinder) vornehmlich und ausdrücklich wegen der mit Hilfe dieser Maschine möglich werdenden *Disziplinierung der Arbeiterschaft*. Auch für weitere historische Entwicklungen der Produktionsmaschinerie sind solche Kontrollintentionen aufgezeigt worden (z. B. *Marglin* 1977; *Noble* 1979).

Das Kontrollpotential von Technik in Form von Maschinen liegt im Unterschied zum Werkzeug einmal in der *Verringerung des Handlungsspielraums* in quantitativer, qualitativer und zeitlicher Dimension der Arbeitenden: die Handlungsvarietät kann somit auf ein äußerst geringes Maß reduziert werden. Ein weiterer Kontrollaspekt besteht darin, daß maschinelle Technologie es ermöglicht (nicht erzwingt!), einen *höheren Grad von Arbeitsteilung* dergestalt zu realisieren, daß ein Großteil der für den Produktionsprozeß erforderlichen Qualifikationen nun bei Spezialisten gebündelt wird (z. B. bei Ingenieuren), um den Maschinenarbeitern nur noch Restfunktionen zu überlassen. Kontrollwirkungen gehen auch von der häufig anzutreffenden Form der Schaffung isolierter Einzelarbeitsplätze an den Maschinen aus, wodurch Kommunikationschancen zwischen Arbeitenden drastisch reduziert werden. Mit der Fortentwicklung der neuesten Datenverarbeitungstechnologie schließlich wird eine Leistungsüberwachung des Arbeitenden durch die maschinelle Anlage auf höherer Stufenleiter möglich. Durch die faktische und nicht nur normative Begrenzung von Handlungsspielräumen ist das Kontrollpotential von Technologie als relativ hoch einzuschätzen. Industriesoziologische Untersuchungen zeigen allerdings auch immer wieder, daß und wie Arbeiter unter solchen restriktiven Bedingungen versuchen, Reste von Autonomie zu bewahren bzw. sich zu erkämpfen, um die *Kontrolle* über den Arbeitsprozeß nicht vollständig aufgeben zu müssen (z. B. *Burawoy* 1979). Der Steuerbarkeitsgrad der Technologie selbst im Hinblick auf Kontrollfunktionen ist ebenfalls als relativ hoch anzusetzen, wenn ihr auch durch zunehmende Aufmerksamkeit der Arbeitnehmervertretung Grenzen gesetzt werden können. Auch die Technologie als Medium *entpersonalisierter Kontrolle* besitzt selbst wieder ein eigenes Störpotential: sie kann z. T. erst die Konformitätsprobleme erzeugen, deren Lösung sie darstellen soll: Entfremdung, Motivationsstörung, Identitätsstörung, Loyalitätsprobleme, Qualifikationsdefizite u. a. m.

3. Bürokratie

Bürokratie (→*Bürokratie, Führung in der*), im Sinne eines formalisierten Organisationssystems, wird spätestens seit *Max Weber* als ein Instrument entpersonalisierter Herrschaftsausübung gedeutet. Man kann bürokratische Kontrolle, die durch Regeln, Verfahren, Formularwesen, Rechnungswesen usw. ausgeübt wird, zwar auch als „Technologie" beschreiben und Bürokratie dann als „Maschine" kennzeichnen (was bereits *Max Weber* getan hat); damit geht aber eine wesentliche Differenz zwischen apparativer Technologie und Bürokratie verloren. Während erstere nämlich faktische Bedingungen setzt, setzt die Bürokratie kontrafaktische (normative). Ein bürokratisches System besteht aus *sozialen, normativen Erwartungen*, ist also nicht stofflicher, sondern kognitiver Art. Deshalb ist der Legitimationsbedarf für bürokratische Regelungen in der Regel auch höher als für die Aufstellung einer Maschine. Die Verletzbarkeit der bürokratischen Regeln ist überdies größer als die von Gebrauchsanweisungen für eine technische Anlage. Damit ergibt sich als Folgeproblem eines bürokratischen Systems stets ein abgeleitetes *Kontrollproblem* (→*Kontrolle und Führung*): die *Einhaltung der bürokratischen Regeln selbst muß wieder kontrolliert werden*. Diese Tatsache setzt üblicherweise eine Bürokratisierungsdynamik in Gang, die „Meta-Bürokratisierungswellen" auslöst. Bürokratie ist deshalb in der Realität nie statisch, sondern sich permanent selbst verstärkend. Darin bestehen auch wiederum Chancen der Freiheit des einzelnen, abzuweichen, Regeln und Personen gegeneinander auszuspielen, Lücken zu entdecken, um sie für sich zu nutzen usw. Dieses Feld untersucht neuerdings die Theorie der „Mikropolitik" (→*Mikropolitik und Führung*) (vgl. *Küpper/Ortmann* 1988 sowie *Türk* 1989, 1990).

Die Varietät eines bürokratischen Systems hinkt dadurch permanent hinter der Varietät der zu kontrollierenden Störgrößen hinterher, ohne sie jemals einfangen zu können. Auch unter diesem Aspekt zeigt sich, daß die faktische Kooperation Organisation als abstrahierendes Konstrukt weit überschreitet.

Zudem produziert eine Bürokratie auch wieder auf ähnliche Weise wie die Technologie Führungsbedarf, der sich aus Entfremdung, Motivationsstörungen usw. ergeben kann.

Vor diesem Hintergrund ist es erklärbar, daß in Organisationen immer wieder versucht wird, übergreifende, generalisierte Einbindungen und Loyalitäten hervorzurufen, wie seit einiger Zeit erneut mit Konzepten von „Unternehmenskultur" (→*Organisationskultur und Führung*); diese wären unter dem Aspekt des Versuchs „kultur-hegemonialer Kontrolle" zu untersuchen.

Literatur

Burawoy, M.: Manufacturing Consent. Chicago, London 1979.
Clawson, D.: Bureaucracy and the Labor Process. New York, London 1980.
Edwards, R.: Herrschaft im modernen Produktionsprozeß. Frankfurt/M., New York 1981.
Kerr, St./Jermier, J. M.: Substitutes for Leaderships: Their Meaning und Measurement. In: OBHP, 1978, S. 375–403.
Küpper, W./Ortmann, G. (Hrsg.): Mikropolitik. Rationalität, Macht und Spiele in Organisationen. Opladen 1988.
Littler, C. R.: The Development of the Labour Process in Capitalist Societies. London 1982.
Lohmann, N.: Schematismen der Interaktion. In: KZSS, 31. Jg., 1979, S. 237–255.
Lohmann, N.: Soziale Systeme. Frankfurt/M. 1984.
Marglin, St. A.: Was tun die Vorgesetzten? Ursprünge und Funktionen der Hierarchie in der kapitalistischen Produktion. In: *Duwe, F.* (Hrsg.): Technologie und Politik. Bd. 8, Reinbek b. Hamburg 1977, S. 148–203.
Noble, D. F.: Social Choice in Machine Design: the Case of Automatically Controlled Machine Tools. In: *Zimbalist, A.* (Hrsg.): Case Studies on the Labor Process. New York 1979, S. 18–50.
Simmel, G.: Soziologie, 2. A., München, Leipzig 1922.
Stolz, H.-J./Türk, K.: Organisation als Verkörperung von Herrschaft. In: *Lehner, F./Schmid, J.* (Hrsg.): Technik – Arbeit – Betrieb – Gesellschaft. Opladen 1992, S. 125–171.
Stone, K.: The Origins of Job Structures in the Steel Industry. In: Radical America, Bd. 7, 1973, S. 19–24.
Thompson, J. D.: Organizations in Action. New York 1967.
Türk, K.: Soziologie der Organisation. Eine Einführung. Stuttgart 1978.
Türk, K.: Personalführung und soziale Kontrolle. Stuttgart 1981.
Türk, K.: Neuere Entwicklungen in der Organisationsforschung. Ein Trendreport. Stuttgart 1989.
Türk, K.: Von „Personalführung" zu „Politischer Arena". In: *Wiendieck, G./Wiswede, G.* (Hrsg.): Führung im Wandel. Stuttgart 1990, S. 54–87.
Türk, K.: Politische Ökonomie der Organisation. in: *Kieser, A.* (Hrsg.): Organisationstheorien. Stuttgart 1993.
Ure, A.: Das Fabrikwesen in wissenschaftlicher, moralischer und commercieller Hinsicht. A. d. Englischen *Diezmann, U.*, Leipzig 1835.
Weber, M.: Wirtschaft und Gesellschaft. Studienausgabe, Tübingen 1974.
Woodward, J. (Hrsg.): Industrial Organization: Behaviour and Control. New York 1970.

Entscheidungstechniken

Emil Brauchlin

[s. a.: Arbeitstechniken; Beeinflussung von Gruppenprozessen als Führungsaufgabe; Führungsmodelle; Führungstheorien – Weg-Ziel-Theorie; Groupthink und Führung; Projektmanagement und Führung; Psychische Belastung von Führungskräften; Verhaltensdimensionen der Führung.]

I. Begriff, Problemstellung und Grenzen; II. Wissenschaftliche Durchdringung des Sachbereichs und leitende Grundvorstellungen; III. Einzelne Techniken.

I. Begriff, Problemstellung und Grenzen

Angesichts der Bedeutung des Phänomens „Entscheidung" in zielorientierten sozialen Gebilden wurden *Entscheidungs-Techniken* (wörtlich: Kunstfertigkeiten der Entscheidungsfällung) in größerer Zahl entwickelt. Sie sollen eine Hilfe anbieten, um rasch, sicher und jederzeit nachvollziehbar zu sachlich richtigen Entscheidungen (auf die Problematik dieses Begriffes kann an dieser Stelle nicht eingegangen werden) zu gelangen. Diese Techniken sind prinzipiell objektiv-unabhängig und gelangen grundsätzlich immer dann zum Einsatz, wenn einem Entscheidungsträger auf eine offene Frage keine konkrete, vorfabrizierte Handlungsempfehlung in Form einer Routine, einer Weisung oder eigenen theoretischen bzw. praktischen Wissens zur Verfügung steht.

Entscheidungstechniken können von Führungskräften eingesetzt werden, um eigene individuelle Entscheidungen besser zu fällen, um sich Entscheidungsanträge in einer bestimmten formalen Form vorlegen zu lassen und/oder um mit einer Mehrzahl von Personen Entscheidungen und Entscheidungsunterlagen effektiver und effizienter zu erarbeiten.

Grenzen der Wirksamkeit von Entscheidungstechniken liegen in zwei Bereichen: (1) Der objektiven Erfassung der Realität sind Schranken gesetzt, und zukünftige Ereignisse entziehen sich immer wieder jeder Berechnung und Voraussicht. (2) Die Einflüsse von persönlichen Interessen und Machtansprüchen, von persönlichen Werturteilen und von persönlichen Sympathien und Antipathien lassen sich durch den Einsatz geeigneter Methoden wohl transparenter machen und reduzieren; beseitigen lassen sie sich aber nicht.

II. Wissenschaftliche Durchdringung des Sachbereichs und leitende Grundvorstellungen

Wegen der Allgegenwärtigkeit des Phänomens Entscheidung haben sich *verschiedene Disziplinen* (mit je spezifischen forschungsleitenden Fragestellungen und Antworten) mit ihm befaßt. Eine theoretische Vereinheitlichung hat das Wissensgebiet durch die *Kybernetik* mit ihrem zentralen Betriff „Informationsverarbeitung" und ihrer starken Förderung der Modelltheorie gefunden. Gestützt darauf läßt sich jeder Entscheidungsprozeß als Informationsverarbeitungsprozeß auffassen. Dieser hat den Aufbau und die Anwendung eines Modells durch ein Subjekt mit Bezug auf ein Objekt (in der Regel: die „Realität", d.h. die Unternehmungen mit ihren Mitgliedern und ihrem Umfeld) zum Inhalt, mit dem Zweck, eine Antwort auf eine offene Frage zu finden. Alle Entscheidungsmodelle weisen dieselbe logische *Grundstruktur* auf. Diese setzt sich aus den folgenden Komponenten zusammen:

Den faktischen Entscheidungskomponenten:
- Situationen (= Umweltzustände = „Realität")
- Mögliche Aktionen (Alternativen) des Entscheidungsträgers
- Ergebnisse (= Konsequenzen) der Aktionen

Den wertenden Entscheidungskomponenten:
- Ziele (= Präferenzzustände) des Entscheidungsträgers
- Nutzen der Ergebnisse der Aktionen im Lichte der Zielsetzungen

Den methodischen Entscheidungskomponenten (Entscheidungstechniken im engeren Sinn):
- Algorithmen: Methoden, die vollständig operational beschrieben sind, nach endlich vielen Schritten abbrechen, auf eine ganze Klasse von Problemen anwendbar sind und mit Sicherheit entweder zur gesuchten Lösung führen oder zeigen, daß eine Lösung des Problems gar nicht existiert.
- Heuristiken: Alle Methoden, die keine Algorithmen sind.

Die faktischen und wertenden Entscheidungskomponenten lassen sich zu der in Abbildung 1 wiedergegebenen logischen Grundstruktur zusammenfügen.

Sie macht deutlich, wie ein *Problem* sich als *Spannung* zwischen faktisch erreichten oder als erreichbar erachteten und als wünschbaren Zielen bzw. Zielerreichungsgraden darstellen läßt, die zu überwinden ist (man spricht dabei vom Reitmanschen Vektor). Dieser Sachverhalt ist auch für die Weg-Ziel-Theorie der Führung (→*Führungstheorien – Weg-Ziel-Theorie*) konstitutiv. Bei Berücksichtigung von Faktoren wie zur Verfügung stehende Zeit und Mittel tritt neben das Modell noch ein Metamodell, das angibt, wie das Objekt-Modell aufzubauen und zu verwenden ist.

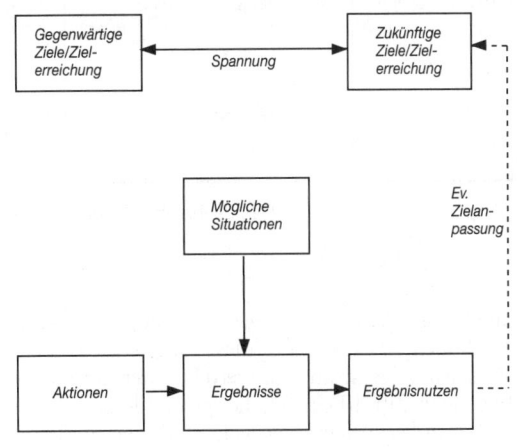

Abb. 1: Die logische Grundstruktur von Entscheidungsmodellen

Vor dem Hintergrund dieser Grundvorstellungen lassen sich die verschiedenen Ansätze der Entscheidungslehre und die mit ihnen in Bezug stehenden Methoden im Sinne von Abbildung 2 herausarbeiten (vgl. *Brauchlin* 1981).

Entsprechend der unterschiedlichen Ausgangsposition und Zielsetzung wird der entscheidungslogisch/mathematische Ansatz als „normativ", der sozialwissenschaftlich/empirische Ansatz dagegen als „deskriptiv" bezeichnet – eine fragwürdige Terminologie, da der sozialwissenschaftlich/empirische Ansatz ebenfalls zu Handlungsempfehlungen führen kann und soll.

Aus führungsmäßiger Sicht besitzen alle drei Ansätze eine große Bedeutung. Wie aus Abbildung 2 hervorgeht, verdanken wir dem Entscheidungslogisch/mathematischen unter anderem die Einsichten über die Grundstruktur von Entscheidungen sowie die weit verbreiteten Verfahren der Investitionsrechnung (vgl. z.B. *Blohm/Lüder* 1991) und des Operations Research (vgl. z.B. *Domschke* 1991); die sozialwissenschaftlich empirischen Ansätze haben viel zur Erhellung dysfunktionaler Verhaltensweisen sowohl von einzelnen Individuen wie von Entscheidungsteams beigetragen; zur Psychologie der Entscheidungsfällung vgl. z.B. *Dörner* (1989) zur Entscheidungsfällung in Gruppen vgl. *Katzenbach/Smitz* (1993); die systemtheoretisch-kybernetischen Ansätze schließlich nehmen die beiden zuerst genannten auf und ergänzen sie durch ihr eigenes Gedankengut, wie es in den Stichworten Information und Regelkreis zum Ausdruck ge-

Ansatz Charakte- risierung	Entscheidungslogisch/ mathematisch	Sozialwissenschaftlich/empirisch	Systemtheoretisch/kybernetisch
Prämissen	Geschlossenes Modell: Alle Informationen über die Wirklichkeit liegen bereits vor.	Offenes Modell: Informationen über die Wirklichkeit müssen noch beschafft werden.	Offenes Modell: Informationen über die Wirklichkeit müssen noch beschafft werden.
Zentrale Frage	Wie wähle ich die befriedigendste Alternative logisch richtig aus?	Wie entwickelt und verwendet ein Individuum/eine Gruppe ein Modell?	Wie ist in sehr komplexen Problemsituationen vorzugehen?
Grundvorstellungen	Axiomatik der rationalen Wahl	Problemlösung als geistiger Erhellungs- und Strukturierungs- prozeß	Interpretation der Wirklichkeit als vermaschtes kybernetisches System und des Problemlösungsprozesses als Prozeß der Informations-Gewinnung und -Zerstörung
Beispiele von spezifischen Methoden	Lineare Programmierung	Kreativitäts-Techniken; Konferenzleitung	Systems Engineering

Abb. 2: Ansätze der betriebswirtschaftlichen Entscheidungslehre

langt (vgl. z.B. *Probst/Gomez* 1990). Konkrete Methoden, die sich auf diese unterschiedlichen Wissenszweige abstützen, werden unter der nachfolgenden Ziff. III einläßlicher geschildert.

Aus *ablauf-orientierter* Sicht sind mehrere Phasen-Schemata vorgeschlagen worden. Sie unterscheiden sich im wesentlichen durch erstens die Anzahl der voneinander unterschiedenen Entscheidungs-Schritte, zweitens deren Bezeichnung und drittens vorhandene bzw. fehlende Hinweise auf Rückkoppelungen zwischen den einzelnen Schritten. Einfache derartige Schemata gliedern den Prozeß z.B. in Vorbereitung – Inkubation – Erleuchtung – Verifikation (*Wallas* 1926); Analyse – Gestaltung (Alternativen – Entwicklung) – Auswahl – Realisierung (= Implementierung).

Phasenschemata berücksichtigen allerdings zwei Tatsachen nur ungenügend: (1) Jeder einzelne Teilschritt eines Entscheidungsprozesses läßt sich mit Hilfe des Phasenschemas weiter unterteilen. (2) Auf einer gegebenen Ebene werden die einzelnen Phasen häufig mehrmals durchlaufen. So mag die Suche nach Aktionen zu einer erneuten Auseinandersetzung mit der Situation führen.

Entscheidungstechniken sind im Management-Prozeß mit *Planungs- und Kontrolltechniken* eng verknüpft und überschneiden sich teilweise mit diesen. Im Ausdruck „Planung" besitzt die Vorstellung der Zukunftsbezogenheit ein größeres Gewicht als die Ausdrücke „Entscheiden" und „Problem lösen". Überdies ist sie auf konkrete Gegenstände wie Perioden, Projekte, Programme bzw. Bereiche bezogen (wobei eine Überschneidung mit Entscheidungstechniken im Bereich des Projektmanagements offenkundig ist). Ferner werden mit dem Begriff „Planung" einzelne Techniken, wie die Prognosetechniken und bestimmte Darstellungstechniken (GANTT-Karte) verknüpft, welche üblicherweise nicht den Entscheidungsmethoden zugeordnet werden. Andere Verfahren, wie die Netzplantechnik, die zu Planungszwecken eingesetzt wird, sind aber auch als Techniken des Operations Research zu bezeichnen. Die Kontrolltechniken andererseits verfolgen einen doppelten Zweck: Sie überprüfen die Konsequenzen früher gefällter Entscheidungen; sie sind aber auch darauf gerichtet, die Wahrnehmung von Problemen (bzw. an zu planenden Tatbeständen) zu erleichtern. Einzelne dabei verwendete Verfahren sind spezifisch, andere lassen sich zwanglos auch als Planungs- bzw. Entscheidungsmethoden verstehen, so z.B. spezifische Verfahren zur Erleichterung der Früherkennung von Chancen und Gefahren.

III. Einzelne Techniken

1. Techniken zur Systematisierung des gesamten Entscheidungsprozesses

a) Projektmanagement und Systems Engineering

Unter diesem Begriff werden Methoden zusammengefaßt, welche größere Vorhaben einer (geistigen und zum Teil auch faktischen) Lösung zuführen. Die entsprechenden Vorgehensweisen fügen verschiedene Techniken zu einem in sich geschlossenen Ablauf komplexer Entscheidungsprozesse zusammen (→*Projektmanagement und Führung*). Unter entscheidungstechnischen Gesichtspunkten besonders bedeutsam sind die folgenden Aspekte:

(1) Subjektiven Elementen (Wahrnehmung, Werturteile) im Entscheidungsprozeß wird bewußt Rechnung getragen, insbesondere durch eine möglichst unterschiedliche Zusammensetzung des Problemlöse-Teams und durch die bewußte Einnahme unterschiedlicher Standpunkte zu Beginn des Problemlöse-Prozesses.

(2) Das Problem wird bewußt in einzelne, leichter überblickbare Teilprobleme zerlegt (vgl. z.B. *Daenzer* 1992). Entsprechende Möglichkeiten sind neben den bereits vorn genannten Phasenschemata

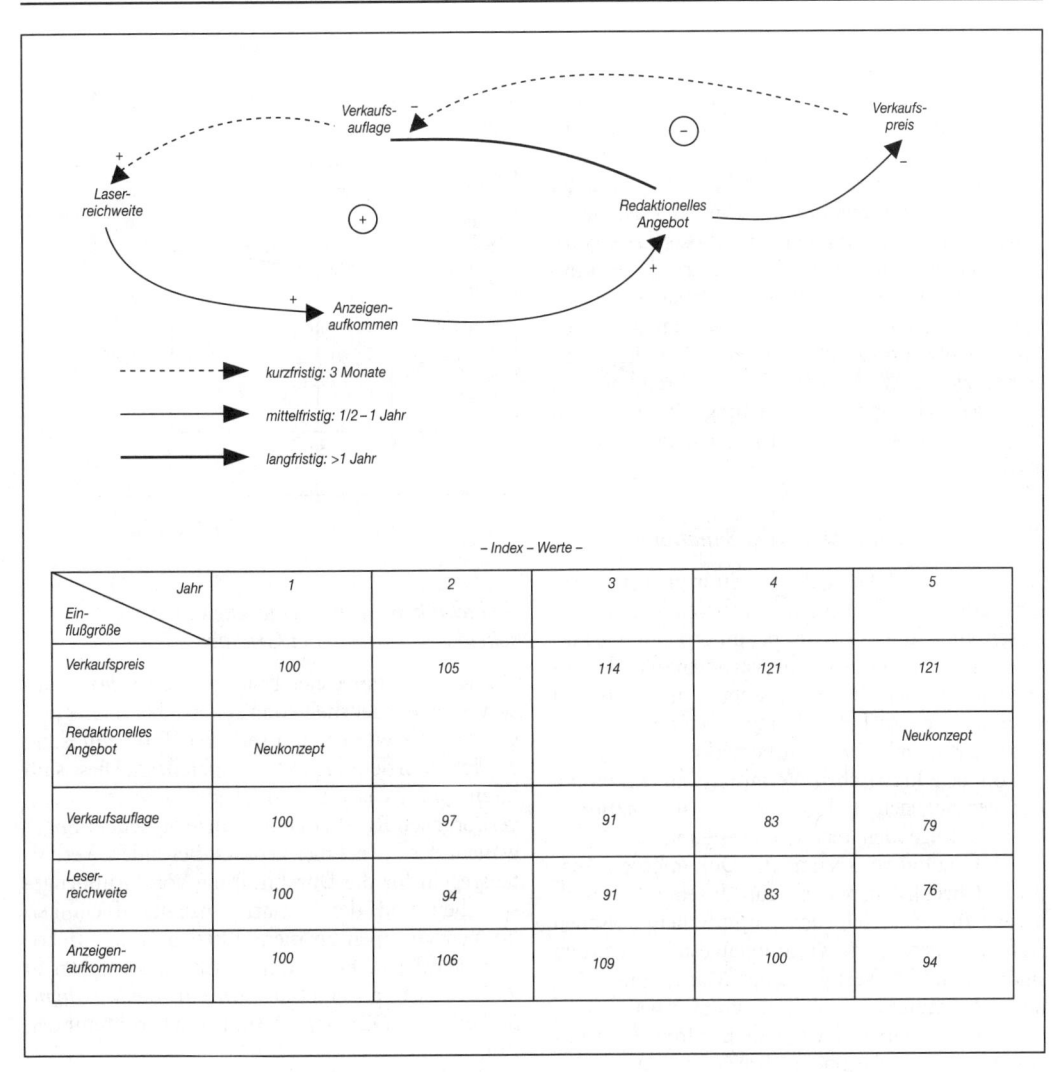

Abb. 3: Zeitverhalten im Grundkreislauf der Publikumszeitschrift

Gliederungen nach dem Prinzip „Vom Groben zum Detail" z. B. in der Sequenz Anstoß, Vorstudie, Hauptstudie, Detailstudie. Häufig werden Balkendiagramme verwendet, um die einzelnen Projektschritte im Zeitablauf graphisch darzustellen. Bei größeren Projekten wir diese einfache Technik durch anspruchsvollere Verfahren der Netzplantechnik, welche den Einsatz von Computern gestattet, ergänzt.

(3) Basierend auf dem von *Forrester* (1972) entwickelten Formalismus der Systems Dynamics kann die Situation, die dem Entscheid zu Grunde liegt, als vermaschtes „System" interpretiert werden (vgl. *Probst/Gomez* 1990).

(4) Die Vielfalt der Beziehungen kann dabei graphisch und, falls als zweckmäßig erachtet, mit Hilfe eines entsprechenden Gleichungssystems abgebildet werden. Wesentlich ist dabei die Berücksichtigung von Rückkoppelungseffekten zwischen den verschiedenen Variablen. Abbildung 3 vermittelt ein einfaches Beispiel dieser Technik.

b) Wertanalyse

Die Wertanalyse ist eine besondere Bewertungsmethode für technische Produkte. Ursprünglich für den Einkauf konzipiert, wurde sie später auch für die Wertgestaltung von neuen Produkten eingesetzt. Ihr wesentlichstes Merkmal ist das Denken in Funktionen, d. h. es wird gefragt, welchen Zweck ein Produkt oder eine Produkteinheit erfüllt. Gestützt darauf kann der Wert, der dieser Funktion vom Benutzer beigemessen wird, mit den mit seiner Erbringung verbundenen Kosten verglichen werden. Darauf gestützt können dann neue Lösungen mit günstigeren Kosten-Nutzen-Relation gesucht werden. Das ursprüngliche Konzept ist im technischen Bereich zu einer ein ganzes Wertanalyse-Projekt umfassenden Systematik ausgebaut worden (vgl. z. B. *Rinza/Schmitz* 1992). In der abgewandelten Form der *Gemeinkostenwertanalyse* (vgl. *Müller* 1992) wurde das Verfahren auch dem Verwaltungsbereich größerer Organisationen nutzbar gemacht. Ausgangspunkt der Überlegungen bildet dabei die aus mannigfaltigen Gründen feststellbare Umlagerung von variablen Direktkosten zu Fixkosten. Letztere sind in der Regel nur schwer kontrollierbar. Deshalb empfiehlt es sich, sie periodisch mittels eines auf sie adaptierten wertanalytischen Instrumentariums zu überprüfen und, in der Folge, zu reduzieren. Wertanalytische Verfahren haben in der Praxis eine große Verbreitung erfahren (man rechnet mit 15–25% Kosteneinsparungen pro Projekt).

2. Techniken zum Erfassen der Situation

Die korrekte Erfassung der Situation gehört zu den schwierigsten Teilschritten in Problemlösungsprozessen. Individuell-psychische, unternehmungskulturelle und organisatorisch-instrumentelle Hemmnisse stellen sich ihr häufig entgegen. Aus diesen Gründen werden Entwicklungen häufig falsch interpretiert oder erst zu spät bemerkt.

Von den klassischen Verfahren zur Erfassung von vergangenen und gegenwärtigen Situationen seien die folgenden Techniken genannt:

(1) Qualitative Techniken: Dokumenten-Analysen; Checklisten, wie sie für einzelne Fragestellungen zu den verschiedensten unternehmerischen Aufgaben-Bereichen zusammengestellt worden sind; qualitative Verfahren der Markt- und Meinungsforschung wie z. B. Tiefeninterviews.

(2) Quantitative Methoden: Input/Output-Analysen; Simulationen; Break-Even-Analysen; statistische Verfahren.

Um die Wahrnehmung zu Änderungen zu beschleunigen und zu objektivieren, hat *Ansoff* (1990) ein Konzept zur Erfassung schwacher Signale entwickelt. Er empfiehlt, das unternehmerische Umfeld bewußt auf Änderungsprozesse hin zu beobachten, welche der eigenen Tätigkeit verhältnismäßig fern stehen, sich aber stark auswirken können (z. B.: Sprünge in Technologien, die man selbst nicht nutzt; sich ankündigende Änderungen von Gesetzen; soziale Entwicklungen).

3. Techniken zur Erleichterung der Modellbildung

Das vom Entscheidungssubjekt verwendete Modell soll möglichst einfach, problem-adäquat, in sich konsistent und benutzerfreundlich sein. Zu diesem Zweck ist die Zahl der zu berücksichtigenden Faktoren möglichst tief zu halten. Dazu kann die *ABC-Analyse* verwendet werden. Sie beruht auf dem Grundgedanken, daß in vielen Konstellationen (z. B. Produkten, Kunden etc.) einigen wenigen Faktoren, den sog. A-Faktoren, ein weit größeres Gewicht zufällt als den sog. B- und C-Faktoren, die z.T. vernachlässigt werden können (vgl. Abb. 4). Der Blick wird damit auf das Wesentliche gelenkt.

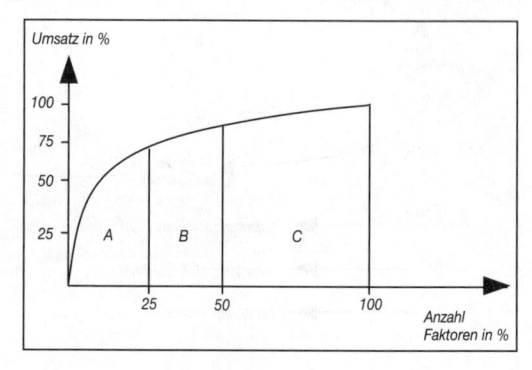

Abb. 4: Schema der ABC-Analyse

4. Techniken zur Erleichterung von Entscheidungsprozessen in Gruppen

Die Komplexität vieler Probleme führt dazu, daß sie von einer Mehrheit von Personen bearbeitet und entschieden werden müssen. Die Problemlösung erfolgt oft in der Form von Konferenzen. Diese sind häufig stark von hierarchischen Machtstrukturen, verborgenen Rivalitäten und angeglichenem Engagement der Teilnehmer geprägt. Besondere Verhaltensregeln für die Durchführung von Gruppengesprächen und der Einsatz einzelner Techniken können Gruppen zu mehr Effizienz und Effektivität verhelfen. Hinzuweisen ist – neben dem in Ziff. 5 beschriebenen Brainstorming die *Metaplantechnik* (vgl. *Donnert* 1990). Diese beruht auf den Prinzipien:

(1) der größtmöglichen Visualisierung von Anträgen, welche den Weg der gemeinsamen Arbeit dokumentiert;

(2) der interaktiven Arbeit, welche es durch Kontenabfrage erlaubt, in kurzer Zeit von allen Gruppenmitgliedern Ansichten und Vorschläge zu erhalten und

(3) einer Moderation, die sich nicht für den konkreten Inhalt einer Problemlösung verantwortlich sieht, sondern nur für den Prozeß, der – dank Kooperation und Kreativität – dazu geführt hat.

5. Techniken zur Förderung des kreativen Denkens

Kreativität, d. h. die Fertigkeit, sinnvolles Neues zu schaffen (→*Innovation und Kreativität als Führungsaufgabe*), ist eine Fähigkeit von Individuen, Gruppen, organisierten Gebilden und ganzen Kulturkreisen. Sie wird stimuliert durch das allgemeine Umfeld des Problemlösens (neuerungsorientierte Zielsetzungen, Werte, Mittel- und Zeit-Allokation) und spezifische „Kreativitätstechniken". Im Führungsprozeß ist die Pflege des allgemeinen Umfeldes mindestens so bedeutsam wie der Einsatz spezifischer Methoden.

Die *Kreativitätstechniken* suchen ausnahmslos das gebahnte, routinehafte Denken zu durchbrechen. Allgemeine heuristische Prinzipien hierzu sind: Zwang zum Kombinieren und Variieren, Analogiebildung, Förderung von Assoziationen. Sie werden ergänzt durch besondere Techniken:

- Die *Morphologie* zwingt zu systematischem Denken u. a. durch die Mittel der *systematischen Feldüberdeckung* und des *morphologischen Kastens* (vgl. *Zwicky* 1989).

Ein Beispiel zur systematischen Feldüberdeckung stellt das periodische System der chemischen Elemente dar, welches die Suche nach unbekannten Grundstoffen entscheidend erleichterte.

- Allgemeine, das *assoziative Denken fördernde Prinzipien* sind: produktive, kontinuierliche Umformung des Problems; geistige Distanz vom Problem und keine „Übermotivation"; Umzentrieren, das heißt Verändern des zentralen Gesichtspunkts (Blickpunktumdrehung; Neu-Benennung des Problems); Visualisierung von Gedanken (um Begriffsmustern auszuweichen); häufiger Wechsel zwischen Abstraktion und Konkretisierung; Psychodramatische Einfühlung: „Wie fühle ich mich als...?"; keine vorschnelle Beurteilung; keine Vorurteile.

In den Regel des *Brainstorming* haben einige der eben genannten Prinzipien in Verbindung mit gruppendynamischen Überlegungen ihren Niederschlag gefunden. Kritik ist verboten; der Phantasie soll freier Lauf gelassen werden, um möglichst kühne Ideen zu erhalten; je mehr Ideen desto besser; Quantität geht vor Qualität; die Ideen anderer sollen aufgenommen, kombiniert und weiterentwickelt werden; keine Killerphrasen; Zusammensetzung der Gruppe: Breite Streuung des Fachwissens; keine zu großen hierarchischen Unterschiede; freiwillige oder wenigstens nicht widerwillige Teilnahme.

6. Bewertungstechniken

Die meisten der zahlreichen Bewertungsmethoden gehören zu den quantitativen Entscheidungstechniken. Sie unterscheiden sich durch die Art des ihnen zugrundeliegenden Zielsystems (Einfach- versus Mehrfach-Zielsetzung; Berücksichtigung von Zeit- und Sicherheitspräferenzen) und die mathematischen Verfahren, auf denen sie aufbauen. Besonders zu erwähnen sind:

- Statische und dynamische Verfahren der *Investitionsrechnung* (vgl. *Blohm/Lüder* 1991) zur Bewertung eines einzelnen Projektes (bzw. ganzer Programme): Sie besitzen von allen formalen Bewertungsmethoden die größte Verbreitung. Dennoch ist unter Führungsgesichtspunkten auf zwei Schwächen zu verweisen: (1) Das Kalkül ist auf monetäre Größen ausgerichtet, was zur Gefahr der Unterdrückung anderer Variablen führt; (2) die Ergebniskontrolle ist oft lückenhaft: Überprüft werden zwar die Investitionen, längst nicht immer jedoch die von ihnen erhofften Erträge.

- *Nutzwertanalytische Verfahren* (vgl. *Bechmann* 1991): Sie haben zum Ziel, verschiedene Aktionsmöglichkeiten auf ihre Vorziehungswürdigkeit bei Vorliegen von mehreren, nur auf dem Umweg über Nutzenvorstellungen miteinander vergleichbaren Zielfaktoren quantitativ zu beurteilen. Zumeist nimmt man dabei an, gesucht würde die Alternative mit dem größten Gesamtnutzen $G = g_i n_i$ mit n_i = Nutzen der Alternative bezüglich des Faktors i, g_i = Gewicht des betreffenden Faktors, f = Anzahl Zielfaktoren. Die Hauptproblematik der Nutzwertanalyse liegt in folgendem: (1) Der Entscheidungsträger kennt sein eigenes Zielsystem häufig nicht so gut, wie es die Analyse voraussetzt (vor allem bei neu auftretenden Problemen); (2) Eine additive Linearkombination von einzelnen Zielfaktoren, so plausibel und einfach zu berechnen sie ist, entspricht nicht immer den tatsächlichen Verhältnissen. Trotz dieser „Nachteile" vermag die Analyse Entscheidungsprozessen – besonders in Teams – in größerer Transparenz zu verhelfen.

- *Verfahren des Operations Research* (vgl. *Hillier/Liebermann* 1986; *Taha* 1993). Sie sind zu einer ausgebauten Spezialdisziplin geworden. Diese hat in der Praxis einen festen Platz bei der Bearbeitung ausgewählter Probleme (z. B. Standort- und Transportprobleme großer Unternehmungen).

Literatur

Ansoff, H. I.: Implanting Strategic Management. 2. A., London 1990.
Bamberg, G./Coenenberg, G.: Betriebswirtschaftliche Entscheidungslehre. 6. A., München 1991.
Bechmann, A.: Mehrdimensionale Bewertungsverfahren auf nutzwertanalytischer Basis. 1991.
Blohm, H./Lüder, K.: Investition. 7. A., München 1991.
Bono, de E.: Denkschule zu mehr Innovation und Kreativität. Landsberg a. Lech 1986.
Brauchlin, E.: Problemlösungs- und Entscheidungsmethodik, eine Einführung. 3. A., Bern, Stuttgart 1989.
Brauchlin, E.: Betriebswirtschaftliche Entscheidungslehre. In: WiSt 1981, S. 305–310.
Burghardt, M.: Leitfaden für die Planung, Überwachung und Steuerung von Entwicklungsprojekten. Berlin 1988.
Checkland, P.: Systems Thinking, Systems Practice. New York 1984.
Daenzer, W. F.: Systems Engineering. Leitfaden zur methodischen Durchführung umfangreicher Planungsvorhaben. 3. A., Zürich 1992.

Domschke, W.: Einführung in Operations Research. 2. A., Berlin 1991.
Dörner, D.: Die Logik des Mißlingens: Strategisches Denken in komplexen Situationen. Hamburg 1989.
Donnert, R.: Am Anfang war die Tafel...: Praktischer Leitfaden für Vortrag, Lehrgespräch, Moderation, Seminar und Unterweisung. München 1990.
Fischer, E. P./Herzka, H. S./Reich, K. H. (Hrsg.): Widersprüchlichkeit. München, Zürich 1992.
Forrester, J.: Grundzüge einer Systemtheorie. Wiesbaden 1972.
Franke, R.: Wertanalyse – heute wichtiger denn je. In: *Franke, R./Zerres, P.* (Hrsg.): Planungstechniken. Instrumente für zukunftsorientierte Unternehmungsführung. 3. A., Frankfurt/M. 1992, S. 111–129.
Glasl, F.: Konfliktmanagement. 2. A., Stuttgart, Bern 1990.
Haberland, G.: Checklist Unternehmungsanalyse. Landsberg a. Lech 1992.
Hanssmann, F.: Einführung in die Systemforschung, Methodik der modellgestützten Entscheidungsvorbereitung. 3. A., München 1990.
Heinen, E.: Industriebetriebslehre als entscheidungsorientierte Unternehmungsführung. In: *Heinen, E.* (Hrsg.): Industriebetriebslehre: Entscheidungen im Industriebetrieb. 9. A., Wiesbaden 1991, S. 1–73.
Henschel, H.: Wirtschaftsprognosen. München 1979.
Hermann, N.: Kreativität und Kompetenz – Das einmalige Gehirn. Fulda 1991.
Hillier, F./Liebermann, G.: Introduction to Operations Research. 4. A., Holden-Day Oakland 1986.
Katzenbach, J. R./Smith, D. K.: The Wisdom of Teams: Creating the High-Performance Organization. Boston 1993.
Kirckhoff, M.: Mind Mapping. 5. A., Berlin 1991.
Laux, H.: Entscheidungstheorie I, Grundlagen. 2. A., Frankfurt/M. 1991.
Lindblohm, Ch. E.: Inkrementalismus: Die Lehre vom „Sich-Durchwursteln". In: *v. Narr, W.-D./Offe, C. H.* (Hrsg.): Wohlfahrtsstaat und Massenloyalität. Köln 1975, S. 161–177.
Litke, H. D.: Projektmanagement: Methoden, Techniken. München 1991.
Luhmann, N.: Soziologische Aspekte des Entscheidungsverhaltens. In: DBW 1984, S. 591–603.
Madauss, B. J.: Handbuch Projektmanagement. 5. A., Stuttgart 1994.
Müller, A.: Gemeinkostenmanagement: Vorteile der Prozeßkostenrechnung. Wiesbaden 1992.
Probst, G. J. B./Gomez, P.: Vernetztes Denken: die Methodik des vernetzten Denkens zur Lösung komplexer Probleme. In: *Halm, D./Taylor, B.* (Hrsg.): Strategische Unternehmungsplanung – Strategische Unternehmensführung. Stand und Entwicklungstendenzen. 5. A., 1990, S. 903–921.
Reschke, P.: Nutzwert-Kostenanalyse. 2. A., Düsseldorf 1992.
Rinza, P./Schmitz, H.: Nutzwert-Kostenanalyse: eine Entscheidungshilfe. 2. A. Düsseldorf 1992.
Schlicksupp, H.: Innovation, Kreativität und Ideenfindung. 4. A., Würzburg 1992.
Sieben, G./Schildbach, T.: Betriebswirtschaftliche Entscheidungstheorie. 3. A., Tübingen, Düsseldorf 1990.
Siemens A. G. (Hrsg.): Organisationsplanung. Planung durch Kooperation. 8. A., Berlin, München 1992.
Taha, H. A.: Operations Research – an Introduction. London 1993.
Vester, F.: Ausfahrt Zukunft. München 1990.
Vester, F./Hesler, A. v.: Sensitivitätsmodell. Frankfurt/M. 1980.
Wallas, G.: The Art of Thought. New York 1926.
Zerres, M.: Methoden der Ideenfindung – Kreativität kann man lernen. In: *Franke, R./Zerres, P.* (Hrsg.): Planungstechniken. Instrumente für zukunftsorientierte Unternehmensführung. 3. A., Frankfurt/M. 1992, S. 23–53.
Zwicky, F.: Entdecken, Erfinden, Forschung im morphologischen Weltbild. 2. A., Glarus 1989.

Entsendung von Führungskräften ins Ausland

Klaus Macharzina

[s. a.: Auswahl von Führungskräften; Fortbildung, Training und Entwicklung von Führungskräften; Karriere und Karrieremuster von Führungskräften; Kulturabhängigkeit der Führung; Mobilität und Fluktuation von Führungskräften; Rekrutierung von Führungskräften; Soziale Herkunft von Führungskräften; Strategische Führung.]

I. Bedeutung von Führungskräfteentsendungen;
II. Zielpluralität bei der Entsendungspolitik;
III. Handhabung der Führungskräfteentsendung;
IV. Strategieorientierung der Führungskräfteentsendung.

I. Bedeutung von Führungskräfteentsendungen

Die zunehmende Internationalisierung des Wettbewerbs und der Aufbau von Direktinvestitionen haben zu einer starken Ausweitung der Entsendung von Führungskräften ins Ausland geführt. So liegt neueren Untersuchungen zufolge der Anteil entsandter Führungskräfte an der Gesamtzahl von Auslandsgesellschaftsmitarbeitern zwischen 0,5 und 4%, wobei die Hälfte der gegenwärtig etwa 250 000 von deutschen Unternehmen ins Ausland entsandten Mitarbeiter dort Führungsverantwortung trägt (*Macharzina* 1992; *Wirth* 1992).

Der Anteil der im Ausland eingesetzten Führungskräfte ist in den vergangenen Jahren allerdings eher zurückgegangen als angestiegen (*Negandhi* 1987; *Kobrin* 1989), was vor allem auf die erhöhte Verfügbarkeit gastländischer Führungskräfte sowie auf den fortschreitenden Internationalisierungsgrad grenzüberschreitend tätiger Unternehmen zurückzuführen sein dürfte. Gleichwohl stellt die Führungskräfteentsendung auch heute noch die wichtigste Form des Auslandseinsatzes dar, da transferierte Führungskräfte in den Auslandsgesellschaften hierarchisch herausragende und strategisch bedeutsame Schlüsselpositionen einnehmen.

Die Führungskräfteentsendung ist von anderen Formen des Auslandsaufenthalts durch das Kriterium der größeren zeitlichen Erstreckung abzugrenzen, die in der Regel eine Frist von mehr als einem Jahr umfaßt (*Macharzina* 1993a). Von der Versetzung unterscheidet sie sich wiederum durch ihren befristeten Charakter, der von vornherein eine Repatriierung ins Stammhaus (*Gaugler* 1989) vorsieht. Neuen empirischen Untersuchungen zufolge beträgt die durchschnittliche Entsendungsdauer etwas mehr als drei Jahre, wobei vglw. geringe Variationseffekte in einer Spannweite von zwei bis fünf Jahren festzustellen sind (*Wolf* 1994).

II. Zielpluralität bei der Entsendungspolitik

Die Führungskräfteentsendung ist von einem Zielbündel bestimmt. Die Ziele werden dabei von *unternehmens- und führungskräfteseitigen Interessen* beherrscht. Aus der Unternehmenssicht dürfte die *Besetzung vakanter Positionen,* die *Führungskräfteentwicklung* sowie die *Koordination der Subsysteme des Unternehmens* im Vordergrund stehen (*Edström/Galbraith* 1977). Erstere dominieren in der Frühphase des direktinvestiven Auslandsengagements, wo jene Qualifikationen in das Gastland zu „exportieren" sind, die dort in hinreichender Ausprägung und Breite fehlen. Beim Entsendungsziel der Führungskräfteentwicklung verfolgt man mit dem Auslandseinsatz die Vermittlung fachlicher, methodischer und sozialer Kompetenzen; dort werden Lerneffekte sowohl durch die üblicherweise geringere Arbeitsteilung der Auslandseinheiten als auch durch die dort gegebenen fremdartigen Umweltbedingungen begünstigt. Das dritte Transferziel bei Auslandseinsätzen besteht in der Koordination des Unternehmensverbunds. Hierbei wird erwartet, daß die Entsandten als „strategische Brückenköpfe" oder „verlängerte Managementwerkbänke" dienen, welche die Verbindung zwischen Stammhaus und Auslandsgesellschaften sicherstellen.

Koordinative Ziele treten erst in der Integrationsphase internationaler Unternehmenstätigkeit in den Vordergrund, da das Problem der Besetzung vakanter Auslandspositionen häufig schon gelöst ist. Empirische Befunde, nach denen vor allem die Spitzenpositionen von Auslandsgesellschaften mit Stammlandsangehörigen besetzt sind (*Dowling/Schuler* 1990; *Boyacigiller* 1990), geben zu der Vermutung Anlaß, daß das Koordinationsziel in der Praxis des internationalen Managements eine große Bedeutung besitzt. Andere Untersuchungen (*Macharzina* 1993b) bestätigen Modellvorstellungen, nach denen koordinationsorientierte Führungskräfteentsendungen für Unternehmen mit einer globalen strategischen Orientierung typisch sind (vgl. Abb. 1). Was den Zusammenhang von

Kriterium / Transferziel	Besetzung vakanter Positionen	Führungskräfte-entwicklung	Koordination der Subsysteme
Phase der Internationalisierung	Frühphase	Übergangsphase	Integrationsphase
Strategische Orientierung des Unternehmens	international	multinational	global oder transnational
Anzahl entsandter Führungskräfte	wenige	einige	viele
Art der transferierten Fähigkeiten	technische, selten Führungsfähigkeiten	technische sowie Verwaltungsfähigkeiten	technische, Verwaltungs- sowie Führungsfähigkeiten
typischer Standort der Auslandsgesellschaften	Entwicklungsländer	Entwicklungsländer sowie Länder mit Know-How-Vorteilen	sämtliche Länder
Entsendungsrichtung	von Zentrale zu Auslandsgesellschaft	von Zentrale zu Auslandsgesellschaft und umgekehrt	von und zu sämtlichen Teileinheiten des Unternehmens
typisches Alter der entsandten Führungskräfte	jung	jung bis mittel	sämtliche Altersstufen
Versetzungshäufigkeit	sehr selten in der Karriere	mehrmals in der Karriere	vielfach in der Karriere
Herkunftsland der entsandten Führungskräfte	Stammland	Stammland plus wichtigste Gastländer des Unternehmens	sämtliche Länder
Informationsgrundlage bei der Entsendung	Liste von Kandidaten aus der Zentrale	Liste von Kandidaten aus Zentrale und Auslandsgesellschaften	umfassendes Informationssystem mit Daten sämtlicher Entsendungsanwärter
Einfluß des Personalbereiches	gering	mittel	hoch
strategische Einsatzplanung	nicht vorhanden	nicht vorhanden	vorhanden

Abb. 1: Ziele von Führungskräfteentsendungen

Entsendungsziel und Entsendungsdauer anbelangt, scheinen koordinationsorientierte Entsendungen eine signifikant kürzere Dauer aufzuweisen als stellenbesetzungs- und entwicklungsorientierte Transfers (*Wolf* 1994). Dies erscheint plausibel, da sich koordinationsorientierte Effekte dann am besten erzielen lassen, wenn die transferierten Führungskräfte über vielschichtige Erfahrungen verfügen.

Mitarbeiterseitig stehen ebenfalls Interessen und Initiativen zur Eigenentwicklung von Qualifikationen wie die Möglichkeit zur Übernahme größerer Verantwortung, eine größere Aufgabenvielfalt, die allgemeine Verbesserung der beruflichen Perspektiven und der Reiz eines Auslandsaufenthalts im Vordergrund, wohingegen materielle Aspekte von nebensächlicher Bedeutung zu sein scheinen (*Naumann* 1993; *Kumar/Karlshaus* 1992).

III. Handhabung der Führungskräfteentsendung

1. Selektionsentscheidung

Die erfolgreiche Handhabung von Führungskräfteentsendungen setzt eine detaillierte Kenntnis einschlägiger Anforderungsmerkmale der zu besetzenden Position voraus, die in eignungsdiagnostisch einzusetzenden Auswahlkriterien ihren Niederschlag finden müssen (→*Auswahl von Führungskräften*). Angesichts der nachgewiesenen Bedeutung von Selektionskriterien überrascht ihre Vernachlässigung in der Praxis des internationalen Personalmanagements (*Steinmann/Kumar* 1984; *Pausenberger* 1983), wo nach wie vor die am bisherigen Einsatzbereich erbrachte fachliche Leistung in den Vordergrund gestellt wird. Von einer derartigen Auswahl dürfte jedoch eine geringe Erfolgssicherheit ausgehen, da die Entsandten im Ausland mehrheitlich mit umfangreicherer Verantwortung und einer gesteigerten Integrationsaufgabe konfrontiert sind (*Westedt* 1985). Zudem wird die Komponente der fachlichen Anforderungen durch Fähigkeiten zur Erbringung kultureller Anpassungsleistungen (→*Kulturabhängigkeit der Führung*) hinsichtlich Raum- und Zeitverständnis, persönlichen Verbindungen und Freundschaften sowie informellen Abmachungen und Symbolen (*Löber* 1984) überlagert. Unter Berücksichtigung der breitgefächerten Anforderungen sind bei der Auswahl von Entsendungskandidaten sowohl Aspekte der Ich-bezogenen Dimension wie Streßbewältigung, physische Mobilität oder Isolationsüberwindung, der sozialen Dimensionen wie Kommunikationsfähigkeit, Internalisierung ungewohnter Interaktionsmuster oder Verständnis für fremdartige Lebenssituationen als auch der Wahrnehmungsdimension wie Fähigkeit zur flexiblen Attribution, Ambiguitätstoleranz oder Vorurteilsfreiheit gegenüber fremden Verhaltensweisen zu berücksichtigen (*Mendenhall/Oddou* 1985).

2. Gestaltung von Vorbereitungsprogrammen

Die Verfügbarkeit fachlicher und umweltbezogener Qualifikationsmerkmale vermag die erfolgreiche Abwicklung der Führungskräfteentsendung allein noch nicht zu gewährleisten. Es bedarf einer Einbettung in unterstützende Maßnahmen, welche die Führungskräfte auf die Auslandstätigkeit vorbereiten (→*Fortbildung, Training und Entwicklung von Führungskräften*), den Aufenthalt im Ausland begleiten und die Wiedereingliederung sicherstellen. Obwohl man sich in der Praxis der Bedeutung dieser Maßnahmen bewußt zu sein scheint (*Robinson* 1992), ist davon auszugehen, daß die Mehrzahl der internationalen Unternehmen die für den Auslandseinsatz vorgesehenen Führungskräfte bislang nur einseitig fachlich und damit unzureichend auf ihre Tätigkeit in der fremden Umwelt vorbereitet (*Black/Mendenhall* 1990, *Domsch/Lichtenberger* 1990). So wird ungefähr ein Drittel der ins Ausland entsandten Führungskräfte vorzeitig aufgrund mangelhafter Funktionserfüllung aus dem Ausland zurückgeholt (*Dowling/Schuler* 1990), was Mehrkosten von mindestens 250 000,– DM je Einsatz (*Black/Mendenhall* 1990) ausmacht.

Für die Herausbildung und Förderung entsendungsspezifischer Fähigkeiten steht ein vielfältiges Instrumentarium zur Verfügung, aus dem kulturorientierten Vorbereitungsmaßnahmen besondere Aufmerksamkeit geschenkt werden sollte. Diese umfassen landeskundliche Schulungsprogramme, Sprachlehrgänge, Kulturassimilatoren, Sensitivity Trainings sowie Felderfahrungsprogramme. Die ersteren dienen dazu, die zu entsendenden Führungskräfte mit den sozio-politischen Gegebenheiten der Geschichte, der wirtschaftlichen Entwicklung, den geographischen Besonderheiten sowie der Infrastruktur des jeweiligen Einsatzlandes vertraut zu machen. Die Durchführung fußt auf der Grundlage der empirisch allerdings nicht durchgängig bestätigten Vermutung, daß Sachkenntnis das Verstehen fremder Kulturen begünstigt, was sich wieder um in einem veränderten Verhalten niederschlägt. Bei der Durchführung der selten eingesetzten Intensivsprachkurse sollte darauf geachtet werden, daß fach- und umgangssprachliche Kenntnisse gleichermaßen vermittelt werden und damit die Voraussetzung zum Dialog mit potentiellen Kontaktpersonen des Gastlandes geschaffen wird. Zur Verringerung des hohen Zeitaufwands von Sprachlehrgängen stehen interaktive Lehrmethoden, Sprachlabors und computergestützte Sprachlehrprogramme zur Verfügung. Beim validitätsmäßig bereits getesteten Kulturassimilator (*Fiedler/Mitchell/Triandis* 1971) handelt es sich um ein aktives Verfahren des attributionsorientierten Trainings, mit dem die Herausbildung verinnerlichter Konzepte zum Verstehen von Verhaltensgewohnheiten fremder Kulturen angestrebt wird. Es verlangt die Bewältigung einer Serie von (75 bis 100) kurzen Problemsituationen, die bei dem Zusammentreffen von Personen unterschiedlicher Kulturen auftreten können. In eine ähnliche Richtung zielt das in der Form von Kommunikationsworkshops, T-Gruppen oder gruppenorientierten Überlebenstrainings in der Wildnis („Outward-Bound-Trip") (*Macharzina* 1991) durchgeführte Sensitivity Training, welches auf die affektive Ebene des Verhaltens gerichtet ist und die Voreingenommenheit der Entsendungskandidaten gegenüber ungewohnten Einstellungen und Verhaltensweisen abbaut. Vorteilhaft auswirken dürften sich schließlich Felderfahrungen durch Vorbereitungsreisen in das betreffende Gastland oder durch Kontakte mit gastlandserfahrenen Führungskräften.

3. *Einsatzbetreuung und Entgeltfestlegung*

Der Betreuung während des Auslandsaufenthalts dient ein Bündel von Maßnahmen, um das Zurechtfinden der entsandten Führungskräfte in der fremden Umwelt zu unterstützen und deren Kontakt zu den Heimatunternehmen aufrechtzuerhalten. Beides wird über die regelmäßige Information und Versorgung mit unternehmensinternen und -externen Publikationen, Geschäftsberichten, wichtigen Pressemitteilungen, neuen Unternehmensrichtlinien, ferner über Fort- und Weiterbildungsmaßnahmen, aber auch über Patensysteme bewerkstelligt. Schließlich werden Maßnahmen der Familienbetreuung durch das heimische Unternehmen wie auch durch die Auslandsgesellschaft eingesetzt.

Im Rahmen der Entgeltfestlegung (→*Entgeltpolitik für Führungskräfte*) ist festzulegen, inwieweit der durch die Entsendung entstehende Nutzen in der Entgeltzahlung Berücksichtigung finden kann, wie die jeweiligen situativen Rahmenbedingungen des Auslandseinsatzes in die Entgeltfindung einbezogen werden können und wie die periodenbezogene Aufteilung der Entgeltzahlung zu erfolgen hat. Zur Handhabung dieser Probleme sind zahlreiche Entlohnungsmodelle entwickelt worden (*Toyne/Kühne* 1983; *Hahn* 1986), die sich zu fünf Gruppen bündeln lassen (*Macharzina* 1993a).

Die in der deutschen Wirtschaft beliebten *stammlandsbezogenen Modelle* sehen die Zahlung eines Entgelts vor, wie es im Heimatland des Entsandten für die im Ausland ausgeübte Position üblich ist. Dabei wird oft das letzte Inlandsgehalt um eine anforderungsabhängige Funktionszulage, eine Auslandszulage (etwa 10–15%) sowie eine Ausgleichszahlung zur Berücksichtigung unterschiedlicher Lebensbedingungen erweitert. Auch wird vielfach im Rahmen eines sog. „Balance-Sheet Approach" eine umfassendere Verrechnung von entsendungsinduzierten Einsparungen und Mehraufwendungen vorgenommen. Bei *gastlandsbezogenen Modellen*, die sich bei langjährigen Entsendungen anbieten, wird von dem Gehalt ausgegangen, das aus dem Gastland stammende Führungskräfte in dieser Position erhalten würden. Um eine Schlechterstellung der Entsandten gegenüber ihrem bisherigen Einsatzbereich zu vermeiden, wird auch hier eine Auslandszulage als Anreiz gewährt. Bei *zentralebezogenen Modellen* bildet das im Stammhaus des internationalen Unternehmens herrschende Entgeltniveau den Ausgangspunkt der internationalen Gehaltsbestimmung, so daß eine unternehmensweit vereinheitlichte Entgeltfindung für alle Entsandten gewährleistet ist. Bei *marktorientierten Modellen* stehen Personalerhaltungsgesichtspunkte im Vordergrund. Hier wird das von Konkurrenzunternehmen gezahlte Vergütungsniveau der Entgeltfindung zugrundegelegt. Marktorientierte Modelle dominieren in wettbewerbsintensiven und solchen Branchen, wo Fähigkeitspotentiale sehr stark an die Persönlichkeit der Entsandten gekoppelt sind. In der Unternehmenspraxis kommen vorzugsweise *Hybridmodelle* zur Anwendung, bei denen zwei oder mehr der angesprochenen Konzepte als Referenzpunkte dienen. Gebräuchlich ist dabei der sog. „Higher-of-Ansatz", bei dem die Grundmodelle durchgerechnet werden und nach einer Mischlösung gesucht wird, die aus der Sicht des Entsandten günstig erscheint.

4. *Repatriierung*

Die bei Rückkehr in die Muttergesellschaft notwendig werdende Aufgabe der Wiedereingliederung der Führungskräfte in die Organisation und den privaten Lebenszusammenhang ist von einer ähnlichen Problemlage gekennzeichnet, wie sie für den Zeitpunkt vor der Auslandsentsendung gilt. Die Gewöhnung an eine häufig aufwendigere Lebensführung im Gastland sowie die Einübung der dort geltenden Verhaltensmuster führen im Stammland zu den als Kontra-Kultur-Schock umschriebenen Anpassungsschwierigkeiten (*Kenter/Welge* 1983). Deren Intensität wird durch den Grad der kulturellen Divergenz zwischen Gast- und Stammland, Dauer und Häufigkeit von Auslandseinsätzen, dem Lebensalter, den Betreuungsaktivitäten während des Auslandsaufenthalts sowie insbesondere die Einbindung in eine verbindliche Laufbahnplanung bestimmt (*Fritz* 1982). Es dürfte vorteilhaft sein, wenn die Wiedereingliederung solide geplant und auf die Entsandten und ihre Familienangehörigen ausgerichtet wird.

IV. Strategieorientierung der Führungskräfteentsendung

Die Erfahrung zeigt, daß die Handhabung von Führungskräfteentsendungen in der Unternehmenspraxis vorrangig durch überkommene Verhaltensmuster und kaum durch strategische Überlegungen bestimmt ist. Um im weltweiten Wettbewerb bestehen zu können, bedarf es jedoch einer ganzheitlichen Konzeption von Führungskräfteentsendungen, bei der die strategische Orientierung des Unternehmens den Ausgangspunkt der Entsendungsentscheidung bildet. In Abb. 1 sind die entscheidungsrelevanten Rahmenbedingungen und Gestaltungsoptionen zusammengefaßt.

Bei der Abschätzung der zukünftigen Bedeutung von Führungskräfteentsendungen ist zu berücksichtigen, daß der Koordinationsaspekt weiter in den Vordergrund der Überlegungen treten wird. Im Zuge des Übergangs in die Integrations- bzw. Globalisierungsphase (*Doz/Prahalad* 1981; *Bartlett/Ghoshal* 1988; *Martinez/Jarillo* 1989; *Roth/Schweiger/Morrison* 1991) werden nämlich immer mehr Unternehmen ein internationales Team von Schlüsselführungskräften entwickeln müssen, dem die Führung und Integration der hochspezialisierten Einheiten des Unternehmensverbunds obliegt. In diesem Zuge dürfte dann auch die bislang als eher unbedeutend erwiesene Entsendung von Gast- oder Drittlandsangehörigen in das Stammhaus oder in dritte Auslandsgesellschaften stark an Bedeutung gewinnen.

Literatur

Bartlett, C. A./Ghoshal, S.: Organizing for Worldwide Effectiveness – The Transnational Solution. In: CMR 1/1988, S. 54–74.
Black, J. S./Mendenhall, M.: Cross-Cultural Training Effectiveness – A Review and a Theoretical Framework for Future Research. In: AMR 1990, S. 113–136.
Boyacigiller, N.: The Role of Expatriates in the Management of Interdependence, Complexity and Risk in Multinational Corporations. In: Journal of International Business Studies 1990, S. 357–381.
Domsch, M./Lichtenberger, B.: Vorbereitungsmaßnahmen für den Auslandseinsatz – Explorative Studie am Beispiel Brasilien und China. In: BFuP 1990, S. 400–413.
Dowling, P. J./Schuler, R. S.: International Dimensions of Human Resource Management. Boston 1990.
Doz, Y./Prahalad, C. K.: Headquarters Influence and Strategic Control in MNCs. In: SMR 1/1981, S. 15–29.
Edström, A./Galbraith, J. R.: Transfer of Managers as a Coordination and Control Strategy in Multinational Organizations. In: ASQ 1977, S. 248–263.
Fiedler, F. E./Mitchell, T./Triandis, H. C.: Culture Assimilator – An Approach to Cross-Cultural Training. In: JAP 2/1971, S. 95–102.
Fritz, J.: Wiedereingliederung höherer Führungskräfte nach einem Auslandseinsatz. Mannheim 1982.
Gaugler, E.: Repatriierung von Stammhausdelegierten. In: *Macharzina, K./Welge, M. K.* (Hrsg.): HWInt. Stuttgart 1989, Sp. 1937–1951.
Hahn, D.: Vergütung von in das Ausland entsandten Führungskräften eines Konzerns. In: *Schult, E./Siegel, T.* (Hrsg.): Betriebswirtschaftslehre und Unternehmenspraxis. Berlin 1986, S. 67–82.
Kenter, M. E./Welge, M. K.: Die Reintegration von Stammhausdelegierten – Ergebnisse einer explorativen Untersuchung. In: *Dülfer, E.* (Hrsg.): Personelle Aspekte im Internationalen Management. Berlin 1983, S. 173–200.
Kobrin, S. J.: Expatriate Reduction in American Multinationals – Have We Gone Too Far?, in: ILR Report 1/1989, S. 22–29.
Kumar, B./Karlshaus, M.: Auslandseinsatz und Personalentwicklung – Ergebnisse einer empirischen Studie über den Beitrag der Auslandsentsendung zur Karriereperspektive von Stammhausmitarbeitern. In: Zeitschrift für Personalforschung 1992, S. 59–74.
Löber, H.-G.: Auslandsvorbereitung. In: *Burens, P.-C.* (Hrsg.): Handbuch Auslandseinsatz. Bd. 1: Personalpolitik und Personalwirtschaft. Heidelberg 1984, S. 75–104.
Macharzina, K.: New Trends in Management Development. In: MIR 1991, S. 291–292.
Macharzina, K.: Auslandseinsatz von Mitarbeitern. In: *Gaugler, E./Weber, W.* (Hrsg.): HWP, 2. A., Stuttgart 1992, Sp. 534–544.
Macharzina, K.: Entgeltfindung bei der Auslandsentsendung. In: *Weber, W.* (Hrsg.): Entgeltsysteme – Lohn, Mitarbeiterbeteiligung und Zusatzleistungen, Festschrift für Eduard Gaugler zum 65. Geburtstag. Stuttgart 1993a, S. 391–409.
Macharzina, K.: Steuerung von Auslandsgesellschaften. In: *Haller, M.* et al. (Hrsg.): Globalisierung der Wirtschaft – Einwirkung auf die Betriebswirtschaftslehre. Bern 1993b, S. 77–109.
Martinez, J. I./Jarillo, J. C.: The Evolution of Research on Coordination Mechanisms in Multinational Corporations. In: Journal of International Business Studies 1989, S. 489–514.
Mendenhall, M./Oddou, G.: The Dimensions of Expatriate Acculturation – A Review. In: AMR 1985, S. 39–47.
Naumann, E.: Organizational Predictors of Expatriate Job Satisfaction. In: Journal of International Business Studies 1993, S. 61–80.
Negandhi, A. R.: International Management. Boston et al. 1987.
Pausenberger, E.: Die Besetzung von Geschäftsführerpositionen in ausländischen Tochtergesellschaften. In: *Dülfer, E.* (Hrsg.): Personelle Aspekte im internationalen Management. Berlin 1983, S. 93–128.
Robinson, B.: Internationale Personalentwicklung im Volkswagen-Konzern. In: Personalführung 6/1992, S. 440–447.
Roth, K./Schweiger, D. M./Morrison, A. J.: Global Strategy Implementation at the Business Unit Level – Operational Capabilities and Administrative Mechanisms. In: Journal of International Business Studies 1991, S. 369–402.
Steinmann, H./Kumar, B.: Personalpolitische Aspekte von im Ausland tätigen Unternehmen. In: *Dichtl, E./Issing, O.* (Hrsg.): Exporte als Herausforderung für die deutsche Wirtschaft. Köln 1984, S. 397–427.
Toyne, B./Kühne, R. J.: The Management of the International Executive Compensation and Benefits Process. In: Journal of International Business Studies 1983, S. 37–50.
Westedt, H. H.: Auslandstätigkeit – Thesen zur Praxis der Personalentwicklung. In: Personalführung 1/1985, S. 2–8.
Wirth, E.: Mitarbeiter im Auslandseinsatz – Planung und Gestaltung. Wiesbaden 1992.
Wolf, J.: Internationales Personalmanagement – Kontext, Koordination, Erfolg. Wiesbaden 1994.

F

Familie, Führung in der

Stefan Schmidtchen

[s. a.: Autorität; Frauen, Männer und Führung; Führung von unten; Führungskonzepte und ihre Implementation; Führungsrollen; Kontrolle und Führung; Transaktionsanalyse und Führung; Verhaltensdimensionen der Führung.]

I. Einführung und Definition; II. Führungsstile in der Familie; III. Führungsverhalten zwischen Ehepartnern; IV. Führung im Erziehungsbereich; V. Fazit.

I. Einführung und Definition

Führung in der Familie ist ein bisher forschungsmäßig vernachlässigtes Thema. Obwohl jeder weiß, daß im täglichen Zusammensein permanent Führungsaufgaben wahrgenommen werden und daß die dabei auftretenden Konflikte zu schweren Belastungen zwischen Ehepartnern sowie Eltern und Kindern führen können, sind die dabei wesentlichen Bedingungsfaktoren noch nicht hinreichend untersucht worden. Die hier berichteten empirischen Befunde können deshalb nur einen ersten Einblick in Prinzipien und Probleme der Führungssituation in Familien geben.

Führung in der Familie wird verstanden als die *Art und Weise* der *Zielsuche* und *Zieldurchsetzung* bei *Entscheidungsaufgaben* in der Familie. Dabei spielt das *Aufgabenfeld* (z. B. Haushalt, Kindererziehung, Freizeit, wirtschaftlicher Erhalt der Familie), in dem eine Entscheidung gefällt werden soll, eine wichtige Rolle, sowie die *Art* und *Anzahl der Personen* (Frau, Mann, Kind, Kinder), die an der Entscheidung beteiligt sind.

Von großer Bedeutung sind auch *Erwartungen*, die von außen an die Familie herangetragen werden; z. B. familiäre Traditionserwartungen, moderne Ideologien über Partnerschaft und Kindererziehung, Arbeitsplatzerfahrungen und Erwartungen der sozioökonomischen Klasse, der man zugehört.

Häufig wird der Führungsbegriff in der Literatur auf den Begriff der *Machtausübung* bei Entscheidungen begrenzt (vgl. *Rodgers* 1973; *Cromwell/Olson* 1975; →*Führungstheorien – Machttheorie*). Obwohl dieser Aspekt einen zentralen Einfluß beim Führungsverhalten in der Familie hat, führt seine alleinige Berücksichtigung jedoch zur Vernachlässigung anderer wichtiger Faktoren, z. B. Faktoren einer partnerschaftlichen, machtfreien Führung. Ich will deshalb den Führungsbegriff weiter fassen und u. a. Aspekte des Führungsstiles, der Macht zwischen Ehepartnern und der Zielsuche in pädagogischen Situationen mitbehandeln.

II. Führungsstile in der Familie

Außer aus dem Bereich der Kindererziehung gibt es keine empirischen Befunde zur Art und Weise des *Führungsverhaltens* in der Familie. Insofern können die im folgenden übertragenen Ergebnisse der Erziehungsstilforschung und der Personalführung in Betrieben auf die Art des familiären Führungsverhaltens nur hypothetischen Charakter haben.

Ich möchte mit *Tannenbaum/Schmidt* (1958, S. 96) und *Lukesch* (1975) einen Führungsstil für Entscheidungssituationen in der Familie annehmen, der durch eine bipolare Dimension *autoritäres vs. kooperatives Führungsverhalten* gekennzeichnet ist.

Der *autoritäre* Stil besagt, daß eine Person (Frau, Mann oder Kind) aufgrund ihrer →*Autorität* allein die Entscheidung für die Familie trifft. Die Basis dieser Autoritätsmacht kann dabei z. B. eine Belohnungs-, Experten-, Gewalt- und Legitimationsautorität sein (*Raven* et al. 1975; →*Führungstheorien – Machttheorie*).

Dieser Stil ist z. B. in *patriarchalischen* Familiensystemen üblich. Er hat eine historische Tradition in unserem Gesellschaftskreis und ist durch Kirche und Staat als Legitimationsautorität abgesichert (gewesen?).

In der gegenwärtigen Zeit besteht ein gesellschaftliches und staatliches Bemühen, einen partnerschaftlichen, demokratischen Führungsstil zu ermöglichen, der die Geschlechter gleich behandelt. So lange dieses Bemühen nicht durch eine Chancengleichheit von Frauen im wirtschaftlichen und politischen Prozeß abgesichert ist, sind die Erfolgsaussichten für eine *Gleichberechtigung von Frau und Mann* jedoch gering.

Der *kooperative Stil* ist dadurch gekennzeichnet, daß an der Entscheidungsfindung alle die Mitglieder der Familie beteiligt sind, die durch die Entscheidung betroffen sind (→*Kooperative Führung*); also auch die Kinder, wenn es z. B. um die Gestaltung der Ferien oder des Freizeitverhaltens geht. Als ein gutes Beispiel für den kooperativen Konfliktlösungsstil kann *Gordons* (1972) *Familienkonferenz* gesehen werden.

Zahlreiche empirische Befunde zeigen, daß kooperatives Verhalten durch die Berücksichtigung folgender Personenvariablen gekennzeichnet ist: *Achtung, Wärme, Rücksichtnahme; einfühlendes Verstehen; Echtheit und Aufrichtigkeit* und *machtfreies Verhalten* (Tausch/Tausch 1977).

Auch im Ansatz der *themenzentrierten Interaktion* (TZI) von *Cohn* (1975) wird gezeigt, wie ein kooperatives Verhalten zur Behandlung eines Themas aussehen kann. Die wichtigen Variablen sind der geeignete Bezug auf das Ich, die Berücksichtigung der anderen und die Auseinandersetzung mit dem Thema. Jeder Beteiligte soll seine Meinung und auch seine Gefühle und Motive offenlegen. Jeder Beteiligte hört dem anderen zu und versucht, dessen Sicht zu verstehen. Dann suchen alle Teilnehmer nach einem gemeinsam gangbaren Weg zur Zielerreichung. Die Führungsaufgabe ist auf alle verteilt, jeder ist für sich verantwortlich und für seinen Beitrag zur gemeinsamen Zielfindung.

Zwischen den Polen des autoritären und partnerschaftlichen Führungsverhaltens sind in Abhängigkeit von der jeweiligen Problemstellung fließende Übergänge möglich, so daß *Mischformen der Führung* häufig in der Familie auftreten. Dabei hat der auf →*Autorität* beruhende Stil durchaus auch heute noch eine Berechtigung; und zwar dann, wenn einer der Familienpartner im anstehenden Poblembereich eine Experten- oder Legitimationsautorität hat. Dieses Bewußtsein sollte offen in den Entscheidungsprozeß mit eingehen. Autoritäres Verhalten ist auch sinnvoll und üblich bei Entscheidungen in häufig vorkommenden *Alltagssituationen* (z. B. beim Einkauf; in der Erziehung; in der Partnerschaft) oder bei *Notsituationen,* in denen ein ausführliches Diskutieren nicht möglich ist (→*Krisensituationen, Führung in*). Meist hat sich das autoritäre Verhalten aus einem partnerschaftlichen Einigungsversuch ergeben und wird so lange akzeptiert, bis die gemeinsame Übereinkunft von einem Partner aufgehoben wird.

Im Gegensatz zu Problemstellungen im betrieblichen Arbeitsbereich oder öffentlichen Dienst gibt es in der Familie selten die Situation, daß das Ergebnis oder Ziel der Führungsentscheidung bereits in groben Umrissen festliegt; z. B. in Form einer Produktivitätssteigerung, Kostensenkung oder Gesetzeseinhaltung. Die Ziele sind im familiären Entscheidungsbereich sehr viel offener und lassen damit andere Führungsstrukturen, die mehr den Prozeß *partnerschaftlicher Entscheidungsfindung* berücksichtigen, zu.

Erfahrungen aus dem Bereich der Familientherapie machen deutlich, daß es noch eine weitere Dimension gibt, nämlich: *Formen eines gestörten Führungsverhaltens.*

Guntern (1983, S. 60 ff.) hat in seiner systemischen Familientherapie sechs Transaktionsformen zur Nichtlösung von familiären Konflikten (→*Konflikthandhabung*) entdeckt: Das *Annulationsmuster,* in dem alle Beteiligten glauben, daß es keine Konflikte gibt; das *Tabumuster,* in dem alle Familienmitglieder wissen, daß ein Konflikt existiert, sie aber nicht über ihn sprechen dürfen; das *Pingpongmuster,* in dem Vorwürfe und Argumente ohne Lösungsabsicht hin und her geworfen werden; das *Sündenbockmuster,* in dem außerhalb oder innerhalb der Familie ein Schuldiger für die vorhandenen Konflikte gesucht wird; das *Houdinimuster,* in dem sich keiner auf eine klare Position festlegt, nie gesagt haben will, was er gesagt hat und dauernd das Thema wechselt, um eine Konfliktlösung zu verhindern und das *Resignationsmuster,* in dem die Konflikte zwar offen zu Tage liegen, aber die Beteiligten resigniert haben, sie zu lösen. Die Familientherapie bietet eine Möglichkeit, derartige Fehlformen des Führungsverhaltens zu korrigieren.

III. Führungsverhalten zwischen Ehepartnern

Mit zunehmender kritischer Reflexion der *traditionellen Rollenerwartungen* an Mann und Frau (→*Frauen, Männer und Führung*) wird die Frage immer mehr interessant, wie eigentlich die Aufgabenverteilung heute in den Familien aussehen sollte und konkret aussieht. Wollen und können sich Mann und Frau die familiären Aufgaben *partnerschaftlich* teilen oder liegt weiterhin eine autoritäre Führungssituation vor, in der z. B. der Mann außerhalb der Familie das Sagen hat und die Frau im familiären Bereich?

In einer amerikanischen Studie an 210 Paaren aus dem Staat Washington (*Nye* 1976) sind zu diesen Fragen Aussagen gemacht worden. Da die Stichprobe nicht sehr groß ist und auch nicht für die USA repräsentativ ist, können die Befunde nur hypothetisch gesehen werden; sie geben jedoch – wie ich meine – einen realistischen Einblick in die momentane Situation, auch in die westliche europäische Familiensituation.

Wie aus der Abbildung 1 zu ersehen ist, gibt es *große Unterschiede* zwischen den *Erwartungen an die Aufgabenverteilung* von Mann und Frau und den *Realitäten der konkreten Aufgabenausführung.* Während die Erwartungen eine partnerschaftliche Aufgabenteilung (im Erziehungs- und Versorgungsbereich) betonen, sieht die Realität so aus, daß die Frau die Aufgaben wahrnimmt.

Auch in den Bereichen Haushalt und Verwandtschaftskontakte ist die Frau im wesentlichen die konkret ausführende Person. Bei der Freizeitgestaltung ist die Erwartungshaltung unklar (überwiegend wurde die Restkategorie gewählt), und in der realen Durchführungseinschätzung können sich Frauen und Männer nicht einigen: die Frauen meinen, sie seien führend oder es läge eine Aufgabenteilung vor; die Männer meinen, bei ihnen läge die Führung.

Es dürfte interessant sein, wie eine vergleichbare repräsentative Analyse in Europa aussähe; vermutlich spielen Faktoren der sozioökonomischen *Schicht* und damit der *Arbeitsplatzbedingungen* und der traditionellen Familienerfahrungen von Mann und Frau eine zentrale Rolle. Wie *Ebel* (1964, S. 139) gezeigt hat, hat z. B. die Arbeitszeit von Männern (oder Frauen) einen ganz konkreten Einfluß auf ihre Zeit der Anwesenheit zu Hause. Es zeigt sich, daß die gemeinsam verbrachten Zeiten mit Kleinkindern, Kindern oder Jugendlichen sehr gering sind, und da auch in der Familie der Satz gilt, daß die Person die Führung hat, die konkret die Arbeit tätigt, übernimmt im häuslichen Bereich meist die Frau die Führung. Will man zu einer partnerschaftlichen und gleichberechtigten Führung in der Familie kommen, so müssen die wirtschaftlichen, politischen und gesellschaftlichen Verhältnisse so geändert werden, daß Mann und Frau jeweils die gleichen Rollen im Beruf und in der Familie ausführen können und die Freiheit haben, zu einem *wechselseitigen Rollentausch* zu kommen.

Wie Befunde aus einer Untersuchung von *Raven* et al. (1975, S. 229) zeigen, ist ein sich *gegenseitig ergänzendes Machtverhalten* zwischen Ehepartnern ein wichtiges Merkmal einer glücklichen Beziehung. Unzufriedene Partnerschaften sind hingegen duch Ängste vor gegenseitiger Bestrafung und Machtandrohung gekennzeichnet. Als Perspektive für ein auf *Machtausgleich* beruhendes Führungsverhalten von Paaren können die Gedanken des Schweizer Familientherapeuten Jörg *Willi* (1981, S. 24) gesehen werden. Er sieht die Partner der Familie analog zu Landschaftssystemen als *soziale Ökosysteme* und fordert:

„Das Zusammenspiel der Partner muß so sein, daß eine Balance möglich ist in der Entfaltung des eigenen Potentials und jenes des Partners. Das heißt: Jeder muß eine Chance zum Wachstum behalten, aber er kann nicht einfach einseitig für sich wachsen, gegen den anderen und ohne Rücksicht auf ihn, weil er die Basis für den gemeinsamen Prozeß zerstört. Als Partner kann er sich innerhalb der Beziehung nur soweit entfalten, wie es ihm gelingt, vom anderen ‚beantwortet' zu werden."

IV. Führung im Erziehungsbereich

Die *sozioökologische Betrachtungsweise* ist erstmals von *Bronfenbrenner* (1976) für die Beschreibung und Erklärung familienpsychologischer Phänomene eingeführt worden. Der Begriff ist zu einem „Sammelbegriff für alles geworden, was als materielle, soziale und kulturelle Umwelt außerhalb des Menschen vorfindbar ist" (*Engfer* 1980,

Aufgabe	normative Erwartung über die Aufgabenerfüllung			reale Verhaltensaufteilung bei Aufgabenerfüllung		
	primär Mann	primär Frau	beide gleich	primär Mann	primär Frau	beide gleich
Erziehung der Mädchen Frauen-Urteil	1%	43%	56%	1%	74%	25%
Männer Urteil	1%	46%	53%	3%	69%	28%
Erziehung der Jungen Frauen-Urteil	32%	7%	61%	22%	45%	33%
Männer-Urteil	34%	6%	60%	27%	35%	38%
Kinderversorgung Frauen-Urteil	3%	53%	44%	4%	77%	19%
Männer-Urteil	8%	29%	63%	10%	61%	29%
Haushalt Frauen-Urteil	0%	99%	1%	0%	99%	1%
Männer-Urteil	0%	99%	1%	1%	98%	1%
Verwandschaftskontakte Frauen-Urteil	1%	70%	12%*	3%	86%	11%
Männer-Urteil	12%	54%	14%*	35%	49%	16%
Freizeitgestaltung Frauen-Urteil	7%	2%	33%**	32%	33%	35%
Männer-Urteil	17%	2%	39%**	39%	29%	32%
* Restkategorie: niemand; andere, keine Wahl: 17%, 20% ** 58% ; 42%						

Abb. 1: Prozentuale Angabe der Aufgabenverteilung von Mann und Frau in der Familie: Vergleich der Rollenerwartungen mit dem realen Verhalten (s. Nye 1976, S. 151, 155)

S. 123). Er will allzu einseitige Betrachtungsweisen, wie z. B. den *Schichtbegriff*, ersetzen und eine Forschung vorschlagen, in der der Aspekt der Vernetztheit und *multifaktoriellen Abhängigkeit* im Vordergrund steht.

In diesem Sinne kann der *wirtschaftspolitische und kulturelle Wandel* als ein entscheidender Faktor auch für die Veränderung von Führungszielen und Führungsstilen im elterlichen Erziehungsbereich gesehen werden: So hat z. B. die Familienplanung und Geburtenkontrolle seit 1965 das Bild der deutschen Familie stark verändert; die Zahl der Kinder unter 15 Jahren hat ständig abgenommen, ebenso die Zahl der Familien, die 3 und mehr Kinder haben; die Zahl der berufstätigen Mütter hat zugenommen (in den USA sind ca. 50% der Frauen berufstätig); die Zahl der Scheidungen hat ebenfalls zugenommen (*Engfer* 1980).

Diese Faktoren – und viele hier nicht genannte – dürften zu starken Zugkräften innerhalb der Familie führen und zu zahlreichen Widersprüchen z. B. zwischen *idealem Anspruch* und *realer Durchsetzung* von Ideologien und Konzepten. Ein solcher Widerspruch wird in einer Untersuchung über *Erziehungsziele der Familie* (*Hoff/Grüneisen* 1978) sichtbar; die Autoren fanden eine fast entgegengesetzte Beziehung zwischen idealen und konkreten Erziehungswerten. In der *idealen Rangreihe* haben z. B. Werte wie Ehrlichkeit, emotionales Glück, Kritik, Zufriedenheit und Rücksichtnahme einen ersten Rangplatz; in der realen Verhaltensreihe dominieren hingegen Werte wie Ordentlichsein, Gehorchen, sich beherrschen, sich vertragen können, selbstbewußt sein. Der Wert Glücklichsein, der in der idealen Rangreihe den 2. Platz hat, nimmt in der realen Rangreihe den 29. Platz ein. Kritisches Verhalten verändert sich von Rang 7 auf Rang 24 in der realen Rangreihe. Des weiteren konnten die Autoren nachweisen, daß hohe *Restriktivitätsforderungen am Arbeitsplatz* mit starken Konformitätsforderungen und Werten wie Tüchtigsein und Ehrgeizigsein in der Familienerziehung einhergehen; während Väter mit geringerer Restriktivitätserfahrung am Arbeitsplatz mehr Erziehungsziele wie z. B. Selbstbewußtsein anstreben.

Schneewind/Lortz (1978) fanden, daß die Familie selbst auch als Sozialökologie gesehen werden kann und daß z. B. die *Art des Familienklimas* einen entscheidenden Einfluß auf anzustrebende Erziehungsziele hat. So zeigte sich, daß „eine stark restriktive, zugleich aber auch lenkende, traditionsgebundene (...) Erziehungshaltung einhergeht mit einem Familienleben, in dem die Einhaltung von Vereinbarungen und Interaktionsgepflogenheiten ein wichtiges Thema darstellt" (S. 130).

Elterliches Führungsverhalten im Sinne von *aktiver sozialer Stimulation* und *aktiver Umweltgestaltung* muß auch das Alter der Kinder (als weiteren Faktor) berücksichtigen. Es zeigte sich nämlich, daß Kinder in den ersten zwei Lebensjahren dieses Führungsverhalten zu einer positiven kognitiven und sozialen Entwicklung benötigen, während später immer mehr die Initiative und Führung des Kindes beachtet werden muß. Dies hat z. B. zum Konzept des *selbstentdeckenden Lernens* und zur Bedeutsamkeit von Erfahrungen geführt, in denen sich das Kind als *Urheber seines Verhaltens* erlebt.

Darauf aufbauend hat sich für das lernende oder lerngestörte Kind eine Pädagogik der *nicht-direktiven Erziehung* ausgebildet (*Tausch/Tausch* 1977; *Schmidtchen* 1978).

Den Einfluß der *Schichtzugehörigkeit* auf Führungsstil und Führungsziel hat *Schendl-Mayrhuber* (1978) an 208 Eltern von Kindern der 2. Schulstufe in der Stadt Salzburg untersucht. Die Auswertung der Fragebögen ergab, „daß mit fallender Schicht (in Richtung Unterschicht) elterliche Strenge, Körperstrafen, Durchsetzung der Eltern, Kontrolle und Überbehütung zunahmen. Bei den Erziehungszielen hatten ‚Ordentlichkeit und Sauberkeit', ‚gute Umgangsformen', sowie ‚Liebe und Achtung gegenüber den Eltern' eine signifikant höhere Einschätzung erfahren als in Mittel- und Oberschicht" (S. 144).

V. Fazit

Zuammenfassend läßt sich feststellen, daß das Führungsverhalten in Familien von vielen Faktoren bestimmt wird: von der sozioökonomischen Schichtzugehörigkeit, dem Arbeitsplatz von Frau und Mann, den kulturellen Ideologien (z. B. in Richtung auf eine partnerschaftliche Entscheidungsbildung), den in der Ursprungsfamilie gelernten Mustern, der realen Zeit und Anwesenheit in der Familie, dem Alter der Kinder und dem persönlichen Gespür aller Beteiligten für ein harmonisches Geben, Nehmen und gemeinsames Teilen. *Jedes Familienmitglied sollte als ein Ökosystem gesehen werden, das im größeren Ökoverband der Familie und der Familienumwelt lebt.* Aspekte des sich gegenseitigen Bedingens und einer multifaktoriellen Vernetztheit sollten bei zukünftigen Forschungen stärker berücksichtigt werden.

Literatur

Bronfenbrenner, U.: Ökologische Sozialisationsforschung. Stuttgart 1976.
Cohn, R. C.: Von der Psychoanalyse zur Themenzentrierten Interaktion. Stuttgart 1975.
Cromwell, R. E./Olson, D. H. (Hrsg.): Power in Families. New York 1975.
Ebel, H.: Arbeitszeit und Familienstruktur. In: Arbeitswissenschaft, 1964, S. 37–141.
Engfer, A.: Sozioökologische Determinanten des elterlichen Erziehungsverhaltens. In: *Schneewind, K./Hermann, T.* (Hrsg.): Erziehungsstilforschung. Bern 1980, S. 123–160.

Gordon, Th.: Familienkonferenz. Die Lösung von Konflikten zwischen Eltern und Kind. Hamburg 1972.
Guntern, G.: Systemtherapie. In: *Schneider, K.* (Hrsg.): Familientherapie. Paderborn 1983, S. 38–77.
Hoff, E. H./Grüneisen, V.: Arbeitserfahrungen, Erziehungseinstellungen und Erziehungsverhalten von Eltern. In: *Schneewind, K./Lukesch, H.* (Hrsg.): Familiäre Sozialisation. Stuttgart 1978, S. 65–89.
Lukesch, H.: Erziehungsstile. Stuttgart 1975.
Nye, F. J.: Role Structure and Analysis of the Family. London 1976.
Raven, B. H./Centers, R./Rodrigues, A.: The Bases of Conjugal Power. In: *Cromwell, R. E./Olsen, D. H.* (Hrsg.): Power in Families. New York 1975.
Rodgers, R. H.: Family Interaction and Transaction. New Jersey 1973.
Schendl-Mayrhuber, M.: Der Einfluß der Schichtzugehörigkeit auf die Bildung von Erziehungseinstellungen und Erziehungszielen. In: *Schneewind, K./Lukesch, H.* (Hrsg.): Familiäre Sozialisation. Stuttgart 1978, S. 136–146.
Schmidtchen, S.: Klientenzentrierte Spieltherapie. Weinheim 1978.
Schneewind, K./Lortz, E.: Familienklima und elterliche Erziehungseinstellungen. In: *Schneewind, K./Lukesch, H.* (Hrsg.): Familiäre Sozialisation. Stuttgart 1978, S. 114–135.
Tannenbaum, R./Schmidt, E.: How to Choose a Leadership Pattern. In: HBR, No. 2, 1958, S. 95–101.
Tausch, R./Tausch, A. M.: Erziehungspsychologie. Göttingen 1977.
Willi, J.: Treue heißt auch, sich selbst treu zu bleiben. In: Psychologie heute, 8, 1981, S. 23–29.

Forschung und Entwicklung, Führung in

Michel E. Domsch/Torsten J. Gerpott

[s. a.: Auswahl von Führungskräften; Projektmanagement und Führung.]

I. Führungsrelevante Besonderheiten von F&E;
II. Interaktionale Personalführung in F&E;
III. Strukturelle Personalführung in F&E.

I. Führungsrelevante Besonderheiten von F&E

1. Gegenstandsbestimmung

Unter *Forschung & Entwicklung* (F&E) werden alle systematischen Aktivitäten von Unternehmen verstanden, die den Erwerb neuer natur- oder ingenieurwissenschaftlicher Erkenntnisse und/oder die neuartige Anwendung solcher Erkenntnisse in Produkten und Produktionsprozessen bezwecken (*Kern/Schröder* 1977). Dabei erfolgt hier eine Konzentration auf Arbeiten zu Führungsfragen, die in organisatorisch abgegrenzten F&E-Einheiten von großen und mittleren privatwirtschaftlichen Industrieunternehmen auftreten. *Führung in F&E* umfaßt die zielorientierte Verhaltensbeeinflussung von F&E-Aufgabenträgern in

– direkter Weise durch interpersonale Kommunikationsprozesse zwischen einem F&E-Vorgesetzten und seinen Mitarbeitern (interaktionale Personalführung, s. u. II.);
– indirekter Weise durch den Einsatz von Instrumenten, die *primär* dazu konzipiert wurden, um das *F&E-Personal* zu veranlassen, Leistungserwartungen des Unternehmens zu erfüllen (strukturelle Personalführung, s. u. III.).

Ursachen für F&E-spezifische Führungsprobleme liegen in den besonderen Merkmalen der Arbeitsaufgaben und der Aufgabenträger in F&E.

2. Merkmale von F&E-Aufgaben

F&E-Aufgaben unterscheiden sich idealtypisch gegenüber Aufgaben in anderen Funktionsbereichen von Unternehmen durch die ihnen inhärente hohe Neuheit/Unsicherheit, Unstrukturiertheit/Variabilität, Komplexität und Konflikthaltigkeit (*Kern/Schröder* 1977; *Gerpott* 1988). In Abb. 1 werden aus diesen Merkmalen von F&E-Aufgaben Implikationen für die interaktionale Personalführung in F&E deduziert. Hier ist zu beachten, daß auch innerhalb der F&E-Funktion erhebliche Unterschiede hinsichtlich der Art der bearbeiteten Aufgaben bestehen (*Leifer/Triscari* 1987; *Picot* et al. 1988). So zeichnet sich *Forschung* gegenüber *Entwicklung* im Mittel durch einen höheren Neuheitsgrad, einen höheren Unstrukturiertheitsgrad, einen stärkeren Wissenschaftsbezug und eine geringere Vernetzung mit etablierten Produkt-Markt-Feldern des Unternehmens aus.

3. Merkmale von F&E-Aufgabenträgern

Unter dem Begriff F&E-Aufgabenträger werden vier verschiedene Personalgruppen (Forscher & Entwickler, F&E-Manager, Techniker u. ä. Personal, sonstiges Personal) zusammengefaßt (*Gerpott/Domsch* 1991). Da von den vier Personalkategorien i. d. R. nur den Forschern und Entwicklern von anderen Mitarbeitergruppen abweichende führungsrelevante personale Merkmale zugeschrieben werden und weiterhin gerade Forscher und Entwickler Aufgaben mit F&E-typischen Merkmalen (s. Abb. 1) wahrnehmen, hat sich die Literatur überwiegend auf Fragen der Führung dieser Personalgruppe beschränkt. Entsprechend thematisiert auch dieser Beitrag exklusiv die Führung von Forschern und Entwicklern (im folgenden kurz als *Forscher* bezeichnet).

Führungsrelevante besondere personale Merkmale von Forschern sind (1) deren mehrjährige

F&E-Aufgabenmerkmale	Implikationen für die interaktionale Personalführung in F&E
• Neuheit/Unsicherheit • Unstrukturiertheit/ Variabilität	• Beschränkung auf grobe Richtungs-/Zielvereinbarungen mit F&E-Mitarbeitern, verbunden mit regelmäßiger Richtungs-/Zielüberprüfung durch F&E-Vorgesetzten • Einräumung von erheblichen Handlungs-/Kreativitätsfreiräumen für F&E-Mitarbeiter bei der Identifikation/Wahl von Problemlösungswegen • Motivierung zur Aktualisierung/Anpassung der Fachkompetenzen von F&E-Mitarbeitern als wesentlicher Bestandteil der Führungsaufgaben von F&E-Vorgesetzten • Konzentration auf Aktivierung/Stärkung der Eigenmotivation und nicht auf Kontrolle von F&E-Mitarbeitern
• Komplexität	• Förderung von Kooperation/Abstimmung zwischen F&E-Mitarbeitern als wichtigstes Führungsanliegen von F&E-Vorgesetzten
• Konflikthaltigkeit	• Förderung der F&E-Mitarbeiter in der Zusammenarbeit und konstruktiven Auseinandersetzung mit anderen Organisationseinheiten inner- und außerhalb der F&E durch F&E-Vorgesetzten • Intensive Kommunikation von F&E-Vorgesetzten mit Entscheidungsinstanzen zur Stärkung der Kopplung von Mitarbeiteraktivitäten an die ökonomischen F&E-Ziele des Unternehmens

Abb. 1: Implikationen von F&E-typischen Aufgabenmerkmalen für leistungsfördernde interaktionale Führungsverhaltensmuster von F&E-Vorgesetzten

akademische *Sozialisation* im Zuge eines natur- oder ingenieurwissenschaftlichen Studiums und (2) deren handlungsleitende Wunschvorstellungen im Hinblick auf inhaltliche Arbeitsanforderungen im Rahmen ihrer Karriereentwicklung (*Gerpott* 1987, 1988, 1989; *Allen/Katz* 1992). Bei der Darstellung der für Forscher typischen arbeitsbezogenen Werthaltungen (synonym: *Karriere-* oder *Rollenorientierungen*) unterscheidet man zwischen

– dem Interesse an der Übernahme von Managementaufgaben, die primär die Steuerung von F&E-Ressourcen zur Erreichung ökonomischer Unternehmensziele beinhalten *(Management-Karriereorientierung)*;
– dem Interesse an wissenschaftlich reizvollen Aufgabenstellungen, unabhängig von ihrem kommerziellen Wert, deren Bewältigung Anerkennung in der Fachwelt auf Basis von Publikationen, Vorträgen etc. ermöglicht *(wissenschaftlich-fachliche Karriereorientierung).*

In der Literatur (z. B. *Allen/Katz* 1992) wird zwar oft postuliert, daß F&E-spezifische Führungsprobleme daher rühren, daß F&E-Vorgesetzte eine starke Management-Karriereorientierung aufweisen, die im Widerspruch zu den starken wissenschaftlich-fachlichen Karriereorientierungen der ihnen unterstellten Forscher steht. Empirische Befunde (*Gerpott* 1987, 1989; *Gerpott* et al. 1988) zeigen jedoch, daß (1) die zwei o.g. Karriereorientierungen *nicht* konträre Endpole einer personalen Merkmalsdimension, sondern zwei unabhängige Faktoren darstellen und daß (2) Führungsverantwortung für Forscher *keineswegs* nur von Mitarbeitern mit schwacher wissenschaftlich-fachlicher Rollenorientierung übernommen wird (→*Füh-*

rungsrollen). Angelsächsische Studien (*Hill/Roselle* 1985; *Brown* et al. 1981) deuten auf graduelle und nicht auf fundamentale Werthaltungs- und *Persönlichkeitsunterschiede* zwischen F&E-Vorgesetzten und geführten Forschern hin, die sich zudem im Zeitablauf in Abhängigkeit von der Art der übertragenen Aufgaben (z. B. Grundlagenforschung vs. Entwicklung) durchaus verändern können (*Brousseau/Prince* 1981; *Allen/Katz* 1992). Personale Besonderheiten der Führungssituation in F&E ergeben sich demnach primär aus dem hohen Qualifikations- und *Spezialisierungsniveau* der zu steuernden Forscher und weniger aus Konflikten zwischen wissenschaftlichen Zielen von Forschern und ökonomischen Zielen von F&E-Vorgesetzten.

II. Interaktionale Personalführung in F&E

1. Effizienzsteigernde Führungsverhaltensmuster von F&E-Vorgesetzten

Die empirische F&E-Führungsforschung beruht i. d. R. auf dem verhaltensorientierten Theorieansatz: Es wird unterstellt, daß F&E-Vorgesetzte raum-zeitlich relativ stabile und anhand von Einzelmerkmalen beschreibbare Führungsverhaltensmuster (= *Führungsstile*) aufweisen, deren Korrelationen mit Effizienzkriterien Hinweise auf aus Unternehmenssicht „gute" interaktionale Personalführung in F&E erlauben sollen. Zur Erfassung des Verhaltens der direkten Vorgesetzten von Forschern wird überwiegend auf F&E-*un*spezifische Führungsstilkonzepte/-meßinstrumente zurückgegriffen. So bedienen sich Studien

– der Lewin'schen Führungsstiltypologie, indem sie *direktive/autokratische, partizipative/kollaborative* und *Laissez faire-*Führungsstile unterscheiden (*Hill* 1970; *Harrison* 1984);
– der Konzepte der *Ohio-Studien* (→*Empirische Führungsforschung, Methoden der*), indem sie F&E-Vorgesetzte mittels der Verhaltensdimensionen *Mitarbeiterorientierung (consideration)* und *Aufgabenorientierung (initiating structure)* beschreiben (*Andrews/Farris* 1967; *House* et al. 1971; *Keller* 1989, 1992);
– des Mintzberg'schen Rollenkonzeptes, indem sie zwischen interpersonalen, informationalen und entscheidungsbezogenen Führungsfunktionen von F&E-Vorgesetzten unterscheiden (*Katz/Allen* 1983; *Dill/Pearson* 1984; *Pavett/Lau* 1985).

Erst in den letzten Jahren wurden Arbeiten (*Gerpott/Domsch* 1987; *Kozlowski/Hults* 1987; *Gerpott* 1988; *Domsch* et al. 1990) publiziert, die zwar auf verschiedene allgemeine Fragebatterien zur Führungsverhaltensmessung aufbauen, diese aber dem Kontext von F&E-Bereichen anpassen. Insgesamt deuten die Befunde auf eine Überlegenheit des partizipativen gegenüber dem autokratischen Führungsstil in F&E, wenn die Arbeitsleistung und -zufriedenheit als Effizienzkriterien verwendet werden (→*Führungserfolg – Messung).*

Ein F&E-Vorgesetzter sollte Forschern weitgehende *Autonomie* bei der Wahl der *Mittel* zur Problemlösung belassen (*Barnowe* 1975). Ein Führungsverhalten, das die Abstimmung von klaren Arbeitszielen mit Forschern, die regelmäßige Beratung über den Stand der Arbeit und die Festlegung realistischer, aber fordernder Projektbearbeitungszeiten vermeidet, vernachlässigt die Integration der Einzelbeiträge von Forschern in Prozeßabläufe innerhalb eines Unternehmens. So wurde nachgewiesen (*Pelz/Andrews* 1976, *Latham* et al. 1978; *Keller* 1992), daß ein *partizipativer Führungsstil*, bei dem klare Arbeitsziele vereinbart wurden, die unter mäßigem Zeitdruck erreicht werden mußten, zu positiveren Einstellungen und besseren Leistungen führt als ein *Laissez faire-Führungsstil*. Weiter ist ein hohes Maß an *wissenschaftlich-technischer Fachkompetenz* für F&E-Vorgesetzte der untersten Führungsebene eine unabdingbare Voraussetzung für einen starken positiven Einfluß auf die an sie berichtenden Forscher (*Pavett/Lau* 1985; *Farris* 1988; *Cordero/Farris* 1992). Vorgesetzte in deutschen F&E-Einheiten weisen im Mittel Defizite bei der Motivation ihrer Mitarbeiter durch *Leistungsfeedback*, Karriereentwicklungsunterstützung sowie Förderung von Weiterbildungsbemühungen der geführten Forscher auf (*Gerpott/Domsch* 1987; *Gerpott* 1988; *Domsch* et al. 1990).

Jüngere Studien haben die verhaltenstheoretische Perspektive erweitert, indem sie situative Bedingungen herausarbeiten, von denen der Erfolg unterschiedlicher Führungsverhaltensmuster von F&E-Vorgesetzten abhängt. Drei Kategorien von *Situationsvariablen* (→*Führungstheorien – Situationstheorie*) wurden bisher empirisch analysiert (*Katz/Allen* 1983; *Gerpott/Domsch* 1987; *McKinnon* 1987; *Gerpott* 1988, 1989; *Allen* et al. 1988; *Keller* 1989, 1992; *Dunegan* et al. 1992):

(1) Merkmale der Arbeitsaufgaben geführter Forscher (z. B. „task clarity");
(2) individuelle Charakteristika geführter Forscher (z. B. Verweildauer in aktueller Position, Ambiguitätstoleranz);
(3) Merkmale der geführten Gruppe (z. B. mittlere Teamzugehörigkeitsdauer der Gruppenmitglieder).

Die Resultate deuten darauf hin, daß ein zielsetzendes, in wissenschaftlich-fachlicher Hinsicht kompetent unterstützendes sowie leistungsrückmeldendes Verhalten von F&E-Vorgesetzten vor allem dann positive Leistungs- und Einstellungseffekte bei geführten Forschern/F&E-Teams hat, wenn der unterstellte Forscher über geringe *Ambiguitätstoleranz* verfügt, auf eine lange Verweildauer in seiner jetzigen Position oder eine kurze Unternehmenszugehörigkeitsdauer zurückblickt, eine starke wissenschaftlich-fachliche Karriereorientierung aufweist und wenn das Gruppenalter des geführten F&E-Teams hoch (≥ 5 Jahre) ist. Bevor jedoch aus den Einzelbefunden Schlußfolgerungen für die F&E-Praxis abgeleitet werden, sollte ihre Einordnung in einen theoretischen Rahmen (*Domsch/Gerpott* 1987) vorangetrieben werden.

2. Führung bei gruppenorientierten Arbeitsstrukturen

Komplexe F&E-Aufgaben werden häufig als Projekte organisiert (*Larson/Gobeli* 1989; *Kern/Schröder* 1992; →*Projektmanagement und Führung*). Verschiedene Studien (*Keller* 1986; *Dunegan* et al. 1992) belegen, daß die wechselseitige Unterstützung von *F&E-Projektmitarbeitern* unabhängig vom Führungsverhalten von Vorgesetzten signifikant positiv mit dem Leistungsniveau und dem Zufriedenheitsgrad des Teams korreliert (→*Gruppengröße und Führung*). Weiter wurden als wichtige, unmittelbar auf das Verhalten oder die Position von *Projektleitern* bezogene Einflußgrößen des Führungserfolges in F&E ermittelt:

- ein hohes Maß an formaler Autorität, gekoppelt mit personalen „politischen" Fähigkeiten bei der Vertretung von Ressourcenansprüchen des Projektes innerhalb der Organisation sowie beim Transfer von Projektresultaten in andere Funktionsbereiche (*Clark/Fujimoto* 1991; *Dill/Pearson* 1984);
- ein hohes Maß an *Fachautorität* im „Innenverhältnis des Projekts" gegenüber den zugeordneten Forschern (*Thamhain/Gemmill* 1974);
- die Vermittlung klarer Projektziele an die Forscher im Team (*Larson/Gobeli* 1989);
- die personalen Merkmale Ambiguitätstoleranz sowie Kommunikationsfähigkeit (*Organ/Greene* 1972).

Zur Vermittlung solcher Fähigkeiten und von Techniken des Projektmanagements an angehende F&E-Projektleiter sind vom F&E-Management Personalentwicklungsprogramme zielgruppenorientiert zu initiieren (*Cordero/Farris* 1992; *Gerpott* 1994a).

Zur Frage der leistungsfördernden *Kompetenzverteilung* zwischen F&E-Projektmanagern und funktionalen Linieninstanzen in *Matrixstrukturen* berichten *Katz/Allen* (1985) und *Allen* et al (1988) Daten, wonach eine *differenzierte* Zuordnung unterschiedlicher Entscheidungsinhalte jeweils auf den Projekt- bzw. Funktions-Manager (Projektleiter: Außenbeziehungen des Projektes; funktionaler F&E-Manager: Fachfragen der Projektarbeit) leistungsoptimal ist. *Keller* (1986) ermittelte hingegen keinen Leistungseinfluß des Kompetenzaufteilungsmusters bei F&E-Pojekten. Die widersprüchlichen Befunde lassen sich dadurch erklären, daß in Abhängigkeit von F&E-Projektmerkmalen

wie Dringlichkeits- und Komplexitätsgrad des Vorhabens situativ unterschiedliche Kompetenzverteilungen zwischen funktionalen und Projekt-Managern leistungsoptimal sind (*Larson/Gobeli* 1989; *Pinto/Mantel* 1990).

3. Führung durch Kommunikation

Wichtiger „Produktionsfaktor" in F&E sind Informationen, die von Forschern arbeitsteilig generiert werden (*Kern/Schröder* 1992; *Staudt* et al. 1990a).

Entsprechend haben sich viele Studien mit der Beeinflussung von Kommunikationsprozessen der F&E-Aufgabenträger als bedeutender Führungsaufgabe beschäftigt (→*Kommunikation als Führungsinstrument*). Dabei wurde festgestellt, daß Forscher sich primär durch direkte informale *Kommunikation* mit Kollegen in ihrem unmittelbaren räumlichen und organisatorischen Aufgabenumfeld und nur in geringem Maße durch Rückgriff auf schriftliche Quellen/Datenbanken wichtige Informationen zur Bewältigung konkreter Arbeitsprobleme beschaffen (*Allen* 1977; *Gerpott* 1988; *Domsch* et al. 1989). Zwischen der Zahl der verschiedenen von Forschern kontaktierten Fachkollegen innerhalb der eigenen Organisationseinheit und innerhalb des eigenen Unternehmens (Kommunikationsdiversifität) sowie dem Zeitaufwand für interpersonale Kontakte (Kommunikationsintensität) einerseits und Leistungsindikatoren andererseits wurden signifikant positive Zusammenhänge gefunden (*Pelz/Andrews* 1976; *Allen* 1977; *Ebadi/Utterback* 1984). Zugleich geben kontingenztheoretische empirische Arbeiten (→*Führungstheorien – Kontingenztheorie*) aber Anlaß zu Zweifeln an der *generellen* Gültigkeit dieser bivariaten Assoziationen: Leistungsoptimale Kommunikationsniveaus und -strukturen von einzelnen F&E-Vorgesetzten oder Forschern innerhalb von F&E-Gruppen und zwischen dem F&E-Bereich und seinen Umsystemen variieren in Abhängigkeit vom situativen Informationsverarbeitungsbedarf (*Tushman* 1979; *Katz/Tushman* 1979; *Barczak/Wilemon* 1991). Letzterer wird wiederum wesentlich bestimmt von den Merkmalen der Arbeitsaufgaben und der zu führenden Gruppe sowie von der Technologie- und Marktdynamik des aufgabenrelevanten Unternehmensumfeldes.

Große Beachtung hat die Frage gefunden, inwieweit sich in F&E-Arbeitsgruppen die Existenz von *Schlüsselpersonen*, die weit überdurchschnittlich oft von Forschern als Informationsquelle herangezogen werden (sogenannte *interne Stars*; *Domsch* et al. 1989) oder die *zusätzlich* auch noch sehr häufigen fachbezogenen Informationsaustausch mit Partnern *außerhalb* des Unternehmens aufweisen (sogenannte *technologische Gatekeeper*; *Allen* 1977), auf das Teamleistungsniveau auswirkt. Die empirische Befundlage (*Allen* 1977; *Domsch* et al. 1989; *Cordero/Farris* 1992) spricht insgesamt dafür, daß die Kommunikationsrolle des internen Stars oder Gatekeepers zumeist von F&E-Vorgesetzten der untersten Führungsebene übernommen wird. In einer US-Studie ließ sich eine fördernde Wirkung der Existenz von Gatekeepern auf die Teamleistung nicht in *Forschungs-*, wohl aber in anwendungsorientierten *Entwicklungsprojekten* nachweisen (*Tushman/Katz* 1980). *Domsch* et al. (1989) ermittelten dagegen bei F&E-Teams in deutschen Unternehmen kaum wesentliche Leistungsunterschiede zwischen F&E-Gruppen mit bestimmten Aufgabentypen in Abhängigkeit von der Präsenz eines technologischen Gatekeepers im Team. Insgesamt spricht die Gatekeeper-Forschung dafür, daß die Kommunikation von Forschern mit aufgabenrelevanten Quellen jenseits der Grenzen der eigenen Organisationseinheit im Mittel *nicht indirekt* über einen Gatekeeper/Kommunikationsstar, der i.d.R. auch ihr direkter Vorgesetzter ist, sondern *direkt* zu erfolgen hat, um die F&E-Effizienz zu verbessern. Aufgabe von F&E-Vorgesetzten ist es dabei, ihre Mitarbeiter zu einem entsprechenden Verhalten zu motivieren (vgl. Abb. 1; →*Motivation als Führungsaufgabe*).

III. Strukturelle Personalführung in F&E

1. Verhaltensbeeinflussung durch Anreize

Aufgrund der bei Forschern vermuteten besonderen motivationalen Grundhaltungen (s.o. I.2.) ist die wahrgenommene Wichtigkeit verschiedener Anreiztypen (z.B. materielle Zuwendungen wie Entgelt oder sozialstatusbezogene *Anreize* wie hierarchischer Aufstieg; →*Entgeltsysteme als Motivationsinstrument*) in F&E seit langem Gegenstand empirischer Analysen (s. *Brockhoff* 1990, *Staudt* et al. 1990b; *Gerpott/Domsch* 1991). Dabei wurde festgestellt, daß Forscher extrinsischen Anreizen (z.B. Entgelt, hierarchischer Status) mindestens ebenso große Bedeutung beimessen wie freiraumbetonenden, wissenschaftsorientierten Anreizen. Für die Verhaltenswirkungen von Anreizen für Forscher ist die transparent wahrnehmbare Verknüpfung zwischen den aus F&E-Zielen abgeleiteten Leistungskriterien und der Anreizvergabe sowie die Abstimmung verschiedener Einzelanreize in einem kohärenten Gesamtsystem von hoher Relevanz (*Latham* et al. 1978; *Gerpott/Domsch* 1991).

2. Verhaltensbeeinflussung durch Karriereentwicklungsalternativen

Mögliche Karriereorientierungsunterschiede innerhalb der Gruppe der Forscher und Anforderungsdivergenzen zwischen „bench level"-Positionen, in denen technologische Problemlösungen zu erarbeiten sind, und solchen, in denen Problemlösungsarbeiten nachgeordneter Forscher gesteuert werden, haben dazu geführt, daß Problemen der *Karriereentwicklung* von Forschern (z. B. frühes Erreichen eines „Karriereplateaus") erhebliche Beachtung zuteil geworden ist (*Gerpott/Domsch* 1987; *Gerpott* 1988; *Allen/Katz* 1992; →*Führung in der dualen Hierarchie*). Im Vordergrund stand die Konzipierung von sogenannten *Fachlaufbahnen*. Darunter sind typische Positionsabfolgen zu verstehen, die primär zur Erhaltung der Motivation von Forschern mit ausgeprägter wissenschaftlich-fachlicher Karriereorientierung zusätzlich zur Managementlaufbahn als alternative Karriereentwicklungsmöglichkeiten in F&E eingerichtet werden. Charakteristikum von Fachlaufbahnen ist, daß das Erreichen eines höheren Sozialstatus nicht die vermehrte Übernahme von Personalführungs- und Ressourcensteuerungsaufgaben voraussetzt (*Gerpott* 1994b; *Gerpott/Domsch* 1991). Die Sicherung positiver Motivationseffekte durch F&E-Fachlaufbahnen erfordert ein professionelles Fachlaufbahn-Design und eine systematische Fachlaufbahnnutzung; einschlägige Gestaltungshinweise findet man bei *Gerpott* (1994b) und *Frieling/Klein* (1989).

3. Verhaltensbeeinflussung durch Aufgabengestaltung

Bei der Verhaltensbeeinflussung von Forschern durch *Aufgabengestaltung* geht es darum, auch oder speziell für diese Gruppe motivational bedeutsame Merkmale der Aufgaben *in* einer Position zu identifizieren und gezielt zu gestalten. Folgende Aufgabenmerkmale (die z.T. – genau genommen – nicht losgelöst vom Führungsverhalten des Vorgesetzten einer Position bestimmbar sind) korrelieren signifikant positiv mit Arbeitsleistungs- und -einstellungsdimensionen bei Forschern (*Gerpott/Domsch* 1987; *Keller* 1989; *Larson/Gobeli* 1989; *Domsch* et al. 1990):

- *Abwechslungsreichtum* (Varietät) i. S. der Breite und des Umfangs der Probleme, die in einer Position zu bewältigen sind;
- *Klarheit der Aufgabenformulierung* i. S. einer eindeutigen Erkennbarkeit der anzustrebenden Resultate, verbunden mit Selbständigkeit bei der Ergebniserreichung;
- *Interdependenz* der Aufgaben mit anderen Unternehmenseinheiten.

Die positiven Effekte treten insbesondere dann auf, wenn ein Forscher seine Position schon mindestens 12–18 Monate ausfüllt, sich also nicht mehr in einer Einarbeitungsphase befindet (*Kozlowski/Hults* 1986; *Gerpott* 1988). Die Anforderungen der Forschern in der Praxis übertragenen Aufgaben schöpfen unmittelbar vorhandene fachliche Qualifikationen häufig nicht voll aus. Nach *Haugrund* (1990) beträgt der Anteil überqualifizierter Forscher in deutschen Industrie-F&E-Einheiten mindestens 20%. Folgen von *Überqualifikation* sind u. a. Unzufriedenheit und Abwanderungsbereitschaft bei leistungsstarken Forschern (*Badawy* 1988; *Haugrund* 1990). Der Abbau von Überqualifikation bei Forschern durch Erhöhung der Aufgabenherausforderungen oder durch eine verbesserte Personalauswahlpolitik in F&E ist deshalb ein wichtiger Ansatzpunkt der strukturellen Personalführung in F&E.

Literatur

Allen, T. J.: Managing the Flow of Technology. Cambridge (MA) – London 1977.
Allen, T. J./Katz, R.: Age, Education and the Technical Ladder. In: IEEE Transactions on EM, 1992, S. 237–245.
Allen, T. J./Katz, R./Grady, J. J./Slavin, N.: Project Team Aging and Performance: The Roles of Project and Functional Managers. In: R&D, 1988, S. 295–308.
Andrews, F. M./Farris, G. F.: Supervisory Practices and Innovation in Scientific Teams. In: PP, 1967, S. 497–515.
Badawy, M. K.: Managing Human Resources. In: Research Technology Management, 1988, Nr. 5, S. 19–35.
Barczak, G./Wilemon, D.: Communication Patterns of New Product Development Team Leaders. In: IEEE Transactions on EM, 1991, S. 101–109.
Barnowe, J. T.: Leadership and Performance Outcomes in Research Organizations: The Supervisors of Scientists as a Source of Assistance. In: OBHP, 1975, S. 264–280.
Brockhoff, K.: Stärken und Schwächen industrieller Forschung und Entwicklung. Stuttgart 1990.
Brousseau, K. R./Prince, J. B.: Job-Person Dynamics: An Extension of Longitudinal Research. In: JAP, 1981, S. 59–62.
Brown, J. S./Grant, C. W./Patton, M. J.: A CPI Comparison of Engineers and Managers. In: JVB, 1981, 18. Jg., S. 255–264.
Clark, K. B./Fujimoto, T.: Product Development Performance. Boston 1991.
Cordero, R./Farris, G. F.: Administrative Activity and the Managerial Development of Technical Professionals. In: IEEE Transactions on EM, 1992, S. 270–276.
Dill, D. D./Pearson, A. W.: The Effectiveness of Project Managers: Implications of a Political Model of Influence. In: IEEE Transactions on EM, 1984, S. 138–146.
Domsch, M./Gerpott, H./Gerpott, T. J.: Technologische Gatekeeper in der industriellen F&E. Stuttgart 1989.
Domsch, M./Gerpott, T. J.: Forschung und Entwicklung, Führung in. In: *Kieser, A./Reber, G./Wunderer, R.*, (Hrsg.): HWFü. Stuttgart 1987, Sp. 303–314.
Domsch, M./Gerpott, T. J./Haugrund, S./Merfort, M.: Personalentwicklung in der Industrieforschung. Stuttgart 1990.
Dunegan, K. J./Tierney, P./Duchon, D.: Perceptions of an Innovative Climate: Examining the Role of Divisional Affiliation, Work Group Interaction, and Leader/Subordinate Exchange. In: IEEE Transactions on EM, 1992, S. 227–236.
Ebadi, Y. M./Utterback. J. M.: The Effects of Communication on Technological Innovation. In: Man. Sc., 1984, S. 572–585.

Farris, G. F.: Technical Leadership: Much Discussed But Little Understood. In: Research Technology Management, 1988, Nr. 2, S. 12–16.
Frieling, E./Klein, H.: Fachlaufbahn für Konstrukteure. In: Personalwirtschaft, 1989, Nr. 10, S. 22–29.
Gerpott, T. J.: Karriereorientierungen von Industrieforschern. In: Zeitschrift für Arbeits- und Organisationspsychologie, 1987, S. 44–54.
Gerpott, T. J.: Karriereentwicklung von Industrieforschern. Berlin – New York 1988.
Gerpott, T. J.: Arbeitsbezogene Werthaltungen bei Industrieforschern. In: DU, 1989, S. 20–34.
Gerpott, T. J.: Lernprozesse im Zeitwettbewerb. In: *Simon, H./Schwuchow, K.* (Hrsg.): Management–Lernen und Strategie. Stuttgart 1994a, S. 57–77.
Gerpott, T. J.: Fachlaufbahnen in der industriellen Forschung & Entwicklung. In: *Domsch, M./Siemers, S.* (Hrsg.): Fachlaufbahnen. Heidelberg 1994b, S. 23–60.
Gerpott, T. J./Domsch, M.: R&D Professionals' Reactions to the Career Plateau. In: R&D, 1987, S. 103–118.
Gerpott, T. J./Domsch, M.: Anreize im Bereich der industriellen Forschung und Entwicklung. In: *Schanz, G.* (Hrsg.): Handbuch Anreizsysteme in Wirtschaft und Verwaltung. Stuttgart 1991, S. 999–1023.
Gerpott, T. J./Domsch, M./Keller, R. T.: Career Orientations in Different Countries and Companies: In. JMS, 1988, S. 439–462.
Harrison, F.: Organizational Correlates of Perceived Role Performance in the Research Laboratory. In: IEEE Transactions on EM, 1984, S. 118–121.
Haugrund, S.: Qualifikationsreserven in der industriellen Forschung und Entwicklung. Stuttgart 1990.
Hill, R. E./Roselle, P. F.: Differences in the Vocational Interests of Research and Development Managers versus Technical Specialists. In: JVB, 1985, 26. Jg., S. 92–105.
Hill, S. C.: A Natural Experiment on the Influence of Leadership Behavior Patterns on Scientific Productivity. In: IEEE Transactions on EM, 1970, S. 10–20.
House, R. J./Filley, A. C./Gujarati, D. N.: Leadership Style, Hierarchical Influence, and the Satisfaction of Subordinate Role Expectations. In: JAP, 1971, S. 422–432.
Katz, R./Allen, T. J.: The Influence of Group Longevity on Project Member Responses to Their R&D Work Settings. In: *Lee, D. M.* (Hrsg.): Proceedings Management of Technological Innovation. Washington 1983, S. 194–201.
Katz, R./Allen, T. J.: Project Performance and the Locus of Influence in the R&D Matrix. In: AMJ, 1985, S. 67–87.
Katz, R./Tushman, M.: Communication Patterns, Project Performance, and Task Characteristics: An Empirical Investigation and Integration in an R&D Setting. In: OBHP, 1979, 23. Jg., S. 139–162.
Keller, R. T.: Predictors of the Performance of Project Groups in R&D Organizations. In: AMJ, 1986, S. 715–726.
Keller, R. T.: A Test of the Path-Goal Theory of Leadership With Need for Clarity as a Moderator in Research and Development Organizations. In: JAP, 1989, S. 208–212.
Keller, R. T.: Transformational Leadership and the Performance of Research and Development Project Groups. In: Journal of Management, 1992, S. 489–501.
Kern, W./Schröder, H.-H.: Forschung und Entwicklung in der Unternehmung. Reinbek 1977.
Kern, W./Schröder, H.-H.: Forschung, Organisation der. In: *Frese, D.* (Hrsg.): HWO. 3. A., Stuttgart 1992, Sp. 627–640.
Kozlowski, S. W./Hults, B. M.: Joint Moderation of the Relation Between Task Complexity and Job Performance for Engineers. In: JAP, 1986, S. 196–202.
Kozlowski, S. W./Hults, B. M.: An Exploration of Climates for Technical Updating and Performance. In: PP, 1987, S. 539–563.
Larson, E. W./Gobeli, D. H.: Significance of Project Management Structure on Development Success. In: IEEE Transactions on EM, 1989, S. 119–125.
Latham, G. P./Mitchell, T. R./Dossett, D. L.: Importance of Participative Goal Setting and Anticipated Rewards on Goal Difficulty and Performance. In: JAP, 1978, S. 163–171.
Leifer, R./Triscari, T.: Research versus Development: Differences and Similarities. In: IEEE Transactions on EM, 1987, S. 71–78.
McKinnon, P. D.: Steady-State People: A Third Career Orientation. In: Research Management, 1987, Nr. 1, S. 26–32.
Organ, D. W./Greene, C. N.: The Boundary Relevance of the Project Manager's Job: Findings and Implications for R&D Management. In: R&D, 1972, S. 7–11.
Pavett, C. M./Lau, A. W.: A Comparative Analysis of Research and Development Managerial Jobs Across Two Sectors. In: JMS, 1985, S. 69–82.
Pelz, D. C./Andrews, F. M.: Scientists in Organizations. Revised Edition. Ann Arbor 1976.
Picot, A./Reichwald, R./Nippa, M.: Zur Bedeutung der Entwicklungsaufgabe für die Entwicklungszeit. In: ZfbF, Sonderheft 23, 1988, S. 112–137.
Pinto, J. K./Mantel, S. J.: The Causes of Project Failure. In: IEEE Transactions on EM, 1990, S. 269–276.
Staudt, E./Bock, J./Mühlemeyer, P.: Information und Kommunikation als Erfolgsfaktoren für die betriebliche Forschung und Entwicklung. In: DBW, 1990a, S. 759–773.
Staudt, E./Bock, J./Mühlemeyer, P./Kriegesmann, B.: Anreizsysteme als Instrument des betrieblichen Innovationsmanagements. In: ZfB, 1990b, S. 1183–1204.
Thamhain, H. J./Gemmill, G. R.: Influence Styles of Project Managers: In: AMJ, 1974, S. 216–224.
Tushman, M. L.: Managing Communication Networks in R&D Laboratories. In: SMR, 1979, Nr. 2, S. 37–49.
Tushman, M. L./Katz, R.: External Communication and Project Performance: An Investigation Into the Role of Gatekeepers. In: Man. Sc., 1980, S. 1071–1085.

Fortbildung, Training und Entwicklung von Führungskräften

Thomas Sattelberger

[s. a.: Ausbildung an Managementinstitutionen; Führungskräfte als lernende Systeme; Führungsmotivation; Karriere und Karrieremuster von Führungskräften; Personalentwicklung als Führungsinstrument; Personalplanung für Führungskräfte; Physische Belastung von Führungskräften; Psychische Belastung von Führungskräften; Soziale Kompetenz.]

I. Alternative Wege der Führungskräfteentwicklung; II. Führungskräfteentwicklung als integriertes System; III. Trägerschaft bzw. Realisierungsverantwortung für Führungskräfteentwicklung;

IV. Integrierte Unternehmens- und Führungskräfteentwicklung; V. Praktische Gestaltungsansätze.

I. Alternative Wege der Führungskräfteentwicklung

1. Der Wurf ins kalte Wasser

Der erste, klassische Weg des *„ins kalte Wasser Werfens"* besitzt durchaus einiges an Attraktivität. In der Bewährung im Business trennt sich Spreu von Weizen am deutlichsten und sichtbarsten. Andererseits ist das in seiner Ausschließlichkeit ein für das Unternehmen recht risikobehafteter und für Menschen häufig ebenso sozial-darwinistischer Ansatz. Hinzu kommt, daß das Lernen „on the job" ein zeitlich langdauernder Prozeß und häufig nicht reich genug an Varietät, Fremdartigkeit und Optionenvielfalt ist: Rotationen, Auslandseinsätze bzw. cross-kulturelle Projekteinsätze mit befristeter Verweildauer mildern die Nachteile dieses Weges.

2. Personalentwicklung versus Personalselektion

Unternehmen stehen aber auch vor der *„make or buy"*-Entscheidung. Betreiben sie interne Personalentwicklung oder ziehen sie den Fremdbezug der Eigenfertigung vor (→*Rekrutierung von Führungskräften*). Auch wenn sich dieser zweite Weg – Blutauffrischung durch den Einkauf unternehmerischer Talente vom Arbeitsmarkt – im Einzelfall bewährt, so sind doch Quereinsteiger häufig Fremdimplantate, die mit hoher Abstoßungsgefahr rechnen müssen.

3. Interne Führungskräftefortbildung und an Managementinstitutionen

Ein dritter Weg ist die *interne Führungskräftefortbildung* bzw. *klassische Ausbildung an Business Schools* bzw. Managementzentren (→*Ausbildung an Managementinstitutionen*) durch ein- bis zweijährige MBA-Studien oder durch mehrwöchige Executive Programs. Doch die Entsendung von Managern zu noch so exquisiten und elaborierten Programmen garantiert keine Hochleistungsorganisation. Die Ankoppelung an und Verankerung mit den Veränderungsprozessen in der Organisation sowie der Focus auf das Lernen nicht nur von Einzelpersonen, sondern von Management-Teams und Arbeitsgruppen sind kritische Erfolgsvariablen. Hier erleben Unternehmen zunehmend, daß die Klassenzimmerrealität nicht mit der unternehmerischen Wirklichkeit übereinstimmt. Joint Ventures bzw. Kooperationen von Unternehmen mit externen Instituten, wobei das Unternehmen das Praxislernen gestaltet, mildern das Problem.

4. Intrapreneurship-Initiativen

Ein vierter Weg sind *Intrapreneurship-Initiativen* (→*Intrapreneuring und Führung*, s. a. *Delin* 1981; *Pinchot* 1985). Etliche Unternehmen haben solche Initiativen gestartet, bei denen sie Unternehmertalenten Geld, Zeit und andere Ressourcen zur Verfügung stellen, um aus Geschäftsideen marktfähige, an Kundenbedürfnissen ausgerichtete Produkte zu schaffen (*Sattelberger* 1991a). Obwohl empirisch gesehen sieben von zehn Ideen nicht erfolgreich sind, so ist diese Form des Entwickelns durch „risikoärmeres, unternehmerisches Probehandeln" ein durchaus interessantes Experiment. Ähnlich zu sehen sind New Venture-Initiativen als „Lernfirmen" (*Müller-Stewens* et al. 1991), organisatorische Ausgründungen bzw. Management-By Outs (*Schneevoigt* 1990), allerdings mit dem Nachteil, daß Führungstalente dadurch häufig dem Unternehmen verloren gehen (→*Mobilität und Fluktuation von Führungskräften*).

Erst die situationsadäquate Kombination der vier Wege kompensiert die Nachteile und verstärkt die Vorteile der einzelnen Wege.

II. Führungskräfteentwicklung als integriertes System

In einem systemorientierten bzw. methodischen Sinne wird Führungskräfteentwicklung als integrierte Auswahl- und Fördersystematik mit spezifischen Teilfunktionen (in Anlehnung an *Kerr* et al. 1989) verstanden. Fünf Subsysteme bilden das Gesamtsystem.

- Die *Entwicklungsplanung* (→*Personalplanung für Führungskräfte*) als das systematische Management von Mustern der Mobilität und Rotation (→*Mobilität und Fluktuation von Führungskräften*) in einem Unternehmen trägt dazu bei, bei den einzelnen Führungskräften wie bei den Managementteams Bewußtsein über funktionale und divisionale Zusammenhänge sowie über die Konsequenzen eigener strategischer Entscheidungen auf andere Organisationseinheiten zu schaffen – also *General Management-Kompetenz*.
- *Fördernde Beziehungen* (→*Helfendes Verhalten und Führung*) und insbesondere das →*Mentoring* als langfristige, strategische Entwicklungsbeziehung zwischen hochrangigen, erfahrenen Führungskräften und jüngeren Potentialträgern erleichtern einerseits das Verständnis für *Mikropolitik*, Sozialisationsprozesse und Funktionsweisen des Unternehmens, andererseits erhält der geförderte Potentialträger die nötige Machtbasis und Glaubwürdigkeit, um Hilfe und Ressourcen der Organisation für sich und die Erreichung wichtige Ziele zu gewinnen.
- Unternehmensspezifische und -übergreifende *Förderprogramme und Trainingsprojekte* tragen dazu bei, daß strategische und andere Managementqualifikationen bzw. -kompetenzen entwickelt bzw. vertieft werden und Nachwuchs auf unterschiedlichsten Positionen und Funktionen in der richtigen Qualität herangebildet wird.

– Das Vorhandensein von *Anforderungsprofilen bzw. Eignungskriterien* stellt ein Korrektiv gegenüber der produktiven Subjektivität, aber auch der dysfunktionalen Einseitigkeit mikropolitisch begründeter Auswahlentscheidungen (→*Auswahl von Führungskräften*) im Rahmen von Seilschaften, politischen Allianzen und kollegialen Netzwerken dar (→*Netzwerkbildung und Kooptation als Führungsaufgabe;* →*Mikropolitik und Führung*).
– Prozesse der *Potentialschätzung und Auswahl* mittels solcher Anforderungsprofile fördern nicht nur den ‚fit' zwischen den Talenten von Managern und den strategischen Bedarfen eines Unternehmens, sondern auch die organisatorische Flexibilität durch die Erschließung von und den Zugang zu einem viel größeren Pool an Managementtalenten und damit auch die schnellere Realisierung neuer Strategien und Geschäfte (→*Führungsnachfolge*).

Im Kontext dieses Beitrages liegt der Schwerpunkt auf den ersten drei Subsystemen.

III. Trägerschaft bzw. Realisierungsverantwortung für Führungskräfteentwicklung

Personalentwicklung generell und Führungskräfteentwicklung (FKE) im engeren Sinne werden vielfach als eine im Ressort Personal angesiedelte ‚Institution' definiert. Wir allerdings verstehen darunter in erster Linie die Verantwortung jedes einzelnen für seine Entwicklung, zum zweiten sehen wir FKE als eine strategische Führungsaufgabe der Linienführungskräfte, die diese als Prozeß gemeinsam mit ihren Mitarbeitern gestalten. Die FKE-Funktion fördert und forciert diese Prozesse durch personalpolitische Konzepte und Innovationen, Bereitstellung unterstützender Methoden und Instrumente sowie Beratung in der Anwendung und im Monitoring des Gesamtprozesses. Daraus resultiert ihre institutionalisierte Aufgabe als Unternehmensstab, der gleichermaßen die Rolle einer *Servicefunktion* und die eines *strategischen Taktgebers* insbesondere für soziale Innovation wahrnimmt.

IV. Integrierte Unternehmens- und Führungskräfteentwicklung

Führungskräfteentwicklung kann nicht losgelöst gesehen werden von *strategiegeleiteter Unternehmensentwicklung.* Personalentwicklung und Personalstrategien folgen den Unternehmensstrategien und umgekehrt mit dem Ziel integrierter Personal- und Unternehmensentwicklung (*Hilb* 1991). Dahinter steht ein Verständnis von Unternehmensentwicklung als einem *kollektiven, organisationalen Lernprozeß,* in den u.a. die Lernprozesse der einzelnen Organisationsmitglieder und Subkulturen eingebettet sind (*Pautzke* 1989). FKE positioniert sich dabei in zweierlei Hinsicht: zum einen als der individuelle Lern- und Entwicklungsprozeß der einzelnen Führungskraft, zum anderen als der kollektive Lern- und Entwicklungsprozeß von Führungskräften bzw. Führungsteams (*de Geus* 1988, 1990) bzw. Eliten.

Unternehmensentwicklung als Lernprozeß basiert auf drei essentiell wichtigen Faktoren: Kommunikation, Kohäsion und Flexibilität *(Kerr* et al. 1989; *Sattelberger* 1991a), zu denen eine fortschrittliche FKE Beiträge liefert.

1. Kommunikation

Kommunikation (→*Kommunikation als Führungsinstrument*) stellt sicher, daß alle Führungskräfte-Ebenen und insbesondere das Top-Management die „schwachen Signale" zu Chancen und Risiken der Unternehmensentwicklung frühzeitig wahrnehmen, daß die Vision „top-down", Vorschläge und neue Informationen „bottom-up" und strategische Interpretationen und Aktionsideen quer durch die Organisation kommuniziert werden.

Klassische FKE erschließt dabei noch in zu geringem Maße die erforderlichen Kommunikationskanäle und informellen Organisationsstrukturen und fördert nur unzureichend interne Partnerschaften als Netzwerke der Problemlösung und der Kommunikation (→*Netzwerkbildung und Kooptation als Führungsaufgabe*).

Vor allem aber ist die strategieentwickelnde und -umsetzende Kommunikation, die zu Integration bei der Strategieformulierung sowie zu Verständnis, rascher Akzeptanz und Commitment für Strategie sowie robusten Umsetzungsschritten führt, unterentwickelt (→*Strategische Führung*).

Durch Rotationen, grenzüberschreitende Problemlösungs-Zirkel bzw. -Konferenzen („Work-Outs"), Kommunikationsprogramme, Strategische Dialoge sowie Förderung helfender Beziehungen, insbesondere des →*Mentorings* (*Sattelberger* 1991b), erschließt und entwickelt eine fortschrittliche FKE alternative Informationssysteme, Kommunikationskanäle und informelle Organisationsstrukturen. Gleichzeitig entwickeln sich Zirkel und interne Partnerschaften als Netzwerke der persönlichen Kommunikation und Problemlösung. Die Beteiligung breiter Teile des Managements an der Strategieformulierung fördert Verständnis, rasche Akzeptanz und Commitment für die Strategie sowie gemeinsame Sprach- und Sozialisationsmuster (→*Strategische Führung*). Die Vernetzung von FKE mit laufenden Veränderungsinitiativen, praktischen Problemlösungsprozessen und Aktivitäten geplanten Wandels fördert kollektive Veränderungsbereitschaft und -fähigkeit.

2. Flexibilität

Flexibilität ist wichtig, um im Kontext einer „emergent strategy" (*Mintzberg* 1987) rasch eine hohe

Bandbreite möglicher Antworten auf Diskontinuitäten zu entwickeln und zu realisieren.

Die Schaffung eines Pools bzw. Überhangs an flexibel einsetzbaren (Management-)Ressourcen zur Erhöhung des eigenen Dispositionsspielraumes bleibt allerdings aufgrund der überwiegend korrektiven und somit gegenwartsbezogenen Ausrichtung klassischer FKE häufig fraglich, was durch eine derzeit überbetonte Aufgaben- und Spezialistenorientierung bei Förderung und Entwicklung (*Evans* 1990) noch verstärkt wird (→*Karriere und Karrieremuster von Führungskräften*).

Hier steuert eine FKE, die sich mit der Unternehmensentwicklung verzahnt, gegen. Durch die Entwicklung flexibel einsetzbarer Nachwuchs- und Managementressourcen in flachen Entscheidungsstrukturen trägt sie dazu bei,

- daß Manager entwickelt werden, die Lernen, Entwicklung und Veränderung als Normalität betrachten und der Organisation rasche Antwortfähigkeit und breite Gestaltungsfelder ermöglichen;
- daß Geschäftsoptionen, die andernfalls mangels Verfügbarkeit von Spezialisten bzw. Generalisten nicht möglich gewesen wären bzw. deren Verfolgung knappe Talente von existierenden Geschäften abgezogen hätte, verfolgt werden können und
- daß befristete Projekte mit vollem Ressourceneinsatz vorangetrieben werden können.

3. Kohäsion

Kohäsion als dritter Faktor ist der „emotionale Klebstoff" (→*Identifikationspolitik*) im Managementteam, der dazu beiträgt, daß sich gemeinsames Verständnis und Konsens entwickelt. Durch homogene Erfahrungsmuster in Trainings- und Orientierungsprogrammen, durch gemeinsam geteilte Erfahrungen in Problemlösungs- und Veränderungsaktivitäten sowie durch Mentoren, die die Managementideale der Gesamtorganisation verkörpern, werden kollektive Sozialisationsprozesse in Gang gesetzt, gemeinsame Werthaltungen sowie eine Identifikation mit dem Ganzen geschaffen und gleichzeitig die Identifikation mit Geschäftsbereichen und Subkulturen verringert. Durch die Gestaltung unternehmensweiter und herausfordernder Management-Entwicklungsaktivitäten wird ein konformitätsformendes Zusammengehörigkeitsgefühl zu einer übergreifenden Einheit kreiert ebenso wie eine innere Motivation, das Unternehmen und seine Strategie zum Erfolg zu führen (*Sattelberger* 1989b).

V. Praktische Gestaltungsansätze

FKE kann also zum einen entlang eines Kontinuums beschrieben werden, das die Bedeutung der FKE für die genannten Faktoren der Unternehmensentwicklung darstellt. Die beiden Extrempole sind dabei folgende: einerseits keine bzw. periphere Bedeutung für Unternehmensentwicklung und andererseits zentrale Bedeutung für die Unternehmensentwicklung. Eine zweite, nicht weniger wichtige Dimension charakterisiert das Ausmaß von Fremdsteuerung (Sozialisation) bzw. Eigensteuerung (Individuation) im Rahmen der FKE. Die beiden Extrempole dieser Dimension sind einerseits FKE als Entwicklung von *Personal* und andererseits FKE als Entwicklung von *Persönlichkeit*. Bei ersterem geht es um die fremdgesteuerte Entwicklung betrieblicher Rollenträger bzw. Funktionsinhaber zur optimierten Wahrnehmung von Rolle und Funktion (Human Resource Development). Bei zweiterem geht es um die vorwiegend selbstgesteuerte Entwicklung von individuellen Talenten (Development of Resourceful Humans) und Optionen (*Pedler* et al. 1989, 1991).

Im Fadenkreuz beider Dimensionen ergeben sich vier Quadranten (*Sattelberger* 1991a).

Quadrant I (Sozialisation an der Peripherie der Unternehmensentwicklung) beschreibt die eher rückständige Form des Qualifizierens und Förderns unter anderem durch inhaltlich hochstandardisierte und -strukturierte „off the job"-Programme zum Erwerb relativ *unternehmensneutralen Wissens* (z. B. Zeitmanagementtraining, Allgemeine Marketingseminare) bzw. andere Formen der Anpassungsqualifizierung „on" und „off the job".

In Quadrant II (Persönlichkeitsentwicklung an der Peripherie der Unternehmensentwicklung) sind Aktivitäten wie Sensitivity-Training, Selbsterfahrungsworkshops, lebensphasenorientierte Aktivitäten (wie z. B. Umgang mit der Krise in der Lebensmitte) positioniert.

Quadrant III (unternehmensentwicklungsrelevante Sozialisation) beinhaltet die anforderungsorientierte Qualifizierung und Entwicklung von Individuen und Teams (meist „near the job") zur Bewältigung unternehmensrelevanter, strategischer Herausforderungen: also das, was fortschrittliche Organisationen heute oft *strategische Personalentwicklung* nennen.

Quadrant IV (Integration von Persönlichkeits- und Unternehmensentwicklung) fokussiert auf *selbstgesteuerte* Prozesse der Entwicklung, Veränderung bzw. Transformation der individuellen Laufbahn und beruflichen Identität (→*Führungskräfte als lernende Systeme*), verknüpft mit Prozessen der Unternehmenstransformation.

Im Kontext dieses Beitrags liegt der Schwerpunkt auf den organisationsrelevanten Quadranten III und IV, wobei in der Realität die Grenzen zwischen den einzelnen Quadranten verschwimmen.

1. FKE als teamorientierter Beitrag zu organisationaler Veränderung

In Quadrant III ist FKE im Sinne der *Entwicklung von Führungskollektiven* (→*Führungskräfte als lernende Systeme*) eine wesentliche Triebfeder zur Beschleunigung und Diffusion strategischer Unternehmensentwicklungsprozesse bzw. Veränderungs- und Problemlösungsinitiativen sowohl in die Tiefe wie in die Breite. Bei der Bewältigung des organisatorischen Wandels im Unternehmen bahnt sich dabei eine Renaissance des Konzeptes der Organisationsentwicklung (→*Organisationsentwick-*

lung und Führung) an (*Lundberg* 1989), innerhalb derer die klassische Stärke von Organisationsentwicklung – die Verknüpfung von Strukturen, Problemlösungsprozessen und menschlicher Interaktion – neu- und weiterentwickelt gefragt ist. In diesem Sinne werden die eher individuell zentrierten Entwicklungsaktivitäten zunehmend ergänzt, überlagert bzw. verzahnt mit sog. bereichs- bzw. teamorientierten Aktivitäten des „Management of Change" wie z. B.

- *Benchmarking-Projektteams,* die im „realen Lernfeld" Produkte bzw. Prozesse von Mitbewerbern bzw. klassenbesten Unternehmen unter die Lupe nehmen und als *Best Practice* ins Unternehmen zurücktransferieren (*Pryor* 1989);
- *Management-Transitionsteams,* die Prozesse der organisatorischen Restrukturierung (→*Restrukturierung, Führung bei*) konzeptionell ausarbeiten und implementieren;
- *Strategische Dialoge* bzw. Konferenzen der Führungsmannschaft zur kritischen Bestandsaufnahme der Unternehmenssituation und zur Lösungssuche für aktuelle und zentrale Themen der Unternehmensentwicklung bzw. zur Entwicklung strategischer Optionen (→*Strategische Führung*).
- *Führungskräfte-Task Forces,* die Vision und Leitbild eines Unternehmens interaktiv erarbeiten und kommunizieren (→*Führungsphilosophie und Leitbilder*);
- *Qualifizierungsprogramme für Change Agents,* die in Veränderungsprojeken wie Reengineering, Total Quality Management, Time Based Management Schlüsselpositionen innehaben;
- Integration solcher Problemstellungen in Form von „Lern- bzw. Changeprojekten" in laufende FKE-Programme zusätzlich zu anderen Lernfeldern;
- Gestaltung von *Organisationsentwicklungsprogrammen für Führungskräfte* (→*Organisationsentwicklung und Führung*), in denen diese selbstdefinierte bzw. auftragsgebundene Veränderungsprojekte entlang der Wertschöpfungskette in crossfunktionalen, interdisziplinären Teams bearbeiten.

Bei solchen und ähnlichen eher *OE-getriebenen* Aktivitäten werden organisationale Lern- und Entwicklungsprozesse zunehmend mit individuellen verknüpft (*Berthoin Antal* 1992).

2. FKE als individualzentrierter Beitrag zu organisationaler Veränderung

Spiegelbildlich in Quadrant 3 ist die gleiche Tendenz bei im Ursprung eher *PE-getriebenen* Programmen festzustellen, die zunehmend und fließend in Unternehmensentwicklungsprozesse übergehen. Die Firma General Electric in den USA ist Pionier dieses sog. „*Business Driven Management Development*", das heute Standard in internationalen Spitzenunternehmen geworden ist (*Slater* 1993, *Tichy/Sherman* 1993).

Diese auf dem PE-Sektor besonders fortgeschrittenen Unternehmen gestalten Führungskräfteprogramme, die nicht nur einen Beitrag zur individuellen Entwicklung von „Unternehmern im Unternehmen" (→*Intrapreneuring und Führung*) leisten sollen, sondern auch – quasi als „in-house Consulting" – zur strategischen Unternehmensentwicklung. Solche, häufig mehrmonatigen berufsbegleitenden Programme bestehen aus mehreren Komponenten. Beispielhaft sei ein solches Programm beschrieben (*Sattelberger* 1992).

a) Innerhalb von etlichen jeweils mehrtägigen geschäftsspezifischen Workshops zu Themen wie Strategisches Management, Kulturentwicklung, Gestaltung strategischer Allianzen, Innovationsmanagement und Business Development wird nicht nur individuelles Know-how für General Management-Aufgaben aufgebaut, sondern auch reale, zur Entscheidung anstehende Geschäftsprobleme und Strategiekonzepte kritisch analysiert und einer neuen Lösung bzw. der Umsetzung näher geführt.
b) Durch die Arbeit an in das Programm integrierten unternehmenskulturell und strategisch wichtigen Projekten im Auftrag der Geschäftsführung wird unternehmensübergreifende unternehmerische Handlungskompetenz vertieft, General-Management-Know-how angewandt und unternehmerische Problemlösungen in kleinen Teams erarbeitet.
c) Durch ein zusätzliches Projekt „Empfehlungen für das Geschäft" werden die Teilnehmer gefordert, in der Geschäftsführung unternehmerische Vorschläge zur Geschäftsentwicklung einzubringen und zu vertreten.
d) Die Auseinandersetzung mit und die Weiterentwicklung der eigenen Persönlichkeit wird in Laufbahnworkshops gefördert. Coaching-Gutscheine zur persönlichen Beratung auf freiwilliger Basis flankieren dieses Persönlichkeitslernen.

Die strategische und unternehmerische Praxisorientierung („learning business by doing business") solcher Programme wird durch eine maßgeschneiderte Didaktik gewährleistet:

- unternehmerische Projekte von strategischem Wert und keine „Überfliegerprojekte";
- Assignments, die zur strategischen Reflexion und Gestaltung des eigenen Arbeitsfeldes anregen;
- maßgeschneiderte Fallstudien, die tatsächliche strategische Entscheidungssituationen des Unternehmens beinhalten („real cases" anstelle von Harvard Fallstudien) sowie „time-based cases", die sich im Augenblick ihrer Bearbeitung gleichzeitig im realen Entscheidungsprozeß befinden;
- wo möglich, Einbindung von Kunden, Lieferanten und Kooperationspartnern in die Lernprozesse;
- Einbindung der Linie, wodurch ein Lernen der Entscheidungsträger („Entscheidungsarenen") forciert wird;
- keine Querschnittsmaßnahme, sondern Lernen einer unternehmerischen Leistungselite.

Unabhängig, ob im Ursprung OE- oder PE-getrieben, ist den bisher geschilderten Ansätzen gemeinsam, daß das *individuelle Persönlichkeitslernen* nur implizit bzw. eher peripher thematisiert wird. Es findet natürlich statt, aber eher ungeplant bzw. unbeabsichtigt. Die Anforderungen des organisatorischen Wandels sind der Standard für individuelle oder kollektive Veränderungsprozesse, für Selbstentwicklungsprozesse wird kaum planmäßig Kontext geschaffen.

3. FKE als Persönlichkeitsentwicklung in der Organisation

Doch eingebettet in und verzahnt mit dem organisatorischen Transformationsprozeß ist der individuelle Lern- und Entwicklungsprozeß der Organisationsmitglieder, wobei der Begriff „Personalentwicklung" dafür zu kurz greift. Dieser Begriff erfaßt den Entwicklungsprozeß vor allem als *fremdbestimmt* und charakterisiert die von dem Entwicklungsprozeß Betroffenen nur in ihrer Funktion als Rollenträger („Personal"). Gemeint ist aber ein wechselseitiger Interaktionsprozeß, der sowohl eher fremdgesteuerte wie auch selbstgesteuerte *Komponenten* umfaßt (*Scharmann* 1974; *Sattelberger* 1980) und als Prozeß der selbstgesteuerten Persönlichkeitsentwicklung in und aus einer Organisation heraus beschrieben werden kann (Quadrant IV).

Lernen hat seinen Fokus in der Regel entweder an der Aufgabe oder aber an der Persönlichkeit des Lernenden und vollzieht sich in Zeithorizonten unterschiedlicher Fristigkeit (*Hall* 1986).

- Aufgabenbezogenes Lernen unter kurzfristigen Zeitspannen hat meistens die Verbesserung arbeits- und leistungsbezogener Kenntnisse, Fähigkeiten und Fertigkeiten zum Ziel *(„performance")*.
- Aufgabenbezogenes Lernen unter einem langfristigen Zeithorizont zielt auf die Verbesserung der Anpassungs- und Veränderungsfähigkeit des Individuums ab *(„adaptability")*.
- Persönlichkeitslernen unter Kurzfristaspekten sucht die Lösung von „Issues" der Einstellung zu beruflicher Karriere und Privatleben *(„attitudes")*.
- Langfristig angelegtes Persönlichkeitslernen trägt zur Entwicklung (Vertiefung und Erweiterung) der Identität bei *(„identity")*.

Wie schon ausgeführt, fokussiert traditionelle Bildungsarbeit im Kern auf ‚performance' und weitergefaßte klassische Personalentwicklung auf ‚adaptability'. Abb. 1 verknüpft diese Lernfelder mit den Lernfeldern ‚attitudes' und ‚identity' sowie mit den dazugehörigen Lernwegen und den entsprechenden Formen fördernder Beziehung.

Eine FKE neuer Qualität berücksichtigt diese Fragen der Verknüpfung beruflicher Karriere mit anderen Lebensfeldern sowie Fragen der Identitätsentwicklung über den Lebenszyklus eines Mitarbeiters hinweg neben den mehr aufgabenbezogenen Lernformen der Anpassungsqualifizierung und Rotation.

Literatur

Berthoin Antal, A.: Lerntransfer. Vom Individuum zur Organisation. In: *Krebsbach-Gnath, C.* (Hrsg.): Den Wandel in Unternehmen steuern, Frankfurt/M. 1992, S. 85–102.
de Geus, A. P.: Stockton Lecture an der London Business School. Unveröffentlichtes Vortragsmanuskript, 3. Mai 1990, S. 7–13.
de Geus, A. P.: Planning as Learning. In: HBR, 1988, Heft 2, S. 70–74.
Delin, G.: Intrapreneurship: An Opportunity for Business Development in Large Corporations. The Fore Sight Group 1981.
Evans, P.: International Management Development and the Balance between Generalism and Professionalism. In: Personnel Management, December 1990, S. 46–50.
Hall, D. T.: Dilemmas in Linking Succession Planning to Individual Executive Learning. In: Human Resource Management, Sommer 1986 (b), Vol. 25, Nr. 2, S. 235–263.
Hilb, M.: Konzept eines strategischen und integrierten Personalmanagements. In: Neue Zürcher Zeitung, 26. November 1991, N. 275, S. 75.

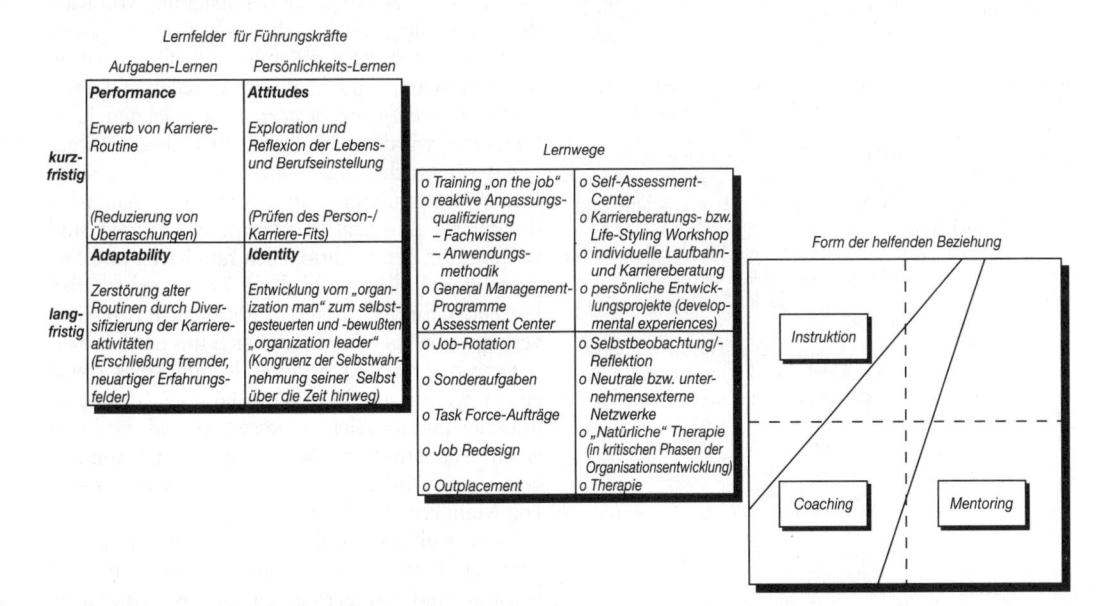

Abb. 1: Lernfelder, Lernwege, unterstützende Beziehungsformen

Kerr, J. L./Jackofsky, E. F.: Aligning Managers with Strategies: Management Development versus Selection. In: Strategic Management Journal Special Issue, Summer 1989, S. 157–160.
Lundberg, C. C.: On Organizational Learning: Implications and Opportunities for Expanding Organizational Development. In: Research in Organizational Change and Development, 1989, S. 61–82.
Mintzberg, H.: Crafting Strategy. In: Harvard Business Review, July–August 1987, S. 68–75.
Müller-Stewens, G./Bretz, H.: Stimulierung unternehmerischer Tugenden durch New Venture Management. In: *Schanz, G.* (Hrsg.): Handbuch Anreizsysteme. Stuttgart 1991, S. 549–566.
Pautzke, G.: Die Evolution der organisatorischen Wissensbasis. München 1989, S. 104.
Pedler, M./Boydell, T./Burgoyne, H.: Towards the Learning Company. In: Management Education and Development, Part 1, 1989, S. 1–8.
Pedler, M./Boydell, T./Burgoyne, J.: Auf dem Weg zum Lernenden Unternehmen. In: *Sattelberger, Th.*: Die Lernende Organisation. Wiesbaden 1991, S. 61.
Pinchot, C.: Intrapreneuring. New York 1985.
Pryor, L. S.: Benchmarking: A Self-Improvement Strategy. In: The Journal of Business Strategy, November/December 1989, S. 28–32.
Sattelberger, Th.: Sozialisation, Ausbildung und Organisationsentwicklung. In: *Kurtz, H. J./Sattelberger, Th.* (Hrsg.): Organisationsentwicklung in der betrieblichen Ausbildung. München 1980, S. 35–87.
Sattelberger, Th.: Personalentwicklung als strategischer Erfolgsfaktor. In: *Sattelberger, Th.* (Hrsg.): Innovative Personalentwicklung. Grundlagen, Konzepte, Erfahrungen. Wiesbaden 1989a, S. 19–20.
Sattelberger, Th.: Kulturarbeit und Personalentwicklung. Versuch einer integrativen Verknüpfung. In: *Sattelberger, Th.* (Hrsg.): Innovative Personalentwicklung. Wiesbaden 1989b.
Sattelberger, Th.: Die lernende Organisation im Spannungsfeld von Strategie, Struktur und Kultur. In: *Sattelberger, Th.* (Hrsg.): Die lernende Organisation. Wiesbaden 1991a, S. 17–42, S. 41 f.
Sattelberger, Th.: Personalentwicklung neuer Qualität durch Renaissance helfender Beziehungen. In: *Sattelberger, Th.* (Hrsg.): Die lernende Organisation. Wiesbaden 1991b, S. 217–224.
Sattelberger, Th.: Unternehmen im Um- und Aufbruch – Führungskräfteentwicklung im Wandel. In: Hersteiner 1, 1992, S. 19–20.
Scharmann, Th.: Beiträge zur Theorie und Empirie der sozial-individuellen Integration. Versuch einer ersten Zusammenfassung. In: *Scharmann, Th.* (Hrsg.): Schule und Beruf als Sozialisationsfaktoren. Stuttgart 1974, S. 7.
Schneevoigt, I.: Zukünftige Schwerpunkte der Personalarbeit. In: Personalführung, 10/1990, S. 646-648.
Slater, R.: The New GE. How Jack Welch Revived an American Institution 1993.
Tichy, N. M./Sherman, S.: Control Your Destiny or Someone Else will. How Jack Welch ist Making General Electric into World's Most Competitive Corporation. New York 1993.

Frauen, Männer und Führung

P. Wendy Parkin/Jeff Hearn

[s. a.: Auswahl von Führungskräften; Familie, Führung in der; Führungstheorien – Eigenschaftstheorie; Führungsrollen; Rekrutierung von Führungskräften; Sprache in der Führung.]

I. Der soziale und ökonomische Hintergrund; II. Traditionelle Führung; III. Der Eintritt von Frauen ins Management; IV. Autorität und Machtbeziehungen; V. Kritik an Männern; VI. Feminismus und Männer; VII. Führung und Sexualität; VIII. Privatheit und Öffentlichkeit; IX. Weitere feministische Ansätze.

I. Der soziale und ökonomische Hintergrund

Die Verteilung von Männern und Frauen in Organisationen nimmt eine breite Palette an historischen und kulturellen Ausprägungen ein (*Sanday* 1981). In vielen Gesellschaften waren und sind vorwiegend Frauen die Produzenten von Nahrungsmitteln. Dennoch ist ihr Anteil am Vermögen der Gesellschaft gering und ihr Zugang zu Quellen und Symbolen öffentlicher Macht begrenzt. Historisch betrachtet hatten Frauen häufig eine Vielzahl von Verantwortlichkeiten und waren in diesem Sinne Führende. *Novarra* (1980) identifiziert wichtige Aufgaben, die traditionellerweise „Frauenarbeit" in westlichen Gesellschaften darstellen: Das Gebären von Kindern, die Zubereitung und Bereitstellung von Nahrung, die Bereitstellung von Kleidung, die Pflege der Kranken und Gebrechlichen, die frühe Erziehung von Kindern, die Organisation des Haushalts und den emotionalen Beistand (→*Familie, Führung in der*). In den letzten Jahrhunderten wurden viele Bestandteile dieser Aufgaben in öffentliche Organisationen, Fabriken, Schulen, Krankenhäuser und andere von Männern dominierte Bürokratien übertragen. Frauen sind weiterhin in den traditionellen familiären und fürsorgenden Rollen verblieben, haben jedoch den lenkenden Einfluß auf ihre traditionellen Aufgaben verloren. Dieses Muster setzt sich mit der Globalisierung des Kapitals und des Kapitalismus sowie einem Wandel in Form ökonomischer, demographischer und sozialer Prozesse fort und wird von einem dauerhaften Widerstand, insbesondere gegen eine Änderung der Herrschaftsverhältnisse von Männern über Frauen, begleitet.

Es liegt überreiche Evidenz vor, aus der hervorgeht, daß Frauen weniger einflußreiche, schlechter bezahlte und mit geringerem Status verbundene Positionen in Organisationen eingenommen haben und immer noch einnehmen als Männer. Dies läßt sich nicht nur einer Vielzahl von offiziellen Statistiken entnehmen, sondern findet sich auch detailliert in einer großen Zahl von Beiträgen, die sich auf Themenbereiche wie „geschlechtsspezifische Verteilung der Arbeit", „Frauen und Arbeit" und „geschlechtsspezifische Strukturierung von Organisationen" konzentrieren (*Lewenhak* 1980; *Game/Pringle* 1983; *Dex* 1985; *Grint* 1991).

Die klar festzustellende Tendenz, daß Männer offizielle Führungspositionen besetzen, ist das Ergebnis einer Vielzahl von Faktoren und Kräften, die sich sowohl innerhalb als auch außerhalb von Organisationen befinden. Sie umfassen die Dominanz des Öffentlichen über das Private, der Produktion über die Reproduktion und der bezahlten Arbeit über die häusliche und unbezahlte Arbeit. Darüber hinaus sind einige Kommentatoren der Auffassung, daß Frauen und Männer unterschiedlichen Segmenten eines dualen Arbeitsmarktes angehören (*Barron/Norris* 1976). Frauen als Teil der „industriellen Reservearmee" (*Braverman* 1974; *Bruegel* 1979) müssen dabei eine Doppelrolle als bezahlte Arbeiterin und häusliche Kindererzieherin und häufig sogar noch eine dritte Rolle, die der Pflegerin von Alten und Schwachen, ausfüllen (*Becker-Schmitt* 1980).

Wichtige Faktoren und Kräfte innerhalb von Organisationen sind zu sehen in der Höherbewertung
– von Männern als intellektuellen Arbeitskräften gegenüber Frauen als manuellen Arbeitskräften,
– von arbeitenden Männern gegenüber zuarbeitenden Frauen,
– von Männern in manuellen, „nicht-häuslich" orientierten Berufen, z. B. technischen Berufen, gegenüber Frauen in manuellen, „häuslich" orientierten Berufen, wie z. B. in der Textilindustrie (*Cunnison* 1966),
– von Männern als Vollzeitbeschäftigten gegenüber Frauen als Teilzeitbeschäftigten (*Beynon/Blackburn* 1972),
– von Männern als dauerhaft Arbeitenden gegenüber Frauen als nur temporär Arbeitende
– und sogar von Männern als registrierten Arbeitslosen gegenüber Frauen, die nicht registriert arbeitslos sind.

Unterteilungen zwischen Männern und Frauen, wie sie sich in offiziellen organisationalen Bestimmungen von Führenden und Führung finden, spiegeln sich auch häufig in den informellen Beziehungen zwischen Männern und Frauen wider (*Pollert* 1981). Führung als ein Prozeß zwischen Männern und Frauen hat sowohl formale als auch informale Elemente.

Unterschiede in der hierarchischen Einordnung und der Art der Arbeit von Frauen und Männern in Organisationen bestehen jedoch nicht nur in vertikaler, sondern auch in lateraler, horizontaler und räumlicher Hinsicht. →*Führungsrollen* können konzeptionell als Kern oder Zentrum organisationaler Aktivitäten verstanden werden, andere Rollen hingegen können als periphere oder sich an der Grenze der Organisation befindende Rollen aufgefaßt werden. Häufig geht mit der „räumlichen" Trennung von Zentrum und Peripherie in der organisationalen Struktur und in der Führung eine klare Trennung zwischen Männern und Frauen einher. In manchen Organisationen umfaßt die Führungsrolle der Männer die Verweisung von Frauen in periphere Rollen, die von den Männern nicht als Führungsrollen angesehen werden.

Ironischerweise erfordern gerade periphere Rollen oft ein beträchtliches Maß an Eigeninitiative und beinhalten häufig hohe Anteile an Autonomie (*Miles* 1980), d. h. Qualitäten, die an anderer Stelle mit Führungsrollen in Verbindung gebracht werden.

Weiterhin ist festzuhalten, daß häufig eine ähnliche Trennung, wie sie sich zwischen Männern in organisationalen Kernfunktionen und Frauen in peripheren Funktionen findet, auch an der Schnittstelle von Organisation und Umwelt in bezug auf Kunden, Klienten oder anderen Personen aus dem öffentlichen Bereich auszumachen ist. Auch wenn es schwierig ist, allgemeine Aussagen über die unterschiedliche Klientel von Organisationen zu treffen, läßt sich doch feststellen, daß viele Organisationen durch eine klare Zuordnung von Männern und Frauen zu bestimmten Rollen an der „Grenzlinie" der Organisation gekennzeichnet sind. Diese Zuordnung kann sich zwischen Geschäftsmännern und Kundinnen ebenso wie zwischen Empfangsdamen und Kunden zeigen. Entscheidend ist dabei, daß die Konzeptualisierung und Bewertung von Führung *in* Organisationen und *im* Management oft auch eine *inverse* Konzeptualisierung und Bewertung dessen beinhaltet, was als Nicht-Führung an der Grenzlinie von Organisationen gesehen wird. In diesem Sinne können Trennungen zwischen Frauen und Männern – bspw. in Empfangsdamen und Kunden – bestehende Führungsmuster verstärken.

II. Traditionelle Führung

Innerhalb des oben beschriebenen allgemeinen sozialen und ökonomischen Kontextes haben sich dominante, traditionelle Formen und Begriffe von Führung sowohl in der Theorie als auch in der Praxis entwickelt. Bezeichnenderweise wird Führung wie selbstverständlich als eine Tätigkeit betrachtet, die von Männern ausgeübt wird; ebenso bezeichnend ist, daß sich in den Begrifflichkeiten von Führung implizit die Annahme findet, daß Führende Männer sind. Von daher scheint auch unterstellt zu werden, daß Führung Männlichkeit und männliches Geschlecht impliziert, wobei diese Eigenschaften inhärent Führungsqualitäten in sich bergen, die der Weiblichkeit und dem weiblichen Geschlecht fehlen (*Hearn* 1989). Diese Unzulänglichkeiten in den vorherrschenden Begrifflichkeiten sind durch ein allgemeines Desinteresse am Studium von Männern und Frauen in Organisationen bedingt (*Hearn/Parkin* 1983; *Mills/Tancred* 1992).

Ein wichtiges Beispiel in diesem Zusammenhang sind die drei Idealtypen der Herrschaft von *Weber*. Führung kann aus der traditionellen Herrschaft, wie bspw. der Rolle des Vaters, dem Charisma eines „bedeutenden Mannes" oder als Ergänzung einer rational-legalen Herrschaft in Bürokratien entstehen (*Weber* 1980). *Webers* theoretische Überlegungen, insbesondere jene über Organisationen, Bürokratien und Herrschaft, bedürfen einer Überarbeitung hinsichtlich der Beziehung zwischen den Geschlechtern, seiner Annahmen über Männer und Frauen und letztlich auch seiner eigenen „maskulinen Denkweise" (*Bologh* 1990; *Ferguson* 1984). Elemente der drei Weberschen Idealtypen lassen sich von vielen Studien innerhalb der Hauptströmungen der Führungsforschung und in präskriptiven Führungskonzepten, wie z. B. in Taylors „management of men" (*Taylor* 1947), finden. Spätere Arbeiten im Bereich der Organisationspsychologie versuchten, die entscheidenden Eigenschaften (→*Führungstheorien – Eigenschaftstheorie*) für die Auswahl von Führern und Führungserfolg zu identifizieren (*Stodill* 1948). Die bedeutendste Zusammenführung dieser Ansätze hinsichtlich unterschiedlicher Verhaltenstypen findet sich in den Theorien sozialer Systeme von Parson, Bales und deren Kollegen (*Parson* et al. 1951; *Parson/Bales* 1955). Diese Studien setzen nicht nur die Bedeutung der Rollendifferenzierung zwischen Frauen und Männern als gegeben voraus, sondern achten häufig auch besonders auf die pro-aktiven Fähigkeiten von Männern im Vergleich zu und gegenüber Frauen (*Strodtbeck/Mann* 1956). Obwohl viele dieser Studien in Kleingruppen durchgeführt wurden (*Hare* 1962), beeinflußten sie die Organisations- und Managementtheorie nachhaltig. Weitere klassische Studien, in denen eine Trennung zwischen Männern als Führenden und Frauen als Unterstellten nicht problematisiert werden, umfassen *Mayos* Untersuchung der Western Electric Company (*Mayo* 1933) und *Croziers* Analyse der französischen Bürokratie (*Crozier* 1964).

Unterschiede im Führungsstil im Sinne eines autoritären bzw. mehr kooperativen Führungsverhaltens sind eher subtile Variationen einer männlichen Thematik. In vielen Führungsmodellen wird davon ausgegangen, daß notwendige und wünschenswerte Führungsqualitäten männlich sind. Diese Annahme hat sich tief im Denken und in der Sprache festgesetzt, so daß häufig die Sprache der Führung der über Männlichkeit gleichgesetzt wird (→*Sprache in der Führung*). Führung beinhaltet hier Qualitäten wie Aggressivität, Selbstbehauptung, Durchsetzungswille und Konkurrenzorientierung. Mit dieser ideologischen Betrachtungsweise wird Führung nicht als eine spezifisch weibliche Beschäftigung aufgefaßt. Eine weibliche Führungskraft wird als eine bemerkenswerte Ausnahme betrachtet und Frauen, die eine Führungsposition innehaben, werden häufig anerkennend „sie wären wie Männer" beschrieben.

III. Der Eintritt von Frauen ins Management

Das Wachstum hierarchischer Bürokratien hat zu einer Situation geführt, in der Führung mit Management gleichgesetzt wird. Immer noch dominieren Männer in diesen Organisationen; Frauen erhalten selten einen Posten an der Unternehmensspitze und sind selbst in Führungspositionen auf unteren Hierarchieebenen weitgehend unterrepräsentiert. Dies gilt nicht nur für Organisationen mit einer technischen Ausrichtung, sondern ebenso für Bildungs- und Wohlfahrtsorganisationen, in denen Frauen häufig rein quantitativ dominieren. Seit etwas über 20 Jahren zeigt sich ein allmählicher zahlenmäßiger Anstieg von Frauen in Führungspositionen, jedoch, wenn überhaupt, nur ein geringer Anstieg in den obersten Führungsebenen als Vorstände und Geschäftsführerinnen von privaten und öffentlichen Organisationen (*Hansard Society* 1990; *Women in Management Association* 1989).

Das langsame Ansteigen der Anzahl von Frauen in Führungspositionen sowie der Versuch von Frauen, in Führungspositionen aufzusteigen, hat insbesondere in den USA zu einer beachtlichen Anzahl von Veröffentlichungen geführt, die sowohl theoretische Analysen als auch praktische Ratschläge anbieten (*Leavitt* 1982). Frauen, die eine Position im Management erreichen, betreten ein männliches Terrain mit fest etablierten Verhaltens- und Sprachregeln (→*Sprache in der Führung*). Diese Bedingungen können zu wichtigen Bestimmungsgrößen weiblichen Verhaltens werden. Eine interessante Variante dieser *Unternehmens*dynamik findet sich in „manageriellen" Erfahrungen von Frauen als *Unternehmerinnen*. *Goffee/Scase* (1985) haben britische Unternehmenseigentümerinnen befragt und schlußfolgern, daß diese „innovative Unternehmerinnen", „konventionelle Geschäftsfrauen", „radikale Miteigentümerinnen" oder „Heimunternehmerinnen (domestic traders)" sein können. Der Eintritt von Frauen ins Management wird im Gegensatz dazu häufig als selbstverständlich erachtet: Sie sind bereits da. Einige mögen sogar annehmen, daß es eine den Männern inhärente Eigenschaft ist, davon auszugehen, daß sie da sein sollten. So kann die Beschäftigung mit dem Eintritt von Frauen ins Management die Gleichsetzung von Führung und Maskulinität auf subtile Art und Weise noch verstärken.

Das Phänomen der Frauen im Management führt zu der Frage, ob jene Frauen, die Führungspositionen übernehmen, einen anderen Führungsstil praktizieren, einen der auf den vermuteten inhärenten Qualitäten von Frauen basiert. Ein „sex differences"-Ansatz geht davon aus, daß Frauen charakteristische Qualitäten besitzen, die zu einer Form der Führung führen, die sich von der von Männern praktizierten unterscheidet. Führungsqualitäten von Frauen können dann in Organisationen vielleicht in einem Versuch, das eigene Image zu „enthärten", genutzt oder verwertet werden (*McLane* 1980). Ein weiterer „sex differences"-Ansatz argumentiert, daß Frauen, die Führungspositionen erreichen, die Eigenschaften ihres Geschlechts verleugnen oder unterdrücken und Männern gleich geworden sind.

In diesem Zuammenhang erscheint eine Studie von *Jago/Vroom* (1980) interessant. Sie finden, daß weibliche Führungskräfte im Vergleich zu männlichen einen signifikant partizipativeren Führungsstil zeigen. Auf der anderen Seite schlußfolgert *Boulgarides* (1984) im Anschluß an eine Befragung von weiblichen und männlichen Führungskräften in der Region um Los Angeles, daß sich sowohl in der Art und Weise der Entscheidungsfindung als auch in den Werten der Führungskräfte keine signifikanten Unterschiede zeigen. Überblicke jüngeren Datums (*Donnell/Hall* 1980; *Powell* 1988) über vorliegende Studien zu möglichen Unterschieden zwischen Frauen und Männern zeigen hinsichtlich des Führungsverhaltens, des Engagements und der Motivation, des Empfindens von Belastungen (Streß) und der Reaktion der Mitarbeiter/-innen nur wenige durchgängige Unterschiede auf. Allerdings findet sich einige Evidenz, daß weibliche Führungskräfte eine höhere Leistungsorientierung zeigen als männliche; vermutlich, um auf diese Weise die geschlechtsspezifische Diskriminierung zu überwinden.

Jacklin/Maccoby (1975) haben umfassend und kritisch „Geschlechtsunterschiede" und ihre Implikationen für das Management untersucht. Ihre Forschung erbrachte nur wenige Belege, die den „sex differences"-Ansatz stützen; vielmehr heben sie bspw. hervor, daß „das männliche Potential an einfühlenden und mitfühlenden Reaktionen sowie freundlich-hilfreichem Verhalten gegenüber anderen (einschließlich Kindern) beträchtlich unterschätzt wird" (S. 31). Sie übertragen dieses Ergebnis in einen weiteren Kontext und merken an, daß „... Herrschaft oder Führung durch den Einsatz aggressiver Mittel in erster Linie bei Affen oder kleinen Jungen erreicht wird. Unter Menschen wird diese Verbindung jedoch mit zunehmendem Alter schwächer und es scheint keine intrinsische Ursache zu bestehen, aus der heraus zu begründen wäre, warum das aggressivere Geschlecht in Beziehungen zwischen erwachsenen Menschen das dominante sein sollte" (S. 34). Sie fanden keine Hinweise auf geschlechtsspezifische Unterschiede in der Leistungsbereitschaft, Risikobereitschaft, Ausdauer oder anderen ähnlichen Eigenschaften. *Jacklin/Maccoby* schlußfolgern, daß Frauen nicht aus psychologischen Gründen für das Management ungeeignet sind, sondern daß die Rekrutierungs-, Einstellungs- und Beförderungspolitik ihren Eintritt ins Management blockiert (→*Rekrutierung von Führungskräften*).

Frauen, die eine Führungsposition übernehmen wollen, sehen sich offensichtlich mit einer Vielzahl von Problemen konfrontiert. Diese beinhalten die zusätzliche Bewältigung von familiären und häuslichen Rollen (*Fogarty* et al. 1971; *Cooper/Davidson* 1982), die Bewältigung des Konflikts zwischen bezahlter und unbezahlter Arbeit und den Kampf gegen die unterschiedlichsten Mythen über das weibliche „Führungspotential". Die Spannungen und Konflikte, denen sich Frauen gegenübersehen, waren der Schwerpunkt einer jüngeren britischen Studie über Frauen in Führungspositionen. In der bislang anspruchsvollsten Analyse von Frauen im Management entmystifiziert und tritt *Marshall* (1984), bezugnehmend auf veröffentlichte Forschungsergebnisse, den folgenden sechs Irrtümern erfolgreich entgegen: 1. Frauen unterscheiden sich von Männern, deshalb sind sie keine guten Führungskräfte. 2. Frauen sind bei der Arbeit nicht so motiviert wie Männer. 3. Stereotype über Frauen bewirken, daß Unternehmen nur zögernd Frauen als Führungskräfte beschäftigen. 4. Frauen glauben selbst auch an diese Stereotype und verhalten sich entsprechend. 5. Andere arbeiten nicht für oder mit Frauen oder erschweren ihnen das Leben, wenn sie mit ihnen zusammenarbeiten. 6. Wenn Frauen arbeiten gehen, leiden ihre Ehemänner, ihre Kinder und ihr Zuhause darunter und als Folge davon auch die Gesellschaft.

In diesem Kontext überrascht es nicht, daß weibliche Führungskräfte beachtlichen sozialen Druck und Streß erfahren (*Davidson/Cooper* 1984a). Positiv gewendet, kann jedoch argumentiert werden, daß die Doppelrollen und zahlreichen familiären Verantwortlichkeiten von Frauen bedeuten, daß sie für die vielfältigen Verantwortlichkeiten im Management *besser* geeignet sind, da sie über umfangreiche Erfahrungen mit Komplexität und Entscheidungsfindung in verschiedenen Situationen verfügen. Darüber hinaus haben die Komplikationen und Entwicklungsmöglichkeiten bedeutende Konsequenzen für die Karrieren, Karrieremuster (*Davidson/Cooper* 1984b) und das Training von weiblichen – aber auch männlichen – Führungskräften.

Auch wenn die Literatur, die sich mit dem Eintritt von Frauen ins Management befaßt, klar in Opposition zu den traditionellen Annahmen über Führung und deren Dominanz durch Männer steht, kann sie in mancher Hinsicht in ihrer Betrachtungsweise als zu begrenzt kritisiert werden. Die Literatur über Frauen in Führungspositionen ist weitgehend auf Unternehmen ausgerichtet, in ihrem Ursprung und ihren kulturell bedingten Annahmen amerikanisch, oft übertrieben optimistisch, was die Möglichkeiten einer unmittelbaren Änderung der Situation betrifft, und auf einen Themenbereich bezogen, der nur für eine relative Minderheit von Frauen bedeutend ist. Eine Vielzahl von Themen, die die meisten Frauen betreffen, verbleiben im dunklen, so zum Beispiel die Frage, ob die Präsenz von Frauen im Management das Los der Arbeiterinnen verbessern würde. Die Literatur weist oft eine psychologische Orientierung auf, betont die „Führungsqualitäten" von bestimmten Frauen und betrachtet nur selten die weiterreichenden Fragen der Sozialstruktur und Machtverhältnisse. Sie bietet nicht unbedingt eine allgemeine, kritische Reformulierung des Verhältnisses von Geschlecht und Führung an, da auch hier Führung üblicherweise als ein relativ fixiertes Bündel von Machtbasen und Praktiken gedacht wird, das Frauen ebenso annehmen und anwenden wie Männer.

IV. Autorität und Machtbeziehungen

Im Gegensatz zur Betrachtung von Management und Führung als etwas, was Manager oder Führer *über* andere ausüben, die gemanagt oder geführt werden, konzeptualisiert eine alternative Perspektive Führung als Prozeß *zwischen* Menschen, in diesem Fall zwischen Frauen und Männern. Studien über die Führung von Frauen und Männern in verschiedenen Gruppensituationen betonen die gleichzeitige Bedeutung der Beachtung reziproken Verhaltens von Führer und Geführten, von Über- und Untergeordneten, von Frauen und Männern (*Bass* 1981, Kap. 30).

Die Forschung auf diesem Gebiet ist komplex, aber die Nennung einiger Beispiele vermittelt die Art von Fragen, die hier angesprochen werden. *Bartol* (1975) stellte negative Einflüsse männlicher Führer auf die Arbeitszufriedenheit weiblicher Gruppenmitglieder fest, während weibliche Vorgesetzte gemischter Gruppen eher einen schwach positiven Einfluß auf die Aufgabenbewältigung weiblicher Gruppenmitglieder ausüben. Eine weitere Studie von *Bartol/Wortman* (1975) führt die Analyse dieser Prozesse weiter: Obwohl das Geschlecht des Führers ein Faktor unter anderen sein kann, der das wahrgenommene Führungsverhalten oder die Arbeitszufriedenheit in signifikanter Weise beeinflußt, kann auch das Geschlecht der Geführten sich auf die Wahrnehmung des Führungsverhaltens und auf die eigene Arbeitszufriedenheit des Geführten auswirken. Eine spätere kritische Studie von *Mayes* (1979) weist auf die unterschiedlichen Reaktionen weiblicher und männlicher Geführter innerhalb von Frauen oder Männern geführten Gruppen hin, wobei sich die Reaktionen auf den gesamten Gruppenprozeß und nicht allein auf die Führungsperson beziehen. Besonders interessant sind die Reaktionen von Männern auf von Frauen geführte Gruppen: Sie umfassen Gefühle der Feindseligkeit, Abhängigkeit, Verwirrung und vor allem des Unwohlseins.

Prozessuale Ansätze der Führung mögen zwar die informalen Beziehungen betonen, haben aber dennoch klare Folgen für die formale Struktur. Sie werfen Probleme und Fragen mit der Absicht auf, Muster und Prozesse der Führung als einen Teil des Autoritätssystems und der Machtbeziehungen zwischen Frau und Mann sowohl innerhalb als auch außerhalb gegebener Organisationen zu verstehen.

Folglich können wir Aspekte von *Croziers* (1964) klassischer Studie über Macht in der französischen Bürokratie (*Sheriff/Campell* 1981) und sogar die Hawthorne Experimente im Relay Assembly Testing Room (*Mayo* 1933) als Ergebnisse der Machtbeziehungen zwischen männlichen Übergeordneten und weiblichen Untergeordneten sowie als Folgen der Kontrolle über Unsicherheiten und entsprechender Veränderungen informaler Beziehungen sinnvollerweise neu interpretieren (*Hearn/Parkin* 1987).

Kanter (1975) hat die Machtverteilung in Organisationen als zentrales Merkmal für die Bestimmung von Arbeitseinstellungen und -verhalten, einschließlich der Führung, zwischen Frauen und Männern untersucht. Sie betrachtet die Position einer Person in einer Organisation als entscheidendere Determinante des Führungsverhaltens als geschlechtsspezifische Unterschiede.

Wells (1973) argumentiert ähnlich, daß „Frauen einen späteren Zugang" zu Organisationen hatten, deren Struktur und Machtbeziehungen bereits durch maskuline Werte und männliche Vorlieben geprägt waren. Dementsprechend haben Frauen oft den Eindruck, daß die verborgene Macht von Männern, verstärkt durch die hierarchische Machtstruktur von Organisationen, die Art und Weise prägen, in der Frauen Macht erfahren. Die Verringerung der Machtstrukturen in hierarchischen Organisationen kann demnach sowohl Frauen als auch Männern helfen, birgt aber mehr Potential für die Änderung der Situation der Frauen in sich. Dieser Ansatz der Führung führt zu einem subtileren Sachverhalt, nach dem Macht in Organisationen als männlich verstanden und erfahren wird (*Korda* 1976). Entsprechend dieser Auffassung dominieren Männer nicht nur in Organisationen, sondern sie verfügen auch über die „Währung", durch die Herrschaft erhalten wird.

Kanter (1977) vertritt die Ansicht, daß Untergebene es häufig vorziehen, für „Mächtige" zu arbeiten, was – den Erfahrungen in der Praxis gemäß – gleichbedeutend mit dem männlichen Geschlecht ist. Sie drückt dies kurz und bündig aus: „Präferenz für Männer = Präferenz für Macht". Die anhaltende männliche Dominanz in Führungsrollen, insbesondere als Vorgesetzte, ist nur ein Teil der männlichen Vorherrschaft in der Führung: Darüber hinaus sind in den meisten Organisationen der Führungsprozeß an sich, bzw. das, was als Führung gilt, sowie die Mittel zur Legitimitätsgewinnung der Führung und vieles mehr männlich dominiert.

V. Kritik an Männern

Die Entwicklung eines Machtansatzes der Führung bedarf notwendigerweise einer genaueren Untersuchung der Macht der Männer. Feministische und andere radikale Ansätze kritisieren auf unterschiedlichem Wege die männliche Führung. Zuerst – und naheliegend – hat sich die Kritik anhand des Verhaltens bestimmter männlicher Führer entwickelt.

So diskutiert bspw. *Pollert* (1981) in ihrer Studie über eine Tabakfabrik die Art, in der männliches Aufsichtspersonal Autorität gegenüber Arbeiterinnen durch eine sexistische Sprache, Witze und Anspielungen zu wahren und zu stärken versucht. Analog untersuchen *Kanter* (1977) und *Korda* (1976) den fortwährenden Sexismus im Verhalten von Managern, dem insbesondere jene Frauen ausgesetzt sind, die in der unmittelbaren Umgebung von Managern arbeiten, wie z. B. Sekretärinnen (*Korda* 1972; *Vinnicombe* 1980; *McNally* 1979).

Allgemein kann Management, und folglich vorwiegend männliches Management, im Sinne der Bildung von Klassenunterschieden analysiert werden und als ein wesentlicher Faktor für die Aufrechterhaltung des „kapitalistischen Patriarchats" verstanden werden (*Eisenstein* 1979).

Ein zweiter Kritikansatz an Männern ist nicht speziell auf männliche Führungspersonen gerichtet, sondern auf andere Quellen männlicher Macht und Führung in der Arbeitswelt. Die wichtigste Quelle ist hier die männliche Arbeiterschaft.

Auf die Solidarität zwischen Männern als Teil der organisierten Gegenmacht gegen die Arbeitgeber verweist *Cockburn* (1983) in ihrer Studie über die britische Druckindustrie. Dieser Prozeß ist wichtig für die Entwicklung herrschender Formen von Maskulinität unter Arbeitern, welche wiederum verschiedene Konsequenzen für die Führung implizieren: die Fortsetzung männlicher Verhaltensmuster bei Vorgesetzten von Arbeiterinnen, die gelegentlichen Allianzen zwischen Arbeitern mit dem ebenfalls männlichen Management und die generell männliche Prägung vieler Organisationskulturen.

Ein dritter Ansatz betrachtet Männer als eine Klasse und repräsentiert so die Kritik an der männlichen Führung. Die Wurzeln dieses Ansatzes, Männer als eine Klasse zu betrachten, liegen in der Biologie (*Firestone* 1970), in der Wirtschaft oder in beidem.

Delphy (1984), eine französische Feminismustheoretikerin, bspw. betont den Aspekt der Aufteilung von Frauen und Männern in Ehe und Familie als eine Art Produktionsverhältnis. Unter diesem Gesichtspunkt ist „jede Beziehung (zwischen einer Frau und einem Mann) ein *Klassenverhältnis*, und die individuellen Konflikte zwischen Männern und Frauen sind politische Konflikte, die nur kollektiv gelöst werden können" (*Delphy* 1969, zitiert in *Coote/Campbell* 1982, S. 15). Die Beziehung zwischen einem individuellen männlichen Vorgesetzten und weiblichen Untergebenen oder gar zwischen einer weiblichen Vorgesetzten und einem männlichen Untergebenen kann aus diesem Verständnis heraus strenggenommen als Beziehung unterschiedlicher Klassen gesehen werden.

Eine zunehmende Anzahl von kritischen Analysen der „männlichen Manager" konzentriert sich sowohl in praktischer wie theoretischer Hinsicht auf interpersonale und strukturelle Aspekte der Macht (*Cockburn* 1991; *Collinson* 1992; *Hearn* 1992).

VI. Feminismus und Männer

Die Kritik an Männern, insbesondere in der feministischen Theorie und Praxis, führt zu spezifischen Anforderungen an den einzelnen Mann, sowohl auf der individuellen als auch auf der kollektiven Ebene. Eine dieser Anforderungen betrifft den Umgang der Männer mit dem Feminismus, der häufig geprägt ist durch Feindseligkeit oder Gleichgültigkeit und manchmal gar durch gewalttätige Ablehnung. Wesentlich seltener sind positive Reaktionen seitens der Männer auf den Feminismus in Form von antisexistischen Gruppen, Organisationen und Netzwerken. Derartige Initiativen haben eine praktische wie theoretische Bedeutung für die männliche Führung.

Moyer/Tuttle (1983) erwähnen z. B. die übliche „Fallgrube" für Männer in gemischtgeschlechtlichen Gruppen, in denen Männer häufig die Situation beherrschen. Dies beinhaltet die Übernahme der Rolle des stetigen Problemlösers, des Gruppensprechers sowie den Gebrauch von Unterdrückungsmethoden. *Moyer/Tuttle* schlagen statt dessen verantwortungsvolle Verhaltensregeln für Männer vor wie eine Begrenzung der Redezeit für eine faire Zeitteilung, das Gebot, die Rede nicht zu unterbrechen, sowie die Gewährung und Annahme von Unterstützung. Derartige praktische Ratschläge sind begleitet von politischen und analytischen Überlegungen, einschließlich einer von Männern über Männer formulierten Selbstkritik bezüglich der männlichen Macht im allgemeinen (*Hearn* 1987; *Brittan* 1989), der Führung durch Männer im speziellen (*Equal Opportunities International* 1989) sowie des notwendigen Trainings für Männer (*Ruth* 1986; *Farrell* et al. 1986).

VII. Führung und Sexualität

Ein spezifischer Aspekt der Führung, der die Beziehungen zwischen Frauen und Männern, ebenso wie zwischen Personen desselben Geschlechts, betrifft, ist die Sexualität. Die Dominanz von Männern in der Führung, zumindest in formaler Hinsicht, beinhaltet die Auffassung, daß viele Formen von Maskulinität auf irgendeiner Art von Macht basieren. Ähnlich wie Führungsmodelle aufgrund der männlichen Dominanz häufig auf irgendeiner Art von Macht basieren, beinhalten viele Modelle männlicher Sexualität Elemente der Herrschaft und Dominanz. Ein Widerspruch besteht darin, daß Führung einerseits als „asexual" und „neutral" verstanden wird, andererseits jedoch Männlichkeit impliziert, und dies vor dem Hintergrund, daß Frauen in Organisationen als die „sexuellen Wesen" gelten. Auf vielerlei Art und Weise vermischen sich Sexualität, Macht und Führung sowohl in sozialer wie in psychologischer Hinsicht (*Zetterberg* 1966; *Bradford* et al. 1975; *Hearn/Parkin* 1987; *Hearn* et al. 1989).

Personen in Führungspositionen haben vermutlich auch die Verantwortung bzw. das Interesse, die sexuellen Einstellungen und das sexuelle Verhalten ihrer Untergebenen zu kontrollieren (*Burrell* 1984). Dies kann die Bestrafung von Liaisons beinhalten, die in der Regel Frauen trifft (*Quinn* 1977). Manager beurteilen zudem häufig ihre Kolleginnen und Mitarbeiterinnen nicht allein anhand ihrer Arbeitsleistungen, sondern auch aufgrund ihrer äußerlichen Erscheinung und sexuellen Anziehungskraft (*MacKinnon* 1979). „Frauentypische" Berufe wie die der Sekretärin, Empfangsdame oder Verkäuferin implizieren Sexualität geradezu als Bestandteil der einzubringenden Arbeitskraft der Frauen (*Bland* et al. 1978).

In den meisten Organisationen bringt eine solche Handhabung der Sexualität die Vorstellung von „Normalität", gewöhnlich Heterosexualität, mit sich (*Rich* 1980), die sich in unterschwelliger Weise auf die Auswahl und Förderung von Führungskräften und Managern auswirkt (→*Auswahl von Führungskräften*).

Diese Vorstellung von „Normalität" zeigt sich bspw. im Bild der Chef-Sekretärin-Beziehung (*Pringle* 1989), im Heranziehen der Ehefrauen als Beurteilungskriterium der Manager und in der Diskriminierung und deshalb Verleugnung von Homosexualität. Besonders streng wird die Homosexualität in der Armee geahndet (*Tatchell* 1985; *Kentler* 1985). Die Auswirkungen auf den Führungsstil und die zukünftige Übernahme von Führungspositionen durch Homosexuelle sind deutlich. Lesbische Managerinnen müssen hier in zweifacher Hinsicht Barrieren überwinden (*Hall* 1989).

Diese allgemeinen Tendenzen in Führung und Management haben zuweilen einen wesentlich größeren und direkteren Unterdrückungscharakter gegenüber Frauen in Form von sexueller Belästigung. Untersuchungen belegen inzwischen die Häufigkeit sexueller Belästigungen von Frauen verschiedener Hierarchiestufen durch ihre Vorgesetzten, Kollegen und Mitarbeiter. Auffallend hoch ist die Anzahl der Vorfälle dort, wo Frauen in traditionell Männern vorbehaltene Berufsfelder eindringen und daher eine relativ isolierte Stellung einnehmen (*Gutek/ Morasch* 1982).

Mit dieser Situation sind viele Frauen im Management und in Führungspositionen konfrontiert, wodurch sich die Frage anschließt, wie Männer in Machtpositionen mit anderen, weniger mächtigen Männern in bezug auf die Belästigung von Frauen umgehen und sich sogar verbünden. Sexualität, insbesondere sexuelle Belästigung, ist für die Führung deshalb von Bedeutung, weil sie einen Einbruch des Privaten in die öffentliche Domäne darstellt. Der folgende Abschnitt wendet sich daher dem allgemeinen Thema von Privatheit und Öffentlichkeit zu.

VIII. Privatheit und Öffentlichkeit

Organisationen und damit Führung im organisationalen Kontext sind in kennzeichnender Weise auf allen Gesellschaftsebenen zu finden. Obwohl Organisationen alle wirtschaftlichen Bereiche durchdringen und mithin für jegliche Art menschlicher Aktivitäten bestehen, sind sie als Unternehmen und politische Organisationen im öffentlichen Leben wesentlich sichtbarer. Insbesondere in westlichen Gesellschaften gibt es eine beachtliche Übereinstimmung des öffentlichen und „organisatorischen" Lebens.

Mit dem Thema der Trennung von öffentlichem und privatem Leben befaßten sich in den letzten Jahren eine Reihe feministischer Autorinnen, unter ihnen *O'Brien* (1981); *Elshtain* (1981) sowie *Stacey/Price* (1981). Insbesondere *O'Brien* (1978) hat die theoretische Bedeutung dieser Trennung untersucht; sie argumentiert, daß „der Gegensatz von Öffentlichem und Privatem für die sozialen Beziehungen der Reproduktion das gleiche bedeutet wie der ökonomische Klassengegensatz für die sozialen Zusammenhänge der Produktion" (S. 236). Diese Perspektive ist von Bedeutung für das Verständnis von Organisation und organisationaler Führung; sie impliziert, daß Führung – zumindest in Organisationen – zwei Ebenen von Aktivitäten und Handlungen beinhaltet: zum einen unmittelbar in den Organisationen selbst, zum zweiten aber auch mittelbar durch die Dominanz des Öffentlichen über das Private. Führungspositionen werden in den meisten Organisationen nicht nur unproportional von Männern und Frauen besetzt, sondern diese Ungleichheit wird auch durch die größere Bedeutung des öffentlichen im Vergleich zum privaten Leben verstärkt.

Männer führen und dominieren Frauen dadurch üblicherweise nicht nur innerhalb spezifischer Organisationen, sondern auch aufgrund der Bedeutung dieser Organisationen für das öffentliche Leben, das wiederum von Männern beherrscht wird. Bspw. können Manager Inhaber einer Machtposition im öffentlichen, organisationalen Bereich sein und zugleich indirekt im privaten Leben, beides in bezug auf Konsumenten und Kunden (zumeist Frauen) im allgemeinen wie auch in ihrem eigenen Privatleben.

IX. Weitere feministische Ansätze

Das steigende Bewußtsein der Frauen gegenüber der männlichen Vorherrschaft hat unterschiedliche Reaktionen hervorgerufen. Einige Frauen haben das Management und Führungspositionen „erklommen" und die Fähigkeit demonstriert, innerhalb ihrer organisationalen Rollen gleiches zu leisten wie Männer. Weit davon entfernt, einen „weichen" Ansatz der Führung zu praktizieren, der auf den vermuteten inhärenten weiblichen Eigenschaften der Unterordnung, Passivität und Fürsorge beruht, haben sie bewiesen, daß Frauen ebenso wie Männer konkurrenzfähig sind und sich behaupten können.

Trotz dieses offensichtlichen Erfolgs sind Frauen weiterhin vornehmlich in unterbezahlten und untergeordneten Positionen innerhalb der Organisationen vertreten. Als Antwort auf die männliche Vorherrschaft richten sie ihr Engagement auf eine gesetzlich gesicherte gleichberechtigte Bezahlung und berufliche Entwicklung. Nach wie vor erfahren Frauen Unterdrückung, Diskriminierung und Belästigung, ihr „Eintritt" in Management und Führung provozierte bisher nur symbolische Reaktionen. In Anbetracht dessen ist es nicht überraschend, daß feministische Organisationen mit „nicht-patriarchalischen und nicht-hierarchischen" Strukturen als Alternative zu und nicht in Abhängigkeit von existierenden männlich dominierten Hierarchien gesehen werden (*Charlton* 1977; *Gould* 1980).

Radikale Feministinnen (wie *Siren/Black Rose* 1971; *Farrow* 1974; *Kornegger* 1975, *Ehrlich* 1978) gehen noch weiter, indem sie die ideologische Fundierung dieser modernen Organisationen betonen. Diese antiorganisationale Haltung wird manchmal von Feministinnen eingenommen, nicht um dadurch eine Erklärung über das Wesen der Frauen abzugeben, sondern als Hinweis darauf, auf welche Weise die Macht der Frauen gesteigert werden kann. Diese Diskussionen wurden eher im Rahmen der politischer Organisationen geführt als in der Organisationstheorie.

Ein Beispiel für eine derartige politische Bewegung ist die Entstehung der Frauen-Friedensbewegung und Friedenscamps, die eine beachtliche Feindseligkeit und Aggression seitens der Männer hervorriefen (*Jones* 1983). Diese Reaktion deutet darauf hin, daß die radikalen, antiorganisationalen, feministischen Bewegungen eine stärkere Kampfansage an das gegenwärtige männliche Herrschaftssystem darstellen als jene Frauen, die in von Männern dominierte Organisationen eintreten.

Diese Bewegungen stellen eine doppelte Bedrohung des *Status quo* dar, da das ganze Konzept von Führung und Hierarchie als Form der Macht angefochten wird und damit auch die seit langem vorherrschende Meinung, daß Führung, Maskulinität und Macht unausweichlich verknüpft sind. Macht wird zu „Ermächtigung", „Macht zu" oder „Macht für" und nicht „Macht *über jemanden*" und somit zur Energiequelle und nicht zum Herrschaftsmittel (*Carroll* 1984) und reicht damit über das bloße Verständnis von „Führung" hinaus (*Wainwright* 1984). Führung, wie gewöhnlich verstanden, ist kein natürliches Phänomen oder natürlicher Prozeß, noch ist sie ein natürliches Attribut oder im Besitz von Frauen und Männern. Führung benötigt ein neues Verständnis: Sie ist so geschlechtsbezogen wie problematisch.

Literatur

Barron, R./Norris, G.: Sexual Division and the Dual Labour Market. In: Baker, D./Allen, S. (Hrsg.): Dependence and Exploitation in Work and Marriage. London 1976, S. 47–69.
Bartol, K.: The Effect of Male Versus Female Leaders on Follower Satisfaction and Performance. In: Journal of Business Research, 1975, S. 31–42.
Bartol, K./Wortman, M.: Male Versus Female Leaders. In: PP, 1975, S. 533–547.
Bass, B. M.: Stogdill's Handbook of Leadership. New York 1981.
Beynon, H./Blackburn, R.: Perceptions of Work. London 1972.
Bland, L./Brundson, C./Hobson, D. et al.: „Women, Inside and Outside' in the Relations of Production". In: Women's Studies Group, Centre for Contemporary Cultur Studies. University of Birmingham, Women Take Issue. London 1978, S. 35–78.
Bologh, R. W.: Love or Greatness? Max Weber and Masculine Thinking – A Feminist Enquiry. Winchester, MA et al. 1990.
Boulgarides, J. D.: A Comparison of Male and Female Business Managers. In: Leadership and Organization Development Journal, 1984, S. 27–31.
Bradford, D./Sargent, A./Sprague, M.: Executive Man and Woman. In: *Gordon, F./Strober, M.* (Hrsg.): Bringing Women into Management, New York 1975, S. 39–58.
Braverman, H.: Labor and Monopoly Capital. New York 1974.
Brittan, A.: Masculinity and Power. Oxford 1989.
Burrell, G.: Sex and Organizational Analysis. In: OS, 1984, S. 97–118.
Carroll, S. J.: Feminist Scholarship on Political Leadership. In: *Kellerman, B.* (Hrsg.): Leadership – Multi-disciplinary Perspectives. London et al. 1984.
Cockburn, C.: Brothers. Male Dominance and Technological Change. London 1983.
Cockburn, C.: In the Way of Women. London 1991.
Collinson, D.: Managing the Shopfloor. Berlin 1992.
Cooper, C./Davidson, M.: High Pressure. Working Lives of Women Managers. Glasgow 1982.
Crozier, M.: Le Phénomène bureaucratique. Paris 1964.
Cunnison, S.: Wages and Work Allocation. London 1966.
Davidson, M./Cooper, C.: Occupational Stress in Female Managers. In: JMS, 1984a, S. 185–205.
Davidson, M./Cooper, C.: She Needs a Wife: Problems of Women Managers. In: Leadership and Organization Development Journal, 1984b, S. 1–30.
Delphy, C.: Redstocking Manifesto (1969). In: *Coote, A./Campbell, B.* (Hrsg.): Sweet Freedom – The Struggle for Women's Liberation, London 1982.
Delphy, C.: Close to Home. A Materialist Analysis of Women's Oppression. London 1984.
Dex, S.: The Sexual Division of Work. Brighton 1985.
Donnell, S. M./Hall, J.: Men and Women as Managers. In: Organizational Dynamics, 1980, S. 60–77.
Ehrlich, C.: Socialism, Anarchism and Feminism. Baltimore 1978.
Eisenstein, Z. R. (Hrsg.): Capitalist Patriarchy and the Case of Socialist Feminism. New York 1979.
Elshtain, J. B.: Public Man, Private Women. Oxford 1981.
Equal Opportunities International: Special Issue Men, Masculinities and Leadership. Patrington Hull 1989, Nr. 1.
Farrell, P./Bowdell, T./Pedler, M.: Training for Women and Men Working Together. In: Journal of European Industrial Training, 1986, S. 24–43.
Farrow, L.: Feminism as Anarchism. New York 1974.
Ferguson, K. E.: The Feminist Case Against Bureaucracy. Philadelphia 1984.
Firestone, S.: The Dialectic of Sex. New York 1970.
Fogarty, M./Rapaport, R./Rapaport, R. N.: Sex, Career and Family. London 1971.
Game, A./Pringle, R.: Gender at Work. North Sydney 1983.
Goffee, R./Scase, R.: Women in Charge. London 1985.
Gould, M.: When Women Create an Organization. In: *Dungerly, D./Sulaman, G.* (Hrsg.): The International Yearbook of Organization Studies, 1979. London 1980, S. 237–254.
Grint, K.: The Sociology of Work. Cambridge 1991.
Gutek, B. A./Morasch, B.: Sex-Ratios, Sex-Role Spillover, and Sexual Harassment of Women at Work. In: Journal of Social Issues, 1982, S. 55–74.
Hall, M.: Private Experiences in the Public Domain: Lesbians in Organisation. In: *Hearn, J./Sheppard, D./Tancred-Sherif, P.* et al. (Hrsg.): The Sexuality of Organization. London et al. 1989, S. 125–138.
Hansard Society for Parliamentary Government: The Report of the Hansard Society Commission on Women at the Top. London 1990.
Hare, A. P.: Handbook of Small Group Research. Glencoe, Ill. 1962.
Hearn, J.: The Gender of Oppression. Brighton et al. 1987.
Hearn, J.: Leading Questions for Men: Men's Leadership, Feminist Challenges and Men's Responses. In: Equal Opportunities International, 1989, S. 3–11.
Hearn, J.: Men in the Public Eye. London et al. 1992.
Hearn, J./Parkin, P. W.: Gender and Organizations. In: OS, 1983, S. 219–242.
Hearn, J./Parkin, P. W.: ‚Sex at Work'. Brighton et al. 1987.
Hearn, J./Sheppard, D./Tancred-Sheriff, P. et al. (Hrsg.): The Sexuality of Organization. London et al. 1989.

Jacklin, C. N./Maccoby, E. E.: Sex Differences and Their Implications for Management. In: *Gordon, F./Strober, M.* (Hrsg.): Bringing Women into Management. New York 1975, S. 23–38.
Jago, A. G./Vroom, V. H.: Sex Differences in the Incidence and Evaluation of Participative Leader Behavior. Working Paper, Department of Management. Houston, Texas 1980.
Jones, L. (Hrsg.): Keeping the Peace. London 1983.
Kanter, R. M.: The Impact of Hierarchical Structures on the Work Behaviour of Women and Men. In: Social Problems, 1975, S. 413–430.
Kanter, R. M.: Men and Women of the Corporation, New York 1977.
Kentler, H.: Still Despised and Persecuted. Planned Parenthood in Europe (Familienplanung in Europa) 1985, S. 32–35.
Korda, M.: Male Chauvinism: How It Works. New York 1972.
Korda, M.: Power! London 1976.
Kornegger, P.: Anarchism: The Feminist Connection. Cambridge, MA 1975.
Leavitt, J. A.: Women in Management. Phoenix 1982.
Lewenhak, S.: Women and Work. London 1980.
MacKinnon, C.: The Sexual Harassment of Working Women. New Haven 1979.
Marshall, J.: Women Managers. Travellers in a Male World. Chichester 1984.
Mayes, S. S.: Women in Positions of Authority. In: Sign, 1979, S. 556–568.
Mayo, E.: The Human Problems of an Industrial Civilization. New York 1933.
McLane, H. J.: Selecting, Developing, and Retaining Women Executives. New York 1980.
McNally, F.: Women for Hire. London 1979.
Miles, R.: Organization Boundary Roles. In: *Cooper, C.* (Hrsg.): Current issues in Occupational Stress. Chichester 1980, S. 61–96.
Mills, A./Tancred, P. (Hrsg.): Gendering Organizational Analysis. Newbury Park 1992.
Moyer, B./Tuttle, A.: Overcoming Masculine Oppressions in Mixed Groups. In: Off Their Backs ... and on Our Own Two Feet. Philadelphia 1983, S. 24–29.
Novarra, V.: Women's Work, Men's Work. London 1980.
O'Brien, M.: The Dialectics of Reproduction. In: Women's Studies International Quarterly, 1978, S. 233–239.
O'Brien, M.: The Politics of Reproduction. London 1981.
Parson, T./Bales, R. F. (Hrsg.): Family, Socialization and Interaction. New York 1955.
Parson, T./Bales, R. I./Shils, E. A.: Working Papers in the Theory of Action. Glencoe 1951.
Pollert, A.: Girls, Wives, Factory Lives. London 1981.
Powell, G. N.: Women and Men in Management. Newbury Park, CA 1988.
Pringle, R.: Secretaries Talk: Sexuality, Power and Work. London 1989.
Quinn, R.: Coping with Cupid. In: ASQ, 1977, S. 30–45.
Rich, A.: Compulsory Heterosexuality and Lesbian Existence. In: Signs, 1980, S. 631–660.
Ruth, S.: Men and Equality in Organizations. In. Journal of European Industrial Training, 1986, S. 9–12.
Sanday, P. R.: Female Power and Male Dominance. London 1981.
Sheriff, P./Campbell, E. J.: La Place des Femmes. In: Sociologie et Sociétés, 1981, S. 113–130.
Siren/Black Rose: Anarcho-Feminism. New York 1971.
Stacey, M./Price, M.: Women, Power and Politics. London 1981.

Stogdill, R.: Personal Factors Associated with Leadership. In: J. Psychol., 1948, S. 35–71.
Strodtbeck, F. L./Mann, R. D.: Sex Role Differentiation in Jury Deliberations. In: Sociometry, 1956, S. 3–11.
Tatchell, P.: Democratic Defence. London 1985.
Taylor, J.: Testimony to the House of Representatives Committee 1912. In: *Taylor, F.* (Hrsg.): Scientific Management. New York 1947, S. 39–73.
Vinnicombe, S.: Secretaries, Management and Organization. London 1980.
Wainwright, H.: Beyond Leadership. In: *Siltanen, J./ Stanworth, M.* (Hrsg.): Women and the Public Sphere – A Critique of Sociology and Politics. London 1984, S. 176–182.
Weber, M.: Wirtschaft und Gesellschaft. 5. A., Tübingen 1980.
Wells, T.: The Covert Power of Gender in Organizations. In: Journal of Contemporary Business 1973, S. 53–68.
Women in Management Association/Girls' School Association: The Female Resource – an overview. London 1989.
Zetterberg, H. L.: The Secret Ranking. In: The Journal of Marriage and the Family, 1966, S. 134–142.

Freisetzung als Vorgesetztenaufgabe

Susanne Schreiber

[s. a.: Führungsprinzipien und -normen; Fortbildung, Training und Entwicklung von Führungskräften; Konflikthandhabung; Krisensituationen, Führung in; Personalentwicklung als Führungsinstrument; Personalplanung für Führungskräfte; Verantwortung; Verhandlungstechniken als Führungsinstrument.]

I. Problemfindung; II. Freisetzungsplanung; III. Interne vs. externe Freisetzung; IV. Folgen von Freisetzungen; V. Vorbereitung und Führung des Freisetzungsgesprächs; VI. Outplacement-Beratung.

I. Problemfindung

Angesichts zunehmender Umweltdynamik und daraus resultierenden betrieblichen Anpassungserfordernissen gehört heute die *Freisetzung* von Mitarbeitern zum betrieblichen Alltag.

Der Begriff der *Personalfreisetzung* umfaßt die Reduzierung personeller Kapazitäten zur Vermeidung und/oder Beseitigung von Personalüberdeckungen, unter Einbezug der hiermit verbundenen sozialen, betrieblichen und gesellschaftlichen Folgen. Freisetzungen können zum einen *intern* durch Änderung bestehender Arbeitsverhältnisse (z. B. Versetzungen, Umwandlung von Vollzeit- in Teilzeitverträge) und zum anderen *extern* durch Beendigung von Beschäftigungsverhältnissen (z. B. Vorgezogener Ruhestand, Aufhebungsverträge,

Entlassungen) erfolgen. Die Durchführung alternativer Maßnahmen zum direkten Personalabbau (sog. „weiche" Freisetzungsmaßnahmen) bereitet der Personalführung i. a. weniger Schwierigkeiten, weshalb der Schwerpunkt der Freisetzungsproblematik in der arbeitgeberseitigen *Kündigung* bzw. *Entlassung* (sog. „harte" Freisetzungsmaßnahme) liegt.

Die Anlässe von Personalfreisetzungen sind vielschichtig. Zum einen können *dringende betriebliche Erfordernisse* wie saisonal, konjunkturell oder strukturell bedingte rückläufige Absatz- und Produktionsvolumina, Rationalisierungs- und Reorganisationsmaßnahmen, Standortverlagerungen sowie Stillegungen unrentabler Betriebseinheiten interne als auch externe Freisetzungen notwendig machen. Zum anderen mögen *mitarbeiterbedingte Erfordernisse* ausschlaggebend für die Entlassung eines Arbeitnehmers sein. Hierzu zählen Gründe, die in der Person (z. B. mangelnde Leistungsfähigkeit, Krankheit) oder im Verhalten (z. B. Fehlleistungen, zwischenmenschliche Konflikte, Vertragsverletzungen) eines Arbeitnehmers liegen. Der Personalführung bzw. dem direkten Linienvorgesetzten obliegt in den genannten Fällen die Aufgabe der sowohl menschlich als auch wirtschaftlich bestmöglichen Abwicklung der Freisetzungsmaßnahme, wobei die Entlassung in der Regel die „Ultima ratio" darstellt. Denn im Unterschied zu Einstellungen und internen Personalanpassungsmaßnahmen können Entlassungen mit *gravierenden negativen Konsequenzen* für den direkt Betroffenen verbunden sein. Neben der individuellen Wirkungsebene müssen aber auch die unternehmensendogenen und -exogenen Implikationen des Personalabbaus im personalwirtschaftlichen Entscheidungskalkül Beachtung finden.

II. Freisetzungsplanung

Zunehmend werden Werte wie soziale und gesellschaftliche →*Verantwortung*, Sicherung und Förderung des Humankapitals Bestandteile von Unternehmensphilosophien. Die Erreichung dieser Formalziele bedingt eine Planung im Vorfeld, die den Einsatz alternativer Maßnahmen zur Entlassung ermöglicht.

Während eine kurzfristig angelegte (reaktive) Freisetzungsplanung erst bei oder nach dem Aufkommen von Personalüberschüssen ansetzt und dadurch häufig den Einsatz „harter" und kostenintensiver Abbaumaßnahmen nicht mehr verhindern kann, versucht eine *vorausschauende (antizipative) Planung* frühzeitig der Entstehung von Personalüberschüssen durch die Anwendung „weicher" Anpassungsmaßnahmen entgegenzuwirken (*Drumm* 1992). Damit künftige (potentielle) Personalüberdeckungen rechtzeitig erkannt werden können, ist eine in die Unternehmens- und Personalplanung integrierte Freistellungsplanung mit mittel- und längerfristiger Orientierung unerläßlich (*Schreiber* 1992).

Aufgabe des Personalwesens ist dabei die Entwicklung und Einführung einer – auf einem Frühwarnsystem basierenden – funktionstüchtigen *Personalplanung* und die Bereitstellung eines *Maßnahmen-Mixes* vorbeugender und alternativer Mittel zum direkten Personalabbau, das auch zeitliche Ablaufpläne, rechtliche Nebenbedingungen und Wirkungsbeurteilungen beinhaltet (*RKW* 1990). Der Maßnahmenkatalog sollte dabei *unternehmenspolitische Mittel* (z. B. Marketing-, Kostendämpfungs-, Produktionsanpassungsmaßnahmen), *personalpolitische Mittel* (z. B. Aufbau von Mehrfachqualifikationen, Schaffung einer Randbelegschaft) und *indirekte Personalabbaumittel* (z. B. Maßnahmen zur Arbeitszeitgestaltung, differenzierter Einstellungsstopp, Förderung selbständiger Existenzen) enthalten.

III. Interne vs. externe Freisetzung

Die Personalfreisetzung stellt hinsichtlich ihrer Vorbereitung und Durchführung der Freisetzungsgespräche eine Führungsaufgabe dar, die der direkte Linienvorgesetzte wahrnehmen muß (*Zander* 1987). Die Personalabteilung unterstützt den Vorgesetzten, indem sie Beratungs- und Koordinationsaufgaben übernimmt.

Ist eine betriebs-, personen- oder verhaltensbedingte Freisetzung eines Mitarbeiters unvermeidbar, muß der direkte Vorgesetzte in Zusammenarbeit mit der Personalabteilung Möglichkeiten einer internen Weiterverwendung überprüfen (§1 II KSchG). Vor allem bei qualifizierten Mitarbeitern ist eine *interne Freisetzung* von Vorteil, da hierdurch Investitionen in das Humankapital, aber auch Betriebserfahrungen nicht verlorengehen. Darüber hinaus lassen sich folgenschwere Entlassungen umgehen. Ob eine interne Weiterverwendung tatsächlich möglich oder sinnvoll ist, hängt von der Erfüllung nachfolgender Bedingungen ab:

– *Transparenz* über vakante, zur Disposition stehende Stellen im Unternehmen bzw. Konzern und ihre Anforderungsprofile.
– *Verfügbarkeit* vakanter oder in absehbarer Zeit freiwerdender und wieder zu besetzender Stellen, die möglichst gleich- oder höherwertig sind. Eine Versetzung auf geringerwertige Positionen ist nur dann ratsam, wenn der Mitarbeiter bald darauf in den Ruhestand geht oder die Tätigkeit lediglich als Übergangslösung vorgesehen ist. Andernfalls ist mit einer Beeinträchtigung der Arbeitszufriedenheit und Leistungsbereitschaft zu rechnen. Zudem wird eine Änderungskündi-

gung notwendig, wenn der Arbeitgeber eine Änderung der Arbeitsbedingungen mit u. U. spürbarer Entgeltminderung beabsichtigt und er die Versetzung weder Kraft seines Direktionsrechtes einseitig durchführen kann, noch der Arbeitnehmer einer Vertragsänderung zustimmt (*Hunold* 1992).

– Positive Beurteilung der *Entwicklungs- und Lernbereitschaft* des zu versetzenden Mitarbeiters bei bestehenden Eignungsdefiziten.
– *Ausreichende Liquidität* der Unternehmung für Härteausgleichszahlungen und zur Durchführung qualitativer Anpassungsmaßnahmen. Allerdings sehen §41 bis §49 AFG unter bestimmten Voraussetzungen die finanzielle Unterstützung beruflicher Fortbildung und Umschulung seitens der Bundesanstalt für Arbeit vor.
– *Zustimmung des Betriebsrates* hinsichtlich der Versetzung/Umgruppierung von Mitarbeitern (§99 BetrVG), die keine leitenden Angestellte im Sinne des §5 III BetrVG sind.

Bestehen keine ausreichenden internen Verwendungspotentiale oder werden die Entwicklungsmöglichkeiten von freizustellenden Personen als begrenzt eingestuft, sind *externe Freisetzungen* durch die Kündigung bestehender Arbeitsverhältnisse kaum zu umgehen. Daneben kann eine externe Freistellung dann zweckmäßig sein, wenn zwischenmenschliche Konflikte, schlechte Zusammenarbeit oder mangelndes Vertrauen auf das persönliche Verhalten eines Mitarbeiters zurückzuführen ist.

Im Vorfeld einer Entlassung sind eine Reihe *arbeitsrechtlicher Bestimmungen* (BGB, BetrVG, AFG, allgemeiner und besonderer Kündigungsschutz) und ggf. tarifvertragliche Vereinbarungen, Rationalisierungsschutzabkommen sowie Betriebsvereinbarungen zu beachten.

Das Arbeitsrecht determiniert bei ordentlichen (fristgemäßen) Kündigungen u. a.:

– die soziale Rechtfertigung einer Kündigung (§1 I KSchG);
– die Kündigungsgründe (§1 II KSchG);
– die soziale Auswahl bei dringenden betrieblichen Erfordernissen (§1 III KSchG);
– die Abfindungsregelung bei Auflösung des Arbeitsverhältnisses auf dem Klageweg (§§9 ff. KSchG);
– die zulässigen Kündigungsfristen (§622 BGB);
– das Mitbestimmungsrecht des Betriebsrates (§102 BetrVG).

Handelt es sich im Rahmen von Freisetzungserfordernissen zugleich um Betriebsänderungen (§§111 ff. BetrVG) ist ein Interessenausgleichs- und Sozialplanverfahren anzustreben.

Grundsätzlich gelten für leitende Angestellte die gleichen rechtlichen Kündigungsschutzbestimmungen wie für die übrigen Mitarbeiter (§14 KSchG), mit der Ausnahme, daß kein Einspruchsrecht des Betriebsrates besteht und der Antrag des Arbeitgebers auf Auflösung des Arbeitsverhältnisses keiner Begründung bedarf (§9 i. V. m. §14 KSchG).

IV. Folgen von Freisetzungen

Personalfreisetzungen können mit einer Vielzahl Negativwirkungen auf der individuellen, unternehmensbezogenen und gesamtgesellschaftlichen Ebene verbunden sein, deren sich Personalverantwortliche im Rahmen von Freisetzungsentscheidungen bewußt sein müssen (*Berthel* 1992; *Kieselbach* 1988):

(1) *Folgen für den direkt Betroffenen:* Finanzielle Einschränkungen, Konsequenzen für die weitere berufliche Laufbahn, psycho-soziale Belastungen (z. B. Störungen des Selbstwertgefühls, Ehe- und Familienprobleme, Verlust von Sozialkontakten) und gesundheitliche Probleme. Dabei sind der Grad der empfundenen Belastung und die Bewältigungschancen von individuellen Eigenschaften (z. B. Persönlichkeitsstruktur, Lebensalter, Qualifikationsniveau, Arbeits- und Berufsorientierung), der Lebenssituation und dem sozio-ökonomischen Umfeld des einzelnen abhängig.

(2) *Folgen für das Unternehmen:* Beeinträchtigung der *ökonomischen Effizienz* durch Freisetzungskosten (z. B. für Abfindungen, Ausgleichszahlungen) und synergetische Leistungsverluste (z. B. bei veränderter Zusammensetzung von Arbeitsteams); Beeinträchtigung der *sozialen Effizienz*, da Freisetzungen zu Unruhen in der Belegschaft sowie einer erhöhten Fluktuation von vor allem qualifizierten Mitarbeitern führen können. Betriebsbedingte Entlassungen haben – aufgrund der zu berücksichtigenden sozialen Auswahlkriterien – häufig unerwünschte Auswirkungen auf die künftige *Qualifikations- und Altersstruktur* der Belegschaft. Schließlich kann ein in der Öffentlichkeit bekanntgewordener Personalabbau (anzeigepflichtige Massenentlassungen) zu einem *Imageverlust* der Unternehmung und damit zu einer Schädigung des externen Goodwills bei Kunden, Lieferanten, Banken, Gewerkschaften, potentiellen Bewerbern etc. führen.

(3) *Folgen für die Gesamtgesellschaft:* Personalabbaumaßnahmen haben – insbesondere in Zeiten hoher Arbeitslosigkeit – auch Negativwirkungen auf die Gesamtgesellschaft. Zu den *materiellen Konsequenzen* zählen z. B. Ausfälle von Lohnsteuer und Sozialversicherungsbeiträgen, öffentliche Mehrausgaben für die Arbeitslosenunterstützung und Sozialhilfe sowie Kaufkraftverluste der Konsumenten, was sich insgesamt wohlstandsmin-

dernd auswirkt. Aber auch *immaterielle Konsequenzen* wie Tendenz zur Dequalifizierung bei Langzeitarbeitslosigkeit, soziale Unruhen und Zuwachs an Kriminalität sind bei Unterbeschäftigungssituationen größeren Ausmaßes kritische Begleiterscheinungen.

V. Vorbereitung und Führung des Freisetzungsgesprächs

Im Anschluß an die Entscheidung für eine interne oder externe Personalfreistellung, ist das Freisetzungsgespräch durch den direkten Vorgesetzten vorzubereiten. Dies kann unnötigem Fehlverhalten des Vorgesetzten bei der Übermittlung der Freisetzungsnachricht vorbeugen und eine konstruktive Konfliktlösung fördern. Folgende Planungsschritte sind zu unterscheiden (*Fritz* 1989; *Sauer* 1991):

(1) Bestimmung eines geeigneten *Termins für das Freisetzungsgespräch*, wobei der Mitarbeiter möglichst einige Monate vorher von einer denkbaren Freistellung unterrichtet werden sollte. Für das Freisetzungsgespräch sollte sich der Vorgesetzte genügend Zeit nehmen, damit er auf Stellungnahmen und psychische Reaktionen des Betroffenen angemessen eingehen kann. Bei einer vorgesehenen Kündigung kann im direkten Anschluß an das Gespräch auch ein für notwendig erachteter Beratungs- und Betreuungsprozeß *(Outplacement)* eingeleitet werden.

(2) Erarbeitung einer *sachlichen Begründung für die Freisetzung*, indem der Vorgesetzte alle Gründe zusammenträgt, die die vorgesehene Freistellung rechtfertigen. Bei personen- und verhaltensbedingten ordentlichen Kündigungen spielt eine sorgfältig geführte Personalakte eine große Rolle, da nach §1 II letzter Satz KSchG der Arbeitgeber die Tatsachen zu beweisen hat, die die Kündigung bedingen. Hierdurch werden auch kostspieligen Kündigungsschutzklagen, Konflikten mit dem Betriebsrat etc. im Vorfeld entgegengewirkt und Vertragsänderungen oder Trennungen im gegenseitigen Einvernehmen begünstigt.

Durch eine für den Betroffenen nachvollziehbare sachliche Begründung und die Erarbeitung einer mitarbeiterbezogenen Konfliktbewältigungsstrategie werden die Voraussetzungen für eine „positive Konfliktakzeptanz" (*Schulz* 1987, Sp. 342) geschaffen.

(3) *Vorbereitung einer Freisetzungsvereinbarung* in Zusammenarbeit mit der Personal- oder Geschäftsleitung, indem die Ausgleichsleistungen wie faire finanzielle Regelungen, einvernehmliche Vertragsauflösung, das Angebot einer persönlichen Outplacement-Beratung etc. zusammengestellt werden.

(4) *Planung des Gesprächsverlaufs:* Die Freisetzungsabsicht sollte bereits zu Beginn des Gesprächs zum Ausdruck gebracht werden, damit die Mitteilung der Freisetzungsnachricht dem Vorgesetzten nicht unnötig erschwert wird. Die Entscheidung sollte dabei als gründlich überprüft und somit als endgültig dargestellt werden.

Der Vorgesetzte muß sich auch mit den möglichen Reaktionen des Betroffenen auf eine Kündigungsnachricht befassen. Diese können zum einen emotionaler Art sein, wie Aggression, Resignation, Depression, Schock oder zum anderen rationaler Art, wie (simulierte) Souveränität, Gelassenheit. Unabhängig von der typbedingten Reaktion löst die Trennungsnachricht in der Regel eine Frustration bei dem Betroffenen aus, da der unfreiwillige Arbeitsplatzverlust für jeden Arbeitnehmer ein schmerzliches Konflikterlebnis darstellt. Die Führungskraft ist nun während des Trennungsgesprächs gefordert, situationsgerecht zu reagieren, um das weitere Verhalten des Freigesetzten in Richtung auf einen konstruktiven und zielgerichteten Gesprächsverlauf zu lenken. Auf der Grundlage einer anzustrebenden Atmosphäre produktiver Problemlösungsbereitschaft ist dem Betroffenen die geplante Freisetzungsvereinbarung einschließlich der entwickelten Lösungswege und ihrer Vorteile ausführlich zu erläutern. Bei beabsichtigtem Outplacement kann bereits ein erster Kontakt zwischen Berater und dem ausscheidenden Mitarbeiter hergestellt werden.

(5) *Schulung des direkten Vorgesetzten:* Häufig wird das Führen von Kündigungsgesprächen seitens des Vorgesetzten als schwierig und belastend empfunden, was auf Ursachen wie Unsicherheit im Umgang mit den Reaktionen des direkt Betroffenen, Wertkonflikte oder etwaige Schuldgefühle zurückzuführen ist. In diesem Fall ist eine problembezogene Schulung (→*Fortbildung, Training und Entwicklung von Führungskräften*) sinnvoll, die die möglichen Reaktionen des Betroffenen in der Trennungssituation aufzeigt sowie Wege des Umgangs mit ihnen vermittelt. Zudem sollte die Schulung den Vorgesetzten bei der Ergründung eigener Ängste und Betroffenheit sowie ihrer Auswirkungen auf das eigene Verhalten unterstützen als auch Möglichkeiten der persönlichen Konfliktbewältigung und emotionalen Kontrolle aufzeigen (*Mayrhofer* 1989). Besondere Bedeutung kommt dabei der Förderung sozialer Kompetenzfaktoren (→*Soziale Kompetenz*) zu, da Führungseigenschaften wie Sensibilität, Einfühlungsvermögen, Verantwortungsbewußtsein und Kommunikationsfähigkeit aufgrund der verstärkt emotional ausgerichteten Konfliktsituation gefordert sind.

Die *Grundregeln des Führungsverhaltens* bei Freisetzungen sind (*Becker* 1992; *Schulz* 1987):

- Versachlichung des Freisetzungsproblems durch ruhige und widerspruchsfreie Begründung der Entscheidung;
- Akzeptierung emotionaler Reaktionen als natürliche Verhaltensweisen, ohne selbst aggressiv zu werden;
- Vermeidung von Rechtfertigungen der Freisetzungsentscheidung;
- Schaffung einer Stimmung konstruktiver Konfliktbewältigung („Freisetzung als Chance") durch einfühlendes Verständnis und Aufzeigen von Problemlösungswegen.

VI. Outplacement-Beratung

Ist eine externe Freisetzung nicht zu umgehen, stellt sich die Frage nach der Art und Weise der Trennung (*Stoebe* 1982). Zum einen besteht die Möglichkeit, dem Mitarbeiter eine Kündigung auszusprechen oder ihm eine Eigenkündigung nahezulegen. Die Unternehmung erfüllt hierbei ihre vertraglichen und gesetzlichen Verpflichtungen, entzieht sich aber der Verantwortung für die weitere berufliche Laufbahn und die psycho-soziale Situation des freigesetzten Mitarbeiters. Alternativ hierzu kann eine einvernehmliche Trennung über den *Abschluß eines Aufhebungsvertrages* mit Regelungen finanzieller Ansprüche, ggf. Wettbewerbsvereinbarungen und variablem Vertragsende angestrebt werden. Letzteres erleichtert dem Mitarbeiter aus ungekündigter Stellung einen neuen Arbeitsplatz zu finden. Die Beendigung des Arbeitsverhältnisses im gegenseitigen Einvernehmen wird durch *Outplacement* als personalpolitisches Konzept zur Durchführung sozial verantwortbarer Trennungen und Betreuung ausscheidender Mitarbeiter sinnvoll ergänzt. *Unternehmensbezogene Ziele* von Outplacement sind vor allem (*Berthel* 1992; *Sauer* 1991; *Seiwert* 1989):

- Reduzierung von Entlassungskosten durch Verkürzung der Restlaufzeiten von Arbeitsverträgen und Einsparung von Kosten für Rechtsstreitigkeiten;
- Wahrung des Images als sozialverantwortliches Unternehmen und Vermeidung von Negativäußerungen durch den Betroffenen in der Öffentlichkeit;
- Sicherung des Arbeits- und Betriebsklimas, da der Einsatz von Outplacement eine humane Unternehmenskultur signalisiert;
- Erleichterung der Freisetzungsabwicklung für den Vorgesetzten, weil das Angebot einer Trennungsberatung und Betreuung bei der Positionssuche zur Konfliktentschärfung beiträgt;
- Korrektur von Fehlbesetzungen und Schaffung von Aufstiegsmöglichkeiten.

Mitarbeiterbezogene Ziele sind:

- Absicherung des materiellen Lebensstandards durch Weiterzahlung der laufenden Bezüge bis Vertragsende bzw. beruflicher Reintegration sowie Vergütung etwaiger Abfindungen und Versorgungsansprüche;
- Unterstützung bei der Verarbeitung und Überwindung von durch die externe Freisetzung verursachten psycho-sozialen Problemen und Stärkung des Selbstwertgefühls durch Coaching (→*Coaching*) während des Stellensuchprozesses;
- Hilfestellung bei der weiteren Karriereplanung (→*Karriere und Karrieremuster von Führungskräften*), der Entwicklung einer Eigenmarketing-Strategie und Unterstützung bei allen Bewerbungsaktivitäten incl. Training.

Ursprünglich ist die Trennungsberatung nur als *Individualoutplacement* vornehmlich für Führungskräfte oberer Hierarchieebenen eingesetzt worden, bei dem primär eine enge personenbezogene psychologische Betreuung während des Trennungs- und Stellensuchprozesses durch den Berater im Vordergrund steht. Seit einigen Jahren wenden Unternehmen auch das relativ kostengünstigere Konzept des *Gruppenoutplacements* an. Es eignet sich für Führungskräfte mittlerer und unterer Ebenen sowie sonstige qualifizierte Mitarbeiter im Rahmen betriebsbedingter Freisetzungen (*Lingenfelder/ Walz* 1989).

Obgleich in Deutschland Outplacement noch nicht so verbreitet ist wie in den USA, Japan und anderen europäischen Ländern, wird es in den kommenden Jahren aufgrund zunehmend angestrebter mitarbeiterorientierter Unternehmensführung und seiner grundsätzlichen Vorteilhaftigkeit für die unmittelbar Beteiligten an Bedeutung gewinnen.

Literatur

Becker, H./Hugo-Becker, A.: Psychologisches Konfliktmanagement. München 1992.
Berthel, J.: Personal-Management. 3. A., Stuttgart 1992.
Drumm, H. J.: Personalwirtschaftslehre. 2. A., Berlin et al. 1992.
Fritz, W.: Wie: Methoden und Instrumente des Outplacement. In: *Schulz, D./Fritz, W./Schuppert, D.* et al. (Hrsg.): Outplacement. Wiesbaden 1989, S. 45–107.
Hunold, W.: Personalanpassung in Recht und Praxis. 2. A., München 1992.
Kieselbach, Th.: Arbeitslosigkeit. In: *Asanger, R./Wenninger, G.* (Hrsg.): Handwörterbuch der Psychologie. 4. A., München et al. 1988, S. 42–51.
Lingenfelder, M./Walz, H.: Struktur und Bewertung von Gruppenoutplacement. In: Personal 1989, H. 7, S. 258–261.

Mayrhofer, W.: Trennung von der Organisation. Vom Outplacement zur Trennungsberatung. Diss. Wiesbaden 1989.
RKW (Hrsg.): RKW-Handbuch Personalplanung. 2. A., Neuwied et al. 1990.
Sauer, M.: Outplacement-Beratung. Konzeption und organisatorische Gestaltung. Diss. Wiesbaden 1991.
Schreiber, S.: Integrierter Prozeß der Personalfreistellungsplanung. Diss. Köln 1992.
Schulz, D.: Freisetzung als Vorgesetztenaufgabe. In: Kieser, A./Reber, G./Wunderer, R. (Hrsg.): HWFü. 1. A., Stuttgart 1987, Sp. 339–348.
Seiwert, L. J.: Warum: Notwendigkeit und Ursachen von Outplacement. In: Schulz, D./Fritz, W./Schuppert, D. et al. (Hrsg.): Outplacement. Wiesbaden 1989, S. 19–44.
Stoebe, F.: Probleme und Lösungen bei der Freisetzung von Führungskräften. In: Personal 1982, H. 3, S. 126–129.
Zander, E.: Freisetzung von Führungskräften. In: Kieser, A./Reber, G./Wunderer, R. (Hrsg.): HWFü. 1. A., Stuttgart 1987, Sp. 348–357.

Führung durch den nächsthöheren Vorgesetzten

Jürgen Weibler

[s. a.: Duale Führung; Führungsebene und Führung; Führungsforschung, Inhalte und Methoden; Führungsrollen; Führungstheorien – Rollentheorie.]

I. Problemstellung; II. Die Konzeption der Positionstriade; III. Stand der Forschung; IV. Theoretische und empirische Weiterentwicklung der Position des nächsthöheren Vorgesetzten; V. Bedeutung der Befunde und zukünftige Forschung.

I. Problemstellung

Klassischerweise konzentriert sich die organisationale Führungsforschung auf die unmittelbare Beziehung „Führer-Geführter" in Form einer hierarchisch konzipierten *Positionsdyade* (vgl. zu den Ursachen und Ausnahmen *Weibler* 1994). *Vernachlässigt* blieb in der Führungsforschung jedoch bisher die Tatsache, daß in Organisationen die Organisationsmitglieder durch eine *formale Weisungskette* verbunden sind.

II. Die Konzeption der Positionstriade

Zur besseren Annäherung der Führungsforschung an die betriebliche Realität haben wir die Konzeption der hierarchisch gestuften *Positionstriade* entworfen. Damit wird *ein* weiterer, der Dyade hierarchisch unmittelbar vorangestellter Positionsinhaber in das Führungsgeschehen eingebunden (vgl. zur näheren Begründung *Weibler* 1994). Diesen bezeichnen wir als *nächsthöheren Vorgesetzten (nV)*.

```
nächsthöherer Vorgesetzter
           |
         Führer
           |
        Geführter
```

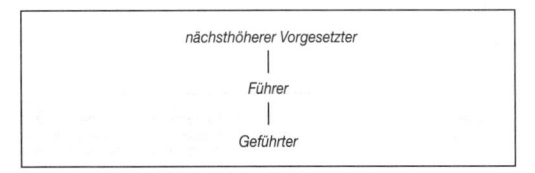

Abb. 1: Die Positionstriade

Die Positionstriade entsteht formal durch die Integration zweier Positionsdyaden, stellt dann aber ein eigenständiges Positions- bzw. Einflußgeflecht dar. Durch die Konzeption der Positionstriade wird der nV, bei einer rein dyadischen Sichtweise lediglich Element der Führungssituation, selbst integraler Bestandteil einer sich nun durch *drei* Personen definierenden Führungsbeziehung. Im Einklang mit der klassischen Führungsforschung stellt sich nun die Frage, welchen führungsbezogenen Erklärungsbeitrag der nV für das Erleben und Verhalten des Geführten besitzt. Prinzipiell kann der nV seine geführtenbezogene Führung, sei sie interaktioneller oder struktureller Natur (vgl. *Wunderer* 1975, 1993) auf zwei Wegen ausüben: Zum einen *mittelbar* dadurch, daß er das vormals als unabhängige Variable gesehene Führungsverhalten des Führers beeinflußt, zum anderen, indem er selbst *unmittelbaren* Einfluß auf den Geführten nimmt. Führung ist jedoch stets ein wechselseitiger, wenngleich asymmetrischer Beeinflussungsprozeß. Die Konzeption der Positionstriade erlaubt auch, Fragen einer „Führung von unten" (vgl. *Wunderer* 1992) zu verfolgen.

III. Stand der Forschung

In der Führungsdiskussion bleibt die nV-Position weitgehend unberücksichtigt. Es ist allerdings vereinzelt möglich, Erkenntnisse aus der empirischen Führungsforschung auf die angesprochene Thematik zu beziehen. Die wichtigsten Studien und ihre zentralen Befunde zeigt die nachfolgende Abbildung 2.

Die aufgeführten Studien konzentrieren sich auf das interaktionelle Führungsgeschehen zwischen nV und Führer und dokumentieren einen *mittelbaren* Einfluß des nV auf die Geführtenposition. Offen bleibt vor allem die Frage nach *strukturellen* und *unmittelbaren* Führungsmöglichkeiten. Dennoch ist bereits eine Verflechtung des Führungsgeschehens innerhalb der drei Hierarchieebenen begründet nachzuweisen.

Quelle	Fokus	Hauptaussage
Pelz 1952	Einflußstärke des Führers beim nV	Es besteht ein positiver Zusammenhang zwischen der Einflußstärke des Führers und der Zufriedenheit der Geführten mit ihm
Anderson u. a. 1990		Es besteht ein positiver Zusammenhang zwischen der Einflußstärke des Führers und der Kontrollwahrnehmung der Geführten
Meindl 1990	Führerbezogene/nV-bezogene Zuschreibung von Verantwortung durch die Geführten bei Mißerfolg	Bei Mitverschulden des nV für ein negatives Ergebnis wird die von den Geführten führerbezogene Verantwortungszuschreibung reduziert
Cashman u. a. 1976 Graen u. a. 1977	Beziehungsqualität zwischen nV und Führer	Beziehungsqualität ist zentrale moderierende Variable für verschiedene führerbezogene Variablen sowie für die Wahrnehmung der Führerposition und der Arbeitssituation durch die Geführten
Pfeffer/Salancik 1975	Erwartungen des nV und Führerverhalten	nV-Erwartungen beeinflussen das arbeitsbezogene Führerverhalten
Bass/Waldman/Avolio et al. 1987	Übertragung des nV-Führungsstils auf den Führer	Es besteht ein positiver Zusammenhang zwischen transformationalem und transaktionalem Führungsstil des nV und des Führers
Fiedler/Garcia 1987	nV als Streßquelle des Führers	nV-induzierter Streß senkt Nutzen der intellektuellen Fähigkeiten des Führers und mindert indirekt die Gruppenproduktivität

Abb. 2: *Übersicht aussagekräftiger empirischer Studien zur Bedeutung des nV für das Führungsgeschehen in der Positionstriade*

IV. Theoretische und empirische Weiterentwicklung der Position des nächsthöheren Vorgesetzten

Zur Gewinnung weiterer Erkenntnisse erscheint es zweckdienlich, *Führungstheorien* gezielt hinsichtlich ihres Aussagepotentials zur nV-Position zu analysieren. Allerdings besteht bislang ein entscheidendes *Defizit* für eine realitätsgerechte Annäherung: Es existieren *keine* Untersuchungen darüber, wie die Akteure in der Positionstriade die nV-Position grundsätzlich sehen bzw. was sie mit ihr typischerweise in Verbindung bringen. Angesprochen sind somit positionsbedingte Selbst- und Fremdwahrnehmungen bzw. Legitimationsaspekte. Demnach ist bei einer empirischen Überprüfung gewonnener Hypothesen eine Anbindung an die *Rollentheorie* (→*Führungstheorien – Rollentheorie*) unter *heuristischer* Perspektive sinnvoll; nicht zuletzt aufgrund der vergleichsweise hohen formalisierten und standardisierten Verhaltenserwartungen in (betrieblichen) Organisationen (vgl. z. B. *Kieser/Kubicek* 1992). Es wird somit zur vordringlichen Aufgabe, die mit einer nV-Position verbundenen →*Führungsrollen* und führungsbezogenen Erwartungen aus Sicht der Mitglieder der Positionstriade zu bestimmen. Hierzu führten wir eine quantitativ und qualitativ orientierte *Explorationsstudie* (vgl. zur Methodik *Thom* 1987) durch (unternehmensübergreifende Befragungen bei Managern und drei unternehmensbezogene Fallstudien), die sich auf vier ausgewählte führungstheoretische Ansätze konzentrierte. Ergänzend wurden weitere Führungsansätze theoretisch analysiert. Es ließen sich folgende zentrale Befunde bezüglich einer Führung durch den nV gewinnen (vgl. ausführlich *Weibler* 1994; Abb. 3).

Werden die wichtigsten Befunde integriert, stellt sich das *„Einflußgeflecht Positionstriade"* wie Abb. 4 zeigt dar.

Es kann festgehalten werden:

(1) Der nV kann den Geführten mittelbar und unmittelbar führen. *Mittelbar* beeinflußt er den Geführten, wenn er das Führungsverhalten des direkten Vorgesetzten prägt sowie seinen Handlungs- und Führungsspielraum moderiert. *Unmittelbar* führt er den Geführten, wenn er entweder Einfluß auf die Rahmenbedingungen nimmt, innerhalb derer der Geführte agiert, oder geführtenbezogene Aktivitäten/Entscheide tätigt. Zahlreiche Führungsleistungen wirken sich dabei mittelbar wie unmittelbar aus.

(2) Führungsleistungen des nV sind nicht nur theoretisch möglich, sondern werden allgemein erwartet. Als wichtige Führungsaufgaben des nV gelten:

– Mitgestaltung von Unternehmenspolitik und strategischem Personalmanagement
– Ziel- und Strategievorgabe/-interpretation
– Prägung der Führungskultur
– Durchsetzung eines einheitlichen Führungsverhaltens
– Allgemeine Motivierung

Quellen	Zentrale Erkenntnisse zur nV-Position
A Mit empirischer Überprüfung	
Rollentheorie der Führung	• Kernrollen: Letztentscheider, Repräsentant, Unternehmer, Impulsgeber, Vorbild, Controller, Konfliktlöser, Ansprechpartner. • Typische Führungsaufgaben bzw. geforderte Einflußchancen (können mehrheitlich den Kernrollen zugeordnet werden): – Mitgestaltung und Durchsetzung von Unternehmenspolitik und strategischem Personalmanagement – Ziel- und Strategievorgabe und -interpretation – Durchsetzung eines einheitlichen Führungsverhaltens – Prägung der Führungskultur (Entscheide und eigenes Vorleben, Vertrauensbildung) – Treffen von Grundsatzentscheidungen und außergewöhnlichen Einzelentscheidungen für die Geführtenebene – Letztentscheid für geführtenbezogene Personalentscheide – Setzen von finanziellen Planungsvorgaben für die Geführtenebene – Subsidiäre Konfliktlösung zwischen Führer und Geführten sowie zwischen den Geführten – Enge Absprache der geführtenbezogenen Aktivitäten mit dem Führer – Kontroll-, Korrektiv-, Ausgleichs- und Harmonisierungsfunktion bezüglich des Führerverhaltens – „Wächter" über mögliche Ungerechtigkeiten im Führerverhalten.
Machttheorie der Führung	• Der nV kann sich auf personale (v.a. „Persönlichkeitsmacht") wie positionale (v.a. „Sanktionsmacht") Machtbasen stützen. Diese werden im Vergleich zur Führerposition von den Geführten allerdings in einem geringeren Ausmaß mit der Position verknüpft. Je höher aber der Umfang der zugesprochenen Machtbasen, desto ausgeprägter die der Position zuerkannten Führungsaufgaben (Geführtensicht).
Mikropolitische Ansätze	• Der Geführte kann am ehesten über „Rationale Argumentation", „Überdurchschnittliche Leistungen" und durch eine „Koalition mit dem Führer" seine Anliegen beim nV durchsetzen. Günstige Gelegenheiten zum Aufbau von Einflußpotential sind Anlässe, wo nV und Geführter gemeinsam eingebunden sind (z.B. Projekte) und hier v.a., wenn Externe beteiligt sind. Absolut sind die Einflußchancen des Geführten auf den nV begrenzt. Moderierend wirkt sich (vermutlich) der vom nV praktizierte Führungsstil aus.
Soziale Lerntheorie der Führung	• Dem nV wird das Recht zugestanden, über Sanktionen den Geführten zu beeinflussen. Die Bereiche der „Laufbahnplanung bzw. Beförderung" und der „Honorierung" sind hierfür besonders geeignet. Ein Konsens mit dem Führer sollte aber angestrebt werden. Je häufiger der Kontakt zwischen nV und Geführtem, desto mehr nehmen die ihm vom Geführten zuerkannten Einflußchancen auf ihr fachliches wie soziales Verhalten zu. Unter langfristiger Perspektive wird der Einfluß des nV auf den Geführten als bedeutender als der des Führers beurteilt.
Weg-Ziel-Theorie der Führung	• Der nV wird für die Arbeitsmotivation, -situation und Qualifikation des Geführten als mitverantwortlich gesehen. Konkrete Weg-klärende und Ziel-verdeutlichende Führungsaufgaben werden nur in engen Grenzen mit seiner Position verbunden. Der Führer ist die primär zuständige Instanz. Die dem nV hier zugeschriebenen Führungsaufgaben nehmen allerdings aus Geführtensicht mit einer Zunahme der ihm zuerkannten Sanktionsmacht zu. In außergewöhnlichen Situationen (z.B. Krisensituation) sieht sich der nV stärker zur Wahrnehmung dieser Führungsaufgaben veranlaßt.
B Ohne empirische Überprüfung	
Kontingenztheorie der Führung	• Der Einfluß des nV auf den Geführten ist hoch, wenn die Positionsmacht des Führers gering ist (z.B. in komplexen Arbeitssituationen). Darüber hinaus ist der nV in der Lage, die Positionsmacht des Führers zu variieren.
Attributionstheorie der Führung	• Der nV beeinflußt die Übereinstimmung zwischen dem prototypischen Führerbild der Geführten und ihrer Wahrnehmung der konkreten Führerposition. Darüber hinaus variiert er das geführtenbezogene Attributionsspektrum des Führers.
Idiosynkrasie-Kredit-Theorie	• Der nV beeinflußt den „Abweichungskredit", den die Geführten dem Führer zugestehen.
Tiefenpsychologische Führungstheorie	• Der nV ist als Identifikationsobjekt für die Geführten geeignet, möglicherweise besser als der Führer.
Normatives Entscheidungsmodell	• Der nV beeinflußt die vom Führer gewählte und als angemessen erachtete Entscheidungsstrategie (Führungsstil).
Entscheidungsorientiertes Promotorenmodell	• Der nV ist als Machtpromotor/-opponent für Initiativen des Geführten geeignet, möglicherweise besser als der Führer.
Substitutionstheorie der Führung	• Der nV substituiert partiell die Führerposition. Darüber hinaus neutralisiert, verstärkt oder ergänzt er das Führerverhalten.
Personalbedarfstheorie der Führung	• Der nV beeinflußt qualitativ und quantitativ den Personalführungsbedarf, der durch den Führer auszufüllen ist.

Abb. 3: Die zentralen Befunde zur Charakterisierung der nV-Position im Überblick

– *Mit*verantwortlichkeit für Rahmenbedingungen der Arbeitssituation und Qualifikation
– Treffen von Grundsatzentscheidungen und außergewöhnlichen Einzelentscheiden
– Einflußmöglichkeit auf relevante Personalentscheide (v.a. Laufbahnplanung/Beförderung und Honorierung)
– Konfliktlösung zwischen direktem Vorgesetzten und indirekt Unterstelltem oder zwischen einzelnen indirekt Unterstellten, *wenn* andere Regelungsmechanismen nicht funktionieren.

Führer und nV haben einen großen *Überschneidungsbereich* hinsichtlich zuerkannter, geführten-

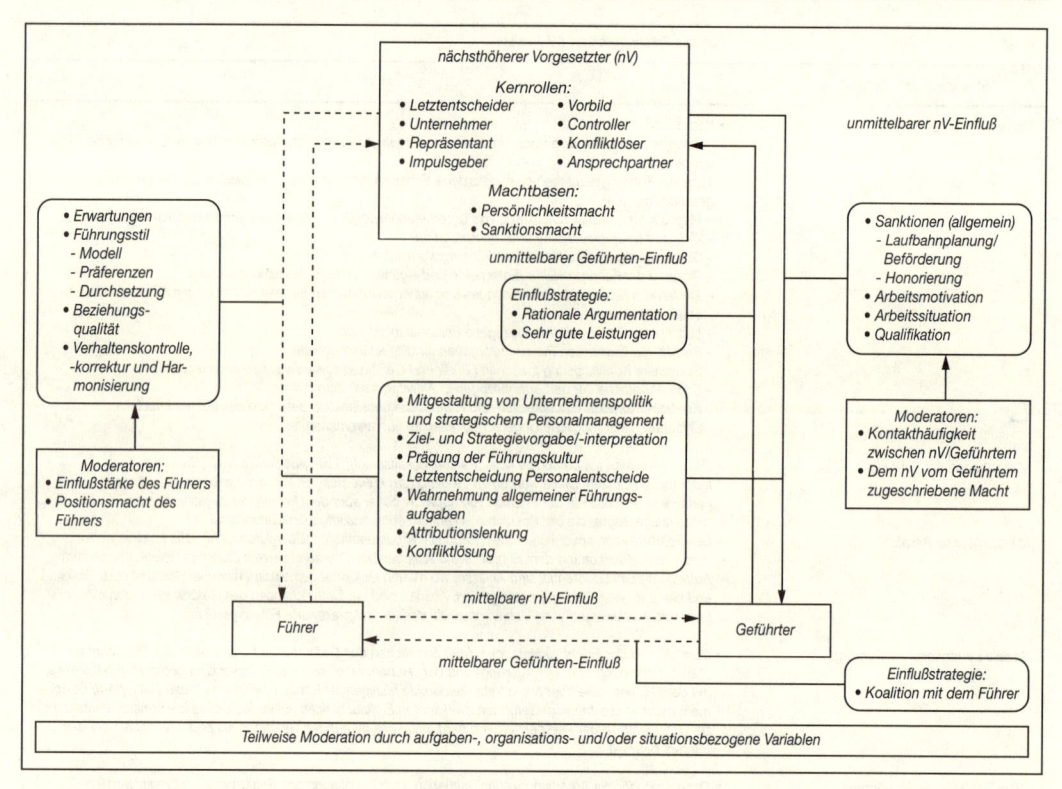

Abb. 4: Das Einflußgeflecht „Positionstriade" unter besonderer Berücksichtigung einer Führung durch den nächsthöheren Vorgesetzten

bezogener Führungsaufgaben und Einflußchancen. Eine *enge Abstimmung* wird gefordert. Insgesamt wird dem nV ein durchschnittlich mittelstarker Einfluß zugewiesen, der mehrheitlich aber unter dem des Führers liegt. Der nV agiert stärker normativ und strategisch und besitzt vor allem unter *langfristiger Perspektive* einen *entscheidenden* Einfluß. Vom nV wird Führung vermehrt in schwierigen Situationen erwartet. Mit einer Intensivierung des Kontaktes zwischen nV und Geführtem sowie mit einer höheren Machtzuschreibung hinsichtlich seiner Position erhöht sich sein zuerkannter Einfluß aus Geführtensicht deutlich. In Arbeitssituationen, die einen engen fachlichen Austausch zwischen nV und Geführtem bedingen (z. B. F&E, Marketing), wird seine Führung bedeutender.

(3) Mit einer nV-Position werden verschiedene Rollen in der Führungspraxis verknüpft:

Stark	Mittelstark	Schwach
• Letztentscheider	• Vorbild	• Nadelöhr
• Repräsentant	• Controller	• Bremser
• Unternehmer	• Konfliktlöser	• Problemschaffer
• Impulsgeber	• Ansprechpartner	

Abb. 5: Rollen des nächsthöheren Vorgesetzten

Die Rollen zeigen in ihrer Gesamtheit ein breites Assoziationsspektrum, welches verkürzt mit den Begriffen Macht, Initiative sowie unternehmerische und mitmenschliche Verantwortlichkeit zu umreißen ist. Negativ besetzte Rollen sind nicht von Bedeutung. Auch fällt auf, daß eine Nähe zu bekannten Rollenkategorien der Führerposition existiert, obgleich wichtige nV-Rollen (z. B. Repräsentant) stärker die größere Distanz widerspiegeln.

(4) Hervorzuheben ist die weitgehend geteilte Auffassung, daß mit der nV-Position das Recht zur Sanktionierung der Leistung des Geführten assoziiert wird *(positionale Machtbasis)*. Gleichzeitig wird mit ihr aber auch Fairneß und Vertrauen verbunden *(personale Machtbasis)*.

(5) Die Chancen des Geführten, den nV zu führen, sind sehr *begrenzt*.

V. Bedeutung der Befunde und zukünftige Forschung

1. Bedeutung

Für den *führungstheoretischen Bereich* legen die Befunde nahe, den nV zukünftig stärker in den

Theoriebildungsprozeß einzubeziehen. Zwei Ansatzpunkte bieten sich an:

Zum einen eine Geführtenführung ausdrücklich als eine Führung zu verstehen, die durch *zwei* Personen geleistet wird (nV und Führer); zum anderen könnte der nV zukünftig als ein festes Element der Führungssituation auftreten. Hier wäre entweder daran zu denken, ihn dort, wo bereits Anknüpfungspunkte bestehen, deutlich konzeptionell hervorzuheben; z. B. innerhalb der *Weg-Ziel-Theorie* (→*Führungstheorien – Weg-Ziel-Theorie*) der →*Kontingenztheorie* oder der →*Theorie der Führungssubstitution* oder ihn in anderen Führungstheorien möglicherweise als Element der Führungssituation explizit einzubauen (z. B. in die Theorie der *Führungsdyaden*, vgl. *Graen* et al. 1977). Für die *Führungspraxis* ergibt sich, daß Einflußbeziehungen zukünftig stärker in ihrer gegenseitigen Vernetzung reflektiert werden sollten. Eine Reduzierung von Führungsebenen dürfte diese Notwendigkeit noch verstärken. Ferner wird deutlich, daß isolierte Führungskräftetrainings wenig zweckmäßig sind. Die einheitliche Erwartung von abgestimmten Führungsentscheiden ist auf verschiedenen Ebenen zu verankern (z. B. ausgehend von einer Kooperationsphilosophie bis hin zu institutionalisierten Kooperationsinstrumenten – vor allem hinsichtlich geführten-bezogener Personalentscheide).

2. Zukünftige Forschung

Drei Ansatzpunkte sind hervorzuheben:

(1) Intensivierung einer interdisziplinären führungstheoretischen Diskussion hinsichtlich der nV-Position
(2) Replikation/Revision der empirischen Befunde und stärkerer Einbezug moderierender Variablen (inklusive einer Berücksichtigung neuer technologischer Entwicklungen im Bereich der Kommunikation)
(3) Verknüpfung des nV-Einflusses mit Führungserfolgsgrößen.

Ziel hierbei wäre es letztendlich, eine Führung durch den nV in einen erweiterten Bezugsrahmen einzubetten, aus dem sich nach empirischer Überprüfung ein *Führungsmodell* (= Gestaltungs- und Handlungsempfehlungen) entwickeln ließe (vgl. zum Begriff und den Modellvoraussetzungen z. B. *Wild* 1974; *Bleicher/Meyer* 1976; *Steinle* 1978; *Drumm* 1992).

Literatur
Anderson, L. R./Tolson, J./Fields, M. W. et al.: Extension of the Pelz Effect: The Impact of Leaders' Upward Influence on Group Members' Control within the Organization. In: Basic and Applied Social Psychology, 1990, S. 19–32.
Bass, B. M./Waldman, D. A./Avolio, B. J. et al.: Transformational Leadership and the Falling Dominoes Effect. In: Group & Organization Studies, 1987, S. 73–87.
Bleicher, K./Meyer, E.: Führung in der Unternehmung. Hamburg 1976.
Cashman, J. F./Dansereau, F./Graen, G. B. et al.: Organizational Understructure and Leadership: A Longitudinal Investigation of the Managerial Role-Making Process. In: OBHP, 1976, S. 278–296.
Drumm, H.-J.: Personalwirtschaftslehre. 2. A., Berlin et al. 1992.
Fiedler, F. E./Garcia, J. E.: New Approaches to Effective Leadership. New York et al. 1987.
Graen, G. B./Cashman, J. F./Ginsburg, S. et al.: Effects of Linking-pin Quality of Working Life of Lower Participants. In: ASQ, 1977, S. 491–504.
Kieser, A./Kubicek, H.: Organisation. 3. A., Berlin et al. 1992.
Meindl, J. R.: On Leadership: An Alternative to the Conventional Wisdom. In: *Cummings, L. L./Staw, B. M.* (Hrsg.): ROB, Greenwich, CT, 1990, S. 159–203.
Pelz, D. C.: Influence: A Key to Effective Leadership in the First-Line Supervisor. In: Personnel, 1952, S. 209–217.
Pfeffer, J./Salancik, G. R.: Determinants of Supervisory Behavior: A Role Set Analysis. In: HR, 1975, S. 139–153.
Steinle, C.: Führung. Stuttgart 1978.
Thom, N.: Personalentwicklung als Instrument der Unternehmensführung. Stuttgart 1987.
Weibler, J.: Führung durch den nächsthöheren Vorgesetzten. Wiesbaden 1994.
Wild, J.: Betriebswirtschaftliche Führungslehre und Führungsmodelle. In: *Wild, J.* (Hrsg.): Unternehmensführung. Berlin 1974, S. 142–179.
Wunderer, R.: Personalwesen als Wissenschaft. In: Personal, 1975, Heft 8, S. 33–36.
Wunderer, R.: Managing the boss – „Führung von unten". In: ZfP 1992, S. 287–311.
Wunderer, R.: Führung und Zusammenarbeit. Stuttgart 1993.

Führung im MbO-Prozeß

Diether Gebert

[s. a.: Delegative Führung; Motivation als Führungsaufgabe; Zielsetzung als Führungsaufgabe.]

I. Allgemeine MbO-Kennzeichnung; II. Führungsaufgaben im MbO-Prozeß, III. Effektivität der MbO-Führung und Weiterentwicklung.

I. Allgemeine MbO-Kennzeichnung

Peter Drucker hat 1954 erstmals den Ausdruck Management by Objectives verwendet. Für dieses Führungssystem ist charakteristisch, daß in einem verschränkten Top-Down und Bottom-Up-Vorgehen eine Zielhierarchie für die nächste Planperiode festgelegt wird, die so aufgebaut ist, daß über die Erreichung der nachgeordneten Ziele (z. B. Senkung der fixen Kosten um 3%) das Erreichen der übergeordneten Unternehmensziele (z. B. Steigerung der Eigenkapitalrentabilität auf 10%) sichergestellt ist. Oberziele werden in Subziele zerlegt und den verschiedenen hierarchischen Ebenen und Abteilungen so zugeordnet, daß das Unternehmen insgesamt über ein inhaltlich aufeinander abgestimmtes Zielsystem geführt wird. Im MbO-Prozeß wird eine Zielableitungsphase von einer Zielrealisierungsphase abgetrennt, an deren Ende die Zielerreichungskontrolle mit entsprechenden Leistungsbewertungen steht, die in Zielneuformulierungen einmünden kann, so daß der MbO-Prozeß als Regelkreis darstellbar ist. Die stärker praxiszentrierte Literatur (*Odiorne* 1980; *Mali* 1986) zeigt, daß dieses Führungssystem in den westlichen Ländern eine erhebliche Verbreitung gefunden hat. Dies hängt damit zusammen, daß über ein entsprechendes MbO-System die unternehmenspolitische Steuerungsfunktion erleichtert wird und die Zielhierarchie zugleich der Koordination (Integration) aller Unternehmensteile dient (*Zwicker* 1988). Darüber hinaus erfüllt die MbO-Führung eine entscheidende Motivationsfunktion (→*Motivation als Führungsaufgabe*): Vereinfacht geht es darum, dem Mitarbeiter einerseits Orientierung zu vermitteln, ihm aber andererseits den Weg zum Ziel freizustellen, um so (mit-)unternehmerisches Handeln zu ermöglichen.

II. Führungsaufgaben im MbO-Prozeß

1. Theoretische Grundlagen

Ein für die Praxis wirksames Führungsverhalten läßt sich nur aus einer Theorie des Geführtenverhaltens herleiten. In der verhaltenswissenschaftlich orientierten MbO-Literatur findet sich in den letzten Jahren insofern eine erfreuliche Theorie-Renaissance. Unter den Stichworten der Selbstregulation, der kognitiven Kontrolle, der Attributionstheorie (→*Führungstheorien – Attributionstheorie*) und der Erwartungs-Wert-Theorie finden sich zunehmend Bemühungen, vor allem den Motivationsprozeß zu spezifizieren, um hieraus für die Führung im MbO-Ansatz Regeln abzuleiten (*Locke* und *Latham* 1990; *Klein* 1989; *Tubbs* und *Ekeberg* 1991). Vor diesem Hintergrund werden die im nächsten Abschnitt zu beschreibenden Führungsaufgaben auf der Basis der folgenden Grundannahmen (in Anlehnung von *Vroom* 1964) erörtert: Ein Mitarbeiter wird eine zielförderliche Handlung auswählen/beginnen und mit hinreichender Intensität zeitlich anhaltend fortsetzen, wenn der Handlungsvollzug selbst positive Gefühle vermittelt und implizite „Kosten" des Handlungsvollzugs (nervliche Belastung, Dys-Streß) gering gehalten werden, die Erwartung hoch ist, daß die jeweilige Handlung unter den gegebenen (situativen und personalen) Rahmenbedingungen zum Ziel führen wird, das Ziel selbst als in sich sinnvoll und vernünftig erscheint bzw. mit zunehmendem Zielerreichungsgrad vom Mitarbeiter nachgefragte Gratifikationen wahrscheinlicher werden (Instrumentalität der Zielerreichung für persönliche Ziele).

2. Die Führungsaufgaben im einzelnen

(a) *Zielspezifität*. Unter dem Gesichtspunkt der Zielspezifität werden in Anlehnung an *Locke* (1968) die Leistungsergebnisse von Personen, die mit inhaltlich spezifizierten Zielen geführt werden, mit den Leistungsergebnissen solcher Personen verglichen, die mit der Instruktion „Tun Sie Ihr bestes" (globale Zielsetzung) geführt werden. In einer Meta-Analyse von *Mento* et al. (1987), in der die Beziehung zwischen der Zielspezifität einerseits und den Leistungsergebnissen andererseits auf der Basis von N = 49 Einzelstudien (überwiegend Feldstudien) analysiert wurde, ergab sich zwischen der Zielspezifität einerseits und den jeweils gemessenen Leistungsindikatoren andererseits eine durchschnittliche Korrelation von $r = .44$. *Tubbs* (1986) hat in einer eigenen Meta-Analyse auf der Basis von N = 87 Einzelstudien diesen positiven Zusammenhang bestätigt. Im Trend beleuchtet ergibt sich also, daß mit zunehmender inhaltlicher Spezifizierung des Ziels die Leistung des Mitarbeiters steigt. Dies ist theoretisch insofern erklärlich, als über eine hohe Zielspezifizierung die Ableitbarkeit zielförderlicher Handlungspläne steigt, so daß auch die Zielerreichungswahrscheinlichkeit zunimmt; folglich steigt das Zielcommitment (gemessen an der Intensität und zeitlichen Stabilität der Zielverfolgung).

Die entsprechende Forderung an den Vorgesetzten, für eine Zielprägnanz zu sorgen, die Handlungspläne ableitbar werden läßt und damit kognitive Kontrolle gewährt, darf allerdings nicht verabsolutiert werden. *Klein* (1989) und *Early* et al. (1989) machen mit mehreren Argumenten plausibel, daß mit zunehmender inhaltlicher Zielspezifizierung bei innovativen und komplexen Aufgabenstellungen eine letztlich das Ergebnis beeinträchtigende Einengung des kognitiven Suchrasters einhergeht, so daß unter dieser Randbedingung mit zunehmender Zielspezifizierung das Leistungsergebnis sinkt. Alle Meta-Analysen betonen auch insofern, daß die Zielförderlichkeit der Zielspezifizierung nur im Trend und nicht im Einzelfall gilt.

(b) *Zielkommunikation*. Unter diesem Stichwort ist es die Aufgabe des Führenden, den Sinn und den Zweck der Ziele zu verdeutlichen, die in bezug auf den Mitarbeiter fixiert worden sind. *Bennis* und *Nanus* (1985) haben die Notwendigkeit herausgestellt, nicht mehr nur zu „managen", sondern zu „führen", was in ihrem Sinne im wesentlichen heißt, die betriebswirtschaftlichen Formalziele wieder stärker an inhaltliche Ziele zu koppeln, so daß auf diesem Wege Sinn und Orientierung vermittelt werden. Das Ziel wird auf diesem Wege unmittelbar selbst oder über seine erläuterte Instrumentalität gegenüber für sinnvoll erachteten Oberzielen zu einem erstrebenswerten Gut und setzt entsprechend Commitment frei. Angesichts der allgemeinen Orientierungskrise in unserer Gesellschaft kann diese Führungsaufgabe nicht nachdrücklich genug unterstrichen werden. Dabei ist aber gleichzeitig davor zu warnen, die Sinnstiftung auf charismatischer Basis *(→Führungstheorien – Charismatische Führung)* und in emotionalisierter Form über die sog. visionäre Führung zu versuchen, da hiermit zwar neue motivationale Ressourcen erschlossen werden können, gleichzeitig aber u.U. der folgenreiche Rückschritt in die „geschlossene Gesellschaft" vorbereitet wird (*Gebert* 1993).

(c) Zielinstrumentalität. Die Steigerung der extrinsischen Zielinstrumentalität dadurch, daß höhere Zielerreichungsgrade mit Belohnungen (welcher Art auch immer) verbunden werden, kann sich empfehlen, wenn der Belohnungswert des zielförderlichen Handelns an sich (intrinsisch) als gering einzustufen ist, zugleich aber die Abhängigkeit des Zielerreichungsgrades von dem zielförderlichen Engagement sehr hoch ist (*Locke* und *Latham* 1984). Man kann nicht nur Höherleistungen belohnen, sondern auch Minderleistungen bestrafen. Letztere Strategie ist unter dem Gesichtspunkt der Leistungspeitsche im Rahmen der MbO-Praxis schon oft gebrandmarkt worden. Neben den Extremstrategien der Belohnung und Bestrafung kann man ein Ziel dadurch verbindlicher machen, daß der Mitarbeiter bei negativer Zielabweichung dem Vorgesetzten gegenüber in der Begründungspflicht steht, womit u. a. zum Ausdruck gebracht wird, daß der Vorgesetzte den Zielsetzungsprozeß ernst nimmt und sich für den Zielerreichungsgrad wirklich interessiert. In einer eigenen Studie im Bankenbereich zeigte sich, daß die Kombination aus Zielspezifizierung und (über die Begründungspflicht operationalisierte) Zielverbindlichkeit bei umsatzbezogenen Erfolgsindikatoren verblüffend deutlich leistungsförderlich wirkte (*Gebert* und *Ulrich* 1990).

(d) Partizipation. Die Bedeutung der Partizipation des Mitarbeiters an der Zielfestlegung ist bisher sowohl auf der theoretischen Ebene als auch unter Bezugnahme auf die empirischen Befunde unklar. In den beiden bereits erwähnten Meta-Analysen von *Mento* et al. (1987) und *Tubbs* (1986) korreliert der Grad der Partizipation mit den gemessenen Leistungsindikatoren nur sehr schwach positiv. Abhängig von der Randbedingung, ob die Zielabsprachen zwischen dem Vorgesetzten und dem Mitarbeiter aus der Sicht des Mitarbeiters als Positiv-Summen-Spiel (und damit als „Gemeinsames Problemlösen") oder als Negativ-Summen-Spiel (und damit als „Verhandlungssituation") interpretiert werden, ist bei dem unter I. erwähnten Top-Down und Bottom-Up-Ausgleich ein „Mauern" bezüglich der Zielhöhe seitens des Mitarbeiters unterschiedlich wahrscheinlich. Die Kooperation oder Kompetition bedingende Konzeptionalisierung der Situation als Positiv-Summen- bzw. Negativ-Summen-Spiel dürfte zusätzlich für den Prozeß der Fixierung der Zielhöhe bedeutsamer sein als für die Festlegung von Zielprioritäten, so daß zusammenfassend die Partizipationseffekte sowohl randbedingungsspezifisch (Positiv- bzw. Negativsummenspiel) als auch gegenstandsspezifisch (Zielhöhe versus Zielpriorität) variieren.

Daß häufiger auch positive Effekte berichtet werden (vgl. *Miller* und *Monge* 1986), dürfte z. B. damit zusammenhängen, daß über partizipative Prozesse zum einen der Erfahrungshintergrund des Mitarbeiters eingebracht wird, so daß die resultierenden Zielfestlegungen aus der Sicht des Mitarbeiters auch eher erreichbar erscheinen und sich zusätzlich im Rahmen der Diskussion mögliche Aktionspläne herauskristallisieren und so vor allem auf diesem kognitiven Wege letztlich die Zielerreichungswahrscheinlichkeit anwächst (*Latham* und *Locke* 1991).

(e) Zielhöhe. Unter diesem Gesichtspunkt wird die These formuliert, daß das Setzen höherer bzw. schwierigerer und anspruchsvollerer Ziele zu mehr Leistung führt als das Setzen weniger anspruchsvoller, leichter zu erreichender Ziele. Die beiden Meta-Analysen von *Mento* et al. (1987) und *Tubbs* (1986), nochmals reanalysiert durch *Wright* (1990), bestätigen diese Aussage deutlich. Bei *Mento* et al. (1987) ergibt sich auf der Basis von N = 70 Originalstudien eine mittlere Korrelation zwischen der Zielhöhe einerseits und den individuellen Leistungsniveaus andererseits von $r = .58$, womit gut 30% der Leistungsunterschiede auf diese Einflußgröße zurückzuführen sind. Die Zielhöhe soll also als Herausforderung (challenge) erlebt werden. Selbstverständlich muß die Zielhöhe dabei unterschiedlich festgelegt werden, je nachdem, ob der Mitarbeiter z. B. durch eine „Hoffnung auf Erfolgserwartung" oder eher durch eine „Mißerfolgserwartung" gekennzeichnet ist (*Heckhausen* 1989).

(f) Feedback. Speziell bei anspruchsvolleren und zugleich spezifischeren Zielen sind Rückkopplungen zum Zielerreichungsgrad für die Leistung förderlich (*Mento* et al. 1987; *Tubbs* 1986). Die Erklärung liegt im wesentlichen darin, daß das Feedback einen Soll-Ist-Vergleich und damit korrigierende Maßnahmen ermöglicht. Die Sicherstellung von Feedback stellt insofern eine wichtige Führungsaufgabe im Rahmen des MbO-Prozesses dar. Qualitativ argumentiert, wird im wesentlichen betont, daß das Feedback 1. spezifisch bzw. eindeutig, 2. möglichst sofort und 3. in möglichst fundierter bzw. objektivierter Form erfolgen sollte (*Klein* 1989; *Podsakoff* et al. 1989). Da gerade bei anspruchsvolleren, schwierigeren Zielen die Wahrscheinlichkeit für negative Zielabweichungen systematisch zunimmt, dürfte es unter dieser Randbedingung besonders darauf ankommen, dem Mitarbeiter ein spezifisches und fundiertes Feedback schnell zu ermöglichen, um das Zielcommitment zu stabilisieren.

Mit zunehmender Zielhöhe werden die sich selbst zugeschriebenen Fähigkeiten immer mehr zum Referenzpunkt bei der Einstufung der Zielerreichbarkeit und damit des Commitments (*Vance* et al. 1990); mutmachende Kausalattributionen gegenüber bisher geleisteten Zielerreichungsgraden stellen von daher eine zusätzliche Führungsaufgabe dar.

(g) Prioritäten bei Zielpluralität. In der Praxis dürfte eine Zielpluralität vorherrschend sein. Das Setzen von Prioritäten ist entsprechend notwendig; Zielkonflikte sollen nicht auf nachgeordnete Hierarchieebenen „abgeschoben" werden. *Kernan* und *Lord* (1990) haben gezeigt, daß der Mitarbeiter unter mehreren Zielen dasjenige bevorzugt, bei dem die „Nutzenbilanz", abhängig von den unter II.1. definierten Kernvariablen, am größten ist. Der Mitarbeiter wählt also u. a. nach Maßgabe der Zielattraktivität und Zielerreichungswahrscheinlichkeit aus, so daß es unter dem Gesichtspunkt der Führung darauf ankommt, die bisher besprochenen Maßnahmen (a) bis (f) so zu gestalten, daß die vom Mitarbeiter auf dieser Basis vorgenommene Prioritätensetzung mit der vom Vorgesetzten intendierten Prioritätensetzung übereinstimmt.

(h) Dezentrale Selbstregulation. Das Prinzip der →*delegativen Führung* (die Delegation von Aufgaben, Vollmachten und entsprechende Handlungsverantwortung) stellt eine wichtige ergänzende Aufgabenstellung für den Führenden dar. Über die Delegation werden Freiheitsgrade vermittelt und unternehmerisches Handeln ermöglicht. Dies bewirkt zum einen, daß der intrinsische Belohnungswert des Vollzugs der zielförderlichen Handlung an sich vergrößert wird. Kann der Mitarbeiter eine komplexere Aufgabenstellung nach eigenem Urteil unter Bezugnahme auf sein Expertenwissen, unbeeinflußt von bürokratischen Hemmnissen und direktiven Vorgaben seines Chefs, abarbeiten, so steigt zugleich die Erwartung dafür, das Ziel nun auch erreichen zu können (sofern ihn – wie häufig der Fall – bisher die bürokratische Struktur oder der direktive Vorgesetzte darin hinderten, das zu tun, was er für richtig hält). Bei klarer Zielorientierung den Weg zum Ziel freizugeben (Delegation), wirkt insofern auf zweifachem Wege commitmentförderlich.

Damit wird aber auch ein verändertes Rollenverständnis (→*Führungsrollen*) des Vorgesetzten unabdingbar, der nicht mehr in erster Linie durch problembezogene Lösungsbeiträge, sondern dadurch führt, daß er die bisher beschriebenen Führungsaufgaben (a) bis (g) wahrnimmt und dadurch eine dezentrale Selbstregulierung ermöglicht und stützt, womit die bisher dominierende Fremdkontrolle durch eine entsprechende Selbstkontrolle durch den Mitarbeiter ersetzt werden kann (*Wunderer* 1993; *Lattmann* 1977). Eine derartige Vorgehensweise setzt auf seiten des Mitarbeiters neben Erfahrung und Qualifikation den Mut zur Verantwortungsübernahme voraus. Daran fehlt es nicht gerade selten. Fragt man nach den Gründen, so liegt eine wesentliche Ursache darin, daß Mitarbeiter für den Fall von Fehlern mit deutlichen negativen Sanktionen rechnen bzw. Angst haben, daß bei Zielverfehlungen auf höherer Ebene „Schuldige" auf nachgeordneter Ebene gesucht werden. In unserer eigenen Studie zeigte sich: Werden bei Nichterreichen der Unternehmensziele „Sündenböcke" auf nachgeordneten Ebenen gesucht, so hat dies zur Folge, daß die Mitarbeiter nicht mehr zur Verantwortungsübernahme bereit sind, sondern aus Absicherungstendenzen heraus rückdelegieren, Aktennotizen schreiben und letztlich leistungsmindernde Effekte freisetzen, die sich markant auch in Einbußen im ökonomischen Erfolg dokumentieren (*Gebert* und *Ulrich* 1990).

Der notwendige Schutz dezentraler Selbstregulation muß sich im übrigen mit dem Problem auseinandersetzen, daß moderne Theorien der Handlungsregulation den Charakter der Handlungsregulation als hierarchisch geordnet beschreiben, wobei die Übergänge zwischen Zielen, Strategien, Taktiken und konkreten Aktionsplänen aber fließend sind; die Schwierigkeit, die genannten Aspekte zu unterscheiden, hat die praktische Gefahr zur Folge, daß im Sinne der Absicherung zielorientierten Mitarbeiterverhaltens durch den Vorgesetzten hierarchische Regulationsniveaus (z. B. Taktiken) als Ziel definiert werden, obwohl sie Wegcharakter aufweisen, so daß im Prinzip eine die Freiheitsgrade senkende Übersteuerung zustande kommen kann. Im Sinne der Balancefindung zwischen Orientierung vermittelnder Steuerung und der Ermöglichung dezentraler Selbstregulation muß der Führende auch die in der Praxis häufiger gemachte Unterscheidung zwischen Ergebnis- und Verhaltenszielen gut durchdenken und sensibel praktizieren.

III. Effektivität der MbO-Führung – Weiterentwicklungen

1. Notwendigkeit situativer Relativierung

Neuman et al. (1989) stellten auf der Basis von N = 126 Originalstudien metaanalytisch einen positiven Zusammenhang zwischen MbO-orientierten Führungsmustern einerseits und weichen Erfolgskriterien andererseits (wahrgenommene Kooperationsgüte, Organisationsklima, leistungsbezogenes Engagement, Arbeitszufriedenheit) fest. *Guzzo* et al. (1985) ermittelten auf der Basis von N = 89 Originalstudien einen positiven Zusammenhang zwischen einer MbO-orientierten Führung und „harten" Erfolgskriterien (Leistungskennziffern, Zielerreichungsgrade). In der jüngsten vorliegenden Meta-Analyse von *Rodgers* und *Hunter* (1991) wird auf der Basis von Vorher-Nachher-Vergleichen festgestellt, daß sich im Rahmen der MbO-Einführung in 68 von 70 analysierten Fällen Verbesserungen in den ökonomischen Erfolgsindikatoren feststellen ließen. Diesen positiven Trendmeldungen ist aber genauso nachdrücklich anzufügen, daß in allen drei zitierten Meta-Analysen die Streuung der Resultate betont wird: Identische Führungspraktiken erweisen sich in unterschiedlichen Kontexten als unterschiedlich funktional. In Übereinstimmung mit den Meta-Analysen zu den Effekten einzelner MbO-Maßnahmen betonen auch die Meta-Analysen, die sich auf die MbO-Führung insgesamt beziehen, deutlich die Notwendigkeit, alle gemachten Aussagen bzw. Handlungsempfehlungen situativ zu relativieren.

Dabei könnte allerdings angenommen werden, daß, historisch betrachtet, die Entwicklung der Randbedingungen (zunehmender Steuerungs- und Integrationsbedarf im Unternehmen, zunehmender Orientierungsbedarf auf seiten der Mitarbeiter und Führungskräfte bei gleichzeitig gestiegenen Autonomieansprüchen, komplexere Fertigungstechnologien, vergleichsweise hohe Qualifikationsniveaus) die Erfolgschancen für eine MbO-orientierte Praxis eher begünstigen. Dennoch kann nicht nachdrücklich genug betont werden, daß sich der Glaube, es gäbe „den" richtigen Führungsstil bzw. „das" richtige Führungskonzept, in der Vergangenheit sowohl in der Forschung als auch in der Erfahrung jedes Praktikers als irrig erwiesen hat; forschungsstrategisch heißt dies: Neben der Mittelwertbetrachtung wird die Varianzaufklärung notwendig: Unter welchen Randbedingungen erweist sich eine MbO-orientierte Führungspraxis als funktional und unter welchen Randbedingungen muß diese Praxis in welcher Weise verändert bzw. variiert werden?

Die Logik des situativen Denkansatzes (→*Führungstheorien – Situationstheorie*) besteht darin, durch die parallele Berücksichtigung immer weiterer situativer Randbedingungen die Treffsicherheit der Erfolgsprognose in bezug auf eine MbO-Anwendung zu erhöhen. Dieser Denkansatz ist im Prinzip richtig und zwingend; er hat aber seine prinzipielle Grenze darin, daß es die Führungskraft im Alltag immer mit ganz speziellen und tendenziell einmaligen Randbedingungen zu tun hat, die in dem nomothetisch angelegten Forschungsnetz der traditionellen Forschung zwangsläufig durch die Maschen fallen. Die in den empirischen Meta-Analysen sehr eindringlich zum Ausdruck kommende Notwendigkeit einer situativen Relativierung muß insofern letztlich vom Praktiker selbst geleistet werden, da nur er selbst sein Anwendungsfeld hinreichend kennt. Eine wesentliche Führungsaufgabe besteht insofern darin, die Charakteristiken der eigenen Führungssituation (Komplexität der zu bewältigenden Aufgaben, Meßbarkeit der Ergebnisse, Qualifikations- und Motivationsstruktur der Geführten, Zurechenbarkeit der Zielerreichungsgrade den Anstrengungen der Mitarbeiter gegenüber, Unabhängigkeit bzw. Interdependenz der Einzelleistungen verschiedener Mitarbeiter, Organisationskultur (Wettbewerbsgeist), Kooperationsbedarf [Individualziele versus Gruppenziele]) genau zu erkennen, um die MbO-Grundsätze dann in geeigneter Weise anzupassen bzw. durch zusätzliche Grundsätze zu ergänzen, so daß im Ergebnis in ein und demselben Unternehmen auf Grund der situativen Unterschiede die erforderliche Führungspluralität entwickelt und praktiziert wird.

2. Weiterentwicklungen

Die verhaltenswissenschaftlich orientierte MbO-Forschung hat sich bisher primär (und damit auch einseitig) auf die Zielsetzungsproblematik und verwandte Fragen konzentriert. Führung ist aber nicht hierauf reduzierbar. Eine zweite bisher vernachlässigte wichtige Führungsaufgabe besteht darin, auf der Basis einer vorausgegangenen Zielpräzisierung das zielförderliche Geführtenverhalten zu unterstützen. Diese zweite Führungsaufgabe wird in der klassischen MbO-Literatur zwar durch den Verweis auf die Notwendigkeit der Ableitung von Handlungsplänen angesprochen. Diese nur global umschriebene Thematik muß aber weiter durchdacht werden: Das Kernproblem besteht darin, daß unterschiedliche Ziele (Innovativität, Senkung des Ausschusses) auf seiten der Geführten unterschiedliche Handlungen bzw. Aktionen voraussetzen, die auf Grund spezifischer Barrieren jeweils einer anderen (stützenden) Führung bedürfen. In unserer Bankstudie zeigt sich: Die Verbesserung eines bestimmten Rendite-Indikators (Ziel) verlangt ein spezifisches Geführtenverhalten (Verhandlungshärte, keine Sonderkonditionen verschenken), das häufig an einer spezifischen Barriere scheitert (der

Mitarbeiter bekommt im Außenkontakt gegenüber dem Kunden keine hinreichende Rückendeckung durch den eigenen Vorgesetzten, sofern er beim Kunden hart verhandelt, das Geschäft aber nicht zustande kommt). Rückendeckung stützt insofern das renditebezogene zielförderliche Geführtenverhalten „Verhandlungshärte". Die Steigerung des Kredit-Volumenindikators setzt dagegen vor allem stärkere Aquisebemühungen (Kundenbesuche vor Ort) voraus, die an einer anderen Barriere (Selbstverständnisprobleme angesichts eines negativ bewerteten Vertreter-Images; zuviel bürokratisches Berichtswesen, wodurch das notwendige Zeitbudget begrenzt wird usw.) scheitern können und insofern einer anderen unterstützenden Führungsweise (z. B. ablauforganisatorische Hilfestellungen) bedürfen.

Im Sinne der zweiten Führungsaufgabe heißt Führung: Herstellung der Voraussetzungen für die Praktizierung zielförderlichen Geführtenverhaltens. Als zweite entscheidende Führungsaufgabe ergibt sich damit die Abarbeitung der folgenden drei Fragen:

(a) Bezogen auf das jeweils festgelegte Ziel besteht das erfolgsförderliche Geführtenverhalten inhaltlich worin?

(b) Der Realisierung dieses Geführtenverhaltens stehen (noch) welche situativen und/oder personalen Barrieren entgegen?

(c) Durch welche Maßnahmen bzw. Verhaltensweisen kann ich als Führender diese Barrieren beiseite räumen?

Das Ergebnis ist eine zielförderliche Führung deswegen, weil nicht irgendein Geführtenverhalten, sondern das zielförderliche Verhalten bzw. nicht allgemein die Kategorie „Anstrengung", sondern Anstrengung in einem ganz bestimmten inhaltlichen Feld (dem zielförderlichen) gestützt wird. In unserer Bankstudie haben wir gezeigt, daß die gründliche Wahrnehmung dieser zweiten Führungsaufgabe für den ökonomischen Erfolg der Institute von beträchtlicher Bedeutung ist (*Gebert* und *Ulrich* 1990, 1991; *Gebert* 1992).

Literatur

Bennis, W./Nanus, B.: Führungskräfte. Frankfurt/M. 1985.
Earley, P. C./Connolly, T./Ekegren, G.: Goals, Strategy Development, and Task Performance: Some Limits on the Efficacy of Goal Setting. In: JAP, 1989, S. 24–33.
Gebert, D.: Führungsstilforschung: Ein Vorschlag zur Neuorientierung. In: ZfP, 1992, S. 245–259.
Gebert, D.: Die offene Gesellschaft – wie verführerisch ist die geschlossene Gesellschaft? In: *v. Rosenstiel, L.* et al. (Hrsg.): Führung von Mitarbeitern, Stuttgart 1993, S. 631–645.
Gebert, D./Ulrich, J. G.: Erfolgreiches Führen im Kreditbereich. Wiesbaden 1990.
Gebert, D./Ulrich, J. G.: Benötigen Theorie und Praxis ein verändertes Verständnis von „Führung"? In: DBW, 1991, S. 749–761.
Guzzo, R. A./Jetta, R. D./Katzell, R. A.: The Effects of Psychologically based Intervention Programs on Worker Productivity. In: PP, 1985, S. 275–291.
Heckhausen, H.: Motivation und Handeln. Berlin 1990.
Kernan, M. C./Lord, R. G.: Effects of Valence, Expectancies, and Goal-Performance Discrepancies in Single and Multiple Goal Environments. In: JAP, 1990, S. 194–203.
Klein, H. J.: An Integrated Control Theory Model of Work Motivation. In: AMR, 1989, S. 150–172.
Latham, G. P./Locke, E. A.: Self-Regulation through Goal Setting. In: Organizational Behavior and Human Decision Processes, (50), 1991, S. 212–247.
Lattmann, Ch.: Führung durch Zielsetzung. Stuttgart 1977.
Locke, E. A./Latham, G. P.: Goal Setting – A Motivational Technique that Works! London 1984.
Locke, E. A.: Toward a Theory of Task Motivation and Incentives. In: OBHP, 3, 1968, S. 157–189.
Locke, E. A./Latham, G. P.: A Theory of Goal Setting and Task Performance. London 1990.
Mali, P.: MBO Updated – A Handbook of Practices and Techniques for Managing by Objectives. New York 1986.
Mento, A. J./Steel, R. P./Karren, R. J.: A Meta-Analytic Study of the Effects of Goal Setting on Task Performance: 1966–1984. In: Organizational Behavior and Human Decision Processes, 39, 1987, S. 52–83.
Miller, K. I./Monge, P. R.: Participation, Satisfaction, and Productivity. A Meta-Analytic Review. AMJ, 29, 1986, S. 727–753.
Neuman, G. A./Edwards, J. E./Raju, N. S.: Organizational Development Interventions. In: PP, 1989, S. 461–483.
Odiorne, G. S.: Management by Objectives. München 1980.
Podsakoff, P. M./Farh, J.-L.: Effects of Feedback Sign and Credibility on Goal Setting and Task Performance. In: Organizational Behavior and Human Decision Processes, 44, 1989, S. 45–67.
Rodgers, R./Hunter, J. E.: Impact of Management by Objectives on Organizational Productivity. In: JAP, 1991, S. 322–336.
Tubbs, M. E.: Goal Setting: A Meta-Analytic Examination of the Empirical Evidence. In: JAP, 1986, S. 474–483.
Tubbs, M. E./Ekeberg, S. E.: The Role of Intentions in Work Motivation: Implications for Goal-Setting Theory and Research. In: AMR, 1991, S. 180–199.
Vance, R. J./Colella, A.: Effects of Two Types of Feedback on Goal Acceptance and Personal Goals. In: JAP, 1990, S. 68–76.
Vroom, V.: Work and Motivation. London 1964.
Wunderer, R.: Führung und Zusammenarbeit – Beiträge zu einer Führungslehre. Stuttgart 1993.
Wright, P. M.: Operationalization of Goal Difficulty as a Moderator of the Goal Difficulty-Performance Relationship. In: JAP, 1990, S. 227–234.
Zwicker, E.: INZPLA – Ein Konzept der computergestützten Unternehmensgesamtplanung. In: *Lücke, W.* (Hrsg.): Betriebswirtschaftliche Steuerungs- und Kontrollprobleme. Wiesbaden 1988, S. 341–354.

Führung in der dualen Hierarchie

Torsten J. Gerpott/Michel E. Domsch

[s. a.: Karriere und Karrieremuster von Führungskräften, Laterale Kooperation als Führungsaufgabe (Schnittstellenmanagement); Organisationsstrukturen und Führung.]

I. *Einführende Grundlagen*; II. *Gestaltungsempfehlungen zur Bewältigung von Führungsproblemen in der dualen Hierarchie.*

I. Einführende Grundlagen

1. Begriff und Zielsetzung der dualen Hierarchie

Charakteristikum der „normalen" Stellenhierarchie in Unternehmen ist, daß mit zunehmendem Rang einer Stelle der Anteil an Personalführungs-, Koordinations-, Moderations- und Entscheidungsaufgaben am gesamten Arbeitsvolumen ebenfalls wächst (→*Führungsebene und Führung*). Entsprechend bietet die klassische *Managementhierarchie* in erster Linie den Mitarbeitern Entwicklungschancen, die bereit und in der Lage sind, auf Fachaufgaben zu verzichten und statt dessen Personalführungs- und Ressourcenallokationsaufgaben zu übernehmen. Wenn jedoch insbesondere bei hochqualifizierten Mitarbeitern mit anspruchsvollen Fachaufgaben Motivation und/oder Fähigkeiten zur beruflichen Entwicklung in der Managementhierarchie nicht durchweg vorhanden sein sollten, dann ergibt sich die Notwendigkeit für alternative *Karriereentwicklungsmöglichkeiten* zu sorgen (→*Karriere und Karrieremuster von Führungskräften*). Eine solche Möglichkeit ist die *Duale Hierarchie* (DH); sie läßt sich definieren als (Shepard 1958, Neuhaus 1968; Gerpott 1987, 1994; Gerpott/Domsch 1991)

- ein strukturelles Personalmanagement- und (sekundär) organisatorisches Gestaltungsinstrument,
- das parallel neben der „normalen" Leitungspyramide mit auf Dauer angelegten Führungspositionen und Managementhierarchie
- ein zweites vertikal gegliedertes Gefüge von Positionen schafft,
- das Rangstufen mit spezifischen Bezeichnungen, mit primär auf fachlichen Qualifikationen begründeten personalen Besetzungsvoraussetzungen sowie mit bestimmter Ausstattung vorsieht.

Anstelle von dualer Hierarchie wird auch von *Spezialisten-, Parallel-* oder *Fachhierarchien/-laufbahnen* gesprochen (s. z.B. Neuhaus 1968; Kern/Schröder 1977; Domsch 1984; Allen/Katz 1992).

Primäre Kriterien zur Begründung der Über- und Unterordnung von Stellen in der dualen Hierarchie sind die fachliche Aufgabenkomplexität, die Selbständigkeit und das erforderliche Expertenwissen bei der Aufgabenbewältigung sowie die Bedeutung einer Stelle für den Unternehmens(bereichs)erfolg, *nicht* jedoch der Umfang an Personalverantwortung und an sonstigen Managementaufgaben.

Oberziel der dualen Hierarchie ist es, durch erweiterte Karriereentwicklungsanreize für Fachspezialisten deren Leistungsmotivation und -fähigkeiten i. S. des Unternehmens zu verbessern. Aus diesem Oberziel lassen sich weitere Ziele von Systemen der dualen Hierarchie wie etwa Verbesserung der Beschaffungsmöglichkeiten von Fachkräften oder Förderung von strategisch relevanten Spezialkompetenzen ableiten (*Domsch* 1984; *Gerpott* 1994; *Frieling/Klein* 1989).

2. Situative Bedingungen des Einsatzes einer dualen Hierarchie

In der Praxis findet man eine duale Hierarchie am häufigsten in den Unternehmensfunktionen F&E, Informationsverarbeitung und Vertrieb (*Domsch* 1984; *Gerpott* 1987). Die Angemessenheit des Einsatzes einer dualen Hierarchie in bestimmten Unternehmen(sbereichen) wird besonders durch vier situative Faktoren beeinflußt:

- *Art der Arbeitsaufgaben:* Je mehr die Unternehmens-(bereichs-)aufgaben sich rasch veränderndes, komplexes Spezialwissen erfordern, desto eher ist es sinnvoll, eine duale Hierarchie aufzubauen.
- *Karriereorientierungen der Aufgabenträger:* Je mehr die Arbeitsmotivation der Mitarbeiter in einem Unternehmen(sbereich) durch die Übertragung von interessanten Fachproblemen bestimmt wird, desto eher ist es geboten, eine duale Hierarchie einzuführen (*Gerpott/Domsch* 1991; *Gerpott* 1994).
- *Unternehmens-(bereichs-)größe:* Mit zunehmender Größe eines Unternehmens(bereichs) steigt auch die Notwendigkeit und Möglichkeit der Einführung ergänzender Hierarchiesysteme.
- *Arbeitsmarktlage:* Je schwieriger Spezialisten mit bestimmten Qualifikationen unternehmensextern oder -intern zu rekrutieren sind, desto eher ist es sinnvoll, eine duale Hierarchie zu etablieren.

3. Forschungsschwerpunkte zur dualen Hierarchie

Angeregt durch Fallbeispiele von Unternehmen mit einer dualen Hierarchie wie IBM oder Exxon wird das Konzept der dualen Hierarchie seit Ende der 50er Jahre in Fachpublikationen diskutiert (s. etwa

Shepard 1958). Der Forschungsstand ist geprägt durch einen hohen Anteil von Praktikerbeiträgen, in denen über einzelne Anwendungsfälle der dualen Hierarchie, insbesondere in industriellen F&E-Bereichen, berichtet wird (s. die Übersichten bei *Kern/Schröder* 1977; *Gerpott* 1994). Großzahlige empirische oder theoretisch fundierte Arbeiten sind bislang selten (s. etwa *Allen/Katz* 1992 u. 1986; *Ritti/Goldner* 1969). In einer Gesamtschau lassen sich drei Forschungsschwerpunkte zur dualen Hierarchie in Industrieunternehmen differenzieren:

1) *Analyse der Karriereorientierungen bestimmter Mitarbeitergruppen zur Abschätzung der Nachfrage nach einer dualen Hierarchie.* Verschiedene Studien (z.B. *Mainiero* 1986; *McKinnon* 1987; *Allen/Katz* 1992; *Gerpott* 1994) deuten darauf hin, daß ein erheblicher Anteil an Mitarbeitern (zumindest in F&E-Bereichen) eine Karriere als Fachspezialist positiv bewertet. Aufgrund fehlender Longitudinaluntersuchungen ist allerdings noch ungeklärt, ob Präferenzen für eine Laufbahn als Fachspezialist erst im Zeitablauf aufgrund unzureichender Aufstiegschancen in der Managementhierarchie oder fachlich herausfordernder Aufgaben geformt werden oder aber bei Eintritt in einen Unternehmensbereich aufgrund früherer Sozialisationserfahrungen, z.B. im Studium, schon stabil vorhanden sind.

2) *Analyse der Wahrnehmung einer etablierten dualen Hierarchie durch die Mitarbeiter.* Hier geht es um die Frage, inwieweit eine eingeführte duale Hierarchie von den Mitarbeitern als Entwicklungsalternative wahrgenommen wird, der der gleiche Anreizwert zugeschrieben wird wie der traditionellen Leitungshierarchie (vgl. *Ritti* 1971). Nach den bisherigen Befunden gelingt es in der Praxis nur sehr selten, eine duale Hierarchie so zu gestalten, daß sie im Hinblick auf ihre materielle und immaterielle Ausstattung als gleichwertig zur Führungshierarchie wahrgenommen wird.

3) *Analyse der Verbreitung dualer Hierarchien in der Unternehmenspraxis.* Dieser Forschungsschwerpunkt zielt darauf, in größeren Unternehmenssamples Verbreitung und Detailaspekte von dualen Hierarchien statistisch zu beschreiben (s. z.B. *Garcia/Stevens* 1968; *Gunz* 1980; *Preuschoff* 1994).

Der Forschungsstand zu dualen Hierarchien vermittelt insgesamt den Eindruck, daß noch ein großer Bedarf an wissenschaftlichen Studien besteht, in denen 1) Bestimmungsfaktoren der Einführungswahrscheinlichkeit einer dualen Hierarchie für verschiedene Unternehmensbereiche und Branchen sowie 2) Wirkungen von Systemen der dualen Hierarchie auf Arbeitseinstellungen, -verhalten und -ergebnisse von Positionsinhabern in der dualen Hierarchie *und* von Führungskräften in der „normalen" Hierarchie untersucht werden.

II. Gestaltungsempfehlungen zur Bewältigung von Führungsproblemen in der dualen Hierarchie

Das Schrifttum zur Führung *von* dualen Hierarchien durch formale Regelungen und *in* dualen Hierarchien durch interpersonale Steuerung konzentriert sich auf drei Schwerpunkte.

1. Design der dualen Hierarchie

Beim Design der dualen Hierarchie geht es um die Festlegung der Rangebenenzahl in der dualen Hierarchie, die Zuordnung von Anreizen zu den Ebenen der dualen Hierarchie und die Festlegung von Auswahlprozessen für Stellen in der dualen Hierarchie. Die Tiefe der dualen Hierarchie leitet sich aus einer Beschreibung und Analyse der Aufgaben des betroffenen Unternehmensbereichs sowie der Tiefe der Managementhierarchie ab. Die Komplexität und Erfolgsvoraussetzungen der Arbeitsaufgaben sollten sich zwischen den vorgesehenen Ebenen der dualen Hierarchie in deutlicher Weise unterscheiden. Die Tiefe der dualen Hierarchie in verschiedenen Unternehmen weist eine beträchtliche Spannweite auf (zwischen einer und neun Ebenen; s. *Gerpott* 1994). Nutzt man die duale Hierarchie als Auslöser für eine Kompetenzenverlagerung auf untere Rangstufen, dann kann dadurch nach Erfahrungen von *Moravec* (1993) auch die Zahl der Ebenen in der Managementhierarchie um 25% bis 50% verringert werden. Bei der Zuordnung von Anreizen auf und der Vertragsgestaltung für „gleiche" Ebenen der beiden Hierarchiezweige ist deren echte Äquivalenz im Hinblick auf Entgelte, Statussymbole (z.B. Dienstwagen), arbeitsbezogene Freiräume und die Verfügbarkeit von Unterstützungsressourcen (z.B. Sekretariat, Reisebudget) zentrale Bestimmungsgröße der Akzeptanz einer dualen Hierarchie durch die Mitarbeiter (*Ritti/Goldner* 1969; *Allen/Katz* 1986).

Als Entscheidungskriterien im *Personalauswahlprozeß* für Positionen in der dualen Hierarchie werden primär fach- und funktionsbezogene, berufsbiographische und verhaltensbezogene Kriterien vorgeschlagen (*Frieling/Klein* 1989; *Lentz* 1990; *Moravec* 1993; *Preuschoff* 1994). Hinsichtlich der Träger von personellen Auswahlentscheidungen für die duale Hierarchie kann man in der Praxis drei Alternativen beobachten (*Gerpott* 1994):

1) Die Entscheidung wird von einem übergeordneten Stelleninhaber in der Managementhierarchie nach Rücksprache mit dem Personalwesen gefällt (*Pössnecker* 1986; *Frieling/Klein* 1989).

2) Die Entscheidung wird von einem Komitee gefällt, das sich aus hochrangigen Stelleninhabern der dualen Hierarchie und der Managementhierar-

chie sowie Vertretern des Personalwesens zusammensetzt.

3) Die Entscheidung wird von einem Komitee vorbereitet und von einer hochrangigen Führungskraft aus der Managementhierarchie getroffen, wobei letztere von der Empfehlung des Komitees abweichen kann, wenn sie ihren Dissens schriftlich begründet.

2. Integration von dualer Hierarchie und „normaler" Führungshierarchie

Die Aufgaben von Stelleninhabern in der dualen Hierarchie und in der normalen Führungshierarchie weisen i.d.R. hohe Interdependenzen auf, so daß Mechanismen zur *Integration* der beiden Rangsysteme vorzusehen sind (*Cordero/Farris* 1992; *Griffiths* 1981). Drei Arten von Mechanismen sind zu unterscheiden:

1) *die formale vertikale Ein- oder Mehrlinien-Anbindung von Stellen in der dualen Hierarchie*: Praxistypische *Einlinienlösungen* bestehen darin, daß Stellen auf einer Rangstufe in der dualen Hierarchie vollständig einer Stelle auf der gleichen oder nächsthöheren Ebene der Managementhierarchie unterstellt werden (*Domsch* 1984; *Pössnecker* 1986; *Preuschoff* 1994). In *Mehrlinienmodellen* sind Stellen der dualen Hierarchie fachlich der nächsthöheren Ebene in der Fachlaufbahn, disziplinarisch dagegen einer Instanz auf der gleichen oder nächsthöheren Ebene in der Managementhierarchie oder einem Projektleiter unterstellt (*Griffiths* 1981).

2) *Sachorientierte eher „harte" horizontale Koordinationsmaßnahmen*: Einschlägige Instrumente sind:

a) Gremien/Projekte, in denen Vertreter aus beiden Hierarchiesträngen sich bei Schlüsselthemen abstimmen;
b) Spezialstellen („liaison positions"; s. *Schriesheim* et al. 1977), die für die Integration der beiden Hierarchiestränge zu sorgen haben;
c) Zielvereinbarungen und Pläne, die für Stellen in *beiden* Hierarchien gelten;
d) Informations-/Berichtssysteme, die eine Erkenntnisvernetzung zwischen beiden Hierarchien unterstützen.

3) *Personalorientierte, eher „weiche" horizontale Koordinationsmaßnahmen.* Hierunter fällt die Förderung von (zeitlich begrenzten) Wechseln von Mitarbeitern aus der Führungshierarchie in die duale Hierarchie und umgekehrt, die zu einem Konfliktabbau zwischen Aufgabenträgern in beiden Hierarchiesträngen beitragen sollen (*Shepard* 1958; *Moravec* 1993; →*Laterale Kooperation als Führungsaufgabe, (Schnittstellenmanagement)*). Diese werden wiederum erleichtert, wenn Teamfähigkeiten als wichtige Auswahlkriterien bereits bei der Ernennung von Stelleninhabern in jedem der beiden Hierarchieäste berücksichtigt werden. Weiter wirkt sich eine Verlagerung einiger Management- bzw. Fachaufgaben in die duale Hierarchie bzw. Führungshierarchie positiv auf die Zusammenarbeit und Qualifikationsentwicklung in zweigleisigen Hierarchien aus (*Cordero/Farris* 1992).

Bei sämtlichen *Koordinationsmaßnahmen* muß man sich des Dilemmas bewußt sein, daß einerseits die Unterschiedlichkeit der Stärken/Schwächen und Kulturen der Mitarbeiter in der dualen vs. Managementhierarchie die Weiterentwicklung des Unternehmens befruchten kann, daß aber andererseits eine zu hohe Divergenz der „Subkulturen" in jeder der beiden Hierarchien sich kontraproduktiv auswirken kann.

3. Entwicklung und Pflege einer dualen Hierarchie

Die *Entwicklungsphase* für eine duale Hierarchie beinhaltet neben dem Design der Strukturmerkmale einer dualen Hierarchie (s.o. II.1) die praktische Einführung eines Konzeptes der dualen Hierarchie im Unternehmen. Wichtig für die Akzeptanz einer dualen Hierarchie bei den betroffenen Mitarbeitern ist das „Wie" der Entwicklung der dualen Hierarchie; hier wird durchweg ein partizipatives Prozeßmanagement empfohlen (*Moravec* 1993; *Frieling/Klein* 1989; *Pössnecker* 1986). Konkreter bedeutet dieses:

1) Mitarbeitervertreter wirken bei der Erarbeitung eines Konzeptes der dualen Hierarchie gleichberechtigt mit;
2) über Pilot-Anwendungen einer dualen Hierarchie werden Einschätzungen der Mitarbeiter zur Konzeptoptimierung genutzt;
3) es werden umfangreiche Informationsmaßnahmen bei der Überführung der dualen Hierarchie aus dem Pilotstadium in den „Regelbetrieb" entfaltet.

Die *Pflege* von Systemen der dualen Hierarchie umfaßt die Verhaltensmuster, die vom Unternehmen *nach* der Einführung einer dualen Hierarchie realisiert werden, um deren Motivationswirkungen auf Dauer zu sichern. Als Handlungseckpunkte werden hier genannt (*Shepard* 1958; *Pössnecker* 1986; *Gerpott* 1987, 1994):

– Orientierung von Entscheidungen zur Besetzung von Stellen in der dualen Hierarchie streng an der fachlichen Leistung der Kandidaten;
– Sichtbare Durchführung von Ernennungen in der dualen Hierarchie durch die Unternehmensleitung verbunden mit unterstützenden Kommunikationsmaßnahmen;

- Abstimmung der personalwirtschaftlichen Instrumente (z. B. Personalauswahlsysteme, Weiterbildungsprogramme; Beurteilungsverfahren) mit den Erfordernissen des Systems der dualen Hierarchie.

Literatur

Allen, T. J./Katz, R.: The Dual Ladder. In: R&D, 1986, S. 185–197.
Allen, T. J./Katz, R.: Age, Education and the Technical Ladder. In: IEEE Transactions on EM, 1992, S. 237–245.
Cordero, R./Farris, G. F.: Administrative Activity and the Managerial Development of Technical Professionals. In: IEEE Transactions on EM, 1992, S. 270–276.
Domsch, M.: Anreizsysteme für Industrieforscher. In: Domsch, M./Jochum, E. (Hrsg.): Personal-Management in der industriellen F&E. Köln 1984, S. 249–270.
Frieling, E./Klein, H.: Fachlaufbahn für Konstrukteure. In: Personalwirtschaft, 1989, Nr. 10, S. 22–29.
Garcia, J. R./Stevens, W. L.: Technical Career Programs in Large Research and Development Laboratories. In: IEEE Transactions on EM, 1968, S. 129–138.
Gerpott, T. J.: Parallelhierarchie. In: DBW, 1987, S. 494–496.
Gerpott, T. J.: Fachlaufbahnen in der industriellen F&E. In: Domsch, M./Siemers, S. (Hrsg.): Fachlaufbahnen. Heidelberg 1994, S. 23–60.
Gerpott, T. J./Domsch, M.: Anreize im Bereich der industriellen F&E. In: Schanz, G. (Hrsg.): Handbuch Anreizsysteme. Stuttgart 1991, S. 999–1023.
Griffiths, D.: Job Evaluation, Technical Expertise and Dual Ladders in Research and Development. In: Personnel Review, 1981, Nr. 4, S. 14–17.
Gunz, H. P.: Dual Ladders in Research: A Paradoxical Organizational Fix. In: R&D, 1980, S. 113–118.
Kern, W./Schröder, H.-H.: Forschung und Entwicklung in der Unternehmung. Reinbek bei Hamburg 1977.
Lentz, C. W.: Dual Ladders Become Multiple Ladders at Dow Corning. In: Research Technology Management, 1990, Nr. 3, S. 28–34.
Mainiero, L. A.: Early Career Factors that Differentiate Technical Management Careers from Technical Professional Careers. In: Journal of Management, 1986, S. 561–575.
McKinnon, P. D.: Steady-State People: A Third Career Orientation. In: Research Management, 1987, Nr. 1, S. 26–32.
Moravec, M.: How BPX Implemented Dual-Career Ladders. In: Research Technology Management, 1993, Nr. 1, S. 39–44.
Neuhaus, J.: Die Parallelhierarchie. In: IO, 1968, S. 568–575.
Pössnecker, F.: Die Einführung einer Fachlaufbahn in der Industrie. In: Management Forum, 1986, S. 199–214.
Preuschoff, F.: Die Gestaltungsrealität der Fachlaufbahn in der industriellen Forschung und Entwicklung der Bundesrepublik Deutschland: Eine Pilotuntersuchung. In: Domsch, M./Siemers, S. (Hrsg.), Fachlaufbahnen. Heidelberg 1994, S. 61–111.
Ritti, R. R.: Dual Management – Does It Work? In: Research Management, 1971, Nr. 6, S. 19–26.
Ritti, R. R./Goldner, F. H.: Professional Pluralism in an Industrial Organization. In: Man. Sc., 1969, S. B-233-B-246.
Schriesheim, J./Glinow, M. A./Kerr, S.: Professionals in Bureaucracies: A Structural Alternative. In: Nystrom, P. C./Starbuck, W. H. (Hrsg.): Prescriptive Models of Organizations. Amsterdam 1977, S. 55–69.
Shepard, H. A.: The Dual Hierarchy in Research. In: Research Management, 1958, S. 177–187.

Führung in der öffentlichen Verwaltung

Franz Strehl/Cäcilia Innreiter-Moser

[s. a.: Bürokratie, Führung in der]

I. Begriff und Ziele der Führung; II. Rahmenbedingungen; III. Dimensionen der Führung.

I. Begriff und Ziele der Führung

Das Phänomen „Führung" ist so komplex und vielschichtig wie das menschliche Verhalten selbst. Der Begriff „Führung" wird sehr unterschiedlich verwendet, nämlich für eine Ebene in einer Organisation, für eine besondere Tätigkeit und für eine besondere soziale Rolle oder für einen besonderen sozialen Status (*Laux* 1984).

In diesem Beitrag interessiert vor allem Führung als besondere Tätigkeit und dies aus der Perspektive zweier unterschiedlicher Dimensionen:

- Die *administrativ-technische Dimension* spricht die Verwaltungsführung an und meint die Steuerung und Kontrolle sozio-technischer Systeme auf der Makroebene mit Techniken bzw. Instrumenten. Damit wird ein wesentlicher Beitrag zur Umsetzung der Ziele der politischen Ebene in allen Organisationseinheiten geleistet.
- Die *Verhaltensdimension* der Führung (→*Verhaltensdimensionen der Führung*) spricht den Mikrobereich von Organisationen an und bedeutet die zielgerichtete personale Verhaltensbeeinflussung von und durch Menschen.

Die Führungsergebnisse resultieren aus dem Zusammenspiel beider Dimensionen.

Die Ziele der Führung stellt *Hegner* (1982) in einem „magischen Viereck" dar, wonach motivierte Mitarbeiter, eine gute Organisation, abnahmefähige Leistungen und zufriedene Klienten Ergebnis des Führungsprozesses sein müssen. Die „Kunst" des Führens liegt nun darin, dieses Viereck so zu strukturieren, daß die Verbindung zwischen diesen Zielpunkten keine „oder" –, sondern eine „und" – Beziehung ist.

II. Rahmenbedingungen

Die quantitativen und qualitativen Anforderungen an die Leistungsfähigkeit der öffentlichen Verwaltung sowie die zunehmende Ressourcenknappheit führen zur Notwendigkeit der Entwicklung neuer Problemlösungsstrategien. Die Kapazität und Kompetenz des politischen und administrativen Systems, die Probleme der Gesellschaft zu lösen, werden von der Öffentlichkeit stärker angezweifelt. Auch die zunehmende Internationalisierung und Globalisierung der Gesellschaftssysteme und Märkte erhöhen die Anforderungen an die Führung der Verwaltung.

Führung in der Verwaltung befaßt sich mit der Ausbalancierung des Spannungsfeldes von Zielsetzungen der Politik, der Rechtmäßigkeit des Verwaltungshandelns, der Wirtschaftlichkeit und der Zweckmäßigkeit sowohl auf der Makro- als auch Mikroebene der Organisation. In vielen Bereichen fällt der Markt als Kriterium bzw. Korrektiv aus und wird durch komplexe politische Entscheidungen ersetzt (*Plamper* 1979).

Die Steuerung und Kontrolle der Verwaltung durch Parlament und Regierung führen zu starker Hierarchisierung und Formalisierung, wodurch die Organisation unflexibel und schwerfällig gegenüber Innovationen wird.

Die Entscheidungsprozesse werden sowohl innerhalb des administrativen Systems als auch zwischen administrativem und politischem System schwieriger und komplexer, die Vernetztheit von Aufgaben, Problemen und Organisationseinheiten, völlig unabhängig von den formalen Strukturen, nimmt zu. Zielsetzungsprobleme, die Identifikation der Anforderungen von Interessengruppen (Klienten), die Definition von Prioritäten und die Festlegung von Erfolgsmaßstäben, verbunden mit Rechenschaftslegung, Evaluierung und Sanktionen, sind anspruchsvolle, herausfordernde Aufgaben für Politiker und Beamte (Vorgesetzte und Mitarbeiter) geworden.

Die Einstellung der Bediensteten hat sich gewandelt. Sie werden zunehmend kritisch, fordern mehr Partizipation an Entscheidungsprozessen, akzeptieren in geringerem Maße autoritäre Führung auf der Grundlage von Positionsmacht und sie streben die Gestaltung sinnvoller Aufgaben und Verbesserungen der Qualität des Arbeitslebens an. Diese Einstellungsänderung führt zu Motivationsdefiziten und stellt an die Vorgesetzten neue Anforderungen (→*Motivation als Führungsaufgabe*). Fachlich und in Fragen der Personalverwaltung mögen die Vorgesetzten in der öffentlichen Verwaltung zwar qualifiziert sein, im interpersonalen Bereich weist die Dimension der personenbezogenen Führungskompetenz jedoch nach wie vor verbesserungsfähige Felder auf.

Das Besoldungs- und Beförderungssystem ist eng mit den festgelegten Stelleninhalten und -funktionen verbunden und berücksichtigt das Leistungsverhalten und -ergebnis der Bediensteten nur in geringem Maße (→*Entgeltsysteme als Motivationsinstrument*). Angesichts der Starrheit dieses Systems und der traditionell nicht leistungsorientierten Beförderungspraxis ist es als Motivationsinstrument wenig effektiv (*Akademie des deutschen Beamtenbundes* 1989).

Flexibilität, Anpassungsfähigkeit und die Entwicklung von komplexen Strategien und Umsetzungsschritten, die auch auf Akzeptanz bei den Betroffenen abzielen, stehen zunehmend im Mittelpunkt der theoretischen und praktischen Arbeiten. Entscheidungen über Prioritäten und Ressourcenumschichtungen erfordern den Einsatz von betriebswirtschaftlich orientierten Planungs-, Steuerungs- und Kontrollsystemen bzw. den Einsatz von Organisations- und Führungskonzepten, die sich sowohl auf die administrativ-technische Dimension des organisationsinternen und -übergreifenden Managements des Ressourceneinsatzes als auch auf die Verhaltensdimension der Führung beziehen.

III. Dimensionen der Führung

1. Administrativ-technische Dimension: Verwaltungsführung

Damit die in Gesetzen verankerten Forderungen nach Sparsamkeit, Wirtschaftlichkeit und Zweckmäßigkeit nicht Leerformeln bleiben, ist der Einsatz von Instrumenten der Verwaltungsführung ein – auch international – aktuelles Thema in Theorie und Praxis. Grundsätzliche Ziele sind die Erhöhung der *Effizienz* (→*Effizienz der Führung*) und *Effektivität*, die Systemtransparenz und die Verbesserung der Umsetzung politischer Prioritäten in der Verwaltung. Dies verlangt von den Vorgesetzten Kenntnisse über diese Instrumente bzw. die Fähigkeit, deren Einsatz durch die Mitarbeiter sicherzustellen (*Strehl* 1993). Die Diskussion bezieht sich insbesondere auf folgende Themenbereiche:

Dezentralisierung/Delegation: Entscheidungsmacht über Strategien, Prioritäten und Ressourcenallokationen, verbunden mit entsprechender Verantwortung und der Verpflichtung, Rechenschaft zu legen, wird jener organisatorischen Ebene zugeordnet, die am besten in der Lage ist, effiziente und effektive Entscheidungen zu treffen. Eng damit verbunden als Frage des Führungsstils ist die Delegation (→*Delegative Führung*) von Entscheidungen und Verantwortung im Mikrobereich.

Konzepte der Zielsetzung/-vereinbarung zwischen Zentralstelle (politischer Ebene) und dezentralen Einheiten (oberste Leitung) und MbO-

Konzepten (Management by Objectives) für Vorgesetzte und Mitarbeiter innerhalb der Organisationseinheiten werden als wichtige Ansatzpunkte für Führung betont (→*Zielsetzung als Führungsaufgabe; Führung im MbO-Prozeß*).

Management der finanziellen Ressourcen: Große Bedeutung wird der Entwicklung von outputorientierten Budgetierungskonzepten eingeräumt, die längerfristige Zyklen umfassen (z. B. 3 Jahre), höhere Betonung auf Prioritätenanalysen legen und explizit Zusammenhänge zwischen Zielen, Ressourcen, Maßnahmen/Aktivitäten und Evaluierungskriterien für erreichte Resultate herstellen. Es bestehen Trends weg von der traditionellen Orientierung an der Höhe des Vorjahresbudgets, der Mittelbereitstellung und -verwendung, hin zu einer Ergebnisorientierung, bei der die Ressourcenzuordnung auf der Grundlage der erbrachten Leistungen erfolgt.

Globalbudget: Budgetkomponenten (→*Budgets als Führungsinstrument*) der laufenden Ausgaben werden den Organisationseinheiten als integriertes Paket zugewiesen, um die interne Zweckmäßigkeit der Verteilung zu erhöhen. Globalisiert werden Personalausgaben und verschiedene Komponenten der Verwaltungsausgaben. Globalbudgets verändern die Rollenverteilung: die detaillierten Entscheidungen im Tagesgeschäft werden aus den Zentralstellen ausgegliedert und resultieren in den dezentralen Einheiten in freieren Entscheidungen, aber auch höherer Verantwortung und erhöhen die Anforderungen an die Führung.

Evaluierung und Kontrolle: Dezentralisierung, outputorientierte Budgetierung und der zunehmende Druck auf Ausgabendisziplin machen organisationsinterne und -externe Kontrolle und Evaluierung zu einem aktuellen Thema, wobei die Selbstevaluierung in den Vordergrund rückt. Evaluierung bezieht sich sowohl auf die Leistung von Organisationseinheiten als auch auf die individuelle Leistung (Leistungsbeurteilung i. e. S.).

Personalmanagement: Der Entwicklung von integrierten Konzepten des Personalmanagements kommt hoher Stellenwert zu: Führung, Leistungsorientierung (Entlohnung, Leistungsbeurteilung) (*Liebel/Oechsler* 1992) und Personalentwicklung (*Kienbaum* 1992) sind wichtige Elemente.

Controlling (→*Controlling und Führung*): Controlling dient der Unterstützung der Führung durch systematische quantitative Daten und qualitative Indikatoren über das interne und externe Umfeld der Verwaltung (*Brüggemeier* 1991). Controlling zielt einerseits auf die strategische Steuerung (Effektivität), andererseits auf die operative Steuerung (Effizienz) ab.

Instrumente des *strategischen Controlling* beziehen sich insbesondere auf strategische Planung und Kontrolle, Budgetierung, Aufgabenkritik/Programmevaluierung.

Instrumente des *operativen Controlling* beziehen sich vor allem auf Kostencontrolling, Finanzcontrolling, Leistungscontrolling. Auf operativer Ebene spielt die *Kosten- und Leistungsrechnung* für die Steuerung der Wirtschaftlichkeit der Leistungserstellung eine wichtige Rolle und liefert ökonomisch-rationale Argumente für die politisch-administrativen Entscheidungsprozesse (*Promberger/Pracher* 1991).

Diese Instrumente sind relativ wenig implementiert, und ihrem Einsatz stehen neben organisationspolitischen Widerständen oft das Haushaltsrecht und die Starrheit kameralistischer Systeme entgegen.

2. Verhaltensdimension der Führung: Personalführung

a) Führungsstil

Das geänderte Berufsethos von Beschäftigten im öffentlichen Dienst und die Bewältigung der komplexer und vielfältiger gewordenen Aufgaben erfordern eine Veränderung der Verhältnisse zwischen Vorgesetzten und Mitarbeitern. Der „gehorsame Beamte" gewährleistet zwar Regelkonformität, aber nicht zwangsläufig Problemlösungsrationalität und -qualität. Selbstentfaltung auch im Berufsleben und Emanzipation von Autoritäten (→*Autorität*) sind Phänomene, die in zunehmendem Ausmaß auch in der öffentlichen Verwaltung zu finden sind. Diese für eine effiziente Problemlösung notwendigen Werte stoßen im Verwaltungsleben allerdings auf großen Mangel an Verwirklichungsmöglichkeiten (*Akademie des deutschen Beamtenbundes* 1989). Als Ursachen dafür gelten die starren und monotonen Arbeitsabläufe, der geringe Gestaltungs- und Handlungsspielraum, die strenge Hierarchie, das Beförderungssystem, fehlende Anreize sowie das Vorgesetztenverhalten. Untersuchungen über die in der öffentlichen Verwaltung praktizierten Führungsstile zeigen ein sehr komplexes und vielschichtiges Bild. Selbst wenn der kooperative Führungsstil (→*Kooperative Führung*) auch in der öffentlichen Verwaltung als der effizienteste diskutiert wird, so muß seine Praktikabilität in Abhängigkeit von der Bereitschaft und den Fähigkeiten der Mitarbeiter und den strukturellen Gestaltungsmöglichkeiten (Delegation, Kontrollformen, Leitungsspannen ...) gesehen werden. Führung ist ein multikausaler Prozeß, der angesichts des Wertewandels (→*Wertewandel*), der Qualifikationssteigerung der Mitarbeiter und der enormen Möglichkeiten des EDV-Einsatzes zur Steuerung und Kontrolle des Verwaltungsvollzuges eine Neudefinition der Rolle der Vorgesetzten verlangt.

Kooperativ führen heißt, die Mitarbeiter an den aufgabenbezogenen Entscheidungen zu beteiligen, wobei das Ausmaß der Einbeziehung situativ zu gestalten ist und bis zur selbständigen Aufgabenerledigung durch den Mitarbeiter reicht (*Wunderer/Grunwald* 1980). Die Ansatzpunkte für die Umsetzung kooperativer Führung liegen zum einen in der speziellen Situation der Führung (siehe Rahmenbedingungen), zum zweiten und entscheidenden in den Einstellungen, Fähigkeiten und im Verhalten der Vorgesetzten und Mitarbeiter. Kooperative Führung heißt aber nicht nur auf Mitarbeiterbedürfnisse eingehen, sondern muß sich auch über effizientere Aufgabenerfüllung nach außen an die Bürger – im Sinne von Bürgernähe und Bürgerfreundlichkeit – richten.

b) Anforderungen an den Vorgesetzten

Vom Vorgesetzten wird v. a. →*soziale Kompetenz* gefordert. Autorität aufgrund der Position in der Hierarchie wird den Anforderungen der von der Umwelt gestellten Aufgaben, den aufgabenbezogenen Bedürfnissen und Forderungen der Mitarbeiter nicht mehr gerecht. Entscheidend für die Problemlösungsanforderung ist Führung durch *persönliche Autorität*. Dem Vorgesetzten werden Fähigkeiten wie Menschenkenntnis, Einfühlungsvermögen, Förderung der Kommunikation und Gesprächsführung, Vereinbaren von Zielen mit den Mitarbeitern, Schaffen neuer und Nutzen vorhandener Anreizmöglichkeiten (→*Anreizsysteme als Führungsinstrumente*), die den geänderten Bedürfnissen der Mitarbeiter entsprechen, sowie diese Fähigkeiten situativ und differenziert einzusetzen, abverlangt (*Töpfer* 1990). Diese Fähigkeiten können nicht per Dienstanweisung geschaffen werden. Den Vorgesetzten fehlen weitgehend Wissen, Gefühl, Training, Instrumente und auch die Spielräume, um diese Anforderungen umzusetzen.

Zentrale Aufgabe des Vorgesetzten im Führungsprozeß ist die *Motivation* der Mitarbeiter durch Schaffung entsprechender Rahmenbedingungen und Anreize. Veränderungsbereitschaft auf der Seite der Mitarbeiter ist aber ebenso notwendig wie die Entwicklung eines *pluralistischen Anreizsystems*, das situativ genutzt werden kann und damit leistungsmotivierend auf die differenzierten aufgabenbezogenen Bedürfnisse der Mitarbeiter wirkt.

Das bedeutendste Motivationspotential liegt in der *Nutzung intrinsischer Anreize*. Die Vermittlung eines Sinnbezuges zur Arbeit und die Schaffung von Anregungen für die Bediensteten, die Ergebnisse eigener Anstrengungen und Fähigkeiten zuschreiben zu können (*Akademie des deutschen Beamtenbundes* 1989), fordern den Vorgesetzten besonders. Eine kritische Durchforstung der Aufgabenbereiche nach überflüssigen und monotonen Routinetätigkeiten und das Vermitteln von Erfolgserlebnissen durch Anerkennung guter Leistungen sind hierfür äußerst wichtig.

Führung als Gestaltung von Zusammenarbeit setzt eine vertrauensvolle Beziehung zwischen Leitenden und Mitarbeitern voraus. Ziel eines Vorgesetzten muß es sein, durch *vertrauensbildende Maßnahmen* (→*Vertrauen in Führungs- und Kooperationsbeziehungen*) diese Basis zu schaffen. Intensive offene Kommunikation sowie die gegenseitige Weitergabe aufgabenrelevanter Informationen helfen Vertrauen zu schaffen und effektive Aufgabenerledigung zu erreichen. Mangelnder Informationsstand ist einer der Hauptfaktoren für Motivationsmangel. Hier heißt es für den Vorgesetzten, den Informationsfluß (→*Information als Führungsaufgabe*) vertikal und horizontal zur Vermittlung von Gesamtzusammenhängen sicherzustellen und damit die Sinnhaftigkeit der Arbeit zu steigern. Das Bemühen, diese Motivationsfaktoren einzusetzen, ist für die Schaffung eines leistungsfördernden Arbeitsklimas von entscheidender Bedeutung und unterstützt die Selbstinitiative der Bediensteten in der Gestaltung von möglichen Handlungsspielräumen.

Die in Geschäftsverteilungen festgelegten Aufgaben und Abläufe schränken den Handlungsspielraum der Bediensteten ein und wirken häufig demotivierend. Der Vorgesetzte darf einerseits die von außen gesetzten Schranken nicht umgehen, doch kann er wesentlich dazu beitragen, diesen Spielraum durch zu viele Weisungen und Kontrollen (Politik des Mißtrauens) noch weiter einzuschränken. Andererseits hat er im Tagesgeschäft Handlungsverantwortung und sehr wohl Möglichkeiten, Aufgaben und Verantwortung an befähigte Mitarbeiter zu delegieren und damit deren Arbeitsfreude und die Effektivität der Organisation zu erhöhen.

Allerdings setzt *Delegation* einen Bewußtseinsänderungsprozeß der Vorgesetzten voraus. Delegation von Handlungsverantwortung ist als Leistungsanreiz nur begrenzt wirksam, da besonders in großen Verwaltungseinheiten stärkere Spezialisierung bis hin zu hochprogrammierten Routinetätigkeiten auftreten, die den Handlungsspielraum erneut einengen und somit dysfunktional sind (*Kubicek* 1984).

c) Zielvereinbarung

Trotz gewisser Schwierigkeiten (insbesondere in der Hoheitsverwaltung) zwischen den Begriffen „Zielen" und „Aufgaben" zu unterscheiden, wird angestrebt, Ziele, Kriterien der Zielerreichung und Konsequenzen zu definieren (MbO-Systeme).

In der Zieldiskussion spiegelt sich die Diskrepanz zwischen politischer und administrativer Rationalität wider. Dies kann zu Schwierigkeiten bei der Zielformulierung, der Verantwortungsattribution für die (Nicht-)Zielerreichung und der Definition von Leistungs- und Beurteilungskriterien (-indikatoren) führen.

Dennoch wird ein Beitrag zur Transparentmachung dieser Problematik geleistet und der Druck auf die politische Ebene, Prioritäten und klare Strategien zu formulieren, erhöht. Dieser Ebene widerstrebt tendenziell diese Diskussion, da sie möglicherweise der Rationalität der Wählerstimmenmaximierung entgegensteht. Je schlechter Ziele definiert sind, desto größer wird die Chance/Gefahr der situativen Attribution (→*Führungstheorien – Attributionstheorie*) der Verantwortung und Gründe für Erfolg und Mißerfolg.

Folgende Module der Zieldiskussion können als wichtig erachtet werden:

Zieldefinition: Wenn viele Ziele auch nicht vollständig – nach den modellhaft geforderten Dimensionen – definiert werden können, so wird allein die systematische Auseinandersetzung über Ziele und Leistung (auch im Sinne einer Selbstreflexion) als fruchtbarer Prozeß gesehen.

Aus Zielen abzuleiten sind für den Vorgesetzten *erfolgskritische Führungstätigkeiten,* die für eine erfolgreiche Umsetzung relevant sind. Auf Mitarbeiterebene werden *kritische Tätigkeitsinhalte* definiert, die für eine erfolgreiche Aufgabendurchführung maßgeblich sind (*Bargehr* et al. 1993). Weiters müssen die *verfügbaren/benötigten Ressourcen* (Budget, Personal, Sachmittel), sowie die *sonstigen Rahmenbedingungen* transparent gemacht werden, um hinreichende Grundlagen für die *Evaluierung* und deren *Begründung* zu schaffen. Die Definition von *Gütekriterien* der Zielerreichung bzw. Aufgabendurchführung bezieht sich je nach Zweckmäßigkeit auf die Qualität, Quantität, Zeit, Methode und die Kosten.

d) Leistungsbeurteilung

Die individuelle *Leistungsbeurteilung* (→*Leistungsbewertung als Führungsinstrument*) ist ein wichtiges Bindeglied zwischen den Gesamtzielen einer Organisationseinheit und den Teilzielen bzw. Aufgaben eines Mitarbeiters. Die Leistung der Organisation beruht auf den Synergieeffekten der individuellen Leistungen, und es wird ein Zusammenhang zwischen Zielen, Leistungskriterien und individueller Verantwortung hergestellt.

In der Verwaltungspraxis stehen folgende Funktionen der individuellen Leistungsbeurteilung im Vordergrund: Transparenz und Verständnis zwischen Vorgesetztem und Mitarbeiter über gegenseitige Erwartungen, leistungsorientierte Verhaltenssteuerung, Informationen für Aus- und Weiterbildung, personalpolitische Maßnahmen und Maßnahmen in bezug auf Fachkompetenz, interpersonale Kompetenz und Gestaltung von Ressourcen und Rahmenbedingungen. Hieraus ergeben sich Ansätze für organisationales Lernen.

Durch die explizite Berücksichtigung gegenseitiger Erwartungen und die Hinterfragung der Sinnhaftigkeit von Aufgaben können intrinsische Elemente der Leistungsmotivation gefördert werden. Leistungsbeurteilung per se stellt jedoch noch keine Motivation dar. Die Verknüpfung mit materiellen Anreizsystemen ist ein zentrales Thema. Dies geht jedoch am Kernproblem der Motivation vorbei und stößt an die Grenzen der Definition von Leistungskriterien, der besoldungsrechtlichen Bestimmungen und vor allem auch der Fähigkeiten der Vorgesetzten, materielle Anreize wirkungsvoll einzusetzen (Erklärungsprobleme, Konfliktvermeidung).

Ein schwieriges, sowohl theoretisches als auch praktisches Problem ist die Entwicklung relevanter Kriterien, die die leistungsbezogenen Dimensionen des Arbeitsverhaltens abbilden. In vielen Modellen werden schlecht-definierte Verhaltenskriterien und Persönlichkeitsmerkmale für die Beurteilung der Leistung herangezogen und viel weniger reale Dimensionen der Leistung. Beurteilungen werden eher auch durch allgemeine Einschätzungen und Sympathie/Antipathie bestimmt als durch die Leistung selbst (*Oechsler* 1992).

Resümierend ist festzuhalten, daß differenziertes, situatives und an den aufgabenbezogenen Bedürfnissen der Mitarbeiter orientiertes Verhalten nicht per se entsteht. Es erfordert Veränderungsbereitschaft von allen Beteiligten. Einstellungen, Werte und Verhalten zu ändern bedeutet einen langen Lernprozeß und hat nur dann eine Chance auf Erfolg, wenn gleichzeitig auch Änderungen im Umfeld und in der Struktur, Kultur, ... passieren, in dem die neuen Verhaltensweisen gelebt werden sollen. In der Verwaltungspraxis ist es schwierig, die traditionell entstandenen Defizite an interaktionsorientierten Führungstraining aufzuholen. Analoges gilt für das Thema Personalentwicklung. Die Einführung von solchen Innovationen kann nur sehr langfristig erfolgen und bedarf kontingenter Ansätze der Organisationsentwicklung (*Wunderer* 1982) (→*Organisationsentwicklung und Führung*).

Literatur

Akademie des deutschen Beamtenbundes. Bertelsmann Stiftung (Hrsg.): Führung und Arbeitsmotivation in Kommunalverwaltungen. Gütersloh 1989.
Bargehr, B./Promberger, K./Strehl, F.: Leistungsbeurteilung als Instrument des Personalmanagement in der öffentlichen Verwaltung. In: *Strehl, F.* (Hrsg.): Managementkonzepte für die öffentliche Verwaltung. Wien 1993.
Brüggemeier, M.: Controlling in der öffentlichen Verwaltung. Ansätze, Probleme und Entwicklungstendenzen eines betriebswirtschaftlichen Steuerungskonzeptes. München 1991.

Hegner, F.: Das „magische Viereck" der Verwaltungsführung: motivierte Mitarbeiter, gut funktionierende Organisation, abnahmefähige Leistungen, zufriedene Klienten. In: *Remer, A.* (Hrsg.): Verwaltungsführung. Berlin, New York 1982.
Kienbaum, M. (Hrsg.): Visionäres Personalmanagement. Stuttgart 1992.
Klages, H.: Öffentliche Verwaltung im Umbruch – neue Anforderungen an Führung und Arbeitsmotivation. Gütersloh 1990.
Kubicek, H.: Führungsgrundsätze. In: Zeitschrift für Organisation (ZfO) 1984.
Laux, E.: Führungsfragen der öffentlichen Verwaltung. In: Handbuch für die öffentliche Verwaltung, Bd. 1. Neuwied, Darmstadt 1984.
Oechsler, W.: Personalführung durch tätigkeitsbezogene Leistungsbewertung. In: *Liebel, H./Oechsler, W.:* Personalbeurteilung. Wiesbaden 1992.
Plamper, H.: Führung in der öffentlichen Verwaltung. Versuch einer Bestandsaufnahme. In: Die Verwaltung, 1979, H. 2, S. 71–90.
Promberger, K./Pracher, C. (Hrsg.): Kosten- und Leistungsrechnung für die öffentliche Verwaltung. Wien 1991.
Strehl, F. (Hrsg.): Managementkonzepte für die öffentliche Verwaltung. Wien 1993.
Töpfer, A.: Kooperative Führung in der öffentlichen Verwaltung. In: *Klages, H.:* Öffentliche Verwaltung im Umbruch – neue Anforderungen an Führung und Arbeitsmotivation. Gütersloh 1990.
Wunderer, R.: Kontingente Organisationsentwicklung in der öffentlichen Verwaltung. In: *Renner, A.* (Hrsg.): Verwaltungsführung. Berlin u. New York 1982, S. 293–315.
Wunderer, R./Grunwald, W.: Führungslehre, Bd. 1. Berlin, New York 1980.

Führung in der Transformation von planwirtschaftlichen zu marktwirtschaftlichen Systemen

Jörg Sydow/Manfred Gaulhofer

[s. a.: Entpersonalisierte Führung; Kulturabhängigkeit der Führung; Menschenbilder und Führung; Mikropolitik und Führung; Netzwerkbildung und Kooptation als Führungsaufgabe; Organisationsentwicklung und Führung.]

I. Transformation von plan- zu marktwirtschaftlichen Systemen; II. Führungsaufgaben im Transformationsprozeß; III. Ansätze zur Bewältigung der Führungsaufgaben; IV. Transformative Führung?

I. Transformation von plan- zu marktwirtschaftlichen Systemen

Die Umstellung bzw. der Übergang von einem planwirtschaftlichen zu einem wie auch immer im Detail ausgestalteten marktwirtschaftlichen System wird heute oft als Transformation bezeichnet. Eine solche Transformation ist ein langwieriger und von gesellschaftlichen Konflikten begleiteter Prozeß, der kaum voneinander zu isolierende politische, ökonomische, soziale, rechtliche und nicht zuletzt auch kulturelle und ökologische Dimensionen umfaßt. Das hohe Konfliktniveau, durch das sich Transformationsprozesse auf allen Ebenen (u. a. Individuum, Organisation, Interorganisationsbeziehungen, Gesellschaft) auszeichnen, resultiert nicht zuletzt aus der Nichtparallelität der Transformation von Gesellschaften in den genannten Dimensionen. Zumeist läuft die ökonomische Transformation den anderen Dimensionen voraus, d. h. zuerst werden ökonomische Austauschprozesse in planwirtschaftlichen Systemen marktförmig organisiert – mit zum Teil verheerenden Folgen für die an diesen Austauschprozessen beteiligten Oranisationen und die in ihnen arbeitenden Menschen. Organisationen, insbesondere Unternehmungen, stellen in diesem Prozeß gleichsam die Brennpunkte, aber auch die Orte konkreter Gestaltung der Transformation dar, auch wenn Art und Richtung des Transformationsprozesses aus Sicht der einzelnen Unternehmung als exogen determiniert erscheinen.

Die Geschwindigkeit, mit der sich der Transformationsprozeß in den Staaten des ehemaligen Ostblocks vollzieht, variiert ebenso wie das Ausmaß des Wandels sehr stark, selbst wenn man die Sondersituation der ehemaligen DDR außer acht läßt. Dennoch dürfte sowohl auf gesellschaftlicher wie organisationaler Ebene, und nicht zuletzt auch auf der Ebene interorganisationaler Beziehungen, die Rede von einem „Quantum Change" (*Miller/Friesen* 1984) gerechtfertigt sein, mit dem sich die in diesen Staaten tätigen Führungskräfte konfrontiert sehen. Von Führungskräften, seien es einheimische oder aus kapitalistisch-maktwirtschaftlichen Systemen entsandte (→*Entsendung von Führungskräften ins Ausland*), wird nicht nur verlangt, daß sie sich auf diesen „Quantum Change" einstellen, sondern auch, daß sie ihn selbst aktiv mitgestalten. Vor diesem Hintergrund stellen sich viele Führungsaufgaben neu. Die besondere Schwierigkeit besteht dabei für Führungskräfte darin, daß nicht einfach das planwirtschaftliche System durch ein marktwirtschaftliches ersetzt wird, sondern daß es einen oft viele Jahre dauernden Übergang, eben einen Transformations*prozeß*, zu bewältigen gilt. In diesem Prozeß bestehen die ‚alten Strukturen' (und das sind immer auch alte Kulturen) zum Teil weiter, werden reproduziert und beeinflussen auch aktuelle Handlungskontexte. Sie stellen damit Einflußfaktoren auf die Bewältigung der sich im Transformationsprozeß stellenden Führungsaufgaben dar, auf die es sich zumindest ein Stück weit einzulassen gilt.

II. Führungsaufgaben im Transformationsprozeß

Die *sachbezogene Führung,* die sich im Kern auf die Funktionen der Planung, Organisation und Kontrolle erstreckt, stand im Zentrum der in planwirtschaftlichen Systemen gebräuchlichen Rede von der „Leitung als politische Tätigkeit" (*Friedrich/Richter/Stein/Wittich* 1983). Obwohl die Wahrnehmung jeder vermeintlich sachbezogenen Managementfunktion unvermeidlich Verhalten beeinflußt, wurde die *personenbezogene Führung* (Personalführung) weder in der Praxis noch in der Theorie der sozialistischen Leitung ausführlich thematisiert. Verhaltenstrainings, um dies an einem Beispiel zu illustrieren, spielten in den Ländern Osteuropas eine denkbar geringe Rolle; in der Form von Führungstrainings fast gar keine (*Pieper* 1992). Die personen- bzw. verhaltensbezogenen Aspekte der Führung stehen, ganz im Gegensatz zu ihrer Berücksichtigung selbst in der aktuellen Diskussion der Transformation, im folgenden im Vordergrund. Schließlich ist Personalführung für den Unternehmungserfolg von entscheidender Bedeutung – zumal in unstrukturierten, handlungsoffenen Situationen, wie sie im Zuge von Transformationsprozessen immer wieder entstehen.

1. Neue Führungsaufgaben: Ökonomisierung, Motivierung und Qualifizierung

Unter den qualitativen Veränderungen, die das kapitalistisch-marktwirtschaftliche System im Bereich der Personalführung mit sich bringt, ist wohl die *Ökonomisierung der Sicht auf die menschliche Arbeit* im Betrieb an prominentester Stelle zu nennen. Die Neuorientierung und -bewertung menschlicher Arbeitsleistung an ihren Beiträgen zum Unternehmungserfolg impliziert, für Leiter ehemals sozialistischer Betriebe oftmals nur schwer zu akzeptieren, u. a.

a) eine stärkere Ausrichtung am Individuum statt am Kollektiv,
b) die Anerkennung von Wettbewerb als handlungsleitendem Prinzip und
c) die Bewältigung oft massenhafter Personalentlassung.

a) Während die kapitalistisch-marktwirtschaftliche Ideologie und Praxis dem souveränen, eigenverantwortlichen *Individuum* einen zentralen Stellenwert beimißt, zog das Individuum im real existierenden Sozialismus seinen Wert – ideologisch und faktisch – eher aus seiner Zugehörigkeit zu einem größeren Ganzen, dem Kollektiv oder der Gesellschaft. Personalführung bezog sich unter diesen Gegebenheiten vor allem auf die Administration des „Arbeitsvermögens" und die Bewältigung des in die Phasen Heranbildung, Lenkung und Einsatz, Nutzung und Ausscheiden gegliederten „Reproduktionsprozesses der Arbeit" (*Stieler* 1990). Zwar sind eher sachbezogene Konsequenzen dieser Umorientierung, z. B. die stärkere Individualisierung der Arbeitsorganisation, der Entlohnung und der Karrierepfade, von den meisten erfahrenen Leitern ohne allzu große Probleme zu bewältigen; die Akzeptanz des Mitarbeiters als eines Individuums mit idiosynkratischen Bedürfnissen und Interessen fordert von den Führungskräften jedoch eine grundlegende Einstellungs- und Verhaltensänderung. Der Erwerb und die Umsetzung der entsprechenden Verhaltenskompetenzen jenseits der in der Wirklichkeit sozialistischer Betriebe geforderten „Mangelhandhabungsqualifikationen" (*Steinle* 1993) ist ein schwieriger und langwieriger Prozeß, muß er doch auf einer von anderen Werten getragenen Sozialisation aufbauen.

b) In enger Verbindung mit der Ausrichtung auf das Individuum stellt der *Wettbewerb,* der sich auf betrieblicher Ebene in der Konkurrenz am und um den Arbeitsplatz widerspiegelt, eines der wesensbestimmenden Elemente des marktwirtschaftlich-kapitalistischen Systems dar. Dieser Wettbewerb war der sozialistischen Arbeitswelt weitgehend fremd. Ein völlig anders geartetes Rekrutierungs- und Karrieresystem, welches dem einzelnen keinen Nutzen aus eventuellen Wettbewerbsvorteilen bot, wies kooperativen Aspeken einen weitaus höheren Stellenwert zu. Führungskräfte ehemals sozialistischer Betriebe müssen sich im Zuge des Transformationsprozesses entsprechend umorientieren und insbesondere eine Balance finden zwischen einer leistungsfördernden Unterstützung des Wettbewerbs und einer ausgleichenden Eindämmung. Hierzu fehlt ihnen erwartungsgemäß oft die soziale Kompetenz (*Myritz* 1993). Schwerer als der Erwerb dieser Kompetenz fällt jedoch vielen von ihnen, auch in den zwischenmenschlichen Beziehungen Konkurrenz als Verhalten steuerndes Prinzip anzuerkennen.

c) Den Leitern vormals sozialistischer Betriebe wurde die erforderliche Neuorientierung der Personalführung im ganzen Ausmaß spätestens dann deutlich, als sie die für viele von ihnen fast traumatische Entscheidung zu treffen hatten, einen (oft sehr großen) Teil der Belegschaft zu entlassen. Das aus der eigenen Sozialisation heraus als ungeheuerlich Empfundene an diesem Akt und die zu erwartenden Konflikte ließ und läßt viele Leiter sehr lange zögern, bevor sie diesen Schritt gehen; dies selbst dann, wenn sie rational die Ökonomisierung der Sicht auf betriebliche Arbeit akzeptieren.

Die *Motivierung der Mitarbeiter* stellt sich den Leitern ehemals sozialistischer Betriebe als weitere, neue Führungsaufgabe. Sie wurde im Sozialismus offiziell als nicht notwendig erachtet, weil aufgrund der Fiktion von der „objektiven Interessenübereinstimmung" der sozialistische Mensch von sich aus ein ausreichendes Maß an Motiviertheit für die Arbeitstätigkeit mitbrachte. In der Praxis sozialistischer Betriebe waren die Möglichkeiten einer motivationsfördernden Anreizgestaltung folglich auch sehr beschränkt. In der westlichen Führungspraxis und -theorie nehmen motivationstheoretische Überlegungen hingegen seit vielen Jahren einen breiten Raum ein (*Staehle* 1994).

Für Leiter ehemals sozialistischer Betriebe ist es nicht nur ungewohnt, daß die Motivierung den individuellen Mitarbeiter in den Mittelpunkt der Führungstätigkeit rückt. Neu ist für sie neben den sich nun ergebenden vielfältigen Möglichkeiten der Anreizgestaltung auch die Fülle von Faktoren, die nach den verschiedenen Führungstheorien dabei zu beachten sind. Die Versuchung ist hier groß, auf eindimensionale Erklärungsmuster aus der Vergangenheit zurückzugreifen, statt zu lernen, unterschiedliche, oft sehr diverse Motive, Einstellungen und Erwartungen der Beschäftigten *und* die jeweiligen situativen Handlungskontexte zur Grundlage eigenen Führungsverhaltens zu machen. Erste Erfahrungen aus der ehemaligen DDR liefern bereits einen deutlichen Beleg für die Komplexität und Dynamik dieser Führungsaufgabe. War in einer ersten Zeit nach der sog. Wende zu beobachten, daß die Teilnahme- und Beitragsentscheidungen ostdeutscher Beschäftigter überwiegend vom Motiv getragen waren, ein hohes Einkommen zu erzielen, gewannen bald Werte wie die Sicherheit des Arbeitsplatzes oder die sozialen Beziehungen (wieder) stärker an Gewicht.

In einem völlig neuen Licht stellt sich den Leitern ehemals sozialistischer Betriebe schließlich auch die Führungsaufgabe der *Qualifizierung*. Aus- und Weiterbildung der Mitarbeiter hatte in der Vergangenheit neben einer berufsbezogenen vor allem eine allgemeine, pädagogisch-politische Funktion. Inhalte, Ausmaß und Dauer von Aus- und Weiterbildungsmaßnahmen wurden weitgehend zentral vorgegeben und orientierten sich nicht an einzelbetrieblichen Anforderungen. Die Rolle der Leiter bestand vor allem in der an diesen Vorgaben orientierten Delegierung der Teilnehmer.

In der Unternehmung als kapitalistischem Betrieb liegt die Verantwortung für die bedarfsgerechte Qualifizierung des Personals (Personalentwicklung) hingegen bei den Führungskräften. Die Personalentwicklung, in der eine der zentralen Quellen für Wettbewerbsvorteile liegt, wird als ein wesentliches Element des Human Resource Management angesehen (z. B. *Staehle* 1994). Neu ist für ehemals sozialistische Leiter deshalb nicht nur die eigene Verantwortlichkeit für die fachliche und soziale Qualifizierung ihrer Mitrbeiter, sondern auch die gerade von Human Resource Management-Konzepten geforderte Orientierung der Personalentwicklung an der Unternehmungsstrategie.

2. Empirische Befunde zur Führung im Transformationsprozeß

Trotz umfänglichen, zentral administrierten und im wesentlichen für die den hohen Bürokratisierungsgrad sozialistischer Betriebe verantwortlichen Einsatz von Planung, Organisation und Kontrolle verblieb in der Praxis sozialistischer Betriebe, nicht zuletzt aufgrund von Planversagen, ein „Personalführungsbedarf" (*Türk* 1981). Dieser wurde, wenn man vorliegenden empirischen Untersuchungen Glauben schenken darf, eher direktiv-autoritär wahrgenommen, ohne daß die Leiter allerdings ihre Persönlichkeit stark in den Führungsprozeß einbrachten. Vielmehr setzten sie auf Medien →*entpersonalisierter Führung* und zogen sich auf ihre eigenen, tatsächlich oder vermeintlich engen Handlungs- bzw. Führungsspielräume (*Kappler* 1987) zurück.

Diese autoritär-direktive Führungstradition scheint für die Führung *im* Transformationsprozeß von Bedeutung: das Wissen über diese Führungstradition bietet Ansatzpunkte, zentrale Führungsprobleme im Transformationsprozeß zu verstehen und ggf. notwendige Maßnahmen im Bereich des Trainings, der Beratung und des Transfers von Führungskräften, aber auch der Entlassung von Führungskräften ohne Entwicklungspotential einzuleiten. Dieses Wissen ist allerdings aufgrund der Anzahl und der Qualität der vorliegenden empirischen Studien, die zudem noch in Zeiten radikaler Veränderungen durchgeführt wurden, noch als sehr vorläufig zu bezeichnen. Insbesondere ist offen, aber für die Konzipierung entsprechender Maßnahmen von entscheidender Bedeutung, inwieweit das praktizierte Führungsverhalten personale *Eigenschaften der Leiter* oder nur die besonderen *Bedingungen der Leitung* sozialistischer Betriebe widerspiegelt (*Ladensack* 1990).

Ein Vergleich von Interviewdaten, die bei 95 ost- und 104 westdeutschen Führungskräften in der Nach-Wendezeit erhoben und inhaltsanalytisch ausgewertet wurden, zeigt beispielsweise, daß ostdeutsche Führungskräfte mehr als westdeutsche auf Anleitung, Aufgabenverteilung und Kontrolle setzen, während sie der Motivation, der Delegation von Verantwortung und der Förderung von selbständigem Handeln noch relativ wenig Bedeutung beimessen; statt positiver Motivation und offener Aussprache bevorzugen ostdeutsche Führungskräfte (noch) disziplinierende Maßnahmen (*Wuppertaler Kreis* 1992). Die immer noch große Bedeutung eines autoritären Führungsstils sowie einer bürokratischen, macht- oder rollenorientierten und reaktiven Organisationskultur, in der dem mittleren Management nur ein geringer Einfluß eingeräumt wird, bestätigen für die Zeit nach der Wende auch andere, in ostdeutschen Betrieben durchgeführte Studien (z. B. *Edeling*

1991; *Hilker* 1991; *Wunderer* 1990; *Lang/Wald* 1992).

Eine Explorationsstudie, die 1989/90 durchgeführt wurde und in der 1400 Führungskräfte aus sieben osteuropäischen Ländern einschließlich der noch existierenden DDR zur Organisation und Führung ihrer (damals noch sozialistischen) Betriebe befragt wurden, kommt zu folgenden Ergebnissen: Bei aller Unterschiedlichkeit in den Wertorientierungen, Einstellungen, Motiven und impliziten Theorien dieser Führungskräfte weisen die Befragten, verglichen mit einer bundesrepublikanischen Stichprobe, eine geringere Karriereorientierung sowie mangelnde soziale Kompetenz in der Kommunikation und Motivierung der Mitarbeiter auf; zudem zeigen sie eine eher ablehnende Haltung gegenüber Partizipation sowie Initiative (*Hentze/Lindert* 1992). Die Führungskräfte zeigen eine vergleichsweise geringe Bereitschaft zur Übernahme von Verantwortung und Risiko, sehen gleichwohl signifikant steigende Anforderungen in Hinblick auf Entscheidungsfähigkeit, Verantwortungsbewußtsein, Durchsetzungskraft, Initiative und Motivationskompetenz. Keine steigenden Anforderungen sehen sie hingegen in Hinblick auf Teamfähigkeit auf sich zukommen. Der Grund hierfür dürfte in der traditionellen Orientierung der Leitung des sozialistischen Betriebes im und am Kollektiv begründet liegen. Die gefundenen Einstellungen und Verhaltensweisen reflektieren allerdings nicht nur individuelle Wertorientierungen der Führungskräfte, sondern auch die situativen Handlungskontexte der Führung der (zum Zeitpunkt der Erhebung noch) sozialistischen Betriebe (zum Beispiel die relative geringe Bereichsautonomie bzw. den hohen Grad der Entscheidungszentralisation).

Empirische, methodisch nicht weniger problematische Untersuchungen zur Wirksamkeit einzelner Führungsinstrumente kommen zu dem Ergebnis, daß bestimmte dieser, unter westlichen Bedingungen durchaus erfolgreichen, Instrumente, zumindest zur Zeit, von nur begrenzter Wirksamkeit sind. Zum Beispiel finden *Welsh/Luthans/Sommer* (1993) in einer experimentellen Studie, daß von drei Führungsinstrumenten nur zwei bei ihrer Verwendung in einer russischen Textilfabrik Erfolg zeitigten. Während beispielsweise eine an die Leistung gekoppelte Vergabe extrinsischer Belohnungen (billige, aber in Rußland sehr geschätzte U.S.-Produkte) sowie eine Verhaltensverstärkung durch Lob, Anerkennung und Feedback leistungssteigernde Effekte hatte, schien eine Erweiterung von Partizipationsmöglichkeiten (Diskussion von Verbesserungsvorschlägen mit Dritten, unter Ausschluß der Vorgesetzten) mit dem Wertesystem und den Erfahrungen der Beschäftigten zu kollidieren. Ob sich diese 1990 gewonnenen Ergebnisse auch nach einer weiteren Transformation der russischen Ökonomie sowie der Wertorientierungen und Erfahrungen russischer Beschäftigter bestätigen lassen, ist eine offene Frage und wird erst mittelfristig im Rahmen einer auf den Transformationsprozeß abstellenden, kulturvergleichenden Führungsforschung (→*Kulturabhängigkeit der Führung*) zu beantworten sein.

Eine sehr umfangreiche Langzeitstudie der Wahrnehmung von Führungsaufgaben wird in Polen durchgeführt (*Stachowicz* 1992). Diese Studie unterscheidet an Macht (power ideology), formalen Rollen (bureaucratic ideology), tatsächlichen Aufgaben (innovative ideology) und Mitarbeitern (social ideology) orientierte Führung und bestätigt, daß in den untersuchten Großbetrieben Führung vor allem auf der Basis formaler Macht ausgeübt wird und ein autoritäres Klima herrscht: Immerhin 42% der Befragten sehen polnische Großbetriebe als von einer ‚power ideology' geprägt, gefolgt von einer ‚bureaucratic ideology' (27%), einer ‚innovative ideology' (12%) und einer ‚social ideology' (10%). Gleichwohl scheint eine nach den politischen Umwälzungen 1990 durchgeführte Erhebung auf eine gewisse Abkehr von der Führung auf Basis formaler Macht hinzudeuten.

Trotz aller neuen Führungsaufgaben, die sich im Transformationsprozeß stellen, bieten sich u.E. Führungskräften in den sich transformierenden Gesellschaften Osteuropas vielfältige Anknüpfungsmöglichkeiten an die eigene Führungserfahrung. Dies gilt beispielsweise für die *Bedeutung personaler Beziehungen* innerhalb von oder auch zwischen Organisationen (→*Netzwerkbildung und Kooptation als Führungsaufgabe*) für den Unternehmungserfolg und nicht zuletzt für das eigene Vorankommen. Karrieren über persönliche und politische Sympathien, Sicherung günstiger Bezugsquellen durch die Pflege interorganisationaler Beziehungen, all dies ist diesen Führungskräften sehr wohl vertraut – auch wenn in Ausmaß und Form Unterschiede bestanden haben bzw. weiterhin bestehen mögen. Gleichwohl gilt es von alten, zumeist nur impliziten Theorien Abschied zu nehmen, die diese Dimensionen der Führung in planwirtschaftlichen Kontexten thematisierten.

3. Entlernen implizierter Führungstheorien

Führungskräfte entwickeln im Laufe der Zeit aus eigenen Beobachtungen, Wahrnehmungen und Menschenbildern (→*Menschenbilder und Führung*) ihre eigenen, individuellen und erfahrungsgesättigten Theorien über das Wesen und die Wirkung von Führung. Diese impliziten Führungstheorien geben, wenn sie sich einmal verfestigt haben, den recht stabilen und dauerhaften Hintergrund ab, vor dem führungsrelevante Tatbestände wahrgenommen und interpretiert werden (*Müller* 1988). Treten in der (führungsrelevanten) Umwelt der Führungskraft radikale Veränderungen ein, so kann das mit dem Zwang verbunden sein, fest verwurzelte implizite Führungstheorien aufgeben und sie durch neue ersetzen zu müssen.

Gemeinsame Elemente der jeweils individuellen impliziten Führungstheorien der Leiter ehemals sozialistischer Betriebe umfassen die o.g. Problembereiche der Kollektivität, der Kooperation sowie der Beschäftigungsgarantie; sie erstrecken sich aber beispielsweise auch auf die Unterordnung unter ‚höherrangige' Ziele der sozialistischen Gesellschaft, auf die Funktionalität gelernter Unauffälligkeit in eben dieser Gesellschaft sowie auf den politisch verordneten Glauben an die Unbeeinflußbarkeit der historisch bedingten Entwicklung von Organisation und Gesellschaft.

Stellt man diese Bestandteile impliziter Führungstheorien den „theories-in-use" (*Argyris/ Schön* 1978) westlicher Führungskräfte gegenüber, so werden gravierende Unterschiede deutlich. Der vom Sozialismus postulierten Unterordnung aller Individualziele unter höherrangige gesellschaftliche Ziele stellt das marktwirtschaftliche System den Grundsatz gegenüber, daß die Verfolgung eigener, egoistischer Ziele auf individueller und organisationaler Ebene das höchstmögliche gesellschaftliche Wohlstandsniveau hervorbringt. Sowohl Unternehmungen als auch Individuen streben unter kapitalistisch-marktwirtschaftlichen Bedingungen nach dem Besonderen, der ‚Exzellenz', durch die sie sich deutlich von der Umwelt abheben. Nicht die Unauffälligkeit des Sozialismus, sondern die auffällige Besonderheit birgt die Möglichkeit der Verbesserung der Wettbewerbsposition und nicht zuletzt auch der eigenen Lebenssituation. Aktive, kontinuierliche Versuche, die relevante Umwelt im eigenen Sinne bzw. Interesse zu beeinflussen, stellen im kapitalistischen System eine grundlegende Voraussetzung für den eigenen Erfolg und für den Unternehmungserfolg dar.

Viele ehemals sozialistische Leiter stehen mitten im Prozeß des Entlernens ihrer diesbezüglich nunmehr überkommenen impliziten Führungstheorien. Dieses Entlernen wird durch die für sie durchaus typische Neigung zur externen Erfolgs- bzw. Mißerfolgsattribuierung nicht gerade erleichtert, zumal diese Neigung durch die konkrete Erfahrung des Transformationsprozesses oft noch verfestigt worden sein dürfte (*Stratemann* 1992). Und für viele von ihnen ist dieser Prozeß denn auch mit schmerzhaften Infragestellungen und Suchprozessen nach einer neuen Identität als Führungskraft verbunden, ganz besonders dann, wenn sie (zumeist sich selbst) die Frage nach der Erlernenswürdigkeit einzelner Elemente des für sie neuen Systems stellen.

III. Ansätze zur Bewältigung der Führungsaufgaben

Sachbezogene Führungskompetenzen können vergleichsweise einfach erlernt oder vermittelt bzw. auch transferiert werden. Für soziale Kompetenzen zur Bewältigung personenbezogener Führungsaufgaben gilt dies in weitaus geringerem Maße. Zu ihrem Erwerb bedarf es neben Maßnahmen des Führungskräftetrainings ergänzender Lernformen wie eines durch Führungskräfte-Transfer ermöglichten Modell-Lernens oder des Lernens im Rahmen eines sich anschließenden Prozesses der Führungsberatung und -entwicklung.

1. Führungskräftetraining

Die Bewältigung des Transformationsprozesses von der Plan- zur Marktwirtschaft verlangt eine Qualifizierung von Führungskräften in einem in Qualität und Quantität bislang unbekanntem Maß. Geht es doch bei den Trainings- und Weiterbildungsmaßnahmen für Teilnehmer aus den ehemals sozialistischen Systemen nicht nur darum, Qualifizierung in Richtung auf ein völlig unterschiedliches Gesellschafts- und Wirtschaftssystem durchzuführen. Als Erschwernis kommt hinzu, daß die Qualifizierung – zumindest anfänglich – weitgehend von Personen vollzogen werden muß, die selbst einem anderen System entstammen.

Ein erfolgversprechendes Führungskräftetraining setzt deshalb mindestens voraus, daß sich die Trainer zunächst selbst eingehend mit der Ausgangssituation der Teilnehmer vertraut machen, auch wenn sie letztlich vermutlich nicht vollständig von ihnen begriffen werden kann. Dazu bedarf es in der Regel einer nicht zu kurz bemessenen Anwesenheit im jeweiligen Land sowie ausreichender Kontakte mit Weiterbildungsfachleuten vor Ort – Anforderungen, denen die meisten der derzeit in den ehemals sozialistischen Ländern Osteuropas angebotenen Qualifizierungsprogramme westlicher Weiterbildungsinstitutionen nicht genügen (*Pieper* 1993).

Ein für Teilnehmer aus den ehemals sozialistischen Ländern inhaltlich und methodisch adäquates Führungskräftetraining darf sich auch nicht auf kurzfristig orientierte Maßnahmen stützen, sondern muß eine längerfristige Ausrichtung haben. Zudem sollte das Schwergewicht zunächst auf jene Verhaltensannahmen und Basiswerte gelegt werden, welche das marktwirtschaftliche System vom sozialistischen unterscheiden. Erst wenn die Teilnehmer erfaßt haben, auf welchen Grundannahmen das für sie neue System aufbaut, kann sinnvollerweise mit der Vermittlung von Inhalten zur Führung unter marktwirtschaftlichen Bedingungen begonnen werden. Im Training müßte zudem auf die Bedingungen des Transformationsprozesses selbst Bezug genommen werden – ein Unterfangen, das die meisten Trainer ob der oft unzureichenden persönlichen Erfahrungen und/oder fehlenden Möglichkeiten zur führungstheoretischen Reflexion überfordert. Auf jeden Fall sind auf der kognitiven Ebene ansetzende Methoden gezielt mit emotional-affektiven Elementen zu mischen, um länger anhaltende Lerneffekte zu ermöglichen. Leitbild für die Entwicklung und Durchführung derartiger Trainings sollte u. E. keineswegs eine hundertprozentig an westlichen Bedingungen und Stilen orientierte Führung sein. Vielmehr scheint es auf den kulturbewußten Einsatz neuer, marktwirtschaftlich orientierter *Führungsphilosophien* (→*Führungsphilosophie und Leitbilder*) und -kompetenzen in Verbindung mit Erfahrungen und Einsichten einheimischer Führungskräfte anzukommen (*Lawrence/Vlachoutsicos* 1993).

2. Führungskräfteberatung

Führungskräfteberatung stellt im Transformationsprozeß eine dringend notwendige Ergänzung zu den sich meist nur über einen relativ kurzen Zeitraum erstreckenden Führungstrainings dar. Vieles spricht dafür, die Führungskräfteberatung unter den Bedingungen der Transformation als einen Prozeß der *Organisationsentwicklung* (→*Organisationsentwicklung und Führung*) zu gestalten und auf diese Weise im Prozeß die engen Verflechtungen zwischen sach-, personen- und kulturbezogenen Aspekten organisationaler Transformation zu berücksichtigen. Nicht zuletzt geschieht dies dadurch, daß aus Betroffenen Beteiligte gemacht werden. Erst die notwendige Verschränkung von Personal- und Organisationsentwicklung im Rahmen eines solchen längerfristig anzulegenden Prozesses ermöglicht den Führungskräften den Erwerb, die Erprobung und die Routinisierung neuer, der gewandelten Situation angemessener impliziter Theorien und Verhaltensweisen.

Konzeption und Durchführung eines derartigen Veränderungsprozesses im Zuge der Transformation in Osteuropa stellen erhebliche Anforderungen an den Berater als Change Agent. Will dieser seiner Rolle als Katalysator und Moderator von Veränderungsprozessen im Klientensystem gerecht werden (*Staehle* 1994), verlangt dies von ihm die Überbrückung großer räumlicher und kultureller Distanzen zwischen Berater und Klientensystem. Auch zeitlich sind die Anforderungen höher als üblich, da nach unserer Erfahrung noch nicht davon ausgegangen werden kann, daß die im Sinne einer ‚Hilfe zur Selbsthilfe' durchgeführte Beratung rasch in einen sich selbst tragenden personalen und organisationalen Entwicklungsprozeß mündet.

3. Führungskräftetransfer

Einen dritten, ergänzenden Ansatz zur Bewältigung der Führung im Transformationsprozeß stellt der Führungskräftetransfer aus kapitalistisch-marktwirtschaftlichen Gesellschaften dar. Interessanter als der direkte Beitrag dieser Maßnahme zur Lösung sach- und personenbezogener Führungsprobleme ist vermutlich ihr indirekter: Der Führungskräftetransfer ermöglicht den unter planwirtschaftlichen Bedingungen sozialisierten Leitern das unmittelbare Lernen an einem Modell (*Bandura* 1986), das sich selbst unter für ihn ungewohnten Bedingungen bewähren muß. Vielfältige Gelegenheit zu einem solchen Lernen am – positiven wie negativen – Modell bot sich zum Beispiel bei den zahlreichen Kooperationen der ersten Stunde zwischen ost- und westdeutschen Betrieben (*Staehle/Gaulhofer/Sydow* 1991) und bietet sich heute in den von westdeutschen Unternehmungen übernommenen Betrieben der ehemaligen DDR sowie in ‚Lern-Allianzen', die von westlichen Unternehmungen und ehemals sozialistischen Betrieben bzw. deren Führungskräften eingegangen und zum Beispiel durch Hospitationen praktisch umgesetzt werden. Allerdings ist dieser Ansatz letztlich quantitativ von sehr beschränkter Reichweite. Beispielsweise kommen zwei Jahre nach der sog. Wende im Osten Deutschlands nur ganze 1,4% der Geschäftsführer aus den alten Bundesländern (*Myritz* 1993). Anderen Ländern mit ehemals planwirtschaftlichen Systemen eröffnet sich diese Möglichkeit in noch weitaus geringerem Maße.

IV. Transformative Führung?

Die Transformation von plan- zu marktwirtschaftlichen Systemen erfordert nicht administrativ orientierte Manager, sondern charismatisch-visionäre *Leader,* also Führungskräfte, die nicht nur zu situativer oder transaktionaler, sondern vielmehr zur „transformativen Führung" (*Bass* 1986) fähig sind. Diese häufig vorgetragene Forderung nach transformativer Führung ist jedoch unerfüllbar, müssen doch viele Führungskräfte erst selbst entsprechend ‚transformiert' werden. Zudem ist sie in dieser Ausschließlichkeit theoretisch unbegründet, widerspricht sie doch, ebenso wie die generalisierende Forderung nach einem kooperativen Führungsstil (*Staehle/Sydow* 1987), zentralen Erkenntnissen situativer Führungstheorien. Diese Theorien sehen den Erfolg personaler Führung nicht nur von den Eigenschaften der Führungskräfte, sondern auch von der Situation beeinflußt, in der Führung ausgeübt wird. Diese Führungssituation gilt es auf der Ebene des Individuums, der Gruppe, der Organisation und auch der Gesellschaft zu analysieren. Beispielsweise ist es für die

Personalführung nicht ohne Bedeutung, wenn ein Mitarbeiter – für die Situation in der ehemaligen DDR nicht untypisch – primär soziale Kontaktbedürfnisse in der Arbeit zu befriedigen sucht, zu einer externen Erfolgsattribuierung neigt und vielleicht noch in der Rolle eines „Planerfüllungskooperanten" (*Steinle* 1993) verharrt. Auf Gruppenebene ist es für das Führungsverhalten nicht gleichgültig, ob eine schon seit langem bestehende Arbeitsgruppe ihre Kollegialität und Solidarität in ‚die neuen Zeiten' hinüber rettet („auch das Team ist ein Kollektiv" – Das [Ost-]Berliner Kabarett ‚Die Distel') oder ob diese Werte angesichts der sozialen Umwälzungen verloren gehen. Auf der Ebene der Organisation schließlich dürfte es für die Personalführung beispielsweise einen Unterschied machen, ob sie 1. in einem aus einem Kombinat ausgegründeten und von der Treuhand gerade mittels Management-Buy-Out privatisierten Betrieb oder 2. in einem von einem westlichen Konzern neu gegründeten Betrieb ausgeübt wird. Im erstgenannten Fall impliziert Führung im Transformationsprozeß unweigerlich (Massen-)Entlassungen – mit entsprechenden, auch führungsrelevanten Auswirkungen auf die in den Betrieben verbleibenden Beschäftigten (*Schramm* 1993) und entsprechenden Rückwirkungen auf die Führungskräfte.

Literatur

Argyris, C./Schön, D.: Organisational learning. Reading, Mass. 1978.
Bandura, A.: Social foundations of thought and action. Englewood Cliffs, N. J. 1986.
Bass, B. M.: Charisma entwickeln und zielführend einsetzen. Landsberg 1986.
Edeling, T.: Zwischen Bürokratie und Gemeinschaft: Managementkultur im ostdeutschen Betrieb. In: *Aßmann, G./Backhaus, K./Hilker, J.* (Hrsg.): Deutsch-deutsche Unternehmen. Stuttgart 1991, S. 79–94.
Friedrich, G./Richter, H./Stein, H./Wittich, G.: Leitung der sozialistischen Wirtschaft. Berlin (DDR) 1983.
Hentze, J./Lindert, K.: Manager im Vergleich. Daten aus Deutschland und Osteuropa. Bern et al. 1992.
Hilker, J.: Die Akkulturation in deutsch-deutschen Unternehmen – ein gegenseitiger Anpassungsprozeß? In: *Aßmann, G./Backhaus, K./Hilker, J.* (Hrsg.): Deutsch-deutsche Unternehmen, Stuttgart 1991, S. 195–275.
Kappler, E.: Entscheidungsspielraum für Führungskräfte. In: *Kieser, A./Reber, G./Wunderer, R.* (Hrsg.): HWFü. Stuttgart 1987, Sp. 242–260.
Ladensack, K.: Motivierung, Leistungen und Leiterentwicklung – untersucht vor der Wende in der DDR. In: *Eckardstein, D. v.* et al. (Hrsg.): Personalwirtschaftliche Probleme in DDR-Betrieben. München – Mering 1990, S. 85–95.
Lang, R./Wald, P.: Unternehmenskulturen in den fünf neuen Ländern. In: Zeitschrift für Personalforschung, 1992, H. 1, S. 19–35.
Lawrence, P./Vlachoutsicos, C.: Russen müssen ans Ruder. In: Harvard Manager, 1993, H. 3, S. 9–17.
Miller, D./Friesen, P.: Organizations: A quantum view. Englewood Cliffs, N. J. 1984.
Müller, W. R.: Führungslandschaft Schweiz. In: DU, 1988, S. 246–264.
Myritz, R.: Management-Kompetenz ostdeutscher Führungskräfte. In: Personal, 1993, S. 10–13.
Pieper, R.: Karriere in der Planwirtschaft. In: *Myritz, R.* (Hrsg.): Manager in Ostdeutschland. Köln 1992, S. 35–55.
Pieper, R.: Managementtraining in Osteuropa. Wiesbaden 1993.
Schramm, F.: Arbeitsplatzunsicherheit: Ein zentrales Hemmnis der Transformation? In: *Steinle, C./Bruch, H.* (Hrsg.): Führung und Qualifizierung. Frankfurt 1993, S. 169–185.
Stachowicz, J.: Management culture in large Polish enterprises in heavy industry. In: Scandinavian Journal of Management Studies, 1992, S. 247–257.
Staehle, W. H.: Management. 7. A., München 1994.
Staehle, W. H./Sydow, J.: Führungsstiltheorien. In: *Kieser, A./Reber, G./Wunderer, R.* (Hrsg.): HWFü. Stuttgart 1987, Sp. 661–671.
Staehle, W. H./Gaulhofer, M./Sydow, J.: Probleme bei der Kooperation von ost- und westdeutschen Unternehmungen. Eschborn 1991.
Steinle, C.: Mitarbeitermotivation schwierig – leistungs- und zufriedenheitsorientierte Führung unmöglich? In: *Steinle, C./Bruch, H.* (Hrsg.): Führung und Qualifizierung. Frankfurt 1993, S. 144–168.
Stieler, B.: Der Übergang von der Reproduktion des Arbeitsvermögens in Betrieben der DDR zum Personalmanagement in Unternehmen der Marktwirtschaft. In: *Eckardstein, D. v.* et al. (Hrsg.): Personalwirtschaftliche Probleme in DDR-Betrieben, München – Mering 1990, S. 19–31.
Stratemann, I.: Psychologische Aspekte des wirtschaftlichen Wiederaufbaus in den neuen Bundesländern. Göttingen et al. 1992.
Türk, K.: Personalführung und soziale Kontrolle. Stuttgart 1981.
Welsh, D. H. B./Luthans, F./Sommer, S. M.: Managing Russian factory workers: The impact of U. S.-based behavioral and participative techniques. In: AMJ, 1993, S. 58–79.
Wunderer, R.: Führungs- und personalpolitische Gedanken zum Übergang von der Plan- zur Marktwirtschaft. In: *Eckardstein, D. v.* et al. (Hrsg.): Personalwirtschaftliche Probleme in DDR-Betrieben. München – Mering 1990, S. 146–155.
Wuppertaler Kreis e.V. (Hrsg.): Führungsverständnis in Ost und West – Ergebnisse einer Befragung von Führungskräften. Köln 1992.

Führung und Führungsforschung in romanischen Ländern

Ingrid Brunstein

[s. a.: Autorität; Bürokratie, Führung in der; Fortbildung, Training und Entwicklung von Führungskräften; Führungstheorien – Charismatische Führung; Information als Führungsaufgabe; Innovation und Kreativität als Führungsaufgabe; Klein- und Mittelbetriebe, Führung in; Konflikte als Führungsproblem;

Mitbestimmung, Führung bei; Motivation als Führungsaufgabe; Öffentliche Verwaltung, Führung in der; Qualitätsmanagement als Führungsaufgabe; Wertewandel.]

I. *Kulturelle Gemeinsamkeiten als Erklärung für vergleichbare Führungsstile im romanischen Raum; II. Sozio-ökonomische Besonderheiten und distinktive Führungsmuster in einzelnen romanischen Ländern; III. Führungsforschung.*

Führung in romanischen Ländern – kulturbedingt oder universell?

Die Formulierung des Titels beinhaltet die Frage nach einer möglichen Verallgemeinerung von Führungsverhalten und Führungsmustern in Ländern, die dem gleichen Sprachbereich angehören: Sind Führungsmuster in *Frankreich, Italien, Portugal, Spanien* durch soziokulturell zu erklärende Verschiedenheiten grundsätzlich voneinander abweichend oder besitzen sie vielmehr *sprachkulturgeschichtlich bedingte Gemeinsamkeiten*, die eine universelle Behandlung des Themas ermöglichen?

Zahlreiche monographische und/oder vergleichende Veröffentlichungen (*Cazal/Peretti* 1992; *Hermel* 1993; *Berridge/Brunstein* 1992; *Bournois* 1991; *Iribarne* 1989) unterstreichen die kulturellen Unterschiede und sehen in ihnen vielfach Erklärungsfaktoren für abweichende wirtschaftliche Effizienz: im Hintergrund dieser Untersuchungen steht oft ungesagt die Warnung, daß Führungsmuster innerhalb Europas nicht unüberlegt transferierbar sind. – Die eingangs gestellte Frage nach der Universalität des Führungsverhaltens (→*Kulturabhängigkeit der Führung; Interkulturelle Unterschiede im Führungsverhalten*) im romanischen Raum findet hier also keine Antwort. Gemeinsamkeiten einerseits und distinktive Führungsverhalten andererseits werden im nachfolgenden sukzessiv beschrieben.

I. Kulturelle Gemeinsamkeiten als Erklärung für vergleichbare Führungsstile im romanischen Raum

Aus den Untersuchungen von *Hofstede/Bollinger* (1987) ergibt sich, daß die führungsbezogene Haltung in den romanischen Ländern Europas kombinatorische Ähnlichkeiten aufweist, die sie tendenziell von anderen Teilen Europas unterscheiden. Auf der Tangente des Individualismus, der Unsicherheitsvermeidung und des Machtabstandes ergeben sich für die Länder Südeuropas hohe Werte, während der Maskulinitätsindex (Hochbewertung von Einkommen und Karriere) schwach und demgegenüber die Feminitätscharakteristika (Einbeziehung sozialer Werte) stark im Vordergrund stehen.

Empirisch festgestellte Gemeinsamkeiten (*Hall* 1989) ergeben sich auch im Umgehen mit der Zeit: Während man in romanischen Ländern polychron mehrere Probleme gleichzeitig behandelt, besteht im germanischen Raum eher die Tendenz zur Monochronie und der linearen Aufeinanderfolge von Entscheidungen und Handlungen. Der gleiche Autor unterstreicht auch den Eindruck, daß die zur Kommunikation nötige Information in Südeuropa mehr implizit und kontextgebunden, in Nordeuropa eher explizit und klar strukturiert ist. Weitere Untersuchungen (*Laville* et al. 1989) ergeben, daß in romanischen Ländern das Führungsverhalten gleichzeitig konfliktbewußt und konfliktausweichend ist.

1. Einfluß des Katholizismus auf die Konzeption von Führungsautorität

Das Autoritätsmodell der katholischen Kirche (*Boyer/Equilbey* 1990) mit der vom 16. Jahrhundert bis in die jüngste Vergangenheit aufrechterhaltenen Suprematie des Papstes bleibt nicht ohne Einfluß auf das Selbstverständnis der Führungspersonen und auf die (oft konfliktuelle) Akzeptanz einer starken Führungsautorität durch die Untergebenen. Funktionsgebundenes und persönliches Charisma entsprechen beidseitigen Erwartungen. – Sowohl das Fortbestehen tayloristischer Organisationsformen als auch die Gewichtigkeit der Bürokratie, vor allem in Frankreich, lassen sich u. a. durch diese Dichotomie von Macht und Unterwerfung begründen.

2. Neue Erwartungen an die Führung der Betriebe des öffentlichen Dienstes in romanischen Ländern

Zu den konkreten Problemen, die sich in allen romanischen Ländern stellen, gehört eine stark bürokratisch orientierte staatliche Verwaltung (→*Bürokratie, Führung in der; öffentliche Verwaltung, Führung in der*). Die sich daraus ergebenden *Schwächen des öffentlichen Dienstes* belasten die Konkurrenzfähigkeit der Industrie.

Die Bemühungen um eine bessere Artikulation zwischen öffentlichem und privatem Sektor durch „Modernisierung", d. h. durch die Übernahme von Führungsmustern aus dem privaten Sektor (*Fixard/Moisdon/Pallez* 1991; *Rebora* 1992), bestehen im südeuropäischen Raum verstärkt, vor allem unter dem Einfluß des europäischen Binnenmarktes (*Volpatto* 1992). – Sie werden aber teilweise durch ideologisches Zögern der Entscheidungsträger, durch das Überlappen der verschiedenen administrativen Instanzen (national, regional, lokal) und vor allem auch durch eine gewisse *soziologische Unbeweglichkeit* erschwert (*Nioche* 1991).

3. Die wirtschaftliche Bedeutung der Kleinbetriebe

In allen romanischen Ländern spielen die *Mittel- und Kleinbetriebe* (→*Klein- und Mittelbetriebe, Führung in*) eine wesentliche Rolle für die Anpassung des wirtschaftlichen Systems an die veränderte Marktstruktur (*Trau* 1991; *Cazal/Peretti* 1992).
– Die Tatsache, daß ein einziger Entscheidungsträger in Personaleinheit alle Entscheidungsfelder des Kleinbetriebes (incl. Personalführung: *Garand/Fabi* 1992) abdeckt, ermöglicht flexible Anpassung an eine immer differenziertere Nachfrage und an kurzfristig auftretende Opportunitäten. Dabei sind *familiengebundene Werte* wie Loyalität und Treue, aber auch verwandtschaftliche Bevorzugung Entscheidungselemente, denen gegenüber moderne Entscheidungshilfen oft als unnötig kompliziert erscheinen (*Camuffo/Costa* 1990).

Mehr als internationale Großunternehmen bewahren die Kleinbetriebe Züge der jeweiligen Nationalkultur. Wenn man allgemein feststellt, daß in den romanischen Ländern der *zeitliche Horizont* oft sehr kurzfristig ist (*Garcia Echevarria* 1983; *Baravelli* 1992; *Guitton/Maruani/Reynaud* 1991), so ist dies verstärkt für Kleinbetriebe zutreffend. Vorausschauende Planung und Entwicklung von langfristigen Strategien sind (auch im germanischen Raum) seltener anzutreffen. Sollte sich in Zukunft herausstellen, daß neue Führungsanforderungen eher im Bereich der Unsicherheitsbewältigung durch mittel- bis langfristige Planung als auf schneller *Anpassungsfähigkeit* liegen (*Zanetti* 1988), dann würden allerdings die Kleinbetriebe ihren wesentlichen Konkurrenzvorteil verlieren und somit die jeweilige Nationalökonomie in Gefahr bringen.

4. Führung und Pluralität der Gewerkschaften

Als identischer Einflußfaktor auf Führungsverhalten in romanischen Ländern ist die *Pluralität der gewerkschaftlichen Organisationen* zu nennen. Neben der kollektiven Interessenvertretung für alle Mitarbeiter haben die Gewerkschaften ein zweites Ziel: intensive Mitgliederwerbung bzw. -abwerbung. Trotz der konkurrierenden Bemühungen der Gewerkschaftsvertreter auf Betriebsebene, sinken die Mitgliederzahlen vor allem in Italien und Frankreich stark ab. Dies führt zu besonderen Problemen für die Betriebsführung.

Auf dem Hintergrund einer vergleichbaren Vergangenheit im romanischen Raum, weichen die gewerkschaftlichen Strategien in jüngster Vergangenheit voneinander ab:
– In Italien (*Saba* 1992) kommen Gewerkschaften und Firmenleitung, nach Jahren starker Arbeitskonfliktualität mit hohen Transaktionskosten, jetzt durch die Akzeptanz gegenseitiger Ziele zu einer Konzeption, die vor allem durch das Recht auf Information (→*Information als Führungsaufgabe*) neue Verhandlungsfreiräume beinhaltet. Die Mitbestimmung (→*Mitbestimmung, Führung bei*) findet in der Produktionsplanung einen konkreten Niederschlag (*Nacamulli* 1986).
– In Spanien hatte zu Zeiten Francos die Ausschaltung der unabhängigen Gewerkschaften zur Straffung des nationalen gesetzlichen Rahmens geführt (*Miranda* 1982). – Die starke Konfliktanfälligkeit der Betriebe im Lohnbereich (*Florez-Saborido/Gonzalez-Rendón/Alcaide-Castro* 1992) führte dank der Kompromißbereitschaft aller Sozialpartner zur Schaffung eines einheitlichen Verhandlungsplateaus (*Guitton/Maruani/Reynaud* 1991), dessen auch von der Regierung genanntes Ziel (*Palomeque/Lopez* 1990) die Überwindung der konfliktreichen Opposition zur Betriebsleitung ist. Dabei bildet die Sorge über den außergewöhnlich hohen Prozentsatz von Arbeitslosigkeit einen zwingenden Basiskonsens zwischen beiden Seiten.
– In Portugal haben die Gewerkschaften trotz hoher Mitgliederzahlen (*Casal/Peretti* 1992) einen nur geringen Einfluß auf Führungsentscheidungen, da ihr Gewicht vor allem auf die tarifvertragliche Ebene beschränkt ist (*Schmidt* 1993).
– Das rapide Absinken der Mitgliederzahl auf 9% hat in Frankreich eine ganz andere Problematik aufgeworfen: Die Repräsentativität und somit auch die Glaubwürdigkeit der institutionellen Verhandlungen ist in Frage gestellt (*Segrestin* 1990). In jüngster Vergangenheit häufen sich Beispiele von Situationen, in denen von Arbeitnehmern spontan gegründete Sonderkomitees die tarifvertraglichen oder innerbetrieblichen Übereinkommen anfechten und damit gleichzeitig das traditionelle System der sozialen Beziehungen (konfliktreich, zentralisiert, legistisch, ideologisch gefärbt, pluralistisch) anprangern. – Demgegenüber fragen sich die Gewerkschaften, ob und wie sie das Image des systematischen Widerstandes ändern wollen; während die Arbeitgeber fürchten, daß angesichts der *gewerkschaftlichen Schwächen* viele Konflikte nicht mehr kontrollierbar sind.

II. Sozio-ökonomische Besonderheiten und unterschiedliche Führungsmuster in romanischen Ländern

1. Kontrastierende Führungsmodelle in Frankreich

Die 1968 Frankreich aufwirbelnde *Kulturkrise* ist nur dem Anschein nach zum Wendepunkt geworden (*Le Goff* 1992). Die vor diesem Einbruch herrschende scharfe Kritik an der Art von Führungsentscheidungen in der betrieblichen Praxis (fehlende Mitbestimmung, undemokratisches Führungsverhalten, mangelnde Kommunikation) besteht unterschwellig weiter. Unter dem Druck wiederholter Wirtschaftskrisen erkennt man einerseits die soziale Rolle der Firmen voll an (*Sainsaulieu* 1990), zum anderen werden aber immer mehr Stimmen laut, die eine übertrieben *produktivistische Wirtschaftslogik* und ihre Nebeneffekte anprangern (*Aubert/Gaulejac* 1991; *Le Mouel* 1991; *Le Goff* 1992). Aus dieser janusartigen Sicht ergibt sich die Heterogenität französischer Führungsmethoden: z. B. neo-paternalistisch, taktisch oder reformfreudig (*Rouvé* 1989).

a) Das Weiterbestehen tayloristischer Organisationsformen

Die Wurzeln der *tayloristischen Rationalität* sind bei Descartes zu suchen (*Brunstein* 1992). Seine noch heute einflußreiche quantitativ-analytische Logik findet in der horizontalen und vertikalen Aufgabenteilung à la Taylor und Fayol eine natürliche Verlängerung. Die Entpersonalisierung der Rollen unterhalb der Führungsebene und die *Normalisierung individuellen Verhaltens* sollen das Funktionieren des Betriebes optimieren und unvorhersehbare Ereignisse und Konflikte normativ regulieren (*Weiss* et al. 1992).

Die starke *Zentralisierung* der Entscheidungsbefugnisse, verbunden mit zahlreichen organisatorischen Richtlinien innerhalb einer *vielstufigen Hierarchie* mit bürokratischen Zügen (*Ammon* 1990; *Iribarne* 1985) tragen einerseits zur Unsicherheitsvermeidung bei, beschränken aber andererseits die Entscheidungsfreiräume der mittleren und unteren Ebene. – Das französische *Erziehungssystem* schafft die soziologischen Voraussetzungen (*Brunstein* 1991) für Autoritätsbeziehungen, die manchmal eher auf Prestige, Strategie und persönlichem Charisma (*Archier/Serieyx* 1986) als auf professionellen Fähigkeiten basieren und Anlaß zu manchen anekdotischen Schilderungen geben (*Herterich* 1991).

b) Partizipative Führung

Aber das mechanistisch-tayloristische Management ist nicht das einzige vor allem in Klein- und Mittelbetrieben weiterbestehende (*Hermel* 1993) und gleichzeitig in Frage gestellte Organisations- und Führungsmuster. Es koexistiert mit mehr organisch-proaktiven Führungskonzeptionen, die im Rahmen eines partizipativen Zugangs (*Hermel* 1988) auch das Firmenumfeld, d. h. die ununterbrochene Weiterentwicklung der neuen Technologien (*Aït-el-Hadj* 1989), überschnelle Marktveränderungen sowie soziologische Entwicklungen in ihre Strategie (*Godet* 1985) mit einbeziehen. – Durch die Bemühungen um eine *partizipative Führung* haben die Ideen der Human Relations Eingang in die französischen Unternehmen (*Laville/Gautrat* 1991) gefunden, die ihnen wegen der konfliktbetonten Beziehungen vorher nur wenig zugänglich gewesen waren. Die *Bildungsexpansion* ihrerseits führt zu steigenden Partizipationserwartungen unter den Mitarbeitern (→*Fortbildung, Training und Entwicklung von Führungskräften*). Aber die bereits genannten sozio-organisationellen Gegebenheiten erschweren trotzdem die Erhöhung des Partizipationsgrades. – Eine klare Unterscheidung zwischen den verschiedenen untrennbar miteinander verbundenen Formen der Partizipation (*Fombonne* 1993) beweist die Bemühungen und Schwierigkeiten im französischen Kontext:

- die indirekte, institutionelle Partizipation ist in ihrer Vielschichtigkeit vom Gesetzgeber vor allem durch die *Verhandlungspflicht* (*Mabile/Piotet* 1991) geregelt. Sie beeinflußt Führungsentscheidungen nicht nur formell:
- auch die direkte, institutionelle Partizipation ist in Form des durch Auroux eingeführten *Gruppenmitsprachesystems* (expression directe des salariés) in das Arbeitsrecht fest eingebunden.
- hinzu kommt die gesetzlich geregelte finanzielle Partizipation in Form von Gewinnbeteiligung für alle Arbeitnehmer (*Weiss* 1992);
- die zusätzlich auf Initiative der Firmenleitung geschaffenen partizipativen Instanzen, wie Qualitätszirkel, Fortschrittsgruppen, Projektgruppen usw., beinhalten echte Freiräume, in denen partizipative Führungsstrategien besonders im Bereich der Arbeitsbedingungen (*Cazamian* 1988) sowie des strategischen Qualitätsmanagement (*Hermel* 1989) zum Tragen kommen können (→*Qualitätsmanagement als Führungsaufgabe*).

c) Die versteckte Partizipation

Werkstattangehörige der unteren Ebene haben eine besondere Form der *versteckten Partizipation* (*Borzeix/Linhart* 1988) entwickelt, die im Widerspruch zur Gewichtigkeit der hierarchischen Autorität stehend große Ansprüche an die Flexibilität des Führungsverhaltens stellt: Durch in den offiziellen Prozeduren nicht vorgesehene Initiativen im Produktionsbereich halten die Arbeitnehmer auf ihre Weise und mit dem ihnen eigenen Pflichtgefühl (*Iribarne* 1989) den Produktionsablauf aufrecht. Auch der individuelle Arbeitnehmer entwickelt so strategische Verhaltensmuster, die das offizielle Autoritätsraster verschwimmen und andere versteckte Abhängigkeitsformen und Koalitionen entstehen lassen: Je zwingender die bürokratischen Regeln desto stärker die Eigendynamik des „versteckten Management" (*Moullet* 1992).

d) Die qualifikationsbezogene Organisation

Angesichts der Turbulenz der 90er Jahre erzwingt die *Überlebensstrategie* der Firmen die Überwindung der traditionellen soziokulturellen Zähflüssigkeit und ihrer paradoxen Folgen (*Defrenne/Delvaux* 1991). Die Firmen werden zum Ort kollektiven Lernens und individuellen Selbstlernens (*Meignant* 1993). Die Komplexität der Situationen ist nicht allein durch Führungsentscheidungen zu meistern, sondern bedarf auch pertinenter Einzelantworten auf bisher unbekannte Probleme. An allen Arbeitspositionen erweitert sich der Kompetenzbereich. Die Verbesserung von Kommunikation, Qualität, Organisation und Planung entzieht sich dem Entscheidungsmonopol der personalisierten Führungsspitze und macht eine Form *integrier-*

ter *Führungsstrategie* (*Besseyre des Horts* 1988; *Le Boterf* 1988) notwendig.

2. Innovative Führungsmodelle in Italien

Geopolitische und sozio-ökonomische Besonderheiten sind ausschlaggebend für die Praxis des italienischen Management (*Camuffo/Costa* 1993, *Sirianni* 1992):

- Das *Nord/Südgefälle* erfordert eine differenzierte Behandlung der Probleme des Mezzogiorno: Qualifikation, Motivation (→*Motivation als Führungsaufgabe*) und Produktivität haben in den unterschiedlichen Regionen nicht die gleiche Bedeutung (*Milana* 1990).
- Die geographische Konzentration von identisch spezialisierten Klein- und Mittelbetrieben in den sogenannten *industriellen Distrikten* (*Porter* 1989) führen einerseits zu einem gewissen Führungsmimetismus innerhalb eines einheitlichen technologischen Rahmens, zwingen aber gleichzeitig zu innovativer Personalführung, die in diesem Zusammenhang ein konstitutives Element der Firmenstrategie darstellt (*Costa* 1990).
- Durch massive Übertragung gewisser Tätigkeiten auf kleine netzwerkartig organisierte *Satellitenfirmen* (*Nacamulli* 1989; *Boari/Grandi/Lorenzoni* 1989) konnten gerade die in jüngster Zeit gegründeten Großfirmen mit Netzwerkcharakter (→*Netzwerkbildung und Kooptation als Führungsaufgabe*) schnell wachsen.

Innere Wachstumsschwächen besonders im Rahmen der oft vernachlässigten Personalführung (*Boldizzoni* 1990; *Costa* 1990) werden überwunden, die zähen arbeitsrechtlichen Auflagen umgangen und konfliktreiche Arbeitsbeziehungen neutralisiert. Zum anderen verwischen sich aber klar zu erkennende Betriebsabgrenzungen und so müssen traditionelle Führungsmethoden neu überdacht werden (*Curien* 1992; *Lorenzoni* 1990).

- Heimarbeit (1,5 Mio. Arbeitnehmer), u.U. verbunden mit Schwarzarbeit (6 Mio.; *Cazal/Peretti* 1992), funktioniert in einem scheinbar managementfreien Raum.
- Die im Rahmen der Aktion „mani pulite" in Frage gestellte *Führungsethik* (→*Wertewandel*) gewisser Wirtschaftskapitäne wirft seit 1993 Schatten auf das italienische Management mit seinen vielzitierten Erfolgsfaktoren: Kreativität, Risikobereitschaft und der beinahe pathologischen Neigung zur Flexibilität (*Vidal* 1990).

3. Francos Erbe in Spanien

Während des *Franco-Regimes* war weder die Einführung andernorts entwickelter Führungsmuster noch das Experimentieren mit eigenen Führungsmethoden möglich. Die Rationalität von Entscheidungsprozessen war notgedrungen in erster Linie politisch bedingt, und die betriebliche Führung reduzierte sich auf Verwaltung und hierarchische Entscheidungsdurchsetzung (*Florez-Saborido/ Gonzales-Rendon/Alcaide-Castro* 1993). Marktbedingte Herausforderungen an Führungskräfte kamen erst seit Eintritt Spaniens in die EG (1986) voll zum Tragen (*Fernandez Rios* 1993).

Der Übergang vom diktatorischen Regime zur Demokratie und die anschließende Veränderung der Wettbewerbsverhältnisse hat den Führungskräften einen Selbstlern-crash-course auferlegt. Geblieben sind allerdings gesetzliche Beschränkungen. Es galt das Prinzip der zeitlichen Unbegrenztheit aller Arbeitsverträge, d.h. die Unternehmensplanung im Sinne der Marktanpassung durch die Veränderung der Personalressourcen, war nach wie vor wesentlich beeinträchtigt. Auch die *Modernisierung der Produktionstechnologie* blieb anfangs aus, weil das quantitativ vielfach überzählige Personal den qualitativen Anforderungen immer weniger gewachsen war. – Mitte der achtziger Jahre wurde die exzessive Arbeitsstabilität, bei gleichzeitig fortdauernder wirtschaftlicher Krise, zu einer in Führungskreisen angeprangerten allgemeinen Gefahr. 1984 übertrug der Gesetzgeber weitgehend die Verfügungsgewalt in Fragen zeitlich begrenzter Arbeitsverträge auf die Unternehmer. Die damit erreichte externe Flexibilität (*Rojot* 1989) hat aber klare Regeln und einheitliche Reaktionsweisen im Führungsbereich zum Verschwinden gebracht und gleichzeitig administrative Erschwernisse und Verunsicherung des einzelnen Arbeitnehmers hervorgerufen.

Ein deutlicher *Nachholbedarf* im Bereich der technologischen Modernisierung und der Personalführung (*Fernandez Caveda* 1990) beeinflußt bei gleichzeitig schneller wirtschaftlicher Entwicklung die Führungsstrategien in Spanien (*Cazal/Peretti* 1992):

- Die flexible Anpassung an sich ständig verändernde Marktverhältnisse und an die fortschreitende technologische Entwicklung (*Mamkoottam/Herbolzeimer* 1991) steht im Vordergrund, nachdem in den 70er Jahre politische Prioritäten und Konfliktüberwindung die Modernisierung verlangsamt hatten;
- die *Weiterbildung der Firmenmitglieder* (*Homs* 1991; *Mateos Villegas* 1989) wird allgemein als große Notwendigkeit betrachtet, beschränkt sich aber vielfach auf die Führungsschicht, betrifft im wesentlichen den technischen Bereich und wird in Klein- und Mittelbetrieben oft vernachlässigt;
- *Traditionelle Produktionsformen* mit intensiver Arbeitsteilung und einer großen Zahl ungelernter Arbeiter bestehen weiterhin neben den vor allem in Tochterunternehmen internationaler Firmen eingeführten Formen der partizipativen Kooperation mit hochqualifizierten vor allem

jungen Arbeitern, wobei der internen Kommunikation als Motivator besonderes Gewicht beigemessen wird (*Regueira* 1990).

4. Klassische Führungsmethoden in Portugal

Der Beitritt Portugals zur EG (1986) und die seit 1989 laufenden massiven Privatisierungsprogramme (*Mendes* 1992) haben nur langsam zur Modernisierung der *klassischen Führungsmethoden* (*Coelho* 1989), die im wesentlichen auf der verhältnismäßig problemlosen Akzeptanz einer formalen, positionsbezogenen Autoritätsstruktur beruhen, beigetragen; Tochtergesellschaften multinationaler Firmen sind dabei deutlich die Vorläufer (*Campos Cunha* 1992). In offiziellen Erklärungen werden zwar die positiven motivationalen Wirkungen partizipativer Führungsmethoden hervorgehoben, sie lassen sich aber, angesichts der Vorstellung, daß durch sie die Qualität, Schnelligkeit und Schlagkraft der Entscheidungen in Frage gestellt wird (*Schmidt* 1993), nur schwer verwirklichen. – Im betrieblichen Wertesystem ist die finanzwirtschaftliche Komponente mit dem Ziel der *Gewinnmaximierung* ausschlaggebend. Daß moderne Methoden der Entscheidungsfindung wenig realisiert werden, läßt sich teilweise aus der Dominanz der Kleinbetriebe und dem dort häufig anzutreffenden *Ausbildungsdefizit der Führungskräfte* erklären.

III. Führungsforschung

1. Angelsächsische Einflüsse im sozio-psychologischen Ansatz in allen romanischen Ländern

Die jahrzehntelange Beschränkung auf die Wiedergabe und Interpretation der vorallem in der nordamerikanischen Führungsforschung entwickelten Konzeptionen beruhte auf der normativen Hoffnung, daß ein ideales Führungsmodell existiere und die entsprechende Übernahme in das eigene Führungsverhalten zwangsläufig zu positiven Ergebnissen führen müsse.

Ein gewisses *Forschungsdefizit* kommt vor allem im sozialpsychologischen Bereich zum Ausdruck und erklärt sich aus der in romanischen Ländern allgemein festzustellenden Marginalisierung der Verbindung beider Disziplinen.

Französische Untersuchungen, die diesem kombinierten Forschungsbereich zuzuordnen sind, beziehen sich auf die Analyse der charismatischen Führung (*Moscovici* 1981) (→*Führungstheorien – Charismatische Führung*), der Führungsstile (*Messine* 1987; *Schmidt* 1993) und (wissenschaftlich wenig untermauert) der Lebensstile des Führungspersonals (*Burke* 1990).

Die psychoanalytische Forschung im Bereich der sozialen Beziehungen unterstreicht zum gleichen Thema, daß Strukturen mit Führenden und Geführten nicht als solche und unabhängig existieren, sondern immer „bewohnt" sind: Sie sind belebt von der Hoffnung, daß eine befriedete Demokratie geschaffen werden könne. Unbewußte Pulsionen handeln dieser aber dennoch ständig zuwider (*Enriquez* 1983).

2. Der sozio-anthropologische Ansatz

Ein multidisziplinärer frankophoner Forschungskreis kanadischen Ursprungs setzt seine Akzente vor allem auf die anthropologische Dimension der Humanisierung in Organisationen (*Chanlat* 1990, *Chanlat/Dufour* 1985); die Arbeiten haben insofern innovativen Charakter, als bisher wenig beachtete Disziplinen (z. B. *Linguistik*) und neue Zugänge (z. B. *„cognitique"*; auch *Perrin* 1993) mit aufgenommen sind.

3. Sozio-organisationelle Zugänge in Frankreich

Parallel zu einer kritischen Infragestellung der amerikanischen Vorbilder (*Galambaud* 1991; *Le Goff* 1992) entwickelt sich besonders in Frankreich eine durchaus originäre Führungsforschung, die die Undeterminiertheit und Heterogenität posttayloristischer Arbeitskonstellationen unterstreicht (*Veltz/Zarifian* 1993).

Die inzwischen klassischen Arbeiten zum Thema Machtbeziehungen und Strategien der Einzelakteure bzw. Gruppen (*Crozier/Friedberg* 1977) bilden die Grundlage zu den genannten Untersuchungen über die paradoxe Partizipation (*Borzeix/Linhart* 1988), deren Ziel Kontrolle der Unsicherheitszonen und die Erweiterung der individuellen Freiheitsräume ist. – „Das zuhörende Unternehmen" (*Crozier* 1989) bleibt eine auf wissenschaftlicher Analyse (*Crozier* 1963, 1970) basierende Herausforderung an das immer noch aktuelle Thema der Bürokratie.

Eine andere Grundlage für Forschungsarbeiten sind die Untersuchungen von *Sainsaulieu* (1972, 1977) über die Reaktion der Arbeitnehmer auf Verhaltensweisen und Entscheidungen der Autorität (*Morin, P.* 1991).

4. Der systemische Ansatz

Aus zahlreichen Arbeiten geht hervor, daß die in romanischen Ländern lange Zeit mögliche tayloristisch autoritäre Führung nun unter Erkenntnis der gegenseitigen Abhängigkeit von Führern und Geführten, sowie des neuen Paradigmas der Komplexität (*Morin, E.* 1990; *Alter* 1990) und seiner im systemischen Denken verankerten Bearbeitung (*Bonami/de Hennin/Boqué* et al. 1993), deutlich strategische Züge erwirbt (*Martinet* 1992). Somit wird die Strategie der Humanressourcen zu einem der Hauptthemen neuer Forschungsimpulse (*Bournois/Brabet* 1992); dies gilt trotz allen Zögerns bei der Beantwortung der Frage, ob die dadurch zu erreichende Effizienz nicht eher eine ideologische als eine wissenschaftliche Orientierung der Arbeiten zur Folge haben wird.

5. Kulturbezogene Forschung

Auch wenn es ursprünglich die amerikanische Literatur war, die das Interesse für dieses Thema in den romanischen Ländern geweckt hat, so sind heute doch originäre Beiträge, vor allem in Frankreich, zu finden. Diese Stimmen äußern sich kritisch gegenüber der Möglichkeit einer Entkonfliktualisierung (→*Konflikte als Führungsproblem*) und der sozialen Kontrolle durch eine harmonisierende *Firmenkultur* (*Livian* 1992). Sie verweisen auf die eingangs gestellte Frage nach der Interdependenz zwischen kontrollierbarer Unternehmenskultur und geschichtsgebundener Wirtschaftskultur (*Beltran/Ruffat* 1991).

Literatur

Aït-el-Hadj, S.: L'entreprise face à la mutation technologique. Paris 1989.
Alcaide Castro, M./Gonzalez Rendón, M.: Análisis del Mercado de Trabajo en España Durante la Decada de los 80. In: Relaciones Laborales 1990.
Alter, N.: La gestion du désordre en entreprise. Paris 1990.
Amietta, P. L.: La creativa come necessità: il nuovo manager tra creazione complessita e carisma. Milano 1991.
Ammon, G.: Der französische Wirtschaftsstil. München 1989.
Archier, G./Serieyx, H.: Pilotes du troisième type. Paris 1986.
Aubert, N./Gaulejac, V. de: Le côut de l'excellence. Paris 1991.
Baravelli, M.: La gestione strategica delle risorse umane nelle instituzioni creditizie. In: *Costa, G.* (Hrsg.): Manuale di Gestione del Personale. UTET 1992.
Beltran, A./Ruffat, M.: Culture d'entreprise et histoire. Paris 1991.
Berridge, J./Brunstein, I. (Hrsg.): Human Resource Management in the European Community. In: Employee Relations, Vol. 14/4, Vol. 14/5, 1992.
Besseyre des Horts, Ctt.: Vers une gestion stratégique des ressources humaines. Paris 1988.
Boari, C./Grandi, A./Lorenzoni, G.: Le organizzazioni a rete: tre concetti di base. In: Economia e Politica Industriale Dez. 1989.
Bodiguel, J. L./Rouban, L.: Fonctionnaire déthroné. Paris 1991.
Boldizzoni, D. et al.: Nuovi paradigmi per la direzione del personale. Torino 1990.
Bonami, M./Hennin, B. de/Boqué, J. M. et al.: Management des systèmes complexes. Bruxelles 1993.
Bournois, F./Brabet, J.: Les connaissances en GRH – Mode de production et caractéristiques essentielles. In: La GRH avec ou sans frontières. Actes du Congrès AGRH, 1992.
Bournois, F.: La gestion des cadres en Europe. Paris 1991.
Borzeix, A./Linhart, D.: La participation: un clair obscur. In: Sociologie du Travail, Nr. 1, 1988.
Boyer, L./Equilbey, N.: Histoire du management. Paris 1990.
Brunsein, I.: Human Resource Management in France. In: *Berridge, J./Brunstein, I.* (Hrsg.): Human Resource Management in the European Community. In: Employee Relations, Vol. X, 1992, S. 53–70.
Brunstein, I.: Die Betriebswirtschaftslehre unter einer vergleichenden Lupe. In: DBW, 51. Jg., 1991, S. 153–169.
Burke, M.: Portraits de famille – Les styles de vie des cadres et des entreprises. Paris 1990.
Campos e Cunha, R.: Portugal. In: *Davidson, M./Cooper, C.* (Hrsg.): European women in Business and Management, 1992.
Camuffo, A./Costa, G.: Gestion des Ressources Humaines en Italie. In: *Hermel, P.* (Hrsg.): Gestion des Ressources Humaines européenne et internationale. Paris 1993.
Camuffo, A./Costa, G.: Strategia d'impresa e GRH. Padone 1990.
Cazal, D./Peretti, J. M.: L'Europe des Ressources Humaines. Paris 1992.
Cazamian, P.: Traité d'ergonomie. Marseille 1987.
Chanlat, A./Dufour, M. (Hrsg.): La rupture entre l'entreprise et les hommes. Quebec 1985.
Chanlat, A. (Hrsg.): L'individu dans l'organisation. Laval 1990.
Coelho, P.: La fonction personnel au Portugal. In: Personnel, Jan. 1989.
Costa, G.: Economia e Direzione delle ricorse umane. Torino 1990.
Crozier, M.: L'entreprise à l'écoute. Paris 1991.
Crozier, M./Friedberg, E.: L'acteur et le système. Paris 1977.
Crozier, M.: La société bloquée. Paris 1970.
Crozier, M.: Le phénomène bureaucratique. Paris 1971.
Curien, N. (Hrsg.): Economie et management des entreprises en réseau. Paris 1992.
Defrenne, J./Delvaux, C.: Le management de l'incertitude. Bruxelles 1991.
Enriquez, E.: De la horde à l'état. Paris 1983.
Fernandez Cavela, A.: La Gestión Integrada de Recursos Humanos. Madrid 1990.
Fernandez Rios, M.: Le Management des Ressources Humaines en Espagne, In: *Hermel, P.* (Hrsg.): Gestion des Ressources Humaines européenne et internationale. Paris 1993.
Fixard, D./Moisdon, J. C./Pallez, F.: Gestion de la modernité publique: aspects managériaux des mécanismes type Marché. Ecole des Mines. Paris 1991.
Florez Saborido, I./Gonzalez Rendón, M./Alcaide Castro, M.: Human Resource Management in Spain. In: *Berridge, J./Brunstein, I.* (Hrsg.): Human Resource Management in the European Community. In: Employee Relations, 1992.
Fombonne, J.: Des démarches participatives. In: Personnel, Juli 1993.
Galambaud, B.: Des hommes à gérer. Paris 1991.
Garand, D./Fabi, B.: Les pratiques de gestion des ressources humaines. In: Revue Organisation, Nr. 4, 1992.
Garcia Echevarria, S.: La dirección empresarial en España: es necesaria una nueva orientación. Madrid 1983.
Godet, M.: Prospective et planification stratégique. Paris 1985.
Guitton, C./Maruani, M./Reynaud, E. et al.: L'emploi en Espagne. Paris 1991.
Hall, E. T./Hall, M. R.: Understanding cultural differences. Yarmouth 1989.
Hermel, P.: Qualité et management stratégiques – Du mythique au réel. Paris 1989.
Hermel, P.: Gestion des Ressources Humaines européenne et internationale. Paris 1993.
Hermel, P.: Le management participatif: sens, réalités, actions. Paris 1988.
Herterich, K. W.: Unternehmensführung in Frankreich. Gersthofen 1991.
Hofstede, G./Bollinger, D.: Les différences culturelles dans le management. Paris 1987.

Homs, O.: La política de Formación en las Empresas Españolas. In: Economía Industrial, Apr. 1991.
Iribarne, P. d': La logique de l'honneur: gestion des entreprises et traditions nationales. Paris 1989.
Iribarne, P. d': La gestion à la française. In: Revue Française de Gestion, Jan./Feb. 1985.
Laville, J. L. et al.: Evaluation des pratiques de gestion participative dans les PME en Europe. Communautés Européennes. Luxembourg 1989.
Laville, J. L./Gautrat, J.: Participation et Modernisation des Entreprises Européennes. In: Gérer et Comprendre, Sept. 1991.
Le Boterf, G.: Le schéma directeur des emplois et des ressources humaines. Paris 1988.
Le Goff, J. P.: Le mythe de l'entreprise. Paris 1992.
Le Mouel, J.: Critique de l'efficacité. Paris 1991.
Livian, Y. F.: Le concept de culture. In: La GRH avec ou sans frontières. Actes du colloque AGRH, 1992.
Lorenzoni, G.: L'architettura di sviluppo delle imprese minori. Bologna 1990.
Mabile, J./Piotet, F.: Le tableau de bord de la négociation sociale. Paris 1991.
Mamkoottam, K./Herbolzeimer, E.: Las Nuevas Tecnologías y la Gestión de los Recursos Humanos: El Caso de la Industría Automovilística en España. In: Economía Industrial, Apr. 1991.
Martinet, A. C.: Epistémologies et sciences de gestion. Paris 1990.
Mateos Villegas, E.: Des années 80 à l'an 2000 in Personnel, Nr. 307 Août/Sept. 1989.
Meignant, A.: Manager la formation. Paris 1993.
Mendes, P.: Personnel Management in Portugal – A product of the country's history. In: Personnel Management, Vol. 24, Journal 1992, issue 6.
Messine, P.: Les saturniens – quand les patrons réinventent l'entreprise. Paris 1987.
Milana, C.: Differenziali salariali, divari di produttività e crescita della produzione in una economia dualistica: il caso dell'Italia. In: Economia e Lavoro, Nr. 2, 1990.
Morin, E.: Introduction à la pensée complexe. Paris 1990.
Morin, P.: Le management et le pouvoir. Paris 1991.
Moscovici: L'âge des foules. Paris 1981.
Moullet, M.: Le management clandestin. Paris 1992.
Mucchielli, R.: Psychologie de la relation d'autorité. Paris 1982.
Nacamulli, R.: Reti di organizzazioni dinamiche e gruppi dirigenti. In: Economia e politica industriale, Dez. 1989.
Nacamulli, R.: La razionalità contratta: Imprese sindicati e contesto economico. Bologna 1986.
Nioche, J. P.: Management public: à la recherche de nouvelles régulations. In: Revue Française de Gestion, Sept./Okt. 1991.
Palomeque Lopez, M. C.: Los Sindicatos Españoles en el Umbral del Marcado Único. In: Economía y Sociología del Trabajo, Dez. 1990.
Perrin, D.: L'impact des technologies nouvelles. Paris 1993.
Porter, M. E.: The competitive advantage of nations. London 1989.
Rebora, G.: Verso una nuova fase evolutiva delle amministrazioni publiche in uno scenario di cambiamenti. In: Azienda Publica, Nr. 2, 1992.
Regueira, C.: Organización: la dirección de personal en los 90. In: Capital Humano, Sept. 1990.
Rojot, J.: La flexibilité du marché du travail: expériences nationales. In: La flexibilité du marché du travail. OCDE Paris 1989.
Rouvé, A.: Das Partizipationsverhalten französischer Führungskräfte. Eine empirische Studie zur kulturspezifischen Adaptation des Vroom-Yetton-Modells. Dissertation. Linz 1989.
Saba, L.: Evolution de la participation des syndicats dans les entreprises italiennes. In: La Lettre d'Information de l'ANACT, Nr. 176, 1992.
Sainsaulieu, R. (Hrsg.): L'entreprise – une affaire de société. Paris 1990.
Sainsaulieu, R.: L'identité au travail. Paris 1977.
Sainsaulieu, R.: Les relations de travail à l'Usine. Paris 1972.
Schmidt, G.: Théorie et pratique des styles de management: une comparaison inter-nationale; France – Allemagne – Portugal. Thèse de doctorat Nancy 1993.
Segrestin, D.: Le syndicalisme français et l'entreprise (1968–1988): In. *Sainsaulieu, R.* (Hrsg.): L'entreprise – une affaire de société. Paris 1990.
Simonet, J.: Pratiques de management en Europe – gérer les différences au quotidien. Paris 1992.
Sirianni, C. A.: Human Resource Management in Italy. In: *Berridge, J./Brunstein, I.* (Hrsg.): Human Resource Management in the European Community. In: Employee Relations, Vol. X, 1992, S. 23–38.
Trau, F.: La performance relativa delle piccole imprese industriali negli anni ottanta: una rassegna dell'evidenza empirica. In: Economica e politica industriale, Nr. 71, 1991.
Veltz, P./Zarifian, P.: Vers de nouveaux modèles d'organisation. In: Sociologie du travail, Nr. 1, 1993.
Vidal, F.: Le Management à l'italienne. Paris 1990.
Ville, G./Eyssette, F.: L'enjeu des ressources humaines – Le mythe des héros d'entreprise. Paris 1988.
Volpatto, O.: Come fare chiarezza per fondare riforme efficaci della pubblica amministrazione in vista dell'Europa unita. In: Azienda Publica, Nr. 2, 1992.
Weiss, D. et al.: La Fonction Ressources Humaines. Paris 1992.
Zannetti, G. (Hrsg.): Alle radici della struttura produttiva italiana. Roma 1988.

Führung und kollektive Arbeitsregelungen

Hansjörg Weitbrecht

[s. a.: Effizienz der Führung; Entpersonalisierte Führung; Individualrechtliche Bedingungen der Führung; Infomation als Führungsaufgabe; Mitbestimmung, Führung bei; Unternehmungsverfassung und Führung.]

I. Mitarbeiter-Führung im Umfeld industrieller Beziehungen; II. Das duale System; III. Der Einfluß kollektiver Arbeitsregelungen auf die Mitarbeiter-Führung; IV. Perspektive: die Entwicklung kollektiver Arbeitsregelungen.

I. Mitarbeiter-Führung im Umfeld industrieller Beziehungen

Mitarbeiter-Führung ist die direkte personale Beeinflussung („Kontrolle") des Verhaltens von Organisationsmitgliedern. Diese Interaktion spielt sich immer im Kontext der industriellen Beziehungen (*Hetzler* 1992), den *Organisationsstrukturen* (→*Organisationsstrukturen und Führung*), der Betriebs- und *Unternehmensverfassung* (→*Unternehmungsverfassung und Führung*) und der Tarifautonomie ab. *Kollektive Arbeitsregelungen* in den industriellen Beziehungen sind meist entstanden als „verfaßte" Mittel des Schutzes der Mitarbeiter („Gegen-Kontrolle"). Sie können von *außen vorgegeben* sein, wie dies in Deutschland mit einer ausgeprägten Gesetzgebung der Fall ist, mit der Interessenvertretung Betriebsrat vereinbart sein und/oder betrieblich gestaltet werden i. S. einer *freiwilligen Selbstbindung* des Unternehmens (*Sadowski* 1991). Die Gestaltung der kollektiven Arbeitsregelungen ist Teil der strukturellen Führung, während die (direkte) Mitarbeiter-Führung in dem so geschaffenen Umfeld agiert (*Wunderer* 1993). Je mehr kollektive Regelungen in einer Organisation bestehen, desto weniger ist Mitarbeiter-Führung vom Vorgesetzten beliebig gestaltbar und um so mehr unterliegt sie der (Gegen-)Kontrolle.

Grundsätzlich vermindert die institutionelle Regelung potentieller Konflikte mit kollektiven Arbeitsregelungen das Transaktionskostenrisiko (→*Verfügungsrechtstheorie, Transaktionskosten und Führung*) von Arbeitnehmern und Arbeitgebern, erlaubt komplexere und längerfristige Verträge einzugehen und ermöglicht damit mehr Kooperation.

II. Das duale System

Im Verlauf von zwei sozialen Umwälzungen entstand in Deutschland eine rechtlich-institutionelle Trennung der industriellen Beziehungen in eine betriebliche (Betriebsverfassung) und eine überbetriebliche (Unternehmensverfassung/Tarifautonomie) Ebene, das sog. *duale System*, das sich im internationalen Vergleich durch besondere Stabilität auszeichnet (*Weitbrecht/Berger* 1985) und als effektiv für die Einführung technologischer Veränderungen gilt (*Jacobi* 1989). *Müller-Jentsch* (1991) prägte deshalb den Begriff *„Konfliktpartnerschaft"*. *Sisson* (1987) hat aufgezeigt, daß es in Deutschland im Gegensatz zu Großbritannien gelungen ist, den Arbeitsplatz, also die Mitarbeiter-Führung, weitgehend zu „neutralisieren", d. h. von *externer* Einflußnahme freizuhalten. Allerdings geht dies mit einer besonderen Dichte der kollektiven *betrieblichen* Regelungen einher. Durch das Kooperationsgebot des Betriebsverfassungsrechts und die damit verbundene Beschränkung offener Konfliktaustragung auf die überbetriebliche Ebene (Tarifautonomie) können zum anderen Konflikte aus dem Führungsverhältnis nicht über den dafür definierten Rahmen der Konfliktaustragung hinausgetragen werden.

Als wichtigste Dimensionen des dualen Systems gelten:

– der hohe Grad der Verrechtlichung,
– die Struktur des Gewerkschaftssystems,
– die autonome Stellung des Betriebsrats und
– das Kooperationsgebot auf betrieblicher Ebene (*Schmidt/Trinczek* 1993).

III. Der Einfluß kollektiver Arbeitsregelungen auf die Mitarbeiter-Führung

1. Allgemeine Beteiligungsrechte des Betriebsrats

Die gesetzlichen Beteiligungsrechte des Betriebsrats umfassen allgemeine soziale, personelle und technisch-organisatorische Angelegenheiten. Die *wirtschaftlichen Angelegenheiten* (§§ 106–111 BetrVG) betreffen die Vorgesetzten in ihrer Führungsaufgabe nicht unmittelbar. In den *sozialen Angelegenheiten* (§§ 87–89 BetrVG), die die betriebliche Ordnung und die Arbeitsbedingungen allgemein betreffen, Fragen der Arbeitszeit, des Urlaubs, der betrieblichen Lohngestaltung oder des betrieblichen Vorschlagswesens und den *allgemeinen personellen Angelegenheiten* (§§ 93–95 BetrVG), Stellenausschreibung, Personalfragebogen, Beurteilungsgrundsätze und Auswahlrichtlinien, unterliegt die einzelne Führungskraft i.d.R. den vom Betrieb geschlossenen Betriebsvereinbarungen. Auch die Durchführung von Bildungsmaßnahmen (§§ 96–98 BetrVG) unterliegt der Mitbestimmung.

2. Beteiligung in der Mitarbeiterführung

In vielen Fragen der täglichen Führungspraxis kann ein Nichtbeachten der Informations-, Beratungs- oder Mitbestimmungsrechte des Betriebsrats die Unwirksamkeit einzelner Führungsentscheidungen zur Folge haben. Deshalb ist es von zunehmender Bedeutung, daß die Führungskraft in den Entscheidungsablauf diese Mitbestimmungsschritte einplant. In der Praxis besonders häufige Beispiele sind personelle und organisatorische Maßnahmen:

a) Stellenbesetzung

Der Betriebsrat hat umfangreiche Mitbestimmungsrechte mit Bezug auf *personelle Einzelmaßnahmen*. Er kann verlangen (Initiativrecht), daß Arbeitsplätze, die besetzt werden sollen, innerhalb des Betriebs ausgeschrieben werden (§ 93 BetrVG), in Betrieben mit mehr als 1000 Arbeitnehmern gilt dies auch für die Aufstellung von Richtlinien über die personelle Auswahl (§ 95 BetrVG). Die Beteiligungsrechte zu den personellen Einzelmaßnahmen haben jedoch die größere praktische Bedeutung. Einstellung, Eingruppierung, Umgruppierung und Versetzung bilden bei diesen Beteiligungsrechten die zahlenmäßig häufigsten Führungsentscheidungen (§ 99 BetrVG). Sie verlaufen zwar überwiegend entsprechend den betrieblichen Gepflogenheiten routinemäßig ab, der Betriebsrat hat begrenzte Widerspruchsrechte (§ 99 II BetrVG), die er binnen Wochenfrist vorbringen muß, so daß ein zügiger Entscheidungsablauf gewährleistet ist (*Schaub* 1986, § 241). Nur im Planungsstadium (Nachfolgeplanung) sind personelle Einzelmaßnahmen mitbestimmungsfrei. Kritisch kann auch eine Kündigung (und Änderungskündigung) sein, die ohne *Anhörung* des Betriebsrats unwirksam ist (§ 102 BetrVG). Der Betriebsrat kann entsprechend den festgelegten Tatbeständen widersprechen, was vor allem für mögliche Arbeitsgerichtsverfahren von Bedeutung ist (*Kraft* 1990, S. 1141).

Es zeigt sich immer wieder, daß eine im Einzelfall unbedeutende Entscheidung über den Gleichbehandlungsgrundsatz (→*Individualrechtliche Bedingungen der Führung*) als Präzedenzfall weitreichende Konsequenzen auslösen kann. Die zunehmende Übertragung der Verantwortung von mitbestimmungsrelevanten Entscheidungen von der Personalabteilung an die Führungskräfte findet in diesem Tatbestand ihre oft spannungsreiche Begrenzung.

b) Gestaltung von Arbeitsplatz, Arbeitsablauf und Arbeitsumgebung

Auch bei diesen Entscheidungen hat der Arbeitgeber den Betriebsrat über die Planung von Änderungen rechtzeitig zu unterrichten und sich über die Auswirkungen zu beraten. Da sich die Gegenstände über Bauten, technische Anlagen und Arbeitsabläufe bis auf den einzelnen Arbeitsplatz beziehen, ist die Anwendung der §§ 90–91 BetrVG sehr weit und berührt eine der Grundaufgaben jeder Führungskraft unmittelbar. Beratungspflicht heißt, sich mit den Argumenten des Betriebsrats auseinanderzusetzen. Daraus ergibt sich in der Praxis u. U. eine erhebliche Verzögerung in der Entscheidungsphase von geplanten Maßnahmen. Zunehmend sehen Führungskräfte deshalb eine besondere Herausforderung darin, den Ablauf der Beratung über geplante Veränderungen richtig in den Gesamtablauf der Entscheidungsfindung einzubauen.

Besondere Bedeutung kann im Einzelfall die Regelung nach § 87 I, Nr. 6 BetrVG durch den heute stark verbreiteten Einsatz der EDV erhalten. Danach unterliegen nämlich der Zustimmung des Betriebsrats, „Einführung und Anwendung von technischen Einrichtungen, die dazu bestimmt sind, das Verhalten oder die Leistung der Arbeitnehmer zu überwachen." Die EDV erlaubt heute eine solche Überwachung als Nebeneffekt, und es kann technisch schwierig sein, sie auszuschließen (*Wiese* 1990, S. 738 ff.).

3. Gestaltung und Anwendung konkreter betrieblicher Führungsinstrumente

a) Führungsgrundsätze

Eine wichtige Maßnahme struktureller Führung sind →*Führungsgrundsätze*. Sie beschreiben oder normieren die Führungsbeziehungen zwischen Vorgesetzten und Mitarbeitern im Rahmen einer Führungskonzeption. Sie unterliegen nach höchstrichterlicher Entscheidung (BAG, Beschl. v. 23. 10. 1984, DB 1985, 495) nicht der Mitbestimmung des Betriebsrats. Ihre Wirksamkeit hängt jedoch stark von der umfassenden Einbeziehung vieler Organisationsmitglieder bei der Erstellung und Einführung ab (s. z. B. *Kadel* 1993, S. 307 f.) und ihre Verknüpfung mit anderen (mitbestimmungspflichtigen) Führungsinstrumenten, z. B. der →*Personalbeurteilung von Führungskräften*. Erfahrungsgemäß wird der Betriebsrat jedoch bei *Sanktionen* von Führungskräften (→*Sanktionen als Führungsinstrumente*) darauf Bezug nehmen und den damit verbundenen Schutz der Mitarbeiter verlangen.

b) Mitarbeiter- und Führungsumfragen

Eine systematische Erfassung des Führungsprozesses u. a. im Sinne der Führungsgrundsätze gehört zu den wirkungsvollsten Mitteln der →*Führungsanalyse*. Mitarbeiterumfragen sind „Personalfragebögen" i. S. des BetrVG (§ 94) nur, wenn die persönlichen Verhältnisse der Mitarbeiter, ihre Fähigkeien und Kenntnise abgefragt werden.

c) Anwendung von Führungsinstrumenten

Während die Führung des einzelnen Mitarbeiters durch die Vereinbarung von Zielen, die Beurteilung des Mitarbeiters und das Mitarbeitergespräch (→*Beurteilungs- und Fördergespräch als Führungsinstrument*) außerhalb der Mitbestimmung liegt, stellt die Aufstellung von *allgemeinen Grundsätzen* für diese führungsrelevanten Aufgaben, z. B. die Erstellung von Kriterien an denen Leistung und/oder Verhalten gemessen werden soll, vor allem, wenn sie relevant für die Vergütung werden, einen mitbestimmungspflichtigen Tatbestand dar. Eine kollektive Regelung ist also nicht ohne den Betriebsrat zu treffen (*Kadel/Köstermann/Weitbrecht* 1993). Für die einzelne Führungskraft bedeutet dies in der direkten Führung, daß von diesen Regelungen nicht abgewichen werden kann und daß – wenn keine Regelung abgeschlossen ist – nur ein begrenzter Spielraum für die Schaffung eigener Regelungen gegeben ist.

d) Direkte Partizipation

Partizipation wird greifbar und arbeitsnah in den seit den 70er Jahren von Führungskräften geförderten Formen der Partizipation in Gesprächs- und Problemlösungsgruppen, z. B. Qualitätszirkeln *(Zink* 1992) und zunehmender Team- und Gruppenarbeit. Die Haltung der Betriebsräte und Gewerkschaften war, z. B. zu den Qualitätszirkeln, in den ersten Jahren zurückhaltend bis ablehnend, ist inzwischen jedoch zu einer positiven Mitarbeit geworden, weil diese institutionalisierte Form Partizipation sichert und Mitarbeitern größeres Selbstbewußtsein gibt *(Breisig* 1993).

4. Betriebliche Information und Mitbestimmung

Zeitpunkt der Information und daraus abgeleitet Einflußnahme auf die Entscheidungsfindung in unterschiedlichen Bereichen sind wesentliche Gliederungsgesichtspunkte des BetrVG *(Wiese* 1992). In der Informationsgestaltung ergeben sich in der Praxis erhebliche Unterschiede, in denen sich gesetzliche Vorschriften der Information in ganz unterschiedlicher Weise auswirken *(Osterloh* 1986). Dabei ist die Auseinandersetzung, wann der Zeitpunkt für die „rechtzeitige" Unterrichtung gegeben ist, nur die juristische Seite der Beziehung *(Kraft* 1990, S. 984). Die Gestaltung der betrieblichen Informationspolitik und die Information über den Vorgesetzten gewinnt als Alternative für die „Gegenkontrolle" über den Betriebsrat zunehmend an Gewicht *(Macharzina* 1990). In der Wirkung mag es in Einzelfällen von Bedeutung sein, ob die Mitarbeiter von ihrer Führungskraft oder im Rahmen einer Veranstaltung des Betriebsrats nach § 43 BetrVG informiert werden. Das Gewicht dieser Führungsaufgabe in der direkten Führung wird häufig unterschätzt.

IV. Perspektive: die Entwicklung kollektiver Arbeitsregelungen

1. Die Bedeutung kollektiver Arbeitsregelungen für die kooperative Führung

In der praktischen Führungsarbeit hat sich sicher seit der Novellierung des BetrVG 1972 und mit der kollektiven Regelung partizipativer Management-Initiativen in den 80er Jahren eine stärkere Mitarbeiterorientierung im Sinne von proaktivem Einbringen der Interessen der Mitarbeiter in betriebliche Entscheidungsprozesse ergeben. Für die →*kooperative Führung,* definiert mit einer prosozialen und einer partizipativen Dimension, ergeben sich folgende Entwicklungen:

a) Kollektive Arbeitsregelungen tragen direkt wenig zur *prosozialen Dimension* kooperativer Führung bei. Kommunikation als auch Konfliktregelung werden jedoch indirekt gefördert. Die §§ 81–82 BetrVG geben dem einzelnen Mitarbeiter besondere Rechte der Information und Anhörung über Tätigkeit, Einordnung in den Betriebsablauf und technologische Änderungen. §§ 84–86 BetrVG regeln die Beschwerderechte des Mitarbeiters. Obwohl diese Regelungen im täglichen Betriebsablauf selten herangezogen werden, ist ihre indirekte Wirkung auf das Verhalten der Vorgesetzten nicht zu übersehen *(Breisig* 1993).

b) Die Zunahme kollektiver Arbeitsregelungen in Form von Betriebsvereinbarungen seit Bestehen des BetrVG bedeutet eine Erhöhung direkter oder repräsentativer *Partizipation* und damit eine Verbesserung der Rahmenbedingungen für *kooperative Führung.* Inwieweit sich damit eine tatsächliche Veränderung des Führungsverhaltens vollzieht, bleibt offen (→*Mitbestimmung, Führung bei*). Anzunehmen ist jedoch, daß Mitarbeiter den Vorgesetzten auch mit neuen Partizipationsansprüchen gegenübertreten *(Breisig* 1993).

c) Im Ablauf von Entscheidungen ist in diesem Zeitraum eine stärkere Beachtung der Planungs- und Entscheidungsphase gegenüber der Implementierungsphase (adäquate Durchführung, Akzeptanz der Entscheidungen) eingetreten, weil mögliche Einwände des Betriebsrats und Interessen der Mitarbeiter immer stärker vor der Implementierung berücksichtigt wurden. Im Zeitbedarf dürfte dies zu einer längeren Entscheidungszeit und einer verkürzten Implementierungszeit geführt haben, insgesamt jedoch zu einer höheren →*Effizienz der Führung (Hotz-Hart* 1989, S. 270; s. a. *Kirsch/ Scholl/Paul* 1984, S. 515 ff.). Empirisch ließ sich außerdem nachweisen, daß Partizipation eine der wenigen Variablen des Human Resource Management ist, das zu einem kooperativeren Verhältnis mit den Mitarbeitern führt *(Weitbrecht/Fischer* 1993).

2. Zukünftige Entwicklungen

Für zukünftige Entwicklungen der Mitarbeiter-Führung heißt dies:

(1) Die oben aufgezeigten freiwilligen Formen der Partizipation, soweit sie als verpflichtende Regelung eingeführt sind, bringen in der Erwartung des Managements Flexibilität, Verfahrensoptimierung und Motivation. Sie implizieren jedoch auch die Aufgabe von Kontrollmöglichkeiten. Die Einführung neuer Formen der Arbeitsgestaltung auf unterer und mittlerer Managementebene muß zunehmend als politischer Prozeß verstanden werden, in dem die Akteure nicht sicher sein können, daß eine eingeschlagene Strategie zur Zielerreichung führt. Es handelt sich dabei tendenziell um einen offenen, sich selbst ausweitenden Prozeß, der sensibel auf Beschränkungsversuche der Führungs-

kraft reagiert (*Beisheim* et al. 1991). Viele dieser Entwicklungen werden sich nicht mehr in der klassischen Form der kollektiven Regelung fassen lassen. Vielmehr gilt es ein Einverständnis herzustellen über den *Prozeß der Partizipation*. Es handelt sich also eher um prozedurale als um inhaltliche Regelungen. Fähigkeiten zur Prozeßsteuerung werden die traditionellen Führungsanforderungen ergänzen müssen. Da außerdem häufig der Betriebsrat in die Konzeption auf unterer Ebene mit einbezogen wird, gehören zu den neuen Anforderungen auch Fähigkeiten der Mikro-Politik, dem Aushandeln der besten Lösungen vor Ort (*Dick* 1993).

(2) Als wichtigstes Einzelthema dürfte sich dabei in den nächsten Jahren die betriebliche, insb. „job-nahe" *Fortbildung* entwickeln, wenn auch in anderer Form als bisherige „entertainment without development"-Programme. Dabei spielt der Wettbewerbsdruck auf den Absatzmärkten eine ebenso große Rolle wie Entwicklungen auf dem Arbeitsmarkt. Das Finden kollektiver Arbeitsregelungen für diese Bausteine einer „lernenden Organisation" wird eine besondere Herausforderung auch auf unteren Ebenen der Führung werden (*Sattelberger* 1993).

(3) Für die Führung von internationalen Unternehmen mit deutlich unterschiedlichen nationalen Managementkulturen und unterschiedlichen Systemen industrieller Beziehungen wird das Gestalten einer einheitlichen Unternehmens-Philosophie noch wichtiger, um ein Klima der Kooperation und des Vertrauens über nationale Grenzen hinweg herzustellen (*Weitbrecht* 1991). In Deutschland ist mit einem möglichen *Europäischen Betriebsrat* (*Deppe* 1992) nicht zu erwarten, daß sich die Rahmenbedingungen für die Mitarbeiter-Führung wesentlich verändern, im Ausland könnten sich damit mittelfristig jedoch veränderte Rahmenbedingungen einer kooperativen Führung entwickeln.

Literatur

Beisheim, M./von Eckardstein, D./Müller, M.: Partizipative Organisationsformen und industrielle Beziehungen. In: *Müller-Jentsch, W.* (Hrsg.): Konfliktpartnerschaft. München et al. 1991, S. 123–138.
Breisig, T.: Quo vadis – Partizipatives Management?. In: *Müller-Jentsch, W.*: Profitable Ethik – effiziente Kultur. Neue Sinnstiftungen durch das Management? München et al. 1993, S. 159–178.
Deppe, J.: Euro-Betriebsräte. Internationale Mitbestimmung – Konsequenzen für Unternehmen und Gewerkschaften. Wiesbaden 1992.
Dick, P.: Mikropolitik in Organisationen. In: ZfP, 1993, S. 440–467.
Fabricius, F./Kraft, A./Thiele, W. et al.: Gemeinschaftskommentar zum Betriebsverfassungsgesetz, Bd. II, 4. A., Neuwied, Darmstadt 1990.
Fitting, K./Auffarth, F./Kaiser, H./Heither, F.: Betriebsverfassungsgesetz, 17. A. München 1992.

Hetzler, H. W.: Arbeitgeber-Arbeitnehmer-Beziehungen. In: *Gaugler, E./Weber, W.* (Hrsg.): HWP, 2. A., Stuttgart 1992, Sp. 100–108.
Hotz-Hart, B.: Modernisierung von Unternehmen und Industrien bei unterschiedlichen industriellen Beziehungen. Bern 1989.
Hromadka, W.: Die Betriebsverfassung. Köln 1991.
Jacobi, O.: Industrielle Beziehungen im Wandel. Ein internationaler Vergleich. In: *Martens, H./Peter, G.*: Mitbestimmung und Demokratisierung. Wiesbaden 1989, S. 173–187.
Kadel, P.: Ethik und Personalmanagement. In: Personal, 1993, S. 306–308.
Kadel, P./Köstermann, H./Weitbrecht, H.: Neue AT-Vergütung außertariflicher Angestellter bei der Boehringer Mannheim GmbH. In: Personal, 1993, S. 262–267.
Kirsch, W./Scholl, W./Paul, G.: Mitbestimmung in der Unternehmenspraxis. München 1984.
Kraft, A.: Fünfter Abschnitt: Personelle Angelegenheiten. In: *Fabricius, F./Kraft, A./Thiele, W.* et al.: Gemeinschaftskommentar zum Betriebsverfassungsgesetz, Bd. II, 4. A., Neuwied, Darmstadt 1990, S. 135–231.
Macharzina, K.: Informationspolitik. Unternehmenskommunikation als Instrument erfolgreicher Führung. Wiesbaden 1990.
Müller-Jentsch, W. (Hrsg.): Konfliktpartnerschaft. München et al. 1991 (2. A. 1993).
Osterloh, M.: Über die Unwirksamkeit von Informationsrechten. Ein Beitrag zur Rechtstatsachenforschung im Bereich der Mitbestimmung in Betrieb und Unternehmung. In: *Diefenbacher, H./Nutzinger, H. G.* (Hrsg.): Mitbestimmung in Betrieb und Verwaltung. Heidelberg 1986, S. 151–176.
Sadowski, D.: Selbstbindung: eine strategische Option in den Arbeitsbeziehungen? In: *Semlinger, K.* (Hrsg.): Flexibilisierung des Arbeitsmarktes: Interessen, Wirkungen, Perspektiven. Frankfurt/M. 1991, S. 93–110.
Sattelberger, T.: Klassische Bildungsarbeit dominant, aber tot: Vom Lernen in der Organisation zur lernenden Organisation. In: *Organisationsforum Wirtschaftskongreß e. V. OFW* (Hrsg.): Die Ressource Mensch im Mittelpunkt innovativer Unternehmensführung. Wiesbaden 1993, S. 91–122.
Schanz, G.: Betriebliche Personalpolitik und Mitbestimmung. In: *Berthel, J.* (Hrsg.): Personal-Management, Loseblatt-Sammlung. Landsberg, 2. Nachl. 1991.
Schaub, G.: Arbeitsrechts-Handbuch. 6. A., München 1986.
Schmidt, R./Trinczek, R.: Duales System: Tarifliche und betriebliche Interessenvertretung. In: *Müller-Jentsch, W.* (Hrsg.): Konfliktpartnerschaft. Akteure und Institutionen der industriellen Beziehungen, 2. A., München et al. 1993, S. 167–200.
Sisson, K.: The Management of Collective Bargaining. An International Comparison. Oxford 1987.
Weitbrecht, H.: Das Management industrieller Beziehungen im internationalen Unternehmen. In: *Marr, R.* (Hrsg.): Euro-Strategisches Personalmanagement. München et al. 1991, S. 317–326.
Weitbrecht, H./Berger, G.: Zur Geschichte der Arbeitsbeziehungen. Deutschland, Österreich, Schweiz. In: *Endruweit, G./Gaugler, E./Staehle, W./Wilpert, B.* (Hrsg.): Handbuch der Arbeitsbeziehungen. Berlin 1985, S. 483–510.
Weitbrecht, H./Fischer, S.: Human Resource Management und industrielle Beziehungen. In: *Müller-Jentsch, W.*: Profitable Ethik – effiziente Kultur. Neue Sinnstiftungen

durch das Management? München et al. 1993, S. 179–207.

Wiese, G.: Dritter Abschnitt: Soziale Angelegenheiten. In: *Fabricius, F./Kraft, A./Thiele, W.* et al.: Gemeinschaftskommentar zum Betriebsverfassungsgesetz, Bd. II, 4. A., Neuwied, Darmstadt 1990, S. 573–930.

Wiese, G.: Betriebsverfassungsrecht. In: *Gaugler, E./Weber, W.* (Hrsg.): HWP, 2. A., Stuttgart 1992, Sp. 651–664.

Wunderer, R.: Führung und Zusammenarbeit. Stuttgart 1993.

Zink, K.: Qualitätszirkel und Lernstatt. In: *Frese, E.* (Hrsg.): HWO, 3. A., Stuttgart 1992, Sp. 2129–2140.

Führungs- und Kooperations-Controlling

Armin Töpfer

[s. a.: Effizienz der Führung; Führungsanalysen; Führungserfolg – Messung; Führungsprinzipien und -normen; Information als Führungsaufgabe; Kontrolle und Führung; Personalentwicklungs-Controlling.]

I. *Definitorische Vielfalt und Abgrenzung*; II. *Ziele und Aufgaben*; III. *Funktionen*; IV. *Methoden und Instrumente*; V. *Probleme bei der Konzipierung und Durchführung*.

I. Definitorische Vielfalt und Abgrenzung

Controlling ist eine Steuerungskonzeption und eine Führungsfunktion, die das Ziel verfolgt, Planung und Kontrolle mit der Informationsversorgung zu koordinieren. Koordination umfaßt dabei sowohl laufende Abstimmungsprozesse als auch die Gestaltung von Planungs-, Kontroll- und Informationssystemen (*Horváth* 1991).

Personal-Controlling basiert auf der Idee, quantitative und qualitative Personaldefizite bzw. -probleme durch einen periodischen Vergleich von Planzielen und Gegenwartssituation antizipativ zu erkennen. Im Mittelpunkt des Personal-Controlling stehen die Bedürfnisse, Neigungen und Fähigkeiten der Mitarbeiter (*Papmehl* 1990).

Führungs- und Kooperations-Controlling ist ein Teil des operativen Personal-Controlling: Es findet eine Konzentration auf qualitative Aspekte statt, z. B. auf Identifikationsgrad, Motivation, Führungskultur, Zufriedenheit, Betriebsklima aus Sicht der Mitarbeiter. Die Objekte des Führungs- und Kooperations-Controlling sind Führungsergebnisse, Führungssituationen und Führungspersonen bzw. -potentiale (*Wunderer* 1990).

Abbildung 1 verdeutlicht die Zusammenhänge hinsichtlich der Wirkungsrichtung sowie der Analyse- und Gestaltungsrichtung. Ausgehend von der Führungs- und Kooperationssituation resultieren aus den unterschiedlichen Rahmenbedingungen und den veränderten Anforderungen die Ergebnisse des Führungs- und Kooperationsverhaltens. Sie werden durch das Führungs- und Kooperations-Controlling mit geeigneten Instrumenten evaluiert hinsichtlich der ökonomischen und sozialen Folgen (*Wunderer* 1990). Die Bewertungsergebnisse sind sogleich die Grundlage für Gestaltungs- und Veränderungsmaßnahmen im Verhalten und bei den beeinflußbaren Rahmenbedingungen.

II. Ziele und Aufgaben

Um die übergeordnete Zielsetzung der Planung, Steuerung und Gestaltung sowie Kontrolle von Einsatz und Entwicklung der Humanressourcen zu erreichen, sind operative Ziele des Führungs- und Koordinations-Controlling hinsichtlich Kosten, Zeit und Qualität zu formulieren. In diesem Rahmen läßt sich ein Kosten-, Effizienz- und Effektivitäts-Controlling unterscheiden (*Wunderer/Sailer* 1988).

Die Ermittlung von Wirkungen des Führungs- und Kooperationsverhaltens wird in Abbildung 2 dargestellt.

Das *Kosten-Controlling* konzentriert sich zum einen auf die Ermittlung und Beeinflussung der direkten Kosten der Führung und Koordination. Eine Kontrolle der Einhaltung vorgegebener Budgets erstreckt sich dann beispielsweise auch auf die Kosten der Zusammenarbeit von Mitarbeitern in einem Lernstatt-Zirkel. Im Vergleich zu diesen relativ eindeutig meßbaren Kooperationskosten sind die Kosten der Führung meist schwieriger zu messen. Der Indikator der direkt meßbaren Personalkosten der Führungskräfte erfaßt nur einen geringen Bereich. Wesentlich sind hier zusätzlich die indirekten Kosten der Personalführung, vor allem bei einem unzureichenden Führungsstil. Dies sind die Indikatorgrößen der Fehlzeiten und der Fluktuation von Mitarbeitern.

Effizienz-Controlling geht noch einen Schritt weiter und ermittelt neben den Kosten durch den Ressourceneinsatz zusätzlich auch den Nutzen und damit die positiven Ergebnisse der Führung und Kooperation (→*Führungserfolg – Messung*). Im zweiten Fall ist wiederum nur eine indirekte Messung über nachvollziehbare Ergebnisse und Indikatoren möglich. Dies sind beispielsweise die erhöhte Leistungsfähigkeit und Qualifikation der Mitarbeiter oder ein besserer Informationsfluß und -stand. Schwieriger meßbar sind die Nutzenkategorien, z. B. als ein erhöhtes Mitarbeiterengagement und eine bessere Motivation.

Effizienzverbesserungen aufgrund gesparter Koordinationskosten, z. B. in Form von Zeitein-

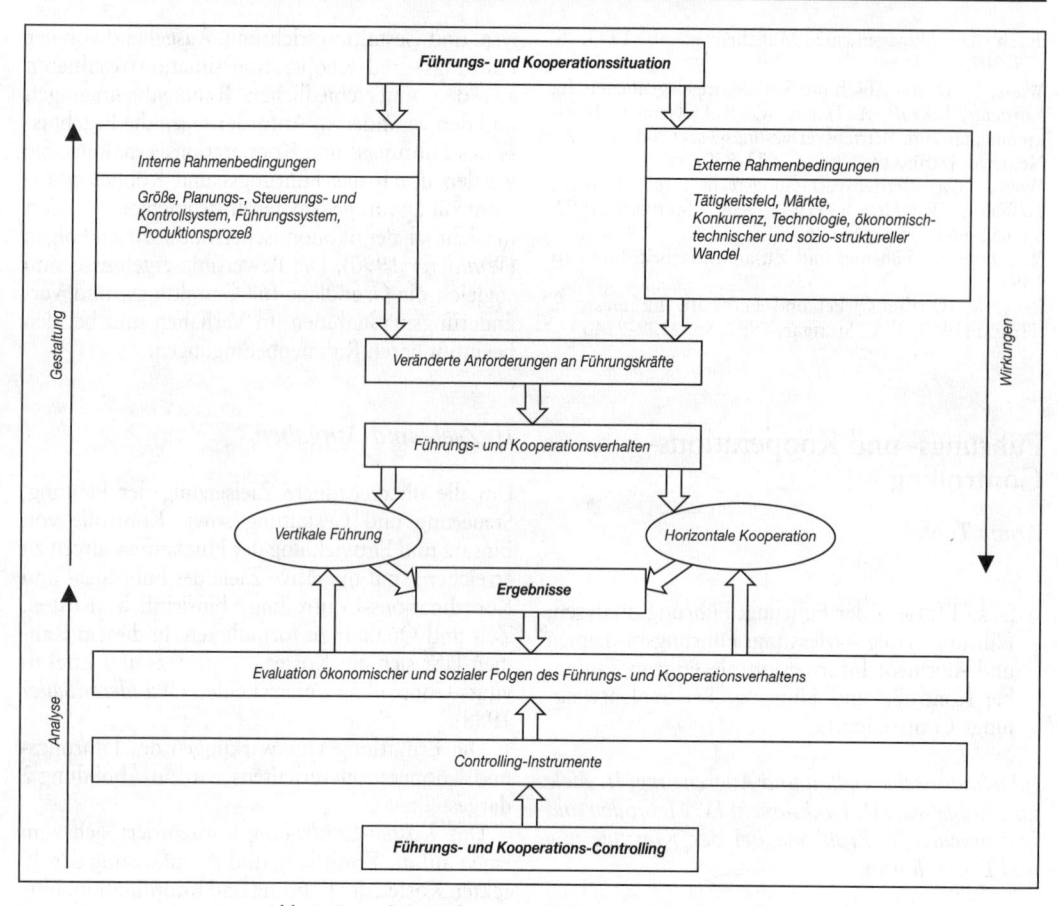

Abb. 1: Prozeß des Führungs- und Kooperations-Controlling

sparungen oder aufgrund von vermiedenen Blindleistungen, lassen sich als fiktive Kostenreduzierungen und damit als Ressourceneinsparungen ansehen.

Effektivitäts-Controlling bezieht sich nicht nur auf die erreichten Ergebnisse, sondern bewertet zusätzlich auch den Beitrag der Führung und Kooperation zur Formulierung und Erreichung von Zielen. Da Führung und Kooperation primär auf die Aufstellung und Realisierung von Zielen ausgerichtet sind, befaßt sich Führungs- und Kooperations-Controlling schwerpunktmäßig mit einem Effektivitäts-Controlling (*Wunderer* 1990).

Die hieraus resultierenden Aufgaben des Führungs- und Kooperations-Controlling erstrecken sich primär auf eine Analyse der Ergebnisse von Führung und Kooperation und damit auf eine Bewertung als Erfolg oder Mißerfolg. Die Bewertung der sachbezogenen Führungsergebnisse ist anhand von direkten Meßgrößen oder indirekten Indikatoren besser möglich als eine personenbezogene Wirkungsanalyse des Führungs- und Kooperationsverhaltens.

Statt der quantitativen Ergebnisorientierung steht die qualitative Mitarbeiterorientierung jedoch im Vordergrund mit dem Ziel einer Beeinflussung von Einstellungen und Verhaltensweisen. Die aus der Verhaltensforschung und Marktforschung bekannten Probleme der Einstellungsmessung bei Mitarbeitern oder Käufern treffen auch hier zu (*Kroeber-Riel* 1990).

Das Führungs- und Kooperations-Controlling wird sich unter der Zielsetzung einer Veränderung auch auf die Analyse von Verbesserungen der Einstellung, Motivation und Verhaltensweisen, z. B. durch Panelbefragungen als Zeitreihendesign, erstrecken. Probanden der Untersuchung können sowohl Vorgesetzte bis hin zur Unternehmensleitung als auch Mitarbeiter sein. In einer strukturbezogenen Analyse kann neben der befragten Gruppe eine andere Abteilung oder ein anderer Unternehmensteil als Kontrollgruppe herangezogen werden, um so die Validität von Veränderungen zu ermitteln und zu gewährleisten.

Für eine Analyse der Wirkungen des Führungs- und Kooperationsverhaltens mit dem Ziel einer Qualitätsmessung und Klassifikation der Ergebnisse lassen sich Indikatoren wie die Häufigkeit der Kontaktaufnahme, die Dauer der Gespräche, die Art der Informationsvermittlung oder auch die per-

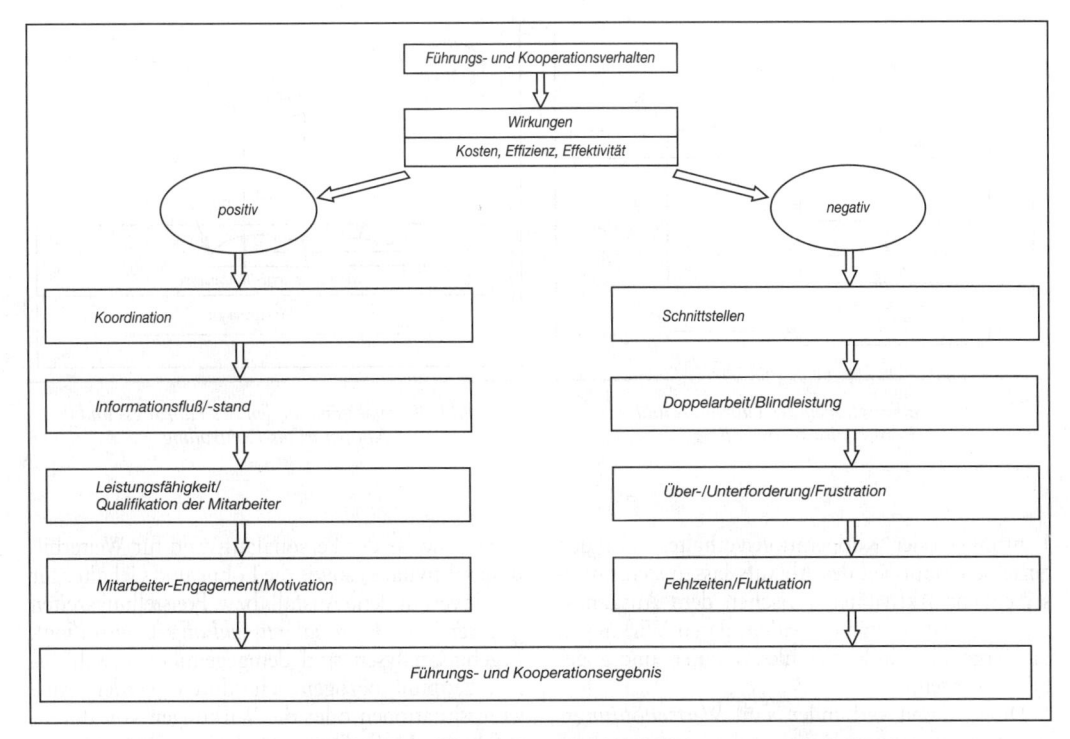

Abb. 2: Ermittlung von Wirkungen des Führungs- und Kooperationsverhaltens

sönliche Wertschätzung des anderen als Sympathie oder Antipathie, wie z. B. der LPC-Wert bei Fiedler (*Fiedler* 1967), heranziehen. Die Intensität und Form der Führungs- und Kooperationsbeziehungen ist neben den Wirkungen auf die Kommunikation und Motivation der Beteiligten ein Indikator für die Qualität.

Indirekte Ziele eines Führungs- und Kooperatons-Controlling sind beispielsweise auch die Wirksamkeitsüberprüfung von →*Führungsprinzipien und -normen* oder ein frühzeitiges Erkennen von schwachen Signalen hinsichtlich Führungs- und Kooperationsdefiziten und -problemen.

III. Funktionen

Aus den Zielen und Aufgaben lassen sich direkt die Funktionen des Führungs- und Kooperations-Controlling ableiten. Sie sind in Abbildung 3 in einer zusammengefaßten und vernetzten Analyse dargestellt.

Die Informations- und Analysefunktion ist Grundlage für eine Früherkennung und Frühwarnung auf der einen Seite und für die Kontrolle als Soll-Ist-Vergleich auf der anderen Seite. Über die Prognose- und Beratungsfunktion fokussieren sowohl die zukunftsgerichtete als auch die vergangenheitsorientierte Analyse in einer Steuerung, also dem erklärten Ziel des Controlling, erkannte Defizite zu beseitigen. Durch die Rückkopplung auf die Informations- und Analysefunktion revolviert der Prozeß.

Basierend auf der Wirkungsanalyse von Führungs- und Kooperationsverhalten setzt über die Beratungsfunktion, z. B. in Form von Interpretationshilfen anhand von Paradigmen und damit empirisch bewährten Erkenntnismustern, die Steuerungsfunktion ein. Beim Führungs- und Kooperations-Controlling hat sie insbesondere eine Verbindung von Organisationsentwicklung und Personalentwicklung zum Gegenstand (*Mentzel* 1989). Der Regelkreis des Controlling wird speziell bezogen auf Organisationsentwicklung in der Survey-Feedback-Methode dokumentiert (*Gebert/v. Rosenstiel* 1992).

IV. Methoden und Instrumente

Auch beim Führungs- und Kooperations-Controlling lassen sich die Analysemethoden des Personal-Controlling anwenden (*Scholz* 1993). Wie Abbildung 4 zeigt, setzen die einzelnen Analysemethoden zum Teil gleich oder unterschiedlich an und sind für einen kombinierten Einsatz deshalb sorgfältig auszuwählen.

Vorgangs- bzw. Prozeßanalysen sind zeitraumbezogen und erstrecken sich über die gesamte Spanne z. B. eines Projektes zur Verbesserung des

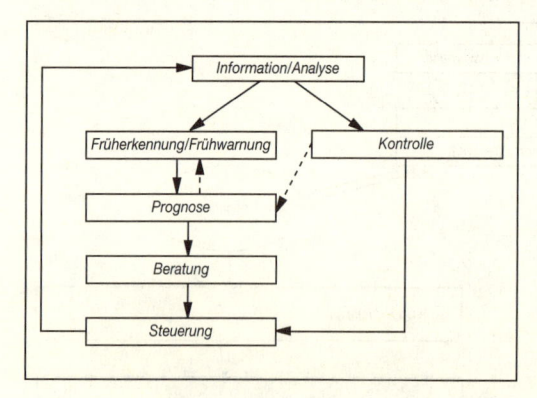

Abb. 3: Funktionen des Führungs- und
Kooperations-Controlling

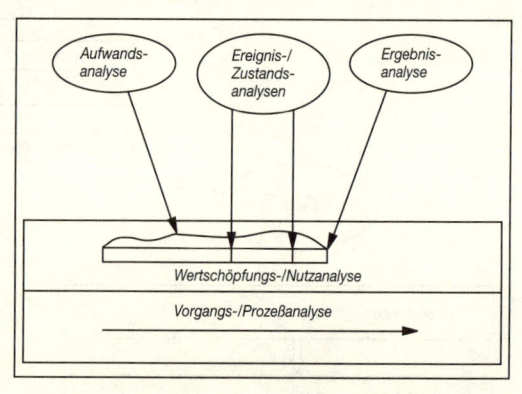

Abb. 4: Analysemethoden des Führungs- und
Kooperations-Controlling

Führungs- oder Kooperationsverhaltens. In den einzelnen Stationen des Ablaufs lassen sich unterschiedliche Aktivitäten zwischen dem Ausgangs- und Endzustand unterscheiden, deren Wirkungen und Ergebnisse in Kennzahlen definiert und abgebildet werden.

Direkt damit verbunden sind *Wertschöpfungs- und Nutzenanalysen*. Dabei ist davon auszugehen, daß jede Wertschöpfung, da sie zielorientiert und damit unterschiedlich von einer Blindleistung ist, Nutzen für den Adressaten bzw. internen Kunden schafft. Im Rahmen einer Wertschöpfungskette der Führung und der Kooperation ist also zu ermitteln, wo und wie durch gezielte Führungs- und Kooperationsmaßnahmen eine bestimmte Wertschöpfung und ein spezifischer Nutzen erreicht werden. Wichtig hierbei ist, daß beim Übergang von einer Wertschöpfungsaktivität bzw. einem Wertschöpfungsbereich zum anderen keine Brüche z. B. durch Schnittstellen und Reibungsverluste entstehen. Denn andernfalls würde die bisher geschaffene Wertschöpfung dadurch in ihrer Nutzenwirkung reduziert.

Im Rahmen der Gesamtanalyse lassen sich einzelne Ereignisse unterscheiden. *Ereignisanalysen* beziehen sich auf definierte wichtige Aktivitäten, z. B. Weiterbildungsmaßnahmen, und sind damit stärker zeitraumbezogen. Auf dieser Wegstrecke läßt sich durch *Zustandsanalysen* zeitpunktbezogen sowohl die Situation des Ausgangszeitpunktes als auch des Endzeitpunktes ermitteln. Beispielhaft kann hier die Einstellung zur Arbeit und die Motivation der Mitarbeiter vor und nach einer Organisationsentwicklungsmaßnahme kombiniert mit einem Personalentwicklungsprogramm ermittelt werden.

Zusätzlich lassen sich Input- und Outputanalysen durchführen. Im ersteren Falle werden bei *Aufwandsanalysen* alle periodenbezogen für die Durchführung einer Maßnahme anfallenden Aufwendungen aufsummiert. Zu diesem Input kann beispielsweise der Personalaufwand für Weiterbildungsaktivitäten sowie die Löhne und Gehälter für damit verbundene Ausfall- bzw. Freistellungszeiten gehören (→*Personalentwicklungs-Controlling*). Ergebnisanalysen sind demgegenüber ausschließlich zeitpunktbezogen. Hierdurch werden Ausgangssituationen oder die Wirkungen von durchgeführten Maßnahmen analysiert. Zum Output zählt beispielsweise der Krankenstand in einzelnen Mitarbeitergruppen, die Fluktuation nach bestimmten Mitarbeitergruppen sowie dadurch entstehende Fluktuationskosten, die Situation im Hinblick auf die Rekrutierung von qualifiziertem Nachwuchs für das Unternehmen oder auch die Anzahl und der Nutzen von Verbesserungsvorschlägen.

Die Übersicht in Abbildung 5 gliedert die Instrumente des Führungs- und Kooperations-Controlling nach den Phasen vor der Einstellung bzw. Beförderung und nach der Wahrnehmung von Fach- und Führungsaufgaben einschließlich der Kooperation.

Der konkrete Ansatz ist also eine Auswahlentscheidung, eine durchgeführte Analyse bzw. Diagnose oder die Planung bzw. Realisierung einer Verbesserung. Dabei läßt sie sich personenbezogen und organisationsbezogen unterscheiden. Wie ersichtlich ist, können alle Diagnose- und Gestaltungsinstrumente in der Form eines Management-Audit (*Wiegmann* 1989) oder eines Management-Review eingesetzt werden. Der Unterschied liegt darin, daß beim Audit von vorwiegend externen Prüfern eine „harte" Faktenanalyse durchgeführt wird und beim Review unter Mitwirkung der Betroffenen eine kooperative Datenanalyse.

Im einzelnen lassen sich folgende Instrumente unterscheiden:

In *Einzel- und Gruppenassessments* werden, ausgerichtet am zukünftigen Einsatzfeld, die Führungs- und Kooperationsfähigkeiten eines Probanden untersucht. Ein weiteres Instrument in dieser Phase ist die *Potentialanalyse* des Management und der Mitarbeiter (*Kliem* 1989; *Kienbaum/v. Landsberg* 1987). Sie ergänzt die vergangenheitsbezogene Leistungsbeurteilung um prospektive Aspekte für die Einschätzung einer zukünftigen Verwendung. Fortschrittliche Ansatzpunkte liefert hierbei die *Eignungsdiagnostik* (*Schuler/Funke* 1991).

Die Führungs- und Kooperationsergebnisse lassen sich personen- und organisationsbezogen einer Bewertung unterziehen. Personenbezogen ist dies für Vorgesetzte und Mitarbeiter die *Personalbewertung*, die *Führungsstilanalyse* mit einer *Beurteilung* und dem *Fördergespräch*. Eine aktive Einbindung der Mitarbeiter in den Controlling-Prozeß erfolgt entweder durch eine *Mitarbeiterbefragung* zur allgemeinen Führungs- und Arbeitssituation (*Töpfer/Zander* 1985; *Domsch/Schneble* 1991) oder in Form einer auf das Führungsverhalten ausgerichteten *Vorgesetztenbeurteilung* durch die Mitarbeiter (*Reinecke* 1983). Ergänzen lassen sich diese Instrumente durch Inhalte und Erkenntnisse einer *gruppendynamischen Analyse* (*Gebert/v. Rosenstiel* 1992) und einer *Transaktionsanalyse* (→*Transaktionsanalyse und Führung*) (*Meininger* 1987).

Organisationsbezogen lassen sich zwei Instrumente einsetzen: zum einen die *Betriebsklimaanalyse* (*v. Rosenstiel* 1983) und zum anderen eine hier auch in Form eines Management-Audit durchgeführte *Organisationsanalyse*. Ein fortschrittlicher Ansatz der Organisationsanalyse ist die *Prozeßkettenanalyse*, um Schnittstellenprobleme sowie zukünftige Kooperationserfordernisse zu erkennen (*Stalk/Hout* 1990). Sie dient auch zur Optimierung der internen Kunden-Lieferanten-Beziehung (*Töpfer/Mehdorn* 1994), um die Zusammenarbeit zu verbessern und vor allem Durchlaufzeiten zu reduzieren.

Auf eine inhaltliche Planung und Verbesserung ausgerichtet sind die Controlling-Instrumente der *Organisations- und Personalentwicklung*. Fortschrittliche Instrumente für personen- und organisationsbezogene Verbesserungen sind *Kaizen* (*Imai* 1992) und *Re-Engineering* (*Hammer/Champy* 1993). Bei ihrem kooperativ als Review ausgerichteten Einsatz der Controlling-Instrumente ist vor allem die Verzahnung wichtig.

V. Probleme bei der Konzipierung und Durchführung

Abschließend sollen die bereits mehrfach angesprochenen Meßprobleme noch einmal erörtert und die nicht zu übersehenden Akzeptanzprobleme angesprochen werden.

Da sich die Instrumente des Führungs- und Kooperations-Controlling nicht nur auf die Analyse von Fakten, sondern vor allem auch auf die Ermittlung und Bewertung des Sozialverhaltens beziehen, entstehen Meßprobleme hinsichtlich der Skalierung, Reliabilität, Validität und auch Objektivität (*Kriz* 1983; *Atteslander* 1984). Bei der Skalierung sind vor allem ratingskalierte Variablen methodisch einwandfrei anzulegen und zu messen. Hinsichtlich der Reliabilität ist die Verläßlichkeit der ermittelten Daten dann gegeben, wenn situationsbezogen keine Verzerrung vorliegt und eine Meßwiederholung unter gleichen Bedingungen zu einem entsprechenden Ergebnis führen würde. Von der Validität hängt der Inhalt des gemessenen Sachverhaltes in der Weise ab, daß auch wirklich das gemessen wird, was gemessen werden soll. Gerade hier sind Unschärfen und Verzerrungen ohne sozialwissenschaftliches Methodenwissen und ohne theoretische Konstrukte möglich. Die situationsbezogene Objektivität hat zum Ziel, Verzerrungen, die in der Person der Frager, Analysierer oder Auswerter begründet sind, sowie Verzerrungen durch situationsbezogene Informationen oder Umfeldfaktoren zu vermeiden. Hierzu gehören z. B. Halo-Effekte als Überstrahlungseffekte, Irradiationen als

Phase	vor Einstellung/Beförderung	nach Führung/Kooperation			
Ansatz	bei Auswahl	Analyse/Diagnose			Planung/Verbesserung
Bezug	personenbezogen	personenbezogen		organisationsbezogen	personen-/organisationsbez.
Traditionelle Ansätze	Assessment-Center	Personalbewertung / Führungsstilanalyse	Vorgesetztenbeurteilung	Betriebsklimaanalyse	Organisationsentwicklung
	Management-Potential-Analyse	Beurteilung und Fördergespräch	Mitarbeiterbefragung	Organisationsanalyse	Personalentwicklung
Neuere Ansätze	Eignungsdiagnostik	Gruppendynamische Analyse		Prozeßkettenanalyse	Kaizen
		Transaktionsanalyse			Re-Engineering
Erhebung		Management-Audit/-Review			

Abb. 5: Instrumente des Führungs- und Kooperations-Controlling

Schluß von einem Ausprägungskriterium auf ein anderes sowie der Primacy-Recency-Effekt (*Kroeber-Riel* 1990).

Akzeptanzprobleme beim Einsatz von Instrumenten des Führungs- und Kooperations-Controlling können auf allen Ebenen und bei allen Personengruppen des Unternehmens auftreten, also bei der Unternehmensleitung, den Führungskräften, den Mitarbeitern und auch beim Betriebsrat (*Reinecke* 1983; *Töpfer/Zander* 1985). Ausschlaggebend ist zum einen die Zielsetzung des Instrumentes, ob es also eine Diagnose oder auch Verbesserung in der Realität anstrebt, zum anderen die Adressatengruppe, wo es also eingesetzt werden soll, und zum dritten, wie neuartig das Instrument für die jeweilige Personengruppe und das Unternehmen ist. Ansatzpunkte, um Widerstände und Vorbehalte abzubauen, sind in einer frühzeitigen und umfassenden Information, in einer aktiven Mitwirkung und Mitgestaltung des Instrumenteinsatzes sowie in einer Transparenz des gesamten Prozesses einschließlich der Auswertung und der Verwendung der Ergebnisse gegeben. Andernfalls richtet sich Reaktanz eigentlich nicht gegen das Instrument des Führungs- und Kooperations-Controlling sowie seine Leistungsfähigkeit, sondern lediglich gegen unzureichende Anwendungsbedingungen.

Da immer mehr Unternehmen, wie empirische Untersuchungen belegen (*Töpfer/Poersch* 1989; *Domsch/Schneble* 1991), diese Instrumente einsetzen, ist nicht nur ein umfassendes methodisches Wissen, sondern auch ein Informations- und Anwendungsprozeß erforderlich, der Akzeptanz schafft, damit die Ergebnisse aussagefähig sind.

Literatur

Atteslander, P.: Methoden der empirischen Sozialforschung. 5. A., Berlin, New York 1984.
Bundesverband Dt. Unternehmensberater BDU e.V. (Hrsg.): Ein Instrument zur ergebnisorientierten Unternehmenssteuerung und langfristigen Existenzsicherung. 3. A., Berlin 1992.
Deyhle, A.: Controller-Handbuch. 3. A., München 1990.
Deyhle, A.: Controller-Praxis. Führung durch Ziele, Planung und Controlling, Bd. II: Soll-Ist-Vergleich und Führungsstil. Gauting/München 1992.
Domsch, M./Schneble, A. (Hrsg.): Mitarbeiterbefragungen. Heidelberg 1991.
Ebner, H. G./Krell, G.: Vorgesetztenbeurteilung. Beiträge zur Berufs- und Wirtschaftspädagogik. Bd. 7. Oldenburg 1991.
Fiedler, F. E.: A Theory of Leadership Effectiveness. New York et al. 1967.
Gebert, D./v. Rosenstiel. L.: Organisationspsychologie. Stuttgart et al. 1992.
Haberkorn, K.: Praxis der Mitarbeiterführung. Ein Grundriß mit zahlreichen Checklisten zur Verbesserung des Führungsverhaltens. 4. A., Ehningen bei Böblingen 1992.
Hammer, M./Champy, J.: Reengineering the Corporation: A Manifesto for Business Revolution. New York 1993.
Harris, T. A.: Ich bin o.k. – Du bist o.k. Reinbek 1975.
Hentze, J./Brose, P.: Personalführungslehre: Grundlage, Führungsstile, Funktionen und Theorien der Führung. 2. A., Bern/Stuttgart 1990.
Hoffmann, R.: Human Capital im Betrieb. Wege zur erfolgreichen Produkt-Innovation. Heidelberg 1991.
Horváth, P.: Controlling, München 1991.
Imai, M.: Kaizen – Der Schlüssel zum Erfolg der Japaner im Wettbewerb. 5. A., München 1992.
Jeserich, W.: Mitarbeiter auswählen und fördern. AC-Verfahren. München, Wien 1981.
Jeserich, W./Fennekles, G.: Führungsstilanalyse (FSA). Ein Instrument zur Verbesserung der Führungsleistung des Vorgesetzten. Bergisch-Gladbach 1988.
Kienbaum, J./v. Landsberg, G.: Erfolgsmerkmale von Führungskräften. Köln 1987.
Kliem, O.: Management-Potential-Analyse. In: *Strutz, H.*: Personalmarketing. Wiesbaden 1989, S. 565–571.
Kriz, J.: Statistik in den Sozialwissenschaften: Einführung und kritische Diskussion. Opladen 1983.
Kroeber-Riel, W.: Konsumentenverhalten. 4. A., München 1990.
Marr, R.: Kooperationsmanagement. In: *Gaugler, E./Weber, W.* (Hrsg.): Handwörterbuch des Personalwesens. Bd. 5, Stuttgart 1992, Sp. 1154–1164.
Meininger, J.: Transaktionsanalyse. Die neue Methode erfolgreicher Menschenführung. 2. A., Landsberg a. Lech 1987.
Mentzel, W.: Unternehmenssicherung durch Personalentwicklung. Freiburg 1989.
Neuberger, O.: Führungsverhalten und Führungserfolg. Berlin 1976.
Obermann, C.: Assessment Center. Entwicklung, Durchführung, Trends. Wiesbaden 1992.
Papmehl, A.: Personal-Controlling. Heidelberg 1990.
Peters, T. J./Waterman, R. H.: Auf der Suche nach Spitzenleistungen. New York 1982.
Potthoff, E./Trescher, K.: Controlling in der Personalwirtschaft. Berlin 1986.
Reinecke, P.: Vorgesetztenbeurteilung als Instrument partizipativer Führung und Organisationsentwicklung. Köln 1983.
v. Rosenstiel, L.: Betriebsklima heute. 2. A., Ludwigshafen 1983.
Saaman, W.: Effizient führen. Mitarbeiter erfolgreich motivieren. Wiesbaden 1990.
Scholz, C.: Personalmanagement: informationsorientierte und verhaltenstheoretische Grundlagen. 3. A., München 1993.
Schuler, H./Funke, U. (Hrsg.): Eignungsdiagnostik in Forschung und Praxis. Stuttgart 1991.
Stalk, G./Hout, T. M.: Zeitwettbewerb: Schnelligkeit entscheidet auf den Märkten der Zukunft. Frankfurt/M./New York 1990.
Strutz, H. (Hrsg.): Handbuch Personalmarketing. Wiesbaden 1989.
Töpfer, A./Mehdorn, H.: Total Quality Management – Anforderungen und Umsetzung im Unternehmen. 3. aktualisierte A., Neuwied et al. 1994.
Töpfer, A./Poersch, M.: Aufgabenfelder des betrieblichen Personalwesens für die 90er Jahre. Neuwied/Frankfurt/M. 1989.
Töpfer, A./Zander, E. (Hrsg.): Mitarbeiterbefragungen. Frankfurt/M./New York 1985.
Vroom, V. H./Jago, A. G.: Flexible Führungsentscheidungen. Management der Partizipation in Organisationen. Stuttgart 1991.
Wiegmann, V. T.: Management Audit. In: *Strutz, H.*, Personalmarketing. Wiesbaden 1989, S. 572–581.

Wunderer, R.: „Führungs- und Kooperations-Controlling". In: Personalwirtschaft, 1990, Heft 3, S. 31–32.
Wunderer, R.: „Personal-Controlling". In: Personal, 1991, S. 272–275.
Wunderer, R.: Führung und Zusammenarbeit. Beiträge zu einer Führungslehre. Stuttgart 1993.
Wunderer, R./Grunwald, W.: Führungslehre, Bd. 1 Grundlagen der Führung, Bd. 2 Kooperative Führung. Berlin, New York 1980.
Wunderer, R./Sailer, M.: Personal-Controlling in der Praxis – Entwicklungsstand, Erwartungen, Aufgaben. In: Personalwirtschaft, 1988, Heft 4, S. 177–182.

Führung von unten

Rolf Wunderer

[s. a.: Führungsmotivation; Führungsrollen; Führungstheorien – Charismatische Führung, – Eigenschaftstheorie, – Machttheorie; Identifikationspolitik, Innovation und Kreativität als Führungsaufgabe; Intrapreneuring und Führung; Kooperative Führung; Laterale Kooperation als Führungsaufgabe (Schnittstellenmanagement); Mikropolitik und Führung; Personalentwicklung als Führungsinstrument; Unternehmerische Mitarbeiterführung; Wertewandel.]

I. Einordnung der Thematik; II. Führung als soziale Einflußnahme; III. Ein situationaler Strategieansatz zu einer „Führung von unten".

I. Einordnung der Thematik

Nach einer Periode der teamorientierten Führungsphilosophie der 60er und 70er Jahre ist in den 80er Jahren im Westen – wohl auch unter dem Einfluß der „Reagan-Aera" – wieder ein Dezennium der Heroen eingeläutet worden. Zunächst war es die charismatische Führung (→*Führungstheorien – Charismatische Führung*), welche den Ansatz von *Max Weber* (1972) aus den 20er Jahren wieder aufnahm, die nur schwer definier- und meßbare Ausstrahlung von Führern, ihre Persönlichkeit und emotionale Dimension zu einem zentralen Erfolgsfaktor in einer entsprechenden *Führungskultur* zu machen (vgl. *Avolio/Bass* 1988; *Burns* 1978; *Conger/Kanungo* 1988; *Peters/Waterman* 1982). „Männer machen Geschichte" lautet die dafür bekannte Devise. Bald darauf tauchte ein – auch in Westernfilmen wohlbekannter – Kämpfer gegen Machtkartelle, Ranküne und Willkür auf. Dieser Held – in der Schweiz als Tell, in Deutschland als Siegfried wohlbekannt – wird nun zum neuen Heilsbringer, zum Veränderer, Innovator, alias „Intrapreneur". Dank eines ganz besonderen Selbstvertrauens in die eigene Person (*Tell:* „Am stärksten ist der Mächtige allein"), der Bereitschaft zum individuellen Kampf gegen die Hydra „Hierarchie" bzw. „Bürokratie" („Einer gegen alle") aufzunehmen, formuliert er nun den Dekalog nach seinem Bilde. Seine „10 Gebote" lauten (*Pinchot* 1985):

1. Komme jeden Tag mit der Bereitschaft zur Arbeit, gefeuert zu werden.
2. Umgehe alle Anordnungen, die Deinen Traum stoppen können.
3. Mach alles, was zur Realisierung Deines Ziels erforderlich ist – unabhängig davon, wie Deine eigentliche Aufgabenbeschreibung aussieht.
4. Finde Leute, die Dir helfen.
5. Folge bei der Auswahl von Mitarbeitern Deiner Intuition und arbeite nur mit den besten zusammen.
6. Arbeite solange es geht im Untergrund – eine zu frühe Publizität könnte das Immunsystem des Unternehmens mobilisieren.
7. Wette nie in einem Rennen, wenn Du nicht selbst darin mitläufst.
8. Denke daran – es ist leichter, um Verzeihung zu bitten als um Erlaubnis.
9. Bleibe Deinen Zielen treu, aber sei realistisch in bezug auf die Möglichkeiten, diese zu erreichen.
10. Halte Deine Sponsoren in Ehren.

Es ist verständlich, daß sich Praxis wie Wissenschaft gerne mit solch auffallenden und seltenen Exemplaren organisatorischen Verhaltens beschäftigen. Aber diese Art von „Exotenforschung" trifft allenfalls 5–10% der Population einer Organisation; dazu werden sie vor allem in Krisenzeiten „nachgefragt". Wir wollen uns deshalb im folgenden mit den Ausprägungsformen der interaktionellen Beeinflussung von Vorgesetzten durch ihre Mitarbeiter befassen, die den Alltag und den Normalfall von Führungsbeziehungen widerspiegeln. Das Rollenkonzept soll dabei die konzeptionelle Grundlage bilden (vgl. *Staehle* 1991).

II. Führung als soziale Einflußnahme

1. Einflußstrategien

Führung wird verstanden als: „Zielorientierte soziale Einflußnahme zur Erfüllung gemeinsamer Aufgaben in/mit einer strukturierten Arbeitssituation" (*Wunderer/Grunwald* 1980, S. 62). Mit unserer bewußt von einer Einflußrichtung unabhängig gewählten Definition läßt sich damit auch die „Führung von unten" erfassen. Hierbei ist ein Interaktionskonzept (vgl. *Staehle* 1989; *Staehle/Sydow* 1987) zugrundegelegt, das von der wechselseitigen Möglichkeit der Einflußnahme in Führungsdyaden ausgeht. Die Intensität und Ausprägung der Wechselseitigkeit definiert den *Führungsstil.* Dieser wird vorwiegend in ein- bis zweidimensionaler Form zu operationalisieren versucht (vgl. *Wunderer* 1993, S. 184 ff.). *Kipnis/*

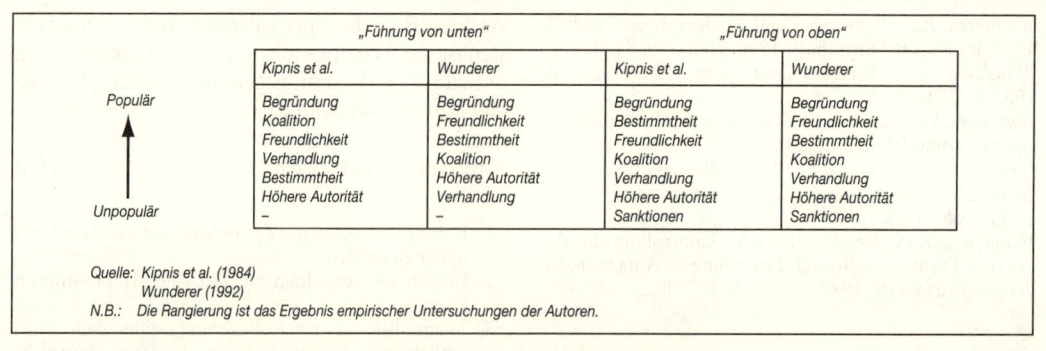

	"Führung von unten"		"Führung von oben"	
	Kipnis et al.	Wunderer	Kipnis et al.	Wunderer
Populär	Begründung	Begründung	Begründung	Begründung
↑	Koalition	Freundlichkeit	Bestimmtheit	Freundlichkeit
	Freundlichkeit	Bestimmtheit	Freundlichkeit	Bestimmtheit
	Verhandlung	Koalition	Koalition	Koalition
	Bestimmtheit	Höhere Autorität	Verhandlung	Verhandlung
Unpopulär	Höhere Autorität	Verhandlung	Höhere Autorität	Höhere Autorität
	–	–	Sanktionen	Sanktionen

Quelle: Kipnis et al. (1984)
Wunderer (1992)
N.B.: Die Rangierung ist das Ergebnis empirischer Untersuchungen der Autoren.

Abb. 1: Populäre und unpopuläre Strategien

Schmidt (1988) sowie *Kipnis/Schmidt/Wilkinson* (1980) unterschieden hingegen gleich sieben Einflußdimensionen, nämlich:

- *Reason* (rationale, sachliche Argumentation und Vorlagen)
- *Friendliness* (freundliches, unterstützendes Verhalten)
- *Assertiveness* (Bestimmtheit, Nachhaken, Konsequenz)
- *Bargaining* (Verhandeln, Tauschgeschäfte, Wechselseitigkeit)
- *Coalition* (Koalitionen bilden)
- *Higher Authority* (höheres Management einschalten)
- *Sanctions* (Sanktionen).

Kipnis et al. (1984) zeigen, daß Mitarbeiter v. a. über die zwei erstgenannten Einflußdimensionen (Reason, Friendliness) sowie über Koalitionsbildung versuchen, ihre Vorgesetzten in ihrem Sinne zu beeinflussen. Dagegen ist die auf der Machtdimension anzusiedelnde Dimension „assertiveness" bei den Vorgesetzten populärer. Abbildung 1 zeigt Ergebnisse ihrer Forschungen.

Wir haben den übersetzten Fragebogen von *Kipnis* et al. 76 Teilnehmern von zwei Nachdiplomkursen in Unternehmensführung an der Hochschule St. Gallen 1992 beantworten lassen. Die Ergebnisse zeigen einmal, daß auch bei diesen schweizerischen Führungskräften bei ihrer „Führung von unten" die Einflußstrategien „sachliche Begründung" und „Freundlichkeit" dominierten. Dann folgten die Strategien „Bestimmtheit" und „Koalition".

Eine faktorenanalytische Replikation dieses Ansatzes (*Wunderer/Weibler* 1992) legt eine Reduktion der Einflußstrategien auf zwei Basisstrategien nahe: Die machtorientierten Strategien „Sanktionen", „Einschalten des Höheren Managements" und „Bestimmtheit" können als *direktive Einflußstrategien* bezeichnet werden. Diesen stehen „Begründung", „Aushandlung" und „Freundlichkeit" als *nicht-direktive bzw. diskursive Einflußstrategien* gegenüber. Eine Sonderstellung nimmt die Einflußstrategie „Koalition" ein. Einerseits wird diese Strategie machttheoretisch diskutiert, da sich durch das Eingehen von Koalitionen die eigenen Machtpotentiale erhöhen. Andererseits muß in Koalitionen auch kooperiert werden. Es sind Kompromisse erforderlich, um sie zweckmäßig auszuüben. Je nach Betonung des einen oder anderen Aspekts ist eine unterschiedliche Einordnung in die direktive bzw. nicht-direktive Dimension denkbar.

2. Besonderheiten einer Führung „von unten"

Die „Führung von unten" zeigt insofern große Gemeinsamkeiten mit der Einflußnahme zwischen Kollegen, als bei beiden eine in hierarchischen Organisationen ganz entscheidende Einflußmöglichkeit entfällt, nämlich: Konflikte mit dem Mittel der direkten Weisung des „Führers" gegenüber dem „Geführten" zu lösen. Eine erfolgreiche Zusammenarbeit ist bei der „Führung von unten" langfristig grundsätzlich nur über wechselseitige Abstimmung und Konsens möglich. Unsere begriffliche Unterscheidung zwischen Vorgesetztenführung und lateraler Kooperation (→*Laterale Kooperation als Führungsaufgabe [Schnittstellenmanagement]*) kennzeichnet also ebenso die „Führung von unten". Die formelle Entscheidungs- und Weisungskompetenz wird zum konstitutiven terminologischen Unterscheidungsmerkmal zwischen der Führung von oben und den beiden anderen Einflußdimensionen.

Inwieweit aber lassen sich nun noch laterale (kollegiale) Einflußnahme und „Führung von unten" differenzieren? Bei Verwendung der sechs Dimensionen von *Kipnis/Schmidt* (1988) und *Kipnis/Schmidt/Wilkinson* (1980) scheint theoretisch der wesentliche Unterschied in der größeren Chance bei der „Führung von unten" zu liegen, über Koalitionsbildung mit anderen Unterstellten Einfluß auf den Chef zu nehmen. Weiterhin sollte der Ansatz über die Strategie der freundlicheren, sozial engen Zusammenarbeit im Vorgesetzten-Mitarbeiter-Verhältnis häufiger eingesetzt werden als z. B. in der lateralen Kooperation zwischen Kollegen an-

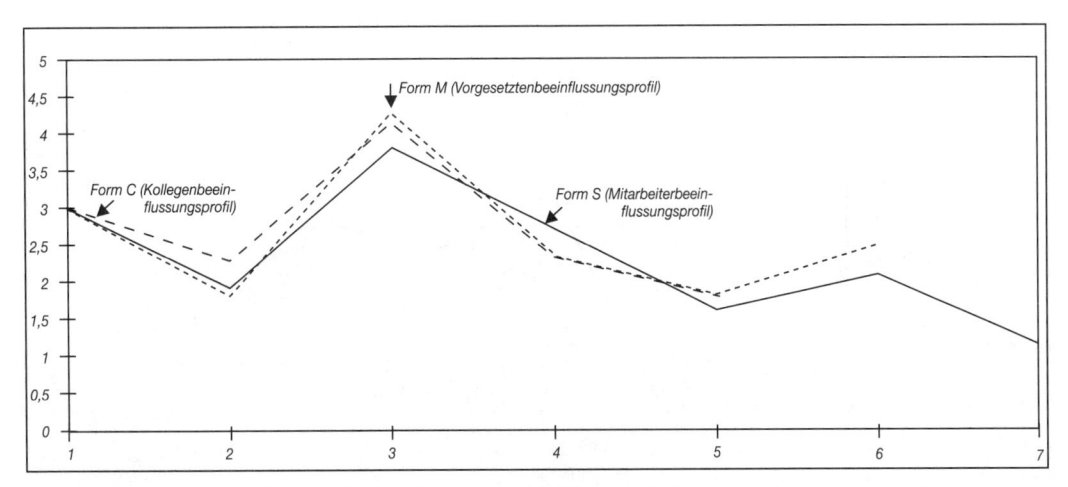

Abb. 2: Beeinflussungsstrategien im Vergleich

derer Organisationseinheiten. Unsere erste Befragung ergab aber, daß diese Hypothesen nicht bestätigt werden.

Bei der „Führung von unten" sind im Vergleich zur lateralen Einflußnahme in unserer Untersuchung keine besonderen Abweichungen zu erkennen (vgl. Abb. 2). Die Prioritäten der Einflußstrategie sind nahezu identisch. Bei letzterer ist lediglich die Aushandlungsstrategie etwas stärker eingesetzt. Damit scheint die individuelle Grundstrategie von wesentlich stärkerem Einfluß zu sein als eine rollenspezifische Verhaltensdifferenzierung.

Auch *Yukl/Falbe* (1990) formulierten nach ersten empirischen Studien die These, daß sich signifikante Unterschiede in den Einflußstrategien zwischen den drei Rollen nicht nachweisen ließen. Und auch *Kipnis/Schmidt* (1988) ermittelten in ihren neueren Analysen, daß die Verwendung der sechs unterschiedlichen Einflußstrategien besonders stark von dem jeweiligen Persönlichkeitsprofil des Beeinflussenden abhänge. Sie bildeten danach vier Strategietypen: den Macher („Shotgun"), den Beziehungsspezialisten („Ingratiator"), den Diplomaten („Tactician") sowie den Mitläufer („Bystander"). Sie wiesen nach, daß diese in signifikant unterschiedlicher Weise von den sechs genannten Einflußdimensionen Gebrauch machen (vgl. Abb. 3).

Danach ist es v. a. die Dimension „Reason" – nach *Kipnis/Schmidt* die rationale Argumentation bzw. das sachlich gut ausgearbeitete Ergebnis –, mit dem die „Führung von unten" hierarchisch Höhergestellte am erfolgreichsten beeinflußt. Es ist also die optimal erfüllte „Stabsfunktion", mit der Vorgesetzte durch ihre Mitarbeiter besonders wirksam geführt werden können. Darauf folgt die Strategie der „Ingratiation", also der freundlichen, prosozialen Unterstützung der Vorgesetzten und ihrer emotionalen Bedürfnisse.

Auf einen Nenner gebracht: „Führung von unten" scheint generell dann erfolgreich, wenn sie sich auf gut vorbereitete und ausgearbeitete Vorschläge und Ergebnisse stützen kann und zusätzlich die fehlende formale höhere Autorität durch informelle prosoziale Einflußnahmen substituieren kann. Damit zeigt sich ein neues Substitutionsgesetz (vgl. *Kerr* 1977) der „Führung von unten", wonach diesmal formale und strukturelle Regelungen durch informale wirksam substituiert werden.

In anderen Studien (vgl. hierzu v. a. *Allen* et al. 1979 und *Deluga* 1991; *Schilit/Locke* 1982; *Yukl/Falbe* 1990) wurden einzelne bevorzugte Verhaltensmuster bei der „Führung von unten" ermittelt. Sie zeigen ähnliche Resultate oder Tendenzen.

3. Begünstigende Bedingungen der „Führung von unten"

Im Zuge gesamtgesellschaftlicher Veränderungen läßt sich ein Bedeutungsanstieg der „Führung von unten" konstatieren. Dafür zeichnen v. a. vier Faktoren verantwortlich:

Einmal ist es der *Qualifikationswandel* der Mitarbeiter. Ihre gestiegene Qualifikation, verbunden mit höherer Arbeitsteiligkeit in Teams, führt zur „Vermehrung" von „Professionals", denen der direkte Vorgesetzte fachlich häufig nicht mehr überlegen sein kann. Als Spezialisten können sie nun wirksam auf der Aufgabenebene Einfluß nehmen. Die Chefs übernehmen dann vor allem noch Projektleiterrollen; sie sind bald nicht mehr – um eine Metapher zu verwenden – die Komponisten des „Werks", sondern vielmehr seine Dirigenten. Im weiteren Verlauf wandelt sich ihre Rolle dann vielleicht in die eines „Impresario", welcher in erster Linie für optimale Arbeitsbedingungen seiner „Künstler" (heißt: professionellen Mitarbeiter) zu sorgen hat (vgl. *Wunderer* 1992).

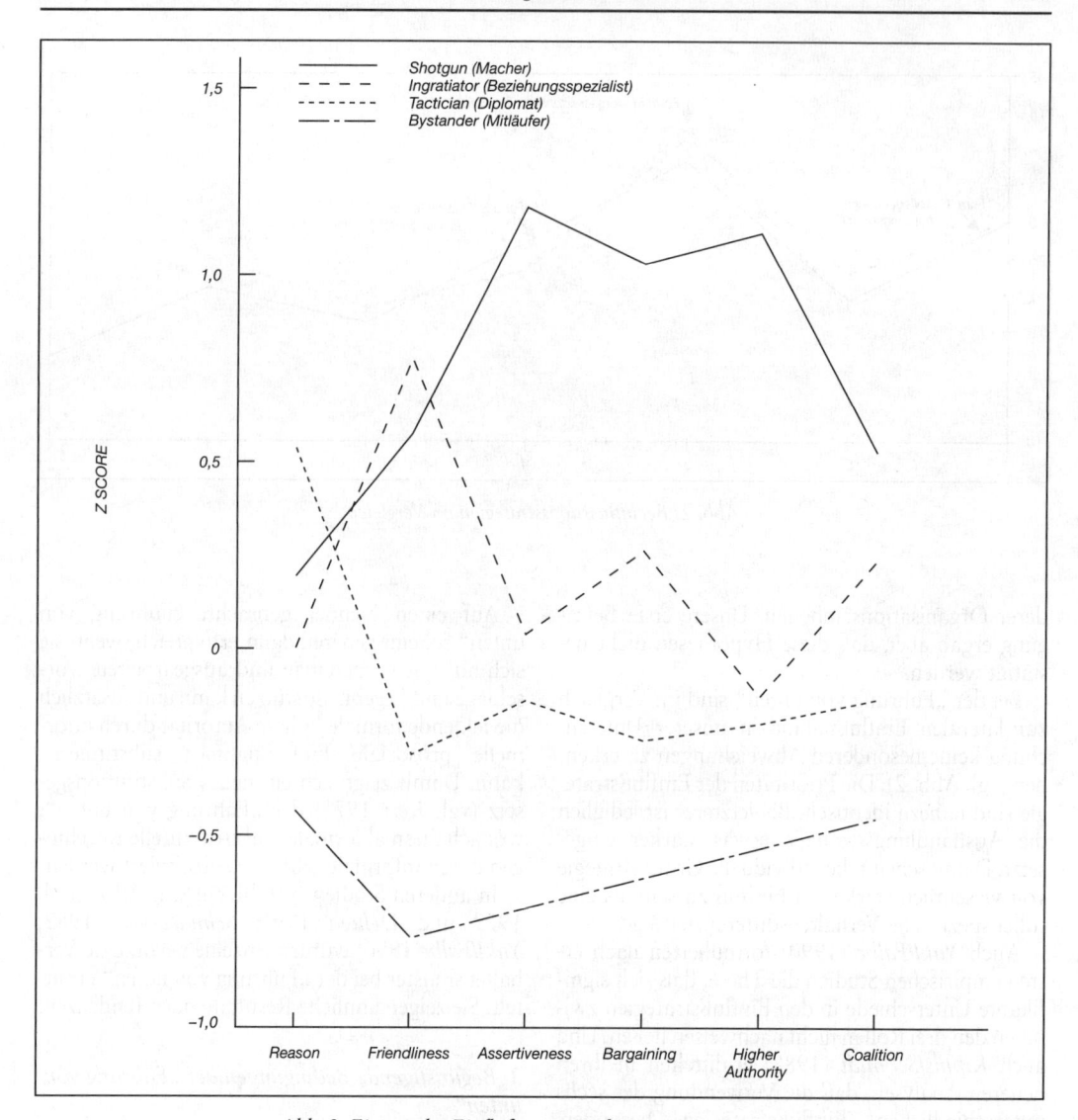

Abb. 3: Einsatz der Einflußstrategien bei vier Strategietypen

Der Wandel im *Organisationsverständnis* geht in die gleiche Richtung (vgl. *Bleicher* 1991; *Gomez* 1990). Die Dezentralisierung der Führungsorganisation, die Reduzierung von Führungsebenen, die Möglichkeit von Mitarbeitern, zu „eskalieren", also nächsthöhere Ebenen bei wichtigen, aber umstrittenen Entscheiden in Anspruch zu nehmen, sind hier nur einige Schlagworte (vgl. aber: das „eiserne Gesetz der Macht" nach *Kipnis* et al. 1984, S. 62). Der *technische Wandel,* der nun einen direkten Zugriff der Mitarbeiter zu zahlreichen Informationen im „On-Line-Konzept" erlaubt, verstärkt die Unabhängigkeit des Mitarbeiters in komplexen Technologien in zusätzlicher Weise (vgl. dazu *Kipnis* et al. 1984, S. 63).

Besonders ist es aber der *Wertewandel,* welcher die Bedeutung formaler Autorität im Führungsprozeß in allen Organisationen (Unternehmen, Militär, Ausbildungsinstitutionen) relativiert und damit sogar über entsprechende Sozialverfassungen (vgl. *Wunderer/Klimecki* 1990) den Einfluß von Mitarbeitern über konsultative bzw. kooperativ-delegative Führungskonzepte (→*Konsultative Führung;* →*Kooperative Führung*) zu sichern versucht (→*Wertewandel*). Dabei erhalten im Führungsprozeß Werte wie Unabhängigkeit, Gleichberechtigung, Überzeugungsfähigkeit wachsendes Gewicht. Dagegen nimmt die Bedeutung von Gehorsam, formaler Autorität, Einordnung ab (vgl. *Klages* 1984; *Wunderer* 1990).

Die diskutierten, für die Führung wesentlichen vier Einflußfaktoren wirken also in die gleiche Richtung. Sie reduzieren, modifizieren oder substituieren insbesondere die formale – damit die rollenspezifische – Autoritätsgrundlage und -macht der direkten Vorgesetzten im Führungsprozeß und stärken zugleich die „Führung von unten".

Insgesamt zeigt sich also, daß zentrale Einflußgrößen aus der „Führungsumwelt" die Einflußchancen von Mitarbeitern auf ihre Chefs erhöhen. Dieser Trend dürfte weiter anhalten, so daß dieser Frage in Zukunft noch größere Bedeutung in Wissenschaft und Praxis zukommen wird.

III. Ein situationaler Strategieansatz zu einer „Führung von unten"

Aus betriebswirtschaftlich-organisatorischer Sicht sehen wir als Schwerpunkt der Förderung der „Führung von unten" die Gestaltung einer unterstützenden *Führungssituation* (vgl. *Staehle* 1988, 1989). Diese kann besonders durch Hauptfunktionen des Personalmanagements sowie durch spezifische Personalprogramme strategisch beeinflußt werden.

1. Ansätze bei der Gestaltung von Personalmanagementfunktionen

Bei Verwendung eines Phasenmodells der Personalfunktionen wäre schon bei der *Akquisition* von neuen Mitarbeitern, insbesondere auch von Managern, darauf zu achten, inwieweit bereits in der Stellenausschreibung Qualifikationen von Managern und Geführten zur „Führung von unten" ausdrücklich angesprochen werden. Hierzu gehört bei beiden in erster Linie eine sinnvolle Kombination von Selbstvertrauen bzw. Selbstbehauptung und Kooperations- bzw. Integrationsfähigkeit. Hinweise in der Ausschreibung auf entsprechende Intrapreneuring-Programme (→*Intrapreneuring und Führung*) sowie Konzepte des →*Coaching*, aber auch *Organisationsentwicklungs*maßnahmen bzw. Qualitäts- bzw. Werkstattzirkel wären hier zu nennen.

In der anschließenden *Selektionsphase* (→*Auswahl von Führungskräften*) müßte auf die für die „Führung von unten" förderlichen Anforderungskriterien speziell eingegangen werden. Dies gilt insbesondere für die Definition von Auswahlkriterien, z. B. im Assessment.

Bei internen *Plazierungsmaßnahmen* (Versetzung, Förderung) könnte man noch besonders auf eine optimale Abstimmung der gewünschten und erforderlichen Rollenverteilungen beim Einflußprozeß in Arbeitsgruppen zwischen Vorgesetzten und Mitarbeitern achten.

Bei der *Führungs- und Arbeitsorganisation* sollte z. B. von individualisierten „Job-Descriptions" (→*Stellenbeschreibung als Führungsinstrument*) auf Team- und Rollenbeschreibungen von Arbeitsgruppen übergegangen werden. Im Rahmen von *Personalentwicklungsmaßnahmen* bieten sich viele Ansätze. Sie beginnen „in-the-job", z. B. über entsprechende Einführungs- sowie Förderungsprogramme für intrapreneurisches Verhalten. Ihr Schwerpunkt liegt bei „on-the-job"-Maßnahmen, wie *Führungsstil*, →*Coaching*, →*Kooperative Führung*, Teambeziehung, ganz besonders aber auch bei Sonderaufgaben und Stellvertretungen. Sie enden bei der Entwicklung spezieller Bausteine (z. B. „Sich-Führen-Lassen – Führung von unten") in der Führungsschulung (→*Fortbildung, Training und Entwicklung von Führungskräften*). Besondere Bedeutung haben auch „near-the-job"-Programme, z. B. über Quality-Circles, Task-Forces.

Im Bereich der *Führungskonzepte* ist z. B. die unterstützende Formulierung und Implementierung von interaktiven *Führungsstilen* – von konsultativen (→*Konsultative Führung*) bis kooperativ-delegativen (→*Kooperative Führung*; →*Delegative Führung*) Konzepten – angesprochen. Den gemeinsam geteilten und gelebten Kooperationswerten *(Führungskultur)* kommt dabei besondere Bedeutung zu.

Und bei der Gestaltung der *Anreizsysteme* (→*Anreizsysteme als Führungsinstrumente*) geht es schließlich darum, die „Führung von unten" dadurch bewußt und explizit zu fördern. Dazu gehören das Vorschlagswesen, das *Counselling* des Mitarbeiters, Stellvertretungsregelungen, *Intrapreneuring* sowie darauf ausgerichtete Incentive-Programme.

2. Programme zur Unterstützung der „Führung von unten"

Im Rahmen der Personalmanagementfunktionen können allgemeine wie spezielle Personal- und Führungsprogramme zur Förderung der „Führung von unten" genutzt oder entwickelt werden. Dies beginnt mit der *Führungsverfassung* (z. B. →*Führungsgrundsätze*) und der *Betriebsverfassung* (Partizipation der Mitarbeiter am unternehmenspolitischen Entscheidungsprozeß) sowie der *Führungsorganisation*. Neben diesen „harten" Maßnahmen sind aber spezielle Programme zur Förderung einer unterstützenden *Führungskultur* hilfreich, die mit der Definition förderlicher Kooperationswerte in einer Führungsphilosophie oder in Führungsleitbildern beginnt und bei symbolischen Handlungen des Management zur Unterstützung intrapreneurischen Verhaltens endet. In diesem Zusammenhang sollte auch der erwünschte „Führungsstilkorridor" (z. B. von konsultativ bis delegativ) definiert werden, der eine „Führung von unten" unterstützen kann. Eng damit verbunden sollten die schon genannten Maßnahmen zur *Personalentwicklung* sein. In diesem Zusammenhang ist die Selbstverantwortung und Selbstentwicklung der Betroffenen besonders zu betonen. Auch ist eine Stellvertretung durch Mitarbeiter ein probates Mittel, um die Akzeptanz einer zeitweisen „Führung von unten" auf seiten von Vorgesetzten zu überprüfen. Ebenso sind individuelle bis kollektive Fördermaßnahmen einschließlich Formen kollektiver Entscheidungsfindung (z. B. über Konferenzen, Metaplan-Methoden, andere Organisationsentwicklungsmaßnahmen) zu nennen. Aber auch Sonderaufgaben, wie Task-Forces, Projektgruppen aktivieren die „bottom-up"-Mitwirkung von Mitarbeitern.

Programme zum Vorschlagswesen, Offene-Tür-Regelungen, Offen-Gesagt-Aktionen sowie die grundsätzliche Möglichkeit für Mitarbeiter, in ihrer Hierarchie zu „eskalieren", also bei wesentlichen Fragen das höhere Management einzuschalten, gehen in die gleiche Richtung.

Ebenso kann die „Führung von unten" durch entsprechende Beurteilungsverfahren (→*Personalbeurteilung von Führungskräften*), wie z. B. die „Vorgesetztenbeurteilung", besonders unterstützt werden. In die gleiche Richtung geht der Versuch, entsprechende Kriterien in die „Personalbeurteilung" einzubauen (z. B. Offenheit für Vorschläge von Mitarbeitern, für →*Coaching* und *Counselling*). Regelmäßige Meinungsumfragen bei den Mitarbeitern, die sich auf den *Führungsstil* und die Führungsqualität ihrer Vorgesetzten (auch bezüglich einer „Führung von unten") beziehen, haben dann besondere Bedeutung, wenn deren Ergebnis in einer entsprechenden *Führungskultur* auch ernst genommen wird und zu konsequenten Folgerungen in der Führungspolitik führt.

Diese Beispiele sind schon heute Bestandteil der Personal- und Führungspolitik mancher Unternehmen, insbesondere im High-Tech-Bereich.

Literatur

Allen, R. W./Madison, D. L./Porter, L. W. et al.: Organizational Politics: Tactics and Characteristics of its Actors. In: CMR, 1979, S. 77–83.
Avolio, B. J./Bass, B. M.: Transformational Leadership, Charisma and Beyond. In: *Hunt, J G./Baliga, B. R./Dachler, H. P./Schriesheim, C. A.* (Hrsg.): Emerging Leadership Vistas. Lexington et al. 1988, S. 29–49.
Bleicher, K.: Organisationslehre. Wiesbaden 1991.
Burns, J.: Leadership. New York 1978.
Conger, J. A./Kanungo, R. N. (Hrsg.): Charismatic Leadership. San Francisco et al. 1988.
Deluga, R. J.: The Relationship of Upward-Influencing Behavior with Subordinate-Impression Management Characteristics. In: Journal of Applied Social Psychology, 1991, S. 1145–1160.
Gomez, P.: Autonomie durch Organisation – Die Gestaltung unternehmerischer Freiräume. In: *Bleicher, K./Gomez, P.* (Hrsg.): Zukunftsperspektiven der Organisation. Bern 1990, S. 99–113.
Kerr, S.: Substitutes for Leadership: Some Implications for Organizational Design. In: Organization and Administratives Sciences, 1977, S. 135–146.
Kipnis, D./Schmidt, S. M.: Upward-Influence Styles: Relationship with Performance Evaluations, Salary, and Stress. In: ASQ, 1988, S. 528–542.
Kipnis, D./Schmidt, S. M./Swaffin-Smith, C./Wilkinson, I.: Patterns of Managerial Influence: Shotgun Managers, Tacticians, and Bystanders. In: Organizational Dynamics, 1984, S. 58–67.
Kipnis, D./Schmidt, S. M./Wilkinson, I.: Intraorganizational Influence Tactics: Explorations in Getting one's Way. In: JAP, 1980, S. 440–452.
Klages, H.: Wertorientierungen im Wandel. Frankfurt/M. 1984.
Peters, T./Waterman, R.: In Search of Excellence. New York 1982.
Pinchot, G.: Intrapreneurship: Why You Don't Have to Leave the Corporation to Become an Entrepreneur. New York 1985 (deutsch: Intrapreneuring: Mitarbeiter als Unternehmer. Wiesbaden 1988).
Schilit, W. K./Locke, E. A.: A Study of Influence in Organizations. In: ASQ, 1982, S. 304–316.
Staehle, W.: Managementwissen in der Betriebswirtschaftslehre – Geschichte eines Diffusionsprozesses. In: *Wunderer, R.* (Hrsg.): Betriebswirtschaftslehre als Management- und Führungslehre, 2. A., Stuttgart 1988, S. 3–21.
Staehle, W.: Management. 4. A., München 1989.
Staehle, W. (Hrsg.): Handbuch Management. Frankfurt 1991.
Staehle, W./Sydow, J.: Führungsstiltheorie. In: *Kieser, A./Reber, G./Wunderer, R.* (Hrsg.): Handwörterbuch der Führung. Stuttgart 1987, Sp. 661–671.
Weber, M.: Wirtschaft und Gesellschaft. 5. A., Köln 1972 (1. Auflage 1922).
Wunderer, R.: Mitarbeiterführung und Wertwandel – Variationen zum schweizerischen 3-K-Modell der Führung. In: *Bleicher, K./Gomez, P.* (Hrsg.): Zukunftsperspektiven der Organisation. Bern 1990, S. 271–292.
Wunderer, R.: Vom Autor zum Herausgeber? – Vom Dirigenten zum Impresario – Unternehmenskultur und Unternehmensführung im Wandel. In: *Ingold, F./Wunderlich, W.* (Hrsg.): Fragen nach dem Autor. Konstanz 1992, S. 223–236.
Wunderer, R.: Führung und Zusammenarbeit. Stuttgart 1993.
Wunderer, R./Klimecki, R.: Führungsleitbilder: Grundsätze für Führung und Zusammenarbeit in der deutschen Unternehmung. Stuttgart 1990.
Wunderer, R./Grunwald, W.: Führungslehre, Bd. 1, Berlin/New York 1980.
Wunderer, R./Weibler, J.: Vertikale und laterale Einflußstrategien: Zur Replikation und Kritik des „Profiles of Organizational Influence Strategies (POIS)" und seiner konzeptionellen Weiterführung. In: ZfP, 1992, S. 515–536.
Yukl, G. A./Falbe, C. M.: Influence Tactics and Objectives in Upward, Downward, and Lateral Influence Attempts. In: JAP, 1990, S. 132–140.

Führungsanalysen

Rolf Wunderer

[s. a.: Empirische Führungsforschung, Methoden der; Führungs- und Kooperations-Controlling; Führungserfolg – Messung; Organisationsentwicklung und Führung; Personalbeurteilung von Führungskräften; Transaktionsanalyse und Führung.]

I. Charakteristika von Führungsanalysen; II. Funktionen; III. Problematische Denkmuster; IV. Gleichgewichte – Ungleichgewichte im Rahmen von Führungsanalysen.

I. Charakteristika von Führungsanalysen

Von der Psychoanalyse kennt man den Satz: „Eine gute Diagnose ist schon die halbe Therapie". Ähnliches gilt für soziale Analysen lernfähiger Organisationen und ihrer Mitglieder. Der „Leidensdruck" ist dabei allerdings geringer, das autonome Engagement und die Veränderungsbereitschaft der Betroffenen meist niedriger. Während man in der technischen und ökonomischen Dimension der Unternehmensführung schon lange gründliche Analysen zur Vorbereitung wichtiger Entscheidungen kennt, war der Bereich der personalen bzw. sozialen Dimension lange davon ausgeklammert. Denn zwischen der technisch-orientierten „Wissenschaftlichen Betriebsführung" eines F. W. Taylor und einer sozialwissenschaftlich fundierten Unternehmensführung liegt im deutschsprachigen Bereich fast ein halbes Jahrhundert. Zu letzterer sind ab den siebziger Jahren zahlreiche wissenschaftliche Beiträge erschienen. Empirische Erhebungen zeigten auch eine steigende Verbreitung von Führungsanalysen in der Praxis (dazu v. a. *Töpfer/Zander* 1985 und *Schuler/Stehle* 1982). Dabei werden v. a. zwei Instrumente eingesetzt: *Personalbeurteilungen* und *betriebliche Umfragen* zur Führungssituation.

Während Personalbeurteilungen (*Lattmann* 1975; *Wunderer* 1975, 1977, 1978) v. a. die Mitarbeiterrolle aus der Sicht des direkten Vorgesetzten ansprechen, erfassen Meinungsbefragungen (*Claassen* 1985; *Domsch/Reinecke* 1982; *Domsch/Schneble* 1993; *Förderreuther* 1985; *Hilb* 1984; *Holm* 1982; *Jeserich/Opgenoorth* 1977; *Neuberger/Allerbeck* 1978; *Opgenoorth* 1985; *Schneevoigt* 1982; *Schuler/Stehle* 1982; *Töpfer/Funke* 1985; *Zander* 1985) zur Führungssituation insb. das Vorgesetztenverhalten aus Sicht der Mitarbeiter. Weiße Flecke in der Analysenlandkarte der Praxis sind hingegen individualisierte Beurteilungen des Vorgesetztenverhaltens durch die direkten Mitarbeiter (*Hölterhoff* 1978; *Lange* 1980; *Daniel* 1981; *Reinecke* 1983) sowie unternehmensweite Befragungen von Vorgesetzten zum Verhalten ihrer Mitarbeiter (Abb. 1).

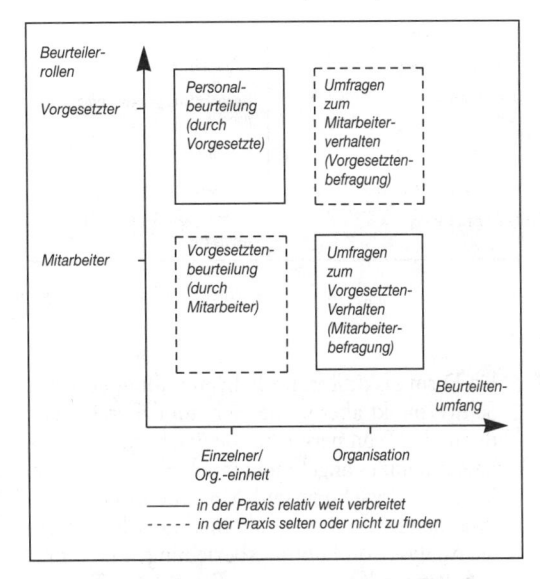

Abb. 1: Dimensionen und Instrumente zu Führungsanalysen

In Abbildung 2 werden typische Dimensionen und Inhalte einer Analyse von Führungsbeziehungen beschrieben (vgl. dazu auch *Töpfer/Zander* 1985).

Aus der Typologie zentraler Dimensionen zur Führungsanalyse lassen sich wesentliche Merkmale der dafür am häufigsten eingesetzten Instrumente ableiten:

- *Personalbeurteilungen* sind eine Kombination von meist gruppenbezogenen, strukturierten, systematischen, institutionellen Bewertungen der Kenntnisse, Fähigkeiten, Verhaltensweisen und -wirkungen von Gruppenmitgliedern in ihrer Mitarbeiter-, Kollegen-, z.T. auch Vorgesetztenrolle aus Sicht der Vorgesetzten. Die Führungsbeziehungen stehen dabei allerdings nicht im Mittelpunkt.
- *Vorgesetztenbeurteilungen* konzentrieren sich üblicherweise auf die Einschätzung führungsrelevanter Einstellungen, Fähigkeiten und Verhaltensweisen des direkten Vorgesetzten aus Sicht seiner Mitarbeiter.
- *Mitarbeiterbefragungen* sind i. d. R. eine Kombination von organisationsweiten, umfassenden, strukturierten, systematischen, meist unregelmäßig durchgeführten Analysen. Das Verhalten von Führungskräften aus Sicht der Mitarbeiter steht dabei – im Rahmen des führungsrelevanten Befragungsteils – im Vordergrund. Führungsanalysen werden meist nur in ihrer institutionel-

Dimensionen	Aspekte, Merkmale		
1. Inhalte	Fähigkeiten, Erfahrungen	Verhaltensweisen Beziehungsmuster	Verhaltenswirkungen Ergebnisse
2. Beteiligte	Mitarbeiter	Führungskräfte	Führungskräfte und Mitarbeiter
3. Analyseaspekte	Ist-Zustand	Soll-Zustand	Soll-Ist-Differenz
4. Analysebereich	Einzelpersonen	Organisationseinheit	Organisation
5. Methode	Beobachtung (laufend, breit, flach)	Befragung (phasenweise, tief, ausgewählt)	Mischformen
6. Regelmäßigkeit	regelmäßig	unregelmäßig	einmalig
7. Strukturierung	strukturiert/standardisiert	halbstrukturiert	unstrukturiert
8. Spezifizierung	nur Führungsbeziehungen/ -verhalten	zusätzliche Aspekte, z. B. Führungssituation	Teil einer Omnibusbefragung (z. B. Betriebsklima)

Abb. 2: *Führungsanalysen – Dimensionen/Merkmale*

len Form diskutiert. Im Führungsalltag liegt der Schwerpunkt aber im Bereich impliziter, laufender und z. T. unmerklicher Beobachtungen. Deshalb scheint es angebracht, auch hier – wie etwa bei Marktforschung und Marktbeobachtung – zwischen Beobachtung und methodisch fundierter Analyse von Führungsbeziehungen im Sinne von Personalforschung (*v. Eckardstein/Schnellinger* 1978) zu differenzieren. Abbildung 3 gibt dazu eine Übersicht:

Aspekte	Beobachtung	Befragung
Inhalte	auf Auffälligkeiten im Verhalten und in Verhaltenswirkungen konzentriert	methodisch fundierte, differenzierte und relativ umfassende Analyse incl. der Führungssituation
Analysemethoden	unmerkliche, implizite, unsystematische Beobachtung	offizielle, institutionelle, systematische Befragung und Beurteilung
Regelmäßigkeit	regelmäßig, laufend	unregelmäßig, periodisch
Beteiligung der Betroffenen	wechselseitige Wahrnehmung und Beobachtung	meist einseitig
Übermittlung der Beurteilung	implizit, z. B. über non-verbale Signale, selten explizit	explizit, z. T. durch standardisierte und formalisierte Statements
Wirkungen	relativ direkt, kurzfristig individuell und punktuell	relativ indirekt, mittelfristig, auf Mitarbeitergruppen bezogen

Abb. 3: *Charakteristika von Analysemethoden der Führung (Beobachtung/Befragung)*

Anschließend werden wesentliche Objekte bzw. Inhalte von Führungsanalysen in Abbildung 4 dargestellt. Dabei wird nicht von praxisrelevanten Gliederungsschemata ausgegangen (*Töpfer/Zander* 1985; *Schuler/Stehle* 1982; *Hilb* 1984), sondern nach einem theoretischen Führungskonzept gegliedert (dazu auch *Wunderer* 1975 und *Wunderer/Grunwald* 1980).

```
I.  Interaktionelle Führungsbeziehungen:
    1) Partizipative Dimension
       - Information/Kommunikation
       - Konsultationsbeziehungen
       - Entscheidungsbeziehungen
       - Kontrollbeziehungen
    2) Prosoziale Dimension
       - Vertrauensbeziehungen
       - Unterstützungsbeziehungen
       - Konsensbeziehungen

II. Strukturelle Führungsbeziehungen
    1) „Weiche" Strukturführung:
       - Führungskultur (Werthaltungen, Bräuche, Symbole, Rituale etc.)
       - „Weiche" Personalprogramme (z. B. Mitarbeitergespräche, Personalentwicklung)
    2) „Harte" Strukturführung:
       - Regeln, Weisungen, Sanktionen zur Führung
       - Aufbauorganisation (Verantwortlichkeiten, Kompetenzen etc.)
       - Ablauforganisation (z. B. Arbeits- und Kommunikationsbeziehungen)
       - „Harte" Personalprogramme (z. B. Personalauswahl, -einsatz, -freisetzung, -entlohnung, Leistungsbeurteilung)
```

Abb. 4: *Inhalte zur Analyse von Führungsbeziehungen*

Charakteristischerweise beschränken sich Meinungsbefragungen – wie auch die meisten →*Führungsgrundsätze* (vgl. *Wunderer* 1983) – auf die partizipative Dimension der interaktionellen Führung.

Vorgesetztenbeurteilungen erfassen meist zusätzlich die prosoziale Dimension.

Personalbeurteilungen konzentrieren sich auf eigenschaftstheoretische Aspekte, also auf individuelle Kenntnisse, Erfahrungen und Leistungsmotivationen; nur ergänzend und undifferenziert wird das individuelle Verhalten des Beurteilten erfaßt; dabei steht die prosoziale Dimension im Vordergrund. Nur beiläufig werden Aspekte der strukturellen Führung in die Analyse einbezogen.

II. Funktionen

Nach der begrifflichen Einordnung werden nun Funktionen von Führungsanalysen für die Führungspraxis diskutiert (dazu auch *Töpfer/Zander* 1985):

- Sie ergänzen vergleichbare Informationen über Märkte, Produkte und Finanzen. Sie bringen neben der ökonomischen auch die soziale Dimension in das Analysekonzept der Unternehmensführung und kommen ihrem Streben nach systematischen und formalisierten „Bilanzen" im Personalbereich entgegen.
- Sie verschaffen Unternehmensführung und Personalabteilung Informationen über personale bzw. soziale strategische Erfolgs- und Mißerfolgspositionen. Sie ergänzen, stützen, vertiefen, korrigieren Informationen aus laufenden Beobachtungen zur Führungssituation.
- Sie liefern neben individuellen Einsichten systematische Übersichten. Subjektive Interpretationen, Selbstbilder, Prioritäten der Beurteiler werden so ergänzt (nicht ersetzt) durch Fremdbilder und Interpretationen anderer.
- Sie bieten statistisch verläßlichere Informationen über das Potential an Unzufriedenen wie Zufriedenen. Sie relativieren damit auch Aussagen lautstarker einzelner oder spezieller Interessenvertreter. Und sie bringen verschwiegene, latente Konflikte und Konfliktursachen ans Licht.
- Sie motivieren dazu, grundsätzlich über Erwartungen an die Führungsrolle und ihre Erfüllung nachzudenken.
- Sie beziehen die Befragten in die Analyse ein und können „survey-feedback" geleitete (*Töpfer/Funke* 1985) Organisationsentwicklungsprozesse aktivieren.
- Sie geben konkrete Hinweise auf globale bzw. individuelle Maßnahmenschwerpunkte. Das Führungsinstrumentarium kann damit gezielt defizitorientiert eingesetzt werden (z. B. bei Personalentwicklungsmaßnahmen).
- Sie ermöglichen die Messung zur Veränderungswirkung von Maßnahmen – insb. bei Langzeitanalysen. Damit kann man auch beim Einsatz von Führungsinstrumenten (z. B. Führungsgrundsätzen) deren Erfolg evaluieren.

III. Problematische Denkmuster

Bei der Entwicklung wie im Einsatz von Führungsanalysen finden sich häufig problematische Annahmen (z.T. dazu auch *Töpfer/Zander* 1985):

- Solche Analysen könne man mit naturwissenschaftlichen Gütekriterien beurteilen (z. B. eindeutige Ursache-Wirkungs-Zusammenhänge im Führungsprozeß); Einflüsse einzelner Faktoren könnten isoliert gemessen werden, ihre Differenzierung in unabhängige und abhängige Variablen sei möglich; die Wiederholbarkeit und Gültigkeit der Ergebnisse sei gesichert.
- Mit analytisch-quantifizierten Konzepten könne man die meist ganzheitlichen Vorstellungswelten und -bilder der Befragten schon ausreichend ermitteln, das hochkomplexe Konstrukt „Führungsbeziehungen" sei mit wenigen Indikatoren – dazu weitgehend zeitunabhängig – erfaßbar.
- Mitarbeiter und Führungsstil seien v. a. als abhängige, veränderbare Variablen zu sehen, beeinflußbar durch die unabhängige Variable „Vorgesetzter".
- Die Analyse subjektiver Ist-Bewertungen genüge; sie liefere ausreichende Informationen für die Änderungswünsche der Befragten. Und eine Sollanalyse der Führungssituation könne man inhaltlich und methodisch von institutionalisierten Führungsnormen (z. B. Führungsgrundsätzen) abkoppeln.
- Es genüge, nur interaktionelle Führungsaspekte (z. B. direkte Kommunikation, Partizipation, individuelle Motivation und Identifikation) zu analysieren. Auf strukturelle Dimensionen (z. B. Führungsorganisation, Kommunikationswege und -regeln, Führungskultur) könne man dagegen verzichten.
- Eine konzeptionelle Verbindung zwischen abteilungsinternen und unternehmensweiten Analysen sei entbehrlich; Meinungsbefragungen und Personalbeurteilungen müßten also methodisch nicht abgestimmt werden.
- Die entscheidende Perspektive bei Umfragen sei die Mitarbeiterrolle, bei Beurteilungen dagegen die Vorgesetztenrolle.
- Die Zustimmung oder Duldung der Geschäftsleitung zu einer Analyse genüge schon, um notwendige Veränderungen zu sichern. Veränderungsdruck von außen, „unten" oder „oben" sei entbehrlich, die Betroffenen würden dies schon selbst regeln.
- Meinungsumfragen und anschließende Änderungsmaßnahmen könne man wirkungsvoll im „Full-Service-Konzept" durch Externe durchführen. Das Bereitstellen der Mittel genüge. Damit benötige man für Führungsanalysen wenig Vorbereitung, wenig eigene Mitwirkung (allenfalls organisatorisch), und bei der Auswertung genüge das Vermitteln von „Aha-Erkenntnissen".
- Der Reifegrad einer Unternehmung, ihrer Personalabteilung sowie der Führungskräfte und Mitarbeiter und damit auch die Stimmigkeit von führungspolitischen Maßnahmen (z. B. autoritäre Führungskultur und partizipative Analyse) wäre vernachlässigbar.
- Bei Maßnahmen könne man sich auf institutionelle Aktivitäten konzentrieren (z. B. Verbesserung der Kommunikation durch Installation neuer Besprechungen oder Besprechungstermine [*Schneevoigt* 1982]).

IV. Gleichgewichte – Ungleichgewichte im Rahmen von Führungsanalysen

1. Kooperative Konzepte in Wissenschaft und Praxis

In der neueren Diskussion um das Wesen →*kooperativer Führung* wird als ein zentrales Charakteristikum die tendenziell symmetrische Einflußverteilung, das Konzept der Wechsel- oder Gegenseitigkeit diskutiert (*Wunderer/Grunwald* 1980). Zugrunde liegt dabei ein Menschenbild, das von erwachsenen Partnern in zwar unterschiedlichen Rollen (Vorgesetzter und Mitarbeiter) innerhalb hierarchischer Organisationen ausgeht, die gemeinsame Ziele arbeitsteilig verfolgen und die Zielerreichung in einem konsensorientierten Kooperationsverhältnis anzustreben versuchen.

In gleicher Weise definieren viele Unternehmen in ihren →*Führungsgrundsätzen* ein Führungskonzept, das „auf Gegenseitigkeit aufgebaut ist" (vgl. z. B. Führungsgrundsätze der IBM, Grundsatz Nr. 1 [*Watson* 1964] sowie *Wunderer* 1983).

Mit diesem kooperativen Führungskonzept sollen einseitige Abhängigkeiten der Mitarbeiter vom Management abgebaut oder verhindert werden.

2. Instrumentale Gleichgewichtsanalyse

Im folgenden wird untersucht, inwieweit Forderungen von Theorie und Praxis zu kooperativer Führung, basierend auf dem Konzept der Gegenseitigkeit bzw. Wechselseitigkeit, auch in Führungsanalysen berücksichtigt sind. Zwei zentrale Analyseinstrumente der Führungspraxis, die Personalbeurteilung und die Meinungsumfrage, werden daraufhin untersucht.

a) Gleichgewichtsanalyse in der Personalbeurteilung

– Der Vorgesetzte beurteilt die Fähigkeiten, Kenntnisse und Verhaltensweisen des Mitarbeiters. Dagegen hat der Mitarbeiter keine adäquate Beurteilungsmöglichkeit.
– Der Vorgesetzte eröffnet seine Beurteilung offen; der Mitarbeiter hat keine adäquate institutionelle Möglichkeit und Forderung.
– Der Vorgesetzte betreibt Ursachenanalyse; der Mitarbeiter *kann* sich daran beteiligen.
– Der Vorgesetzte schlägt Maßnahmen und Folgerungen vor; der Mitarbeiter hat keine adäquaten Rechte gegenüber dem Vorgesetzten, kann aber institutionell seine Meinung dazu äußern.

Es fehlt also ein entsprechendes auf Gleichgewicht und Gegenseitigkeit beruhendes Konzept zwischen Verpflichtungen und Rechten bei der Personalbeurteilung in der Vorgesetzten- und Mitarbeiterrolle, die ja häufig von einer Person gleichzeitig wahrgenommen wird.

Ein Ansatz, dieses Gleichgewicht herzustellen, liegt in der sog. *Vorgesetztenbeurteilung*. In ihrer „weichen" Form baut sie auf differenzierten amerikanischen Beschreibungsansätzen zum Führerverhalten auf, die ins Deutsche übersetzt und z. T. modifiziert wurden (*Lange* 1980; *Daniel* 1981; *Reinecke* 1983). In ihrer „härteren" Variante entscheidet diese Beurteilung des Führungsverhaltens bei neuen Vorgesetzten über deren Verbleib in der Position, z. B. im Modell der „Stufenselektion" der Hauni-Werke (*Körber* 1969).

In der Vorgesetztenbeurteilung ist das Gleichgewicht aber insofern auch noch nicht hergestellt, als hier die Mitarbeiter i.d.R. ihre Statements über den Vorgesetzten anonym abgeben und mit ihm darüber nicht diskutieren müssen, geschweige denn institutionell Maßnahmen zur Veränderung vorzuschlagen haben.

Der Manager hat also in der Personalbeurteilung einerseits eindeutig mehr Rechte, andererseits auch mehr Verpflichtungen (z. B. höhere Konfliktbereitschaft, Mut zur offenen Information, aktiven Einfluß und selbständige Vorschläge zur Handhabung).

b) Gleichgewichtsanalyse in der Mitarbeiterbefragung

– Der Mitarbeiter beurteilt hier u. a. Verhaltensweisen und -wirkungen des Managements in differenzierter, standardisierter Weise; die Vorgesetzten haben hier keine adäquate Möglichkeit.
– Der Mitarbeiter bleibt anonym, ist zur individuellen Offenheit nicht verpflichtet; der Vorgesetzte erfährt allenfalls bei entsprechenden Regelungen bzw. unter bestimmten Voraussetzungen – z. B. einer ausreichenden Gruppengröße – das anonymisierte Ergebnis seiner Mitarbeiter.
– Der Mitarbeiter muß keine Ursachenanalyse betreiben; der Vorgesezte soll dies tun.
– Der Mitarbeiter muß keine Maßnahmen vorschlagen oder durchsetzen; dies ist wiederum Aufgabe des Managements.
– Der Mitarbeiter bleibt hier in einer anonymisierten, geschützten und zugleich reaktiven, wenig eigenverantwortlichen Position. Das (höhere) Management übernimmt es, seine Beschwerden durchzusetzen.

c) Zusammenfassende Bewertung beider Instrumente unter Gleichgewichtsaspekten

In der *Personalbeurteilung* wird dem Vorgesetzten – bzw. dieser Rolle – eine ungleichgewichtig dominante Position zugewiesen. Dahinter steht auch ein patriarchalisches Menschenbild vom Vorgesetzten sowie ein höchstens juveniles vom Mitarbeiter.

Die *Meinungsbefragung* bildet führungsanalytisch ein Gegengewicht zur Personalbeurteilung.

Inhaltlich geht sie über den Informationsbereich der Personalbeurteilung hinaus. Sie schließt eine Analyse der Unternehmens-, Arbeits- und Führungssituation mit ein. Damit kommt sie Forderungen der Führungstheorie entgegen. Diese kritisiert personalistische Ansätze der Führung – z. B. in der Personalbeurteilung erkennbar – und versucht eine integrierte Analyse von individuellen Fähigkeiten und Motivationen im Kontext der Führungs- und Arbeitssituation.

Mit dieser inhaltlichen Erweiterung kann man die Meinungsbefragung zur Grundlage einer vergleichenden Analyse durch alle Betroffenen machen und gemeinsam sinnvolle Maßnahmen diskutieren.

Die *Meinungsbefragung* gibt den Mitarbeitern (i.d.R. als anonymer Gruppe) im Bereich der Führungsanalyse ein gewisses Gegengewicht, jedoch nicht auf der Basis eines vergleichbaren methodischen Konzepts. Denn für die Analyse und Realisierung der aufgezeigten Probleme ist wieder das Management allein verantwortlich.

So bestehen im *Analysebereich* zwischen Personalbeurteilung und Meinungsbefragung gewisse Ausgleichstendenzen in Richtung kooperativer, also wechselseitiger Information über die Führungs- und Mitarbeiterrolle.

In der *Auswertung* – v.a. bzgl. Offenheit bzw. Anonymität, Verantwortlichkeit für Maßnahmen, Ansprüche an Konfliktfähigkeit und -bereitschaft – wird dagegen ein patriarchalisches Konzept zugrunde gelegt.

3. Vorschläge zur Gleichgewichtsverbesserung

Will man – z.B. im Sinne eines kooperativen Führungskonzepts – auch im Bereich von Führungsanalysen Ungleichgewichte abbauen, so müßte damit neben den vielfach eingesetzten personalpolitischen Analyseinstrumenten „Personalbeurteilung" und „Meinungsbefragung" folgendes realisiert werden:

(1) Ein Konzept zur individuellen, offenen *Beurteilung der Vorgesetztenrolle* durch die Mitarbeiter, verbunden mit einer anschließenden Diskussion der Bewertungen und möglicher Folgerungen (Vorgesetztenbeurteilung).

(2) Eine *Vorgesetztenbefragung* analog der Mitarbeiterbefragung zur Beurteilung von Mitarbeiterrollen durch Vorgesetzte im eigenen Verantwortungsbereich; dies als Teil einer umfassenden Führungsanalyse, u.U. wieder als Teil einer breiteren Betriebsumfrage.

(3) Ein unbürokratischer Ansatz zur wechselseitigen interaktionellen, offenen und kooperativen Analyse von Führungsbeziehungen wären *Führungsgespräch* zwischen Vorgesetzten und einzelnen Mitarbeitern (→*Beurteilungs- und Fördergespräche als Führungsinstrument*) bzw. *Führungsseminare* von Vorgesetzten mit ihren direkten Mitarbeitern; der Trainer kann hier die Rolle des Katalysators und „change agent" übernehmen. Analyse und Problemlösungsvorschläge sind dabei integriert. Hierbei entwickelte Vorschläge bzw. Vereinbarungen, zukünftig einen Problempunkt (z.B. Leistungsanerkennung) mehr zu beachten oder darüber frühzeitiger zu kommunizieren, sind der Installation zusätzlicher Instrumente und Programme oft vorzuziehen.

Die strategische Verbindung von Führungsanalysen mit allgemeinen Zielsetzungen der Veränderung, Anpassung und Entwicklung der Mitarbeiter sowie die Integration von Führungsanalysen in andere Frühwarnsysteme und in das gesamte personal- und führungspolitische Instrumentarium sind wichtige Erfolgsvoraussetzungen. Entscheidend für die Wirkung von Führungsanalysen ist letztlich die Konsequenz in der Realisierung von erkannten Problemen. Das obere Management muß hier klare Grundsätze vertreten und durchsetzen, um das Erfolgskonzept „straff-lockere Führung" (*Peters/Waterman* 1983) zu sichern.

Literatur

Claassen, J. J.: Mitarbeiterbefragungen zur Analyse der Führungs- und Arbeitssituation bei den Hamburg-Mannheimer Versicherungsgesellschaften. In: *Töpfer, A./Zander, E.* (Hrsg.): Mitarbeiter-Befragungen. Ein Handbuch. Frankfurt/M./New York 1989, S. 317–343.
Daniel, O.: Mitarbeiter beurteilen das Führungsverhalten ihrer Vorgesetzten bei der ESSO AG. In: *Knebel, H.* (Hrsg.): Stand der Leistungsbeurteilung und Leistungszulagen in der Bundesrepublik Deutschland. Frankfurt/M. 1981, S. 152–159.
Domsch, M./Reinecke, P.: Mitarbeiterbefragung als Führungsinstrument. In: *Schuler, H./Stehle, W.* (Hrsg.): Psychologie in Wirtschaft und Verwaltung. Stuttgart 1982, S. 127–147.
Domsch, M./Schneble, A.: Mitarbeiterbefragungen. In: *Rosenstiel, L. v./Regnet, E./Domsch, M.* (Hrsg.): Führung von Mitarbeitern, 2. A., Stuttgart 1993, S. 515–530.
Eckardstein, D. v./Schnellinger, F.: Betriebliche Personalpolitik. München 1978.
Förderreuther, R.: Erfahrungsbericht, Führungsstilanalyse. In: *Schuler, H./Stehle, W.* (Hrsg.): Organisationspsychologie und Unternehmungspraxis. Stuttgart 1985, S. 62–66.
Hilb, M.: Diagnoseinstrumente zur Personal- und Organisationsentwicklung. Bern/Stuttgart 1984.
Holm, K. F.: Die Mitarbeiterbefragung. Hamburg 1982.
Hölterhoff, H.: Vorgesetztenbeurteilung. In: Personalenzyklopädie, Bd. 3, München 1978, S. 612–615.
Jeserich, W./Opgenoorth, W. P.: Führungsstilanalyse. Köln 1977.
Körber, K. A. (Hrsg.): Die Initiative der Hauni-Werke. Hamburg 1969.
Lange, D.: 5 Jahre Vorgesetztenbeurteilung. In: Personalführung, 1980, S. 18.
Lattmann, C.: Die Leistungsbeurteilung als Führungsmittel. Bern/Stuttgart 1975.
Neuberger, O./Allerbeck, M.: Messung und Analyse von Arbeitszufriedenheit. Bern et al. 1978.
Opgenoorth, W. P.: Informationsbedarf in der Personalführung – Die Mitarbeiterbefragung als Instrument in unterschiedlichen Problemfeldern. In: *Töpfer, A./Zander, E.* (Hrsg.): Mitarbeiterbefragungen. Frankfurt/M./New York 1985, S. 169–231.
Peters, J./Watermann, R.: Auf der Suche nach Spitzenleistungen. Landsberg 1983.
Reinecke, P.: Vorgesetztenbeurteilung als Instrument partizipativer Führung und Organisationsentwicklung. Köln et al. 1983.

Schneevoigt, J.: Die betriebliche Meinungsumfrage als Führungsinstrument. In: *Schuler, H./Stehle, W.* (Hrsg.): Psychologie in Wirtschaft und Verwaltung. Stuttgart 1982, S. 171–180.
Schuler, H./Stehle, W. (Hrsg.): Psychologie in Wirtschaft und Verwaltung. Stuttgart 1982.
Töpfer, A./Funke, U.: Mitarbeiterbefragung als Analyseinstrument und Grundlage der Organisationsentwicklung. In: *Töpfer, A./Zander, E.* (Hrsg.): Mitarbeiterbefragung. Frankfurt/M./New York 1985, S. 9–44.
Töpfer, A./Zander, E. (Hrsg.): Mitarbeiterbefragungen. Frankfurt/M./New York 1985.
Watson, T. jr.: IBM – Ein Unternehmen und seine Grundsätze. München 1964.
Wunderer, R.: Personalbeurteilung. In: Managementenzyklopädie. München 1975, Sp. 2594–2600.
Wunderer, R.: Leitbilder bei der Gestaltung und Anwendung der Personalbeurteilung im öffentlichen Dienst. In: Die öffentliche Verwaltung, 1977, S. 371–343.
Wunderer, R.: Personalverwendungsbeurteilung. In: Personalenzyklopädie, Bd. III, München 1978, S. 192–199.
Wunderer, R. (Hrsg.): Führungsgrundsätze in Wirtschaft und öffentlicher Verwaltung. Stuttgart 1983.
Wunderer, R./Boerger, M./Löffler, H.: Zur Beurteilung wissenschaftlich-technischer Leistungen. Eine empirische Studie zur Personalbeurteilung in Forschungsinstitutionen des Bundes. Baden-Baden 1979.
Wunderer, R./Grunwald, W.: Führungslehre. Bd. I (a) Grundlagen; Bd. II (b) Kooperative Führung. Berlin/New York 1980.
Zander, E.: Schwerpunkte der Mitarbeiterbefragung. In: *Töpfer, A./Zander, E.* (Hrsg.): Mitarbeiterbefragungen. Frankfurt/M./New York 1985, S. 45–78.

Führungsdefinitionen

Claus Steinle

[s. a.: Führungsforschung; Führungstheorien; Geschichte der Führung; Leitziele der Führung; Menschenbilder und Führung; Moden und Mythen der Führung; Wissenschaftstheoretische Grundfragen der Führungsforschung.]

I. *Führungsdefinitionen – ein „vielfältiger" Gegenstandsbereich*, II. *Abgrenzungsversuche in der Literatur;* III. *Führungsdefinitionen – eine konzeptgeleitete Bestimmung;* IV. *Ausblick: Eine „finale" Abgrenzung ist nicht möglich.*

I. Führungsdefinitionen – ein „vielfältiger" Gegenstandsbereich

Der Versuch, den Sachverhalt „Führung" zu erfassen, zu beschreiben und einer Abgrenzung zuzu„führen", erweist sich als einigermaßen schwierig. Dies resultiert einerseits daraus, daß dieses Phänomen aus den Analyse- und Gestaltungsperspektiven der Wirtschaftswissenschaften, aber auch einer ganzen Reihe weiterer Sozialwissenschaften betrachtet werden kann, andererseits daraus, daß die ungeheure *Vielzahl und Vielfalt* von Ansätzen eine einigermaßen systematische und stringente Aufarbeitung kaum mehr zuläßt. So berichtet beispielsweise – für den angelsächsischen Raum – *Bass* bereits 1981 (S. XIV) von über 5000 ausgewerteten Veröffentlichungen zum Phänomenbereich „Leadership". Wird für die Situation im deutschsprachigen Raum das HWFü (1. Aufl. 1987) herangezogen, dann ergibt eine grobe Abschätzung – basierend auf dem Personenregister – weit über 1000 deutschsprachige Autoren. Unter den – ohne eine Datenbank kaum überschaubaren – Veröffentlichungen auch nur der letzten 50 Jahre einige herauszugreifen und mit ihren Abgrenzungsmerkmalen zu verdeutlichen, trägt Züge der *Beliebigkeit*, des *Zufalls* und *subjektiver Präferenz*. Dennoch scheinen einige Merkmale unter den führungstheoretisch inspirierten Autoren nicht gänzlich umstritten.

Im Sinne einer *Arbeitsabgrenzung* kann Führung mit den Sachverhalten des *In-Gang-Setzens* und der Initiierung („Impulsgebung") sowie des *Richtung-Weisens* und der Lenkung („Zielausrichtung") entsprechend einer relativ großen Schnittmenge von Autorenmeinungen umschrieben werden. Weiter scheinen dabei immer wieder die Bezugspole *Führungspersonen*, *Geführte/Folger* und *Aufgaben/Zwecke/Ziele* auf.

Folgende Zwecke können mit einer Definition von Führung erreicht werden (vgl. *Bass* 1981, S. 15).

– Identifikation des Beobachtungsobjekts („Streben nach Erkenntnis");
– Identifikation einer Form der Praxis („Bewältigung von praktischen Führungsproblemen");
– Erfüllung einer spezifischen Wertorientierung;
– Vermeidung einer spezifischen Orientierung oder Implikation für die Praxis;
– Schaffung einer Basis für die Theorieentwicklung.

Schon diese recht unterschiedlichen Grundzwecke von Definitionen können als ein wichtiges Ursachenfeld für die höchst differenten *Abgrenzungsinhalte von Führung* angesehen werden.

II. Abgrenzungsversuche in der Literatur

1. Anglo-amerikanische Ansätze im Überblick

Um die Zufälligkeit einer Auswahl zu vermindern, stützt sich die nachfolgende Charakterisierung auf *Bass* (1981). Dies ist unter der Prämisse zu sehen, daß maßgebliche Konzepte in diesem – wohl umfänglichsten – Theorie- und Forschungsüberblick Aufnahme gefunden haben. Die Bedeutung und wesentliche *Inhaltsmerkmale von Führung* („Leadership") können anhand folgender – aus der Literatur kondensierter – Spezifika erschlossen werden (vgl. *Bass* 1981, S. 7 ff.):

– Führung als ein Brennpunkt ("focus") von Gruppenprozessen.

Hierbei findet eine Konzentration auf "den" Führer als einem starken Potential in diesem Bezugsfeld statt, wobei auch ambivalente Einschätzungen, der Führer als einer von Gruppenprozessen "getriebenen" Person, aufzufinden sind.

– Führung als Merkmal der Persönlichkeit und ihrer Auswirkungen.

Entsprechende Beschreibungen sehen Führung als "Einbahnbeeinflussungsprozeß" von Führern, die spezifische Qualitäten besitzen, die sie von Folgern unterscheiden.

– Führung als die Kunst, (freiwillige) Zustimmung zu erzeugen.

Auch hier wird eine einseitige Einflußausübung unterstellt, durch die eine Gruppe entsprechend dem Führerwillen überformt wird.

– Führung als Einflußausübung.

Dieses Konzept betont eine reziproke Beziehung zwischen Führer und Folgern, wobei davon ausgegangen wird, daß Führung einen determinierenden Einfluß auf das Verhalten von Gruppenmitgliedern und auf die Aktivitäten der Gruppe ausübt.

– Führung als Handlung oder Verhalten.

Hierbei stehen die spezifischen Handlungsweisen von Führern im Mittelpunkt.

– Führung als eine Form der Überzeugung.

Eine gemeinsame Wurzel dieser Abgrenzungsversuche liegt in der Ablehnung autoritärer Konzepte, wobei diese Variante heute als Beziehungsgeflecht eine spezifische Form der Führung anzusehen ist.

– Führung als Machtbeziehung.

Betrachtungsfokus dieser Überlegungen ist die Bestimmung von Führung als Beziehungsgeflecht unterschiedlicher Machtrelationen zwischen Mitgliedern einer Gruppe.

– Führung als Instrument der Zielerreichung.

Zentrale Perspektive ist hier die Betonung des instrumentalen Wertes der Führung zur Erreichung von Gruppenzielen und der Bedürfniserfüllung.

– Führung als ein emergentes Phänomen der Interaktion.

Führung wird dabei nicht als Ursache einer Lenkung von Gruppenhandeln gesehen, sondern umgekehrt, als Folge eines bestehenden Interaktionsprozesses.

– Führung als eine spezifische Rolle.

Führung wird dabei als Rolle verstanden, deren Aufgabe in der Integration der verschiedenen anderen Gruppenrollen liegt, sowie im Erhalt eines einheitlichen Gruppenhandelns hinsichtlich der Zielerreichung.

– Führung als Strukturgebung.

Orientierungspunkt entsprechender Ansätze ist hier die Herausarbeitung von Variablen, welche die Ausdifferenzierung und den Erhalt von Rollenstrukturen in Gruppen verdeutlichen.

Darüber hinaus ist Führung von *Herrschaft* zu unterscheiden (vgl. *Bass* 1981, S. 14 f.). Herrschaft beruht auf Status, der zugesprochenen Positionsmacht. Führung nutzt neben der Positionsmacht auch Persönlichkeitsmacht – sie beruht auf dem Wert der Führungspersönlichkeit für die Gruppe.

Vor diesem Hintergrund nimmt *Bass* (1981, S. 16; 604 ff.) folgende (breite) Abgrenzung vor:

Führung

– ist eine Interaktion zwischen Mitgliedern einer Gruppe, wobei Führer Wandlungsträger sind, deren Handlungen andere Menschen stärker beeinflussen als die Handlungen anderer Menschen sie selbst beeinflussen,
– entsteht, wenn ein Gruppenmitglied die Motivation/Kompetenzen anderer in der Gruppe im Sinne einer Ziel-/Wegorientierung modifiziert,
– ist eine Dauerfunktion in einer Gruppe (Ausdifferenzierung und Erhalt von Gruppenrollen).

2. Deutschsprachige Ansätze in einer Zusammenschau

Unterstellt wird die Prämisse, daß sich maßgebliche Konzepte für den deutschsprachigen Raum insbesondere im Handwörterbuch der Führung (*Kieser* et al. 1987) niedergeschlagen haben.

Die im Vorwort dargestellte Konzeption (vgl. Sp. 9 ff.) bestimmt das *Führungsphänomen* anhand von drei Bereichen:

(1) Führung als Interaktion zwischen Führer und Gruppe, wobei zu diesem interaktionellen Bereich insbesondere das Gruppenverhalten und -ergebnis gehören.
(2) Dieser interaktionelle Führungsprozeß ist eingebettet in einen organisationalen Bereich, der sich durch Ressourcen, Betrieb und Ziele auszeichnet, wobei der Vergleich von Betriebszielen und Gruppenergebnis die Führungseffizienz zeigt.
(3) Die organisational-strukturellen Bestimmungsfaktoren der Führung werden von einem gesellschaftlich/gesamtwirtschaftlichen Einflußbereich umschlossen (Gesamtwirtschaft; Technik; Kultur; Recht).

Diese grundlegend interaktionell ausgerichtete Vorstellung von Führung wird von einer ganzen Reihe von Autoren – wenn auch bei unterschiedlicher Akzentsetzung getragen (vgl. z. B. *Reber*, Sp. 398 ff.; *Steinle*, Sp. 578 ff.; *Seidel/Jung*, Sp. 774 ff. und *v. Keller*, Sp. 1285 ff.).

Mit *Seidel/Jung* (vgl. Sp. 785) kann hierbei von einer zunehmenden Integration der individualistischen und kollektivistischen Sichtweise von Führung ausgegangen werden: Führung und Führungswirkungen werden dabei unter Rückbezug auf die Eigenschaften und die Verhaltensmerkmale von Führern und Geführten sowie unter Einbezug des institutionalen Kontextes des Führungsgeschehens abgegrenzt und über entsprechende Konzepte durchdrungen.

III. Führungsdefinitionen – eine konzeptgeleitete Bestimmung

1. Entwicklung einer Grundvorstellung

Die *Abgrenzung von Führung* ist unabdingbar mit einer vorgeformten Vorstellung des Führungsphänomens verbunden. Werden hierzu die breite Vielfalt anglo-amerikanischer und deutschsprachiger Konzepte und die damit verbundenen wissenschaftstheoretischen Basispositionen, Vorgehensphilosophien und Forschungsmethodologien herangezogen, dann kann ein inhaltlicher Bestimmungsversuch von Führung in zwei Schritten erfolgen. In einem ersten Schritt ist Führung in die zwei Bereiche der *Unternehmungsführung* im Sinne einer Gesamtführung bzw. des Managements der Unternehmung sowie in *Personalführung* als der Führung im engeren Sinne aufzuspalten (vgl. auch *Seidel* et al. 1988, S. 25 ff.; *Kirsch/zu Knyphausen* 1992). In einem zweiten Schritt ist Führung dann auszudifferenzieren und mit inhaltlichen Merkmalen anzureichern. Anhand des *Managementkubus* (vgl. *Steinle* 1994) kann das Unternehmungsgeschehen über drei Grunddimensionen beschrieben und gedeutet werden, um erste Gestaltungshinweise zur Konzeption, Implementation und Entwicklung entsprechender Systeme zu erhalten (siehe hierzu Abb. 1).

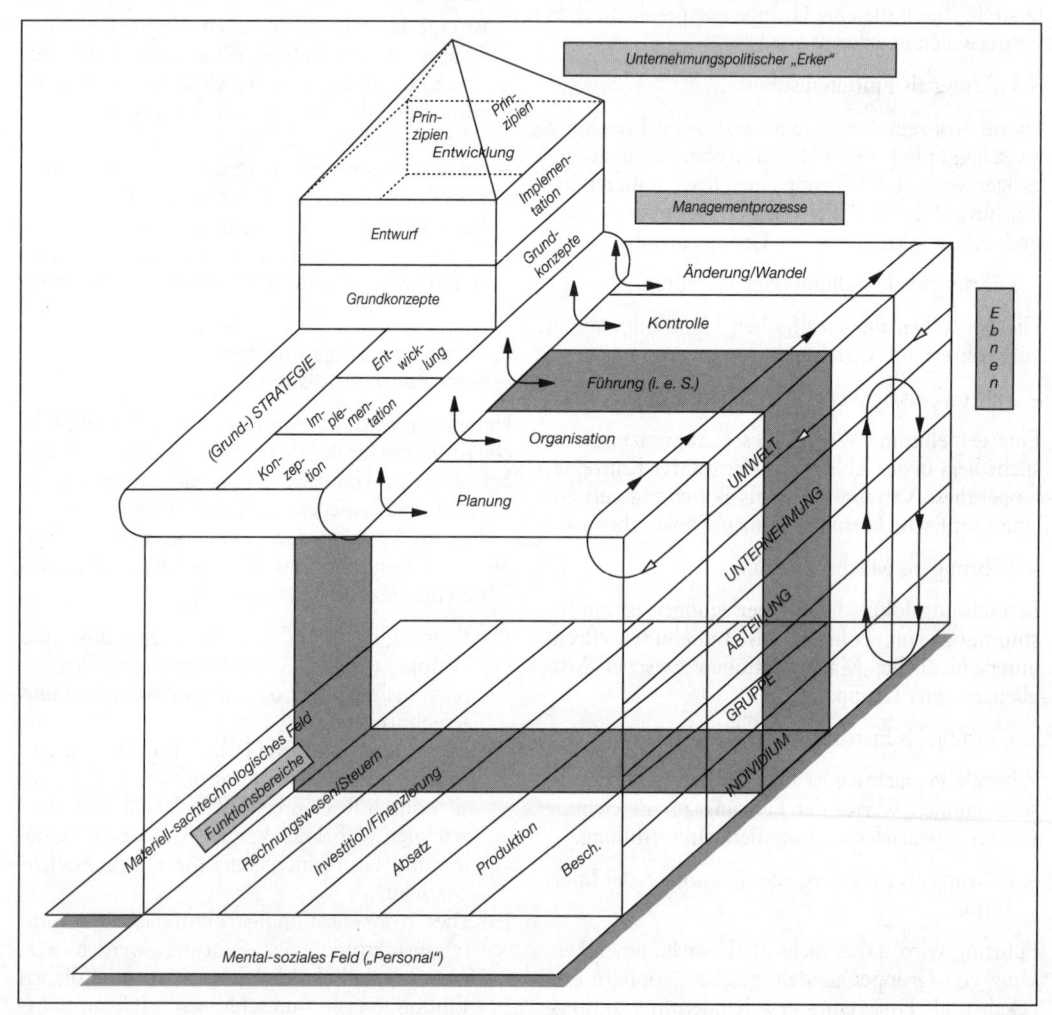

Abb. 1: „Führung im Managementkubus"

In der Würfelbasis angeordnet sind die *Funktionsbereiche* einschließlich des mental-sozialen Feldes „Personal".

Sie bilden das Gegenstandsfeld der gestaltungs-/steuerungsorientierten *Management- oder Unternehmungsführungsprozesse,* die in Planung, Organisation, Führung (i.e.S.), Kontrolle und Änderung/Wandel aufzufächern sind.

Die dritte Dimension entsteht durch die Unterscheidung von *Unternehmungsebenen* (Umwelt ... Individuum).

Darüber hinaus ist anzunehmen, daß die Managementprozesse von der *Grundstrategie* sowie von unternehmungspolitischen Grundkonzepten und -prinzipien (Unternehmungsphilosophie, -ethik und -kultur) her bestimmt werden, auf diese Bereiche aber auch wieder zurückwirken.

Führung (i.e.S.) bzw. im Sinne von Personalführung zeigt sich dabei als integraler *Teilprozeß der Unternehmungsführung* oder des Managements, der (und dies zeigen die „Pfeilketten" in Abb. 1) von einer Vielzahl anderer Strukturen und Prozesse her bedingt wird („Empfänglichkeit"), aber auch auf diese wirkt („Handlungs-/Bedingungsfähigkeit") und die personellen Träger in den Funktionsbereichen zum Objekt hat.

Wird die obengenannte Anreicherung vorgenommen, dann zeigt sich Führung (nachfolgend wird immer die enge Begriffsfassung benutzt) als *Interaktionsprozeß* zwischen Führerpersonen (Führerinnen und Führer) und der Gruppe der Geführten (Mitarbeiterinnen und Mitarbeiter; „Folger". Siehe hierzu Abb. 2). Führer werden in ihrem Führungshandeln „determiniert" durch Ansprüche gleichrangiger Kollegen sowie durch Führungsansprüche übergeordneter, „originärer" Führerpersonen (→*Führung durch den nächsthöheren Vorgesetzten*).

Weiter wirken als Determinanten des Führungshandelns persönlichkeits- und rollenspezifische Motivationen sowie die Qualifikationen. Unter Einbezug organisatorisch-struktureller Gegebenheiten wird der *Führungsanspruch* gebildet, der sich auf das Handeln der Gruppe der Geführten richtet. Ihre Handlungsgründe können in analoger Betrachtung aufgefächert werden (vgl. auch *Steinle* 1991), wobei ihrem Umgang mit dem Führungsanspruch („Replizierende Führung") hohe Bedeu-

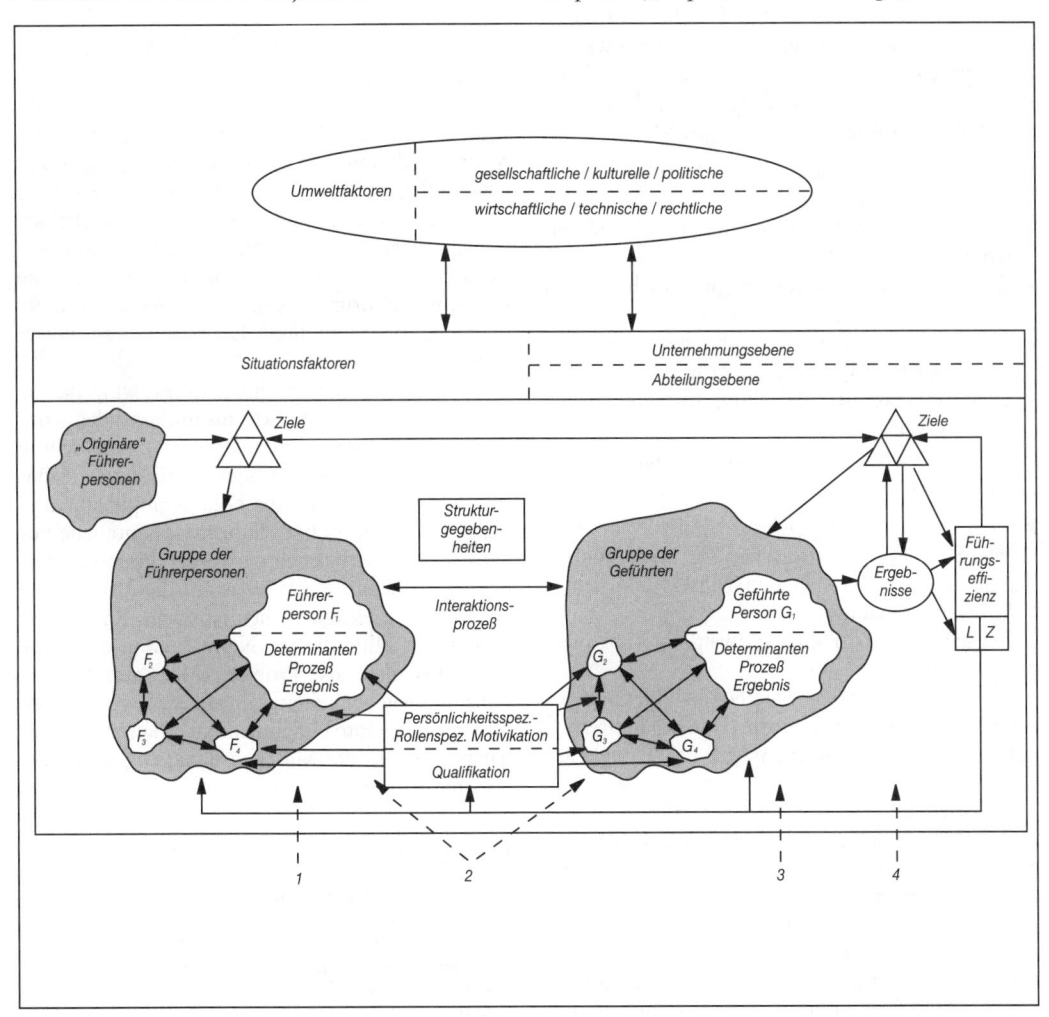

Abb. 2: Raster zum Erfassen von Führung

tung zukommt (→*Führung von unten*). Hierdurch wird das Einfluß- zum Interaktionsverhältnis. Aus dem Vergleich von Handlungsergebnissen und Zielen kann die *Führungseffizienz* als Leistung und Zufriedenheit bestimmt werden.

Eingebettet ist dieses Führungsgeschehen in weitere abteilungs- und unternehmungsbezogene Situationsfaktoren, die wiederum von übergeordneten Umweltfaktoren umschlossen werden.

2. Nutzung und Verdeutlichung des Führungsrasters

Dieses *heuristische Raster* zur Erfassung von Führung soll durch die Zuordnung entsprechender Definitionsversuche ausgewählter Autoren zu den von (1) bis (4) benannten Positionen weiter verdeutlicht werden. Darüber hinaus können mit diesem Raster weitere „synthetisch gebildete" enge, aber auch sehr weite *Begriffsfassungen* von Führung ausgeformt werden. Als ein Vertreter *der Position (1)* können *Seidel* et al. (1988, S. 5 ff.) eingeschätzt werden, obwohl sich bei ihnen – wie bei den anderen Autoren – auch Aussagen zu anderen Positionen finden. Unabdingbare Führungsbestandteile konstituieren sich bei ihnen aus:

- Zielbezug (Ziele, die durch die Gefolgschaft erreicht werden sollen);
- Gewinnung der Zielerreichungsenergie auf seiten der Geführten;
- Rückkoppelung (Regelung im geschlossenen Regelkreis);
- Asymmetrie der Einflußbeziehungen (keine Diffusion der Führung in Gruppen);
- Unmittelbarkeit der Beziehung (direkte, soziale Beziehung);
- Informationelle Kommunikation (offene Fremdbestimmung).

Als ein Vertreter der *Position (2)* ist *Neuberger* (1990, S. 1; 177 ff.) anzusehen. Er stellt Führer(innen) und Geführte in den Mittelpunkt seiner Führungsüberlegungen.

Demgemäß wird Führung zweipolig konzipiert und abgegrenzt:

Theorien des Führens: Den Fokus bildet hier der personale Einfluß auf Geführte (Der/Die Führer(in) hat Macht-, Informations-, Status- und Fähigkeitsvorsprünge).

Theorien des Geführtwerdens: Hier steht die Idee im Mittelpunkt, daß Führer und Geführte einander führen und beide in Beziehungsnetze, Kraftfelder und Strukturen integriert sind.

Wunderer (1992, S. 291 ff.) als Vertreter der *Position (3)* umgrenzt zunächst Führung als zielorientierte soziale Einflußnahme zur Erfüllung gemeinsamer Aufgaben in/mit einer strukturierten Arbeitssituation.

Herausgestellt wird dann die Bedeutung wechselseitiger Beeinflussungsprozesse. Im Kernfeld der →*Führung von unten* steht schließlich das Problem einer optimalen Rollenmischung i. S. einer Optimierung der gemeinsamen Aufgabenerfüllung.

Als Vertreter der *Position (4)* ist *Gebert* (1992, S. 248 ff.) zu nennen. Er führt eine Wende der bisherigen Abgrenzungsversuche durch.

Kern ist für ihn eine dreistufige Fragenabfolge, die am Ergebnis der Führung ansetzt:

- Welches ist das jeweilige Ziel, zu dem der Mitarbeiter einen Beitrag leisten soll?
- Welches Geführtenverhalten ist wichtig, um dem jeweiligen Ziel näher zu kommen?
- Welches Führungsverhalten ist diesbezüglich erforderlich?

Dabei bekommt der Führende keine Ex ante-Führungsempfehlung mehr, sondern Führung resultiert aus dem Durchlaufen vorgenannter Prozeßheuristik.

IV. Ausblick: Eine „finale" Abgrenzung ist nicht möglich

Insgesamt verdeutlicht die bunte Vielfalt vorgenannter Abgrenzungsversuche und Ansätze zur „Begreifbarmachung" des Führungsphänomens die plastische und sich ständig fortentwickelnde Führungspraxis und entsprechende Reflexionen in theoretischen Konzepten. Damit kann auch die Frage, wie Führung abgegrenzt werden soll, nicht im Sinne einer „finalen" Definition beantwortet werden.

Sie müßte letztlich theorieavers sein, da sie „kondensierte" Teilaspekte aus umfassenden Konzepten herauslösen würde. Darüber hinaus würde sie für die Praxis wahrscheinlich relativ informationsleer ausfallen, da die hohe Komplexität und Plastizität „praktischer" Führungsphänomene nur ganz selektiv berücksichtigt werden könnte. Letztlich ist damit nur ein Verweis auf die Anwendung des hier entwickelten heuristischen Rasters zu geben. Mit Hilfe dieses „Netzes" kann das weite Spektrum der als Problemfelder auftretenden Führungsgegebenheiten „abgefischt" werden, um führungsrelevante Phänomene zu erhalten. Zu hoffen bleibt, daß die Maschen dabei eng genug geflochten wurden.

Literatur

Bass, B. M.: Stogdill's Handbook of Leadership. 2. A., New York 1981.
Gebert, D.: Führungsstilforschung: Ein Vorschlag zur Neuorientierung. In: ZfP, 1992, S. 245–259.
v. Keller, E.: Kulturabhängigkeit der Führung. In: *Kieser, A./Reber, G./Wunderer, R.* (Hrsg.): HWFü. Stuttgart 1987, Sp. 1285–1294.

Kieser, A./Reber, G./Wunderer, R. (Hrsg.): HWFü. Stuttgart 1987.
Kirsch, W./zu Knyphausen, D.: Führung und Management. In: ZfP, 1992, S. 217–237.
Neuberger, O.: Führen und geführt werden, 3. A., Stuttgart 1990.
Reber, G.: Führungsforschung, Inhalte und Methoden. In: *Kieser, A./Reber, G./Wunderer, R.* (Hrsg.): HWFü. Stuttgart 1987, Sp. 397–411.
Seidel, E./Jung, R. H.: Führungstheorien, Geschichte der. In: *Kieser, A./Reber, G./Wunderer, R.* (Hrsg.): HWFü. Stuttgart 1987, Sp. 774–789.
Seidel, E./Jung, R. H./Redel, W.: Führungsstil und Führungsorganisation, Bd. 1. Darmstadt 1988.
Steinle, C.: Führungskonzepte und ihre Implementation. In: *Kieser, A./Reber, G./Wunderer, R.* (Hrsg.): HWFü. Stuttgart 1987, Sp. 576-590.
Steinle, C.: Anreizaspekte der Mitarbeiterführung. In: *Schanz, G.* (Hrsg.): Handbuch Anreizsysteme in Wirtschaft und Verwaltung. Stuttgart 1991, S. 795–821.
Steinle, C.: Betriebswirtschaftslehre als Führungslehre? In: *Wunderer, R.* (Hrsg.): Betriebswirtschaftslehre als Management- und Führungslehre. 3. A., Stuttgart 1995, S. 285–307.
Wunderer, R.: Managing the boss – „Führung von unten". In: ZfP, 1992, S. 287–311.

Führungsdilemmata

Oswald Neuberger

[s. a.: Führungstheorien – Entscheidungstheoretische Ansätze; Führungstheorien – Vroom/Yetton-Modell; Verhaltensdimensionen der Führung.]

I. Einleitung; II. Führungsdilemmata: Definition und Beispiele; III. Das Charakteristische an Führungsdilemmata; IV. Umgang mit Führungsdilemmata; V. Mißlungene Bewältigung?

I. Einleitung

Der anwendungsorientierte Zweig der Führungsforschung sieht es als sein wichtigstes Ziel an, die Führungspraxis durch erfolgsbewährte Empfehlungen zu unterstützen. Führung wird als ein Rätsel verstanden, das eine eindeutige, wenngleich vielleicht komplizierte Lösung hat. Die Führungsstil-Forschung und die pragmatischen Führungstheorien sind diesem Leitbild verpflichtet; ihr Grundmuster ist eine abgeschwächte Form des rationalen Entscheidungsmodells: Wer sich über die gegebenen Bedingungen informiert hat und sich über seine Ziele klar geworden ist, kann aus den verfügbaren Handlungsmöglichkeiten jene auswählen, die den größten Nutzen verspricht. Modelle wie das von *Vroom/Yetton* (1973) oder *Hersey/Blanchard* (1977) folgen diesem Programm, auch Globallösungen wie ‚Führe kooperativ!' oder ‚Sei ein Intrapreneur!' können als stark vereinfachte Ableitungen angesehen werden.

Anders der Zugang, der im folgenden skizziert werden soll. Er geht davon aus, daß Führung ein unlösbares Problem ist oder daß sie ein Teil des Problems ist, das sie zu lösen vorgibt. Die Einsicht in die Unlösbarkeit führt nicht zu Denkverzicht oder Handlungslähmung, sondern zu einer Umorientierung der Fragestellung. Führung wird nicht länger als eine bestimmte (!) Intervention verstanden, die ein gewolltes und eindeutiges Ergebnis produziert, sondern als ein Prozeß, der willkürlich interpunktiert wird, wenn man ein ‚Ergebnis' feststellt, und der in Verlauf und Resultat sehr unterschiedlich interpretiert wird, wenn man Einfluß, Wirkung, Verantwortung zuschreibt.

Basisthese ist, daß Führung kein wohlstrukturiertes Problem ist. Sowohl Bedingungen, wie Ziele, wie Beteiligte, wie Handlungen liegen nicht vor – wie in einem ordentlichen Lager, aus dem sie gezielt zur Montage entnommen werden könnten: Die Ziele sind mehrdeutig, mehrdimensional und widersprüchlich, die Bedingungen werden selektiv und interessengeleitet wahrgenommen und sie ändern sich laufend, nicht zuletzt durch das eingreifende Handeln vieler, oft wechselnder, unbekannter oder sogar abwesender Beteiligter; weil niemand nicht handeln kann und auch Erwartungen, Ängste, Werte etc. wirksam sind, ist kaum zu überblicken, was geschieht. In einem solchen Szenario würde es befremdend anmuten, sich als Ordner des Chaos den typischen *Great Man* vorzustellen, der alles durchschaut, weiß, was er will, entschlossen handelt und nach vollbrachter Schöpfertat von sich sagen kann, daß es gut ist. Konzipiert man Führung als eine mehrdeutige Antwort auf eine unscharfe Frage, kommt man wahrscheinlich Praxisbedingungen näher. Weil aber tiefsitzende archetypische Erwartungen (s. *Neuberger* 1994) von der Führungskraft Orientierung, Sicherheit und Wunscherfüllung erwarten, wird sie in ein Dilemma gestürzt: Sie weiß, daß sie derartige Erwartungen letztlich nicht erfüllen kann, aber sie muß daran glauben – und diesen Glauben überzeugend vermitteln –, daß sie es schafft.

Um ihre divergenten Funktionen zu erfüllen, nutzen soziale Systeme, z. B. Wirtschaftsunternehmen, eine Mehrzahl von Methoden und Strategien. Eine davon ist die Institution der Führung. Führung korrespondiert und konkurriert mit anderen Institutionen (Vorschriften, Programme, Werte, Technologien, Traditionen, Anreizsysteme etc.) in dem Versuch, das Handeln der Individuen zu steuern. Es braucht nicht näher begründet zu werden, daß diese Steuerung nicht ein fiktives Gesamtwohl anstrebt, sondern spezifischen, einseitigen Interessen verpflichtet ist: *diese* sind das Selektionskriterium, das die Auswahl unter den Medien und Methoden der Handlungslenkung steuert. Das dominante Interesse in einer Marktwirtschaft ist Kapitalvermehrung. Deshalb überwiegt die Verwertungslogik, ohne dabei jedoch andere *Logiken* außer Kraft zu setzen: Um optimale Kapitalverwertung zu erreichen, muß (s. *Türk 1989*) auch den Forderungen der Kooperations- und der Reproduktionslogik Rechnung getragen werden. Die Kooperationslogik verlangt das konstruktive und produktive Zusammenwirken der Akteure bei der Leistungserstellung, die Reproduktionslogik geht darauf aus, die vorherrschenden sozialen Verhältnisse (Strukturen, Rechte, Privilegien) zu stabilisieren.

Damit ist der Keim für widersprüchliche Anforderungen an Führungskräfte gelegt, weil sie gleichzeitig Dienerinnen verschiedener Herren sind. Eine wirksame Kooperation erfordert z. B. Offenheit, Nähe, Vertrauen, Hilfsbereitschaft, Selbstlosigkeit. Die Optimierung der Verwertungsabsicht dagegen legt Distanz, Instrumentalisierung, Sachlichkeit, Verdinglichung usw. nahe, während die Reproduktion (z. B. der bestehenden Herrschaftsverhältnisse) dadurch gesichert wird, daß auf Unterordnung, Konformität, Anpassung, Kontrolle etc. gesetzt wird.

II. Führungsdilemmata: Definition und Beispiele

Wenn Führungskräfte auf widersprüchliche Ziele verpflichtet werden, sind Dilemma-Situationen unausweichlich. Ein *Dilemma* ist ursprünglich eine logische oder rhetorische Figur: ein Argument fordert die Wahl zwischen zwei gleichermaßen unangenehmen Alternativen. Später hat sich ein quasi ontologisches Verständnis durchgesetzt: als dilemmatisch wird eine Situation bezeichnet, die widersprüchliche, gegensätzliche, unvereinbare Ansprüche stellt und gleichzeitig eine Wahl oder Stellungnahme fordert. Die präsentierten Alternativen werden meist für gleich unangenehm gehalten, manchmal aber wird schon allein die Notwendigkeit einer Wahl – auch zwischen unvereinbaren positiven Möglichkeiten – als ‚unangenehm' angesehen. Eine solch allgemeine Bestimmung von ‚Dilemma' läßt offen, ob die gegenübergestellten Alternativen *kontradiktorisch* (im strengen formalen Sinn entgegengesetzt, einander verneinend – z. B. weiß vs. nicht-weiß) sind oder *konträr* (miteinander unverträglich, einander inhaltlich widersprechend, z. B. weiß vs. schwarz). Es wird auch keine Entscheidung darüber verlangt, ob sich der Wahl-Zwang auf einen Dualismus bezieht (eine unversöhnliche Opposition nach dem Prinzip ‚Entweder–Oder' oder auf eine Polarität (bei der der eine Pol, obgleich entgegengesetzt zum anderen, in seiner Existenz und Qualität von diesem abhängt).

Ein *Führungsdilemma* besteht dann, wenn eine Führungskraft bei antagonistischen Handlungsappellen unter Entscheidungszwang steht. In der Literatur sind eine Vielzahl solcher Dilemmata diskutiert worden (s. z. B. *Morris/Seeman* 1950; *Aram* 1976; *Neuberger* 1983, *Neuberger* 1994; *Kasper* 1986; *Wesser/Grunwald* 1985; *Blickle* 1994). Aufgrund der geschilderten Bedingungen ist es nicht möglich, eine erschöpfende Auflistung aller möglichen Dilemmata zu geben. Im folgenden sollen zur Illustration einige der in der Literatur am häufigsten genannten zitiert werden:

– Die unterstellten MitarbeiterInnen als Mittel (Kostenfaktor, Aufgabenträger, Ware Arbeitskraft) betrachten *vs.* in ihnen autonome Subjekte sehen, zu deren Selbstverwirklichung beizutragen ist.
– Unterstellten MitarbeiterInnen mit Nähe, Wärme, Freundlichkeit, Sensibilität begegnen *vs.* sie auf Distanz halten, formal und unpersönlich mit ihnen umgehen, sich ihnen gegenüber ‚hart' durchsetzen (können).
– Gleichbehandlung aller nach einheitlichen Grundsätzen *vs.* Eingehen auf den Einzelfall, Respektierung von Besonderheiten und Ausnahmen.
– Bestehende Ordnungen aufrechterhalten und durchsetzen *vs.* auf Innovationen bzw. ständige Fortentwicklung drängen. Unüberbietbar ist Schumpeters berühmte ‚Lösung' dieses Dilemmas als Wesen des Unternehmertums: Schöpferische Zerstörung!
– Von unterstellten MitarbeiterInnen Eigeninitiative, Intrapreneurship, Selbständigkeit *vs.* zugleich Anpassung, Folgsamkeit und Vorschriftentreue erwarten.
– Sich selbst profilieren, durch ‚Exzellenz' hervorragen *vs.* ein selbstloses(!) Teammitglied sein.
– Den Primat der Tat leben, (schnell) entscheiden *vs.* entschlossen handeln oder geschehen lassen, abwarten können, Selbstorganisation zulassen, spüren, fühlen, erleben.
– Alle Informationen offenlegen, für Eindeutigkeit, Klarheit und Transparenz sorgen *vs.* Vertraulichkeit wahren, etwas ‚im Dunklen' oder in der Schwebe lassen können.
– Auf die entlastende Wirkung von (gedanken- und kritiklos befolgten) Vorschriften, Routinen und Ritualen bauen *vs.* ständig zum Mitdenken, zur Reflexion, Verbesserung und dem Reagieren auf schwache (Frühwarn-)Signale auffordern.
– Den MitarbeiterInnen Vertrauen entgegenbringen, für ‚empowerment' sorgen (d. h. sie zu selbstmächtigen Akteuren machen und sie mit den dazu nötigen Rechten und Ressourcen ausstatten) *vs.* alles im Griff und unter Kontrolle halten, Mißtrauen zeigen, die Unterstellten gängeln.
– Sich selbst voll mit ‚der Organisation' identifizieren, in ihr aufgehen, sich ihr verschreiben *vs.* eine eigenständige Persönlichkeit bleiben, Identität entwickeln, klare Grenzen ziehen können.

III. Das Charakteristische an Führungsdilemmata

Seit ihren Anfängen hat sich die praktische (oder Moral-)Philosophie mit der Frage auseinandergesetzt, wie menschliches Handeln angesichts widerstreitender Bewertungen seiner Motive, Ziele und Folgen begründet werden könnte. Alles Handeln weist eine dilemmatische Struktur auf, so daß gezeigt werden muß, was *Führungs-* von allgemeinen *Handlungs*dilemmata unterscheidet. Man kann an zwei Punkten ansetzen: an den Führungskräften und an der Institution Führung. Als Personen sind Führungskräfte wie alle anderen Handelnden fehlbar, voreingenommen (interessiert), in ihrer Informationsverarbeitungskapazität beschränkt, beeinflußbar, zur Reflexion und zur Bildung von Erwartungserwartungen befähigt etc. Es würde am Kern des Problems vorbeigehen, würde man es *personalisieren*, d.h. auf Unzulänglichkeiten der Akteure zurückführen und zur Abhilfe auf verbesserte Selektions- oder Modifikationsmaßnahmen (sowohl von Personen wie Situationen, setzen. Aufschlußreicher ist es, danach zu fragen, warum es die Institution Führung überhaupt gibt, für welche spezifischen Probleme und Lösungen sie eingerichtet wurde. In diesen Problemen und Lösungen liegen die Dilemmata begründet, die Führungshandeln charakterisierten.

IV. Umgang mit Führungsdilemmata

In der Literatur über *Führungsstile* und *Führungsrollen* (→*Führungsrollen*) liest man viel über die aufreibende und frustrierende Situation von Führungskräften. Auch hier wird meistenteils personalisiert, und nicht selten schwingt ein (an)klagender, verständnisheischender oder verklärender Unterton mit: Es erfordert gleichsam heroische Qualitäten, unter der Bürde dieser widersprüchlichen Anforderungen nicht zusammenzubrechen und trotz all der Widrigkeiten effektiv zu funktionieren. In aller Regel dürften Aussagen über die erhöhte Belastung von Führungskräften zutreffen, aber sie beleuchten nur die eine Seite der Medaille. Die andere ist, daß die Institution Führung nur deshalb existiert, weil es diese Widersprüche gibt; ihnen verdanken Führungskräfte ihre Existenz und ihre Privilegien (zu denen nicht zuletzt ein vergleichsweise interessanter, herausfordernder Arbeitsinhalt und ein größerer Handlungsspielraum gehören). So gesehen, wäre eine Radikalkur (die Beseitigung der Dilemmata) gleichzeitig die Beseitigung der Institution Führung. Allerdings droht eine solche Radikalkur nicht, weil die Dilemmata keine reparierbare Störung oder ein Produkt menschlicher Unvollkommenheit sind, sondern konstruktionsbedingte Eigenheiten des Systems. Es gibt deshalb keine ‚Lösung' der Dilemmata, sondern (nur) verschiedene Formen des Umgangs mit ihnen.

Zur Bewältigung der Dilemmata gibt es systemische und personale Ansätze. Zudem ist daran zu erinnern, daß es auch personübergreifende organisationale Möglichkeiten gibt, die Dilemmata in Schach zu halten. In erster Linie sorgt die Koexistenz alternativer Steuerungsmedien und -methoden in Organisationen dafür, daß es zu keiner Eskalation einseitiger Akzentsetzungen kommt. Beispiele: Geschäfts- oder Arbeitsordnungen schaffen einen Rahmen von Regelungen; durch Strategien oder Pläne werden Ziele und Vorgehensweisen vorbestimmt; durch Ressourcenverteilungs-Entscheidungen (in bezug auf Personal, Räume, Budgets etc.) werden die Grundlagen für Handlungen geschaffen oder entzogen; durch symbolisches Management werden handlungsleitende Werte und Orientierungen verankert (→*Organisationskultur und Führung*); durch Technologie werden Handlungsoptionen ausgeschlossen oder unausweichlich vorgeschrieben... Obwohl durch solche Regulierungen die Bandbreite der Möglichkeiten stark eingeschränkt wird, bleiben dennoch Spielräume, die durch personales Handeln ausgefüllt werden können bzw. müssen. Dadurch eröffnen sich Freiheitsgrade und mit ihnen – als ihre Kehrseite – die Notwendigkeit, Dilemmata zu bewältigen, denen, weil man nicht nicht handeln kann, nicht auszuweichen ist. Bewältigungstechniken sind z. B.:

- *Sequentialisieren:* Bildung von Zeit-Abschnitten, in denen jeweils abwechselnd einer der Ansprüche bedient, der andere latent gehalten wird. Eine solche alternierende Erwartungserfüllung, die es buchstäblich beiden Seiten recht machen will, vermeidet jede Prioritätensetzung und rotiert – evtl. nach bekanntgemachten Prinzipien – in einer endlosen Schleife zwischen den Polen. Eine extreme Form des Verzeitlichens ist erratisches oder zufälliges Handeln: bei verschiedenen Gelegenheiten wird – unvorhersehbar – eine der beiden Seiten bedient.
- *Segmentieren:* Hier werden Differenzierung eingeführt, so daß je nach Situation, Fall, Person, Dringlichkeit etc. kontingent gehandelt werden kann; damit werden Vor-Rechte geschaffen, die die Entscheidungen des Akteurs berechenbar machen. Zugleich besteht die Möglichkeit, durch Revision der Differenzierungs-Kriterien neue Festlegungen vorzunehmen. Diese Methode bringt die Gefahr mit sich, einzelne Handlungsfelder und -adressaten gegeneinander abzuschotten und beziehungslos, isoliert zu behandeln. In einer extremen Variante führt das Segmentieren zum Ausgrenzen oder Ignorieren: das Problem kann nicht mehr thematisiert werden, durch Exkommunikation wird es ‚unaussprechlich'.
- *Resignieren oder Tolerieren:* Das Gemeinsame an diesen beiden Strategien ist das Ausweichen vor der Auseinandersetzung mit den Polaritäten. Im Grunde handelt es sich um In-Differenz, Gleichgültigkeit im Doppelsinn des Wortes, gespeist aus Desinteresse, Unsensibilität, Indolenz, Überforderung oder aber einer angestrengten Balance, die vorurteilslos beiden Alternativen

Rechnung tragen möchte und sich deshalb Forderungen nicht entgegenstellt.
- *Kompromisse schließen:* Ähnlich der eben genannten Strategie wird hier keine (einseitige) Position bezogen, sondern eine Art Tauschhandel angestrebt, in dem eine zwischen den Extremen vermittelnde, ausgleichende Vorgehensweise gesucht wird. Häufig führt das zu einem unkonturierten Mittelweg (,weder Fisch noch Fleisch'), der es allen Recht machen will und deshalb niemand befriedigt. Diese Form der Entdifferenzierung kann sich konkret zeigen als Flucht ins Allgemeine oder Unverbindliche, als verkleisternde Schönrednerei (Führungsgrundsätze sind Fundgruben für diese Taktik).
- *Aufheben:* Hier wird versucht, eine Vermittlung zu finden, die kein schaler Kompromiß ist, sondern die Gegensätze dialektisch aufhebt, sie also einerseits bewahrt, andererseits auf ein höheres Niveau transformiert. Die ,polare Integration', die *Blickle* (1994) bei der Diskussion des „Wertequadrats" vorschlägt, wäre ein Versuch in dieser Richtung: die Spaltung soll überwunden werden, indem ein ,größeres' oder ,grundlegendes' Gemeinsames gesucht wird, das die Spannungspole verbindet.
- *Verleugnen:* Dabei werden gegenüber der Dilemma-Situation blinde Flecken entwickelt, sie wird verharmlost, verschleiert, verdrängt. Modelle der Situativen Führungstheorie (z. B. das von *Vroom/Yetton* 1973 oder *Hersey/Blanchard* 1977) gehen diesen Weg, indem sie keine Notiz nehmen von der Existenz unvereinbarer Anforderungen.
- *Position beziehen, wählen:* Dies dürfte eine sehr häufige Praxis des Umgangs mit der Dilemmasituation sein; sie nämlich dadurch zu ,lösen', daß man sich auf eine Seite schlägt und die andere für irrelevant erklärt, mißachtet, heruntergespielt oder unterdrückt. Man wid jedoch stets mit der ,Wiederkehr des Verdrängten' rechnen müssen, so daß das Ausblenden des Gegenpols erhebliche Energien binden (und auf der anderen Seite: stauen) kann.
- *Taktisch nutzen:* Die in den Dilemmata vereinigten Widersprüche sind Treibsätze für Veränderungen. Weil beide Pole auf Verwirklichung drängen, kann man das in ihnen liegende Spannungspotential nutzen, um Organisationsentwicklung mit Energie zu versorgen, die sich aus der Erwartung speist, daß der zu kurz gekommene Aspekt eine Chance auf Realisierung erhält.

V. Mißlungene Bewältigung?

Mit der nicht gelungenen Bewältigung von Führungsdilemmata kann eine Vielzahl von ,*Organisationspathologien*' in Zusammenhang gebracht werden (etwa Orientierungs-, Motivations-, Identitäts-, Konformitäts-, Abstimmungs-, Etablierungs-, Kooperations-Störungen, s. *Türk* 1976). Abgesehen davon, daß es erhebliche Probleme der Zurechnung solcher Effekte gibt, wird man sich fragen müssen, was das Kriterium für *erfolgreiche* Bewältigung sein könnte. Es ist nicht Aufgabe der Führungskraft, die Führungsdilemmata zum Verschwinden zu bringen – denn das System ,Organisation' braucht sie als Ausdruck der (und Erinnerung an die) heterogenen Leistungen, die zu erbringen sind. Die Eindeutigkeit und Endgültigkeit, die viele Management-Konzeptionen verheißen, ist sowohl ein Ausweichen vor der Schwierigkeit wie ein Selbstbetrug, der einem unausrottbaren *Mythos* erliegt – dem Mythos, daß Führung eine Aufgabe ist, für die es eine Bestlösung gibt.

Literatur

Aram, J. D.: Dilemmas of administrative behavior. Englewood Cliffs, N. J. 1976.
Blickle, G.: Ist Führen immer ein auswegloses Unterfangen? In: ZfP, 1994, S. 404–415.
Hersey, P./Blanchard, K. H.: Management of organizational behavior: Utilizing human resources. Englewood Cliffs, N. J. 1977.
Kasper, H.: Widersprüche und Konflikte beim Innovationsmanagement. In: ZfO, 1986, S. 115–123.
Morris, R. T./Seeman, M.: The problem of leadership. In: American Journal of Sociology, 1950, S. 149–155.
Neuberger, O.: Führen als widersprüchliches Handeln. In: Psychologie und Praxis. Zeitschrift für Arbeits- und Organisationspsychologie, 1983, S. 22–32.
Neuberger, O.: Führen und geführt werden. 4. A., Stuttgart 1994.
Parsons, T.: Zur Theorie sozialer Systeme. Opladen 1976.
Türk, K.: Grundlagen einer Pathologie der Organisation. Stuttgart 1976.
Türk, K.: Neuere Entwicklungen in der Organisationsforschung. Stuttgart 1989.
Vroom, V. H./Yetton, P. W.: Leadership and decision making. Pittsburgh 1973.
Wesser, W./Grunwald, W.: Das Dilemma der Führung. In: Harvard Manager, 1985, S. 46–50.

Führungsebene und Führung

Lutz Zündorf

[s. a.: Arbeitsverhalten von Managern, empirische Untersuchungen zum; Führungstheorien – Kontingenztheorie, – Situationstheorie; Kulturabhängigkeit der Führung; Organisationsstrukturen und Führung; Produktionsbereich, Führung im; Projektmanagement und Führung.]

I. Problemstellung; II. Definition und Operationalisierung der Begriffe; III. Führung auf verschiedenen Ebenen und in verschiedenen Kontexten; IV. Einige Generalisierungen.

I. Problemstellung

Die Beziehungen zwischen Führungsebene und Führung lassen sich am besten im Bezugssystem der Situationstheorie der Führung (→*Führungstheorien – Situationstheorie*) analysieren, die ihrerseits leicht in einen umfassenderen organisationstheoretischen Rahmen eingebaut bzw. durch organisationstheoretische Begrifflichkeiten angereichert werden kann (→*Organisationsstrukturen und Führung*). Im Bezugsrahmen der Situationstheorie der Führung (→*Führungstheorien – Situationstheorie*) wäre Führungsebene als *explikatives* Merkmal des Führungshandelns zu betrachten. Von der ursprünglichen Beziehung zwischen Führungsebene und Führungshandeln ausgehend, wären dann nach Maßgabe der Situationstheorie der Führung weitere explikative Variablen einzuführen: zum einen *Situations- oder Kontextmerkmale,* die die organisatorischen, technischen und kulturellen Rahmenbedingungen des Führungshandelns kennzeichnen, und zum anderen *Individual- oder Persönlichkeitsmerkmale,* die den Führer und die Geführten charakterisieren. Während die älteren Eigenschaftstheorien der Führung (→*Führungstheorien – Eigenschaftstheorie*) angeborene oder erworbene Persönlichkeits- bzw. Führereigenschaften als wesentliche Determinanten der Führung betrachten, stellen die modernen Situationstheorien der Führung (→*Führungstheorien – Situationstheorie*) den situativen Kontext, in dem Führer und Geführte interagieren, in den Mittelpunkt, ohne von den individuellen Handlungsdispositionen oder Persönlichkeitseigenschaften der Interaktionspartner abzusehen. Die allgemeinste *Hypothese der Situationstheorie* besagt, daß Führung eine Funktion sowohl des situativen Kontexts als auch der individuellen Handlungsdispositionen ist, wobei die Eigenschaften des situativen Kontextes das Führungshandeln im allgemeinen stärker prägen als die individuellen Eigenschaften der handelnden Akteure. Dies ist insbesondere dann zu erwarten, wenn es sich um Führung *in formalen Organisationen* handelt, in denen der situative Handlungskontext der Führer wie der Geführten mehr oder weniger stark vorstrukturiert ist, und in denen allen Mitgliedern mehr oder weniger restriktive Handlungsprogramme und Entscheidungsprämissen vorgegeben sind (*March/Simon* 1976).

Bevor diesen Zusammenhängen empirisch nachgegangen werden kann, sind einige konzeptuelle und operationelle Vorfragen zu klären.

II. Definition und Operationalisierung der Begriffe

Bei der Frage nach dem Zusammenhang zwischen Führungsebene und Führung ist vorab zu klären, ob Führer und Geführte verschiedenen Hierarchieebenen zuzuordnen sind, Führung also als *interhierarchische* Beziehung begriffen wird (→*Führung durch den nächsthöheren Vorgesetzten*), oder ob davon auszugehen ist, daß sich die Beziehungen zwischen einem Führer und den von ihm (direkt) Geführten trotz des unterschiedlichen Status beider Kategorien von Akteuren auf einer Ebene, also *intrahierarchisch,* abspielen. Je nachdem, ob man Führung mehr unter dem Aspekt struktureller Ungleichheit oder mehr unter dem Gesichtspunkt funktionaler Interdependenz beleuchten will, wird man die erste oder die zweite Variante bevorzugen. Schwerwiegender ist die eindeutige Klärung des analytischen Status der involvierten Variablen. Während *Führungsebene* eindeutig ein strukturelles Merkmal ist, das eine Dimension der Organisationsstruktur (→*Organisationsstrukturen und Führung*) verkörpert, die unabhängig von den individuellen Eigenschaften der Organisationsmitglieder existiert, ist dies beim Begriff der *Führung* sehr viel weniger eindeutig und erläuterungsbedürftig. Im Rahmen der *Eigenschaftstheorie* (→*Führungstheorien – Eigenschaftstheorie*) ist Führung ein Persönlichkeitsmerkmal oder ein persönlichkeitsbestimmtes Handlungsmerkmal. Organisations- und rollentheoretisch (→*Führungstheorien – Rollentheorie*) ist Führung ein unpersönliches, strukturelles Merkmal, da Führungspositionen bzw. Führungsrollen unabhängig von der Persönlichkeit konkreter Individuen von der *Organisation* eingerichtet, definiert und zur Besetzung ausgeschrieben werden und von den Organisationsmitgliedern bzw. Rolleninhabern ein aufgabenbezogenes und regelkonformes Handeln erwartet wird (*Kieser/Kubicek* 1983). In der *Situations- und Kontingenztheorie* (→*Führungstheorien – Situationstheorie, – Kontingenztheorie*) wird Führung als relationales Merkmal innerhalb einer Konfiguration von Persönlichkeitsmerkmalen und Strukturmerkmalen begriffen. Wir haben es hier also mit drei verschiedenen Kategorien von Variablen zu tun: *Relationsmerkmale,* die die Interaktion zwischen Führer und Geführten begrifflich erfassen, *Individualmerkmale,* die die Eigenschaften der handelnden Akteure bezeichnen, und *Strukturmerkmale,* die den situativen Kontext charakterisieren. Somit ist die Situations- und Kontingenztheorie der Führung das differenzierteste Konzept zur Analyse und Interpretation von Führung.

Diese Komplexität macht die Situationstheorie der Führung aber auch anfällig für *Kontaminierungseffekte,* die aus einer unscharfen Trennung der involvierten Variablen resultieren. Dieser Gefahr kann am besten dadurch begegnet werden, daß man die drei verschiedenen Kategorien von Variablen *unabhängig voneinander* erhebt. Es hat sich in der Forschung als zweckmäßig erwiesen, die individuellen Eigenschaften der handelnden Akteure von diesen selbst zu erfragen, die Handlungen oder Handlungsweisen der Akteure hingegen nicht von diesen selbst beschreiben zu lassen, sondern von den Interaktionspartnern (Adressaten des Handelns) zu erfragen oder aber von einem nicht direkt beteiligten Dritten (systematischer Beobachter oder betrieblicher Informant) zu erheben. Auf diese Weise kann man der Verwischung von Persönlichkeitsmerkmalen und Handlungsmerkmalen einigermaßen kontrolliert begegnen und der Gefahr vorbeugen, Handlungsweisen umstandslos aus Persönlichkeitseigenschaften herzuleiten. Um Kontaminierungseffekte zwischen subjektiven Situationsdefinitionen der handelnden Akteure und objektiven Eigenschaften des situativen Kontextes zu vermeiden, ist es zweckmäßig, die Struktur des situativen Kontextes nicht von den involvierten Akteuren zu erheben, sondern wiederum von nicht direkt beteiligten Informanten oder aus Organisationsdokumenten. Je nach dem Erkenntnisinteresse eines Forschers kann es sehr lohnend sein, den *gleichen* Sachverhalt aus *verschiedenen* Perspektiven zu erheben, z. B. den Führungsstil von Vorgesetzten aus ihrer eigenen Perspektive und zugleich aus der Sicht der Geführten oder den situativen Kontext aus der Sicht der betroffenen Akteure und zugleich aus der Perspektive der *Organisation*(sleitung) bzw. der offiziellen Organisationspläne (*Zündorf* 1976). Auftretende Diskrepanzen können dann entweder methodenkritische Reflexionen und Verbesserungsvorschläge bezüglich der Gültigkeit und Verläßlichkeit der Erhebungsmethoden veranlassen (*Nachreiner* 1978) oder sogar zu einem theoretischen Umdenken in Richtung perspektivischer, interpretativer Verfahren anregen (*Wollnik* 1984). Begreift man Führung (aus der Sicht der Situations- und Kontingenztheorie) nicht als einseitiges Handeln eines Führers gegenüber den von ihm Geführten, sondern als interpersonelle Beziehung und Interaktion zwischen Führer und Geführten, dann ist der *Reziprozität der Perspektiven,* der wechselseitigen Orientierung des Handelns, der Wahrnehmung und Bewertung der Geführten durch den Führer und umgekehrt des Führers durch die Geführten, Rechnung zu tragen. Die Handlungsdispositionen der Akteure sind in erster Linie nicht als Funktion ihrer jeweiligen Persönlichkeitseigenschaften zu begreifen, sondern als Funktion ihrer *Beziehungen* zu ihren jeweiligen Interaktionspartnern. Die relevanten explikativen Individualmerkmale sind also nicht in erster Linie (absolute) Persönlichkeitseigenschaften, sondern (relationale) *Einstellungen* gegenüber den Interaktionspartnern. Im Hinblick auf die Definition der abhängigen Variablen „Führung" impliziert die Situations- und Kontingenztheorie eine Zerlegung des wechselseitigen Handelns in *Aktionen* und *Reaktionen*. Aktionen des Führers bedeuteten etwa Anweisungen und Aufträge, Kontrollen der Arbeitsverrichtungen und der Arbeitsergebnisse, Sanktionen für gute und schlechte Arbeitsleistungen. Reaktionen der Geführten umfassen Fügsamkeit und „compliance" gegenüber Weisungen oder Richtlinien (*Etzioni* 1975), individuelle oder kollektive Einflußnahme auf Entscheidungen des Führers, Unterlaufen von Kontrollen und Vermeidung negativer Sanktionen. Selbstverständlich können (Pro-)Aktionen auch von Geführten ausgehen und den Führer zu Reaktionen veranlassen. Die Zerlegung des komplexen Begriffs der Führung in Aktion und Reaktion impliziert also eine Unterscheidung von *Dimensionen* des Handelns von Führer und Geführten und kann darüber hinaus Elemente für die Konstruktion von *Zyklen* des Führungshandelns, d. h. der interdependenten Aktion von Reaktion von Führer und Geführten, liefern. Idealtypisch vereinfacht, liefe ein solcher Zyklus etwa folgendermaßen ab:

(1) Weisung des Führers,
(2) Ausführung durch die Geführten,
(3) Zwischendurch Konsultation des Führers,
(4) Kontrolle der ausführenden Arbeit durch den Führer,
(5) Bewertung und Sanktionierung der Arbeitsergebnisse durch den Führer,
(6) Einleitung eines neuen Zyklus.

Nun sind sowohl die wechselseitigen Einstellungen der Akteure als auch der interaktive Handlungsablauf in jeder Phase eingebunden in den jeweiligen situativen Handlungskontext, in zugewiesene Aufgabenstellungen und zu bewältigende Problemlagen, in übergreifende Funktionszusammenhänge und formale *Organisationsstrukturen* und vielfach auch in informelle Beziehungen und Strukturen. Im folgenden seien nun Probleme und Formen der Führung in drei verschiedenen betrieblichen Kontexten exemplarisch analysiert: auf der Ebene der *Werkmeister* als unterster betrieblicher Führungsebene, auf den höheren Führungsebenen der *Manager* und auf der Ebene von *Projektleitern,* als Führungs- und Koordinierungsinstanzen im abteilungsübergreifenden und interhierarchischen Zusammenspiel von *Managern* und Experten.

III. Führung auf verschiedenen Ebenen und in verschiedenen Kontexten

1. Die Führungsrolle der Werkmeister

Fast alle Probleme des Führungshandelns von *Werkmeistern* lassen sich vom Begriff der „dichotomischen *Organisation*" des Industriebetriebs (*Georges Friedmann* 1965), der Zweiteilung des Industriebetriebs in einen „Bereich der Planung, Entscheidung und Macht" – von *Galbraith* (1968) „Technostruktur" genannt –, und in einen „Bereich der ausführenden Arbeit" her angehen. Während *Galbraith* die *Werkmeister* eindeutig zur Technostruktur rechnet, grenzen neuere Untersuchungen die Ebene der *Meister* von der Hierarchie der *Manager* wie von der Ebene der ausführenden Arbeit ab und lokalisieren die Rolle der *Werkmeister* im betrieblichen Kräftefeld *zwischen Management und Arbeitern*, zwischen der vom *Management* geplanten formalen *Organisation* des Betriebs und den *informellen Gruppen,* zwischen organisatorisch-technischen und sozialpsychologischen Anforderungen und Funktionen (*Weltz* 1974; *Durand/Touraine* 1979; *Zündorf/Grunt* 1980; *Springer* 1984).

Der situative Kontext, in dem *Werkmeister* ihre *Arbeitsgruppen* führen, wird im wesentlichen durch drei Faktoren bestimmt: Bürokratisierung des Betriebs, Technisierung des Produktionsprozesses und Eigenschaften der jeweiligen *Arbeitsgruppe*. Unter *Bürokratisierung* sind zwei verschiedene Sachverhalte zu verstehen: zum einen die Tendenz zur *Büroherrschaft* über den Produktionsprozeß, bei der *Werkmeister* Führungsfunktionen, die sie früher in eigener Verantwortung wahrgenommen hatten, an spezialisierte Stellen und Abteilungen der Technostruktur abgeben müssen, dadurch einen *Funktionsverlust* erleiden und eine *Werkmeisterkrise* zu bewältigen haben, zum anderen die Tendenz zur *Formalisierung* der Arbeitsabläufe und der interpersonellen Beziehungen im Betrieb, wobei personal vermittelte Führung durch *Meister* immer mehr durch unpersönliche und indirekte Führungsmethoden (Stellenbeschreibungen, Ablaufpläne, Programmstrukturen usw.) ergänzt und ersetzt werden (*Bahrdt* 1972; *Braverman* 1977). Die fortschreitende Technisierung und Automatisierung der Produktionsprozesse führt hingegen in vielen Fällen zu einer Aufwertung des Meisters als *„disturbance handler"*, als eine Art technischer Krisenmanager, der bei Störungen des Produktionsablaufs sofort eingreift, die Situation diagnostiziert und alle erforderlichen Maßnahmen zur Beseitigung der kostspieligen Stockungen einleitet (*Child/Partridge* 1982). Die erfolgreiche Bewältigung solcher Problemlagen erfordert ein hohes Maß an technischem Sachverstand und organisatorischem Überblick, an *funktionaler* →*Autorität,* die nicht aus der formalen Position, sondern aus persönlichen Fähigkeiten und Bewährungen erwächst (*Hartmann* 1964). Obwohl der *Werkmeister* in erster Linie dem *Management* für einen reibungslos verlaufenden Produktionsprozeß verantwortlich ist, wäre es höchst einseitig, ihn als bloßes Appendix der Technostruktur und Agent des *Managements* zu betrachten. Der *Handlungskontext des Meisters* ist nicht nur durch die organisatorisch und technisch vermittelten Anforderungen und Vorgaben der Betriebsleitung definiert, sondern auch durch die Eigenschaften und Handlungsdispositionen der Arbeiter und durch die *informelle Gruppe,* die sie miteinander bilden. Um sich in diesem Kräftefeld erfolgreich behaupten zu können, muß der *Werkmeister* versuchen, eine *kompensatorische Rolle* zu spielen, die je nach den situativen Gegebenheiten zwischen Erfordernissen und Zwängen der formalen und der informellen *Organisation* vermittelt (*Durand/Touraine* 1978). So sind z. B. in strukturschwachen *Arbeitssituationen* organisatorische *Eigeninitiativen des Meisters* angebracht, während in hochorganisierten *Arbeitssituationen* Maßnahmen zur Milderung struktureller Zwänge und zur Aufrechterhaltung von Autonomiechancen zweckmäßiger sind. So günstig sich im Falle wenig kohäsiver *Arbeitsgruppen* eine Stärkung des inneren Zusammenhalts der Gruppe durch den Meister auswirken kann, so unsinnig wäre es, starke *informelle Gruppen* durch autoritative Eingriffe schwächen zu wollen. In jedem Falle muß der Meister – mit psychologischem Geschick – eine „Politik der menschlichen Beziehungen" (→*Soziale Kompetenz*) entwickeln, die eine leistungsfördernde Vermittlung von Erfordernissen der *Organisation* und Eigenschaften der *Arbeitergruppe* realisiert.

2. Die Führungsrolle von Managern

Innerhalb der hierarchisch und funktional differenzierten Technostruktur haben wir es naturgemäß mit einer größeren Variabilität von Führungsrollen zu tun als auf der Ebene der *Werkmeister*. *Mintzberg* (1973) unterscheidet nicht weniger als 10 verschiedene *Managerrollen,* die in 3 Gruppen zusammengefaßt werden: interpersonelle Rollen (figurehead, liaison, leader roles), informatorische Rollen (monitor, disseminator, spokesman roles) und Entscheidungsrollen (entrepreneur, disturbance handler, resource allocator, negotiator roles). Die in unserem Problemzusammenhang vor allem interessierende Führungsrolle ist also nur *ein* Rollenelement innerhalb einer umfassenden *Managerrolle* und bezieht sich nur auf einen Ausschnitt des manageriellen Handlungskontextes und *Kommunikationsnetzes*: die Interaktion mit den unterstellten Mitarbeitern. Bevor auf die Beziehung zwischen Führungsebene und Führungshandeln näher eingegangen wird, ist es zweckmäßig, einige typische Eigenschaften manageriellen Handelns (→*Arbeitsverhalten von Managern, empirische Untersuchungen zum*) zu skizzieren (*Eberwein/Tholen* 1990; *Mintzberg* 1973; *Stewart* 1967, 1976).

(a) *Manager* bevorzugen bei der Erfüllung ihrer Aufgaben direkte persönliche Kontakte gegenüber indirekten, schriftlichen Kommunikationsformen. Managementarbeit ist in hohem Maße „Spracharbeit" (→*Sprache in der Führung*).

(b) Im Rahmen des Zeitbudgets von Top- und mittleren *Managern* entfällt im Durchschnitt fast die Hälfte ihrer „Kontaktzeit", die den weitaus größten Teil ihrer Gesamtarbeitszeit ausmacht, auf Interaktionen mit ihren Untergebenen – mehr als auf Interaktionen mit den eigenen Vorgesetzten, Kollegen, Experten und Externen.

(c) Die Aktivitäten von *Managern* lassen sich formelhaft durch „brevity, variety, fragmentation" charakterisieren. Der zumeist diskontinuierlich ablaufende Arbeitsalltag ist ausgefüllt mit einer Vielzahl heterogener Problemstellungen und Interaktionspartner, wobei für jedes Problem bzw. jede Person nur wenig Zeit aufgewendet werden kann und plötzliche Unterbrechung und Umdisposition häufig vorkommen.

(d) *Manager* neigen dazu, um sich herum individuell zugeschnittene *Kommunikationsnetze* aufzubauen und die benötigten Informationen aus spezifischen „*Cliquen*" bewährter Informanten und Mitarbeiter zu beziehen.

Über die Beziehungen zwischen Führungsebene und Führungshandeln lassen sich ebenfalls einige Generalisierungen machen.

(a) Hierarchische Einstufung und funktionale Verantwortung sind die traditionell wichtigsten Bestimmungsgründe manageriellen Führungshandelns (*Mintzberg* 1973; *Zündorf/Grunt* 1980).

(b) Neben diesen organisationsstrukturellen Faktoren gehören Eigenschaften der jeweiligen *Unternehmenskultur* zu den relevanten Bedingungen der Führung (→*Kulturabhängigkeit der Führung*). Indem eine *Unternehmenskultur* ein gemeinsames Bezugssystem für Führer und Geführte bereitstellt, übereinstimmende Situationsdefinitionen erleichtert und beiderseits die Verhaltenssicherheit steigert, kann sie zu einer effizienteren Handlungskoordination beitragen (*Holleis* 1987).

(c) Mit der Einführung *schlanker Produktion* bzw. *schlanken Managements* verlieren hierarchische Unterstellungsverhältnisse gegenüber funktionalen Interdependenzen an Bedeutung. Mit den *Organisationsstrukturen* enthierarchisieren sich die Kontexte der Führung und damit auch die Beziehungen zwischen Führer und Geführten. Gegenüber den Kontroll- und Sanktionsaspekten gewinnen die Koordinations- und Integrationsaspekte der Führung an Bedeutung (*Womack* et al. 1992).

(d) Von solchen Enkulturations- und Enthierarchisierungstendenzen scheinen grundlegende Differenzen zwischen Führungsbeziehungen auf unteren und höheren Hierarchieebenen kaum eingeebnet zu werden. Z. B. konzentrieren sich die Führungsbeziehungen auf den unteren Hierarchieebenen auf die Aufrechterhaltung des Produktionsflusses (systems maintenance), die Beseitigung von Störungen des Betriebsablaufs (disturbance handling) und Verhandlungen mit unterstützenden Stellen (negotiating), während die *strategische Unternehmensführung*, d. h. die vorausschauende Sicherung der Erfolgspotentiale des Unternehmens und die Festlegung des Handlungsrahmens der operativen Führung, Domäne der oberen Hierarchieebenen bleibt (*Gälweiler* 1987).

3. Führung im Projektmanagement

Neben der Aufrechterhaltung und Verwaltung des betrieblichen Systems (systems maintenance und systems administration) unterscheidet *Stewart* (1976) einen dritten wesentlichen Bereich manageriellen Handelns: das *Projektmanagement* (→*Projektmanagement und Führung*). Die Besonderheiten des *Projektmanagements* liegen darin, daß hier (a) zusammenhängende Arbeitsaufgaben (z. B. in Produkt- oder Verfahrensentwicklung) zu zeitlich befristeten und zeitlich strukturierten Projekten gebündelt, werden, an denen (b) viele verschiedene Fachstellen und Funktionsbereiche beteiligt sind, deren Zusammenarbeit (c) einer zweck- und terminorientierten, einheitlichen und gesamthaften Planung unterliegt, wobei (d) die einzelnen Arbeits- und Entscheidungsschritte durch *Projektleiter* koordiniert werden.

Die spezifischen Führungsprobleme resultieren aus dem abteilungsübergreifenden, multidisziplinären und interhierarchischen Charakter der Projektarbeit einerseits und der heterogenen Rollenfiguration der *Projektleiter* andererseits. *Projektleiter* sind (a) dem übergeordneten *Management* für den Fortgang der Projekte veranwortlich und berichtspflichtig, müssen (b) mit den Leitern der verschiedenen Funktionsbereiche, die meist einen höheren hierarchischen Status haben als sie selbst, Kooperationsvereinbarungen treffen und haben (c) *Projektgruppen* zu leiten, deren Mitglieder häufig verschiedenen Fachabteilungen angehören, nur ad hoc eine *Projektgruppe* bilden und dem *Projektleiter* nicht disziplinarisch unterstellt, sondern nur funktional zugeordnet sind. Solche Konstellationen implizieren einen Führungsstil, der auf vielseitiger fachlicher Kompetenz und *funktionaler* →*Auto-*

rität, auf Sprach- und Überzeugungsarbeit, auf guten *informellen* Beziehungen im Betrieb und *persönlichem* Verhandlungsgeschick basiert.

Die wesentliche Funktion von *Projektleitern* liegt weniger darin, selbst Entscheidungen zu treffen, als vielmehr – je nach Situation und Bedarf – Entscheidungen der jeweils zuständigen Instanzen *herbeizuführen*. Bei strategisch bedeutsamen, großformatigen, querschnitthaften und abteilungsübergreifenden Projekten werden die in verschiedenen Projektphasen anfallenden Vor-, Zwischen- und Finalentscheidungen meist in *gemischten →Führungsgremien* getroffen, in denen die Leiter oder Vertreter der beteiligten Funktionsbereiche repräsentiert sind, und in denen die Projektleiter berichten, Entscheidungen herbeizuführen suchen und Aufträge entgegennehmen (*Zündorf/Grunt* 1982). Wenn „Willens-" und „Fähigkeitsbarrieren" zu überwinden sind, wenn kognitive, motivationale oder organisatorische Krisen zu bewältigen sind, dann können sog. *Fach-* oder *Machtpromotoren*, auf ihr objektspezifisches Fachwissen bzw. ihr betriebliches Machtpotential gestützt, eine entscheidende Rolle spielen (*Witte* 1973).

IV. Einige Generalisierungen

(1) Konzeptuelle und empirische Argumente sprechen dafür, Führungsebene als eines der wichtigsten Merkmale für die Erklärung des Führungshandelns zu betrachten.

(2) Gewicht und Bedeutung der Führungsebene für das Führungshandeln werden nur erkennbar, wenn man sie im Zusammenhang mit weiteren Faktoren betrachtet, unter denen die funktionale Einbindung des Führers und der Geführten in die betrieblichen Arbeits- und Entscheidungsstrukturen hervorragt.

(3) Die Beziehungen zwischen Führer und Geführten sind nicht nur durch organisationsstrukturelle, sondern auch durch unternehmenskulturelle Faktoren bestimmt, die den Formen Sinn verleihen. Dabei scheint die (technische) Effizienz der *Organisationsstrukturen* in hohem Maße von ihrer (kulturellen) Valenz abzuhängen.

(4) Obwohl individuelle Eigenschaften das Führungshandeln im allgemeinen wesentlich weniger beeinflussen als kontextuelle Bedingungen, können Persönlichkeitseigenschaften und individuelle Handlungspositionen in wenig strukturierten, vieldeutigen, krisenhaften und Kreativität erfordernden Situationen dominant werden. Die Handlungsrelevanz von Persönlichkeitseigenschaften ist eine Funktion der Situationsdynamik.

Literatur

Bahrdt, H. P.: Industriebürokratie. Stuttgart 1972.
Braverman, H.: Die Arbeit im modernen Produktionsprozeß. Frankfurt/M. 1977.
Child, J./Partridge, B.: Lost Managers. Cambridge 1982.
Durand, C./Touraine, A.: Die kompensatorische Rolle der Werkmeister. In: Zündorf, L. (Hrsg.): Industrie- und Betriebssoziologie. Darmstadt 1979, S. 119–157.
Eberwein, W./Tholen, J.: Managermentalität. Frankfurt/M. 1990.
Etzioni, A.: A Comparative Analysis of Complex Organizations. 2. A., New York 1975.
Friedmann, G.: Diskussionsbeitrag über Herbert Marcuse: Industrialisierung und Kapitalismus. In: *Stammer, O.* (Hrsg.): Max Weber und die Soziologie heute. Tübingen 1965, S. 201–205.
Hartmann, H.: Funktionale Autorität. Stuttgart 1964.
Holleis, W.: Unternehmenskultur und moderne Psyche. Frankfurt/M. 1987.
Kieser, A./Kubicek, H.: Organisation. 2. A., Berlin 1983.
March, J. G./Simon, H.: Organisation und Individuum. Wiesbaden 1976.
Mintzberg, H.: The Nature of Managerial Work. New York 1973.
Nachreiner, F.: Die Messung des Führungsverhaltens. Bern 1978.
Springer, R.: Strukturwandel von Meisterfunktionen. In: WSI-Mitteilungen, 1984, S. 545–550.
Stewart, R.: Managers and their Jobs. London 1967.
Stewart, R.: Contrasts in Management. London 1976.
Weltz, F.: Vorgesetzte zwischen Management und Arbeitern. Stuttgart 1974.
Witte, E.: Organisation für Innovationsentscheidungen. Göttingen 1973.
Wollnik, M.: Organisation in der Praxis. Forschungsbericht, Trier 1984.
Womack, J. P./Jones, D. T./Roos, D.: Die zweite Revolution in der Autoindustrie. Frankfurt/M. 1992.
Zündorf, L.: Forschungsartefakte bei der Messung der Organisationsstruktur. In: SW, 1976, S. 468–487.
Zündorf, L./Grunt, M.: Hierarchie in Wirtschaftsunternehmen. Frankfurt/M. 1980.
Zündorf, L./Grunt, M.: Innovation in der Industrie. Frankfurt/M. 1982.

Führungserfolg – Messung

Johannes Lehner

[s. a.: Empirische Methoden der Führungsforschung; Effizienz der Führung; Führung im MBO-Prozeß; Motivation als Führungsaufgabe.]

I. Zwecke und Wirkungen von Messung; II. Meßmodelle; III. Gütekriterien für Messung; IV. Methoden und Gestaltung der Messung und Datenerhebung; V. Messung als organisationaler Prozeß: Eine Konzeption zur systematischen Führungserfolgmessung.

Messung ist im wesentlichen als die Abbildung eines Phänomens auf einer quantitativen Skala definiert. Die Definition des Phänomens *Führungserfolg* (→*Effizienz der Führung; Führungsrollen*) ist dafür Voraussetzung.

I. Zwecke und Wirkungen von Messung

Der Begriff der *Messung* ist mit jenem der *Kontrolle* konnotiert (siehe zum Beispiel die Prinzipal-Agenten-Theorie [*Levinthal* 1988]). Ferner hat Messung für den motivationalen Prozeß in Organisationen besondere Bedeutung (→*Motivation als Führungsaufgabe*). Dies hängt unmittelbar mit dem *intervenierenden* Charakter der Messung zusammen. Durch Messung können nicht nur einem unabhängigen Beobachter Informationen gegeben werden, sondern der Führungskraft selbst soll Verhaltensanpassung erleichtert werden (Messung als Grundlage für Feedback in einem Regelkreis). Darüber hinaus verändert der Akt des Messens bereits die Situation und damit das Verhalten der handelnden Person.

Die zu erwartenden Reaktionen auf Akte des Messens unterscheiden Führungserfolgsmessungen wesentlich von Messungen, die andere Phänomene in Organisationen betreffen. Dies hängt mit dem Verständnis der Führungsrolle zusammen, das ein hohes Maß an Autonomie beinhaltet. Ein Meßergebnis, das einer Führungskraft rückgemeldet wird, bedeutet keinen Eingriff in die Autonomie. Der Meßprozeß bringt jedoch in vielen Fällen Handlungen und Beobachtungen mit sich, die als Beschneidung der Autonomie und damit als Gefährdung des Selbstverständnisses der Führungskraft interpretiert werden können. Wenn das Akzeptanzniveau für Erfolgsmessungen überschritten wird, führt dies in Führungsebenen eher zur Verhinderung von Messungen als bei untergeordneten Mitarbeitern (*Dornbusch/Scott* 1975). Noch deutlicher wird die Einschränkung der Autonomie durch den *Machtaspekt* der Messung. Dieser wurde in dem berühmten Milgram-Experiment (*Milgram* 1974) benutzt. In Organisationen hat der Machtaspekt der Messung insbesondere dort Bedeutung, wo die hierarchische Stellung die wichtigste Machtgrundlage ist. Messungen im Führungsbereich können daher als wesentliche Einschränkung von *Macht* und *Autonomie* empfunden werden.

Neben diesen unmittelbaren organisationalen Wirkungen ist ein wesentliches Ziel der Messung, allgemeines Wissen über Einflüsse auf den Führungserfolg zu erlangen. Die empirische Überprüfung von Führungstheorien (→*Methoden der empirischen Führungsforschung*) hängt entscheidend von der Qualität der Messung der unabhängigen (Situations- und Personvariablen) und der abhängigen Variable Erfolg bzw. Effizienz ab. In Organisationen kommt dieses Wissen vor allem in dem Versuch zur Anwendung, künftigen Erfolg einer (potentiellen) Führungskraft vorherzusagen.

II. Meßmodelle

1. Abbildungsebenen

Ergebnismaße resultieren aus einer eindeutigen Vorschrift, mit der ein bestimmtes Arbeitsergebnis auf einer Skala (homomorph und intersubjektiv nachvollziehbar) abgebildet wird. In diesem Sinne können sie als „objektiv" bezeichnet werden, obwohl solche Ergebnisse nicht notwendigerweise höhere Gültigkeit oder Nützlichkeit haben als subjektive Einschätzungen. Beispiele sind Gewinn und Rentabilität in der von der Führungskraft unmittelbar und allein geleiteten Einheit.

Instrumentalvariable. Wenn die eigentlich interessierenden Variablen nicht direkt erfaßbar sind, werden zugängliche Variable gemessen, von denen angenommen wird, daß sie mit den Erfolgskriterien in Zusammenhang stehen *(indirekte Ergebnismaße)*. Der Aufstieg einer Führungskraft wird beispielsweise oft als Erfolgsmaß herangezogen, obwohl die Beförderung selbst nicht das eigentlich interessierende Kriterium ist. Dabei wird unterstellt, daß die Beförderung in der Regel die Belohnung für vorangegangene Erfolge ist. Andere Beispiele sind Mitarbeiterfluktuation und Krankenstände, die als Instrumente zur Messung des Erfolgs eines Führers in der Gestaltung der Mitarbeiterbeziehung verwendet werden. Naheliegend und gebräuchlich ist die indirekte Messung des Erfolges von Spitzenführungskräften durch den organisationalen Erfolg. Dies ist dann sinnvoll, wenn erstens ein aussagekräftiges Maß des organisationalen Erfolges vorhanden ist und wenn zweitens eine starke Verbindung zwischen Führungserfolg und organisationalem Erfolg angenommen werden kann. Beides ist nicht unumstritten und findet Gegenbelege (siehe zu dieser Debatte: *Lieberson/O'Connor* [1972]; *Thomas* [1988]; *Salancik/Pfeffer* [1972]; *Pfeffer/Salancik* [1978]; *Day/Lord* [1988]; *Weiner* [1978]; *Rappoport* [1984]).

Wahrnehmungsmaße. Viele relevante Aspekte des Führungserfolges können nur über subjektive Beurteilungen erfaßt werden. Ein Beispiel ist die Einschätzung des Verhaltens eines Vorgesetzten durch seine Mitarbeiter. Derartige Wahrnehmungen einzelner *(manifester)* Verhaltensweisen stellen meist Teilaspekte von abstrakten, *latenten*, d. h. als solches nicht direkt beobachtbarer Konstrukte dar.

Ergebnismaße finden sich oft in bereits vorhandenen Dokumenten der Organisation (Bilanzen, Kalkulationen, Berichte, Statistiken etc.) und benötigen für die Messung des Erfolges keine zusätzliche Primärerhebung. Solche Messungen sind *„unaufdringlich"* oder *„nicht-reaktiv"* (*Webb* et al. 1966), weil die intervenierende Wirkung der Meßakte vernachlässigbar gering ist. Speziell im Zusammenhang mit der Führungserfolgsmessung kann dies ein wesentlicher Vorteil gegenüber der Erfassung von Wahrnehmungsmaßen sein, die in der Regel einen sehr starken Eingriff in den organisationalen Prozeß darstellen.

2. Operationalisierung und Skalenniveau

Für viele Aspekte des Führungserfolges liegen Operationalisierungen in Form von standardisierten Fragebögen vor (→*Empirische Methoden der Führungsforschung*). Für die Zwecke der Erfolgsfeststellung in einer spezifischen Organisation müssen oft organisationsspezifische Operationalisierungen gefunden werden. In Abbildung 1 sind einige Beispiele angeführt. Wahrnehmungsfragen können auf Skalen des Likert-Typs (5 Abstufungen mit Extrempolen wie „immer/oft" und „nie" oder „stimmt völlig" vs. „stimmt überhaupt nicht") beantwortet werden.

Erfolgskriterium	Ergebnismaße und Instrumentalvariable	Wahrnehmungsmaße (Mitarbeiterübersicht)
Unterstützung	Ressourcen, die Mitarbeiter relativ zu vergleichbaren Einheiten zur Verfügung haben	„Ich bekomme jede Hilfe, die ich brauche"
Motivation	Häufigkeit von neuen Zielsetzungen für Mitarbeiter	„Wir haben herausfordernde Ziele"
Netzwerkbildung und -pflege	Anzahl von Mitgliedschaften in Berufsvereinigungen, Kongreßbesuche	„Mein Vorgesetzter kennt Gott und die Welt"

Abb. 1: Operationalisierung von Erfolgskriterien der Führung

Da die Werte auf dieser Skala eindeutig gereiht sind – eine sehr hohe Zustimmung (Wert 5 auf der Skala) entspricht einem höheren Führungserfolg als eine mittlere Zustimmung (Wert 3 auf der Skala) –, ist dies zumindest eine *Ordinalskala*. Wenn darüber hinaus der Abstand zwischen den einzelnen Werten auf der Skala gleich groß ist (die Erfolgsdifferenz zwischen 5 und 4 ist gleich groß wie zwischen 3 und 2), dann spricht man von einer *Intervallskala*. Dieses Skalenniveau ist etwa für die Bildung von Mittelwerten notwendig. Intervallskalenniveau haben meist Ergebnismaße wie Abbildungen auf monetären Größen. Wird bei einer Messung das Vorhandensein (1) oder Nichtvorhandensein (0) einer bestimmten Qualität (z. B. Marktführerschaft) oder eines bestimmten Ereignisses (Beförderung) ermittelt *(Nominalskala)*, dann können nur Häufigkeiten angegeben werden.

III. Gütekriterien für Messung

Im folgenden werden drei der vier von *Thorndike* (1949) geforderten Kriterien für Maße behandelt.

1. Validität

Validität (→*Empirische Methoden der Führungsforschung*) ist im Zusammenhang der Erfolgsfeststellung vor allem in bezug zu einem Kriterium von Interesse *(kriteriumsbezogene Validität)*. Ein Meßinstrument ist valide, wenn die Messungen Vorhersagekraft für zukünftiges Verhalten, hier für zukünftigen Erfolg haben *(Vorhersagevalidität)*. Dies kann durch die Höhe der Korrelation der ursprünglichen Messung mit der späteren Leistung ausgedrückt werden, während *konkurrierende Validität* durch den Vergleich des Verhaltens bzw. der Leistung in verschiedenen Situationen überprüft werden kann. Wenn etwa im Assessment Center verschiedene Führungssituationen simuliert werden, dann kann die Validität der Erfolgsbeurteilungen durch die Korrelationen der Ratings beurteilt werden. Allerdings schneidet das Assessment Center hier eher schlecht ab (z. B. *Robertson* et al. 1987; *Klimoski/Brickner* 1987).

2. Reliabilität

Zu erwartende unterschiedliche Ergebnisse bei mehreren Messungen können zwei Ursachen haben: Entweder der Erfolg hat sich zwischen den beiden Messungen tatsächlich verändert oder die Messungen sind fehlerbehaftet. Die immer vorhandene Fehlerhaftigkeit oder das Ausmaß an unsystematischer Variation in der quantitativen Beschreibung (bzw. umgekehrt die Genauigkeit) wird durch die Reliabilität des Meßinstrumentes ausgedrückt. Im Fall der Erfolgsmessung ist die Reliabilität der Grad der Übereinstimmung verschiedener Bestimmungen des Erfolges ein und desselben Führungsergebnisses (→*Empirische Methoden der Führungsforschung*).

3. Ratergenauigkeit und Verzerrungen

Kriterien der Beurteilungsgenauigkeit sind (*Cronbach* 1955):

- *Einstufungsgenauigkeit*: Es wird beispielsweise der Durchschnitt aller Beurteilungen eines Raters von mehreren Führungskräften in verschiedenen Situationen hinsichtlich dessen Fähigkeit, seine Mitarbeiter zu motivieren, gebildet. Dieser Durchschnitt, im Vergleich zu anderen Ratern, zeigt, wie der Rater das Konzept „Motivation der Mitarbeiter" interpretiert. Eine Ursache für systematische Abweichung von den Beurteilungen anderer könnte in der *Projektion* der eigenen

Wunschvorstellungen (z. B. das Idealbild einer Führungskraft) und in der *wahrgenommenen Ähnlichkeit zu sich selbst* liegen. Ferner beeinflußt das Verhältnis zwischen der Führungskraft und dem Beurteiler die Einschätzung des Führungserfolges.

- Zur *differentiellen Einstufung* gehört die Fähigkeit, Abweichungen im Verhalten bzw. dem Erfolg vom Durchschnitt des Beurteilten festzustellen. Eine ausreichende differentielle Einstufung wird durch eine oft festgestellte *Tendenz zur mittleren Beurteilung* (z. B. *Lowe* 1986) verhindert. Außerdem wirkt gegen eine Ausdifferenzierung von negativen Erfolgsbeurteilungen eine *Tendenz zur Milde* (*Bass/Avolio* 1989; *Bernardin* 1987).

- *Differentielle Genauigkeit* beschreibt die Fähigkeit, über alle Beurteilten hinweg die einzelnen Beurteilungsdimensionen zu unterscheiden und unabhängig anzuwenden. Der sogenannte *Halo-Effekt* (z. B. *Cooper* 1981) vermindert diese Genauigkeit: Eine Beurteilungsdimension „überstrahlt" die anderen derart, daß diese durch die dominante Dimension in hohem Maße determiniert werden.

4. Selbst-, Vorgesetzten-, Mitarbeiter- oder Kollegenratings

Eine notwendige Voraussetzung für Wahrnehmungsratings ist die Beobachtbarkeit des Verhaltens. Dieses Kriterium würde Selbsteinschätzungen als am genauesten nahelegen. Gerade diese erweisen sich mit wenigen Ausnahmen als verzerrt. Auf der Ebene des Vorstandes sehen nur die Vorstandskollegen oder Geschäftspartner wie jemand seinen Bereich vertritt. Tatsächlich haben sich allgemein Leistungseinstufungen von Kollegen als überlegen gegenüber anderen Fremd- und Selbsteinstufungen gezeigt (*Hollander* 1965; *Roadman* 1964; Zusammenstellungen bei *Korman* 1968; *Lewin/Zwany* 1976), obwohl Kollegen- und Vorgesetztenratings allgemein hoch, diese mit Selbsteinschätzungen dagegen gering korrelieren (*Harris/Schaubroeck* 1988). Allerdings können Rivalitäten, wie sie eher bei jungen Führungskräften zu erwarten sind, Kollegenratings nach unten verzerren. Umgekehrt beurteilen Vorgesetzte jüngere Führungskräfte tendenziell besser als ältere (*Lawler* 1967). Ratinggenauigkeit kann trainiert werden (*Latham* et al. 1975).

5. Kriterien für das Messen unter „nicht klassischen" Bedingungen

In vielen Fällen, vor allem bei praktischen Anwendungen in Organisationen, sind die genannten Gütekriterien nicht mit vertretbarem Aufwand herstellbar oder überprüfbar. Neue Kriterien für einen erweiterten Meßbegriff sind zu finden. An die Stelle von Reliabilität tritt *Nachvollziehbarkeit*, d. h. der Weg der zu einer Erfolgsbeurteilung führt, muß von anderen Beurteilern, die ein gewisses Methodenwissen aufweisen, nachvollzogen werden können. Die *Dichte* der Beschreibung (*Geertz* 1973) ersetzt das Kriterium der Validität. Das abstrakte Phänomen *Führungserfolg* wird durch die möglichst reichhaltige Beschreibung von konkreten Phänomenen und Ergebnissen erfaßt. Die *Genauigkeit* eines Beurteilers kann durch den Vergleich der Beschreibungen verschiedener Personen in ähnlicher Weise überprüft werden wie unter klassischen Bedingungen. Allerdings werden verschiedene Beschreibungen immer unterschiedliche Aspekte eines Phänomens betonen.

IV. Methoden und Gestaltung der Messung und Datenerhebung

Gebräuchliche Methoden der Führungsforschung, insbesondere Fragebögen und Beobachtungsinstrumente, die auch für die Zwecke der Erfolgsfeststellung verwendbar sind, werden an anderer Stelle behandelt (→*Empirische Methoden der Führungsforschung*). Hier wird eine Auswahl speziell für den Zweck der Erfolgsmessung gegeben.

1. Dokumentenanalyse

Die besondere Situation von Führungskräften macht die Sekundäranalyse von bereits existierenden Dokumenten zu einem der wichtigsten Instrumente. Die Existenz bzw. die Anzahl verwendeter Dokumente kann selbst ein interessierendes Maß sein (z. B. Planungsunterlagen). Eine besondere Form ist die *Analyse von Datenbanken*, in denen standardisierte Maße von Organisationen und Daten über Spitzenführungskräfte enthalten sind (z. B. *Dun Bradstreet* 1984; *Standard Poors* 1992). Ein mögliches Meßdesign ist (Abwandlung eines sogenannten „Pre-Test-Post-Test Kontrollgruppendesigns"; stellvertretend für die vielen Möglichkeiten von quasi-experimentellen Meß- und Untersuchungsdesigns [*Cook/Campbell* 1979]):

(a) Es wird zunächst in der Datenbank eine Gruppe (Population) von vergleichbaren Organisationen identifiziert (innerhalb einer Branche, Marktnische und ähnliches).

(b) Indikatoren (Meßgrößen) müssen in der Datenbank ausgewählt werden, die die Führungskraft beeinflussen kann und sollte und die gleichzeitig nicht zu stark sonstigen Einflüssen außerhalb des möglichen Kontrollbereiches der Führungskraft unterliegen. (c: „Basislinie") Der Verlauf dieser Indikatoren der eigenen Organisation wird jenen der Vergleichsorganisationen *vor* dem Eintritt der

Führungskraft in die Organisation (oder eine anderen zu beurteilenden Maßnahme; z. B. einer Strategieformulierung) gegenübergestellt. (d: „Test") Die Basislinie wird mit dem relativen (im Vergleich zu den anderen Organisationen) Verlauf *nach* dem Eintritt (bzw. der Maßnahme) verglichen und als Maß für den Erfolg der Führungskraft an der Spitze der Unternehmenseinheit verwendet.

2. Beobachtung

Führungskräfte sind selten systematisch bei entscheidenden Aufgaben, zum Beispiel in Sitzungen, beobachtbar. Nur in simulierten Situationen, wie sie im bereits genannten Assessment Center oder im Looking Glass Projekt (*McCall/Lombardo* 1982) gestaltet werden, kann Führungserfolg systematisch durch direkte *Beobachtung* gemessen werden (→*Empirische Methoden der Führungsforschung*). Ansonsten können Beobachtungen aus der Erinnerung rekonstruiert werden. Dies kann durch eine standardisierte Vorgehensweise in der Genauigkeit gesteigert werden. Zur Leistungsbeurteilung wurden spezielle Instrumente zur Einstufung von Verhaltensbeobachtungen bzw. -erwartungen entwickelt (*Smith/Kendall* 1963; *Latham/Wexley* 1977). Der prinzipielle Ablauf ist folgendermaßen:

(a) Sammlungen von möglichst vielen kritischen Ereignissen (*Flanagan* 1954). Kritische Ereignisse sind solche mit besonders hohem oder niedrigem Führungserfolg. Sie erwiesen sich als Grundlage zur Beurteilung von Führungserfolg und Führungsverhalten als tauglich (z. B. *Böhnisch* et al. 1988). Diese Ereignisse werden von einer Gruppe von Mitarbeitern der Führungskräfte geschildert.

(b) Eine andere Gruppe von Mitarbeitern bildet Kategorien, in die die einzelnen Ereignisse eingeordnet werden können und beurteilt die Ereignisse hinsichtlich des Erfolges (etwa auf einer Skala zwischen „sehr erfolgreich" und „wenig erfolgreich").

(c) Eine weitere Gruppe beurteilt, wie oft die einzelnen Kategorien vorkommen.

(d) Nur jene Kategorien (Items), bei denen sich Führungskräfte am stärksten unterscheiden, werden zur weiteren Messung verwendet.

3. Offene Interviews

Das direkte Gespräch ermöglicht „dichtere" Beschreibungen der relevanten Phänomene als standardisierte Fragebögen. Allerdings kann hier nicht mehr von Erfolgsmessung im traditionellen Sinn gesprochen werden (siehe Abschnitt III. 5). Eine besondere Form ist das *Leistungsbeurteilungsinterview* (*Wexley* 1986; →*Leistungsbewertung als Führungsinstrument*), das allerdings für Führungskräfte mittlerer und höherer Ebenen nicht unmittelbar anwendbar ist. Neben der Erfolgsfeststellung wird dabei dem Entwicklungsaspekt großes Gewicht gegeben.

V. Messung als organisationaler Prozeß: Eine Konzeption zur systematischen Führungserfolgsmessung

Die Evidenz für eine systematische und praktische Anwendung von Führungserfolgsmessungen in Organisationen ist gering (Beispiele für Projekte finden sich in *Bentz* [1967]; *Laurent* [1970]; empirische Studien zur Erfolgsfeststellung haben *Kerr/Kren* [1992]; *Gibbons/Murphy* [1990]; *Antle/Smith* [1986]) durchgeführt. Auf mögliche Ursachen dafür wird in der im folgenden geschilderten Vorgangsweise hingewiesen.

(1) Vereinbarung. Wer an der Beurteilung des Führungserfolges beteiligt ist, welche Zwecke damit verfolgt werden sollen und in welchen Zeitintervallen dies geschehen soll, hängt wesentlich von der Organisationsstruktur, der hierarchischen Einordnung der Führungskräfte und auf der obersten Ebene von der Rechtsform der Organisation ab. Durch den Widerspruch zwischen dem Selbstverständnis in der Führungsrolle und dem Machtaspekt der Messung sehen Führungserfolgsbestimmungen von Beginn an Schwierigkeiten entgegen. Die einzige Möglichkeit diesen Widerspruch zu entschärfen, ist, ihn explizit zu machen, also auf funktional beschränkte, neue Kompetenzverteilungen für die Zwecke der Messung hinzuweisen. Die Kosten der Messung, denen zumindest ex ante kein eindeutig quantifizierbarer Nutzen gegenübergestellt werden kann, bieten ein weiteres Argument gegen systematische Messungen. Allerdings kann Messung Grundlage für die Abbildung des Beitrages einer Führungskraft in Geldeinheiten sein, die den Kosten (Selektion, Gehalt, Ausbildung etc.) gegenübergestellt werden. Ein derartiges Projekt wurde in einer Teilorganisation von Bell-Amerika mit 600 Führungskräften der unteren Managementebene durchgeführt (*Cascio/Ramos* 1986).

(2) Ableitung der Kriterien. Wer auch immer an der Messung beteiligt ist, sollte auch bei der Festlegung der Kriterien des Führungserfolges teilnehmen (→*Führung im MBO-Prozeß*). Dies ist der am meisten kontroverse Schritt, wenn sich nicht aus strategischen oder taktischen Überlegungen Erfolgskriterien relativ klar ableiten lassen. Werden die Effizienzkriterien und Aufgabendefinitionen *(Stellenanalyse)* im Zuge der Erfolgsmessung definiert, dann geht dies über die Messung hinaus. Entsprechend ist der beteiligte Personenkreis unter Umständen zu erweitern. Merkmale, durch die sich zu messende Erfolgskriterien auszeichnen sollten, sind (*Kerr/Kren* 1992):

(a) Erfolgskriterien müssen primär durch die Führungskräfte *kontrollierbar* bzw. *beeinflußbar* sein. Dies läßt sich aus einer Aufgaben- oder Rollendefinition (Stellenanalyse) der Führungskraft ableiten. (b) Die Kriterien müssen in einem positiven Zusammenhang zur organisationalen Effizienz stehen *(Relevanz)* und (c) für die messenden Personen *beobachtbar* sein. (d) Die Anzahl der Kriterien bzw. der den Kriterien entsprechenden Führungsaufgaben muß in einem handhabbaren und der menschlichen Informationsverabeitungskapazität entsprechenden Rahmen bleiben (*Cascio/Ramos* 1986).

(3) Die Gewichtung der Kriterien erfolgt nach folgenden Gesichtspunkten: (a) Zeit und Häufigkeit der damit verbundenen Führungsaufgaben, (b) deren Schwierigkeitsgrad, (c) Wichtigkeit und (d) Konsequenzen von Fehlern. Jede Aufgabenkomponente wird auf diesen Dimensionen bewertet und die vier Werte multipliziert. Die Produkte aller Aufgabenkomponenten werden aufsummiert (= 100%). Damit läßt sich für jede Aufgabenkomponente ein relatives Gewicht errechnen (Einzelprodukt/Summe aller Produkte). Einer Aufgabenkomponente kann ein Geldwert durch Multiplikation mit den durchschnittlichen Kosten einer Führungskraft zugeordnet werden.

(4) Entwickeln des Meßmodells und Messung. Vor der bereits behandelten Gestaltung von Meßinstrumenten ist der organisationale Zusammenhang, in dem die Messung geschehen soll, in Betracht zu ziehen. Mit Ausnahme der „unaufdringlichen" Maße ist für die Durchführung der Messung eine besondere Gestaltung der Situation („Setting") notwendig. Meßwiederholungen sollen unter möglichst ähnlichen Situationen abgewickelt werden, so daß der Einfluß nicht berücksichtigter Variablen vernachlässigbar gering bleibt.

Ist ein Meßinstrument entwickelt, sind je nach Art der notwendigen Beteiligung von Mitarbeitern aus der Organisation, diese Mitarbeiter zu trainieren. Besonders bei systematischer Beobachtung muß die Anwendung des Kategorienschemas gelernt, das Vermeiden systematischer Verzerrungen trainiert und sichergestellt werden, daß verschiedene Beobachter zu ausreichend ähnlichen Ergebnissen gelangen („Inter-Rater-Reliabilität").

Bei der von *Cascio/Ramos* (1986) verwendeten Skalierungsmethode (*Stevens* 1951) soll vom Beurteiler für jede der Aufgabenkomponenten eingeschätzt werden, *gegenüber wieviel Prozent von Führungskräften die zu beurteilende Führungskraft erfolgreicher oder leistungsfähiger* ist (0% = 0, 50% = 1,0 und 99% = 2,0). Durch Multiplikation dieses Ratings mit dem Geldwert der Aufgabenkomponente und Summierung aller Einzelwerte kann die Gesamtbeurteilung in Geldeinheiten ausgedrückt werden.

(5) Feedback. Der bisher geschilderte Prozeß ist im allgemeinen (sofern nicht die intervenierenden Zwecke im Vordergrund stehen) strikt von einer eventuellen Abbildung auf Geldeinheiten und der Phase der Rückmeldung der Meßergebnisse zu trennen. Daß diese Rückmeldung *nach* Abschluß der Messungen zu erfolgen hat, erscheint selbstverständlich. Im Unterschied zu möglichen Widerständen gegen den Meß*prozeß*, gehört es zum typischen Selbstverständnis der Führungsrolle, möglichst viele Informationen *(Meßergebnisse)* über die eigene Leistungs- und Erfolgsfähigkeit zu bekommen. In einer von Geld geprägten Kultur sollte sogar die beispielhaft geschilderte Reduktion auf einen Geldwert, die sie sich vor allem durch die *Human Kapital*-Theorie (*Becker* 1964) rechtfertigt, willkommen sein.

Literatur

Antle, R./Smith, A.: An Empirical Investigation of the Relative Performance Evaluation of Corporate Executives. In: Journal of Accounting Research, 1986, S. 1–39.
Bass, B./Avolio, B. J.: Potential Biases in Leadership measures: How Prototypes, Leniency, and General Satisfaction Relate to Ratings and Rankings of Transformational and Transactional Leadership Constructs. In: Educational and Psychological Measurement, 1989, S. 509–527.
Becker, G.: Human Capital. New York 1964.
Bentz, V. J.: The Sears Experience in the Investigation, Description, and Prediction of Executive Behavior. In: Wickert, F. R./McFarland (Hrsg.): Measuring Executive Effectiveness. New York 1967, S. 147–205.
Bernardin, H. J.: Effect of Reciprocal Leniency on the Relation Between Consideration Scores from the Leader Behavior Description Questionnaire and Performance Ratings. In: Psychological-Reports, 1987, S. 479–487.
Böhnisch, W./Ragan, J. W./Reber, G. et al.: Predicting Austrian Leader Behavior from a Measure of Behavioral Intent: A Cross-Cultural Replication. In: *Dlugos, G./Dorow, W./Weiermair, K.* (Hrsg.): Management Under Different Labour Market and Employment Systems. Berlin: De Gruyter 1988.
Campbell, D. T./Fiske, D. W.: Convergent and Discriminent Validation by the Multitrait-Multimethod Matrix. In: Psychological Bulletin, 1959, S. 85–105.
Cascio, W. F./Ramos, R. A.: Development and Application of A New Method for assessing Job Performance in Behavioral/Economic Terms. In: Journal of Applied Psychology, 1986, S. 20–28.
Cook, T. D./Campbell, D. T.: Quasi-Experimentation. Chicago 1979.
Cronbach, L. J.: Processes affecting Scores on „understanding of others" and „assumen similarity". In: Psychological Bulletin, 1955, S. 177–193.
Day, R. C./Lord, R. G.: Executive Leadership and Organizational Performance. Suggestions for a New Theory and Methodology. In: Journal of Management, 1988, S. 453–464.
Dornbusch, S. M./Scott, W. R.: Evaluation and the Exercise of Authority. San Francisco 1975.
Dun/Bradstreet: Handbook of Corporate Leaders. New York 1984.
Fiedler, F. E.: A Theory of Leadership Effectiveness. New York 1967.
Flanagan, J. C.: the Critical Incident Technique. In: Psychological Bulletin, 1954, S. 327–358.

Geertz, C.: The Interpretation of Cultures. New York 1973.
Ghiselli, E. E./Campbell, J. P./Zedeck, S.: Measurement Theory for the Behavioral Sciences, San Francisco 1981.
Gibbons, R./Murphy, K. M.: Relative Performance Evaluation for Chief Executive Officers. In: Industrial and Labor Relations Review, 1990, S. 30–51.
Harris, M. M./Schaubroeck, J.: A Meta-Analysis of Self-Supervisor, Self-Peer, And Peer-Supervisor Ratings. In: Personnel Psychology, 1988, S. 43–62.
Hollander, E. P.: The Reliability of Peer Nominations in Predicting a Distant Performance Criterion. In: Journal of Applied Psychology, 1965, S. 434–438.
Kerr, J. L./Kren, L.: Effect of Relative Decision Monitoring on Chief Executive Compensation. In: Academy of Management Journal, 1992, S. 270–297.
Klimoski, R./Brickner, M.: Why Do Assessment Centers Work? The Puzzle of Assessment Center Validity, 40, 1987, S. 243–260.
Korman, A. K.: The Prediction of Managerial Performance: A Review. In: Personnel Psychology, 1968, S. 295–322.
Latham, G. P./Wexley, K. N.: Behavioral Observation Scales for Performance Appraisal Purposes. In: Personnel Psychology, 1977, S. 255–268.
Latham, G. P./Wexley, K. N./Purcell, E. D.: Training Managers To Minimize Rating Errors in the Observation of Behavior. In: Journal of Applied Psychology, 1975, S. 550–555.
Laurent, H.: Cross-Cultural cross-validation of empirically validated tests. In: Journal of Applied Psychology, 1970, S. 417–423.
Lawler, E. E.: The Multitrait-Multirater Approach to Measuring Managerial Job Performance. In: Journal of Applied Psychology, 1967, S. 369–381.
Levinthal, D.: A Survey of Acency Models of Organization. In: Journal of Economic Behavior and Organization, 1988, S. 153–186.
Lewin, A. Y./Zwany, A.: Peer Nominations: A Model, Literature Critique and a Paradigm for Research. In: Personnel Psychology, 1976, S. 423–447.
Lieberson, S./O'Connor, J. F.: Leadership and Organizational Performance: A Study of Large Corporations. In: American Sociological Review, 1972, S. 117–130.
Lowe, T. R.: Eight Ways to Ruin a Performance Review. In: Personnel-Journal, 1986, S. 60–62.
McCall, M. W./Lombardo, M. M.: Using Simulation for Leadership and Management Research: Through the Looking Glass. In: Management Science, 1982, S. 533–549.
Milgram, S.: Obedience to Authority. An Experimental View. New York 1974.
Pfeffer, J./Salancik, G. R.: The External Control of Organizations: A Resource Dependence Perspective. New York 1978.
Rappaport, A.: Have We Been Measuring Success With the Wrong Ruler. In: Wall Street Journal, 25. Juni 1984.
Roadman, H. E.: An Industrial Use of Peer Ratings. In: Journal of Applied Psychology, 1964, S. 211–214.
Robertson, I./Gratton, L./Sharpley, D.: The Psychological Properties and Design of Assessment Centers: Dimensions into Exercises won't go. In: Journal of Occupational Psychology, 1987, S. 187–195.
Salancik, G. R./Pfeffer, J.: Constraints on Administrator Discretion: The Limited Influences of Mayors on City Budgets. In: Urban Affairs Quarterly, 1977, S. 475–498.
Smith, P. C./Kendall, L. M.: Retranslation of Expectations: An Approach to the Construction of Unambigous Anchors for Rating Scales. In: Journal of Applied Psychology, 1963, S. 149–155.
Standard/Poors: Poor's Register of Corporations, Directors and Executives, United States and Canada. New York 1992.
Stevens, S. S.: Handbook of Experimental Psychology. New York 1951.
Thomas, A. B.: Does Leadership Make a Difference to Organizational Performance. In: Administrative Science Quarterly, 1988, S. 388–400.
Thorndike, R. L.: Personnel Selection: Test and Measurement Techniques. New York 1949.
Webb, E. J./Campbell, D. T./Schwartz, R. D./Sechrest, L.: Unobtrusive Measures: Nonreactive Research in the Social Sciences. Chicago 1966.
Weiner, N.: Situational and Leadership Influences on Organizational Performance. In. Proceedings of the Academy of Management, 1978, S. 230–234.
Wexley, K. N.: Appraisal Interviews. In: Berk, R. A. (Hrsg.): Performance Assessment. Baltimore 1986, S. 167–185.
Yukl, G. A.: Leadership and Organization. Englewood Cliffs, N. J. 1989.

Führungsethik

Peter Ulrich

[s. a.: Führungsgrundsätze; Führungsphilosophie und Leitbilder; Führungsprinzipien und -normen; Loyalität und Commitment; Menschenbilder und Führung; Organisationsentwicklung und Führung; Organisationskultur und Führung; Philosophische Grundfragen der Führung; Theologische Aspekte der Führung; Verantwortung; Wissenschaftstheoretische Grundfragen der Führungsforschung – Kritische Theorie.]

I. Begriffsabgrenzung; II. Moderne Ethik und das führungsethische Grundproblem; III. Die Legitimation von Führung; IV. Eigenwert und „Nutzen" von Führungsethik; V. Bausteine einer zeitgemäßen Führungsethik.

I. Begriffsabgrenzung

Führungsethik befaßt sich mit den ethischen Fragen der Legitimation (Berechtigung), der Begrenzung und der verantwortungsvollen Ausübung der Weisungsbefugnisse (Verfügungsmacht) von Führungskräften über ihre Mitarbeiter in formal organisierten, arbeitsteilig und hierarchisch strukturierten sozialen Systemen. Es geht weniger um eine Individualethik (Tugendethik) des guten Führers (*Schmidt* 1986; *Zürn* 1989) als um die normativen Grundsätze der Gestaltung der *Relationen* oder Beziehungen zwischen Vorgesetzten und Mitarbeitern. Ausgangspunkt ist die *asymmetrische* Rollen- und Machtverteilung in einer hierarchischen Organisation. Ohne die Prämisse der funktionalen Notwendigkeit asymmetrischer Organisationsbeziehungen wäre eine spezifische Führungsethik gegenstandslos; diese setzt hierarchische Strukturen als gegeben voraus, fragt jedoch nach den ethischen Voraussetzungen und Grenzen *zumutbarer* Anweisungen an die Mitarbeiter.

Führungsethik ist ein Teilgebiet der *Managementethik* (*Lay* 1989; *Staffelbach* 1994), die sich mit den Beziehungen zwischen sämtlichen Anspruchsgruppen (Stakeholdern) der Unternehmung befaßt. Die *Unternehmensethik* schließt zusätzlich die Institutionenethik der Unternehmung ein (*P. Ulrich* 1993b); sie stellt wiederum nur ein Teilgebiet der *Wirtschaftsethik* dar. Angesichts dieser Mehrstufigkeit wirtschaftsethischer Problemhorizonte sollten der Führungsethik nicht Probleme angelastet werden, die nur auf übergeordneten Ebenen gelöst werden können; hingegen hat sie die Mitverantwortung der Führungskräfte für die Lösung umfassenderer ethischer Probleme zu reflektieren, soweit sie die Führungsbedingungen beeinflussen.

II. Moderne Ethik und das führungsethische Grundproblem

Moderne *Ethik* ist als humanistische Vernunftethik zu verstehen. Als (praktisch-philosophische) Vernunftethik reflektiert sie moralische Anschauungen und Handlungsorientierungen kritisch hinsichtlich der vernünftigen Begründbarkeit ihrer (implizit oder explizit erhobenen) Geltungsansprüche. Als humanistische Ethik begründet sie ihre normativen Orientierungen letztlich aus der *Conditio humana*, d. h. von den allgemeinen Voraussetzungen menschlicher Würde her. Deren Grundlage ist der „unantastbare" *Subjektcharakter* der Person, d. h. die spezifisch humane Veranlagung, autonomes Subjekt eines eigenen Willens, ein „Ich" zu sein. Es geht in einer humanistischen Vernunftethik um die allgemeine und unbedingte wechselseitige Anerkennung der Personen als „Wesen gleicher Würde" (*Höffe* 1980, S. 113) und um die sich daraus ergebenden moralischen Rechte und Pflichten im Zusammenleben der Menschen. Der moralische Standpunkt humanistischer Vernunftethik ist der Standpunkt unparteilicher „Zwischenmenschlichkeit".

Das *führungsethische Grundproblem* liegt folglich in der Klärung der besonderen Voraussetzungen zur Wahrung der reziproken (symmetrischen) zwischenmenschlichen Anerkennung von Vorgesetzten und Mitarbeitern als „Wesen gleicher Würde" unter den asymmetrischen Kooperationsbedingungen hierarchischer Organisation. Führungsethischer Ansatzpunkt ist die gedankliche Auseinanderhaltung von *Person* und *Funktion* des Mitarbeiters als Rollenträger in der Organisation. Als Rollenträger ist er (Human-)„Ressource" oder „Produktionsfaktor" und damit *Mittel* zum Zweck der Verwirklichung der Unternehmensziele, dessen ökonomischer Wert allein von seinem Leistungsbeitrag für die Zielerreichung abhängt und dementsprechend „entschädigt" wird. Als Person hingegen ist und bleibt der Mitarbeiter *Selbstzweck* mit unbedingt gültigem humanem *Eigenwert*. Auch in der Arbeitswelt soll der Mensch nie zum bloßen *Objekt* totaler Fremdbestimmung entwürdigt, sondern stets sein personaler *Subjekt*charakter respektiert und nach Möglichkeit zur Geltung gebracht werden. Genau diesen unbedingten Vorrang des humanen Eigenwerts vor allen Mittel-Zweck-Kalkülen hat Immanuel *Kant* (1785, BA 66 f.) in der sog. Zweckformel seines *Kategorischen Imperativs* auf den Punkt gebracht:

> „Handle so, daß du die Menschheit, sowohl in deiner Person, als in der Person eines jeden anderen, jederzeit zugleich als Zweck, niemals bloß als Mittel brauchest."

Die Kantsche Zweckformel ist für die Führungsethik deshalb besonders hilfreich, weil sie die Indienstnahme von Personen für unternehmerische Zwecke keineswegs ausschließt, soweit sie dabei nicht restlos zum „bloßen" Mittel instrumentalisiert und damit ihrer Subjektqualität entfremdet werden. Führungsethik wendet sich also nicht gegen jegliche →*Führungstechniken*, sondern erhebt nur Einspruch gegen Tendenzen einer technokratischen Verabsolutierung von Funktionalitäts- und Effizienzgesichtspunkten im Umgang mit dem arbeitenden Menschen. Aus der *„Sonderstellung"* (*Lattmann* 1982, S. 39) des Mitarbeiters als Person folgt die Notwendigkeit, alle führungs*technischen* Bemühungen zur Verhaltenssteuerung der Mitarbeiter führungs*ethischen* Grundsätzen kategorisch unterzuordnen. Führungsethik hat in erster Linie die Rahmenbedingungen zu reflektieren und zu bestimmen, innerhalb derer der „gezielte" führungstechnische Umgang mit den Mitarbeitern als „Human Resources" legitim ist.

III. Die Legitimation von Führung

Die *Legitimität* hierarchischer Weisungsbefugnisse läßt sich in einer modernen, freiheitlich-demokratischen Gesellschaft nur aus der freien Willenserklärung und Zustimmung (Konsens) der Betroffenen selbst begründen, denn nur so kann dem ethischen Grundanspruch der wechselseitigen Anerkennung freier Personen entsprochen werden. Verfügungsrechte von Vorgesetzten über die „Arbeitskraft" ihrer Mitarbeiter sind deshalb (a) nur im Rahmen einer *vertraglichen* Übereinkunft (Arbeitsvertrag) begründbar, und sie erstrecken sich (b) niemals auf die ganze Person des Mitarbeiters, sondern sind auf ein „Pflichtenheft" *begrenzt*. Was den Arbeitsvertrag von jedem anderen Vertrag unterscheidet, ist jedoch der *partielle* Verzicht des Arbeitnehmers auf seine Autonomie und Gleichrangigkeit, indem er sich dem Weisungsrecht des Arbeitgebers unterstellt. Mit der freiwilligen Vertragsunterzeichnung kann daher die Legitimität aller Führungsmaßnahmen noch nicht ohne weiteres als gesichert betrachtet werden; vielmehr begründet sich aus der Abhängigkeit des Mitarbeiters ein besonderes Schutzbedürfnis seiner Persönlichkeit.

Als legitim kann Führung gelten, solange die *funktional* notwendige Unterstellung des Mitarbeiters seinen Subjektcharakter und seine humane Würde „unangetastet" läßt und ihm die größtmöglichen Chancen zur Persönlichkeitsentfaltung geboten werden, die im Rahmen seiner Funktion und der organisatorischen Rahmenbedingungen realisierbar sind. Legitimitätskriterium ist und bleibt dabei das grundsätzliche Einverständnis der Mitarbeiter mit den Führungsmaßnahmen (konsensuelle Legitimation).

IV. Eigenwert und „Nutzen" von Führungsethik

Abstand zu nehmen ist von funktionalistischen Versuchen, die Notwendigkeit von Führungsethik aus ökonomischen Motiven begründen zu wollen: Führungsethik ist kein Führungsinstrument. Ihr praktischer „Wert" liegt vielmehr darin, Führungskräften tragfähige normative Orientierungen eines ethisch legitimen und verantwortungsbewußten Umgangs mit ihren Mitarbeitern aufzuzeigen. Diese Aufgabe kann sie nur erfüllen, wenn die Begründung ihrer normativen Leitideen unabhängig von ökonomischen Kalkülen erfolgt.

Ethisch begründete Führungskonzepte und -maßnahmen gehen aber keineswegs zwingend auf Kosten der betriebswirtschaftlichen Effektivität und Effizienz. Der führungsethische Respekt vor der Conditio humana erweist sich zunehmend auch als betriebswirtschaftlich klug, und zwar überall dort, wo die Entfaltung der Subjektqualität des Mitarbeiters zugleich die entscheidende *Voraussetzung* seiner Leistungsfähigkeit darstellt. Die Konzeption einer *integrativen* Unternehmens- bzw. Führungsethik (*P. Ulrich* 1993b) setzt dementsprechend zweistufig an: (1) Auf der ersten Stufe der kritischen *Grundlagenreflexion* werden die unbedingt zu wahrenden normativen Voraussetzungen und Grenzen legitimer Führungsmethoden bestimmt; sie stellen gleichsam den „Werteboden" dar, auf dem eine ethikbewußte Führungskonzeption steht und begründet ist. (2) Auf dieser normativen Grundlage kann die Suche nach integrativen Führungsansätzen aufbauen, die sowohl den humanen als auch den betriebswirtschaftlichen Erfordernissen genügen. Daß solche *Synthesen* möglich sind, folgt schon daraus, daß Leistung an sich nichts „Unmenschliches" ist, sondern selbst einen wesentlichen Bestandteil der Persönlichkeitsentfaltung darstellt. Der fortlaufende Strukturwandel der Arbeit erleichtert diese Integrationsaufgabe: *Personengebundene Fähigkeiten* wie Kreativität und Problemlösungsfähigkeit, Kooperations- und Kritikfähigkeit gewinnen in dem Maß an betriebswirtschaftlicher Bedeutung, wie unpersönlich zu erfüllende, d. h. vollständig objektivierbare Aufgaben automatisiert oder vom Computer erledigt werden und im Qualitätswettbewerb die Kundennähe, die Innovationsfähigkeit und damit das „Humankapital" einer Unternehmung über ihre Marktposition entscheiden (*P. Ulrich* 1991a).

V. Bausteine einer zeitgemäßen Führungsethik

Entsprechend dem Vorrang des um seiner selbst willen zu wahrenden Subjektcharakters jeder Person ist ein erster konkreter Baustein in der Gewährleistung unantastbarer Grundrechte der Mitarbeiter im Betrieb zu sehen. Ein zweiter Baustein bezieht sich auf die Verstärkung der Subjektstellung der Mitarbeiter durch Ansätze identitätsorientierter Arbeits- und Beziehungsgestaltung, ein dritter schließlich auf die Klärung der Reichweite der persönlichen Führungsverantwortung des einzelnen Vorgesetzten.

1. Gewährleistung unantastbarer Grundrechte der Mitarbeiter

Die allgemeine und unbedingte Durchsetzung gewährleisteter Grundrechte (Menschen- und Bürgerrechte) ist für eine moderne, offene, freiheitlich-demokratische Gesellschaft konstitutiv. Die Grundrechte bedürfen überall dort des besonderen Schutzes, wo Menschen sich in hierarchischer Abhängigkeit befinden. Die Festlegung unantastbarer *Mitarbeiterrechte* erfüllt die Funktion, die unverzichtbare Begrenzung der Weisungsbefugnisse von Vorgesetzten im ganzen Unternehmen einheitlich und eindeutig zu gewährleisten. Während im deutschsprachigen Raum der Gedanke einer grundrechteorientierten Führungsethik und Unternehmensverfassung erst vereinzelt vertreten worden ist (*Kappler* 1980; *P. Ulrich* 1993a), wird in der liberalen Tradition der USA den „*Employee Rights*" in Wissenschaft und Praxis seit längerem ein erheblich höheres Gewicht beigemessen (*Ewing* 1977; *Werhane* 1985). Immer mehr Firmen legen eine „Bill of Employee Rights" schriftlich nieder und institutionalisieren innerbetriebliche Instanzen („*Ethics Officer*", „*Ethics Committee*", etc.; vgl.

Wieland 1993), wo deren Einhaltung eingefordert bzw. deren Mißachtung angezeigt werden kann. Den Betroffenen wird so eine faire, unparteiliche Beurteilung zugesichert („due process"). Es geht dabei um den Schutz des Vorrangs zweier Kategorien von Mitarbeiterrechten vor allen betriebswirtschaftlichen Nutzenüberlegungen:

a) Elementare Persönlichkeitsrechte

Hierzu sind alle jene Grundrechte zu zählen, die für den Schutz der Menschenwürde und der Persönlichkeit fundamental sind und deren Geltungsanspruch deshalb bereits außerhalb der Unternehmung rechtsstaatlich gewährleistet ist. Ihre erneute Verankerung in einer „Bill of Employee Rights" konstituiert insofern diese Mitarbeiterrechte nicht, sondern dient der Bekräftigung und Präzisierung ihrer konkreten Bedeutung in der Arbeitswelt. Dazu gehören in erster Linie

- die *physische und psychische Unantastbarkeit der Person*: Schutz vor willkürlicher oder diskriminierender Behandlung und autoritärer Persönlichkeitsmißachtung, vor sexueller Belästigung *(Sexual Harassment)* und vor psychischer Druckausübung jeder Art, wie z. B. der menschenverachtenden und krankmachenden Schikane *(Mobbing)* einzelner „Sündenböcke" durch Kollegen oder Vorgesetzte (*Walter* 1993);
- der *Schutz der Privatsphäre*: Über seine Weltanschauung und Lebensform, seine Freizeitaktivitäten und politischen Engagements ist der Mitarbeiter den Vorgesetzten keine Rechenschaft schuldig, soweit daraus nicht unmittelbar erhebliche Nachteile für den Arbeitgeber entstehen. Besondere Bedeutung kommt dem *Datenschutz* im Betrieb zu. Die Aufzeichnung und Sammlung nicht betriebsnotwendiger Personaldaten ist ebenso zu unterlassen wie die Weitergabe firmenintern benötigter Personaldaten an Dritte. Jedem Mitarbeiter ist das Einsichtsrecht in die über ihn festgehaltenen Informationen zu gewährleisten. Als grundrechtswidrige Eingriffe in die Privatsphäre sind auch sämtliche Methoden der heimlichen Überwachung von Mitarbeitern, z. B. des Abhörens von Telefongesprächen, zu werten, soweit nicht besondere, schwerwiegende Gründe vorliegen (wie z. B. Kriminalitätsverdacht).

b) Organisations- und wirtschaftsbürgerliche Rechte

Der Begriff des „Organisationsbürgers" (*Steinmann/Löhr* 1992), „Wirtschaftsbürgers" (*P. Ulrich* 1993c) oder „Institution Citizen" (*Nielsen* 1984) überträgt den Anspruch staatsbürgerlicher Freiheiten und republikanischer Mitverantwortung mündiger Bürger für den Zustand der „res publica", d. h. der öffentlichen Sache ihres Zusammenlebens, auf das Unternehmen und auf die Wirtschaft (*Lorenzen* 1991; *P. Ulrich/Thielemann* 1992). Der Mut oder die Zivilcourage der Mitarbeiter und insbesondere mittlerer Führungskräfte, auch in der Arbeitswelt ihrem ethischen Verantwortungsbewußtsein nachzuleben statt sich opportunistisch zu verhalten, soll von der Geschäftsleitung ausdrücklich für erwünscht erklärt und vor negativen Sanktionen durch direkt betroffene Vorgesetzte geschützt werden. Zwar ist der Mitarbeiter im Rahmen seiner arbeitsvertraglich eingegangenen Aufgaben grundsätzlich zur Loyalität gegenüber der Firma verpflichtet (→*Loyalität und Commitment*), doch diese findet ihre ethische Grenze dort, wo durch unternehmerische Handlungen höherrangige moralische Güter geschädigt oder Grundrechte anderer Menschen verletzt würden. Eine so verstandene *kritische Loyalität* (*P. Ulrich* 1991b; *Steinmann/Löhr* 1991) schließt nicht nur das Recht, sondern u. U. sogar die moralische Pflicht ein, die obersten Verantwortlichen auf ethisch fragwürdiges Verhalten von Vorgesetzten oder Kollegen hinzuweisen (z. B. auf Fälle aktiver oder passiver Bestechung von Abnehmern bzw. Lieferanten).

Ergänzend sind innerbetriebliche Institutionen zu schaffen, die es dem einzelnen Mitarbeiter ermöglichen, dieser moralischen Pflicht nachzukommen, ohne dafür gravierende persönliche Nachteile in Kauf nehmen zu müssen (z. B. eine vertrauliche, u. U. sogar anonym benutzbare „*Ethics Hot-line*" zu einer für ethische Fragen zuständigen Stelle). Erst wenn der Mitarbeiter die dafür vorgesehenen organisationsinternen Kanäle erfolglos ausgeschöpft hat, kommt ihm besonders in Fällen, wo es um die Wahrung öffentlicher Interessen geht, als letzter Ausweg das moralische Recht zu, das Problem in die kritische Öffentlichkeit zu tragen und dort durch das „Verpfeifen" des Unternehmens *(Whistle-blowing)* Alarm zu schlagen, um von außen her öffentlichen Druck auf die Unternehmensleitung in Gang zu bringen (*De George* 1993).

2. Identitätsorientierte Arbeits- und Beziehungsgestaltung

Über die o.g. Grundrechte hinaus werden in der Literatur weitergehende Mitarbeiterrechte auf sinnvolle Arbeitsinhalte *(meaningful work)*, faire Arbeitsbedingungen (speziell *fair pay*) sowie auf Partizipation an Entscheidungen über die eigene Arbeit (*Werhane* 1985) postuliert. Solche Postulate entsprechen der Leitidee der grundsätzlichen Subjektstellung und unantastbaren Menschenwürde des Mitarbeiters. Dennoch sollte der Begriff der Mitarbeiterrechte auf die dargelegten Grundrechte beschränkt werden, um deren unbedingten Geltungsanspruch und Vorrang nicht zu verwässern. Die darüber hinausgehenden ethischen Ansprüche sind der zweiten Stufe integrativer Führungsethik zuzuordnen (vgl. Abschn. IV). Denn die Verbesserung der Arbeits- und Kooperationsbedingungen ist als ein unabschließbares, „gradualistisches Reformkonzept" (*Brakelmann* 1993, Sp. 436) zu verstehen, das sowohl bezüglich der Vielzahl möglicher konkreter Ansatzpunkte als auch hinsichtlich des Maßes ihrer jeweiligen Umsetzung offen ist. Es steht unter der regulativen Idee, dem Mitarbeiter die für seine personale *Identität* notwendige Balance von Selbstbehauptung (Autonomie) und sozialer Integration zu ermöglichen (*Müller* 1981; *Meyer-Faje* 1990).

a) Persönlichkeitsförderliche Arbeitsgestaltung

Die Zielrichtung der verschiedenen Ansätze und Konzeptionen einer „Humanisierung der Arbeit" ist im Leitgedanken der Identitäts- oder „*Persönlichkeitsförderlichkeit*" (*E. Ulich/Frei* 1980) der Arbeitsinhalte und -bedingungen enthalten. Der Begriff der „Humanisierung" der Arbeit stellt keine Provokation dar, wenn man ihn auf dem geschichtlichen Hintergrund herkömmlicher Arbeitsgestaltungsprinzipien als normative Grundorientierung neuer, erst am Anfang ihrer Entwicklung stehender, *posttayloristischer Organisationskonzepte* versteht, die auf der Basis der heute verfügbaren Technologien betriebswirtschaftlich höchst „realistisch" sind (*Kern/Schumann* 1984; *Baethge/Oberbeck* 1986; *Rock/Ulrich/Witt* 1990). Führungsethisch relevant ist dabei primär die Frage, *wer* für die komplexen arbeitsorganisatorischen Gestaltungsentscheidungen zuständig sein soll. Entscheidungen, die weitreichend über die Chancen zur Persönlichkeitsentfaltung der Mitarbeiter bestimmen, bedürfen in besonderem Maß der konsensuellen Legitimation.

b) Dialog- und konsensorientierte Beziehungsgestaltung

Aus dem Prinzip der konsensuellen Legitimation folgt unmittelbar die (diskursethisch fundierte) regulative Idee der *konsensorientierten Führung* (*P. Ulrich* 1983) als Grundorientierung einer kooperativen Beziehungsgestaltung (→*Kooperative Führung*) zwischen Führungskräften und Mitarbeitern aller Ebenen. Neben der Dialogbereitschaft aller Beteiligten setzt sie auch die „*kommunikative Rationalisierung*" der Strukturen voraus (*P. Ulrich* 1991a). Eine unverkürzte dialog- und konsensorientierte Führungsethik mündet letztlich in Konzepte einer mehr oder weniger weitgehenden Unternehmensdemokratie (*P. Ulrich* 1991c; vgl. als eines von vielen erfolgreichen Praxisbeispielen *Semler* 1993).

3. Zur Reichweite der Führungsverantwortung

Als weitere Grundkategorie der Führungsethik ist der Begriff der →*Verantwortung* zu betrachten. Verantwortungsethik thematisiert die *Zumutbarkeit der Folgen* eines Handelns gegenüber allen Betroffenen, insbesondere gegenüber jenen, mit denen aus prinzipiellen oder pragmatischen Gründen kein Diskurs geführt werden kann. Die oberste ethische Verantwortung von Führungskräften gegenüber den Mitarbeitern ist gerade in der Wahrung oder Verwirklichung ihrer unveräußerlichen Grundrechte zu erblicken.

Der Begriff der *Führungsverantwortung* stellt für sich allein also keine hinreichende Kategorie moderner Führungsethik dar, sondern setzt die oben behandelten ethischen Kategorien schon voraus. Hingegen eignet er sich, um Fragen der ethischen Prioritätsbestimmung oder Güterabwägung in *ethischen Dilemmasituationen* zu beleuchten, d. h. in Situationen, in denen verschiedene legitime Wertansprüche an das Handeln von Führungskräften konfligieren. Ein besonders häufiger Typus führungsethischer Dilemmasituationen ist durch den Konflikt zwischen der betriebswirtschaftlich-organisatorischen *Rollenverantwortung* einer Führungskraft (→*Führungstheorien – Rollentheorie*) und ihrer ethischen *Bürgerverantwortung* charakterisiert. Während sich die Rollenverantwortung primär an den *Ergebnissen*, bezogen auf die zu erfüllenden Aufgaben und Periodenziele, mißt und i. d. R. eine organisatorisch *eingegrenzte* Teilverantwortung darstellt, bezieht sich die ethische Verantwortung primär nicht auf die Zielerreichung, sondern auf deren „*Nebenwirkungen*" auf alle direkt oder indirekt betroffenen Personen und ist daher prinzipiell *unbegrenzt*, soweit sich die problematischen Tatbestände dem Handlungsträger ursächlich zurechnen lassen.

In Situationen der „*organisierten Unverantwortlichkeit*" (*Beck* 1988), in denen zwischen den unternehmenspolitisch festgesetzten Zielen und dem ethisch Verantwortbaren eine individuell nicht mehr überbrückbare „Verantwortungslücke" klafft, geraten jedoch besonders mittlere Führungskräfte leicht in ein *Opportunismusproblem* zwischen eigenen Karrierezielen und ihrer moralischen Integrität. Verantwortungsbewußte leitende Angestellte sollten daher ihr gemeinsames Berufsinteresse an einer verbindlichen, *professionellen Standesethik* erkennen, die im Rahmen von Berufsvereinigungen der Manager zu entwickeln, als *Ethikkodex* der Berufsgruppe festzuschreiben und im Sinne kollektiver Selbstverantwortung unter ihren Mitgliedern ebenso wie gegenüber den Arbeitgebern durchzusetzen wäre (*P. Ulrich* 1991b). Mit Hilfe der institutionellen „Rückenstütze" eines professionellen Standeskodex könnten Führungskräfte vermehrt auf eine „*organisierte Verantwort-*

lichkeit" (*Tuleja* 1987, S. 263) innerhalb der Unternehmen unter folgenden Aspekten hinwirken:

- Erstens ist die konsequente *Internalisierung ethischer Gesichtspunkte in sämtliche Führungssysteme* (z. B. Leistungsanreiz-, Leistungsbeurteilungs-, Honorierungs- und Beförderungssysteme) anzustreben, um das Opportunismusproblem strukturell zu minimieren.
- Zweitens sind *Ambiguitäten oder Unklarheiten über die Rangordnung der Wertmaßstäbe des Handelns zu vermeiden,* indem den Führungskräften und Mitarbeitern von der Geschäftsleitung niemals nur einseitig Leistungs- und Erfolgsziele vorgegeben, sondern stets zugleich die ethischen Prämissen und Rahmenbedingungen definiert werden, innerhalb derer sie anzustreben sind. Denn wie *Gellermann* (1986) und *Waters* (1991) an konkreten Fällen gezeigt haben, entsteht ethisches Fehlverhalten von Führungskräften nicht selten aus falsch verstandener Loyalität gegenüber uneingegrenzten Zielvorgaben.
- Drittens ist die *ethische Sensibilisierung der Mitarbeiter* auf allen Ebenen des Unternehmens als gleichrangiges Qualifikations- und Bildungsziel wie die Vermittlung von Sachwissen und Problemlösungskompetenz in die Konzepte der Management-, Personal- und Kulturentwicklung einzubeziehen (*Steinmann/Löhr* 1992).
- Viertens sollten professionelle Standesorganisationen der Führungskräfte als eigenständige politische Kraft *ordnungspolitische Mitverantwortung* übernehmen im Hinblick auf die Schaffung von human-, sozial- und umweltverträglichen Rahmenbedingungen des Wettbewerbs, unter denen sie sich die Wahrnehmung ihrer beruflichen Rollenverantwortung für die unternehmerische Erfolgssicherung überhaupt zumuten lassen.

Literatur

Bayer, H. (Hrsg.): Unternehmensführung und Führungsethik. Heidelberg 1985.
Baethge, M./Oberbeck, H.: Zukunft der Angestellten. Frankfurt/M. et al. 1986.
Beck, U.: Gegengifte. Die organisierte Unverantwortlichkeit. Frankfurt/M. 1988.
Brakelmann, G.: Humanisierung der Arbeit. In: Lexikon der Wirtschaftsethik. Freiburg i. Br. et al. 1993, Sp. 431–440.
De George, R. T.: Whistle-blowing. In: Lexikon der Wirtschaftsethik. Freiburg i. Br. et al. 1993, Sp. 1275–1278.
Enderle, G.: Führungsverantwortung im Unternehmen – Grundsätzliche Überlegungen zu einem zentralen Begriff der Führungsethik. In: *Enderle, G.* (Hrsg.): Handlungsorientierte Wirtschaftsethik. Bern et al. 1993, S. 138–154.
Ewing, D.: Freedom Inside the Organization. New York 1977.
Gellerman, S. W.: Warum gute Manager ethisch fragwürdige Entscheidungen treffen. In: Harvardmanager, Bd. 1: Unternehmensethik, Hamburg o. J. (engl. 1986), S. 45–49.
Höffe, O.: Humanität. In: Lexikon der Ethik. 2. A., München 1980, S. 112 f.
Kant, I.: Grundlegung zur Metaphysik der Sitten. 1. A., Riga 1785.
Kappler, E.: Grundwerte und Grundrechte in der Unternehmensverfassung. In: *Kappler, E.* (Hrsg.): Unternehmensstruktur und Unternehmensentwicklung. Freiburg i. Br. 1980, S. 290–307.
Kaufmann, F.-X.: Der Ruf nach Verantwortung. Freiburg i. Br. et al. 1992.
Kern, H./Schumann, M.: Das Ende der Arbeitsteilung? München 1984.
Lattmann, Ch.: Die verhaltenswissenschaftlichen Grundlagen der Führung des Mitarbeiters. Bern et al. 1982.
Lay, R.: Ethik für Manager. Düsseldorf 1989.
Lorenzen, P.: Philosophische Fundierungsprobleme einer Wirtschafts- und Unternehmensethik. In: *Steinmann, H./Löhr, A.* (Hrsg.): Unternehmensethik. 2. A., Stuttgart 1991, S. 35–67.
Meyer-Faje, A.: Identitätsorientierte Menschenführung. Bern et al. 1990.
Müller, W. R.: Führung und Identität. Bern et al. 1981.
Nielsen, R. P.: Arendt's Action Philosophy and the Manager as Eichmann, Richard III, Faust, or Institution Citizen. In: CMR, 1984, S. 191–201.
Rock, R./Ulrich, P./Witt, F. H.: Dienstleistungsrationalisierung im Umbruch. Opladen 1990.
Schmidt, W.: Führungsethik als Grundlage betrieblichen Managements. Heidelberg 1986.
Semler, R.: Das Semco-System: Management ohne Manager. München 1993.
Staffelbach, B.: Management-Ethik. Bern et al. 1994.
Steinmann, H./Löhr, A.: Einleitung: Grundfragen und Problembestände einer Unternehmensethik. In: *Steinmann, H./Löhr, A.* (Hrsg.): Unternehmensethik. 2. A., Stuttgart 1991, S. 3–32.
Steinmann, H./Löhr, A.: Grundlagen der Unternehmensethik. Stuttgart 1992.
Tuleja, T.: Ethik und Unternehmensführung. Landsberg a. Lech 1987.
Ulich, E./Frei, F.: Persönlichkeitsförderliche Arbeitsgestaltung und Qualifizierungsprobleme. In: *Volpert, W.* (Hrsg.): Beiträge zur psychologischen Handlungstheorie. Bern et al. 1980, S. 71–86.
Ulrich, P.: Konsensus-Management: Die zweite Dimension rationaler Unternehmensführung. In: BFuP, 1983, S. 70–84.
Ulrich, P.: Betriebswirtschaftliche Rationalisierungskonzepte im Umbruch – neue Chancen ethikbewußter Organisationsgestaltung. In: DU, 1991a, S. 146–166.
Ulrich, P.: Ökologische Unternehmungspolitik im Spannungsfeld von Ethik und Erfolg. Beiträge und Berichte des Instituts für Wirtschaftsethik der Hochschule St. Gallen, Nr. 47. St. Gallen 1991b.
Ulrich, P.: Zur Ethik der Kooperation in Organisationen. In: *Wunderer, R.* (Hrsg.): Kooperation. Stuttgart 1991c, S. 69–89.
Ulrich, P.: Transformation der ökonomischen Vernunft. 3. rev. A., Bern et al. 1993a.
Ulrich, P.: Integrative Wirtschafts- und Unternehmensethik – ein Rahmenkonzept. Beiträge und Berichte des Instituts für Wirtschaftsethik der Hochschule St. Gallen, Nr. 55. St. Gallen 1993b.
Ulrich, P.: Wirtschaftsethik als Beitrag zur Bildung mündiger Wirtschaftsbürger. In: Ethica, 1993c, S. 227–250.
Ulrich, P./Thielemann, U.: Ethik und Erfolg. Bern et al. 1992.

Walter, H.: Mobbing: Kleinkrieg am Arbeitsplatz. Frankfurt/M. et al. 1993.
Waters, J. A.: Catch 20.5: Corporate Morality as an Organizational Phenomenon. In: *Steinmann, H./Löhr, A.* (Hrsg.): Unternehmensethik. 2. A., Stuttgart 1991, S. 281–300.
Werhane, P. H.: Persons, Rights, and Corporations. Englewood Cliffs, N. J. 1985.
Wieland, J.: Formen der Institutionalisierung von Moral in amerikanischen Unternehmen. Bern et al. 1993.
Zürn, P.: Ethik im Management. Frankfurt/M. 1989.

Führungsforschung/Führung in der Bundesrepublik Deutschland, in Österreich und in der Schweiz

Werner R. Müller

[s. a.: Führungsgrundsätze; Führungsprinzipien und -normen; Führungsmodelle; Kulturabhängigkeit der Führung; Unternehmungsverfassung und Führung.]

I. Problemstellung; II. Schwerpunkte der Führungsforschung; III. Schwerpunkte der Führungspraxis; IV. Führung und Führungsforschung im kulturellen Kontext.

I. Problemstellung

Das universelle Phänomen der Führung findet in jeder Gesellschaft verschiedene kulturelle Ausprägungen (→*Kulturabhängigkeit der Führung*), die sich nicht nur in der *Führungpraxis,* sondern auch in den „Vorkonzeptionen" der Führungsforscher und damit in den Schwerpunkten der Führungsforschung niederschlagen. Bei diesen „*Vorkonzeptionen*" handelt es sich nach *Dachler* (1983, S. 104 f.) um (noch) vage Vorstellungen über das zu untersuchende Problem, welche die zu stellenden Fragen und die Methodik lenken. Sie sind durch vorherrschende Paradigmen, durch die Alltagstheorien der Praxis sowie durch die gesellschaftlichen Werte und Ideologien geprägt worden. Im folgenden sollen deshalb einige spezifische Hauptthemen und Eigenarten der Führungsdiskussion im deutschsprachigen Kulturraum dargestellt werden.

II. Schwerpunkte der Führungsforschung

1. Begriffliche Gesamtkonzepte und Sammelreferate

Ein besonderes Merkmal der deutschsprachigen Führungsforschung liegt im Bemühen, das vielschichtige Führungsgeschehen analytisch in einem einheitlichen systematischen Bezugsrahmen zu ordnen, und in der Entwicklung eines sehr differenzierten begrifflichen Instrumentariums.

Solche Sammelwerke und Gesamtkonzepte (vgl. *Seidel* 1978; *Steinle* 1978; *Wunderer/Grunwald* 1980; *Lattmann* 1982; *Neuberger* 1990; *Staehle* 1991) zeichnen sich i. d. R. durch eines oder mehrere der folgenden Merkmale aus:

a) sorgfältige Begriffsbestimmungen;
b) weitgehende Vollständigkeit bei der Darstellung und Kritik überwundener und gängiger Führungs- und Motivationsmodelle;
c) die Faszination mit empirischen Untersuchungen und empirisch gestützten Konzepten amerikanischer Herkunft, bei gleichzeitiger Skepsis hinsichtlich ihrer wissenschaftstheoretischen und methodologischen Problematik;
d) den Versuch, das Gesammelte, Geprüfte und für gut Befundene in ein einziges, möglichst umfassendes und damit auch sehr komplexes Gesamtkonzept einzuordnen.

Gesamtkonzepte dieser Art vermochten sich bis heute in der Wissenschaftsgemeinde der Führungsforscher jedoch nicht zu etablieren, ganz im Gegensatz auch zu jenen amerikanischen Theorien, die bei aller Widerlegung und Kritik nicht mehr aus den Lehrbüchern wegzudenken sind (→*Führungsforschung, Führung in Nordamerika*). Deutschsprachige Gesamtkonzepte sind eher durch *formale* Aspekte gekennzeichnet als durch *inhaltliche* Schwerpunkte, die ihnen einprägsame Gestalt verleihen. Für die Führungspraxis wie auch für die empirische Führungsforschung sind sie zu umfassend und zu differenziert.

2. Menschenführung als Funktion der Unternehmungsführung

Menschenführung wird im deutschsprachigen Raum traditionellerweise auch als Teilaspekt der Unternehmungsführung behandelt. Die *betriebswirtschaftlichen Führungslehren* gehen davon aus, daß die *interaktionelle Führung* nicht Gegenstand einer eigenständigen Subdisziplin sein kann, sondern als Teil einer betriebswirtschaftlichen Managementlehre zu verstehen ist. Menschenführung ist damit eine mehr oder weniger klar abgegrenzte Managementfunktion unter anderen. Je nach dem zugrundegelegten Unternehmungskonzept wird auch die Menschenführung anders definiert, wobei jedoch immer der Aspekt der System*steuerung* (-lenkung) in Abgrenzung zu und im Zusammenhang mit der System*gestaltung* unterlegt wird.

Betriebswirtschaftliche Führungslehren können als Weiterentwicklungen der herkömmlichen Managementfunktionen (Planen, Entscheiden, Organisieren, Kontrollieren etc.) verstanden werden. Sie überwinden die bloße Aneinanderreihung solcher Funktionen, indem sie diese unter einem ordnenden Betrachtungsaspekt – z. B. der Entscheidungsperspektive bei *Heinen* (1984) oder der Systemperspektive bei *Ulrich* (1984) in einen systematischen Zusammenhang stellen. Sie integrieren in zunehmendem Maße verhaltenswissenschaftliche Erkenntnisse, insbesondere auch über zwischenmenschliche Einflußprozesse.

3. Menschenführung im Rahmen sozialer Kontrolle

Während verhaltenswissenschaftlich orientierte Betriebswirtschaftler in der Menschenführung einen integrierten Teilaspekt der Lenkung von Unternehmungen sehen, gehen betriebswirtschaftlich orientierte Verhaltenswissenschaftler vom Einzelaspekt der zwischenmenschlichen Einflußnahme aus und fügen Situationsmerkmal um Situationsmerkmal in Richtung einer Gesamtbetrachtung hinzu. Führungstheorien, die einen Einfluß des *Führungskontextes* auf die Erfolgswirksamkeit des Führungsverhaltens postulieren (z. B. *Fiedler* 1967; *Vroom/Yetton* 1973), fanden im deutschen Sprachraum eine rasche und starke Rezeption (z. B. *Müller/Hill* 1977) (→*Führungstheorien – Situationstheorie*). Die Forderung nach Berücksichtigung der Situation ging aber über den Einbezug intervenierender Variablen zwischen Führungsverhalten und Führungserfolg hinaus. Es geht dabei auch nicht nur um das Umfeld des Mitarbeiters, das vom Vorgesetzten motivierend zu gestalten ist (→*Führungstheorien – Weg-Ziel-Theorie*). Die Situation soll vielmehr all jene Gegebenheiten umfassen, die über die unmittelbare, persönliche Einwirkung durch den Vorgesetzten hinaus einen zweckgerichteten Einfluß auf das Verhalten der Mitarbeiter ausüben.

Müller (1981) schlägt vor, die Person und das Verhalten des Vorgesetzten nicht als isolierbare und objektiv meßbare ursächliche Variable zur Erklärung von Leistung und Arbeitszufriedenheit zu verstehen, sondern als Teil des ganzheitlichen Bildes, das sich die Mitarbeiter von ihrer Arbeitssituation und von sich selber in dieser Situation konstruieren. In diesem „*Führungsraum*" wird die Erfahrung von Führung durch andere handlungsbestimmende Elemente der Situation relativiert; dem Vorgesetzten kann darin sowohl eine große wie eine geringe Bedeutung zukommen, und die Art seines Einflusses kann vielfältig sein.

Türk (1981) versteht Personalführung im Sinne einer persönlichen Einflußnahme durch den Vorgesetzten als Residualkategorie sozialer Kontrolle, d. h. all jener sozialen Prozesse, „die die Funktion haben, eine Konformität des Handelns mit bestehenden systembezogenen Handlungsmustern... zu erreichen, zu sichern oder wiederherzustellen" (S. 45). Die soziale Kontrolle durch Vorgesetzte ist gewissermaßen Lückenbüßer dort, wo die „Wirkungen anderer Mechanismen sozialer Kontrolle Konformitätslücken erwarten lassen" (S. 126). Da die anderen Mechanismen der inneren und der indirekten Kontrolle (z. B. Erziehung, Ausbildung, Selektion, Kontrolle durch Technik und administrative Regelungen etc.) während der letzten 200 Jahre ständig an Wirksamkeit gewonnen hätten, nehme der Personalführungsbedarf signifikant ab.

Ein im deutschsprachigen Raum besonders intensiv eingesetztes Medium sozialer Kontrolle ist die Steuerung und institutionelle Legitimation von Verhalten durch strukturelle Regelung. So definieren *Wunderer/Grunwald* (1980) Führung in Organisationen als zielorientierte soziale Einflußnahme zur Erfüllung gemeinsamer Aufgaben in (mit) einer strukturierten Arbeitssituation. Damit ergänzen sie in ihrer Führungslehre die persönliche Einflußnahme des Vorgesetzten durch die „*strukturelle Führung*" mittels organisatorischer Regelungen und durch die laterale Einflußnahme Gleichgestellter.

Die strukturelle Führungsperspektive ist nun auch an ihre Grenzen gestoßen. Schlagworte wie „Dynamisierung", „Revitalisierung" und „Flexibilisierung" kündigten einen Perspektivenwechsel an. Die Perfektionierung der strukturellen Führung durch immer differenziertere Regelungssysteme verminderte nicht nur die Aktions- und Reaktionsfähigkeit der Organisationen im sich beschleunigenden marktlichen und technologischen Wandel. Die damit verbundene Segmentierung der Arbeitsvollzüge verhinderte zunehmend auch die Einsicht der Mitarbeiter in die Sinnzusammenhänge. Gleichzeitig wurde gerade dieser Sinnbezug des eigenen Handelns vor dem Hintergrund gesellschaftskritischer öffentlicher Diskurse – vor allem im Zusammenhang mit umwelt- und entwicklungspolitischen Themen und geopolitischen Umwälzungen – intensiver eingefordert.

Führungskonzepte, die auf direkte Steuerung und Kontrolle des Verhaltens abzielen, versagen zudem dort, wo spezialisierte Mitarbeiter über mehr Wissen verfügen als ihre Vorgesetzten, oder dort, wo initiative und dynamische Mitarbeiter gefordert werden (*Wiendieck* 1990). Die Entflechtung komplexer hierarchischer Strukturen in kleinere, weitgehend autonome Einheiten soll diesen Entwicklungen Rechnung tragen. Sie bedeutet für das obere Management aber gleichzeitig einen Verlust der Möglichkeiten direkter Kontrolle. Die Steuerungs- und Orientierungsfunktion soll deshalb indirekt durch eine starke *Unternehmungskultur* gesichert werden (*Ryf* 1992).

4. Menschenführung aus der kulturellen Perspektive

Anfangs der achtziger Jahre knüpfen amerikanische Autoren einen handfesten Bezug zwischen der Wettbewerbsfähigkeit der Nationen oder einzelner Unternehmungen und ihren Management- und Organisationskulturen. Seither richtet sich die Aufmerksamkeit zunehmend einerseits auf die Führung im Sinne einer kulturprägenden Kraft und andererseits auf *Führung als kulturelles Phänomen* und als Ausdruck einer Kultur (vgl. *Ulrich* 1993).

Im ersten Fall wird Führung im Sinne von „Kulturmanagement" weiterhin im Zusammenhang mit sozialer Kontrolle verstanden. Ausgehend vom Kontrollverlust in hochkomplexen resp. auch entkoppelten Organisationen soll das Management über die Gestaltung von Artefakten (Sprachregelungen, Symbolen, Ritualen, Design, Leitbildern) oder über die charismatische Ausstrahlung der Führerpersönlichkeit die Verinnerlichung von Zielen, Werten und Normen herbeiführen und gleichzeitig Sinngehalte und Identifikation mit der Organisation vermitteln (*Dyllick* 1983; *Pümpin/Kobi/Wüthrich* 1985). In der klassischen Terminologie von *Etzioni* (1961) werden dabei Zwang und Belohnung als Macht- und Steuerungsmittel zunehmend durch die normative Gewalt abgelöst. Es werden allerdings sozialtechnologische Verfahren vorgeschlagen, die sich an herkömmlichen betriebswirtschaftlichen Denkmustern anlehnen: Die bestehende Organisationskultur soll analysiert, die angestrebte Sollkultur (zum Beispiel aufgrund der Unternehmensstrategie) festgelegt, die Ist-Soll-Abweichung durch eine Verstärkung oder Veränderung der Istkultur behoben und das Ergebnis stabilisiert werden (*Scholz/Hofbauer* 1990). Während sich die populärwissenschaftlichen Veröffentlichungen vorwiegend mit solchen Fragen der Gestaltung der →*Organisationskultur* beschäftigen, wird die deutschsprachige wissenschaftliche Kulturdebatte aber vorwiegend in wissenschaftstheoretischen, methodologischen, disziplingeschichtlichen und ideologiekritischen Zusammenhängen geführt (*Ebers* 1985; *Heinen* et al. 1987; *Dülfer* 1988; *Ulrich* 1990; *Breisig* 1990).

Unter dem zweiten Aspekt – nämlich von Kultur nicht als Produkt, sondern als prägender Hintergrund der Führungstätigkeit – öffnet sich eine breite thematische Palette theoretischer Diskussion und empirischer Forschung.

Auf gesamtgesellschaftlicher Ebene fand der vieldiskutierte →*Wertewandel* in Gesellschaft und Wirtschaft auch in der *empirischen Führungsforschung* Eingang (*Ulrich/Probst* 1982). *Matiaske* (1992) untersucht die personellen und situativen *Determinanten des Führungsverhaltens* und untermauert mit einer empirischen Untersuchung die These, daß die internalisierten Wertorientierungen von Führungspersonen das Führungsverhalten und den Führungsstil stärker beeinflussen als situative Faktoren wie Aufgabe, Größe der Gruppe, Formalisierungsgrad etc.

Das Interesse an den Wertorientierungen von Führungskräften gewann auch mit dem vermehrten Aufkommen der Thematik der *Unternehmensethik* wieder stärker an Gewicht (*Lattmann* 1988; *Steinmann/Löhr* 1989). Mit der Frage nach der ethischen Verantwortung von Unternehmungen wird auch die Frage nach der *ethischen Verantwortung der Führungskräfte* gestellt (*Krupinski* 1993). *Ulrich/Thielemann* (1992) haben in ihrer qualitativen Untersuchung über die unternehmensethischen Denkmuster von Managern der obersten Führungsebene deren ethische Grundhaltung ausgeleuchtet und typisiert. Ausdruck eines allgemeinen kulturellen Wandels ist auch die intensive Beschäftigung mit *weiblichen Führungskräften* im Sinne der Gleichstellung von Mann und Frau (*Veith* 1988; *Domsch/Regnet* 1990). Begleitend dazu wird unter dem Titel der *„weiblichen Führung"* (→*Frauen, Männer und Führung*) die Notwendigkeit eines Wandels in der Führungskultur betont. Die ausgeprägt analytisch-rationale und strukturelle Führung, die dem Männlichen in unserer Gesellschaft entspricht, soll durch das beziehungs- und prozeßorientierte Denken und Handeln ergänzt werden (*Helgesen* 1991; *Straumann* 1993).

Unternehmungen und Verwaltungen sind in die sie umgebenden gesellschaftlichen Kulturen eingebettet (*Hofstede* 1980) und vollziehen diese in ihren Führungskulturen auf ihre je eigene Art. Ein gewaltiges Feld zur Erforschung unterschiedlicher Führungsstrukturen wie auch vor allem von Führungskulturen auf gesamtgesellschaftlicher Ebene eröffnete sich mit dem Zusammenbruch des Ostblocks und der Wiedervereinigung der beiden deutschen Staaten Ende der achtziger Jahre (*v. Eckardstein* et al. 1990). So zeigt sich z. B. im Vergleich des Selbstverständnisses der westlichen Managementlehre mit der östlichen *Leitungswissenschaft*, daß die letztere Organisationen als „rationale Systeme" versteht und „Fragen wie die Beziehungen zwischen Organisation und Umwelt und nicht zweckrationale Aspekte des Verhaltens von Organisationen und Organisationsmitgliedern ausklammert" (*Pieper* 1989, S. 238). Dieser Befund wird durch den Vergleich der Selbstverständnisse von Spitzenbeamten in Ost und West bestätigt (*Röber/Schröter* 1991).

Die vielgleisige Hinwendung zu Fragen der Führungskultur ist begleitet durch Anzeichen einer kulturwissenschaftlichen Umorientierung der Führungsforschung. Neben die sich am Positivismus und an den Naturwissenschaften orientierende Erkenntnislehre (Kausalschemata, Wahr-Falsch-Logik, Subjekt-Objekt-Trennung) treten die qualitativen Ansätze des Konstruktivismus und der Hermeneutik. Dabei wird davon ausgegangen, daß die *Führungswirklichkeit* im gemeinsamen und aufeinander bezogenen Handeln der beteiligten Individuen entsteht. Sie ist das Ergebnis eingespielter, gemeinsamer Verhaltensweisen, die auf unsichtbaren (weil selbstverständlichen) Einstellungen, Sichtweisen und Vorstellungen darüber beruhen, was Führung ist, wie sie sein sollte, wo sie stattfindet und wie sie funktioniert. Mittels narrativer Interviews wurde versucht, die individuellen Führungsselbstverständnisse von Deutschschweizer Führungskräften herauszuarbeiten. Gemeinsame Themen wurden in einer „Führungslandschaft Schweiz" zusammengefaßt und auf ihre Konsequenzen hin diskutiert (*Müller* et al. 1988) sowie die *subjektiven Führungstheorien* gefaßt und identitätspolitisch gedeutet (*Biedermann* 1989). Ein Projekt der *Führungsentwicklung* in einem Konzern wies konkret das dynamische Zusammenspiel zwischen individuellen Führungsverständnissen und der Führungskultur nach, gleichzeitig aber auch die Grenzen der Machbarkeit in der Beeinflussung und Steuerung von Führungskulturen (*Burla* et al. 1994).

III. Schwerpunkte der Führungspraxis

Die *Führungspraxis* im deutschsprachigen Kulturraum ist durch eine starke Tendenz zur *strukturellen Regelung von Führungsprozessen* gekennzeichnet. Über Führungsmodelle, Führungsgrundsätze und Mitbestimmungsregelungen werden Ziele, Normen und Instrumente der zwischenmenschlichen Beeinflussung verbindlich erklärt und damit *institutionalisiert*. Diese Bestrebungen fußen im Welt- und Menschenbild der Aufklärung, indem sie inhaltlich Demokratie- und Mündigkeitsidealen verpflichtet sind, diese aber im Rahmen eines reibungslos funktionierenden, leistungsfähigen Gesamtsystems zu verwirklichen trachten. Das implizite Organisationsmodell entspricht dem Bild einer gutgeölten Maschine (*Hofstede* 1980, S. 319), die sich aus einsichtsfähigen und autonomen Teilen zusammensetzt. Das in dieser Metapher angelegte Paradoxon soll durch das „Öl" einer gezielt konstruierten Führungskultur überwunden und diese wiederum durch entsprechende Richtlinien, Verfahrensvorschriften und Führungsinstrumente institutionalisiert werden.

1. Führungsmodelle

Führungsmodelle versehen den Praktiker mit konkreten Verhaltensanweisungen für typische Führungsprobleme, wobei sich diese Verhaltensanweisungen i. d. R. um einen zentralen Aspekt menschlichen Handelns gruppieren. Das *Harzburger Modell* als Führungskonzept (→*Führungsmodelle*) baut auf der Idee des eigenverantwortlichen Handelns im Rahmen klar definierter Verantwortungsbereiche auf, während in der Führung durch das Setzen von Zielen (→*Zielsetzung als Führungsaufgabe*) die Gerichtetheit menschlichen Handelns und die Motivationskraft verpflichtender Ziele thematisiert wird. Das *Harzburger Modell,* das in den sechziger und siebziger Jahren ausschließlich im deutschen Sprachraum eine außergewöhnliche Verbreitung fand, ist wohl bezeichnend für die kulturelle Prägung der Führungspraxis. Mit dem deklarierten Ziel, die autoritäre Führung früherer Epochen zu überwinden und den selbständigen, verantwortlichen Menschen der demokratischen Gesellschaftsordnung in den Mittelpunkt zu stellen, werden mit zahlreichen Regeln das Instrumentarium und dessen Anwendung bei der Mitarbeiterführung vorgegeben. Das Modell entlastet den Vorgesetzten, der sich an die Führungsvorschriften hält, weitgehend von seiner persönlichen Führungsverantwortung. Die Mitarbeiter erfahren zwar nicht mehr den patriarchalisch-autoritären, dafür aber den bürokratisch-autoritären Führungsstil (*Reber* 1970). Mit zunehmender Akzeptanz in der Praxis erwuchs dem Modell Ablehnung von Führungstheoretikern, die darin kaum Spuren ihrer eigenen Anstrengungen erkennen können (*Reber* 1970; *Guserl/Hofmann* 1976).

In den letzten Jahren wurde im Zeichen der Dynamisierung der Wirtschaft das starre Führungsgerüst des Harzburger Modells durch flexiblere Führungsmodelle abgelöst. So erlaubt die *Führung durch Zielsetzung* die Integration des Führungsprozesses mit dem Planungsprozeß. Allerdings wird der Einbezug der Mitarbeiter bei der Zielbestimmung je nach Unternehmung sehr unterschiedlich gehandhabt. Die Gemeinsamkeit der erwähnten wie auch einer ganzen Reihe weiterer Führungsmodelle (vgl. *Tschirky* 1981) besteht in den konkreten Instrumenten und Verfahrensvorschriften zur Gestaltung von Führungsprozessen. Ihre Betonung wie auch ihre Attraktivität für die Praxis liegt in der methodischen Entlastung des Vorgesetzten durch eine verfahrensmäßige Ordnung seines Führungshandelns und in der Vereinfachung der Führungssituation durch die Konzentration auf Einzelaspekte. Darin liegt auch die Gefahr, daß sie zu leeren Ritualen verkommen.

2. Führungsgrundsätze

In den letzten Jahren hat sich eine steigende Zahl von Unternehmungen um die Entwicklung und Einführung von *Führungsgrundsätzen* bemüht (*Gabele* et al. 1992). Durch offizielle, generalisierte und präskriptive Grundsatzerklärungen soll das Führungsverhalten in einer Unternehmung in eine bestimmte Richtung gelenkt und vereinheitlicht werden. Gleichzeitig wird das gewandelte Selbstverständnis der Unternehmungen von der gewinnmaximierenden Eigentümerunternehmung zur gesellschaftlichen Institution dokumentiert, die Güter und Einkommen für die verschiedensten Bezugsgruppen erbringt, zu denen auch und vor allem die Mitarbeiter als mündige Anspruchsträger und Ressourcenlieferanten gehören. Führungsgrundsätze beanspruchen damit sowohl eine *Steuerungs-* wie eine *Legitimationsfunktion*.

Die Führungsgrundsätze unterscheiden sich zwar von Unternehmung zu Unternehmung hinsichtlich Ausführlichkeit und Formulierungen. Die angesprochenen Orientierungen und Inhalte dagegen sind oft austauschbar und tragen als Deklaration wenig zur Oganisationsidentität bei. Die expliziten oder impliziten Aussagen zum Menschenbild, das die Unternehmungsleitung der Führungstätigkeit zugrunde legen will, kreisen meistens um den selbstmotivierten, nach Selbstentfaltung strebenden, engagierten, sinnvolle Arbeit suchenden, entwicklungs- und gemeinschaftsfähigen Mitarbeiter (vgl. *Albach* 1983, S. 8). Entsprechend werden normative Aussagen – weniger konkrete Vorschriften – zum „kooperativen Führungsstil", zur Weiterbildung und Mitarbeiterförderung, zur Zusammenarbeit, zur Entlohnung, zur Information etc. vorgegeben. Es wird ein konfliktfreier Idealzustand gezeichnet, der von Führungspraktikern oft als leidiger Gegensatz zu der von ihnen erlebten Führungsrealität erfahren wird. Die Grundsätze geben kaum inhaltliche oder prozessuale Hilfen zur Bewältigung von konkreten Konflikten, z. B. zwischen Ansprüchen einzelner Mitarbeiter und übergeordneten Interessen, und werden je nach Situation und nach beteiligten Personen unterschiedlich ausgelegt (*Paschen* 1983). Der Möglichkeit der Mitarbeiter, sich auf Führungsgrundsätze zu berufen, stehen die Möglichkeiten der Vorgesetzten gegenüber, ihr Führungsverhalten mit denselben Grundsätzen zu legitimieren. Der Durchsetzbarkeit von Führungsnormen durch Deklaration (inkl. Schulung) sind deshalb enge Grenzen gesetzt.

Dagegen kann die kollektive Reflexion und Wertung der real erfahrenen Führungskultur *im konkreten Aufgaben- und Personenzusammenhang* wesentlich zur gemeinsamen Definition erwünschter Führungspraxis und zu entsprechenden Verhaltensänderungen beitragen (*Glasl* 1983). Die Erarbeitung von Führungsgrundsätzen im Sinne der Organisationsentwicklung ist jedoch im deutschen Sprachraum noch wenig verbreitet. Ein solcher Prozeß ist aufwendig, kann Kontrollverlust bedeuten und steht damit in einem komplizierten Widerspruch zur oft mit Führungsgrundsätzen verfolgten Absicht: der Ordnung, Normierung und Kontrollierbarkeit von Führungsverhalten.

IV. Führung und Führungsforschung im kulturellen Kontext

Führungsbeziehungen in arbeitsteiligen Organisationen werden als Ausübung personaler *Macht* erlebt. Gesellschaften entwickeln unterschiedliche Einstellungen, Formen und Regelungen im Umgang mit Macht. Der deutschsprachige Kulturraum ist durch eine vergleichsweise niedrige *Toleranz für Machtgefälle* gekennzeichnet (*Hofstede* 1980). Persönliche Macht ist mit deutlich negativen Konnotationen (Unterdrückung, Willkür, Unfreiheit, Korruption etc.) verbunden und weitgehend tabuisiert. Die individuelle Freiheit, als Ziel der Machtnivellierung, reibt sich jedoch an einer anderen kulturellen Eigenheit dieser Länder: Nach *Hofstede* (1980) weisen sie eine niedrige *Toleranz für Ungewißheit* auf, und Freiheit bedeutet Ungewißheit hinsichtlich des eigenen Verhaltens wie auch des Verhaltens anderer.

Die deutschsprachige Führungsdiskussion beschäftigt sich implizit mit der Lösung dieses Dilemmas. Die starke Betonung *sozialer Kontrolle* im Sinne der Ungewißheitsbewältigung geht mit einer Ablösung der Machtquelle und teilweise auch der Machtausübung von der Person des Führenden einher. Die interaktionelle Führung, in der persönliche Macht offenkundig wird, wird zur Residualkategorie reduziert; sie kommt dann zum Zuge, wenn alle anderen Mechanismen zur Sicherung von Verhaltenskonformität nicht genügen (*Türk* 1981).

In der Erweiterung des Erkenntnisobjektes der Führungstheorie von der interaktionellen Führung zu einem verhaltensdeterminierenden Gesamtrahmen, der die Bedeutung der Verhaltensbeeinflussung durch den Vorgesetzten relativiert, läßt sich das Grundthema des *Machtausgleichs* deutlich erkennen. Die *strukturelle Führung* und die „Führung" durch technologische Prozeßsteuerung sind für den Mitarbeiter weniger deutliche Akte der Machtausübung als die ständige Unterordnung unter den Willen des Vorgesetzten. Verhaltenssteuerung durch das „System" wird tendenziell als Orientierung an „Sachzwängen" und als Berücksichtigung objektiver Gegebenheiten erfahren. Die *interaktionelle Führung* selber erhält ihre Legitimation durch die Struktur: sie hat weniger mit Personen als mit Funktionen zu tun. Die Art und Weise der interaktionellen Führung ist weitgehend durch die Vorgabe von Führungsmodellen, Führungsgrundsätzen, Führungsinstrumenten und Mitbestimmungsgesetzen reglementiert. Sie ist vollziehend und nicht dem originären Willen des Vorgesetzten zuzuschreiben. Führung wird zur (kontrollierbaren) Ausführung. Diese Institutionalisierung der Führung erlaubt gleichzeitig Machtausgleich und Ordnung.

Damit entsteht allerdings die Gefahr einer tiefergreifenden Entfremdung der Mitarbeiter und des Verlustes an *Sinnhaftigkeit*. „Sachzwänge" vermitteln die Erfahrung des Ausgeliefertseins, während Sinn nur in der Interaktion und Auseinandersetzung mit anderen Mitgliedern des sozialen Kollektivs entstehen kann.

Deshalb verwundert es nicht, daß in der praxisnahen Führungsliteratur eine intensive Rezeption von amerikanischen Bestsellern über Kulturmanagement und von Biographien erfolgreicher Führerpersönlichkeiten stattfindet. Ein frischer Wind scheint ein Stück vermißte Lebenswelt in die stark rational-funktional ausgerichtete Systemwelt hineinzuwehen mit der Einsicht, daß es letztlich doch auf die Persönlichkeit ankommt. Da das mittlere Management eher als Vollstrecker der Sachzwänge und damit als ausführend wahrgenommen wird, richtete sich das Augenmerk wiederum auf die herausragende und doch entfernte oberste Führungsperson, die *Führungsattributionen* (→*Führungstheorien – Attributionstheorie*) geradezu herausfordert: Sie müßte über die Ein- und Übersicht sowie auch über die autonome Entscheidungsfähigkeit verfügen, die den anderen Mitarbeitern im komplexen Gefüge abgeht, sie prägt die Führungskultur der Organisation, sie wäre damit Garant und Symbol für die gemeinsame Zukunft.

Die *Personalisierung der Führung* (→*Führungstheorien – Eigenschaftstheorie*), die Führungserfolge durch individuelle Attribute des Führers erklärt, wird zwar in allen Lehrbüchern erwähnt, aber als unhaltbar verworfen. Dies mag zum Teil auf eine in Deutschland verständliche „Führerallergie" zurückzuführen sein (*Wunderer* 1985), ist wohl aber auch Ausdruck eines demokratischen und humanistischen Vorverständnisses. Trotzdem ist die Eigenschaftstheorie die am häufigsten angewendete Alltagstheorie in der Führungspraxis: *Personenattributionen* von Führungserfolg sind täglich zu beobachten, und die zur Auswahl von Führungskräften zunehmend eingesetzten Assessment Centers und Potentialanalysen stützen sich wesentlich auf eigenschaftstheoretische Grundannahmen (*Neuberger* 1990).

Führung kann als lernbare Sozialtechnologie zur Gewährleistung der Systemrationalität vorgeschrieben oder als Wunderglaube an die Führungspersönlichkeit mystifiziert werden. Beide Betrachtungsweisen sind gefährlich: die eine, weil sie Führung auf einen Mechanismus reduziert, der als „Transmissionsriemen" sozialer Kontrolle funktioniert und die Frage nach dem Sinn und der Bedeutung der Bewegung offenläßt, die andere, weil sich die Geführten selber entmündigen, der/die Führende vereinsamt und das System instabil wird. Eine kulturbewußte Führungsforschung und Führungspraxis müßte dagegen davon ausgehen, daß die Führungswirklichkeit ständig in der Beziehungsdynamik vor dem Hintergrund der jeweiligen Selbstverständnisse wie auch der Werte und Normen im gesellschaftlichen Umfeld von allen Beteiligten geschaffen wird.

Literatur

Albach, H.: Zum Einfluß von Führungsgrundsätzen auf die Personalführung. In: *Wunderer, R.* (Hrsg.): Führungsgrundsätze in Wirtschaft und öffentlicher Verwaltung. Stuttgart 1983.
Biedermann, Ch.: Subjektive Führungstheorien – Die Bedeutung guter Führung für Schweizer Führungskräfte. Bern, Stuttgart 1989.
Breisig, T.: Skizzen zur historischen Genese betrieblicher Führungs- und Sozialtechniken. München, Mering 1990.
Burla, S. et al.: Die Erfindung von Führung. Vom Mythos der Machbarkeit in der Führungsausbildung. Basel, Zürich 1994.
Dachler, H. P.: Das Selbstverständnis der angewandten Psychologie im Spannungsfeld wissenschaftlicher und praxisorientierter Forderungen. In: *Siegwart, H./Probst, G. J. B.*: Mitarbeiterführung und gesellschaftlicher Wandel. Bern, Stuttgart 1983, S. 103–129.
Domsch, M./Regnet, E. (Hrsg.): Weibliche Fach- und Führungskräfte. Wege zur Chancengleichheit. Stuttgart 1990.
Dülfer, E. (Hrsg.): Organisationskultur. Phänomen – Philosophie – Technologie. Stuttgart 1988.
Dyllick, Th.: Management als Sinnvermittlung. In: gdi impuls, 1983, Nr. 3, S. 12.
Ebers, M.: Organisationskultur – ein neues Forschungsprogramm? Wiesbaden 1985.
Eckardstein, D. von et al. (Hrsg.): Personalwirtschaftliche Probleme in DDR-Betrieben. München, Mering 1990.
Etzioni, A.: A Comparative Analysis of Complex Organisations. New York 1961.
Fiedler, F. E.: A Theory of Leadership Effectiveness. New York 1967.
Gabele, E. et al.: Führungsgrundsätze und Mitarbeiterführung. Führungsprobleme erkennen und lösen. Wiesbaden 1992.
Glasl, F.: Die Bedeutung der Organisationsentwicklung für das Entwickeln verhaltenswirksamer Führungsleitsätze. In: *Wunderer, R.* (Hrsg.): Führungsgrundsätze in Wirtschaft und öffentlicher Verwaltung. Stuttgart 1983.
Guserl, R./Hofmann, M.: Das Harzburger Modell. 2. A., Wiesbaden 1976.
Heinen, E. et al.: Unternehmungskultur. Perspektiven für Wissenschaft und Praxis. München, Wien 1987.
Heinen, E.: Führung als Gegenstand der Betriebswirtschaftslehre. In: *Heinen, E.* (Hrsg.): Betriebswirtschaftliche Führungslehre. 2. A., Wiesbaden 1984.
Helgesen, S.: Frauen führen anders. Vorteile eines neuen Führungsstils. Frankfurt/M., New York 1991.
Hofstede, G.: Culture's Consequences. International Differences in Work-Related Values. Beverly Hills, London 1980.
Krupinski, G.: Führungsethik. Grundlagen – Konzepte – Umsetzung. Wiesbaden 1993.
Lattmann, Ch. (Hrsg.): Ethik und Unternehmensführung. Heidelberg 1988.
Lattmann, Ch.: Die verhaltenswissenschaftlichen Grundlagen der Führung des Mitarbeiters. Bern, Stuttgart 1982.
Matiaske, W.: Wertorientierungen und Führungsstil. Frankfurt/M. 1992.
Müller, W. R. et al.: Führungslandschaft Schweiz. In: Die Unternehmung, 1988 (Themenheft), S. 243–314.
Müller, W. R./Hill, W.: Die situative Führung. In: Die Betriebswirtschaft 1977, S. 353–378.

Müller, W. R.: Führung und Identität. Bern, Stuttgart 1981.
Neuberger, O.: Führen und geführt werden. 3. A., Stuttgart 1990.
Paschen, K.: Führungsleitsätze – eine modische Erscheinung oder eine Chance für eine effiziente Unternehmungssteuerung? In: *Wunderer, R.* (Hrsg.): Führungsgrundsätze in Wirtschaft und öffentlicher Verwaltung. Stuttgart 1983.
Pieper, R. (Hrsg.): Westliches Management – östliche Leitung. Ein Vergleich von Managementlehre und DDR-Leitungswissenschaft. Berlin, New York 1989.
Pümpin, C./Kobi, J.-M./Wüthrich, H. A.: Unternehmenskultur. Basis strategischer Profilierung erfolgreicher Unternehmen. In: Die Orientierung, Nr. 85, Bern 1985, hrsg. v. Schweiz. Volksbank.
Reber, G.: Vom patriarchalisch-autoritären zum bürokratisch-autoritären Führungsstil? In: ZfB, 1970, S. 633–638.
Röber, M./Schröter, E.: Verwaltungsführungskräfte aus Ost und West – ein Vergleich ihrer Rollenverständnisse und Werthaltungen. In: *Ellwein, Th.* et al. (Hrsg.): Jahrbuch zur Staats- und Verwaltungswissenschaft, Bd. 5, Baden-Baden 1991.
Ryf, Balz: Atomisierte Strukturen. Ein Konzept zur Ausschöpfung von Humanpotential. Bamberg 1992.
Scholz, Ch./Hofbauer, W.: Organisationskultur. Die vier Erfolgsprinzipien. Wiesbaden 1990.
Seidel, E.: Betriebliche Führungsformen. Geschichte, Konzept, Hypothesen, Forschung. Stuttgart 1978.
Staehle, Wolfgang H.: Management. Eine verhaltenswissenschaftliche Perspektive. 6. A., München 1991.
Steinle, C.: Grundlagen, Prozesse und Modelle der Führung in der Unternehmung. Stuttgart 1978.
Steinmann, H./Löhr, A.: Grundlagen der Unternehmensethik. Stuttgart 1991.
Straumann, L.: Die Forderung nach dem „Weiblichen" in der Unternehmensführung. Zürich 1991.
Tschirky, H.: Führungsrichtlinien. Zürich 1981.
Türk, K.: Personalführung und soziale Kontrolle. Stuttgart 1981.
Ulrich, H.: Management. Bern, Stuttgart 1984.
Ulrich, H./Probst, G. J.: Werte schweizerischer Führungskräfte. Ergebnisse einer empirischen Untersuchung. Bern/Stuttgart 1982.
Ulrich, P.: Unternehmenskultur. In: *Wittmann, W.* et al. (Hrsg.): Handwörterbuch der Betriebswirtschaft. 5. A., Stuttgart 1993.
Ulrich, P./Thielemann, U.: Ethik und Erfolg. Unternehmensethische Denkmuster von Führungskräften – eine empirische Studie. Bern, Stuttgart 1992.
Ulrich, P.: Symbolisches Management. Ethisch-kritische Anmerkungen zur gegenwärtigen Diskussion über Unternehmenskultur. In: *Lattmann, Ch.* (Hrsg.): Die Unternehmenskultur. Heidelberg 1990.
Veith, M.: Frauenkarriere im Management. Einstiegsbarrieren und Diskriminierungsmechanismen. Frankfurt, New York 1988.
Vroom, V. H./Yetton, P. W.: Leadership and Decisionmaking. Pittsburgh 1973.
Wiendieck, G.: Führung 2000 – Perspektiven und Konsequenzen. In: *Wiendieck, G./Wiswede, G.* (Hrsg.): Führung im Wandel. Neue Perspektiven für Führungsforschung und Führungspraxis. Stuttgart 1990.
Wunderer, R./Grunwald, W.: Führungslehre. Bd. I und II. Berlin, New York 1980.
Wunderer, R.: Betriebswirtschaftslehre und Führung – Entwicklungslinien, Besonderheiten, Funktionen. In: *Wunderer, R.* (Hrsg.): Betriebswirtschaftslehre als Management- und Führungslehre. Stuttgart 1985.

Führungsforschung/Führung in China

John Child/Yuan Lu

[s. a.: Arbeitsverhalten von Managern, empirische Untersuchungen zum.]

I. Einleitung; II. Die Rolle der chinesischen Unternehmensführer; III. Führungsstil; IV. Chinesische Unternehmer.

I. Einleitung

In der konfuzianischen Lehre, welche das politische und rituelle Leben in China seit tausenden von Jahren dominiert, nimmt Führung eine zentrale Rolle ein. Der Konfuzianismus machte, ob im Staat oder in der Familie, die absolute Autorität derjenigen geltend, welche die Führungsposition inne hatten. Wenn ein hoher Staatsminister oder ein Sohn von einem nachteiligen oder bedenklichen Vorgehen des Führers überzeugt war, hatte er das Recht und sogar die Pflicht, seine Meinung zu äußern, mußte aber letzten Endes dem Führer oder Vater Folge leisten (*Smith* 1973). Ebenso knüpfte Konfuzius starke moralische Werte an die gegenseitigen Verpflichtungen der Beziehungen zwischen Männern unterschiedlichen Standes, in welchen die Tugenden der kindlichen Ehrfurcht und brüderlichen Zuneigung hervorstachen. (Das von Männern dominierte System erklärt den Gebrauch des männlichen Genus).

Der Konfuzianismus war im wesentlichen eine praktische Philosophie, deren Autorität und Führung sich stark auf die Spitze der beiden wichtigsten Institutionen, den Staat und die Familie, konzentrierte. Innerhalb des Staates wurde der Kaiser durch eine hierarchische Bürokratie von Gelehrten unterstützt, deren Stellung in den örtlichen Gemeinden auf ihrer Ausstattung an Einkünften aus Landbesitz fußte. Obwohl sie auf der lokalen Ebene bei der Verfolgung ihrer machtpolitischen Ziele beträchtliche Verfügungsfreiheiten hatten, wie z. B. bei der Abwendung von Hungersnöten oder bei der Eintreibung von Steuern, waren ihre eigenen Initiativen sowohl durch Regeln als auch durch Loyalität gegenüber dem Herrschenden stark eingeschränkt. In gleichem Maße konnte sich ein Familienoberhaupt auf die Loyalität der anderen Mitglieder und der nahen Verwandten verlassen.

Die philosophische Dominanz des Konfuzianismus in Ostasien führte jedoch nicht zu identischen vor- oder nachindustriellen Institutionen. Hier wirkten auch andere soziale Faktoren, vor allem das Ausmaß der staatlichen Eingriffe (*Whitley* 1992). Im Fall des modernen Chinas ist es insbesondere wichtig, zwischen dem Festland, welches vierzig Jahre Staatssozialismus erlebte, und den „überseeischen chinesischen" Territorien, welche nicht davon betroffen waren, zu unterscheiden. Im ersten Fall bedeutete die Durchführung der meisten geschäftlichen Aktivitäten unter öffentlichem oder kollektivem Eigentum bis vor kurzem, daß ökonomische Betriebe unter staatlicher oder politischer Führung verwaltet wurden. Im letzteren Fall war das Familienunternehmen die Schlüsseleinheit der ökonomischen Aktivitäten. Obwohl die Beschaffenheit der ökonomischen Einheiten und die Herkunft der Führer in beiden Systemen sehr unterschiedlich ausfallen (*Redding* 1990), offenbaren beide ähnliche kulturelle Charakterzüge in ihrer personalisierten Autoritätskonzentration um die „Lehnsherren" und einem starken Gemeinsamkeitsgefühl zwischen Führer und Geführten (*Boisot/Child* 1988).

Dieser Beitrag konzentriert sich auf Führungsforschung und Führung der Unternehmen auf dem Festland Chinas. Es sind auch Hinweise auf die Forschung der Führung in Unternehmen des überseeischen Chinas enthalten, nicht nur wegen der Bedeutung der Arbeiten in diesem Kontext, sondern auch weil die Autoritäten auf dem Festland Chinas heute die Wiederentstehung von Unternehmen in privatem Eigentum fördern. Dennoch gilt die Aufmerksamkeit hauptsächlich der Führung in Unternehmen in staatlichem Besitz, in denen trotz eines relativen Rückganges ihres Beitrags an der nationalen Beschäftigung und Aktivitäten im Industriesektor im Jahre 1991 noch 43% der nicht landwirtschaftlich Beschäftigten tätig waren (*Qian/Xu* 1993). Nicht enthalten sind in dieser Zahl die kollektiven Unternehmen, von denen viele ebenso bezüglich ihrer Ressourcen, Finanzen und anderer Hilfen von den örtlichen Regierungsbehörden abhängig sind und folglich die generelle Zustimmung solcher Behörden für ihre Aktivitäten benötigen.

II. Die Rolle der chinesischen Unternehmensführer

Staatliche chinesische Unternehmen waren bis Mitte der achtziger Jahre kaum mehr als Betriebe unter einem dualen Kontrollsystem, das sich aus Funktionären der höheren Verwaltungsbehörden und der kommunistischen Partei zusammensetzte. Die Unternehmensleiter, die während ihrer Karriere oft zwischen Regierungsbüro und staatlichen Betrieben rotierten, wurden formell von den Verwaltungsbehörden ernannt. Den Parteikomitees und Parteisekretären oblag auf jeden Fall die Genehmigung der Unternehmenspolitik, und sie übten erheblichen Einfluß auf die Ernennung des Managements aus. Die Partei nahm folglich bis in die frühen achtziger Jahre die zentrale Führungsrolle in den Unternehmen ein. *Walder* (1989) gibt die „Welt" chinesischer (Top-)Manager mit der Beschreibung von vier „Überlebensbedingungen" wieder. Er oder sie muß vertikale Beziehungen entwickeln, eine politische Koalition innerhalb des Unternehmens aufrechterhalten (insbesondere mit dem Parteisekretär), Kriterien genügen, die sich aus der Beschaffenheit des Unternehmens als einer sozio-politischen Gemeinschaft ableiten, und nicht marktgebundene Austauschbeziehungen unterhalten.

Als die ökonomische Reform von Mitte der achtziger Jahre an in der Industrie umfassend in Gang kam, wechselten staatliche Unternehmen auf ein „Vertragsverantwortungssystem", welches ihnen als Gegenleistung für die Verpflichtung, die mit den höheren Behörden vereinbarten Leistungsziele zu erreichen, größere Managementautonomie versprach. Hinzu kam ein neues „direktoriales Verantwortungssystem", welches die Führungsrolle in den Unternehmen formell von ihren Parteikomitees hin zu ihren Exekutivdirektoren übertrug (*Chen* 1993; *Child* 1994).

Studien über Unternehmensführung in China deuten allerdings auf einen beträchtlichen institutionellen Rückstand bei der Implementierung dieser politisch-ökonomischen Veränderungen hin. Sie zeigen auf, daß die Manager trotz der von den ökonomischen Reformen vorgesehenen Dezentralisierungsmaßnahmen nach wie vor von der Zustimmung und Unterstützung der oberen Behörden abhängig sind (*Child/Lu* 1990; *Wang/Heller* 1993; *Child* 1994). Ein Vergleich von Investitionsentscheidungen zwischen gleichartigen britischen und chinesischen Unternehmen im Jahre 1992 ergab eine stärkere Intervention staatlicher Behörden in China und fand, daß chinesische Unternehmensführer wesentlich umfassenderen Verpflichtungen gegenüber sozialen und gemeinschaftlichen Interessen unterliegen (*Lu/Heard* 1995).

Viele der von uns in den letzten Jahren befragten chinesischen Unternehmensführer äußerten den Wunsch, auf diese nichtökonomischen Verantwortlichkeiten zu verzichten. Aufschlußreich ist auch die Feststellung, daß einige Topmanager staatlicher Unternehmen, obwohl sie nach wie vor zwischen verschiedenen höherrangigen Regierungsbüros hin und her versetzt werden, zunehmend den Wunsch äußern, in ihren Unternehmen zu verbleiben. In dem Maße, wie Manager ein größeres Ausmaß an Aufgaben der Unternehmensführung ausüben, scheinen sie sich auch stärker mit ihrem Unternehmen zu identifizieren.

Es ist in keinem Land einfach, sich Zugang zu Topmanagern zu verschaffen, um ihre täglichen Aktivitäten zu untersuchen, und China stellt hier keine Ausnahme dar. Unseres Wissens ist die Studie von *Boisot* und *Xing* (1991, 1992) bislang die einzige, bei der ein Forscher in der Lage war, die Aktivitäten chinesischer Topmanager direkt zu beobachten und zu messen. Ihre Vorgehensweise basierte auf derjenigen einer Studie von *Mintzberg* (1973) über fünf amerikanische Topmanager (→*Arbeitsverhalten von Managern, empirische Untersuchungen zum*). Andere Studien haben sich auf weniger direkte und verläßliche Informationsquellen, wie z. B. Interviews (*Stewart/Chong* 1990; *Chung* 1990; *Stewart* 1992) oder eine „Umfrage", die offensichtlich mit Hilfe eines Fragebogens durchgeführt wurde (*Hildebrandt/Liu* 1988), verlassen.

Die detaillierte Untersuchung von *Boisot* und *Xing* beleuchtet einige interessante Aspekte der Beziehungen, die von Unternehmensdirektoren zu managen sind, und der Art und Weise, wie sie dies bewerkstelligen. Von der Zeit, die Direktoren mit mündlicher Kommunikation verbringen, entfällt nahezu die Hälfte auf Interaktionen mit ihren Untergebenen (42,2%). Dieser Anteil liegt nur marginal unter demjenigen der Topmanager aus *Mintzbergs* Untersuchung. Der große Unterschied ergab sich aus dem Verhältnis ihrer anderen verbalen Kontakte. Die chinesischen Topmanager verbrauchten viermal soviel Zeit mit Kontakten zu ihren Vorgesetzten (27,4% der gesamten Kontaktzeit) wie die amerikanischen Manager und nur die Hälfte der Zeit der Amerikaner (23,5% im Vergleich zu 44%) mit Kontakten zu Externen und Kollegen. Die Zeit, welche sie Personen in relevanten Märkten widmeten, war äußerst begrenzt: Kunden (1,5%), Zulieferer (1,3%) und Bankiers (0%). Der Gegensatz zwischen der Aufmerksamkeit, die Unternehmensdirektoren den Beziehungen zu den übergeordneten Regierungsbehörden widmeten, und der Beachtung, die sie den Märkten schenkten, ist beachtlich. Wie *Boisot* und *Xing* bemerken, „zeigen die Auswertungen, daß die Direktoren die gleiche Menge an Zeit für Kontakte nach unten in der Verwaltungspyramide aufwenden wie ihre westlichen Kollegen, aber die vierfache Zeit für die Kontakte nach oben und nur die Hälfte der Zeit für Kontakte nach außen... es findet sich keine Evidenz, daß der ungestüme, risikoorientierte Individualist von sich aus die Unternehmung verläßt, um die Konfrontation mit der externen Umwelt zu suchen" (1992: 171 f.). *Chow* fand bei ihrer Umfrage unter 97 mittleren Managern in der Provinz Henan im Mai 1989 heraus, daß diese im Durchschnitt die meiste Aufmerksamkeit der „Pflege von Kontakten mit den Repräsentanten der Partei in der Organisation" beimessen und „darauf achten, daß Mitarbeiter die richtige politische Einstellung haben". Dies deutet auf die interessante Möglichkeit hin, daß chinesische Topmanager sich dazu verpflichtet fühlen, ihre Hauptaufmerksamkeit den Beziehungen zu höheren Verwaltungsbehörden zuzuwenden, die mittleren Manager hingegen mehr damit beschäftigt sind, eine gute Beziehung zu dem Parteisekretär des Unternehmens zu unterhalten, der weiterhin Einfluß auf Personalangelegenheiten ausübt, bei denen die politische Einstellung der Mitarbeiter nach wie vor von Bedeutung ist.

Weitere Unterschiede zwischen chinesischen und amerikanischen Managern liefert eine Analyse der Postein- und -ausgänge. Die chinesischen Manager erhalten weniger als die Hälfte der Anzahl an Sendungen und verschicken nur etwas mehr als die Hälfte als ihre amerikanischen Kollegen. Schriftliche Kommunikation über die Post spielt eine weitaus geringere Rolle bei ihrer Arbeit. Die Quellen der Post bestätigen die Überlegungen, die sich aus der Analyse der Kontaktzeiten ergaben. Annähernd 30% stammen von Regierungsbehörden oder Aufsichtsbüros; *Mintzbergs* Manager erhielten im Vergleich dazu 6% von übergeordneten Ebenen. Weniger als ein Prozent kommt von Kunden, Zulieferern oder Banken, verglichen mit 13% aus diesen Quellen bei *Mintzberg*. Die gleiche geringe Anzahl von Post wird an diese Gruppen gesendet. Chinesische Unternehmensdirektoren engagieren sich folglich weit weniger in marktbezogene Beziehungen als ihre amerikanischen Kollegen, und wenn sie dies tun, dann eher auf der Basis persönlicher als unpersönlicher Kontakte. Die Tatsache, daß sie weniger als die Hälfte der Zeit der Amerikaner am Telefon verbringen, zeigt, daß solche Kontakte, falls sie stattfinden, in China persönlicher Natur sind.

Weniger als ein Prozent der verschickten Post geht an höhere Behörden. Die chinesischen Unternehmensdirektoren erfahren demnach einen stetigen Fluß an schriftlicher Kommunikation nach unten, wobei es sich beinahe zweifellos zum großen Teil um Instruktionen und Regelungen handelt. Im Gegensatz dazu waren sie nur zögernd dazu bereit, formelle Mittel der Kommunikation zurück zu denselben Behörden zu benutzen. Dies kann dahingehend interpretiert werden, daß es sie einerseits als sehr reserviert erscheinen lassen und andererseits auf eine bestimmte Position festlegen könnte, noch bevor sie in der Lage sind, abzuschätzen, was ihre Vorgesetzten denken. Statt dessen wählen sie den Weg, die Beziehung in einer persönlichen Weise zu handhaben, die es erlaubt, einerseits Einfluß auszuüben und andererseits in Übereinstimmung mit der kulturellen Norm der angemessenen Ehrerbietung gegenüber der Autorität steht.

III. Führungsstil

Chinesische Manager neigen dazu, der Kommunikation und ihren Arbeitsbeziehungen eine persönliche Note zu geben. In einem System, in dem Unternehmensleiter versuchen, Spielräume zu schaffen, innerhalb deren sie die Unternehmensgeschäfte lenken können, und zugleich versuchen, fixe Positionen zu vermeiden, die Mißbilligung nach sich ziehen können, bietet persönliche Kommunikation klare Vorteile. Da wenig schriftlich festgehalten wird, entsteht ein Freiraum, um persönliches Vertrauen und wechselseitige Verpflichtung in die getroffenen Vereinbarungen einzubringen. Dies gilt insbesondere für die Beziehung zu Zulieferern. Der chinesische Unternehmensleiter wird so zu einem Meister im Umgang mit einer Vielzahl von informellen und ungeplant zustande gekommenen Interaktionen. *Boisot* und *Xing* halten fest, daß der chinesische Unternehmensleiter keinen Terminkalender führt, bei der Arbeit dauernd unterbrochen wird und häufig mehrere Konversationen gleichzeitig führt (→*Arbeitsverhalten von Managern, empirische Untersuchungen zum*).

Der Ablauf von Besprechungen – selbst auf obersten Hierarchieebenen – ist in China relativ unstrukturiert und trägt nur wenig dazu bei, die Notwendigkeit eines personenbezogenen Nachfassens bei der Zielverfolgung zu vermeiden. *Boisot* bezieht sich hier auf persönliche Erfahrungen, die er als Direktor des China-European Community Management Institut in Besprechungen in chinesischen Unternehmen und mit Vertretern eines Ministeriums der chinesischen Regierung gewinnen konnte. Diese Erfahrungen werden durch Berichte von Managern ausländischer Unternehmen untermauert, die ein Joint Venture mit einem chinesischen Unternehmen eingegangen sind (*Child* et al. 1990). Es kommt nur selten vor, daß eine Tagesordnung oder Diskussionspapiere vorab an die Teilnehmer einer Besprechung ausgegeben werden. Die Diskussion ist vielmehr den Wünschen und Vorstellungen des ältesten Besprechungsteilnehmers unterworfen, der im allgemeinen mehr damit befaßt ist, ein Klima der Übereinstimmung über die grundsätzlichen Leitsätze und politischen Stoßrichtungen zu schaffen als spezifische Probleme und Fragen aufzuwerfen.

Sein oder ihr Ansatz zielt darauf ab, Zustimmung zu diesen Grundlinien zu sichern, die dann als Rechtfertigung der Arrangements und Geschäfte dienen, welche später in informellen Gesprächen vereinbart werden. Die Ergebnisse der Besprechungen werden manchmal so vage belassen, daß nicht einmal klar ist, was vereinbart wurde. Normalerweise wird kein offizielles Protokoll erstellt. Eine Vielzahl von Mitarbeitern macht zwar umfangreiche Notizen, diese werden aber in Akten abgelegt und dienen in erster Linie dazu, die Leiter der Abteilungen oder Geschäftseinheiten im Falle von möglicherweise später auftretenden Auseinandersetzungen oder vor Kritik zu schützen. Das bedeutet, daß Handlungen im Anschluß an die Besprechung durch den Leiter der Abteilung oder des Geschäftsbereichs persönlich initiiert werden müssen, was aber auch heißt, daß nicht notwendigerweise eine systematische Fortschrittskontrolle in der nächsten Besprechung erfolgt. Insgesamt führt dies zur fortwährenden Notwendigkeit, daß sich chinesische Manager oberer Hierarchieebenen und insbesondere Topmanager persönlich mit den Belangen der Organisation befassen.

Das hohe Maß an persönlichem Engagement wird durch die geringe Bereitschaft, Entscheidungen zu delegieren, noch verstärkt, wie sich in Studien zur Entscheidungsfindung in China zeigt (*Laaksonen* 1988, Kap. 6; *Child/Lu* 1990). Das hohe Maß an persönlichem Engagement schlägt sich in einem langen Arbeitstag chinesischer Unternehmensleiter nieder. Die Folge ist, daß chinesische Manager oberer Hierarchieebenen unter einer beträchtlichen Überlastung leiden und daß dieses Problem tendenziell mit zunehmender Unternehmensgröße wächst.

Die vorliegende Forschung über Unternehmensleiter auf dem chinesischen Festland liefert eine generelle Unterstützung der These eines konfuzianischen Vermächtnisses im Sinne einer paternalistischen Führung, in der die Ehrerbietung für den Führenden durch die Norm ergänzt wird, daß die Führenden sich persönlich um die Belange und Handlungen der Unterstellten kümmern. Dieses Vermächtnis wird durch die soziopolitischen Strukturen des kommunistischen Chinas verstärkt. Für Konfuzius hatte das persönliche Einbringen des Führenden primär eine moralische Berechtigung, während unter dem Staatssozialismus das Motiv eher das der Aufrechterhaltung der Kontrolle war. Die Konsequenzen im Hinblick auf das Führungsverhalten sind jedoch die gleichen. Die Forschung im Hinblick auf die chinesischen arbeitsbezogenen, kulturell bedingten Präferenzen hat zudem einen Faktor aufgedeckt, der in westlichen Gesellschaften nicht vorhanden zu sein scheint und der die konfuzianischen Werte der Integrität und des Verpflichtetseins widerspiegelt (*Hofstede/Bond* 1988). Es wird auch berichtet, daß eine einzigartige, die obigen Werte enthaltende, moralische Dimension dazu führt, daß sich eine dritte Dimension des Führungsverhaltens neben den „klassischen" westlichen Dimensionen der Aufgaben- und Mitarbeiterorientierung unter chinesischen Managern herausgebildet hat (*Wang* 1993).

IV. Chinesische Unternehmer

Ungeachtet der institutionellen Verzögerungen bei der Implementation der Wirtschaftsreformen Chinas haben Staatsunternehmen in den letzten Jahren einen größeren Freiraum genossen, um geschäftliche Aktivitäten auf den entstehenden Märkten innerhalb des Landes durchzuführen, aber auch, um neue Allianzen mit chinesischen oder ausländischen Unternehmungen einzugehen. Zusätzlich war eine sehr schnelle Zunahme der Anzahl privater industrieller Unternehmen zu verzeichnen. *Qian* und *Xu* (1993) schätzen, daß der Anteil des privaten Sektors an der industriellen Ausbringung sich zwischen 1985 und 1990 mit einer Zunahme von 13% auf 27% mehr als verdoppelt hat. Diese beiden Phänomene haben zur Herausbildung von drei Unternehmertypen geführt: Manager von Staatsunternehmen, die öffentliche Ressourcen in unternehmerischer Weise nutzen, Manager, die Eigentumsanteile an staatlichen Unternehmen halten, und solche Manager, die Eigentümer ihrer Unternehmen sind und diese autonom leiten (*Williams* 1990). Insbesondere vom letzten Typus könnte erwartet werden, daß er einen Stil übernimmt, der mit dem von chinesischen Unternehmen in Gebieten in Übersee vergleichbar ist, und daß er seine Familie in ähnlicher Weise einbindet.

Redding (1990) folgert aufgrund seiner umfangreichen Studie über chinesische Eigentümer-Manager in Südostasien, daß diese ein im Vergleich zu anderen Kulturen ungewöhnliches Ausmaß an Ehrerbietung von ihren Mitarbeitern erwarten können, und daß die Unterwürfigkeit der Mitarbeiter auch das Ergebnis einer im hohen Maß personalisierten Beziehung ist. Er findet eine übereinstimmende Auffassung bei den Eigentümer-Managern und ihren Mitarbeitern dahingehend, daß es des Eigentümers und niemand anderes Recht sei, Entscheidungen zu fällen. Er kommentiert: „Die Mischung aus Macht und Eigentum sowie der Alleinverantwortlichkeit des Eigentümers als auch aus der traditionsbedingten Ehrerbietung durch die Mitarbeiter erlauben es dem Führenden, in der chinesischen Tradition des Paterfamilias seine eigenen Ratsversammlungen abzuhalten, in der Stille über Probleme zu grübeln, bis er durch diesen Prozeß – der am passendsten, aber nicht notwendigerweise akkurat mit ‚Intuition' bezeichnet wird – zu einer Strategie gelangt" (S. 163).

Eine der Schwierigkeiten, die *Redding* im Hinblick auf diesen paternalistischen Führungsstil festhält, ist, daß er ein Empfinden von Omnipotenz annehmen kann, das hinderlich werden kann: „Alle Angelegenheiten, ob groß oder klein, neigen dazu, vom Schreibtisch des Chefs angezogen zu werden" (S. 131). Dieses in der Forschung über Direktoren staatlicher Unternehmen auf dem chinesischen Festland festgestellte Problem ist mit der Zentralisierung von Entscheidungen und der Abneigung gegenüber Delegation assoziiert.

Redding argumentiert, daß unter Chinesen eine „vertikale Ordnung (besteht), die – global betrachtet – nicht einzigartig ist, sich dennoch aus eigenen Gründen herleitet. Sie ist tief in der modalen Persönlichkeit des Chinesen verankert" (S. 61). Die verschiedenen chinesischen Staaten nähern sich an; zugleich modernisiert das chinesische Festland und wird stärker in die Ordnung der Weltwirtschaft integriert. Ob jedoch der besondere Charakter der chinesischen Art der Führung unter den nun entstehenden Bedingungen erhalten bleiben wird, bleibt abzuwarten.

Literatur

Boisot, M./Child, H.: The Iron Law of Fiefs: Bureaucratic Failure and the Problem of Governance in the Chinese System Reforms. In: ASQ, 1988, S. 507–527.
Boisot, M./Xing, G. L.: The Nature of Managerial Work in China. In: *Campbell, N./Plasschaert, S. R. F./Brown, D. H.* (Hrsg.): The Changing Nature of Management in China. Advances in Chinese Industrial Studies. 2. A., Greenwich 1991.
Boisot, M./Xing, G. L.: The Nature of Managerial Work in the Chinese Enterprise Reforms. A Study of Six Directors. In: OS, 1992, S. 161–184.
Chen, D.: The Contract Management Responsibility System in China: An Institutional Interpretation. Unpublished PhD Thesis. Aston University 1993.
Child, J. et al.: The Management of Equity Joint Ventures in China. Beijing: China-European Community Management Institute 1990.
Child, J./Lu, Y.: Industrial Decision Making under China's Reform 1985–1988. In: OS, 1990, S. 321–351.
Child, J.: Management in China during the Era of Reform. Cambridge 1994.
Chow, I. H.: Chinese Managerial Work. In: Journal of General Management, 1992, S. 53–67.
Chung, T. S.: Managerial Motivation in the PRC: A Preliminary Look at Senior Managers in the Electronics Industry in the PRC. MBA Dissertation. Newport University 1990.
Hildebrandt, H. W./Liu, J.: Career and Education Patterns of Chinese Managers. In. The China Business Review, Nov-Dec 1988, S. 36–38.
Hofstede, G./Bond, M. H.: The Confucius Connection: from Cultural Roots to Economic Growth. In: Organizational Dynamics, 1988, S. 4–21.
Laaksonen, O.: Management in China During and After Mao. Berlin 1988.
Lu, Y./Heard, R.: Socialized Economic Action: A Comparison of Strategic Investment Decisions in China and Britain. In: OS, 1995.
Mintzberg, H.: The Nature of Managerial Work. New York 1973.
Qian, Y./Xu, C.: Why China's Economic Reforms Differ. The Development Economics Research Programme, London School of Economics, Paper CP Nr. 25, 1993.
Redding, S. G.: The Spirit of Chinese Capitalism. Berlin 1990.
Smith, D. H.: Confucius and Confucianism. London 1973.

Stewart, W.: China's Managers. In: The International Executive, 1992, S. 165–179.
Stewart, S./Chong, C. H.: Chinese Winners: Views of Senior PRC Managers on the Reasons for their Success. In: International Studies of Management and Organization, 1990, S. 57–68.
Walder, A. G.: Factory and Manager in an Era of Reform. In: The China Quarterly, 1989, S. 242–264.
Wang, Z.-M.: Psychology in China. In: Annual Review of Psychology, 1993, S. 87–116.
Wang, Z.-M./Heller, F. A.: Patterns of Power Distribution in Managerial Decision Making in Chinese and British Industrial Organizations. In: International Journal of Human Resource Management, 1993, S. 113–128.
Whitley, R.: Business Systems in East Asia. London 1992.
Williams, E. E.: The Emergence of Entrepreneurship in China. In: Child, J./Lockett, M. (Hrsg.): Reform Policy and the Chinese Enterprise, Greenwich 1991.

Führungsforschung/Führung in Großbritannien

Paul Dainty/Andrew Kakabadse

[s. a.: Führungstheorien, von Dyaden zu Teams; Führungsforschung, Inhalte und Methoden; Führungstheorien – Austauschtheorie, – Eigenschaftstheorie, – Kontingenztheorie, – Machttheorie, – Situationstheorie, – Vroom/Yetton-Modell, – Weg-Ziel-Theorie; Mikropolitik und Führung.]

I. Einführung; II. Führung – Definitionsprobleme; III. Traditionelle Führungstheorien; IV. Macht und Einfluß; V. Neuere Entwicklungen.

I. Einführung

Führung ist zweifellos ein faszinierendes und populäres Analyseobjekt. *Bass* (1990a) zählt in der letzten Ausgabe von *Stogdills Handbook of Leadership* 7500 Literaturhinweise auf.

Trotz dieser großen Zahl an Veröffentlichungen bleibt Führung ein rätselhaftes Phänomen, auch wenn in den letzten Jahren in Großbritannien Fortschritte in der Führungsforschung erzielt worden sind. Nach wie vor ist dieses Forschungsgebiet jedoch von ausländischen, insb. amerikanischen Ansätzen geprägt. Dies bedeutet jedoch weder, daß es keine bedeutenden Beiträge zum britischen Verständnis von Führung gibt, noch, daß Großbritannien auf allen Gebieten der Führungsforschung dem Trend nur folgt, statt ihn selbst zu setzen. Vielmehr unterstreicht die Tatsache, daß die Führungsforschung in Großbritannien von Ansätzen in anderen Ländern beeinflußt wird, die Internationalisierung in der Führungsforschung.

Aus diesem Grund muß der britische Ansatz zur Führung im umfassenden Kontext der allgemeinen theoretischen Entwicklungen gesehen werden. Im folgenden wird ein kurzer Überblick über Führungsstudien unter besonderer Berücksichtigung bedeutender britischer Entwicklungen, Beiträge und Ergebnisse gegeben.

II. Führung – Definitionsprobleme

Bass (1990a) stellt fest, daß es so viele verschiedene Definitionen von Führung gibt wie Personen, die versuchen, das Konzept zu definieren. Zudem sind viele dieser Definitionen mehrdeutig. Dennoch scheint es drei Aspekte der Führung zu geben, über die eine gewisse Übereinstimmung besteht. Führung ist ein Beeinflussungsprozeß, an dem mehr als eine Person beteiligt ist und bei dem der Führer zielorientiert agiert. Die Definition ist jedoch insofern problematisch, da auch Konzepte wie Management und Politik als zielorientierte Beeinflussungsprozesse verstanden werden. Es wird sichtbar, daß nicht nur die Definition des Konzeptes, sondern auch die Festlegung relevanter Einflußfaktoren erhebliche Probleme bereitet.

Trotz der Forderung nach einer stärkeren konzeptionellen Integration (*Yukl* 1981; *Hunt* et al. 1984) existieren auf theoretischer Ebene eine Fülle zugrundegelegter Philosophien und Forschungsmethoden (*Bass* 1990a; *Clarke/Clarke* 1990). *Bass* (1990a) geht z. B. von 23 verschiedenen theoretischen Ansätzen zur Betrachtung von Führung aus. Er identifiziert Eigenschaftstheorien, psychoanalytische Theorien, humanistische Theorien, Wahrnehmungs- und kognitive Theorien sowie hybride Erklärungen.

Ferner kann festgehalten werden, daß die Aussagen der einzelnen Ansätze, unabhängig davon, auf welchen Konzepten sie beruhen, eine Reihe von Problemen aufwerfen. So weisen verschiedene Autoren (z. B. *Stogdill* 1974; *Miner* 1975; *Greene* 1977; *Karmel* 1978; *McCall/Lombardo* 1978; *Meindl* et al. 1985; *Yukl* 1989) auf wissenschaftliche Defizite, wie z. B. dürftige Methoden, konzeptionelle Probleme, zweideutige Definitionen, unangemessene Standpunkte, mangelnde Kohärenz und differierende Zielsetzungen, hin. Diese Mängel beeinträchtigen die Entwicklung zentraler Theorien und erschweren eine fundierte Forschung.

Bei dem Versuch, sich einen Überblick über die vorhandene Literatur zu verschaffen, stellt sich folglich die Frage, was zu berücksichtigen ist. In Großbritannien gibt es einige nennenswerte Beiträge von Akademikern und Praktikern, die eindeutig dem traditionellen Führungslager zugerechnet werden können. Dazu zählen Autoren wie *Bryman* (1992); *Jaques* (1991) und *Adair* (1989). Es gibt aber ebensoviele Verfasser, von *Stewart* (1989) über *Kakabadse* (1991) bis hin zu *Harvey-Jones* (1992), die über Management-Themen schreiben und neue Denkansätze in der Führungsforschung zu etablieren versuchen. Wir haben uns entschieden, beide Seiten zu berücksichtigen.

III. Traditionelle Führungstheorien

1. Eigenschaftstheorien

Die Untersuchung persönlicher Merkmale und Eigenschaften von Führern hat sich eines wechselhaften Erfolges erfreut. Einst äußerst populär, verlor sie mit der Entwicklung verhaltenswissenschaftlicher Ansätze an Beliebtheit. In jüngster Zeit stoßen eigenschaftstheoretische Ansätze (→*Führungstheorien – Eigenschaftstheorie*) vor allem im Zusammenhang mit charismatischer Führung (*Bass* 1990b; *Bryman* 1992) jedoch auf erneutes Interesse.

Es existieren zahlreiche Studien, in denen versucht wurde, die Charakteristika oder die persönlichen Qualitäten, die einen Führer ausmachen, zu spezifizieren. *Stogdill* (1948, 1974) hat in seinen beiden Überblicksartikeln zur Führungsliteratur über 280 Studien identifiziert, die Merkmale von Führern untersuchen. Bisher hat sich aber kein klares Bild abgezeichnet. Die These, bestimmte persönliche Charakteristika bedingen den Führungserfolg, konnte bislang nicht bestätigt werden, so daß die Schlußfolgerung, daß Führungskräfte nicht geboren werden, weiter gültig bleibt.

Assessment Center, die durch die Anwendung verschiedener Methoden versuchen, Eigenschaften und Fähigkeiten herauszufinden, sind eine praktische Konsequenz der eigenschaftsorientierten Ansätze. Interessanterweise gibt es einige Hinweise darauf, daß mit Hilfe von Assessment Centern Managementerfolg vorhergesagt werden kann (*Huck* 1973; *Wexley/Yukl* 1984). Bedeutsamer ist in Großbritannien allerdings die Hinwendung zur Erforschung von Führungsfähigkeiten bzw. Führungsqualifikationen. Ursprünglich in Amerika entwickelt (*Boyatzis* 1982), haben diese als Folge der *Management Charter Initiative* ein weitverbreitetes Interesse, insb. unter Praktikern, gefunden.

Fähigkeiten können prinzipiell zur Untersuchung des Arbeitsverhaltens herangezogen werden. Aber gerade die Analyse von Führungsfähigkeiten ist auf ein beträchtliches Interesse gestoßen.

Die Bestimmung von Eigenschaften spielt auch in diesem Bereich eine, wenn auch nicht ausschließliche, so doch wichtige Rolle. Alleine bei der Art und Weise, wie Fähigkeiten evaluiert werden, wird der Rückgriff auf Eigenschaften deutlich (*Boam/Sparrow* 1992).

Teilweise wird auch bei der Entwicklung der charismatischen Führung (→*Führungstheorien – Charismatische Führung*), die später diskutiert wird, auf die Analyse von Eigenschaften zurückgegriffen.

Die Unbestimmtheit des eigenschaftsorientierten Konzeptes wird immer mehr zu einem Problem. *Bryman* (1992) weist darauf hin, daß Vertreter des eigenschaftsorientierten Ansatzes üblicherweise persönliche Charakteristika, die angeboren und einer allgemeinen Änderung nicht zugänglich waren, betont haben. Es besteht die Gefahr, daß der Begriff „Eigenschaft" überstrapaziert wird, indem er auf jede Variable angewendet werden kann, die den Führer vom Nicht-Führer unterscheidet, einschließlich von Verhaltensmustern und genereller Fähigkeiten.

2. Führungsstil- und Verhaltenstheorien

Kontroversen bzgl. der zu berücksichtigenden Eigenschaften und die anschließende Desillusionierung bzgl. der damit verbundenen Theorien hat zu einer wachsenden Beachtung von Modellen geführt, die das Verhalten der Führungskräfte oder deren Führungsstil betonen. Die Unterscheidung zwischen Eigenschafts- und Führungsstiltheorien spiegelt in gewisser Weise die Diskussion um angeborenes und erlerntes Führungsverhalten wider. Wie die Diskussion schon angedeutet hat, ist die Trennung zwischen diesen beiden Theorien nicht so einfach. Führungsstiltheorien gehen jedoch eher von der Möglichkeit aus, daß Führungserfolg entwickelt werden kann, als daß man damit geboren wird.

Zwei Begriffe, die auf die *American Ohio State Leadership* Studien (*Shartle* 1950) zurückgehen, haben die Theorien auf diesem Gebiet dominiert. Es wurden dabei zwei Arten, nach denen Untergebene das Verhalten ihrer Führer wahrnehmen, identifiziert:

- *Mitarbeiterorientierung* – Unterstützung, Beratung, Freundlichkeit;
- Strukturierung *(Aufgabenorientierung)* – (an)leiten, Rollen verdeutlichen, planen.

Diese Differenzierung wurde häufig in anderen Ansätzen aufgegriffen (z. B. *McGregor* 1960; *Blake/Mouton* 1964; *Bowers/Seashore* 1966 und *Likert* 1967). Obwohl sie nicht alle gleichen Ursprungs sind und die Theorien sich ergänzende Aspekte enthalten, ist ihre zugrundeliegende Basis dieselbe. Ganz allgemein stellen sie einen *autoritären Führungsstil* einem *demokratischen* gegenüber.

Diese Theorien hatten insbesondere auf Kontingenzmodelle (→*Führungstheorien – Kontingenztheorie*) einen bedeutenden Einfluß. Auch wenn sie zum Verständnis von Führung beitragen und der Einfluß auf das Führungsdenken und -training in Großbritannien unverkennbar ist, ergeben sich etliche Problemfelder.

Das Hauptproblem besteht im gewählten Begriffspaar *(Aufgaben-* und *Mitarbeiterorientierung)*, auf denen die Modelle basieren. Die Richtung und das Ausmaß der Korrelation zwischen *Mitarbeiter-* und *Aufgabenorientierung* und verschiedenen weiteren Ergebnisgrößen sind nämlich höchst unterschiedlich (*Bryman* 1992). Ebenso ist zu fragen, ob die gemeinsame oder die getrennte Betrachtung von Mitarbeiter- und Aufgabenorientierung sinnvoller erscheint (*Fisher/Edwards* 1988).

3. Kontingenz-/Situationstheorien

Ein Kritikpunkt an den Führungsstilansätzen richtet sich gegen die Vernachlässigung der situativen Analyse (*Korman* 1966), obwohl, wie *Bryman* (1992) aufzeigt, manche versucht haben, diese Einschränkung mit dem Ohio-Ansatz zu erklären (z. B. *Katz* 1977; *Schriesheim* 1980). Situative Ansätze haben diese Beschränkung überwunden und gehen davon aus, daß Führungserfolg stärker von *Situationsvariablen* abhängt als von persönlichen Eigenschaften oder dem Verhalten des Führenden. Die populärsten Situationstheorien haben ihre Wurzeln in Führungsstiltheorien, und viele von ihnen betonen und kombinieren aufgabenorientiertes und mitarbeiterorientiertes Verhalten der Führer.

Eine Situationstheorie ist die Weg-Ziel-Theorie (→*Führungstheorien – Weg-Ziel-Theorie*), die ihren Ursprung in dem Versuch von *House* (1971, 1973) hat, die Forschungen zur Aufgaben- und Mitarbeiterorientierung in Einklang zu bringen. Sie wurde erweitert von *House/Dressler* (1974) und *House/Mitchell* (1974). Die Autoren argumentieren, daß die Auswirkungen des Führungsverhaltens auf die Zufriedenheit und die Leistung der Untergebenen von der Situation, einschließlich der Aufgabenmerkmale sowie den Eigenschaften der Untergebenen abhängig sind. Im Grunde wird nach Lösungen gesucht, wie eine Führungskraft einen Mitarbeiter durch Erhöhung der persönlichen Entlohnung einerseits und durch Reduzierung von Barrieren andererseits dazu bewegen kann, ein Ziel zu erreichen.

Obwohl die Aussagen nur zum Teil in empirischen Tests bestätigt werden konnten (*Schriesheim/von Glinow* 1977; *Evans* 1986; *Indvik* 1986) und es nur wenige britische Untersuchungen gibt, hat die Weg-Ziel-Theorie, wie *Yukl* (1989) und *Roskin* (1983) herausgearbeitet, u. a. einen gewichtigen Vorteil. Sie stellt einen konzeptionellen Rahmen zur Verfügung, der die Forscher bei der Suche nach potentiell bedeutenden Situationsvariablen bzw. Situationseinflüssen unterstützt und daher auch weiterhin im britischen Umfeld für Studien herangezogen werden sollte.

Eine Situationstheorie (→*Führungstheorien – Situationstheorie*), die bisher überraschenderweise nur auf geringes Forschungsinteresse gestoßen ist – obwohl sie einen erheblichen Einfluß auf die Vorstellungen zur Führung und die Gestaltung von Führungsprogrammen in Großbritannien gehabt hat –, ist die situative Führungstheorie von *Hersey/Blanchard* (1969, 1977, 1984). Sie stellt eine Erweiterung des *Managerial Grids* von *Blake/Mouton* (1964), *Reddins 3-D-Managementstil-Theorie* (1967) und der *Reife-Unreife-Theorie* von *Argyris* (1964) dar. Wiederum spielen Führungsstile eine Rolle, die mit „*Aufgabenverhalten*" und „*Beziehungsverhalten*" betitelt werden. Darüber hinaus wird das Konzept der „*Reife*" des Mitarbeiters verwendet, das die Angemessenheit des Verhaltens einer oder beider Seiten berührt.

Die situative Führungstheorie ist eine amerikanische Theorie, die Forschung und Lehre in Großbritannien beeinflußt hat. Sie übt eine faszinierende Attraktivität aus, da sie verschiedene Führungsstile deutlich macht und die spezifischen Auswirkungen hervorhebt. Doch auch sie hat eine Reihe von Nachteilen. Auf diese Theorie treffen die gleichen Kritikpunkte zu, wie sie schon zuvor gegen die mitarbeiter- und aufgabenorientierten Theorien vorgebracht wurden. Sie vernachlässigt eine Reihe von situativen Variablen und darüber hinaus ist das Konzept der „*Reife*" sehr weit gefaßt. Ferner konnte die empirische Evidenz der Aussagen nur sehr partiell und schwach nachgewiesen werden (*Hambleton/Gumbert* 1982; *Lueder* 1985; *Blank* et al. 1986).

Die Theorie leistet aber insofern Positives, da sie flexibles und anpassungsfähiges Führungsverhalten unterstreicht und dazu anhält, Untergebene grundsätzlich differenziert und unterschiedlichen Kontexten gemäß zu behandeln (*Yukl* 1989).

Eine kognitive Theorie, die ebenfalls genannt werden sollte, weil sie Auswirkungen auf das Führungsdenken im britischen Umfeld gehabt hat, ist das *Vroom-Yetton-Modell* (1973) (→*Führungstheorien – Vroom-Yetton-Modell*). In diesem wird ein Entscheidungsbaum genutzt, anhand dessen die Führenden zu entscheiden haben, ob sie bei der Entscheidungsfindung *autoritär* oder *partizipativ* vorgehen, d. h. ob bzw. inwieweit Untergebene an der Entscheidungsfindung beteiligt werden sollten. Auch diese Theorie hat eine Reihe von Nachteilen.

Field (1979) deutet z. B. an, daß die Gültigkeit des Modells in Frage zu stellen ist, da bei der Entscheidungsfindung durch den Vorgesetzten dem Sinn nach gleiche Variablen – mit unterschiedlichen Namen versehen – benutzt werden. Weiter kritisiert er die mangelnde Sparsamkeit des Variableneinsatzes.

Vroom/Jago (1988) haben die Ergebnisse des *Vroom-Yetton-Modells* überprüft und eine verarbeitete, die frühere Form verbessernde Version unterbreitet. Noch immer sind aber mit dieser Theorie Beschränkungen verbunden, auch wenn *Yukl* (1989) darauf hinweist, daß diese Theorie die am besten untermauerte situative Führungstheorie ist. Die statistische Basis dieses Modells und die augenscheinliche Gültigkeit für britische Manager (*Roskin* 1983) machen es gleichzeitig zu einem wirkungsvollen situativen Führungsstilmodell und einem praktischen Trainingsinstrument. Die Entwicklung individueller computergestützter Simulationsprogramme hat es weiterhin ermöglicht, daß die Konsequenzen einer Fehlentscheidung und mögliche Alternativen aufgezeigt werden, was die Attraktivität dieses Modells zusätzlich steigert.

IV. Macht und Einfluß

Macht und Einfluß spielen stark in das Gebiet der Führung hinein, und es ist bisweilen schwierig, die einzelnen Bereiche auseinanderzuhalten.

So kann z. B. die in den Führungsstiltheorien anzutreffende Bandbreite von autoritärem zu demokratischem Führungsverhalten unter Machtgesichtspunkten als differenzierte Betonung von Macht verstanden werden. Bei einem autoritären Führungsstil liegt die Macht beim Führenden, bei einem demokratischen Führungsstil liegt die Macht in einem größeren Umfang bei den Untergebenen.

Wie auch bei dem Begriff Führung treten bei Macht und Einfluß definitorische Probleme auf.

Yukl (1989) versteht unter Macht die Fähigkeit einer Person, eine Zielperson beeinflussen zu können. Andere Autoren haben Macht und Einfluß deutlich getrennt, indem Macht als eine *Ressource* angesehen wird, die ein einzelner potentiell besitzt, um einen anderen oder andere zu beeinflussen (*Jacobs* 1970; *Pollard/Mitchell* 1971; *Grimes* 1978). Einfluß hingegen ist der *Prozeß*, mit dessen Hilfe eine Person die Einstellungen oder das Verhalten einer anderen Person verändert.

Trotz dieser definitorischen Probleme ist der Machtbegriff in unterschiedlicher Art und Weise von verschiedenen Theoretikern benutzt worden (*Pfeffer* 1981; *Mintzberg* 1983; *Kotter* 1985; *House* 1988).

Viele Studien, die die Auswirkungen verschiedener Machtformen verglichen haben, haben die Machttypologie von *French/Raven* (1959) verwendet. Arbeiten in diesem Bereich stammen von *Hammer* (1973), *Thambain/Gemmill* (1974), *Dunne* et al. (1978) oder *Sheriden/Vredenburgh* (1978). Aber es gab auch einige britische Entwicklungen, wie etwa *Cavanaughs* (1984) Typologie sozialer Macht. In neueren Abhandlungen zur Führung (z. B. *Yukl* 1989) wird noch immer ausführlich auf *French/Ravens* Typologie Bezug genommen.

Genau wie im Rahmen der Macht, hat es auch auf dem Gebiet des Einflusses eine Tendenz gegeben, die Entwicklung von Typologien zu betonen und diese als Grundlage der Forschung zu verwenden.

Eine Reihe solcher Arbeiten sind im Laufe der Zeit verfaßt worden, wie die von *Etzioni* (1961), *Cartwright* (1965), *Patchen* (1974), *Lee* (1977), *Kipnis* et al. (1980), *Yukl/Falbe* (1991). In einigen Fällen waren britische Forscher beteiligt (*Kipnis* et al. 1984). Prinzipiell gelten auch hier die gleichen Beschränkungen wie bei der Anwendung von Machttypologien.

In den USA hat sich durch einige Autoren (z. B. *Pfeffer* 1981, 1992; *Cohen/Bradford* 1990) ein wachsendes Interesse für Fragen des Gebrauchs von Macht und Einfluß entwickelt. Auch in Großbritannien besteht traditionell ein starkes Interesse an der Untersuchung von Einfluß und Macht (z. B. *Pettigrew* 1977; *Kakabadse* 1983; *Mangham* 1986; *Baddeley/James* 1990). Dieses Forschungsgebiet weist jedoch spezifische Probleme auf, angefangen mit den negativen Konnotationen (*Cobb* 1985), die das Machtkonzept umgeben, bis hin zu Beschränkungen durch positivistische Forschungsmethoden und Zugangsschwierigkeiten (*Meyer* 1983). Neue Perpsektiven, die Macht von (Mikro)politik in Organisationen (→*Mikropolitik und Führung*) unterscheiden, sind von *Kakabadse* (1983), *Stephenson* (1985) und *Baddeley/James* (1990) aufgetan worden. Während Macht im allgemeinen als *Ressource* angesehen wird, die potentiell zur Beeinflussung anderer genutzt werden kann, wird Mikropolitik als *Prozeß* verstanden, andere zu beeinflussen. In dieser Hinsicht teilen Mikropolitik und Führung ein wichtiges gemeinsames Charakteristikum – beide können als Schlüsselgrößen zur Steigerung persönlichen Einflusses angesehen werden.

Genau an diesem Punkt enden die Gemeinsamkeiten der beiden verschiedenen Perspektiven. Welche Führungsperspektive auch immer eingenommen wird, es wird vorausgesetzt, daß die mögliche Zahl der anwendbaren Führungsstile begrenzt ist (*Hersey/Blanchard* 1984). Im Gegensatz dazu wird bei der Gleichsetzung von Management- und Führungsverhalten mit Mikropolitik angenommen, daß jeder Ansatz oder Stil, der ein Klima gemeinsamer Ansicht schafft, angemessen ist. Daher ist verdecktes oder offensichtliches Agieren gleichermaßen akzeptabel, solange die gewünschten Ziele erreicht werden. Dies ist die entscheidende Abweichung von der gegenwärtigen Diskussion über Führung, in welcher die Offenheit des Führungsverhaltens betont wird.

Ein weiterer Bereich im Rahmen der Machtansätze, der in die Hauptrichtung der Führungsliteratur integriert worden ist, soll kurz hervorgehoben werden. Dieser Bereich konzentriert sich um die *soziale Austauschtheorie* und ist wahrscheinlich öfter unter der Bezeichnung *transaktionale Führung* behandelt worden. Sie stellt einen Versuch dar, die Prozesse gegenseitiger Beeinflussung und insbesondere den Austausch von Belohnungen und Vergünstigungen zwischen Führer und Geführtem im Zeitablauf zu erklären.

Nach *Alban Metcalfe* (1983) gingen frühere Untersuchungen zur Führer-Geführten-Beziehung von der Voraussetzung aus, daß das Verhalten des Führenden das Verhalten der Untergebenen verursacht (*Vroom* 1964; *Korman* 1966). Tatsächlich beinhalten noch immer die meisten Definitionen von Führung diese Annahme. Trotzdem zeichnet sich, gestützt durch zahlreiche theoretische und empirische Arbeiten, ein Trend ab, der dem Geführten einen erheblichen Einfluß auf das Verhalten der Führenden beimißt (*Lowin/Craig* 1968; *Crowe/Bochner/Clarke* 1972). Innerhalb der *sozialen Austauschtheorie* haben seit *Blaus* (1964)

Arbeit zahlreiche Autoren die Vorstellung weiterentwickelt, daß der Beeinflussungsprozeß auf Gegenseitigkeit beruht. Besonders die Theorien von *Jacobs* (1970) und *Hollander* (1979) haben sich mit diesem Aspekt der Führung beschäftigt. In Ergänzung dazu hat eine Variante der sozialen Austauschtheorie, die *Theorie der Führungsdyaden* (→*Führungstheorie, von Dyaden zu Teams*), Austauschbeziehungen mit verschiedenen Geführten untersucht (*Graen/Cashman* 1975; *Liden/Graen* 1980; *Bass* 1990a).

Untersuchungen auf diesem Gebiet und die in einem größeren Umfang vorgenommene Erforschung der Rolle der Geführten könnten wertvolle Erkenntnisbeiträge liefern, da der immer noch größte Teil der bisherigen Arbeiten auf der Annahme basiert, daß die Führenden ausschließlich diejenigen sind, die führen. Trotz alle dem scheint der Trend von den Austauschbeziehungen wegzuführen und ist in der Tat, wie *Bryman* (1992) feststellt, von manchen Autoren schon fast vollzogen. Die Tendenz zur *transformationalen Führung*, welche später diskutiert wird, hat das Interesse vielleicht von einem wichtigen Forschungsbereich abgewendet, der fruchbarerweise verfolgt werden könnte und dem in Großbritannien in einem größeren Ausmaß nachgegangen wird.

V. Neuere Entwicklungen

In den letzten fünf bis zehn Jahren hat es außerhalb der oben diskutierten Gebiete – nicht nur in Großbritannien – sehr interessante Entwicklungen auf dem Gebiet der Führungsforschung gegeben. Obwohl viele dieser neuen Forschungsfelder im Zusammenhang mit den bisher diskutierten Fragestellungen stehen, halten einige Autoren sie für innovativ genug, um sie unter dem Begriff „Neue Führung" zu subsumieren (*Bryman* 1992). Was tatsächlich unter „Neue Führung" fällt, ist wie der Begriff der Führung selbst, nicht eindeutig.

Ein Bereich, der definitiv der „Neuen Führung" zurechenbar erscheint, ist die *charismatische Führung* (*House* 1977; *Conger* 1989; *Nadler/Tushman* 1990; →*Führungstheorien – Charismatische Führung*). Verwandt mit dieser ist die Idee der *transformationalen Führung*, die auf *Burns* (1978) zurückgeht und von Autoren wie *Bass* (1985, 1990b) und *Tichy/Devanna* (1990) weiterentwickelt wurde. Beide, *Burns* und *Bass*, unterscheiden zwischen transaktionaler und transformationaler Führung. *Transaktionale Führung* wird in diesem Fall als ein *Austausch* gesehen, bei dem der Führer die Untergebenen für die Einhaltung seiner Erwartungen belohnt (*Bass* 1985). *Transformationale Führung* auf der anderen Seite beschäftigt sich mit der Frage, wie die Untergebenen zu *motivieren* sind, daß sie Leistungen erbringen, die die Erwartungen übersteigen.

Ebenfalls Teil dieser Überlegungen ist die *visionäre Führung* (*Sashkin* 1986, 1988), die *inspirierende Führung* (*Bass* 1985) und die sogenannte „*magischen*" *Führung* (*Nadler/Tushman* 1989).

Bryman (1992) hat in der „Neuen Führungsliteratur" Merkmale identifiziert, die eine Unterscheidung gerechtfertigt erscheinen lassen. So wird besonderes Gewicht auf Visionen, Motivation und Inspiration, Wandel und Innovation, Delegation, Engagement (→*Loyalität und Commitment*), Initiierung von Extra-Anstrengungen sowie Einfühlungsvermögen gelegt.

Was haben britische Forscher und Autoren zur „Neuen Führung" beigetragen? Sie haben einige wichtige Erkenntnisse im Bereich der Diskussion aktueller Führungsfragen, bei der kritischen Auseinandersetzung mit wesentlichen Trends, bei der Entwicklung von Führungsanforderungen und -fähigkeiten geliefert.

Bezüglich der Forschung zu gegenwärtigen Führungsfragen hat es eine Reihe von Beiträgen britischer Forscher und Autoren auf einem in Amerika sehr populären Gebiet gegeben, das aber unverkennbar in britischer Tradition steht.

Dies betrifft die obersten Führungskräfte einer Unternehmung, welche in den USA z. B. von *Manz* (1992), *Tichy/Devanna* (1990) und *Bennis/Nanus* (1985) untersucht worden sind. In Großbritannien hat *Jaques* Beiträge zu Führungskräften auf Leitungsebenen, zu deren kognitiven Prozessen sowie zu Fragen der organisatorischen Komplexität und Strukturebenen geliefert (z. B. *Jacobs/Jaques* 1987; *Jaques/Clement* 1991). *Norburn* (1985) und *Cox/Cooper* (1988) haben Unternehmensführer untersucht. *Harvey-Jones* war sowohl Gegenstand von Studien (*Tichy/Devanna* 1990; *Kotter* 1990) als auch Untersuchender (*Harvey-Jones* 1992). *Kakabadse* hat Fragen in Bezug auf die obersten Führungskräfte, sowohl im öffentlichen (*Kakabadse/Dainty* 1988) als auch im privaten Sektor (*Margerison/Kakabadse* 1984; *Kakabadse* 1991) betrachtet.

Andere britische Forscher haben Beiträge geliefert, die eine breitere Diskussion über Führung und Management anregten (z. B. *Stewart* 1982, 1989). Darüber hinaus sind auf unteren Hierarchieebenen Fragen, die von transformatonaler Führung (*Beatty/Lee* 1992) bis hin zu Delegationsproblemen (*Gratton/Pearson* 1993) reichen, untersucht worden. Dies ist eine Fortführung einer langen britischen und europäischen Tradition, die generell auf Fragen der Partizipation abzielt (*Hunt* et al. 1984) und die in dieser Form auf der anderen Seite des Atlantiks, aufgrund unterschiedlicher industrieller Beziehungen und Traditionen, nicht diskutiert werden.

Ein zweiter Bereich von Beiträgen bezieht sich auf die kritische Auseinandersetzung mit Trends in der Führungsforschung. *Pettigrew* hat z. B. Führungsprobleme im Bereich der Politik (1973, 1977) und beim organisatorischen Wandel (1985a, 1985b, 1990) untersucht. Zu nennen sind auch Autoren wie *Bryman* (1986, 1992) und *Stewart* (1984). *Stewart* hat in ihren Studien über Manager die Grenzen der amerikanischen Führungsforschung und die Leistungen der europäischen Perspektive hervorgehoben.

Der dritte Bereich bezieht sich auf die Entwicklung der Führungsfähigkeiten und des Führungstrainings. *Alban Metcalfe* (1982, 1983), der für einen Ausbau praktischer Trainingsprogramme zur Verbesserung von Führungsfähigkeiten eintritt, hat die speziellen britischen Entwicklungen erläutert.

Viele Unternehmen in Großbritannien haben eigene Systeme zur Führungskräfteschulung entwickelt, die zwar anregend, wenn auch nicht unumstritten sind (*Dainty/Lucas* 1992; *Read* 1993). Neben den Führungskursen kommerzieller Institute existieren eine Reihe populärwissenschaftlicher Beiträge und Veröffentlichungen, die das Ziel verfolgen, den Erwerb und Ausbau von Führungs- und Managementfähigkeiten zu unterstützen (z. B. für leitende Führungskräfte *Mumford* et al. 1987; *White* 1990; und für Nachwuchsführungskräfte *James* 1991).

Darüber hinaus beschäftigen sich internationale Institutionen wie das International Consortium for Executive Development and Research (ICEDR) mit den Resultaten der Führungskräfteentwicklung in der Praxis.

Hier ist aber Vorsicht geboten. Da die Empfehlungen der praxisorientierten Führungsliteratur nur selten durch entsprechende Erfolge belegt werden können und zudem nach wie vor gegensätzliche Auffassungen von Führungserfolg existieren – je nachdem wie die Nöte und Bedürfnisse der Wirtschaft gerade aussehen –, sollte der Beitrag von Schulungsmaßnahmen und Seminaren nicht überschätzt werden.

Welche Schlußfolgerungen können abschließend gezogen werden? Es existiert eine Vielzahl an Theorien, Methoden und Ansätzen. Weiterentwicklungen jeder Art sollten eher ermuntert als verurteilt werden. Großbritannien leistet im Bereich der Forschung und Hypothesengenerierung, der kritischen Auseinandersetzung und der Entwicklung praktischer Führungskräfteentwicklungsprogramme wichtige Beiträge. Dies muß aber im Zusammenhang mit einer zunehmenden Internationalisierung der Führungsforschung und der Führungsfragen gesehen werden. Zwar gibt es in Großbritannien fortgeführte und neu entstehende Trends, es besteht aber die ebenso große Notwendigkeit – was auch zunehmend erkannt wird – zu einem zusammenhängenden, integrierten und internationalen Ansatz zu kommen.

Literatur

Adair, J.: Great Leaders. Talbot Adair 1989.
Alban Metcalfe, B. M.: Leadership. In: JMS, 1982, S. 295–305.
Alban, Metcalfe, B. M.: How Relevant is Leadership Research to the Study of Managerial Effectiveness? In: Personnel Review, 1983, S. 3–8.
Argyris, C.: Integrating the Individual and the Organization. New York 1964.
Baddeley, S./James, K.: Political Management. In: Journal of Management Development, 1990, S. 42–59.
Bass, B. M.: Leadership and Performance Beyond Expectations. New York 1985.
Bass, B. M.: Bass and Stogdill's Handbook of Leadership. 3. A., New York/London 1990a.
Bass, B. M.: From Transactional to Transformational Leadership. In: Organizational Dynamics, 1990b, S. 19–31.
Beatty, C. A./Lee, G. L.: Leadership Among Middle Managers. In: HR, 1992, S. 957–989.
Bennis, W. G./Nanus, B.: Leaders: The Strategies for Taking Charge. New York 1985.
Blake, R. R./Mouton, J. S.: The Managerial Grid. Houston 1964.
Blank, W./Weitzel, J. R./Green, S. G.: Situational Leadership Theory. In: Academy of Management Meeting, Chicago 1986.
Blau, P. M.: Exchange and Power in Social Life. New York 1964.
Boam, R./Sparrow, P.: Designing and Achieving Competency. London 1992.
Bowers, D. G./Seashore, S. E.: Predicting Organizational Effectiveness with a Four Factor Theory of Leadership. In: ASQ, 1966, S. 182–189.
Boyatzis, R.: The Competent Manager. New York 1982.
Bryman, A.: Leadership and Organizations. London 1986.
Bryman, A.: Charisma and Leadership in Organizations. London 1992.
Burns, J. M.: Leadership. New York 1978.
Cartwright, D.: Influence, Leadership, Control. In: *March, J. G.* (Hrsg.): Handbook of Organizations. Chicago 1965, S. 1–47.
Cavanaugh, M.: A Typology of Social Power. In: *Kakabadse, A. P./Parker, C.* (Hrsg.): Power, Politics and Organizations. New York 1984.
Clark, K. E./Clark, M. B.: Measures of Leadership. Greensboro 1990.
Cobb, A. T.: Book Review. In: AMR, 1985, S. 624–626.
Cohen, A. R./Bradford, D. L.: Influence Without Authority. New York 1990.
Conger, J. A.: The Charismatic Leader. San Francisco 1989.
Cox, C. J./Cooper, C. L.: High Fliers. Oxford 1988.
Crowe, B. J./Bochner, S./Clark, A. W.: The Effects of Subordinates Behaviour on Managerial Style. In: HR, 1972, S. 215–237.
Dainty, P./Lucas, D.: Clarifying the Confusion. In: Management Education and Development Journal, 1992, S. 106–122.
Dunne, E. J./Stahl, M. J./Melhart, L. J.: Influence Sources of Project and Functional Managers in Matrix Organizations. In: AMJ, 1978, S. 135–139.
Etzioni, A.: A Comparative Analysis of Complex Organizations. New York 1961.
Evans, M. G.: Path-Goal Theory of Leadership. Unpublished Paper, University of Toronto 1986.
Field, R. H. G.: A Critique of the Vroom-Yetton Normative Model of Leadership. In: JAP, 1979, S. 523–532.

Fisher, B. M./Edwards, J. E.: Consideration and Initiating Structure and their Relationships with Leader Effectiveness. In: Academy of Management 1988, S. 201–205.

French, J. R. P./Raven, B.: The Bases of Social Power. In: Cartwright, D. (Hrsg.): Studies in Social Power. Ann Arbor 1959.

Graen, G./Cashman, J. F.: A Role Making Model of Leadership in Formal Organizations. In: Hunt, J. G./Larson, L. L. (Hrsg.): Leadership Frontiers, Carbondale, Ill. 1975.

Gratton, L./Pearson, J.: Empowering Leaders. Brighton 1993.

Green, C. N.: Disenchantment with Leadership Research. In: Hunt, J. G./Larson, L. L. (Hrsg.): Leadership. Carbondale, Ill. 1977.

Grimes, A. J.: Authority, Power, Influence and Social Control. In: ARM, 1978, S. 724–735.

Hambleton, R. K./Gumbert, K.: The Validity of Hersey & Blanchard's Theory of Leader Effectiveness. In: Group and Organization Studies 1982, S. 225–242.

Hammer, T.: Towards an Understanding of the Leadership Construct. Unpublished Paper, New York School of Industrial and Labour Relations 1973.

Harvey-Jones, J.: Getting it Together. London 1992.

Hersey, P./Blanchard, K. H.: Life Cycle Theory of Leadership. In: Training and Development Journal, 1969, S. 26–34.

Hersey, P./Blanchard, K. H.: Management of Organizational Behaviour. 3. A., Englewood Cliffs 1977.

Hersey, P./Blanchard, K. H.: Management of Organizational Behaviour, 4. A., Englewood Cliffs 1984.

Hollander, E. P.: Leadership and Social Exchange Processes. In: Gergen, K./Greenberg, M. S./Willis, R. S. (Hrsg.): Social Exchange, New York 1979.

House, R. J.: A Path Goal Theory of Leader Effectiveness. In: ASQ, 1971, S. 321–339.

House, R. J.: A Path Goal Theory of Leader Effectiveness. In: Fleishmann, E. A./Hunt, J. G. (Hrsg.): Current Developments in the Study of Leadership, Carbondale, Ill. 1973.

House, R. J.: A Theory of Charismatic Leadership. In: Hunt, J. G./Larson, L. L. (Hrsg.): Leadership: The Cutting Edge. Carbondale, Ill. 1977.

House, R. J.: Power and Personality in Organizations. In: Research in Organizational Behaviour. Greenwich 1988, S. 305–357.

House, R. J./Dressler, G.: The Path Goal Theory of Leadership. In: Hunt, J. G./Larson, L. L. (Hrsg.): Contingency Approaches to Leadership. Carbondale, Ill. 1974.

House, R. J./Mitchell, T. R.: Path-goal Theory of Leadership. In. Journal of Contemporary Business, 1974, S. 81–97.

Huck, J. R.: Assessment Centres. In: PP, 1973, S. 191–212.

Hunt, J. G./Hosking, D. M./Schriesheim, C. A./Stewart, R.: Leaders and Managers. New York 1984.

Indvik, J.: Path Goal Theory of Leadership. Chicago 1986.

Jacobs, T. O.: Leadership and Exchange in Formal Organizations. Alexandria 1970.

Jacobs, T. O./Jaques, E.: Leadership in Complex Systems. In: Zeidner, J. (Hrsg.): Measures of Leadership, Centre of Creative Leadership. Greensboro 1987.

James, S.: 50 Activities for Developing Management Skills. London 1991.

Jaques, E./Clement, S. D.: Executive Leadership. Cambridge, Mass. 1991.

Jaques, E.: The Changing Culture of a Factory. London 1991.

Kakabadse, A. P.: The Politics of Management. Chichester 1983.

Kakabadse, A. P.: The Wealth Creators. London 1991.

Kakabadse, A. P./Dainty, P.: Police Chief Officers. In: Journal of Managerial Psychology, 1988.

Karmel, B.: Leadership. In: AMR, 1978, S. 475–482.

Katz, R.: The Influence of Group Conflict on Leadership Effectiveness. In: Organizational Behaviour and Human Performance, 1977, S. 265–286.

Kipnis, D./Schmidt, S. M./Wilkinson, I.: Intraorganizational Influence Tactics. In: JAP, 1980, S. 440–452.

Kipnis, D./Schmidt, S. M./Swaffing-Smith, C. et al.: Patterns of Managerial Influence. In: Organizational Dynamics, 1984, S. 58–67.

Korman, A. K.: Consideration, Initiating Structure and Organizational Criteria. In: PP, 1966, S. 349–461.

Kotter, J. P.: Power and Influence. New York 1985.

Kotter, J. P.: A Force for Change: How Leadership Differs from Management. New York 1990.

Lee, J. A.: Leader Power for Managing Change. In: AMR, 1977, S. 73–80.

Likert, R.: The Human Organization: Its Management and Value. New York 1967.

Linden, R. C./Graen, G.: Generalizability of the Vertical Dyad Linkage Model of Leadership. In: AMJ, 1980, S. 451–456.

Lowin, A./Craig, J. R.: The Influence of Level of Performance on Managerial Style. In: OBHP, 1968, S. 440–458.

Lueder, D. C.: Don't be Misled by Lead. In: JABS, 1985, S. 143–151.

Mangham, I. L.: Power and Performance in Organizations. Oxford 1986.

Manz, C. C.: Mastering Self Leadership. New Jersey 1992.

Margerison, C. J./Kakabadse, A. P.: How American Chief Executives Succeed. New York 1984.

McCall, M. W./Lombardo, M. M. (Hrsg.): Leadership. Durham 1978.

McGregor, D.: The Human Side of the Enterprise. New York 1960.

Meindl, J. R./Ehrlich, S. B./Dukerich, J. M.: The Romance of Leadership. In: ASQ, 1985, S. 78–102.

Meyer, M. W.: Book Review. In: ASQ, 1983, S. 301–303.

Miner, J. B.: The Uncertain Future of the Leadership Concept. In: Hunt, J. G./Larson, L. L. (Hrsg.): Leadership Frontiers. Carbondale, Ill. 1975.

Mintzberg, H.: Power in and Around Organizations. Englewood Cliffs 1983.

Mumford, A./Robinson, G./Stradling, D.: Developing Directors. Sheffield 1987.

Nadler, D. A./Tushman, M. L.: What Makes for Magic Leadership? In: Rosenbach, W. E./Taylor, R. L. (Hrsg.): Contemporary Issues in Leadership. Westview, Boulder 1989.

Nadler, D. A./Tushman, M. L.: Beyond the Charismatic Leader. In: CMR, 1990, S. 77–97.

Norburn, D.: Corporate Leaders in Britain and America. Working Paper 85.19, Cranfield, 1985.

Patchen, M.: The Locus and Basis of Influence on Organizational Decisions. In: OBHP, 1974, S. 195–221.

Pettigrew, A. M.: The Politics of Organizational Decision Making. London 1973.

Pettigrew, A. M.: Strategy Formulation as a Political Process. In: International Studies of Management and Organization, 1977, S. 78–87.

Pettigrew, A. M. The Awakening Giant. Oxford 1985a.

Pettigrew, A. M.: Examining Change in the Long Term Context of Culture and Politics. In: Pennings, J. M.

(Hrsg.): Organizational Strategy and Change. San Francisco 1985b.
Pettigrew, A. M.: Is Corporate Culture Manageable. In: *Wilson, D. C./Rosenfeld, R. H.* (Hrsg.): Managing Organizations. London 1990.
Pfeffer, J.: Power in Organizations. Marshfield 1981.
Pfeffer, J.: Managing with Power. Boston 1992.
Pollard, W. E./Mitchell, T. R.: A Decision Theory of Social Analysis of Social Power. Technical Report 71-25, Washington 1971.
Read, S.: Personal Development Via the Outdoors. Pinnacle 1993.
Roskin, R.: Management Style and Achievement. In: Personnel Review, 1983, S. 9-13.
Sashkin, M.: True Vision in Leadership. In: Training and Development Journal, 1986, S. 58-61.
Sashkin, M.: The Visionary Leader. In: *Conger, J. A./Kanungo, R. N.* (Hrsg.): Charismatic Leadership. San Francisco 1988.
Schriesheim, C. A.: The Social Context of Leader-Subordinate Relations. In: JAP, 980, S. 183-194.
Schriesheim, C. A./von Glinow, M. A.: The Path-Goal Theory of Leadership. In: AMJ, 1977, S. 398-405.
Sheriden, J. E./Vredenburgh, D. J.: Usefulness of Leadership Behaviour and Social Power Variables in Predicting Job Tension, Performance, and Turnover of Nursing Employees. In: JAP, 1978, S. 89-95.
Stephenson, T.: Management. London 1985.
Stewart, R.: Choices for the Manager. Englewood Cliffs 1982.
Stewart, R.: Integrative Comments. In: *Hunt, J. G./Hoskin, D. M./Schriesheim, C. A./Stewart, R.*: Leaders and Managers. New York 1984.
Stewart, R.: Studies of Managerial Jobs and Behaviour. In: JMS, 1989, S. 1-10.
Stogdill, R. M.: Handbook of Leadership. A Survey of Theory and Research. New York 1974.
Stogdill, R. M.: Personal Factors Associated with Leadership. In: J. Psychol., 1948, S. 35-71.
Thambain, H. J./Gemmill, G. R.: Influence Styles of Project Managers. In: AMJ, 1974, S. 216-224.
Tichy, N. M./Devanna, M. A.: The Transformational Leader. 2. A., New York 1990.
Vroom, V. H.: Work and Motivation. New York 1964.
Vroom, V. H./Jago, A. G.: The New Leadership. Englewood Cliffs 1988.
Vroom, V. H./Yetton, P. W.: Leadership and Decision Making. Pittsburgh 1973.
Wexley, K. N./Yukl, G. A.: Organizational Behaviour and Personnel Psychology. Homewood 1984.
White, P.: Preparing for the Top. Industrial Society Press 1990.
Yukl, G. A.: Leadership in Organizations. 1. A., Englewood Cliffs 1981.
Yukl, G. A.: Leadership in Organizations. 2. A., Englewood Cliffs 1989.
Yukl, G. A./Falbe, C. M.: Importance of Different Power Sources in Downward and Lateral Relations. In: JAP, 1991, S. 416-423.

Führungsforschung/Führung in Japan

Moriyuki Tajima

[s. a.: Effizienz der Führung; Führungstheorien – Kontingenztheorie, – Vroom/Yetton-Modell, – Weg-Ziel-Theorie; Symbolische Führung.]

I. Einleitung; II. PM-Theorie der Führung; III. Kontingenz-Theorie der Führung; IV. Führung und Führerverhalten; V. Führung, Arbeitsgruppe und Organisation; VI. Fazit.

I. Einleitung

Wenn „Führung" als ein Einwirken eines Menschen auf Mitglieder einer Gruppe aufgefaßt wird, so läßt sie sich in verschiedenen Bereichen des Soziallebens nachweisen. Entsprechend gibt es verschiedene Richtungen der Führungsforschung, die das Phänomen Führung in den unterschiedlichen sozialen Institutionen und Organisationen zum Gegenstand haben. Hier werden hauptsächlich Forschungsarbeiten erörtert, die sich auf die Führung in Unternehmen beziehen. Eine Grobdefinition von Führung in Unternehmen könnte etwa lauten: Ein Unternehmungsmitglied wirkt auf die anderen in spezifischer Weise ein, um vorgegebene Ziele rationell zu erreichen. Darunter versteht man zunächst ein direktes Einwirken eines Gruppenmitglieds auf die anderen, also die *direkte* Führer-Geführten-Beziehung. Auf die Verhaltensweisen der Geführten und deren Handlungsergebnisse wirken jedoch auch die *äußeren Rahmenbedingungen* ein. In der Regel sind die kleineren Gruppen Bestandteile von größeren Organisationen, die durch die Regelung der Rahmenbedingungen und Beeinflussung der Einstellungen der Gruppenmitglieder das Leistungsverhalten und die Arbeitsergebnisse beeinflussen können. Auch hier stellt sich das Problem des Einwirkens auf Mitglieder einer Gruppe, allerdings in *indirekter Weise*. Die Führungsforschung im weiteren Sinne sollte auch diesen Fragenkomplex behandeln. Hier wird aber nur die Führungsforschung im engeren Sinne in Japan erörtert.

II. PM-Theorie der Führung

In Japan wurde die Führungsforschung im engeren Sinne nach dem Zweiten Weltkrieg stark von verhaltenswissenschaftlichen Arbeiten in den USA beeinflußt (→*Führungsforschung/Führung in Nordamerika*). Die Eigenschaftstheorie (→*Führungstheorien – Eigenschaftstheorie*), die versuchte, die Attribute erfolgreicher Führer zu erfassen, wurde bereits früh überwunden. Sie wurde abgelöst durch eine Forschungsrichtung, die die Charakteristik erfolgreichen Führungsverhaltens zu erklären versuchte, indem sie verschiedene Typen des Führungsverhaltens zur Leistung und/oder Zufriedenheit der Geführten in Beziehung setzt. Ein Beispiel ist die Unterscheidung in den *demokratischen* vs. *autoritären* Führungsstil. Die frühen Arbeiten der Ohio-Gruppe, die durch die Entwicklung der Führungsdimensionen *„Initiating Structure"* und *„Consideration"* bekannt wurde, gehören zu diesen Ansätzen. Diese Arbeiten sind in Japan sehr bekannt. Daneben existiert in Japan auch eine originelle eigenständige Entwicklung dieser Art. Es ist die *PM-Theorie der Führung*, entwickelt von der von J. *Misumi* geführten Gruppe an der Kyushu-Universität. Bereits im Jahre 1960 begann das Team eine eigenständige Führungsforschung, die lange Jahre fortgesetzt und als die PM-Theorie der Führung bekannt wurde. In dieser Theorie spielen die *PM-Typen des Führungsverhaltens* eine tragende Rolle. Sie sind den Dimensionen „Initiating Structure" und „Consideration" ähnlich, wurden aber aus Gruppenfunktionen abgeleitet, die aus vorangegangenen verhaltenswissenschaftlichen Forschungsarbeiten entwickelt worden waren. Nach *Misumi* lassen sich die Gruppenfunktionen in zwei unterschiedliche Dimensionen gliedern: die Funktion der Zielerreichung oder Aufgabenerfüllung innerhalb der Gruppe *(Gruppenfunktion P)* und die Funktion der Erhaltung und Verstärkung des Gruppenprozesses selbst *(Gruppenfunktion M)*. Das die Gruppenfunktion P fördernde und verstärkende Führungsverhalten wird als *Führungsverhalten P*, das die Gruppenfunktion M fördernde und verstärkende als *Führungsverhalten M* bezeichnet. Aufgrund dieser Unterscheidung wird das Verhalten eines Führers mit zwei unterschiedlichen Meßinstrumenten erfaßt, die aus je acht oder mehr 5-Stufen-Skalen bestehen. Entsprechend den erhobenen Werten wird das Führungsverhalten dann vier verschiedenen Dimensionen: PM, pM od. M, Pm od. P und pm zugeordnet, wie Abbildung 1 zeigt. Dabei weisen die großen Buchstaben auf stärker, die kleinen auf schwächer ausgeprägtes Verhalten hin.

Führungsverhalten M	Führungsverhalten P	stärker	schwächer
stärker		PM	pM od. M
schwächer		Pm od. P	pm

Abb. 1: PM-Typen des Führungsverhaltens

Das Unterscheidungskriterium zwischen „stärker" und „schwächer" ist der Mittelwert der Daten, die an den untersuchten Führern erhoben wurden.

Empirische Untersuchungen an zahlreichen Arbeitsgruppen in Betrieben der verschiedensten Wirtschaftszweige zeigten, daß im allgemeinen die Höhe der *Produktivität und Arbeitsmoral* auf Seiten der Geführten mit den PM-Typen korreliert. Produktivität und Arbeitsmoral der Geführten sind beim Führertyp PM am höchsten, während sie bei den Typen M, P und pm (in dieser Reihenfolge) deutlich abfallen. Die Konzeption wurde auch zur Erforschung des Führungsphänomens in anderen sozialen Organisationen und Institutionen wie öffentliche Verwaltung (→*Öffentliche Verwaltung, Führung in der*) Politik, Schule, Familie (→*Familie, Führung in der*) und Sport (→*Sport, Führung im*) verwendet. Die Resultate stützen die Annahme einer *allgemeinen Gültigkeit* der PM-Theorie für Führungsverhalten.

Auf der Basis der PM-Theorie wurde ein Entwicklungsprogramm für Gruppenleiter gestaltet, das sog. *„PM-Sensitivity training"*. Verschiedentlich wurde über Erfolge mit diesem Programm berichtet (*Misumi* 1972, 1978).

Unter Berücksichtigung spezieller Forschungsergebnisse an Gruppen hat S. *Shirakashi* ein neues theoretisches Modell vorgeschlagen. Darin werden zwischen den PM-Typen und der Aufgabenerfüllung die Faktoren *„Ausprägung der Leistungsmotivation der Mitglieder"* und *„Kommunikationsstruktur der Gruppe"* (→*Kommunikation als Führungsinstrument*) als Moderatorvariablen eingesetzt. In einem Experiment konnte er zeigen, daß bei unterschiedlicher Stärke der Leistungsmotivation der Gruppenmitglieder die Produktivität und die PM-Führungstypen unterschiedlich hoch korrelieren. Der Autor versuchte, diese Befunde auf der Basis der *Lebenszyklus-Theorie* der Führung zu interpretieren (→*Führungstheorien – Situationstheorie*). In einem weiteren Experiment wurde nachgewiesen, daß Unterschiede in der Kommunikationsstruktur die Beziehung zwischen den PM-Führungstypen und der Produktivität verändern können. Es waren insbesondere diese Befunde die zur Reformulierung des Modells führten. *Shirakashi* wollte damit eine Weiterentwicklung der PM-Theorie in Richtung auf eine Kontingenz-Theorie anregen (*Shirakashi* 1985).

III. Kontingenz-Theorie der Führung

Wie in anderen Ländern, hat auch in Japan die Kontingenz-Theorie das meiste Interesse gefunden. Insbesondere das Modell von F. *Fiedler* (→*Führungstheorien – Kontingenztheorie*) ist in Japan sehr bekannt. Es ist von S. *Shirakashi* umfassend behandelt worden.

Nach *Fiedler* ist die Effizienz unterschiedlichen Führungsverhaltens von der *Charakteristik der Führungssituation* (→*Führungstheorien – Situa-

tionstheorie) abhängig. Anhand von *LPC-Werten* werden verschiedene Typklassen von Führern gebildet. Die Situationscharakteristika werden anhand von drei verschiedenen Skalen gemessen. Shirakashi schätzt dieses Modell deshalb sehr, weil es ein erstes Kontingenz-Modell ist, während vorher jede Theorie die Existenz *eines idealen* Führungs- oder Führertyps voraussetzte, der in jeder Situation zur höchsten Produktivität und/oder Zufriedenheit führt. Der Autor hat mehrfach Sammelreferate der Forschungsergebnisse mit dem Kontingenzmodell verfaßt, auf noch ungelöste Probleme hingewiesen und sie z.T. selbst zu lösen versucht (*Shirakashi* 1972, 1975, 1976, 1981).

Der LPC-Wert spielt in *Fiedlers* Modell eine zentrale Rolle. Seine Bedeutung ist aber noch immer weitgehend *ungeklärt*. In einer Untersuchung an Arbeitern eines Kohlebergwerks konnte *Shirakashi* nachweisen, daß die *Führer mit hohen LPC-Werten ein stärker mitarbeiterorientiertes Verhalten, die Führer mit niedrigen LPC-Werten dagegen ein stärker leistungsorientiertes Verhalten zeigen.* Damit wurde eine Interpretation gestützt, die im LPC-Wert einen Indikator für ein Bedürfnis des Führers sieht. Sekundäranalysen von experimentell gewonnenen Daten anderer Forscher sowie ein eigenes Experiment führten zu folgendem Befund: Die Führer mit hohen LPC-Werten verhalten sich dann *stärker leistungsorientiert und weniger mitarbeiterorientiert, wenn die Führungssituation für die Führer leicht kontrollierbar ist.* Sie verhalten sich *entgegengesetzt, wenn die Führungssituation schwierig zu kontrollieren ist.* Dagegen zeigten die Führer mit *niedrigen LPC-Werten in beiden Führungssituationen ein umgekehrtes Führungsverhalten.* Diese Ergebnisse führten zu dem Schluß, daß die Führer in schwierigen Situationen mit aller Kraft versuchen, ihre primären Motive zu erfüllen. In leicht kontrollierbaren Situationen haben sie aber noch viel Kraft zur Erfüllung ihrer sekundären Motive übrig. Mit dieser Interpretation seiner Ergebnisse versuchte *Shirakashi* (1982, 1985) *Fiedlers Hypothese der hierarchischen Struktur der Motivation* zu stützen.

Fiedler hat auch ein eigenes Programm zur Führungskräfteentwicklung vorgeschlagen (→*Fortbildung, Training und Entwicklung von Führungskräften*), das sog. „leader match"-Modell (*Fiedler* 1977). Shirakashi hat auch zu diesem Programm einige Überlegungen angestellt (*Shirakashi* 1985). *Fiedlers* Buch zum „leader match"-Modell wurde als Lehrbuch ins Japanische übersetzt.

In Anlehnung an das Modell von *Fiedler* sind mehrere Kontingenz-Modelle der Führung entwickelt worden. *Shirakashi* hat auch einige diskutiert, z.B. die Lebenszyklus-Theorie, die Weg-Ziel-Theorie (→*Führungstheorien – Weg-Ziel-Theorie*) und das Führungsmodell von Vroom/Yetton (→*Führungstheorien – Vroom/Yetton-Modell*).

Shirakashi schätzt die Weg-Ziel-Theorie als einen bedeutsamen kontingenztheoretischen Ansatz ein, weist aber darauf hin, daß die mit dem verwendeten Meßinstrument erhobenen Daten des Führungsverhaltens vom Ausmaß der Zufriedenheit der Geführten beeinflußt sein können (*Shirakashi* 1976, 1981).

T. Kanai schätzte die Weg-Ziel-Theorie v. a. deswegen, weil sie die Erwartungs-Wert-Theorie der Motivation in die Führungsforschung einführte. Dieser Forscher vertrat die Ansicht, das sog. *Hi-Hi Paradigma* der Ohio-Gruppe, welches besagt, daß der Führungstyp die Produktivität und die Zufriedenheit der Geführten positiv beeinflußt, der sowohl auf der Dimension „Initiating Structure" als auch auf der Dimension „Consideration" hohe Werte erreicht, sei nicht nur theoretisch nicht ausreichend fundiert, sondern auch durch die empirischen Daten nicht immer gestützt worden. Die Weg-Ziel-Theorie hat diesen Zusammenhang mit Hilfe der VIE-Theorie theoretisch erklärt und das Hi-Hi Paradigma durch die Einsetzung eines situativen Faktors „*Charakteristika der Aufgabe*" als Moderatorvariable relativiert. Die VIE-Theorie hat erstens der Führungsforschung die Chance eröffnet, bisher gewonnene Ergebnisse auf der Basis eines *kognitiven Modells* theoretisch zu erklären, und zweitens klar herausgearbeitet, daß die →*Effizienz der Führung* von organisationalen Faktoren abhängig ist, die die Erwartungen der Mitarbeiter beeinflussen. Die VIE-Theorie hat aber eine Schwäche: Sie läßt außer acht, daß die *Identifikation* der Gruppenmitglieder mit dem Führer Einfluß auf ihr Verhalten und ihre Einstellungen nimmt. Ferner setzt die Weg-Ziel-Theorie selbst voraus, daß der Führer genauere und fundiertere Kenntnisse von den Wegen zur Zielerreichung hat als die Geführten. Dies ist aber nicht immer gültig. Wenn die Unsicherheit über Umwelteinflüsse hoch ist und die Geführten mit dieser relevanten Umwelt intensiver in Kontakt stehen als der Führer, können sie evtl. effiziente Wege besser erkennen. In solchen Fällen ist es wichtig, andere Führungsmaßnahmen zu ergreifen als es die Theorie empfiehlt, wie z.B. *Delegation der Kompetenzen an die Geführten und Beteiligung der Geführten an der Entscheidung* (→*Delegative Führung*). In diesem Zusammenhang erweist es sich auch als Nachteil, daß die Theorie nur mit dem Führungsverhalten „Initiating Structure" und „Consideration" empirisch überprüft worden ist. Eine wesentliche Zukunftsaufgabe besteht sicherlich darin, die für die Theorie relevanten Dimensionen des Führungsverhaltens herauszuarbeiten (*Kanai* 1981a).

Offenbar interessiert *Shirakashi* in erster Linie eine allgemeine Weiterentwicklung der Führungsforschung im engeren Sinne. In der Kontingenz-Theorie sieht er den erfolgversprechenden Weg dazu. Er gibt zwar zu, daß die Theorie z. Z. noch eine Reihe von Mängeln aufweist. Insb. sind die berücksichtigten Variablen von Modell zu Modell zu verschiedenartig und zu zahlreich, als daß sich die unterschiedlichen Ansätze zu einem allgemeinen Modell zusammenfügen ließen. Aber *Shirakashi* hält diese Mängel für prinzipiell behebbar (*Shirakashi* 1981, 1985). Dagegen hält *Kanai* eine Verfeinerung der Führungsforschung im engeren Sinne für weniger dringlich. Er will ihre Mängel durch eine Integration in die Organisationsforschung bewältigen.

IV. *Führung und Führerverhalten*

In den oben dargelegten Auffassungen von Führung wird vorausgesetzt, daß die Führer immer durch ihr *aktives* Verhalten auf die Geführten einzuwirken versuchen. Eine Reihe deskriptiver Analysen des realen Führungsverhaltens auf der Basis von exakten Beobachtungsstudien hat jedoch ein anderes Bild ergeben. Diese Ergebnisse werden von *Kanai* als sehr bedeutsam für die Weiterentwicklung der Führungsforschung eingeschätzt. In der Vergangenheit hat die Führungsforschung nur das auf die Geführten aktiv einwirkende Verhalten des Führers beachtet. Daher ist nur ein Teil des Führerverhaltens in die beschriebenen Dimensionen eingegangen. Ausgehend von diesen Überlegungen führte *Kanai* eine empirische Studie an 49 Arbeitsgruppen mit etwa 470 Forschern in vier Instituten eines großen japanischen Industrieunternehmens durch. Er erfaßte 16 Dimensionen des Führerverhaltens, die auch Verhaltensweisen außerhalb der Institute berücksichtigten. Diese Untersuchung zeigte, daß *zehn Dimensionen mit der Leistung und 14 Dimensionen mit der Zufriedenheit der Gruppenmitglieder signifikant korrelierten* (p<.05).

Nach *Kanai* könnte dieses Führerverhalten einerseits als ein *strategisches Verhalten* (→*Strategische Führung*) interpretiert werden: Führung besteht im wesentlichen darin, die Anliegen der Gruppenmitglieder zu einem Konzept zusammenzufassen und dessen Verwirklichung durch eine aktive Vertretung nach außen zu fördern. Andererseits legt dieser Befund den Schluß nahe, daß das Führerverhalten auch eine *symbolische Bedeutung für die Geführten* (→*Symbolische Führung*) hat, indem die alltägliche Kommunikation und das Verhalten des Führers den Geführten vermittelt, was dieser für wichtig hält. Deshalb schlägt *Kanai* vor, das Führungsphänomen auf der Basis von Konzeptionen der *strategischen und der symbolischen* Führung zu erklären (*Kanai* 1983a, 1984).

Derartige Zusammenhänge, die durch empirische Untersuchungen aufgedeckt wurden, scheinen durch die Charakteristika der Gruppenaufgabe und der Gruppenmitglieder stark beeinflußt zu werden. Daher können sie, wie Kanai selbst erwähnt, nicht ohne weiteres verallgemeinert werden. Aber die Konzeption ist deshalb beachtenswert, weil durch sie Wirkungszusammenhänge zwischen Führer und Geführten erfaßt werden, die die Führungsforschung im engeren Sinne überschreiten und so für die Erklärung der Führungsbeziehungen eine neue Perspektive eröffnet werden könnte.

V. *Führung, Arbeitsgruppe und Organisation*

Es war *R. Likert,* der die Charakteristik der Arbeitsgruppe, die auf die Produktivität und die Einstellungen der Mitarbeiter positiv Einfluß nimmt, erfaßt und die Bedeutung eines darauf abgestimmten Führungsverhaltens betont hat. Sein System 4 ist auch in der japanischen Führungsforschung stark beachtet worden (*Likert* 1961, 1967). Durch *Likerts* Arbeit angeregt, führte *K. Urabe* Anfang der 70er Jahre eine empirische Untersuchung der Führung in Arbeitsgruppen von mehr als 1000 weiblichen Arbeitnehmern eines Großunternehmens durch. *Urabe* sieht als die wichtigste Aufgabe der Führung heute an, den Widerspruch zwischen der durch die Rationalisierung des Produktionssystems verursachten Entpersönlichung der Arbeit und dem durch die Erhöhung des Lebens- und Erziehungsniveaus verstärkten Anspruch auf die Entfaltung der Persönlichkeit in der Arbeit zu bewältigen. Ein *gruppenorientiertes, autonomes Führungssystem* könnte diese Aufgabe erfüllen. Die Merkmale der *gruppenorientierten* Führung liegen in der *gruppenorientierten Beaufsichtigung,* der *partizipativen* und der *supportiven Führung* sowie dem *Streben, eine effiziente Arbeitsgruppe zu bilden*. Die wesentlichen Merkmale der *autonomen* Führung bestehen in der *Erhöhung der Produktivität* der Arbeitsgruppe, indem versucht wird, durch die Umgestaltung des Jobs und die Unterstützung und Förderung der Selbstkontrolle (→*Kontrolle und Führung*) bei der Arbeitsausführung das Bedürfnis der Mitglieder nach Selbstverwirklichung zu befriedigen. Diese Absicht wird durch *Job-Enlargement* und *Job-Enrichment* konkretisiert.

Die wesentlichen Resultate sind folgende: In den Arbeitsgruppen, die von Führern mit gruppenorientiertem und autonomen Führungsverhalten geleitet wurden, war im allgemeinen die Moral der Mitglieder höher. Die Korrelation zwischen den Führungstypen und der Moral der Geführten war zwar in den Betrieben der Massenproduktion hoch, aber in Betrieben, die verschiedene Produkte in kleineren Mengen herstellten, nicht immer signifikant. Während gruppenorientierte Führung und

Moral höher korrelieren als autonome Führung und Arbeitsmoral, so besteht doch ein engerer Zusammenhang zwischen der autonomen Führung und der Arbeitsmoral, einem Element der Moral. Wenn aber die Gruppenaufgabe in kleine Teile geteilt und vereinfacht wird, beeinflußt die gruppenorientierte, autonome Führung die Arbeitsmoral nicht besonders positiv (*Urabe* 1970).

Der Begriff „Führungssystem" in diesem Forschungsansatz umfaßt andere Elemente als die Führung im engeren Sinne. Im Rahmen der Führungsforschung im engeren Sinne könnten sie als die situativen Faktoren oder Moderatoren verstanden werden (→*Führungstheorien – Situationstheorie*). Sie sind aber hier zusammen mit der Führung als die Elemente zu bestimmen, die die Arbeitsweise und Charakteristik der Arbeitsgruppe sowie die Produktivität und Moral der Gruppenmitglieder stark beeinflussen. In diesem Ansatz wird die Charakteristik der Arbeitsgruppe an sich für sehr wichtig gehalten. Diese Untersuchung war eine Pionierarbeit in Japan, die aber bislang noch keine Folgestudien nach sich gezogen hat.

Im Rahmen der VIE-Theorie kann die Aufgabencharakteristik, die in der Weg-Ziel-Theorie als ein *Moderator* konzeptualisiert wurde, unter Umständen auch als ein *funktionelles Substitut der Führung* (→*Führungstheorien – Theorie der Führungssubstitution*) betrachtet werden. Nach dieser Auffassung lassen sich noch weitere Substitute der Führung identifizieren. Insbesondere folgende drei Faktorengruppen werden häufig genannt: die Charakteristik der *Aufgabe,* die Charakteristik der Geführten und die Charakteristik der Organisation. Auch diese Konzeption von Führung wurde von *Kanai* erörtert. Er vertrat die Ansicht, daß dieses Modell – trotz einiger Schwächen – einen zweckmäßigen Rahmen zur Weiterentwicklung der Führungsforschung in engem Zusammenhang mit der Organisationstheorie geliefert habe. Ferner wurde darauf hingewiesen, daß Substitute meistens das kumulierte Ergebnis von Führungsverhalten sind (*Kanai* 1981b).

Vom Standpunkt der Führungsforschung im engeren Sinne aus sind auch die spezifischen Charakteristika der Aufgabe und der Organisation als Substitute der Führung anzusehen. Aber dieser Sachverhalt kann auch unter einer anderen Perspektive gesehen werden. Führung als ein Einwirken auf die Geführten wirkt nicht immer direkt, sondern auch indirekt, sogar hierarchisch, besonders in den komplexen Großunternehmen. Es ist eben eine Form des *indirekten Einwirkens,* Organisation zu gestalten und Aufgaben zu definieren. Nach dieser Auffassung ist eine Aufgabe der Führung, zu entscheiden, wie groß der Gestaltungsspielraum einer Arbeitsgruppe und/oder ihrer Führer sein soll. Auch in diesem Sinne sind die Substitute z. T. das kumulierte Ergebnis von Führungsverhalten.

VI. Fazit

Die Führungsforschung im engeren Sinne differenziert sich in Japan in zwei unterschiedliche Orientierungen. Die eine zielt darauf ab, die Führungsforschung selbst zu verfeinern. Die andere will sie in einen Zusammenhang mit der weiter gefaßten Organisations- oder Unternehmensforschung stellen. Die erste Orientierung wurde hauptsächlich von Psychologen vertreten, als Forschungsinstrument häufig das Experiment mit künstlich gebildeten Gruppen verwendet. Dieses ist zwar für bestimmte Fragestellungen, z. B. zur Erforschung des Problems, was mit LPC-Werten eigentlich gemessen wird, geeignet, aber zur Feststellung der Wirkungen von Führung nicht immer empfehlenswert. Denn es scheint experimentell sehr schwierig zu sein, die Einflußfaktoren der Führungsbeziehungen in der Empirie zu kontrollieren und die kumulierten Wirkungen von Führung zu erfassen (*Shirakashi* 1985). Für die Betriebswirtschaftslehre dürfte es zweckmäßiger und erfolgversprechender sein, die zweite Orientierung zu bevorzugen, obwohl zur Zeit die Forschung auf diesem Gebiet in Japan noch am Anfang steht.

Literatur

Fiedler, F. E./Chemers, M. M./Maher, L.: Improving Leadership Effectiveness: The Leader Match Concept. New York 1977 (japanisch: Ridamatchi Riron ni yoru Ridashippu Kyokasho, Tokio 1978).
Kanai, T.: Soshiki ni okeru Ridashippu to Kitai Riron (Führung in der Organisation und Erwartungstheorie). In: Kokuminkeizai Zasshi, 1981a, S. 66–93.
Kanai, T.: Ridashippu no Daitaibutsu Apurochi (Substitutions-Ansatz der Führung). In: Soshiki Kagaku, 1981b, S. 44–55.
Kanai, T.: Kanrishakodoron no Tenkai (Entwicklung der Theorie des Führungsverhaltens). In: Kokuminkeizai Zasshi, 1983a, S. 56–102.
Kanai, T.: Kenkyu Kaihatsu Bumon ni okeru yukona Soshikifudo to Ridashippu (Effektives Organisationsklima und effektive Führung in F&E Abteilungen). In: Kobe Daigaku Kenkyunempo, 1983b, S. 103–212.
Kanai, T.: Kanrishakodoron ni miru Ridashippukenkyu no Shindoko (Neue Entwicklungstendenzen der Führungsforschung auf der Basis der Theorie des Führungsverhaltens) In: *Nihon Keiei Gakkai* (Japanischer Verein für BWL) (Hrsg.): Gendaikigyo no Shoyu to Shihai (Eigentum und Herrschaft der modernen Unternehmen). Tokio 1984, S. 123–130.
Likert, R.: New Patterns of Management. New York 1961 (japanisch: Keiei no Kodokagaku. Tokio 1964).
Likert, R.: The Human Organization: Its Management and Values. New York 1967 (japanisch: Soshiki no Kodokagaku. Tokio 1968).
Misumi, J. (Hrsg.): Ridashippu (Führung). Tokio 1972.
Misumi, J.: Ridashippu no Kodokagaku (Verhaltenswissenschaft der Führung). Tokio 1978.

Shirakashi, S.: Fiedler no Ridashippu Kokasei Riron no Tembo (Überblick über Fiedlers Theorie der Führungseffizienz). In: Seinangakuin Daigaku Shogakuronso, 1972, S. 183–230.
Shirakashi, S.: Fiedler no Ridashippu Kokasei Riron no Tembo II–1, II–2 (Überblick über Fiedlers Theorie der Führungseffizienz). In: Seinangakuin Daigaku Shogakuronso, 1975, S. 121–150; 1975, S. 83–113.
Shirakashi, S.: Ridashippuron ni okeru Kontinjenshi Riron (Kontingenz-Theorie in der Führungslehre). In: Soshiki Kagaku, 1976, S. 36–45.
Shirakashi, S.: Ridashippu no Kontinjenshiron (Kontingenz-Theorie der Führung). In: Soshiki Kagaku, 1981, S. 24–32.
Shirakashi, S.: Fiedler no Ridashippu-Sutairu-Shihyo (LPC) wa Nani o sokutei shite iruka (Was wird mit dem Maß des Führungsstils [LPC] Fiedlers gemessen?). In: *Nihon Keiei Gakkai* (Japanischer Verein für BWL) (Hrsg.): Gendaikigyo no Shomondai (Probleme der modernen Unternehmen). Tokio 1982, S. 161–169.
Shirakashi, S.: Ridashippu no Shinrigaku (Psychologie der Führung). Tokio 1985.
Urabe, K.: Ridashippu to Kodokagaku (Führung und Verhaltenswissenschaft). Tokio 1970.

Führungsforschung/Führung in Nordamerika

Arthur G. Jago

[s. a.: Empirische Führungsforschung, Methoden der; Fortbildung, Training und Entwicklung von Führungskräften; Führungstheorien – Attributionstheorie, – Charismatische Führung, – Idiosynkrasiekreditmodell, – Kontingenztheorie, – Soziale Lerntheorie, – Von Dyaden zu Teams, – Vroom/Yetton-Modell, – Weg-Ziel-Theorie; Transaktionale und transformationale Führung; Transaktionsanalyse und Führung; Verhaltensdimensionen der Führung; Verhaltensgitter der Führung (Managerial Grid).]

I. Konzepte und Definitionen; II. Typ I-Perspektive: Die Suche nach universellen Führungseigenschaften; III. Typ II-Perspektive: Führungsstile; IV. Typ III-Perspektive: Das Kontingenzmodell von Fiedler; V. Typ IV-Perspektive: Der verhaltensorientierte Kontingenzansatz; VI. Schlußfolgerungen: Auf dem Weg zu neuen Ansätzen in der Führungsforschung.

I. Konzepte und Definitionen

Obwohl in Nordamerika in den letzten 95 Jahren tausende von Führern empirisch untersucht wurden, existiert noch immer kein klares und einheitliches Wissen darüber, was Führer von Nichtführern und vielleicht noch wichtiger, was erfolgreiche Führer von nichterfolgreichen Führern unterscheidet. Es gibt viele unterschiedliche Interpretationen des Führungsphänomens, und jede liefert ein wenig Licht in die Rolle des Führers, aber jede bleibt auch eine vollständige Erklärung schuldig.

Nichtsdestoweniger ist dieser Überblick ein Versuch, (1) die Vielfalt der Theorien, die die Führungsforschung in Nordamerika im Verlauf dieses Jahrhunderts beeinflussen, zu systematisieren und zu diskutieren, (2) wichtige Ähnlichkeiten und Unterschiede zwischen diesen Theorien zu identifizieren und (3) die wichtigsten organisationalen Implikationen jeder dieser theoretischen Perspektiven zu skizzieren. In keiner Weise wird eine lückenlose Darstellung der empirischen Ergebnisse der nordamerikanischen Forschung versucht. Eine solche detaillierte Darstellung geht über den Rahmen dieses Beitrags hinaus und ist an anderer Stelle verfügbar (*House/Baetz* 1979; *Bass* 1990).

Bass bemerkt scharfsinnig, daß es beinahe ebenso viele Definitionen von Führung gibt wie Personen, die versucht haben, dieses Konzept zu definieren (*Bass* 1990, S. 11). Nichtsdestoweniger ist die folgende Definition mit einem Großteil der in der nordamerikanischen Forschung belegten Aussagen konsistent: Führung ist sowohl ein Prozeß als auch eine Eigenschaft. Der *Prozeß* der Führung besteht im Ausüben von Einfluß – ausgenommen physischem Zwang –, um die Aktivitäten der Mitglieder einer organisierten Gruppe auf die Erreichung der Gruppenziele zu lenken und zu koordinieren. Als eine *Eigenschaft* ist Führung ein Muster von Qualitäten oder Charakteristika, die jenen zugeschrieben werden, die als erfolgreiche Beeinflusser wahrgenommen werden (*Jago* 1982).

Auf der Grundlage dieser Definition der Führung wird es möglich, alternative Führungstheorien zu klassifizieren und zu kategorisieren. Für diesen Zweck sind zwei Unterscheidungen zu treffen: *Universelle Theorien und kontingente Theorien*.

Bestimmte nordamerikanische Perspektiven von Führungstheorien gehen von der impliziten Annahme aus, daß die Determinanten erfolgreicher oder effektiver Führung nicht von den Charakteristika der Situation abhängen, in der der Führer handelt. Es wird davon ausgegangen, daß Führung ein allgemeines und kein spezifisches Phänomen darstellt, d. h., daß die Determinanten effektiver Führung für den Vorstandsvorsitzenden einer Unternehmung im Grunde dieselben sind wie die für den Werkmeister, den Geistlichen oder den Pfadfinderführer. Darüber hinaus ist Führung sowohl innerhalb als auch zwischen den Rollen invariant. Verschiedene Umstände, unter denen der Führer handelt, fordern nicht notwendigerweise verschiedene Formen der Führung. Diese Perspektiven versuchen, allgemeingültige Handlungsanweisungen für Führung anzubieten, und gehen davon aus, daß es den einen besten Weg zu führen gibt.

Andererseits gehen alternative nordamerikanische Konzepte davon aus, daß effektive Führung von spezifischen Charakteristika der Führungssituation abhängt (z. B. Aufgabencharakteristika, Charakteristika der Geführten). Diese Konzepte unterstellen bestimmte situative Variablen, aus deren Beurteilung spezifische Handlungsanweisungen für die Führung abgeleitet werden können. Diese Theorien liefern daher kontingente Handlungsanweisungen für die Führung; d. h., Handlungsanweisungen, die von bestimmten situativen Faktoren abhängen.

Die Ansätze unterscheiden sich zweitens in der Art, wie das Konstrukt der Führung konzeptualisiert ist. Es ist möglich, Führung in erster Linie durch *relativ stabile Charakteristika* der Personen zu beschreiben. Führung kann als Eigenschaft gesehen werden (oder als ein Muster von Eigenschaften), die in irgendeiner Weise auf Personen verteilt sind. So gesehen ist Führung eine meßbare und quantifizierbare Eigenschaft, die unterschiedliche Personen in unterschiedlichem Ausmaß besitzen. Andererseits ist es möglich, den Schwerpunkt auf *beobachtbares Verhalten* der Führer zu legen und nicht auf deren intrapersonale Eigenschaften. In dieser Sichtweise besteht Führung in erster Linie in der Aktivitäten der Führer. Abbildung 1 kombiniert diese Konzepte zu einer 4-Felder-Matrix.

Jede der vier Perspektiven ist mit der oben angebotenen Definition von Führung völlig kompatibel und repräsentiert einen möglicherweise vielversprechenden Weg, sich dem Konstrukt der Führung zu nähern. Wie in folgenden Abschnitten gezeigt wird, hat darüber hinaus jede dieser Sichtweisen die empirische und theoretische Entwicklung der nordamerikanischen Forschung in hohem Maß stimuliert.

	Universell	Kontingent
Eigenschaften des Führers	Typ I	Typ III
Verhalten des Führers	Typ II	Typ IV

Abb. 1: Typologie von Führungsperspektiven

II. Typ I-Perspektive: Die Suche nach universellen Führungseigenschaften

Von der Jahrhundertwende bis in die 40er Jahre war die Führungsforschung durch Versuche dominiert, die zeigen sollten, daß Führer intrinsische Qualitäten oder Charakteristika besaßen, die sie von den Geführten unterschieden. Die Forschung zielte auf die Identifizierung von Eigenschaften ab, wie sie etwa ein *Abraham Lincoln* und *John F. Kennedy* (und die weniger bekannten Führer in Schulen, Militär und Industrie) besaßen, die sich letztlich als Kern erfolgreicher und effektiver Führung herausstellen würden. Die Forschung konzentrierte sich auf die Messung und Quantifizierung von Führungseigenschaften und die Beziehung zwischen solchen Eigenschaften sowie die Kriterien der Führungseffizienz (→*Effizienz der Führung; Führungstheorien – Eigenschaftstheorie*).

Führung wurde nicht als unabhängige Eigenschaft gesehen, die sich völlig von den anderen 17 000 Namen von Eigenschaften unterschied, die in der englischen Sprache zur Unterscheidung von Personen verwendet werden (*Allport* 1933). Im Gegenteil, Führung wurde als eine abstrakte Eigenschaft gesehen, deren Existenz von anderen grundlegenden Eigenschaften abhängig war, die Individuen unterschieden. In diesem Sinne wurde Führung als ein *Eigenschaftskonstrukt zweiter Ebene* behandelt, das sich zusammensetzte aus oder in Beziehung stand mit fundamentalen *Eigenschaftskonstrukten erster Ebene,* die physische und konstitutionelle Faktoren, Fähigkeiten und Können, Persönlichkeitscharakteristika und soziale Charakteristika umfaßten. Empirische Forschung zielte auf die Identifizierung dieser Eigenschaften erster Ebene ab, wobei die kumulativen Resultate eine große Anzahl von Persönlichkeitscharakteristika darstellten, die anscheinend mit dem Konstrukt zweiter Ebene – genannt Führung – zusammenhingen.

In Abbildung 2 sind die herausragenden Eigenschaften erster Ebene aufgelistet, von denen auf der Grundlage der Forschungsergebnisse angenommen wird, daß sie mit Führung in Zusammenhang stehen. Vermutlich gilt die Annahme, daß eine Führungsperson um so effektiver ist, je mehr Qualitäten oder Attribute aus dieser Liste sie besitzt.

Unglücklicherweise verhindern mehrere Aspekte der Forschung vom Typ I die Entwicklung von Tests trotz der ohne weiteres verfügbaren Techniken (z. B. Intelligenztests, Persönlichkeitsinventare), die jene Eigenschaften erster Ordnung messen, von denen vermutet wird, daß sie mit Führung in Zusammenhang stehen. Erstens sind die in der Forschung vom Typ I entdeckten Beziehungen typischerweise schwach, wenn auch statistisch signifikant. So gibt es z. B. in empirischen Befunden darüber, daß effektive Führer über eine höhere Intelligenz verfügen, viel zu viele Ausnahmen, als daß sie hohen praktischen Wert hätten. Überlegene Intelligenz garantiert noch lange nicht Führung; durchschnittliche oder unterdurchschnittliche Intelligenz schließt keineswegs Führung aus. Obwohl bekannt ist, daß Intelligenz und andere Eigenschaften tatsächlich mit Führung in Beziehung stehen, so haben doch gemessene Ausprägungen dieser Eigenschaften nur einen extrem limitierten Prognosewert.

Physische und konstitutionelle Faktoren	**Persönlichkeitscharakteristika**
Aktivitätsniveau, Energie	Leistungsorientierung, Ambition
Erscheinung, Eleganz	Anpassungsfähigkeit
Größe, Gewicht	Ordnung, Normalität
	Aggressivität
Soziale Charakteristika	Wachsamkeit
Kooperationsfähigkeit	Antiautoritätsgrad
Interpersonelle Kompetenz	Dominanz
Empfindungsfähigkeit,	emotionelles Gleichgewicht,
Popularität, Prestige	Kontrolle
soziale Umgänglichkeit	Enthusiasmus
Sozio-ökonomische Position	Extrovertiertheit
Initiative	Unabhängigkeit, Non-Konformität
Gesprächigkeit	Initiative
Takt	Einsichtigkeit
	Objektivität
	Originalität
	Beharrungsvermögen
	Verantwortungsgefühl
	Selbstvertrauen
	Sinn für Humor
	Streßwiderstandskraft
	Fertigkeiten und Fähigkeiten
	Organisationstalent
	Intelligenz
	Urteilsfähigkeit
	Kenntnisse
	Technische Kompetenz
	Rhetorik

Abb. 2: Führungseigenschaften (Jago 1982)

Zweitens hängen Stärke und Richtung bestimmter Beziehungen anscheinend von bestimmten situativen Faktoren ab. *Gibb* (1969); *Bass* (1990) und andere weisen auf die Existenz bestimmter Inkonsistenzen und Widersprüche zwischen den Resultaten der Forschung vom Typ I hin, die nur dann erklärt werden können, wenn man den Begriff universeller Führungseigenschaften verwirft und die Tatsache akzeptiert, daß jene, die in bestimmten Situationen erfolgreiche Führer sind, nicht notwendigerweise in allen Situationen erfolgreiche Führer sind. Die relative Wichtigkeit verschiedener Führungseigenschaften scheint von den organisationalen Rahmenbedingungen, der historischen Entwicklung, den spezifischen Zielen der Gruppe, den Aufgabencharakteristika und den Eigenschaften und Charakteristika der Geführten abzuhängen.

Diese und andere Probleme führten dazu, daß viele Forscher die Suche nach einer universellen Eigenschaft der Führung aufgaben. Nichtsdestoweniger haben sowohl *Calder* (1977), *House* (1977) und andere Theorien weiterentwickelt, die das Interesse für Führungseigenschaften neu belebt haben (→*Führungstheorien – Attributionstheorie*). Im Zuge dessen ziehen nun die charismatische und die transformationale Führung Aufmerksamkeit auf sich.

Charismatische Führer sind visionär, unkonventionell und risikofreudig. Ihnen wohnt ein hohes Maß an Selbstvertrauen und Überzeugung in die moralische Richtigkeit ihrer Ansichten inne. Dies führt auf seiten der Geführten zu einer starken Identifikation und kritiklosem Glauben an den Führer. Darüber hinaus ist der charismatische Führer in der Lage, die Bedürfnisse der Geführten anzusprechen; mit großer Eloquenz die Ziele so zu formulieren, daß sie eben diese Bedürfnisse berühren. Dies bewirkt ein hohes Maß an Hoffnung und Vertrauen auf/in den Führer und bewirkt Loyalität und Unterstützung zugunsten des Führers (vgl. *Conger/Kanungo* 1987; *Howell/Frost* 1988; →*Führungstheorien – Charismatische Führung*).

Der Terminus „*Transformationale Führung*" genießt im Beschreiben des charismatischen Führers hohe Popularität (*Bass* 1985; *Yammarino* et al. 1993). Transformationale Führung „geht über die Feilbietung von Belohnung für gewünschtes Verhalten hinaus, indem sie intellektuell rege Geführte heranbilden, welche über ihre individuellen Interessen und Bedürfnisse hinaus einem höheren Zweck, Mission oder Vision dienen" (*Howell/Avolio* 1993). Diese Führer weisen folgende vier Eigenschaften auf:

(a) Charisma,
(b) intellektuelle Stimulation,
(c) ein inspirativer Führungsstil,
(d) Beachtung der Individualität jedes einzelnen.

Transformationale Führung geht damit über die Beschreibung eines Persönlichkeitstypes hinaus, sie beschreibt auch Führungsverhalten und Führungsstile. Dennoch ist das Konzept der Transformationalen Führung klar unter die Typ I-Perspektive zu subsummieren, wenn auch eine Überlappung mit der Typ II-Perspektive unübersehbar ist (→*Transaktionale und Transformationale Führung*).

III. Typ II-Perspektive: Führungsstile

Nach den Enttäuschungen mit den Konzepten vom Typ I begann man in der nordamerikanischen Forschung Ende der 40er Jahre, Führung aus der Perspektive von Verhaltensinteraktion zwischen Führer und Geführten zu untersuchen. Führung wurde als ein beobachtbarer Prozeß oder als eine Aktivität betrachtet und nicht mehr als ein oft unbeobachtbares, der Person inhärentes Charakteristikum.

In der Perspektive vom Typ II wurden effiziente Führer von ineffizienten Führern nicht danach unterschieden, welche Ergebnisse sie in einem Intelligenz- oder Persönlichkeitstest erzielten, sondern vielmehr danach, wie sie sich verhielten, wenn sie mit Geführten oder potentiell zu Führenden interagierten. Die Forschung vom Typ II konzentrierte sich auf zwei miteinander verbundene Kernfragen. Die erste Frage betraf die Dimensionalität des Führerverhaltens. Welche sinnvollen Kategorien oder Faktoren können zur Beschreibung von Unterschieden in Führerverhalten eingesetzt werden? Die zweite Frage betraf die relative Effizienz unterschiedlicher Führungsstile. Welche Kategorien oder Faktoren scheinen effiziente von nichteffizienten Führern zu unterscheiden? Welcher ist der optimale Führungsstil?

Forschungsaktivitäten in Nordamerika zwischen 1940 und 1986 brachten 65 Klassifikationssysteme zur Beschreibung von Führungsverhalten hervor (*Fleishman* et al. 1991). Laut dieser Klassifikationen sind zwischen 2 und 23 Dimensionen zur Klärung von Führungsverhalten heranzuziehen. 2 dieser Klassifizierungen sollen nachfolgend dargestellt werden.

1. Mitarbeiter- und Aufgabenorientierung

Die vielleicht berühmtesten aller nordamerikanischen Untersuchungen waren jene, die in den frühen 50er Jahren an der OHIO State University durchgeführt wurden (→*Verhaltensdimensionen der Führung*). Die Forscher identifizierten zwei unterschiedliche Dimensionen der Führung, die sich auf der Grundlage mehrerer faktor-analytischer Untersuchungen der Wahrnehmungen der Untergebenen über das Verhalten ihrer Vorgesetzten ergaben.

Der erste Faktor, *Mitarbeiterorientierung* (consideration), bezieht sich auf das Ausmaß der Zwei-Weg-Kommunikation und der Beratung, des gegenseitigen Vertrauens und der Wärme, die ein Führer gegenüber den Geführten an den Tag legt.

Der zweite Faktor, *Aufgabenorientierung* (initiating structure), bezieht sich auf das Ausmaß, in dem der Führer Beziehungen zwischen den Gruppenmitgliedern definiert und organisiert und wohldefinierte Kommunikationskanäle und Methoden der Aufgabenbewältigung etabliert.

Es ist wichtig zu betonen, daß Mitarbeiter- (M) und Aufgabenorientierung (A) keine gegenüberliegenden Endpunkte eines einzelnen Kontinuums des Führungsverhaltens, sondern vielmehr getrennte und konzeptionell unabhängige Dimensionen sind. Das heißt, daß es zusätzlich zu den Möglichkeiten, hoch in bezug auf M und niedrig in bezug auf A oder niedrig in bezug auf M und hoch in bezug auf A bewertet zu werden, ebenso möglich ist, auf beiden Dimensionen hohe Bewertungen oder auf beiden Dimensionen niedrige Bewertungen (und natürlich jede beliebige Kombination) zu erhalten. Die Konzeptionalisierung des Führungsverhaltens in dieser zweidimensionalen Art hat zu wesentlich mehr Forschungsansätzen geführt als ein eindimensionaler Rahmen, der sich auf eine „Personenorientierte" gegenüber einer „Produktionsorientierten" Führung bezog (*Katz* et al. 1950).

Der nächste Schritt bezog sich auf die Identifizierung des optimalen Führungsstils, d. h. der effektivsten Kombination von M und A, die ein Führer gegenüber seinen Geführten einsetzen kann. In einer Anzahl von Institutionen in den Bereichen Militär, Ausbildung und Industrie wurde das Zurückgreifen der Führer auf M und A gemessen und mit Kriterien korreliert wie etwa (1) Zufriedenheit der Untergebenen, (2) Leistung der Untergebenen, (3) Evaluierung der Führungsleistung durch die Untergebenen, Kollegen der Vorgesetzten. Die Ergebnisse einer Anzahl dieser Studien (z. B. *Fleishman* 1957, *Halpin* 1957) ließen vermuten, daß der effektivste Führer jener war, der sowohl hoch in bezug auf M als auch hoch in bezug auf A bewertet wurde (→*Verhaltensgitter der Führung*). Der erfolgreiche Führer entwickelte gute Beziehungen und Zwei-Weg-Kommunikation mit den Untergebenen und gleichzeitig übernahm er eine aktive Rolle bei der Planung und Anweisung der Gruppenaktivitäten.

Auch diese Resultate hatten potentiell weitreichende Implikationen für Handlungsanweisungen. Während die Forschung vom Typ I in unserer Matrix jene Faktoren zu identifizieren suchte, die für die Auswahl von Führern von Nutzen sein könnten, versuchte die Forschung vom Typ II jene Faktoren zu identifizieren, die für die Aus- und Weiterbildung von Führern von Nutzen sein könnten. Im Gegensatz zu relativ stabilen Persönlichkeitseigenschaften und Charakteristika können Verhaltensmuster angeblich durch Ausbildung und Übung verändert werden. Die Konzeption eines Führungskonstrukts auf der Grundlage von Verhaltensmustern des Führers läßt darauf schließen, daß effiziente Führung eine erworbene Fähigkeit ist und daher trainiert werden kann.

Einige Forschungen in bezug auf die Konsequenzen unterschiedlicher Verhaltensstile liefern eine mögliche Erklärung für die enttäuschenden Resultate von Aus- und Weiterbildungsanstrengungen. Einige Untersuchungen deuten darauf hin, daß unter bestimmten Bedingungen ein Verhaltensmuster, das sowohl eine Mitarbeiterorientierung als auch eine Aufgabenorientierung betont, nicht immer ideal sein muß (*Kerr/Schriesheim* 1974). Die Effizienz von M und A könnte von folgenden Faktoren abhängen: (1) Bedürfnisse und Abhängigkeiten der Geführten, (2) Fähigkeiten der Geführten, (3) Strukturiertheit der Aufgabe, (4) das Ausmaß intrinsischer Befriedigung, die mit der Aufgabe verknüpft ist, (5) Aufgabendruck, (6) Aufgabenniveau, (7) Erwartungen der Geführten und (8) Einfluß des Führers nach oben.

2. Autoritäre Führung – demokratische Führung

Etwa zur gleichen Zeit als sich das Forschungsinteresse auf M und A konzentrierte, legten andere Forscher auf der Grundlage der Perspektive vom Typ II die Dimension „autoritär – demokratisch" einer Suche nach dem optimalen Führungsstil zugrunde. Auf dem einen Ende des Kontinuums wird autoritäre Führung durch stark zentralisierte Entscheidungsfindung und konzentrierte Macht charakterisiert. Am anderen Ende des Kontinuums wird demokratische Führung durch Entscheidungsfindung mit hohem Partizipationsgrad und Machtgleichstellung charakterisiert. Obwohl zwischen diesen beiden Extremen oftmals verschiedene „Stile" abgestuft werden (*Heller/Yukl* 1969; *Tannenbaum/Schmidt* 1958), ist es bemerkenswert, daß ein Großteil der empirischen Forschung aus der Perspektive vom Typ II diese Endprodukte so behandelt hat, als würden sie eine Dichtonomie von autoritär versus demokratisch darstellen.

Hypothesen über die relative Effizienz autoritärer und demokratischer Führungsstile beruhen in erster Linie auf bestimmten angenommenen Vorteilen der partizipativen Entscheidungsfindung und der Machtteilung. *Morse/Reimer* (1956) vertreten die Auffassung, daß ein demokratischer Führungsstil es den Geführten ermöglicht, individuelle Bedürfnisse im Zuge der Erfüllung von Gruppenzielen auszudrücken und zu befriedigen. Die Chance der eigenen Einteilung und Kontrolle von Aufgaben fördert die psychische Identifikation mit der Gruppe und ihren Aufgaben und liefert ein Instrument für die Befriedigung der Bedürfnisse nach Selbst-Wertschätzung und Selbst-Verwirklichung durch die Arbeit der Gruppe. Daher können sowohl Arbeitsmoral als auch Gruppenproduktivität von einem demokratischen Führungsstil profitieren.

Zudem wird angenommen, daß ein demokratischer Führungsstil die Effizienz von Entscheidungen des Vorgesetzten direkt erhöht (*Maier* 1963). Partizipative Entscheidungsfindung fördert die Mitarbeiterinformation; Expertise und Kreativität werden für Probleme eingesetzt, für deren Bewältigung die Informationen und Kenntnisse des Vorgesetzten alleine ungenügend sein können. Zudem kann durch Machtteilung ein Klima entstehen, in dem konstruktive Konflikte gefördert werden und dadurch sichergestellt werden kann, daß wichtige Aspekte eines Problems nicht übersehen werden. Neben diesen Vorteilen für die Qualität einer Entscheidung kann die Beteiligung der Geführten die Durchführung einer Entscheidung erleichtern. Erstens wird die Notwendigkeit, die Entscheidung zu kommunizieren, reduziert. Durch die aktive Beteiligung der Geführten am Entscheidungsprozeß verstehen sie wahrscheinlich die Entscheidung und ihre eigenen Rollen bei deren Durchführung. Zweitens wird möglicher Widerstand gegen die Entscheidung in hohem Maße reduziert. Vermutlich fördert die Partizipation im Entscheidungsprozeß die Ichbeteiligung an der Entscheidung selbst, was zu einem höheren Engagement für die beschlossenen Aktivitäten führt, als wenn dieselbe Entscheidung auf der Basis eines autoritären Führungsstils getroffen worden wäre.

Ebenso wie im Fall von M und A existiert allerdings kein eindeutiger Beweis, der die Annahme der Vertreter eines demokratischen Führungsstils unterstützten würde.

Locke/Schweiger (1978) schließen aus Ergebnissen ihrer Untersuchung, daß die Effekte einer demokratischen Führung von einer Anzahl situativer Variabler abhängen:

(1) dem Ausmaß von Fachkenntnissen des Führers und der Geführten, (2) der Motivation der Geführten, (3) der Aufgabenart (z. B. Komplexität), (4) dem Ausmaß an Konflikten in bezug auf Ziele oder Alternativen, die Ziele zu erreichen, (5) Eigenschaften des Führers, (6) Zeitdruck, (7) Gruppen- und Organisationsgröße und (8) Stabilität der Umwelt.

Die Ähnlichkeit zwischen diesen Schlußfolgerungen und jenen aus der Forschung der Perspektiven vom Typ I und der anderen Perspektiven vom Typ II ist nicht zufällig. Jedes dieser theoretischen Konzepte ging von der Annahme der Existenz des einen besten Weges der Führung aus, d. h., daß ein universell geeignetes Muster von Eigenschaften oder Verhaltensweisen effiziente Führer von ineffizienten Führern unterscheidet. Die empirischen Ergebnisse enthüllen klar das Fehlen einer Basis für eine solch generelle Annahme.

IV. Typ III-Perspektive: Das Kontingenzmodell von Fiedler

Die Enttäuschungen mit den Ansätzen vom Typ I und Typ II führten zu der Schlußfolgerung, daß Führung von der Situation abhänge. Diese offensichtliche Trivialität konnte natürlich nur wenig Einsicht oder praktischen Wert bieten, bis nicht konkrete situative Faktoren erfaßt und bewertet werden konnten. Die genauen Bedingungen, unter denen unterschiedliche Führungseigenschaften oder Verhaltensweisen von Führern sich als effizient erweisen können, erforderten deren genaue Kennzeichnung. Forschungsansätze vom Typ II und IV stellen Versuche einer solchen theoretischen und empirischen Erarbeitung dar und bieten →*Führungsmodelle*, welche die komplexen Zusammenhänge der tatsächlichen Führungseffektivität realistischer abbilden.

Die Forschung vom Typ III beschäftigt sich mit der Spezifizierung von Bedingungen, unter denen bestimmte Eigenschaften des Führers (nicht so sehr seine Verhaltensweisen) effizient sind. Allerdings wurde in diesem Forschungsansatz die Liste der möglichen Eigenschaften (Abb. 2), die mit den situativen Variablen in bezug auf die Führungseffektivität zusammenspielen können, kaum erschöpfend behandelt. 35 Jahre wurde die Forschung vom Typ III durch das Führungsmodell von *Fiedler* und seinen Mitarbeitern dominiert (→*Führungstheorien – Kontingenztheorie*). Für *Fiedler* sind die Ergebnisse seiner Untersuchungen überzeugend genug, um die Schlußfolgerung zu ziehen, „..., daß es bedeutungslos ist, von einem effektiven oder einem nicht-effektiven Führer zu sprechen; wir können von einem Führer nur sagen, daß er in der einen Situation effektiv ist, aber nicht-effektiv in einer anderen" (*Fiedler* 1967, S. 261).

Als der am besten angelegte und umfassendste Einzeltest des Modells von *Fiedler* wird von vielen die Untersuchung von *Vecchio* (1977) angesehen. Die Resultate dieser Untersuchung ergaben wenig Unterstützung für die Annahmen und lassen ernste Zweifel an der Validität des Kontingenzmodells, so wie es gegenwärtig verstanden wird, aufkommen. Selbst die schärfsten Kritiker geben allerdings zu, daß die Entwicklung des Kontingenzmodells die naive Annahme des einen besten Weges der Führung relativiert hat und daß das Modell einen wertvollen ersten Schritt in Richtung einer Führungskonzeption auf der Grundlage der situativen Zusammenhänge darstellt.

V. Typ IV-Perspektive: Der verhaltensorientierte Kontingenzansatz

Auch die Ansätze von Typ IV gehen von der Annahme aus, daß effektive Führung von der Situation abhängt. Effektive Führung wird allerdings nicht auf der Grundlage von motivationalen Eigenschaften, sondern auf der Grundlage von Verhaltensweisen definiert.

Während Fiedlers Modell einen Versuch darstellt, bestimmte Inkonsistenzen und Widersprüche der Forschung vom Typ I aufzulösen, versucht die Forschung vom Typ IV ähnliche Inkonsistenzen und Widersprüche der Ansätze von Typ II aufzulösen. Zwei in diesem Abschnitt beschriebene Ansätze (Weg-Ziel-Theorie und das Vroom-Yetton-Modell) stellen Versuche dar, die situativen Zusammenhänge darzustellen, die dazu beitragen sollen, einige der Probleme aus den Ansätzen der mitarbeiter- und aufgabenorientierten Verhaltensorientierung sowie der Konzepte in bezug auf autoritäre versus demokratische Führung zu lösen. Der dritte Ansatz, ein Führungsmodell auf der Basis der operanten Konditionierung, wurzelt in der Lerntheorie und ist nur indirekt mit der früheren Führungsforschung verknüpft.

1. Weg-Ziel-Theorie

House und seine Mitarbeiter entwickelten eine Weg-Ziel-Theorie der Führung (*House/Dessler* 1974) (→*Führungstheorien – Weg-Ziel-Theorie*). In dieser Perspektive beinhaltet effektive Führung Verhaltensweisen, die die Leistung und/oder Zufriedenheit der Geführten durch Instrumente erhöhen, die jenen psychologischen Zustand verbessern, der zu erhöhter Motivation oder zu erhöhter Bedürfnisbefriedigung führt. Das Verhalten des Führers bezieht sich hierbei auf das Klarlegen der Wege, die die Geführten einschlagen, um Leistung zu erbringen und ihre persönlichen Ziele zu erreichen. Daher stammt der Name Weg-Ziel-Konzept.

Ähnlich wie die anderen Konzepte vom Typ IV stellt die Weg-Ziel-Theorie einen relativ jungen Beitrag zur Führungsliteratur dar und ist gegenwärtig Gegenstand extensiver empirischer Forschung durch nordamerikanische Führungstheoretiker. Sollte ihre Bemühungen die Weg-Ziel-Hypothesen bestätigen, dann werden die organisationalen Implikationen ähnlich jenen sein, die sich auch aus der Forschung vom Typ II ergeben. Führungstraining (im Gegensatz zur Auswahl oder Einstellung) würde als Handlungsanweisung angeboten. Allerdings würde sich das Training nicht nur auf den Erwerb neuer Verhaltensstile beschränken. Ebenso würden Fähigkeiten der Diagnose der Führungssituation und Regeln für das Anpassen des geeigneten Verhaltens an die Situation in den Vordergrund treten. Führer würden nicht nur in bezug auf Aufgaben- und Mitarbeiterorientierung trainiert, sondern es würden ebenso die spezifischen Bedingungen oder Umstände gelehrt, unter denen jede dieser beiden Dimensionen zur Motivation und Befriedigung der Geführten beitragen kann. Im Grunde würde Führern beigebracht werden, wie sie ihr Verhalten an die Anforderungen der Situation anpassen. Eine Übersicht über 48 Studien unterstützen die Hypothesen der Weg-Ziel-Theorie (*Indvik* 1986).

2. Das Modell von Vroom/Yetton

Im Vergleich zur Weg-Ziel-Theorie trifft das Modell von *Vroom/Yetton* (1973, 1976; *Vroom/Jago* 1988) explizitere Vorhersagen, weist aber einen engeren Bezugsrahmen auf (→*Führungstheorien – Vroom/Yetton-Modell*). Obwohl die Beziehung zwischen einem Führer und den Geführten als vieldimensional erkannt wird, konzentrieren sich Vroom/Yetton ausschließlich auf das Verhalten eines formal eingesetzten Führers in spezifischen Entscheidungssituationen. Ausgehend von der Erkenntnis, daß weder ein autoritärer noch ein demokratischer Entscheidungsstil bevorzugt werden kann, versuchen sie, die spezifischen situativen Abhängigkeiten festzustellen, die möglicherweise die Effektivität mehrerer unterschiedlicher Strategien der Entscheidungsfindung beeinflussen. *Vroom/Yetton* folgen *Maier* (1963) und gehen davon aus, daß die Effektivität einer Entscheidung eine Funktion von drei Bereichen ist, die durch den Entscheidungsprozeß berührt werden. Diese sind:

(1) Die Qualität oder Rationalität der Entscheidung.

(2) Die Akzeptanz dieser Entscheidung durch die Untergebenen bzw. deren Engagement, die Entscheidungen effektiv durchzuführen.
(3) Die erforderliche Zeit, um die Entscheidungen zu treffen.

Sieben Studien unterstützen die Validität des Vroom/Yetton-Modells; am Modell werden laufend Veränderungen vorgenommen, um die Vorhersagekraft weiter zu erhöhen (*Vroom/Jago* 1988; Übersetzung ins Deutsche 1991).

VI. Schlußfolgerungen: Auf dem Weg zu neuen Ansätzen in der Führungsforschung

Die Vier-Feldertypologie, die als Grundlage dieses Überblicks dient, charakterisiert die dominierenden Richtungen der bisherigen Führungsforschung. Die Zeilen und Spalten der Matrix (Abb. 1) repräsentieren die zugrundeliegenden Annahmen und Orientierungen der verschiedenen nordamerikanischen Führungstheoretiker. Die Schnittstellen der Matrix repräsentieren die verschiedenen möglichen theoretischen Perspektiven, die sich ergeben, wenn diese Annahmen und Orientierungen kombiniert werden. Die Klassifizierung der spezifischen Führungstheorien in verschiedenen Feldern gestattet den Vergleich der Konzepte auf der Basis ihrer gemeinsamen Annahmen (d. h. gemeinsame Zeilen oder Spalten) und bietet gleichzeitig die Möglichkeit, dieses Konzept von einem anderen auf der Basis jeweils spezifischer Annahmen zu unterscheiden (d. h. nicht gemeinsame Zeilen oder Spalten). Zudem wurde die Typologie verwendet, um historische Trends in der Führungsforschung herauszuarbeiten und anzugeben, wie bestimmte Perspektiven sich aus anderen entwickelten.

Keine Führungstheorie kann berechtigterweise in Anspruch nehmen, daß sie den gesamten Bereich von Führungsphänomenen umfassend behandle, obwohl dies von manchen Proponenten eines Konzepts manchmal impliziert wird. Da für jeden Ansatz zumindest eine gewisse empirische Bestätigung existiert, erscheint das Phänomen der Führung als ein viel komplexeres Beziehungsgefüge von Ursache und Wirkung, als dies durch irgendeines der gegenwärtig verfügbaren vergleichsweise einfachen theoretischen Modelle zum Ausdruck gebracht werden kann. Bestimmte nicht beantwortete Fragen verhindern, daß irgendeine Perspektive als allen anderen überlegen angesehen werden könnte.

Der Schwerpunkt zukünftiger Forschung wird zweifelsohne auf weiteren Tests und Verfeinerungen von existierenden Führungskonzepten liegen. Innerhalb eines einzelnen theoretischen Rahmens wird die Forschung darauf angelegt sein, Kritiken früherer Studien zu entschärfen, bestimmte Ungereimtheiten und offensichtliche Widersprüche zu lösen oder bislang ungetestete Hypothesen und Annahmen in bezug auf die jeweilige Theorie zu prüfen. Aufgrund von Meßproblemen (→*Empirische Führungsforschung, Methoden der*) wird sich ein Großteil der Forschung auf methodologische Verfeinerungen konzentrieren und nicht so sehr auf wesentliche inhaltliche Probleme.

Andere Forschungsbemühungen werden über die existierenden Theorien und Paradigma hinausgehen und dabei die Wissensbasis erweitern. Ein Großteil dieser Forschung wird leicht in unser Klassifikationsschema einordenbar sein. Insbesondere werden es jene Konzepte sein, die die Dimensionen des Führungsverhaltens über die viel zu einfachen eindimensionalen oder zweidimensionalen Formulierungen der Konzepte vom Typ II und Typ IV hinausgehen. Dasselbe gilt für jene Bemühungen, die die konkreten situativen Beeinflussungsfaktoren der Effizienz verschiedener Führungseigenschaften spezifizieren. Das „Kontingenzmodell" von *Fiedler* als der einzige prominente Repräsentant der Forschung vom Typ III hat noch lange nicht die Liste der Beeinflussungsfaktoren ausgeschöpft.

Andere Forschungsansätze können allerdings nicht so einfach in unser Klassifikationsschema eingeordnet werden (z. B. →*Transaktionsanalyse und Führung*). Neue Perspektiven des Phänomens Führung mit eigenständigen Annahmen und theoretischen Orientierungen könnten neue Wege der Interpretation von Führungsphänomenen aufzeigen. Um diese neuen Perspektiven einzuordnen, könnten zusätzliche Alternativen der Klassifizierung wichtig werden. Falls einige isolierte (dennoch beachtenswerte) Beiträge zur Führungsforschung zu Trends würden, könnten sich die folgenden konzeptionellen Unterscheidungen für eine eventuelle Erweiterung unserer Vier-Felder-Typologie als nützlich erweisen.

1. Führung versus Leitung

Gemäß *Jacobs* (1971) unterstellt die Definition von Führung in diesem Beitrag eine Unterscheidung zwischen Führungsprozessen und Leitungsprozessen. Führung bedeutet Einflußnahme auf Gruppenmitglieder durch interpersonale Prozesse, ohne daß hierbei auf die Autorität oder Macht, die sich aus dem Arbeitsvertrag ableitet, zurückgegriffen wird. Leitung andererseits bedeutet Einfluß auf Gruppenmitglieder durch den Einsatz von formalen Belohnungen und Bestrafungen und die Erfüllung von vertraglichen Verpflichtungen. Diese Unterscheidung erscheint insbesondere dann wichtig, wenn sich Führung als ein Forschungsthema in ein Gebiet weiterentwickelt, das konzeptionell und empirisch unabhängig von anderen wissenschaftlichen Forschungsgebieten ist (z. B. Motivation, Kontrolle). Gegenwärtig überschneiden sich die verschiedenen Forschungsbereiche häufig, wie sich dies im starken Einfluß von Motivationstheorien auf die Weg-Ziel-Theorie zeigt. Dies hat nicht nur zu grundlegender Verwirrung darüber geführt, was Führung ist bzw. nicht ist, sondern auch zu der extremen Auffassung, daß aufgrund der definitorischen Probleme das Phänomen Führung als forschungswürdiges Thema aufgegeben werden sollte (*Minor* 1975). Solche Argumente werden erst dann entkräftet werden können, wenn die zukünftige Forschung den Bereich der Führung sorgfältiger definiert und von anderen Erklärungskonstrukten abgrenzt.

2. Dyadische versus Gruppen-Prozesse

Arbeiten von *Graen* und seinen Mitarbeitern (*Dansereau* et al. 1975) treiben die Unterscheidung zwischen Führung und Leitung weiter und gehen davon aus, daß eine Person in einer formalen Machtposition bestimmte Untergebene „führen", andere jedoch bloß „leiten" kann. Vorgesetzte differenzieren Untergebene nach den Mitgliedern der In-group (d. h. der „vertrauenswürdige Kader", der geführt wird) und den Mitgliedern der Out-group (d. h. die „verdungenen Mitarbeiter", die nur geleitet werden). Die Mitglieder der verschiedenen Untergruppen reagieren unterschiedlich auf ihre Vorgesetzten und diese Unterschiede können wichtige Determinanten der relativen Leistung und Zufriedenheit der Gruppenmitglieder sein (→*Führungstheorien, von Dyaden zu Teams*).

3. Ernannte Führung versus sich selbst entwickelnde Führung

In der Mehrzahl der Forschungsarbeiten wurde Führung innerhalb des Kontextes einer Vorgesetztenrolle in einem formalen organisatorischen Rahmen untersucht. Dieser Trend hat zur Verwechslung von Führung und Leitung geführt und zudem wenig Wissen über jene Prozesse beigetragen, die zur Entwicklung der informalen Führung führen, d. h. jene Prozesse, durch die ein Gruppenmitglied in eine höhere Status- und Führungsposition aufsteigt und dadurch überdurchschnittlichen Einfluß über die Kollegen erhält.

Eine bemerkenswerte Ausnahme vom Nicht-Vorhandensein programmatischer Forschung zum Phänomen der sich selbst entwickelnden Führung ist die Arbeit von *Hollander* (1961) (→*Führungstheorien – Idiosynkrasiekreditmodell*). Diese Forschungsergebnisse zeigen, daß es das konforme Gruppenmitglied ist, das am ehesten in eine Position des informalen Führers gehoben wird. Gerade jenes Individuum, das seine „Schuldigkeit" im Sinne der Gruppennormen getan hat, wird oft zu einem Gruppenmitglied mit hohem Status und letztlich in die Lage versetzt, die Gruppe zu leiten und Gruppennormen zu verändern, mit denen es vorher konform gegangen war.

4. Objektive versus subjektive Maße

Ein Großteil der Untersuchungen zur Führung beruht zumindest teilweise entweder auf selbst berichteten Maßen von Führungskonstrukten oder auf berichteten Maßen solcher Konstrukte von Geführten. Allerdings lassen jüngere Entwicklungen der Attributionstheorie einige ernstzunehmende Fragen in bezug auf die korrekte Interpretation solcher subjektiver Verhaltensmaße auftauchen (→*Führungstheorien – Attributionstheorie*). Viele unserer „Tests" von Führungstheorien haben möglicherweise um nichts mehr produziert als eine Spezifikation der impliziten – und vielleicht trügerischen „Theorien", die von den Beantwortern unserer Fragebögen übernommen wurden (z. B. „er ist ein so effektiver Führer, er muß daher mitarbeiterorientiert sein").

Sicherlich ist ein erweiterter Einsatz objektiver Maße des Führungsverhaltens – incl. direkte und unabhängige Beobachtung – erforderlich, wenn die Existenz solcher Verzerrungen dokumentiert und bisherige Hinweise sauber interpretiert werden sollen.

Es sind Forschungsmethoden erforderlich, die sowohl der Realität des realen Feldes als auch der Kontrolle im Labor Rechnung tragen. Die Arbeit von *Mintzberg* stellt einen Beginn in dieser Richtung dar.

Dies soll jedoch nicht heißen, daß die subjektive Einschätzung von Führung aufgegeben werden sollte. Man sollte sich jedoch bewußt sein, daß solche Einschätzungen potentielle Verzerrungen beinhalten, die durch selektive Wahrnehmung, selektive Erinnerung, begrenzte beobachtbare Phänomene und ungenaue Zuschreibungsmechanismen begründet sind.

Diese Verzerrungen an sich sind von theoretischer und praktischer Bedeutung. *Lord/Maher* (1988) beschreiben Informationsverarbeitungsmechanismen, die zur Wahrnehmung des eigenen Führungsverhaltens beitragen und Möglichkeiten bzw. Rahmenbedingungen darlegen, das Selbstbildnis ins rechte Licht zu rücken.

5. Auf dem Weg zu neuen Methodologien

Diese weitgehend unbekannten Gebiete bedeuten eine Herausforderung für Sozialwissenschafter in Nordamerika und darüber hinaus für alle, die am Verständnis der Entwicklung, der Dynamik und der Effektivität von Führungsprozessen Interesse haben.

Wir scheinen sehr viel über nur wenige Elemente der Führung zu wissen. Obwohl die bestehenden Forschungs-Paradigmata nicht unterbewertet werden sollen, ist es klar, daß neue Methoden und Maße erforderlich sind, wenn die Führungsforschung weiter entwickelt werden und zu einer reifen Teildisziplin innerhalb der Verhaltenswissenschaften werden soll (→*Empirische Führungsforschung, Methoden der*).

Leider werden einige Kritiker der Führungsforschung die neuen Anstrengungen als weiteren Hinweis darauf sehen, daß es der fragmentierten Literatur an Konsistenz und an programmatischer Stoßkraft (*Minor* 1975) mangelt. Aus einer nicht ganz so radikalen Sichtweise kann man sagen, daß traditionelle Bemühungen große Lücken innerhalb der Führungsforschung zu füllen beginnen. Selbstverständlich sind sowohl programmatische Verfeinerungen existierender Theorien als auch kreative Weiterentwicklungen in unerforschtes Neuland notwendig. Erstere tragen zur Tiefe und letztere zur Breite der Literatur bei, die von substantieller, sozialer und wissenschaftlicher Bedeutung ist.

Literatur

Allport, F. M.: Institutional Behavior. University of North Carolina, Chapel Hill 1933.
Ashour, A. S.: The Contingency Model of Leadership Effectiveness: An Evaluation. In: OBHP, 1973, S. 339–355.
Bass, B. M.: Leadership and Performance beyond Expectations. New York 1985.
Bass, B. M.: Bass & Stogdill's Handbook of Leadership; Theory, Research and Managerial Applications. New York 1990.
Blake, R. R./Mouton, J. S.: The Managerial Grid. Houston 1964.
Blankenship, L. V./Miles, R. E.: Organizational Structure and Managerial Decision Behavior. In: ASQ, 1968, S. 106–120.
Calder, B. J.: An Attribution Theory of Leadership. In: *Staw, B. M./Salancik, G. R.* (Hrsg.): New Directions in Organizational Behavior. Chicago 1977, S. 179–204.
Campbell, J. R./Dunette, M. D./Lawler, E. E./Weick, K. E.: Managerial Behavior, Performance, and Effectiveness. New York 1970.
Conger, J. A./Kanungo, R. N.: Toward a Behavioral Theory of Charismatic Leadership in Organizational Settings. In: AMR, 1987, S. 673–647.
Crowe, B. J./Bochner, S./Clark, A. W.: The Effects of Subordinates' Behavior on Managerial Style. In: HR, 1972, S. 215–237.
Dansereau, F./Graen, G./Haga, W. J.: A Vertical Dyad Linkage Approach to Leadership Within Formal Organizations: A Longitudinal Investigation of the Role-Making-Process. In: OBHP, 1975, S. 46–78.
Farris, G. F./Lim, F. G.: Effects of Performance on Leadership, Cohesiveness, Influence, Satisfaction and Subsequent Performance. In: JAP, 1969, S. 490–497.
Fiedler, F. E.: A Contingency Model of Leadership Effectiveness. In: *Berkowitz, L.* (Hrsg.): Advances in Experimental Social Psychology, New York 1964, S. 149–190.
Fiedler, F. E.: Engineer the Job to Fit the Manager. In: HBR, 1965, S. 115–122.
Fiedler, F. E.: A Theory of Leadership Effectiveness. New York 1967.
Fiedler, F. E.: Rejoinder to a Premature Obituary. In: *Hunt, J. G./Larson, L. L.* (Hrsg.): The Cutting Edge. Carbondale 1977, S. 45–51.
Fiedler, F. E./Chemers, M. M./Mahar, L.: Improving Leadership Effectiveness: The Leader Match Concept, überarbeitete A., New York 1977.
Fleishman, E. A.: A Leader Behavior Description for Industry. In: *Stogdill, R. M./Coons, A. E.* (Hrsg.): Leader Behavior: Its Description and Measurement. Columbus 1957, S. 103–119.
Fleishman, E. A./Harris, E. F./Burtt, H. E.: Leadership and Supervision in Industry. Columbus 1955.
Fleishman, E. A./Mumford, M. D./Zaccaro, S. J. et al.: Taxonomic Efforts in the Description of Leader Behaviour. A Synthesis and Functional Interpretation. In: Leadership Quarterly, 1991, S. 245–287.
Greene, C. N.: The Reciprocal Nature of Influence Between Leader and Subordinate. In: JAP, 1975, S. 187–193.
Halpin, A. W.: The Leader Behavior and Effectiveness of Aircraft Commanders. In: *Stogdill, R. M./Coons, A. E.* (Hrsg.): Leader Behavior: Its Description and Measurement. Columbus 1957, S. 52–64.
Heller, F. A./Yukl, G.: Participation, Managerial Decision-Making and Situational Variables. In: OBHP, 1969, S. 227–241.
Herold, D. M.: Two-Way Influence Processes in Leader-Follower Dyads. In: AMJ, 1977, S. 224–237.
Hollander, E. P.: Emergent Leadership and Social Influence. In: *Petrulle, L./Bass, B. M.* (Hrsg.): Leadership and Interpersonal Behavior. New York 1961.
House, R. J.: A 1976 Theory of Charismatic Leadership. In: *Hunt, J. G./Larson, L. L.* (Hrsg.): The Cutting Edge. Carbondale 1977, S. 187–207.
House, R. J./Baetz, M. L.: Leadership: Some Empirical Generalizations and New Research Directions. In: Research in Organizational Behavior, hrsg. v. *Staw, B. M.* Greenwich, CN 1979, S. 341–423.
House, R. J./Dessler, G.: The Path-Goal Theory of Leadership. Some Post Hoc and A Priori Tests. In: *Hunt, J. G./Larson, L. L.*(Hrsg.): Contingency Approaches to Leadership. Carbondale 1974, S. 29–55.
Howell, J. M./Frost, P. J.: A Laboratory Study of Charismatic Leadership. In: Organizational Behavior and Human Decision Processes 1988, S. 243–269.
Howell, J. M./Avolio, B. J.: Transformational Leadership, Transactional Leadership, Locus of Control, and Support for Innovation. Key Predictor of Consolidated Business Unit Performance. In: JAP, 1993, S. 891–902.
Indvik, J.: Path-Goal Theory of Leadership: A Meta-Analysis. Proceedings of the 46th Annual Meeting of the Academy of Management 1986, S. 189–192.
Jacobs, T. O.: Leadership and Exchange in Formal Organizations. Alexandria 1971.
Jago, A. G.: Leadership: Perspectives in Theory and Research. In: Man. Sc., 1982, S. 315–336.
Jago, A. G./Ragan, J. W.: The Trouble with Leader Match is that it does not match Fiedler's Contingency Model. In: JAP, 1986, S. 555–559.
Katz, D./Maccoby, N./Norse, N.: Productivity, Supervision and Morale in an Office Situation. Ann Arbor 1950.
Keller, R. T.: A Longitudinal Assessment of a Managerial Grid Seminar Training Program. In: Group & Organizational Studies, 1978, S. 343–355.
Kerr, S.: Discussant Comments. In: *Hunt, J. G./Larson, L. L.* (Hrsg.): Contingency Approaches to Leadership. Carbondale 1974, S. 124–129.
Kerr, S./Schriesheim, C.: Consideration, Initiating Structure, and Organizational Criteria – An Update of Korman's 1966 Review. In: PP, 1974, S. 555–568.
Larson, L. L./Hunt, J. G./Osborn, R. M.: The Great Hi-Hi Leader Behavior Myth: A Lesson from Occam's Razor. In: AMJ, 1976, S. 628–641.

Locke, E. A./Schweiger, D. M.: Participation in Decision Making: One More Look. In: *Staw, B. M.* (Hrsg.): Research in Organizational Behavior. Greenwich 1978, S. 265–339.
Lord, R. G./Maher, K. J.: Leadership and Information Processing: Linking Perceptions and Performance. Boston 1988.
Lowin, A./Craig, J. R.: The Influence of Level of Performance on Managerial Style. An Object-Lesson in the Ambiguity of Correlated Data. In: OBHP, 1968, S. 440–458.
Maier, N. R. F.: Leadership Methods and Skills. New York 1963.
McMahon, J. T.: The Contingency Theory: Logic and Method Revisited. In: PP, 1972, S. 697–711.
Miller, K. I./Monge, P. R.: Participation, Satisfaction and Productivity: A Metaanalytic Review. In: AMJ, 1986, S. 727–753.
Minor, J. B.: The Uncertain Future of the Leadership Concept: An Overview. In: *Hunt, J. G./Larson, L. L.* (Hrsg.): Leadership Frontiers. Kent 1975, S. 197–208.
Morse, N. C./Reimer, E.: The Experimental Change of a Major Organizational Variable. In: JASP, 1956, S. 120–129.
Peters, L. H./Hartke, D. D./Pohlmann, J. T.: Fiedler's Contingency Theory of Leadership: An Application of the Meta-Analysis Procedures of Schmidt and Hunter. In: PP, 1985, S. 274–285.
Rice, R. W.: Psychometric Properties of the Esteem for Least Preferred Co-worker (LPC Scale). In: AMR, 1978, S. 106–118.
Schriesheim, C. A./Kerr, S.: Theories and Measures of Leadership: A Critical Appraisal of Current and Future Directions. In: *Hunt, J. G./Larson, L. L.* (Hrsg.): The Cutting Edge. Carbondale 1977, S. 9–45.
Shiflett, S. C.: The Contingency Model of Leadership Effectiveness: Some Implications of Its Statistical and Methodological Properties. In: Behavioral Science, 1973, S. 429–440.
Stinson, J. E./Tracy, L.: Some Disturbing Characteristics of the LPC Score. In: PP, 1974, S. 417–485.
Strube, M. J./Garcia, J. E.: A Meta-Analytic Investigation of Fiedler's Contingency Model of Leadership Effectiveness. In: Psych. Bull., 1981, S. 307–321.
Tannenbaum, R./Schmidt, W.: How to Choose a Leadership Pattern. In: HBR, 1958, S. 95–101.
Vecchio, R. P.: An Empirical Examination of the Validity of Fiedler's Model of Leadership Effectiveness. In: OBHP, 1977, S. 180–206.
Vroom, V. H.: Can Leaders Learn to Lead? In: Organizational Dynamics, 1967, S. 17–28.
Vroom, V. H./Jago, A. G.: New Leadership: Managing Participation in Organizations. Englewood Cliffs 1988; deutsch: Flexible Führungsentscheidungen; Management der Partizipation in Organisationen. Stuttgart 1991.
Vroom, V. H./Yetton, P. W.: Leadership and Decision-Making. Pittsburgh 1973.
Wagner, J. A./Gooding, R. Z.: Shared Influence and Organizational Behavior: A Metaanalysis of Situational Variables expected to Moderate Participation – Outcome Relationships. In: AMJ, 1987, S. 524–541.
Yammarino, F. J./Spangler, W. D./Bass, B. M.: Transformational Leadership and Performance: A Longitudinal Investigation. In: Leadership Quarterly, 1993, S. 81–102.

Führungsforschung/Führung in Skandinavien

Bengt Stymne

[s. a.: Auswahl von Führungskräften; Führungsphilosophie und Leitbilder; Führungstechniken; Führungstheorien – Charismatische Führung; Kulturabhängigkeit der Führung; Manager- und Eigentümerführung; Menschenbilder und Führung; Mitbestimmung, Führung bei; Symbolische Führung.]

I. Einleitung; II. Wer führt? III. Wie wird geführt? IV. Die Funktion von Managern.

I. Einleitung

Natürlich ist es unmöglich, einen vollständigen und allen Aspekten gerecht werdenden Überblick über ein solch vielfältiges Gebiet wie Führungsforschung in skandinavischen Ländern zu geben, die zwar für einen Außenstehenden ziemlich homogen erscheinen mögen, für ihre Einwohner aber dennoch eine unterschiedliche Geschichte, Kultur, Sprache und, nicht zuletzt, Ökonomie aufweisen. Aus diesem Grunde enthalten die folgenden Seiten einen subjektiv gefärbten Überblick. Sicher haben wir einige relevante Ansätze übersehen. Da wir mit der Forschung in Schweden am vertrautesten sind, fällt die Analyse dieses Landes ausführlicher aus.

Wir haben den Beitrag in 3 Kapitel eingeteilt. Im ersten Kapitel stellen wir die Frage, wer führt. Was wissen wir über geschichtliche Herkunft, gesellschaftlichen Hintergrund und psychologische Eigenschaften von Managern in Skandinavien? Das zweite Kapitel handelt von den Aufgaben der Führung, wie sie in empirischer Forschung ermittelt wurden. Im dritten Kapitel werden Ergebnisse der Forschung zu Führungsfunktionen im Kontext der Unternehmung und ihres gesellschaftlichen Umfelds wiedergegeben.

II. Wer führt?

Schweden ist ein Beispiel dafür, daß Führungsmodelle nicht nur aus den Anforderungen der Gegenwart heraus entstehen, sondern auch durch die Vergangenheit eines Landes beeinflußt sind.

Selbst wenn die wirtschaftliche Entwicklung in Schweden in Wirklichkeit ziemlich spät einsetzte – gegen Ende des 19. Jahrhunderts –, gab es in dem Land eine lange industrielle Tradition, deren Wurzeln bis in den Bergbau im 15. Jahrhundert zurückgehen. Die Verfügbarkeit von Eisenerz und Holz zur Gewinnung von Holzkohle war Grundstein für einen bedeutenden Industriezweig: Eisen und Stahl. Die Produktion war auf sehr charakteristische Weise organisiert – in den Bruk (Hütten). Die Bruk umfaßten nicht nur Hochöfen, Stahlwerk, Teerfabrik und Sägewerk, sondern auch eine umfassende soziale Organisation. In der Dorfstraße reihten sich hübsche, niedrige Häuser aneinander, in denen die qualifizierten Arbeiter wohnten. Eine Allee führte hinauf zu dem Landhaus, in dem der Verwalter der Hütte – der Patron – wohnte. Die Bruk selbst lag in einem Gebiet, umgeben mit schönen Flüssen, Seen und Wäldern. Die Bruksanda (Gesinnung der Hütte) bezeichnete ein harmonisches Verhältnis zwischen Arbeitern, die stolz auf ihr Handwerk waren, und ihrem Verwalter.

Diese Gesinnung existiert auch heute noch, nicht nur in den übriggebliebenen Bruk, sondern auch in vielen gut geführten Werken. Ein gleichzeitig väterlicher und respektvoller Führungsstil wird immer noch als ein Ideal gesehen. Oftmals waren sowohl Patron als auch Arbeiter wallonischer Abstammung – von den schwedischen Königen aufgefordert, nach Schweden zu kommen und ihrem Handwerk nachzugehen.

Die Aufzeichnungen des Bruk-Patrons *De Geer* (1951) werfen ein Schlaglicht auf einige wichtige Wesensmerkmale schwedischer Manager. Viele von ihnen sind mit Industriellenfamilien verbunden, während andere aus sehr bescheidenen Verhältnissen kommen. Einige sind hauptsächlich Bewahrer traditioneller Werte, während andere diese Werte als Grundlage für eine Erneuerung benutzen. Viele standen der Produktion sehr nahe und haben häufig eine Ingenieurausbildung hinter sich. In der Tat waren viele der herausragenden schwedischen Führungskräfte Ingenieure und Erfinder, wie etwa *G. Dahlén* (Leuchtturm-Ausstattungen und Gas-Akkumulatoren), *L. M. Ericson* (Telefon), *G. de Laval* (Zentrifugen) und *A. Nobel* (Dynamit). *Ruben Rasing,* zwar eher Ökonom als Ingenieur, kann ebenfalls zu diesen traditionellen Unternehmern gerechnet werden. Er war die treibende Kraft hinter Tetra-Laval, einer Firma, die 1946 auf der Basis einer völlig neuen Technologie gegründet wurde und deren schnelles Wachstum sie zu einem weltweit führenden Anbieter von Systemen für Getränkeverpackungen werden ließ.

1. *Die Volksbewegungen*

Die Bruk bilden eine Tradition der schwedischen Führungskräfte, die Volksbewegungen eine andere. Diese Bewegungen entstanden vor dem Hintergrund der Armut, Überbevölkerung, Trunksucht und den Veränderungen, die durch die Dampfkraft und den Industrialisierungsprozeß hervorgerufen wurden. Zu diesen Bewegungen gehören die Freikirchen, die Abstinenzler, die Volksuniversität, der Sozialismus, die Gewerkschaften und die Genossenschaften. Die Volksbewegungen trugen dazu bei, die ökonomischen und sozialen Bedingungen der Bevölkerung zu verbessern, sie schufen Mechanismen für den rapiden Übergang einer ländlichen und landwirtschaftlichen Gesellschaft in eine industrielle. Sie bildeten aber auch eine Keimzelle für Führungskräfte aus den breiten Massen. Ihre Führung gründete sich auf die Artikulation von Werten im Einklang mit der Ideologie der Volksbewegungen, einschließlich Solidarität, Arbeitstugenden, Verbesserung der Erziehung und Bildung, Verbesserung der sozialen Bedingungen und Förderung des ökonomischen Fortschritts. Einige der von diesen Volksbewegungen hervorgebrachten Männer übernahmen auch politische Führungsaufgaben, wie *Per Albin Hansson*, Ministerpräsident während des Zweiten Weltkriegs und davor. Andere von den Volksbewegungen hervorgebrachte junge Männer wurden Manager in genossenschaftlichen Firmen. Ein außergewöhnliches Beispiel ist *Albin Johansson* (Stolpe 1969), der der Bewegung der Konsumgenossenschaften zu einer führenden Rolle in der Entwicklung des modernen Einzelhandels verhalf. Durch die Kombination einer ideologisch fundierten Grundlage mit innovativem Denken und klugem Geschäftsinstinkt machte er die Konsumgenossenschaften zu einem riesigen Komplex, der Industrie, Großhandelsgeschäft und Einzelhandelsniederlassungen einschloß. Die Entwicklung einer ähnlich großen Organisation für den Bau und die Verwaltung von Wohnhäusern wurde von dem Architekten *Sven Wallander* 1968) geprägt, der seine Führung auf die Idee gründete, daß jedem Arbeiter eine anständige Wohnung mit großer Küche und Badezimmer zustehen sollte.

2. *Sozialer Hintergrund und Karrieremuster*

Der Zusammenhang zwischen Tradition und Wandel läßt sich mit einer in den späten 60er Jahren durchgeführten Studie über 21 wirtschaftliche Führungskräfte der größten Unternehmungen im Baugewerbe zeigen (*Anell/Stymne* 1976; *Stymne* 1972).

Vor allem wegen der Verbindung der Bauindustrie mit den Volksbewegungen sind in ihr aus der Arbeiterklasse stammende Führungskräfte überrepräsentiert. Dennoch weisen Befunde von *Bolin/Dahlberg* (1975, vgl. auch Tabelle 1) darauf hin, daß wichtige Führungskräfte in Dänemark und Schweden häufiger aus den unteren Schichten kommen als ihre Kollegen in anderen europäischen Ländern.

Wie Tabelle 2 zeigt, haben viele schwedische Führungskräfte die Qualifikation eines Ingenieurs. Verglichen mit den frühen 60er Jahren waren Manager mit einer wirtschaftswissenschaftlichen Ausbildung 1980 stärker vertreten. Während der

Beruf des Vaters	Dänemark %	Schweden %	Norwegen %
Akad. o. leitend	48	60	77
Angestellte o. Kleinunternehmer	36	35	19
Arbeiter u. kleine Bauern	16	5	4

Tab. 1: Beruf der Väter wichtiger Führungskräfte in Skandinavien (Bolin/Dahlerg 1975)

Ausbildungs-abschluß	1960–63	1964–67	1968–71	1972–75	1976–79	1979–81
Techniker	46	42	30	34	36	60
Wirtschaftswissenschaftler	12	26	44	49	36	26
Juristen	17	8	11	6	11	6
2 Abschlüsse	15	16	9	9	4	6
Andere	9	8	5	3	11	11
Anzahl der Stelleninhaber	41	38	43	35	44	18

Tab. 2: Ausbildungsabschlüsse neuberufener leitender Angestellter von an der Stockholmer Börse gehandelten Unternehmungen während unterschiedlicher zeitlicher Perioden

frühen 70er Jahre hatten fast die Hälfte aller in Führungspositionen berufenen Unternehmensleiter eine wirtschaftswissenschaftliche Ausbildung, wenngleich Ingenieure ihre Position in den frühen 80er Jahren wiedererlangt zu haben scheinen. Man könnte vermuten, daß dieser Wandel die Enttäuschung über Steuerungsmethoden der Wirtschafts- und Finanzwissenschaften widerspiegelt, die in der schwierigen Epoche von 1975 bis 1980 offensichtlich nicht gegriffen haben.

Ein verändertes Karrieremuster für Männer in Führungspositionen wurde auch von *Holmberg* (1986) aufgezeigt. Zu Beginn der 80er Jahre gaben lediglich 9% der Inhaber von Direktorenstellen ihre Position wegen ihrer Pensionierung auf. Zwanzig Jahre zuvor waren es noch 39%. Statt dessen wurden sie Vorsitzende – oftmals sogenannte mitarbeitende Vorsitzende – des Vorstandes, Direktor in einer anderen Firma oder ganz einfach entlassen. Daraus folgt, daß die Position des Leiters einer Unternehmung nicht mehr den abschließenden Höhepunkt der Karriere als Manager darstellt, sondern eher eine Übergangsstufe zu einer anderen Position. Die Karrieremuster von Managern spiegeln in gewisser Hinsicht die Eigentumsstruktur der schwedischen Industrie wider. Für eine lange Zeit war das Eigentum an der schwedischen Industrie in den Händen von ungefähr 20 Familien und einigen anderen Finanzgruppen, wie z. B. den Handelsbanken, konzentriert. Die Familie *Wallenberg,* die sehr eng mit den Handelsbanken verbunden ist, stellt die bekannteste Familie aus der Finanzwelt dar. Die internationale Entwicklung vieler schwedischer Industrieunternehmungen, wie ASEA, ASTRA, Atlas-Copco, Ericsson, Electrolux, SAAB, SAS, Skandia und STORA, ist mit dieser Familie verknüpft. Das Aufspüren guter Leute als Führungskräfte ist seit längerer Zeit ein wichtiger Beitrag dieser Familie (*Lindström* 1967). In den von ihnen und von den Handelsbanken gehaltenen Unternehmen wurden die oberen Manager häufiger ausgewechselt (2,2 Veränderungen je Firma von 1963 bis 1979) als in von anderen Familien gehaltenen Unternehmen oder in Unternehmen, bei denen die Eigentumsanteile weiter gestreut waren (1,4–1,8 Veränderungen je Firma von 1963 bis 1979; *Holmberg* 1986). Während der 80er Jahre verteilte sich das Eigentum an schwedischen Unternehmungen mehr auf nationale und internationale Aktienmärkte. Es gab Versuche von Führungskräften von Volvo, Skanska und anderen Unternehmungen, durch weitgestreuten gegenseitigen Aktienbesitz eine größere Unabhängigkeit von den Eigentümern zu erreichen. Während der Wirtschaftskrise Anfang der 90er Jahre begann sich dieser gegenseitige Aktienbesitz jedoch wieder aufzulösen. Letztlich kann deshalb gesagt werden, daß es den familiendominierten Eigentümergruppen gelungen ist, die Steuerung der Industrie und die Auswahl der Führungskräfte zu behalten.

3. Psychologische Merkmale

In der skandinavischen Führungsforschung wurde bislang traditionellerweise dem Führungsverhalten weitaus größere Aufmerksamkeit geschenkt als der Führungspersönlichkeit. Eine Ausnahme bildet *Kock* (1965), der mit Hilfe von TAT-Tests untersuchte, ob der Erfolg kleiner Firmen der finnischen Textilindustrie über die Neigung ihrer Führungskräfte zu Leistung, Anpassung und Macht prognostiziert werden kann. Er fand heraus, daß Anpassungsneigung mit Erfolg verbunden ist, Machtstreben kaum und Leistungsstreben nur schwach mit einigen der Erfolgsindikatoren korreliert.

Maccoby (1985), der die psychologische Komponente in der Führungsforschung wieder stärker betonte, legte dar, daß Schweden um 1980 gekennzeichnet war durch zentralisierte, eine Führung erschwerende Bürokratien in Wirtschaft und öffentlicher Verwaltung. Führungspersönlichkeiten seien notwendig, um die Bürokratie zu reduzieren und um einem Unternehmertum im Wege stehende kulturelle Werte zu überwinden. Dennoch fand er einige „Helden", die er und der FA-Rat als erstrebenswerte Modelle vorschlagen. Im Rahmen dieses Projekts wurden Unternehmerpersönlichkeiten wie *Gyllenhammar* (Volvo) und *Carlzon* (SAS) psychologischen Tests unterzogen (*Maccoby* 1981; *Edström* et al. 1984). Eine gewisse Zeit tendierten sowohl öffentliche Diskussion als auch Forschung dazu, besonders mystische und charismatische

Führungseigenschaften (→*Führungstheorien – Charismatische Führung*) zu betonen. Die Art und Weise, wie junge Führungskräfte während der 80er Jahre an die Spitze und zu großem Wohlstand gelangten, schien tatsächlich märchenhaft. Die mystische Aura löste sich Anfang der 90er Jahre auf, als viele dieser „Helden" sich als Versager entpuppten – einige sogar vor Gericht kamen. Als Folge davon betrachtete man Führungskräfte als ganz gewöhnliche Sterbliche, deren ethische Einstellung legitimerweise hinterfragt werden konnte, und die ihre Handlungen und Gedanken öffentlich darzulegen hatten. Forschung und betriebswirtschaftliche Ausbildung bringen ebenso den ethischen Einstellungen und Tugenden von Führungskräften ein höheres Interesse entgegen (*Gustafsson* 1993). Die Forschungsarbeit von *Sjöstrand* (1993) und Partnern deutet an, daß der Erhalt und die Vertiefung von Bindungen zu Freunden und Familie notwendig sind für erfolgreiche Führung. Gleichwohl läßt die immer schon vorherrschende Logik ökonomischer Effizienz eine solche andere Logik unangebracht erscheinen. Führungskräfte mögen so einer gewissen Ineffektivität überlassen werden, weil sie den Eindruck haben, daß sie in einen Schattenbereich eintreten, wenn sie Handlungslinien folgen, die nicht aus einer engen „Kapitallogik" heraus gerechtfertigt werden können. Diese Logik mag vielleicht sogar den Weg für Führungskräfte geebnet haben, die in Wirklichkeit unmoralisch sind.

Trotz des weltweit höchsten Frauenanteils an Arbeitskräften in Finnland und Schweden gelingt nur wenigen Frauen der Weg an die Unternehmensspitze. *Wahl* (1992) stellte in einer umfassenden Studie über weibliche Universitätsabsolventen wirtschaftlicher und technischer Fachrichtungen fest, daß eine Erklärung dafür nicht in dem mangelnden Interesse an einem Aufstieg liegt. Eine Erklärung deutet sich in den Antworten der befragten Frauen an – viele von ihnen fühlten sich diskriminiert (→*Frauen, Männer und Führung*).

III. Wie wird geführt?

1. Verhaltensbeobachtung

Während der frühen 40er Jahre traf sich eine Gruppe schwedischer Führungskräfte regelmäßig, um über Probleme des Top-Managements zu sprechen. Da die Gruppe der Ansicht war, man wisse zu wenig darüber, was Manager tatsächlich tun, beauftragten sie *Sune Carlson* von der Stockholm School of Economics mit einer Studie, die im Jahre 1951 unter dem Namen „Executive Behaviour" (*Carlson* 1951) veröffentlicht wurde. *Carlsons* methodisch bahnbrechende direkte Beobachtungen der Arbeit von zehn obersten Managern ist zu einem Klassiker geworden. *Carlson* wies nach, daß Manager eher Empfänger als Initiatoren von Kontakten waren und daß ihre Arbeit in hohem Maße fragmentiert ist. 22 Minuten war die längste beobachtete Zeitspanne ununterbrochener Tätigkeit. Viele Jahre später setzte *Forsblad* (1980) die Forschung in der Tradition *Carlsons* fort, um mehr über die Rolle von Top-Managern in Entscheidungsprozessen zu erfahren. Er fand heraus, daß es äußerst schwierig ist, den Einfluß von Managern mit Entscheidungsprozessen in Verbindung zu bringen, was Zweifel an der Wirksamkeit der schwedischen Mitbestimmung von 1976 weckte (*Aspling* 1986).

Auch *Tyrstrup* (1993) führte eine detaillierte Studie über die Arbeit von Top-Managern in großen Industrieunternehmen durch. Seine wesentliche Schlußfolgerung ist, daß die Führungsfunktion tatsächlich von einem Team von Führungskräften ausgeführt wird. Die Arbeit des Unternehmenschefs besteht in weiten Teilen darin, darauf zu achten, daß eine geeignete Arbeitsteilung zwischen den Teammitgliedern aufrechterhalten wird.

2. Der Manager und die Gruppe

Ungefähr zur selben Zeit, als *Carlson* seine Forschungsarbeiten über Führungsverhalten durchführte, drangen Ideen aus den USA über human relations und Führung durch Kontrolle nach Skandinavien. Insbesondere *Westerlund* (1952) brachte diese Ideen in die Diskussion. Er regte einen Versuch in der Direktion der Stockholmer Telefonzentrale an, in dem das alte System technischer Experten, von denen jeder seinen Funktionsbereich beaufsichtigte, mit einem neuen System verglichen wurde, in dem Vorgesetzte die volle Verantwortung – auch in Personalfragen – für eine bestimmte Gruppe hatten. Selbst wenn *Westerlunds* Versuch die Bedeutung einer partizipativen Führung nicht uneingeschränkt stärken konnte, so machte er doch die Michigan- und Ohio-Studien bekannt. Die Variablen der Ohio-Schule Personenorientierung und Aufgabenorientierung stellten sich auch für schwedische Vorgesetzte als wichtig heraus, wie in von *Lennerlöf* (1968) durchgeführten Untersuchungen festgestellt wurde. Allerdings betonte *Lennerlöf* die situativen Erfordernisse als Schlüssel für das Verständnis des Vorgesetzten-Verhaltens. *Wirdenius* (1958) entwickelte Methoden zur Bestimmung der Umweltanforderungen an Vorgesetzte im Baugewerbe und *Docherty* (1972) versuchte, das Führungsverhalten von Managern in der Bauindustrie aus den Situationen, die sie zu bewältigen haben, zu erklären.

Der Ansatz des Tavistock Institute of Human Relations in London wurde in Norwegen von *Thorsrud* aufgegriffen. *Thorsrud/Emery* (1964) waren der Ansicht, daß die gewerkschaftliche Vertretung in Unternehmensvorständen sehr wenig zur Verbesserung der Lage der Arbeiter beitrüge, und daß durch die Anwendung der im britischen Bergbau entwickelten Grundsätze mehr erreicht würde. Es gelang *Thorsrud,* sowohl Arbeitgeberverbände als auch Gewerkschaften in einen, in einem hohen Maße partizipativen Ansatz der Organisationsgestaltung einzubinden. Die Ideen aus Norwegen (*Thorsrud/Emery* 1970) griffen bald auf Schweden über, sowohl in Form von Forschungsprojekten als auch durch Versuche von Ingenieuren und Managern, Alternativen zur tayloristischen Arbeitsorganisation auszuprobieren (*Sandberg* 1982). Die Technik-Abteilung des Schwedischen Arbeitgeberverbandes dokumentierte viele dieser Versuche. Man kann von dem Auftauchen einer neuen Art von Management-Philosophie sprechen. Sie sieht den Manager als Organisationsgestalter, der eine Situation schaffen soll, in der Technik und Arbeitskräfte in sinnvoller Weise zusammenwirken können.

Das Volvo-Montagewerk in Kalmar (*Gyllenhammar* 1977) ist ein Beispiel für eine solche Führungsphilosophie. Die Philosophie wurde durch den Schwedischen Arbeitgeberverband weiterentwickelt und von den Forschern in konkrete Führungsinstrumente umgesetzt (*Edgren* et al. 1983; *Aguren/Edgren* 1980; *Lindestad/Jeffmar* 1984).

Viele Forschungsvorhaben zur Frage der Managertätigkeit standen im Einklang mit den Arbeitgeber-Interessen. Eine scharfe Reaktion darauf kam während der 70er Jahre von der Arbeiterbewegung, die forderte, die Gewerkschaften sollten an der Führung von Unternehmen beteiligt sein. Diese Forderung wurde von Forschern unterstützt, die geltend machten, daß Führungsforschung auch die Interessen der Arbeitnehmer berücksichtigen sollte (*Sandberg* 1978). Ein neues Gesetz über Mitbestimmung wurde 1977 wirksam und in diesem Zusammenhang wurde ein Forschungsinstitut gegründet, das sich eher an den Gewerkschaften orientierte – das Arbeitsleben-Zentrum. Die hochgespannten Erwartungen, daß die Gewerkschaften einen substantiellen Zuwachs an Einfluß auf die Unternehmensführung zu verzeichnen hätten, schlugen nach einigen Jahren in ein Gefühl der Enttäuschung um. *Aspling* (1986) fand heraus, daß die Weiterleitung von Informationen an Gewerkschaften und deren Mitwirkung an Entscheidungen schließlich zum Führungsalltag in Unternehmen wurde.

Stymne (1986) führte eine Längsschnittstudie über die Effekte der schwedischen Mitbestimmung durch. Er fand heraus, daß Aufseher in ihrem Verhalten gegenüber Arbeitern demokratischer und partizipativer wurden, d. h., ihr Führungsstil glich sich dem von Managern an. Wahrscheinlich aber gab es wichtigere Einflußfaktoren für die Veränderung von Führungsstrukturen in der schwedischen Wirtschaft als Gesetzgebung und Gewerkschaftsforderungen. Marktänderungen und zunehmender Wettbewerb, nicht zuletzt aus Japan, haben kürzere Lieferzeiten und eine höhere Kundenorientierung erforderlich gemacht. Um eine größere Flexibilität zu erreichen, haben Unternehmen ihre Aktivitäten dezentralisiert, indem sie sowohl unterschiedliche Unternehmensbereiche in unabhängige Unternehmen umwandelten als auch spezialisierte Fabriken innerhalb der Unternehmen schufen. Solche „Unternehmen im Unternehmen" sind nicht allein für die Produktion verantwortlich, sondern ebenso für die Entwicklung und die Kundenkontakte (*Södergren* 1992). Als Ergebnis dieser Dezentralisierungswelle können ganze Ebenen des mittleren Managements abgeschafft werden, Gruppen von Arbeitern erhalten größere Verantwortung und die Leitung der Geschäftsaktivitäten liegt bei einer Führungskraft, die in enger Verbindung zu den operativen Tätigkeiten steht. *Södergren* (1993) bemerkt, daß es die von den Unternehmen als Konsequenz der Dezentralisierung durchlaufene Transformation erforderlich macht, daß das Management auf operativer wie auf Unternehmensebene neue Wege der Zusammenarbeit und Beziehung zueinander finden. Neue Arten von Fähigkeiten werden gebraucht, was Anforderungen an Universitäten ebenso wie an eine kontinuierliche Weiterbildung der Führungskräfte stellt.

3. *Einstellungen und Werte*

Die Führungsforschung in Schweden und viele der Versuche mit neuen Organisationsformen in Skandinavien betrachteten die Sorge um Mitarbeiter und die Beteiligung der Arbeiter als zentrale Fragen. *Hofstedes* (1980) internationaler Vergleich von Management-Kulturen zeigt, daß eine geringe Machtdistanz zwischen Führungskraft und Geführten von skandinavischen Managern geschätzt wird. Seine Daten zeigen ferner, daß die Funktion bürokratischer Strukturen, Unsicherheit zu reduzieren, in skandinavischen Ländern geringer ausgeprägt ist als in Deutschland und Südeuropa. Allerdings deutet eine ältere Untersuchung von *Haire* et al. (1966) darauf hin, daß Manager in Skandinavien und Deutschland lieber Anweisungen geben (to direct), als zu überzeugen (to persuade), verglichen mit Führungskräften in anderen Kulturen. Auch schätzten skandinavische Manager die Fähigkeiten ihrer Untergebenen eher gering ein. Eine neuere internationale Untersuchung verglich die Wahrnehmung der Untergebenen hinsichtlich der Kommunikationsformen ihres Chefs mit den Wahrnehmungen der Vorgesetzten (*Fleenor* et al. 1986). Sie stellten fest, daß die Differenz der Wahrnehmungen in Norwegen am geringsten war, größer in Schweden und Deutschland und am größten in den Vereinigten Staaten.

Diese Ergebnisse zur Forschung über Einstellungen legen den Schluß nahe, daß zwischen den vielen Versuchen in Skandinavien zu eher partizipativen Führungsformen und Werten des Kräftegleichgewichts eine gewisse Symmetrie besteht.

Allerdings ist ein kausales Verhältnis zwischen Werten und Verhalten nicht nachgewiesen worden. Einige Untersuchungen zeigen, daß skandinavische Manager nicht demokratischer sind als ihre Kollegen in anderen Ländern und daß ihre Einstellungen ebenso wie ihr Verhalten den Erfordernissen der Situation entsprechend pragmatisch gewählt werden, während andere Untersuchungen einen größeren kulturellen Unterschied feststellen.

IV. Die Funktion von Managern

Führung wird auch über Werte und Philosophien vermittelt, und auf dieser Ebene der Führungstheorie hat wahrscheinlich die skandinavische Führungsforschung ihren eigenständigsten Beitrag geleistet. Schon *Carlson* stellte die Frage, ob Manager eher die Marionette als der Dirigent eines Orchesters seien. Ein Großteil der nachfolgenden Forschung läßt sich als Versuch sehen, der Führungskraft im Unternehmen eine bedeutungsvollere Rolle zuzuschreiben als die einer Marionette, selbst wenn die Alternative nicht der autoritäre Dirigent sein kann.

Ein erster Durchbruch in dieser Richtung kam von *Rhenmans* (1964) Einführung des *Schiedsrichter-Modells*, das sich als schwedische Version der Anreiz-Beitragstheorie von *Barnard* und *Simon* betrachten läßt. Das Schiedsrichter-Modell betont die Funktion des obersten Vorgesetzten als Mittler zwischen vielen einander widerstreitender Interessen, einschließlich derer von Arbeit und Kapital. Dieses Modell bot den Forschern nicht nur einen fruchtbaren Weg zum Verständnis der Führung in Unternehmen und Managern zur Einsicht in ihre strategische Rolle, sondern es lieferte darüber hinaus den Arbeitgebern als Gruppe eine theoretische Grundlage für ihre Reaktion auf die Forderung der Gewerkschaften nach mehr Einfluß. Nach diesem Konzept sollten Arbeitgeber versuchen, Probleme gemeinsam mit Beschäftigten zu lösen. Größerer, gesetzlich abgesicherter Einfluß für die Gewerkschaften könnte jedoch das Gleichgewicht zwischen unterschiedlichen Schiedsrichtern stören und die Lösung des Grundproblems – das Überleben der Firma – erschweren.

Konzepte zur Führung und Strategie wurden von *Rhenman* und seinen Kollegen am SIAR (jetzt: Skandinavische Institute für Verwaltungsforschung) entwickelt. *Stymne* (1970) untersuchte mit Hilfe der von *Selznik* (1957) entwickelten Verfahren die Rolle der Führung in politischen Organisationen. Er zeigte, wie Werte und Ziele, die während einer bestimmten Phase wichtig waren, zu entsprechenden Organisationsstrukturen und interorganisationalen Abhängigkeiten führten und dann in einer späteren Entwicklungsstufe zu Hindernissen für die Ausrichtung der Organisationen an neuen Zielen wurden. *Normann* (1977) baute auf der Systemtheorie (*Buckley* 1967) auf, als er die Begriffe Variation und Neuorientierung einführte, um Probleme des Wachstums und der Innovation zu behandeln. Er behauptete, daß ein „Staatsmann" oder ein „Über-Manager" gebraucht werde, um die Marktstellung aufrechtzuerhalten und die Eigenschaften von Unternehmen zu stärken, die eine Überlegenheit auf gewissen Gebieten ausmachten. Dabei kommt es seiner Meinung nach darauf an, eine „Wachstumskultur" zu etablieren, die solchen Ideen und Mitarbeitern eine Chance geben, die nicht mit der vorherrschenden Kultur übereinstimmen.

Danielsson (1974) untersuchte die Nachfolger von leitenden Angestellten bei Ericsson und analysierte das Vorgehen von *Trolle*, einem Professor der Betriebswirtschaft aus Göteborg, der sich auf die Rettung von vor dem Konkurs stehenden Wirtschaftsunternehmungen spezialisiert hat (*Danielsson/Toivonen* 1982). Diese Untersuchungen weisen darauf hin, daß Unternehmen, die sich im Stadium der Realisierung neuer Ideen befinden, einen anderen Führungsstil erforderlich machen als Unternehmen, die stark in unterschiedliche Richtungen gewachsen sind. Er legte dar, daß die Stärke *M. Wallenbergs*, des verstorbenen Vorstandsvorsitzenden von Ericsson, in seiner Fähigkeit lag, den für die entsprechende Situation richtigen Managertyp auszuwählen, und daß die Stärke *Trolles* in einem spezifischen Sanierungs-Know-how liegt. In Göteborg verfolgte eine Forschergruppe unter Leitung von *Walter Goldberg*, wie sich Textilunternehmen aus einer Krise befreiten. Sie stellen spezifische Reaktionsmuster auf die erste Finanzkrise fest, die in der Regel aus Kostensenkungsprogrammen bestanden. Obgleich dies zu einer zeitweiligen finanziellen Verbesserung führte, verschloß es auch Möglichkeiten, nach neuen gewinnträchtigen Aktivitäten zu suchen. Deshalb muß man schließlich mit einer zweiten tödlichen Krise rechnen. Die Unfähigkeit von Wirtschaftsführern, umzulernen (*Hedberg* 1981) erwies sich als ein Haupthindernis im Umgang mit negativem Wachstum. *Hedberg* betont die Notwendigkeit, für Wandel und sogar Unruhe innerhalb der Firma zu sorgen. Bürokratische Strukturen werden als „Paläste" bezeichnet. Strukturen, die leichter zu ändern sind, werden als „Zelte" bezeichnet (*Hedberg* et al. 1976). *Jönsson* und andere analysierten Entscheidungen in Stadtverwaltungen (*Jönsson/Lundin* 1976) und stellten das Vorhandensein einer Schattenstrategie fest, die letztlich die herrschende Strategie ersetzen sollte. Dieses Ergebnis weist darauf hin, daß sich Organisationen der Notwendigkeit von Änderungen bewußt sind, lange bevor diese Notwendigkeit offiziell anerkannt wird. Dieses Bewußtsein nimmt die Form eines Mythos an, der das zwischen den Organisationsmitgliedern kursierende existierende Bewußtsein unwirksam werden läßt. Dieses Forschungsergebnis brachte Wissenschaftler dazu, die Mythen und Legenden zu untersuchen, die die subjektive Realität in Organisationen begründen. Dieser Denkart folgend wäre der effektive Manager Träger und Symbol eines der Organisation neue Richtungen weisenden Mythos. *Broms/Gamberg* (1982) in Finnland und *Berg* (1984) in Schweden gingen sogar noch weiter und sehen Aktivitäten in Organisationen als Ausdruck von Mythen und Symbolen.

Diese Art von Führungsforschung betont den ideologischen Gehalt von Führung. Erfolgreiche Führung wird nicht auf die souveräne Handhabung technischer, finanzieller oder menschlicher Ressourcen zurückgeführt, sondern eher auf die geäußerten und symbolisierten Werte und Ideen, die organisatorische Aktivitäten lenken (→*Symbolische Führung*).

Brunsson (1984) verfolgte eine etwas andere Forschungslinie im Hinblick auf die Untersuchung eines offensichtlich „irrationalen" Verhaltens in Organisationen. Nach seiner Ansicht liegt der Schlüssel zur Erreichung von Wandel in der Generierung von Engagement für die vorgeschlagene Handlungslinie. Aus seinen Untersuchungen von politischen Organisationen wie etwa örtlichen Behörden zog er die Schlußfolgerung, daß rationales Verhalten, wie es in Managementbüchern beschrieben ist – wozu etwa gehört, daß die Konsequenzen vorgeschlagener Alternativen analysiert und bewertet werden – nur eingesetzt wird, wenn es politische Manöver unterstützt oder wenn Maßnahmen verhindert werden sollen. Im Unterschied zur Entscheidungslogik erfordert die Handlungslogik die Erzeugung einer einengenden Ideologie in der Organisation. Wenn die Nachfolger erst einmal diese Ideologie verinnerlicht haben, sind sie viel eher bereit, sich für vorgeschlagene Handlungen, die dieser Ideologie entsprechen, zu engagieren. Führungskräfte, die der Rationalität von Managementbüchern folgen, werden in ihren Bemühungen, Änderungen zu bewirken, scheitern. Hingegen müssen Führungskräfte, die Handlungen wollen, Ideologien propagieren, die nicht allein rationale Argumente beinhalten, sondern auch „außer"-rationale Gefühle und Werte ansprechen.

In anderen Ansätzen wird die Führungsrolle nicht nur innerhalb eines Unternehmens angesiedelt, sondern als Position in einem Netzwerk von Organisationen. Der einflußreichste Beitrag dieses Ansatzes entstammt der offiziellen „Untersuchung zur Macht" in Norwegen, die von *G. Hernes* (*Norges Offentlige Utredninger*, NOU 1982) geleitet wurde. Dort wird beschrieben, wie Wirtschaftsführer als Bindeglieder zwischen Unternehmen und Handelsorganisationen fungieren, die Teil der in der norwegischen Gesellschaft mächtigen und den Einfluß normaler Bürger einschränkenden „eisernen Dreiecke" sind.

Der Netzwerkansatz wurde ebenfalls von Marketingforschern entwickelt, die sich für industrielle Beschaffung interessierten (*Johansson/Mattsson* 1994). Er wurde verwendet, um den Prozeß der Innovation als Interaktion zwischen Aktoren eines Wirtschaftssystems zu verstehen. Forscher haben versucht, die Implikationen für die Führung eines Netzwerks herauszufinden, das nicht durch hierarchische Mittel gesteuert werden kann (*Blomberg* et al. 1992; *Mattsson* 1987).

Literatur

Aguren, S./Edgren, J.: New Factories, Stockholm 1980.
Anell, B./Stymne, B.: Norms and Values of Big Business Leaders in Sweden, Part I: Social Background – Youth. Stockholm 1976.
Aspling, A.: Hur har det gatt med Företagsdemokratin? Stockholm 1986.
Berg, P. O.: Techno-Culture: Studying the Interplay Between New Technology and Corporate Culture in a Volvo Plant. Lund 1984.
Bergqvist, L./Rendahl, J. E.: Social Character och Ledningsfilosofi. Stockholm 1984.
Blomberg, J./Hellgren, B./Stjernberg, T.: Utveckling i nätverk. Komplexa beslutsprocesser vid stora samhällsinvesteringar – exemplen Ringen och Sturegallerian. Stockholm 1992.
Bolin, E./Dahlberg, L.: Dagens storföretagsledare. Stockholm 1975.
Broms, H./Gamberg, H.: Mythology in Management Culture. Helsingfors 1982.
Brunsson, N.: The Irrational Organization. Chichester 1984.
Buckley, W.: Sociology and Modern Systems Theory. Englewood Cliffs, N. J. 1967.
Carlson, S.: Executive Behavior. Stockholm 1951.
Danielsson, C.: Studier i företags tillväxtförlopp. Stockholm 1974.
Danielsson, C./Toivonen, S.: Det gar inte att rädda ett företag som gar bra. Helsingfors 1982.
De Geer, G.: Genombrottstider i Bergslagen. Stockholm 1951.
Docherty, P. H. G.: The Management of Contingencies. Stockholm 1972.
Edgren, J./Rhenman, E./Skärvad, P. H.: Divisionalisiering och därefter. Stockholm 1983.
Edström, A./Norbäck, L. E./Rendahl, J. E.: Leadership and Corporate Development. Stockholm 1984.
Fleemor, C. P./Larson, J. A./Scontrino, M. P.: Management-Subordinate Communication: A Comparative Study of Swedish, Norwegian and American Managers. Stockholm 1986.
Forsblad, P.: Företagsledares beslutsinflytande. Stockholm 1980.
Gustafsson, C.: Den dygdige företagsledaren. In: Sjöstrand, S. E./Holmberg, I. (Hrsg.): Företagsledning vortom etablerad teori. Stockholm 1993.

Gyllenhammar, P. G.: People at Work. Reading, Mass. 1977.
Haire, M./Ghiselli, E./Porter L. W.: Managerial Thinking; An International Study. New York 1966.
Hedberg, B.: How Organizations Learn and Unlearn. In: Nyström, P. C./Starbuck, W. H. (Hrsg.): Oxford 1981, S. 3–27.
Hedberg, B L. T./Nyström, P. C./Starbuck, W. H.: Camping on Seesaws: Prescriptions For a Self-Designing Organization. In: ASQ, 1976, S. 41–65.
Hofstede, G.: Cultures's Consequence: International Differences in Work-related Values. Beverly Hills 1980.
Holmberg, I.: Företagsledares handlingsutrymme. Stockholm 1986.
Jönsson, S./Lundin, R.: Kommunal budgetering i ödesdrama eller lustspel: Perspektiv pa kommande problem. Göteborg 1976.
Johansson, J./Mattsson, L.-G.: The markets-as-networks tradition in Sweden. In: Laurent, G./Lilien, G. L./Pras, B. (Hrsg.): Research Traditions in Marketing, Kluwer Academic Publishers, 1994.
Kock, S. E.: Företagsledning och motivation. Helsingfors 1965.
Lennerlöf, L.: Supervision: Situation, Individual, Behavior, Effect. Stockholm 1968.
Lindestad, L./Jeffmar, C.: Första linjens chef. Stockholm 1984.
Lindström, A.: Rekrytering och vidareutbildning av företagsledare. Stockholm 1967.
Maccoby, M.: Kan Sverige anpassa sig? Dagens Nyheter den 1 april 1985; Det svenska ledarskapet. Dagens Nyheter den 4 april 1985.
Maccoby, M.: The Leader. New York 1981.
Maccoby, M./Fromm, E.: Social Character in a Mexican Village. Englewood Cliffs. N. J. 1970.
Mattsson, L.-G.: Management of strategic change in a ‚markets as networks' perspective. In: Pettigrew, S. (Hrsg.): Management of Strategic Change, S. 234–256, London 1987.
Norges Offentlige Utredninger, NOU 1982: 3: Marktutredningen. Bergen 1982.
Normann, R.: Management for Growth. Chichester 1977.
Rhenman, E.: Företagsdemokrati och företagsorganisation. Stockholm 1964.
Sandberg, A. u. a.: En ny företagsekonomi? Helsingborg 1978.
Sandberg, T.: Work Organization and Autonomous Groups. Uppsala 1982.
Selznik, P.: Leadership and Administration. New York 1957
Sjöstrand, S. E.: Företagsledandets janusansikte. In: Sjöstrand, S. E./Holmberg, I. (Hrsg.): Företagsledning vortom etablerad teori. Stockholm 1993.
Södergren, B.: Decentralisering – förändring i företag och arbetsliv. Stockholm 1992.
Södergren, B.: Ledning av företag i företaget. In: Sjöstrand, S. E./Holmberg, I. (Hrsg.): Företagsledning vortom etablerad teori. Stockholm 1993.
Thorsrud, E./Emery, F.: Industriell demokrati, representatsjon pa styreplan i bedriftene? Oslo 1964.
Stolpe, H.: Boken om Albin Johansson. Stockholm 1969.
Stymne, B.: Industrial Democracy and the Worker. In. International Review of Applied Psychology, 1986, S. 101–120.
Stymne, B.: Företagsledarnas karriär. Stockholm 1972.
Stymne, B.: Values and Processs. Stockholm 1970.
Thorsrud, E./Emery, F.: Mot en ny bedriftsorganisasjion. Oslo 1970.
Tyrstrup, M.: Företagsledares arbete. Stockholm 1993.
Wahl, A.: Könsstrukturer i organisationer. Stockholm 1992.
Wallander, S.: Mitt liv med HSB. Malmö 1968.
Westerlund, G.: Group Leadership. Stockholm 1952.
Wirdenius, H.: Supervisors at Work. Stockholm 1958.

Führungsforschung, Inhalte und Methoden

Gerhard Reber

[s. a.: Anerkennung und Kritik als Führungsinstrumente; Arbeitszeitverteilung als Führungsaufgabe; Bürokommunikationstechnik und Führung; Effizienz der Führung; Empirische Führungsforschung, Methoden der; Entgeltsysteme als Motivationsinstrument; Führungsforschung/Führung in Nordamerika; Führungsforschung und Betriebswirtschaftslehre; Führungstheorien – Attributionstheorie, – Austauschtheorie, – Charismatische Führung, – Eigenschaftstheorie, – Idiosynkrasiekreditmodell, Kontingenztheorie, – Rollentheorie, – Soziale Lerntheorie, – Theorie der Führungssubstitution, – Vroom/Yetton-Modell, – Weg-Ziel-Theorie; Führungstheorien, von Dyaden zu Teams; Geführte, Führung durch; Interventionen und Führungseffizienz; Konflikte als Führungsproblem; Selbststeuernde Gruppen, Führung in; Psychische Belastung von Führungskräften; Verantwortung; Verhaltensdimensionen der Führung; Verhaltensgitter der Führung (Managerial Grid).]

I. Ein umfassendes Ordnungsmodell; II. Eigenschaften des Führers; III. Verhalten des Führers (Führungsstile); IV. Reaktion der Geführten; V. Die „Richtung" der Beeinflussung; VI. Strukturelle Bedingungen der Führung; VII. Zur Effizienzproblematik.

I. Ein umfassendes Ordnungsmodell

Das in Abbildung 1 wiedergegebene Ordnungsmodell (*Reber* 1985a, 1985b) soll einen Zusammenhang zwischen den Inhalten der Führungsforschung herstellen. In diesem Modell wird nicht beabsichtigt, die bekannten theoretischen Ansätze zu erweitern oder zu ergänzen. Es ist einerseits deskriptiv in dem Sinne, daß es Forschungsschwerpunkte von Theorien beschreibt, und andererseits theoretisch als es umfassende Theorien zur Herstellung des „Zusammenhanges" bzw. von „Ordnung" benutzt. Letztere sind einerseits der Einsatz des generellen *Kontingenzkonzepts* (*Kieser/Kubicek* 1983) sowie – zur Andeutung des *Prozeßcha-*

rakters der Führung – die Verwendung eines *Input-Through-Output-Schemas*.

Das Modell enthält einen Bereich, der als „*Innenverhältnis: Führer/Geführte*" bezeichnet wird. Damit sind Inhalte der „*interaktionellen Führung*" gemeint, die auch im Zentrum dieses Bandes in Abgrenzung von dem HWO (Führungsfragen werden dort unter „strukturellen" Aspekten, (→*Führungsforschung und Betriebswirtschaftslehre*) bzw. auf „makrosozialer Ebene" angesprochen) und dem HWP (Führungsfragen werden dort unter individualen Aspekten bzw. auf „individualer Ebene" angesprochen) stehen. Zu diesen interaktionellen Forschungsinhalten gehören (1) die (intrapersonalen) *Eigenschaften des Führers*, (2) das (äußere) *Verhalten des Führers* resp. sein *Führungsstil*, (3) die *Reaktion des Geführten* („Führungsdyade": Führer/individuelle Geführte) oder der *Geführten* (als Gruppe). Ein besonderer Schwerpunkt liegt (4) in der Frage, inwieweit Führungsprozesse „von oben nach unten", d. h. vom Führer in *Richtung auf die Geführten*, oder „von unten nach oben" (→*Führung von unten*), d. h. von den Geführten in Richtung auf die Führung, oder als Wechselbeziehung – im Modell als „Partizipation" und „Führungserwartungen" bezeichnet – zu sehen sind.

Die interaktionellen Führungsinhalte hat die Betriebswirtschaftslehre gemeinsam mit der Individual- und Sozialpsychologie; darüber hinaus aber gehören zu diesen Forschungsinhalten die „systemindifferenten" Tatbestände (*Gutenberg* 1958) der Einbettung der Beziehungen des Führers zu den Geführten in den makrosozialen Zusammenhang des Gesamtbetriebes, der i. d. R. aus einer in einer Gesamtstruktur geordneten Vielzahl von (interaktionellen) Führungsgruppen besteht, sowie „systembezogene" (*Gutenberg* 1958) Tatbestände, die Bezug nehmen auf gesamtwirtschaftliche Ordnungsprinzipien (z. B. Marktwirtschaft, zentrale Planwirtschaft, Gemeinwirtschaft, Hoheitsverwaltung), welche die (externe) Umwelt des Betriebes neben anderen Einflußgrößen (kulturelle, geographische, demographische usw.) bestimmen (→*Demographie und Führung*; →*Kulturabhängigkeit der Führung; Interkulturelle Unterschiede im Führungsverhalten*). Im Blick auf diese makrosoziale Kontingenzbedingungen sollen sehr verkürzt lediglich *die organisationalen Aufgaben* (Ziele) und *Ressourcen* (Mittel) als (5) *strukturelle Bedingungen* der (interaktionellen) Führung angesprochen werden. Damit verbleiben wir auf der „systemindifferenten" Ebene, auf der Betriebe generell als „Organisationen" – auch im Sinne der Soziologie – angesprochen werden.

II. Eigenschaften des Führers

Die Differenzierung jener *Persönlichkeitseigenschaften* (→*Führungstheorien – Eigenschaftstheorie*), die eine Person zum erfolgreichen Führer machen, stand historisch gesehen im Zentrum der Forschungsbemühungen (→*Führungsforschung – Führung in Nordamerika*). Inhaltlich gesehen wurde von diesen Bemühungen keine Eigenschaft ausgelassen, die nach dem jeweiligen Stand der Persönlichkeitsforschung irgendeinen plausiblen Zu-

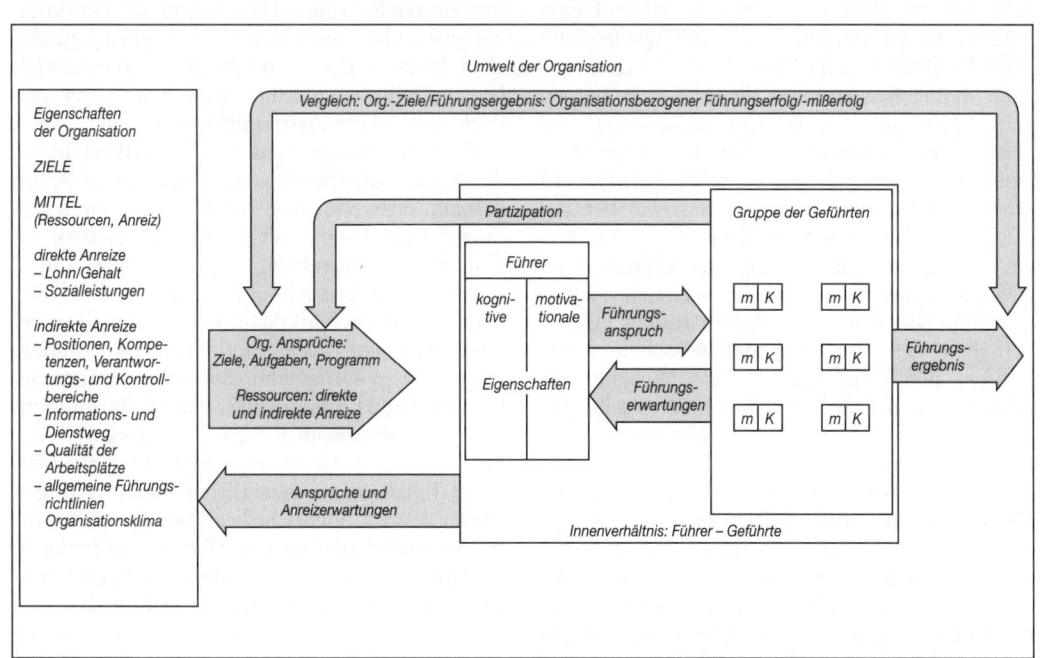

Abb. 1: Bestandteile (Objekte) eines Führungsprozesses innerhalb einer Organisation

sammenhang zum Führungsphänomen haben könnte. So wurden sowohl das äußere Erscheinungsbild des Führers und sein Auftreten als auch jene Aspekte in die Betrachtung einbezogen, die ihn nach Führung streben oder eine Führungsrolle akzeptieren lassen („Führungsmotivation") sowie Fähigkeiten, Fertigkeiten und Erfahrungen („kognitive Führungseigenschaften"), mit deren Hilfe er Führungsaufgaben mit Erfolg bestehen könnte. *Stogdill* (1974) faßt die Ergebnisse von 70 Jahren Arbeit in dieser eigenschaftstheoretischen Perspektive im englischsprachigen Bereich zusammen und kommt auf ca. 280 Studien. Die intrapersonalen Eigenschaften eines Führers, welche die höchsten Korrelationen mit Führungserfolg zeigen, sind folgende: Intelligenz, Dominanz, Selbstvertrauen, Energie/Aktivität, Fachwissen. Die Korrelationen erreichen die Größenordnung von 0,25 bis 0,50 (*House/Baetz* 1979). Diese von kaum anderen Befunden der Führungsforschung erreichten Spitzenergebnisse verlieren ihren Glanz, wenn die einzelnen Studien genauer, insbesondere unter *methodischen* Gesichtspunkten, unter die Lupe genommen werden (→*Empirische Führungsforschung, Methoden der*). Die Einmaligkeit des Untersuchungsdesigns, die mangelnde Vergleichbarkeit der Ergebnisse aus der Anwendung der unterschiedlichsten Methoden sowie die Uneinheitlichkeit der (Führungs-)Erfolgskriterien haben zu starken Zweifeln an dem Wert der erzielten Bestätigungsgrade eigenschaftstheoretischer Konzeptionen geführt.

Methodisch gesehen erweist sich die *direkte Befragung* der Führer selbst als unergiebig, da sie selbst keinen „objektiven" Zugang zu ihren Eigenschaften haben und auf eigene „Alltagstheorien" über die Struktur ihrer Persönlichkeit angewiesen sind. In die Konstruktion dieser Alltagstheorien gehen generelle „soziale Erwünschtheiten" ein sowie spezielles selektives Lernen an Führungsmodellen (→*Führungstheorie – Soziale Lerntheorie*) erfolgreicher eigener Vorgesetzter sowie Verstärkungen durch Untergebene, die ihrerseits zur Vereinfachung oder „Abkürzung" (*Neuberger* et al. 1985) komplizierter Interaktionen zwischen situativen und persönlichen Einflüssen auf das Führerverhalten den Persönlichkeitseigenschaften des Führers signifikant eine stärkere Wirkung zuschreiben als dies der handelnde Führer selbst tut (*Vroom/Jago* 1975) (→*Führungstheorien – Attributionstheorie*).

Als Alternativen zur direkten Befragung des Führers können *standardisierte Tests* oder *projektive Verfahren* angewandt werden. Erstere eignen sich für kognitive Aspekte der Persönlichkeit; entsprechend werden sie insbesondere zur Intelligenzmessung eingesetzt. Unter den projektiven Verfahren zur Messung von als wesentlich angesehener motivationaler Dispositionen im Führungszusammenhang hat *Fiedlers* LPC-Test Berühmtheit erlangt und gerade wegen der Schwierigkeit, projektiv stimulierte Aussagen transparent machen zu können, unterschiedliche Interpretationen (→*Führungstheorien – Kontingenztheorie*) erfahren und gravierende Zweifel an seiner Validität (*Meyer* 1982) und praktischen Nützlichkeit (→*Fortbildung, Training und Entwicklung von Führungskräften*) hervorgerufen.

Weitere Alternativen liegen z. B. in der *Inhaltsanalyse* von Memoiren und Biographien anerkannter Führer oder in der *Befragung von Untergebenen* nach besonderen Eigenschaften ihnen bekannter Vorgesetzter. Beide Verfahren setzt z. B. *House* im Zusammenhang mit seiner modernen Version charismatischer Führerschaft ein (→*Führungstheorien – Charismatische Führung*).

Insgesamt läßt sich sagen, daß von einigen Ausnahmen (*Ghiselli* 1971) abgesehen die eigenschaftstheoretische Konzeption als überholt gilt und durch die Kontingenzansätze ersetzt wurde. Mit dieser Entwicklung verbunden kam es zu einer Vernachlässigung jener Inhalte, die im Mittelpunkt des eigenschaftstheoretischen Forschens standen, eben den Persönlichkeitscharakteristiken des Führers. So enthalten z. B. weder die *Weg-Ziel-Theorie* (→*Führungstheorien – Weg-Ziel-Theorie*) noch das Vroom/Yetton-Modell (→*Führungstheorien – Vroom/Yetton-Modell*) Angaben über motivationale Dispositionen des Führers, während sie mit der Lernbereitschaft und -fähigkeit zur Anpassung des Führerverhaltens an die Situation ohne große Umstände (Überprüfungen) großzügig umgehen. Die inhaltlich/methodische Achillesferse bleibt die motivationale Seite (→*Motivation als Führungsaufgabe*); über einen sich im Entstehen befindlichen Ansatz zur Messung des Motivationsgeschehens im Führungszusammenhang wird unter dem Stichwort →*Führungsmotivation* berichtet.

Die Vernachlässigung der traditionellen Objekte des eigenschaftstheoretischen Ansatzes ist schon deshalb unzweckmäßig, weil auch kontingenztheoretische Ansätze nicht, wie ihr Initiator im Führungszusammenhang, eben *F. Fiedler* (1967), konzeptionell letztlich unwidersprochen, gezeigt hat, ohne diese Einflußfaktoren – zumindest bei schwachen situativen Einflußfaktoren (→*Führungstheorien – Attributionstheorie*) – auskommen können. Die Führungspraxis hat i.d.R. aufgrund der vorherrschenden „Alltagstheorien" der Führung, die Abkehr von eigenschaftstheoretischen Inhalten im wesentlichen nicht vollzogen (*Reber* 1985a). Vielleicht liegt hier ein Grund für ein Auseinanderdriften von Theorie und Praxis in der Diskussion von Führungsfragen (andere Gründe z. B. in: →*Führungsforschung und Betriebswirtschaftslehre*).

III. Verhalten des Führers (Führungsstile)

Der Aspekt des (äußeren) Verhaltens wird in unserem Ordnungsmodell (Abb. 1) „Artikulation des Führungsanspruchs" genannt. Mit der Hinwendung zum Verhalten des Führers als Forschungsinhalt wird Führung als beobachtbare Aktivität im Rahmen des Interaktionsprozesses zwischen Führer und Geführten betrachtet (→*Führungsforschung - Führung in Nordamerika*). Innerhalb dieser Grundperspektive kam es zur Entwicklung von drei Richtungen, die sich auf den ersten Blick ähnlich sind, bei näherer Betrachtung jedoch wesentliche Unterschiede aufweisen.

1. Führungsstilforschung

Ein grundlegender Impuls für diese Forschungsrichtung ging von der Forschergruppe um *Lewin* (*Marrow* 1977) aus. Ihr Gegensatzpaar lautete „autokratische vs. demokratische" Führung (*Lippitt/White* 1947). Aus der Abneigung gegenüber erlebten totalitären-autokratischen Systemen liegt diesen Forschungen von Anfang an das Werturteil und die Sehnsucht zugrunde, die „Praktikabilität der Demokratie" (*Lewin* et al. 1945) in möglichst vielen Lebensbereichen zeigen zu können. Nüchterne Auswertungen (*Locke/Schweiger* 1979) zeigen, daß die erwarteten positiven Effekte demokratischer Führung von einer Vielzahl situativer Einflußgrößen abhängen und die Ergebnisse der Führungsstilforscher (auch mit anderen Begriffen wie: „partizipativ", „kooperativ", „autoritär") einer kontingenztheoretischen Relativierung bedürfen.

Unter solch kontingenztheoretischen Perspektiven wurde das Erbe der Führungsstilforschung vor allem in zwei Schritten weiterentwickelt: Einerseits wurden im Raum des Kontinuums zwischen den beiden Extremen „autoritär vs. partizipativ" (*Tannenbaum/Schmidt* 1958) weitere Stilarten differenziert und - insbesondere auch im Anschluß an Forschungsarbeiten von *Maier* (1963) - unter möglichster Vermeidung von Werturteilen die Effizienz der Stilarten in unterschiedlichen Führungssituationen untersucht. Typisch für diese Objektauswahl bei einer möglichst neutralen Bezeichnung der Stilarten (AI, AII usw.) ist das *Vroom-Yetton-Modell* (→*Führungstheorien - Vroom-Yetton-Modell*).

2. Aufgaben- und Mitarbeiterorientierung als Verhaltensdimensionen der Führung (initiating structure vs. consideration)

Im Gegensatz zur Führungsstilforschung versteht die „Ohio"-Schule ihre beiden *Verhaltensdimensionen* eines Führers nicht als Gegensätze eines einzigen Kontinuums, sondern als zwei völlig separate Dimensionen; entsprechend ist es z.B. möglich, daß ein Führer hohe Werte auf beiden Kontinua erreicht. Dieses Prinzip wird insbesondere im „Verhaltensgitter" von *Blake/Mouton* (→*Verhaltensgitter der Führung [Managerial Grid]*) sowie in der „3-D-Theorie" (*Reddin* 1970) und dem „Tri-Dimensional Leader Effectiveness Model" (*Hersey/Blanchard* 1977) zur praktischen Anwendung gebracht.

Es ist längst klar, daß die Ohio-Schule sowohl konzeptionell als auch methodisch große Unzulänglichkeiten aufweist (*Titscher/Titscher* 1976; *Nachreiner* 1978; *Neuberger* 1978; *Gebert* 1979). Dessen ungeachtet wird weiter über die Weiterentwicklung dieses Ansatzes diskutiert (*House/Baetz* 1979), und viele Führungskräfte werden nach dieser Konzeption trainiert (→*Fortbildung, Training und Entwicklung von Führungskräften*). Vor allem aber scheint es schwer zu sein, die Tradition des Denkens in lediglich zwei Verhaltensdimensionen zu überwinden.

3. Was tun Führungskräfte wirklich?

Diese Frage und ihre Beantwortung hat gerade in jüngster Zeit zu einiger Aufregung und verschiedenen Überraschungen in der Führungsforschung geführt, die versuchten Antworten halten sich streng an das behavioristische Postulat der Beobachtung und sind wohl auch auf Enttäuschungen über die Ergebnisse in der Führungsforschung und ihre relativ geringe praktische Relevanz zurückzuführen. Die wohl bekannteste Arbeit in dieser Richtung hat *Mintzberg* (1973) vorgelegt; in diesem Band berichten *Luthans/Rosenkrantz* (→*Führungstheorien - Soziale Lerntheorie*) über neuere Beobachtungsauswertungen.

Eines scheinen die Beobachtungsergebnisse deutlich unter Beweis zu stellen: Eine Reduktion des Führerverhaltens auf zwei Dimensionen geht weit an der Buntheit der Führungsaufgabe vorbei. Gleichermaßen wird aber auch sichtbar, daß die Beobachtung dieser Buntheit allein weit davon entfernt ist, Erklärungen zu liefern. Hier ist wiederum die Theorie aufgerufen, die Anregungen der absichtlich theoriefreien „naiven" Beobachtungen zur Neuorientierung resp. Weiterführung zu nutzen. *Evans* (1982) hat hier vielversprechende Schritte unternommen.

4. Charismatische/transformationale Führung

Große Faszination hat insbesondere seit der Veröffentlichung einer „1976-Theorie der charismatischen Führung" (*House* 1977) das Phänomen der „außergewöhnlichen" Führung (*Bass* 1985/86: „beyond expectations"; →*Führungstheorien - Charismatische Führung*) ausgelöst. Zu seiner Kennzeichnung werden auch Begriffe wie „visionäre" bzw. transformationale im Gegensatz zur transaktionalen Führung (*Bass* 1985; →*Transaktionale und Transformationale Führung*) verwendet. Gemeinsam ist diesen Ansätzen eine eigenschaftstheoretische Betrachtungsweise, bei der es allerdings nicht um das Erschließen (z. B. als „inhärenter persönlicher Magnetismus": *Jouvenel* 1958) – etwa mit Hilfe projektiver Verfahren – intrapersonaler Eigenschaften geht, sondern um den Nachweis eines „... Satzes spezifischer Führungsverhaltensweisen, die der Führerschaft inhärent sind und sich auf Menschen, Gruppen, Organisationen ... beziehen" (→*Führungstheorien – Charismatische Führung*). Die Wirkung dieser Verhaltensweisen erfolgt über die Stimulation motivationaler Prozesse bei den Gefolgsleuten, die diese zu hohen Anstrengungen zugunsten von Werten veranlaßt, die Führer und Geführte teilen. Welche Werte dies sind, welche Situationen bzw. Führereingriffe diese wandeln bzw. welche kontingenztheoretische Entsprechung („Fit", „Match") zu einer Verpflichtung gegenüber gemeinsamen Wertausprägungen führen, bleibt im Hintergrund. Die Wertorientierung geht allerdings über individuelle, nutzentheoretische Motivationsansätze hinaus und führt in den Bereich sozialer, moralisch/ethischer bzw. ideologischer, visionärer Verankerungen. „Charisma verbindet Menschen in einer Qualität, welche das Selbstsein der Gefolgsleute ebenso transzendiert wie jenes der Führer" (*Lindholm* 1990, S. 7). Dabei erfolgt eine Abgrenzung zum „Manager", dessen Führungsansprüche insbesondere auf formaler Macht basieren.

Die Beobachtung der Vielfältigkeit des Managerverhaltens hat zu einem Nachdenken über Begriffsabgrenzungen zwischen „Führen" und „Managen" geführt (*Hunt* et al. 1984). Als Ergebnis dieses Abgrenzens wird Führen als Teilrolle des Managements angesehen, in dessen Mittelpunkt die „face-to-face"-Beziehung mit der Formulierung des Führungsanspruchs steht.

IV. Reaktion der Geführten

Der Blickpunkt der Führungsforschung – geprägt etwa von *Bales* (1958); *Lewin* (1945); *Maier* (1963) – beachtete die Geführten i. d. R. als Gruppe, denen der Führer als einzelner formal ernannt (→*Führungstheorien – Kontingenztheorie*) oder informal gewachsen (→*Führungstheorien – Idiosynkrasiekreditmodell*) vorsteht und sie in einem einheitlichen Führungsverhalten (-stil) anspricht. In dieser Sichtweise ist es insbesondere *Hollander* (→*Führungstheorien – Idiosynkrasiekreditmodell*) eindrucksvoll gelungen, die Bedeutung sozialer Prozesse – insbesondere die Wirkung von Gruppennormen und die Möglichkeit ihrer Veränderung – für die Reaktion auf den Führungsanspruch zu zeigen.

Obgleich die Bedeutung von Gruppenphänomenen nachhaltig nachgewiesen und in all ihren Facetten noch nicht hinreichend geklärt ist, gilt auch die in jeder Gruppe erlebbare Erfahrung, daß die Individualität nicht ganz untergeht und ebenso spezielle Beziehungen zwischen lediglich zwei Gruppenmitgliedern an der Tagesordnung sind. Solch spezielle Beziehungen zwischen Führer und einzelnen Geführten wurden von *Graen* et al. unter dem Stichwort der *Führungsdyade* (→*Führungstheorien, von Dyaden zu Teams*) in die moderne Führungsforschung eingebracht. Damit wurde nicht nur die Notwendigkeit gezeigt, nicht allein die Gruppe der Geführten differenziert zu behandeln, sondern der Weg zum Nachweis eröffnet, daß Führer Untergebene unterschiedlich – abhängig z. B. von der Sympathie für einzelne Gruppenmitglieder, Reaktion der Gruppenmitglieder, deren Fachwissen angesichts schwieriger Aufgaben – ansprechen, belohnen und bestrafen. Auch hieraus ergeben sich Hinweise auf die Vielfalt praktizierter Führungsstile.

Aus einer genauen Interpretation der Austauschtheorie zeigen *Zalesny/Graen* (→*Führungstheorien – Austauschtheorie*) unter Einsatz der Unterscheidung zwischen einem „sozialen" und einem „ökonomischen" Austauschverhältnis, daß nicht die Frage zu stellen ist, ob der Gruppen- oder Dyaden-Ansatz zur Objektbestimmung adäquater ist, sondern unter welchen Bedingungen eher das eine oder das andere Konzept spezifischen Führer-Geführten-Beziehungen besser gerecht wird.

V. Die „Richtung" der Beeinflussung

In der klassischen Objektbestimmung der Führungsforschung gilt die Annahme, daß Einfluß vom Führer auf die Mitarbeiter ausgeht und deren „Zustand" (z. B. deren Zufriedenheit, Arbeitsfreude) und Verhalten ändert. Diese Richtung im *Führer-Geführten-Verhältnis* wird auch in modernen Führungstheorien eingehalten, die – an kognitive (→*Führungstheorien – Weg-Ziel-Theorie*) oder neobehavioristische (*Führungstheorien – Soziale Lerntheorie*) Motivationstheorien angelehnt – dem Führer nahelegen, in seinem Verhalten die Motivationsstruktur der Geführten zu berücksichtigen. Selbst bei der Diskussion von Führung in selbststeuernden Gruppen (→*Selbststeuernde Gruppen, Führung in*) kommt das Schema der Führung von „oben nach unten" zum Einsatz.

Diese Einseitigkeit der Richtungsperspektive verblüfft angesichts vorliegender Einzelbefunde in traditionellen Forschungsdesigns sowie eines relativ umfangreichen Theoriegebäudes, das die Definition von Führung im wesentlichen auf der Seite der Geführten festmacht.

Zur erstgenannten Gruppe gehören z. B. Befunde von *Lowin/Craig* (1968), die in den Begriffen der Ohio-Schule berichten, daß Vorgesetzte auf kompetentes Mitarbeiterverhalten mit einer Erhöhung der Mitarbeiterorientierung reagierten. Mitarbeiterverhalten bestimmte damit das Vorgesetztenverhalten (→*Führung von unten*).

Nach der angesprochenen komplexen Theorie (→*Führungstheorien – Attributionstheorie*) haben Geführte „hypothetische Konstruktionen" im Kopf, in denen eine ganze Reihe von Merkmalen festgehalten sind, die „prototypisch" Führungsverhalten für sie definieren (*Calder* 1977). Personen werden anstandslos als Führungspersonen klassifiziert, die einen Vergleichsprozeß bestehen, in dem der von dem Führungsanspruch Betroffene prüft, ob Anspruch und Erwartung im wesentlichen übereinstimmen. Je höher der Übereinstimmungsgrad ist, desto besser fällt die Beurteilung als adäquates Führungsverhalten und die Bereitschaft aus, dem Anspruch Gehorsam zu erweisen. Das Vorhandensein solcher vorgeprägter Gehorsamsbereitschaften auch gegenüber unpersönlicher, formaler Macht (→*Führungstheorien – Machttheorie*) wird z. B. in den berühmten Milgram-Experimenten (1974) und gegenüber personalen Eigenschaften in der charismatischen Führungstheorie (*House* 1977) besonders deutlich.

Der Beitrag von *Mitchell* (→*Führungstheorien – Attributionstheorie*) in diesem Band zeigt allerdings, daß die Bedeutung von Attributionsschemata in den Köpfen der Geführten nicht absolutiert werden darf. Attributionen erweisen sich in manchen Situationen als wirkungsvoll, in anderen als unwesentlich. Dies legt auch für den Aspekt der Richtungsbestimmung eine kontingenztheoretische „Sowohl als auch"-Betrachtungsweise nahe. Dem entspricht auch der Standpunkt *Zalesny/ Graens*, die auf der Grundlage austauschtheoretischer Konzepte für eine Ablösung „unidirektionaler" Beeinflussung zugunsten „bidirektionaler" resp. „gegenseitiger" Beeinflussungsprozesse zwischen Führern und Mitarbeitern plädieren (→*Führungstheorien – Austauschtheorie*).

VI. *Strukturelle Bedingungen der Führung*

Es dürfte immer intuitiv klar gewesen sein, daß strukturelle Bedingungen den Führungsprozeß und seine Ergebnisse in einer Organisation wesentlich mitbestimmen. Erst aber mit dem Einzug des Kontingenzansatzes wurde der konzeptionelle Rahmen geschaffen, der es erlaubt, diese Bedingungen systematisch in die Führungsforschung einzubeziehen. Bahnbrechend war hier wiederum *Fiedler*, der die wohl naheliegendsten Variablen „*Aufgabenstruktur*" und „*Positionsmacht*" in seinem Modell direkt ansprach. Von solchen ersten Schritten kann wohl nur erwartet werden, daß sie grobflächig und vereinfachend sind. Die Grobflächigkeit wird deutlich, wenn bei *Fiedler* alternativ zwischen „gut" und „schlecht" strukturierten Aufgaben unterschieden wird. Die Vereinfachung wird deutlich, wenn man bedenkt, daß *Fiedler* eine „gutstrukturierte" Aufgabe als Variable zur Erhöhung der „situativen Günstigkeit" ansieht. Diese Einschätzung wird fraglich, wenn man die motivationalen Aspekte einer Arbeitsaufgabe beachtet: Von schlecht strukturierten Aufgaben können unter bestimmten Umständen motivationale Anreize für leistungsmotivierte Mitarbeiter ausgehen, welche die Führungsbemühungen des Vorgesetzten begünstigen. Insbesondere die Weg-Ziel-Theorie zeigt auf der Grundlage ihrer Entwicklung aus der Erwartungs-Valenz-Theorie der Motivation Ansätze zur genaueren Erklärung des Anreizcharakters von Arbeitsaufgaben. Aber auch das Vroom/Yetton-Modell kümmert sich bei der Behandlung von Zielkonflikten zwischen Organisation, Vorgesetzten und Geführten um motivationale Wirkungen der Aufgabenstellung.

Jeder Einsatz von Motivationstheorien im Führungszusammenhang führt schnell zur Frage nach den „*positiven* und *negativen Verstärkungen*". Umfassende *Kompensationsmodelle* (→*Entgeltsysteme als Motivationsinstrument*) können das Zusammenwirken struktureller (formales Entlohnungssystem, motivationale Valenz von Arbeitsaufgaben, formale Personalentwicklung, Laufbahnplanung, Organisationsklima usw.) und interaktioneller (z. B. →*Anerkennung und Kritik als Führungsinstrumente*) Verstärkungen verdeutlichen. Damit ist aber der Bereich der Ressourcenausstattung von Führungsprozessen nur teilweise abgedeckt. Weiter gehören zu ihm vor allem die *Ausstattung mit Personal* („Dienstposten"), die zur Verfügung stehende *Technik* (→*Bürokommunikationstechnik und Führung*), zur Verfügung stehende *Zeit* (→*Arbeitszeitverteilung als Führungsaufgabe*; →*Führungstheorien – Vroom/Yetton-Modell*) sowie die *kollektiv-* und *individualrechtlichen* Bestimmungen des Ressourceneinsatzes.

Die Ressourcenfrage steht in unmittelbarem Zusammenhang mit den (externen) *Umweltbedingungen* einer Organisation. Führung in Krisen (→*Krisensituationen, Führung in*), organisationaler Rückentwicklung (→*Rückentwicklung von Organisationen und Führung*) und Sanierungsphasen (→*Sanierung, Führungsaufgaben in der*) kennt andere Probleme als in Wachstumssituationen.

Insgesamt gesehen wird die Bedeutung struktureller Führungsbedingungen zunehmend erkannt. In diesem Sinne wurde auch eine Vielfalt von Stichwörtern zu diesem Themenkreis in diesen Band aufgenommen. In Nordamerika wird die Öffnung der Führungsforschung für strukturelle Aspekte als so dramatisch angesehen, daß die Bezeichnung *„leadership"* mit ihrem Schwerpunkt für interaktionelle Führungsphänomene zugunsten der Bezeichnung *„Power In and Around Organizations"* (*Mintzberg* 1983; *Pfeffer* 1981; *House* 1984) für umfassende Kontingenzansätze ersetzt wird.

Solche Weiterentwicklungen sind in der Tat dramatisch. Sie stellen einerseits die Frage nach der relativen Bedeutung struktureller und interaktioneller Variablen und andererseits nach dem vollen Umfang betriebswirtschaftlicher Führungsforschung.

In bezug auf die Gewichtungsfrage zeigen z. B. *Kerr/Jermier* (1978), daß die Charakteristika der *Untergebenen* (z.B. Fähigkeiten, Interessenlage), der *Aufgabe* (z. B. Routineaufgaben; Aufgaben, die Erfolgserlebnisse vermitteln) oder der *Strukturorganisation* (Formalisierung, Inflexibilität, räumliche Distanz) häufig bedeutungsvoller für das Verhalten der Untergebenen sind als das Verhalten ihres Vorgesetzten (→*Führungstheorien – Theorie der Führungssubstitution*). Trägt man die Literatur zu dieser Thematik zusammen (z.B. *Reber* 1983; *House* 1984), so scheint die generelle Theorie *Mitchells* Bestätigung zu finden, daß in Situationen, in denen die strukturellen Bedingungen und Belohnungen klar und verständlich sind, die individuellen Unterschiede, d. h. auch die intrapersonalen Eigenschaften des Führers und sein äußeres Verhalten, im Führungsprozeß zurücktreten und das Verhalten aller Beteiligter von diesen strukturellen Variablen im wesentlichen bestimmt wird. Umgekehrt aber bleibt der Einfluß des Führers groß, wenn die Situation innovative, inkonsistente, überraschende Elemente enthält (*Lord/Smith* 1983).

Gerade unter der Bedeutsamkeit solcher „innovativer Situationen" wird wohl die Perspektive der „interaktionellen Führung" ihren Platz in der betriebswirtschaftlichen Theorie behalten müssen. Allerdings kann dies nicht ohne Einbettung in typisch betriebswirtschaftliche intraorganisationale Strukturbedingungen unter Beachtung externer („systembezogener") Umweltbedingungen geschehen. So kommen z. B. noch so innovationsfreudige Vorgesetzte und Untergebene bei der Umsetzung ihrer Beiträge nicht voran, wenn ihnen Strukturen hierzu keinen Raum lassen (*Reber* 1985c). Dies unterstreicht, daß erst eine Führungstheorie, die ausgewogen strukturellen und interaktionellen Variablen Raum gibt, das betriebswirtschaftliche Forschungsobjekt der Führung konzeptionell vollständig umfassen kann.

VII. Zur Effizienzproblematik

Die Frage nach der *Effizienz* hat in unserem Zusammenhang zwei Perspektiven: Die eine fragt nach den Kriterien, an denen Führung zu messen ist; die andere ist auf die Ziele und Leistungen der Führungsforschung gerichtet (→*Führungserfolg – Messung*).

1. Kriterien der Effizienz der Führung

Unser Ordnungsmodell zeigt mindestens drei Hauptquellen von Beurteilungskriterien. Die *Ziele der Organisation,* die in der Aufgabenstellung für die Führer und die Geführten zum Ausdruck kommen, die *persönlichen Ziele des jeweiligen Führers* und die *Erwartungen/Normen der einzelnen Geführten resp. ihrer Arbeitsgruppe.*

Insbesondere *Fiedler* (1967) hat deutlich gezeigt, daß Führung in Organisationen sich letztlich an organisationalen Zielen bewähren muß. Angesichts häufig unklarer Zielvorgaben, eigener Wertvorstellungen und wiederum anderer Vorstellungen der Untergebenen steht jeder Vorgesetzte typischerweise in einem Spannungsverhältnis als „Man/Woman-In-the-Middle". Immer scheint die übertragene „Verantwortung" (→*Verantwortung*) größer zu sein als die gegebenen Einflußmöglichkeiten, der „Konflikt" (→*Konflikte als Führungsproblem*) ist permanenter Bestandteil der Führungsrolle (→*Führungstheorien – Rollentheorie*). Das Erfüllen der Anforderung, Konflikte nach beiden Seiten lösen zu können, bringt dem Führer diese Mittelstellung, sozialen Abstand zu seiner Umwelt und damit ein nicht unerhebliches Maß an Einsamkeit. Solche Rollenanforderungen machen einerseits den Reiz von Führungsaufgaben aus, sind aber auch andererseits Quellen von möglicher Überlastung und Streß (→*Psychische Belastungen von Führungskräften*) (*Janis/Mann* 1977; *Titscher/Königswieser* 1985).

2. Die Effizienz der Führungsforschung

Über den Stand der betriebswirtschaftlichen Führungsforschung (→*Führungsforschung und Betriebswirtschaftslehre*) wird hier nicht weiter berichtet. Unter dem Aspekt der Anwendung soll nur auf den engen Zusammenhang zwischen der Auswahl des Forschungsobjektes und Empfehlungen zur Verbesserung des Führungsgeschehens hingewiesen werden. Positionen, die das Führungspotential als relativ stabile Persönlichkeitseigenschaft ansehen *(Fiedler),* werden die Selektion (→*Auswahl von Führungskräften*) und die Anpassung der situativen Bedingungen an den Führer empfehlen; andere, die von der Flexibilität des individuellen Führerverhaltens und großer Lernfähigkeit ausgehen, setzen auf intensives Führertraining und Anpassung des Führers an die situativen Bedingungen (z. B. Vroom/Yetton-Modell (→*Führungstheorien – Vroom-Yetton-Modell*)); daneben wird dem Stellenwert struktureller vs. interaktioneller Einflußgrößen ein unterschiedliches Gewicht zugemessen und hieraus eher strukturelle oder interpersonale Interventionen (→*Fortbildung, Training und Entwicklung von Führungskräften*; →*Interventionen und Führungseffizienz*) empfohlen. Dies unterstreicht die Bedeutung der Erklärungsqualität der Führungsforschung für (normative) Gestaltungsversuche von Führungsprozessen.

Literatur

Bales, R. F.: Task Roles and Social Roles in Problem Solving Groups. In: *Maccoby, E. E./Newcomb, T. M./Hartley, F. L.* (Hrsg.): Readings in Social Psychology. New York 1958.
Bass, B. M.: Leadership and Performance Beyond Expectations. New York 1985 (deutsch: Charisma entwickeln und zielführend einsetzen. Landsberg 1986).
Calder, B. J.: An Attribution Theory of Leadership. In: *Staw, B. M./Salancik, G. R.* (Hrsg.): New Directions in Organizational Behavior. Chicago 1977, S. 179–204.
Evans, M. G.: The Manager as a Hero. Arbeitspapier, University of Toronto 1982.
Fiedler, F. E.: A Theory of Leadership Effectiveness. New York 1967.
Gebert, D.: Mitarbeiterführung. In: *Hoefer, H. W./Richard, C.* (Hrsg.): Leistungsprinzip und Leistungsverhalten im öffentlichen Dienst. Stuttgart 1979, S. 159–173.
Ghiselli, E. E.: Explorations in Managerial Talent. Pacific Palisades 1971.
Gutenberg, E.: Grundlagen der Betriebswirtschaftslehre, Bd. 1: Die Produktion. 4. A., Berlin 1958.
Hersey, P./Blanchard, K. H.: Management of Organizational Behavior. 3. A., Englewood Cliffs 1977.
House, R. J.: A 1976 Theory of Charismatic Leadership. In: *Hunt, J. S./Larson, L. L.* (Hrsg.): The Cutting Edge. Carbondale 1977, S. 181–207.
House, R. J.: Power in Organizations: A Social Psychological Perspective. Arbeitspapier, University of Toronto 1984.
House, R. J./Baetz, M. L.: Leadership: Some Empirical Generalizations and New Research Directions. In: *Staw, B. M.* (Hrsg.): Research in Organizational Behavior. Bd. 1, 1979, S. 341–423.
Hunt, J. et al. (Hrsg.): Leaders and Managers. New York 1984.
Janis, I. L./Mann, L.: Decision Making. New York 1977.
Jouvenenel, B. de: Authority: The Efficient Imperative. In: *Friedrich, C.* (Hrsg.): Authority. Cambridge 1958.
Kerr, S./Jermier, J. M.: Substitutes for Leadership: Their Meaning and Measurement. In: OBHP, 1978, S. 375–403.
Kieser, A./Kubicek, H.: Organisation. 2. A., Berlin 1983.
Lewin, K./Lippitt, R./Hendry, C. et al.: The Practicability of Democracy. In: *Murphy, G.* (Hrsg.): Human Nature and Enduring Peace. Boston 1945, S. 295–347.
Lindholm, C.: Charisma. Cambridge 1990.
Lippitt, R./White, R. K.: An Experimental Study of Leadership and Group Life. In: Readings in Social Psychology, New York 1947, S. 315–330.
Locke, E. A./Schweiger, D. M.: Participation in Decision Making: One more Look. In: *Staw, B. M.* (Hrsg.): Research in Organizational Behavior 1979, S. 265–329.
Lord, G. R./Smith, E. J.: Theoretical Information Processing and Situational Factors Affecting Attribution Theory Models of Organizational Behavior. In: AMR, 1983, S. 50–60.

Lowin, A./Craig, J. R.: The Influence of Level of Performance on Managerial Style. In: OBHP, 1968, S. 440–458.
Maier, N. R. F.: Leadership Methods and Skills. New York 1967.
Marrow, A. J.: Kurt Lewin, Leben und Werk. Stuttgart 1977.
Meyer, H.: Noch einmal und zum letzten Mal: Was mißt der LPC Fiedlers? In: DBW, 1982, S. 427–439.
Milgram, S.: Das Milgram-Experiment. Reinbek 1974.
Mintzberg, H.: The Nature of Managerial Work. New York 1973.
Mintzberg, H.: Power In and Around Organizations. Englewood Cliffs 1983.
Mischel, W.: Toward a Cognitive Social Learning Reconceptualization of Personality. In: PR, 1973, S. 252–283.
Nachreiner, F.: Die Messung des Führungsverhaltens. Bern 1978.
Neuberger, O.: Führungsverhalten und Führungserfolg. Berlin 1978.
Neuberger, O./Conradi, W./Maier, W.: Individuelles Handeln und sozialer Einfluß. Opladen 1985.
Pfeffer, J.: Power in Organizations. Marshfield 1981.
Reber, G.: Führungstheorien, Stand der Forschung, praktische Einsatzmöglichkeiten. In: *Weber, W.* (Hrsg.): Personal-Management. Wien 1985b, S. 83–105.
Reber, G.: Gleichförmiges vs. ungleichförmiges Verhalten: Das Problem der transsituationalen Konsistenz des personalen Verhaltens. In: *Geist, M./Köhler, R.* (Hrsg.): Festschrift zum 80. Geburtstag von Curt Sandig: Die Führung des Betriebes. Stuttgart 1981, S. 107–130.
Reber, G.: Organisationsspielräume und Partizipationsspielräume. In: *Dorow, W.* (Hrsg.): Festschrift zum 65. Geburtstag von Dlugos, G.: Die Unternehmung in der demokratischen Gesellschaft. Berlin 1985c.
Reber, G.: Eine Problemlandschaft der Führung – Glanz und Elend ihrer Erforschung. In: DU, 1985a, S. 351–366.
Reddin, W. J.: Management Effectiveness. New York 1970.
Stogdill, R. M.: Handbook of Leadership: A Survey of Theory and Research. New York 1974.
Tannenbaum, R./Schmidt, W.: How to Choose a Leadership Pattern. In: HBR, 1958, S. 95–101.
Titscher, E./Titscher, S.: Dimensionen des Vorgesetztenverhaltens. In: Psychologie und Praxis, 1976, S. 154–166.
Titscher, S./Königswieser, R. mit Beiträgen von *Böhnisch, W./Bernadis, L.*: Entscheidungen in Unternehmen. Wien 1985.
Vroom, V. H./Jago, A. G.: Perceptions of Leadership Style. Superior and Subordinate Descriptions of Decision-Making Behavior. In: *Hunt, J. G./Larson, L. L.* (Hrsg.): Leadership Frontiers. Kent 1975, S. 103–120.

Führungsforschung und Betriebswirtschaftslehre

Rolf Wunderer

[s. a.: Empirische Führungsforschung, Methoden der; Führungsforschung, Inhalte und Methoden; Führungsforschung und Organisations-/Sozialpsychologie; Führungsforschung und Organisationssoziologie; Führungskonzepte und ihre Implementation; Kooperative Führung; Moden und Mythen der Führung; Wissenschaftstheoretische Grundfragen der Führungsforschung.]

I. *Stand und Entwicklung der betriebswirtschaftlichen Führungsdiskussion*, II. *Überlegungen zur Weiterentwicklung*; III. *Forschungsdefizite*.

I. Stand und Entwicklung der betriebswirtschaftlichen Führungsdiskussion

1. Zu Dogmengeschichte der Führungslehre und -forschung

Führung wird verstanden als zielorientierte soziale Einflußnahme zur Erfüllung gemeinsamer Aufgaben in bzw. mit einer strukturierten Arbeitssituation. Führung kann damit sowohl in direkter (interaktioneller) als auch indirekter (struktureller) Form von den Beteiligten (Vorgesetzten und Mitarbeitern) wechselseitig realisiert werden.

Mitarbeiterführung wurde in einer Prognose mit 16 bedeutenden Unternehmen in der Bundesrepublik Deutschland als die zukünftig wichtigste von 18 Personalfunktionen der 90er Jahre eingeschätzt (*Wunderer/Kuhn* 1993).

In der Betriebswirtschaftslehre beginnt die Beschäftigung mit Führungsfragen im Zusammenhang mit *Ausbildungszwecken* und damit weniger für wissenschaftliche Erkenntnisziele: „Den Anlaß zur Entwicklung neuer Theorien gab seit jeher nicht nur der Forscherdrang des Wissenschaftlers, sondern vor allem der akute Bedarf der Praxis" (*Witte* 1974, S. 185). Dies geschieht etwa zeitgleich mit der Entwicklung zu einer eigenständigen Disziplin in besonderen Wirtschaftshochschulen. Im deutschsprachigen Raum werden diese um die Jahrhundertwende gegründet (1898 in Leipzig, St. Gallen und Wien, 1906 in Berlin). Später werden betriebswirtschaftliche Fakultäten an der Frankfurter (1914) bzw. Kölner (1919) Universität errichtet.

Wesentlichen Einfluß auf die Gründung der Wirtschaftshochschulen nehmen Unternehmer und ihre Verbände, hier insbesondere die Industrie- und Handelskammern sowie der deutsche Verband für das kaufmännische Unterrichtswesen *(Leitherer* 1974; *Staehle* 1995; *Wunderer* 1995). Zunächst bestimmen die Handelssprachen und -techniken, das kaufmännische Rechnungswesen sowie die Vermittlung von Grundsätzen und Regeln des ehrbaren und zugleich erfolgreichen Kaufmanns, also praktisch normative Verhaltensregeln (vgl. *Schneider* 1985) das Ausbildungsprogramm.

Es folgen erste *Managementlehren*. F. W. Taylor's „Shop Management" (1903) bzw. „Scientific Management" (1911) entwickelt eine Organisations- und Führungslehre der industriell geführten „Werkstatt" aus der Sicht eines Ingenieurs. H. *Fayols* „Administration Industrielle et Générale" (1916) begründet eine Lehre von der Führungsorganisation sowie von Führungsfunktionen und -prinzipien. Diese zwei prägenden Ansätze werden v. a. aus soziologischer Perspektive fundiert und ausgebaut: einmal durch M. *Weber* mit seiner Theorie bürokratischer Organisationen (1922), zum anderen durch die von *Mayo* initiierte Hawthorne-Gruppe (ab 1927 – vgl. dazu *Roethlisberger/Dickson* 1939), welche mit verschiedenen empirischen Forschungsmethoden (Beobachtung, Experiment, Befragung, Aktionsforschung) Hypothesen nicht nur prüft, sondern auch neue induktiv generiert.

Aus den USA, Frankreich und Deutschland kommen also die ersten Anstöße für die Beschäftigung mit Fragen der Human Resources sowie der Arbeits- und Führungsbeziehungen.

In der sich ab etwa 1910 in Deutschland entwickelnden betriebswirtschaftlichen Disziplin war H. *Nicklisch* der Pionier, der an das 1914 an der Handelshochschule Mannheim gegründete betriebswissenschaftliche Institut schon 1919 ein *wirtschaftspsychotechnisches Labor* angliederte. Er stellt die menschlichen Arbeitsbeziehungen in den Mittelpunkt seines Systems einer „Allgemeinen Betriebswirtschaftslehre" (*Nicklisch* 1932).

Ab dieser Zeit findet man in der deutschen Betriebswirtschaftslehre eine *anthropozentrische Betrachtungsweise*, die den Menschen auf der Basis des Idealismus, des Humanismus, der christlichen Soziallehre, des Calvinismus, später des Nationalsozialismus sowie des wissenschaftlichen Sozialismus in den Mittelpunkt stellen will (vgl. *Wunderer* 1967 und 1995).

Empirische Führungsforschung in systematischer Weise findet man erst ab den fünfziger Jahren dieses Jahrhunderts, wenn man von vereinzelten eigenschaftstheoretischen Studien (v. a. bei der Kaderauswahl, insbesondere in der Heerespsychologie) sowie ersten Analysen der Dynamik von Kleingruppenprozessen absieht. Wieder sind es die Nordamerikaner (v. a. *Simon* 1957; *Cyert/March* 1963), die im Rahmen organisations- und entscheidungstheoretischer Forschungen die Grundlagen entwickeln. Diese werden bald darauf von der deutschen Betriebswirtschaftslehre übernommen, dabei selektiert, systematisiert und z. T. kritisch reflektiert (*Witte* 1995; *Heinen* 1978).

Auf der Grundlage der anglo-amerikanischen *Systemtheorie* entwickeln ebenfalls in den siebziger Jahren H. *Ulrich* und seine Schule zunächst eine Allgemeine Managementlehre (*Ulrich* 1968) und später dann in deduktiver Weise das sogenannte St. Galler-Management-Modell (*Ulrich/Krieg* 1974; später *Bleicher* 1992), in welchem allerdings die Mitarbeiterführung – im Gegensatz zur Unternehmensführung – nur eine periphere Rolle spielt.

1974 veröffentlicht *Stogdill* in den USA eine große Auftragsarbeit der amerikanischen Marine unter dem Titel: „Handbook of Leadership" (1974, 3. A. 1990). Er versucht dabei erstmalig, die englischsprachigen Beschreibungs- und Erklärungsansätze der Führungsforschung zusammenzufassen. Über 3000 Studien – v. a. aus dem militärischen und erziehungswissenschaftlichen Bereich, sehr häufig in Form von Experimentalstudien – werden hier zusammengetragen und damit wesentliche Impulse für weitere Führungsforschungen gegeben.

Die Erweiterung des Bezugsrahmens sowie die situative Relativierung von Einflußgrößen sind darauf folgende Forschungsschwerpunkte. Ab den achtziger Jahren rückt dann die qualitative Dimension der Führungsforschung in den Vordergrund (vgl. *ASQ-Sonderheft 1979*; *Clark/Clark* 1990). So werden dann auch die Folgeauflagen des „Handbook of Leadership" durch *B. Bass* ganz wesentlich um diese Dimension erweitert (*Bass* 1990). Zentrale Forschungsthemen werden die Unternehmens- und Führungskultur, führungsorientierte *Attributionstheorien* (→*Führungstheorie – Attributionstheorie*) sowie *charismatische* bzw. *transformationale Führungstheorien* (→*Führungstheorien – Charismatische Führung*). Aber auch die Forschungsmethodik verläßt den engen Rahmen naturwissenschaftlich ausgerichteter, quantitativen bzw. quantifizierenden Methoden verpflichteter Konzeptionen.

Diese kurze Schilderung von Entwicklungslinien der wissenschaftlichen Diskussion im Bereich der Mitarbeiterführung („Leadership") läßt sich in Form eines ersten Zwischenergebnisses in folgenden Thesen zusammenfassen:

(1) Genuine empirische Führungsforschung in der deutschsprachigen Betriebswirtschaftslehre ist kaum auszumachen, insbesondere wenn es um die Erklärungsfunktion geht. Theorien, Modelle, neue, zentrale oder tragende Hypothesen, die auch außerhalb des deutschsprachigen Raums maßgebliche Beachtung gefunden hätten, sind aus dem Bereich der betriebswirtschaftlichen Führungsforschung nicht bekannt. Dies belegen sowohl die einschlägigen Synopsen von *Witte* (1974); *Seidel* (1978); *Wunderer/Grunwald* (1980a), das vorliegende Sammelwerk sowie das nahezu 200seitige Literaturverzeichnis des „Handbook of Leadership", 3. A. 1990, mit ca. 7500 Quellen. Deshalb müssen Versuche, dieses Thema etwa aus der Sicht deutschsprachiger Forschungsbeiträge behandeln zu wollen, als provinziell und zugleich peripher qualifiziert werden. Was man im deutschsprachigen Raum zur Mitarbeiterführung finden kann, sind neben den Lehrbüchern und Sammelreferaten empirische Replikationsstudien zu nordamerikanischen Führungskonzepten, insbesondere denen von *R. Likert* (1967); *F. Fiedler* (1967) sowie zu *Tannenbaum/Schmidt* (1958) und *Vroom/Jago* (1991). Im Rahmen von Führungsanalysen und Betriebsumfragen (*Neuberger* 1974; *Neuberger/Roth* 1974; *Wilpert* 1977; *Wunderer* 1983, 1990, 1994; *Reber/Böhnisch* 1987) zu einzelnen Teilprozessen des Managements, zur Innovation, Entscheidung, zur Mitbestimmung, zur Organisation und zum Kontrollverhalten werden dagegen zahlreiche Studien durchgeführt, hier aber nicht behandelt. Daneben gibt es auch Analysen zur Motivation und Identifikation bzw. zur Arbeitszufriedenheit, die sich insbesondere auf Installationstheorien der Führung von *A. Maslow* und *F. Herzberg* konzentrieren (vgl. z. B. *Walter-Busch* 1973; *Neuberger* 1974; *Weder* 1976; *Nachreiner* 1978; *Wunderer/Grunwald* 1980a; *Ulrich/Probst/Studer* 1985; *Wunderer/Mittmann* 1995, (→*Identifikationspolitik*); *Wunderer* 1993, S. 53 ff.).

(2) Inhaltlich werden fast nur Ansätze der nordamerikanischen Forschung übernommen. In vergleichbarer Weise übernahm übrigens die damalige DDR in ihrer Arbeitslehre bzw. Leitungswissenschaft (vgl. *Endler/Wenzel* 1967; *Lauterbach* 1973) überwiegend Konzepte aus der UdSSR. Die ungleichen Zwillinge orientierten sich also fast ausschließlich an ihren jeweiligen „Ziehvätern".

(3) Die wichtigsten Disziplinen für die Führungsforschung sind die *Psychologie* und *Soziologie* sowie die *Pädagogik* und *Politologie*. Die interdisziplinär ausgerichtete Organisationsforschung liefert v. a. für die strukturelle Dimension der Führung wesentliche Erkenntnisse.

(4) Im deutschsprachigen Raum finden sich nur wenig Lehrstühle, die sich in ihrem Schwerpunkt mit dem Gebiet der Mitarbeiterführung befassen. Meist werden solche Fragen im Rahmen der Allgemeinen Betriebswirtschaftslehre, der Industriebetriebslehre sowie des Personalwesens thematisiert. Und dies, obgleich die Mitarbeiterführung nach zahlreichen empirischen Erhebungen bei Personalchefs und oberen Führungskräften als die wichtigste personalpolitische Funktion eingeschätzt wird (vgl. z. B. *Remer/Wunderer* 1979; *Töpfer/Poersch* 1989; *Price-Waterhouse-Cranfield-Studie* 1991; *Wunderer/Kuhn* 1992 und 1993).

In der deutschsprachigen Betriebswirtschaftslehre wird also nur der strukturelle Aspekt der Führungsbeeinflussung in der Organisationslehre schon seit den dreißiger Jahren diskutiert. Dagegen erhält die interaktionelle Perspektive (Mitarbeiterführung, Leadership) erst in den sechziger Jahren eine empirische Fundierung sowie eigenständiges konzeptionelles Gewicht.

Es scheint jedoch angeraten, unter der Perspektive einer Förderung unternehmerischen Verhaltens der Mitarbeiter, die Beeinflussung über harte und weiche Strukturführung theoretisch und empirisch umfassend zu prüfen (→*Unternehmerische Mitarbeiterführung; Wunderer 1994*).

Das komplexe Forschungskonstrukt, die sehr verschiedenen Erkenntnisziele sowie der juvenile Entwicklungsstand lassen bislang nur eine übereinstimmende Aussage zu: Die Führungsforschung steht noch an ihrem Anfang (vgl. *Neuberger* 1990; *Staehle* 1995; *Wild* 1974; *Witte* 1974; *Wunderer* 1987 und 1995). Zugleich gibt es kritische Stimmen (z. B. *Schneider* 1985) zu der Auffassung, die Betriebswirtschaftslehre als Management- und Führungslehre verstehen zu wollen (*Wunderer* 1995). Die Führungsforschung wird dazu in absehbarer Zeit die Führungswirklichkeit theoretisch oder gar empirisch nicht umfassend abbilden können.

Im folgenden wird ein Rahmenkonzept zur Führung und zu wichtigen (ausgewählten) Einflußfaktoren auf die Wahl von Führungsstilen (dem am meisten diskutierten Führungsthema) vorgestellt (vgl. Abb. 1 sowie *Wunderer* 1993, S. 215).

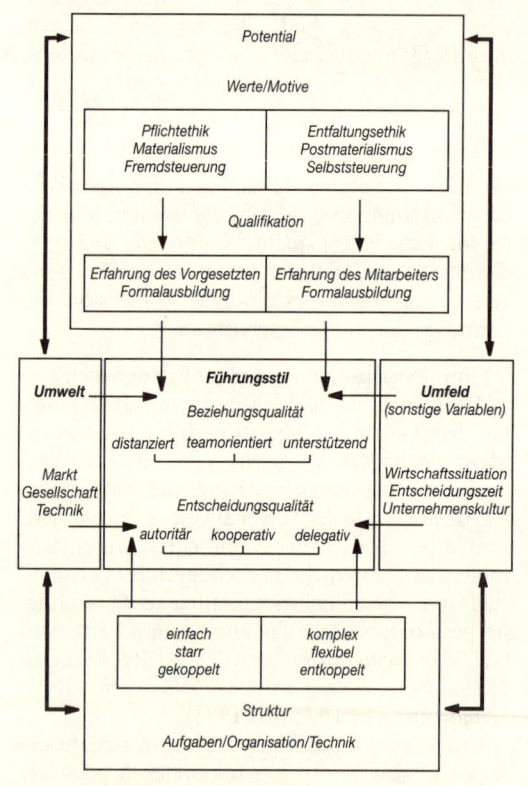

Abb. 1: Allgemeiner Bezugsrahmen für Führung und Führungsstile

2. Führungstheorien – Ein Bezugsrahmen

In Anbetracht des geschilderten Forschungsstandes scheint es sinnvoll, sich in diesem Beitrag v. a. auf eine Auswahl bedeutsamer Führungstheorien zu konzentrieren. Die hier ausgewählten sind in einem hierfür eigens entwickelten *Bezugsrahmen* (vgl. Abb. 2) zusammengefaßt. Dieser differenziert zwischen vier zentralen Beschreibungs- und Erklärungsansätzen.

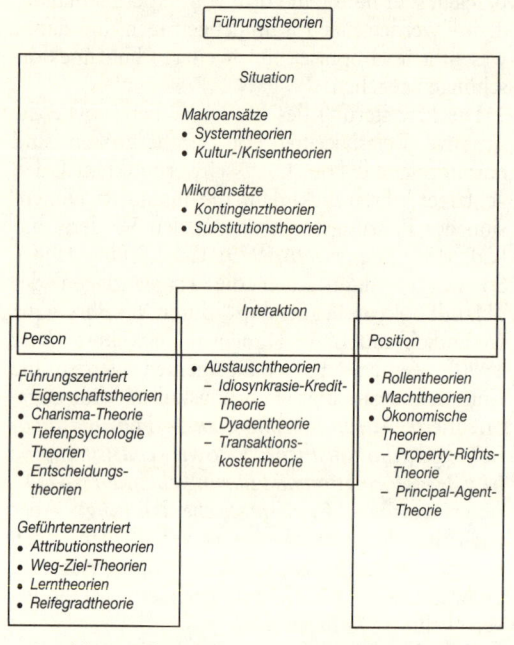

Abb. 2: Führungstheorien – ein Bezugsrahmen

Die Theorien werden in gesonderten Beiträgen (→*Führungstheorien – Attributionstheorie, – Austauschtheorie, – Charismatische Führung, – Eigenschaftstheorie, – Entscheidungstheoretische Ansätze, – Evolutionstheorien der Führung, – Idiosynkrasiekreditmodell, – Kontingenztheorie, – Machttheorie, – politikwissenschaftliche, – Rollentheorie, – Situationstheorie, – Soziale Lerntheorie, – Theorie der Führungssubstitution, – tiefenpsychologische, – Vroom/Yetton-Modell, – Weg-Ziel-Theorie*) sowie in einem Sammelreferat von *Reber* (1992) beschrieben.

Führungstheorien sollen Bedingungen, Strukturen, Prozesse, Ursachen und Konsequenzen von Führung *beschreiben, erklären* und *prognostizieren*. Im allgemeinen haben Theorien vor allem Erklärungsaufgaben. Diese können erst geleistet werden, wenn die wesentlichen Variablen sowie ihre Verknüpfung hinreichend beschrieben sind. Dazu gibt es bereits zahlreiche Ansätze, aber noch kein von Wissenschaftlern und Praktikern allgemein akzeptiertes Konzept. Die *Beschreibungsfunktion* und -phase ist damit noch nicht abgeschlossen. Eine wesentliche Ursache dafür ist, daß Führung ein komplexes, dynamisches und abstraktes Konstrukt darstellt, das mit realen, naturwissenschaftlich faßbaren Objekten nur wenig gemeinsam hat. Dieses hypothetische Konstrukt wird je nach Erkenntnisziel sehr unterschiedlich beschrieben und erklärt. Die Traditionen der beteiligten Disziplinen (v. a. Psychologie, Soziologie, Politikwissenschaften, Organisations- und Managementforschung) haben dabei entscheidenden Anteil. So ist auch verständlich, daß es keinen „Königsweg" für die *Erklärungsfunktion* im forschungsmethodischen Bereich gibt. Sowohl an der Naturwissenschaft angelehnte „exakte" (*Witte* 1973 und 1995) als auch hermeneutisch-intuitive Methoden (*Hofstätter* in diesem Band; →*Führungstheorien, tiefenpsychologische*; *Neuberger* 1990) können wesentliche Beiträge leisten.

Solange bzw. soweit keine eindeutigen und kausalen Wirkungszusammenhänge ermittelt werden können – und das wird noch länger dauern bzw. nur begrenzt möglich sein –, können auch keine sicheren *Gestaltungsempfehlungen* abgeleitet werden. Diese bleiben somit nur mögliche Entwürfe bzw. Szenarien, gültig für bestimmte Kontexte. Dennoch sind sie hilfreich. Denn hierdurch werden einseitige Orientierungen, oft verbunden mit eindimensionalen Denk- und Handlungsweisen, abgebaut und so tradierte „Hinterkopftheorien" von Führungskräften relativiert oder revidiert. Auch die Sensitivität für die Führungsproblematik wird erhöht. Gerade in der jetzigen Forschungsphase ist es in Ermangelung eines „Königsweges" bedeutsam, das eigene Interpretationsspektrum zu erweitern und kognitive Komplexität eher aufzubauen.

3. Funktionen der betriebswirtschaftlichen Führungsforschung

Ihre wesentlichen Leistungen kann man in folgenden Funktionen sehen:

– Öffnung der BWL für Aspekte der Mitarbeiterführung. Diese Funktion des „*Brescheschlagens*" war gerade in der Hochblüte der klassischen BWL eine besondere und keineswegs zu unterschätzende Leistung.
– Dies geschieht v. a. über eine *Rezeptions-* und *Transformationsfunktion* von führungstheoretischen Ansätzen aus anderen Disziplinen (v. a. Psychologie und Soziologie) und anderen Kulturen (v. a. US-Amerika).
– Damit verbinden sich *Anregungs- und Förderungsfunktionen* gegenüber jungen Nachwuchswissenschaftlern, die an solchen Erkenntnisobjekten und einer interdisziplinären Orientierung interessiert sind.
– Ansätze im Bereich der *kritischen Reflexion* sowie Versuchen zur *Evaluierung* von v. a. amerikanischen Forschungsergebnissen (z. B. *Guserl* 1973; *Kuncik* 1974; *Letsch* 1976; *Schreyögg* 1977; *Steinle* 1975; *Wunderer* 1979; *Reber/Jago/Böhnisch* 1993) sind weitere Schritte auf dem Wege zu einer fundierteren betriebswirtschaftlichen Führungsdiskussion.
– Die *utopische Funktion* (*Raffée* 1974) der Führungsforschung zeigt sich allenfalls in Diskussionen um ideale Führungsstrukturen und -beziehungen (z. B. *Wunderer/Grunwald* 1980b), nicht aber im Entwurf eines eigenständigen betriebswirtschaftlichen „Führungsarkadiens".
– Schließlich leistet die BWL für zukünftige Führungskräfte eine wichtige *Ausbildungsfunktion;* sie wird ergänzt durch eine *Weiterbildungsfunktion* im Bereich des Führungswissens, die von betriebswirtschaftlichen Hochschullehrern in zunehmendem Maße betrieben wird.

II. Überlegungen zur Weiterentwicklung

Der skizzierte Stand betriebswirtschaftlicher Führungsforschung könnte durch folgende Strategien (Maßnahmen) schrittweise weiterentwickelt werden; zu Inhalten und Objekten der Führungsforschung nimmt in diesem Zusammenhang G. *Reber* gesondert Stellung (→*Führungsforschung, Inhalte und Methoden*).

1. Entwicklungskonforme Forschungskonzepte

Da sich die kaum dreißig betriebswirtschaftliche Führungsforschung nicht – wie etwa die Medizin – auf eine vielhundertjährige Tradition abstützen kann, muß sie ein entwicklungskonformes Forschungskonzept akzeptieren. Die Evolution unserer Welt dauerte Milliarden Jahre, die der Menschheit Millionen; ihre Erklärung – auch im Führungsbereich – muß nicht in diesem Jahrtausend abgeschlossen sein.

Die geschilderten Leistungen der ersten und zweiten Forschergeneration (Brescheschlagen, Anregung, Rezeption und Transformation, Aus- und Weiterbildung, heuristische Hypothesenbildung, erste Evaluierung) in den letzten dreißig Jahren waren erste Schritte in die richtige Richtung. Sie könnten nun von den nächsten Generationen genutzt werden. Diese sollen und müssen dafür eigene Konzepte und Strategien entwickeln und realisieren. Die heute Verantwortlichen sollten aber für eine „günstige Forschungssituation" sorgen.

2. Abgewogene wissenschaftstheoretische Positionen

Bisher hat sich keine der wissenschaftstheoretischen und forschungsmethodischen Positionen (*Kortzfleisch* 1971; *Bass* 1990) im Bereich der Führungsforschung als eindeutig überlegen erwiesen. Die kontroversen Beiträge in *Wunderer* (1995) belegen dies.

Forschungsmethodisch scheint eine stärkere Begrenzung empirischer Forschungsthemen und -inhalte sowie eine Ergänzung von Querschnitts- durch Längsschnittstudien angebracht. Auch könnte es sinnvoll sein, Führungsbeziehungen in realen Arbeitssituationen zu untersuchen, u. U. bezogen auf *Führungsdyaden* (→*Führungstheorien, von Dyaden zu Teams*) (außerhalb der üblichen experimentellen Ansätze). Ebenso könnten vergleichende Führungsstudien in vergleichbaren Kontingenzkonfigurationen (*Reber/Jago/Böhnisch* 1993) interessante Ergebnisse liefern.

3. Realistische Anspruchsniveaus

Die Anlehnung an den kritischen Rationalismus, insb. seine – in den Naturwissenschaften anders anwendbaren – Forschungsstandards haben zu „Scheinarbeiten" größeren Ausmaßes geführt. Durch das Setzen befriedigender statt idealer Anspruchsniveaus (*Popper* 1972) sollten dem Entwicklungsstand entsprechende Ergebnisse angestrebt werden. Auch wäre weiter zu diskutieren, inwieweit durch den Forschungsgegenstand und -stand angemessenere Forschungsmethoden (v. a. qualitative) zumindest das heuristische Potential erhöht werden könnte. Schließlich würden besser eingegrenzte Forschungen vertiefte Erkenntnisse bringen.

4. Arbeitsteilige und interdisziplinäre Kooperation

Die immer wieder geforderte interdisziplinäre Zusammenarbeit, v. a. mit der angewandten Psychologie und Organisationssoziologie hat bis heute kaum stattgefunden. Zumindest für die nächsten Entwicklungsphasen muß man die Grundlagenforschung wohl den Verhaltenswissenschaften weitgehend überlassen, u. U. bewußter antragen.

Anstatt hier möglichst eigenständig forschen zu wollen, könnte eine wichtige Leistung der BWL in der Definition klar umgrenzter Forschungsanregungen an relevante Nachbardisziplinen liegen. Sie könnten dabei auch die erforderliche Verbindung zur Unternehmens- und Verwaltungspraxis gut herstellen, an der es v. a. vielen Psychologen noch sehr fehlt. Dies könnte z. B. in der Sozialpsychologie zur Überwindung oder Erweiterung der experimentellen Phase führen, deren Designs und Ergebnisse noch wenig realitätsorientiert scheinen.

III. Forschungsdefizite

Abschließend sollen noch *einige offene Fragen der Führungsforschung* diskutiert werden, wobei die Forschungsthemen und -inhalte in den Mittelpunkt gestellt sind. 1987 führte ich bei zehn Kollegen, welche die Führungsforschung als einen ihrer Schwerpunkte gewählt haben, eine Umfrage durch (*Wunderer* 1987). Bei meiner Frage nach wesentlichen Forschungsdefiziten wurden folgende genannt:

- die Vernachlässigung anthropologischer bzw. ethnologischer Perspektiven;
- die fehlende Analyse der *Mikropolitik* im Führungsprozeß, die auch die Ängste, Phantasien und Mythen von Führungskräften einbezieht (→*Mikropolitik und Führung*);
- die Vernachlässigung mikroökonomischer Theorieansätze auf dem Wege zu einer „Führungsökonomik";
- eine fehlende makro-orientierte Betrachtungsweise, welche die weitere Umwelt der Führungsdyade einbezieht (z. B. die Mitbestimmung);
- zu starke Orientierung an Ergebnissen der Führungsforschung anderer Kulturen (insbesondere aus Nordamerika) ohne entsprechende Relativierung;
- die begrenzte Analyse spezifischer Zielgruppen der Führung, wie z. B. des mittleren und unteren Managements oder der weiblichen Führungskräfte;
- die Ausblendung der →*Führung von unten* sowie der horizontalen Zusammenarbeit (→*Laterale Kooperation als Führungsaufgabe [Schnittstellenmanagement]*);
- die Vernachlässigung der indirekten Führungskräfte (*Weibler* 1994);
- der Funktionswandel der Führung als Folge des Wertewandels (→*Wertewandel und Führung*) sowie neuer Technologien;
- die Vernachlässigung qualitativer Führungsforschung sowie ungelöster Methodenprobleme bei der Analyse des situationalen Führungsansatzes;
- die begrenzte Ausrichtung der Forschung auf Fragestellungen der Führungspraxis.

Auch daran wird deutlich, daß die Führungsforschung noch einen weiten Weg vor sich hat. Da sie ihn erst in den letzten Jahrzehnten in systematischer Weise angetreten hat, ist es nicht erstaunlich, daß zunächst allgemeine Beschreibungsansätze, Entwicklungen von Bezugsrahmen sowie theoretische Überlegungen im Vordergrund standen.

Somit gilt noch heute das Fazit aus *Wittes* Sammelreferat: „Es hieße, die Rolle der Wissenschaft zur Unterstützung praktischen Verhaltens zu überschätzen, wollte man erwarten, daß zu allen Problemen der Führungsprozesse geprüfte theoretische Systeme anzubieten seien. Nach wie vor werden weite Problemfelder der Realität durch persönliche Intuition, durch heuristisches Vorgehen und durch ad-hoc-Maßnahmen gelöst werden. Und selbst in denjenigen Punkten, in denen die Wissenschaft Unterstützung anzubieten vermag, handelt es sich nicht durchweg um eine empirische Theorie" (Witte 1974, S. 186).

Literatur

ASQ-Sonderheft 1979.
Bass, B. M.: Bass and Stogdill's Handbook of Leadership. 3. A., New York 1990.
Bleicher, K.: Das Konzept integriertes Management. 2. A., Frankfurt/M. 1992.
Bleicher, K./Meyer, E.: Führung in der Unternehmung. Reinbek bei Hamburg 1976.
Clark, K./Clark, M. (Hrsg.): Measures of Leadership. New Jersey 1990.
Cyert, R. M./March, M.: A Behavioral Theory of the Firm. Englewood Cliffs, N. J. 1963.
Endler, K./Wenzel, M.: Führungsentscheidung im sozialistischen Betrieb. Berlin 1967.
Fayol, H.: Administration Industrielle et Générale. Paris 1916.
Fiedler, F. E.: A Theory of Leadership Effectiveness. New York 1967.
Guserl, R.: Das Harzburger Modell – Idee und Wirklichkeit. Wiesbaden 1973.
Heinen, E.: (Hrsg.): Betriebswirtschaftliche Führungslehre. Wiesbaden 1978.
Kortzfleisch, v. G. (Hrsg.): Wissenschaftsprogramm und Ausbildungsziele der Betriebswirtschaftslehre. Berlin 1971.
Kuncik, M.: Der AsO (LPC-)Wert im Kontingenzmodell effektiver Führung. In: KZSS, 1974, S. 115–137.
Lauterbach, G.: Zur Theorie der sozialistischen Wirtschaftsführung in der DDR – Funktionen und Aufgaben einer sozialistischen Leitungswissenschaft. Gütersloh 1973.
Leitherer, E.: Betriebswirtschaftslehre, Dogmengeschichte der. In: Grochla, E./Wittmann, W. (Hrsg.): HWB. 4. A., Stuttgart 1974, Sp. 694–710.
Letsch, B.: Motivationsrelevanz von Führungsmodellen. Bern/Stuttgart 1976.
Likert, R.: The Human Organization. New York 1967.
Nachreiner, F.: Die Messung des Führungsverhaltens. Bern et al. 1978.
Neuberger, O.: 1974. Messung der Arbeitszufriedenheit. Stuttgart 1974.
Neuberger, O.: Führen und geführt werden. 3., völlig überarbeitete Auflage von „Führung", Stuttgart 1990.
Neuberger, O./Roth, B.: Führungsstil und Gruppenleistung – eine Überprüfung von Kontingenzmodell und LPC-Konzept. In: ZfSP, 1974, S. 133–144.
Nicklisch, H.: Die Betriebswirtschaft. 7. A., Stuttgart 1932 (1. A. Leipzig 1912).
Popper, K.: Die Zielsetzung der Erfahrungswissenschaft. In: Albert, H. (Hrsg.): Theorie und Realität. 2. A., Tübingen 1972, S. 29–41.
Price-Waterhouse-Cranfield-Project: International Strategic Resource Management. London 1991.
Raffée, H.: Grundprobleme der Betriebswirtschaftslehre. Stuttgart 1974.
Reber, G.: Führungstheorien. In: Gaugler, E./Weber, W. (Hrsg.): HWP. Stuttgart 1992. Sp. 981–996.
Reber, G./Böhnisch, W.: Theoriegeleitete Führungstrainings – Eine Auseinandersetzung mit dem „Managerial Grid", dem „Leader Match Konzept Fiedler's" und dem „Vroom-Yetton-Modell". In: Gaugler, E. (Hrsg.): Betriebliche Weiterbildung als Führungsaufgabe. Wiesbaden 1987, S. 45–68.
Reber, G./Jago, A. G. /Böhnisch, W.: Interkulturelle Unterschiede im Führungsverhalten. In: Haller, M./Bleicher, K./Brauchlin, E. et al. (Hrsg.): Globalisierung der Wirtschaft. Einwirkungen auf die Betriebswirtschaftslehre. Bern et al. 1993, S. 217–241.
Remer, A./Wunderer, R.: Personalarbeit und Personalleiter in Großunternehmen. Berlin 1979.
Roethlisberger, F./Dickson, W.: Management and the Worker. An Account of a Research Program Conducted by the Western Electric Company Hawthorne Works. Cambridge 1939.
Schneider, D.: Allgemeine Betriebswirtschaftslehre. 2. A., München et al. 1985.
Schreyögg, G.: Das Fiedler'sche Kontingenzmodell der Führung. In: Gruppendynamik, 1977, S. 405–414.
Seidel, E.: Betriebliche Führungsformen: Geschichte, Konzept, Hypothesen, Forschung. Stuttgart 1978.
Simon, H. A.: Administrative Behavior. 2. A., New York 1957.
Staehle, W. H.: Managementwissen in der Betriebswirtschaftslehre – Geschichte eines Diffusionsprozesses. In: Wunderer, R. (Hrsg.): Betriebswirtschaftslehre als Management- und Führungslehre. 3. A., Stuttgart 1995, S. 3–21.
Steinle, C.: Leistungsverhalten und Führung in der Unternehmung. Berlin 1975.
Stogdill, R. M.: Handbook of Leadership. New York 1974.
Tannenbaum, R./Schmidt, W. H.: How to Choose a Leadership Pattern. In: HBR, 1958, S. 95–101.
Taylor, F. W.: Shop Management. New York 1947 (1. A. 1903).
Taylor, F. W.: The Principles of Scientific Management. New York 1947 (1. A. 1911).
Töpfer, A./Poersch, M.: Aufgabenfelder des betrieblichen Personalwesens für die 90er Jahre. Frankfurt/M. 1989.
Ulrich, H.: Die Unternehmung als produktives soziales System. Bern 1968.
Ulrich, H./Krieg, W.: Das St. Galler Management-Modell. Bern 1974.
Ulrich, H./Probst, J./Studer, H.: Konstanz und Wandel in den Werthaltungen schweizerischer Führungskräfte. Bern 1985.
Vroom, V. H./Jago, A. G.: Flexible Führungsentscheidungen. Stuttgart 1991.
Walter-Busch, E.: Arbeitszufriedenheit in der Wohlstandsgesellschaft. Bern et al. 1973.
Weber, M.: Wirtschaft und Gesellschaft. 5. A., Köln 1972 (1. A. 1922).
Weder, W.: Die Einstellung des Mitarbeiters zum Führungsstil der Unternehmung. Stuttgart 1976.
Weibler, J.: Führung durch den nächsthöheren Vorgesetzten. Wiesbaden 1994.
Wild, J.: Betriebswirtschaftliche Führungslehre und Führungsmodell. In: Wild, J. (Hrsg.): Unternehmensführung. Berlin 1974, S. 141–179.
Wilpert, B.: Die Führung in deutschen Unternehmen. Berlin 1977.

Witte, E.: Organisation von Innovationsentscheidungen. Göttingen 1973.
Witte, E.: Zu einer empirischen Theorie der Führung. In: *Wild, J.* (Hrsg.): Unternehmensführung. Berlin 1974. S. 181–220.
Witte, E.: Zur Entwicklung der Entscheidungsforschung in der Betriebswirtschaftslehre. In: *Wunderer, R.* (Hrsg.): Betriebswirtschaftslehre als Management- und Führungslehre. 3. A., Stuttgart 1995, S. 23–31.
Wunderer, R.: Systembildende Betrachtungsweise der Allgemeinen Betriebswirtschaftslehre und ihr Einfluß auf die Darstellung des Unternehmers. Berlin 1967.
Wunderer, R.: Das „Leader-Match-Concept" als Fred Fiedlers „Weg zum Führungserfolg". In: *Wunderer, R.* (Hrsg.): Humane Personal- und Organisationsentwicklung. Berlin 1979, S. 219–251.
Wunderer, R. (Hrsg.): Führungsgrundsätze in Wirtschaft und öffentlicher Verwaltung. Stuttgart 1983.
Wunderer, R.: Umfrage „Führungsforschung und -lehre". In: Personalführung, 1987, S. 116–146.
Wunderer, R.: Mitarbeiterführung und Wertewandel. In: *Gomez, P./Bleicher, K.* (Hrsg.): Zukunftsperspektiven der Organisation. Bern 1990, S. 271–292.
Wunderer, R.: Führung und Zusammenarbeit. Beiträge zu einer Führungslehre. Stuttgart 1993.
Wunderer, R.: Betriebswirtschaftliche Führungsforschung und Führungslehre. In: *Wunderer, R.* (Hrsg.): Betriebswirtschaftslehre als Management- und Führungslehre. 3. A., Stuttgart 1995, S. 33–47.
Wunderer, R. (Hrsg.): Betriebswirtschaftslehre als Management- und Führungslehre. 3. A., Stuttgart 1995.
Wunderer, R.: Der Beitrag der Mitarbeiterführung für unternehmerischen Wandel. Ansätze zur unternehmerischen Mitarbeiterführung. In: *Gomez, P./Hahn, D./Müller-Stewens, G./Wunderer, R.* (Hrsg.): Unternehmerischer Wandel. Konzepte zur organisatorischen Erneuerung. Wiesbaden 1994, S. 229–271.
Wunderer, R./Grunwald, W.: Führungslehre, Bd. I: Grundlagen der Führung (a), Bd. II: Kooperative Führung (b). Berlin/New York 1980.
Wunderer, R./Kuhn, T.: Zukunftstrends in der Personalarbeit. Schweizerisches Personalmanagement 2000. Bern et. al. 1992.
Wunderer, R./Kuhn, T.: Unternehmerisches Personalmanagement – Konzepte, Prognosen, Strategien für das Jahr 2000. Frankfurt/M./New York 1993.
Wunderer, R./Mittmann, J.: Identifikationspolitik. Stuttgart 1995.

Führungsforschung und Organisations-/Sozialpsychologie

Lutz v. Rosenstiel/Diether Gebert

[s. a.: Führungsforschung, Inhalte und Methoden.]

I. Begriffe der Sozial- und der Organisationspsychologie; II. Aspektspezialisierung in der Führungsforschung; III. Die Sicht der Sozialpsychologie: Die Führungsrolle; IV. Die Sicht der Organisationspsychologie: Psychologische Determinanten des Führungserfolgs; V. Entwicklungsperspektiven.

I. Begriffe der Sozial- und der Organisationspsychologie

Die *Psychologie* als eine Wissenschaft von der menschlichen Seele hat eine alte Geschichte (*Boring* 1957; *Lück* 1991). Sie reicht tief in die Philosophie und die Theologie zurück. Als moderne Disziplin, deren Gegenstand das menschliche Erleben und Verhalten ist, entwickelte sie sich jedoch erst im 19. Jahrhundert. Die erste Professur für Psychologie wurde im Jahre 1879 in Leipzig errichtet und durch den Physiologen Wilhelm Wundt besetzt.

Innerhalb der Psychologie bestehen unterschiedliche Schulrichtungen nebeneinander, die sich implizit oder explizit in den Grundannahmen unterscheiden, was erhebliche Konsequenzen für das Verständnis des Gegenstandes und der Methoden hat.

So lassen sich, klassifiziert man grob, vier derartige Grundpositionen unterscheiden (*v. Rosenstiel* 1981):

– Psychologie als Naturwissenschaft. Hier orientiert sich das Fach am Vorbild der Physik, sieht menschliches Erleben und Verhalten streng kausal determiniert (*Rohracher* 1976) und wählt als Königsweg der Erkenntnis das Laborexperiment, um Phänomene des Erlebens und Verhaltens als abhängige Variable von Einflußgrößen der äußeren Reize und/oder der körperlichen Prozesse zu erklären.
– Psychologie als Biowissenschaft. Hier wird der Mensch als ein Säugetier neben anderen gesehen (*Eibl-Eibesfeldt* 1973; *Bischof* 1989). Sein Erleben und Verhalten wird unter der Perspektive interpretiert, inwieweit es zum Überleben, der „Fitneß" der Art, beizutragen in der Lage ist, was wiederum voraussetzt, daß die genetische Verankerung der menschlichen Erlebens- und Verhaltensweisen zu den Grundauffassungen zählt.
– Psychologie als Geisteswissenschaft. Hier wird von der Einmaligkeit und Unverwechselbarkeit der Persönlichkeit ausgegangen und letztlich die Formulierung von generalisierungsfähigen Gesetzen oder auch nur Gesetzmäßigkeiten verneint (*Dilthey* 1957). Die ideographische Methode wird als die angemessene für die Psychologie hervorgehoben und der nomothetischen, für die Naturwissenschaften kennzeichnenden, gegenübergestellt (*Windelband* 1894). Entsprechend gelte es, menschliches Erleben und Verhalten in einem Akt einfühlenden Verstehens nachzuvollziehen („die Natur erklären wir, das Seelenleben verstehen wir").
– Psychologie als Sozialwissenschaft. Hier orientiert sich die Psychologie stark an der Soziologie, geht davon aus, daß menschliches Erleben und

Verhalten das Ergebnis von Lernprozessen ist und in diesem Sinne gesellschaftliche Zustände widerspiegelt. Als Methodik wird auf die in der empirischen Sozialforschung üblichen Verfahren zurückgegriffen. Die Sozial- und die Organisationspsychologie lassen sich in ihren wesentlichen Bestandteilen dieser psychologischen Richtung zuordnen.

In verschiedenen Forschungsansätzen, Schulrichtungen und Untersuchungsmethoden lassen sich bis heute nebeneinander Wurzeln oder Auswirkungen dieser vier unterschiedlichen Paradigmen der Psychologie feststellen.

Unabhängig von den zugrundeliegenden Basisannahmen ist es innerhalb der Psychologie – ähnlich wie in vielen anderen Wissenschaften auch – ratsam, drei Arbeitsfelder voneinander zu unterscheiden:

– Grundlagenforschung
– Anwendungsorientierte Forschung
– Nutzung der gewonnenen Erkenntnisse in der Praxis

In der Psychologie bildete sich diese Differenzierung bald heraus (*Münsterberg* 1912) und wurde – z.T. unterschiedlich benannt – beibehalten und begrifflich vertieft (*Irle* 1975; *Herrmann* 1979; *v. Rosenstiel* 1992; *Gebert/v. Rosenstiel* 1992). Tabelle 1 verdeutlicht dies.

Die *Sozialpsychologie* ist dabei der Theoretischen Psychologie (bzw. „Psychologie als Wissenschaft" oder Grundlagenforschung) zuzurechnen, während die *Organisationspsychologie* (die mit wissenschaftlichen Methoden Fragen aus dem Anwendungsfeld zu beantworten sucht) der Angewandten Psychologie zuzuordnen ist.

1. Sozialpsychologie

Das psychologische Forschungsinteresse war zunächst ganz auf das Individuum zentriert, wobei von dessen konkretem Umfeld abgesehen wurde. Das Ziel des Faches in seiner zunächst vorwiegend naturwissenschaftlichen Ausrichtung bestand darin, verallgemeinerungsfähige Gesetze des Erlebens und Verhaltens „des Menschen" zu finden.

Differenzierungen wurden jedoch bald erforderlich, etwa in Abhängigkeit vom Lebensalter („Entwicklungspsychologie"), von interindividuell streuenden Merkmalsausprägungen („Differentielle Psychologie"), aber auch vom sozialen Kontext. Man erkannte, daß vielfältige Erlebens- und Verhaltensweisen des Menschen zum einen sozial geprägt sind und sich zum anderen im zwischenmenschlichen Raum, im sozialen Kontext, sehr spezifisch darstellen. Daraus entwickelte sich die Sozialpsychologie, als deren „Geburtsjahr" vielfach 1908 genannt wird, in dem zwei erste zentrale Lehrbücher zu diesem Thema erschienen (*McDougall* 1908; *Ross* 1908). Als spezifischer Gegenstand der Sozialpsychologie erscheint dabei das Erleben und Verhalten in seinen zwischenmenschlichen Bezügen, nicht dagegen die Strukturen des Zusammenlebens, mit denen sich schwerpunktmäßig die Soziologie auseinandersetzt.

2. Organisationspsychologie

Die Organisationspsychologie läßt sich als eine anwendungsorientierte Forschungsdisziplin beschreiben, deren Gegenstand das menschliche Erleben und Verhalten in Organisationen (*v. Rosenstiel* 1992) ist. Das Wort „*Organisationspsychologie*" wurde in den 60er Jahren im englischsprachigen Raum eingeführt (*Leavitt* 1961; *Bass* 1965) und wenig später auch im deutschsprachigen Raum geläufig (*v. Rosenstiel/Molt/Rüttinger* 1972). Als Vorläufer der Organisationspsychologie gilt gemeinhin die Betriebspsychologie (*Mayer/Herwig* 1970), die zentrale Anregungen durch die Hawthorne-Untersuchungen (*Roethlisberger/Dickson* 1939) erhielt, innerhalb derer eingehend die sozialen Beziehungen zwischen Vorgesetzten und Unterstellten sowie zwischen arbeitenden Menschen auf gleicher hierarchischer Ebene untersucht wurden. Die Quantität und Qualität der sozialen Beziehungen zwischen den arbeitenden Menschen in Organisationen sind auch der Kern des Gegenstands der Organisationspsychologie, weshalb sie gelegentlich als eine Anwendungsorientierung der Sozialpsychologie beschrieben wird. Allerdings sollte nicht übersehen werden, daß innerhalb der Organisationspsychologie neben den zwischenmenschlichen Beziehungen in der Organisation auch die Beziehungen zwischen dem einzelnen und seiner Aufgabe sowie der ihn umgebenden Strukturen und Technologien analysiert werden (*v. Rosenstiel* 1992).

II. Aspektspezialisierung in der Führungsforschung

Führung ist ein umfassendes und komplexes Untersuchungsfeld. Man kann sich diesem aus verschiedenen Blickwinkeln nähern, z.B. unter denen der Geschichte, des Rechts, des interkulturellen Vergleichs (→*Interkulturelle Unterschiede im Führungsverhalten*), der sozialstrukturellen Analyse und vielen anderen mehr. Abbildung 1 verdeutlicht dies.

Ein spezifischer Aspekt ist der des Erlebens und Verhaltens. Hier geht es primär um die Führung von Menschen durch Menschen und nicht durch „Führungssubstitute" (*Weinert* 1989; →*Führungstheorien – Theorie der Führungssubstitution*), wobei die Fragestellung im Vordergrund steht, wie

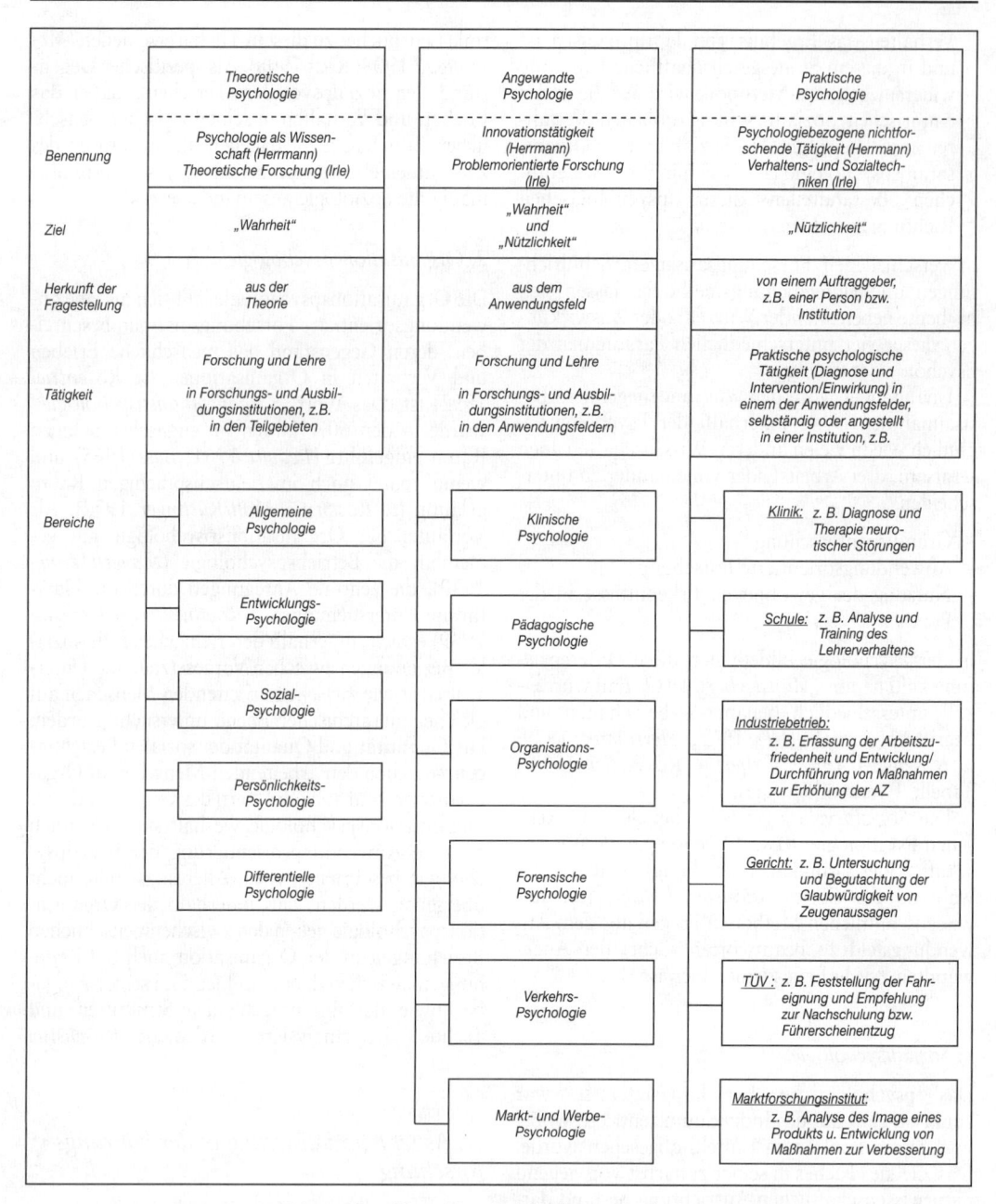

	Theoretische Psychologie	Angewandte Psychologie	Praktische Psychologie
Benennung	Psychologie als Wissenschaft (Herrmann) Theoretische Forschung (Irle)	Innovationstätigkeit (Herrmann) Problemorientierte Forschung (Irle)	Psychologiebezogene nichtforschende Tätigkeit (Herrmann) Verhaltens- und Sozialtechniken (Irle)
Ziel	„Wahrheit"	„Wahrheit" und „Nützlichkeit"	„Nützlichkeit"
Herkunft der Fragestellung	aus der Theorie	aus dem Anwendungsfeld	von einem Auftraggeber, z.B. einer Person bzw. Institution
Tätigkeit	Forschung und Lehre in Forschungs- und Ausbildungsinstitutionen, z.B. in den Teilgebieten	Forschung und Lehre in Forschungs- und Ausbildungsinstitutionen, z.B. in den Anwendungsfeldern	Praktische psychologische Tätigkeit (Diagnose und Intervention/Einwirkung) in einem der Anwendungsfelder, selbständig oder angestellt in einer Institution, z.B.
Bereiche	Allgemeine Psychologie	Klinische Psychologie	Klinik: z. B. Diagnose und Therapie neurotischer Störungen
	Entwicklungs-Psychologie	Pädagogische Psychologie	Schule: z. B. Analyse und Training des Lehrerverhaltens
	Sozial-Psychologie	Organisations-Psychologie	Industriebetrieb: z. B. Erfassung der Arbeitszufriedenheit und Entwicklung/ Durchführung von Maßnahmen zur Erhöhung der AZ
	Persönlichkeits-Psychologie		
	Differentielle Psychologie	Forensische Psychologie	Gericht: z. B. Untersuchung und Begutachtung der Glaubwürdigkeit von Zeugenaussagen
		Verkehrs-Psychologie	TÜV: z. B. Feststellung der Fahreignung und Empfehlung zur Nachschulung bzw. Führerscheinentzug
		Markt- und Werbe-Psychologie	Marktforschungsinstitut: z. B. Analyse des Image eines Produkts u. Entwicklung von Maßnahmen zur Verbesserung

Tab. 1: Klassifikation psychologischer Arbeitsbereiche

Führende und Geführte den Prozeß der bewußten und zielbezogenen Einflußnahme, als der Führung definiert werden kann, erleben und wie sie sich dabei verhalten. Diese Sichtweise ist ein Betrachtungsaspekt neben anderen, was zugleich bedeutet, daß sozial- und organisationspsychologische Führungsforschung letztlich auf Kooperation mit anderen Forschungsrichtungen, die Führung unter anderen Aspekten sehen, angewiesen ist.

III. Die Sicht der Sozialpsychologie: Die Führungsrolle

In der Sozialpsychologie wurde vielfach gezeigt (*Hofstätter* 1971), daß stets dann, wenn mehrere Menschen über längere Zeit in unmittelbarer Interaktion stehen, sich also zur Gruppe zusammenschließen, Rollendifferenzierung (→*Führungstheorien – Rollentheorie*) zu beobachten ist. Eine dieser Rollen ist die des Führenden. Sie wird im starken Maße von den Erwartungen der Geführten

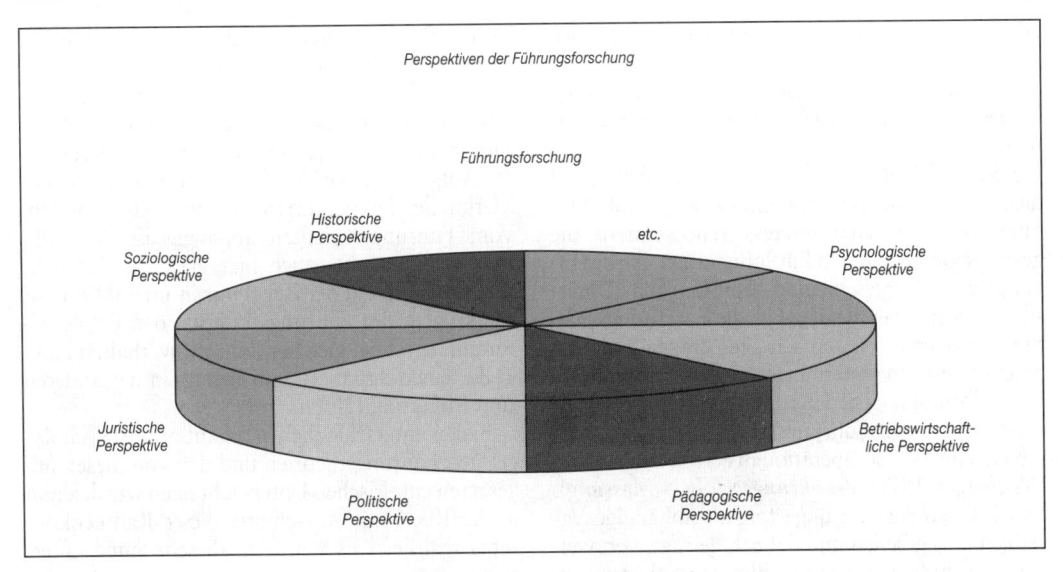

Abb. 1: Perspektiven der Führungsforschung

bestimmt (*Merei* 1949; *Neuberger* 1976), zeigt sich dann aber darin, daß vom Träger dieser Rolle verstärkt Einflüsse auf die übrigen Gruppenmitglieder ausgehen, der deren Aktivitäten dadurch koordiniert. Faßt man die auf diesem Feld entwickelten Grundannahmen zusammen, so läßt sich sagen (*Weinert* 1989, S. 555):

(1) Führung ist ein Gruppenphänomen (das die Interaktion zwischen zwei oder mehreren Personen einschließt);
(2) Führung ist intentionale soziale Einflußnahme (wobei es wiederum Differenzen darüber gibt, wer in einer Gruppe auf wen Einfluß ausübt und wie dieser ausgeübt wird);
(3) Führung zielt darauf ab, durch Kommunikationsprozesse Ziele zu erreichen.

Geht man nun davon aus, daß es zu den zentralen Funktionen der Gruppe gehört, ihre Mitglieder an sich zu binden („Kohäsion") und bestimmte Ziele zu erreichen, die den Gruppenmitgliedern wichtig erscheinen („Lokomotion"), so hat dies erheblichen Einfluß auf die Führungsrolle (*Lukasczyk* 1960). Es kann zum einen bedeuten, daß der Träger der Führungsrolle gleichermaßen darum bemüht ist, die Bindung der einzelnen Gruppenmitglieder aneinander zu festigen und sie auf das Sachziel hinzuführen (*Fleishman* 1973). Es kann aber auch bedeuten, daß in zwischenmenschlichen Aggregaten die Führungsrolle sich teilt, wobei eine Person („Tüchtigkeitsführer") die Gruppenmitglieder auf die Sachziele hinbewegt, eine andere Person („Beliebtheitsführer") darum bemüht ist, das Klima in der Gruppe positiv zu gestalten und auf diese Weise den Zusammenhalt der Gruppe zu sichern. *Bales/Slater* (1969) haben dies eingehend untersucht und in diesem Zusammenhang vom „Divergenztheorem der Führung" gesprochen. *Hofstätter* (1971) hat versucht, das Entsprechende an unterschiedlichen sozialen Gebilden aufzuzeigen, etwa an den Rollen von Vater und Mutter in der traditionellen Familie, am Bundeskanzler und Bundespräsidenten der deutschen politischen Wirklichkeit, an den Rollen von Ministerpräsident und König in Großbritannien oder jenen vom Häuptling und Medizinmann in anderen Gesellschaftsformen. Mit Blick auf die betriebliche Realität ist gelegentlich versucht worden, das Zusammenspiel zwischen formellem und informellem Führer in diesem Sinne zu interpretieren. Grundsätzlich aber gilt für die sozialpsychologische Analyse des Führungsphänomens, daß die Beschreibung und Erklärung von zielbezogenem bewußten sozialen Einfluß im Vordergrund steht, dagegen nicht die Bemühungen, diese Erkenntnisse für unterschiedliche Felder der Praxis nützlich zu machen oder gar konkrete Fragen aus diesen Feldern wissenschaftlich zu beantworten.

IV. Die Sicht der Organisationspsychologie: Psychologische Determinanten des Führungserfolgs

Die Organisationspsychologie ist eine angewandte Forschungsdisziplin. Ihr geht es neben dem Erkenntnisziel auch darum, daß ihre Befunde für die Gesellschaft bzw. Teilgruppen innerhalb der Gesellschaft nützlich sind. Entsprechend gehen organisationspsychologische Forschungen in ihrer Mehrheit implizit oder explizit von der Annahme aus, daß die Befunde den Zielen von Organisationen dienen und zu deren Nutzen umgesetzt werden können.

Innerhalb der Führungsforschung hat dies Konsequenzen für die Begriffsbildung und für die Forschungsfragen.

Hinsichtlich der Begriffsbildung bedeutet es, daß nicht – wie in der Sozialpsychologie – soziale Einflußprozesse generell interessieren, sondern die gezielten und bewußten Einflußnahmen, die der Inhaber einer Vorgesetztenposition den ihm Unterstellten gegenüber ausübt. Für die Forschungsrichtung bedeutet es danach zu fragen, welche psychologischen Determinanten den Erfolg dieser Einflußbemühungen determinieren, wobei selbstverständlich der Führungserfolg in ganz unterschiedlicher Weise operationalisiert werden kann (*Neuberger* 1976; →*Führungserfolg – Messung*). Es wird also der Führungserfolg als abhängige Variable (a.V.) gesehen und danach gefragt, von welchen psychologisch untersuchbaren unabhängigen Variablen (u.V.) er abhängt. Dabei lassen sich verschiedene theoretische Positionen, die in aller Regel auch zu empirischer Forschung führten, voneinander unterscheiden. Diese lassen sich aus Abbildung 2 ableiten.

Führungsperson – Führungverhalten – Führungssituation – Führungserfolg

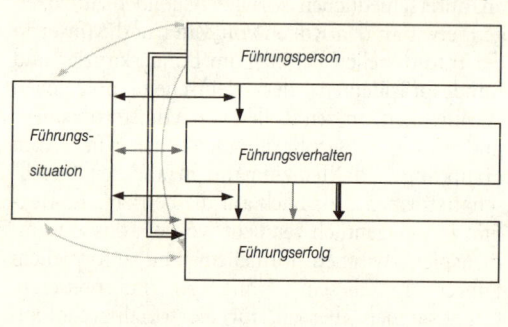

―――― = Basismodell
════ = Beziehung zw. Persönlichkeitseigenschaften und Führungserfolg
▬▬▬▬ = Beziehung zw. Führungsverhaltensweisen und Führungserfolg
──── = Beziehung zw. Persönlichkeitsmerkmalen in ihrer Interaktion mit Parametern der Situation zum Führungserfolg
──── = Beziehung von Führungsverhaltensweisen in ihrer Interaktion mit Parametern der Situation zum Führungserfolg

Abb. 2: Führungsperson – Führungsverhalten – Führungssituation – Führungserfolg

Man kann dabei, wenn man grob klassifiziert, unter psychologischer Perspektive von einer Führungsperson ausgehen, die durch bestimmte stabile, also zeitlich relativ überdauernde Merkmale gekennzeichnet ist. Kennzeichnend für diese Person sind bestimmte Verhaltensweisen, die sich in sozialer Einflußnahme zeigen. Diese Verhaltensweisen sind allerdings nicht nur von den Merkmalen der Person, sondern auch von den Einflüssen der umgebenden Situation abhängig. Diese Situation ist weit zu verstehen und schließt z. B. den kulturellen und gesellschaftlichen Kontext oder die Merkmale der Organisation, die Besonderheiten der Aufgabe, die Größe der geführten Gruppe und Merkmale der geführten Personen etc. mit ein. Vom Führungsverhalten abhängig ist der Führungserfolg, wobei auch hier gilt, daß das Führungsverhalten in der Regel nur in Interaktion mit Merkmalen der Führungssituation den Erfolg bestimmt, d. h., ein gleiches Führungsverhalten kann in der einen Situation zum Erfolg, in der anderen zum Mißerfolg führen.

In den unterschiedlichen organisationspsychologischen Führungstheorien und den von diesen angeregten empirischen Untersuchungen wurden nun in der Regel nur Ausschnitte dieses Rahmenkonzepts realisiert. Es wurde in diesem Sinne untersucht

(1) die Beziehung zwischen Persönlichkeitseigenschaften und Führungserfolg,
(2) die Beziehung zwischen Führungsverhaltensweisen und Führungserfolg,
(3) die Beziehung zwischen Persönlichkeitsmerkmalen in ihrer Interaktion mit Parametern der Situation zum Führungserfolg,
(4) die Beziehung von Führungsverhaltensweisen in ihrer Interaktion mit Parametern der Situation zum Führungserfolg.

Für jeden dieser Ansätze sollen nachfolgend knapp Beispiele genannt und deren Bedeutung für die betriebliche Praxis aufgezeigt werden.

1. Die Personalistische Führungstheorie

Grundgedanke der personalistischen Führungstheorie ist, daß bestimmte stabile Persönlichkeitsmerkmale wie z. B. Intelligenz, Selbstsicherheit, Dominanz den Führungserfolg determinieren (→*Führungstheorien – Eigenschaftstheorie*). Die aus diesem Ansatz ableitbaren Hypothesen wurden meist in der Form überprüft, daß entweder Personen, die eine Führungsposition innehaben, hinsichtlich der interessierenden Persönlichkeitseigenschaften mit jenen verglichen wurden, die keine Führungsposition haben, oder aber dadurch, daß der Ausprägungsgrad des Persönlichkeitsmerkmals mit dem Ausprägungsgrad des Führungserfolgs korreliert wurde. Derartige Untersuchungen wurden in großer Zahl durchgeführt (zusammenfassend *Stogdill* 1948, 1974; *Mann* 1959; *Korman* 1966; *Neuberger* 1976; *Wunderer/Grunwald* 1980; *Lord/DeVader/Alliger* 1986; *Schuler/Funke* 1991). Sie lassen den Schluß zu, daß es im Durchschnitt durchaus beachtenswerte Korrelationskoeffizienten zwischen den Merkmalsausprägungen und den Persönlichkeitseigenschaften und den

Ausprägungen des Führungserfolgs gibt, daß allerdings die Streuung der jeweiligen Koeffizienten sehr groß ist.

Die praxeologische Bedeutung der personalistischen Eigenschaftstheorie ist offensichtlich und vor allem im Hinblick auf die Selektion von Führungskräften bzw. Führungsnachwuchskräften (→*Auswahl von Führungskräften*) zu sehen:

- Es sollte herausgefunden werden, welche Eigenschaften kennzeichnend für Personen in Führungspositionen sind;
- dann sollten Testverfahren entwickelt werden, die zur Messung der genannten Eigenschaften geeignet sind und
- schließlich sollten sich Bewerber diesen Testverfahren unterziehen.

Diejenigen mit den besten Werten sind – akzeptieren wir die Grundannahmen – jene, die künftig den größten Führungserfolg haben werden.

Tatsächlich war und ist die Eignungsdiagnostik im Zuge der Selektion von Bewerbern von Führungspositionen an diesem Modell orientiert. Die Kritik daran, die sich insbesondere an der hohen Streuung der Validitätskoefifzienten festmachen läßt, verweist

- auf die höchst unterschiedliche Operationalisierung der Persönlichkeitseigenschaften des Untersuchten,
- die Nichtbeachtung möglicher Interaktionen zwischen verschiedenen Persönlichkeitsmerkmalen,
- die Nichtbeachtung der Situationsmerkmale (z. B. Art der zu erledigenden Aufgaben, Größe der geführten Gruppe, Persönlichkeitseigenschaften der Geführten), die in Interaktion mit den Persönlichkeitsmerkmalen des Führenden für den Führungserfolg wichtig sein könnten,
- die mangelnde Thematisierung, inwieweit sich die allgemeinen Persönlichkeitsmerkmale in konkretes Führungshandeln umsetzen.

2. Führungsverhalten in seiner Beziehung zum Führungserfolg

Das Augenmerk der psychologischen Forschung richtete sich erstmals explizit auf das Verhalten von führenden Personen, nachdem in laborexperimentellen Untersuchungen an Jugendlichen die Auswirkungen bestimmter Führungsstile (demokratisch, autoritär, laissez-faire) auf verschiedene Erfolgsindikatoren (Leistung, Einstellungen) untersucht wurden (*Lewin/Lippitt/White* 1939). Ähnliche Experimente wurden vielfach wiederholt (zusammenfassend *Neuberger* 1972) und dadurch angeregte Untersuchungen im Feld durchgeführt (*Seidel* 1978).

Dabei zeigte sich in der Mehrzahl der Fälle, daß der sogenannte demokratische Führungsstil, operationalisiert über Partizipationschancen der Geführten, in der Regel positive Einstellungen dem Führenden gegenüber und somit Zufriedenheit im Gefolge hat, daß aber von einer generellen Überlegenheit des demokratischen – später meist kooperativ genannten – Führungsstils, gemessen am Leistungskriterium, nicht die Rede sein kann. Die Befunde widersprechen sich unter diesem Aspekt vielfach. Tabelle 2 nach *Neuberger* (1972) verdeutlicht dies.

	Überlegenheit des autor. kooperat. Führungsstils		Keine eindeutige Überlegenheit eines Führungsstils
Leistung	9	8	6
Einstellungen	6	17	5

Tab. 2: *Wirkungen des autoritären und des kooperativen Führungsstils in Laborexperimenten*

Die Kritik an derartigen Experimenten und Felduntersuchungen betont insbesondere, daß es

- einen stabilen für die Person überdauernd kennzeichnenden Führungsstil nicht gibt, sondern sich
- das Führungsverhalten je nach situativen Umständen qualitativ und quantitativ anders darstellt,
- dieses Führungsverhalten sich aus mehreren miteinander interagierenden Komponenten zusammensetzt und
- seine Wirkungen – gemessen an Indikatoren des Erfolgs – von Situation zu Situation (z. B. je nach Kultur, Gruppengröße, Aufgabe, Qualifikation der Geführten) unterschiedlich sind.

Dieser Kritik wurden z. T. auch jene Untersuchungen kaum gerecht, die nicht von einem einheitlichen Führungsstilkonzept ausgingen, sondern das beobachtete Verhalten von Vorgesetzten in konkreten betrieblichen Situationen zu erfassen und in seinen Auswirkungen zu analysieren suchten (*Fleishman* 1973; *Wilpert* 1977; *Seidel/Jung/Redel* 1988). Häufig wurde dabei das Verhalten der Führenden dadurch gemessen, daß die Unterstellten es mit Hilfe standardisierter Fragebogen-Verfahren beschrieben (*Fittkau-Garthe/Fittkau* 1971). Derartige Fragebogen wurden öfters hinsichtlich ihrer Konzeption, Reliabilität und Validität kritisiert (*Nachreiner* 1978). Dennoch erbrachten die meisten Untersuchungen das übereinstimmende Ergebnis, daß sich ein erheblicher Anteil der Varianz des Führungsverhaltens durch zwei Dimensionen beschreiben läßt. Diese wurden z. B. in den Ohio-Studien (*Fleishman* 1973) „consideration" (Mitarbeiterorientierung) und „initiating structure" (Aufgabenorientierung) genannt (→*Verhaltensdimensionen der Führung*); Abbildung 3 zeigt das.

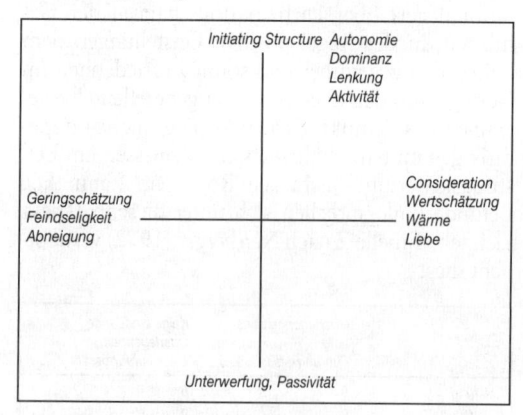

Abb. 3: Die wichtigsten Dimensionen des Führungsverhaltens

Mitarbeiterorientierung korreliert dabei meist mit der Zufriedenheit der Geführten, Aufgabenorientierung häufig mit der Gruppenleistung.

Kritik wurde an diesen Studien und Konzepten vielfach geäußert, wobei als besonders wichtige Argumente gelten dürften:

- die Operationalisierung der Führungsdimensionen ist unreliabel und wenig valide;
- die Verhaltensdimensionen setzen sich aus unterschiedlichen Verhaltensweisen zusammen;
- Vorgesetzte sind nicht durch diese Dimensionen zu kennzeichnen, sondern entwickeln unterschiedlichen Mitarbeitern in unterschiedlichen Situationen gegenüber andere Verhaltensweisen;
- diese Verhaltensweisen haben je nach Situation und Person unterschiedliche Auswirkungen. In der Praxis führen die Führungsstile und Führungsverhaltensanalysen vor allem dazu, Lernziele für Führungstrainings zu konzipieren (*Blake/Mouton* 1964; →*Verhaltensgitter der Führung*).

3. Führungseigenschaften in ihrer Interaktion mit Situationsparametern und Führungserfolg

Es ist naheliegend, daß stabile Persönlichkeitsmerkmale je nach Situation in unterschiedlicher Weise zum Führungserfolg beitragen. In besonders systematischer Weise haben das Fiedler und seine Mitarbeiter (*Fiedler* 1967; *Fiedler/Chemers/Mahar* 1979; →*Führungstheorien – Kontingenztheorie*) bearbeitet. Operationalisiert wurde dabei ein Persönlichkeitsmerkmal des Führenden als „Mitarbeiter- bzw. Aufgabenmotiviertheit" durch einen sog. LPC-Wert, die Führungssituation über die Merkmale Führer-Geführten-Beziehungen, Aufgabenstruktur und Positionsmacht, der Führungserfolg über die Leistung der geführten Gruppe. Empirisch wurden sodann für die verschiedenen Situationen die Eigenschaftsausprägungen beim Vorgesetzten mit der Gruppenleistung korreliert. Ergebnisse zeigt Abbildung 4.

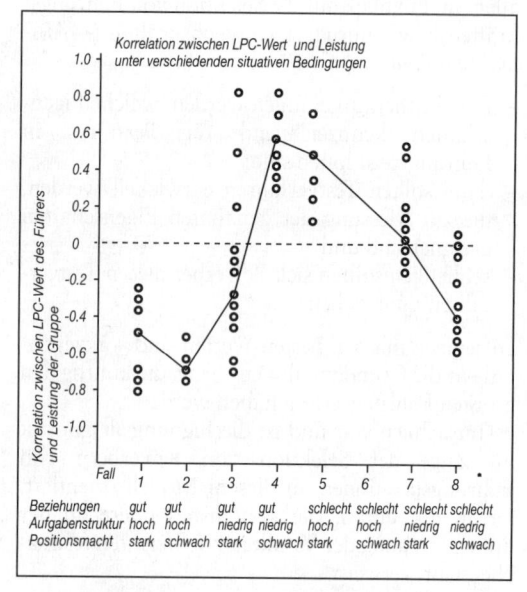

Abb. 4: Korrelation zwischen LPC-Wert und Leistung der Gruppe unter verschiedenen situativen Bedingungen

Man erkennt, daß in sehr „günstigen" und sehr „ungünstigen" Situationen Aufgabenmotiviertheit des Vorgesetzten die Gruppenleistung begünstigt. Da Fiedler das gewählte Persönlichkeitsmerkmal für kaum wandelbar und z. B. durch Training für unmodifizierbar hält, schlägt er der Praxis vor, Vorgesetzte situationsspezifisch auszuwählen oder die Situation so zu gestalten, daß sie zum jeweiligen Vorgesetzten paßt. Der Ansatz hat viel Kritik gefunden und ist von Fiedler auch mehrfach modifiziert worden. Wichtige Kritikpunkte sind u. a.

- das atheoretische und empiristische Konzept,
- die Auswahl und sehr eigenwillige Operationalisierung des Persönlichkeitsmerkmals Mitarbeiter- bzw. Aufgabenmotiviertheit durch das LPC-Maß, das sich als unreliabel erweist,
- die Bestimmung der Situation durch nur drei voneinander keineswegs unabhängige Merkmale bei Vernachlässigung anderer,
- die weder praktisch noch ethisch akzeptable Konzeption des Situationsmanagement.

Trotz dieser Kritik bleibt Fiedler das beachtliche Verdienst, die Entwicklung von Situationstheorien der Führung innerhalb der Organisationspsychologie angeregt zu haben. Er beließ es nicht bei einem unverbindlichen „Es kommt darauf an", wenn es um Bedingungen des Führungserfolgs ging, sondern er suchte in kontrollierbarer Weise zu zeigen, auf was es ankommt.

4. Führungsverhaltensweisen in ihrer Interaktion mit Situationsparametern und Führungserfolg

Bereits in vielen früheren empirischen Studien (z. B. *Vroom* 1960) gelang der Nachweis, daß bestimmte Verhaltensweisen des Vorgesetzten zum Erfolg führen, wenn die Geführten qualifiziert und selbständig sind, zum Mißerfolg, wenn dies nicht der Fall ist, daß spezifische Führungsweisen sich bei kleinen Gruppen bewähren, nicht dagegen bei großen etc. In psychologische Theorien wurden, derartige Überlegungen erst in den 70er und 80er Jahren gefaßt. *Reddin* (1970) sowie *Hersey/Blanchard* (1977) gingen letztlich von den beiden Grunddimensionen des Führungsverhaltens aus, die innerhalb der Ohio-Studien gefunden wurden und suchten aufzuzeigen, welche Kombinationen von Mitarbeiterorientierung und Aufgabenorientierung unter welchen Bedingungen situativer Art zum Führungserfolg beitragen, wobei z. B. *Hersey/Blanchard* als alleiniges Situationsmerkmal den „Reifegrad" der Geführten berücksichtigten.

Die beiden genannten Modelle haben in der Praxis – insbesondere als Grundlage der Führungsschulung – erhebliche Akzeptanz gefunden. Dies liegt sicherlich zum einen an der hohen Plausibilität der Modelle, zum anderen aber wohl auch daran, daß sie fast stets eine Begründung für eigene kaum akzeptable Führungsverhaltensweisen in sich tragen, etwa in dem Sinne: „Ich muß stark direktiv führen, weil meine Mitarbeiter so inaktiv sind!" Der wissenschaftliche Wert dieser Situationstheorien erscheint fraglich, da sowohl ihre theoretische Fundierung als auch ihre empirische Abstützung mager erscheinen, was zum Teil beißende Kritik (*Neuberger* 1980) zur Folge hatte.

Eine sehr viel günstigere Resonanz fand das von *Vroom/Yetton* (1973; →*Führungstheorien* – *Vroom/Yetton-Modell*) erstmals vorgestellte situative Führungsmodell, das mehrfach differenziert und modifiziert wurde (*Böhnisch/Jago/Reber* 1987; *Jago* 1987) und eine große Zahl empirischer Überprüfungsstudien auslöste.

Das Modell thematisiert nicht das Führungsverhalten insgesamt, sondern beschränkt sich auf eine relativ zentrale Dimension dieses Führungsverhaltens, das Treffen von Führungsentscheidungen. Diese können in mehr oder minder starkem Maße die Mitwirkung der Geführten zulassen und entsprechend als autoritär, konsultativ oder gruppenzentriert beschrieben werden. Innerhalb des Modells wird nun gezeigt, daß in Abhängigkeit von Optimierungskriterien, wie z. B. Qualität, Akzeptanz oder Aufwand bei der Führungsentscheidung bzw. Personalentwicklung durch den Prozeß des Entscheidens und in Abhängigkeit von einer Vielzahl von Situationsbedingungen für den Vorgesetzten ein autoritärer, kooperativer oder gruppenzentrierter Stil anzuraten ist. Empirische Untersuchungen zur Validität (zusammenfassend *Scholz* 1993; *v. Rosenstiel* 1992) zeigten, daß modellkonforme Entscheidungsprozesse häufiger als erfolgreich eingestuft werden als solche, die vom Modell abweichen.

Die praktische Bedeutung dieses Modells liegt vor allem darin, daß es den Führenden für die Bedingungen der Führungssituation sensibilisiert und ihn lehrt, nicht ein spezifisches Entscheidungsverhalten als optimal zu betrachten, sondern dieses flexibel der jeweiligen Situation anzupassen. Es bietet sich daher vor allem als Grundlage für Schulungs- und Personalentwicklungsmaßnahmen an.

Die grundsätzliche Kritik an diesem Modell besteht vor allem darin, daß

– ein einseitig rationales Menschenbild zugrunde liegt;
– vom Vorgesetzten eine valide Diagnostik der eigenen Situation erwartet wird;
– in der Liste der Kriterien zur Beurteilung der eigenen Führungssituation wesentliche Parameter wie z. B. Qualifikation der Mitarbeiter, Größe der geführten Gruppe fehlen;
– der Vorgesetzte in die Gefahr geraten könnte, die Verantwortung für das eigene Führungsverhalten auf das Modell „abzuwälzen".

Trotz dieser und anderer Kritikpunkte stellt der Ansatz von Vroom/Yetton derzeit die wohl elaborierteste Form der situativen Führungstheorien dar.

V. Entwicklungsperspektiven

In jüngerer Zeit hat sich eine zunehmende Kritik an der organisationspsychologischen Führungsforschung entwickelt (*Neuberger* 1985), weil diese in zu einseitiger Form, einem deterministischen Denken verhaftet, fast ausschließlich nach Determinanten des Führungserfolgs suche und somit in etwas kurzsichtiger Weise einer „Machermentalität" verhaftet sei. Entsprechend finden wir zunehmend Forschungsansätze, die zumindestens andersartige Akzente setzen, indem sie z. B. das Führungshandeln im Sinne des symbolischen Interaktionismus (*Kanter* 1972) interpretieren und davon ausgehen, daß Verhaltensweisen der Vorgesetzten von den Mitarbeitern in einer spezifischen Weise gedeutet werden, was zur Folge haben kann, daß die Wirkung dieser Verhaltensweisen nicht in ihrer bloßen Funktionalität zu sehen ist, sondern eher darin, erlebte Unsicherheit der Geführten zu reduzieren, den Glauben an die Legitimität von Führung zu stärken, auf gemeinsame Werte hinzulenken oder die erlebte Komplexität der Welt einzuschränken (*Pfeffer* 1981).

Zunehmendes Interesse gewinnen auch Versuche, tiefenpsychologische Überlegungen in die Führungsforschung hineinzutragen (*Hofmann* 1993; →*Führungstheorien – tiefenpsychologische*). So wird z. B. analysiert, wie die früh geprägte Charakterstruktur, im Sinne des depressiven, hysterischen oder anankastischen Charakters, den Stil des Verhaltens und die geschaffene Umwelt des Vorgesetzten, unter Einschluß der darin sich entwickelnden sozialen Beziehungen, prägt (*Kets de Vries* 1980).

Es gewinnt aber auch eine den Phänomenen sehr viel nähere Sichtweise in der Führungsforschung an Bedeutung: Man wendet sich zum einen dem Erleben der Führenden zu, um zunächst deskriptiv festzuhalten, welche Konflikte zwischen Beruf, Freizeit und Familie, zwischen den Rollenerwartungen (→*Führungstheorien – Rollentheorie*) der jeweils Vorgesetzten und Geführten, zwischen Wunsch und Wirklichkeit bei diesen Personen in spezifischer Weise bestehen (*Streich* 1994) und welche „Leiden" damit verbunden sind (*Hofstetter* 1988). Im Sinne der Intervention werden sodann Versuche unternommen, durch geeignete Sozialtechnologien Hilfe für den Führenden bereitzustellen, die bis hin zum →*Coaching* (*Hauser* 1993) reichen.

Aber auch die kognitive Seite gewinnt im Anschluß an frühe Führungstheorien im Sinne von Weg-Ziel-Ansätzen (*Evans* 1970; *House* 1971; →*Führungstheorien – Weg-Ziel-Theorie*) wieder an Interesse. Es interessieren die subjektiven Theorien sowohl der Führenden als auch der Geführten. So analysiert man etwa die Bilder, die Vorgesetzte von ihren Mitarbeitern haben und somit auch ihrer Annahmen hinsichtlich des Leistungs- und Sozialverhaltens der Geführten und der Möglichkeiten darauf Einfluß zu nehmen (*Bögel/v. Rosenstiel* 1993). Gewissermaßen spiegelbildlich wird überprüft, was Geführte mit Blick auf ihre Vorgesetzten vermuten, z. B. durch welche Verhaltensweisen es gelingt, die Zuwendung oder Anerkennung des Führenden zu gewinnen. All dies läßt die Annahme gerechtfertigt erscheinen, daß sich die organisationspsychologische Führungsforschung zunehmend weniger ausschließlich als Erarbeitung von Veränderungsweisen (*Kaminski* 1970) interpretiert, das der validen Auswahl und der zielgerichteten Schulung von Führungskräften dient, sondern daß darüber hinaus ernsthafte Versuche unternommen werden, die innere und äußere Lebenswelt derer zu verstehen und zu interpretieren, die Vorgesetzte haben. In einem breiteren Sinne als bisher werden Erleben und Verhalten von Führungskräften Forschungsthema der sozialen- und organisationspsychologischen Führungsforschung, wobei methodisch neben bislang dominierende quantitative Verfahren auch die qualitativen treten.

Literatur

Bales, R. F./Slater, P. E.: Role differentiation in small decision making groups. In: *C. Gibb* (Hrsg.): Leadership. Harmondsworth 1969, S. 255–276.
Bass, B. M.: Organizational psychology. Boston 1965.
Bischof, N.: Das Rätsel Ödipus. Die biologischen Wurzeln des Urkonflikts von Intimität und Autonomie. München 1989.
Blake, R. R./Mouton, S. J.: The managerial grid. Houston 1964.
Bögel, R./Rosenstiel, L. v.: Das Bild vom Menschen in den Köpfen der Macher. In: *Strümpel, B./Dierkes, M.* (Hrsg.): Innovation und Beharrung in der Arbeitspolitik. Stuttgart 1993, S. 243–276.
Böhnisch, W./Jago, A./Reber, G.: Zur interkulturellen Validität des Vroom/Yetton-Modells. In: DBW, 47, 1987, S. 85–93.
Boring, E. G. (Hrsg.): A history of experimental psychology. New Jersey 1957.
Dilthey, W.: Ideen über eine beschreibende und zergliedernde Psychologie. Gesammelte Schriften 5. Stuttgart 1957.
Eibl-Eibesfeldt, I.: Der vorprogrammierte Mensch. Wien 1973.
Evans, M. G.: The effects of supervisory behavior on the path-goal relationship. In: Organizational Behavior and Human Performances, 1970, S. 277–298.
Fiedler, F. E.: A theory of leadership effectiveness. New York 1967.
Fiedler, F. E./Chemers, M. M./Mahar, L.: Der Weg zum Führungserfolg. Stuttgart 1979.
Fittkau-Garthe, H./B.: Fragebogen zur Vorgesetzten-Verhaltens-Beschreibung (FVVB). Göttingen 1971.
Fleishman, E.: Twenty years of consideration and structure. In: *Fleishman, E. A./Hunt, J. G.* (Hrsg.): Current developments in the study of leadership, Carbondale 1973, S. 1–37.
Gebert, D./Rosenstiel, v. L.: Organisationspsychologie. Stuttgart 1992.
Hauser, E.: Coaching von Mitarbeitern. In: *Rosenstiel, L. v./Regnet, E./Domsch, M.* (Hrsg.): Führung von Mitarbeitern. Stuttgart 1993, S. 223–236.
Herrmann, T.: Psychologie als Problem. Stuttgart 1979.
Hersey, P./Blanchard, K. H.: Management of organizational behavior: utilizing human resources. Englewood Cliffs 1977 (deutsch 1979).
Hofmann, M.: Tiefenpsychologische Perspektiven der Führung von Mitarbeitern. In: *Rosenstiel, L. v./Regnet, E./Domsch, M.* (Hrsg.): Führung von Mitarbeitern. Stuttgart 1993, S. 27–38.
Hofstätter, P.: Gruppendynamik. Reinbek 1971.
Hofstetter, H.: Die Leiden der Leitenden. Köln 1988.
House, R. J.: A path goal theory of leader effectiveness. In: ASQ, 1971, S. 321–338.
Irle, M.: Lehrbuch der Sozialpsychologie. Göttingen 1975.
Jago, A.: Führungstheorien – Vroom/Yettonmodell. In: *Kieser, A./Reber, G./Wunderer, R.* (Hrsg.): Handwörterbuch der Führung. Stuttgart 1987, S. 931–948.
Kaminski, G.: Verhaltenstheorie und Verhaltensmodifikation. Entwurf einer integrativen Theorie psychologischer Praxis am Individuum. Stuttgart 1970.
Kanter, R. M.: Symbolic Interactionism and Politics in Systemic Perspective. In: Sociological Inquiry, 1972, S. 77–92.
Kets de Vries, M.: Organizational paradoxes: Clinical approaches to management. London 1980.

Korman, A. K.: Consideration, initiating structure and organizational criteria: A review. In: PP, 1966, S. 349–361.
Leavitt, H. J.: Toward organizational psychology (Address Walter V. Bingham Day). Pittsburgh 1961.
Lewin, K./Lippitt, R./White, R. K.: Patterns of aggressive behavior in experimentally created social climates. In: Journal of Social Psychology, 1939, S. 271–299.
Lord, R. G./DeVader, C. L./Alliger, D. M.: A meta analysis of the relation between personality traits and leadership perceptions. An application of validity generalization procedures. In: JAP, 1986, S. 402–410.
Lück, H.: Geschichte der Psychologie. Stuttgart 1991.
Lukasczyk, K.: Zur Theorie der Führer-Rolle. In: Psychologische Rundschau, 1960, S. 179–188.
Mann, R. D.: A review of the relationship between personality and performance in small groups. In: Psychological Bulletin, 1959, S. 214–270.
Mayer, A./Herwig, B.: Handbuch der Psychologie. Bd. 9: Betriebspsychologie. Göttingen 1970.
McDougall, W.: Introduction to social psychology. London 1908.
Merei, F.: Group, leadership and institutionalization. HR, 1949, S. 23–39.
Münsterberg, H.: Psychologie und Wirtschaftsleben. Ein Beitrag zur Angewandten Experimentalpsychologie. Leipzig 1912.
Nachreiner, F.: Die Messung des Führungsverhaltens. Bern 1978.
Neuberger, O.: Experimentelle Untersuchungen von Führungsstilen. In: Gruppendynamik, 1972, S. 191–219.
Neuberger, O.: Führungsverhalten und Führungserfolg. Berlin 1976.
Neuberger, O.: Führungsforschung: Haben wir die Jäger- und Sammlerzeit schon hinter uns? In: DBW, 1980, S. 603–630.
Neuberger, O.: Unternehmenskultur und Führung. Augsburg 1985.
Pfeffer, J.: Power in Organizations. Marshfield 1981.
Reddin, W. J.: Managerial effectiveness. New York 1970.
Roethlisberger, F. J./Dickson, W. J.: Management and the worker. Cambridge 1939.
Rohracher, H.: Einführung in die Psychologie. Wien 1976.
Rosenstiel, L. v.: Die Psychologie. In: *Tietz, B.* (Hrsg.): Die Werbung Band 1, Landsberg a. L. 1981.
Rosenstiel, L. v.: Grundlagen der Organisationspsychologie: Basiswissen und Anwendungshinweise. 3. A., Stuttgart 1992.
Rosenstiel, L. v.: Symbolische Führung. In: Management Zeitschrift, 1992, S. 55–58.
Rosenstiel, L. v./Molt, W./Rüttinger, B.: Organisationspsychologie. Stuttgart 1972.
Ross, E. A.: Social psychology. New York 1908.
Scholz, C.: Personalmanagement. Informationsorientierte und verhaltenstheoretische Grundlagen. München 1993.
Schuler, H./Funke, U. (Hrsg.): Eignungsdiagnostik in Forschung und Praxis. Stuttgart 1991.
Seidel, E.: Betriebliche Führungsformen. Stuttgart 1978.
Seidel, E./Jung, R./Redel, W.: Führungsstil und Führungsorganisation. Darmstadt: Wissenschaftliche Buchgesellschaft 1988.
Stogdill, R. M.: Personal factors associated with leadership. In: Journal of Psychology, 1948, S. 35–71.
Stogdill, R. M.: Handbook of leadership. New York 1974.
Streich. R.: Managerleben. München 1994.
Vroom, V. H.: Some personality determinants of the effects of participation. Englewood Cliffs 1960.
Vroom, V. H./Yetton, P.: Leadership and decisionmaking. Pittsburgh 1973.
Weinert, A. B.: Führung und soziale Steuerung. In: *Roth, E.* (Hrsg.), Organisationspsychologie (Enzyklopädie der Psychologie; Bd. 3). Göttingen 1989, S. 552–577.
Wilpert, B.: Führung in deutschen Unternehmen. Berlin 1977.
Windelband, D.: Geschichte und Naturwissenschaft. Rektoratsreden. Straßburg 1894.
Wunderer, R./Grunwald, W.: Führungslehre. Berlin 1980.

Führungsforschung und Organisationssoziologie

Gerd Schienstock

[s. a.: Bürokommunikationstechnik und Führung; Bürokratie, Führung in der; Führungsebene und Führung; Führungsforschung und Organisations-/Sozialpsycholologie; Führungsmotivation; Führungsrollen; Führungstheorien – Austauschtheorie, – Machttheorie, – Rollentheorie, – von Dyaden zu Teams; Groupthink und Führung; Mikropolitik und Führung; Organisationsentwicklung und Führung; Organisationsstrukturen und Führung; Produktionsbereich, Führung im.]

I. Einleitung; II. Führungstheorien im Spannungsfeld von Akteur und Struktur; III. Akteur- und strukturbezogene Ansätze in der Organisationssoziologie; IV. Das Konzept sozialer Praktiken als integrativer Ansatz.

I. Einleitung

Definiert man Führung als einen sozialen Prozeß der Beeinflussung von Einstellungen, Verhaltensweisen und sozialen Interaktionen von Personen, um ein bestimmtes Ziel zu erreichen (*Fleischman* 1973; *Steinle* 1992), so gibt es gute Gründe dafür, nach der Relevanz organisationssoziologischen Wissens für die Führungsforschung zu fragen. Denn diese Fachdisziplin ist, das lassen Begriffe wie Kontrolle, Macht und Politik erkennen, durchaus auch an Fragen einer zielorientierten Beeinflussung menschlichen Verhaltens, insbesondere im betrieblichen Arbeitsprozeß interessiert. Um Führungsforschung und Organisationssoziologie aufeinander beziehen zu können, bedarf es jedoch eines spezifischen Anknüpfungspunktes. Hier erscheint es zweckmäßig, auf die sog. *Akteur- versus Strukturdebatte* zurückzugreifen, wie sie gegenwärtig die sozialwissenschaftliche Theoriediskussion beherrscht (*Knorr-Cetina/Cicourel* 1981). In dieser Auseinandersetzung stehen sich die Auffassung, daß ein bestimmtes Handeln und Denken außerhalb des individuellen Bewußtseins von jeweils spezifischen gesellschaftlichen Strukturen geformt und dem sozialen Akteur gleichsam aufgezwungen wird und jene, daß ein bewußt handelndes Individuum frei ist, sich für bestimmte Handlungsweisen zu entscheiden, als kontroverse Positionen gegenüber.

In der Organisationssoziologie konkretisiert sich das Akteur- versus Strukturdilemma in der Frage, ob die sozialen Beziehungen in einer Organisation einer bewußten Gestaltung durch Handlungsträger unterliegen oder ob im Prozeß des Organisierens soziale Kräfte wirksam werden, die bestimmte Formen sozialer Organisation gleichsam erzwingen, ohne daß es auf die Intentionen von Akteuren ankommt. Auf die Führungsforschung bezogen stellt sich die Frage, ob eine spezifische Art und Weise zu führen von betrieblichen Akteuren bewußt gewählt bzw. selbst entwickelt werden kann, oder ob es sich dabei um ein von Situationsmerkmalen jeweils determiniertes Verhalten handelt.

II. Führungstheorien im Spannungsfeld von Akteur und Struktur

Theorien zu *Führungseigenschaften*, zum *Führungsverhalten* und zu *Führungsstilen* lassen sich dem akteurbezogenen Theoriestrang zuordnen, während *situationale* bzw. *kontingenztheoretische Ansätze* strukturbezogen argumentieren. Die *eigenschaftsbezogene Führungsforschung* zielt darauf ab, die spezifischen Persönlichkeitszüge und Persönlichkeitsmerkmale erfolgreicher Führer herauszuarbeiten. Diese Forschungsrichtung hat eine Flut von Veröffentlichungen hervorgebracht, in denen die unterschiedlichsten Eigenschaften und Merkmale wie Fähigkeiten, Verantwortung, Status, aufgabenrelevantes Wissen, aber auch das äußere Erscheinungsbild als relevante Faktoren für Führungseffizienz genannt werden (*Ghiselli* 1963; *Hentze/Brose* 1986). Theoretisch ist ein solcher Ansatz allerdings wenig ergiebig, da keine Aussage darüber gemacht wird, wie sich einzelne Persönlichkeitsmerkmale in spezifischem Führungshandeln sozialer Akteure niederschlagen. Zudem bleibt unbeantwortet, wie ein bestimmtes Führungsverhalten zustande kommt. *Verhaltensorientierte Konzepte* (→*Verhaltensdimensionen der Führung*) wiederum beschränken sich auf eine reine Beschreibung von Aktivitäten von Führungspersonen. Hier besteht der Haupteinwand darin, daß sich Führung nicht als mechanischer, in immer gleicher Weise ablaufender Prozeß verstehen läßt (*Gabele* 1992). Wie Führer ihre spezifische Art und Weise des Führens entwickeln und in Verhalten umsetzen, bleibt ungeklärt. Es ist nicht zu verstehen, warum sich Personen mit unterschiedlichen Führungsstilen auf gleiche Weise verhalten sollen.

Als beherrschender Ansatz in der Führungsforschung kann jener der *Führungsstile* angesehen werden. Darunter werden von Führungspersonen kontinuierlich praktizierte Muster der Einflußnahme auf Einstellungen und Verhaltensweisen von Untergebenen verstanden. Sie beziehen sich primär auf die Verteilung von Entscheidungsaufgaben (Delegation, Partizipation) und Durchsetzungsvarianten (Überzeugung, Zwang) (*Steinle* 1992). In den verschiedenen Beiträgen zur Führungsstilforschung werden sehr unterschiedliche Dimensionen zur Operationalisierung von Führung herangezogen. Übereinstimmung scheint jedoch darüber zu bestehen, daß es sich bei Führung um ein mehrdimensionales Konzept handelt (*Bowers/Seashore* 1966) und daß Führungsstile nicht auf Extremtypen reduziert werden können, sondern auf einem Kontinuum als breite Palette von Varianten abzubilden sind (*Tannenbaum/Schmidt* 1958). Trotz dieser konzeptuellen Ausweitungen arbeitet die Theorie der Führungsstile mit relativ inhaltsarmen Kategorien. Zudem wird keine Aussage darüber gemacht, wie sich Führer bestimmte Stile aneignen bzw. diese selbst entwickeln und sie dann in jeweils unterschiedlichen Kontexten praktizieren.

Vor allem auf die Kritik, daß Führung nicht in einem sozial freien Raum ausgeübt wird, hat die Führungsforschung mit der Entwicklung *situationaler Konzepte* und mit *Kontingenzansätzen* geantwortet. Kern solcher Ansätze ist die Erkenntnis, daß Führungsstile jeweils der Situation, in der sie praktiziert werden, angepaßt sein müssen, um die Geführten zu dem gewünschten Verhalten zu veranlassen. Erfolgreich ist ein Führer dann, wenn er in der Lage ist, die Kräfte richtig einzuschätzen, von denen es abhängt, welches Führungsverhalten in einer Situation jeweils effizient ist, und wenn er sein Verhalten diesen Rahmenbedingungen auch tatsächlich anpassen kann.

Fiedler (1967), als ein Hauptvertreter des Kontingenzansatzes, argumentiert, daß *intrapersonale Faktoren* (motivationale Führungsdisposition, Erfahrung und Intelligenz) und *situative Faktoren* (Führer-Geführte-Beziehungen, Aufgabenstruktur und Positionsmacht) zueinander passen müssen, wenn eine hohe *Führungseffizienz* erreicht werden soll. Weitere kontingenztheoretische Konzepte haben insbesondere zusätzliche Einflußfaktoren benannt (*Vroom/Jago* 1988; *Neuberger* 1976). Das entscheidende Problem, zu erklären, wie betriebliche Akteure bei der Entwicklung von Führungsstilen durch Umweltfaktoren beeinflußt werden, wird damit jedoch keiner Lösung zugeführt. Denn Kontingenzfaktoren determinieren Führungsstile bzw. Führungsverhalten nicht eindeutig, sie belassen vielmehr Spielräume, die von Vorgesetzten zur Eigengestaltung genutzt werden können. Dementsprechend wäre es notwendig zu zeigen, wie die Kontingenzfaktoren von Führungspersonen bei der Produktion, Reproduktion und Abänderung von Führungsstilen berücksichtigt werden.

III. Akteur- und strukturbezogene Ansätze in der Organisationssoziologie

Eine Einordnung der Vielzahl organisationsoziologischer Ansätze unter dem Gesichtspunkt ihrer theoretischen Perspektive kann an dieser Stelle nicht geleistet werden. Es ist deshalb notwendig, eine begründete Auswahl der zu diskutierenden Ansätze vorzunehmen. Dabei liegt es nahe, auf jene Theorielinie näher einzugehen, die den Politik- bzw. Kontrollaspekt (→Kontrolle und Führung) in den Vordergrund stellt, steht doch auch hier, wie in der Führungsforschung, der Gesichtspunkt der Beeinflussung von Einstellungen und Verhaltensweisen im Vordergrund.

Es ist *Braverman* (1980) zugute zu halten, daß er – indem er die Problematik der Kontrolle des Arbeitsprozesses zum Thema macht – eine Art „politischer Wende" (→*Mikropolitik und Führung*) in der Analyse betrieblicher Arbeitsorganisation eingeleitet hat. Aus der für ihn zentralen Fragestellung, „auf welche Art und Weise der Arbeitsprozeß von der Kapitalakkumulation dominiert und gestaltet wird" (*Braverman* 1980, S. 14), ergibt sich allerdings eine eindeutig strukturfunktionalistische Perspektive. Dabei geht Braverman davon aus, daß sich im evolutionären Prozeß kapitalistischer Entwicklung Muster von Kontrollstrukturen des Arbeitsprozesses herausbilden, die dem funktionalen Erfordernis der Kapitalakkumulation jeweils am besten gerecht werden. Als für den Kapitalismus im gegenwärtigen Stadium seiner Entwicklung adäquate Kontrollstruktur sieht Braverman den *Taylorismus* an. Seine spezifische Perspektive führt allerdings dazu, daß die Beschäftigten nur als subjektlose Arbeitskräfte ohne eigene Interessen angesehen werden. Auch die Manager repräsentieren in seinem Ansatz nichts anderes als willenlose Erfüllungsgehilfen einer sich autonom entfaltenden *Kapitallogik*. Eine solche Annahme macht es möglich, auf die Analyse des Akteurhandels zu verzichten. Mit der Heraushebung der relativen Autonomie betrieblicher Kontrollstrategien gegenüber der kapitalistischen Verwertungslogik (*Edwards* 1986) rückt der Gesichtspunkt ihrer sozialen Beeinflussung in den Vordergrund. Verschiedene Autoren weisen anhand vergleichender Untersuchungen nach, daß sich im modernen Kapitalismus unterschiedliche *Kontrollstrategien* wie bspw. „direkte Kontrolle" und „verantwortliche Autonomie" (*Friedman* 1977) finden lassen, die wiederum auf unterschiedliche Verwertungsbedingungen des Kapitals zurückgeführt werden können (*Edwards* 1981).

Die von der Umwelt ausgehenden Anforderungen sind allerdings in sich viel zu widersprüchlich, als daß sie eindeutige Entwicklungslinien betrieblicher *Kontrollstrukturen* vorgeben könnten (*Hyman* 1987). Die daraus resultierenden Spannungen verweisen auf Optionen der Gestaltung betrieblicher Kontrollstrukturen und machen einen *Eigenbeitrag* der manageriellen Akteure erforderlich. *Bowles* und *Gintes* (1990) setzen den Prozeß sozialer Gestaltung betrieblicher Kontrollstrukturen mit einem *Akt rationaler Entscheidung* gleich. Als rational aus der Sicht des auf hohe Leistungsabgabe bedachten Managements erachten die Autoren eine Kontrollstruktur, die sich durch drei Merkmale auszeichnet: eine Drohung der Aufkündigung des Arbeitsvertrages im Falle unzureichender Leistung, eine überdurchschnittliche Bezahlung als Leistungsanreiz einerseits und Mobilitätsschranke andererseits sowie eine umfassende Überwachung zur Ermittlung des Arbeitseinsatzes und Leistungsverhaltens der Beschäftigten. Sich einer solchen Kontrollstruktur zu unterwerfen ist wiederum für die Beschäftigten rational, da Widerstand zu einem Verlust des Arbeitsplatzes und somit zu erheblichen finanziellen Einbußen führen kann. Das in diesem Modell unterstellte antagonistische Verhältnis zwischen Kapital und Arbeit besitzt in der modernen Industriegesellschaft allerdings zunehmend weniger Bedeutung (*Burawoy/Wright* 1990). Vielmehr sehen Beschäftigte und Management ihre sozialen Beziehungen eher als *gegenseitige*, wenn auch *asymmetrische Austauschbeziehungen* (→*Führungstheorien – Austauschtheorie*). Unter diesen Bedingungen erweist sich ein *Überwachungs-/Bedrohungsmechanismus* als dysfunktional, eine *hegemoniale,* auf kulturelle Einbindung der Beschäftigten angelegte Kontrollform wird demgegenüber den Interessen beider Parteien weit eher gerecht. Eine „rational choice" Variante der Kontrolltheorie verkennt allerdings die Tatsache, daß betriebliche Kontrollstrukturen keinen einmaligen Entscheidungsakt darstellen, sondern einem ständigen Prozeß der Produktion, Reproduktion und Abänderung unterliegen. Dieser Gesichtspunkt steht im Mittelpunkt eines Ansatzes, der Arbeitsstrukturen als Ereignis *mikropolitischer Prozesse* (→*Mikropolitik und Führung*) begreift (*Küppers/Ortmann* 1992). Aufgegeben wird dabei die Vorstellung der Existenz eines betriebsübergreifenden Kontrollregimes; Arbeitsstrukturen entstehen vielmehr, so die Annahme, in feldspezifischen *Aushandlungsprozessen*. Im Mittelpunkt des politischen Ansatzes steht die systematische Analyse der *Machtquellen* (→*Führungstheorien – Machttheorie*), auf die sich einzelne Gruppen und Koalitionen betrieblicher Akteure im Konflikt um Einflußchancen im Arbeitsprozeß stützen können.

Dabei wird *Macht* als Eigenschaft sozialer Beziehungen definiert; sie manifestiert sich in Abhängigkeitsbeziehungen zwischen betrieblichen Akteuren, die sich aus der Kontrolle über bestimmte Ressourcen ergeben. Grundsätzlich wird davon ausgegangen, daß keine einseitigen Abhängigkeiten bestehen; in sozialen Beziehungen kontrolliert also jede Seite ein gewisses Ausmaß an Ressourcen, auf die die andere Seite angewiesen ist. Auch Beschäftigtengruppen auf niedriger Hierarchiestufe kontrollieren Ressourcen, die sie zu machtvollen Akteuren in Auseinandersetzungsprozessen um Einflußchancen im Arbeitsprozeß machen. Diesen Zusammenhang zwischen organisationsstrukturell verteilten *Machtressourcen*, den darauf bezogenen Strategien der Bewahrung bzw. Ausdehnung von Einflußchancen auf den Arbeitsprozeß sowie den in Auseinandersetzungsprozessen besetzten Machtpositionen stellen *Crozier* und *Friedberg* (1979) in ihrem *Spielkonzept* ausführlicher dar. Diesem Konzept zufolge sind soziale Situationen in Organisationen keineswegs immer eindeutig geregelt, es bestehen vielmehr für betriebliche Akteure immer Kontroll- und Entscheidungsfreiräume. Diese Spielräume, die für die anderen Organisationsmitglieder eine *Unsicherheitszone* darstellen, verleihen einem betrieblichen Akteur Macht. Das strategische Bemühen der betrieblichen Akteure ist darauf gerichtet, Einfluß auf soziale Situationen in der Weise zu nehmen, daß der eigene Entscheidungsspielraum zumindest erhalten, nach Möglichkeit aber vergrößert wird. In dem Maße, in dem es einem Akteur gelingt, seinen *Spielraum* auszuweiten, wächst seine *Macht*, da das Ausmaß der von ihm kontrollierten Ungewißheitszonen die Fähigkeit der anderen zu spielen und ihre Strategien durchzusetzen einschränkt. Das Spielkonzept von Crozier und Friedberg kann als bemerkenswerter Schritt in Richtung einer Integration von Akteur- und Strukturebene angesehen werden. Es bietet zugleich einen Anknüpfungspunkt für einen Führungsforschung und organisatorische Kontrolltheorie integrierenden Ansatz.

IV. Das Konzept sozialer Praktiken als integrativer Ansatz

Den beiden hier angesprochenen Fachdisziplinen geht es vorrangig um die Analyse von Formen der Einflußnahme auf das Arbeits- und Leistungsverhalten von Beschäftigten. Dabei betonen Führungsforschung und Kontrollansatz *unterschiedliche Aspekte* der Beeinflussung: erstere hebt *individuelle Verhaltensmuster*, insbesondere den Führungsstil, als Einflußfaktor hervor; letztere sieht in dem von bestimmten *Kontrollstrukturen* ausgehenden Anpassungszwang den entscheidenden Grund dafür, weshalb Beschäftigte ein bestimmtes Arbeits- und Leistungsverhalten zeigen.

Geht man auf die *Erklärung* von Führungsstilen und Kontrollstrukturen ein, so zeigt sich in beiden Ansätzen eine *Konkurrenz* zwischen *akteur- und strukturbezogenen Ansätzen*, wenn auch teilweise unterschiedliche Variablen gewählt werden. So wird auf der einen Seite akzeptiert, daß Führungsstile von Vorgesetzten nicht frei gewählt werden können, sondern daß diese auch außerhalb des individuellen Bewußtseins von sozialen Kräften geformt werden. Auf der anderen Seite wird zugestanden, daß bestimmte Kontrollstrukturen nicht aufgrund funktionaler Erfordernisse oder spezifischer betrieblicher Rahmenbedingungen eindeutig determiniert sind; diese werden immer auch durch Entscheidungen betrieblicher Akteure festgelegt. Der Gegensatz zwischen dem Konzept der Führungsstile und dem der Kontrollstrukturen läßt sich durch den Begriff *sozialer Praktiken* aufheben (*Giddens* 1982, 1979). Führungsstile sind demnach kontinuierlich praktizierte Formen der Beeinflussung des Arbeits- und Leistungsverhaltens von Beschäftigten durch Vorgesetzte; sie gewinnen durch einen Prozeß *ständiger Reproduktion* einen *institutionellen Charakter*. Bezogen auf den Kontrollansatz (→*Kontrolle und Führung*) muß von einem veränderten Verständnis des Strukturbegriffes ausgegangen werden. *Giddens* spricht in diesem Zusammenhang von „*virtual structures*", d.h., Kontrollstrukturen haben keine vom Kontrollhandeln der Manager losgelöste eigene Existenz, sie bedürfen einer ständigen Reproduktion, um im Betrieb allgemein anerkannt zu werden.

Beide hier angesprochenen Fachdisziplinen haben, so läßt sich festhalten, *Praktiken der Beeinflussung des Arbeits- und Leistungsverhaltens von Beschäftigten* zum *gemeinsamen Untersuchungsgegenstand*. Die Verwendung des Begriffs *soziale Praktiken* im Zusammenhang mit Führung und Kontrolle hat zur Konsequenz, daß das Subjekt-Objekt-Verhältnis von Akteur und Struktur aufgehoben und in ein Subjekt-Subjekt-Verhältnis umgewandelt wird (*Hosking/Anderson* 1992). Diesen Gesichtspunkt bringt Giddens mit seinem Konzept der „*duality of structures*" zum Ausdruck. Demnach sind (virtuelle) Strukturen der Beeinflussung des Arbeits- und Leistungsverhaltens von Beschäftigten zugleich Medium und Ergebnis sozialen Handelns. Sie sind das Produkt vergangener managerieller Praktiken, zugleich aber steuern sie als strukturierende Faktoren aktuelles Führungs- bzw. Kontrollhandeln. Indem sie strukturierend in das Wahrnehmungs-, Deutungs- und Beurteilungsverhalten von Führungspersonen bzw. Vorgesetzten hineinwirken, befähigen sie diese zu kompetenten und kontextsensitiven Führungs- bzw. Kontrollpraktiken. Vorgesetzte sind allerdings nicht auf eine rein schematische Reproduktion bestimmter

Praktiken der Beeinflussung des Arbeits- und Leistungsverhaltens von Beschäftigten festgelegt; sie sind vielmehr, da eine ständige Überprüfung der erwarteten und unerwarteten Folgen ihres Handelns stattfindet, in der Lage – gestützt auf die ihnen zur Verfügung stehenden Ressourcen und Machtmittel –, strategisch zu handeln und Abänderungen von Praktiken der Beeinflussung vorzunehmen.

Der Gedanke, daß *Struktur* und *Handlung* zwei sich *wechselseitig bedingende und erzeugende Momente des Sozialen* sind, ist insbesondere auch für das Verhältnis von Führenden und Beschäftigten von Bedeutung. Konsequenterweise ist davon auszugehen, daß die Beschäftigten, die allgemein dem Kontext zugerechnet werden, an der Entwicklung der auf sie gerichteten Strategien der Beeinflussung ihres eigenen Arbeits- und Leistungsverhaltens beteiligt sind, indem sie durch ihr Verhalten bestimmte Strategien des Führens oder Kontrollierens gleichsam vorformen. Der Gesichtspunkt einer *Kokonstruktion* meint, daß Arbeits- und Leistungsverhalten sowie Strategien der Beeinflussung sich wechselseitig bedingen und erzeugen. Manager nehmen einerseits auf das Arbeits- und Leistungsverhalten der Beschäftigten Einfluß, letztere wiederum formen durch die Art und Weise, wie sie auf diese Führungs- bzw. Kontrollpraktiken reagieren, das strategische Verhalten der Vorgesetzten. Man kann von einem kontinuierlichen Prozeß des *Aushandelns* von *Einflußchancen der Vorgesetzten* und von *Autonomieräumen der Beschäftigten* sprechen. In einem solchen Prozeß müssen unterschiedliche Situationswahrnehmungen und -deutungen sowie Interessenlagen von Vorgesetzten und Beschäftigten abgestimmt werden.

Als Konsequenz aus den vorangegangenen Ausführungen ergibt sich eine neue theoretische Orientierung für die Führungsforschung. Zentrale Fragestellung ist nicht mehr, durch welche Faktoren, seien diese personen- oder strukturbezogen, bestimmte Führungsstile zu erklären sind, sondern wie Praktiken der Beeinflussung des Arbeits- und Leistungsverhaltens von Beschäftigten konstruiert, reproduziert und abgeändert werden. Ein solcher Prozeß ist seinem Charakter nach als *politischer Prozeß* (→*Mikropolitik und Führung*) anzusehen.

Literatur

Bowers, D. G./Seashore, S. E.: Predicting Organizational Effectiveness with a Four-Factor Theory of Leadership. In: ASQ, 1966, S. 238–263.
Bowles, S./Gintes, H.: Contested Exchange. New Microfundation for the Political Economy of Capitalism. In: Politics and Society, 1990, S. 165–222.
Braverman, H.: Die Arbeit im modernen Produktionsprozeß. Frankfurt/M., New York 1980.
Burawoy, M./Wright, E. O.: Coercion and Consent in Contested Exchange. In: Politics and Society, 1990, S. 251–266.
Crozier, M./Friedberg, E.: Macht und Organisation. Die Zwänge kollektiven Handelns. Königstein/Ts. 1979.
Edwards, P.: Conflict at Work. A Materialist Analysis of Workplace Relations. Oxford 1986.
Edwards, R.: Herrschaft im modernen Produktionsprozeß. Frankfurt/M. 1981.
Fiedler, F. E.: A Theory of Leadership Effectiveness. New York 1967.
Fleishman, E. A.: Twenty Years of Consideration and Structure. In: *Fleishman, E. A./Hunt, J. G.* (Hrsg.): Current Development in the Study of Leadership. Carbondale 1973, S. 1–37.
Friedman, A.: Industry and Labour: Class Struggle at Work and Monopoly Capitalism. London 1977.
Gabele, E.: Führungsmodelle. In: *Gaugler, E./Weber, W.* (Hrsg.): HWP. Berlin 1992, Sp. 984–965.
Giddens, A.: Central Problems in Social Theory: Action, Structure and Contradiction in Social Analysis. London 1979.
Giddens, A.: Power, the Dialectic of Control and Class Structuration. In: *Giddens, A./McKenzie, G.* (Hrsg.): Social Class and the Division of Labour. Cambridge 1982.
Ghiselli, E. E.: The Validity of Management. Traits in Relation to Occupational Level. In: PP, 1963, S. 109–113.
Hentze, J./Brose, P.: Personalführungslehre: Grundlagen, Führungsstile, Funktionen und Theorien der Führung. Bern, Stuttgart 1986.
Hosking, D. M./Anderson, N.: Organizing Change and Innovation. Challenges for European Work and Organizational Psychology. In: *Hosking, D. M./Anderson, N.* (Hrsg.): Organizational Change and Innovation. Psychological Perspectives and Practice in Europe. London, New York 1992, S. 1–15.
Hyman, R.: Strategy or Structure? In: Work, Employment and Society 1987, S. 25–55.
Knorr-Cetina, K./Cicourel, A. V. (Hrsg.): Advances in Social Theory and Methodology. Towards an Integration on Micro- and Macro-Sociologies. Boston 1981.
Küppers, W./Ortmann, G. (Hrsg.): Mikropolitik. Rationalität, Macht und Spiele in Organisationen. Opladen 1992.
Neuberger, O.: Führungsverhalten und Führungserfolg. Berlin 1976.
Steinle, C.: Führungsstil. In: *Gaugler, E./Weber, W.* (Hrsg.): HWP. Berlin 1992, Sp. 966–980.
Tannenbaum, R./Schmidt, W. H.: How to Choose a Leadership Pattern. In: HBR, 1958, S. 1962–1980.
Vroom, V. H./Jago, A. G.: The New Leadership. Englewood Cliffs, N. J. 1988.

Führungsgremien

Wolfgang Redel

[s. a.: Groupthink und Führung; Gruppengröße und Führung; Intervention bei lateralen Konflikten; Konferenztechniken; Konflikte als Führungsproblem; Motivation als Führungsaufgabe; Steuerungsinstrumente von Führung und Kooperation.]

I. Begriff und Arten; II. Effizienzebenen; III. Einsatzüberlegungen; IV. Interne Gestaltungsüberlegungen; V. Ausblick.

I. Begriff und Arten

Das hierarchische Subsystemgefüge *(Primärorganisation)* wird von der Organisationspraxis häufig durch hierarchieübergreifende Subsysteme *(Sekundärorganisation)* ergänzt. Zur Sekundärorganisation gehören *Zentralstellen* als *Basissysteme* sowie Zentralabteilungen, *Projektgruppen* und Gremien als *Zwischensysteme*. Gremien – auch Komitees, Kommissionen, Kollegien genannt – sind gekennzeichnet durch die *diskontinuierliche* Zusammenarbeit ihrer Mitglieder in Sitzungen. Zu bestimmten Zeitpunkten verlassen die Mitglieder eines Gremiums ihre eigentlichen Arbeitsbereiche (Stellen) und kommen zur gemeinsamen Bearbeitung bestimmter Aufgaben zusammen *(Kosiol* 1980). Gremienmitglieder nehmen eine *Multisystemposition* ein, d. h. sie gehören mindestens zwei Subsystemen an *(Bleicher* 1975). Innerhalb des Gremiums besteht *keine formal-hierarchische Struktur*. Abb. 1 faßt diese Merkmale zusammen und verdeutlicht die vorherrschende Abgrenzung zu anderen betrieblichen Subsystemen *(Redel* 1982).

Führungsgremien sind Gremien, die im Rahmen der *Führungsorganisation* eingesetzt werden. Als flexibel zu bildende Zwischensysteme unterscheiden sich Führungsgremien – nach herrschender Auffassung und entgegen umgangssprachlicher Begriffsverwendungen – konzeptionell von Pluralinstanzen, die als multipersonale Basissysteme das hierarchische Subsystemgefüge (Primärorganisation) konstituieren (vgl. Abb. 1; *Bleicher* 1975, 1991; *Redel* 1982; *Seidel* 1992). Nach der weiten Definition von Führungsorganisation, die der heutigen Organisations- und Führungspraxis am ehesten angemessen erscheint *(Seidel/Redel* 1987), kommen Führungsgremien nicht nur auf der *oberen* Leitungsebene vor (z. B. Koordinationsgremien bei einer Objektorganisation [*Mag* 1992]), sondern auch auf mittleren und unteren Leitungsebenen (z. B. im Rahmen des funktionsübergreifenden Managements [*Imai* 1993]).

Hiervon abzugrenzen ist hingegen die Kollegien- bzw. Gremienarbeit im Bereich der *Arbeitsorganisation,* wie z. B. die Selbstabstimmung im betrieblichen Ausführungsbereich in Form von Quality Circles *(Womack* et al. 1992; *Zink* 1992).

Die *Arten* betrieblicher Führungsgremien lassen sich nach verschiedenen Kriterien systematisieren. Neben Aufgabenmerkmalen wie sachlicher Inhalt (Produktplanungs-, Investitionsgremien u. ä.), Stellung im Entscheidungsprozeß (Informations-, Beratungs-, Entscheidungs-, Steuerungs-, Kontrollgremien), Dauer (befristet oder unbefristet

Subsysteme	Basis-System		Zwischensystem	Bestandteil der Primärorganisation		Bestandteil der Sekundärorganisation	Existenz		Zusammenarbeit		Multisystemposition	interne(r) formal-hierarchische(r) Struktur	
	unipersonales	multipersonales		originärer	derivativer		unbefristete	befristete	kontinuierliche	diskontinuierliche		mit	ohne
(Linien-) Stelle/ (Linien-) Instanz	x			x			x		x				
Stabsstelle[1]	x				x		x		x				
Zentralstelle	x					x	x		x				
Pluralinstanz (Linie)		x		x			x		x	(x)[2]	(x)[2]		x
Linienabteilung			x	x			x		x			x	
Stabsabteilung			x		x		x		x			x	
Zentralabteilung			x			x	x		x			x	
Projektgruppe			x				x	x		x[3]	x[4]		
Gremium (Kollegium)			x			x	x	x		x	x		x

1) Nimmt nur entscheidungsvorbereitende Aufgaben für jeweils eine Instanz wahr.
2) Bei ressortgebundener Unternehmensführung.
3) Die intern rekrutierten Mitglieder nehmen eine Multisystemposition ein.
4) In der Regel wird ein verantwortlicher Projektgruppenleiter ernannt.

Abb. 1: Merkmale betrieblicher Subsysteme

existierende Gremien) ist insbesondere die Bildungsrichtung (horizontale, vertikale, laterale Gremien) zu nennen (*Kosiol* 1980; *Bleicher* 1975).

II. Effizienzebenen

Die weite Verbreitung von Gremien in der Praxis (*Pullig* 1981; *Imai* 1993) läßt einerseits auf eine positive Einschätzung ihrer Möglichkeiten schließen. Andererseits sind aber auch ausgesprochen negative Urteile über Gremienarbeit anzutreffen. Damit stellt sich die Frage nach der *Effizienz* von Gremien. Grundsätzlich kommen zwei Ursachenfelder in Betracht, wenn von Führungsgremien in bezug auf die Effizienz des Gesamtsystems dysfunktionale Wirkungen ausgehen:

(1) Unter den jeweiligen Bedingungen hätte eine andere (konkurrierende) Gestaltungsalternative eine bessere Zielerfüllung garantiert. Der *Einsatz* des Gremiums ist aus *gesamtbetrieblicher* Sicht ineffizient.
(2) Die gremien*internen* Strukturen und Prozesse sind ineffizient. Unter den jeweiligen Situationsbedingungen hätten andere *interne* Gestaltungsmaßnahmen zu einer besseren Zielerfüllung geführt. Aus diesem Grunde muß eine Beurteilung der Zweckmäßigkeit (Effizienz) von Gremien zum einen aus gesamtbetrieblicher Perspektive erfolgen (Ist der *Einsatz* von Führungsgremien im Vergleich zu anderen Gestaltungsalternativen zweckmäßig?). Zum anderen sind die *internen* Gestaltungsmaßnahmen auf ihre situative Zweckmäßigkeit hin zu überprüfen.

III. Einsatzüberlegungen

1. Ein einzelner Stelleninhaber als Vergleichsbasis

Für den Einsatz von Gremien wird gegenüber einem isoliert tätigen Individuum (als Stelleninhaber) häufig der potentielle *Leistungsvorteil von Gruppen* (Fehlerkorrektur, gegenseitige Unterstützung, Ideenstimulierung u. ä.) ins Feld geführt.

Gegenthesen (z. B. Mitteilungshemmungen, kognitive Gleichförmigkeit aufgrund der Gruppensituation) und auch empirische Untersuchungen verweisen hingegen auf die Notwendigkeit einer situativen Relativierung (*Collins/Guetzkow* 1964; *Seidel* 1978; *Trebesch* 1980). Bei Aufgaben, die sich in mehrere Teile zerlegen lassen, ist nach empirischen Untersuchungen ein Leistungsvorteil von Gruppen gegenüber dem besten Individuum am wahrscheinlichsten, sofern auch komplementäre individuelle Fähigkeiten in der Gruppe zusammentreffen (*Kelley/Thibaut* 1969; *Redel* 1982, 1987). Der Leistungsvorteil bezieht sich hier jedoch nur auf die *Ausbringungsseite*. Daneben muß aber auch die – vielfach vernachlässigte – *Einsatzseite* berücksichtigt werden. Hierbei ist zu beachten, daß sich die teilnehmerspezifischen Kosten des Gremieneinsatzes nicht lediglich als ein Vielfaches der anteiligen Kosten einer Einzelperson ergeben. Neben Gehaltsunterschieden sind mögliche Verkürzungen oder Verlängerungen der Problemlösungszeit zu beachten, wodurch sich die Kosten verringern oder sogar noch erhöhen können. Ersteres dürfte bei der genannten Bedingungskonstellation wahrscheinlicher sein. In der Literatur steht oft eine einzelne Person als Vergleichsbasis im Mittelpunkt der Betrachtung (*Köhler* 1976). Für eine große Anzahl betrieblicher Aufgabenstellungen dürfte jedoch die hierarchische Kommunikation die relevantere Vergleichsbasis sein.

2. Formal-ranghierarchische Kommunikation als Vergleichsbasis

Der Vergleich zwischen Gremien, die sich intern befriedigend rational gestalten lassen, und formal-ranghierarchisch kommunizierenden Stelleninhabern, orientiert sich an fünf *organisatorischen Effizienzkriterien*.

a) Qualität der Aufgabenerfüllung

Durch den Einsatz eines Gremiums werden Kommunikationsbeziehungen zeitlich und räumlich „kurzgeschlossen" (*Bleicher* 1975). Die *‚face-to-face'-Situation* ermöglicht eine direkte Nutzung von ‚vor-Ort'-Informationen und Expertenwissen. Eine ganzheitliche Betrachtung der Aufgabenstellung wird gefördert. Kommunikationsverzerrungen sind weniger wahrscheinlich. Bei sachlichen Meinungsverschiedenheiten werden *konstruktive* Formen der Konflikthandhabung *strukturell* begünstigt. Hinsichtlich der *Qualität* der Aufgabenerfüllung dürfte sich hieraus insbesondere dann eine Überlegenheit der Gremienarbeit gegenüber der hierarchischen Kommunikation ergeben, wenn komplexe zwischensystemübergreifende und/oder novative Aufgaben, die der Zusammenarbeit von Stelleninhabern verschiedener Bereiche bedürfen, zu erledigen sind (*Kosiol* et al. 1959; *Redel* 1982).

b) Kosten der Aufgabenerfüllung

Bezüglich der *Kosten* der Aufgabenerfüllung (ohne Folgekosten) stehen sich zwei konkurrierende Thesen gegenüber. Einerseits wird auf den höheren Zeitbedarf der Gremienarbeit verwiesen (*Trebesch* 1980). Andererseits wird gerade die Dringlichkeit der Aufgabe als ein Grund für den – die Informationswege verkürzenden – Gremieneinsatz genannt (*Kosiol* et al. 1959). Die *situative Betrachtung* verweist auf die Notwendigkeit, nach Aufgabenmerkmalen zu differenzieren. Wenn z. B. komplexe Aufgaben der Zusamenarbeit verschiedener Zwischensysteme bedürfen oder wenn mehrere Leitungsebenen zu überbrücken sind, dürfte sich eher ein Zeit- bzw. Kostenvorteil für Gremien ergeben.

c) Realisationsvorsorge

Hinsichtlich des Effizienzkriteriums *Realisationsvorsorge,* das sich auf die Ausführung (Güte, Schnelligkeit) der jeweiligen Arbeitsergebnisse bezieht, dürfte häufig der Einsatz von Gremien empfehlenswert sein (→*Steuerungsinstrumente von Führung und Kooperation*). Zum einen wird die *wissensbezogene* Realisationsvorsorge gefördert: Mit der späteren Ausführung der Arbeitsergebnisse befaßte Stelleninhaber erlangen durch ihre Mitwirkung in Gremiensitzungen der *Willensbildungsphase* einen *höheren Informationsstand.* Die sonst erst mit Beginn der Durchsetzung einsetzende Informations- und Lernphase wird teilweise in den Willensbildungsprozeß *vorverlagert.* Dies dürfte die Durchsetzungs*zeit* (weniger Rückfragen), die Durchsetzungs*güte* (weniger Fehler) und die *Eigeninitiative* bei unvorhergesehenen Schwierigkeiten verbessern (*Kriesberg/Guetzkow* 1950). Zum anderen wird die *akzeptanzbezogene* Realisationsvorsorge erhöht: Sofern mit den Arbeitsergebnissen keine gravierenden persönlichen Nachteile verbunden sind, können durch eine Beteiligung der betreffenden Stelleninhaber am Willensbildungsprozeß *Akzeptanz* und aktive Unterstützung der Arbeitsergebnisse positiv beeinflußt werden (→*Motivation als Führungsaufgabe*). Dies ist gerade für *Innovationsvorhaben* von Bedeutung, bei denen *Durchsetzungswiderstände* beträchtliche Folgekosten verursachen können (*Kriesberg/Guetzkow* 1950; *Redel* 1982; *Thom* 1980).

d) Flexibilitätsvorsorge

Die Gruppensituation mit ihrem direkten Informationsaustausch erweist sich hinsichtlich der Identifikation *neuer* Probleme, die über die augenblickliche Aufgabenstellung hinausgehen, häufig als überlegen (*Kriesberg/Guetzkow* 1950). Dadurch können *frühzeitig* Problemlösungsprozesse initiiert werden. Ferner läßt sich mit dem Gremieneinsatz die *personale Flexibilität* erhöhen: Durch die gremieninterne Diskussion wird die persönliche Wissens- und Erfahrungsbasis vergrößert. Auch positive Erwartungs- und Einstellungsänderungen, die für künftige *Innovationsprozesse* relevant sind – wie besseres Verständnis für Ressortprobleme anderer Abteilungen, Aufgeschlossenheit gegenüber neuen Projekten, Problemsensibilisierung u. ä. –, können durch Gremienarbeit evoziert werden (*Bleicher* 1961; *Imai* 1993). Bei adäquater interner Gestaltung dürfte das Zielkriterium *Flexibilitätsvorsorge* durch Gremien – im Vergleich zur hierarchischen Kommunikation – insgesamt eher positiv beeinflußt werden (*Redel* 1982).

e) Zufriedenheit

Bei vertikalen und lateralen Gremien erhalten Mitarbeiter aus untergeordneten hierarchischen Ebenen die Möglichkeit, an der Entscheidungsvorbereitung und dem Finalentschluß zu *partizipieren.* Dadurch kann sich deren *Zufriedenheit* erhöhen, sofern überhaupt eine *Partizipationserwartung* vorliegt und zwischen dem *Ausmaß* an Partizipations*erwartung* und dem *wahrgenommenen realisierten* Ausmaß an *Partizipation* keine wesentliche Diskrepanz besteht (*Lawler* 1973).

3. Andere Subsysteme der Sekundärorganisation als Vergleichsbasis

Bei dieser Vergleichsbasis sind grundsätzlich substitutive (konkurrierende) und komplementäre Beziehungen zu unterscheiden. Sofern es das Arbeitsvolumen zuläßt, besteht eine Wahlmöglichkeit zwischen Gremien oder *Projektgruppen* einerseits, Gremien oder *Zentralstellen* bzw. *-abteilungen* andererseits (substitutive Beziehung). Aus der strukturellen *Flexibilität* von Gremien und der *Multisystemposition* ihrer Mitglieder lassen sich hierbei einige Argumente für den Gremieneinsatz ableiten, wie z. B. Vermeiden von Leerkosten, größere Problemnähe, informationelle Vielfalt, bessere Einbindung in die *Primärorganisation* sowie personalwirtschaftliche Vorteile (*Redel* 1982). Bei umfangreichem Arbeitsanfall oder größeren Projekten kann der *kombinierte* Einsatz von Projektgruppen und Gremien (*Bendixen/Kemmler* 1972; *Doppelfeld* 1987) oder von Zentralstellen (-abteilungen) und Gremien (*Bleicher* 1975, 1991) zweckmäßig sein. *Komplementäre* Ausgestaltungen versuchen eine weitgehende Integration der jeweiligen Effizienzvorteile der Subsysteme der Sekundärorganisation, indem die Subsysteme jeweils für solche (Teil-)Aufgaben eingesetzt werden, bei denen sie eine Effizienzüberlegenheit aufweisen.

IV. Interne Gestaltungsüberlegungen

Ist eine Entscheidung zugunsten eines Gremieneinsatzes gefällt worden, müssen *interne* Gestaltungsmaßnahmen ergriffen werden, damit die Gremienarbeit effizient abläuft. Interne Gestaltungsüberlegungen tragen dem Umstand Rechnung, daß die situative Zweckmäßigkeit des Gremieneinsatzes, die aus gesamtbetrieblicher Sicht gegenüber anderen Strukturalternativen ermittelt wurde, durch eine ineffiziente interne Gestaltung aufgehoben werden kann. Die folgende Gruppierung der internen Maßnahmen und der aspektorientierten empirischen Befunde orientiert sich an den Mitgliedern (potentialbezogene Maßnahmen), ihren Interaktionen (interaktionsbezogene Maßnahmen), den Informationen (objektbezogene Maßnahmen) sowie den Dimensionen Raum und Zeit (temporale und lokale Maßnahmen) (Abb. 2).

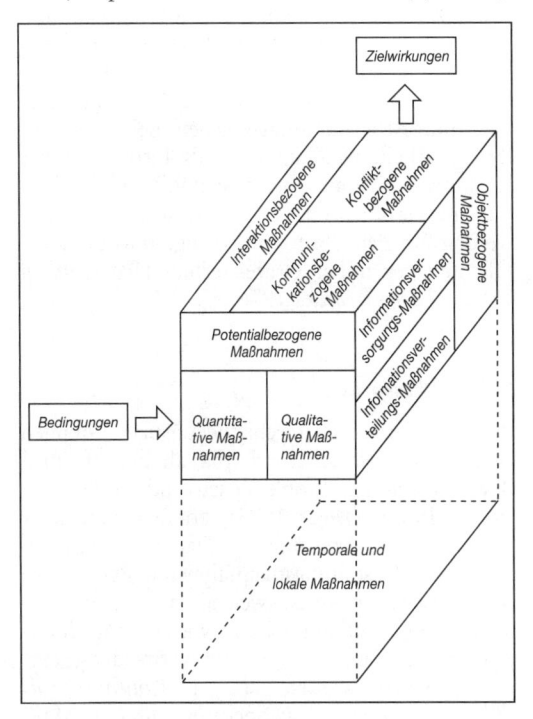

Abb. 2: *Definition der gremieninternen Entscheidungssituation*

1. Potentialbezogene Maßnahmen

a) Qualitative Dimensionierung

(1) Einsatz eines Moderators

Die Bedeutung eines *Moderators* für die Effizienz der Gremienarbeit wird häufig herausgestellt (*Tillman* 1960; *Filley* 1970). Die Aktivitäten des Moderators erstrecken sich zum einen auf die *sachlich-intellektuelle* Ebene *(Lokomotionsfunktion)*:

Präsentation des Problems, Anregen der Teilnehmer zu aufgabenbezogenen Beiträgen, Förderung einer ausgewogenen Kommunikation, Zurückführen der Gruppe oder einzelner Teilnehmer an die Themenstellung im Falle abschweifender Diskussionsbeiträge, Einhaltung des Zeitplans, Zusammenfassung von Zwischenergebnissen, methodische Hilfestellungen u. ä.

Zum anderen richten sich seine Aktivitäten auch auf die *sozio-emotionale* Ebene *(Kohäsionsfunktion)*:

Bewußtmachung und Abbau sozio-emotionaler Spannungen, Erinnerung an Verhaltensregeln, Schutz einzelner Teilnehmer vor persönlichen Angriffen, Förderung von Konzilianz, Unterstützung von Teilnehmern mit niedrigem Status oder geringen rhetorischen Fähigkeiten u. ä. (*Deym* et al. 1974).

Im Gegensatz zu den Instanzen der Primärorganisation, die grundsätzlich auch diese Funktionen wahrzunehmen haben, muß der Moderator beide Funktionen als in formaler Hinsicht *rangmäßig gleichgestelltes* Gruppenmitglied erfüllen. Nicht nur wegen dieser zumindest internen rangmäßigen Gleichstellung, sondern auch um das Wissensreservoir des Gremiums zu nutzen und etwaige negative Konformitätseffekte auszuschalten (→*Groupthink und Führung*), sollte der Moderator die Diskussion in erster Linie durch *offene* Fragen steuern und sich selber weitgehend *problemneutral* verhalten. Die Fragen sollten explorativer Natur sein und keine Wertungen beinhalten (*Maier* 1963; *Deym* et al. 1974). Mit der Ernennung eines Mitgliedes zum Moderator kann die *Formierungsphase* des Gremiums wesentlich verkürzt und der Ablauf der folgenden Sitzungen zeitlich gestrafft werden. Dies wirkt sich auf die *Kosten* der Gremienarbeit günstig aus. Auch andere organisatorische Zielkriterien können positiv beeinflußt werden (*Maier* 1963; *Redel* 1982). Allerdings hängt die Wahrscheinlichkeit des Eintreffens positiver Zielwirkungen – neben anderen Situationsbedingungen – wesentlich von der *Eignung* des Moderators ab. Wichtige Anforderungen an einen Moderator sind z. B.

hohe Interaktions-, geringe Selbstorientierung; Problemneutralität; auf Vertrauen und Achtung basierende Konzilianz; vorurteilsfreie, unabhängige Einstellung gegenüber den Teilnehmern; Fähigkeit, das Problem in seiner Gesamtheit zu sehen und durch situationsgerechte Fragen zu aktivieren; Kenntnisse über die Auswirkungen gremieninterner Gestaltungsmaßnahmen (*Deym* et al. 1974).

Bei entsprechender Eignung mehrerer Mitglieder kann die Moderatorenrolle auch wechseln (*Trebesch* 1980) (→*Konferenztechniken*).

(2) Heterogene und homogene Gremienzusammensetzung

Als potentielle Gestaltungsalternativen haben heterogene und homogene Gruppenzusammensetzungen vor allem in sozialpsychologisch orientierten Publikationen Beachtung gefunden (*Shaw* 1981; *Filley* 1970). Bei globaler Betrachtung läßt sich aus einer zunehmenden *Heterogenität* der Persönlichkeitscharakteristika eine breitere Informationsbasis und eine größere Anzahl unterschiedlicher Stimuli und Aktivitäten deduzieren. Gleichzeitig steigt aber auch die Wahrscheinlichkeit, daß negative interpersonale Beziehungen, die eine effiziente Zusammenarbeit der Gruppenmitglieder behindern, zunehmen (*Collins/Guetzkow* 1964). Um ermitteln zu können, wann sich ein positiver Nettoeffekt ergibt, wurden in empirischen Untersuchungen die Dimensionen heterogen und homogen durch verschiedene personale Merkmale bzw. Merkmalskataloge operationalisiert (*Shaw* 1981).

Aus den Untersuchungsergebnissen lassen sich verschiedene *situative Effizienzaussagen* ableiten (*Redel* 1982). Einer umfassenden Berücksichtigung dieser Ergebnisse in der praktischen Gestaltungssituation stehen jedoch oft Repräsentationsgesichtspunkte, Sachzwänge und Probleme der Identifikation personaler Merkmale entgegen.

b) Quantitative Dimensionierung

Eine Zunahme der Mitgliederzahl erhöht einerseits das Problemlösungspotential des gesamten Gremiums. Andererseits wachsen mit der *Gremiengröße* die Schwierigkeiten, das gestiegene Problemlösungspotential zu nutzen (Zunahme der Konsensbildungsprobleme, Gefahr der Fraktionsbildung, Abnahme der Partizipationsmöglichkeiten u. ä.) (*Lowenstein* 1971; *Thomas/Fink* 1963). Die daraus resultierende Frage, welche Größe eines Gremiums *optimal* sei, wird im Rahmen *globaler* Effizienzeinschätzungen zumeist mit fünf bis sieben Personen beantwortet (*Bales* 1954; *Tillman* 1960). Empirische Befunde verweisen hingegen auf die Notwendigkeit einer *differenzierteren* Betrachtung: In Abhängigkeit von den vorliegenden Situationsbedingungen (insbes. Aufgaben- und Personenbedingungen) und den jeweils als relevant erachteten Zielkriterien können auch größere oder kleinere Gruppengrößen zweckmäßig sein (*Thomas/Fink* 1963; *Redel* 1982) (→*Gruppengröße und Führung*).

2. Interaktionsbezogene Maßnahmen

a) Kommunikationsaspekt

Aus der ‚face-to-face'-Situation kann gefolgert werden, daß sich der gremieninterne Informationsaustausch nach dem *Kommunikationsmuster Plenar* (Vollstruktur) vollzieht. Bei komplexeren Aufgabenstellungen würden sich demnach, quasi automatisch, die für *dezentralisierte* Kommunikationsmuster (Plenar, Zirkular) experimentell ermittelten positiven Auswirkungen auf die Qualität und Kosten der Aufgabenerfüllung sowie auf die Gruppenzufriedenheit ergeben (*Shaw* 1981; *Redel* 1982). Allerdings wird die einem Gremium inhärente *potentielle* Struktur nicht zwangsläufig auch aktualisiert. Verschiedene Einflüsse wie Statusdifferenzen, dominantes Verhalten eines Teilnehmers, Überdehnung der Gremiengröße u. ä., können statt der potentiellen Vollstruktur eine mehr *zentralisierte* Kommunikation bewirken. Aus diesem Grunde sind Überlegungen zur Beeinflussung der gremieninternen Kommunikationsmuster nicht überflüssig. Mögliche Maßnahmen können grundsätzlich bei der Gruppenzusammensetzung, der Gremiengröße, der Moderatorenauswahl, der internen Informationsverteilung, der räumlichen Gestaltung sowie bei Fortbildungsveranstaltungen über →*Konferenztechniken* ansetzen.

Ein zweiter Fragenkreis bezieht sich auf die *Formalisierung* der gremieninternen *Kommunikation.* Eine Formalisierung in Form des *Protokolls* kann bei komplizierten und umfangreichen Arbeitsergebnissen als Gedächtnisstütze, Kontrollinstrument und Arbeitsunterlage dienen. Bei kontroversen Entscheidungen kann es als Instrument zur Stärkung des Verantwortungsgefühls und der Ausführungsverpflichtung eingesetzt werden. Ferner werden mit dem Protokoll etwaige Informationspflichten gegenüber Dritten erfüllt (*Weilenmann* 1984; *Theato/Reineke* 1976).

b) Konfliktaspekt

Im Vergleich zur Hierarchie begünstigen Gremien zwar *strukturell* die Konflikthandhabungsformen Bewußtmachung, Problemlösen und Verhandeln (*Redel* 1982; *Krüger* 1972), können diese aber nicht endgültig determinieren. Daher sind zusätzliche interne Gestaltungsmaßnahmen in Betracht zu ziehen, wenn einem Ausweichen auf andere Formen der Konflikthandhabung, wie einseitige Interessendurchsetzung oder Konfliktvermeidung, entgegengewirkt werden soll (→*Konflikte als Führungsproblem*). Das Spektrum *direkter* Maßnahmen läßt sich wie folgt gruppieren:

Interaktionsregeln: Betonung der Gleichwertigkeit der Teilnehmer und des positiven Wertes von Meinungen und konstruktiver Kritik; Ablehnen von Killerphrasen (*Deym* et al. 1974); Willensbildung durch *Konsens,* womit sich Stimmstrategien zur einseitigen Interessendurchsetzung ausschalten lassen.

Temporale und lokale Regelungen: unbegrenzte oder großzügige Redezeit, angemessene Sitzanordnungen oder Sitzordnungen u. ä.

Quantitative Dimensionierung: Begrenzung des Gremiums auf eine kleine Mitgliederzahl, damit angemessene Partiziptionsmöglichkeiten bestehen.

Qualitative Dimensionierung: Einsatz eines geeigneten, ‚konfliktsensitiven' Moderators und Auswahl von Teilnehmern, deren personale Merkmale eine eher konstruktive Konflikthandhabung erwarten lassen, wie *Ambiguitäts-* und *Frustrationstoleranz,* aufgabenadäquate Fähigkeiten, ausreichende *Konfliktverarbeitungskapazität* u. ä.

Allerdings können sachliche Erfordernisse und Repräsentationsgesichtspunkte das direkte Maßnahmenpotential begrenzen. Als *indirekte* Maßnahmen, die auf die *sachlich-intellektuelle* Ebene zielen, lassen sich neben der Implementation operationaler Zielsysteme vor allem Fortbildungsveranstaltungen über Konferenz- und Problemlösungstechniken sowie über spezielle betriebliche Probleme und Änderungsvorhaben anführen. Zu den indirekten Maßnahmen, die auf eine Verbesserung der *sozio-emotionalen* Interaktionsebene zielen, gehören die verschiedenen Formen des *Sensitivity Trainings.* Sie sollen positive Verhaltens- und

Einstellungsänderungen bewirken, wie Steigerung der Verhaltensflexibilität, Förderung kooperativer Verhaltensweisen u. ä., und dadurch eine von *persönlichen Spannungen* freie Gremienarbeit ermöglichen (*Grunwald/Redel* 1989).

3. Objektbezogene Maßnahmen

Objekte der Gremienarbeit sind *Informationen*. Neben dem mental gespeicherten Wissen werden häufig *Sitzungsunterlagen* benötigt. Die *Versorgung* des Gremiums mit derartigen Informationen zielt auf eine möglichst weitgehende Kongruenz von Informations*bedarf*, Informations*nachfrage* und Informations*angebot* (*Berthel* 1975). Wird nur ein Teil des (objektiven) Informationsbedarfs nachgefragt, dürfte nach empirischen Befunden eine *Stimulierung* der Informations*nachfrage* gegenüber einer bloßen Steigerung der Informationsversorgung der effizientere Ansatzpunkt sein. Denn eine direkte, über die Nachfrage hinausgehende Steigerung der Informationsversorgung (= Erhöhung des Informationsangebots) hat sich in empirischen Untersuchungen nicht positiv auf die *Qualität* novativer Entscheidungen ausgewirkt. Zur *Belebung* der Informationsnachfrage scheint ein *werbendes* Informationsangebot, das über verfügbare Informationsmöglichkeiten informiert, gegenüber persönlichen Aufforderungen die wirksamere Maßnahme zu sein (*Witte* 1975).

Bezüglich der Art der *internen* Informations*verteilung* (gleich – ungleich, zufällig – systematisch) sprechen die wenigen bisherigen Befunde eher für eine Gleichverteilung von Basisinformationen und für eine systematische Verteilung weiterer – jeweils für ein Teilproblem relevanter – Informationen (*Redel* 1982). Beeinflußt werden kann die Art der Informationsverteilung vor allem im Rahmen der qualitativen Dimensionierung, der Informationsversorgung sowie einer – vom Moderator initiierten – gremieninternen Arbeitsteilung, bei der sich die Mitglieder auf bestimmte Aufgabenaspekte spezialisieren und sich ggf. zwischen den Sitzungen weitere problemrelevante Informationen beschaffen.

4. Temporale und lokale Maßnahmen

Im Rahmen der gremieninternen Gestaltung sind auch die Auswirkungen verschiedener temporaler und lokaler Maßnahmen zu beachten. Eine Systematisierung des zeitlichen und räumlichen Gestaltungsfeldes, mit dem sich besonders die Literatur über →*Konferenztechniken* beschäftigt (*Goossens* 1964; *Theato/Reineke* 1976), enthält Abb. 3 (*Redel* 1986).

Temporaler Aspekt	Lokaler Aspekt
Zeitpunkt der Einladung: Zeitabstand bis zur Sitzung	Sitzanordnung: unterschiedliche Tischformen bzw. -formationen (z. B. kreisförmig, U-förmig, rechteckig)
Sitzungstermin: Tag, Tageszeit	
Sitzungsdauer: fix, variabel	Sitzordnung: Art der Verteilung der Sitzplätze auf die Teilnehmer; fix, variabel
Sitzungsintervalle: fix, variabel	
Redezeit: begrenzt, unbegrenzt	Sitzungsort: Standort- und Raumalternativen
Reihenfolge der Tagesordnungspunkte: sachliche und psychologische Gesichtspunkte, zeitliche Verfügbarkeit der Teilnehmer	Raumgestaltung: unterschiedliche Sachmittel und Techniken zur Visualisierung, Farbgebung, Akustik, Luft- und Lichtverhältnisse

Abb. 3: Systematisierung temporaler und lokaler Gestaltungsmaßnahmen

V. Ausblick

Die praktische Bedeutung von Führungsgremien dürfte in der Zukunft eher noch zunehmen, da die Anforderungen an flexible und innovationsfähige Organisationsstrukturen, die zugleich das Humanpotential stärker nutzen, steigen (*Womack* et al. 1992). Deshalb sind die Bemühungen um eine Ausweitung der *empirischen* Basis von Effizienzhypothesen und Gestaltungsempfehlungen fortzuführen. Die empirische Forschung sollte u. a. einen stärker betrieblichen Bezug wahren und durch den Test von Variablen- bzw. Maßnahmen*gruppen* die Aspektorientierung der Kleingruppenforschung überwinden. Außerdem ist die Frage von Interesse, wie sich die Gremienarbeit unter dem Einfluß der Informations- und Kommunikationstechnologie, speziell der *Telekommunikation,* verändern wird. Hier ist ein zusätzliches Forschungsfeld entstanden (*Bohm/Templeton* 1984; *Gerfen* 1986; *Petrovic* 1991). Besonders hervorzuheben ist der Bereich der *Video-Konferenz-Systeme,* die eine räumlich entkoppelte Kommunikation ermöglichen. Die Nutzung von Video-Konferenzen (VK) zwischen *Studios* über das Vorläuferbreitbandnetz (VBN) hat in den letzten Jahren schon stark zugenommen (*Redel* 1991). Das Nutzungspotential ist aber noch längst nicht ausgeschöpft. Sinkende Hardwarepreise, die Einrichtung multifunktionaler VK-Studios, weitere Flexibilitätssteigerungen durch *mobile* VK-Anlagen und *arbeitsplatz-integrierte* VK-Systeme sowie geringere Übermittlungs- und Anschlußkosten, die durch das ISDN-Netz ermöglicht werden, dürften in der Zukunft zu einem weiteren Anstieg der Nutzungsintensität führen. In die künftigen Forschungsaktivitäten sollten daher Fragen des Einsatzes und der Gestaltung von Video-Konferenz-Systemen sowie ihres Substitutionspotentials bezüglich herkömmlicher ‚face-to-face'-Konferenzen stärker einbezogen werden.

Literatur

Bales, R. F.: In Conference. In: HBR, 1954, S. 44–50.
Bendixen, P./Kemmler, H. W.: Planung, Organisation und Methodik innovativer Entscheidungsprozesse. Berlin, New York 1972.
Berthel, J.: Betriebliche Informationssysteme. Stuttgart 1975.
Bleicher, K.: Ausschüsse in der Organisation. In: Organisation. TFB-Handbuchreihe, 1. Bd., Berlin, Baden-Baden 1961, S. 311–338
Bleicher, K.: Kollegien. In: *Grochla, E./Wittmann, W.* (Hrsg.): HWB. 4. A., Bd. 2, Stuttgart 1975, Sp. 2157–2169.
Bleicher, K.: Organisation. 2. A., Wiesbaden 1991.
Bohm, R. J./Templeton, L. B.: The Executive Guide to Video Teleconferencing, Washington St. 1984.
Collins, B. E./Guetzkow, H.: A Social Psychology of Group Processes for Decision Making. New York et al. 1964.
Deym, A. v./Duttenhofer, M./Faßnacht, W.: Organisationsplanung. 2. A., München 1974.
Doppelfeld, V.: Flexible Organisationsformen in einem funktional gegliederten Großunternehmen. In: ZfbF, 1987, S. 577–584.
Filley, A. C.: Committee Management. In: CMR, 1970, S. 13–21.
Gerfen, W.: Video-Konferenz. Heidelberg 1986.
Goossens, F.: Erfolgreiche Konferenzen und Verhandlungen. München 1964.
Grunwald, W./Redel, W.: Soziale Konflikte. In: *Roth, E.* (Hrsg.): Enzyklopädie der Psychologie, Bd. D/III/3: Organisationspsychologie. Göttingen et al. 1989, S. 529–551.
Imai, M.: Kaizen. 8. A., München 1993.
Kelley, H. H./Thibaut, J. W.: Group Problem Solving. In: Lindzey, G./Aronson, E. (Hrsg.): The Handbook of Social Psychology, Bd. 4, 2. A., Reading, Mass. 1969, S. 1–101.
Köhler, H.: Die Effizienz betrieblicher Gruppenentscheidungen. Bochum 1976.
Kosiol, E.: Kollegien. In: *Grochla, E.* (Hrsg.): HWO, 2. A., Stuttgart 1980, Sp. 1013–1019.
Kosiol, E. et al.: Kollegien als Organisationsformen der Entscheidung, Beratung und Information. In: *Kosiol, E.* (Hrsg.): Organisation des Entscheidungsprozesses. Berlin 1959, S. 107–221.
Kriesberg, M./Guetzkow, J.: The Use of Conferences in the Administrative Process. In: Public Administration Review, 1950, S. 93–98.
Krüger, W.: Grundlagen, Probleme und Instrumente der Konflikthandhabung in der Unternehmung. Berlin 1972.
Lawler III, E. E.: Motivation in Work Organizations. Monterey, Cal. 1973.
Lowenstein, E. R.: Group Size and Decision-Making Committees. In: Applied Social Studies, 1971, S. 107–115.
Mag, W.: Ausschüsse. In: *Frese, E.* (Hrsg.): HWO. 3. A., Stuttgart 1992, Sp. 252–262.
Maier, N. R. F.: Problem-Solving Discussions and Conferences. New York et al. 1963.
Petrovic, O.: Electronic Meeting Systems. In: ZfO, 1991, S. 280–284.
Pullig, K.-K.: Brevier der Konferenztechnik. Bern, Stuttgart 1981.
Redel, W.: Kollegienmanagement. Bern, Stuttgart 1982.
Redel, W.: Erfolgreiche Sitzungen. In: Fortschrittliche Betriebsführung und Industrial Engineering, 1986, S. 291–295.
Redel, W.: Der Fehlerkorrekturmechanismus bei Gruppenarbeit. In: WiSt, 1987, S. 246–248.
Redel, W.: Video-Konferenzen von Studio zu Studio. In: *Alt, W./Kotsch-Faßhauer, L./Leuz, N.* (Hrsg.): Jahrbuch für Fach- und Führungskräfte des Rechnungswesens 1991. Stuttgart 1991, S. 93–102.
Seidel, E.: Betriebliche Führungsformen. Stuttgart 1978.
Seidel, E.: Gremienorganisation. In: *Frese, E.* (Hrsg.): HWO. 3. A., Stuttgart 1992, Sp. 714–724.
Seidel, E./Redel, W.: Führungsorganisation. München, Wien 1987.
Shaw, M. E.: Group Dynamics. 3. A., New York 1981.
Theato, E./Reineke, W.: Konferenzen und Verhandlungen. Heidelberg 1976.
Thom, N.: Grundlagen des betrieblichen Innovationsmanagements. 2. A., Königstein/Ts. 1980.
Thomas, E. J./Fink, C. F.: Effects of Group Size. In: Psych. Bull., 1963, S. 371–384.
Tillman, R., Jr.: Committees on Trial. In: HBR, 1960, S. 6–12, 162–173.
Trebesch, K.: Teamarbeit. In: *Grochla, E.* (Hrsg.): HWO. 2. A., Stuttgart 1980, Sp. 2217–2227.
Weilenmann, G.: Protokolle. Baden-Baden 1984.
Witte, E.: Informationsverhalten. In: *Grochla, E./Wittmann, W.* (Hrsg.): HWB. 4. A., Bd. 2, Stuttgart 1975, Sp. 1915–1924.
Womack, J. P./Jones, D. T./Roos, D.: Die zweite Revolution in der Autoindustrie. 5. A., Frankfurt/M., New York 1992.
Zink, K. J.: Qualitätszirkel und Lernstatt. In: *Frese, E.* (Hrsg.): HWO. 3. A., Stuttgart 1992, Sp. 2129–2140.

Führungsgrundsätze

Rolf Wunderer

[s. a.: Bürokratie, Führung in der; Effizienz der Führung; Entgeltsysteme als Motivationsinstrument; Führung im MbO-Prozeß; Führungsebene und Führung; Führungsmodelle; Führungsphilosophie und Leitbilder; Führungsprinzipien und -normen, Führungstechniken; Führungstheorien – Weg-Ziel-Theorie; Kooperative Führung; Leitziele der Führung; Moden und Mythen der Führung; Organisationskultur und Führung; Personalbeurteilung von Führungskräften; Sanktionen als Führungsinstrumente; Strategische Führung; Steuerungsinstrumente von Führung und Kooperation; Verhaltensdimensionen der Führung; Zielsetzung als Führungsaufgabe.]

I. Dimensionale Analysen; II. Inhalte; III. Funktionen; IV. Zur Formulierung und Einführung.

I. Dimensionale Analysen

Führungsgrundsätze (FG) beschreiben oder normieren die Führungsbeziehungen zwischen Vorgesetzten und Mitarbeitern im Rahmen einer Führungskonzeption. Sie sind damit Teil der normativen Dimension der Unternehmensführung.

Im folgenden werden in einer deskriptiven Analyse verschiedene Dimensionen von FG und ihre Beziehungen zu relevanten Aspekten der Führung diskutiert (dazu auch: *Fiedler* 1980; *Knebel/ Schneider* 1983; *König* 1982; *Kossbiel* 1983; *Kubicek* 1984a, b; *Küller* 1983; *Lattmann* 1975; *Meier* 1972; *Paschen* 1983; *Töpfer* 1982; *Tschirky* 1980; *Wunderer* 1983; *Wunderer/Heibült* 1986; *Wunderer/Klimecki* 1990; *Rühli* 1992).

1. Strukturelle und interaktionelle Führung

Führung kann man in *direkte (interaktionelle)* und *indirekte (strukturelle) Führung* differenzieren (*Wunderer* 1975). Erstere betrifft die direkten Interaktionsbeziehungen zwischen Vorgesetzten und Mitarbeitern, sie wird deshalb auch als Mitarbeiter- oder Menschenführung bezeichnet. Hier dominiert die sozialpsychologische und gruppensoziologische Betrachtungsweise sowie die mehr situative, dezentrale und informale Beziehungsgestaltung. Im Rahmen der interaktionellen Führung werden FG in zweierlei Form angewandt. Einmal sind es →*Führungsprinzipien und -normen* des jeweiligen Vorgesetzten in bezug auf seine Mitarbeiter. Diese werden u. a. wesentlich von seinen individuellen Werthaltungen, Erfahrungen, Fähigkeiten, Verhaltensmotiven beeinflußt. Solche FG können z. B. im Rahmen von institutionalisierten Mitarbeitergesprächen offengelegt werden – auch in formalisierter und generalisierter Form.

Neben dieser interaktionellen Form wird Führung auch mittels generalisierter und oft einzelne Organisationseinheiten übergreifender Regelungen ausgeübt. Dies geschieht v. a. durch institutionalisierte Strukturentscheidungen zur Führungsorganisation (z. B. Aufgaben- und Kompetenzverteilungen, Aufbau- und Ablauforganisation) oder zum Führungsverhalten. Diese *strukturelle Führung* versucht auch mittels FG, die Führungsbeziehungen unternehmensweit in Richtung eines erwünschten Führungskonzepts zu beeinflussen. Sie modifiziert, ergänzt, legitimiert damit die direkte Führung der Vorgesetzten. Sie setzt zugleich Verhaltensprämissen und begrenzt Verhaltensspielräume in den Subsystemen der Führung.

2. Harte und weiche Führungsinstrumente

Pascale/Athos (1981) differenzierten Führungsfunktionen in „harte" und „weiche" Führungsinstrumente. Wie Abbildung 1 zeigt, zählen Führungssysteme danach zu den harten, der Führungsstil zu den weichen Instrumenten.

Über FG oder gar Führungsrichtlinien kann man relativ weiche Verhaltensmuster in harte Regelungen überführen. Dies entspricht auch der Führungsphilosophie (→*Führungsphilosophie und Leitbilder*) des westlichen Managements, insb. in

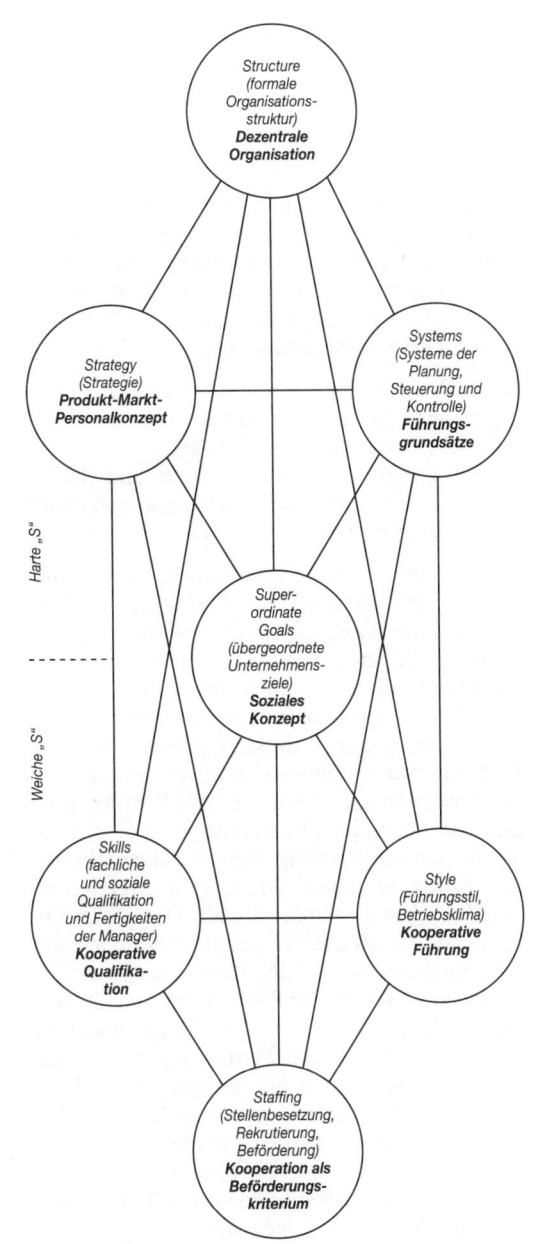

Abb. 1: *Die 7-S-Konzeption der Unternehmenspolitik von Pascale und Athos (1981) als Beschreibungsgrundlage für Führungspolitik*

größeren Bürokratien. Formalisierte FG sind damit auch Ausdruck einer bestimmten *Führungskultur*. So finden sich schriftliche FG in größerer Verbreitung nur in den deutschsprachigen Ländern. Der amerikanische Führungsforscher B. *Bass* sprach deshalb von einer „teutonischen Angelegenheit" (*Wunderer* 1983a, S. VI). Und *Alfred Krupp* bekannte schon 1872 kurz vor Drucklegung seines „Generalregulativs": „Wie der Hirsch nach Wasser, so schreie ich nach Reglement" (vgl. dazu auch die im „Generalregulativ von 1872" niedergelegten FG der Firma Krupp bei *Bärsch* 1983).

3. FG als Teil der Betriebs- und Unternehmensverfassung

Als eine besonders „harte" Verankerung kann man die Regelung einer Führungskonzeption in Form von FG in der Betriebs- und Unternehmensverfassung bezeichnen (*Küller* 1983; *Wunderer* 1983b). Unter *Unternehmensverfassung* soll verstanden werden (*Wunderer/Klimecki* 1990):

(1) die Normierung der Führungsorganisation von in Marktwirtschaften tätigen Wirtschaftsbetrieben (institutioneller Aspekt)
(2) ein System normativer Pflichten und Rechte von Mitgliedern der Führungsorganisation (personeller Aspekt).

Die *Betriebsverfassung* konzentriert sich auf die Normierung kollektiver betrieblicher Arbeitgeber-/Arbeitnehmerbeziehungen. Die Normierung geschieht in beiden Fällen über Gesetze sowie über rechtsverbindliche Vereinbarungen bzw. daraus abgeleitete Rechte (z. B. Direktionsrecht). Eine Analyse des Betriebsverfassungsgesetzes von 1972 zeigt, daß hier bestimmte Grundwerte und Rechte der Arbeitnehmer in bezug auf ihre Führung geregelt sind. Ein anderes Rechtsinstitut ist die freiwillige Betriebsvereinbarung; diese Regelungsalternative wurde bei einer Umfrage in Mittel- und Großbetrieben der Bundesrepublik Deutschland an zweiter Stelle als zweckmäßigste Regelungsform genannt (*Wunderer* 1983b, S. 66).

Im deutschsprachigen Raum haben auch *Arbeitgeberverbände* sowie *Fachverbände* einzelner Wirtschaftsbranchen die Werthaltungen ihrer Mitglieder zu beeinflussen und entsprechende Regelungsvorschläge zu formulieren versucht (*Bundesvereinigung der deutschen Arbeitgeberverbände* 1983; *Arbeitsring der Arbeitgeberverbände der Deutschen Chemischen Industrie e.V.* 1983). Auch in Fortbildungsinstitutionen wurden derartige Bemühungen unternommen (vgl. *Wunderer* 1983c, S. 74 ff.). Besonders bekannt wurde in diesem Rahmen das *Harzburger Modell* (→*Führungsmodelle*) von R. Höhn (*Höhn* 1966). Im Rahmen eines delegativen Führungsmodells (Führung im Mitarbeiterverhältnis) werden die Beziehungen zwischen Vorgesetzten und Mitarbeitern in struktureller Weise geregelt. Neben der *Stellenbeschreibung* (→*Stellenbeschreibung als Führungsinstrument*) sollen die sog. „Führungsrichtlinien" Pflichten und Rechte von Vorgesetzten und Mitarbeitern in 315 Regelungen (*Guserl* 1973) normieren. Dieses Modell fand v. a. in den 70er Jahren große Beachtung in Wirtschaft und öffentlicher Verwaltung. Es wurde aber auch aus Sicht von Wissenschaft und Praxis eingehend kritisiert (vgl. *Reber* 1970; *Guserl* 1973; *Steinle* 1975; *Letsch* 1976; *Wunderer/Grunwald* 1980).

Bei solchen Führungsmodellen zeigt sich die besondere Bedeutung außerbetrieblicher Einflüsse auf die Entwicklung von organisationsspezifischen FG. Inhaltsanalysen zu FG ergaben nur geringe individuelle Ausformungen und Abweichungen, ziemlich einheitliche Gliederungskonzepte sowie hohe Übereinstimmung in den einzelnen Formulierungen und im gewählten kooperativen Führungskonzept (*Albach* 1983).

4. Explizite und implizite FG

Neben den bisher diskutierten expliziten, formalisierten FG findet man in der Führungspraxis in wesentlich breiterer und differenzierterer Weise *Führungsprinzipien* oder -*grundsätze* (→*Führungsprinzipien und -normen*), die das tägliche Führungshandeln implizit wesentlich beeinflussen. Sie werden v. a. bestimmt von den individuellen Werthaltungen, Erfahrungen und Motiven der beteiligten Führungskräfte und Mitarbeiter sowie von der in Organisationen vorherrschenden *Führungskultur*. Z.T. kann man diese impliziten Grundsätze durch →*Führungsanalysen* ermitteln; diese liefern dabei wichtige Aufschlüsse über den Grad der Akzeptanz, den Realitätsgehalt und die wahrscheinliche Wirkung formalisierter Regelungen zur Führung.

5. Kognitives und reales Führungsverhalten

FG definieren erwünschtes Führungsverhalten und beziehen sich damit zunächst auf *kognitives Führungshandeln*. Wie Lern- und Verhaltenstheorie zeigen, bestehen aber gerade in diesem Bereich zwischen geforderten, gewollten, versuchten Handlungsabsichten einerseits und dem realen Verhalten oft große Abweichungen. Alle Versuche, etwa aus Dokumentenanalysen von FG auf den praktizierten *Führungsstil* in Organisationen schließen zu wollen (*Albach* 1983), sind somit zum Scheitern verurteilt. Andererseits liefern Abweichungen zwischen kognitivem und realem Führungsverhalten konkrete Informationen über Dissonanzen bzw. Frustrationen der Beteiligten und geben damit wichtige Anstöße zu beabsichtigten Änderungen.

6. FG im Kontext von Führungsphilosophie, -politik, -ordnung und -verhalten

Abbildung 2 zeigt die Verbindung von Führungsphilosophie und Führungsverhalten. Abbildung 3 – in Anlehnung an ein Schaubild von H. *Ulrich* –

• Führungsphilosophie (Werte)	z. B. Arbeit und Leistung, Gerechtigkeit, Förderung, Selbständigkeit		
		Beispiel: Selbständigkeit des MA	
• Führungspolitik der (Ziele)	z. B. Dezentralisierung z. B. Personalentwicklungssystem aufbauen Führungsorganisation verstärken		
• Führungsordnung Führungsgrundsätze (Normen) Führungsanweisungen (Regeln)	Kongruenz zwischen Aufgaben und Entscheidungskompetenz verbessern V soll nur in Sonderfällen Einzelanweisungen geben	Verbesserung der beruflichen Förderungsmöglichkeiten von Mitarbeitern V und MA führen jährlich ein Personalentwicklungsgespräch	
• Führungsverhalten (Interaktionen)	MA moniert bei V zu häufige Einzelanweisungen	V und MA besprechen konkrete PE-Maßnahmen	

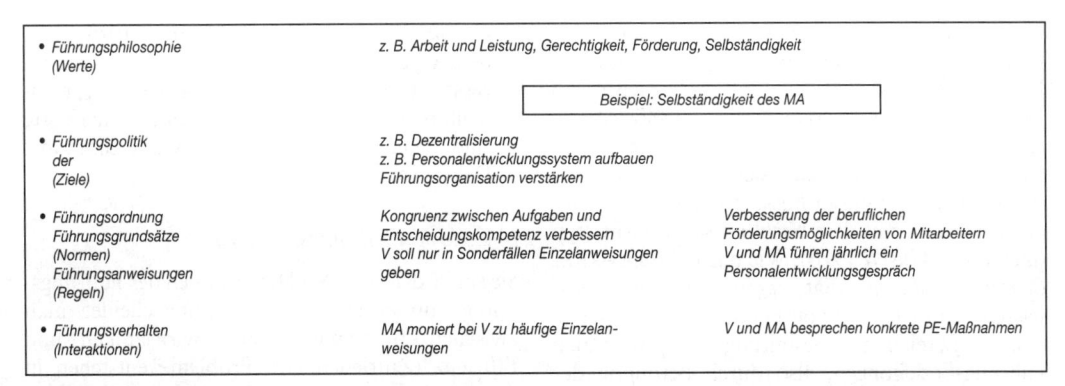

Abb. 2: Führungsgrundsätze im Kontext von Führungsphilosophie, -politik, -ordnung und -verhalten

veranschaulicht dies an der Einbindung von FG in ein führungsstrategisches Konzept.

Hieraus wird deutlich, daß FG auch als ein Versuch verstanden werden können, die relativ umfassende, langfristige und konkrete Führungsphilosophie zu systematisieren, transparent und damit leichter durchsetzbar zu machen.

Ob dies in Form von mehr oder weniger verbindlichen Statements der Unternehmensleitung (vgl. z. B. *Watson* 1964; *Sahm* 1983) oder in Form von konsultativ oder kooperativ entwickelten Vereinbarungen geschieht, zeigt auch der Grad der Übereinstimmung von dekretierter Führungsphilosophie und realisierter Führungspraxis an.

II. Inhalte

1. Inhaltsanalysen

Inhaltsanalysen veröffentlichter FG (*Albach* 1983; *Fiedler* 1980; *Gabele* et al. 1982; *Töpfer/Zander* 1982; *Wunderer/Klimecki* 1990) ergaben eine hohe Übereinstimmung im Aufbau und in den Formulierungen. Dabei dominierte bis etwa Mitte der 70er Jahre das *Harzburger Modell* (→*Führungsmodelle*) als Formulierungsgrundlage, das relativ einheitlich und standardisiert in den Firmen eingeführt wurde. Im Vordergrund standen organisatorische Regelungen, v. a. zur Kompetenzverteilung,

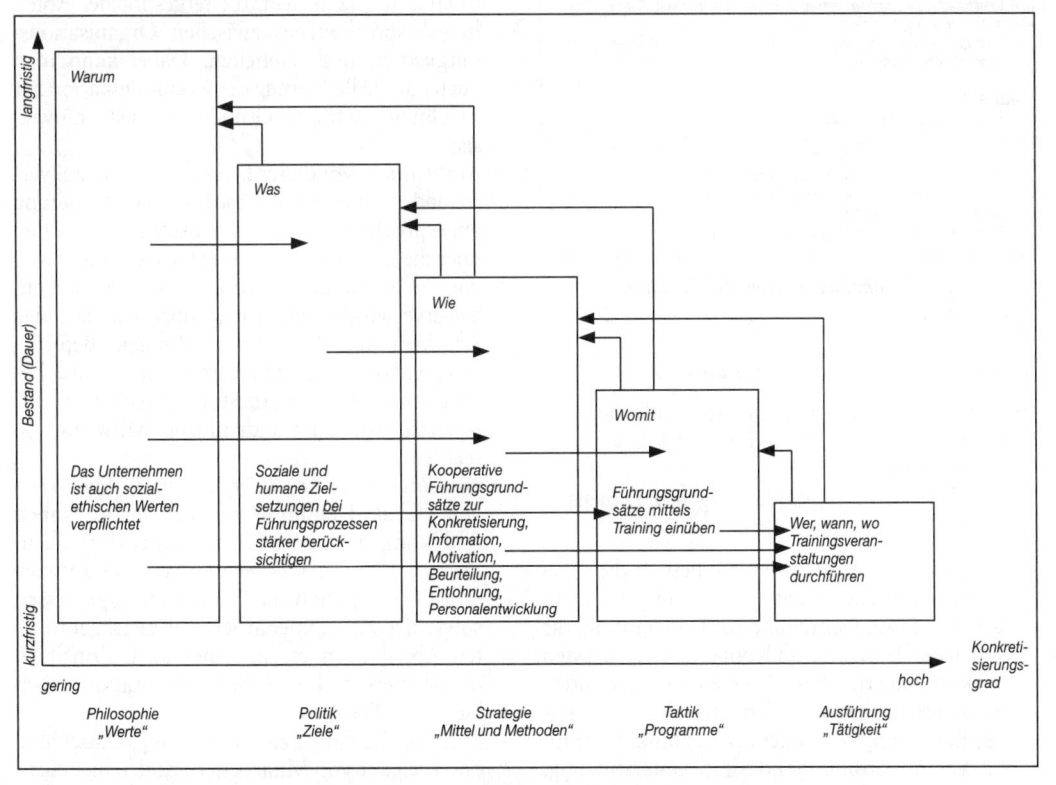

Abb. 3: Führungsgrundsätze als strategisches Instrument struktureller Führung

Gestaltung der Informations- und Konsultationsbeziehungen und Aufbau- und Ablauforganisation. Dieser mehr bürokratische Typ von FG wurde ab Mitte der 70er Jahre ergänzt bzw. abgelöst durch einen mehr verhaltenswissenschaftlich orientierten Grundtyp. Er entwickelte sich aus der wissenschaftlichen Führungsdiskussion wie aus Erfahrungen der Praxis mit dem bürokratischen Grundtyp (hierzu v. a. *Guserl* 1973). Wie das Konzept →*Kooperative Führung* zeigt, ergänzt der verhaltenswissenschaftliche Typ von FG den bürokratischen v. a. im Bereich der Gestaltung der prosozialen Führungsbeziehungen, also durch Betonung der Dimensionen Vertrauen, wechselseitige Unterstützung, Selbstentfaltung, Achtung des einzelnen und der Menschenwürde.

2. Ein allgemeines Konzept zu den Inhalten von FG

Zahlreiche Beispiele von FG sind inzwischen veröffentlicht (*Töpfer/Zander* 1982 und *Wunderer* 1983c, *Wunderer/Klimecki* 1990; *Bleicher* 1992). Ein allgemeines Konzept zeigt Abbildung 4 (*Wunderer* 1978), die noch kurz erläutert wird.

PRINZIPIEN
- Prosoziales Verhalten (Einfühlung, Vertrauen, Akzeptanz, Wechselseitigkeit)
- Partizipatives Verhalten (Mitwirkung, Mitbestimmung, Delegation)

ZIELE
- Effektivität (Leistungswirksamkeit, z. B. Wirtschaftlichkeit, Rentabilität, Liquidität, Marktanteil)
- Effizienz (Bedürfniserfüllung, z. B. Selbstverwirklichung, Anerkennung, Kontakt, Sicherheit)

INSTRUMENTE
- Kooperation (vertikal und lateral)
- Kommunikation (Inhalte, Formen, Anlässe)
- Motivation (Bedürfnisse, Anreize)
- Organisation (Führungs- und Arbeitsorganisation)
- Position (Stellenbesetzung, Stellvertretung, Nachfolge)
- Sanktion (monetäre und nicht monetäre)
- Promotion (Personal- und Organisationsentwicklung)

Abb. 4: Inhalte von Verhaltensleitsätzen

a) Prinzipien von Führungsgrundsätzen

Prinzipien definieren v. a. die zugrunde liegende Führungsphilosophie, die i. d. R. auf kooperativer Führung basiert.

Dabei werden zwei modellprägende Dimensionen unterschieden:

- *Die prosoziale Dimension:* Sie betrifft die – bei zu bürokratischen Sichtweisen häufig vernachlässigte – Grundeinstellung zur Kooperation, die sich in der *Teilnahme* an Kooperationsprozessen konkret äußert. Diese können mit folgenden Stichworten charakterisiert werden: Verständnis, Einfühlungsvermögen, Akzeptanz, Vertrauen, Verantwortung, Solidarität, Unterstützung, Wechselseitigkeit.

- *Die partizipative Dimension:* Sie betrifft i. e. S. den Aspekt der *Teilhabe* an Entscheidungsprozessen (z. B. Planungs-, Organisations-, Kontrollprozessen). Die entsprechenden Stichworte sind: Beteiligung, Mitwirkung, Mitbestimmung, Delegation, Selbstorganisation.

b) Ziele von Führungsmodellen

Sie sind i. d. R. mit den Dimensionen des Führungserfolgs umschrieben. Dabei unterscheidet man zwischen Effektivität (Leistungswirksamkeit) und Effizienz (Zufriedenheit). Probleme entstehen in der Praxis bei der Definition eines kompatiblen und weitgehend akzeptierten Zielsystems, wobei Prioritätsentscheidungen (z. B. zwischen Effektivität und Effizienz) nicht zu vermeiden sind.

c) Instrumentelle Funktionen von FG

Hier kann man sich eines *führungspolitischen Instrumentariums* bedienen (*Wunderer* 1975).

- *Kooperation:* Im wesentlichen sind hier Grundregeln für die Zusammenarbeit, insb. Teamarbeit und -entscheidungen, die vertikale Kooperation und Konfliktregelungen zwischen Personen und Organisationseinheiten angesprochen.

- *Kommunikation:* Dieses Instrument betrifft Aussagen über die Inhalte und Formen der Kommunikation (z. B. Mitarbeitergespräche, Abteilungsbesprechungen) zwischen Organisationsmitgliedern und -einheiten. Dabei kann man auch auf die Bedeutung der Kommunikation zur Erfüllung wichtiger Grundbedürfnisse hinweisen.

- *Motivation:* Mit dieser Dimension wird stellvertretend der Bereich der individuellen Steuerung angesprochen. Hier sind Aussagen zu treffen über die Bedeutung einzelner Grundbedürfnisse, wie Selbständigkeit, Kooperation, Sicherheit, Selbstverwirklichung sowie über Anreize, wie Anerkennung, Partizipation, Entgelt, Beförderung und die möglichen Instrumente zu ihrer Befriedigung, wie z. B. leistungsgerechter Lohn, Karrierewege oder individuelle Mitwirkungsrechte.

- *Führungs- und Arbeitsorganisation:* Hier können FG die Definition von Führungsaufgaben und -kompetenzen (z. B. Grundsätze der Stellenbeschreibung), der Delegation von Verantwortung, Partizipation an Entscheidungsprozessen sowie der Zusammenarbeit mit gleichgeordneten Abteilungen regeln. Aber auch Prinzipien mitarbeitergerechter Arbeitsorganisation haben hier ihren Platz.

- *Position:* Leitlinien zur Gewinnung, Umsetzung und Freigabe von Mitarbeitern zählen hier ebenso dazu wie Grundsätze zur Regelung der inter-

nen Nachfolge, der Stellvertretung oder des geplanten Arbeitsplatzwechsels.
- *Sanktion:* Die Sanktionsdimension betrifft die „pretiale Steuerung" der Mitarbeiter, also einmal die Steuerung über monetäre Anreize, wie Entgeltpolitik, Sonderleistungen, aber auch Erfolgsbeteiligungen. Dazu tritt die Steuerung über nichtmonetäre Aspekte wie Anerkennung, Versetzung, Aufgabenwechsel. Schließlich sind hier Bewertungsverfahren, wie Leistungsbeurteilung, Ermittlung und Überprüfung von qualitativen und quantitativen Leistungsstandards, Zielvereinbarungs- und Zielerreichungsgespräche angesprochen. Ebenso sind hier die erforderlichen Kontrollmaßnahmen (incl. des Verhältnisses der Selbst- zur Fremdkontrolle) und Beschwerderegelungen gemeint.
- *Promotion:* Neben dem generellen Hinweis, daß Führungsmodelle als offene Systeme einer ständigen Überprüfung, Weiterentwicklung und situativen Anpassung bedürfen, wird hier auf besondere Verpflichtungen zur *Personalentwicklung* (→*Personalentwicklung als Führungsinstrument*), die damit verbundene Fort- und Weiterbildung (on- und off-the-job) unter den Prinzipien der gewählten Führungskonzeption eingegangen. Schließlich können Grundsätze der *Organisationsentwicklung* (→*Organisationsentwicklung und Führung*) zur Anpassung struktureller Regelungen an die gewählte Führungskonzeption berücksichtigt werden.

III. Funktionen

FG können zur Erfüllung von drei Funktionsbereichen beitragen, wobei wieder einzelne Teilfunktionen unterscheidbar sind:

(1) *Strukturelle Organisationsentwicklung* (OE)
- Analyse und Entwicklung eines Verhaltenskonzepts
- Institutionalisierung von Kooperationsnormen
- Sozialisation von Kooperations- und Führungsnormen

(2) *Strukturelle Organisationssteuerung*
- Information und Orientierung
- Motivation und Appell
- Aktion und Legitimation
- Beurteilung und Sanktion

(3) *Organisationsdarstellung*
- Werbung um öffentliches Vertrauen
- Werbung neuer Organisationsmitglieder
- Innovationsfunktion für andere Organisationen.

Zu (1): *Strukturelle Organisationsentwicklung*
FG treffen Aussagen über allgemeine Kooperations- und Führungsprinzipien und damit verbundene Folgerungen für die Gestaltung von Teilsystemen der Führung. Sie sind damit ein zentraler Bestandteil von →*Führungsmodellen* (*Wild* 1974; *Bleicher/Meyer* 1976; *Wunderer/Grunwald* 1980). Dabei sollten drei Determinanten berücksichtigt werden (vgl. *Gebert* 1976):

- der Nutzen oder „Belohnungswert" von Leitsätzen (Wollen)
- die Kenntnis und Bewertung von relevanten Instrumenten und Wegen (Wissen)
- die Fähigkeit, angestrebtes Verhalten zu realisieren (Können).

FG müssen diese drei „*Prüfkriterien*" bestehen, will man von ihnen einen wirksamen Beitrag zur Konzeptentwicklung erwarten. Dies kann auch mittels →*Führungsanalysen* überprüft werden. Aus organisationspolitischer Sicht tragen die schriftliche Formulierung und Vorgabe von FG dazu bei, erwünschte Einstellungen und Verhaltensweisen zu generalisieren, in zeitlich relativ überdauernder und personenunabhängiger Weise festzulegen und die Vorgesetzten auch zu entlasten. Schließlich können FG einen klaren Handlungsrahmen für instrumentelle Maßnahmen zur Internalisierung und Anwendung von Kooperationsnormen liefern (z. B. über Informations- und Bildungsprogramme).

Die Verbindung von *Organisations-* und *Personalentwicklung* (→*Organisationsentwicklung und Führung;* →*Personalentwicklung als Führungsinstrument*) gehört zu den zentralen Funktionen von FG. Dabei zeigte sich in der Praxis, daß der Entwicklungsprozeß oft wichtiger ist als die formulierten Inhalte, die eigentlich mehr als Protokoll der relevanten Diskussion als eine am grünen Tisch verfaßte Deklaration sein sollten.

Zu (2): *Strukturelle Organisationssteuerung*
Mit der Information aller Mitarbeiter über das erwünschte Kooperations- und Leistungsverhalten erhalten alle auch eine gemeinsame, einheitliche, systematische und transparente *Orientierungshilfe.* Sie kann zugleich für die erforderliche Kommunikation über die Ziele, Absichten und Folgen solcher Grundsätze, einzelne Inhalte und Instrumente zu ihrer Realisierung dienen.

Durch strukturierendes Führungsverhalten wird i. S. der „Weg-Ziel-Motivation" (*Vroom* 1964) erreicht, daß mehr Mitarbeiter die Ziele und die Wege („Instrumentalitäten") zum Ziel besser kennen. Dies erleichtert die erwünschte Identifikation mit den definierten Zielen und Wegen. Dafür geeignete Einstellungen und Verhaltensweisen werden dadurch verstärkt bzw. gegenläufige offiziell mit einer niedrigeren Bewertung („Valenz") versehen. Die Grundsätze haben zugleich *Appellcharakter* – selbst bei eingeschränkter Motivation der Beteiligten –, das erwünschte Kooperationsverhalten anzustreben.

Verhaltenserwartungen werden erst durch Umsetzung in „wahrnehmbares Verhalten" wirksam.

Eine Änderung der Einstellung genügt noch nicht. Erstens gehört zur *Umsetzung* zumindest die tendenzielle Realisierbarkeit der Erwartungen. Zu absolute Forderungen können hier eher entmutigen bzw. Vorwände für eine generelle Ablehnung liefern. Weiterhin sollte der Leitziel-Charakter von FG betont werden. Zweitens genügen weder zu generelle Formulierungen („gerechte Behandlung der Mitarbeiter ist sicherzustellen") noch zu detaillierte Regelungen, die unterschiedlichen realen Führungssituationen nicht entsprechen können. Drittens müssen die Formulierungen verständlich sein und einen eindeutigen Aufforderungscharakter tragen. Viertens sollten zumindest operationale Zwischenschritte zur Erreichung größerer Leitziele (z. B. Verbesserung des Informations- und Entscheidungsverhaltens) vorgeschlagen werden.

FG ohne *Anreiz- und Sanktionscharakter* werden nur wenig Verhaltenswirksamkeit zeigen. Deshalb ist es z. B. sinnvoll, Leistungsbeurteilungen mit der Formulierung der FG abzustimmen. Soweit jährliche Beratungs- und Förderungsgespräche vorgesehen sind, sollten die Leitsätze als „Checklisten" für die (Selbst-)Beurteilung des Führungs- und Kooperationsverhaltens verwendet werden können (vgl. dazu die Vorschläge von *Wunderer/Heibült 1986*). Wird z. B. der „leistungsfähige Unkooperative" bei Entgelt- und Karriereentscheidungen doch anderen vorgezogen, dann sollte man an die Sanktionswirkung von FG auch keine praxisrelevanten Anforderungen stellen.

Schließlich können FG als Grundlage für die Konzeption von →*Führungsanalysen* verwendet werden, um so einen Vergleich zwischen erwünschten Verhaltensnormen und ihrem Realisierungsgrad zu ermöglichen.

Zu (3): *Organisationsdarstellung*
Hier geht es darum, durch Veröffentlichung von FG – in Ergänzung zu PR-Maßnahmen im ökonomischen und technischen Bereich – auch den personalen Aspekt in vertrauensfördernder Weise einzusetzen. Daß manche Unternehmen in solchen PR-Maßnahmen den Schwerpunkt ihrer Aktivitäten sehen, bringt innerbetrieblich oft mehr Schaden als Nutzen, da die Glaubwürdigkeit der deklarierten Ziele bald in Frage gestellt wird. FG können auch als akquisitorisches Potential bei der *Personalwerbung* (→*Rekrutierung von Führungskräften*) eingesetzt werden. Auch können sie anderen Organisationen Anregungen zur Formulierung von FG geben.

Empirische Untersuchungen (*Wunderer/Klimecki 1990*) ergaben v. a. hohe Zustimmungsgrade der Unternehmungspraxis bei folgenden Funktionen:

- FG erleichtern die direkte Kommunikation zwischen Vorgesetzten und Mitarbeitern über die Gestaltung ihrer Führungsbeziehungen.
- FG stellen sicher, daß jeder eindeutig weiß, wie er sich verhalten soll.
- Mit FG kann man eigenes und fremdes Verhalten besser beurteilen.
- Durch FG werden Grundwerte der Führung (z. B. Gerechtigkeit, wechselseitige Unterstützung) stärker verwirklicht.
- Mit FG können Mitarbeiter gezielt auf das gewünschte Verhalten hin entwickelt („geschult") werden.
- FG verbessern die Handhabung von Konflikten.

IV. Zur Formulierung und Einführung

Werden FG als ein normatives, aber situationsoffenes, zielgruppen- und zeitraumorientiertes Konzept sowie als Teil einer wertbezogenen Verhaltens- und *Organisationsentwicklung* (→*Organisationsentwicklung und Führung*) verstanden, die Prinzipien *kooperativer Führung* realisieren sollen, dann sind bei ihrer Formulierung und Einführung v. a. folgende Punkte zu beachten:

1. Führungsphilosophie und Führungsmodell

Ausgangspunkt sollte die Diskussion um die angestrebten Werte, Normen und Ziele sein. Dabei werden das *Menschenbild* (→*Menschenbilder und Führung*), die *Führungsphilosophie* (→*Führungsphilosophie und Leitbilder*) und *Organisationskultur* (→*Organisationskultur und Führung*) erkennbar.

2. Partizipationsgrad bei der Einführung

Hier spannt sich der Bogen von einer „Führungsanweisung" ohne vorherige Konsultation der Betroffenen bis hin zum Versuch einer umfassenden Einbindung möglichst vieler Organisationsmitglieder in direkter oder repräsentativer Form (z. B. über Arbeitnehmervertreter).

3. FG als Teil umfassender Organisationsentwicklungsstrategien

Organisationsentwicklung (→*Organisationsentwicklung und Führung*) wird mit *Bennis* (1974) als eine komplexe normative Strategie verstanden, die darauf abzielt, Meinungen, Einstellungen, Werte und Strukturen von Organisationen zu analysieren und zu beeinflussen. Dabei wird zwischen einer personellen und strukturellen Dimension unterschieden. Die Strategie der OE geht i. d. R. vom Ist-Zustand (→*Führungsanalysen*) aus und will möglichst viele Organisationsangehörige integrieren, deren Lernbereitschaft, Fähigkeit und Akzeptanz durch gezielte Informations- und Fortbildungsveranstaltungen steigern, die entsprechenden Fach-

und Machtpromotoren gewinnen und gezielt einsetzen.

Gerade solch umfassende Konzepte können nur schrittweise und schwerpunktmäßig realisiert werden (z. B. erst Informationsdefizite abbauen, dann Organisationsstrukturen verbessern, anschließend spezifische Lernprozesse über gezielte Fortbildungsveranstaltungen einleiten).

4. Instrumentelle Absicherung und Konkretisierung

Sollen FG mehr als Deklarationen sein, dann müssen sie mit konkreten instrumentellen Maßnahmen verbunden und abgestimmt werden. Dies betrifft strategische (inhaltlich und methodisch) Abstimmung v. a. mit: Personalwerbungs- und Auswahlkriterien, →*Führungsanalysen, Personalbeurteilungen* (→*Personalbeurteilung von Führungskräften*), Fortbildungsprogrammen (→*Fortbildung, Training und Entwicklung von Führungskräften*), Organisationsmaßnahmen (z. B. Reorganisation), Anreiz- und *Sanktionsregelungen* (→*Anreizsysteme als Führungsinstrumente;* →*Sanktionen als Führungsinstrumente*), Entgeltsystemen (→*Entgeltsysteme als Motivationsinstrument*), Nachfolgeentscheidungen, Förderungs- und Entwicklungsgesprächen. Abbildung 5 zeigt die wesentlichen Abstimmungsbereiche.

5. Sicherung der Wirksamkeit von FG (Leitsätze)

Die Beachtung folgender Leitsätze hat in der Praxis die Wirksamkeit von FG erhöht (*Wunderer* 1983c; *Wunderer/Klimecki* 1990):

- Vereinbarkeit mit der gelebten Führungskultur, den →*Führungsprinzipien und -normen* (*Koontz/O'Donnell* 1972; *Urwick* 1938), der Organisation sichern;
- Einbindung in das Unternehmensleitbild, die Unternehmensleitsätze anstreben (*Bleicher* 1992);
- Betonung des Leitliniencharakters zur Orientierung auf ein gewünschtes Verhalten;
- Offenheit für situationsgerechte Interpretation und Wahrnehmung (*Franke/Kühlmann* 1986);
- Strategische Abstimmung mit anderen führungs- und personalpolitischen Instrumenten;
- zweckmäßige Dosierung zwischen mehr „weichen" und mehr „harten" sowie zwischen interaktionellen und strukturellen Maßnahmen zur Beeinflussung der Führungsbeziehungen;
- auf die eigene Organisation ausgerichtete, verständliche und knappe Formulierung;
- mindestens mittelfristige Perspektiven bei ihrer Umsetzung;
- Priorisierung von Entwicklungszielen von FG, nachrangige Beachtung von PR-Funktionen;
- realistische Einschätzung von Möglichkeiten der Verhaltensmodifikation in Führungsbeziehungen;
- Konsequenz bei ihrer Realisierung, nicht zuletzt beim Management (*Watson* 1964).

Abb. 5: Die Abstimmung von Führungsgrundsätzen mit anderen personalpolitischen Instrumenten

Literatur

Albach, H.: Zum Einfluß von Führungsgrundsätzen auf die Personalführung. In: *Wunderer, R.* (Hrsg.): Führungsgrundsätze in Wirtschaft und öffentlicher Verwaltung. Stuttgart 1983, S. 2–16.
Arbeitsring der Arbeitgeberverbände der Deutschen Chemischen Industrie e.V.: Führungskonzepte. In: *Wunderer, R.* (Hrsg.): Führungsgrundsätze in Wirtschaft und öffentlicher Verwaltung. Stuttgart 1983, S. 161–200.
Bärsch, H. G.: 140 Jahre Verhaltensleitsätze bei Krupp. In: *Wunderer, R.* (Hrsg.): Führungsgrundsätze in Wirtschaft und öffentlicher Verwaltung. Stuttgart 1983, S. 264–278.
Bennis, W.: Organisationsentwicklung. Hamburg 1974.
Bleicher, K.: Leitbilder – Orientierungsrahmen für eine integrative Managementphilosophie. Stuttgart 1992.
Bleicher, K./Meyer, E.: Führung in der Unternehmung. Reinbek bei Hamburg 1976.
Bundesvereinigung der deutschen Arbeitgeberverbände: Führungsgrundsätze – Hilfen für ihre Einführung. In: *Wunderer, R.* (Hrsg.): Führungsgrundsätze in Wirtschaft und öffentlicher Verwaltung. Stuttgart 1983, S. 154–160.
Fiedler, H.: Unternehmensgrundsätze und Führungsleitlinien. In: Fortschrittliche Betriebsführung, 1980, S. 122–129.
Franke, J./Kühlmann, T.: Führungsgrundsätze. In: io-Management-Zeitschrift, 1986, S. 80–81.
Gabele, E./Oechsler, W./Liebel, H.: Führungsgrundsätze und Führungsmodelle. Bamberg 1982.
Gebert, D.: Zur Erarbeitung und Einführung einer neuen Führungskonzeption. Berlin 1976.
Guserl, R.: Das Harzburger Modell – Idee und Wirklichkeit. Wiesbaden 1973.
Höhn, R.: Stellenbeschreibung und Führungsanweisung. Bad Homburg 1966.

Knebel, H./Schneider, H.: Taschenbuch für Führungsgrundsätze. Heidelberg 1983.
König, H.: Führungsgrundsätze für die öffentliche Verwaltung. In: ZBR, 1982, S. 198–296.
Koontz, H./O'Donnell, C.: Principles of Management. 5. A., New York et al. 1972.
Kossbiel, H.: Die Bedeutung formalisierter Führungsgrundsätze für die Verhaltenssteuerung in Organisationen. In: *Wunderer, R.* (Hrsg.): Führungsgrundsätze in Wirtschaft und öffentlicher Verwaltung. Stuttgart 1983, S. 17–27.
Kubicek, H.: Führungsgrundsätze. Lösungen von gestern für die Probleme von morgen? In: ZfO, 1984a, S. 81–88, S. 182–188.
Kubicek, H.: Führungsgrundsätze als Organisationsmythen und die Notwendigkeit von Entmythologisierungsversuchen. In: ZfB, 1984b, S. 4–29.
Küller, H. D.: Gewerkschaftliche Anforderungen an unternehmerische Führungsgrundsätze. In: *Wunderer, R.* (Hrsg.): Führungsgrundsätze in Wirtschaft und öffentlicher Verwaltung. Stuttgart 1983, S. 248–261.
Lattmann, Ch.: Führungsstil und Führungsrichtlinien. Bern/Stuttgart 1975.
Letsch, B.: Motivierungsrelevanz von Führungsmodellen. Bern 1976.
Meier, R.: Führungsrichtlinien. Bern/Stuttgart 1972.
Pascale, R./Athos, A.: The Art of Japanese Management. Harmondsworth 1981.
Paschen, K.: Führungsleitsätze – eine modische Erscheinung oder eine Chance für eine effiziente Unternehmenssteuerung? In: *Wunderer, R.* (Hrsg.): Führungsgrundsätze in Wirtschaft und öffentlicher Verwaltung. Stuttgart 1983, S. 28–34.
Reber, G.: Vom patriarchalisch-autoritären zum bürokratisch-autoritären Führungsstil. In: ZfB, 1970, S. 633–638.
Rühli, E.: Gestaltungsmöglichkeiten der Unternehmungsführung: Führungsstil, Führungsrichtlinien, Mitwirkung und Mitbestimmung. Bern et al. 1992.
Sahm, A.: Führungsgrundsätze bei MBB. In: *Wunderer, R.* (Hrsg.): Führungsgrundsätze in Wirtschaft und öffentlicher Verwaltung. Stuttgart 1983, S. 339–349.
Steinle, C.: Leistungsverhalten und Führung in der Unternehmung. Berlin 1975.
Töpfer, A.: Organisationsprinzipien und Führungsgrundsätze in der öffentlichen Verwaltung. In: *Remer, A.* (Hrsg.): Verwaltungsführung. Berlin/New York 1982, S. 109–139.
Töpfer, A./Zander, E. (Hrsg.): Führungsgrundsätze und Führungsinstrumente. Frankfurt/M. 1982.
Tschirky, H.: Führungsrichtlinien. Zürich 1980.
Urwick, L. F.: Scientific Principles and Organization. New York 1938.
Vroom, V.: Work and Motivation. New York 1964.
Watson, Th. jr.: IBM – ein Unternehmen und seine Grundsätze. München 1964.
Wild, J.: Betriebswirtschaftliche Führungslehre und Führungsmodelle. In: *Wild, J.* (Hrsg.): Unternehmensführung. Berlin 1974, S. 141–179.
Wunderer, R.: Personalwesen als Wissenschaft. In: Personal 1975, Heft 8, Stichworte der Zeitschrift Personal, S. 33–36.
Wunderer, R.: Verhaltensleitsätze. In: Personal-Enzyklopädie, Bd. III, München 1978, S. 574–581.
Wunderer, R.: Vorwort. In: *Wunderer, R.* (Hrsg.): Führungsgrundsätze in Wirtschaft und öffentlicher Verwaltung. Stuttgart 1983a, S. V–VI.
Wunderer, R.: Führungsgrundsätze als Instrument der Unternehmens-/Betriebsverfassung. In: *Wunderer, R.* (Hrsg.): Führungsgrundsätze in Wirtschaft und öffentlicher Verwaltung. Stuttgart 1983b, S. 35–72.
Wunderer, R. (Hrsg.): Führungsgrundsätze in Wirtschaft und öffentlicher Verwaltung. Stuttgart 1983c.
Wunderer, R./Grunwald, W.: Führungslehre, Bd. I: Grundlagen der Führung. Berlin/New York 1980.
Wunderer, R./Heibült, U.: Entwicklung und Einführung von Leitsätzen zur Führung und Zusammenarbeit. Schriftenreihe Verwaltungsorganisation, Bd. 10. Bonn 1986.
Wunderer, R./Klimecki, R.: Führungsleitbilder – Grundsätze für Führung und Zusammenarbeit in deutschen Unternehmen. Stuttgart 1990.

Führungskonzepte und ihre Implementation

Claus Steinle

[s. a.: Führung im MbO-Prozeß; Führungsmodelle; Führungsprinzipien und -normen; Führungstechniken; Führungstheorien – Austauschtheorie; – Eigenschaftstheorie; – Rollentheorie; – Situationstheorie; – Vroom/Yetton-Modell; – Weg-Ziel-Theorie; Verhaltensgitter der Führung (Managerial Grid).]

I. Grundpositionen; II. Forschungsprinzipien, Inhalte und Abgrenzungskriterien von Führungskozepten im einzelnen; III. Grundvorstellungen von Führungsmodellen; IV. Konzeptalternativen und Implementationswege; V. Versuch einer abschließenden Stellungnahme.

I. Grundpositionen

Versuche, die Begriffshülse „Führungskonzepte" mit Inhalt zu versehen, sind ebenso zahlreich wie divergent. Schon in einer ersten Annäherung an den Bereich umfassender, integrierter Sollvorstellungen, die sich auf die Normierung von Führungsaufgaben in Institutionen beziehen, lassen sich eine (Über-)Fülle von Führungslehren, -systemen, -modellen, -konzeptionen und -grundsätzen feststellen. Werden die vielfältigen „Konstruktionen" geordnet, die Handlungsanweisungen über zielorientierte Verhaltensbeeinflussungen geben wollen, und wird versucht, charakteristische Positionen herauszuarbeiten, so ist eine Bezugnahme obiger Vorstellungen auf Führungsmodelle einerseits und Führungskonzepte andererseits festzustellen bzw. Versuche, ohne eine solche Bezugnahme auszukommen:

So definiert eine *erste Gruppe* Führungskonzeption als ein „... System von Handlungsempfehlungen, das sich auf den als Führung gekennzeichneten Ausschnitt aus der Managementfunktion bezieht..." (*Reinermann/Reichmann* 1978,

S. 38 f.; vgl. auch *Reber* 1983) oder beschreibt sie als Konfiguration aus (mehreren) Merkmalsdimensionen (*Wunderer/Grunwald* 1980; *Wilpert* 1977; *Seidel* 1978) oder grenzt sie als zielgerichtete Handlungssysteme mit interpersonaler Aufgabenteilung (*Frese* 1974) ab. Eine *zweite Gruppe* geht von der Gleichsetzung von Führungsmodellen und -konzepten aus: „Allgemein charakterisiert stellen Führungsmodelle Soll-Konzepte in Gestalt konditionaler normativer Denkmodelle dar..." (*Wild* 1974, S. 164; ähnlich auch *Kuhn* 1982; *Macharzina* 1977). Eine *dritte Gruppe* stellt auf die Umfänglichkeit ab, wobei Führungsmodell im Sinne von Gesamtmodell und Führungskonzeption als rudimentäres Modell gesehen wird (*Steinle* 1978; *Rumpf* 1991); diese Gruppe wird weiter dadurch charakterisiert, daß sich Gesamtmodelle nach ihrem Schwerpunkt in Modelle der Institutions- oder Makroebene (z. B. Unternehmungsführungsmodelle: *Rühli* 1977; Betriebsführungsmodelle: *Kemmetmüller* 1974; Organisationale Führungssysteme: *Kirsch* 1976) ordnen lassen, anderseits in mikroanalytische Modelle der Interaktion von Führer und Geführten als „... problembezogene Beschreibungen, Erklärungen, Prognose und letztlich Beratungsempfehlungen für erfolgreiches Führungsverhalten von Personen in Organisationen" (*Macharzina* 1980, Sp. 745).

Schließlich ist eine *vierte Gruppe* herauszustellen, die Führungskonzepte – im Gegensatz zur dritten Gruppe – als den umfassenderen Begriff setzt: „Neben den... branchen- und unternehmensbezogenen Besonderheiten können ein oder mehrere Führungsmodelle die gedankliche Grundlage für das unternehmensspezifische Führungskonzept bilden" (*Töpfer/Zander* 1982, S. 6).

Nachfolgend wird der vierten Begriffsverwendung gefolgt: Unternehmungsspezifische Führungskonzepte entstehen auf der Basis praxis-/theoriefundierter Führungsmodelle und unter Einbezug situativer Merkmale.

II. Forschungsprinzipien, Inhalte und Abgrenzungskriterien von Führungskonzepten im einzelnen

1. Forschungsprinzipien

Die starken quantitativen und qualitativen Divergenzen der Ansätze im Bereich der Führungskonzepte haben ihre Ursache in der Anwendung und Verfolgung sehr unterschiedlicher Vorgehens- und Forschungsprinzipien in Wissenschaft und Praxis. Werden reduktive, holistische, rationale und schließlich Antiprinzipien (wie ad hoc Hypothesen) unterschieden, dann sind – um eine ausgewogene Analyse von Führungskonzepten leisten zu können – drei Anforderungen zu berücksichtigen:

(1) Forschungsprinzipien
Mehrfache, wechselweise Anwendung holistischer und reduktiver Prinzipien, um eine Differenzierung in Führungsebenen zu erreichen.

(2) Kriterien
Die Breiten-/Tiefendimension von Führungskonzepten ist über eine umfassende Gegenstandsbestimmung groß zu halten; der Informationsgehalt ist zunächst in den Vordergrund zu stellen.

(3) Strategie
Akzeptanz auch „primitiver" und Antiprinzipien, um den Gegenstandsbereich „Führungskonzepte" möglichst breit abzudecken.

2. Inhalte von Führungskonzepten

Unter Beachtung dieser Anforderungen ist der *Inhalt von Führungskonzepten* in drei Schritten wie folgt zu bestimmen:

Erster Schritt: Beschreibung, Erklärung und Prognose des Führer-Geführter(n)-Einflußverhältnisses. Ausgangspunkte der inhaltlichen Bestimmung von Führungskonzepten sind der Führer, der einen Führungsanspruch bezüglich des/der Geführten geltend macht (vgl. *Reber* 1983), und die Geführten mit ihren Reaktionen. Präzisierend ist dabei auf die Rolle des Führers als Träger eines (eigenen) Transformations- (oder Aufgaben-)feldes zu verweisen. Dieses Transformationsfeld kann in Form der Determinanten, Prozeß(struktur) und Ergebnisse eines Handlungs- bzw. Arbeitserfüllungsprozesses näher charakterisiert werden (vgl. hierzu entsprechende Details in Abb. 1). Aus der Fülle dieser Faktoren, die zusammen das Führer-Transformationsfeld bilden, wird der Führungsanspruch gebildet, der sich auf den/die Geführten richtet.

Das Geführten-Transformationsfeld ist in entsprechender Weise zu denken und aufzufächern. Zur Einlösung und Durchsetzung des *Führungsanspruchs* stehen dem Führer mindestens vier Wege zur Verfügung: *erstens* die Variation von Umfeldfaktoren des/der Geführten-Transformationsfeldes(der), *zweitens* die direkte Einflußnahme, die sog. interaktionelle Führung über Anweisung oder kooperative Vereinbarung, *drittens* die Variation von Transformationsfelddeterminanten und *viertens* die Einflußnahme auf die Ergebnisfeststellung und die Belohnungsvergabe.

Nicht zu vergessen ist die in der theoretischen Diskussion lange unberücksichtigt gebliebene Deutung der Einflußmöglichkeiten des/der Geführten auf den Führer (vgl. Ziffer 5 in Abb. 1; →*Führung von unten*), beispielsweise indem gute Leistungsergebnisse der Geführten die Art und Intensität des Führungsanspruchs zumindest mitbedingen, wenn nicht sogar gestalten.

Zweiter Schritt zur Bestimmung des Gegenstandes von Führungskonzepten (vgl. Abb. 2) liegt in der Aufnahme von Transformationsfeldern höherer Ebenen und entsprechender Faktoren (vgl. *Osborn/Hunt* 1975): Darin äußert sich der Versuch, die mikroanalytische Auffächerung über den Einbezug entsprechender Makrovariablen zu ergänzen. Diese Determinantengruppen, die das Mikrogeschehen prägen, können als institutionsinternes Variablenfeld, als *Makrovariablen erster Ordnung* bezeichnet werden. Behält man die Trennung in relationale, regulative und laterale Faktoren bei (vgl.

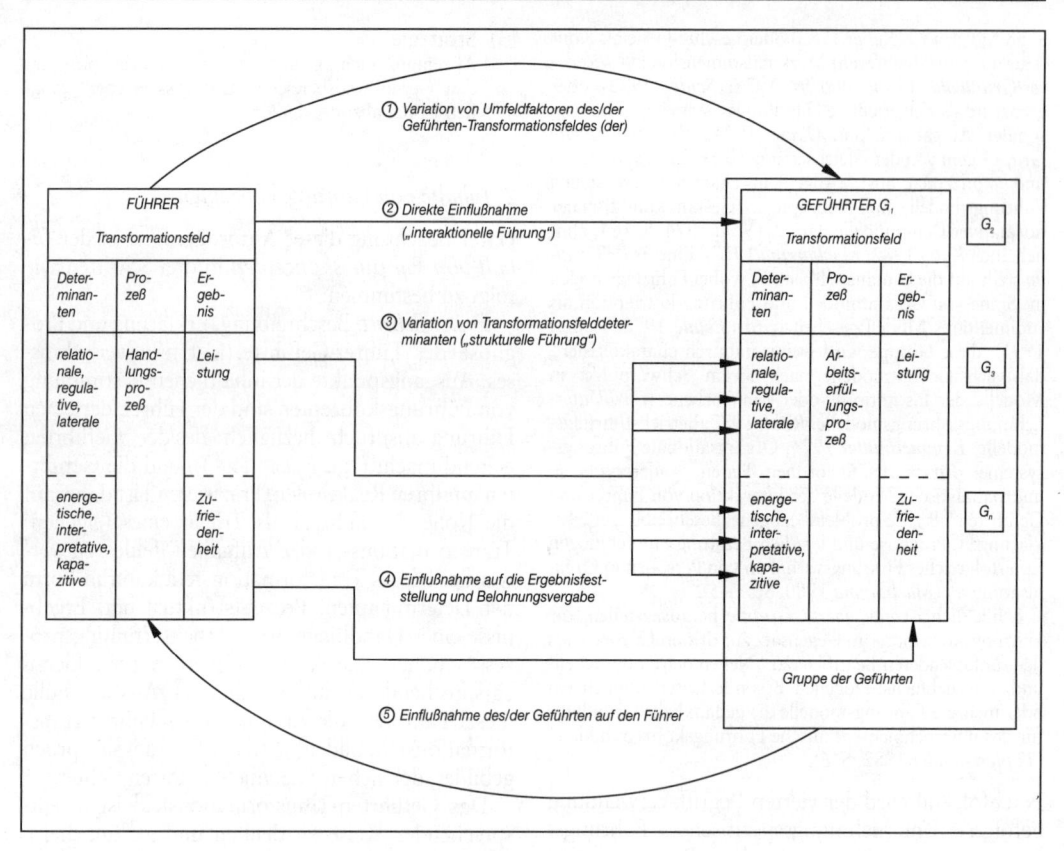

Abb. 1: Mikroanalytische Bestimmung des Gegenstandsfeldes von Führungskonzepten

Abb. 1), so lassen sich als Inhalte entsprechender Faktorgruppen die institutionale (Grund-)Aufgabe, die Grundziele und die technologische Grundausstattung identifizieren, dann Art und Inhalt des Autoritätssystems, Leistungsstile/Delegation und Kooperationsformen und schließlich der Kommunikations- und Informationsbereich und entsprechende Ressourcen. Als Ergebnis ist eine institutionale Technizität, eine Leistungseffizienz festzustellen. Bezogen auf den mental-sozialen Bereich sind insbesondere Interessenlagen, Einstellungen und die Rollenträgerfähigkeiten zu nennen, die Bezüge zur Wert-/Sinnebene aufweisen. Um diese Wirkfaktoren höherer Ebenen legen sich institutionale Umfeld- oder Unternehmungsumfeldfaktoren, die hier als *Makrovariablen zweiter Ordnung* benannt werden; Abb. 2 faßt diese Überlegungen zusammen.

Der *dritte Schritt* zur inhaltlichen Bestimmung von „Führungskonzepten" liegt darin, explizit einen Bereich der Implementation aufzunehmen (vgl. *Gebert* 1976; *Steinle* 1980; *Sprenger* 1987). Geht man davon aus, daß jeder Handlungsprozeß in ein Feld der Gestaltung („Was soll Inhalt eines neuen Führungskonzepts sein?") und in ein Feld der Durchführung („Wie soll das neue Führungskonzept realisiert werden?") zu trennen ist, dann zeigt gerade die Entwicklung, Übernahme und Anpassung eines so anspruchsvollen „Produkts" wie das eines Führungskonzepts die Notwendigkeit, auch Gestaltungsempfehlungen für die Implementation zwingend in die Formulierung aufzunehmen. Es kann eben nicht davon ausgegangen werden, daß ein solch differenziertes Empfehlungssystem über einen einmaligen Einführungsakt eines möglicherweise „eingekauften" Führungsmodells für Führungsbetroffene verhaltenswirksam werden könnte.

3. Abgrenzungskriterien

Vor diesen Empfehlungen zur inhaltlichen Füllung von Führungskonzepten können folgende Kriterien als für die *Abgrenzung* und den Vergleich *von Führungskonzepten* wichtig herausgestellt werden (vgl. hierzu *Wild* 1974, S. 169 ff; *Bleicher/Meyer* 1976, S. 192 ff.; *Steinle* 1978, S. 178 ff.):

Formale Kriterien
– Strenge bzw. Restriktivität der zugrunde liegenden Prämissen
– Präzision und Operationalität der Konzeptaussagen
– Ausmaß der Kohärenz
– Widerspruchsfreiheit der Konzeptaussagen

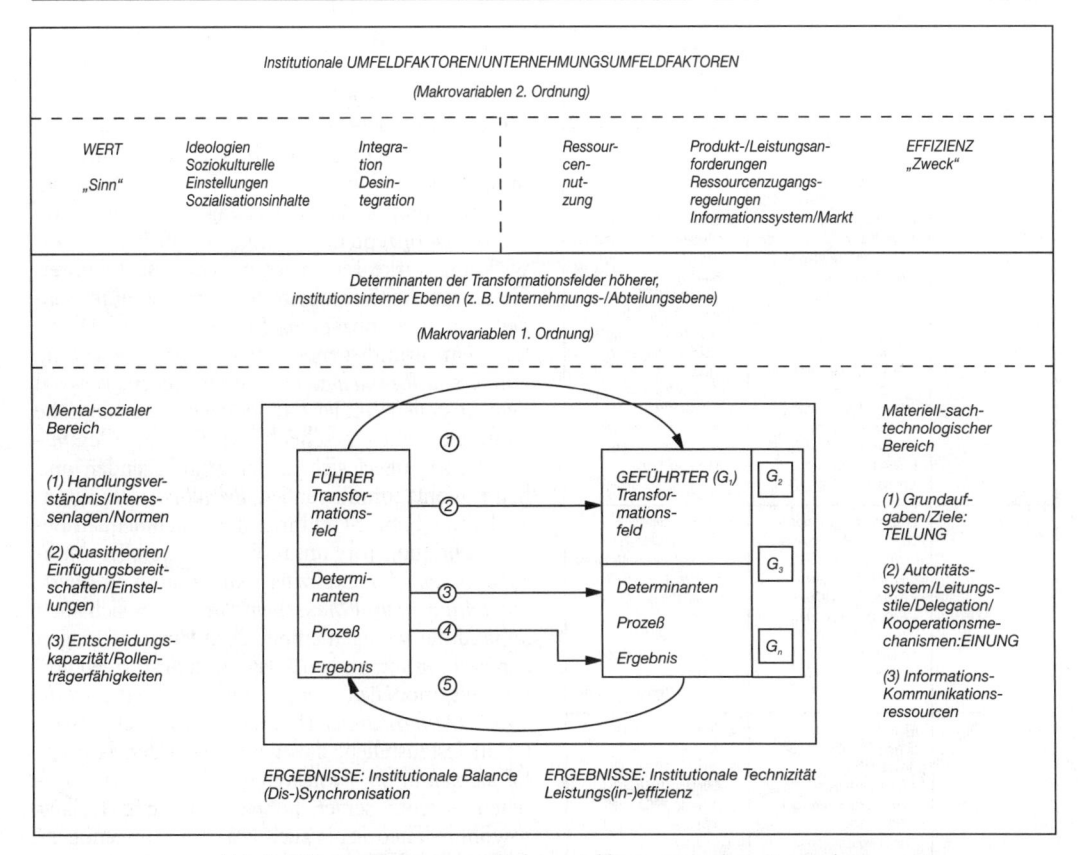

Abb. 2: Führungskonzepte und Makrovariablen erster und zweiter Ordnung

Inhaltliche Kriterien
- Explizite Berücksichtigung von Umfeldfaktoren
- Vorhandensein inhaltlicher/prozeduraler Ideen, Leitbilder, Philosophien, Ziele, Zwecke
- Differenzierte Betrachtung des Gegenstandsfeldes mit den Merkmalen:
  = Aufgabe, Träger, mentales/materielles Aufgabenfeld und ihr Zusammenwirken
  = Prozeßverläufe
  = Führer-Geführten-Ebenen
  = Vorhandensein von Strukturmerkmalen
  = Technologie; Ressourcen zur Aufgabendurchführung
- Handlungskonzeptionen für Führer und Geführte
  = Planungs-, Informationssystem
  = Willensbildungs-, Willensdurchsetzungs-, Willenssicherungssystem
- Mehrperiodige, interaktionsorientierte Prozeßvorstellung
- Instrumentierung des Konzepts (Führungstechnologie)
- Berücksichtigung von Implementationsmerkmalen und -wegen.

Unter Berücksichtigung dieser Kriterien – die über die Elemente von Abb. 2 weit hinausgehen – kann die Begriffshülse „Führungskonzepte" inhaltlich wie folgt bestimmt werden: *Führungskonzepte umfassen möglichst präzise formulierte, operationale und kohärente Soll-Vorstellungen zur Realisation von Führungsaufgaben.* Unter Einbeziehung von Umfeldfaktoren und Leitbildern/Philosophien entstehen dabei Aussagengeflechte bezüglich mentaler/materieller Aufgabenfelder (Anforderungen, Träger, Prozeßverläufe) in verschiedenen Institutionsebenen und unter Einbezug von Organisationsstrukturmerkmalen, Technologien und Ressourcen zur Aufgabendurchführung. Die normativen Handlungsanweisungen für Führer und Geführte – sie liegen (rudimentär) als pragmatisch orientierte und praxisverbreitete bzw. eher wissenschaftlich-theoretisch konzipierte Führungsmodelle für Teilbereiche bereits vor – beziehen sich insbesondere auf Form und Inhalt des Willensbildungs-, Willensdurchsetzungs- und Willenssicherungsprozesses. Basis der Handlungsanweisungen sind mehrperiodige, interaktionsorientierte Prozeßvorstellungen, die mit Führungsinstrumenten ausgestattet und unter Berücksichtigung von Implementationscharakteristika auch als Einführungswege zu gestalten sind.

III. Grundvorstellungen von Führungsmodellen

In vorgenannter Abgrenzung wurde ein Bezug von Führungskonzepten zu den praxisverbreiteten Führungsvorstellungen/„Rezeptsammlungen" so-

Umfänglichkeit \ Herkunft	Wissenschaftlich-theoretischer Bereich („Theorie")	Pragmatisch-anwendungszentrierter Bereich (Praxis)
Partial-Modelle	Führungstheoretische Basispositionen (vgl. Neuberger 1976; Wunderer/Grunwald 1980; Schinnerl 1981; Bass 1981): – Eigenschaftstheorie – Rollentheorie – Interaktionstheorie – Attributionsansätze (McElroy 1982) – Dyadisch-Vertikale Ansätze (Vecchio/Gobdel 1984) – Faktortheoretische Bezugssysteme (Barrow 1980) – („Enge") Situationsansätze	Wertrahmen/Menschenbilder: – Steinle 1978, 1980; Weinert 1984. Management-/Führungsprinzipien (MdC, MdD, MdE, MbS): – Baugut/Krüger 1976; Häusler 1977. Führungsstile: – Letsch 1975; Lattmann 1975; Baumgarten 1976; Steinle 1992. Führungstechniken: – Steinle 1985 Führungsgrundsätze: – Wunderer/Klimecki 1990
Übergangsbereich	Entscheidungs-/motivationstheoretische Ansätze: – Vroom/Jager 1991 Weg-Ziel-Modelle: – Neuberger 1976; Fulk/Wendler 1982 Interaktions-Einflußsysteme – Likert/Likert 1976	Verhaltensgitter: – Blake/Mouton 1986 Situations-Stilwahlmodell: – Fiedler et. al. 1979 Stil-Situations-Effektivitätsmodell: – Reddin 1981 Situations- Motivationsmodell: – Hersey/Blanchard 1982
Totalmodelle	Motivations-/Interaktions-/Prozeßorientierte Ansätze: – Steinle 1978; Wunderer/Grunwald 1980 Handlungssituations-/Strukturorientierte Ansätze: – Bleicher/Meyer 1976; Schindel/Wenger 1978 Unternehmungspolitisch-/Führungsfunktionsorientierte Ansätze: – Rühli 1984	Führung durch das Setzen von Zielen: – Humble 1970; Albrecht 1978; Odiorne 1980 Kooperative Führung – Sprenger 1987 Ökologische Führung – Rüdenauer 1991

Abb. 3: Überblick der Führungsmodelle

wie zu den eher wissenschaftlich geprägten führungstheoretischen Basispositionen und Ansätzen hergestellt (vgl. hierzu auch *Staehle* 1992; *Gabele* 1992). Differenziert man neben diesem Moment der Herkunft nach einem zweiten Kriterium, inwieweit vorhandene Konzepte (annähernd) den gesamten Gegenstandsbereich oder nur Teilbereiche umfassen, dann können entsprechende Ansätze anhand von Abb. 3 geordnet werden.

Systematisch wären nun die in Abbildung 3 aufgenommenen Partial- und Totalmodelle anhand der in Abschnitt II, 3. zusammengefaßten Kriterien zu analysieren um ihre jeweilige Fruchtbarkeit und Vorteilhaftigkeit festzustellen. Dies kann hier einerseits aus Platzgründen, andererseits durch das Vorliegen entsprechender Stichworte →*Führungsprinzipien und -normen;* →*Führungstechniken;* →*Führungsmodelle;* →*Führungstheorien – Situationstheorie, – Vroom/Yetton-Modell, – Weg-Ziel-Theorie;* →*Verhaltensgitter der Führung (Managerial Grid)* nicht detailliert durchgeführt werden (siehe hierzu aber: *Baugut/Krüger* 1976; *Reinermann/Reichmann* 1978; *Schindel/Wenger* 1978; *Steinle* 1978; *Neuberger* 1980, 1990; *Brauchlin* 1981; *Staehle* 1991).

Vergleicht man diesen Überblick der Führungsmodelle mit den oben detailliert entwickelten und in Abbildung 2 zusammengefaßten Inhalten von Führungskonzepten, so zeigt die bisherige Entwicklung starke Tendenzen, von der engen Führer-Geführten-Analyse abzugehen und zu umfassenden Rahmenkonzepten fortzuschreiten. Damit kann eine grundlegende Tendenz zur Entwicklung von *Gesamtmodellen* festgestellt weden, obwohl dem Ausfeilen von Partialmodellen weiterhin hohe Aufmerksamkeit geschenkt wird. Diese *Gesamtsichtweise* äußert sich in der grundlegenden und heute wohl dominierenden *Prozeßvorstellung* im Verhältnis Führer-Geführte, der zunehmenden Berücksichtigung (organisations-)struktureller *Makrovariablen*, der expliziten Aufnahme von *Wertvorstellungen und Menschenbildern*, was sich auch anhand der wenigen empirischen Untersuchungen zur Verbreitung und zu Ausgestaltungsformen von Führungsmodellen zeigen läßt (vgl. *Brauchlin* 1981; *Töpfer/Zander* 1982). Grundsätzlich ist weiterhin festzustellen, daß der Bereich der *Konzeptimplementation* – von wenigen Ausnahmen abgesehen – trotz seiner hohen Bedeutung bislang sowohl in Theorie als auch Praxis nur ungenügende Berücksichtigung findet (vgl. aber *Böhret/Junkers* 1976; *Gebert* 1976; *Schindel/Wenger* 1978, S. 174 ff.; *Sprenger* 1987).

IV. Konzeptalternativen und Implementationswege

1. Inhalt und Abgrenzung von Implementationskonzeptionen

In den Berichten von *Brauchlin* (1981) und *Töpfer/Zander* (1982) wird deutlich, daß Unternehmungsleitungen, die vor der Einführung einer neuen bzw. der Änderung einer vorhandenen Führungskonzeption stehen, sich zwar an Führungsmodellen des theoretischen wie auch des pragmatischen Bereichs orientieren, diese Modelle aber aufgrund mangelnder Spezifizierung bez. geäußerter Bedürfnisse und Ziele meist nur als Ausgangsposition für die Erstellung/Weiterentwicklung eigener Konzepte nutzen. Als *Implementationskonzeption* sind schriftlich fixierte oder an den Verhaltensweisen der Unternehmungsleitung erkennbare Absichten zu verstehen, die auf die Realisation eines „neuen" Führungskonzeptes gerichtet sind. Sie stellt damit ein systematisch geordnetes Bündel von Einführungszielen und entsprechenden Formen und Techniken der Einführung dar – unter konsequenter Ausrichtung an unternehmungsspezifischen Determinantengruppen. Hierbei sind zwei grundlegende Fragen bezüglich der inhaltlichen Ausgestaltung zu beantworten (vgl. *Steinle* 1980, S. 308):

1. Soll das neue Führungskonzept auf einmal als ganzes System oder in einer Serie von Iterationen realisiert werden, von denen jede auf eine zunehmend verfeinerte und vollständig operationalisierte Führungsstruktur hinauslaufen würde?
2. Soll das neue Führungskonzept eher induktiv auf der Basis des gegenwärtig vorhandenen Führungsverhaltens entworfen werden, oder soll ein völlig *neu geschaffenes* oder aus dem Bereich der Wissenschaft oder Praxis *übernommenes* Konzept der Führung realisiert werden?

Aufgrund des in der betrieblichen Praxis anzunehmenden hohen Verfestigungsgrades der Führungsbeziehungen scheint eine Realisation des neuen Führungskonzepts nur in Form einer schrittweisen und sich verfeinernden Prozeßserie möglich. Eine Strategie der Implementation „in einem Anlauf" dürfte, wegen der vielfältigen Widerstandsprozesse, kaum den beabsichtigten Erfolg erzielen. Dabei sollten – ausgehend von der Diagnose der Schwierigkeiten im Führungsbereich – Veränderungsbemühungen in Gang gesetzt werden (induktiv), wobei durchaus eine Orientierung an „idealen" Führungsmodellen (von der Unternehmungsleitung definiert, über Berater oder die Literatur „eingekauft") stattfinden sollte. Daran schließt sich die Entwicklung eines systematischen Veränderungsprozesses an, der fixiert und dann durchschritten wird.

2. Phasen eines möglichen Implementationsweges von Führungskonzepten

Der nachfolgende Stufenplan soll die grundlegenden Aktivitäten, Konflikte, Entscheidungen und Ereignisse skizzieren, die bei der Implementation eines Führungskonzeptes auftreten bzw. zu bewältigen sind. Die einzelnen Stufen der Einführung/Transformierung zielen dabei jeweils auf die Problemgruppen, die in einem spezifischen Abschnitt des Einführungsprozesses für die Steuerung und Gestaltung von besonderer Bedeutung sind (vgl. *Töpfer/Zander* 1982a, S. 194 ff.; *Jüsche/Steinle* 1982).

a) Problemwahrnehmung

Die Initiative für einen Umstellungsprozeß wird im Regelfall bei der Unternehmungsleitung liegen, die aufgrund von Indikatoren wie hoher Fluktuation, Fehlzeiten und konfliktären Beziehungen einen Ausschuß – auch unter Einbezug einiger Mitarbeiter niedrigerer Unternehmungsebenen – bildet, der Problemfeler der gegenwärtigen Führung aufnimmt. Abschluß dieser Phase ist ein Grundsatzentscheid über die Einleitung/Nichteinleitung eines Implementationsprozesses. Im positiven Falle enthält dieser u. a. Aussagen bezüglich des Leitbildes und zum Grad der Mitwirkung der Mitarbeiter bei der Erstellung des Führungskonzeptes.

b) Mitarbeiter-Einbezug

Der Mitarbeiter-Einbezug kann einerseits direkt über spezielle Informationsveranstaltungen erfolgen, um eine Aktivierung und positive Einstellung der Mitarbeiter zu erreichen, andererseits indirekt über die Entsendung entsprechender Repräsentanten in eine zu bildende feste Projektgruppe, welche die Umstellung trägt und die von Unternehmungsmitgliedern verschiedener Ebenen und unter Einbezug interner/externer Spezialisten gebildet wird.

c) Unternehmungsanalyse

Die zentrale Aufgabe der Projektgruppe besteht in der Diagnose des Ist-Zustandes im Führungsbereich wie z. B. Entwicklungsstand der Unternehmung und daraus ableitbare Führungsgrundlagen, formale/informale Organisationscharakteristika, Bestimmungsfaktoren aus dem Umfeld- und Technologiesektor der Unternehmung sowie personenspezifische Einstellungen und Verhaltensmerkmale der Unternehmungsmitglieder. Hierzu kann insbesondere die Daten-Erhebungs-/Rückkopplungsmethode (*Gebert* 1976) eingesetzt werden.

d) Führungskonzept-Entwurf

In Abhängigkeit von der Diagnose der jeweiligen Arbeitsstruktur und der Transformationsprozesse ist das neue Führungskonzept zu entwerfen, wobei in dieser Phase auf vorhandene Führungsmodelle – zur Orientierung – zurückgegriffen werden kann. Als Ergebnis dieser Phase ist ein Umstellungskonzept zu fixieren, das einerseits die Umstellungsinhalte, andererseits die Zeit- und Ablaufplanung für die Umsetzung enthält.

e) Einführungsentschluß

Die Haltung der Unternehmungsmitglieder kann von bereitwilliger Zustimmung über duldende Akzeptanz bis hin zu offenem Widerstand bez. der Implementation reichen: Defizite im Informationsstand, aber auch inhaltliche Differenzen, können über Information und Schulung einerseits, über eine Prüfung von Änderungsvorschlägen und evtl. Modifikationen des Umstellungskonzeptes andererseits verringert werden. Nach der offiziellen Inkraftsetzung erfüllt die Umstellungskonzeption vielfältige Funktionen im Rahmen der weiteren Information und Motivation der Mitarbeiter sowie der Legitimation und schließlich der Kontrolle der neuen Führung.

f) Konzept-Installation und Ausführung

Zentrales Moment wirkkräftiger Änderung der Führung ist ein an der Arbeitswelt (Transformationsfelder) der Geführten ausgerichteter Lernprozeß, der insbesondere über die Instrumente der Teamentwicklung und der strukturellen Reorganisation realisiert werden kann.

g) Erfolgskontrolle

Die Kontrolle der Implementation umfaßt eine Erfolgsbewertung der jeweils erreichten Änderungsergebnisse im Führungsbereich und damit eine Fortschrittskontrolle auf dem Weg der Konzeptrealisation, um einerseits Defizite der bisherigen Vorgehensweise zu identifizieren und um andererseits auch Anstöße für die weitere Führungsumstellung zu erhalten.

Insgesamt zeigen diese Phasen, daß die Führungskonzept-Implementation keinesfalls als „Einkauf" eines Modells und dessen formale Inkraftsetzung verstanden werden kann, sondern daß sie vielmehr einen mehrstufigen Prozeß darstellt, der sorgfältiger Steuerung und stets anregender Impulse bedarf, soll Erfolgswirksamkeit erreicht werden.

V. Versuch einer abschließenden Stellungnahme

1. Entwicklungswege

Sowohl im wissenschaftlich-theoretischen als auch pragmatisch-anwendungszentrierten Bereich sind Tendenzen zum Vorherrschen einer *Gesamtsichtweise* und einer entsprechenden Behandlung des Objekts „Führungskonzepte" spürbar geworden. Dies äußert sich inhaltlich darin, daß die zentrale Führer-Geführten-Interaktion eine wesentliche Erweiterung über die Detaillierung einzelner Faktoren, der Determinanten, Prozesse und Ergebnisse entsprechender Aufgabenfelder erfährt. Darüber hinaus werden Makrovariablen in Form institutionsinterner und umfeldbezogener Faktoren aufgenommen, auch wenn derzeit noch primär in „Mosaikansätzen" gedacht wird, also ohne daß ein solcher kohärenter Gesamtansatz „aus einem Guß" schon vorliegen würde, der insbesondere auch die organisationsstrukturellen Momente in ihrer Bedeutung berücksichtigen könnte. Eine solche, in Ebenen geschichtete Vorstellung, zeichnet sich durch ihre Orientierung an vorhandenen Modellen, die Berücksichtigung ebenenspezifischer Situationsfaktoren und schließlich den Versuch aktiver Steuerung/Gestaltung aus. Daneben ist vom Aufkommen einer *„doppelten Prozeßvorstellung"* auszugehen: Nicht nur das Zusammenwirken von Führer und Geführten wird zunehmend als mehrperiodige Prozeßvorstellung aufgefaßt, sondern darüber hinaus wird die Realisation von Führungskonzepten mindestens in einen Bereich der Konzeption und in einen Bereich der Implementation aufgespalten, wobei hierzu mehrphasige Prozeßschemata Anwendung finden.

2. Ausblick

Der Versuch, eine hohe Erfolgswirksamkeit von Führungskonzepten zu schaffen bzw. zu erhalten, läßt sich beim derzeitigen, eher desolaten Entwicklungsstand der Führungsmodelle (*Staehle* 1992; *Steinle* 1978) über zwei Aufforderungen zumindest anregen: die *Aufforderung an die Führungswissenschaft,* kontinuierlich an der Verbesserung der Modellvorstellungen zu arbeiten, und die *Aufforderung an die Führungspraxis,* Rückmeldungen über die Bewährung theoretisch erarbeiteter Modell in der praktischen Anwendung zu geben bzw. überhaupt den „Zugang zum Feld" zu eröffnen. Erst im Rahmen der Realisierung dieser beiden Aufforderungen dürfte es gelingen, „effektiven" Führungskonzepten in kleinen Schritten näher zu kommen.

Literatur

Albrecht, K.: Successful Management by Objectives – an Action Manual. Englewood Cliffs, N. J. 1978.
Barrow, J. C.: Die Variablen der Führung: Überblick und konzeptionelles Bezugssystem. In: *Grunwald, W./Lilge, H.-G.* (Hrsg.): Partizipative Führung. Bern, Stuttgart 1980, S. 25–49.
Bass, B. M.: Stogdill's Handbook of Leadership: A Survey of Theory and Research. New York 1981.
Baugut, G./Krüger, S.: Unternehmungsführung. Opladen 1976.
Baumgarten, R.: Führungsstile und Führungstechniken. Berlin 1976.
Blake, R./Mouton, J.: Verhaltenspsychologie im Betrieb. (Neuaufl.). Düsseldorf, Wien 1986.
Bleicher, K./Meyer, E.: Führung in der Unternehmung – Formen und Modelle. Reinbek 1976.
Böhret, C./Junkers, M. Th.: Führungskonzepte für die öffentliche Verwaltung. Stuttgart et al. 1976.
Brauchlin, E. (Hrsg.): Konzepte und Methoden der Unternehmungsführung. Bern, Stuttgart 1981.
Fiedler, F. E./Chemers, M. M./Mahar, L.: Der Weg zum Führungserfolg. Stuttgart 1979.
Frese, E.: Zum Vergleich von Führungsmodellen. In: *Wild, J.* (Hrsg.): Unternehmungsführung. Berlin 1974, S. 221–249.
Fulk, J./Wendler, E. R.: Dimensionality of Leader-Subordinate Interactions: A Path-Goal Investigation. In: OBHP, 1982, S. 241–264.
Gabele, E.: Führungsmodelle. In: *Gaugler, E./Weber, W.* (Hrsg.): HWP. 2. A., Stuttgart 1992, Sp. 948–965.
Gebert, D.: Zur Erarbeitung und Einführung einer neuen Führungskonzeption. Berlin 1976.
Häusler, J.: Führungssysteme und -modelle. Köln 1977.
Hersey, P./Blanchard, K.: Management of Organizational Behavior. 4. A., Englewood Cliffs, N. J. 1982.

Humble, J. W. (Hrsg.): Management by Objectives in Action. London et al. 1970.
Jüsche, M./Steinle, C.: Verwirklichung partizipativer Führung. In: Personalwirtschaft, 1982, S. 21–28.
Kemmetmüller, W.: Führungsmodelle und Betriebsgröße. Berlin 1974.
Kirsch, W.: Organisationale Führungssysteme. München 1976.
Kuhn, A.: Unternehmensführung. München 1982.
Lattmann, Ch.: Führungsstil und Führungsrichtlinien. Bern, Stuttgart 1975.
Letsch, B. H.: Motivationsrelevanz von Führungsmodellen. Bern, Stuttgart 1975.
Likert, R./Likert, J. G.: Ways of Managing Conflict. New York 1976.
Macharzina, K.: Führungsmodelle. In: *Grochla, E.* (Hrsg.): HWO. 2. A., Stuttgart 1980, Sp. 744–756.
Macharzina, K.: Führungstheorien und Führungssysteme. In: *Macharzina, K./Oechsler, W. A.* (Hrsg.): Personalmanagement, Bd. I, Mitarbeiterführung und Führungsorganisation, Wiesbaden 1977, S. 19–54.
McElroy, J. C.: A Typology of Attribution Leadership Research. In: AMR, 1982, S. 413–417.
Neuberger, O.: Führungsverhalten und Führungserfolg. Berlin 1976.
Neuberger, O.: Führungsforschung: Haben wir das Jäger- und Sammlerdasein schon hinter uns? DBW, 1980, S. 603–630.
Neuberger, O.: Führen und geführt werden. 3. A., Stuttgart 1990.
Odiorne, G. S.: Management by Objectives. München 1980.
Osborn, R./Hunt, J.: An Adaptive-reactive Theory of Leadership: The Role of Macro Variables in Leadership Research. In: *Hunt, J./Larson, L.* (Hrsg.): Leadership Frontiers. Kent State University 1975, S. 27–44.
Reber, G.: Führung, Management und Entscheidungsvorgänge in der Verwaltung. In: *Wenger, K./Brünner, Ch./Oberndorfer, P.* (Hrsg.): Grundriß der Verwaltungslehre. Wien, Köln 1983, S. 327–358.
Reddin, W. J.: Das 3-D-Programm zur Leistungssteigerung des Managements. Landsberg 1981.
Reinermann, H./Reichmann, G.: Verwaltung und Führungskonzepte. Berlin 1978.
Rüdenauer, M. R. A.: Ökologisch führen. Wiesbaden 1991.
Rühli, E.: Grundsätzliche Betrachtungen zu einem integrierten Führungsmodell. In: ZfbF, 1977, S. 729–741.
Rühli, E.: Der „Züricher Ansatz" zu einer Führungslehre. In: Die Unternehmung 1984, S. 347–357.
Rumpf, H.: Personalführung. München 1991.
Schindel, V./Wenger, E.: Führungsmodelle. In: *Heinen, E.* (Hrsg.): Betriebswirtschaftliche Führungslehre. Wiesbaden 1978, S. 92–187.
Schinnerl, R.: Verhaltensdeterminanten in der Unternehmung. München 1981.
Seidel, E.: Betriebliche Führungsformen. Stuttgart 1978.
Sprenger, H.-P.: Kooperative Führungskonzepte in deutschen Unternehmen. Berlin 1987.
Staehle, W. H.: Management. 6. A., München 1991.
Staehle, W. H.: Führungstheorien und -konzepte. In: *Frese, E.* (Hrsg.): HWO. 3. A., Stuttgart 1992, Sp. 655–675.
Steinle, C.: Führung. Stuttgart 1978.
Steinle, C.: Zur Implementation partizipativer Führungsmodelle. In: *Grunwald, W./Lilge, H.-G.* (Hrsg.): Partizipative Führung. Bern, Stuttgart 1980, S. 286–314.
Steinle, C.: Ordnung und Inhalt von Führungstechniken. In: *Bühler, W./Hofmann, M./Malinsky, A.-H.* et al. (Hrsg.): Die ganzheitlich verstehende Betrachtung der sozialen Leistungsordnung. Wien, New York 1985, S. 299–317.
Steinle, C.: Führungsstil. In: *Gaugler, E./Weber, W.* (Hrsg.): HWP. 2. A., Stuttgart 1992, Sp. 966–980.
Töpfer, A./Zander, E.: Bausteine eines kooperativen Führungskonzeptes – Einordnung der Beiträge. In: *Töpfer, A./Zander, E.* (Hrsg.): Führungsgrundsätze und Führungsinstrumente. Frankfurt/M. 1982, S. 1–28.
Ulrich, H./Krieg, W.: St. Galler Management Modell. Bern 1974.
Vecchio, R. P./Gobdel, B. C.: The Vertical Dyad Linkage Model of Leadership: Problems and Prospects. In: OBHP, 1984, S. 5–20.
Vroom, V. H./Jago, A. G.: Flexible Führungsentscheidungen. Stuttgart 1991.
Weinert, A. W.: Menschenbilder in Organisations- und Führungstheorien: Erste Ergebnisse einer empirischen Überprüfung. In: ZfB, 1984, S. 30–62.
Wild, J.: Betriebswirtschaftliche Führungslehre und Führungsmodelle. In: *Wild, J.* (Hrsg.): Unternehmungsführung. Berlin 1974, S. 139–179.
Wilpert, B.: Führung in deutschen Unternehmen. Berlin, New York 1977.
Wunderer, R./Grunwald, W.: Grundlagen der Führung (Bd. 1); Kooperative Führung (Bd. 2): Berlin, New York 1980.
Wunderer, R./Klimecki, R.: Führungsleitbilder. Stuttgart 1990.

Führungskräfte als lernende Systeme

Hubert Fein

[s. a.: Ausbildung an Institutionen und Hochschulen; Ausbildung an Managementinstitutionen; Coaching; Fortbildung, Training und Entwicklung von Führungskräften; Führung von Führungskräften, Mentoring.]

I. Einleitung und Problemstellung; II. Begriffsbestimmungen; III. Voraussetzungen für Lernen; IV. Bedingungen des Entstehens und der Erhaltung von Lernprozessen.

I. Problemstellung und Einleitung

1991 förderte eine Befragung von „Management Wissen" von 600 Firmen und 400 Seminaranbietern Ergebnisse zu Tage, die viele vom beginnenden Jahrzehnt der *Weiterbildung* sprechen ließen. 1993 befinden sich die meisten der damals weiterbildungsfreudigsten Unternehmungen in der Krise (*Langecker* 1993a). Der Autor konstatiert, daß allzuoft Weiterbildung nur um der Weiterbildung willen betrieben werde sowie 80% der Bildungsausgaben umsonst seien und schließt: „Sie lernen und lernen, aber verändern sich nicht." Woran liegt es, daß trotz des oft gehörten Rufs, *Bildung* erfolgreich und innovativ zu managen (*Merk* 1993), der Bemühungen verschiedener Seminaranbieter, der „schwindenden Halbwertszeit" (*Deschwanden* 1991) des Wissens Rechnung zu tragen, die meiste Weiterbildung nicht weiter, sondern im Kreis herumführt, wenn nicht überhaupt zum Verlust „innerer Produktivität" (*Langecker* 1993b).

Aus systemtheoretischer Perspektive geht es darum, *personalen Systemen* ihre Geschichtlichkeit, synthetische Determiniertheit wiederzugeben, die ihnen im kollektiven Sozialisationsprozeß (*Gilgenmann* 1986) genommen wurde, aber auch die Versuche aufzugeben, sie zu trivialisieren im Wege eines Bildungsideals, dessen mechanistisisch-universelle Nivellierungstendenz darauf abzielt, die geklärte Theorie dem klärenden Paradox vorzuziehen, wie schon Erprobtes, Bekanntes, Sicheres, Eindeutiges dem Unerprobten, Unbekannten, Unsicheren und Mehrdeutigen.

II. Begriffsbestimmungen

1. Führungskräfte

Daß Führung als die sozialpsychologische Beeinflussung des Verhaltens von Individuen oder Gruppen lernbar sei (*Ackermann* 1987), ist herrschende Meinung. Auch dann aber sehen sich *Führungskräfte* zwei Dilemmata (→*Führungsdilemmata*) gegenüber: Das eine entsteht, wenn konfligierende, institutionelle Ziele einander begegnen; einmal geht es darum, den ökonomischen Effizienzkriterien zu genügen, zum anderen darum, humane Effektivitätskriterien (Innovationsbereitschaft, Fundamentalkritik) zu erhöhen: Immer mehr desselben (*Watzlawick* 1986) mit sich wandelnden Mitteln zu erzeugen und dem Ganzen auch noch Sinn zu geben (*Dyllick* 1983). Das zweite Dilemma entsteht, wenn Führungskräfte sich divergenten Erwartungen (nicht zuletzt induziert durch Weiterbildungsveranstaltungen) gegenübersehen. Dies sind traditionelle Anforderungen, die mit Führung vor allem Zielsetzung, Koordination, Steuerung im Rahmen von (situativer) Mitarbeiter- oder Aufgabenorientierung verbinden, gestützt durch den voluntaristischen Glauben an die Machbarkeit des Notwendigen. Die formale Rechtfertigung für dieses Verständnis von *Führung* als hierarchischer Intervention liefern Gesetze, Mythen, die Organisation oder das Bedürfnis der Geführten, zumeist aber der (verschwiegene) Anspruch des höheren Wissens, das auf die „Intelligenz der Demokratie" (*Lindblom* 1965) verzichten kann.

Es muß offen bleiben, ob neuere Präskriptionen, z. B. „evolutionäre Führung" (→*Führungstheorien – Evolutionstheorien der Führung*) oder „Kontextsteuerung" (mit dem Prinzip der potentiellen Führung) die Paradoxie ständigen Rationalisierungsdrucks günstiger bewältigen helfen.

2. Lernende Systeme

Zwei Systembegriffe sind zu unterscheiden: Systeme als autonome Einheiten, konstituiert nach einer Organisationsform, „die im Prinzip alle für lebende Systeme charakteristischen Phänomene generieren kann" (*Maturana* 1982, S. 141) sowie *System* als geordnete Gesamtheit eines (abstrakten) gesellschaftlichen Zusammenhangs, z. B. Bildungssystem. Systemtheoretisch (*Maturana* 1982; *v. Foerster* 1993; *v. Glasersfeld* 1987; *Jantsch* 1982) handelt es sich bei lebenden Systemen um autonome, strukturdeterminierte und sich selbsterhaltende Entitäten. Autonom sind Systeme, deren Erhaltungsprozesse operationell geschlossen sind. Die zirkuläre Organisation bezieht sich nicht auf metabolische Vorgänge, sondern auf die Aufrechterhaltung der Identität als dieses System: Dies heißt insbesondere, daß jede kognitive Interaktion mit der Mitwelt Informationsgenerierung im Wege eigener Strukturveränderung bedeutet. Strukturdeterminiertheit ist die Folge der *Autonomie:* Die Struktur bestimmt das Verhalten und nicht die Umwelt; instruktive Interaktion ist unmöglich, m. a. W., ein lebendes System „lernt" nur, was es *lernen* kann und will; Lernen kann als Prozeß nur stattfinden, wenn der Organismus fähig ist, dem dargebotenen Wissen analoge Operationen im subjektiven-kognitiven Bereich vorzunehmen (*Jantsch* 1982). Selbsterhaltend sind Systeme, deren Komponenten (Subsysteme) sich gegenseitig und somit das Gesamtsystem erhalten (*Hejl* 1985; *Roth* 1986). Individuen als lernende Systeme lernen im Kontext eines (Aus-)Bildungssystems (→*Fortbildung, Training und Entwicklung von Führungskräften*). Dieses funktioniert nach dem Prinzip des Nürnberger Trichters: Es denotiert jene Inhalte, die „problemorientiert" dargeboten, sich der Proband „einzutrichtern" hat. Diese Definitionsmacht äußert sich auf der kulturellen Referenzebene in der Vorgabe des Lernens von Vergangenheitsbewältigung („wann fanden die Hawthorne-Experimente statt") und der dazu notwendigen Regeln. Diese wandeln sich flugs in Gesetze, die auch für die Zukunft gelten und die, zu Gewohnheiten geworden, Menschen unfähig werden lassen, Änderungen wahrzunehmen oder sich zu ändern („Man *ist* lieber jemand, als man jemand *wird*"). Aus dieser Dysgnosie (*v. Foerster* 1993) entsteht die Bildungsresistenz Erwachsener (in ein volles Glas kann man keinen frischen Tee gießen).

Auf der Referenzebene der Organisation äußert sich die denotative Kraft durch z. B. Bekanntgabe erwünschter Bildungsveranstaltungen sowie in der Weckung bestimmter Erwartungshaltungen (Auserwählung, Sprungbrett, Versprechungen). Die

Anbieter ihrerseits versuchen, durch findige Schaufensterdekorationen („Trends" der Führungskurse, „Elitär-oligarchische" Ansprüche, Evokationen von Helden- und Siegermythen oder vorgebliche Ehrlichkeit: „Schweiß und Tränen"-Trainings) zu verdunkeln, daß auch ihr Vorrat starr strukturiert ist, ideologisiert, verschult im doppelten Wortsinn, und Landkarten statt Landschaften bereithält (→*Ausbildung an Managementinstitutionen*).

3. Lernen

„Jeder Lernkontext läßt sich mit Hilfe jeder Theorie beschreiben, je nach Betonung der Aspekte" (*Hilgard/Marquis* 1940). Wenn *Lernen* die Veränderung von Verhalten oder Verhaltenstendenzen in der Zeit ist, systemtheoretisch: „Transformation des Verhaltens eines Organismus durch Erfahrung" (*Maturana* 1982, S. 60), so ist jedenfalls anzufügen, daß „Lernen" nicht immer (oder ständig) notwendig und die jeweils benötigte Zeit für eine bestimmte Änderung nicht abschätzbar ist.

In Ansehung der Lerntheorien und dem sie behausenden Bildungssystem ist nicht ohne weiteres einsichtig, warum Lernen erwünscht ist, jedenfalls dann nicht, wenn es aktiv (*Portele* 1989) Ergebnisse zeitigen soll und nicht nur passive Wissensaufnahme darstellt (im Sinne der Präsenz überkommener Verhaltensregeln). M. a. W.: In organisationalen Systemen sind Verhaltensänderungen von Individuen immer nur dann erwünscht, wenn diese Verhaltensänderungen offensichtlich ihrem Überleben/ihrer Befindlichkeit dienen. Lernen von Führungskräften sollte also in der abrufbaren Fähigkeit und Bereitschaft zur Verhaltensänderung bestehen, ebenso aber in der Erkenntnis, wann Ruhe zu bewahren sei und insbesondere in der Gnade der Wahl des richtigen Zeitpunkts.

Die von G. *Bateson* (1985) entwickelte theorieübergreifende Lerntheorie unterscheidet vier Stufen:

Während unter Lernen 0 alles Verhalten subsumiert ist, das in Form gewohnter Reaktionen (Routinen) abläuft, die man herkömmlicherweise nicht Lernen nennen würde, ist Lernen I (Proto-Lernen, S. 229) jener Prozeß, den man üblicherweise in psychologischen Laboratorien als Lernen bezeichnet (*Portele* 1989), als Konditionierung, Löschen usw., überhaupt jenes Lernen, das der klassischen Definition (z. B. *Heckhausen* 1992) entspricht. Ist ein Lernprozeß so internalisiert, daß Verhalten routinisiert ist, ist Lernen wieder Lernen 0.

Lernen II, Deutero-Lernen (*Bateson* 1985, S. 229), z. B. die Entwicklung impliziter Strategien zu lernen, wie man lernt, ist Veränderung von Lernen I. Es führt zur Gewohnheitsbildung, zur Formung „einer Kraft, die Erinnerungen in einer bestimmten Weise integriert, ohne selbst Erinnerung zu sein" (*Bateson* 1985, S. 229; = Aneignung apperzeptiver Gewohnheiten). Solche Gewohnheiten sind fast unauslöschlich, zumal sie meist den Charakter selbsterfüllender Prophezeiungen haben und fortlaufend wahrgenommene Redundanz von Ereignissen und damit die Sicherheit des eigenen Verhaltens erhöhen. Dies ist das Stadium der Annahme der Gültigkeit induktiver Schlüsse (*v. Glasersfeld* 1987), deren Zustandekommen nicht mehr beobachtbar und artikulierbar ist. Genau hier findet Gewohnheitslernen statt – aber eben keine Veränderung. Wichtig ist, daß Lernen II als rekursiver Prozeß sozusagen von selbst stattfindet; es handelt sich um eine Art von Lerntransfer, die Bildung einer impliziten Erwartung, wie in Zukunft „Lernsituationen" gehandhabt werden. Diese Erwartungen wurden „heterogene funktionale Gebundenheit" (*Portele* 1989, S. 149) genannt, Haltungen, Sets, Habitus, Schemata (*Neisser* 1976), die von früher Kindheit an festgelegt werden. Solche Muster, Gewohnheiten werden oft als Charakter bezeichnet, der vor allem durch unser (Aus-)Bildungssystem als Bestandteil des Sozialisierungsprozesses festgelegt wird. Lernen III heißt, über das Bilden von Gewohnheiten hinauszukommen, die „Knechtschaft von Gewohnheiten" dort abzuwerfen, wo sie hinderlich ist, und „ungeprüfte Prämissen in Frage zu stellen" (*Bateson* 1985, S. 392). Lernen III führt zur Fähigkeit, Gewohnheiten aufgeben oder Gewohnheiten bewußt vermeiden zu können, in einer Situation gewohnheitsmäßig und in ähnlichen Situationen kreativ zu handeln, die Fähigkeit zu erlangen, der Verführung der Gewißheit „zu widerstehen und uns bewußt zu werden, daß wir die Unterschiede machen, die einen Unterschied machen, und daß wir die Regelmäßigkeiten konstruieren, die uns regeln" (*Portele* 1990, S. 47). Aus dem Gesagten ergibt sich, daß die Erwartungen an lernende Systeme zu lernen, i. S. von Lernen III widersprüchlich sind: Ein Charakter wird eingeschätzt und gleichzeitig von ihm erwartet, daß er sich verändere.

Wenn Führungskräfte in die Lage versetzt werden sollen, die Chance zu erhalten, sich diese Fähigkeiten anzueignen, so ist jedenfalls klar, daß neben der Voraussetzung personaler Fähigkeit es notwendig sein wird, (1) Führungskräfteweiterbildungsveranstaltungen nicht nach dem Jekami-Prinzip zu beschicken und gegebenenfalls die Auswahl von Veranstaltungen gegen die erklärten gegenwärtigen organisationalen Ziele vorzunehmen und (2) die didaktische Struktur nicht problemorientiert ist, sondern prozeßorientiert (was geschieht wie an mir), erlebnisorientiert (macht's mir Spaß) und handlungsorientiert (was habe ich davon) konzipiert ist.

III. Voraussetzungen für Lernen

Führungskräfte, die lernen sollen, sind in einer schwierigen Situation. Schon die Kriterien des Einstiegs, zumeist auch jene des Aufstiegs, bemessen sich nach einem Instrumentarium, das auf ein Höchstmaß an Trivialisierung, d. h. völliger Vorhersagbarkeit des Verhaltens, abzielt (z. B. Tests). Sie sind in der Situation eines Jagdhundes, dessen künftiger Eigner ihn auf seine Schußfestigkeit getestet hat und sich später wundert, daß der Hund schlecht hört. – Wenn der Ruf nach mündigen, entwicklungsfähigen und (selbst-)veränderungswilligen (i. S. von Lernen III) Führungskräften ernst genommen wird, sollten mindestens folgende Voraussetzungen vorliegen: Erstens sollte Klarheit darüber bestehen, welche Art von Lernen angestrebt wird: Geht es um die Aneignung von Regelwissen, um Routinen zu beherrschen oder um die Verbesserung der Fertigkeit, Probleme zu lösen, die zuvor nie aufgetreten waren, d. h., ist iteratives oder konstruktiv-relationales „Wissen" gefragt; geht es also um „Leserverhalten" oder das Verstehen eines Textes (*v. Glasersfeld* 1987). Grundsätzlich hätten sich danach Auswahlmechanismen zu richten: „illegitime Fragen" (*v. Foerster* 1993, S. 208), also Fragen, auf die die Antwort bekannt ist, sind Führungskräften, von denen man kreative Intelligenz erwartet, nicht zu stellen: Sie könnten nur falsch antworten.

Zweitens soll angemerkt sein, daß Verhalten, das verstärkt werden soll, zunächst einmal aufgetreten sein muß. Dies aber festzustellen, ist Aufgabe der Organisation. Jede Führungskraft, von der Lernen i. o. S. erwartet wird, hat Anspruch auf besondere Aufmerksamkeit. Diese scheint nur gesichert, wenn dafür *Mentoren* zur Verfügung stehen (→*Coaching*; *Mentoring*). Diese sind der Organisation und dem Trainee Rechenschaft schuldig über mögliches Verhaltensrepertoire, Handlungsbereitschaft und kreatives Gedächtnis (= Fähigkeit, aus Erinnerungen neue Kompositionen zu gestalten) des Lernenden. Besondere Pflicht eines Mentors ist das Anerkenntnis (1) der Geschichtlichkeit, (2) der prinzipiellen Unvorhersagbarkeit des Verhaltens seines Schützlings und (3) der Einsicht, daß Wissen nicht etwas ist, was vermittelt werden kann, sondern daß die einzige Art und Weise, in der ein personales System Wissen erwerben kann, „darin besteht, es selbst aufzubauen oder für sich selbst zu konstruieren" (*v. Glasersfeld* 1987, S. 133). Bewußt muß sich der Mentor sein, wie sehr sein eigenes Verhalten Begründung liefert für Verhaltensänderungen der lernenden Führungskraft und seine Art der Gestaltung seiner Umwelt; zu verhindern hat er jede Tendenz, lernen zu lassen (vacarious learning i. S. von „jemand anderen in's Feuer schicken").

Drittens bedarf Lernen Zeit und Ressourcen (*Reber* 1992). Beide Erfordernisse sind dem lernenden System und der Organisation abzuverlangen. Im einen Fall ist die Zeit nach subjektiven Notwendigkeiten zu bemessen und die Ressourcen in Form von körperlicher und geistiger Bereitschaft, sich Illusionen zu begeben, Gewohnheiten in Frage zu stellen und persönliche Bedürfnisse zu wägen. Im anderen Fall ist es die bezahlte Arbeitszeit des Mitarbeiters (ohne Gegenleistung) zumeist zuzüglich der Abgeltung der Kosten sowie der Aufwand für die Vor- und Nacharbeit (Mentor, Erprobung u. dgl.).

IV. Bedingungen des Entstehens und der Erhaltung von Lernprozessen

(1) „Die Umwelt enthält keine Information, die Umwelt ist, wie sie ist" (*v. Foerster* 1993, S. 102, 123). Sie ist so, wie sie jedes Individuum für sich in seiner Geschichte konstruiert hat. Im Sinne von Lernen II hat es seinen Charakter seiner Umgebung aufgeprägt – oder angepaßt. Jede Führungskraft beschreibt eigenes und fremdes Verhalten in der Sprache. Wichtig ist, ob sie fremdes Verhalten in der eigenen (sozialtechnologischen) Sprache beschreibt (*Bateson* 1985, S. 222) oder über die Fähigkeit verfügt, in der Sprache ihrer Mitarbeiter zu sprechen. Mit anderen Worten, wird Zielsetzung als Führungsaufgabe verstanden oder als Vereinbarung von gemeinsam zu erreichenden Ergebnissen? Im einen Fall genügt die Anhäufung militärisch-strategischen Wissens, um immer gescheiter zu sein, im anderen Fall wird der mühsame Weg in Richtung Lernen III beschritten werden müssen. Dies heißt vor allem, der zutiefst menschlichen Gewohnheit, eher seine Umgebung als sich selbst zu verändern, ständig zuwider zu handeln versuchen, und davor den Träumen, im Besitz der Wahrheit zu sein, abzuschwören; dies wird nicht dadurch erleichtert, als zum menschlichen Charakter (= Gewohnheit) auch gewöhrt, eigene negative Eigenschaften nach außen zu projizieren (*Wilber* 1984) und überhaupt alles zu tun, um die Konstanz des eigenen, schönen Bildes zu wahren. Diese Konstanz wird allerdings nur um den Preis der Veränderung anderer (= Selbstverleugnung, „Ent-Menschlichung") erreicht. Das heißt: Grundbedingung für Lernen ist die Einsicht, daß (a) man sich nur selbst verändern kann und (b) am besten jetzt gleich damit beginnt, denn wenn jetzt nicht damit begonnen wird, eben bis morgen sich nichts verändert hat.

(2) Die Fähigkeit zur Wahrnahme ist Voraussetzung jeder Erfahrung. Die menschliche kognitive Sensorik ist so gebaut, daß wir für innere Veränderungen ca. 100 000mal empfindlicher sind als für Veränderungen in der äußeren Umwelt (*v. Foerster* 1993). Um so wichtiger ist Achtsamkeit, Aufmerksamkeit für Lernen: Latente

Aufmerksamkeit erhöht die Chance „zufälligen Lernens" im Sinne konnektionistischer (sprunghaft-verbindender, verflochtener) Prozesse; erzwungene Wachsamkeit zur Aufnahme strukturierter Lehrinhalte hat Langeweile im Gefolge (wie sich sprunghafte Didaktik für Erwachsenenbildung besser eignet als systematisches Vorgehen). Ein Gutteil allen Wahrnehmens erfolgt über die Sprache. Sprache kategorisiert und Sprecher denotieren, sie ordnen ihre Welt, indem sie Bedeutungen zumessen (*Maturana* 1985). Führungskräfte können lernen zu sehen, daß die Beschreibungen ihrer Welt nur die Beschreibungen der Eigenschaften ihrer selbst sind: Die „semantischen Schwestern" (*v. Foerster* 1993, S. 145) z. B. von Ordnung sind Gesetz, Vorhersagbarkeit und Notwendigkeit. In systemtheoretischer Sicht entsteht Notwendigkeit durch die Fähigkeit, unfehlbare Deduktionen zu machen (und Zufall durch die Unfähigkeit, unfehlbare Induktionen durchzuführen): In dem Versäumnis, dieses einzusehen, liegen die „Sachzwänge" begründet, aber auch die Chance, nicht zu sagen: „Es ist so", sondern eben: „Ich sehe es so, reden wir darüber". Und reden kann man in verschiedenen Sprachen, der des Wettbewerbs, des Managements, der privaten Bedürfnisse, der Rationalisierung, der Technik und der Intuition. – In dieses Feld (des Wechselns der Beschreibung) gehört auch die kognitive Dualität: Die Fähigkeit zum Durchbrechen erlernter Gesetze der Verwendung von Sprache, die Umkehrung z. B. vom handelnden Ding in dingende Handlung, also: „Der Hund heult" in „Das Geheul hundelt", „Wir haben ein Problem" in „Das Haben des Problems wirlt" (ähnlich „Das riecht nach einer Aktion des Mitbewerbers A") und damit die Eröffnung neuer Dimensionen der Wahrnehmung.

(3) Ohne Erinnerungsvermögen wäre jede Erfahrung nutzlos. Gedächtnis ist allerdings nicht die Fähigkeit, „Inhalte" aufzunehmen, zu speichern und abzurufen, sondern die Summe jener Operationen, die es ermöglichen, Erkenntnisse aus bestimmten, verallgemeinerten, klassifizierten, verglichenen Erfahrungen wiederzugeben. Die einfache Feststellung aber, daß Gedächtnis Rückschau und Vorschau ermöglicht, verbirgt, daß die Erinnerung einer Wahrnehmung jetzt erfolgt; überlagert von all den Einflüssen dazwischenliegender Veränderungen (vgl. z. B. Zeugenaussagen). Für lernende Systeme liegt allerdings hier die Drehscheibe zur Begründung ihres Verhaltens. Je ausgeprägter die Gabe, scheinbar noch so lose, unterschiedliche, verworrene Fäden miteinander zu verknüpfen, je größer die Bereitschaft, „auf dem Zaun" zu sitzen (mit einem Bein in der jeweils geordneten Realität, mit dem anderen in „nicht denkerlaubten" Zuständen), um so unwichtiger wird Gewißheit, um so größer die Sicherheit im Risiko. In solcher Transzendierung von Gewohnheiten liegt erst mögliche Verantwortung für eigenes Wissen und seine Erprobung: Nämlich sich und anderen Antwort geben zu können über Grenzen und Kompetenz, Kosten und Nuzen, Chancen und Risiken.

(4) Wahrnehmung und Gedächtnis wären bloße Stimulierung und Speicher ohne die Fähigkeit, Schlüsse zu ziehen und diese – in der Folge – zur Grundlage weiteren Agierens zu machen. In weiterem Ausgriff ist dies auch als Zumessung von Bedeutung zu verstehen. In diesem Sinn ist die Schleife Lernen II – Lernen I – Lernen II die Anhäufung neuer Wahrnehmungen und neuer Erinnerungen ohne neue Bedeutung. Erst Lernen III generiert sie in qualitativer und quantitativer Hinsicht (vgl. den Unterschied dringlich und wesentlich). In diesem Zusammenhang nun ist wesentlich: Verfügung über Eigenzeit. Die Aufgabe des Diktats der Erwartungserfüllung ist verbunden mit der Preisgabe der unitären Zeit (*Peat* 1991). Personale Eigenzeit ist abgekoppelt vom Fluß des Zeiterlebens der Umgebung. Für lernende Systeme ist es unverzichtbar, Prozesse in *ihrer* Zeit ablaufen zu lassen, in einer Art erstarrter Gegenwart, die keine Vergangenheit und keine Zukunft kennt. Um Bilder aus der Physik zu gebrauchen: Je höher die Geschwindigkeit eines Körpers und je höher die Gravitation, um so langsamer vergeht (subjektiv) die Zeit. Je rascher systeminterne Rekonstruktionsprozesse ablaufen, um so langsamer vergeht die Zeit, je größer ist die Fähigkeit zu antizipatorischem Verhalten (= „er ist seiner (!) Zeit voraus"). Um so höher die Schwerkraft, nämlich der Zustand des „In-sich-Ruhens", der Konzentration, der Vertiefung, um so langsamer vergeht die Zeit. Umgekehrt, je langsamer Denkprozesse ablaufen und je oberflächlicher, um so schneller vergeht die Zeit; sie benötigt eine lange Weile. Für lernende Systeme ist es unabdingbar, über nichtunitäre (subjektive) Eigenzeit zu verfügen. Nur sie steuert Abläufe nach Monotonie, Periodizität und Plötzlichkeit.

(5) Neben angeführten „internen" Entstehungs- und Erhaltungsbedingungen für Lernen: Einsicht, daß man nur selbst lernt, wahrnehmende Aufmerkamkeit, jetzige Erinnerung als Begründung des Verhaltens, Schlüsse ziehen als Frucht von und Aufforderung für Tun – sind einige wichtige „externe" Faktoren zu nennen, die Lernen beeinflussen. Zunächst sind organisationale Verhältnisse anzusprechen, aus der Sicht der Führungskraft: Decken sich meine Zeitbedürfnisse mit Vorstellungen der Organisation und sind mir hinreichende Ressourcen zur Verfügung gestellt. Fühle ich mich gefördert/gehindert; ist der organisationale Zweck/Sinn meiner Ausbildung einsichtig, welche Erwartungen erkenne ich an mich und bin ich bereit/fähig, sie zu erfüllen. Welche Förderungen/Hemmnisse habe ich von Kollegen zu erwarten und wie beeinflussen diese meine Fortschritte. Wie klar bin ich mir darüber, selbst die einzige Res-

source zu sein. Ist das organisationale Klima so beschaffen, daß Anpasser oder Neuerer bevorzugt werden. Wer kümmert sich wie (interessiert, fördernd, ermutigend, teilnehmend) um mich, welche Verstärkungen erhalte ich (u. dgl. m.). Erhalte ich hinreichend Freiräume (man muß fort gewesen sein, um nach Hause kommen zu können). Stimmt meine individuelle Uhr qualitativ und quantitativ mit dem Zeitempfinden meiner Umgebung überein, in welchen Bereichen gibt es Koordinationsprobleme. Wie beurteile ich den Zusammenhang der Zykluspositionen meinerselbst, meines privaten Umfelds, des Unternehmens und seiner Produkte/Dienstleistungen (*Gross* 1993). Gibt es Divergenzen im Entwicklungsstand oder in der Geschwindigkeit der Entwicklung; macht mir dies Angst? –

Die wichtigste Frage für lernende Systeme als Führungskräfte sei zuletzt formuliert: Lerne ich, um frei zu werden oder bin ich frei, um zu lernen?

Literatur

Ackermann, K. F.: Führungslehre an Hochschulen und anderen Institutionen. In: HWFü. Stuttgart 1987, Sp. 601–613.
Bateson, G.: Ökologie des Geistes. Frankfurt/M. 1985.
Deschwanden, E.: Wo Sie neue Ideen tanken. In: Bilanz, 1991, S. 80–82B.
Dyllick, T.: Management als Sinnvermittlung. In: gdi Impuls, 1983, S. 3–12.
Foerster, H. v.: Wissen und Gewissen. Versuch einer Brücke. Schmidt, S. J. (Hrsg.). Frankfurt/M. 1993.
Glasersfeld, E. v.: Wissen, Sprache und Wirklichkeit. Arbeiten zum radikalen Konstruktivismus (1970–1983). Braunschweig, Wiesbaden 1987/1992.
Gilgenmann, K.: Sozialisation als Evolution psychischer Systeme. In: *Unverferth, H. J.* (Hrsg.): Systeme und Selbstproduktion. Frankfurt/M. et al. 1986, S. 91–165.
Gross, P.: Dissonanz der Lebenszyklen. In gdi Impuls, 1993, S. 39–47.
Heckhausen, H.: Motivation und Handeln. Berlin et al. 1992.
Hejl, P. M.: Konstruktion der sozialen Konstruktion. In: *Jomin, H./Mohler, A.* (Hrsg.): Einführung in den Konstruktivismus. München 1985, S. 109–146.
Hilgard, E. R./Marquis, D. G.: Conditioning and Learning, New York 1940 (zit. bei Bateson 1985).
Jantsch, E.: Die Selbstorganisation des Universums. München 1988.
Langecker, F.: Sie lernen und lernen, aber verändern sich nicht. In: Personalwirtschaft, 1993a, S. 3.
Langecker, F.: Das Management in die Pflicht nehmen. In: Personalwirtschaft 1993b, S. 3.
Lindblom, C.: The Intelligence of Democracy. New York 1965.
Maturana, H.: Erkennen. Die Organisation und Verkörperung von Wirklichkeit. Braunschweig 1982.
Merk, R.: Bildung erfolgreich und innovativ managen. In: Personalwirtschaft, Sonderheft 1993, S. 17–19.
Neisser, U.: Cognition and Reality. San Franzisko 1976.
Peat, F. D.: Synchronizität, Bern et al. 1991.
Portele, G.: Autonomie, Macht, Liebe. Frankfurt/M. 1989.
Portele, G.: Lernen = Leben. Leben = Lernen. In: Delfin, 1990, S. 42–57.
Reber, G.: Organisationales Lernen. In. HWO. Stuttgart 1992, Sp. 1240–1255.
Roth, G.: Selbstorganisation – Selbsterhaltung – Selbstreferentialität. In: *Dress, A./Hendrichs, H./Küppers, G.* (Hrsg.): Selbstorganisation: Die Entstehung von Ordnung in Natur und Gesellschaft. München 1986.
Watzlawick, P.: Vom Schlechten des Guten. München/Zürich 1996.
Wilber, K.: Wege zum Selbst. München 1984.

Führungsmodelle

Edwin Rühli

[s. a.: Führung im MbO-Prozeß; Verhaltensdimensionen der Führung; Führungsgrundsätze; Führungsprinzipien und -normen; Verhaltensgitter der Führung (Managerial Grid).]

I. Wesen und Zweck; II. Typisierung und Begriff; III. Management-by-Modelle; IV. Das Harzburger Führungsmodell; V. Das St. Galler Managementmodell; VI. Das S-7-Modell; VII. Der Zürcher Ansatz.

I. Wesen und Zweck

Modelle sind vereinfachte Abbildungen komplexer Sachverhalte, d. h. *Abstraktionen der Wirklichkeit.* Dies gilt auch für die Führungsmodelle, welche die vielfältige Realität des Führungsgeschehens, auf das Wesentliche konzentriert, darzustellen versuchen. Synonym zum Ausdruck Führungsmodell werden oft die Ausdrücke Führungskonzept, Führungskonzeption, Führungsansatz, Managementkonzept, Managementsystem u. a. m. verwendet.

Führungsmodelle sind vor allem von anwendungsorientierten Führungsforschern sowie von Beratungsgesellschaften entwickelt worden. Immer stand dabei das pragmatische Anliegen im Vordergrund. Die Führungsmodelle sollten dazu beitragen, erfolgsversprechende Führungsauffassungen in der Realität durchzusetzen. Dabei sind die Führungsmodelle in aller Regel *verbal umschrieben* worden.

Führungsmodelle sollen in der Unternehmung letztlich immer der *Effizienzsteigerung* dienen. Dies in der folgenden Art und Weise:

– Führungsmodelle bilden einen *systematischen Ordnungsrahmen,* in welchen die verschiedenen Phänomene der Führung eingeordnet werden können. Damit entsteht ein kohärentes Ganzes, eine Übersicht und eine Darstellung der Zusammenhänge. Ein solcher Ordnungsrahmen weist den einzelnen Elementen klare Funktionen zu, was die Führungseffizienz fördert. Zu dem aus der Funktionalität resultierenden Nutzen kommen geringere Kosten, welche aus Doppelspurigkeiten, Unsicherheiten und Unklarheiten resultieren würden. Beispielhaft sei das Budget als Führungsinstrument erwähnt, welchem im Rahmen eines Führungsmodells eine klare Funktion – etwa im Vergleich zu anderen Führungsinstrumenten – zugewiesen werden kann. Ein Ordnungsrahmen für das Führungsgeschehen ist insbesondere auch wertvoll im Rahmen der Führungs-*Beratung*, wenn es darum geht, eine bestehende Führung systematisch zu analysieren und zu verbessern.

– Führungsmodelle, die als verbindliche Richtlinie oder gar Vorschrift gemeint sind, *bestimmen das Handeln der Führungskräfte* maßgeblich. Damit kann die Zusammenarbeit gefördert werden, was wiederum zu Effizienzsteigerung führt. Kooperationsnormen im Führungsbereich fördern das effiziente Zusammenwirken.

– Führungsmodelle können auch als Grundlage für die *Führungsschulung* dienen. Sie bilden ein Gerüst für die Vermittlung von Führungswissen. Das damit bewirkte spezifische Lernen kann auch als Beitrag zur Effizienzsteigerung betrachtet werden. Werden zudem die Führungskräfte einer Unternehmung anhand des *gleichen* Modells geschult, so wird damit eine „unité de doctrine" gefördert, was wiederum das abgestimmte Führungshandeln fördert.

II. Typisierung und Begriff

Die Zahl der Führungsmodelle, die in der Literatur dargestellt und in der Realität angewendet werden, ist recht groß. Sie unterscheiden sich sowohl bezüglich ihres *Inhaltes*, wie auch bezüglich der *Erkenntnisgrundlagen*, auf welchen sie beruhen (*Steinle* 1987).

Mit Bezug auf den *Inhalt* läßt sich eine fortschreitende Vervollständigung beobachten: Es gibt Modellansätze, die überwiegend einen *einzelnen Aspekt* (ein einzelnes Anliegen) in den Vordergrund stellen. Es sind aber auch Führungsmodelle entwickelt worden, welche als Partialmodelle das Führungsgeschehen *mehrdimensional* darzustellen versuchen. Schließlich wurden Totalmodelle erarbeitet, die das Führungsphänomen *ganzheitlich* und *integriert* erfassen. In der Realität sind heute noch Modelle aus allen drei Entwicklungsstufen zu beobachten.

Führungsmodelle lassen sich auch anhand ihres Bezuges zu den *Erkenntnisgrundlagen* einteilen. Sie können entweder in hohem Maße auf der Führungs*forschung*, insbesondere auf empirischen Untersuchungen, aufbauen, oder aber stark durch *Erfahrungen* aus der Führungs*praxis* geprägt sein. Angesichts des heutigen Standes der Führungsforschung sind aber alle Modelle noch in erheblichem Ausmaße auf empirisch nicht bestätigte Plausibilitätsüberlegungen angewiesen.

Was den *Aussageanspruch* betrifft, können Führungsmodelle einen *deskriptiven Charakter* haben, d.h. darauf ausgerichtet sein, das Führungsphänomen in seinen Grundzügen zu beschreiben. Der Anspruch kann aber auch weiter gehen, indem ihnen ein *präskriptiver* (normativer) *Charakter* zugemessen wird; sie sind dann verbindliche Handlungsvorschrift für das Management.

Schließlich lassen sich Führungsmodelle auch unterscheiden nach dem *Sachverhalt*, den sie erfassen: Sie können ausschließlich die zwischenmenschlichen Aspekte der Führung betreffen und sind dann *Menschenführungsmodelle*. Sie können aber darüber hinaus auch die gesamten Probleme der Steuerung einer Institution, etwa einer Unternehmung, erfassen (führungstechnische Aspekte, inhaltliche Sachfragen der jeweiligen Institution) und sind dann Institutionen- bzw. *Unternehmungsführungsmodelle*.

Auf dem Hintergrund solcher Typisierungen kann man den *Begriff des Führungsmodells* wie folgt fassen: Führungsmodelle sind vereinfachte, pragmatische, teilweise normativ gemeinte Darstellungen des Führungsgeschehens im Bereiche der Menschenführung, der Führungstechnik und der Führungsinhalte.

III. Management-by-Modelle

In der Absicht, dem Manager in der Praxis eine Orientierungshilfe bei seinem Führungshandeln zu geben, sind vor allem in den 60er Jahren verschiedene *Management-by-Modelle* entwickelt worden.

Von diesen Management-by-Modellen hat das *Management-by-Objectives* (MbO) (→*Führung im MbO-Prozeß*) die größte Verbreitung und Popularität erlangt (*Odiorne* 1967; *Humble* 1972). Daraus darf man schließen, daß der Zielbildung als Teilproblem der Führung in der Realität ein hoher Stellenwert zukommt (→*Zielsetzung als Führungsaufgabe*). Zum Erfolg des MbO in der Praxis mag auch beigetragen haben, daß es gelungen ist, mit dem plakativ in den Vordergrund gerückten Zielbildungsvorgang weitere Aspekte der Führungsinhalte, der Menschenführung oder der Führungstechnik zu verbinden, was zu einer breiteren Ausrichtung führt, als es die enge Bezeichnung vermuten läßt. Die grundlegende *Annahme* dabei ist, daß *zielorientiertes, zielbewußtes Handeln erfolgreicher sei als zielloses*. Dies ist unmittelbar einsichtig.

Basis für das MbO sind die *obersten Unternehmungsziele.* Diese sind indessen aus der Sicht der einzelnen Mitarbeiter oft von so abstrakter Natur, daß sie ihr konkretes Handeln nicht danach ausrichten können; die Unternehmungsziele sind für sie nicht operational. Dies bedingt, daß im Rahmen der Führung aus den abstrakten Unternehmungszielen über mehrere Detaillierungsstufen immer konkretere Teilziele abgeleitet werden müssen. Es entsteht damit eine *Zielkaskade,* die das ganze Unternehmen überdeckt und jedem einzelnen ermöglicht, an seiner Stelle durch die Verfolgung von Teilzielen einen Beitrag zu den übergeordneten Unternehmungszielen zu leisten. Die Zielbildung erscheint hier als primäre *Methode der Koordination* im Rahmen des multipersonalen Handelns. Koordinationswirkungen, wie sie aus den Strategien, Strukturen oder Kulturen einer Unternehmung resultieren können, bleiben weitgehend unbeachtet.

Das MbO erscheint in erster Linie als ein Modell, das *führungstechnische* Aspekte in den Vordergrund rückt. Methodiken der Aufgabenabgrenzung, der Zielformulierung und Zielzuweisung sowie der Kontrolle und Abweichungsanalyse stehen im Vordergrund. Andere führungstechnische Aspekte treten demgegenüber in den Hintergrund.

Unter dem Aspekt der Menschenführung betrachtet, ist es ein wesentliches Anliegen des MbO, daß Ziele nicht autoritär vorgegeben, sondern im Vorgesetzten-/Mitarbeiterverhältnis *ausgehandelt* werden. Man spricht daher nicht von Ziel-*Setzung,* sondern von Ziel-*Vereinbarung.*

Damit verbunden sind wesentliche *Annahmen* bezüglich der *Wertung des Mitarbeiters.* Einmal wird ganz grundsätzlich davon ausgegangen, daß bei ihm über die Zielbestimmung eine leistungsfördernde Motivation möglich sei. In diesem Sinne knüpft das MbO an die individualistischen Motivationstheorien an. Weiter wird dem Mitarbeiter die Fähigkeit zur sinnvollen Zielfindung zuerkannt und ein Anrecht darauf zugebilligt, diese Ziele im Dialog mit seinem Vorgesetzten zu beeinflussen. MbO, so betrachtet, ist ein Führungsmodell, das Züge eines *kooperativen bzw. partizipativen Führungsstils* aufweist. Indessen ist die Betrachtungsweise des MbO auch im Bereich der Menschenführung eng. Die komplexen Aspekte des individuellen Verhaltens, des Vorgesetzten-/Mitarbeiterverhältnisses sowie des sozialen Kontextes treten weitgehend in den Hintergrund.

Unter dem Gesichtswinkel der Führungs*inhalte* betrachtet, steht beim MbO – seiner Bezeichnung entsprechend – die Zielbildung im Vordergrund. Fragen der Strategiewahl, der Ressourcenallokation oder gar der Außenbeziehungen treten völlig in den Hintergrund.

Trotz aller Kritik muß aber festgehalten werden, daß das MbO in der Praxis eine große Beachtung und Verbreitung gefunden hat.

IV. Das Harzburger Modell

Im Gegensatz zu den Management-by-Modellen war das Harzburger Modell von Anfang an breiter angelegt (*Höhn* 1983). Aus heutiger Sicht erscheint es allerdings auch nicht als ganzheitlich und muß daher als *Partialmodell* eingestuft werden.

Dazu kommt beim Harzburger Führungsmodell eine *spezifische Ausrichtung,* die nur aus seiner Entstehungsgeschichte heraus zu verstehen ist: Es wurde in den 50er Jahren, d. h. im Nachkriegsdeutschland entwickelt und sollte insbesondere auch dazu beitragen, das überkommene autoritärfaschistische Führungsdenken durch kooperativere Auffassungen abzulösen. Dazu wurde die Metapher „*Führung im Mitarbeiterverhältnis*" geprägt, wobei die *Delegation* einen zentralen Stellenwert einnimmt.

Die *Grundidee* der Führung im Mitarbeiterverhältnis läßt sich in vier Thesen zusammenfassen, nämlich:

(1) Die *Entscheidungen* werden nicht mehr lediglich von einer oder einigen Personen an der Spitze des Unternehmens getroffen, sondern jeweils von den Mitarbeitern auf jenen Ebenen, zu denen sie ihrem Wesen nach gehören.

(2) Die Mitarbeiter werden vom Vorgesetzten nicht mehr durch einzelne Aufträge geführt. Sie haben vielmehr einen festen Aufgabenbereich mit bestimmten Kompetenzen, innerhalb welchem sie selbständig handeln und entscheiden. Es steht ihnen ein klar umrissener *Delegationsbereich* zu.

(3) Die →*Verantwortung* ist nicht mehr auf die oberste Spitze konzentriert. Ein Teil dieser Verantwortung wird, zusammen mit den Aufgaben und den dazugehörigen Kompetenzen, auf die Ebene delegiert, die sich ihrem Wesen nach damit zu beschäftigen hat.

(4) Das Unternehmen wird nicht von oben nach unten aufgebaut, indem die vorgesetzte Instanz nur das abgibt, was ihr zuviel wird, sondern von *unten nach oben.* Dabei nimmt die vorgesetzte Instanz der untergeordneten nur diejenigen Entscheidungen ab, die ihrem Wesen nach nicht mehr auf die untere Ebene gehören (Subsidiaritätsprinzip).

Aus diesen Thesen ist ersichtlich, daß sich das Harzburger Modell vor allem mit dem *Vorgesetzten-Mitarbeiterverhältnis* beschäftigt.

Der *Mitarbeiter* übernimmt dabei die *Handlungsverantwortung* (Ausführungsverantwortung). Beim Vorgesetzten verbleibt die Führungsverantwortung.

Zum Zwecke der Ordnung und der Stabilisierung des Führungsgeschehens werden im Harzburger Modell, das weitgehend von einer Stab-Linien-Struktur ausgeht, einige *Organisationsinstrumente*

(Stellenbeschreibungen und Führungsanweisungen) speziell in den Vordergrund gestellt.

Das Harzburger Modell war zur Zeit seiner Entwicklung und Publikation zweifellos ein Fortschritt. An die Stelle von Befehl und Gehorsam traten interaktive Kooperationsformen und selbständige Handlungsspielräume. Es fand denn auch in den 60er Jahren eine rasche und starke Verbreitung in der Praxis. Dazu hat eine rege Schulungstätigkeit der Akademie für Führungskräfte in Bad Harzburg beigetragen.

Kritisierbar ist das Harzburger Modell in erster Linie aufgrund seiner einseitigen *Konzentration auf das Vorgesetzten-Mitarbeiterverhältnis,* das einer ganzheitlichen Erfassung der Unternehmungsführung entgegensteht. Auch fehlen darin angemessene Aussagen über weite Teile der Führungs*technik* und der Führungs*inhalte.* Die starke Hervorhebung schriftlicher Ordnungen (Stellenbeschreibungen etc.) und normierter Gesprächs-, Informations- und Kontrolltypen kann zudem eine *bürokratische Führungsauffassung* fördern.

Schließlich ließen sich viele der behaupteten Zusammenhänge, insbesondere auch ihre Erfolgswirkung, bisher nicht wissenschaftlich verifizieren. Das Modell basiert also primär auf *Plausibilitätsüberlegungen,* die teilweise umstritten sind. Mit seiner prononcierten Ausrichtung auf den Demokratisierungsgedanken, die in den 50er Jahren in Deutschland durchaus wichtig war, ist dem Harzburger Modell zudem eine führungs-*philosophische* Hypothek auferlegt worden, die sich als zunehmend erschwerend erwies und wohl auch dazu führte, daß es heute in der Praxis seine Bedeutung verloren hat.

V. Das St. Galler Managementmodell

Das St. Galler Managementmodell ist an der dortigen Hochschule von Ulrich in den frühen 70er Jahren entwickelt worden (*Ulrich/Krieg* 1972).

Abgestützt auf den Systemansatz der Betriebswirtschaftslehre sollte damit für die Lehre, die Forschung und die Dienstleistung (Schulung und Beratung) eine *ganzheitliche, integrierte Sicht der Führung* entwickelt werden.

Das ursprüngliche St. Galler Managementmodell ist von Bleicher weiterentwickelt und 1991 als *Konzept des integrierten Management* neu ausformuliert worden (*Bleicher* 1991). Es knüpft am bisherigen systemorientierten, ganzheitlichen Management an.

Im Vergleich zum ursprünglichen St. Galler Managementmodell sind die im Konzept des integrierten Management inzwischen gewonnenen Erkenntnisse der Führungslehre mitberücksichtigt worden. Auch werden situative Aspekte eingebaut.

Das Führungsphänomen wird im neuen St. Galler Modell in *zwei Dimensionen* gegliedert:

– *Einerseits* werden drei *Stufen* unterschieden und als
  - normatives
  - strategisches und
  - operatives Management bezeichnet.
– *Andererseits* erfolgt eine Gliederung in drei *Problembereiche*
  - Strukturen
  - Aktivitäten und
  - Verhalten.

Daraus ergibt sich das folgende Grundschema:

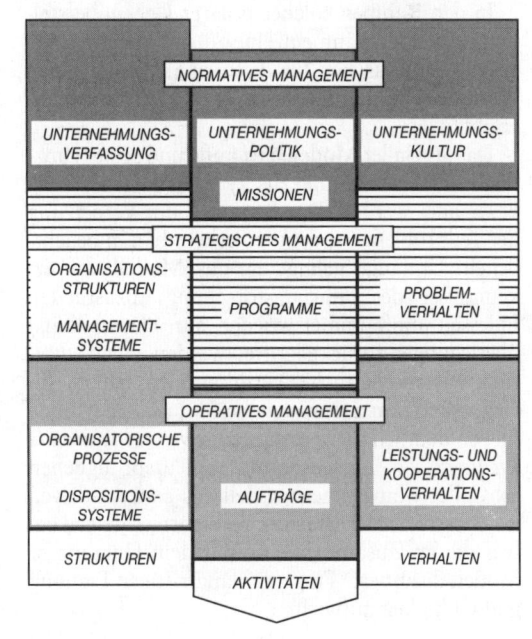

Abb. 1: Das St. Galler Managementmodell

Das *normative Management* definiert in erster Linie die Position der Unternehmung in ihrem Umfeld und schafft die Grundlagen für das Handeln im Innern.

In Fortführung des normativen ist das *strategische Management* auf den Aufbau, die Pflege und die Ausbeutung von Erfolgspotentialen gerichtet, für die Ressourcen eingesetzt werden müssen. Organisationsstrukturen, Managementsysteme, Programme und Verhaltensweisen sind die strategischen Gestaltungsbereiche.

Das *operative Management* schließlich beinhaltet den Vollzug.

Zur Analyse und Darstellung der *Sachverhalte* und *Problembereiche* innerhalb der im Grundschema dargestellten Kategorien werden durchgehend *zweidimensionale Darstellungen* verwendet (Dichotomisierung). Als Beispiel sei hier die Frage der Zielausrichtung im Rahmen der Unternehmungspolitik erwähnt, wonach die Ziele einerseits *monistisch ökonomisch* oder aber andererseits *pluralistisch gesellschaftlich* und ökonomisch ausgerichtet sein können.

Durch die dichotomische Betrachtungsweise lassen sich immer zwei gegensätzliche Grundorientierungen erkennen, nämlich eine mehr *opportunistische* und eine mehr *verpflichtende:*

Opportunistisch heißt dabei in der Regel unternehmungsbezogen, innenorientiert, monetär ausgerichtet, sachorientiert, kurzfristig etc.

Verpflichtend bedeutet in der Regel umfeldorientiert, ganzheitlich, außenorientiert, verantwortungsbewußt, langfristig etc.

In den Rahmen solcher polarer Gegenüberstellungen werden dann einzelne Ausprägungsformen gestellt, woraus sich für diese eine entsprechende Wertung (eher opportunistisch/eher verpflichtend) ergibt.

Das St. Galler Modell darf aufgrund seiner ganzheitlichen Ausrichtung als *typisches Totalmodell* bezeichnet werden. Das Bemühen um Vernetzung der Teilprobleme ist deutlich erkennbar. In beachtlichem Umfange gelingt es, das Modell auf Erkenntnisse der Führungsforschung abzustützen. Indessen muß immer wieder auf Plausibilitätsüberlegungen zurückgegriffen werden, wenn empirisch-wissenschaftliche Verifikationen fehlen. Im Gegensatz zum ursprünglichen St. Galler Modell fließen deutlich mehr *zeitspezifische und wertende Elemente* ein. Im Gegensatz zum ursprünglichen St. Galler Managementmodell das concept-driven war, ist die neue Version vermehrt issue-driven, was die im Zusammenhang mit dem Harzburger Modell diskutierte Frage der langfristigen Eignung und Gültigkeit aufwirft.

VI. Das 7-S-Modell

Aufgrund von Studien von *Pascale/Athos* zum japanischen Management ist ein Führungsmodell entwickelt worden, welches aus *drei eher führungstechnischen* (harten) und *vier mehr menschenbezogenen* (weichen) *Elementen* besteht (*Pascale/Athos* 1981). Für diese Elemente sind Bezeichnungen gewählt worden, die mit dem Buchstaben S beginnen; daher wird das Konzept als 7-S-Modell bezeichnet:

Harte Elemente: Structure, Strategy, Systems.
Weiche Elemente: Staff, Style, Skills, Shared Values.

Die *Hauptanliegen* des 7-S-Modells lassen sich wie folgt zusammenfassen:

(1) Erfolgreiche Führung setzt voraus, daß *alle* 7-S-Elemente mit ihren *Interdependenzen* angemessen berücksichtigt werden.

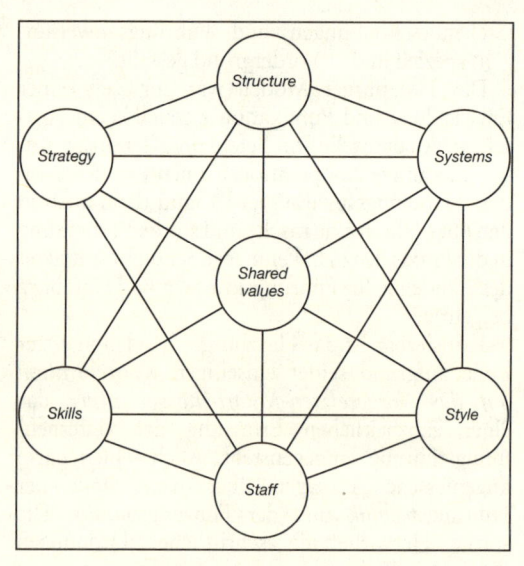

Abb. 2: Das 7-S-Modell

(2) Im Gegensatz zur euro-amerikanischen Art des Management nehmen bei der als erfolgreich gewerteten *japanischen Führung die weichen* Faktoren einen höheren Stellenwert ein als die harten. Das 7-S-Modell ist als Kritik an den westlichen Führungs-Auffassungen gedacht.

(3) Den *Shared-Values,* d. h. der Unternehmungskultur, kommt bei der Führung eine zentrale Bedeutung zu; sie ist gewissermaßen das tragende Element des ganzen Führungshandelns.

Das 7-S-Modell ist insofern ein *Totalmodell,* als es sowohl führungstechnische Probleme als auch Fragen der Menschenführung und der Führungsinhalte anspricht. Die vielfältigen Probleme der Führung lassen sich darin gut einordnen. Dem Gedanken der vernetzten Ganzheitlichkeit wird Rechnung getragen. Auch das 7-S-Modell ist über weite Strecken auf Plausibilitätsüberlegungen angewiesen und in diesem Sinne *kein durchgehend theoriegestütztes Konzept.* Dies gilt insbesondere auch für die ökonomischen Wirkungszusammenhänge.

Eine Besonderheit liegt in seinem introvertierten Charakter: Die betrieblichen *Innenverhältnisse* werden erfaßt, die *Außenbeziehungen* praktisch völlig vernachlässigt. Was die Gliederung der Innenverhältnisse betrifft, so ist die Einteilung in die 7 S nicht näher begründet und führt in concreto zu Abgrenzungs- und Überschneidungsproblemen.

Das 7-S-Modell ist insofern *normativ,* als es auf der Behauptung beruht, daß eine angemessene Berücksichtigung der einzelnen Elemente den Führungserfolg bringe.

VII. Der Zürcher Ansatz

Der Zürcher Ansatz versteht sich als umfassendes, integriertes Ordnungsgerüst der Führung von Unternehmungen (Institution-Centred-Approach) im Sinne der Steuerung der multipersonalen Problemlösung im realen Kontext der Unternehmung (*Rühli* 1992). Er basiert letztlich sowohl auf verhaltenswissenschaftlichen wie auf ökonomischen Theoriekonzepten, stellt aber den *Anwendungszusammenhang* stets in den Vordergrund. In diesem Sinne erfaßt er *strukturale* und *personale* Elemente wie auch *inhaltliche* Fragestellungen (insbesondere ökonomische Wirkungszusammenhänge):

Hierbei wird davon ausgegangen, daß Führung überall dort nötig ist, wo Menschen gemeinsam Probleme zu lösen haben. Führung ist also *Steuerung der multipersonalen Problemlösung*.

Diese Steuerung der multipersonalen Problemlösung hat nun eine formale (*menschenbezogene* und *führungstechnische* Dimension) wie auch eine inhaltliche Seite *(Innen- und Außenpolitik)*. Diese grundlegenden Dimensionen lassen sich beliebig verfeinern und sind vielfältig interdependent. Sie bilden das *Ordnungsgerüst des Zürcher Ansatzes:*

Die im Schema dargestellten Hauptdimensionen werden im Zürcher Ansatz weiter gegliedert, indem in einem ersten Konkretisierungsschritt grundlegende Kategorien, welche das Wesen der einzelnen Dimension ausmachen, ausgewählt werden. Es sind dies die *konstitutiven Elemente* der jeweiligen Dimension. Sie werden in zweidimensionalen Schematas mit den hauptsächlichsten *Aspekten*, unter welchen sie im Anwendungszusammenhang erscheinen, kombiniert:

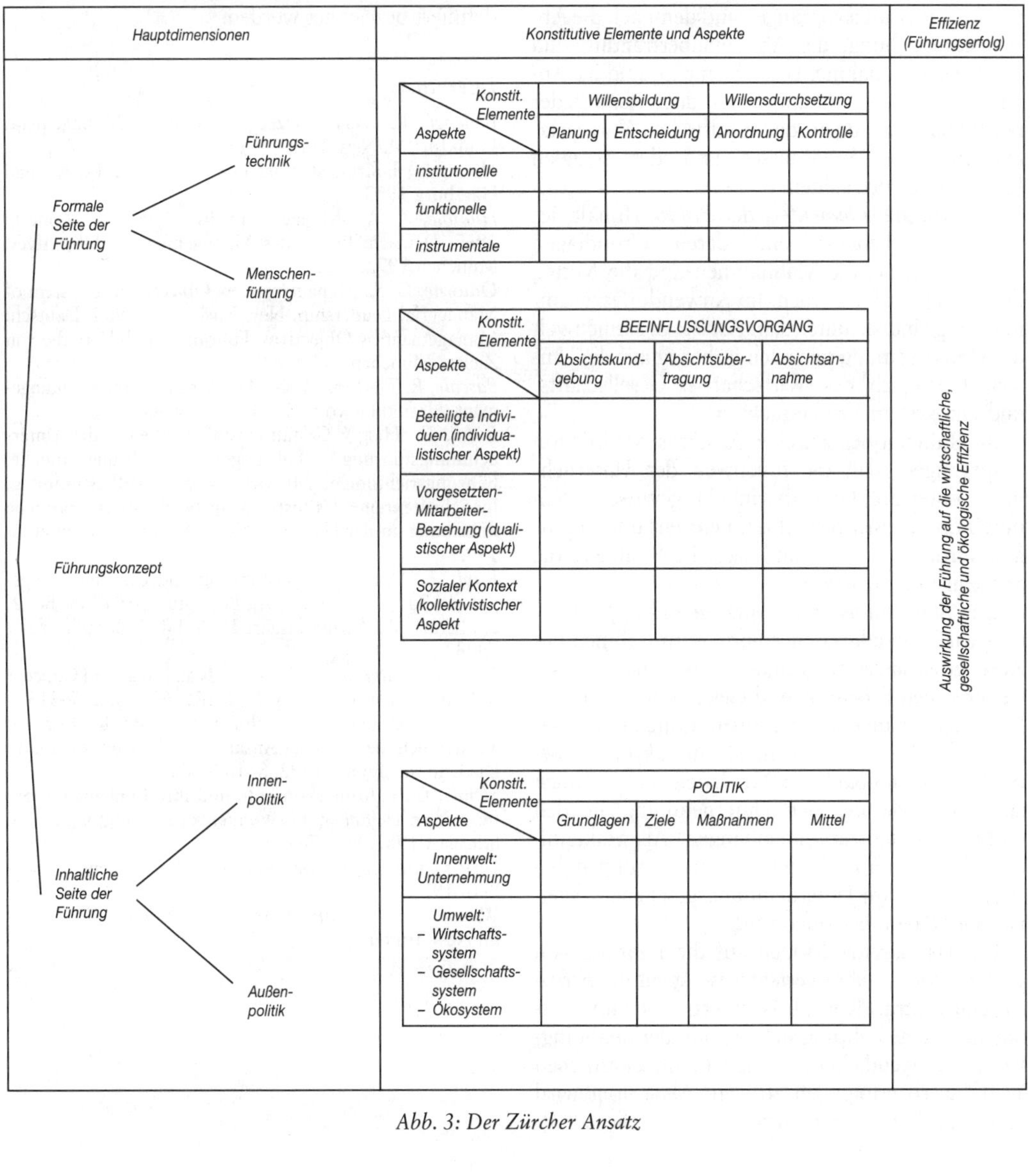

Abb. 3: Der Zürcher Ansatz

Was die *führungstechnische Dimension* (→*Führungstechniken*) betrifft, so werden die idealtypischen Elemente des Problemlösungsvorganges (Planung, Entscheidung, Anordnung und Kontrolle) als konstitutive Elemente unterschieden. Im institutionellen Kontext vollzieht sich diese Problemlösung, indem bestimmte Träger über Vorgehensschritte und unter Einsatz von Instrumenten ihren Beitrag leisten. Die konstitutiven Elemente der Problemlösung sind also im Anwendungszusammenhang unter dem institutionellen, funktionellen und instrumentalen *Aspekt* zu betrachten.

Betrachtet man die Führung des *zwischenmenschlichen Phänomens* (Menschenführung), so spielen sich dabei sehr komplexe *Beeinflussungsvorgänge* zwischen Menschen ab. Individuen geben gegenüber anderen Absichten kund, versuchen sie zu übertragen und nehmen sie in unterschiedlichem Ausmaße an. *Konstitutive Elemente* des Beeinflussungsvorganges sind demnach die Absichtskundgebung, die Absichtsübertragung und die Absichtsannahme. Diese Elemente sind im Anwendungszusammenhang unter dem *Aspekt* der beteiligten Individuen, des spezifischen Vorgesetzten-Mitarbeiter-Verhältnisses und des sozialen Kontextes zu betrachten.

Konstitutive Elemente jeder *Politik* (Inhalt des Führungsgeschehens) sind deren Grundlagen sowie die Ziele, die Maßnahmen und die Mittel, die dabei gewählt werden. Im Anwendungszusammenhang sind sie unter dem *Aspekt* der Innenwelt der Unternehmung wie auch in bezug auf die Umwelt (bezüglich des Wirtschafts-, Gesellschafts- und Ökosystems) zu betrachten.

Im Rahmen des Zürcher Ansatzes wird davon ausgegangen, daß die Innenwelt der Unternehmung unter drei Gesichtswinkeln, gewissermaßen durch *drei Linsen* betrachtet, beurteilt und begriffen werden kann. Es sind dies die Strategie, die Struktur und die Kultur.

Das *Stakeholder- bzw. Anspruchsgruppenkonzept* wird – in adaptiver Form – im Rahmen des Zürcher Ansatzes als geeignetes Instrument zur systematischen Erfassung und Gestaltung der in den Umsystemen angesiedelten Institutionen sowie der zwischen diesen bestehenden Interaktionen betrachtet (*Sauter-Sachs* 1992). Es eignet sich auch zur Positionierung der Unternehmung in den größeren Systemzusammenhängen. Als Stakeholders werden dabei Individuen und Gruppen bezeichnet, die am Unternehmungsgeschehen beteiligt oder davon betroffen sind.

Da das Zürcher Modell auf die Führung von *Unternehmungen* ausgerichtet ist, spielt die *Effizienz* eine zentrale Rolle. Das Unternehmen und mithin auch seine Führung stehen unter der unabdingbaren Notwendigkeit, im marktwirtschaftlichen Wettbewerb erfolgreich zu sein. Als Erfolg wird dabei im Anwendungszusammenhang die Schaffung von Mehrwerten (bzw. Vermeidung von Minderwerten) in wirtschaftlicher, gesellschaftlicher und ökologischer Hinsicht betrachtet. Sowohl in ihren Innen- wie in ihren Außenbeziehungen und Wirkungen ist die Führung so zu gestalten, daß die Effizienz gefördert wird. Dem Zürcher Ansatz liegt ein *Umwelt-Innenwelt-Performance*-Paradigma (UIP-Paradigma) zugrunde.

Es postuliert, daß der Führungserfolg einerseits von der Qualität und Stimmigkeit der unternehmungsinternen Gestaltungsdimensionen und andererseits von der Qualität und Stimmigkeit der Außenbeziehungen abhängt (*Rühli/Sauter-Sachs* 1993).

Wie das St. Galler Modell ist der Zürcher Ansatz ein integriertes Führungsmodell. Hingegen ist der Zürcher Ansatz concept- und nicht issue-driven. In seinem momentanen Entwicklungsstand muß die inhaltliche Seite des Modells als noch zu wenig ausdefiniert bezeichnet werden.

Literatur

Bleicher, K.: Das Konzept Integriertes Management. Frankfurt/M./New York 1991.
Höhn, R.: Führungsbrevier der Wirtschaft. 11. A., Bad Harzburg 1983.
Humble, J. W.: Management by Objectives. London 1967. Deutsch: Praxis des Management by Objectives. München 1972.
Odiorne, G. S.: Management by Objectives. A System of Managerial Leadership. New York et al. 1965. Deutsch: Management by Objectives. Führung durch Vorgabe von Zielen. München 1967.
Pascale, R. T./Athos, A. G.: The Art of Japanese Management. Harmondsworth 1981.
**Rühli, E.* (Hrsg.): Gestaltungsmöglichkeiten der Unternehmungsführung: Führungsstil, Führungsmodelle, Führungsrichtlinien, Mitwirkung und Mitbestimmung. In: Schriftenreihe des Instituts für betriebswirtschaftliche Forschung an der Universität Zürich, Bd. 70, Bern et al. 1992.
Rühli, E.: Unternehmungsführung und Unternehmungspolitik. Bd. 1, 2. überarb. A., Bern/Stuttgart 1985; Bd. 2, 2. überarb. A., Bern/Stuttgart 1988; Bd. 3, Bern/Stuttgart 1993.
Rühli, E./Sauter-Sachs, S.: Towards an Integrated Concept of Management Efficiency. In: MIR, 1993, S. 295–313.
Sauter-Sachs, S.: Die unternehmerische Umwelt – Konzept aus der Sicht des Zürcher Ansatzes zur Führungslehre. In: Die Unternehmung, 1992, S. 183–204.
Steinle, C.: Führungskonzepte und ihre Implementation. In: *Kieser, A./Reber, G./Wunderer, R.* (Hrsg.): HWFü. Stuttgart 1987, Sp. 576–590.
Ulrich, H./Krieg, W.: Das St. Galler Management-Modell. Bern 1972.
Wunderer, R./Grunwald, W.: Führungslehre. Bd. I, Berlin/New York 1980.

Führungsmotivation

Gerhard Reber/Harald Meyer

[s. a.: Empirische Führungsforschung, Methoden der; Führungsdilemmata, Führungskräfte als lernende Systeme; Führungstheorien, von Dyaden zu Teams, – Charismatische Führung, – Kontingenztheorie; – Machttheorie; Mikropolitik und Führung; Motivation als Führungsaufgabe; Verhaltensdimensionen der Führung.]

I. *Führungsmotive;* II. *Fähigkeiten;* III. *Erwartungen;* IV. *Wille;* V. *Verhaltensergebnisse und ihre Bewertung;* VI. *Internale und externale Verstärkung;* VII. *Konstruktion eines neuen Verfahrens zur Messung der Führungsmotivation (FMT).*

Analog zu dem Aufbau der Überlegungen zur →*Motivation als Führungsaufgabe* werden folgend „Grundbestandteile der Motivation" (vgl. dort Abb. 1) angesprochen: *Motive, Fähigkeiten, Erwartungen, Wille, Verhaltensergebnisse und ihre Bewertung,* sowie *internale* und *externale Verstärkungen.* Als Abschluß wird ein neu entwickelter Ansatz eines „*Führungsmotivationstests*" dargestellt.

I. Führungsmotive

Zwischen dem eigenschaftstheoretischen (→*Führungstheorien – Eigenschaftstheorie*) Ansatz der Führungsforschung und den Inhaltstheorien der Motivation (*Ackermann/Reber* 1981) gibt es Parallelen. Gesucht wird nach (Grund-)*Motiven,* die unmittelbar das personale Verhalten bestimmen. Erstaunlich ist dabei allerdings, daß bei aller Einfachheit und Direktheit dieses Ansatzes nirgends die Hypothese zu finden ist, daß es ein einziges, „pures" Führungsmotiv geben könnte. Die Führungsforschung scheint in den Bann der Ohio-Studien (→*Empirische Führungsforschung, Methoden der;* →*Verhaltensdimensionen der Führung*) geraten zu sein, wenngleich deren beide Inhaltsschwerpunkte „Mitarbeiter- und Aufgabenorientierung" als Verhaltensdimensionen operationalisiert wurden und damit gerade am anderen Ende des Motivationsprozesses, der vom Motiv bis zum Verhalten reicht, angesiedelt sind. Diese Übertragung der Verhaltenskomponenten auf die Motivkomponenten, welche die dazwischenliegenden Komplexe der kognitiven Komponenten (insbesondere Erwartungen) übergeht, findet ihren Höhepunkt in Fiedlers LPC-Test (→*Führungstheorien – Kontingenztheorie*), der als projektiver Test angelegt, jene beiden motivationalen Grundkomponenten zu messen versucht, die ein Führer in Führungssituationen versucht, abgedeckt zu erhalten. Ein dominant aufgabenbezogener Führer strebt bei der Interaktion mit seinen Mitarbeitern zuerst danach, daß die gestellten Aufgaben erfüllt werden, bevor alle anderen Motive für ihn relevant werden. Entsprechend kommt beim dominant mitarbeiterorientierten Führer zuerst das Herstellen guter Beziehungen mit den Mitarbeitern und danach andere Inhalte wie u. a. die Aufgabenerfüllung. Dieser Ansatz von Fiedler konnte nicht zufriedenstellend bestätigt werden (→*Empirische Führungsforschung, Methoden der; Meyer* 1982), obgleich er konzeptionell zu den wohl anregendsten Beiträgen der modernen Führungsforschung insgesamt gehört. Er war wohl in zweierlei Hinsicht zu „kühn" angelegt: Einerseits läßt er die angesprochene Komplexität kognitiver Prozesse in der Motivation außer acht, andererseits wird auch der grundsätzlichen Komplexität projektiver Tests (*Hörmann* 1971) nicht Rechnung getragen.

Dieses Bemühen um die Aufgaben- und Mitarbeiterorientierung kann fast als ein Umgehen einer Beschäftigung mit einem naheliegenden Motivkomplex gesehen werden, nämlich eines Eingehens auf das *Machtmotiv.* Die einflußreiche Schule McClellands hat dieses Machtmotiv neben dem Leistungs- und Gesellungs-/Beziehungsmotiv („power-, achievement-, affiliation-motive) in den Mittelpunkt der Betrachtung gestellt (*McClelland* 1971). Zwischen dem Leistungsmotiv und der Aufgabenorientierung sowie dem sozialen Beziehungsmotiv und der Mitarbeiterorientierung könnte man eine implizite Übereinstimmung vermuten; verwunderlich bleibt das geringe Eingehen auf das zentralere Machtmotiv in der Führungsforschung. In der deutschsprachigen Literatur hat *Schmalt* (1979) die Erforschung des Machtmotivs aufgegriffen. Allein auch er scheint das Meßproblem – angestrebt mit Hilfe eines projektiven Verfahrens – nicht überwunden zu haben.

Insgesamt gesehen bleibt die Hypothese übrig, daß alle drei angesprochenen Motivinhalte – Macht, Leistung, soziale Beziehungen – eine wichtige Rolle im Führerverhalten spielen. Allein die Mißerfolge bei der *Motivmessung* haben die Klärung dieser energetisierenden und inhaltlich differenzierten Komponenten des Führungsverhaltens nicht klären können. Die Führungsforschung hat im wesentlichen die Motivkomponente ausgespart und sich kognitiven Prozessen – wie z. B. diagnostischen Fragen zur Einschätzung der Führungssituation sowie von Verhaltensregeln im Vroom/Yetton-Modell (→*Führungstheorien – Vroom/Yetton-Modell*) – und der Differenzierung und Verstärkung von Verhaltensweisen (→*Führungstheorien – soziale Lerntheorie*) zugewandt. Dies kann man aus pragmatischen Gründen als gerechtfertigt ansehen: Einerseits erwartet die Praxis verhaltensnahe Beiträge zu einem wesentlichen Problem, andererseits bestätigt auch die Theorie (*Heckhausen* 1980; 1981) die Schwierigkeit der Veränderung von Motivdispositionen. Hinzu kommen ethische Bedenken für verändernde Eingriffe in die Persönlichkeit von Führern. Dessen ungeachtet sollte man sich des Mangels im Bereich der Differenzierung und Messung von Motivausprägungen als Kernelemente des Führungsverhaltens bewußt bleiben und weitere Bemühungen zur Entwicklung von Führungsmotivtests unternehmen. Ein entsprechender Versuch hierzu wird im letzten Abschnitt vorgestellt.

II. Fähigkeiten

Die klassische motivationstheoretische Diskussion befaßt sich kaum mit der Fähigkeitsdimension; der Erwerb von Fähigkeiten wird dem Bereich der Lerntheorien zur Abhandlung übergeben. Motivationstheoretisch wird allerdings als unvermeidlich anerkannt (*Locke/Latham* 1990), daß mit dem Erreichen der Fähigkeitsgrenzen weder Motiv- oder Willensstärke noch externe Anreize (z. B. finanzielle Belohnungen) der Führungsleistung verbessern können. Diskussionen in der Praxis halten sich nicht an die künstlichen Theoriegrenzen und haben häufig gerade diese Fragestellung der Fähigkeitsqualitäten eines Führers zum Inhalt. Hier allerdings tritt häufig die Beachtung der Fach- oder Expertenqualität in den Vordergrund und die mindestens genauso relevante →*soziale Kompetenz* in den Hintergrund. Aus dem Kreis der Führungstheorien werden beide Aspekte im Vroom/Yetton-Modell (→*Führungstheorien – Vroom/Yetton-Modell*) aufgegriffen. Aufbauend auf *Maiers* (1963) Unterscheidung zwischen Qualität und Akzeptanz einer Führungsentscheidung werden sowohl in den „diagnostischen Fragen" als auch in den „präskriptiven Regeln" (*Vroom/Yetton* 1993; *Vroom/Jago* 1992) Anstrengungen unternommen, sowohl der Sachqualität als auch den Akzeptanzchancen die situativ angemessene Berücksichtigung in der Führungsentscheidungen zu verschaffen. Soziale Kompetenz hat sich insbesondere in Konfliktsituationen (→*Konflikte als Führungsproblem*) zu bewähren. *Elangovan/White* beschäftigten sich unter Einsatz einer ähnlichen Technik wie *Vroom/Yetton* mit geeigneten (Konflikt-)Interventionsstrategien des Führers als wesentliche Bestandteile sozialer Kompetenz (→*Interventionen in lateralen Konflikten*).

III. Erwartungen

Erwartungen sind nach *Vroom* (1964) die subjektiv von jeder Person entwickelten Wahrscheinlichkeiten, daß ihr Verhalten zu einem bestimmten Ergebnis führt. Unter Anlehnung an *Lawler* (1981) kann man die Erwartungen des Führers in eine Fähigkeits- und Erfolgskompenente aufspalten. Bei der Fähigkeitskomponente geht es darum, ob der Führer auf die Akzeptanz seines Führungsanspruchs durch die Geführten vertraut; bei der Erfolgskomponente geht es darum, ob der Führer eine Belohnung, sei es durch z. B. die Geführten oder durch seine eigenen Vorgesetzten, oder die Organisation für seine Führungsanstrengungen (→*Entgeltpolitik für Führungskräfte*) erwartet. Nach *Bandura* (1986, S. 393) ist die Fähigkeitskomponente vergleichsweise wesentlicher als die Erfolgserwartung. Das Schlüsselphänomen für die Fähigkeitserwartung ist das (Selbst-)Vertrauen des Führers gegenüber seinem Führungsanspruch – wie es *Max Weber* (1964, S. 157) ausdrückt – „bei einer angebbaren Gruppe von Menschen Gehorsam zu finden". Bei geringem Selbstvertrauen des Führers ist der Anteil der Erfahrungen bzw. der Vergangenheit an den Inhalten seiner Führungsansprüche sehr hoch; es kommt eher zu vielen Wiederholungen als zu Risikoübernahmen. Führer hingegen, die hohe Fähigkeitserwartungen ausgebildet haben, „… produzieren eine neue Zukunft eher als daß sie sie einfach vorhersagen" (*Bandura* 1986, S. 395).

Die Entwicklung von (Führungs-)Selbstvertrauen bedarf der „Speisung" aus vielerlei Quellen. *Bandura* (1986, S. 399 ff.) nennt insbesondere vier:

Selbsterworbene, der eigenen Führungskraft zugeschriebene *Erfolge, stellvertretende Erfahrungen*, die aus der Beobachtung der Erfolge anderer, ähnlicher Menschen in gleichen Situationen entstehen, *Überredung* und Zuweisung der Führungsrolle durch Institutionen (Positionsmacht) oder Gefolgsleute (→*Führungstheorien – Attributionstheorie*, →*Charismatische Führung*) sowie *physiologische Zustände*, z. B. →*gesundheitliche Belastung von Führungskräften*).

Auf der Ebene der Organisation gibt es ebenfalls eine Reihe von positiven wie negativen Bedingungen für die Entwicklung des Selbstvertrauens ihrer Führer auf allen Hierarchieebenen: Diese beginnen bei dem Setzen geeigneter Ziele (*Locke/Latham* 1990) sowie der Beteiligung von Führern am Zielsetzungsprozeß (→*Führung im MbO-Prozeß*; → *Zielsetzung als Führungsaufgabe*) und umfaßt ebenso die Ausstattung mit Ressourcen, die Zuerkennung von Statussymbolen, die Ernennung auf mehr oder weniger machtvolle Positionen, die Anzahl und Qualität der Untergebenen, die Vergabe allgemeiner Führungsgrundsätze (→*Führungsgrundsätze*) sowie spezifische Normen in der jeweils unterstellten Gruppe. Einflußreich ist gleichfalls die Führungskultur auf nationaler Ebene. In Kulturen mit niedrigem „Machtgefälle" (*Hofstede* 1980; →*Interkulturelle Unterschiede im Führungs-*

verhalten) bedarf es eines höheren Selbstvertrauens, in einer Situation eines Führungsvakuums eine Führungsrolle aus eigener Veranlassung und Kraft einzunehmen bzw. die Instrumente einer Führungsposition zum Einsatz zu bringen als in Kulturen mit mittlerem bzw. hohem Machtgefälle.

IV. Wille

Wie in der gesamten Motivationstheorie spielt auch im Führungsbereich das Phänomen der Willensbeeinflussung des Verhaltens eine stiefmütterliche Rolle (→*Motivation als Führungsaufgabe*). Dies überrascht, da der „Wille zur Macht" (*Nietzsche* 1886, 1906) sowie die Aktivitäten kleiner (*Noll/Bachmann* 1987) und großer „Machiavisten" (*Machiavelli* 1978) bzw. Berichte von Führern über hohe Ichbeteiligung bei der Übernahme von Führungsrollen bekannte Phänomene darstellen. Jeder Praktiker – ob Führer oder Geführter – erlebt und kann berichten von vielerlei einfachen bis raffinierten „Machtspielen" (→*Mikropolitik und Führung*; →*Führungstheorien – Machttheorie*), die im wesentlichen zur Absicherung des „Führeregos" eingesetzt werden. Der Willenseinsatz kann einerseits die Verstärkung eines Motivs – wie z. B. des Machtmotivs – sein, zum anderen gerade als Möglichkeit des Verhinderns, zumindest der Einschränkung des Eigeninteresses angesehen werden. Ohne Willenseinsatz kann es keine „sine ira et studio", „gerecht gegen jedermann" Pflichterfüllung im Sinne des Verhaltens eines idealen Beamten im Sinne *Max Webers* (1964) geben.

Ebenso muß es ein gewisses Ausmaß an wirksamem Willenseinsatz geben, wenn Führer eine große Flexibilität in der situativen Anwendung unterschiedlicher Führungsstile zeigen. Eine solche Flexibilität wird bei Anwendung des Meßinstruments zum situationsabhängigen Führungsverhalten – geeichte Fallsysteme" (case sets) – im Vroom/Yetton-Modell (*Vroom/Yetton* 1973; *Böhnisch* 1991; *Reber* et al. 1993) unter Beweis gestellt. Unterstellt man, daß Personen eine relativ konstante Motivstruktur haben, müßten auch besondere Führungsstile – z. B. autoritäres bzw. abgestufte Grade eines partizipativen Verhaltens – die Flexibilität, sich in unterschiedlichen Führungssituationen jeweils unterschiedlich verhalten zu können, im Gegensatz zu den Vroom/Yetton-Befunden relativ konstant sein. Die gezeigte Flexibilität findet dann eine Erklärung, wenn kognitive und Willenskräfte in der Lage sind, „persönliche" (motivnahe) Neigungen und Ausprägungen etwa im Sinne des freudianischen Zusammenspiels zwischen Über-Ich (sozialen Normen) und Ich (Wille) bis zu einem gewissen Grad zu reglementieren. Der Einsatz von Willenskräften führt insbesondere bei der Notwendigkeit eines häufigen Einsatzes zu einem sozialisierten, zur Gewohnheit gewordenen Verhaltensrepertoire, das, situationsangepaßt, sehr differenziert sein kann (z. B. unterschiedliche Verhaltensmuster gegenüber Vorgesetzten, Kollegen, Untergebenen, Frauen/Männern, Jüngeren/Älteren, bei Zeitdruck, in risikoreichen/risikoarmen Situationen). Willens- bzw. Gewohnheitskontrolle kann allerdings in besonderen Streßsituationen verlorengehen, so daß die individuellen Motivdominanzen „roh" das Verhalten bestimmen.

V. Verhaltensergebnisse und ihre Bewertung

Das – objektiv beobachtbare – Verhalten wird als Folge der Motivausprägungen und der kognitiven, „informationsverarbeitenden" (*Lord* 1985) Beurteilungsprozesse (Erwartungen) angesehen, bestimmte Positionen mit Erfolg meistern zu können. Für die Umwelt ist dieses Verhalten entscheidend, für den „Sich-Verhaltenden" ist das Verhaltensergebnis entscheidend. Dieses „Ergebnis" entsteht wiederum in einem subjektiven Beurteilungsprozeß auf der Grundlage der Motivausprägungen. So wird ein dominant machtorientierter Führer vor allem am exakten Vollzug seines Führungsanspruchs interessiert sein, ein leistungsorientierter an der Zielerfüllung und ein sozial orientierter am Fortbestand guter Beziehungen zu seinen Mitarbeitern. Analog zur Erwartungsbildung zeigt *Bandura* (1986, S. 401 ff.) eine Vielzahl von Einflußfaktoren auf die kognitive Beurteilung von Verhaltensergebnissen auf. In bezug auf die Einschätzung des *selbsterworbenen Erfolgs* seiner Gruppe und seines eigenen Beitrags kommt es auf die Beurteilung der Schwierigkeit der Aufgabe, der eingesetzten Anstrengungen und der Günstigkeit der Situationsfaktoren an. Falls der Führer unsicher über die Kriterien dieser Einschätzung ist, spielen soziale *Vergleichsprozesse* (*Festinger* 1954) und *stellvertretendes Lernen* (*Bandura* 1986) eine wesentliche Rolle. Zum Vergleich fordert heraus, was andere Führer von vergleichbaren Gruppen in bestimmten Situationen erreicht haben. Auch die *„Überredung"* durch andere, welche das Führungsergebnis beurteilen, kann den Abbau eigener Beurteilungsunsicherheiten wesentlich beeinflussen, besonders, wenn der Führer den externen Beurteilern hohe Fachkenntnis zubilligt und ihren Aussagen Vertrauen schenkt.

VI. Internale und externale Verstärkungen

Bei der Beurteilung der Ergebnisse des Führungsverhaltens wurde bereits das Zusammenwirken internaler – Selbstbeurteilung des Ergebnisses – und externaler – Übernahme von Ergebnisbeurteilungen von anderen – Kriterien deutlich. Beide Quellen wirken als positive und negative Verstärkungsfaktoren mit Konsequenzen für die nachfolgenden Verhaltenssequenzen.

Die enge Wechselwirkung zwischen Umwelt und Person erübrigt eine Vorstellung einer Abgrenzung zwischen intrinsischen und extrinsischen Vorgängen: Von der Entwicklung individueller Motivausprägungen im Kindesalter (*Heckhausen* 1980) bis zur ständigen Weiterentwicklung von Erfahrungen und Erwartungen wirkt jede Person auf ihre Umwelt ein und hat Reaktionen aus ihr zu verarbeiten; in ihrer Selbstinterpretation kann die Person allerdings die Ursachen ihres Verhaltens sich selbst oder Umweltfaktoren zuzuschreiben (*Thierry* 1990). Für die Führerrolle spezifische Situationen sind ihre Position als „Mittler" zwischen eigenen Vorgesetzten und Untergebenen sowie ihr spezifisches Verhältnis zu eben diesen beiden Rollenträgern.

Das Bild eines „man/woman in the middle" bzw. des „Sandwich-Vorgesetzten" soll andeuten, daß i.d.R. Führer in Organisationen weder zur Gänze der Gruppe der von ihnen Geführten angehören, noch zur Gänze Teil der ihnen vorgesetzten Hierarchieebene sind. Auch Spitzenmanager haben meist ihren vorgesetzten Gremien zu berichten, ohne Mitglied oder ebenbürtiges Mitglied dieser Gremien zu sein. Diese Rolle schafft soziale Distanz, ein gewisses Maß an Einsamkeit, welches die Eigenständigkeit, das „Selbst" einer Person herausfordert. So ist etwa anzunehmen, daß Personen, die hohe Werte in einem Test zum „Locus of Control" (*Rotter* 1966; *Rotter* et al. 1972) aufweisen und damit die generelle Erwartung entwickelt haben, daß eher eigene Aktivitäten als externe Einflüsse ihre Verhaltensergebnisse bestimmen, besser mit Führersituationen fertig werden als Personen mit der gegenteiligen Erwartungsdominanz. *Bandura* (1986, S. 413) weist allerdings darauf hin, daß dies nur gelten kann, wenn zu dieser generellen Erwartung über den Ort der Kontrolle die oben bereits erwähnte positive Erwartung in die Qualität der eigenen Fähigkeiten – als Fachexperte und vor allem im Bereich der sozialen Kompetenz – hinzutreten muß. Ansonsten kann die Überzeugung, daß man als Führer weitgehend auf sich selbst gestellt ist (→*Selbststeuerungskonzepte*), gepaart mit geringem Selbstvertrauen in die eigene Befähigung, zu hoher Führungsunsicherheit führen. Wesentlich für *Bandura* (1986, S. 335 ff.) ist die Entwicklung „selbst-regulatorischer" Mechanismen. Zu diesen gehören die Entwicklung persönlicher Standards, die Selbstbeobachtung, das selbständige Setzen von Zielen, die Selbstüberwachung der Zielerreichung sowie die Selbstbelohnung.

„Realistische Studien zeigen, daß erfolgreiche Selbstregulatoren sehr erfahren darin sind, die Teilfunktionen der Selbstregulierung anzuwenden: Sie beobachten ihr eigenes Verhalten und schätzen ihre jeweilige Lage realistisch ein; sie setzen sich naheliegende (kurzfristige), für sie erreichbare Ziele; sie verfügen eher über ein flexibles Repertoire an Strategien in der Auseinandersetzung mit der Umwelt, als daß sie sich auf eine einzelne Technik verlassen; letztlich arrangieren sie selbst Anreize für den Einsatz ihrer Anstrengungen" (*Bandura* 1986, S. 354).

Im Zusammenwirken mit Vorgesetzten/Untergebenen scheinen Verstärkungen für den dazwischen befindlichen Führer in einem Zirkel zu verlaufen: Zeigt ein Gruppenführer Wirkung „nach oben", erhöht dies seinen Einfluß nach unten; zeigt er, daß er seine Gruppe „in der Hand hat", erhöht dies seine Beachtung „höheren Orts". Häufig ist wohl die Annahme realistisch, daß die Verstärkungen von unten leichter zu erreichen sind als von oben, da „unten" eine Tendenz zur Willfährigkeit besteht, während „oben" eher Konkurrenz mit anderen, gleichgestellten Führern besteht. Auch wenn ein „positives Feedback" von unten auch nur oberflächlich angelegt und gemeint ist, kann dieses, verstärkt etwa durch die Selbstinterpretation des Führers, als sehr positive Verstärkung aufgenommen werden. Damit ein solcher Verstärkungsprozeß aber in Belastungssituationen nicht wie ein Kartenhaus zusammenbricht, liegt die „idealtypische" externale Verstärkung in der Zuerkennung „charismatischer" Eigenschaften (→*Führungstheorien – Charismatische Führung*) durch die Geführten; dem Aufbau von „Krediten" im Sinn des →*Idiosynkrasiekreditmodells* Holländers bzw. „reifer" Führer-Geführten-Beziehungen in der Theorie der Führungsdyaden (→*Führungstheorien, von Dyaden zu Teams*).

Selbstverständlich darf neben diesem wesentlichen Rückhalt von unten das Erreichen organisationaler (Effizienz-)Ziele als positives und negatives Verstärkungspotential nicht unterbewertet werden (→*Führungsforschung, Inhalte und Methoden*).

VII. Konstruktion eines neuen Verfahrens zur Messung der Führungsmotivation (FMT)

1. Theoretische Grundlagen und Zielsetzungen des FMT

Die theoretischen Überlegungen zur Konstruktion psychodiagnostischer Verfahren führten zu dem Vorsatz, den FMT als projektives Verfahren zu konzipieren. Dadurch sollten in erster Linie systematische Antwortverzerrungen vermieden werden, die als „social-desirability-Tendenz" bei herkömmlichen Persönlichkeitsfragebogen bekannt sind. Zur Sicherung der Objektivität projektiver Verfahren muß allerdings hinreichend genau geklärt sein, welche Art von Projektion in diesem Test stattfindet (*Hörmann* 1972). Aus der Klasse der allgemeinen Motivationstheorien geben hierauf die Erwartungsmal-Wert-Theorien eine für unsere Belange hinreichende Antwort. Wir verwenden daher die „Valenz - Instrumentalitäts - Erwartungs" - Theorie von *Vroom* (1964). Diese Theorie unterscheidet drei Ebenen des motivationalen Geschehens:

- die Ebene der „autonomen Motive"
- die Ebene der den autonomen untergeordneten Teilziele
- die Ebene des konkreten Verhaltens. Diese Ebenen stehen in einem Unterordnungsverhältnis:

Die niedrigere Ebene wird angestrebt, um der höheren einen Schritt näher zu kommen. Der FMT soll die in dieser Theorie zentralen Konstrukte messen:

- Dominanzrelationen (Welche Motive sind welchen untergeordnet? Welches sind die autonomen Motive?)
- Valenzen der autonomen und untergeordneten Motive.

Die Überlegungen zum Einsatz des FMT im Führungsgeschehen beruhen auf dem interaktionistischen Kontingenzmodell von Fiedler (→*Führungstheorien – Kontingenztheorie*). Hierin spielt die Motivstruktur des Führers als Determinante des Führungserfolgs eine zentrale Rolle. Die Persönlichkeit der Untergebenen kommt im Kontingenzmodell von Fiedler allerdings zu kurz. Die Beschränkung des interaktionistischen Ansatzes allein auf die Persönlichkeit des Vorgesetzten und auf ausgewählte Situationsaspekte scheint weder rational noch empirisch begründbar zu sein. Auf der Personenseite ist nicht das Motivsystem eines einzelnen (Führer oder Geführter) für den Führungserfolg von Bedeutung, sondern die dynamische Beziehung der Motivsysteme aller an einem Führungsprozeß Beteiligten.

2. Testaufbau und Auswertung

Da ein Motivsystem aus den unterschiedlichsten Bestandteilen (Einzelmotiven und ihrer Beziehung zueinander) bestehen kann, war eine Beschränkung unerläßlich. In den FMT sind im Anschluß an *McClelland* (1971) drei in der Führungsforschung zentrale Motivbereiche aufgenommen:

- Motive in bezug auf Macht und Machtträger in Unternehmen
- Motive in bezug auf Leistung
- Motive in bezug auf die sozialen Beziehungen der Unternehmensangehörigen miteinander.

Für jeden dieser drei Bereiche wurden Items gebildet, die als Ziel- oder Wertvorstellungen formuliert sind. Beispiele:

- „Opposition gegenüber den vorgesetzten Dienststellen ist grundsätzlich zu befürworten".
- „Sachliche Überlegenheit ist ein erstrebenswertes Ziel."
- „Gute Sozialbeziehungen sind Grundvoraussetzungen erfolgreicher Zusammenarbeit."

An den Probanden werden im Test zweierlei Anforderungen gestellt:

(1) Er soll entscheiden, mit welchem von zwei vorgegebenen Mitarbeitern er eher nicht zusammenarbeiten möchte. Die Mitarbeiter sind charakterisiert durch Ziele oder Wertvorstellungen, die ihr Verhalten im Unternehmen leiten. Jedes Ziel oder jede Wertvorstellung stammt aus einem der drei genannten Motivbereiche.

(2) Er soll auf einer Skala markieren, wie sicher er sich bei der in (1) verlangten Präferenzentscheidung ist. Beispiel für ein Test-Item:

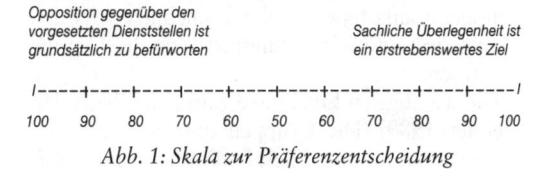

Opposition gegenüber den vorgesetzten Dienststellen ist grundsätzlich zu befürworten   Sachliche Überlegenheit ist ein erstrebenswertes Ziel

/----+----+----+----+----+----+----+----+----+----/
100 90   80   70   60   50   60   70   80   90 100

Abb. 1: Skala zur Präferenzentscheidung

Die Testauswertung erfolgt im Computer (Multidimensionale Euklidische Skalierung). Die wichtigsten Auswertungskennzahlen sind:

- Die logische Konsistenz und Widerspruchsfreiheit der unter (1) geforderten Präferenzurteile als Indikator der Rationalität des Motivsystems im Sinne der Valenz-Instrumentalitäts-Theorie;
- die wahrscheinliche Anzahl und die Valenz der autonomen Motive als Indikatoren der Differenziertheit des Motivsystems;
- die Valenzen der untergeordneten Motive.

3. Einige Ergebnisse

Mittlerweile liegen Testprotokolle von ca. 150 Testpersonen vor, die vor und während Gruppenübungen erhoben wurden.

Zur Untersuchung der prognostischen Validität des FMT bezüglich des Erfolgs von Gruppenleistungen wurde eine drei Tage dauernde Gruppenübung unter belastenden Bedingungen durchgeführt. Die 30 Teilnehmer aus dem militärischen Bereich, die keine Unterschiede bezüglich Alter, schulischer und beruflicher Vorbildung aufwiesen, wurden vor Beginn der Gruppenübung in 6 Gruppen zu je 5 Personen eingeteilt. Für jede Gruppe wurde ein Vorgesetzter bestimmt. Einziges Einteilungskriterium waren die Ergebnisse im FMT, der einige Wochen vor der Gruppenübung durchgeführt worden war. Drei dieser Gruppen waren bezüglich ihrer Motivstruktur homogen. Man könnte sie abkürzend als „machtmotiviert" bezeichnen. Eine vierte Gruppe bestand aus Personen mit Motivstrukturen, die dem rationalen Anspruch der Valenz-Instrumentalitäts-Theorie nicht genügten. Diese hatten allerdings einen in allen drei Bereichen sehr differenzierten Vorgesetzten. Die beiden letzten Gruppen bestanden aus dem nicht eindeutig zuordenbaren Rest der Teilnehmer mit entsprechend unterschiedlichen Motivstrukturen. Eine dieser Gruppen hatte allerdings einen Vorgesetzten, der von allen Teilnehmern die am wenigsten der Valenz-Instrumentalitäts-Theorie entsprechende Motivstruktur aufwies. Während dieser Gruppenübung waren unterschiedliche, den Teilnehmern geläufige und nicht geläufige Aufgaben zu erledigen. Maße der Gruppeneffektivität, der Zufriedenheit der Gruppenmitglieder, physiologische Erregungsindikatoren und Persönlichkeitstests wurden kontinuierlich erhoben. Am Ende der Gruppenübung fixierte jeder Teilnehmer seine Erlebnisse mit und seinen Eindruck von der Gruppe schriftlich.

Die wichtigsten Ergebnisse waren die folgenden (*Lehner* 1989): Die Gruppen unterschieden sich sehr deutlich in ihrer Effektivität und in ihrer Zufriedenheit. Auch die mit Persönlichkeitstests erfaßten Selbsteinschätzungen erbrachten gruppenspezifische Unterschiede. Alles in allem am besten schnitt die Gruppe der „Machtmotivierten" ab. Diese Gruppe beschäftigte sich schon mit der Aufgabenlösung, während zum Beispiel die „sozial motivierte" Gruppe noch über Aufgabenverteilungen diskutierte. Bei der „leistungsmotivierten" Gruppe kam es hin und wieder zu Kompetenzstreitigkeiten und zu Verletzungen der Rahmenbedingungen bei der Erledigung der Aufgabe. In zumindest einem Fall diente diese Verletzung dem erklärten Ziel, erfolgreicher zu sein als die Gruppe, mit der man zu verhandeln hatte. Beinahe dramatisch verlief die Gruppenübung bei den beiden heterogenen Gruppen. Hier etablierten sich Meinungsführer, große Unzufriedenheit mit dem Vorgesetzten wurde geäußert, die darin gipfelte, daß eine Gruppe ihren Vorgesetzten kurzerhand absetzte. Ein Teilnehmer aus einer dieser beiden Gruppen zog sich nach kurzer Zeit von der Gruppenübung gänzlich zurück. Der Erfolg der vierten Gruppe war schwankend. Aus dem Erlebnisbericht dieses Vorgesetzten ist zu entnehmen, daß er von vornherein mit seiner Zuordnung zu dieser Gruppe allgemein und insbesondere als Vorgesetzter nicht zufrieden war. Er setzte sich allerdings selbst die Herausforderung, herauszufinden, wozu diese Gruppe unter seiner Führung fähig sei. Entsprechend hoch war dann bei einigen Gruppenübungen sein Engagement, was auch zum Erfolg der Gruppe führte. Bei anderen Aufgaben, die er mit geringerem Einsatz bestritt, sank auch der Gruppenerfolg.

In einer weiteren Untersuchung (*Widmann* 1993), die ebenfalls als Gruppenübung über mehrere Tage ging, sollte der FMT einerseits dazu verwendet werden, Aussagen über dominante Motivstrukturen dieser nach demographischen Variablen, Berufsstand und Ausbildungsstatus homogenen Stichprobe (ebenfalls aus dem militärischen Bereich) zu machen. Andererseits wurde der Frage nachgegangen, wie die Mitglieder von erfolgreichen im Gegensatz zu den Mitgliedern nicht erfolgreicher Gruppen das Gruppenergebnis attribuieren und ob diese Attribuierungstendenzen mit den Motivsystemen zusammenhängen (→*Führungstheorien – Attributionstheorie*). Die Gruppenergebnisse waren von Bedeutung für den weiteren beruflichen Aufstieg der Teilnehmer. Daraus darf geschlossen werden, daß bei jedem einzelnen das Engagement einigermaßen hoch war.

Nach den Ergebnissen des FMT standen Leistungsziele eher in der Mitte der Präferenzordnung der überwiegend eindimensionalen Motivsysteme. An vorderster Stelle rangierten Ziele, die mit Eigenständigkeit und Eigenverantwortlichkeit sowie mit intakten Gruppenbeziehungen zu tun hatten. Bei den Zielen bezüglich Machtträgern fiel auf, daß man zwar so etwas wie ein „Gehorsamsgebot" ablehnte, allerdings auf einen Vorgesetzten mit „Führungspersönlichkeit" großen Wert legte. In ihrem Attribuierungsverhalten unterschieden sich die erfolgreichen Gruppen von den erfolglosen nicht in der Einschätzung des Gruppenklimas und der Gruppeneffizienz, auch nicht in der Einschätzung ihres eigenen Engagements. Signifikante Unterschiede erbrachte lediglich die Einschätzung des Gruppenvorgesetzten: Die Mitglieder der erfolgreichen Gruppen schätzten diesen signifikant autoritärer, aber auch bezüglich seines Engagements, seiner Zuverlässigkeit, Vertrauenswürdigkeit, persönlichen Ausstrahlung und seiner Sympathie bei den Geführten signifikant positiver ein als die Mitglieder der erfolglosen Gruppen.

Literatur

Ackermann, K.-F./Reber, G.: Motivationale Komponenten des personalen Verhaltens: Überblick. In: *Ackermann, K.-F./Reber, G.*: Personalwirtschaft. Stuttgart 1981, S. 94–105.
Bandura, A.: Social Foundations or Thought and Action. Englewood Cliffs 1986.
Festinger, L.: A Theory of Social Comparison Processes. In: HR, 1954, S. 117–140.
Heckhausen, H.: Der Ursprung des Leistungsmotivs. In: *Ackermann, K.-F./Reber, G.*: Personalwirtschaft. Stuttgart 1981, S. 280–288.
Heckhausen, H.: Motivation und Handeln. Berlin 1980.
Hofstede, G.: Culture's Consequences: International Differences in Work-Related Values. Beverly Hills 1980.
Hörmann, H.: Theoretische Grundlagen der projektiven Tests. In: *Heiss, R.* et al. (Hrsg.): Handbuch der Psychologie, Bd. 6, Psychologische Diagnostik. Göttingen 1971, S. 71–112.

Lawler, E. E.: Erwartungstheorie. In: *Ackermann, K.-F./Reber,G.* (Hrsg.): Personalwirtschaft. Stuttgart 1981, S. 202-214.
Lehner, J. M.: Motivation und Führer-Gruppen-Effizienz. Diss., Linz 1989.
Locke, E. A./Latham, G. P.: Work Motivation: The High Performance Cycle. In: *Kleinbeck, U./Quast, H. H./Thierry, H.* et al. (Hrsg.): Work Motivation. Hillsdale 1990, S. 3-25.
Lord, R. G.: An Information Processing Approach to Social Perception. In: *Cummings, L. L./Staw, B. M.*: Research in Organizational Behavior. Greenwich 1985, S. 87-128.
Machiavelli, N.: Der Fürst. Stuttgart 1978.
Maier, N. R. F.: Problem-Solving Discussion and Conferences: Leadership Methods and Skills. New York 1963.
McClelland, D. C.: Assessing Human Motivation. New York 1971.
Meyer, H.: Noch einmal und zum letzten Mal: Was mißt der LPC Fiedlers? In: DBW, 1982, S. 427-434.
Nietsche, F.: Wille zur Macht, 1906.
Noll, P./Bachmann, H. R.: Der kleine Machiavelli. Zürich 1987.
Reber, G./Jago, A./Böhnisch, W.: Interkulturelle Unterschiede im Führungsverhalten. In: *Haller, M.* et al. (Hrsg.): Globalisierung der Wirtschaft. Bern 1993, S. 217-241.
Rotter, J. B./Change, J. E./Phares, E. J.: Applications of Social Learning Theory of Personality. New York 1972.
Rotter, J. B.: Generalized Expectances for Internal Versus External Control of Reinforcement. In: Psychological Monographs, 1966 (Gesam. Heft Nr. 609).
Schmalt, H. D.: Machtmotivation. In: Psychologische Rundschau, 1979, S. 269-285.
Thierry, H.: Intrinsic Motivation Reconsidered. In: *Kleinbeck, U./Quast, H./Thierry, H.* et al. (Hrsg.): Work Motivation. Hillsdale 1990, S. 67-82.
Vroom, V. H./Jago, A. G: The New Leadership. Englewood Cliffs 1988.
Vroom, V. H./Yetton, P. W.: Leadership and Decision-Making. Pittsburgh 1973.
Vroom, V. H.: Work and Motivation. New York 1964.
Weber, M.: Wirtschaft und Gesellschaft. Köln 1964.
Widmann, R.: Der Führungsmotivationstest in Theorie und Praxis. Dipl.-Arbeit, Linz 1993.

Führungsnachfolge

Dudo v. Eckardstein/Ines Wilkens

[s. a.: Auswahl von Führungskräften; Fortbildung, Training und Entwicklung von Führungskräften; Organisationskultur und Führung; Personalbeurteilung von Führungskräften; Personalplanung für Führungskräfte; Stellenbeschreibung als Führungsinstrument; Wechsel von Topmanagern – Folgerungen für die Führung.]

I. Einführung; II. Fallgruppen der Führungsnachfolge; III. Träger von Entscheidungen über die Führungsnachfolge; IV. Determinanten der Nachfolgeentscheidung; V. Sonderfall Führungsnachfolge im Familienunternehmen; VI. Strategische Unterstützung der Handhabung von Nachfolgeentscheidungen.

I. Einführung

Wegen des großen Einflusses, der Führungskräften für den Fortbestand und die Entwicklung von Organisationen beigemessen wird, kommt auch der Wiederbesetzung von Führungsstellen mit Führungspersonen, dh. der Führungsnachfolge, große Bedeutung zu. *Führungskräfte* können als Personen, die eine Führungsstelle, d. h. eine Stelle mit Personalverantwortung bekleiden, definiert werden. I.w. S. werden auch Inhaber von Stabsstellen, die einer Führungsstelle zugeordnet sind, sowie von Spezialistenstellen ohne Personalverantwortung zu den Führungskräften gezählt (*v. Eckardstein* 1971). *Führungsnachfolgeentscheidungen* haben die Wiederbesetzung einzelner Führungsstellen sowie generelle Regelungen zur Handhabung der Wiederbesetzungsfälle (z. B. Festlegung von Aufstiegslinien für Führungskräfte) zum Inhalt.

Aus der Perspektive der Leitung einer Organisation können mit Führungsnachfolgeentscheidungen mehrere *Ziele* verfolgt werden: In erster Linie sollen sie sicherstellen, daß im Falle der Vakanz von Führungsstellen geeignete Nachfolger für die Wiederbesetzung zur Verfügung stehen. Sie leisten damit einen Beitrag zur *Stabilität einer Organisation*. Weiterhin können personelle Mobilitätsprozesse im Rahmen der Führungsnachfolge zur *Entwicklung der Organisation* beitragen (*Siedenbiedel* 1984). Indem sie den beteiligten Führungspersonen Aufstiegs- und Profilierungsmöglichkeiten eröffnen, können sie als *Leistungsanreiz* die Produktivität der Organisation erhöhen.

Aus der Perspektive der berührten Führungskräfte wirken sich Nachfolgeentscheidungen auf die berufliche, einkommensmäßige und soziale Existenz und auf die daraus gewonnene Zufriedenheit aus. Damit werden *zentrale Lebensinteressen* der Organisationsmitglieder angesprochen.

Die Führungsnachfolgeplanung ist ein Teilbereich der Personalplanung und somit entscheidungslogisch eng verknüpft mit anderen Planungen der Organisation, wie z. B. der Absatz- und Produktplanung. Im Vergleich zur Personalplanung für untere hierarchische Ebenen überwiegt in der Führungsnachfolgeplanung eine längerfristige, strategische Orientierung, die weithin unabhängig von kurzfristigen quantitativen Bedarfsschwankungen zu verfolgen ist.

II. Fallgruppen der Führungsnachfolge

1. Kategorien von Führungskräften

Führungskräfte lassen sich nach ihrer Zugehörigkeit zu unterschiedlichen hierarchischen Ebenen in *leitende* und *nicht-leitende* Führungskräfte unterteilen. Zu den leitenden Führungskräften zählen Inhaber von Einzelunternehmen und geschäftsführende Gesellschafter von Personengesellschaften sowie die Mitglieder der Leitungsgremien von Kapitalgesellschaften (Vorstandsmitglieder, Geschäftsführer).

Die nicht-leitenden Führungskräfte sind unterhalb der Leitungsebene angesiedelt. Trotz der Tatsache, daß die nicht-leitenden Führungskräfte z. T. über ein hohes Maß an Autonomie hinsichtlich der Gestaltung ihrer Tätigkeit verfügen und z. T. als leitende Angestellte im Sinne des BetrVG § 5 III gelten, werden sie hier wegen der Unterschiede in der Handhabung der Führungsnachfolge von den leitenden Führungskräften im obigen Sinn abgegrenzt.

2. Kategorien von Vakanzen

Die Ursachen für die Wiederbesetzung von Führungsstellen lassen sich u. a. hinsichtlich der Merkmale

- Prognostizierbarkeit und
- personalpolitische Beeinflußbarkeit/Steuerbarkeit

differenzieren.

So sind Versetzungen und (von der Organisationsleitung initiierte) Kündigungen des bisherigen Stelleninhabers i. d. R. sowohl langfristig vorhersehbar als auch personalpolitisch steuerbar, während eine Vakanz wegen Pensionierung des bisherigen Stelleninhabers zwar langfristig vorhersehbar, aber nicht – bzw. nur eingeschränkt – zeitlich steuerbar ist. Andere Ursachen für Wiederbesetzungen, wie Fluktuation, Tod des bisherigen Stelleninhabers können weder langfristig prognostiziert (in größeren Organisationen finden jedoch statistische Durchschnittswerte als Anhaltspunkt für die Planung Verwendung) noch zeitlich gesteuert werden.

Diese Kategorien von Vakanzen determinieren maßgeblich den Aktionsrahmen der Nachfolgeentscheidung (s. insbesondere IV. 1.).

III. Träger von Entscheidungen über die Führungsnachfolge

In Abhängigkeit von der Rechtsform der Organisation und der Führungskräftekategorie wird die Führungsnachfolge von unterschiedlichen Trägern entschieden.

Die Bestellung eines Nachfolgers für die *Leitungsstelle(n)* einer Einzelunternehmung und einer Personengesellschaft nimmt i. d. R. der Eigentümer (bzw. die Mehrheit der Eigentümer) vor. Bei *Kapitalgesellschaften* wird die personelle Besetzung der gesetzlichen Leitungsgremien durch den Aufsichtsrat einer AG bzw. durch die Gesellschafterversammlung einer GmbH vorgenommen.

(Vgl. die differenzierenden Regelungen der inzwischen zahlreichen Mitbestimmungsgesetze hinsichtlich der Beteiligung der Arbeitnehmervertreter an Nachfolgeentscheidungen bei leitenden Führungskräften, insbesondere auch bei den beiden Kategorien des Arbeitsdirektors).

Für die Bestellung von *nicht-leitenden* Führungskräften ist die Organisationsleitung und u. U. auch der Betriebsrat zuständig (§§ 99 ff. BetrVG) (*Witte* 1980). Darüber hinaus wirken daran in ihrem Auftrag der direkte *Vorgesetzte* bzw. hierarchisch höhere indirekte Vorgesetzte mit. Nur im Ausnahmefall werden die Mitarbeiter, denen der zu bestellende Nachfolger zukünftig Vorgesetzter sein soll, in die Entscheidung einbezogen. Für die administrative Vorbereitung von Nachfolgeentscheidungen sind in größeren Unternehmen und Konzernen häufig eigene Stabsstellen (zentrale Führungskräfteplanung) eingerichtet, die direkt dem Leitungsgremium zugeordnet oder im Personalressort angesiedelt sind. Für eine erfolgreiche Nachfolgeentscheidung erscheint es zwingend, ebenfalls den Nachfolgekandidaten in die Entscheidung einzubeziehen, um seine persönlichen Interessen berücksichtigen zu können. Bei Außenrekrutierung wird häufig ein nicht der Organisation angehörender *Personalberater* unterstützend hinzugezogen.

IV. Determinanten der Nachfolgeentscheidung

Die Entscheidung über die Führungsnachfolge ist ein komplexer, wenig strukturierter Vorgang, was u. a. aus der Vielzahl der an der Entscheidung mit unterschiedlichen Kompetenzen beteiligten Träger ersichtlich ist. Diese Komplexität schlägt sich in den im folgenden darzustellenden Determinanten bzw. Auswahlkriterien nieder. Im Vordergrund steht das quasi objektive Kriterium der Übereinstimmung von Anforderungen der Führungsstelle, individueller Qualifikation und persönlicher Bereitschaft des/der Nachfolgekandidaten/in. Es wird ergänzt bzw. interpretiert durch beschäftigungspolitische Grundsätze der Organisation, die Ausdruck genereller strategischer Vorentscheidungen für die Handhabung des Problems der Führungsnachfolge darstellen.

1. Übereinstimmung von Anforderungen, Qualifikation und persönlichen Präferenzen

Zur Vorbereitung einer Nachfolgeentscheidung ist es notwendig, *Anforderungen* der Stellen sowie *Qualifikationen* und *Interessen* potentieller Nachfolger zu ermitteln und miteinander zu vergleichen. Die Übereinstimmung dieser Größen stellt eine quasi objektive Bedingung für die Tragfähigkeit einer Nachfolgeentscheidung dar und ist entscheidungslogisch begründet.

a) Anforderungen

Die Anforderungen einer Stelle an einen potentiellen Stelleninhaber sind aus den Aufgaben der Stelle abzuleiten. Leitungsstellen erfordern von ihren Inhabern u. a. die Befähigung und Bereitschaft, langfristig die Entwicklung der Organisation zu fördern, d. h. die Ziele und Schwerpunkte künftiger Aktivitäten zu bestimmen und Vorkehrungen zu treffen, damit diese Ziele durch die Migleder der Organisation arbeitsteilig erreicht werden können. Diese generelle Anforderung impliziert fachspezifische Fähigkeiten entsprechend der Ausrichtung der Stelle sowie die Befähigung zur Menschenführung.

Jedoch darf die Bedeutung dieser Instrumente für die Ermittlung der Anforderungen nicht überschätzt werden: Es gehört zur Aufgabe von Führungskräften, insbesondere von leitenden, in weiten Bereichen die von ihnen zu erfüllenden Aufgaben inhaltlich zu definieren und die Art ihrer Erfüllung mitzubestimmen. Entsprechend ist zu erwarten, daß die genannten Instrumente schwerpunktmäßig das Aufgabenverständnis des jeweiligen Vorgängers/der Vorgängerin nachzeichnen und damit überholt sind.

Bei Nachfolgeentscheidungen, die auf eine längerfristige Besetzung einer Stelle abzielen, kommt der *Antizipation* der *Aufgaben- und Anforderungsentwicklung* im Rahmen organisatorischen Wandels große Bedeutung zu. Eine zukunftsbezogene Regelung der Führungsnachfolge erfordert die Übereinstimmung des (vermuteten) *Entwicklungspotentials eines Nachfolgers* mit der voraussichtlichen Anforderungsentwicklung der Stelle. Für die Anforderungsermittlung von nicht-leitenden Führungskräften sind die Arbeitsanalyse, die Arbeitsbewertung und die Stellenbeschreibung wichtige Hilfsmittel (→*Stellenbeschreibung als Führungsinstrument*).

b) Qualifikation

Die Eignung einer Person für die Besetzung einer vakanten Stelle ergibt sich im Prinzip aus dem Vergleich von Stellenanforderungen und Qualifikation der Person. Dieser Vergleich ist nur möglich, wenn die Dimensionen der Anforderungs- und Qualifikationsermittlung identisch sind. Bei gleicher Ausprägung der Dimensionen ist die Eignung gegeben. Als Verfahren zur Erfassung der Qualifikation werden heute in größeren Unternehmen vor allem das *Assessment Center* (*Kompa* 1989) und die Personal- oder Leistungsbeurteilung eingesetzt. Darüber hinaus verwenden einige Unternehmen und Personalberater bei der Rekrutierung vom externen Arbeitsmarkt auch psychologische Tests. Assessment Center und psychologische Tests spielen jedoch bei der Besetzung von Leitungsstellen meist keine Rolle, allein schon deshalb nicht, weil sich die Bewerber/innen ihnen höchst ungern unterziehen. Grundsätzliche Probleme ergeben sich daraus, daß wegen des Zukunftsbezugs der Nachfolgeentscheidung Qualifikations*prognosen* benötigt werden, sämtliche Verfahren aber schwerpunktmäßig an bisher ermittelten Qualifikationen festmachen, die nicht selten in Hinblick auf andersartige Aufgaben bzw. Anforderungen erfaßt wurden.

c) Modifizierende Faktoren

Die obigen Ausführungen implizieren die Vorstellung, die Anforderungen an einen Nachfolger ließen sich gleichsam objektiv aus den Aufgaben der Stelle ableiten, und die Qualifikation könne durch Verfahren der Personalbeurteilung und Eignungsdiagnose so zweifelsfrei ermittelt werden, daß bei einem Vergleich von Anforderungen und Qualifikation beinahe automatisch eine von allen Trägern akzeptierte, „gute" Nachfolgeentscheidung zustande kommt. Diese Vorstellung deckt sich nicht mit der Realität der Organisationen. Es muß vielmehr davon ausgegangen werden, daß neben den ausgewiesenen Anforderungs- und Qualifikationsdimensionen noch *„ungeschriebene"* und z. T. nicht ausgesprochene Dimensionen bei individuellen Trägern und Trägergruppierungen existieren und daß darüber hinaus auch einzelne Träger gegenüber den ermittelten Ausprägungen der ausgewiesenen Dimensionen abweichende Vorstellungen haben. Beide Faktoren sind insb. Ausdruck des in jeder Organisation zu vermutenden *Pluralismus* von Interessen der relevanten Akteure, der je nach Durchsetzungsmacht der Akteure die tatsächlichen Nachfolgeentscheidungen prägt.

Dieser Pluralismus wird z. B. in den Fällen offensichtlich, in denen in Aufsichtsräten sog. Kampfabstimmungen bei der Besetzung von Vorstandspositionen stattfinden (insb. bei der Wahl des Arbeitsdirektors nach dem Mitbestimmungsgesetz 1975). Weiterhin äußert er sich in *mikropolitischem* Verhalten (→*Mikropolitik und Führung*) von Entscheidern, die mit der Nachfolgeentscheidung persönliche Zwecke (z. B. Aufrechterhaltung einer dominanten Position) verfolgen.

Unabhängig von dieser interessenpolitischen Divergenz ist zu vermuten, daß Kriterien wie persönliche Loyalität, Sympathie, Zugehörigkeit zu favorisierten sozialen Gruppierungen, Werthaltungen, Übereinstimmung mit der Organisationskultur (→*Organisationskultur und Führung*) etc. als ungeschriebene Anforderungsdimensionen beachtliches Gewicht aufweisen und daß überdies ihre Ausprägung hinsichtlich einzelner Nachfolgekandidaten/innen bei den Trägern von Nachfolgeentscheidungen unterschiedlich wahrgenommen wird (*Lueger* 1992).

d) Persönliche Präferenzen des Nachfolgekandidaten

Unabdingbar für die Realisierung einer Nachfolgeentscheidung ist die persönliche Bereitschaft und das Interesse der Führungskraft, die vakante Stelle zu besetzen.

Die Veränderungsbereitschaft hängt u. a. von den Faktoren

- Aufstiegsorientierung und Einkommensinteressen (sofern mit der Nachfolge ein individueller Aufstieg verknüpft ist)
- ausgeprägte fachliche und persönliche Neigungen
- örtliche Präferenzen
- persönliche Umstände, insb. bei mit Ortswechseln verbundenen beruflichen Veränderungen (schulpflichtige Kinder, Berufstätigkeit des Partners, Wohneigentum) ab.

Es scheint, daß die als Ausdruck des konstatierten Wertewandels höher gewichteten privaten Lebensinteressen die Bereitschaft von Führungskräften, sich beruflichen Veränderungen zu unterziehen, relativiert haben (→*Mobilität und Fluktuation von Führungskräften*) (*Kmieciak* 1976; *Ulrich* 1978). Langanhaltende Besetzungsschwierigkeiten können Anlaß zu einer Reorganisation der zu besetzenden Führungsstellen hinsichtlich der Aufgabeninhalte und ihres zeitlichen Umfangs sowie ihrer lokalen Ansiedlung geben.

2. Allgemeine beschäftigungspolitische Grundsätze

Frühere Erfahrungen der an Nachfolgeentscheidungen beteiligten Akteure und allgemeine personalpolitische Zielvorstellungen veranlassen in größeren Organisationen, in denen häufig über Fälle von Führungsnachfolge entschieden werden muß, zur Festlegung von Grundsätzen als Ausdruck strategischer Vorentscheidungen für die einheitliche Handhabung von Einzelfällen der Führungsnachfolge.

In diesem Sinn ist im folgenden von beschäftigungspolitischen Grundsätzen die Rede, die das Entscheidungsverhalten der Akteure lenken. Sie können als Interpretationsnormen für die inhaltliche Füllung der Begriffe Anforderungen und Eignung gedeutet werden.

a) Interne Besetzung versus externe Rekrutierung

Bei der Wiederbesetzung einer Führungsposition stehen grundsätzlich zwei Möglichkeiten offen – Besetzung der Stelle mit einem Organisationsmitglied oder Neueinstellung. Die *interne Stellenbesetzung* (nach persönlicher Ansprache oder interner Stellenausschreibung für untere Führungsstellen) hat i. d. R. eine Kette weiterer Versetzungen zur Folge, an deren Ende meist eine Neueinstellung auf hierarchisch niedriger Ebene stattfindet.

Der Grundsatz der organisations*internen Besetzung* ist u. a. durch folgende *Vorteile* begründet:

- Die sachliche und soziale Eignung (Führungsqualifikation) von potentiellen Nachfolgern kann besser beurteilt werden, so daß die Unsicherheit bei Nachfolgeentscheidungen verringert wird.
- Verkürzung der Einarbeitungs- und Eingewöhnungszeiten, insb. bei sich überlappenden Arbeitsanforderungen von in Aufstiegspfaden miteinander verknüpften Stellen.
- Hoher Informationsstand des Nachfolgers hinsichtlich Anforderungen und Rahmenbedingungen der vakanten Stelle, so daß die Wahrscheinlichkeit einer späteren Enttäuschung und Fluktuation des Nachfolgers reduziert wird.
- Durch die Eröffnung von Aufstiegschancen werden Leistungsanreize geschaffen und die Fluktuationsneigung verringert.
- Die mit häufigen Versetzungen verbundenen Anforderungsvariationen und persönlichen Herausforderungen können die individuelle Flexibilität und Personalentwicklung fördern und damit zur Entwicklungsfähigkeit von Organisationen durch Ausweitung des Problemlösungspotentials beitragen.

Für den Grundsatz der *externen* Rekrutierung sprechen folgende Nachteile interner Rekrutierung:

- Das externe Bewerberpotential wird nicht in die Nachfolgeentscheidung einbezogen, woraus suboptimale Auswahlmöglichkeiten resultieren können. Teilweise sind auf dem internen Arbeitsmarkt überhaupt keine geeigneten Nachfolgekandidaten verfügbar.
- Die mit interner Besetzung einhergehende Stabilisierung organisationsspezifischen Verhaltens der Mitglieder kann die Innovationsfähigkeit einschränken („Betriebsblindheit").

In der betrieblichen Praxis werden beide Grundsätze meist in Kombination angewandt. Dabei scheint der internen Rekrutierung insb. in größeren Unternehmen für die Besetzung der nichtleitenden Führungsstellen meist der Vorzug gegeben zu werden. Die relative Größe des internen Arbeitsmarkts stellt dort die Verfügbarkeit geeigneter Nachfolger i. d. R. sicher, so daß die zahlreichen Vorzüge der internen Rekrutierung realisiert werden können. Bei der Nachfolge für Leitungsstellen wird die externe Rekrutierung in vielen Organisationen präferiert (z. B. zur Verbesserung der Auswahlmöglichkeiten, zur Implementierung neuer Denkweisen und Anregungen für die Entwicklung der Organisation, in öffentlichen Unternehmen manchmal auch zur

Versorgung von Parteifreunden). Die Bevorzugung externer Rekrutierung bei Leitungsstellen ist ohne Zweifel auch darauf zurückzuführen, daß die Entscheidungsträger zu einem erheblichen Teil nicht der Organisation selbst angehören und daher interne Kandidaten i. d. R. nicht besser als externe beurteilen können. In kleineren Unternehmen ist mangelhafte Verfügbarkeit bzw. suboptimale Auswahl vielfach ein Hindernis für die Realisierung interner Rekrutierung auch bei Stellen nicht-leitender Führungskräfte.

b) Stellenspezifische Führungsnachfolge versus Potentialaufbau

Als generelle Regelungen für die Handhabung der Führungsnachfolge kommen bei der Befolgung des Grundsatzes interner Rekrutierung weiterhin die beiden folgenden strategischen Alternativen in Betracht:

- Gezielte Selektion und Förderung einer Nachwuchskraft im Hinblick auf die zukünftige Besetzung einer spezifischen Führungsposition, selbst wenn deren Vakanz noch nicht abzusehen ist (zukunftsbezogene Zuordnung von Person und Stelle).
- Aufbau eines Potentials flexibel einsetzbarer Mitarbeiter („Goldfischteich"), die in Abhängigkeit von der zukünftigen Entwicklung des Bedarfs und ihrer individuellen Fähigkeiten und Präferenzen zu einem späteren Zeitpunkt einer Führungsstelle zugeordnet werden (Zuordnung von Personengruppen zu Positionsgruppen).

Die Nachfolgeplanung entsprechend dem zweiten Grundsatz setzt eine Unternehmensgröße voraus, bei der regelmäßig über Nachfolgefälle auf vergleichbaren Führungsstellen zu entscheiden ist. Beide Planungsmuster weisen für die Organisation und für die Nachfolger Vor- und Nachteile auf. So können bei der kurzfristigen Zuordnung von Person und Stelle (Potentialplanung) jüngste Entwicklungen der Fähigkeiten und Interessen der potentiellen Nachfolger in die Nachfolgeentscheidung einfließen. Nachteilig erscheint, daß nach der Wiederbesetzung i. d. R. eine stellenbezogene Einarbeitung bzw. Qualifizierung des *Nachfolgers* erfolgen muß, da im Rahmen der Potentialplanung der Erwerb von allgemeinen Erfahrungen im Vordergrund steht. Für die Nachfolger kann sich die breite Ausrichtung der Vorbereitung positiv auf die Fähigkeit, sich wandelnden Anforderungen anzupassen, auswirken. Andererseits kann jedoch die mangelnde Sicherheit hinsichtlich der internen Laufbahnperspektive (Aufstiegschancen) eine erhöhte Fluktuationsneigung der potentiellen Nachfolger und damit die Gefährdung betrieblichen Humankapitals bewirken.

In der Praxis können beide Strategien zur Besetzung vakant werdender Stellen in der Weise kombiniert werden, daß Nachfolgekandidaten grundsätzlich dem Reservepool zugeordnet werden. Erst ca. 6–12 Monate vor dem prognostizierten Vakanztermin erfolgt die Zuordnung einer Person aus dem Pool zur wiederzubesetzenden Stelle.

c) Generelle Pfade organisationsinterner Mobilität versus fallweise Entscheidungen

In größeren, verhältnismäßig homogenen Organisationen haben sich oftmals typische Mobilitätspfade herausgebildet, die Nachfolger beschritten haben müssen, bevor sie für eine Führungsnachfolge vorgesehen werden. Beispiele solcher festen Pfade finden sich u. a. in Warenhausunternehmen (Substitut, Abteilungsleiter, Niederlassungsleiter) sowie in größeren Bankunternehmen, in denen die verantwortliche Tätigkeit in einer Kreditabteilung häufig zur Voraussetzung für die Besetzung der Stelle eines Niederlassungsleiters gemacht wird. Die Stellen eines Mobilitätspfads sind durch sich z. T. überlappende Anforderungen gekennzeichnet, d. h. ihre Arbeitsinhalte sind teilweise identisch. Im Zuge der Internationalisierung sehen Mobilitätspfade heute häufig auch Auslandseinsätze vor (→*Entsendung von Führungskräften ins Ausland*).

Die Beschreitung eines Pfads dient dem Erwerb von Qualifikationen, die für die Besetzung einer Führungsstelle als wichtig erachtet werden. Stellenverknüpfungen dieser Art bieten u. a. folgende Vorteile:

- sukzessive Einarbeitung in das u. U. zukünftig zu übernehmende Aufgabengebiet durch Einsatz auf einer vorgelagerten, „hinführenden" Stelle
- schneller und problemloser Antritt der Nachfolge auch im Falle nicht prognostizierbarer und nicht steuerbarer Vakanz
- gute Selektionsmöglichkeiten.

Die Festlegung von Mobilitätspfaden eignet sich auch zum Aufbau von Reservepools für die Besetzung von Kategorien gleichartiger Stellen.

Einzelfallentscheidungen müssen demgegenüber in den Organisationen getroffen werden, in denen das Stellengefüge wenig homogen ist, so daß „hinführende" Stellen nicht oder in zu geringer Zahl zum Erwerb der erforderlichen Qualifikationen vorhanden sind.

d) „Schornsteinkarrieren" versus Multifunktionskarrieren

In letzter Zeit ist die Herausbildung eines neuen Grundsatzes bei der Auswahl von Nachfolgern/innen zu beobachten: sog. Schornsteinkarrieren, d. h. Karrieren innerhalb von spezifischen Funktionsbereichen (z. B. Personalwesen, Marketing, Finanzierung) sollen möglichst vermieden werden zugunsten eines häufigeren Wechsels von

Funktionsbereichen. Die Verfechter dieses Grundsatzes verweisen darauf, daß der Aufstieg innerhalb von Funktionsbereichen eine einseitige Orientierung und mangelndes Verständnis für andere Funktionsbereiche bewirke und damit die Kooperation im Unternehmen erschwere. Weitere Argumente für die Abkehr von Schornsteinkarrieren sind die erhöhte Einsatzflexibilität und die Vitalisierung von Führungskräften durch die persönlichen Herausforderungen, sich in bislang allenfalls oberflächlich bekannte Aufgabenbereiche einzuarbeiten. Schließlich kann durch die funktionsbereichsübergreifende Rotation im Zeichen von sich verflachenden Organisationshierarchien (Lean Management) und entsprechend verkürzten Aufstiegswegen eine Art Aufstiegssurrogat geschaffen werden. Es entstehen somit u. U. neue Mobilitätspfade. Gegen diesen Grundsatz sprechen die Erschwerung des Aufbaus von vertieften funktionsbereichsspezifischen Spezialkompetenzen und erhöhte Aufwendungen für Schulung. Im übrigen stößt der Grundsatz dort auf Grenzen, wo spezifische Grundqualifikationen für die Besetzung von Führungsstellen unabdingbar erscheinen (die Rechtsabteilung kann z. B. eher nicht von einem Naturwissenschaftler geleitet werden).

V. Sonderfall Führungsnachfolge im Familienunternehmen

In Familienunternehmen weist die Entscheidung über die Führungsnachfolge eine besonders hohe Komplexität auf, weil Unternehmen und Inhaberfamilie erfahrungsgemäß eng miteinander verwoben sind und die Nachfolgeregelung daher oftmals stark von familiären Gesichtspunkten mitbestimmt wird. Typische Probleme ergeben sich z. B. aus der Unfähigkeit bzw. mangelnden Bereitschaft starker Vorgänger-Persönlichkeiten, sich rechtzeitig und eindeutig aus der Leitungsfunktion zurückzuziehen und dadurch dem Nachfolger/der Nachfolgerin den Platz freizumachen, aus ungeklärten Kompetenzregelungen in der Phase der zeitlichen Überlappung der Leitungstätigkeit von Senior(in) und Junior(in), aus ungeklärten Erbschaftsregelungen, aus Rivalitäten von Geschwistern um die Nachfolge, aus der Veränderung der Familienstruktur durch die angeheirateten Ehepartner(innen) der Kinder sowie – damit verbunden – aus mangelndem Vertrauen der Vorgängergeneration in die potentiellen Nachfolger. Dabei handelt es sich meist nicht nur um Auswirkungen der jeweiligen Familienstruktur, sondern oft geht es im Zusammenhang mit der Führungsnachfolge auch um eine strittige Neuorientierung der Unternehmensstrategie (*Kappler/Laske* 1990). Aus diesen Problemen wird zum Teil eine strukturelle Benachteiligung der Familienunternehmen gegenüber Nicht-Familienunternehmen gefolgert, verstärkt noch durch Effekte geringerer Anpassungsfähigkeit durch durchschnittlich längere „Stehzeiten" der Führungskräfte und durch beschränkte Auswahlmöglichkeiten von Nachfolgekandidaten in der Familie (*Albach/Freund* 1989).

VI. Strategische Unterstützung der Handhabung von Nachfolgeentscheidungen

Die Wiederbesetzung einer Führungsposition kann durch vorbereitende, langfristig ausgerichtete Maßnahmen erleichtert werden. Positionsspezifische und -unspezifische Fähigkeiten potentieller Nachfolger können durch eine speziell unter Qualifizierungsaspekten konzipierte *Einsatz- bzw. Stellenbesetzungsplanung* (learning-by-doing) sowie durch *Personalentwicklungsmaßnahmen* (Schulungen, Seminare) verbessert werden (→*Fortbildung, Training und Entwicklung von Führungskräften*). Personalentwicklungsmaßnahmen sollten nicht mit erfolgter Wiederbesetzung der Führungsstelle abbrechen, sondern den Nachfolger bei der Einarbeitung und Aufgabenerledigung durch begleitende Qualifizierungsmaßnahmen unterstützen.

Die Ausgestaltung des *Führungssystems* (Informations-, Delegations- sowie Mitsprache- und -entscheidungsregelungen und -praxis) kann mögliche mit Personalwechsel verbundene Probleme reduzieren. So wird die Führungsnachfolge erleichtert, wenn der Nachfolger im Rahmen partizipativer Führung zuvor bereits in Zielfindungs- und Entscheidungsprozesse einbezogen war.

Literatur

Albach, H./Freund, W.: Generationswechsel und Unternehmenskontinuität – Chancen, Risiken, Maßnahmen. Gütersloh 1989.
Alfred, T. M.: Checkers or Choice in Manpower Management. In: HBR, 1967, 1, S. 157–169.
Allen, M. P./Panian, S. K./Lotz, E.: Managerial Succession and Organizational Performance: A Recalcitrant Problem Revisited. In: ASQ, 1979, S. 167–180.
Anderson, C./Milkovich, T./Tsui, A.: A Model of Intraorganizational Mobility. In: AMR, 1981, S. 529–538.
Arthur, B./Hall, T./Lawrence, B. S. (Hrsg.): Handbook of Career Theory. Cambridge, England, 1987.
Barnes, L. B./Hershon, S. A.: Machtwechsel im Familienunternehmen. In: Harvard Manager, 1983, Heft 2, S. 67–76.
Berthel, J.: Laufbahn- und Nachfolgeplanung. In: *Gaugler, E./Weber, W.* (Hrsg.): HWP. 2. A., Stuttgart 1992, Sp. 1203–1213.
Berthold, H.-J./Gebert, D./Rehmann, B./v. Rosenstiel, L.: Schulung von Führungskräften – eine empirische Untersuchung über Bedingungen und Effizienz. In: ZfO, 1980, S. 221–229.
Bohlen, F. N.: Die Führungsnachwuchs-Ausbildung als Trainee-Konzept. In: Personal, 1982, S. 341–344.

Brown, M.: Administrative Succession and Organizational Performance: The Succession Effect. In: ASQ, 1982, S. 1–16.
Christian, H.: Traineeprogramme – der Start ins Management? In: Harvard Manager, 1984, Heft 3, S. 24–32.
Connolly, M.: Promotional Practices and Policies: Career Building in the '80s. New York et al. 1985.
Diprete, T. A.: Horizontal and Vertical Mobility in Organizations. In: ASQ, 1987, S. 422–444.
v. Eckardstein, D.: Laufbahnplanung für Führungskräfte. Berlin 1971.
Fagenson, A.: The Mentor Advantage: Perceived Career/Job Experiences of Protégés versus Non-Protégés. In: JOB, 1989, S. 309–320.
Fischer, G.: Das Nachfolgeproblem in der betrieblichen Führungsorganisation. In: Mensch und Arbeit, 1966, S. 140–143.
Fitt, L. W./Newton, D. A.: When the Mentor is a Man and the Protegée a Woman. In: HBR, 1981, Heft 2, S. 56–60.
Forbes, J. B.: Early Intraorganizational Mobility: Patterns and influences. In: AMJ, 1987, S. 110–125.
Friedman, D.: Succession Systems in Large Corporations: Characteristics and Correlates of Performance. In: Human Resource Management, 1986, S. 191–213.
Glaser, B. (Hrsg.): Organizational Careers – A Sourcebook for Theory. Chicago 1968.
Granick, D.: Organisationsstruktur und Karriereweg von Führungskräften. In: ZfO, 1975, S. 433–439.
Grusky, O.: Managerial Succession and Organizational Effectiveness. In: AJS, 1963, S. 21–31.
Hall, T.: Careers in Organizations. Santa Monica, Cal. 1976.
Harlow, D. N.: Professional Employees' Preference for Upward Mobility. In: JAP, 1973, Heft 2, S. 137–141.
Hill, W.: Förderung von Führungskräften in der Unternehmung. Bern 1968.
Kappler, E./Laske, St. (Hrsg.): Blickwechsel. Zur Dramatik und Dramturgie von Nachfolgeprozessen im Familienbetrieb. Freiburg i. B. 1990.
Kmieciak, P.: Wertstrukturen und Wertewandel in der BRD. Göttingen 1976.
Knebel, H.: Die innerbetriebliche Stellenausschreibung in der Bewährung. In: Personal, 1974, S. 68–75.
Kompa, A.: Assessment Center: Bestandsaufnahme und Kritik. München/Mering 1989.
Kram, K.: Mentoring at Work. Glenville 1985.
Kräuchi, S. J.: Auslese von Führungskräften – Organisationspsychologie und Gruppendynamik. Bern 1974.
Kriesberg, L.: Careers, Organization Size and Succession. In: AJS, 1962, S. 355–359.
Kruse, A.: Zur Wirtschaftlichkeit bei der Besetzung von Führungsstellen. Diss. Hagen 1982.
Leonhardt, W.: Problemfelder betrieblicher Managemententwicklung. In: Harvard Manager, 1984, Heft 4, S. 47–54.
Levenson, B.: Bureaucratic Succession. In: *Etzioni, A.* (Hrsg.): Political Unification. New York 1965, S. 362–375.
Lueger, G.: Die Bedeutung der Wahrnehmung bei der Personalbeurteilung. Zur psychischen Konstruktion von Urteilen über Mitarbeiter. München/Mering 1993.
Neuberger, O.: Rituelle (Selbst-)Täuschung. Kritik der irrationalen Praxis der Personalbeurteilung. In: DBW, 1980, S. 27–42.
Oster, D.: Personalplanung im Führungsbereich. In: *Marx, A.* (Hrsg.): Personalführung, Bd. I. Wiesbaden 1969, S. 79–99.
Poensgen, O. H.: Der Weg in den Vorstand. In: DBW, 1982a, S. 3–25.
Poensgen, O. H.: Fluktuation, Amtszeit und weitere Karriere von Vorstandsmitgliedern. In: DBW, 1982b, S. 177–195.
Rosenbaum, J. E.: Tournament Mobility: Career Patterns in a Corporation. In: ASQ, 1979, S. 220–241.
Rosette, C.: Problemlösungen zum Positionswechsel im Management. In: Personal, 1980, S. 28.
Schmidt-Dorrenbach, H.: Laufbahnplanung, Internationale. In: *Macharzina, K./Welge, M. K.* (Hrsg.): HWInt. 1989, Sp. 1276–1288.
Secker, H.: Die Planung der Besetzung von Führungspositionen in der Unternehmung. Winterthur 1972.
Siedenbiedel, G.: Personelle Mobilität in Organisationen und organisatorischer Wandel – Eine Untersuchung potentieller Beiträge der Neuallokation von Personen und Stellen zur Organisationsentwicklung. Diss. Hannover 1984.
Specht, K. G.: Aufstieg, innerbetrieblicher. In: *Bierfelder, W.* (Hrsg.): Handwörterbuch des öffentlichen Dienstes. Das Personalwesen. Berlin 1976, Sp. 311–317.
Swinyard, A. W./Bond, F. A.: Who Gets Promoted? In: HBR, 1980, Heft 5, S. 6–18.
Ulrich, H.: Unternehmenspolitik. Bern/Stuttgart 1978.
Veiga, J. F.: Do Managers on the Move Get Anywhere? In: HBR, 1981, S. 20–38.
Veiga J. F.: The Mobil Manager at Mid-Career. In: HBR, 1973, 1, S. 115–119.
Weber, R.: Das Dienstalter als Auslesekriterium bei Beförderungen. In: Personal, 1970, S. 9–10.
Welge, M. K.: Führungskräfte. In: *Gaugler, E./Weber, W.* (Hrsg.): HWP. 2. A., Stuttgart 1992, Sp. 937–947.
Weitbrecht, H.: Karriereplanung, individuelle. In: *Gaugler, E./Weber, W.* (Hrsg.): HWP. 2. A., Stuttgart 1992, Sp. 1114–1126.
Witte, E.: Der Einfluß der Arbeitnehmer auf die Unternehmenspolitik. In: DBW, 1980, S. 541–559.
Wunderer, R.: Nachfolge. In: *Gaugler, E.* (Hrsg.): HWP. Stuttgart 1975, Sp. 1409–1423.
Wunderer, R.: Nachfolgeregelungen für Führungskräfte. München 1973.

Führungsphilosophie und Leitbilder

Hans Ulrich

[s. a.: Führungsgrundsätze; Führungskonzepte und ihre Implementation; Führungsmodelle; Organisationskultur und Führung.]

I. Begriffliches; II. Unternehmungs- und Menschenbilder als Grundlage der Führungsphilosophie; III. Führungsphilosophie als Ausdruck von Werthaltungen der Führungskräfte; IV. Zur Instrumentierung der Führungsphilosophie; V. Führungsphilosophie und Unternehmungsethik; VI. Lokalisierung der Führungsphilosophie in der Unternehmungsführung.

I. Begriffliches

Mit *Philosophie* wird in der Führungsliteratur im allgemeinen eine Gesamtheit von Grundeinstellungen oder Normen verstanden, welche die Grundlage bildet für eine bestimmte Ausgestaltung der Führung. Es handelt sich somit um jene allgemeine Werthaltungen und Vor-Urteile, die das konkrete Verhalten der einzelnen Führungskräfte beeinflussen, aber auch den Inhalt von →*Führungsgrundsätzen* und -konzepten (→*Führungskonzepte und ihre Implementation*) in wesentlichem Ausmaß bestimmen. Der *normative, werthafte Charakter* der Führungsphilosophie wird in zahlreichen Erörterungen zu diesem Begriff in der Literatur hervorgehoben (z. B. *Wild* 1974; *Steinle* 1978; *P. Ulrich/Fluri* 1984).

Grundlegend für den Inhalt führungsphilosophischer Betrachtungen ist der *Begriff der Führung,* der ihnen zugrunde liegt. Wie Begriffsanalysen aufzeigen (z. B. *Wunderer/Grunwald* 1980 I), beruht die Führungsliteratur nicht auf einem einheitlichen Führungsbegriff. Als zentrales Begriffselement kann wohl die zweck- oder zielgerichtete *Einflußnahme* bezeichnet werden. Von großer Bedeutung ist jedoch, auf welches „Objekt" diese Beeinflussung bezogen wird. In dieser Hinsicht kann man zwischen „*personalen*" und „*institutionalen*" *Führungsbegriffen* unterscheiden. Ein *personaler* Führungsbegriff liegt vor, wenn das Wesen der Führung in der Einflußnahme auf Menschen gesehen wird. In der Regel wird dann Führung als ein zwischenmenschlicher Prozeß aufgefaßt, der auf der Unterscheidung von Führern (Chefs, Vorgesetzten, Führungskräften) und Geführten (Untergebenen, Mitarbeitern) beruht. Eine solche personale Führungsvorstellung liegt auch dann vor, wenn zwischen „Führer" und „Führung" unterschieden und mit letzterer eine Personengruppe verstanden wird (Mitglieder oberster Führungsorgane, Gesamtheit der Führungskräfte). Ein *institutionaler Führungsbegriff* liegt dagegen vor, wenn als Gegenstand der Einflußnahme nicht an Menschen, sondern an Institutionen (Unternehmungen oder andere gesellschaftliche Institutionen) gedacht wird, deren Verhalten bestimmt werden soll.

Der *Führungslehre* im Rahmen der deutschsprachigen Betriebswirtschaftslehre liegt in der Regel ein personaler Führungsbegriff zugrunde; ihr Erkenntnisgegenstand besteht in der Führung von Mitarbeitern in der Unternehmung. (Beeinflussungsvorgänge, die andere Menschen – z. B. Kunden – betreffen, werden entweder stillschweigend oder explizit [so bei *Wild* 1974] aus dem Gegenstandsbereich ausgeschlossen.) Der Objektbereich einer *Unternehmungsführungslehre* umfaßt dagegen die Unternehmungen als soziale Institutionen, so daß diesem Wissensbereich notwendigerweise ein institutionaler Führungsbegriff zugrunde liegen muß (*H. Ulrich* 1984). Die Verselbständigung des Wortes „Führung" ohne Angabe des Bezugsgegenstandes verleitet insofern zu Fehlschlüssen, als Erkenntnisse über das Verhalten von Menschen, wie sie einer personalen Führungsvorstellung zugrunde liegen, gelegentlich unbesehen auf die Unternehmung als Institution übertragen werden. Unbewußt oder explizit beruhen solche Übertragungen auf der Annahme, daß eine Unternehmung hinlänglich als ein Kollektiv von Menschen charakterisiert werden könne.

Hilfreich für die Abgrenzung zwischen Unternehmungsführung und Führung von Mitarbeitern in Unternehmungen ist die Unterscheidung von *Sachaspekten* und *Verhaltensaspekten* des Unternehmungsgeschehens (*Wild* 1974). Die betriebswirtschaftliche Führungslehre konzentriert sich nach Wild ausschließlich auf den Verhaltensaspekt, d. h., sie verwendet eine „personelle Sicht" des Unternehmungsgeschehens. Irreführend ist es dagegen, wenn andere Autoren zur Kennzeichnung des Sachaspektes bzw. einer „materiellen Sicht" des Unternehmungsgeschehens den angelsächsischen Ausdruck „Management" verwenden und so eine „Führungslehre" von einer „Managementlehre" unterscheiden. In der amerikanischen Managementlehre entspricht „Management" dem institutionalen Begriff „Führung", schließt aber nicht nur den sachlichen, sondern auch den personalen Aspekt ein. So gehört in allen aufzählenden Definitionen des Managements „Leadership" zu den wichtigsten Managementfunktionen. In einer Managementlehre oder – mit eingeschränktem Objektbereich – in einer Unternehmungsführungslehre sind somit „Management" bzw. „Unternehmungsführung" die weiteren Begriffe und schließen die „Führung von Mitarbeitern in Unternehmungen" mit ein.

Daraus ergibt sich, daß die Führungsphilosophie im weiteren Sinn *(Unternehmungsführungsphilosophie)* die *Gesamtheit aller Verhaltensnormen* umfaßt, welche *alle Führungsaktivitäten in den Grundzügen bestimmen,* während eine Führungsphilosophie im engeren Sinn *(Philosophie der Mitarbeiterführung)* davon jene Normen herausgreift, die *speziell den „personalen Aspekt" der Unternehmung* betreffen und sich auf die Führung der Mitarbeiter beziehen.

II. Unternehmungs- und Menschenbilder als Grundlage der Führungsphilosophie

Eine Führungsphilosophie beruht notwendigerweise auf einer bestimmten Vorstellung über das „Objekt" der Führung, die Unternehmung bzw. den Mitarbeiter. Da die Unternehmungsführungslehre die Mitarbeiterführung mit umfaßt, kommt sie nicht ohne eine Vorstellung über die Mitarbeiter in der Unternehmung aus; umgekehrt kann auch eine Lehre von der Mitarbeiterführung nicht auf eine Vorstellung über die Unternehmung verzichten, stellt diese doch den Kontext dar, in dem sich die Führung der Mitarbeiter vollzieht. Unternehmungs- und Menschenbild sind also in beiden Ausprägungen einer Führungslehre gleichermaßen grundlegend für die Entwicklung einer Führungsphilosophie.

Das Wort „Bild" wird hier dem Ausdruck „Modell" vorgezogen, weil mit dem letzteren meist die Vorstellung einer exakten und logisch konsistenten, wenn auch verkürzten Abbildung der Wirklichkeit verbunden wird. Hier sind jedoch gedankliche Vorstellungen gemeint, die oft auf unbewußten Vorurteilen beruhen, nicht unbedingt widerspruchsfrei sind, das Ergebnis einer nur mehr oder weniger klaren „Weltanschauung" darstellen und oft nur ungenügend verbalisiert werden können.

Unternehmungs- und Menschenbilder entstehen sowohl in der Wissenschaft wie auch in der Praxis in wechselseitiger Beeinflussung. In längerer zeitlicher Perspektive sind *Wandlungen im Unternehmungs- und Menschenbild* (→*Menschenbilder und Führung*) im Zeitablauf deutlich erkennbar. Hauptursachen für solche Veränderungen in der Perspektive dürften Wandlungen auf gesellschaftlicher und gesamtwirtschaftlicher Ebene sein, die zu neuen Problemstellungen in Praxis und Wissenschaft führen. Die *vergleichende Managementforschung* zeigt auch auf, daß in verschiedenen Kulturen unterschiedliche Unternehmungs- und Menschenbilder bestehen (→*Kulturabhängigkeit der Führung*).

Stark vereinfachend können vier verschiedene Ausprägungen des *Unternehmungsbildes* unterschieden werden: das technologische, das wirtschaftliche, das menschenbezogene und das komplexe Unternehmungsbild.

Das *technologische Unternehmungsbild* faßt die Unternehmung als relativ geschlossenen Produktionsapparat auf, der mit Hilfe exakter, analytischer Methoden rational gestaltet und beherrscht werden kann. Während diese im *„Scientific Management"* vorherrschende Vorstellung durch eine naturwissenschaftlich-technische Denkweise von Ingenieuren geprägt ist, entspricht das *wirtschaftliche Unternehmungsbild* der Perspektive der *Wirtschaftswissenschaften* und hebt ausschließlich den Charakter der Unternehmung als „Wirtschaftssubjekt" hervor. Beiden ist gemeinsam, daß sie ein sehr sachliches, rationales und eher „eindimensionales" Bild der Unternehmung zeichnen und diese Perspektive als Soll-Vorstellung auch auf die Mitarbeiter übertragen (Mitarbeiter als Aufgabenträger, Arbeitskraft oder homo oeconomicus). Das *menschenorientierte Unternehmungsbild* dagegen, wie es vor allem in der sog. *Human-Relations-Bewegung* (in verschiedenen Ausprägungen) entwickelt wurde, hebt ausschließlich oder dominierend den Charakter der Unternehmung als Gemeinschaft von Menschen hervor und entspricht der Perspektive der Sozialpsychologie. Das *komplexe Unternehmungsbild* schließlich faßt die Unternehmung als eine vielschichtige, gesellschaftliche Institution auf, die nur mit Hilfe eines *interdisziplinären Ansatzes unter Verwendung verschiedener Perspektiven* charakterisiert werden kann.

Noch vielfältiger und tiefgreifender sind die *Veränderungen im Menschenbild* (→*Menschenbilder und Führung*), welches jeweils der Führungslehre und dem Führungsverhalten zugrunde liegt, wobei diese auf die Probleme der Mitarbeiterführung in der Unternehmung bezogenen Vorstellungen immer nur einen Ausschnitt bilden aus dem die Jahrtausende durchziehenden Bemühen, „das Wesen des Menschen" zu erfassen. Als Beispiel für viele Typologien soll hier diejenige von Schein (1970) wiedergegeben werden, die vier Menchenbilder unterscheidet: Den *rational-ökonomischen*, den *sozialen*, den sich *selbst-verwirklichenden* und den *komplexen* Menschen (vgl. ausführlicher Steinle 1978; Wunderer/Grunwald 1980).

Es ist leicht ersichtlich, daß die ersten drei Vorstellungen jeweils einseitig einen einzelnen Aspekt menschlichen Verhaltens hervorheben und bereits der Alltagserfahrung über die Vielfalt menschlicher Handlungsmotive und die Verschiedenartigkeit der Menschen widersprechen. Sie werden denn auch in der Literatur öfters bewußt konstruiert, um die Unhaltbarkeit eines Menschenbildes darzulegen, das unbewußt hinter einem bestimmten Führungsverhalten bzw. einer „Führungstheorie" steht. Lediglich das Bild des „komplexen Menschen" wird der erwähnten Vielfalt und Verschiedenartigkeit menschlichen Verhaltens gerecht.

Es ist klar, daß bestimmte Unternehmungs- und Menschenbilder *nicht voneinander unabhängig* sind. So paßt das Bild des rational-ökonomischen Menschen in das Bild der Unternehmung als eines technisch-wirtschaftlichen Apparates, während der „soziale" und der „sich selbst-verwirklichende" Mensch ein passendes Mitarbeiterbild abgeben für Unternehmungsvorstellungen, die den humanen und sozialen Charakter dieser Institutionen hervorheben. Dem ganzheitlichen Bild der Unternehmung als einer vielfältigen und komplexen gesellschaftlichen Institution entspricht dagegen voll das Bild des „komplexen" Menschen.

Führungslehre und Führungspraxis stellen in zunehmendem Maße auf Vorstellungen über Unternehmung und Mitarbeiter ab, die die Vielschichtigkeit und Differenziertheit sowohl der Institution wie auch der darin arbeitenden Menschen hervorheben. In bezug auf das *Unternehmungsbild* ist das insbesondere der Fall in der *systemorientierten Managementlehre*, welche explizit von der Komplexität, Vernetztheit und Offenheit der Unternehmung und anderer sozialer Systeme ausgeht (*H. Ulrich* 1968) und die Unternehmungsführung

u. a. als Aufgabe der Komplexitätsbewältigung versteht (z. B. *Beer* 1959; *Gomez* 1978, 1981; *Malik* 1984). In bezug auf das *Menschenbild* tendieren zahlreiche verhaltenswissenschaftlich ausgerichtete Darstellungen in Betriebswirtschafts-, Management- und Mitarbeiterführungslehre in die Richtung eines Mitarbeiterbildes, das der Vorstellung des „komplexen Menschen" von Schein entspricht (vgl. z. B. *Lattmann* 1981; *P. Ulrich/Fluri* 1984; *Staehle* 1985, →*Führungstheorien - Situationstheorie*). Es kann erwartet werden, daß die Führungsphilosophie zunehmend auf einem derartigen Unternehmungs- und Menschenbild beruhen wird, das weniger reduktiv ist als frühere Vorstellungen, dafür aber den heutigen vielfältigen Entwicklungen in Gesellschaft und Unternehmung besser entspricht.

III. Führungsphilosophie als Ausdruck von Werthaltungen der Führungskräfte

Die Führungsphilosophie ist das Ergebnis der *Werthaltungen* von Menschen, insbesondere der Führungskräfte. Es handelt sich dabei um die Grundeinstellungen zu allen Tatbeständen, die bei der Erfüllung ihrer Führungsfunktionen wesentlich sind, d. h. um die Vorstellungen über das eigene *Unternehmen*, die unternehmungsrelevante *Umwelt* und die *Mitarbeiter*. Dazu gehört jedoch auch das eigene *Selbstverständnis*, d. h., die Grundauffassung über die Aufgaben der Führung und die Anforderungen an die eigene Person, die sich daraus ergeben.

Neuere empirische Erhebungen der Werthaltungen von Führungskräften in der Schweiz (*H. Ulrich/Probst* 1982; *H. Ulrich* et al. 1985) zeigen ein breites Spektrum von Grundeinstellungen zu führungsrelevanten Tatbeständen, was dem allgemeinen Bild einer pluralistischen Gesellschaft entspricht. Schwergewichte sind jedoch deutlich sichtbar: eine klare Mehrheit der Führungskräfte bejaht die bestehende Wirtschafts- und Gesellschaftsordnung und lehnt wesentliche „Systemveränderungen" und vor allem ein vermehrtes Eingreifen des Staates in das Wirtschaftsgeschehen ab. Neuere Anforderungen an die Unternehmung wie Anliegen des Umwelt- und des Konsumenenschutzes wie auch die Forderung nach Übernahme sozialer →*Verantwortung* werden - teils mit Einschränkungen - anerkannt, die Notwendigkeit der Gewinnorientierung der Unternehmung jedoch eher wieder stärker als früher betont. In bezug auf die Mitarbeiterführung wird das Prinzip einer *kooperativen* oder *partizipativen Führung* akzeptiert (→*Kooperative Führung*), die Notwendigkeit einer straffen, leistungsorientierten Führung jedoch hervorgehoben: organisatorisch wird eine *klare hierarchische Strukturierung* gefordert. Im Selbstbild der Führungskräfte dominieren Werte wie eine hohe *Loyalität* gegenüber dem eigenen Unternehmen und die Bereitschaft zu hoher persönlicher Leistung auch auf Kosten anderer Lebensinhalte; ebenso werden klassische Führereigenschaften wie Entscheidungskraft und Risikobereitschaft betont (→*Führungstheorien - Eigenschaftstheorie*).

Entscheidend für die Ausprägung der Führungsphilosophie einer bestimmten Unternehmung sind jedoch nicht solche Durchschnittswerte, sondern die *spezifischen Werthaltungen der diesem Unternehmen angehörenden Führungskräfte*. Infolge des subjektiven Charakters solcher Grundeinstellungen können diese erheblich von überbetrieblich ermittelten „Mehrheitsmeinungen" abweichen; sie werden zweifellos auch von der spezifischen Charakteristik und Situation des betreffenden Unternehmens beeinflußt. Wesentliche Unterschiede zwischen den Werthaltungen der einzelnen Führungskräfte im selben Unternehmen, namentlich innerhalb der obersten Führungsgruppe, erschweren eine einheitliche Unternehmungsführung beträchtlich und stellen ein erhebliches Konfliktpotential dar. Eine gewisse Harmonisierung dieser Einstellungen ist notwendig, um eine konsistente Führungsphilosophie und Unternehmungspolitik zu erreichen (*H. Ulrich* 1978).

IV. Zur Instrumentierung der Führungsphilosophie

Um wirksam zu werden, bedarf die Führungsphilosophie einer gewissen Instrumentierung. Ganz allgemein kommen in der Ausgestaltung des Führungsinstrumentariums und in der Gewichtung seiner einzelnen Elemente implizit führungsphilosophische Grundhaltungen zum Ausdruck. Beispielsweise entspricht ein zentralistisch organisiertes Planungssystem der Vorstellung einer „straffen" Mitarbeiterführung, widerspricht aber dem Bild der Unternehmung als komplexes System in einer komplexen Umwelt. Es ist daher notwendig, das ganze, meist historisch gewachsene Führungsinstrumentarium auf seine Übereinstimmung mit einer „neuen" Führungsphilosophie zu überprüfen. Zahlreiche, meist größere Unternehmungen verfügen über Dokumente, in welchen explizit die „geltende" Führungsphilosophie festgehalten wird. Dabei handelt es sich öfters um zukunftsgerichtete *Sollvorstellungen,* die anzustrebende Zustände und Verhaltensweisen charakterisieren und demzufolge auch mehr oder weniger vom bestehenden Zustand abweichen können. So werden etwa in einem *Unternehmungsleitbild* (→*Führungsmodelle*) die angestrebten spezifischen Merkmale des eigenen Unternehmens dargestellt (Zwecke, Ziele, Leistungscharakteristik des Unternehmens, Grundnormen des Unternehmungsverhaltens gegenüber Kunden, Lieferanten usw.). Kombiniert mit einem solchen Unternehmungsleitbild oder aber gesondert als übergeordnetes Dokument werden öfters oberste „*Glaubenssätze*" formuliert, welche die wesentlichen Grundsätze der obersten Führungspersönlichkeiten in bezug auf das angestrebte Unternehmungs- und Führungsverhalten wiedergeben (vgl. als klassisches Beispiel die Grundsätze der IBM, *Watson* 1966). Derartige, meist stark auf die Festlegung und Dokumentierung einer „Geschäftsethik" des Unternehmens gerichtete „Codes" entstanden in den USA bereits in den dreißiger Jahren und sind heute weit verbreitet (vgl. u. a. die Erhebung der *Opinion Research Corporation* 1979). In zunehmendem Maße wird auch auf *überbetrieblicher Ebene* versucht, Sollvorstellungen über das Verhalten der Unternehmungen schlechthin oder wichtiger Gruppen von Unternehmungen festzulegen. Eine besondere Bedeutung kommt dabei den Bemühungen zahlreicher internationaler Organisationen (OECD, EG, UNO, UNCTAD usw.) zu, solche *Verhaltensgrundsätze für multinationale Unternehmungen* zu formulieren und durchzusetzen (vgl. als umfassende Übersicht *J. Mahari* 1985).

Während somit unternehmungseigene Leitbilder und Verhaltensgrundsätze eine *gewollte Selbstverpflichtung* darstellen und unmittelbar Ausdruck der eigenen Führungsphilosophie sind, handelt es sich bei den von überbetrieblichen Organisationen entwickelten „Codes of Conduct" um Versuche, die Führungsphilosophie der Unternehmungen *von außen* zu beeinflussen.

Die auf das Verhalten der Führungskräfte gegenüber ihren Mitarbeitern gerichtete Führungsphilosophie im engeren Sinn kommt zwar in der Regel auch in den oben genannten Dokumenten in Form einiger allgemeiner Aussagen zum Zug, wird aber in zahlreichen Unternehmen in Form sog. „*Führungsrichtlinien*" gesondert und detailliert dargestellt (→*Führungsgrundsätze;* →*Führungsprinzipien und -normen*). Diese oft explizit als für *alle Führungskräfte verbindlichen Verhaltensregeln* formulierten Grundsätze sind meist stark beeinflußt von zeitgenössischen Menschenbildern im obengenannten Sinn, insbesondere von vorherrschenden *Führungstheorien* und Auffassungen über den angemessenen Führungsstil. In Unternehmungen, welche überbetrieblich entwickelte Führungsmodelle übernommen haben, kommt auch die diesen zugrunde liegende Führungsphilosophie (→*Führungsmodelle*) zum Ausdruck.

V. Führungsphilosophie und Unternehmungsethik

Wie mehrfach angedeutet, hat die Führungsphilosophie einen erheblichen ethischen Einschlag im Sinne einer *Verpflichtung zu einem moralisch einwandfreien Unternehmungs- und Führungsverhalten*. Namentlich in den erwähnten überbetrieblichen Kodices steht diese ethische Komponente explizit im Vordergrund; sie werden deshalb öfters auch als „Ethic Codes" bezeichnet. Aber auch eine autonom im einzelnen Unternehmen im Sinne einer Selbstverpflichtung entwickelte Führungsphilosophie kann nicht aufgrund von sog. „facts" im Sinne objektiver Tatsachen, sondern nur aus übergeordneten Sollensätzen abgeleitet werden, die das darin verlangte Verhalten begründen.

Bei Verwendung eines personale Ansatzes ist es naheliegend, die Führungsphilosophie auf die *Individualethik* abzustützen (→*Philosophische Grundfragen der Führung*); Die Führungskraft soll so handeln, wie jeder Mensch gemäß grundlegenden sittlichen Normen handeln soll. Da jedoch Menschen stets in einem sozialen Kontext handeln und Führungskräfte insbesondere „Entscheide treffen, die andere betreffen" (*W. Ulrich* 1984, S. 326), ist auch bei diesem Ansatz eine bloße „Gesinnungsethik" – aufgrund guter Motive handeln zu wollen – nicht ausreichend, sondern es muß auf eine „*Verantwortungsethik*" im Sinne von *Max Weber* – für die Folgen des eigenen Handelns einzustehen – abgestellt werden (ausführlich s. *Rich* 1984, →*Veranwortung*).

Führungskräfte handeln jedoch nicht für sich selbst, sondern im Namen und Auftrag einer umfassenden Institution. Es fragt sich deshalb, ob für eine Unternehmungsführungsphilosophie dieser Rückgriff auf individualethische Normen genügt. Jedenfalls entspricht weder die Gleichsetzung von Unternehmer (als Person) und Unternehmung (als Institution) noch die Übertragung der individuellen Ethik des homo oeconomicus auf die Gesamtwirtschaft in der klassischen Nationalökonomie seit Adam Smith den heutigen Verhältnissen, die durch die zunehmende personelle *Trennung zwischen Eigentum und Führung* („Revolution der Manager"), durch eine arbeitsteilig organisierte Führung durch viele Führungskräfte und durch eine soziale Wirtschafts- und Gesellschaftsordnung mit einer Vielfalt von Werthaltungen geprägt sind.

Bezieht man von einem institutionalen Ansatz aus die Führungsphilosophie primär auf die Unternehmung als zu führendes Objekt, so stellt sich somit die Frage nach einer „*Unternehmungsethik*" als sittliche Grundlage der Führungsphilosophie. Einen entsprechenden allgemeinen Ansatz dazu bietet das Konzept des „*Ethos ganzer Systeme*" (*Churchman* 1968, 1981). Ausgangspunkt bildet die von vielen Wissenschaftlern vertretene Auffassung eines schichthaften Aufbaus der Welt, bestehend aus offenen Systemen höherer und niedriger Ordnung. Jedes System umfaßt dabei Systeme niedriger Ordnung, ist aber selbst wiederum Teil eines umfassenderen Systems (vgl. z. B. *Riedl*

1985). Dies bedeutet, daß menschlichen Zwecken dienende Systeme stets Funktionen in einem übergeordneten System erfüllen; das Ethos eines solchen Systems besteht deshalb darin, diese Funktionen im Dienste eines übergeordneten Systems gut zu erfüllen. Auf die Unternehmung bezogen bedeutet dies, daß das *„Ethos des Unternehmens"* nur aufgrund einer Bewertung des Unternehmungsverhaltens auf einer gesellschaftlichen bzw. gesamtwirtschaftlichen Ebene entwickelt werden kann. Konkret führt dies zur Forderung, daß hinter der Führungsphilosophie stets auch ein *„Leitbild der Wirtschafts- und Gesellschaftsordnug"* stehen muß (*P. Ulrich/Fluri* 1984, S. 49 ff.).

Die Schwierigkeit einer ethischen Begründung der Führungsphilosophie beruht vor allem auf der *Vielfalt* und der *Zeit- und Kulturabhängigkeit* ethischer Grundnormen. Wertepluralismus und Wertewandel verunmöglichen eine Abstützung auf eine allgemeingültige Ethik. Gerade dieser Sachverhalt macht aber andererseits eine ständige geistige Auseinandersetzung der Unternehmungsleitung mit den ihre Tätigkeit berührenden ethischen Grundfragen zu einem unabdingbaren Erfordernis.

VI. Lokalisierung der Führungsphilosophie in der Unternehmungsführung

Die Führungsphilosophie als Gesamtheit der Grundnormen, von der aus alle konkreteren Führungsentscheidungen konzipiert und verwirklicht werden, gehört logischerweise an die Spitze der Hierarchie von Entscheidungen. Sie bildet die Gesamtheit oberster Entscheidungskriterien für die Wahl zwischen Entscheidungs- und Handlungsalternativen. Geht man von der in der amerikanischen Managementlehre häufig verwendeten Unterscheidung zwischen *strategischem* und *operativem Management* aus, so bildet die Führungsphilosophie die dritte, den beiden übergeordnete Ebene des *normativen Managements* (*H. Ulrich* 1981, S. 11 ff.). Die Entwicklung, Festlegung und Verwirklichung einer tragfähigen Führungsphilosophie gehört deshalb zu den nicht delegierbaren Aufgaben der obersten Führungsorgane.

Die Ausgestaltung des normativen Managements beruht auf der Erfassung von Unternehmung und Unternehmungsführung auf einer wertmäßigen, *sinngebenden und sinnvermittelnden Dimension*. Durch die auf dieser Ebene erfolgende Begründung der angestrebten Zwecke und Verhaltensweisen wird ein sinngebender Kontext geschaffen, der die konkreteren Entscheide auf strategischer und operativer Ebene erst legitimiert (*H. Ulrich* 1985, S. 301 ff.). Insbesondere ist für die Mitarbeiter die Möglichkeit, ihre eigene Tätigkeit in einen solchen *Sinn*kontext einzuordnen, von hoher Bedeutung. Versteht man unter *„Unternehmungskultur"* (→*Organisationskultur und Führung*) das unsichtbare Netz von Verhaltensnormen, die die Einstellungen und Verhaltensweisen aller Führungskräfte und Mitarbeiter bestimmen, so bildet die Führungsphilosophie den Kern einer Unternehmungskultur und ein wesentliches Mittel der obersten Führungsorgane, diese in einer gewollten Richtung weiterzuentwickeln.

Literatur

Beer, S.: Kybernetik und Management. Hamburg 1959.
Churchman, W.: Challenge to Reason. New York 1968.
Churchman, W.: Der Systemansatz und seine „Feinde". Bern 1981.
Gomez, P.: Die kybernetische Gestaltung des Operations Management. Bern 1978.
Gomez, P.: Modelle und Methoden des systemorientierten Managements. Bern 1981.
Lattmann, Ch.: Die verhaltenswissenschaftlichen Grundlagen der Führung des Mitarbeiters. Bern 1981.
Mahari, J.: Codes of Conduct für multinationale Unternehmungen. Wilmington 1985.
Malik, F.: Strategie des Managements komplexer Systeme. Bern 1984.
Opinion Research Corp.: Codes fo Ethics in Corporations and Trade Associations and the Teaching of Ethics in Graduate Business Schools 1979.
Rich, A.: Wirtschaftsethik. Gütersloh 1984.
Riedl, R.: Die Spaltung des Weltbildes. Berlin/Hamburg 1985.
Schein, E.: Organizational Psychology. Englewood Cliffs 1970.
Staehle, W.: Management. eine verhaltenswissenschaftliche Einführung. 2. A., München 1985.
Steinle, C.: Führung. Grundlagen, Prozesse und Modelle der Führung in der Unternehmung. Stuttgart 1978.
Ulrich, H.: Management (Gesammelte Aufsätze). Bern 1984.
Ulrich, H.: Management-Philosophie für die Zukunft. Gesellschaftlicher Wertewandel als Herausforderung an das Management. Bern 1981, S. 11–23.
Ulrich, H.: Die Unternehmung als produktives soziales System. 1. A., Bern 1968.
Ulrich, H.: Unternehmungspolitik. Bern 1978.
Ulrich, H./Probst, G.: Werthaltungen schweizerischer Führungskräfte. Ergebnisse einer empirischen Untersuchung. Bern 1982.
Ulrich, H./Probst, G./Studer, H. P.: Konstanz und Wandel in den Werthaltungen schweizerischer Führungskräfte. Bern 1985.
Ulrich, P./Fluri, E.: Management. 3. A., Bern 1984.
Ulrich, W.: Management oder die Kunst, Entscheidungen zu treffen, die andere betreffen. In: DU 1984, S. 326–346.
Watson, Th.: IBM – Ein Unternehmen und seine Grundsätze. 3. A., München 1966.
Wild, J.: Betriebswirtschaftliche Führungslehre und Führungsmodelle. In: *Wild, J.* (Hrsg.): Unternehmungsführung. Festschrift zum 75. Geburtstag von E. Kosiol. Berlin 1974.
Wunderer, R./Grunwald, W.: Führungslehre. 2 Bde., Berlin/New York 1980.

Führungsposition

Wolfgang Mayrhofer

[s. a.: Führungstheorien – Rollentheorie; Führungsrollen; Organisationsstrukturen und Führung.]

I. Begriffliche Abklärung; II. Theoretische Perspektiven; III. Charakteristika; IV. Ausblick.

I. Begriffliche Abklärung

Eine soziale Position ist ein Ort in einem Gefüge sozialer Beziehungen. Positionen repräsentieren die Kristallisationspunkte verschiedener Aufgaben, Funktionen und geregelter Verhaltensweisen und sind zunächst personenunabhängig. Sie ermöglichen eine ‚soziale Ortsbestimmung' der Akteure und so Vermutungen über angemessene Interaktionsbeziehungen (*Hughes* 1937; *Sader* 1975, S. 209 f.; *Lamnek* 1989, S. 497; *Neuberger* 1990, S. 83).

Eng verbunden mit dem Positionsbegriff ist das Rollenkonzept (→*Führungstheorien – Rollentheorie; Führungsrollen*). Positionen legen fest, welche Erwartungen legitimerweise an Positionsinhaber herangetragen werden können. Das Gesamt dieser von unterschiedlicher Seite ausgehenden Erwartungen an Positionsinhaber wird als Rolle bezeichnet (*Jacobson/Charters Jr./Lieberman* 1951; *Dahrendorf* 1969).

Mit dem Statusbegriff verbindet sich eine Bewertung sozialer Positionen. Nicht alle Positionen eines sozialen Systems besitzen die gleiche Wertigkeit. In Wirtschaftsorganisationen etwa erfahren Positionen in Abhängigkeit von Kriterien wie hierarchische Einordnung, funktionale Zuständigkeit usw. ungleiche Wertschätzung (*Hofstätter* 1957, zit. n. *Wunderer/Grunwald* 1980b, S. 210; *Mayntz* 1966, S. 18).

In der klassischen betriebswirtschaftlichen Organisationslehre findet der soziologische Positionsbegriff nur ansatzweise Verwendung. Statt dessen kommt dem Konzept der Stelle zentrale Bedeutung zu. Stellen sind die tendenziell auf Dauer eingerichteten kleinsten selbständig handelnden organisatorischen Einheiten. In ihnen werden die in der Aufgabenanalyse gewonnenen Teilaufgaben von Organisationen zusammengefaßt (*Thom* 1993, Sp. 2321).

II. Theoretische Perspektiven

Vor diesem begrifflichen Hintergrund läßt sich nun näher umreißen, was aus unterschiedlichen theoretischen Perspektiven unter Führungspositionen verstanden werden kann.

1. Führungspositionen aus Sicht der betriebswirtschaftlichen Organisationslehre

Stellen als die aus der Aufgabenanalyse und -synthese gewonnene Zusammenfassung von Teilaufgaben sind die Grundelemente der Aufbauorganisation. Sie sind abstrakt gedachte Einheiten, denen zunächst unabhängig von konkreten Stelleninhabern ein bestimmtes Aufgabenbündel im Rahmen der Gesamtorganisation zugeordnet wird und die mit Kompetenzen, Verantwortlichkeit und Verbindungen zu anderen Stellen wie z. B. offiziellen Kommunikationswegen ausgestattet sind (→*Organisationsstrukturen und Führung*) (*Kosiol* 1976, 1978; *Hill/Fehlbaum/Ulrich* 1981, S. 18 f.).

Die in einer Organisation vorhandenen Stellen lassen sich u. a. nach ihrem Anteil an Entscheidungs- und Anordnungsaufgaben einerseits und ausführend-operativen Tätigkeiten andererseits differenzieren. Besitzt eine Stelle Leitungsaufgaben wie z. B. Entscheidungsgewalt über prozessuale Abläufe, Weisungsrechte oder Initiativbefugnisse, wird sie als (oberste, mittlere oder untere) Instanz bezeichnet (*Mayntz* 1966, S. 19 f.; *Hentze/Brose* 1985, S. 35 ff.; *Thom* 1993, Sp. 2322 f.).

Führungspositionen sind aus der Perspektive der betriebswirtschaftlichen Organisationslehre dann alle die Stellen, die als Instanzen zu bezeichnen sind. Ihnen kommt durch die spezifische Funktionsbündelung ein mehr oder weniger großer Anteil an Leitungsaufgaben zu. Diese können – wie beim Top-Management – zu einem großen Teil im langfristigen, grundsätzlichen und strategischen Bereich liegen oder – wie beim Lower-Management – stärker den Charakter von Anordnungen und Realisationsaufgaben haben.

2. Führungspositionen aus Sicht der neueren Systemtheorie

Organisationen (zur Konzeption von Organisationen in der neueren Systemtheorie vgl. *Luhmann* 1987; *Kasper* 1990, 1991; einführend *Fuchs* 1992) im Bereich des gesellschaftlichen Teilsystems ‚Wirtschaft' respezifizieren das symbolisch generalisierte Kommunikationsmedium dieses Teilsystems – Geld – durch ein weiteres Medium: Stellen oder Positionen. Ein Teil der verfügbaren Zahlungsmittel wird dazu verwendet, Arbeitskraft im Sinne von Arbeitsbereitschaft und Weisungsunterworfenheit zu kaufen. Damit entsteht ein System budgetierter Stellen mit zunächst unspezifiziertem und entkoppeltem Operationspotential (*Luhmann* 1989, S. 309 f.). Stellen werden zumindest in dreifacher Weise näher spezifiziert. Für jede Stelle werden inputorientierte Konditionalprogramme (z. B. Festlegung, wie an einer Sachbearbeiterstelle auf einen Aufenthaltsantrag einer Ausländerin zu reagieren ist) bzw. outputorientierte Zweckprogramme (z. B. Prozedere zur Herstellung eines gewünschten Produkts) festgelegt (*Luhmann* 1991, S. 101 ff.). Weiters werden Stellen untereinander mit Kommunikationswegen verbunden. Auf diese Weise zirkulieren Kommunikationen mit Bindungswirkungen im System. Schließlich werden Stellen mit konkreten Personen besetzt, deren individuelle Besonderheiten die Ausfüllung der Stelle bestimmen (*Luhmann* 1988, S. 176 ff.).

Medien sind im Unterschied zur rigideren Form dadurch charakterisiert, daß ihre Elemente relativ lose miteinander gekoppelt sind. Damit wird der Unterschied von loser und enger Kopplung herausgestrichen. Rigidere Formen setzen sich gegenüber loser gekoppelten Medien durch und prägen diese (*Luhmann* 1989, S. 303 ff.; s. a. *Weick* 1985, S. 271 ff.).

Führungspositionen sind in dieser Sichtweise als Stellen zu verstehen, welche für deren Inhaber die Möglichkeit schaffen, die Organisation als Medium behandeln und diese auf der Basis unterschiedlicher Voraussetzungen – z. B. positionaler Machtfülle – neu formen können. Durch diese größere Rigidität fungieren Führungspositionen als Form. Allerdings: Bessere Durchsetzungsfähigkeit sagt wenig über die Qualität der Problemlösung oder deren Erfolg aus (*Luhmann* 1989, S. 314 f.).

III. Charakteristika von Führungspositionen

Einige Charakteristika von Führungspositionen lassen sich bei aller Verschiedenheit der Hintergrundkonzepte erkennen.

1. Segmente von Führungspositionen

Positionen als Schnittpunkt unterschiedlicher sozialer Beziehungen umfassen verschiedene Ausschnitte, die einer oder mehreren anderen Positionen zugewandt sind. Entsprechend werden Positionen in unterschiedliche Positionssegmente oder -sektoren aufgespalten (*Sader* 1975, S. 210). Auch Führungspositionen weisen unterschiedliche Segmente auf.

Innerorganisational lassen sich zumindest drei Segmente unterscheiden. Durch die Einordnung von Positionen in die organisationale Hierarchie gibt es Beziehungen in horizontaler Richtung zu Positionen auf der gleichen Ebene. In vertikaler Richtung sind Führungspositionen doppelgesichtig. Sie sind einerseits über andere (Führungs-)Positionen gesetzt, andererseits aber i.d.R. selbst anderen Führungspositionen untergeordnet (*Dahrendorf* 1972, S. 20 ff.; *Neuberger* 1990, S. 83).

Führungspositionen sind auch mit Positionen in sozialen Gefügen außerhalb der Organisation verbunden. Beispielhaft können etwa Positionen im familiären Verband (→*Familie, Führung in der*) oder in politischen Institutionen genannt werden. Je nach Art der konkreten Beziehungen lassen sich Besonderheiten erwarten, z. B. Konflikte zwischen den im wirtschaftlichen Bereich und im familiären Bereich eingenommenen Positionen (vgl. dazu etwa *Evans/Bartolomé* 1980).

2. Erwartungen an Führungspositionen

Aus den von unterschiedlichen Seiten an die Inhaber einer Führungsposition herangetragenen Erwartungen entsteht die Führungsrolle. Erwartungen bilden sich in sozialen Systemen aus der Einschränkung des vorhandenen Möglichkeitsspielraums. Sie wirken komplexitätsreduzierend: Geschehen ‚reibt sich' an bestehenden Erwartungen und verwandelt sich im Abweichungsfall in ‚Störungen', ohne daß die Ursachen für abweichendes Geschehen bekannt sein müßten. Unterschiedliche Ereignisse werden damit auf den gemeinsamen Nenner der Erwartungsenttäuschung gebracht. Darauf kann je nach Art der Erwartungen unterschiedlich reagiert werden (*Luhmann* 1987, S. 397 f.; s. a. *Morel* 1980, S. 60 f.). Kognitive Erwartungen sind offen für Veränderungen. Als lernbereite Erwartungen passen sie sich der vorgefundenen Realität an. An normativen Erwartungen wird jedoch kontrafaktisch auch gegenüber einer nicht ‚passenden' Realität festgehalten (*Luhmann* 1987, S. 436 f.).

Erwartungen an Führungspositionen sind i.d.R. nicht klar und eindeutig, sondern konfliktär (etwa in Form von Inter-Sender-Konflikten). Inhaber von Führungspositionen finden aber im Geflecht vielfältiger, z.T. widersprüchlicher und unklarer Erwartungen auch Freiräume im Hinblick auf die (Nicht-)Erfüllung der mit Führungspositionen verbundenen Erwartungen vor. Sie sind ‚Täter' und ‚Opfer' zugleich (*Jacobson/Charters Jr./Liebermann* 1951; *Preglau* 1980, S. 136 ff.; *Neuberger* 1990, S. 83 ff.).

Inhaltlich existieren verschiedene Kataloge mit allgemeinen Anforderungen an Führungspositionen (vgl. dazu etwa im Überblick die bei *Tafertshofer* 1980, S. 28 f.; *Wunderer/Grunwald* 1980a, S. 141 ff. oder *Neuberger* 1987, Sp. 869 zitierte Literatur). Dabei treten i.d.R. Dilemmata bzw. Aporien auf: Verschiedene widersprüchliche und trotzdem wünschenswerte Alternativen sollen behandelt und „ausgeglichen" werden (z. B. Bewahrung vs. Veränderung; *Neuberger* 1990, S. 90 ff.; s. a. *Weick* 1985, S. 306 ff.).

3. Differentielle Aspekte in Verbindung mit Führungspositionen

Die Existenz von Führungspositionen gehört zu den grundsätzlichen Kennzeichen von Organisationen. Allerdings treten Verschiedenheiten in Abhängigkeit von unterschiedlichen Faktoren auf. Beispielhaft soll das angedeutet werden.

Organisationen im allgemeinen und auch die durch die positionale Differenzierung in Führungs- und Nicht-Führungspositionen entstehenden Ungleichheiten spiegeln u. a. die Regeln des jeweiligen gesellschaftlichen Rahmens wider (*Dahrendorf* 1969, S. 904; *Karpik* 1978, S. 16 f.). In Abhängigkeit von der Unternehmensverfassung (→*Unternehmungsverfassung und Führung*) differiert daher auch die relative Bedeutung von Führungspositionen. In traditionell hierarchisch strukturierten Organisationen marktwirtschaftlicher Prägung sind Führungspositionen durch zumindest formal von ‚oben' bestimmte Aufgabenbereiche und Machtbefugnisse charakterisiert. Bei anders verfaßten Betrieben wie etwa Produktionsgenossenschaften oder selbstverwalteten Betrieben der „alternativen Szene" bilden sich zwar üblicherweise ebenfalls Führungspositionen heraus. Ihre Ausgestaltung ist aber beispielsweise nicht von der ‚Spitze', sondern der ‚Basis' bestimmt (*Breisig/Kubicek* 1987, Sp. 1074). Auch in anderen Versuchen zur punktuellen oder breiter angelegten Auflösung hierarchischer Organisations- und Arbeitsformen – etwa bei Matrixorganisationen (*Davis/Lawrence* 1977), Projektstrukturen (*Heintel/Krainz* 1990) oder heterarchischen Organisationskonzepten (*Hedlund/Rolander* 1991) – wandelt sich die Bedeutung von Führungspositionen.

Führungspositionen unterliegen auch kulturellen Einflüssen (→*Interkulturelle Unterschiede im Führungsverhalten; Kulturabhängigkeit der Führung*). Trotz verschiedener Gemeinsamkeiten (z. B. *Hui* 1991) differieren in verschiedenen Kulturen z. B. die Erwartungen darüber, was Inhaber von Führungspositionen tun sollen bzw. wie auf spezifische Arten des Ausfüllens von Führungspositionen (z. B. bestimmte Führungsstile) reagiert wird (*Van Fleet/Al-Tuhaih* 1979; *Dorfman/Howell* 1988; *Reber/Jago/Böhnisch* 1992; vgl. auch die bei *Shuter* 1977, S. 91 ff. angeführten Untersuchungen).

IV. Ausblick

Eine positionsbezogene Betrachtung von Führung ist bisher hauptsächlich im Hinblick auf den Rollenaspekt vorgenommen worden. Insbesondere die in der neueren Systemtheorie verwendete Unterscheidung von Form und Medium scheint jedoch fruchtbare Ansatzpunkte für ein vertieftes Verständnis des Führungsphänomens in Organisationen zu liefern.

Literatur

Breisig, T./Kubicek, H.: Hierarchie und Führung. In: *Kieser, A./Reber, G./Wunder, R.* (Hrsg.): HWFü. Stuttgart 1987, Sp. 1064–1077.
Dahrendorf, R.: Rolle und Rollentheorie. In: *Bernsdorf, W.* (Hrsg.): Wörterbuch der Soziologie, 2. A., Berlin 1969, S. 902–904.
Dahrendorf, R.: Sozialstruktur des Betriebs. Wiesbaden 1972.
Davis, S. M./Lawrence, P. R.: Matrix. Reading, Mass. 1977.
Dorfman, P./Howell, J. P.: Dimensions of national culture and effective leadership patterns – Hofstede revisited. In: Advances in International Comparative Management, 1988, S. 127–150.
Evans, P./Bartolomé, F.: Must Success Cost So Much? London 1980.
Fuchs, P.: Niklas Luhmann – beobachtet. Opladen 1992.
Hedlund, G./Rolander, D.: Action in heterarchies – new approaches to managing the MNC. In: *Bartlett, C. A./Doz, Y./Hedlund, G.* (Hrsg.): Managing the Global Firm, 2. A., London, New York 1991, S. 15–46.
Hentze, J./Brose, P.: Studienbibliothek Organisation. Landsberg a. L. 1985.
Hill, W./Fehlbaum, R./Ulrich, P.: Organisationslehre 1. 3. A., Bern/Stuttgart 1981.
Hughes, E. C.: Institutional office and the person. In: American Journal of Sociology, 1937, S. 404–413.
Hui, C. H.: Work Attitudes, Leadership Styles, and Managerial Behavior in Different Cultures. In. *Brislin, R. W.* (Hrsg.): Applied Cross-Cultural Psychology. Newbury Park u. a. 1990, S. 186–208.
Jacobson, E./Charters Jr., W. W./Lieberman, S.: The Use of the Role Concept in the Study of Complex Organizations. In: Journal of Social Issues, 1951, S. 18–27.
Karpik, L.: Organizations, institutions and history. In: *Karpik, L.* (Hrsg.): Organization and Environment: Theory, Issues and Reality. London 1978, S. 15–68.
Kasper, H.: Die Handhabung des Neuen in organisierten Sozialsystemen. Berlin 1990.
Kasper, H.: Neuerungen durch selbstorganisierende Prozesse. In: *Staehle, W./Sydow, J.* (Hrsg.): Managementforschung 1. Berlin, New York 1991, S. 1–74.
Kosiol, E.: Organisation der Unternehmung. 2. A., Wiesbaden 1976.
Kosiol, E.: Die Unternehmung als wirtschaftliches Aktionszentrum. Reinbek b. Hamburg 1978.
Lamnek, S.: Position. In: *Endruweit, G./Trommsdorf, G.* (Hrsg.): Wörterbuch der Soziologie. Stuttgart 1989, S. 497–498.
Luhmann, N.: Die Wirtschaft der Gesellschaft, 2. A., Frankfurt/M. 1989.
Luhmann, N.: Organisation. In: *Küpper, W./Ortmann, G.* (Hrsg.): Mikropolitik. Opladen 1988, S. 165–185.
Luhmann, N.: Soziale Systeme. Frankfurt/M. 1987.
Luhmann, N.: Zweckbegriff und Systemrationalität. 5. A., Frankfurt/M. 1991.
Mayntz, R.: Die soziale Organisation des Industriebetriebs. Stuttgart 1966.
Morel, J.: Führungsrolle und Wertsystem, ein Beitrag zur Führungsforschung. In: *Morel, J./Meleghy, T./Preglau, M.* (Hrsg.): Führungsforschung. Göttingen et al. 1980, S. 53–73.
Neuberger, O.: Führen und geführt werden. Stuttgart 1990.

Neuberger, O.: Führungstheorien – Rollentheorie. In: *Kieser, A./Reber, G./Wunderer, R.* (Hrsg.): HWFü. Stuttgart 1987, Sp. 867–880.
Preglau, M.: Organisation, Führung und Identität. In: *Morel, J./Meleghy, T./Preglau, M.* (Hrsg.): Führungsforschung. Göttingen et al. 1980, S. 133–170.
Reber, G./Jago, A./Böhnisch, W.: Interkulturelle Unterschiede im Führungsverhalten. In: *Haller, M.* et al. (Hrsg.): Globalisierung der Wirtschaft – Einwirkungen auf die Betriebswirtschaftslehre. Bern 1993, S. 217–242.
Sader, M.: Rollentheorie. In: *Graumann, C. F.* (Hrsg.): Handbuch der Psychologie, 7. Band: Sozialpsychologie, 1. Halbband: Theorien und Methoden. Göttingen et al. 1975, S. 204–231.
Shuter, R.: Cross-Cultural Small Group Research: A Review, an Analysis, and a Theory. In: International Journal of Intercultural Relations, 1977, S. 90–104.
Tafertshofer, A.: Führung und Gruppe. In: *Morel, J./Meleghy, T./Preglau, M.* (Hrsg.): Führungsforschung. Göttingen et al. 1980, S. 11–40.
Thom, N.: Stelle, Stellenbildung und -besetzung. In: *Frese, E.* (Hrsg.): HWO. 3. A., Stuttgart 1993, Sp. 2321–2333.
Van Fleet, D./Al-Tuhaih, S.: A Cross-Cultural Analysis of perceived Leader Behaviors. In: Management International Review, 1979, S. 81–88.
Weick, K. E.: Der Prozeß des Organisierens. Frankfurt/M. 1985.
Wunderer, R./Grunwald, W.: Führungslehre, Bd. 1: Grundlagen der Führung. Berlin 1980a.
Wunderer, R./Grunwald, W.: Führungslehre, Bd. 2: Kooperative Führung. Berlin 1980b.

Führungsprinzipien und -normen

Armin Töpfer

[s. a.: Führungsanalysen; Führungsethik; Führungsgrundsätze; Führungstechniken; Kooperative Führung; Organisationskultur und Führung; Wertewandel]

I. *Definitorische Vielfalt und Abgrenzung;* II. *Wesentliche Führungsprinzipien;* III. *Wirkungen und Aussagefähigkeit.*

I. Definitorische Vielfalt und Abgrenzung

Der Begriff „Führungsprinzipien" wird in der Literatur bisher nicht häufig und vor allem nicht einheitlich gebraucht. Zum einen wird er verwendet zur Klassifikation unterschiedlicher Varianten von →Führungsmodellen oder zur Kennzeichnung von →Führungsgrundsätzen. Zum anderen dient er auch zur Beschreibung bestimmter Ausprägungen des Führungsverhaltens. In Abbildung 1 ist die Begriffsvielfalt exemplarisch dargestellt.

Als „Principles of Management", basierend auf dem Scientific Management, dem Management-prozeß-Ansatz und der empirischen Management-Schule, haben sie bereits eine lange Tradition. Sie sind als Gestaltungs- und Handlungsmaximen stärker auf die Wahrnehmung von Leitungsaufgaben und damit auch auf organisatorische Regelungen wie Auftragserteilung und Delegation (→*Delegative Führung*) ausgerichtet als direkt auf die Mitarbeiterführung. Der Begriff „Managementprinzipien" in der deutschsprachigen Literatur bezieht sich entweder nur auf die amerikanischen Originalquellen oder ergänzt und hinterfragt sie (*Fuchs-Wegner* 1975; *Berthel* 1980; *Staehle* 1989). Die Kritik an *Managementprinzipien* geht insbesondere dahin, daß sie ohne empirisch-repräsentative Basis einen Allgemeingültigkeitsanspruch lediglich aus praktischen Erfahrungen ableiten, sich auf plausible und manchmal wenig gehaltvolle Sachverhalte beziehen sowie den wichtigen situativen Bedingungsrahmen für eine konkrete Anwendung und damit sozialpsychologische Erkenntnisse zum Arbeitsleben vernachlässigen (*Wild* 1974; *Wunderer/Grunwald* 1980).

Autoren	Inhaltlicher Ansatz
Taylor 1915, Fayol 1916, Gulick/Urwick 1937, Barnard 1938, Urwick 1943, Brown 1945, Drucker 1954, McFarland 1958, Dale 1967, Miner 1971, Koontz/O'Donnell 1972, Terry 1977	Prinziples of Management/Managementprinzipien als Gestaltungs- und Handlungsmaximen zur Wahrnehmung von Leitungsaufgaben
Homans 1950	Normen für das Führungsverhalten basierend auf der Theorie der sozialen Gruppe
Höhn/Böhme 1969	Führungsanweisungen
Wild 1974	generelle Verhaltensregeln für Vorgesetzte und Mitarbeiter zur Wahrnehmung von Führungsfunktionen und Mitarbeiterpflichten
Küchle 1975	Führungsgrundsätze als Regelwerk i. S. eines betrieblichen Grundgesetzes
Bleicher/Meyer 1976	Führungsmodelle wie Harzburger Modell oder SIB/DIB/MAM-Führungsmodell
Zander 1980	Verhaltensgrundsätze als Regeln für ein komplettes Führungssystem auf der Basis des kooperativen Führungsstils
Wiswede 1981	Führungsmodelle, Führungsphilosophien und Prinzipien des Führungsverhaltens
Richter 1985	Grundnormen des täglichen Führungsverhaltens

Abb. 1: *Definitionsspektrum von Führungsprinzipien*

Im folgenden wird der Begriff nur auf die Personalführung und nicht auf die Unternehmungsführung bezogen. Unter Führungsprinzipien werden damit in pragmatischer Sicht Handlungsmaximen für die Mitarbeiterführung verstanden. Sie sind steuerungsbezogene Verhaltensregeln für den Vorgesetzten zur Beeinflussung des Mitarbeiterverhaltens in die angestrebte Zielrichtung und kennzeichnen eine bestimmte Ausprägung des Führungsstils. Ihre Bedeutung als generalisierte Verhaltensgrundsätze ist demzufolge für die Praxis größer als für die Wissenschaft.

Soweit empirisch fundierte Ergebnisse vorliegen (*Wunderer/Grunwald* 1980; *Staehle* 1989) und berücksichtigt werden, basieren Führungsprinzipien auf Erkenntnissen der Führungs- und Motivationstheorie sowie der Führungsstilforschung. Durch die praxeologische Umformulierung daraus abgeleiteter Handlungsempfehlungen als technologische Aussagen haben sie als Führungsnormen im Sinne von Vorgaben zugleich präskriptiven Charakter. Eine wesentliche Grundlage von Führungsprinzipien ist die →*Führungsphilosophie und Leitbilder* (*Ulrich/Fluri* 1992) sowie die →*Führungsethik* (*Wollert* 1985). Da Werte nicht wahrheitsfähig sind, ist die Grenze zur Führungsideologie (*Kirsch* 1976) und auch zur Führungsmythologie (*Kubicek* 1984) eng.

Es wird davon ausgegangen, daß diese Verhaltensmuster eine – empirisch-wissenschaftlich geprüfte, auf kasuistischen Erfahrungen begründete oder auch nur hypothetisch unterstellte – positive Wirkung haben. Über den mutmaßlichen Zusammenhang zwischen Führungsverhalten und Führungserfolg soll – auch ohne theoretischen Unterbau – eine Einschränkung der Verhaltensvariabilität und damit eine Reduktion von Führungskomplexität erreicht werden (*Wiswede* 1981).

Eine Führungsnorm ist eine Richtschnur, Regel oder ein sittliches Gebot im Bereich der Führung. Führungsnormen wirken systemstabilisierend, da das Verhalten eines einzelnen nicht jedesmal von neuem reglementiert werden muß (*Hopfenbeck* 1992). Sie entstehen (wie ethische und soziale Normen) durch Konvention oder Konsens. Als Grundarten von Führungsnormen lassen sich unbedingt geltende (deontologische) und bedingt geltende (teleologische) Normen unterscheiden (*Lay* 1989; *Schmidt* 1959; *Lenk* 1992).

Die deontologischen Normen beinhalten „Sie-müssen"- bzw. „Sie-dürfen-nicht"-Sätze. Sie gelten zeit- und gesellschaftsinvariant (z. B. Delegation von nicht delegierbaren Aufgaben als „Sie-dürfen-nicht"-Satz).

Die teleologischen Normen beinhalten „Sie-sollen"-Sätze. Sie sind selten in reiner Form zu realisieren, da z. B. das ökonomisch Sinnvolle nicht selten mit politischen, ethischen oder sozialen Normen konkurriert (z. B. autoritäres Führen). Diese Sollensforderungen können weder falsch noch richtig sein, sondern nur logisch oder unlogisch in bezug auf höhergestellte Normen.

Führungsrichtlinien bzw. -anweisungen stellen eine Unterfunktion von Führungsnormen dar. In einer Führungsrichtlinie werden *Führungsnormen* manifestiert. Sie betreffen das direkte Verhältnis von Führenden und Geführten, z. B. Rechte und Pflichten des Mitarbeiters und Vorgesetzten, Handhabung von Kritik und Anerkennung (siehe Abb. 2).

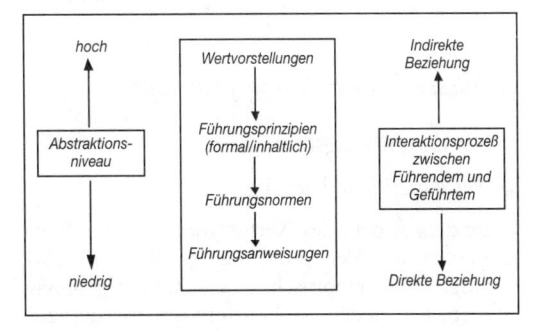

Abb. 2: Zur Ableitung von Führungsanweisungen

Im folgenden werden die in Abbildung 3 zusammengefaßten wesentlichen Führungsprinzipien, differenziert in formale und inhaltliche, ausgeführt. Dabei handelt es sich vor allem bei den inhaltlichen Führungsprinzipien um beispielhafte Beschreibungen, da Führungsverhalten personen- und situationsbezogen auszugestalten ist. Die formalen Führungsprinzipien sind stärker auch einstellungsorientiert und bilden die Grundlage für die direkt verhaltensorientierten inhaltlichen Führungsprinzipien. So führt beispielsweise das formale Führungsprinzip „Situative Führung" (→*Führungstheorien – Situationstheorie*) über die Berücksichtigung des Reifegrades der Mitarbeiter im Ansatz von *Hersey/Blanchard* (1982) zum inhaltlichen Führungsprinzip „*Delegation* von Aufgaben, Kompetenzen und Verantwortung".

In Abbildung 4 wird diese Zweiteilung der Führungsprinzipien zusammenfassend dargestellt.

1. Formale Führungsprinzipien	a) Werteorientierte Führung b) Situative Führung c) Vermeidung von Wahrnehmungsverzerrungen d) Rückkopplung des Führungsverhaltens
2. Inhaltliche Führungsprinzipien	a) Delegation von Aufgaben, Kompetenzen und Verantwortung b) Vereinbarung realistischer Ziele c) Wechselseitiger Informationsaustausch d) Gemeinsame Suche nach Verbesserungsmöglichkeiten e) Ergebnisbezogene Mitarbeiterbeurteilung f) Förderung der Mitarbeiter

Abb. 3: Wesentliche Führungsprinzipien

Formale Führungsprinzipien	Inhaltliche Führungsprinzipien
–> wert- und einstellungsorientiert	–> prozeß- und verhaltensorientiert
–> z. T. theoriegeleitet	–> bestimmen, wie die formalen Führungsprinzipien umgesetzt werden können
–> den inhaltlichen Führungsprinzipien übergeordnet	

Abb. 4: Formale versus inhaltliche Führungsprinzipien

II. Wesentliche Führungsprinzipien

1. Formale Führungsprinzipien

a) Werteorientierte Führung

Unter dem Aspekt des Wertewandels ist eine Werteorientierung der Führung (→*Wertewandel*) wichtig. Wie empirische Forschungsergebnisse belegen, tritt neben die Leistungsorientierung zunehmend ebenfalls die Freizeitorientierung von Arbeitnehmern (*Noelle-Neumann/Strümpel* 1985). Deshalb soll sich die Führung als sinngebender Prozeß in stärkerem Maße auch auf gemeinsame Werte erstrecken, und Maßnahmen sowie Instrumente sind an diesen auszurichten (*Wollert/Bihl* 1983), um einer sinkenden Leistungsbereitschaft und dem Phänomen der „inneren Kündigung" (*Höhn* 1983; →*Innere Kündigung und Führung*) entgegenzuwirken.

Hierzu gehört einerseits die Einstellung des Vorgesetzten gegenüber seinen Mitarbeitern. Das Menschenbild (→*Menschenbilder und Führung*) ist bei einem kooperativen Führungsstil insbesondere auf der „Theory Y" begründet (*McGregor* 1970; *Weinert* 1984; *Staehle* 1973; *Schein* 1980). Die personenbezogenen Wertvorstellungen gehen dabei davon aus, daß Mitarbeiter grundsätzlich leistungsbereit sind, wenn – entsprechend der *Weg-Ziel-Theorie* der Führung (→*Führungstheorien – Weg-Ziel-Theorie; Evans* 1970; *House* 1971) – durch die Regelungen der Arbeitssituation nicht nur extrinsische Motive, sondern durch die Gestaltung der Arbeitsinhalte auch intrinsische Motive – insbesondere das Streben nach Selbstverwirklichung – aktiviert sowie entsprechende Erwartungen erfüllt werden. Andererseits kommt dem Vorgesetzten zugleich die Funktion eines Vorbilds zu, der nicht nur durch Amts- und Fachautorität seinen Führungsanspruch geltend macht, sondern auch durch Führungskompetenz Vertrauen schafft (→*Vertrauen in Führungs- und Kooperationsbeziehungen*), überzeugt und Sicherheit über sein zu erwartendes Verhalten sowie das von den Mitarbeitern geforderte Verhalten gibt.

Dies bedingt aber, daß zunächst Wertvorstellungen offen artikuliert werden, z. B. in Gruppendiskussionen oder Befragungen. Die Übereinstimmung in individuellen und gesellschaftlichen Werten, also auch in den Zielen, Erwartungen und Ergebnissen, wird als wesentliche Voraussetzung für ein positives Organisations- bzw. *Betriebsklima* (*v. Rosenstiel* et al. 1983; *Conrad/Sydow* 1984) und zugleich als ein wichtiger Baustein einer *Unternehmungskultur* angesehen (*Pümpin* et al. 1985; *Duch* 1985) (→*Organisationskultur und Führung*). Diesen intervenierenden Variablen mißt man in der Praxis eine zunehmende Bedeutung für den Unternehmungserfolg bei. Die Übereinstimmung in den Werten soll Detailvorgaben sowie eine Detailsteuerung zumindest teilweise ersetzen und die Eigeninitiative und Eigenverantwortung der Mitarbeiter fördern. Vor allem eine werteorientierte Führung zieht die konkrete Umsetzung in Form von inhaltlichen Führungsprinzipien nach sich.

b) Situative Führung

Als weiteres formales Führungsprinzip ist eine situative Führung insofern von Bedeutung, als das Führungsverhalten auf die jeweilige Situation spezifisch auszurichten und anzupassen ist (*Staehle* 1989) (→*Führungstheorien – Situationstheorie*). Maßgebliche Einflußfaktoren hierauf sind neben der speziellen Aufgabenstellung und der konkreten Arbeitssituation die Einstellung, Qualifikation und das Verhalten des Mitarbeiters, aber auch des jeweiligen Vorgesetzten sowie die Struktur der Gruppe und die spezielle Situation resp. Konfliktsituation, in der sich die Gruppe befindet (*Lukasczyk* 1960).

Die Vielzahl von situativen Bedingungskonstellationen macht es erforderlich, daß jede vertikale Vorgesetzten-Mitarbeiter-Beziehung als *Führungsdyade* (→*Führungstheorien, von Dyaden zu Teams; Graen/Schiemann* 1978) für sich analysiert wird.

c) Vermeidung von Wahrnehmungsverzerrungen

Im Rahmen einer Situationsdiagnose ist es für den Vorgesetzten insbesondere wichtig, Halo-Effekte i. S. v. Überstrahlungseffekten zu vermeiden.

Die Forderung, eine Führungssituation umfassend wahrzunehmen, bedeutet also, das Mitarbeiterverhalten und die Mitarbeiterleistung unter Berücksichtigung aller wesentlichen Ursachen-, Einfluß- und Wirkungsgrößen möglichst objektiv und damit intersubjektiv nachvollziehbar und vergleichbar zu beurteilen. Da eine Eigendiagnose immer der Gefahr einer Fehleinschätzung unterliegt, ist sie durch eine Fremddiagnose zu ergänzen. Nicht zuletzt in dem hieraus resultierenden, formalen Führungsprinzip der Rückkopplung des Führungsverhaltens konkretisiert sich ein kooperativer Führungsstil (→*Kooperative Führung*).

d) Rückkopplung des Führungsverhaltens

Eine immer wichtiger werdende Verhaltensweise des Vorgesetzten besteht darin, bei seinen Mitarbeitern zu erfragen, inwieweit der von ihm angestrebte und praktizierte *Führungsstil* mit dem von seinen Mitarbeitern empfundenen und beurteilten Führungsverhalten übereinstimmt.

Hierzu bieten sich das individuelle und eher informelle Vorgesetzten-Mitarbeiter-Gespräch, eine Besprechung des Vorgesetzten zugleich mit allen seinen Mitarbeitern oder ein institutionalisiertes Datenfeedback durch eine *Mitarbeiterbefragung* (*Töpfer/Zander* 1985; *Domsch/Reinecke* 1982) an.

2. Inhaltliche Führungsprinzipien

Sie orientieren sich an wichtigen Führungsfunktionen, die ein Vorgesetzter zu erfüllen hat, und damit an den Phasen des Führungsprozesses (*Berthel* 1980; *Bettermann* et al. 1981; *Richter* 1985). Unterschieden werden sechs inhaltliche Führungsprinzipien.

a) Delegation von Aufgaben, Kompetenzen und Verantwortung

Bei einem delegativen Führungsstil (→*Delegative Führung*) erfolgt die Arbeitsteilung zwischen dem Vorgesetzten und seinen Mitarbeitern nach dem organisatorischen Subsidiaritätsprinzip. Grundlage dieses Führungsprinzips ist also, in Abhängigkeit von der fachlichen Qualifikation des Mitarbeiters, das Organisationsprinzip der *Delegation,* die eine Entsprechung in der Übertragung der erforderliche Kompetenzen als Einwirkungsmöglichkeiten und der sich hieraus ergebenden →*Verantwortung* auf den Mitarbeiter finden muß. Die damit verbundene Partizipation ist zugleich auch ein wesentlicher Führungsgrundsatz.

b) Vereinbarung realistischer Ziele

Während die Übertragung von Aufgaben zur selbständigen und eigenverantwortlichen Erledigung den Tätigkeitsrahmen absteckt, präzisiert die Vereinbarung von Zielen den angestrebten Sollzustand (*Odiorne* 1979; →*Führung im MbO-Prozeß*). Statt einer einseitigen Zielvorgabe durch den Vorgesetzten integriert eine *Zielvereinbarung* die Realisierbarkeitsprüfung durch den Mitarbeiter (→*Zielsetzung als Führungsaufgabe*).

c) Wechselseitiger Informationsaustausch

Delegation und Zielvereinbarung machen einen intensiven Informationsaustausch (→*Kommunikation als Führungsinstrument*) zwischen Vorgesetztem und Mitarbeiter erforderlich. Die Informationsrechte und -pflichten beider Seiten sind dabei zu präzisieren (→*Information als Führungsaufgabe*).

d) Gemeinsame Suche nach Verbesserungsmöglichkeiten

Um die Handlungseffizienz des Vorgesetzten und seiner Mitarbeiter zu erhöhen sowie damit einen Beitrag zur Unternehmungseffizienz zu leisten, wird dieses Führungsprinzip bei einer sich verschärfenden Markt- und Konkurrenzsituation immer wichtiger. Voraussetzung hierfür ist eine entsprechende Einstellung des Vorgesetzten, die Verbesserungsvorschlägen von seiten der Mitarbeiter einen hohen Stellenwert einräumt sowie durch das Führungsverhalten induziert und verstärkt. Durch die Nutzung des detaillierten Fachwissens und der Kreativität der Mitarbeiter werden Verbesserungen bei der Aufgabenerledigung angestrebt (→*Innovation und Kreativität als Führungsaufgabe*).

Dieses Führungsprinzip macht neben Einzelleistungen auch die Arbeit in einer Gruppe erforderlich. Es impliziert damit die Teamfähigkeit des Vorgesetzten (→*Groupthink und Führung*), und zwar sowohl als individuelle Persönlichkeitsanforderung als auch in bezug auf die Beherrschung von Gruppenarbeitstechniken und dabei speziell der Moderationstechnik (*Franke* 1975; *Töpfer* 1985).

e) Ergebnisbezogene Mitarbeiterbeurteilung

Handlungsmaxime für eine Leistungsbeurteilung im Vorgesetzten-Mitarbeiter-Gespräch (*Neuberger* 1980) ist die Abfolge: Anerkennung und Lob guter Leistungen, Kritik nicht ausreichender Leistungen, verbunden mit gemeinsamen Überlegungen, in der Zukunft durch geeignete Maßnahmen die erkannten Leistungsschwächen zu beheben (→*Anerkennung und Kritik als Führungsinstrumente*). Dadurch ist erreichbar, daß Kritik konstruktiv wird.

f) Förderung der Mitarbeiter

Auf der Basis der Leistungsbeurteilung und der dokumentierten Leistungsschwächen einerseits, sowie vor allem auch auf der Basis einer Potentialbeurteilung der Mitarbeiter andererseits, setzen Personalentwicklungsmaßnahmen an (*Mentzel* 1992; *Strube* 1982) (→*Personalentwicklung als Führungsinstrument*). Sie bezwecken durch Fortbildung, Job-Enlargement, Job-Enrichment und Job-Rotation eine Verbesserung der fachlichen Qualifikation sowie ggf. auch eine Rekrutierung von Führungsnachwuchs.

III. Wirkungen und Aussagefähigkeit

Wie empirische Ergebnisse belegen, ist trotz des konstatierten Wertewandels bei einem kooperativen Führungsverhalten (→*Wertewandel*) die Bereitschaft zur Leistung durch eine Aktivierung intrinsischer Motive der Mitarbeiter erreichbar (*Noelle-Neumann/Strümpel* 1985).

Einige Einschränkungen der Aussagefähigkeit wurden bereits zu Anfang angesprochen. Ein mechanistischer direkter Zusammenhang z. B. zwischen Menschenbild, Führungsstil und Mitarbeiterverhalten ist durch empirische Befunde nicht gesichert. Dies gilt auch für die durch das individuelle Führungsverhalten angestrebte Lokomotions- und Kohäsionsfunktion der Führung und damit für die Leistungs- und Mitarbeiterorientierung.

Eine empirische Bestätigung der durch die Einhaltung von Führungsprinzipien beabsichtigten Wirkungen liegt – bisher – nur zum Teil vor (*Gebert/v. Rosenstiel* 1992). Als Regeln für erfolgreiche Führung sind sie deshalb fragwürdig (*Wiswede* 1981), zumindest aber ohne gesicherte theoretische Basis. Hierbei ist jedoch auch die Frage nach der Eindeutigkeit und Aussagefähigkeit des zugrundegelegten Paradigmas zu stellen. Führungsprinzipien erfüllen also eher eine heuristische und verhaltenssteuernde (→*Verhaltensdimension der Führung*) als eine explanatorische Funktion. Sie sind von unterschiedlicher Bedeutung in Abhängigkeit von der spezifischen Gruppen- und Aufgabenstruktur; zusätzlich ist der jeweilige soziokulturelle Hintergrund (→*Kulturabhängigkeit der Führung*) zu berücksichtigen. Erkennbar ist dabei die Stufenfolge: Information – Integration – Identifikation – Initiative der Mitarbeiter.

Die Ausagefähigkeit von inhaltlichen Führungsprinzipien und damit ihre Allgemeingültigkeit als präskriptive Handlungsempfehlungen ist nicht zuletzt aufgrund der dargestellten formalen Führungsprinzipien eingeschränkt. Die inhaltlichen Führungsprinzipien stecken lediglich den Rahmen für das Führungsverhalten ab, das entsprechend den formalen Führungsprinzipien situations- und personenspezifisch auszufüllen sowie in seiner Ausprägung und Intensität zu varriieren ist.

Literatur

Barnard, C. I.: The Functions of the Executive. Cambridge, Mass. 1938.
Berthel, J.: Managementprinzipien. In: *Grochla*, E. (Hrsg.): HWO. 2. A., Stuttgart 1980, Sp. 1265–1280.
Bettermann, A./*Knebel*, H./*Töpfer*, A./*Volk*, H. (Hrsg.): Mitarbeiter erfolgreicher führen, informieren und beurteilen. München 1981.
Bleicher, K.: Das Konzept integriertes Management. Frankfurt/Main 1991.
Bleicher, K.: Leitbilder – Orientierungsrahmen für eine integrative Management-Philosophie. Stuttgart 1992.
Bleicher, K./*Meyer*, E.: Führung in der Unternehmung. Reinbek 1976.
Brown, A.: Organization – a Formulation of Principles. New York 1945.
Conrad, P./*Sydow*, J.: Organisationsklima. Berlin, New York 1984.
Dale, E.: Organization. New York 1967.
Domsch, M./*Reinecke*, P.: Mitarbeiterbefragung als Führungsinstrument. In: *Schuler*, H./*Stehle*, W. (Hrsg.): Psychologie in Wirtschaft und Verwaltung. Stuttgart 1982, S. 127–148.
Drucker, P. F.: The Practice of Management. New York 1954.
Duch, K. C.: Unternehmenskultur auf dem Prüfstand. In: Personalwirtschaft, 1985, S. 427–436.
Evans, M. G.: The Effects of Supervisory Behavior on the Path-Goal Relationship. In: OBHP, 1970, S. 277–298.
Fayol, H.: Administration Industrielle et Générale. Paris 1916.
Franke, H.: Das Lösen von Problemen in Gruppen. München 1975.
Fuchs-Wegner, G.: Management-Prinzipien und -Techniken. In: *Grochla*, E./*Wittmann*, W. (Hrsg.): HWB. 4. A., Bd. 2, Stuttgart 1975, Sp. 2571–2578.
Gabele, E./*Liebel*, H./*Oechsler*, W.: Führungsgrundsätze und Mitarbeiterführung, Führungsprobleme erkennen und lösen. Wiesbaden 1992.
Gebert, D./*v. Rosenstiel*, L.: Organisationspsychologie. Stuttgart et al. 1992.
Graen, G./*Schiemann*, W.: Leader-Member Agreement: A Vertical Dyad Linkage Approach. In: JAP, 1978, S. 206–212.
Gulick, L. H./*Urwick*, L. (Hrsg.): Papers on the Science of Administration. New York 1937.
Hersey, P./*Blanchard*, K. H.: Management of Organizational Behavior. 4. A., Englewood Cliffs 1982.
Höhn, R.: Die innere Kündigung im Unternehmen. Bad Harzburg 1983.
Höhn, R./*Böhme*, G.: Führungsbrevier der Wirtschaft. 6. A., Bad Harzburg 1969.
Homans, G. C.: The Human Group. New York 1950.
Hopfenbeck, W.: Allgemeine Betriebswirtschafts- und Managementlehre. 6. A., Landsberg 1992.
House, R. J.: A Path-Goal Theory of Leader Effectiveness. In: ASQ, 1971, S. 321–338.
Kirsch, W.: Die Betriebswirtschaftslehre als Führungslehre. München 1976.
Koontz, H./*O'Donnell*, C.: Principles of Management. 5. A., New York et al. 1972.
Kubicek, H.: Führungsgrundsätze als Organisationsmythen und die Notwendigkeit von Entmythologisierungsversuchen. In: ZfB, 1984, S. 4–29.
Küchle, E.: Mitarbeiterführung. In: *Gaugler*, E. (Hrsg.): HWP. Stuttgart 1975, Sp. 1355–1373.
Lattmann, C.: Ethik und Unternehmensführung. Heidelberg 1988.
Lay, R.: Ethik für Manager. Düsseldorf, Wien, New York 1989.
Lay, R.: Die Macht der Moral – Unternehmenserfolg durch ethisches Management. 2. A., Düsseldorf 1991.
Lenk, H.: Zwischen Wissenschaft und Ethik. Frankfurt/M. 1992.
Lukaszyk, K.: Zur Theorie der Führungsrolle. In: Psychologische Rundschau, 1960, S. 179–188.
Luthans, F.: Leadership: A Proposal for a Social Learning Theory Base and Observational and Functional Analysis Techniques to Measure Leadership Behavior. In: *Hunt*, J. G./*Larson*, L. L. (Hrsg.): Crosscurrents in Leadership, Carbondale 1979, S. 201–208.

McFarland, D. E.: Management – Principles and Practices. New York 1958.
McGregor, D.: Der Mensch im Unternehmen. Düsseldorf/Wien 1970.
Mentzel, W.: Unternehmenssicherung durch Personalentwicklung: Mitarbeiter motivieren, fördern und weiterbilden. Freiburg 1992.
Miner, J. B.: Management Theory. New York 1971.
Neuberger, O.: Das Mitarbeitergespräch. 2. A., Goch 1980.
Neuberger, O.: Unternehmenskultur und Führung. Augsburg 1985.
Neuberger, O.: Führen und geführt werden. 3., völlig überarb. A., Stuttgart 1990.
Noelle-Neumann, E./Strümpel, B.: Macht Arbeit krank? Macht Arbeit glücklich? 2. A., München, Zürich 1985.
Odiorne, G. S.: MBO II. A System of Managerial Leadership for the 80s. Belmont 1979.
Pümpin, C./Kobi, J.-M./Wüthrich, H. A.: Unternehmenskultur. In: *Schweizerische Volksbank* (Hrsg.): Die Orientierung, Nr. 85. Bern 1985.
Richter, M.: Personalführung im Betrieb. Führungswissen für Vorgesetzte – Theorie und Praxis. München, Wien 1985.
v. Rosenstiel, L./Falkenberg, T./Hehn, W. et al.: Betriebsklima heute. 2. A., Ludwigshafen 1983.
Schein, E. H.: Organisationspsychologie. Wiesbaden 1980.
Schmidt, P. F.: Ethische Normen in der wissenschaftlichen Methode. In: The Journal of Philosophy, 1959, S. 644–652.
Staehle, W. H.: Organisation und Führung soziotechnischer Systeme. Stuttgart 1973.
Staehle, W. H.: Management: Eine Verhaltenswissenschaftliche Perspektive. 4. A., München 1989.
Strube, A.: Mitarbeiterorientierte Personalentwicklungsplanung. Berlin 1982.
Taylor, F. W.: The Principles of Scientific Management. New York 1915.
Terry, G. R.: Principles of Management. 7. A., Homewood 1977.
Töpfer, A.: Teamplanungstechniken. In: Management-Enzyklopädie, 2. A., Landsberg a. L. 1985, Bd. 9, S. 36–52.
Töpfer, A./Zander, E. (Hrsg.): Mitarbeiter-Befragungen. Ein Handbuch. Frankfurt/M. 1985.
Ulrich, P./Fluri, E.: Management. 3. A., Bern, Stuttgart 1992.
Urwick, L. F.: The Elements of Administration. New York 1943.
Weinert, A. B.: Menschenbilder in Organisations- und Führungstheorien: Erste Ergebnisse einer empirischen Überprüfung. In: ZfB, 1984, S. 30–62.
Wild, J.: Betriebswirtschaftliche Führungslehre und Führungsmodelle. In: *Wild, J.* (Hrsg.): Unternehmensführung. Festschrift für E. Kosiol. Berlin 1974, S. 141–179.
Wiswede, G.: Führung. In: *v. Beckerath, P. G./Sauermann, P./Wiswede, G.* (Hrsg.): Handwörterbuch der Betriebspsychologie. Stuttgart 1981, S. 169–180.
Wollert, A.: Führungsethik – was soll's? In: Personalführung, 1985, S. 92–96.
Wollert, A./Bihl, G.: Werteorientierte Personalpolitik. In: Personalführung, 1983, S. 154–162, 200–205.
Wunderer, R./Grunwald, W.: Führungslehre. Bd. I u. II. Berlin, New York 1980.
Wunderer, R./Klimecki, R.: Führungsleitbilder – Grundsätze für Führung und Zusammenarbeit in deutschen Unternehmen. Stuttgart 1990.
Wunderer, R.: Führung und Zusammenarbeit – Beiträge zu einer Führungslehre. Stuttgart 1993.
Zander, E.: Führung in den 80er Jahren. Heidelberg 1980.

Führungsrollen

Günter Wiswede

[s. a.: Coaching; Duale Führung; Führung in der dualen Hierarchie; Führungsmotivation; Führungstheorien – Eigenschaftstheorie; – Rollentheorie; Menschenbilder und Führung; Mentoring; Verhaltensdimensionen der Führung.]

I. Einleitung;
II. Eigenschaftsorientierte Rollenbeschreibung;
III. Erwartungsorientierte Rollenbeschreibung;
IV. Funktionsorientierte Rollenbeschreibung;
V. Aktivitätsorientierte Rollenbeschreibung;
VI. Effizienzorientierte Rollenbeschreibung;
VII. Gruppenorientierte Rollenbeschreibung;
VIII. Zusammenfassende Bewertung.

I. Einleitung

Die Führungs- und Management-Lehre macht vom Rollenkonzept in sehr verschiedener Weise Gebrauch, und es ist nicht immer klar, auf welche Fragestellung sich die jeweilige Konzeptualisierung bezieht. Meist ist der zugrunde gelegte Rollenbegriff nur sehr locker mit der sogenannten Rollentheorie verbunden (→*Führungstheorien – Rollentheorie*) und wird in seiner metaphorischen Bedeutung nahezu synonym mit Funktion gebraucht. In der folgenden Gliederung versuchen wir, eine gewisse Klarheit zu schaffen, wobei der Schwerpunkt der Darstellung auf den Abschnitten V und VI liegt (also insbesondere die Befunde der „Managerial-Work"-Forschung referiert).

II. Eigenschaftsorientierte Rollenbeschreibung

Die Suche nach relevanten Führungseigenschaften (→*Führungstheorien – Eigenschaftstheorie*) ist – wie das Sammelreferat von *Stogdill* (1984, 1974) nachweist – in Sackgassen geraten. Allerdings ist es möglich, daß Bündelungen von Eigenschaften (Eigenschaftssyndrome) zu höheren Validitätswerten führen. Auch dürften unterschiedliche Eigenschaften qua Situation (→*Führungstheorien – Situationstheorie*) bedeutsam sein. Eine Revitalisierung des Eigenschaftskonzepts ist auch durch neuere

Art der Rollenbeschreibung	Zentrale Fragestellung
1. Eigenschaftsorientierte Rollenbeschreibung	Welche Eigenschaften sollten (erfolgreiche) Führer haben?
2. Erwartungsorientierte Rollenbeschreibung	Welche Rollenerwartungen werden an den F. gestellt?
3. Funktionsorientierte Rollenbeschreibung	Welche Funktionen müssen F. erfüllen?
4. Aktivitätsorientierte Rollenbeschreibung	Welches Rollenverhalten zeigen F. tatsächlich?
5. Effizienzorientierte Rollenbeschreibung	Welche Rollen sollte ein effizienter F. beherrschen?
6. Gruppenorientierte Rollenbeschreibung	Wie können unterschiedliche Führungsrollen in der Gruppe aufgeteilt werden?

Tab. 1: Aspekte der Rollenbeschreibung

Konstrukte wie „kognitive Komplexität" oder durch Ausdifferenzierung des Merkmals →*soziale Kompetenz* gegeben. Auch scheint es neuerdings – zumal im Umkreis des symbolischen Management (→*Symbolische Führung*) – wieder Bedarf an Konzepten zur „charismatischen Führung" (→*Führungstheorien – Charismatische Führung*) zu geben (vgl. *Zaleznik* 1989; *Conger/Kanungo* 1987).

Die Analyse von Führungseigenschaften und Führungsrollen wird neuerdings auch durch die Attributionsforschung (bezogen auf Führungsverhalten vgl. *Green/Mitchell* 1979; *Calder* 1977) mit neuen Akzenten versehen. Allerdings ist hier die Fragestellung eine andere: Welche Eigenschaften werden der Führungsrolle zugeordnet? Auf welche Faktoren wird Erfolg/Mißerfolg attribuiert? Die üblichen eignungsdiagnostischen Verfahren unterliegen einer Konfundierung eigenschaftstheoretischer und attributionstheoretischer Perspektiven; auch das Assessment-Center kann sich hiervon nicht gänzlich lösen.

Implizit eigenschaftstheoretisch konzipiert sind auch gängige Typologien von Managern (z. B. *Maccoby* 1977, 1981). *Maccoby* bezieht sich in seiner durch Tiefeninterviews abgestützten Studie auf die „Gesamtorientierung zur Arbeit, zu Wertvorstellungen und zur Eigenidentität" und glaubt, vier Typen von Managern voneinander abheben zu können:

- den „Fachmann" (objektiv und nüchtern, sachlich und wissenschaftlich);
- den „Dschungelkämpfer" (gefürchtet, aber respektiert, kampf- und konfliktorientiert);
- den „Firmenmenschen" (der ganz im Unternehmen aufgeht);
- den „Spielmacher" (der die Tätigkeit als Herausforderung begreift und als Pragmatiker agiert).

Maccoby scheint in diesem letztgenannten Managertyp das Rollenbild der Zukunft zu sehen. Aber bereits einfache Stadienmodelle des organisationalen Wandels zeigen, daß in jeder Phase (Pionierphase, Konsolidierungsphase usw.) vermutlich unterschiedliche Managerqualitäten (und damit auch Managertypen) gefragt sind. So dürfte z. B. der Typ des Spielmachers ein effizienter Krisenmanager sein. Gerade dieses Rollenbild – Krisenmanager – dürfte angesichts breitflächiger Wachstums- und Absatzkrisen von aktueller Bedeutung sein (vgl. *Schimke/Töpfer* 1988).

III. Erwartungsorientierte Rollenbeschreibung

In der soziologischen und sozialpsychologischen Literatur dominiert ein Rollenkonzept, das eng mit dem Begriff der „normativen Erwartung" verbunden ist (→*Führungstheorien – Rollentheorie*). Die *Rolle* ist danach ein „Bündel normativer Erwartungen, die an den Inhaber einer sozialen Position gerichtet sind, also zusammengehörig empfunden werden und manchmal interpretationsbedürftig sind" (*Wiswede* 1977, 1991a). Insofern versteht man unter einer sozialen Rolle im allgemeinen vorgegebene normative Erwartungen qua Position, die allerdings plastisch genug sind, um ein gewisses Ausmaß an Rollen-Selbstgestaltung (*Dreitzel*) zuzulassen. Der Rollenbegriff des „symbolischen Interaktionismus" betont diesen interpretativen Charakter in besonderer Weise und begreift die Rolle eher als Typisierungsschema (nähert sich also dem an, was üblicherweise unter Führungsrollen oder Managerrollen verstanden wird).

Folgt man der Erwartungsdefinition, so wären Führungsrollen nichts anderes, als das Zentrum zahlreicher Erwartungen bestimmter Rollensender. Für eine sozialpsychologische Perspektive ist zunächst wichtig, ob und in welcher Weise die Fokalperson bestimmte Rollensender und deren Erwartungen perzipiert/kogniziert. Eine daraus abzuleitende globale Rollendichotomie wäre der „Konformist" gegenüber dem „Non-Konformisten", unterschieden nach dem Ausmaß, solchen Erwartungen zu genügen. Zu den „Rollen" einer Führungskraft könnte es aus dieser Perspektive auch gehören, mit widersprüchlichen Rollenerwartungen oder in sich konfligierenden Rollenbildern (z. B. auch den Rollendilemmata nach *Neuberger* 1990) zurechtzukommen und eine angemessene Synthese (oder einen brauchbaren Kompromiß) zwischen Widersprüchlichkeiten zu finden. Theoretische und empirische Befunde zu dieser Fragestellung finden sich in der relevanten rollentheoretischen Literatur (auf die Führungs- und Organisationsproblematik bezogen vor allem bei *Katz/Kahn* 1966; und bei *Graen* 1976; *Graen/Scandura* 1987; zusammenfassend *Fischer* 1992; *Wiswede* 1991b; *Neuberger* 1994).

IV. Funktionsorientierte Rollenbeschreibung

Auch in der neueren Management-Literatur dominiert nach wie vor die von *Fayol* (1916) begründete funktionalistische Sichtweise (vgl. hierzu: *Caroll/Gillen* 1987; *Staehle* 1991). Danach werden die folgenden Teilbereiche unterschieden: Vorausschau und Planung, Organisation, Leitung, Koordination, Kontrolle. Darüber hinaus wird in der deutschsprachigen Literatur in sachbezogene und personenbezogene Funktionen (Personalführung) unterschieden.

Zur empirischen Erfassung bedient man sich meist der Befragungsmethode und versucht, das Material den (meist deduktiv vorgegebenen) Funktionen zuzuordnen (vgl. etwa *Mahoney* et al. 1965; *Kraut* et al. 1989; *Ramme* 1990; zusammenfassend *Schirmer* 1992). Die funktionale Betrachtung repräsentiert freilich keine Theorie im eigentlichen Sinne, sondern lediglich eine Taxonomie, ein kategoreales Schema (vgl. *Hosking* et al. 1984). Dieser Vorwurf ist im übrigen auch gegen die strukturell-funktionale Theorie generell erhoben worden (vgl. zusammenfassend *Wiswede* 1991a), die als theoretischer Bezugsrahmen fungieren könnte. Die Funktionalitätsprämisse geht hierbei von der uneinlösbaren Annahme aus, daß die für den Systembestand (Überleben des Systems) erforderlichen Rolleninhalte genau bekannt seien und über Management und Führung gesteuert werden können (vgl. *Schienstock* 1975; *Staehle* 1991). Insofern sind die vorliegenden analytisch-funktionalen Beschreibungen des Managementverhaltens mit Recht als normativ, vage, theoretisch und empirisch wenig gehaltvoll kritisiert worden (vgl. *Mintzberg* 1973; *Luthans* et al. 1988).

Als sozialpsychologischer Sicht bietet sich eine (in der Feldtheorie verankerte) Aufschlüsselung der Führungsrolle in zwei Funktionsbereiche an (*Cartwright/Zander* 1960, 1972): die Lokomotionsfunktion (Zielinduktion, Aufgabenerzielung) und die Kohäsionsfunktion (Gruppenerhalt, Aufrechterhaltung der Interaktionsbeziehungen). Diese Funktionsaufteilung ist das (explizite oder implizite) Grundmuster der meisten Führungsstilanalysen (dort meist unter der Bezeichnung *Initiating-Structure* oder Aufgabenorientierung und *Consideration* oder Mitarbeiterorientierung) und findet sich auch bereits in den Kleingruppen-Experimenten von *Bales* bei der Erforschung von *Führungsdualen* (instrumentelle und sozio-emotionale Führung). Auch diese Forschung handelt von Führungsrollen (→*Führungstheorien – Rollentheorie*), die allerdings nach *Bales/Slater* (1955) selten von einer einzigen Person gleichzeitig übernommen werden können (→*Duale Führung*).

V. Aktivitätsorientierte Rollenbeschreibung

Das erklärte Ziel von Aktivitäts-Studien *(Managerial-Work-Forschung)* ist es, eine möglichst operationale Beschreibung dessen herauszuarbeiten, was Manager tatsächlich den ganzen Tag über tun. Die dominierenden Erhebungsverfahren sind dabei Formen der Eigenbeobachtung (z. B. die Tagebuchmethode) sowie die (strukturierte und unstrukturierte) Fremdbeobachtung. Die Aktivitätsbeschreibungen richten sich auf die Anzahl und Dauer der Aktivitäten, die Art und Anzahl von Arbeitskontakten, präferierte Medien sowie auf die Erfassung von Aktivitätseinheiten unter finalen Aspekten (Zu welchem Zweck arbeiten Manager?). Der letztgenannte Gesichtspunkt ist hierbei in der Erfassung besonders problematisch. Auch wird deutlich, daß sich die aktivitätsorientierte Rollenbeschreibung von der funktionalen Analyse gar nicht so weit entfernt, wie sie vorgibt. Insbesondere gilt dies für die frühen Arbeiten aus der Aktivitäts-Schule.

1. Mintzbergs „Führungsrollen"

Obgleich wichtige Vorarbeiten der aktivitätsorientierten Richtung zuzuordnen sind (vgl. *Carlson* 1951; *Horne/Lupton* 1965; *Stewart* 1967) gilt die Arbeit von *Mintzberg* (1973) mittlerweile als klassische Studie auf diesem Gebiet (vgl. auch: *Mintzberg* 1992). Das Untersuchungsinteresse liegt zunächst auf den prozessualen Aspekten (work-characteristics), sodann insbesondere den inhalts- und zweckbetonten Aspekten (work-content) des Verhaltens von Managern. Ziel ist die Erarbeitung grundsätzlicher Rollen aus den kategorisierten Aktivitätsstudien. Empirische Basis bilden die Auswertung verfügbaren Sekundärmaterials sowie eigene empirische Erhebungen (chronologische Daten, Posteingangs- und Ausgangsdaten, Aufzeichnung der Kontakte). Die dabei aufgefundenen Rollen sind in Tab. 2 zusammengefaßt.

Mit der Interpretation der Manageraktivitäten wird freilich die Grenze der beobachtungssprachlichen Beschreibung verlassen. Die Kritik hat daher zu Recht die geringe Trennschärfe des hierbei verwendeten metaphorischen Rollenkonzepts herausgestellt (vgl. *Martinko/Gardner* 1985). Insbesondere fällt auf, daß die eigentliche Führerrolle in diesem Kontext nur eine von zehn Managerrollen darstellt. Diese ist allerdings vom Zeitaufwand her so gewichtig, daß sich eine Ausdifferenzierung von Sub-Rollen empfehlen würde. Eine Möglichkeit hierzu böten die auf der Basis eines „Führer-Beschreibungs-Bogens" ermittelten Rollenelemente von *Stogdill* (1974) (z. B. Repräsentation, Überzeugungskraft, Zugestehen von Handlungsfreiheit, Wahrung der Führerrolle, soziale Besorgtheit, Integration, Einfluß bei Vorgesetzten). Auf diese Weise

Interpersonelle Rollen	**a) Repräsentant (Figurehead)** Der Manager fungiert nach innen und außen als symbolischer Kopf einer Organisation oder Abteilung und erfüllt Repräsentationsroutinen gesetzlicher oder sozialer Art (z.B. Jubiläumsreden).
	b) Führer (Leader) Im Mittelpunkt dieser Rolle stehen Aufgaben der Motivation und Anleitung von Mitarbeitern, der Stellenbesetzung und Personalentwicklung.
	c) Koordinator (Liaison) Aufbau und Pflege interner und externer Kontakte auf formellen und informellen Wegen stehen im Zentrum dieser Rolle.
Informationelle Rollen	**a) Informationssammler (Monitor)** Als Informationssammler sucht und empfängt der Manager sehr unterschiedliche Informationen, die sein Verständnis über das Funktionieren der Organisation und ihrer Umwelt fördern.
	b) Informationsverteiler (Disseminator) Diese Rolle beschreibt die Weitergabe externer und interner Informationen – sowohl Fakten als auch Spekulationen – an Organisationsmitglieder.
	c) Sprecher (Spokeperson) Als Sprecher gibt der Manager Informationen über Pläne, Maßnahmen oder erzielte Ergebnisse der Unternehmung an Externe weiter.
Entscheidungsrollen	**a) Unternehmer (Entrepreneur)** Als Unternehmer sucht der Manager in der Organisation und ihrer Umwelt nach Chancen zu Innovation und Wandel und leitet gegebenenfalls Innovationsprojekte (ein).
	b) Krisenmanager (Disturbance Handler) Mit dieser Rolle werden Aufgaben der (durch Sachzwänge induzierten) Handhabung unerwarteter und wichtiger Störungen des betrieblichen Leistungsprozesses erfaßt.
	c) Ressourcenzuteiler (Resource Allocator) Kern dieser Rolle sind Entscheidungen über Vergabe von Ressourcen aller Art an Personen oder Abteilungen; durch den Entscheidungsvorbehalt behält der Manager die Kontrolle über Zusammenhänge zwischen verschiedenen Einzelentscheidungen.
	d) Verhandlungsführer (Negotiator) In dieser Rolle tritt der Manager als Verhandlungsführer gegenüber Externen auf und verpflichtet die Organisation für künftige Aktivitäten.

Tab. 2: *Zehn Rollen von Managern (nach Mintzberg 1973; in der Darstellung von Schirmer 1992)*

würde auch das „Umbrella-Konzept" der Führungsrolle noch weiter differenziert.

Es ist evident, daß das relative Gewicht der einzelnen Rollen mit bestimmten Situationsparametern variiert. Auch hier ist das Konzept diffus geblieben. Die vorliegenden Studien sind nicht situativ konzipiert. Allerdings vermutet bereits *Mintzberg* systematische Variationen im Ausmaß der Rollenausübung je nach Vorliegen personaler, organisationaler und kontextualer Faktoren. *Mintzberg* und auch die Folgestudien betonen neben externen Faktoren (z.B. Branche) die Bedeutung der Variablen „Funktionsbereich" (z.B. Produktion, Verkauf) und „hierarchische Ebene". Im Hinblick auf die letztgenannte Variable „Management-Ebene" ist eine ältere Untersuchung von *Mahoney* et al. (1965) aufschlußreich, die von Management-Typen (hier durchaus interpretierbar als „Management-Rollen") ausgeht und deren relative Bedeutsamkeit je nach Hierarchieebene ermittelt. Aus den Befunden wird deutlich, daß unmittelbare Führungsaufgaben („Personalführung") mit zunehmender Hierarchie geringeren Stellenwert erhalten, während die „Rollenplaner" und „Generalisten" an Stellenwert gewinnen.

2. Aktivitäts-Studien: Der Alltag des Managers

Das eigentliche empirische Anliegen von Mintzberg bestand darin, die funktionale Betrachtungsweise mit idealisierten Vorstellungen vom wünschenswerten Managerverhalten abzulösen und die tatsächliche Alltagsstruktur des Handelns festzustellen. Seine Ergebnisse (und auch die der Folgestudien) scheinen in der Tat die üblichen betriebswirtschaftlichen Funktionsbeschreibungen zu korrigieren:

- Vorgesetzte sind zu einem wesentlichen Teil ihrer Tätigkeit mit persönlicher Kommunikation beschäftigt. Ganz offenbar ist die Zahl und die Nutzung jeweiliger Kontakte (auch unter Nutzung sogenannter schwacher Verbindungen) ein wesentliches Indiz des Management-Verhaltens.
- Vorgesetzte erleben einen fragmentierten Alltag; ihr Arbeitsablauf ist „porös" und „zerstückelt". Die einzelnen Sequenzen (Episoden) sind meist nach Minuten bemessen. Größere Arbeitsepisoden sowie kontemplative Phasen kommen kaum vor.
- Die Fragmentierung ist zugleich gepaart mit einer mangelnden Strukturierung des Verhaltens. Der Arbeitsablauf enthält vergleichsweise wenig geplante, organisierte und strukturierte Elemente, verlangt ständige Flexibilität und Mobilität.

Wollte man das tatsächliche Rollenverhalten von Managern in einer Totalrolle beschreiben, so liegt hier als Interpretationsmuster nicht die Rolle des Reiters, sondern eher des Surfers nahe (vgl. *Westerlund/Sjöstrand* 1981, S. 162; *Schirmer* 1992, S. 55).

3. Kritik an der Aktivitäts-Schule

Im Hinblick auf die Rollenthematik wurde bereits auf die oft fehlende Abgrenzbarkeit/Zuordenbarkeit sowie auf das etwas diffuse Bild der speziellen Führungsrolle hingewiesen. Nichtsdestoweniger ist die Neigung, Managerverhalten in Rollenbildern zu beschreiben, bis heute nicht abgerissen (vgl. etwa *Quinn* 1988, 1990; vgl. auch *Staehle* 1991, der der Konzeption seines Handbuchs ebenfalls das Prinzip der Rollenbeschreibung zugrunde legt). Hier entsteht dann auch der Eindruck einer gewissen Beliebigkeit, verbunden mit der Notwendigkeit, den Katalog im sozio-ökonomischen Wandel ständig korrigieren oder erweitern zu müssen.

Was die Aktivitäts-Studien im einzelnen anbelangt, so wird vor allem von *Staehle* (1990) und *Schirmer* (1992) kritisiert, daß die Konzentration auf beobachtbare Sachverhalte kognitive Prozesse und subjektive Theoriebildung ausklammere, so daß oft nur ein scheinbares Bild eines fragmentierten und chaotischen Charakters von Managementaktivitäten entsteht, während der übergreifende Sinngehalt durch die Beobachtung nicht freigelegt werden kann. Als Rahmenkonzept bietet sich hierbei (nach *Schirmer*) die sozial-kognitive *Lerntheorie* von *Bandura* an. Diese wird im übrigen auch von *Luthans* et al. (1985) sowie *Luthans* et al. (1988) bemüht; allerdings lassen die Arbeiten der Forschergruppe um *Luthans* bisher keinen sehr adäquaten Zugang zur kognitiven Dynamik erkennen, der den kognitiven Facetten der Theorie *Banduras* entspricht.

Eine weitere Schwäche der Aktivitätsstudien liegt in ihrem Verwertungsaspekt. Keineswegs kann aus der „Ist-Analyse" der *Managerial-Work-Forschung* von vornherein auf effizientes Managerverhalten geschlossen werden. Die Befunde könnten sogar umgekehrt in eine Defizit-Analyse einmünden (Beispiel: Anleitung zu besserem Zeitmanagement; Vermeiden unnötiger Kommunikation). Deshalb wäre es wichtig zu wissen, ob und inwieweit sich effiziente und nicht-effiziente Manager in ihrem Rollenhaushalt voneinander unterscheiden.

VI. Effizienzorientierte Rollenbeschreibung

Mit dieser Frage haben sich insbesondere *Morse/Wagner* (1978); *Kotter* (1982); *Stewart* (1982); *Luthans* et al. (1988) und *Quinn* (1988, 1990) befaßt. Die Studie von *Kotter* betont z. B. die Bedeutung von „Agenda-Setting" (stärkere Vorstrukturierung) sowie „network-building" (Aufbau und Pflege von Kontakten, die zur Realisierung einer Agenda nötig sind). Die Arbeit von *Luthans* et al. (1988) problematisiert die Frage der Führungseffizienz (→*Effizienz der Führung*) und unterscheidet zwischen „erfolgreichen" und „effektiven" Managern. Erfolgreich sind Manager dann, wenn sie bei Verfolgung ihrer eigenen Interessen (z. B. Gehaltsentwicklung, Karrieregeschwindigkeit) tüchtig sind. Effektiv sind Manager, die anhand von Außenkriterien (z. B. Beurteilung von Vorgesetzten und Mitarbeitern, Erfolg einer Abteilung, Budget-Abweichungen etc.) effektive Arbeit leisten (auf die Problematik der Effizienzmessungen gehen wir hier nicht ein). Die Ergebnisse zeigen, daß individuell erfolgreiche Manager sich von effektiven Vorgesetzten unterscheiden: Erfolgreiche Manager befassen sich offensichtlich verstärkt mit mikropolitischen Aktivitäten (→*Mikropolitik und Führung*), während effiziente Manager eher im Hinblick auf das „Human-Resource-Management" (Motivieren, Verstärken, Konfliktmanagement, Personalentwicklung) involviert sind.

	Alle Manager	Erfolgreiche Manager	Effektive Manager	Erfolgreiche und effektive Manager
Routine-kommunikation	29	28	44	31
trad. Managementfunktionen	32	13	19	34
Beziehungspflege	19	48	11	20
Human Resource Management	20	11	26	15
Summe	100	100	100	100

Tab. 3: Relative Verhaltenshäufigkeiten von erfolgreichen und effektiven Managern (nach Luthans et al. 1988)

Quinn (1988; vgl. auch 1990) stellt ein „Competing-values-Model" vor, in dem er scheinbar unvereinbare Annahmen über Führungsverhalten und Systemgegebenheiten zusammenstellt und den Quadranten eines Koordinatensystems zuordnet (vgl. einen ähnlichen Denkansatz im Zusammenhang mit *Neubergers* „Rollendilemmata", 1994). Dabei werden das „rational-goal-model" und das „internal-process-model" mit *McGregors Theorie X* (entsprechend der Aktivität der linken Gehirnhälfte) sowie das „open-systems-model" und das „human-relations-model" mit der *Theorie Y* (entsprechend der Aktivität der rechten Gehirnhälfte) verknüpft und nach bestimmten Merkmalen charakterisiert. *Quinn* destilliert aus diesem „Gebräu" die folgenden acht Führerrollen:

- „Producer-Role" (auf die Arbeit konzentriert, leistungs- und verantwortungsmotiviert);
- „Director-Role" (initiierend, zielführend, Festlegung von Leitlinien);
- „Coordinator" (Aufrechterhaltung verläßlicher Maßstäbe, Organisieren und Koordinieren einzelner Fragmente);
- „Monitor-Role" (Schaffung von Transparenz, Inspektion und Kontrolle);
- „Facilitator-Role" (Förderung gemeinsamer Anstrengungen, Schaffung von Teamfähigkeit, Konfliktregelung, Erhaltung der Kohäsion);
- „Mentor-Role" (Förderung und Entwicklung von Mitarbeitern, Empathie, Mitarbeiterorientierung, soziale Unterstützung);
- „Innovator-Role" (Offenheit für Neuerungen, Zukunftsorientierung, Schaffung von Akzeptanzvoraussetzungen);
- „Broker-Role" (Durchsetzungsvermögen nach außen, politisches Geschick, Repräsentieren).

Quinn ermittelt sodann aufgrund unterschiedlicher Ausprägungen der einzelnen Rollen Profile „effektiver" und „ineffektiver" Führer. Als ineffektiv werden die folgenden „Typen" im Hinblick auf die jeweiligen Defizite klassifiziert: chaotic adaptives, abrasive coordinators, drowning workoholics, extreme unproductives, technical incompetents, obsessive monitors und disorganized externals. So ist der Typ des „extreme unproductive" dadurch charakterisiert, daß sämtliche Rollen defizitär sind.

Als effektive „Typen" im Hinblick auf die jeweiligen Defizite werden identifiziert: open adaptives, conceptual producers, aggressive achievers, peaceful teambuilders, long-term intensives und „masters": Diese letzteren zeichnen sich dadurch aus, daß sie in allen acht Rollen überdurchschnittliche Verhaltensanteile aufweisen. Sie haben gelernt, alle acht Rollen einzusetzen:

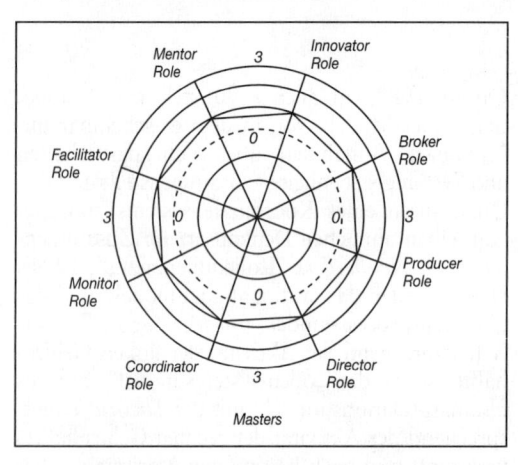

Abb. 1: Rollenprofil des Master-Managers (nach Quinn 1988)

Um diesen „Master-Manager" geht es hier insbesondere. *Quinns* zweites Buch (1990) enthält gleichsam Handanweisungen zur Erlangung jener Kompetenz, die *Quinn* für erfolgreiches Management in allen erdenklichen Situationen als unverzichtbar ansieht.

Das Modell liest sich wie eine differenzierte, aber keineswegs weniger problematische Form des GRID-Modells: Statt zweier Anforderungsdimensionen sind es jetzt acht (die sich aber entsprechend den Ohio- und Michigan-Studien – was die Personalführung im engeren Sinne betrifft – u.U. wiederum auf zwei reduzieren ließen!). Es handelt sich gleichsam um eine Wiedergeburt der „great man-theories": der Master-Manager und exzellente Führer, der allen Situations- und Rollenanforderungen gerecht wird. Es ist sehr wahrscheinlich, daß die Suche nach solchen All-round-Talenten in den seltensten Fällen fündig wird.

VII. Gruppenorientierte Rollenbeschreibung

Die bisher angesprochenen Konzepte gehen sämtlich von der (weitgehend unrealistischen) Annahme aus, daß eine einzige Person (nämlich der Führende, der Manager) sämtliche erforderlichen Rollen ausüben sollte. Eine Alternative zu diesem Denkansatz wäre die Überlegung, die jeweiligen Rollenkompetenzen zwischen mehreren Personen (oder innerhalb einer Gruppe) zu verteilen, so daß kompensatorische bzw. komplementäre Rollenleistungen entstehen (vgl. *Wunderer* 1991, S. 375).

Soweit wir sehen, ist ein solches Konzept der Rollenspezialisierung im Rahmen der Gruppe bisher lediglich von *Margerison* und *McCann* (1985) vorgelegt worden:

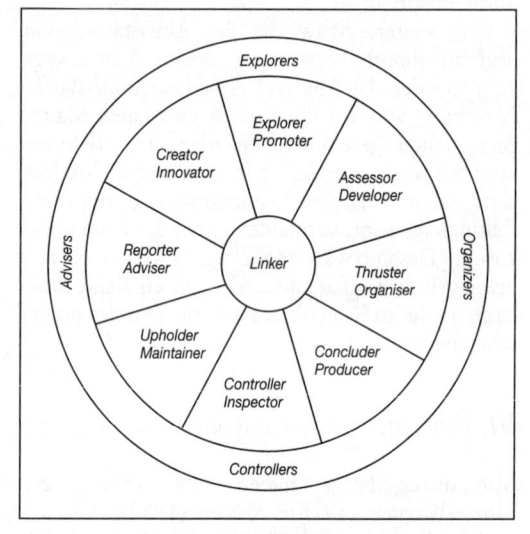

Abb. 2: Gruppenorientierte Rollenaufteilung (nach Margerison/McCann 1985)

Dieses Modell konzentriert sich auf die Verteilung zentraler Führungsrollen auf mehrere oder sämtliche Gruppenmitglieder. Ein solches Verteilungsprinzip steht und fällt natürlich mit den in der Gruppe vorhandenen komplementären Kompetenzen, könnte jedoch auch den Gedanken der spezifischen Entwicklungsfähigkeit beinhalten.

VIII. Zusammenfassende Bewertung

Lassen wir am Ende dieses Beitrags die verschiedenen Ansätze zur Führungsrollen-Problematik noch einmal Revue passieren, so erscheint uns der eigenschaftsorientierte Ansatz zu starr und wenig dynamisch, da die Situationskomponente des Führungsverhaltens vollkommen außer acht gelassen wird. Beim funktionsorientierten Gedanken fehlt uns der Theoriegehalt. Es handelt sich hierbei lediglich um eine Taxonomie, die von nicht bewiesenen und nicht beweisbaren Aussagen ausgeht. Die Aktivitätsforschung ist ebenso rein deskriptiv und verliert ihren praktischen Nutzen dadurch, daß Intention und Sinnzusammenhang der jeweils protokollierten Verhaltensweisen im unklaren bleiben und auch über deren Effizienz nichts ausgesagt wird. Obwohl dies im effizienzorientierten Ansatz nachgeholt und auch die situative Komponente berücksichtigt wird, verfällt diese Sichtweise jedoch in den alten Fehler der Eigenschaftstheorie und sucht nach All-Round-Talenten, die in der Realität nur sehr selten anzutreffen sein dürften.

Was wir insgesamt vorfinden, ist also reine Deskription, der die theoretische Untermauerung weitgehend fehlt. Zudem erscheint sie durch die Überfrachtung der einzelnen Person durch mannigfache Rollenanforderungen kaum realitätsbezogen. Uns erscheint deshalb gerade die gruppenorientierte Herangehensweise an das Thema „Führungsrolle" besonders fruchtbar. Dieser Gedanke ist aus zwei Gründen recht naheliegend. Einmal haben bereits die experimentellen Studien von *Bales* und *Slater* (1955) gezeigt, daß der Aufgabenspezialist selten auch zugleich als emotionaler Führer fungierte, so daß die Aufteilung der Rollen auf zwei Personen die wahrscheinlichere Lösung war (»two-complementary-leader-hypothesis"). Zum zweiten ist heute angesichts der Kompetenzverlagerung, struktureller Veränderungen sowie aufgrund gewisser Wertewandeltendenzen der Trend zur Gruppenarbeit und zur Teambildung sehr viel stärker erkennbar, so daß der ständige Ruf nach dem Master-Manager gleichsam einen Rückfall in eine überwundene Form der Überpersonalisierung des Führungsgedankens darstellen dürfte.

Literatur

Bales, R. F./Slater, P. E.: Role Differentiation in Small Decision Making Groups. In: *Parsons, T.* et al. (Hrsg.): Family, Socialization and Interaction Process. New York 1955.
Calder, R. J.: Attribution Theory of Leadership. In: *Staw, B./Salanczik, G.* (Hrsg.): New Directions in Organizational Behavior. Chicago 1977.
Carlson, S.: Executive Behavior: A Study in the Work Load and the Working Methods of Managing Directors. Stockholm 1951.
Carroll, St./Gillen, D. J.: Are the Classical Management Functions Useful in Describing Managerial Work? In: AMR, 1987, S. 38–51.
Cartwright, D./Zander, A. (Hrsg.): Group Dynamics: Research and Theory. New York 1960, 4. A., 1972.
Conger, J. A./Kanungo, R. N.: Toward a Behavioral Theory of Charismatic Leadership in Organisational Settings. In: AMR, 1987, S. 637–647.
Fayol, H.: Administration Industrielle et Générale. Paris 1916.
Fischer, L.: Rollentheorie. In: *Frese, E.* (Hrsg.): HWO. 3. A., Stuttgart 1992, S. 2223–2234.
Graen, G. B.: Role-Making Process within Complex Organizations. In: *Dunnette, M. D.* (Hrsg.): HIOP. Chicago 1976, S. 1201–1245.
Graen, G. B./Scandura, T.A.: Toward a Psychology of Dyadic Organizing. In: *Cummings, L. L./Slaw, B. M.* (Hrsg.): Research in Organization Behavior, 9, S. 175–208.
Green, S. G./Mitchell, T. R.: Attributional Process of Leader-Member Interactions. In: OBHP, 1979, S. 429–458
Horne, J. H./Lupton: The Work Activities of „Middle" Managers – An Exploratory Study. In: JMS, 1965, S. 14–33.
Hosking, D. M. et al.: Conclusions: On Paradigm Shifts in Studying Leadership. In: *Hunt, J. G.* (Hrsg.): Leaders and Managers. New York 1984, S. 417–425.
Katz, D./Kahn, R.: The Social Psychology of Organizations. 2. A., New York 1966.
Kotter, J. P.: The General Managers. New York 1982.
Kraut, A. et al.: The Role of the Manager: What's Really Important in Different Management Jobs. In: Academy of Management Executive, 1989, S. 286–293.
Luthans, F./Hodgetts, R./Rosenkrantz, S. A.: Real Managers. Cambridge, 1988.
Luthans, F./Rosenkrantz, S. A./Henessey, H. W.: What do Successful Managers Really do? In: JABS, 1985, S. 255–270.
Maccoby, M.: Die neuen Chefs. Reinbek 1977.
Maccoby, M.: The Leader. New York 1981.
Mahoney, T. A. et al.: The Job(s) of Management. In: Ind. Rel., 1965, S. 97–110.
Margerison, Ch./McCann, J.: How to Lead a Winning Team. Bradford 1985.
Martinko, M. J./Gardner, W. L.: Beyond Structured Observation: Methodological Issues and New Directions. In: AMR, 1985, S. 676–695.
Mintzberg, H.: The Nature of Managerial work. New York 1973.
Mintzberg, H.: The Managers Job: Folklore and Fact. In: HBR, March/April, 1990, S. 163 ff.
Mintzberg, H.: Die Mintzberg-Struktur. Landsberg 1992.
Morse, J. J./Wagner, F. R.: Measuring the Process of Managerial Effectiveness. In: AMJ, 1978, S. 23–35.
Neuberger, O.: Führen und geführt werden. 4. A., Stuttgart 1994.
Quinn, R. E.: Beyond Rational Management. San Francisco, London 1988.
Quinn, R. E. et al.: Becoming a Master Manager. New York 1990.
Ramme, I.: Die Arbeit von Führungskräften. Köln 1990.
Schienstock, G.: Organisation innovativer Rollenkomplexe. Meisenheim 1975.
Schimke, E./Töpfer, A.: Krisenmanagement und Sanierungsstrategien. Landsberg a. L. 1986.
Schirmer, F.: Arbeitsverhalten von Managern. Wiesbaden 1992.
Staehle, W. H.: Management – Eine verhaltenswissenschaftliche Perspektive. 5. A., München 1990.
Staehle, W. H. (Hrsg.): Handbuch Management. Wiesbaden 1991.
Stewart, R.: Managers and their Jobs. London 1967.
Stewart, R.: Choices for the Manager – A Guide to Managerial Work and Behavior. London 1982.
Stogdill, R. M.: Personal Factors Associated with Leadership. In: Journal of Psychology, 1948, S. 35–71.
Stogdill, R. M.: Handbook of Leadership: A Survey of Theory and Research. New York 1974.
Westerlund, G./Sjöstrand, S. E.: Organisationsmythen. Stuttgart 1981.
Wiswede, G.: Soziologie. 2. A., Landsberg 1991a.

Wiswede, G.: Einführung in die Wirtschaftspsychologie. München/Basel 1991b.
Wiswede, G.: Rollentheorie. Stuttgart 1977.
Wunderer, R.: Managementrolle: Führender. In: *Staehle, W. H.* (Hrsg.): Handbuch Management. Wiesbaden 1991, S. 364–382.
Yukl, G. A.: Leadership in Organizations. Englewood Cliffs 1989.
Zaleznik, A.: The Managerial Mystique Restoring Leadership in Business. New York 1989.

Führungstechniken

Edwin Rühli

[s. a.: Beurteilungs- und Fördergespräch als Führungsinstrument; Budgets als Führungsinstrument; Entscheidungstechniken; Führungskonzepte und ihre Implementation; Kommunikation als Führungsinstrument; Konflikte als Führungsproblem; Leistungsbewertung als Führungsinstrument; Organisationskultur und Führung; Sanktionen als Führungsinstrumente; Stellenbeschreibung als Führungsinstrument.]

I. Begriffserklärung und Systematik; II. Führungstechniken im formallogischen Bereich; III. Führungstechniken zur Regelung der sozialpsychologischen Aspekte; IV. Führungstechniken zur materiell-inhaltlichen Problembewältigung.

I. Begriffserklärung und Systematik

Der Ausdruck *Führungstechniken (Managementtechniken)* wird in der betriebswirtschaftlichen Literatur recht unterschiedlich, mitunter wenig präzise verwendet. Eine gewisse Klärung ist daher auch in diesem Zuammenhang unerläßlich. Das Phänomen der *Führung* tritt überall dort auf, wo mehrere Menschen gemeinsam Probleme zu lösen haben. Führung kann dann als *Lenkung (Steuerung) dieser multipersonalen Problemlösung* verstanden werden (*Rühli* 1985).

Bei der Wahrnehmung der Führungsfunktion in der Wirklichkeit werden nun vielfältige *Instrumente* und *Methoden* zum Zwecke der Gestaltung und der Realisierung der Führung eingesetzt. Diese können als Führungstechniken bezeichnet werden. *Unter Führungstechnik sind demzufolge alle Instrumente und Methoden zu verstehen, welche bei der Lenkung (Steuerung) der multipersonalen Problemlösungen zur Anwendung gelangen können.*

Dieser Interpretation des Begriffes stehen in der Literatur andere Auffassungen gegenüber. So werden mitunter die Führungstechniken als Mittel zur Verwirklichung eines bestimmten *Führungsstils* gesehen (*Baumgarten* 1977), oder der Begriff wird mit den verschiedenen „*Management-by-Techniken*" gleichgesetzt (*Glasl/Lievegoed* 1975). Solche Interpretationen erscheinen indessen im Lichte einer umfassenden Führungslehre als zu eng bzw. einseitig.

Aus betriebswirtschaftlicher Sicht bedeutsam ist nun, daß Führung nicht nur als Phänomen zwischenmenschlicher Beziehungen, d. h. als *Menschen*-Führung begriffen werden darf, sondern stets im *institutionellen Rahmen der Unternehmung* gesehen werden muß (Institution-Centred-Approach). Ein Großteil des Führungsinstrumentariums erklärt sich aus diesem Tatbestand: Es gilt im institutionellen Rahmen des Kollektivs Unternehmung Kommunikationen zu gestalten, Strategien zu finden und intern sowie im Außenverhältnis durchzusetzen, Strukturen anzupassen, Kulturen zu entwickeln und arbeitsteilig ausdifferenzierte Aktivitäten zu initiieren, zu koordinieren und zu überwachen.

Wenn man Führung im genannten Sinne versteht, so lassen sich *drei Kategorien* von Führungstechniken unterscheiden:

Erstens einmal gibt es Techniken, welche die *formallogische Seite* der Führung, d. h. insbesondere die *Führungsstrukturen und Führungsprozesse* betreffen.

In eine *zweite* Kategorie lassen sich jene einordnen, welche sich auf das *Verhalten und die Interaktionen* zwischen den an der Führung beteiligten Menschen beziehen und demnach vor allem *sozialpsychologische Aspekte* zum Gegenstand haben.

Schließlich läßt sich eine *dritte* Kategorie von Führungstechniken ausscheiden, welche zur *inhaltlich-materiellen Bewältigung der Probleme* beiträgt (vgl. Abb. 1).

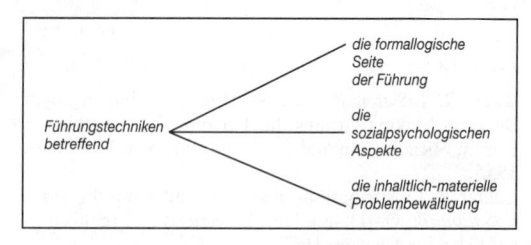

Abb. 1: Kategorien von Führungstechniken

II. Führungstechniken im formallogischen Bereich

Zur Wahrnehmung der Führungsfunktion bedarf es in aller Regel gewisser *Strukturen und Prozesse*: Institutionen bzw. Personen sind Träger der Führungsaufgabe, und ihre Tätigkeit findet in Denk- und Handlungsprozessen ihren Ausdruck. Zum Zwecke der Gestaltung dieser Strukturen und Prozesse können recht vielfältige Führungstechniken eingesetzt werden. Sie sind teils *schaubildlich-graphischer* Art, teils *verbaler* Natur. Weiter beziehen sie sich teils schwergewichtig auf die *Struktur*, teils schwergewichtig auf die *Prozesse*. Einzelne davon sind zudem primär für die Regelung der *obersten Leitung* einer Unternehmung geeignet, andere sind auf *allen Führungsstufen* anwendbar.

Im Sinne einer knappen Übersicht können folgende *Führungstechniken im formallogischen Bereich* erwähnt werden:

(1) Techniken zur Regelung der *Führungsstruktur* sind:
das Organigramm (Organisationsplan), das Funktionendiagramm (Geschäftsverteilungsplan) und die Stellenbeschreibung (→*Stellenbeschreibung als Führungsinstrument*);

(2) Techniken zur Regelung der Führungs*prozesse:*
(a) Generelle Techniken: Balkendiagramm/Netzplan, Datenflußpläne (Flow chart), Konferenztechnik (→*Konferenztechniken*).
(b) Spezielle Techniken: Antragsverfahren für Einzelvorhaben, spezielle Techniken im Bereich der Hauptführungsfunktionen wie Planung, Entscheidung (→*Entscheidungstechniken*), Anordnung und Kontrolle (→*Kontrolle und Führung*).

Führungsinstrumente dieser Art sind in großer Zahl und in vielfältigen Gestaltungsvarianten anzutreffen. So sind beispielsweise in der Literatur zur Technik des Organisierens sehr zahlreiche Methoden zur Analyse und zur Darstellung der Aufbau- und Ablauforganisation dargestellt worden (*Grochla* 1982; *Joschke* 1980).

Im Sinne einer *exemplarischen Vertiefung* sei nachfolgend ein Schema der Ciba-Geigy wiedergegeben, welches für die Konzernleitung (KL), die Unternehmensbereiche (UB), die Produktdivisionen (Div) und die Konzerngesellschaften (KG) die führungstechnischen Elemente der strategischen Planung und deren Überführung in die operative Durchsetzung zeigt (vgl. Abb. 2).

III. Führungstechniken zur Regelung der sozialpsychologischen Aspekte

Führung ist, wie die einleitende Begriffsanalyse gezeigt hat, immer auch *Menschenführung;* an ihr sind *Individuen und Gruppen* beteiligt. Von besonderer Bedeutung ist dabei die Vorgesetzten-Mitarbeiter-Beziehung. Für die Steuerung sowohl des Individual- und Gruppenverhaltens wie auch der Vorgesetzten-Mitarbeiter-Beziehung ist eine große Zahl von Führungstechniken entwickelt worden (*Wunderer* 1993). Einige davon sind nachfolgend exemplarisch dargestellt.

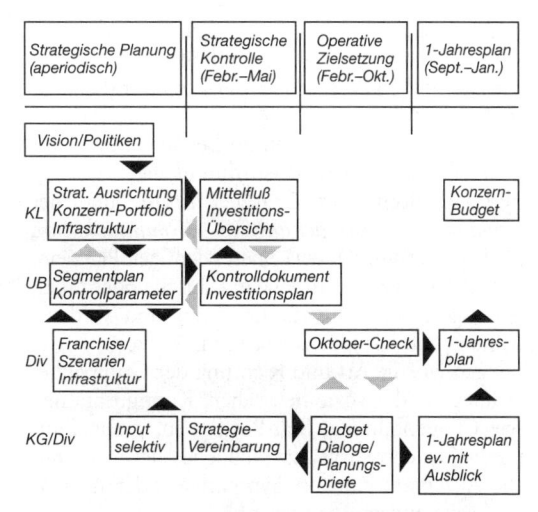

Abb. 2: Planungsinstrumente Ciba-Geigy

1. Führungstechniken im Bereiche des Individual- und Gruppenverhaltens

Wie die Psychologie zeigt, ist die Beeinflussung des *Individualverhaltens* ein äußerst komplexer und stark situationsbedingter (→*Führungstheorien – Situationstheorie*) Vorgang. Er hängt maßgeblich von den hochdifferenzierten Persönlichkeitsmerkmalen wie Werthaltungen, Attitüden, Charaktereigenschaften, kognitiven Kapazitäten usw. ab. Anreizsysteme sowie Anerkennung und Kritik (→*Anerkennung und Kritik als Führungsinstrumente*), Verstärkung und Infragestellung können dieselben teilweise verändern. In diesem Sinne ist die *Mitarbeiterbeurteilung* (Qualifikation) ein wichtiges Führungsinstrument. Sie dient dazu, die Leistung und das Verhalten des Mitarbeiters systematisch und möglichst objektiv zu erfassen und neben anderen Zwecken (z.B. Entlohnung und Laufbahnplanung) auch verstärkende oder infragestellende Impulse für das Individualverhalten zu geben (*Mentzel* 1983; *Wunderer* 1993).

Als Instrument der Mitarbeiterbeurteilung dient vor allem der *Personalbeurteilungsbogen* (Qualifikationsformular). Darin werden anhand von Kriterien wie Arbeitsleistung, Führungsleistung, Verhalten usw. die Stärken und Schwächen eines Individuums erfaßt. In vielen Fällen werden solche Feststellungen ergänzt durch Interpretationen bezüglich besonderer Eignungen, Förderungswürdigkeit, Schulungsnotwendigkeit (→*Personalentwicklung als Führungsinstrument*) u.a.m.

Wesentlich für die Akzeptanz solcher Personalbeurteilungen ist die Klarstellung der Beurteilungskriterien, die Transparenz bezüglich der Erwartungen sowie die Gewährleistung einer aktiven Partizipation der Beurteilten am Beurteilungsvorgang.

In der Literatur findet man eine recht große Zahl von Leistungsbewertungsverfahren. Sie unterscheiden sich insbesondere hinsichtlich des Bewertungsgegenstandes (Leistung/Persönlichkeit), des Bewertungsvorganges (Phasenablauf), der Bewertungstechniken (Verfahren), der Bewerter (beteiligte Personen).

Was Führungstechniken im Bereiche des *Gruppenverhaltens* anbetrifft, so nimmt die Erfassung und Gestaltung der *Gruppenstruktur* und der *Kommunikationsbeziehungen* (→*Kommunikation als Führungsinstrument*) einen wichtigen Platz ein.

Das *Soziogramm* ist eine graphische oder tabellenartige Darstellung zur Erfassung und Verdeutlichung von Gruppenstrukturen. Es zeigt Beziehungen wie die Art und Richtung der Gruppenbeziehungen, die soziometrischen Konfigurationen wie Cliquenbildung, Star-Positionen, graue Eminenzen, Isolierte usw., die fachliche oder menschliche Akzeptanz und die Sympathie- oder Antipathiebeziehungen usw. (vgl. Abb. 3).

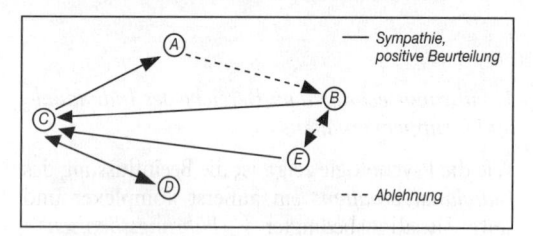

Abb. 3: Soziogramm (Hofmann 1979, S. 117)

2. Führungstechniken im Bereiche der Vorgesetzten-Mitarbeiter-Beziehung

Neben der wechselseitigen Interaktion besteht in Führungssituationen immer auch ein Subordinationsverhältnis zwischen Vorgesetzten und Mitarbeitern. Dieses beinhaltet neben formallogischen Aspekten vorrangig auch *sozialpsychologische Aspekte*. Als Technik zur ganzheitlichen Gestaltung dieses Verhältnisses sind heute *Führungsrichtlinien* recht verbreitet (*Tschirky* 1981; *Rühli* 1992; *Lattmann* 1982).

Führungsrichtlinien (→*Führungsgrundsätze*) umschreiben in verbaler Form Aspekte wie

- die Rechte und Pflichten des Mitarbeiters
- die Rechte und Pflichten des Vorgesetzten
- Grundsätze der Information und Kommunikationsform (Mitarbeitergespräche etc.; →*Kommunikation als Führungsinstrument*)
- die Arten und Formen der Mitwirkung des Mitarbeiters (→*Anerkennung und Kritik als Führungsinstrumente*)
- Grundsätze der Gruppenarbeit
- Grundsätze der Kontrolle (→*Kontrolle und Führung*) u. a. m. (*Baumgarten* 1977; *Lattmann* 1982).

Führungsrichtlinien haben in aller Regel einen stark normativen (präskriptiven) Gehalt. Sie setzen also Werturteile bezüglich der Stellung des Menschen im Betrieb und bezüglich der „richtigen" Form zwischenmenschlicher Beziehungen voraus.

Ein wertvolles Hilfsmittel zur Erfassung und Darstellung der Vorgesetzten-Mitarbeiter-Beziehung ist das *Führungsstil-Profil* (*Lattmann* 1975; *Rühli* 1992).

Ein weiteres Arbeitsinstrument, bei welchem sozialpsychologische Aspekte eine vorrangige Stellung einnehmen, ist das *Radialdiagramm* zur Darstellung der *Unternehmungskultur* (→*Organisationskultur und Führung*).

Als Unternehmungskultur kann man die Gesamtheit der Werte, Normen, Traditionen und Rituale bezeichnen, die in einem sozialen System vorhanden sind und die Menschen in ihrem Verhalten beeinflussen. Über die Gestaltung der Kultur kann also auch das Verhalten beeinflußt werden. Eine Unternehmungskultur ist ein sehr differenziertes Gebilde, das sich nur durch eine vieldimensionale Betrachtungs- und Darstellungsform erfassen läßt. Das Radialdiagramm zeigt (vgl. Abb. 4) die einzelnen Dimensionen einer Unternehmungskultur (Speichen des Rades), ihre Ausprägungsintensität (Skalierung) sowie die Stärken und Schwächen einer Unternehmungskultur (Profilverlauf).

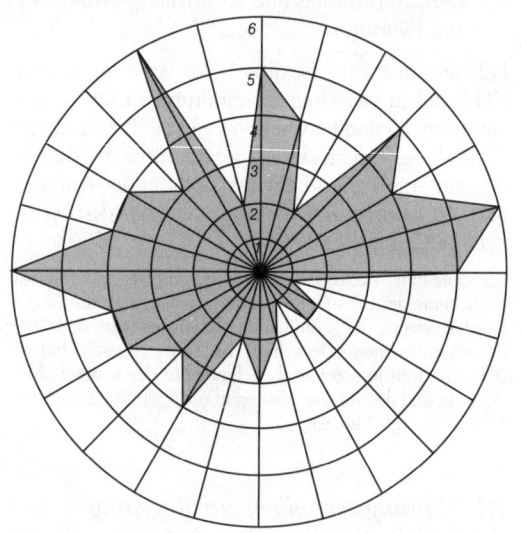

Abb. 4: Radialdiagramm zur Darstellung der Unternehmungskultur

Insbesondere bei großen und komplexen Vorhaben kann es zweckmäßig sein, Einzelanordnungen, die der Vorgesetzte den Mitarbeitern erteilt, mittels eines standardisierten *Auftragsblattes* festzuhalten. Der Zwang zur schriftlichen Form wirkt in aller Regel klärend, und alle Beteiligten können sich immer wieder darauf beziehen.

Im sozialpsychologischen Bereich sind neben den erwähnten Analyse- und Gestaltungstechniken auch eine ganze Reihe weiterer *Methoden* entwickelt worden. Sie dienen der Förderung und Entwicklung der Humanressourcen, der Verbesserung der Kommunikation, der Sozialisation usw. (→*Fortbildung, Training und Entwicklung von Führungskräften*). Es sind dies beispielhaft das Konzept der Organisationsentwicklung (OE) (→*Organisationsentwicklung und Führung*), das Rollenspiel, die Konferenz-, Diskussions- und Gesprächstechniken (→*Konferenztechniken*), die gruppendynamischen Trainingsformen, die Transaktionsanalyse (→*Transaktionsanalyse und Führung*), die Konfliktlösungstechniken, das Sensitivitätstraining (*Lattmann* 1982), das Human-Ressourcen-Portfolio u. a. m.

IV. Führungstechniken zur inhaltlich-materiellen Problembewältigung

Führung ist, wie eingangs dargestellt wurde, immer besonders eng mit der Lösung eines bestimmten Problems (Auftragserfüllung, Aufgabenlösung) verbunden. Damit werden hier alle *generellen Problemlösungstechniken* relevant.

Es sind dies die Methoden der Problemanalyse und -diagnose (z. B. progressive Abstraktion, Gemeinkosten-Wertanalyse); die Methoden der Ideenfindung (z. B. Brainstorming, Synektik, morphologischer Kasten, Delphi-Methode); die Methoden der Bewertung und Auswahl von Varianten (z. B. Entscheidungsphänomene, Nutzwertanalyse, Simulation); die Methoden der Einführung und Durchsetzung der gewählten Variante (z. B. Präsentationstechnik, Techniken des Verhaltenstrainings), die Methoden der Kontrolle und Weiterentwicklung (z. B. Checklisten, Prognoseverfahren) (*Kiser* 1985, S. 182).

Im Falle der Führung von Unternehmungen kommen zu solchen generellen Problemlösungstechniken noch jene, die der Steuerung ihres *ökonomischen Verhaltens* dienen. Hierbei kann zwischen der *strategischen* Führung (Gesamtunternehmung sowie Geschäftsbereiche) und der *funktionalen* Führung unterschieden werden:

(1) *Techniken der strategischen Führung sind:*

im Bereich der *Grundlagenerarbeitung* z. B.
Branchenanalyse, Gap-Analyse, SWOT-Analyse (Stärken/Schwächen/Chancen/Risiken), Konkurrenzanalyse, Szenario-Techniken, Technology Grid, Umwelt- (Environmental) Assessment;

im Bereich der *Zielformulierung* z. B.
Visionen und Leitbilder, Analyse der Wertschöpfungskette, Business Definition, Shareholder-Value-Analyse;

im Bereich der *Strategieformulierung* z. B.
Lebenskurvenkonzept, Erfahrungskurvenkonzept, Portfolio-Analyse, Karte der Strategischen Gruppen;

im Bereiche der *Ressourcenbereitstellung und der Mittelallokation* z. B.
Analyse der Kernkompetenzen, Wirtschaftlichkeitsrechnung, Break-even-Analyse, Finanzplanung und Mittelbilanzen, Analyse der Humanressourcen.

(2) Sehr zahlreich sind die Techniken der *funktionalen* Führung: *Marketing* (z. B. Marktforschungstechniken), *Finanzen* (Instrumentarium der finanziellen Führung), *Produktion* (Methoden und Techniken der Produktionsplanung und steuerung), *Personalwesen* (Methoden der Beschaffung, der Entwicklung und des Einsatzes von Personal) usw. Für eine vertiefte Darstellung dieser Techniken sei auf die Spezialliteratur zu den einzelnen betrieblichen Funktionsbereichen verwiesen.

Literatur

Baumgarten, R.: Führungsstile und Führungstechniken. Berlin/New York 1977.
Glasl, F./Lievegoed, B. C. J.: Führungstechniken. In: *Gaugler, E.* (Hrsg.): HWPlan. Stuttgart 1975, Sp. 917–928.
Grochla, E.: Grundlagen der organisatorischen Gestaltung. Stuttgart 1982.
Hofmann, M.: Personaldiagnostische Verfahren der Organisationsuntersuchung. In: *Wilkes, M. W./Wilkes, G. W.* (Hrsg.): Handbuch der Unternehmungsführung. Bd. 1., Gernsbach 1979, S. 105–123.
Joschke, H. K.: Darstellungstechniken. In: *Grochla, E.* (Hrsg.): HWO. 2. A., Stuttgart 1980, Sp. 431–462.
Kiser, B.: Gründungsmanagement. Die Gründung von Tochtergesellschaften aus unternehmungspolitischer Sicht. In: Schriftenreihe des Instituts für betriebswirtschaftliche Forschung an der Universität Zürich, Bd. 49, Bern, Stuttgart 1985.
Lattmann, Ch.: Führungsstil und Führungsrichtlinien. Bern, Stuttgart 1975.
Lattmann, Ch.: Die verhaltenswissenschaftlichen Grundlagen der Führung des Mitarbeiters. Bern, Stuttgart 1982.
Mentzel, W.: Unternehmenssicherung durch Personalentwicklung. Freiburg i. Br. 1983.
Rühli, E.: Unternehmungsführung und Unternehmungspolitik, Bd. 1, 2. A., Bern, Stuttgart, Wien 1985.
Rühli, E.: Gestaltungsmöglichkeiten der Unternehmungsführung. Führungsstil, Führungsmodelle, Führungsrichtlinien, Mitwirkung und Mitbestimmung. In: Schriftenreihe des Instituts für betriebswirtschaftliche Forschung an der Universität Zürich, Bd. 70. Bern et al. 1992.
Tschirky, H.: Führungs-Richtlinien. Eine Grundlage zur Gliederung und inhaltlichen Gestaltung von Führungsrichtlinien. Zürich 1981.
Wunderer, R. (Hrsg.): Führungsgrundsätze in Wirtschaft und öffentlicher Verwaltung. Stuttgart 1983.
Wunderer, R.: Management-by-Konzepte. In: *Kieser, A./Reber, G./Wunderer, R.* (Hrsg.): HWFü. Stuttgart 1987, Sp. 1366–1372.
Wunderer, R.: Führung und Zusammenarbeit. Beiträge zu einer Führungslehre. Stuttgart 1993.

Führungstheorien – Attributionstheorie

Terence R. Mitchell

[s. a.: Führungsforschung/Führung in Nordamerika; Führungstheorien – Theorie der Führungssubstitution; Leistungszurückhaltung, Führung bei.]

I. Grundlagen und Überblick; II. Attributionen der Untergebenen in bezug auf das Führerverhalten; III. Attributionen des Führers in bezug auf das Verhalten von Untergebenen; IV. Ein Modell zur Diagnose und Reaktion auf schwache Leistungen; V. Schlußfolgerungen.

I. Grundlagen und Überblick

Die *Attributionstheorie* beschäftigt sich damit, wie Personen Urteile über die Ursachen ihres eigenen Verhaltens und das Verhalten anderer Personen bilden. Im Verlauf der letzten fünf Jahre hat die wissenschaftliche Literatur im Bereich der Sozial- und Organisationspsychologie ein wachsendes Interesse an diesem Wissensgebiet unter Beweis gestellt. *Taylor* und *Fiske* (1991) waren überzeugt, daß der heuristische Wert dieser Beiträge sehr hoch ist. Diese Theorien bildeten für Hunderte von empirischen Studien den Anstoß und viele Alltagsphänomene wurden unter dem Gesichtspunkt der kausalen Attribution analysiert (S. 57).

Die Gründe für diese Popularität sind vielfältig. Attributionsprozesse gehören klarerweise in den Bereich der „*Informationsverabeitung*" bzw. zur *kognitiven Psychologie*, welche derzeit gerade in Mode ist. Attributionen scheinen wichtige Rollen zu spielen: Sie sind an Kategorisierungsprozessen beteiligt, sie reduzieren Vieldeutigkeit, erhöhen unsere Fähigkeit, unser Handeln zu verstehen und helfen uns, die Handlungen anderer verstehbar zu machen.

Im Bereich der Führung fand die Attributionstheorie Anwendung in zwei Forschungsrichtungen (vgl. *Martinko/Gardner* 1987; *McElroy* 1982; *Lord/Smith* 1983). Die eine Forschungsrichtung hat sich auf die Attributionen konzentriert, die Untergebene in bezug auf das Verhalten ihrer Vorgesetzten vornehmen, während die andere Richtung sich auf die Attributionen des Vorgesetzten in bezug auf das Verhalten ihrer Untergebenen konzentriert. Da meine eigenen Forschungsbemühungen sich mit der zweiten Richtung beschäftigen, wird der größte Teil dieses Beitrags diese Forschungsrichtung wiedergeben und hiernach zu allgemeinen Schlußfolgerungen kommen, die aus den vorliegenden Forschungsergebnissen zu ziehen sind. Dessen ungeachtet ist es wichtig, zuerst einen Überblick über die Forschung zu geben, die die Attributionen der Untergebenen zum Gegenstand haben.

II. Attributionen der Untergebenen in bezug auf das Führerverhalten

In der Regel wird die Anregung zu diesen Forschungen auf einen Artikel von *Calder* (1977) zurückgeführt. In diesem Aufsatz kommt *Calder* im wesentlichen zu dem Schluß, daß Führung ein hypothetisches Konstrukt oder ein Etikett ist, das die Untergebenen in ihren Köpfen selbst gebildet haben. Die Definition darüber, was Führung ausmacht, ist hiernach im wesentlichen eine *Wahrnehmung*, die eine ganze Serie von Dimensionen umfaßt und eine Art von Stereotyp (z. B. Führer sind dynamisch, kraftvoll, machtvoll, erfahren und voller Wissen) bildet. Wenn ein Untergebener beobachtet, daß sein Vorgesetzter einige oder alle diese Eigenschaften besitzt, dann kommt der Untergebene dazu, dieser Person „Führung" zuzuschreiben.

Die sorgfältigsten und systematischsten Forschungen im Bereich dieser Perspektive stellen sicherlich die Arbeiten von *Lord* und seinen Kollegen dar. *Lord* hat überzeugend demonstriert, daß Personen etwas haben, was er „Führungsprototypen" oder einen „allgemeinen Führungseindruck" (*Lord* 1985, S. 67) nennt. Menschen werden als Führer klassifiziert auf der Grundlage eines letztlich relativ einfachen Vergleichsprozesses, in dem die Übereinstimmung der beurteilten Personen mit einem Prototyp auf solchen Dimensionen wie Verhalten, Auftreten, die Art der Kleidung und dem vorliegenden Kontext festgestellt wird (*Lord* et al. 1982; *Phillips/Lord* 1981; *Cronshew/Lord* 1982; *Phillips* 1984; *Rush* et al. 1981). Der Übersichtsaufsatz von *Lord* et al. gibt die betreffenden Forschungsergebnisse im Detail wieder.

Die Arbeiten von *Lord* haben zwei Aspeke besonders herausgehoben. Erstens gilt, daß Untergebene sehr oft eher einen relativ einfachen Attributionsprozeß als komplizierte kognitive Analysen einsetzen, um eine Erklärung für das Verhalten ihrer Vorgesetzten zu finden (*Lord/Smith* 1983). Zweitens ist festzuhalten, daß die Attributionen häufig unzutreffend (*Lord* 1985) sind. Da die Attributionen der Untergebenen in bezug auf das Verhalten ihrer Vorgesetzten einige Konsequenzen für die Bewertung des Führungsverhaltens und für das eigene Verhalten haben, stellen diese von *Lord* angesprochenen Aspekte ein wichtiges Forschungsfeld zum Verständnis der Interaktionen dar, die in der Führer-Untergebenen-Dyade (→*Führungstheorien, von Dyaden zu Teams*) ablaufen.

Eine zweite, neuere Forschungsrichtung wurde von *Meindl* (1990) eingeschlagen. Er beschäftigte sich mit der Frage, wie aus Attributionen Kausalzusammenhänge werden, welche von mehreren Organisationsteilnehmern als richtig angesehen werden. Diese Normen (Kausalzusammenhänge) dienen der Erklärung organisatorischer Vorgänge und geben dem Organisationsablauf einen Sinn. Diese Normen bilden den Leitfaden zum Verständnis organisatorischer Abläufe (*Meindl/Lerner* 1984).

III. Attributionen des Führers in bezug auf das Verhalten von Untergebenen

Die zweite Forschungsrichtung ist auf die Attributionen gerichtet, die Vorgesetzte zur Einschätzung der Leistungen ihrer Untergebenen vornehmen. Obgleich einige Forschungsarbeiten Attributionen von guten und schlechten Leistungen untersucht haben, ist festzuhalten, daß die Mehrzahl der Arbeiten darauf gerichtet ist, wie der Vorgesetzte mit Mitarbeitern umgeht, die „schwach" sind, d. h. schlechte Leistungen vollbringen.

Was geschieht, wenn ein Vorgesetzter feststellt oder darüber informiert wird, daß ein Untergebener schwache Leistungen zeigt? Die Frage ist, wie der Vorgesetzte vorgeht, um diesen Ergebnissen entgegenzuwirken.

Bis in die jüngste Zeit gibt die Literatur kaum Antworten auf diese Fragen (→*Leistungszurückhaltung, Führung bei*); deskriptive Ausführungen oder die Wiedergabe von persönlichen Erlebnissen herrschten vor. Generell führt dies zur Feststellung, daß bestimmte Fehlleistungen unmittelbar bestrafende Reaktionen rechtfertigen. So werden Diebstähle, das Fälschen von Büchern, tätliche Auseinandersetzungen mit dem Vorgesetzten oder flagrante Insubordinationen gewöhnlich als gerechtfertigte Voraussetzungen für ernsthafte Ermahnungen, das Verhängen einer neuerlichen Probezeit oder eine fristlose Entlassung angesehen. Solche Reaktionsarten werden in der Regel von den →*Führungsgrundsätzen* des Unternehmens vorgeschrieben; für den Vorgesetzten bleibt dann wenig Spielraum für seine Verhaltensweise.

Im Gegensatz hierzu sind aber die meisten Fälle von Leistungsdefiziten nicht so eindeutig. Normalerweise kommt es dazu, daß ein Untergebener einen Termin nicht einhält, zu spät kommt oder gelegentlich abwesend ist, nicht bereit ist, Überstunden zu leisten, kleinere, eher spielerische Raufereien initiiert, nachlässig arbeitet oder er andere, weniger extreme Abweichungen von dem erwarteten Verhalten zeigt. In all diesen Situationen ist das Verhalten des Vorgesetzten komplexer, da es für diese Fälle kaum klare Vorschriften oder Regeln über die geeignete Vorgehensweise gibt.

Wenn es an solchen klaren Vorstellungen fehlt, dann wird der Vorgesetzte häufig zuerst einmal versuchen, zu ergründen, warum dieses Verhalten vorkam: Dies bedeutet, daß er Informationen aus vielfältigen Quellen unter Einschluß der betroffenen Person einzuholen versucht. Hiernach müssen diese Informationen verarbeitet, sortiert und bewertet werden und hiernach werden eventuell eine Ursache oder verschiedene Ursachen als ausschlaggebend angesehen. Die geringe Leistung könnte z. B. geringem Fachwissen, mangelnder Motivation, ungenauen Instruktionen oder unzureichenden Hilfestellungen zugeschrieben werden.

Wenn diese Ursache gefunden ist, geht der Vorgesetzte gewöhnlich dazu über, nach Lösungen zu suchen, die in Übereinstimmung mit der wahrgenommenen Ursache stehen. Wenn z. B. die Fehlleistung des Untergebenen als mangelnde Motivation wahrgenommen wird, könnte der Vorgesetzte ein formale Disziplinarverfahren anstrengen oder eine mündliche Verwarnung geben. Wenn auf der anderen Seite als Gründe unzureichende Informationen oder nicht gewährte Hilfestellungen angesehen werden, dann könnte der Vorgesetzte Veränderungen in der Arbeitsgestaltung vornehmen; wenn geringe Fähigkeiten als Ursache angesehen werden, könnten Aus- und Weiterbildungsmaßnahmen ergriffen werden.

Zwei Schlüsselannahmen für den Verlauf dieses Prozesses müssen hervorgehoben werden. Erstens wird davon ausgegangen, daß ein zweiphasiger Prozeß vorliegt, der einerseits eine Diagnosephase umfaßt, in der der Vorgesetzte die Ursache für die schlechte Leistung festlegt, und zum anderen liegt eine Entscheidungsphase vor, in der eine Reaktion aus einer Menge von Alternativen ausgewählt wird. Zweitens müssen wir beachten, daß dieser Prozeß eine aktive Informationsverarbeitung durch den Vorgesetzten enthält.

IV. Ein Modell zur Diagnose und Reaktion auf schwache Leistungen

Wir haben ein Modell entworfen, um den vorstehenden zweistufigen Prozeß transparent zu machen. Die Entwicklungsgeschichte und die Grundlage dieses Modells stammt aus vielerlei Quellen und eine eingehendere Diskussion des Modells kann an anderer Stelle gefunden werden (*Mitchell/O'Reilly* 1985; *Mitchell* et al. 1981).

Wir möchten jedoch unterstreichen, daß die in diesem Modell verwendeten Annahmen und Hypothesen zum weitaus größeren Teil der sozialpsychologischen Forschung entspringen als der Literatur zur „industrial discipline" und der Leistungsbewertung (*Wheeler* 1976).

Die Beiträge der Attributionstheorie zum Problem der Leistungsbewertung (→*Leistungsbewertung als Führungsinstrument*) sind dreifach.

Erstens zeigt die Erforschung von Attributionsprozessen, daß Personen bei der Diagnose von Verhalten weitgehend systematisch vorgehen. Wir wissen relativ viel darüber, welche Arten von Informationen verarbeitet werden und wie sie verarbeitet werden (*Kelley/Mikela* 1981). Zweitens haben wir gelernt, daß eine Anzahl von sowohl rationalen als auch weniger rationalen Aktivitäten eingesetzt wird. Einige dieser „Fehler" im Attributionsprozeß sind in unser Modell eingebaut (*Miller/Ross* 1975; *Bradley* 1978). Drittens steht fest, daß eine wichtige, ungewöhnlich hilfreiche Unterscheidung die Idee darstellt, daß die Ursachen von Verhalten in zwei Hauptklassen – nämlich internale und externale – eingeteilt werden können. Internale Ursachen betreffen die handelnden Personen: ihre Fähigkeiten, Anstrengungen, Persönlichkeit und Gemütsverfassungen. Externale Ursachen betreffen die Umwelt: Schwierigkeit der Aufgabe, zur Verfügung stehende Informationen, interpersonale Pressionen (*Weiner* et al. 1972). Es ist offensichtlich, daß es entscheidend darauf ankommt, ob der Vorgesetzte eine internale oder eine externale Attribution über die Ursachen schlechter Leistungen vornimmt, um verstehen zu können, welche Reaktionen er in seinem Entscheidungsprozeß auswählen wird.

Das Modell ist in Abbildung 1 wiedergegeben. Die zwei wesentlichen Stadien werden Verknüpfung 1 und Verknüpfung 2 genannt. Verknüpfung 1 ist auf den Prozeß der Attributionsbildung bezogen und Verknüpfung 2 nimmt Bezug auf den Prozeß der Entscheidung über eine geeignete Reaktion. In beiden Stadien werden einige rationale Faktoren und Vorurteile wirksam, welche die Urteilsbildung des Vorgesetzten beeinflussen.

1. Einflußfaktoren auf die Attribution: Verknüpfung 1

Es gibt zwei Gruppen von Faktoren, die die Attribution beeinflussen: Informationale Aspekte einerseits und Vorurteile andererseits.

a) Informationale Faktoren

Die Arbeiten von *Kelley* (1973) waren bahnbrechend, um jene Faktoren zu beschreiben, die festlegen, ob eine internale oder eine externale Attribution vorgenommen wird. Er schlägt vor, daß drei Kriterien Beachtung finden:

(1) *Unterschiedlichkeit,*
(2) *(interpersonale) Übereinstimmung* und
(3) *Konsistenz.*

Diese drei Kriterien sollen am Beispiel eines Studenten verdeutlicht werden, der bei einer Zwischenklausur in einem Seminar durchfällt:

Es ist offensichtlich, daß wir eine Vielzahl von Schlußfolgerungen darüber anstellen können, warum der Student durchgefallen ist. War dies, weil der Student sich nicht gründlich genug vorbereitet hat, oder ist er nicht intelligent genug? Dieses sind *internale Attributionen*. Oder geschah es, weil der Professor ein schlechter Lehrer ist, oder weil die Klausur unfair war, da sie z. B. nicht auf die angegebene Literatur Bezug nahm? Dieses sind *externale Attributionen*.

Das Kriterium der *Unterschiedlichkeit* kommt ins Spiel, wenn wir wissen wollen, ob der betreffende Student die Zwischenklausuren auch in anderen Seminaren nicht geschafft hat oder nur in diesem einen. Mit anderen Worten, wir fragen danach, wie unterschiedlich die betrachtete Aktion

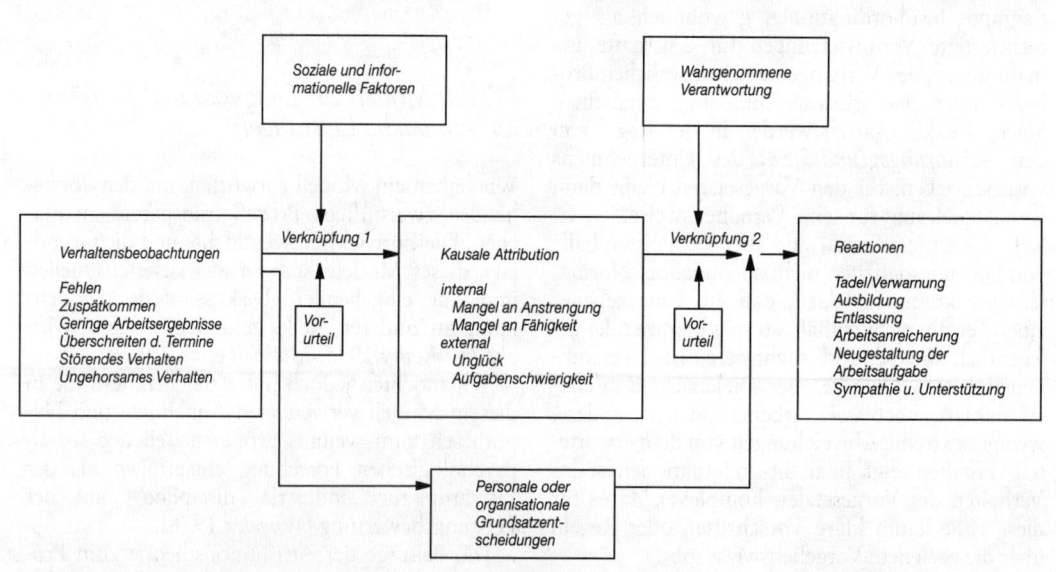

Abb. 1: Ein attributionstheoretisches Modell der Reaktionen eines Führers auf schlechte Leistungen eines Untergebenen

war. Wenn der Student schlechte Noten bekommen hat oder in den meisten anderen Zwischenklausuren ebenfalls durchgefallen ist, ist es wahrscheinlicher, daß wir eine internale Attribution vornehmen, als wenn der Student überall sonst eine Eins bekommen hat und nur eine fünf in diesem Kurs.

Das Kriterium der *Übereinstimmung* führt uns zu der Frage, ob die meisten Studenten im Seminar ebenfalls Schwierigkeiten mit diesem Test hatten oder ob der betreffende Student der einzige war, der eine so schwache Beurteilung erhielt. Dies bedeutet, daß, wenn die Übereinstimmung hoch ist, wir eher eine externale Attributierung erwarten und daß das Gegenteil zutrifft, wenn die Übereinstimmung gering war.

Letztlich ist festzuhalten, daß das *Konsistenzkriterium* uns zu der Frage führt, ob der Student auch bei der Abschlußklausur des Seminars durchfällt. Wenn der Student die Zwischenklausur nicht besteht, aber bei der Abschlußklausur sehr positiv auffällt, tendieren wir eher dazu anzunehmen, daß die ursprüngliche Fehlleistung external verursacht wurde als durch stabile, fest verwurzelte Persönlichkeitsmerkmale oder motivationale Charakteristika. Tabelle 1 faßt diese Faktoren zusammen.

Eine Vielzahl von Studien haben die von Kelley vorgetragene Analyse bestätigt (*Kelley/Mikela* 1981). Da diese Studien aber meist nicht in einem Zusammenhang mit Führungsfragen standen, wollen wir etwas genauer über eine Studie berichten, in der dieser Zusammenhang gegeben ist.

In einer Arbeit von *Mitchell/Wood* (1980) wurden Vorgesetzte von Krankenschwestern mit Ereignissen schlechter Leistungen (z. B. unrichtige Dosierung von Medikamenten) auf seiten der Untergebenen konfrontiert; außerdem wurden diese Vorgesetzten über die bisherigen Arbeitsleistungen der Untergebenen (Informationen über die Konsistenz, Übereinstimmung und Unterschiedlichkeit ihres Verhaltens) informiert. Dies bedeutet z. B. in einem Fall, (1) die Schwester hatte auch bei anderen Gelegenheiten Fehler bei der Medikamentenvergabe gemacht (geringe Unterschiedlichkeit), (2) die Schwester hat auch Schwierigkeiten erkennen lassen bei anderen Aufgabenstellungen (hohe Konsistenz), und (3) keine der anderen Schwestern beging einen Fehler bei der Ausführung der Anweisungen der Ärzte in den letzten drei Monaten (geringe Übereinstimmung). Dies bedeutet, daß die Schwester Schwächen bei dieser Aufgabe schon vorher gezeigt hat, daß sie auch bei anderen Aufgaben Fehler begangen hat und daß keine andere Schwester die gleichen Schwierigkeiten zu haben scheint. In diesem Falle kamen, wie erwartet, die Vorgesetzten zu internalen Attribuierungen der schlechten Leistungen. Externale Attribuierungen kamen zum Einsatz, wenn die gegebenen Informationen genau gegenteilig in bezug auf die Unterschiedlichkeit-Übereinstimmung-Konsistenzdimensionen lauteten.

b) Vorurteile oder Irrtümer

(1) *Selbstbestätigende Vorurteile.* Die Literatur zeigt, daß Attributionsprozesse oft durch selbstbestätigende oder egoverstärkende Motive (*Taylor/Fiske* 1991; *Miller/Ross* 1975; *Bradley* 1978) beeinflußt werden.

Eine Vielzahl von Studien hat deutlich gemacht, daß Personen sich ihre Erfolge selbst zuschreiben (insbesondere ihren Anstrengungen oder ihren Fähigkeiten) und daß sie ihre Mißerfolge externalen Gründen (z. B. Unglück oder unlösbare Aufgabenstellungen) zuschreiben.

(2) *Beziehungen zwischen Führer und Mitarbeitern.* Untersuchungen über Faktoren wie z. B. Empathy (*Regan/Totten* 1975; *Storms* 1973), Ähnlichkeit (*Banks* 1976) und positive Grundeinstellung (*Regan* et al. 1974) zeigen, daß die Wahrscheinlichkeit steigt, daß Führer Attributionen zeigen, die ähnlich den Selbstattribuierungen der Mitarbeiter sind, wenn diese Faktoren ins Spiel gebracht werden (*Martinko/Gardner* 1987). Im wesentlichen gilt, daß alle Faktoren, die den Führer psychologisch enger mit den Mitarbeitern in Verbindung bringen, bei dem Führer die Tendenz verstärken, Attribuierungen vorzunehmen, die das Selbstbewußtsein bei dem Mitarbeiter aufbauen (*Banks* 1976). Andererseits gilt auch, daß alles,

	Unterschiedlichkeit	Übereinstimmung	Konsistenz
Internationale Attribution	Student fällt durch alle Zwischenklausuren aller Seminare durch	Student ist der einzige mit einer ungenügenden Bewertung	Student fällt auch bei der Abschlußklausur durch
Externale Attribution	Student erreicht nur Einser bei allen anderen Zwischenklausuren der anderen Seminare	Alle Studenten in dem betreffenden Seminar erhalten schlechte Bewertung	Student erreicht eine gute Bewertung im Abschlußexamen

Tab. 1: Der Einsatz der Unterschiedlichkeit, Übereinstimmung und Konsistenz als Kriterien für den Einsatz internaler oder externaler Attribuierungen

was die psychologische Distanz zwischen dem Führer und seinen Mitarbeitern anwachsen läßt, diese Tendenz reduziert und die Wahrscheinlichkeit steigert, daß Führer zu Attribuierungen kommen, die sich von der *Selbstattribution* der Mitarbeiter abheben. So konnte z. B. gezeigt werden, daß, je machtvoller der Führer relativ zu den Mitarbeitern ist (je mehr Belohnungen und Bestrafungen der Führer zur Verfügung hat), desto wahrscheinlicher die Führerattribuierungen unterschiedlich sind zu dem, was die Mitarbeiter zur Erklärung ihres Verhaltens angeben (*Kipnis* 1972; *McFillen* 1978).

In diesen Konstellationen straften Führer mit mehr Macht relativ stärker und kamen zu mehr internalen Attributionen, wenn sie mit schlechten Leistungen ihrer Untergebenen konfrontiert wurden, als wenn Führer weniger machtvoll waren.

(3) *Führungserfahrung.* Schließlich liegen einige Forschungsarbeiten vor, die darauf hinweisen, daß Führer, die selbst Erfahrung mit Aufgabenstellungen ihrer Untergebenen haben, eine geringe psychologische Distanz oder Diskrepanz in den Attributionen an den Tag legen.

2. Einflußfaktoren auf die Reaktion: Verknüpfung 2

Entsprechend der in unserem Modell aufgeführten zweiten Verknüpfung ist noch zu beachten, welche Reaktionen die Vorgesetzten auf das Verhalten schlecht leistender Untergebener zeigen.

a) Attributionen und Reaktionen

Unser erster Schritt bestand darin, tatsächlich nachzusehen, ob Attributionen in der von uns vorausgesagten Art mit Reaktionen in Beziehung standen. Konkret bedeutet dies, daß internale Attributionen zu personalen und bestrafenden Reaktionen durch den Vorgesetzten führen sollten, während externale Attributionen zu Reaktionen Anlaß geben sollten, die auf die Arbeitsumwelt gerichtet sind.

Mitchell/Wood (1980) und andere Untersuchungen (z. B. *Knowlton/Mitchell* 1980) demonstrierten deutlich, daß Attributionen im vorausgesagten Sinne mit Reaktionen in Beziehung stehen. Dessen ungeachtet zeigt die in den Reaktionen vorkommende Varianz, daß die erwartete Reaktion obgleich signifikant, oft geringer war, als wir erwartet hatten oder potentiell durch Hallo-Effekte resp. Einschätzungsfehler verursacht sein könnte. In einer Serie von Studien, die im nachfolgenden beschrieben werden, begaben wir uns auf die Suche nach anderen Variablen, die die Reaktionen eventuell beeinflußt haben könnten, und in einigen Fällen kreuzten wir diese Variablen mit Attributionen, die jeweilige Unabhängigkeit dieser Variablen auf die Reaktionen abschätzen konnten.

b) Ergebnisstärke

Eine der Variablen, die die Reaktion des Vorgesetzten beeinflussen, scheint die Ergebnisstärke der schlechten Leistung zu sein. So konnten wir z. B. zeigen (*Mitchell/Wood* 1980), daß Vorgesetzte härter schlecht leistende Krankenschwestern bestrafen, wenn gravierende Nachteile (z. B. der Patient hat einen Rückfall) entstanden, als wenn weniger gravierende Ergebnisse eintraten (z. B. der Patient fuhr fort, sich zu erholen). Da das Ergebnis des Verhaltens (z. B. ob ein Patient aus dem Bett fällt, wenn das Bettgitter nicht wieder hochgestellt wird) oft außerhalb des Einflusses des Untergebenen liegt und trotzdem zu unterschiedlicher Behandlung für das gleiche Verhalten führen kann, ergibt sich eine Situation, die zu Gefühlen der Ungleichheit und zu Konflikten führt.

Wir sollten festhalten, daß die Studie von *Mitchell/Wood* (1980) demonstriert, daß die Stärke der Fehlerfolge nur zu einem geringen Effekt in bezug auf die Attribuierungen, aber zu einem starken Effekt in bezug auf die Reaktion führte.

c) Entschuldigungen

In zwei aufeinanderfolgenden Studien mit Vorgesetzten von Krankenschwestern (*Wood/Mitchell* 1981) kreuzten wir von den Untergebenen vorgetragene Begründungen (internal/external) mit von den Untergebenen gemachten Entschuldigungen (es kam zu Entschuldigungen/keinen Entschuldigungen). In der ersten Studie bestand das Stimulus-Material in der Form kritischer Ergebnisse, während in der zweiten Studie ein Film eingesetzt wurde, der eine Interaktion zwischen einer Vorgesetzten-Schwester und einer ihrer Untergebenen zeigte. In beiden Studien standen die Entschuldigungen in keiner Beziehung zu den Attributionen, während dies in bezug auf die Begründungen der Fall war. Stärkere internale Attributionen wurden gemacht, wenn die Begründungen der Untergebenen internale Elemente (sie gaben z. B. zu, daß sie an dem Vorfall schuld waren) enthielten, als wenn die Begründungen der Untergebenen externale Aspekte (die Umweltbedingungen wurden als Ursache angegeben) ansprachen. Von gleicher Bedeutung war, daß Entschuldigungen, wenn auch irrelevant für die Attributionen, signifikant zu den Reaktionen in Beziehung standen. Die Vorgesetzte war nachsichtiger und weniger stark bestrafend gegenüber jener Untergebenen, die sich entschuldigten.

d) Soziale Umwelt

Eine andere Studie hatte als Versuchspersonen Studenten der Betriebswirtschaftslehre, die die Rolle von Vorgesetzten spielten, die die Leistung einer

Gruppe von Untergebenen zu beurteilen hatten, die vor dem Problem standen, einen spezifischen, möglichst erfolgreichen Aktionsplan auszuarbeiten (*Mitchell/Liden* 1982).

Die Ergebnisse zeigen, daß der Schwach-Leistende höher bewertet wurde, wenn der Vorgesetzte zu der Überzeugung kam, daß der Schwach-Leistende beliebt war und Führungspotential hatte, als wenn das Gegenteil der Fall war. Dies geschah auch dann, wenn die Leistung genau die gleiche war. Von vielleicht größerer Bedeutung war das Faktum, daß, wenn der Schwach-Leistende beliebt war und ein hohes Maß an Führungspotential hatte, die beiden anderen Gruppenmitglieder in bezug auf die abhängigen Variablen geringer bewertet wurden als dann, wenn der Schwach-Leistende wenig geschätzt wurde und ihm keine Führungsfähigkeiten nachgesagt wurden. Da die Leistung und die Gruppenbeurteilungen dieser beiden anderen Gruppenmitglieder in allen Versuchsbedingungen konstant waren, legen diese Daten deutlich nahe, daß die Reaktionen des Vorgesetzten von der sozialen Umwelt beeinflußt waren.

e) Interdependenz

In einer Studie von *Ilgen* et al. (1981) ging es um Personen, die an einer Kodierungsaufgabe arbeiteten. Auch hier wurde der Vorgesetzte konfrontiert mit einem Schlecht- und zwei Gut-Leistenden und der Schlecht-Leistende war entweder interdependent mit dem Vorgesetzten (z. B. das Einkommen des Vorgesetzten war teilweise eine Funktion der Leistung des Untergebenen) oder nicht interdependent mit dem Vorgesetzten (der Vorgesetzte wurde unabhängig entlohnt). Die abhängigen Variablen waren die Leistungsbeurteilungen, Feedback und Vorschläge in bezug auf Änderungen im Entlohnungsmodus.

Wie erwartet, hatte die Leistungsmanipulation wesentlichen Einfluß auf alle abhängigen Variablen. Die Ergebnisse zeigen, daß die Effekte der Leistung auf die Attributionen weniger stark waren als die Effekte bei der Leistungsbeurteilung, dem Feedback und den Veränderungen in bezug auf die Entlohnung. Ebenso ergab sich, daß dann, wenn die Vorgesetzten von dem Schwach-Leistenden-Untergebenen abhängig waren, diese Vorgesetzte die Leistung höher einschätzten, als wenn sie von ihm nicht abhängig waren. Die Effekte der Interdependenzmanipulation scheinen ungefähr gleich stark für die Attributionen und die Reaktionen zu sein.

f) Kosten/Nutzen der Reaktionen

In einer jüngst durchgeführten Serie von Studien setzten wir einen Film über einen mit administrativen Aufgaben betrauten Assistenten ein, der bei der Durchführung seiner Aufgaben sehr schwache Leistungen zeigte. Durch den Einsatz eines Trainingsprogramms haben wir gezeigt, daß wir Personen trainieren können, auf entweder internale Hinweise (z. B. Faulheit, Oberflächlichkeit) oder externale Hinweise (z. B. störende Umwelteinflüsse, unklare Arbeitsbeschreibungen) als Ursache für die schwachen Leistungen der Person besonders zu achten (*Heerwagen* et al. 1985).

In einer zweiten Studie kreuzten wir dieses Training (internal/external) mit Kosten für den Einsatz der jeweiligen Reaktionen. Dies geschah damit, daß auf die Untergebenen gerichtete Reaktionen als schwer oder leicht zu implementieren hingestellt wurden. Ebenso wurde verfahren in bezug auf Reaktionen, die auf die Umwelt gerichtet sind (*Heerwagen* et al. 1985).

Im ersten Experiment, in dem wir einfach Personen ausgebildet und ihre Attributionen und vorgeschlagenen Reaktionen festgehalten haben, zeigte sich das Training als in starkem Maße wirksam für die Attributionen. Die Attributionen waren ebenso wirksam in bezug auf die Reaktion (d. h. sie verursachten 20–30% der Varianz der Reaktionen). Wenn der Film und das Trainingsprogramm gekreuzt wurden mit den Kosten und dem Nutzen der Reaktionen, zeigte sich ein sehr unterschiedliches Bild. Kosten und Nutzen waren für 62% der Varianz verantwortlich. Kosten und Nutzen der verschiedenen Reaktionen übertrafen deutlich die Attributionen als Ursachen des Problems.

g) Grundsatzentscheidungen

Wenn wir zum Schluß einen Blick auf Abbildung 1 werfen, so können wir dort eine Linie erkennen, die den gesamten Attributionsprozeß umfaßt. In einigen Fällen diktieren persönliche oder organisationale Grundsatzentscheidungen die Reaktionen; Attributionen sind unerheblich.

In einer Studie von *Green/Liden* (1980) wurde ein Rollenspiel eingesetzt, in dem Studenten Vorgesetzten- und Untergebenenrollen bei der Diskussion eines Ergebnisses spielten, in dem schwache Leistungen gezeigt wurden. Es kam zu dem Befund, daß die Verhaltensweisen der Vorgesetzten eine gemeinsame Funktion der Organisationsgrundsätze und der Attribution der Vorgesetzten darstellten.

V. Schlußfolgerungen

Die erste Phase unserer Forschungen zeigte deutlich, daß eine Fülle informationeller Faktoren ebenso wie Vorurteile und Irrtümer in Beziehung zu Attributionen im vorhergesagten Sinne stehen. Die zweite Phase jedoch bestätigt in wesentlich geringerem Umfang die Bedeutung von Attributionen für die Vorhersage von Führungsverhalten.

Die überzeugendste Schlußfolgerung aus der zweiten Phase ist, daß Attributionen lediglich ein Teil des Gesamtbildes ausmachen. Deutlich wurde der Einfluß einer Anzahl interpersonaler (z. B. Entschuldigungen), aufgaben- (z. B. Ergebnisse), kontextbezogener (z. B. Interdependenz, die Rolle der Untergebenen in der Gruppe) sowie situationaler (z. B. Kosten-Nutzen) Faktoren auf die Reaktionen. Aber unsere Ergebnisse weisen darauf hin, daß wir sogar einen Schritt weiter gehen müssen. Nicht nur, daß Attributionen nur einen Beitrag für die Verhaltensweisen leisten – eine Schlußfolgerung, der wohl die meisten Personen zustimmen würden –, ist nach unseren Ergebnissen zu sagen, daß Attributionen nur eine untergeordnete Rolle spielen. Gemeint ist damit, daß es viele Situationen gibt, in denen Reaktionen einfach bestimmt sind durch personale, soziale oder organisationale Grundsatzentscheidungen. Attributionen werden hier vollständig umgangen. In vielen anderen Situationen scheint es der Fall zu sein, daß der Kontext, die Aufgaben, soziale und Kosten-Nutzen-Faktoren genauso wichtig oder sogar wichtiger sind als Attributionen. Damit gilt, daß in vielen Situationen Attributionen bestenfalls schwach mit Aktionen in Beziehung stehen.

Auf einer mehr spezifischen Ebene der Führungsforschung weisen diese Ergebnisse darauf hin, daß die Verhaltensweisen von Vorgesetzten und ihren Untergebenen von einer Vielzahl von Faktoren beeinflußt werden, die von anderer Natur sind als das Leistungsniveau der Untergebenen und die Ursachen, die der Vorgesetzte als relevant für dieses Niveau ansieht. Wie *Landy/Farr* (1980) hervorgehoben haben, ist es notwendig, den Gesamtkontext zu verstehen, in dem solche Bewertungen und Handlungsweisen vor sich gehen. Bis heute hat unser Schwerpunkt deutlich die kognitiven Prozesse bevorzugt. Vielleicht ist es höchste Zeit, einen Sichtwechsel vorzunehmen, der die Forschungsbemühungen auf soziale, situationale und Kontextfaktoren lenkt.

Eine Forschungsrichtung versucht die Attributionen von Führer und Geführten in bezug auf Erfolg und Mißerfolg zu kombinieren (*Martinko/Gardner* 1987). Dieser Ansatz beschäftigt sich also mit einer größeren Zahl von Attributionsmöglichkeiten, als wir es hier getan haben. Zudem ist deren Modell auch dynamischer, indem es die sich entwickelnde Interaktion von Führer und Geführten erfaßt. In diesem Sinne inkludiert es die Tatsache eines sich verändernden sozialen Kontextes. Die Situationsvariablen sind jedoch nach wie vor nicht miteinbezogen. Was nun notwendig ist, ist ein besseres Verstehen solcher Situationen, in welchen Attributionen direkt und intensiv Verhalten beeinflussen und Situationen, in denen dies nicht der Fall ist. *Lord/Smith* 1983 vertreten z. B. den Standpunkt, daß die Attributionen dann wichtig sind, wenn das Verhalten neu, inkonsistent oder auffallend ist.

Wir wußten schon seit langer Zeit, daß Verhalten eine Funktion der Person und der Umwelt ist. Unter Beachtung dieser Aussage ist das, was wir sagen, nicht neu oder originell. Zur gleichen Zeit ist aber ebenso klar, daß in erdrückendem Maß im Vordergrund der Forschungsbemühungen die Person stand: ihre Persönlichkeitseigenschaften, Fähigkeiten und kognitiven Prozesse. Was nun hier vorgeschlagen wird, ist, daß der soziale Kontext und die physische Umwelt vielleicht ebenso oder gar ein wichtigerer Prädiktor des Verhaltens ist und daß vermehrte Forschungsanstrengungen in diesen Gebieten dringend benötigt werden.

Literatur

Banks, W. C.: The Effects of Perceived Similarity Upon the Use of Reward and Punishment. In: Journal of Experimental Social Psychology, 1976, S. 131–138.
Bradley, G. W.: Self Serving Biases in the Attribution Process: A Re-examination of the Fact or Fiction Question, JPSP, 1978, S. 56–71.
Calder, B. J.: An Attribution Theory of Leadership. In: *Staw, B. M./Salancik, G. R.* (Hrsg.): New Directions in Organizational Behavior. Chicago 1977.
Cronshaw, S. F./Lord, R. G.: Perceptual Versus Cognitive Determinants of Causal Attributions and Leadership. Vortrag gehalten auf der Konferenz der Midwest Academy of Management. Columbus, Ohio 1982.
Green, S. G./Liden, R. C.: Contextual and Attributional Influences on Control Decisions. In: JAP, 1980, S. 453–458.
Heerwagen, J. H./Beach, L. R./Mitchell, T. R.: Dealing With Poor Performance: Supervisor Attributions and the Cost of Responding. In: Journal of Applied Social Psychology, 1985.
Ilgen, D. R./Mitchell, T. R./Fredrickson, J. W.: Poor Performers: Supervisors' and Subordinates Responses. In: OBHP, 1981, S. 386–410.
Kelley, H. H.: The Processes of Causal Attribution. In: Am. Psych., 1973, S. 107–128.
Kelley, H./Mikela, J.: Attribution Theory and Research. In: *Rosenzweig, M./Porter, L.* (Hrsg.): Annual Review of Psychology. Palo Alto 1981.
Kipnis, D.: Does Power Corrupt? In: JPSP, 1972, S. 33–41.
Knowlton, W. A./Mitchell, T. R.: Effects of Causal Attributions on a Supervisor's Evaluation of Subordinate Performance. In: JAP, 1980, S. 459–566.
Landy, F. J./Farr, J. L.: Performance Rating. In: Psych. Bull., 1980, S. 72–107.
Liden, R. C./Mitchell, T. R.: Personal Policy Development as a Response to Ineffective Performance. In: Proceedings of the 1982 National Meetings of the American Institute for Decision Sciences, 1982, S. 395–397.
Lord, G, R.: Accuracy in Behavioral Measurement: An Alternative Definition Based on ‚Raters' Cognitive Schema and Signal Detection Theory. In: JAP, 1985, S. 66–71.
Lord, G. R./Foti, R. J./DeVader, C.: A Test of Leadership Categorization Theory: Internal Structure of Leadership Categories, Information Processing, and Leadership Perceptions. In: OBHP (in Druck).
Lord, G. R./Foti, R. J./Phillips, J. S.: A Theory of Leadership Categorization. In: *Hunt, J. G./Sekaran, U./Schries-*

heim, C. A. (Hrsg.): Leadership Beyond Established Views. Carbondale, Ill. 1982, S. 104–121.
Lord, G. R./*Smith*, E. J.: Theoretical Information Processing and Situational Factors Affecting Attribution. Theory Models of Organizational Behavior. In: AMR, 1983, S. 50–60.
Martinko, M. Y./*Gardner*, W. L.: The Leader-member Attribution process. In: Acad. of Management Review, 1987, 12, S. 235-249.
McElroy, J. C.: A Typology of Attribution Leadership Research. In: AMR, 1982, S. 413–417.
Meindl, J. F.: On Leadership: An Alternative to the conventional wisdom. In: Research in organizational behavior, 1990, 12, 159-203.
Meindl, J. F./*Ehrlich*, S. B./*Dukench*, J. M.: The romancing of Leadership. In: ASQ, 1985, 30, S. 78–102.
Meindl, J. F./*Lerner*, M. H.: The exacerbation of extreme responses to an outgroup. In: J. of Personality and Social Psychology, 1984, 47, S. 71–84.
Miller, D./*Ross*, M.: Selfserving Biases in the Attribution of Causality: Fact or Fiction? In: Psych. Bull., 1975, S. 213–225.
Mitchell, T. R./*Green*, S. B./*Wood*, R. E.: An Attributional Model of Leadership and the Poor Performing Subordinate: Development and Validation. In: *Cummings*, L. L./*Staw*, B. M. (Hrsg.): ROB, JAI Press, Vol. 3, 1981, S. 197–234.
Mitchell, T. R./*Kalb*, L. S.: The Effects of Job Experience on Supervisor Attributions for a Subordinate's Poor Performance. In: JAP, 1982, S. 181–188.
Mitchell, T. R./*O'Reilly*, C.: Managing Poor Performance and Productivity in Organizations. In: Research in Personnel and Human Resource Management, 1983.
Mitchell, T. R./*Wood*, R. E.: Supervisor's Responses to Subordinate Poor Performance: A Test of an Attributional Model. In: OBHP, 1980, S. 123–138.
Phillips, J. S.: The Accuracy of Leadership Ratings: A Cognitive Categorization Perspective. In: OBHP, 1984, S. 125–138.
Phillips, J. S./*Lord*, R. G.: Determinants of Intrinsic Motivation: Locus of Control and Competene Information as Components of Deci's Cognitive Evaluation Theory. In: JAP, 1980, S. 211–218.
Regan, D. T./*Straus*, E./*Fazio*, R.: Liking and the Attribution Process. In: Journal of Experimental Social Psychology, 1974.
Regan, D. T./*Totten*, J.: Empathy and Attribution: Turning Observers Into Actors. In: JPSP, 1975, S. 850–856.
Rush, M. C./*Philips*, J. S./*Lord*, R. G.: The Effects of a Temporal Delay on Leader Behavior Descriptions: A Laboratory Investigation. In: JAP, 1981, S. 442–450.
Soulier, M.: The Effects of Success, Failure, and Accountability on the Content of Worker Attributions. Diss. University of Washington, School of Business, 1978.
Storms, M. D.: Videotape and the Attribution Process: Reversing Actors' and Observers' Points of View. In: JPSP, 1973, S. 165–175.
Taylor, S. T./*Fiske*, S. E.: Social Cognition. New York 1991.
Weiner, B./*Frieze*, I./*Kulka*, A. et al.: Perceiving the Causes of Success and Failure. In: *Jones*, E./*Kanouse*, D./*Kelley*, H. et al. (Hrsg.): Attribution. Morristown, N. J. 1972.
Wheeler, H.: Punishment Theory and Industrial Discipline. In: Industrial Relations, 1976, S. 236–243.
Wood, R. E./*Mitchell*, T. R.: Manager Behavior in a Social Context: The Impact of Impression Management on Attributions and Disciplinary Actions. In: OBHP, 1981, S. 356–378.

Führungstheorien – Austauschtheorie

Mary D. Zalesny/George B. Graen

[s. a.: Führungstheorien – Attributionstheorie, – Idiosynkrasiekreditmodell, – von Dyaden zu Teams.]

I. Revidierte Austauschtheorie: Gleiche Akteure;
II. Revidierte Austauschtheorie: Verschiedene Standorte und Standpunkte.

I. Revidierte Austauschtheorie: Gleiche Akteure

1. Ein Überblick über Austauschtheorien

Soziale Austauschtheorien leiten ihre Hypothesen bezüglich zwischenmenschlichen Verhaltens von der Attraktivität, der Verstärkung und Reziprozität ab, welche alle zwischenmenschlichen Beziehungen kennzeichnen (*Blau* 1964; *Gergen* 1969; *Homans* 1958, 1974; *Jacobs* 1971; *Thibaut/Kelley* 1959). Menschen treten in zwischenmenschlichen Austausch mit anderen, weil sie sich zu einzelnen Personen hingezogen fühlen und annehmen, daß sie lohnende Erfahrungen mit ihnen haben werden (*Blau* 1964; *Gergen* 1969; *Jones* 1990; *Pruitt* 1968). *Sozialer Austausch* unterscheidet sich von *ökonomischem Austausch* in der Art der Belohnungen, die für die Austauschpartner erzielbar sind, und den Ressourcen, die tatsächlich ausgetauscht werden (*Foa/Foa* 1980). Ökonomischer Austausch bringt z. B. im allgemeinen Belohnungen mit sich, die wie folgt charakterisiert sind: (1) direkt (z. B. sofort gegeben), (2) konkret (z. B. Ware, Geld usw.) und (3) verhaltensspezifisch (z. B. Dienste, die geleistet oder ausgetauscht werden) (*Blau* 1964). Sie können schnell erfüllt werden, erfordern typischerweise nur eine einzige Transaktion und beinhalten universelle Ressourcen, wie Geld, Güter oder Information als Medien des Austauschs.

Sozialer Austausch hingegen kann zusätzlich zur direkten und verhaltensspezifischen *Belohnung* noch folgendes Ergebnis haben: (1) indirekte Belohnungen, d. h. solche, die verzögert und durch eine andere Quelle übermittelt werden, wie z. B. Ruhm, erwiesene Ehre, (2) Beziehungsbelohnungen, d. h. solche, die ständig über eine stabile Beziehung empfangen werden, und (3) zugeschriebene Belohnungen, d. h. Belohnungen, die aus der Interpretation der Beziehungsergebnisse durch die Austauschpartner abgeleitet werden (*Levinger/Huesmann* 1980). Sie bringen ebenfalls den Austausch partikularistischer Ressourcen mit sich, wie

Aufmerksamkeit, Status und einige Dienste, welche eine längerfristige Beziehung und *Vertrauen* erfordern, das über zahlreiche Wechselbeziehungen entwickelt wurde.

Nach *Huston* (1983) tritt Einfluß in sozialen Wechselbeziehungen auf, wenn Ereignisse in einer Folge von Beziehungsverhalten einer Person kausal mit den Ereignissen einer Folge von Beziehungsverhalten einer anderen Person verbunden werden. Der Aspekt *gegenseitigen Einflusses,* reziproker Determinismus oder Reziprozität genannt, repräsentiert den „Hin und Her"-Austausch (*Bandura* 1983) zwischen Interagierenden, welcher im Zeitverlauf der Entwicklung *sozialer Beziehungen* auftritt.

2. Austausch in Führungsbeziehungen

Wegen der formalen Statusunterschiede, die zwischen Vorgesetzten und ihren Mitarbeitern bestehen, sind ihre *Wechselbeziehungen* notwendigerweise sowohl durch formelle als auch informelle Einflußnahme gekennzeichnet. Vorgesetzte versuchen etwa, das Arbeitsverhalten ihrer Mitarbeiter (z. B. Leistung und Anwesenheit) zu beeinflussen, indem sie formelle organisationale Belohnungen und Sanktionen (z. B. Gehalts- und Beförderungsempfehlungen oder disziplinäre Aktionen) anwenden. Ebenso können Vorgesetzte versuchen, ihre Mitarbeiter durch die Anwendung informeller oder persönlicher Belohnung oder Sanktionen zu beeinflussen, wie z. B. Zuweisung abwechslungsreicher oder routinemäßiger Arbeiten, Freundschaft oder strengere Überwachung. Mitarbeiter sind gewöhnlich auf informelle Versuche der Beeinflussung des Verhaltens von Vorgesetzten beschränkt. Diese Versuche können gesteigertes Vertrauen und Arbeitsübernahme, Loyalität gegenüber dem Vorgesetzten oder umgekehrt verlangsamtes Arbeiten und Abwesenheit umfassen. Abhängig von den Ressourcen, die für jeden Beziehungspartner verfügbar sind bzw. angewendet werden, kann der Austausch zwischen einem Vorgesetzten und seinem Mitarbeiter entweder als ökonomisch oder sozial betrachtet werden. Beeinflussungsversuche, die formelle *organisationale Ressourcen* beinhalten, sind ökonomischem Austausch ähnlich. Jene Versuche, die mehr nicht formelle oder persönliche Mittel (z. B. „Insider"-Informationen aus dem informellen organisatorischen Netzwerk einer Person) anwenden, gleichen eher sozialen Wechselbeziehungen.

3. Führung als sozialer Austausch

Die meisten Führungsansätze teilen die üblichen impliziten Annahmen hinsichtlich der Richtung der Beeinflussung zwischen Führern und ihren Mitarbeitern. Einfluß geht vom Führer aus und wirkt auf das Verhalten des Mitarbeiters. Auffassungen von Führung als einem sozialen Austauschprozeß brechen mit der traditionellen Annahme einer *unidirektionalen Einflußnahme* des Führers auf die Mitarbeiter und beschreiben einen *bidirektionalen Beeinflussungsprozeß* zwischen Führern und Mitarbeitern (*Bennis* 1966; *Campbell* et al. 1970; *Dansereau* et al. 1975; *Homans* 1974; *Jacobs* 1971; *Lord/Mahler* 1991; *Zahn/Wolf* 1981).

Führung als sozialer Austausch wird am besten durch jene Führungsansätze veranschaulicht, die den Fokus auf die Arbeitsgruppe oder die Führer-Mitarbeiter-Beziehungen richten. *Hollanders* transaktionales Konzept der Führung (*Hollander* 1958, 1964, 1978; →*Führungstheorien – Idiosynkrasiekreditmodelle*) ist ein Beispiel für diese Konzeption. Der zweite Ansatz wird durch die von *Graen* et al. (*Dansereau* et al. 1975; *Graen* 1976; *Graen/Uhl-Bien* 1993) formulierte „Team-Leadership-Making-Theory" vertreten (→*Führungstheorien, von Dyaden zu Teams*), die Führungsaustausch auf der Ebene der *Dyade* und des *Teams* betrachtet.

a) Transaktionales Führungsmodell

Hollander bezieht sich stark auf *Gruppenprozesse* und die soziale Austauschtheorie (*Blau* 1964; *Homans* 1958), um zu zeigen, daß Führer und Gruppenmitglieder aktive Teilnehmer an gegenseitigen Beeinflussungsprozessen sind. Dieser Ansatz betont die dynamische Natur von Führer-Mitarbeiter-Transaktionen, die zwischenmenschliche Wahrnehmungen und gegenseitige Erwartungen in bezug auf die Austauschprozesse zwischen Führern und Gruppenmitgliedern umfassen (*Hollander* 1980). Innerhalb des transaktionalen Modells werden Austauschbeziehungen zwischen Führern und Gruppenmitgliedern durch die Bedürfnisse der Gruppe in bezug auf ihre Aufgabenerfüllung bestimmt. Wenn Gruppenbedürfnisse sich verändern oder die Aufgabe erfüllt worden ist, oder der Führer seinen Kredit erschöpft hat, wird sich die Austauschbeziehung wahrscheinlich auflösen.

Transaktionale Führung wurde oft im Gegensatz zu transformationaler Führung (→*Transaktionale und transformationale Führung*) gesehen. Das erstere Konzept bezieht sich in der Erklärung von Austauschprozessen zwischen Führern und ihren Mitarbeitern nur auf die Eigeninteressen der Personen. Im Modell der transformationalen Führung wird dagegen von einer Ebene höheren Austauschs oder motivationaler Anregung, die vom Führer zu seinen Untergebenen verläuft, gesprochen (z. B. *Burns* 1978). Der wichtigste Unterschied zwischen den beiden Konzepten liegt darin, daß transaktionale Austauschprozesse echte Austauschprozesse sind, wohingegen transformationale Führung primär durch einen unidirektionalen Einfluß vom

Führer zu seinen Untergebenen definiert wird. Es macht nur einen geringen Unterschied, daß es sich um Anregungen oder Inspirationen des Führers handelt, die auf die höheren Bedürfnisebenen des Geführten einwirken, das Konzept der transformationalen Führung beschreibt keinen echten Austausch.

b) Theorie der Führungsdyaden (LMX-Modell)

Obwohl *Graens* Arbeiten auch durch Überlegungen zu Gruppenprozessen und die Literatur über soziale Wechselbeziehung beeinflußt sind, konzentrieren sie sich auf dyadische Beziehungen zwischen Führern und Mitarbeitern. Dieser Betrachtungsweise zufolge ist die Natur des Verhältnisses zwischen Vorgesetzten und ihren Mitarbeitern durch ihre anfänglichen Interaktionen bestimmt, und es wird erwartet, daß sie hinsichtlich der Mitarbeiter variiert. Während einer Verhandlungsphase, die *Graen* durch Anwendung eines Erwartungsrahmens beschreibt (*Graen* 1969, 1976), werden potentielle Beziehungsnutzen und -kosten durch jeden Austauschpartner abgeschätzt. Als Ergebnis früherer Verhandlungen ähneln manche Führer-Mitarbeiter-Austauschbeziehungen ökonomischen Transaktionen und werden durch minimale Bindung und den Austausch direkter, universeller Mittel gekennzeichnet. Andere Wechselbeziehungen gleichen sozialen Transaktionen, in denen Führer und Mitarbeiter spezielle Ressourcen austauschen und einen höheren Grad an Vertrauen und Loyalität aufweisen. Diese letzteren Austauschbeziehungen charakterisieren „reife" Führungsbeziehungen (*Graen/Wakabayashi* im Druck) und ähneln stark dem, was *Katz/Kahn* (1966) als Führung beschreiben, nämlich der wachsenden *inkrementellen Beeinflussung*smöglichkeit durch Vorgesetzte, die über ihre formale Autorität hinausgeht.

Die Ressourcen, die innerhalb reifer Führungsbeziehungen ausgetauscht werden, ähneln den idiosynkratischen Krediten des transaktionalen Modells. Dyadische Wechselbeziehungen sind jedoch vom Führer-Gruppenaustausch in *Hollanders* Modell auf zwei wichtige Arten verschieden: (1) während sich nur der Führer idiosynkratische Kredite im Gruppenaustausch verdient, die vorrangig für das Wohl der Gruppe (entweder durch Aufgabenerledigung oder durch Erwerb zusätzlicher Mittel für die Gruppe) verwendet werden sollen, können beide dyadischen Austauschpartner idiosynkratische Kredite erwerben, die für jeden Zweck verwendet werden können; (2) während die Führer-Gruppe-Wechselbeziehung vorübergehend und kurzlebig sein kann, sind dyadische Wechselbeziehungen stabil und langfristig.

4. Forschungen zu Führung als Austausch

Seit der Zusammenfassung der Führungsforschung durch *Hollander/Julian* (1969) haben viele „Austausch"-Studien den Schwerpunkt ihrer Betrachtung von Vorgesetzten auf die Mitarbeiter verlegt. Die Einflußrichtung wird allerdings nach wie vor unidirektional gesehen. Die Wirkung, die das Verhalten von Mitarbeitern auf nachfolgendes Verhalten des Führers hat, wird untersucht, aber der Prozeß ihrer gegenseitigen Einflußnahme nicht.

Eine Literatursuche mittels Computer ergab, daß seit der letzten Fassung dieses Artikels (1987) eine beeindruckende Anzahl von Studien im Bereich des sozialen Austauschs bzw. thematisch verwandten Bereichen verfaßt wurde. Als der Fokus der Suche auf jene austauschtheoriebezogenen Studien, die sich mit Führer-Mitarbeiter-Wechselbeziehungen befassen, eingeengt wurde, blieben nur noch die Studien um *Graen* (→*Führungstheorien, von Dyaden zu Teams* [LMX-Modell]); *Graen/Uhl-Bien* 1993) und *Lord* (*Lord/Maher* 1991) übrig. Wenngleich *Lord* (*Lord/Maher* 1991) soziale Austauschprozesse bzw. das Phänomen wechselseitiger Einflußnahme bestätigt, reflektiert sein Vorstoß die kognitiven (besonders die wahrnehmungsbezogenen) Prozesse, die zur Entwicklung von Führer-Mitarbeiter-Beziehungen beitragen. Aus diesem Grund wird sich die Diskussion in den folgenden Abschnitten auf die Team-Leadership-Making-Theory beziehen und nicht auf *Lords* kognitives Modell von Führung und Informationsverarbeitung.

a) Forschungsmethodik

Forschung über sozialen Austausch fällt im allgemeinen in eine von zwei methodischen Kategorien: Spiel- oder Verhandlungssituationen und Beobachtung. Spieltheoretische Konzeptionen sind umfassend angewandt worden, um verschiedene soziale Situationen zu simulieren, die zwei oder mehrere Personen einschließen, deren Verhaltensweisen miteinander verbunden sind (*Zagare* 1984). Spiele mit gemischten Motiven, wie das *Gefangenendilemma* wurden eingesetzt, um die Wirkung von Attituden, Persönlichkeitseigenschaften, Machtunterschieden sowie kooperativen und kompetitiven Motiven zu erforschen (*Deutsch/Krauss* 1960; *Gergen* 1969; *Harris* 1971; *Thibaut/Kelley* 1959). Spiel- oder Verhandlungstheorien werden weiterhin in der Erforschung sozialer Wechselbeziehungen verwendet, dabei kommen mittlerweile die neuen Computertechnologien (z. B. Computersimulation) zum Einsatz. Gestützt hat man sich auf Selbstbeobachtungen (Tagebuchmethode) und die Beobachtungen anderer, um Verhaltensmuster oder -stile, Machtverhältnisse und Rollendifferenzierung von Personen, die innerhalb von Dyaden oder größeren Gruppen in Austauschbeziehungen (*Bales* 1950, 1958; *Huston* 1983; *Gottman* et al. 1977; *Komacki* et al. 1986) stehen, zu kennzeichnen. Die Stärke der spieltheoretischen Ansätze liegt in ihrer Fähigkeit, die jeweiligen Reaktionen eines Interagierenden auf das Verhalten des oder der anderen zu isolieren und sorgfältig nachzuweisen. Ihre Schwäche liegt in der übermäßig vereinfachten Simulation des Kontextes des Verhaltensaustausches. Die Verwendung von Personalcomputern und asynchroner Kommunikation als Bestandteil der alltäglichen Aktivitäten in Organisationen und die wachsende Differenziertheit von Computersimulationen (z. B. interaktive Videospiele) beginne die Vereinfachung des Kontexts als Begrenzungsfaktor der spieltheoretischen Erforschung sozialer Austauschbeziehungen zu beseitigen. Ein Teil der Austauschforschung im Bereich Führung ähnelt spieltheoretischen Ansätzen. Die Simulationen, die in der Führungsforschung eingeführt wurden, erreichen jedoch nicht annähernd den Stand der Perfektion einiger der Spielsimulationen (z. B. Genfer Konferenzspiel von 1954; *Zagare* 1984). Sie ähneln eher Rollenspielen in ad hoc entwickelten Situationen.

b) Unidirektionaler Einfluß

Die Methoden der Austauschforschung im Bereich Führung sind charakterisiert durch den überwältigenden Gebrauch von Laboruntersuchungen zum Nachweis von Austauschverhältnissen. In der Forschung über Führungsaustausch bilden männliche Studenten die überwiegende Anzahl der Versuchspersonen (*Goodstadt/Kipnis* 1970; *Green/Nebeker* 1977; *Kavanaugh* 1972; *Rosen/Jerdee* 1977) und treten oft mit Mitarbeitern nur in fiktive Wechselbeziehungen. Wenn Mitarbeiter nicht nur durch ihre Arbeitsleistung repräsentiert werden (*Goodstadt/Kipnis* 1970; *Rosen/Jerdee* 1977), können sie nur über Video- und Audiobänder in künstlich gestalteten Situationen gesehen und gehört werden (*Green/Nebeker* 1977; *Kavanaugh* 1977). Einige Felduntersuchungen haben sich ebenfalls auf Beschreibungen von Mitarbeitern gestützt (*Mitchell/Wood* 1980) oder auf Annahmen des Führers hinsichtlich erwarteter Reaktionen von Mitarbeitern (*Pfeffer/Salancik* 1975) eher als auf die Mitarbeiter selbst.

In den meisten Beispielen entsteht nie Interaktion zwischen den designierten oder tatsächlichen Vorgesetzten und Mitarbeitern. Es ist daher nicht überraschend, daß wenige neue Informationen über Führer-Mitarbeiter-Austauschbeziehungen durch diese Untersuchungen gewonnen werden konnten. Insgesamt haben die Laboruntersuchungen gezeigt, daß Kompetenz und gute Leistung von Mitarbeitern sehr wahrscheinlich zu Unterstützung, Beachtung und Verstärkung durch ihre Vorgesetzten führen (*Crowe* et al. 1972; *Farris/Lim* 1968; *Hinton/Barrow* 1975; *Lowin/Craig* 1968). Diese Entdeckungen unterscheiden sich kaum von den Prognosen, die durch andere Führungstheorien gemacht werden. Wichtiger ist allerdings, daß diese nichts über das Austauschverhältnis zwischen Führern und Mitarbeitern aussagen.

In diesen Untersuchungen fehlt die spezifische Eigenart von Ressourcen und Belohnungen, die den sozialen Austausch von anderen Beziehungen unterscheidet. Untergeordnete Dienste (z. B. Ausführungsleistung) werden eingetauscht gegen Beachtung, Bewertung und Belohnungen. Da die meisten dieser Studien sich auf eine einzige Wechselbeziehung zwischen Führern und ihren Mitarbeitern beziehen, gibt es wenig Information über die Arten von Austauschbeziehungen, die sich über einen längeren Zeitraum zwischen den Austauschpartnern als Resultat ihres anfänglichen Austauschverhaltens entwickeln. Die Verwendung von fiktiven „Papier"-Mitarbeitern als Anreiz für Führungsverhalten entfernt die untersuchten Führer-Mitarbeiter-Verhältnisse noch mehr von realen sozialen Austauschverhältnissen. In diesen Situationen haben die Austauschpartner weder Vergangenheit noch Zukunft, die ihr gegenwärtiges Verhalten beeinflussen können.

c) Gegenseitiger Einfluß

Verschiedene Untersuchungen haben versucht, den gegenseitigen Einfluß von Führern und Mitarbeitern zu untersuchen (*Organ* 1974; *Sims/Manz* 1984). Nur wenige scheinen die Aspeke des Austauschprozesses, der bei diesen Verhältnissen auftritt, tatsächlich erfaßt zu haben. Obwohl ein großer Teil dieser letztgenannten Gruppe von Studien nicht unter Laborbedingungen durchgeführt worden sind, ist diese Hinwendung zur Feldforschung allein noch nicht wirksam genug, um erfolgreiche von nicht erfolgreichen Untersuchungen von *Führungsaustausch* zu unterscheiden. Im wesentlichen kommt es auf die multiple Einschätzung und die Beachtung der Beziehungsvariablen an, welche die bedeutsamen von den trivialen Ergebnissen trennen.

Jene Untersuchungen, die zum Verständnis der Führungsaustauschprozesse beitragen, haben dies durch eine Konzentration auf die Natur der Beziehungen selbst und auf Vorstellungen der Austauschpartner von den Absichten der anderen innerhalb von Austauschepisoden erreicht. Die Arbeiten *Graens* und seiner Kollegen (*Dansereau* et al. 1975; *Graen/Cashman* 1975; *Liden/Graen* 1980; *Graen* et al. 1982; *Graen/Scandura* 1987; *Graen* et al. 1990) haben differenzierte und stabile dyadische Strukturen nachgewiesen, die zwischen den Führern und ihren Mitarbeitern entwickelt und aufrechterhalten werden. Die Qualität dieser

Strukturen variiert zwischen sehr reifen Austauschbeziehungen, in denen Führer und Mitarbeiter gegenseitige Einflußmöglichkeiten, Vertrauen, Respekt und Sympathie erfahren, und einem sehr niedrigen Niveau des Austauschs, welches durch abwärts gerichteten unidirektionalen Einfluß, formale vertraglich fixierte Austauschbedingungen und Beziehungen, die an Rollendefinitionen (→*Führungstheorien – Rollentheorie*) orientiert sind, charakterisiert ist (*Graen/Scandura* 1985). Die Bedeutung dieser differenzierten dyadischen Strukturen liegt jedoch in der Natur der Ressourcen, die von den Dyadenmitgliedern ausgetauscht werden. Hohe Leistung, Verpflichtung, Engagement und Loyalität seitens des Mitarbeiters werden eingetauscht gegen Achtung, Information, Unterstützung, größeren Arbeitsumfang, höhere Verantwortung und Abwechslung in der Aufgabenzuteilung durch den Vorgesetzten.

Obwohl *Graen* und seine Kollegen begonnen haben, einige der Prozesse aufzudecken, die in den Führer-Mitarbeiter-Austauschbeziehungen auftreten, liegt der Schwerpunkt immer noch vorrangig auf der Führerseite des Austauschverhältnisses. Obwohl die Eigenschaften des Mitarbeiters als integraler Bestandteil des Führungsprozesses betrachtet werden, ist nicht klar wieviel tatsächlichen Einfluß ein Mitarbeiter in einer reifen Führungsbeziehung auf den Austausch hat. Gibt es unterschiedliche Wirkungen auf den Austauschverlauf, falls Verhaltensänderungen eher vom Führer als vom Mitarbeiter kommen, oder sind diese Effekte in reifen Austauschbeziehungen ausgeglichener als in unreifen?

Einige dieser Fragen wurden in Längsschnittstudien der Führer-Mitarbeiter-Austauschbeziehungen über mehrere Jahre betrachtet (*Graen/Wakabayashi* im Druck; *Wakabayashi* et al. 1988). Diese Studien repräsentieren „Schnappschüsse", die den Status einer lebendigen Beziehung zu verschiedenen Zeitpunkten einfrieren. Was zwischen den ausgewählten Zeitpunkten dieser Schnappschüsse geschieht, kann nur gemutmaßt oder abgeleitet werden, beobachtet wird es nicht. Einige dieser Fragen sind in der Forschung unter Einsatz simulierter Austauschbeziehungen zwischen Führern und Mitarbeitern gestellt worden (*Zahn/Wolf* 1981). Unter Anwendung eines Markow-Modellschemas untersuchten *Zahn/Wolf* (1981) verschiedene zyklische Muster von Führer-Mitarbeiter-Reaktionen über eine längere Zeit, indem sie frühere Wahrscheinlichkeiten, individuelle Erwartungen und organisationale Normen manipulierten und ihre Wirkung sowohl auf das Folgeverhalten der Vorgesetzten als auch ihrer Untergebenen feststellten. Ihre Untersuchungen ergaben, daß Beziehungsverhalten nicht statisch ist, sondern verschiedene Zyklen oder Verhaltensmuster durchwandert. Wichtiger ist noch, daß ihre Untersuchung zeigt, daß entweder der Führer *oder* der Mitarbeiter das Verhältnis zu einem anderen Verhaltensmuster hinsteuern kann. Diese Ergebnisse legen nahe, daß Führer-Mitarbeiter-Beziehungen sehr dynamisch und empfänglich für substantiellen Wechsel von der Seite eines jeden Austauschpartners sind.

5. Arbeitsgruppe kontra Dyade

Die meisten Führungsansätze gehen davon aus, daß das Verhalten des Vorgesetzten jenes seiner Mitabeiter dominiert. Mit Ausnahme von *Graens* Arbeit implizieren Austauschperspektiven ähnliche Annahmen. Das Konzept unterschiedlichen Austauschs mit Mitarbeitern führt zu der Frage, ob Führer eher einen generellen Führungsstil an den Tag legen oder ob sie jeden Mitarbeiter differenziert behandeln. *Vecchio/Gobdel* (1984) vertreten die Ansicht, daß generelle Führungsstile und differenzierte zwischenmenschliche (dyadische) Beziehungsverhältnisse zusammengenommen den wahrscheinlichsten Zustand von Führer-Mitarbeiter-Beziehungen beschreiben. Wir neigen dazu, dieser Ansicht zuzustimmen. Führer reagieren weder immer auf dieselbe Weise auf ihre Mitarbeiter, noch reagieren sie in einer einmaligen und individualisierten Art auf jeden einzelnen ihrer Mitarbeiter. Sehr wahrscheinlich ist das Verhalten von Führern eine Kombination von beidem, ihrem eigenen persönlichen Reaktionsstil (genereller Stil) und ihrem individuellen Verhältnis zu jedem Mitarbeiter (dyadischen Stil).

Unsere Synthese dieser zwei divergierenden Perspektiven von *Führerverhalten* läßt annehmen, daß jeder theoretische Ansatz deskriptiv für tatsächliches Führerverhalten zu verschiedenen Zeiten und bei verschiedenen Aufgabenstellungen ist. Unter Verwendung von *Zahn/Wolfs* (1981) Konzeption, läßt sich das Führer-Mitarbeiter-Verhältnis als ein sich durch verschiedene *Verhaltenszyklen* hindurch entwickeltes Beziehungssystem beschreiben. Einige der Zyklen werden aus generellen Aufgaben- oder Situationsbedingungen bestehen, die allen Wechselbeziehungen zwischen einem bestimmten Führer und seinen Mitarbeitern gemein sind. Diese Bedingungen sind auf der Aufgaben- oder Situationsebene interpretierbar und können wahrscheinlich auf Routineverhalten oder -entscheidungen bezogen werden, die auf organisationale Standardprozesse abgestimmt sind (strukturierte Aufgaben). Beispiele für diese Routinebedingungen, die generelle Führungsstile ans Licht bringen, sind die Weitergabe von Information in einer wöchentlichen Abteilungsbesprechung oder das Ersuchen um einfache, routinemäßige Information über die Produktionsleistung. Differenzierte Beziehungen werden in Krisensituationen oder während anderer dringender organisatorischer Notwendigkeiten (z. B. Probleme mit der Massenproduktion; Zugang zu organisationalen Ressourcen; Naturkatastrophen; Betriebszusammenlegungen; Preiskämpfe unter Konkurrenten) ausgelöst, wenn die Beziehungspartner die Notwendigkeit für eigenständiges Verhalten wahrnehmen, um die Krisensituation zu bewältigen (unstrukturierte Aufgaben). Wie ein Krisenteam, das seine Reaktionen an die Krisensituation anpaßt, haben die Partner in reifen Führer-Mitarbeiter-Beziehungen ein Muster erwarteter Verhaltensweisen (Unterstützung, Verpflichtung Zeit und Energie zu investieren, Loyalität) entwickelt, auf das jeder vertrauen kann. Eine ähnliche Betrachtungsweise der Reaktionen zwischen Führern und ihren Mitarbeitern wurde von *Lord* (*Lord/Maher* 1991) vorgeschlagen und wird von der Literatur über soziale Informationsprozesse (z. B. *Lord/Kernan* 1987; *Zalesny/Ford* 1990) unterstützt.

Bei Fehlen einer reifen Beziehung zwischen Führern und Mitarbeitern kommt der *generelle Führungsstil* bzw. der Einsatz von Standardprozessen zum Tragen. Im Kontext der Theorie der Führungsdyaden sind die Verhaltensunterschiede zwischen reifen und weniger reifen Führungsbeziehungen in Zeiten organisationaler Turbulenzen am größten, da hier die Notwendigkeit von individuellen Verhaltensstilen gegenüber den Mitarbeitern gegeben ist (z. B. Zusammenarbeit bei unstrukturierten Aufgaben). Diese Unterschiede ruhen, bis sie gebraucht werden. Denn bei strukturierten Aufgaben wäre dieses Potential individueller Zusammenarbeit sichtlich vergeudet. Weniger reife, vertragskonforme Austauschbeziehungen können im Gegensatz zu reifen Austauschbeziehungen durch generelle Führungsstile charakterisiert werden.

	Austausch	
Aufgabe	Ökonomisch	Sozial
unstrukturiert	stabil ←	unstabil
strukturiert	unstabil	→ stabil

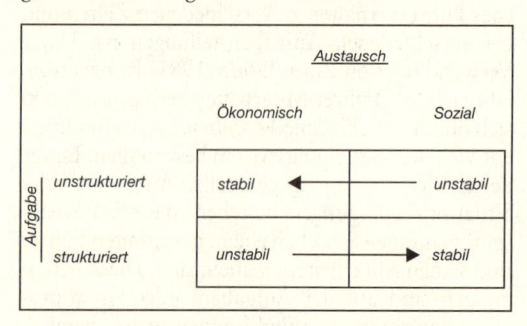

Abb. 1: Beziehungen zwischen Führer-Mitarbeiter-Austausch und Aufgabensituation

Die Beziehungen zwischen Führer-Mitarbeiter-Austausch und der Aufgabensituation sind in Abb. 1 dargestellt. Ökonomischer Austausch ist in strukturierten Aufgabensituationen am geeignetsten, und sozialer Austausch ist in unstrukturierten Aufgabensituationen erforderlich. Von den Situationen, die durch die diagonal angeordneten „unstabilen" Zellen gekennzeichnet sind, wird erwartet, daß sie im Zeitablauf zu den stabilen Zellen wechseln, wenn sich die Führer-Mitarbeiter-Beziehung entwickelt. *Graens* Arbeiten über Führer-Mitarbeiter-Beziehungen verfolgen die Langzeiteffekte der Austauschbeziehungen auf das Verhalten und die Leistungserfüllung beider Austauschpartner. Die Erweiterung der Theorie der Führungsdyaden in Richtung interkultureller Faktoren verspricht jene kritischen arbeits- bzw. personenbezogenen Charakteristika der Austauschpartner aufzuzeigen, die Einfluß auf die Reife ihrer Beziehung haben.

II. Revidierte Austauschtheorie: Verschiedene Standorte und Standpunkte

1. Interkulturelle Fragestellungen

Joint Ventures, ausländische Eigentümer, Migrationsbewegungen und veränderte demografische Zusammensetzung der Arbeitnehmer bringen eine globale Diversifikation in den Bereich der Arbeitsplätze (→*Interkulturelle Unterschiede im Führungsverhalten*). Mit dieser Diversifikation verändern sich auch die akzeptierten Funktionsnormen im Bereich der Führer-Mitarbeiter-Austauschbeziehungen. Wie *Graen* und *Wakabayashi* (im Druck) vorschlagen, zeigen Joint Ventures bzw. fusionierte Unternehmen (→*Unternehmenskooperation und Führung*), die durch den Zusammenschluß von zwei unterschiedlichen Kulturen entstehen, oft hybride Kulturformen, die Eigenschaften der beiden Ausgangskulturen widerspiegeln, aber noch öfter gänzlich neue Eigenschaften entwickeln, die durch die Anpassungsbemühungen an die neue Situation entstehen.

Folgende Bereiche der Führungsentwicklung stellen eine große Herausforderung in interkulturellen (→*Kulturabhängigkeit der Führung;*) Austauschbeziehungen dar: (1) Das Ausmaß, in dem jeder Austauschpartner seine nationale Kultur einbringt, (2) Sprachunterschiede, die Kommunikation und Verstehen erschweren, (3) unterschiedliche Wertsysteme (→*Werthaltungen und Führung*) der Manager und (4) die Natur der Rahmenbedingungen des ökonomischen und sozialen Austauschs. Während die generellen Unterscheidungen zwischen ökonomischem und sozialem Austausch selbst bei unterschiedlichen Kulturen eher gleich bleiben, ändern sich in den meisten Fällen die speziellen Besonderheiten, die ökonomischen oder sozialen Austausch ausmachen. Darüber hinaus entstehen durch die potentielle Menge kultureller, ethischer und religiöser Traditionen zusätzliche Hindernisse bei der Entwicklung effektiver und reifer Führungsbeziehungen. Notwendigerweise müssen kulturelles Verständnis und Akzeptanz einem sinnvollen sozialen Austauschprozeß vorangehen, um Stereotypen, Fehler, Ignoranz und Mißverständnisse zu überwinden.

2. Qualitätsverbesserung, organisationales „Re-engineering" und Teams

Das offensichtlichste Resultat des *Globalisierungstrends* in der Wirtschaft ist für die nationalen Unternehmen der intensive Konkurrenzkampf um Marktanteile. Das Überleben von Organisationen hängt vom Preis, von der Konjunktur und von der Produktqualität ab. In ihrem Bemühen um kompetitiven Vorteil haben Organisationen die Nützlichkeit von Konzepten wie Qualitätskontrolle und organisationales Re-engineering entdeckt bzw. wiederentdeckt, die die Gestalt und die Funktionen von Organisationen zu verändern beginnen. Unter den vielen Versionen des Begriffes „Qualität" sind die zwei einflußreichsten das Japanische *Qualitätsmanagement* (*Ouchi* 1981) und der *Total Quality Management* Ansatz von W. *Edwards Deming* und seinen Anhängern (*Walton* 1990). Die meisten Formen von Qualitätsverbesserung und organisationalem Re-engineering fokusieren Teams als wichtigste Arbeitseinheit in Organisationen. Während einige Kulturen (z. B. Japan) den Team-Ansatz im organisationalen Ablauf institutionalisiert haben, versuchen andere Kulturen (z. B. USA), Wege einer Integration der Teamkonzepte in eine vom Individualismus dominierte Kultur zu entdecken. Führungsaustausch und Führungsentwicklung können in einer teamfocusierten Umgebung komplexere Probleme stellen als in einer individualistischen, dennoch reflektieren sie die gleichen Prozesse wie auf der Ebene der Dyade. Die Anzahl der Dyaden und der Einflußmöglichkeiten wird vergrößert und die legitimierte Autorität, die einem Mitglied verbleibt, wird unter allen Teammitgliedern aufgeteilt. Der Austausch, der zwischen den Teammitgliedern geschieht, bleibt aber dennoch ökonomisch oder sozial. Während ein vereinzelter Führer die alleinige Kontrolle über Belohnungen, die im Austauschprozeß investiert werden können, hat, können die Belohnungen nun in einem demokratischen Prozeß durch mehrere Teammitglieder beeinflußt werden, von denen keiner eine formale Managementposition einnimmt. Zusätzlich zu den Ressourcen, die ein Team durch seinen formalen Führer zur Verfügung hat, bringen die Teammitglieder ihre innerhalb und außerhalb der Organisation bestehenden Ressourcennetzwerke bei der Lösung von Teamaufgaben und -problemen ein.

So wesentlich es ist, die aktuellen Austauschprozesse in einem Team auf der Ebene der Führer-Mitarbeiter-Dyade zu sehen, um die Entwicklung des Austauschprozesses zu verstehen, ist es auch kritisch, dem Interaktionsfluß zwischen allen Teammitgliedern nachzuspüren, um die Entwicklung und den Ablauf der aktuellen Austauschprozesse zu begreifen. Obwohl dies die Aufgabe des Forschers beträchtlich kompliziert, gibt es einige Austauschmuster, deren Entstehen mehr oder weniger wahrscheinlich ist.

Eine spezielle Situation ergibt sich im Zusammenhang mit organisationalem *Re-engineering*, d. h. Reduzierungen in Richtung einer schlankeren und flacheren Organisation. Oft bedeutet dies mehr zu leisten mit gleichen oder verringertem Aufwand, was oft eine Reduktion der Arbeitskräfte durch Nichtersetzen der ausgeschiedenen Mitarbeiter oder durch Streichen von Positionen (z. B. Entlassungen, Fabrikschließungen) zur Folge hat. Diese wahrgenommene Bedrohung der Arbeitsplatzsicherheit stellt eine zusätzliche Last für die Entwicklung von gegenseitigem Vertrauen, Respekt und die Internalisierung gemeinsamer Ziele dar, die für eine effektive Austauschbeziehung zwischen Führern und ihren Mitarbeitern notwendig ist (*Duchon* et al. 1986; *Hoskins/Morley* 1988). Wie die Teamforschung entdeckt hat, benötigt die Koordination zwischen Teammitgliedern zur effektiven Leistungserstellung die Sozialisation der Mitglieder, Training, positive Verstärkung und Übung der neuen Verhaltensweisen (*Dyer* 1984; *Swezey/Salas* 1992; *Zalesny* et al. im Druck). Es ist interessant zu bemerken, daß während einerseits die Bedeutung von Teamwork für organisationales Funktionieren akzeptiert und befürwortet wird, andererseits – abgesehen von wenigen Ausnahmen – die Rolle von emergenter Führung und Führungsaustausch in Teams generell unbeachtet bleibt. Es sieht so aus, als ob Forscher bei ihrem Versuch Teams als schnelle Lösung des Konkurrenzproblems zu erfassen, nachlässigerweise die Beiträge zur Führungsentwicklung zwischen Teammitgliedern als kritische Teamaktivität vernachlässigen. Der wechselseitige Einfluß, das über Verträge hinausgehende Verhalten, gegenseitiges Vertrauen, Respekt und die Internalisierung von gemeinsamen Zielen, die in reifen Führungsaustauschbeziehungen zwischen den Führern und ihren Mitarbeitern entwickelt werden, ist ebenso wichtig zumindest zwischen den Kernmitgliedern eines Teams.

Literatur

Bales, R. F.: Interaction Process Analysis. Mass. 1950.
Bales, R. F.: Task Roles and Social Roles in Problem-Solving Groups. In: *Maccoby, E. E./Newcomb, T. M./Hartley, E. L.* (Hrsg.): Readings in Social Psychology. New York 1958.
Bandura, A.: Temporal Dynamics and Decomposition of Reciprocal Determinism: A Reply to Phillips and Orton. In: Psych. Bull., 1983, 166–170.
Bennis, W. G.: Changing Organizations. New York 1966.
Blau, P. M.: Exchange and Power in Social Life. New York 1964.
Burns, J. M.: Leadership. New York 1978.

Campbell, J. P./Dunnette, M. D./Lawler, E. E. III.: Managerial Behavior, Performance, and Effectiveness. New York 1970.

Crowe, B. J./Bochner, S./Clark, A. W.: The Effects of Subordinate's Behavior on Managerial Style. In: Human Relations, 1972, S. 215–237.

Dansereau, F./Graen, G./Haga, W. J.: A Vertical Dyad Linkage Approach to Leadership in Formal Organizations. In: Organizational Behavior and Human Performance, 1975, S. 46–78.

Deutsch, M./Krauss, R. M.: The Effect of Threat Upon Interpersonal Bargaining. In: Journal of Applied Psychology, 1960, S. 168–175.

Duchon, D./Green, S./Taber, T.: Vertical Dyad Linkage: A Longitudinal Assessment of Antecedents, Measures and Consequences. In: Journal of Applied Psychology, 1986, S. 56–60.

Dyer, J. L.: Team Research and Team Training: A State-of-the-Art Review. In: Muckler, F. A. (Hrsg.): Human Factors Review, Santa Monica 1984.

Farris, G. F./Lim, F. G.: Effects of Performance on Leadership Cohesiveness, Influence, Satisfaction and Subsequent Performance. In: Journal of Applied Psychology, 1968, S. 490–497.

Foa, E. B./Foa, U. G.: Resource Theory: Interpersonal Behavior as Exchange. In: Gergen, K. J./Greenberg, M. S./Willis, R. H. (Hrsg.): Social Exchange: Advances in Theory and Research. New York 1980.

Gergen, K. J.: The Psychology of Behavior Exchange. Reading 1969.

Goodstadt, B./Kipnis, D.: Situational Influences on the Use of Power. In: Journal of Applied Psychology, 1970, S. 201–207.

Gottman, J. M./Markham, H./Notarius, C.: The Topology of Marital Conflict. A Sequential Analysis of Verbal and Nonverbal Behavior. In: Journal of Marriage and the Family, 1977 S. 461–477.

Graen, G.: Instrumentality Theory of Work Motivation: Some Experimental Results and Suggested Modifications. In: Journal of Applied Psychology, 1969 S. 1–25.

Graen, G. B.: Role Making Processes Within Complex Organizations. In: Dunnette, M. D. (Hrsg.): Handbook of Industrial and Organizational Psychology. Chicago 1976.

Graen, G./Cashman, J. F.: A Role Making Model of Leadership in Formal Organizations: A Developmental Approach. In: Hunt, J. G./Larson, L. L. (Hrsg.): Leadership Frontiers. Kent 1975.

Graen, G. B./Novak, M./Sommerkamp, P.: The Effects of Leader-Member Exchange and Job Design on Productivity and Satisfaction: Testing a Dual Attachment Model. In: Orqanizational Behavior and Human Performance, 1982, S. 109–131.

Graen, G. B./Orris, J. B./Johnson, T.W.: Role Assimilation in a Complex Organization. In: Journal of Vocational Behavior, 1973, S. 395–420.

Graen, G. B./Scandura, T. A.: Toward a Psychology of Dyadic Organizing. In: Staw, B./Cummings, L. L. (Hrsg.): Research on Organizational Behavior. 1985.

Graen, G. B./Wakabayashi, M./Graen, M. R. et al.: International Generalizability of American Hypotheses About Japanese Management Progress: A Strong Inference Investigation. In: The Leadership Quarterly, 1990, S. 1–11.

Graen, G. B./Wakabayashi, M.: Cross-Cultural Leadership-Making: Bridging American and Japanese Diversity for Team Advantage. In: Dunnette, M. D./Triandis, H. (Hrsg.): Handbook of Industrial and Organizational Psychology, im Druck.

Green, S. G./Nebeker, D. M.: The Effects of Situational Factors and Leadership Style on Leader Behavior. In: Organizational Behavior and Human Performance, 1977, S. 368–377.

Greene, C. N.: The Reciprocal Nature of Influence Between Leaders and Subordinates. In: Journal of Applied psychology, 1975, S. 187–193.

Harris, R. J.: Experimental Games as Tools for Personality Research. In: McReynolds, P (Hrsg.): Advances in Psychological Assessment. Palo Alto, 1971.

Hinton, B. L./Barrow, J. C.: The Supervisor's Reinforcing Behavior as a Function of Reinforcements Received. In: Organizational Behavior and Human Performance, 1975, S. 123–143.

Hollander, E. P.: Conformity, Status and Idiosyncracy Credit. In: Psychological Review, 1958, S. 117–127.

Hollander, E. P.: Leaders, Groups, and Influence. New York 1964.

Hollander, E. P.: Leadership Dynamics: A Practical Guide to Effective Relationships. New York 1978.

Hollander, E. P.: Leadership and Social Exchange Processes. In: Gergen, K. J./Greenberg, M. S./Willis, H. R. (Hrsg.): Social Exchange: Advances in Theory and Research. New York 1980.

Hollander, E. P./Julian, J. W.: Contemporary Trends in the Analysis of Leadership Processes. In: Psychological Bulletin, 1969, S. 387–397.

Herold, D. M.: Two-Way Influence Processes in Leader-Follower Dyads. In: Academy of Management Journal, 1977, S. 224–237.

Homans, G. C.: Social Behavior As Exchange. In: American Journal of Sociology, 1958, S. 597–606.

Homans, G. C.: Social Behavior: Its Elementary Forms. New York 1974.

Hosking, D. M./Morley, I.: The Skills of Leadership. In: Hunt, J. G./Baliga, B. R./Dachler, H. P. et al. (Hrsg.): Emerging Leadership Vistas. Boston 1988.

Huston, T. L.: Power. In: Kelley, H. H. (Hrsg.): Close Relationships. New York 1983.

Jacobs, T. O.: Leadership and Exchange in Formal Organizations. Alexandria 1971.

Jones, E. E.: Interpersonal Perception. New York 1990.

Katz, D./Kahn, R. L.: The Social Psychology of Organizations. New York 1966.

Kavanaugh, M. J.: Leadership Behavior as a Function of Subordinate Competence and Task Complexity. In: Administrative Science Quarterly, 1972, S. 591–600.

Komaki, J. L./Zlotnick, S./Jensen, M.: Development of an Operant Based Taxonomy and Observational Index of Supervisory Behavior. In: Journal of Applied Psychology, 1986, S. 260–269.

Levinger, G./Huesmann, L. R.: An Incremental Exchange Perspective on the Pair Relationship. In: Gergen, K. J./Greenberg, M. S./Willis, R. H. (Hrsg.): Social Exchange: Advances in Theory and Research. New York 1980.

Liden, R./Graen, G. B.: Generalizability of the Vertical Dyad Linkage Model of Leadership. In: Academy of Management Journal, 1980, S. 451–465.

Lord, R. G./Kernan, M.: Scripts as Determinants of Purposeful Behavior in Organizations. In: Academy of Management Review, 1987, S. 265–277.

Lord, R. G./Maher, K. J.: Leadership and Information Processing. Boston 1991.

Lowin, A./Craig, J. R.: The Influence of Level of Performance on Managerial Style: An Experimental Object-Lesson in the Ambiguity of Correlational Data. In: Organizational Behavior and Human Performance, 1968, S. 440–458.

Marcus, P. M./House, J. S.: Exchange Between Supervisors and Subordinates in Large Organizations. In: Administrative Science Quarterly, 1973, S. 209–222.
Mitchell, T. R./Wood, R.: Supervisor's Responses to Subordinate Poor Performance: A Test of an Attributional Model. In: Organizational Behavior and Human Performance, 1980, S. 123–138.
Muzzio, D.: Watergate Games: Strategies, Choices, Outcomes. New York 1982.
Nadler, D. A./Hackman, J. R./Lawler, E. E., III.: Managing Organizational Behavior. Boston 1979.
Organ, D. W.: Social Exchange and Psychological Reactance in a Simulated Supervisor-Subordinate Relationship. In: Organizational Behavior and Human Performance, 1974, S. 132–142.
Orme, J. E.: Time Experience and Behavior. London 1969.
Ouchi, W.G.: Theory Z: How American Business Can Meet the Japanese Challenge. Reading 1981.
Pfeffer, J./Salancik, G. R.: Determinants of Supervisory Behavior: A Role Set Analysis. In: Human Relations, 1975, S. 139–154.
Pruitt, D. G.: Reciprocity and Credit Building in a Laboratory Dyad. In: Journal of Personality and Social Psychology, 1968, S. 143–147.
Rosen, B./Jerdee, T. H.: Influence of Subordinate Characteristics on Trust and Use of Participative Decision Strategies in a Management Simulation. In: Journal of Applied Psychology, 1977, S. 628–631.
Sims, H. P./Manz, C. C.: Observing Leader Verbal Behavior: Toward Reciprocal Determinism in Leadership Theory. In: Journal of Applied Psychology, 1984, S. 222–232.
Swezey, R. W./Salas, E.: Teams: Their Training and Performance. Norwood 1992.
Szilagyi, A. D./Wallace, M. J.: Organizational Behavior and Performance. Santa Monica 1980.
Thibaut, J. W./Kelley, H. H.: The Social Psychology of Groups. New York 1959.
Vecchio, R. P./Gobdel, B. C.: The VDL Model of Leadership: Problems and Prospects. Organizational Behavior and Human Performance, 1984, S. 5–20.
Wakabayashi, M./Graen, G. B./Graen, M. R. et al.: Japanese Management Progress: Mobility Into Middle Management. In: Journal of Applied Psychology, 1988, S. 217–227.
Walton, M.: Deming Management at Work. New York 1990.
Zagare, F. C.: Game Theory: Concepts and Applications. No. 41. In: *Sullivan, J. L./Niemi, R. G.* (Hrsg.): Sage series: Quantitative Applications in the Social Sciences. Beverly Hills 1984.
Zahn, G. L./Wolf, G.: Leadership and the Art of Cycle Maintenance: A Simulation Model of Superior-Subordinate Interaction. In: Orqanizational Behavior and Human Performance, 1981, S. 26–49.
Zalesny, M. D./Ford, J. K.: Extending the Social Information Processing Perspective: New Links to Attitudes, Behaviors and Perceptions. In: Organizational Behavior and Human Decision Processes, 1990, S. 205–246.

Führungstheorien – Charismatische Führung

Robert House/B. Shamir

[s. a.: Transaktionale und Transformationale Führung; Führungstheorien, von Dyaden zu Teams; Motivation als Führungaufgabe.]

I. Einführung; II. Definition von Führung; III. Motivationale Analyse der Wirkungen von Führung; IV. Führungsverhalten, V. Mitarbeitermotivation; VI. Charismatische Führer begünstigende soziale Bedingungen; VII. Resumee.

I. Einführung

Seit Mitte der siebziger Jahre konzentriert sich ein Teil der Führungsforschung sowohl theoretisch als auch in empirischen Untersuchungen auf außergewöhnliche Führung(sleistungen). Verschiedene psychologisch orientierte Führungsforscher haben Theorien darüber entwickelt, wie Führungskräfte so erstaunliche Leistungen erbringen, wie z. B. die Sanierung angeschlagener Unternehmungen, den militärischen Sieg über größere und kampfstärkere Gegner, die höchst erfolgreiche Führung von Organisationen durch Krisen, den Gewinn hoher Marktanteile im scharfen Wettbewerb oder die Wiederbelebung stagnierender oder maroder Betriebe. Eindrucksvoll ist aber auch die Unterstützung dieser Theorien durch empirische Untersuchungen. Dabei beziehen wir uns auf die Theorie charismatischer Führung (*House* 1977), die charismatische Attributionstheorie (*Conger/Kanungo* 1987), die transformationalen (*Bass* 1985) und visionären Führungstheorien (*Bennis/Nanus* 1985; *Sashkin* 1988).

Wir bezeichnen diese Klasse von Theorien als den neocharismatischen Führungsansatz. Diese Bezeichnung wählen wir, da sie viel mit der Konzeptualisierung von Charisma durch M. *Weber* gemeinsam hat, insbesondere die Betonung der Erkenntnis, daß effektive Führer visionär sind, innovative Lösungen für soziale Probleme anbieten können, häufig für fortschrittliche, wenn nicht radikale Änderungen eintreten, im Vergleich zu anderen gerade in Streß- und Krisensituationen aufblühen und tatsächlich bemerkenswerten sozialen und organisationalen Wandel bewirken können. Charismatisches Verhalten (visionär, nicht konservativ, änderungsorientiert) ist in all den angesprochenen Theorien implizit oder explizit das zentrale Thema.

Wir möchten hier einen Überblick über die neueren Entwicklungen in diesem Forschungsfeld von Führungstheorien geben, die sich mit dem Verhalten außergewöhnlicher Führer beschäftigen. Das Ergebnis – eine reformulierte Führungsverhaltenstheorie – soll die bestehenden charismatischen, transformationalen und visionären Theorien (→*Transaktionale und transformationale Führung*) integrieren und Bedingungen ungewöhnlich erfolgreicher Führung darstellen und erklären. Die Basis charismatischer und daher besonders erfolgreicher Führung liegt vor allem in der Wirkung des Führungseinflusses auf weltanschauliche und nicht pragmatische Werte der Gefolgsleute, in der Weckung unbewußter Motive und in der (Be-)stärkung ihres Selbstverständnisses. Damit verpflichten Führer ihre Getreuen sich und einer gemeinsamen Vision, woraus folgt, daß Untergebene bereit sind, Eigeninteressen zurückzustellen und auch persönliche Opfer zu bringen zugunsten der gemeinsamen Vision (→*Führungstheorien, von Dyaden zu Teams*).

II. Definition von Führung

Aus analytischen Gründen und um Mißverständnisse zu vermeiden, ist es günstig, zwischen Management und Führung zu unterscheiden. Managen meint das Verhalten einer Person in einer mit formaler Autorität ausgestatteten Position, das als Resultat die Bereitschaft der Mitarbeiter hat, sich den Anforderungen ihrer Rolle oder Position zu fügen. Führen meint das Verhalten einer Person, das wichtige Werte, Motive und das Selbstverständnis anderer so beeinflußt, daß diese außerordentliche Anstrengungen jenseits der normalen Anforderungen aus ihren Rollen oder Positionen auf sich nehmen und *freiwillig* Eigennutz zurückstellen und zugunsten eines gemeinsamen Zieles ihr Äußerstes geben (opferbereit sind). Man beachte, daß, so gesehen, Führer – im Unterschied zu Managern – keine mit formaler Autorität ausgestattete Position innehaben müssen.

Führer beeinflussen durch die Kraft einzigartiger Eigenschaften und unvergleichlichen Verhaltens. Anders als Manager, die mit Lob und Tadel aufgrund formaler Autorität agieren, erreichen Führer die Internalisierung der Werte einer gemeinsamen Vision und die Identifizierung mit der Gemeinschaft durch ihre Begabung, in Beziehungen Autorität zu haben, oft natürlich unterstützt durch formale Befugnisse. Ihnen wird freiwillig gefolgt, und Menschen, die sie zu Tätigkeiten veranlassen können, sind eher Begleiter und nicht Unterstellte. Untergebene folgen Managern, solange diese über Belohnungs- oder Bestrafungsmacht verfügen. Im Gegensatz dazu tritt die Gefolgschaft eines Führers selbst in seiner Abwesenheit für die Gemeinschaft ein und hält die Werte kollektiver Wunsch- und Zielvorstellungen präsent.

Selbstverständlich fallen die Rollen des Managers und die Eignung zum Führer oft zusammen: In diesen Fällen wird es Mitarbeiter geben, die an sie gestellten Anforderungen gerade erfüllen und andere, die weit über Pflichterfüllung hinaus sich einer gemeinsamen *Vision* verpflichten.

Eine gemeinsame Vision kann vom Führer entworfen und artikuliert sein, sie kann aber auch Ergebnis gemeinsamer Bemühungen von Führer und Getreuen sein: In diesem Fall fällt dem Führer die Aufgabe zu, intellektuelle und psychologische Beiträge zur Formulierung der Vision zu fördern, zu verstärken und zu vermehren. Wie immer die Vision entsteht, führt sie zu einer Synergie zwischen den Mitgliedern der Gemeinschaft, die ein größeres gemeinsames Ergebnis ermöglicht, als aus der Summe aller Beiträge entstanden wäre. Die Gemeinschaft kann sein eine kleine informale Gruppe, eine soziale Bewegung, eine Arbeitsgruppe, eine Organisation, eine Partei, eine Stadtverwaltung usw.

III. Motivationale Analyse der Wirkungen von Führung

Shamir et al. (1993) stellen fest, daß die vorhandenen transformationalen, visionären und charismatischen Führungstheorien sich über jene motivalen Prozesse, durch die Führer die Verhaltensweisen ihrer Gefolgsleute beeinflussen, ausschweigen oder auf individualistische und hedonistische Motivationstheorien rekurrieren. Sie können daher auch nichts über uneigennütziges und gemeinschaftsorientiertes Verhalten sagen. *Shamir* et al. (1993) stellen fest, daß Phänomene wie Weltanschauung, Werte, Rollenmodellierung, Anregung und Eingebung, Symbole und Befähigung nicht im Rahmen individualistischer Motivationstheorien geklärt werden können. Sie weisen besonders darauf hin, daß keine Motivationstheorie Aussagen bereit stellt, die das Dunkel der Verbindung zwischen charismatischem, transformationalem oder visionärem Führungsverhalten mit Verzichts- und Opferbereitschaft der Mitstreiter erhellen könnte. *House/Shamir* (1993) schlagen angesichts dieses Mankos oben erwähnte drei motivationale Prozesse vor, durch die Führer Wirkungen auf den psychischen Haushalt der Geführten erzielen. Es sind dies Anerkennung wechselseitig hochgeschätzter Werte, Erweckung nicht bewußter Motive und sublime Steigerung des Selbstverständnisses der Geführten. Entsprechend aktivieren außergewöhnliche Führungspersönlichkeiten drei motivationale Prozesse (→*Motivation als Führungsaufgabe*) bei ihren Gefolgsleuten: (a) Bewußtwerdung tiefliegender weltanschaulicher Werte und die Erkenntnis, daß diese Werte mit anderen und dem Führer geteilt werden, (b) Aufspüren von dem einzelnen nicht bewußten Motiven; (c) hohe Bereitschaft für Selbstwahrnehmungs- und Selbsteinschätzungsprozesse. Diese Prozesse sind Vermittlungsvorgänge zwischen Führungsverhalten und offenkundigem Geführtenverhalten, sie treten simultan und in einander bedingender Gegenwart auf. Diese Prozesse vermitteln – hypothetisch – die Wirkung von Führungsverhalten auf affektive und kognitive Zustände der Geführten und zeitigen offenbares verbindliches Verhalten der Geführten.

1. Anerkennung reziprok geschätzter Werte

Besonders erfolgreiche Führer bringen ihre Mitstreiter dazu, auf für beide (Führer und Geführte) wichtige gemeinsame Grundwerte zu achten. Grundwerte sind machtvolle Determinanten individuellen und kollektiven Verhaltens. Geführten sind sie schon zu eigen oder bewußt oder nicht bewußt, oder sie sind neu für sie (→*Wertewandel*). *Mullin* (1992) definiert (die Verwirklichung der) Grundwerte als selbstgenügsame Zufriedenheit oder ersehnten Endzustand, als „Stern", unter dem der Einsatz instrumenteller Werte und jeweiliges Verhalten steht (*Rokeach* 1993; *Bennis/Nanus* 1985; *Weber* 1947; *Mullin* 1992).

2. Weckung wichtiger Motive

Nach *House/Shamir* (1993) wecken charismatische Führer sorgfältig jene Motive ihrer Treuen, die besonders wichtig sind für die Verwirklichung der Vision oder die Erfüllung der Berufung (*McClelland/Boyatzis* 1982).

3. Erhöhung des Selbstverständnisses der Geführten

Shamir et al. (1993) meinen, daß charismatische Führer ihre Ziele zum Teil auch durch Verstärkung des Selbstverständnisses der Geführten erreichen, indem sie besonders deren Sinn für Vertrauen in die eigene Leistungsfähigkeit, Selbstwert und Selbstbeständigkeit stärken (→*Identifikation, Identität und Führung; Jackson* 1981; *Turner* 1988; *Tiafel/ Turner* 1985).

IV. Führungsverhalten

1. Generisches Führungsverhalten

Die zentrale Aussage der Charisma-Theorie behauptet die Existenz eines Satzes spezifizierbarer Führungsverhaltensweisen, die der Führerschaft inhärent sind und sich auf Menschen, Gruppen, Organisationen oder sonstige soziale Gebilde wie Parteien oder Staaten beziehen. Es sind dies genotypische Verhaltensweisen, obgleich die phänotypischen Manifestationen von einem Führer zum anderen oder von einer Situation zur anderen variieren. So ist zum Beispiel die Kunst der Vermittlung einer Vision genotypisch bedingt, manche Führer aber werden ihre Visionen in dogmatischer, beschwörender Art vermitteln, mit viel Emotion und großer Geste, während andere, gleich erfolgreich, ihre Vision in sanfter, überlegter Art und weicher Sprache kommunizieren.

Kriterien für die Auswahl von Führungsverhaltensweisen sind danach bestimmt, ob das entsprechende Verhalten einen der drei oben erörterten zentralen motivationalen Prozesse anspricht. Von zusätzlicher Relevanz ist, daß die meisten Führerverhaltensweisen, die von der Charisma-Theorie spezifiziert sind, sich dadurch von anderen unterscheiden, als sie Geführte dazu bringen, uneigennütziges Verhalten zu zeigen und freiwillig mehr als nur die Pflicht zu erfüllen.

Im folgenden wird eine Beschreibung der generischen Verhaltensweisen von Führern vorgelegt.

(1) *Vision*. Führer entwickeln oder fördern die Entstehung und Entfaltung einer Vision, die jene Grundwerte verkörpert, die von Führern und Mitstreitern geteilt werden (*House* 1977; *Burns* 1978; *Bennis/Nanus* 1985; *Conger/Kanungo* 1987; *Sashkin* 1988). Ein unentbehrlicher Aspekt einer Vision besteht darin, daß sie ein Traum einer besseren Zukunft ist, auf die Menschen einen moralischen Anspruch haben. So gesehen haben die Geführten ein Recht auf Verwirklichung der Vision, auch, insofern sie weltanschauliche Aussagen enthält, die ihre Resonanzen in den Werten und Emotionen der Geführten haben. Man bedenke beispielsweise Martin Luther King's Traum von der Zukunft Amerikas mit dem friedlichen Nebeneinander von Schwarz und Weiß oder Gandhis Vision eines selbständigen Indiens mit gegenseitiger Anerkennung und Achtung von Moslems, Hindus und Christen und der Unabhängigkeit von England. Auch Führer von industriellen oder staatlichen Organisationen artikulieren oft Visionen. Diese müssen nicht grandios sein. In der normalen Arbeitswelt zielen sie auf Werte wie Redlichkeit, Fairneß, handwerkliches Geschick, Qualität von Produkten oder Dienstleistungen, anspruchsvolle und befriedigenden Arbeitsbedingungen, Persönlichkeitsentwicklung und Absenz von strenger Kontrolle, vernünftige Besinnung auf grundlegende Ordnungsmuster, Achtung für Kollegen und Kunden und die Umwelt, in der die Organisation agiert (*Berlew* 1974).

Visionen können formuliert werden für ganze Organisationen oder auch nur Teile davon. Sie werden um so häufiger artikuliert, je mehr sie eine ganze Organisation betreffen, denn Bereiche und Abteilungen sind spezialisiert und lassen daher die Entwicklung von Visionen weniger leicht zu. Eher eignen sich operationale Ziele niedriger Ebenen dazu, Visionen zu reflektieren und zu interpretieren (*House/Spangler/Woycke* 1991; *Howell/Frost* 1989; *Curphy* 1990; *Howell/Avolio* 1993).

(2) Ergebenheit in die Aufgabe. House (1977) stellte heraus, daß charismatische Führer sich ihrer Vision hingeben und von ihrer moralischen Notwendigkeit und Richtigkeit überzeugt sind. Nach *Weber* (1947); *Conger/Kanungo* (1988) und *Sashkin* (1988) sind charismatische Führer zu außerordentlichen Opfern im Interesse ihrer Vision, ihrer damit verbundenen Führungsaufgabe und ihrer Getreuen bereit. So zog es zum Beispiel Nelson Mandela vor, auch nach 20 Jahren Haft im Gefängnis zu bleiben anstatt möglicher Gewaltanwendung im Kampf gegen die Apartheid abzuschwören. Sehr wahrscheinlich brachte ihm diese Haltung – trotz 20jährigen Elends – hohe Glaubwürdigkeit als Führer, der im Interesse einer Vision und seines Traums handelt, und man kann vermuten, daß dies seine Anhänger in ihrem Kampf um Gleichberechtigung motivierte.

(3) Vertrauen, Entschlossenheit und Ausdauer. Führer, die Werte, Motive und Selbstverständnis der Geführten ansprechen, besitzen hohes Selbstvertrauen und sind überzeugt, ihre Vision verwirklichen zu können (*House* 1977). Dies muß auch so sein, da ihr Sendungsbewußtsein häufig nicht alltäglich ist und dessen Inhalt von all jenen abgelehnt wird, die am Status quo nichts ändern möchten, oft aber über Mittel verfügen, andere zu disziplinieren. So bringt die Entwicklung einer Vision, die an Gegebenheiten rüttelt, Führer oft in mißliche Situationen. Folglich bedürfen Führer, die nennenswerten Wandel herbeiführen wollen, hoher Entschlossenheit, um angesichts hoher Risiken und mächtiger Gegner durchzuhalten. Eigenschaften wie Entschlossenheit, Ausdauer und Durchhaltevermögen sigalisieren Mut und Überzeugung und ermutigen, bestärken und motivieren die Anhänger.

Große Führer verkünden Vertrauen in die Verwirklichung ihres Traums in ihre Getreuen. Studien von *Smith* (1982), *House* et al. (1991), *Howell/Higgins* (1990) bei mittleren Führungskräften, US-Präsidenten und Projektleitern zeigte, daß in der Höhe des Selbstvertrauens signifikante Unterschiede zwischen außergewöhnlichen Führern und anderen begründet sind.

(4) Weckung wichtiger Motive. Außergewöhnliche Führer wecken wahlweise das Gesellungs-, Macht- oder Leistungsmotiv mit jeweils unterschiedlichen Mitteln. Beispielsweise wird das Leistungsmotiv angesprochen, indem suggeriert wird, daß die Erfüllung einer Aufgabe ein Maß für personale Kompetenz (→*Soziale Kompetenz*) sei oder daß eine bestimmte Verrichtung als Standard für persönliche Leistungsfähigkeit ausgegeben wird (*McClelland* 1985).

Das Gesellungsmotiv wird angesprochen, indem die Wichtigkeit wechselseitiger Akzeptanz betont wird (*Shipley/Veroff* 1952; *Atkinson/Heyns/Veroff* 1954; *French/Chadwick* 1956). Das Machtmotiv wird entweder erregt durch Evozierung eines Feindes oder Erinnerung an einen solchen oder die Vorführung von Machtausübung einer Person über eine andere, oder durch Eröffnung der Möglichkeit, über andere Macht auszuüben, oder durch die Konfrontation mit entsprechenden Reden wie *J. F. Kennedy's* Inaugurationsansprache oder König *Lear*'s Rede in Shakespeares Stück (*Steele* 1977).

In dem Maß, in dem Führer vertrauenswürdig, bewährt, bewundert und anerkannt sind, haben sie motiverregende Wirkungen auf ihre Anhänger.

(5) Risikoübernahme. Conger/Kanungo (1987) und *Sashkin* (1988) bescheinigen außergewöhnlichen Führern höhere Bereitschaft zum Risiko. Wir erwähnten weiter oben, daß solche Menschen opferbereit sind und persönliche Wagnisse nicht scheuen. Sie gehen aber auch Risiken für ihre Organisation, Gruppen oder Gemeinschaften ein. *Howell/Higgins* (1990) belegen dies: Informale Führer in Projektteams waren risikobereiter als andere Teammitglieder.

Spangle/House (1991) meinen, charismatische US-Präsidenten waren risikofreudiger; wie auch charismatische US-Präsidenten mehr „große Entscheidungen" trafen und ihr Land in mehr Kriege führten (*House* et al. 1991).

(6) Erwartung von und Vertrauen in Anhänger. Begnadete Führer haben hohe Erwartungen an ihre Getreuen: Begeisterung, Entschlossenheit, Ausdauer, Selbstaufopferung und Leistung über bloße Pflicht hinaus. Mit der Artikulation dieser Erwartungen vermitteln sie aber auch ihr großes Vertrauen in die Anhänger, diese zu erfüllen. Die Verbindung aus hohen Ansprüchen mit hohem Vertrauen ist hochmotivierend. Außergewöhnliche Führer benutzen häufig magische Bilder, die ihr Vertrauen und ihre Wertschätzung für ihre Anhänger ausdrücken („Black is beautiful"). Ohne Zweifel wachsen Menschen an der Herausforerung durch Führer, Außerordentliches zu leisten, und sind im Stande, Dinge zu vollbringen, wovon sie nicht zu träumen gewagt hätten (*Rosenthal/Jakobson* 1968; *Korman* 1971; *Eden* 1990).

(7) Interesse an Entwicklung. Organisationen fordern laufende Verbesserung der Fähigkeiten ihrer Mitarbeiter. Daher ist es notwendig, daß Führer dauernd um die Entwicklung der Geführten bemüht sind. Sichtbarer Ausdruck ist die ständige Analyse der Fähigkeiten und Fertigkeiten, Coaching, Counselling und Training (→*Coaching*) und die Eröffnung von Möglichkeiten, Erfahrung zu sammeln.

Solche Bemühungen seitens des Führers regen wahrscheinlich das Leistungsmotiv an, erhöhen aber auch Kompetenz und das Vertrauen in die eigene Leistungsfähigkeit.

Außergewöhnliche Führer scheinen sich besonders für die Entwicklung ihrer Schützlinge zu engagieren. *Smith* (1982) sieht darin tatsächlich einen Unterschied zwischen charismatischen und nichtcharismatischen Führern. *Bass/Avolio* (1993) berichten über zahlreiche Untersuchungen, die bestätigen, daß sehr erfolgreiche Führer höheres Augenmerk auf die Entwicklung von Kompetenz bei von ihnen Geführten legen. Diese Führer leiteten Hochleistungsteams und hatten zufriedene und ihnen verpflichtete Mitarbeiter.

(8) Symbolisches Verhalten (→Symbolische Führung). Soweit Führungsverhalten bisher beschrieben wurde, zielte es auf die Identifikation mit den der Vision und der Gemeinschaft innewohnenden Werten. Durch die Verkündung der Vision, die Demonstration von Entschlossenheit und Ausdauer, Opfer- und Risikobereitschaft sowie Engagement für die Weckung entsprechender Motive betonen und verdeutlichen begnadete Führer die Werte der gemeinsamen Vision. Darüber hinaus zeigen sie Symbolisches Verhalten *(→Symbolische Führung)*, um die Identifikation ihres Gefolges mit der Vision und der Gemeinschaft zu stärken.

Symbolisches Verhalten drückt sich mannigfaltig aus: Positive Einschätzung der Geführten und der Gemeinschaft, Demonstration von Integrität glaubhafte günstige Selbstdarstellung, beispielgebendes Verhalten bezüglich der Werte, Fungieren als Haupt- und Sprachrohr der Gemeinschaft, Bemühen um Glaubhaftigkeit durch Abstecken von Rahmenbedingungen und beredte Kommunikation. Diese Verhaltensweisen werden näher erörtert.

(9) Positive Einschätzung der Geführten. Führer zeigen Stolz auf die Gemeinschaft, loben ihr Gefolge, zeigen ihm Vertrauen und glauben an die Verwirklichung der Vision *(Podsakoff* et al. 1990; *House* et al. 1993; *Howell/Higgins* 1990).

(10) Selbstdarstellung. Begabte Führer kultivieren bewußt und bedächtig ein positives Image ihrer selbst: Kompetent, glaubwürdig, vertrauenswürdig und entschlossen, den wertvollen und moralischen Interessen ihrer Berufung und der Gemeinschaft zu dienen. Die Inszenierung der Selbstdarstellung des Führers liefert das Bühnenbild, in dem sich die Anhänger mit ihrem Vorbild identifizieren können – wenn sie es positiv erleben *(Bandura* 1986).

(11) Rollengestaltung. Befähigte Führer verkörpern in ihrem Verhalten Glauben und Werte der Vision, indem sie Selbstvertrauen und Vertrauen in die Visionsverwirklichung demonstrieren, ebenso wie Opferbereitschaft für die Gemeinschaft. Mahatma *Ghandi* z. B. lebte in Armut und Selbstbescheidung. Er trug Wickelkleider, um ein persönliches Beispiel für Bescheidenheit und Geduld zu geben. Zahlreiche Befunde belegen die Tatsache von Modellernen *(→Führungstheorien - Soziale Lerntheorie) (Bandura* 1986; *Weiss* 1977).

(12) Ausweis von Integrität. Begabte Führer demonstrieren Integrität gegenüber ihrem Gefolge – individuell und kollektiv. Integrität zeigt sich in der Absenz von Gier und Ausbeutung anderer, in Fairneß, Redlichkeit, Übereinstimmung von Worten und Werken, Mut im Angesicht von Widrigkeiten, in Pflichterfüllung und Wahrnehmung der eigenen Verantwortung. Nehmen Geführte keine Integrität wahr, werden sie dem Führer nicht trauen, und ohne Vertrauen werden sie weder Vision noch Werte ihrer Manager annehmen oder besondere Anstrengungen setzen *(Kousnes/Posner* 1987; *Harris/Hogan* 1992; *Podsakoff* et al. 1990).

(13) Der Sprecher. Außergewöhnliche Führer fungieren als Sprachrohr ihrer Gemeinschaft und vertreten sinnbildlich die Organisation nach außen. Symbolisches Verhalten soll die Vision anderen vermitteln, auch um sie nach innen zu verstärken, um die Grenzen zu bestimmen und die Identifikation der Anhänger mit dem Führer und der Gemeinschaft zu erhöhen.

(14) Rahmenbildung. Zur Akzeptanz und Inszenierung von Veränderungen sind Führer auf Rahmenbildung bedacht. Rahmen meinen Interpretationsmuster, Schemata, die als Raster dienen, die Individuen befähigen, Ereignisse als Teil einer kohärenten Lebensperspektive zu begreifen *(Goffman* 1974). Begnadete Führer bemühen sich, in Kommunikationsprozessen Attitüden, Werte und Perspektiven der Geführten ihren eigenen anzugleichen. Methoden zur Vereinheitlichung des Weltbildes bestehen in klarer Ideologieformulierung, Nutzung geeigneter Etiketten und Slogans, Beschwörung der Vision *und* dichotomer Ziele anhand der Verheißung einer besseren Zukunft *(Willner* 1984) und Verweisen auf Grundwerte und die moralische Rechtfertigung *(Klemp/McClelland* 1986). Begabte Führer machen negative Äußerungen, um Attitüden aufzuweichen *(Fiol* et al. 1992), und verbinden oft Gegenwart und Vergangenheit, indem sie gegenwärtiges Verhalten an historischen Beispielen vegleichen. Sie suggerieren Verbindungen zwischen historischen Vorfällen und Werten, Identitäten, erwartetem Verhalten und zukünftigem Geschehen *(Gilovich* 1981; *Willner* 1984).

(15) Außergewöhnliches Verhalten. Conger/ Kanungo (1987) weisen auf oft ungewöhnliches Verhalten von charismatischen Führern hin. Verschiedene empirische Belege stützen diese Behauptung. *Borgatta* et al. (1954) entdeckten, daß die Tendenz zu individuellen Eigenheiten gewachsene informale Führer in kleinen Gruppen von anderen unterschied. Charismatische informale Führer *(Howell/Higgins* 1990) und sich entwickelnde informale Führer *(→Führungstheorien - Idiosynkrasie -Kreditmodell; Hollander* 1964) sind innovativer als andere Gruppenmitglieder. Interessant an diesen Befunden ist, daß begabte Führer ungewöhnliches Verhalten im Blick auf interaktive

Fähigkeiten zeigen und daß ihr Gebaren oft hoch innovativ ist.

(16) Anregende Kommunikation. Die meisten, aber nicht alle begabten Führer übermitteln ihre Botschaften einfallsreich, mit viel Emotion und nonverbaler Ausdrücklichkeit. Beispiele dafür sind *Jessie Jackson, John F. Kennedy, Martin Luther King*. Solche Führer nutzen oft lebendige Geschichten, Schlagworte, Symbole und Rituale. In einem Laborexperiment zeigte *Kirkpatrick* (1992), daß es nicht unbedingt der nonverbale Stil des Führers ist, der Motivation in der Gefolgschaft induziert als vielmehr der Gehalt der Botschaft. *George Washington, Abraham Lincoln, Albert Schweitzer, Golda Meir, Mahatma Ghandi, Nelson Mandela, Schwester Teresa* sind Beispiele für sanfte, aber unzweifelhaft außergewöhnliche Führer, die sich an ihre Anhänger auf der Basis ihrer Vision und deren Werte wenden.

2. Instrumentelles Führerverhalten

Wir stellten fest, daß die bisher aufgezeigten Verhaltensweisen von charismatischen Führern generisch sind und auf Werte, nichtbewußte Motive und Selbstverständnis der Geführten wirken. Daneben gibt es zweifellos eine Anzahl kognitiv beeinflußter instrumenteller Verhaltensweisen, die auf Grund der jeweils besonderen Erfordernisse jeweiliger Unternehmungen von Vorgesetzten gezeigt werden müssen. Im folgenden erörtern wir Führungsverhalten in formalen Organisationen, deren Mitglieder dort gegen Entgelt arbeiten, auf das sie angewiesen sind, da die Arbeit Basis ihres Lebensunterhaltes ist; in solchen Arbeitsverhältnissen haben Mitarbeiter häufig Kontakt zu ihrem unmittelbaren Vorgesetzten, von dem sie abhängig sind. Deshalb verlangen mit formaler Autorität ausgestattete Positionen von Führern noch weitere Verhaltensweisen. Bei Abhängigkeit und häufiger Interaktion sollten Führer für eine einigermaßen sorgenfreie und psychologisch unterstützende Atmosphäre sorgen. Dies wirkt sich positiv auf die Leistung aus; das Gegenteil führt zu Unzufriedenheit, und unzufriedene Mitarbeiter werden entweder die Organisation verlassen oder nur das unbedingt Notwendige leisten.

(1) Unterstützung. In formalen Organisationen müssen Führer überwachende Funktion (im weitesten Sinn) ausüben, d. h. Unterstützung geben, Interesse an ihnen unmittelbar Untergebenen zeigen, bei Feedback fair sein, für Ordnungsgemäßheit sorgen, mit Rat und Tat zur Seite stehen.

(2) Intellektuelle Stimulation. Für einige Organisationen kann es besonders wichtig sein, Mitarbeiter zu haben, die Eigeninitiative ergreifen, analytisch denken, unabhängig urteilen und entscheiden und neuartige Ansätze, Probleme zu lösen und Aufgaben zu erfüllen, finden. Daher fällt hier Vorgesetzten die Aufgabe zu, Mitarbeiter intellektuell zu fordern und ihre Kompetenz und Unabhängigkeit zu entwickeln (*Bass* 1985). Intellektuelle Stimulierung heißt mehr als bloße verbale Ermunterung, sich seines Verstandes oder seiner Erfahrung zu bedienen. Es bedeutet auch die Befragung seiner Vorurteile, den Hinweis, Dinge aus anderer Perspektive zu sehen, nicht Stereotype zu verteidigen oder auf unzulässigen Generalisierungen zu beharren und Geführte dazu anzuhalten, unabhängig von ihren Vorgesetzten zu denken und diese auch zu befragen. Intellekutelle Stimulierung ist ein Mittel für Vorgesetzte, ihre Mitarbeiter vor gedankenlosem Gehorsam und gewohnheitsmäßiger Gefolgschaft zu bewahren (*Graham* 1986, 1988). Fehlt aber Vertrauen in den Führer, zeigen Geführte wahrscheinlich Ängstlichkeit, Streß und Unzufriedenheit und verschließen sich den Versuchen des Vorgesetzten, sie zu intellektueller Entwicklung anzuregen (*Podsakoff* et al. 1990).

(3) Beobachtung der Umwelt. Auch wenn Aufmerksamkeit gegenüber der Umwelt (durch den Führer) nicht direkt Werte, Motive und Selbstverständnis der Geführten berührt, beeinflußt sie doch die Strategieformulierung und damit die Glaubwürdigkeit und verleiht auch dem Führer als Sprecher des Kollektivs Souveränität und Kompetenz.

(4) Strategieformulierung. Fehlerhafte Strategien sind nur zu oft Stolperstein auch für charismatische Führer. Napoleon I. z. B. unterschätzte die Härte des russischen Winters. *Henry Fords* Strategie der Massenproduktion eines Produkts („Sie können jede Farbe haben, solange sie schwarz ist") und hochzentralisierte Organisation führten beinahe zum Zusammenbruch seines Imperiums.

Klemp/McClelland (1986) weisen darauf hin, daß begabte Führer häufiger als andere ihre Mitkämpfer in Strategieentwicklung einbinden und öfters versuchen, gemeinsam Probleme zu lösen und Entscheidungen zu finden. Wahrscheinlich dient dieser analytische Prozeß nicht nur dazu, schlechte Strategien zu verwerfen, sondern auch dazu, durch Übung in negativem Feedback aufmerksamer bei der Implementierung möglicherweise unzulänglicher Strategien zu sein.

(5) Management der Infrastruktur. Nadler/ Tuschman (1990) betonten, daß die Ansprache von Werten, Motiven und Selbstverständnis der Geführten in komplexen Organisationen dann verpuffe, wenn die Führungskraft nicht für die Bereitstellung und Aufrechterhaltung einer entsprechenden Infrastruktur sorge: Systeme der Planung, der Information, der Anreize und der Steuerung. Insgesamt ist festzuhalten, daß die erwähnten instrumentellen Führungsverhaltensweisen keine signifikanten Effekte auf die drei entscheidenden motivationalen Prozesse haben, aber auch nicht vernachlässigt werden dürfen.

Nach der Beschreibung generischen und instrumentellen Führungsverhaltens können wir zusammenfassen:

These 1: Das generische Verhalten geborener Führer beruht auf starker Berufung auf Grundwerte, Ansprache nicht bewußter Motive und der Selbstkonzepte der Geführten.

These 2: Aus dem Einfluß dieses Verhaltens auf Werte, Motive und Selbstverständnis erklärt sich die Wirkung von Führer auf die Bereitschaft der Geführten, Anstrengungen über bloße Pflichterfüllung hinaus zu unternehmen, Eigeninteressen hintanzustellen und im Interesse der gemeinsamen Vision und der Gemeinschaft persönliche Opfer zu bringen.

These 3: Gibt es häufigen persönlichen Kontakt zwischen Führer und Geführten und hohe Abhängigkeit der Geführten vom Führer (z. B. in Organisationen), ist zusätzlich unterstützendes Führungsverhalten notwendig, damit das in These 1 beschriebene generische Verhalten die entsprechende Wirkung auf verinnerlichte Werte, unbewußte Motive und das tief verankerte Selbstverständnis hat.

These 4: Wird in Arbeitsverhältnissen von Menschen Innovationsfähigkeit verlangt oder selbständiges Handeln, müssen Führer für intellektuelle Stimulierung sorgen, die jedoch nur dann angenommen werden wird, wenn die Geführten hohes Vertrauen in ihren Führer haben.

These 5: Kognitive instrumentelle Manager-Verhaltensweisen sind notwendig für effektives Führen in komplexen Organisationen. Sie bestehen wesentlich in Beobachtung der Umwelt, Strategieformulierung und Management der Infrastruktur.

V. Mitarbeitermotivation

1. Das Motivationssyndrom

Wir nehmen eine Reihe von motivationalen Wirkungen an, die ungewöhnlich erfolgreiche Führer auf die Geführten haben – als Resultat der oben beschriebenen motivationalen Prozesse. Diese Wirkungen sind wahrscheinlich stark kovariant und treten meist gemeinsam auf, weswegen wir sie als Motivationssyndrom der Anhänger bezeichnen. Dieses besteht aus einem Satz vermittelnder Variablen zwischen Führerverhalten und offensichtlich verpflichtetem Verhalten seitens der Geführten. Wichtige Komponenten des Motivationssyndroms sind:

- *Wachsende Bedeutung der Werte und gemeinsame Identifikation;*
- *Erhöhte internale Wertschätzung der Anstrengung, die für die Zielerreichung aufgewendet wurde;*
- *Verstärktes Bewußtsein für die eigene Leistungsfähigkeit;*
- *Erhöhtes Selbstwertgefühl der Geführten;*
- *Vermehrte internale Wertschätzung der Zielerreichung;*
- *Wachsende erfahrene Bedeutung;*
- *Zunehmende Hoffnung auf und Glauben an eine bessere Zukunft;*
- *Wachsende Selbstverpflichtung;*
- *Wachsendes Vertrauen in den Führer.*

2. Kopplung von Führerverhalten und Motivationssyndrom

Es ist nun möglich, Führerverhalten und Motivationssyndrom der Anhänger zu verbinden. Durch Verkündigung eines transzendenten, weltanschaulichen Ziels, das Grundwerte enthält und sie geschickt modelliert, legen Führer Grundwerte ihren Gefolgsleuten ans Herz und verleihen ihnen wachsende Bedeutung in der Werthierarchie.

Diese Verhaltensmuster helfen Führer, Organisationen und direkt Geführten weltanschauliche und moralische Bestimmung einzuträufeln und die Teilnahme an den gemeinsamen Bemühungen zu einer bedeutungsvollen Erfahrung werden zu lassen. Indem sie Images aufbauen, Risiken übernehmen und sichtbare Opfer bringen im Interesse der Vision und der Gemeinschaft, erringen Führer die Achtung, Bewunderung und das Vertrauen ihres Gefolges.

3. Das manifeste Bindungssyndrom

Das Motivationssyndrom ist nicht beobachtbar, aber erschließbar aus dem Verhalten der Anhänger. Manifestes Gefolgschaftsverhalten ähnelt dem Verhalten in Bürgerrechtsbewegungen. Darin zu findendes Verhalten liegt jenseits der Pflichten. Wie *Podsakoff* et al. (1990) berichten, haben transformationale Führer aktivere Mitarbeiter als Führer ohne diese Ausstrahlung. Ausdruck des Motivationssyndroms ist auch die Bereitschaft, länger zu arbeiten, freiwillig unangenehme oder mühsame Arbeiten zu übernehmen, eigene Interessen zu Gunsten jener der Gemeinschaft hintanzustellen sowie auch geringere Abwesenheit und seltener Jobwechsel.

Solche Verhaltenseffekte bilden eine Klasse beobachtbarer Variablen. Wir bezeichnen sie als Bindungssyndrom von Gefolgsleuten, da wir annehmen, daß diese Verhaltensweisen gemeinsam, zugleich und wechselseitig bedingt auftreten. Dieses Syndrom entstammt dem Motivationssyndrom und ist sein Spiegelbild. Wir formulieren:

These 6: Führungsverhalten, das die drei wesentlichen motivationalen Prozesse aktiviert, erzeugt das Motivationssyndrom der Geführten.

These 7: Das Motivationssyndrom manifestiert sich im Gefolgschaftsverhalten, das Verhaltensweisen beinhaltet wie die Bereitschaft länger zu arbeiten, freiwillig unangenehme oder mühevolle Arbeiten zu übernehmen, so wie im Interesse der Vision und der Gemeinschaft eigene Interessen zurückzunehmen.

VI. Charismatische Führer begünstigende soziale Bedingungen

In Übereinstimmung mit ähnlichen Ansätzen (*Weber* 1974; *House* 1977) meint auch diese Theorie, daß für Geführte streßbehaftete Situationen (→*Psychische Belastung von Führungskräften*) das Auftreten von Führer und ihre Effektivität begünstigen. Unter solchen Bedingungen dürfte ein Bedürfnis nach einem mutigen Führer entstehen, der bestehende Ordnungsgefüge herausfordert und eine radikale, mindestens aber neue Antwort auf die erfahrene mißliche Situation von Menschen anbieten kann. Nach Weber und Burns wird ein Führer, der die seelische Befindichkeit der Geführten erfaßt und glaubhafte Wege zu ihrer positiven Änderung aufzeigen kann, wahrscheinlich als charismatischer Führer angesehen.

Dagegen argumentiert *Shils* (1965), daß charismatische Führer auch unter normalen Umständen auftreten können. Ähnlich haben *Bass/Avolio* (1993) gezeigt, daß Führer in vielen verschiedenen Situationen außergewöhnliches Verhalten zeigen, ohne daß krisenhafte Lagen notwendige Bedingung gewesen wären. Zwei Untersuchungen zeigen allerdings, daß Krisen die Entstehung charismatischer Führung erleichtern (*House* et al. 1991; *Pillai/Meindl* 1991).

Man könnte auch sagen, daß Führer mit Charisma wahrscheinlicher unter mehrschichtigen und unsicheren Bedingungen auftreten und erfolgreich sind, wenn nämlich die Geführten das Bedürfnis nach Reduktion der belastenden Ungewißheit haben. *Waldman/Ramirez* (1992) zeigten, daß Unternehmensführer mit Charisma wesentlich für den Erfolg von Organisationen dann sind, wenn diese Organisationen unter hoher Unsicherheit agieren; bei Organisationen in einem ruhigen Umfeld wurde dieser Zusammenhang nicht gefunden.

Alle mit charismatischer Führerschaft befaßten Forscher sind sich einig, daß sie grundgelegt sein muß in der Artikulation eines weltanschaulichen Ziels. Da nun solche Ziele oft den status quo angreifen, wird ihre Artikulation oft unterdrückt. Ergreifen aber Menschen die Gelegenheit, Ziele zu setzen, kann dies als eine der situationalen Anforderungen begriffen werden für jemanden, der sich zum charismatischen Führer entwickelt.

Wie *House* (1977) meint, gibt es in der Gesellschaft einige Rollen, die sich nicht zu einer besonderen Wertorientierung eignen, Rollen, die hohe Routine und/oder geistlose Anstrengung in ausschließlich ökonomisch orientierten Organisationen verlangen:

„Man kann sich schwer vorstellen, daß Buchhalter oder Fließbandarbeiter... ihre Arbeit als besonders wertorientiert begreifen. Trotzdem eignet sich auch diese Arbeit für charismatische Führung, wird sie an ein weltanschauliches Ziel ausgerichtet. So versinnbildlicht z. B. „Rosie the Riveter" im Zweiten Weltkrieg den wertvollen Beitrag eines Fließbandarbeiters; und noch so niedrige Tätigkeiten wie Couvertieren werden in politischen und religiösen Organisationen wertvoll im Sinne weltanschaulicher Ziele."

Zusammenfassend halten wir fest, daß ein Führer starken motivationalen Einfluß durch Ansprache der Grundwerte der Geführten dann haben kann, wenn aktuelle Rollen der Mitarbeiter glaubwürdig als Gelegenheit für moralisches Engagement beschrieben werden können. *Shamir* et al. (1993) meinen, daß charismatische Führung unter Bedingungen wahrscheinlicher ist, die nicht transaktionale Führung begünstigen, Bedingungen, die *Mischel* (1973) als schwache psychologische Situationen beschrieben hat. Transaktionale Führung ist dort angebracht, wo Führer die Möglichkeit haben, Ziele zu spezifizieren, über ausreichendes Wissen über die Mittel zur Zielerreichung verfügen, wo hohe Übereinstimmung hinsichtlich der Beurteilung von Leistung herrscht, wo sie weitgehende Disziplinierungsbefugnisse haben und die Möglichkeit enger Verschränkung extrinsischer Belohnung mit individueller Leistung. In solchen „schwachen" Situationen können Selbstverständnis, Werte und Identität der Geführten leichter durch Verhalten angesprochen, gefordert und ausgedrückt werden. Ohne extrinsische Anreize werden Geführte eher nach selbstbezogener Rechtfertigung für ihre Anstrengungen suchen (*Aronson* 1980) und so leichter durch charismatische Führung zu beeinflussen sein (→*Transaktionale und Transformationale Führung*).

Generische Führungsverhaltensweisen sind auch gefordert, oder wenigstens angemessen in Fällen, die eine Kombination von hoher Betroffenheit und Aktivität des Führers sowie emotionale Einbindung und außerordentliche Anstrengung bei Führern und Gefolge beinhalten. Beispiele solcher Umstände wären eine hoch kompetitive Umwelt, in der Mitbewerber häufig und schnell ihre Taktik ändern, Bedingungen von Unsicherheit und Wandel der Umwelt, unangenehme Bedingungen für einzelne Mitglieder der Gemeinschaft oder solche Verhältnisse, in denen sich einzelne schlecht behandelt, verfolgt oder unterdrückt fühlen. Dem gegenüber werden generische Führungsverhaltensweisen dann wenig wahrscheinlich und vielleicht dysfunktional sein, wenn routinehaft verläßliche Ergebnisse bei der Verfolgung pragmatischer Ziele erreicht werden sollen.

Zu den bisher erwähnten allgemeinen, Führer begünstigenden Umständen ist ein besonderer anzufügen, der relevant ist in komplexen formalen Organisationen. Wie *Shamir* et al. (1993) erinnern, ist der Zweck der Organisation ihr Daseinszweck und Führung gibt den Anstrengungen und Zielen Bedeutung durch deren Verknüpfung mit den Werten der Gefolgsleute. Wenn die Werte der Organisationsmitglieder die wichtigen gesellschaftlichen Werte widerspiegeln, muß Führung in komplexen Organisationen notwendig vereinbar sein mit wichtigen gesellschaftlichen Wertvorstellungen.

Im Sinne des oben Gesagten fassen wir zusammen:

These 8: Wenn Geführte seelische Belastung erfahren, wenn Organisationen oder ihre Mitglieder hoher Unsicherheit ausgesetzt sind, wird das Auftreten und der wahrgenommene Erfolg von Führern erleichtert, die Verhaltensweisen, wie in These 1 beschrieben, zeigen.

These 9: Um substantiellen Einfluß auf die inneren Werte, unbewußten Motive und das tiefliegende Selbstverständnis der Geführten zu haben, müssen

a) Führer mit ihrem Gefolge kommunizieren und eine weltanschauliche Vision artikulieren und muß

b) eine Gelegenheit gegeben sein, in der wesentliches moralisches Engagement bei Führer und Geführten möglich ist.

These 10: Generische Führungsverhaltensweisen werden angemessen und erfolgreich sein in dem Ausmaß, in dem

a) Leistungsziele nicht leicht spezifiziert und gemessen werden können;

b) extrinsische Belohnung nur schwer persönlicher Leistung zugerechnet werden kann;

c) nur wenige Hinweise, Verstärker oder Beschränkungen in der Situation liegen, die Verhalten leiten oder besondere Anreize für jeweilige Aufgaben geben könnten;

d) außerordentliche Anstrengung, ungewöhnliches Verhalten und Opferbereitschaft von Führer und Geführten gefordert werden;

e) mögliche Gefolgsleute sich unfair behandelt fühlen, verfolgt oder unterdrückt.

These 11: Wenn die wichtigen Werte der Organisationsmitglieder die wichtigen Werte der Gesellschaft widerspiegeln, liegt eine notwendige Bedingung für organisationalen Wandel (von Strukturen, Prozessen, Strategien), der von Führern induziert wird, darin, daß die im Änderungsprozeß inhärenten Werte mit den wichtigen gesellschaftlichen Werten verträglich sind.

VII. Resumee

Die hier präsentierte Theorie befaßt sich vor allem mit Führerverhalten, das auf die Artikulation von Werten gerichtet ist, auf die Erregung von Motiven bei den Geführten und auf die Verstärkung des Selbstverständnisses der Anhänger sowie auf die Auswirkungen, die dieses Verhalten auf die Motivation, die Emotionen und das Selbstverständnis der Anhänger hat. Insgesamt beschreiben die Verhaltensweisen in vieler Hinsicht einen idealen Führer. Es ist nicht wahrscheinlich, daß irgendeine Person all diese Verhaltensweisen zeigen und verwirklichen kann. Dennoch ist eine Darstellung der Theorie anhand eines Idealtypus oder eines idealtypischen Führerverhaltens hoffentlich nützlich, frühere Theorien zusammenzufassen und vorliegende empirische Ergebnisse widerzuspiegeln. Die Auswirkungen der theoretischen Aussagen der (neo)charismatischen Theorie bedürfen zusätzlicher empirischer Untersuchung. Die Validität der wichtigen motivationalen Prozesse muß auch noch getestet werden. Die Behauptungen über motivationale Auswirkungen sind kompatibel mit den Theorien über transformationale, visionäre und klassische charismatische Führung, was nicht bedeutet, daß nicht weitere theoretische Entwicklung und Forschung notwendig sind, um die spezifischen motivationalen Prozesse näher zu bestimmen, die durch Führer hervorgerufen werden, und auch deren kausalen Abläufe bedürfen einer näheren Klärung.

Literatur

Aronson, E.: Persuasion by Self Justification: Large Commitments for Small Rewards. In: *Festinger, L.* (Hrsg.): Retrospections on Social Psychology. Oxford 1980.
Atkinson, J. W./Heyns, R. W./Verroll, J.: The Effect of Experimental Arousal of the Affiliative Motive on the Thematic Apperception. In: Journal of Abnormal and Social Psychology, 1954, S. 405–510.
Bandura, A.: Social Foundations of Thought and Action: A Social Cognitive Theory. Englewood Cliffs 1986.
Bass, B. M.: Leadership and Performance beyond Expectations. New York 1985.
Bass, B. M./Avolio, B. J.: Transformational Leadership: A response to Critiques. In: *Chemmers, M./Ayman, R.* (Hrsg.): Leadership Theory and Research Perspectives and Directions. New York 1993.
Bennis, W./Nanus, B.: Leaders: The Strategies for Taking Charge. New York 1985.
Berlew, D. E.: Leadership and Organizational Excitement. In: California Management Review, 1974, S. 21–30.
Borgatta, E. F./Couch, A. S./Bales, R. F.: Some Findings Relevant to the Great Man Theory of Leadership. In: American Social Review, 1954, S. 755–759.
Burns, J. M.: Leadership. New York 1978.
Conger, J. A./Kanungo, R. A.: Toward a Behavioral Theory of Charismatic Leadership in Organizational Settings. In: AMR, 1987, S. 637–647.

Conger, J. A./Kanungo, R. A.: Training Charismatic Leadership: A Risky and Critical Task. In: *Conger, J. A./Kanungo, R. A.* (Hrsg.): Charismatic Leadership: The Elusive Factor in Organizational Effectiveness. San Francisco 1988, S. 309–323.

Curphy, G. J.: An Empirical Evaluation of Bass' (1985). Theory of Transformational Transactional Leadership. PhD Dissertation, University of Minnesota 1990.

Eden, D.: Pygmalion in Management. Lexington 1990.

Fiol, C. M./Harris, D./House, R.: Charismatic Leadership: Strategies for Effecting Social Change. Working Paper, University of Colorado 1992.

French, E. G./Chadwick, I.: Some Characteristics of Affiliation Motivation. In: Journal of Abnormal and Social Psychology, 1956, S. 296–300.

Gilovich, T.: Seeing The Past in the Present: The Effect of Associations to Familiar Events on Judgements and Decisions. In: JPSP, 1981, S. 797–808.

Goffmann, E.: Frame Analysis, Cambridge 1974.

Graham, J. W.: Transformational Leadership: Fostering Follower Autonomy Not Automatic Leadership. In: *Hunt, J. G./Baliga, B. R./Dachler, H. P.* et al. (Hrsg.): Emerging Leadership Vistas. Lexington 1988, S. 73–79.

Graham, J. W.: The Essence of Leadership; Fostering Follower Autonomy not Automatic Leadership. In: *Hunt, J. G.* (Hrsg.): Emerging Leadership Vistas. Elmsford 1986.

Harris, G./Hogan, J.: Perceptions and Personality Correlates of Managerial Effectiveness. Arbeitspapier: 13th Annual Department of Defense Pychological Symposium. Colorado Springs 1992.

Hollander, E. P.: Leaders, Groups and Influence. New York 1964.

House, R. J./Shamir, B.: Toward the Integration of Transformational, Charismatic and Visionary Theories of Leadership. In: *Chemmers, M./Ayman, R.* (Hrsg.): Leadership: Perspectives and Research Directions. New York 1993.

House, R. J./Howell, J. M./Shamir, B. et al.: Charismatic Leadership: A 1993 Theory and five Empirical Tests. Arbeitspapier der University of Western Ontario 1993.

House, R. J./Spangler, W. D./Woycke: Personality and Charisma in the U. S. Presidency: A Psychological Theory of Leadership Effectiveness. Arbeitspapier der Wharton School of the University of Pennsylvania 1991.

House, R. J.: A Path Goal Theory of Leader Effectiveness. In: ASQ, 1971, S. 21–338.

House, R. J.: A 1976 Theory of Charismatic Leadership. In: *Hunt, J. G./Larson, L. L.* (Hrsg.): The Cutting Edge. Carbondale 1977, S. 189–207.

Howell, J. M./Higgins, C. A.: Leadership Behaviors, Influence Tactics and Career Experiences of Champions of Technological Innovation. In: Leadership Quarterly 1990, S. 249–264.

Howell, J. M./Frost, P. J.: A Laboratory Study of Charismatic Leadership. In: Organizational Behavior and Human Decision Processes, 1989, S. 243–269.

Howell, J. M./Avolio, B. J.: The Ethics of Charismatic Leadership: Submission or Liberation? In: Academy of Management Executive, 1993.

Jackson, S.: Measurement of Committment to Role Identities. In: JPSP, 1981, S. 138–146.

Kirkpatrick, S. A.: Decomposing Charismatic Leadership: The Effect of Leader Content and Process on Follower Performance, Attitudes and Perceptions. Unveröffentlichte Dissertation. University of Maryland 1992.

Klemp/McClelland, D. C.: What Characterizes Intelligent Functioning among Senior Managers? In: *Sternberg, R. J./Wagner, R. K.* (Hrsg.): Practical Intelligence: Nature and Origins of Competence in the Everyday World. Cambridge 1986.

Korman, A. K.: Expectancies as Determinants of Performance. In: Journal of Applied Psychology, 1971, S. 218–222.

Kousnes, J. M./Posner, B. Z.: The Leadership Challenge: How to get Extraordinary Things done in Organizations. San Francisco 1987.

McClelland, D. C.: Human Motivation. Glenview 1985.

McClelland, D. C./Boyatzis, R. E.: Leadership Motive Pattern and Long Term Success in Management. In: Journal of Applied Psychology, 1982, S. 737–743.

Mischel, W.: Toward a Cognitive Social Learning Reconceptualization of Personality. In: Psychological Review, 1973, S. 252–283.

Mullin, R.: An End-Value Theory of Charismatic Influence. Arbeitspapier College of Business and Economics. Central Missouri State University 1992.

Nadler, D. A./Tushman, M. L.: Beyond the Charismatic Leader. In: California Management Review, 1990, S. 77–97.

Pillai, R./Meindl, J. R.: The Effect of a Crisis one the Emergence of Charismatic Leadership: A Laboratory Study. Annual Meeting of The Academy of Management. Miami 1991.

Podsakoff, P. M./McKenzie, S. B./Morrman, R. H. et al.: Transformational Leader Behaviors and Their Effects on Follower's Trust in Leader, Satisfaction and Organizational Citizenship Behaviors. In: Leadership Quarterly, 1990, S. 107–142.

Rokeach, M.: The Nature of Human Values. New York 1973.

Rosenthal, R./Jacobsen, L.: Pygmalion in the Class Room: Teacher Expectation and Pupils' Intellectual Developement. New York 1968.

Sashkin, M.: The Visionary Leader. In: *Conger, J. A./Kanungo, R. A.* (Hrsg.): The Elusive Factor in Organizational Effectiveness. San Francisco 1988, S. 122–160.

Shamir, B./Arthur, M./House, R. J.: A Theory of Charismatic Rhetoric and a Case Study. In: *Shamir, B./House, R. J./Arthur, M.* (Hrsg.): The Motivational Effects of Charismatic Leadership: A Self Concept based Theory. Organizational Science 1993.

Shipley, T. E./Veroff, J.: Projective Measure of need for Affiliation. In: Journal of Experimental Psychology, 1952, S. 349–356.

Smith, B. J.: An Initial Test of Charismatic Leadership based on the Responses of Subordinates. Unveröffentlichte Dissertation. University of Toronto 1982.

Spangler, W./House, R. J.: Presidential Effectiveness and the Leadership Motive Profile. In: JPSP, 1991, S. 439–455

Steele, R. S.: Power Motivation, Activation, and Inspirational Speeches. In: Journal of Personality, 1977, S. 53–64.

Tiafel, H./Turner, J. C.: The Social Identity Theory of Intergroup Behavior. In: *Worchel, S./Austin, W. G.* (Hrsg.): Psychology of Intergroup Relations. 2. A., Chicago 1985.

Turner, R. H.: The Self Conception in Social Interaction. In: *Gordon, G./Gergen, R.:* The Self in Social Interaction. New York 1988.

Waldmann, D. A./Ramirez: CEO Leadership and Organizational Performance: The Moderation Effect of Environmental Uncertainty. Arbeitspapier der Concordia University 1992, S. 10–37.

Weber, M.: The Theory of Social and Economic Organization. (Übersetzer: Henderson, A. M./Parsons, T.) New York 1947.

Weiss, H. M.: Subordinate Imitation of Supervisor Behavior: The Role of Modeling in Organizational Socialization. In: OBHP, 1977, S. 89–105.
Willner, A. R.: The Spellbinders: Charismatic Political Leadership. New Haven 1984.

Führungstheorien – Eigenschaftstheorie

Karl H. Delhees

[s. a.: Frauen, Männer und Führung; Führungstheorien – Attributionstheorie, – Charismatische Führung, – Kontingenztheorie.]

I. Gegenstand, Positionierung, Begriffe; II. Schlüsselbedingungen, kritische Bemerkungen; III. Empirische Befunde; IV. Zusammenfassung und Ausblick.

I. Gegenstand, Positionierung, Begriffe

Die Eigenschaftstheorie („Trait-Theorie") der Führung gilt als älteste, einfachste, am leichtesten einsehbare und lange Zeit dominierende Vorstellung von erfolgreichen und effizienten Führungspersonen. Sie ist ein vorwiegend charakterologischer und individualpsychologischer (personalistischer) Ansatz zur Erklärung von Führungsverhalten. Ihre wichtigsten Grundkonzepte, Forschungsmethoden und Testverfahren entstammen größtenteils der Differentiellen Psychologie (vgl. *Amelang/Bartussek* 1990). Im Lichte neuerer Untersuchungen hat die Aussagekraft der Eigenschaftstheorie der Führung wieder verstärkt an Bedeutung gewonnen (*Tett/Jackson/Rothstein* 1991).

1. Gegenstand

Die Eigenschaftstheorie konzentriert sich auf die Führungsperson und sieht in deren Eigenschaften entscheidende Bedingungen des Führungserfolgs. Das Hauptaugenmerk ist darauf gerichtet, solche Persönlichkeitseigenschaften zu identifizieren, die erfolgreiche von erfolglosen und Führer von Nicht-Führern unterscheiden. Führer, so lautet die Annahme der Eigenschaftstheorie, sind Personen mit herausragenden Eigenschaften. Eigenschaften, so wird behauptet, sind die primären Determinanten des Verhaltens; sie bestimmen in erster Linie die Möglichkeit, Führungshandlungen auszuführen. Diese Annahme kommt der herkömmlichen, meist unbewußten Überschätzung von personalen und Unterschätzung von situativen Determinanten des Verhaltens gleich (→*Führungstheorien – Attributionstheorie*). Die zahlreichen empirischen Untersuchungen zur Ermittlung von Führungseigenschaften sind für die jeweiligen Zeitabschnitte in Sammelreferaten zusammengefaßt (vgl. *Bass* 1990; *Mann* 1969; *Neuberger* 1990; *Stogdill* 1948; *Wunderer/Grunwald* 1980; *Yukl* 1989).

2. Positionierung

Die Ergebnisse empirischer Untersuchungen zur Führungspersönlichkeit sind zum Teil kontrovers. Die frühen Referate von *Stogdill* (1948) und *Mann* (1969) kommen zum Schluß, daß Eigenschaften nur wenig zur Verhaltensvorhersage in Führungssituationen beitragen. Der Eigenschaftsansatz wurde daraufhin als mehr oder weniger „untauglich" oder „überholt" bezeichnet. Die neuere, methodisch exaktere Forschung hat inzwischen Erkenntnisse geliefert, die *Bass* (1990, S. 86) im derzeitig aktuellsten Sammelreferat zu der Aussage veranlassen: „It is reasonable to conclude that personality traits differentiate leaders from followers, successful from unsuccessful leaders, and high-level from low-level leaders." Doch auch nach dieser Aussage bleibt der Eigenschaftsansatz mit seiner starken Reduktion des Führungserfolgs auf einen Bedingungsbereich, die Eigenschaften, in seinen Möglichkeiten beschränkt. Führung ist schließlich ein multifaktorielles Geschehen (unter Berücksichtigung von Aufgabe, Situation, Interaktion, Konsequenzen, Organisation, Umwelt). Eine Differenzierung des Führungsverhaltens erscheint immer angezeigt, wo es die Eigenart der Führungssituation erfordert.

3. Eigenschaftsbegriff

Eigenschaften lassen sich umschreiben als relativ breite und zeitlich stabile Dispositionen zu bestimmten Verhaltensweisen, die konsistent in verschiedenen Situationen auftreten (vgl. *Amelang/Bartussek* 1990). Die Eigenschaftstheorie der Führung muß sich in ihren Grundzügen an dieser Umschreibung von Eigenschaften orientieren.

a) Eigenschaften sind Konstrukte

Führungseigenschaften werden nicht selten als Bestehendes, was man „besitzt" oder nicht, verfälscht. Dies entspricht der vorwissenschaftlichen Tendenz der Psychologie. Die wissenschaftliche Psychologie betrachtet Eigenschaften als hypothetische Konstrukte. Auch Führungseigenschaften sind Konstrukte; sie sind Erklärungen, Interpretationen des beobachtbaren Führungsverhaltens, also Konstruktionen (deshalb Konstrukte). Ihre Evidenz beruht auf zuverlässiger und gültiger Beobachtung und Messung von Verhalten in Führungssituationen, wie Abbildung 1 zeigt.

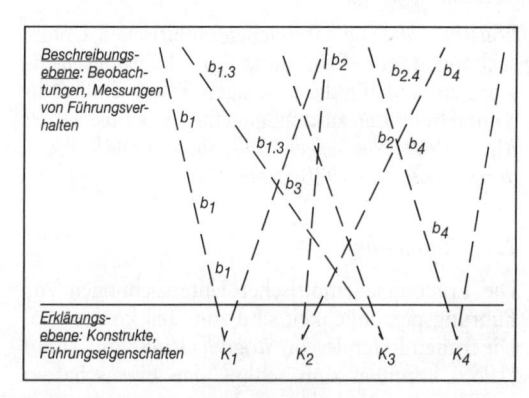

Abb. 1: Die Erfassung und Erklärung von Führungsverhalten

Aus der Kombination von Beobachtungen und Messungen von Führungsverhalten zu Konstrukten in der obigen Abbildung läßt sich ablesen, daß die Suche nach relevanten Führungseigenschaften auch vom Konstruktverständnis abhängt. Unterschiede in den Eigenschaftsbezeichnungen und Forschungsergebnissen sind daraus teilweise zu erklären. Die Konstruktbemühungen sind als erfolgreich zu betrachten, wenn für die so bezeichneten Eigenschaften zeitliche und transsituationale Konsistenz nachgewiesen werden kann. So gesehen sind Konstrukte Indikatoren für Verhaltensbereitschaften mit individuellen Ausprägungen (wie z. B. Durchsetzungsvermögen, Intelligenz, Ängstlichkeit und dgl.).

b) Bandbreite von Eigenschaften

Eigenschaften werden auf verschiedenen Stufen der Abstraktion gebildet, als Dispositionen erster, zweiter oder dritter Ordnung. Eigenschaften im oberen Bereich der Beschreibungsordnung besitzen eine hohe Bandbreite, aber eine niedrige Fidelity, so daß validere Verhaltensvorhersagen unter ihrer Verwendung eher möglich sind als mit Eigenschaften niedriger Ordnung. Dies trifft nach neueren Forschungen (vgl. *Goldberg* 1993) vor allem für das Fünf-Faktoren-Modell der Persönlichkeit zu. Es liefert deutliche Belege für die Universalität und Validität von Eigenschaften, auch im Arbeitsleben. Die Untersuchung von Führungsverhalten mit diesem neueren Ansatz steht noch am Anfang, ist aber erfolgversprechend. Die als universal geltenden Eigenschaften sind in *bipolarer Beschreibung*:

(1) *Extraversion*: gesprächig–ruhig; offen–verschwiegen; gesellig–zurückgezogen; abenteuerlustig–vorsichtig;
(2) *Verträglichkeit*: gutmütig–reizbar; kooperativ–negativistisch; freundlich–eigenwillig;
(3) *Gewissenhaftigkeit*: kleinlich–sorglos; beharrlich–unbeständig; verantwortlich–unabhängig;
(4) *Emotionale Stabilität*: beherrscht–nervös; gefaßt–erregbar; ruhig–ängstlich;
(5) *Offenheit*: phantasievoll–einfach, direkt; unkonventionell–konventionell; breite Interessen–enge Interessen.

Für diese Eigenschaften besteht eine hohe Übereinstimmung zwischen Selbst- und Fremdbeurteilungen sowie Beurteilung anhand von Adjektivlisten, was ihre Brauchbarkeit für Verhaltensvorhersagen im allgemeinen Führungsbereich unterstreicht.

c) Bedingungen von Eigenschaften

Die Beschreibung von Führungseigenschaften erscheint möglich, weil angenommen wird, daß (1) zwei Führungskräfte sich von einer zur anderen Situation wohl anders verhalten können, aber nicht ihre relative Position zueinander verändern (differentielle oder interindividuelle Dimension); (2) eine Führungsperson sich über längere Zeit konsistent (beständig) verhält (zeitliche Dimension); (3) eine Führungsperson in ähnlichen Situationen gleichartig handelt (transsituative Dimension). Die differentielle und interindividuelle Dimension wird oft auch als Universalität, die zeitliche als Stabilität und die transsituative als Generalität von Eigenschaften bezeichnet.

II. Schlüsselbedingungen, kritische Bemerkungen

Wir können nur von Führungseigenschaften sprechen, wenn Verhalten in Führungssituationen zeitlich und transsituational konsistent ist (Stabilität und Generalität besitzt).

1. Zeitliche Konsistenz

Eine Vielzahl von Untersuchungen läßt eine akzeptable zeitliche Konsistenz (Stabilität) von Führungseigenschaften, selbst über längere Zeiträume hinweg, erkennen. Intelligenz ist dafür ein Beispiel sowie die im Fünf-Faktoren-Modell aufgeführten Merkmale.

2. Transsituative Konsistenz

Absolute transsituative Konsistenz von Eigenschaften dürfte schwer zu finden sein. *Epstein/O'Brien* (1985) schlagen die Mitteilung von Ergebnissen über mehrere Beobachtungsgelegenheiten vor. Ein systematischer Versuch, Führungseigenschaften und Führungssituationen (als Erweiterung des Eigenschaftsansatzes) in Beziehung zueinander zu setzen, liegt in der Kontingenztheorie der Führung vor (→*Führungstheorien – Kontingenztheorie*).

3. Kritische Bemerkungen

Offensichtlich bietet der Eigenschaftsansatz nur eine beschränkte Grundlage für jedwelche Vorhersage des Führungsverhaltens. Die Konsistenz des Verhaltens kann immer nur eine relative sein. Eine Vorhersage des Verhaltens in B aus der Kenntnis des Verhaltens in Situation A ist bedingt zuverlässig in Abhängigkeit vom beobachteten Verhalten und den Einflüssen der Beobachtung. Doch wer Eigenschaftstheorien sorgfältig studiert, stellt fest, daß von einer absoluten Konsistenz des Verhaltens nie die Rede ist. Es wird nirgendwo behauptet, Situationsvariablen seien für das Verhalten bedeutungslos; sie werden nur mit wesentlich niedrigerer Priorität bzw. Gewichtung diskutiert. Eigenschaften als generelle Verhaltensmuster sind ein über verschiedene Situationen hinweg gemitteltes Verhalten (Aggregate). Eine formale Demonstration dieser Annahme liefert die *Cattellsche* Bestimmungsgleichung, die das Verhalten P_{ij} einer Person i in einer gegebenen Situation j vorhersagen will (*Cattell* 1973). Diese Gleichung macht deutlich, daß aus der Sicht der Eigenschaftstheorie der Führung nicht unreflektiert auf Verhalten der Führungsperson in jeder beliebigen Führungssituation generalisiert werden darf. Führungspersonen können Situationen verändern, und Situationen können Führungsverhalten ändern. Im einzelnen sind dafür folgende Gründe maßgebend (vgl. *Bass* 1990; *Neuberger* 1990): (1) Bedeutende Führer weisen nicht alle die gleichen Eigenschaften auf. Die Annahme einer generellen Führerpersönlichkeit mit vielleicht angeborenen Eigenschaften ist deshalb unhaltbar. (2) Verschiedene Organisationen oder Teilbereiche von Organisationen erfordern verschiedene Führungseigenschaften. (3) Situationsfaktoren können für den Führungserfolg wichtiger sein als Führungseigenschaften. (4) Führungseigenschaften können sich im Verlauf der Führungspraxis ausbilden, oder bestehende Eigenschaften können sich verändern. (5) Führen darf nicht als Alles-oder-Nichts-Sachverhalt (man ist Führer oder man ist es nicht) begriffen werden, sondern eher als ein Mehr-oder-Weniger von Führen. (6) Eigenschaften wirken im Führungsprozeß nicht unabhängig voneinander; sie beeinflussen sich vielmehr gegenseitig (*Delhees* 1983). (7) Eigenschaften wirken auch indirekt auf Führungsverhalten durch ihren Einfluß auf innere Zustände wie Stimmungen oder Emotionen (*George* 1992).

III. Empirische Befunde

1. Führungseigenschaften

Die Untersuchungen über Führungseigenschaften vergleichen in der Regel Personen in Führungspositionen oder Führungsfunktionen mit einer Kontrollgruppe von erfolglosen oder Nicht-Führern mit Hilfe von Tests, Fremdbeobachtungen, Einstufungen, Nominierungen oder biographischen Daten. Objektivität, Reliabilität und Validität der Ergebnisse sind nicht in allen Untersuchungen gleichermaßen erfüllt. Weiter erschwert die Verschiedenheit der Verfahren zur Datengewinnung einen Vergleich der Ergebnisse, auch wenn sie dieselben Führungseigenschaften betreffen. Die vielen Untersuchungen zur Frage der Führungseigenschaften lassen sich auf ein gemeinsames Ergebnis bringen: Führen bedingt auch besondere Eigenschaften. Eigenschaften sind Prädispositionen für den Führungserfolg, allerdings in unterschiedlichem Ausmaß und in verschiedener Zusammensetzung (nicht zuletzt in Abhängigkeit von situativen Bedingungen). Denn die Anforderungen an Führungskräfte sind selten homogen. Deshalb sind die Listen relevanter Führungseigenschaften verschieden lang, und die Erfolgsvarianz der einzelnen Eigenschaften streut beträchtlich. Die Ergebnisse deuten nirgendwo auf eine *absolute* Universalität von Führungseigenschaften. Es gibt jedoch bei Führungseigenschaften genügend Konsistenz und Erfolgsvarianz, um sie in die Vorhersage des Leistungserfolgs von Führungskräften einzubeziehen.

Relevante Führungseigenschaften lassen sich in vier Kategorien einordnen (vgl. *Bass* 1990; *House* 1988; *Stogdill* 1948): (1) Prädispositionen der Einflußbefähigung (z. B. Dominanz, Durchsetzungsfähigkeit, Selbstvertrauen, Bedürfnis nach sozial ausgerichteter Macht); (2) Soziale und interpersonelle Fertigkeiten (z. B. Kooperationsbereitschaft, Interaktionskompetenz, Gruppensteuerung); (3) Merkmale der Aufgaben- und Zielorientiertheit (z. B. Initiative, Ehrgeiz, Durchsetzungsfähigkeit); (4) Prädispositionen der Informationsverarbeitung und -evaluation (z. B. Intelligenz, Entscheidungsfähigkeit, Urteilsvermögen). Ausgeklammert ist dabei die Frage, ob intrapsychische oder genetische Ursachen für die erwähnten Führungseigenschaften angenommen werden. Entscheidend ist: Die erfolgreiche Führungsperson hat den Willen zu führen und besitzt Vertrauen in sich selbst, der Führungsaufgabe gewachsen zu sein.

Eine kritische Durchsicht der Literatur deckt eine Reihe von Schwierigkeiten empirischer Untersuchungen von Führungseigenschaften auf (vgl. *Irle* 1970): (1) Viele der durchgeführten Untersuchungen über die Beziehung zwischen Führungseigenschaften und Führungsprozeß verwenden unterschiedliche Meßmethoden. (2) Die eingesetzten Methoden oder Meßinstrumente sind oft ungenügend zuverlässig und/oder gültig. (3) Das Kriterium „Führer" und „Führungserfolg" ist nicht einheitlich definiert. (4) Es werden in erster Linie isolierte Eigenschaften gemessen; multifaktorielle Beziehungen bleiben weitgehend unberücksichtigt. (5) Je nach Aufgaben- und Beziehungsstrukturen können jeweils andere Eigenschaften für den Führungserfolg relevant sein. Solche methodischen Mängel stellen die Vergleichbarkeit von Untersuchungsergebnissen in Frage. Bei der Interpretation von Ergebnissen zur Eigenschaftstheorie der Führung müssen immer auch die *Art* der Eigenschaftsmessung, die *Definition* des Führungskriteriums und die *Zuverlässigkeit* und *Gültigkeit* der Meßinstrumente berücksichtigt werden. Das erfordert eine Meta-Analyse, das heißt, eine Analyse dessen, was in der Untersuchung analysiert wurde.

2. Führungseigenschaften von Frauen

Über Führungseigenschaften von Frauen (→*Frauen, Männer und Führung*) besteht ein erhebliches Forschungsdefizit. Die Gründe sind offensichtlich: (a) Untervertretung von weiblichen Führungskräften; (b) zögernde Eingliederung von Frauen in Führungspositionen; (c) stereotype Assoziation zwischen „Führer-Sein" und „Mann-Sein"; (d) Wege zur Macht erfordern vielfach noch ausschließlich sog. männliche Qualitäten. Doch unbestreitbar haben Frauen genauso Führungsqualitäten wie Männer. Die Suche nach effizienten Führungseigenschaften von Frauen liegt deshalb im Trend der neueren Forschung (vgl. *Domsch/Regnet* 1990; *Friedel-Howe* 1990; *Nerge* 1992).

Das geschlechtsstereotype Bild von typisch femininen Eigenschaften (empfindsam, passiv, anlehnungsbedürftig, beeinflußbar, gefühlsbetont) läßt die Frau gegenüber dem maskulinen Führungsbild als ineffiziente Führungsperson erscheinen. Männliche Eigenschaften beherrschen immer noch als Richtgröße die Auswahl von Führungspersonen. Für die Führungsfähigkeit der Frau gilt oft der männliche Gegenpol als Vergleichsgröße. Was für männliche Führungskräfte als selbstverständlich gilt, nämlich dominant, entscheidungsfähig, risikobereit und wetteifernd zu sein, wird bei Frauen in Führungspositionen als besondere Eigenschaften hervorgehoben. Es überrascht, daß solche Vorstellungen selbst bei Frauen vorherrschen. Das „männliche Führungsmodell" beeinflußt in starkem Maße das Selbstverständnis der Frau und wird so zum Maßstab für die Wahrnehmung und Beurteilung von Frauen in Führungspositionen. Drei Eigenschaftsbereiche werden immer wieder herangezogen: (1) Dominanzstreben, Durchsetzungsvermögen und Aggressivität; (2) Selbstvertrauen und Selbstachtung; (3) Gefühlsstabilität und Urteilsfähigkeit. Erfolg haben und sich diesen Erwartungen anpassen, versetzt die Frau in einen Konflikt zwischen Frau-Sein und Führungsperson-Sein. Führungsimpulse dürften in der Zukunft jedoch stärker und vorrangig von Frauen ausgehen, die weniger autokratisch sind als Männer, die interaktive Zusammenarbeit bevorzugen, eher partizipativ führen und zweiseitige Kommunikation pflegen – zur Schaffung einer spezifischen Unternehmungskultur (*Rosener* 1991). Untersuchungen über Führungseigenschaften von Frauen werden sich deshalb vermehrt mit Geschlechts*unterschieden* statt -ähnlichkeiten im Führungsverhalten beschäftigen müssen.

3. Charismatische Führungseigenschaften

Charisma wird als eine Qualität der Persönlichkeit gewertet. Charisma ist persönlich insofern, als es außergewöhnliche Qualitäten von Individuen bezeichnet, vor allem im Bereich zwischenmenschlicher Anziehung. Die Untersuchung charismatischer Führer beginnt bei dem Soziologen *Max Weber*. Sie war anfänglich auf politische und religiöse Führer ausgerichtet. Worin sich charismatische Führer von anderen unterscheiden, zeigen v. a. die empirischen Untersuchungen von *Bass* (1988); *Conger* (1989) und *House/Howell* (1992). Sie haben folgende, von der Situation unabhängige Persönlichkeitscharakteristika charismatischer Führer identifiziert: Entschlossenheit und Dominanz, Machtbedürfnis, Überzeugungskraft, Risikobereitschaft, hohes Vertrauen in sich selbst und die Richtigkeit der eigenen Ideen, emotionale Ausdrucksstärke, Gespür für die Bedürfnisse, Werte und Hoffnungen der Geführten. Charismatische Führer sehen sich als Agenten des Wandels, geleitet von Zukunftsvorstellungen und Visionen. Ein Modell charismatischer Führung ist bei *Conger/Kanungo* (1988) zu finden. Den Untersuchungen von *House/Howell* (1992) liegen Kontingenzüberlegungen zugrunde (→*Führungstheorien – Kontingenztheorie*). Charismatische Eigenschaften entfalten ihre größte Wirkung (auch negative, wie die Geschichte zeigt) und werden am ehesten akzeptiert in schwierigen und unsicheren Zeiten, in der interaktiven Beziehung zu den Geführten, ihren Werten, Gefühlen, Selbstschätzungen und ihrer Leistungsmotivation (→*Führungstheorien – Charismatische Führung*).

IV. Zusammenfassung und Ausblick

Die eigenschaftsorientierte oder traitorientierte Führungstheorie hat einen wichtigen Platz neben anderen Führungstheorien. In der Beurteilung geht es nicht darum, welche Theorie wichtiger sei, sondern um die Vorhersage von Führungsverhalten in komplexen Situationen. Führungseigenschaften sind dabei ein Prädiktor unter mehreren. Eigenschaften oder Prädispositionen eignen sich wenig für die Vorhersage von *spezifischem* Führungsverhalten. Dieses besitzt keine hohe Zuverlässigkeit und Generalität und ist deshalb ohnehin schwer vorherzusagen. Führungseigenschaften besitzen ihre größte Vorhersagekraft, wenn sie als Prädiktoren von Verhaltens*aggregaten* verwendet werden, von Führungsverhalten, das über verschiedene Ereignisse, Gelegenheiten und Situationen zu einem Ganzen gemittelt ist (*Epstein/O'Brien* 1985). Das schränkt die Zahl relativ invarianter Führungseigenschaften ein. Die untere Zahl dürfte im Bereich der Fünf-Faktoren-Theorie der Persönlichkeit liegen (*Barrick/Mount* 1991). Diese wird in Zukunft vermehrt Aufmerksamkeit in der Führungsforschung finden. Wie sich eine Person in einer Führungssituation letztlich verhält, ist das Ergebnis von Führungseigenschaften, von der Wahrnehmung der Situation und von den relevanten Führungsanforderungen. Der eigenschaftsorientierte Ansatz der Führung stellt uns in Forschung und Praxis die Aufgabe, die Suche nach Persönlichkeitseinheiten fortzusetzen, durch die Führung erst eigentlich erfolgreich wird.

Literatur

Amelang, M./Bartussek, D.: Differentielle Psychologie und Persönlichkeitsforschung. Stuttgart 1990.
Barrick, M. R./Mount, M. K.: The Big Five Personality Dimensions and Job Performance. A Meta-Analysis. In: PP, 1991, S. 1–26.
Bass, B. M.: Evolving Perspectives on Charismatic Leadership. In: *Conger, J. A./Kanungo, R. N.* (Hrsg.): Charismatic Leadership. San Francisco 1988.
Bass, B. M.: Bass & Stogdill's Handbook of Leadership: Theory, Research, and Managerial Implications. New York 1990.
Cattell, R. B.: Die wissenschaftliche Erforschung der Persönlichkeit. Weinheim 1973.
Conger, J. A.: The Charismatic Leader: Behind the Mystique of Exceptional Leadership. San Francisco 1989.
Conger, J. A./Kanungo, R. N. (Hrsg.): Charismatic Leadership. San Francisco 1988.
Delhees, K. H.: Die Persönlichkeitslehre als Grundlage für Auslese, Qualifikation und Schulung. In: *Siegwart, H./Probst, G. J.* (Hrsg.): Mitarbeiterführung und gesellschaftlicher Wandel. Bern 1983.
Domsch, M./Regnet, E. (Hrsg.): Weibliche Fach- und Führungskräfte. Wege zur Chancengleichheit. Stuttgart 1990.
Epstein, S./O'Brien, E. J.: The Person-Situation Debate in Historical and Current Perspective. In: Psych. Bull., 1985, S. 513–537.
Friedel-Howe, H.: Ergebnisse und offene Fragen der geschlechtsvergleichenden Führungsforschung. In: Z. Arbeits- u. Organisationspsychol., 1990, S. 3–16.
George, J.: The Role of Personality in Organizational Life: Issues and Evidence. In: J. Management, 1992, S. 185–214.
Goldberg, L. R.: The Structure of Phenotypic Personality Traits. In: Am. Psych., 1993, S. 26–34.
House, R. J.: Leadership Research: Some Forgotten, Ignored, or Overlooked Findings. In: *Hunt, J. G./Baliga, B. R./Dachler, H. P./Schriesheim, C. A.* (Hrsg.): Emerging Leadership Vistas. Lexington 1988, S. 245–260.
House, R. J./Howell, J. M.: Personality and Charismatic Leadership: Special Issue: Individual Differences and Leadership. In: Leadership Quarterly, 1992, S. 81–108.
Irle, M.: Führungsverhalten in organisierten Gruppen. In: *Mayer, A./Herwig, B.* (Hrsg.): Handbuch der Psychologie, Bd. 9. Göttingen 1970, S. 521–551.
Mann, R.: A Review of the Relationship Between Personality and Leadership and Popularity. In: *Gibb, C.* (Hrsg.): Leadership. Reading 1969.
Nerge, S.: Neuere europäische Forschungen über Frauen im Management. In: Frauenforschung 1992, S. 119–130.
Neuberger, O.: Führen und geführt werden. 3. A., Stuttgart 1990.
Rosener, J.: Frauen als Vorgesetzte – ein Gebot für jedes Unternehmen. In: Harvard Manager, 1991, S. 57–65.
Stogdill, R. M.: Personal Factors Associated With Leadership: A Survey of the Literature. In: J. Psychol., 1948, S. 35–71.
Tett, R. P./Jackson, D. N./Rothstein, M.: Personality Measures as Predictors of Job Performance: A Meta-Analytic Review. In: PP, 1991, S. 703–742.
Wunderer, R./Grunwald, W.: Führungslehre. Bd. 2. Berlin 1980.
Yukl, G.: Managerial Leadership: A Review of Theory and Research. Special Issue: Yearly Review of Management. In: J. Management, 1989, S. 251–289.

Führungstheorien – Entscheidungstheoretische Ansätze

Albert Martin/Susanne Bartscher

[s. a.: Beeinflussung von Gruppenprozessen als Führungsaufgabe; Führungsrollen; Führungstheorien – Vroom/Yetton-Modell, – Weg-Ziel-Theorie; Groupthink und Führung; Organisationsstrukturen und Führung.]

I. Beeinträchtigungen der Prozeßrationalität; II. Das Mülleimer-Modell der organisationalen Entscheidungsfindung; III. Der Umgang mit Unbestimmtheit und Komplexität.

Die Führungs- und die Entscheidungsforschung sind bislang wenig aufeinander bezogen. Bedauerlich ist die Isolierung der beiden Forschungsbereiche, weil die Konfrontation der jeweils verwendeten Methodik und der gewonnenen Erkenntnisse zu einem erheblichen Erkenntnisfortschritt führen dürfte. Der Führungsprozeß gewinnt aus der Sicht der Entscheidungsforschung eine Dimension, der in der üblichen Behandlung von Führungsproblemen nur ungenügend Rechnung getragen wird.

Unter Führung versteht man eine spezifische Form der sozialen Einflußnahme (vgl. *Martin* et al. 1993). Entscheidungen sind Wahlhandlungen zwischen mehreren Verhaltensalternativen (vgl. *Bartscher/Martin* 1993). Allein die in diesen Begriffen auftauchenden Bezüge lassen enge Beziehungen zwischen Entscheidungsfindung und Führung erwarten. Im folgenden werden drei der bedeutendsten Ansätze der deskriptiven Entscheidungsforschung skizziert. Es soll beispielhaft gezeigt werden, welche Empfehlungen sich für das Verständnis und für die Gestaltung des Führungsprozesses ergeben.

I. Beeinträchtigungen der Prozeßrationalität

Die Entscheidungsforschung ist ganz wesentlich durch Vorstellungen über den rationalen Entscheidungsprozeß geprägt. Während die normative Entscheidungstheorie in ihren Entscheidungsmodellen vom Rationalverständnis des homo oeconomicus ausgeht (vgl. *Kirsch* 1971), stellen Vertreter der deskriptiven Entscheidungsforschung empirische und theoretische Forschungsergebnisse heraus, die auch auf weniger rationales Handeln bzw. auf „Defekte im Entscheidungsverhalten" (*Martin/Bartscher* 1993) gerichtet sind. Der Entscheidungsforscher Irving *Janis* versucht, eine gewisse Verbindung beider Perspektiven herzustellen. Entscheider zeigen in manchen Situationen durchaus ein sorgfältiges Problemlösungsverhalten nach dem Vorbild des Rationalmodells, bei Vorliegen anderer situativer Gegebenheiten lassen sie sich aber von sehr vereinfachten Handlungsstrategien leiten. Das zentrale Forschungsanliegen von Janis ist daher die Analyse der Bedingungen, die für ein wenig rationales Entscheidungsverhalten verantwortlich sind (vgl. *Janis* 1989, 1992). Er untersucht hierzu vor allem die Entscheidungsprozesse amerikanischer Regierungen, aber auch Entscheidungen des Top Managements großer Organisationen.

Aus Janis' Sicht greift das populäre Erklärungsmodell zu kurz, das die Hauptursache schwerer Fehlentscheidungen in der chronischen Fahrlässigkeit oder in der Inkompetenz einzelner Entscheidungsträger sieht. Er formuliert demgegenüber ein umfassenderes Modell, das verschiedenen Entscheidungsbegrenzungen („constraints") eine zentrale Bedeutung für das Entstehen von Fehlentscheidungen zuweist. Ein vernünftiger Entscheidungsprozeß sollte die folgenden vier Schritte durchlaufen: Erstens sollte eine umsichtige Formulierung des Entscheidungsproblems erfolgen. Zweitens ist eine gezielte Informationssuche durchzuführen. Diese dient der Reduktion von Unsicherheit und unterstützt die – in einem dritten Schritt durchzuführende – Ausarbeitung der Handlungsalternativen. Der Handlungsraum ist schließlich viertens im Hinblick auf Vor- und Nachteile, Risiken und Kosten zu bewerten. Dieser Ablauf ist vielfältigen Beeinträchtigungen ausgesetzt. Die Sorgfalt der Problembearbeitung ist immer durch erhebliche Beschränkungen gekennzeichnet, und sei es nur, daß die verfügbaren Ressourcen (z. B. die Kapazitäten der Informationsverarbeitung) nicht unbegrenzt sind. Dennoch lassen sich gravierende Fehler vermeiden. *Janis* formuliert kein Idealmodell der Entscheidungsfindung, es geht ihm um ein „realistisches deskriptives Modell", das ein gewissenhaftes Entscheidungsverhalten kennzeichnet.

Leider lassen die Verantwortlichen häufig die Sorgfalt und die Anstrengung vermissen, die für eine gute Entscheidungsfindung unumgänglich und möglich sind und zwar selbst dann, wenn lebenswichtige Interessen auf dem Spiele stehen. Janis macht hierfür kognitive, soziale und emotionale Begrenzungen verantwortlich. „Cognitive Constraints" sind z. B. begrenzte Zeit, Aufgabenüberlastung, mangelndes Wissen oder fehlende Ressourcen bzw. Fähigkeiten bei der Informationssuche und -bewertung.

„Affiliative Constraints" ergeben sich aus überstarken Bedürfnissen nach Macht, Status und sozialer Unterstützung oder aus dem Wunsch nach Gefolgschaft. „Egocentric Constraints" haben vor allem emotionale Ursachen (Ruhmsucht, Tendenz zur Streßvermeidung, Ärger). Die beschriebenen Hindernisse für eine angemessene Problembearbeitung werden verhaltenswirksam durch die Anwendung vereinfachter „Entscheidungsregeln". Ein Beispiel für eine „kognitive" Entscheidungsregel ist der Abbruch der Problemlösung, wenn eine „befriedigende" Lösung gefunden wurde, eine „soziale" Entscheidungsregel richtet sich beispielsweise auf Bewahrung von Gruppenharmonie, eine „egozentrische" Regel veranlaßt z. B. Reaktionstendenzen zur Vermeidung unliebsamer Informationen.

Unbedenklich wären diese Beschränkungen des Entscheidungsverhaltens, wenn sie nur unter besonderen Bedingungen aufträten. Dies ist nach Janis aber nicht der Fall. Im Gegenteil, es ist davon auszugehen, daß eine sorgfältige Entscheidungsfindung nur dann stattfinden wird, wenn die „Constraints" entweder gar nicht auftreten oder zumindest als handhabbar gelten (z. B. wenn die Chance gesehen wird, Beeinflussungsversuchen mächtiger Akteure zu widerstehen). Je stärker die Beschränkungen ihre Wirksamkeit entfalten, desto schlechter dürfte die Entscheidungsqualität sein. Dies legen jedenfalls empirische Studien über den Zusammenhang zwischen der Prozeß- und der Ergebnisqualität von Entscheidungen nahe (vgl. *Herek/Janis/Huth* 1987).

Für die Führung ergibt sich aus diesen Überlegungen vor allem eine korrigierende Funktion. Besteht die Gefahr, daß im Entscheidungsverlauf den geschilderten Beschränkungen nachgegeben wird, so muß der Führer geeignete *Führungstechniken* einsetzen, um dem entgegenzuwirken. Gegen kognitive Defekte kann die Nutzung bisher nicht erschlossener Informationsquellen weiterhelfen, das Herausstellen vorhandener Stärken der Gruppe und die Erzeugung von Zuversicht, daß die gefundenen Lösungen Akzeptanz finden werden. Der Gefahr von Gruppenkonformität und sozialem Druck kann z. B. durch die Gewinnung externer Machtpromotoren begegnet werden. Tendiert die Gruppe dazu, eine ungeeignete Lösung aus eigennützigen oder sonstigen emotionalen Gründen heraus zu präferieren, so kann der Führer versuchen, die Entscheidung hinauszuzögern, Verantwortlichkeiten festzulegen oder auch für Transparenz zu sorgen, um diesen Bestrebungen Einhalt zu gebieten.

Neben bestimmten Führungstechniken empfiehlt *Janis* die Veränderung von *organisatorischen Strukturen* und Abläufen sowie die Veränderung eingefahrener Verhaltensmuster. So erfordert z. B. auch die Umsetzung der Führungstechniken eine Verankerung in organisatorischen Normen. Beispielsweise ist eine gewisse Ausdifferenzierung der Führerrolle notwendig, damit der Einsatz bestimmter Führungstechniken überhaupt möglich ist (Führer als Innovator, als Vorbild, als Autoritätsträger usw.).

Insbesondere empfiehlt *Janis* die Einführung einer „Advokatenstruktur" (multiple advocacy, vgl. *George* 1980), den Einsatz von Experten zur „Beaufsichtigung" des Entscheidungsablaufes sowie die Beteiligung von Betroffenen durch Feedback in allen Phasen des Entscheidungsprozesses. Diesen Maßnahmen ist gemeinsam, daß sie darauf hinwirken sollen, Entscheidungsprozesse auf eine sachliche Ebene zu bringen und den Einfluß der genannten Constraints zu mindern.

Ein dritter Ansatzpunkt für die Gestaltung von Entscheidungsprozessen liegt nach *Janis* in der *Person des Führers*. Nach seiner Ansicht tendieren Führungspersonen mit bestimmten persönlichen Unzulänglichkeiten zum Ignorieren ernsthafter Krisensymptome und zur unangemessenen Vereinfachung von Problemlösungsprozessen. Beispiele für solche Unzulänglichkeiten sind mangelnde Aufmerksamkeit und Offenheit, geringes Zutrauen in die eigene Leistungsfähigkeit, starke Abhängigkeit von sozialer Zuwendung, geringe Streßtoleranz und chronische Feindseligkeit gegenüber Personen mit abweichenden Meinungen. *Janis* empfiehlt daher eine Auswahl von Kandidaten für höhere Führungspositionen, die solche Unzulänglichkeiten vermeiden hilft.

Die Überlegungen von *Janis* sind nicht in jeder Hinsicht überzeugend. Zum einen fehlen weiterführende Aussagen über das Zusammenwirken der verschiedenen Constraints. Zum anderen formuliert *Janis* implizit recht hohe Ansprüche an die Führungspersönlichkeit, etwa wenn es darum geht, angemessen und unvoreingenommen Führungstechniken einzusetzen. Schließlich bleibt die Behandlung des Rationalitätsproblems unbefriedigend. Für *Janis* ist eine Entscheidung nur dann vernünftig, wenn sie aus der Abfolge eines sorgfältigen Problemlösungsprozesses resultiert. Dem ist jedoch entgegenzuhalten, daß es durchaus gute Gründe geben kann, Entscheidungsprozesse zu verkürzen oder zu verhindern.

II. Das Mülleimer-Modell der organisationalen Entscheidungsfindung

Die moderne Organisationsforschung ist kaum denkbar ohne die Impulse der entscheidungsorientierten Studien von Wissenschaftlern der Carnegie-Mellon-University (vgl. u. a. *Simon* 1955; *Newell/Simon* 1972; *Cyert/March* 1963). Besonders herauszustellen ist das sogenannte „Mülleimer-Modell" (vgl. *Cohen/March/Olsen* 1972). Prozesse der Willensbildung und -durchsetzung folgen gemäß dem Mülleimer-Modell nicht dem oft unterstellten Muster systematischer Zielklärung und kalkulierter Mittelwahl. Sie sind vielmehr geprägt von dynamischen organisationalen Vorgängen (Verfügbarkeit von Ressourcen, Auftauchen von Entscheidungsgelegenheiten, Problemladung, Machtpotentiale) und strukturellen Rahmenbedingungen (Entscheidungsstrukturen, Zuordnung von Problemen und Entscheidungsgelegenheiten). In der weiteren Ausarbeitung dieser Überlegungen verliert auch die in der Organisationstheorie häufig verwendete Metapher von der „Maschinenbürokratie" ihre Überzeugungskraft. Viele Vorgänge innerhalb von Organisationen fügen sich eher in das Bild einer „organisierten(!) Anarchie" (vgl. *March/Olsen* 1976; *March* 1988).

Aus diesem Blickwinkel zeigt sich Führung vornehmlich als Umgang mit Mehrdeutigkeit. Zwecke, Erfolg, Erfahrungen und auch Macht sind typischerweise unklar, bedürfen der Interpretation, der Sinngebung und -vermittlung. In einer solchen Welt gewinnt die Führung andere Funktionen, als sie herkömmlicherweise diskutiert werden. *Cohen/March* vergleichen die Führung von Organisationen mit einer Seefahrt (vgl. *Cohen/March* 1986). Man kann sich von Wind und Wellen treiben lassen, oder man kann Ziel und Kurs streng vorgeben und unbeeindruckt von Wogen und Wetter mit aller Macht hieran festhalten. Beides verbietet sich für die analoge Situation organisationaler Entscheidungsfindung. Das Ziel nicht aus dem Auge verlierend, muß Führung vielmehr darauf bedacht sein, den Strömungen und Turbulenzen der Umwelt angemessen nachzugeben und sie möglichst geschickt zu nutzen. Dementsprechend setzt erfolgreiche Führung auf milde Formen der Einflußnahme. Begrenzte und indirekte Eingriffe sollen der Organisation Richtung geben und Energieverschwendung verhindern. Die zentralen Ressourcen, die der Führer einsetzen muß, sind Zeit (wegen der dadurch möglichen Informationsvorsprünge und um immer präsent zu sein) und

Ausdauer (wegen der Fluktuation der Teilnehmer bei Entscheidungen und wegen der Vergeßlichkeit des Systems).

Wichtiger als inhaltliche Ziele sind den Teilnehmern an Entscheidungsprozessen die Vergewisserung ihres Status. Entsprechend lassen sich hierfür inhaltliche Zugeständnisse austauschen. Ebenso empfiehlt sich in der Regel die Einbindung oppositioneller Kräfte bereits bei der Entscheidungsfindung. Durch die Beteiligung von Anspruchsgruppen wird der Blick „für das Machbare" realistischer und die Durchsetzung der Entscheidung wird einfacher. Zwei weitere Empfehlungen richten sich schließlich auf die Ausnutzung der Dynamik organisationaler Entscheidungsprozesse. Eine gesteuerte Überlastung des Systems mit Problemen und Streitpunkten führt dazu, daß zumindest einige (der eigenen) Projekte die Chance erhalten, akzeptiert zu werden. Die Etablierung organisationaler „Mülleimer" (Grundsatzdebatten, Einrichtung von Ausschüssen und Planverfahren) erlaubt darüber hinaus die Beseitigung von zwar minderen, aber störenden Problemen und von Unzufriedenheitspotential.

Zweifel an der Richtigkeit des von *Cohen/March/Olsen* entworfenen Bildes dürften sich insbesondere an der empirischen Relevanz der unterstellten organisationalen Gegebenheiten festmachen: Sind Organisationen organisierte Anarchien und sind sie es immer in gleichem Ausmaß? Wesentliche Bestimmungsgründe für die beschriebene Art der organisationalen Entscheidungsfindung sind nicht zuletzt die gegebene Organisationsstruktur, insbesondere die Machtstruktur und die Operationalität der Organisationsziele, die Art der erstellten Leistungen, Alter und Größe der Organisation. Auch schaffen situative Gegebenheiten unterschiedliche Bedingungen für den Entscheidungsablauf (Zeitdruck, Qualifikation der Beteiligten, Abgrenzung der Kompetenzen). Insgesamt gesehen weist das Bild der organisierten Anarchie jedoch auf zentrale Aspekte der Entscheidungsfindung in allen Organisationen hin. Entsprechend sind die darin enthaltenen Implikationen für das Führungsverhalten von beträchtlicher Relevanz.

III. Der Umgang mit Unbestimmtheit und Komplexität

Das Mülleimer-Modell beschreibt organisationale Vorgänge. Implizit knüpft es an Vorstellungen über individuelles Entscheidungsverhalten an – ohne allerdings eine strikte Verbindung herzustellen. Um die individuelle Handlungsebene soll es im folgenden gehen. Die diesbezügliche Theorieentwicklung versteht Entscheidungen nicht mehr als „rationale" oder auch als „irrationale" Nutzenbewertung. Nicht der „statische" Akt der Nutzenkalkulation steht im Mittelpunkt der Betrachtungen, sondern die Frage, wie der verwickelte Prozeß der Entscheidungsfindung beschrieben und erklärt werden kann. Entscheidungshandeln wird als Suche nach Problemlösungen verstanden bzw. genauer: als Versuch der Problemhandhabung.

Die Eigenheiten des menschlichen Problemlösungsverhaltens sind besonders in Rechnung zu stellen, wenn es um weitreichende Entscheidungen geht. Typischerweise sind solche Entscheidungsprobleme gekennzeichnet durch unklare Ziele, Komplexität und Intransparenz. Der Umgang mit solchen Problemen wird traditionellerweise in der Denkpsychologie erforscht. In neuerer Zeit haben hierzu die Studien von *Dörner* und Mitarbeitern besondere Aufmerksamkeit gefunden. In vielfältigen Experimenten wurden die Versuchspersonen mit der Aufgabe konfrontiert, die Steuerung von simulierten Sozialsystemen (Stadtverwaltung, Entwicklungsländer) zu übernehmen. Auf diese Weise konnten wichtige Erkenntnisse über den Umgang mit komplexen Problemen gewonnen werden. Besonders beeindruckend ist die starke Gefährdung des Problemlösungsprozesses durch vielfältige Formen des „Fehlverhaltens". Die Beschreibung dieser „Defekte" ist eine Möglichkeit, die Einsichten der Dörnerschen Untersuchungen darzustellen. Daneben wurde von der Forschergruppe aber auch eine stringente Theorieformulierung versucht (vgl. *Dörner* et al. 1983; *Dörner* 1989). Beide Formen der Darstellung sollen kurz skizziert werden, und es soll beispielhaft gezeigt werden, inwieweit sich hieraus Implikationen für den Führungsprozeß ergeben.

Es gibt eine ganze Reihe typischer Verhaltensweisen im Umgang mit komplexen und intransparenten Systemen, die einer angemessenen Problemlösung im Wege stehen. Relativ häufig findet man eine Art „Reparaturdienstverhalten", d. h., man läuft den falschen Problemen hinterher, betätigt sich ad hoc immer dort, wo sich gerade ein Mangel auftut und pflegt einen Perfektionismus in der Behandlung irrelevanter Probleme. Weitere Beispiele von „Fehlverhalten" sind

- „ballistisches" Verhalten, d. h., einmal getroffene Entscheidungen werden nicht weiter auf ihre Umsetzung und Wirksamkeit hin betrachtet,
- „Intuitionsaktionismus", d. h., man verwirft die komplizierte und frustrierende analytische Vorgehensweise und überläßt die eigene Verhaltenssteuerung der Intuition,
- „Methodismus", d. h., die Verfahrensanwendung und -entwicklung ersetzt die inhaltliche Auseinandersetzung,
- „Dekonditionalisierung", d. h., die Regeln werden unabhängig von der situativen Angemessenheit angewendet.

Diese und weitere unergiebige Verhaltensweisen resultieren im wesentlichen aus unzureichenden Vorstellungen der Entscheider über reale Wirkungszusammenhänge und aus der Tatsache, daß diese keine hinreichenden Versuche unternehmen, um die eigenen Zielvorstellungen herauszuarbeiten. Entscheider orientieren sich an einem „inneren Modell" über die relevanten Zusammenhänge in ihrem Handlungsfeld. Dieses Modell ist jedoch meist nur wenig elaboriert, d. h., wichtige Variablen und die funktionale Verknüpfung zwischen diesen Variablen werden nicht oder nur sehr vage berücksichtigt. Insbesondere wird wenig beachtet, daß die Zusammenhänge der Realität in der Regel systemischer Natur sind. Häufig wird statt dessen unterstellt, man könne die Wirkungszusammenhänge auf die Veränderung einer zentralen Variablen zurückführen (reduktive Hypothesenbildung). Klare Vorstellungen sollten nicht nur über reale Vorgänge, also bezüglich des eigenen Wissens, sondern auch über das eigene Wollen bestehen. Komplexe Probleme sind gekennzeichnet durch Zielvielfalt (Polytelie), unspezifizierte Globalziele, widersprüchliche Zielbeziehungen und die Existenz einer Vielzahl von impliziten Zielen. Diese werden meist nur unbefriedigend reflektiert. Ein Beispiel für den Umgang mit den eigenen Zielvorstellungen sei herausgestellt. Aufgrund der Tatsache, daß nicht alle Probleme gleichzeitig gelöst werden können, ergibt sich die Notwendigkeit, die Problembearbeitung in eine zeitliche Ordnung zu bringen. Aus analytischer Sicht empfiehlt sich hierfür eine Zielklärung anhand der Kriterien Zentralität, Dringlichkeit, Wichtigkeit und Delegierbarkeit. Tatsächlich erfolgt die Auswahl der zu bearbeitenden Probleme aber aufgrund der Sinnfälligkeit eines Mißstandes und der Einschätzung der eigenen Lösungskompetenz.

Neben der Beschreibung von Fehlerquellen bei der Problembearbeitung präsentieren *Dörner* und Mitarbeiter auch eine zusammenfassende Theorieformulierung, d. h., sie beschränken sich nicht nur auf die Darstellung typischer „Defekte" und empirischer Korrelationen (etwa wie *Janis* 1992, s. o.), sondern sie versuchen auch eine Einbettung in eine sehr allgemeine Verhaltenstheorie, die emotionale, kognitive und motivationale Variablen miteinander in Beziehung setzt. Relativ präzise Aussagen liegen über die sogenannte „Absichtsregulierung" vor. Die Problembearbeitung erfolgt gemäß den Regeln der individuellen Psychologik, die der objektiv gegebenen Problemsituation aber nicht notwendigerweise gerecht wird. So „drängen" sich beispielsweise solche Absichten vor, die als besonders „dringlich" empfunden werden. Die Verursachung dieser Dringlichkeit mag aber dem Problem wenig angemessen sein. Sie kann sich z. B. speisen aus emotionalem Druck aufgrund sozialer Beeinflussung, aus dem Streben, Unsicherheitsgefühle zu vermeiden oder aus dem Wunsch, „peinliche" Themen zu vermeiden (vgl. ähnlich auch *Martin* 1989, S. 276 ff.).

Es ist zu fragen, welche Bedeutung die Entscheidungstheorie, die ja eine Theorie über das Verhalten von *Individuen* ist, für den *sozialen Prozeß* der Führung haben kann. Wenn Führung als Verhaltensbeeinflussung verstanden wird, so ist die Antwort hierauf sehr direkt: die Kenntnis von Verhaltensprozessen erlaubt es, erfolgversprechende Ansatzpunkte zu ihrer Steuerung zu identifizieren. Ein unmittelbarer Ansatzpunkt für die Führung liegt also in der Beeinflussung möglicher Fehlerquellen der Problembearbeitung. Die Psychologie des Entscheidungsverhaltens in unsicheren und komplexen Situationen liefert Hinweise für die Aufgaben, die eine erfolgreiche Führung zu erfüllen hat. So sollte sie z. B. für eine gewissenhafte Analyse der Problemsituation Sorge tragen, selbst wenn dem – wie oben beschrieben – verschiedene Kräfte entgegenstehen. Um eine erfolgreiche Problembewältigung herbeizuführen, sind Kenntnisse über diese Kräfte notwendig sowie Fähigkeiten, ihr Wirksamwerden zu erkennen und zu bekämpfen. Interessanterweise zeigen empirische Studien, daß die Methodenschulung über den Umgang mit komplexen Problemen nicht ertragreich ist (vgl. *Dörner* 1989). Verhaltensänderungen ergeben sich nur durch Erfahrungen, die durch klares Feedback gekennzeichnet sind, Fehlerdiagnosen erzwingen und alternative Vorgehensweisen einüben. Ob es möglich ist, mit Hilfe der Eignungsdiagnostik besondere Fähigkeiten zur Lösung komplexer Probleme zu identifizieren (vgl. z. B. *Funke* 1993), sei dahingestellt.

Weniger unmittelbar, aber nicht weniger bedeutsam, ist die Bedeutung für die Systemgestaltung. Die Schaffung von Verhaltensbedingungen (Definition von Aufgaben, Einsatz von Hilfsmitteln, Verwendung von Kontrollinstrumenten usw.) kann nur dann zum Erfolg führen (d. h. ein funktionstüchtiges System bilden), wenn sie fundamentalen Tendenzen menschlichen Verhaltens nicht zuwiderläuft. Eindrückliche Beispiele für diesbezüglich unzureichende Konzepte liefern Katastrophen, denen gern menschliches Versagen angehängt wird (z. B. Tschernobyl). Diese Fälle zeigen vielmehr sehr häufig, daß auch eingespielte Fachleute gegen die Tücken komplexer Probleme nicht gewappnet sind – unter Umständen unterliegen sie sogar in besonderer Weise der Versuchung, diese zu unterschätzen. Technikgestaltung oder allgemeiner: die Gestaltung von arbeits- und organisationsbezogenen Abläufen (eine eminente Aufgabe struktureller Führung) muß den menschlichen Eigenheiten im Umgang mit Unbestimmtheit und Komplexität Rechnung tragen.

Literatur

Bartscher, S./Martin, A.: Grundlagen der Normativen Entscheidungstheorie. In: *Bartscher, S./Bomke, P.* (Hrsg.): Einführung in die Unternehmenspolitik. Stuttgart 1993, S. 49–92.
Cohen, M. D./March, J. G./Olsen, J. P.: A garbage can model of organizational choice, in: ASQ, 1972, S. 1–25.
Cohen, M. D./March, J. G.: Leadership and ambiguity. 2. A., Boston 1986.
Cyert, R. M./March, J. G.: A behavioral theory of the firm. Englewood Cliffs, N. J. 1963.
Dörner, D. et al. (Hrsg.): Lohhausen. Bern et al. 1983.
Dörner, D.: Die Logik des Mißlingens. Reinbek 1989.
Funke, U.: Computergestützte Eignungsdiagnostik mit komplexen dynamischen Szenarios. In: Zeitschrift für Arbeits- und Organisationspsychologie, 1993, S. 109–118.
George, A. L.: Presidential decisionmaking in foreign policy. Boulder 1980.
Herek, G./Janis, I. L./Huth, P.: Decisionmaking during international crisis: is quality of process related to outcome? In: Journal of Conflict Resolution, 1987, S. 203–226.
Janis, I.: Critical decisions: leadership in policymaking and crisis management. New York 1989.
Janis, I.: Causes and consequences of defective policy-making. In: *Heller, F.* (Hrsg.): Decision-making and leadership. Cambridge 1992, S. 11–45.
Kirsch, W.: Entscheidungsprozesse. 3 Bde. Wiesbaden 1970/71.
March, J. G.: Organizations and decisions. New York 1988.
March, J. G./Olsen, J. P.: Ambiguity and choice in organizations. Bergen 1976.
Martin, A.: Die empirische Forschung in der Betriebswirtschaftslehre. Stuttgart 1989.
Martin, A./Bartscher, S.: Ergebnisse der Deskriptiven Entscheidungsforschung. In: *Bartscher, S./Bomke, P.* (Hrsg.): Einführung in die Unternehmungspolitik. Stuttgart 1993, S. 93–141.
Newell, A./Simon, H. A.: Human problem solving. Englewood Cliffs, N. J. 1972.
Simon, H. A.: A behavioral model of rational choice. In: Quarterly Journal of Economics, 1955, S. 99–118.

Führungstheorien – Evolutionstheorien der Führung

Gilbert Probst/Henrik Naujoks

[s. a.: Führungskräfte als lernende Systeme; Führungsphilosophie und Leitbilder; Organisationskultur und Führung; Selbststeuernde Gruppen, Führung in; Selbststeuerungskonzepte.]

I. Dynamik als Eigenwert – evolutionstheoretische Annahmen; II. Evolutionstheorien der Führung; III. Konsequenzen für die Führungsforschung.

I. Dynamik als Eigenwert – evolutionstheoretische Annahmen

Unternehmens- und Umweltfaktoren haben sich in den letzten Jahren enorm gewandelt und stellen die Führung vor vollkommen neue Anforderungen. Das Denken in statischen Systemen und invarianten Strukturen bietet deshalb heutzutage keine adäquate Basis mehr für Führungsmodelle. Insofern ist es nicht verwunderlich, daß seit den 80er Jahren mit der Dynamik eine neue Kategorie zunehmend in den Mittelpunkt betriebswirtschaftlicher Management- und Führungsforschung gerückt ist (vgl. bspw. *Türk* 1989). Sie bildet nicht mehr nur eine zu berücksichtigende Nebenbedingung, sondern stellt für viele inzwischen den zentralen Fixpunkt des Führungshandelns dar. Die Berücksichtigung der *Dynamik als Eigenwert* unterstützte das Aufkommen evolutionstheoretischer Konzepte in der Organisations- und Managementlehre. Derartige Konzepte und Betrachtungsweisen hielten erstmals Ende der siebziger Jahre im Zuge der Verbreitung neodarwinistischer Evolutionstheorien in den Sozialwissenschaften Einzug und erfuhren danach vielfältige Variationen, die in diesem Beitrag näher vorgestellt werden sollen. Bevor wir aber im einzelnen auf die evolutionstheoretischen Ansätze kurz eingehen, ist es sinnvoll, die dahinterliegenden Annahmen aufzudecken. Dabei gibt es Grundannahmen, die den evolutorischen Angang an sich kennzeichnen, und Annahmen, anhand derer die einzelnen Ansätze zu differenzieren sind.

Evolutionstheorien der Führung betonten grundsätzlich das *Denken in Prozessen* („Vom statischen Management zum Management im Fluß"; vgl. *Laszlo* 1992). Sie bedienen sich daher auch nicht physikalisch-mechanistischer Erklärungsmuster, sondern nutzen Analogien oder Metaphern aus einer Vielzahl von anderen Disziplinen, wie bspw. der Biologie, der evolutionären Erkenntnistheorie, der Entwicklungspsychologie oder der Ökologie (vgl. bspw. *Oeser* 1989). Organisationen werden als offene Systeme konstruiert, die sich konstant, aber nicht kontinuierlich wandeln. Unterschiede in den Theorien ergeben sich bei den Fragen, wie dieser Wandel vorstellbar ist und wie stark er beeinflußt werden kann.

Sicherlich am deutlichsten können die entsprechenden Führungstheorien durch die Annahmen bezüglich des *Verlaufsmusters* differenziert werden. *Van de Ven/Poole* (1991) haben in einer breit angelegten Untersuchung, die sich über die verschiedensten Disziplinen (z. B. Biologie, Medizin, Psychologie, Erziehung, Meteorologie) erstreckt, untersucht, wie Wandelprozesse verstanden und theoretisch erfaßt werden können (vgl. *Van de Ven* 1992). Demnach können vier grundsätzliche, idealtypische Prozeßmuster unterschieden werden:

(1) die *lebenszyklusorientierten Prozesse*, die eine einheitliche Abfolge von Entwicklungsstufen postulieren (Idealtypus: Nisbet, Piaget).
(2) die *biologisch-evolutionären Prozesse*, die in einem ständigen Ablauf von Variation, Selek-

tion und Retention eine natürliche Selektion von Organismen und Arten vornehmen (Idealtypus: *Darwin, Gould, Campell*).
(3) die *teleologischen Prozesse,* die in einem absichtsvollen Ablauf von Planung, Implementierung und Anpassung auf einen gewünschten Endzustand hinlaufen (Idealtypus: *Weber, Parsons, Taylor*).
(4) die *dialektischen Prozesse,* die – den Pluralismus betonend – gegensätzliche Kräfte annehmen, die in der Gegenüberstellung von These und Antithese eine Synthese herausbilden, die Grundlage einer neuen These werden kann (Idealtypus: *Hegel, Marx, Freud*).

Eine weitere Annahme, die der jeweiligen Führungstheorie zugrundeliegt, läßt sich im *Spannungsfeld zwischen Determinismus und Voluntarismus* verantworten. Voluntaristische Konzepte implizieren die starke Beeinflußbarkeit evolutionärer Prozesse. Stärker deterministisch geprägte Theorien gehen dagegen davon aus, daß Evolution an sich auftritt, ohne daß die Führung die Möglichkeit hat, die Richtung und Geschwindigkeit nachhaltig zu beeinflussen.

Auch wenn die verschiedenen Annahmen nicht unabhängig voneinander existieren, läßt sich mit ihrer Hilfe doch ein Bezugsrahmen zur Systematisierung aufspannen. Welche Ansätze der evolutorischen Führung lassen sich nun identifizieren? Wie können sie vor dem Hintergrund dieses Bezugsrahmens voneinander abgegrenzt werden und wie schlagen sie sich im Führungsverständnis nieder?

II. Evolutionstheorien der Führung

Die verschiedenen Formen des Wandels machen es nötig, evolutionäre Führungstheorien i. w. S. von evolutionären Führungstheorien i. e. S. zu unterscheiden. Erstere umfassen alle oben aufgeführten Prozesse und bilden die Grundgesamtheit der folgenden Betrachtungen. Letztere konzentrieren sich einzig auf das biologisch-evolutionäre Prozeßmuster der Variation, Selektion und Retention (vgl. *Kieser* 1993). Anhand der differenzierenden Dimensionen läßt sich die nachfolgende Matrix (Abbildung 1) aufspannen, in der die relevanten Theorien erfaßt und eingeordnet werden können.

1. Lebenszyklus-Konzepte

Ein großer Teil der Managementliteratur versucht Unternehmensentwicklung durch die *Übertragung des Lebenszykluskonzepts* von Organismen zu erklären und zu verstehen. Es werden idealtypische, regelmäßig auftauchende Entwicklungsphasen unterschieden sowie besondere, kritische Situationen identifiziert. Dadurch sollen auch Vorschläge für eine unternehmerische Bewältigung der Entwicklung mit den entsprechenden Krisen gewonnen werden. In den letzten Jahrzehnten wurde eine Großzahl von Modellen hervorgebracht, die sich grob in fünf Grundtypen systematisieren lassen (*Pümpin/Prange* 1991):

(a) Metamorphosemodelle, die eine relativ starre Abfolge von typischen Zuständen bzw. Phasen beschreiben (bspw. *Lievegoed, Clifford, Mintzberg, Bleicher*);
(b) Krisenmodelle, die idealtypisch an bestimmten Alters- bzw. Größenschwellen ansetzen (bspw. *Bellinger, Lippitt/Schmidt, Buchele, Argenti, Albach, Bleicher*);
(c) Marktentwicklungsmodelle, die den Unternehmenszustand aus der Addition der einzelnen Produkt-Lebenszyklen ableiten (bspw. *Levitt, James*),
(d) Strukturänderungsmodelle, die sich insbesondere auf Aspekte der Strukturen und Systeme in bestimmten Entwicklungsphasen konzentrieren (bspw. *Chandler, Scott, Greiner, Mintzberg, Chuchill/Lewis*) und abschließend
(e) Verhaltensänderungsmodelle, die die Unternehmensentwicklung von phasentypischen Verhaltensweisen und Einstellungen abhängig machen (bspw. *Swayne/Tucker, Adizes, Miller, Quinn/Cameron*).

Die Vielfalt an Lebenszyklus-Konzepten führt auch zu einer relativ großen Bandbreite zwischen Determinismus und Voluntarismus. Vielfach wird die Entwicklung als quasi natürlich dargestellt. Das Führungshandeln konzentriert sich dann allein darauf – entsprechend kontingenztheoretischen Überlegungen –, das für jede Phase passende Ver-

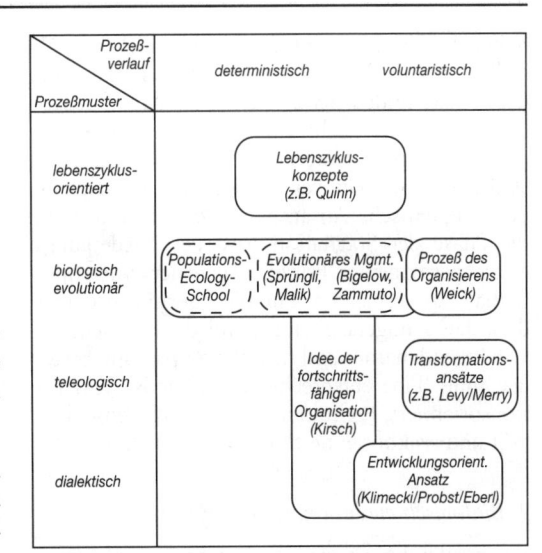

Abb. 1: Überblick über ausgewählte Evolutionstheorien der Führung

Prozeßmuster \ Prozeßverlauf	deterministisch	voluntaristisch
lebenszyklusorientiert	Lebenszykluskonzepte (z.B. Quinn)	
biologisch evolutionär	Populations-Ecology-School / Evolutionäres Mgmt. (Sprüngli, Bigelow, Malik, Zammuto)	Prozeß des Organisierens (Weick)
teleologisch	Idee der fortschrittsfähigen Organisation (Kirsch)	Transformationsansätze (z.B. Levy/Merry)
dialektisch		Entwicklungsorient. Ansatz (Klimecki/Probst/Eberl)

halten zu zeigen, um das Überleben zu sichern (vgl. stellvertretend *Quinn/Cameron* 1983). Auf der anderen Seite finden sich Modelle, die davon ausgehen, daß es sich nicht um irreversible Sequenzen handelt, sondern Unternehmen auch in der Lage sind, ihre eigene Umwelt zu gestalten. So zielt z. B. der pragmatische Ansatz von *Pümpin* darauf ab, die Phase der Stagnation bzw. des Niedergangs durch permanentes Erschließen neuer Nutzenpotentiale zu vermeiden. Für die Führung bedeutet dies, daß genügend Freiraum für die Entwicklung von Eigendynamik und flexibler Anpassung bestehen muß. Eine entsprechende Kultur ist „expansionsorientiert, zeitorientiert, produktionsorientiert und risikoorientiert" (*Pümpin* 1989, S. 269).

2. Biologisch-evolutionäre Ansätze

Ein zweiter, breit angelegter Strang der Führungsforschung versucht, Eigenschaften von *biologischen* Systemen auf soziale Systeme zu übertragen. Analog zu Organismen, die sich in beschränktem Maße auf sich ändernde Umweltbedingungen einstellen können, werden Organisationen als offene soziale Systeme hinsichtlich ihrer Interdependenzen und Austauschbeziehungen mit ihrer Umwelt untersucht. Folgt man diesem Verständnis, werden Veränderungsprozesse in sozialen Systemen als etwas betrachtet, das nicht von außen gemacht werden kann und damit auch nicht beherrschbar ist. Der Prozeß der Veränderung, der die Anpassung gewährleistet, orientiert sich an dem *Ablaufmuster von Variation, Selektion und Retention*, das aus der Evolutionsbiologie bzw. der sozio-kulturellen Evolutionstheorie übernommen wurde (vgl. *Campbell* 1969). Ziel der Evolution ist die immer bessere Angepaßtheit an die objektiv gegebenen Umweltbedingungen, die sich im obersten Kriterium der Lebensfähigkeit ausdrückt. Innerhalb dieser Gruppe lassen sich nun drei Schulen unterscheiden (vgl. *Semmel* 1984).

Die *Population-Ecology-School* (vgl. *McKelvey* 1982; *McKelvey/Aldrich* 1983; *Hannan/Freeman* 1989) vertritt eine stark deterministische Auffassung. Die Umwelt selektiert nach bestimmten Kriterien (Selektionsfaktoren) gewisse soziale Systeme oder ganze Populationen von sozialen Systemen, die sich bewährt haben (vgl. *Segler* 1985; *Kieser* 1989). Da sich diese Schule insbesondere auf ganze Populationen von Organisationen bezieht, werden kaum explizite Aussagen zum Führungsverhalten in der fokalen Organisation gemacht.

Eine zweite Stoßrichtung sind Konzepte des *evolutionären Managements,* die den *beschränkten* Einflußbereich der Führungsgremien betonen (vgl. *Sprüngli* 1981; *Malik/Probst* 1981; *Malik* 1989). Die Betonung eigendynamischer und selbstorganisatorischer Kräfte in Organisationen führt zu der Feststellung eines gemäßigten Systemdeterminismus. Die Führungskraft übernimmt nicht die Funktion eines „Machers", sondern tritt als *„Katalysator"* und Mitspieler im Selbstorganisationsprozeß auf. Als dritte Gruppe haben sich Ansätze des *evolutionären Managements* etabliert, die dem Management eine *aktivere Rolle* zugestehen, dabei jedoch in der Regel von einer gegebenen Umwelt ausgehen (vgl. *Bigelow* 1978; *Dyllick* 1982; *Röpke* 1977; *Zammuto* 1982; *Burgelman* 1983).

Die Vertreter dieser Richtung vertreten eine Führungskonzeption, in der eine indirekte Interventionsstrategie vorgeschlagen wird. Der gestaltende Eingriff bezieht sich vor allem auf die Mechanismen der Evolution. Ziel ist somit nicht mehr die Herstellung eines „Fits" zwischen System und Umwelt durch Einzelmaßnahmen, sondern das Erreichen einer überdauernden Anpassungsfähigkeit bzw. Evolutionsfähigkeit.

3. Der Prozeß des Organisierens

Weick hat Ende der siebziger Jahre einen Ansatz entwickelt, der sich auf die Untersuchung der *kognitiven Prozesse* in sozialen Systemen fokussiert, durch die ein solches System sich und seine Umwelt wahrnimmt und versteht. Insofern setzt er sich insbesondere mit der geistig-sinnhaften Dimension des Führungsverhaltens auseinander. *Weick* gründet seinen Ansatz ebenso wie die biologisch-evolutionären Konzepte auf das Grundmuster von Variation, Selektion und Retention. Er nimmt aber eine Sonderstellung dahingehend ein, daß er zum einen am Individuum ansetzt, zum anderen dem Management statt einer passiv-anpassenden eine aktivere Rolle zuweist.

Organisieren wird in *Weicks* Bezugsrahmen als evolutionärer Prozeß gesehen, in dem Variationen – im Sinne von vieldeutigen Informationen – durch das Wechselspiel zwischen Umweltveränderungen und aktiven Umweltkonstruktionen entstehen. Selektionsmechanismen, die durch mehrere zu diesem Zwecke verknüpfte Handlungsketten gebildet werden, haben nun das Ziel, die Vielfalt an Signalen durch Hinzuziehung kognitiver Erklärungsmodelle sinnvoll zu interpretieren. Das Ergebnis dieses sinngebenden Prozesses ist ein selbst konstruiertes Bild der relevanten Umwelt („enacted environment"), das im Rahmen der Bewahrung gespeichert wird. Im Zusammenspiel mit neuen Umwelteinflüssen kommt es wieder zu Variationen, und der Zyklus wiederholt sich von neuem. Gleichzeitig sind Rückwirkungen zwischen der Phase der Selektion und der Bewahrung identifizierbar, da Erklärungsmodelle, die sich als sinnvoll erweisen, gespeichert werden und somit auch für spätere Selektionen genutzt werden können (*Weick* 1985).

Auch wenn *Weick* in seinen Arbeiten nicht primär auf die Entwicklung konkreter Handlungsvorschläge für Führungskräfte abzielt, lassen sich doch einige Schlußfolgerungen für das Führungsverständnis gewinnen. Es ist geprägt durch eine *Zurückhaltung* bei direkten Eingriffen, durch die positive Einschätzung von chaotischem Handeln gegenüber geordnetem Nichthandeln, durch die Absage an einfache Ursache-Wirkungsketten und Lösungen sowie durch eine hohe *Toleranz*. Darüber hinaus lassen sich anknüpfend an die Phasen des Evolutionsmechanismus weitere Erkenntnisse gewinnen.

Die für *Weick* wichtigste Phase ist die der Bewahrung. Organisatorische Lernprozesse sind nämlich nur dann möglich, wenn die Ergebnisse früherer kognitiver Zyklen sowohl für neue Variationen als auch für neue selektive Interpretationen zur Verfügung stehen. Wie mit den Erfahrungsmodellen umgegangen werden soll, wird infolgedessen zu einer wichtigen, voluntaristisch geprägten Führungsentscheidung. Auch in der ersten Phase der Variation wird die aktivere Einstellung zum Evolutionsprozeß deutlich. Es wird nicht von einer objektiv gegebenen Umwelt ausgegangen. Vielmehr wird Umwelt konstruiert. Die Steigerung der Vielfalt und Komplexität der in einer Unternehmung vorhandenen Erklärungsmodelle erhöht die Chancen einer Organisation, zu sinnvollen Umweltvorstellungen zu kommen, und macht die Forderung „Verkomplizieren Sie sich" (*Weick* 1985, S. 370) verständlich. Auch in der Phase der Selektion zeigt sich die Abkehr von umweltdeterministischen Konzepten, da für *Weick* nicht die reale Umwelt selektiv wirkt, sondern die Umweltvorstellungen der entscheidenden Mitglieder einer Organisation.

4. Die Idee der fortschrittsfähigen Organisation

Deutlich über die bisher angesprochenen Konzepte hinaus geht die Idee der fortschrittsfähigen Organisation, die von *Kirsch* und seinen Mitarbeitern geprägt wurde (vgl. bspw. *Kirsch* 1992, *Strasser* 1991; *Ringlstetter* 1988; *Knyphausen* 1988). Darin rückt der in Evolutionsansätzen angelegte, aber nicht explizit ausgeführte Fortschrittsgedanke in den Mittelpunkt. Nicht mehr nur die Anpassung und das Überleben ist Grundziel einer Organisation, sondern ein Fortschritt in der Befriedigung der Bedürfnisse der mittelbar und unmittelbar Betroffenen. Darauf aufbauend konkretisiert *Kirsch* seinen Ansatz insbesondere inhaltlich, indem er mit der voll entfalteten, fortschrittfähigen Organisation einen kontrafaktischen Zustand beschreibt, der als *regulative Leitidee* dient. Die Evolution kennzeichnet nun den Übergang von einem Sinnmodell zum anderen. *Kirsch* hat hierzu ein Stufenmodell erarbeitet, das zwischen Zielmodell, Überlebensmodell und Fortschrittsmodell unterscheidet. Evolution ist gerichtet und bedeutet eine Höherentwicklung. Der Übergang von einer Stufe auf die nächst höhere wird nach Kirsch durch eine Verbesserung von drei Systemfähigkeiten erreicht: der *Handlungsfähigkeit*, der *Responsiveness* und der *Lernfähigkeit*, der als Metafähigkeit besondere Bedeutung zugemessen wird. Die Handlungsfähigkeit eines Systems besteht insbesondere darin, die eigene Identität eigendynamisch verändern zu können. Mit Responsiveness wird die Sensibilität einer Organisation für die Interessen und Bedürfnisse der an ihr interessierten Akteure bezeichnet. Lernfähigkeit schließlich zeigt sich im Erwerb und der organisationalen Speicherung nicht nur instrumentellen, sondern auch moralisch-praktischen und ästhetisch-expressiven Wissens (vgl. *Kirsch* 1990, S. 472 ff.; *Pautzke* 1989).

Der Prozeß der Evolution ist in *Kirschs* Bezugsrahmen relativ offen. Es finden sich auf der einen Seite Aussagen, die mit biologisch geprägten Prozessen in Verbindung gebracht werden können. Auf der anderen Seite werden durch den klar definierten Endzustand und Anleihen aus der Planungsforschung teleologische und mit der zentralen Stellung der Lernfähigkeit dialektische Prozeßmuster fruchtbar gemacht. Diese Vielfalt und fehlende Festlegung ist auch nicht weiter verwunderlich, da die Vorstellung einer prinzipiell offenen Zukunft für *Kirsch* auch impliziert, daß die Evolutionsmechanismen grundsätzlich veränderbar sind. Der Mensch kann damit seine Evolution nicht beliebig gestalten, d.h. die Zukunft bleibt immer offen, doch er kann aktiv auf sie Einfluß nehmen. Die Möglichkeit der aktiven Gestaltung wird mit dem Terminus der *„geplanten Evolution"* und dem Begriff der „Entwicklung" zum Ausdruck gebracht. Dementsprechend konstruiert *Kirsch* Führungshandeln als *gemäßigt voluntaristisch*, auch wenn epxlizite Aussagen zur Mitarbeiterführung kaum zu finden sind.

5. Transformationsansätze

Insbesondere im englischen Sprachraum haben sich sogenannte „Organizational Transformation"-Ansätze profiliert, die einem grundsätzlich teleologischen Grundmuster folgen und zumeist *stark voluntaristisch* aufgebaut sind. Von Transformationsprozessen wird gesprochen, wenn es sich um einen sog. „second-order change" handelt, d. h. die Veränderung des organisatorischen Paradigmas angesprochen wird (vgl. *Levy/Merry* 1986; *Kilman* et al. 1988). Es ist ein *qualitativer, radikaler Wandel*, der alle Ebenen der Organisation betrifft und neue Verhaltensorientierungen mit sich bringt. Dabei wird ein komplementäres Verhältnis zwischen „Transformation" und „transition" unterstellt. Letzteres dient dazu, den beabsichtigten grundlegenden Wandel auch umzusetzen.

Erklärungen zum transformativen Wandel beruhen insbesondere auf Erkenntnissen aus Evolutions- und Revolutionstheorien sowie Theorien "dissipativer Strukturen". *Levy/Merry* (1986, S. 239 ff.) orientieren sich zudem an Kuhns Paradigmenbegriff und seiner Theorie der wissenschaftlichen Revolution. Dabei gehen sie davon aus, daß der Mensch in der Lage ist, evolutionäre Mechanismen zu erkennen und zu reflektieren, so daß eine sehr aktive Rolle im Evolutionsprozeß eingenommen werden kann. Der Prozeß an sich folgt bei diesen Ansätzen einem bestimmten, zielgerichteten Muster. Dieses läßt sich idealtypisch in die Phasen der Krise, der Transformation, des Übergangs (transition) sowie der Stabilisierung und Entwicklung unterteilen. Die Umwelt liefert zum einen Rahmenbedingungen, die die transformativen Veränderungen begünstigen („driving forces"), zum anderen Faktoren, die als Auslöser dienen können („triggering events"). Das Management hat die Aufgabe, diesen Prozeß aktiv zu begleiten bzw. zu steuern. „Executive leadership plays a vital role in the evolution of organizations" (*Tushman* et al. 1988, S. 122). Die Mitarbeiterführung ist darauf ausgerichtet, Widerstände ab- und Unterstützung aufzubauen. *Tushman* et al. (1988) haben hierzu in ihrem relativ pragmatischen Ansatz die Schritte „envisioning, energizing, enabling" vorgeschlagen.

6. Entwicklungsorientierte Ansatz

Seit kurzer Zeit etabliert sich ein neuer Ansatz, dem nicht nur vornehmlich evolutionstheoretische Überlegungen zugrunde liegen. Vielmehr werden in dem sogenannten „entwicklungsorientierten Ansatz" auch entwicklungspsychologische und lerntheoretische Erkenntnisse einbezogen (vgl. *Klimecki* et al. 1991; *Probst* 1989).

Der Entwicklungsbegriff wird in diesem Verständnis normativ verwendet. Unter Entwicklung wird die qualitative Verbesserung des systemischen Problemlösungspotentials im Sinne einer *Höherentwicklung* verstanden. Es wird davon ausgegangen, daß Entwicklung diskontinuierlich verläuft und sich somit an bestimmten Stufen festmachen läßt. Der Übergang von einer Stufe auf die nächsthöhere erfolgt über *organisatorische Lernprozesse* (→*Führungskräfte als lernende Systeme*). Diese werden von den Hauptvertretern als dialektische Prozesse konstruiert. So entsteht *Lernen* nach *Argyris/Schön* (1978); *Argyris* (1992) aus der Gegenüberstellung von Handlungstheorie und Gebrauchstheorie und nach *Senge* (1990) aus dem Spannungsfeld („creative tension") zwischen „shared vision" und „current reality".

Ziel des entwicklungsorientierten Managements ist es, eine Perspektive aufzuzeigen, wie soziale Systeme aktiv und selbstbestimmend Veränderungsprozesse in der Umwelt aufgreifen und in systemische Entwicklungsprozesse umsetzen können. Der Ansatz wird geprägt durch das Charakteristikum der Autonomie sozialer Systeme im Rahmen der Auseinandersetzung mit Veränderungsprozessen. Die Akteure in sozialen Systemen werden als grundsätzlich frei betrachtet, Ziele und Zwecke selbst zu bestimmen und jederzeit neu zu definieren. Damit wird ein deutlich voluntaristischerer Standpunkt eingenommen als beispielsweise in den Lebenszykluskonzepten, den biologisch-evolutionären Ansätzen oder im Bezugsrahmen *Kirschs*.

Wie wirkt sich dieses Verständnis auf die Führungstheorie aus? Führung bedeutet nicht mehr die Sicherstellung eines gewünschten Verhaltens durch den Einsatz entsprechender Instrumente, sondern das Schaffen von Rahmenbedingungen, in denen die Akteure eigenverantwortlich und selbstorganisierend handeln können. Die Managementleistungen sind dabei keineswegs an einen bestimmten Personenkreis, etwa die Führungsspitze gebunden, sondern diese Leistungen werden von allen Akteuren im System erbracht. Jedes Systemmitglied ist ein potentieller Manager. Die Fähigkeit, zu managen, ist somit diffus über das ganze System verteilt und kann nicht an einer Stelle lokalisiert werden. *Management* kann daher als eine *Eigenschaft des Systems* bezeichnet werden.

III. Konsequenzen für die Führungsforschung

Vergegenwärtigt man sich die wichtigsten Evolutionstheorien der Führung, muß man feststellen, daß sie weitestgehend auf einem makroorganisationalen Niveau verharren. Explizite Aussagen zur Mitarbeiterführung finden sich nur sehr selten. Dabei implizieren die entsprechenden Annahmen deutliche Konsequenzen für die jeweiligen Führungsmodelle. Allen Ansätzen gemeinsam ist sicherlich die Ablehnung, Führung allein als Verhaltenskontrolle zu interpretieren. Anknüpfend an die obigen Charakterisierungen ergeben sich danach aber weitergehende Unterschiede im Führungsverständnis. Diese beziehen sich zum einen auf die Aufgabe (Wachstum vs. Überlebenssicherung vs. Fortschritt vs. Prozeßbegleitung vs. Entwicklung), zum anderen auf die Lokalisierung der Managementaktivitäten (Führungsspitze vs. gesamtes System). In Zukunft muß sich die Führungsforschung verstärkt darauf konzentrieren, konkrete Implikationen aus den verschiedenen Konzepten zu gewinnen. Lag bislang der Schwerpunkt auf Fragen der Unternehmensführung, so muß in Zukunft die Brücke zur Mitarbeiterführung geschlagen werden. Wie dies aussehen kann, wird an der Forschung im Rahmen des entwicklungsorientierten Ansatzes deutlich, der versucht, Personal- und Unternehmensentwicklung zu einer integrativen Sichtweise zu verbinden (vgl. *Klimecki/Probst* 1992). Damit wird es auch möglich, die teilweise ebenso theoretischen wie abstrakten Grundkonzepte für die Führungspraxis nutzbar zu machen.

Literatur

Argyris, D./Schön, D. A.: Organizational Learning. Reading 1978.
Argyris, D.: On organizational learning. Cambridge et al. 1992.
Bigelow, J. D.: Evolution in Organizations. Case Western Reserve University 1978.
Burgelman, R. A.: A Process Model of Internal Corporate Venturing in the Diversified Major Firm. In: ASQ, 1983, S. 223-244.
Campbell, D. T.: Variation and Selective Retention in Socio-Cultural Evolution. In: General Systems, 1969, S. 69-85.
Dyllick, T.: Gesellschaftliche Instabilität und Unternehmensführung. Bern et al. 1982.
Hannan, M. T./Freeman, J.: Organizational Ecology. London 1989.
Kieser, A.: Entstehung und Wandel von Organisationen. In: *Bauer, L./Matis, H.* (Hrsg.): Evolution – Organisation – Management. Bern 1989, S. 161-190.
Kieser, A.: Evolutionstheoretische Ansätze. In: *Kieser, A.* (Hrsg.): Organisationstheorien. Stuttgart et al. 1993, S. 243-276.
Kilman, R. H./Covin, T. J./Associates (Hrsg.): Corporate Transformation. San Francisco et al. 1988.
Kirsch, W.: Unternehmenspolitik und strategische Unternehmensführung. München 1990.
Kirsch, W.: Kommunikatives Handeln, Autopoiese, Rationalität. München 1992.
Klimecki, R./Probst, G. J. B.: Personal- und Unternehmensentwicklung. In: *Lattmann, C./Probst, C. J. B./Tapernoux, F.* (Hrsg.): Die Förderung der Leistungsbereitschaft des Mitarbeiters als Aufgabe der Unternehmensführung. Heidelberg 1992, S. 3-26.
Klimecki, R./Probst, G. J. B./Eberl, P.: Systementwicklung als Managementproblem. In: *Staehle, W. H./Sydow, J.* (Hrsg.): Managementforschung – Band 1, Berlin 1991, S. 103-162.
Knyphausen, D. zu: Unternehmungen als evolutionsfähige Systeme. München 1988.
Laszlo, E.: Evolutionäres Management. Fulda 1992.
Levy, A./Merry, U.: Organizational Transformation. New York et al. 1986.
Malik, F.: Strategie des Managements komplexer Systeme. 3. A., Bern et al. 1989.
Malik, F./Probst, G. J. B.: Evolutionäres Management. In: DU, 1981, S. 121-140.
McKelvey, B.: Organizational Systematics – Taxonomy, Evolution, Classification. Berkley 1982.
McKelvey, B./Aldrich, H.: Populations, Natural Selection and Applied Organizational Science. In: ASQ, 1983, S. 101-128.
Oeser, E.: Evolution und Management. In: *Bauer, L./Matis, H.* (Hrsg.): Evolution – Organisation – Management. Berlin 1989, S. 7-24.
Pautzke, G.: Die Evolution der organisatorischen Wissensbasis. München 1989.
Probst, G. J. B.: Soziale Institutionen als selbstorganisierende, entwicklungsfähige Systeme. In: *Bauer, L./Matis, H.* (Hrsg.): Evolution – Organisation – Management. Berlin 1989, S. 145-160.
Pümpin, C.: Das Dynamik-Prinzip. Düsseldorf 1989.
Pümpin, C./Prange, J.: Management der Unternehmensentwicklung. Frankfurt et al. 1991.
Quinn, R. E./Cameron, K.: Organizational Life Cycles and Shifting Criteria of Effectiveness: Some Preliminary Evidence. In: Man. Sc., 1983, S. 33-52.
Ringlstetter, M.: Auf dem Weg zu einem evolutionären Management. München 1988.
Röpke, J.: Die Strategie der Innovation. Tübingen 1977.
Segler, T.: Die Evolution von Organisationen. Frankfurt et al. 1985.
Semmel, M.: Die Unternehmung aus evolutionstheoretischer Sicht. Bern et al. 1984.
Senge, P.: The Fifth Discipline. The Art and Practice of the Learning Organization. New York 1990.
Sprüngli, R. K.: Evolution und Management. Bern et al. 1981.
Strasser, G.: Zur Evolution von Unternehmungen. München 1991.
Türk, K.: Neuere Entwicklungen in der Organisationsforschung. Stuttgart 1989.
Tushman, M. L./Newman, W. H./Nadler, D. A.: Executive Leadership and Organizational Evolution. In: *Kilman, R. H./Covin, T. J./Associates* (Hrsg.): Corporate Transformation. San Francsico et al. 1988, S. 102-130.
Van de Ven, A. H.: Suggestions for Studying Strategy Process: A Research Note. In: Strategic Management Journal, 1992, S. 169-188.
Van de Ven, A. H./Poole, M. S.: In Search of Theories of Development and Change. Unveröffentlichtes Discussion Paper. University of Minnesota. Minneapolis 1991.
Weick, K. E.: Der Prozeß des Organisierens. Frankfurt 1985.
Wicker, A. W.: Book Review of Weick, K. E.: The Social Psychology of Organizing (2nd Ed.). In: ASQ, 1980, S. 713-719.
Zammuto, R. F.: Assessing Organizational Effectiveness. Albany 1982.

Führungstheorien – Idiosynkrasiekreditmodell

Edwin P. Hollander

[s. a.: Empirische Führung, Methoden der; Führungsforschung/Führung in Nordamerika; Führungstheorien – Attributionstheorie, – Austauschtheorie; Vertrauen und Führung.]

I. Allgemeine Merkmale; II. Besondere Merkmale; III. Sozialer Austausch und Nicht-Normativität; IV. Legitimität und Quellen von Autorität; V. Einige Implikationen und Schlußfolgerungen.

I. Allgemeine Merkmale

Das „Idiosyncrasy Credit" (IC) Modell knüpft an die Tatsache an, daß Führer Geführte brauchen (vgl. *Hollander* 1992a). Das Modell bricht mit der Vorstellung starrer Führer- und Geführtenrollen und konzentriert sich auf die dynamischen Kräfte ihrer Beziehung, das Entstehen eines Führers sowie sein Wandel infolge der Wahrnehmungen der Geführten. Ein positiver Eindruck wird als „credit" angesehen, welcher die Möglichkeit der Einflußnahme durch den Führer (*House/Baetz* 1979, S. 375–380) und die Akzeptanz als legitimierte Führungsperson erhöht, Innovationen durchzuführen (*Hollander* 1992b). In seiner ursprünglichen Formulierung (*Hollander* 1958) begann das IC Modell damit, das scheinbare Paradoxon anzusprechen, daß frei gewählte Führer mehr der Gruppennorm entsprechen und gleichwohl diejenigen sind, von denen erwartet wird, daß sie Veränderungen, insbesondere bei dringendem Bedarf, als Teil ihrer Aufgabe initiieren. Die Vorstellung einer wechselseitigen Beeinflussung der interpersonellen Bewertung im IC Modell bringt es mit sich, daß die Anerkennung des Führers durch die Geführten sowohl bei dessen Untätigkeit als auch bei inadäquaten Aktionen, die zu einem unerwünschten Ergebnis führen, gefährdet ist.

Das IC Modell behandelt diesen Prozeß in interpersonellen Begriffen, wenn es um den Aufbau einer Vertrauensbasis und von Loyalität geht. Der zentrale Punkt ist der Status und die Legitimität des Führers in den Augen der Geführten, basierend auf 2 Hauptfaktoren:

Beiträge zur Hauptaufgabe der Gruppe und *Zeichen der Loyalität zur Gruppennorm*. Zur Vereinfachung werden beide Faktoren unter den Sammelbegriffen „Kompetenz" und „Konformität" zusammengefaßt. Sie werden als Hauptquelle für *Anerkennung* (credits) angesehen, die sich mit der Zeit in der Wahrnehmung bildet und von Betroffenen geteilt wird. Das offensichtliche Paradoxon wird daher durch die Erkenntnis gelöst, daß es zu einer Aufeinanderfolge von spezifischen Abläufen kommt. Frühe Kompetenz und Konformität tragen zur Anerkennung bei, die für spätere Neuerungen, die von dieser Person akzeptierbar sind, genutzt werden können.

II. Besondere Merkmale

Der Begriff „credit" (Anerkennung) ist in der (englischen) Umgangssprache in so gebräuchlichen Ausdrücken verankert, wie „receiving credit" (Anerkennung erhalten), „taking credit" (sich als Verdienst anrechnen) und „being discredited" (diskreditiert werden). In seinem speziellen Gebrauch des Wortes Anerkennung zeigt das IC Modell, welche operationale Signifikanz die Anerkennung einer Person für das Zustandekommen von *Innovationen* hat. Diese Neuerungen würde man als „Abweichungen" (deviations) betrachten, wenn sie von Personen, die geringere Anerkennung genießen, durchgeführt würden. *Pepinsky* (1961) verwendete den Begriff „produktive Nonkonformität", um diese als positiv angesehene Leistung zu beschreiben. Politikwissenschaftler sprechen schon lange von „politischem Kapital" und *Verba* (1961) formulierte ein dem IC ähnliches Konzept, das „Akzeptanzkapital", das durch die Konformität des politischen Führers mit den Erwartungen der Gruppe aufgebaut wird. *Verba* verwendete jedoch nicht direkt den Aspekt der Kompetenz als einen Faktor seiner Analyse.

Es gibt noch andere Faktoren, die zum Aufbau von Anerkennung beitragen. So ist zum Beispiel das Dienstalter ein häufig in diesem Sinne wirksamer Faktor, obwohl er offenbar nicht mit überall gleicher Wirkung auftritt. Eine Person kann auch aus einer „derivativen", respektive abgeleiteten Anerkennung Nutzen ziehen. Dies geschieht zum Beispiel, wenn eine in einer anderen Gruppe erworbene vorteilhafte Reputation übertragen wird, wie in der Gesamtgesellschaft beim Wirksamwerden eines hohen sozioökonomischen Status sichtbar wird. Für gewöhnlich jedoch ist ein neues Mitglied einer Gruppe meistens in einer schlechten Position, wenn es gilt, Einfluß auszuüben. Dies gilt besonders in Richtung auf eine Veränderung, außer er oder sie hat eine außergewöhnliche Qualifikation, die eine neue Idee sein kann, die hilft, ein größeres Gruppenproblem zu behandeln, oder er oder sie bringt eine dringend benötigte Fertigkeit ein. Unter diesen Umständen gewinnen sie Anerkennung durch ein Maximum im Bereich des Kompetenzfaktors. Vorteile kann man auch daraus ziehen, daß man plakativ Aufmerksamkeit auf sich lenkt, *falls* das Ergebnis für die Gruppe positiv ist. Dies wurde in den Forschungen von *Sorrentino/Boutillier* (1975) bestätigt, die herausfanden, daß anfängliche *Quantität* von Beteiligung in einer Gruppe von den anderen als Zeichen der Motivation eines Gruppenmitgliedes angesehen wird, während spätere Beteiligung mehr nach *Qualität* beurteilt wird. Diesbezüglich behauptet *Ridgeway* (1981), daß Nonkonformität eine größere Ausgangsbasis für Einfluß sein kann und weist auf experimentelle Beweise hin, die dem IC Modell zu widersprechen scheinen. Es ist sicherlich richtig, daß eine Person innerhalb einer kurzen Zeit Aufmerksamkeit auf sich ziehen kann, indem sie *Nonkonformität* mit den vorherrschenden Normen an den Tag legt, wie dies in positiver Weise auch durch die große Quantität von Beteiligung in einer Gruppe möglich ist (siehe oben). Dies wird jedoch zu gegebener Zeit im Lichte des Niveaus der Arbeitsbeiträge verifiziert werden. Hierauf hat *Hollander* (1964) wie folgt hingewiesen: „Handlungen, die die Aufmerksamkeit auf eine Person ziehen, können diese Person auf Grund eines günstigen Ergebnisses in eine einflußreiche Position bringen. Falls dann der (glückliche) Umstand eintritt, daß die Gruppe durch die Aktivitäten des Neuankömmlings ihre Ziele erreicht, wird seine Stellung noch prominenter" (*Hollander* 1964, S. 227). Diese beiden Effekte sind jedoch zweifelsohne nicht linear; es kann ein Punkt von Disfunktionalität erreicht werden, der zu einer Abwehrreaktion führen kann.

III. Sozialer Austausch und Nicht-Normativität

Grobgesprochen folgt das IC Modell der Perspektive der *sozialen Austauschtheorie (→Führungstheorien – Austauschtheorie)*, die sowohl den Führer als auch die Anhänger in eine implizite Transaktion verwickelt sieht. Der Führer bringt seinen Anhängern Vorteile. Diese entstehen durch die Koordinierung der gemeinamen Bemühungen und das Vermitteln von Erfolgserlebnissen durch die Anerkennung der eingesetzten Anstrengungen. Die Anhänger ihrerseits geben dem Führer für seine Leistungen ihre Bereitschaft zurück, auf seine Anweisungen einzugehen und gewähren ihm einen höheren Status und Wertschätzung (*Hollander/Julian* 1969). Daher stellt die „Transaktion" die Grundlage dar für gegenseitige Achtung und Einfluß in beiden Richtungen, einschließlich den Forderungen an den Führer, die von den Anhängern gestellt werden, die eine aktivere Rolle, als ihnen gewöhnlich zugestanden wird, innehaben. *Homans* hat diesen Prozeß kurz zusammengefaßt, indem er feststellte, daß „Einfluß über andere um den Preis erworben wird, das eigene Selbst von anderen beeinflussen zu lassen" (*Homans* 1961, S. 286).

Zwei weitere Punkte sind zur Vedeutlichung der Charakteristiken des Modells beachtenswert. Erstens beziehen sie sich ganz direkt auf Führung als „akkreditivem Status", wo die Anhänger die Rolle dabei spielen, dem Führer durch Anerkennungsschritte – z. B. einer Wahl – in einem Aufbauprozeß Legitimität zu verleihen. Das Modell enthält allerdings ebenso Implikationen für Situationen, in denen Führung durch Ernennung entsteht. Zweitens ist das Modell *nicht-normativ und deskriptiv*, da es *nicht* dazu Stellung nimmt, wie die Dinge eigentlich sein sollten, sondern eher widerspiegelt, wie die Dinge in Systemen, die mit relativ wenig Zwang und Kontrolle auskommen, zu sein scheinen.

Im Bereich der sozialen Austauschtheorie wird Konformität als Belohnung, die Interaktionen glättet, behandelt (*Homans* 1961; *Jones* 1964; *Nord* 1969, *Thibaut/Kelley* 1959). Der wesentliche Punkt in derartigen Formulierungen ist, daß Konformität gegen Akzeptanz durch andere und vor allem auch deren Unterstützung ausgetauscht werden kann. Dies führt, besonders, wenn man beachtet, daß das IC Modell nicht auf kurzfristige Zeiträume, sondern auf einen Interaktionsprozeß angelegt ist, zu der Sicht, daß *frühe Konformität höhere Toleranz gegen spätere Nonkonformität in der Form von Neuerungen zuläßt*.

Die Wahrnehmung der Konformität einer Person mit den Normen der Gruppe basiert weitgehend auf oberflächlichen Beobachtungen, die mit Erwartungen verglichen werden, in denen vor allem die Kompetenz eine Rolle spielt, die eine Person entwickelt, um der Gruppe zu helfen, ein günstiges Resultat zu erzielen. Wie bereits bemerkt, enthält das IC Modell die grundsätzliche Überlegung, daß Verhalten, das bei einem Gruppenmitglied als nicht-konform angesehen wird, bei einem anderen nicht ebenso beurteilt werden muß. Verbunden mit dieser Überlegung ist, daß Konformität und Nicht-Konformität nicht auf eine einzige Norm, die auf jeden anwendbar ist, fixiert sind, wie dies in der traditionellen Auffassung, wie sie zum Beispiel in der „J Curve" gesehen wird, der Fall ist. Es kann vielmehr geschehen, daß nicht-konformes Verhalten durch die Gruppe verschieden definiert wird, je nachdem, wie der Handelnde selbst wahrgenommen wird. Konformität wird daher nach der Anerkennung bewertet, die eine bestimmte Person erreicht hat. Dies paßt zur alltäglichen Beobachtung, daß Personen von höherem Status auf den meisten Gebieten mehr Spielraum für Nichtkonformität gegenüber allgemeinen Normen haben. Dies wurde in Experimenten wie denen von *Berkowitz/Macaulay* (1961); *Harvey/Consalvi* (1960); *Julian/Steiner* (1961); *Sabath* (1964) und *Wiggins* et al. (1965) bestätigt. Die zentrale Erkenntnis dieser Studien war unter anderem, daß Mitgliedern mit hohem Status mehr Nicht-Konformität zugebilligt wird, obwohl dies die beobachteten Beziehungen allzusehr verallgemeinern könnte.

Daher gilt, daß das, was für ein Gruppenmitglied als nicht-konform wahrgenommen wird, für ein anderes nicht ebenso angesehen werden kann. Dies führt zu der Ansicht, daß an die Person mit steigendem Status schließlich neue Erwartungen (→*Führungstheorien – Weg-Ziel-Theorie*) gestellt werden, die die Ausübung ihres Einflusses gestatten, was es dann für andere in der Gruppe angemessen erscheinen läßt, solche Einflußnahme zu akzeptieren. Es ist voraussagbar, daß mit einem relativ hohen Maß an *sichtbarer Kompetenz* es einem Gruppenmitglied mit der Zeit gelingen sollte, seinen Einfluß zu einem gewissen Maximum auszuweiten. Falls er oder sie jedoch schon früh mit den Gruppennormen nicht konform geht, könnte dies seinen oder ihren Einfluß vermindern, weil dies zu einer Wahrnehmungsblockade führt. Bei konstantem Kompetenzniveau würde die *frühe* Nichtkonformität dieser Person seine oder ihre Effektivität, Akzeptanz und Einflußchancen schmälern. Andererseits würden *spätere* Anzeichen von Nichtkonformität, nachdem bereits Anerkennung erworben wurde, eine positivere Wirkung hervorrufen. Nachdem ein höherer Status einmal erreicht wurde, sollte eine Verschiebung der Erwartungen stattfinden, welche die innovative „Nichtkonformität" dieser Person in der Tat zu einem *gültigen Statusmerkmal* macht und dabei ihren Einfluß noch verstärkt.

Um dies experimentell zu überprüfen, gab *Hollander* (1960) zwölf Gruppen männlicher Technikstudenten eine Aufgabe, die fünfzehn Durchgänge in einer sieben mal sieben Auszahlungsmatrix umfaßte. Bei jedem Durchgang wurde in Antizipation eines sich ergebenden Spaltenwertes eine Gruppenentscheidung über einen Zeilenwert verlangt. Nach der Entscheidung wurden die negativen und positiven Werte in jeder Zeile der Matrix aufgezeigt. Von den fünf Mitgliedern jeder Gruppe war jeweils einer ein Eingeweihter, der immer der kompetenteste Problemlöser im Herausfinden des „Systems" war. Jede Kommunikation in der Gruppe lief über Mikrophone und Kopfhörer von separaten Zellen aus, in denen sich die Versuchspersonen befanden.

Vor dem Beginn einigten sich die Mitglieder jeder Gruppe über gewisse Verfahren, die sie bei der Behandlung des Problems vorwiegend anwenden wollten, zum Beispiel über die Berichtsfolge getroffener Entscheidungen, Majoritätsregeln und Verteilung der Gewinne. Da Gruppenkonsens notwendig war, um diese Verfahren fortzusetzen, waren sie in der Tat öffentliche Darstellungen der gemeinsamen Erwartungen. Die hohe Kompetenz des Eingeweihten wurde konstant gehalten, aber seine Nichtkonformität wurde im Zeitverlauf variiert: in allen Versuchen, früh oder spät in den Versuchen, in Versuchsabschnitten von je fünf Durchgängen. Sein tatsächlicher Einfluß wurde nach der Anzahl der Versuche in jedem Fünferabschnitt gemessen, in denen die von ihm vorgeschlagene Lösung als Gruppenbeschluß akzeptiert wurde.

Die Ergebnisse zeigten, daß die Akzeptanz des Einflusses des Eingeweihten während der fünfzehn Versuche als Funktion der Akkumulation sukzessiver Kompetenzbeweise zunahm. Es wurde jedoch innerhalb dieser breiten Wirkung festgestellt, daß, wenn er *früh* im Experiment *nichtkonformes* Verhalten gezeigt hatte, dies seine Fähigkeit, die Gruppe zur Annahme seiner tatsächlich guten Lösungen zu beeinflussen, erheblich verminderte. Andererseits ergab seine Nicht-Konformität, *nachdem er eine Zeitlang konform gewesen war und gleichzeitig Kompetenz gezeigt hatte,* bedeutend höhere Werte der Akzeptanz seines Einflusses. Wenn der Eingeweihte nach dem ersten Versuchsabschnitt begann, sich nichtkonform zu verhalten, wurde seine Nicht-Konformität ohne direken Einwand akzeptiert, und nach einigen Versuchen wurde sein Vorschlag, daß die „Majoritätsregel vielleicht nicht so gut funktioniert" tatsächlich als Grundlage genommen für Verschiebungen der Gruppenaktivität, so daß seine Entscheidung von der Gruppe abgewartet und dann ohne Frage akzeptiert wurde. Weiter wurde sein Beispiel, andere zu unterbrechen, imitiert, sobald er seinen Status etabliert und seine Führerrolle gefestigt hatte. Der gegenteilige Effekt wurde auch beobachtet: Begann der Eingeweihte, sich von Beginn an nichtkonform zu verhalten, wurde sein Einfluß begrenzt und von den anderen einer Zensur unterschiedlichen Ausmaßes unterworfen.

In einem Folgeexperiment (*Hollander* 1961) wurde Universitätsstudenten beiderlei Geschlechts eine kurze Beschreibung der Kompetenz einer Person im Hinblick auf eine bestimmte Aufgabe gegeben. Außerdem wurde die Zeitdauer angegeben, die die beschriebene Person in einer Gruppe verbrachte. Die Wirkung beider Aspekte, Kompetenz und Zeitdauer, auf die Bereitschaft der Versuchspersonen, den beschriebenen Personen die Autoritätsposition zuzubilligen, sollte festgestellt werden. Die Bereitschaft wurde als Maß für den „akkordierten Status" genommen. Acht Beschreibungen wurden als unterschiedliche Versuchsbedingungen zusammengestellt, indem je einer der Begriffe „seit einiger Zeit in der Gruppe" oder „neu in der Gruppe" mit einem von vier Kompetenzgraden, die durch die drei Begriffe „äußerst fähig für die Gruppenaktivität" bis „fähig", „durchschnittlich fähig" oder „kaum fähig" beschrieben wurden, gepaart wurde. Durch die Kombination dieser Stimulusbegriffe war es möglich, eine Einteilung zu treffen, in der die vier Kompetenzgrade und die zwei verschiedenen Aufenthaltszeiten in der Gruppe in Zusammenhang gebracht wurden. In allen Versuchsbedingungen wurden gleichermaßen zwei weitere Begriffe erwähnt. Dies waren „interessiert" und „allgemein beliebt". In der ersten Phase wurden die Versuchspersonen aufgefordert, auf einer siebenteiligen Skala anzugeben, wie willig sie wären, dieser Person eine Autoritätsposition zuzubilligen. Dies war das Maß für den „akkordierten Status".

Die Ergebnisse zeigen, daß in der ersten Phase sowohl Kompetenz als auch Länge der in der Gruppe verbrachten Zeit systematisch zu erhöhtem „akkordierten Status" beitrugen.

In der zweiten Phase des Experiments wurden diese Punkte für akkordierten Status in der Hinsicht betrachtet, wie sehr die Versuchspersonen gewisse von der Stimulusperson in der Gruppe gezeigten Verhaltensweisen mißbilligen würden. Die beiden innovativen Verhaltensweisen „schlägt Änderungen der Gruppenordnung vor" und „diskutiert Gruppenangelegenheiten mit Außenstehenden" wurden desto weniger mißbilligt, je höher der Status war. Andererseits wurde das Gegenteil für Verhaltensweisen festgestellt, die interpersonale Handlungen, wie z. B. „unterbricht andere" enthielten.

Diese Studie zeigte, daß Personen von höherem Status größeren Spielraum im Bereich von Innovationen haben, aber nicht in anderen Bereichen.

Die Tatsache, daß das Verhalten einer Person, der man höheren Status zugesteht, unterschiedlich von jenem einer Person mit niedrigerem Status bewertet wird, stellt eine nützliche Brücke dar zum Verständnis des Potentials für Innovationen in Verbindung mit Führung. Wie oben beschrieben, dürften Führer Initiatoren von Veränderungen sein, die unter Umständen auf ziemlich nichtkonformen Wegen erzielt werden. Anfänglich aber dürften sie beim Etablieren ihrer Position mit den Gruppennormen konform gehen.

Nichtkonformität kann auch im Hinblick auf die Unterscheidung zwischen allgemeinen Erwartungen für Gruppenmitglieder und jenen besonderen, mit höherem Status verknüpften Erwartungen betrachtet werden. Während in gewisser Weise für die Person mit hohem Status größere Toleranz gegenüber Nichtkonformität besteht, zeigen Forschungsergebnisse Restriktionen im Hinblick auf besondere Erwartungen, die an das Verhalten in Rollen mit höherem Status geknüpft werden. Zumindest zwei Gründe erklären, warum diese Restriktionen auferlegt werden könnten. Erstens wird, weil angenommen wird, daß höherer Status größere Selbstbestimmung mit sich bringt, von Personen mit höherem Status erwartet, daß sie für ihre Handlungen größere →Verantwortung tragen. Zweitens bewirkt ein größerer Status ein höheres Potential zur Realisierung von Ergebnissen, die für die Gruppenmitglieder wichtig sind (*Hollander* 1964).

Ein Experiment von *Alvarez* (1968) befaßte sich mit einigen dieser Punkte. Er baute simulierte Arbeitsorganisationen auf mit neun echten Versuchspersonen und einem Eingeweihten, dem entweder die Rolle eines Koordinators oder die eines Arbeiters, und damit eine Rolle mit relativ hohem oder niedrigem Status, zugeteilt wurde. Die Aufgabe der Gruppe war, „kreative Ideen für Großkarten zu entwickeln". Der Eingeweihte wurde instruiert, nichtkonformes Verhalten einzubringen, indem er zum Beispiel den speziellen Arbeitsanweisungen, die der Gruppe gegeben worden waren, zuwiderhandelte. Anfänglich sollte er dies während 40 Prozent der Zeit tun, dann in der zweiten Arbeitsperiode auf 60 Prozent hinaufgehen, und dann 80 Prozent in der dritten und vierten Periode erreichen. Zur Manipulation von „Erfolg" und „Mißerfolg" wurde unmittelbar vor der zweiten Arbeitsperiode der einen Hälfte der Gruppe gesagt, daß ihre Arbeit als sehr gut bewertet wurde und der anderen Hälfte, daß ihre Arbeit den Erwartungen nicht entsprochen hätte. Zusätzliche Aspekte dieses umfangreichen Experimentes beinhalteten die „Degradierung" von Koordinatoren und die „Beförderung" von Arbeitern auf den Platz von Koordinatoren. Nach jeder Arbeitsperiode bewerteten sich die Versuchspersonen gegenseitig im Hinblick auf den Wert jeder Person für die Gruppe als Ganzes sowie die Bedeutung der Beiträge der anderen Personen auf die eigene Leistung. Diese Bewertungen dienten als Maß für die abhängige Variable, die *Alvarez* „Wertschätzung" nannte.

Seine wichtigsten Befunde in bezug auf den Verlust der Wertschätzung zeigen, daß für dieselben „nichtkonformen Handlungen" die Person mit hohem Status die Wertschätzung langsamer verliert als jene mit niederem Status. Dies traf jedoch nur auf erfolgreiche Organisationen zu. War die Organisation erfolglos, traf das Gegenteil zu. Dies unterstreicht die Tatsache, daß größere Verantwortung und Beachtung, die gewöhnlich mit höherem Status verbunden sind, auch bedeuten, daß das Ergebnis jeder beliebigen nichtkonformen Handlung sehr kritisch nach dem für die Gruppe erzielten Vorteil beurteilt wird. Aus der historischen Betrachtung vergangener Abweichungen, die einen Erfolg gezeitigt haben, verbindet sich die Erwartung, daß das Verhalten eines Gruppenmitgliedes mit hohem Status für die Gruppe eher gute als schlechte Ergebnisse erzielt. Wie oben bemerkt, werden diese als in der Natur der „produktiven Nichtkonformität" liegend betrachtet werden (*Pepinsky* 1961). Auch das Gegenteil ist der Fall. Ein Mangel an Erfolg kann diesen Abweichungen eine negative Färbung geben, welche schnell Anerkennung entziehen kann. Der Kernpunkt ist, daß Handlungen von offensichtlich nichtkonformer Art ganz unterschiedlich interpretiert werden und zwar je nachdem, wie andere den *Handelnden wahrnehmen*, basierend auf ihrer vergangenen Erfahrung mit dem Handelnden und den Eigenschaften (→*Führungstheorien – Eigenschaftstheorien*), die sie ihm zuschreiben.

Der Prozeß des Zuschreibens von Eigenschaften ist deutlich signifikant für die Bestimmung des Einflusses, wie *Heider* (1958) und *Jones* (1979) unter anderem feststellten (→*Führungstheorien – Attributionstheorie*). Ein Beispiel ist Heiders Unterscheidung zwischen „Können" und „Wollen", was auf die Zuschreibung von Fähigkeiten und Vertrauenswürdigkeit eines Führers angewandt werden kann. Die grundlegendste dieser Eigenschaften, die dem Führer von seinen Anhängern zugeschrieben wird, betrifft seine Legitimität, die die offensichtliche Grundlage für seine Autorität und seinen Einfluß ist.

IV. Legitimität und Quellen von Autorität

Die Art, wie die Erlangung der Führungsrolle gesehen wird, hat Vorrang in bezug auf die Ausformung der Wahrnehmung seiner Anhänger. Wie *Read* (1974) feststellte, beinhaltet die Legitimität des Führers eine komplexe Interaktion zwischen der Einstellung zum Führer und der Quelle seiner Autorität, gleichzeitig trägt das tatsächliche Verhalten wesentlich zur Gewährleistung seiner Einflußchance und zur Kontinuität seiner Legitimation bei (*Read* 1974, S. 203).

Man fand heraus, daß es zwischen der formalen Bestellung eines Führers und einer freiwilligen Wahl als Quellen der Autorität des Führers größere Differenzen gibt. In beiden Fällen hängt die Möglichkeit, daß man als Führer angesehen wird und als Führer agiert, in gewissem Maße von der Bestätigung derer ab, die die Anhänger sein werden. Die Wahl ist natürlich ein offensichtlicheres Beispiel für die Entstehung von Führung und kommt dem IC Modell wesentlich näher. In diesem Sinne fand *Boyd* (1972), daß gewählte Vertreter mehr das Gefühl der Handlungsfreiheit bei Verhandlungen hatten als ernannte, was zeigt, daß sie ein stärkeres Empfinden haben, von der Gruppe unterstützt zu werden. Ähnlich faßt *Lamm* (1973) Erkenntnisse über Verhandlungsverhalten zusammen, die zeigen, daß ernannte Führer eher „hart" waren, wenn sie bei der Verhandlung ihre Gruppenmitglieder konsultieren mußten.

Im allgemeinen gibt es eine Menge Beweise für die Behauptung, daß eine Wahl in den Anhängern ein höheres Gefühl der Verantwortung und höhere Erwartungen an den Erfolg des Führers hervorruft (*Hollander/Julian* 1970, 1978). Eine Erklärung dafür ist, dies als sozialen Austausch zu sehen, in dem die Gruppe den Führer im vorhinein „belohnt", indem sie ihn oder sie wählt; und dann, glauben die Gruppenmitglieder einen Anspruch darauf zu haben, daß er oder sie das „zurückzahlt", indem er oder sie ein günstiges Ergebnis erzielt (*Jacobs* 1970). Dies hat aber auch zur Konsequenz, daß die Unterstützung der Anhänger höhere Anforderungen an den Führer stellt. Gewählte Führer haben eine stärkere Grundlage, die Unterstützung ihrer Anhänger zu spüren, aber sie sind auch anfälliger dafür, daß man höhere Erwartungen in sie setzt.

Ein Experiment über Quellen der Autorität, durchgeführt von *Hollander* et al. (1969) prüfte, welche Wirkung Meinungsverschiedenheiten mit den Anhängern auf ernannte und gewählte Führer haben. Innerhalb des IC Modells war der Zweck, die Bereitschaft des Führers festzustellen, von Gruppenbeschlüssen abzuweichen mit „starker" oder „nicht starker" Unterstützung, jeweils in Situationen, in denen der Führer gewählt oder ernannt worden war. Gewählte Führer, denen man gesagt hatte, daß sie starke Gruppenunterstützung hätten, zeigten eine signifikant höhere Tendenz, den Gruppenbeschluß umzukehren – bei ungefähr der Hälfte der relevanten Versuche – als die in der anderen Testbedingung. Darüber hinaus zeigten gewählte Führer mit starker Unterstützung weniger Konzilianz in ihren Reaktionen auf Gruppenurteile (ermittelt wurde dies auf der Grundlage von Inhaltsanalysen ihrer Botschaft in die Gruppe). Offensichtlich war der gewählte Führer in dieser Situation bereiter, Anerkennungskredite anzugreifen, indem er die Urteile der Gruppe herausforderte.

In einem früheren Experiment, ließen *Goldman/ Fraas* (1965), in dem sie die Grundlage der Legitimität variierten, Führer in männlichen Gruppen nach drei Methoden bestimmen: Wahl durch Abstimmung, Ernennung nach Kompetenz oder Ernennung durch Zufall, plus einer Kontrollsituation ohne Führer. Die verwendete Aufgabe war das Spiel „Zwanzig Fragen" und das abhängige Maß war, wieviel Zeit und wie viele Fragen erforderlich war(en), um zu einer Lösung zu gelangen. Gruppen mit nach Kompetenz ernannten Führern schnitten am besten ab, diejenigen mit gewählten Führern und ohne Führer zeigten schlechte Leistungen, was der schwachen Legitimitätsgrundlage zugeschrieben wurde.

Firestone et al. (1975) führten ein Experiment durch, in dem männliche Universitätsstudenten den Führer ihrer Gruppe wählten, nachdem die in einer führerlosen Gruppendiskussion (FGD) beobachtet und bewertet wurden. In dem Fall, in dem die Person mit dem höchsten FGD-Wert zum Führer gewählt wurde, reagierten die Gruppen *am unverzüglichsten*, wenn sie mit einem Notfall konfrontiert waren. Andererseits wurde die schlechteste Leistung in Gruppen beobachtet, in denen die Wahl so ablief, daß das Mitglied mit dem *niedrigsten* FGD-Wert zum Führer gewählt wurde. Die hauptsächliche Schlußfolgerung war, daß der Führer, der durch die Gruppe durch Wahl nach einem Prozeß des gegenseitigen Bewertens legitimiert wird, in einer stärkeren Position ist, unverzüglich Aktionen zu erreichen.

Ebenfalls auf dem Gebiet der Forschung über ernannte oder gewählte Führer veranstalteten *Hollander* et al. (1977) Experimente mit Führern, die gewählt oder ernannt waren, und deren Gruppen gesagt wurde, daß sie gut („Erfolg") oder nicht gut („Mißerfolg") gearbeitet hatten. Im Hauptexperiment wurden zwölf aus vier männlichen Universitätsstunden zusammengesetzte Gruppen mit typischen Problemen einer Stadt konfrontiert und gebeten, Programme zur Milderung dieser Probleme zu bewerten. Bei dieser Aufgabe erwies sich der Einfluß gewählter Führer als stärker als der der ernannten Führer. Überdies nahm der Einfluß der gewählten Führer nach anfänglichen Mißerfolgsmeldungen zu und nach Erfolgsmeldungen ab. Dieser Effekt wurde in Übereinstimmung mit *Hamblins* (1958) Ansicht interpretiert, daß eine durch offensichtlichen Mißerfolg hervorgerufene „Krise" ein „Sich um den gewählten Führer scharen" zumindest anfänglich hervorruft. Im Falle eines Erfolges ohne Krise handelten die Gruppenmitglieder aus einem größeren, ihre eigenen Urteile betreffenden Sicherheitsgefühl heraus, das dem Führer kaum einen Vorsprung beläßt. Als jedoch die Gruppen in weiteren Phasen studiert wurden, erfuhr der gewählte Führer im Falle eines Mißerfolges einen deutlichen Statusverlust, sein Ansehen schwand, und die Anhänger waren geneigt, ihn abzusetzen. Interessanterweise konnte, noch bevor die Gruppe erfuhr, wie ihre Leistung war, ein Gruppenmitglied identifiziert werden, das als möglicher Nachfolger des gewählten Führers Einfluß gewann. Dieses Mitglied wurde von der Gruppe bei der nächsten Wahlgelegenheit, die nach einem weiteren Mißerfolg lag, zum neuen Führer erkoren. Ein Führer, ob gewählt oder ernannt, kann als Gruppenressource betrachtet werden, der für das Erreichen der Ziele der Gruppe sorgt. Vom Führer wird gewöhnlich erwartet, daß er Anstrengungen unternimmt, dabei andere menschliche oder physikalische Ressourcen in Anspruch nimmt, um die erwünschten Ziele zu erreichen. Wirksame Führung beinhaltet daher ein ganzes System von Beziehungen, welche nicht allein an der Fähigkeit des Führers, einflußreich zu sein, adäquat gemessen werden können. Andere Gruppen sind ebenso von Bedeutung, nicht zuletzt auch die Prozesse, die innerhalb der Gruppe oder Organisation ablaufen. Um dieses Phänomen weiter mit ernannten oder gewählten Führern zu untersuchen, führten *Ben-Yoav* et al. (1983) ein Experiment mit 21 Gruppen männlicher Universitätsstudenten durch, die in Vierergruppen eingeteilt waren, um Entscheidungen über städtische Probleme zu treffen, die ähnlich jenen im oben erwähnten Experiment waren. Das besondere Interesse lag auf dem Studium des Interaktionsprozesses. Dabei ließ man die Gruppen von zwei Beobachtern hinter zwei einseitigen Spiegeln jeweils unabhängig voneinander bewerten. Es zeigten sich signifikante Ergebnisse, die darauf hinwiesen, daß gewählte Führer zur Gruppendiskussion viel mehr beitrugen als ernannte Führer und folglich bei den Bewertungen in bezug auf die Interaktion höhere Bewertungen erhielten. Diese Ergebnisse zeigen wieder den charakteristischen Effekt der Legitimitätsquelle des Führers und passen in das IC Modell in bezug auf die Wirkung, die von der Rolle der Gruppe ausgeht und dem Führer Status verleiht. In den Bewertungen ihrer Anhänger wurden gewählte Führer in diesem Experiment günstiger bewertet in bezug auf ihr Eingehen auf die Bedürfnisse der Anhänger, das Interesse an der Aufgabe der Gruppe und ihre Kompetenz.

V. Einige Implikationen und Schlußfolgerungen

Das IC Modell hilft auf vielfache Weise, den Führungsprozeß als einen solchen zu verstehen, in dem auch die Anhänger involviert sind und nicht nur der Führer allein als Haupthandelnder. Es wird am besten auf Situationen angewandt, in denen der Führer sich auf eine initiale Legitimität und darauffolgende Bestätigung seitens seiner Anhänger in einem interaktiven System stützt. Es zeigt jedoch Implikationen für Ernennungssituationen, in denen die Führer Anhänger gewinnen und festigen müssen. Es gibt natürlich Grenzen der Anwendung, zum Beispiel im Falle der traditionellen erblichen Monarchie. In diesem Falle ist Anerkennung schon lange mit der königlichen Familie verbunden gewesen und wird für gewöhnlich nicht so offensichtlich „verdient" oder „verloren", obwohl es offensichtlich Einschränkungen gibt, was Mitgliedern der königlichen Familie erlaubt ist, in der Öffentlichkeit zu tun. Sogar bei Ereignissen, die in der Öffentlichkeit stark kritisiert wurden, war der Status der Monarchie nie bedroht. Dies reflektiert nicht zuletzt die Tatsache, daß die königliche Person für viele Menschen die Verkörperung der Nation ist, die die psychologisch schwierige Rolle eines Staatsoberhauptes einnimmt.

Politische Persönlichkeiten, die ins Amt gewählt werden, wie Kanzler, Präsident oder Premierminister, sind als Staatsoberhäupter den Folgen von Billigung oder Mißbilligung seitens ihrer Anhänger wesentlich mehr unterworfen. Anderseits können sie Nutznießer einer festgesetzten Amtszeit und auch des „Sich um den Führer scharen"-Effektes sein, so daß die Unzufriedenheit der Anhänger für gewisse Zeit gedämpft wird. Die amerikanische Präsidentschaft wird weiters durch die Tatsache gestützt, daß der Inhaber dieses Amtes sowohl Staatsoberhaupt als auch Regierungschef ist. In diesem Zusammenhang spricht ein führender Politikwissenschaftler (*Burns* 1984) von „transformationalen Führern" (→Transaktionale und Transformationale Führung), die durch einige Präsidenten exemplifiziert werden, die mehr Veränderungen herbeiführen als durch das Eingehen auf die Wünsche ihrer Anhänger Stimmen gewinnen wollen (→*Führungstheorien – Charismatische Führung*). Er betrachtet *Franklin Roosevelt* und *Ronald Reagan* als solche Führer, obwohl sie ideologisch verschiedene Richtungen vertreten. Während Burns „transformationale Führung" als deutlich unterschiedlich von „transaktionaler Führung" behandelt, kann erstere auch als spezieller Fall der letzteren gesehen werden, dies mit der Begründung, daß der „transformale Führer" seinen Anhängern ein Gefühl von Richtung und eine zwingende Begründung gibt (vgl. *Hollander/Offermann* 1990). In der Tat ziehen die Anhänger daraus den Vorteil, daß sie zu wissen *glauben*, wohin sie gehen und auch vom Führer dorthin geleitet werden können. Dies stimmt gänzlich mit dem im IC-Modell enthaltenen dynamischen Gedanken überein und ist auf die Bereiche der Nation, Organisation und Gruppe anwendbar, wo immer ein Führer ein hohes Maß an Anerkennung erfährt. Ob das Versprechen vom Führer erfüllt wird bzw. das erwartete (gewünschte) Ergebnis eintritt, ist noch ein anderes Element der Dynamik, das sehr wohl Beachtung verdient im Hinblick auf so entscheidende Faktoren wie Identifikation und Vertrauen.

Literatur

Alvarez, R.: Informal Reactions to Deviance in Simulated Work Organizations: A Laboratory Experiment. In: ASR, 1968, S. 895–912.
Ben-Yoav, O./Hollander, E. P./Carnevale, P. J. D.: Leader Legitimacy, Leader-follower Interaction, and Follower's Ratings of the Leader, In: Journal of Social Psychology, 1983, S. 111–115.
Berkowitz, L./Macualay, J. R.: Some Effects of Differences in Status Level and Status Stability. In: HR, 1961, S. 135–148.
Boyd, N. K.: Negotiation Behavior by Elected and Appointed Representatives Serving as Group Leaders or as Spokesmen Under Different Cooperative Group Expectations. Diss. University of Maryland 1972.
Burns, J. M.: The Power to Lead: The Crisis of the American Presidency. New York 1984.
Firestone, I. J./Lichtman, C. M./Colamosca, J. V.: Leader Effectiveness and Leadership Conferral as Determinants

of Helping in a Medical Emergency. In: Journal of Personality and Social Psychology, 1975, S. 243-248.
Goldman, M./Fraas, L. A.: The Effects of Leader Selection on Group Performance. In: Sociometry, 1965, S. 82-88.
Hamblin, R. L.: Leadership and Crisis. In: Sociometry, 1958, S. 322-335.
Harvey, O. J./Consalvi, C.: Status and Conformity to Pressures in Informal Groups. In: JASP, 1960, S. 182-187.
Heider, F.: The Psychology of Interpersonal Relations. New York 1958.
Hollander, E. P.: Competence and Conformity in the Acceptance of Influence. In: JASP, 1960, S. 361-365.
Hollander, E. P.: Conformity, Status and Idiosyncrasy Credit. In: PR, 1958, S. 117-127.
Hollander, E. P.: Leaders, Groups, and Influence. New York 1964.
Hollander, E. P.: Some Effects of Perceived Status on Responses to Innovative Behavior. In: JASP, 1961, S. 247-250.
Hollander, E. P.: The Essential Interdependence of Leadership and followship. In: Current Directions in Psychological Sciences, S. 71-75, 1992a.
Hollander, E. P.: Leadership, Followship, Self, and Others. In: The Leadership Quarterly, S. 41-53, 1992b.
Hollander, E. P.: Legitimacy, Power and Influence: A perspective on relational features of leadership. In: *Chmers/Ayman* (Hrsg.): Leadership Theory and Research. San Diego 1993.
Hollander, E. P./Offermann, L.: Power and Leadership in Organizations: Relationships in Transition. In: American Psychologist, S. 179-189, 1990.
Hollander, E. P./Fallon, B. J./Edwards, M. T.: Some Aspects of Influence and Acceptability for Appointed and Elected Group Leaders. In: Journal of Psychology, 1977, S. 289-296.
Hollander, E. P./Julian, J. W.: Contemporary Trends in the Analysis of Leadership Processes. In: Psych. Bull., 1969, S. 387-397.
Hollander, E. P./Julian, J. W.: A Further Look at Leader Legitimacy, Influence, and Innovation. In: *Berkowitz, L.* (Hrsg.): Group Processes. New York 1978, S. 153-165.
Hollander, E. P./Julian, J. W.: Studies in Leader Legitimacy, Influence and Innovation. In: *Berkowitz, L.* (Hrsg.): Advances in Experimental Social Psychology. New York 1970.
Hollander, E. P./Julian, J. W./Sorrentino, R. M.: The Leader's Sense of Legitimacy as a Source of Constructive Deviation. In: *Berkowitz, L.* (Hrsg.): Group Processes. New York 1969.
Homans, G. C.: Social Behavior: Its Elementary Forms. New York 1961.
House, R. J./Baetz, L. M.: Leadership: Some empirical generalizations and new research directions. In: *Staw, B. M.* (Hrsg.): Research in organizational Behaviour. 1979, S. 341-423.
Jacobs, T. O.: Leadership and Exchange in Formal Organizations. New York 1970.
Jones, E. E.: Ingratiation. New York 1964.
Jones, E. E.: The Rocky Road from Acts to Dispositions. In: Am. Psych., 1979, S. 107-117.
Julian, J. W./Steiner, I. D.: Perceived Acceptance as a Determinant of Conformity Behavior. In: Journal of Social Psychology, 1961, S. 191-198.
Lamm, H.: Intragroup Effects on Intergroup Negotiation. In: European Journal of Social Psychology, 1973, S. 179-192.

Nord, W.: Social Exchange Theory: An Integrative Approach to Social Conformity. In: Psych. Bull., 1969, S. 174-208.
Pepinsky, P.: Social Exceptions that Prove the Rule. In: *Bass, B. M./Berg, I. A.* (Hrsg.): Conformity and Deviations. New York 1961.
Read, P. B.: Source of Authority and the Legitimation of Leadership in Small Groups. In: Sociometry, 1974, S. 189-204.
Ridgeway, C. L.: Nonconformity, Competence, and Influence in Groups: A Test of Two Theories. In: ASR, 1981, S. 333-347.
Sabath, G.: The Effect of Disruption and Individual Status on Person Perception and Group Attraction. In: Journal of Social Psychology, 1964, S. 119-130.
Sorrentino, R. M./Boutillier, R. G.: The Effect of Quantity and Quality of Verbal Interaction on Ratings of Leadership Ability. In: Journal of Experimental Social Psychology, 1975, S. 403-411.
Thibaut, J. W./Kelley, H. H.: The Social Psychology of Groups. New York 1959.
Verba, S.: Small Groups and Political Behavior: A Study of Leadership. Princeton N. Y. 1961.
Wiggins, J. A./Dill, F./Schwartz, R. D.: On „Statusliability". In: Sociometry, 1965, S. 197-209.

Führungstheorien – Kontingenztheorie

Fred E. Fiedler/Renate Mai-Dalton

[s. a.: Empirische Führungsforschung, Methoden der; Führungsforschung/Führung in Nordamerika.]

I. Bestandteile der Kontingenztheorie; II. Die Validität des Kontingenzmodells; III. Führungstraining; IV. Jüngste Weiterentwicklungen.

I. Bestandteile der Kontingenztheorie

Das Kontingenzmodell der Führung (*Fiedler* 1964, 1967) hat zu über 400 publizierten Artikeln und Büchern geführt. In der Zeit von 1967 bis 1980 bzw. 1985 war es das meistzitierte Modell in der empirischen Führungsliteratur. 30 Jahre nach dem Entstehen kann argumentiert werden, daß es immer noch die bestvalidierte Führungstheorie (vergleiche dazu die Meta-Analyse von *Strube/Garcia* 1981 und *Peters/Hartke* und *Pohlman* 1985) darstellt, wenn auch derzeit der Fokus auf charismatischen und transformationalen Theorien verschoben wurde. Das Modell geht davon aus, daß die Leistung einer Gruppe oder eines Führers von zwei interagierenden Faktoren abhängt. Diese sind zum einen das Ausmaß in dem a) die *Führungssituation* Kontrollchancen über den Arbeitsprozeß und das Arbeitsergebnis enthält *(„si-*

tuative Kontrolle" resp. *„situative Günstigkeit")* und b) daß der Führer entweder primär motiviert ist, daß die Aufgabe erfüllt wird (Führer, aufgabenorientiert) oder primär daran interessiert ist, enge Beziehungen mit seiner Arbeitsgruppe zu haben (Führer, beziehungsorientiert).

Das *Kontingenzmodell* sagt voraus, daß der aufgabenorientierte Führer die besten Leistungen in Situationen bringt, die entweder eine hohe situative Kontrolle oder eine niedrige situative Kontrolle ermöglichen; beziehungsorientierte Führer sind in Situationen mit mittlerer situativer Kontrolle am wirkungsvollsten. Nach den Überlegungen des Modells sind Personen dann am effektivsten als Führer, wenn sie in ihrer Aufgaben- resp. Beziehungsorientierung in Situationen zum Einsatz kommen, die ihrer dominanten Motivation entsprechen. Dies impliziert, daß es weder „gute" noch „schlechte" Führer gibt, sondern nur Führer, die in manchen Situationen effizient sind und in anderen ineffizient. Veränderungen in der situativen Kontrolle verändern hiernach die Führungsleistungen.

Unter *Leistung* (→*Effizienz und Führung*) verstehen wir hier die Erfüllung der primären Aufgabe der Gruppe. Für eine Gruppe von Athleten liegt die primäre Aufgabe i. d. R. im Gewinnen von Wettkämpfen. Eine sekundäre Aufgabe kann darin bestehen, „den Charakter zu bilden" oder die persönliche Zufriedenheit des Trainers oder von Gruppenmitgliedern zu erreichen. Das Erfüllen von Kriterien solch sekundärer Aufgaben wie Arbeitsmoral und Zufriedenheit mögen selbstverständlich sehr wichtig und wünschenswert sein, sie stehen aber nicht im Mittelpunkt unserer Theorie. Im folgenden wollen wir zuerst die genannten Hauptelemente des Modells differenzierter beschreiben, hiernach zur Validität des Modells Stellung nehmen und des weiteren die Anwendung des Modells zur Aus- und Weiterbildung von Führungskräften zeigen und schließlich auf die jüngsten Weiterentwicklungen des Modells eingehen.

1. Situative Kontrolle

Situative Kontrolle ist definiert als die wahrgenommene Sicherheit, daß die gestellte Aufgabe bewältigt werden kann (*Beach/Bach* 1987). In der Regel wird die situative Kontrolle durch drei Subskalen operationalisiert. a) *Führer-Geführten-Beziehungen* (FB): Die Unterstützung des Führers durch die Gruppe; b) *Aufgabenstruktur* (AS): Das Ausmaß, in dem die Aufgabe klar definiert ist, die Ziele verdeutlicht sind und der Weg zur Zielerreichung festgelegt ist; und c) *Positionsmacht* (PM): Die *legale Macht* des Führers, Gruppenmitglieder belohnen und bestrafen zu können.

Ein Führer mit zuverlässigen Untergebenen (gute FGB) kann sicher sein, daß seine Anweisungen im guten Glauben ausgeführt werden. Eine hochstrukturierte Aufgabe gibt dem Führer Klarheit darüber, was zu tun ist und welche Methoden einzusetzen sind. Die Macht, Untergebene belohnen und bestrafen zu können (PM), hilft wesentlich dabei, Gehorsam zu finden.

Teilt man nach diesem Schema die Führungssituation nach einer jeweils hohen und einer jeweils niedrigen Ausprägung auf diesen drei Skalen ein, so führt dies zu acht „Zellen" oder *„Oktanten":* Von sehr hoher Kontrolle (gute FGB, gute AS, hohe PM = Oktant 1) bis zu sehr niedriger Kontrolle (schlechte FGB, schlechte AS, geringe PM = Oktant 8). Die Reihe der Oktanten wird in Abbildung 1 wiedergegeben. Eine andere Methode zur Skalierung der situativen Kontrolle besteht in einer Standardisierung von FGB, AS und PM und der Errechnung der situativen Kontrolle nach der Formel: 4 (FGB) + 2 (AS) + 1 (PM).

Eine Situation mit hoher Kontrolle kann man sich illustriert vorstellen, wenn ein beliebter und respektierter Baupolier vor der Aufgabe steht, ein Gartenhaus zu bauen, für das eine genaue Bauzeichnung vorliegt und die Baumaterialien genau spezifiziert sind. In einer solchen Situation kann der Polier auf gute Beziehungen bauen, weiß genau, wie er die Aufgabe zu bewältigen hat, zudem steht ihm die Macht der Belohnungen und Bestrafungen zu. Situationen mit mittlerer situativer Günstigkeit können exemplifiziert werden durch einen populären und respektierten Vorsitzenden einer Projektgruppe, dessen Gruppe vor der Aufgabe steht, Führungsgrundsätze zu erarbeiten. Die gleiche Einstufung erfährt eine Situation, in der ein unbeliebter Baupolier eine gut strukturierte Arbeitsaufgabe zu erledigen hat. Niedrige situative Günstigkeit kann illustriert werden durch die Situation eines unbeliebten Komiteevorsitzenden mit einer unstrukturierten Aufgabe oder durch einen Führer in einer sehr streßintensiven Situation, in der das Arbeitsergebnis sehr unsicher ist.

2. Führungsstil

Das zweite wesentliche Element des Kontingenzmodells bezieht sich auf die Persönlichkeit des Führers. Zwei wesentliche Führungsstile werden differenziert durch eine „Least-Preferred Coworker"-(LPC)-Skala (Skala zur Messung des „am wenigsten beliebten Mitarbeiters"). Personen, die sich diesem Test unterziehen, wird gesagt, daß sie sich an jenen Mitarbeiter resp. Kollegen erinnern sollten, mit dem sie in der Vergangenheit oder in der Gegenwart am wenigsten gerne zusammengearbeitet haben bzw. zusammenarbeiten; mit dem also eine Zusammenarbeit am schwierigsten war bzw. ist. Die Beschreibung über die Zusammenarbeit geschieht mit Hilfe einer 18 bipolare Adjektive umfassenden Skala nach der Form eines semantischen

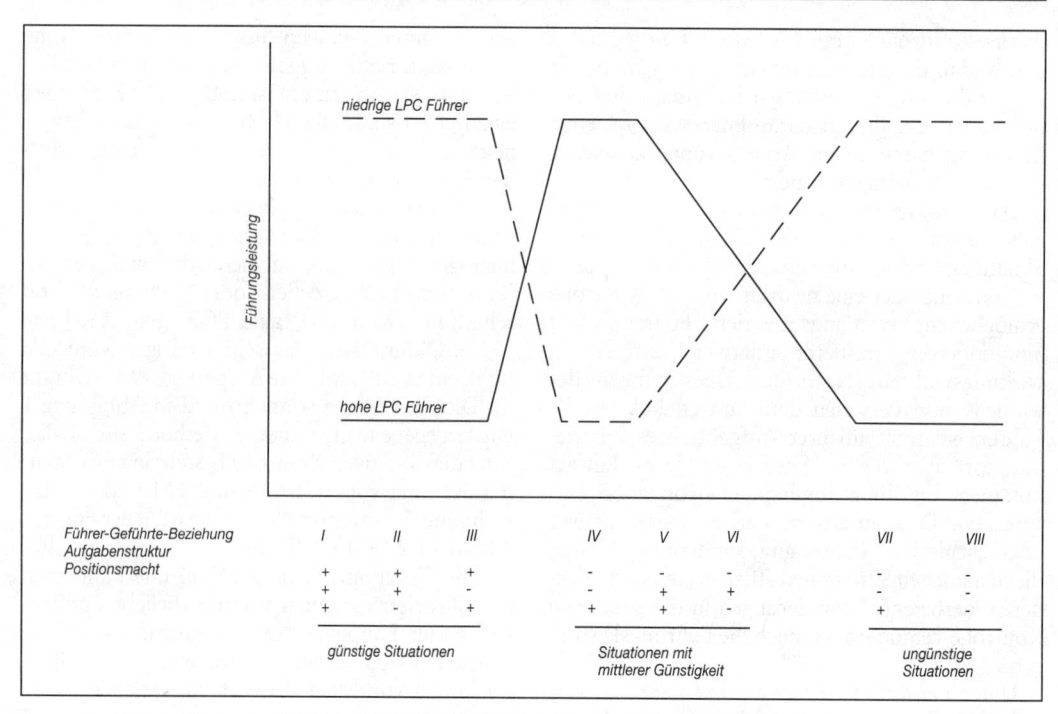

Abb. 1: Schematische Wiedergabe des Kontingenzmodells

Differentials. Die ersten beiden haben beispielsweise folgende Inhalte resp. Ausprägungen:

angenehm   8 7 6 5 4 3 2 1   unangenehm

zurückweisend   1 2 3 4 5 6 7 8   entgegenkommend

(Die weiteren Gegensatzpaare sind: freundlich/unfreundlich; gespannt/entspannt; distanziert/persönlich; kalt/warm; unterstützend/feindselig; langweilig/interessant; streitsüchtig/ausgleichend; verdrießlich/heiter; offen/verschlossen; verleumderisch/loyal; unzuverlässig/zuverlässig; rücksichtsvoll/rücksichtslos; widerlich/nett; akzeptabel/nicht akzeptabel; unaufrichtig/aufrichtig; gefällig/nicht gefällig; Quelle: *Fiedler* et al. 1979, S. 16).

Führer, die sehr intensiv irritiert werden von inkompetenten, unkonzentriert arbeitenden und faulen Mitarbeitern, tendieren dazu, ihre jeweils am wenigsten geschätzten Mitarbeiter in sehr negativen und zurückweisenden Bezeichnungen zu beschreiben und kommen damit zu einem niedrigen LPC-Ergebnis („Wenn Du mich daran hinderst, die Aufgabe erledigt zu bekommen, dann bist Du zu nichts zu gebrauchen"). Da die Aufgabe für diese Führer so überragend wichtig ist, werden jene, die ein niedriges LPC-Maß erreichen, „aufgabenorientiert" genannt.

Führer, die primär an guten Beziehungen zu ihren Mitarbeitern interessiert sind, entwickeln nicht die gleiche Konzentration auf die Aufgabenerfüllung. Sie sind sensitiver und eingehender an den persönlichen Charakteristika anderer Menschen interessiert und deshalb auch toleranter gegenüber schwachen Mitarbeitern. Sie sehen selbst ihren am wenigsten geschätzten Mitarbeitern nicht nur eindimensional, sondern komplex und als differenziertes Individuum. Ein schwacher Mitarbeiter mag dumm und ungeschickt sein, aber auch voll persönlicher Wärme und Herzlichkeit.

Jüngste Forschungen haben eine dritte Kategorie ergeben, nämlich Personen mit mittlerem LPC-Wert. Diese Personen (genannt „sozial unabhängig") scheinen unabhängig von den Meinungen und Attitüden anderer zu sein sowie weder besonders stark interessiert an Aufgaben noch an personalen Beziehungen. Als Führer scheinen sie sich weniger mit anderen Personen zu beschäftigen als in der Lage zu sein, auf Eigenarten ihrer Umwelt eingehen zu können. Ihre Leistungsbeurteilungen zeigen, daß sie zu guten Leistungen in Situationen mit hoher Günstigkeit kommen, relativ schwächer in Situationen mit geringerer Kontrolle werden. Weitere Forschungsanstrengungen sind notwendig, um ein klares Profil dieser mittleren LPC-Personen angeben zu können (*Kennedy* 1982; *Mai-Dalton* 1985).

3. Interpretation des LPC

Der LPC hat zu einer sehr kontrovers geführten Diskussion geführt. Mißt die Skala eine Persönlichkeitseigenschaft oder ist sie im Sinne einer Bedürfnishierarchie oder einer Wertorientierung zu interpretieren? Da eine Persönlichkeitseigenschaft dadurch definiert wird, daß sie eine Verhaltenstendenz darstellt, die in der Zeit resp. Lebensgeschichte der Person relativ konsistent ist, besteht ihr kritischer Test in der Messung der Stabilität der erzielten Werte, ihrer Test-Wiedertest-Korrelation (→*Empirische Führungsforschung, Methoden der*).

In einer Übersicht über 23 publizierte Studien (*Rice* 1978) wird von einer mittleren Test-Wiedertest-Korrelation von 0,67 bei einem Vergleich von Zeitperioden zwischen wenigen Tagen bis zu 2 Jahren berichtet. Ein solcher Wert entspricht den Standards voll akzeptierter Persönlichkeitstests (*Sax* 1976). Außerdem wurde festgestellt, daß das Zeitintervall zwischen dem 1. und 2. Test in keiner Beziehung zum Ausmaß der Test-Wiedertest-Korrelation stand. Dies bedeutet in anderen Worten, daß das erzielte Ergebnis stabil sowohl über einige wenige Tage als auch über ein und zwei Jahre war (in einem Wiedertest des LPC's von Polizeisergeanten nach 8 Jahren fanden wir eine Korrelation von 0,52). Mit diesen Standardwerten qualifizierte sich das LPC-Maß als Aussage über eine Persönlichkeitsvariable.

Andere Forscher haben den LPC als Attitüde (*Fishbein* et al. 1969) oder als Wertorientierung (*Rice* 1978) angesehen. Keine dieser Interpretationen wird aber einem spezifischen konsistenten Befund gerecht. Dieser liegt darin, daß Führer mit hohen LPC-Werten eigenartigerweise in mittleren und geringen Kontrollsituationen dazu tendieren, im besonderen Ausmaße um gute interpersonale Beziehungen bemüht zu sein, nicht aber in Situationen mit hoher situativer Günstigkeit. Führer mit geringen LPC-Werten tendieren dazu, besonders direktiv in Situationen mit mittleren und geringen Kontrollchancen zu sein. In Situationen mit hoher Günstigkeit jedoch verhalten sich Führer mit niedrigen LPC-Werten genau gegensätzlich. Beziehungsorientierte (hohe LPC-)Führer zeigen sich als strukturierend direktiv und als an der Aufgabenerfüllung sehr interessiert, während aufgabenorientierte (niedrige LPC-)Führer dazu tendieren, freundlich und interpersonal interessiert zu sein (*Fiedler* 1972).

Eine plausible Interpretation lag in der Annahme einer motivationalen Hierarchie, daß nämlich Führer unter Unsicherheit, wie zum Beispiel mäßiger bis geringer situativer Günstigkeit, auf ein elementares *Motivationsmuster* zurückfallen.

Eine neuere Interpretation geht dahin, daß unter Streß- und Unsicherheitsbedingungen, dominante, früher gelernte Verhaltensmuster zutage treten (*Fiedler* 1991). Wie *Chemers/Hayer/Rhodewalt* et al. (1985) und *Shirakashi* (1988) gezeigt haben, litten Führer, die sich nicht modellgetreu (hoher LPC bei hoher bzw. geringer situativer Günstigkeit, geringer LPC mit mittlerer situativer Günstigkeit) verhalten haben, stärker unter Streß und psychosomatischen Erkrankungen. Situativ angepaßtes Verhalten ist also streß- und angstfreier als nicht angepaßtes Verhalten. Laut der vorliegenden Hypothese bewirkt der Streß (→*Psychische Belastung von Führungskräften*) und die Angst – verursacht durch nicht der Situation angepaßtes Verhalten – den Rückfall in früher gelernte, dominante Verhaltensmuster.

Eine Vielzahl von Laborexperimenten und Feldstudien haben diese Interpretation bestätigt (*Fiedler* 1978). So haben *Larson/Rowland* (1974) Vorgesetzte unter Bedingungen von hohem und niedrigem induziertem Streß (→*Physische Belastungen von Führungskräften*) getestet. Wenn ihnen der Streß zu hoch war (geringe situative Günstigkeit), reagierten die beziehungsorientierten Führer mit wenig Direktive und Anteilnahme zeigendem Verhalten; aufgabenorientierte Führer verhielten sich strukturierend und direktiv. Wenn jedoch der Streß gering war, zeigte sich das Umgekehrte: Beziehungsorientierte Führer waren direktiv und strukturierend; aufgabenorientierte Führer waren nicht direktiv und anteilnehmend. Ähnliche Ergebnisse wurden in einer großen Anzahl von Studien gefunden (*Bons/Fiedler* 1976; *Sample/Wilson* 1965). Damit steht fest, daß sich das Verhalten ändert, wenn die situativen Kontrollmöglichkeiten sich ändern.

4. Vorhersagen des Kontingenzmodells

Wie bereits früher erwähnt, wird nach dem Kontingenzmodell vorhergesagt, daß aufgabenorientierte Führer (geringe LPC-Werte) dazu tendieren, gute Leistungen zu bringen in Situationen, die entweder hohe oder niedrige situative Günstigkeiten bieten. Beziehungsorientierte Führer (hohe LPC-Werte) sind am leistungsfähigsten in Situationen mit mittlerer Günstigkeit. Eine schematische Darstellung der Leistungskurven von Führern mit hohen und niedrigen LPC-Werten wird in der Abbildung 1 gezeigt. In dem dort gezeigten Kurvenverlauf sind drei wesentliche Implikationen des Modells enthalten.

(a) Beinah jeder Führer ist wahrscheinlich effektiv in einigen Situationen, aber ineffektiv in anderen.

(b) Wenn es uns darum geht, die Leistung zu erhöhen, müssen wir danach streben, entweder die Persönlichkeitscharakteristika des Führers zu ändern, die im LPC gemessen werden, oder in der Führungssituation eine Änderung eintreten zu lassen.

(c) Eine Zunahme oder Abnahme in der situativen Günstigkeit führt zu einer Veränderung der

Leistungschancen von Führern mit hohen rsp. niedrigen LPC-Werten.

Eine Zunahme in der situativen Günstigkeit von geringen zu mittleren Werten wird z.B. die Leistung eines beziehungsorientierten Führers (hohe LPC-Werte) ansteigen lassen, während die eines aufgabenorientierten Führers (geringe LPC-Werte) abnehmen. Eine Zunahme der Kontrollen von mittleren zu hohen Werten wird die Leistung aufgabenorientierter Führer zunehmen, aber jene von beziehungsorientierten abnehmen lassen. Effektive Führung verlangt deshalb, daß Führer in jener spezifischen Zone situativer Günstigkeit verbleiben, die am besten ihrem jeweiligen Führungsstil entsprechen. Da es schwierig, wenn nicht gar unmöglich ist, die Persönlichkeit zu ändern und es relativ leicht ist, bestimmte Aspekte der Situation zu ändern, laufen die Empfehlungen zur Verbesserung des Führungserfolges darauf hinaus, letztere wenn notwendig, anzupassen.

In bezug auf eine situative Anpassung wird angenommen, daß Vorgesetzte immer ihre eigene situative Kontrollchance verändern können: Sie können ihre persönliche Distanz zu ihren Untergebenen vergrößern oder verkleinern. Diese Distanzregulierung steht ihnen in fast allen Fällen frei; in vielen Fällen kommt hinzu, daß sie auch den Arbeitsablauf und -inhalt modifizieren können. Dies kann z.B. dadurch geschehen, daß sie ihn stärker standardisieren, in kleinere Einheiten untergliedern oder den Delegationsgrad verändern. Die Zuweisung von Arbeitsaufgaben an Personen nach dem LPC dieser Personen ist ein möglicher Weg. Dieser wird aber als weniger empfehlenswert angesehen als die Alternative, Führern die Möglichkeit zu geben, ihre eigene situative Kontrollchance modifizieren zu können. Die sich ständig ändernde Arbeitssituation – verursacht durch Veränderungen in der personellen Zusammensetzung auf der Ebene der nächsthöheren Vorgesetzten und im Bereich der eigenen Untergebenen, Veränderungen in der Aufgabenstellung, des Zeitdrucks und der Technologie usw. – macht aus der Perspektive der Organisation diese Alternative der Selbstmodifikation attraktiver als die erstgenannte Strategie der Aufgabenzuteilung nach dem jeweiligen LPC-Maß.

II. Die Validität des Kontingenzmodells

Es existieren im wesentlichen drei unterschiedliche Wege, um eine Theorie zu testen. (→*Empirische Führungsforschung, Methoden der*) In unserem Fall bedeutet dies, zu testen, ob Führer mit geringen LPCWerten am wirkungsvollsten in Situationen mit geringer und hoher situativer Günstigkeit sind, und Führer mit hohen LPC-Werten das meiste in Situationen mit mittlerer Günstigkeit leisten.

Eine zweite und weniger direkte Methode der Validierung besteht im Test der „nicht offensichtlichen" Vorhersagen, die aus der Theorie abgeleitet werden können. Der dritte Weg besteht in der Beeinflussung von Ereignissen, in unserem Falle der Erhöhung der Führungseffizienz.

1. Tests des Kontingenzmodells

Ungefähr 50 Validierungsstudien wurden von unserer Forschungsgruppe ebenso wie von anderen Forschern durchgeführt. Diese Studien zeigen große Unterschiede in bezug auf ihre methodologische Solidität und Komplexität.

Eine der empirisch solidesten Studien (*Chemers/Skrzypek* 1972) wurde an der US-Militärakademie von West Point durchgeführt. In der Studie wurden experimentell die Führer-Geführten-Beziehung, die Aufgabenstruktur und die Positionsmacht – den 8 Oktanten situativer Günstigkeit entsprechend – variiert. Teilnehmer waren 32 4-Mann-Teams von Offiziersaspiranten, welche mit einer strukturierten und einer unstrukturierten Aufgabenstellung in einer jeweils entgegengerichteten Abfolge konfrontiert wurden. Meßgröße war der Teamerfolg bei jeder der Aufgabenstellungen. Die Studie von *Shiflett* (1973) zeigte, daß das Kontingenzmodell 28% der Leistungsvarianz (F = 6,19, p < .025) erklären konnte. Tabelle 1 zeigt die Korrelation zwischen den LPC-Werten und der Gruppenleistung in der ursprünglichen West-Point-Studie und in Studien zur Validität bis zum Jahre 1971. Die Ähnlichkeit der Korrelationsmuster ist offensichtlich und statistisch signifikant. 2 weitere signifikante Meta-Analysen neueren Datums unterstützen dies (*Strube/Garcia* 1981; *Peters/Hartke* und *Pohlman* 1985).

	Oktanten des Kontingenzmodells							
	1	2	3	4	5	6	7	8
Originalstudien	-0,52	-0,58	-0,33	0,47	0,42	-	0,05	-0,43
West Point Studien	-0,43	-0,32	-0,10	0,35	0,28	0,13	0,05	-0,33
Andere Validierungsstudien	-0,59	-0,10	-0,29	0,40	0,19	0,13	0,17	-0,35

Orginal und West Point: 0,86 (P<0,01): andere Validierungen: 0,79 (P<0,05)

Tab. 1: *Korrelation zwischen LPC und Teamleistungen in der West Point Studie und korrespondierende Korrelationen aus den Originalen und anderen Validierungsstudien*

2. Validierung des Modells auf der Grundlage „nichtoffensichtlicher" Ergebnisse

Das Modell sagt eine Anzahl von nichttrivialen und nichtoffensichtlichen Ergebnissen voraus. Zu diesen gehören z.B. die Vorhersage, daß Ausbildung oder zunehmende Erfahrung zu einer Zunahme der situativen Kontrolle führt und damit die Leistung mancher Führer wachsen, die von anderen aber abnehmen läßt.

Die *Decoding Studie*, ein Laborexperiment von *Chemers* u. a. (1975) zeigt, daß Trainingsmaßnahmen tatsächlich die Leistung von Führern in der vorhergesagten Weise abnehmen läßt. Die Studie wurde durchgeführt mit 32 Gruppen von Reserveoffizieren und Psychologiestudenten. Die 4-Mann-Teams bestanden jeweils zur Hälfte aus Führern mit hohen und Führern mit niedrigen LPC-Werten; die Aufgabe bestand darin, so viele kodierte Informationen als möglich in 20 Minuten zu entziffern.

Die Hälfte der Führer erhielt eine Ausbildung in Decodierungstechniken, während die andere Hälfte mit irrelevanten Aktivitäten beschäftigt wurde. Das Training machte die Aufgabe zu einer hochstrukturierten für ausgebildete Führer, aber zu einer unstrukturierten für jene ohne dieses Training. Im Training wurde den Teilnehmen z. B. mitgeteilt, daß der häufigste im Englischen vorkommende Buchstabe ein „e" ist, das häufigste vorkommende englische Wort „the", daß bestimmte Kombinationen häufig vorkommen, z. B. „ou" usw. und wie man dieses Wissen verwerten kann.

Geht man davon aus, daß die Positionsmacht des Führers in diesen Gruppen gering war, daß das Gruppenklima relativ schlecht und die Aufgabe unstrukturiert war, ergibt sich, daß die Gruppen mit untrainierten Führern in einer Situation mit geringer situativer Günstigkeit arbeiteten. Mit appliziertem Training wurde mittlere situative Günstigkeit erreicht, da die Führer Expertenwissen entwickelt hatten und ebenso die Aufgabenstellung eine relativ strukturierte war.

Das Kontingenzmodell sagt voraus, daß die beziehungsorientierten Führer ohne Training (geringe situative Günstigkeit) zu schlechteren Leistungen kommen als aufgabenorientierte Führer in dieser Situation. Wenn allerdings ein Training gegeben ist (mittlere situative Günstigkeit), sollen die beziehungsorientierten Führer gute Leistungsergebnisse bringen, während die aufgabenorientierten nur zu relativ schwachen Leistungen kommen. Diese Voraussagen wurden in der Studie auf einer hohen Validitätsebene bestätigt (Abb. 2). Beachtenswert ist, daß die Gruppe mit untrainierten Führern zu den gleichen Leistungen kamen wie diejenige mit trainierten Führern.

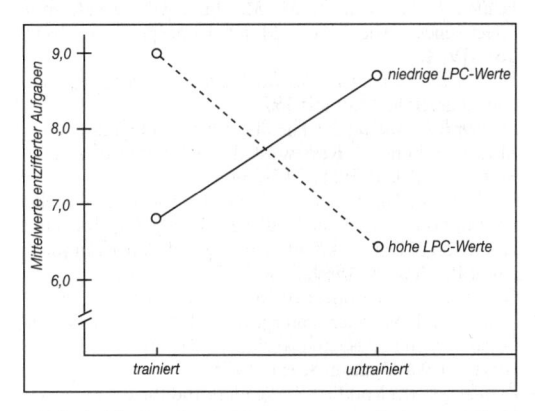

Abb. 2: Mittlere Leistungswerte von aufgaben- und beziehungsorientierten Führern mit und ohne Training

Die im Laufe der Ausübung einer Arbeitsaufgabe erworbene Erfahrung erhöht die situative Günstigkeit, da sie die Aufgabenstruktur verbessert, wenn die betreffende Person mehr Routine bei der Erledigung ihrer Aufgaben entwickelt. Vorerfahrung und längere Zeit an einem Arbeitsplatz sollten hiernach die Leistung von beziehungsorientierten Führern reduzieren, wenn die situative Günstigkeit von einer mittleren zu einer hohen Ausprägung sich verändert. Die Leistung von aufgabenorientierten Führern wächst in dem Maße, in dem die situative Günstigkeit von mittel zu hoch sich verändert.

Zum Testen dieser Vorhersagen wurden 39 militärische Gruppenführer von ihren Vorgesetzten beurteilt, einmal, wenn die Gruppen neu gebildet werden und zum zweiten Mal am Ende einer 6–8 Monate dauernden Periode, in der die Führer einer 10-Mann-Infanteriegruppe vorstanden. Zur Zeit der ersten Bewertung wurde die situative Kontrolle als mittel angesehen und die Leistung der beziehungsorientierten Führer wesentlich besser bewertet als jene der aufgabenorientierten Führer. Am Ende des Trainingszyklus, zu dem die situative Günstigkeit als hoch angesehen wurde, übertrafen die Leistungen der aufgabenorientierten Führer jene der beziehungsorientierten Führer bei weitem. Ähnliche Ergebnisse wurden in Studien kanadischer Direktoren von Volksschulen und Gymnasien (*McNamara* 1968), bei Geschäftsführern von Verbrauchergenossenschaften (*Fiedler* 1978) und in anderen Studien erzielt. Diese nicht offensichtlichen Ergebnisse geben der Validität des Kontingenzmodells weiteren Halt.

III. Führungstraining

Ein Test einer Führungstheorie liegt in den Hilfen, die sie gibt, um Führungserfolg und Organisationenleistungen zu erhöhen. „Führungserfolg" (*Fiedler/Chemers* 1984) heißt eine Trainingsanleitung, die auf dem Kontingenzmodell basiert (→*Führungstheorien und Führungstrainings*). Diese Anleitung geht davon aus, daß es leichter ist, eine Führungssituation zu ändern als Persönlichkeitseigenschaften. Diese Behauptung ist für jeden intuitiv einleuchtend, der jemals versucht hat, mit dem Rauchen aufzuhören oder das Verhalten seines Ehepartners oder seiner Kinder zu ändern. Empirische Unterstützung kommt auch von *Mitchells* (1970) Befunden, daß Führer nicht angeben konnten, wie sie von ihren Untergebenen oder außenstehenden Beobachtern beurteilt wurden (→*Führungstheorien – Attributionstheorie*). Eine Studie von *Gochman* (1975) führte zu ähnlichen Ergebnissen. Wenn Führer nicht angeben können, wie sie sich verhalten, ist es offensichtlich, daß sie ihr Verhalten nicht in eine gewünschte Richtung ändern können. Deshalb haben wir im Gegensatz zu den typischen Führungsausbildungsprogrammen, die versuchen, Führer zu lehren, wie sie ihre Persönlichkeit und ihr Verhalten ändern sollen, unsere Instruktionen darauf gerichtet, wie die Führungssituation diagnostiziert und geändert werden kann, um der Persönlichkeit des Führers gerecht zu werden.

Das von uns vorgeschlagene Training dauert 6–8 Stunden und kann entweder in der Form eines programmierten Textes selbst erarbeitet werden oder von einem Trainer an einem Tag durchgeführt werden. Das Trainingsprogramm wurde auf so unterschiedliche Gruppen wie Spitzen- und Mittelmanager, Offiziere und Unteroffiziere der Armee sowie Führungsnachwuchskräfte der Sears Roebuck Company angewandt.

Das Programm „Führungserfolg" wurde in 17 empirischen Studien getestet. Eine jede dieser Studien verteilt die betroffenen Führer nach dem Zufallsprinzip in die Trainings- oder Nichttrainingsbedingungen und beurteilt die Leistung 1 bis 18 Monate später auf der Basis von Vorgesetztenurteilen. In jeder dieser Studien war die Leistung der trainierten Führer signifikant höher als die Leistung von Führern, die kein Training nach diesem Programm mitgemacht hatten (*Fiedler/Mahar* 1978).

In einer groß angelegten dreijährigen Studie in einem Soda-Asche-Werk (*Fiedler* et al. 1983) konnte gezeigt werden, daß das Trainingsprogramm dazu beiträgt, Unfälle und Verletzungen um nahezu 50% zu reduzieren und die Produktivität in Tonnen pro Mannstunde um 13,2% über den Durchschnitt der Branche anzuheben, eine Studie 5 Jahre später zeigte weitere Verbesserungen in den Bereichen Produktivität und Sicherheit.

IV. Jüngste Weiterentwicklungen

Obwohl das Kontingenzmodell nicht mehr die hervorragende Führungstheorie darstellt, blieb sie die Basis für eine Vielzahl von Studien zur Führungsforschung. Ihr Haupteinfluß liegt eher bei den transaktionalen als bei den charismatischen (→*charismatische Führung*) und transformationalen (→*transaktionale und transformationale Führung*) Führungstheorien. „Führungserfolg", das auf der Theorie basierende Trainingshandbuch basierend auf dem Kontingenzmodell, erweist sich in einer Meta-Analyse von *Burke/Day* (1986) als eines von 2 Führungstrainingsprogrammen, deren Validität bestätigt werden konnte und die damit von den beiden Autoren gerechtfertigt zur Benutzung empfohlen werden können. Gegenwärtig laufende Forschungen verwenden die Prinzipien des Kontingenzmodells zur Entwicklung einer „kognitiven Ressourcen-Theorie" (*Fiedler* 1986; *Fiedler/Garcia* 1987). Diese Theorie identifiziert die situativen Faktoren, welche die Bedingungen festlegen, bei denen Führer ihre intellektuellen Fähigkeiten, ihr Wissen und ihre Erfahrung gewinnbringend einsetzen können. Forschungen zeigen, daß Führer in relativ streßfreien Beziehungen oder hoher situativer Günstigkeit zwar ihre intellektuellen Fähigkeiten, nicht aber ihre Erfahrung heranziehen. Dagegen greifen sie auf ihre Erfahrung und nicht auf die intellekutellen Fähigkeiten zurück, wenn sie sich in einer streßvollen Führungssituation sehen. So korrelieren unter Bedingungen großen Stresses die intellektuellen Fähigkeiten und die Führungsleistung negativ. Bei geringem Streß scheint die Erfahrung mit der Führungsleistung ebenfalls negativ zu korrelieren. Weiter stellt Erfahrung selbst eine wichtige Komponente der situativen Kontrolle dar, da ja große Führungserfahrung den Grad der Aufgabenstrukturierung erhöht.

Literatur

Beach, B. H./Beach, L. R.: A Note on Judgements of Situational Favorableness and Probability of Success. In: OBHP, 1978, S. 69–74.
Bons, P. M./Fiedler, F. E.: The Effects of Changes in Command Environment on the Behavior of Relationship- and Taskmotivated Leaders. In: ASQ, 1976, S. 453–473.
Chemers, M. M./Rice, R. W./Sundstrom, E./Butler, W.: Leader Esteem for the Least Preferred Coworker Scale, Training, and Effectiveness: An Experimental Examination. In: JPSP, 1975, S. 401–409.
Chemers, M. M./Skrzypek, G. J.: Experimental Test of the Contingency Model of Leadership Effectiveness. In: JPSP, 1972, S. 172–177.
Fiedler, F. E.: The Contingency Model and the Dynamics of the Leadership Process. In: *Berkowitz, L.* (Hrsg.): Advances in Experimental and Social Psychology, New York 1978, S. 59–112.
Fiedler, F. E.: Personality, Motivation Systems, and Behavior of High and Low LPC Leaders. In: HR, 1972, S. 391–412.
Fiedler, F. E.: A Theory of Leadership Effectiveness. New York 1967.
Fiedler, F. E./Bell, C. H. Jr./Chemers, M. M./Patrick, D.: Increasing Mine Productivity Through Management Training and Organizational Development: A Comparative Study. In: Basic and Applied Social Psychology, 1984, S. 1–18.
Fiedler, F. E./Chemers, M. M.: Improving Leadership Effectiveness: The Leader Match Concept. 2. A., New York 1984.
Fiedler, F. E./Chemers, M. M./Mahar, L.: Der Weg zum Führungserfolg. Stuttgart 1979.
Fiedler, F. E./Mahar, L.: The Effectiveness of Contingency Model Training: A Review of the Validation of Leader Match. In: PD, 1979, S. 247–254.
Fishbein, M./Landy, E./Hatch, G.: Consideration of the Assumptions Underlying Fiedler's Contingency Model for Prediction of Leadership Effectiveness. In: American Journal of Psychology, 1969, S. 457–473.
Gochman, I.: The Effect of Situational Favorableness on Leader and Member Perceptions of Leader Behavior. Organizational Research Technical Report 75–63, University of Washington, Seattle 1975.
Kennedy, J. K.: Middle LPC Leaders and the Contingency Model of Leadership Effectiveness. In: Organizational Behavior and Human Performance, 1982, S. 1–14.
Kerr, S.: Leadership and Participation. In: *Brief, A.* (Hrsg.): Research on Productivity. New York 1984.
Larson, L. L./Rowland, K. M.: Leadership Style and Cognitive Complexity. In: AMJ, 1974, 37–45.

Mai-Dalton, R. R.: The Influence of Training and Changes in Position Power in Leader Behavior. Unpublished master's thesis. University of Washington, Seattle 1985.
McNamara, V. D.: Leadership, Staff, and School Effectiveness. Diss. University of Alberta, Alberta 1968.
Mitchell, T. R.: the Construct Validity of Three Dimensions of Leadership Research. In: Journal of Social Psychology, 1970, S. 253–267.
Peters, L. H./Hartke, D. D./Pohlmann, J. T.: Fiedler's Contingency Theory of Leadership: an Application of the Meta-Analysis Procedure of Schmitt and Hunter. In: PB, 1985, S. 274–289.
Rice, R. W.: Psychometric Properties of the Esteem for Least Preferred Coworker (LPC Scale). In: AMR, 1978, S. 106–118.
Sample, J. A./Wilson, T. R.: Leader Behavior, Group Productivity, and Ratings of Least Preferred Coworker. In: JPSP, 1965, S. 266–270.
Sax, G.: Principles of Education Measurement & Evaluation. Belmont, California 1976.
Shiflett, S. C.: The Contingency Model of Leadership Effectiveness: Some Implications of Its Statistical and Methodological Properties. In: Behavioral Science, 1975, S. 429–440.
Strube, M. J./Garcia, J. E.: A Meta-Analytical Investigation of Fiedler's Contingency Model of Leadership Effectiveness. In: Psych. Bull., 1981, S. 307–321.

Führungstheorien – Machttheorie

Oswald Neuberger

[s. a.: Autorität; Führungsmotivation; Führungsposition; Führungstheorien – Theorie der Führungssubstitution; Mikropolitik und Führung.]

I. Deskriptoren der Macht; II. Machtwirkungen und Machtgrundlagen; III. Machttaktiken und Mikropolitik; IV. Macht in Führungstheorien; V. Machttheorien als Führungstheorien.

I. Deskriptoren der Macht

Seiner Wortwurzel nach stammt das Wort „Macht" nicht von „machen", sondern von „(ver)mögen". Macht ist somit die Möglichkeit oder Potenz (das Können!), etwas in Bewegung zu setzen. Damit berührt sich der Begriff Macht mit dem der Führung, bei dem die „Bewegungswirkung" (*Dahms* 1963) ein entscheidendes Definitionsmerkmal ist. Ob man Führung mit Rang (Status, Hierarchie), Zentralität (Mitte, Bezugspunkt), Initiative (Energetisierung, Motivation), Verursachung (Kausalität, Urheberschaft), Lenkung (Zielvorgabe, Steuerung, Kontrolle) etc. assoziiert (s. dazu ausführlich *Bass* 1981; *Wunderer/Grunwald* 1980), immer geht es um Einfluß oder die Möglichkeit (Macht) dazu. Eine säuberliche Scheidung der Begriffe Macht, Einfluß, Autorität, Herrschaft, Gewalt etc. ist auf lexikalischer Ebene ein willkürlicher Akt. Erst durch die Einbettung in theoretische Zusammenhänge gewinnen Abgrenzungen und Akzentsetzungen einen Sinn – relativ zu dieser Ordnung.

Als alltagssprachlicher Begriff läßt sich Macht nicht auf eine einzelne seiner vielen Verwendungen einengen. Diese werden in undurchsichtiger Konkurrenz weiterwirken, so daß sich mit Worten trefflich streiten läßt, obgleich oder weil man aneinander vorbeiredet. Wenn man (sich) erlaubt, unsystematisch von „Macht als Besitz" auf „Macht als personalem Attribut" zu „Macht als Systemeigenschaft" oder von „Macht als binärer Gegnerschaft" zu „Macht als struktureller Gewalt", zu wechseln, läßt sich alles und nichts mit Macht erklären. Man kann sich „zur Vermeidung der ärgsten Verwirrungen beim Gebrauch des Wortes Macht" (*Zelger* 1972) auf eine Art Grammatik einigen. Damit ist jedoch nur eine Vorarbeit geleistet, weil die Tiefenstrukturen (welche die Produktionsregeln für systematische Aussagen über Macht liefern, s. *Burkolter-Trachsel* 1981), eine Festlegung auf theoretische Meta-Annahmen (s. *Neuberger* et al. 1985) nötig macht. Die Vorarbeiten können in der Entwicklung einiger allgemeiner Deskriptoren bestehen (z. B. *Zelger* 1972; *Krüger* 1980), die in jeder Aussage über Macht anzugeben wären, nämlich u. a.:

– Wer oder was übt Macht aus (Machthaber, Machtquelle)?
– Über wen und wieviele wird Macht ausgeübt (Domäne der Macht, Machtunterworfene)?
– Auf welche Inhalte erstreckt sich die Machtbeziehung (Reichweite der kontrollierten Handlungen oder Äußerungen)?
– Mit welcher Wahrscheinlichkeit läßt sich der Anspruch durchsetzen (Intensität, Machtfülle)?
– Auf welche Grundlagen stützt sich der Machtanspruch (Machtbasen)?
– Mit welchem Aufwand ist die Durchsetzung verbunden (Machtkosten)?
– Mit welchen Mitteln oder Techniken erfolgt die Machtausübung?
– Welche Systemgrenzen gelten oder sind durchzusetzen (Ausweichmöglichkeiten, Fremdsystemeinfluß, Koalitionschancen)?

Macht ist somit ein mehrwertiger Term. Fehlt in einer Machtaussage einer dieser Terme, so ist sie unvollständig; es kann mit ihr nicht mehr sinnvoll argumentiert werden.

II. Machtwirkungen und Machtgrundlagen

Was ist die abhängige Variable bei einem solchen „naturwissenschaftlichen" oder „technischen"

Machtbegriff? Gehorsam, Leistungseinsatz, effektive Leistung, Kosten? Da ein Vorgesetzter gleichzeitig widersprüchliche Ziele zu erreichen hat (→*Führungstheorien - Rollentheorie*), muß er – dem Autokonstrukteur ähnlich – Kompromisse schließen und zahlreiche vorgegebene Mindeststandards erfüllen. Hier wie dort erweisen Prüfstand und Praxistests, ob die Lösungen erfolgreich sind. Macht hat jedoch nicht nur diese sachlichen Aspekte, sondern auch soziale und personale Komponenten: Macht definiert, produziert und stabilisiert sowohl soziale Verhältnisse (Herrschaft, Konkurrenz, Entmündigung) wie auch Persönlichkeiten (Entfremdung, Selbstbewußtsein, Angst, Kompetenzgefühl, Hilflosigkeit ...). Ihr breites Nutzenspektrum als symbolisches Mittel für beliebige Zwecke (Macht als generalisiertes Kommunikations-Medium, das die Selektionen eines B im Sinne eines A steuert; s. *Luhmann* 1974, 1984), wird ergänzt durch die Möglichkeit, nicht mehr relativierter Zweck zu sein.

Entwickelt man die Machtfrage auf diese Weise, so wird ihre Verkürzung in der üblichen Führungsliteratur offenkundig. Diese beschränkt sich im Regelfall auf zwei der oben skizzierten Themenkreise: auf die Typologisierung von Machtgrundlagen und auf Machttaktiken.

Was die Machtgrundlagen angeht, so wird im allgemeinen auf die Einteilung von *French/Raven* (1959) zurückgegriffen, die referiert oder erweitert wird (wobei aber die Autoren [s. a. *Raven/Kruglanski* 1970] die Machtbasen schon spekulativ mit Bedingungen und Wirkungen in Beziehung gesetzt haben; für die klassischen 5 Machtbasen haben *Hinkin/Schriesheim* [1989] einen Kurzfragebogen entwickelt).
Macht kann sich demzufolge gründen auf:

- Einsatz von Belohnungen. Gemäß den Prinzipien behavioristischer Lerntheorien erfolgt Verhaltenssteuerung durch Verstärkung. Wer von anderen begehrte Ressourcen (z. B. Geld, Positionen, Statussymbole, Privilegien) kontrolliert, kann diese kontingent einsetzen.
- Einsatz von Bestrafung oder Zwang: Wenn unerwünschtes Verhalten von „Strafreizen" (z. B. Geldbußen, Lohnabzüge, Kündigung, körperliche Züchtigung, Freiheitsentzug) gefolgt ist, kann seine Auftretenswahrscheinlichkeit gesenkt werden.
- Legitimität: Wer „kraft Amtes" Ansprüche stellen kann, aktiviert eine überwältigende Koalition mit geltenden Normen, Gesetzen, Vereinbarungen, Vorschriften, Sitten und Traditionen. Er handelt „im Namen und Auftrag" all dieser anonymen Institutionen.
- Expertentum. Diese Grundlage wird manchmal erweitert zur generellen Kategorie der Information: Wer Wege (und Abkürzungen) zum Ziel kennt oder kontrolliert, kann die Zielerreichung fördern oder – beim Vorenthalten seines Wissens – erschweren oder gar verhindern.
- Emotionale Beziehungen. Wer als Vorbild, Modell, Identifikationsfigur wirkt oder durch sein Charisma mitreißt, findet spontane Gefolgschaft, die keiner Überwachung bedarf, der vielmehr die Nähe zum Ideal genügt.
- Umwelt-Kontrolle. Durch „Schaffung vollendeter Tatsachen" (z. B. Sachzwang der Maschinen- und Anlagenkonstruktion) werden Verhaltensalternativen prinzipiell ausgeschlossen.

Diese Machtquellen unterscheiden sich in mehrfacher Hinsicht voneinander, z. B. in bezug auf Dosierbarkeit, Vermehrbarkeit bzw. Verschleiß, Kontingenz (Gebundenheit an die Beobachtbarkeit und Beobachtung relevanten Verhaltens und den Entscheidungsspielraum für nachfolgende Konsequenzen), Transferierbarkeit, Wirkungsbreite etc. Die Nichtbeachtung derartiger Verfeinerungen mag für die größtenteils schwachen, jedenfalls aber sehr uneinheitlichen Beziehungen zwischen Machtgrundlagen und ihren Wirkungen verantwortlich sein (s. die Zuammenfassung empirischer Ergebnisse bei *Yukl* 1981, S. 40 f.).

Auch die Analyse der Querbeziehungen wäre wichtig: Wirtschaftliche Organisationen, die sich nach utilitaristischen Prinzipien aufs Belohnungskalkül stützen, versuchen – wegen der immanenten Beschränkung dieser Machtquelle (Überwachungsaufwand, Güterverzehr, Tauschgerechtigkeit) andere Grundlagen zu aktivieren, z. B. die Pflege der zwischenmenschlichen Beziehungen (Human Relations), die Entwicklung gemeinsamer Werte, Traditionen und Ideologien (→*Symbolische Führung*) oder die Versachlichung oder Professionalisierung der Beziehungen.

III. Machttaktiken und Mikropolitik

Wer nach konditionalen Aussagen sucht, sieht sich meist abgespeist mit Empfehlungen, die dem gesunden Menschenverstand folgen. Ähnlich ist es bei Einteilungen, die zu Machttaktiken (oder -strategien) vorliegen. Dabei wird ein reiches Arsenal ausgebreitet (s. z. B. *Kipnis* et al. 1980; *Falbo* 1977; *Yukl* 1981; *Machiavelli* 1961; *Neuberger* 1994; *Yukl/Falbo* 1991; *Wunderer/Weibler* 1992).

Zum Standardrepertoire des Vorgesetzten, das vor allem in der Praktikerliteratur immer wieder (meist anekdotisch aufbereitet) angeboten wird, gehören folgende Vorgehensweisen:

- Vernünftig argumentieren, rationale Gründe geben, Einsichten vermitteln;
- Fachwissen und Überlegenheit demonstrieren;

- an gemeinsame Werte und Überzeugungen appellieren, begeistern, mitreißen;
- einschüchtern, drohen, erpressen;
- vollendete Tatsachen schaffen, Sachzwang errichten;
- emotionalisieren, dramatisieren;
- impression management; ‚Fassadenarbeit' (There is no business without showbusiness);
- sozialen Druck aktivieren, isolieren, öffentliche Bekenntnisse ablegen lassen;
- indoktrinieren, dogmatisieren;
- vormachen, als Vorbild wirken;
- manipulieren, Schein-Mitbestimmung;
- Schmeichelei, Heuchelei;
- Täuschung, Irreführung, Desinformation, Betrug, Lüge, Gerüchte;
- Koalitionen bilden, intrigieren, Absprachen treffen;
- ködern, Vorteile versprechen.

Techniken dieser Art sind die Instrumente betrieblicher „Mikropolitik" (*Burns* 1962; *Bosetzky* 1977), die unter den Bedingungen von Karrierekonkurrenz, Informations-, Entwicklungs-, Ressourcenknappheit, Unsicherheit und Turbulenz jede Führungskraft beherrschen oder zumindest kennen muß, wenn sie ihre Interessen (oder – was nicht das gleiche ist – die ihrer Einheit, oder – was wiederum etwas anderes ist – die der Gesamtorganisation) wahren möchte. Zwar gilt öffentlich eine skrupellose Machtpolitik à la Machiavelli als verpönt, der betriebliche Alltag steckt jedoch voller Handlungsdilemmata, die auf sehr unterschiedliche Weise „aufgelöst" werden können – unter anderem eben auch auf kurzsichtige, egoistische und engstirnige Weise und in der Überzeugung, die eigenen Ziele ohne faire (und ebenso aufwendig wie riskante!) Abstimmung mit anderen um jeden Preis verwirklichen zu dürfen oder zu müssen.

Die bloße Existenz solcher Handlungsregeln belegt, daß Führungshandeln nicht in sachlichen Rollenvorschriften (Stellenbeschreibungen) und orientierenden →*Führungsgrundsätzen* formalisiert werden kann, sondern grundsätzlich durch Freiheitsgrade ausgezeichnet ist, die persönliche Entscheidungen erfordern. Führung findet statt in einem nur zum Teil transparenten, ebenso wenig stabilen wie berechenbaren Gemenge von unterschiedlichen Informationen, Interessen, Bedingungen, Aufgaben und Zielen. Eine Möglichkeit, dieses Chaos zu ordnen, ist (neben Formalisierung, Selbstabstimmung, Verplanung, Ideologisierung – s. *Kieser/Kubicek* 1983) die Einrichtung oder Zulassung von personalen Machtzentren (Führung).

In zunehmendem Maße wird versucht, die Thematik der Mikropolitik sowohl empirisch zu untersuchen (s. neben den genannten Autor/innen z.B. *Damiani* 1991; *Dick* 1992; *Birke* 1992) als auch theoretisch zu fundieren. Wichtige Beiträge dazu leisten *Küpper/Ortmann* (1986, 1988); *Ortmann* et al. (1990) – unter Rückgriff vor allem auf *Crozier/Friedberg* (1979) und *Giddens* (1992) –, *Vogel* (1990).

Nur wenn Führung sich abgrenzt von den anderen Steuerungsstrategien, leistet sie einen eigenständigen Beitrag – und deshalb muß Raum sein für Machtpolitik, die allerdings in eine Konkurrenzsituation zu den anderen Koordinationsinstrumenten gebracht und damit in Schach gehalten werden muß. Je mehr es gelänge, die Anwendung von Machttaktiken in formalen Wenn-Dann-Beziehungen zu domestizieren (für kategorisierte Auslösebedingungen definierte Techniken verbindlich vorzuschreiben), desto mehr löste sich Führung in den anderen Steuerungstechniken auf. Die Bedingung der →*Effizienz der Führung* (und Macht) ist paradoxerweise die nur partielle Rationalität organisierten Handelns.

Von daher erhält die intelligente Machtdefinition von *Crozier/Friedberg* (1979) ihren Sinn, derzufolge Macht die Fähigkeit ist, das eigene Verhalten unvorhersehbar zu halten.

Labour Process Debate. Unter einem anderen Stichwort spielt die Machtthematik auch in der sog. labour process debate eine Rolle (zusammenfassend s. *Maier* 1991). Weil zwar Arbeitskräfte ‚eingekauft' werden, damit aber noch nicht sichergestellt ist, daß diese Arbeitskräfte auch die erwartete Arbeit leisten, entsteht das Transformationsproblem, aus Arbeitsvermögen Arbeitsleistung zu machen. Die control (Überwachung und Steuerung) des Arbeitsprozesses ist Aufgabe des Managements; die ist zum einen eine technisch-koordinierende, zum anderen aber auch eine herrschaftliche Funktion: Es müssen Möglichkeiten bestehen, auch gegen Widerstand die Interessen des Managements durchzusetzen. Noch *Braverman* hielt tayloristische Formen der Organisation für die dem entwickelten Kapitalismus adäquate Steuerungsformen. In der Folgezeit aber wurde darauf hingewiesen, daß es nicht nur die Option der (fragmentierenden, vereinheitlichenden und dequalifizierenden) tayloristischen Vorgehensweise gibt, sondern unterschiedliche Wege zum selben Ziel (der labour process control); *Friedman* (1977) unterschied z.B. ‚direkte Kontrolle' und ‚verantwortliche Autonomie'; *Edwards* (1979) konstruierte die Abfolge ‚einfacher hierarchischer', ‚technischer' und ‚bürokratischer' Kontrolle als mögliche Strategievarianten. Die fortgeschrittene Arbeitsprozeß-Debatte ging dann verstärkt auf die inneren Widersprüche in den verschiedenen Feldern der Organisation der Arbeit ein (s. *Teulings* 1986), woraus sich weitere Möglichkeiten der Prozeßbeherrschung ableiten lassen. Zu ihnen gehört nicht nur die machtvolle Durchsetzung von Managementinteressen (z.B. durch Überwachung und Entlassungsdrohung), sondern auch die Strategie der

Konsensfindung, die allerdings – was in der deutschen Sozialpakt-Idee (*Hildebrandt/Seltz* 1987) kaum beachtet wird – auf dem Hintergrund des Zwangspotentials zu sehen ist, auf das das Management notfalls zurückgreifen kann. In Erklärungen zur Frage der Beherrschung des Arbeitsprozesses wird nicht selten auch auf *Giddens'* Strukturationstheorie zurückgegriffen (s. z. B. *Schienstock* 1993), die gerade für die Führungstheorie wichtige Impulse liefern kann. Sie versucht nämlich, die alte Frage der Vermittlung von Handlung und Struktur zu klären und damit die sehr häufig stark personalistischen Akzentsetzungen der Führungstheorie zu überwinden: Zwar handeln (Führungs-)Personen, aber ihr Handeln ist kanalisiert durch Strukturen, die im Handeln (re-)produziert werden. Die Betonung von strukturellen Bedingungen der Legitimation, Symbolisierung und Herrschaft überwindet so einseitig akteurszentrierte Omnipotenzphantasien. Darüber hinaus wird die Assoziation „Management: führend", „Arbeiter/innen: ausführend" aufgebrochen, so daß *auch* selbstorganisierenden Regulierungen Raum gegeben wird. In der Erledigung ihrer Aufgaben schaffen Arbeitnehmer/innen die strukturellen Bedingungen, die ihr Handeln steuern: Das Produzieren produziert zugleich auch die Regeln, die das Produzieren regeln. Management hat dann nicht die Aufgabe, diese ‚Selbststeuerung' außer Kraft zu setzen und durch Managementkontrolle zu ersetzen, sondern so zu intervenieren, daß auf ökonomische Weise die eigenen Interessen gefördert werden. Das *kann* in Konsensstrategien münden. Auch die Strategien des ‚empowerment' (*Block* 1991; *Hartmann* 1993) können in diesem Licht interpretiert werden: Es geht bei der ‚Ermächtigung' darum, auf die einzelnen Mitarbeiter/innen so einzuwirken (qualifikatorisch, ideologisch, strukturell), daß sie die Sache des Managements zur eigenen Sache machen und ‚von sich aus' so motiviert und ausgestattet sind, daß sie als Intrapreneurs funktionieren. Auch hier scheint (hierarchische) Macht verschwunden zu sein, sie hat sich jedoch lediglich verwandelt in Incentives, Strukturen und Visionen. Sie kann – weil die Ansprüche auf Selbststeuerung rechtlich nicht verankert sind – jederzeit, wenn die Erwartungen des Managements enttäuscht werden sollten, in ihrer repressiven Form zurückkehren.

IV. Macht in Führungstheorien

Im folgenden soll am Beispiel gängiger Führungstheorien (s. etwa die Übersichten bei *Wunderer/Grunwald* 1980; *Staehle* 1991; *Neuberger* 1994; *Yukl* 1981; *Bass* 1981) untersucht werden, welche Ansätze (oder auch nur Möglichkeiten) vorhanden sind, die Machtvariable in Aussagen über Führung zu berücksichtigen. Die Kontingenztheorie der Führung (→*Führungstheorien – Kontingenztheorie*) von Fiedler soll dabei ausgeklammert bleiben, weil in ihr explizit auf Positions(!)-Macht eingegangen wird – wobei jedoch auf den Versuch *Butlers* (1978) hinzuweisen ist, der Fiedlers Ansatz insgesamt als Macht-Theorie reformuliert.

Im Grunde wäre jede Variable im Führungsprozeß daraufhin zu befragen, in welchem Umfang sie zum Ausschluß von Alternativen beiträgt. Diese Reduktion von Handlungs-Möglichkeiten, die Zulassung einer bestimmten Auswahl zur Ver-Wirklichung und die Stabilisierung dieser Selektion ist Macht. Jede derartige Vereinfachung, Auswahl und Verstetigung wirkt sich auf Leistungen, Interaktion, Strukturen und Personen aus.

1. Eigenschafts-Theorie (→*Führungstheorien – Eigenschaftstheorie*)

Es ist nicht verwunderlich, daß im Erklärungsansatz mit der längsten Tradition auch das Persönlichkeitsmerkmal „Machtmotivation" eine Rolle spielt als eine quasi asoziale, d. h. im Individuum lokalisierte dauerhafte Handlungsdisposition. *Winter* (1973), *Heckhausen* (1980) und *Grunwald* (1980) haben Sammelreferate über die verschiedenen Konzeptualisierungen und Operationalisierungen des Machtmotivs vorgelegt. Das Machtmotiv ist dabei ein isoliertes quantifizierbares Konstrukt, das sich evtl. in verschiedene Dimensionen zerlegen läßt (Streben nach Macht, Furcht vor Gegenmacht, Angst vor Machtverlust usw.). Die buchstäbliche Unverbindlichkeit einer solchen Auffassung ist in *McClellands* Versuch (1978) einer Entwicklungstheorie des Machtmotivs überwunden: In Anlehnung an die Phasenlehre der Psychoanalyse stellt er ein 4-Phasen-Modell zur Klassifikation der Machtorientierungen vor. In einem Vierfelderschema, das zwei jeweils dichotomisierte Aspekte enthält (Machtquelle: die Person selbst oder andere, und Machtobjekt: die Person selbst oder andere), ordnet er folgende Entwicklungssequenz: In Phase I, die der oralen Thematik entspricht, empfängt die Person Stärke von außen (von anderen) und fühlt sich „external kontrolliert". In Phase II (anale Thematik) übt die Person über sich selbst Macht aus („Selbstbeherrschung", internale Kontrolle). In der dritten (phallischen) Phase geht es um die Beherrschung anderer und in der reifen (genitalen) Phase schließlich steht die Person im Dienst von Ideen, Gemeinschaften, Gesetzen... In dem Maße wie personalisierte Macht (p-Macht, schrankenlose Selbstdurchsetzung) durch „Hemmung" zu „sozialisierter Macht" (s-Macht) umgeformt wird, ist die Person in der Lage, ihr Machtstreben rationaler Planung und sozialer Verantwortung zu unterwerfen. Ein Führer mit s-Macht dominiert nicht, er gibt den Geführten das Gefühl der Macht (*McClelland* 1978, S. 196 f.).

Neben dem Machtmotiv könnten noch weitere Persönlichkeitsmerkmale Berücksichtigung finden, die in den empirischen Eigenschaftsklassifikationen z. B. von *Cattell* (1965) oder *Guilford* (1965) enthalten sind (wie etwa Selbstsicherheit, Dominanz, Aggressivität usw.). Auch andere wichtige Konstrukte der Persönlichkeitstheorie können um die Machtthematik zentriert werden. *Müller* (1980) und *Ng* (1980) verweisen auf die Bedeutung des Kompetenzmotivs (*White* 1959), der „persönlichen Verursachung" (*DeCharms* 1968), des „locus of control" (*Rotter* 1966), der „gelernten Hilflosigkeit" (*Seligman* 1975). Interessant, weil traitistische Stabilitätsannahmen überwindend, sind Hypothesen von *Kipnis* (1976), der von der „Metamorphose" der (bzw. durch) Macht spricht: Er konnte in verschiedenen Experimenten zeigen, daß die Ausübung von Macht bzw. die Verfügung über viel Macht charakteristische Persönlichkeits- und Verhaltensänderungen nach sich zieht: die eigene Bedeutung wird höher eingeschätzt, die Untergebenen werden abgewertet, Wirkungen werden dem eigenen Machteinsatz und nicht der intrinsischen Motivation der Geführten zugeschrieben. Außerdem besteht eine Tendenz nach (weiterer) Machtmehrung, die auch *Mulder* (1977) hervorhebt, wenn er Macht als „Droge" bezeichnet: Je mehr einer hat, desto mehr (ge)braucht er (s. dazu unten)! In diesem Zusammenhang ist auch das Persönlichkeitssyndrom des Machiavellismus zu nennen (*Christie/Geis* 1970; *Henning/Six* 1977; *Henning* 1983), mit dem eine emotional distanzierte, pragmatische, von moralischen Bindungen befreite instrumentelle Einstellung zu Mitmenschen beschrieben wird.

2. Gruppendynamik und Rollentheorie

Seit den Anfängen gruppendynamischer Studien war die Bedeutung von Variablen wie Status, individuelle Prominenz, Rangordnung bekannt. Es galt als eine immer wieder bestätigte Beobachtung der Gruppendynamik, daß Gruppen regelhafte Entwicklungsprozesse durchlaufen, bevor sie sich Aufgabenlösungs-Prozessen zuwenden können (s. *Bion* 1971; *Tuckman* 1965): Zunächst sind sozio-emotionale Beziehungen zu klären, also Fragen nach Nähe, Dominanz, Rang, Zentralität, Sympathie, Normierung etc. – bevor produktiv gearbeitet werden kann. Auch Bales hatte bei seinen berühmten Studien, die zur Rollendifferenzierungsthese geführt haben (→*Führungstheorien – Rollentheorie*), schon den „dritten Faktor" (Macht, Dominanz, Status) entdeckt, ihn aber erst in der späteren Entwicklung des Symlog-Modells (*Bales/Cohen* 1982) als eigenständige Dimension berücksichtigt (upward – downward) und auf die Führungsforschung angewandt (*Bales/Isenberg* 1982).

3. Führungsstile, Führungsverhalten

Bei der üblichen zweidimensionalen Abbildung des Führungsverhaltens in den sog. Ohio-Dimensionen Consideration und Initiating Structure wird zugunsten von „Mitarbeiter-" und „Aufgabenorientierung" (*Blake/Mouton* 1968; *Reddin* 1970; *Hersey/Blanchard* 1977) die Variable Macht „übersehen". Dabei haben schon die Pioniere der Führungsstilforschung um *Lewin* (*White/Lippitt* 1960) als zentrales Unterscheidungskriterium zwischen „autokratischer" und „demokratischer" Führung die Dimension „Macht und Verantwortung" berücksichtigt (*Maier* 1965). Nur wenige Autoren (*Bass/Valenzi* 1974 und *Shapira* 1976 sowie *Heller* 1971) haben dem Machtfaktor in Führungsstilmodellen einen eigenständigen Platz zuerkannt.

4. Funktionale Führungstheorien

Diese auf die Skinnersche Lerntheorie zurückgehenden Ansätze haben ihre machttheoretische Wendung in einer wegweisenden Arbeit von *Adams/Romney* (1959) erhalten. In jüngster Zeit sind sie im Rahmen der „Bewegung" der Organizational Behavior Modification (*Neuberger* 1994) aktualisiert worden. Sie betonen in besonderem Maße die Bedeutung von „cue control" und „outcome control" (s. dazu auch das Sammelreferat von *Podsakoff* 1982, sowie *Sims* 1977). Auch die austauschtheoretischen Machtkonzeptionen (*Blau* 1964; *Homans* 1961 und *Thibaut/Kelley* 1959) sind eng mit den Prämissen der funktionalen Lerntheorie verbunden.

5. Weg-Ziel-Theorien

Diese dem VIE-Ansatz verpflichteten motivationstheoretischen Führungsmodelle (*Evans* 1970; *House* 1971; *Neuberger* 1976) können mit der feldtheoretischen Machtdefinition (*Cartwright* 1959) in Beziehung gebracht werden, weil für diese die beim Machtunterworfenen induzierten Veränderungen ausschlaggebend sind. Der Weg-Ziel-Ansatz (→*Führungstheorien – Weg-Ziel-Theorie*) stellt ebenfalls den Geführten in den Mittelpunkt und thematisiert die Bedingungen und Angriffspunkte einer gezielten Veränderung seiner Handlungsmotivation.

6. Die Attributionstheorien

Die Attributionstheorien (→*Führungstheorien – Attributionstheorie*) schließlich gründen sich auf das Konzept der Verursachungszuschreibung und betonen damit jenen Aspekt des Machtkonzepts, der mit „Macht als Kausalität" umschrieben wird. Führungshandeln wird als abhängig von der personalen oder situativen Verursachung des Geführtenhandelns gesehen (s. dazu *Schettgen* 1991 und die oben im Zusammenhang mit der Eigenschaftstheorie genannten Konzepte „persönlicher Verursachung").

V. Machttheorien als Führungstheorien

Es gibt wenig Ansätze, die man als ausgearbeitete Theorien der Macht bezeichnen könnte, meist handelt es sich bei den so etikettierten Versuchen um begriffliche Ordnungen und dimensionale Klärungen (s. etwa *French* 1956; *Emerson* 1962; *Mintzberg* 1983). Im folgenden sollen zwei Konzeptionen dargestellt werden, die für die Führungstheorie von Interesse sein können: ein organisationstheoretischer und ein sozialpsychologischer Ansatz.

Die strategische Kontingenztheorie intra-organisatorischer Macht. Unter diesem Titel haben *Hickson* et al. 1961 ein systemtheoretisch inspiriertes Hypothesengebäude vorgelegt (s. a. *Pfeffer/Salancik* 1974; *Pfeffer* 1977; *Braun* 1980; *Hickson* et al. 1981): Macht ist bedingt durch das Ausmaß, in dem eine Einheit strategische Abhängigkeiten, d. h. Situationen kontrollieren kann, die für andere entscheidend sind. Diese Fähigkeit hängt von vier Bedingungen ab:

- von der Unsicherheit der Einwirkungen auf das System (Mangel an Informationen über künftige Ereignisse),
- dem Erfolg in der Bewältigung der Unsicherheit, (z. B. durch Vorbeugen, „Reparieren" oder Planen),
- der Ersetzbarkeit einer Einheit (ob ihre Leistungen auch von anderen zu erhalten sind) und
- der Zentralität einer Einheit im Arbeitsfluß (mit wie vielen anderen Einheiten sie verbunden ist und wie schnell und umfassend ihr Ausfall die Arbeit anderer Einheiten behindern würde).

Diese Erklärungsskizze ist für die Führungstheorie deshalb bedeutsam, weil sie in entschiedener Weise von Persönlichkeitsfaktoren abrückt und die strukturellen Bedingungen organisatorischer Macht in den Mittelpunkt rückt, so daß sie die Zwänge und Handlungsspielräume sichtbar macht, mit denen Führungskräfte zu leben haben (s. dazu auch die →*Führungstheorien – Theorie der Führungssubstitution* bei *Kerr/Jermier* 1978; *Kerr/Slocum* 1981 und *Türk* 1981).

Als sozialpsychologischer Ansatz soll kurz die *Machtdistanzreduktions-Theorie* von *Mulder* (zusammenfassend *Mulder* 1977) skizziert werden. *Mulder* hat seine Theorie in insgesamt 20 Hypothesen zusammengefaßt (1977, S. 92f.), von denen hier nur einige zentrale zu nennen sind.

Mulder geht davon aus, daß die Ausübung von Macht an sich (und nicht als Mittel für bestimmte Zwecke) Befriedigung verschafft. Als grundlegende Machtrelation („Primitiv") sieht er das Individuum (Machthaber) zwischen einem Mächtigeren und mehreren weniger Mächtigen („umgedrehtes Y"). Er postuliert nun, daß Inhaber/innen dieser Zwischenposition die Tendenz haben, den Abstand nach oben zu verringern, den Abstand nach unten aber (damit) zu vergrößern. Je größer die Nähe zu einer Machtposition, desto stärker ist die Distanzreduktionstendenz: wer schon „zweiter Mann" ist, verstärkt seine Annäherungstendenzen, aber wer weit unten in einer Rangordnung steht, entwickelt wenig Initiative, Macht „ganz oben" zu übernehmen.

Bei der empirischen Überprüfung seiner Theorie war *Mulder* gezwungen, unerwartete Befunde durch Zusatzannahmen zu erklären (z. B. Berücksichtigung der Kosten der Machtübernahme, des Realitätsniveaus von Machthandeln, Selbstbewußtsein etc.). Er konnte zeigen – was insbesondere für die Partizipationsdiskussion von großer Bedeutung ist – daß die Mitbeteiligung Unerfahrener zu einer Schwächung von deren Position führt – eine Folgerung, die *Ng* (1980) auf die individualistische Machtkonzeption *Mulders* zurückführt. Mulder erfaßt mit seinem Modell primär das Streben nach Macht-Positionen – was für die Dynamik von Gruppenbeziehungen entscheidend ist (s.o.), hat aber andere wichtige Machtaspekte (z. B. Grundlagen, Taktiken, Einbettung in umfassendere Systeme) nicht systematisch untersucht, so daß auch dieser Ansatz als eine Mini-Theorie der Macht klassifiziert werden muß. Da mit *der* Machttheorie nicht zu rechnen ist, wäre es jedoch wünschenswert, wenn die vielen verstreuten Erkenntnisse und Vermutungen über Macht in derartigen Theorien geringerer Reichweite zusammengefaßt und damit prüf- und kritisierbar gemacht würden.

Literatur

Adams, J. S./Romney, A. K.: A Functional Analysis of Authority. In: PR, 1959, S. 234–251.
Bales, R. F./Cohen, S. P.: SYMLOG. Ein System für mehrstufige Beobachtung von Gruppen. Stuttgart 1982.
Bales, R. F./Isenberg, D. J.: SYMLOG and Leadership Theory. In: *Hunt, J. G./Sekaran, U./Schriesheim, C. A.* (Hrsg.): Leadership Beyond Establishment Views. Carbondale, Edwardsville 1982, S. 165–195.
Bass, B. M.: Stogdill's Handbook of Leadership. New York und London 1981.
Bass, B. M./Valenzi, E. R.: Contingent Aspects of Effective Management Styles. In: *Hunt, J. G./Larson, L. L.* (Hrsg.): Contingency Approaches to Leadership. London/Amsterdam 1974, S. 130–155.
Bion, W. R.: Erfahrungen in Gruppen. Stuttgart 1971.
Birke, M.: Betriebliche Technikgestaltung und Interessenvertretung als Mikropolitik. Wiesbaden 1992.

Blake, R./Mouton, J. S.: Verhaltenspsychologie im Betrieb. Düsseldorf/Wien 1968.
Blau, P. M.: Exchange and Power in Social Life. New York 1964.
Block, P.: Der autonome Manager. Macht und Einfluß am Arbeitsplatz. Frankfurt/M. 1991.
Bosetzky, H.: Machiavellismus, Machtkumulation und Mikropolitik. In: ZfO, 1977, S. 121–125.
Braun, G. E.: Macht im Planungsprozeß – Ansätze und Kritik. In: *Reber, G.* Macht in Organisationen. Stuttgart 1980, S. 245–270.
Braverman, H.: Labor and Monopoly Capital. New York 1974.
Burkolter-Trachsel, V.: Zur Theorie sozialer Macht. Stuttgart 1981.
Burns, T.: Micropolitics: Mechanisms of Institutional Change. In: ASQ, 1962, S. 257–281.
Butler, R. J.: Towards an Organizational Control and Power Theory of Leadership. In: *King, B./Streufert, S./Fiedler, F. E.* (Hrsg.): Managerial Control and Organizational Democracy. Washington 1978, S. 151–162.
Cartwright, D.: A Field Theoretical Conception of Power. In: *Cartwright, D.* (Hrsg.): Studies in Social Power. Ann Arbor 1959, S. 183–220.
Cattell, R. B.: The Scientific Analysis of Personality. Hammondsworth 1965.
Christie, R./Geis, F. L.: Studies in Machiavellianism. New York 1970.
Crozier, M./Friedberg, E.: Macht und Organisation. Königstein 1979.
Dahms, K.: Über die Führung. München/Basel 1963.
Damiani, E.: Qualität im Bankgeschäft. Theoretische Vorstellungen und ihre Umsetzung in die Praxis. Diss., Univ. Augsburg 1991.
DeCharms, R.: Personal Causation: The Internal Affective Determinants of Behavior. New York 1968.
Dick, P.: Personalentwicklung aus mikropolitischer Perspektive. Mikropolitik und Sozialisation. Diss., Univ. Augsburg 1992.
Edwards, R.: Contested Terrain. New York 1979.
Emerson, R. M.: Power-Dependence Relations. In: *Backman, C. W./Secord, P.* (Hrsg.): Problems in Social Psychology. New York 1962, S. 193–202.
Evans, M. G.: The Effects of Supervisory Behavior on the Pathgoal Relationship. In: OBHP, 1970, S. 277–298.
Falbo, T.: Multidimensional Scaling of Power Strategies. In: JPSP, 1977, S. 537–547.
French, J. P.-R.: A Formal Theory of Social Power. In: PR, 1956, S. 181–194.
French, J. P. R./Raven, B.: The Basis of Social Power. In: *Cartwright, D.* (Hrsg.): Studies in Social Power. Ann Arbor 1959, S. 150–167.
Friedman, A.: Industry and Labour: Class Struggle at Work and Monopoly Capitalism. London 1977.
Giddens, A.: Die Konstitution der Gesellschaft. Grundzüge einer Theorie der Strukturierung. Frankfurt u. a. 1992.
Grunwald, W.: Macht als Persönlichkeitsdisposition: Theoretische, methodologische und empirische Aspekte. In: *Reber, G.* (Hrsg.): Macht in Organisationen. Stuttgart 1980, S. 91–121.
Guilford, J. P.: Persönlichkeit. Weinheim 1965.
Hartmann, H.: Empowerment! Alle Macht den Mitarbeitern... In: Management Revue 1993, S. 115–132.
Heckhausen, H.: Motivation und Handeln. Berlin/New York 1980.
Heller, F. A.: Managerial Decision-Making. A Study of Leadership Styles and Power-Sharing among Senior Managers. London, Assen 1971.

Henning, H.-J.: Machiavellismus. In: *Lippert, E./Wakenhut, R.* (Hrsg.): Handwörterbuch der Politischen Psychologie. Opladen 1983, S. 170–178.
Henning, H. J./Six, B.: Konstruktion einer Machiavellismus-Skala. In: ZfSP, 1977, S. 185–198.
Hersey, P./Blanchard, K. H.: Management of Organizational Behavior: Utilizing Human Resources. Englewood Cliffs 1977.
Hickson, D. J./Astley, W. G./Butler, R. J./Wilson, D.C.: Organization as Power. In: *Cummings, L. L./Staw, B. M.* (Hrsg.): Research in Organizational Behavior, London 1981, S. 151–196.
Hickson, D. J./Hinnings, C. R./Lee, C. A./Schneck, R. E./Pennings, J. M.: A Strategic Contingencies' Theory of Intraorganizational Power. In: ASQ, 1971, S. 216–229.
Hildebrandt, E./Seltz, R. (Hrsg.): Managementstrategien und Kontrolle. Berlin 1987.
Hinkin,Th./Schriesheim, C. A.: Development and Application of new Scales to Measure the French and Raven (1959) Bases of Social Power. In: JAP, 1989, S. 561–567.
Homans, G.C.: Social Behavior: Its Elementary Forms. New York 1961.
House, R. J.: A Path Goal Theory of Leader Effectiveness. In: ASQ, 1971, S. 321–338.
Kerr, S./Jermier, J. M.: Substitutes for Leadership: Their Meaning and Measurement. In: OBHP, 1978, S. 375–403.
Kerr, S./Slocum, J. W.: Controlling the Performances of People in Organizations. In: *Nystrom, P.C./Starbuck, W. H.* (Hrsg.): Handbook of Organizational Design, New York 1981, S. 116–134.
Kieser, A./Kubicek, H.: Organisation, 2. A., Berlin/New York 1983.
Kipnis, D.: The Powerholders. Chicago/London 1976.
Kipnis,D./Schmidt, S./Wilkinson, I.: Intraorganizational Influence Tactics: Explorations in Getting One's Way. In: JAP, 1980, S. 440–452.
Krüger, W.: Unternehmensprozeß und Operationalisierung von Macht. In: *Reber, G.* (Hrsg.): Macht in Organisationen. Stuttgart 1980, S. 223–244.
Küpper, W./Ortmann, G.: Mikropolitik in Organisationen. DBW, 46. Jg., 1986, S. 590–602.
Küpper, W./Ortmann, G. (Hrsg.): Mikropolitik. Rationalität, Macht und Spiele in Organisationen. Opladen 1988.
Luhmann, N.: Macht. Stuttgart 1974.
Luhmann, N.: Soziale Systeme. Frankfurt 1984.
Machiavelli, N.: Der Fürst. Stuttgart 1961 (Orig. 1513).
Maier, N. R. F.: Psychology in Industry. 3. A., Boston 1965.
Maier, W.: Kontrolle und Subjektivität in Unternehmen. Opladen 1991.
McClelland, D.: Macht als Motiv. Stuttgart 1978.
Mintzberg, H.: Power In and Around Organizations. Englewood Cliffs 1983.
Mulder, M.: The Daily Power Game. Leiden 1977.
Müller, W. R.: Führung und Identität. Bern/Stuttgart 1980.
Neuberger, O.: Führungsverhalten und Führungserfolg. Berlin 1976.
Neuberger, O.: Führen und geführt werden. 4. A., Stuttgart 1994.
Neuberger, O./Conradi, W./Maier, W.: Individuelles Handeln und sozialer Einfluß. Einführung in die Sozialpsychologie. Opladen 1985.
Ng, S. H.: The Social Psychology of Power. London u. a. 1980.
Ortmann, G./Windeler, A./Becker, A./Schulz, H.-J.: Computer und Macht in Organisationen. Mikropolitische Analysen. Opladen 1990.

Pfeffer, J.: Power and Resource Allocation in Organizations. In: *Staw, B. M./Salancik, G. R.* (Hrsg.): New Directions in Organizational Behavior. Chicago 1977, S. 235–265.
Pfeffer, J.: Power in Organizations. Marshfield, Mass. 1981.
Pfeffer, J.: Power: Politics and Influence in Organizations. Boston 1992.
Pfeffer, J./Salancik, G. R.: Organizational Decision Making as a Political Process: The Case of a University Budget. In: ASQ, 1974, S. 135–151.
Podsakoff, P. M.: Determinants of Supervisor's Use of Rewards and Punishments: A Literature Review and Suggestions for Future Research. In: OBHP, 1982, S. 58–83.
Raven, B. H./Kruglanski, A. W.: Conflict and Power. In: *Swingle, P.* (Hrsg.): The Structure of Conflict. New York 1970, S. 69–110.
Reddin, W. J.: Managerial Effectiveness. New York 1970.
Rotter, J.: Generalized Expectancies of Internal Versus External Control of Reinforcement. In: Psych. Monographs, 1966, S. 1–28.
Schettgen, P.: Führungspsychologie im Wandel. Wiesbaden 1991.
Schienstock, G.: Soziologie des Managements: Eine Prozeßperspektive. In: *Staehle, W./Sydow, J.* (Hrsg.): Managementforschung, Bd. 3. Berlin 1993, S. 271–308.
Seligman, M. E. P.: Helplessness: On Depression, Development and Death. San Francisco 1975.
Shapira, Z.: A Facet Analysis of Leadership Styles. In: JAP, 1976, S. 136–139.
Sims, H. P.: The Leader as a Manager of Reinforcement Contingencies: An Empirical Example and a Model. In: *Hunt, J. G./Larson, L. L.* (Hrsg.): Leadership: The Cutting Edge. Carbondale, Edwardsville, 1977, S. 121–137.
Staehle, W.: Management. Eine verhaltenswissenschaftliche Einführung. 6. A., München 1991.
Teulings, A. W. M.: Managerial Labour Processes in Organised Capitalism. The Power of Corporate Management and the Powerlessness of the Manager. In: *Knights, D./Willmott, H.* (Hrsg.): Managing the Labour Process. Cambridge 1986, S. 142–165.
Thibaut, J. W./Kelley, H. H.: The Social Psychology of Groups. New York 1959.
Tuckman, B. W.: Developmental Sequence in Small Groups. In: Psych. Bull., 1965, S. 348–369.
Türk, K.: Personalführung und soziale Kontrolle. Stuttgart 1981.
Vogel, Ch.: Soziale Einflußprozesse in Organisationen: Mikropolitik. Diss., Univ. Augsburg 1990.
White, R./Lippitt, Rr.: Leader Behavior and Member Reactions in Three „Social Climates": In: *Cartwright, D./Zander, A.* (Hrsg.): Group Dynamics. Evanstone 1960, S. 527–553.
White, R. W.: Motivation Reconsidered: The Concept of Competence. In: PR, 1959, S. 297–333.
Winter, D. G.: The Power Motive. New York 1973.
Wunderer, R./Grunwald, W.: Führungslehre. Bd. I Grundlagen der Führung. Bd. II Kooperative Führung. Berlin/New York 1980.
Wunderer, R./Weibler, J.: Vertikale und laterale Einflußstrategien: Zur Replikation und Kritik des ‚Profiles of Organizational Influence Strategies (POIS)' und seiner konzeptionellen Weiterführung. In: ZfP, 1992, S. 515–536.
Yukl, G. A.: Leadership in Organizations. Englewood Cliffs 1981.
Yukl, G./Falbe, C.: Influence Tactics and Objectives in Upward, Downward, and Lateral Influence Attempts. JAP, 1990, S. 132–140.

Zelger, I.: 17 Vorschriften zur Vermeidung der ärgsten Verwirrungen beim Gebrauch des Wortes Macht. In: Conceptus, Zeitschrift für Philosophie, 1972, S. 51–68.

Führungstheorien – politikwissenschaftliche

Klaus von Beyme

[s. a.: Geschichtswissenschaftliche Theorie und Führung; Soziale Herkunft von Führungskräften.]

I. *Grundbegriffe: Führung und Elite;* II. *Führung in Subsystemen des politischen Systems;* III. *Typologien und Theorien der Führungsgruppen- und Elitenforschung;* IV. *Politische Klasse und Politikverdrossenheit.*

I. Grundbegriffe: Führung und Elite

Zwei Begriffe konkurrieren in sozialwissenschaftlichen Führungstheorien miteinander: der Begriff der *Führung* und der Begriff der *Elite*. Einige Forscher vertreten die Ansicht, daß die Elitentheorien im 19. Jahrhundert und in der ersten Hälfte des 20. Jahrhunderts dominierten, während in der modernen Forschung sich der Fokus zur Führungstheorie verlagerte (*Welsh* 1979). Diese These ist in ihrem Schematismus kaum zu halten: in den germanischen Sprachen war der Begriff „Leadership" oder „Führung" rein sprachlich der primäre. In den romanischen Sprachen hat er kaum ein Äquivalent. Bis heute wird dafür häufig das englische Wort übernommen. Selbst Fidel Castro hat sich trotz seines Anti-Amerikanismus „máximo líder" nennen lassen. In den romanischen Sprachen wurde hingegen der französische Ausdruck „Elite" dominant. Die Elitentheorie als Erklärung der Dynamik ganzer Gesellschaften ist von Gaetano Mosca und Vilfredo Pareto in Italien zuerst entwickelt worden. Bei Mosca wurde der Schlüsselbegriff „*classe dirigente*" oder „*classe politica*", der heute noch in der italienischen Literatur weit verbreitet ist. Pareto hatte enge Beziehungen zum französischen Sprachraum und schrieb einige seiner wirtschaftswissenschaftlichen Werke in französisch, was dazu beigetragen haben mag, daß er den Begriff der *Elite* übernahm. In seiner französischen Schreibweise ist er ins Italienische wie ins Englische eingegangen. Im Deutschen war der Begriff „Führer", der etwa in der Soziologie *Max Webers* noch eine dominante Funktion hatte, durch den Nationalsozialismus so weitgehend diskreditiert, daß die Führungssoziologie eher unter dem Stichwort Elitenforschung abgehandelt wurde.

Obwohl in vielen Werken die Termini „Führung" und „Elite" fast austauschbar benutzt werden – manchmal steht im Index „Elites see leadership" (*Edinger* 1967, S. 369) –, haben die beiden Begriffe dennoch unterschiedliche Bedeutungsfelder: Elite war ursprünglich kein Begriff mit politischer Bedeutung. Elite (von élire = auswählen) bezeichnete im 17. Jahrhundert Waren von besonderer Qualität. Später wurde er auf „gehobene soziale Gruppen, militärische Einheiten und den Hochadel ausgedehnt" (*Bottomore* 1966, S. 7). Nach Überwindung der Vorstellung, daß substanzhaft verstandene Eliten den Staat regieren sollten (Herrschaft der Besten, Herrschaft der Philosophen, im 19. Jahrhundert set Carlyle auch „die Helden"), wurden Eliten als *Funktionseliten* konzipiert. In der analytischen Aufgliederung einer Elite, die nach dem Zerfall der alten Aristokratie sich als soziale Einheit schwer nachweisen ließ, wurden die Funktionseliten zunehmend wieder synonym mit Führungsgruppen als Ausdruck benutzt. Elite war weitgehend an bestimmte Funktionen im System gebunden. Elitenforschung befaßte sich mit den *Spitzenpositionen* in den verschiedenen Hierarchien: Politik, Wirtschaft, Kultur und Medien. Gelegentlich wurden auch *Prestigeeliten* hinzugezählt. Auswahlkriterium war eine überwiegend rational nachvollziehbare *Leistung*. Schon Pareto hatte für einen wertfreien Begriff plädiert und das mit dem Bonmot belegt, daß es auch eine „Elite der Prostituierten von Turin" gäbe, um den Begriff von der Implikation zu säubern, daß mit Elite die moralisch Besten gemeint sein könnten.

Es spricht einiges dafür, Elite- und Führungstheorien auch heute zu trennen. Eliten sind die *Inhaber der Spitzenpositionen in bestimmten Hierarchien*. Nicht alle Elitenangehörigen sind jedoch Führer. Umgekehrt gibt es Führer, die nicht zu den Eliten gehören, weil sie formal gesehen keine Elitenpositionen inne haben. In *Max Webers* (1956, S. 124) Typen legitimer Herrschaft wurde der Führer weitgehend mit der charismatischen Herrschaft gleichgesetzt. Im Typ *rationaler Herrschaft* gibt es tendenziell nur den Vorgesetzten, wie er für die Bürokratie typisch erscheint. Im Fall der *traditionalen Herrschaft* wird der Person des durch Tradition berufenen und an die Tradition gebundenen Herrn kraft Pietät im Umkreis des Gewohnten gehorcht. „Im Fall der *charismatischen Herrschaft* wird dem charismatisch qualifizierten Führer als solchem kraft persönlichen Vertrauens in Offenbarung, Heldentum oder Vorbildlichkeit im Umkreis der Geltung des Glaubens an dieses sein Charisma gehorcht." Es zeigte sich jedoch, daß auch in rational-bürokratischen Systemen Führerschaft gebraucht wird und nicht einfach auf die Rolle des Vorgesetzten reduziert werden kann. Dies gilt vor allem für den politischen Bereich. Ein Schüler und Freund *Max Webers, Robert Michels* (1925, S. 53), übertrug dieses Führungskonzept in moderne, schon weitgehend bürokratisierte Subsysteme wie Parteien und Gewerkschaften. Die Durchsetzungskraft der Führer wurde damit nicht mehr aufgrund von Charisma und höherem Sendungsbewußtsein erklärt. Ein rational-bürokratischer Kern entwickelte sich durch Fleiß und Einsatz: „Das Bedürfnis der Masse nach Führung und ihre Unfähigkeit, die Initiative anders als von außen und oben her zu empfangen, bürden dem Führer aber auch gewaltige Lasten auf. Die Leiter der modernen demokratischen Parteien führen kein Drohnenleben. Sie müssen ihre Führerschaft hart erkaufen. Ihr ganzes Leben steht im Zeichen des Fleißes." Damit wird in modernen Führungstheorien der Unterschied der Begriffe Elite und Führung weniger an die Quelle ihrer Legitimität geknüpft als an den Aspekt, unter dem Führerschaft wissenschaftlich angegeben wird. Beide Begriffe sind bezogen auf ein hierarchisches Gesellschaftsbild. Schon *Pareto* (1955, S. 229) setzte der Feststellung von *Marx* und *Engels*, daß die Geschichte eine Geschichte von Klassenkämpfen sei, die Variante entgegen: „Die Geschichte ist ein Friedhof von Aristokratien." Früher wurden Eliten und Massen gegenübergestellt. Die empirische Forschung meidet heute den mißverständlichen Ausdruck Masse und spricht lieber von „Nichteliten". *Elitentheorien* sind jedoch vornehmlich mit der *objektiven sozialstrukturellen Konkretisierung der Führungsschicht* befaßt. Sie behandeln die Rekrutierung, den sozialen Hintergrund, die Interaktionsmuster der Führerschicht. *Führungstheorien*, die den Ausdruck Führung bewußt verwenden, sind hingegen mit der *subjektiven Seite der Interaktion von Führung und Geführten* befaßt. Führung bezieht sich mehr auf die tatsächliche Macht als auf die formelle Position eines Inhabers von Machtfunktionen. Führung ist mehr auf Herrschaft als auf Macht bezogen. Die zweite Kategorie ist schon von *Max Weber* (1956, S. 28) als „soziologisch amorph" bezeichnet worden. Hingegen „Herrschaft soll heißen die Chance, für einen Befehl bestimmten Inhalts bei angebbaren Personen Gehorsam zu finden." Führung ist mehr als Autorität, es „ist die Fähigkeit, menschliche Ressourcen zur Durchsetzung bestimmter Ziele zu mobilisieren (*Welsh* 1979, S. 18).

Je stärker politische Systeme formalisiert werden, um so mehr entsteht die Tendenz, formale Elitenfunktion und tatsächliche Führungsfunktion kongruent werden zu lassen. Ein demokratisches System, das alle Führungspositionen in der Politik durch Wahl legitimiert, ist auf dieser Fiktion aufgebaut. Dennoch gibt es „graue Eminenzen", „Küchenkabinette" und „strategische Cliquen", die entweder keine Legitimation durch Wahl aufweisen oder sich innerhalb der Gleichrangigen, die diese Legitimation besitzen, als besonders einflußreiche Gruppe ausdifferenzieren. Im Vergleich der Herrschaftssysteme ist den autoritär verfaßten sozialistischen Regimen nachgesagt worden, daß ihre Positionsinhaber stärker identisch seien mit den wirklichen Führern (*Ludz* 1968). Mit zunehmender Aufblähung der Gremien und Duldung von ehemals verdienten Führern in den Spitzengruppen ist diese Beobachtung nicht mehr so richtig, wie sie in Zeiten nach der revolutionären Machtergreifung und der Dominanz eines revolutionär-ideologischen Charisma der Führung erschien.

II. Führung in Subsystemen des politischen Systems

Bei der Erforschung der kleineren politischen Einheiten durch die Community Power-Forschung gewann der Begriff der Führung größere Bedeutung als der der Elite. In den untersuchten Groß- und Mittelstädten Amerikas gab es wenige formelle Führungspositionen und weit mehr einflußreiche Führer. Vielfach mußten sie durch Interview der als mächtig und einflußreich vermuteten Elite erst in einem Vortest ermittelt werden. Bei diffusen Machtstrukturen ließ sich vielfach keine einheitliche lokale Elite ausmachen, und schon gar nicht eine Elite, deren Teilgruppen demokratisch voll legitimiert erscheinen, die Schlüsselentscheidungen in einer Gemeinde zu beeinflussen. Unterschiedliche Integrationsmuster der Führungsgruppen wurden aufgedeckt (*Dahl* 1968):

- Stille Integration durch wirtschaftlich mächtige Notabeln
- Die Bildung von großen Koalitionen unter Führung einer exekutiv-zentrierten Gruppe
- Koalition der „Häuptlinge"
- „Unabhängige Souveränitäten" mit unterschiedlichen Einflußsphären
- Rivalisierende Gruppen, die jeweils den Kampf um Präponderanz ausfochten.

Neben der Erforschung politischer Subsysteme territorialer Art von den Gemeinden dominierten politikwissenschaftliche und soziologische Führungstheorien in Subsystemen funktionaler Provenienz, wie in den gesellschaftlichen Großorganisationen. Dieser Forschungszweig wird vor allem auf *Robert Michels'* (1925, S. 25) Werke zurückgeführt mit seiner tausendfach variierten Verallgemeinerung: „Wer Organisation sagt, sagt Tendenz zur Oligarchie. Im Wesen der Organisation liegt ein tief aristokratischer Zug. Die Maschinerie der Organisation ruft, indem sie eine solide Struktur schafft, in der organisierten Masse schwerwiegende Veränderungen hervor. Sie kehrt das Verhältnis des Führers zur Masse in sein Gegenteil um. Die Organisation vollendet entscheidend die Zweiteilung jeder Partei bzw. Gewerkschaft in eine anführende Minorität und eine geführte Majorität." Lassen sich schon im Hinblick auf das *gesamte Herrschaftssystem* schwerwiegende Gleichheits- und Chancendefizite der rechtlich als gleich konzipierten Staatsbürger aufweisen, so wächst die Diskrepanz zwischen demokratischer Norm und hierarchischer Ordnung in den *Gruppen* der Gesellschaft. Das Anwachsen von Mitgliedern in Großorganisationen, vor allem dort, wo diese – wie bei vielen Gewerkschaften – als Anbieter von bestimmten Dienstleistungen verstanden werden, steigert die Chance für die Spezialisten, Führungswissen zu akkumulieren. Unzählige empirische Detailstudien haben bei Interessengruppen und Parteien versucht, das „eherne Gesetz der Oligarchie" Michels' zu falsizifieren. Aber selbst wo es gelang, eine ziemlich demokratische Struktur zu entdecken, wie in der amerikanischen Druckergewerkschaft ITU, haben die Forscher (*Lipset* et al. 1956) nicht behauptet, daß sie das Michelssche Gesetz widerlegt hätten. Als ein wichtiges Mittel zur Brechung oligarchischer Führung haben sie ein *innerorganisatorisches Zweiparteiensystem* entdeckt. In vielen Parteien ließ sich eher ein Mehrparteiensystem in Form von Flügeln, Fraktionen oder *correnti* entdecken. Dies führte jedoch nicht so sehr zur vollen egalitären Demokratie, sondern nur zum pluralistischen *Wettbewerb* innerorganisatorischer Führungsgruppen. Gelegentlich waren diese Führungsgruppen ideologisch motiviert. Nicht selten aber überwog ein traditionales Klientelsystem wie in den großen dominanten Parteien Italiens, Japans oder Indiens, das bereits in seinen Grundlagen auf traditionale Herrschaft aufgebaut war. Moderne Einbrüche charismatischer Führerschaft in die Parteiensysteme führte erst recht zum Abbau von innerorganisatorischer Demokratie, selbst wenn es sich nicht um rechtsextremistische Organisationen handelte, die bewußt auf dem Führerprinzip aufgebaut waren. In der NSDAP ging der antidemokratische Gedanke des Führerprinzips sogar so weit, daß 1929 den unteren Parteieinheiten verboten wurde, ihren Ortsgruppenleiter zu wählen.

III. Typologien und Theorien der Führungsgruppen- und Elitenforschung

Die traditionelle Elitenforschung arbeitete vornehmlich mit dem einfachsten Ansatz, der *positionellen Methode*. Die Inhaber von Spitzenpositionen wurden dabei nach Kriterien der Sozialstruktur untersucht (*v. Beyme* 1974). Inhaltsanalysen von Reden und Schriften und Netzwerkanalysen über die Kontakte der Führungsgruppen (*Hoffmann-Lange* 1982) schlagen eine Brücke von der Position zum tatsächlichen Einfluß von Eliten und ihren Führungstechniken. Stärker auf Führungstheorie konzentriert ist der *reputationelle Ansatz* in der Führungsgruppenforschung. Er versucht durch Befragung von Spitzenpositionsinhabern die entscheidenden Führer und ihre Einstellungen zu ermitteln. Auch der dritte Ansatz, der *entscheidungstheoretische Ansatz,* kann mit Interviews arbeiten. Dabei geht es jedoch weniger um Ermittlung von Meinungen über die einflußreichsten Führer als um die Ermittlung tatsächlichen Einflusses. Dies läßt sich meist nur anhand einzelner Schlüsselentscheidungen ermitteln. Daher sind die Ergebnisse dieses Ansatzes stark fragmentiert und bringen wenig theoriebildende Erkenntnisse hervor. Wo es um charismatische Führung geht, werden in modernen Gesellschaften meist einzelne bedeutende Figuren untersucht wie *De Gaulle, Kennedy, Nehru* oder *Ben Gurion (Blondel* 1980). Die frühe Führungstheorie unter Einfluß von *Lasswell* et al. (1952) war vor allem an Führungsauslesemechanismen in totalitären Regimen interessiert. Dieser Zweig der Forschung ist heute durch Erforschung der Kader in sozialistischen Ländern zunehmend verfeinert worden. Mit Ausdifferenzierung des Forschungsbereichs Führung sind globale Theorien über Elitenzirkulation und Gesetze der Oligarchisierung in der Organisationstheorie zunehmend aufgegeben worden. Resultat war freilich auch ein abnehmender Grad der Theoretisierung. Typologien verdrängten die Modelle.

Als Theorien hingegen verstehen sich nur wenige Ansätze:

(1) Am stärksten war der Theoriecharakter in den *Zirkulationsmodellen* gewahrt, die mit dem Anspruch prädikativer Kraft vertreten wurden. *Marie Kolabinska* (1912), eine Schülerin *Paretos*, hat mehrere Zirkulationstypen für die französischen Oberschichten herausgearbeitet: (a) Individuen aus den unteren Schichten gelingt der Eintritt in eine bestehende Elite, (b) Individuen der unteren Schichten bilden neue Eliten. Die Zusammenhänge zwischen individueller sozialer Mobilität und dem Auf- und Abstieg ganzer Gruppen wurden jedoch auch bei der Herausarbeitung dieser beiden Mobilitätsprozesse nicht deutlich. Paretos Elitentheorie wollte – ähnlich wie Marxens Klassentheorie – vor allem einen Beitrag zur Erklärung von Revolutionen leisten: „Revolutionen entstehen, weil sich bei langsamer werdendem Kreislauf der Eliten oder aus anderen Ursachen Elemente mit unterlegenen Eigenschaften in den Oberschichten ansammeln." *Paretos* Theorie versuchte ebenfalls zu erklären, warum die Unterschichten in Revolutionen meist von Angehörigen der Elite geleitet werden. Die Erklärung der Faktoren, die im konkreten Fall eine Revolution auslösen, ist aber durch den Hinweis *Paretos* auf die blockierte soziale Mobilität nicht geleistet. Seine Revolutionstheorie läßt daher keine Hypothesen zu, die empirisch verfiziert oder falsifiziert werden können. Das Handeln einer revolutionären Gegenelite konnte von *Pareto* noch weniger erklärt werden als von den Marxisten das angebliche Handeln ganzer Klassen in bestimmten historischen Augenblicken. Neuere Elitenforscher haben daher nicht nur die soziale Mobilität in der Gesellschaft studiert, sondern auch die Mobilisierbarkeit der Massen und ihren Organisationsgrad in die Analyse mit einbezogen (z. B. *Kornhauser* 1959). Der marxistische Ansatz erwies sich für die Revolutionstheorie als fruchtbarer als der paretanische.

(2) In Anlehnung an paretanische Gedanken entwickelte der ehemalige Trotzkist *James Burnham* (1951) die Theorie, daß die Kapitalbesitzer von den Managern zunehmend entmachtet würden und diese ein Bewußtsein entwickelten, das dem der Manager in sozialistischen Staaten zunehmend ähnlicher wird. „Stellung, Aufgabe und Funktion der Manager sind in keiner Weise davon abhängig, daß die kapitalistischen Eigentums- und Wirtschaftsverhältnisse erhalten bleiben; sie beruhen auf der technischen Natur des modernen Produktionsvorganges" (*Burnham* 1951, S. 112). Für Burnham war entscheidend, nicht wer nominell Eigentümer der Produktionsmittel war, sondern wer den Zugang zu ihnen kontrollierte und die Privilegien genoß, welche diese Kontrolle schafft.

Eine Abwandlung dieses Theorie-Ansatzes stellt die *Technokratiehypothese* dar, die vor allem in Frankreich nach dem Zweiten Weltkrieg durch Jacques *Ellul* und Jean *Meynaud* populär wurde. Sie hatte in Amerika jedoch ältere Vorläufer, wie *Thorstein Veblens* „The Engineers and the Price System" (1921) und die technokratisierte Bewegung der 30er Jahre. Die Vorherrschaft von Experten, die durch die Übermacht des wissenschaftlichen und technischen Sachverstandes Bürokratien, gesellschaftliche Organisationen und Parteien in gleicher Weise zu beherrschen drohen und vermittels eines sich immer stärker ausdifferenzierenden Geflechts von Kommissionen, Planungsorganen und Koordinationsstäben den Entscheidungsspielraum politischer Instanzen immer mehr einengen, wurde in den 60er Jahren eine der wichtigsten Möglichkeiten konservativen Sachzwangdenkens, das die Skepsis von wissenschaftlich-technischen Laien gegenüber Partizipation und Diskussion ausbreiten half. Auch diese Hypothese mündete nicht selten in eine Konvergenztheorie ein, die davon ausging, daß die ideologisch-politisch sich legitimierenden Parteieliten sozialistischer Systeme immer stärker durch die technokratische Intelligenzija, die sich durch Wissen und Sachverstand auszeichnete, von den Schalthebeln der Macht verdrängt würden und somit neue Verständigungsmöglichkeiten der Technokraten in kapitalistischen und sozialistischen Systemen entständen.

(3) Die bekannteste Elitentheorie in der Zeit nach dem Zweiten Weltkrieg ist die Theorie der *Power Elite* von *Charles Wright Mills* (1961). Mills verstand seine Theorie als Versuch, die bis dahin verbreiteten Erklärungen der Machtkonzentration in Amerika durch die „60 amerikanischen Familien" oder die Managerrevolutionstheorie zu widerlegen (*Mills* 1961, S. 28). Er sah enge Zusammenhänge zwischen Militärelite und Wirtschaftselite, zumal er die moderne Wirtschaft als eine Art „Kriegsindustrie" hinstellte. Sein Buch wird von Marxisten daher gern zitiert. Unmarxistisch ist jedoch der Schluß, den *Mills* zieht: „The very rich do not reign alone on top of visible and simple hierarchies" (*Mills* 1961, S. 117). *Lasswell* et al. (1952) kamen zu dem Ergebnis, daß der Aufstieg der Businessmen seit der großen Krise der Weltkriege aufgehalten worden sei und die politische Elite die Wirtschaftsführer an den Schalthebeln der Macht abgelöst habe. Mills hat unter Macht überwiegend die Teilnahme an großen Entscheidungen verstanden. Auch *Lasswell/Kaplan* (1950, S. 206) hoben eine „ruling class" als aktivsten Teil der Elite besonders heraus. Mills hat jedoch seine Power Elite bewußt vom Klassenbegriff der Pareto-Mosca-Schule abgehoben. Er sah Klassen zu Recht mit der Nebenbedeutung verbunden, daß eine wirtschaftliche Gruppe die Politik beherrscht, da er daran festhielt, daß Klassen Gruppierungen nach ihrer Stellung zu den Produktionsmitteln heißen sollen. Andere Forscher haben den Klassenbegriff gerade auf das Verhältnis von beherrschenden und beherrschten Gruppen verengt. R. *Dahrendorf* (1957, S. 144) betonte die Unabhängigkeit der Klassenanalyse und der Untersuchung der sozialen Schichtung. Ihre Verbindung sah er darin, „daß Herrschaft, der Bestimmungsgrad sozialer Klassen, zugleich einer der Bestimmungsgründe sozialer Schichtung ist". Klassen definierte er als „Gruppierungen der Träger von Positionen gleicher Autorität in Herrschaftsverbänden" (*Dahrendorf* 1957, S. 145). Wirtschaftliche Klassen waren für Dahrendorf nur ein „Sonderfall des Klassenphänomens", und er lehnte sich damit wieder an die alte Theorie *Moscas* (1950) an, so sehr er den „präsoziologischen Charakter" einiger Thesen *Moscas* auch kritisierte. Um dem Vorwurf vorzubeugen, auch er mystifiziere die Einheit der herrschenden Klasse, half er sich damit, daß man „analytisch" in jeder Gesellschaft eine Zweiteilung vornehmen könne, empirisch aber können die „die politische Szene einer bestimmten Gesellschaft beherrschenden Klassenkonflikte als Vielfrontenkrieg konkurrierender Gruppen erscheinen" (*Dahrendorf* 1957, S. 143).

Allen Aussagen über das Verhältnis von politischer und Wirtschaftselite haftet bisher etwas Schematisches an, da nicht genügend empirische Vorarbeit geleistet wurde. *Hacker* (1966, S. 144) sah unsere Zeit durch ernsthafte Spannungen zwischen beiden Eliten gekennzeichnet. Kommunikationsstörungen, Mißverständnisse über ihre Zielsetzungen, Unterschiede der Herkunft und Erfahrung (viele Politiker sah Hacker im Vergleich mit der Wirtschaftselite als provinziell an) machte er für diese Spannungen verantwortlich. Oft ist behauptet worden, die Wirtschaftselite stünde in der Prestigehierarchie höher als die unsichere und kurzlebigere politische Elite. Das hat sich in empirischen Studien nicht verifizieren lassen. *Presthus* (1964) betonte vor allem das Bündnis zwischen wirtschaftlicher und politischer Elite. Andere Lokalstudien haben ergeben, daß die Reichsten keineswegs die Mächtigsten in der Gemeindepolitik sind. Sie fielen zum Teil sogar durch große politische Zurückhaltung auf, während die Mitglieder einiger Subeliten stärker hervortraten. *Banfield* (1961, S. 292) sprach von einem ausgesprochenen „staff assistant ethos" in der Politik einer großen Stadt wie Chicago. Er erklärte die Zurückhaltung der Wirtschaftselite unter anderem damit, daß die Manager sich heute weniger mit „ihrer Stadt" identifizieren als die früheren Großkapitalisten, da eine Stadt oft nur Durchgangsstufe ihrer Karriere ist. Selbst wenn die Reichsten und Mächtigsten in der Wirtschaft in der Lage schienen ihre Interessen bei politischen Streitfragen durchzusetzen, machten sie davon seltener Gebrauch als angenommen. Mangelnde Kommunikation, mangelndes einheitliches Interesse waren auch hier auffallend. Auch wenn die formelle Organisation der Reichen und der Manager in Interessenverbänden solche Ergebnisse über lokale Eliten nicht ohne weiteres auf die nationale Politik übertragbar erscheinen läßt, so ergibt sich bei Einflußstudien auf nationaler Ebene dennoch kein so eindeutiges Bild, wie einige reißerische Enthüllungen (im Stile Pritzkoleits und Lundbergs) unterstellen.

Neuere Hypothesen, die an Mills anknüpfen, neigen dazu, die politische Elite in ihrem Einfluß noch geringer anzusetzen als Mills, und sprechen nur noch vom „industriell-militärischen Komplex" (*Pilisuk/Hayden* 1969).

Die theoretische Aussagekraft des *Machtelitenmodells* ist nicht sehr groß. Die Darlegung der Interaktion der drei Elitenteile bleibt bei Mills durchaus im Rahmen der üblichen Deskription und wird auch dem Anspruch nach nicht in Form allgemeiner Sätze über kapitalistische Gesellschaften gebracht. Abgesehen von der generellen Gefahr, daß die Elitentheorie zur Verherrlichung von Herrschaft und bestimmter Gruppen, die sie ausüben, mißbraucht wird – wie das vor allem bei *Pareto* und *Michels* der Fall war, die starke Konzessionen an den italienischen Faschismus machten –, drohen zwei Gefahren der Harmonisierung in Elitentheorien:

(a) durch die Unterstellung eines Gleichgewichts der Eliten in der Theorie des Elitenpluralismus und
(b) durch die Rechtfertigung überflüssiger Herrschaft mit den demokratischen Delegationsmechanismen.

Alle drei Varianten der Theorien über Führungsgruppen gingen von einer relativ einheitlichen Elite aus, welche diese Gruppen umfaßte. Erst spät wurden zunehmend Zweifel an der Einheitlichkeit solcher Eliten angemeldet (*Lasswell/Kaplan* 1950). Der Begriff der „*Gegenelite*" spielte eine zunehmende Rolle, selbst bei der Analyse autoritärer Systeme des Sozialismus. Der soziale Schichtungsansatz, der nicht selten in der Ontologisierung eines einheitlich gedachten Aggregats wie der Elite endete, wurde somit wieder mehr auf die psychologische Dynamik von Führung zurückgeführt. Holistische Gesellschaftsbilder machten somit den Weg frei zu stärker empirischen Untersuchungen von klar abtrennbaren Führungsgruppen und der Netzwerke, die sie verbinden.

IV. *Politische Klasse und Politikverdrossenheit*

Ein neuer Begriff hat die Medien im Sturm erobert: die politische Klasse. Einst war er nur gelehrtes Beiwerk einer sich an Italien orientierenden Eliteforschung. Heute ist er zum Schlüsselbegriff bei der Artikulation von Politikverdrossenheit geworden. Sein wissenschaftlicher Wert ist begrenzt. Als politische Elite wird weiterhin die Kerngruppe der Politiker bezeichnet, welche die Schlüsselentscheidungen im parlamentarischen System trägt. „Politische Klasse" wurde bei der populistischen Rechten wie bei der neuen Linken hingegen zur Sammelbezeichnung für die Privilegien der politischen Führung: hohe Diäten und Zusatzleistungen, Reisemöglichkeiten und Dienstwagen, üppige Dotierung der Parteien aus der Stadtkasse. Die politische Klasse wird vor allem durch den Parteienstaat zusammengehalten. Gerade in Italien und Deutschland haben die Parteien nicht nur in der Verfassung eine herausragende Stellung. Es gelang ihnen zur Verbesserung ihrer Versorgungschancen auch die Wirtschaft in staatlicher Regie, die öffentlich-rechtlichen Medien und zum Teil sogar das Erziehungssystem mit Proporzarrangements zu durchsetzen. Die Zugehörigkeit zur politischen Elite wirkt wie ein Schwimmgürtel. Auch nach dem Ausscheiden aus den Ämtern von der Kommune bis zur Bundesregierung wirken mannigfaltige Patronagemöglichkeiten.

Durch immer neue Skandale hat sich die politische Klasse ins Gerade gebracht. Während den Bürgern wachsende Opfer für die Finanzierung der deutschen Einheit zugemutet werden, zeigt sich die politische Klasse uneinsichtig. Alle Vorschläge zum Verzicht auf Diätenerhöhungen wurden abgelehnt. Minister, denen Unregelmäßigkeiten vorgeworfen wurden, klebten an ihren Sesseln. Sie mußten nur gehen, wenn sich hinreichend Unmut in den Parteiführungsspitzen gegen ihre Person aufgestaut hatte.

Die Werte des Vertrauens der Bürger in die staatlichen Institutionen sind drastisch gesunken. Der neue Populismus hat dies in seiner Kampagne gegen die politische Klasse weidlich ausgenutzt. Da sind abenteuerliche Vorstellungen in der Debatte, was man sparen könnte, wenn man die Politikergehälter reduzierte und die Subsidien an die Parteien kürzte. Angesichts vieler großer Korruptionsphänomene – die im Vergleich zu Italien oder Frankreich im Ausland als „peanuts" belächelt werden – droht die Debatte kleinlich zu werden: der Mann der Präsidentin des Bundestages ist gelegentlich im Dienstwagen mitgefahren; der Sohn eines Ministers hat Flugkosten nach Amerika gespart. Das eigentliche Problem der Gratisreisen wurde auch von den Medien heruntergespielt: die Freiflüge der Medienvertreter in Regierungsjets drohen die Unabhängigkeit der Berichterstattung zu untergraben.

Populismus droht die Proportionen zu verkennen: die moderne Massendemokratie kommt ohne gut bezahlte Berufspolitiker nicht aus. Gerade weil die Parteienidentifikation abnimmt, müssen die Parteien – in gutkontrollierten Grenzen – mit staatlicher Hilfe stabilisiert werden. Die Grünen haben das inzwischen auch akzeptiert, was ihnen zunächst wie eine „Einladung zur Korruption" erschien.

Die politische Klasse ist zudem nur die Widerspiegelung eines Normverfalls, der auch vor ihren Wählern nicht halt gemacht hat. Das soziale Netz als Hängematte zu benutzen und Steuern zu hinterziehen, ist zum Volkssport geworden. „Die treulose Gesellschaft" (A. *Zielcke*) breitet sich in allen Bereichen aus. Daher war die Gesellschaft nachlässig in der Kritik ihrer politischen Klasse, solange wirtschaftlicher Wohlstand für alle winkte. Erst in Krisenzeiten wird diese Duldsamkeit von den Medien durchbrochen. Dann schießt die Kritik mit besten Absichten über das Ziel hinaus: Sie meint eigentlich den Esel eines schlecht funktionierenden Entscheidungssystems der Elite, haut aber auf den Sack der Accessoires der politischen Klasse.

Die Abgehobenheit der politischen Klasse kann nicht von Dauer sein. Niemand rührt einen Finger zur Verteidigung ihrer Privilegien. Unterstützung bei den Wählern kann sie nur für anstehende Schlüsselentscheidungen mobilisieren. Genau darin versagt die politische Klasse – die auch die Opposition umfaßt – zur Zeit. Wenn der Pulverdampf auf dem Nebenkriegsschauplatz im Kampf gegen die politische Klasse verraucht ist, wird man die eigentlichen Probleme mit Entscheidungsbedarf wieder ins Visier rücken können.

Literatur

Banfield, E. C.: Political Influence. New York 1961.
v. Beyme, K.: Die politische Elite in der BRD. 2. A., München 1974.
v. Beyme, K.: Die politische Klasse im Parteienstaat. Frankfurt 1993.
Blondel, J.: World Leaders. London 1980.
Bottomore, T. B.: Elite und Gesellschaft. München 1966.
Burnham, J.: Das Regime der Manager. Stuttgart 1951.
Dahl, R. A.: Who Governs. 2. A., New Haven 1968.
Dahrendorf, R.: Soziale Klassen und Klassenkonflikt. Stuttgart 1957.
Edinger, E. J. (Hrsg.): Political Leadership in Industrialized Societies. New York 1967.
Hacker, A.: Die Gewählten und Gesalbten: Zwei amerikanische Eliten. In: *Kippendorf, E.* (Hrsg.): Political Science. Tübingen 1966, S. 132–147.
Hoffmann-Lange, U.: Eliteforschung in der Bundesrepublik Deutschland. In: Aus Politik und Zeitgeschehen, 1982, S. 11–25.
Hoffmann-Lange, U.: Eliten, Macht und Konflikt in der Bundesrepublik. Opladen 1992.
Kolabinska, M.: La Circulation des Elites en France. Lausanne 1912.
Lasswell, D./Kaplan, A.: Power and Society. New Haven 1950.
Lasswell, H. D./Lerner, D./Rothwell, C.: The Comparative Study of Elites. Stanford 1952.
Leif, Th. et al. (Hrsg.): Die politische Klasse in Deutschland. Bonn 1992.
Lipset, S. M./Trow, M. A./Coleman, J. S.: Union Democracy. New York 1956.
Lowell Field, G./Higley, J.: Eliten und Liberalismus. Opladen 1983.
Ludz, P. Ch.: Parteielite im Wandel. Köln 1968.
Michels, R.: Soziologie des Parteiwesens. 2. A., Stuttgart 1925.
Mills, C. W.: The Power Elite. New York 1961.
Mosca, G.: Die herrschende Klasse. Bern 1950.
Pareto, V.: Allgemeine Soziologie. Tübingen 1955.
Pilisuk, M./Hayden, Th.: Is there a Military-Industrial Complex Which Prevents Peace? In: *Connolly, W. E.* (Hrsg.): The Bias of Pluralism. New York 1969, S. 123–155.
Presthus, R.: Men at the Top. New York 1964.
Weber, M.: Wirtschaft und Gesellschaft. Tübingen 1956.
Welsh, W. A.: Leaders and Elites. New York 1979.

Führungstheorien – Rollentheorie

Oswald Neuberger

[s. a.: Führungsrollen; Führungstheorien – Idiosynkrasiekreditmodell, – Theorie der Führungssubstitution, – von Dyaden zu Teams; Konflikte als Führungsproblem.]

I. Dimensionen der Rolle; II. Leitvorstellungen der Rollentheorie; III. Rollenepisode und Rollenkonflikt; IV. Führungsdual oder Führungsplural? V. Rolle und Identität.

I. Dimensionen der Rolle

Rolle ist das vorweggenommene Einverständnis zur Standardisierung des Verhaltens (und der Haltung!); sie gibt einen Satz schematisierter Handlungsanweisungen vor, der nicht an die einzelne Person, sondern an den Typus adressiert ist. Rollen sind somit kognitive Interpretationsschemata und normative Forderungen; Rollen-Erwartungen sind intolerant, nicht lernbereit (*Luhmann* 1964), sie fordern auch „kontrafaktisch" ihre Einlösung. Um an die Theatermetapher anzuknüpfen, der sich der Rollenbegriff verdankt: die Person muß manchmal erst herausfinden, bei welchem Stück sie eigentlich mitspielt, oder sie ist nicht nur Spielerin, sondern zugleich Stückeschreiberin, die ihre eigene Moral von der Geschichte einbringt und den weiteren Fortgang mit ihren Partner/innen aushandelt oder ihnen zudiktiert, mittendrin einen anderen Part übernimmt oder aussteigt, weil sie bei einer anderen Aufführung besser zu reüssieren glaubt. In diesem Umschreibungsversuch ist eine Vielzahl von Aspekten erwähnt, die bei der abkürzenden Definitionsformel „Rolle ist das Insgesamt der Verhaltenserwartungen, die an den Inhaber einer Position gerichtet werden" unbeachtet bleiben. Das Rollenkonzept bezieht sich jedoch auf einen komplexen Gegenstand: soziales Handeln. Wenn beurteilt werden soll, ob bzw. wie sehr es (nicht) gelungen ist und wie es beeinflußt werden kann, dann müssen jene Dimensionen oder Aspekte identifiziert werden, die Ansatzpunkte zur Erfassung und Intervention (→*Interventionen und Führungseffizienz*) bieten. In der Führungsforschung entsteht zuweilen der Eindruck, daß allein die Rollendimensionen „Komplexität" und „Konflikt" berücksichtigt werden. Es soll deshalb im folgenden – ohne Anspruch auf Vollständigkeit – eine Ausweitung der Perspektive versucht werden. Was das Beispiel Führung anbelangt: Führungspositionen und damit Führungsrollen unterscheiden sich voneinander – es gibt die Führungsrolle nicht (ein Vorarbeiter steht z. B. vor einer anderen Situation als ein Vorstand). In welchen Facetten aber unterscheiden sich die jeweiligen Rollen? Ein möglicher Ordnungsversuch ist an Einteilungen orientiert, die üblicherweise in rollentheoretischen Abhandlungen vorgelegt werden (*Biddle/Thomas* 1966; *Jackson* 1966; *Neuberger* 1976; *Wiswede* 1977; *Biddle* 1979; *Morel* 1980; *Biddle* 1986). Er geht von formalen Merkmalen aus, wie sie ähnlich auch in der Organisationsforschung (*Kieser/Kubicek* 1983) oder der Machtforschung (*Zelger* 1972) untersucht wurden. Ich werde mich im folgenden nicht um trennscharfe Definitionen bemühen, sondern lediglich polare Gegenüberstellungen anbieten, wobei durchaus nicht immer Eindimensionalität gegeben sein muß:

Folgende Dimensionen von Rollen lassen sich unterscheiden:
(1) Bestimmtheit, Eindeutigkeit, Präzision vs. Ungenauigkeit, Interpretationsfähigkeit und -bedürftigkeit;
(2) Komplexität, Vielgestaltigkeit vs. Einfachheit, Elementarisierung;
(3) Wandel(barkeit), Reversibilität vs. Stabilität, Festgelegtheit;
(4) Allgemeingültigkeit vs. sektorale Gültigkeit;
(5) Stimmigkeit, Konsens vs. Konflikt, Widersprüche;
(6) Vernetzung, Integriertheit, Abhängigkeit vs. Abschottung, Autarkie, Ungebundenheit;
(7) Akzeptanz, Wertschätzung vs. Abwertung, Ablehnung;
(8) Formalisierung, Dokumentation vs. Informalität;
(9) Expressivität, Zeremonialität, Inszenierung vs. Nüchternheit, Sachlichkeit, Funktionalität;
(10) Zwang, Repression, Muß vs. Nebensächlichkeit, Freiwilligkeit, Kann/Soll;
(11) Potenz, Bestimmungsmacht vs. Schwäche, Unterlegenheit;
(12) Reflexion, Bewußtsein vs. Automatik, Routine;
(13) Transparenz, Publizität vs. Vertraulichkeit, Verschleierung;
(14) Offenkundigkeit, Beobachtbarkeit vs. Mutmaßung, Erschließbarkeit, Rekonstruierbarkeit;
(14) Abgrenzung, Markierung vs. ineinander verfließend, unscharf markiert;
(16) Substituierbarkeit vs. Unverzichtbarkeit;
(17) Zentralität, Totalidentifikation vs. Nebensächlichkeit, Peripherität, Beiläufigkeit;
(18) Legitimiertheit, Begründetheit vs. Beliebigkeit, Willkür;
(19) Privilegiertheit, Gratifikationsfülle, Sanktionsbewehrung vs. Gleich-Gültigkeit, Unbeachtetheit.

II. Leitvorstellungen der Rollentheorie

Auflistungen wie diese machen sichtbar, daß die üblichen Positionsanalysen von Führungskräften relativ einseitige Akzentsetzungen bieten, die sich auf wenige der genannten Aspekte konzentrieren (*Hemphills* Dimensions of Executive Positions, 1960; *Childs/Kiesers* 1979, Organisations- und Managerrollen usw.; siehe die Überblicksdarstellungen in *Ramme* 1990 oder *Schirmer* 1992). Fragt man nach den theoretischen Leitvorstellungen einer derartigen Aufstellung – etwa um zu klären, ob sie vollständig oder widerspruchsfrei ist – dann gibt es keine eindeutige Antwort, denn „die" Rollentheorie ist eklektisch und läßt sich in mehrere Bezüge einordnen. Viele Autoren gehen sogar so weit zu sagen, daß von einer Rollen-Theorie gar nicht die Rede sein könne (etwa: *Schülein* 1989). Ich werde im folgenden drei verschiedene Ansätze skizzieren:

(1) Ein erstes *(strukturalistisches)* Paradigma geht davon aus, daß das Individuum vor jeglicher sozialen Zumutung existiert, aber fortwährender Einflußnahme ausgesetzt ist. Typische Darstellungsform ist die Person/Stelle als Punkt im Zentrum der Anforderungen verschiedener Rollen-Sender. Die Person/Stelle ist in einem mehrdimensionalen Raum lokalisiert und liegt im Schnittpunkt einer unbestimmten Zahl von Ebenen, die je für einen sozialen Zusammenhang stehen (z. B. „Kollege", „Vorgesetzter", „Ehemann", „Chemiker" ...). Entscheidend ist, daß jedes der Bezugssysteme definierte Anforderungen stellt, deren Vereinigung die Person/Stelle leisten muß. Die Metaphern Schablone, Hülse, Marionette symbolisieren das Gemeinte: Die *anderen* geben vor, was der Positionsinhaber zu tun hat. Mit einem bei *Biddle* (1979) berichteten Wort von *Konfuzius* läßt sich die tautologische Essenz dieser rollentheoretischen Position trefflich karikieren:

„Der Herrscher herrscht, der Diener dient, der Vater vatert, der Sohn sohnt" und – so kann man hinzufügen – der Führer führert (Zur Kritik der strukturalistischen Position s. a. *Furth* 1971).

(2) Eine zweite *(funktionalistische)* Auffassung konzentriert sich nicht auf das „unabhängige" Individuum, sondern auf seine Funktion in einem Beziehungsgeflecht, das es zwar mitgestaltet, das aber über es hinausgeht. Bei diesem Standpunkt gibt es dann keine speziellen „Führungs-Rollen" mehr, sondern nur noch Systemerfordernisse, die von verschiedenen Instanzen befriedigt werden können (s. →*Führungstheorien – Theorie der Führungssubstitution*). Rolle ist das mehr oder weniger willkürlich auf einer Person/Stelle vereinigte Funktionsbündel, das mit anderen Gestaltungsbeiträgen konkurriert ist, sie ersetzt oder ergänzt; in letzter Konsequenz gilt: Alles, was je für eines der Systemkriterien notwendig ist, kann Bestandteil der Vorgesetztenrolle werden, je nach vorhandenen „funktionalen Äquivalenten" (und Akquisitionsdrang und -talent der Positionsinhaber/innen).

(3) Die dritte Position läßt sich dem *(symbolischen) Interaktionismus* und *Konstruktivismus* zuordnen. Was jemand tut, ist nur verständlich auf dem Hintergrund seiner ganz einmaligen Biografie, dem Zusammenfließen untypischer Ereignisse und typischer Beziehungen, sowie den höchst individuellen Bemühungen um Sinnfindung und Interessendurchsetzung. Die verschiedenen Rollen liegen nicht als vorgestanzte Behältnisse bereit, sie werden „im Verlaufe der Geschichte" entwickelt, geschaffen, ausgehandelt, angeboten, zurückgewiesen. Sie sind nicht fertig, objektiv, generell gültig, sondern immer einmalig und fragwürdig. Zwar haben alle Handelnden aneinander Erwartungen, die zunächst gesellschaftsüblichen Typisierungen folgen; was jemand aber aus seiner Rolle macht, ist – ab-

gesehen von den jeweils unterschiedlichen Konstellationen – vor allem von ihm/ihr und seinen/ihren Mitspieler/innen abhängig. Nicht Ordnung und Konformität oder Beiträge zum Funktionieren sind die entscheidenden Charakteristika, sondern Suche nach Identität, Offenhalten von Entwicklungen, Balance von Unbestimmtheiten, Vereinbarung von Regeln...

Die drei Positionen, die ich akzentuierend abgegrenzt habe, werden nur selten in reiner Ausprägung vertreten. Die vorherrschende Auffassung ist zweifellos die erste („strukturalistische"), die die ursprüngliche Theatermetapher systematisch ausweitet (die Person/Stelle im Schnittpunkt der Erwartungen). Das interaktionistisch-konstruktivistische „role-making" wird z. B. in der Theorie der Führungsdyaden (→*Führungstheorien, von Dyaden zu Teams*) betont, während die „funktionalistische" systemorientierte Perspektive bei den Überlegungen zu den →*Führungsrollen* und der Theorie der Führungssubstitution (→*Führungstheorien – Theorie der Führungssubstitution*) vorherrscht.

III. Rollenepisode und Rollenkonflikt

Im folgenden werde ich vertiefend auf den *interaktionistisch-konstruktivistischen* Ansatz eingehen, indem ich das Rollenepisoden-Modell von *Kahn* et al. (1964) vorstelle, kommentiere und erweitere, um den aktiven Prozeß der Rollengestaltung (role making) in Ergänzung zum passiven Rollen-Übernehmen (role taking) zu diskutieren.

In der in Abb. 1 wiedergegebenen Skizze wird in den Kästchen I–IV der Rollenepisoden-Ansatz veranschaulicht. *Rollensender* haben – in bezug auf das Verhalten einer *Fokalperson* – Erwartungen (I), die sie zum Ausdruck bringen, wodurch sie Druck (II) auf die Fokalperson ausüben, sich rollenkonform zu verhalten. Diese nimmt die Definitions- und Einflußversuche wahr (III) und reagiert darauf (IV) – was wiederum von den Rollensendern bei der Formung ihrer Erwartungen berücksichtigt wird. Das Grundmodell der Rollenepisode wird von den Autoren durch die Berücksichtigung weiterer Einflußgrößen ergänzt die unkommentiert bleiben, weil sie für sich sprechen. Betrachtet man den Rol-

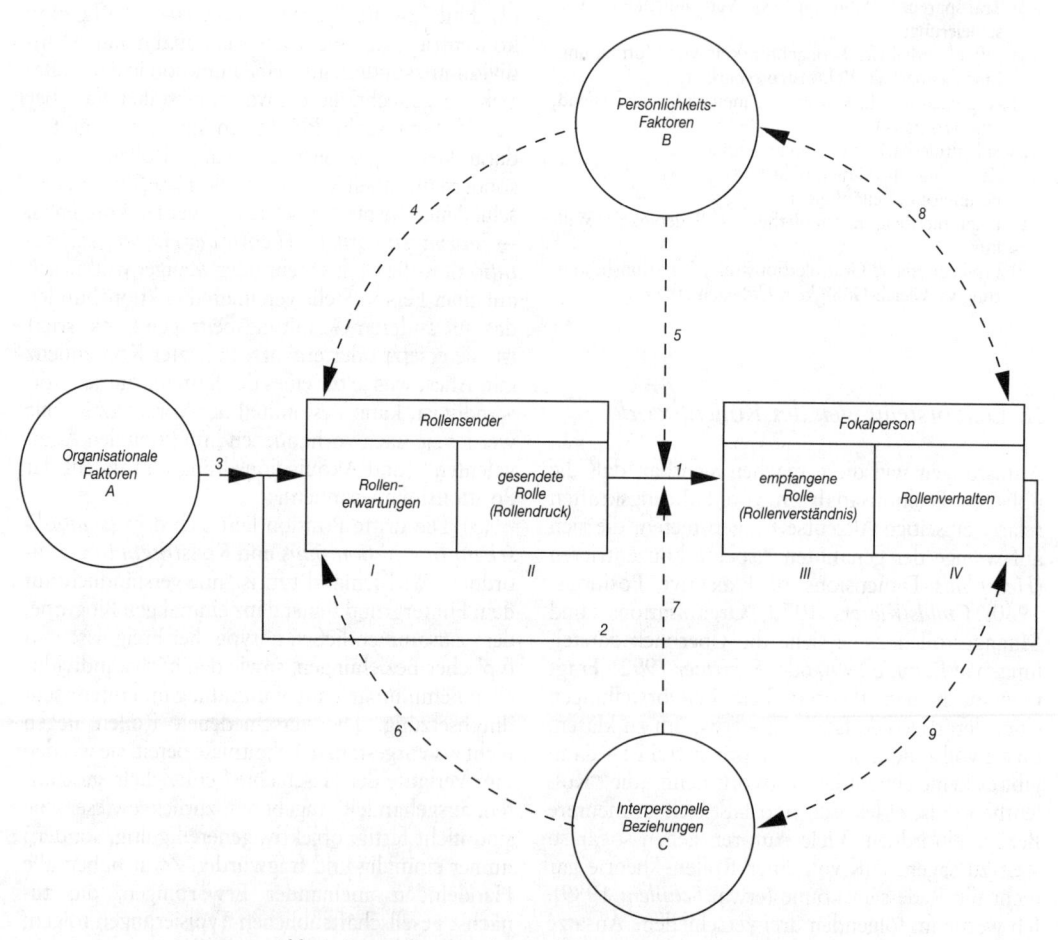

Abb. 1: Das Rollenepisoden-Modell von Kahn et al. (1964)

lenepisoden-Gedanken als Beispielsfall eines interaktionistischen Ansatzes, der Rolle nicht als statische Schablone, sondern als dynamische Sequenz auffaßt, so sind folgende Anmerkungen zu machen:

- Die *Rollensender* werden der *Fokalperson* gegenübergestellt. Damit wird suggeriert, die Menge der Rollensender sei in sich homogen, spreche also mit einer Stimme. Unterschiedliche Perspektiven bei den Rollensendern bleiben – in der Grafik – ebenso ausgeklammert wie auch die mögliche innere Widersprüchlichkeit der verschiedenen Sende-Inhalte eines Rollensenders.
- In typisch interaktionistischer Weise wird die Bedeutung struktureller Faktoren relativiert: „Organisatonsfaktoren (A)" firmieren nur als Einflußgröße für die *Rollensender* (s. Pfeil 3) und moderieren die Beziehungen zwischen den handelnden Parteien; daß aber Strukturen, Technologie, Aufgaben ... sich zu eigenständigen Wirkungsgrößen verfestigen können [Verdinglichung, Sach-Zwang!], wird nicht angemessen berücksichtigt.
- Außerdem werden bei dieser Veranschaulichung die Übergänge zwischen den einzelnen Kästchen (z. B. I→II, II→III etc.) als unproblematisch dargestellt. *Graen* hat 1976 (S. 1206) – bei einer etwas anderen Anordnung und Benennung der vier „Kästchen" – gezeigt, daß in jedem Verbindungsschritt „Diskrepanzen" zu erwarten sind (*Roos/Starke* 1981, S. 292 ff.), nämlich a) Erwartungsdiskrepanz, b) Rollendiskrepanz, c) Feedbackdiskrepanz und d) Leistungsdiskrepanz. Die Liste dieser „Verfehlungen" könnte man noch ergänzen, wenn man sich den Rollenepisoden-Prozeß erweitert vorstellt. Es wäre dann z. B. zu fragen, wie eigentlich die Führungskraft zu ihren Rollen-Erwartungen kommt und wie homogen sie sind, wie präzis Vorgesetzte ihre Erwartungen kennen und formulieren könnten usw. In praktisch allen oben aufgeführten 19 Rollendimensionen können die Auffassungen der Beteiligten auseinandergehen (*Van Sell* et al. 1981). Weil aber Unschärfe und Widersprüchlichkeit ins „Rollen-Machen" sozusagen eingebaut sind, kann man Mißverständnissen, Erwartungsenttäuschungen, Fehlinterpretation etc. nicht entgehen. Sie können nur bewältigt werden, indem man gegenseitig im Gespräch bleibt und Festlegungen wie Veränderungen als unendliche Geschichte auffaßt. Daß eine übernommene Rolle die Positionsinhaber/innen nicht zu starr programmierten Robotern und zu willen- und selbstlosen Vollzugsapparaten eines aufgezwungenen Reglements macht, wird auch durch die Möglichkeit von Rollenkonflikten, Rollenambiguität und Rollenüberlastung deutlich, die *Kahn* u. a. (1964) beschrieben und empirisch untersucht haben. In der Abbildung 2 sind ihre Überlegungen verdichtet und veranschaulicht.

Zu 1.: Mit „Intra-Sender-Konflikt" ist eine Situation gemeint, bei der ein und dieselbe Bezugsperson gegenüber der Fokal-Position in sich widersprüchliche Forderungen stellt.
Zu 2.: Der „Inter-Sender-Konflikt" bezieht sich auf die Möglichkeit, daß zwei verschiedene Bezugs-Positionen unvereinbare Erwartungen an die Fokal-Position richten.
Zu 3.: Beim Inter-Rollen-Konflikt geht es um die Tatsache, daß eine Person gleichzeitig in mehreren Systemen Positionsinhaberin ist (z. B. Vorgesetzte, Ehefrau, Katholikin, Parteimitglied usw.). Als Person steht sie sozusagen im Schnittpunkt mehrerer Systeme und hat die gegebenenfalls unterschiedlichen einzelnen Forderungen auszubalancieren.
Zu 4.: Der „Person-Rollen-Konflikt" thematisiert den Innen-Außen-Unterschied der Theateranalogie: Was „von außen" zugemutet wird, kollidiert mit den innersten und ursprünglichen Wünschen und Interessen der Person, dem „eigentlichen Selbst".

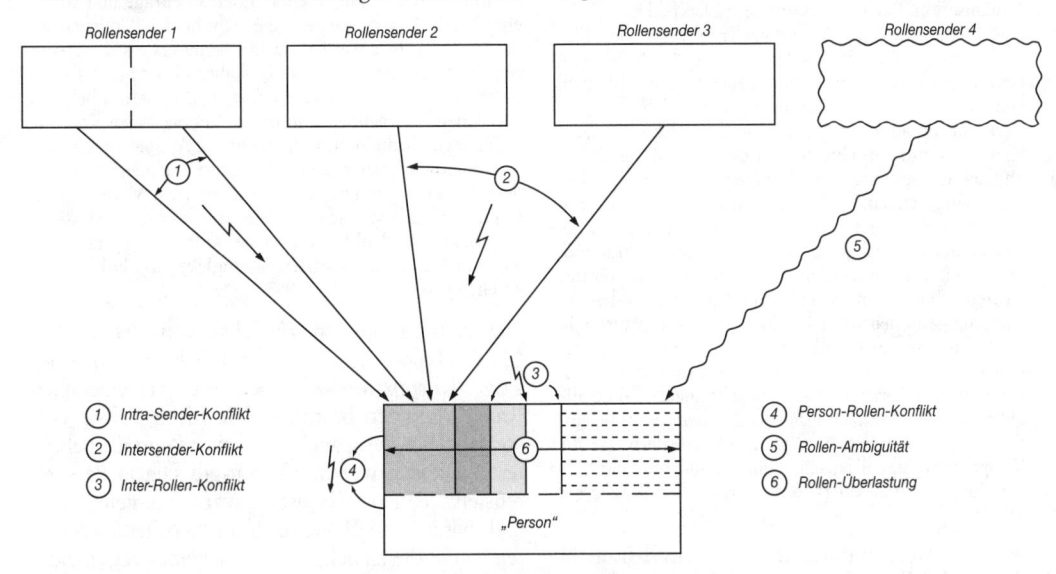

Abb. 2: Rolle und Person (aus: Neuberger 1994)

Zu 5.: Die unscharfen Konturen dieser Anspruchsquelle sollen die „Rollen-Ambiguität" symbolisieren, die Möglichkeit also, daß Forderungen an den Positionsinhaber in unterschiedlicher Präzision oder Eindeutigkeit gestellt werden können.

Zu 6.: Die „Rollen-Überlastung" schließlich soll den Tatbestand beschreiben, daß die schiere Anhäufung von positionsspezifischen Erwartungen bei einer Person – auch wen sie sich nicht widersprechen – sie dazu zwingen kann, selbst Prioritäten zu setzen, Abstriche zu machen oder durch sequentielles Abarbeiten einer möglichen Überforderung zu entgehen.

Obgleich durch diese Differenzierungen die Vorstellung von Rollenspieler/innen als Handlungsbevormundeten schon nachhaltig in Frage gestellt wird, muß die Relativierung noch weiter getrieben werden, wobei die oben skizzierten verschiedenen Dimensionen des Rollenkonzepts Denkanstöße geben:

- Das Bild stellt eine Momentaufnahme oder ein Durchschnittsbild dar. Die Dynamik der Rollenentwicklung kommt nicht zum Ausdruck. Daß Rollen in ihrer Komplexität, Bestimmtheit, Potenz usw. pulsieren, wachsen, verkümmern, bleibt ebenso unberücksichtigt wie das Problem der eindeutigen Abgrenzung und Übergangsmarkierung von Rolle zu Rolle.
- Die Pfeile sind einseitig gerichtet und unterstreichen damit die Opfersituation der Fokalperson; genauso wichtig ist es jedoch – gerade unter interaktionistischer Perspektive – die Rückkoppelung zu beachten, die die Möglichkeit des Aushandelns und der aktiven Steuerung und Reflexion durch den Rollen-„Empfänger" ausdrückt.
- Die Rollensender sind in gleichgroßen Kästchen auf gleicher Ebene und unverbunden nebeneinander dargestellt (nur in der Strichstärke der Pfeile kommt das Machtgefälle zum Ausdruck). Damit wird dem unterschiedlichen Gewicht bzw. Rang und der Vernetzung der „Sender" zu wenig Rechnung getragen; außerdem werden sie „personalisiert" (was einer dyadischen Verhandlungssituation zwischen Gleichberechtigten entspricht); die strukturelle Quelle mancher Rollendiktate (Aufgabe, Technologie, Organisation, Recht) gerät aus dem Blickfeld.
- Die Pfeile sind „leer", signalisieren zwar die Einflußrichtung, aber weder den „Inhalt der Sendung", noch deren Form. Zum letzteren zuerst: Es macht ein Unterschied, ob Anforderungen verbindlich, formalisiert, substituierbar, präzis etc. sind – oder nicht (s. o. Kap. I). Darüber hinaus kommt es auch auf den Inhalt an, der (insbesondere bei komplexen Rollen wie der eines Vorgesetzten) nicht bloß Ausführung, sondern Entscheidung verlangt, vor allem dann, wenn Anforderungen nicht gleichgültig, sondern gleich gültig sind: Hier muß ein wertbegründeter und subjektiv verantworteter Weg aus im Grunde unauflösbaren Rollen-Dilemmata gefunden werden. Eine Führungskraft ist z. B. gleichzeitig für das Bewahren wie das Entwickeln bestehender Ordnungen verantwortlich, sie muß genau hinsehen (kontrollieren) und wegsehen können, sie muß alle gleich und jede(n) nach ihrer oder seiner Facon behandeln, die Konkurrenz muß sie ebenso fördern wie die Kooperation, sie soll entscheidungsfreudig sein und Mitentscheidung zulassen (s. dazu ausführlich *Neuberger* 1983).

Vorgesetzte werden durch dieses Dilemmata nicht in ihrer Handlungsfähigkeit gelähmt, sie finden zahlreiche Wege, mit diesen Schwierigkeiten umzugehen. Außerdem haben Vielfalt und Widersprüchlichkeit von Rollen durchaus positive Funktionen: Je mehr Rollen eine Person spielt,

- desto stärker ist sie in ein System integriert und
- desto größer ist ihre Unabhängigkeit von einzelnen Bezugspartnern (weil sie von keinem einzelnen mehr dominiert werden kann),
- desto größer ist auch Chance der Entwicklung von Ich-Identität (s. dazu unten).

Die aktive Rollengestaltung betont auch der Ansatz *Graens* (→*Führungstheorie, von Dyaden zu Teams;* s. dazu auch *Schettgen* 1991).

IV. Führungsdual oder Führungsplural?

Mit den inoffiziellen Tauschgeschäften zwischen Vorgesetzten und Mitarbeitern thematisiert *Graen* (1976, S. 1241) die (für frühere Autoren) „unmögliche Koalition" der Führungskraft mit (einigen) Unterstellten in einer informellen Gruppe. Einer langen Tradition sozialwissenschaftlicher Forschung (seit den Hawthorne-Studien) galt die Existenz einer „informellen Organisation" als ausgemacht, die als eigenständige Instanz die Arbeit von Vorgesetzten opponierend oder fördernd begleitet. Einen spezifisch rollen- und führungstheoretischen Akzent erhielt diese Auffassung durch die Laborexperimente von Bales/Slater in den frühen fünfziger Jahren.

Bales/Slater (1969) ließen 14 studentische Kleingruppen einen Human-Relations-Fall diskutieren und kodierten den Diskussionsverlauf mit Hilfe der Kategorien ihres Beobachtungsverhaltens. Diese IPA (Interaktions-Prozeß-Analyse) ging davon aus, daß Interaktionen einen Inhalts- oder Beziehungsaspekt haben und sah deshalb je 6 Kategorien für informierende aufgabenorientierte Beiträge und sozioemotionale Äußerungen vor, die nicht beiden Bereichen zugleich zugeordnet werden durften – anders als das später etwa *Watzlawick* et al. (1985) in ihren kommunikationspsychologischen Axiomen forderten. Die Gesamtheit der von einem Teilnehmer initiierten Interaktionen war die Grundlage für die Bestimmung seines „Aktivitätsrangs".

Außerdem wurden die Diskussionsteilnehmer nach jeder der vier Einzelsitzungen mit soziometrischen Methoden befragt, wer die besten Ideen beisteuerte, wer die Diskussion am effektivsten lenkte, wer als besonders sympathisch erlebt wurde und (in der letzten Sitzung) wer als „Führer" anzusehen war.

Die Autoren gingen zunächst von der „Great Man"-Hypothese aus, daß nämlich eine hohe positive Korrelation zwischen den verschiedenen Rangordnungen bestünde: Die ideenreichste Person ist gleichzeitig auch die aktivste und die beliebteste! Diese Erwartung bestätigte sich in den seltensten Fällen. Typisch war vielmehr, daß „Aktivität" und „Ideenreichtum" positiv korrelierten – aber die „Tüchtigste" war keineswegs gleichzeitig die „Beliebteste" – sie erhielt in der Beliebtheitsrangordnung nur einen mittleren Platz. Noch interessanter wird es, wenn man die Entwicklung der Rangordnungen im Verlauf von vier Sitzungen verfolgt: Von der ersten zur vierten Sitzung sank der Prozentsatz der Fälle, in denen dieselbe Person gleichzeitig die Spitzenposition in der Ideen- und Beliebtheitsrangordnung einnahmen von 56,5% (1. Sitzung) steil auf 8,5% (4. Sitzung).

Bales (1966, S. 257) kommentiert diesen Befund folgendermaßen:

„Könnte es sein, daß das Erringen einer Spitzenstatus-Position dank der fachlichen Beiträge zu den Aufgabenproblemen der Gruppe etwas bewirkte, das dazu beitrug, ‚Freunde zu verlieren und sich anderen zu entfremden'? Wenn dies so wäre, könnte es dann sein, daß ein anderer Mann, der den sozio-emotionalen Problemen der Gruppe mehr Beachtung schenkte, zu höherer Beliebtheit aufsteigt? Wenn dies so häufig vorkommt, daß es als typisch anzusehen ist, kann man von der ‚Hypothese zweier komplementärer Führer' sprechen" (*Bales* 1969, S. 257).

Für diese These, die aus methodologischen Gründen nicht unangezweifelt blieb (*Homans* 1968; *Lewis* 1972; *Riedesel* 1974), wurden verschiedene Erklärungen angeboten, die im Kern auf ein Parsonssches System-Gleichgewichts-Denken hinauslaufen: Inneres und äußeres System einer Gruppe (also sozialer Zusammenhalt, Binnenstruktur und Zielerreichung, Umweltbewältigung) müssen miteinander im Gleichgewicht stehen. Gewinnt ein System die Oberhand, so geht dies auf Kosten des anderen: Eine Forcierung der Leistungsanstrengungen frustriert automatisch die sozio-emotionalen Bedürfnisse. Irgend jemand in der Gruppe muß, wenn die Gruppe nicht zerfallen soll, diesen Bedürfnissen Rechnung tragen. Kann es der „Aufgabenspezialist" nicht selbst, so erwächst ihm aus der Reihe der anderen ein „Sozialspezialist", der ausgleichend wirkt.

Das von *Bales* und *Slater* ausdrücklich als Hypothese formulierte „Führungsdual" (→*Duale Führung*) wurde von anderen Autoren – wie sich später zeigte: vorschnell – zum universell gültigen „Divergenztheorem" verallgemeinert, demzufolge in allen sozialen Gruppen eine Rollendifferenzierung zu beobachten sei. Die von *Zelditch* (1955) im Kulturvergleich belegte Aufspaltung der komplementären Geschlechterrollen war z. B. für *Hofstätter* (1957, S. 133 f.) ein weiterer Beleg, die These auf so unterschiedliche „Polaritäten" wie Kaiser – Papst, Kanzler – Präsident, Häuptling – Medizinmann, Deutschland – Frankreich usw. auszudehnen. Im Anschluß an Bemerkungen bei *Marx* (1983, S. 351) zur „Zwieschlächtigkeit" der Vorgesetztenfunktion (die zugleich produktiv und ausbeuterisch wirkt), haben *Vorwerg* (1971) und *Esser* (1965) die Rollendifferenzierung als typisch kapitalistisches Phänomen identifiziert, das unter sozialistischen Verhältnissen überwunden werden könne – eine Annahme, die z. B. *Krichevskii* (1983) auf der Basis seiner Feldstudien in der damaligen Sowjetunion nicht bestätigt (*Müller* 1974). Eine große Zahl von Untersuchungen hat belegt (s. dazu zusammenfassend u. a. *Paschen* 1978; *Huber* 1980; *Neuberger* 1976), daß das Auftreten von Führungsdualen von einer Vielzahl von Bedingungen abhängt (vor allem der Gruppengröße, dem Zielsystem der Gruppe, dem offiziellen Status der Führungskraft, der Dauer der Mitgliedschaft, der Natur der Aufgaben). Ein genereller Erklärungsansatz geht statt vom Führungsdual vom Führungsplural aus, indem eine Reihe von Systemfunktionen postuliert werden (s. die Ausführungen unter II.), die vom System als Ganzem erfüllt werden müssen. Es handelt sich also nicht um Führungs- sondern um Gruppen-Rollen als insgesamt unverzichtbaren Voraussetzungen für Überleben, Wirksamkeit, Integration, Strukturerhaltung ... der Gesamtheit. Von wem auch immer müssen somit Ziele gesetzt, Probleme gelöst, Entscheidungen gefällt, Anstrengungen koordiniert, Motivation gesichert, Konflikte bewältigt, Informationen verteilt, Belohnungen gewährt, Kontrollen durchgeführt werden – kurz: alle sog. Führungsfunktionen können nicht auf die formale Position der oder des Vorgesetzten beschränkt werden. Sie können in ihr konzentriert oder aber in der Gruppe breiter gestreut sein, so daß – was tatsächlichen Einfluß und funktionale Beiträge anbelangt – von einem Plural von „Führer/innen" zu reden ist. Getreu der konsequent funktionalistischen Position kommt es nicht auf den offiziellen Status „Vorgesetzte(r)" an, dieser ist normalerweise im vorherrschenden Liniensystem nur einer einzelnen Person pro Gruppe verliehen (während etwa *Taylors* Funktionalsystem von vornherein die verschiedenen Führungsfunktionen auf verschiedenen Positionen verteilt!).

Demgegenüber könnte es als Rückfall in elitäre „Great Man"-Phantasien verstanden werden, wenn man Mintzbergs zehn verschiedene Arbeits-Rollen (→*Führungsrollen*), auf eine(n) Vorgesetzte(n) konzentrierte.

Analog sind die schon früher mit weit umfangreicherem empirischem Aufwand bestimmten 8 ‚Management jobs' von *Mahoney* et al. (1965) zu sehen oder die 5 ‚managerial jobs', die *Stewart* (1967) aufgrund einer Tagebuchstudie berichtete (s. a. die faktorenanalytisch gebildeten Verhaltensdimensionen von Führungskräften mit Hilfe von Fragebogenbeschreibungen, s. zusammenfassend *Yukl* 1981 (→*Führungstheorien – Soziale Lerntheorie*)).

V. Rolle und Identität

Die Rede vom Rollen-Verhalten legt nahe zu erwarten, daß es auch Nicht-Rollenverhalten gibt. Als Gegenbegriffe zu Rolle fungieren dabei meist die Konzepte Selbst oder (Ich-)Identität. Zwei Verwendungen lassen sich unterscheiden: Zum einen ist „Selbst" jenes unabhängige Substrat, das „Träger" der Rolle(n) ist oder/und zum anderen die phänomenale Einheit aller Rollen, die jemand spielt (*Sader* 1969, S. 215).

Unter *sozialer Identität* soll hier verstanden werden, was man normalerweise mit „Identifizierung" beschreibt. Die (soziale) Identität eines bislang Fremden ist ausgemacht, „wenn wir ihm ein Etikett gegeben haben" (*Biddle* 1979, S. 90).

Rollen sind aber auch Medien der Selbstbeurteilung: Gemäß den Annahmen des ‚Symbolischen Interaktionismus' entwickelt eine Person ihr „Selbst", indem sie lernt, sich in die Perspektive der anderen hineinzuversetzen, quasi sich selbst mit anderen Augen zu sehen. Ihre soziale Identität wird um so ausgeprägter sein, in je mehr Rollen sie sich widergespiegelt findet und je differenzierter sie diese zu reflektieren (in des Wortes ursprünglicher Bedeutung) vermag: Man muß von sich selbst absehen, um sich selbst zu sehen – und das heißt vor allem, sich von einzelnen Rollen nicht vereinnahmen lassen, sondern verschiedene Rollen gegeneinander balancieren können (Rollen-Distanz). Im Unterschied zu sozialer Identität ist *personale Identität* dann das Bewußtsein von Kontrast (Einmaligkeit, anders als alle anderen sein), Kontinuität (im Wechsel die gleiche Person bleiben), Konsistenz (Integriertheit, Ganzheit. Erfahrungen als zusammengehörig und zu einem gehörig erleben), Konsonanz (Kohärenz: den Erwartungen der anderen entsprechen), Control (Ursächlichkeit; Wirkungen haben und sie sich selbst zuschreiben) und Commitment (Ichbeteiligung, Selbstverpflichtung: mit ‚ganzem Herzen' bei der Sache sein, sich emotional engagieren). Je starrer, präziser und umfassender Rollen-Ansprüche – und damit Fremdbestimmtheit – sind, desto weniger kann sich Ich-Identität entwickeln oder erhalten [s. dazu auch *Habermas* (1976; *Krappmann* (1972); *Preglau* (1980); *Belgrad* (1988 und 1992)]. Weil die Balancierung von Rollenvorgabe und Ich-Identität von strategischer Bedeutung für die Wahrnehmung der Führungsaufgabe ist, überrascht es nicht, wenn die Methode des ‚Rollenspiels' auch in der Personalentwicklung von Führungskräften herausragende Bedeutung hat (s. dazu auch *Haug* 1977; *Petzold* 1982, *Birkenbihl* 1981; *Shaftel/Shaftel* 1973).

Literatur

Bales, R. F.: Task Roles and Social Roles in Problem-Solving Groups. In: *Biddle, B. J./Thomas, E. J.* (Hrsg.): Role Theory. New York 1966, S. 254–262.
Bales, R. F./Slater, P. E.: Role Differentiation in Small Decision-Making Groups. In: *Gibb, C. A.* (Hrsg.): Leadership. Harmondsworth 1969, S. 255–276.
Belgrad, J.: Identität als Theater. Eine Alternative zum sozialpsychologischen Identitätsbegriff. In: *Belgrad, J.* u. a. (Hrsg.): Sprache – Szene – Unbewußtes. Frankfurt/M. 1988, S. 131–200.
Belgrad, J.: Identität als Spiel. Eine Kritik des Identitätskonzepts von Jürgen Habermas. Opladen 1992.
Biddle, B. J.: Role Theory. Expectations, Identities, and Behavior. New York 1979.
Biddle, B. J.: Recent Developments in Role Theory. Annual Review of Sociology, 1986, S. 67–92.
Biddle, B. J./Thomas, E. J. (Hrsg.): Role Theory: Concepts and Research. New York 1966.
Birkenbihl, M.: Rollenspiel-Labor für das Management-Training. Karlsruhe u. a. 1981.
Child, J./Kieser, A.: Organizational and Managerial Roles in British and West German Companies: An Examination of the Culture-free Thesis. In: *Lammers, C./Hickson, D. J.* (Hrsg.): Organisations Alike and Unlike. London 1979, S. 251–271.
Esser, H.: Über das Verhältnis von Beliebtheit und Tüchtigkeit im Gruppen – eine Auseinandersetzung mit dem ‚Divergenztheorem'. In: *Hiebsch, H./Vorweg, M.* (Hrsg.): Sozialpsychologie im Sozialismus. Berlin, S. 77–88.
Furth, P.: Nachträgliche Warnung vor dem Rollenbegriff. Das Argument, 1971, S. 494–522.
Graen, G.: Role-making Processes within Complex Organizations. In: *Dunnette, M. D.* (Hrsg.): Handbook of Industrial and Organizational Psychology. Chicago 1976, S. 1201–1246.
Habermas, J.: Zur Rekonstruktion des Historischen Materialismus. Frankfurt/M. 1976.
Haug, F.: Erziehung und gesellschaftliche Produktion: Kritik des Rollenspiels. Frankfurt/M. 1977.
Hemphill, J. K.: Dimensions of Executive Positions. Columbus 1960.
Hofstätter, P. R.: Gruppendynamik. Kritik der Massenpsychologie. Wiesbaden 1957.
Homans, G. C.: Elementarformen sozialen Verhaltens. Köln/Opladen 1968.
Huber, D.: Das Divergenztheorem der Führung und seine Überprüfung an Hand von Arbeitsgruppen in einem Industriebetrieb. In: *Morel, J./Meleghy, T./Preglau, M.* (Hrsg.): Führungsforschung. Kritische Beiträge. Göttingen u. a. 1980, S. 41–51.
Jackson, J. M.: Structural Characteristics of Norms. In: *Biddle, B. J./Thomas, E. J.* (Hrsg.): Role Theory. New York 1966, S. 113–125.
Kahn, R. L./Wolfe, D. M./Quinn, P. R./Snoek, J. D./Rosenthal, R. A.: Organizational Stress. Studies in Role Conflict and Ambiguity. New York 1964.
Keupp, H./Bilden, H. (Hrsg.): Verunsicherungen. Das Subjekt im gesellschaftlichen Wandel. Göttingen 1989.
Kieser, A./Kubicek, H.: Organisation. Berlin/New York 1983.
Krappmann, L.: Soziologische Dimensionen der Identität. Stuttgart 1972.
Krichevskii, R. L.: The Phenomenon of the Differentiation of the Leadership Role in Small Groups. In: *Blumberg, H./Hare, A. P./Kent, V./Davies, M.* (Hrsg.): Small Groups and Social Interaction. Chichester, 1983, S. 431–436.
Lewis, G. H.: Role Differentiation. In: ASR, 1972, S. 424–434.
Luhmann, N.: Funktionen und Folgen formaler Organisation. Berlin 1964.
Mahoney, Th. A./Jerdee, Th. H./Carroll, St. J.: The Job(s) of Management. In: Industrial Relations, 1965, S. 97–110.
Marx, K.: Das Kapital. MEW, Bd. 23, Berlin 1983.
Morel, J.: Führungsrolle und Wertsystem. Ein Beitrag zur Führungsforschung. In: *Morel, J./Meleghy, T./Preglau, M.*

(Hrsg.): Führungsforschung. Kritische Beiträge. Göttingen u. a. 1980, S. 53–73.
Müller, D. B.: Zur Konvergenzthese marxistischer Sozialpsychologen. In: ZfO, 1974, S. 131–136.
Neuberger, O.: Führungsverhalten und Führungserfolg. Berlin 1976.
Neuberger, O.: Führen als widersprüchliches Handeln. In: Psychologie und Praxis. In: Zeitschrift für Arbeits- und Organisationspsychologie, 1983, S. 22–32.
Neuberger, O.: Führen und geführt werden. 4. A. Stuttgart 1994.
Paschen, K.: Führerspezialisierung und Führungsorganisation. Köln 1978.
Petzold, H. (Hrsg.): Psychodrama. Stuttgart 1982.
Preglau, M.: Organisation, Führung und Identität. In: Morel u. a. (Hrsg.): Führungsforschung. Kritische Beiträge. Göttingen 1980, S. 133–169.
Ramme, Iris: Die Arbeit von Führungskräften. Konzepte und empirische Ergebnisse. Bergisch Gladbach/Köln 1990.
Riedesel, P. L.: Bales Reconsidered: A Critical Analysis of Popularity and Leadership Differentiation. In: Sociometry, 1974, S. 557–564.
Roos, L. L. jr./Starke, Fr. A.: Organizational Roles. In: Nystorm, P. C./Starbuck, W. H. (Hrsg.): Handbook of Organizational Design. Vol. 1, New York 1981, S. 290–308.
Sader, M.: Rollentheorie. In: Graumann, F. (Hrsg.): Sozialpsychologie, 1. Halbbd. Göttingen 1969, S. 204–231.
Schettgen, P.: Führungspsychologie im Wandel. Wiesbaden 1991.
Schirmer, F.: Arbeitsverhalten von Managern. Wiesbaden 1992.
Schülein, J. A.: Rollentheorie revisited. In: Soziale Welt, 1989, S. 481–496.
Shaftel, F./Shaftel, G.: Rollenspiel als soziales Entscheidungstraining. München 1973.
Stewart, R.: Managers and Their Jobs. London 1967.
VanSell, M./Brief, A. P./Schuler, R. S.: Role Conflict and Role Ambiguity: Integration of the Literature and Directions for Future Research. In: HR, 1981, S. 43–71.
Vorwerg, G.: Führungsfunktion in sozialpsychologischer Sicht. Berlin 1971.
Watzlawick, P./Beavin, H. J./Jackson, H. D.: Menschliche Kommunikation. Formen, Störungen, Paradoxien. 7. A., Bern u. a. 1985.
Wiswede, G.: Rollentheorie. Stuttgart 1977.
Yukl, G.: Leadership in Organizations. Englewood Cliffs 1981.
Zelditch, M.: Role Differentiation in the Nuclear Family: A Comparative Study. In: Parsons, T./Bales, R. F. (Hrsg.): Family Socialization, and Interaction Process. Glencoe 1955, S. 307–351.
Zelger, I.: 17 Vorschriften zur Vermeidung der ärgsten Verwirrungen beim Gebrauch des Wortes Macht. In: Conceptus, Zeitschrift für Philosophie, 1972, S. 51–68.

Führungstheorien – Situationstheorie

Georg Schreyögg

[s. a.: Führungstheorien – Kontingenztheorie, – Theorie der Führungssubstitution, – Vroom/Yetton-Modell; – von Dyaden zu Teams, – Weg-Ziel-Theorie.]

I. Zur Entwicklung des situativen Ansatzes;
II. Situationstheorien der Führungseffizienz;
III. Offene Fragen.

I. Zur Entwicklung des situativen Ansatzes

Die Führungsstilforschung war lange Zeit von einem verhältnismäßig einfachen Wirkungsgefüge ausgegangen. Die Art und Weise, wie der Vorgesetzte seine Führungsaufgaben wahrnimmt (Führungsstil), wurde als Determinante für Einstellungen und Verhaltensweisen der Mitarbeiter angesehen. Dieses einfache Kausalmodell bildete die Grundlagen von zahllosen empirischen Untersuchungen. Ihr Ziel war es, den Führungsstil zu ermitteln, der die besten Resultate zu erzielen vermag. Lange Zeit sah man im personenorientierten kooperativen Führungsstil (→*Kooperative Führung*) ein solches Optimum, weil er nicht nur die höchste Produktivität, sondern auch eine hohe Zufriedenheit der Mitarbeiter versprach (z. B. *Likert* 1961). Die zahlreichen Replikationsstudien brachten indessen nicht die erhoffte Bestätigung (*Neuberger* 1976); im Gegenteil, je mehr empirische Ergebnisse vorgelegt wurden, um so uneinheitlicher und verwirrender wurde das Bild. Mehr und mehr setzte die Suche nach einem neuen Ansatz ein, der die uneinheitlichen Ergebnisse der bisherigen Forschung zu erklären und den Führungserfolg besser vorherzusagen vermochte. Es setzte sich zunehmend die Auffassung durch, daß die Wirkung des Führungsstils ganz wesentlich von der jeweiligen Situation abhängt. Die Vorstellung des einen besten Führungsstils wird ersetzt durch ein relativierendes: „It all depends". Zwischenzeitlich liegt eine Reihe von situationsspezifischen Ansätzen vor.

II. Situationstheorien der Führungseffizienz

Die Situationsabhängigkeit der Führungswirkung wird in den vorliegenden Ansätzen auf verschiedene Weise konzeptionalisiert. Ordnet man die Ansätze danach, in welcher Weise sie die Situation in ihrem Aussagegefüge einbeziehen, so lassen sich im Kern vier Ansatzweisen erkennen:

1. Der *Moderator-Ansatz,* der die Situation als intervenierende Variable studiert;
2. der *situationsanalytische Ansatz,* der sein Hauptaugenmerk auf eine Systematik der Situationserkundung richtet;
3. der *kognitiv-instrumentelle Ansatz,* der den Führungsstil selbst als Situationselement begreift, und schließlich
4. der *Interaktions-Ansatz,* der Situation und Führung nicht als unabhängige, sondern sich gegenseitig beeinflussende Variable sieht.

1. Der Moderator-Ansatz

Hier tritt die Situation als exogene Größe zwischen Führungsstil und Führungserfolg (vgl. Abb. 1).

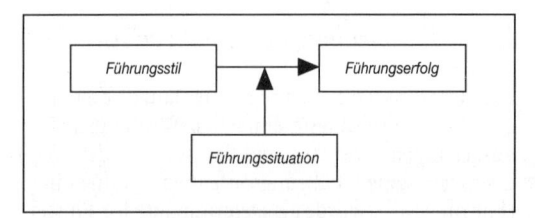

Abb. 1: Kausalmodell des Moderator-Ansatzes

Methodisch gesehen könnte man die situative Beziehung wie folgt fassen: Bei einer gegebenen Ausprägung der Variablen „Führungssituation" gibt es eine spezielle kongruente Ausprägung der Variablen „Führungsstil", die den höchsten Wert bei der Variable „Führungserfolg" bewirkt. Eine Abweichung von diesem Entsprechungsverhältnis zwischen Führung und Situation, gleichgültig in welcher Richtung, reduziert den Wert der Erfolgsgröße (*Schoonhoven* 1981).

a) Das Fiedlersche Kontingenzmodell

Unter den Moderatorenansätzen nimmt zweifellos die Fiedlersche Kontingenztheorie der Führung (→*Führungstheorien – Kontingenztheorie*) den prominentesten Platz ein. Die Frage nach einem aufgaben- oder einem personenorientierten Führungsstil wird davon abhängig gemacht, in welchem Maße die jeweilige Situation die Einflußnahme des Führers begünstigt oder erschwert. *Fiedler* (1967) hat hierzu das Konstrukt „*Situationale Günstigkeit*" entwickelt, das sich aus drei Variablen (mit unterschiedlicher Gewichtung) zusammensetzt: 1. Positionsmacht (Umfang der Sanktionsbefugnisse); 2. Aufgabenstruktur (Überschaubarkeit der Anforderungen); 3. Führer-Geführten-Beziehungen (Gruppenklima). Aus einer situationsbezogenen Neuordnung der Daten aus früheren Führungsstilstudien leitet Fiedler das sog. *Kontingenzmodell der Führungseffizienz* ab, wonach in sehr günstigen und sehr ungünstigen Situationen ein aufgabenorientierter Führer den höchsten Erfolg erzielen kann, eine personenorientierte Führung dagegen in Situationen mittlerer Günstigkeit. Das Modell bietet keine systematische Erklärung dafür, weshalb die bezeichneten Situationstypen mit den genau angegebenen Führungsstiltypen eine Kongruenzbeziehung bilden sollen. Abgesehen von einigen später nachgereichten ad hoc-Überlegungen (*Fiedler* 1978) ist es der bloße Verweis auf die Empirie, der die Notwendigkeit und Richtigkeit des Zusammenhangs belegen soll.

Die in großer Zahl nachfolgenden *empirischen Tests* des Modells (zusammenfassend *Bass* 1990; *Vecchio* 1983) zeigen allerdings ein so stark widersprüchliches Ergebnisbild, das von einer empirischen Bestätigung der Thesen nicht gesprochen werden kann. Was die *theoretische Einzelkritik* anbetrifft, so steht hier neben Meßproblemen (*Shiflett* 1981) vor allem die Konzeptualisierung des Situationseinflusses im Vordergrund. Bezweifelt wird die herausragende Bedeutung der „Günstigkeit". Dies um so mehr, als ihre Wirkung durchaus ambivalent zu sehen ist. So mag z. B. eine hohe Positionsmacht auf der einen Seite zwar die Einflußmöglichkeiten erleichtern, sie wird aber in vielen Fällen soziale Distanz schaffen und damit auf der anderen Seite die Einflußmöglichkeiten gerade verschlechtern (*Schreyögg* 1977). Als problematisch muß auch das bloße Nebeneinanderstellen von Situation und Führungsstil gelten (*McMahon* 1972). Es ist wenig plausibel, daß die Art, wie der Vorgesetzte seine Aufgaben wahrnimmt, ohne Einfluß auf die Ausprägung der Situation sein soll. Am häufigsten wird jedoch bemängelt, daß der Situationseinfluß mit den ausgewählten Variablen nicht adäquat erfaßbar ist (*Wunderer/Grunwald* I/1980).

Die Forderungen in der Literatur laufen in der Mehrheit auf eine Ausdehnung der Situationsfaktoren hinaus. *Kerr* et al. (1974) listen z. B. nach einer kritischen Literaturdurchsicht nicht weniger als 10 Faktoren auf, die in eine Situationstheorie der Führung aufzunehmen seien, u. a. Zeitdruck, Hierarchieebene, Rollenambiguität. *Bass* (1990) verweist auf eine noch viel breitere Palette potentiell relevanter Situationsfaktoren. Allerdings, je mehr Situationsvariablen berücksichtigt werden, um so (überproportional) mehr Verknüpfungsbeziehungen sind theoretisch zu bewältigen. Schnell ist der Punkt erreicht, an dem sich die Theoriebildung nur noch in der Auflistung zahlloser Einzelkonstellationen erschöpft. Als ein Kompromiß darf hier das Führungsmodell von *Yukl* gelten.

b) Das Multiple Verknüpfungsmodell (Yukl)

In dem Modell von *Yukl* (1971, 1989) treten zwischen das Führungsverhalten und den Führungserfolg zwei Arten von Situationsvariablen: moderierende und intervenierende (vgl. Abb. 2).

Intervenierende Variablen sind Prozeßvariablen, die Kausal- in Endresultat-Variablen *transformieren*. Das Modell kennt insgesamt sechs intervenierende Variablen, je zwei aus dem individuellen, dem Gruppen- und dem Organisationsbereich:

1. Leistungsbereitschaft;
2. Aufgabenklarheit und Qualifikation;
3. Arbeitsorganisation;
4. Gruppenkohäsion;

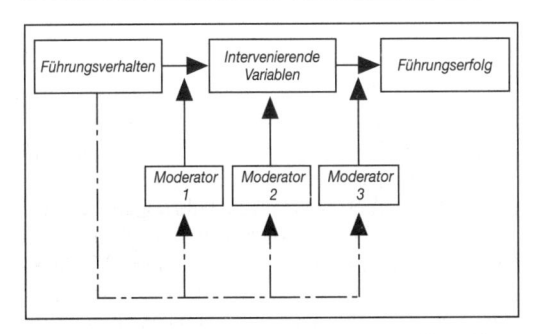

Abb. 2: Das Multiple Verknüpfungs-Modell (Yukl)

5. Ressourcenausstattung;
6. funktionsübergreifende Koordination.

Grundsätzlich gilt: Je positiver diese intervenierenden Variablen ausgeprägt sind, um so höher liegt die (Gruppen-)Leistung.

Die *moderierenden Variablen* gliedern sich in drei Klassen nach der Stelle, an der sie in die Wirkungskette eingreifen (vgl. Abb. 2). Die *erste Klasse* bezieht sich auf die Möglichkeiten bzw. Grenzen des Führers, die intervenierenden Variablen positiv zu gestalten. Die *zweite Klasse* der Moderatoren bezieht sich auf überformende Faktoren wie Organisationsstruktur, Lohnsystem, Betriebsklima und ihren direkten Einfluß auf die intervenierenden Variablen. Die *dritte Moderatorenklasse* schließlich stellt auf Einflußkräfte ab, die die relative Bedeutung der einzelnen intervenierenden Variablen zueinander bestimmen. So spielt z. B. die Kooperation dort eine geringere Rolle, wo Mitarbeiter an eigenständigen Aufgaben arbeiten. Die Moderatorvariablen sind als Situationsgegebenheiten konzipiert, längerfristig wird jedoch eine Beeinflußbarkeit durch den Führer konzediert (vgl. Abb. 2).

Die Basisthese von *Yukls* Modell lautet schließlich: Führungserfolg ist um so größer, je besser es einem Führer gelingt, bestehende Defizite in den intervenierenden Variablen auszugleichen. Die Moderatorvariablen bestimmen, welche intervenierenden Variablen besonders wichtig sind, welche Defizite auftreten und welcher Korrekturspielraum dem Vorgesetzten zu Gebote steht. Eine erfolgreiche Kompensation ist durch den Einsatz von situativ passenden Führungsverhalten möglich, das sich auf vier Hauptbereiche beziehen soll:

1. Entscheidungen treffen;
2. Einfluß nehmen;
3. Beziehungen aufbauen;
4. Informationen geben und beschaffen.

Das Modell von *Yukl* ist relativ lose formuliert, nur wenige Teilstücke sind ausargumentiert und belegt. Durch die vielen offengelassenen Bezüge wird das Modell tendenziell unüberschaubar und eine Umsetzung in Handlungsanweisungen unmöglich.

Einen Weg, wie man eine größere Zahl von Situationsvariablen berücksichtigen und dennoch zu eindeutigen Handlungsempfehlungen vorstoßen kann, bietet das *Vroom/Yetton-Modell* (→*Führungstheorien – Vroom/Yetton-Modell*) an.

2. Der situationsanalytische Ansatz: Das Vroom/Yetton-Modell

Ziel dieses Modells (*Vroom/Yetton* 1973) ist es, den Führer im Sinne einer *Entscheidungsheuristik* dazu anzuleiten, die Führungssituation so zu strukturieren, daß sich aus einem gegebenen Satz von Führungsstilen der jeweils optimale bestimmen läßt (ähnlich auch *Müller/Hill* 1977). Zur Erfassung der Situation werden sieben Merkmale herangezogen, die sich primär auf objektive Aufgabenmerkmale (Problemstruktur, Qualitätserfordernisse etc.) und Mitarbeitereinstellungen (vor allem: wahrscheinliche Akzeptanz der Entscheidung) beziehen. Der drohenden Überkomplexität des Modells begegnen die Autoren dadurch, daß sie die Führungsstilwahl als *sequentiellen Entscheidungsprozeß* (re-)konstruieren, der das komplexe Entscheidungsfeld durch sieben Filterfragen (= Situationsmerkmale) kleinarbeitet. In einer jüngeren Version (*Vroom/Jago* 1988) wurden der Zeitdruck, die geographische Verteilung der Mitarbeiter und ihr Informiertheitsgrad als weitere Selektionskriterien hinzugenommen, um zu noch eindeutigeren Handlungsempfehlungen vorstoßen zu können.

Das Modell wird häufig wegen seiner *mechanistischen* Anlage kritisiert (*Field* 1979; *Sydow* 1981). Problematisch ist u. a., daß die vielfach vorfindbare *Ambiguität* von Entscheidungssituationen negiert wird. Die abzuprüfenden Situationsmerkmale erzwingen gewissermaßen eine Eindeutigkeit; das Ergebnis sind künstliche Situationsbeschreibungen, die keine praktische Bedeutung besitzen. Als problematisch muß auch die unterstellte vollständige Kontrolle des Vorgesetzten über sein Führungsverhalten gelten. Auf Zweifel stößt ferner das hoch reflexive (nicht spontane) Handlungskonzept. Einige *empirische Untersuchungen* haben innerhalb der konstruierten Situationstypen die vermutete Vorteilhaftigkeit der Führungsstilausprägung bestätigt gefunden; das Modell ist jedoch aufgrund seines analytischen Charakters nur sehr begrenzt empirisch überprüfbar.

Ein genauerer Blick auf die Grundkonstruktion der Theorie zeigt die Nähe zum Moderatorenansatz. Zwischen Führungsstil und Führungserfolg tritt die Situation als moderierender Faktor. *Partizipative Führung* – so lautet die Schlüsselaussage – ist nur in bestimmten Situationen vorteilhaft. Einen wesentlich weiteren Schritt weg vom Moderator-Paradigma stellt die *Weg-Ziel-Theorie* (→*Führungstheorien – Weg-Ziel-Theorie*) dar.

3. Der kognitiv instrumentelle Ansatz: Die Weg-Ziel-Theorie der Führung (House)

Dieser Ansatz (*House* 1971) studiert den Führungsprozeß und sein Wirkungsgeschehen nicht mehr nach dem gängigen Kausalmodell (abhängige – unabhängige Variable), sondern setzt direkt bei den Handlungsentscheidungen der Geführten an. Der Erfolg des Führungsverhaltens hängt von der *Nützlichkeit* ab, die es für die Mitarbeiter entfalten kann. Es kann einerseits die subjektive Wahrscheinlichkeit erhöhen, daß mit einer bestimmten Anstrengung der angestrebte Leistungserfolg erzielt wird, und andererseits, daß sich mit der erreichten Leistung auch die Erfüllung persönlicher Wünsche verknüpft (kognizierte Instrumentalität). Das Führungsverhalten stellt hier lediglich eine von vielen Situationskomponenten dar. Der formalen Struktur des Modells entsprechend können je nach Sachlage die unterschiedlichsten Führungsstile instrumentell sein.

Gegenüber den bisher besprochenen Ansätzen weist die Weg-Ziel-Theorie den Vorzug auf, daß sie die (In-)Effektivität von Führungsstilen nicht bloß empirisch konstatiert, sondern erklärt. Das Erklärungsmuster setzt an der Logik der Einzelhandlung an und bedeutet insofern einen Schritt weg von dem mechanischen Kausalmodell der Moderator-Ansätze.

Das Modell bleibt insgesamt sehr *formal*, die Zahl der möglichen Einflußfaktoren ist unbegrenzt. Wirkungsprognosen für einen bestimmten Führungsstil sind daher nur schwer möglich. Man muß dazu das Wertesystem des betreffenden Individuums und die Repräsentanz der Aufgabenwelt in der Perzeption des Individuums kennen sowie eine Konstanz der Werte und Perzeptionen unterstellen. So gesehen, verwundert es nicht weiter, daß dort, wo es versucht wurde, die Prognosen nicht konsistent zu bestätigen waren (*Bass* 1990). Was die konzeptionellen Grundlagen anbetrifft, so gelten hier im Prinzip alle die Kritikpunkte, die allgemein zu den Erwartungs-Valenz-Ansätzen und seinen rationalistischen Prämissen vorgetragen wurden (z. B. *Behling/Starke* 1973; *Greif* 1983).

4. Interaktions-Ansatz

Alle bisherigen Ansätze haben die Situations- und Führungsvariablen als Gegebenheiten betrachtet und ihr Zusammenwirken im Hinblick auf eine Resultatsvariable untersucht. Diese statische Betrachtungsweise soll in den Interaktionsansätzen durch eine *dynamische Prozeßperspektive* abgelöst werden; Führungsstil und Situation werden zu interdependenten Einflußgrößen.

a) Die Situationale Führungstheorie (Hersey/Blanchard)

Aufbauend auf dem 3-D-Führungsmodell von *Reddin* (1977), entwickelten *Hersey/Blanchard* (1988) eine Art *Reifezyklustheorie* der Führung, in der die Vorgesetzten ihren Führungsstil mitarbeiterspezifisch variieren. Konzeptionell gesehen, handelt es sich um einen dynamisierten „Moderator-Ansatz". Ausgangspunkt ist eine Führungsstiltaxonomie, die die zwei Dimensionen Aufgaben- und Personenorientierung zu vier Stilen kombiniert (vgl. Abb. 3). Die *Situation* wird lediglich mit einer Variablen in Ansatz gebracht, der *Reife der Mitarbeiter*. Diese bestimmt sich aus zwei Faktoren, der Funktionsreife und der psychologischen Reife. *Funktionsreife* bezeichnet die Fähigkeiten, das Wissen und die Erfahrung, die ein Mitarbeiter zur Erfüllung seiner Aufgabe verfügt. Die *psychologische Reife* ist eine Art Motivationsdimension, die auf Selbstvertrauen und -achtung abstellt und Leistungsorientierung und Verantwortungsbereitschaft signalisieren soll.

Die Autoren unterscheiden vier Reifestadien und ordnen diesen – wie in Abb. 3 gezeigt – den jeweils kongruenten Führungsstil zu.

Bei sehr „unreifen" Mitarbeitern (M_1) erzielt Führungsstil 1, der sich durch eine hohe Aufgabenorientierung und eine nur schwach betonte Mitarbeiterorientierung auszeichnet, die höchste Effektivität (= Zielerreichung). Mit zunehmender Reife (M_2, M_3) wird die Aufgabenorientierung immer unbedeutender, die Mitarbeiterorientierung dagegen immer wichtiger (Stil 2, 3), bis schließlich das höchste Reifestadium erreicht ist (M_4), dem Führungsstil 4, mit breiter Delegation und der Betonung auf Selbständigkeit, am besten gerecht wird.

Eine einfache Anpassung des Führungsverhaltens an das vorgefundene Reifeniveau der Untergebenen wäre jedoch zirkulär, denn das arbeitsrelevante Reifeniveau ist keine Naturkonstante, sondern entwickelt sich auch im Arbeitskontext und ist damit wesentlich von der Art der Führung abhängig. Hersey/Blanchard formulieren deshalb ihr Modell als Prozeß. Über die Zeit hinweg können Vorgesetzte die Situation beeinflussen. Sie können und sollen den Reifungsprozeß der Mitarbeiter unterstützen und gezielt fördern; der Führungsstil wird dann entsprechend angepaßt. Allerdings ist auch ein Zurückfallen im Reifeprozeß denkbar.

Im Grundsatz soll der Vorgesetzte alle vier Führungsstile gleichzeitig praktizieren. Ein Beleg für die Erlernbarkeit einer solchen Führungsvariabilität steht freilich noch aus. Für die Kongruenz-Thesen liegen einige, allerdings widersprüchliche empirische Ergebnisse vor (*Vecchio* 1987). Gegen das Modell sind zahlreiche *theoretische Einwände* erhoben worden (*Graeff* 1983). Bei dem Reife-

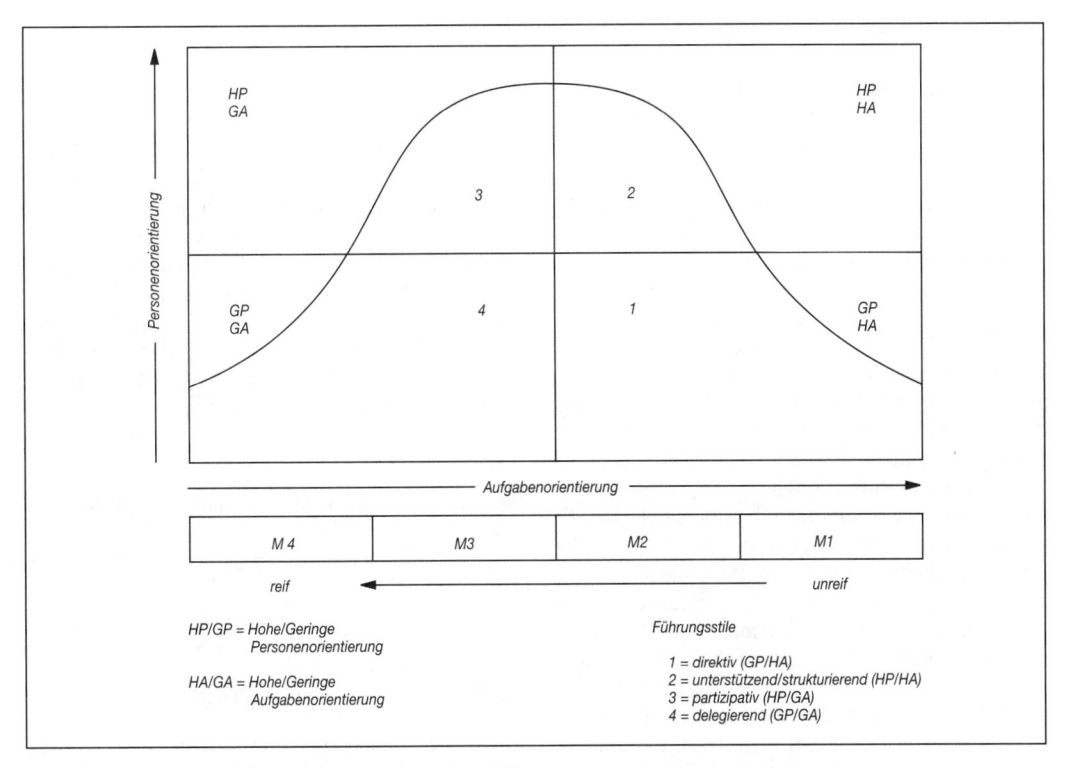

Abb. 3: Die „situationale Führungstheorie" (Hersey/Blanchard)

Konzept wird vor allem die fehlende theoretische Fundierung bemängelt, weder die Auswahl noch das Zusammenspiel der Dimensionen ist geklärt. Insgesamt vernachlässigt die Theorie die *Reziprozität*, d. h., der Einfluß der Mitarbeiter auf den Führer bleibt unberücksichtigt. Die jüngere Führungsforschung rückt gerade diesen Aspekt sehr stark in den Vordergrund (*Green* 1977; *Neuberger* 1990).

b) Differenzierungstheorie der Führung (Graen)

Noch deutlicher wird der Prozeßcharakter der Führung in der sog. LMX (Leader-member exchange-)Theorie hervorgehoben (*Graen/Cashman* 1975; *Graen/Novak/Sommerkamp* 1982). Ausgangspunkt sind die unterschiedlichen (Austausch-)Beziehungen, die ein Vorgesetzter im Laufe der Zeit mit den Mitgliedern der unterstellten Gruppe entwickelt. Aus verschiedenen Gründen, die in der Situation (Zeitdruck, Aufgabe etc.) als auch in persönlichen Merkmalen der Mitarbeiter liegen (Alter, Geschlecht, Intelligenz, Genauigkeit usw.), baut der Vorgesetzte eine intensive Beziehung zu einigen wenigen Mitgliedern auf (ingroup). Die anderen gehören zum Außenkreis (out-group); ihnen wird wesentlich weniger Aufmerksamkeit zuteil. Auf diese Weise entsteht ein stark differenzierendes Interaktionsmuster. Die beiden Gruppen werden in sehr unterschiedlicher Weise geführt. Dem inneren Kreis wird eine breitere *Partizipation* am Entscheidungsprozeß eingeräumt, mehr Verantwortung delegiert und mehr Förderung zuteil. Die LMX-Theorie prognostiziert, daß Mitglieder des inneren Kreises wesentlich produktiver und zufriedener sind und eine deutlich geringere Neigung zeigen, die Organisation zu verlassen. Dies führt im Fortlauf zu einer weiteren Stabilisierung der Differenz; der Freiraum des Vorgesetzten, die Aufmerksamkeit neu zu verteilen, schwindet und seine Abhängigkeit vom inneren Kreis steigt.

Dieser theoretische Ansatz, zu dem auch einige empirische Befunde vorliegen (*Vecchio/Gobdel* 1984), bringt spätestens dann, wenn er *präskriptiv* gewendet wird, eine Reihe von Problemen mit sich. Er zementiert nicht nur eine „2-Klassen-Gesellschaft" mit den bekannten Folgen in Form von Unzufriedenheit, Neid und Abgeschlagenheit, sondern behindert auch jede breiter angelegte Teamarbeit und Kooperation (*Yukl* 1989). Es ist nicht nur der Erfolg der *Gesamtgruppe* in Frage gestellt, es erheben sich auch ethische Bedenken gegen eine solche Präskription.

Unabhängig aber von dem Gestaltungsaspekt ist dieser Ansatz konzeptionell bemerkenswert, weil er eine Alternative zur statischen Zuordnungsmechanik der meisten situativen Ansätze bietet.

III. Offene Fragen

Insgesamt gesehen haben die Situationstheorien das Verständnis des Führungsprozesses wesentlich erweitert und die Welt allzu einfacher Führungsempfehlungen zurückgedrängt. Die Situationstheorien zeigen jedoch einige grundsätzliche Schwächen, die für eine Fortentwicklung der Theoriebildung bedeutsam erscheinen:

1. „One best model"

Trotz der Abkehr vom Universalprinzip bleiben die Situationstheorien bei genauer Hinsicht dennoch dem „one best approach" verhaftet. Fast alle zielen darauf ab, zwar nicht mehr generell, aber eben situationsspezifisch den einen optimalen Führungsstil zu ermitteln. Dieses Denken übersieht, daß die Situation i.d.R. einen Spielraum in der Wahl des geeigneten Führungsstils läßt. Nur selten sind die Anforderungen einer Situation dergestalt, daß keine funktionalen Äquivalente zur Verfügung stünden. Es stellt sich daher die Frage, ob der Theorieaufbau nicht zu sehr einem deterministischen Kausalmodell verpflichtet ist und dadurch die praktische Führungssituation verfehlt. Die Bezüge zwischen Situation, Führung und Erfolg sind in aller Regel weit weniger zwingend, als sie sich in den meisten Situationstheorien aufgrund ihres mechanischen Aufbaus widerspiegeln. Es wäre deshalb an der Zeit, in der situativen Führungstheorie nicht nur über Situationszwänge nachzudenken, sondern auch über Freiheiten, die die Situation läßt.

2. Was heißt „Kongruenz"?

Theoretisch ungelöst ist bis heute die Kernfrage der Kongruenz (Fit) von Führungsstil und Situation geblieben. Der bloße Verweis auf die *Empirie* bringt an dieser Stelle keine Lösung. Eine spezielle Konstellation von Situation und Führungsstil nur deshalb als kongruent zu bezeichnen, weil sie Erfolg zeitigt, ist *zirkulär*. Fragt man, warum eine Konstellation erfolgreich ist, wird man auf die Kongruenz ihrer Teile verweisen, fragt man weshalb die Teile zueinanderpassen, wird man auf den Erfolg verweisen. Werden Erklärungen angeboten, so bleiben diese bislang unverbindlich. So ist etwa völlig unklar, ob Kongruenz als Strukturgleichheit oder als Komplementarität zu deuten ist. Dies zeigt, daß „Kongruenz" eben kein objektives Faktum ist, das quasi als Code in der Situation steckt und nur entschlüsselt werden müßte, sondern erst das Ergebnis einer theoretischen Argumentation sein kann (vgl. *Schreyögg* 1982).

3. Führungsebene

Die Führungsgestaltung wird bisher immer als ein Problem der *Mikroebene* behandelt, entweder als Dyade oder auf Gruppenebene. Die Systemführung und ihre Probleme bleiben ausgeklammert. Ein Teil der neueren Führungsdiskussion (z. B. *Türk* 1981; *Bennis/Nanus* 1985; *Conger/Kanungo* 1987) verweist auf die *Makroebene* und diskutiert die spezielle Problematik dieser Führungsebene. Von einer Führungstheorie ist zu fordern, daß sie ihre organisatorische *Bezugsebene* und die daraus fließenden Bedingungen mitreflektiert (vgl. dazu den umfassenden Ansatz von *Hunt* 1991).

Literatur

Bass, B.: Bass and Stogdill's Handbook of Leadership. 3. A., New York 1990.
Behling, O./Starke, F. A.: The Postulates of Expectancy Theory. In: AMJ, 1973, S. 373–388.
Bennis, W. G./Nanus, G.: Leaders. New York 1985.
Conger, J. A./Kanungo, R. N.: Toward a Behavior Theory of Charismatic Leadership in Organizational Settings. In: AMR, 1987, S. 637–647.
Fiedler, F. E.: A Theory of Leadership Effectiveness. New York 1967.
Fiedler, F. E.: Contingency Model and the Dynamics of the Leadership Process. In: Berkowitz, L. (Hrsg.): Advances in Experimental Social Psychology. New York 1978, S. 59–112.
Field, R. H. G.: A Critique of the Vroom-Yetton Contingency Model of Leadership Behavior. In: AMR, 1979, S. 249–257.
Graeff, C. L.: The Situational Leadership Theory. In: AMR, 1983, S. 285–291.
Graen, G./Cashman, J. F.: A Role-Making Model of Leadership in Formal Organizations. In: Hunt, J. G./Larson, L. L. (Hrsg.): Leadership Frontiers. Kent State 1975, S. 143–166.
Graen, G./Novak, M. A./Sommerkamp, P.: The Effects of Leadership-Member Exchange and Job Design on Productivity and Satisfaction. In: OBHP, 1982, S. 109–131.
Green, C. N.: Disenchantment with Leadership Research. In: Hunt, J. G./Larson, L. L. (Hrsg.): Leadership – The Cutting Edge. Carbondale 1977, S. 57–67.
Greif, S.: Konzepte der Organisationspsychologie. Bern 1983.
Hersey, P./Blanchard, K. H.: Management of Organizational Behavior. 5. A., Englewood Cliffs, N. J. 1988.
House, R.: A Path-Goal Theory of Leader Effectiveness. In: ASQ, 1971, S. 321–338.
Hunt, J. G.: Leadership. Newbury Park 1991.
Kerr, S./Schriesheim, C. A./Murphey, C. J. et al.: Toward a Contingency Theory of Leadership Based upon the Consideration and Initiating Structure Literature. In: OBHP, 1974, S. 62–82.
Likert, R.: New Patterns of Management. New York 1961.
McMahon, J. T.: The Contingency Theory: Logic and Method Revisited. In: PP, 1972, S. 697–710.
Müller, W. R./Hill, W.: Die situative Führung. In: DBW, 1977, S. 353–378.
Neuberger, O.: Führungsverhalten und Führungserfolg. Berlin 1976.
Neuberger, O.: Führen und geführt werden. 3. A., Stuttgart 1990.

Reddin, W. J.: Das 3-D-Programm zur Leistungssteigerung des Managements. München 1977.
Schoonhoven, C. B.: Problems with Contingency Theory. In: ASQ, 1981, S. 349–377.
Schreyögg, G.: Kritik situativer Führungstheorien am Beispiel des Fiedlerschen Kontingenzmodells. In: *Macharzina, K./Oechsler, W.* (Hrsg.): Personalmanagement, Bd. 1. Wiesbaden 1977, S. 109–144.
Schreyögg, G.: Some Comments about Comments. In: OS, 1982, S. 73–78.
Shiflett, S.: Is there a Problem with the LPC Score in Leader Match? In: PP, 1981, S. 765–769.
Sydow, J.: Der normative Entscheidungsansatz von Vroom-Yetton. In: DU, 1981, S. 1–17.
Türk, K.: Personalführung und soziale Kontrolle. Stuttgart 1981.
Vecchio, R. P.: Assessing the Validity of Fiedler's Contingency Model of Leadership Effectiveness. In: Psych. Bull., 1983, S. 404–408.
Vecchio, R. P.: Situational Leadership Theory. In: JAP, 1987, S. 444–451.
Vecchio, R. P./Gobdel, B. C.: The Vertical Dyad Linkage Model of Leadership. In: OBHP, 1984, S. 5–20.
Vroom, V. H./Yetton, P.: Leadership and Decision-Making. Pittsburgh 1973.
Vroom, V. H./Jago, A. G.: The New Leadership. Englewood Cliffs, N. J. 1988.
Wunderer, R./Grunwald, W.: Führungslehre, 2 Bde., Berlin et al. 1980.
Yukl, G. A.: Toward a Behavioral Theory of Leadership. In: OBHP, 1971, S. 414–440.
Yukl, G. A.: Leadership in Organizations. 2. A., Englewood Cliffs. N. J. 1989.

Führungstheorien – Soziale Lerntheorie

Fred Luthans/Stuart A. Rosenkrantz

[s. a.: Empirische Führungsforschung, Methoden der; Führungsforschung, Führung in Nordamerika; Selbststeuernde Gruppen, Führung in; Selbststeuerungskonzepte.]

I. Einleitung und Überblick; II. Zur Theorie des sozialen Lernens; III. Wie unterscheidet sich die Theorie des sozialen Lernens (SLT) von der Theorie des operanten Lernens? IV. Was ist Führung? V. Entwicklung eines Führungsbeobachtungssystems (LOS); VI. Was machen Führungskräfte wirklich? VII. Anwendungen des Ansatzes des sozialen Lernens auf Führung; VIII. Kontrolle des eigenen Verhaltens; IX. Schlußfolgerungen.

I. Einleitung und Überblick

Es ist der Zweck dieser Arbeit, die Theorie des sozialen Lernens und der Führung darzustellen. Nach der Diskussion, was man unter sozialem Lernen und Führung versteht, umreißt die Arbeit eine spezielle Forschungsmethodologie und wendet sie in Beantwortung der Frage, was Führungskräfte wirklich tun, an. Der letzte Teil ist unmittelbar der Anwendung gewidmet.

II. Zur Theorie des sozialen Lernens

Zunächst muß man sich dessen bewußt sein, daß die Theorie des *sozialen Lernens* (SLT) eine behavioristische Theorie ist. Im Laufe der Jahre ist Verhalten im allgemeinen auf eine der folgenden drei Arten erklärt worden:

(1) Das Verhalten wird von der Person selbstbestimmt [B = f(P)] durch innere Wesenszüge, Bedürfniszustände, Motivausprägungen, Wahrnehmung, Einstellungen, Erwartungen, Werte und/oder typische Persönlichkeitsmerkmale. Dieser Forschungsansatz wird in den populärsten Theorien, die sich mit der Arbeitsmotivation beschäftigen, verwendet, um das Verhalten zu erklären (*Maslow* 1954; *Vroom* 1964; *Adams* 1965; *Locke* 1968).

(2) Das Verhalten wird von der Umwelt/Situation bestimmt [B = f(E)], und zwar dadurch, daß man Kontingenzen durch operantes Lernen/operantes Konditionieren verstärkt/bestraft (*Skinner* 1953; *Nord* 1969). Dieser Ansatz lieferte die Grundlage für behavioristische Führungspraktiken (*Frederiksen* 1982; *Luthans/Kreitner* 1975, 1985; *Miller* 1978).

(3) Das Verhalten wird sowohl von der Person als auch von der Umwelt bestimmt [B = f(P,E)] oder von der Wechselwirkung zwischen der Person und der Umwelt [B = f(P←→E)]. Viele der anerkanntesten Theoriemodelle für das Verhalten in Organisationen (*Porter/Lawler* 1968) folgen diesem Ansatz.

Die Theorie des sozialen Lernens (SLT) wäre ein vierter und der neueste Ansatz. Sie schließt die Wechselwirkung zwischen Person und Umwelt ein, geht aber dann darüber hinaus und behandelt das Verhalten als reziprok-interdependente Variable [B = f(P,E), E = f(B,P), P = f(B,E)], wobei sie postuliert, daß alle Beziehungen in zwei Richtungen verlaufen können. Das Gefüge der SLT kann als holistische Einheit betrachtet oder in einseitige oder zweiseitige Komponenten untergliedert werden. Wie zu erwarten ist, nimmt seine Erklärungskraft in dem Maße zu, in dem es an seine holistische Grundkonzeption herankommt. Obwohl es eine Reihe von anerkannten Experten im Bereich der Theorie des sozialen Lernen gibt (*Mischel* 1973, 1976; *Mahoney* 1974; *Meichenbaum* 1974, 1977; *Staats* 1975), kommt den Arbeiten von *Bandura* (1968, 1976, 1977a, 1977b) die größte Relevanz für die Anwendung dieser Theorie auf das Führungsphänomen zu. Er stellt die Hypothese auf, daß sich das Verhalten am besten als ständige reziproke Interaktion zwischen kognitiven Variablen und solchen des Verhaltens und der Umwelt erklären läßt (*Bandura* 1977b). So schaffen z. B. Menschen in Wechselwirkungen die Umweltbedingungen, die ihr Verhalten beeinflussen. Die Erfahrungen, die ein Mensch als Reaktion der Umwelt auf sein Verhalten macht, beeinflussen, was aus ihm wird und was er tun kann (*Bandura* 1977b). Bandura behauptet, daß mentale Fertigkeiten und Gedächtnisleistungen zu einem effizienteren Lernen und Speichern dieses Lernens führen als das diskrete Versuchs-Irrtums-Lernen als Folge von Versuch und Irrtum oder als ein Lernen durch die Verstärkung (Belohnung/Bestrafung) des Verhaltens. Das überzeugte ihn, daß (1) kognitive Prozesse in Betracht gezogen werden müssen, um das komplexe menschliche Verhalten zu erklären, und daß (2) Reize und Verstärkungen aus der Umgebung einen beträchtlichen Einfluß auf das tatsächliche Verhalten haben.

III. Wie unterscheidet sich die Theorie des sozialen Lernens (SLT) von der Theorie des operanten Lernens?

Obwohl SLT in der Theorie des operanten Lernens wurzelt und es einige wichtige Ähnlichkeiten gibt, liegen auch einige wichtige Unterschiede vor. So erkennen z. B. beide Theorien die Wichtigkeit der Verstärkung an. Andererseits zeigt *Bandura* (1969, 1977b) auch drei Hauptdimensionen auf, in denen sich soziales Lernen vom operanten Lernen unterscheidet:

(1) Der Beitrag von Stellvertretungsprozessen: Sowohl operantes als auch soziales Lernen kommt vor als Ergebnis von unmittelbar erfahrenen Reaktionsfolgen. Die Theorie des sozialen Lernens geht jedoch darüber hinaus und betont, daß Lernen sich mittelbar vollzieht, indem man die wechselweisen Auswirkungen zwischen der sozialen Umwelt und dem Verhalten anderer Menschen beobachtet. Dieser umfassendere Ansatz macht es möglich, daß die Theorie des sozialen Lernens das Erlernen komplexer Muster sozialen Verhaltens leichter erklärt als Konstellationen von Verstärkungen diskreter Verhaltensreaktionen. Mittelbares Lernen bietet eine plausiblere Erklärung für die schnelle Übertragung verhältnismäßig komplexer menschlicher Verhaltensweisen als dies Erklärungen anbieten, die auf selektiven Verstärkungen jeder diskreten Reaktion beharren.

(2) Der Beitrag kognitiver Prozesse: Die vermittelnden Effekte äußerlich unsichtbarer kognitiver Prozesse sind ein wesentlicher Teil der Theorie des sozialen Lernens. Forschungsergebnisse, die die Existenz und Wichtigkeit von Kognitionen im menschlichen Lernen untermauern, finden zunehmende Beachtung (*Bandura* 1968, 1969, 1977a; *Jacobs/Sachs* 1971; *McGuigan/Schoonover* 1973; *Meichenbaum* 1974, 1977). Bandura führt hierzu folgendes aus: „... die meisten externen Einflüsse wirken sich auf das Verhalten durch vermittelnde kognitive Prozesse aus. Kognitive Faktoren bestimmen teilweise, welche äußeren Ereignisse wahrgenommen werden, ob sie irgendwelche anhaltende Auswirkungen hinterlassen, welche Wertigkeit und Wirksamkeit sie haben und wie man Informationen, die sie übermitteln, für zukünftiges Verhalten nutzt" (*Bandura* 1977, S. 160). Der operante Ansatz hingegen verzichtet zum größten Teil auf kognitive Prozesse, bezeichnet sie als metaphysisch und unbedeutend für die wissenschaftliche Untersuchung des Verhaltens.

Von besonderer Bedeutung für die Führungsproblematik ist die Ansicht der Theorie des sozialen Lernens, daß jeder einzelne auf die Umwelt per se reagiert und ebenso auf eine kognitive Repräsentation der Umwelt. Das hat besondere Auswirkungen für die Erforschung des Führungsphänomens, weil es bedeutet, daß „dieselbe" objektive Umwelt nicht „dieselbe" ist für jene, die an ihr Anteil haben, und daß Meßversuche, die diese Unterschiede übersehen, fragwürdig sind. Zur Weiterentwicklung dieser Problematik siehe →*Wissenschaftstheoretische Grundlagen der Führungsforschung – Phänomenologie und Konstruktivismus*.

(3) Prozesse der Selbstkontrolle: Menschen werten ihre eigenen Reaktionen auf selbstgeschaffene Folgen (→*Selbststeuernde Gruppen, Führung in; Selbststeuerungskonzepte*). In der Literatur über soziales Lernen ist Verhalten, das sich selbst verstärkt, ebenso einbezogen wie das Phänomen der Selbstkontrolle (*Luthans/Davis* 1979; *Thoreson/Mahoney* 1974). *Bandura* bemerkt: „Wegen ihrer ausgeprägten Fähigkeit, sich zu repräsentieren und selbst zu reagieren, hängen die Menschen weniger von unmittelbarer äußerer Verstärkung für ihr Verhalten ab... Die Phänomene der Selbstverstärkung in der Lerntheorie steigern daher in großem Maße die Erklärungskraft der Prinzipien der Verstärkung in ihrer Anwendung auf menschliches Verhalten" (*Bandura* 1976, S. 28).

Das soziale Lernen, wie es oben umrissen worden ist, wird als theoretischer Rahmen zur Erklärung des Führungsphänomens benutzt. Dementsprechend ist es naheliegend, daß Führung am besten verstanden werden kann als interagierender reziproker Determinismus zwischen dem Verhalten des Führers, den Persönlichkeitseigenschaften des Führers (einschließlich kognitiver Prozesse/psychologischer Dimensionen) und der Umwelt (Eigenschaften des Arbeitsplatzes, der Organisation, Attitüden/Verhaltensweisen der Vorgesetzten/Untergebenen). Es ist wichtig, daß ein SLT-Ansatz von der Erkenntnis ausgeht, daß sich das Verhalten eines Führers in spezifischen, interaktiven, realen Situationen abspielt. Es vollzieht sich nicht in Form von Reaktionen auf einen Fragebogen. Folglich sind andersartige Forschungsmethoden in einem SLT-Ansatz zur Führung nötig.

IV. Was ist Führung?

Obwohl das Konstrukt der Führung widersprüchlich definiert wird, gibt es eine gewisse Übereinstimmung über drei Grundannahmen, die jeder Theorie über Führung und ihre Erforschung zugrunde liegen: (1) Fälle von Führung sind empirisch nachweisbar; (2) Führung ist ein relevanter Faktor, der menschliche und organisatorische Effektivität beeinflußt; (3) Theorien über Führung sind wesentlich für die Vorhersage und Erklärung der Auswirkungen dieses Phänomens (*Davis/Luthans* 1979). Für die Definition von Führung als Verhaltenskonstrukt sind drei Minimalbedingungen erforderlich: (1) bewiesene persönliche Verursachung [durch die Führer]; (2) beobachtete Beziehungen zwischen Verhalten und seinen Auswirkungen; und (3) nicht unwesentliche Einflüsse auf Leistungsergebnisse (*Davis/Luthans* 1984).

Wie hier dargestellt, ist Führung eine kausale Variable für das Verhalten von Untergebenen und für die Effizienz von Organisationen. Ferner wird eine wichtige Unterscheidung gemacht zwischen Führung als phänomenologischem Konstrukt und Führung als Verhaltenskonstrukt. Was letzteres anlangt, muß, damit es zu Führungshandlungen kommt, „der Vorgesetzte das Verhalten des Untergebenen direkt oder indirekt beeinflussen, und das Verhalten des Untergebenen muß seinerseits zu positiven Leistungsergebnissen führen. Umfeldvariable, die vom Vorgesetzten unabhängig sind, können (und dies mit großer Wahrscheinlichkeit) einen Untergebenen beeinflussen... wobei die daraus resultierenden Ergebnisse dem Vorgesetzten zugeschrieben werden. Umfeldeinflüsse, die unabhängig von dem Untergebenen sind, können auch die Leistungseffizienz beeinflussen, aber dem Untergebenen zugute gehalten werden. Diese Überlegungen sind bei der Auswahl von Forschungsmethoden zu beachten, die diese Prozesse analysieren können" (*Davis/Luthans* 1984, S. 242). Hiernach sind neue Methodologien für die Erforschung der Führung im Rahmen der SLT erforderlich (→*Empirische Führungsforschung, Methoden der*).

V. Entwicklung eines Führungsbeobachtungssystems (LOS)

Da kein Beobachtungssystem für Führung als Methodologie für einen SLT-Ansatz zur Führung zur Verfügung stand, entwickelten wir in den letzten Jahren eine solche, die von Grund auf neu ist (*Luthans/Lockwood* 1984). Unsere Anforderungen bei der Entwicklung des Beobachtungssystems waren folgende:

(1) Die Verwendung beobachtbarer Verhaltensweisen von Führungskräften in Originalsituationen als Einheit für die Analyse; (2) die Verwendung des Begriffes der Interaktion vom sozialen Lernen als theoretischer Rahmen; und (3) die Schaffung des Beginns einer relevanten idiographischen Alternative oder Ergänzung zur Messung des Verhaltens von Führungskräften mittels Fragebögen.

LOS wurde in zwei Phasen entwickelt und führte zu dem in Tabelle 1 wiedergegebenen Ergebnis.

Das LOS ist bezüglich seiner Reliabilität und potentiellen Validität im Messen des Verhaltens von Führungskräften in der natürlichen Umgebung analysiert worden.

Die Ergebnisse bestätigten die Validität des LOS (sowohl konvergente als auch diskriminante Validitäten), wobei die Ergebnisse, die von verschiedenen Beobachtern kamen (teilnehmende und außenstehende Beobachter), als mehr als eine Methode behandelt wurden. Als jedoch die standardisierten Fragebogen über Führung und das LOS als multiple Methoden gehandhabt wurden, war die Validitätsanalyse wesentlich weniger bestätigend. Das läßt sich dadurch erkären, daß es in diesen Methoden nicht durchgängig direkt vergleichbare Verhaltenskategorien gab. Wenn direkt vergleichbare Kategorien vom Fragebogen über die Selbsteinschätzung der Verwendung der Zeit als eine multiple Methode im LOS gehandhabt wurden, dann gab es eine höhere Bestätigung der Validität.

Insgesamt ist gezeigt worden, daß das LOS genügend Beweis für Reliabilität und Validität erbracht hat, um in der Forschung über Führung, die auf SLT beruht, verwendet zu werden. Wir sind gegenwärtig auf dem Weg in eine Forschungsrichtung, die sich die theoretische Grundlage dessozialen Lernens zunutze macht, und haben hierbei das LOS verwendet, um Daten für die Analyse zu sammeln. Der folgende Abschnitt faßt Aspekte dieser Forschungstätigkeit zusammen.

VI. Was machen Führungskräfte wirklich?

Ein logischer Ausgangspunkt für unseren Forschungsansatz auf der Grundlage des sozialen Lernens ist die Bestimmung, was Führungskräfte in Organisationen wirklich machen. Die wenigen Beobachtungsstudien, die erbracht worden sind (*McCall/Morrison/Hannan* 1978), kommen zu dem Schluß, daß Führungskräfte ein sehr hohes Maß an Aktivitäten an den Tag legen, und daß sie den größten Teil ihrer Zeit mit mündlicher Kommunikation (→*Kommunikation als Führungsinstrument*) verbringen. Schätzungen aus der Literatur geben an, daß sie zwischen 60 und 80 Prozent ihrer Zeit zur Kommunikation im mündlichen/verbalen Bereich einsetzen (*Burns* 1954; *Stog-*

1. Planung/Koordination
a. Setzen von Zielen
b. Bestimmen von Aufgaben, die zur Erreichung der Ziele nötig sind
c. Festlegen von Terminen für Mitarbeiter, Zeitpläne
d. Zuweisen von Aufgaben und Erteilen von routinemäßigen Instruktionen
e. Koordination der Tätigkeiten von verschiedenen Untergebenen, um einen ungestörten Arbeitslauf zu garantieren

2. Personalbeschaffung
a. Beschreibung der Arbeitsaufgaben für neu zu schaffende Posten
b. Durchsicht von Bewerbungen
c. Interviews mit Bewerbern
d. Auswahlentscheidung
e. Kontaktaufnahme mit Bewerbern, um ihnen mitzuteilen, ob sie eingestellt werden oder nicht
f. Abgabe von Begründungen, wo nötig

3. Aus-/Weiterbildung
a. Einführung von Mitarbeitern, Planung von Ausbildungsseminaren usw.
b. Klären von Rollen, Pflichten, Stellenbeschreibungen
c. Hilfestellung, Beratung, Führung der Untergebenen durch Arbeitsgestaltung
d. Hilfe für Untergebene beim Erstellen von Plänen für persönliche Weiterbildung

4. Entscheidung/Problemlösung
a. Definieren von Problemen
b. Wahl zwischen zwei oder mehreren Alternativen oder Strategien
c. Verhalten gegenüber alltäglichen kritischen Situationen im Betrieb, sobald sie auftauchen
d. Abwägen der „Trade-offs"; Kosten-Nutzen-Analysen
e. Treffen von Durchführungsentscheidungen
f. Entwicklung neuer Verfahren zur Effizienzsteigerung

5. Schreibarbeit
a. Bearbeitung der Post
b. Lesen von Berichten, Posteinlauf
c. Verfassen von Berichten, Notizen, Briefen usw.
d. Routinemäßige Berichte über finanzielle Angelegenheiten
e. Allgemeine Schreibarbeit

6. Austausch von Routineinformationen
a. Beantwortung routinemäßiger Verfahrensfragen
b. Entgegennahme und Weitergabe von Informationen
c. Mitteilung der Ergebnisse von Besprechungen
d. Weitergabe oder Entgegennahme von routinemäßigen Informationen über das Telefon
e. Konferenzen informativer Art mit dem Personal (z.B. Interpretation des jüngsten Kostenstatus, neue Richtlinien der Unternehmenspolitik usw.)

7. Überwachung/Kontrolle der Leistung
a. Inspektion der Arbeit
b. Rundgänge und Überprüfung von Abläufen, Reisen
c. Überwachung der Leistungsdaten (z.B. Computerausdrucke, Produktions-, Finanzberichte)
d. Präventive Instandhaltung

8. Motivation/Verstärkung
a. Zuerkennung von formellen Belohnungen
b. Bitte um Arbeitseinsatz, Engagement
c. Mitteilung der Wertschätzung, Belobigungen
d. Vertrauen, wo es gebührt
e. Anhören von Vorschlägen
f. Positive Rückmeldung über Leistung
g. Steigerung der beruflichen Herausforderung
h. Delegieren von Verantwortung und Autorität
i. Untergebene erhalten Entscheidungsfreiheit zur Selbstgestaltung ihrer Arbeit
j. Eintreten für die Gruppe gegenüber Vorgesetzten und anderen, Unterstützung eines Untergebenen

9. Disziplinarische Maßnahmen/Bestrafung
a. Geltendmachung von Regeln und Grundsätzen
b. Nonverbales Kundtun des Grolls, Schikanieren
c. Degradierung, Entlassung, Kurzarbeit anordnen
d. Irgendeine formelle organisatorische Rüge
e. Einen Untergebenen „zur Schnecke machen", Kritik
f. Negative Rückmeldung über Leistung

10. Interaktion mit anderen
a. Public Relations
b. Kunden
c. Kontakte mit Lieferanten, Verkäufern
d. Besprechungen außer Haus
e. Karitative Tätigkeiten

11. Konfliktbewältigung
a. Bewältigung von interpersonellen Konflikten zwischen Untergebenen und anderen
b. Anrufung einer höheren Autorität, einen Streit zu schlichten
c. Anrufung einer 3. Person als Unterhändler
d. Versuche, Zusammenarbeit oder Übereinstimmung zwischen streitenden Parteien zu erreichen
e. Versuche, Konflikte mit einem Untergebenen zu lösen

12. Gesellschaftliche/politische Aktivitäten
a. Geplauder, das nicht mit der Arbeit in Zusammenhang steht (z.B. familiäre oder persönliche Angelegenheiten)
b. Ungezwungenes „Scherzen"
c. Gespräche über Gerüchte, Gerede, Gemunkel
d. Klagen, Meckerei, andere „abkanzeln"
e. Politische Aktivitäten, Intrigen spinnen (→Mikropolitik und Führung)

Quelle: Luthans/Lockwood 1984, S. 102

Tab. 1: Die LOS-Kategorien für Führungstätigkeiten und Verhaltensdeskriptoren

dill/Shartle 1955). Der Großteil dieser Zeit wird dazu verwendet, um zu überzeugen und den Verlauf von Handlungsweisen in der Vergangenheit, Gegenwart und Zukunft zu rechtfertigen und zu legitimieren. So kommt z.B. *Mintzbergs* Beobachtungsstudie (1973) zu dem Schluß, daß Führungskräfte „adaptive Informationsmanipulatoren" seien. Andere Ergebnisse zeigen, daß Führungskräfte u.U. ihre Autonomie überschätzen (die Kontrolle, die sie über das haben, was andere tun). Diesbezüglich fand *Mintzberg* (1973), daß die Spitzenmanager, die er beobachtete, eine sehr unzusammenhängende Arbeit leisteten und auf die Handlungen von anderen reagierten.

Das Hauptergebnis dieser wenigen Beobachtungsstudien ist, daß die typische Darstellung von Führungskräften in den Lehrbüchern und in der Tagespresse u.U. gar nicht der Wirklichkeit entspricht. Solche, die in traditioneller Weise an das Problem herangehen, nehmen an, daß die Stoßkraft des Verhaltens von Führungskräften hauptsächlich auf methodisches Planen, Organisieren und auf die Kontrolle des Verhaltens von anderen ausgerichtet ist. Obwohl die Auswirkungen des Planens, Organisierens und Kontrollierens als wünschenswert angesehen werden, verhindert die komplexe und sporadische Art moderner Organisationsumwelten, daß diese Tätigkeiten die Hauptaufgabengebiete von Führungskräften bilden. Wenn die Welt der Führungskraft von ungeplanten Treffen, Telefongesprächen, unerwarteten Besuchen und einem sporadischen Fluß von Schreibarbeit gestört wird, dann bedarf es neuer Ansätze, um solche turbulente und unzusammenhängende Tätigkeiten berücksichtigen zu können.

Unter Verwendung von LOS haben wir in einer Reihe von Studien gefunden, daß ein Großteil des Verhaltens von Führungskräften ihre routinemäßigen Kommunikationstätigkeiten (Informationsaustausch und Durchsicht von schriftlichen Unterlagen) beinhaltet. Im mittleren Bereich haben wir Führungskräfte gefunden, die die traditionellen Aufgaben des Planens, Entscheidens und Kontrollierens leisten, und, was wichtig ist, ein System von Beziehungen aufbauen (gesellschaftliche Verpflichtungen, politische Tätigkeiten und Umgang mit Außenseitern). Wir haben gefunden, daß der geringste Teil ihres Verhaltens Tätigkeiten beinhaltet, die ganz eng mit Führungstätigkeiten verbunden sind, die das Personelle betreffen (Motivation, Verstärkung, Ausbildung, Entwicklung, Auswahl von Personal und das Austragen von Konflikten).

Neben der allgemeinen Untersuchung der wirklichen Tätigkeiten von Führungskräften haben wir gerade eine Studie abgeschlossen, die auf die realen Tätigkeiten von erfolgreichen Führungskräften abzielt (*Luthans/Rosenkrantz/Hennessey* 1985).

Eine Regressionsanalyse über Führungskräfte in drei verschiedenen Organisationen ergab, daß der Aufbau von Beziehungen die einzigen Aktivitäten waren, die sigifikant zum Erfolg von Führungskräften (→*Effizienz und Führung*) in Beziehung stehen (Erfolg definiert durch einen Index zum Aufstieg in einer Organisation). Einige der anderen Tätigkeiten wie die Bewältigung von Konflikten (→*Konflikthandhabung*), das Treffen von Entscheidungen und das Planen standen auch in Beziehung zur Führungseffizienz, aber hingen vom Organisationstyp oder von der Hierarchiestufe ab. Z. B. war die Tätigkeit der Konfliktbewältigung sehr ausgeprägt bei erfolgreichen Führungskräften in einer der untersuchten Organisationen, aber nicht in den anderen beiden, und gerade die Führungskräfte an der Unternehmensspitze (jedoch nicht notwendigerweise die relativ erfolgreichen Manager auf ihrem Weg zur Spitze) legten Verhaltensweisen an den Tag, die man als das Treffen von Entscheidungen und als Planen klassifiziert. Es ist aber wichtig, daß solche Tätigkeiten wie Motivieren, Verstärken, Ausbildung/Entwickeln und das Beschaffen von Personal auffällig im Verhalten der in der untersuchten Organisation erfolgreichen Führungskräfte in dieser Studie fehlten.

Unsere gegenwärtigen Forschungsanstrengungen sind auf ein tieferes Verständnis der Grundfragen ausgerichtet, was Führungskräfte wirklich tun und wie sie das tun.

VII. Anwendungen des Ansatzes des sozialen Lernens auf Führung

Von der Theorie des sozialen Lernens stammt die Anwendungstechnik, die man mit dem verbindet, was man als Modifikation des Verhaltens in Organisationen oder einfach OBM (*Luthans/Kreitner* 1975, 1985) bezeichnet. Eine der ersten Studien, die diesen Ansatz benutzte, beschäftigte sich mit einem Fertigungsbetrieb mittlerer Größe (*Ottemann/Luthans* 1975).

Versuchs- und Kontrollgruppen wurden gebildet, wobei jede aus neun Vorgesetzten aus der Produktionsabteilung bestand. Die Versuchsgruppe wurde in der Anwendung der OBM-Methode bei der Führung ihrer Abteilungen ausgebildet. Die Kontrollgruppe, die der ersten Gruppe in Alter, Bildung, Erfahrung und den Ergebnissen eines Intelligenztests entsprach, war nicht in der Verhaltenstechnik ausgebildet. Die der Ausbildung gewidmeten Seminare wurden im Betrieb während zehn aufeinanderfolgenden Wochen abgehalten. Es ist wichtig, daß während dieser Ausbildung die Forscher/Trainer als Modelle für die Vorgesetzten dienten, die ihrerseits die Modelle für ihre Untergebenen bildeten und entsprechende Verhaltensweisen veranlaßten und kontingent verstärkten. Die angestrebten Verhaltensweisen in den Seminaren bezogen sich auf Zuhören, Diskussionsbeiträge, Präsentationen und Analyse von Daten.

Das Ziel für das zehnwöchige Ausbildungsprogramm war, die Vorgesetzten zu befähigen, unabhängig voneinander Probleme im Leistungsverhalten identifizieren und lösen zu können. Vier repräsentative Probleme hatten sich ergeben:

(1) Ein störender, sich beschwerender Untergebener beeinträchtigte nachteilig die Produktivität seiner Kollegen. Die Führungskraft bestimmte die Häufigkeit der Beschwerde während eines Zeitraumes von zehn Tagen; dann legte sie fest, daß sie die Beschwerden dadurch verstärken werde, daß sie diese durch ihre Aufmerksamkeit legitimiere. Jede Führungskraft plante ihre eigene Interventionsstrategie: Beendigung des Beschwerdeverhaltens durch Entzug der Aufmerksamkeit und Verstärkung zufriedenstellender Leistungen/konstruktiver Vorschläge mit Feedback, Aufmerksamkeitszuwendung und (wenn möglich) Realisierung der Vorschläge. Angesichts der langen, bereits vorliegenden Dauer des problemhaften Verhaltensmusters stellt die Geschwindigkeit der Verhaltensänderung als Reaktion auf die Interventionsstrategie den kritischen Wert dar. Abb. 1 zeigt die Ergebnisse.

(2) Ein übermäßiges Ausmaß an Ausschußmaterial in einer Gruppe hatte schädlichen Einfluß auf die Qualität. Der Vorgesetzte stellte das Ausmaß des Ausschusses während eines Zeitraumes von zwei Wochen fest. Dann führte er ein Feedbacksystem ein, das das Ausmaß an Ausschuß bei dieser Gruppe wiedergab, in einem Schaubild erfaßte und in ihrem Arbeitsbereich zur Schau stellte. Damit in Zusammenhang forderte er seine Untergebenen auf, Vorschläge für Methoden zu machen, die das Ausmaß an Ausschuß verringern sollten, und realisierte dann auch diese Vorschläge. Das führte zu mehr Interaktion zwischen den Gruppenmitglie-

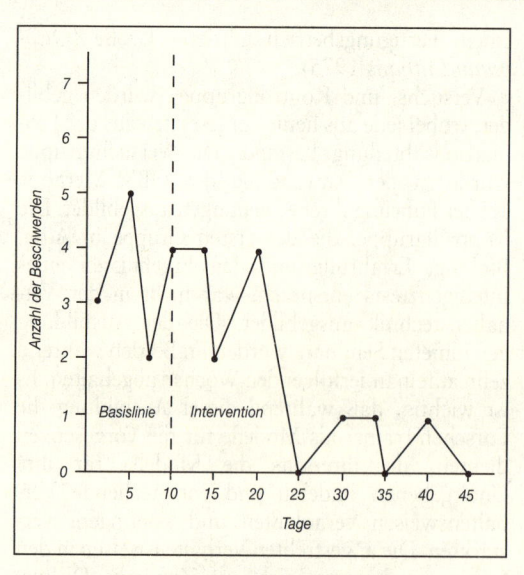

Abb. 1: Häufigkeit von Beschwerden

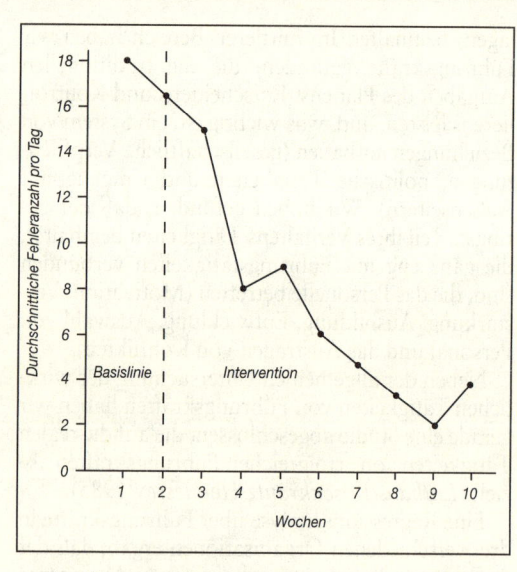

Abb. 3: Häufigkeit von übersehenen Fehlern

dern und dazu, daß eine größere Anzahl von Verstärkern zum Tragen kam. Abb. 2 zeigt die Ergebnisse.

soziale Verstärkung, um die gewünschten Verhaltensweisen zu erzielen. Abb. 4 zeigt die Ergebnisse.

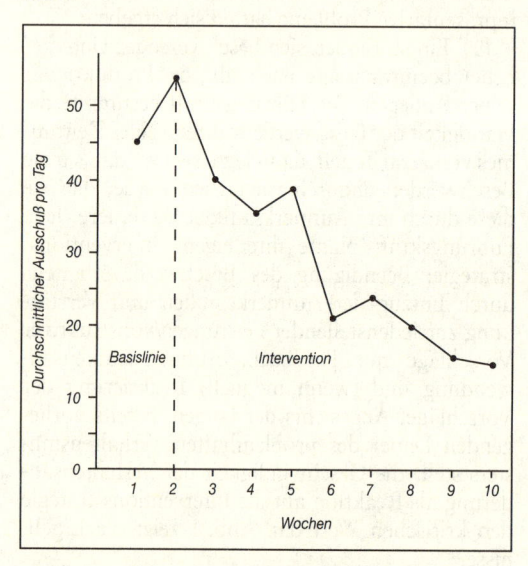

Abb. 2: Anfall von Ausschußmaterial in einer Gruppe

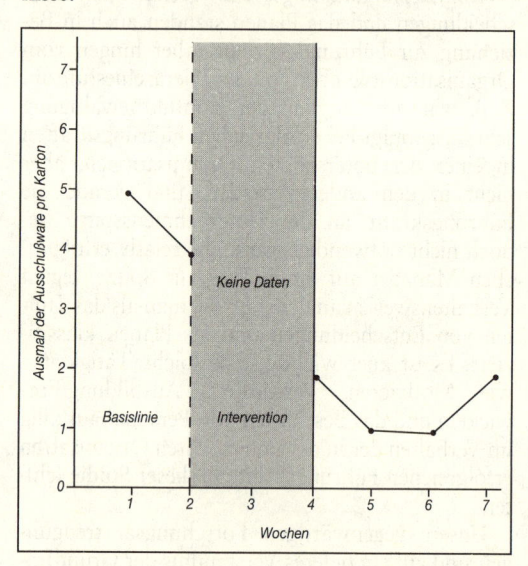

Abb. 4: Ausmaß der Ausschußware aufgrund von Montagefehlern

(3) Bei einer anderen Gruppe in diesem Betrieb waren Mängel im Lackieren ein Problem. Der Vorgesetzte ersann folgende Strategie: Er belohnte eine Verringerung der Mängel, indem er jede der zwei täglichen Kaffeepausen um 5 Minuten verlängerte. Die Effektivität dieser Strategie wird in Abb. 3 gezeigt.

(4) In einer weiteren Arbeitsgruppe stellten sich Mängel in der Montage heraus. Der Vorgesetzte verwendete kontingente Rückmeldungen und

Am wichtigsten waren in dieser Studie jedoch nicht die Projekte, die Verhaltensänderungen bei einzelnen betrafen, sondern Gesamtleistungsvergleiche zwischen der Versuchs- und der Kontrollgruppe. Abb. 5 zeigt einen deutlichen Unterschied zwischen den zwei Gruppen in der Gesamtleistung. Die Kontrollgruppe bleibt während der Dauer der Studie relativ stabil, während die Versuchsgruppe eine deutliche Verbesserung zeigt.

Wichtig ist der Hinweis, daß neben dem OBM-Ansatz auch *Modellernen* bei der Ausbildung der Vorgesetzten in der Versuchsgruppe wie auch in den Beziehungen zwischen ihnen und ihren jeweiligen Untergebenen in den verwendeten Interventionen zum Einsatz kam. Die Effektivität des Modellernens spiegelt sich in dem bedeutsamen *Lerntransfer* wider, zu dem es bei den Mitgliedern der Versuchsgruppe kam, wie in den eingesetzten Strategien, die sie planten und durchführten, bezeugt wird. Ebenso beachtenswert ist die Selbstverstärkung, welche in der Dauer und relativen Beständigkeit der Unterschiede im Niveau der Abteilungen in dem Zeitabschnitt nach den Interventionen zum Ausdruck kommt.

Erst vor ganz kurzer Zeit wurde der OBM-Ansatz in elf arbeitsintensiven Produktionsbereichen einer sehr großen Firma zum Einsatz gebracht (*Luthans/Maciag/Rosenkrantz* 1983).

In weiteren Untersuchungen ist auch gezeigt worden, daß sich der OBM-Ansatz auch für Aufgabenstellungen in der Dienstleistungsbranche (*Luthans/Paul/Baker* 1981; *Luthans/Paul/Taylor*, 1985) und im gemeinnützigen Bereich (*Snyder/Luthans* 1982) bewähren konnte. Neben Produktivitätssteigerungen haben Praktiken, die dem OBM-Ansatz ähnlich sind, einen positiven Einfluß auf Nichterscheinen am Arbeitsplatz (*Kempen* 1982), Sicherheit und Unfallverhütung (*Haynes/Pine/Fitch* 1982; *Weber/Wallin/Chhokar* 1984; *Sulzer/Azaroff* 1982) und Verkaufsleistung (*Connellan* 1978; *Mirman* 1982). In anderen Worten: OBM-Methoden, die auf der Grundlage der Theorie des sozialen Lernens aufbauen, tragen tatsächlich, wie hinreichend gezeigt worden ist, dazu bei, die Leistung des Menschen in verschiedenen Arten von Organisation zu verbessern.

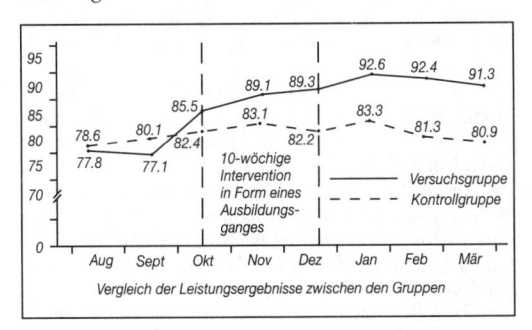

Abb. 5: Ergebnisse der Gesamtleistung aufgrund der OBM-Methode bei Anwendung im Fertigungsbereich

VIII. Kontrolle des eigenen Verhaltens

Obwohl der OBM-Ansatz in jüngster Zeit auf der Grundlage der Theorie des sozialen Lernens entwickelt worden ist (*Luthans/Kreitner* 1985), wird er wahrscheinlich noch über einen langen Zeitraum hinweg eher mit der limitierten Theorie des operanten Lernens in Verbindung gebracht werden. Ein direkteres Ergebnis der Theorie des sozialen Lernens an sich ist die Kontrolle des eigenen Verhaltens (diese Diskussion geht vorwiegend zurück auf *Luthans*, 1985, S. 329–336; *Luthans/Davis* 1979; *Luthans/Kreitner* 1985, S. 157–170).

Obwohl der Führung von Organisationen, Gruppen und einzelnen Untergebenen beträchtliche Aufmerksamkeit geschenkt worden ist, ist die Kontrolle des eigenen Verhaltens beinahe gänzlich übersehen worden. Obwohl in den letzten Jahren viele verschiedene Definitionen von *Selbstkontrolle* angeboten worden sind, bezieht sie sich aus der Perspektive des sozialen Lernens, die in dieser Arbeit geboten wird, auf „die bewußte Regulierung von Stimuli, internen Prozessen und Reaktionsfolgen durch die Person selbst, um persönlich identifizierbare Verhaltensergebnisse zu erzielen" (*Luthans/Davis* 1979, S. 43). Drei Bedingungen müssen zur Selbstkontrolle erfüllt werden:

(1) Der einzelne muß für sich selbst aktiv eine Veränderung herbeiführen.
(2) Relevante Stimuli, kognitive Prozesse und Reaktionsfolgen müssen vom einzelnen unter Kontrolle gebracht werden.
(3) Der einzelne muß sich darüber voll im klaren sein, wie ein persönlich identifiziertes Zielergebnis erreicht wird (*Luthans/Davis* 1979, S. 43).

Dieser Weg zur Kontrolle des eigenen Verhaltens ist also eine klare Abweichung von traditionellen Methoden positiven Denkens oder von herkömmlichen Arbeitstechniken. Er geht auch über einen operanten Ansatz hinaus, indem er kognitive vermittelnde Prozesse und solche der Selbsteinschätzung integriert. Bei der Kontrolle des eigenen Verhaltens können die Antezendenzbedingungen und die Folgen offenkundig (wie in der Perspektive des operanten Lernansatzes) oder verborgen sein. Bei der Selbstkontrolle des Verhaltens wird eine viergliederige Funktionsanalyse (Stimulus – Organismus – Verhalten – Folge) angewandt anstelle des dreigliedrigen Modells, bestehend aus Antezendenzbedingungen – Verhalten – Folge (→*Führungskräfte als lernende Systeme*).

IX. Schlußfolgerungen

Als erstmals der Vorschlag gemacht wurde (*Luthans* 1979), die Theorie des sozialen Lernens auf das Führungsphänomen anzuwenden, wurde erwidert, daß man konkrete Ergebnisse vorlegen oder den Mund halten sollte. Wir haben versucht, diese Herausforderung anzunehmen. Mit dem anschließenden Aufbau einer Theorie (*Davis/Lut-*

hans 1979, 1980; *Luthans* 1985; *Luthans/Davis* 1979; *Luthans/Kreitner* 1985), der Entwicklung einer Forschungsmethodik (*Davis/Luthans* 1984; *Luthans/Davis* 1982; *Luthans/Lockwood* 1984; *Luthans/Maris* 1979; *Morey/Luthans* 1984) und ihrer Überprüfung (*Davis/Luthans* 1981; *Kreiner/Luthans* 1984; *Lockwood/Luthans* 1984; *Luthans/Maciag/Rosenkrantz* 1983; *Luthans/Martinko* 1982; *Luthans/Paul/Baker* 1981; *Luthans/Schweizer* 1979; *Snyder/Luthans* 1982) ist das Gefühl gewachsen, daß wir der Herausforderung gerecht geworden sind. Natürlich gehen wir nicht soweit zu behaupten, daß die Methode, mittels der Theorie des sozialen Lernens an Führung heranzugehen, das letzte Wort zur Erkärung und Beeinflussung der Führung ist. Ebenso sind wir aber tatsächlich überzeugt, daß die Theorie des sozialen Lernens einen umfassenden Rahmen für ein besseres Verständnis der Führung bietet, daß sie mit einigen Alternativmethodiken vereinbar ist, die bei der Erforschung der Führung (besonders in der natürlichen Umgebung) helfen können, und daß sie schließlich Richtlinien und Anwendungstechniken für die „Kardinalfrage" der Führung, wirkungsvoller Leistung des Menschen in den Organisationen der heutigen Zeit zu ermöglichen, beinhaltet.

Literatur

Adams, J. S.: Inequity in Social Exchange. In: *Berkowitz, L.* (Hrsg.): Advances in Experimental Social Psychology. New York 1965.
Bandura, A.: A Social Learning Interpretation of Psychological Dysfunctions. In: *Londer, P./Rosenham, D.* (Hrsg.): Foundations of Abnormal Psychology. New York 1968.
Bandura, A.: Principles of Behavior Modification. New York 1969.
Bandura, A.: Self-Efficacy: Toward an Unifying Theory of Behavior Change. In: PR, 1977a, S. 191–215.
Bandura, A.: Social Learning Theory. Enlgewood Cliffs, N. J. 977b.
Bandura, A.: Social Learning Theory. In: *Spence, J. T./Garson, R. C./Thibault, J. W.* (Hrsg.): Behavioral Approaches to Therapy. Morristown, N. J. 1976.
Burns, T. M.: The Direction of Activity and Communication in a Departmental Executive Group. In: HR, 1954, S. 73–97.
Connellan, T. K.: How to Improve Human Performance. New York 1978.
Davis, T. R. V./Luthans, F.: Defining and Researching Leadership as a Behavioral Construct: An Idiographic Approach. In: JABS, 1984, S. 237–251.
Davis, T. R. V./Luthans, F.: Leadership Reexamined: A Behavioral Approach. In: AMR, 1979, S. 237–248.
Davis, T. R. V./Lutans, F.: A Social Learning Approach to Organizational Behavior. In: AMR, 1980, S. 281–290.
Frederiksen, L. W. (Hrsg.): Handbook of Organizational Behavior Management. New York 1982.
Haynes, R. S./Pine, R. D./Fitch, H. G.: Reducing Accident Rates with Organizational Behavior Modification. In: AMJ, 1982, S. 407–416.
Jacobs, A./Sachs, L. B. (Hrsg.): The Psychology of Private Events: Perspectives on Covert Response Systems. New York 1971.
Kempen, R. W.: Absenteeism and Tardiness. In: *Frederiksen, L. W.* (Hrsg.): Handbook of Organizational Behavior Management. New York 1982.
Kreitner, R./Luthans, F.: A Social Learning Approach to Behavioral Management: Radical Behaviorists „Mellowing Out". In: Organizational Dynamics, 1984, (Herbst), S. 47–65.
Locke, E. A.: Toward a Theory of Task Motivation and Incentives. In: OBHP, 1968, S. 157–189.
Lockwood, D. L./Luthans, F.: Contingent Time Off: A Nonfinancial Incentive for Improving Productivity. In: Man. Rev., 1984, (Juli), S. 48–52.
Luthans, F.: Leadership: A Proposal for a Social Learning Theory Base on Observational and Functional Analysis Techniques to Measure Leader Behavior. In: *Hunt, J. G./Larson, L. L.* (Hrsg.): Crosscurrent in Leadership. Carbondale 1979.
Luthans, F.: Organizational Behavior. 4. A., New York 1985.
Luthans, F./Davis, T. R. V.: Behavioral Self-Management: The Missing Link in Managerial Effectiveness. In: Organizational Development, Sommer 1979, S. 42–60.
Luthans, F./Davis, T. R. V.: Beyond Modeling: Managing Social Learning Processes in Human Resource Training and Development. In: Human Resource Management, Sommer 1981, S. 19–27.
Luthans, F./Davis, T. R. V.: An Idiographic Approach to Organizational Behavior Research: The Use of Single Case Experimental Designs and Direct Measures. In: AMR, 1982, S. 380–391.
Luthans, F./Kreitner, R.: Organizational Behavior and Beyond: An Operant and Social Learning Approach. Glenview, Ill. 1985.
Luthans, F./Kreitner, R.: Organizational Behavior Modification. Glenview, Ill. 1975.
Luthans, F./Lockwood, D. L.: Towards an Observation System for Measuring Leader Behavior in Natural Settings. In: *Hunt, J. G./Hosking, D./Schriesheim, C.* et al. (Hrgs.): Leaders and Managers. New York 1984.
Luthans, F./Maciag, W. S./Rosenkrantz, S. A.: O. B. Mod: A Human Resources Management Answer to the Productivity Challenge. In: Personnel, 1983, (März–April), S. 28–36.
Luthans, F./Martinko, M. J.: Organizational Behavior Modification: A Way to Bridge the Gap Between Academic Research and Real World Application. In: Organizational Behavior Management, 1982, S. 33–50.
Luthans, F./Paul, R./Baker, D.: An Experimental Analysis of the Impact of Contingent Reinforcement on Salespersons' Performance Behavior. In: JAP, 1981, S. 314–323.
Luthans, F./Paul, R./Taylor, L.: The Impact of Contingent Reinforcement on Retail Salespersons' Performance Behaviors: A Replicated Field Experiment. In: Journal of Organizational Behavior Management, 1985.
Luthans, F./Rosekrantz, S. A./Hennessey, H. W.: What do Successful Managers Really Do? In: JABS, 1987.
Luthans, F./Schweizer, J.: How Behavior Modification Techniques Can Improve Total Organization Performance. In: Man. Rev., 1979, S. 43–50.
Mahoney, M. J.: Cognition and Behavior Modification. Cambridge/Mass. 1974.
Mahoney, M. J.: Reflections on the Cognitive-Learning Trend in Psychotherapy. In: Am. Psych., 1977, S. 5–13.
Maslow, A. H.: Motivation and Personality. New York 1954.

McCall, M. W. Jr./Morrison, A. M./Hannan, R. L.: Studies of Managerial Work: Results and Methods. In: *Center for Creative Leadership* (Hrsg.): Technical Report No. 9. Greensboro, N. C. 1978.
McGuigan, F. J./Schoonover, R. A.: The Psychophydiology of Thinking. New York 1973.
Meichenbaum, D.: Cognitive Behavior Modification. Morristown, N. J. 1974.
Meichenbaum, D.: Cognitive Behavior Modification: An Integrative Approach. New York 1977.
Miller, L. M.: Behavior Management. New York 1978.
Mintzberg, H.: The Nature of Managerial Work. New York 1973.
Mirman, R.: Performance Management in Sales Organizations. In: *Frederiksen, L. W.* (Hrsg.): Handbook of Organizational Behavior Management. New York 1982.
Mischel, W.: Toward a Cognitive Reconceptualization of Personality. In: PR, 1973, S. 284–302.
Mischel, W.: On the Interface of Cognition and Personality: Beyond the Person-Situation Debate. In: Am. Psych., 1979, S. 740–754.
Morey, N. C./Luthans, F.: An Emic Perspective and Ethnoscience Methods for Organizational Research. In: AMR, 1984, S. 27–36.
Nord, W.: Beyond the Teaching Machine: The Neglected Area of Operant Conditioning in the Theory and Practice of Management. In: OBHP, 1969, S. 373–401.
Otteman, R./Luthans, F.: An Experimental Analysis of the Effectiveness of an Organizational Behavior Modification Program in Industry. In: *Bedeian, A. G./Armenakis, A. A./Holley, Jr. W. H.* et al. (Hrsg.): Proceedings of the 35th Annual Meeting of the Academy of Management. New Orleans 1975, S. 140–142.
Porter, L. W./Lawler, E. E.: Managerial Attitudes and Performance. Homewood, Ill. 1968.
Skinner, B. F.: Science and Human Behavior. New York 1953.
Snyder, C. A./Luthans, F.: Using O. B. Mod. to Increase Hospital Productivity. In: Personnel Administrator, 1982, August, S. 67–73.
Staats, A. W.: Social Behaviorism. Homewood, Ill. 1975.
Stogdill, R. M./Shartle, C. L.: Methods in the Study of Administrative Leadership. Hrsg. v. d. *Bureau of Business Research,* Ohio State University, Columbus, Ohio 1955.
Sulzer-Azaroff, B.: Behavioral Approaches to Occupational Health and Safety. In: *Frederiksen, L. W.* (Hrsg.): Handbook of Organizational Behavior in Management. New York 1982.
Thoresen, C. E./Mahoney, M. J.: Behavioral Self-Control. New York 1974.
Vroom, V. H.: Work and Motivation. New York 1964.
Weber, R. A./Allin, J. A./Chhokar, J. S.: Reducing Industrial Accidents: A Behavioral Experiment. In: Industrial Relations, 1984, S. 119–125.

Führungstheorien – Theorie der Führungssubstitution

Steven Kerr/Charles S. Mathews

[s. a.: Anerkennung und Kritik als Führungsinstrumente; Empirische Führungsforschung, Methoden der; Entpersonalisierte Führung; Führungsforschung – Führung in Nordamerika; Führungstheorien – Eigenschaftstheorie, – Kontingenztheorie, – Situationstheorie, – Soziale Lerntheorie, – von Dyaden zu Teams; – Weg-Ziel-Theorie; Motivation als Führungsaufgabe; Selbststeuernde Gruppen, Führung in; Verhaltensdimension der Führung.]

I. *Einführung;* II. *Substitute formaler Führung;* III. *Zusammenfassung und Schlußfolgerungen.*

I. Einführung

In den frühen 20er Jahren dominierten Theorien über Persönlichkeitseigenschaften nicht nur die allgemeine Psychologie, sondern auch das Gebiet der Führungsforschung. Irgendwann in den 40er und in den frühen 50er Jahren bekamen die Führungstheoretiker ebenso wie andere Sozialwissenschaftler genug von der Eigenschaftstheorie und wandten sich der Lerntheorie zu. Ein besonderes Problem der *Eigenschaftstheorie* war die Annahme, daß individuelle Charakteristika in einem relativ frühen Alter festgelegt werden. Mit anderen Worten, Führer werden geboren, nicht gemacht. In dieser Sicht blieb wenig zu tun hinsichtlich Training und Ausbildung (→*Fortbildung, Training und Entwicklung von Führungskräften*) von zukünftigen Führern. Andererseits implizierte die Übernahme der *Lerntheorie* (→*Führungstheorien – Soziale Lerntheorie*) zur Erklärung des Führungsverhaltens, daß wünschenswertes Führungsverhalten gekennzeichnet und dann irgendwie anderen Individuen vermittelt werden kann. Für kurze Zeit war diese Lerntheorie-Konzeption sehr populär. Viele akademische Karrieren und ersprießliche Honorare wurden auf der Entwicklung und Durchführung von Trainings für zukünftige Führungspositionen aufgebaut. Viele Forscher begannen jedoch Mitte bis Ende der 60er Jahre den Gedanken zu verbreiten, daß kein einziger Führungsstil erfolgreiches Führen in allen Situationen erklären oder vorhersagen könne. Mit diesem Gedanken war der Kontingenzansatz (→*Führungsforschung – Führung in Nordamerika*) der Führung geboren. Aus der Kontingenzperspektive geht es für Trainer und Manager darum, Führungscharakteristika zu identifizieren, die am effizientesten für eine besondere Situation sind. Die weitere Aufgabe besteht darin, jemand zu finden, der die für eine spezifische Situation genannten Charakteristika besitzt und zum Einsatz bringen kann, oder – wie *Fiedler* (1964, 1967) argumentiert (→*Führungstheorien – Kontingenztheorie*), daß eine Situation so gestaltet wird, daß sie zu einem bestimmten Führer paßt. Seit den frühen 70er Jahren dominiert der Kontingenzansatz. Ironischerweise beginnen Forscher für eine Erneuerung der Forschung in Richtung der Eigenschaftstheorie der Führung (*Bennis* 1985) zu plädieren. Damit wurde in der kurzen Zeitspanne von etwa 40 Jahren eine Zirkelbewegung bei dem Versuch vollendet, die Wirkung von Führung auf Mitarbeiterverhalten zu erklären.

1. Mitarbeiterfähigkeit und Motivation

Nach *Kerr/Slocum* (1981) sagt einer der grundlegendsten Lehrsätze der Organisationspsychologie, daß die Leistung einer Person eine Funktion ihrer Fähigkeit und Motivation ist: Leistung = F (Fähigkeit x Motivation). Unter Leistung werden dabei alle Verhaltensweisen verstanden, die auf Aufgaben- oder Zielerfüllung gerichtet sind (*Campbell/Pritchard* 1976). Fähigkeiten umfassen sowohl kognitivie und physische Aspekte als auch emotionale Komponenten. Kognitive Elemente umfassen gewöhnlich die verbalen und numerischen Fertigkeiten eines Individuums, während die physischen/körperlichen Fertigkeiten gewöhnlich die Begriffe Körperkraft und Geschicklichkeit umfassen. Emotionale Eigenschaften beziehen sich meist auf die relativ stabilen Verhaltensmuster, die wir als Persönlichkeitstyp bezeichnen (*Kerr/ Slocum* 1981).

Damit die Zielerreichung stattfinden kann, müssen die Menschen mehrere Arten von Information besitzen. Erstens geht es darum, Informationen zu haben: Was soll getan werden? Zweitens geht es um die Methodik der Aufgabenerfüllung: Wie muß sie durchgeführt werden? Schließlich ist nach der Aufgabenerfüllung die Frage nach ihrer Qualität gestellt: Wie gut ist sie erfüllt worden? Aus einer organisationalen Perspektive ist das Problem zu lösen, wie erhält man die Informationen, um diese drei Fragen beantworten zu können. Erstens ist es möglich, daß einige Leute genug Intuition und Einsicht besitzen, um die Aufgaben durchschauen zu können, die sie durchführen sollen. (So sind z. B. einige Jazz-Musiker entdeckt worden, welche die Fähigkeit besitzen, Software-Programme mit geringem vorherigem Programmierungstraining zu schreiben.) Zweitens können Individuen Information für die Aufgabenerfüllung aus der Ausbildung gewinnen, die dem Eintritt in die Organisation vorausging. Meistens muß jedoch die Information für die Durchführung organisationaler Aufgaben von einer Quelle außerhalb der ausführenden Personen kommen.

Wie wir schon erwähnt haben, hängt die Leistung großteils von der Motivation des Menschen ab, unabhängig davon, wie ausgeprägt die Fähigkeiten und die Aufgabeninformationen sein mögen. Motivation wird oft in zwei Kategorien geteilt, je nachdem ob ihre Quelle als extern oder intern betrachtet wird (→*Motivation als Führungsaufgabe*). Wenn das Verhalten eines Menschen durch einen inneren Antrieb resp. Willenskraft verursacht wird, wird das Verhalten vielfach als ein Ergebnis von „Selbstmotivation" – „Selbst-Management" oder „Selbstkontrolle" angesehen. Selbstkontrolle umfaßt gewöhnlich „die Manipulation von Umweltkonsquenzen durch das Individuum auf eine solche Weise, daß das eigene Verhalten determiniert wird" (*Miner* 1981). *Thoresen/Mahoney* (1974) sind der Meinung, daß Personen unter einem System von Selbstkontrolle ihre eigenen Normen und Bewertungssysteme aufzustellen und aus ihnen internal ihre eigenen Belohnungen und Bestrafungen ableiten. *Bandura* (1964) glaubt, daß alle Menschen bis zu einem gewissen Grad eine Art Selbstkontrolle zeigen. Einige Behavioristen argumentieren jedoch, daß Selbstkontrolle im Grunde illusorisch ist, daß Verhaltensweisen, die gemeinhin als Selbstmotivation eingestuft werden, nur deshalb so bezeichnet werden, weil die Beobachter es versäumt haben, die äußeren Kontingenzen zu deuten, die in Wirklichkeit das Verhalten des Individuums kontrollieren (*Skinner* 1969).

Forscher, die an das Konzept der Selbstkontrolle glauben, sind sich bezüglich der Wirksamkeit der zugrundeliegenden Systeme nicht einig. *Manz/Sims* (1982) sind z. B. der Meinung, daß genügend Beweise vorliegen, daß Selbstbelohnung eine effektive Art zur Kontrolle organisationalen Verhaltens sei (→*Selbststeuerungskonzepte;* →*Selbststeuernde Gruppen, Führung in*). Sie erwähnen jedoch ebenfalls, daß Selbstbestrafung viel weniger wirksam zur Verhaltenskontrolle ist, weil die Menschen sie weniger anwenden. *Miner* (1975) kommt zu dem Schluß, daß das Vertrauen in Selbstkontrollsysteme eine Steigerung der Zufriedenheit der Mitarbeiter erzeugen könne, aber ebenso verminderte Qualität der Arbeit zum Ergebnis habe. Seiner Ansicht nach sollte unabhängig vom Mittel der Selbstkontrolle ein ansporndendes äußeres System eingesetzt werden, um organisationale Effektivität zu erreichen. Dieser Ansporn kann entweder intrinsischer oder extrinsischer Art sein. Menschen können als *intrinsisch* motiviert in dem Maße gelten, als der Ursprung ihres Verhaltens ihrem Inneren entspringt und als *extrinsisch* motiviert, falls die Handlungsursache außerhalb ihrer selbst liegt.

2. Hierarchische Führung

Eine der Hauptarten, durch die Organisationen die Leistungsfähigkeit und -motivation ihrer Mitarbeiter zu verbessern suchen, ist die Anwendung hierarchischer Führung. Es bestehen viele Führungstheorien und -modelle, von denen jedes darauf abzielt, die Wirkung von Führungsverhalten und Persönlichkeit auf die Zufriedenheit und Leistung der Mitarbeiter zu erklären. Da diese Theorien und Modelle im Mittelpunkt dieses Handwörterbuchs stehen, werden sie hier nicht im Detail beschrieben. Es soll jedoch angemerkt werden, daß, so verschieden diese Konzeptionen von Führung auch sind, alle eine wichtige Annahme teilen: Daß hierarchische Führung wesentlich ist, daß ohne Rücksicht auf die Situation eine Art von Führung immer gewährleistet und effektiv ist. Selbst situative Konzeptionen teilen die Annahme, daß zwar einige Führungsstile, in unterschiedlichen Situationen unterschiedlich effizient sind, dennoch aber auch einige Führungsstile unabhängig von der Situation immer effizient sind. Natürlich variiert das Ausmaß der Wirkung hierarchischer Führung von Theorie zu Theorie. Sehr explizit betonen *Graen* und seine Mitarbeiter die Bedeutung der hierarchischen Führung in ihrer Theorie der Führungsdyaden (*Graen* et al. 1972, *Danserau* et al. 1973; →*Führungstheorien, von Dyaden zu Teams*). Wenn auch *Fiedler* (1964, 1967) in seiner Kontingenztheorie die Wirkung der Situation auf den geeigneten Führungsstil stark betont, nimmt er doch an, daß hierarchische Führung eine wichtige Rolle in Situationen niedriger, mittlerer oder hoher situativer Günstigkeit spielt (*Fiedler/Chemers* 1974). Andererseits beinhalten Entscheidungs-Zentralisationsmodelle der Führung (z. B. *Tannenbaum/Schmidt* 1958; *Heller/Yukl* 1969; *Vroom/Yetton* 1973; *Bass/Valenzi* 1974) innerhalb ihrer Entscheidungsstilalternativen eine, in der Untergebene eine eigene Lösung versuchen. Trotzdem wird vom Führer immer noch angenommen, daß er eine Art strukturierende Information liefert (*Kerr/Jermier* 1978).

Unter zeitgenössischen Führungstheorien ist die am wenigsten von der hierarchischen Annahme abhängige, die Weg-Ziel-Theorie von *House* (*House/Mitchell* 1974).

Weil *House* die Wirkung der hierarchischen Führung weniger betont, kommt seine Theorie einigen der Konzepte am nächsten, die in der Theorie der Führungssubstitution zu finden sind. *House/Mitchell* argumentieren z. B., daß wenn die Ziele und die Wege zu den Zielen klar sind, alle zusätzlichen Versuche des Führers, die Wege und Ziele zu erklären, von den Mitarbeitern als überflüssig und unnötig angesehen werden. Die Autoren zeigen ebenfalls, daß, obgleich direktives Führerverhalten einige der Leistungsaspekte steigern können, diese Verhaltensweisen aber auch zu einer Abnahme der Zufriedenheit der Mitarbeiter an ihrem Arbeitsplatz bewirken können.

Diese Vorhersage wird teilweise durch Schlußfolgerungen unterstützt, welche *Kerr* et al. (1974) aus ihrer Diskussion der Literatur zu den Ohio-Forschungen zum aufgaben- und mitarbeiterbezogenen Führerverhalten (→*Verhaltensdimensionen der Führung;* →*Empirische Führungsforschung, Methoden der*) ziehen. Eine sehr faszinierende und wichtige Prämisse der Weg-Ziel-Theorie ist jene, daß selbst unnötige und redundante Einsätze von Führerverhaltensweisen Einfluß auf die Moral, Motivation, Leistung und Akzeptanz von Führung haben (*House/Mitchell* 1974; *House/Dessler* 1974). Während Versuche, die Wege und Ziele zu klären, von Weg-Ziel-Theoretikern in einigen Situationen als unnötig und redundant betrachtet werden, ist sie sich mit den Anhängern jeder anderen Führungstheorie darin einig, daß diese Führungsverhaltensweisen völlig irrelevant zur Ausübung von Einfluß über das Mitarbeiterverhalten seien.

Das Versäumnis vieler Forscher zu erkennen, daß in einigen Situationen das Führerverhalten völlig irrelevant sein kann, ist aus mehreren Gründen bedauerlich. Erstens liegen ausreichende Forschungsdaten vor, um die Annahme zu stützen, daß in einigen Situationen hierarchische Führung keine bedeutende Rolle bei der Beeinflussung von Mitarbeiterverhalten spielt (*Kerr/Slocum* 1981). Außerdem kann sich herausstellen, daß ein Grund dafür, daß die Führungsforschung so geringe Merkmalverschiedenheiten aufweist, derjenige ist, daß die Forscher als eine Gruppe es versäumt haben, gerade jene Situationen wahrzunehmen, in welchen hierarchische Führung keine Rolle spielt. Schließlich kann das Versäumnis, jene Situationen weiter zu untersuchen, in welchen hierarchische Führung eine geringe oder gar keine Wirkung zeigt, unser Verständnis darauf beschränken, wie individuelle Leistungen in jenen spezifischen Organisationsrahmen, in denen hierarchische Führung zusammenbricht, am besten zu beeinflussen sind.

II. Substitute formaler Führung

Ohne Zweifel wird die Beziehung zwischen Führungsverhalten und Mitarbeiterzufriedenheit, Moral und Leistung durch eine große Anzahl individualer, aufgabenbezogener und organisationaler Charakteristika beeinflußt. In einigen Fällen diktieren oder beeinflussen zumindest diese Variablen die Wahl des Führungsstils für eine bestimmte Situation. Andererseits können einige dieser Variablen der Fähigkeit des Führers zuwiderlaufen, die Leistung und Zufriedenheit der Mitarbeiter entweder zu verbessern oder zu beeinträchtigen. Mit anderen Worten besteht die Wirkung dieser Variablen darin, als Substitute (Ersatz/Stellvertreter) für Führung zu agieren. Weil diese Substitution in vielen unterschiedlichen Organisationsrahmen bedeutsam ist, wäre es aus der Perspektive organisationaler Gestaltung und der Führungsbemühungen in ihnen hilfreich, einige dieser Variablen zu identifizieren und zu klassifizieren.

Eine Reihe potentieller Substitute der Führung sind von *Kerr* (1977) und *Kerr/Jermier* (1978) angesprochen worden. Darunter die folgenden: Professionelle Orientierung, Aufgaben, Leistungs-

Feedback, kohäsive Arbeitsgruppen und organisationale Programmierung.

1. „Professionelle Orientierung" als Quelle für organisationalen Einfluß

Es gibt eine Reihe von Gründen, warum professionelle Orientierung ein potentielles Substitut für Führung ist. Erstens entwickeln Fachleute oft innerhalb von Organisationen sowohl horizontale als auch vertikale Beziehungen. Oft schenken sie dem Urteil von Fachkollegen mehr Glauben als dem Urteil des hierarchischen Vorgesetzten; außerdem neigen sie dazu, berufliche Kontakte auch außerhalb der beschäftigenden Organisation zu entwickeln (*Filey* et al. 1976). Einige der Gründe, warum Fachleute dem Urteil von Fachkollegen mehr Bedeutung einräumen als den Einschätzungen formaler Führer, sind folgende: Jene Personen, die als Fachleute bezeichnet werden, haben durch einen langen, schwierigen Ausbildungsprozeß ihr Fachwissen oder ihre spezielle Fähigkeit erworben. Während dieses Ausbildungsprozesses haben diese Personen bestimmte Normen und Werte internalisiert. Als Folge davon entwickeln sie oft eine starke ethische Orientierung an dieser besonderen Berufsgruppe und/oder den gelernten Regeln einer Wissenschaft. Als Ergebnis dieser Orientierung neigen sie als Mitglieder dieser Gruppe dazu, sich mit dem Beruf resp. Berufsstand und mit anderen Fachkollegen zu identifizieren. Aufgrund dieser Identifikation mit dem Beruf(stand) werden Leistungsnormen innerhalb der Gruppe von Fachkollegen entwickelt und festgelegt. Außenstehende haben auf diesen Normbildungsprozeß kaum einen Einfluß. Zu diesen Außenstehenden gehört auch der formale Vorgesetzte. Hieraus wird klar, daß diese professionelle Orientierung und Verhaltensweise den Einfluß eines hierarchisch Übergeordneten stark reduzieren können.

Professionelle Charakteristika können ebenso die Art der Durchführung organisationaler Aufgaben beeinflussen. Häufig vermindert das vorherige Training eines Fachmanns seine Abhängigkeit von hierarchischen Führern bezüglich aufgabenbezogener Informationen. Zusätzlich vermindert die Verpflichtung gegenüber den Berufsstandards die Notwendigkeit der Inanspruchnahme externaler Bezugspersonen. Diese internalisierten Leistungsnormen bilden ein Substitut für Führung, indem sie alternative Quellen der Aufgabeninformation bieten.

2. Aufgaben als Quellen für organisationalen Einfluß

Informationen in Hinsicht auf die Durchführung gewisser Arbeiten können von den Aufgaben selbst kommen. Methodisch konstante Aufgaben können durch maschinengesteuerte Operationen oder durch Arbeitsmethoden entstehen, die stark standardisiert sind. Invariante Methodik bezieht sich auf das, was *Miner* (1975) als den Druck der Arbeit bezeichnet. Gewöhnlich setzen sich Aufgaben, die einen solchen Arbeitsdruck ausüben, aus Aktivitäten zusammen, die stark repetitiv sind. Wenn Aufgaben einfach und stark repetitiv sind, kann der Führer Regeln und Organisationsweise in Form von dokumentierten Vorgangsweisen und Grundsätzen festlegen. Diese stark formalistischen Regeln und Verfahrensweisen verringern die Notwendigkeit von rollenbildender Kommunikation zwischen Führern und Mitarbeitern (*Tosi* 1975).

Bis jetzt haben wir Aufgaben nur als Informationsquellen beschrieben. Aufgaben haben aber auch andere inhärente Charakteristika, welche die Bereitschaft der Menschen, sie durchzuführen, stark beeinflussen können. Es liegen Befunde vor, nach denen stark invariable, vorhersagbare Aufgaben oft mit starker Fluktuation, Abwesenheit und abnehmender Moral und Motivation verbunden sind (*Walton* 1979). Auf der anderen Seite hat sich gezeigt, daß Aufgaben, die Identität, Bedeutung, Feedback, Selbständigkeit und Vielfalt an fachlicher Fähigkeit bieten, Menschen den Sinn der Arbeit besser erkennen lassen und sie sich für das Ergebnis ihrer Arbeit verantwortlich fühlen. Das heißt: Aufgaben, die „wirklich-befriedigend" sind, tragen zum Voranschreiten der Arbeit bei. *Miner* (1975) glaubt, daß zur wirksamen „Aufgabenkontrolle" beides, das Fördern und das Vorantreiben der Arbeit, entwickelt werden muß, obwohl theoretisch jeder Typ von Aufgabenkontrolle als Ersatz für hierarchische Führung dienen kann (*Kerr/Jermier* 1978).

3. Leistungs-Feedback als Quelle für organisationalen Einfluß

Ein anderes potentielles Substitut für formale Führung ist ein Leistungs-Feedback, das durch die Natur der Arbeit selbst erbracht wird. *Hackman/Oldham* (1976) führten an, daß Personen mit einem hohen Wachstumsbedürfnis ein gewisses Gefühl von Selbstzufriedenheit und intrinsischer Motivation empfinden, wenn die Aufgaben, die sie bearbeiten, klare und objektive Daten in bezug auf den Grad der Aufgabenerfüllung liefern. Auch *Hall/Lawler* (1969) gehen davon aus, daß aus der Aufgabenerfüllung selbst stammendes Feedback oft die direkteste Feedback-Quelle ist. Außerdem ist in Betracht zu ziehen, mit welch geringer Frequenz in Organisationen gewöhnlich formale Leistungsbeurteilungen durchgeführt werden. Genauigkeit oder die Qualität der Aufgabenerfüllung ist eine andere Komponente des aufgabenintrinsischen Feedbacks. Einige Aufgaben sind nicht nur in der Lage, einer Person zu sagen, was sie tun soll, sondern auch zu sagen, wir gut sie die Aufgabe erfüllt hat. Ein Beispiel dieses Phänomens wäre die Durchführung einer Herz-Bypass-Operation durch einen Chirurgen. Normalerweise wird der Chirurg innerhalb von Sekunden nach der durchgeführten Operation über den Erfolg oder Fehlschlag der Anwendung des Bypass"-Verfahrens informiert sein. Wie unser Herz-Beispiel illustriert, können bezüglich des Problems der Messung der Leistung anderer direkt aus der Aufgabenerfüllung abgeleitete Informationen die genaueste und unmittelbarste Quelle für Leistungs-Feedback sein (*Campbell et al.* 1970). Zusätzlich zur Genauigkeit und Unmittelbarkeit liegt in direkten aufgabenbezogenen Informationen oft die am meisten das Selbstwertgefühl weckende und intrinsisch motivierende Quelle von Feedback, wenn die kontrollierenden und informierenden Aspekte des Feedbacks durch andere gegeben sind (*DeCharms* 1968; *Deci* 1972, 1975; *Greller/Herold* 1975). Aus diesen und aus anderen vorhergenannten Gründen kann die Funktion des Führers als Person, die kritisches Aufgaben-Feedback leistet, unbedeutend werden im Vergleich zu der Information, die von den Aufgaben selbst gegeben wird.

4. Arbeitsgruppen als Quelle für organisationalen Einfluß

Die Literatur über organisatorische Gestaltung ist mit Bezügen auf die Tatsache gefüllt, daß bestimmte Charakteristika von Arbeitsgruppen die Fähigkeit haben, die Bedeutung der Feedback-Funktion des formalen Führers zu negieren (*Kerr/Slocum* 1981). Zum größten Teil zeigen diese Bezüge, daß Arbeitsgruppen sehr wichtige Informationen für organisationale Aufgaben und den Ansporn, sie durchzuführen, liefern können. Diese Situation wird wahrscheinlich bestehen, wenn eine Gruppe sehr kohäsiv ist, so daß Normverletzungen durch einzelne Mitglieder mit großer Wahrscheinlichkeit gravierende Sanktionen zur Folge haben. Auf der Grundlage von Normen und Sanktionen können einzelne Mitglieder einer Gruppe oft in Situationen Leistungen erbringen, in denen formale Organisationen wahrscheinlich die Nichterfüllung entschuldigen oder übersehen. Ein Beispiel hierfür ist der Fußballspieler, der trotz einer ernsten Grippe an einem Liga-Entscheidungsspiel teilnimmt, um seine Teamkollegen nicht im Stich zu lassen. Außer Normen können aufgabenbezogene Hilfeleistungen und Feedback eine wichtige gruppenabhängige Quelle für organisationalen Einfluß sein, wenn die Mitglieder miteinander kooperieren, um erfolgreich zu arbeiten.

Wenn Aufgaben extensive, gegenseitige Abhängigkeit erfordern, ist Koodination durch gegenseitige Anpassung notwendig (*Thompson* 1967). Jede Aktion eines Mitgliedes muß an andere angepaßt sein und neue Informationen werden während des Handlungsprozesses übermittelt.

Feedback für Gruppenleistung wird meist von einem formalen Führer gegeben. In einigen Fällen jedoch kann Feedback in bezug auf die Aufgabenerfüllung auf alternativen Wegen von Gruppenmitgliedern bezogen werden. Erstens kann Information über Aufgabenerfüllung indirekt durch den formalen Führer über die Mitglieder der Elementargruppe gegeben werden. Ebenso kann Leistungs-Feedback direkt von Gruppenmitgliedern selbst kommen. Schließlich kann Aufgaben-Feedback von Konsumenten oder Kunden ausgehen. Die Wirkung dieser alternativen Informationsquellen auf ein Gruppenmitglied bedeutet die Reduktion der Rolle des formalen Führers als primärer Versorger mit Leistungs-Feedback (→*Anerkennung und Kritik als Führungsinstrumente*).

5. Organisationsentwicklung und Trainingsprogramme

Das letzte hier herangezogene Beispiel für Substitute formaler Führung liegt im Einsatz formaler und informaler Entwicklungs- und Trainingsprogramme. Heute werden viele Programme angewandt, von denen die meisten die Funktion der Steuerung der aufgabenrelevanten Informationen oder der Erhöhung der Motivation zur Aufgabenerfüllung oder beides haben. Informationen, die für die Art der Aufgaben relevant sind – „was tun?" – und die Aufgabenmethodik – „wie tun?" – Stehen im Mittelpunkt der „Role-Prescription"-Technik. Bei Anwendung dieser Technik kommen nach *Margulies/Wallace* (1973) ein Akteur und sein Gegenspieler zu einer intensiven Sitzung zusammen. Die (Rollen-)Gegenspieler agieren als ein Beratungsausschuß zugunsten des Akteurs. Sie helfen ihm zu einer für beide Seiten befriedigenden Planung seines Verhaltens zu kommen.

Dieser Prozeß wird auf vielerlei Arten durchgeführt. Erst entwickeln der beratende Ausschuß und die in Frage stehende Person getrennte Listen wünschenswerter Leistungscharakteristika für die im Mittelpunkt stehende Person; dann wird durch Diskussion und Verhandlungen eine provisorische Rollenvorschreibung erdacht und durch Rollenspiel getestet. Schließlich wird die Vorschreibung von allen Parteien analysiert und, wenn nötig, geändert. Auf der Grundlage eines funktionalistischen Standpunktes stellen *Margulies/Wallace* (1973) die Behauptung auf, daß „solche wohlüberlegte Anstrengung seitens der Beteiligten in einer sozialen Struktur zur Erreichung der gemeinsamen Verhaltenserwartungen sicherlich Rollenkonflikte, Rollenungewißheit und Rollenüberlastung minimieren können" (→*Führungstheorien – Rollentheorie*).

„Organizational Behavior Modification" (MOD) stellt eine weitere Methode zur Formalisierung und Systematisierung der Belohnungs- und Bestrafungsregelung in einer Organisation dar. Zum größten Teil ist die Anwendung von MOD in organisationalen und ökonomischen Rahmenbedingungen auf die Manipulation von positiver Verstärkung beschränkt; Bestrafung ist fast nie systematisch angewandt worden. Für eine ausführliche Diskussion aller Prinzipien und Techniken der MOD fehlt in diesem Beitrag der Raum. Der Hinweis kann genügen, daß einige der Prinzipien der MOD in den oben stehenden Abschnitten zu der Mitarbeiterfähigkeit und der Motivation kurz angesprochen wurden (für eine eingehender Diskussion siehe *Luthans/Kreitner* 1978).

Wenn sie überhaupt effektiv ist, besteht der Hauptbeitrag der MOD zur Leistungsbeeinflussung in der Wirkung auf die Motivation der Mitarbeiter (→*Motivation als Führungsaufgabe*). MOD kann ebenso sehr effektiv sein hinsichtlich der Versorgung mit Daten zur Aufgabenerfüllung. Das geschieht durch die konsequente Verbindung von Belohnungen und aufgabenbezogenem Verhalten. Die Mitarbeiter und ihre Vorgesetzten werden mit Informationen über die Qualität der Aufgabenerfüllung versorgt. Nach *Kerr/Slocum* (1981) ist Arbeitsbereicherung eine organisationale Entwicklungstechnik, die das Motivationspotential von Aufgaben zu erweitern versucht, indem sie die Arbeitsaufgaben mit Identifikationschancen, Bedeutung, Feedback, Selbständigkeit und fachlicher Vielfalt ausstattet. *Hackman* (1977) beschreibt eine Reihe von Wegen zur Arbeitsbereicherung, von denen einige folgendes einschließen: natürliche Arbeitseinheiten bilden; Aufgaben kombinieren; direkte Beziehungen zwischen Arbeitern und Kunden ermöglichen; vertikale Anreicherung, d. h. die Kluft zwischen den Durchführungs- und den Kontrollaspekten einer Arbeit verkleinern und Feedback-Kanäle öffnen, z. B. durch die Verlagerung von Qualitätskontrollfunktionen in die Hände derjenigen, deren Qualität kontrolliert wird.

Wie die MOD wirkt auch die Arbeitsbereicherung hauptsächlich auf die Motivation. Weiterhin können Arbeitsbereicherungstechniken diejenigen, die sie anwenden, mit Wissen darüber versorgen, wie gut sie gearbeitet haben. Anders als bei der MOD, wo das Feedback von außen kommt, stammt das Leistungsfeedback bei der Arbeitsbereicherung aus der Aufgabe selbst.

Arbeitsbereicherung und andere organisationale Techniken sind relativ formale und elaborierte Techniken, die für Information und Ansporn sorgen sollen. Eine der am häufigsten angewandten formalen Mechanismen zur Mitarbeiterkontrolle ist jedoch der Gebrauch schriftlicher Richtlinien – in Form von Organisationsgrundsätzen, Verhaltensrichtlinien – zur Koordinierung und Kontrolle individueller Leistung. Laut *Van de Ven* et al. (1976) ist die Programmierung durch unpersönliche Modi die von Organisationen am häufigsten angewandte Koordinationsstrategie in Situationen mit niedriger bis mittlerer Aufgabenunsicherheit und geringer Aufgabeninterdependenz. Es scheint, daß in relativ stabilen und sicheren Situationen schriftliche Arbeitsziele, Richtlinien und Grundregeln (organisationale Formalisierung) und strenge Regeln und Verfahren (organisationale Inflexibilität) als Substitut für von einem Führer geleistete Koordination dienen können. Aus *Van de Vens* Argumentation können wir entnehmen, daß nur in Situationen mit mittlerer bis hoher Aufgabenunsicherheit personen- und gruppenbezogene Koordinationsmodi notwendig sind, die einen formalen Führer erfordern.

III. Zusammenfassung und Schlußfolgerungen

In diesem Beitrag sind wir davon ausgegangen, daß Organisationen die Leistung ihrer Mitglieder auf zwei wichtigen Wegen beeinflussen. Erstens versorgen Organisationen ihre Mitglieder mit Information über das, was zu tun und wie es zu tun ist, und, nachdem die Aufgabe durchgeführt wurde, sagen sie ihnen, wie gut diese bewältigt wurde. Zweitens setzen Organisationen ihren Mitgliedern Anreize, so daß sie motiviert sind, Aufgaben durchzuführen und organisationale Ziele zu verfolgen.

Wir haben zwei generelle Kategorien beschrieben, von denen Organisationsmitglieder aufgabenbezogene und anreizende Informationen erhalten können. Diese Kategorien fallen unter die Rubriken hierarchische Führung und Substitute der Führung. In Verbindung mit diesen beiden Kategorien gibt es ausreichend Forschungsdaten, die belegen, daß die Mitglieder der Organisation zur Maximierung organisationaler und individueller Ergebnisse in die Situation gebracht werden müssen, sowohl Hilfestellungen zu erhalten als auch positive Gefühle entwickeln zu können. Hilfestellungen werden gewöhnlich in Form von Rollen- oder Aufgabenstrukturierung geboten, während Wohlbehagen aus mitarbeiterorientiertem Verhalten stammt oder aus intrinsischer Zufriedenheit entsteht, die aus Erfolgserlebnissen bei der Auseinandersetzung mit der Arbeitsaufgabe erwächst. In diesem Beitrag haben wir die Tatsache betont, daß die Forschungsdaten nicht ergeben, daß Hilfe und Wohlbehagen durch den hierarchischen Führer geleistet werden müssen. Wie wir in der Tabelle 1 dargelegt haben, existieren innerhalb von Organisationen eine Reihe von Substitutionsmöglichkeiten für Führung. Diese Substitute können die allgemeinen Funktionen eines hierarchischen Führers einnehmen und tun dies auch oft. Sicherlich stellt der formale Führer eine potentielle Quelle für aufgaben- und mitarbeiterbezogene Verhaltensweisen dar (→*Verhaltensdimensionen der Führung*); aber dies tun auch viele andere Mitglieder der Organisation, und wir haben erwähnt, daß zahlreiche unpersönliche Äquivalente ebenfalls existieren. Dort, wo andere potentielle Quellen unzulänglich sind, ist der hierarchische Vorgesetzte deutlicher in einer Position, in der er eine dominante Rolle spielt. Wo jedoch andere organisationale Quellen Hilfen und Zufriedenheit im Überfluß bieten, wird der hierarchische Führer nur geringe Chancen haben, von oben nach unten gerichteten Einfluß auszuüben.

Charakteristika	Führt zur Neutralisierung von	
	beziehungs-orientierter, unterstützender mitarbeiter-orientierter Führung; Rücksichtnahme, Unterstützung und Interaktion, Förderung	aufgaben-orientierter, instrumentaler, arbeitszentrierter Führung: Zielbetonung und aufgabenbezogene Unterstützung
des Mitarbeiters:		
1. Fähigkeit, Erfahrung, Training, Wissen		x
2. Bedarf an Unabhängigkeit	x	x
3. „professionelle" Orientierung	x	x
4. Gleichgültigkeit gegenüber organisationalen Belohnungen	x	x
der Aufgabe:		
5. nicht ambitioniert, routinemäßig		x
6. methodisch invariabel		x
7. liefert eigenes Feedback bzgl. Durchführung		x
8. Intrinisisch befriedigend	x	
der Organisation:		
9. Formalisierung (klare Pläne, Ziele und Verantwortungsbereiche)		x
10. Inflexibilität (strenge, unbeugsame Regeln und Verfahren)		x
11. Hoch spezialisierte und aktiv beratende Stabsfunktionen		x
12. eng verbundene, kohäsive Arbeitsgruppen	x	x
13. Organisationale Belohnungen nicht innerhalb des Einflußbereiches des Führers	x	x
14. Räuml. Distanz zwischen Vorgesetzten und Mitarbeitern	x	x

Tab. 1: Substitute der Führung

Literatur

Bandura, A.: Principles of Behavior Modification. New York 1969.
Bass, B./Valenzi, E.: Contingent Aspects of Effective Managament Styles. In: *Hunt, J. G./Larson, L. L.* (Hrsg.): Contingency Approaches to Leadership. Carbondale 1974.
Bennis, W./Nanus, B.: Leaders. The Strategies for Taking Charge. New York 1985.
Campbell, J./Dunette, E./Lawler, E. et al.: Managerial Behavior, Performance and Effectiveness. New York 1970.
Campbell, J. P./Pritchard, R. D.: Motivation Theory in Industrial and Organizational Psychology. In: *Dunnette, M. D.* (Hrsg.): HIOP. Chicago 1976, S. 63–130.
Dansereau, F./Cashman, J./Graen, G.: Instrumentality Theory and Equity Theory as Complementary Approaches in Predicting the Relationship of Leadership and Turnover Among Managers. In: HBHP, 1973, S. 184–200.
DeCharms, R.: Personal Causation. New York 1968.
Fiedler, F. E.: A Contingency Model of Leadership Effectiveness. In: *Berkowitz, L.* (Hrsg.): Advances in Experimental Social Psychology. New York 1964, S. 149–190.
Fiedler, F. E.: A Theory of Leadership Effectiveness. New York 1967.
Fiedler, F. E./Chemers, M. M.: Leadership and Effective Management. Glenview 1974.
Filley, A. C./House, R. J./Kerr, S.: Managerial Process and Organizational Behavior. 2. A, Glenview 1976.
Graen, G./Dansereau, F. Jr./Minami, T.: Dysfunctional Leadership Styles. In: OBHP, 1972, S. 216–236.
Hackman, R./Oldham, G.: Motivation Through the Design of Work: Test of a Theory. In: OBHP, 1976, S. 250–279.
Hall, D./Lawler, E.: Unused Potential in R and D Labs. In: Research Management, 1969, S. 339–354.
Heller, A./Yukl, G.: Participation, Managerial Decisionmaking, and Situational Variables. In: OBHP, 1969, S. 227–234.
House, R. J.: A Path-Goal Theory of Leader Effectiveness. In: ASQ, 1971, S. 321–338.
House, R. J./Mitchell, T. R.: Path-Goal Theory of Leadership. In: Journal of Contemporary Business, 1974, S. 81–97.
Huse, F.: Organization Development and Change. St. Paul 1975.
Kerr, S.: Substitutes for Leadership: Some Implications for Organizational Design: In: Organization and Administrative Scienes, 1977, S. 135–146.
Kerr, S./Jermier, J. M.: Substitutes for Leadership: Their Meaning and Measurement. In: OBHP, 1978, S. 375–403.
Kerr, S./Schriesheim, C. A./Murphy, C. J. et al.: Toward a Contingency Theory of Leadership Based Upon the Consideration and Initiating Structure Literature. In: OBHP, 1974, S. 62–82.
Kerr, S./Slocum, J.: Controlling the Performances of People in Organizations. In: *Starbuck, W./Nystrom, P.* (Hrsg.): Handbook of Organization. New York 1981.
Luthans, F./Kreitner, R.: Organizational Behavior Modification. Glenview 1975.
Manz, C. C./Sims, H. P. Jr.: Self Management as a Substitute for Leadership: A Social Learning Theory Perspective. In: AMR, 1980.
Miner, J. B.: The Uncertain Future of the Leadership Concept: An Overview. In: *Hunt, J. G./Larson, L. L.* (Hrsg.): Leadership Frontiers. Kent, Ohio 1975, S. 197–208.
Skinner, B. F.: Beyond Freedom and Dignity. New York 1971.
Tannenbaum, R./Schmidt, W.: How to Choose a Leadership Pattern. In: HBR, 1958, S. 95–101.
Thoresen, C. E./Mahoney, M. J.: Behavioral Self-Control. New York 1974.
Tosi, H. L. Jr.: Development Methods. In: *House, R. J.* (Hrsg.): Management Development. Ann Arbor 1967, S. 65–78.
Van de Ven, A. H./Delbecq, A. L./Koenig, R. Jr.: Determinants of Coordination Modes Within Organizations. In: ASR, 1976, S. 322–338.
Vroom, V./Yetton, P.: Leadership and Decision Making. Pittsburgh 1973.
Walton, R. E.: Work Innovations in the United States. In: HBR, 1979, S. 88–98.

Führungstheorien, tiefenpsychologische

Peter R. Hofstätter

[s. a.: Autorität; Führungsforschung und Organisations-/Sozialpsycholgie; Groupthink und Führung; Menschenbilder und Führung.]

I. Problemstellung; II. Grundbegriffe; III. Typologie; IV. Gruppendynamik; V. Abwehrmechanismen.

I. Problemstellung

Die großen Schulen der Tiefenpsychologie, die sich von *S. Freud* (1856–1939), *A. Adler* (1871–1937) und *C. G. Jung* (1875–1961) ableiten, haben keine eigenen Führungstheorien entwickelt – schon gar nicht solche, die sich mit der personalen und sozialen Dimension der Mitarbeiterführung in Wirtschaftsorganisationen beschäftigen würden. Dennoch machen auf diesem Gebiet die meisten Theorien – vor allem in den USA – ausgiebigen Gebrauch von Begriffen, Hypothesen und Modellen, die im wesentlichen auf Freud'sche Ansätze zurückgehen. Vielfach handelt es sich dabei allerdings um die Verwendung einer bereits von ihren theoretischen Voraussetzungen losgelösten Terminologie, die in erheblichem Maße in die Umgangssprache Eingang gefunden hat. Dieser Umstand macht eine präzise Abgrenzung des Themas nahezu unmöglich.

Eine zweite Schwierigkeit liegt in der eigenartigen Bedeutung, welche das Führungsproblem für *Freud* selbst besaß.

Das zeigt schon die ungewöhnlich „lange Serie von *Identifikationen*, die Freud, bewußt sowie in Traumleben und Phantasie, vollzogen hat, und zwar nicht nur in seiner frühen Jugend bei der Suche nach der eigenen Identität, sondern bis ins hohe Alter zur ständigen Selbstkorrektur und Selbststabilisierung" (*Grubrich-Simitis* 1972). Die Autorin zählt fast zwei Dutzend Persönlichkeiten auf, darunter den biblischen *Joseph, Echnaton, Moses, Cäsar, Leonardo da Vinci, Goethe* und *Garibaldi*.

Seinen Heroen stellte er die *„Masse"* gegenüber, von der es im Moses-Buch (1939; Ges. W., XVI, S. 217) heißt: „Wir wissen, es besteht bei der Masse der Menschen ein starkes Bedürfnis nach einer Autorität, die man bewundern kann, der man sich beugt, von der man beherrscht, eventuell sogar mißhandelt wird" (→*Autorität*). Ausführlicher äußerte er sich dazu bei der Beantwortung der Frage von Albert *Einstein*, ob „es einen Weg (gibt), die Menschen von dem Verhängnis des Krieges zu befreien?" Es sei „ein Stück der angeborenen und nicht zu beseitigenden Ungleichheit der Menschen, daß sie in Führer und Abhängige zerfallen. Die letzteren sind die übergroße Mehrheit, sie bedürfen einer Autorität, welche für sie Entscheidungen fällt, denen sie sich meist bedingungslos unterwerfen" (1933, S. 24). Deshalb gelte es „eine Oberschicht selbständig denkender, nach Wahrheit ringender Menschen zu erziehen, denen die Lenkung der unselbständigen Massen zufallen würde. Der ideale Zustand wäre natürlich eine Gemeinschaft von Menschen, die ihr Triebleben der Diktatur der Vernunft unterworfen haben."

Da es für *Freud* keine ernstzunehmende Alternative zu der durch „archaische Erbschaft" unauslöschbar festgelegten absoluten Herrschaft eines Führers (bzw. Vaters) gab, beschränkte sich seine Führungstheorie auf die Darlegung dieses einzigen Modells; sie bedurfte deshalb keiner variablen Faktoren.

II. Grundbegriffe

„Die Psychoanalyse als Tiefenpsychologie betrachtet das Seelenleben von drei Gesichtspunkten, vom dynamischen, ökonomischen und topischen" (1931a; XIV, S. 301). Gelegentlich (1925; XIV, S. 85) ist auch von den „drei Koordinaten der Dynamik, Topik und Ökonomie" die Rede, deren gemeinsame Betrachtung das Wesen der *„Metapsychologie"* ausmacht.

Dabei erscheinen die psychischen Phänomene in dynamischer Sicht als Resultate des Konflikts und der Verbindung von Kräften, „die ein bestimmtes Drängen ausüben und letztlich vom Trieb abstammen" (*Laplanche/Pontalis* 1973). Die ökonomische Betrachtungsweise ergänzt den seinem Wesen nach qualitativen Ansatz der Dynamik durch den Versuch, die psychischen Vorgänge quantitativ, d. h. hinsichtlich der in ihnen vorkommenden Energiegrößen – vor allem der „Libido" – zu bilanzieren, „und eine wenigstens relative Schätzung derselben zu gewinnen (1913; X, S. 280).

Die *Topik* – zu deutsch: Ortsbestimmung – will „von einem beliebigen seelischen Akt angeben ..., innerhalb welchen Systems oder zwischen welchen Systemen er sich abspielt" (1913; X, S. 272). Es geht dabei im wesentlichen um die Aufteilung auf das *Es,* den unbewußten Triebpol der Persönlichkeit, der ökonomisch gesehen das Hauptreservoir der psychischen Energie darstellt, das *Ich* als Anwalt der Interessen der ganzen Person, und das *Über-Ich,* den durch *Identifizierung* mit den Eltern gebildeten Richter oder Zensor des Ichs.

Die dynamische Betrachtung operiert mit der Annahme zweier im Es wirkender Triebe – des *Lebenstriebes* und des *Todestriebes* –, die „selbst aus Mischungen von zwei Urkräften (Eros und Destruktion) in wechselnden Ausmaßen zusammengesetzt und durch ihre Beziehung zu Organen oder Organsystemen voneinander differenziert" sind (1938; XVII, S. 128). Dabei „scheint es, daß kaum jemals ein Trieb der einen Art sich isoliert betätigen kann, er ist immer mit einem gewissen Betrag von der anderen Seite verbunden, wie wir sagen: legiert. So ist z. B. der Selbsterhaltungstrieb gewiß erotischer Natur, aber gerade er bedarf der Verfügung über die Aggression" – als Erscheinungsform des *Destruktionstriebes* –, „wenn er seine Absicht durchsetzen soll" (1933; XVI, S. 20).

Der sich im Unbewußten einstellenden „*Triebmischung*" entspricht auf der Erlebnisseite die „*Ambivalenz*", d. h. „ein chronisches Nebeneinander von Liebe und Haß gegen dieselbe Person, beide Gefühle von höchster Intensität" (1909; VII, S. 455).

In Fällen, wo es der Aggressivität gelungen ist, jedes Band mit der Liebe (Sexualität) zu zerbrechen, spricht man von einer *Triebentmischung*, die in geringerem Maße auch dort stattfindet, wo „das Über-Ich... durch eine Identifizierung mit dem Vatervorbild" entsteht, weil „jede solche Identifizierung... den Charakter einer Desexualisierung" hat (1923; XIII, S. 284).

III. Typologie

Ebenfalls als Triebentmischung versteht es *Freud*, wenn das Verhalten von einer bereits erreichten höheren Stufe der psychosexuellen Entwicklung auf eine niedrigere bzw. frühere Stufe zurückfällt (regrediert). Bei einer *Regression* von der genitalen zur anal-sadistischen Phase können z. B. bei einem Erwachsenen die Charakterzüge der Trias von Ordentlichkeit, Sparsamkeit und Eigensinn übermächtig hervortreten (1908; VII, S. 205). Der durch die Polarität von Aktivität und Passivität bzw. von Befehlen und Gehorchen charakterisierte *Analcharakter* spielt in der von der Psychoanalyse beeinflußten Theorie der *Autoritären Persönlichkeit* (Adorno et al. 1950) und in den von M. *Horkheimer* herausgegebenen „Studien über Autorität und Familie" (1936) eine besondere Rolle. Es geht dabei um das autoritätshörige, zum Führerkult neigende, „potentiell faschistische" Individuum, das Heinrich *Mann* bereits 1916 in dem Roman „Der Untertan" – nicht ohne politische Nebenabsichten – auf die Maxime festlegte, „wer treten wollte, mußte sich treten lassen". Gezeigt wird in der Satire auch die Identifizierung mit dem Kaiser – ein Vorgang, den Freud als „eine Art von Regression zum Mechanismus der oralen Phase" auffaßt (1923; XIII, S. 257).

Davon ausgehend wurden dem *oralen Charakter* Erwachsener Eigenschaften wie Impulsivität, Distanzlosigkeit, ungeduldige Zudringlichkeit, eine Disposition zu Neidgefühlen und Eifersucht sowie das Oszillieren zwischen Optimismus und Pessimismus zugeschrieben (*Goldman-Eisler* 1951). Der Typus, der sich deutlich von dem des analen Charakters abhebt, ist recht prägnant, jedoch sind die Zusammenhänge mit den frühkindlichen Erlebnissen der betreffenden Personen – ob diese in der Stillzeit oral verwöhnt oder enttäuscht wurden – schwer zu belegen (*Fisher/Greenberg* 1977).

Freud selbst unterschied 1931 drei libidinöse Haupttypen, von denen in unserem Zusammenhang der *narzißtische Typus* am interessantesten ist, weil er infolge des hohen Grades seiner Selbstzufriedenheit bzw. seines Stolzes „keine Spannung zwischen Ich und Über-Ich" kennt, und sein Hauptinteresse unabhängig und wenig eingeschüchtert auf die Selbsterhaltung richtet, wobei „dem Ich... ein großes Maß von Aggression verfügbar" ist. „Menschen dieses Typus imponieren... den anderen als ‚Persönlichkeiten', (sie) sind besonders geeignet, anderen als Anhalt zu dienen, die Rolle von Führern zu übernehmen, der Kulturentwicklung neue Anregungen zu geben oder das Bestehende zu schädigen" (1931b; XIV, S. 511). *Erich Fromm* (1974, S. 202) formuliert ähnlich: „Unter politischen Führern ist ein hochgradiger Narzißmus sehr häufig anzutreffen."

Als „die kulturell wertvollste Variation" betrachtet *Freud* einen Mischtypus, den *narzißtischen Zwangstypus*, der die anal-zwanghafte Gewissenhaftigkeit mit der narzißtischen Selbstsicherheit verbindet (1931b; XIV, S. 512). Dagegen müßte man dem erotisch-narzißtischen Mischtypus die größte Häufigkeit zusprechen; zu lieben, besonders aber geliebt zu werden, ist für diese Menschen so wichtig, daß sie aus „Angst vor dem Liebesverlust" von anderen leicht abhängig werden, die ihnen die Liebe versagen können. Damit ist wohl „die Masse" charakterisiert im Gegensatz zum populären Führer und zum idealen Führer, der „zur äußeren Unabhängigkeit und (zur) Beachtung der Gewissensforderungen die Fähigkeit zur kraftvollen Betätigung hinzufügt und das Ich gegen das Über-Ich verstärkt" (*Freud* 1931b; XIV, S. 512).

Typenkonstrukte sind dazu geeignet, als erste Versuche die Ordnungsstruktur eines Gebietes zu erkunden, jedoch liegen sie eigentlich noch im Vorfeld der empirischen Wissenschaft, weil sie sich keiner echten Überprüfung stellen. Wer die Merkmale X, Y und Z in einem Typus zusammenfaßt, behauptet ja nicht, daß diese Eigenschaften immer oder sehr häufig gemeinsam anzutreffen sind – das wäre eine Frage der Korrelationsstatistik –, er postuliert vielmehr eine Kriteriums-Eigenschaft oder – rückwärts gewandt – eine Entwicklungskondition K, die sich nur dann mit hoher Wahrscheinlichkeit feststellen läßt, wenn die Eigenschaften X, Y und Z gemeinsam vorliegen. In diesem Sinne gehört zu Freuds *narzißtischem Typus* als Kriteriumsmerkmal, daß andere ihm die Übernahme einer Führerrolle zutrauen. Weil es im Grunde unverbindlich ist, wird das typologische Verfahren bedenklich, wenn die Spezifikation des Kriteriums-Merkmals unterbleibt und nur die ein „Syndrom" ausmachenden Merkmalskombinationen aufgezählt werden, wie z. B. die neun Charakteristika der *autoritären Persönlichkeit* Adornos (1950), zwischen denen zum Teil so niedrige Korrelationen bestehen, daß das Konstrukt als mehrdimensional zu verstehen ist (*Kirscht/Dillehay* 1967).

Einer der frühesten Mitarbeiter auf diesem Gebiet (*Horkheimer* 1936) ist *Erich Fromm,* in dessen Werken (1954, 1974) Typen und Gegentypen in immer wieder neuen Variationen auftreten, so beispielsweise der *produktive Charakter,* der die Freiheit sucht, als Gegenspieler des die Freiheit fliehenden *autoritären Charakters,* der sich zuletzt als *nekrophiler Charakter,* den alles leidenschaftlich anzieht, was tot ist (1974, S. 332), dem *biophilen Charakter* gegenübergestellt. Weiter erscheint der *Marketing-Charakter,* von dem es heißt, daß sich für ihn alles – Dinge, Menschen, Wissen und Gefühle – in „Marktartikel", in „Nichtlebendiges" also, verwandle (1974, S. 349), und der sich dadurch als ein Nekrophiler erweist.

Typenkonstruktionen, so scheint es, verführen leicht zur Willkür. Das gilt wohl auch für die vier *Manager-Typen,* die ein Mitarbeiter *Fromms,* M. *Maccoby* (1977) auf Grund von Tiefeninterviews entworfen hat. Man kann sie sich gut vorstellen, den nüchternen *Fachmann,* den nach Macht strebenden *Dschungelkämpfer* als Zerrbild des Unternehmers der Gründerzeit, den *Firmenmensch,* der Geborgenheit in einem großen Unternehmen sucht, dessen Mitarbeiter er fürsorglich betreut, und schließlich den *Spielmacher* (Gamesman), dessen Ehrgeiz nicht durch ein sachliches Ziel, sondern durch Konkurrenz um ihrer selbst willen – wie durch ein Spiel mit hohem Einsatz – bestimmt wird. Das Hauptziel im Leben des Spielmachers „ist, Sieger zu sein" (*Maccoby* 1977, S. 36). Die Vermutung liegt nahe, daß es sich hier mehr um eine neue Bezeichnung für Freuds narzißtischen Charakter handelt als um eine echte Erweiterung unserer Verstehensmöglichkeiten.

Allerdings scheint der Freud'sche Typus allmählich seine Prägnanz zu verlieren, denn man denkt heute bei dieser Bezeichnung eher an den sog. *neuen Sozialisationstyp* (*Häsing* 1979), der wahnhafte Größenideen, Motivationsschwäche, lähmende Apathie und Arbeitsunlust mit einer überstarken Mutterbindung kombiniert. Der französische Psychoanalytiker G. *Mendel* (1972, S. 171) spricht in diesem Zusammenhang von der „Unmöglichkeit, den ödipalen Schritt (des Selbständig-Werdens) zu tun, da es keinen Vater mehr gibt", d.h., weil dessen Rolle gar nicht mehr zur *Identifikation* lockt. Anders als der Freud'sche Typus verfügt dieser neue Typus keineswegs mehr über „ein großes Maß von Aggression"; vielmehr wendet sich seine Destruktivität gegen das Ich, das dadurch in entscheidender Weise geschwächt und mit einer Unzahl hypochondrischer Beschwerden belastet wird. Die Schwierigkeiten, die daraus für die Arbeitswelt resultieren, zeigen sich in einem Nachlassen der *Leistungsmotivation* und der Gewissenhaftigkeit sowie in einer Zunahme der Krankheitsanfälligkeit.

IV. Gruppendynamik

Wie sich Freud die Wirkung einer Führerpersönlichkeit dachte, ist aus der Abhandlung „Massenpsychologie und Ich-Analyse" (1921) zu ersehen, deren eigentliches Anliegen ein Jahr später im Titel der englischen Übersetzung von James *Strachey* sehr viel deutlicher zum Ausdruck kam; dort heißt es: „Group-Psychology".

Ausgehend von zwei hochstrukturierten „künstlichen Massen", der katholischen Kirche und dem Heer, bemerkte Freud sehr schnell, daß in ihnen „jeder einzelne einerseits an den Führer (Christus, Feldherrn), andererseits an die anderen Massenindividuen libidinös gebunden ist" (1921; XIII, S. 104). Solange sich jene Bindungen noch nicht hergestellt haben, sei „eine bloße Menschenmenge noch keine Masse", jedoch ist zu sehen, „daß in einer beliebigen Menschenmenge sehr leicht die Tendenz zur Bildung einer psychologischen Masse hervortritt" (1921; XIII, 109).

Da „die gegenseitige Bindung der Massenindividuen von der Natur einer... Identifizierung durch eine wichtige affektive Gemeinsamkeit ist", steht zu „vermuten, diese Gemeinsamkeit liege in der Art der Bindung an den Führer" (1921; XIII S. 118). „Die Formel für die *libidinöse Konstitution einer Masse...,* die... einen Führer hat und nicht durch allzuviel ‚Organisation'... die Eigenschaften eines Individuums erwerben konnte", lautet demnach: „eine solche Masse ist eine Anzahl von Individuen, die ein und dasselbe Objekt" – den *Führer* – „an die Stelle ihres *Ichideals"* (bzw. ihres Über-Ich) „gesetzt und sich infolgedessen in ihrem Ich miteinander *identifiziert* haben" (*Freud* 1921; XIII S. 128).

Diese Beschreibung paßt ausgezeichnet auf eine bestimmte Phase in der Entwicklung von *Gruppen,* in der sich die Teilnehmer einem gelösten Gefühl der Euphorie hingeben (*Sander* 1978. Namentlich in kritischen Situationen erleben auch die Angehörigen größerer Verbände ihre doppelte Bindung aneinander *(Kameradschaft)* und an den Führer *(Loyalität),* dem damit in der Typologie *Max Webers* (1922) eine *charismatische Herrschaft* (→*Führungstheorien, Charismatische Führung*) zukommt. Insofern als es sich hier um „eine spezifisch außeralltägliche" Beziehung handelt, dürfte auch die von Freud beschriebene Dynamik vor allem in Ausnahmesituationen bzw. bloß in einzelnen Phasen eines Gruppenprozesses zu beobachten sein.

Keineswegs überzeugend ist allerdings die Zurückführung der Gruppenphänomene auf „die von einem starken Männchen unumschränkt beherrschte Horde", die sich nach der Tötung des Oberhauptes durch die Söhne von der Vaterhorde in eine Brüdergemeinde verwandelte. Der zuerst in „Totem und Tabu" (1912/1913) beschriebene Vorgang habe im Sinne einer Vererbung erworbener Eigenschaften „unzerstörbare Spuren in der menschlichen Erbgeschichte hinterlassen" (1921; XIII, S. 136), auf Grund deren „die Masse... als ein Wiederaufleben der Urhorde" erscheint (S. 137), und folglich „der Führer der Masse... noch immer der gefürchtete Urvater" ist,... „das Massenideal, das an Stelle des Ichideals das Ich beherrscht" S. 142). Die Anthropologen und Prähistoriker vom Fach haben diese Theorie nicht akzeptiert. Was von Freuds Konstruktion bleibt, und was jeder Vorgesetzte früher oder später erkennen muß, sind die beiden Tatsachen, „daß alle Züge, mit denen wir den großen Mann ausstatten, *Vaterzüge* sind" (1939, XVI, S. 217), und daß „zum Wesen des Vaterverhältnisses... die *Ambivalenz*" gehört (S. 243). Das schnelle Umschlagen also von Begeisterung und Nachahmung in abwertende Kühle oder sogar deutliches Übelwollen, das u. U. ein Ausdruck der Eifersucht auf Konkurrenten sein kann. Der nahezu unvermeidlichen Ambivalenz entsprechen im großen Rahmen die Ansätze zur Errichtung einer „*vaterlosen Gesellschaft*" (*Federn* 1919; *Mitscherlich* 1963) im Sinne einer „Räteorganisation" bzw. einer „Bruderschaft Gleichberechtigter".

Die Rolle des Führers ist weder leicht noch ungefährlich. Sie wird ihrem Inhaber jedoch dadurch erleichtert, daß auch der Führer, auf den die Geführten ihre Erfolgs- und Sicherungswünsche übertragen (projizieren), dem sie gehorchen und mit dem sie sich identifizieren, in einem analogen Verhältnis zu der *Idee* steht, für die er sich einsetzt. Er folgt ihr bedingungslos, weil sie ihm vorschreibt, wonach er von sich aus strebt, und er kann sich von Ängsten und Schuldgefühlen durch die Überzeugung entlasten, daß sich die Idee in ihm verkörpert. Auch hier verschränken sich *Projektion* und *Identifikation*, denen in der Beschreibung des Eindrucks, den Vorgesetzte auf ihre Mitarbeiter machen, die beiden unabhängigen Dimensionen der *Tüchtigkeit* und der *Beliebtheit,* (→*Duale Führung*) bzw. in Freuds eigenem Modell (1915, X, S. 226) die beiden Polaritäten von „aktiv : passiv" einerseits und von „Lust : Unlust" andererseits entsprechen (*Hofstätter* 1973).

V. *Abwehrmechanismen*

Wer zum ersten Mal Gelegenheit hat, eine Diskussion, an der er selbst beteiligt war, in einer Videoaufzeichnung wiederzuerleben, ist mit sich selbst im allgemeinen wenig zufrieden. Er kommt sich fremd vor, jedoch tröstet er sich zunächst einmal damit, daß offenbar die Aufzeichnung mißlungen ist, da ja auch seine Stimme ganz „unnatürlich" klingt. Dafür gibt es zwar wegen der Resonanz der Schädelknochen physiologische Gründe, jedoch reicht diese Erklärung nicht aus, weil sie sich nicht für den ebenfalls vorhandenen Ärger über das eigene Aussehen in Anspruch nehmen läßt. Wir betätigen vielmehr an dieser Stelle den *Abwehrmechanismus* der *Projektion,* indem wir die Ursache des Mißfallens der eigenen Stimme und der eigenen Mimik von uns selbst auf die Technik der Wiedergabe, vielleicht auch auf das Ungeschick des Technikers verlagern.

Die eigentliche „Schuld" liegt aber darin, daß – die Depressiven ausgenommen – weitaus die meisten Menschen in ihrem *Selbstbild* bedeutender und schöner aussehen als in Wirklichkeit.

Der Fall ist harmlos im Vergleich zu Projektionen, die so verlaufen, daß eigene aggressive Regungen einem Partner oder einem Konkurrenten zugeschrieben werden, um auf diese Weise eine Legitimation für sie zu erhalten: „So verwandelt sich der Satz: ‚Ich hasse ihn' durch Projektion in den anderen: ‚Er haßt (verfolgt) mich', was mich dann berechtigt, ihn zu hassen" (1911; VIII, S. 299). Wenn jemand das Gefühl hat, es gehöre sich eigentlich nicht, eine bestimmte Person zu lieben, kann eine analoge Spiegelumkehrung erfolgen: in Wirklichkeit liebt sie ja ihn. Im einen wie im anderen Fall wird das eigene *Ich* entlastet.

Das ist der Sinn der Abwehrmechanismen, wie sie *Anna Freud* 1936 dargestellt hat, und die das Grundgerüst von Adlers Individualpsychologie abgeben. Zu ihnen gehört die *Verdrängung,* durch die beschämende Eindrücke dem Bewußtsein ferngehalten werden. Auch im Gedächtnis pflegen sie selbst sowie mit ihnen bisweilen nur durch ganz periphere Assoziationen verbundene Sachverhalte schwer auffindbar zu sein. Das *Vergessen von Namen* – eine Fehlleistung, die *Freud* „Zur Psychopathologie des Alltagslebens" (1901) rechnet, – läßt sich fast immer auf die Abwehr von Erinnerungen zurückführen, die dem Ich, wie es sich selbst zu sehen wünscht, dem *Ichideal*, nicht entsprechen. Eine der Möglichkeiten für das Ich, dem Ideal näher zu kommen, ist die *Reaktionsbildung* die jemand dazu veranlassen kann, eine ihm unsympathische Person – einen Minoritätsangehörigen z. B. – exzessiv freundlich zu behandeln oder einen anderen, sein Bemühen um Sauberkeit und Hygiene bis zu einem für das normale Leben unerträglichen Grad zu steigern.

Die von *Freud* 1915 beschriebene Abwehr durch *Wendung gegen die eigene Person* erkennt man bei Leuten, die sich aus geringfügigem Anlaß selbst bittere Vorwürfe machen, hinter denen fast immer eine nach außen gerichtete feindselige Tendenz zu vermuten ist; ihr Sadismus hat sich gemäß der Abwehr-Formel einer „*Verkehrung ins Gegenteil*" zum Masochismus gewandelt.

Die praktische Menschenkenntnis beruht sehr wesentlich – und das schon seit den französischen Moralisten des 18. Jahrhunderts – auf der *Interpretation* von Abwehrmechanismen (*v. Hofmann* 1972; *A. Zaleznik* 1976). Nur gilt von ihnen wegen der großen Anzahl jeweils denkbarer Alternativen ebenso wie von typologischen Erwägungen, daß sich die entsprechenden Konstruktionen zwar zum *Verständnis* des beobachteten Verhaltens eignen – dazu sind sie ja auch im Rahmen einer Psychotherapie bestimmt –, nicht aber zu *Voraussagen*.

Die Psychoanalyse ist deshalb nicht am Modell einer empirischen Wissenschaft zu beurteilen, die ihre Behauptungen nach *Karl Popper* (1935) dem Risiko einer *Falsifikation* aussetzen muß und daher ohne Wenn und Aber zu formulieren hat. Ein solcher Anspruch wäre „das szientistische Selbstmißverständnis der Metapsychologie" (*Habermas* 1973). Außerhalb der Therapie liegt ihr Wert vorwiegend darin, daß sie den Blick für eine Reihe von Möglichkeiten schärft und daher schon frühzeitig festzustellen erlaubt, welche Entwicklung sich in einer konkreten Situation tatsächlich anbahnt.

Literatur

Adorno, T. W./Frenkel-Brunswik, E./Levinson, D./Sanford, R. N.: The Authoritarian Personality. New York 1950.
Federn, P.: Zur Psychologie der Revolution. Die vaterlose Gesellschaft. Wien 1919. In: *Dahmer, H.* (Hrsg.): Analytische Sozialpsychologie. Frankfurt/M. 1980, S. 65–87.
Fisher, S./Greenberg, R. P.: The Scientific Credibility of Freud's Theories and Therapy. New York 1977.
Freud, A.: Das Ich und die Abwehrmechanismen. Wien 1936.
Freud, S. (1901): Zur Psychopathologie des Alltagslebens. In: *Freud, A./Bibring, E./Hoffer, W.* et al. (Hrsg.): Sigmund Freud. Gesammelte Werke, Bd. IV, 3. A., London 1955.
Freud, S. (1908): Charakter und Analerotik. In: *Freud, A./Bibring, E./Hoffer, W.* et al. (Hrsg.): Sigmund Freud. Gesammelte Werke, Bd. VII, 2. A., London 1947, S. 201–209.
Freud, S. (1909): Bemerkungen über einen Fall von Zwangsneurose. In: *Freud, A./Bibring, E./Hoffer, W.* et al. (Hrsg.): Sigmund Freud. Gesammelte Werke, Bd. VII, 2. A., London 1947, S. 379–463.
Freud, S. (1911): Psychoanalytische Bemerkungen über einen autobiographisch beschriebenen Fall von Paranoia (Dementia Paranoides). In: *Freud, A./Bibring, E./Hoffer, W.* et al. (Hrsg.): Sigmund Freud. Gesammelte Werke, Bd. VIII, 2. A., London 1948, S. 239–320.
Freud, S. (1912/1913): Totem und Tabu. In: *Freud, A./Bibring, E./Hoffer, W.* et al. (Hrsg.): Sigmund Freud. Gesammelte Werke, Bd. IX, 2. A., London 1948.
Freud, S. (1913): Das Unbewußte. In: *Freud, A./Bibring, E./Hoffer, W.* et al. (Hrsg.): Sigmund Freud. Gesammelte Werke, Bd. X, 2. A., London 1949, S. 263–303.
Freud, S. (1915): Triebe und Triebschicksale. In: *Freud, A./Bibring, E./Hoffer, W.* et al. (Hrsg.): Sigmund Freud. Gesammelte Werke, Bd. X, 2. A., London 1949, S. 209–232.
Freud, S. (1921): Massenpsychologie und Ich-Analyse. In: *Freud, A./Bibring, E./Hoffer, W.* et al. (Hrsg.): Sigmund Freud. Gesammelte Werke, Bd. XIII, 3. A., London 1955, S. 71–161.
Freud, S. (1923): Das Ich und das Es. In: *Freud, A./Bibring, E./Hoffer, W.* et al. (Hrsg.): Sigmund Freud. Gesammelte Werke, Bd. XIII, 3. A., London 1955, S. 235–289.
Freud, S. (1925): Selbstdarstellung. In: *Freud, A./Bibring, E./Hoffer, W.* et al. (Hrsg.): Sigmund Freud. Gesammelte Werke, Bd. XIV, 2. A., London 1955, S. 31–96.
Freud, S. (1931a): Psycho-Analysis. In: *Freud, A./Bibring, E./Hoffer, W.* et al. (Hrsg.): Sigmund Freud. Gesammelte Werke, Bd. XIV, 2. A., London 1955, S. 296–307.
Freud, S. (1931b): Über libidinöse Typen. In: *Freud, A./Bibring, E./Hoffer, W.* et al. (Hrsg.): Sigmund Freud. Gesammelte Werke, Bd. XIV, 2. A., London 1955, S. 507–513.
Freud, S. (1932): Warum Krieg? In: *Freud, A./Bibring, E./Hoffer, W.* et al. (Hrsg.): Sigmund Freud. Gesammelte Werke, Bd. XVI, London 1950, S. 11–27.
Freud, S. (1938): Abriß der Psychoanalyse. In: *Freud, A./Bibring, E./Hoffer, W.* et al. (Hrsg.): Sigmund Freud. Gesammelte Werke, Bd. XVII, 3. A., London 1955, S. 63–138.
Freud, S. (1939): Der Mann Moses und die monotheistische Religion. In: *Freud, A./Bibring, E./Hoffer, W.* et al. (Hrsg.): Sigmund Freud. Gesammelte Werke, Bd. XVI, London 1950, S. 101–246.
Fromm, E.: Psychoanalyse und Ethik. Zürich 1954.
Fromm, E.: Anatomie der menschlichen Destruktivität. Stuttgart 1974.
Goldman-Eisler, F.: The Problem of Orality and of its Origin in Early Childhood. In: J. Ment. Sci., 1951, S. 765–782.
Grubrich-Simitis, I.: Sigmund Freud „Selbstdarstellung", Schriften zur Geschichte der Psychoanalyse. Frankfurt/M. 1972.
Habermas, J.: Erkenntnis und Interesse. Frankfurt/M. 1973.
Häsing, H.: Narziß, ein neuer Sozialisationstypus? Bensheim 1979.
Hofmann, M. v.: Tiefenpsychologische Anleihen zum Verständnis von Führungsproblemen als Grundlage der Personalpolitik. In: *Braun, W./Kossbiel, H./Reber, G.* (Hrsg.): Grundfragen der betrieblichen Personalpolitik. Wiesbaden 1972, S. 177–199.
Hofstätter, P. R.: Einführung in die Sozialpsychologie. Stuttgart 1973.
Horkheimer, M. (Hrsg.): Studien über Autorität und Familie. Paris 1936.
Jones, E.: Sigmund Freud, Leben und Werk. 3 Bde., Bern 1962.
Kirscht, J. P./Dillehay, R. C.: Dimensions of Authoritarianism. Lexington 1967.
Laplanche, J./Pontalis, J. B.: Das Vokabular der Psychoanalyse. Frankfurt/M. 1973.
Maccoby, M.: Die neuen Chefs. Reinbek 1977.
Mendel, G.: Generationskrise. Frankfurt/M. 1972.
Mitscherlich, A.: Auf dem Weg zur vaterlosen Gesellschaft. München 1963.
Popper, K.: Logik der Forschung. Wien 1935.
Sander, D.: Psychodynamik in Kleingruppen. München 1978.
Weber, M.: Die drei Typen der legitimen Herrschaft. In: Preußische Jahrbücher 1922, S. 1–12.
Zaleznik, A.: Das menschliche Dilemma der Führung. Wiesbaden 1976.

Führungstheorien, von Dyaden zu Teams

George B. Graen/Mary Uhl-Bien

[s. a.: Duale Führung; Führungsforschung in Nordamerika; Führungstheorien – Austauschtheorie, – Rollentheorie, – Weg-Ziel-Theorie; Idiosynkrasiekreditmodell, Transaktionale und Transformationale Führung.]

I. Einleitung; II. Führerverhalten oder Führer-Mitarbeiter-Partnerschaft; III. Team Führungsentwicklung.

I. Einleitung

Die „*Team Leadership-Making Theory*" begann mit der Entdeckung, die erst kürzlich von *Eden* (1993) bestätigt wurde, daß in Hochleistungsteams das Strukturierungsverhalten und das Unterstützungsverhalten eines Führers von seinen Teammitgliedern unterschiedlich aufgenommen wird (*Graen* 1969). Weitere Untersuchungen bekräftigten *Eden* in der Annahme, daß das *Verhalten der Teammitglieder* durch die Qualität der dyadischen Arbeitsbeziehung zwischen dem Führer und jedem Teammitglied bestimmt wird. Diese Forschungsergebnisse stellten das traditionelle Führungsstilmodell ernsthaft in Frage. Es stellte sich die Frage, ob das *Führerverhalten direkte* Effekte auf die Teamleistung hat oder ob die Effekte des Führerverhaltens auf die Teamleistung *indirekt* unter vermittelnder Beteiligung der Struktur von Arbeitspartnerbeziehungen wirksam werden.

II. Führerverhalten oder Führer-Mitarbeiter-Partnerschaft

In einer programmatischen Studie (*Graen/Wakabayashi* 1993), welche den Zeitraum von zwei Jahrzehnten umfaßt, wurde die Frage nach der direkten oder indirekten Einwirkung des Führers auf die Führungseffizienz intensiv zu beantworten versucht.

Angenommen, der Führer einer Gruppe informiert seine Mitarbeiter davon, daß das erfolgreiche Erreichen eines Projektzieles unzählige Stunden unbezahlter Arbeit erfordert. Die Führungsstilhypothese würde vorhersagen, daß alle Gruppenmitglieder gleich reagieren. Wenn der Führer vom Typ A wäre (stark strukturierend und geringe Rücksichtnahme auf die Mitarbeiter), würden sie in gleicher Weise auf diesen Typ reagieren. Im Gegensatz dazu würde die *Führer-Mitarbeiter-Partnerschaft*-Hypothese vorhersagen, daß die Gruppenmitglieder je nach der Qualität ihrer Beziehungen unterschiedlich reagieren würden:

(1) Partner, zu denen hochqualitative Beziehungen bestehen, würden das Ersuchen des Führers als gerechtfertigt ansehen, und sich freiwillig zu einer Mehrleistung verpflichten.

(2) Bei mittelqualitativen Beziehungen werden die Partner im Ersuchen ihres Führers eine hohe Forderung sehen und nur mit widerstrebender Einwilligung reagieren.

(3) In Beziehungen mit niedriger Qualität werden die Partner den Führungsanspruch als unbegründet empfinden und mit oberflächlicher Unterstützung reagieren, ohne sich mit dem Projekterfolg zu identifizieren.

Wie wir sehen werden, konnte die Beziehungsstrukturhypothese validiert werden. In Übereinstimmung mit *Eden* stellt *Graen* fest, daß die Reaktion der Mitarbeiter auf die Aktionen ihrer Gruppenführer von der Qualität ihrer dyadischen Arbeitsbeziehungen abhängt. Bevor man also erwarten kann, daß Führung in einer Gruppe effektiv funktioniert, muß man hochqualitative dyadische Beziehungen herstellen.

III. Team Führungsentwicklung

Graens Konzept der Führung impliziert – ähnlich wie bei *Katz/Kahn* (1978) – die Entwicklung einer über die formale Autorität hinausgehenden „*inkrementellen Beeinflussung*". Das Ausmaß des Führereinflusses kann von sehr effektiv, wenn der *Einfluß des Führers* den Einfluß der Struktur übersteigt, bis zu nicht existent, wenn kein zusätzlicher Wertzuwachs durch den Einfluß des Führers entsteht, variieren (*Graen/Liden/Hoel* 1982; *Ferris* 1985; *Zalesny/Graen* 1986). Außerdem kann Führung durch die Transformation von Eigeninteressen in Teaminteressen zu einer Internalisierung der Teaminteressen beitragen (*Burns* 1978). Damit wird klar, daß *Graen* unter Führung nicht das Verhalten des Führers versteht, sondern mit dem Konzept Führung das Ausmaß der inkrementellen Beeinflussung innerhalb einer Gruppe beschreibt.

In einer Serie von Langzeitstudien, die den Rollenbildungsprozeß (→*Führungstheorien – Rollentheorie*) in Organisationen untersuchten (*Graen* 1969; *Graen/Orris/Johnson* 1973; *Graen/Cashman* 1975; *Liden/Graen* 1980, *Graen/Novak/Sommerkamp* 1982; *Graen/Scandura/Graen* 1986; *Graen/Scandura* 1987; *Graen/Wakabayashi/Graen & Graen* 1990), haben *Graen* und seine Kollegen im Zusammenhang mit der Entwicklung eines Führungsentwicklungsmodells („leadership-making model") verschiedene Möglichkeiten entdeckt, wie effektive Führungsprozesse als Nebenprodukt des *Rollenbildungsprozesses* von Organisationsteilnehmern entstehen können. In diesen Studien wurde herausgefunden, daß wirklich effektive Führung dann möglich wird, wenn Führer reife Führungsbeziehungen zu ihren Mitarbeitern aufbauen. Innerhalb reifer Führungsbeziehungen erfahren Führer und Mitarbeiter wechselseitige Einflußchancen, über vertragliche Vereinbarung hinausgehende Unterstützung, gegenseitiges *Vertrauen*, Respekt, Zuneigung und Internalisierung gemeinsamer Ziele (*Duchon/Green/Taber* 1986; *Crouch/Yetton* 1988; *Hosking/Morley* 1988; *Zalesny/Graen* 1986). Die Mitarbeiter sind bereit, über die formalen Rollenanforderungen hinausgehende Anstrengungen zu unternehmen. Sie engagieren sich auch bei Aktivitäten, die im organisatorischen Rahmen nicht ausdrücklich vorgeschrieben werden. Im Sinne von *Graens* (1989) obiger Führungsdefinition sind es diese Mitarbeiter, mit denen der Führer in der Lage ist, eine über vertragliche Vereinbarungen hinaugehende inkrementelle Beeinflussung zu erzielen, wodurch ein effektiver Führungsprozeß erreicht wird (*Fairhurst/Chandler* 1989, *Fairhurst/Rogers/Sarr* 1987). Im Gegensatz dazu sind unreife Arbeitsbeziehungen zwischen Führern und ihren Mitarbeitern gekennzeichnet durch einseitige unidirektionale, von oben nach unten verlaufende Einflußnahme, buchstabengetreue Einhaltung von Arbeitsverträgen, formale Beziehungen innerhalb des Rollenkonzepts der Organisation und nur lose verbundene Ziele (*Graen/Schiemann* 1978; *Dansereau/Graen/Haga* 1975; *Graen* 1976; *Vecchio* 1982).

Team-Führungsentwicklung in Organisationen ist also nicht bloß der von oben nach unten gerichtete Einfluß eines Führers auf einen Geführten, Führung beinhaltet auch einen von unten nach oben gerichteten Einfluß vom Geführten zum Führer (*Mowday* 1978; *Porter/Allen/Angle* 1981; *Bandura* 1977; *Sims/Manz* 1984; *Graen/Wakabayashi* 1993). In Studien über die Reaktionen der Führer auf bestimmte Verhaltensweisen ihrer Geführten (*Farris/Lim* 1969; *Fodor* 1974; *Gardner/Martinko* 1988) stellte sich heraus, daß die Geführten auf ihre Führer in einem Prozeß rückwirkender Kausalität eindeutig Einfluß ausüben (*Lowin/Craig* 1968; *Farris/Lim* 1969; *Herold* 1977). Dieser Einfluß kann absichtlich ausgeübt werden – durch die bewußte Anwendung von Beeinflussungsstrategien (*Dienesh/Liden* 1986; *Gardner/Martinko* 1988; *Kipnis/Schmidt/Wilkinson* 1980; *Liden/Mitchell* 1989; *Porter/Allen/Angle* 1981) – oder unbeabsichtigt – z.B. durch die Auswirkungen des Leistungsniveaus auf den Führungsstil (*Lowin/Craig* 1968).

1. Das Team-Leadership-Making-Modell

Das Team-Leadership-Making-Modell ist auf dem in Abb. 1 dargestellten dreiteiligen Schema aufgebaut. Führung wird unter dem Gesichtspunkt dreier Basiselemente betrachtet: (1) Die Eigenschaften der ersten Person, (2) die Eigenschaften der zweiten Person, (3) die *Reife der Partnerbeziehung* zwischen den beiden. Dieses Modell zeigt, daß die Einzelindividuen zwar unabhängig voneinander zur Leistungsfähigkeit eines *Teams* beitragen, daß es sich dabei aber nur um Basisbeiträge, die durch die formalen Arbeitsverträge definiert werden, handelt. Darüber hinausgehende Beiträge zur Teamkultur und Leistungsfähigkeit sind führungsmotiviert und ein Resultat der oben zitierten inkrementellen Beeinflussung (*Katz/Kahn* 1978). Darüber hinaus trägt die Reife der Partnerbeziehungen durch ihre Auswirkungen auf das Wertesystem im Team auch zur Internalisierung des Teamgedankens bei. Durch den Aufbau von sehr reifen Partnerbeziehungen erleben die Partner einen Transformationsprozeß, der sie durch eine Veränderung ihrer Interessen von einem individuellen Fokus zu einem Teamfokus über die Anforderungen ihrer Jobs hinauswachsen läßt.

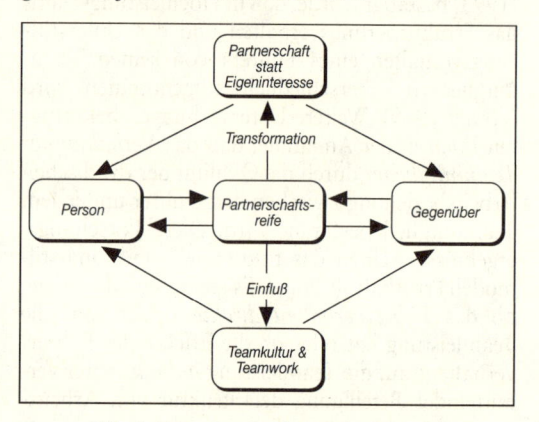

Abb. 1: Team-Leadership-Making-Modell

Die Autorisierung von reifen Partnerbeziehungen wird durch einen Prozeß wechselseitiger Investitionen (→*Führungstheorien – Austauschtheorie*) zwischen zwei Personen initiiert. Partner mit diesem hohen Entwicklungspotential sind an ihrer Fähigkeit erkennbar, andere davon überzeugen zu können, daß sie es verdienen, über die gegenwärtige Partnerschaft hinauszuwachsen. Hinzutreten muß allerdings die Bereitschaft ihres Gegenübers, diesen Prozeß gegenseitigen Hinauswachsens zu unterstützen. Dieser Prozeß wechselseitiger Investition befähigt eine Person, gemeinsam mit bestimmten anderen Personen, trotz scheinbarer Hindernisse und Problemen komplizierte und schwierige Aufgaben zu meistern (*Graen* 1989). Zum besseren Verständnis dieses Prozesses kann man sich die Partnerbeziehung als ein dyadisches psychologisches Konto vorstellen, auf dem die Person und ihr Gegenüber Einzahlungen und Abhebungen vornehmen (*Graen/Scandura* 1987). Da dieses Konto auf einer sozial-emotionalen Beziehung basiert, handelt es sich hierbei um psychologische und nicht materielle Maßeinheiten. Aus diesem Grund interpretiert jeder Partner sowohl Einzahlungen als auch Abhebungen, die dieses Konto betreffen, subjektiv und im Sinne der Geschichte des Kontos. Außerdem durchleben diese psychologischen Konten einen Lebenszyklus, an dessen Beginn zwei Fremde stehen, die sich zu zwei Bekannten weiterentwickeln, deren Beziehung unter bestimmten Umständen zu einer reifen Partnerschaft transformiert werden kann. Wenn z. B. eine Person versucht, die andere zu beeinflussen (oder umgekehrt), wird dieser Einflußversuch registriert und im Licht der Beziehung, die zu dieser Person besteht, betrachtet. Falls die Beziehung am Anfang steht, wird der Einflußversuch innerhalb eines Rollenbildungsprozesses (oder *Teambildungsprozesses*) vor sich gehen (*Graen/Scandura* 1987), falls die Beziehungen aber bereits gut etabliert ist, wird die Zielperson der Beeinflussung das Ansuchen im Lichte vergangener Erfahrungen mit dem Absender der Beeinflussung betrachten (z. B. basierend auf *Idiosynkrasiekredits*, wie sie von *Hollander* (→*Führungstheorien – Idiosynkrasiekreditmodell*) beschrieben werden, 1958, 1980). In jedem Fall wird die andere Person auf den Versuch antworten: Hochqualitative Beziehungen werden in größeren gegenseitigen Einflußchancen münden, niedrig qualitative Beziehungen werden nicht über vertraglich vereinbarte Einflußmöglichkeiten hinausgehen.

Dieser Autorisierungsprozeß der möglichen Einflußchancen umfaßt zwei Auswahlprozesse:

(a) Die Auswahl eines zukünftigen Partners durch eine Person (Angebotsauswahl) und

(b) die Akzeptanz oder Ablehnung des Angebots durch den zukünftigen Partner (Selbstauswahl).

Bevor dieser Prozeß autorisiert wird, müssen beide Parteien zustimmen und sich austauschen, und beide Parteien können diesen Prozeß jederzeit stoppen oder umkehren. In den oben zitierten Feldexperimenten stellte sich heraus, daß vor allem jene Mitarbeiter mit hohen *Wachstumsbedürfnissen* („high growth need strength [GNS]") – also jene, die über ihre formale Arbeitsrolle hinauswachsen wollen – das Angebot zur Autorisierung annahmen.

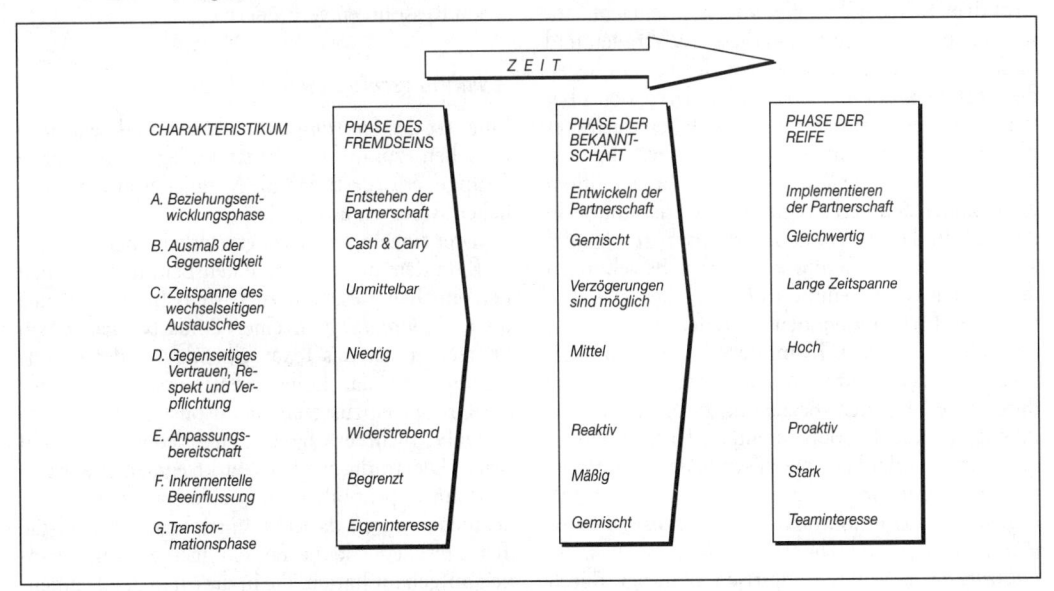

2. Lebenszyklus der Team-Führungsreife

Die Entwicklung von reifen Partnerbeziehungen im Team Führungsentwicklungsprozeß kann auch als „Lebenszyklus" der Reife von Partnerbeziehungen gesehen werden. Der Entstehungsprozeß der Beziehung zwischen einer Person und ihrem Gegenüber entwickelt sich in diesem *Lebenszyklusmodell* über drei Stufen hinweg (vgl. Abb. 2). In der ersten Stufe des Lebenszyklus treffen sich die Person und ihr Gegenüber als Fremde, die voneinander abhängige organisatorische Rollen innehaben. In diesem „fremden" Stadium findet Austausch nur auf einer vertraglichen Basis statt: Beide verhalten sich genau nach Vorschrift. Sie verpflichten sich nur kurzfristig und Austausch findet auf einer „cash and carry"-Ebene statt (vgl. Charakteristika B und C in Abb. 2). Im zweiten, dem „Bekanntschaftsstadium", beginnt sowohl auf der persönlichen als auch auf der Arbeitsebene ein größerer Austausch von Informationen und Ressourcen. Diese Austauschprozesse sind noch immer beschränkt und stellen sozusagen ein „Teststadium" dar, indem eine

CHARAKTERISTIKUM	PHASE DES FREMDSEINS	PHASE DER BEKANNTSCHAFT	PHASE DER REIFE
A. Beziehungsentwicklungsphase	Entstehen der Partnerschaft	Entwickeln der Partnerschaft	Implementieren der Partnerschaft
B. Ausmaß der Gegenseitigkeit	Cash & Carry	Gemischt	Gleichwertig
C. Zeitspanne des wechselseitigen Austausches	Unmittelbar	Verzögerungen sind möglich	Lange Zeitspanne
D. Gegenseitiges Vertrauen, Respekt und Verpflichtung	Niedrig	Mittel	Hoch
E. Anpassungsbereitschaft	Widerstrebend	Reaktiv	Proaktiv
F. Inkrementelle Beeinflussung	Begrenzt	Mäßig	Stark
G. Transformationsphase	Eigeninteresse	Gemischt	Teaminteresse

Abb. 2: Lebenszyklus der Team-Führungsreife

gleichwertige Erwiderung einer Gefälligkeit in einer limitierten kurzen Zeitspanne erwartet wird. Im dritten Stadium – dem „reifen" Stadium – sind die Austauschprozesse hochentwickelt. Es sind gleichwertige Austauschprozesse, die eine lange Zeitspanne der Erwiderung beinhalten können (vgl. Charakteristika B und C in Abb. 2). Sie können sich auf gegenseitige Loyalität und Unterstützung verlassen. Austauschprozesse finden nicht nur auf der Verhaltensebene sondern auch auf der emotionalen Ebene statt.

Die Entwicklung der einzelnen Stadien im Lebenszyklus variiert je nach Führungsdyade. In manchen *Dyaden* wird die Beziehung nie besonders weit über das Stadium des Fremdseins hinausgehen.

Für jene Dyadenmitglieder, die sich bis zum „reifen" Stadium weiterentwickeln, kann der Lohn außerordentlich sein. In reifen Beziehungen ist das Potential der inkrementellen Beeinflussung nahezu unbegrenzt, verursacht durch den extrem großen Umfang des Austausches von Investitionen (Transaktionen), der möglich ist. In *Burns* (1978) Konzept *transaktionaler Führung* stellen Transaktionen den Austausch von Investitionen dar, die auf der Geschichte der Austauschbeziehung zwischen den Mitgliedern der Dyade basieren. Daher zeichnet sich die reife Transaktionsbeziehung zwischen den Mitgliedern der Dyade durch einen hohen Grad an gegenseitigem Vertrauen, Respekt und Verpflichtung innerhalb der Beziehung (vgl. Charakteristikum D [1] in Abb. 2) aus. Personen können sich darauf verlassen, daß sie die anderen mit besonderer Unterstützung versorgen, wenn es nötig ist. So können sie z. B. darauf vertrauen, daß ihr Gegenüber außerordentliche Aufgaben ohne Bezahlung übernimmt und ihnen ehrliche, konstruktive Kritik gibt, die andere vielleicht abschrecken würde. Gerade in diesem Vertrauen und diesem Respekt in die bzw. vor der Person liegen die Ursachen, daß der oder die anderen sich über die formalen Anforderungen des Arbeitsvertrages hinausentwickeln, über ihre Aufgaben hinauswachsen und damit die Arbeitseinheit und ihren Kontext neu definieren (vgl. Charakteristikum G in Abb. 2). In diesem *Transformationsprozeß* (*Burns* 1978) verändern Geführte in reifen Beziehungen ihren Focus von Eigeninteresse zu stärkerem Teaminteresse. Diese Individuen begreifen, daß sie mit der Befriedigung der Teaminteressen auch ihre eigenen Interessen vertreten. Außerdem verfügen sie durch ihre besondere Beziehung zu einer anderen Person über die Ressourcen und die Unterstützung, die es ihnen erlauben, die zusätzliche Verantwortung zu übernehmen, die diese „Transformation" begleitet (→*Transaktionale und Transformationale Führung*). Die Theorie der *Lebenszyklen im Führungsprozeß* wird empirisch bestätigt durch *Sridhar* (1991), *Deluga* (1992) und *Basu* (1991).

3. Team-Führungsentwicklung *aufwärts, abwärts, gleichrangig*

Unter der Voraussetzung, daß Führung als *interpersonaler Beeinflussungsprozeß* gesehen wird, beschreibt das TLM-Modell einen Prozeß, der auf die Bildung von effektiveren Teams angewendet werden kann. Als Netzwerke voneinander abhängiger *dyadischer Führungsbeziehungen* werden Teams auch von der Art der Beziehungen, die sich unter den Mitgliedern entwickeln, beeinflußt. Da ein Team aus allen möglichen Kombinationen dyadischer Führungsbeziehungen besteht, wird die Teamleistung davon beeinflußt, wie jede dieser voneinander abhängigen Beziehungen entwickelt ist und wie mit ihr umgegangen wird. Daher sind die Beziehungen innerhalb eines Teams nicht bloß eine Ansammlung von Führungsbeziehungen zwischen den Mitgliedern und den Führern, *sondern sie schließen den gesamten Bereich der Beeinflussungsbeziehungen zwischen den Teammitgliedern ein*. Zusätzlich zu den Beziehungen zwischen den Teammitgliedern, umfaßt das hier dargestellte *Modell der Führungsentwicklung* auch Führungsbeziehungen zwischen Teammitgliedern und ihren Mitarbeitern außerhalb des Kernteams (*Graen/Uhl-Bien* 1991; *Seers* 1989). Genau gesagt, ist das Kompetenznetzwerk einer Person zusammengesetzt aus allen anderen Personen, mit denen die erste Person nichttriviale interdependente Beziehungen unterhält (*Graen* 1990).

Die Bildung von *Partnerschaftsnetzwerken* ist ein Prozeß der Entwicklung einer ganzheitlichen Menge von Arbeitspartnerschaften, die das Führungsentwicklungsmodell anwenden. Eine Person hat mit der Vergrößerung ihres Beziehungsnetzwerkes auch ihren Zugang zu organisatorischen Ressourcen vergrößert.

4. *Führungsentwicklung in Teams*

Eine Art der *Führungsentwicklung*, und zwar jene zwischen zukünftigen Teamkollegen als ganze Gruppe, erfordert, daß die Mitglieder ihre persönlichen Reserven anzapfen.

Jeder einzelne entscheidet letztlich über das Ausmaß, in dem er bereit ist, einen Beitrag aus seinen persönlichen Reserven zu leisten. In einer Studie über *Teambildung* in einer Bank (*Graen* 1989) überzeugte sich das Team selbst davon, daß es notwendig war, das kollektive *Kompetenznetzwerk* der Gruppe einzusetzen, da ansonsten die gestellte Aufgabe nicht erfolgreich zu erledigen gewesen wäre. Die traditionellen Marktsegmente wurden langsam unprofitabel und vielversprechende neue Segmente waren dabei zu entstehen. Obwohl die Teammitglieder keine Beziehungen zu den Personen aufgebaut hatten, die in diesen neuen Segmenten bestimmenden Einfluß hatten, gab es Personen in ihren Kompetenznetzwerken, die solche Beziehungen hatten. Indem diese Personen ausständige Gefälligkeiten zurückforderten bzw. um Gefälligkeiten baten, war es den Teammitgliedern möglich, einen Vorstoß in das neue entstehende Marktsegment zu unternehmen.

5. Führungsentwicklung in Kompetenznetzwerken

Die zweite Art von Führungsentwicklung, die zwischen zukünftigen Teammitgliedern und ihren Kompetenznetzwerken als Teil des Rollenbildungsprozesses abläuft, erfordert die Entwicklung von *Unterstützungssystemen* für das Team (*Graen* 1989). Diese Unterstützungssysteme stellen eine Verbindung zu Informations-, Einfluß-, Ressourcen- und Fachkenntnisreserven dar. Solche Unterstützungssysteme können durch Führungsbeziehungen der Teammitglieder mit Kollegen außerhalb des Teams vermittelt werden. Die Wahrscheinlichkeit, in solche *Unterstützungssysteme* einsteigen zu können, hängt von der Reife der Führungsbeziehungen ab. Teammitgliedern mit reifen Beziehungen wird wahrscheinlich eher die Möglichkeit gegeben, in diese Systeme einzusteigen als Teammitgliedern mit Bekanntschaftsbeziehungen.

Beide Arten der *Führungsbildung*, also jene zwischen Teamkollegen als Gruppe und jene zwischen Teammitgliedern und ihren Kompetenznetzwerken, werden benötigt, um das, was *Hackman* (1986) als „unterstützende Leistungsbedingungen" bezeichnet, aufzubauen. Die unterstützenden Leistungsbedingungen können in fünf Kategorien unterteilt werden:

(1) Klare und bindende Zielsetzung,
(2) eine unterstützende Struktur innerhalb der Arbeitseinheit (bezogen auf die Angaben, Personen, Erwartungen),
(3) einen unterstützenden organisatorischen Kontext (Entgeld, Bildung, Information),
(4) verfügbare Fachkenntnisse und →*Coaching* und
(5) ausreichende materielle Ressourcen (*Hackman* 1986).

Theoretisch ist mit erfolgreichen Leistungsergebnissen des Teams zu rechnen, wenn alle fünf dieser unterstützenden Leistungsbedingungen vorhanden sind. Wenn Defizite in den Unterstützungsbedingungen auftreten, müssen die Teammitglieder entweder nach Substituten Ausschau halten oder in Kauf nehmen, daß die Teamleistung abnimmt. Solche Substitute können durch Führungsbeziehungen vermittelt werden. Die Wahrscheinlichkeit, daß die benötigten Substitute auch erreicht werden können, hängt von der Reife der Führungsbeziehungen zwischen den Teammitgliedern und den außenstehenden Ressourceninhabern ab. Teammitglieder mit reifen Beziehungen zu Ressourceninhabern können eher innovative Substitute zur Verfügung stellen als solche mit Bekanntschaftsbeziehungen. Erfolgreiche Teams verlassen sich allerdings nicht nur auf die fünf Unterstützungsbedingungen. Sie verstehen, daß sich im Verlauf der Arbeit an einem Projekt jene Bedingungen, die anfangs als unterstützend angesehen werden, als inadäquat herausstellen können. Diese Teams erkennen ihre Grenzen, indem sie realistische Vorstellungen darüber entwickeln, wie adäquat die zur Verfügung stehenden Ressourcen für die Erfüllung ihrer Aufgabe sind (*Graen* 1989). Daher verwenden sie einen Großteil ihrer Energie zum Aufbau von Verbindungen für notwendige Substitute für den etwaigen Ausfall von Unterstützungen. Wenn während des Projektfortschritts Unangemessenheiten in den Unterstützungsbedingungen auftreten, greifen sie auf die benötigten Substitute zurück. Auf diese Art können Teams mit turbulenten Veränderunng in ihrer Umwelt fertig werden.

6. Test des Kontingenzmodells

Uhl-Bien/Graen (1993) überprüften die These, ob *Hochleistungsteams* aus dem Prozeß der Teamführungsentwicklung Nutzen ziehen können, *bürokratische Teams* aber nicht. Getestet wurden Techniker und Wissenschaftler, die sowohl in bürokratischen Teams (unifunktional) als auch in Hochleistungsteams (multifunktional) beschäftigt waren. Die Teamleistung wurde von Außenstehenden bewertet. Die Ergebnisse zeigten, daß die Teamführungsentwicklung keinen Beitrag zur Leistung von bürokratischen Teams (unifunktional) leistete, sehr wohl aber die Leistung von Hochleistungsteams steigerte.

Obwohl es logisch scheint, auch für bürokratische (unifunktionale) Teams eine Teamstruktur reifer Arbeitsbeziehungen zu schaffen, können in solchen Fällen keine Hochleistungen erwartet werden, außer das Team wurde bereits unter diesen fördernden Bedingungen aufgebaut. Hochleistungsteams müssen nicht nur selbstzweckhaft reife Beziehungen, sondern auch spezifische Ziele und einen Freiraum beim Erreichen derselben haben.

7. Der Teamentwicklungsprozeß

Teamentwicklung ereignet sich im Laufe eines dreiphasigen Prozesses (*Graen* 1989):

In der ersten Phase, dem *Teamfindungsprozeß*, bewerten die Teammitglieder gegenseitig ihre Motivationen und Fähigkeiten. In dieser Einführungsphase versucht jede Person, die wichtigen Teamtalente und die Motivationen der anderen sowie die Ressourcen, die die anderen anzubieten haben, herauszufinden. Dieser Prozeß geht in iterativen Testsequenzen vor sich. Durch das Angebot verschiedener Möglichkeiten kann sich ein Teammitglied erfolgreich den Leistungsgrenzen von Teamkollegen sowie anderen Dimensionen, die für die Teamidentität wichtig sind, annähern. Darüber hinaus kann jede Person das Ausmaß, in dem andere bereit sind, ihre individuellen Eigeninteressen zugunsten der Interessen des Teams zurückzustellen, mitbestimmen, indem die Person ihre Bereitschaft signalisiert, sich über das rollenspezifische Verhalten hinaus zu engagieren. Durch das Einlassen auf diese anfänglichen Testaktivitäten innerhalb einer sehr kurzen Zeitperiode kann eine Gruppe eine ganze Menge über ihre Teilnehmer lernen.

Basierend auf den Ergebnissen der Bewertungstests, die in der Teamfindungsphase stattgefunden haben, kann es sein, daß eine Gruppe auf einem relativ niedrigen Niveau des Austauschs bleibt (wenn die Ergebnisse des Testprozesses negativ sind), oder sie entwickelt sich auf eine höhere Stufe des Austauschs (wenn die Ergebnisse des Testprozesses positiv sind). Wie diese Entwicklung vor sich geht, wird in der *Teamdesignphase* bestimmt. Während dieser Phase stellen die Teammitglieder fest, wie sich die einzelnen Personen in verschiedenen Situationen verhalten, und beginnen, die Art ihrer Teambeziehungen zu definieren. Dieser Prozeß wird von den Teammitgliedern offen diskutiert und in der Zusammenarbeit werden alternative *Team-Interdependenzen* ausprobiert. Daraus entstehen neue Formen von ineinandergreifenden Verhaltenszyklen, die sich gegenseitig verstärken. Diese Team-design-Episoden können von jedem Teammitglied initiiert werden. Daraus wird durch eine Serie von Vorschlägen und Gegenvorschlägen eine Haltung des gegenseitigen Verstehens, die zur Festsetzung geeigneter *Teamrollen* führt, entwickelt.

Der Prozeß des Teamdesign hängt von der wechselseitigen Investition der als wertvoll angesehenen Ressourcen aller beteiligten Parteien ab. Jede Partei investiert etwas, das für das Team wertvoll ist, und jede Partei hält diese Austauschprozesse für sinnvoll. Darüber hinaus müssen die Regeln, die für die Teambeziehungen bestimmend sind, vereinbar sein mit einem hohen Niveau gegenseitigen Vertrauens und einer Bindung an das Team. Ohne angemessenes Vertrauen kommt der Prozeß zu einem Stillstand oder wird erst gar nicht initiiert, da die Teilnahme an der Teamzusammenarbeit ansonsten für die einzelnen Mitglieder zu riskant wird. Ohne Zusammenarbeit der Teammitglieder ist das einzelne Mitglied überfordert und kann sich nicht weiterentwickeln. So ist z. B. für Mitglieder selbststeuernder Gruppen (→*Selbststeuernde Gruppen, Führung in*) die Zusammenarbeit mit Kollegen und einflußreichen Außenstehenden wichtig, um die Risiken, die es bedeutet, Teil einer selbststeuernden Gruppe zu sein, zu akzeptieren.

Nach der Definition der Beziehungen in der Teamdesignphase, wird das Verhalten der Teammitglieder, in der *Teamtransformationsphase* miteinander verknüpft. In dieser Phase lernen die Teammitglieder vollständig als Team zusammenzuarbeiten, indem sie die Teaminteressen über ihre Eigeninteressen stellen. In der Zusammenarbeit verändern sich auch die Rollen im Team, effektive Verhaltensweisen werden eher verstärkt, uneffektive werden eher geschwächt.

In dieser Phase reifen effektive interpersonale Kontakte von bloßen Bekanntschaften zu gefestigten Teambeziehungen. Gegenseitiges Vertrauen, Respekt, Loyalität, Verständnis und bindende Verpflichtung werden entwickelt. Die Beziehung zum Team hat sich vom formal vorgeschriebenen einfachen Austausch jener Ergebnisse, die durch die Verfolgung der Eigeninteressen erzielt werden, zur Bindung an ein integriertes Team verändert, indem jeder die Interessen der anderen durch die Verpflichtung, die eigenen Beiträge für das beste Ergebnis des Teams einzubringen, unterstützt. An diesem Punkt hat sich ein formal *rollenkonformes Team* zu einem *integrierten Team* weiterentwickelt.

Literatur

Bandura, A.: Social Learning Theory. Englewood Cliffs, N. J. 1977.
Basu, R.: An Empirical Examination of Leader-Member Exchange and Transformational Leadership as Predictors of Innovation Behavior. Unpublished Doctoral Dissertation. Purdue University 1991.
Burns, J. M.: Leadership. New York 1978.
Crouch, A./Yetton, P.: Manager-Subordinate Dyads: Relationships Among Task and Social Contact, Manager Friendliness, and Subordinate Performance in Management Groups. In: Organizational Behavior and Human Decision Processes, 1988, S. 65–82.
Dansereau, F./Graen, G./Haga, W.: A Vertical Dyad Linkage Approach to Leadership in Formal Organisations. In: Organizational Behavior and Human Performance, 1975, S. 46–78.
Deluga, R. J.: The Relationship of Leader-Member-Exchanges with Laissez-Faire, Transactional and Transformational Leadership in Naval Environments. In: *Clark, K. E./Clark, M. B./Campell, D. P.* (Hrsg.): The Impact of Leadership. West Orange 1992.
Dienesch, R. M./Liden, R. C.: Leader-Member Exchange Model of Leadership: A Critique and Further Development. In: Academy of Management Review, 1986, S. 618–634.
Duchon, D./Green, S./Taber, T.: Vertical Dyad Linkage: A Longitudinal Assessment of Antecedents, Measures and Consequences. In: Journal of Applied Psychology, 1986, S. 56–60.
Eden, D.: Leadership and Expectations: Pygmalion Effects and Other Self-Fulfilling Prophecies in Organizations. In: Leadership Quarterly, 1993, S. 271–305.
Fairhurst, G. T./Chandler, T. A.: Social Structure in Leader-Member Exchange Interaction. In: Communication Monograph, 1989, S. 215–239.
Fairhurst, G. T./Rogers, L. E./Sarr, R. A.: Manager-Subordinate Control Patterns and Judgements About the Re-

lationship. In: *McLaughlin, M.* (Hrsg.): Communications Yearbook 1987, S. 395-415.
Farris, G. F./Lim, F. G., Jr.: Effects of Performance on Leadership, Cohesiveness, Influence, Satisfaction and Subsequent Performance. In: Journal of Applied Psychology, 1969, S. 490-497.
Ferris, G. R.: Role of Leadership in the Employee Withdrawal Process: A Constructive Replication. In: Journal of Applied Psychology, 1985, S. 777-781.
Fodor, E. M.: Disparagement by a Subordinate as an Influence on the Use of Power. In: Journal of Applied Psychology, 1974, S. 652-655.
Gardner, W. L./Martinko, M. J.: Impression Management: An Observational study linking audience characteristics with verbal self-presentation. In: Academy of Management Journal, 1988, S. 42-65.
Graen, G. B.: Instrumentality Theory of Work Motivation: Some Experimental Results and Suggested Modifications. In: Journal of Applied Psychology, 1969.
Graen, G. B.: Role Making Processes Within Complex Organizations. In: *Dunnette, M. D.* (Hrsg.): Handbook of Industrial and Organizational Psychology. Chicago 1976, S. 1201-1245.
Graen, G. B.: Unwritten Rules for Your Career: 15 Secrets for Fast-Track Success. New York 1989.
Graen, G. B.: Designing Productive Leadership Systems to Improve Both Work Motivation and organizational effectiveness. In: *Fleishman, E.* (Hrsg.): International Work Motivation. Hillsdale 1990, S. 200-233.
Graen, G. B./Cashman, J.: A Role-Making Model of Leadership in Formal Organizations: A Developmental Approach. In: *Hunt, J. G./Larson, L. L.* (Hrsg.): Leadership Frontiers. Kent 1975, S. 143-166.
Graen, G. B./Liden, R./Hoel, W.: Role of Leadership in the Employee Withdrawal Process. In: Journal of Applied Psychology, 67, S. 868-872.
Graen, G. B./Orris, D./Johnson, T.: Role Assimilation Processes in a Complex Organization. In: Journal of Vocational Behavior, 1973, S. 395-420.
Graen, G. B./Schiemann, W.: Leader-Member Agreement: A Vertical Dyad Linkage Approach. In: Journal of Applied Psychology, 1978, S. 206-212.
Graen, G. B./Uhl-Bien, M.: The Transformation of Professionals into Self-Managing and Partially Self-Designing Contributions: Toward a Theory of Leader-Making. In: Journal of Management Systems, 1991, S. 33-48.
Graen, G. B./Wakabayashi, M.: Cross-Cultural Leadership-Making: Bridging American and Japanese Diversity for Team Advantage. In. *Dunnette, M. D./Hough, L. M.* (Hrsg.): Handbook of Industrial and Organizational Psychology 1993.
Hackman, J. R.: The Psychology of Self-Management in Organizations. In: *Pollack, M. S./Perloff, R. O.* (Hrsg.): Psychology and Work: Productivity, Change and Employment. Washington 1986, S. 85-136.
Herold, D. M.: Two-Way Influence Processes in Leader-Follower Dyads. In: Academy of Management Journal, 1977, S. 224-237.
Hollander, E. P.: Conformity, Status and Idiosyncrasy Credit. In: Psychologial Review, 1958, S. 117-127.
Hollander, E. P.: Leadership and Social Exchange Processes. In: *Gergen, K. J./Greenberg, M. S./Willis, R. H.* (Hrsg.): Social Exchange: Advances in Theory and Research. New York 1980.
Hosking, D. M./Morley, I.: The Skills of Leadership. In: *Hunt, J. G./Baliga, B. R./Dachler, H. P./Schriesheim, C. A.* (Hrsg.): Emerging Leadership Vistas. Boston 1988, S. 80-106.
House, R./Baetz, M.: Leadership: Some Empirical Generalizations and New Research Directions. In: *Staw, B.* (Hrsg.): Social Exchange: Advances in Theory and Research. New York 1979.
Katz, D./Kahn, R. L.: The Social Psychology of Organizations. New York 1978.
Liden, R./Graen, G. B.: Generalizability of the Vertical Dyad Linkage Model of Leadership. In: Academy of Management Journal, 1980, S. 451-465.
Liden, R. C./Mitchell, T. R.: Ingratiation in the Development of Leader-Member Exchanges. In: *Giacalone, R. A./Rosenfeld, P.* (Hrsg.): Impression Management in Organization. Hillsdale 1989.
Lowin, A./Craig, J. R.: The Influence of Level of Performance on Managerial Style: An Experimental Object-Lesson in the Ambiguity of Correlation Data. In: Organizational Behavior and Human Performance, 1968, S. 440-458.
Mowday, R. T.: The Exercise of Upward Influence in Organizations. In: ASQ, 1978, S. 137-156.
Porter, L. W./Allen, R. W./Angle, H. L.: The Politics of Upward Influence in Organizations. In: *Cummings, L. L./Staw, B.* (Hrsg.): Research in Organizational Behavior, 1981, S. 109-149.
Seers, A.: Team-Member Exchange Quality: A New Construct for Role-Making Research. In: Organizational Behavior and Human Decision Processes, 1989, S. 118-135.
Sims, H./Manz, C.: Observing Leader Verbal Behavior: Toward Reciprocal Determinism in Leadership Theory. In: Journal of Applied Psychology, 1984, S. 222-232.
Skinner, B. F.: Science and Human Behavior. New York 1953.
Sridhar, B.: A Path Analytic Examination of the Impact of Transactional and Transformational Behavior on Follower Expowerment: A Vertical Dyad Linkage Perspective. Presented at Association of Management. Atlantic City 1991.
Uhl-Bien, M./Graen, G. B.: Leadership-Making in Self-Managing Professional Work Teams: An Empirical Investigation. In: *Clark, K. E./Clark, M. B./Campbell, D. P.* (Hrsg.): The Impact of Leadership. West Orange 1993.
Vecchio, R.: A Further Test of Leadership Effects Due to Between-Group and Within-Group Variation. In: Journal of Applied Psychology, 1982, S. 200-208.
Zalesny, M. D./Graen, G.: Exchange Theory in Leadership Research. In: *Kieser, A./Reber, G./Wunderer, R.* (Hrsg.): HWFü. Stuttgart 1986, S. 714-727.

Führungstheorien – Vroom/Yetton-Modell

Arthur G. Jago

[s. a.: Effizienz der Führung; Empirische Führungsforschung, Methoden der; Führungsforschung/Führung in Nordamerika; Mitbestimmung, Führung bei; Personalentwicklung als Führungsinstrument.]

I. Einleitung; II. Informale Partizipation; III. Ein Kontingenzansatz; IV. Das normative Modell von Vroom/Yetton; V. Deskriptive Modelle des Führungsverhaltens; VI. Implikationen für die

Ausbildung von Führungskräften; VII. Neue Entwicklungen; VII. Zusammenfassung.

I. Einleitung

Seit den Studien von *Lewin* et al. im Jahr 1939 haben sich die Führungstheoretiker für die Folgen von *autoritären* (oder *autokratischen*) versus *demokratischen* (oder *partizipativen*) *Führungsstilen* interessiert. Obwohl frühe Forschungen die Vorteile der *Partizipation* in den Vordergrund stellten, wurde mit dem Anwachsen empirischer Befunde immer deutlicher, daß diese Vorteile nur manchmal realisiert wurden. In der umfassendsten Zusammenfassung der zahlreichen Literaturbeiträge schreiben *Locke/Schweiger* (1978), daß nur 22% der empirischen Studien behaupten, demokratische Führungspraktiken erzeugten größere Produktivität als autokratische Führungsstile. Zudem kommen nur 60% der Studien zu dem Schluß, daß demokratische Führung mehr Zufriedenheit der Mitarbeiter und höhere Arbeitsmoral hervorruft.

Die gesammelten Beweise deuten darauf hin, daß die Wirkung der Partizipation in Entscheidungsprozessen „von der Situation abhängt". Leider bleibt dies so lange eine eher nichtssagende Binsenweisheit, als die Situationsbedingungen, von denen die Vorteile abhängen, genau und vollständig bestimmt sind. 1973 publizierten *Vroom/Yetton* das erste *Kontingenzmodell,* in dem die *Partizipation* in Entscheidungsprozessen im Mittelpunkt steht und der Versuch gemacht wird, diesen spezifischen Bedingungen Rechnung zu tragen.

II. Informale Partizipation

Mitarbeiter-Partizipation in Entscheidungen einer Organisation überschreitet die Grenzen dessen, was traditionell unter dem Begriff „Führung" gekennzeichnet wird. Arbeitnehmer-Partizipation existiert auf gesetzlicher Basis wie beispielsweise in der Bundesrepublik Deutschland, auf der Grundlage tarifvertraglicher Regelungen in Schweden und Norwegen und in einem geringeren Ausmaß auch in den Vereinigten Staaten.

Die Art der Arbeitnehmer-Partizipation, die jedoch besonders im Bereich der traditionellen Führungsforschung relevant ist, ist informaler Art und unterliegt dem freien Ermessen der einzelnen Vorgesetzten. Jede Vorgesetztenrolle enthält bestimmte Verantwortungsbereiche hinsichtlich Entscheidungen, für welche es keine Vorschriften für die Miteinbeziehung der Untergebenen gibt. In solchen Situationen steht es dem Vorgesetzten frei, nach seinem Ermessen zu handeln und entweder Führung auszuüben oder nicht. Und gerade für diese Situationen empfiehlt das *Vroom/Yetton-Modell* Verhaltensweisen für Führer, um die Wirksamkeit der Entscheidungsprozesse zu steigern und die Wahrscheinlichkeit des Langzeiterfolges zu erhöhen.

III. Ein Kontingenzansatz

Die Grundkonzeption des Vroom/Yetton-Modells ist graphisch in Abbildung 1 dargestellt. Dem Führer steht eine Reihe verschiedener Entscheidungsmöglichkeiten zur Verfügung; diese stellen sein Repertoire an Verhaltensweisen dar. Die organisationale Situation konfrontiert den Vorgesetzten mit verschiedenen *Entscheidungssituationen,* mit Handlungsfreiheiten, für welche er →*Verantwortung* trägt. Die Effizienz der Entscheidung – und zu einem gewissen Grad auch der gesamte Erfolg des Führers – hängt davon ab, wie weit die Entscheidungsmethoden den verschiedenen Entscheidungssituationen gerecht werden.

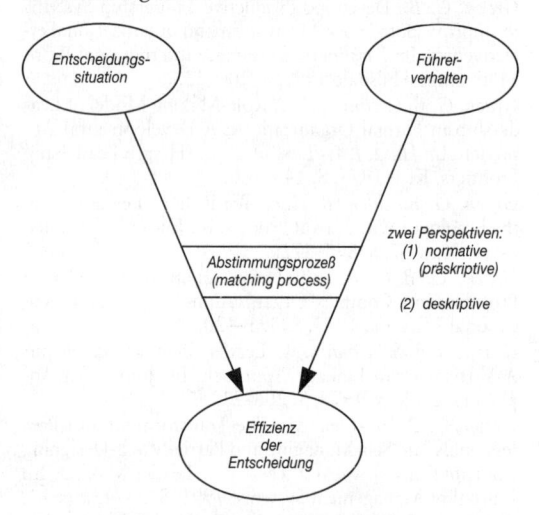

Abb. 1: Eine Kontingenz-Perspektive

Die Forschung von *Vroom/Yetton* (1973) untersucht diesen Auswahlprozeß aus zwei Perspektiven. Die *normative* (oder *präskriptive*) *Perspektive* versucht anzugeben, wie Führer ihr Verhalten mit verschiedenen Situationen in Einklang bringen sollen, um die Wahrscheinlichkeit erfolgreicher Entscheidungen zu erhöhen. Die deskriptive Perspektive versucht andererseits darzustellen, wie sich Führer tatsächlich in bestimmten Situationen verhalten. Natürlich stimmt das Soll-Verhalten mit dem tatsächlichen Verhalten der Führer nicht immer überein.

Da die Abbildung 1 nahelegt, daß Verhalten und dessen Konsequenzen situationsabhängig sind, heißt das Vroom/Yetton-Modell „*Kontingenzmodell* für Führung und Entscheidungen".

1. Führerverhalten

Das Vroom/Yetton-Modell gibt fünf Entscheidungsstrategien aus einem Repertoire von Verhaltensweisen an, die dem Führer zur Verfügung stehen (Abb. 2). Diese Entscheidungsstrategien reichen vom autokratischen Stil, der mit „A", über den beratenden, der mit „B", bis zum Gruppenentscheidungsprozeß, welcher mit „G" bezeichnet wird. Die römischen Ziffern beziehen sich auf die Varianten dieser drei Basisprozesse.

AI	Sie lösen das Problem selbst und treffen dabei die Entscheidung alleine. Grundlagen für Ihre Entscheidung bilden dabei die im Moment verfügbaren Informationen.
AII	Sie verschaffen sich die für die Entscheidung Ihrer Ansicht nach notwendigen Informationen von Ihren Mitarbeitern; dann entscheiden Sie selbst, wie das Problem zu lösen ist. Die Rolle, die Ihre Mitarbeiter bei der Entscheidungsfindung spielen, besteht eindeutig nur in der Beschaffung der speziellen Informationen, die Sie für Ihre Entscheidung brauchen; Ihre Mitarbeiter haben weniger die Aufgabe, Lösungen abzuschätzen oder gar anzuregen.
BI	Sie besprechen das Problem mit einzelnen Mitarbeitern, ohne sie als Gruppe zusammenzubringen. Sie holen deren Ideen und Vorschläge ein und treffen dann selbst die Entscheidung. Diese Entscheidung kann die Vorschläge oder Ideen Ihrer Mitarbeiter berücksichtigen, muß aber nicht.
BII	Sie diskutieren das Problem mit Ihren Mitarbeitern in einer Gruppenbesprechung. In dieser Gruppenbesprechung holen Sie deren Ideen und Vorschläge ein, entscheiden aber selbst über die Lösung des Problems. Diese Entscheidung kann die Vorschläge oder Ideen Ihrer Mitarbeiter berücksichtigen, muß aber nicht.
GII	Sie diskutieren das Problem zusammen mit Ihren Mitarbeitern als Gruppe. Alle zusammen entwickeln Alternativen, wägen sie ab und versuchen, Übereinstimmung (Konsens) für eine Lösung zu finden. – Ihre Rolle entspricht mehr der eines Vorsitzenden, der die Diskussion koordiniert, auf das Problem zurückführt und sicherstellt, daß die kritischen Punkte tatsächlich diskutiert werden. Sie können und sollen Ihre Informationen und Ideen in die Gruppe einbringen, versuchen jedoch nicht, der Gruppe eine Lösung „aufzuzwingen". Sie sind bereit, jede Entscheidung zu übernehmen und zu verantworten, die von der gesamten Mitarbeitergruppe gewünscht und unterstützt wird.

Abb. 2: Entscheidungsstrategien

Es gibt zwei zusätzliche Entscheidungsprozesse, welche nicht in Abbildung 2 enthalten sind. Das zusammengefaßte Modell in diesem Artikel bezieht sich nach *Vroom/Yetton* auf sogenannte *„Gruppenprobleme"*. Das sind Situationen, die mehr als einen Untergebenen des Führers betreffen (z. B. wer von mehreren Leuten soll für einen begehrten Geschäftsauftrag nach New York entsandt werden). Eine andere Art von Problemen sind als „individuellen Probleme" gekennzeichnet – Situationen, die nur einen Untergebenen betreffen (z. B. Berichte, daß ein Verkäufer einen wichtigen Kunden nachlässig behandelt hat). Für solche „individuelle Probleme" stehen dem Manager die Entscheidungsprozesse G I und D I zusätzlich zur Verfügung. G I ist G II ähnlich, aber die Entscheidung wird vom Manager und dem einen Mitarbeiter getroffen. D I ist die Delegation der Entscheidung an einen einzelnen Mitarbeiter. Eine Erweiterung des Vroom/Yetton-Modells, welches für individuelle Probleme anwendbar ist, ist bei *Vroom/Jago* (1974) sowie – auf deutsch – bei *Vroom* (1981) zu finden.

2. Entscheidungseffizienz

In Abbildung 1 wurden drei Kriterien zur Beurteilung der Leistungseffizienz eingesetzt. Das erste ist die *Entscheidungsqualität*. *Vroom/Yetton* verstehen unter der Beurteilung der Qualität einer Entscheidung lediglich die Einschätzung ihrer technischen oder „objektiven" Richtigkeit. Vorausgesetzt, daß die gewählte Alternative richtig durchgeführt wurde, geht die Frage unter diesem Qualitätsbegriff danach, ob die technischen Anforderungen dieser Situation erfüllt wurden. In welchem Ausmaß kann die gewählte Alterntative, wenn sie durchgeführt wird, unnötige Kosten vermeiden, Gewinne maximieren, zum Erreichen der Organisationsziele beitragen etc.? Die Qualität einer Entscheidung wird in einer extrem unpersönlichen Weise bewertet, ohne Rücksicht darauf, wie die Entscheidung von den Betroffenen angenommen wird. Mit anderen Worten, die Entscheidungsqualität bezieht sich auf die Rationalität einer Entscheidung, ohne auf die Gefühle der Personen über diese Wahl Rücksicht zu nehmen.

Natürlich kann eine Entscheidung ineffizient sein – und bis zu einem Fehlschlag führen – wegen ihrer geringen Qualität. Eine technisch inkorrekte Wahl aus den vorhandenen Alternativen kann weit hinter den Erwartungen zurückbleiben.

Entscheidungen können auch aus nichttechnischen Gründen, die außerhalb dieser engen Definition der Entscheidungsqualität liegen, scheitern. Entscheidungen, selbst solche mit hoher Qualität, können erfolglos sein, wenn sie von den für die Durchführung Verantwortlichen bekämpft, abgelehnt, oder einfach ignoriert werden. Das zweite Kriterium wird deshalb mit *„Mitarbeiter-Akzeptanz"* bezeichnet. Solche *Akzeptanz* bezieht sich auf die Verbindlichkeit der Handlungsrichtung. Sie spiegelt sich in der Internalisierung der Entscheidung bei den Mitarbeitern wieder und deren Willen, die Entscheidungsmaßnahmen auszuführen.

Das dritte Kriterium der Entscheidungseffizienz ist die *Entscheidungs-Zeit*. Die von der Organisation zur Verfügung gestellten Mittel für die Entscheidung repräsentieren Opportunitätskosten, z. B. die Zeit, die für den Entscheidungsprozeß beansprucht wird, geht für andere organisatorische Aufgaben verloren. Eine Reduktion der Zeit, die zu einer Entscheidungsfindung benötigt wird, verringert daher auch die damit verbundenen Kosten. Daraus folgt, daß, *wenn alle anderen Faktoren gleich bleiben*, eine Entscheidung um so wirksamer ist, je weniger Zeit sie beansprucht. Diese Qualifikation ist wichtig. In bezug auf das Vroom/Yetton-Modell ist die Berücksichtigung der Entscheidungszeit zweitrangig im Vergleich zu den Kriterien der Qualität und Akzeptanz.

3. Entscheidungssituation

Die Entscheidungssituation wird durch sieben „Problemmerkmale" im Vroom/Yetton-Modell bestimmt. Diese Merkmale werden in Form von diagnostischen Fragen ausgedrückt, die mit Ja oder Nein beantwortet werden können. Diese Fragen kann man sich als „Test" vorstellen. So wie ein Arzt eine Reihe diagnostischer Tests durchführt, bevor er über die Behandlung eines Leidens entscheidet, liefern die Antworten zu den sieben Problemmerkmalen von *Vroom/Yetton* eine Situationsdiagnose, auf deren Basis die Wahl für eine effektive Führungsentscheidung getroffen werden kann.
Die sieben Problemmerkmale sind:

(A) Gibt es ein Qualitätserfordernis: Ist vermutlich eine Lösung sachlich besser als eine andere?
(B) Habe ich genügend Informationen, um eine qualitativ hochwertige Entscheidung selbst treffen zu können?
(C) Ist das Problem strukturiert?
(D) Ist die Akzeptierung der Entscheidung durch die Mitarbeiter für die effektive Ausführung wichtig?
(E) Wenn ich die Entscheidung selbst treffe, würde sie dann von den Mitarbeitern akzeptiert werden?
(F) Teilen die Mitarbeiter die Organisationsziele (Betriebsziele), die durch eine Lösung *dieses* Problems erreicht werden sollen?
(G) Wird es zwischen den Mitarbeitern vermutlich zu Konflikten kommen, welche Lösung zu bevorzugen ist?

IV. Das normative Modell von Vroom/Yetton

Der oben beschriebene Rahmen und die Definitionen gestatten die Beschreibung der spezifischen Möglichkeiten, aus denen das normative Modell von *Vroom/Yetton* besteht. Diese sind in Form eines „*Entscheidungsbaumes*" dargestellt (Abb. 3). Bei der Benützung dieses Schemas beginnt man links und stellt die diagnostische Frage (oder das „Problemattribut"), die man im ersten Kästchen antrifft (z.B. Frage A). Man folgt dem Weg, der durch die JA- oder NEIN-Antwort angezeigt ist bis zur Ankunft beim nächsten Kästchen und der damit verbundenen Frage. Dieser Prozeß wird wiederholt, bis man zum Endpunkt des Entscheidungsbaumes, dem „End-Knoten" gelangt. An diesem Endpunkt stehen zwei Dinge. Erstens eine Nummer, die „Problemtyp" genannt wird. Diese Nummern liefern einen praktischen Mechanismus zur Identifikation der Endpunkte des Entscheidungsbaumes. Wichtiger ist die Liste der Entscheidungsprozesse, die eines oder mehr der Symbole A I, A II, B I, B II, G II beinhaltet. Diese Liste heißt Lösungsmuster („feasible set") für diesen bestimmten Problem-Typ. Es handelt sich um eine oder mehrere Führungsstrategien, die für Situationen angemessen erscheinen, deren Eigenschaften durch diese Konfiguration von Problemmerkmalen dargestellt werden.

1. Zugrundeliegende Entscheidungsregeln

Natürlich ist die Zuordnung von Entscheidungsstrategien zu Endpunkten des Entscheidungsbaumes kein Ergebnis eines willkürlichen Vorganges. *Vroom/Yetton* geben sieben *Entscheidungsregeln* an, welche die Basis für die Struktur des Entscheidungsbaumes liefern. Diese Regeln sind in Abbildung 4 kurz beschrieben.
Die ersten drei Regeln sind zum Schutz der „Entscheidungsqualität" bestimmt. Ihre Eliminierung gefährdet die Qualität von Entscheidungsprozessen. Die restlichen vier Entscheidungsregeln dienen dem Schutz der „Entscheidungsakzeptanz". Dies erfolgt durch das Ausscheiden jener Prozesse, welche die Akzeptanz gefährden. *Vroom/Yetton* leiten diese Regeln aus den bis 1973 verfügbaren empirischen Befunden ab. Es ist beachtenswert, daß die Tatsache, daß es jeweils sieben sind, keine Eins-zu-Eins-Symmetrie herstellen soll, sondern ein reiner Zufall ist.

2. Modell A: Zeiteffizienz

Die Entscheidungsrelgeln sind derart gegliedert, daß sie Entscheidungsprozesse kontra-indizieren, z.B. sagen sie dem Führer, was *nicht* zu tun, und nicht, was zu tun sei. Gerade dieses Merkmal ergibt, daß in manchen Lösungsmustern nur eine Entscheidungsstrategie enthalten ist, während andere zwei, drei, vier oder sogar fünf Strategien zulassen.
Sieben der 13 Lösungsmöglichkeiten in Abb. 3 enthalten mehr als eine Entscheidungsstrategie und sichern dem Entscheidungsträger daher ein bestimmtes Ausmaß an Entscheidungsfreiheit auch nach der Anwendung der Entscheidungsregeln. Auf welcher Basis trifft der Führer seine Wahl bei einem Lösungsmuster, das mehr als eine Entscheidungsstrategie umfaßt? Die Entscheidungsregeln wurden zum Schutz der Entscheidungsqualität und Akzeptanz erstellt, damit werden die ersten zwei der drei Kriterien der Entscheidungseffizienz beachtet. Die Gestaltung der Lösungsmuster berücksichtigt das dritte Kriterium der Zeiteffizienz nicht.
Da der Manager darauf bedacht ist, Zeit zu sparen, steht eine achte Entscheidungsregel zur Verfügung: „Wähle von den möglichen Entscheidungsprozessen den autokratischen." *Vroom/Yetton* nennen dies die Wahl des *Modell A* innerhalb des Lösungsmusters. Diesem Modell unterliegt die An-

A Gibt es ein Qualitätserfordernis: Ist vermutlich eine Lösung sachlich besser als eine andere?
B Habe ich genügend Informationen, um eine qualitativ hochwertige Entscheidung selbst treffen zu können?
C Ist das Problem strukturiert?
D Ist die Akzeptierung der Entscheidung durch die Mitarbeiter für effektive Ausführung wichtig?
E Wenn ich die Entscheidung selbst treffe, würde sie dann von den Mitarbeitern akzeptiert werden?
F Teilen die Mitarbeiter die Organisationsziele (Betriebsziel), die durch eine Lösung dieses Problems erreicht werden sollen?
G Wird es zwischen den Mitarbeitern vermutlich zu Konflikten kommen, welche Lösung zu bevorzugen ist?

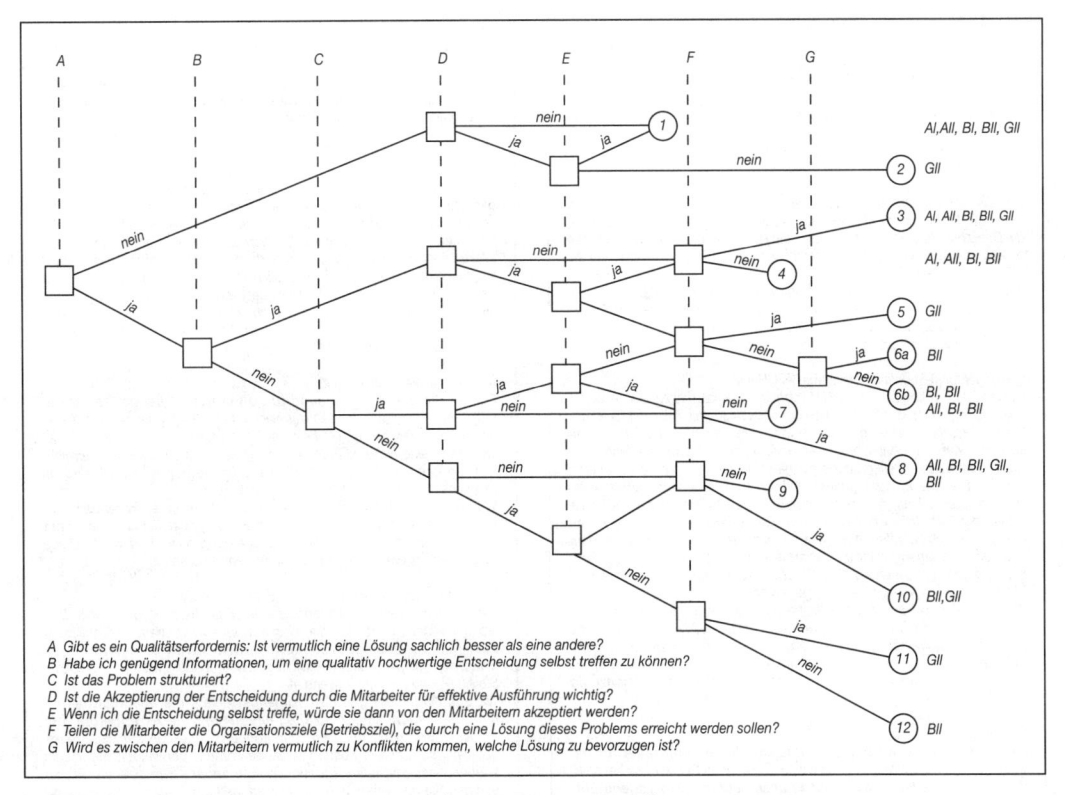

Abb. 3: Normatives Modell

nahme, daß autokratischere Reaktionen zeitsparender sind, sowohl hinsichtlich der abgelaufenen Zeit als auch bezüglich der Anzahl der verbrauchten „Mannstunden". Diese zusätzliche „Regel" findet erst Anwendung, nachdem die Regeln der Qualität und Akzeptanz, die in Abbildung 3 enthalten sind, bereits angewandt wurden. Auf diese Weise wird der Zeitbedarf nur dann berücksichtigt, nachdem Entscheidungsqualität und Akzeptanz beachtet worden sind.

3. Modell B: Mitarbeiterentwicklung

Manche Vorgesetzte, eine eindeutige Minderheit, sind nicht durch die Berücksichtigung der Zeiteffizienz motiviert. Sie sind typischerweise hohe Funktionäre von Institutionen, die eine große Verpflichtung darin sehen, jene Entscheidungsprozesse zu wählen, die ihren Untergebenen die maximale Möglichkeit bieten, ihre eigenen technischen Möglichkeiten und Führungsqualitäten zu entwickeln. Maximale Partizipation kann eine Langzeitstrategie sein, um Teamarbeit zu fördern, Informationen auszutauschen und die Identifikation mit den Organisationszielen zu erhöhen. Vorgesetzten, die durch solche Überlegungen motiviert sind, ist eine Alternative zu Modell A gegeben. Anstatt die autokratischste der möglichen Antworten zu wählen, kann jemand die partizipativste Form wählen. *Vroom/Yetton* nennen es *Modell B*. Demnach wird ein Manager nach dem Modell B die höchstmöglich partizipative Entscheidungsstrategie wählen, z. B. jene Strategien, die jeweils ganz rechts in der Reihe der jeweiligen Lösungsmuster in Abbildung 3 stehen. Es ist zu beobachten, daß *Vroom/Yetton* weder Modell A noch Modell B bevorzugen. Sie betonen vielmehr die Freiheit der Wahl zwischen Entscheidungsstrategien innerhalb der situativ vorgegebenen Lösungsmuster. Wenn ein Muster dem Führer solche Freiheitsspielräume bietet, kann die Wahl von bestimmten Motivationen und Neigungen geleitet werden. Die Wahl innerhalb der angeführten Lösungsmuster ist viel weniger kritisch als eine Wahl außerhalb eines der angegebenen Lösungsmuster.

4. Die Validität des Modells

Obwohl das Vroom/Yetton-Modell so konstruiert wurde, daß es mit früheren Befunden, die Konsequenzen der Partizipation betreffend, übereinstimmt, wurde das Modell ohne vorhergehende Tests bezüglich seiner Gültigkeit publiziert. Dies ist natürlich sowohl ein praktisches als auch ein theoretisches Problem. Die Nützlichkeit des Modells als Richtlinie für das Vorgesetztenverhalten ist durch

① *Informationsregeln:* A + ∄*
Wenn die Qualität der Entscheidung wichtig ist (A: ja), es also von der Sache her unterschiedlich günstige Entscheidungsmöglichkeiten gibt und Sie als Vorgesetzter nicht genügend Informationen oder Fachkenntnisse haben (B: nein), um genau zu wissen, welche Lösungsvariante die beste wäre, so dürfen Sie nicht nach AI vorgehen.
Warum: Ein derartiges Vorgehen würde das Erreichen einer qualitativ hochwertigen Entscheidung gefährden.

② *Ziel-Übereinstimmungsregel:* A + ∄
Wenn die Qualität der Entscheidung wichtig ist (A: ja) und die Mitarbeiter die Betriebsziele nicht teilen (F: nein), die durch die Lösung des von Ihnen zu entscheidenden Problems erreicht werden sollen, so entfällt GII als Möglichkeit.
Warum: Würden Sie in einer derartigen Situation dem Mitarbeitern die Entscheidung überantworten, so wäre nicht sichergestellt, daß die für die optimale Erreichung der Betriebsziele notwendigen sachlichen Gesichtspunkte entsprechend berücksichtigt werden.

③ *Regel für sehr unklare Probleme:* A + ∄ + ∁
Es gibt Fälle, in denen die Qualität wichtig ist (A: ja), Sie als Vorgesetzter aber nicht genügend Informationen oder Sachkenntnis besitzen (B: nein), um das Problem selbst optimal zu lösen und auch unklar ist, welche Informationen Sie brauchen bzw. woher Sie sich die fehlenden Sachinformationen holen sollen (C: nein). In einer derartigen Situation müssen Sie eine Entscheidungsform wählen, mit der Sie sicherstellen können, daß Sie möglichst alle notwendigen Informationen auf eine möglichst günstige Art bekommen. Entscheidungsstile, die einen Ideenaustausch zwischen ihren Mitarbeitern zulassen, die etwas von dem Problem verstehen könnten, haben eine höhere Wahrscheinlichkeit, sachlich gute Lösungen herbeizuführen. Daraus folgt, daß Sie in diesen Fällen nicht nach AI, AII oder BI vorgehen sollten.
Warum: Bei AI würden Sie sich nicht die noch fehlenden Informationen einholen, AII und BI sind in derartigen Situationen weniger günstige und auch schwerfälligere Formen der Informationssammlung als Vorgehensweisen, die den direkten Meinungs- und Informationsaustausch aller für das Problem wichtigen Mitarbeiter gleichzeitig zulassen.

④ *Akzeptanzregel:* D + ∄
Ist die Akzeptanz der Entscheidung durch die Mitarbeiter für die wirkungsvolle Ausführung wichtig (D: ja) und können Sie nicht sicher sein, daß die Mitarbeiter eine von Ihnen allein (autoritär) getroffene Ent-

* Anmerkung: + steht für „und"
/ steht für „nicht"

scheidung akzeptieren würden (E: nein), so scheiden AI und AII als mögliche Vorgehensweisen aus.
Warum: Keine dieser Stile gibt den Mitarbeitern eine Mitsprachemöglichkeit, beide Formen würden daher die Akzeptanz und damit die möglichst gute Durchführung gefährden.

⑤ *Konfliktregel:* D + ∄ + G
Wenn die Akzeptanz der Entscheidung durch Ihre Mitarbeiter wichtig ist (D: ja), Sie aber nicht davon ausgehen können, daß man Ihre allein getroffene Entscheidung akzeptieren würde (E: nein) und die Mitarbeiter verschiedene Lösungen bevorzugen, die zu Konflikten zwischen ihnen führen würden (G: ja), so sollten Sie nicht nach AI, AII oder BI vorgehen.
Warum: Nur wenn sie die von dem Problem betroffenen und wahrscheinlich miteinander streitenden Mitarbeiter zusammenbringen, ist es möglich, daß die Konfliktparteien ihre Streitpunkte klären und auflösen. Diese Konfliktlösung oder zumindest -regelung ist notwendig, damit Ihre Mitarbeiter bei der Durchführung der Entscheidung den erforderlichen Einsatz leisten.

⑥ *Fairneß-Regel:* A + D + ∄
Sollten Sie eine Entscheidung zu treffen haben, bei der keiner der möglichen Lösungsvarianten aus sachlichen Überlegungen heraus der Vorzug einzuräumen ist (A: nein), die Akzeptanz aber wichtig ist (D: ja) und durch eine einsame Entscheidung Ihrerseits nicht unbedingt erreicht werden kann (E: nein), so sollten die Strategien aI, aII, bI, und bII vermieden werden.
Warum: Sie sollten in diesem Fall Ihren Stil nur unter folgendem Gesichtspunkt wählen: Wie kann ich die Wahrscheinlichkeit möglichst erhöhen, daß eine einsame Entscheidung akzeptiert wird? Diese Chance ist bei einer GII-Vorgehensweise am größten.

⑦ *Akzteptanz-Vorrang-Regel:* D + ∄ + F
Immer dann, wenn die Akzeptanz einer Entscheidung durch Ihre Mitarbeiter wichtig ist (D: ja), die allein von Ihnen getroffene Entscheidung aber nicht unbedingt akzeptiert werden würde (E: nein) und die Mitarbeiter die in diesem Fall wichtigen Betriebsziele teilen (f: ja), sollten Sie AI, AII und BII nicht anwenden.
Warum: Allgemein gilt, daß Vorgangsweisen, die den Mitarbeitern Mitentscheidungsmöglichkeiten einräumen, die Akzeptierung der Entscheidung wesentlich erhöhen können, ohne daß deswegen eine qualitativ schlechtere Lösung zustande kommt. Verwenden Sie in den soeben beschriebenen Situationen eine andere Strategie als GII, so nehmen Sie das unnötige Risiko in Kauf, daß der Grad der Akzeptanz zu gering wird, d.h., daß die Mitarbeiter den notwendigen Einsatz vermissen lassen.

Abb. 4: Entscheidungsregeln

die Validität, die für seine normativen Kontingenzen nachgewiesen werden kann, beschränkt (→*Empirische Führungsforschung, Methoden der*).

Vier nordamerikanische Studien (*Vroom/Jago* 1978; *Zimmer* 1978; *Liddell* et al. 1986; *Brown/Fistuen* im Druck), zwei kanadische (*Field* 1982; *Tjosvold* et al. 1986) sowie eine österreichische (*Böhnisch/Jago//Reber* 1987) haben die Validität des Vroom/Yetton-Modells geprüft und jede liefert unterstützende Daten. In jeder dieser Studien konnten Entscheidungsstrategien, welche sich als erfolgreich bzw. nicht erfolgreich herausstellten, überprüft werden, zudem wurde in jeder das Führungsverhalten untersucht. Insgesamt wurden 1677 Entscheidungsstrategien überprüft, davon 836, welche sich als erfolgreich erwiesen, 841, die sich als nicht erfolgreich herausstellten.

Das Verhalten der Führungskraft in jeder Situation wurde danach beurteilt, ob eine Entscheidungsstrategie innerhalb der angegebenen Lösungsmuster gewählt wurde oder nicht. Tabelle 5 stellt die Entscheidungseffizienz von Entscheidungsstrategien dar, je nach dem, ob diese modellkonform waren oder nicht.

Entscheidung des Führers	Entscheidungseffizienz	
	erfolgreich	nicht erfolgreich
in Übereinstimmung mit dem Modell	61%	39%
nicht in Übereinstimmung mit dem Modell	37%	63%

Abb. 5: Zusammenfassung der 7 Validierungsstudien

Über alle 7 Studien hinweg konnte gezeigt werden, daß die Entscheidung eines Führers 61% Erfolgswahrscheinlichkeit hat, wenn dieser sich dem normativen Modell entsprechend verhält. Wenn dagegen die Entscheidungsstrategie außerhalb des normativen Modells lag, so lag die Erfolgswahrscheinlichkeit bei nur 37%. Damit ist eine breite Unterstützung der Validität der einzelnen Entscheidungsregeln (Abb. 4) gegeben, welche die Basis für die Lösungsmuster darstellen.

Eine unabhängige Analyse aller gängigen Führungstheorien bemühte sich um die Qualität von 10 Führungstheorien. Nach *Miner* (1984) übertrifft das Vroom/Yetton-Modell alle anderen

Führungstheorien, wenn man sowohl die wissenschaftliche Validität als auch die vermutete Brauchbarkeit betrachtet.

V. Deskriptive Modelle des Führungsverhaltens

Weitere Forschungen waren auf deskriptive an Stelle von normativen Fragen gerichtet. Unabhängig davon, wie sich Vorgesetzte *verhalten sollen,* untersuchen diese Studien, wie sich Manager *tatsächlich verhalten.* In vielen dieser Forschungen wurde die sogenannte Problemmuster-Methodologie angewandt. Führer, die mit dem normativen Modell von Vroom/Yetton nicht vertraut sind, erhalten 30 bis 54 detaillierte Fallbeispiele von tatsächlichen Entscheidungssituationen und werden gefragt, welche der Strategien von A I, A II, B I, B II und G II sie in jeder (Fall-)Situation einsetzen würden. Es wird nicht behauptet, daß die Auswahl der Fälle für die wirkliche Zusammensetzung der Probleme eines typischen Vorgesetzten repräsentativ ist. Dennoch gibt die Standardisierung die Möglichkeit, das Verhalten von Managern zu studieren und es mit den Vorschriften des normativen Modells zu vergleichen.

1. Manager-Verhalten vs. Modell-Vorschriften

Jago (1983) hat die Problemmuster-Daten von 2631 Managern zusammengetragen, wobei die überwiegende Mehrheit aus den USA kommen. Im Rahmen einer spezifischen Fallsammlung wählten die Manager am häufigsten B II (29%), gefolgt von A I (24%), B I (18%), G II (16%) und A II (13%). Ihr Verhalten entspricht dem normativen Modell (d. h. liegt innerhalb der angegebenen Lösungsstrategien) in 70% aller Fälle. Innerhalb der angegebenen Lösungsmöglichkeiten stimmt das Verhalten zu 39% mit „Modell A" (Zeiteffizienz) überein und zu 24% mit „Modell B" (Mitarbeiterentwicklung). Es handelt sich um ein Verhalten, das mit dem Modell mehr übereinstimmt als es ihm widerspricht, jedoch die Variante der Zeiteffizienz gegenüber der entwicklungsorientierten Alternative bevorzugt.

Wenn es sich um Verhalten außerhalb der vorgegebenen Verhaltensmöglichkeiten handelt, dann ist eine Verletzung einer Akzeptanzregel wahrscheinlicher als eine Übertretung einer Qualitätsregel. Regeln mit der höchsten Übertretungsrate sind die Akzeptanz-Vorrang-Regel (67%), die Fairneß-Regel (55%) und die Konflikt-Regel (47%).

Führer reagieren auf die sieben Problemmerkmale in sehr ähnlicher Weise wie das normative Modell. Vorgesetzte reagieren partizipativer, wenn das Problem Qualitätsanforderungen beinhaltet, wenn es ihnen an relevanter Information mangelt, wenn das Problem unstrukturiert ist, wenn die Akzeptanz wichtig ist (besonders bei geringer Wahrscheinlichkeit, daß Akzeptanz durch eine autokratische Entscheidung erzielt wird) und wenn Untergebene die Ziele der Organisation teilen. Einen Abweichungspunkt zwischen normativem Modell und Führerverhalten stellt die Reaktion auf Mitarbeiterkonflikte dar. Aufgrund der Regel 5 ist das normative Modell partizipativer, wenn ein *Mitarbeiterkonflikt* in Aussicht ist, gegenüber einer konfliktlosen Situation. Das Modell nützt Partizipation zur *Konfliktlösung* und um das Engagement aller Mitarbeiter zu erreichen. Die meisten Vorgesetzten werden jedoch bei Präsenz von Konflikten autokratischer; dies spiegelt jenes Verhalten, das unter dem Begriff „*Konfliktvermeidungs*-Strategie" bekannt ist, wider. Sie fürchten vielleicht, daß Gruppensitzungen den Kampfplatz liefern, um den Konflikt zu intensivieren und zu verhärten.

Schließlich stellte sich heraus, daß Führer eher gleich als unterschiedlich in ihrem Situationsverhalten reagieren. Dieses Ergebnis spricht gegen jede Dominanz von einzigartigen, individualen „Führungsstilen". Von viel größerer Bedeutung für das Führungsverhalten sind die Situationseigenschaften, mit denen Führer konfrontiert werden. Beobachtbare Unterschiede im Verhalten zweier Führer sind wahrscheinlicher ein Ergebnis der Unterschiede in Situationen, mit denen sie zu tun haben, als ein Ergebnis von intrinsischen Unterschieden der Führer selbst.

2. Weitere Ergebnisse aus dem Bereich der deskriptiven Aspekte des Modells

Obwohl individuelle Unterschiede bei *Führungsstilen* eine sekundäre Rolle spielen, sind einige Forschungen auf das Verstehen der Wechselbeziehungen dieser Unterschiede gerichtet.

Geschlechtsunterschiede. Steers (1977) und *Jago/Vroom* (1982) legen Befunde vor, nach denen weibliche Vorgesetzte partizipativer sind als ihre männlichen Kollegen. Diese Unterschiede wurden auch unter männlichen und weiblichen Betriebswirtschaftsstudenten festgestellt; dies läßt vermuten, daß die Geschlechtsunterschiede eher ein Resultat früher Sozialisation als Erfahrung in Organisationen sind. Zudem ist das Verhalten der weiblichen Vorgesetzten öfter mit den Vorschriften des normativen Modells konform als das der *Männer,* hauptsächlich weil sie der Mitarbeiterakzeptanz mehr Aufmerksamkeit zuwenden. Von *Frauen* wird auch *erwartet,* partizipativer zu sein, Gleichgestellte bewerten den partizipativen Mann und die partizipative Frau etwa gleich. Ein autokratischer Mann wird auch positiv bewertet, aber eine autokratische Frau wird negativ gesehen.

Hierarchische Ebene. Jago (1977) und *Jago/Vroom* (1977) zeigen, daß Führer auf höheren

Hierarchieebenen in ihren Führungsstilen partizipativer sind als jene, die in der Hierarchie der Organisation weiter unten stehen. Der Effekt ist mit situationsbedingten Unterschieden zwischen den Ebenen verbunden. Vorgesetzte höherer Ebenen sind nicht nur aufgeschlossen für Partizipation, sie finden auch eher jene Arten von Situationen, die für Partizipation am geeignetsten sind. Beispielsweise treffen Vorgesetzte auf höheren Ebenen eher auf Probleme, für welche Informationen fehlen und es an Struktur mangelt als Manager der unteren Ebenen.

Funktionale Zugehörigkeit. Jago (1980) berichtet, daß Personalleiter bedeutend partizipativer sind als Vorgesetzte in anderen Funktionen der Organisation. Er vermutet, daß dies einem größeren „Human-Relations"-Training zuzuschreiben ist, das diese Spezialisten erhalten. Zum autokratischen Extrem zählen Verkaufs- und Finanzleiter. *Jago* bietet keine Erklärung für das gezeigte Verhaltensmuster der Finanzfachleute. Er weist jedoch darauf hin, daß die Verhaltensweisen der Verkaufsleiter durch die Wahrscheinlichkeit verursacht sein könnten, mit der ihre Untergebenen geographisch in verschiedenen Verkaufsregionen zerstreut sind und daher oft für Sitzungen nicht verfügbar sind, in denen B II- und G II-Strategien angewandt werden können.

Arten von Institutionen. Robert/Vroom (1984) berichten, daß Universitätsprofessoren partizipativer sind als Beamte in der Hoheitsverwaltung, welche wiederum partizipativer sind als leitende Führungskräfte in der Privatwirtschaft und diese sind partizipativer als Offiziere. Von noch größerem Interesse sind Analysen, die darauf hindeuten, daß diese Unterschiede teilweise auf die Institutionen selbst zurückführbar sind und nicht allein auf die Art von Menschen, die von solchen Institutionen als Führer angezogen werden. Wenn Fallsysteme so gestaltet werden, daß sie nur Verwaltungsfälle (oder nur Universitätsfälle etc.) enthalten, dann reagieren Führer von anderen Organisationen in ähnlicher Weise wie jene, die tatsächlich die beschriebene Rolle innehaben. Beispielsweise reagieren Universitätsprofessoren ähnlich wie Offiziere, wenn sie mit hypothetischen, militärischen Situationen zu tun haben. Institutionstypen unterscheiden sich im Ausmaß der Macht, die ihre Führungskräfte innehaben und in der Klarheit der Ziele der Organisation. Gekoppelt mit den Unterschieden, welche in den wahrgenommenen Normen existieren, erklären diese Faktoren die stark divergierenden Verhaltensmuster in bestimmten Arten von Organisationen.

Kulturelle/Ökonomische Faktoren. Sowohl kulturelle als auch ökonomische Unterschiede konnten herausgearbeitet werden. *Bottger* et al. (1985) berichten von Tendenzen in bestimmten Situationen, in denen Manager in Entwicklungsländern autokratischer sind als Führer in entwickelten Ländern. In einer großangelegten 7-Länderstudie konnten *Reber* et al. (1993) interkulturelle Unterschiede zeigen, daß sich deutsch, österreichische und Schweizer Manager sehr partizipativ verhalten, während Manager aus dem früheren Ostblock (Polen und die Tschechoslowakei) wesentlich autokratischer waren. Im Mittelfeld bewegten sich Manager aus den USA und Frankreich.

VI. Implikationen für die Ausbildung von Führungskräften

Ein primäres Ziel von *Vroom/Yetton* während der ursprünglichen Entwicklung des Modells war, daß es sowohl praktischen Nutzen als auch theoretischen Wert besitzt. In dem Ausmaß, in dem dieses Ziel erreicht wurde, kann man erwarten, daß ein Training auf der Grundlage des Modells den Führungserfolg verbessern würde.

Vroom (1976) beschreibt ein solches Modell ausführlicher, als es hier vorgestellt werden kann. Im wesentlichen ist die Trainingsmethode auf dem selben Fallsystem aufgebaut, das in vielen der im vorstehenden beschriebenen Forschungsversuchen verwendet wurde. Trainingsteilnehmer lösen die einzelnen Fälle des Fallsystems vor dem Beginn des Trainings. Ein Computerprogramm wertet dann in einer detaillierten, individuellen Analyse den Führungsstil jeder Person aus und vergleicht ihr Verhalten mit: (1) dem normativen Modell, (2) dem Verhalten der anderen Trainingsteilnehmer, (3) mit einer großen Stichprobe von U. S. Managern.

Die Trainings-Sitzungen dauern in der Regel drei Tage und sind auf die Entwicklung sowohl von Fertigkeiten für Situationsdiagnosen als auch von Verhaltensflexibilität gerichtet, die zur Durchführung verschiedener Entscheidungsstrategien erforderlich sind. Das normative Modell wird gelehrt und praktische Übungen für seine richtige Anwendung durchgeführt. Das Computer-Feed-back wird dann eingesetzt, um dem Trainings-Teilnehmer seinen Vor-Trainings-Stil im Vergleich mit anderen Kursteilnehmern zu demonstrieren, außerdem werden mehrere Maßstäbe angegeben, gegen die der eigene Stil wiederum verglichen werden kann.

Heute haben bereits Hunderttausende von Managern ein solches Training erhalten. Empirische Daten, die den Erfolg dieses Programms dokumentieren, finden sich bei *Vroom/Jago* (1988, 1991) und bei *Böhnisch* (1991).

VII. Neue Entwicklungen

Auf der Basis ihrer akkumulierten Forschungen haben *Vroom/Jago* (1988, 1991) kürzlich eine verbesserte Version des Vroom/Yetton-Modells vorgestellt, das Änderungen in Form und Substanz beinhaltet. Eine häufige Kritik des Modells liegt darin, daß die dichotomisierten (Ja-Nein) Problem attribute keine Situationen zulassen, in denen die Antwort angemessenerweise „vielleicht" heißt. Eine andere, häufig vorgetragene Kritik bemängelt, daß sich das Modell nicht an Notsituationen anpassen kann, wenn die zur Verfügung stehende Zeit extrem knapp wird. In der Überarbeitung werden die Problemattribute auf einer kontinuierlichen Fünf-Punkte-Skala dargestellt. Zudem wurden zwei Attribute hinzugefügt: „Sind Mitarbeiter geographisch verteilt?" und „Beschränkt ein unausweichlicher Zeitzwang ihre Fähigkeit, Mitarbeiter einzubeziehen?"

Konzepte des Entscheidungsbaumes, der zulässigen Entscheidungsstrategien und die Wahlmöglichkeiten von Modell A und B innerhalb der zulässigen Strategien wurden eliminiert. Sie wurden durch fünf simultane Gleichungen ersetzt, die Problemattribut-Skalen und eine Matrix von Koeffizienten beinhalten. Die Gleichungen liefern numerische Punktschätzungen der relevanten Entscheidungseffizienz und organisationale Konsequenzen eines jeden der fünf Entscheidungsprozesse.

In seiner einfachsten Form hält das neue Modell Muster von Entscheidungsheuristiken bereit. In der kompliziertesten Variante wird das neue Modell durch ein Computerprogramm präsentiert, welches 5 simultane Gleichungen enthält. Unter Einbeziehung einiger vereinfachender Annahmen kann wiederum ein Entscheidungsbaum erstellt werden, ähnlich dem in Abbildung 3 wiedergegebenen, welcher den Grad der Differenziertheit zwischen Entscheidungsheuristiken und dem mathematischen Entscheidungsmodell widerspiegelt. 2 Studien unterstützen das neue Modell (*Jago* et al. 1985; *Brown/Finstuen* im Druck).

Gegenwärtig wird ein Programm für Personal Computer entwickelt, welches die Simultangleichungen und Input- und Output-Einrichtungen enthält. Dies scheint die einzig verfügbare Technologie zu sein, um die erhöhte Komplexität des überarbeiteten Modells handhabbar zu machen.

VIII. Zusammenfassung

Über 100 Lehrbücher und Artikel wurden über das *Vroom/Yetton-Modell* veröffentlicht. Überdies ist es in faktisch jedem Management-Textbuch, das in den U. S. verwendet wird, zu finden, und wurde ins Deutsche, Spanische, Italienische und Chinesische übersetzt. Es wurde von Beginn an als vielversprechende Entwicklung in der Führungsliteratur betrachtet. Diese Einschätzung konnte in den nachfolgenden intensiveren Forschungen bestätigt werden, die sowohl seine theoretische als auch seine praktische Signifikanz verdeutlichen.

Literatur

Bottger, P. C./Hallein, I./Yetton, P. W.: Crossnational Patterns in Participative Leadership: Effects of Leader Power and Task Structure. In: JMS, 1985.
Böhnisch, W.: Führung und Führungskräftetraining nach dem Vroom/Yetton-Modell. Stuttgart 1991.
Böhnisch, W./Jago, A. G./Reber, G.: Zur interkulturellen Validität des Vroom/Yetton-Modells. DBW, 1987, S. 85–93.
Brown, F. W./Finstuen, K.: The Use of Participation in Decision Making: A Consideration of the Vroom-Yetton and Vroom-Jago nominative models. In: Journal of Behavioral Decision Making (in Druck).
Field, R. H. G.: A Test of the Vroom/Yetton normative Model of Leadership. In: JAP, 1982, S. 523–532.
Jago, A. G.: Comparison Statistics From a Sample of Managers (Problem Set # 5). Unveröffentlichtes Manuskript. University of Houston, Houston 1983.
Jago, A. G.: Hierarchical Level Determinants of Participative Leader Behavior. In: Dissertation Abstracts International, 2921B, Diss. Yale University 1977.
Jago, A. G.: Organizational Characteristics and Participative Decision-Making. In: Proceedings of the 12th Annual Conference of the American Institute of Decision Sciences 1980, S. 334–446.
Jago, A. G./Ettling, J. T./Vroom, V. H.: Validating a Revision to the Vroom/Yetton Model: First Evidence. In: Proceedings of the 45th Annual Meeting of the Academy of Management, 1985, S. 220–223.
Jago, A. G./Vroom, V. H.: Hierarchical Level and Leadership Style. In: OBHP, 1977, S. 131–145.
Jago, A. G./Vroom, V. H.: Sex Differences in the Incidence and Evaluation of Participative Leader Behavior. In: JAP, 1982, S. 776–783.
Lidell, W. W./Elsea, S. W./Parkinson, A. E. et al.: A Modification of a „A Test of the Vroom-Yetton Normative Model of Leadership. In: *McShane, S. L.* (Hrsg.): Proceedings of the Annual Conference of the Administrative Sciences Association of Canada. In: Organizational Behavior Decision, 1988, S. 67–76.
Locke, E. A./Schweiger, D. M.: Participation in Decision-Making: One More Look. In: ROB, hrsg. v. *Staw, B. M.*, Greenwich 1978, S. 265–339.
Miner, J. B.: The Validity and Usefulness of Theories in an Emerging Organizational Science. In: Academy of Management Review, 1984, S. 296–306.
Reber, G./Jago, A. G./Böhnisch, W.: Interkulturelle Unterschiede im Führungsverhalten. In: *Haller, M./Bleicher, E./Brauchlin, E.* et al. (Hrsg.): Globalisierung der Wirtschaft: Einwirkungen auf die Betriebswirtschaftslehre. Bern 1993, S. 217–241.
Robert, E. A./Vroom, V. H.: Institutional Factors in Leadership Style. Unveröffentlichtes Manuskript. Yale University, New Haven 1984.
Steers, R. M.: Individual Differences in Participative Decision-Making. In: HR, 1977, S. 837–847.
Tjosvold, D./Wedley, W. C./Field, R. H. G.: Constructive Controversy, The Vroom Yetton Model, And Managerial Decision Making. In: Journal of Occupational Behaviour, S. 125–138.
Vroom, V. H.: Can Leaders Learn to Lead? In: Organizational Dynamics, 1976, S. 17–28.
Vroom, V. H.: Führungsentscheidungen in Organisationen. In: DBW, 1981, S. 183–193.

Vroom, V. H./Jago, A. G.: Flexible Führungsentscheidungen: Management der Partizipation in Organisationen. Stuttgart 1991.
Vroom, V. H./Jago, A. G.: The New Leadership: Managing Participation in Organizations. Englewood Cliffs 1988.
Vroom, V. H./Jago, A. G.: Decision-Making as a Social Process: Normative and descriptive Models of Leader Behavior. In: Decision Sciences, 1974, S. 743–769.
Vroom, V. H./Jago, A. G.: On the Validity of the Vroom/Yetton Model. In: JAP, 1978, S. 151–162.
Vroom, V. H./Yetton, P. W.: Leadership and Decision-Making. Pittsburgh 1973.
Zimmer, R. J.: Validating the Vroom-Yetton Normative Model of Leader Behavior in Field Sales Force Management and Measuring the Training Effects of TELOS on the Leader Behavior of District Managers. Diss. Virginia Polytechnic Institute and State University 1978.

Führungstheorien – Weg-Ziel-Theorie

Martin Evans

[s. a.: Führungstheorien – Charismatische Führung; Helfendes Verhalten und Führung; Konflikte als Führungsproblem; Motivation als Führungsaufgabe; Transaktionale und Transformationale Führung; Verhaltensdimensionen der Führung; Zielsetzung als Führungsaufgabe.]

I. Die Weg-Ziel-Theorie im Überblick; II. Kontingenzen in der Weg-Ziel-Theorie; III. Überprüfung der Theorie; IV. Implikationen für Theoretiker; V. Implikationen für die Praxis.

I. Die Weg-Ziel-Theorie im Überblick

Die Weg-Ziel-Theorie der Führung hat ihren Ursprung in den Arbeiten des Institute for Social Research an der University of Michigan. Im Jahre 1957 veröffentlichten *Georgopoulos* et al. ihre Tests der Erwartungstheorie der Motivation. 1964 wurde mit der Publikation von *Vrooms* Buch über „Work and Motivation" diese Theorie so ausgeweitet, daß sie eine Reihe individueller Entscheidungen – in bezug auf die Arbeitsaufgabe, auf die Organisation, auf die Stärke des Arbeitseinsatzes – berücksichtigen konnte. In der Periode zwischen diesen beiden Werken hatte *Kahn* (1958) die Meinung vertreten, daß der Einfluß der Führer auf die Leistung und Zufriedenheit der Untergebenen auch von Unterschieden in der Motivation der Untergebenen beeinflußt sei. *Evans* (1970) nahm diese Anregung auf und legte einen Ansatz vor, der diese Einflüsse voll berücksichtigte. Gleichzeitig nahm er eine empirische Überprüfung dieser theoretischen Weiterentwicklung vor, wobei auch die zugrunde liegende Erwartungstheorie der Motivation überprüft wurde. Ein Jahr später, im Jahre 1971, baute *House* diesen theoretischen Ansatz aus. Dieser Ausbau betraf die Kontingenzen, unter denen das Führerverhalten die Elemente der Mitarbeitermotivation beeinflußt. Diese Denkweise wurde von *House/Mitchell* (1974) und *Evans* (1979) erweitert und vertieft. Die Weg-Ziel-Theorie der Führung geht von zwei Grundhypothesen aus: Die erste beschäftigt sich mit der Akzeptierbarkeit des Führerverhaltens für die Untergebenen. Die zweite beschäftigt sich mit der motivationalen Funktion des Führers (*House/Mitchell* 1974).

1. Akzeptierbarkeit

Das Verhalten des Führers wird für die Untergebenen in dem Ausmaße akzeptierbar sein, als dieses Verhalten eine unmittelbare Quelle der *Zufriedenheit* ausmacht oder instrumentell für die zukünftige Zufriedenheit der Untergebenen ist. Dies bedeutet, daß die Antwort auf die Frage, welches Führungsverhalten Zufriedenheit bewirkt, in Abhängigkeit von den Charakteristika des Untergebenen und der jeweils gegebenen Situation beantwortet wird.

2. Motivation

In ihrer Rolle als Führer sind die Vorgesetzten an der Auswahl, der Ausbildung und der Motivation (→*Motivation als Führungsaufgabe*) der Mitarbeiter in ihrer Abteilung beteiligt. *House/Mitchell* (1974, S. 84) haben hierzu folgendes ausgeführt:

„Die motivationale Aufgabe des Führers besteht im Ausbau der Anzahl und Art der persönlichen Vorteile der Untergebenen für ihren Arbeitseinsatz und darin, die Wege zu ebnen, daß diese Vorteile leichter erreicht werden dadurch, daß die Wege geklärt werden, Behinderungen und Beschränkungen reduziert und die Gelegenheiten zur Erhöhung der Zufriedenheit beim Zurücklegen des Weges anwachsen."

Zum Verständnis dieser Prozesse ist es notwendig, ein Modell der Mitarbeitermotivation (*Motivation* und *Fähigkeit* beeinflussen gemeinsam die *Leistung*) zugrunde zu legen und herauszufinden, auf welche Weise der Führer diese Motivation beeinflussen kann. Die Erwartungstheorie erweist sich hierbei als ein sinnvolles analytisches Rahmenwerk, obgleich viele Probleme der Operationalisierung und der Überprüfung auszuräumen waren bzw. noch ungelöst sind.

Die Erwartungstheorie nimmt an, daß die Motivation einer Person, sich für eine bestimmte Aktivität zu engagieren, von folgenden Einflußgrößen abhängt: Der intrinsischen Valenz der Aktivität (der Freude, die von der Aktivität ausgeht, IV_B), der wahrgenommenen Wahrscheinlichkeit, daß Anstrengung zugunsten der Aktivität zu Leistungen führen (Anstrengungs-/Leistungs-Erwartung, E_1), der intrinsischen Valenz erfolgreicher Leistungen (der Freude über den Erfolg, IV_A), die wahrgenommene Wahrscheinlichkeit, daß erfolgreiche Leistungen zu intrinsisch belohnenden Ergebnissen führen (Leistungs-/Belohnungs-Erwartungen, E_2i), und den Valenzen extrinsischer Belohnungen (Attraktivität von Belohnungen, EV_1).

Nach *Wahba/House* (1974) sind diese Komponenten wie folgt verbunden:

$$M = IV_B + E_1 \times [IV_A + (E_2i \times EV_1)]$$

Die Rolle des Führers bei seinen motivierenden Aktivitäten liegt darin, die Situation zu diagnostizieren und dabei herauszufinden, welche Aspekte des motivationalen Modells unberücksichtigt sind, und nach Möglichkeit dafür zu sorgen, daß die notwendigen Komponenten zur Entfaltung motivationaler Kraft vorhanden sind. Zweifellos können andere Aspekte der Situation (1) Aspekte des Führungsverhaltens überflüssig oder gar ungeeignet machen und (2) die Fähigkeit des Führers, Motivation zu beeinflussen, völlig neutralisieren (*Kerr/Jermier* 1978). Wir sollten außerdem beachten, daß in diesem motivationalen Modell der Gewichtungsfaktor der einzelnen Komponenten in bezug auf die Gesamtmotivation um so höher ist, je weiter man nach links in die Gleichung geht: Der einflußreichste Faktor auf die Motivation ist die Freude, an der Aktivität; am nächsten in der Gewichtungsreihe steht der Glaube, daß Anstrengungen zu Leistungen führen. Im nachfolgenden werden wir jede dieser Komponenten des motivationalen Modells untersuchen und angeben, welches Führungsverhalten sie beeinflussen kann. Auf der Grundlage des Modellaufbaus können wir ersehen, daß insbesondere drei Klassen von Variablen vorliegen, auf die der Führer Einfluß nehmen kann: (1) Die Valenzen der Ergbnisse, einschließlich *extrinsischer* und *intrinsischer Belohnungen,* Befriedigung aus dem Erfolg und Befriedigung aus der Durchführung von Arbeitsaktivitäten, (2) die Wahrscheinlichkeit, daß Leistung zu Belohnungen führt, und (3) die Wahrscheinlichkeit, daß Anstrengungen zu Leistungen führen.

3. Erwartete Befriedigung aus der Valenz von Belohnungen

Die Liste der extrinsischen Belohnungen ist lang und willkürlich. Die hauptsächlichen Faktoren, welche darauf Einfluß nehmen, ob irgendeine Belohnung attraktiv ist oder nicht, bilden individuelle Unterschiede in bezug auf Bedürfnisse und Werte (*Nealey/Goodale* 1967). Es läßt sich darüber streiten, ob die Organisation und ihr Management darüber irgendeinen Einfluß haben kann oder soll. Es existieren zwei Hauptquellen zur Gewährung dieser Belohnungen:

(1) Die Organisation: Bezahlung, Aufstieg, Statussymbole, günstige Arbeitsbedingungen (Arbeitsumwelt), interessante Arbeitsaufgaben (Arbeitsinhalte).
(2) Andere Personen: Dies schließt die Anerkennung für Arbeitsleistungen ein, die gut gelungen sind, Achtung und Freundschaft; als Quellen kommen Vorgesetzte, Kollegen, die eigenen Untergebenen und andere Mitglieder der Organisation in Frage sowie Kunden und Lieferanten der Organisation.

Es gibt zwei Wege, auf denen der Führer Einfluß darauf nehmen kann, ob dem einzelnen Untergebenen willkommene Belohnungen angeboten werden können. Der erste besteht in der Änderung von Anzahl und Art der offerierten Belohnungen. *Evans* (1970) weist darauf hin, daß sich Führer darin unterscheiden, in welchem Umfang sie Belohnungen anbieten. Einige beschäftigen sich allein mit Aspekten der Bezahlung und des Aufstieges, andere schaffen einen breiteren Horizont und sorgen informal für bessere Arbeitsbedingungen und bessere Arbeitsinhalte, andere gewähren Lob und Anerkennung (→*Anerkennung und Kritik als Führungsinstrumente*), regen Gruppenmitglieder dazu an, anderen Anerkennung zu zollen und schaffen Gelegenheit dafür, daß Anerkennung von außerhalb der Organisation oder von höhergestellten Führungskräften die einzelnen Untergebenen erreichen (*Peters/Waterman* 1984). Vorgesetzte, die eine größere Auswahl von Belohnungen anbieten können, werden Untergebene mit höherer Motivation haben. Für den Führer ist es auch wichtig, die Belohnung zu individualisieren. *Nealy* (1963) hat deutlich zeigen können, daß verschiedene Personen unterschiedliche Belohnungspakete präferieren. Dies bedeutet also, daß der Führer diese unterschiedlichen Belohnungsanforderungen erkennt und die Belohnungen adäquat zuweist.

Pelz (1952) hat insbesondere darauf hingewiesen, daß der Einfluß, den der Vorgesetzte in die Organisationen nach oben hat, bedeutsam ist für die Zufriedenheitsreaktion der Untergebenen auf die Behandlung durch den Führer. Dies schließt ein, daß jene mit einem höheren Einfluß nach oben eine bessere Chance haben, die Organisation dazu zu bringen, erwünschte Belohnungen zur Verfügung zu stellen. Zusätzlich dazu haben die Arbeiten von *Graen* et al. (1979) gezeigt, daß Belohnungen offenherziger an jene gegeben werden, mit denen der Führer eine gute Beziehung hat. Diese Effekte wirken durch die ganze Organisation hindurch in der Art, daß die Beziehung, die der Vorgesetzte einer Person mit wiederum seinem eigenen Vorgesetzten hat, die Großzügigkeit der Belohnungen beeinflußt, die dem Vorgesetzten zur Verteilung zur Verfügung stehen.

Der zweitgenannte Prozeß schließt den Einfluß ein, den ein charismatischer (*House* 1977) oder transformationaler (→*Transaktionale und Transformationale Führung*) (*Bass* 1985; *Burns* 1978; *Yammarino/Bass* 1990) Führer auf die Untergebenen hat, um das erwünschte Ergebnis zu beeinflussen (→*Führungstheorien – Charismatische Führung*). *House* (1977) kam zu dem Schluß, daß charismatische Führer in bezug auf erwünschte Belohnungen neue Potentiale bei dem Untergebenen aktivieren können. Dies geschieht durch die Identifikation des Untergebenen mit dem Führer, der als Vorbild in der Lage ist, diese neuen Ziele zu artikulieren und modellhaft vorzuleben (→*Führungstheorien – Soziale Lerntheorie*). Diese Identifikation hängt vom Führer ab, sie wird gefördert, wenn er unterstützend, kompetent und vertrauensvoll wirkt.

Der Vorgesetzte kann einen wesentlichen Einfluß auf die *erwartete Attraktivität eines Erfolges* haben. Der Führer kann dadurch, daß er die Freude über ein erreichtes Ergebnis artikuliert und demonstriert, diese Werte in seine Untergebenen implantieren. Angenommen, daß diese Werte grundsätzlich in den Untergebenen vorhanden sind, kann der Führer diese Werte auf folgenden Wegen erhöhen oder reduzieren: Einsatz genauer Aussagen über den erzielten Erfolg; feststellen, daß die Untergebenen mit der Leistungsbeurteilung des Vorgesetzten (→*Beurteilungs- und Fördergespräch als Führungsinstrument*) übereinstimmen; artikulieren der Ziele der Organisation (→*Führung im MbO-Prozeß*), was bei den Untergebenen dazu führen wird, daß sie sich der Organisation in hohem Maße verpflichtet fühlen, sie sehen z.B. einen engen Zusammenhang zwischen ihren Erfolgen und Mißerfolgen bei ihren individuellen Arbeitsaufgaben und dem Schicksal der gesamten Organisation, dies wird ebenso zur Folge haben, daß die Organisation positiv bewertet wird.

Relevant für unser Verständnis über die Entwicklung von Erfolgsgefühlen sind auch die Befunde von *Locke* et al. (1981): Die Erfolgserlebnisse werden höher sein, wenn die Personen glauben, daß sie in der Lage sind, spezifische und herausfordernde Ziele zu erreichen (→*Zielsetzung als Führungsaufgabe*). Ob direkte oder partizipative Zielsetzung geeigneter ist, hängt von individuellen Differenzen zwischen den Untergebenen ab (siehe weiter unten).

Die Einwirkung auf die *erwartete Befriedigung aus dem Arbeitseinsatz* gehört zu den wesentlichen Elementen des benutzten motivationalen Modells. Die Hauptrolle, die jeder Vorgesetzte spielt, liegt darin, eine Entsprechung zwischen dem einzelnen Untergebenen und seiner Arbeitsaufgabe herzustellen. Dies kann dadurch erfolgen, daß sichergestellt wird, daß die betroffene Person eine Arbeitsaufgabe erhält, die herausfordernd (nicht zu einfach und nicht zu schwierig) ist. Der Vorgesetzte kann dies erreichen durch eine entsprechende Auswahl seiner Mitarbeiter, Arbeitsneugestaltung und die Ausbildung betroffener Untergebener. Außerdem kann ein Vorgesetzter einen Mangel an Arbeitsfreude aufgrund der Natur der vergebenen Arbeitsaufgabe dadurch ausgleichen, daß er Zuwendung und Unterstützung zeigt und dadurch die mangelnde Zufriedenheit aus der Aufgabenstellung substituiert.

4. Die Wahrscheinlichkeit, daß Leistung zu Belohnungen führt

In den ersten Versionen der Theorie (*Evans* 1970; *House* 1971) wird vorgeschlagen, daß hochkontingente Belohnungen hergestellt werden, wenn der Führer sowohl ein hohes Maß an „initiation of structure" und hohe „consideration" an den Tag legt (→*Verhaltensdimensionen der Führung; Verhaltensgitter der Führung*): Das Erstgenannte sorgt für eine Leistungs-/Erfolgskontingenz, das Zweitgenannte für die Existenz vieler Belohnungen. Wir haben insbesondere die Grenzen der letztgenannten Feststellung überprüft; die erstgenannte ist ebenso unvollständig. Die Klarheit und Genauigkeit der Wahrnehmung eines Leistungsbelohnungszusammenhanges durch die Untergebenen ist eine Funktion von fünf Bedingungen, die erfüllt sein müssen. Die Untergebenen müssen akkurate und zeitlich stimmige Rückmeldungen über ihre Leistung erhalten (*Taylor* et al. 1984). Die Untergebenen und ihre Kollegen müssen mit den von den Vorgesetzten vorgenommenen Leistungsbeurteilungen übereinstimmen. Der Vorgesetzte muß konsistent hohe Leistung belohnen und sich davor hüten, geringe Leistung zu belohnen, bzw. unter einigen Bedingungen muß er schwache Leistungen bestrafen (*Arvey/Ivancevich* 1980). Das Belohnungs- und Bestrafungssystem der Organisation muß konsistent hohe Leistungen belohnen. Auch die Belohnungen durch Gruppenmitglieder, höhere Führungskräfte und externe Personen müssen ebenso kontingent mit hoher Leistung sein. Der Vorgesetzte kann diesen Prozeß dadurch verbessern, daß er in der Arbeitsgruppe Unterstützung anregt und den Kontakt zwischen Gruppenmitgliedern und Externen erleichtert. *Komaki* (1988) weist darauf hin, daß Vorgesetzte, die das Verhalten ihrer Untergebenen direkt beobachten, wahrscheinlich über genauere Information über das Leistungsniveau ihrer Untergebenen verfügen. Die Literatur hinsichtlich organisationaler und verfahrensbezogener Gerechtigkeit (*Greenberg* 1987) regt an, daß Untergebene, die einbezogen wurden in die Verfahren der Zielsetzung, Beurteilung und disziplinarischen Prozeduren, wahrscheinlich positiv auf solche Verfahren reagieren werden.

5. Die individuelle Überzeugung, daß Anstrengung zu Leistung führt

Dieser Aspekt ist besonders wichtig in unserem Motivationsmodell. Der Beitrag aller vorangehenden besprochenen Komponenten der Gesamtmotivation wird minimal sein, wenn nicht diese Überzeugung stark ist. Denn nur, wenn diese Überzeugung stark ist, entwickelt die betroffene Person den Glauben, daß sie die Fähigkeit hat, die Arbeitsaufgabe zu meistern. Mitarbeiter müssen wissen, welche Ziele zu erfüllen sind, auf welchen Wegen sie diese Ziele erreichen können, und sie müssen glauben, daß sie die Ressourcen haben, die Aufgabe erledigen zu können und ihre Zielerfüllung nicht von anderen Personen in der Organisation oder von Umweltbedingungen verhindert wird. Die Fragilität und die Unwägbarkeiten des sozialen Einflusses auf diese Überzeugung wurde eindeutig demonstriert (*Rosenthal/Jacobson* 1968). Der Führer kann eine wesentliche Rolle beim Aufbau oder der Zerstörung dieser Überzeugungen leisten. Vorgesetzte können diese Überzeugungen dadurch bestärken, daß sie ihr Vertrauen zum Ausdruck bringen, daß der Untergebene die Aufgabe erfolgreich erledigen kann. Ähnlich können sie leicht diese Überzeugungen schwächen, indem sie ihrem Zweifel an den Anstrengungen der Untergebenen Ausdruck geben. Die Überzeugungen können verstärkt werden durch Hilfestellungen (→*Helfendes Verhalten und Führung*) zugunsten der Untergebenen, die Vorgabe klarer Ziele, die Anzeige geeigneter Wege, durch die Planung und Organisation der Arbeitsaufgabe und durch die Entwicklung sich gegenseitig unterstützender Beziehungen zwischen den Gruppenmitgliedern.

Für den Führer als Motivator ist es wichtig, die folgenden Fragen zu stellen und zu beantworten (→*Motivation als Führungsaufgabe*): Was fehlt in bezug auf die motivationalen Komponenten meiner Untergebenen; kann ich irgend etwas tun, um die fehlenden Aspekte bereitzustellen? Wenn er nur feststellen kann, daß etwas fehlt, bleibt dem Führer keine Motivationschance, falls er keine Kontrolle über die ausständigen motivationalen Komponenten hat. Bevor wir die Kontingenzen herausarbeiten, die implizit in diesem Prozeß stecken, können wir einige Hypothesen bilden, die zur Befriedigung der Untergebenen führen können (Tab. 1). Generell läßt sich sagen: Untergebene sind wahrscheinlich dann befriedigter, wenn die Vorgesetzten eine Vielzahl von Belohnungen zur Verfügung haben, diese Belohnungen auf der Basis der Präferenzen der Untergebenen einsetzen, die Vorgesetzten mitarbeiterorientiert sind und Einfluß in den höheren Bereichen der Organisation haben.

	IV_B	E_1	IV_A	E_2	EV
Belohnungsvielfalt					+
Feststellung von Unterschieden in bezug auf erwünschte Belohnungen					+
Einfluß nach oben					+
charismatisch					
artikulierte Ziele	+		+		+
Kompetenz	+		+		+
Unterstützung	+		+		+
Vertrauenswürdigkeit	+		+		+
akkurates Feedback					
zeitgerecht, klar, spezifisch				+	
unterschieden nach gut und schlecht				+	
Kraft zur Mitteilung				+	
akkurate Attribution über die Ursachen des Verhaltens der Untergebenen				+	
Partizipation beim Zielsetzen und Erfolgmessen				+	
Kommunikation der Kontingenzen				+	
Belohnungs- und Bestrafungskontingenzen in bezug zur Leistung				+	
Empfehlung kontingenter organisationaler Belohnungen				+	
Stimulation kontingenter Belohnungen durch die Gruppe und Außenstehende					
unterstützendes Klima				+	
Sichtbarmachen von Leistungen				+	
Gruppenbelohnungen				+	
Erfolge sich nicht alleine zuschreiben				+	
Kontakte fördern				+	
Verdeutlichen der Ziele der Organisation			+		
Setzen schwieriger Ziele					
partizipativ			+		
direktiv			+		
Vertrauen zeigen		+			
Unterstützung und Ausbildung		+			
Klären von Wegen					
partizipativ		+			
direktiv		+			
Planen und Organisieren		+			
Helfen	+	+			
Auswählen und Einsetzen von Mitarbeitern	+	+			

IV_B = Intrinsische Valenz der Aktivität
E_1 = Erwartung, daß Anstrengungen zur Leistung führen
IV_A = Intrinsische Valenz erfolgreicher Leistung
E_2 = Erwartung, daß Leistung zu intrinsischen Belohnungen führt
EV = Valenz extrinsischer Belohnungen

Tab. 1: *Vorhersagen nach der Weg-Ziel-Theorie*

II. Kontingenzen in der Weg-Ziel-Theorie

Obgleich die erste Version (*Evans* 1970) der Weg-Ziel-Theorie der Führung keine Kontingenzen herausstellte oder untersuchte, die das Verhalten des Führers und die Reaktion der Untergebenen auf dieses Verhalten beeinflussen könnten, ist heute festzuhalten, daß die Kraft der Theorie in der Entwicklung dieser Kontingenzen liegt (*House* 1971). Die Theorie hält insbesondere drei Kontingenzfaktoren für besonders einflußreich: Die Art der Arbeitsaufgabe, die Organisation (einschließlich Arbeitsgruppe) und die Individualität.

1. Arbeitsaufgabe und Motivation/Zufriedenheit

a) Motivation

Wenn die *Arbeitsaufgabe* routinehaft, eindeutig und hochstrukturiert ist, ist die Wahrscheinlichkeit hoch, daß die erwartete Befriedigung daraus, eine solche Arbeit durchzuführen, gering ist: In diesem Fall sollten Führer zur Verbesserung der Motivation und Leistung versuchen, solche Aufgaben Mitarbeitern mit geringen Wachstumsbedürfnissen zu geben. Ansonsten sollten die Führer versuchen, die Qualität dieser Aufgaben anzureichern, falls die Organisation keine Mitarbeiter mit geringen Wachstumsbedürfnissen hat. Wenn diese Strategien fehlgehen, sollten sie ein unterstützendes, mitarbeiterorientiertes Verhalten an den Tag legen, um die Unzufriedenheit zu reduzieren. Bei solchen Aufgaben ist die Überzeugung, daß Anstrengungen zur erwünschten Leistung führen, wahrscheinlich so hoch, daß Hinweise auf das Vorliegen von genügend Fähigkeiten unnötig sind, und weitere Bemühungen, die Ziele und Wege zur Zielerreichung zu verdeutlichen (selbst wenn dies auf partizipativem Weg geschieht), können möglicherweise zur Zurückweisung führen. Die erwartete Befriedigung vom Eintritt eines Erfolges ist wahrscheinlich gering. Der Führer sollte die Organisationsziele klarlegen, herausfordernde Ziele setzen oder die Untergebenen an ihrer Verdeutlichung partizipieren lassen (selbst bei einfachen Aufgaben können solch qualitative und quantitative Ziele das Gefühl der Herausforderung etwas erhöhen). Rückmeldungen über die Erfüllung der Aufgabe sind wahrscheinlich klar, so daß weitere Feedback-Prozesse unnötig oder gar irritierend sind. In dieser Situation scheint es möglich zu sein, leistungsbezogene Belohnungssysteme einrichten zu können. Solch ein Belohnungssystem sollte dann auch realisiert werden.

Wenn die Arbeitsaufgabe mehrdeutig und unstrukturiert ist, liegt die Gelegenheit vor, Befriedigung aus der Erfüllung der Arbeitsaufgabe gewinnen zu können, insbesondere, wenn eine Vielfalt von Fähigkeiten notwendig ist, um die Arbeitsaufgabe meistern zu können. Auch hier sollte der Führer dafür sorgen, daß die Person mit den benötigten Fähigkeiten zum Zuge kommt und wenn notwendig ausgebildet wird. Die Anstrengungs-/Leistungs-Erwartungen sind wahrscheinlich schwach, und hier kommt es darauf an, daß der Führer sein Vertrauen in die Leistungsfähigkeit der Untergebenen bekundet und Wege und Ziele klärt. Ob dies unter Einsatz eines direktiven oder partizipativen Führungsstil geschieht, hängt von der Art der Untergebenen ab: Für jene mit hohem Autonomiebedürfnis sollte der partizipative Weg, für jene, die abhängiger sind, ist das direktive Verhalten angemessener.

b) Zufriedenheit

Wenn die Aufgabe routinehaft, eindeutig und hochstrukturiert ist, scheint ein unterstützendes und mitarbeiterorientiertes Führungsverhalten mit Zufriedenheit und direktives Führungsverhalten mit Unzufriedenheit verbunden zu sein. Wenn die Aufgabe unklar und unstrukturiert ist, führt unterstützendes Verhalten nicht notwendigerweise zu Zufriedenheit; den Leistungsweg klärendes Verhalten (entweder direktiv oder partizipativ in Abhängigkeit von den individuellen Charakteristika der Untergebenen) ist befriedigend.

2. Organisation: Motivation und Zufriedenheit

a) Belohnungssysteme

Wenn die organisationalen Belohnungen für die Mitarbeiter auf der Grundlage von objektiven Leistungsindikatoren erfolgen, dann sind (1) die Leistungs-/Belohnungs-Erwartungen und (2) die erwartete Befriedigung aus extrinsischen Belohnungen wahrscheinlich hoch. In diesem Falle ist es redundant, wenn der Führer weitere leistungsbezogene Belohnungen oder Bestrafungen anwendet oder andere dazu bringt, dies zu tun. Wenn die organisationalen Belohnungen auf der Basis subjektiver Leistungsbeurteilungen erfolgen, dann ist die Partizipation bei der Zielsetzung und Bewertung kritisch; das gleiche gilt für die Stimulation von Belohnungen durch andere und den Einfluß des Führers nach oben.

b) Organisationsstruktur

Ein geringer Formalisierungsgrad der Struktur (wenig Regeln, geringe Standardisierung, Überlappen der Arbeitsaufgaben usw. →*Organisationsstrukturen und Führung*) können zu hoher Rollenunklarheit und starken Rollenkonflikten (→*Führungstheorien – Rollentheorie*) führen. Wenn dies der Fall ist, sind wahrscheinlich die Überzeugungen, daß Einsatz zu Leistungen führt, gering. Die Strukturierung des Weges (direktiv oder durch Partizipation) durch den Führer kann wahrscheinlich die Unklarheit reduzieren; Unterstützung durch den Führer oder ein mitarbeiterorientierter Führungsstil kann den Konfliktstreß (→*Konflikte als Führungsproblem*) reduzieren. Hohe Formalisierung kann die Überzeugung erhöhen, daß Einsatz zu Leistung führt, aber auch – durch ihre Konsequenzen auf die Arbeitsgestaltung – die erwartete Befriedigung aus dem Erfolg und der Durchführung der Arbeitsaufgabe reduzieren.

3. Charakteristika der Untergebenen

a) Stärke der Wachstumsbedürfnisse

Wir beziehen uns hierbei auf die individuellen Bedürfnisse einer Person nach Wachstum und Entwicklung (*Hackman/Oldham* 1976). Wenn die Aufgaben komplexer sind und das individuelle Bedürfnis nach Wachstum niedrig ist, kann charismatisches Führungsverhalten solche Bedürfnisse aktivieren und für eine Entsprechung zwischen Arbeitsaufgabe und Person sorgen. Wenn dies nicht gelingt, ist die Neugestaltung der Arbeitsaufgabe notwendig, und zwar so, daß sie weniger komplex ist; ebenso kann die Überstellung der Person in eine andere Arbeitsaufgabe geeignet sein.

b) Toleranz für Unklarheit

Wir beziehen uns hier auf die Fähigkeit einer Person, Situationen mit hoher Unsicherheit bewältigen zu können (*Budner* 1962). Wenn die Person eine hohe Toleranz für Unklarheit besitzt, dann ist es auch für den Führer in Situationen großer Unsicherheit nicht notwendig, Strukturierungsmaßnahmen (entweder direktiv oder partizipativ) einzuleiten. Wenn andererseits die Unsicherheit einer Arbeitsaufgabe hoch ist und der Untergebene diese Unsicherheit nicht tolerieren kann, dann ist es entscheidend, daß der Führer die Situation strukturiert.

c) Bedürfnis nach Autonomie

Wir haben bereits erwähnt, daß die Wahl des Führers zwischen unterschiedlichen Strukturierungsmethoden davon abhängt, ob der Untergebene ein hohes oder geringes Bedürfnis nach Autonomie (oder Unabhängigkeit/Partizipation) hat: Wenn es hoch ist, soll der partizipative Weg gegangen werden; wenn es niedrig ist, ist der direktive Weg angebracht.

d) Selbstvertrauen

Wenn eine Person kein Selbstvertrauen (chronisch oder aufgabenbezogen) hat, dann wird sie auch nicht über sehr starke Überzeugungen verfügen, daß ihre Anstrengung zu Leistungen führt. In solch einem Fall muß der Führer Vertrauen demonstrieren, wenn die Person motiviert werden soll, die Aufgabe zu erfüllen. Ein solches Verhalten ist unnötig, wenn der Untergebene ein hohes Selbstvertrauen hat.

e) Leistungsmotivation

Eine Anzahl von Führungsaktivitäten werden für hoch Leistungsorientierte akzeptabler sein als für niedrig Leistungsorientierte. Diese schließen ein: Kommunikationen über Leistungsbelohnungskontingenzen, exakte Rückmeldungen, situationsgerechte Belohnungen und Bestrafungen (durch den Vorgesetzten, die Organisation, Gruppenmitglieder und externe), das Setzen herausfordernder Ziele, die Demonstration von Vertrauen in die Leistungsfähigkeit des Untergebenen.

III. Überprüfung der Theorie

Obgleich die hier präsentierte umfangreiche Version der Theorie bereits seit 5 Jahren vorliegt (*Evans* 1979), waren die meisten Überprüfungen der Theorie auf frühere Versionen gerichtet (*House* 1971; *House/Mitchell* 1974). Diese Überprüfungen waren sehr restriktiv in bezug auf die Arten des untersuchten Führungsverhaltens, die berücksichtigten abhängigen Variablen und die einbezogenen Moderatorvariablen.

Führerverhalten	Häufigkeit
instrumental/direktiv	29
unterstützend/mitarbeiterorientiert	27
partizipativ	4
Einfluß nach oben	1
kontingentes Belohnen	1
kontingentes Bestrafen	1
andere	7
Moderatorvariable	
Aufgabenstruktur, Wiederholungshäufigkeit, Weite	20
Rollenunklarheit	5
Aufgabenunabhängigkeit	3
Autonomie	2
Gruppen- oder Organisationsgröße oder -Kohäsion	3
Fachwissen oder Ausbildung der Untergebenen	2
Einfluß nach oben	1
Fachwissen des Führers	1
andere	8
Abhängige Variable	13
Leistung	3
Zufriedenheit des Vorgesetzten	10
Arbeitszufriedenheit	9
Extrinsische Zufriedenheit	5
Intrinsische Zufriedenheit	7
generelle Zufriedenheit	7
Anstrengung	5
Erwartung, daß Anstrengung zur Leistung führt	4
Erwartung, daß Leistung zur Belohnung führt	2
Rollenunklarheit	6
Rollenkonflikt	1
andere	5

Tab. 2: Häufigkeit der bei der empirischen Überprüfung eingesetzten Variablen

Wir haben 32 Studien aus der publizierten Literatur durchgesehen. Die Daten in Tabelle 2 zeigen, wie restriktiv die Forschungsanstrengungen waren. Fast alle diese Studien haben sich mit nur zwei Führungsverhaltensarten (instrumentell [29] und unterstützend [27]) beschäftigt und festgestellt, wie diese mit Aufgabenstruktur [20], Leistung [13] oder Zufriedenheit [28] zusammenhängen.

Die Anzahl der Studien, die Komponenten der Motivationstheorien untersucht haben, ist bedauernswert gering [4]. Die Anzahl der Studien, die individuelle Charakteristika der Untergebenen als Moderatorvariable zum Gegenstand haben, ist minimal [4]; und nur zwei haben sich gemeinsam mit Aufgaben und individuellen Charakteristika als Moderatoren beschäftigt (*Schuler* 1976; *Weed/Mitchell/Moffit* 1976). Angesichts des Nichtvorhandenseins von Studien, die die kritischen motivationalen Hypothesen der Theorie überpüft haben, ist es schwer zu behaupten, daß die Theorie eine hinreichende Überprüfung gefunden hat. Sie hat es nicht.

Eine Möglichkeit, die fragenden Daten intensiver zu benutzen, bietet die Metaanalyse. Wir haben eine solche durchgeführt und sind dabei von drei Haupthypothesen ausgegangen:

(1) Instrumentelle Führung und Aufgabenstruktur interagieren in ihrer Wirkung auf intrinsische Arbeitszufriedenheit: Für strukturierte Arbeitsaufgaben gilt eine negative Beziehung zwischen instrumenteller Führung und intrinsischer Arbeitszufriedenheit. Für unstrukturierte Aufgaben gilt eine positive Beziehung zwischen instrumentellem Führungsverhalten und intrinsischer Arbeitszufriedenheit.
(2) Unterstützende Führung und Aufgabenstruktur interagieren in ihrem Einfluß auf intrinsische Arbeitszufriedenheit: Für strukturierte Aufgaben gilt eine positive Beziehung zwischen unterstützendem Führungsverhalten und intrinsischer Arbeitszufriedenheit. Bei unstrukturierten Aufgaben liegt keine Beziehung zwischen unterstützendem Führungsverhalten und intrinsischer Arbeitszufriedenheit vor.
(3) Instrumentelles Führungsverhalten und Aufgabenstruktur interagieren in ihrer Wirkung auf Leistung. Bei strukturierten Aufgaben liegt keine Beziehung zwischen instrumentellem Führungsverhalten und Leistung vor. Für unstrukturierte Aufgaben gilt eine positive Beziehung zwischen instrumenteller Führung und Leistung.

Die Ergebnisse unserer Metaanalyse (*Evans* 1985) sind enttäuschend für die Proponenten der Theorie. Es ist allerdings festzuhalten, daß die Überprüfungsversuche lediglich an der Oberfläche der Theorie herumlaboriert haben. Nur eine Studie (*Fulk/Wendler* 1983) hat leistungsorientierte Führung untersucht. Der spezifische Beitrag der Theorie kann nicht leicht eingeschätzt werden, da anspruchsvolle analytische Fähigkeiten notwendig sind: Eine kanonische Korrelation in Zusammenhang mit Einfluß nach oben, situationsgerechter Belohnung und Bestrafung. *Podsakoff* et al. (1984) haben eine große Zahl situationsgerechter Belohnungs- und Bestrafungseffekte als Moderatorvariable untersucht. Sie haben dabei wenige Moderatoreffekte gefunden. In der Praxis können kontingente Belohnungen nur gegeben werden, wenn der Vorgesetzte genaue Information über die Arbeitsleistung des Untergebenen hat. *Komaki* (1988) hat gezeigt, daß die Genauigkeit (der Information) erhöht werden kann, wenn der Vorgesetzte direkt die Untergebenen beobachtet. Festzuhalten ist, daß nur ein bescheidenes Ausmaß von Beobachtung erforderlich ist. Es ist noch weitere Forschung erforderlich, um das optimale Ausmaß dafür auszuweisen.

Zwei Studien (*Oldham* 1976; *Klimoski/Hayes* 1978) unterstützen unser komplexes Rahmenwerk. *Oldham* (1976) geht zwar nicht explizit von einem Weg-Ziel-Ansatz aus, benützt aber die Grundidee, daß der Einfluß des Führers auf der Grundlage motivationaler Prozesse wirksam wird.

Nach *Oldham* sollte ein Führer zur Erhöhung der Motivation sechs Aspekte in seinem Vorgesetztenverhalten beachten: Persönliche und materielle Belohnungsaspekte, ähnliches Bestrafungsverhalten, Ziele setzen (spezifische, klare und herausfordernde), Gestaltung von Rückmeldungssystemen, Personaleinsatz, Gestaltung von Arbeitsaufgaben, Gestaltung von Belohnungssystemen. Seine Ergebnisse zeigen, daß alle diese Variablen mit Ausnahme materieller Belohnung und Bestrafung und der Gestaltung von Belohnungssystemen in enger Beziehung zum Urteil von Untergebenen standen, wie sie sich als Untergebene motiviert fühlten, diese Motivation an eigene Untergebene weitergaben und wie effizient diese Untergebenen arbeiteten.

Klimoski/Hayes (1978) leiteten explizit das geeignete Führerverhalten aus den motivationalen Zuständen der Untergebenen ab. Sie überprüften ebenfalls sechs Aspekte des Führerverhaltens: Explizite Arbeitsanweisung, die Häufigkeit arbeitsbezogener Kommunikation, Partizipation der Untergebenen bei der Festlegung von Leistungsstandards, Unterstützung bei den Anstrengungen, effizient zu arbeiten, Häufigkeit der Leistungsüberprüfung und konsistentes Verhalten gegenüber dem Untergebenen. Obgleich *Klimoski/Hayes* (1978) eine Vielzahl von abhängigen Variablen (Leistung, Rollenklarheit, Leistungs-/Belohnungs-Erwartung, Arbeitszufriedenheit) untersuchten, ergaben sich die konsistentesten Ergebnisse in bezug auf die Bedeutung der Leistungs-/Belohnungs-Erwartung. Diese korrelierten explizit mit Anleitung, Beteiligung der Untergebenen beim Setzen von Leistungsstandards, Unterstützung und Konsistenz. Es gab schwache Korrelationen zwischen der Beurteilung (Selbsteinschätzung und Beurteilung durch den Vorgesetzten) von Anstrengungen und expliziten Instruktionen, der Beteiligung von Untergebenen beim Setzen von Leistungsstandards, Unterstützung und Konsistenz. Lediglich die Beteiligung der Untergebenen am Setzen der Standards war ein konsistenter Prädikator der Arbeitsleistung.

Die Hauptschwäche beider Studien liegt in der Abwesenheit von Kontingenzhypothesen. Dessen ungeachtet, stellen sie bedeutende Fortschritte bei der Untersuchung des in diese Theorie eingeschlossenen breiten Netzes von Beziehungen dar.

IV. Implikationen für Theoretiker

Vor allem zwei Dinge sind notwendig: Die Entwicklung von Skalen zum Testen der Vielzahl von

Führungsvariablen, die in der Weg-Ziel-Theorie enthalten sind (z. B. *Oldham* 1976; *Klimoski/ Hayes* 1978; *Yukl/Nemeroff* 1979); die Ausweitung der Überprüfung der Theorie, so daß die relevanten Aspekte des Führerverhaltens und die abhängigen Motivationsvariablen umfassend berücksichtigt werden können. Zufriedenheit ist interessant, Motivation ist wesentlich für das Verstehen der Leistung.

Die Praxis des Einsatzes von Subgruppenanalysen kann nicht weiter fortgesetzt werden. Sie sollten zumindest kombiniert werden mit hierarchischen Regressionsanalysen; für diese sind großzahlige Untersuchungsgruppen obligatorisch (*Arnold* 1982; *Evans* 1985 zur Diskussion hierarchischer Regressionsanalysen). Letztlich ist festzuhalten, daß nach unserer Ansicht der Einfluß des Führers in den frühen Stufen des Aufbaus eines Führer-Geführten-Verhältnisses (*Graen* 1976; *Greene* 1982) oder während der ersten Erfahrungen eines Untergebenen mit einer Arbeitsaufgabe am größten ist. In diesem Sinne sollten Untersuchungen gefördert werden, die sich um solche Situationen besonders kümmern.

V. Implikationen für die Praxis

Da die Bestätigungen für die Theorie so schwach sind, würde es voreilig sein, deutliche und spezifische Empfehlungen für die Praxis abzugeben. Zwei Hinweise können aber gegeben werden: Zur Motivation von Untergebenen (→*Motivation als Führungsaufgabe*) muß der Führer ein Diagnostiker sein. Obgleich die Weg-Ziel-Theorie sehr komplex ist, kann ihre Struktur brauchbare Hilfen für solche Diagnosen bieten. Führungskräfte, die diese Struktur als Rahmen ihrer Überlegungen benutzen, können sicher sein, daß sie keine Haupteinflußvariablen übersehen.

Die Bedeutung der gewichtigsten Einflußgrößen des Modells – die intrinsische Valenz und die wahrgenommene Wahrscheinlichkeit, daß Einsatz zu Leistung führt – kann nicht überschätzt werden. Diese Faktoren sind wesentlich für die Motivation. Führungskräfte sollten in bezug auf diese Variablen eine besondere Sensitivität entwickeln und sicherstellen, daß sie in der Motivation jedes einzelnen Untergebenen abgedeckt sind.

Literatur

Arnold, H. J.: Moderator Variables: A Clarification of Conceptual, Analytic, and Psychometric Issues. In: OBHP, 1982, S. 143–174.
Arvey, R./Ivancevich, J. M.: Punishment in Organizations. A Review, Propositions, and Research Suggestions. In: AMR, 1980, S. 123–132.
Bass, B. M.: Leadership and Performance beyond Expectations. New York 1985.
Budner, S.: Intolerance of Amiguity as a Personality Variable. In: Journal of Personality, 1962, S. 29–50.
Burns, J. M.: Leadership. New York 1978.
Evans, M. G.: The Effects of Supervisory Behaviour on the Path-Goal Relationship. In: OBHP, 1970, S. 277–298.
Evans, M. G.: Leadership. In: *Kerr, S.* (Hrsg.): Organizational Behaviour. Ohio 1979, S. 207–239.
Evans, M. G.: A Monte Carlo Study of Correlated Method Variance in Hierarchical Multiple Regression. In: OBHP, 1985, S. 305–323.
Fulk, J./Wendler, E. R.: Dimensionality of Leader-Subordinate Interactions: A Path-Goal Investigation. In: OBHP, 1983, S. 241–254.
Georgopoulos, B. S./Mahoney, T. M./Jones, N. W.: A Path-Goal Approach to Productivity. In: JAP, 1957, S. 345–353.
Graen, G.: Role-Making Processes in Organizations. In: *Dunette, M. D.* (Hrsg.): HIOP. Chicago 1976, S. 1201–1245.
Graen, G./Cashman, J. F./Ginsburg, S. et al.: Effects of Linking-Pin Quality on the Quality of Working Life of Lower Participants. In: ASQ, 1979, S. 491–504.
Greenberg, J.: A Taxonomy of Organizational Justice Theories. In: AMR, 1987, S. 9–22.
Greene, C. M.: Questions of Causation in the Path-Goal Theory Leadership Research. In: AMJ, 1979, S. 22–41.
Hackman, J. R./Oldham, G. R.: Motivation Through the Design of Work: Test of a Theory. In: OBHP, 1976, S. 250–279.
House, R. J.: A Path-Goal Theory of Leader Effectiveness. In: ASQ, 1971, S. 321–338.
House, R. J.: A 1976 Theory of Charismatic Leadership. In: *Hunt, J. G./Larson, L. L.* (Hrsg.): Leadership: The Cutting Edge. Carbondale 1977, S. 189–207.
House, R. J./Mitchell, T. R.: Path-Goal Theory of Leadership. In: Journal of Contemporary Business, 1974, Nr. 3, S. 81–97.
Kahn, R. L.: Human Relations and Modern Management, hrsg. v. *Hugh-Jones, E. M.* Chicago 1958.
Kerr, S./Jermier, J. M.: Substitutes for Leadership: Their Meaning and Measurement. In: OBHP, 1978, S. 375–403.
Klimoski, R./Hayes, J.: Leader Behavior and Subordinate Motivation. In: PP, 1980, S. 543–555.
Komaki, J.: Toward Effectiv Supervision: An Operant Analysis and Comparison of Managers at Work. In: JAP, 1988, S. 270–279.
Locke, E. A./Shaw, K. M./Saari, L. M. et al.: Goal Setting and Task Performance 1969–1980. In: Psych. Bull., 1981, S. 125–152.
Nealey, S. M./Goodale, J. G.: Worker Preferences Among Time-off Benefits and Pay. In: JAP, 1967, S. 357–361.
Oldham, G. R.: The Motivational Strategies Used by Supervisors: Relationships to Effectiveness Indicators. In: OBHP, 1976, S. 66–86.
Pelz, D. C.: Influence: A Key to Effective Leadership in the First Line Supervisor. In: Personnel, 1952, S. 3–11.
Peters, T./Waterman, R.: In Search of Excellence. New York 1984.
Podsakoff, P. M./Todor, W. D./Grover, R. A. et al.: Situational Moderators of Leader Reward and Punishment Behaviors: Fact of Fiction? In: OBHP, 1984, S. 21–63.
Rosenthal, R./Jacobson, L.: Pygmalion in the Classroom. New York 1968.
Schuler, R.: Conflicting Findings in Path-Goal Theory Leadership Research: A Suggested Interpretation. Arbeitspapier, Cleveland State University 1976.
Taylor, M. S./Fisher, C. D./Illgen, D. R.: Individual's Reactions to Performance Feedback in Organizations: A Control Theory Perspective. In: *Rowland, K./Ferris, G.*

(Hrsg.): Research in Personnel and Human Resources Management. Greenwich 1984.
Vroom, V. H.: Work and Motivation. New York 1964.
Wahba, M. A./House, R. J.: Expectancy Theory in Work and Motivation: Some Logical and Methodological Issues. In: HR, 1974, S. 121–147.
Weed, S./Mitchell, T. R./Smyser, C.: A Test of House's Path Goal Theory of Leadership in an Organizational Setting. Arbeitspapier, University of Washington 1976.

Yammarino, F. J./Bass, B. M.: Long-Term Forecasting of Transformation Leadership and its Effects among Naval Officers. In: *Clark, K. E./Clark, M. B.* (Hrsg.): Measures of Leadership. West Orange/N. J. 1990.
Yukl, G./Nemeroff, W. E.: Identification and Measurement of Specific Categories of Leader Behavior: A Progress Report. In: *Hunt, J. G./Larson, L. L.* (Hrsg.): Cross Currents in Leadership. Carbondale 1979, S. 164–200.

G

Geschichte der Führung – Altertum

Wilhelm Kaltenstadler

[s. a.: Menschenbilder und Führung; Philosophische Grundfragen der Führung.]

I. Quellenlage und Problemstellung; II. Ansätze der Führung in vorklassischer Zeit; III. Führung bei den Griechen; IV. Römische Führung der Republik und Kaiserzeit; V. Führung in der Spätantike. VI. Fernwirkungen der römischen Führungslehre.

I. Quellenlage und Problemstellung

Griechische und römische *Führungslehren* befassen sich mit dem optimalen Einsatz von Sklaven im Arbeitsprozeß, vor allem in der Gutswirtschaft. Führung schließt auch Elemente des Zwangs und der Strafe ein, besonders bei den Griechen. Führungsfunktionen werden nicht primär durch die Eigentümer, sondern durch leitende Sklaven in der Abwesenheit des Herrn (Absentismusproblem) ausgeübt. Die wichtigsten griechischen Quellen zur Führung sind die Oikonomien von Aristoteles und Xenophon, welche die Verwaltung des „ganzen Hauses" (*Brunner* 1949, 1968) zum Ziele haben und nicht nur Führungsprobleme der *Agrar-*, sondern auch der *Militärwissenschaft* im Blick haben. Als wichtigste römische Quellen besitzen wir die Werke der Agrarschriftsteller *Cato, Varro, Columella* und *Palladius*.

II. Ansätze der Führung in vorklassischer Zeit

Wichtige Ansätze zur Führung finden sich beschrieben in den Werken von *Homer* (um 800 v. Chr.) und *Hesiod* (um 700 v. Chr.). Für sie gilt noch die patriarchalische Lebens- und Wirtschaftsgemeinschaft des „ganzen Hauses".

III. Führung bei den Griechen

1. Die Oikonomia, die Lehre vom Hause

Aristoteles stellt der Chrematistiké, der „kapitalistischen" Erwerbswirtschaft, die Oikonomia als ideale Form gegenüber. Letztere bildet als Lehre vom Hause bereits in der 2. Hälfte des 5. Jahrhundert v. Chr. die Grundlage des Staates. Dabei stehen Ökonomie und Politik in einem engen Zusammenhang. Dieses Wissen vom Haus mußte ebenso wie das von der Politik systematisch durch Erfahrung und Schulung erworben werden. Ursprünglich stehen Mann und Frau in einer ausgeklügelten Arbeitsteilung persönlich der Hauswirtschaft vor (→*Familie, Führung in der*). Doch bereits im 5. Jahrhundert nehmen die Pflichten des Gutsherrn im Rahmen der Demokratie so zu, daß bei den größeren Gutswirtschaften die Notwendigkeit entsteht, die wirtschaftlichen Angelegenheiten des „ganzen Hauses" einem Verwalter in die Hände zu legen (*Klees* 1975, S. 58 ff.).

2. Herr und Sklaven

Im Oikonomikós von *Xenophon* (4. Jh.) ist Führung in erster Linie nicht mehr direkte Führung durch den Herrn, sondern Kontrolle von Ehefrau und Verwalter. Um die Effektivität dieses Managementsystems und die Motivation (→*Motivation als Führungsaufgabe*) der Sklaven (und wohl auch der freien Mitarbeiter) zu steigern, dienen Essen, Trinken, Kleidung etc. als materielle Anreize (vgl. dazu das „Management of Negroes" bei *Stampp* 1965, S. 96 f., 142 ff. u. *Davis* 1966, S. 29 ff.).

In der Sklavenführung streben Aristoteles und Platon einen Mittelweg zwischen zu laxer und zu harter Behandlung an. Die Dreiheit von Arbeit, Zucht und Ordnung soll den Sklaven richtig auslasten.

Bei Platon muß der Herr seine Handlungen darauf abstimmen, möglichst loyale Sklaven zu haben. Das schließt aber eine Partnerschaft aus. Aristoteles glaubt nur beschränkt an den freiwilligen Gehorsam durch Anreiz und Motivation und hält daran fest, daß man Sklaven zu Arbeit und Gehorsam zwingen müsse. Das Handeln des Sklaven ist somit nicht moralisch orientiert, sondern durch die Furcht vor Strafe bestimmt (*Klees* 1975, S. 99; vgl. auch *Demosthenes* 4. Phil. Rede).

3. Zentrale Stellung des Verwalters – Eigenschaften und Grundsätze

In Kap. 21 seines Oikonomikós erörtert Xenophon Fähigkeiten und Pflichten des Verwalters (*Klees* 1975, S. 78; Oikonomikós 12, 19). In den Memorabilien, dem Oikonomikós, der Anabasis und der Kyropaideia untersucht er die *Eigenschaften* militärischer Führer (*Wille* 1992, S. 27 ff.). Auch im Militärbereich steht Xenophon der Methode des Zwanges in der Menschenführung sehr skeptisch gegenüber (Oikonomikós 3, 49). Eine zentrale Rolle bei den Führungsgrundsätzen von *Xenophon* spielt der „Kairos", „das den Umständen entsprechende Verhalten". Sowohl der Führer im landwirtschaftlichen wie auch im militärischen Bereich muß „erkennen, was, wann und wie etwas getan werden muß" (*Wille* 1992, S. 27).

Auch das Führungssystem von Aristoteles bleibt nicht beim Zwang stehen. Doch setzt bei ihm die Motivation mehr bei den Führungskräften an. In diesem Sinne rät Aristoteles dem Herrn, die Führungskräfte spüren zu lassen, „daß man sie schätzt" (*Klees* 1975, S. 107). Ihnen gebührt die „Ehre", die einen höheren menschlichen Rang verleiht. *Wunderer/Grunwald* (1980, S. 54) nennen acht Eigenschaften eines Führers nach Platon (→*Führungstheorien – Eigenschaftstheorie*).

4. Ausbildung und Stellung des Verwalters und Heerführers

Bei *Xenophon* werden geeignete Sklaven wie auch Heerführer (z. B. Kyros d. J.) systematisch zu Führungskräften erzogen und ausgebildet. Dem künftigen Verwalter und militärischen Führer (*Wille* 1992) werden nicht nur moralische, sondern auch *Managereigenschaften* beigebracht (Oikonomikós 12, 15). Im militärischen Bereich sind *Taktik* (*Wille* 1992) und *Logistik* (*Boog* 1986) nur Führungs- und Organisationsgrundsätze neben anderen.

Einem im eigenen Betrieb ausgebildeten Verwalter gibt er den Vorzug gegenüber einem von außen beschafften. Verwalter und militärischer Führer müssen über ausgeprägte Fähigkeiten und Fertigkeiten verfügen (*Klees* 1975, S. 81; *Wille* 1992, S. 27).

Der Verwalter hat bei *Xenophon* eine schwierige Position nach oben und unten. Er muß seinem Herrn dienen wie auch über Mitsklaven herrschen. *Xenophon* kann nur Verwalter brauchen, „die in den Gewinn verliebt sind" (*Xenophon*, Oikonomikós 12, 15).

5. Lohn und Strafe im System der Sklavenführung

Grundsätzlich hat der Herr das Recht der Prügelstrafe. Doch selbst bei *Platon* ist es verpönt, Sklaven im Zorn zu strafen, weil der Herr damit seiner Würde schadet. Er plädiert also bei Strafen für den goldenen Mittelweg. Bei *Xenophon* stehen Belohnung und Motivation im Vordergrund. Er verliert jedoch nicht die soziale Differenzierung in der Menschenführung aus den Augen. Bei den einen genüge es, die Begierden des Magens zu befriedigen, andere aber hungern nach Lob und Anerkennung (Oikonomikós 13, 9). Das Prämien- und Motivationssystem von *Xenophon* beruht auf dem Prinzip von Lob und Strafe (*Klees* 1975, S. 86). Hier wird also der Sklave noch von außen gesteuert. Der Gedanke der freiwilligen Gefolgschaft ist in *Xenophons* Kyropaideia (1, 6) ausgesprochen. Der mündige Untergebene, der Befehle willig ausführt, kommt in den Memorabilien von *Xenophon* (2, 10, 3) vor.

6. Anweisungen und Regeln zum Umgang mit Sklaven

Auf Zwang und Strafe verzichten also die progressiven griechischen Gutsbesitzer weitestgehend. Ankündigungen von Kontrollen und regelmäßige Kontrollen selbst gelten als wirksamer. Es ist wichtig, daß Untergebene stets in Angst und Furcht leben. Sklaven solle man möglichst im Befehlston ansprechen. Scherz und Humor sind vor allem bei Platon ungeeignete Führungsinstrumente, da sie mit Respektverlust verbunden sind.

7. Herren und Sklaven „von Natur aus"

In einem eigenschaftstheoretischen Führungskonzept (*Wunderer/Grunwald* 1980, S. 54) stellt Aristoteles dem „Herren von Natur aus" den „Sklaven von Natur aus" gegenüber. Für den einen ist es nützlich zu herrschen, für den anderen zu dienen. Beide sind in einer sozialen Symbiose verbunden, ohne Partner zu sein. Sklaven von Natur gehören einem Herrn als Besitz. Es fehlt ihnen die Gabe der Beratung und Entscheidung für selbständiges Handeln. Der Sklave gewinnt damit den Charakter eines Werkzeugs für den Herrn. Diese Einstellung fördert eine nicht moralisch geprägte Anpassungsstrategie des Sklaven (*Klees* 1975, S. 215).

IV. Römische Führung der Republik und Kaiserzeit

1. Scientia imperandi als Führungswissenschaft

Columella (de re rust. 11, 1, 6) setzt sich mit der Wissenschaft des Befehlens auseinander. Diese müsse der Verwalter in einer „schwierigen Ausbildung" genauso erlernen wie die Fachkenntnisse. Wirklich gute Führungskräfte werden nur solche, die fachliche und Führungsfähigkeiten besitzen und in ihrer Führungskunst einen gesunden Mittelweg zwischen zu harter und zu weicher Führung finden (11, 1, 6). *Columella* verbindet richtige Führung durchaus mit Strenge, aber nicht mit Grausamkeit (11, 1, 25). Den echten Führer zeichnen also Fachwissen, Erfahrung, Führungsfähigkeit und -wissen aus. Oberste Richtschnur des Führungssystems bei *Columella* sind aber Treue und Loyalität der Führungskräfte dem Herrn gegenüber.

Die von *Columella* analysierte Führung weist die grundlegenden sozialen Bedingungen nach *Stogdill* (*Wunderer/Grunwald* 1980) auf.

2. Führung im Rahmen von Gruppen

Die *familia* als Großgruppe stellt die Grundlage der römischen Arbeitsorganisation dar. Sie ist jedoch keine homogene Masse, sondern weist eine vielschichtige Hierarchie und Struktur auf (*De Robertis* 1963).

Columella befaßt sich mit der Gruppengröße der landwirtschaftlichen Arbeitsorganisation. Die Zehnergruppe (decuria) stellt die maximale Gruppengröße dar, die eine Führungskraft gerade noch bewältigen kann (Leitungsspanne). Die Kleinstgruppe sollte aber drei Mann nicht unterschreiten, weil man sonst zu viele Aufsichtspersonen bräuchte. Die Abteilungen (classes) müssen also zwischen 3 und 9 Mann umfassen (→*Gruppengröße und Führung*). Bei dieser Größe ist die Kontrolle am leichtesten und die Rivalität am stärksten produktivitätsfördernd. Auch positive und negative Sanktionen (→*Sanktionen als Führungsinstrumente*) lassen sich hier gezielter einsetzen (*Kaltenstadler* 1978, S. 21–24).

3. Führungshierarchie und -ebenen

Die Befehlshierarchie der römischen Gutswirtschaft als personengebundene Organisationsform braucht mehrere Rangstufen. Bei größeren Unternehmen mit mehreren Betrieben untersteht dem Eigentümer (Herr) meist ein *procurator*, der als Geschäftsführer die Gesamtleitung eines (größeren) Unternehmens hat und die einzelnen Betriebe laufend visitiert. Es ist meist ein Freigelassener, der in der benachbarten Stadt residiert (*Brockmeyer* 1968; *Martin* 1971, S. 96; 101; 346; 366 f.).

Dem Geschäftsführer unterstehen die Verwalter (*vilici*) als Leiter der Einzelbetriebe. Sie sind mehr Fachleute als dieser. In besonderen Fällen kann allerdings der Herr den *procurator* überspringen und nach unten direkt Anweisungen erteilen. Dem Verwalter sind in einem größeren Unternehmen eine Reihe von Führungskräften untergeordnet (*Kaltenstadler* 1978, S. 55) (→*Führungsebene und Führung*).

4. Sklaverei – Zwang oder Humanität?

Bei *Cicero* verdienen nur die guten Sklaven gerechte Behandlung. Für die schlechten sieht er eine Reihe von Strafen und Zwangsmaßnahmen vor. Er gestattet den Herren die Anwendung von Zwang, „um den Widerstand der Sklaven zu brechen, wenn sie sonst keine Mittel hätten, die Sklaven in den Griff zu bekommen" (*Kaltenstadler* 1978, S. 40). Als *homo novus* (Emporkömmling) neigt *Cicero* mehr zu Grausamkeit und Strenge als die Angehörigen der altrömischen Oberschicht (*Etienne* 1970). Der Stoiker *Seneca* dagegen empfiehlt eine Behandlung der Sklaven als Menschen. Macht und Autorität des Herrn sollten vielmehr auf seiner *humanitas* als auf Angst beruhen. Damit will aber Seneca die Sklaverei nicht abschaffen, sondern stabilisieren.

Trotz dieser *humanitas* ist aber die räumliche Mobilität und die Möglichkeit des Arbeitsplatzwechsels (Verkauf) sehr eingeschränkt. Seit der frühen Kaiserzeit sind Sklaven aber nicht mehr „willenlose Ausbeutungsobjekte" (*Bellen* 1971, S. 139; *Kaltenstadler* 1978, S. 40).

5. Schaffung materieller Anreize

Bei *Cato* sollen die Sklaven weder frieren noch hungern. Sie werden reichlich mit Nahrung versorgt. Die Lebensmittelrationen sind der Jahreszeit und Arbeitsintensität angepaßt (*Cato* cap. 56 f.). Auch die Zuteilung von Kleidung wird als Anreizmittel eingesetzt.

Die Fürsorge für kranke Sklaven hat einen festen Platz im System der materiellen Anreize. Sie stellt sich als Investition des Herrn dar, welche Gutwilligkeit und Gehorsamsbereitschaft der Sklaven zur Folge hat (*Kaltenstadler* 1978, S. 41 und 78).

Neben diesen materiellen Bedürfnissen finden wir bei *Varro* und *Columella* noch Anreize höherer Art. Zusätzlich zu den obligatorischen religiösen und staatlichen Feiertagen gibt es Sonderurlaub als Mittel zur Steigerung der Arbeitsfreude und auch Arbeitsurlaub für Frauen, die mehrere eigene Kinder großgezogen und den Sklavennachwuchs vermehrt haben. Für besondere Verdienste ist die Freilassung vorgesehen. Tüchtige Sklaven dürfen sich eigenes Vieh halten und Sondervermögen erwerben, „um sie in ihrer Arbeit gewissenhafter zu machen" (*Varro*, res rust. 1, 19, 3). Dies mache vor allem Führungskräfte tüchtiger und bodenverbundener (1, 17, 5) und steigere die Loyalität dem Herrn gegenüber.

6. Oberaufsicht durch den Herrn und Absentismusfrage

Columella rät dem gewissenhaften Gutsherrn, „alle Teile seines Landes zu jeder Jahreszeit" (1, 2,

1) öfter zu besichtigen. Bei häufiger Abwesenheit des Herrn empfiehlt Cato, nach der Maxime „divide et impera" (teile und herrsche) die Sklaven in gegenseitige Konflikte zu verwickeln. Mit diesem Prinzip soll erreicht werden, daß auch in Abwesenheit des Herrn das Lohn- und Prämiensystem funktioniert.

Oberstes Ideal der Führung der römischen Agrarschriftsteller ist die Anwesenheit des Herrn auf dem Gut, was sich aber in der Praxis vielfach nicht verwirklichen ließ.

7. Führungssystem der zentralen Figur (Verwalter)

Ein guter Verwalter muß sachkundig sein, darf aber nicht mehr wissen als der Herr (er darf es zumindest nicht zeigen). Als guter Führer muß er in der Lage sein, die Untergebenen zu belehren. Die Arbeitskräfte müssen den Eindruck haben, daß er darum an der Spitze steht, „weil er im Wissen überlegen ist" (*Varro*, de re rust. 1, 17, 4–5). Er muß sich aber stets über die Grenzen seines Könnens im klaren sein. Wie die ihm unterstellten Vorarbeiter muß er eine gediegene Grundausbildung durchgemacht haben sowie Betriebserfahrung und Fachwissen nachweisen. Darüber hinaus soll er eine gute Allgemeinbildung *(humanitas)* haben. Natürlich werden von ihm auch moralische Eigenschaften wie Ehrlichkeit und Gewissenhaftigkeit verlangt. *White* (1973, S. 456) bezeichnet ihn darum als „keyman in the enterprise".

8. Führung durch Vorbild

Der Verwalter muß mit gutem Beispiel vorangehen, als erster wach sein und persönlich mit den Leuten an die Arbeit gehen. Er hat nicht nur zu befehlen, sondern so zu handeln, daß der Arbeiter ihn nachahmt. Er ist moralisches Vorbild durch seine Lebensführung. Er muß auch den Arbeitern zeigen, wie man eine Tätigkeit richtig und vorteilhaft ausführt. Seine Vorbildfunktion wird dadurch erleichtert, daß er angehalten wird, zu seinen Untergebenen eine gewisse Distanz zu halten (*Columella*, res rust. 11, 1, 18–19).

9. Führungsstile

a) Autokratisch-militärischer Stil

Dieser Stil ist durch starke Fremdbestimmung des Geführten gekennzeichnet (*Wille* 1992, S. 25 ff.). Bei ihm spielen negative Elemente wie Zwang und Angst auch in der militärischen Führung eine sehr untergeordnete Rolle. Angst und Kontrolle sind bei *Cato* und *Columella* wichtige Elemente der Führung in der römischen Landwirtschaft.

b) Patriarchalischer Stil

Hier sind die Befehlsverhältnisse noch überschaubar. Der Herr oder Verwalter befiehlt, die Untergebenen parieren. Primäres Motiv der Führungsmoral von *Cato* ist die Zucht *(disciplina)*. Bei *Columella* schulden die Sklaven dem Verwalter Gehorsam und Treue wie dem Herrn. Er sieht in Zucht, Gewissenhaftigkeit, Ordnung, Planung und Genauigkeit die Voraussetzungen einer effektiven Führung. Oberstes Ziel aber ist die Leistung *(exactio operis)*. Mittel zur Durchsetzung des Leistungsziels ist ein ausgefeiltes Prämiensystem. Auf der anderen Seite bedarf es eines entwickelten Straf- und Sanktionssystems. Grundlegende Mittel des Leistungsziels sind also im Rahmen des patriarchalischen Stils nicht Motivation, sondern Rivalität und Wettbewerb der Arbeitskräfte untereinander (*Kaltenstadler* 1978, S. 47–49).

c) Kooperativer Stil

Varro und *Columella* zeigen im Gegensatz zu *Cato* deutliche Ansätze eines kooperativen Stils. *Columella* setzt den Humor als Mittel der Motivation gezielt ein. Bei *Varro* und *Columella* wirken die Untergebenen beratend und gestaltend am Arbeitsprozeß mit. Die Arbeitskräfte sollen durch Anerkennung *(honor)* und Geltungsstreben motiviert werden. *Columella* erkennt, daß der Einsatz dieser Führungsmittel die Arbeitsproduktivität steigert.

Am weitesten geht die kooperative Einstellung zu den Sklaven beim stoischen Philosophen *Seneca* (de ben.; ep. ad Lucil. 47). Er empfiehlt den Sklavenhaltern, liebenswürdig mit den Sklaven umzugehen und diese zur „Gemeinschaft des Lebens" (*Richter* 1958, S. 200) heranzuziehen. Diese Einstellung ergibt sich aus dem stoischen „Argument der wesensmäßigen Gleichheit aller Menschen" (*Bütler* 1974, S. 5 ff.) und aus seinem philosophischen Konzept der inneren Freiheit (→*Führungsethik*).

V. Führung in der Spätantike

1. Führung als Generationsfrage

Für *Palladius* (5. J h.) ist Führung eine reine Generationsfrage: Die Jungen müssen die Arbeiten ausführen, die Alten erteilen die Befehle (*Palladius*, opus agric. 1, 6, 3).

2. Führung durch Angst und Kontrolle

In der Spätantike ist der Herr grundsätzlich auf dem Gut anwesend. Ein Verwalter erübrigt sich somit. Bei Palladius ist allerdings ein Geschäftsführer *(procurator)* erwähnt (opus agric. 1, 36). Herr und Geschäftsführer müssen immer in der Nähe vermutet werden, um das Betrugsrisiko durch die Arbeitskräfte zu verringern.

3. Wandel der Sozialstruktur

Im Rahmen der zunehmenden Feudalisierung und Dezentralisierung der Wirtschaft nimmt das Pachtsystem zu, die mit Eigenkräften betriebene Gutswirtschaft ab. Die Sklaverei und die damit verbundene *Führungskunst* verlieren an Bedeutung, zumal Sklaven zunehmend als *famuli* („Dienstboten") in den Haushalten Verwendung finden (*Kaltenstadler* 1984, 1986).

VI. Fernwirkungen der römischen Führungslehre

Seit der wegweisenden Arbeit von *Brunner* (1949) ist klargeworden, daß die Agronomen des Spätmittelalters und der frühen Neuzeit im agrarischen Denken teilweise wörtlich auf die alten Römer zurückgreifen. Besonders deutlich wird dieser Rückgriff und die Abhängigkeit im Werk von Konrad *Heresbach* (1570). Über die Auswirkungen der griechisch-römischen Führungslehre auf die Führungswissenschaft der Gegenwart gibt es bis jetzt keine gezielte Publikation. Nur Fritz *Wille* hat als Praktiker erkannt, daß antike Autoren eine Fernwirkung auf die Praktiker der modernen *Militärführung* haben (*Wille* 1992, S. 11 ff.).

Literatur

Bellen, H.: Studien zur Sklavenflucht im römischen Kaiserreich. Wiesbaden 1971.
Boog, H.: Die Bedeutung der Logistik für die militärische Führung von der Antike bis in die neueste Zeit. Herford 1986.
Brockmeyer, N.: Arbeitsorganisation und ökonomisches Denken in der Gutswirtschaft des römischen Reiches. Phil. Diss. Bochum 1968.
Brunner, O.: Adeliges Landleben und europäischer Geist. Leben und Werk Wolf Helmhards von Hohberg, 1612–1688. Salzburg 1949.
Brunner, O.: Das „Ganze Haus" und die alteuropäische „Ökonomik". Neue Wege der Verfassungs- und Sozialgeschichte. Göttingen 1968, S. 103–127.
Bütler, H.-P.: Seneca im Unterricht. In: Heidelberger Texte, Didaktische Reihe, Heft 7, Heidelberg 1974, S. 5–73.
Davis, D. B.: The Problem of Slavery in Western Culture. New York 1966.
De Robertis, F.: Lavoro e Lavoratori nel Mondo Romano. Bari 1963.
Etienne, R.: Cicéron et l'Esclavage. In: Actes du Colloque d'Histoire Sociale 1970 (Annales litt. de l'Univ. de Besançon, Centre de Rech. d'Hist. Ancienne, Vol. 4). Paris 1972, S. 83–100.
Heresbach, K.: Vier Bücher über Landwirtschaft (Rei rusticae libri quattro), Übersetzung mit kritischem Quellennachweis von H. Dreitzel. In: *Abel, W.* (Hrsg.): Vom Landbau, Bd. 1 (Nachdruck der lateinischen Originalausgabe: Köln 1570). Meisenheim 1970.
Kaltenstadler, W.: Arbeits- und Führungskräfte im Opus Agriculturae von Palladius. In: Klio, 1984, S. 223–229.
Kaltenstadler, W.: Arbeitsorganisation und Führungssystem bei den römischen Agrarschriftstellern (Cato, Varro, Columella). Stuttgart, New York 1978.
Kaltenstadler, W.: Betriebsorganisation und betriebswirtschaftliche Fragen im opus agriculturae von Palladius. In: *Kalczyk, H., Gullath, B., Graeber, A.* (Hrsg.): Studien zur Alten Geschichte, S. Lauffer zum 70. Geburtstag, Bd. II, Roma 1986, S. 503–557.
Klees, H.: Herren und Sklaven. Die Sklaverei im oikonomischen und politischen Schrifttum der Griechen in klassischer Zeit. Wiesbaden 1975.
Martin, R.: Recherches sur les Agronomes Latins et leurs Conceptions Economiques et Sociales. Paris 1971.
Richter, W.: Seneca und die Sklaven. In: Gymnasium, 1958, S. 196–218.
Schröder-Lembke, G.: Landwirtschaftliche Arbeitskalender. In: Ztschr. f. Agrargesch., 22, 1974, S. 34–40.
Stampp, K. M.: The Peculiar Institution. London 1965.
Vogt, J.: Sklaverei und Humanität. Studien zur antiken Sklaverei und ihrer Erforschung. Wiesbaden 1972.
White, K. D.: Roman Agricultural Writers I. In: Aufstieg und Niedergang der römischen Welt I. Berlin/New York 1973, S. 439–497.
Wille, F.: Führungsgrundsätze in der Antike. Zürich 1992.
Wunderer, R./Grunwald, W.: Führungslehre, Bd. I. Grundlagen der Führung. Berlin/New York 1980.

Geschichte der Führung – Industrialisierung

Hannes Siegrist

[s. a.: Bürokratie, Führung in der; Geschichte der Führung – Mittelalter und Frühe Neuzeit; Produktionsbereich, Führung im; Unternehmungsverfassung und Führung; Vertrauen in Führungs- und Kooperationsbeziehungen.]

I. Problemstellung, Forschungsstand und Ansätze; II. Führung von Arbeitern im Industriebetrieb; III. Führung im Leitungs-, Planungs- und Verwaltungsapparat; IV. Kontinuität, Wandel und Angleichung von Führungsmethoden und -stilen.

I. Problemstellung, Forschungsstand und Ansätze

Die Herausbildung und Weiterentwicklung des modernen (Fabrik-)Unternehmens als zentralisierte, arbeitsteilige und gewinnorientierte Wirtschaftsorganisation gehört zu den Kernelementen jenes seit dem späten 18. Jh. je nach Region, Land oder Branche früher oder später in Gang gesetzten Prozesses der *Industrialisierung*, in dem sich eine Umwälzung wirtschaftlicher Verhältnisse und technischer Grundlagen mit einem *tiefgreifenden Wandel sozialer Strukturen, Verhaltensweisen und Mentalitäten* verband. Die Geschichte der Führung befaßt sich – hier im besonderen für die Industrie im Zeitraum vom späten 18. Jh. bis zum Zweiten Weltkrieg – mit den Voraussetzungen, Inhalten, Formen, Rechtfertigungen und Folgen der mehr oder weniger planvoll gestalteten Leitung von Menschen im (Fabrik-)Unternehmen, das als funktionales Leistungssystem und insbesondere als *Herrschafts- und Kooperationszusammenhang* interessiert. Sie wird sich, will sie die komplexe Problematik über verschiedene Entwicklungsstufen von Wirtschaft und Gesellschaft hinweg angemessen begreifen, nicht auf sozialpsychologische Aspekte der Beziehung zwischen Führenden und Geführten beschränken können, sondern als umfassendere „Managementgeschichte" (*Kocka* 1969b) einerseits die Entwicklung von Strukturen und Prozessen in organisationshistorischer Perspektive thematisieren und andererseits fragen, wie die in Unternehmen agierenden Personen durch verschiedenartige Führungsinstrumente und Personalbehandlungsstile diszipliniert, motiviert, qualifiziert und integriert wurden.

Es scheint, daß nicht nur methodische und konzeptuelle Präferenzen, sondern auch ideologische Gründe (der Begriff Führung weckt negative Assoziationen an den Nationalsozialismus) den mit der Führungsproblematik befaßten deutschen (deutschsprachigen) Historikern die Bevorzugung des eingedeutschten Begriffs „Management" nahelegen. Obwohl Teilaspekte der Managementgeschichte auch im deutschsprachigen Raum eine lange Forschungstradition aufweisen (Betriebsverfassung, betriebliche Lage der Arbeiter), so stammen die entscheidenden neuen Impulse in der Nachkriegszeit von amerikanischen und englischen Studien, die die Managementmethoden in historischen und aktuellen Industrialisierungsprozessen untersuchten und das Gewicht des Faktors Management für die Erzielung von Produktivitätsfortschritten und sozialer Effizienz zu bewerten beanspruchten (*Harbison/Myers* 1959; *Pollard* 1965; *Chandler* 1977).

Innerhalb des theoretisch und systematisch begründeten Forschungszusammenhangs „Managementgeschichte" (*Pollard* 1965; *Kocka* 1969b) lassen sich je nach Erkenntnisinteresse unterschiedliche Ansätze ausmachen: Während *betriebs- oder volkswirtschaftliche, bildungsökonomische und arbeitsmarktorientierte Ansätze* die Führungsproblematik stärker in ökonomischer Perspektive thematisieren, richten *sozialpsychologische, kulturanthropologische oder ethisch-moralisch begründete Fragestellungen* ihre Aufmerksamkeit auf die mit dem Eintritt in die Fabrik verbundenen sozialen und psychologischen Anpassungszwänge von Arbeitern und Angestellten. *Organisations- und industriesoziologische sowie politikwissenschaftliche Ansätze* befassen sich mit der Gestaltung von Strukturen und Beziehungen und der damit verbundenen Verteilung von Macht-, Verfügungs-, Entscheidungs- und Dispositionschancen. *Technik-soziologische Arbeiten* konzentrieren sich auf den Zusammenhang von Technik und Fertigungsmethoden und damit einhergehender Zusammensetzung des Personals einerseits, Führungserfordernissen und -methoden andererseits. *Wissenschaftshistoriker* schließlich untersuchen die Entwicklung und Rezeption von Managementwissen und -wissenschaft.

Grundsätzlich wird Führung entweder als struktureller oder Interaktionskonflikt oder als Strategie zur Erzielung von Konsens thematisiert. Während engere Ansätze die jeweilige Führungspraxis vorzugsweise mit innerbetrieblichen Faktoren zu begründen suchen, gehen weitergefaßte Konzepte davon aus, daß zur Erklärung der jeweiligen Strukturen und Praktiken des Managements *außerbetriebliche Faktoren* angemessen zu berücksichtigen sind, wie *dominante und subkulturspezifische Wertvorstellungen, Beziehungsstile, Gewohnheiten und Mentalitäten in der Gesellschaft;* die Verhältnisse *auf Rohstoff-, Arbeits-, Kapital- und Absatzmärkten; Verbandswesen und Politik, Bildungssystem sowie wissenschaftliche* und *technische Entwicklung, Sozialgesetzgebung* usw.

II. Führung von Arbeitern im Industriebetrieb

Die Pioniere der modernen Fabrik, die Unternehmer in der Baumwollspinnerei, hofften, motiviert durch wirtschaftliche und technische Chancen, mit dem Übergang von der Verlags- zur Fabrikindustrie die Kontrolle von Material und Qualität sowie die Regelmäßigkeit und Geschwindigkeit der Produktion besser gewährleisten zu können. Mit ihrer technisch-organisatorischen Innovation handelten sie sich indessen schwierige, teilweise überfordernde Managementprobleme ein, zu deren Lösung sich die in Manufaktur, Verlagsindustrie, Handwerk, Gutswirtschaft oder Bergbauindustrie praktizierten Methoden nur beschränkt eigneten (*Pollard* 1965). Eine nicht an die Fabrikarbeit gewöhnte, teilweise überhaupt industrie-unerfahrene Arbeiterschaft, die angesichts der Arbeitsmarktverhältnisse oft kaum auszulesen war und erheblich fluktuierte, mußte zu *Gehorsam* und *Zeitdisziplin*, zu intensiver, regelmäßiger und fremdbestimmter Arbeit, sowie zu *Ehrlichkeit und Sorgfalt mit Material, Werkzeugen und Maschinen* angehalten werden. Führung durch den durch Besitz, Tradition oder Leistung legitimierten Unternehmer, der in der Regel zu wenig Leitungspersonal einsetzte, bedeutete vor allem die *Anwendung von hartem*

Zwang und disziplinarischen Maßnahmen, um die geforderte Arbeitsleistung zu erhalten und den Charakter jedes einzelnen, für anpassungsunwilligen oder moralisch böse gehaltenen Arbeiters zu verändern. Diese Auffassung von Führung rechtfertigte sich durch traditionelle fürsorgerische oder ethisch-moralische Sozialphilosophien, oder durch historisch jüngere liberale Vorstellungen. Indem diese Führung, besonders in Fabrikdörfern und Unternehmens-Städten, auch das Leben außerhalb der Arbeit zu kontrollieren beanspruchte, konnte sie zu einer Form *totalitärer Herrschaft* geraten.

Autokratische Führung, die den Unternehmerwillen bzw. Unternehmenszweck absolut setzte und mit der sich bisweilen ein Allmachtsanspruch auf die Veränderung von Mensch, Wirtschaft und Gesellschaft verband, stieß allerdings immer wieder auf *Widerstände der Geführten* selbst oder anderer gesellschaftlicher Gruppen und Institutionen. Der bezeichnete Führungsstil mochte in der Frühindustrialisierung und darüber hinaus in vergleichsweise wenig durch Arbeits- und Beziehungstraditionen, aber stark durch die neue Technik geprägten Bereichen wie der Baumwollindustrie bald zur Regel werden. In Branchen, in denen vor-fabrikindustrielle Fertigungsmethoden, Organisationsmuster, Berufstraditionen und Beziehungsstile stärker fortbestanden, konnte er sich vorerst nur partiell durchsetzen. In der Hütten-, Metall- und Maschinenbauindustrie z. B. griffen manche Unternehmen auf *traditionelle Führungskonzepte* zurück, womit sich die Risiken einer neuartigen zentralen Führung vermeiden und die Chancen einer *dezentralen Führung* durch die Integration relativ autonomer Arbeitsgruppen und Facharbeiter nutzen ließen: Indem sich die Unternehmensleiter etwa im Rahmen des Untervertragssystems (vertragliche Bindung von Arbeitsgruppen unter Leitung eines Meisters zu bestimmten Arbeitsleistungen und Lieferungen) von Führungsaufgaben entlasteten. Oder indem Berufsarbeitern (traditionellen oder neuen Spezialisten) eine weitgehende Autonomie belassen wurde (*Pollard* 1965; *Vetterli* 1978; *Nakagawa* 1979). Das berufliche System der Arbeit erwies sich indessen mittel- und längerfristig als Quelle neuer Führungsprobleme, denn mit der Vorstellung von Beruf verbanden sich Arbeitsformen, Einstellungen und Verhaltensweisen, die im Rahmen des Übergangs zu systematischerer Planung und Fertigung sowie zu Standardisierung, Maschinisierung und Intensivierung der Arbeit – unter den Bedingungen von Kapitalintensivierung, Kommerzialisierung und zunehmender Rechenhaftigkeit – erhebliche Widerstände gegen den Versuch, die Führung nach oben zu verlagern, verursachten.

Gehörte es selbst in stärker expandierenden Unternehmen, in denen die Führung zunehmend auf Angestellte verschiedener Stufen überging, noch sehr lange zu den unternehmerischen Glaubensprinzipien, letztlich alles zu überblicken und in der Hand zu halten, so mußte diesem Führungsanspruch, sollte er nicht zur Illusion geraten, der Abbau dezentraler Strukturen und die Entwicklung zentralistischer Führungskonzepte folgen. Dabei handelt es sich um einen langen, über viele Stufen ablaufenden Prozeß des Suchens, der sich von Branche zu Branche und selbst von Unternehmen zu Unternehmen verschieden vollzog.

Die seit dem ersten Jahrzehnt des 20. Jahrhunderts, vor allem aber seit der Zwischenkriegszeit vermehrt eingesetzten Methoden des *Taylorismus* und der *Fließfertigung* (sowie die spezielleren Ansätze der Arbeitswissenschaft und Psychotechnik), die als fortgeschrittene Stufen einer langen Entwicklungstendenz zur technischen und sozialen „Rationalisierung" zu begreifen sind, implizierten Führungsstrategien, die eine detaillierte Regelung von Arbeitsfunktionen und -rhythmus von oben her durchsetzten und den für seine Arbeit nun nach Möglichkeit systematischer ausgewählten und angelernten Arbeiter in ein stärker objektiviertes technisches Zwangssystem einbanden (*Stolle* 1980). Es handelte sich um konsequentere Konzeptionen der *Zentralisierung und Entpersonalisierung der Führungsfunktion* (→*Entpersonalisierte Führung*), bei der die Persönlichkeit des Arbeiters und dessen soziale Einbindung im Betrieb (informelle Beziehungen) kaum interessierte, dagegen dessen ökonomisches Eigeninteresse systematisch ausgenutzt wurde.

Selbst in einem fortgeschrittenen Stadium der Industrialisierung, als der Übergang vom bloß disziplinierenden Subsistenzlohn oder dem in der handwerklichen Tradition stehenden „fairen" Lohn zum Abschluß kam und die Arbeiter auf den Anreizlohn positiv reagierten, und selbst in einem stärker entpersonalisierten Arbeits- und Führungssystem, das die Schwächen einer persönlich vermittelten, vergleichsweise unsystematischen und bisweilen willkürlichen Führung etwa durch *allmächtige Werkmeister* verminderte, drängten sich aus sozialen und politischen Gründen weiterhin komplementäre, sich nicht auf den unmittelbaren Arbeitszusammenhang beziehende Führungsinstrumente auf, die sich auf das Bewußtsein sowie das betriebliche *und* gesellschaftliche Verhalten des Arbeiters richteten. Mit dem nicht zuletzt auf die Behandlung im Betrieb zurückzuführenden Erstarken der *Arbeiterbewegung* und unter den Bedingungen erheblicher sozialer, politischer und wirtschaftlicher Unsicherheit, womit der betriebliche und gesellschaftliche Machtanspruch der Unternehmer in Frage gestellt wurde, wuchs seit dem Ende des 19. Jh., vor allem aber nach dem Ersten Weltkrieg, die Bereitschaft der Unternehmen, neben repressiven nun vermehrt integrative Führungsinstrumente und Personalführungsmethoden einzusetzen, die eine soziale und ideologische Einbindung des Arbeiters bezweckten. Dazu gehörten die Herausgabe von *Betriebszeitungen*, Maßnahmen zur ‚ökonomischen Erziehung' der Arbeiter, die Förderung *betrieblicher Vereine* und *Freizeitorganisationen* sowie die Schaffung von Institutionen zur gegenseitigen Information und Beratung wie *Betriebs- und Arbeiterkommissionen*. Dazu gehörten schließlich auch: die Schaffung von *Mitbestimmungs*gremien (Betriebsräte u. ä.); die Einrichtung spezialisierter Stellen und Abteilungen für Personalfragen; die bewußtere Ausgestaltung des Qualifikationswesens; sowie Ansätze zur sozialen und psychologischen Schulung von Führungskräften, was den Übergang von der bisherigen Auffassung, die die Managementkenntnisse von bloßer Erfahrung, persönlichen Eigenschaften und unsystematischen Daumenregeln abhängig machte, zur modernen, systematischen und erlernbaren Personalführung bezeichnet.

Das Verhältnis von Management und Arbeiterschaft läßt sich in bezug auf Herrschaft und deren Rechtfertigung, auch in Anlehnung an historische Vorstellungen, in Typen zusammenfassen, die sich auf einem Kontinuum mit den Polen autokratisch-demokratisch (→*Kooperative Führung*) befinden (*Harbison/Myers* 1959). Der *diktatorisch-autoritäre* und der *(neo-)paternalistische Typus* bezeichnen Formen autokratischer Herrschaft. Während der zuerst genannte in wirtschaftsliberaler Weise den Arbeiter bloß als vertraglich gebundene Arbeitskraft (und Kostenfaktor) begreift, gründet der letztere auf der Idee der Gegenseitigkeit, die gewisse fürsorgerische Pflichten des Arbeitgebers einschließt, welche historisch vorerst in sporadischer, zunehmend aber in geregelter Form wahrgenommen wurden. Der konstitutionelle sowie der seltener vorkommende demokratisch-partizipatorische Stil meinen die graduelle Einbeziehung der Arbeitnehmer in mehr oder weniger institutionalisierte Beratungs- oder gar Entscheidungsgremien (Arbeiterausschüsse, Tarifverhandlungen, Schiedsgerichte, Mitbestimmungsorgane), womit sich die einseitige Verfügungsmacht der Unternehmer relativierte. Insgesamt ist dazu festzuhalten, daß diese Typen selten rein vorkommen, nur mit größten Vorbehalten als realhistorische Entwicklungsstufen aufzufassen sind und daß sich damit nur ausgewählte Aspekte der Managementproblematik fassen lassen.

III. Führung im Leitungs-, Planungs- und Verwaltungsapparat

Anfänglich griffen die Unternehmen bei der Gestaltung der Führung im Leitungsapparat, der vorerst weder exakt strukturiert noch scharf in Betriebs- und Unternehmensleitung getrennt war, auf *traditionelle familiäre Beziehungsmuster* (Rekrutierung und Qualifizierung von Managern aus der Verwandtschaft des Unternehmers) oder auf das in Handel und Verlagsindustrie bewährte Muster der *Partnerschaft mit Gewinnbeteiligung* zurück, womit sich Vertrauens- und Kontrollprobleme verringern ließen und größere soziale und organisatorische Neuerungen vermieden werden konnten (*Pollard* 1965; *Kocka* 1969a).

Mit dem Wachstum und der Differenzierung von Unternehmen und Leitungsapparat drängten sich neue Lösungen in der Gestaltung des Managements auf. Indem in komplexen, diversifizierten und vertikal integrierten Unternehmen manches, was bisher durch Marktbeziehungen zwischen den Unternehmen koordiniert worden war, durch innerunternehmerische administrative Beziehungen zu leisten war, wurde eine bewußtere Gestaltung der Unternehmens- und Leitungsstruktur in Abstimmung auf die neuen Ziele, Strategien und Bedürfnisse unausweichlich (*Chandler* 1977). Zur formalen Gestaltung der Beziehungen in der Unternehmensspitze boten sich mit der seit der Mitte des 19. Jh. laufenden *Modernisierung des Gesellschaftsrechts* (Aktiengesellschaftsreform usw.) nicht zuletzt rechtlich-institutionelle Muster an.

In der Führung unterhalb der Unternehmensleitungsebene stützten sich auch größere, nun zunehmend mit mehr *Angestelltenpersonal* operierende Unternehmen vorerst weiterhin auf abgewandelte traditionelle Führungsinstrumente und Personalbehandlungsmethoden ab: Mängel der rechnerischen, sachlichen und sozialen Kontrollinstrumente wurden durch *loyalitätsstiftende Maßnahmen* wie Erfolgsbeteiligungen (Gewinnbeteiligung, Prämien, Gratifikationen) kompensiert. Wo ein familiär-patriarchalischer oder persönlich-autoritärer, noch wenig formalisierter, vielfach mündlicher Führungsstil nicht hinreichte, verließ man sich auf fachliche Kompetenz, berufliches Ethos und persönliche Ehre der mit erheblichen Dispositionsbefugnissen ausgestatteten Angestellten, die sich selbst als Vertrauensperson des Prinzipals empfinden mochten. Im Rahmen dieser „Führung mit lockeren Zügeln" ließ sich ein autokratischer Führungsanspruch von oben her durch punktuelle und sporadische Kontrollen aber jederzeit wiederbeleben.

Während dieser Führungsstil in kleinen und mittleren Unternehmen partiell lange fortbestand, gingen große und komplexe Firmen im Rahmen eines meist schubweise verlaufenden sozial-organisatorischen Innovationsprozesses seit den letzten Jahrzehnten des 19. Jh. dazu über, die Strukturen und Prozesse im Leitungs-, Planungs- und Verwaltungsbereich nach dem *Muster der Bürokratie* (→*Bürokratie, Führung in der*) oder dem Leitbild des technischen ‚Apparates' systematisch umzugestalten (*Kocka* 1969a; *König* et al. 1985). Mit der

Modernisierung des Funktions- und Autoritätssystems ging eine *Tendenz zur exakten, schriftlichen Festlegung der Kompetenzen,* Beziehungen, Pflichten und Rechte *(Formalisierung)* einher, Informations- und Rechnungswesen wurden verfeinert, allgemeine und spezifische Verhaltensreglements erfaßten nun auch die Angehörigen der wachsenden und differenzierten Angestelltenschaft. Der bisherige Führungsstil wurde durch einen bürokratisch-autoritären, etwas berechenbareren, aber unpersönlichen Stil abgelöst (vielfach tatsächlich aber nur mehr oder weniger überlagert), der den Angestellten tendenziell als austauschbare Arbeitskraft und Kostenfaktor betrachtet. Für wachsende Teile der mittleren und unteren Angestelltenschaft verringerte sich der Entscheidungs- oder Dispositionsspielraum. Diese waren, unter strenger persönlicher und sachlicher Kontrolle stehend, für die genaue und pünktliche Ausführung von Befehlen und Vorschriften zuständig.

Immerhin setzte sich aber diese Tendenz weder so allgemein noch so rasch durch, wie bisweilen angenommen wird. Bei Funktions- und Qualifikationsgruppen mit schlechter standardisierbarer Tätigkeit, etwa in Vertriebs- und Beratungsfunktionen oder in der Betriebsleitung, stieß sie rasch auf Grenzen. Wo sich bürokratische Gestaltung und ein allzu rigide gehandhabtes Liniensystem als ineffizient erwiesen, gingen Unternehmen davon ab, indem sie zusätzlich *Stabsabteilungen* einrichteten oder bisweilen Formen der *teamartigen Kooperation* einführten, womit sich ein stärker sachlich-funktionaler oder gar kollegialer Führungsstil herausbilden konnte.

Die „Führung durch Privilegierung", durch Bevorzugung der Angestellten gegenüber den Arbeitern in bezug auf Einkommen, Anstellungsbedingungen und Behandlung, fand ursprünglich ihre Begründung in innerbetrieblichen Erfordernissen und Arbeitsmarktverhältnissen während der Industrialisierung; in Faktoren, deren Gewicht sich mit den Fortschritten in Bildungswesen, betrieblicher Arbeitsorganisation und Managementtechnik für große Teile der Angestelltenschaft erheblich verringerte. Die Arbeitgeber ließen sich seit dem späten 19. Jh. vielfach nur noch in differenzierter Weise (zwischen Angestelltengruppen unterscheidend, aufgrund gesellschaftspolitischer Überlegungen, soweit in Sozialgesetzgebung und Arbeitsrecht vorgesehen) auf die von der erstarkenden Angestelltenbewegung vorgebrachten Sonderbehandlungswünsche ein. Nachdem in den drei Jahrzehnten bis zum Ende des Ersten Weltkriegs die Unternehmensleitungen über weite Strecken versäumt hatten, die bürokratisch-autoritäre Personalbehandlung durch wirksame, auf die persönliche Motivation des Angestellten abzielende Anreize und Integrationsmittel zu ergänzen, suchten sie in der Zwischenkriegszeit die Leistungsbereitschaft und Betriebsbindung durch teilweise ähnliche Maßnahmen und Führungsinstrumente wie für die Arbeiter zu fördern: Der Angestellte wurde ansatzweise zum Tarif- und Sozialpartner. Gleichzeitig kamen bisweilen nun im Angestelltenbereich aber auch neue, sozialpsychologisch oder ethisch begründete Konzepte, der ‚humanen' *Personalführung* in Gebrauch, die die Effizienz in einem stärker rationalisierten Arbeitssystem steigern sollten.

IV. *Kontinuität, Wandel und Angleichung von Führungsmethoden und -stilen*

Insgesamt läßt sich festhalten, daß die innovative Lösung von Managementproblemen kaum zu den besonderen Leistungen der Industriellen Revolution gehörte und daß auch in der Folge die Entwicklung des Managements vielfach hinter dem technischen und ökonomischen Fortschritt herhinkte (*Pollard* 1965). In der Regel wurden Führungsmethoden und -stile nur unter starken innerunternehmerischen Zwängen oder unter dem Druck wirtschaftlicher, technischer, gesellschaftlicher und politischer Entwicklungen, die das Unternehmen nur beschränkt beeinflussen konnte, geändert. Traditionen und Gewohnheiten spielten, solange sie den wirtschaftlichen Erfolg nicht allzusehr gefährdeten – bisweilen aber auch dann –, eine erhebliche Rolle. Zudem wurden selbst größere Innovationen im Bereich der Managementstrukturen immer wieder durch ältere Führungsgewohnheiten unterlaufen. Nur bei günstiger Konstellation und am ehesten durch den Einsatz neuer Generationen von Führenden und Geführten ließen sich Änderungen rascher und nachhaltiger durchsetzen.

Der starke Einfluß von Traditionen sowie politischer, gesellschaftlicher oder moralischer Faktoren auf die Entwicklung des Managements erklärt sich bis ins 20. Jh. hin nicht zuletzt auch mit der relativen Rückständigkeit des betrieblichen Rechnungswesens, woraus größte Unsicherheiten in der ökonomischen Bewertung von Nutzen oder Schaden eines bestimmten Managementstils resultierten.

Die geschilderte Entwicklung des Managements verweist auf deutliche Brüche – beim Übergang zur Fabrikindustrie, um 1890, nach dem Ersten Weltkrieg –, aber auch auf bemerkenswerte Kontinuitäten. Die weitere Entwicklung nach 1945 hebt sich durch eine vergleichsweise sehr starke *Tendenz zur Systematisierung und Verwissenschaftlichung* von den früheren Perioden ab, zugleich hat sich der wirtschaftliche, gesellschaftliche und politische Rahmen stark gewandelt, doch in mancher Beziehung lassen sich deutliche Kontinuitäten erkennen. Trotz langfristiger Angleichungstendenzen waren Stil und Methoden der Führung weder in bestimmten historischen Perioden und Phasen, noch national, regional, branchenweit und nicht einmal im einzelnen Unternehmen einheitlich. Mit der zunehmenden Einbindung des einzelnen Unternehmens in überbetriebliche, überregionale und internationale Beziehungen und Kommunikationsnetze sowie mit der gesellschaftlichen Angleichung der Industrieländer näherten sich die Managementmethoden einander weltweit an. Es dürfte unbestritten sein, daß verbleibende Differenzen jeweils durch Faktoren wie Betriebsgröße und Technik, durch sozio-kulturelle und politische Verhältnisse oder durch Entwicklungsunterschiede zu erklären sind (→*Führungstheorien – Situationstheorie*). Kontrovers bleibt aber die Frage, ob die verbleibenden Unterschiede prinzipieller Natur sind, wie das von den Vertretern jener Richtung angenommen wird, die einen nationalen (z. B. amerikanischen, deutschen, japanischen) oder systemspezifischen (kapitalistischen, sozialistischen) Managementstil zu identifizieren und typisieren suchen; oder ob es sich dabei nur um *Nuancen* im Rahmen von grundsätzlich gleichartigen Managementmethoden, Führungsstilen und Herrschaftspraktiken handelt.

Literatur

Chandler, A. D. jr.: The Visible Hand. The Managerial Revolution in American Business. Cambridge/Mass. 1977.
Harbison, F./Myers, C. A.: Management in the Industrial World. New York 1959.
Kocka, J.: Unternehmensverwaltung und Angestelltenschaft am Beispiel Siemens 1847–1914. Stuttgart 1969a.
Kocka, J.: Industrielles Management: Konzeptionen und Modelle in Deutschland vor 1914. In: Vierteljahresschrift für Sozial- und Wirtschaftsgeschichte, Bd. 56, 1969b, S. 332–372.
König, M./Siegrist, H./Vetterli, R.: Warten und Aufrücken. Die Angestellten in der Schweiz 1870–1950. Zürich 1985.
König, R. (Hrsg.): Handbuch der empirischen Sozialforschung. Bd. 8, Stuttgart 1977, S. 101–262.
Nakagawa, K. (Hrsg.): Labor and Management. Proceedings of the Fourth Fuji Conference, Tokio 1979.
Pollard, S.: The Genesis of Modern Management. London 1965.
Stolle, U.: Arbeiterpolitik im Betrieb (1900–1933). Frankfurt/M./New York 1980.
Vetterli, R.: Industriearbeit, Arbeiterbewußtsein und gewerkschaftliche Organisation. Göttingen 1978.

Geschichte der Führung – Mittelalter und Frühe Neuzeit

Reinhard Hildebrandt

[s. a.: Anreizsysteme als Führungsinstrumente; Auswahl von Führungskräften; Familie, Führung in der; Führungsprinzipien und -normen; Geschichte der Führung – Industrialisierung; Kontrolle und Führung; Manager- und Eigentümerführung; Organisationsentwicklung und Führung; Rekrutierung von Führungskräften; Soziale Herkunft von Führungskräften.]

I. Stand und Aufgaben der Forschung; II. Organisation und Führung; III. Führungsaufgaben; IV. Führungsstil; V. Führungsinstrumente; VI. Rekrutierung und sozialer Status von Führungskräften.

I. Stand und Aufgaben der Forschung

Normen und Formen von Führung in vorindustrieller Zeit sind bisher noch kaum explizit und umfassend untersucht. Hinweise auf einzelne Fragen und Probleme finden sich vor allem in organisationsgeschichtlichen Untersuchungen und Firmenmonographien sowie in Beiträgen zur Entstehung, Zusammensetzung und Funktion bestimmter *Führungsgruppen*.

Die wissenschaftliche Beschäftigung mit Organisationsformen der vorindustriellen Wirtschaft hat eine lange Tradition. Wichtige Impulse gingen im 19. Jh. besonders von den „historischen Schulen" der Rechts- und Wirtschaftswissenschaften aus. So entstanden im Zusammenhang mit dem sog. *Positivismus-Streit* und der Frage nach den germanischen und/oder römisch-rechtlichen Wurzeln des neuzeitlichen Privatrechts z. B. zahlreiche Untersuchungen zum mittelalterlichen Handels-, Gesellschafts- und Konkursrecht (*Silberschmidt* 1884; *Weber* 1889; *Keutgen* 1906; *Lehmann* 1908; *Hacmann* 1910). Auch die Diskussion um das Verhältnis von genossenschaftlichen und/oder herrschaftlichen *Organisationsprinzipien* (*v. Gierke* 1868, 1913) regte empirische Untersuchungen zu historischen Organisationsformen und ihrer Entwicklung an (*Schmoller* 1890, 1893). Dabei wurde aber der Führung und Leitung dieser Organisationen keine eigenständige Bedeutung beigemessen. Diese Tendenz hat die Forschung bis in die Gegenwart geprägt (*Lutz* 1976; *Kammerer* 1977).

Umgekehrt hat die sozialgeschichtliche Forschung ihr Augenmerk bisher vor allem auf die →*soziale Herkunft von Führungskräften* und deren Auswahl (→*Auswahl von Führungskräften*) sowie auf einzelne *Führungsgruppen* gerichtet (*Lampe* 1963; *Helbig* 1973), dabei aber die engen Beziehungen zur jeweiligen Organisation als Rahmenbedingung der Führung weitgehend außer acht gelassen. Das Gleiche gilt allerdings auch für die meisten zeitgenössischen Quellen. Sie setzen entweder eine bestehende Organisation als bekannt voraus und beschränken sich auf die Formulierung von mehr oder weniger speziellen Handlungsmaximen oder erörtern Aufbau und Funktionsweise bestimmter Organisationen, ohne auf die damit verbundenen Führungsprobleme näher einzugehen. Gerade diese Beziehungen zu untersuchen, bleibt daher eine Aufgabe künftiger Forschung.

II. Organisation und Führung

Organisationen können generell „als zielgerichtete Handlungssysteme mit interpersoneller Arbeitsteilung" (*Frese* 1984, S. 29) definiert werden, doch müssen zumindest für den hier zu behandelnden Zeitraum dabei auch gesamtgesellschaftliche Normen und Vorstellungen von Führung berücksichtigt werden. Die meist kleinen Einzelbetriebe (Bauernhof, Handwerksbetrieb), die nur einen geringen eigenen Organisationsbedarf mit entsprechend wenig differenzierten Führungsaufgaben besaßen, waren ebenso wie größere Wirtschaftseinheiten (z. B. Eigenbetriebe einer Stadt, eines Klosters oder einer weltlichen Herrschaft, private Produktionsbetriebe und große Fernhandelsunternehmen) Bestandteile eines normensetzenden, übergreifenden Systems, das allgemein darauf abzielte, dem Zusammenleben der Menschen ein Grundmuster zu geben. Kernelemente dieser Lebensform waren das „*Haus*" und die „*familia*".

Im Verständnis jener Zeit meint „*Hauswirtschaft*" daher auch nicht eine spezielle Produktionsform, sondern umfaßt „die gesamte Tätigkeit im Haus" (*Brunner* 1956, S. 37), die von einem „*pater familiae*" organisiert und geleitet wird. „Das Herrschaftsgefüge des Hauses" (*Burkhardt* 1992, S. 555) prägt die →*Führungsprinzipien und -normen* auch in komplexen außerökonomischen Organisationen. Seit dem späten Mittelalter liegt die Führung einer Stadt in den Händen von „Stadtvätern"; der „Landesvater" ist bestrebt, in „*Policey-Ordnungen*" nahezu alle Lebensbereiche seiner Landeskinder/Untertanen zu reglementieren.

Entsprechend vielfältig und vielseitig sind auch die Themen und Ratschläge in der sog. „*Hausväterliteratur*" und in den Werken der frühen *Kameralisten* des 16./17. Jhs. Auch für sie ist die „*Ökonomik*" noch „buchstäblich die Lehre vom Oikos, vom Haus im umfassendsten Sinn" (*Brunner* 1956, S. 34). Erst im 18. Jh. setzt sich allmählich eine gesonderte systematische Behandlung wirtschaftlicher Zusammenhänge durch.

Dem „*Haus*" als einem mehrdimensionalen und multifunktionalen System entspricht als Personenverband die „*familia*". In ihr fließen „Formen der vaterrechtlichen Großfamilie" (*Bosl* 1976, S. 114 f.), der sozialen Wirtschaftsgemeinde und der kultisch-religiösen Gemeinschaft zusammen. Die „*familia*" ist zugleich Schutzverband und Leistungsgruppe, deren Mitglieder in einer rechtlichen Bindung zum „*Pater familiae*" stehen. Dieses übergreifende System und die mit ihm verknüpften *Wertvorstellungen* prägen die Führung selbst solcher Organisationen, die überwiegend ökonomischen Zwecken und Zielen dienen, über einen planvollen Aufbau verfügen und zur Erfüllung ihrer Aufgaben zunehmend rationale Mittel und Methoden (Kalkulation, Buchführung, Bilanzierung) entwickeln.

Eine →*entpersonalisierte Führung* entwickelt sich nur ansatzweise und in speziellen Bereichen, wie z. B. im *Verlagswesen* (*Kirchgässner* 1974) und bei den großen Übersee-Gesellschaften. Die „Vereinigde Oostindische Compagnie" (VOC) der Niederlande, eine Vorläuferin moderner AGs, beschäftigt um 1750 allein in Asien rd. 25 000 Mitarbeiter (*Gaastra* 1988, S. 83), die nicht mehr von einem „*Pater familiae*" geführt werden können, sondern einer „hohen Regierung" in Batavia mit einem Generalgouverneur an der Spitze unterstehen.

Insgesamt behalten jedoch „*Haus*" und „*familia*" bis ins 19. Jh. hinein ihre normative Kraft und spielen noch in der Anfangsphase der Industrialisierung (→*Geschichte der Führung – Industrialisierung*) eine wichtige Rolle (*Kocka* 1979). Nachklänge an die mit diesem System verbundenen Organisations- und Führungsvorstellungen sind noch heute gelegentlich spürbar, wenn z. B. das Management eines traditionsbewußten Unternehmens von „unserem Haus" spricht, die Gesamtheit der Mitarbeiter als „eine große Familie" bezeichnet wird oder ein Minister sein Ressort als sein „Haus" betrachtet.

III. Führungsaufgaben

Mit dem Auf- und Ausbau größerer Organisationen, ihrer räumlichen und sachlichen Ausweitung, werden auch die Führungsaufgaben vielfältiger und differenzierter. Die Eigentümer (→*Manager- und Eigentümerführung*) bzw. Eigenberechtigten sind in steigendem Maß zur Delegation (→*Delegative Führung*) von Führungsaufgaben gezwungen und konzentrieren sich mehr und mehr auf Grundsatzfragen und *Leitungsaufgaben* auf zentraler Ebene. Je nach Art, Umfang und Inhalt der delegierten Aufgaben bilden sich damit Führungshierarchien mit verschiedenen *Führungsebenen* (→*Führungsebene und Führung*) und abgestuften *Entscheidungsspielräumen* heraus.

Dieser Prozeß setzt in der mittelalterlichen Kirche schon recht früh ein und ist seit dem späten Mittelalter in Verbindung mit einer zunehmenden Verwaltungstätigkeit (→*Öffentliche Verwaltung, Führung in der*) auch in Städten und Territorien zu beobachten. Der Wunsch nach Seßhaftigkeit bei gleichzeitiger räumlicher und sachlicher Ausweitung und zunehmend schriftlich abgewickelter Geschäftstätigkeit veranlaßt auch die Eigentümer privatwirtschaftlicher Unternehmen, eine wachsende Zahl von Mitarbeitern zu beschäftigen und ihnen Führungsaufgaben zu übertragen. Umfang, Art und Zusammensetzung der übertragenen Aufgaben unterliegen naturgemäß manchen Schwankungen und Veränderungen.

Generell läßt sich feststellen, daß die Leitung auswärtiger Niederlassungen, Verhandlungen mit den dortigen Behörden und Geschäftspartnern, die Führung einzelner Betriebseinheiten und die Koordination zwischen ihnen, die Beschaffung von Informationen (→*Information als Führungsaufgabe*) sowie die regelmäßige und umfassende *Berichterstattung* an die Unternehmensleitung ebenso zu den delegierten Führungsaufgaben gehören wie die Anleitung, Kontrolle (→*Kontrolle und Führung*) und Beaufsichtigung nachgeordneter Mitarbeiter. Allerdings bereitet die notwendige horizontale und vertikale *Abgrenzung der Führungsaufgaben* immer wieder Schwierigkeiten. Förmliche Organisations- bzw. *Geschäftsverteilungspläne* sind erst aus dem 16./17. Jh. überliefert, so daß sich häufig räumliche, sachliche und vor allem personenbezogene Gesichtspunkte überschneiden. Dem Vorteil großer *Flexibilität* und schneller Anpassungsfähigkeit steht daher als Nachteil die Gefahr von *Kompetenzstreitigkeiten* und *Führungskrisen* (→*Krisensituationen, Führung in*) gegenüber.

Um diese Risiken zu beschränken, werden seit dem 15. Jh. wenigstens die individuellen Führungsaufgaben zunehmend schriftlich festgelegt. In den zahlreich überlieferten, aber bisher kaum systematisch ausgewerteten „Verschreibungen", Instruktionen, Reglements etc. nehmen neben arbeitsrechtlichen Fragen und unmittelbar am Organisationszweck orientierten Führungsaufgaben vor allem *Vorschriften zur Menschenführung* einen breiten Raum ein. Die dabei erkennbaren sittlichen und ethischen Normen zeigen eine „christliche Hauslehre" (*Burkhardt* 1992, S. 553) und gelten gleichermaßen für die Führungskräfte und die ihnen zugeordneten Mitarbeiter. Die Führungskräfte müssen sich zu einem gottesfürchtigen, sittlichen und ehrbaren Lebenswandel, zu Fleiß, Treue und Gehorsam gegenüber ihren jeweiligen Vorgesetzten verpflichten, dürfen auch als Privatpersonen keine Bürgschaften übernehmen, sich auch in ihrer Freizeit nicht an Geldspielen beteiligen und haften mit ihrem gesamten Privatvermögen für eventuelle Schäden, die durch ihre Entscheidungen oder Verhaltensweisen dem Arbeitgeber entstehen. Gleichzeitig haben die Führungskräfte darauf zu achten, daß auch ihre Untergebenen diese Vorschriften und Normen erfüllen.

Berufliche und private Sphäre werden hier noch weitgehend als eine Einheit betrachtet. Der Vorgesetzte hat in seinem Zuständigkeitsbereich die Aufgabe, seine Mitarbeiter zur Erfüllung ihrer beruflichen Pflichten anzuhalten und trägt zugleich die →*Verantwortung* für die private Lebensführung seiner Untergebenen.

IV. Führungsstil

Diesen Aufgaben entspricht auch ein spezifischer Führungsstil, der mit den heute geläufigen, überwiegend an äußeren Merkmalen orientierten Unterscheidungskriterien „autoritär" vs. „kooperativ" kaum hinreichend charakterisiert werden kann. Wenn man einmal von allen persönlichen und situationsbedingten Anpassungen und Ausprägungen absieht, so sind Führungsstil und -verhalten im hier behandelten Zeitraum in einem weiten Sinne eher als patriarchalisch zu bezeichnen.

Die Führungskraft ist zwar in ihrem Zuständigkeitsbereich „Herr im Haus", doch meint und rechtfertigt diese Stellung keineswegs ein Handeln nach dem Motto: „Sic volo, sic iubeo, sit pro ratione voluntas" (*Hildebrandt* 1966, S. 64). Vielmehr besteht neben *Leitungsaufgaben* auch eine umfassende *Fürsorgepflicht* gegenüber allen untergebenen Mitgliedern dieses „Hauses". Daraus ergibt sich die Notwendigkeit, einen Führungsstil zu entwickeln, der sowohl mitarbeiterorientiert als auch aufgabenbezogen ist. Die Verwirklichung eines solchen Führungsstils wird damals jedoch im Unterschied zur Gegenwart keineswegs als ein grundsätzliches Problem empfunden, weil die zugrundeliegenden Normen den damaligen gesamtgesellschaftlichen Ordnungsvorstellungen entsprechen.

Zugleich bilden diese Ordnungsvorstellungen auch die Grundlage für die *Legitimation und Akzeptanz eines patriarchalischen Führungsstils*. Neben der formellen Übertragung von Führungsaufgaben kommen dabei dem *Anciennitätsprinzip* sowie der persönlichen vorbildhaften Leistung der einzelnen Führungskraft eine hohe Bedeutung zu. Zur Effizienz (→*Effizienz der Führung*) eines solchen Führungsstils liegen für den hier behandelten Zeitraum noch keine empirischen Untersuchungen vor. Gravierende systemimmanente „*Reibungsverluste*" sind jedoch kaum zu vermuten, solange der *patriarchalische Führungsstil* grundsätzlich in Einklang mit den vorherrschenden *gesamtgesellschaftlichen Ordnungsvorstellungen* stand. Da die Untergebenen selbst in einer hierarchisch-rechtlich denkenden und geordneten Gesellschaft lebten und aufwuchsen, dürften sie prinzipiell einen Führungsstil zumindest akzeptiert, vielleicht sogar erwartet haben, der aufgabenbezogene Anweisungen mit fürsorgender persönlicher Anteilnahme und Unterstützung kombiniert. Neuere Forschungen haben jedenfalls gezeigt, daß Widerstand oder gar offene Auflehnung vor allem dann auftreten, wenn Normen dieser überkommenen hierarchisch-rechtlichen Ordnung verletzt erscheinen oder übertreten werden (*Schulze* 1983).

In diesem Zusammenhang spielen die wechselseitige *Anhörung* und *Beratung, Konsultation* und *Information* zwischen Vorgesetzten und Untergebenen eine wichtige Rolle. Eine formelle, rechtlich abgesicherte *Teilhabe am Entscheidungsprozeß* ist nur selten und in rudimentärer Form nachweisbar, doch entwickelt sich mit zunehmender Schriftlichkeit ein ausgedehntes und intensives *Kommunikationssystem*. Die weiten Entfernungen, die schwierigen und langwierigen Verkehrsverbindungen sowie die örtlich und sachlich zunehmend spezialisierten Kenntnisse der Mitarbeiter erweitern nicht nur den *Entscheidungsspielraum für Führungskräfte*, sondern machen auch einen ständigen „Dialog" zwischen ihnen, ihren Mitarbeitern und der Unternehmensleitung unabdingbar (→*Information als Führungsaufgabe*). Der *patriarchalische Führungsstil* jener Zeit darf daher keineswegs mit einem eindimensionalen System von Befehl und Gehorsam gleichgesetzt werden. Der „*pater familiae*" besitzt zwar als *Führungspersönlichkeit* die letzte Entscheidungsgewalt und hat folglich auch die ungeteilte →*Verantwortung* zu tragen, ist aber an Recht, Sitte und Gewohnheit gebunden und außerdem mindestens de facto in vielfacher Hinsicht auf die Beratung und Zusammenarbeit mit den ihm anvertrauten und untergebenen Mitgliedern der „familia" angewiesen. Auch in einem ganz anders strukturierten Gesellschaftssystem war daher in gewissen Grenzen eine →*kooperative Führung* unverzichtbar, um Mitarbeiter zu motivieren (→*Motivation als Führungsaufgabe*).

V. Führungsinstrumente

Auch in einer hierarchisch-patriarchalischen Ordnung verlangt die Führung insbesondere von Menschen differenzierte und spezifische *Führungsinstrumente*, die gleichermaßen subjektive und objektive Faktoren zu berücksichtigen haben. Unter diesen Voraussetzungen ist die persönliche (z. T. charismatische) →*Autorität* als Führungsinstrument besonders wichtig. Sie kann sich im hier behandelten Zeitraum z. B. auf die rechtliche Stellung der Führungskraft (geburtsständische Zugehörigkeit) und/oder auf die förmliche Übertragung von Führungsaufgaben gründen, bedarf aber zusätzlich der persönlichen vorbildhaften Leistung (Qualifikation) und eines mitarbeiterorientierten Verhaltens, damit der *Führungsanspruch* von den Untergebenen anerkannt und ihnen gegenüber durchgesetzt werden kann.

Daneben werden in vielfältiger Form →*Anerkennung und Kritik als Führungsinstrumente* genutzt. Dazu gehören z. B. die Verleihung oder der Entzug von Rechten und Gerechtigkeiten, die teilweise oder gänzliche Befreiung von Diensten und Abgaben, die befristete oder unbefristete Überlassung von Immobilien zur kostenlosen Nutzung und die Gewährung von zusätzlichen Sachbezügen bzw. Naturaleinkommen. Diese *Entgeltsysteme* (→*Entgeltsysteme als Motivationsinstrument*) haben sich bis heute in Form von Werkswohnungen, Bezugsrechten für verbilligte firmeneigene Produkte u. ä. erhalten. Mit fortschreitender Entwicklung der Geldwirtschaft entstehen außerdem differenzierte *Lohn- und Gehaltssysteme*, die sowohl positions- als auch leistungsbezogen sind, zugleich aber auch Kriterien wie *Dienstalter,* Beschäftigungsdauer, persönliches Verhalten und *Ersetzbarkeit* berücksichtigen.

Gleichzeitig werden auch verschiedene Formen der *Gewinnbeteiligung als Führungsinstrument* entwickelt und eingesetzt, wie die sog. „Fürlegung" (*Strieder* 1912; *Mayer* 1925) zeigt. Im 16. Jh. wird es schließlich vielfach üblich, bewährten Führungskräften für die erfolgreiche Bewältigung besonders schwieriger Aufgaben oder bei Ablauf des Arbeitsvertrags eine oft beträchtliche Gratifikation („Verehrung", „Gnadenerweis") zu gewähren. Auf diese Weise sollen nicht nur Anerkennung und Lob zum Ausdruck gebracht, sondern zugleich auch eine Verlängerung des Beschäftigungsverhältnisses erreicht werden.

Langfristig sind diese materiellen Anreize aus der Sicht der Unternehmen indes nicht unproblematisch. Gewinnbeteiligung und Gratifikationen ermöglichen der Führungskraft die Gründung eines eigenen Unternehmens, den Erwerb von Immobilienbesitz und/oder Renten und können bei entsprechendem „Konnubium" (*Euler* 1965) das Ausscheiden aus dem Kreis der aktiv tätigen Führungskräfte bewirken. Außerdem bietet seit dem Spätmittelalter der Auf- und Ausbau der Verwaltung in Land und Stadt tüchtigen Führungskräften zunehmend alternative Beschäftigungsmöglichkeiten mit oft beträchtlichen sozialen und rechtlichen Aufstiegschancen, die sich im 18. Jh. allerdings zunehmend verengen (*Lampe* 1963; *Wunder* 1971).

VI. Rekrutierung und sozialer Status von Führungskräften

Die Entwicklung größerer wirtschaftlicher Organisationseinheiten, verbunden mit einer allgemein zunehmenden Verwaltungstätigkeit und einem steigenden Organisationsgrad führen im hier behandelten Zeitraum insgesamt zu einer *Vermehrung von Führungsaufgaben und -positionen* mit entsprechend erhöhten Aufstiegschancen (*Lipset/Zetterberg* 1967). Angesichts der damit verbundenen relativ hohen →*Mobilität und Fluktuation von Führungskräften* sehen sich die Unternehmen gezwungen, immer wieder neue und zusätzliche Führungskräfte zu rekrutieren (→*Rekrutierung von Führungskräften*).

Die bis ins 16. Jh. nachweisbare *Abwerbung* aus der damals noch in der Entwicklung begriffenen herrschaftlichen Verwaltung (→*Öffentliche Verwaltung, Führung in der*) beschränkt sich vor allem auf Spezialisten (z. B. von Bergbausachverständigen und Juristen) und wird mit der Intensivierung und Konsolidierung der Territorialverwaltung immer schwieriger. Wichtigstes *Rekrutierungsreservoir* bilden aufgrund der bildungsmäßigen Voraussetzungen und der persönlichen Kontakte daher die städtische *Mittelschicht* (*Maschke/Sydow* 1972) und vergleichbare außerstädtische soziale Gruppen (→*Soziale Herkunft von Führungskräften*), wobei seit der Mitte des 16. Jhs. deutlich eine Verlagerung auf die untere Mittelschicht festzustellen ist (*Hildebrandt* 1971; *Friedrichs* 1975).

Da ein formalisierter und organisierter *Stellenmarkt* aber fehlt, spielen bei der *Personalbeschaffung* die Verwandtschaft (*v. Stromer* 1968), die „Freundschaft", die persönliche Empfehlung durch „bekannte Leute" oder bereits bewährte Führungskräfte, die Abstammung aus „gutem Haus" eine entscheidende Rolle. Die *„familia"* stellt damit ein wichtiges Kriterium auch für die →*Auswahl von Führungskräften* dar und bleibt es bis ins 19. Jh. hinein (*Kocka* 1969, 1979). Das zeigen einerseits die oft über mehrere Generationen reichenden personalen Verflechtungen innerhalb und zwischen einzelnen *Führungsgruppen*, andererseits die wiederholten Anweisungen an leitende Mitarbeiter, im eigenen Bekanntenkreis (*„familia"*) rechtzeitig nach begabten jüngeren Mitarbeitern Ausschau zu halten, entsprechende Personalvorschläge zu unterbreiten und für eine gründliche und sorgfältige Erziehung und Ausbildung zu sorgen. Dabei kommt einem Auslandsaufenthalt (Italien, Frankreich, England, Niederlande) seit dem späten Mittelalter eine wachsende Bedeutung zu (→*Entsendung von Führungskräften ins Ausland*).

Ein *Mangel an Führungskräften* veranlaßt große Unternehmen und Organisationen nicht selten, sich um die Heranbildung tüchtiger Führungskräfte selbst zu bemühen, ihnen eine innerbetriebliche Karriere (→*Karriere und Karrieremuster von Führungskräften*) zu eröffnen und sie dadurch langfristig an das *„Haus"* und die *„familia"* des Unternehmens zu binden. Das Bestreben, eine *Abwanderung von Führungskräften* in andere Unternehmen oder in außerbetriebliche Bereiche nach Möglichkeit zu verhindern, dient zugleich der Wahrung des Geschäftsgeheimnisses, läßt aber auch tendenziell eine „*Beamtenmentalität*" aufkommen, die z. B. in Versorgungsansprüchen einzelner Führungskräfte und ihrer Angehörigen gegenüber dem Unternehmen zum Ausdruck kommt und im 19. Jh. zur Entstehung der sog. „*Privatbeamten*" (*Kocka* 1969, S. 535) führt.

Unter diesen Umständen sind der sozialen →*Mobilität und Fluktuation von Führungskräften* Grenzen gesetzt. Die langjährige erfolgreiche Tätigkeit für ein großes Unternehmen ist zwar auch für den außerbetrieblichen gesellschaftlichen Aufstieg einer Führungskraft förderlich, doch handelt es sich dabei um eine vertikale soziale Mobilität von nur begrenzter Reichweite. Der Aufstieg aus der unteren in die obere *Mittelschicht* ist möglich und sogar üblich, die Aufnahme in die bürgerlich-städtische Oberschicht oder gar in den niederen Adel jedoch eher die Ausnahme und meist nur in mehreren Generationen erreichbar. Voraussetzung ist dafür i. d. R., daß die Nachkommen eines leitenden Mitarbeiters aus dem Kreis der wirtschaftlichen Führungskräfte ausscheiden, in höhere gesellschaftliche Schichten einheiraten, einen entsprechenden Lebensstil pflegen und außerdem durch Kooptation (→*Netzwerkbildung und Kooptation als Führungsaufgabe*) und/oder Rechtstitel (Privileg) eine förmliche Standeserhöhung erreichen. Damit erweisen sich die Normen der ständisch geprägten Gesellschaft Alteuropas auch für das soziale Schicksal der wirtschaftlichen Führungskräfte als entscheidend, deren soziale Einordnung und Standortbestimmung im Einzelfall auch manche methodischen Probleme aufwirft (*Bátori* 1984), die noch ungelöst sind.

Literatur

Bátori, I.: Soziale Schichtung und soziale Mobilität: Methodische und theoretische Probleme. In: *Mieck, I.* (Hrsg.): Soziale Schichtung und soziale Mobilität in der Gesellschaft Alteuropas. Berlin 1984, S. 8–28.
Bosl, K.: Die „familia" als Grundstruktur der mittelalterlichen Gesellschaft. In: *Mächler, A.* (Hrsg.): Historische Studien zu Politik, Verfassung und Gesellschaft. Frankfurt et al. 1976, S. 108–128.
Brunner, O.: Das „ganze Haus" und die alteuropäische „Ökonomik". In: Neue Wege der Sozialgeschichte. Göttingen 1956, S. 33–61.
Burkhardt, J.: Wirtschaft. In: Geschichtliche Grundbegriffe Bd. 7. Stuttgart 1992, S. 511–594.
Euler, F. W.: Wandlungen des Konnubiums im Adel des 15. und 16. Jahrhunderts. In: *Rössler, H.* (Hrsg.): Deutscher Adel 1430–1555. Darmstadt 1965, S. 58–94.
Frese, E.: Grundlagen der Organisation. 2. A., Wiesbaden 1984.
Friedrichs, Chr. R.: Capitalism, Mobility and Class Formation in the Early Modern German City. In: Past and Present, Bd. 69, 1975, S. 24–49.
Gaastra, F. S.: Die Vereinigte Ostindische Compagnie der Niederlande. In: *Schmitt, E./Schleich, Th./Beck, Th.* (Hrsg.): Kaufleute als Kolonialherren. Bamberg 1988, S. 1–89.
Gierke, O. v.: Das deutsche Genossenschaftsrecht. 4 Bde., Berlin 1868–1913, Nachdruck. Darmstadt 1954.
Hacmann, M.: Beiträge zur Geschichte der Offenen Handelsgesellschaft. In: Zeitschrift für das gesamte Handels- und Konkursrecht, Bd. 68, 1910, S. 439–482.

Helbig, H. (Hrsg.): Führungskräfte der Wirtschaft in Mittelalter und Neuzeit 1350–1850. Teil 1. Deutsche Führungsschichten in der Neuzeit, Bd. 6. Limburg/L. 1973.
Hildebrandt, R.: Die „Georg Fuggerschen Erben". Kaufmännische Tätigkeit und sozialer Status 1555–1600. Schriften zur Wirtschafts- und Sozialgeschichte 6. Berlin 1966.
Hildebrandt, R.: Wirtschaftsentwicklung und soziale Mobilität Memmingens 1450–1618. In: Memminger Geschichtsblätter, 69. Jg., 1971, S. 41–61.
Kammerer, K.: Das Unternehmensrecht süddeutscher Handelsgesellschaften in der Montanindustrie des 15. und 16. Jahrhunderts. Stuttgart 1977.
Keutgen, F.: Hansische Handelsgesellschaften vornehmlich im 14. Jahrhundert. In: Vierteljahrschrift für Sozial- und Wirtschaftsgeschichte, Bd. 4, 1906, S. 278–324, S. 461–514, S. 567–632; Bd. 7, 1909, S. 505–511.
Kirchgässner, B.: Der Verlag im Spannungsfeld von Stadt und Umland. In: *Maschke, E./Sydow, H.* (Hrsg.): Stadt und Umland. Stuttgart 1974, S. 72–128.
Kocka, J.: Familie, Unternehmer und Kapitalismus an Beispielen aus der frühen deutschen Industrialisierung. In: Zeitschrift für Unternehmensgeschichte, 24. Jg., 1979, S. 99–135.
Kocka, J.: Unternehmensverwaltung und Angestelltenschaft am Beispiel Siemens 1847–1914. In: Industrielle Welt, 11. Stuttgart 1969.
Lampe, J.: Aristokratie, Hofadel und Staatspatriziat in Kurhannover. – Die Lebenskreise der höheren Beamten an den kurhannoverschen Zentral- und Hofbehörden 1714–1760. 2 Bde. Göttingen 1963.
Lehmann, K.: Altnordische und hanseatische Handelsgesellschaften. In: Zeitschrift für das gesamte Handels- und Konkursrecht, Bd. 62, 1908, S. 289–327.
Lipset, S. M./Zetterberg, H. L.: Eine Theorie der sozialen Mobilität. In: *Hartmann, H.* (Hrsg.): Moderne amerikanische Soziologie. Stuttgart 1967, S. 361–383.
Lutz, E.: Die rechtliche Struktur süddeutscher Handelsgesellschaften. 2 Bde., Studien zur Fuggergeschichte, 25. Tübingen 1976.
Maschke, E./Sydow, J. (Hrsg.): Städtische Mittelschichten. Veröffentlichungen der Kommission für geschichtliche Landeskunde in Baden-Württemberg, Bd. 69. Stuttgart 1972.
Mayer, V.: Die Fürlegung in den Handelsgesellschaften des Mittelalters und des Frühkapitalismus. Diss. München 1925.
Schmoller, G.: Die geschichtliche Entwicklung der Unternehmung. In: Schmollers Jahrbuch, 14. Jg., 1890, S. 1–51; 15. Jg., 1891, S. 1–47, S. 635–710, S. 963–1029; 16. Jg., 1892, S. 731–748; 17. Jg., 1893, S. 359–391, S. 959–1018.
Schulze, W. (Hrsg.): Aufstände, Revolten, Prozesse. Beiträge zu bäuerlichen Widerstandsbewegungen im frühneuzeitlichen Europa. Geschichte und Gesellschaft, 27. Stuttgart 1983.
Silberschmidt, W.: Die Commenda in ihrer frühesten Entwicklung. Würzburg 1884.
Strieder, J.: Die sogenannte Fürlegung, eine Institution des deutschen Gesellschaftsrechts im Zeitalter des Frühkapitalismus. In: Vierteljahrschrift für Sozial- und Wirtschaftsgeschichte, Bd. 10, 1912, S. 521–527.
Stromer, W. v.: Organisation und Struktur deutscher Unternehmen in der Zeit bis zum Dreißigjährigen Krieg. In: Tradition, 13. Jg., 1968, S. 29–37.
Weber, M.: Zur Geschichte der Handelsgesellschaften im Mittelalter. Nach südeuropäischen Quellen. Stuttgart 1889.

Wunder, B.: Die Sozialstruktur der geheimen Ratskollegien in den süddeutschen protestantischen Fürstentümern (1660–1720). In: Vierteljahrschrift für Sozial- und Wirtschaftsgeschichte, Bd. 58, 1971, S. 145–220.

Geschichtswissenschaftliche Theorie und Führung

Ernst Opgenoorth

[s. a.: Geschichte der Führung – Altertum, – Industrialisierung, – Mittelalter und Frühe Neuzeit.]

I. Problembeschreibung; II. Struktur- oder Ereignisgeschichte?; III. Verwandte Teilprobleme; IV. Ausblick; Institutionengeschichte und Führungstheorie.

I. Problembeschreibung

Eine explizite geschichtswissenschaftliche Führungstheorie, ein System von Grundannahmen über Wesen und Formen, Bedingungen und Folgen von Führung in der Geschichte gibt es nicht. Wohl aber hat die Frage nach der Bedeutung *führender Persönlichkeiten* in anderen Themen der Geschichtstheorie eine Rolle gespielt. Dies gilt vor allem für die Frage „*Struktur- oder Ereignisgeschichte?*" Die Diskussion hierüber ist vornehmlich durch die Zeitschrift ANNALES in Gang gebracht worden, die Probleme sind jedoch älter und verbinden sich mit Fragen wie derjenigen nach Kriterien historischer Größe, die stärker auf Teilgebiete der Forschung bezogen sind und bei denen sich theoretische Reflexion nicht abstrakt als Selbstzweck, sondern in enger Anbindung an das jeweilige Thema vollzieht.

II. Struktur- oder Ereignisgeschichte?

1. Historiographiegeschichtliche Einordnung

Zugespitzt gesagt hat der weitaus überwiegende Teil der Geschichtsschreibung unserer Zivilisation bis in unser Jahrhundert mit der Geschichte von Führung zu tun. Einschneidende Veränderungen, aufsehenerregende Ereignisse und ihre Urheber, die herausragenden *Persönlichkeiten* vor allem des staatlichen Lebens, standen dabei im Mittelpunkt der Aufmerksamkeit. Die Zustände vergangener Zeiten interessierten nur soweit, wie sie Voraussetzungen und Gegenstände des Handelns führender Einzelner waren. Solche Personalisierung der Vergangenheit ist möglicherweise ein sehr altes und mächtiges Muster menschlicher *Verständigung*. In der neueren Geschichte Europas ist sie zweifellos durch die Wiederentdeckung des schöpferischen Individuums in *Renaissance* und *Humanismus* verstärkt worden.

Wenn das personen- und ereignisorientierte *Geschichtsverständnis* auch im *Historismus* des 19. Jahrhunderts vor allem in Deutschland vorherrschte, dann kann man dies allerdings als unbewußte oder bewußte Reaktion auf eine gegenläufige Tendenz sehen, die seit der Aufklärung Boden gewann. Schon *Voltaire* hatte – im Gegensatz zu seinen eigenen Geschichtswerken – ein Programm formuliert, für das nicht mehr die Fürsten, sondern die Völker, nicht Schlachten und Verträge, sondern Lebensbedingungen und -gewohnheiten der Menschen das Hauptthema bilden sollten. Die Geschichtswissenschaft hat diesen Gedanken erst mit geraumer Verzögerung aufgegriffen; eine Fortführung hat man eher in jenen *Gesamtentwürfen* der Geschichte zu sehen, wie sie – etwa bei *Karl Marx* oder *Auguste Comte* – in der entstehenden Soziologie auftraten: Entwürfe, denen es nicht mehr um Zufälliges, Persönliches, Ereignisse geht, sonder um die Menschheit und ihre Zivilisation als einen rational erklärbaren, einheitlichen Prozeß.

Die Reaktion der Historiker läßt sich an der Polemik ablesen, die ein ‚Klassiker' des Historismus wie *Droysen* (1977) in seiner erstmals 1857 als Vorlesung vorgetragenen „Historik" dem *Comte*-Schüler *Thomas Henry Buckle* zuteil werden läßt. Im Mittelpunkt steht der Vorwurf des Determinismus, gegen den in der Tat solche Globaldeutungen der Geschichte nur schwer zu verteidigen sind. Demgegenüber ist Geschichte als Kontinuität freien, an den „sittlichen Mächten" orientierten Handelns nicht der Erklärung, sondern des *Verstehens* bedürftig; – die klassische, in ihrem wirklichen Erklärungswert aber begrenzte Gegenüberstellung von Natur- und Geisteswissenschaften ist hier vorgedacht, Geschichtsforschung in bewußter Frontstellung zur entstehenden Soziologie als die Kulturwissenschaft schlechthin proklamiert. Die Querverbindungen dieser Auffassung, die Schule machte, zu einem konservativen oder allenfalls reformerischen, nationalstaatlich eingebundenen Verständnis von Politik sind unverkennbar.

2. Die ANNALES-Schule

Der wichtigste Ansatz für ein grundlegend anderes Methodenverständnis verbindet sich mit dem Namen der Zeitschrift ANNALES. Sie wurde 1929 von den französischen Historikern *Marc Bloch* und *Lucien Febvre* gegründet; die Grundauffassungen sind am deutlichsten in den „Ecrits sur l'histoire" (1969) des langjährigen Herausgebers Fernand *Braudel* formuliert. Für ihn ist die Geschichtswissenschaft Kern- und Integrationsfach eines ganzen Bündels von „sciences humaines", von Kultur- und Gesellschaftswissenschaften. Gegenstand so verstandener Geschichtsforschung sind vorrangig die „*Strukturen*", die anonym-kollektiven Zusammenhänge und Ordnungen der Bereiche menschlichen Lebens, die sich in der Zeit nur langsam oder gar nicht verändern und daher den Historiker nicht primär zu chronologisch-genetischer Erzählung herausfordern, sondern zur Analyse der in ihnen wirkenden Kausalzusammenhänge, die sich im günstigen Fall mathematisch darstellen lassen. Gegenüber dem generationen- oder jahrhundertelangen Rhythmus solcher „Tiefenkräfte" (forces profondes, *Braudel* 1969, S. 23, 50 f.) ist mit der herkömmlichen *Ereignisgeschichte* auch Führung tagesgebunden und auf lange Sicht bedeutungslos.

3. Kritik an der ANNALES-Schule

So wenig es sich bestreiten läßt, daß die Neuorientierung der Geschichtsforschung durch die ANNALES-Schule eine beträchtliche Erweiterung und Vertiefung historischer Erkenntnisse mit sich gebracht hat, so offenkundig ist andererseits, daß die Beschränkung auf die Analyse von Strukturen nicht das letzte Wort der Geschichtswissenschaft sein kann. Kritik vor allem an den Vorstellungen *Braudels* ist in der Tat erfolgt; auffälligerweise von ganz verschiedenen politisch-weltanschaulichen Ausgangspositionen aus. Während Vertreter der politischen Ereignisgeschichte erklärlicherweise aus einer eher traditionsbezogenen Sicht argumentieren, gab es andererseits auch „linke" Kritik von Autoren, die sich erinnerten, daß bei der Gründung der ANNALES auch ein humanitär-emanzipatorische Ansatz wirksam gewesen war, und die das Fortwirken des Ansatzes vermißten.

Wichtiger als der Schulmarxismus der ehemaligen sozialistischen Staaten sind dabei westeuropäische Autoren, die sich meist nur indirekt an Marx orientieren.

Die Argumente von *Dieter Groh* (1973) können als gutes Beispiel für solche Kritik gelten. *Groh* sieht die verführerische Wirkung mathematisch analysierbarer Strukturen darin, daß diese unter der Hand zu vermeintlichen Subjekten der Geschichte werden – statt des Menschen. Dies Argument hat auch in der Selbstrechtfertigung von „Oral History" und Alltagsgeschichte (*Niethammer* 1985) großes Gewicht. Bei *Groh* hängt hiermit der Einwand zusammen, daß die Fixierung des Interesses auf langfristig Unverändertes und seine inneren Gesetzmäßigkeiten notwendig die Unmöglichkeit herbeiführe, den *Wandel* solcher „Erscheinungen langer Dauer" (*Braudel* 1969, S. 50 f.) zu erklären. Wenn *Groh* vom Menschen als dem Subjekt der Geschichte spricht, meint er nicht primär herausgehobene Einzelne als historische „Täter", sondern die Gesamtheit der Menschen einer Kultur. Erklärungsbedürftig erscheinen ihm vor allem die großen *Revolutionen* der Geschichte. Unter dem Gesichtspunkt einer denkbaren Theorie von Führung in der Geschichte stellen sich hier weiterführende Fragen: Wie kommen gemeinsame Ziele großer Mengen von Menschen zustande, wie werden sie artikuliert und verwirklicht?

Konkretere Aussagen über die Bedeutung von Führung sollte man von den Verteidigern der traditionellen Ereignisgeschichte erwarten können. Das erstaunlich Wenige, das zu diesem Zweck geschrieben wurde, beschränkt sich jedoch meist auf die recht globale Feststellung der grundsätzlichen Gleichwertigkeit von Struktur und Ereignis. Die gründlichste, ausdrücklich gegen eine Überschätzung der Strukturanalyse gerichtete Rechtfertigung der Politikgeschichte dürfte *Elton* (1970) geschrieben haben.

Gegen eine isolierte, womöglich auf internationale Beziehungen verengte politische *Ereignisgeschichte* verwahrt sich auch *Elton*, der selbst Verfassungshistoriker ist. Insofern verwundert nicht, daß er die Analyse politischer, aber auch anderer Strukturen ausdrücklich fordert. Innerhalb größerer Arbeiten weist er ihr aber die traditionelle dienende Funktion zu; Leitlinie der Darstellung soll der chronologische Ereignisablauf sein. Das Hauptargument hierfür berührt sich mit *Grohs* Kritik: Auch Strukturen unterliegen dem historischen *Wandel*. Dieser läßt sich wenigstens teilweise bewußt gestalten, und das klassische Gebiet solcher Gestaltung ist die Politik. Mir scheint der Einwand möglich, daß bewußte Veränderung von Strukturen auch auf anderen Gebieten stattfindet. Als Begründung für ein angemessenes Gewicht von Ereignisgeschichte eignet sich Eltons Gedankengang sicher. Dies zeigt sich auch an seinem Beitrag zu einem in der angelsächsischen Geschichtstheorie viel diskutierten Thema, der Frage nach dem Wesen und der logischen Struktur historischer *Erklärungen*. Strukturanalyse ist nach *Elton* zur Erklärung historischer Sachverhalte zwar unerläßlich, kann aber nur einen weiteren Rahmen angeben. Die Erklärung des Geschehens in seinem konkreten Hergang bedarf ereignisgeschichtlicher Daten.

Man kann beispielsweise die Ursachen des Ersten Weltkriegs in wirtschaftlich-sozialen, politischen und Mentalitätsstrukturen Europas vor 1914 suchen; erklärt ist damit allenfalls die Wahrscheinlichkeit eines Konflikts. Wann, wo und in welcher Form der Konflikt ausbrach, ist ohne die Ereignisse der unmittelbaren Vorgeschichte, konkret der Julikrise, nicht verständich zu machen.

Als der entscheidende Punkt der Auseinandersetzung zwischen Struktur- und Ereignisgeschichte erweist sich das Problem des Strukturwandels, vor allem des raschen und einschneidenden *Wandels* in *Krise* und *Revolution*. Dahinter steht das Argument, daß Strukturgeschichte sich stärker als bisher dem Konflikt als Grundmerkmal menschlichen Lebens zuwenden, Strukturen als Regelsysteme des Konfliktausgleichs verstehen muß. Dabei würde das normalerweise „gebändigte" Spannungspotential in den Blick kommen, das in Krisen frei wird und nach bewußter Neugestaltung der Regelungsmechanismen verlangt. In dieser Notwendigkeit liegen Herausforderung und Chance weitreichenden gewollten Handelns herausgehobener Individuen, ohne daß dieses im luftleeren Raum stattfände. Führung ist gerade in Krisen (→*Krisensituationen, Führung in*) nicht ohne gesellschaftliche und politische Organe möglich, die zwar einerseits selbst vom Wandel erfaßt werden, andererseits aber für die Verwirklichung neuer Ordnungsvorstellungen die Voraussetzung bilden. Ereignis und Struktur, Führungsentscheidungen und ihre Durchsetzungschancen bleiben gerade in Krisen aufeinander bezogen.

III. Verwandte Teilprobleme

1. Die Einzelpersönlichkeit als Thema

a) Historische Größe?

Zu den vergleichsweise früh diskutierten Problemen von Führung in der Geschichte gehört die Frage, ob und nach welchen Gesichtspunkten Persönlichkeiten der Vergangenheit das Attribut „groß" beigelegt werden könne. Das Schlußkapitel von *Theodor Schieders* Friedrich-Biographie (1984) belegt die Aktualität dieses Themas. Es zeigt zugleich, daß die erstmals 1870 vorgetragenen Erwägungen *Jacob Burckhardts* über *historische Größe* (1978) ihre grundlegende Bedeutung noch nicht eingebüßt haben.

Spricht doch schon *Burckhardt* die entscheidenden Probleme an: Das Prädikat „der Große" entstammt in aller Regel vor- und außerwissenschaftlicher Tradition mit ihren Zufälligkeiten. Trotzdem hält *Burckhardt* es normalerweise da für angemessen, wo es sich über längere Zeit im Gebrauch hält. Seine entscheidendes Kriterium sind Gewicht und Dauerhaftigkeit der durch ein Individuum bewirkten Veränderungen. Dabei ist ein Zusammenhang zum ebenfalls von *Burckhardt* thematisierten *Krisen*begriff unverkennbar; daß Größe nicht nur die ungewöhnlich ausgestattete Persönlichkeit, sondern auch die Herausforderung durch Möglichkeiten und Probleme der Situation voraussetzt, wird bemerkenswert deutlich. Wichtig sind schließlich *Burckhardts* Gedanken über historische Größe und *Ethik*. Ohne den „Großen" der konventionellen Moral unterwerfen zu wollen, sieht *Burckhardt* ihn doch nicht wertneutral, sondern versteht seine Selbstverwirklichung als sittliche Leistung, deren Wert wiederum in der Dauerhaftigkeit des Geschaffenen äußerlich erkennbar wird. Die Verzahnung von Individuellem und situativem Rahmen hat *Burckhardt* unübertrefflich ausgedrückt in dem Satz: „Sprichwörtlich heißt es: ,Kein Mensch ist unersetzlich.' – Aber die wenigen, die es eben doch sind, sind groß." (1978, S. 153).

b) Biographie und ihre Rechtfertigung

Die Gattung Biographie ist traditionell am unmittelbarsten mit der Rolle führender Persönlichkeiten in der Geschichte befaßt. Als vermeintliche Domäne einer personen- und ereignisbezogenen Haltung wird sie durch das Programm einer Strukturgeschichte im Sinne *Braudels* einem starken Rechtfertigungszwang ausgesetzt.

In Wirklichkeit ist ein personalistisches Grundverständnis eine zwar häufig beobachtbare, deshalb aber noch nicht notwendige Voraussetzung dieser Gattung. Solange man die Frage nach dem relativen Gewicht von *Struktur* und *Persönlichkeit* als grundsätzlich unentschieden und nur für den Einzelfall empirisch entscheidbar behandelt, ist vielmehr gerade der Biograph verpflichtet, die strukturellen Rahmenbedingungen sorgsam zu analysieren, unter denen sein Held antritt, damit er von dessen Möglichkeiten und Grenzen bewußten und gewollten Handelns eine klare Vorstellung gewinnt. Dann erst kann er zu bestimmen versuchen, wo und mit welchen Ergebnissen die dargestellte Persönlichkeit verändernd in dies Geflecht von Bedingungen eingegriffen hat (*Opgenoorth* 1971/1978): Der Zusammenhang zwischen individueller Leistung und situativer Herausforderung wird sich auch hier als wichtig erweisen (*Opgenoorth* 1983). Dabei können gewolltes Handeln und seine Ergebnisse nicht einfach im Verhältnis von Ursache und Wirkung gesehen werden, die Eigendynamik der Rahmenbedingungen kann vielmehr dazu führen, daß zwischen Zielen der handelnden Persönlichkeit und den objektiv von ihr bewirkten Veränderungen erhebliche Unterschiede bestehen (*Gall* 1980).

c) Personalisierung und Geschichtsdidaktik

Das relative Gewicht von Persönlichkeiten und anonym-strukturellen Gegebenheiten in der Geschichte ist von großer Bedeutung für die Diskussion um Ziele und Methoden der Vermittlung historischer Kenntnisse. Mit der oben bereits erwähnten Annahme, die personenbezogene Betrachtung der Vergangenheit sei ein verbreitetes und eingängiges Denkmuster vor- und außerwissenschaftlicher Geschichtsbilder, hat die Didaktik vor allem im Hinblick auf das Geschichtsverständnis von Kindern und Jugendlichen bis in die sechziger Jahre gearbeitet, zumal damalige empirische Untersuchungen dies Bild zu bestätigen schienen. Personalisierung war ein methodisches Zauberwort; vor allem Schülerinnen und Schülern im Alter vor der Pubertät sollten komplexe Sachverhalte durch ihre Verknüpfung mit handelnden Personen intellektuell und emotional besser zugänglich gemacht werden. Neuere Forschungen (vor allem *Bergmann* 1977) haben nicht nur die erwähnten empirischen Untersuchungen mit dem Argument in Frage gestellt, sie spiegelten vornehmlich die damalige Unterrichtspraxis; Kritik erfolgte vor allem unter dem normativen Gesichtspunkt, personalisierender Geschichtsunterricht vermittle ein – milde gesagt – *vordemokratisches* Verständnis von Gesellschaft und Politik. Als handelnde Subjekte kommen laut dieser Kritik nur die wenigen führenden Persönlichkeiten in den Blick; Schülern wird zur Identifikation nur die passiv-gehorsame Masse der Betroffenen angeboten. Für die Suche nach einer demokratischen und zugleich schülergerechten Alternative ist die Umsetzung von „Oral History"/Alltagsgeschichte in Unterricht wichtig.

2. *Politische Strukturen*

a) Verwaltungsgeschichte und Führung

Das Nachdenken über Formen und Bedingungen, Möglichkeiten und Grenzen von Führung mit dem Ziel einer angemessenen Begrifflichkeit für ein konkretes Thema, aber ohne den Anspruch auf eine umfassende und explizite Theorie, erweist sich vor allem dort als notwendig, wo historisch bedeutsames Handeln in Institutionen stattfindet.

Ein frühes Beispiel ist die Waldeck-Monographie von *Erdmannsdörffer*, die schon 1869 die Frage stellte, wie sich die Anteile der brandenburgischen Politik des 17. Jahrhunderts auf den Großen Kurfürsten und seine führenden Mitarbeiter verteilen, und daraus die Forderung nach einer Serie von Biographien dieser brandenburgischen Geheimen Räte ableitete. Zu der allgemeinen Frage, wie sich Verantwortung und ihre Delegation, Durchsetzungschancen und *Entscheidungsspielräume innerhalb arbeitsteilig organisierter, hierarchisch aufgebauter Bürokratien* (→Bürokratie, Führung in der) verhalten, hat die preußische verwaltungsgeschichtliche Forschung nicht nur eine Fülle von Einzelinformationen aus den Quellen zutage gefördert; einige ihrer Vertreter haben auch über allgemeinere Zusammenhänge dieses Themas nachgedacht. Vor allem *Otto Hintze* (1962–1967) ist hier zu nennen, etwa mit seiner *Typologie* ständischer Verfassungen des frühneuzeitlichen Europa.

b) Politische Geschichte, politologische und soziologische Theorie

Zu den zukunftsweisenden Gedanken *Hintzes* gehörte auch seine Bereitschaft, Verwaltungsgeschichte durch sozialhistorische Fragen anzureichern und sich zu diesem Zweck auch mit der Soziologie seiner Zeit auseinanderzusetzen. Kennzeichnend ist, daß schon er – für seine Generation noch durchaus untypisch – die *Typologie der Herrschaftsformen* seines Zeitgenossen *Max Weber* rezipiert hat. Für seine deutschen Zunftgenossen nach dem Zweiten Weltkrieg, die in der Auseinandersetzung mit der ANNALES-Schule die Notwendigkeit erkannten, mehr als bisher Wirtschafts-, Gesellschafts- und Politiktheorien für den Bedarf ihrer Forschung zu übernehmen und anzupassen, wurde *Hintze* zum Vorbild.

Aus der breiten Palette solcher Bemühungen sollen hier einige Beispiele angesprochen werden, die es relativ direkt mit Führung in der Geschichte zu tun haben. Dahin gehört der umstrittene Versuch, die *Marx*sche Bonapartismustheorie weiterzuentwickeln und für die Erklärung der politischen Ordnung des Bismarckreiches fruchtbar zu machen (*Wippermann* 1983, eher distanziert *Gall* 1980). Dazu zählen die Bemühungen, den NS-Staat mit politikwissenschaftlicher Theorie zu erfassen; in früheren Jahren vornehmlich mit der Kategorie des *totalitären* Führerstaates, in jüngerer Zeit eher als „Polykratie", als schwebendes, sich immer wieder veränderndes Gleichgewicht von Teileliten mit durchaus unterschiedlichen Interessen (*Bosch* 1977; *Hildebrand* 1991). Hier ist aber auch die Behandlung von Führungsschichten zu erwähnen, wie sie etwa die Ranke-Gesellschaft in ihren „Büdinger Forschungen zur Sozialgeschichte" betreibt.

IV. Ausblick: Institutionengeschichte und Führungstheorie

Als das „Scharnier" zwischen Ereignishaftem und Strukturellem in der Geschichte haben sich wiederholt die institutionellen Strukturen der Bildung und Ausübung politischer Macht erwiesen. Dies ist gleichzeitig der Bereich, in dem sich Fragen nach Führung in der Geschichte am deutlichsten stellen: Fragen nach dem Verhältnis herausragender Persönlichkeiten und ihrer Ziele zu den Personen und Gruppen ihrer Umgebung, mit denen oder gegen die sie ihre Ziele verwirklichten und in deren Auffassungen die weiteren strukturellen Rahmenbedingungen wirksam werden. Für die Geschichte staatlicher Verfassung und Verwaltung liegt hier ein stattlicher Forschungsstand vor; die Institutionsgeschichte anderer Bereiche; Parlamente, Parteien, Betriebe, Verbände und ähnliches mehr bietet noch eine Fülle von Aufgaben. In dem Maße, in dem sie gelöst werden, wird es sich als notwendig erweisen, unter Rückgriff auf Wirtschafts- und Sozialwissenschaften eine ausdrückliche Theorie von Führung in der Geschichte zu entwickeln.

Literatur

Bergmann, K.: Personalisierung im Geschichtsunterricht – Erziehung zur Demokratie? 2. A., Stuttgart 1977.
Bosch, M. (Hrsg.): Persönlichkeit und Struktur in der Geschichte. Düsseldorf 1977.
Braudel, F.: Ecrits sur l'Histoire. Paris 1969.
Burckhardt, J.: Weltgeschichtliche Betrachtungen. München 1978.
Droysen, J. G.: Historik. Historisch-kritische Ausgabe v. Leyh, P. Stuttgart 1977.
Elton, G. R.: Political History. Principles and Practice. London 1970.
Erdmannsdörffer, B.: Graf Georg Friedrich von Waldeck. Ein preußischer Staatsmann im 17. Jahrhundert. Berlin 1869.
Faber, K. G.: Theorie der Geschichtswissenschaft. 4. A., München 1978.
Gall, I.: Bismarck. Der weiße Revolutionär. Frankfurt/M. 1980.
Groh, D.: Kritische Geschichtswissenschaft in emanzipatorischer Absicht. Stuttgart 1973.
Hildebrand, K.: Das Dritte Reich. 4. A., München 1991.
Hintze, O.: Gesammelte Abhandlungen. 3 Bde. 2. A., Göttingen 1962–1967.
Niethammer, L. (Hrsg.): Lebenserfahrung und kollektives Gedächtnis. Die Praxis der „Oral History". Frankfurt/M. 1985.
Opgenoorth, E.: Die Hohenzollern als Landesherren. In: M. Schlenke (Hrsg.): Preußen-Ploetz. 2. A., Freiburg i. Br. 1987, S. 15–23.
Opgenoorth, E.: Friedrich Wilhelm. Der Große Kurfürst von Brandenburg. 2 Bde., Göttingen 1971, 1978.
Schieder, Th.: Friedrich der Große. Ein Königtum der Widersprüche. 2. A., Frankfurt/M. 1984.
Wippermann, W.: Die Bonapartismustheorie von Marx und Engels. Stuttgart 1983.

Groupthink und Führung

Gregory Moorhead/Christopher P. Neck

[s. a.: Beeinflussung von Gruppenprozessen als Führungsaufgabe; Entscheidungstechniken; Führungstheorien – Entscheidungstheoretische Ansätze; Krisensituationen, Führung in.]

I. Das ursprüngliche Modell nach Janis; II. Revidiertes Groupthink Modell; III. Implikationen des revidierten Modells.

I. Das ursprüngliche Modell nach Janis

Vor mehr als zwei Jahrzehnten (1972) prägte *Irving Janis* den Terminus „*Groupthink*" als einen „… Denkmodus, in den Personen verfallen, wenn sie Mitglied einer hoch-kohäsiven Gruppe sind, wenn das Bemühen der Gruppenmitglieder um Einmütigkeit, ihre Motivation, alternative Wege realistisch zu bewerten, übertönt" (S. 9). Nach *Janis* erreichen Gruppen, die dem Phänomen des Groupthink unterliegen, schlechte Entscheidungen als Folge einer starken Tendenz, Übereinstimmung zu erreichen, welche eine kritische Hinterfragung des eingeschlagenen Weges unterdrückt. Eine Gruppe, die an Groupthink leidet, tendiert dazu, eine Entscheidung zu fällen, bevor sie alle Alternativen realistisch eingeschätzt hat; dieser Umstand führt in der Folge zu einer erhöhten Wahrscheinlichkeit von mangelhaften Entscheidungen (→*Entscheidungstechniken; Führungstheorien – Entscheidungstheoretische Ansätze*).

Janis (1983) spezifizierte die beobachtbaren Ursachen – d. s. die *Vorbedingungen*, durch die das Auftreten des Groupthink-Syndroms gefördert wird. Die primäre Vorbedingung liegt im Vorhandensein einer *hoch-kohäsiven Gruppe*. Die sekundären Vorbedingungen beziehen sich einerseits auf (a) *strukturelle Mängel der Organisation:* (1) Isolation der Gruppe; (2) Fehlen der Tradition einer unparteiischen bzw. unbefangenen Führung; (3) Nichtvorhandensein von Normen, die ein methodisches Vorgehen verlangen; (4) Homogenität der Mitglieder in bezug auf ihre soziale Herkunft und Ideologie und andererseits auf (b) *kontextuelle Faktoren:* (1) hohes Ausmaß an Streß, hervorgerufen durch externe Bedrohungen, verbunden mit einer geringen Hoffnung auf eine bessere Lösung als jene, die der Führer bevorzugt; (2) geringe Selbsteinschätzung der Gruppe, die temporär bewirkt wird durch die Wahrnehmung der Gruppenmitglieder von (a) jüngsten Fehlschlägen, (b) extremen Schwierigkeiten der laufenden Entscheidungsfindung und (c) moralischen Dilemmata (*Janis* 1983, S. 244).

Janis postuliert, daß die genannten beobachtbaren Ursachen die Generierung von acht Konsequenzen oder *Symptomen* stimulieren, die als primäre Mittel zur Identifizierung des Auftretens von Groupthink dienen. Die Symptome wären: (1) Illusion der Unverwundbarkeit, (2) kollektive Bemühungen, den eingeschlagenen Weg zu rationalisieren, (3) ein nicht hinterfragter Glaube an die inhärente Moralität der Gruppe, (4) stereotype Vorstellungen über Kontrahenten als dumm oder schwach, (5) Ausübung direkten Drucks auf Mitglieder der Gruppe, die gegen die stereotypen Meinungen der Gruppe argumentieren, (6) Selbstzensur gegenüber der Abweichung vom Gruppenkonsens, (7) eine geteilte Illusion der Einmütigkeit und (8) das Auftreten von selbsternannten Bewußtseinswächtern, um zuwiderlaufende Informationen abzuwehren. Diese Symptome führen in der Folge zu einer hohen Anzahl von Defekten in der Entscheidungsfindung.

Die *Defekte,* die auf Grund einer Kontamination der Gruppe durch Groupthink auftreten können, inkludieren: (1) eine unvollständige Suche nach Alternativen, (2) eine unvollständige Überprüfung von Zielen, (3) das Versäumnis, die Risiken der präferierten Entscheidung zu überprüfen, (4) das Versäumnis, zu Beginn des Problemlösungsprozesses bereits zurückgewiesene Alternativen neu einzuschätzen bzw. zu überdenken, (5) eine unzureichende Informationssuche, (6) selektive Wahrnehmung bei der Verarbeitung vorhandener Informationen und (7) das Versäumnis, Kontingenzpläne zu erarbeiten. *Janis* behauptet, daß das Auftreten dieser Defekte in einer niedrigen Wahrscheinlichkeit einer erfolgreichen Entscheidung resultiert.

Das Modell von *Janis* diente als Grundlage einer Menge nachfolgender Forschung, die in Tabelle 1 zusammengefaßt ist.

II. Revidiertes Groupthink Modell

1. Erweiterungen zu Janis' Modell

Sowohl die Ergebnisse empirischer Forschung aus der Literatur zu Groupthink (*Flowers* 1977; *Courtright* 1978; *Callaway/Esser* 1984; *Callaway* et al. 1985; *Lenana* 1985; *Moorhead/Montanari* 1986) als auch *Janis*' ursprüngliche Analysen von Fallstudien über Entscheidungsfiaskos (→*Krisensituationen, Führung in*), die als Grundlage für sein Modell dienten, legen eine Modellerweiterung nahe. Das erweiterte Modell (siehe Abb. 1) unterscheidet sich von *Janis*' ursprünglichem Modell in folgenden Punkten:

Die Vorbedingungen vom Typ A und B1 sind identisch mit jenen von *Janis* (1982). In das erweiterte Modell werden zwei weitere sekundäre Vorbedingungen eingeführt, die sich auf den situativen Kontext (B2) beziehen: (1) die Konsequenzwirkung der Entscheidung und (2) Zeitdruck.

Eine Entscheidung hat eine große Tragweite, wenn sie sowohl große Auswirkungen auf die

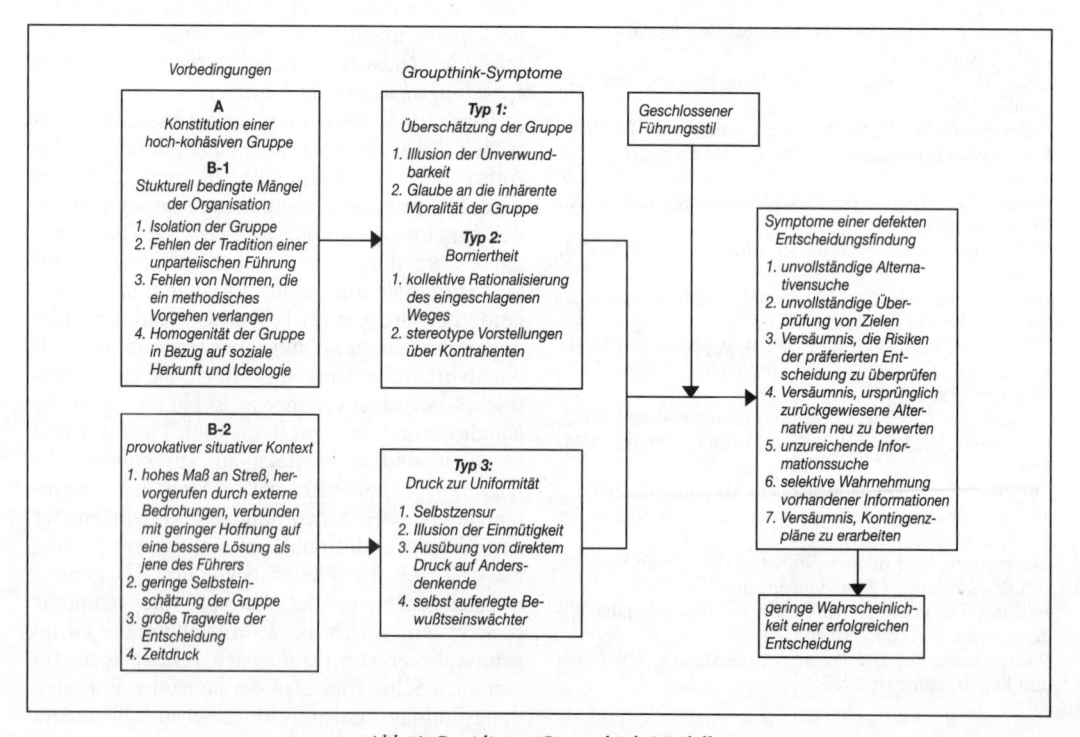

Abb. 1: Revidiertes Groupthink-Modell

Fallstudien		
Autor(en), Jahr	Variablen, Forschungsdesign	wichtigste Ergebnisse
Neck/Moorehead (1992)	Untersuchung der Vermeidung von Groupthink während einer Geschworenenentscheidung	etliche der Vorbedingungen waren präsent, Groupthink trat jedoch auf Grund des regelnden Effekts methodischer Entscheidungsfindungsprozeduren nicht auf
Moorehead/Ference/Neck (1990)	Erklärung des Space-Shuttle-Unglücks anhand von Janis' Groupthink-Modell	Präsenz aller Vorbedingungen, Groupthink-Symptome und einer hohen Anzahl von Symptomen mangelhafter Entscheidungen
Hensley/Griffin (1986)	Analyse einer Entscheidung der Kent State University anhand von Janis' Groupthink-Modell	Präsenz aller Vorbedingungen, der 8 Groupthink-Symptome außer der „Illusion der Unverwundbarkeit" und einer Mehrheit mangelhafter Entscheinungen
Smith (1984)	Erklärung des amerikanischen Geiselrettungsdramas im Iran anhand von Janis' Modell	Präsenz aller Groupthink-Symptome und der ersten vier Entscheidungsdefekte; Vorbedingungen wurden nicht untersucht

Empirische Studien		
Autor(en), Jahr	Variablen, Forschungsdesign	wichtigste Ergebnisse
Moorhead/Montanari (1986)	Untersuchung der Effekte von Vorbedingungen auf die nachfolgenden Variablen mit Hilfe einer Pfad-Analyse	Isolation der Gruppe hat den größten Einfluß auf die Gruppenleistung
Callaway/Marriot/Esser (1985)	Untersuchung der Effekte von Entscheidungsfindungsprozeduren (Aufgabenstruktur) und Dominanz (individualer Faktor) auf die Qualität von Gruppenentscheidungen, Angst und Groupthink-Symptome; eingesetzt wurde: ANOVA	Gruppen mit hoch-dominanten Mitgliedern kamen zu Entscheidungen mit höherer Qualität, zeigten weniger Angst, nahmen sich mehr Zeit zur Erreichung einer Entscheidung und erbrachten tendenziell mehr Beiträge
Leanna (1985)	Untersuchung der Effekte von Gruppenkohäsion und Führerverhalten auf mangelhafte Entscheidungsfindung mit Hilfe einer 2x2 Faktorenanalyse	Nicht-kohäsive Gruppen wiesen eine höhere Selbstzensur auf; Teams mit direktiven Führern erzeugten weniger Lösungsalternativen
Callaway/Esser (1984)	Laborversuch mit Variationen der Gruppenkohäsion und Adäquanz von Entscheidungsprozedere mit Hilfe einer 2x2 Faktorenanalyse	(1) Entscheidungen höchster Qualität durch Gruppen mittlerer Kohäsion; (2) Entscheidungen schlechtester Qualität durch Gruppen ohne adäquates Prozedere; (3) Groupthink ist tendenziell durch Fehlen von Widerspruch und hohes Vertrauen in die Gruppenentscheidung charakterisiert
Tetlock (1979)	(1) Untersuchte Variablen: (a) Tendenz zur Vereinfachung von für die Politik relevanter Information; (b) Tendenz zur hohen Einschätzung der eigenen Gruppe; (2) Inhaltsanalyse von Archivmaterial	„Groupthink-Entscheider" im Vergleich zu „Non-Groupthink-Entscheider" waren in der Wahrnehmung von politikrelevanter Information simplifizierender und äußerten mehr Positives über die USA und Ihre Alliierten (eigene Gruppe), äußerten sich jedoch nicht signifikant negativ gegenüber Opponenten
Courtright (1978)	Untersuchung von Kohäsion und Entscheidungsparametern mit Hilfe einer 2x3 Faktorenanalyse	(1) Laborversuche über Groupthink sind möglich; (2) Präsenz oder Absenz von Nichtzustimmung (Konflikt) zwischen den Mitgliedern könnte bester Indikator für Groupthink-Gruppen sein; (3) Existenz von Groupthink wurde nicht stark untermauert
Flowers (1977)	Untersuchung des Einflusses von Führungsstil (offen vs. geschlossen) und Kohäsion auf die Entscheidungsfindung in Krisensituationen mit Hilfe einer 2x2 Faktorenanalyse	Führer mit geschlossenem Führungsstil erhielten weniger Lösungsvorschläge von ihren Teams; Kohäsion hatte keinen Einfluß auf Groupthink-Effekte; Ausmaß der Macht des Führers könnte eine wichtige Variable für das Groupthink-Modell sein

Konzeptionelle Entwicklungen		
Autor(en), Jahr	Variablen, Forschungsdesign	wichtigste Ergebnisse
Luechauer (1989)	(1) Persönlichkeitsvariable; (2) Phantasiethemen	Anwendung einer Persönlichkeitsvariable (Neigung zur Selbst-Überwachung) auf die Groupthink-Anfälligkeit einer Gruppe; auch Phantasiethemen können ein Mechanismus sein, der eine Gruppe zu Groupthink führt
Montanari/Moorhead (1989)	Groupthink-Berwertungsinstrumentarium	Groupthink-Bewertungsinstrumentarium ist eine aus der Theorie abgeleitete und empirisch getestete Meßtechnik zur Bewertung von Groupthink-Variablen
Whyte (1989)	(1) Risikobereitschaft bei Wahl zwischen verlustbringenden Alternativen, (2) Uniformitätsdruck, (3) Gruppen-Polarisation, (4) Verhältnis der ersten drei Variablen zu Groupthink	Groupthink ist nicht ausreichend zur Erklärung des Auftauchens von Entscheidungsfiaskos; Polarisierung in der Entscheidungsfindung und wie Personen Entscheidungen wahrnehmen und zwischen Alternativen wählen, müssen berücksichtigt werden
Manz/Sims (1982)	Groupthink-Modell wurde auf autonome Arbeitsgruppen angewandt	Autonome Arbeitsgruppen sind durch Groupthink verletzbar; weitere Forschung zu diesem Bereich ist nötig
Moorhead (1982)	Diskussion der wichtigsten Komponenten der Groupthink-Hypothesen von Janis	Entwicklung von Hypothesen zum Test von Janis' Behauptungen

Tab. 1: Übersicht zu Groupthink und Führung

Gruppenmitglieder als auch auf externe Gruppen hat. Die Aufnahme dieser Variable in das erweiterte Modell scheint auch darin ihre Rechtfertigung zu finden, daß alle Entscheidungsfiaskos die *Janis* als Basis für seine Theorie analysierte, Entscheidungen mit großer Tragweite waren.

Zeitdruck als Vorbedingung war in *Janis*' Modell nur indirekt als eine Funktion der Gruppenkohäsion in der Weise inkludiert, als durch das Wahrnehmen einer geringen Zeit, die für die Entscheidung zur Verfügung steht, mentale Prozesse der Entscheider beeinflußt und die Kohäsion der Gruppe erhöht werden (*Janis* 1983). Studien von *Kelly/McGrath* (1985) und *Isenberg* (1981) deuten darauf hin, daß Zeitdruck eine kritische Auswirkung auf die Effektivität von Entscheidungen hat, die von kleinen Gruppen gefällt werden.

2. Beziehungen zwischen Vorbedingungen und Groupthink-Symptomen

Janis spezifizierte in seinem Modell nicht, welche der Vorbedingungen zu welchen Symptomen führten; mit anderen Worten, alle Vorbedingungen führten zu allen Symptomen. *Moorhead/Montanari* (1986) konnten zeigen, daß diese Kausalsequenz nur bedingt zutrifft. Eine detailliertere Darstellung der Wirkungen zwischen Vorbedingungen und Symptomen sollte zu einem besseren Verständnis jener Beziehungen führen, die schließlich eine Kontamination kleiner Gruppen durch Groupthink zur Folge haben:

(1) Vorbedingungen vom Typ A und B1 führen zu Symptomen des Groupthink vom Typ 1 und Typ 2, d. h. Gruppenkohäsion und strukturell bedingte Mängel der Organisation resultieren in einer Selbstüberschätzung und einer Zunahme der Engstirnigkeit der Gruppe.

(2) Vorbedingungen vom Typ B2 führen zu Symptomen des Groupthink vom Typ 3. Die provokativen Bedingungen des situativen Kontext führen zu Symptomen, die Uniformitätsdruck erzeugen.

3. Führungsstil als Regelvariable

Geschlossener Führungsstil – im Gegensatz zu einem *offenen Führungsstil* – ist gekennzeichnet durch folgendes Verhalten des Führers (→*Beeinflussung von Gruppenprozessen als Führungsaufgabe*): (1) er ermutigt seine Untergebenen nicht zu Partizipation, (2) legt seine Meinung am Beginn einer Gruppensitzung vor; (3) ermutigt Gruppenmitglieder nicht zu divergenten Meinungen und (4) legt keinen Nachdruck auf die Wichtigkeit von Entscheidungen höchster Qualität. Die Berücksichtigung der Folgen eines geschlossenen Führungsstils beseitigt einen Mangel im Modell von *Janis* sowie der nachfolgenden Forschungsbemühungen, nämlich die Frage des Auftretens von Groupthink-Phänomenen innerhalb derselben Gruppe in manchen Entscheidungssituationen und nicht in anderen. Nach unseren Schlußfolgerungen führen Groupthink-Symptome nur dann zu Symptomen defekter Entscheidungsfindung, wenn die Charakteristiken eines geschlossenen Führungsstils präsent sind.

4. Argumente für den Führungsstil als Regelvariable

Janis' Fallstudien: Janis (1983) stellt zwei Fallstudien vor, in jeweils der gleiche Gruppe rund um Präsident *Kennedy* in einer Entscheidungssituation (Invasion in der Schweinebucht) dem Phänomen des Groupthink unterlag, in einer anderen (Kuba-Krise) jedoch nicht. In diesen beiden Fällen war der Führungsstil dafür ausschlaggebend, ob Groupthink auftrat oder nicht. In der Kuba-Krise veränderte *Kennedy* sein Verhalten zu einem nicht-direktiven, offenen Führungsstil. Er legte seine anfängliche Position nicht beharrend fest und deutete auf die Notwendigkeit hin, alle Alternativen gründlich zu prüfen (S. 142–145). *Kennedy* vermied es sogar, an einigen der Gruppentreffen teilzunehmen um sicherzustellen, daß seine Präsenz die Entscheidungsfindung nicht beeinflussen würde. *Robert Kennedy,* der Bruder des Präsidenten, bemerkte: „...Ich fühlte, daß wenn der Präsident im Raum war, ein weniger offenes Klima entstand. Es lauerte die Gefahr, daß wenn er seine eigenen Ansichten und Tendenzen darlegt, er die anderen schlichtweg in seine Argumentationslinie hineinriß..." (S. 142). *T. Sorenson* erinnert sich: „...einer der bemerkenswerten Aspekte dieser Meetings war ein Wahrnehmen von Gleichheit... wir waren fünfzehn Individuen, die den Präsidenten und nicht verschiedene Abteilungen repräsentierten... Ich konnte viel freier partizipieren, als ich dies in einem NSC (National Security Council) Meeting jemals getan habe, und die Abwesenheit des Präsidenten ermutigte jeden, seine Meinung vorzutragen..." (S. 144).

Empirische Studien: Die Studien von *Flowers* (1977) und *Leana* (1985) unterstützen den Führungsstil als Regelvariable. Die Ergebnisse beider Studien sind konsistent und zeigen, daß Gruppen, die einem geschlossenen Führungsstil ausgesetzt sind, weniger alternative Problemlösungen erarbeiten als Gruppen mit Führern, die zu Partizipation ermutigen.

Janis' (1983) Empfehlungen zur Vermeidung von Groupthink: Janis beschreibt drei Methoden zur Vermeidung von Groupthink in kleinen Gruppen. Diese Empfehlungen unterstützen das erweiterte Modell in der Weise, daß zwei dieser Empfehlungen Aspekte eines notwendigen Wandels des Führungsstils von geschlossen hin zu offen beinhalten:

(1) Der Führer einer die Strategie festlegenden Gruppe sollte jedem Gruppenmitglied die Rolle eines kritischen Beurteilers zuweisen und die Gruppe dazu ermutigen, Bedenken und Zweifel offen zum Ausdruck zu bringen. Diese Praktik muß durch die Akzeptanz des Führers von Kritik an seinen eigenen Einschätzungen verstärkt werden, um die Mitglieder der Gruppe davon abzuhalten, ihre Nichtzustimmung nur kraftlos und andeutend zu vertreten.

(2) Die Führer in einer Organisationshierarchie sollten, wenn sie einer Gruppe die Planung von Grundsatzentscheidungen der Organisation übertragen, einen unparteiischen Standpunkt einnehmen, anstelle gleich ihre Präferenzen und Erwartungen zu verkünden. Diese Praktik verlangt von jedem Führer, vorurteilslose Aussagen über die Dimension des Problems und die Limitierung von verfügbaren Ressourcen zu machen, ohne dabei eigene vorgefaßte Vorschläge durchsetzen zu wollen. Dies gibt den Teilnehmern die Gelegenheit, eine Atmosphäre zu entwickeln, in der eine offene und unparteiische Untersuchung aller relevanten Aspekte eines Problems und alternativer Lösungsmöglichkeiten unparteiisch vorherrscht.

III. Implikationen des Modells

Der regelnde Effekt von Verhaltensweisen eines geschlossenen Führungsstils auf die Beziehung zwischen Groupthink-Symptomen und Entscheidungs-Defekten muß noch eingehend empirisch überprüft werden. Sollte das erweiterte Modell der empirische Prüfung standhalten, so könnte es als Katalysator zur Entwicklung verbesserter Empfehlungen für Trainings zur Vermeidung von Groupthink dienen. Diese Empfehlungen könnten Führungskräften transparent machen, wann sie ihr Führungsverhalten verändern sollten in Abhängigkeit von der Natur der Gruppe und der Präsenz oder Absenz von Vorbedingungen oder Symptomen des Groupthink.

Literatur

Callaway, M./Esser, J.: Groupthink; Effects of cohesiveness and problem-solving procedures on group decision making. In: Social Behavior and Personality, 1984, S. 157–164.
Callaway, M./Marriott, R./Esser, J.: Effects of dominance on group decision making: Toward a stress-reduction explanation of groupthink. In: JPSP, 1985, S. 949–952.
Courtright, J.: A laboratory investigation of groupthink. In: Communication Monographs, 1978, S. 229–246.
Flowers, M.: A laboratory test of some of the implications of Janis's groupthink hypothesis. In: JPSP, 1977, S. 888–896.
Hensley, T./Griffin, G.: Victims of Groupthink: The Kent State University board of trustees and the 1977 gymnasium controversy. In: The Journal of Conflict Resolution, 1986, S. 497–531.
Isenberg, D.: Some effects of time pressure on vertical structure and decision-making accuracy in small groups. In: OBHP, 1981, S. 119–134.
Janis, I. L.: Victims of Groupthink. Boston 1972.
Janis, I. L.: Groupthink. Boston 1983.
Kelly, J./McGrath, J.: Effects of time limits and task types on task performance and interaction of four-person groups. In: JPSP, 1985, S. 395–407.
Leana, C.: A partial test of Janis' groupthink model: Effects of group cohesiveness and leader behavior on defective decision making. In: Journal of Management, 1985, S. 5–17.
Luechauer, d.: Groupthink revisited: A dramaturgical approach. Paper presented at the annual meeting of the Academy of Management. Washington D. C., 1989.
Manz, C. C./Sims, H. P.: The potential for „Groupthink" in autonomous work groups. Human Relations, 1982, S. 773–784.
Montanari, J. R./Moorhead, G.: Development of the Groupthink Assessment Inventory. In: Group & Organization Studies, 1982, S. 429–444.
Moorhead, G.: Groupthink: Hypothesis in need of testing. In: Group and Organization Studies, 1982, S. 429–444.
Moorhead, G./Ference, R./Neck, C. P.: Group decicion fiascoes continue: Space shuttle Challenger and a revised framework. In: Human Relations, 1991, S. 539–550.
Moorhead, G./Montanari, J.: An empirical investigation of the groupthink phenomenon. In: Human Relations, 1986, S. 399–410.
Neck, C. P./Moorhead, G.: Jury deliberations in the trial of U. S. v. John DeLorean: A case analysis of groupthink avoidance and an enhanced framework. In: Human Relations, 1992, S. 1077–1091.
Smith, S.: Groupthink and the hostage rescue mission. In: British Journal of Political Science, 1984, S. 117–123.
Tetlock, P. E.: Identifying victims of groupthink from public statements of decision makers. In: JPSP, 1979, S. 1314–1324.
Whyte, G.: Groupthink reconsidered. I: AMR, 1989, S. 40–56.

Gruppengröße und Führung

Diether Gebert

[s. a.: Beeinflussung von Gruppenprozessen als Führungsaufgabe; Entpersonalisierte Führung; Führungstheorien – Kontingenztheorie, – Vroom/Yetton-Modell; Groupthink und Führung; Verantwortung.]

I. Führung in kleinen Gruppen; II. Führung in großen Gruppen.

I. Führung in kleinen Gruppen

Die Größe einer Gruppe wird nachstehend als eine feststehende Randbedingung betrachtet, die üblicherweise für eine Führungskraft nicht mehr zur Disposition steht. Sie kann entsprechend nicht die Gruppengröße beliebig umgestalten, sondern muß sich fragen, ob und gegebenenfalls in welcher Weise in unterschiedlich großen Gruppen unterschiedlich geführt werden muß. Es wird davon ausgegangen, daß kleine wie große Gruppen spezifische Möglichkeiten, aber auch spezifische Gefahren in sich bergen, die es durch eine geeignete Führung auszuschöpfen respektive zu umgehen gilt. Die Unterscheidung einer kleinen von einer großen Gruppe ist eine Frage des Grades und somit zumindest in Grenzen willkürlich. In der Forschung hat sich die Praxis herausgeschält, Gruppenstärken von drei bis acht Personen als „kleine" Gruppe zu bezeichnen. Das Problem der Führung wird nachstehend zunächst unter dieser Randbedingung (einer kleinen Gruppe) erörtert.

1. Chancen und Möglichkeiten

Die Einflußgröße, über die sich in einer kleinen Gruppe besondere Chancen, aber auch Gefahren vermitteln, liegt in der sog. Gruppenkohäsion. Hierunter wird die durchschnittliche Attraktivität verstanden, die die Gruppe bei ihren Mitgliedern genießt (*Irle* 1975). Die Quelle der Attraktivität einer Gruppenmitgliedschaft ist damit noch nicht präzisiert. Die Attraktivität kann auf dem Abwechslungsreichtum der Aufgabenstellung, aber auch auf der Annehmlichkeit der sozialen Interaktion an sich oder auf einer Kombination dieser beiden Größen beruhen (*Gebert/v. Rosenstiel* 1981). In der einschlägigen Literatur wird als Quelle der Kohäsion in der Regel die Annehmlichkeit der sozialen Interaktion an sich herausgestellt (*Witte* 1979; *Witte/Ardelt* 1989), wovon auch im folgenden ausgegangen wird. In kleinen Gruppen ist die Chance zur Entstehung einer so definierten Kohäsion höher, da in kleinen Gruppen die Chance wechselseitiger Kontakte erhöht ist und nach einer von *Homans* (1960) formulierten These mit zunehmender Anzahl der Kontakte die wechselseitigen Sympathien wachsen, die ihrerseits auf die Kontakthäufigkeiten verstärkend zurückwirken (*Hofstätter* 1967). Die angenommene positive Beziehung zwischen der Kontakthäufigkeit und Sympathie gilt dabei speziell für den Fall, daß sich mit dem Kontakt die Erfahrung von Ähnlichkeit der interagierenden Personen verbindet: Wahrgenommene Ähnlichkeit fördert die Entstehung von Sympathie (*Schuler* 1975). Da in Arbeitsgruppen spezifische vorausgelesene und sozialisierte Personen zusammentreffen, ist hier die Erfahrung von Ähnlichkeit nicht unwahrscheinlich. Kleine Arbeitsgruppen bergen somit ein erhöhtes Potential für hohe Gruppenkohäsion. Dies kann insofern positiv gewertet werden, als sich mit einer höheren Kohäsion, also einer höheren Zufriedenheit mit einem Teilbereich des Arbeitslebens, tendenziell eine geringere Fluktuationsneigung verbindet (*Maib* 1981). Darüber hinaus scheint eine hohe Gruppenkohäsion bei hoher Arbeitsbelastung eine Pufferfunktion mit der Wirkung übernehmen zu können, daß die resultierende Beanspruchung reduziert wird (*Gebert* 1981). Leistungssteigernde Effekte sind dagegen von einer erhöhten Gruppenkohäsion nicht zu erwarten. Zu beobachten ist dagegen eine positive Beziehung zwischen der Gruppenkohäsion und der Konformität des Verhaltens der Gruppenmitglieder (*Hackmann* 1976), wobei diese Konformität über Uniformitätsdruck erzeugt wird (*Jackson* 1965). Bezieht sich der Uniformitätsdruck gegenüber den Gruppenmitgliedern auch auf den Leistungskontext, so wird als Ergebnis eine Einengung der Streubreite im Leistungsbereich zu beobachten sein. Dies ist in der Tat häufig beobachtet worden. Soll die Gruppenkohäsion auch mit einer Leistungsanhebung verbunden sein, so setzt dies voraus, daß die Gruppe zuvor eine Erhöhung der Leistungsnorm vereinbart hat, auf deren Einhaltung hin die Gruppe dann Uniformitätsdruck ausübt. Eine solche Vereinbarung der Erhöhung der Leistungsnorm stellt aber nicht direkt eine Funktion der Gruppenkohäsion dar; vielmehr kann die Gruppe umgekehrt auch gerade bei hoher Kohäsion eine Senkung der Norm (im Sinne des „Mauerns") vereinbaren (→*Leistungszurückhaltung, Führung bei*; *v. Rosenstiel* 1975).

Unter der Perspektive der Führung ist es insofern nicht hinreichend, Bedingungen für die Steigerung der Gruppenkohäsion zu fördern. Vielmehr muß parallel hierzu die Akzeptanz des Vorgesetzten- bzw. Unternehmenszielsgewährleistet sein, wenn zugleich eine Anhebung der Leistungsnorm angestrebt wird. Dies kann durch partizipative Führungsstrukturen erleichtert werden, wie sie etwa in dem System der Führung durch Zielvereinbarung (*Lattmann* 1981) vorgeschlagen werden. Unter der Perspektive der Führung kommt es – anders formuliert – darauf an, die Gruppenkohäsion durch die vorher angesprochene zweite Säule, nämlich die Attraktivität der Aufgabenbedingungen, abzustützen. Erst wenn die Attraktivität der Gruppenmitgliedschaft auf der Qualität der sozialen Interaktion und dem Befriedigungswert im Aufgabenvollzug selbst basiert, wird – ceteris paribus – neben einer Einengung der Leistungsstreubreite eine Anhebung des Leistungsmittels zu erwarten sein (*v. Rosenstiel* 1980).

2. Gefahren und Barrieren

Hier ist auf die Gefahr des sog. Risiko-Schubs (risky-shift) aufmerksam zu machen (*Wallach* et al. 1962). Gruppenentscheidungen sind im Experiment häufig riskanter (risikofreudiger) als dies für die allein getroffene Einzelentscheidung (zeitlich vor den Gruppensitzungen abgefragt) gilt. Dies unter vergleichsweise vielen Randbedingungen festgestellte Phänomen (*Herkner* 1981) wird zum einen durch die Annahme einer Verantwortungs-Diffusion (→*Verantwortung*) zu erklären versucht: Die Last der Verantwortung wird subjektiv nicht mehr nur von einer einzelnen Person getragen. Ein anderer Erklärungsansatz, der sich gegenwärtig offenbar als fruchtbar erweist (*Schuler* 1981), geht davon aus, daß Risikobereitschaft an sich einen sozialen Wert darstellt. Risikobereitschaft wird zur Gruppennorm (→*Groupthink und Führung*). Um im Rahmen der ablaufenden sozialen Vergleichsprozesse die Akzeptanz durch die Gruppe nicht zu gefährden, wird sich der einzelne im Zweifelsfall eher risikofreudig als risikomeidend präsentieren. Das risky-shift-Phänomen spiegelt dann einen in spezifischer Ausrichtung wirksamen Uniformitätsdruck wider, der speziell in hochkohäsiven (kleinen) Gruppen auch wirkungsvoll sein wird. Da die Gruppe ihre Norm im Prinzip auch in Richtung auf mehr Vorsicht ausrichten könnte, erweist sich das risky-shift-Phänomen im Grunde nur als ein Spezialfall des generellen Phänomens einer Extremisierung von Einstellungen durch die Gruppeninteraktionen gegenüber der Individualisation (*Moscovici* 1979).

Eine weitere Gefahr liegt darin, daß die hohe Gruppenkohäsion, sofern primär über die Annehmlichkeit der Interaktion vermittelt, in eine „Kaffee- und Kuchen-Atmosphäre" übergeht und damit die für Innovationen wichtige Präzisierung von Auffassungsunterschieden behindert (*Bollinger/Greif* 1983); es entwickelt sich keine innovationsförderliche Streitkultur.

II. Führung in großen Gruppen

1. Chancen und Möglichkeiten

Die besonderen Vorzüge einer großen Gruppe liegen im wesentlichen in ihrer Ressourcenvermehrung. Für Leistungen vom Typus des Hebens und Tragens ergibt sich aus der Vergrößerung der Gruppe eine entsprechend erhöhte Chance zur Kräfte-Addition. Für Aufgaben des Längenschätzens ergibt sich ein Vorteil der größeren Gruppe aus der vermehrten Möglichkeit zum statistischen Fehlerausgleich: Unter bestimmten Zusatzannahmen kommt der Mittelwert der Individualschätzungen dem „wahren" Wert am nächsten (kompensatorisches Modell nach *Steiner* 1966). Neben einem additiven und einem kompensatorischen Modell wird gelegentlich noch ein Komplementär-Modell unterschieden: Hier liegt der springende Punkt in der Art der Informationsverteilung über die Gruppenmitglieder insofern, als der eine etwas weiß, was der andere nicht weiß. Auch in einem solchen Modell kann unter bestimmten weiteren Zusatzannahmen angenommen werden, daß die resultierende Gruppenleistung eine Funktion der Gruppengröße darstellt. Ein solcher möglicher Vorteil kann selbstverständlich nur dort zu Buche schlagen, wo von der Aufgabenstruktur her überhaupt eine Integration hinreichend heterogener Perspektiven verlangt ist. Die genannten drei Modelle bestimmen insofern die denkbaren Leistungspotentiale einer Großgruppe, die unter bestimmten definierten Randbedingungen vorstellbar sind (Beispiele hierzu in *Schlicksupp* 1977). Fragt man nach den Bedingungen, unter denen dieses Potential Realität werden kann, so stößt man als notwendige Bedingungen neben dem Unabhängigkeitspostulat auf zwei weitere Bedingungen, nämlich auf die Mitteilungs- und die Akzeptanz-Bedingung: Der mögliche Leistungsvorteil einer Groß-Arbeitsgruppe setzt im Rahmen einer gemeinsamen Problemlösung nicht nur voraus, daß im ersten Schritt voneinander unabhängige Lösungen gesucht werden; vielmehr ist darüber hinaus erforderlich, daß diese unabhängig erbrachten Lösungen anschließend mitgeteilt werden, damit sie in den Denkprozeß der übrigen Teilnehmer integriert werden können, und schließlich ist es erforderlich, daß die Gruppe über ein Bezugssystem bzw. Bewertungsraster verfügt, aufgrund dessen sie am Ende eindeutig entscheiden kann, welche der vorgebrachten bzw. inzwischen erarbeiteten Lösungen nun als die bessere zu akzeptieren ist. Vereinfachend kann man damit das Grundproblem herausarbeiten: Die Kleingruppe hat im Zuge der Kohäsion ihre größte Gefahr in der Nicht-Realisierung der Unabhängigkeits-Bedingung. Die Großgruppe hat ihre entscheidende Gefahr in der Nicht-Realisierung der Mitteilungs- und Akzeptanz-Bedingung. Hierauf wird nachstehend eingegangen.

2. Gefahren und Barrieren

Es stellt einen Gemeinplatz dar, daß der in der Großgruppe gegebenen Ressourcenvermehrung ein Koordinationsaufwand gegenübersteht, der die potentiellen Chancen der Gruppengröße wieder zunichte machen kann. Gerade bei sog. konjunktiven Aufgaben, bei denen die Lösungen in mehreren voneinander dependenten Teilschritten erarbeitet werden, stellen sich erhebliche Koordinationsanforderungen. Die in der Literatur häufig formulierte Hypothese einer kurvilinearen Beziehung zwischen der Gruppengröße einerseits und der

Effektivität der Gruppenarbeit andererseits (die Effektivität steigt bis zu einem Optimum von etwa fünf oder sechs Mitgliedern an und fällt dann wieder ab) hat insofern zwar erhebliche Plausibilität, konnte allerdings in dieser Form in der Forschung nicht bestätigt werden. Speziell bei Aufgaben, die dem statistischen Fehlerausgleichsmodell gehorchen, verbindet sich eine Zunahme der Gruppengröße nicht notwendig mit einer Effektivitätsabnahme, was heißt, daß hier die Koordinationsprobleme offenbar lösbar sind (*Redel* 1982). Als Ausdruck eher zumindest tendenziell wachsender Schwierigkeiten zeigt sich in der empirischen Forschung jedoch, daß in Großgruppen der Strukturierungsbedarf, angemeldet von den Gruppenteilnehmern, höher ist und daß solche Großgruppen in aller Regel auch strukturierender (mit mehr lenkenden Momenten) geführt werden (*Stogdill* 1974; *Bastine* 1972; *Seidel* 1978; *Brandstätter* 1989; *Sader* 1991). Unter der Perspektive der Konsequenz für die Führung befragt, wäre zunächst zu klären, worüber sich eigentlich die Schwierigkeiten bei der Realisierung der Mitteilungs- und Akzeptanz-Bedingungen vermitteln. Betrachtet man unter der Mitteilungsbedingung die Diskussion in Gruppen, so ist es ein immer wieder bestätigter Befund, daß die Anzahl der Kommunikationsakte, über die verschiedenen Diskussionsteilnehmer gesehen, unabhängig von der Größe der Gruppe höchst ungleich verteilt ist: Wer selber viel spricht, wird seinerseits häufiger angesprochen, was erneuten Anlaß zur Wortmeldung gibt, während andere schweigen usw. Sprechhäufigkeitsverteilungen haben insofern häufig sog. J-Kurven-Charakter, wobei sich diese Häufigkeitsverteilung im Verlaufe einer Gruppendiskussion im Sinne einer Wirkungsfortpflanzung noch intensiviert; die Sprechzeitenverteilung wird zunehmend ungleicher (*Hofstätter* 1967). Auch in Arbeitsgruppen sind sehr ausgeprägte J-Kurven nachgewiesen worden (*Meissner* 1976) und hängen dort vor allem mit der ungleichen Machtverteilung in formalen Arbeitsgruppen zusammen. Dieser bereits in einer kleinen Gruppe problematische Zusammenhang intensiviert sich nun natürlich mit zunehmender Anzahl der Gruppenmitglieder: Es zeigt sich, daß der Prozentsatz derer, die während der Diskussion nie sprachen, sowie der Prozentsatz derer, die Ideen hatten, sie aber nicht äußerten, gerade in der Übergangsphase von der Kleingruppe zur Großgruppe extrem zunimmt. Will man aus Gründen der Förderung der Loyalität, also aus politischen Rücksichten heraus, die Großgruppe bei der Problemlösung nicht aufteilen, so müssen offenbar unter der Perspektive der Führung spezielle aktivierende Maßnahmen eingesetzt werden. Hierbei kann neben technischen Hilfen (Kartenabfrage) vor allem eine Umdefinition der Rolle des Führenden (→*Führungsrollen*) hilfreich sein: Statt selber am meisten zu sprechen und damit den J-Kurven-Prozeß noch zu beschleunigen, sollte die Führungskraft die Rolle des Katalysators übernehmen, sich also nicht primär um die Lösung des Sachproblems, sondern vor allem um die Lösung des Koordinationsproblems kümmern. Der Führende moderiert dann weniger den Inhalt als den Prozeß der Gruppenarbeit (→*Beeinflussung von Gruppenprozessen als Führungsaufgabe*).

Die zweite genannte Haupthürde in der Großgruppe, die Schwierigkeit der Herstellung eines gemeinsam akzeptierten Bewertungsrasters, wird in der Regel in der Literatur damit in Zusammenhang gebracht, daß sich mit zunehmender Gruppengröße – auch als Reaktion auf die Schwierigkeiten bei der Mitteilungsbedingung – Untergruppen und Cliquen bilden, die über entsprechende vorher angesprochene Extremisierungstendenzen innerhalb der Untergruppe die Einigungsschwierigkeiten in der Gesamtgruppe erheblich steigern (*Feger* 1972; *Scharmann* 1972; *v. Rosenstiel* 1993).

Nimmt man einmal das in Großgruppen (z. B. einer größeren Abteilung) nicht selten gegebene Spannungspotential zwischen Sub-Gruppen als gegeben hin, so fragt sich, welche Konsequenzen hieraus dann führungsbezogen zu ziehen sind. Folgt man der Führungstheorie von *Fiedler* (1967), so könnte man in lockerer Interpretation seines Konstrukts der situativen Günstigkeit (→*Führungstheorien – Situationstheorie*) annehmen, daß es sich um eher situativ ungünstige Rahmenbedingungen handelt, womit dem Führenden ein eher aufgaben-orientierter, sich von den Personen distanzierender Führungsstil nahegelegt wird. Bezieht man sich auf ein in der Gegenwart ebenfalls häufig diskutiertes Führungsmodell, nämlich das von *Vroom* und *Yetton* (1973; →*Führungstheorien – Vroom/Yetton-Modell*), so würden diese Autoren unter der Randbedingung hohen Konfliktpotentials durchaus ähnlich zu einer distanzierenden Strategie insofern raten, als die Führungskraft den Problemlösungsprozeß nach Maßgabe des Akzeptanzbedarfs zwar in die Großgruppe hineintragen soll, die Entscheidung aber mehr oder weniger ausgeprägt sich selbst vorbehalten soll. Die Risiken einer weitgehend demokratisierten Problemlösungsstrategie würden von *Vroom* und *Yetton* (1973) in diesem Fall für zu hoch erachtet. Wie man sieht, kommen einige moderne Situationstheoretiker zu Empfehlungen, die in der Praxis offenbar tendenziell ohnehin schon realisiert werden: Es wurde ja vorher darauf hingewiesen, daß unter den Randbedingungen der Großgruppe stärker strukturierende bzw. lenkende und weniger integrierende Führungsmuster überwiegen. In Übereinstimmung mit den gängigen Situationstheorien der Führung (→*Führungstheorien – Situationstheorie*) muß in großen Gruppen insofern offenbar in der angedeuteten Richtung anders geführt werden als in kleinen Gruppen *(Bass* 1981). Dies gilt natürlich nur unter den angeführten Randbedingungen einer abnehmenden Kohäsion und zunehmender Untergruppenbildung in Großgruppen. Man könnte eben diese Randbedingungen aber auch problematisieren und sich fragen, inwieweit man gerade auch durch die Weise der Führung auch in einer größeren Gruppe größere Grade an Kohäsion bzw. Integrierbarkeit der Teilgruppen erreichen kann. Auf diesen Aspekt soll abschließend kurz Bezug genommen werden.

Zum einen sollte geprüft werden, ob man die Struktur der Großgruppe (Abteilung) in der Richtung verändern kann, daß die Mitarbeiter bzw. Sub-Gruppen die Ausgangssituation weniger als Null-Summen-Spiel sehen und mehr als Positiv-Summen-Spiel wahrnehmen, in der ein „Sieg" bzw. Erfolg nur gemeinsam erzielbar ist: Die Notwendigkeit für eine Inter-Gruppen-Kooperation kann subjektiv z. B. unter Umständen dadurch intensiviert werden, daß alle Sub-Gruppen nicht nur an ihren Sub-Gruppen-Ergebnissen, sondern auch an den Ergebnissen der Gesamt-Abteilung gemessen *und* bewertet werden. Führungsbezogen hieße dies nicht nur, daß eine Abweichungsanalyse in bezug auf die Abteilungs-Zielerreichung mit allen Sub-Gruppen (gemeinsam) geleistet werden muß, sondern daß eventuelle Erfolge ursächlich auf die Gemeinsamkeit der Anstrengungen, also auf die Inter-Gruppen-Kooperation (→*Laterale Kooperation [Schnittstellenmanagement]*), zurückgeführt werden müssen, damit so die Zielinstrumentalität von Inter-Gruppen-Kooperation verdeutlicht wird. Wie eine solche Struktur bzw. wie die Kooperations-Inhalte im einzelnen auszusehen hätten, kann im Prinzip über die Strategie der Organisationsentwicklung abzuklären versucht werden. Die Survey-Feedback-Strategie mit anschließender Teamentwicklung hat sich hierbei als hilfreich erwiesen (*Gebert* 1976).

Literatur

Bass, M. B.: Stogdill's Handbook of Leadership. New York 1981.
Bastine, R.: Gruppenführung. In: *Graumann, C. F.* (Hrsg.): Sozialpsychologie. 2. Bd., Göttingen 1972, S. 1654–1709.
Bollinger, G./Greif, S.: Innovationsprozesse – fördernde und hemmende Einflüsse auf kreatives Verhalten. In: *Irle, M.* (Hrsg.): Methoden und Anwendungen in der Marktpsychologie. Göttingen 1983, S. 396–482.
Brandstätter, H.: Problemlösen und Entscheiden in Gruppen. In: *Roth, E.* (Hrsg.): Organisationspsychologie, Enzyklopädie der Psychologie. Göttingen 1989, S. 505–528.
Feger, H.: Gruppensolidarität und Konflikt. In: *Graumann, C. F.* (Hrsg.): Sozialpsychologie. 2. Bd., Göttingen 1972, S. 1594–1653.
Fiedler, F.: A Theory of Leadership Effectiveness. New York 1967.
Gebert, D.: Zur Erarbeitung und Einführung einer neuen Führungskonzeption – Theorie und Empirie. Berlin 1976.
Gebert, D.: Belastung und Beanspruchung in Organisationen – Ergebnisse der Streßforschung. Stuttgart 1981.
Gebert, D./v. Rosenstiel, L.: Organisationspsychologie. Stuttgart 1981.
Hackman, J. R.: Group Influence on Individuals. In: *Dunnette, M. D.* (Hrsg.): HIOP. Chicago 1976, S. 1455–1526.
Herkner, W.: Einführung in die Sozialpsychologie. 2. A., Stuttgart 1981.
Hofstätter, P.: Sozialpsychologie. Berlin 1967.
Homans, G. C.: Theorie der sozialen Gruppe. Köln 1960.
Irle, M.: Lehrbuch der Sozialpsychologie. Göttingen 1975.
Jackson, J.: Structural Characteristics of Norms. In: *Steiner, J./Fishbein, M.* (Hrsg.): Current Studies in Social Psychology. New York 1965.
Janis, I. L.: Counteracting the Adverse Effects of Concurrence-Seeking in Policy-Planning-Groups: Theory and Research Perspectives. In: *Brandstätter, H./Danis, J. H./Stocker-Kreichgauer, G.* (Hrsg.): Group Decision Making. New York 1982, S. 477–502.
Lattmann, C.: Die verhaltenswissenschaftlichen Grundlagen der Führung des Mitarbeiters. Unternehmung und Unternehmungsführung, Bd. 9, Stuttgart 1981.
Maib, J.: Fehlzeiten. Göttingen 1981.
Meissner, M.: The Language of Work. In: *Dubin, R.* (Hrsg.): Handbook of Work, Organization and Society. Chicago 1976, S. 205–279.
Moscovici, S.: Sozialer Wandel durch Minoritäten. München 1979.
Redel, W.: Kollegien-Management – Effizienzaussagen über Einsatz und interne Gestaltung betrieblicher Kollegien. Stuttgart 1982.
v. Rosenstiel, L.: Die motivationalen Grundlagen des Verhaltens in Organisationen – Leistung und Zufriedenheit. Berlin 1975.
v. Rosenstiel, L.: Gruppen und Gruppenbeziehungen. In: *Grochla, E.* (Hrsg.): HWO. 2. A., Stuttgart 1980, S. 793–804.
v. Rosenstiel, L.: Kommunikation und Führung in Arbeitsgruppen. In: *Schuler, H.* (Hrsg.): Lehrbuch der Organisationspsychologie. Göttingen 1993, S. 321–352.
Sader, M.: Psychologie der Gruppe. München 1991.
Scharmann, T.: Leistungsorientierte Gruppen. In: *Graumann, C. F.* (Hrsg.): Sozialpsychologie. 2. Bd., Göttingen 1972, S. 1790–1864.
Schlicksupp, H.: Kreative Ideenfindung in der Unternehmung. Berlin 1977.
Schuler, H.: Sympathie und Gruppenentscheidung. In: ZfSP, Beiheft 1, 1975.
Schuler, H.: Gruppenentscheidung. In: *Werbick, H./Kaiser, H. J.* (Hrsg.): Kritische Stichwörter zur Sozialpsychologie. München 1981, S. 123–149.
Seidel, E.: Betriebliche Führungsformen. Stuttgart 1978.
Steiner, I. D.: Models for Inferring Relationship Between Group-Size and Potential Productivity. In: Behavioral Science, 1966, S. 273–283.
Stogdill, R. M.: Handbook of Leadership. New York 1974.
Vroom, V. H./Yetton, P. W.: Leadership and Decision Making. Pittsburgh 1973.
Wallach, M. A./Kogan, N./Bem, D. J.: Group Influence on Individual Risk Taking. In: JASP, 1962, S. 75–86.
Witte, E. H.: Das Verhalten in Gruppensituationen. Göttingen 1979.
Witte, E. H./Ardelt, E.: Gruppenarten, -strukturen und -prozesse. In: *Roth, E.* (Hrsg.): Organisationspsychologie, Enzyklopädie der Psychologie. Göttingen 1989, S. 463–486.

H

Helfendes Verhalten und Führung

Hans W. Bierhoff

[s. a.: Gruppengröße und Führung; Krisensituationen, Führung in; Organisationskultur und Führung; Verantwortung.]

I. Problemstellung; II. Hilfsbereitschaft in alltäglichen Interaktionen; III. Helfendes Verhalten in Organisationen; IV. Führungserfolg in akuten Notsituationen; V. Schlußbemerkungen.

I. Problemstellung

Die Belohnungsstruktur in vielen sozialen Situationen, die im Berufsleben auftreten, ist durch eine *gegenseitige Abhängigkeit* der Akteure gekennzeichnet. Wenn z. B. Sachbearbeiter Erfahrungen austauschen, die sie mit dem Verkauf verschiedener Produkte gesammelt haben, geben sie sich gegenseitig Informationen, die potentiell wertvoll sein können. Genauso besteht die Möglichkeit, daß Vorgesetzte und ihre Mitarbeiter von der gegenseitigen Hilfsbereitschaft profitieren können. Schließlich ist auch daran zu denken, daß Kunden durch Mitarbeiter der Organisation – z. B. bei Problemen mit einem Firmenprodukt – unterstützt werden. Tatsächlich ist Hilfeleistung in Organisationen weit verbreitet (*Brief/Motowidlo* 1986; *Puffer* 1987).

Die Auswirkungen von Hilfeleistungen im Berufsalltag sind nicht nur auf die unmittelbare Aufgabenebene beschränkt. Vielmehr ist auch daran zu denken, daß Hilfeleistung in der Bereitstellung emotionaler Unterstützung für Kollegen bei der Bewältigung persönlicher Probleme besteht (*Greenberg/Baron* 1993) und daß durch Hilfeleistung die Wertschätzung zwischen den beteiligten Personen erhöht wird, so daß die Entstehung freundlicher interpersoneller Beziehungen gefördert wird. In diesem Zusammenhang ist zu erwähnen, daß echte Fürsorge und Hilfsbereitschaft von Vorgesetzten gegenüber ihren Mitarbeitern eine wichtige Voraussetzung für eine hohe Produktivität der Arbeitsgruppe darstellt (*Likert* 1961) und daß prosoziales Verhalten der Mitarbeiter, wie es durch die Vorgesetzten beurteilt wird, mit ihrer Arbeitsleistung (in diesem Fall ihre Verkaufserfolge im Möbel-Einzelhandel) tendenziell positiv korreliert (*Puffer* 1987). Im nächsten Abschnitt wird eine Übersicht über verschiedene Formen helfenden Verhaltens gegeben. Daran anschließend folgt eine Analyse helfenden Verhaltens in Organisationen. Schließlich wird kurz die Bedeutung der Führung in akuten Notsituationen dargestellt.

II. Hilfsbereitschaft in alltäglichen Interaktionen

Hilfreiches Verhalten in Organisationen ist dann gegeben, wenn ein Mitglied einer Organisation im Rahmen dienstlicher Tätigkeiten, die andere Individuen oder Gruppen betreffen, die Absicht hat, diesen eine Wohltat zu erweisen, und entsprechend handelt (vgl. *Brief/Motowidlo* 1986). Hilfreiches Verhalten findet in sozialen Interaktionen statt, an denen wenigstens zwei Parteien – Helfer (A) und Empfänger der Hilfe (Individuen oder Gruppen, im folgenden mit B gekennzeichnet) – teilnehmen. Daher liegt es nahe, ein Bezugssystem für hilfreiches Verhalten zu entwickeln, das auf dem Interaktionsmuster von A und B beruht (s. *Bierhoff* 1984, 1990).

Jede Person hat in der sozialen Interaktion bestimmte *Pläne und Zielvorstellungen*, die sie verwirklichen möchte. Außerdem bestehen *Abhängigkeiten und Interdependenzen* zwischen den interagierenden Personen, die sich als soziale Einflüsse beschreiben lassen. Wenn man einerseits die individuellen Pläne und andererseits die sozialen Einflußmöglichkeiten berücksichtigt, lassen sich vier Muster der Hilfeleistung unterscheiden, die sich durch die relative Gewichtung der individuellen Pläne und der sozialen Einflüsse voneinander unterscheiden:

– *Helfen als Randereignis:* Die Akteure sind mit primären Zielen beschäftigt, die sie unabhängig voneinander verfolgen. Daher ist der soziale Einfluß gering, während die individuellen Ziele beider Akteure im Vordergrund stehen. Ein Beispiel für dieses Muster der Hilfeleistung sind zwei Verkäufer, die im Einzelhandel tätig sind und teilweise nach ihrem Verkaufserfolg bezahlt werden. Während B einen Kunden berät, nimmt A ein Telefongespräch für B an und notiert das Anliegen des Anrufers. Durch die Bereitschaft zur Hilfeleistung wird eine einfache Synchronisation der Handlungsmuster hervorgerufen, ohne daß die Verkäufer ihr primäres Ziel, ihre Verkaufszahlen hoch zu halten, aus den Augen verlieren.

- *Normative Hilfeleistung:* Normen der sozialen Verantwortung und der Hilfsbereitschaft schreiben vor, daß man einer Person helfen sollte, die sich in einer Notsituation befindet. Normen, die sich in der Unternehmenskultur verfestigt haben, können Gefühle der Verpflichtung zur Hilfsbereitschaft verstärken. Dazu paßt das Ergebnis, daß Angestellte, die sich mit ihrer Universität stärker identifizieren, sich selbst als hilfsbereiter beschreiben (z. B. eher darüber berichten, soziale Ereignisse außerhalb der Dienstzeit zu organisieren; *O'Reilly/Chatman* 1986). Die Bereitschaft zu *normativer Hilfe* hängt davon ab, wie bewußt den Angestellten der normative Standard zu einem bestimmten Zeitpunkt ist und wie stark sie danach streben, sich normangemessen zu verhalten.

- *Hilfe in akuten Notsituationen:* Akute Notsituationen beinhalten eine Bedrohung für Leben und Wohlbefinden einer Person, etwa aufgrund eines Feuers. Diese Notsituationen sind selten. Schnelle Hilfe in akuten Notsituationen wird auch als *impulsive Hilfe* bezeichnet. Sie tritt besonders dann auf, wenn die Notlage eindeutig definiert ist. Allerdings besteht bei weniger eindeutigen Notlagen das Problem, daß eine soziale Hemmung der Hilfsbereitschaft durch mehrere Zeugen erfolgt. In akuten Notlagen überwiegt der soziale Einfluß gegenüber der Bedeutung individueller Zielvorstellungen.

- *Gegenseitigkeit der Hilfe:* In vielen alltäglichen Situationen besteht eine gegenseitige Abhängigkeit in langfristigen interpersonellen Beziehungen. Die beteiligten Personen können ihre Ziele besser erreichen, wenn sie sich gegenseitig unterstützen. So mag ein Vorgesetzter seinen Mitabeitern gegenüber wichtige Informationen über die zukünftige Unternehmenspolitik mitteilen, während die Mitarbeiter vermeiden, gegenüber Dritten abfällige Bemerkungen über ihre Abteilung zu machen, und statt dessen die positiven Aspekte der Tätigkeit ihres Vorgesetzten hervorheben. Das Beispiel zeigt, daß Gegenseitigkeit der Hilfe nicht auf eine Dimension beschränkt ist. Vielmehr besteht auch die Möglichkeit, daß Vorgesetzte und Mitarbeiter sich in unterschiedlichen Bereichen gegenseitig fördern bzw. unterstützen.

Die Norm der Reziprozität beinhaltet die Erwartung, daß die beteiligten Personen sich gegenseitig unterstützen (oder sich bei negativer Reziprozität gegenseitig schaden).

Positive Reziprozität kann ein Startmechanismus sein, der die Entwicklung einer vertrauensvollen Zusammenarbeit ermöglicht. Andererseits dient positive Reziprozität dazu, langfristig das Klima der vertrauensvollen Zuammenarbeit zu bestätigen und zu sichern.

In vielen alltäglichen Situationen ist eine *gegenseitige Abhängigkeit* gegeben. Daher ergibt sich vielfach, daß der Gewinn für die Empfänger der Hilfe in solchen Situationen größer ist als der Verlust für die Geber. Gegenseitige Hilfe „zahlt sich aus". Zwar müssen die Geber etwas aufgeben, aber durch die Reziprozität erhalten sie mehr, als sie aufgegeben haben (vgl. *Pruitt* 1967). Im folgenden Abschnitt wird verdeutlicht, daß Hilfeleistung dem Prinzip der Reziprozität folgt und positive Effekte auf die Entwicklung der interpersonellen Beziehungen hat.

III. Helfendes Verhalten in Organisationen

Helfendes Verhalten in Organisationen umfaßt die Bereiche Hilfe zwischen Vorgesetzten und Mitarbeitern, Hilfe unter Mitarbeitern und Hilfe aufgrund von Kundenbitten (*Brief/Motowidlo* 1986). An dieser Stelle soll kurz auf die Bedeutung der Hilfe der Mitarbeiter gegenüber ihren Vorgesetzten eingegangen werden. In diesen Bereich fallen die Bereitschaft, sich an vorgegebene Regeln und Verfahrensweisen zu halten, auch wenn keine Beobachtung des Verhaltens möglich ist, Verbesserungsvorschläge zu unterbreiten sowie Zusatzleistungen, die über die direkten Dienstverpflichtungen hinausgehen. Diese Leistungen dienen insgesamt dem Wohl der Organisation und fördern insbesondere die Interessen des Vorgesetzten. Sie lassen sich als funktional für die Zielsetzung der Abteilung und über Rollenvorschriften hinausgehend kennzeichnen.

Im Berufsleben handeln die Akteure oft in bestimmten Rollen, um eine optimale Abstimmung der individuellen Leistungen und eine bürokratische Kontrolle zu ermöglichen. Darüber hinaus sind aber auch über die Rollenverpflichtungen hinausgehende prosoziale Intentionen zu berücksichtigen, die – insbesondere auch wenn sie von Mitarbeitern gezeigt werden – wesentlich zum Funktionieren einer Organisation beitragen und durch Kontrolle nicht gewährleistet werden können (*O'Reilly/Chatman* 1986).

Aus dem Druck auf die Mitarbeiter in Richtung auf Standardisierung entsteht in Organisationen eine gewisse Konformität ihres Verhaltens, so daß die einzelnen Mitarbeiter den Eindruck haben können, daß ihre Individualität nicht genügend berücksichtigt wird. *Likert* (1961) konnte zeigen, daß eine einseitige Betonung der Leistungsoptimierung und die weitgehende Vorstrukturierung der Arbeitsabläufe der Mitarbeiter nicht notwendig zu einer hohen *Produktivität der Arbeitsgruppe* führt. Vielmehr fand sich, daß solche Vorgesetzten die erfolgreichsten Teams hatten, die den individuellen Bedürfnissen ihrer Mitarbeiter ihre Aufmerksamkeit zuwandten und die ihrerseits bemüht waren, die Mitarbeiter zu unterstützen (→*Motivation als Führungsaufgabe*).

Weldon (1984) ging von der Hypothese aus, daß in einer Organisation, in der Standardisierung und Kontrolle der Mitarbeiter im Vordergrund stehen, Unzufriedenheit der Mitarbeiter und ihre fehlende Bereitschaft, sich zu engagieren, ausgelöst werden. Insbesondere ging sie davon aus, daß mangelnde Anerkennung der Individualität der einzelnen Mitarbeiter *(Deindividualisierung)* eine negative Reziprozität hervorruft, die die Hilfsbereitschaft der Gruppenmitglieder beeinträchtigt.

In einem Experiment konnte *Weldon* (1984) zeigen, daß Gruppenleiter, die die Individualität der Mitglieder der Gruppe verneinten und die *Konformität* betonten, weniger Hilfe erhielten als Gruppenleiter, die die Individualität der Gruppenmitglieder hervorhoben.

Deindividualisierung während der Arbeit, die über das notwendige Maß der Standardisierung hinausgeht, ruft vermutlich Widerstand hervor, beeinträchtigt die Gefühle persönlicher Identität und reduziert den Selbstwert (→*Gruppengröße und Führung*).

Wenn man nach dem psychologischen Klima in Organisationen fragt, dann stellt die Deindividualisierung ein wichtiges Problem dar. Vorgesetzte, die auf die Anliegen ihrer Mitarbeiter individuell eingehen, wirken einer möglichen Deindividualisierung entgegen und können dazu beitragen, daß die Arbeitszufriedenheit erhöht wird (→*Organisationskultur und Führung*). Hilfeleistungen unter den Mitgliedern einer Arbeitsgruppe haben Effekte, die sich positiv auf die *Kohäsion der Gruppe* und die Kooperationsbereitschaft und damit vermutlich auch auf die Leistung auswirken (*Evans/Dion* 1991). Personen, die Hilfe erhalten, bewerten die Hilfegeber i. a. positiv. Das ist insbesondere dann der Fall, wenn sie Gelegenheit haben, sich zu einem späteren Zeitpunkt durch eine Gegenleistung zu revanchieren (*Gross/Latané* 1974; *Jecker/Landy* 1969), so daß das Prinzip der Reziprozität angewandt werden kann.

IV. Führungserfolg in akuten Notsituationen

Ein plötzlicher Notfall führt zu Unschlüssigkeit unter den Beobachtern, die eine Passivität zur Folge hat. Außerdem tritt eine *Diffusion der Verantwortung* (→*Verantwortung*) unter mehreren Beobachtern ein, die die Wahrscheinlichkeit des Eingreifens reduziert. Teamleiter können daher wesentliche Funktionen übernehmen, die diese Hemmfaktoren außer Kraft setzen. Einerseits können sie die Verantwortung übernehmen, so daß der Diffusionseffekt vermieden wird. Andererseits können sie ein Modell für eine aktive Auseinandersetzung mit der Notsituation sein. Durch eine erfolgreiche Koordination können sie schließlich ein effektives Eingreifen sicherstellen.

Damit Teamleiter diese Funktionen erfüllen können, müssen sie über bestimmte *Führungsqualitäten* verfügen. Sie müssen in der Lage sein, ein Problem zu formulieren, die Initiative zu ergreifen und mit den anderen Gruppenmitgliedern erfolgreich zu kommunizieren.

Diese Qualitäten sind i. a. bei solchen Teamleitern anzutreffen, die aus der Gruppe zu Leitern gewählt worden sind. Dies ist insbesondere dann der Fall, wenn die Gruppenmitglieder – etwa aufgrund einer Gruppendiskussion – Schlüsse über die Führungsqualitäten der einzelnen Mitglieder ziehen können. Freie Gruppendiskussionen beinhalten valide Hinweise auf den Führungserfolg der Diskussionsteilnehmer (*Bass/Barrett* 1972; *French/Stright* 1991).

In Übereinstimmung mit dieser Analyse wurde gezeigt (*Firestone* et al. 1975), daß *gewählte* Gruppenleiter in Gruppen, die aus vier Personen bestanden, besonders erfolgreich waren, wenn eine Notsituation eintrat, die ein schnelles Eingreifen erforderte (→*Gruppengröße und Führung*). Die Notlage bestand darin, daß ein fünftes Gruppenmitglied eine Diabetes simulierte und dringend nach Zucker verlangte. 84% der Gruppen, die einen gewählten Leiter hatten, leisteten in dieser Krisensituation innerhalb von zwei Minuten in angemessener Weise Hilfe. Wenn die Gruppe durch eine Person geleitet wurde, die in der Gruppendiskussion die geringsten Führungsqualitäten gezeigt hatte, wurde nur in 23% der Fälle effektive Hilfe geleistet.

V. Schlußbemerkungen

Führungskräfte, die auf die *individuellen Neigungen* der Gruppenmitglieder eingehen, erhalten mehr Hilfe als solche, die *Konformität* betonen. Helfendes Verhalten folgt vielfach dem Prinzip der *Reziprozität*, so daß sich ein System gegenseitiger Unterstützung entwickeln kann. Dieses soziale System ist für die beteiligten Personen vorteilhaft, weil i. a. der Nutzen für die Empfänger der Hilfe größer ist als die Kosten der Geber.

Damit sich ein System gegenseitiger Hilfeleistung entwickeln kann, sollten die Gruppenleiter entsprechende Initiativen ergreifen. In diesem Zusammenhang ist ein Dilemma zu erwähnen, das sich aus den Auswirkungen der *Führungsrolle* ergibt. Wie Untersuchungsergebnisse zeigen (*Weathers* et al. 1984), sind Personen, die eine Führungsrolle innegehabt haben, weniger hilfsbereit als Personen, die unter Gleichberechtigten gearbeitet haben. Die Erfahrungen von Führungsrollen reduziert oft die Bereitwilligkeit, auf andere Personen einzugehen (*Kipnis* 1972). Wenn eine Person die Rolle eines Vorgesetzten innehat, wird sie vermutlich dazu neigen, ein Selbstbild zu entwickeln, das einer spontanen Hilfsbereitschaft abträglich ist. Sie kann leicht versucht sein, ein Gefühl der Überlegenheit zu artikulieren und die Mitarbeiter als „Zuträger" wahrzunehmen, die keine besonderen Ansprüche auf individuelle Beachtung haben. Daher ergibt sich die Folgerung, daß durch Training und Aufklärung der Tendenz entgegengewirkt werden sollte, daß Personen in Führungsrollen in ihrer Hilfsbereitschaft beeinträchtigt werden können. Wenn Gruppenleiter die rollenspezifischen Hemmungen der Hilfsbereitschaft überwinden, können sie dazu beitragen, die Entwicklung einer leistungsfähigen Arbeitsgruppe und einer prosozialen Unternehmenskultur durch aktive Zuwendung zu ihren Mitarbeitern zu fördern.

Literatur

Bass, B. M./Barrett, G. V.: Man, Work, and Organizations. Boston 1972.
Bierhoff, H. W.: Altruism and Patterns of Social Interaction. In: *Staub, E./Bar-Tal, D./Karylowski, J./Reykowski, J.* (Hrsg.): Development and Maintenance of Prosocial Behavior. New York 1984, S. 309–321.
Bierhoff, H. W.: Psychologie hilfreichen Verhaltens. Stuttgart 1990.
Brief, A. P./Motowidlo, S. J.: Prosocial organizational behavior. In: AMR, 1986, S. 710–725.
Evans, C. R./Dion, K. L.: Group Cohesion and Performance. A Meta-Analysis. In: Small Group Research, 1991, S. 175–186.
Firestone, I. J./Lichtman, C. M./Colamosca, J. V.: Leader Effectiveness and Leadership Conferral as Determinants of Helping in a Medical Emergency. In: JPSP, Vol. 31, 1975, S. 343–348.
French, D. C./Stright, A. L.: Emergent Leadership in Children's Small Groups. In: Small Group Research, 1991, S. 187–199.
Greenberg, J./Baron, R. A.: Behavior in Organizations. Needham Heights, MA, 4. A., 1993.
Gross, A. E./Latané, J. G.: Receiving Help, Reciprocation, and Interpersonal Attraction. In: Journal of Applied Social Psychology, 1974, S. 210–223.
Jecker, J./Landy, D.: Liking a Person as a Function of Doing Him a Favour. In: HR, Vol. 22, 1969, S. 371–379.
Kipnis, D.: Does Power Corrupt? In: JPSP, Vol. 24, 1972, S. 33–41.
Likert, R.: New Patterns of Management. New York 1961.
O'Reilly, C./Chatman, J.: Organizational Commitment and Psychological Attachment: The Effects of Compliance, Identification, and Internalization on Prosocial Behavior. In: JAP, 1986, S. 492–499.
Pruitt, D. G.: Reward Structure and Cooperation: The Decomposed Prisoner's Dilemma Game. In: JPSP, 1967, S. 21–27.
Puffer, S. M.: Prosocial Behavior, Noncompliant Behavior, and Work Performance among Commission Salespeople. In: JAP, 1987, S. 615–621.
Weathers, J. E./Messé, L. A./Aronoff, J.: The Effect of Task-Group Experiences on Subsequent Prosocial Behavior. In: Social Psychology Quarterly, 1984, S. 287–292.
Weldon, E.: Deindividualization, Interpersonal Affect and Produktivity in Laboratory Task Groups. In: Journal of Applied Social Psychology, 1984, S. 469–485.

Identifikationspolitik

Rolf Wunderer/Josef Mittmann

[s. a.: Loyalität und Commitment; Selbststeuerungskonzepte; Unternehmerische Mitarbeiterführung.]

I. Identifikation und Motivation; II. Strategisch orientierte Ziele der Identifikationspolitik; III. Komponenten der Identifikationspolitik.

I. Identifikation und Motivation

Jede Organisation braucht Einbindungsmuster, damit sie ihre Ziele erreichen und ihren Mitgliedern sinnvolle Arbeits- und Lebensperspektiven anbieten kann. Dieses Organisationsproblem haben Unternehmen bislang fast ausschließlich mit Motivationspolitik gelöst. Wir wissen heute, daß die →*Motivation als Führungsaufgabe* an Grenzen stößt (*Wunderer* 1993). Die Auswirkungen des gesellschaftlichen Wertewandels (*v. Rosenstiel* et al. 1993) sowie das Phänomen der inneren Kündigung (*Hilb* 1992; →*Innere Kündigung und Führung*) konfrontiert jede Führungskraft mit dem Problem, daß zunehmend mehr Mitarbeiter die Arbeitswelt und ihre Bedeutung für Beruf und Karriere neu bewerten.

Dieser Entwicklung kann nicht mit einer bloßen Anpassung der Motivations*angebote* des Unternehmens begegnet werden. Ein Mitarbeiter wird sich z. B. kaum für die zielorientierte Erledigung ‚seiner' Aufgaben motivieren lassen, wenn er sich weder mit den Zielen noch mit den Aufgaben *identifizieren* kann. Der Motivationspolitik fehlen daher keine zusätzlichen Anreize, sondern ein neues Anreiz*konzept* (*Wunderer/Mittmann* 1994).

Ein solches Konzept wird mit der Berücksichtigung der Identifikation als *Voraussetzung und Grundlage* der Motivation vorgeschlagen (vgl. Abb. 1, nach *Wunderer* 1993, S. 55). Jeder Mitarbeiter, der in ein Unternehmen eintritt, hat bestimmte Wertorientierungen, Leitbilder und Ziele. Von diesen *Identifikationsdispositionen* hängt es ab, ob er sich z. B. mit Vorgesetzten, seiner Arbeitsgruppe, seiner Aufgabe, Abteilungszielen usw. identifizieren kann. Personen und sachliche Gegebenheiten der Arbeitswelt werden als Identifikations*objekte* gewählt, wenn sie Werte, Leitbilder und Ziele repräsentieren, die für den Mitarbeiter erstrebenswert sind (Idealität), eine vermutete Ähnlichkeit mit seinen Werten aufweisen (Similarität) oder gar mit seinen Werten und Zielen übereinstimmen (Identität). Identifikation ist daher in hohem Maße *selbstgesteuert* (*Walton* 1985; →*Führungstheorien – Theorie der Führungssubstitution*).

Organisationen, die wenig freigewählte Bindungsmöglichkeiten über Identifikation anbieten (können oder wollen) und den Mitarbeiter als bloßes Motivationsobjekt betrachten, bauen Identifikations*lücken* und damit *Entfremdung* auf (*Kanungo* 1982). Genau hier versagt dann folgerichtig die Motivationspolitik! Umgekehrt: Organisationen, die Identifikationslücken schließen wollen, müssen Anreizpotentiale aufbauen, die eine stärkere *Selbstmotivation* des Mitarbeiters *auf der Grundlage von Identifikationskonzepten* (*Mowday/Porter/Steers* 1982; *Wunderer/Mittmann* 1987; *Stengel* 1987; *Conrad* 1988) ermöglichen.

Im Kontrast zu Beteuerungen zur Bedeutung der Identifikation für die moderne Unternehmensführung (vgl. den Überblick bei *Hanft* 1991) weisen die deutschsprachige Managementlehre und -praxis hier noch große Defizite auf. Wie läßt sich das skizzierte *Konzept einer lebenswerten Organisation* umsetzen?

II. Strategisch orientierte Ziele der Identifikationspolitik

Identifikations*politik* ist ein wichtiger Grundlagenbereich eines strategisch orientierten Personalmanagements (*Morris/Lydka/O'Creevy* 1993). Sie verfolgt allgemein folgende Ziele (*Wunderer/Mittmann* 1987):

– identifikationsorientierte *Auswahl* von Mitarbeitern,
– frühzeitige qualitative *Einbindung* des Mitarbeiters in das Unternehmen,
– Bereitstellung attraktiver *Identifikationsangebote*,
– positive Gestaltung wichtiger *Einflußfaktoren* auf die Identifikation.

Identifikationspolitik sollte immer *strategisch* orientiert sein. Dies bedeutet, daß sowohl die langfristige Unternehmensentwicklung als auch wichtige Trends auf dem Arbeitsmarkt berücksichtigt werden müssen. Beide strategisch wichtigen Bereiche

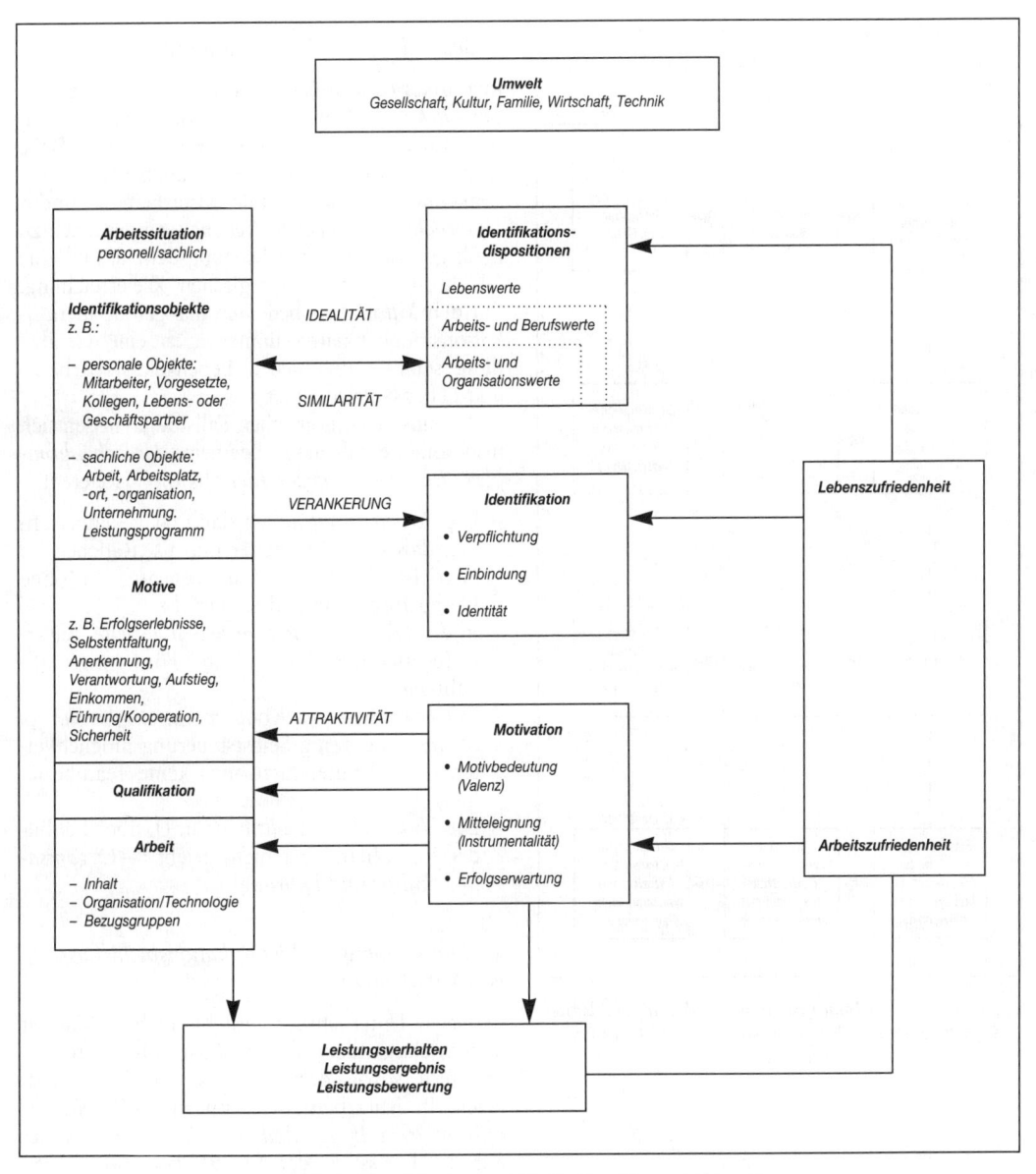

Abb. 1: Identifikation und Motivation (Bezugsrahmen)

müssen ein Höchstmaß an *Schnittstellen* aufweisen (vgl. *Mittmann* 1991). Sonst kann sich Identifikationspolitik sehr schnell als Makulatur erweisen (vgl. Abb. 2).

- So sollte bei der *Auswahl von (neuen) Mitarbeitern* darauf geachtet werden, daß Selektions- und Entwicklungskonzepte kompatibel mit den zentralen Identifikationsdispositionen der Kandidaten sind (→*Auswahl von Führungskräften*).
- Eine *frühzeitige qualitative Einbindung des Mitarbeiters* erfordert eine enge Abstimmung der strategischen Unternehmensentwicklung mit den bevorzugten Identifikationsobjekten aktueller und potentieller Mitarbeiter (→*Neue Mitarbeiter, Führung von*).
- Bei der *Bereitstellung attraktiver Identifikationsangebote* sollte die strategische Wichtigkeit dieser Angebote für das Unternehmen (z. B. Arbeit in Teams) mit den Bedürfnissen von Mitarbeitergruppen abgestimmt werden. Die meisten Schnittstellen bestehen hier bei differenzierten Identifikationsmöglichkeiten für unterschiedliche Zielgruppen (Identifikations*räume*).
- Die *positive Gestaltung wichtiger Einflußfaktoren* auf die Identifikation muß sich auf unternehmensspezifische *Schlüsselfaktoren* in Arbeit, Führung, Kooperation und Unternehmenskul-

tur konzentrieren. Sie haben den stärksten Einfluß auf ‚nachgefragte' Identifikationsorientierungen.

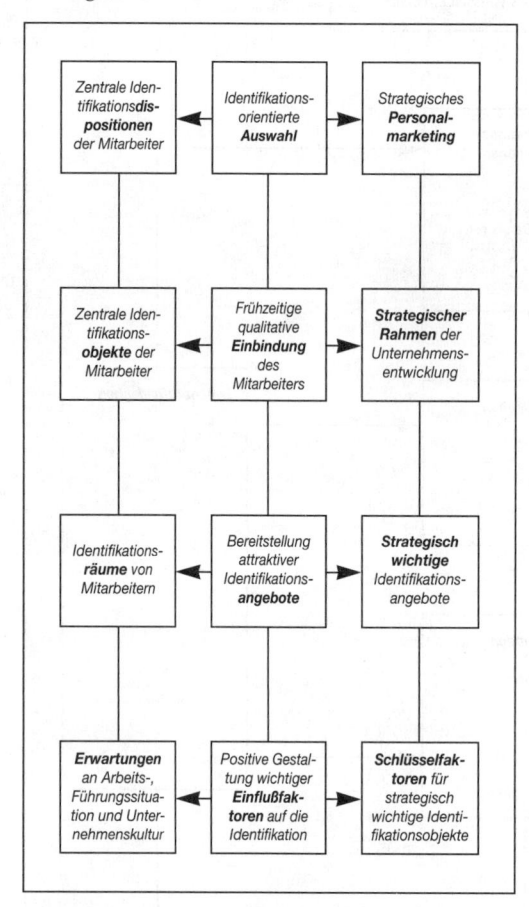

Abb. 2: Ziele der Identifikationspolitik und wichtigste Schnittstellen zur Human Resources- und Unternehmensentwicklung

II. Komponenten der Identifikationspolitik

Im folgenden wird ein *Wegweiser für gezielte Maßnahmen* in der Identifikationspolitik vorgestellt (→*Führungskonzepte und ihre Implementation*). Er beruht auf empirischen Ergebnissen der Identifikationsforschung (*Morrow* 1983; *Mottaz* 1988; *Cotton* 1993) sowie auf eigenen Fallstudien mit einem differenzierten Identifikationskonzept:

– Beurteilung von Identifikations*problemen*
– Untersuchung der Identifikations*bedürfnisse* von Mitarbeitern
– Identifikations*bedarf* von Unternehmen
– Identifikations*potentiale* von Unternehmen
– Identifikationspolitische *Strategien*
– adäquate *Führungsinstrumente*
– Identifikations*controlling*.

1. Beurteilung von Identifikationsproblemen

Identifikationsprobleme spiegeln immer Identifikations*lücken* im Unternehmen wider. Sie sind wichtige *Frühwarnsysteme* sowohl für das strategische Konzept des Unternehmens als auch für das Arbeits- und Lebenskonzept des Mitarbeiters. Für das *Unternehmen* entstehen bei mangelnder oder zu niedriger Identifikation Leistungsdefizite und eine Gefährdung seiner strategischen Zielerreichung. Für den *Mitarbeiter* bedeuten mangelnde Identifikationsmöglichkeiten immer auch eine Gefährdung seines individuellen Lebensplans (Arbeits- *und* Lebenszufriedenheit).

Aus unseren empirischen Fallstudien lassen sich insbesondere folgende allgemeine *Ursachenkomplexe für eine schwache Identifikation* isolieren:

– Die *Arbeitssituation* ist dadurch gekennzeichnet, daß sich Mitarbeiter nur als ‚Rädchen im Getriebe' verstehen. Aufgaben werden ohne Herausforderung und Sinn erlebt.
– In der *Führungssituation* fehlen gezielte, mitarbeiterorientierte Einsatz- und Förderungsmaßnahmen.
– Der *Führungs- und Kooperationsstil des Vorgesetzten* läßt wenig Selbststeuerungsmöglichkeiten zu und unterstützt auch keine Teambeziehungen.
– Die *Unternehmenskultur* ist u. U. über Leitbilder formuliert, aber nicht gelebt (→*Organisationskultur und Führung*).

2. Untersuchung der Identifikationsbedürfnisse von Mitarbeitern

In vielen Unternehmen besteht noch Unklarheit über wichtige Identifikationsbedürfnisse von Mitarbeitern sowie deren gesellschaftliche Grundlagen. In Mitarbeiterbefragungen (→*Empirische Führungsforschung, Methoden der*) wird entweder auf die Erfassung der Identifikation verzichtet, oder man begnügt sich mit allgemein gehaltenen Aussagen zur Identifikation mit dem Unternehmen insgesamt. Unsere empirischen Ergebnisse zeigen, daß die Identifikation mit dem Gesamtunternehmen nur *eine* Identifikationsorientierung unter anderen ist (*Reichers* 1985). Sie ist i.d.R. sogar schwächer ausgeprägt als beispielsweise die Identifikation mit der eigenen Aufgabe im Unternehmen.

Für eine fundierte Identifikationspolitik sollten daher regelmäßig *Mitarbeiterbefragungen* durchgeführt werden, die mindestens folgende Bereiche abdecken müssen:

– *Wertorientierungen* (Unternehmenswerte; Arbeits- und Berufswerte; Lebenswerte) und ihre Auswirkungen auf die Einstellung des Mitarbeiters zum Unternehmen,

- *differenzierte Identifikationsorientierungen* (Aufgabe; Abteilung; Leistungsziele; Unternehmen; Vorgesetzte; Arbeitsteams; Kunden) für *unterschiedliche Zielgruppen* (z. B. Jüngere/Ältere; Mitarbeiter/Management; Zentralabteilung/Filiale usw.),
- zentrale Merkmale aus den Bereichen *Arbeits- und Führungssituation, Führungs-* und *Kooperationsstil* von Vorgesetzten sowie *Unternehmenskultur*.

Erst ein solches differenziertes *Identifikations-Audit-System* sowie eine entsprechende Auswertung erlaubt fundierte Grundaussagen zu Identifikationsbedürfnissen der Mitarbeiter. Die hier erzielten Ergebnisse sollten in einem nächsten Schritt mit dem Identifikationsbedarf aus der Sicht des Unternehmens konfrontiert werden.

3. Identifikationsbedarf von Unternehmen

Wieviel Identifikation brauchen moderne Unternehmen? Gibt es Bereiche im Unternehmen, wo auf eine hohe Identifikation am wenigsten verzichtet werden kann? Wie formulieren moderne Unternehmen ihren gewünschten Identifikationsraum?

Die Beantwortung dieser Fragen führt zu einer *unternehmensspezifischen Standortbestimmung in der Identifikationspolitik*. Sie sollte eng mit folgenden strategischen Grundkonzepten abgestimmt werden:

- Unternehmensphilosophie und zentrale Leitbilder (→*Führungsphilosophie und Leitbilder*)
- Strategisches Produkt-/Marktkonzept
- Strategisches Human-Resources-Konzept
- bereichsspezifische strategische Ziele
- →*Führungsgrundsätze*
- Corporate Identity.

Ein *Beispiel*: Ein Unternehmen verfolgt das Ziel, sein gesamtes Führungs- und Organisationskonzept wesentlich markt- und kundenorientierter auszurichten. Wichtige Entscheidungen bei der Bearbeitung von Kundenaufträgen sollen verstärkt vor Ort und ohne langwierige Umwege über Zentralabteilungen erfolgen. Deswegen wird ein Großteil des operativen Geschäfts in Arbeitsgruppen organisiert. Diese erledigen arbeitsteilig Aufgaben, die bislang getrennten Funktionsbereichen zugeordnet waren. Die Ziele für die Arbeit der Arbeitsgruppen werden jährlich auf der Grundlage von Geschäftsbereichsstrategien festgelegt und in regelmäßigen Abständen überprüft.

Von welchem *Identifikationskonzept* hängt der Erfolg dieser grundlegenden Umorientierung der Unternehmensstrategie ab?

- Dieses Unternehmen braucht Mitarbeiter, die sich auch mit den Erfolgen und Problemen *ihrer Kunden* identifizieren. Sonst bleibt die stärkere Marktnähe nur Proklamation.
- Die Kundenorientierung hängt wiederum sehr stark davon ab, daß die Mitarbeiter sich mit *ihren Aufgaben* identifizieren. Wer von seiner Tätigkeit nicht überzeugt ist, wird ihre Ergebnisse dem Kunden kaum erfolgreich näherbringen können.
- Die Mitarbeiter sollten sich mit dem *Leistungsprogramm ihrer Gruppe* identifizieren. Ein hohes Maß an Selbständigkeit im Unternehmen erfordert auch ein Höchstmaß an Selbstmotivation über herausfordernde Ziele.
- Schließlich müssen sich die Mitarbeiter mit *ihrer Arbeitsgruppe* identifizieren. Je mehr der Abstimmungsbedarf von getrennten Funktionsbereichen in eigenverantwortliche Entscheidungen der Gruppe verlegt wird, desto stärker muß auch der Gruppenzusammenhang sein (→*Selbststeuernde Gruppen, Führung in*).

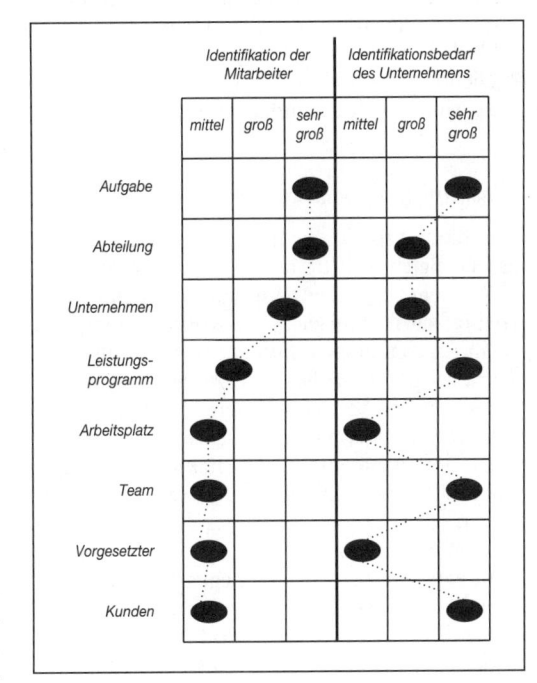

Abb. 3: Beispiel für ein vergleichendes Identifikationsprofil

Wichtig ist nun ein *Vergleich* der Identifikationsbedürfnisse des Unternehmens mit der tatsächlichen Identifikation seiner Mitarbeiter (vgl. Abb. 3). Das Beispiel zeigt, daß die *größte Schnittmenge* bei der hohen Aufgabenidentifikation liegt. Die Identifikation mit dem Leistungsprogramm, aber insbesondere mit dem Team und den Kunden ist noch ein *Defizitbereich*.

Welche Potentiale muß das Unternehmen entwickeln, um die Identifikation der Mitarbeiter in den Defizitbereichen zu verstärken?

4. Identifikationspotentiale von Unternehmen

Identifikationspotentiale sind strategische *Schlüsselfaktoren*, die eine hohe Ausprägung der Identifikation signifikant unterstützen. Sie müssen für jedes Unternehmen besonders ermittelt werden. Wir konzentrieren uns im folgenden auf *allgemeine* Schlüsselfaktoren aus unseren Fallstudien, die mit einer hohen Identifikation in den strategisch wichtigen Bereichen *Aufgabe, Leistungsprogramm, Team und Kunden* einhergehen:

- Bei den Leistungen ist ein wichtiger Beitrag zu den Firmenzielen klar erkenntlich. Aufgaben sind interessant und verantwortungsvoll.
- Qualifikation, Leistungsmotivation und Zufriedenheit der Mitarbeiter sind im Tagesgeschäft erkennbare Leistungsziele des Vorgesetzten.
- Vorgesetzte verfolgen einen delegativen bis autonomen Führungsstil mit großer Entscheidungsfreiheit der Mitarbeiter. Ihr Kooperationsstil ist unterstützend oder orientiert sich am Modell eines idealen Teams.
- Wichtige Firmengrundsätze werden in der Unternehmenskultur sichtbar gelebt.

5. Identifikationspolitische Strategien

Identifikationspolitische Strategien fassen die bisher verfolgten Schritte in einem *integrierten Leitbildkonzept* zusammen. Wir wollen – unter mehreren möglichen Strategien – ein Konzept vorstellen, das in Anlehnung an *Smith* et al. (1983) als „*Organizational Citizenship*" – *Konzept des Identifikationsraumes* bezeichnet werden kann. Dieses Konzept verbindet moderne Entwicklungskonzepte der Unternehmensführung (*Remer* 1989; *Mittmann* 1991) mit wichtigen Identifikationsgrundlagen in der Human-Resources-Politik (*Ogilvie* 1986; *Wunderer/Kuhn* 1993).

Ausgangspunkt ist die Überlegung, daß der Mitarbeiter in modernen Unternehmen nicht mehr primär das Leitbild verfolgt, *dem Unternehmen treu zu bleiben*. Dieses Leitbild kann als *klassisches* Identifikationskonzept bezeichnet werden (*Hax* 1969). Nach den Ergebnissen der empirischen Identifikations- und Werteforschung zeichnet sich vielmehr ein Bild des Identifikationsraumes ab, das den Mitarbeiter als ‚Citizen' in der ‚kundenorientierten Zeltstadt Unternehmen' beheimatet. Hier richtet er sich lieber in verschiedenen ‚Quartieren' ein (z. B. im Team, als Professionalist, mit maßgeschneiderten Zielen oder in engen Kundenbeziehungen) als sich mit ‚Haut und Haaren auszuliefern'. *Sich und dem Unternehmen treu bleiben* – dieser Ansatz soll als *modernes* Identifikationskonzept bezeichnet werden.

Abbildung 4 zeigt die identifikationspolitischen Grundlagen einer solchen modernen Einbindungsstrategie.

	Team	Professionalismus	Ziele	Markt
Identifikationspotential	Gruppenzusammenhalt	Selbststeuerung	attraktive Ziele	wechselseitige Abhängigkeit
Philosophie	„UNSER" (starke Truppe)	„ICH" (Unternehmertum)	„Mein" (überzeugende Mission)	„SIE" (erfolgreiche Partner)
Wertbasis	Solidarität	Selbstentfaltung	Engagement	Wechselseitigkeit
strategischer Rahmen	Prozeß-Ansatz	Kreativitäts-Ansatz	Innovations-Ansatz	Marketing-Ansatz
Identifikationsobjekte	Team Abteilung	Aufgaben Problemlösungen	Ziele, Aufgaben, Leistungsprogramm	Kunden Produkte Leistungen
Identifikationswirkung	groß	sehr groß	groß	mittel
Grenzen	mangelnde strategische Einbindung	mangelnde Teamorientierung	mangelnde Flexibilität	mangelnde Firmenorientierung

Abb. 4: Moderne Einbindungsstrategien

6. Adäquate Führungsinstrumente

Aus der festgelegten Strategie folgen *konkrete Aufgaben* für die Unternehmensleitung, die Personalabteilung sowie die einzelnen Führungskräfte. Unsere Fallstudien zeigen, daß insbesondere in folgenden Bereichen starke Wechselbeziehungen zur Förderung der Identifikation bewußter genutzt werden können:

- Arbeits- und Aufgabengestaltung,
- Personal- und Führungskräfteentwicklung,
- Anreizpolitik,
- Führungspolitik und -grundsätze,
- interne und externe Kommunikationspolitik,
- unternehmenskulturelle Grundsätze.

Dabei ist jedoch zu beachten, daß die Identifikation als *Selbststeuerungsprozeß* der Mitarbeiter nicht direkt beeinflußbar, geschweige denn beliebig veränderbar ist. Die Implementationsstrategie muß berücksichtigen, daß die Identifikationspolitik:

- auf langfristigen Angeboten zur Selbststeuerung beruht (z. B. →*Coaching*; *Counselling* und →*Mentoring* des Vorgesetzten zur Entwicklung der Eigenverantwortlichkeit von Mitarbeitern);
- *prozeßorientiert* und *evolutionär* vorgehen muß (z. B. beim schwierigen Aufbau selbständiger Arbeitsgruppen im Unternehmen, →*Beeinflussung von Gruppenprozessen als Führungsaufgabe*);

– sich immer nur auf bestimmte *Schwerpunkte* fokussieren kann (z. B. eine stärkere Kundenorientierung in ausgewählten Abteilungen);
– wegen unterschiedlicher Mitarbeitergruppen *zielgruppenspezifisch* vorgehen muß (z. B. identifikationsorientiertes Einarbeitungsprogramm für neue Mitarbeiter);
– immer auch ein *situationsgerechtes* Entwicklungskonzept verfolgen soll (z. B. eine neue Produkt- und Leistungsorientierung bei Reorganisationsmaßnahmen; →*Organisationsentwicklung und Führung*).

7. Identifikationscontrolling

In das Personalcontrolling (*Wunderer/Schlagenhaufer* 1994) muß auch der Aspekt der Identifikation einbezogen werden (→*Controlling und Führung*). Allerdings sind hier die *direkt quantitativ meßbaren* Outputgrößen (z. B. Fluktuationsrate und Fehlzeiten) keineswegs die Faktoren mit der stärksten Aussagekraft für Identifikationsprozesse (*Lodahl/Kejner* 1965; *Mowday/Porter/Steers* 1982). Wichtiger sind *qualitative, nur indirekt erfaßbare* Faktoren, wie (sich u. U. wandelnde!) Zusammenhänge zwischen Wertorientierungen, Identifikation, Motivation, Arbeits-, Führungs- und Kooperationsbeziehungen sowie Unternehmenskultur.

Identifikationscontrolling hat daher die Aufgabe

– über regelmäßige Mitarbeiterbefragungen ein *Frühwarnsystem des strategischen Personalmanagements* zu installieren,
– die Schritte 1. bis 6. der Identifikationspolitik *evaluierend* zu unterstützen.

Literatur

Conrad, P.: Involvement-Forschung. Berlin/New York 1988.
Cotton, J. L.: Employee Involvement. London 1993.
Hanft, A.: Identifikation als Einstellung zur Organisation. München, Mering 1991.
Hax, K.: Personalpolitik und Mitbestimmung. Köln 1969.
Hilb, M. (Hrsg.): Innere Kündigung. Zürich 1992.
Kanungo, R. N.: Work Alienation. New York 1982.
Lawler, E. E.: Creating High Involvement Work Organizations. Schriftenreihe der Graduate School of Business Administration University of Southern California 1980.
Lodahl, T. M./Kejner, M.: The Definition and Measurement of Job Involvement. In: JAP, 1965, S. 24–33.
Mittmann, J.: Identitätsorientierte Unternehmensführung. Bern/Stuttgart 1991.
Morris, T./Lydka, H./O'Creevy, M. F.: Can Commitment be managed? In: Human Resource Management Journal, 1993, S. 21–42.
Morrow, P. C.: Concept Redundancy in Organizational Research: The Case of Work Commitment. In: AMR, 1983, S. 486–500.
Mottaz, C. J.: Determinants of Organizational Commitment. In: HR, 1988, S. 467–482.
Mowday, R. T./Porter, L. W./Steers, R. M.: Employee-Organization Linkages. New York 1982.
Ogilvie, J. R.: The Role of Human Resource Management Practices in Predicting Organizational Commitment. In: Group and Organization Studies 1986, S. 335–359.
Reichers, A.: A Review and Reconceptualization of Organizational Commitment. In: AMR, 1985, S. 465–475.
Remer, A.: Organisationslehre. Berlin/New York 1989.
Rosenstiel, L. v./Stengel, M.: Identifikationskrise? Bern et al. 1987.
Rosenstiel, L. v./Djarrahzadeh, M./Einsiedler, H. G./Streich, R. K. (Hrsg.): Wertewandel. 2. A., Stuttgart 1993.
Smith, C. A./Organ, D. W./Near, J. P.: Organizational Citizenship Behavior. In: JAP, 1983, S. 653–663.
Stengel, M.: Identifikationsbereitschaft, Identifikation, Verbundenheit mit einer Organisation oder ihren Zielen. In: Zeitschrift für Arbeits- und Organisationspsychologie, 1987, S. 152–162.
Walton, R. E.: Establishing and Maintaining High Commitment Work Systems. In: *Kimberley, J. R./Miles, R. H.* (Hrsg.): The Organizational Life Cycle. San Francisco 1980, S. 208–290.
Walton, R. E.: From Control to Commitment in the Workplace. In: HBR, 1985, S. 76–84.
Wunderer, R.: Motivationstheoretische und führungspraktische Aspekte der Führung und Kooperation. In: Wunderer R. (Hrsg.): Führung und Zusammenarbeit. Stuttgart 1993, S. 53–70.
Wunderer, R./Kuhn, T.: Unternehmerisches Personalmanagement. Frankfurt/M./New York 1993.
Wunderer, R./Mittmann, J.: Identifikation. In: HWFü. 1. A., Stuttgart 1987, Sp. 1085–1097.
Wunderer, R./Mittmann, J.: Identifikationspolitik. Stuttgart 1995.
Wunderer, R./Schlagenhaufer, P.: Personalcontrolling. Stuttgart 1994.

Individualrechtliche Bedingungen der Führung

Ernst A. Kramer

[s. a.: Führung und kollektive Arbeitsregelungen.]

I. Begriffsklärungen, Themenabgrenzung; II. Rechtliche Grundlagen der Führung; III. Träger der arbeitsrechtlichen Führungskompetenz; IV. Individualrechtliche Grundsätze der Führung.

I. Begriffsklärungen, Themenabgrenzung

Dieses Stichwort behandelt die *individualarbeitsrechtlichen Bedingungen der Führung,* also die führungsrelevanten rechtlichen Regeln, die die Beziehungen zwischen dem Arbeitgeber (bzw. Vorgesetzten) und den *einzelnen* Arbeitnehmern betreffen. Solche Regelungen befinden sich namentlich im *Arbeitsvertragsrecht* (Grundlage: §§ 611–630

BGB; dazu Nebengesetz wie z. B. das Lohnfortzahlungsgesetz und das Bundesurlaubsgesetz). Zum Individualarbeitsrecht wird auch das *Arbeitsschutzrecht* gezählt (s. z. B. das Mutterschutzgesetz oder das Jugendarbeitsschutzgesetz). Sofern Rechtsquellen des kollektiven Arbeitsrechts, wie namentlich der *Tarifvertrag,* genauso wie das Gesetz unmittelbar auf das Einzelarbeitsverhältnis einwirken, gehören auch die dort getroffenen Regelungen zum Individualarbeitsrecht (*Zöllner/ Loritz* 1992, S. 72). Analoges wie für den Tarifvertrag gilt für *Betriebsvereinbarungen.*

Nicht zum gegenständlichen Stichwort gehören diejenigen Normen des Arbeitsrechts, die das Verhältnis zwischen Unternehmen (bzw. deren Verbänden) und den *kollektiven* Vertretungsorganen der Arbeitnehmer (Betriebsrat und Gewerkschaften) regeln (s. a. →Führung und kollektive Arbeitsregelungen). Die für die Führung eines Betriebs außerordentlich wichtigen Beteiligungsrechte (Mitbestimmungsrechte) des Betriebsrats aufgrund des BetrVG (insbesondere §§ 90, 91) sind daher nur am Rande Gegenstand dieses Beitrags. Auch das Problem der Mitbestimmung in Unternehmensorganen bleibt außer Betracht (→*Mitbestimmung, Führung bei*).

Der vorliegende Beitrag befaßt sich nur mit den Teilen des Arbeitsvertragsrechts, die die *Führung während des Arbeitsverhältnisses* betreffen. Außer Betracht bleiben somit insbesondere die rechtlichen Probleme des Zustandekommens des Arbeitsverhältnisses (Abschluß des Arbeitsvertrags, sein Inhalt und dessen Kontrolle); ebenso „nachvertragliche Pflichten" des Arbeitgebers. Die Kündigung des Arbeitsverhältnisses wird nur insoweit berücksichtigt, als sie – als außerordentliche – Sanktionscharakter hat (s. u. IV/5).

II. Rechtliche Grundlagen der Führung

1. Vorbemerkungen

„Die arbeitsrechtliche Leitungsmacht" (*Birk* 1973) kann – rechtlich betrachtet – weder durch eine Art Naturrecht des Arbeitgebers noch aus der organisationssoziologischen „Natur der Sache" legitimiert werden. Sie beruht vielmehr auf dem *positiven Recht.* Formale gesellschaftliche Organisationen sind nun einmal heute jeweils gleichzeitig rechtliche Systeme. Das positive Recht gibt nicht nur die rechtliche *Legitimationsbasis* für die Führung von Mitarbeitern, sondern stellt gleichzeitig *Führungsinstrumente* (wie namentlich die Weisung) zur Verfügung; gleichzeitig werden der Führung durch diese „*Verrechtlichung*" aber auch *Schranken* gesetzt. Nur der Genauigkeit halber sei betont, daß Führung von Mitarbeitern sich natürlich auch im „rechtsfreien Raum" bewegen kann.

Man denke z. B. an die Belobigung eines Arbeitnehmers (→*Anerkennung und Kritik als Führungsinstrumente*), an aufmunternde Worte, freiwillige gesellschaftliche Veranstaltungen.

2. Differenzierende Darstellung im einzelnen

a) Entscheidende *rechtliche Legitimationsbasis* der arbeitsrechtlichen Leitungsmacht ist der seinerseits auf dem Gesetz (vor allem §§ 611 ff. BGB) und letztlich der Verfassung abgestützte *Einzelarbeitsvertrag.* Auf diesem beruht wiederum nach h.L. (statt aller *Söllner* 1966, S. 44 ff.; aus der Judikatur Bundesarbeitsgericht DB 1980, S. 1603; anderer Meinung *Birk* 1973, S. 51 ff.) das für die Führung von Mitarbeitern außerordentlich wichtige *Weisungsrecht* (= Direktionsrecht) des Arbeitgebers. Dieses befähigt den Arbeitgeber, durch einseitige Gestaltungsakte („Weisungen") den oft nur eine vage Rahmenordnung umschreibenden Arbeitsvertrag ad hoc zu konkretisieren (s. etwa *Söllner* 1988, § 611 BGB Randnummer 120). Die Weisungsunterworfenheit und die dadurch mitbegründete Fremdbestimmtheit des Arbeitnehmers sind wesentliche Charakteristika des Arbeitsverhältnisses (gänzlich abweichend *Gast* 1978).

b) *Aktiviert wird die Führungskompetenz* des Arbeitgebers einerseits durch die Einhaltung von (gesetzlichen, kollektivrechtlichen oder vertraglichen) Verpflichtungen des Arbeitgebers (z. B. zur Einführung von Schutzvorrichtungen), andererseits durch außergerichtliche oder gerichtliche Geltendmachung von (gesetzlich, kollektivrechtlich oder arbeitsvertraglich begründeten) Rechten des Arbeitgebers. *Beispiele:* Mahnung, die arbeitsvertraglich vereinbarte Arbeitszeit einzuhalten, Verhängung einer tarifvertraglich vorgesehenen Betriebsbuße, Geltendmachung von Schadensersatz, außerordentliche Kündigung des Arbeitsverhältnisses.

Einen besonderen Stellenwert für die Aktivierung der Führungskompetenz kommt der den Arbeitsvertrag konkretisierenden *Weisung* zu. Formal wird zwischen individuellen Weisungen („Einzelweisungen") und den (hier nicht weiter darzustellenden) generellen Weisungen unterschieden (statt aller *Birk* 1974, B III/1). Die (ganz im Vordergrund stehende) individuelle Weisung richtet sich an einen bestimmten oder mehrere bestimmte Arbeitnehmer (Typ: „Frau Müller, kaufen Sie bitte Büromaterial ein!") und ist als einseitige, empfangsbedürftige Willenserklärung zu qualifizieren (*Birk* 1974, B III/1 a). I. S. einer *inhaltlichen Typisierung der Weisungen* unterscheidet *Birk* (1973, S. 18 ff.) zwischen arbeitsbezogenen, arbeitsbegleitenden und organisationsbedingten Weisungen: Arbeitsbezogene betreffen den unmittelbaren Arbeitsvollzug (z. B. Zuteilung und nähere Ausgestaltung der Arbeit), arbeitsbegleitende Weisungen sind zur Erbringung der Arbeit nicht unbedingt erforderlich, wohl aber zweckmäßig. Sie erleichtern oder beschleunigen den Arbeitsvorgang (z. B. Weisungen, bestimmte Arbeitsmethoden einzuhalten), verhindern oder vermindern Schäden (z. B. die Anordnung, Schutzkleidung zu tragen). Organisationsbedingte Weisungen beziehen sich auf den organisatorischen Zusammenhang der einzelnen Arbeitsleistung im Rahmen des gesamten Arbeitsprozesses („Ordnung des Betriebes" im weitesten Sinn: z. B. Torkontrollen, An- und Abmelderegelungen, Werkschutz).

Führung wird nicht nur durch Erfüllung bzw. Geltendmachung von Pflichten und Rechten des Arbeitgebers aktiviert, sondern kann sich auch in der *freiwilligen Erbringung von Sonderleistungen* (vor allem von Gratifikationen aus Anlaß von Dienstjubiläen, Weihnachten etc.) äußern. Aus der ursprünglichen Freiwilligkeit der Gewährung von *Gratifikationen* kann durch Wiederholung (und das dadurch bedingte Vertrauen auf Gesetzmäßigkeit) eine rechtliche Verpflichtung werden (zur umstrittenen dogmatischen Begründung s. den Überblick bei *Zöllner/Loritz* 1992, S. 67).

c) Aus der rechtlichen Einbindung der Leitungsmacht ergeben sich auch deren *Schranken*: Der Arbeitgeber muß sich bei der Führung von Mitarbeitern an das Gesetz (nicht zuletzt das BetrVG und die dort verankerten Mitbestimmungsrechte des Betriebsrats), Kollektivrecht (Tarifvertrag, Betriebsvereinbarungen) und den Arbeitsvertrag halten. So darf einem Arbeitnehmer z. B. ein *Wechsel in der Art der Beschäftigung* oder eine Verkleinerung des Arbeitsbereichs nur dann durch Weisung aufgetragen werden, wenn dies nicht gegen den Arbeitsvertrag verstößt. Sieht dieser allerdings nur eine grobe, rahmenartige Umschreibung der aufgetragenen Tätigkeiten vor, so kann der Arbeitgeber durch Weisungen „Zeit, Art und Ort" der Arbeitsleistung genauer bestimmen; er „kann dem Arbeitnehmer auch einen Wechsel in der Art der Beschäftigung auferlegen,... oder... auch den Arbeitsbereich verkleinern" (*Bundesarbeitsgericht* DB 1980, S. 1603).

Zur Darstellung einiger allgemeiner, aus den individualrechtlichen Schranken der Führungsmacht des Arbeitgebers sich ergebender rechtlicher Führungsgrundsätze siehe Kap. IV.

III. Träger der arbeitsrechtlichen Führungskompetenz

1) Träger der arbeitsrechtlichen Führungskompetenz ist der *Arbeitgeber*. Ist dieser *juristische Person* (GmbH, AG), so ist diese selbst Rechtsträger der Leitungsmacht (namentlich des Weisungsrechts). Dabei versteht sich von selbst, daß die juristische Person ihren Willen nur durch ihre „Organwalter" (etwa die Mitglieder des Vorstands einer AG) bilden und ausüben kann.

2) In größeren Betrieben wird die Leitungsmacht faktisch meistens nicht durch den Arbeitgeber selbst, sondern durch *„leitende Angestellte"* ausgeübt. Diesen kommt keine eigenständige, sondern lediglich abgeleitete Leitungsmacht zu. Rechtlich betrachtet vertreten sie insofern (vor allem bei Abgabe von Weisungen) den Arbeitgeber (zur juristisch-konstruktiven Begründung *Birk* 1973, S. 159 ff.). Obwohl die leitenden Angestellten, rechtlich betrachtet, als Arbeitnehmer zu qualifizieren sind (anderer Meinung *Mehrhoff* 1984, S. 71 ff.), gehören sie, funktionell betrachtet (als Vorgesetzte), der Arbeitgebersphäre an. Dies äußert sich auch in einer gewissen rechtlichen Sonderbehandlung (dazu umfassend *Martens* 1982): So findet das Betriebsverfassungsrecht auf sie grundsätzlich keine Anwendung (s. § 5 Abs. 3 BetrVG). Leitende Angestellte, die Vorgesetzte von mindestens 20 Arbeitnehmern sind, unterfallen nicht der Arbeitszeitordnung (s. § 1 Abs. 2 Nr. 2 Arbeitszeitordnung).

IV. Individualrechtliche Grundsätze der Führung

1. Vorbemerkungen

Das Individualarbeitsrecht gibt eine Fülle führungsrelevanter Richtlinien. Im folgenden werden in aller Kürze nur einige wenige, prinzipiell wichtig erscheinende individualrechtliche Führungsprinzipien erläutert. Sie beruhen jeweils auf Gesetzes- bzw. Richterrecht; tarifvertragliche oder einzelvertragliche Regelungen, die im Einzelfall von großer Bedeutung sein können, bleiben außer Betracht.

2. Der Grundsatz der Gleichbehandlung

„Es gibt wenig Dinge, die das Gerechtigkeitsgefühl des Arbeitnehmers so sehr kränken wie der Verdacht oder gar die Gewißheit, schlechter als ein Arbeitskollege behandelt zu werden" (*Hilger* 1975, S. 32). Das Gebot der Gleichbehandlung ist daher einer der wichtigsten Führungsgrundsätze des Individualarbeitsrechts. Doch darf es von vornherein nicht mißverstanden werden: Der arbeitsrechtliche Gleichbehandlungsgrundsatz besagt natürlich keineswegs, daß alle Arbeitnehmer in jeder Beziehung (Lohn, Arbeitszuteilung etc.) gleichzustellen sind. Das Gleichbehandlungsgebot verbietet lediglich, „daß im wesentlichen gleichliegende Fälle aus unsachlichen oder sachfremden Gründen verschieden behandelt werden" (*Mayer-Maly* 1975, A). Nach herrschender Lehre (grundlegend *Hueck* 1958) greift der Gleichbehandlungsgrundsatz darüber hinaus nur dann ein, wenn die Maßnahme des Arbeitgebers „gemeinschaftsbezogen" ist, ihr somit kollektiver Charakter zukommt. Daraus wird abgeleitet, daß nur Arbeitnehmer desselben Betriebs Gleichbehandlung fordern können, nicht aber die Arbeitnehmer eines gesamten (mehrere Betriebe umfassenden) Unternehmens (s. dazu *Mayer-Maly* 1975, C III/2; Überblick über die aktuelle Rechtsprechung bei *Hunold* 1991).

Die *rechtsdogmatische Begründung* des Gleichbehandlungsgrundsatzes ist umstritten (Überblick bei *Mayer-Maly* 1975, C II/IV). Positivrechtliche Ansatzpunkte sind (abgesehen von der verfassungsrechtlichen Grundlage des Art. 3 GG [Gleichheitssatz]) vor allem § 75 Abs. 1 S. 1 BetrVG und (bezüglich der Ungleichbehandlung von Mann und Frau) die auf europarechtlichen Vorgaben beruhenden §§ 611 a, 611 b sowie 612 Abs. 3 BGB (zur Frauengleichbehandlung aufgrund der neuen Rechtslage etwa *Mayer-Maly* 1982). Generell betrachtet ist der Gleichbehandlungsgrundsatz heute als „ein gesetzliche Wertungen artikulierendes Gewohnheitsrecht" zu qualifizieren (s. *Mayer-Maly* 1975, C V).

Regelmäßig keine Anwendung findet der Gleichbehandlungsgrundsatz auf die *Entlohnung*; nur im Zuge einer generellen „Lohnwelle" (also bei allgemeiner Lohnerhöhung) darf kein Arbeitnehmer willkürlich schlechter behandelt werden (so Bundesarbeitsgericht AP Nr. 31 zu § 242 BGB „Gleichbehandlung"). § 612 Abs. 3 BGB sieht nunmehr auch das Verbot einer zwischen Mann und Frau differenzierenden Entlohnung für gleiche oder gleichwertige Arbeit vor (s. im einzelnen *Schaub* 1988, § 612 BGB Randnummern 252 ff.).

Der faktische Schwerpunkt des Gleichbehandlungsgrundsatzes liegt im Bereich der Ausübung des Weisungsrechts und der Gewährung freiwilliger Sonderleistungen *(Gratifikationen)* sowie von Ruhegeldern. Bei *Ausübung des Weisungsrechts* wirkt sich der Gleichbehandlungsgrundsatz vor allem aus in Fragen der Arbeitszuweisung, in Arbeitszeitfragen (etwa Anordnung von Sonn- und Feiertagsarbeit), bei Erlaß von Geboten, die das persönliche Verhalten regeln (z. B. Kleidungsvorschriften), bei Aufforderung zu ausnahmsweise zu leistenden Diensten (etwa Einspringen für kranke Kollegen), in bezug auf Eingangs- und Torkontrollen sowie bei nach Gattungsmerkmalen getroffenen Höhereinstufungen (dazu im einzelnen *Mayer-Maly* 1975, G III). Was die Gewährung von *Gratifikationen* anlangt, hat das Bundesarbeitsgericht (AP Nr. 44 zu § 242 BGB „Gleichbehandlung") die Ungleichbehandlung verschiedener Arbeitnehmergruppen (Angestellte und Arbeiter) nur dann als nicht gleichheitswidrig angesehen, wenn diese nach dem Zweck der Leistung gerechtfertigt ist. Eine solche Rechtfertigung sei bei *Differenzierung zwischen Angestellten und Arbeitern* im Hinblick auf die Höhe der Weihnachtsgratifikation regelmäßig nicht gegeben (weitere Nachweise zum Problem bei *Zöllner/Loritz* 1992, S. 199).

3. Spezifische Schutzpflichten des Arbeitgebers

Aufgrund der persönlichen Eingliederung in einen fremden Organisationsbereich ist der Arbeitgeber verpflichtet, den vom Arbeitnehmer eingebrachten Rechtsgütern (Persönlichkeit, Leben, Gesundheit, Eigentum) einen besonderen Schutz angedeihen zu lassen. Die damit angesprochene „*Fürsorgepflicht*" *des Arbeitgebers* wird durch eine Fülle spezieller gesetzlicher Vorschriften konkretisiert, steht aber als generalklauselhafte Anspruchsgrundlage u. U. auch dann zur Verfügung, wenn eine ausdrückliche gesetzliche Bestimmung fehlt (s. *Kramer* 1975, S. 45 ff.).

Die Pflicht zum *Schutz von Leben und Gesundheit* des Arbeitnehmers wird in allgemeiner Form in § 618 Abs. 1 BGB normiert, ist aber vor allem Gegenstand einer großen Zahl nicht näher darzustellender öffentlich-rechtlicher Schutzvorschriften (*„Arbeitsschutzrecht"*), aus denen gleichzeitig entsprechende privatrechtliche Pflichten des Arbeitgebers resultieren. Der allgemeine Gesundheitsschutz wird durch zahlreiche Regelungen über den *Sonderschutz* für bestimmte Kategorien von Arbeitnehmern ergänzt (vor allem Mutter-, Jugendarbeits- und Schwerbehindertenschutz [→*Behinderte und Leistungsgewandelte, Führung von*]). I. w. S. dem Gesundheitsschutz zuzuzählen ist auch der Arbeitszeitschutz. Die Arbeitszeitordnung sieht u. a. eine gesetzliche Höchstarbeitszeit von wöchentlich 48 Stunden vor, die freilich in der Praxis regelmäßig unterschritten wird. Schließlich hängt auch die (im Bundesurlaubsgesetz geregelte) Pflicht zur Gewährung von (bezahltem) *Erholungsurlaub* eng mit dem Gesundheitsschutz zusammen (Überblick über das Urlaubsrecht bei *Zöllner/Loritz* 1992, S. 189 ff.).

Der (dem Arbeitgeber in § 75 Abs. 2 BetrVG ausdrücklich aufgegebene) *Schutz der Persönlichkeit des Arbeitnehmers* ist namentlich im Hinblick auf den Einsatz *technischer Überwachungseinrichtungen* relevant. Konkret geht es um die Überwachung des Arbeitnehmers durch Fotoapparaturen, Fernsehkameras, Produktographen, akustische Kontrolleinrichtungen („Wanzen"!), insbesondere auch um die Überwachung von Telefongesprächen. Wegen der entwürdigenden Wirkung einer solchen Kontrolle ist i. S. der heute herrschenden Lehre (s. etwa *Schnorr* 1983, S. 118) von der grundsätzlichen (aber nicht absoluten) Unzulässigkeit gezielter Überwachung des Arbeitnehmers mit technischen Mitteln auszugehen (zur Überwachung von Telefongesprächen s. Bundesarbeitsgericht AP Nr. 3 zu § 284 ZPO; zu optischen Überwachungseinrichtungen s. *Wiese* 1971, S. 284 ff.; Bundesarbeitsgericht AP Nr. 15 zu § 615 BGB „Persönlichkeitsrecht"). Jedenfalls ist das Mitbestimmungsrecht des Betriebsrats gemäß § 87 Abs. 1 Nr. 6 BetrVG zu beachten. Ein Sondergebiet des arbeitsrechtlichen Persönlichkeitsschutzes ist der *Datenschutz* auf Grund des Bundesdatenschutzgesetzes. Er äußert sich in einer Verpflichtung des Arbeitgebers zur Sicherung personenbezogener Daten des Arbeitnehmers in Dateien, insbesondere in EDV-Anlagen, gegen Mißbrauch (s. *Zöllner* 1983).

Selbstverständlich hat der Arbeitgeber im Rahmen des arbeitsrechtlichen Persönlichkeitsschutzes auch *Belästigungen oder Beleidigungen von Arbeitnehmern* hintanzuhalten. Wurde ein Arbeitnehmer von seinem Vorgesetzten belästigt oder beleidigt, so kann er sich gemäß § 81 Abs. 1 BetrVG beim Arbeitgeber beschweren; hält dieser die Beschwerde für berechtigt, so muß er um Abhilfe besorgt sein (s. § 81 Abs. 2 BetrVG und dazu *von Hoyningen-Huene* 1991).

Der Persönlichkeitsschutz des Arbeitnehmers ist letztlich *grundrechtlich* (s. Art. 1 ff. GG) fundiert und äußert sich etwa auch im Schutz des Rechts der freien Meinungsäußerung (dazu *Buchner* 1982) oder im Schutz der Glaubens- und Gewissensfreiheit (zum Grundrechtsschutz im Arbeitsverhältnis monographisch *Gamillscheg* 1989).

In der Mitte zwischen Gesundheits- und Persönlichkeitsschutz steht die dem Arbeitgeber (und dem Betriebsrat) in den §§ 90, 91 BetrVG aufgetragene Berücksichtigung „gesicherter arbeitswissenschaftlicher Erkenntnisse" über die *menschengerechte Arbeitsgestaltung* (s. etwa *Zöllner* 1973, S. 212 ff.; *Kramer* 1975, S. 59 ff.; sowie 125 ff. zur Einführung von „job-rotation", „job-enlargement", „job-enrichment" und „teilautonomen Arbeitsgruppen").

4. Informationspflichten des Arbeitgebers
(→Information als Führungsaufgabe)

5. Sanktionen

Sanktionen auf Pflichtverletzungen des Arbeitnehmers stellen ein wichtiges Führungsinstrument dar (→*Sanktionen als Führungsinstrumente*). In Frage kommen *Ermahnungen* („Abmahnungen"), Schadensersatz und Vertragsstrafen (s. dazu *Schwerdtner* 1983), *betriebliche Disziplinarmaßnahmen* (vgl. dazu das Mitbestimmungsrecht des Betriebsrats gemäß § 87 Abs. 1 Nr. 1 BetrVG) und letztlich die fristlose, *außerordentliche Kündigung des* (befristeten oder unbefristeten) *Arbeitsverhältnisses aus wichtigem Grund* (§ 626 BGB). Diese kommt als „ultima ratio" nur dann in Betracht, wenn alle anderen milderen Mittel unzumutbar erscheinen (s. im einzelnen *Schwerdtner* 1988, § 626 BGB Randnummern 23 ff.)

Literatur

Birk, R.: Die arbeitsrechtliche Leitungsmacht. Köln et al. 1973.
Birk, R.: Das Direktionsrecht. In: Arbeitsrecht-Blattei, D-Blatt: Direktionsrecht I. Stuttgart 1974.
Buchner, H.: Meinungsfreiheit im Arbeitsrecht. In: Zeitschrift für Arbeitsrecht, 1982, S. 49–76.
Gamillscheg, F.: Die Grundrechte im Arbeitsrecht. Berlin 1989.
Gast, W.: Arbeitsvertrag und Direktion. Berlin 1978.
Hilger, M.-L.: Zum Anspruch auf Gleichbehandlung im Arbeitsrecht. In: Recht der Arbeit 1975, S. 32–35.
Hoyningen-Huene, G. v.: Belästigungen und Beleidigungen durch Vorgesetzte. In: Betriebs-Berater, 1991, S. 2215–2221.
Hueck, G.: Der Grundsatz der gleichmäßigen Behandlung im Privatrecht. München/Berlin 1958.
Hunold, W.: Gleichbehandlung im Betrieb. Eine aktuelle Rechtsprechungsübersicht für die Praxis. In: DB, 1991, S. 1670–1678.
Kramer, E. A.: Arbeitsvertragsrechtliche Verbindlichkeiten neben Lohnzahlung und Dienstleistung. Wien 1975.
Martens, K.-P.: Das Arbeitsrecht der leitenden Angestellten. Stuttgart 1982.
Mayer-Maly, Th.: Gleichbehandlung im Arbeitsverhältnis. In: Arbeitsrecht-Blattei, D-Blatt: Gleichbehandlung im Arbeitsverhältnis I. Stuttgart 1975.
Mayer-Maly, Th.: Die Frauengleichbehandlung als Thema der arbeitsrechtlichen Gesetzgebung in Deutschland und Österreich. In: Hanau, P./Müller, G./Wiedemann, H./Wlotzke, O. (Hrsg.): Festschrift für *Wilhelm Herschel*, München 1982, S. 257–268.
Mehrhoff, F.: Die Veränderung des Arbeitgeberbegriffs. Berlin 1984.
Schaub, G.: Kommentierung des § 612 BGB. In: Münchener Kommentar zum BGB. Bd. 3, 1. Halbbd., 2. A., München 1988.
Schnorr, G.: Erfüllung arbeitsvertraglicher Pflichten und Persönlichkeitsschutz des Arbeitnehmers. In: *Schwarz, W.* et al. (Hrsg.): Festschrift für *Rudolf Strasser*. Wien 1983, S. 97–124.
Schwerdtner, P.: Grenzen der Vereinbarungsfähigkeit von Vertragsstrafen im Einzelarbeitsverhältnis. In: *Dietrich, Th./Gamillscheg, F./Weidemann, H.* (Hrsg.): Festschrift für *Marie Louise Hilger* und *Hermann Stumpf*. München 1983, S. 631–656.
Schwerdtner, P.: Kommentierung des § 626 BGB. In: Münchener Kommentar zum BGB. Bd. 3, 1. Halbbd., 2. A., München 1988.
Söllner, A.: Einseitige Leistungsbestimmung im Arbeitsverhältnis. Mainz 1966.
Söllner, A.: Kommentierung des § 611 BGB. In: Münchener Kommentar zum BGB. Bd. 3, 1. Halbbd., 2. A., München 1988.
Wiese, G.: Der Persönlichkeitsschutz des Arbeitnehmers gegenüber dem Arbeitgeber. In: Zeitschrift für Arbeitsrecht, 1971, S. 273–317.
Zöllner, W.: Arbeitsrecht und menschengerechte Arbeitsgestaltung. In: Recht der Arbeit, 1973, S. 212–218.
Zöllner, W.: Daten- und Informationsschutz im Arbeitsverhältnis. 2. A., Köln et al. 1983.
Zöllner, W./Loritz, K.-G.: Arbeitsrecht. 4. A., München 1992.

Information als Führungsaufgabe

Eduard Gaugler

[s. a.: Führungsethik; Führungstechniken; Identifikationspolitik, Kommunikation als Führungsinstrument; Konferenztechniken; Konsultative Führung; Kooperative Führung; Menschenbilder und Führung; Motivation als Führungsaufgabe; Personalinformation für Führungskräfte; Soziale Kompetenz; Sprache in der Führung; Verantwortung; Vertrauen in Führungs- und Kooperationsbeziehungen.]

I. Wesen der Information; II. Betriebliche Informationszwecke; III. Gestaltungsprobleme; IV. Arbeitsrechtliche Normen; V. Gewinnung von Mitarbeiter-Informationen.

I. Wesen der Information

Begriff

Für das Verständnis der Information als Führungsaufgabe sind zwei Inhalte des *Informationsbegriffs* zu unterscheiden. Der Sprachgebrauch versteht unter Information zunächst den *Inhalt* einer Auskunft, den Gehalt einer Nachricht. Die Betriebswirtschaftslehre bezeichnet mit Information vielfach *zweckorientiertes Wissen* (*Wittmann* 1959/1980; *Pietsch* 1969).

Der Zweckbezug unterscheidet daher auch zwischen Daten und Informationen; letztere sieht die betriebswirtschaftliche Betrachtung in ihrem Verhältnis zu Entscheidungen im Unternehmen. Information besitzt insoweit keinen Selbstzweck; ihr Wert bemißt sich aus dem Verhältnis des Informationsinhalts zum Informationszweck (*Baumüller* 1968).

Die Weitergabe, das Mitteilen von Informationen bildet den zweiten Inhalt des Informationsbegriffs. Er schließt die Unterrichtung, das in Kenntnissetzen anderer vom Wissensinhalt der Information ein. Information meint also auch das *Informieren*.

Bezeichnet man die Information als Führungsaufgabe, so steht dabei meist die Tätigkeit des Informierens im Vordergrund. Man erörtert dabei insbesondere die Probleme der Weitergabe von Informationen, die Unterrichtung der Mitarbeiter durch das arbeitgebende Unternehmen und durch seine Führungskräfte (*Bräutigam* 1970). Das Vorhandensein von zweckorientiertem Wissen, von für die Mitarbeiter wissenswerten Informationen wird vielfach stillschweigend unterstellt.

Der *Tätigkeitsaspekt* des Informationsbegriffs steht deutlich im Vordergrund, wenn man die innerbetriebliche Information als einen *interpersonalen Akt* zwischen dem Mitarbeiter als Informationsempfänger und dem arbeitgebenden Unternehmen bzw. seinen Führungskräften als Informationsgeber interpretiert. Die *innerbetriebliche Information* strebt in diesem Verständnis eine *subjektive* Mehrung des Wissens und der Kenntnisse bei den Mitarbeitern an. An den *objektiven* Kenntnissen und an dem an sich vorhandenen Wissen ändert dieses Informieren nichts, es sei denn, die informierten Mitarbeiter lösen durch ihre Reaktionen auf die Information neue Überlegungen aus und veranlassen die Schaffung neuen Wissens. Bei der Information teilt der Informationsgeber dem Informationsnehmer sein Wissen und seine Kenntnisse mit, ohne diese selbst zu verlieren. Bei der innerbetrieblichen Information geben die informierenden Führungskräfte aber ihre *Monopolsituation* bezüglich des vermittelten Wissens auf.

Information als Führungsaufgabe schließt die Weitergabe von Informationsinhalten an die Mitarbeiter ein, ist aber mit der Abgabe von Informationen seitens der Führungskräfte nicht abgeschlossen. Die Informationen sollen beim Mitarbeiter ankommen, von ihm aufgenommen werden und sein Verhalten beeinflussen. Die innerbetriebliche Information erstrebt Wirkungen beim informierten Mitarbeiter. In diesem Sinne kann man die von der Unternehmungsführung bewußt gegebene Information als einen *gerichteten, Wirkungen erstrebenden, interpersonalen Akt* (*Gaugler* 1967) verstehen. Er setzt bei der Führung Informationsfähigkeit und Informationsbereitschaft sowie Informationsmaterial voraus.

2. Dimensionen

Sieht man in der innerbetrieblichen Information eine Führungsaufgabe, dann denkt man dabei vorrangig an die Unterrichtung der Mitarbeiter durch die Unternehmensleitung und durch die Führungskräfte. Unter diesem Aspekt steht die Weitergabe von *Informationen von oben nach unten* im Vordergrund. Zwei weitere Dimensionen kann man dieser Führungsaufgabe zuordnen (*Böhme* 1978). Einmal bekommt unter bestimmten Voraussetzungen die Aufgabe der Unternehmensführung, betrieblich relevante Informationen von den Mitarbeitern zu gewinnen *(Informationsfluß von unten nach oben)*, ein besonderes Gewicht (siehe Abschnitt V). Zum anderen ist die *Querinformation* im Unternehmen zu erwähnen.

3. Abgrenzungen

Die Information der Mitarbeiter als Führungsaufgabe läßt sich nicht mit der automatengestützten Informationsverarbeitung gleichsetzen. Die modernen Informationstechniken können die Informationsaufbereitung und die Weitergabe der Information an die Mitarbeiter unterstützen; sie ersetzen aber nicht die personale Komponente des Führungsprozesses, die in der Informationsvermittlung an die Mitarbeiter besteht. Ähnliches gilt auch für die *Personalinformationssysteme.* Als Teilbereich der *Managementinformationssysteme* (MIS) können sie eine wichtige Stütze für Personalführungsentscheidungen sein; sie machen aber ebenfalls die persönliche Wahrnehmung der Führungsaufgabe durch Führungskräfte, wie sie teilweise in der Weitergabe von Informationen an die Mitarbeiter sichtbar wird, nicht überflüssig.

Information und Kommunikation werden nicht selten synonym verwendet. Der *personale Aspekt* der innerbetrieblichen Information verwischt die Unterschiede zwischen beiden (*Staehle* 1989). Zweifellos schafft die Information zwischen Führungskräften und Mitarbeitern zwischenmenschliche Verbindungen und bewirkt bzw. fördert dadurch die Kommunikation (*Seiwert* 1992).

II. Betriebliche Informationszwecke

Mit der innerbetrieblichen Information kann ein Unternehmen unterschiedliche Absichten verfolgen. Vielfach soll die Mitarbeiterinformation gleichzeitig mehreren Zwecken dienen.

1. Förderung des Leistungsbeitrags

Unternehmensleitung und Führungskräfte wollen häufig mit der Information den Unternehmenszielen dienen und auf diesem Weg den *Leistungsbeitrag der Mitarbeiter verbessern* bzw. auf hohem Niveau halten (*Oehme* 1979).

Diese Erwartung ist besonders bei Aufgaben nicht unbegründet, deren Erfüllung vom Ausmaß und von der Qualität der beim Aufgabenträger verfügbaren Informationen abhängt. Dabei kann der Informationsinput an solchen Arbeitsplätzen sowohl das aufgabenbedingte Wissen als auch die Leistungsmotivation des dort eingesetzten Mitarbeiters betreffen (*Basler* 1980). Sicher darf man nicht generell kausale Beziehungen zwischen dem Leistungsbeitrag der Mitarbeiter und den ihnen gegebenen Informationen annehmen. Man darf aber auch nicht grundsätzlich ausschließen, daß von der Information direkt und von der damit ausgedrückten Haltung der Unternehmensführung gegenüber den Mitarbeitern indirekt leistungsfördernde Impulse ausgehen können. Andererseits darf man aber auch nicht außer acht lassen, daß manche Informationsinhalte die Mitarbeiter belasten und ihre Leistungsbereitschaft schmälern können.

2. Stärkung der Identifikation

Eine weitere Intention der Unternehmungsführung kann darin bestehen, die Mitarbeiter durch die innerbetriebliche Information über Ziele und Maßnahmen der Unternehmensführung zu unterrichten, um sie für ihre Vorhaben zu gewinnen.

Hier soll die Information dazu beitragen, daß die Mitarbeiter die Aktivitäten der Unternehmungsführung kennen und verstehen können, um die *Identifikation* der Belegschaft mit dem Unternehmen zu fördern (→*Identifikationspolitik*). Die Unterrichtung der Mitarbeiter zielt hier über ein bloß passives Verständnis hinaus und strebt ein *führungskonformes Denken, Handeln und Verhalten der Belegschaft* an. Die Information soll zur Orientierung der Mitarbeiterinteressen an den Zielen und Aktivitäten der Unternehmungsführung beitragen (Harmonisierung der Interessen und des Verhaltens im Betrieb).

3. Schaffung und Erhaltung einer Vertrauensbasis

Die Wirksamkeit der innerbetrieblichen Information in dieser Richtung hängt nicht zuletzt davon ab, ob die Unterrichtung der Mitarbeiter ihr *Vertrauen in die Unternehmensführung* stärkt (→*Vertrauen in Führungs- und Kooperationsbeziehungen*).

Grundsätzlich ist die Information der Mitarbeiter geeignet, die Vertrauensbelastung der Mitarbeiter gegenüber der Unternehmensleitung und den Führungskräften zu mindern. Mitarbeitern ohne ausreichende Information fehlt die Vertrauensbasis für ihr Leisten und Verhalten im Betrieb.

Mit der Förderung des Vertrauens in die Unternehmungsführung kann die Absicht verbunden sein, die Folgen von *Gerüchten* und die Wirkmöglichkeiten *illoyaler Kräfte* in der Belegschaft zu begrenzen. Man kann zwar nicht annehmen, daß die innerbetriebliche Information seitens der Unternehmungsführung das Entstehen von Gerüchten völlig unterbinden kann. Man muß ihnen aber einen größeren Einfluß auf die Belegschaft zuschreiben, wenn die Mitarbeiter von der Unternehmungsführung keine oder nur unbefriedigende einschlägige Informationen erhalten. Ebenso kann die Unterrichtung der Mitarbeiter der Aufgabe dienen, „Wissensmonopole" innerhalb der Mitarbeiterschaft abzubauen und damit die Grundlage für unerwünschte Spannungen und unbegründete Informationsprivilegien in der Belegschaft zu beseitigen. Soweit dies gelingt, verbessert die innerbetriebliche Information die Zusammenarbeit und das Betriebsklima.

4. Element der Partnerschaft

In der theoretischen und in der seit dem Ende des Zweiten Weltkriegs praktizierten *Konzeption der betrieblichen Partnerschaft* stellt die Mitarbeiterinformation eine wichtige Komponente dar. Die Information soll den Mitarbeiter soweit wie möglich zum Partner der Unternehmensführung werden lassen. Partnerschaftsunternehmen sehen in dem durch Information vermittelten Mitwissen der Mitarbeiter und ihrer Vertreter die notwendige Voraussetzung für ihr Mitwirken und für ihre Mitverantwortung. In der regelmäßigen und umfassenden Information soll die Achtung vor der personalen Würde des Mitarbeiters zum Ausdruck kommen (→*Führungsethik*). Die Mitarbeiterinformation soll das *Menschenbild der Partnerschaftskonzeption* widerspiegeln.

III. Gestaltungsprobleme

Die genannten Informationszwecke kann das Unternehmen nur dann optimal verwirklichen, wenn es seine Informationsaktivitäten an den *situationsspezifischen Bedingungen* ausrichtet. Ferner muß es eine Reihe von Gestaltungsproblemen meistern, die der Information als Führungsaufgabe immanent sind.

1. Zielgruppenorientierung

Die Informationsbemühungen der Unternehmungsführung richten sich regelmäßig an die *aktive Belegschaft* und die sie einschließenden *Mitarbeitergruppen.* Bestimmte Informationsmittel und -formen können außerdem die *Familienangehörigen der Mitarbeiter* sowie *ehemalige Mitarbeiter* (Rentner, Pensionäre) ansprechen. Ferner informieren manche Unternehmen Mitarbeiter, die *Wehr-* bzw. *Ersatzdienst* leisten oder sich im *Erziehungsurlaub* befinden. Eine weitere Zielgruppe bilden ehemalige Mitarbeiter, die *nach einer Berufsausbildung* ein *Studium* absolvieren und mit denen das Unternehmen in Kontakt bleiben will. Vor allem in Betrieben mit größeren Belegschaftszahlen können sich zwischen den verschiedenen Mitarbeitergruppen informationsrelevante Unterschiede zeigen. So können sich die Belegschaftsgruppen in der Informationsbereitschaft und in der Aufnahmefähigkeit erheblich unterscheiden. Um *Fehlinformationen* zu vermeiden, müssen die Informationsgeber die Unterschiede im Wissensstand, in der Einstellung zum Unternehmen und im allgemeinen Bildungsstand zwischen den zu informierenden Mitarbeitergruppen kennen, um sie bei der inhaltlichen und aufmachungsmäßigen Ausgestaltung der Information berücksichtigen zu können (→*Personalinformation für Führungskräfte*). Die Abstimmung der Informationsinhalte und des Informationsstils mit der Informationsbereitschaft und mit der Informationskapazität stellt eine wesentliche Voraussetzung für den angestrebten Informationserfolg dar.

2. Informationsbedarf der Mitarbeiter

Die Informationsbestrebungen müssen sich auch am unterschiedlichen *Informationsbedarf* der verschiedenen Mitarbeitergruppen und der verschiedenartigen Aufgabeninhalte orientieren. Der *aufgabenbedingte Informationsbedarf* ergibt sich aus dem Wissen, das der Mitarbeiter für die Erledigung der ihm übertragenen Aufgaben benötigt, aus den Informationen, die ihm die Einordnung seiner Tätigkeit in den Abteilungs- und Betriebszusammenhang ermöglichen, sowie aus *Hintergrundinformationen,* die dem Mitarbeiter die Ziele und Arbeitsweisen des Unternehmens sowie dessen Einfügung in die wirtschaftliche und gesellschaftliche Umwelt (*Kaufmann* 1963) verständlich machen können. Neben diesem aufgabenabhängigen steht der motivationsbezogene Informationsbedarf (*Lattmann* 1982). Die Aussagen der empirisch fundierten Motivationstheorien liefern Anhaltspunkte für die entsprechenden Informationsinhalte (→*Motivation als Führungsaufgabe*).

Die subjektiven *Informationswünsche* der Mitarbeiter können von diesem quasi objektiven Informationsbedarf mehr oder weniger stark abweichen (*Szyperski* 1980). Außerdem können sich die *subjektiven Informationswünsche* im Zeitablauf verändern. Die Kenntnis dieser Informationswünsche der Mitarbeiter und ihrer Dynamik ist für die Informationsgeber von erheblicher Bedeutung. Daher ist es für die Informationsbemühungen der Unternehmungsführung wichtig, daß sich das Unternehmen zuverlässige Einblicke in die subjektiven Informationswünsche seiner Mitarbeiter verschafft.

Soweit sich der objektive Informationsbedarf und die subjektiven Informationswünsche der Mitarbeiter decken, ergeben sich für die zu vermittelnden Informationsinhalte keine besonderen Probleme. Bei der Deckung desjenigen objektiven Informationsbedarfs, der außerhalb der subjektiven Informationswünsche der Mitarbeiter liegt, genügt das bloße Angebot entsprechender Informationsinhalte nicht; das Unternehmen muß vielmehr das *Interesse der Mitarbeiter* für diese Informationsinhalte stimulieren. Schließlich können die subjektiven Informationswünsche auch über den objektiven Informationsbedarf hinausgehen. Einen Teil dieser *überschüssigen Informationswünsche* kann die Unternehmungsführung eventuell befriedigen, ohne davon Nachteile hinnehmen zu müssen. Soweit das Unternehmen diese subjektiven Informationswünsche seiner Mitarbeiter nicht erfüllt, sollte es sich Rechenschaft über die Gründe für den Verzicht auf diese Information geben; sie können in den *Kosten* dieser Informationen, in *Geheimhaltungserfordernissen* und in einer befürchteten *Redundanz* bei den Mitarbeitern liegen.

3. Arten- und Mittelwahl

Das *Instrumentarium der innerbetrieblichen Information* ist breit und vielgestaltig (*Bräutigam* 1975). Sein konkreter Einsatz erfordert Auswahlentscheidungen, die sich an den unterschiedlichen Kosten und am erwarteten Beitrag zur Verwirklichung bestimmter *Informationsziele* orientieren.

Setzt man die Information als Führungsmittel ein, dann kommt der *mündlichen, persönlich gegebenen Information* gegenüber der *schriftlich vermittelten Information* eine vorrangige Bedeutung zu (*Thommen* 1981).

Die *persönlich gegebene Information* (in Form von Mitarbeitergesprächen, Gruppenbesprechungen, Vorträgen mit Diskussion etc.) stellt zwar nicht unerhebliche Anforderungen; sie verlangt eine günstige Terminwahl und geeignete Lokalitäten; Massenveranstaltungen sind grundsätzlich nicht geeignet (→*Konferenztechniken*). Nur bei der persönlichen Information kann der Informationsgeber die Situation der Informationsaufnahme durch die Mitarbeiter direkt beeinflussen, nur bei dieser Art der Mitarbeiterunterrichtung kann der Informationsgeber sofort auf die Reaktion der Informationsempfänger seinerseits reagieren.

Im Hinblick auf die Führungsfunktion der Information kommt der *schriftlichen Information* der Mitarbeiter (in Form von Rundschreiben, Aushängen, Werkzeitschriften,

Broschüren, Betriebshandbüchern etc.) grundsätzlich eine subsidiäre Aufgabe zu (*Kadel/Koppert* 1992).

4. Rechtzeitige Information

Das Interesse der Mitarbeiter an vielen betrieblichen Informationen schwindet mit dem Zeitablauf. *Verspätete Informationen* verlieren bei den Mitarbeitern an Wert und verfehlen den angestrebten Informationserfolg. Andererseits können *verfrühte Informationen* für das Unternehmen nachteilig sein und das Vertrauen der Mitarbeiter in die Unterrichtung beeinträchtigen, wenn die voreilig gegebenen Informationen später berichtet werden müssen.

Demnach kann die Information an die Mitarbeiter frühestens dann erfolgen, wenn die Inhalte der Unterrichtung feststehen bzw. als ernsthafte Absichten darstellbar sind. Umgekehrt sollte die Information die Mitarbeiter so rechtzeitig erreichen, daß sie ihre Inhalte innerlich verarbeiten und ihr Verhalten auf die angekündigten Ereignisse einstellen können.

Schließlich sollte die Unternehmungsführung dafür sorgen, daß die Mitarbeiter betriebliche Informationen aus anderen Quellen (Tagespresse, Gerüchte etc.) nicht vor der offiziellen Unterrichtung im Betrieb erhalten.

5. Informationsvermittlung durch Zwischeninstanzen

Im Mittel- und Großbetrieb kann die Unternehmensleitung nicht alle Informationsaufgaben allein erledigen; sie benötigt *Informationshelfer und -vermittler* (Zwischenführungskräfte, Betriebsrat, Vertrauensleute) (*Kramer* 1965). Bei mehreren Zwischenstufen zwischen dem ursprünglichen Informationsgeber und dem Informationsempfänger drohen dem Informationsfluß *typische Gefährdungen* (Verzögerung, Filterung, Entstellung, Unterbrechung).

Solche Beeinträchtigungen der Informationsweitergabe lassen sich kaum völlig vermeiden; zur Eindämmung dieser Gefährdungen des Informationsflusses sind jedoch Gegenmaßnahmen nötig: prägnante Formulierung der Informationsinhalte, schriftliche Unterstützungen, Regelung zweckmäßiger Informationswege, Kontrolle des Informationsflusses.

Die Weitergabe der Informationen auf dem Instanzenweg (*Ackermann* et al. 1959) führt zwar zu einer geringeren Informationsgeschwindigkeit, sie vermeidet aber auch Konflikte, die bei der Direktinformation durch Umgehen oder Übergehen der Zwischeninstanzen auftreten können. Diese Konflikte gefährden u.U. die Informationsziele. Zweifellos ist es nicht empfehlenswert, die Zwischeninstanzen völlig aus dem Informationsfluß im Unternehmen auszuschalten. Andererseits gibt es im Einzelfall auch gute Argumente für eine Direktinformation der Unternehmensleitung an die Mitarbeiter. Daher ist die Wahl zwischen der Informationsvermittlung durch die Zwischeninstanzen und der Direktinformation je nach Bedarf und Zweckmäßigkeit sowie unter Abwägung der möglichen Konsequenzen, die sich aus den beiden Informationswegen ergeben können, zu treffen. Insbesondere ist dabei darauf zu achten, daß die Wahl der Informationswege die Autorität der mittleren und unteren Führungskräfte nicht beeinträchtigt.

IV. Arbeitsrechtliche Normen

Für das Informationsverhalten des arbeitgebenden Unternehmens und der Mitarbeiter im Betrieb bestehen in der Bundesrepublik Deutschland *individual- und kollektivrechtliche Regelungen*.

1. Informationspflichten aus dem Arbeitsvertrag

Aus dem individualrechtlich geregelten Arbeitsverhältnis ergeben sich für den Arbeitgeber Informationspflichten; hierzu gehören insbesondere die *Auskunftspflichten* über das *Arbeitsentgelt* und die Verpflichtung zur Erteilung von *Arbeitszeugnissen*. Aus der Fürsorgepflicht des Arbeitgebers lassen sich weitere Informationsaufgaben herleiten (Hinweise auf Unfallgefahren im Betrieb, Unterrichtung über Schutznormen etc.).

Der Einzelarbeitsvertrag bringt auch dem Arbeitnehmer Verpflichtungen für sein Informationsverhalten. Neben der *Verschwiegenheitspflicht* gegenüber Betriebs- und Geschäftsgeheimnissen ist vor allem die Verpflichtung zur *Anzeige drohender Schädigungen des Betriebes*, insbesondere von Betriebsanlagen und Arbeitsprozessen zu nennen. Aus dem Arbeitsvertrag ist der Mitarbeiter auch zur Mitteilung persönlicher, betrieblich relevanter Vorkommnisse und Veränderungen verpflichtet (Erkrankung, sonstige Leistungsverhinderungen bzw. -beeinträchtigungen, Änderungen im Familienstand etc.). Ferner können sich für einen Mitarbeiter aufgrund seiner Aufgabenstellung *spezifische Berichtspflichten* ergeben (z. B. bei Außendienstkräften, Führungs- und Führungshilfskräften, Betriebsratsmitgliedern).

2. Betriebsverfassungsrechtliche Informationspflichten

Das Betriebsverfassungsgesetz 1972 unterwirft den Arbeitgeber einer Reihe von Informationsverpflichtungen, die er gegenüber dem einzelnen Mitarbeiter bzw. gegenüber den betriebsverfassungsrechtlichen Organen zu erfüllen hat (*Zander* 1992).

Zu den *Unterrichtungspflichten* des Arbeitgebers gehört es insbesondere, den *einzelnen Mitarbeiter* über dessen Aufgabe und Verantwortung sowie über die Art seiner Tätigkeit und ihre Einordnung in den Arbeitsablauf des Betriebes zu informieren. Ferner hat er den Arbeitnehmer vor Beginn der Beschäftigung über die Unfall- und Gesundheitsgefahren, denen dieser bei der Beschäftigung ausgesetzt ist, sowie über Maßnahmen und Einrichtungen zur Abwendung dieser Gefahren zu belehren. Ebenso ist der Arbeitnehmer rechtzeitig über Veränderungen in seinem Arbeitsbereich zu unterrichten (BetrVG §81).

Zu den *Anhörungs- und Erörterungsrechten* des Arbeitnehmers (BetrVG §82) zählt das Recht des Mitarbeiters, in betrieblichen Angelegenheiten, die seine Person betreffen, gehört zu werden. Der Arbeitnehmer ist berechtigt, zu Maßnahmen des Arbeitgebers, die ihn betreffen, Stellung zu nehmen sowie Vorschläge für die Gestaltung des Arbeitsplatzes und des Arbeitsablaufs zu machen. Ferner kann der Mitarbeiter verlangen, daß ihm die Berechnung und Zusammensetzung seines Arbeitsentgelts erläutert und daß mit ihm die Beurteilung seiner Leistungen sowie die Möglichkeiten seiner beruflichen Entwicklung im Betrieb erörtert werden. Schließlich gibt das Betriebsverfassungsrecht dem einzelnen Mitarbeiter ein *Einsichtsrecht* in die über ihn geführten Personalakten sowie ein umfassendes *Beschwerderecht* (§§83 ff.). Die Informationsaufgaben, die sich für den Arbeitgeber aus diesen arbeitsrechtlichen Normen ergeben, nehmen in mittleren und größeren Betrieben regelmäßig die betrieblichen Führungskräfte und die Personalabteilungen wahr.

In vielen personellen, sozialen und wirtschaftlichen Angelegenheiten besitzen *Betriebsrat* und *Wirtschaftsausschuß* weitgehende Informationsrechte. Das betriebsverfassungsrechtliche Gebot der vertrauensvollen Zusammenarbeit zwischen Arbeitgeber und Betriebsrat bildet die Basis für eine umfassende Verpflichtung des Arbeitgebers zur Unterrichtung des Betriebsrats. Die Beratungs-, Anhörungs-, Veto- und Mitbestimmungsrechte des Betriebsrats setzen eine entsprechende Information durch den Arbeitgeber voraus. Deshalb gibt das Betriebsverfassungsgesetz dem Betriebsrat und dem Wirtschaftsausschuß in einer Reihe von Einzelbestimmungen das Recht zur rechtzeitigen und umfassenden Unterrichtung durch den Arbeitgeber (*Braun* 1982).

Für die Mitarbeiterinformation kommt den *Betriebs-* bzw. *Abteilungsversammlungen,* die der Betriebsrat einmal in jedem Quartal einzuberufen hat, eine besondere Bedeutung zu (BetrVG §§42 ff.). Bei diesen Versammlungen hat der Betriebsrat einen *Tätigkeitsbericht* zu erstatten. Der Arbeitgeber hat einmal in jedem Kalenderjahr in einer Betriebsversammlung über das *Personal- und Sozialwesen* und über die *wirtschaftliche Lage und Entwicklung des Betriebes* zu berichten.

V. Gewinnung von Mitarbeiter-Informationen

Die innerbetriebliche Information als Führungsaufgabe erschöpft sich nicht in der zumeist ausschließlich diskutierten Unterrichtung der Mitarbeiter durch das arbeitgebende Unternehmen, durch die betrieblichen Führungskräfte und durch den Betriebsrat. Zur betrieblichen Personalführung gehört grundsätzlich auch die Aufgabe, die *Mitarbeiter als Informationsgeber* für betrieblich relevante Informationen zu gewinnen (→*Konsultative Führung*). Die Mitarbeiter-Information an das arbeitgebende Unternehmen (*Aufwärtsinformation*) besitzt eine besondere Bedeutung für die Unternehmungsführung, wenn sich der Betriebszweck vorrangig aus wenig routinisierbaren Arbeitsaufgaben und Leistungsprozessen zusammensetzt, wenn eine komplizierte Technik an den Arbeitsplätzen der Mitarbeiter zum Einsatz kommt sowie wenn die Unternehmungsorganisation stark dezentralisiert ist, so daß die Unternehmensleitung die Steuerung des Unternehmens nicht einseitig wahrnehmen kann. Auch bei der Verwirklichung eines *kooperativen bzw. partizipativen Führungsstils* (→*Kooperative Führung*) stellt die Information der Mitarbeiter an das Unternehmen ein unverzichtbares Führungselement dar (*Wunderer/Grunwald* 1980).

1. Teilaufgaben

Betrieblich relevante Informationen von den Mitarbeitern zu erschließen, verkörpert eine *mehrgliedrige Führungsaufgabe* (*Zander* 1982). Im Einzelfall kann ein Unternehmen dazu folgende Teilaufgaben zu lösen haben:

- Förderung des Interesses und der Aufnahmebereitschaft für Mitarbeiterinformationen bei den betrieblichen Führungskräften, bei den Zentralstellen sowie bei Experten und Spezialisten des Unternehmens
- Stimulierung der Mitarbeiter zur innerbetrieblichen Weitergabe relevanter Informationen an ihre Führungskräfte bzw. an zuständige Empfängerstellen im Unternehmen
- Regelung von Informationswegen und Schaffung von Berichtssystemen zur Benutzung durch die Mitarbeiter
- Förderung der Kreativität der Mitarbeiter zur Entwicklung ihres Informationspotentials.

Aus diesen Hinweisen ergibt sich, daß die systematische Gewinnung betrieblich relevanter Informationen von den Mitarbeitern bei der Unternehmungs- bzw. Personalleitung und bei den Führungskräften eine Reihe von aktiven und passiven Verhaltensweisen erfordert.

2. Einzelmaßnahmen

Die betrieblichen Führungskräfte werden zu Empfängern von Mitarbeiterinformationen, wenn sie für ihre Mitarbeiter regelmäßig und ohne Hemmnisse erreichbar sind *(Prinzip der offenen Tür),* wenn sie ihre Mitarbeiter aktiv an der Lösung von Problemen im eigenen Verantwortungsbereich beteiligen und wenn sie kontinuierlich das Führungsinstrument des *Mitarbeitergesprächs* einsetzen. Dabei haben sie je nach Situation und je nach Gesprächsinhalten zwischen dem *individuellen* und dem *Gruppengespräch* zu unterscheiden.

Die Unternehmens- bzw. Personalleitung kann die Gewinnung von betrieblich relevanten Mitarbeiterinformationen fallweise stimulieren und durch dauerhafte Vorkehrungen betreiben. Systematische *Belegschafts-* bzw. *Mitarbeitergruppen-Befragungen* praktizieren die Unternehmen vielfach nur bei bestimmten Anlässen, in denen das arbeitgebende Unternehmen einen besonderen Informationsbedarf wahrnimmt. Ähnliches gilt auch für wettbewerbsartige Veranstaltungen zur Erschließung von Mitarbeiterinformationen. Ebenso kann man die Mitberatung der betroffenen Mitarbeiter bei Rationalisierungsvorhaben und Investitionsprojekten zur Informationsgewinnung in bestimmten Einzelfällen zählen. Hierher gehören auch die Berichte von Mitarbeitern, die man gelegentlich externe Wirtschaftsveranstaltungen (Messen, Ausstellungen etc.) besuchen läßt. Zu den dauerhaften Einrichtungen zählt das *betriebliche Vorschlagswesen* sowie die permanente Durchführung von *Qualitätszirkeln.* Schließlich sind hier die unterschiedlichen *Berichtssysteme* zu nennen, mit denen regelmäßig Informationen von bestimmten Mitarbeitergruppen (Außendienstpersonal, Mitarbeiter mit Kontroll- und Inspektionsaufgaben, mittlere und untere Führungskräfte) beschafft werden.

Literatur

Ackermann, A./Feurer, W./Ulrich, H.: Innerbetriebliche Information als Führungsaufgabe. Bern 1959.
Baumüller, K.: Kommunikation in der Führungsorganisation. München 1968.
Böhme, G.: Information. In: Personal-Enzyklopädie Bd. 2. München 1978, S. 297–302.
Bosler, R.: Training der betrieblichen Information und Kommunikation. Herford 1981.
Braun, A.: Die Unterrichtung der Arbeitnehmer über wirtschaftliche Lage und Entwicklung des Unternehmens. Koblenz 1982.
Bräutigam, G.: Die innerbetriebliche Information. In: Mayer, A./Herwig, B. (Hrsg.): Handwörterbuch der Psychologie. Bd. 9: Betriebspsychologie. 2. A., Göttingen 1970, S. 555–588.
Bräutigam, G.: Innerbetriebliches Informationswesen. In: Gaugler, E. (Hrsg.): HWP. Stuttgart 1975, Sp. 1027–1039.
Gaugler, E.: Innerbetriebliche Information als Führungsaufgabe. 2. A., Hilden 1967.
Kadel, P./Koppert, W.: Werkspublikationen. In: Gaugler, E./Weber, W. (Hrsg.): HWP. 2. A., Stuttgart 1992, Sp. 2327–2338.
Kaufmann, F. X.: Das Informationsproblem in der Unternehmung. Bern 1963.
Kramer, R.: Information und Kommunikation. Berlin 1965.
Lattmann, Ch.: Die verhaltenswissenschaftlichen Grundlagen der Führung des Mitarbeiters. Bern et al. 1982.
Oehme, W.: Führen durch Motivation. Essen 1979.
Pietsch, J.: Die Information in der industriellen Unternehmung. Köln et al. 1964.
Seiwert, L. J.: Kommunikation im Betrieb. In: Gaugler, E./Weber, W. (Hrsg.): HWP. 2. A., Stuttgart 1992, Sp. 1126–1139.
Staehle, W. H.: Management. 4. A., München 1989.
Szyperski, N.: Informationsbedarf. In: Grochla, E. (Hrsg.): HWO. 2. A., Stuttgart 1980, Sp. 904–913.
Thommen, A.: Innerbetriebliche Information. Bern et al. 1981.
Wittmann, W.: Information. In: Grochla, E. (Hrsg.): HWO. 2. A., Stuttgart 1980, Sp. 894–904.
Wittmann, W.: Unternehmung und unvollkommene Information. Köln et al. 1959.
Wunderer, R./Grunwald, W.: Führungslehre. Bd. 1: Grundlagen der Führung. Berlin et al. 1980.
Zander, E.: Mitarbeiter informieren. 3. A., Heidelberg 1982.
Zander, E.: Mitarbeiterinformation. In: Gaugler, E./Weber, W. (Hrsg.): HWP. 2. A., Stuttgart 1992, Sp. 1399–1408.

Innere Kündigung und Führung

Martin Hilb

[s. a.: Führungsebene und Führung; Führungsforschung, Inhalte und Methoden; Führungsmotivation; Führungstheorien – Rollentheorie; Identifikationspolitik; Intrapreneuring und Führung; Konflikte als Führungsproblem; Loyalität und Commitment; Motivation als Führungsaufgabe.]

I. Grundlagen; II. Ursachen und Folgen der Inneren Kündigung; III. Lösungsansätze zur Vermeidung von führungsbedingter Innerer Kündigung; IV. Schlußfolgerungen.

I. Grundlagen

1. Problemstellung

Die Innere Kündigung ist ein schon seit langem bekanntes Phänomen, das bisher sowohl in der Theorie als auch in der Praxis vernachlässigt worden ist. Die Literatur zur Inneren Kündigung wird bisher weitgehend durch praxisorientierte Beiträge geprägt. Die wenigen wissenschaftlichen Publikationen (vgl. z. B. *Kanungo* 1982; *Löhnert* 1989; *Kahn* 1990; *Faller* 1990) zeichnen sich dadurch aus, daß sie zwar die Ursachen und Folgen wissenschaftlich sauber zu analysieren versuchen, aber nicht genügend empirische Fundierung aufweisen, geschweige denn konkrete Lösungsansätze anbieten.

Aus verhaltenswissenschaftlicher Sicht kann die Innere Kündigung mit Hilfe folgender Ansätze untersucht werden:

- Identifikations- und Entfremdungsforschung (vgl. z. B. *Kanungo* 1982);
- Abeitszufriedenheitsforschung (vgl. z. B. *Bruggemann* et al. 1975);
- Streßforschung (vgl. z. B. *Seibel/Lühring* 1984);
- Hilflosigkeitsforschung (vgl. z. B. *Seligman* 1975);
- Autonomieforschung (vgl. z. B. *Burisch* 1989).

Keine dieser zentralen Forschungseinrichtungen hat allerdings bisher eine Methode zur objektiven, systematischen und zweckmäßigen Erforschung der Inneren Kündigung hervorgebracht.

In der Praxis weist die „Dienst-nach-Vorschrift-Mentalität" der innerlich Gekündigten je nach Landes-, Branchen- und Unternehmenskultur und je nach Personalkategorie eine unterschiedliche Verbreitung auf (*Hilb* 1992).

2. Zielsetzung

In diesem Beitrag wird versucht, Ursachen, Folgen und Lösungsansätze zur Vermeidung der Inneren Kündigung auf individual-, gruppen-, organisations- und gesellschaftspsychologischer Führungsebene (→*Führungsebene und Führung*) aufzuzeigen.

3. Begriffsklärung

Unter „Innerer Kündigung" wird der bewußte oder unbewußte Verzicht auf Engagement (sei das z. B. am Arbeitsplatz, in der Partnerschaft oder in der Politik) verstanden. Obwohl die Begriffsbezeichnung unzutreffend ist (es handelt sich bei diesem Phänomen eben nicht um eine sichtbare [An-]Kündigung), hat sie sich im deutschen Sprachraum so eingebürgert. Zutreffender wäre z. B. die Bezeichnung „innerliche Emigration". Die Innere Kündigung zeigt sich in einem „lautlosen Protest" (*Raidt* 1989) von Menschen, die den Konflikt weder offen austragen noch die äußere Kündigung einreichen können oder wollen. Sie sind somit von ihrer Rolle entfremdet. Dies führt zu einer dauerhaften Verweigerung gegenüber Aktivitäten, die über Minimalanforderungen hinausgehen (*Löhnert* 1989).

Der Innere Emigrant ist dabei häufig „eine sehr konforme und unauffällige Arbeitskraft" (*Rüber* 1990). Typisch ist ein Verhalten zur „Vermeidung von negativen Konsequenzen" (*Löhnert* 1989).

Zwischen Innerer Emigration und Engagement in der Arbeit gibt es fließende Übergänge. Das mögliche Ausmaß reicht:

– von voller Entfremdung (vgl. *Seeman* 1972);
– über teilweise Entfremdung (vgl. *Lawler/Hall* 1970);
– bis zu voller Einbindung (vgl. *Mownday/Porter/Steers* 1982).

Die Innere Kündigung läßt sich von der äußeren Kündigung, wie Abbildung 1 zeigt, abgrenzen.

Kündigung Dimension	Innere Kündigung	Äußere Kündigung
Grundlage	Psychologischer Vertrag	Rechtlicher Vertrag
Kennzeichen	Zustand	Handlung
Bewußtseinsgrad	Gering	Hoch
Erkennbarkeit	Schwer	Leicht
Diagnoseinstrument	Standardisiertes Mitarbeitergespräch (vgl. Hilb 1992)	Standardisiertes Austrittsinterview (vgl. Hilb 1978)
Kennzahl	Innere Kündigungsrate	Fluktuationsrate

Abb. 1: Innere und äußere Kündigung (ein Abgrenzungsversuch)

Bei der Inneren Kündigung kann eine aktive und eine passive Form unterschieden werden (*Löhnert* 1989):

In der *aktiven Form* rächt sich ein Mitarbeiter für eine als ungerecht empfundene Handlung seitens des Unternehmens durch eine bewußt vollzogene Innere Kündigung. Er erhofft sich durch dieses Verhalten, es dem Unternehmen „heimzuzahlen".

In der *passiven Form* der Inneren Kündigung gelangt der Mitarbeiter zur Überzeugung, daß er seine Arbeitssituation nicht mehr beeinflussen kann, er zieht sich passiv zurück und macht damit häufig noch die Erfahrung, daß seine „Dienst-nach-Vorschrift-Mentalität" keine negativen Konsequenzen bewirkt. In vielen Fällen wird dieses Verhalten gar mit einer Beförderung belohnt. Vorgesetzte vermuten im unauffälligen und kritiklosen Verhalten der innerlich Gekündigten positive Züge: „Endlich hört er mit dieser ständigen Kritisiererei auf."

4. Vorgehen

Die Innere Kündigung ist meist das Ergebnis eines komplexen Zusammenspiels unterschiedlicher Ursachenfaktoren auf individual-, gruppen-, organisations- und gesellschaftspsychologischer Führungsebene (→*Führungsebene und Führung*). In diesem Beitrag sollen deshalb in den folgenden Kapiteln Ursachen, Folgen und Lösungsansätze auf diesen verschiedenen Führungsebenen dargestellt werden.

II. Ursachen und Folgen der Inneren Kündigung

Maßgebend für die Entstehung der Inneren Kündigung ist dabei auf allen Ebenen

• einerseits das Ausmaß des Defizitwertes zwischen dem subjektiven Anspruchsniveau (Soll-Wert) und der subjektiv wahrgenommenen Situation (Ist-Wert) und
• andererseits die als gering wahrgenommene Situationskontrolle (vgl. Abb. 2).

Dabei spielt „der erfahrene Kontrollverlust bzw. die Wahrnehmung geringer Situationskontrolle als auslösende Ursache, *die* entscheidende Rolle im Entstehungsprozeß" (*Faller* 1990). Ob dieser begrenzte Handlungsspielraum primär selbstverschuldet ist (indem sich Mitarbeiter zu stark in Abhängigkeit von finanziellen Verpflichtungen, von Personen oder Standorten begeben) oder aber fremdverschuldet (z. B. autoritäre Vorgesetzte auf Gruppenebene, bürokratische Mißtrauensorganisationen auf Unternehmensebene oder visionslose und legalistische Organe auf staatlicher Ebene), ist für die Wahl des geeigneten Lösungsansatzes entscheidend.

Innere Kündigung entsteht „aufgrund eines abnehmenden Grades an Situationskontrolle in einer andauernd frustrierenden und aversiv erlebten Arbeitssituation" (*Faller* 1990). Innerlich wird die Arbeitssituation als fortwährend unbefriedigend wahrgenommen, das Interesse erlahmt in der Folge, da Bemühungen, das Problem durch eigenes Handeln zu lösen, scheitern.

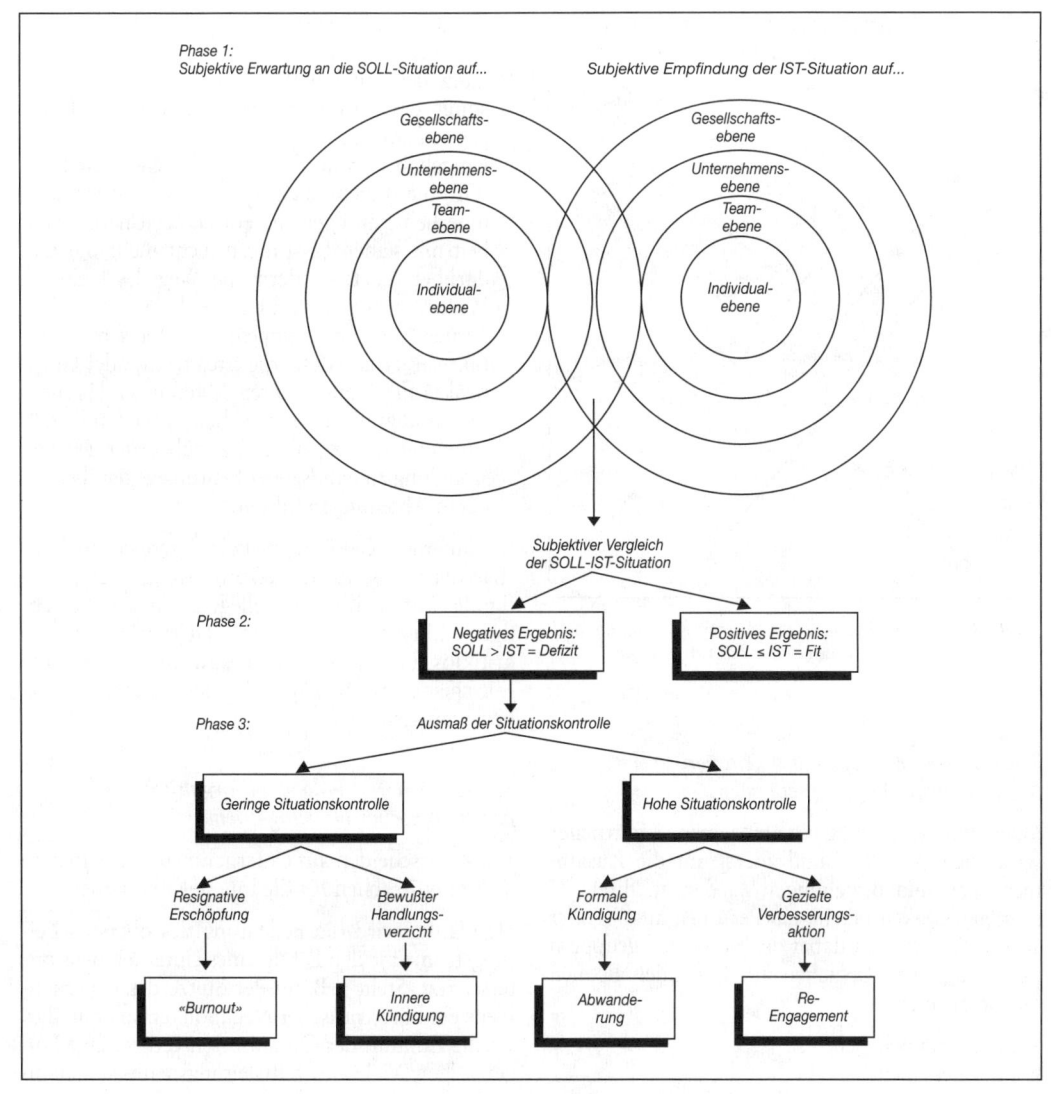

Abb. 2: Phasenkonzept (vgl. Gebert 1979 und Faller 1990)

1. Ursachen und Folgen auf individualpsychologischer Führungsebene

Der Identifikationsbereich ergibt sich aus der Übereinstimmung der erlebten Ist-Ziele des Unternehmens und den erwünschten Soll-Zielen des Mitarbeiters. In Abbildung 3 soll diese Ursachendiagnose vereinfacht dargestellt werden.

Dabei können gewisse „Persönlichkeitsfaktoren, wie Ängstlichkeit, Depressivität, mangelnde Selbstachtung, Unsicherheit, Neigung zu Irritationen, geringes Ausdrucksvermögen und Übererregbarkeit, also genau das Gegenstück zu personaler Autonomie" (*Faller* 1990), die Ausgangsdisposition für Innere Kündigung verstärken. Als weitere Begünstigungsfaktoren der Inneren Kündigung gelten z. B.

- das Bedürfnis, andere zu beeindrucken,
- der Perfektionismus und
- die Improvisationsfähigkeit.

Das Identifikationsproblem kann durch einen weiteren Aspekt verstärkt werden: „Die Erfahrung, selbst bei großer Anstrengung keinen oder nur einen äußerst geringen Einfluß auf Ablauf und Ergebnis der eigenen Tätigkeit zu haben, kann auf Dauer zur Inneren Kündigung und darüber hinaus zur Hilflosigkeit führen" (*Löhnert* 1989). Der Sinnverlust beeinflußt nicht nur die Arbeitsproduktivität, sondern wirkt sich häufig auch negativ auf die Familie und das Freizeitverhalten des Betroffenen aus. Handelt es sich beim innerlich Gekündigten um einen Vorgesetzten, so nimmt er meist seine Funktion „ohne inneres Engagement wahr und praktiziert gegenüber den Unterstellten den Führungsstil des Laissez-faire" (*Faller* 1990).

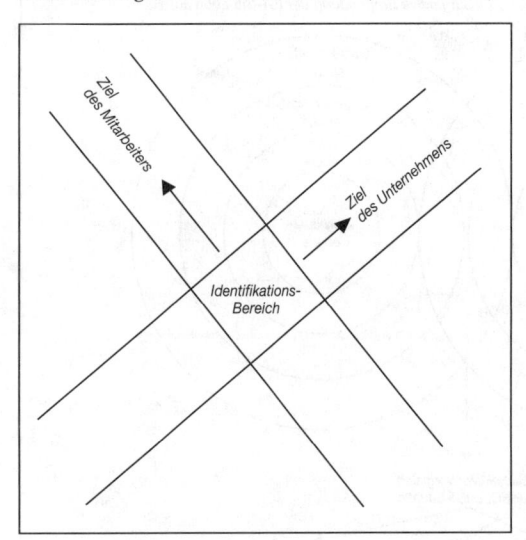

Abb. 3: Ursachendiagnose der Inneren Kündigung auf individualpsychologischer Führungsebene

2. Ursachen und Folgen auf gruppenpsychologicher Führungsebene

„Die Innere Kündigung einzelner Mitarbeiter wirkt sich vor allem und zuerst auf die Zusammenarbeit und Beziehungen zu den an ihrer gesamten Tätigkeit beteiligten Personen aus" (*Faller* 1990). Wir können dabei die möglichen gruppenpsychologischen Ursachen auf folgenden Ebenen diagnostizieren:

- Inter-Gruppenebene
- Inter-Personenebene und
- Intra-Gruppenebene (vgl. Abb. 4).

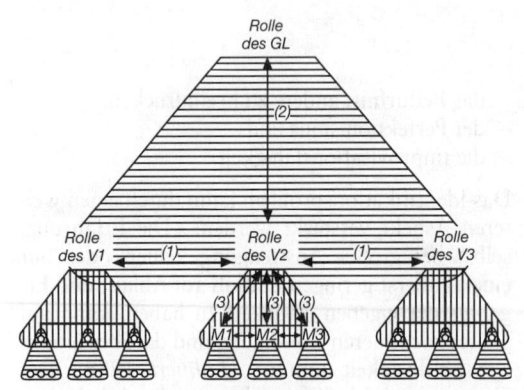

Abb. 4: Ursachen der Inneren Kündigung auf Arbeitsteamebene

Ein „Sozialprogramm der Inneren Kündigung" (*Raidt* 1989) kann dabei z. B. wie folgt aussehen:

- Der Geschäftsleiter (GL) bewirkt durch seinen unangepaßten Führungsstil die Innere Kündigung des unterstellten Vorgesetzten (V2) und somit ein Verhalten des „lautlosen Protests" gegen Führungsfehler.
- Umgekehrt kann aber auch der Geschäftsleiter (GL) die Beziehungen zu seinem Mitarbeiter (2) innerlich kündigen, indem er bei Unzufriedenheit mit seinen Leistungen nicht mehr mit ihm darüber redet, sondern den Weg des kleinsten Widerstands geht und ihn meidet.
- Ferner können gruppenpsychologische Konflikte innerhalb des Arbeitsteams (3) oder Gruppenkonflikte mit anderen Abteilungen (1) Innere Kündigungen verursachen. „So kann z. B. zunehmende Loyalität gegenüber der eigenen Abteilung zu feindseliger Haltung gegenüber anderen Abteilungen führen."

Da innerlich Gekündigte kein Interesse an konstruktiven Auseinandersetzungen zeigen und häufig alle Entscheide der Kollegen, selbst unberechtigte Eingriffe in ihren Delegationsbereich, kritiklos hinnehmen, sind sowohl sachgerechte Entscheide als auch das Vertrauensklima im Arbeitsteam gefährdet.

3. Ursachen und Folgen auf organisationspsychologischer Führungsebene

Wir unterscheiden auf Unternehmensebene folgende Hauptursachen für die Innere Kündigung:

(1) Häufig wird die Bedeutung des obersten Leitungsteams für den Erfolg eines Unternehmens unterschätzt. Steht z. B. an der Spitze des Unternehmens ein bürokratischer Negaholiker, so kann dies für die Zukunft der Organisation verheerende Folgen zeigen: Viele Geschäftsleitungsteams sind dann politische „Teams of Stars" statt innovative „Star-Teams". Als Folge breiten sich Mißtrauenskulturen im Unternehmen aus und begünstigen die Innere Kündigung.

(2) Die Identifikationskrise im Unternehmen kann auch durch das Fehlen einer partizipativ entwickelten ganzheitlichen Unternehmensvision bedingt sein. Planungskonzepte nützen in diesem Fall wenig – im Gegenteil: Strategische Planung ohne vorgelagerte strategische Vision ist nutzlos.

(3) Viele Firmen verfügen zudem immer noch über bürokratische P(=B)alastorganisationen.

Die Auswirkungen der Inneren Kündigung im Unternehmen zeigen sich in der sozialen, der leistungs- und finanzwirtschaftlichen Dimension.

- In der *sozialen Dimension* äußert sich die Innere Kündigung in einem „sterilen Betriebsklima". Der innerlich Gekündigte verhält sich meist kritiklos und konform, was vom direkten Vorge-

setzten häufig positiv bewertet wird („Endlich ist er auf dem richtigen Weg!"). Durch diese Vorspiegelung von Engagement entsteht häufig ein unsichtbarer Loyalitätskonflikt, der auch sachgerechte Entscheide in den Arbeitsteams gefährdet.
- In der *leistungswirtschaftlichen Dimension* zeigen sich die Auswirkungen gleichzeitig: Der innere Emigrant beschränkt sich auf das Notwendigste. Die Folge ist häufig eine verbreitete Personalmentalität in der Art von „Achtung! Kunde droht mit Auftrag!"
- Die fehlende Kreativität, Neuerungsfreude und Dynamik bewirken negative *finanzwirtschaftliche* (wettbewerbsschwächende) *Folgen*.

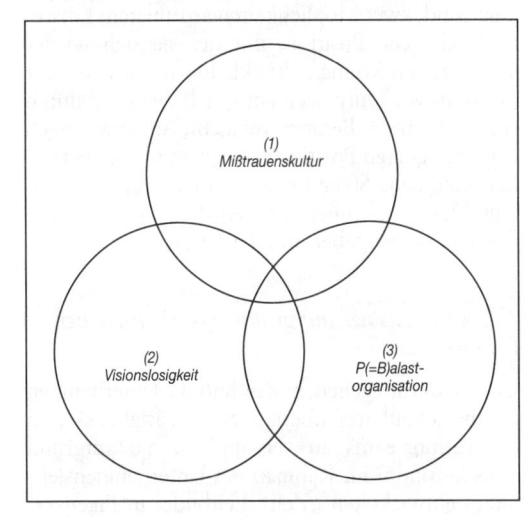

Abb. 5: Hauptursachen der Inneren Kündigung auf Unternehmensebene

(1) Mißtrauenskultur
(2) Visionslosigkeit
(3) P(=B)alastorganisation

4. Ursachen und Folgen auf gesellschaftspsychologischer Führungsebene

Unsere Gesellschaft wandelt sich bekanntlich zunehmend zu einer auf Genuß ausgerichteten Anspruchsgesellschaft, die teilweise über ihre Verhältnisse lebt, über eine sinkende Streßtoleranz verfügt und der die Balance zwischen Geben und Nehmen, zwischen Pflichten und Rechten verlorenzugehen droht. Diese sog. „Hedomaten", die eine Mischung aus Hedonisten und Materialisten darstellen, lassen sich charakterisieren als „Menschen mit starken Interessen an materiellen Dingen, aber wenig Einsatz für ideelle Ziele, die sich auch wenig Gedanken um die Probleme der Zeit machen" (*Klages* 1991).

Außerdem zeigen sich signifikante Veränderungen in den Arbeitshaltungen (vgl. Abb. 6): Statt Firmentreue um jeden Preis, steht Spaß an der Arbeit im Vordergrund, oder statt Workaholismus (Arbeit als einziges Hobby) stehen der Sinn und der Spielraum zur persönlichen Entfaltung in der Arbeit im Zentrum der Anliegen von immer mehr Arbeitnehmern. Wir nennen sie „Hedialisten", da sie eine Mischung aus Hedonisten und Idealisten darstellen.

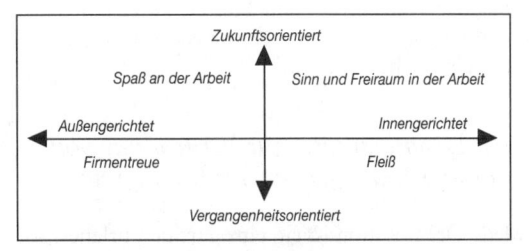

Zukunftsorientiert
Spaß an der Arbeit | Sinn und Freiraum in der Arbeit
Außengerichtet ← → Innengerichtet
Firmentreue | Fleiß
Vergangenheitsorientiert

Abb. 6: Veränderungen der Arbeitshaltungen (nach Demo-SCOPE)

Wir erleben im Moment eine Art nationaler Sinn- und Identifikationskrise, die sich durch einen Mangel an gesellschaftlicher

- Vision
- Risikobereitschaft
- Neuerungsfreudigkeit und
- Flexibilität

auszeichnet.

Diese Visionslosigkeit (und damit das Fehlen eines erstrebenswerten Soll-Werts) wird durch einen gesellschaftlichen Normabbau begleitet, der in einem Teil der Bevölkerung zu einer zunehmenden Lebensangst geführt hat. Diese widerspiegelt sich auch in einem Anstieg der Depressionsrate in unserer Bevölkerung. Die Folgen können neue Gräben und Verteilungskämpfe zwischen verschiedenen gesellschaftlichen Gruppierungen sein.

Die Entfremdung vom Staat zeigt sich in einem „Sich-Zurückziehen" von Gemeinschaftsaufgaben durch Verzicht auf Beteiligung am politischen Willensbildungsprozeß und durch den Verzicht auf politisches Engagement.

Hier soll lediglich auf eine mögliche Auswirkung hingewiesen werden: Die Gefahr der Spaltung der Arbeitnehmer in Workaholics (für die Arbeit das einzige Hobby darstellt) und in Entfremdete (für die Arbeitszeit keine Lebenszeit darstellt).

In vielen Unternehmen lassen sich zwei Gruppen von Arbeitnehmern erkennen:

- Für die Gruppe der Arbeitssüchtigen, häufig im Management anzutreffen, ist die Arbeit das einzige Hobby. Die Gefahr dieser eindimensionalen Ausrichtung des Lebens für die Betroffenen selbst, für deren Familien, für die Zukunft des Unternehmens und der Gesellschaft wird in Theorie und Praxis noch häufig unterschätzt.
- Für die Gruppe der Entfremdeten, die häufig monotone Arbeit ohne sichtbaren Sinn ausführen müssen, bedeutet Arbeitszeit keine Lebenszeit.

Es sollte deshalb das Anliegen aller sein, diese gefährliche Entwicklung zu vermeiden und zu versuchen, für möglichst viele Arbeitnehmer die Arbeitszeit zur Lebenszeit zu gestalten sowie eine Balance von Berufs- und Freizeit zu ermöglichen und so gleichzeitig zur Wettbewerbskraft der Unternehmen beizutragen.

III. Lösungsansätze zur Vermeidung von führungsbedingter Innerer Kündigung

Jede Organisation ist ein einzigartiges, offenes, soziales und produktives System. Entsprechend gibt es auch kein „universell einsetzbares Instrument zur Überwindung der Inneren Kündigung" (*Löhnert* 1989).

In diesem Beitrag wollen wir uns lediglich auf mögliche Präventivmaßnahmen zur Verhinderung der Inneren Kündigung beschränken, wobei wir dies wiederum anhand der verschiedenen Führungsebenen aufzeigen.

1. Lösungsansätze auf individualpsychologischer Führungsebene

Jede erfolgreiche Unternehmung braucht auf allen Ebenen engagierte und qualifizierte Mitarbeiter, die so handeln, als ob ihnen die Firma selbst gehöre.

Der Mitarbeiter muß sich dabei rechtzeitig und gemeinsam mit seiner Familie eine Lern-, Freizeit- und Tätigkeitsvision geben. Nur so ist es ihm möglich, die kritischen Phasen seiner beruflichen Laufbahn ohne Innere Kündigung zu überwinden.

Ein Personal-Portfolio-Ansatz (vgl. *Odiorne* 1980) kann ein weiteres einfaches Hilfsmittel darstellen, dem einzelne Mitarbeiter den jeweiligen Phasenübergang zu erleichtern (vgl. Abb. 7).

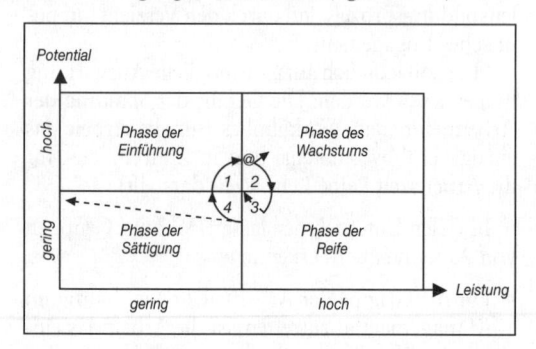

Abb. 7: Personal-Portfolio-Ansatz zur Verhinderung der Inneren Kündigung

Das erste Ziel besteht darin, Mitarbeiter mit Entwicklungspotential einzustellen und möglichst umfassend und rasch in die neuen Aufgaben und die ungewohnte Arbeitsumgebung einzuführen und damit die Phase der Einführung möglichst kurz zu gestalten.

Das *zweite Ziel* will die Mitarbeiter durch Tätigkeiten, die Sinn, Spielraum und Spaß vermitteln, möglichst lange in der Wachstumsphase halten.

Drittes Ziel: Diejenigen Mitarbeiter, die in die Phase der Reife gelangen, sollten so lange die gleiche Funktion erfüllen, wie sie gutes Leistungsverhalten zeigen. Um sinkende Leistungen zu vermeiden, sollten (durch Job Enrichment oder Job Rotation) rechtzeitig neue Herausforderungen angeboten werden (Rückkehr zu Phase I).

Letztlich besteht das *vierte Ziel* darin, denjenigen Mitarbeitern, die in die Phase der Sättigung gelangt sind, zwei Möglichkeiten anzubieten: Entweder eine neue Position, mit der sie sich wieder identifizieren können (Rückkehr zu Phase I) oder „Präventives Outplacement", d.h., es wird durch einen externen Berater versucht, so lange nach einer geeigneten Position zu suchen, bis der Betroffene eine neue Stelle findet und von sich aus kündigt. Damit gewinnen der Betroffene, der alte und der neue Arbeitgeber und der Berater.

2. Lösungsansätze auf gruppenpsychologischer Führungsebene

Es wird darum gehen, in Zukunft die Unternehmen in überschaubare, überlappende Tätigkeits- und Innovationsteams zu verwandeln, die aufgrund ihres autonom im Rahmen des Unternehmensleitbildes entwickelten „Zelt"-Leitbildes in Eigenverantwortung unternehmerisch tätig werden.

Dabei ist der optimalen Zusammensetzung der verschiedenen Rollenträger innerhalb der Arbeitsteams in Zukunft eine zentrale Bedeutung beizumessen. Hierzu eignet sich z.B. das Team-Design-Konzept, das aufgrund der Jungschen Persönlichkeitstheorie als Team-Rollen-Programm durch zwei australische Psychologen entwickelt wurde (*Margerison/McCann* 1985).

3. Lösungsansätze auf organisationspsychologischer Führungsebene

Die Innere Kündigung kann durch folgende Präventivmaßnahmen des Sinnmanagements auf Unternehmensebene vermieden werden (vgl. Abb. 8). Eine im ganzheitlichen Sinne erfolgreiche Unternehmung

- wird durch ein „Star-Team" von humanistischen Unternehmerpersönlichkeiten und nicht einem „Team of Stars" von Technokraten geleitet;
- verfügt über ein partizipativ entwickeltes und ganzheitliches Unternehmensleitbild und nicht einen visionslosen bürokratischen Planungsapparat;

- weist eine föderalistische und netzförmige Zeltstruktur auf und nicht eine zentralistische hierarchietiefe Palastorganisation und
- zeichnet sich durch eine innovative Vertrauenskultur aus und nicht durch eine neuerungsfeindliche Mißtrauenskultur.

Nur aufgrund dieses ganzheitlichen Ansatzes wird es möglich sein, ein zur Vermeidung von Innerer Kündigung notwendiges, strategisches und integriertes Personalmanagement zu konzipieren und zu implementieren.

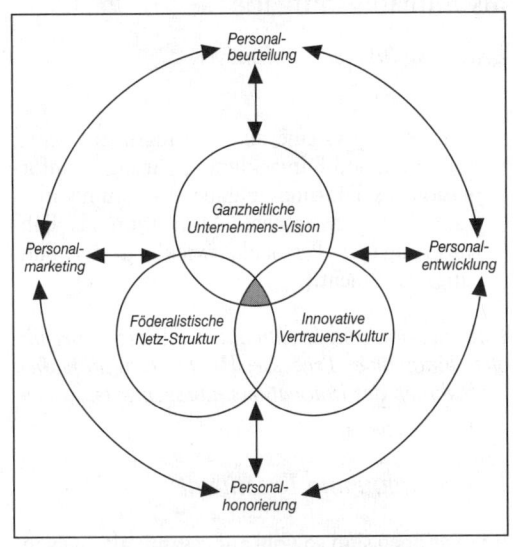

Abb. 8: Ganzheitliches Management engagierter und qualifizierter Mitarbeiter

Dabei sind alle zentralen Konzepte des Personalmanagements wie ganzheitliche

- Selektion,
- Beurteilung,
- Honorierung und
- Entwicklung

auf das ebenso ganzheitliche Leitbild auszurichten, miteinander zu integrieren und durch eine periodische Erfolgskontrolle zu überprüfen.

In diesem Zusammenhang ergaben unsere Arbeitszufriedenheits-Untersuchungen in verschiedenen Firmen, in unterschiedlichen Landeskulturen und mit diversen Personalkategorien meistens dasselbe (die Herzberg-Zwei-Faktoren-Theorie weitgehend bestätigende) Ergebnis (*Hilb* 1984):

Die befragten Mitarbeiter setzen im allgemeinen die materiellen Komponenten wie z. B.

- gerechte Entlohnung,
- angemessene Sozialleistungen,
- Beschäftigungssicherheit,
- angenehme Arbeitsumgebung,

als selbstverständlich voraus. Alle erwarten dies, doch damit wird langfristig noch keine Arbeitszufriedenheit erzielt.

Erst wenn zusätzlich immaterielle Faktoren wie z. B.

- eine Tätigkeit, die Sinn, Spielraum und Spaß vermittelt,
- ein beispielhafter Vorgesetzter,
- Involvierung bei Entscheiden, die sie betreffen, sowie
- erwerbslebenslange Lern- und Entwicklungsmöglichkeiten

angeboten werden, kann langfristige Arbeitszufriedenheit erreicht und damit die Innere Kündigung vermieden werden.

4. Lösungsansätze auf gesellschaftspsychologischer Führungsebene

Viele Nationen (so auch die Bundesrepublik und die Schweiz) befinden sich gegenwärtig in einer Sinn- und Identitätskrise. Häufig werden nur noch die negativen Seiten wahrgenommen. Doch dort, wo Schatten ist, gibt es auch Licht. Um diese „Sonnenseiten" wahrzunehmen und weiterzuentwickeln, benötigen die Staaten ganzheitliche Visionen, die auf einem Konsens der gesellschaftlichen Kräfte aufbaut.

Ziel eines solchen Vorgehens ist es, eine Übereinstimmung zu verwirklichen zwischen:

- einer ganzheitlichen Landes-Vision,
- einer weltoffenen Landes-Vertrauenskultur und
- einer föderalistischen Landes-Struktur.

Damit kann eine bessere Übereinstimmung zwischen den Erwartungen der Bürgerinnen und Bürger und den Zielen des Staates erreicht und so die Entfremdung vom Staat und seinen Organen im Sinne einer Inneren Kündigung vermindert werden.

IV. Schlußfolgerungen

Innere Kündigung ist ein Phänomen, das uns alle zeitweise treffen kann, Menschen in der Partnerschaft, am Arbeitsplatz, als Bürger. Nur ehrliches Bewußtmachen ermöglicht es, angemessene Lösungen zu finden.

1. Fazit für die Forschung

Diagnose ohne nachfolgende Therapie ist ebenso gefährlich wie Therapie ohne vorherige Diagnose. Dies trifft auch für das vielschichtige Phänomen der Inneren Kündigung zu. Bislang sind bekanntlich weder in der Theorie noch in der Praxis Instrumente zur objektiven Diagnose der Inneren

Kündigung entwickelt worden. Damit ist auch verständlich, weshalb sich sowohl die wenigen wissenschaftlichen Autoren (z. B. *Löhnert* 1989 und *Faller* 1990) als auch die zahlreichen praxisorientierten Publizisten (z. B. *Höhn* 1989 und *Raidt* 1989) weitgehend auf die Analyse der Ursachen und Folgen des Phänomens beschränkten und sich aufgrund der fehlenden Diagnoseinstrumente zu wenig mit gezielten Maßnahmen zur Überwindung bzw. Verhinderung der Inneren Kündigung auseinandersetzen konnten. Es geht in der Forschung vor allem darum, wissenschaftlich fundierte Diagnoseinstrumente zu entwickeln, um das vielschichtige Phänomen der Inneren Kündigung möglichst objektiv, systematisch und zweckmäßig zu erfassen.

2. Fazit für die Praxis

Wie sagt Erich Fromm?

„Wenn das Leben keine Vision hat, nach der man strebt, nach der man sich sehnt, die man verwirklichen möchte, dann gibt es auch kein Motiv, sich anzustrengen."

Dies gilt für uns als einzelne, für unsere Partnerschaft und unsere Familien, für Unternehmen und ganze Nationen.

Literatur

Bruggemann, H./Groskurth, P./Ulich, E.: Arbeitszufriedenheit. Bern 1975.
Burisch, M.: Das Burnout-Syndrom. Berlin 1989.
Faller, M.: Innere Kündigung. Diss. München 1990.
Gebert, D.: Arbeitszufriedenheit, Situationskontrolle und Resignation. In: Problem und Entscheidung, 1979, S. 1–32.
Hilb, M.: The Standardized Exit Interview. In: JP, 1978, S. 327 ff.
Hilb, M.: Diagnose-Instrument zur Personal- und Organisationsentwicklung. Bern 1984.
Hilb, M. (Hrsg.): Innere Kündigung. Zürich 1992.
Höhn, R.: Die Innere Kündigung im Unternehmen. Bad Harzburg 1984.
Kahn, W. A.: Psychological Conditions of Personal Engagement and Disengagment at Work. In: AMJ, 1990, S. 692–724.
Kanungo, R. N.: Work Alienation – An Integrative Approach. New York 1982.
Klages, H.: Wertewandel. In: *Feix, W. E.* (Hrsg.): Personal 2000. Wiesbaden 1991, S. 51–77.
Lawler, E. E./Hall, D. T.: Relationship of Job Characteristics to Job Involvement Satisfaction, and Intrinsic Motivation. In: JAP, 1970, S. 305–312.
Löhnert, W.: Innere Kündigung – Eine Analyse aus wirtschaftspsychologischer Perspektive. Diss. Köln 1989.
Margerison, Ch./McCann, D.: How to Lead a Winning Team. Bradford 1985.
Mownday, R. T./Porter, L. W./Steers, R. M.: Employee-organization Linkages. New York 1982.
Odiorne, G. S.: The Portfolio Approach to Human Resources. Westfield 1980.
Raidt, F.: Innere Kündigung. In: *Strutz, H.* (Hrsg.): Handbuch Personalmarketing. Wiesbaden 1989, S. 68–83.
Rüber, A.: Die Innere Kündigung – Untersuchung am Beispiel von Schweizer Großbetrieben. Diplomarbeit HSG 1990, S. 47.
Seibel, H. D./Lühring, H.: Arbeit und psychische Gesundheit. Göttingen 1984.
Seligman, M. E. P.: Helplessness. San Francisco 1975.
Seeman, M.: Alienation and Engagement. In: *Campbell, A.* et al. (Hrsg.): The Human Meaning of Social Change. New York 1972, S. 467–527.

Innovation und Kreativität als Führungsaufgabe

Erich Staudt/Peter Mühlemeyer

[s. a.: Anreizsysteme als Führungsinstrumente; Forschung und Entwicklung, Führung in; Information als Führungsaufgabe; Kommunikation als Führungsinstrument; Motivation als Führungsaufgabe; Personalentwicklung als Führungsinstrument.]

I. Innovation und Kreativität; II. Träger betrieblicher innovativer Prozesse; III. Führungsaufgaben im Rahmen des Innovationsmanagements.

I. Innovation und Kreativität

Innovationen sind sowohl auf gesamt- als auch auf einzelwirtschaftlicher Ebene zentrale Voraussetzung, sich den Veränderungen der Umwelt und dem daraus resultierenden Wandel der Marktsituation anzupassen bzw. gestaltend mitzuwirken. *Innovation* setzt den erfolgreichen Vollzug zweier Phasen im Innovationsprozeß voraus (**Staudt** 1985): In der Phase der *Invention* werden Problemlösungspotentiale generiert, die in der Phase der *Innovation* im engeren Sinne produktionsreif zu entwickeln, herzustellen und zu vermarkten bzw. im Fertigungsprozeß einzusetzen sind *(Innovationsmanagement)*.

Die Invention – als Teilphase betrieblicher Innovationsprozesse – ist das Ergebnis eines Prozesses der Ideenfindung, der Entwicklung und des Aufkommens einer Neuerung. Die im Betrieb durchzuführenden Forschungs- und Entwicklungsaktivitäten und die dazu erforderlichen Potentiale können dabei im Rahmen der strategischen Planung nicht auf ein Auswahlproblem der richtigen Idee bzw. Invention verkürzt werden (*Blake* 1969), vielmehr lassen sich (kreative) Inventionsprozesse durch die Entwicklung von entsprechenden Rahmenbedingungen fördern und gestalten (→*Forschung und Entwicklung, Führung in*) (*Kieser* 1986; *Staudt* 1989; *Mühlemeyer* 1992a).

Entsprechend den beiden Induktionsmechanismen der technischen Entwicklung (*Pfeiffer* 1971) kommt der betrieblichen Forschung und Entwicklung eine doppelte Funktion zu: Zum einen übt sie eine Art Dienstleistungsfunktion innerhalb des Unternehmens aus, d. h. die Forschung und Entwicklung sucht für konkrete Aufgabenstellungen Problemlösungen. Zum anderen werden hier, unabhängig von den aktuellen Unternehmensbedürfnissen, neues Wissen und Informationen „produziert" und somit eine wesentliche Voraussetzung zur Innovationsfähigkeit von Unternehmen geschaffen (*Pfeiffer/Staudt* 1974). Neben der Wissensproduktion findet ein Know-how-Transfer durch die betriebliche F&E (z. B. aus dem Wissenschaftssystem und dem betrieblichen Umfeld) statt. Dieser Technologietransfer wird gleichfalls durch kreative und innovative Mitarbeiter im gesamten betrieblichen Innovationsprozeß getragen.

Die Förderung kreativer Potentiale ist daher innerhalb der Unternehmung als Investition in zukünftige Innovationsprojekte zu behandeln. Dies wirft für die hier vorhandenen Führungsaufgaben zwei Fragen auf:

– Wer sind die Träger innovativer Prozesse in den Unternehmen?
– Wie lassen sich kreative Aktivitäten und Leistungen im Rahmen betrieblicher Innovationsprozesse durch geeignete Führungsmaßnahmen beeinflussen?

II. Träger betrieblicher innovativer Prozesse

Unter dem Begriff „innovationsaktives, kreatives Personal" (*Staudt/Bock/Mühlemeyer* et al. 1992; *Mühlemeyer* 1992a; *Kriegesmann* 1993) werden verschiedene Kategorien von Aufgabenträgern, wie etwa Forscher, Wissenschaftler, Forschungs- und Entwicklungsmanager sowie Techniker zusammengefaßt (*Kern/Schröder* 1980; *Stifterverband* 1986; *Gerpott* 1988), deren inhaltliche Aufgabenschwerpunkte oftmals nur schwer voneinander zu trennen sind, deren gemeinsames Merkmal jedoch darin liegt, daß sie innerhalb eines Unternehmens im Rahmen von F&E-Aufgaben für die Generierung und Durchsetzung technischer Alternativen zuständig sind. Dies schließt nicht aus, daß Inventionen auch aus anderen betrieblichen Aufgaben- oder Teilbereichen außerhalb von F&E-Abteilungen (z. B. betriebliches Vorschlagswesen) angeregt bzw. vollzogen werden können. In kleinen und mittleren Unternehmen werden diese „Nichtroutineaufgaben" zudem in Personalunion von Inhabern oder Geschäftsführern zumeist miterfüllt.

In der Regel handelt es sich bei innovativ-kreativen Aufgaben, die im Rahmen betrieblicher Innovationsprozesse zu bewältigen sind, um technisch und organisatorisch komplexe Aufgabenstellungen, die zumeist schlecht strukturiert sind und ein hohes Risiko hinsichtlich einer Lösungsmöglichkeit beinhalten. Solche Aufgabenstellungen erfordern neben der fachlichen Kompetenz ein hohes Maß an Kreativität (*Schlicksupp* 1977; *Dehr* 1981; *Fischer* 1982; *Schmeisser* 1986).

Im Rahmen der persönlichkeitsorientierten Ansätze zur Kreativitätsforschung ist in zahlreichen Untersuchungen der Versuch unternommen worden, Persönlichkeitszüge und Charakteristika kreativer Personen zu identifizieren. In der Literatur geht man davon aus, daß zwischen Persönlichkeitsmerkmalen kreativer Mitarbeiter und deren Innovativität ein positiver Zusammenhang besteht (*Bendixen* 1976; *Müller-Schienstock* 1978).

Allerdings existieren bis heute keine zufriedenstellenden Verfahren, die es ermöglichen, kreative Persönlichkeit ex ante zu identifizieren (*Staudt* 1979; *Fischer* 1982; *Eckert* 1985; *von Kortzfleisch* 1982). Zudem scheint der Versuch an sich, den idealtypisch innovativen bzw. kreativen Mitarbeiter identifizieren zu wollen, fragwürdig. Ein solcher Idealtyp entspricht nicht dem „normalen" innovativen Mitarbeiter in der Unternehmung, da nur selten das Genie Motor der Entwicklung ist, sondern vor allem die zahlreichen kleinen Verbesserer und Erfinder (*Staudt/Bock/Mühlemeyer* et al. 1992) Träger betrieblicher Innovationsprozesse sind. Grundsätzlich ist – entgegen der Vorstellung, daß sich innovative Mitarbeiter durch herausragende Persönlichkeitsmerkmale auszeichnen – davon auszugehen, daß alle Menschen über Kreativitätspotentiale in unterschiedlichen Ausprägungen verfügen (*Guilford* 1972; *Schlicksupp* 1977; *Kriegesmann* 1993).

Konsens besteht darüber hinaus im Rahmen der Befunde der Kreativitätsforschung, daß Kreativität entwickelt und entfaltet werden kann, wobei Restriktionen, z. B. durch kreativitätshemmende Organisationsstrukturen oder Führungstechniken, zu überwinden sind (*Staudt* 1979; *Thom* 1980; *Gerpott* 1988; *Staudt* 1989; *Mühlemeyer* 1992a). Betriebliche Innovationsprozesse sind letztlich als arbeitsteilige Vorgänge zu begreifen und erfordern neben der Förderung kreativer und innovativer Potentiale (Personalentwicklung) vor allem auch flankierende innovationsfördernde Rahmenbedingungen im gesamten Prozeßverlauf.

III. Führungsaufgaben im Rahmen des Innovationsmanagements

Im Vorfeld sind Entscheidungen über vermeintlich „richtige Innovationen" nicht zu prognostizieren (vgl. *Staudt* 1986). Management von Innovationen wird deshalb als Management von Nicht-Routineprozessen verstanden, das eine ergänzende bzw. Neuorientierung von Führungsaufgaben verlangt (Abb. 1).

Das bedeutet daher in erster Linie den Ausbau von Innovationspotentialen, die Installation von Lernprozessen im Unternehmen und den Abbau von Innovationswiderständen durch flankierende Strategien. Bei der Entwicklung von kreativ-inventiven Leistungen innerhalb des Unternehmens müssen Führungsaufgaben sich demnach zunächst daran orientieren, Rahmenbedingungen zu setzen, die es ermöglichen, innovationsaktivem Personal Entwicklungsfreiräume zu geben, kreative Potentiale innerhalb des Unternehmens aufzubauen sowie Widerstände im Rahmen betrieblicher Innovationsprozesse abzubauen.

1. Ausbau und Entwicklung kreativer und innovativer personaler Potentiale

Im Rahmen einer potentialorientierten Unternehmensplanung (*Staudt/Kröll/von Hören* 1993) bedeutet Innovation und Kreativität als Führungsaufgabe in erster Linie präventive Personalentwicklung (→*Personalentwicklung als Führungsinstrument*). Dem Faktor „Personal" wird dabei keine limitierende Rolle wie in der traditionellen Unternehmensplanung zugeschrieben, sondern eine initiierende Rolle beigemessen (vgl. vierte Zeile Abb. 2). D. h. in der strategischen Planung als iterativer Prozeß zwischen betrieblichen Sachzielen (z. B. auf Marktentscheidungen gestützte Produktentwicklungen) und personelle Potentialen (z. B. Qualifikation, Kreativität) kristallisiert sich das relevante bearbeitbare Marktpotential der Unternehmung heraus (vgl. obere Zeile Abb. 2). In der Konsequenz heißt das, daß im Personalbereich kontinuierliche Lernprozesse installiert werden: Hierbei ist zum einen das vorhandene Qualifikationsniveau der Mitarbeiter zu überprüfen und ggf. zu ergänzen, zum anderen müssen aber durch entsprechende Rahmenbedingungen kreative und innovative personale Potentiale aufgebaut und entwickelt werden. Derartige Rahmenbedingungen und Gestaltungsvariablen der Führung sind z. B. eine innovationsfördernde Unternehmenskultur, Förderung der individuellen Kreativität der Mitarbeiter durch Einräumung entsprechender Freiräume, Begünstigung interpersonaler Kommunikation/Informationsaustausch durch gruppendynamische Prozesse, Aufbau von Qualitätszirkeln u. ä. (*Staudt/Hinterwäller* 1982; *Kieser* 1986). Der Rolle von Information und Kommunikation (→*Information als Führungsaufgabe*; →*Kommunikation als Führungsinstrument*) als Führungsaufgabe im Rahmen von betrieblichen Innovationsprozessen und der Gestaltung betrieblicher Anreizsysteme (→*Anreizsysteme als Führungsinstrumente*) sind dabei als innovations- und kreativitätsfördernde Rahmenbedingungen besondere Aufmerksamkeit zu widmen.

a) Information und Kommunikation als Führungsaufgabe

Betriebliche Innovationsprozesse vollziehen sich weder isoliert von externen noch von institutionsinternen Veränderungen. Daher kommt der Integration der Mitarbeiter in interne und externe Kommunikationsnetzwerke (→*Netzwerkbildung und Kooptation als Führungsaufgabe*) im Innovationsprozeß besondere Bedeutung zu (*Staudt/Bock/Mühlemeyer* 1992). Die „*Produktion neuen Wissens*" als kreativ-innovative Unternehmensauf-

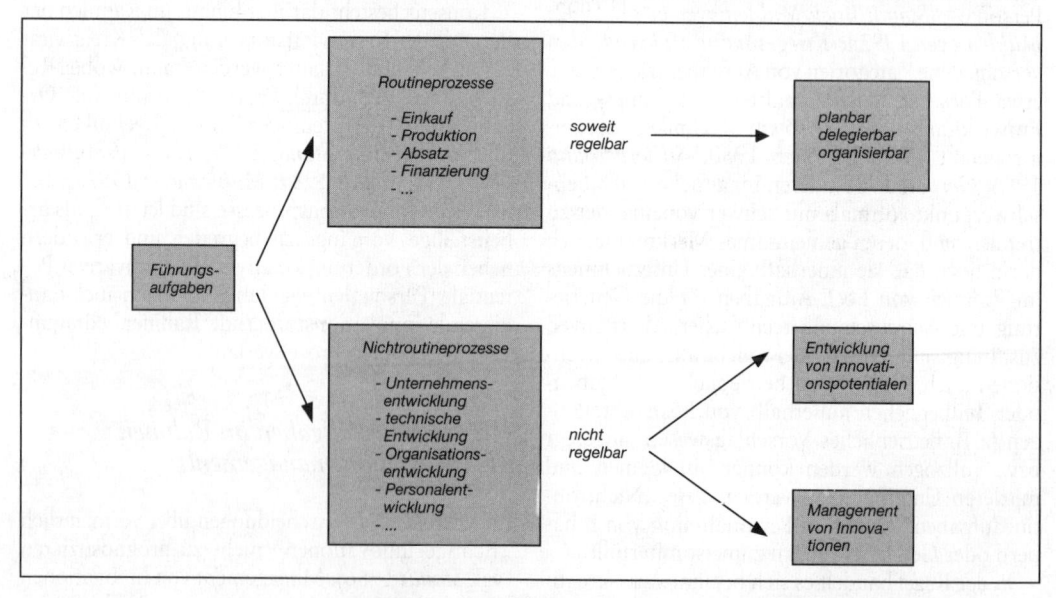

Abb. 1

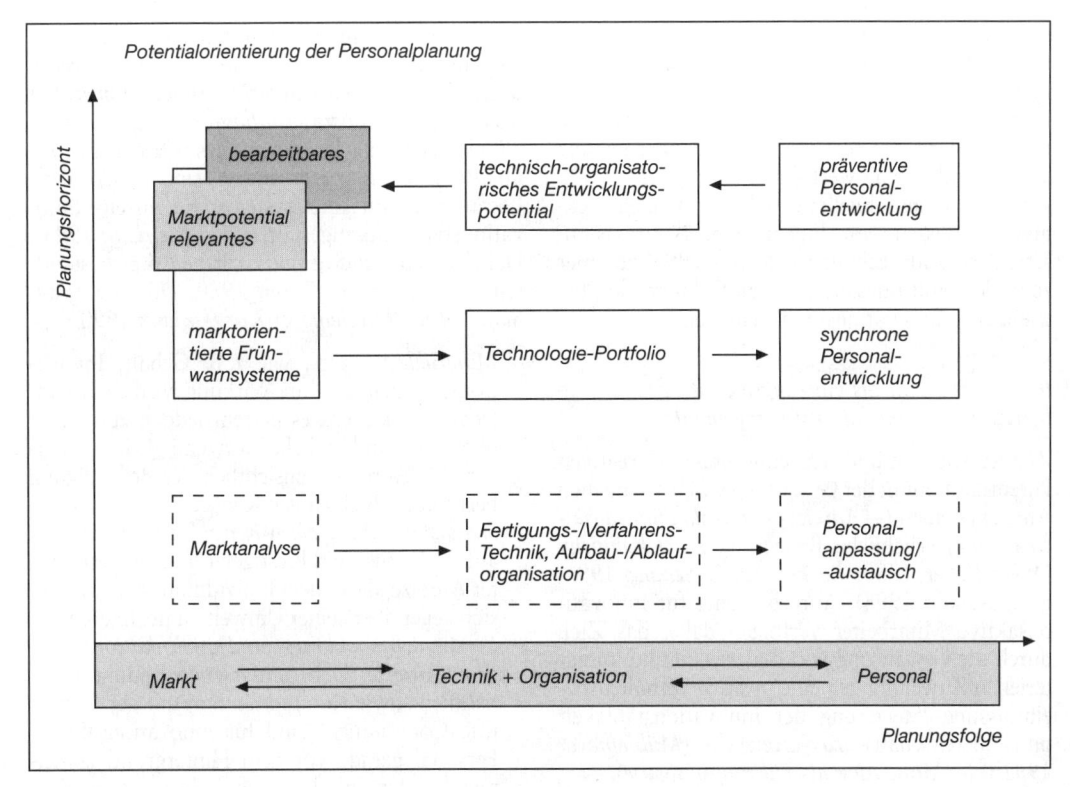

Abb. 2

gabe basiert auf einem wechselseitigen Know-how- und Technologietransfer. Dies erfordert auf der Personalebene, aufbauend auf einem korrespondierenden Qualifikationsniveau (Innovation und Qualifikation), eine kontinuierliche Auseinandersetzung mit neuen Entwicklungen (technologische Informationen), aber auch mit den Bedingungen des betrieblich vorhandenen Umfeldes (z.B. Marktbedingungen) (*Staudt/Mühlemeyer/Kriegesmann* 1991; *Mühlemeyer* 1992b). Mit zunehmender Aufgabenkomplexität bei relativ geringer Strukturierbarkeit des Handlungszieles geht ein steigender Informations- und Kommunikationsbedarf einher (*Picot/Reichwald/Nippa* 1988). Im Rahmen betrieblicher Führungsaufgaben ist daher sicherzustellen, daß den Mitarbeitern entsprechende Freiräume für abteilungsbezogene bzw. -übergreifende Formen der Zusammenarbeit ermöglicht werden, aber auch eine ausreichende Berücksichtigung von externen Informations- und Kommunikationsmöglichkeiten sichergestellt wird (*Pelz/Andrews* 1976). So können zum einen auf diesem Weg den Mitarbeitern Impulse gegeben werden, zum anderen können aber auch über eine solche Systemoffenheit Entwicklungsschritte erkannt und vollzogen werden.

Die vorhandenen Informations- und Kommunikationsmöglichkeiten stellen zentrale Determinanten des *Leistungsverhaltens* von innovationsaktivem Personal dar (*Mühlemeyer* 1992a). D.h. die Einbindung des Personals in entsprechende interne und externe Kommunikationsnetzwerke (*Allen* 1970) ist maßgeblicher Einflußfaktor auf die Leistungsfähigkeit und Leistungsbereitschaft, da hierdurch einerseits neuentwickelte Problemlösungen, andererseits Erfolgserlebnisse (z.B. Lösung komplexer Aufgabenstellungen, Patentanmeldungen) determiniert werden (*Mühlemeyer* 1992a).

Defizite, wie Vernachlässigen von Patentrecherchen oder Doppelarbeiten aufgrund mangelnder Kommunikation im F&E-Bereich führen zu Effizienzverlusten, die sich auch in Motivationsverlusten der innovationsaktiven Mitarbeiter niederschlagen, wenn man z.B. feststellt, daß eine Patentanmeldung aufgrund mangelnden Neuheitsgrades zurückgewiesen wird (*Staudt/Mühlemeyer/Kriegesmann* 1991; *Mühlemeyer* 1992a).

Gerade für innovationsaktive und kreative Mitarbeiter, wie *Forscher, Entwickler, Erfinder* etc. besteht die Notwendigkeit, Personalentwicklungsmaßnahmen als Führungsaufgabe stärker konzeptionell zu verankern. Die mangelnde Anwendung personalpolitischer Instrumente (z.B. *Job-Rotation*, Patensysteme, *Coaching*) (*Wohlgemuth* 1987; *Sattelberger* 1990) verhindert in der betrieblichen Praxis vielfach einen Erfahrungstransfer (z.B. zwischen „jung und alt") und trägt zudem zum in betrieblichen F&E-Prozessen besonders ausgeprägten „Not-Invented-Here-Syndrom" bei (*De Pay* 1990; *Mühlemeyer* 1992a). Die Einbindung von innovationsaktivem Personal in bestehende betriebliche Informations- und Kommunikationsprozesse wird vor dem Hintergrund einer ständig abnehmenden Halbwertzeit des technischen Wissens und immer schneller obsolet werdendem technischen Wissen von Ingenieuren, Naturwissenschaftlern und Technikern (*Staudt* 1993) zu einer zentralen Führungsaufgabe im Rahmen des betrieblichen Innovationsmanagements.

b) Anreizsysteme als Führungsaufgabe des betrieblichen Innovationsmanagements

Zur Aktivierung und Ausschöpfung der kreativen Potentiale kommt der Gestaltung von betrieblichen Anreizsystemen (→*Anreizsysteme als Führungsinstrumente*) erhebliche Bedeutung zu (*Chalupsky* 1964; *Reber* 1980; *Becker* 1985; *Schanz* 1991; *Kriegesmann* 1993). Anreizsysteme für innovationsaktive Mitarbeiter verfolgen dabei das Ziel, durch die Gewährung von materiellen und immateriellen Zuwendungen eine positive Verhaltensbeeinflussung (Steigerung der Innovationsfähigkeit und -bereitschaft) zu erreichen (*Mühlemeyer* 1992b) (→*Motivation als Führungsaufgabe*).

Für innovationsaktives Personal, dessen Tätigkeit eine stark kreative Komponente beinhaltet, wird – entsprechend den Erkenntnissen der Kreativitätsforschung (*Torrence* 1966; *Guilford* 1972; *Ulmann* 1973) – eine intrinsische Motivation vermutet, die durch die externe Belohnung verstärkt wird.

Die (betriebs-)optimale Gestaltung von Anreizsystemen und damit die Sicherstellung einer effektiven Nutzung von *Human Resources* zur Lösung von innovativen Aufgabenstellungen ist unter Berücksichtigung unternehmensbezogener Gegebenheiten mit den dynamischen Prozessen unterliegenden Bedürfnissen der Mitarbeiter in Übereinstimmung zu bringen (*Staudt/Bock/Mühlemeyer/Kriegesmann* 1990; *Mühlemeyer* 1992b).

Im Rahmen des betrieblichen Innovationsmanagements sind die Anreize für den Erfinder, Forscher/Entwickler usw. transparent zu machen (*Staudt/Mühlemeyer/Kriegesmann* 1993): d. h. Anreize dürfen nicht zu einem Gewohnheitsrecht degenerieren, so daß deren Wirkung verlorengeht. Als grundsätzliche Anforderungen an die Anreizgewährung stellen sich somit folgende Bedingungen: die Zuwendungen bedürfen einer gewissen Seltenheit sowie einer gewissen Höhe, um überhaupt als solche wahrgenommen zu werden. Darüber hinaus sind Anreizsysteme den sich ändernden Anforderungen der Mitarbeiter anzupassen (Dynamisierung von Anreizsystemen).

Empirische Untersuchungen zeigen, daß im Rahmen betrieblicher Innovationsprozesse ein *Spektrum innovativer Mitarbeitertypen* existiert, das vom aufgeschlossenen *Innovationsvorbereiter* über den *problemorientierten Innovationstüftler* bis hin zum *Innovationsmitläufer* reicht. Will man Anreizsysteme als Instrument des betrieblichen *Innovationsmanagements* nutzen, sind verschiedene Bestandteile von Anreizsystemen für einzelne Innovationstypen auszugestalten (*Kriegesmann* 1993). Dabei sind folgende grundsätzliche Anreizbestandteile einzubeziehen (*Thom* 1980; *Domsch* 1984; *Staudt/Bock/Mühlemeyer/Kriegesmann* 1990):

– *Materielle Anreize*, wie z. B. Gehalt, Innovationsprämien etc.: Ihre Wirkung wird zwar kontrovers diskutiert, es besteht jedoch zumindest über die grundsätzliche Notwendigkeit von materiellen Anreizen hinsichtlich der Befriedigung bestimmter Bedürfnisse Konsens.
– *Sozialstatusbezogene Anreize*: Sie beziehen sich auf die Status- und Prestigewirkungen bestimmter Anreize, die es dem Individuum ermöglichen, sich gegenüber seiner Umwelt zu profilieren.
– *Personalentwicklungs- und qualifikationsbezogene Anreize*: D. h. umfassende Bildungsmaßnahmen sowie Kommunikation mit der „Scientific Community" sind für innovationsaktives Personal gerade vor dem Hintergrund zunehmender dynamischer technischer Veränderungen von zentraler Bedeutung.
– *Flexibilitätsbezogene Anreize*: Innovatives und kreatives Arbeiten ist in der Regel mit erhöhten Freiraumbedürfnissen verbunden, so daß gerade hier derartige Anreize von besonderer Wichtigkeit sind.

In der betrieblichen Praxis werden dabei vielfach Defizite deutlich (*Staudt* 1989; *Mühlemeyer* 1992a; *Kriegesmann* 1993). Der Zusammenhang zwischen Anreiz und innovativer Leistung bleibt unklar, weil die Belohnung mitunter erst Jahre nach erbrachter Leistung erfolgt oder lediglich starr verwaltet wird und Veränderungsprozesse nicht berücksichtigt werden. Hier kommt es zum einen insbesondere darauf an, Anreize zielgruppengerecht – d. h. unter Berücksichtigung verschiedener Gruppen innovationsaktiver Mitarbeiter (*Kriegesmann* 1993) – einzusetzen, zum anderen aber auch ein aktives *Anreizmanagement* zu vollziehen (*Staudt/Bock/Mühlemeyer* et al. 1990). Hier sind als ein Element eines solchen Anreizmanagements Wahl- und Bausteinmöglichkeiten vorzusehen (vgl. Abb. 3).

2. Abbau von Innovationswiderständen als Führungsaufgabe

Neben dem Aufbau und der Entwicklung personaler Potentiale ist es bei Nicht-Routineprozessen von zentraler Bedeutung, durch die Identifikation und Analyse betrieblicher Innovationswiderstände

Bedürfnisspezifische Handlungsmöglichkeiten
im Rahmen des Innovationsmanagements

Mitarbeiterbedürfnisse (Motive)	Instrument zur Motivaktivierung		Ausgestaltung der Instrumente
	Direkt	Indirekt	
Grund- bzw. Versorgungsbedürfnisse	Erfindervergütung Gehalt	Beförderung	- Transparenz - Flexibilität - Gerechtigkeit - Differenzierte Gehaltsstufen - Qualifikationsgerechtes Gehalt - Leistungs-Belohnungs-Zusammenhang
Karriereentwicklungsbedürfnisse	Fort-/Weiterbildung Seminare/Messen	Beförderung Eigene Forschung	- Ausreichende Budgetierung - Veranstaltungshinweise - Weiterqualifizierungsprogramme - Qualifizierung on the job - Qualifizierung off the job
Prestigebedürfnisse	Beförderung Anerkennung		- Parallelhierarchie - Titelhierarchie - Publikation von Forschungsergebnissen - Betriebsinterne Publikationen - Betriebsinterne Anerkennung
Freiraumbedürfnisse	Flexible Arbeitszeit Eigene Forschung	Erfindervergütung Gehalt	- Flexible Arbeitszeit - Freistellung für eigene Forschung - Nutzung betriebsinterner Ressourcen - Kontaktvermittlung - Spesenerstattung

Abb. 3

frühzeitig flankierende Maßnahmen zur Gegensteuerung zu ergreifen. Im Rahmen empirischer Untersuchungen (*Staudt* 1985; *Schepanski* 1986; *Bock* 1987) haben sich bei typischen Innovationssituationen über alle Phasen des betrieblichen Innovationsprozesses hinweg als gemeinsamer Engpaß für den Vollzug innovatorischer Wandlungsprozesse immer wieder vier Klassen von *Innovationswiderständen* herausgebildet, die im Rahmen betrieblicher Innovationsprozesse zu überwinden sind.

a) Aufgaben zur Überwindung technisch bedingter Innovationswiderstände

An erster Stelle steht hier die Sicherung von hinreichendem Orientierungswissen. D.h. wer bietet überhaupt welche in Frage kommenden Produkt- oder Verfahrenstechniken für den jeweiligen Betrieb an? Darüber hinaus ist die Sicherung der horizontalen und vertikalen Kompatibilität von zentraler Bedeutung: In der horizontalen Kompatibilität ist abzuklären, inwieweit sich die jeweilige Produkt- oder Fertigungstechnik für die Integration in das vorhandene Techniksystem eignet. Und mit der vertikalen Kompatibilität ist abzusichern, daß nicht durch übereilte Käufe einseitige Abhängigkeiten auftreten, die den weiteren Entwicklungsprozeß behindern.

Versäumt man die Sicherung derartiger Kompatibilitäten, kommt es zu Entwicklungsaufgaben, die das verfügbare Fachpersonal oft überfordern.

Diese Probleme eskalieren, wenn es aufgrund zunehmenden Wettbewerbsdrucks zu einem immer schnelleren Modellwechsel kommt. Aus diesem Grunde benötigt man zur Diffusion einer Technik einen breitgestreuten technischen Sachverstand im Anwendungsfeld, aktualisiert um Ausbildungsinhalte der jeweils neu zu implantierenden Technologien. Nur auf dieser Basis gelingt es, die technisch-ökonomischen Potentiale von Neuerungen mit kreativen Lösungen zu verbinden und in neue Produkte sowie effektive Verfahrenstechniken umzusetzen.

b) Aufgaben zur Überwindung personell bedingter Innovationswiderstände

Der Personalanpassung an entsprechende Innovationen kommt eine Schlüsselrolle zu. Nur wenn es gelingt, wirklich präventive Personalplanung derart zu gestalten, daß das mit der jeweiligen Technik befaßte Personal sowohl auf der ausführenden als auch auf der Ingenieursebene rechtzeitig auf entsprechende Neuerungen vorbereitet ist, sind Innovationen auch unter ökonomischen Gesichtspunkten sinnvoll. Ansonsten besteht die Gefahr, daß sich Technik und Qualifikation auseinanderentwickeln (*Staudt* 1992). Dabei gilt es insbesondere zu berücksichtigen, daß Qualifizierungsmaßnahmen nicht an der Technik von gestern ausgerichtet werden, sondern potentialorientiert gestaltet werden, so daß auch nicht vorhersehbaren Technikentwicklungen Rechnung getragen werden kann (vgl. hierzu auch Kapitel III.1).

c) Aufgaben zur Überwindung organisatorisch bedingter Innovationswiderstände

Organisatorisch bedingte Innovationswiderstände ergeben sich aus der Betroffenheit des gesamten innovierenden Systems von Änderungen. Oftmals wird Innovation auf F&E-Aktivitäten begrenzt, ohne zu reflektieren, daß sich Innovation in einem Prozeß vollzieht, an dem eine Vielzahl unterschiedlicher Akteure mit unterschiedlichen Aufgabenstellungen und Zielsetzungen beteiligt sind (*Corsten* 1989). Sowohl die Entwicklung, Umsetzung und Vermarktung beim Innovationsanbieter als auch die Entscheidung, Einführung und Nutzung beim Anwender erfordern in hohem Maße eine Abstimmung innerhalb des innovierenden Systems sowie mit dem Umfeld (*Staudt/Bock/Mühlemeyer* 1990) (vgl. hierzu auch Kap. III. 1. a). In der Konsequenz bedeutet dies, daß jede größere Innovation in der Produkt- oder Fertigungs- und Verfahrenstechnik mit erheblichen organisatorischen Veränderungen und Neugestaltungen verbunden ist. Dies setzt voraus, daß zum einen die Organisationsentwicklungsprobleme selbst gelöst werden, zum anderen die entsprechenden Führungsqualifikationen zur Lösung derartiger Organisationsentwicklungsprobleme in den Betrieben zur Verfügung stehen bzw. durch Außenberatung unterstützt werden.

d) Aufgaben zur Überwindung extern regelungsbedingter Innovationswiderstände

Extern bedingte Innovationswiderstände sind im Gegensatz zu Innovationsbarrieren im innovierenden Unternehmen selbst nur in Grenzen beeinflußbar. Neben dem marktlichen Umfeld mit Markteintrittsbarrieren, Abhängigkeiten von Zulieferern etc. kommt insbesondere dem Regelungsbereich innovationshemmende Wirkung zu (*Staudt/Horst* 1989). Zunehmende gesetzliche und quasi-gesetzliche Regelungen – insbesondere aufgrund einer sich immer weiter verstärkenden „Umweltsensibilisierung" – bedingen, daß innovationsaktive Mitarbeiter über den gesamten Innovationsprozeß von der Forschung bis hin zur tatsächlichen Anwendung und Entsorgung Regulierungstatbestände, d. h. auch zukünftige Umweltfolgenabschätzungen einbeziehen müssen.

Literatur

Allen, T. J.: Communication Networks in R&D Laboratories. In: Journal of R&D Management, 1970, S. 14–21.
Becker, F. G.: Anreizsysteme für Führungskräfte im Strategischen Management. Bergisch Gladbach et al. 1987.
Bendixen, P.: Kreativität und Unternehmensorganisation. Köln 1976.
Blake, St. B.: Forschung, Entwicklung und Management. München et al. 1969.
Bock, J.: Die innerbetriebliche Diffusion neuer Techniken. Berlin 1987.
Chalupsky, A. B.: Inventive Practices as Viewed by Scientists and Managers of Pharmaceutical Laboratories. In: Personnel Psychology, 1964, S. 385–401.
Corsten, H.: Überlegungen zu einem Innovationsmanagement – organisationale und personale Aspekte. In: *Corsten, H.* (Hrsg.): Die Gestaltung von Innovationsprozessen. Berlin 1989.
Corsten, H./Meier, B.: Organisationsstrukturen und Innovationsprozesse. In: WISU, 1983, S. 251–256.
Dehr, G.: Die Unternehmung als Kreativitätssystem. Diss. Berlin 1981.
De Pay, D.: Kulturspezifische Determinanten der Organisation von Innovationsprozessen. In: *Albach, H.* (Hrsg.): Innovationsmanagement: Theorie und Praxis im Kulturvergleich. Wiesbaden 1990, S. 131–175.
Domsch, M.: Anreizsysteme für Industrieforscher. In: *Domsch, M./Jochum, E.* (Hrsg.): Personal-Management in der industriellen Forschung und Entwicklung. Köln et al. 1984, S. 249–270.
Eckert, D.: Risikostrukturen industrieller Forschung und Entwicklung. Berlin 1985.
Fischer, T.: Inventionsprozesse und Unternehmensentwicklung. Freiburg im Breisgau 1982.
Gerpott, T. J.: Karriereentwicklung von Industrieforschern. New York 1988.
Guilford, J. P.: Creativity in International Relations. In: *Taylor, C. W.* (Hrsg.): Climate for Creativity. New York et al. 1972, S. 63–74.
Kern, W./Schröder, H.-H.: Forschung und Entwicklung in der Unternehmung. Reinbek b. Hamburg 1977.
Kern, W./Schröder, H.-H.: Organisation in der Forschung und Entwicklung. In: *Grochla, E.* (Hrsg.): HWO. 2. A., Stuttgart 1980, Sp. 707–719.
Kieser, A.: Unternehmenskultur und Innovation. In: *Staudt, E.* (Hrsg.): Das Management von Innovationen. Frankfurt/M. 1986, S. 42–50.
Kortzfleisch, G. von: Kreativität und Innovationsklima als Produktionsfaktoren. Festvortrag am 3. 12. 1982 im Deutschen Museum. München 1982.
Kriegesmann, B.: Innovationsorientierte Anreizsysteme. Bochum 1993.
Mühlemeyer, P. (1992a): Personalmanagement in der betrieblichen Forschung und Entwicklung (F&E). Bochum 1992.
Mühlemeyer, P. (1992b): R&D – Personnel Management by Incentive Management. In: Personnel Review, 1992, S. 27–36.
Müller, G./Schienstock, V.: Der Innovationsprozeß in westeuropäischen Industrieländern. Berlin 1978.
Pelz, D. C./Andrews, F. M.: Scientists in Organizations. Ann Abor: Institute for Social Research. Michigan 1976.
Pfeiffer, W./Staudt, E.: Forschung und Entwicklung. In: *Grochla, E.* (Hrsg.): HWB. 4. A., Stuttgart 1974, Sp. 1521–1530.
Pfeiffer, W.: Allgemeine Theorie der technischen Entwicklung. Göttingen 1971.
Picot, A./Reichwald, R./Nippa, M.: Zur Bedeutung der Entwicklungsaufgabe für die Entwicklungszeit. In: *Brockhoff, K./Picot, A./Urban, C.* (Hrsg.): Zeitmanagement in Forschung und Entwicklung, ZfbF-Sonderheft 23/1988, S. 112–137.
Reber, G.: Anreizsysteme. In: *Grochla, E.* (Hrsg.): HWO. 2. A., Stuttgart 1980, Sp. 78–86.
Sattelberger, T.: Coaching: Alter Wein in neuen Schläuchen. In: Personalführung 1990, S. 364–374.
Schanz, G.: Motivationale Grundlagen der Gestaltung von Anreizsystemen. In: *Schanz, G.* (Hrsg.): Handbuch

Anreizsysteme in Wirtschaft und Verwaltung. Stuttgart 1991, S. 3–31.
Schepanski, N.: Mikroelektronik und Facharbeiterqualifikation. Berlin 1986.
Schlicksupp, H.: Kreative Ideenfindung in der Unternehmung, Methoden und Modelle. Berlin et al. 1977.
Schmeisser, W.: Systematische Erfindungsförderung als Unternehmensaufgabe. Angewandte Innovationsforschung, Bd. 7, Berlin 1986.
Schumpeter, J.: Theorie der wirtschaftlichen Entwicklung. 6. A., Berlin 1964.
Seifge-Krenke, I.: Probleme und Ergebnisse der Kreativitätsforschung. Bern 1974.
Staudt, E./Hinterwäller, H.: Von der Qualitätssicherung zur Qualitätspolitik – Konzeption einer integralen unternehmerischen Qualitätspolitik. In: ZfB, 1982, S. 1000–1041.
Staudt, E./Horst, H.: Innovation trotz Regulation. In: List Forum 1989.
Staudt, E./Bock, J./Mühlemeyer, P./Kriegesmann, B.: Anreizsysteme als Instrument des betrieblichen Innovationsmanagements. In: ZfB, 1990, S. 1183–1204.
Staudt, E./Bock, J./Mühlemeyer, P.: Information und Kommunikation als Erfolgsfaktoren für die betriebliche Forschung und Entwicklung. In: DBW, 1990, S. 759–773.
Staudt, E./Mühlemeyer, P./Kriegesmann, B.: Schnittstelle = Bruchstelle? In: Absatzwirtschaft, 11/1991, S. 108–114.
Staudt, E./Mühlemeyer, P./Kriegesmann, B.: Technische Informationen in Forschung und Entwicklung – Organisatorische Defizite als Ursache mangelnder Nutzung. In: VDI-Z – Zeitschrift für Integrierte Produktionstechnik, 12/1991, S. 12–16.
Staudt, E./Bock, J./Mühlemeyer, P./Kriegesmann, B.: Der Arbeitnehmererfinder im betrieblichen Innovationsprozeß. In: ZfbF, 1992, S. 11–130.
Staudt, E./Bock, J./Mühlemeyer, P.: Informationsverhalten von innovationsaktiven kleinen und mittleren Unternehmen. In: ZfB, 1992, S. 989–1008.
Staudt, E./Mühlemeyer, P./Kriegesmann, B.: Ist das Arbeitnehmergesetz noch zeitgerecht? In: ZfO, 1993, S. 100–105.
Staudt, E./Kröll, M./Hören, M. von: Potentialorientierung der strategischen Unternehmensplanung: Unternehmens- und Personalentwicklung als iterativer Prozeß. In: DBW, 1993, S. 57–75.
Staudt, E.: Planung als Stückwerkstechnologie. Göttingen 1979.
Staudt, E.: Innovation. In: DBW, 1985, S. 486–487.
Staudt, E.: Das Management von Nicht-Routineprozessen. In: *Staudt, E.* (Hrsg.): Das Management von Innovationen. Frankfurt/M. 1986, S. 11–20.
Staudt, E.: Die innerbetriebliche Förderung von Innovation. In: Personal, 1989, S. 364–369.
Staudt, E.: Wie Sie Nicht-Routine managen. In: Gablers Magazin, 1992, S. 12–16.
Staudt, E.: Shortcomings of further Training Provision for Scientific and Technical Personnel. In: International Journal of Continuing Engineering Education, 1993, S. 66–76.
Steiner, G. A. (Hrsg.): The Creative Organization. Chicago 1965.
Stifterverband für die Deutsche Wirtschaft (Hrsg.): Forschung und Entwicklung in der Wirtschaft 1983. Essen 1986.
Thom, N.: Grundlagen des betrieblichen Innovationsmanagements. 2. A., Königstein/Taunus 1980.
Torrance, E. P.: Test of Creative Thinking, Princeton/New York 1966.
Ulmann, G.: Kreativität. Basel 1968.
Ulmann, G.: Kreativitätsforschung. Köln 1973.

Wohlgemuth, A. C.: Human Resources – Management aus unternehmenspolitischer Sicht. In: *Lattmann, C.* (Hrsg.): Personalmanagement und strategische Unternehmensführung. Heidelberg 1987.

Interessenvertretungen und Verbände der Führungskräfte

Norbert Thom

[s. a.: Führungsebene und Führung; Führungstechniken; Soziale Kompetenz; Verhaltensdimensionen der Führung; Wertewandel und Führung.]

I. Grundlegende Definitionen; II. Ausgewählte Verbände zur Interessenvertretung von Führungskräften; III. Die Sprecherausschüsse; IV. Ausblick.

I. Grundlegende Definitionen

1. Führungskräfte

Der Begriff der „*Führungskraft*" ist weder gesetzlich noch betriebswirtschaftlich eindeutig und verbindlich definiert. Je nach Abgrenzungskriterium, das verwendet wird, resultieren unterschiedliche Definitionsvorschläge (*Welge* 1992).

Gutenberg (1983) bezeichnet solche Personen in der Unternehmung als Führungskräfte, die dispositive Arbeitsleistungen, also im wesentlichen Lenkungsaufgaben, zu erbringen haben. *Nagel* (1969) stellte bei einer Befragung von 60 deutschen Unternehmungen die Frage nach dem Verständnis des Begriffs „Führungskraft". 57 Unternehmungen wählten die Antwortkategorie „Mitarbeiter, die sowohl Personalverantwortung haben als auch Entscheidungen über Sachvorgänge treffen" (*Nagel* 1969, S. 15). Als nähere Kennzeichnungen der Führungskräfte werden häufig ihre Stellung in der Hierarchie (→*Führungsebene und Führung*) und – damit eng gekoppelt – die Art der ihr zugeordneten Entscheidungen herangezogen.

Vom sog. Lower Management, den unteren Führungskräften, werden operative Entscheidungen getroffen. Hierbei handelt es sich in hohem Maß um programmierbare Entscheidungen zur unmittelbaren Steuerung der Ausführungsprozesse. Die mittleren Führungskräfte treffen vorwiegend nichtprogrammierbare Entscheidungen, die mit der Entwicklung und Modifikation der Programme für das operative System im Zusammenhang stehen. Der Entscheidungsrahmen für die mittleren Führungskräfte wird durch das Topmanagement abgesteckt, dessen politische Entscheidungen ebenfalls nicht programmierbar sind. Die Entscheidungen der oberen und obersten Führungskräfte (und der Unternehmer) sind durch einen höheren Anteil individueller Wertprämissen gekennzeichnet (*Macharzina/Engelhard* 1982). Es läßt sich jedoch nicht immer eine scharfe Trennlinie zwischen den einzelnen Ebenen von Führungskräften ziehen. Insbesondere zwischen dem unteren und dem mittleren Management ist zu erwarten, daß sich die Grenzen zunehmend verwischen werden. Dies insbesondere als Folge des zunehmenden Einsatzes computergestützter Informationstechnologien (z. B. Computer Integrated Manufacturing), welcher gewisse Planungs- und Informationsfunktionen des mittleren Managements substituieren wird und somit insgesamt eine Verflachung der Führungshierarchien mit sich bringt (*Nadig* 1993).

Die betriebswirtschaftliche Fachliteratur unterscheidet zum einen als Oberbegriff die Unternehmungsführung *(Management)* als die zielgerichtete Steuerung sozio-technischer Systeme und zum anderen die Mitarbeiterführung *(Leadership)*, welche den personenbezogenen Teil (Verhaltenssteuerung) der Unternehmungsführung ausmacht (→*Verhaltensdimensionen der Führung*).

Ausgehend vom funktionalen Führungsbegriff (*Staehle* 1991) läßt sich der Aufgabeninhalt der Führungskraft näher umschreiben. Typische Führungs- bzw. *Managementaufgaben* sind demnach Planung, Innovation, Zielsetzung, Entscheidung, Organisation, Information, Motivation, Steuerung der Realisation und Kontrolle. Hierzu hat die Führung die notwendigen Ressourcen bereitzustellen (Auswahl und Förderung geeigneter Mitarbeiter, Beschaffung von Betriebsmitteln etc.) und unter Wahrung des Rationalitätsprinzips im betrieblichen Leistungserstellungs- und -verwertungsprozeß einzusetzen. Dabei kann die Führungskraft auf verschiedene Führungstechniken und -instrumente (→*Führungstechniken*) zurückgreifen. Um Führungsaufgaben wahrnehmen zu können, müssen Führungskräfte gewisse *Fähigkeiten* bzw. *Kompetenzen* (hier nicht im Sinne von Befugnissen verstanden) mitbringen (*Thom* 1988). Vereinfachend dargestellt geht es um drei Kompetenzarten (*Steinmann/Schreyögg* 1990). Die Sachkompetenz umschreibt die Fähigkeit, theoretisches Wissen und fachliche Kenntnisse in der praktischen Problemlösung umzusetzen. →*Soziale Kompetenz* umfaßt Eigenschaften wie Kommunikations- und Kooperationsfähigkeit, Kritikfähigkeit, Konfliktaustragungsfähigkeit etc. Die konzeptionelle Kompetenz ist die Fähigkeit, in Gesamtzusammenhängen zu denken, Änderungen im Umsystem wahrzunehmen und daraus konkrete Handlungsstrategien abzuleiten.

Insgesamt bleibt festzuhalten, daß jedenfalls derzeit kein praktikables Verfahren zur Messung der Leistung von Führungskräften und damit ihrer funktionalen Bedeutung für die Unternehmungsführung erkennbar ist. Unterschiedliche europäische Institutionen der Führungskräfte haben daher verschiedene Definitionsvorschläge unterbreitet.

Der Spitzenverband der Führungskräfte in der deutschen Wirtschaft, die Union der Leitenden Angestellten (ULA), definiert den Begriff Führungskraft wie folgt: „*Führungskräfte im Sinne der ULA-Satzung sind die Führungskräfte (Angestellten), die für Bestand und Entwicklung des Betriebes wichtige Aufgaben aufgrund besonderer Erfahrungen oder Kenntnisse, insbesondere einer abgeschlossenen Hochschulausbildung oder einer anderen in dem jeweiligen Wirtschaftszweig erforderlichen Spezialausbildung erfüllen, gleichviel ob sie Leitende Angestellte im Sinne des Betriebsverfassungsgesetzes sind oder nicht*" (*ULA* 1992, S. 3). Weiterhin unterstehen Führungskräfte nicht den Regelungen der Arbeitszeitordnung, besitzen einen nicht tarifbezogenen Einzelarbeitsvertrag und erhalten ein monatliches Gehalt, das mehr als das Doppelte eines Durchschnittsverdieners beträgt.

Die Schweizerische Kader-Organisation (SKO) verwendet anstelle des Begriffes „Führungskraft" den Ausdruck „Kader". „*Kader sind Arbeitnehmer, die ein Diplom oder einen Fähigkeitsausweis besitzen, eine direkte oder indirekte Führungstätigkeit ausüben und verantwortlich sind für den Einsatz des Personals und/oder der Betriebsmittel. Sie übernehmen Verantwortung und verfügen über erweiterte Kompetenzen. Kader wahren in selbständiger Weise die Interessen des Unternehmens und beeinflussen massgeblich das Geschäftsergebnis*" (*SKO*, o. J., o. S.).

Das österreichische Wirtschaftsforum der Führungskräfte (WdF) grenzt den Begriff Führungskraft auf die obersten drei Hierarchieebenen ein: 1. Führungsebene (Generaldirektor, Vorsitzender, Alleinvorstand [AG], Alleingeschäftsführer [GmbH], Geschäftsführer [Personengesellschaft]); 2. Führungsebene (Bereichsleiter, Hauptabteilungsleiter); 3. Führungsebene (Abteilungsleiter bzw. -stellvertreter). Ein eigens hierfür in Auftrag gegebenes Rechtsgutachten greift nachfolgende Definition des WdF auf: „*Leitender Angestellter* ist, wer regelmäßig Aufgaben wahrnimmt, die für den Bestand und die Entwicklung des Unternehmens oder eines Betriebes von Bedeutung sind und deren Erfüllung besondere Erfahrungen und Kenntnisse voraussetzt, wenn er dabei entweder die Entscheidungen im wesentlichen frei von Weisungen trifft oder sie maßgeblich beeinflußt; dies kann auch bei Vorgaben insbesondere auf Grund von Rechtsvorschriften, Plänen oder Richtlinien sowie bei Zusammenarbeit mit anderen leitenden Angestellten gegeben sein" (*Marhold* 1992, S. 2).

Der europäische Dachverband, die Confédération Européenne des Cadres (CEC), nennt vier Faktoren, die generell für Führungskräfte charakteristisch sind, nämlich die Berufsbezeichnung, der effektive Aufgabenbereich, der Status oder die Stellung und die daraus resultierende Machtbefugnis sowie der Inhalt und die Erfüllung des Anstellungsvertrages. Als spezifische Abgrenzungsmerkmale zu anderen Beschäftigungsgruppen werden aufgeführt die Weisungsbefugnis, ausgeprägte funktionsbezogene Bedeutung, der Entscheidungsspielraum und die besondere Verantwortung. Insgesamt sind in den Unternehmungen der Europäischen Gemeinschaft mit mehr als 10 Beschäftigten 8,1 Millionen Führungskräfte tätig, was im Schnitt einem Führungskräfteanteil von 13% entspricht (CEC 1993).

2. Verbände/Interessenvertretungen

Ein *Verband* ist eine meist wirtschaftlich orientierte Nonprofit Organisation (NPO), mit dem Ziel der Förderung und Vertretung der Interessen ihrer Mitglieder (*Schwarz* 1992). Es handelt sich um Vereinigungen von privaten oder öffentlichen Betrieben beziehungsweise Haushalten oder Privatpersonen. Die Wirtschaftsverbände unterteilen sich in Unternehmerverbände, Verbände der Selbständigerwerbenden sowie in Haushalts- und Personenverbände (*Blümle* 1987). Die Verbände der Führungskräfte sind letzteren zuzuordnen. Während die Struktur der Verbände mit ihren Organen (Trägerschaft, Leitung, Geschäfts- und Ausschußbetrieb) relativ homogen und abgrenzbar umschrieben ist (*Blümle* 1980), besagt der Begriff „*Interessenvertretung*" nichts über dessen Rechtsform oder Struktur. Interessenvertretungen sind ganz allgemein Institutionen, welche die Interessen irgendwelcher Personen oder Organisationen wahrnehmen. So sind beispielsweise die Sprecherausschüsse Interessenvertretungen aber keine Verbände. Die ULA hingegen ist sowohl ein Verband als auch eine Interessenvertretung.

II. Ausgewählte Verbände zur Interessenvertretung von Führungskräften

1. Nationale Verbände

Im Gegensatz zur Bundesrepublik Deutschland bestehen gegenwärtig in der Schweiz und Österreich keine nationalen Dach- bzw. Spitzenverbände für Führungskräfte.

a) Union Leitender Angestellter (ULA)

Die bundesdeutsche ULA wurde 1951 gegründet und umfaßt heute sechs Mitgliedsverbände und einen kooperierenden Verband, die insgesamt 50 000 Mitglieder zählen. Die ULA ist Mitglied der Confédération Européenne des Cadres (CEC), dem offiziell von der EG-Kommission anerkannten Spitzenverband für Führungskräfte in Europa (*ULA* 1992).

Zu den Mitgliedsverbänden gehören der
- Verband angestellter Akademiker und Leitender Angestellter der chemischen Industrie e.V. (VAA);
- Verband angestellter Führungskräfte e.V. (VAF); Hauptbranchen: Metall, Elektro, Bau, Dienstleistungen;
- Verband der Führungskräfte der Eisen- und Stahlerzeugung und -verarbeitung e.V. (VFE);
- Verband deutscher Akademiker für Ernährung, Landwirtschaft und Landespflege (VDL);
- Verband der Führungskräfte in Bergbau und Energiewirtschaft und zugehörigem Umweltschutz e.V. (VDF).

Kooperierendes Mitglied der ULA ist der
- Berufsverband der Geschäftsstellenleiter der Assekuranz e.V. (VGA).

In den einzelnen Verbänden sind verschiedenartige Personengruppen zusammengeschlossen. Zu ihnen gehören unter anderen Leitende Angestellte im Sinne des § 5 Abs. 3 BetrVG 1972, aber auch sog. AT-Angestellte (*Außertarifliche Angestellte*), deren Aufgaben- und Verantwortungsbereiche über dem der höchsten tariflichen Gehaltsgruppe liegen, soweit sie Führungsaufgaben wahrnehmen oder zumindest jedoch Nachwuchskräfte für solche Positionen darstellen (etwa mit Hochschulbildung). Jeder Leitende Angestellte nach § 5 Abs. 3 BetrVG 1972 ist AT-Angestellter, nicht aber umgekehrt. Das Grundziel der parteipolitisch unabhängigen und konfessionell neutralen ULA besteht darin, die für alle Führungskräfte der deutschen Wirtschaft gemeinsamen gesellschaftspolitischen, rechtlichen, wirtschaftlichen und sozialen Interessen zu vertreten.

Als besonders nachhaltig vertretene Hauptforderungen können identifiziert werden:

- die Anerkennung der Führungskräfte als eigene Gruppe, einschließlich einer rechtssicheren, wirklichkeitsnahen und handhabbaren Abgrenzung der Leitenden Angestellten;
- die gesetzliche Verankerung der Sprecherausschüsse als innerbetriebliche Interessenvertretung der Leitenden Angestellten – diese Forderung wurde mit dem am 1. Januar 1989 in Kraft getretenen Gesetz zur Änderung des Betriebsverfassungsgesetzes über Sprecherausschüsse der Leitenden Angestellten und zur Sicherung der Montanmitbestimmung (BGBl. I vom 20. 12. 1988, S. 2312) umgesetzt – und die Ablehnung einer gleichzeitigen Einbeziehung in den Betriebsrat;
- die Beteiligung an Mitbestimmungsrechten mit selbstgewählten Vertretern sowie die Mitbestim-

mung mit Bereitschaft zu Verantwortung und Kooperation (Mitbestimmung als Recht der Arbeitnehmer und nicht als Rechte ihrer Organisationen bzw. Funktionäre);
- die Anerkennung und Honorierung der Leistung, insbesondere bei Einkommen, im Steuerrecht und bei der Altersversorgung, d. h. Ablehnung aller Nivellierungstendenzen;
- die soziale Sicherheit bei Bereitschaft zur Eigenverantwortung und die Solidarität mit unverschuldet Leistungsunfähigen, in Not Geratenen, nicht aber der Schutz von Leistungsunwilligen;
- die gegliederte und selbstverwaltete Sozialversicherung im Gegensatz zu einer nivellierten und bürokratischen Einheitsversicherung;
- die Stärkung der marktwirtschaftlichen Wirtschaftsordnung und dementsprechend die Ablehnung von Bürokraten- und Planwirtschaft (keine Investitionslenkung oder -kontrolle);
- die Förderung der Rechtsstaatlichkeit, Demokratie, Pluralität und des Minderheitenschutzes (keine „Einheitsarbeitnehmer" mit quasi Zwangsmitgliedschaft zum Deutschen Gewerkschaftsbund DGB);
- das Verlangen nach einer zukunftsweisenden Energiepolitik für die Nutzung der Kernkraft und die Ablehnung von Technik- und Innovationsfeindlichkeit und
- die Förderung der europäischen Einigung und Zusammenarbeit.

Die ULA artikuliert sich in drei Publikationsorganen: in der Verbandszeitschrift „ULA-Nachrichten" (erscheint 10mal jährlich und erreicht alle Verbandsmitglieder, alle Bundestagsabgeordnete, viele Journalisten, Verbände und Institutionen); im „ULA-Pressedienst" (erreicht interessierte Journalisten und Presseorgane, ausgewählte Bundestagsabgeordnete, Sprecherausschüsse, Werks- und Betriebsgruppen der Mitgliedsverbände, Verbände und Institutionen) und in der „Schriftenreihe der ULA", welche nach Bedarf erscheint (erreicht Sprecherausschüsse, Werks- und Betriebsgruppen der Mitgliedsverbände, Verbände und Institutionen, ausgewählte Journalisten und je nach Thema Bundesabgeordnete).

b) Schweizerische Kader-Organisation (SKO)

Die 1893 gegründete SKO, als älteste Kaderorganisation der Schweiz, versteht sich als branchenübergreifende Berufsorganisation der Kader aller Branchen aus Privatwirtschaft und öffentlichem Bereich. Sie ist die offiziell anerkannte Interessenvertreterin des schweizerischen Kaders, ist parteipolitisch unabhängig und konfessionell neutral. Die SKO besteht zur Zeit aus 90 Sektionen und hat rund 11 000 Mitglieder. Auf nationaler Ebene ist die SKO Mitglied der Vereinigung Schweizerische Angestelltenverbände (VSA), welche die zweitgrößte (gewerkschaftliche) Spitzenorganisation der Arbeitnehmer in der Schweiz darstellt. Auf internationaler Ebene ist die SKO Mitglied der EUROFIET, einer regionalen Organisation der FIET. Die FIET ist eine weltweit tätige Organisation zur Koordination nationaler Gewerkschaftsaktivitäten. Im Gegensatz zur bundesdeutschen ULA weist die SKO also institutionell engere Bindungen zu den Gewerkschaften auf. Dies vermutlich nicht zuletzt deswegen, weil der Kaderbegriff durch die SKO primär auf das mittlere und untere Management bezogen wird. „Kader [...] stehen von ihrer Funktion und Stellung her in der Regel zwischen den Mitarbeiterinnen und Mitarbeitern und der Leitung eines Unternehmens" (*SKO* 1993, S. 1).

Anliegen der SKO:
- Die SKO setzt sich für einen demokratischen Staat sowie für eine freie und soziale Marktwirtschaft ein.
- Die SKO definiert einen spezifischen Kadergeist (konstruktives, positives und leistungsorientiertes Denken; Verantwortungsbewußtsein gegenüber den Mitarbeiterinnen und Mitarbeitern, dem Unternehmen und der Umwelt).
- Die SKO pflegt und vertritt eine eigenständige Kaderpolitik und -ideologie, unabhängig von anderen Organisationen.

Die SKO fördert:
- die beruflichen, sozialen und menschlichen Interessen der Kader;
- Selbstvertrauen und Standesbewußtsein;
- das Ansehen der Kader in der Öffentlichkeit;
- den Rechtsschutz und die materiellen Leistungen für die Mitglieder;
- den branchen- und funktionsübergreifenden Erfahrungsaustausch und schafft somit die Möglichkeit, sich in einem Kader-Beziehungsnetz zu bewegen;
- und stärkt die gegenseitige Hilfsbereitschaft und Unterstützung, Zusammenarbeit und Kollegialität.

c) Schweizerische Management Gesellschaft (SMG)

Eine dem Betriebswissenschaftlichen Institut der Eidgenössischen Technischen Hochschule Zürich nahestehende Personengruppe rief 1961 die ASOS Association Suisse d'Organisation Scientifique (Schweizerische Gesellschaft für Betriebswissenschaften) ins Leben. Es handelte sich dabei um die Nachfolgeorganisation des 1948 geschaffenen Comité Nationale Suisse d'Organisation Scientifique. Mit den 1975 vorgenommenen Anpassungen der Gesellschaftsziele an die veränderten Bedürfnisse von Wirtschaft und Unternehmungsführung wurde auch eine Namensänderung (zur heutigen

SMG) vorgenommen. Die SMG, die zur Zeit etwa 800 Mitglieder zählt, verfolgt weder gewinnbringende noch politische oder konfessionelle Intentionen. Die SMG versteht sich zwar als fachübergreifende Vereinigung der obersten und oberen Führung, jedoch nicht als eigentliche Standes- oder Berufsorganisation, denn sie befaßt sich nur am Rande mit der Funktion und rechtlichen Stellung des Managers. Ihre primären Zielsetzungen umschreibt die SMG wie folgt:

„– Die Unternehmungsführung bei der Erfüllung ihrer Aufgaben unterstützen, die im Zeichen beschleunigten technologischen Wandels, zunehmender Globalisierung der Märkte, wachsender Verantwortung gegenüber Gesellschaft und Umwelt sowie veränderter Werte (→ *Wertewandel und Führung*) stehen.
– Die Persönlichkeitsentwicklung und führungsmethodische Weiterbildung der Führungskräft fördern.
– Die Erkenntnisse der Wissenschaften mit den Anforderungen der Führungspraxis verbinden.
– Das Verständnis für die Führungsaufgabe in der Öffentlichkeit verstärken.
– Den Erfahrungsaustausch und die persönliche Begegnung zwischen den Mitgliedern vertiefen" (*SMG* 1992, Rückseite des Umschlags).

Zur Umsetzung dieser Ziele organisiert die SMG Betriebsbesichtigungen und Workshops. Sie führt den Gesellschaftsinteressen entsprechende Projekte durch und bemüht sich um eine Verbreitung der daraus gewonnenen Erkenntnisse. Darüber hinaus stellt sie ihren Mitgliedern einen an das Schweizer Management gerichteten Verhaltenskodex und für bestimmte Fragestellungen eine Informationsstelle zur Verfügung.

d) Wirtschaftsforum der Führungskräfte (WdF)

Das WdF ist die einzige überparteiliche und unabhängige Standes- und Interessenvertretung der Manager in Österreich. Das WdF hat die Rechtsform eines Vereins, zählt gegenwärtig rund 3 400 Führungskräfte der ersten drei Hierarchieebenen aus allen Branchen und Bereichen der österreichischen Wirtschaft zu seinen Mitgliedern. Das Schwergewicht der Mitgliedschaften liegt bei Führungskräften der zweiten Ebene. Insgesamt schätzt das WdF die Anzahl der Führungskräfte in Österreich auf 35 000 bis 40 000. Neben der Bundesgeschäftsstelle in Wien bestehen 7 Landesgeschäftsstellen. Das WdF ist seit März 1993 als erster Verband eines (noch) Nicht-EU-Mitgliedstaates Vollmitglied der CEC. Daneben bestehen Kontakte zu osteuropäischen Führungskräfteverbänden.

Die Satzungen umschreiben den Zweck des Vereins wie folgt: „Der Verein, dessen Tätigkeit nicht auf Gewinn gerichtet ist, bezweckt, Führungskräfte oder aus dem aktiven Berufsleben ausgeschiedene Führungskräfte aus Unternehmen sowie aus Institutionen der Wirtschaft in freier und demokratischer Form zusammenzufassen, die sozialen, beruflichen und wirtschaftlichen Interessen der Mitglieder wahrzunehmen, das unternehmerische Bewußtsein der Führungskräfte zu vertiefen, das Eintreten für den Gedanken und das Prinzip einer sozialen Marktwirtschaft zu fördern und Mithilfe bei der Lösung aktueller Probleme zu leisten.

Diesen Zweck verfolgt der Verein durch

a. Vertiefung der Kontakte der Mitglieder untereinander, durch Zusammenkünfte und gemeinsame Veranstaltungen;
b. Information und Beratung der Mitglieder in ihren sozialen und beruflichen Angelegenheiten;
c. Vorträge und Seminare über wirtschafts- und unternehmenspolitische Fragen; gemeinsame Beratung von solchen Fragen;
d. Anregung entsprechender Maßnahmen im Bereich der Gesetzgebung und Verwaltung;
e. Einrichtungen zur Förderung von Nachwuchskräften für Führungspositionen;
f. Herausgabe von Mitteilungen und sonstigen Informations- und Druckschriften;
g. enge Kontakte zu den Arbeitgeberverbänden, vor allem zur Vereinigung Österreichischer Industrieller;
h. Einrichtung einer paritätischen Schlichtungsstelle mit den Arbeitgeberverbänden, in denen Streitfälle zwischen Unternehmensleitungen und Führungskräften geklärt und beigelegt werden können;
i. Beziehungen zu gleichrtigen Verbänden des In- und Auslandes und Mitarbeit in solchen internationalen Organisationen;
j. Förderung und Vermittlung des Erfahrungsaustausches im In- und Ausland" (*WdF*, o. J., § 1 Abs. 1 und 2).

Weiterhin hat das WdF einen eigenen Ehrenkodex für Führungskräfte verabschiedet, der etwa das Bekenntnis zu Demokratie und sozialer Marktwirtschaft enthält, eine klare Trennung von unternehmerischen Aufgaben und parteipolitischen Interessen fordert und an die Mitverantwortung für die Aufrechterhaltung einer lebenswerten Umwelt für jetzige und künftige Generationen eintritt.

Das WdF versteht sich nicht als *Führungskräfte-Gewerkschaft*, sondern als Standes- und Interessenvertretung. Zum Österreichischen Gewerkschaftsbund (ÖGB) besteht eine lose Gesprächsbasis.

Neben unterschiedlichen Informationsbroschüren gibt das WdF eine eigene Zeitschrift, das „WdF Magazin" heraus.

2. Die Confédération Européenne des Cadres (CEC) als internationaler Dachverband

Die CEC mit Hauptsitz in Paris ist der europäische Dachverband der nationalen Führungskräfteverbände. Gegenwärtig sind folgende Nationalverbände Mitglieder der CEC: Belgien: Confédération Nationale des Cadres/Nationale Confederatie van het Kaderpersoneel (C.N.C./N.C.K.); Dänemark: Lederens Hovedorganisation (L.H.); Deutschland: Union der Leitenden Angestellten (ULA); Großbritannien: Federation of Mangerial Professional and General Associations (M.P.G.); Frankreich: Confédération Française de l'Encadrement/Confédération Générale des Cadres (C.F.E./C.G.C.); Italien: Confederazione Italiana dei Dirigenti di Azienda (C.I.D.A.); Luxemburg: Fédération des Employés Privés – Fédération Indépendante des Travailleurs et Cadres (F.E.P. - F.I.T. et Cadres); Niederlande: Vakorganisatie voor Middelbaar en Hoger Personeel (V.H.P.); Österreich: Wirtschaftsforum der Führungskräfte (WdF); Portugal: Federacao Nacional de Sindicatos de Quadros (F.E.N. S.I.Q.); Spanien: Confederación de Cuadros (C.C.).

Die CEC steht in Verbindung mit anderen internationalen, meist branchenspezifischen Dachverbänden (*CED*, o.J.).

III. Die Sprecherausschüsse

Am 1. Januar 1989 ist das Gesetz zur Änderung des Betriebsverfassungsgesetzes über Sprecherausschüsse der Leitenden Angestellten und zur Sicherung der Montanmitbestimmung in Kraft getreten (BGBl. I vom 20.12.1988, S. 2312). Somit konnten zwischen dem 1. März und dem 31. Mai 1990 – zeitgleich mit den Betriebsratswahlen – erstmals Sprecherausschüsse der Leitenden Angestellten gewählt werden (*ULA* 1990).

Die Grundzüge der Einflußmöglichkeiten des Sprecherausschusses können wie folgt umschrieben werden (*ULA* 1990):

– Mitwirkungsrechte: z.B. als Vereinbarungsbefugnis bei der Ausarbeitung von neuen Richtlinien über den Inhalt, den Abschluß oder die Beendigung von Arbeitsverhältnissen der Leitenden Angestellten durch den Arbeitgeber; Beratung von Änderungen der Gehalts- und Arbeitsbedingungen;
– Anhörungsrechte: z.B. ist vor jeder Kündigung eines leitenden Angestellten der Sprecherausschuß anzuhören;
– Unterrichtungsrechte: z.B. mindestens einmal pro Kalenderjahr ist der Sprecherausschuß über die wirtschaftliche Entwicklung des Unternehmens zu unterrichten, soweit dadurch keine Betriebsgeheimnisse gefährdet werden.

Der Sprecherausschuß kann von einem Leitenden Angestellten bei der Wahrnehmung seiner Belange gegenüber dem Arbeitgeber zur Unterstützung und Vermittlung zugezogen werden, auch bei der Einsicht in die Personalakte.

Die Zusammenarbeit mit dem Betriebsrat ist so geregelt, daß dem Betriebsrat das Recht eingeräumt werden kann, an Sitzungen des Sprecherausschusses teilzunehmen (und umgekehrt). Schließlich soll einmal im Jahr eine gemeinsame Sitzung der beiden Gremien stattfinden.

Der Sprecherausschuß besteht in der Regel bei Betrieben mit 10 bis 20 Leitenden Angestellten aus einer Person, bei 21 bis 100 aus drei, bei 101 bis 300 aus fünf und bei über 300 aus sieben Mitgliedern. Männer und Frauen sollen entsprechend ihrem zahlenmäßigen Verhältnis im Sprecherausschuß vertreten sein.

Wahlberechtigt sind alle Leitenden Angestellten eines Betriebes, die diesem mindestens sechs Monate angehören, nicht aufgrund eines allgemeinen Auftrags des Arbeitgebers Verhandlungspartner des Sprecherausschusses sind und nicht Aufsichtsratsmitglied der Arbeitnehmer sein können. Personen, die strafrechtlich verurteilt worden sind, verlieren ihre Fähigkeit, Rechte aus öffentlichen Wahlen zu erlangen und sind damit nicht wählbar.

Die Nützlichkeit von Sprecherausschüssen wird von Leitenden Angestellten unterschiedlich beurteilt. Manche sehen für derartige gesetzlich verankerte Regelungen keinen Bedarf, weil sich ihrer Ansicht nach die Leitenden Angestellten betriebsintern auch selber behaupten können, insbesondere dann, wenn innerhalb der jeweiligen Unternehmung eine offene, transparente Informationspolitik vorherrscht. Daneben gibt es allerdings auch Befürworter dieses Gesetzes, weil es gewisse Rechte und Pflichten als verbindliches Fundament der Zusammenarbeit festlegt und es bei wachsender Größe von Unternehmen und ansteigender Zahl von Führungskräften den Leitenden Angestellten Gewähr dafür leistet, daß auch ihre Interessen angemessen berücksichtigt werden. Verschiedentlich geben Leitende Angestellte jedoch zu bedenken, daß es sich bei diesem Gesetz nur um eine Mindestregelung handelt, die sich durch freiwillige Vereinbarungen konkretisieren und ergänzen läßt (so wie dies in einigen Unternehmungen bereits seit längerem geschieht) (*Forum 4x4* 1993).

IV. Ausblick

In den letzten Jahrzehnten hat sich ein zunehmender Organisationsgrad für die Interessenvertretung von Führungskräften abgezeichnet. Diese Aussage gilt sowohl für die nationale als auch für die internationale Ebene. Es ist zu erwarten, daß dieser Trend angesichts der besonderen Lage von

Führungskräften, dem verstärkten Rationalisierungsdruck (inklusive Outplacement-Aktionen) und der zunehmenden Internationalisierung der Personalpolitik anhalten wird.

Literatur

Blümle, E.-B.: Verbandsorganisation. In: *Grochla, E.* (Hrsg.): HWO. 2. A., Stuttgart 1980, Sp. 2292–2302.
Blümle, E.-B.: Verbände, Führung in. In: *Kieser, A./Reber, G./Wunderer, R.* (Hrsg.): HWFü. Stuttgart 1987, Sp. 2004–2015.
Confédération Européenne des Cadres (CEC): Confédération Européenne des Cadres (CEC), Informationsbroschüre. o.O. o.J.
Confédération Européenne des Cadres (CEC): Entwurf eines Berichtes über die Situation der Führungskräfte in der Europäischen Gemeinschaft zu Händen des Europäischen Parlamentes (Ausschuß für soziale Angelegenheiten, Beschäftigung und Arbeitsumwelt). o.O. 1993.
Forum 4x4: Leitende Angestellte zu ihrem Rollenverständnis. In: Organisationsentwicklung, 1993, H. 1, S. 66–71.
Gutenberg, E.: Grundlagen der Betriebswirtschaftslehre. 1. Bd.: Die Produktion. 24. A., Berlin et al. 1983.
Macharzina, K./Engelhard, H.: Mittleres Management und Strategische Unternehmenssteuerung. Zur betriebswirtschaftlichen Bedeutung von Angestellten in Leitungsfunktionen. In: Journal für Betriebswirtschaft, 1982, S. 165–179.
Marhold, R.: Rechtsgutachten über den Begriff des Leitenden Angestellten erstattet für das Wirtschaftsforum der Führungskräfte. Konstanz 7. 2. 1992.
Nadig, P.: Ausgewählte organisatorische und personalwirtschaftliche Aspekte bei der Realisierung von Computer Integrated Manufacturing (CIM). Konzeptionelle Grundlagen – Explorativstudie – Gestaltungsgrundsätze. Bern et al. 1993.
Nagel, K.: Die innerbetriebliche Ausbildung von Führungskräften in Großunternehmungen. Berlin 1969.
Schwarz, P.: Management in Nonprofit Organisationen. Bern et al. 1992.
Schweizerische Kaderorganisation (SKO): Die SKO in Kürze... o.O. o.J.
Schweizerische Kaderorganisation (SKO): Die SKO-Vertrags- und Sozialpolitik. o.O. Januar 1993.
Schweizerische Management-Gesellschaft (SMG): Jahresbericht 1992 (Bericht des Vorstandes vom 12. Mai 1993 an die Generalversammlung der Mitglieder). Zürich 1992.
Staehle, W. H.: Management. 6. A., München 1991.
Steinmann, H./Schreyögg, G.: Management. Wiesbaden 1990.
Thom, N.: Anforderungen an Führungskräfte von morgen. Gibt es einen gemeinsamen Nenner? In: *Thom, N.* (Hrsg.): Management im Wandel. Hamburg et al. 1988, S. 188–193.
Union der Leitenden Angestellten (ULA): Sprecherausschußwahlen nach dem Sprecherausschußgesetz auch unter Berücksichtigung der erstmaligen Wahl. Schriftenreihe Nr. 25, 2. A., Essen Februar 1990.
Union der Leitenden Angestellten (ULA): Ausgewählte Forderungen und Thesen der ULA. Schriftenreihe Nr. 28, Köln November 1992.
Welge, M. K.: Führungskräfte: In: *Gaugler, E./Weber, W.* (Hrsg.): HWP. 2. A., Stuttgart 1992, Sp. 937–947.
Wirtschaftsforum der Führungskräfte (WdF): Satzungen des Vereines Wirtschaftsforum der Führungskräfte. o.O. o.J.

Interkulturelle Unterschiede im Führungsverhalten

Art Jago/Gerhard Reber/Wolf Böhnisch/ Jerzy Maczynski/Jan Zavrel/Jiri Dudorkin

[s. a.: Führungstheorien – Vroom-Yetton-Modell; Frauen, Männer und Führung; Führung und Führungsforschung in romanischen Ländern; Führungsforschung – Führung in der Bundesrepublik Deutschland, in Österreich und in der Schweiz; Führungsforschung, Führung in Nordamerika; Konflikte als Führungsproblem.]

I. Einführung; II. Methode; III. Ergebnisse; IV. Diskussion.

I. Einführung

Hofstede (1980a, b) vermutet, daß Führungsstile von einer Dimension nationaler Kultur abhängen, die er „*Machtgefälle*" nennt. *Hofstede* (1980a, S. 45) definiert diesen Begriff als „das Ausmaß, bis zu welchem die Gesellschaft die Tatsache akzeptiert, daß Macht in Institutionen und Organisationen gleichmäßig verteilt ist". Er sagt voraus, daß in Kulturen, in denen dieses Machtgefälle gering ist, „Mitarbeiter von ihren Vorgesetzten erwarten, daß diese sie zu Rate ziehen und rebellieren oder sogar streiken würden, wenn Vorgesetzte nicht innerhalb ihrer legitimierten Rolle bleiben würden. Für die meisten wäre der ideale Vorgesetzte ein loyaler Demokrat" (*Hofstede* 1980a, S. 61). In Kulturen mit großem Machtgefälle „erwarten Mitarbeiter von ihren Vorgesetzten autokratisches Vorgehen. Der ideale Vorgesetzte ist ein wohlwollender Autokrat oder eine Vaterfigur" (*Hofstede* 1980a, S. 61). Für Kulturen mit einem mittleren Machtgefälle „erwarten die Untergebenen zwar, daß sie um Rat gefragt werden, würden aber ebenso autokratisches Verhalten akzeptieren. Der ideale Vorgesetzte ist demnach ein ressourcenreicher Demokrat" (*Hofstede* 1980a, S. 61).

Wie sinnvoll diese Thesen von *Hofstede* auch sein mögen, sie wurden bisher noch nicht überprüft. Um interkulturelle Differenzen von *Führungsstilen* verstehen zu können, vergleicht die vorliegende Studie das Führungsverhalten von Vorgesetzten aus sieben Nationen: Österreich, Tschechoslowakei bzw. Tschechien, Frankreich, Deutschland, Polen, Schweiz und den USA.

Österreich weist den geringsten Wert für das Machtgefälle unter Hofstedes 40 Ländern auf (*Hofstede* 1980b). Auch Deutschland und die Schweiz haben ein relativ geringes Machtgefälle. Auf der anderen Seite werden gerade die USA als das typische Land mit einem mittleren Machtgefälle beschrieben. Frankreich hat einen relativ hohen Machtgefälle-Wert. Mit der Ausnahme von Jugoslawien sind die ehemaligen Ostblockstaaten nicht in *Hofstedes* Beispielen enthalten. Analog nehmen wir für Polen und die Tschechoslowakei einen ähnlich hohen Machtgefälle-Wert wie für Jugoslawien an.

Das System von *Vroom/Yetton* (→*Führungstheorien – Vroom/Yetton-Modell*) (1973) wurde verwendet, um Unterschiede im Führungsstil der sieben Kulturen festzustellen. Dieses Modell verwendet eine Meßmethode für *Partizipation*, die sowohl in den USA (*Jago/Vroom* 1978) als auch in der gleichen Form in Österreich (*Böhnisch* 1991; *Böhnisch* et al. 1988), nicht jedoch in den verbleibenden fünf Ländern validiert wurde. Darüber hinaus ist damit ein normatives (d.h. präskriptives) Modell verfügbar, mit dem die Antworten auf das Forschungsinstrument im Hinblick auf ihre situative Angemessenheit bewertet werden können. Die Gültigkeit dieses normativen Modells wurde ebenfalls in den USA (*Vroom/Jago* 1978) und in Österreich (*Böhnisch* et al. 1987), nicht jedoch in den anderen Ländern validiert.

II. Methode

1. Teilnehmer

Teilnehmer der Untersuchung waren 2374 Vorgesetzte, von denen die Mehrheit in irgendeiner Form an einem Management-Trainingsprogramm teilgenommen hat. Sie stammten aus bzw. waren Staatsbürger folgender Länder (Anzahl in Klammern): Österreich (814), Tschechoslowakei (Tschechien) (188), Frankreich (106), Deutschland (168), Polen (146), Schweiz (138) und USA (814) (vgl. Tab. 1). Das Sample aus den USA wurde aus einem größeren Datenbestand von 2631 Vorgesetzten gewonnen. Um eine Überrepräsentanz der amerikanischen Daten zu vermeiden, wurden diese nach gewissen demographischen Merkmalen (→*Demographie und Führung*), von denen man weiß, daß sie das Führungsverhalten beeinflussen, so ausgesucht, daß sie dem österreichischen Sample in etwa entsprechen. Diese Merkmale waren: Alter, Geschlecht, hierarchische Position und Führungsfunktion (*Jago* 1980; *Jago/Vroom* 1982).

Nach eigenen Angaben war das durchschnittliche Alter der Testpersonen 39,66 Jahre (sd = 8.00) und die mittlere Dauer ihres Dienstverhältnisses beim gegenwärtigen Arbeitgeber betrug 11,94 Jahre (sd = 8.72). 92,2% waren männlichen Geschlechts. Die Testpersonen repräsentierten folgen-

Länder	Gesamtzahl der involvierten Testpersonen	Verglichene Testpersonen „N"	Zeitraum der Datenerhebung	Quellen/ Institutionen	Erhebungspersonen
A Österreich	1032	814	1984–1993	Führungstrainings, Uni Linz	Böhnisch, Reber
CS Tschechoslowakei	188	188	1990–1993	Führungstrainings Handelshochschule Prag, Südböhmische Universität Budweis, TU Prag	Böhnisch, Reber, Zavrel, Dudorkin
D Deutschland	168	168	1989–1993	Führungstrainings Bundeswehrhochschule München, Universitätsseminar der Deutschen Wirtschaft (USW)	Reber
F Frankreich	106	106	1988	Fallsystem in unterschiedlichen Firmen/Branchen	Rouvé 1989
PL Polen	146	146	1990	Fallsystem in unterschiedlichen Firmen/Branchen	Maczynski
US USA	2631	814	1976–1987	Führungstrainings	Vroom, Jago
CH Schweiz	138	138	1990–1993	Führungstrainings Hochschule St. Gallen – Nachdiplom in Unternehmensführung (NDU)	Reber

Tab. 1: Anzahl der einbezogenen Testpersonen/Länder/Erhebungszeiträume/Quellen/Erhebungspersonen

de Geschäftszweige bzw. Organisationen: Erzeugende Industrie (23%), Dienstleistungen (23%), verarbeitende Industrie (z. B. Papier, Chemikalien 19%), Forschung und Entwicklung (8%), öffentliche Verwaltung (7%), öffentliche Betriebe (6%), Transport (1%), unspezifizierte „andere" (14%). Die Testpersonen hatten folgende Führungsfunktionen inne: General Management (25%), Verkauf (17%), Produktion (17%), Forschung (7%), Personal (6%), Finanzen (6%), unspezifizierte „andere" (15%). Die Verteilung auf die verschiedenen hierarchischen Positionen war wie folgt: Geschäftsführung (11%), Bereichs- bzw. Hauptabteilungsleiter der ersten Berichtsebene (26%), Führungskraft in der zweiten Berichtsebene (26%), Abteilungsleiter der ersten Berichtsebene (12%), sonstige Führungskräfte, unspezifizierte „andere" (18%).

Die Daten aus Polen wurden vor dem Ende der kommunistischen Ära gesammelt. Mit der Datenaufnahme in der Tschechoslowakei wurde kurz nach dem Ende des kommunistischen Systems begonnen; sie umfassen von Anfang an fast ausschließlich Manager im heutigen Tschechien. Die Daten aus Deutschland stammen aus der ehemaligen Bundesrepublik. Die Daten von französischen Managern wurden bereits früher von *Rouvé* (1989) veröffentlicht und stammen aus dieser Quelle.

2. Instrumente

Die Methode der Datensammlung war in allen sieben Ländern die gleiche. Den Vorgesetzten, die zum Zeitpunkt der Datenbeschaffung mit dem *Vroom/Yetton-Modell* noch nicht vertraut waren, wurde ein „Problem-set" übergeben. Dieses Set enthielt 30 Entscheidungssituationen, die die Autoren von hunderten Managern erhielten und aus deren aktuellen Beschreibungen sie bestimmte Fälle auswählten und niederschrieben. Die für das Set ausgewählten Fälle entsprachen dem Design einer multifaktoriellen Experimentiersituation, in der sieben „Problemattribute" dichotom (Ja–Nein) systematisch manipuliert werden (*Vroom/Yetton* 1973, S. 98):

(a) *Qualitätserfordernis:* Ist die sachliche Qualität der Entscheidung wichtig?
(b) *Information des Vorgesetzten:* Habe ich genügend Informationen oder sind diese aufgrund vorhandener Unterlagen einfach verfügbar, um eine qualitativ hochwertige Entscheidung treffen zu können?
(c) *Problemstruktur:* ist das Problem gut strukturiert?
(d) *Akzeptanzerfordernis:* Ist die Akzeptanz der Entscheidung durch die Mitarbeiter für die effektive Ausführung wichtig?
(e) *Wahrscheinlichkeit der Akzeptanz:* Wenn ich die Entscheidung selbst treffe, glaube ich, daß sie dann von den Mitarbeitern akzeptiert würde?
(f) *Zielkongruenz:* Teilen die Mitarbeiter die Organisationsziele, die durch eine Lösung des Problems erreicht werden sollen?
(g) *Konflikte zwischen den Mitarbeitern:* Wird es unter den Mitarbeitern vermutlich zu Konflikten kommen, welche Lösung zu bevorzugen ist?

Die Testpersonen wurden nun zu jeder Entscheidungssituation gebeten, ihr Verhalten aus fünf möglichen Verhaltensweisen, die von höchst autokratisch bis zu höchst partizipativ reichten, auszuwählen. Diesen Verhaltensweisen wurden Skalenwerte von 0 (autokratische Entscheidung) bis 10 (Konsensentscheidung) zugeordnet.

Bei den Versionen der Fälle in den verschiedenen Sprachen wurde mehr Wert auf funktionale als auf formale Gleichwertigkeit gelegt (*Warwick/Linninger* 1975). Eine direkte Übersetzung wurde vermieden. Es wurden eher Fälle aus dem jeweiligen Land ausgesucht, um die Vergleichbarkeit der einzelnen Ländersituationen zu gewährleisten.

III. Ergebnisse

1. Partizipation

Der am einfachsten vergleichbare Wert der Problemsets ist der durchschnittliche Partiziptaionsgrad (MLP-score). Über die 30 Fälle wurden die dem jeweiligen Verhalten zugeordneten Skalenwerte für jede Testperson gemittelt. Diese führen zu einem Punktewert von 0–10, der die Tendenz der jeweiligen Testperson zu autokratischem bzw. partiziptivem Verhalten ausdrückt. Ein höherer Punktewert zeigt eine größere Partizipation der Mitarbeiter über das gesamte Problemset, d. h. in allen Testfällen, an.

Die durchschnittlichen Punktewerte für jedes Land sind in der ersten Zeile von Tabelle 2 ersichtlich. Diese aggregierten Punktewerte können für jedes Land in Beziehung zu *Hofstedes* Definition von Machtgefälle gesetzt werden, wenn man für Polen und die Tschechoslowakei ein ähnliches Machtgefälle annimmt wie für Jugoslawien. Diese „ökologische Korrelation" – um *Hofstedes* Begriff zu verwenden – beträgt 0,868 (p < 01). Von 35 kulturbedingten Korrelationen von Machtgefälle, die *Hofstede* (1980b) berichtet, übersteigen nur zwei absolute Werte die hier ermittelten Korrelationswerte (das sind „politische Gewalt im jeweiligen Land" und „ungleiche Einkommensverteilung"). Dies untermauert die Aussagen über Partizipation aus den früheren Thesen *Hofstedes* und in der Folge auch unseren Ansatz.

Variable	D (168)	A (814)	CH (138)	F (106)	US (814)	PL (146)	CS (188)
Mittlerer Partizipationsgrad	5,42 a	5,41 a	5,24 a	4,98 b	4,90 b	4,40 c	4,22 c
Übereinstimmung in % mit Empfehlungen des Modells	73,02 a	72,19 a	71,86 a	70,00 b	69,59 b	63,61	66,70
Regelverletzungen in %							
Qualitätsregeln	15,48 a	15,72 a	15,56 a	15,60 a	15,14 a	22,19	18,48
Akzeptanzregeln	29,00 a	30,92 a	30,99 a	37,47 b	40,49 b	48,37 c	46,25 c
Merkmale (Main Effects)							
Qualitätserfordernis	0,98 a	0,41	1,12 a	0,82 a	0,92 a	−0,33	0,82 a
Informationsgrad	−0,41 a	−0,46 a	0,53 ab	0,76 bc	−1,13 d	−1,12 d	−0,92 cd
Problem-Strukturiertheit	1,72 ab	−1,83 ab	−1,66 ab	−1,91 a	−1,43 bc	−1,14 c	−1,63 ab
Akzeptanzerfordernis	0,84 a	0,83 a	0,87 a	0,84 a	0,49 b	0,40 b	0,83 a
Akzeptanzwahrscheinlichkeit	−2,92 ab	−2,63 bc	−3,00 a	−2,23 dc	−2,47 cd	−1,98 c	−2,29 dc
Zielübereinstimmung	0,54 a	0,54 ab	0,47 a	0,97 cd	1,11 d	0,79 bc	0,72 abc
Mitarbeiterkonflikt	0,10 a	0,12 a	0,09 a	−0,02 a	−0,51 b	−0,44 b	−0,09 a

Anmerkungen: Deutschland (D), Österreich (A), Schweiz (CH), Frankreich (F), USA (US), Polen (PL) und Tschechoslowakei (CS).
In einer Varianzanalyse (ANOVA) konnten für jede der o. a. Variablen statistisch signifikante Unterschiede zwischen den einzelnen Ländern festgestellt werden.

Tab. 2: Ein Vergleich des Führungsverhaltens zwischen sieben Ländern

Bei der Prüfung der Daten der Testpersonen auf der Ebene der jeweiligen Länder konnten drei Gruppen ermittelt werden (Abb. 1). Vorgesetzte aus Deutschland, Österreich und der Schweiz sind in ihrem Führungsverhalten partizipativer als ihre Kollegen aus anderen Ländern, aber unterscheiden sich kaum untereinander. Auf der anderen Seite verhalten sich zwar Vorgesetzte aus Polen und Tschechien autokratischer als jene anderer Länder, unterscheiden sich untereinander aber auch nicht. Vorgesetzte aus Frankreich und den USA liegen in der Mitte, d. h., sie unterscheiden sich sowohl von den partizipativeren als auch von den autokratischeren Ländern, sind jedoch untereinander ziemlich ähnlich.

Die Bedeutung dieser Unterschiede ist leichter verständlich, wenn man die Punktewerte je Land betrachtet. Abbildung 2 zeigt einen Vergleich der Verteilung in den einzelnen Ländern mit dem mittleren Wert eines amerikanischen Managers. Nur 30% der deutschen Vorgesetzten sind autokratischer als der durchschnittliche amerikanische Vorgesetzte, aber andererseits zeigen 76% der tschechischen Vorgesetzten ein autokratisches Verhalten.

Abb. 1: Mittelwerte der Partizipation

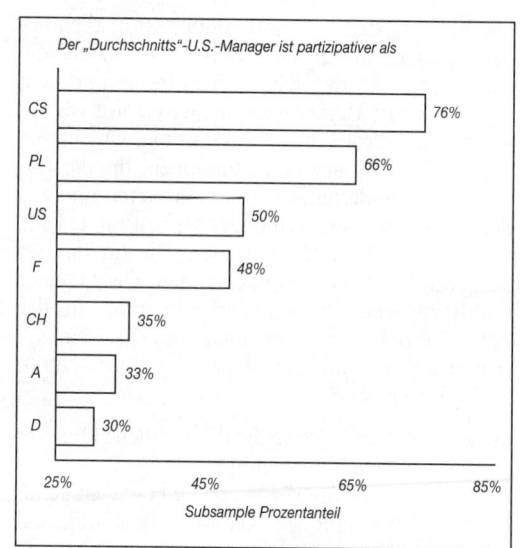

Abb. 2: Partizipationsgrade bezogen auf einen „durchschnittlichen" US-Manager

Wie bereits eingangs erwähnt, war es mit Ausnahme der Samples aus Österreich und den USA nicht möglich, gewisse demographische Merkmale zu kontrollieren, von denen ein gewisser Einfluß auf das Führungsverhalten angenommen wird: Alter, Geschlecht, hierarchische Position und Führungsfunktion. Es wäre daher auch gut möglich, daß die aufgezeigten interkulturellen Unterschiede falsch bzw. eher ein Ergebnis dieser demographischen Unterschiede sind, als aus Kulturunterschieden resultieren. Glücklicherweise gibt es statistische Methoden, diese Möglichkeit zu überprüfen.

Zu dieser Überprüfung der wichtigsten kulturellen Einflüsse wurde daher eine Varianzanalyse (ANOVA) für die Werte für den mittleren Partizipationsgrad (MLP-score) durchgeführt, wobei der Einfluß der demographischen Variablen kontrolliert wurde. Diese Analyse bestätigte, daß der kulturelle Einfluß signifikant blieb (F = 28,59; d.f. = 6,2070; p<.001) und daher nicht falsch sein konnte. Hierarchische Position (F = 3,92; d.f. = 4,2070; p<.01), Führungsfunktion (F = 2,54; d.f. = 6,2070, p<.05) und Alter (F = 6,65; d.f. = 1,2070; p<.01) zeigten dabei signifikante Auswirkungen und bestätigten damit frühere Forschungsergebnisse. Im Gegensatz dazu hatte das Geschlecht keinen signifikanten Einfluß (F = 1,41; d.f. = 1,2070), dies vielleicht auch deshalb, weil die absolute Anzahl der Frauen mit 151 so gering war.

Obwohl statistisch signifikant, sind die demographischen Einflüsse im Vergleich zu den kulturellen Einflüssen doch eher unbedeutend. Von allen wichtigen Auswirkungen verursachten die kulturellen Einflüsse 71% der systematischen Varianz. Innerhalb eines Landes unterscheiden sich Vorgesetzte untereinander in einer gewissen vorhersehbaren Weise.

Diese Analyse dagegen zeigte, daß Vorgesetzte aus einer vergleichbaren Kultur in ihrem Verhalten doch sehr ähnlich sind. Weder die Untersuchung des Organisationstyps (herstellende Industrie, Dienstleistungen etc.), noch die Anzahl der Mitarbeiter (d.i. die Kontrollspanne), noch die Beschäftigungsdauer (Dauer des Dienstverhältnisses) hatten irgendeinen signifikanten Einfluß. Dies steht ebenfalls im Einklang mit bekannten Forschungsergebnissen (*Hofstede* 1980b).

2. Übereinstimmung mit dem normativen Modell

Vroom/Yetton (1973) sehen für jede einzelne Situation in den Problemen bestimmte Verhaltensempfehlungen vor. Die erhaltenen Antworten können also mit diesen Präskriptionen verglichen und es können Indikatoren ermittelt werden, in welchem Ausmaß das beabsichtigte Verhalten mit den Empfehlungen übereinstimmt.

Vroom/Yetton stellen für jede Kombination ihrer sieben Problemattribute ein Modell mit zulässigen *Entscheidungsstrategien* (d.h. zulässige Entscheidungen für jeden einzelnen Fall innerhalb des Problemsets) auf. Die Entscheidungsprozesse innerhalb der Sets werden im wesentlichen davon beeinflußt, ob entweder die Qualität der Entscheidung oder ihre Akzeptanz wichtiger ist. Die übrigbleibende zulässige Strategie kann 1–5 Entscheidungsprozesse beinhalten. „Zulässige Strategien" entstehen dabei situativ, d.h. der jeweiligen Situation entsprechend.

Tabelle 2 sowie Abb. 3 geben Auskunft darüber, mit welcher Häufigkeit Vorgesetzte in den 30 Fällen die jeweils zulässige Strategie gewählt haben. Was diesen Verhaltenskodex betrifft, übertreffen deutsche, österreichische und schweizer Vorgesetzte alle anderen, ohne daß sie sich untereinander signifikant unterscheiden. Amerikanische und französische Vorgesetzte wiederum übertreffen ihre tschechischen und polnischen Kollegen. Polnische Vorgesetzte sind also in dieser Beziehung deutlich schwächer als Vorgesetzte aller anderen Länder.

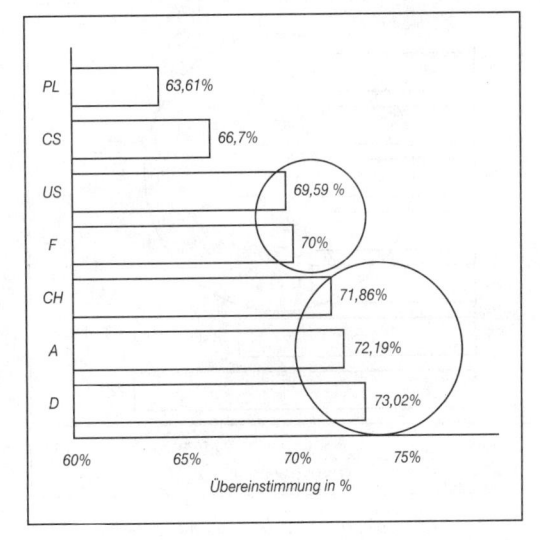

Land	Übereinstimmung in %
PL	63,61%
CS	66,7%
US	69,59%
F	70%
CH	71,86%
A	72,19%
D	73,02%

Abb. 3: Übereinstimmung mit den zulässigen Strategien

Diese Ergebnisse entsprechen jenen beim mittleren Partizipationsgrad. Dazu muß allerdings festgestellt werden, daß die Beziehung zwischen dem mittleren Partizipationsgrad (MLP) und der Häufigkeit der Auswahl der zulässigen Entscheidungsstrategie eine statistische Beziehung und keine mathematische Abhängigkeit ist. Es ist durchaus möglich, sich in seinen Entscheidungen vollständig konform zum *Vroom/Yetton-Modell* zu verhalten und dennoch einen MLP von 4,17 – ein Wert unter jenem des polnischen oder tschechischen Managers – zu erzielen.

3. Regelverletzungen

Jedes Mal, wenn die gewählte Entscheidungsstrategie nicht einer zulässigen Strategie entspricht, wurden eine oder mehrere dem normativen Modell zugrunde liegende Entscheidungsregel verletzt. Drei Regeln dienen dem Schutz der Entscheidungsqualität; vier weitere sollen die Entscheidungsakzeptanz sicherstellen. Die Häufigkeit der Verletzungen sowohl der Qualitätsregeln (Abb. 4) als auch der Akzeptanzregeln (Abb. 5) ist ebenfalls in Tabelle 1 dargestellt.

Die erste Schlußfolgerung aus den aggregierten Ergebnissen untermauert bereits früher gemachte Aussagen (*Vroom/Jago* 1978), daß – unabhängig von der Herkunft – Abweichungen von den Empfehlungen des Modells eher auf Kosten der Akzeptanzregeln gehen als auf Kosten der Qualitätsregeln. Die Effektivität des typischen Vorgesetzten wird also eher durch einen Mangel an angemessener Beachtung der Akzeptanzregeln als durch eine ungenügende Berücksichtigung der Qualitätserfordernisse einer Entscheidung reduziert.

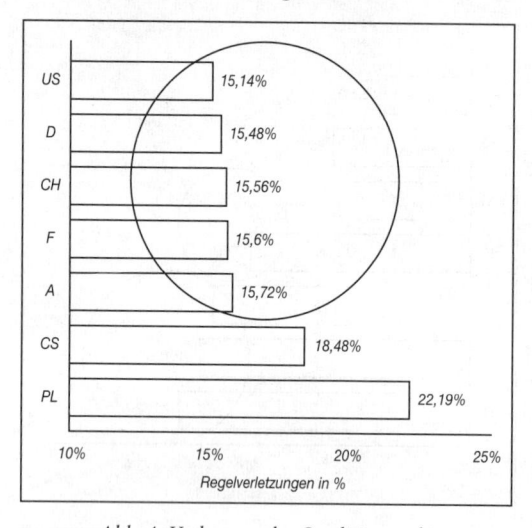

Abb. 4: Verletzung der Qualitätsregeln

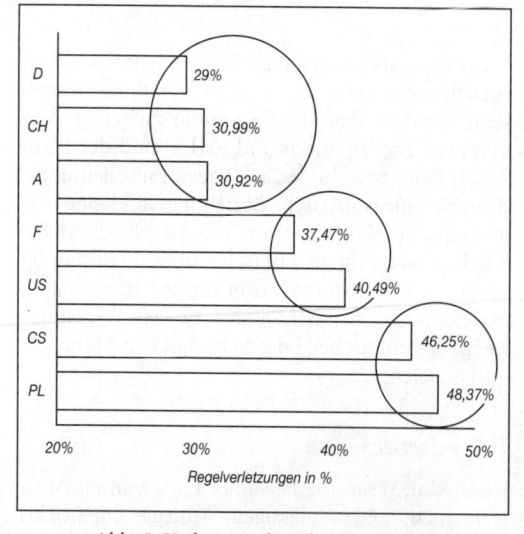

Abb. 5: Verletzung der Akzeptanzregeln

Nichtsdestoweniger gibt es auch hier Unterschiede zwischen den einzelnen Ländern (Abb. 4 und 5). Polen und Tschechien zeigen die höchste Rate der Regelverletzungen. Die verbleibenden 5 Länder unterscheiden sich zwar nicht hinsichtlich ihrer Häufigkeit bei der Verletzung von Qualitätsregeln, aber sehr wohl bei jenen betreffend die Akzeptanz. Die deutschsprachigen Länder beachten im Vergleich zu den USA und Frankreich häufiger die Akzeptanzregeln und erzielen dadurch auch eine höhere Übereinstimmung mit den zulässigen Entscheidungsstrategien.

4. Reaktionstendenzen („Main Effects")

Das multifaktorielle Design des Forschungsinstrumentes gibt Gelegenheit zur Isolierung jener Situationen, die jedes Problemattribut beeinflussen. Damit wird es möglich, jene Unterschiede aufzuzeigen, die entstehen, wenn dieses Attribut vorhanden oder nicht vorhanden ist (d. h., wenn die jeweilige Diagnosefrage mit nein oder ja beantwortet wird). Solche Unterschiede, die ebenfalls in Tabelle 2 dargestellt sind, entsprechen einem „Main Effect" in der Terminologie der Varianzanalyse (ANOVA).

Ein positiver „Main Effect" zeigt eher die Tendenz zu einem partizipativeren Verhalten an, wenn das Problemattribut vorhanden ist (d. h., wenn die Frage mit „ja" beantwortet wird), als wenn das Problemattribut nicht vorhanden ist (d. h., wenn die Frage mit „nein" beantwortet wird). Ein negativer „Main Effect" bedeutet das Gegenteil.

Zwei „Main Effects" sind von besonderem Interesse. Der erste bezieht sich auf das Vorhandensein oder Nichtvorhandensein eines Qualitätserfordernisses (Abb. 6). Mit Ausnahme von Polen verhalten sich Vorgesetzte aller anderen Länder partizipativer, wenn es sich aus der Sicht der Organisation um ein bedeutendes Problem oder eine bedeutende Entscheidung handelt, die eine technische Komponente enthält. Auf der anderen Seite zeigen sie ein deutlich autokratischeres Verhalten bei eher trivialen Angelegenheiten. Polnische Vorgesetzte zeigen eine etwas andere Verhaltenstendenz. Das bedeutet, sie sind bei trivialen Entscheidungen partizipativer und bei wichtigen Entscheidungen autokratischer.

Der zweite „Main Effect" bezieht sich auf die Wahrscheinlichkeit von Meinungsverschiedenheiten oder Konflikten zwischen den Mitarbeitern. Bei höherer Konfliktwahrscheinlichkeit (→*Konflikte als Führungsproblem*) werden amerikanische Vorgesetzte zunehmend autokratischer und bestätigen damit alle früheren Forschungsergebnisse in dieser Richtung (*Vroom/Jago* 1978). Andererseits verhalten sich die Vorgesetzten aus den anderen Ländern konfliktneutral oder reagieren mit verstärkter Partizipation auf die Gefahr von Konflikten.

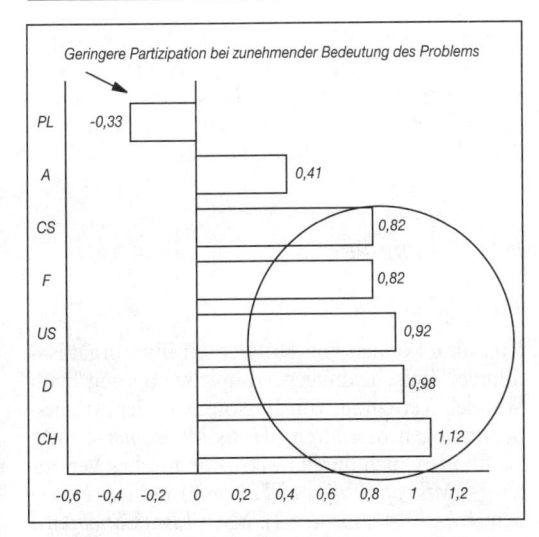

Abb. 6: „Main Effect" beim Attribut Qualitätserfordernis

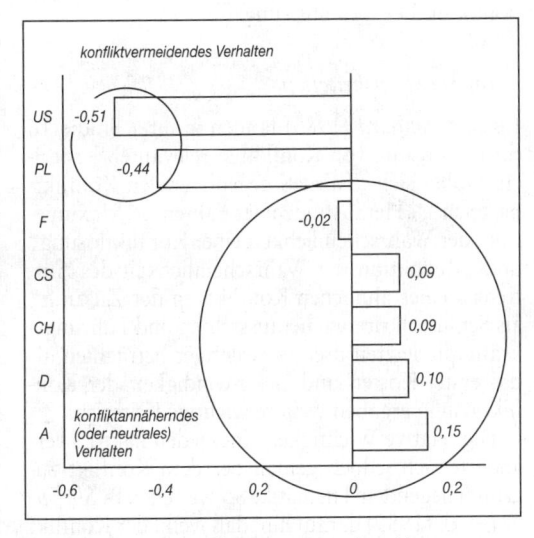

Abb. 7: „Main Effect" beim Attribut Akzeptanzerfordernis

IV. Diskussion

Diese Studie über interkulturelles Führungsverhalten zwischen sieben Ländern bestätigt *Hofstedes* Definition des Begriffes Machtgefälle hinsichtlich der Partizipation in der Führung. Lediglich französische Vorgesetzte scheinen ein Verhalten an den Tag zu legen, das eher Ländern mit einem mittleren als mit einem höheren Machtgefälle entspricht.

Neben generellen Aussagen über Führungsstil oder Verhaltenstendenzen erlaubt unsere spezielle Methode auch Analysen, die zu zusätzlichen Ergebnissen führen (*Reber* et al. 1993). Vorgesetzte aus deutschsprachigen Ländern zeigen eine größere Übereinstimmung mit den Empfehlungen des *Vroom/Yetton-Modells*, weil sie vor allem der Akzeptanz der Problemlösung durch die Mitarbeiter mehr Bedeutung beimessen. Das hat seine historischen Wurzeln in der in Deutschland praktizierten Mitbestimmung (Drittelparität in den Aufsichtsräten) und dem österreichischen Konzept der Wirtschafts- und Sozialpartnerschaft. Die Schweiz ist durch die Spezifika der Konkordanz- im Gegensatz zur Konkurrenzdemokratie geprägt (*Blankart* 1992).

Amerikanische und polnische Vorgesetzte haben eine gemeinsame Tendenz zur „*Konfliktvermeidung*" (→*Konflikthandhabung*) (d. h., sie sind weniger partizipativ, wenn ein Konflikt wahrscheinlich ist). Vielleicht resultiert das aus der Angst, daß Partizipation eine Arena zur Intensivierung der Konflikte bieten und somit die Lage verschlechtern würde. Darüber hinaus sind polnische Vorgesetzte die einzigen unter allen sieben Ländern, die bei eher trivialen Problemen mehr partizipatives Verhalten zeigen als bei wirklich wichtigen. Das könnte wiederum die Befürchtung bestätigen, daß man Mitarbeitern bei wichtigen Entscheidungen nicht trauen kann, aber daß in weniger wichtigen, d. h. „sicheren" Angelegenheiten ein „human relations"-Ansatz zur Partizipation vorhanden ist.

Literatur

Blankert, C. B.: Konkordanz- oder Konkurrenzdemokratie – ein Problem der neuen Politischen Ökonomie. In: Neue Zürcher Zeitung, 30./31. 5., Zürich 1992, S. 91.
Böhnisch, W.: Führung und Führungskräftetraining nach dem Vroom/Yetton-Modell. Stuttgart 1991.
Böhnisch, W./Jago, A. G./Reber, G. (1987): Zur interkulturellen Validität des Vroom/Yetton-Modells. In: DBW, 1987, S. 85–93.
Böhnisch, W./Ragan, J. W./Reber, G. et al.: Predicting Austrian Leader Behavior from a US Measure of Behavioral Intent: A Cross-Cultural Replication. In: *Dlugos, G./Dorow, W./Weiermair, K.* et al. (Hrsg.): Management Under Differing Labour Market and Employment Systems. Berlin 1988, S. 313–322.
Hofstede, G.: Motivation, Leadership, and Organization: Do American Theories Apply Abroad? In: Organizational Dynamics, 1980a (Summer), S. 42–63.
Hofstede, G.: Culture's Consequences: International Differences in Work-Related Values. Beverly Hills 180b.
Jago, A. G.: Organizational Characteristics and Participative Decision Making. In: Proceedings of the 12th Annual Conference of the American Institute of Decision Sciences, 1980, S. 334–336.
Jago, A. G./Vroom, V. H.: Predicting Leader Behavior from a Measure of Behavioral Intent. In: AMJ, 1978, S. 474–496.
Jago, A. G./Vroom, V. H.: Sex Differences in the Incidence and Evaluation of Participative Leader Behavior. In: JAP, 1982, S. 776–783.
Reber, G./Jago, A. G./Böhnisch, W.: Interkulturelle Unterschiede im Führungsverhalten. In: *Haller, M.* et al. (Hrsg.): Globalisierung der Wirtschaft – Einwirkungen auf die Betriebswirtschaftslehre. Bern et al. 1993.
Rouvé, A.: Das Partizipationsverhalten französischer Führungskräfte: Eine empirische Studie zur kulturspezifi-

schen Adaption des Vroom/Yetton-Modells. Diss., Linz 1989.
Vroom, V. H./Jago, A. G.: On the Validity of the Vroom/Yetton-Model. In: JAP, 1978, S. 151–162.
Vroom, V. H./Yetton, P. W.: Leadership and Decision-Making. Pittsburgh 1973.
Warwick, D. P./Lininger, C. A.: The Sample Survey: Theory and Practice. New York 1975.

Intervention bei lateralen Konflikten

A. R. V. Elangovan/Glen Whyte

[s. a.: Konflikte als Führungsproblem; Konflikthandhabung.]

I. Forschungsübersicht; II. Deskriptives Modell lateraler Intervention; III. Grenzen der gegenwärtigen Forschung; IV. Normatives Modell lateraler Intervention.

Forschungsbemühungen über Führungskräfte als Dritt-Parteien in lateralen Konflikten bekamen ihr Momentum mit der Erkenntnis, daß Führungskräfte sich von professionellen Dritt-Parteien unterscheiden und Forschungsergebnisse über Interventionen von Dritt-Parteien in Bereichen wie Arbeitgeber-/Arbeitnehmerbeziehungen, Justiz und internationale Beziehungen sich nicht uneingeschränkt in einen organisationalen Kontext übertragen lassen. *Kolb/Sheppard* (1985) deuten darauf hin, daß Vermittlung und Schiedsurteil – obwohl sehr verbreitete Praktiken in vielen Kontexten – bei Interventionen in einem organisationalen *Konflikt* nicht uneingeschränkt verwendet werden können. Konfliktlöser in einem internationalen, industriellen oder juridischen Kontext sind typischerweise Professionals der Art eines Schiedsrichters, Anwalts, Beraters etc. (*Kolb* 1986). Sie haben keine Beziehung zu jenen Ereignissen, die dem Konflikt vorangegangen sind; sie sind in diesem Sinne Externe im vorliegenden Disput. Professionals dieser Art gehen Konflikte mit ihnen vertrauten Mitteln wie das Rechtssystem an, ihre Bemühungen zur Lösung des Problems folgen einer vorher spezifizierten Form. Konflikte in Organisationen weichen von diesem Profil in entscheidender Hinsicht ab. In Organisationen sind z. B. Situationen und Ereignisse, die als Konflikt bezeichnet werden, tendenziell schlecht definiert und unstrukturiert, die Interaktion zwischen den Konfliktparteien (und der Dritt-Partei) geschieht vor, zwischen und nach dem Konfliktlösungsprozeß und formale Prozeduren, durch die der Konflikt gelöst werden soll, existieren meist nicht. Als Folge des steigenden Bewußtseins des Unterschieds zwischen Interventionen von Führungskräften und solchen von professionellen Drittparteien fand seit den frühen 80er Jahren eine Fokusierung der Forschungsbemühungen auf reale Handlungen von Führungskräften bei deren Intervention in Konflikte statt.

I. Forschungsübersicht

1. Konfliktinhalte

Konflikte können von Differenzen über organisationale Entscheidungen, Implementierung von Wandel, Verteilung von Ressourcen oder Arbeitsbedingungen herrühren (*Tjosvold/Deemer* 1980). Sie können auch durch (mikro-)politisches Verhalten (→*Mikropolitik und Führung*) induziert werden (*Farell/Peterson* 1982). Nach *Lissak/Sheppard* (1983) geht es bei den meisten Disputen um die Themen Arbeitsleistung, Besitz- und persönliche Rechte, Usurpation von Verantwortung, Firmenpolitik und Diskriminierung.

2. Interventionskriterien

Lissak/Sheppard (1983) fanden in ihrer Studie 16 für die Lösung von Konflikten relevanten Kriterien, wobei sich „Fairneß gegenüber den Konfliktparteien", „Herausfinden der Fakten", „Maximierung der Wahrscheinlichkeit einer Konfliktlösung" und „Reduktion der Wahrscheinlichkeit des Auftretens eines ähnlichen Konflikts in der Zukunft" als Schlüsselkriterien herausstellten und Führungskräfte die letzten drei als wichtiger betrachten als das erste. Kosten und Geschwindigkeit der Konfliktlösung ergaben weitere wichtige Kriterien.

Die relative Wichtigkeit eines jeden Faktors veränderte sich jedoch gemäß der dem Konflikt zugrundeliegenden Thematik. So weisen z. B. *Sheppard* et al. (1989) darauf hin, daß wenn der Konflikt komplex, wichtig und durch eine hohe Interdependenz der Konfliktparteien charakterisiert ist, Zufriedenheit hervorgehoben wird und *Neale* et al. (1990) auf das notwendige Empfinden von Fairneß, falls die Konfliktparteien langfristig zusammenarbeiten müssen (vgl. *Karambayya/Brett*, im Druck). Professionalisierung, Erfahrung (*Kolb* 1986) und organisationale Sozialisation (*Sheppard* 1983, 1984) werden ebenfalls als potentielle Faktoren gesehen, welche die Wahrnehmung von Intervenierenden in bezug auf die relative Wichtigkeit der Kriterien beeinflussen.

3. Interventionsstrategien

Sheppard (1983) fand unter Einsatz von Tiefeninterviews heraus, daß Führungskräfte durch eine von drei möglichen Weisen intervenieren. Am häufigsten leiten sie aktiv die Diskussionen zwischen den Konfliktparteien, zensurieren die Beiträge von einzelnen und fällen oder erzwingen konfliktbezogene Entscheidungen in einer Weise wie es „wohlwollende" Eltern oder ein Inquisitor tun würden *(„inquisitorische Intervention")*. Eine andere, häufig verwendete Strategie ist die Kontaktaufnahme mit den Konfliktparteien, um die Natur des Konflikts zu ergründen, die Konfliktparteien über negative Konsequenzen einer Nicht-Übereinstimmung zu warnen und ihnen positive Anreize zum Anstreben einer Klärung zu geben *(„prozeßtreibende Intervention")*. Eine weitere von Führungskräften angewandte Strategie beinhaltet eine autokratische Entscheidung darüber, wie der Konflikt zu lösen ist und in der Folge eine Vollstreckung dieser Entscheidung. In diesem Fall hört die Führungskraft gewöhnlicherweise vor dem Agieren beiden Seiten passiv zu *(„adverse Intervention")*.

Kolb (1986) erkannte drei andere Rollen von Drittparteien: Ein „Berater" versucht die Parteien zusammenzubringen und sie dahingehend zu steuern, die gegenseitigen Ansichten zu verstehen. Ein „Detektiv" sucht Informationen über den Konflikt und versorgt eine relevante Stelle (→*Autorität*) mit den Fakten des Falles. Ein „Restrukturierer" benutzt die aus seiner Führungsposition stammende Autorität um Unterstellungsverhältnisse zu verändern und die Organisation neu zu strukturieren. In der Rolle eines „Problemlösers" (*Kolb/Glidden* 1986) versucht die Führungskraft die strukturellen Bedingungen, die dem Konflikt zugrundeliegen, herauszufinden und zu verändern. Dabei konzentriert sie sich mehr auf die situationalen Determinanten des Konflikts, wie Organisationsstruktur, Entlohnungssystem, Interdependenzgrad etc. als auf die Charakteristika der beteiligten Personen.

„Konfliktvermeider" (*Neale* et al. 1990) wollen nicht in den Konflikt involviert werden (vgl. *Karambayya/Brett*, im Druck) und präferieren ebenfalls eine Lösung des Konflikts durch eine erhöhte Konzentration mehr auf organisationale als auf individuale Faktoren. Ein „*Prozeßbegleiter*" (*Karambayya/Brett* 1989) weist auf zu befolgendes Prozedere der Konflikthandhabung hin, um die Streitparteien vor gegenseitigen Unterbrechungen während Diskussionen zu bewahren. Schließlich beobachteten *Notz/Starke/Atwell* (1983), daß im Umfeld von schrumpfenden Ressourcen (→*Rückentwicklung von Organisationen und Führung*) Konflikte über Budgetzuweisungen (→*Budgets als Führungsinstrument*) in steigendem Maße durch Schiedssprüche von Führungskräften gelöst werden.

Obwohl viele Bezeichnungen möglicher Strategien verwendet werden, kann man diese generell beschreiben durch das Ausmaß der von der Führungskraft ausgeübten Steuerung über einerseits den Ausgang des Konflikts und andererseits den Prozeß, durch den der Konflikt gelöst werden soll.

4. Ausgleichende und prozedurale Gerechtigkeit

In diesem Punkt handelt es sich um die wahrgenommene Fairneß von Interventionsstrategien und -ergebnissen. *Prozedurale Gerechtigkeit* beinhaltet nach *Karambayya/Brett* (1989) ein hohes Maß an Vermittlungsbestrebungen, d. h. Vermittlung wird im Vergleich zu anderen Prozedere als fair empfunden. Kompromißlösungen steigern die Wahrnehmung eines fairen Ergebnisses (*ausgleichende Gerechtigkeit*) und werden auch wahrscheinlicher erreicht, wenn die Drittpartei Vermittlungsversuche unternimmt. Vermittlungsrollen-orientiertes Verhalten führt nach *Karambayya* et al. (1992) dazu, daß Entscheidung, Prozeß und die Drittpartei als sehr fair empfunden werden. Erfolgt die Intervention einer Drittpartei rasch nach Auftreten des Konflikts, so sinkt die Zufriedenheit der Konfliktparteien und die Intervention wird als unangemessen wahrgenommen (*Conlon/Fasolo* 1990). Insgesamt zeigt uns die Forschung, daß die Überlassung der Steuerung über das endgültige Ergebnis an die Konfliktparteien zusammen mit der Gewährleistung eines ordnungsgemäßen Prozedere der →*Konflikthandhabung* zu einer erhöhten Wahrnehmung von prozeduraler und ausgleichender Gerechtigkeit führt. Ähnliches betonen *Lind* et al. (1993), wenn sie schreiben, daß Individuen bei der Entscheidung darüber, ob sie Direktiven von Vorgesetzten zustimmen sollen, eine „Heuristik der Fairneß" (*Lind/Tyler* 1988) erfüllt sehen wollen. Gilt der Vorgesetzte als fair, so werden seine Vorschläge als angemessen empfunden, im entgegengesetzten Fall wird sein Rat ungeachtet der objektiven Qualität sehr wahrscheinlich zurückgewiesen (→*Autorität*).

5. Selektion von Strategien

Sheppard et al. (1986) zeigen, daß die Wahl der Interventionsstrategie sich von den wahrgenommenen Konfliktcharakteristika und den Zielen des Intervenierenden ableitet. So wird z. B. die Prozeßkonsultation verwendet, wenn die Drittpartei keine Autorität über die Konfliktparteien verfügt, der Disput persönlicher Natur ist oder die Drittpartei besorgt über die Effektivität und Fairneß des Ergebnisses ist (vgl. *Neale/Bazermann* 1991). Unter der Bedingung eines hohen Zeitdrucks üben Führungskräfte als Drittparteien häufiger Kontrolle über das Ergebnis aus und zwingen eine Lösung auf (*Neale* et al. 1990). *Neale* und ihre Kollegen weisen auch darauf hin, daß Führungskräfte der Konzentration auf die zugrundeliegenden Ursachen des Konflikts den Vorzug geben, falls die dem Konflikt zugrunde liegenden Angelegenheiten wichtig sind, jedoch Verhaltensweisen an den Tag legen, die den Konflikt beenden anstatt ihn zu lösen, falls eine zukünftige Interaktion zwischen den Konfliktparteien als gering erwartet wird oder kaum eine Beziehung zwischen der Führungskraft und den Konfliktparteien besteht (vgl. *Karambayya/Brett*, im Druck).

Zusätzlich zu konfliktbezogenen Faktoren können auch Charakteristika der Führungskraft selbst (→*Führungstheorien – Eigenschaftstheorie*) und die Bedeutung, die sie bestimmten Evaluationskriterien – wie Fairneß oder Effizienz – beimißt, die Selektion einer Strategie beeinflussen. So verwenden Drittparteien, die über eine Autorität gegenüber den Konfliktparteien verfügen, bei der Konfliktlösung sehr wahrscheinlich autokratische Verhaltensweisen, während Drittparteien mit Supervisionserfahrung dies weit weniger tun (*Karambayya* et al. 1992). Nach *Valley* (1990) beeinflußt das Niveau der legitimen Autorität des Intervenierenden dessen Wahl einer Interventionsstrategie, wobei in der Hierarchie höherstehende Mitglieder der Organisation weniger formale Interventionen favorisieren als niedriger stehende.

In bezug auf beeinflussende Evaluationskriterien würde ein Bedacht auf die Zufriedenheit der Teilnehmer eine Vermittlungsstrategie forcieren (*Karambayya* et al. 1992), wogegen ein Interesse an Effizienz autokratisches Verhalten bevorzugt (*Sheppard* 1983, 1984). Eine Orientierung an Fairneß führt in der Folge zu vermehrter Faktensammlung und Bemühungen, eher die dem Konflikt zugrunde liegenden Ursachen anzusprechen als seine Symptome (vgl. *Karambayya/Brett*, im Druck; *Sheppard* et al. 1989; *Neale* et al. 1990).

6. Schematisierung von Konfliktsituationen

Unter Konflikt-Schematisierung (framing) ist der interpretative Prozeß, durch den sich eine Drittpartei ein Bild von der Konfliktsituation erstellt, zu verstehen. Diese beeinflußt sowohl das Verhalten von Drittparteien als auch deren Evaluation der endgültigen Lösung (*Sheppard* et al. 1989; *Sheppard* et al. 1991). Es wurden vier Typen von Schemata identifiziert, die von Drittparteien in Abhängigkeit ihres Erfahrungshintergrundes und ihrer Sozialisation gewählt werden: (a) Die Konfliktsituation wird dahingehend interpretiert, daß ein Konfliktpartner recht hat und der andere nicht (*„Falsch-Richtig-Schema"*); (b) der Konflikt wird grundsätzlich als ein Gegensatz von Interessen und Forderungen gesehen, die eventuell durch Diskussionen gelöst werden können (*„Verhandlungs-Schema"*); (c) der Konflikt muß bald gestoppt werden (*„Konfliktbeendungs-Schema"*) und (d) der Konflikt wird als Symptom für darunterliegende Ursachen angesehen (*„Ursachen-Schema"*). In der Folge beeinflußt die Wahl eines interpretativen Schemas das Interventionsverhalten in der Weise, daß Führungskräfte dazu neigen, Interventionsmethoden heranzuziehen, die mit dem zur Konfliktwahrnehmung verwendeten Denkrahmen übereinstimmen.

II. Ein deskriptives Modell lateraler Intervention

Abbildung 1 zeigt eine leicht modifizierte Version des von *Karambayya/Brett* (im Druck) vorgeschlagenen Prozeßmodells, gemäß dem die Selektion von Kriterien, mit deren Hilfe die *Interventionseffektivität* (z. B. Effizienz, Effektivität, Zufriedenheit, Fairneß) beurteilt wird, durch zwei Faktorenmengen bestimmt ist: *Konfliktattribute* (z. B. Bedeutung, Zeitdruck, angenommene Häufigkeit von Interaktionen zwischen den Konfliktparteien in der Zukunft, Beziehung zwischen der Drittpartei und den Konfliktparteien, Reife der Konfliktparteien) und *Charakteristika der Drittpartei* (z. B. Werthaltungen, Erfahrung, Ausbildung, Präferenzen). Effektivitätskriterien, Konfliktattribute und Drittparteiencharakteristika beeinflussen in der Folge sowohl die Selektion als auch die Exekution der Drittparteienrolle (z. B. inquisitorische Intervention, Vermittlung, „Prozeßbegleitung"). Das Verhalten der Drittpartei hat dann sowohl einen direkten Einfluß auf das Ergebnis, als auch einen indirekten durch Interaktion mit anderen Konfliktattributen. Die Ergebnisse der Intervention fließen als Feed-Back in die Erfahrungen und Wahrnehmungen von sowohl der Dritt- als auch der Konfliktparteien ein. Alle Prozesse sind in die Kultur und Geschichte der Organisation (→*Organisationskultur und Führung*), in der sie stattfinden, eingebettet und werden dadurch beeinflußt.

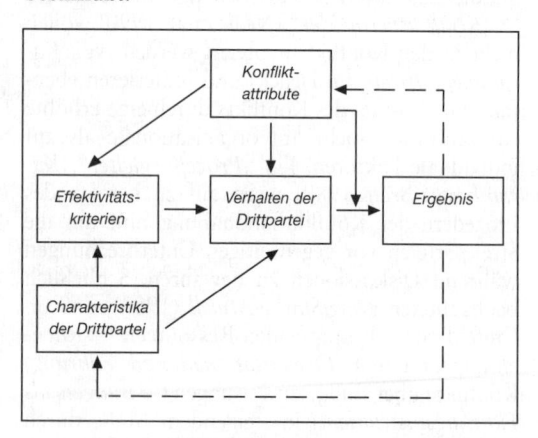

Abb. 1: Prozeßmodell lateraler Intervention

III. Grenzen der gegenwärtigen Forschung

1. Interpretation von Konflikten

Ein Faktor der Interventionen durch Führungskräfte von professionellen Formen der Konfliktintervention differenziert, ist der Mangel an erkennbaren Parametern für in einem organisationalen Kontext auftretende Konflikte (s. *Kolb* 1986). Wenn ein Vermittler z. B. versucht, einen Konflikt zwischen Ländern zu lösen, ein Schiedsgericht einen Arbeitgeber-/Arbeitnehmer-Konflikt oder ein Richter den Vorsitz über eine Klage zwischen zwei Unternehmen führt, so sind die Grenzen des Konflikts sehr deutlich. Die intervenierenden Drittparteien wissen ganz klar, wer die Disput-Parteien sind, was den Gegenstand des Konflikts ausmacht, wo und wann der Konflikt begann und auf welchem Weg der Konflikt gelöst wird. In einer organisationalen Konstellation jedoch sind die Parameter eines Konflikts typischerweise mehrdeutig und unsicher. Disputs werden dann als solche empfunden, wenn die Führungskraft sich auf einen Abschnitt eines laufenden Stroms von Ereignissen konzentriert und diesen als Konflikt bezeichnet (*Kolb* 1986).

Es existieren zumindest drei Kernfragen, die in diesem Zusammenhang Aufmerksamkeit verlangen:

(1) Wie akkurat oder valide ist die Konzeptionalisierung von Konflikten als das Wahrnehmen von Ereignissen mit subjektiv festgelegten Grenzen;
(2) wie beeinflussen temporäre Denkrahmen den Interpretationsprozeß und Konfliktregelungen und
(3) wie tritt solch ein Denkrahmen auf?

2. Kognitive Perspektiven

Dieser Punkt wurde in der bisherigen Forschung vernachlässigt und soll durch drei relevante Phänomene illustriert werden (*Kahnemann* 1992; *Kahnemann/Trevsky* 1993):

(a) *optimistische Fehleinschätzung* manifestiert sich in der Überschätzung der eigenen Kapazität, die Zukunft vorherzusagen und zu kontrollieren. Führungskräfte können z. B. ihre Fähigkeit, den Konfliktparteien eine Lösung aufzuzwingen, die Erfolgschancen einer Intervention oder die Geschwindigkeit einer Erfolgserzielung überschätzen.

(b) Unsicherheit bezüglich der Ergebnisse charakterisiert die Entscheidung einer Führungskraft, ob sie in einen Disput zwischen Untergebenen einschreiten soll. Der *Sicherheitseffekt* impliziert eine Überbewertung von Ereignissen, die mit Sicherheit auftreten, und eine Präferenz für Lösungen, die von der Führungskraft schon in anderen Situationen erreicht wurden.

(c) *Verlustaversion* induziert eine Abneigung gegenüber Risiko, in dem sie Personen dazu führt, die negativen Aspekte einer Risikoentscheidung überzubetonen im Gegensatz zu äquivalenten positiven. Dieser Effekt kann zu einem starken Hang zugunsten des Status Quo führen (*Samuelson/Zackhauser* 1988), sowie zu einer Abneigung gegenüber einer Intervention, obwohl z. B. ein Einschreiten nötig wäre.

3. Hierarchieübergreifende Intervention

Wenn eine oder beide Konfliktparteien nicht direkt der Führungskraft unterstellt sind, ändert sich die Dynamik der Situation signifikant. Autokratische Versuche der Konflikthandhabung werden wahrscheinlich verworfen zugunsten eines mehr vermittelnden Interventionsstils (→ *Verhandlungstechniken als Führungsinstrument*). In Fällen, bei denen eine der Konfliktparteien höhergestellt ist als die intervenierende Drittpartei, erfolgt ein Eintritt in den Konfliktfall viel eher durch eine Einladung als durch einen Kraftakt. Der Einfluß der formalen Beziehungen der Führungskraft zu den Konfliktparteien auf die Kriterien zur Interventionsentscheidung, Typen verwendeter Interventionsstrategien, Selektion einer Strategie, Effektivität verschiedener Strategien und die Erwartungen der Konfliktparteien bedürfen einer systematischen Erforschung.

4. Interkulturelle Interventionen

Im Bereiche des Konfliktmanagement wird die Rolle von kulturellen Einflüssen in Verhandlungen bestätigt (z. B. *Adler* 1986), die Forschung über Interventionen von Führungskräften als Drittparteien muß sich – zumindest in Nordamerika – noch über den nordamerikanischen kulturellen Kontext hinausbewegen. Der Effekt kultureller Unterschiede (→ *Führungsverhalten im interkulturellen Vergleich*) quer durch Drittparteien, Konfliktparteien, Situationen und Umfelder auf die Konfliktlösung durch Führungskräfte ist unseres Wissens weder erforscht, noch formell aufgeworfen worden. Wertvolle Forschungsthemen wären der Einfluß von Kultur auf das Auftreten von Konflikten und das Vertrauen in Drittparteien, die Rolle von kulturellen Unterschieden im Verhalten von Drittparteien (z. B. Tendenz zur Intervention, Kriterien die zur Intervention führen, verwendete Interventionsstrategien etc.) und die Rolle von kulturellen Unterschieden im Verhalten von Konfliktparteien (z. B. Reaktion auf Interventionen, Selbstverpflichtung gegenüber Regelungen, Zufriedenheit und Fairneß).

5. Verhaltensempfehlungen für Interventionen

Die Frage, wie Führungskräfte in Konflikte intervenieren *sollen*, wurde in der bisherigen Forschung kaum angesprochen. Da ein Konflikt per se funktionale oder dysfunktionale Konsequenzen haben kann in Abhängigkeit davon, wie er gehandhabt wird (*Robbins* 1991), ist ein solcher Mangel nicht wünschenswert. Trotz des hohen Interesses an Konfliktlösungsmodellen, die eine praktische Anwendung auf Organisationen finden (z.B. *Thomas/Schmidt* 1976; *Sheppard* 1984; *Thomas* 1982; *Kochan/Verma* 1983), gibt es kaum Versuche, solche Modelle zu entwickeln.

Normative Modelle existieren in einigen Bereichen der Konfliktmanagementforschung zwar in ausreichendem Maße, jedoch schlagen sie entweder nur sehr breit angelegte Stile des Konfliktzuganges vor (z.B. *Blake/Mouton* 1964; *Likert/Likert* 1976), sehen in der Führungskraft mehr einen Verhandler oder eine Streitpartei als eine Drittpartei (z.B. *Filley* 1975; *Fisher/Ury* 1981; *Lewicki/Litterer* 1985; *Lax/Sebenius* 1986), beziehen sich primär auf professionelle, formale oder externe Drittparteien oder berücksichtigen nur einen Einzelprozeß oder -stil (z.B. *Walton* 1969; *Carnevale* 1986; *Elkouri/Elkouri* 1985). Diese Modelle werfen nicht direkt das Problem konkreter Empfehlungen für als informale Drittparteien in Konflikten zwischen Untergebenen agierende Führungskräfte auf.

IV. Ein normatives Modell lateraler Intervention

Einer der ersten Versuche zur Entwicklung eines Kontingenzmodells für Konfliktintervention wurde von *Elangovan* (1993) vorgenommen und getestet. Dieses normative Modell der Drittparteien-Intervention durch Führungskräfte hat seine theoretische Fundierung aus den Bereichen Management, Arbeitgeber-Arbeitnehmer-Beziehungen, internationale Beziehungen und der Justiz. Im Modell findet ein Entscheidungsbaum-Ansatz Verwendung, der Führungskräften helfen soll, eine den Anforderungen der Situation gerecht werdende Interventionsstrategie zu wählen.

Eine *effektive Intervention* wird als eine solche definiert, die den Disput vollkommen unter der Berücksichtigung von Zeitschranken und auf eine Art löst, daß die Konfliktparteien sich für die Aufrechterhaltung der Beilegung verpflichtet fühlen. Zur Charakterisierung der Konfliktsituation stellt das Modell eine Liste von sechs Fragen zur Verfügung, die sich auf deren sechs relevante Dimensionen *(Konfliktattribute)* beziehen (s. Abb. 3): (A) Wichtigkeit des Konflikts für die Organisation, (B) Zeitdruck, (C) Konfliktgegenstand, (D) Erwartung über zukünftige Beziehungen der Konfliktparteien, (E) Möglichkeit des Aufzwingens einer Lösung, (F) Zielorientierung der Konfliktparteien (individuelle vs. organisationale Ziele).

Das Modell beschreibt fünf, der Führungskraft zur Wahl stehende *Interventionsstrategien*, die von den beiden Schlüsseldimensionen *Ergebnissteuerung* und *Prozeßsteuerung* abgeleitet werden und „hoch/nieder Kombinationen" dieser beiden Dimensionen darstellen:

(1) *Weg-Steuerung* (Prozeß: hoch/Ergebnis nieder),
(2) *Ziel-Steuerung* (Ergebnis: hoch/Prozeß: nieder),
(3) *Gesamt-Steuerung* (Prozeß: hoch/Ergebnis: hoch),
(4) *Null-Steuerung* (Prozeß: nieder/Ergebnis: nieder) und
(5) *Teil-Steuerung* (Prozeß: teilweise/Ergebnis: teilweise).

Eine nähere Beschreibung der Strategien findet sich in Abbildung 2.

Weg-Steuerung (WSS): Die Führungskraft interveniert in den Konflikt, in dem sie den Lösungsprozeß beeinflußt (z.B. Interaktion fördert, in der Kommunikation assistiert, unterschiedliche Sichtweisen der jeweils anderen Partei erklärt, Konfliktpunkte klar darstellt, Regeln der Konflikthandhabung festlegt, auf Ordnung während der Gespräche achtet), jedoch nicht versucht, eine Lösung zu diktieren oder aufzuerlegen (u.U. aber Lösungsvorschläge machen könnte); die endgültige Lösung wird den Konfliktparteien überlassen. Beispiele: Vermittlung.

Ziel-Steuerung (ZSS): Die Führungskraft interveniert in den Konflikt, in dem sie das Ergebnis des Lösungsprozesses beeinflußt (z.B. entscheidet, was die endgül-tige Lösung sein wird; die Lösung den Konfliktparteien aufzwingt), jedoch nicht versucht, den Lösungsprozeß selbst zu beeinflussen; die Konfliktparteien haben Kontrolle darüber, was als Information und wie präsentiert wird: Beispiele: Schiedssprüche, adversale Intervention.

Null-Steuerung (NSS): Die Führungskraft interveniert nicht aktiv in den Konflikt; sie versucht entweder die Konfliktparteien dazu zu bewegen, den Konflikt selbst beizulegen oder bleibt dem Konflikt völlig fern; Beispiele: Ermutigung zur Selbstlösung.

Gesamtsteuerung (GSS): Die Führungskraft interveniert in den Konflikt, indem sie sowohl Prozeß als auch das Ergebnis steuert (z.B. entscheidet, welche Informationen zugelassen und wie diese präsentiert werden; entscheidet über das endgültige Ergebnis). Sie konfrontiert die Konfliktparteien mit spezifischen Fragen über den Konflikt um Informationen darüber zu erhalten und verfügt eine Lösung. Die Führungskraft hat die volle Kontrolle über die Konfliktlösung. Beispiele: inquisitorische Intervention, autokratische Intervention.

Teilsteuerung (TSS): Die Führungskraft interveniert in den Konflikt, indem sie den Prozeß und das Ergebnis teilweise steuert. Als erstes versucht sie durch die Beeinflussung des Prozesses die Konfliktparteien zur eigenen Konfliktlösung zu bewegen (regelt die Interaktion etc.), später jedoch schwenkt sie um auf eine Beeinflussung des Ergebnisses (verfügt eine Lösung auf Basis des vorhandenen Fortschritts). Die Führungskraft und die Konfliktparteien teilen sich die Steuerung über Prozeß und Ergebnis in unterschiedlicher Intensität auf verschiedenen Fortschrittsstufen des Konfliktlösungsprozesses.

Abb. 2: Interventionsstrategien

Das Modell wird in der Form eines Entscheidungsbaums dargestellt (s. Abb. 3). Die diesem Strategieauswahlprozeß zugrundeliegende Logik ist in einer Menge von fünf Regeln enthalten (s. Abb. 4), die diesen in der Weise leiten, daß Strategien, die in einer gegebenen Situation sehr unwahrscheinlich zum Erfolg führen, eliminiert werden.

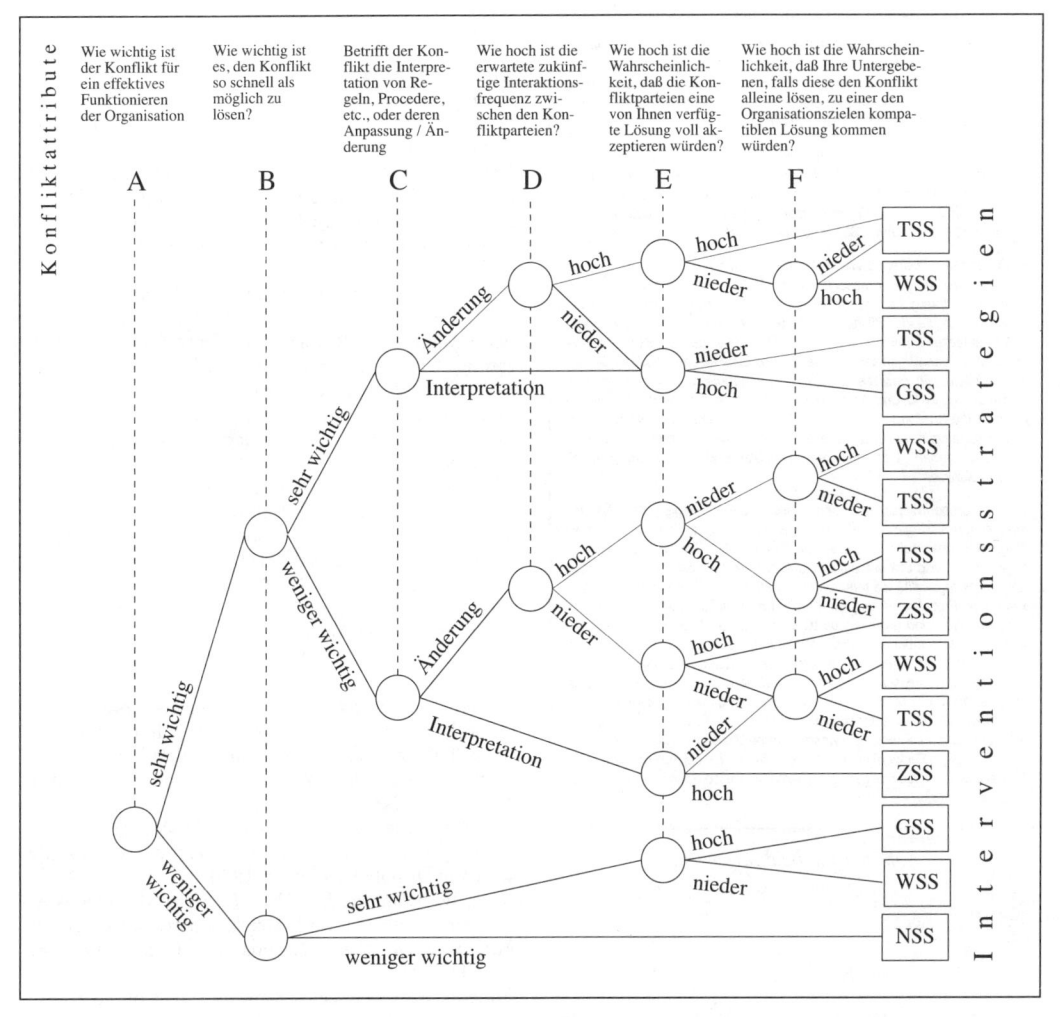

Abb. 3: Entscheidungsbaum zur Wahl einer Interventionsstrategie

Dieses Modell wurde in einer Studie mit 92 Geschäftsführern und Führungskräften aus verschiedenen Organisationen getestet. Das Resultat zeigt, daß die Befolgung der Modellempfehlungen zu (a) einer signifikanten Steigerung der Wahrscheinlichkeit einer effektiven Intervention und (b) einem substantiellen Anstieg der Gesamt-Interventionseffektivität führt. Obwohl 74% der berichteten Interventionen als effektiv bezeichnet wurden, war dies bei 93% aller Interventionen der Fall, die mit den Modellempfehlungen konform gingen. Auf der anderen Seite waren nur 38% der Interventionen erfolgreich, die den Modellempfehlungen widersprachen. Die Ergebnisse sind vielversprechend und zeigen die Kapazität normativer Modelle zur Assistenz für Führungskräfte bei der Intervention als Drittparteien in Konflikte zwischen Untergebenen.

1. *Wichtigkeitsregel:* Ist der Konflikt sehr wichtig, sollte die Interventionsstrategie der Führungskraft ein gewisses Ausmaß an Steuerungsmöglichkeit auf einer oder beiden Dimensionen gewähren. Nullsteuerung (NSS) wird eliminiert.

2. *Zeitdruckregel:* Ist der Zeitdruck bezüglich einer Konfliktlösung stark, sollte die Interventionsstrategie der Führungskraft ein gewisses Ausmaß an Prozeßsteuerung ermöglichen. Nullsteuerung (NSS) und Zielsteuerung (ZSS) werden eliminiert.

3. *Konfliktgegenstandsregel:* a) Betrifft der Konflikt die Interpretation existierender Regeln, Prozedere etc., sollte die Interventionsstrategie der Führungskraft ein gewisses Ausmaß an Ergebnissteuerung ermöglichen. Nullsteuerung (NSS) und Wegsteuerung (WSS) werden eliminiert. Die einzige Ausnahme zu dieser Regel besteht, wenn der Zeitdruck niedrig, die Akzeptanz gegenüber einer verfügten Lösung gering ist, die Konfliktparteien jedoch die Organisationsziele teilen (Wegsteuerung [WSS] wird empfohlen). b) Betrifft der Konflikt die Anpassung/Änderung existierender Regeln, Prozedere etc., sollte die Führungskraft den Untergebenen ein gewisses Ausmaß an Steuerung über entweder eine oder beide Dimensionen (Prozeß/Ergebnis) überlassen. Gesamtsteuerung (GSS) wird eliminiert. Die einzige Ausnahme zu dieser Regel ist gegeben, wenn der Zeitdruck stark, die Akzeptanz gegenüber einer aufgezwungenen Lösung hoch ist und die Konfliktparteien in der Zukunft kaum interagieren werden.

4. *Beziehungsregel:* Ist die Interaktionsfrequenz zwischen den Untergebenen (Konfliktparteien) in der Zukunft hoch, sollte die Interventionsstrategie den Untergebenen ein gewisses Ausmaß an Ergebnissteuerung

zugestehen. Gesamtsteuerung (GSS) und Zielsteuerung (ZSS) werden eliminiert. Die einzige Ausnahme zu dieser Regel besteht, wenn der Zeitdruck schwach, die Akzeptanz gegenüber einer aufgezwungenen Lösung hoch ist und die Konfliktparteien die Organisationsziele nicht teilen (in diesem Fall wird Zielsteuerung [ZSS] empfohlen).

5. *Akzeptanzregel:* Ist die Wahrscheinlichkeit gering, daß die Untergebenen (Konfliktparteien) eine von der Führungskraft verfügte Lösung voll akzeptieren würden, sollte die gewählte Interventionsstrategie den Untergebenen ein gewisses Ausmaß an Ergebnissteuerung gewähren. Gesamtsteuerung (GSS) und Zielsteuerung (ZSS) werden eliminiert.

6. *Organisationszielregel:* Wenn durch oben beschriebene 5 Regeln eine Interventionsstrategie vorgeschlagen wird, die eine volle Ergebnissteuerung den Untergebenen (Konfliktparteien) überläßt, dann sollte die Führungskraft die Identifikation der Untergebenen mit den Organisationszielen als letztes Kriterium heranziehen: Orientieren sich die Konfliktparteien nicht an den Organisationszielen, sollte die Interventionsstrategie der Führungskraft ein gewisses Ausmaß an Ergebnissteuerung überlassen. Nullsteuerung (NSS) und Wegsteuerung (WSS) werden eliminiert. Orientieren sich die Konfliktparteien an den Organisationszielen, sollte die Interventionsstrategie den Untergebenen ein gewisses Ausmaß an Ergebnissteuerung geben. Gesamtsteuerung (GSS) und Zielsteuerung (ZSS) werden eliminiert.

7. *Vorrangregel:* Wenn durch oben beschriebene 6 Regeln mehr als eine Interventionsstrategie als effektiv angesehen wird, sollten folgende Vorrangregeln beachtet werden: a) Für sehr wichtige Konflikte gepaart mit schwachem Zeitdruck gilt: aa) Ist die Azeptanz gegenüber einer verfügten Lösung gering, sollte die Interventionsstrategie der Führungskraft ein Maximum an Prozeßsteuerung gewähren, um sicherzustellen, daß ein ordnungsgemäßer und fairer Prozeß die Lösungsakzeptanz erhöht; ab) ist die Akzeptanz gegenüber einer verfügten Lösung hoch, sollte die Strategie der Führungskraft ein Maximum an Ergebnissteuerung übertragen (um die Organisationsinteressen zu schützen) und den Untergebenen zumindest etwas an Kontrolle über die Lösung geben. b) Für sehr wichtige Konflikte mit starkem Zeitdruck sollte die Interventionsstrategie den geringsten Zeitaufwand zur Konfliktlösung benötigen, ohne dabei die Lösungsakzeptanz zu gefährden. c) Für weniger wichtige Konflikte sollte die Führungskraft eine Strategie wählen, die den geringsten Anteil an Ressourcen verbraucht (Zeit, Fähigkeiten etc.).

Abb. 4: Entscheidungsregeln

Literatur

Adler, N.: International Dimensions of Organizational Behavior. Boston 1986.
Blake, R. R./Mouton, J. S.: 1964. The Managerial Grid. Houston 1964.
Carnevale, P.: Mediating disputes and decisions in organizations. In: *Lewicki, R./Sheppard, B./Bazerman, M.* (Hrsg.): Research on Negotiation in Organizations. Greenwich 1986, S. 251–270.
Conlon, D./Fasolo, P.: Influence of speed of third party intervention and outcome on negotiator and constituent fairness judgments. In: AJM, 1990, S. 833–846.
Elangovan, A. R. V.: Managerial Third-Party-Dispute Intervention: A Normative Model of Strategy Selection. Unveröffentlichte Diss., Faculty of Management. University of Toronto 1993.
Elkouri, F./Elkouri, E.: How Arbitration Works. 3. A., Washington 1985.
Farrell, D./Petersen, J.: Patterns of Political Behaviour in Organizations. In: AMR, 1982, S. 403–412.
Filley, A. C.: Interpersonal Conflict Resolution. Glenview 1975.
Fisher, R./Ury, W.: Getting to Yes. Boston 1981.
Kahneman, D.: Reference Points, Anchors, Norms, and Mixed Feelings. In: Organizational Behavior and Human Decision Processes, 1992, S. 296–312.
Kahneman, D./Tversky, A.: Conflict Resolution: A Cognitive Perspective. In: *Arrow* et al. (Hrsg.): Barriers to Conflict Resolution. New York 1993.

Karambayya, R./Brett, J. M.: Managers Handling Disputes: Third Party Roles and Perceptions of Fairness. In: AJM, 1989, S. 687–704.
Karambayya, R./Brett, J./Lytle, A.: The Effects of Formal Authority and Experience on Third Pary Roles, Outcomes and Perceptions of Fairness. In: AMJ, 1992, S. 426–438.
Karambayya, R./Brett, J.: Managerial Third Parties: Intervention Strategies, Process, and Consequences. In: *Folger, J./Jones, T.* (Hrsg.): Third Parties and Conflict: Communication Research and Perspectives. Sage Publications, im Druck.
Kolb, D.: Who are Organizational Third Parties and What Do They Do? In: *Lewicki, R./Sheppard, B./Bazerman, M.* (Hrsg.): Research on Negotiation in Organizations. Greenwich 1986, S. 207–228.
Kolb, D./Glidden, P.: Getting to Know Your Conflict Options. In: Personnel Administrator, 1986, S. 77–90.
Lax, D./Sebenius, J.: The Manager as Negotitator. New York 1986.
Lewicki, R./Litterer, J.: Negotitaion. Homewood 1985.
Lind, E. A./Kulik, C. T./Ambrose, M. et al.: Individual and Corporate Dispute Resolution: Using Procedural Fairness as a Decision Heuristic. In: ASQ, 1993, S. 224–251.
Lind, E. A./Tyler, T. R.: The Social Psychology of Procedural Justice. New York 1988.
Likert, R./Likert, J. G.: New Ways of Managing Conflict. New York 1976.
Lissak, R. I./Sheppard, B. H.: Beyond Fairness: The Criterion Problem in Research on Conflict Intervention. In: Journal of Applied Social Psychology, 1983, S. 45–65.
Neale, M./Bazerman, M.: Cognition and Rationality in Negotiation. New York 1991.
Neale, M./Pinkley, R./Brittain, J. et al.: Managerial Third-Party Dispute Resolution. Final Report. Fund for Research in Dispute Resolution, 1990.
Notz, W. W./Starke, F. A./Atwell, J.: The Manager as Arbitrator: Conflicts Over Scarce Resources. In: *Bazerman, M./Lewicki, R.* (Hrsg.): Negotiating in Organizations. Beverly Hills 1983.
Robbins, S.: Organizational Behaviour: Concepts. Controversies, and Applications. Englewood Cliffs 1991.
Samuelson, W./Zackhauser, R: Status Quo Bias in Decision Making. In: Journal of Risk and Uncertainty, 1988, S. 7–59.
Sheppard, B. H.: Managers as Inquisitors: Some Lessons from the Law. In: *Bazerman, M./Lewicki, R.* (Hrsg.): Negotiating in Organizations. Beverly Hills 1983.
Sheppard, B. H.: Third Party Conflict Intervention: Procedural Framework. In: *Staw, B. M./Cummings, L. L.* (Hrsg.): Research in Organizational Behavior. Greenwich 1984.
Sheppard, B. H./Blumenfeld-Jones, K./Minton, J.: To Control or Not to Control: Two Models of Conflict Intervention. Paper Presented at the American Psychological Association's Annual Meeting. Washington D.C. 1986.
Sheppard, B./Blumenfeld-Jones, K./Roth, J.: Informal Third Partyship: Studies of Everyday Conflict Intervention. In: *Kressel, K./Pruitt, D.* (Hrsg.): Mediation Research: The Process and Effectiveness of Third Party Intervention. San Francisco 1989, S. 166–189.
Sheppard, B./Roth, J./Blumenfeld-Jones, K. et al.: Third Party Dispute Interpretations: Simple Stories and Conflict Interventions. Paper Presented at the National Academy of Management Meetings. Miami Beach 1991.
Thomas, K.: Manager and Mediator: A Comparison of Third Party Roles Based Upon Conflict-Management Goals. In: *Bomers, G./Peterson, R.* (Hrsg.): Conflict Ma-

nagement and Industrial Relations. Boston 1982, S. 119–140.
Thomas, K./Schmidt, W. H.: A Survey of Managerial Interests with Respect to Conflict. In: AMR, 1976, S. 315–318.
Tjosvold, D./Deemer, D.: Effects of Controversy within a Cooperative or Competitive Context on Organizational Decision Making. In: JAP, 1980, S. 590–595.
Valley, K. L.: It's Who You Know: A Network Analysis of Decision Processes in Organizations. Dissertation Proposal, Northwestern University. Evanston 1990.
Walton, R. E.: Interpersonal Peacekeeping: Confrontations and Third Party Consultation. Reading 1969.

Interventionen und Führungseffizienz

Chris Argyris

[s. a.: Effizienz der Führung; Empirische Führungsforschung, Methoden der; Fortbildung, Training und Entwicklung von Führungskräften; Organisationskultur und Führung.]

I. Problemstellung; II. Fall 1: Die Bewertung von ineffizientem Führungsverhalten (Individualebene); III. Fall 2: Die Beurteilung von Führungs- und Gruppenverhalten (Gruppenebene); IV. Zusammenfassung.

I. Problemstellung

Das Hauptaugenmerk dieses Beitrags zur Erhöhung von Führungseffizienz liegt auf jenen menschlichen Fähigkeiten, die Führung ermöglicht, wo und wann auch immer sie ausgeübt wird. So müssen Führer, um überhaupt handeln zu können, zunächst die Situation sorgfältig diagnostizieren; sie müssen Handlungsentwürfe kreieren, um Resultate, welche auch immer sie zu implementieren wünschen, erreichen zu können; sie müssen diese Resultate dann tatsächlich hervorbringen, und schließlich müssen sie deren Implementierung überwachen, um Fehler zu entdecken und zu korrigieren. Der Schwerpunkt dieses Aufsatzes liegt darin, Wege zu beschreiben, wie mit Führern interveniert werden muß, um deren *Effizienz* (→*Effizienz der Führung*) in allen vier dargestellten Aktivitäten zu erhöhen, speziell wenn es um bedrohliche Situationen geht. Der Grund, warum bedrohliche Situationen in den Mittelpunkt gestellt werden, ergibt sich aus unseren Forschungsergebnissen, die zeigen, daß die meisten Organisationen Bedrohungen umgehen und dann so tun, als würden sie sie nicht umgehen. Derartige Handlungen lassen sich als defensive Routine charakterisieren. *Defensive Routine* besteht aus Handlungen bzw. Anweisungen, die Organisationen vor schmerzhaften Erfahrungen schützen sollen und gleichzeitig verhindern, daß die Organisation lernt, wie man die Ursachen der Bedrohung unmittelbar und unverzüglich in den Griff bekommt (*Argyris* 1985).

Läge das Hauptaugenmerk auf routinemäßigen, nicht bedrohlichen Problemen, würden scheinbar viele Führer aufscheinen, die hinreichend Bescheid wüßten, wie sie ihre Handlungen zu diagnostizieren, zu gestalten, zu erreichen und zu überprüfen hätten. Liegt jedoch der Akzent auf nicht routinemäßigen, bedrohlichen Situationen, die tief verankerte Werte und *Verhaltensrichtlinien* einschließen, dann scheinen nur wenige in der Lage zu sein, effizient zu führen. Der Grund dafür liegt darin, daß vielen Menschen über unterschiedlichste Kulturkreise hinweg (→*Kulturabhängigkeit der Führung*) ein Verhalten beigebracht wird, wie man mit schwierigen und bedrohlichen Problemen zurechtkommt, das effiziente Führung untergräbt; solche Menschen sind so programmiert, daß sie sich ihrer kontraproduktiven Verhaltensweisen nicht bewußt sind; die sie umgebende Kultur verstärkt deren Ineffizienz und Unkenntnis. Es scheint viele Spielarten individuell ineffizienten Verhaltens zu geben. Wenn aber das Denken und die Handlungsvorstellungen, die Führer einsetzen, um mit Bedrohungen umzugehen, untersucht werden, treten fast keine Unterschiede zutage (*Argyris/Schön* 1974; 1980; *Argyris* 1976, 1982, 1985). Der Sinn von Interventionen zur Erhöhung der Führungseffizienz liegt m. E. zunächst darin, Führern ihr kontraproduktives Denken und entsprechende Handlungskonzepte bewußt zu machen. Eine zweite Phase dient dem Training (→*Fortbildung, Training und Entwicklung von Führungskräften*) der Erweiterung von Denkweisen bzw. Handlungskonzepte von Führungskräften. Dabei wird von der Annahme ausgegangen, daß das alte Denken und die alten Handlungskonzepte in Routinesituationen produktiv wirken mögen, jedoch neues Denken und neuartiges Handeln sich bei der Bekämpfung von defensiver Routine auf individueller und organisatorischer Ebene bewährt. Wird es nicht schwierig sein, neues Denken und neues Verhalten zu trainieren, wenn die entsprechenden alten Muster schon von früher Jugend an gelehrt und von der umgebenden Kultur unterstützt werden? Die Antwort lautet zunächst, daß alles von der Bereitschaft der Führer zu lernen abhängt, in die erste *(single loop)* beziehungsweise doppelte *(double loop)* Lernschleife einzutreten, und weiters von der Freiheit der Führer bestimmt wird, auch anwenden zu können, was sie gelernt haben. Double loop learning verändert die verhaltensbestimmenden Wertvorstellungen, Verhaltensgrundsätze oder Annahmen über Kausalzusammenhänge; dieses Lernen bedeutet, daß ein Ausgleich zwischen Intention und Verhalten hergestellt, oder ein bestehendes Mißverhältnis korrigiert wird. Double loop learning birgt eine Bedrohung für das bestehende System, weil es einerseits vorherrschende Fähigkeiten und Verhaltensmuster obsolet werden läßt und andererseits die Veränderung früher gelernter Handlungstheorien erfordert.

Im Gegensatz dazu tritt single-loop learning immer dann auf, wenn Ungereimtheiten oder Ungleichgewichte zwischen Intention und Verhalten korrigiert werden, ohne dabei die verhaltensbestimmenden Wertvorstellungen zu verändern.

Single loop learning ist notwendig, wenn es darum geht, alltägliche Arbeiten und Aufgaben zu erledigen, und ist mit dem Effizienzkriterium eng verbunden. Double loop learning stellt die Sinnhaftigkeit des Systems selbst in Frage und kreiert damit schon ihre Zukunft. Ein weiteres Problem ist die Primitivität unserer Reedukationsbemühungen, die durch Forschungsbemühungen schon verringert wird. Es besteht aller Grund zu Optimismus, denn erstens sind die Theorie und das Denken, das wir lehren wollen, bekannt und werden von den meisten Führern respektiert. Die Ironie jedoch besteht, wie wir noch zeigen werden, darin, daß, obwohl sich viele Führer zu dem Wissen und den Fähigkeiten, die wir lehren wollen, bekennen, nur wenige in der täglichen Praxis ein solches Verhalten auch tatsächlich einsetzen; dieses Umstands sind sich, wie oben erwähnt, nur wenige bewußt. Der zweite Grund für Optimismus besteht in einer Art „Fürsorger-Mentalität", zumindest jener Führungskräfte, mit denen wir gearbeitet haben: Sie fühlen sich unmittelbar verantwortlich dafür, effiziente Organisationen zu schaffen und zu erhalten. Während der letzten zwei Dekaden konnten wir eine starke Verfeinerung von Managementsätzen und Techniken beobachten. Aber zumindestens in den Vereinigten Staaten hat sich im gleichen Zeitraum das Vertrauen, daß Menschen Organisationen als effiziente Problemlösungstechnologie erfolgreich nutzen können, verringert. Die defensive Routine bildet den Kern dieses Vertrauensschwundes. Der dritte Grund für Optimismus besteht in der Perspektive, die wir vorschlagen: sie basiert auf *produktivem Denken* (Abb. 1), einem Konzept, das nicht neu ist. Es ist so alt wie das der systematischen Befragung und der wissenschaftlichen Methode. Managementtrainings in Finanzierung, Marketing, Fertigung, Rechnungswesen und Personalwesen, basieren alle auf diesem Typus des Denkens. Wenn das so ist, warum existiert dann das Problem überhaupt? Der Grund liegt darin, daß selbst Leute, die die Anwendung produktiven Denkens im Management gelernt haben, es in bedrohlichen Situationen nicht anwenden. Das sind eher die Bedingungen, unter denen sie *defensives Denken* verwenden (Abb. 2). Außerdem ist der Wechsel von produktivem zu defensivem Denken so eingefleischt und eingeübt, daß er automatisch vollzogen wird.

PRODUKTIVES DENKEN

Seine Charakteristika sind:
* Die Anwendung von harten Daten (solchen, die von Individuen mit unterschiedlichen Anschauungen als valide Beschreibungen der Wirklichkeit übereinstimmend akzeptiert werden).
* Explizite Prämissen
* Explizite Schlußfolgerungen
* Die gezogenen Schlüsse sind intersubjektiv überprüfbar.

Was steht hinter produktivem Denken:
* Eine explizite oder (stillschweigend akzeptierte) Theorie der Strategieformulierung
* Ein Satz von zusammenhängenden Konzepten
* Ein Satz von expliziten Regeln, wie diese Konzepte zu verwenden sind, um zulässige Schlußfolgerungen zu ziehen, überprüfbare Schlüsse zu erzielen und welche Kriterien zur Beurteilung der Validität dieser Überprüfung heranzuziehen sind.

Abb. 1

Als letzter Grund für den ausgesprochenen Optimismus ist anzuführen, daß es möglich ist, Individuen zu helfen, sich ihres kontraproduktiven Denkens bzw. entsprechender Handlungen bewußt zu werden; es ist möglich, die Anwendung produktiven Denkens bzw. die Umsetzung in produktives Handeln zu lernen (→*Fortbildung, Training und Entwicklung von Führungskräften*); es wurden Seminare entwickelt, denen dann ein *On-the-job-Lernen* folgt (→*Führungstraining, Methoden des*). Zur Illustration der Arten unserer Interventionen mögen zwei Fälle dienen, die wir international eingesetzt haben. Mit Hilfe des ersten Falles sollen Führer in die Lage versetzt werden, Diskrepanzen wahrnehmen zu können, zwischen dem, was sie als effizientes Denken ausgeben, wenn sie mit Bedrohung konfrontiert sind, und dem tatsächlich ausgeführten Verhalten. Führern wird mit Hilfe dieses Falles klar, was in ihnen die Wahrnehmung dieser Diskrepanzen verstellt. Der zweite Fall dehnt den gleichen Lernansatz auf Gruppensituationen aus. Aufgrund des beschränkten Raums ist es hier schwierig, andere Techniken zu beschreiben, aber sie sind in den oben zitierten *Argyris*- und *Schön* Referenzen nachvollziehbar.

DEFENSIVES DENKEN

Seine Charakteristika sind:
* Die Verwendung von welchen Daten (Menschen mit unterschiedlichen Anschauungen finden es schwierig, solche als valide Beschreibungen der Realität zu akzeptieren).
* Schlüsse sind impliziter und privater Natur
* Schlüsse sind nicht intersubjektiv überprüfbar.

Was steht hinter defensivem Denken:
* Eine stillschweigend abgeleitete Theorie, wie mit Bedrohung umzugehen ist
* Ein Satz von Konzepten, die nicht nachvollziehbar in Beziehung gebracht werden
* Ein Satz von nicht einblickbaren Regeln, wie diese Konzepte anzuwenden sind, um zulässige Schlußfolgerungen zu erzielen, und welche privatgehaltenen Kriterien zur Beurteilung der Validität der Überprüfung einzusetzen sind.

Abb. 2

II. Fall 1: Die Bewertung von ineffizientem Führungsverhalten (Individualebene)

Stellen Sie sich ein Seminar mit Managern derselben oder unterschiedlicher Organisationen vor. Wir bitten diese, einen Fall zu schreiben (dafür werden 30–45 Minuten veranschlagt), der bestimmten Anforderungen folgen soll: Inhaltlich stellen wir die Anforderung, daß er für den Schreiber wichtig sein muß und ein respektables Maß an Schwierigkeit und Bedrohung enthält. Der Autor muß also ein Problem suchen, das nicht trivial ist und von ihm als Lerngelegenheit angesehen wird. Besonders häufig wird dann über ineffizientes Verhalten von Mitarbeitern geschrieben. Der nun folgende Fall wurde von Bill geschrieben, einem Generaldirektor. Er beschreibt seinen Versuch, John zu helfen, einem Abteilungsdirektor im nationalen Marketingbereich, dem er bewußt machen will, welche Faktoren es sind, die seine Beförderung in eine hierarchisch höhere Position unwahrscheinlich erscheinen lassen. Diese sind:

(1) *die Unfähigkeit zwischen Wichtigem und Unwichtigem zu differenzieren;*
(2) *die Unfähigkeit zu delegieren:* als man einen Assistenten einstellte, um John aus seiner Überlastung zu helfen, gab es keine signifikanten Änderungen in Johns Leistung;
(3) äußerst schlechte Beziehungen zu seinen Mitarbeitern an der Verkaufsfront, die ihn als langsam, negativ und pompös charakterisieren.

In diesem Fall versucht Bill noch einmal darzustellen, was er bzw. John sagte, und welche Gedanken und Gefühle er (Bill) hatte, die er nicht ausdrückte (Abb. 3). Wir sagen den Führungskräften, daß der Fall als projektive Technik eingesetzt wird, um ihnen eine Art Fenster zu geben, sich ihr Denken und Handeln bei bedrohlichen Situationen anschauen und bewußt machen zu können. Die Information, daß es sich bei der Fallmethode um eine projektive Technik handelt, scheint ihre Validität nicht zu beeinflussen. Selbst wenn die Führer, bewußt oder unbewußt, eine inkorrekte Konversation wiedergeben, leiden die Validität und Anwendbarkeit nicht. Was auch immer geschrieben werden mag, immer enthält es valide Punkte zum Lernen. Die jeweils beschriebene kurze Episode in Verbindung mit einer Diskussion reicht aus, um die Fähigkeit der Führer zu diagnostizieren, mit defensiven Situationen effizient umzugehen. Es wird dabei nicht notwendig, den Bildungsweg, den Lebenslauf, frühere praktische Erfahrung, Alter, Geschlecht, usw. zu erheben. Es ist sogar so, daß die Erhebung dieser Faktoren den Reedukationsprozeß verzögern kann, da die betroffenen Personen dann viel Zeit und Energie mit der Sammlung nicht relevanter Faktoren verbringen. Es könnte auch sein, daß sie diese Faktoren verwenden, um sie zu ihrer Verteidigung einzusetzen, sobald sie ihre Hilflosigkeit bei der Lösung des Problems erkennen (*Argyris* 1982).

Die Beurteilung von Bills Effizienz: Die meisten Führer, die diesen Fall verwenden, beurteilen Bills Verhalten als überwiegend ineffizient. Zum Beispiel:

– „Bill zeigt sich dieser Situation nicht gewachsen."
– „Bill hat das Ziel seiner Aussprache mit John nicht erreicht."

Wie Führungskräfte Bills Versagen erklären: Trotz der grundsätzlichen Übereinstimmung, daß Bill versagte, gibt es ein wesentlich differenzierteres Spektrum von Meinungen darüber, weshalb er versagte. Derartige Erklärungen fallen meist in folgende zwei Kategorien:

(1) Bill war autoritär, einseitig und direktiv
„Bill verwendete die meiste Zeit dazu, John zu sagen, daß er Unrecht hatte, und hörte John nicht zu. Bill wirkt sehr anklagend". „Bill zeigte keinerlei Unterstützung und drückte kein Vertrauen in John aus. Er hatte sich entschieden, daß John im Unrecht war und damit hatte es sich".
(2) Bill war vage, verwaschen, zu indirekt
Bill hat um den heißen Brei herumgeredet... ohne zum Punkt zu kommen". „Bill hat nie ausgesprochen, was ihm wirklich am Herzen lag. Bill argumentierte zu versteckt (und zu indirekt)".

Voraussagen von Führungskräften als Konsequenz von Bills Ineffizienz: Unabhängig davon, welches Erklärungsmuster die Führungskräfte verwendeten, stimmten sie alle darin überein, daß Bills Verhalten John in die Defensive drängt und daher keine Voraussetzungen geschaffen werden, daß John lernen könnte, sein Verhalten zu ändern. Jene, die Bill als autoritär charakterisierten, sagten voraus, daß John sich als Opfer eines Vorurteils fühlen würde, bzw. als mißverstanden und abgekanzelt.

Jene, die Bills Verhalten zu indirekt charakterisiert hatten, sagten voraus, daß John sich zunächst verwirrt fühlen würde. Bald würden sich diese Gefühle in eine Richtung verstärken, wonach er sich mißverstanden und unfair beurteilt vorkäme.

Eingebettet in beide Diagnosen ist dieselbe „mikrokausale Theorie", die ungefähr wie folgt aussieht: wenn Bill (nachdem er John als ineffizient beurteilt hatte) einseitig autoritär oder indirekt und schwach handelt, dann wird sich John defensiv fühlen und wird daher nicht zuhören und lernen.

Es scheint sich dabei um eine Kausaltheorie der menschlichen Defensivität zu handeln, die mit den allgemein üblichen Annahmen über die menschli-

Meine Unterhaltung mit John, ein Gedächtnisprotokoll, verfaßt von Bill

Gedanken und Gefühle, die nicht kommuniziert werden.	Die tatsächliche Unterhaltung
Da haben wir wieder einmal diese Situation. Wie er sich fühlt? Nun, einmal muß es gesagt sein.	Bill: John, wir haben schon über Ihre wichtige Rolle als national marketing manager gesprochen. Ich stehe weiterhin auf dem Standpunkt, daß es nicht reicht, ein guter Techniker zu sein. John: Ich bemühe mich sehr, einen guten Überblick zu behalten über die Aufgaben, für die ich verantwortlich bin.
In Wahrheit bleibt er immer an der Spitze des Papierbergs hängen.	Bill: Was heißt „Überblick"? Ist denn der Überblick das wahre Problem? Bemühen Sie sich ernsthaft, Prioritäten zu setzen, oder arbeiten Sie sich einfach von der Spitze des Papierberges nach unten? John: Ich habe immer mehr mit dem Außendienst zu tun und habe immer weniger Zeit, Sie werden sicherlich einsehen, daß sich der Streß in diesem Job erhöht hat und ich sehr hart arbeite.
Zum Gutteil erzeugt er sich diesen Streß selbst.	Bill: Wie machen Sie das? Wie stellen Sie fest, was Sie zuerst machen sollten? John: Ich verfolge eine Politik der offenen Tür: meine Leute kommen zu mir, wenn sie meinen, daß ich eingeschaltet werden sollte.
Wie bekomme ich ihn von seinem starren Standpunkt weg, damit er eine echte Führungskraft wird?	Bill: Das beantwortet die Frage nach dem Setzen von Prioritäten nicht – das ist nämlich der Schlüssel zu den meisten Problemen, die wir im Marketing haben. John: Sie sind sich sicher bewußt, daß ich, sobald ich merke, daß etwas schiefläuft, mich sofort einschalte.
Die Schwierigkeit ist, daß der Mann eine passive Haltung zu seinem Job hat. Ich möchte, daß er mehr Initiative ergreift, innovativ ist. Ob er das kann? Ich weiß nicht. Langsam frustrierte mich, daß ich mein Anliegen John nicht beibringen konnte. Deshalb wollte ich jetzt ein anderes Problem ansprechen, das mir aufgefallen war. Nach einer kurzen Überleitung sagte ich:	Bill: Prüfen und warten reicht nicht. Wir müssen organisieren, vorausdenken, planen und führen. Bill: Ihre Kollegen mögen Sie. Aber die Leute draußen im Verkauf beschreiben Ihr Verhalten mit „dozierend", „pompös", „alles wissend".
Ich möchte nicht beschönigen, ich möchte nur eine Atmosphäre schaffen, in der wir konstruktiv zusammenarbeiten können.	John: ich beurteile diese Leute so, wie ich sie beobachten kann. Das ist mein Job. Sie wollen sicher nicht, daß ich alles beschönige. Bill: Es ist ein Teil unserer Aufgabe als Manager, Schwächen nicht nur zu identifizieren, sondern auch Hilfe anzubieten, sie in einer Weise zu verringern, die Fortschritt schafft, nicht Feindschaft. John: Die haben doch auch eine Verantwortung zu tragen – Sie sprechen über Herz versus Hirn – einige dieser Herzen wollen nicht verändert werden!

Abb. 3

che Natur konsistent ist. Die Führungskräfte verwenden eine valide Theorie der Verteidigung.

Puzzle 1: In einem nächsten Schritt bitten wir die Führungskräfte davon auszugehen, daß Bill plötzlich kommt und sie fragt: „Habe ich mich gut geschlagen?" Würden nun die Befragten ihm das sagen, was sie oben beschrieben hatten (in welcher Kombination auch immer), dann würden sie Bill einseitig beurteilen und bewerten. Es wäre zum Beispiel eine eineitige und autoritäre Handlung, Bill zu sagen, daß er einseitig und autoritär gehandelt habe.

Was lernen die Teilnehmer bisher über sich?

Zunächst müssen wir uns vor Augen halten, daß das Lernen damit zusammenhängt, wie Führungskräfte mit Problemen umgehen, die bedrohlichen Hemmcharakter haben. Die Resultate sind auf jedes bedrohliche Problem anwendbar, nicht nur einfach auf die Beurteilung schwacher Leistung.

(1) Um zu einer Diagnose zu kommen, verwendeten die Führungskräfte eine Minikausaltheorie über menschliche Defensivität. Führungskräfte sind Theorienkonstrukteure und Theorienverwender. Die meisten Theorien lagen im Verborgenen und waren den Führungskräften gar nicht bewußt.

(2) Die Führungskräfte waren sich nicht nur dieser Theorien nicht bewußt, sie waren sich auch des Denkens nicht bewußt, das sie verwendeten, und der unbeabsichtigten Konsequenzen, die dieses Denken begleiteten. Hätten sie also ihr diagnostisches Denken über Bills Ineffizienz an Bill weitergegeben, dann würden sie notwendigerweise dieselben defensiven Bedingungen für Bill schaffen, von denen sie geschlossen hatten, daß sie Bill für John schuf.

(3) Führungskräfte haben voraussagbare systematische Wege, um bedrohliche Situationen zu diagnostizieren. Diese Verhaltenselemente sind automatisch, weil sie hochentwickelt und bestens eingeübt sind. Da sie diese Qualitäten haben, vertraut man ihnen und akzeptiert sie stillschweigend.

(4) Dieselben Merkmale, die die Automatisierung des beschriebenen Verhaltens herbeiführen, machen es weniger wahrscheinlich, daß die Führungskräfte ihre eigenen Fehler bemerken werden. Wenn Führungskräfte Fehler machen, dann wirkt eine solche Mitteilung als Bedrohung, folglich halten die anderen in ihrer Umwelt diese Information zurück. Das Resultat ist, daß Führungskräfte sich wichtiger Fehler nicht bewußt sein können. Führungskräfte sollten sich „Wege in die Wirklichkeit" schaffen.

Puzzle 2: Teilnehmer erholen sich oft rasch von ihrer Überraschung, indem sie sich beeilen festzustellen, daß sie ihre Diagnose in dieser Form im Falle Bills Anwesenheit ihm nicht mitgeteilt hätten. Sie wären Bill gegenüber nicht so dumm oder gefühllos, zu sagen, was sie von ihm dächten. Es scheint also einen automatischen Zensurprozeß zu geben, den Führungskräfte verwenden, um konstruktiv zu wirken. Ein automatischer Zensurprozeß kann aber nur funktionieren, wenn man so handelt, als würde man nichts zensieren. Aber weil sich, wie wir sehen werden, die meisten Führungskräfte ähnlich verhalten, ist es wahrscheinlich, daß die Zensurierten von einem aktuellen Zensurprozeß annehmen, daß er nur funktionieren könnte, wenn sie sich so verhielten, als wäre er gar nicht vorhanden. Wir baten die Führungskräfte Szenarien zu schreiben, wie sie sich auf der Grundlage von Bills Situation (Abb. 3) verhalten würden. Diese Szenarien lassen sich in drei Strategien kategorisieren. Die erste haben wir schonende Strategie („easing-in strategies") genannt. Die zweite nennen wir offene Strategie („fortright strategies"). Und schließlich gibt es eine Kombination aus den beiden: Zunächst wird Schonung appliziert und wenn dann Bill nicht wie erhofft reagiert, wird direkt vorgegangen.

Schonende Strategien:

Bill: „Wie beurteilen Sie meine Vorgangsweise gegenüber John?"
Ein Führer (im Seminar): „Wie sehen Sie es selbst?"
Bill: „Ich bemühte mich, zu tun, was man von mir erwarten konnte, und John hat Widerstand geleistet."
Ein Führer: „Warum hat sich John gewehrt?"
Bill: „Na ja, möglicherweise war er aufgeregt?"
Ein Führer: „Gibt es irgendwelche Gründe in Ihrem Verhalten, die ihn zu diesem Widerstand bewegt haben könnten?"

Die Führungskräfte werden gebeten, miteinander ihre schonenden Szenarien durchzugehen und mitzuteilen, wie sie sich fühlen würden, wenn sie deren Empfänger wären. Die Teilnehmer berichten über vier Reaktionen auf schonende Strategien: Die erste ist, daß sie sich als Opfer eines Vorurteils fühlen würden. Zweitens stellten sie fest, daß jeder potentielle Helfer nicht offen und ehrlich vorgehe. Und drittens sollte all das einmal aufgedeckt und besprochen werden. Schließlich würde viertens das Aufdecken auch aufgedeckt werden.

Offene Strategien:

Bill: „Wie beurteilen Sie mein Verhalten gegenüber John?"
Ein Führer: „Mein Respekt gehörte einem Manager, der den Mut hat, ein Problem direkt anzugehen. Ich bin überzeugt, es hat viel Mut gebraucht, um diese Konversation mit John zu führen… aber ich glaube, Sie hätten noch mehr aus dieser Situation machen können."
Bill: „Was meinen Sie?"
Ein Führer: „Ich meine, Sie hätten Ihre Ziele spezifischer überdenken sollen. Ich bin mir sicher, daß sie Ihnen klar waren, aber sie waren John nicht klar und auch mir nicht – nämlich worin liegt das Problem und – noch wichtiger – was wird benötigt, um es zu lösen?"
Bill: „Sicher war es mir klar. Und es ist auch ihm klar."

Wieder werden die Teilnehmer gebeten, auf die offenen Strategien so zu reagieren, als wären sie deren Empfänger. In einer ersten Reaktion sagen sie, sie wüßten nun, daß sie als ineffizient beurteilt wurden. In einem weiteren Schritt teilen sie mit, daß ihre automatische Reaktion wahrscheinlich Verteidigung und Selbstschutz zum Inhalt haben würde.

Zusätzliche Erkenntnisse für die Teilnehmer:

(1) Obwohl sich alle sicher waren, daß sie nicht so ungeschickt wären, die durch ihre Diagnose implizierte Defensivität auszulösen, taten sie es. Sogar nach der Diskussion, nach dem Überdenken und der Vorwegnahme der Situation, handeln die Teilnehmer in einer Weise, die Bedingungen schaffen, die selbst als ein „In-die-Defensive-Drängen" bezeichnen würden.

(2) Nach wiederholten Mißerfolgen, Bedingungen zu schaffen, von denen sie sagten, daß sie sie schaffen würden, gaben die meisten zu, daß sie nicht mehr ein noch aus wüßten. Scheinbar konnten sie kein Szenario entwickeln, das sie oder die anderen Teilnehmer zufriedenstellen würde.

(3) So begannen Gefühle zu entstehen, die von Verwirrung über Frustration zu Scham und Ärger reichten. Diese Gefühle entstanden rund um ein Verhalten, das sie seit Jahren zeigten, allerdings nie mit diesen Gefühlen. Sie erlebten nicht nur Ineffizienz, sie erlebten auch die Unfähigkeit ihre Ineffizienz zu korrigieren, obwohl die Bedingungen, dies zu tun, ideal waren.

Diese Erkenntnisse sind keineswegs neu (→*Empirische Führungsforschung, Methoden der*). Wir finden die gleichen Resultate in Amerika, Südamerika, Europa, Indien, Australien (→*Kulturabhängigkeit der Führung*). Sie gelten in gleichem Maß für Frauen und Männer, für Minderheiten und Mehrheiten, für die Mächtigen und die Machtlosen, für jung und alt, für reich und arm. Diese Ergebnisse haben Gültigkeit unabhängig vom Führungsstil, unabhängig davon, ob die Führer an Theorie X oder Theorie Y (→*Menschenbilder und Führung*) glauben. Mit anderen Worten, was die Teilnehmer lernen, ist für sie nicht grundsätzlich neu. Darüber hinaus sind diese Inkonsistenzen auch zu beobachten, wenn wir andere Arten von Problemen, wie strategische Planung, Finanzierung, Marketing untersuchen, es bleiben die gleichen Situationen, die als bedrohlich angesehen werden. Führungskräfte scheinen dann am wenigsten effizient zu sein, wenn ihre Effizienz am meisten gebraucht wird.

Eine Handlungstheorie, wie sie dem Führungsstil zugrunde liegen könnte: Rufen wir uns in Erinnerung, daß bei der Diagnose von Situationen Individuen eine Minikausaltheorie schaffen, um sich das Geschehen erklären zu können. Die Führungskräfte hatten aber keine kausale Theorie, die ihnen erklären konnte, warum sie Bedingungen nicht meistern konnten, von denen sie annahmen, sie meistern zu können. Im Bemühen, Sinn in die bisherigen Darstellungen zu bringen, müssen einige Konzepte dargestellt werden. Führungskräfte verfügen über Handlungstheorien, die sie zwischen effizientem und ineffizientem Verhalten unterscheiden lassen. Diese Theorien beeinflussen die Denkprozesse, die sie verwenden, um zu diagnostizieren und zu handeln. Es scheint zwei Arten von Handlungstheorien zu geben. Die eine ist jene, für die sie sich einsetzen; jene, von der sie glauben, daß sie sie verwenden. Wir nennen sie „Vorstellungstheorie" (espoused theory). Die zweite ist jene, die sie tatsächlich einsetzen, oder ihre „Gebrauchstheorie" (theory-in-use).

Individuen sind sich meistens ihrer Vorstellungstheorien bewußt, nicht aber ihrer Gebrauchstheorien, wenn es sich um bedrohliche Situationen handelt. Sobald es eine Diskrepanz zwischen der vorgestellten und der tatsächlichen Handlung gibt, gibt es auch eine Diskrepanz zwischen der Vorstellungs- und Gebrauchstheorie. Sobald das der Fall ist, verwenden Individuen beim Diagnostizieren der Wirklichkeit andere *Denkschemata* als beim tatsächlichen Handeln. Oft sind ihre Handlungen mit ihren Intentionen inkonsistent, obwohl sie das nicht beabsichtigen. Zu all dem muß es kommen, da sie Fehler planen und machen. Der Grund, warum ihnen das nicht bewußt sein kann, liegt darin, daß es nicht möglich ist, wissentlich einen Fehler zu planen und zu implementieren. Wenn ich etwas Unstimmiges plane und es durchführe, habe ich etwas Stimmiges geschaffen. Wenn individuelles Handeln entworfen wird, wenn Unbewußtes die Handlung ausmacht, dann muß das Unbewußte geplant werden. Wie läßt sich Unbewußtes gestalten? Vor der Beantwortung dieser Frage rufen wir uns in Erinnerung, daß unabhängig vom gewählten Ansatz alle Führungskräfte eine sehr bedeutsame und versteckte *Selbstzensur* durchführten. Sie alle tendierten dazu, ihre negativen Gefühle Bill gegenüber zurückzuhalten; sie vermuteten, daß er sich mit John überidentifizierte; sie testeten heimlich, um festzustellen, wie offen und bewußt Bill handelte; sie versuchten, Strategien zur einseitigen Kontrolle von Bill zu verwenden, und handeln dabei so, als wäre das nicht der Fall. Die Kombination von einseitiger Kontrolle und heimlichen Tests erschwerte es den Untersuchten, ihre Wertungen und Vermutungen echten Tests zu unterziehen. Echte Tests schließen nach dieser Definition die Möglichkeit ein, daß Ideen entkräftet werden. Das ist ein Rezept für eskalierende Kommunikationsprobleme, Defensivität, Mißverständnisse und Mißtrauen.

Ein anderes wichtiges Merkmal ihres Denkens hing mit Wertungen und Vermutungen zusammen, die die Teilnehmer verwendeten, um Bills Handlungen zu erklären. Alle davon können nicht wahr sein. So beschreiben sie Bill zum Beispiel als distanziert und zu nahe; weich und dominant; vage und spezifisch. Unabhängig, was davon richtig ist, können wir mit relativ großer Sicherheit sagen, daß erstens die Diagnose auf einer langen Reihe von Schlüssen aufbaut, also ein hohes Schlußfolgerungsniveau aufweisen, und zweitens wurden sie kaum, falls überhaupt, intersubjektiv überprüft. So als wären sich die Führungskräfte ganz sicher, daß ihre Diagnosen konkret und so offensichtlich wären, daß sie keiner weiteren Überprüfung bedurften. Was ist unter einem Schlußfolgerungsniveau zu verstehen? Abbildung 4 zeigt eine Schlußfolgerungs-Leiter, die möglicherweise von allen Menschen durchlaufen wird, um ihre Welt zu versehen und um in der Lage zu sein, zu handeln. Die erste Sprosse der Leiter ist relativ direkt beobachtbares Datenmaterial, in unserem Fall die Gespräche, die Bill mit John hatte und jene, die die Beobachteten mit Bill haben würden. Die zweite Sprosse ist jene Bedeutung, die wir der Konversation zumessen würden, um sie kulturell verständlich und akzeptabel zu machen. So wäre es zum Beispiel nicht schwierig, Übereinstimmung in unserer oder in einer ähnlichen Kultur dafür zu finden, daß Bill John sagte, daß seine Leistung nicht akzeptierbar wäre. Die nächste Sprosse charakterisiert jene Bedeutung, die ein einzelnes Individuum den kulturell akzeptierten Bedeutungen zumißt. So kommt es, daß einige der Versuchspersonen Bill als weich und zu sensitiv und andere ihn als stark und dominierend sehen.

Schlußfolgerungsleiter

4 Jene Theorien, die wir verwenden, um zu der auf Stufe 3 geäußerten Bedeutung zu gelangen
3 Individuell versteh- und akzeptierbare Bedeutung
2 Kulturell versteh- und akzeptierbare Bedeutung
1 Relativ direkt beobachtbares Datenmaterial wie z. B. Gespräche

---

Abb. 4

Wir erklären uns diese Unterschiede mit der Hypothese, daß unterschiedliche Individuen unterschiedliche Theorien haben können, wie mit John umzugehen wäre. Und letztlich gibt es dann noch die Bedeutung, die ich (individuell) dem allem zumesse, oder jeder andere Beobachter an meiner Stelle. Zur Schlußfolgerungsleiter ist zu bemerken, daß erstens jedes menschliche Gehirn, um unter online Bedingungen funktionieren zu können, Schlußfolgerungen wie zum Beispiel Wertungen und Vermutungen anstellen muß. Zweitens sind diese Schlußfolgerungen möglicherweise in früher Jugend gelernt und, wie in diesem Fall, stehen in einer Relation zu dem, wovon angenommen wird, daß es Individuen wie Bill oder John defensiv werden läßt. Es ist drittens anzumerken, daß Individuen diese Schlußfolgerungen nicht überprüfen. Sie scheinen so zu handeln, als wären sie konkret.

Eine Erklärung für das Nichtüberprüfen und die Annahme, daß dies alles offensichtlich und konkret wäre, liegt im hohen individuellen Entwicklungsstand dieser Art von Denken. Diese Fähigkeit wurde schon früh im Leben gelernt. Die Merkmale dieses hochentwickelten Verhaltens sind: Es läuft automatisch, mühelos und auch dann ab, wenn wir ihm keine Aufmerksamkeit zuwenden. Denn wären wir gezwungen, allem was wir denken und tun, Aufmerksamkeit zuzuwenden, würden sich unsere Handlungen so stark verlangsamen, daß wenig vollbracht werden könnte. Hieraus folgt noch ein Puzzle. Der menschliche Geist funktioniert so rasch und automatisch, daß wir uns nicht mehr aller der Schlußfolgerungen bewußt sind, die wir machen. Wenn wir also jemanden insensitiv oder dominant bezeichnen, dann ist dies offensichtlich und konkret, weil wir all den Schlußfolgerungen, die wir in wenigen Millisekunden gemacht haben, eine weitere Bedeutung zumessen. Natürlich entstehen Schwierigkeiten dann, wenn sich Individuen über das was konkret und offensichtlich erscheint (nachdem sie dieselben Gespräche durchgegangen sind), nicht einig sind.

Wenn Wertungen und Vermutungen notwendig werden, was hält Individuen davon ab, sie zu überprüfen? Wenn dies richtig geschieht, würde es nicht zu lange Zeit in Anspruch nehmen und es könnte die eben beschriebenen eskalierenden Schwierigkeiten reduzieren. Wir haben zwei Gründe für dieses Verhalten gefunden. Erstens ist es für hochentwickeltes Verhalten typisch, daß sich Individuen von ihrem eigenen Denkprozeß distanzieren. Zweitens kann es, wenn wir von der Gebrauchstheorie ausgehen, auch im Verlauf ihres Einsatzes zu einer Abkoppelung vom eigenen Denkprozeß kommen.

Modell I der Gebrauchstheorie: Wir haben eine Gebrauchstheorie (theory-in-use) identifiziert, die die meisten Individuen zu verwenden scheinen, speziell wenn sie mit bedrohlichen Situationen zu tun haben. Wir haben ein Modell geschaffen, das wir Modell I nennen. Die erste Komponente einer Gebrauchstheorie sind die steuernden Variablen. Diese sind 1. einseitige Kontrolle, 2. das Gewinnen ist zu maximieren und das Verlieren ist zu minimieren, 3. Gefühle sind zu minimieren und 4. Rationalität ist zu maximieren. Die zweite Komponente sind Handlungsstrategien. Damit sind Handlungen gemeint, die die Individuen vollbringen. Die zwei häufigsten Handlungsstrategien sind:

(1) Verteidigen der eigenen Position, Bewerten der Handlungen anderer oder Anstellen von Vermutungen über deren Intentionen, ohne Recherchen über ihre Richtigkeit voranzutreiben oder sie intersubjektiv zu überprüfen.
(2) Einseitiges Gesichtswahren bie sich selbst oder auch bei anderen – und so tun, als wäre das nicht der Fall.

Solche Handlungen führen zu Konsequenzen, die primär defensiven Charakter haben. Sie resultieren in Fehlkommunikation, Mißtrauen, Schutzmaßnahmen, selbsterfüllenden Prophezeiungen und selbstabschottenden Prozessen. All das läßt es unwahrscheinlich erscheinen, daß Fehler korrigiert werden, eher schon würden Fehler eskalieren. Wir würden das Diagramm komplizieren, wenn wir noch zeigten, wie diese Konsequenzen wiederum die steuernden Variablen und die Handlungsstrategien verstärken. Unter Zugrundelegung solch defensiver Konsequenzen wird es verständlich, daß Individuen nach maximaler Kontrolle über ihre Umwelt streben, gewinnen und nicht verlieren wollen, usw. Unter diesen Bedingungen könnte sich das Überprüfen von Wertungen und Vermutungen kontraproduktiv auswirken. Das Überprüfen würde voraussetzen, daß man aussprechbar macht, was nach Modell-1-Grundsätzen nicht aussprechbar ist. Darüber hinaus würden Individuen, die ihr Denken explizit darlegen, Gefahr laufen, daß ihre Ehrlichkeit von anderen, die gewinnen und nicht verlieren wollen, gegen sie verwendet werden könnte.

III. Fall 2: Die Beurteilung von Führungs- und Gruppenverhalten (Gruppenebene)

Der Führer im zweiten Fall war ein Abteilungsleiter einer Beratungsfirma. Er war mit der Leistung seines Teams nicht zufrieden. Er bat um Unterstützung bei der Bewertung seiner Führungseffizienz. Dieses Ziel erweiterten wir um die Bewertung der Effizienz der Gruppe. Die Trainingssituation entsprach der echten Situation: Die Gruppe traf sich, um ihren Zustand zu reflektieren. Diese Sitzung wurde mit Tonband aufgezeichnet. Nach dem Abhören der Bänder erstellte ich eine Diagnose, die in der zweiten Gruppensitzung präsentiert und zur Diskussion gestellt wurde (*Argyris* 1982, S. 121–144).

Die Gruppenmitglieder bezeichneten die folgenden Kausalfaktoren als Leistungshindernisse:

(1) „Zu viele Häuptlinge und nicht genug Indianer", Häuptlinge wollen führen, es gab aber niemanden, der geführt werden wollte.
(2) Von allem Anfang an wurde das jeweilige Projekt zu wenig durchdacht.
(3) Jeder Berater erfüllte seine Aufgabe unter Vernachlässigung der Ergebnisse der Arbeit anderer, niemand ergriff die Initiative, etwas über die Resultate anderer Berater herauszufinden. Sie betrachteten sich eher als individuelle „Zulieferer", denn als Gruppenmitglieder.
(4) Teamsitzungen hätten eher nicht in Anwesenheit der Klienten stattfinden sollen.
(5) Zwischen den Beratern kam es zu Fällen von Verleumdung.
(6) Der Gruppenleiter entzog sich der aktiven Führungsaufgabe, und niemand füllte das Vakuum.
(7) Jener Mitarbeiter, der sein logischer Stellvertreter gewesen wäre, ergriff nicht ausreichend die Initiative das Team zu führen.

(8) Dem Team fehlte ein Gruppenleiter, der auch speziell im Fall der ersten Kundenpräsentation nach außen so auftreten würde, daß dort etwaige „Haarspaltereien" mit dem Kunden vermieden werden konnten.
(9) Die Berater fühlten sich im Umgang mit haarspalterischen Kunden hilflos und unterdrückten ihre Frustration. Derart unangenehme Kunden verstärkten ihre kontraproduktiven Aktivitäten und brachten Gruppenmitglieder zu echtem Zorn. Das Resultat des Treffens: ein Desaster.
(10) Obwohl Teile der Problemstellung des Kunden reine Routine waren, investierten einige Berater überdurchschnittlich viel Zeit und Energie bloß damit, etwas anderes zu machen.

Denkprozesse, die diesen hemmenden Faktoren zugrundeliegen könnten: Die eben beschriebenen Kausalfaktoren sind Resultate von Schlüssen, die Teammitglieder auf der Suche nach Gründen für das schwache Ergebnis anstellten. Die Befragten bestätigten die Relevanz jedes einzelnen Faktors. Die Faktoren 1, 2, 3, 4 und 6 wurden als wichtig identifiziert; Faktor 1 sei ein Schlüsselfaktor.

Der nächste Schritt bestand in der Beantwortung der Frage: „Wir begannen mit einer Befragung der Teilnehmer über die Ursachen des schwachen Ergebnisses" (vgl. Abb. 5).

Verantwortung für die Kausalfaktoren: In diese Denkprozesse ist eine zweite, tiefere Ebene von Kausalfaktoren eingebettet. Die Gruppenmitglieder schreiben die Verantwortung für Faktoren der ersten Ebene folgenden Umständen zu: unterschiedliche Beurteilung, inherente Unzulänglichkeiten Teilnehmer und unvorhersehbare Umstände (vgl. Abb. 6).

Diese Faktoren der zweiten Ebene umfassen drei Kategorien:

(1) Unterschiede in der Beurteilung. Zum Beispiel: der Gruppenleiter irrte, wenn er frühen Teamsitzungen nicht ausreichend Zeit zumaß und wenn er Klienten zu den Treffen einlud.
(2) Selbstauferlegte Begrenzungen, die sich in den Handlungen der Mitglieder niederschlagen. Z. B.: Manager 3 übt seine Führungsrolle nicht aus; bis zum Schluß integrierte niemand die individuellen Beiträge zu einem Ganzen.
(3) Unvorhersehbare Handlungen, die sich auf die Teameffizienz kontraproduktiv auswirkten. Ein Beispiel ist das Zurückziehen des Gruppenleiters.

Somit können wir sehen, daß zwei Ebenen von Faktoren zusammenspielen und zu schwacher Gruppenleistung führen. Die ersten und manifesten Faktoren – jene, die näher an der Oberfläche sind – sind solche, die das Team identifizieren konnte. Die zweiten und latenten Faktoren – jene unter der Oberfläche – sind solche, die aus Denkprozessen darüber, wie die ersten Faktoren zustande gekommen sein könnten, abgeleitet wurden.

Die zwei Ebenen der Faktoren geben signifikant unterschiedliche Zielrichtungen für Veränderun-

Kommentare der Teilnehmer:	Rückschlüsse darüber, was die Teammitglieder erlebten:
(1) Niemand koordinierte den Fall aus einer holistischen Perspektive.	Die Individuen erkannten zwar die Koordinationsprobleme, diskutierten sie aber nicht bzw. ergriffen keine korrektiven Maßnahmen.
Ich erinnere mich, daß Du gesagt hast ... und ich saß da, und wußte gar nicht, was Du meintest.	Innerhalb der Gruppe war man mit Diskussionen sehr zurückhaltend, wenn sie ein Dem-Anderen-Zu-Nahe-Rücken bedeutet hätte.
Ich wußte gar nicht, wie ich mich einbringen könnte ... weil ich gar nicht verstand, was wir da insgesamt taten, aber das habe ich in dieser Form nie angesprochen.	
(2) „Wir haben uns Hals über Kopf in die Problemstellung gestürzt (zu früh) ... wir hätten mehr Ideen investieren sollen, bevor wir in das Feld gingen."	Die Gruppenmitglieder erkannten schon relativ früh, daß sie ein besseres Ergebnis erreicht haben könnten, wenn es schon früher mehr Klarheit über die Ziele gegeben hätte.
(3) Wir trafen uns selten ... ohne den Klienten, so daß keine Möglichkeit bestand, unsere Arbeit zu integrieren. Es handelte sich im wesentlichen immer um eine Imponier-Präsentation. Wir hatten nie eine normale Fallbesprechung ohne den Klienten.	Die Berater hatten Schwierigkeiten mit ihren Fallbesprechungen, weil Vertreter des Klienten anwesend waren.
(4) Der Fall entglitt unserer Kontrolle.	Nachdem sich der Gruppenleiter zurückgezogen hatte, übernahm der Mitarbeiter, der sein logischer Stellvertreter gewesen wäre, nicht seine Aufgaben.
Ich konnte nicht mit dem Nachdruck eines Gruppenleiters sagen: Meine Herren, ich möchte jetzt, daß Sie folgendes tun ...	

Darstellung der Gruppenmitglieder:	Daraus schlossen sie:
(1) Die Berater erkannten die Koordinationsprobleme bei ihrem Auftreten, aber sie diskutierten sie nicht und ergriffen auch keine korrektiven Maßnahmen. Scheinbar wollte man sich nicht gegenseitig ins Gehege kommen.	Zu viele Häuptlinge, nicht genug Indianer.
(2) Schon bald war es klar, daß die Erfahrungen aus einem ähnlichen Fall nicht weiterhalfen. Innerhalb der Gruppe entstand das Gefühl, daß man ein besseres Ergebnis erzielt hätte, wenn die Ziele von allem Anfang an klarer definiert gewesen wären.	Die Führung investierte in die Überprüfung der Annahmen und Richtlinien für den Fall zu wenig Zeit, weil man dies als nicht wichtig ansah.
(3) Die Berater erlebten in verschiedenen Teamsitzungen Schwierigkeiten, weil Vertreter des Klienten anwesend waren.	Einige Teamsitzungen hätten ohne Klienten stattfinden sollen, aber die Führung hatte solche Treffen nicht vorgesehen.
(4) Nach dem Ausscheiden des Gruppenleiters übernahm der logische Stellvertreter nicht seine Stelle.	Der Stellvertreter wollte seine Aufgaben nicht wahrnehmen bzw. fühlte sich nicht berechtigt dazu.
(5) Die Teammitglieder standen den frühen Haarspaltereien des Klienten hilflos gegenüber.	Der Gruppenleiter hätte das kontraproduktive Verhalten des Klienten in den Griff bekommen können.

Abb. 5

Wenn	Dann
In seinen frühen Phasen wurde der Fall zuwenig durchdacht.	Die Verantwortung liegt beim Vorgesetzten. Und wir stellen sein Urteil besser nicht in Frage. Er ist als sehr geschickt bekannt; daher wird er erstens frühzeitig erkennen, wenn sich der Fall nicht entsprechend entwickelt und Alarm schlagen, und zweitens wird er schon wissen, wie man mit schwierigen Klienten umgeht.
„Es gab zu viele Häuptlinge und zu wenig Indianer."	Die Manager verhielten sich nicht so, daß man den Eindruck haben könnte, sie hätten die Kapazität, gleichzeitig Manager und effektive Gruppenmitglieder zu sein.
Jedes Mitglied handelte wie ein individueller „Zulieferer".	Gute Gruppenmitglieder brauchen nur ihre individuellen Beiträge abzuliefern. Es liegt in der Verantwortung des Gruppenleiters, die effektive Teaminterdependenz zu schaffen und zu erhalten.
Wir hatten zu viele Treffen mit den Klienten.	Der Gruppenleiter mußte schon wissen, was er durch die Einladung des Klienten zu unserem Treffen bewirkte; wir sagen darüber nichts.
Dem Team fehlte ein Gruppenleiter, der auch entsprechend handelte.	Der Gruppenleiter ließ ein Vakuum entstehen, das durch niemanden aufgefüllt werden konnte.

Abb. 6

gen vor. Darüber hinaus ist die Korrektur der ersten Ebene, wenn die zweite Ebene die erste bedingt, keine Garantie, daß die zweite nicht zu existieren aufhört und neue Schwierigkeiten in anderen Situationen auftreten. Um die Sache noch zu komplizieren, sei festgestellt, daß die Faktoren der zweiten Ebene verwendet werden können. Es muß also ein stillschweigendes Übereinkommen oder einen →„group-think" zwischen den Teammitgliedern geben, dessen sie sich nicht bewußt sind. Was könnte diese stillschweigende Übereinkunft auslösen und warum sind sie sich derer nicht bewußt?

Um diese Frage zu beantworten, sehen wir uns eine der Empfehlungen eines Teammitglieds näher an.

Der überwältigende Konsensus galt einem Führer, der hart und offen sein konnte und der eine dynamische, direktive Führungsrolle spielen konnte. Dieser Konsens hielt auch noch, nachdem die Teammitglieder eine Kurzfassung ihres Transkripts gelesen hatten. So sagte zum Beispiel der Gruppenleiter: „Zurückblickend würde ich glauben, daß ich in Zukunft mit diesen Leuten schon früher etwas härter umgehen würde" und „ich hätte Manager 3 direkter unterstützen können, aber er ist ein erfahrener und respektierter Manager und so dachte ich, daß er meiner Rückendeckung nicht bedurfte."

Ihr Ziel war also, eine klare Weisungshierarchie unter jemandem zu schaffen, der in der Lage war zu koordinieren, zu befehlen und dem die Teammitglieder ihre Beiträge mitteilen konnten. Einseitige Macht in den Händen eines Gruppenleiters ist die empfohlene Lösung. Diese Empfehlung aber schafft nur begrenzte Effizienz. Das Abhalten von Treffen, um Ziele für einen Beratungsauftrag festzulegen, und das Abhalten von Treffen ohne Anwesenheit der Klienten, können nicht allein durch die Ernennung eines Gruppenleiters erreicht werden. Viel wichtiger ist, daß der Gruppenleiter spürt und/oder daß die Gruppenmitglieder ihm sagen, daß solche Handlungen notwendig sind. Vielleicht wäre der Gruppenleiter gewillt gewesen, im Falle einer entsprechenden Empfehlung seiner Gruppenmitglieder eine solche Handlung zu setzen, obwohl er seine Zweifel über die Ratsamkeit des Ausschlusses der Klienten geäußert hatte. Entgegen der Empfehlung der Gruppe kann weiters folgendes vorgebracht werden: Die Ernennung eines Gruppenleiters löst das Problem nicht, falls er Fehler macht und damit nicht konfrontierbar ist. In einer Gruppe mit niederem Vertrauensniveau wäre seine Effizienz ernsthaft gefährdet. Das Ernennen eines Gruppenleiters ist daher keine Garantie, daß Probleme in einer Weise gelöst werden, daß sie gelöst bleiben. Ein Gruppenleiter ist vielmehr eine Garantie dafür, daß sich die Teammitglieder nicht auf ihre eigenen Fehler in ihren Handlungen und Denkprozessen konzentrieren. So könnten z. B. die Teammitglieder Informationen über jene Faktoren, die die Teameffizienz beeinträchtigten, nach oben weiterkommuniziert haben; sie könnten die Denkprozesse, die sie dazu gebracht hatten, die Verantwortung woanders zu suchen, erforscht haben; sie könnten die Folgen ihres Mangels an Initiative erkannt haben. Sie hätten dies und mehr tun können, taten es aber nicht, da ihrer Meinung nach ihre Handlungen nicht falsch und ihre Denkprozesse nicht fehlerbehaftet waren. Sie glaubten ehrlich daran, daß alles, was sie taten, im Interesse der Organisation wäre. (Die Analyse, die folgt, wird diesen Glauben teilweise unterstützen.) Wir sind bei einem Paradoxon angelangt; Handlungen, die zum Wohle der Organisation angelegt wurden, beeinträchtigen sie notwendigerweise auch. Aber wie ist es zu diesem Paradoxon gekommen? Wer ist für solche Zustände verantwortlich?

Verschiedene individuelle und organisatorische Faktoren ließen im Zusammenspiel dieses Problem entstehen. Manager haben eine Strategie entwickelt, wie sie sich selbst von Druck und Gefühlen des Versagens schützen können, eine Strategie, mit der sie sich von jeder Verantwortung für das interne System einer Organisation distanzieren (vgl. z. B. Abb. 7).

Das zweite Treffen führte zu einer Diskussion, was Führer und Gruppenmitglieder in Zukunft anders tun könnten, um Fehler nicht zu wiederholen.

Die Handlungen der Teammitglieder	Charakteristika des Distanzierens
(1) Sie identifizieren Faktoren, die die Teameffizienz beeinträchtigten, und entschlossen sich a) so zu handeln, als würden sie sie nicht sehen und b) dieses Verstecken zu verstecken. Es gab ein Verdecken und ein Verdecken des Verdeckens.	Die Individuen distanzieren sich von ihrer persönlichen kausalen Verantwortung für sowohl das Verdecken und das Verdecken des Verdeckens.
(2) Sie entschieden sich, diese Verdeckung niemandem mitzuteilen; auch dann nicht als der Gruppenleiter gebeten hatte, dies im Interesse des individuellen Lernens zu tun.	Die Teammitglieder distanzieren sich von der Verantwortung des Verdeckens dadurch, daß sie den Gruppenleiter dafür verantwortlich machten.
Sie entschlossen sich auch, das Verdecken ihres Verdeckens nicht mitzuteilen.	Und sie distanzierten sich von jeder Verantwortung, das Verdecken ihres Verdeckens fortzusetzen.
(3) Sie entschlossen sich, sich auf manifeste Oberflächen-Faktoren zu konzentrieren und latente Tiefen-Faktoren weiterhin zu unterdrücken.	Die Mitglieder distanzierten sich von ihrer Entscheidung, latente Faktoren zu verstecken und konzentrierten sich auf kausale, manifeste Faktoren.
(4) Die Oberflächenfaktoren könnten durch die Schaffung organisatorischer Regelungen verändert werden, die die Teameffizienz verringern würden.	Sie entschieden sich auch dafür, ihre persönliche Verantwortung, die in den latenten Faktoren begründet lag, zu verstecken.

Abb. 7

So empfahlen sie zum Beispiel Urteile, die sie übereinander gefällt hatten, zu überprüfen, um so das Verdecken zu reduzieren und auch das Verdecken des Verdeckens. Als sie versuchten, das in die Praxis umzusetzen, mußten sie feststellen, daß sie nicht wußten, wie man Urteile über andere in einer Weise überprüfen könnte, ohne den anderen in die Defensive zu drängen – eine Tatsache, die die Validität ihrer Überprüfung natürlich in Frage stellte. Deshalb versuchten wir, beim Lernen von Fähigkeiten zu helfen, wie man Bewertungen und Urteile über andere in einer Art und Weise überprüfen könnte, die das Lernen fördert. Darüber hinaus verwendete der Gruppenleiter seine Erfahrung, um ein neues Projektteam zusammenzustellen, das noch nie zusammengearbeitet hatte. Er verwendete zwei Stunden, das oben beschriebene Material mit der neuen Gruppe duchzugehen. Dies mit dem Ziel, die Wahrscheinlichkeit der Wiederholung oben aufgetretener Fehler zu verringern. Die Gruppenmitglieder sagten, daß ihnen diese Diskussion geholfen hätte. Viele berichteten, daß sie ähnliche Probleme in anderen Projektteams schon erlebt hätten, sich aber nie in der Lage gesehen hätten, sie zu diskutieren. Wir fragten sie, was sie von dieser Diskussison abgehalten hätte. Dies geschah mit der Absicht, behindernde Faktoren in dieser Gruppe erkennbar und reduzierbar zu machen. Aus dem Erkennen dieser Faktoren wurden Regeln und Normen entwickelt, um jeden, der diese Art von defensiver Routine wahrnam, bei deren Offenlegung im Sinne ihrer Korrektur zu helfen.

IV. Zusammenfassung

Das primäre Ziel der *Führungskräfteentwicklung*, wie sie in diesem Aufsatz beschrieben wird, ist es, Führer bei der Reflexion über aktuelle Vorgänge und Situationen so zu helfen, daß sie auftretende Fehler aufdecken und korrigieren lernen. Unsere Absicht ist es, Führungskräften, Gruppen und Organisationen zu helfen, effizientere *Problemlöser* und Entscheider zu werden, insbesondere wenn sie mit komplexen Situationen, die Bedrohungen enthalten, konfrontiert sind.

Das *Führungskräftetraining*, das wir empfehlen, zielt auf die Entwicklung allgemeiner Kompetenzen (→*soziale Kompetenz*) ab. Diese Kompetenzen können Führungskräfte zur Lösung jeder komplexen und bedrohlichen Situation verwenden. Dies gilt sogar auch für größere Routine- und weniger komplexe Situationen. Ein solches Training setzt *Organisationsdiagnosen* voraus, die üblicherweise als Domäne der *Organisationsentwicklung* betrachtet werden. Was in Organisationen realiter vor sich geht, wird in den Mittelpunkt des Trainings gestellt, die einzelnen Trainingsschritte wiederum werden an der Realität überprüft.

Das angestrebte Resultat ist es, die Fähigkeit von Führern und ihren Organisationen zu erhöhen, *zu lernen, wie man lernt,* so daß sie erfolgreich ihre Absichten umsetzen können, und dabei die Kontrolle über ihre Geschicke in ihrer Hand behalten.

Literatur

Argyris, C.: Increasing Leadership Effectiveness. New York 1976.
Argyris, C.: Reasoning Learning and Action. San Francisco 1982.
Argyris, C.: Strategy and Defensive Routines. Boston 1985.
Argyris, C./Putnam, R./McLian Smith, D.: Action Science. San Francisco 1986.
Argyris, C./Schön, D.: Organizational Learning. Reading 1978.
Argyris,C./Schön, D.: Theory in Practice. San Francisco 1974.

Intrapreneuring und Führung

Dieter Frey/Martin Kleinmann/Stephanie Barth

[s. a.: Auswahl von Führungskräften; Budgets als Führungsinstrument; Chaos und Führung; Forschung und Entwicklung, Führung in; Fortbildung, Training und Entwicklung von Führungskräften; Führungsforschung, Inhalte und Methoden; Führungsforschung/Führung in Nordamerika; Führungsgrundsätze; Führungskonzepte und ihre Implementation; Führungsphilosophie und Leitbilder; Information als Führungsaufgabe; Innovation und Kreativität als Führungsaufgabe; Kooperative Führung; Organisationsentwicklung und Führung; Organisationskultur und Führung.]

I. Definition und Ziel des Beitrages; II. Vorteile und Nachteile des Intrapreneuring; III. Voraussetzungen für Intrapreneuring; IV. Die Schaffung eines Intrapreneurship-Geistes in einer Organisation; V. Notwendige Persönlichkeitseigenschaften von Intrapreneuren; VI. Führung im Intrapreneuring; VII. Das Vergütungssystem bei Intrapreneuren; VIII. Fazit.

I. Definition und Ziel des Beitrages

Der Begriff des *Intrapreneuring* geht auf Giffort Pinchot zurück, der dieses Kunstwort durch Zusammenfügung der Begriffe *Intra-Corporate* und *Entre-Preneuring* erstmalig aufbrachte.

Intrapreneuring ist nach *Pinchot* (1988) ein revolutionäres System, das die Durchführung von Innovationen (zum Begriff siehe *Schumpeter* 1931) in Großunternehmen durch die Nutzung und Einbeziehung des unternehmerischen Talentes und des Erfindungsreichtums der Mitarbeiter beschleunigt. Intrapreneuring ist dabei als ein Bündel von personalen und organisatorischen Maßnahmen zu verstehen, das der Förderung von internem Unternehmertum in Großunternehmen dient. Der Intrapreneur ist die Person im Unternehmen, die hierfür verantwortlich ist. Durch besondere organisatorische Maßnahmen sollen also die typischen Innovationsbarrieren von Großunternehmen ausgeschaltet und starre Organisationsstrukturen aufgebrochen werden. Die Absicht besteht darin, ein Organisationsklima zu schaffen, das eigeninitiiertes, innovatives Denken und Handeln nicht nur zuläßt, sondern sogar *wünscht* und *fördert*.

Schlüsselfigur dieser Konzeption ist der Intrapreneur, ein besonders selbständig handelndes und mit der Realisation einer Innovation beschäftigtes Organisationsmitglied. Diese Person besitzt eine Art Sonderstatus. Der Sonderstatus im Unternehmen resultiert nicht aus formal definierbaren Kennzeichen, wie Ausbildung, Titel oder Rangbezeichnungen, sondern wird von der Unternehmensleitung aufgrund besonderen Engagements, erfolgversprechender Pläne oder bereits nachgewiesener Erfolge verliehen.

Intrapreneure (= Unternehmer im Unternehmen) müssen ebensowenig wie Entrepreneure (= selbständige Unternehmer) ausschließlich Erfinder von neuen Produkten oder Dienstleistungen sein. Ihr Beitrag besteht auch darin, neue Ideen oder bereits funktionierende Prototypen in ein gewinnbringendes Geschäft umzusetzen. Dies ermöglicht es den Unternehmen, als Ganzes zu wachsen und Gewinne zu erwirtschaften. Innovativ ist hier im Sinne *Hauschildt*s (1993, S. 3–4) zu verstehen: „Bei Innovationen geht es um etwas ‚Neues‘: Neue Produkte, neue Vertragsformen, neue Vertriebswege, neue Werbeaussagen, neue Corporate Identity. Innovation ist wesentlich mehr als ein technisches Problem."

Intrapreneuring besitzt eine zunehmende Bedeutung, da durch den internationalen Wettbewerb Mittelstands- wie Großunternehmen unter einem starken Innovationsdruck stehen, den es zu bewältigen gilt, sofern man am Markt weiterhin erfolgreich bestehen will.

Gegenstand des vorliegenden Beitrages ist die Darstellung der zentralen Aspekte des in der jüngsten Vergangenheit viel diskutierten, aber kaum systematisch untersuchten Intrapreneuringkonzeptes. Ebenso sollen personelle und organisatorische Voraussetzungen (insbesondere aus psychologischer Perspektive) vor dem Hintergrund der in Großunternehmen existierenden Ausgangssituation diskutiert werden.

II. Vorteile und Nachteile des Intrapreneuring

Die Vorteile dieses Konzeptes sind sowohl für den Intrapreneur als auch das Unternehmen offensichtlich: Die Intrapreneure arbeiten engagierter, wenn man ihnen im Sinne der Selbstbestimmung freie Hand läßt: Unternehmen, die die Ideen oder Visionen erfindungsreicher Mitarbeiter in die richtigen Bahnen lenken und ihnen Freiheit und finanzielle Mittel zugestehen, werden ihrer Konkurrenz überlegen sein.

Die wesentlichen Vorteile der Verbindung eines Großunternehmens mit einem Intrapreneuringkonzept (vgl. *Pinchot* 1988; *Walz/Barth* 1990a, b) sind vor allem: die optimale Nutzbarmachung der starken Unternehmensressourcen technologischer (Anlagen/Verfahren), personeller (hochqualifizierte Mitarbeiter verschiedener Fachrichtungen) und finanzieller Art (solide Kapitalstruktur, freie Liquidität in ausreichender Höhe), ein positives Image des Unternehmens, ein effizientes Distributionsnetz sowie der Ideenreichtum des Intrapreneurs. Die Verbindung einer solchen Ressourcenbasis mit einem Intrapreneuringkonzept erleichtert Entwicklung, Produktion und Vermarktung neuer Entwicklungen.

Für die richtige Person ist damit Intrapreneuring ebenso reizvoll wie fesselnd, da es die Ressourcen und die Sicherheit eines Großunternehmens mit der Freiheit und der Kreativität eines kompetenten Mitarbeiters verbindet. Das Unternehmen fördert so einen besonders engagierten und kreativen Mitarbeiter, der seine Ideen innerhalb der Firma gewinnbringend und zukunftsträchtig umzusetzen weiß.

Nachteile für den Intrapreneur liegen in einem schwerfälligen bürokratischen System, das die beabsichtigte Innovation unter Umständen eher behindert oder verhindert.

Nachteile für das Unternehmen ergeben sich durch den Aufbruch der hierarchischen Strukturen, der zu zahlreichen Konflikten führen kann, beispielsweise im Bereich der Weisungsbefugnisse, des Zugriffs auf Personal oder der Auslastung von knappen Produktionskapazitäten.

III. Voraussetzungen für Intrapreneuring

Um eine Umgebung zu schaffen, in der Intrapreneuring gelingen kann, sind verschiedene Rahmenbedingungen notwendig und wünschenswert (vgl. *Hisrich/Peters* 1989; *Kantor* 1983; *Pinchot* 1988):

(1) Die Organisation muß sich als „centre of excellence" verstehen, also möglichst den Anspruch verfolgen, auf ihrem Gebiet eine führende Position einzunehmen.

(2) Unternehmen, die „intrapreneurial spirit" realisieren wollen, müssen eine Umgebung schaffen, die Mißerfolge und Fehler erlaubt.

(3) Kreatives Problemlösen sollte nicht am „Abteilungsdenken" scheitern.

(4) Ressourcen der Firma (Finanzen, Personal) müssen für den Intrapreneur leicht zugänglich sein.

(5) Multidisziplinarität sowie Teamarbeit sollten nachhaltig unterstützt und gefördert werden.

(6) Der Intrapreneur muß adäquat bezahlt werden; die beste motivationale „Entlohnung" besteht dabei natürlich in einer Teilhaberschaft an dem neuen Venture (vgl. *Block/Ornati* 1987).

(7) Erfolgreiches Intrapreneurship zeichnet sich durch Sponsoren aus, die nicht nur Aktivitäten unterstützen (und die Mißerfolge tolerieren), sondern die auch die Planungsflexibilität besitzen, neue Ziele und Richtungen zu definieren (vgl. *MacMillan/Block/Narashima* 1986).

(8) Der Intrapreneur muß durch die Zusicherung von personellen und finanziellen Ressourcen vom Topmanagement Unterstützung erfahren (vgl. *George/MacMillan* 1985).

(9) Intrapreneure sollten ermutigt werden, sich ihre Aufgabe selber zu wählen.

(10) Die Projekte sollten – von Ausnahmen abgesehen – beim Intrapreneur bis zur Beendigung verbleiben.

(11) Der Handelnde, in diesem Fall der Intrapreneur, sollte die Macht haben, Entscheidungen zu treffen oder Handlungen auszuführen, ohne von langwierigen Genehmigungsverfahren des Unternehmens abhängig zu sein.

(12) Unternehmen sollten darauf achten, viele kleine und experimentelle Produkte und Geschäfte zu verfolgen, anstatt mit dem unsicheren Ziel, einen „Volltreffer" zu landen, nur einige wenige, gut recherchierte und geplante Versuche durchzuführen. Die ersten Anwendungen bedeutender Produktinnovationen finden häufig in kleinen, oft leeren Marktnischen statt.

(13) Da Innovationen oft dadurch behindert werden, daß man ihnen keine Zeit zur Reifung läßt, ist es wichtig, die notwendige Geduld zu propagieren und Mitarbeiter nicht nur für Resultate, sondern auch für die Schritte, die zur Innovation führen, zu belohnen.

(14) Die Eingriffsmöglichkeit der Stabsabteilungen sollten gemindert werden: In über 100 Interviews mit Managern von sechs multinationalen Unternehmen, fanden Drechsel und Lawler von der University of Southern California (vgl. *Pinchot* 1988, S. 295), daß als häufigstes Hindernis für Innovation das Eingreifen der Unternehmensstäbe erwähnt wurde.

IV. Die Schaffung eines Intrapreneurship-Geistes in einer Organisation

Die Schaffung der Rahmenbedingungen einer Intrapreneuring-Kultur kann durch Experten außerhalb der Organisation geleistet werden, aber auch durch Angestellte der Organisation selber. Externen Beratern ist der Vorzug zu geben, wenn die Organisationsstrukturen stark der Tradition verhaftet und in der Vergangenheit wenig Änderungen aufgetreten sind.

Der erste Schritt zur Schaffung der erforderlichen Rahmenbedingungen besteht darin, sich des Commitments des Topmanagements zu versichern, da sonst kulturelle Änderungen, die zur Implementierung von Intrapreneuring unabdingbar sind, nicht durchsetzbar sind. Die Zustimmung des Topmanagement sollte in der ganzen Organisation transparent gemacht sowie anschließend Strategien entwickelt werden, um die bisherige Organisationskultur in eine Intrapreneuringkultur zu transformieren. Anschließend sollen Intrapreneure identifiziert, ausgewählt und trainiert werden. Das Training sollte sich vor allem darauf beziehen, zu zeigen, wie man die vorhandenen Ressourcen innerhalb der Organisation optimal nutzt, wie man

Märkte und Kunden gewinnt und wie hierfür ein adäquater Geschäftsplan entwickelt werden kann. Das Topmanagement sollte offen darlegen, in welche Richtung das Intrapreneuring gehen soll, wieviel „Risikokapital" zur Verfügung steht und wie weit der Zeithorizont ist.

Neben dem Intrapreneuring-Training sollte ein Sponsoren-System etabliert werden (siehe VI. 1.).

Am Programm interessierte Manager sollten potentielle Intrapreneure trainieren und ihnen ihre Erfahrungen weitergeben. Diese Trainingssitzungen sollten den Erfahrungen von Experten zufolge (z. B. *Hisrich* 1990) am besten einmal im Monat über eine Achtmonatsperiode erfolgen. Informationen über Intrapreneurship im allgemeinen sowie über spezifische Aspekte der Aktivitäten der Unternehmung können durch ein Rundschreiben publik gemacht werden.

Innerhalb der Achtmonatsperiode sollen konkrete Aktivitäten entwickelt werden, die die konkrete Transformation der Ideen in verwertbare Produkte oder Serviceleistungen beinhalten, so daß hier die Grundlage des neuen *Intraprises* geschaffen wird. Das Intrapreneuringteam muß deshalb einen Geschäftsplan entwerfen, Kundenreaktionen einholen und dann prüfen, wie es während der Übergangszeit innerhalb der Organisationsstruktur zu konkreten Resultaten gelangen will.

Der Intrapreneur sollte einen gewissen Handlungsspielraum bei den Finanzen haben, da bei einer zu detaillierten Rechtfertigung strenggenommen nicht von einem neuen Venture gesprochen werden kann (*Miller/Friesen* 1982; *Peterson/Berger* 1971).

Darüber hinaus ist die Entwicklung von Evaluationssystemen erforderlich, um Entscheidungen darüber fällen zu können, welche Intrapreneuringeinheiten erfolgreich sind und deshalb ausgeweitet werden sollten bzw. weniger erfolgreiche Ergebnisse liefern und eher eliminiert werden sollten. Dabei sollte man auch den Mut für unpopuläre Entscheidungen zeigen, wenn bestimmte Einheiten nicht erfolgreich arbeiten, auch wenn viel in sie investiert wurde. Einer der häufigsten Denkfehler ist das Beharren auf einer eingeschlagenen Route, auch wenn schon alle Zeichen auf „Umkehr" deuten.

V. Notwendige Persönlichkeitseigenschaften von Intrapreneuren

Intrapreneure zeichnen sich meist durch den Wunsch nach Selbständigkeit, Handlungsfreiheit und Abenteuerlust aus. Sie sind stets bereit, Neues zu erproben. Sie lassen sich nur ungern Vorschriften machen und legen Wert auf eigen-aktives Handeln. Erfolgreiche Intrapreneure sind flexibel und fähig, rasch und entschieden auf neue Informationen zu reagieren. Bei einem erfolgreichen Intrapreneur sollten idealerweise folgende sozialen, kognitiven, affektiv-emotionalen und motivationalen Fähigkeiten und Fertigkeiten vorhanden sein:

(1) Teamarbeit: Nur wenige der Innovationen, die großen Unternehmen den Fortbestand sichern, können von einer einzigen Person durchgeführt werden. Mehr als Erfinder noch, brauchen Intrapreneure die Fähigkeit, Teams aufzubauen und zu führen. Der Intrapreneur muß daher besonders die Teamarbeit pflegen und einen multidisziplinären Ansatz zur Lösung seiner Projektaufgabe suchen, da zur bestmöglichen Problemlösung fast immer eine breite Palette von Kenntnissen und Erfahrungen erforderlich ist. Dieses steht im Widerspruch zu den Praktiken des Bereichs- und Funktionsdenkens der meisten Unternehmen. Der Intrapreneur muß also die zusätzlich bestehenden organisatorischen Barrieren überwinden, die das Unternehmen in strikte Bereiche aufteilen, und die Verantwortung für alle Aspekte des Projektes übernehmen.

(2) Diplomatie: Um alle Positionen innerhalb eines Teams optimal besetzen zu können, müssen die traditionellen Strukturen und Systeme aufgebrochen werden. Dies mag natürlich Konflikte nach sich ziehen, weil davon auch Manager anderer Abteilungen betroffen sind. Um den negativen Einfluß solcher Veränderungen möglichst zu verhindern, müssen Intrapreneure gute Diplomaten sein.

(3) Konfliktfähigkeit: Das vom Intrapreneur geführte Team braucht, um erfolgreich zu sein, die Freiheit, widersprechen und offen streiten zu dürfen. Jedoch ist ein starkes offenes Team auch dadurch gekennzeichnet, daß feindselige Konflikte vermieden werden und statt dessen eine starke inhaltsbezogene Orientierung angestrebt wird. Ob dies gelingt, ist im wesentlichen abhängig von der Person des Intrapreneurs, seiner Konfliktfähigkeit und seiner Sachorientierung.

(4) Verstärkung der Mitarbeiter: Offenheit und rege Kommunikation tragen auch dazu bei, starke Koalitionen von Unterstützern bzw. Förderern zu schaffen. Die Ermutigung und Unterstützung der Teammitglieder durch den Intrapreneur ist unbedingt notwendig und muß oft andere Motivatoren wie Karriere „aufwiegen", die im Intrapreneuring nicht immer gegeben sind, weil das Projekt ja auch scheitern kann. Ein guter Intrapreneur macht jeden zu einem Helden (vgl. *Hisrich* 1990, S. 220).

(5) Intrinsische Motivation und Leistungsmotivation: Intrapreneure werden eher durch die Möglichkeit, Neues auszuprobieren und selbständig zu arbeiten, motiviert, als durch das Bedürfnis nach Macht oder monetären Begünstigungen. Ihre Motivation beruht dabei auf einem sehr hohen Leistungsbedürfnis. Sie legen im allgemeinen nicht viel Wert auf Statussymbole oder hohe Positionen in

der Hierarchie des Unternehmens. Monetäre Belohnungen scheinen weniger einen Anreiz, als einen Erfolgsindikator darzustellen. Wichtiger als Statussymbole ist das Sinnkonzept: effektiv, wichtige Veränderungen zu bewirken. Intrapreneure werden sehr viel stärker von dem Bedürfnis geleitet, etwas zu leisten. Sie besitzen starke innere Normen für Spitzenleistungen, die für sie eine Herausforderung bedeuten. Sich selbst bestimmte Ziele zu setzen, ist für sie wichtiger, als andere zu besiegen.

(6) Ausdauer und Frustrationstoleranz: Schließlich ist Persistenz ein wichtiger notwendiger Faktor. Überall werden während des „intrapreneurial venture" Frustrationen und Hindernisse auftreten. Nur durch die nötige Ausdauer von seiten des Intrapreneurs können diese Störfaktoren überwunden werden und das Projekt einen erfolgreichen Abschluß finden. Das erfolgreiche Arbeiten als Intrapreneur setzt deshalb auch eine hohe Frustrationstoleranz im Umgang mit Rückschlägen voraus. Selbst wenn es für alle anderen offenkundig ist, einen Fehlschlag erlitten zu haben, sehen Intrapreneure dieses oft differenziert; mit ihrem Optimismus betrachten sie einen Mißerfolg nicht als persönliche Katastrophe, sondern als Lernerfahrung und einen weiteren Schritt zur Lösung des Problems.

(7) Selbstbewußtsein: Wichtig für den Intrapreneur ist außerdem ein ausgeprägtes Selbstbewußtsein. Oft steht er am Anfang mit seiner Idee alleine da und muß erhebliche Überzeugungsarbeit leisten, um erforderliche Maßnahmen in der Organisation durchzusetzen.

(8) Persönliches Engagement: Notwendig ist eine Vision. Die meisten Intrapreneure erzielen Erfolge, wenn sie sich für Vorhaben einsetzen, die für sie von tiefer persönlicher Bedeutung sind. Sie setzen sich gegen alle Hindernisse und Trägheiten der Unternehmung durch, indem sie diese Vision anderen verkaufen und nachhaltig für deren Umsetzung kämpfen.

(9) Fachliche Kompetenz: Fast von selbst versteht sich die Überlegung, daß Intrapreneure auch über Kenntnisse der spezifischen Besonderheiten des Geschäftszweiges und des Marktes, also eine hohe fachliche Kompetenz verfügen müssen.

Der Erfolg des Intrapreneurship wird in aller Regel von der Qualität und Qualifikation der beteiligten Individuen abhängen. Das Finden des richtigen Mitarbeiters für die Aufgabe des Intrapreneurs unter Beachtung der beschriebenen nötigen Fertigkeiten und Fähigkeiten ist deshalb *die* Kernfrage des Intrapreneuring.

VI. Führung im Intrapreneuring

1. Führung der Intrapreneure durch Sponsoren

Ein Intrapreneur wird in der klassischen Konzeption nicht von einem Vorgesetzten geleitet, sondern von besonderen Bezugspersonen partnerschaftlich beraten und in seiner Arbeit unterstützt. Diese Personen werden als Sponsoren bezeichnet. Ein Sponsor ist Mitglied der jeweiligen Organisation in gehobener Stellung. Er sollte über kaufmännischen und technischen Sachverstand sowie über ein Netz formaler und informeller Kontakte verfügen, um das Potential der Intrapreneure und ihrer Innovationen beurteilen und sie bei ihrer Realisierung fördern zu können (vgl. dazu das *Promotorenmodell* von *Witte* 1973).

Ein Sponsor fungiert zuerst als Mentor von Intrapreneuren beim Topmanagement, indem er diesem die neuen Ideen der Intrapreneure präsentiert und so grundsätzliches Interesse wecken kann. Er verschafft dem Intrapreneur die erforderlichen Kontakte und verkauft die Kompetenzen des Intrapreneurs auf der nächsten Führungsebene. Er schützt Intrapreneure vor der Blockierung ihrer Arbeit durch bürokratische Kontrollinstanzen oder politische Attacken.

Als Sponsor sollte man Kollege und nicht Chef sein, denn Intrapreneure brauchen keine Autoritätsperson.

Bewertet werden sollte die Arbeit der Intrapreneure nicht nach ihren frei gewählten Methoden, sondern nach den erzielten Resultaten; dazu sollte ein regelmäßiges klares Feedback über ihre Handlungen gegeben werden. Trotz des unabhängigen Charakters ihrer Arbeitssituation sind Anerkennungen für Intrapreneure wichtig, sowohl aus sachlichen Gründen (korrektes Feedback) als auch aus motivationalen Gründen (motivational support).

2. Führung der Mitarbeiter durch Intrapreneure

Führung ist ein ganz wichtiger Bestandteil der Arbeit des Intrapreneurs.

Das Paradoxon der Führung im Intrapreneuring besteht dabei zumeist darin, daß in den frühen Phasen des neuen Geschäftes oft eine zentralisierte Richtungsweisung notwendig ist. Oft ist hier eine klare unternehmerische Aussage wichtig, nicht aber ein Kompromiß, der von einem Komitee beschlossen wird. Allerdings stößt dieses Verfahren an Grenzen, da das Team zwar die Vision des Intrapreneurs ausführen, andererseits aber auch Fragen stellen und eigene Ideen einbringen soll. Hierdurch wird das zentralisierte Führungsmodell in Frage gestellt. Erfolgreich führende Intrapreneure lösen dieses Paradoxon in ihren Ventures dadurch, daß sie eine Mischform aus monarchischem Unternehmertum und partizipativem Management entstehen lassen. In den Frühstadien der Innovation kann also nur eine starke Führungspersönlichkeit die klare und einfache Manifestation einer neuen Idee hervorbringen. Viele Intrapreneure sagen deshalb, daß sie manchmal wie Diktatoren agieren, manchmal aber auch zuhören, manchmal helfen, manchmal auch selbst Hilfe brauchen. Sie geben ihren Mitarbeitern bei ihrer Arbeit viel individuelle Freiheit. In bezug auf die Vision dulden sie jedoch keinen Kompromiß. Sie verlangen lange Arbeitszeiten, weisen anscheinend gute Arbeit anderer zurück und geben oft detaillierte Kritik und Handlungsanweisungen.

Der Grund, daß sie trotz dieses Führungsstils von den Mitarbeitern toleriert werden und erfolgreich sind, liegt darin, daß erfolgreiche Intrapreneure fast nie machthungrig sind. Sie werden angetrieben durch das Bedürfnis, ihre Ziele zu erreichen, und nicht durch den Wunsch, über andere Macht auszuüben. Da die Mitarbeiter dieses spüren, sind sie eher bereit, diese direktive Art zu akzeptieren. Intrapreneure bringen andere dazu, ihre eigenen Visionen in die Tat umzusetzen.

VII. Das Vergütungssystem bei Intrapreneuren

Man kann davon ausgehen, daß viele Intrapreneure eine Beförderung nicht als Belohnung betrachten, wenn diese die Weiterarbeit als Intrapreneur erschwert oder ausschließt. Eine Beförderung wird auch dann nicht als Belohnung verstanden, wenn sie permanente Personalverantwortung nach sich zieht. Der Intrapreneur sollte natürlich angemessen belohnt werden. Seiner Kreativität, seinem Engagement und dem Risiko, das er eingeht, sowie dem Nutzen, der dem Unternehmen aus den Innovationen erwächst, muß die entsprechende Belohnung gegenüberstehen. Das Gehalt eines Intrapreneurs steht oft in keinem Verhältnis zu seiner Arbeit. Er verdient weit weniger als ein freier Unternehmer bei vergleichbaren Leistungen verdienen würde. Das Streben nach hohem Einkommen zählt allerdings nicht zu den primären Motivatoren von Intrapreneuren, im Gegensatz zu dem Wunsch, etwas Neuartiges erfolgreich umzusetzen (vgl. *Pinchot* 1988).

Eine besondere Modifikation bestehender Anreizsysteme wird im Intrapreneuring durch Einführung sogenannter Intra-Kapitalsysteme vorgeschlagen. Unter Intra-Kapital sind solche finanziellen Ressourcen zu verstehen, die durch etablierte Innovationen eines Intrapreneurs erwirtschaftet wurden. Diese sollten dem Intrapreneur zur Reinvestition zur Verfügung stehen. Das eigentliche Intra-Kapital besteht dann aus einem Fonds, über den Intrapreneure die Finanzierung zukünftiger Projekte weitgehend eigenverantwortlich abwickeln können. Durch die Intra-Kapitalfonds erhält der Intrapreneur zusätzlich Freiräume, deren Größe er durch die Qualität und Kundenorientierung seiner Entwicklungen selbst determinieren kann. Dies ist ein hervorragender Motivator für die zukünftige Arbeit.

VIII. Fazit

Veränderte Ansprüche hochqualifizierter und motivierter Fachkräfte, wie beispielsweise Autonomiestreben, Partizipation an Zielbildungsprozessen und unbürokratische Versorgung mit erforderlichen Arbeitsressourcen, die im Zusammenhang mit dem Phänomen des Wertewandels vermehrt auftreten, können von Großunternehmen oft nicht ausreichend erfüllt werden. Gerade die unternehmerisch denkenden Mitarbeiter, die als Träger der oben genannten Erfolgsfaktoren gelten können, wenden sich daher verstärkt kleineren Firmen zu, die überschaubarer und flexibler sind. Hingegen bevorzugen verbleib- und sicherheitsorientierte Mitarbeiter eher Unternehmen mit stark bürokratisch ausgeprägten Strukturen.

Das Problem ist, daß die notwendige Entscheidungsfreiheit und Eigenverantwortlichkeit, die für erfolgreiches Intrapreneuring notwendig sind, mit vielen vorliegenden Organisationsgegebenheiten deutscher Großunternehmen nicht in Einklang zu bringen sind. So kollidiert die starke Zentralisation der Investitionsentscheidungen mit der Forderung des Intrapreneuring nach weitgehend freiem Zugang zu finanziellen Unternehmensressourcen und selbständiger Disposition des Budgets.

Es muß reflektiert werden, wie Umgebungen geschaffen und verändert werden können, um Innovation und Intrapreneuring zu fördern; dazu sollten erfolgreiche Ventures zwischen Unternehmungen und Intrapreneuren betrachtet und ausgewertet werden.

Literatur

Block, B./Ornati, O. A.: Compensating corporate venture managers. In: Journal of Business Venturing, 1987, S. 41–51.
George, R./MacMillan, I. C.: New venture planning: Venture management challenges. In: Journal of Business Strategy, 1985, S. 85–91.
Hauschildt, J.: Innovationsmanagement. München 1993.
Hisrich, R. D.: Entrepreneurship/Intrapreneurship. In: American Psychologist, 1990, S. 209–222.
Hisrich, R. D./Peters, M. P.: Entrepreneurship: Starting, developing, and managing a new enterprise. Homewood 1989.
Kantor, R. M.: The change masters. New York 1983.

MacMillan, I. C./Block, Z./Narashima, P. N.: Corporate venturing: Alternatives, obstacles encountered, an experience effects. In: Journal of Business Venturing, 1986, S. 177–191.

Miller, D./Friesen, P.: Innovation in conservative and entrepreneurial firms: Two models of strategic momentum. In: Strategic Management Journal, 1982, S. 1–25.

Peterson, R./Berger, D.: Entrepreneurship in Organizations. In: ASQ, 1971, S. 97–106.

Pinchot, G.: Intrapreneuring: Mitarbeiter als Unternehmer. Wiesbaden 1988.

Schumpeter, J.: Theorie der wirtschaftlichen Entwicklung – Eine Untersuchung über Unternehmertum, Kapital, Kredit, Zins und den Konjunkturzyklus. 3. A., Leipzig 1931.

Walz, H./Barth, C.: Intrapreneuring – Ein Aktivierungskonzept für latentes Innovationspotential in Großunternehmen. Teil I. In: Personal – Mensch und Arbeit, 9/1990a, S. 412–418.

Walz, H./Barth, C.: Intrapreneuring – Organisatorische Voraussetzungen des Intrapreneuringkonzepts. Teil II. In: Personal – Mensch und Arbeit, 10/1990b, S. 358–363.

Witte, E.: Organisation für Innovationsentscheidungen. Göttingen 1973.

K

Karriere und Karrieremuster von Führungskräften

Jürgen Berthel

[s. a.: Auswahl von Führungskräften; Führungsebene und Führung; Führungsnachfolge; Mobilität und Fluktuation von Führungskräften; Personalentwicklung als Führungsinstrument.]

I. Begriff und Grundlagen; II. Karrieren aus betrieblicher Sicht; III. Karrieren aus individueller Sicht; IV. Karrieremuster.

I. Begriff und Grundlagen

Unter Karriere wird jede beliebige Stellen- oder Positionenfolge einer Person im betrieblichen Positionsgefüge verstanden. Diese weite Begriffsfassung schließt neben ranghierarchischem Aufstieg auch Stellenwechsel im Sinne von Seitwärts- und Abwärtsbewegungen ein. Es kann sich als sinnvoll erweisen, die Sicht nicht auf einen einzelnen Betrieb zu beschränken, sondern auch Unternehmungswechsel (ggfs. in Zusammenhang mit Branchen- und regionalem Wechsel) mit einzubeziehen.

Karrieren entstehen durch das Zusammenspiel von entscheidungs- und situationsabhängigen betrieblichen Gelegenheiten einerseits und individuellen Verhaltensweisen andererseits. Karrieren haben daher betriebliche *und* individuelle Komponenten.

Die Struktur eines *betrieblichen Karrieresystems* ist durch 6 Merkmale gekennzeichnet:

(1) Der *Bewegungsraum* eines Karrieresystems ist gleichbedeutend mit dem durch die Organisationsstruktur geprägten Stellengefüge.
(2) *Bewegungsanlässe* sind besetzungsbedürftige Vakanzen.
(3) *Bewegungsrichtungen* sind maximal die drei genannten: aufwärts, seitwärts, abwärts.
(4) Die *Bewegungshäufigkeit* (-geschwindigkeit) wird bestimmt durch die Verweildauer der Führungskräfte auf ihren Positionen. Diese sind ihrerseits beeinflußt u. a. durch Barrieren, die ggfs. zwischen Hierarchieebenen und/oder Funktionsbereichen bestehen.
(5) *Bewegungsprofile* entstehen, wenn sich (charakteristische) Positionenfolgen herausbilden, die über längere Zeit Konstanz besitzen.

(6) Das *Aktivitätsniveau* eines Karrieresystems ist das Ergebnis von Versuchen des Betriebes, auf die vorgenannten Merkmale Einfluß zu nehmen (*Koch* 1981).

Das *individuelle Karriereverhalten* wird bestimmt durch personelle Faktoren einerseits wie Motive, Wahrnehmungen, Erwartungen, Eignungen und Arbeitskenntnisse, und andere, die Arbeitssituation kennzeichnende Einflüsse andererseits, wie z. B. objektive Arbeitsbedingungen, Kommunikations-, Fortbildungsmöglichkeiten etc.

Geplante Abläufe von Karrieren können sowohl zu höheren Erreichungsgraden betrieblicher Ziele wie auch zu einem überraschungsärmeren Berufsleben für Führungskräfte beitragen. Systematische betriebliche Karriereplanung ist ein Bestandteil der *Führungskräfteentwicklung* (→*Fortbildung, Training und Entwicklung von Führungskräften*) und insoweit ein Subsystem konzeptionell betriebenen Personal-Managements. Gleichwohl ist ihr Verbreitungsgrad in der Bundesrepublik Deutschland gem. vorliegender Studien (*Gaugler/Martin* 1979) mit weniger als 20% nicht sonderlich hoch. Nach Untersuchungen aus der US-amerikanischen Wirtschaftspraxis (*Walker/Gutteridge* 1979) ist der Verbreitungsgrad von Karriereplanungen dort mit fast 50% deutlich höher. Eine neuere Befragung ergab für die Schweiz die Verbreitung von systematischer Laufbahnplanung mit 27% (Führungslaufbahn) bzw. 20% (Fachlaufbahn) (*Thom/Nadig* 1989).

Aufgabe von Karriereplanung ist es, die betrieblichen Karrieregelegenheiten und individuellen Karrierepotentiale und -wünsche kurz-, mittel- und langfristig auszutarieren. Darin kommt der für das Personal-Management als maßgeblich angesehene Zieldualismus zum Ausdruck, der für Karriereplanungen zur Folge hat, daß betriebliche *und* individuelle Ziele und Entwicklungen zu beachten sind.

II. Karrieren aus betrieblicher Sicht

1. Zielorientierung des Karrieresystems

Sachliche Optimierung kann mit Hilfe von Karriereentscheidungen bewirkt werden, durch die eine bestmögliche Übereinstimmung zwischen Stellenanforderungen und Mitarbeiterqualifikationen hergestellt wird. Stehen für eine vakante Stelle mehrere Aspiranten zur Verfügung, ist eine Auswahl im genannten Sinne zu treffen. Gelingt es, das Problem der Stellenbesetzung (auch: Nachfolger-Suche) nicht nur in qualitativer Hinsicht, sondern auch quantitativ und zeitlich überwiegend (ständig) zu lösen, so wird eine *Kontinuität in der Personalbereitstellung* und damit eine *Erhöhung der Stabilität des Betriebes* erreicht.

Die Lösung des qualitativen Problems bei der Personalbereitstellung trägt gleichzeitig zur *ökonomischen Optimierung* (Erfolgsverbesserung) bei: Eine bessere Übereinstimmung von Arbeitsplatz-Anforderungen und Mitarbeiter-Qualifikationen ermöglicht eine bessere Nutzung des menschlichen Leistungspotentials.

Zur weiteren Steigerung der Arbeitsproduktivität und -wirtschaftlichkeit kann Karriereplanung zudem beitragen, wenn es mit ihrer Hilfe gelingt, die Motivation und die persönliche Entwicklung der Führungskräfte zu verbessern. *Motivierend* wirkt Karriereplanung dann, wenn Führungskräfte die mit Karrieren verbundenen Anreize schätzen und vom Betrieb aus ergriffene Karrieremaßnahmen als Folgen individuellen Leistungsverhaltens wahrnehmen. Gelingt mit Karriereplanung eine Verbesserung des Leistungsverhaltens der Führungskräfte, sind damit positive Beiträge zur *Führungskräfteentwicklung* verbunden.

2. Kontext des Karrieresystems

Das Karrieresystem ist nicht völlig frei gestaltbar, sondern wird durch eine Reihe von *Kontextfaktoren* beeinflußt.

Von diesen ist an erster Stelle die *Betriebsgröße* zu nennen, die als ausschlaggebend für das gesamte Aktivitätsniveau eines Karrieresystems angesehen werden kann (Koch 1981): Die Standardisierung von Verfahren zur Personalauswahl und -beförderung, die Institutionalisierung von Stellen, die auf Karriereentwicklung und -beratung spezialisiert sind, das Niveau einer Karriereplanung u. a. m. steigen mit wachsender Betriebsgröße.

Die *Organisationsstruktur* bestimmt die Gestalt des Bewegungsraumes eines Karrieresystems, je nachdem, welche Ausprägungen in den einzelnen Strukturdimensionen vorliegen: So führt stärkere Spezialisierung zu schärferer Trennung der Funktionsbereiche voneinander, ein größerer Delegationsgrad hingegen hat durchlässigere Grenzen zwischen den Hierarchieebenen im Gefolge. Mit einer divisionalen Aufbaustruktur (Spartenorganisation) ist eine Tendenz zur zahlenmäßigen Vergrößerung des Führungspersonals und zur Ermöglichung breiterer Erfahrungsbildung in unterschiedlichen Stellen verbunden.

Auch *gesetzliche* und *tarifvertragliche Regelungen* üben Einflüsse auf die Gestaltung und Handhabung eines Karrieresystems aus: So räumt das Mitbestimmungsgesetz von 1976 der innerbetrieblichen Arbeitnehmervertretung die Möglichkeit ein, an der Willensbildung für Karriereentscheidungen mitzuwirken. Im Betriebsverfassungsgesetz von 1972 sind direkte Gestaltungsbegrenzungen für das Karrieresystem in Form von Einzelvorschriften enthalten (vgl. die §§ 93, 95, 99).

3. Karriereentscheidungen

Karrierestationen werden aufgrund von Entscheidungen über Positionenwechsel erreicht. Am Zustandekommen betrieblicher *Karriereentscheidungen* wirkt in aller Regel eine Mehrzahl von *Personen* mit, die ihre Einflüsse in unterschiedlicher Weise und zumeist aufgrund unterschiedlicher Interessen geltend (zu) machen (versuchen). Je nach Betriebsgröße, Rechtsform, Einflußmöglichkeiten u. a. m. wirken an betrieblichen Karriereentscheidungen mit:

– die für Versetzungen vorgesehenen Führungskräfte (sie bringen ihre Karrierewünsche ein);
– der Vorgesetzte der zu besetzenden Vakanz (er ist zumeist in erster Linie an der Leistungsfähigkeit und der Kooperationsbereitschaft der Aspiranten interessiert);
– die Personalabteilung (sie wirkt in sachlichen Aspekten meist beratend mit);
– der Betriebsrat (gem. BetrVG, s. o.);
– die oberste Geschäftsleitung (sie beeinflußt vor allem die Besetzungen von Positionen der oberen Hierarchieebene);
– Kontrollorgane, wie z. B. ein Aufsichtsrat oder eine Konzernleitung (sie nehmen in erster Linie Einfluß auf die Besetzung von Spitzenführungspositionen);
– Personen, die aufgrund informaler Machtbeziehungen (neben den formalen Regelungen) Förderungseinfluß geltend machen;
– Personen, die als Opponenten auftreten, d. h. eine Positionsbesetzung entweder gänzlich vermeiden oder aber die Wahl einer bestimmten Person verzögern oder verhindern wollen.

Bedeutsam für das Zustandekommen von Karriereentscheidungen sind neben den beteiligten Personen auch die angewandten *Entscheidungskriterien,* die entweder formal gelten, de facto akzeptiert sind oder im jeweiligen Einzelfall herangezogen werden (→*Auswahl von Führungskräften*). Die Kriterien eröffnen auch unterschiedliche Einflußstärken und -inhalte; zwei sind hervorzuheben: das Leistungs- und das Senioritätsprinzip. Bei Anwendung des *Leistungsprinzips* gelangen Führungskräfte auf diejenigen Positionen, die ihrer Leistungsfähigkeit und -bereitschaft entsprechen, vorausgesetzt, beides ist mit ausreichender Sicherheit feststellbar bzw. festgestellt worden. Darin liegen auch die bekannten Schwierigkeiten einer Leistungsorientierung (Meß-, Bewertungs-, Prognoseprobleme), die in diesem Zusammenhang noch eine Steigerung erfahren. Denn Versuche objektivierter Leistungsfeststellungen beziehen sich in aller Regel auf bisher gezeigte, d. h. vergangene Leistungen, wohingegen für eine Karriereentscheidung die zukünftig erwartete Leistung (das Leistungspotential) zumeist ausschlaggebender Maßstab ist. Wird gleichwohl – soweit möglich – dem Leistungsprinzip zur Geltung verholfen, so ist am ehesten die Erreichung der Deckung von Anforderungen und Qualifikationen und damit die Förderung der obengenannten betrieblichen Ziele wahrscheinlich.

Nach dem *Senioritätsprinzip* werden Führungskräfte nach Maßgabe ihres Lebensalters und/oder der Dauer ihrer Betriebszugehörigkeit versetzt: bei Aufwärtsbewegungen zumeist der älteste, bei Abwärts- und Seitwärtsbewegungen auch – in Umkehrung – der jüngste Mitarbeiter. Die Handhabung dieses Prinzips ist denkbar einfach. Starke Verbreitung findet es in der öffentlichen Verwaltung und in hochbürokratisierten Betrieben. Erreichung der genannten betrieblichen Ziele stellt sich nur ein, wenn die Annahme gleichsinnigen Steigens vom Lebens-(Dienst-)alter und Qualifikationen zutrifft. Ist das nicht der Fall, werden leistungsorientierte Mitarbeiter eher abwanderungsbereit sein; das Prinzip begünstigt sicherheitsorientierte Personen.

Die Ergebnisse empirischer Untersuchungen zur Geltung von Kriterien für Karriereentscheidungen vermitteln kein einheitliches Bild, was sicherlich z.T. auch auf die unterschiedlichen verwendeten Erhebungs-Designs zurückzuführen ist. Der weitverbreitet behaupteten Geltung des Leistungsprinzips (*Dalton* 1951) widerspricht die weniger deutliche Nachweisbarkeit seiner Wirksamkeit (*De Salvia/Gemmill* 1977). Zudem muß überraschen, daß beförderte Mitarbeiter in überproportionalem Umfange Merkmale besitzen, die in keinerlei Zusammenhang mit dem Leistungs- oder Senioritätsprinzip stehen, wie *soziale Herkunft* (*Wallach* o. J.) (→*Soziale Herkunft von Führungskräften*), *Mitgliedschaften in Parteien, Religionen, Clubs* (*Coates/Pellegrin* 1957) u. a. Das legt die Annahme nahe, daß die Beförderungs-Konformitäts-Hypothese gelte, nach der eine *Anpassung an herrschende betriebliche Normen* belohnt wird (*Zetterberg* 1973). Gleichzeitig ist nicht unwahrscheinlich, daß weiter verbreitet sein könnte, was vereinzelt beobachtet wurde, nämlich daß Eliten in Institutionen sich ihre eigenen Nachfolger durch *Kooptation* rekrutieren (*Presthus* 1966). Belege hierfür können neueren Berichten entnommen werden, nach denen für Einstellungen und Versetzungen *Konformität mit der Unternehmungskultur* (→*Loyalität und Commitment*) ein wichtiges Kriterium bildet (*Uttal* 1983).

Nach den Ergebnissen einer Studie aus dem F&E-Bereich der deutschen Industrie kommen bei Aufstiegsentscheidungen in deutschen Großunternehmen leistungsfremden Kriterien wie „Sympathie des Vorgesetzten" oder „Unterstützung durch einflußreiche Freunde und Mentoren" die gleiche Bedeutung zu wie leistungsbezogenen Kriterien (*Domsch/Gerpott* 1986). Ähnliches wurde für deutsche Sparkassen festgestellt (*Ulrich* 1991).

III. Karrieren aus individueller Sicht

Aus individueller Sicht – und in langfristiger Gesamtbetrachtung – umfaßt eine Karriere alle Tätigkeiten und alle betrieblichen Positionen im Laufe eines ganzen Arbeitslebens.

1. Karriereorientierungen

In ihr Arbeitsleben – die Abfolge von Karrierestationen – bringen Führungskräfte Motive (Bedürfnisse, Ziele), Erwartungen, Fähigkeiten u. a. ein; alle diese Faktoren können sich während des Karriereverlaufs wandeln. Meist sind es mehrere Zielsetzungen, die man gleichzeitig verfolgt und mit Hilfe von Karrieren zu erreichen sucht.

Nach einer neueren empirischen Studie (*Witte* et al. 1981) waren die sechs von Führungskräften meist genannten *Motive* für einen Positionswechsel die folgenden (in Klammern die Häufigkeit der Nennungen in %, Mehrfachnennungen möglich): Höheres Einkommen (42%), mehr Kompetenz/Einfluß (38%), größere Selbständigkeit (31%), die (ausgeübte vs. angestrebte) Tätigkeit selbst (26%), bessere Entwicklungsmöglichkeiten (23%), größere Arbeitsplatz-Sicherheit (11%).

Diese Zielsetzungen sind auch in den „Karriere-Ankern" von *Schein* (1977) erkennbar, mit denen fünf typische *Karriereorientierungen* unterschieden werden, die ihrerseits eine Resultante der durch die Führungskräfte selbst wahrgenommenen Ziele, Werte, Talente sind.

Eine weitere Typisierung (*Gouldner* 1957/58; *Rippe* 1974) differenziert nach professioneller oder betrieblicher Orientierung: Erstere haben eine ausgesprochene Neigung zu zwischenbetrieblicher Mobilität, auf letztere trifft das Gegenteil zu (Neigung zu „Identity" nach *De Long* 1982).

Insgesamt bezeichnen sich heute in Deutschland nahezu 3/4 der Führungskräfte als karriereorientiert, wohingegen dies der Führungsnachwuchs nur zu rund 1/4 tut (*Einsiedler* et al. 1987). Dem entsprechen die Ergebnisse einer Umfrage des IWG, wonach die in der Gesamtbevölkerung zu beobachtende Zunahme der Freizeit-Orientierung bei Führungskräften kaum vorzufinden ist. Im Gegensatz zu den o.g. Studien gilt dies (in etwas abgeschwächter Form) auch für jüngere Führungskräfte (*Institut für Wirtschafts- und Gesellschaftspolitik* 1985). Eine empirische Untersuchung zum Wunsch, das Unternehmen zu wechseln, ergab an erster Stelle für die Ziele des Bewerbungsverhaltens „die Erweiterung des Aufgaben- und Verantwortungsfeldes", gefolgt von „Gehaltswachstum" und „beruflichem Aufstieg" (*Jochmann* 1990).

2. Karrierephasen

In der Betrachtung von auf die berufliche Arbeit bezogenen Lebenszyklen hat sich eine Dreiteilung durchgesetzt, die eine frühe, eine mittlere und eine späte *Karrierephase* unterscheidet. Deren Beschreibung kann – da interindividuelle Unterschiede Realität sind – nur idealtypischen Charakter haben; sie hat daher vor allem heuristischen Wert. Aus jeder der Phasen werden im folgenden Besonderheiten herausgegriffen.

In der *frühen Karrierephase* erfolgt nach Berufswahl und Ausbildung der Eintritt in einen Betrieb. Damit ist häufig ein *„Realitätsschock"* verbunden, der sich auf Leistung und Zufriedenheit der Führungskraft oft bis in die mittlere Karrierephase hinein auswirkt (*Bray* et al. 1974). Seine Ursachen sind zum einen Diskrepanzen zwischen den Erwartungen des Berufsanfängers hinsichtlich der Übernahme einer verantwortungsvollen Position und dem Angebot des Betriebes, das den Erwartungen nicht gerecht wird. Zum anderen treten nicht selten Diskrepanzen zwischen den erwarteten und den tatsächlich erreichten sozialen Beziehungen auf, vor allem zum Vorgesetzten und dessen Rollenausfüllung. Als Folgen des Realitätsschocks wurden bei Zurechnung seiner Ursachen durch den Berufsanfänger auf sich selbst (interne Zurechnung) Senkung seines Anspruchsniveaus und Verringerung von Einsatzbereitschaft und Leistung beobachtet. Bei externer Zurechnung (d. h. auf außerhalb seiner selbst liegende Ursachen) steigen Widerspruchshaltung aufgrund von Unzufriedenheit und die Abwanderungsneigung. Die Fluktuationsquote ist am Berufsanfang als besonders hoch ermittelt worden (*Dunnette* et al. 1973; *Kieser* et al. 1985).

In der *mittleren Karrierephase* findet oft eine kritische Überprüfung des eigenen Standortes – persönlich wie auch beruflich – statt. Dabei auftretende Gefühle der Unsicherheit können sich dramatisch zur „Krise der Lebensmitte" zuspitzen. Sie erzeugt Umorientierungen auch in karrierebezogenen Wahrnehmungen, Zielen und Werten. Folgen müssen durchaus nicht stets Karriereabbruch, „Aussteigen", „Umsteigen" sein; oftmals gelingt es auch, zu veränderten Motiven eine positive Einstellung zu finden und ihre Befriedigung im Betrieb zu erlangen, etwa durch Wandel vom Spezialisten zu einer Führungskraft, die eine mehr allgemeine Fähigkeiten erfordernde Rolle übernimmt, oder auch durch Übernahme einer Mentorenrolle für jüngere Führungskräfte.

In der *späten Karrierephase* gelangen erfolgreiche Führungskräfte in die Spitze der betrieblichen Hierarchie (*Poensgen* 1982, der 46 Jahre als Durchschnittsalter für eine Berufung in den Vorstand eruiert hat): Die Vielzahl der gesammelten Erfahrungen, die gute Kenntnis der Unternehmung und ihrer Philosophie sind häufige Berufungsgründe. Andere Erscheinungen der späten Karrierephase sind die Wahrnehmungen des eigenen biologischen Alterns, der Verringerung und des Obsoletwerdens der Fähigkeiten, was zu einem Disengagement bis hin zur sogenannten *Ruhestandskrise* führen kann. Kompensationsmöglichkeiten stecken im Einbringen von Erfahrungen, Wortschatz, Sprachvermögen u. a. m., die im Vergleich zu jüngeren Führungskräften größer und reicher sind (*Auchter* 1983).

Neuerdings wird verstärkt auf die Kulturabhängigkeit von Karrieremustern hingewiesen (*Schein* 1984) (→*Organisationskultur und Führung*).

3. Karriereerfolgen

Die Versetzung auf eine neue Position wird nicht stets als Erfolg gewertet, d. h., sie löst nicht immer positive individuelle Folgen aus. So wird eine neue Karrierestation als Mißerfolg erlebt, wenn sie nicht der persönlichen Karriereorientierung bzw. Erwartung hinsichtlich der betrieblichen Karrieregelegenheiten entspricht. Gründe hierfür können auf beiden Seiten liegen: Der Betrieb hat eine falsche Konstruktion oder Handhabung seines Karrieresystems (z. B. bei fehlenden oder falschen Kenntnissen über die individuelle *Karriereorientierung*); die Führungskraft hat falsche (u. U. fehlgeleitete) Wahrnehmungen hinsichtlich des betrieblichen Karrieresystems, falsche Erwartungen etwa aufgrund unrichtiger Leistungseinschätzungen o. a. m. Empirischen Untersuchungen zufolge (*Lawrence* 1984) spielt auch das subjektive Empfinden bezüglich der Karrieregeschwindigkeit eine nicht unwesentliche Rolle: Führungskräfte, die sich für „behind time" in Ansehung eines betrieblichen, als normal unterstellten „career timetable" halten, tendieren zu negativen Einstellungen. Horizontale Versetzungen könnten hier ggfs. Abhilfe schaffen. Welche von unterschiedlichen möglichen Karrierefolgen sich einstellen, hängt zudem von der oben bereits beschriebenen Art der Ursachenzurechnung ab, d. h., ob eine interne oder eher externe Zurechnung stattfindet. Einen Überblick über die Zusammenhänge zwischen den als Erfolg oder als Mißerfolg erlebten Positionswechseln und verhaltensbezogenen Karrierefolgen vermittelt Abbildung 1.

IV. Karrieremuster

1. Karrierepfade

Karrierepfade sind Maßnahmenbündel, die für einzelne Führungskräfte aus einer Mehrzahl von Bewegungsmöglichkeiten im betrieblichen Karrieresystem zusammengestellt und insoweit als Pro-

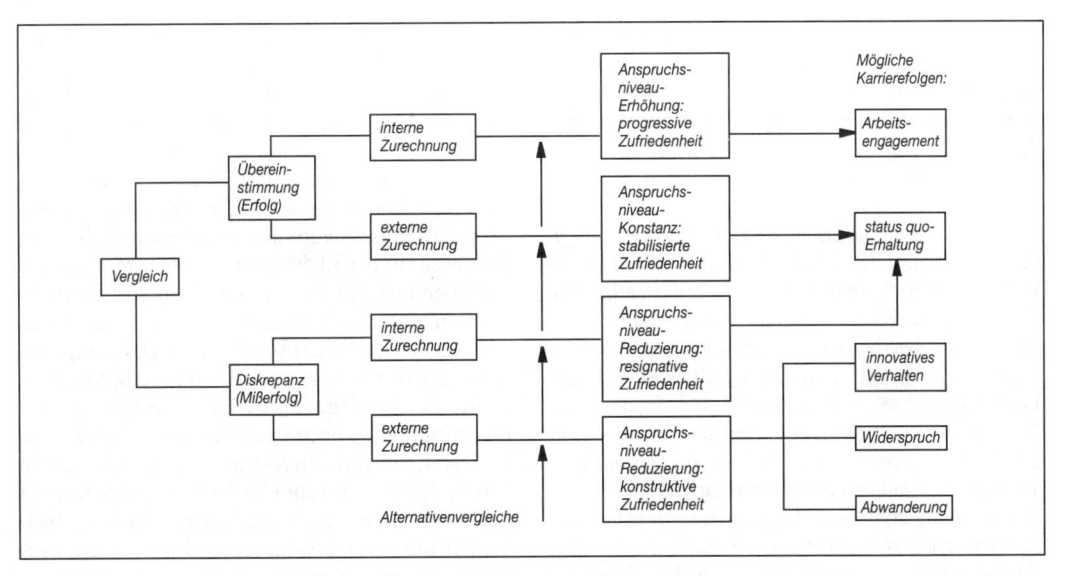

Abb. 1: *Zustandekommen von Karriereerfolgen*

gramm für einzeln gewollte oder standardisierte oder typische Karrieren ausgewählt werden (*Walker* 1980). Karrierepfade vermögen Mehrfaches zu leisten:

- Sie zeigen Führungskräften mögliche Zielpositionen und Karrierealternativen auf (sofern sie Positionsfamilien als Stationen enthalten oder aber mehrere Pfade angeboten werden).
- Auf ihrer Basis können weitere Entwicklungsmaßnahmen (z. B. gezielte Fortbildung) systematisch geplant werden.
- Sie können das Fundament für ein Entgeltsystem bilden.
- Mit ihnen wird individueller Zuschnitt der Karrieren in einem Betrieb ermöglicht, wenn
  • die persönlichen Karriereziele (-wünsche),
  • das Qualifikationspotential der Führungskräfte und
  • die betrieblichen Karrieregelegenheiten nach inhaltlichen Anforderungen und Terminen der Vakanzen berücksichtigt werden.

Dem individuellen Zuschnitt von Karrierepfaden sind allerdings auch Grenzen gesetzt:

- Weder die individuellen Karriereorientierungen noch die betrieblichen Karrieregelegenheiten sind über lange Zeiträume hinweg sicher prognostizierbar; beide können Veränderungen unterliegen.
- Zumeist sind bestimmte Schlüsselpositionen und die Bewährung auf ihnen mit den damit verbundenen Lern- und Erfahrungszuwächsen sachlich unverzichtbar (auch wenn sie u. U. von einzelnen Führungskräften nicht angestrebt werden).
- Das Streben nach einer Begrenzung des Planungsaufwandes – zumindest ab einer bestimmten Betriebsgröße – verlangt eine gewisse Standardisierung im Hinblick auf Zielgruppen mit ähnlichen Qualifikationen und Karrierezielen. Ein Mittelweg zwischen individuellem Zuschnitt von Karrierepfaden und ihrer Standardisierung kann durch sog. Fix-Vario-Systeme erreicht werden (*Zink* 1979). In ihnen werden fest vorgeschriebene Schlüsselpositionen mit alternativen frei wählbaren Karrierestationen kombiniert.

Geplante Karrierepfade sind gleichbedeutend mit Entwicklungs-Aktionsplänen, die im betrieblichen Karrieresystem für die Führungskräfte aufgestellt werden. Sie sind vollständig, wenn sie die folgenden Angaben enthalten: vorgesehene Positionen, Reihenfolge der Übernahme, Verweildauer pro Position, Übergangs-Voraussetzungen, in Aussicht genommene Endposition, flankierende Entwicklungsmaßnahmen.

Karrierepfade können als Standards für gedachte Personen wie auch als individueller Aktionsplan für ganz bestimmte Führungskräfte ermittelt bzw. festgelegt werden (zu den Methoden *Walker* 1980).

2. Empirisch ermittelte Karrieredaten

Empirische Untersuchungen der beruflichen Praxis, die mit Hilfe von Befragungen großzahlig angestellt wurden, bezogen sich überwiegend auf die Wirtschaft, teilweise zusätzlich auf die öffentliche Verwaltung. Dabei können zwei Gruppen von Fragestellungen unterschieden werden: zum einen nach allgemeinen Bestimmungsfaktoren für den Berufsweg von Führungskräften („typische Karriereverläufe"), zum anderen nach denjenigen Bedingungen, die erfolgreiche Karrieren kennzeichnen.

Die berufliche *Mobilität*, d. h. das Wechselverhalten von Führungskräften, ist mehrfach untersucht worden, wobei mehrere Dimensionen betrachtet wurden: neben dem Wechsel der Unternehmung und des Wohnortes auch der Wechsel der Branche und des Einsatz-(Sach-)gebietes (→*Mobilität und Fluktuation von Führungskräften*). Letzteres stellt – in enger Definition – die spezielle Karriereform der Positionenfolge durch Seitwärts-Versetzungen dar; diese „horizontale Mobilität" ist jedoch das am seltensten festgestellte Wechselverhalten. Führungskräfte wechseln eher die Branche, noch häufiger die Unternehmung bzw. den Wohnort (*Dröll/Dröll* 1974; *Pippke/Wolfmeyer* 1976).

Einer US-amerikanischen Studie zufolge (*Rosenbaum* 1979) hat die erste Karriereperiode eine starke Bedeutung für den weiteren Karriereverlauf: In ihr errungene Positionswechsel sind wichtiger als spätere; sie bestimmen stärker die weiteren Aufstiegsmöglichkeiten und die letztlich erreichbare Hierarchieebene. Daraus kann die sogenannten „Frühstartthese" abgeleitet werden (*Rosenbaum* 1984; siehe auch *Brüderl/Diekmann/Preisendörfer* 1989; *Caroll/Havemann/Swaminathan* 1990).

Für Aussagen über Bedingungen für *erfolgreiche Karrieren* ist es notwendig, Indikatoren für den Karriereerfolg zu bestimmen. Neben anderen (z. B. Beteiligung an bestimmten Entscheidungen, *Blaschke* 1972) werden dafür zumeist äußere Statusmerkmale genommen, vor allem die Höhe des Einkommens und der erreichte Rang in der Hierarchie. Die Pfadabhängigkeitsthese behauptet, daß Personen, die über verschiedene Pfade auf bestimmte hierarchische Stufen gelangt sind, sich bezüglich ihrer Chancen auf weitere Beförderung unterscheiden (*Rosenbaum* 1984). Neben Qualifikationen zählt also auch die Geschichte einer Person in der Organisation. Auf die Höhe des erzielten *Einkommens* (→*Entgeltpolitik für Führungskräfte*) hat die vor dem Berufstart absolvierte Ausbildung Einfluß (*Witte* et al. 1981).

Für das Vorstoßen in *Spitzenpositionen* (Übernahme von Geschäftsführungsaufgaben) sind ähnliche Faktoren bedeutsam: Universitätsstudium und Fachrichtung sowie die Anzahl der Berufsjahre: Inhaber von Spitzenpositionen haben ein Durchschnittsalter von 47 Jahren und zeichnen sich vermehrt durch ein wirtschaftswissenschaftliches Studium aus (*Pippke/Wolfmeyer* 1976).

Für die Inhaber einer speziellen Gruppe von Spitzenpositionsinhabern liegen gesonderte Studien vor: Die eine beschreibt Charakteristika von Vorstandsmitgliedern deutscher Aktiengesellschaften (verarbeitendes Gewerbe, *Poensgen* 1982a), die andere bezieht sich auf Presidents und Vice Presidents großer US-amerikanischer Unternehmungen (*Swinyard/Bond* 1980).

In der Bundesrepublik beträgt das *Alter*, in dem Führungskräfte in den Vorstand berufen werden, im Durchschnitt 46 Jahre; es steigt mit wachsender Unternehmungsgröße. In den USA liegt das durchschnittliche Berufungsalter bei 47 Jahren. Entgegen anderslautenden Vermutungen sind in deutschen sog. jungen Industrien (z. B. Elektrotechnik, Kunststoff, Chemie) die Vorstände weder jünger, noch werden sie jünger berufen. Das gleiche trifft auf Industrien zu, die forschungs- und entwicklungsintensiv sind. In dem Untersuchungszeitraum der deutschen Studie (1961–1975) ist das Durchschnittsalter der Vorstände von 54,7 auf 52,2 Jahre gesunken, d. h. Vorstände scheiden früher aus.

Was den *Ausbildungsstand* angeht, so gibt es interessante Erkenntnisse hinsichtlich des Akademikeranteils in den deutschen Vorständen. Er liegt im Durchschnitt bei 53,5 %, variiert aber stark mit der Unternehmungsgröße: In den kleinsten Unternehmungen (unter 30 Mio. DM Umsatz) beträgt er nur 32 %, in den größten (über 1,4 Mrd. DM) hingegen 82 %. Nicht ganz so groß ist die Schwankungsbreite in Abhängigkeit vom Industrie-„Alter": Junge Industrien haben zu 68,5 % Akademiker im Vorstand, mittelalte Industrien (Eisen, Stahl, Blech, Papier, Textil, Nahrung) zu 46,9 %, während es in alten Industrien (Schiffbau, Leder, Schmuck, Spielwaren) nur 40,6 % sind. Auch die Zahl der Promovierten unter den Vorständen steigt mit wachsender Unternehmungsgröße: Sie liegt in der kleinsten Größenklasse bei 18,4 %, in der größten hingegen bei 55,0 %. Für promovierte Akademiker wird eine erheblich größere Chance errechnet, in den Vorstand berufen zu werden.

In bezug auf die *Verteilung der Fachrichtungen* in deutschen Industrievorständen ergibt sich folgendes Bild: Mit der Betriebsgröße steigt die Zahl der Unternehmungen mit wenigstens einem Vorstandsmitglied mit volks- oder betriebswirtschaftlichem Studium; für Juristen ergibt sich Ähnliches. Anders verhält es sich mit Ingenieuren: In großen Unternehmungen stellen sie häufig sogar zwei Vorstandsmitglieder. Wiederum anders sieht es mit Naturwissenschaftlern aus: Erst in der obersten Größenklasse stellen sie bei den meisten der Unternehmungen ein Vorstandsmitglied (was damit zusammenhängen mag, daß beträchtlicher Aufwand für Forschung und Entwicklung erst von sehr großen Unternehmungen getragen werden kann). Unter den Presidents und Vice Presidents in den USA finden sich mehr Volks- und Betriebswirte als in der Bundesrepublik Deutschland, jedoch weniger Ingenieure.

Literatur

Auchter, E.: Alter und Aufstieg im Führungsbereich. Ein Beitrag zur Erklärung von Laufbahnproblemen älterer Führungskräfte auf der Grundlage eines motivationstheoretischen Ansatzes. Karlsruhe 1983.
Berthel, J./Koch, H.-E.: Karriereplanung für Führungskräfte. Materialien zur betrieblichen und individuellen Karriereentwicklung. Sindelfingen/Stuttgart 1985.
Blaschke, D.: Bedingungen des Karriereerfolges von Führungskräften. Frankfurt/M. 1972.
Böckenholt, I./Homburg, C.: Ansehen, Karriere oder Sicherheit. In: ZfB, 1990, S. 1181–1195.
Bray, D. W./Campbell, R. J./Grant, D. L.: Formative Years in Business: a Long-Term AT&T Study of Management Lives. New York 1974.

Brüderl, J./Diekmann, A./Preisendörfer, P.: Verlaufsmuster innerbetrieblicher Aufstiegsmobilität: Turniermodelle, Pfadabhängigkeiten und Frühstarteffekte. In: *Köhler, C./Preisendörfer, P.* (Hrsg.): Betrieblicher Arbeitsmarkt im Umbruch. Frankfurt/M. 1989.
Caroll, G. R./Havemann, H./Swaminethan, A.: Karrieren in Organisationen. Eine ökologische Perspektive. In: *Mayer, K. W.* (Hrsg.): Lebensläufe und sozialer Wandel. 1990.
Coates, C. A./Pellegrin, R. J.: Executives and Supervisors: Informal Factors in Differential Bureaucratic Promotion. In: ASQ, 1957, S. 200–215.
Dalton, M.: Informal Factors in Career Achievement. In: AJS, 1950/51, S. 407–415.
De Long, T. J.: Reexamining the Career Anchor Model. In: Personnel, 1982, S. 50–61.
De Salvia, D./Gemmill, G.: How Managers View Promotions. In: Advanced Management Journal, 1977, S. 40–47.
Domsch, M./Gerpott, T. J.: Aufstiegsklima von industriellen F&E-Einheiten und individuelle Arbeitsleistung und -zufriedenheit. In: ZfB, 1986, S. 1095–1116.
Dröll, R./Dröll, D.: Karrieren. 10 000 Lebensläufe auf dem Prüfstand. Welche Faktoren bestimmen den Berufsweg? Frankfurt/M. 1974.
Dunnette, M. D./Arvey, R. D./Banas, P. A.: Why Do They Leave? In: Personnel, 1973, S. 25–39.
Einsiedler, H. E./Raus, S./Rosenstiel, L. v.: Karrieremotivation bei Führungskräften. In: DBW, 1987, S. 177–183.
Gaugler, E./Martin, A.: Personalunterschiede bei Klein-, Mittel- und Großbetrieben. Ergebnisse einer Befragungsaktion in deutschen Industriebetrieben. In: Personal, 1979, S. 22–24.
Gouldner, A. W.: Cosmopolitans and Locals: Towards an Analysis of latent Social Roles. In: ASQ, 1957/58, S. 281–306.
Institut für Wirtschafts- und Gesellschaftspolitik (Hrsg.): Die Arbeitsmotivation von Führungskräften der deutschen Wirtschaft. Bonn 1985.
Jochmann, W.: Berufliche Veränderung von Führungskräften. Stuttgart 1990.
Kieser, A./Nagel, R./Krüger, K.-H./Hippler, G.: Die Einführung neuer Mitarbeiter in das Unternehmen. Frankfurt/M. 1985.
Koch, H.-E.: Grundlagen und Grundprobleme einer betrieblichen Karriereplanung. Frankfurt/M./Bern 1981.
Lawrence, B. S.: Age Grading: The Implicit Organizational Timetable. In: JOB, 1984, S. 24–35.
Maier, K. D.: Organisationale Karriereplanung. Frankfurt/M. 1980.
Pippke, W./Wolfmeyer, P.: Die berufliche Mobilität von Führungskräften in Wirtschaft und Verwaltung. Ein empirischer Vergleich ihrer Berufswerdegänge und deren Bestimmungsfaktoren. Baden-Baden 1976.
Poensgen, O. H.: Der Weg in den Vorstand. Die Charakteristiken der Vorstandsmitglieder der Aktiengesellschaften des verarbeitenden Gewerbes. In: DBW, 1982, S. 3–25.
Poensgen, O. H./v. Lukas, A.: Fluktuation, Amtszeit und weitere Karrieren von Vorstandsmitgliedern. Eine Untersuchung zu Aktiengesellschaften des verarbeitenden Gewerbes. In: DBW, 1982a, S. 177–195.
Presthus, R.: Individuum und Organisation. Typologie der Anpassung. Frankfurt/M. 1966.
Rippe, W.: Die Fluktuation von Führungskräften der Wirtschaft. Eine empirische Studie über den Entschluß zum zwischenbetrieblichen Arbeitsplatzwechsel. Berlin 1974.
Rosenbaum, J. E.: Tournament Mobility: Career Patterns in a Corporation. In: ASQ, 1979, S. 220–241.
Rosenbaum, J. E.: Career mobility in a Corporate Hierarchy. Orlando 1984.
Rosenstiel, L. v./Nerdinger, F. W./Spieß, E./Stengel, M.: Führungsnachwuchs im Unternehmen. München 1989.
Schein, E. H.: Career Anchors and Career Paths: A Panel Study of Management School Graduates. In: *van Maanen/J.* (Hrsg.): Organizational careers: Some New Perspectives. London et al. 1977, S. 49–64.
Schein, E. H.: Career Dynamics: Matching Individual and Organizational Needs. Reading 1978.
Schein, E. H.: Culture as an Environmental Context for Careers. In: JOB, 1984, S. 71–81.
Schircks, A.: Ein Erfahrungsreport zur Karriereplanung mit der Assessment-Center-Methode. In: io-Management-Zeitschrift, 1987, S. 27–31.
Swinyard, A. W./Bond, F. A.: Who Gets Promoted? In: HBR, 1980, S. 6–18.
Thom, N./Nadig, P.: Laufbahnplanung im Rahmen einer integrierten Personalentwicklung. In: ZFO, 1989, S. 311–317.
Ulrich, G. H.: Steiler Aufstieg im Kreditgeschäft? In: Betriebswirtschaftliche Blätter, 1991, S. 355–358.
Uttal, B.: The Culture Voltures. In: Fortune, Oct. 1983, o. S.
Walker, J. W.: Human Resource Planning. New York 1980.
Walker, J. W.: Let's Get Realistic About Career Paths. In: HRM, 1976, S. 2–7.
Walker, J. W./Gutteridge, J. W.: Career Planning Practices. New York 1979.
Wallach, F.: Beförderung und Aufstieg in der Unternehmung. Winterthur o. J.
Witte, E./Kallmann, A./Sachs, G.: Führungskräfte der Wirtschaft: Eine empirische Analyse ihrer Situation und ihrer Erwartungen. Stuttgart 1981.
Zetterberg, H. L.: Theorie, Forschung und Praxis in der Soziologie. In: *König, R.* (Hrsg.): Handbuch der empirischen Sozialforschung. Bd. 1, 3. A., Stuttgart 1973, S. 104–160.
Zink, K. J.: Begründung einer zielgruppenspezifischen Organisationsentwicklung auf Basis von Untersuchungen zur Arbeitszufriedenheit und Arbeitsmotivation. Köln 1979.

Klein- und Mittelbetriebe, Führung in

Gunter Kayser

[s. a.: Delegative Führung; Führungskonzepte und ihre Implementation; Führungsnachfolge; Führungstheorien – Entscheidungstheoretische Ansätze; Manager- und Eigentümer-Führung; Organisationsentwicklung und Führung.]

I. Die Begriffe; II. Begründung für eine an der Empirie orientierte Vorgehensweise; III. Empirische Ergebnisse; IV. Folgerungen und Empfehlungen.

I. Die Begriffe

1. Unternehmensführung

Der Begriff Unternehmensführung (Unternehmen und Betrieb werden synonym verwandt) (→*Manager- und Eigentümer-Führung*) wird in der Literatur sehr unterschiedlich gedeutet und – je nach Zielrichtung – entweder auf bestimmte Wesensmerkmale eingeengt oder nahezu auf alle in Verbindung mit dem Unternehmenszweck relevanten Aktivitäten ausgedehnt.

Folglich deckt der Begriff Unternehmensführung sowohl personen- als auch sachbezogene Entscheidungsprozesse ab (→*Führungstheorien – Entscheidungstheoretische Ansätze*). Er erstreckt sich auf die Elemente Planung, Organisation und Kontrolle; er kann sowohl von der institutionellen Seite der Führung (Unternehmer und sonstige Führungspersonen) als auch von der Entscheidungsseite her analysiert werden, wobei bezüglich des letztgenannten Einteilungskriteriums eine Ausrichtung sowohl auf den Entscheidungsprozeß als auch auf die Entscheidungsinhalte möglich ist (*Kellerwessel* 1982). Insgesamt haben sich in der Literatur zwei Grundkonzepte durchgesetzt, von denen das eine darauf aufbaut, „daß jedes Unternehmen eine komplexe Aufgabe zu lösen hat, die nur durch das Zusammenwirken von Menschen und Sachmitteln in einem arbeitsteiligen, integrierten Entscheidungs- und Produktionsprozeß bewältigt werden kann. Im Mittelpunkt dieses Konzepts steht also der Entscheidungsprozeß im Unternehmen" (*Albach* et al. 1977). Ein zweites Grundkonzept der Unternehmensführung geht im Gegensatz zu dem vorher dargestellten „aufgabenorientierten Führungskonzept" vom Unternehmen als sozialem Gebilde aus. In diesem „menschenorientierten Führungskonzept" (*Albach/Albach* 1989) stehen das Unternehmen als soziales Gebilde und die sozialen Beziehungen der Menschen im Unternehmen im Zentrum der Betrachtung.

Im folgenden sollen die verschiedenen Führungsaspekte nicht weiter diskutiert werden, sondern Unternehmensführung wird, im Sinne Gutenbergs, als dispositiver Faktor in seinen drei Komponenten: Planung, Organisation und Kontrolle verstanden (*Gutenberg* 1962).

2. Kleine und mittlere Betriebe

Aussagen über Klein- und Mittelbetriebe werden in der Regel nicht ohne vereinfachende Annahmen und unter Zugrundelegung der ceteris-paribus-Klausel getroffen. Dies liegt daran, daß man hier einer Grundgesamtheit begegnet, die zahlenmäßig den größten Anteil am Unternehmenssektor unserer Volkswirtschaft hat. Analysiert man die deutsche Wirtschaft auf ihre Betriebsgrößenstruktur hin, so wird klar, daß kleine und mittlere Betriebe schlechterdings ihr konstitutives Merkmal sind. Rund 99% der umsatzsteuerpflichtigen Unternehmen (im steuerrechtlichen Sinne) liegen mit ihren Jahresumsätzen unter der 100-Mio.-DM-Grenze, die als Trennlinie zwischen mittelständischen und großen Unternehmen angesehen wird (*Kayser* 1993).

Die Grundgesamtheit *Mittelstand* umfaßt die ihrerseits wiederum sehr heterogenen Wirtschaftsbereiche: Industrie, Handwerk, Handel, Dienstleistungen und Freie Berufe, die ein sehr differenziertes Betriebsgrößenspektrum aufweisen und im Einzelfall eher durch branchen- denn größentypisches Führungsverhalten gekennzeichnet sind.

Bei der wissenschaftlichen Auseinandersetzung mit unternehmensgrößenspezifischen Phänomenen kommt es also auf die Sektoren und die zentralen Größenstrukturen als Erklärende an, wobei die Größenstruktur anhand der Höhe des Umsatzes und/oder der Zahl der Beschäftigten beschrieben wird. Durch die Kombination beider Merkmale, Wirtschaftsbereich und Größe, läßt sich das strukturelle Gewicht der jeweiligen kleinen und mittleren Betriebe eines Bereiches oder des Mittelstandes für die Gesamtwirtschaft darstellen. Jede weitere Feinrasterung kann bei dieser Art der Betrachtung unterbleiben, wenn gesamtwirtschaftliche Fragestellungen von Interesse sind. Aussagen bezüglich betriebswirtschaftlicher Fragestellungen sind hiermit nicht befriedigend zu treffen.

Um mikroökonomische Fragestellungen größenspezifisch zu beantworten, sollte nicht nur auf den Wirtschaftsbereich, sondern auf die Branche oder besser noch die Untergruppe einer Branche abgestellt werden, die bereits prägenden Einfluß auf betriebliche und betriebswirtschaftliche Verhaltensmuster und Prozesse hat. Gleiches gilt für die Rechtsform, das Gründungsdatum, die Eigentumsverhältnisse, um nur einige weitere Unterscheidungsmerkmale zu nennen. Diese Besonderheiten haben zur Folge, daß betriebswirtschaftliche Fragestellungen, auch solche, die sich auf die Führung in Klein- und Mittelbetrieben beziehen, häufig unter Zuhilfenahme weiterer einengender Abgrenzungen behandelt werden müssen. Dies kann – um beim gegebenen Thema zu bleiben – sowohl den Führungsbegriff betreffen, z. B. die personenbezogene Führung (*Steiner* 1980), als auch Führungsprobleme innerhalb einer bestimmten Branche, z. B. die Betriebsführung mittelständischer Unternehmen der Elektrotechnik (*Melcher* 1984).

Zusätzlich zu den genannten sollten situative Kriterien (→*Führungstheorien – Situationstheorie*) in die Betrachtung einbezogen werden. So ist es z. B. von Bedeutung, ob man einer bestimmten Fragestellung in wachsenden, stagnierenden oder schrumpfenden Unternehmen nachgeht oder ob man Unternehmen erforscht, bei denen der Generationenwechsel in der Führungsetage gerade bevorsteht oder erst vor kurzem erfolgt ist (*Albach/Freund* 1989). In jedem Fall bestimmt die Empirie den Befund und die hieraus zu ziehenden Schlußfolgerungen.

II. Begründung für eine an der Empirie orientierten Vorgehensweise

Für den Mittelstand ist das Führungsproblem von doppelter Relevanz. Es kann nicht nur darum gehen, die Führung optimal den jeweiligen Bedingungen der Branche und der gegebenen Unternehmensgröße anzupassen, sondern insbesondere auch darum, den dynamischen Aspekt der Führung erstens aufzudecken und zweitens zu beherrschen. So ist es z. B. leicht vorstellbar, daß in stark wachsenden Unternehmen die Anforderungen an die Führung stark ansteigen (*Penrose* 1980), denn hier stellt sich dem Unternehmer die Aufgabe, Wachstum der Firma und Qualität der Firma zu harmonisieren. In zahlreichen Modellen wird dieser Zusammenhang abgebildet (*Greiner* 1976; *Scott* 1971; *Lucton* 1967; *Steinmetz* 1969). Die Entwicklung kleiner und mittlerer Unternehmen wird danach verstanden als eine Abfolge kontinuierlicher Wachstumsprozesse und krisenhafter Umwälzungen der Führungsmethoden. Entwicklungskrisen (*Bleicher* 1980) oder kritische Wachstumsschwellen (*Albach* et al. 1985) entstehen, weil die Vorgehensweisen nicht mehr den Anforderungen des wachsenden Unternehmens entsprechen. Solche Modelle, die fast ohne Ausnahme empirisch nicht fundiert sind, lassen ein gemeinsames Grundmuster erkennen. In einem Formalisierungsprozeß (*Starbuck* 1971) entwickelt sich das wachsende Unternehmen von einem durch den Gründer personell geführten zu einem durchstrukturierten und wohlorganisierten Unternehmen. Der Bedarf nach Professionalisierung des Führungsverhaltens speziell bei jungen wachsenden Unternehmen wurde in der neueren *Gründungsforschung* nachgewiesen (*Hunsdiek/May-Strobl* 1986).

Die oben zitierten Metamorphose-Modelle weisen jedoch noch kein allgemeingültiges Phasenschema auf. Insbesondere fehlt ihnen eine genaue Beschreibung und Konkretisierung der Einflußfaktoren. Über ihre heuristische und forschungsleitende Funktion hinaus können sie dem Unternehmer keine unmittelbaren Hinweise liefern, bei welcher Unternehmensgröße er z. B. den Delegationsgrad zu erhöhen, Stabstellen einzurichten oder die Kontroll- und Berichtssysteme zu verändern hat. Notwendig erscheint daher eine Beschreibung des empirischen Wissens über den Stand der Führung in kleinen und mittleren Unternehmen.

III. Empirische Ergebnisse

Empirische Untersuchungen, die sich der Methode der schriftlichen Befragung und der Fallstudie bedienen, bieten aus den weiter oben dargelegten Gründen zwar kein umfassendes und allgemeingültiges Bild der Wirklichkeit im Mittelstand, sie bieten jedoch eine ausreichende Zahl an Informationen, um ein den zahlreichen Spielarten der jeweiligen Einzelfälle entsprechendes Handlungskonzept zu entwickeln, das die Züge einer allgemeinen Empfehlung trägt.

In der speziell auf kleine und mittlere Unternehmen ausgerichteten Literatur gilt die Betriebsführung seit langem als Hauptproblem mittelständischer Betriebe (*Robl* 1976). Unter anderem als Folge hiervon befassen sich jüngere empirische Arbeiten immer wieder auch mit dem Standard der betrieblichen Führung in den in Rede stehenden Unternehmen.

1. Der Standard der Führung in kleinen und mittleren Betrieben

Ein Schlaglicht auf die Besonderheiten der betrieblichen Führung im Mittelstand wirft ein Unternehmenstest, den die Industrie- und Handelskammer in Koblenz im Jahre 1983 bundesweit durchführte und an dem sich knapp 800 Betriebe (Unternehmen), vornehmlich mit bis zu 20 Mio. DM Jahresumsatz, aus verschiedenen Branchen beteiligt haben (*Naujoks/Kayser* 1983). Eines der Hauptergebnisse dieser Untersuchung ist, daß sich in den befragten Industriebetrieben die Qualität der Führung erst bei Betrieben mit mehr als 50 Beschäftigten deutlich verbesserte. Eine leichte Korrelation konnte mit dem Alter der Betriebe festgestellt werden, was besagt, daß jüngere Betriebe im „Testbereich Führung" tendenziell bessere Ergebnisse erzielen.

Die Gesamtbewertung des „Testbereichs Führung" erfolgte durch die Aggregation von Einzelergebnissen zu Fragen nach dem Delegationsstandard (→*Delegative Führung*), der Nachfolgeregelung (→*Führungsnachfolge*), der Organisation des Betriebes, dem Personalbereich im weiteren Sinne sowie dem Planungs- und Kontrollwesen. Es zeigt sich, daß gerade in kleinen Betrieben die Unternehmer sehr viel Zeit für solche Aufgaben aufwenden, die nicht zu den eigentlichen Führungsaufgaben gehören. Dieses Gesamtergebnis impliziert zwar keine abschließende Wertung. Immerhin wird aber deutlich, daß in einer großen Anzahl von Betrieben der Unternehmer wesentliche Teile seiner Zeit auf Aufgaben verwendet, die er eigentlich delegieren müßte. Daß der Unternehmer gerade in kleinen Betrieben aktiv an der betrieblichen Leistungserstellung beteiligt ist, erklärt zwar diesen Sachverhalt ebenso wie die in Betrieben dieser Größenordnung üblichen kurzen Kommunikationswege und die familiäre Beziehung der Leitung zu den Mitarbeitern, mindert allerdings nicht die Gefahren, die von diesem offenkundigen Führungsdefizit für die Überlebensfähigkeit des Unternehmens, namentlich in Krisensituationen (→*Krisensituationen, Führung in*), ausgehen.

Insgesamt deuten die Testergebnisse auf klare Unterschiede zwischen dem sich als primus inter pares begreifenden und entsprechend handelnden Eigentümer/Unternehmer im Kleinunternehmen und den jenseits von Wachstumsschwellen befindlichen größeren und mithin stärker organisierten Unternehmen hin.

Mag der Kleinbetrieb ein eher intuitives bzw. reaktives Führungsverhalten aufgrund seiner Struktur nicht nur verkraften können, sondern im Einzelfall sogar erfordern, so ist dies bei größeren und ganz besonders bei wachsenden Betrieben nicht der Fall. Betriebe, die zu groß werden, um für den Inhaber noch überschaubar zu sein, und zu klein für einen kostspieligen eigenen Verwaltungs- und Dienstleistungsapparat, stellen bereits erhebliche Anforderungen an Organisation, Planung und Kontrolle und mithin an die Führung. Dies darf natürlich nicht so verstanden werden, als erübrige sich im Kleinbetrieb mit bis zu 20 Beschäftigten generell jegliche professionelle Führung. Auch in kleinen Betrieben gibt es für den Unternehmer die Möglichkeit, sich von Routineentscheidungen zu entlasten (*Grochla* et al. 1981), um sich grundsätzlicheren Aufgaben zuzuwenden. Indessen spricht vieles für die Annahme, daß sich gerade im mittleren Betriebsgrößenbereich der Wettbewerbsdruck besonders verschärft hat, man denke nur an die Auswirkungen des EG-Binnenmarktes. Alle Analysen kommen zu dem Ergebnis, daß sich durch den EG-Binnenmarkt die Wettbewerbsintensität ganz dramatisch erhöhen wird. Das bedeutet steigende Anforderungen an die Qualität der Führung; sie muß zukünftig ein Niveau aufweisen, das nicht von heute auf morgen erreichbar ist. Mithin reicht es nicht, das Führungsverhalten im mittleren Betrieb unter dem Druck bestimmter Ereignisse umzustellen, sondern es muß rechtzeitig, d. h. im Rahmen längerfristiger Planungen, geschehen.

2. Die Führung als Erfolgsfaktor mittelständischer Unternehmen

Mehrfach wurde auf den Faktor Führung im Zusammenhang mit dem Wachstum bereits länger bestehender oder auch relativ junger Betriebe hingewiesen. Letzteres ist von besonderer Bedeutung, da in der Bundesrepublik seit Ende der siebziger Jahre das Unternehmensgründungsgeschehen ganz erheblich an Dynamik zugenommen hat (*Dahremöller* 1987).

Untersuchungen aus dem Jahre 1986 belegen, daß in erfolgreichen mittelständischen Unternehmen ein kooperativer Führungsstil praktiziert wird (→*Kooperative Führung*). Teamgeist und Mitarbeitermotivation ermöglichen die Delegation von Aufgaben und Verantwortlichkeiten; hierdurch wird „unproduktiver" Arbeitsanfall bei der Unternehmensleitung vermieden. Zwar existieren formale organisatorische Regelungen, doch wird die Organisation flexibel genug gehalten, um sich rasch verändernden Bedingungen anpassen zu können (*Feiland* 1986). Dieser Befund kennzeichnet – wohlgemerkt – erfolgreiche, also überdurchschnittlich profitable mittelständische Unternehmen. Weniger erfolgreiche oder krisenhafte Unternehmen finden häufig erst unter dem Eindruck einer akuten Existenzgefährdung zu einer Änderung des Führungsverhaltens (→*Krisensituationen, Führung in*). Die Unternehmenskrise ist in vielen Fällen gleichbedeutend mit einer Führungskrise (*Albach* et al. 1985). Nicht selten sind solche Unternehmen nur noch dadurch zu retten, daß ein vollständiger Eigentümeraustausch durchgeführt wird. So ist es z. B. zu erklären, daß vor allem bei Familienunternehmen mit einer flachen Hierarchiestruktur und einem allzuständigen Eigner der Unternehmensfortbestand gefährdet ist (*Neubauer* 1992). Er ist häufig nur noch dann zu gewährleisten, wenn ein interner oder externe Manager das Unternehmen qua *Management Buy out*/Buy in (MbO/MbI) übernimmt. Es ist des weiteren nicht verwunderlich, daß die neuen Unternehmenseigner nach erfolgreichem MbO/MbI mit einer sofortigen Änderung der Führungsmethoden beginnen, Verantwortung delegieren und Kompetenzen schaffen, was zumeist von einer Veränderung der betrieblichen Organisation begleitet ist (*Forst* 1992). Es wurde schon darauf hingewiesen, daß auch veränderte Wettbewerbsbedingungen, wie sie vom Europäischen Binnenmarkt zu erwarten sind, zu einem – längerfristig vorbereiteten – veränderten Führungsverhalten zwingen, zumindest wenn der Unternehmenserfolg langfristig gesichert werden soll. Auch für diese Aussage liegt inzwischen empirische Evidenz vor.

Wie die Untersuchungen des Instituts für Mittelstandsforschung Bonn nachweisen, liegt der Schlüssel zum Erfolg mittelständischer Spitzenunternehmen bzw. solcher, die auf dem Weg zur Spitze sind, eindeutig auf dem Sektor Humankapital, dessen Qualität eng mit dem Führungsstil im Unternehmen verbunden ist (*Schmidt/Freund* 1989). Im Zentrum der Aktivitäten steht die Herausbildung eines hochqualifizierten und motivierten Mitarbeiterstabes als Ergebnis längerfristiger strategischer Überlegungen. In diesem Zusammenhang spielen Unternehmens- und Führungsgrundsätze (→*Führungsgrundsätze*) eine ebenso große Rolle wie die Ausstattung der Unternehmen mit einer modernen Führungsmethoden adäquaten Technologie (→*Bürokommunikationstechnik und Führung*). Es ist ferner von Bedeutung, daß in diesen Unternehmen die weitere Qualifikation von Führungskräften und Mitarbeiterinnen und Mitarbeitern als Daueraufgabe angesehen wird. Hierdurch ist jederzeit die Synchronisation von Produktionstechnik und Leistungsfähigkeit der Personalbereiche sichergestellt.

Noch deutlicher wird dieser Befund, wenn man die mittelständischen Unternehmen ins Zentrum der Untersuchung stellt, die als erste von der Vereinheitlichung des europäischen Marktes berührt wurden, nämlich solche, die bereits seit längerem auf Auslandsmärkten tätig sind. Die meisten dieser mittelständischen Exporteure sind sich der vom Binnenmarkt ausgehenden Wettbewerbsintensivierung bewußt und stellen sich darauf ein, auch durch weitere Qualitätsverbesserungen im Personalbereich (*Hax* 1992). Sie wissen, daß sie ihre Position im Binnenmarkt nur halten werden, wenn sie die Qualität ihrer Produkte bei fortschreitender Spezialisierung noch weiter steigern. Dies wiederum kann nur gelingen, wenn sie nicht nur den produktiven Bereich, sondern auch den Personalbereich ständig weiterentwickeln. Bereits bisher erfolgreiche Exporteure, aber stärker noch solche Unternehmen, die die Chancen des Binnenmarktes ergreifen und ihr Auslandsengagement deutlich intensivieren, stellen ihren Führungsstil darauf ein. Im Rahmen regelmäßiger Informations- und Besprechungsveranstaltungen machen sie sich das Fachwissen ihrer Mitarbeiterinnen und Mitarbeiter zunutze. Sie entscheiden nicht mehr allein (obwohl sie, muß hinzugefügt werden, die Risiken nach wie vor alleine tragen), sondern beteiligen die verschiedenen fachlichen Ebenen an den anstehenden Problemlösungen.

Schließlich sei noch auf einen weiteren, eher situativen Aspekt der Unternehmensführung im Mittelstand hingewiesen, der aus der Tatsache resultiert, daß wir seit Ende der siebziger Jahre einen deutlichen Existenzgründungsboom in der Bundesrepublik Deutschland beobachten. Jährlich entscheiden sich rund 350 000 junge Menschen für die Selbständigkeit, viele scheiden schon nach den ersten drei Jahren wieder aus, aber etwa knapp die Hälfte der Gründungen überlebt am Markt, gut ein Viertel von ihnen tritt in die erste Wachstumsphase ein.

Gründungsunternehmen sind bekanntlich klein, der Firmeninhaber oder die Firmeninhaberin beschäftigt nur wenige Mitarbeiter (1 bis 2), die Willensbildung und mithin die Führung ist zentralistisch. In der ersten Wachstumsphase bleiben Organisation und Führung teamorientiert, die Bedeutung der Betriebsführung für die Unternehmensentwicklung wird noch nicht wahrgenommen. Einige der Gründungsunternehmen, vornehmlich im high-tech-Bereich aber auch im Handwerk, wachsen überdurchschnittlich schnell auf zehn bis dreizehn Mitarbeiter. Die Analyse der Entwicklungsverläufe von Gründungsunternehmen macht deutlich, daß es der Jungunternehmer nur selten schafft, eine dem erreichten Geschäftsvolumen entsprechende Aufgabentrennung und Verantwortungszuweisung an Mitarbeiter vorzunehmen (*Hunsdiek/May-Strobl* 1986). Nach dem Start in die Selbständigkeit und der Vollendung des ersten Wachstumszyklus nach fünf Jahren hat sich bei den meisten vom IfM Bonn analysierten Gründungsunternehmen der Führungsbereich zum bedeutendsten Problemfeld herauskristallisiert. Die Ursachen liegen bereits in der Vorphase der Gründung, in der zwar den Fragen nach der Gründungsfinanzierung und auch allgemeinen betriebswirtschaftlichen Fragen (Buchführung, Marketing etc.) recht viel Aufmerksamkeit geschenkt wird, die Bedeutung der Unternehmensführung für den Erfolg des jungen Unternehmens aber häufig, vielleicht sogar meistens, verkannt wird.

IV. Folgerungen und Empfehlungen

1. Folgerungen

Als Fazit aus dem empirischen Befund ist festzuhalten: Die Betriebsführung hat zunehmend den Stellenwert eines Erfolgsfaktors in mittelständischen Betrieben eingenommen. Wachsende und/oder auslandsorientierte und/oder erfolgreiche Gründungsunternehmen praktizieren einen der modernen Führungslehre entsprechenden Führungsstil, ohne die geborenen Vorteile des Mittelstandes, wie z. B. kollegiale Beziehungen zwischen Mitarbeitern und Führung, kurze Informationswege, Team- und Personenorientierung, aufzugeben. Damit erhalten sie sich ihr Flexibilitätspotential, sichern sich aber auf der anderen Seite die Effizienzvorteile eines arbeitsteilig organisierten Unternehmens. In vielen mittelständischen Unternehmen indessen ist, selbst wenn die Betriebsergebnisse nicht unmittelbar dazu zwingen, die Betriebsführung verbesserungsbedürftig; gerade in den jungen Bundesländern mit ihren erst entstehenden, privatwirtschaftlichen Klein- und Mittelbetrieben verkennen die fachlich meist hoch qualifizierten Neuunternehmer den Stellenwert des Bereiches Führung für die Unternehmensentwicklung (*Icks* 1992) (→*Führung in der Transformation von planwirtschaftlichen zu marktwirtschaftlichen Systemen*).

Grundvoraussetzung ist eine Einstellungsänderung der Unternehmer gegenüber dem, was sie für ihre wichtigsten Aufgaben halten. Sie müssen sich zuerst einmal Zeitreserven erschließen, z. B. durch Delegation im Rahmen organisatorischer Veränderungen. Dann können sie sich auf einen Führungsstil festlegen, der es ihnen ermöglicht, alle betriebsnotwendigen Planungs-, Entscheidungs- und Kontrollaufgaben so auszuüben, daß einerseits die Flexibilität des Betriebes erhalten bleibt und andererseits für betriebsinterne und -externe Bezugsgruppen ein stabiles, formales Grundmuster erkennbar wird.

2. Empfehlungen

Mit der Vorbereitung und Durchführung einer solchen Aufgabe ist ein mittelständischer Unternehmer – nicht zuletzt aus den dargelegten praktischen Gründen – häufig überfordert. Um das notwendige Führungswissen zu erwerben, bedarf es externen Know-hows, über welches Unternehmensberatungsfirmen verfügen. So entfallen z. B. rund ein Drittel der vom Rationalisierungskuratorium der Deutschen Wirtschaft e.V. (RKW) Rheinland-Pfalz durchgeführten Beratungen jährlich auf Fragen der Unternehmensführung. Bei anderen RKW-Landesgruppen dürfte der Anteil ähnlich hoch liegen (*RKW* 1985).

Die Betriebsberatung kann Klarheit darüber bringen, ob eine Verbesserung der Führung durch Zurückdrängen der Eigentümer und Erweiterung der Führungsspitze und/oder Ausgliederung von Aufgaben auf externe Aufgabenträger erfolgen soll.

Unterstützung in Fragen der Unternehmensführung kann in entsprechenden Einzelfällen durch die Konstituierung eines Führungsbeirats, primär in Form eines Beratungs- und weniger in Form eines Kontrollbeirats (*Gaugler* 1984), kommen. Ein solches Gremium ist geeignet, die Unternehmensführung in allen wichtigen Fragen der Geschäftspolitik zu beraten. Dabei sollte in Unternehmen allerdings darüber Klarheit bestehen, daß ein Unternehmensbeirat in den meisten Fällen nur zur Problemlösung beitragen, nicht aber ein qualifiziertes Führungsgremium ersetzen kann. In der Regel wird es so sein, daß gerade in solchen Firmen ein Beirat etabliert wird, in denen ohnehin ein qualitativ überdurchschnittlicher Führungsstil praktiziert wird (*Richter/Freund* 1990). Last but not least ist natürlich die Führungsfrage im unternehmerischen Gesamtkontext zu sehen. Wie bereits angedeutet, ist der Erfolgsfaktor Führung einer von zahlreichen erfolgsbeeinflussenden Elementen. Planung und Kontrolle, Markt- und Kundennähe, Forschung und Entwicklung bestimmen ebenfalls den Erfolg mittelständischer Unternehmen. Die adäquate Führung ist eine unverzichtbare Facette des gesamten erfolgsbeeinflussenden Faktorenbündels, oder anders ausgedrückt, sie ist der Katalysator, der die weiteren Determinanten des Unternehmenserfolges zur Reaktion bringt.

Literatur

Albach, H./Bock, K./Warnke, Th.: Kritische Wachstumsschwellen in der Unternehmensentwicklung. Schriften zur Mittelstandsforschung, Nr. 7 NF, hrsg. v. *Institut für Mittelstandsforschung Bonn*. Stuttgart 1985.
Albach, H./Busse, v. Colbe, W./Sabel, H./Vaubel, L. (Hrsg.): Mitarbeiterführung. Text und Fälle. In: Universitätsseminar der Wirtschaft. USW-Schriften für Führungskräfte, Bd. 9. Wiesbaden 1977.
Albach, H./Albach, R.: Das Unternehmen als Institution: rechtlicher und gesellschaftlicher Rahmen; eine Einführung. Wiesbaden 1989, S. 176 ff.
Albach, H./Freund, W.: Generationenwechsel und Unternehmenskontinuität – Chancen, Risiken, Maßnahmen. Eine empirische Untersuchung gefördert von der Bertelsmann-Stiftung. Gütersloh 1989.
Bleicher, K.: Stagnationserwartung und innerorganisatorischer Wachstumsdruck. In: ZfO 1980, S. 61–62.
Dahremöller, A.: Existenzgründungsstatistik. Nutzung amtlicher Datenquellen zur Erfassung des Gründungsgeschehens. Schriften zur Mittelstandsforschung. Nr. 18 NF, hrsg. v. *Institut für Mittelstandsforschung Bonn*. Stuttgart 1987, S. 15 ff.
Feiland, F. M.: Strategien erfolgreicher mittelständischer Unternehmen. IfM-Materialien Nr. 42, hrsg. v. *Institut für Mittelstandsforschung Bonn*. Bonn 1986, S. 35 ff.
Forst, M.: Management Buy-out und Buy-in als Form der Übernahme mittelständischer Unternehmen. Schriften zur Mittelstandsforschung Nr. 48 NF, hrsg. v. *Institut für Mittelstandsforschung Bonn*. Stuttgart 1992.
Freund, W./Stefan, U.: EG-Binnenmarkt. Information als Wettbewerbsfaktor für den Mittelstand. Schriften zur Mittelstandsforschung. Nr. 37 NF, hrsg. v. *Institut für Mittelstandsforschung Bonn*. Stuttgart 1991, S. 144 ff.
Gaugler, E.: Firmenbeiräte mittelständischer Unternehmen. In: *Albach, H./Held, Th.* (Hrsg.): Betriebswirtschaftslehre mittelständischer Unternehmen. Wissenschaftliche Tagung des Verbands der Hochschullehrer für Betriebswirtschaftslehre. Stuttgart 1984, S. 557–574.
Greiner, L. E.: Evolution and Revolution as Organisations grow. In: Management Review, August 1976, S. 71–82.
Grochla, E./Vahle, M./Puhlmann, M./Lehmann, H.: Entlastung durch Delegation. Leitfaden zur Anwendung organisatorischer Maßnahmen in mittelständischen Betrieben. Berlin 1981.
Gutenberg, E.: Grundlagen der Betriebswirtschaftslehre. 1. Bd., 12. A., Berlin/Heidelberg/New York 1966.
Gutenberg, E.: Unternehmensführung. Organisation und Entscheidung. Wiesbaden 1962.
Hax, H.: Der EG-Binnenmarkt. Wissenschaftliche Untersuchungsergebnisse als Entscheidungshilfe für mittelständische Unternehmen. In: *Presse- und Informationsamt der Landesregierung Nordrhein-Westfalen* (Hrsg.): Mittelstandsforum EG-Binnenmarkt. Düsseldorf 1992, S. 27–35.
Hunsdiek, D./May-Strobl, E.: Entwicklungslinien und Entwicklungsrisiken neugegründeter Unternehmen. Schriften zur Mittelstandsforschung, Nr. 9 NF, hrsg. v. *Institut für Mittelstandsforschung Bonn*. Stuttgart 1986, S. 87 ff.
Icks, A.: Mittelständische Unternehmen als Qualifizierungspaten: Betriebspraktika für ostdeutsche Fach- und Führungskräfte, Schriften zur Mittelstandsforschung, Nr. 49 NF, hrsg. v. *Institut für Mittelstandsforschung Bonn*. Stuttgart 1992, S. 43 ff.
Kayser, G.: Mittelstand in der Gesamtwirtschaft – an Stelle einer Definition. In: *Bundesministerium für Wirtschaft* (Hrsg.): Unternehmensgrößenstatistik 1993 – Daten und Fakten. Bonn 1993, S. 1 ff.
Kellerwessel, P.: Unternehmensführung. In: *Pohl, H. C.* (Hrsg.): Betriebswirtschaftslehre der Mittel- und Kleinbetriebe. Größenspezifische Probleme und Möglichkeiten ihrer Lösung. Berlin 1982, S. 136–157.
Lucton, T.: Small New Firms and their Significance. In: New Society, Dez. 1967, S. 890–892.
Melcher, S. C.: Schwachstellenkomplexe in der Betriebsführung mittelständischer Unternehmen der Elektrotechnik. In: *Institut für Technik und Betriebsführung im Handwerk* (Hrsg.): ITB Forschungsberichte. Karlsruhe 1984.
Naujoks, W./Kayser, G.: Mittelstand 1983: Lage im Wettbewerb und betriebswirtschaftliche Praxis: Ergebnisse einer gemeinsamen Umfrage der Industrie- und Handelskammer zu Koblenz und der Zeitschrift „Industriemagazin". Göttingen 1983.

Neubauer, H.: Unternehmensnachfolge im Familienunternehmen. In: *Pleitner, H. J.* (Hrsg.): Die veränderte Welt – Einwirkungen auf die Klein- und Mittelunternehmen. Beiträge zu den „Rencontres de St. Gall" 1992. St. Gallen 1992, S. 168–197.
Penrose, E. T.: The Theory of the Growth of the Firm. 2. A., Oxford 1980.
Rationalisierungskuratorium der deutschen Wirtschaft e.V.: Landesgruppe Rheinland-Pfalz (Hrsg.): Rückblick auf 1981. Mainz 1985.
Richter, W./Freund, W.: Beiratstätigkeit im mittelständischen Unternehmen. Schriften zur Mittelstandsforschung Nr. 31 NF, hrsg. v. *Institut für Mittelstandsforschung Bonn*. Stuttgart 1990, S. 49 ff.
Robl, K.: Zur Problemsituation mittelständischer Betriebe. Beiträge zur Mittelstandsforschung, Heft 10. Göttingen 1976.
Scott, B. R.: Stages of Corporate Development. Boston Graduate School of Business Administration, Harvard University. Boston 1971.
Schmidt, A./Freund, W.: Strategien zur Sicherung der Existenz kleiner und mittlerer Unternehmen. Schriften zur Mittelstandsforschung, Nr. 30 NF, hrsg. v. *Institut für Mittelstandsforschung Bonn*. Stuttgart 1989, S. 104 ff.
Starbuck, H. W.: Organizational Metamorphosis. In: *Starbuck, W. H./Dutton, J. K.* (Hrsg.): Organizational Growth and Development. Harmondsworth 1971, S. 275–298.
Steiner, J.: Die personelle Führungssturktur in mittelständischen Betrieben. In: Schriften zur Mittelstandsforschung Nr. 82. Göttingen 1980.
Steinmetz, L. L.: Critical Stages of Small Business Growth. In: Business Horizons, 1969, Nr. 1, S. 29–34.

Kommunikation als Führungsinstrument

Stefan Titscher

[s. a.: Information als Führungsaufgabe; Konflikte als Führungsproblem; Konferenztechniken; Verhandlungstechniken als Führungsinstrument.]

I. Kommunikation und Führung; II. Theoretische Grundlagen; III. Kommunikation als „Instrument"; IV. Funktionen von Kommunikation.

I. Kommunikation und Führung

Die allgemein geteilte Feststellung, man könne in sozialen Situationen, in Anwesenheit anderer, nicht nicht kommunizieren (*Watzlawick* et al. 1969), weist darauf hin, daß dieser Prozeß Grundlage jedes Zusammenseins und Interaktion ist. *Kommunikation* hält letztlich aber auch Organisationen zusammen bzw. wird sie durch Institutionen organisieren.

Aus mehreren Gründen kommt Führungskräften in unternehmensinternen Kommunikationsprozessen eine besondere Rolle zu:

– Ihnen wird erhöhte *soziale Kompetenz* zugemutet; z.B. dadurch, daß sie Mitarbeitergespräche führen und Informationen mit bindendem Charakter übermitteln (nicht abgeben, s.u.) müssen (→*Information als Führungsaufgabe*).
– Sie haben auf Grund ihrer Position mehr Möglichkeiten und die Verantwortung dafür, Meta-Kommunikation in Gang zu setzen (Gespräche über Gespräche führen, *Feedback* über Gesprächsstile geben) (→*Anerkennung und Kritik als Führungsinstrumente*).
– Sie sind für die Gestaltung der Kommunikationswege mitverantwortlich (müssen also festlegen, welche Stelle mit welcher anderen aus welchem Anlaß wie in Kontakt treten sollte) und
– sie haben z.B. in Sitzungen Verantwortung für die Themen und die Abstimmung der Beiträge (→*Konferenztechniken*).
– In Außenkontakten repräsentieren sie die Organisation entscheidungsbevollmächtigt (ihre Äußerungen sind daher tendenziell folgenschwer).

Dieser erhöhten Verantwortung steht gegenüber, daß Führungskräfte von der Vorstellung ausgehen können, daß andere, außer im Falle von *Konflikten*, bemüht sind oder sein müssen, sie zu verstehen (→*Konflikte als Führungsproblem*).

Wie Zusammenfassungen empirischer Untersuchungen zum Thema Kommunikation von Führungskräften zu entnehmen ist (s. *Neuberger* 1990, S. 157 ff.), lassen sich trotz aller Unterschiede einige Befunde immer wieder feststellen, wie etwa: bis zu vier Fünftel der Arbeitszeit verbringen Vorgesetzte nicht alleine, also mit Kommunikation; es überwiegen mündliche Gespräche von nur wenigen Minuten Dauer; viele der Kontakte sind ungeplant, kommen ad hoc zustande. Aus einer organisationssoziologischen Studie über das österreichische Außenministerium geht hervor, daß selbst bei Verhandlungsspezialisten (Diplomaten) erfolgreiche Kommunikationsepisoden eher als geglückt, denn als erwartbar anzusehen sind: Themen und Teilnehmer passen selten zusammen, die Besprechungen werden kaum als konstruktiv angesehen, in Sitzungen getroffene Beschlüsse halten selten (*Titscher/Wille-Römer* 1992).

Dem Bericht über eine Untersuchung, in deren Rahmen 34 Manager eines Großbetriebes vierzehn Tage lang über ihre täglichen Interaktionen Buch führten, ist zu entnehmen, „daß 75% der berichteten Interaktionen nur von einem der Beteiligten registriert wurden. Von den 25% der persönlichen Kontakte, an die sich, wenige Stunden nach ihrem Stattfinden, beide Seiten noch erinnern konnten, waren 53% vom Empfänger nicht in dem Sinne verstanden worden, in dem sie vom Sender gemeint waren. Von der Gesamtzahl der berichteten Interaktionen kamen also nur 12% ‚an', in dem Sinne, daß beide Seiten sowohl über das Stattfinden als auch über die Bedeutung der Kommunikation übereinstimmten" (*Archibald* 1976, S. 200).

Alles in allem scheinen „gelungene" Gespräche eher die Ausnahme zu sein, obwohl oder weil Kommunikationsepisoden den Großteil des Arbeitsalltages ausfüllen. Verständlicherweise ist der Bedarf an Hilfestellungen für →*Verhandlungstechniken als Führungsinstrument* groß; die Möglichkeiten, allgemeine Richtlinien aus den vielen angebotenen Büchern zu erlernen, sind allerdings gering (*Gordon* 1991; *Neuberger* 1981; *Schulz von Thun* 1981; *Ury* 1992), weil generelle Regeln nicht für konkrete Einzelfälle gelten, soziales *Lernen* (→*Führungskräfte als lernende Systeme*) nur über Handeln und Erleben möglich ist, die Anleitungen auf psychologische Aspekte von Kommunikation reduziert sind.

II. Theoretische Grundlagen

Im allgemeinen geht man davon aus, daß Kommunikation:

– sprachlich (schriftlich oder – weniger bindend – mündlich) und/oder nonverbal (durch Gesten, Mimik, Stimmausdruck, Körperhaltung und -bewegung, durch Kleidung und andere Symbole vermittelt) abläuft;
– eine inhaltliche/sachliche Seite (das Thema), eine soziale Ebene (in welcher Form man das wem mitteilt) und eine – in den Theorien seltener beachtete – zeitliche Dimension hat (daß Kommunikation *Zeit* braucht und festlegt, rechtzeitig oder zur unrechten Zeit erfolgen kann).
– Zum vertrauten Bestand gehört auch die Vorstellung, daß in derartigen Prozessen ein Sender mit einem Empfänger kommuniziert, also eine Person an eine andere Informationen übergibt. Sie wird wie ein Päckchen (in einem Kommunikationskanal) befördert, das Thema „steht dann im Raum". Funktioniert die Übermittlung nicht, so liegen „Kommunikationssperren" vor; Abhilfe schaffen kommunikationsfördernde Verhaltensweisen.
– In diesem Zusammenhang wird üblicherweise zwischen ein- und zweiseitiger Kommunikation unterschieden, also behauptet, daß der „Sender" etwas abschickt, kommunizieren auch nur in einer Richtung erfolgen könne.

Diesen Grundannahmen ist u. a. entgegenzuhalten: Man überhört/übersieht nicht „den anderen", sondern das, was er sagt oder tut; Antworten erfolgen vor allem auf Fragen, reagieren weniger auf Personen. Der Kommunikationsprozeß läßt sich nicht auf Handeln oder Interaktion reduzieren, sondern umfaßt auch Wahrnehmungs- und Denkprozesse, daher ist die Konzentration auf kommunikationsfördernde/-hemmende Verhaltensweisen eine Verkürzung.

Die knapp zusammengefaßten Argumente richten sich vor allem gegen die in der Literatur vertretenen psychologistischen Sichtweisen bzw. traditionelle Auffassungen. Auf eine Darstellung von Beiträgen unterschiedlicher Disziplinen, die von diesen Annahmen ausgehen, wird zugunsten einer Zusammenfassung neuerer systemtheoretischer Entwürfe abgesehen (s. *Luhmann* 1984; weiterführend: *Luhmann/Fuchs* 1992; *Baecker* 1992; *Schmidt* 1992).

Systemtheoretisch fundierten Ansätzen zufolge kann Kommunikation nicht als Übertragungsprozeß aufgefaßt werden, bei dem jemand etwas abgibt, also die Information, weil mitgeteilt, nicht mehr hat. Wird die Eingangsfeststellung ernstgenommen, daß man in sozialen Zusammenhängen nicht nicht kommunizieren kann, so ist einseitige Kommunikation nicht möglich. Die Konzentration auf kommunikationsfördernde Verhaltensweisen ist eine beschränkte Sicht, weil jede Mitteilung erst durch die nachfolgende Reaktion ihren Sinn erhält: So ist möglicherweise dem Räuspern oder dem Übergehen des Gesagten zu entnehmen, daß man sich – entgegen der eigenen Absicht – deplaciert benommen hat. Kommunikation ist also nicht nur prinzipiell auf Reaktion angelegt, sondern beinhaltet sie auch; anders als etwa einseitiges Handeln, das unbemerkt ablaufen soll oder mit verspäteter Reaktion rechnet (bestimmte Formen des Mogelns oder ein Taschendiebstahl sind Beispiele dafür).

Kommunikation wird als dreistufiger (Selektions-)Prozeß angesehen, der *Information*, *Mitteilung* und *Verstehen* umfaßt; gelungen ist er, wenn diese drei Abschnitte zusammenpassen, Übereinstimmung entstanden ist; abgeschlossen wird er durch eine auf Mitteilung und Verstehen notwendigerweise erfolgende Reaktion.

Im *Bewußtsein* wird etwas Bestimmtes (anderes nicht) bemerkt. Diese Information wird selektiert, in Sprache übersetzt und geäußert. Die Mitteilung wird von einem anderen Bewußtsein übersetzt, verarbeitet und durch eine nachfolgende Handlung angenommen oder abgelehnt. Der eine denkt sich etwas (und was er davon wie sagen soll oder will), sagt etwas, und der andere versteht es irgendwie und äußert sich seinem eigenen Verstehen entsprechend (s. Abb. 1).

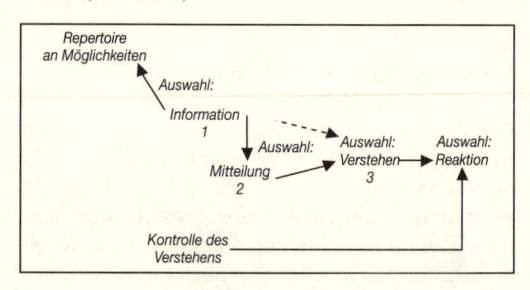

Abb. 1: Schematische Darstellung des Kommunikationsprozesses

1. *Information:* Im Bewußtsein wird etwas ausgewählt, es findet etwas bemerkenswert, das – im Unterschied zu anderen Themen – mitteilenswert und -möglich erscheint.

Unter Bewußtsein wird hier ein kognitives System verstanden, durch das psychische Systeme (nicht soziale, wie z. B. Gruppen, Organisationen, Gesellschaft) operieren können: dem Bewußtsein auffällige Ereignisse der Außenwelt werden zum Anlaß genommen, die Wahrnehmung mittels eigener Schemata zu interpretieren und ihnen damit Bedeutung zu geben. – Grundeinstellungen organisieren als Schemata die Erinnerung und die Wahrnehmung. – Das Bewußtsein bildet sich Vorstellungen, denkt Gedanken und kann diese mit weiteren verknüpfen, auf Ideen kommen. In Zusammenhang mit Kommunikation ist wichtig, daß der gedachte Gedanke (noch) nicht Kommunikation und der kommunizierte Gedanke nicht (mehr) der gedachte ist.

Durch Anpassung an die Organisation werden diese Bewußtseinsprozesse wesentlich seitens des Systems zu steuern versucht: Mit der Aufgabenverteilung und Stellengliederung einer Organisation wird versucht, die Wahrnehmungen auf bestimmte Ausschnitte des Marktes und der Umwelt zu zentrieren. So werden Positionsinhaber dafür verantwortlich gemacht, bestimmte Dinge in einer bestimmten Weise wahrzunehmen und andere zu übersehen, organisations- und stellenspezifische Sichtweisen (Selektionen) zu entwickeln. Zugleich werden seitens der Organisation notwendigerweise „blinde Flecken" installiert, also das, was man an sich nicht wahrnehmen kann, wie z. B. selbstverständliche Eigenheiten der Organisation(sstruktur), im erweiterten Sinne auch mögliche und nicht bemerkbare Abnehmer oder Märkte, bestimmte nicht eingesetzte Problemlösungsverfahren etc. Organisationsmitglieder sind notwendigerweise „betriebsblind".

2. *Mitteilung:* Vorstellungen und Gedanken können nicht 1:1 ausgedrückt werden. Und aus dem, was formulierbar ist, legt man fest, was man anderen mitteilen kann, will oder zumutet und wie man sich darstellen will. Man ordnet also seine Gedanken in Hinblick auf das anzusprechende Publikum und das, was man mitteilen will. Und dazu muß man sich für ein Verhalten entscheiden. Es kommt zu dem, was im Kommunikationsprozeß hör- und sichtbar ist: Inhalt und Art einer Mitteilung, das „Mitteilungshandeln".

In diesem Zusammenhang ist auf *Manipulation* hinzuweisen: Die Gestaltung eines Gesprächs, bei dem Information und Mitteilung absichtsvoll nicht zusammenpassen: Man teilt etwas so mit, daß der Verstehensprozeß des anderen möglichst in eine gewünschte Richtung gelenkt wird, ihm aber nach Möglichkeit unklar bleibt. Auf der Diskrepanz zwischen Information und Mitteilung beruht auch Ironie: Der Stil oder Klang zeigt an, daß der Inhalt anders aufzunehmen ist.

3. *Verstehen:* Im Bewußtsein des Gesprächspartners wird die Mitteilung in einer ihm gemäßen Art und vor dem Hintergrund dessen verarbeitet, was (aus seiner Sicht) nicht gesagt wurde, in dieser Situation aber auch und in anderer Form hätte gesagt werden können. Wer sich angesprochen fühlt, dessen Bewußtsein wählt aus, was er wie versteht – und er motiviert sich dann, oder läßt es bleiben. Dieser Vorgang wird von Fragen auf der Sachebene und der sozialen Dimension geleitet: Was bedeutet das Thema in dieser Situation? Warum sagt er/sie das mir jetzt auf diese Art? – So macht sich beispielsweise Erleichterung breit, weil doch die Konkurrenz das Thema ist, nicht die interne Organisation. Der für seinen Fleiß gelobte Mitarbeiter ist (zunächst unverständlicherweise) enttäuscht, weil seine Fähigkeiten nicht hervorgehoben wurden. Der freundliche Ton, die zuwendende Körperhaltung werden als passend oder unpassend zum Inhalt des Gesagten aufgefaßt. – Da weder die spezifischen Verarbeitungsmechanismen des anderen bekannt sind, noch seine Erwartungen, sind völliges Verstehen des Gesprächspartners bzw. seiner Gedankenwelt und unmißverständliche Äußerungen unmöglich.

Aus den beobachtbaren Reaktionen versucht man zu schließen, wie das Mitgeteilte vom Gegenüber aufgenommen wird. Das Interesse richtet sich daher zunächst auf die Kontrolle des Verhaltens der Gesprächspartner. Nonverbale Signale der Aufmerksamkeit, des Verstehens und der Bewertung (Kopfnicken, Lächeln, Achselzucken etc.) bieten Anhaltspunkte dafür (s. z. B. *Scherer* 1984). Vom Verstehen der Mitteilung im gemeinten Sinne (s. o.) ist die Zustimmung oder Ablehnung der in der Aussage des Redners ausgedrückten Erwartung zu unterscheiden. – Man versteht zwar (etwa daß es nicht um das vordergründige Thema Lieferfristen geht, sondern eigentlich um Preise), ist aber nicht bereit, den Vorstellungen des anderen zu entsprechen.

Dieser mehrstufige Prozeß läuft in einer bestimmten Situation ab, d. h. unter zu berücksichtigenden Bedingungen: der in dem Kulturkreis verwendeten (Fremd-)Sprache; den geltenden *Normen;* der *Organisationskultur* (→*Organisationskultur und Führung*), die einen bestimmten Stil nahelegt; den von außen auferlegten Terminen, die eine rasche und drängende Mitteilung oder keinen Nachdruck erfordern; der Bedeutung des Themas für das Unternehmen.

III. Kommunikation als „Instrument"

Beschränkt man sich auf den instrumentellen Aspekt von Kommunikation, ihren strategischen Einsatz zur Erreichung bestimmter Effekte, so ergibt sich aus der kurz skizzierten Theorie folgendes:

Ausgangspunkt ist eine Wahrnehmung: Man hört oder sieht etwas, erinnert sich oder hat einen Einfall. Das ist das ausgewählte Ausgangsthema, die Absicht, mit der Kommunikation begonnen oder fortgesetzt wird. – An diesem Punkt kann man (keinesfalls immer) eine Reflexion einschalten, sich fragen, warum einem gerade dies auf- oder einfällt.

Die Planung eines Kommunikationsprozesses würde dann Antworten auf folgende Fragen erfordern: Wer soll bis wann, in welcher Situation [durch wen], darüber wie eine Mitteilung erhalten, um damit welche Effekte wahrscheinlich zu machen? Wie und wann ist die erwartete Reaktion zu überprüfen?

Wer	Damit sollte theoretisch in Organisationen eine Stelle gemeint sein, ein Positionsinhaber, nicht eine „Person". In Fällen, die nicht routinemäßig ablaufen, schwingen bei dieser Auswahl Fragen mit, wie z. B.: Wer erwartet, darüber (in seinen Augen rechtzeitig) informiert zu werden? Wer muß auf Grund seines Aufgabenbereiches davon wissen? Wer kann dazu Beiträge liefern? Wer soll darüber nicht informiert werden, – um ihn nicht zu überlasten? Von diesen „sachorientierten" Überlegungen abgesehen, sind zumindest noch drei weitere Aspekte in der Praxis wichtig: Wen sollte ich in dieser Angelegenheit ansprechen, weil aus diesem Anlaß andere nützliche Informationen einzutauschen sind? Mit wem will ich nicht darüber sprechen, um mein Informationsmonopol aufrechtzuerhalten? Wem sollte ich die Sache mitteilen, weil es die Beziehung (Sympathie, Freundschaft, „Seilschaft", Clique) erfordert?
soll bis wann	Auf der *Zeit*dimension ergibt sich die Frage, was „rechtzeitig" heißt. Das ist in Anbetracht der Zeit abzuschätzen, die gewünschte Reaktion erfordert und bis wann sie erfolgen soll. Die Wahl des Zeitpunktes hängt darüber hinaus noch von einigen Opportunitätsüberlegungen ab (vor oder nach der Firmenfeier; bevor „es" sich herumspricht; erst nachdem Herr/Frau Soundso davon weiß, nicht während der Fusionsverhandlungen etc.).
in welcher Situation	Soll das Gespräch darüber unter vier Augen stattfinden oder vor anderen? Ist ein Anlaß dafür zu finden oder geht es im Rahmen eines üblichen Zusammentreffens? Welcher äußere Rahmen (*Symbole*, Ort, Sitzanordnung usw.) ist angebracht?
[durch wen,]	[Wie ist die eventuell erforderliche Informationsweitergabe zu organisieren: wer muß wem, was mitteilen?]
darüber wie	Das ist der thematische (inhaltliche) Anlaß für eine Mitteilung. Über welches Medium soll die Information erfolgen (schriftlich, mündlich, telefonisch, per Fax oder über das EDV-Netzwerk)? Welche Form ist für die Mitteilung zu wählen: Wie präsentiere ich mich dem/den anderen (freundlich; als „neuer Besen"; als besorgter Chef oder jemand, der es besser weiß etc.), um die Wahrscheinlichkeit des Verstehens zu erhöhen? Wieviel Zeit will ich dafür veranschlagen?
eine Mitteilung erhalten	Man beabsichtigt, etwas mitzuteilen, das für einen selbst eine Information war und für andere eine sein sollte. Und *Information* wird definiert als „ein Unterschied, der einen Unterschied macht" (*Bateson* 1982). Zu informieren sind also jene, für die es einen Unterschied macht oder machen sollte, ob sie die Nachricht bekommen oder damit nicht befaßt werden. Wer sieht seine Aufgabenstellung anders, nachdem er das gehört hat (kann beruhigter weiter tun, muß Bisheriges anders anpacken, Zusätzliches machen)?
um damit welche Effekte wahrscheinlich zu machen?	Das Mitgeteilte zu verstehen, ist eine Sache; es ist auch eine Reaktion auf die in der Mitteilung mehr oder weniger direkt mittransportierte Erwartung erforderlich. Durch die Form der Mitteilung (Bitte, Anweisung oder Drohung; Sprachstil und nonverbale Signale) soll dabei zum Ausdruck kommen, wie sehr man welches Ergebnis erwartet.
Wie und wann ist die erwartete Reaktion zu überprüfen?	Im Gespräch kontrollieren die Partner, inwieweit sie vom anderen verstanden wurden. Welche Konsequenzen die Kommunikation hat, ist aber nur aus nachfolgenden Handlungsweisen erschließbar. In den meisten Leitfäden zur Gesprächsführung wird daher empfohlen, in ein Gespräch unbedingt einen „Appell" einzubauen, d. h. gemeinsam festzulegen, was bis wann zu geschehen hat.

Die obige Aufstellung berücksichtigt zwar nur die Perspektive einer Führungskraft, die ein Gespräch initiiert, verdeutlicht aber, daß →*Verhandlungstechniken als Führungsinstrument* nur einen kleinen Ausschnitt des Kommunikationsprozesses betreffen, nämlich die beobachtbare technische Seite des Abschnittes, die Mitteilung.

Die Annahme ist unrealistisch, daß Führungskräfte sehr häufig die Gelegenheit haben, sich nehmen oder nehmen sollten, ein Gespräch in dieser Detailliertheit zu entwerfen. Wenn die hier referierten theoretischen Überlegungen stimmen, so werden sich diese Fragen aber jedenfalls stellen und quasi hinterrücks (ausgesprochene oder gedachte) Antworten einfordern. – Ein Indiz dafür sind etwa die häufig beobachtbaren zeit- und kostenaufwendigen „informellen" Diskussionen nach Beendigung von Besprechungen oder Sitzungen.

Aus diesem Blickwinkel betrachtet, ist verständlich, daß Kommunikation – wie die eingangs zitierten Beispiele andeuten – oft nicht im gewünschten Sinne funktioniert oder (von Forschern) als mißlungen angesehen wird. Aber die Frage ist, wieviel „funktionierende" Kommunikation eine *Organisation* überhaupt braucht. Zu welchen Anteilen müssen Gespräche so ablaufen, daß die Mitteilung eine Einheit mit Information und Verstehen bildet, Führungskräfte also durch Festlegungen sich selbst und anderen Orientierung vermitteln bzw. für sich gewinnen, Übereinstimmung entsteht?

IV. Funktionen von Kommunikation

Kommunikation hat als Grundlage sozialen Handelns eine identitätsstiftende und -erhaltende Funktion; als Basis des Zusammenlebens ist sie nicht auf instrumentelle Aspekte reduzierbar. – Und nur wenn man sie als Instrument auffaßt, kann sie als gelungen/mißlungen, richtig/falsch beurteilt werden.

Einige Hinweise sollen den Stellenwert des Prozesses für Organisationen umreißen:

Durch die notwendigerweise stattfindenden vier Selektionen (s. o.) bietet Kommunikation Entlastung und schränkt ein, dient sie der organisatorischen Vereinheitlichung und Differenzierung.

Unternehmenskultur findet in Kommunikation ihren Ausdruck und prägt sie. Informationsvermittlung ist Voraussetzung für *Kooperation* und *Konflikt* (→*Konflikte als Führungsproblem*), für gefühlsmäßige Bindungen und die Realisierung des Leistungsvorteils interaktiver Arbeitsformen. Die zentrale Bedeutung von Kommunikation ist auch daraus ersichtlich, daß eine spezielle Klasse dieser Prozesse für Organisationen grundlegend ist: *Entscheidungen* (*Luhmann* 1981; *Titscher/Königswieser* 1985).

Aus der Bedeutung dieses Elements von Organisationen sind die Bemühungen verständlich, die Wahrscheinlichkeit für entsprechende Kommunikation zu erhöhen: Unternehmen entwickeln für sie typische Sprachkulturen (Stile, betriebseigenes Vokabular, Witze etc.) und standardisierte Formen (z. B. Formulare, Beurteilungsbögen, →*Führungsgrundsätze*), nicht nur, um technische Verarbeitungen zu erleichtern, sondern um den Kontext zu vereinheitlichen, gleichsinnige Interpretationen wahrscheinlicher zu machen. Durch *Symbole* und *Mythen* (→*Moden und Mythen der Führung*) wird versucht, einen Rahmen festzulegen, der die Bedeutung von Mitteilungen (ihren Sinn) tradiert.

Literatur
Archibald, K. A.: Drei Ansichten über die Rolle des Experten im politischen Entscheidungsprozeß: Systemanalyse, Inkrementalismus und klinischer Ansatz. In: *Badura, B.* (Hrsg.): Seminar: Angewandte Sozialforschung. Frankfurt/M. 1976, S. 187–204.
Baecker, D.: Die Unterscheidung zwischen Kommunikation und Bewußtsein. In: *Krohn, W./Küppers, G.* (Hrsg.): Emergenz: Die Entstehung von Ordnung, Organisation und Bedeutung. Frankfurt/M. 1992, S. 217–268.
Bateson, G.: Geist und Natur. Frankfurt/M. 1982.
Gordon, Th.: Manager-Konferenz. 6. A., München 1991.
Luhmann, N.: Organisation und Entscheidung. In: *Luhmann, N.*: Soziologische Aufklärung. Bd. 3, Opladen 1981, S. 335–389.
Luhmann, N.: Soziale Systeme. Frankfurt/M. 1984.
Luhmann, N./Fuchs, P.: Reden und Schweigen. 2. A., Frankfurt/M. 1992.
Neuberger, O.: Miteinander arbeiten - miteinander reden. 2. A., München 1981.
Neuberger, O.: Führen und geführt werden. 3. A., Stuttgart 1990.
Scherer, K. R.: Die Funktion des nonverbalen Verhaltens im Gespräch. In: *Scherer, K. R./Wallbott, H. G.* (Hrsg.): Nonverbale Kommunikation. 2. A., Weinheim/Basel 1984, S. 25–32.
Schmidt, S. J.: Über die Rolle von Selbstorganisation beim Sprachverstehen. In: *Krohn, W./Küppers, G.* (Hrsg.): Emergenz: Die Entstehung von Ordnung, Organisation und Bedeutung. Frankfurt/M. 1992, S. 293–333.
Schulz von Thun, F.: Miteinander reden. 2 Bde. Reinbek 1981.
Titscher, S./Wille-Römer, G.: Außen – von innen. BMaA-Studie 1991/92. Unveröffentlichter Projektbericht. Wien 1992.
Titscher, S./Königswieser, R.: Entscheidungen in Unternehmen. Wien 1985.
Ury, W. L.: Schwierige Verhandlungen. Wie Sie sich mit unangenehmen Kontrahenten vorteilhaft einigen können. Frankfurt/M. 1992.
Watzlawick, P./Beavin, J. H./Jackson, D. D.: Menschliche Kommunikation. Bern/Stuttgart/Wien 1969.

Konferenztechniken

Karl-Klaus Pullig

[s. a.: Entscheidungstechniken; Kommunikation als Führungsinstrument; Konflikte als Führungsproblem; Verhandlungstechniken als Führungsinstrument.]

I. Charakterisierung wichtiger Konferenztypen; II. Kognitive, emotional-voluntative und physisch-technische Aspekte der Konferenztechnik; III. Informationskonferenz; IV. Motivationskonferenz; V. Verhandlungs- und Konfrontationskonferenz; VI. Problemlösungskonferenz; VII. Konferenzen mit Unterstützung neuerer Kommunikationstechnik (Tele-Konferenzen).

I. Charakterisierung wichtiger Konferenztypen

Unter Konferenz soll hier zunächst verstanden werden: Alle Zusammenkünfte von mehreren (zwei bis tausende) Menschen, in denen die Beteiligten selbst mehr oder weniger aktiv zum Ergebnis beitragen (conferre = zusammentragen). Darunter fallen dann sehr unterschiedliche Kommunikationsformen (→*Kommunikation als Führungsinstrument*), wie z. B. „das Vier-Augen-Gespräch", die Abteilungsbesprechung, die Geschäftsleitungskonferenz, die Pressekonferenz oder der Verkaufsleiterkongreß. Mit Konferenz*technik* sind sowohl im engeren Sinne des Wortes physisch-technische Hilfsmittel, wie z. B. Tele-Kommunikationsausrüstungen, die Konferenzraum-Architektur u. ä. gemeint als auch – und dies steht hier im Vordergrund – mentale (kognitive, emotionale und voluntative) Erklärungen und Gestaltungsempfehlungen für Konferenzen. Die jeweiligen Ziele, Inhalte, Tragweite der anstehenden Entscheidungen, die Teilnehmerzahl (→*Gruppengröße und Führung*), die Teilnehmerstruktur (z. B. bez. deren Positionsmacht; →*Führungstheorien – Machttheorie*) fordern jeweils andere Gestaltungen hinsichtlich Vorbereitung, Durchführung und Auswertung dieser Konferenzen. Aus pragmatischen Überlegungen wird hier nach den Gesichtspunkten des Konferenzziels bzw. typischer Konferenzkonstellationen unterschieden in *Informationskonferenz, Motivationskonferenz, Verhandlungs- und Konfrontationskonferenz* sowie *Problemlösungskonferenz* (s. Tab. 1).

Konferenztypen	Kennzeichnende Aktivitäten (Inhalt)	typische bzw. günstige Teilnehmerzahl
Informationskonferenz	informieren, anweisen, beantworten	bis zu mehreren tausend
Motivationskonferenz	überreden, überzeugen, begeistern	bis zu mehreren tausend
Verhandlungs- und Konfrontationskonferenz	aushandeln, sich durchsetzen, siegen, drohen, erpressen	bis etwa max. 20
Problemlösungskonferenz	kooperieren, gemeinsame Lösung finden	3 bis 12; optimal 5 bis 7

Tab. 1: Konferenztypen

II. Kognitive, emotional-voluntative und physisch-technische Aspekte der Konferenztechnik

Die Bedingungen vergleichsweise erfolgreicher Konferenzen können in drei Bedingungsfelder gruppiert und damit übersichtlicher gemacht werden. Diese Felder stehen in wechselseitiger Beziehung zueinander. So wirken z. B. die Gruppengröße, benutzte Visualisierungshilfen, Sitzordnungen, Raumgröße und Raumklima *(physisch-technischer Aspekt)* auf die Möglichkeit und Wahrscheinlichkeit der Anwendung bestimmter *Entscheidungs-* oder *Problemlösungstechniken* (→*Entscheidungstechniken*) *(kognitiver Aspekt)* sowie auf die Nähe bzw. Distanz zwischen Teilnehmern und auf deren Möglichkeit, sich artikulieren zu können usw. *(emotionaler Aspekt)*.

Unter den *kognitiven Aspekten* der Konferenz fasse ich Strategien und Vorgehensweisen zusammen, die sich überwiegend auf den Denkprozeß der Beteiligten während der Konferenz beziehen. Dazu gehören z. B. Techniken der *Problem-* oder *Situationsanalyse*, also der systematischen Zerlegung komplexer Probleme oder auch Tagesordnungspunkte mit anschließender Prioritätensetzung; Techniken der systematischen *Ursachenanalyse; Bewertungstechniken* für die Entscheidungsfindung in Gruppen, wie z. B. *ABC-Analyse, Entscheidungsbaum, Entscheidungsmatrix, Punktbewertungsverfahren;* sog. *kreative Techniken* zur Gewinnung neuer Ideen bzw. von Lösungsansätzen wie *Brainstorming* und seine zahlreichen Varianten, *morphologische Methoden, bisoziative Methoden* u. a. m.; Planungshilfen wie *Netzplantechniken* und *Prognoseverfahren* wie die *Delphimethode* usw. (vgl. z. B. *Bronner* 1980; →*Entscheidungstechniken*).

Die *emotionalen und voluntativen Aspekte* der Konferenztechnik berücksichtigen die eher gefühls- und willensgetragenen Vorgänge bei Konferenzen. Hierzu gehören vor allem die Anwendung von Ergebnissen aus der Führungsforschung, der Motivationsforschung (→*Motivation als Führungsaufgabe*), der gruppendynamischen Forschung, der Persönlichkeitspsychologie und der Konflikttheorie (→*Konflikte als Führungsproblem*).

Zu den *organisatorisch-physisch-technischen Aspekten* schließlich zählen räumlich-organisatorische (Konferenzort, Anreise, Konferenzraum, Sitzordnung, Verpflegung, Übernachtung…), zeitliche (Termin, Dauer, Pausen…) und kommunikationstechnische Aspekte (Visualisierungshilfen, auditive Hilfen…).

III. Informationskonferenz

1. Typisierung der Informationskonferenz

Informationskonferenzen sind dadurch gekennzeichnet, daß mehrere (manchmal tausende) Menschen durch einen oder wenige Informationsgeber (z. B. Vorgesetzte, Experten usw.) informiert werden.

Typisch hierfür sind Versammlungen von relativ vielen Menschen (etwa von 15 an aufwärts), wie Pressekonferenzen, manche Betriebsversammlungen, Expertenhearings, Kongresse, Symposien, Verkäufertagungen usw. Zwar läßt auch hier das traditionelle Ritual meist Fragen aus dem Teilnehmerkreis zu, dennoch bleibt die Interaktionsmöglichkeit für den einzelnen im Durchschnitt schon aus Zeitgründen sehr begrenzt. Aber auch Konferenzen mit relativ wenigen Teilnehmern (weniger als 15) können als Informationskonferenz geplant werden, wenn es darum geht, Anweisungen zu geben, Teilnehmer mit neuen Sachverhalten bekannt zu machen usw., d. h., wenn die Informationen ganz überwiegend in eine Richtung fließen sollen.

2. Planung und Durchführung der Informationskonferenz

Hilfreich für die Planung und Durchführung der Informationskonferenz mögen Hinweise sein, wie sie insb. in der Literatur unter den Stichwörtern *Präsentationstechnik* (*Wohlleben* 1979), *Rhetorik* (*Geissner* 1978; *Kopperschmidt* 1973; *Perelman* 1980; *Ammelburg* 1981; *Bauer* 1982; *Ruhleder* 1983; *Schonkopf* 1984) oder *Vortragstechnik* (*Hiller* 1970; *Steiger* 1981; *Treier* 1981) zu finden sind. Insbesondere Aspekte aus der Lerntheorie und der Sozialpsychologie, aber auch einzelne praktische

Erfahrungen dienen als Grundlage für die Empfehlungen, die teilweise im Abschn. VI über Problemlösungskonferenzen aufgegriffen werden (s. u.). Einige Regeln seien auszugsweise genannt: Nicht länger als etwa 20 Minuten ohne Unterbrechung bzw. ohne Methodenvariation reden; Darstellung optisch unterstützen (Visualisierung); Pausen und Bewegungsmöglichkeiten einplanen; grundsätzlich nicht in Informationskonferenzen diskutieren, sondern lediglich Fragen zum Verständnis zulassen und beantworten.

3. Informationsmärkte als Sonderform der Informationskonferenz

Aus dem Bedürfnis, Informationskonferenzen mit großen Teilnehmerzahlen lebendiger zu machen, entstand das Konzept der sog. Informationsmärkte (*Schnelle* o.J.). An verschiedenen Stellen des Konferenzortes finden sich für jedes zu behandelnde Thema Stellwände mit wesentlichen Informationen zum Thema in Form von Fakten, Behauptungen, offenen Fragen o. ä. Dieser sog. Informationsstand sieht zusätzliche Leerflächen für weitere Beiträge, Kommentare oder Fragen der Konferenzteilnehmer während der eigentlichen Konferenz vor. Jeder Informationsstand wird von einem sog. „Standmanager" oder „Informationsmanager" bedient. Die Konferenzteilnehmer besuchen nun entweder nach einem vorgegebenen Zeittakt oder nach freier Wahl in kleineren Gruppen die Informationsstände, wo ihnen der Standmanager anhand der Aufzeichnungen das Thema erläutert, auf Fragen eingeht, Beiträge der Teilnehmer entgegennimmt usw. (*Rauter* 1977).

IV. Motivationskonferenz

Bei den Motivationskonferenzen werden die Informationen so verpackt oder „verkauft", daß die Teilnehmer zur Annahme der vorher festgelegten Ziele bzw. Entscheidungen bewegt bzw. für eine Mitarbeit gewonnen werden. Die Grenze zwischen Informations- und Motivationskonferenz ist im Einzelfall schwer zu ziehen. Für die Handhabung solcher Konferenzen sind also motivationstheoretische Überlegungen grundlegend (vgl. auch VI).

V. Verhandlungs- und Konfrontationskonferenz

Verhandlungs- und Konfrontationskonferenzen (→*Verhandlungstechniken als Führungsinstrument*) sind durch Interessenkonflikte gekennzeichnet. Wir sprechen hier von *Verhandlung*, wenn die Akteure beabsichtigen, den Interessenkonflikt über verbales Aushandeln zu einer Übereinkunft (Kompromiß) zu bringen (kooperative Verhandlung; *Töpfer/Funke* 1983), und wir wählen den Ausdruck Konfrontationskonferenz für Verhandlungssituationen, die durch den Einsatz von Machtmitteln (physische, ökonomische) geprägt sind (*Lamm* 1975). Allerdings werden auch bei Verhandlungskonferenzen dialektische, rhetorische u.a. „Ausdrucksmittel" eingesetzt, um das Verhandlungsergebnis zum eigenen Vorteil zu beeinflussen. Dazu werden in der Literatur unter den Überschriften „Verhandlungstechnk", „Diskussionstechnik", „Dialektik" u. ä. mannigfaltige „Argumentationsmethoden", „Taktiken", „dialektische Instrumente" usw. aufgeführt (vgl. z.B. *Rüdenauer* 1979; *Stangl/Stangl* 1973; *Tengelmann* 1972). Obwohl objektive Konfliktbedingungen fehlen (Kampf um knappe Ressourcen, unterschiedliche Ziele usw.) und deshalb Konflikte vermeidbar wären, werden sie oft durch fehlerhafte Konferenzleitung hervorgerufen („semantische Konflikte"). Im folgenden Abschnitt werden konfliktvermeidende Konferenztechniken genauer beschrieben (→*Konflikte als Führungsproblem*).

VI. Problemlösungskonferenz

1. Typisierung der Problemlösungskonferenz

Die Problemlösungskonferenz ist durch eine kooperative soziale Situation (*Kirsch* 1977) bestimmt, die nach strenger Definition dann gegeben ist, „wenn das Ziel jedes Individuums nur erreicht werden kann, falls alle anderen Individuen ihr Ziel ebenfalls erreichen" (*Türk* 1973, S. 311). Wenn diese idealtypische Voraussetzung in praxi auch selten vorgefunden wird, so sollten dennoch von der Sache her möglichst viele Konferenzen innerhalb von Organisationen dem Typ Problemlösungskonferenz entsprechen: Es geht sehr oft darum, ein gemeinsames Unternehmens-, Abteilungs- bzw. Organisationsziel dadurch zu erreichen bzw. eine gemeinsame Aufgabe dadurch zu bewältigen, daß die Konferenzmitglieder Lösungsbeiträge beisteuern bzw. Wege zur Überwindung von Hindernissen aufzeigen. Zwar verfolgen die Beteiligten oft partiell unterschiedliche Interessen, niemals aber gleicht die Situation dem für Konfrontationskonferenzen typischen Nullsummenspiel, bei dem ein Individuum nur das gewinnen kann, was ein anderes verliert; vielmehr können, wie auch in den Verhandlungskonferenzen, i.d.R. die Gesamtgewinnbeträge durch die gemeinsamen Anstrengungen erhöht werden und damit alle profitieren (*Gordon* 1982). Im Unterschied zu Verhandlungskonferenzen bestimmt aber bei der Problemlösungskonferenz das gemeinsame Gruppenziel und nicht das jeweilige partielle Teilnehmerziel die Verhaltensweisen der Konferenzteilnehmer.

2. Kognitive Aspekte der Problemlösungskonferenz

Ein Problemlösungsprozeß kann gekennzeichnet werden durch typische – in der Praxis mehr oder weniger deutlich erkennbare – gedanklich unterscheidbare Phasen. Je nach gewähltem Gesichtspunkt kann man natürlich ganz unterschiedliche Phasen bei Konferenzen sehen. *Zimmermann* (1992) vergleicht z. B. die Phasen des Konferenzgesprächs mit denjenigen eines Dramas: (1) *(Exposition)*: das Thema wird dargestellt; (2) *(Steigerung)*: es gibt Verwicklungen, Probleme; (3) *(Höhepunkt)*: die Krise ist offensichtlich, oft tritt ein Umschwung ein; (4) *(Verzögerung)*: Nebenschauplätze und untergeordnete Personen kommen ins Spiel; (5) *(Lösung)*.

Das von mir vorgeschlagene Phasengerüst orientiert sich an der Literatur zu Problemlösungsprozessen (vgl. z. B. *Brauchlin* 1984) und an eigenen praktischen Erfahrungen. In jeder dieser Phasen sind bestimmte Spielregeln und Denkmethoden zweckmäßig, und der Konferenzleiter steuert mit Hilfe entsprechender *Prozeßfragen* durch die einzelnen Konferenzphasen (vgl. Tab. 2).

Eine vollständige Problemlösungskonferenz würde also mit der *Problem- bzw. Situationsanalyse* beginnen, indem der Konferenzleiter oder *Moderator* entsprechende Fragen stellt, etwa: „Wie kann man die Aufgabe beschreiben?", an die sich eine genaue *Problemdefinition* anschließen müßte, eingeleitet durch Fragen wie: „Mit welchem Teilproblem wollen wir uns jetzt beschäftigen?".

Danach folgten die sog. *Suchphase*, also die Entwicklung von Lösungsansätzen („hat jemand eine Idee"), die *Bewertungsphase*, in der die Lösungsansätze entwickelt bzw. vorhandene Alternativen bewertet werden müßten („anhand welcher Kriterien sind die Lösungsalternativen zu bewerten?"), die *Entschlußphase* („für welche Lösung sollen wir uns entscheiden?"), der *Aktionsplan* („wer macht was bis wann?") und schließlich der *Kontrollplan*, der die Problemlösung auch sicherstellt („was soll bei Abweichungen von unseren Beschlüssen geschehen?").

Die praktische Erfahrung zeigt, daß die Effizienz der Problemlösungskonferenz oft dadurch beeinträchtigt wird,

- daß das Problem nicht genau definiert wurde,
- daß sich unterschiedliche Teilnehmer in unterschiedlichen Problemlösungsphasen wähnen,
- daß zu oft und unbewußt von einer Problemlösungsphase in die andere gesprungen wird,
- daß die Suchphase zu kurz kommt oder gar nicht vorhanden ist.

Nicht jede Problemlösungskonferenz muß alle Phasen durchlaufen, es kommt lediglich darauf an, daß sich der Konferenzleiter und möglichst auch die Teilnehmer bewußt sind, in welcher gemeinsamen Phase sie sich befinden und daß die jeweils geeigneten Denkhilfen gezielt eingesetzt werden.

Konferenzsituation	dazugehörige Prozeßfragen	Problemlösungsphase
1. Beginn, Einstieg in unübersichtlichen(s) komplexen(s) Tagesordnungspunkt (Thema)	– worum geht es heute? – wie können wir die Situation beschreiben? – wer hat noch (Hintergrund-) Informationen, Fakten beizusteuern?	Situationsanalyse bzw. Problemanalyse
2. Festlegung auf einen enger eingegrenzten Diskussionspunkt. Beschreibung eines realistischen Ziels für die heutige Sitzung. Genaue Formulierung des TOP. Zeitrahmen berücksichtigen.	– mit welchen Fragen/Punkten/ Aspekten befassen wir uns anschließend? – welche Frage wollen wir in der gegebenen Zeit klären?	genaue Problemdefinition
3. Es müssen Lösungsalternativen entwickelt, neue Ideen, Lösungsansätze gefunden werden. Es müssen Bewertungs-/ Entscheidungskriterien gefunden werden.	– gibt es Lösungsansätze? – hat jemand eine Idee? – welche Kriterien/ Ziele sollten wir bei unserer Entscheidung zugrundelegen?	Suchphase
4. a) Man muß sich auf bestimmte Lösungsvorschläge einigen; aus verschiedenen Alternativen ist eine auszuwählen; die Vorschläge sind kritisch zu bewerten.	– welche Vor- und Nachteile haben die einzelnen Vorschläge/ Konzepte usw.?	Bewertungsphase
4. b) Eine abschließende Entscheidung über die gegeneinander abgewogenen Lösungsalternativen ist zu treffen.	– für welche Lösung sollen wir uns entscheiden?	Entschlußphase
5. Die nach der Konferenz erforderlichen Aktivitäten sind festzulegen.	– wer/macht was/ bis wann?	Aktionsplan
6. Planung von Kontroll-/Meßinstrumenten, um die Einhaltung des Aktionsplans zu kontrollieren.	– was geschieht bei Abweichungen von unseren Beschlüssen? – wer sorgt für die Einhaltung/Überwachung?	Kontrollplan

Tab. 2: Typische Phasen einer Problemlösungskonferenz (Pullig 1981, S. 126)

3. Emotional-voluntative Aspekte der Problemlösungskonferenz

Individuen besitzen jeweils unterschiedliche Motivstrukturen, die sich aus dem autonomen Wollen, der Lernerfahrung (Sozialisation), der ererbten Anlage und der jeweiligen aktuellen Situation ergeben. Es besteht dennoch weitgehende Übereinstimmung der Motivationsforscher darüber, daß eine Reihe von Bedürfniskategorien vielen Menschen gemeinsam ist und mit einer gewissen Regelmäßigkeit auftritt (→*Führungsmotivation*; Maslow 1977; Lawler III. 1977; Tannenbaum 1973).

Bleiben grundlegende Motive, wie z. B. die nach *Sicherheit, Geselligkeit, Anerkennung und Ansehen, Selbständigkeit, Unabhängigkeit und schöpfe-*

rischem Tun, während der Konferenz unbefriedigt, so werden sich zwar individuell sehr unterschiedliche Reaktionsweisen beobachten lassen. Vereinfachend seien dennoch einige Schlußfolgerungen für die Gestaltung einer Problemlösungskonferenz abgeleitet: Die Konferenzatmosphäre sollte möglichst *angstfrei* sein und grundlegende Motive dürfen nicht verletzt werden. Dies kann z. B. durch eine neutrale und teilnehmerzentrierte Konferenzleitung geschehen, die dafür sorgt, daß die Teilnehmer jeweils wissen, in welcher Konferenzphase sie sich bewegen und daß phasenspezifisch methodische Hilfsmittel angeboten und eingesetzt werden, daß zwischen Groß- und Kleingruppen und Individualarbeit variiert wird und daß ausreichend organisatorisch-handwerkliche Hilfsmittel bereitstehen und verwendet werden (s. u.).

4. Organisatorische und physisch-technische Aspekte der Problemlösungskonferenz

In vielen Darstellungen zur Konferenztechnik finden sich Checklisten oder Prüflisten zur Konferenzdurchführung, die notwendige bzw. nützliche Hilfsmittel aufzählen (*Rüdenauer* 1979; *Hürlimann* 1978). Zur Problemlösungskonferenz werden 5–8 Mitglieder als optimal angesehen, bei größeren *Teilnehmerzahlen* steigt der Koordinationsaufwand und die Möglichkeiten aktiver Mitarbeit für alle Teilnehmer nehmen ab (→*Gruppengröße und Führung*). Nicht nur zu kleine, schlecht belüftete und beleuchtete *Räume* können das Wohlbefinden der Teilnehmer mindern, sondern auch ein zu großer Raum. Die *Sitzordnung* sollte guten Blick- und Sprechkontakt zwischen allen Teilnehmern ermöglichen, was z. B. bei runden oder ovalen Konferenztischen eher möglich ist als bei rechteckigen Tischen (*Hoppmann* 1978). Bei der *Zeitplanung* ist zu berücksichtigen, daß etwa zwischen 13 und 15 Uhr und etwa ab 23 Uhr physiologische Leistungstiefs bei vielen Menschen auftreten (*Graf* 1960). Grundsätzlich dürften mehrere kurze Pausen von wenigen Minuten Länge sich auch für Konferenzen als in vielen Fällen ökonomischer erweisen, als wenn die gleiche Gesamtpausenzeit auf wenige lange Pausen verteilt wird (*Pfeiffer* et al. 1977; *Graf* 1960). Besonders wichtig ist, daß ausreichend *Visualisierungsmittel* zur Verfügung stehen (*Schnelle* 1978; *Cloyd* 1973). Hierzu gehören z. B. Tafel, Tageslichtprojektor, sog. Flipcharts, Stellwände zum Beschriften usw. und die dazugehörigen Schreibutensilien (*Pullig* 1981).

5. Konferenztyp und Organisationsklima

Die Handhabung von Konferenzen, insb. von Problemlösungskonferenzen, gehört zu den wichtigen Aufgaben der Führungskräfte. Konferenzen sind einerseits Abbild der in der Organisation bzw. in der jeweiligen Einheit praktizierten Führungsform und prägen andererseits auf längere Sicht das Führungs- bzw. Organisationsklima (→*Organisationskultur und Führung; Stiefel* 1976). Das Führungsverhalten der Vorgesetzten bzw. das Führungskonzept einer Organisation werden auch den jeweils bevorzugt praktizierten Konferenztyp bestimmen: Vorgesetzte bzw. Organisationen mit tendenziell autoritärem Führungskonzept werden überwiegend Informations- und allenfalls Motivationskonferenzen durchführen, während Problemlösungskonferenzen kennzeichnend für demokratisch-kooperative Führungskonzepte sind (*Pullig* 1981).

VII. Konferenzen mit Unterstützung neuerer Kommunikationstechnik (Tele-Konferenzen)

1. Varianten sog. Tele-Konferenzen und deren technische Voraussetzungen

Der Begriff Tele-Konferenzen bezeichnet eine bestimmte Form der *Tele-Kommunikation*, bei der Informationen nicht direkt („face to face"), sondern elektromagnetisch übertragen werden. Je nach verwendeter Technik unterscheidet man (1) reine Audio- oder Telefon-, (2) audiografische, (3) Video- und (4) Computer-Tele-Konferenzen (*Jenkins* 1984). Jede dieser Formen kann wiederum als Einweg- oder Zweiweg-Konferenz durchgeführt werden sowie nur zwei („point-to-point-conferencing") oder mehr (tausende) räumlich getrennt liegende Konferenzorte („multi-point-conferencing") miteinander verbinden (*Rhodes* 1984).

Bei der reinen *Audio-Telekonferenz,* auch *Telefonkonferenz* genannt, können akustische Signale übertragen werden; die *audiografische Telekonferenz* verwendet zusätzlich Geräte für Faksimile-Übertragungen von grafischen Unterlagen sowie die sog. elektronische Tafel („electronic blackboard"): Die darauf geschriebenen Zeichen werden mittels Telefonleitung auf einen Bildschirm der Empfangsstation übertragen. Bei den *Video-Konferenzen* werden entweder stehende Bilder (sog. Bildtelefon) oder bewegte Bilder übertragen, diese eigentlichen Video-Konferenzen („full-motion-video") setzen an jedem Anschlußort eine vollständige Fernsehaufnahme- und Wiedergabeausrüstung voraus. In Deutschland vermietet die Deutsche Bundespost stundenweise entsprechende Einrichtungen. Die Bilder werden via Satellit oder Glasfaserkabel übertragen. Von *Computer-Konferenz* spricht man, wenn in den Konferenzen über Computerterminals Daten abgerufen werden können.

2. Einsatzmöglichkeiten für Tele-Konferenzen

Die neuen Techniken werden sowohl für Problemlösungskonferenzen genutzt (z. B. Besprechungen zwischen Niederlassungsleitern an verschiedenen Orten; man spricht dann von Tele-Meetings) als auch für Informations- und Motivationskonferenzen (telepresentations, z. B. Pressekonferenzen, Vorstellung neuer Produkte bei den Mitarbeitern, Verkaufskonferenzen; *Portway* 1984)

Natürlich können elektronisch übermittelte akustische und optische Signale nicht die lebendige Begegnung zwischen Menschen ersetzen. Dennoch führt offensichtlich eine zunehmende Zahl von Organisationen diese Technik zur Unterstützung ihres Konferenzwesens ein, um die folgenden Vorteile zu nützen: Reisekostenersparnis (*Heiner* 1987), kürzere, weil besser geplante Konferenzen; stärkere Beteiligung von Experten. Der Hauptvorteil gegenüber Face-to-face-Konferenzen scheint aber nicht in der Reisekostenersparnis zu liegen, sondern darin, sich schneller und flexibler über kurzfristig auftauchende Probleme austauschen zu können (*Antoni* 1990). Darüber hinaus wird die neue Technik zu *Veränderungen in der Organisationsstruktur* (z. B. hinsichtlich [De-]Zentralisation) und insb. der Kommunikationsstrukturen selbst (z. B. Kommunikation zwischen Top-Management, Mittelmanagement, Sachbearbeitung und Sekretariat) führen (*Johansen/Bullen* 1984; *Mitrenga* 1985; *Picot/Reichwald* 1985).

Literatur

Ammelburg, G.: Rednerschule: Sprechen, reden, überzeugen. München 1981.
Antoni, C.: Video-Konferenzen. In: Zeitschrift für Arbeits- und Organisationspsychologie, 1990, S. 125–134.
Bauer, G.: Rhetorik: Eine Anleitung für Rede, Gespräch, Verhandlung und Diskussion. Ludwigshafen (Rhein) 1982.
Brauchlin, E.: Problemlösungs- und Entscheidungsmethodik. 2. A., Bern/Stuttgart 1984.
Bronner, R.: Grundlagen der Entscheidungsfindung. München 1980.
Cloyd, H.: Gesprächstechnik für Gruppen. Quickborn 1973.
Geissner, H.: Rhetorik. 4. A., München 1978.
Gordon, T.: Manager-Konferenz. Reinbek b. Hamburg 1982.
Graf, O.: Arbeitsphysiologie. Wiesbaden 1960.
Heiner, V.: Videokonferenzen – ein neues Kommunikationsmittel, in: io Management Zeitschrift, 1987, S. 253–257.
Hiller, E.: Vortragstechnik. Stuttgart 1970.
Hoppmann, M. GmbH (Hrsg.): Handbuch für die betriebliche Gruppenarbeit. Siegen 1978.
Hürlimann, W.: Erfolgreiche Konferenzen – aber wie? In: IO, 1978, S. 242–243.
Jenkins, T.: A Look at the Future of Audioconferencing. In: Telephone Engineer & Management, 1984, S. 102–104.
Johansen, R./Bullen, C.: What to Expect from Teleconferencing. In: HBR, 1984, S. 164–174.
Kirsch, W.: Einführung in die Theorie der Entscheidungsprozesse, Bd. III, 2. A., Wiesbaden 1977.
Kopperschmidt, J.: Allgemeine Rhetorik. Stuttgart et al. 1973.
Lamm, H.: Analyse des Verhandelns. Stuttgart 1975.
Lawler III, E. E.: Motivierung in Organisationen. Bern/Stuttgart 1977.
Maslow, A. H.: Motivation und Persönlichkeit. Olten/Freiburg i. Br. 1977.
Mitrenga, B.: Einführung neuer Office-Technologien – Gefahr oder Chance für das mittlere Management? In:
Perelman, C.: Das Reich der Rhetorik. München 1980.
Pfeiffer, W./Dörrie, U./Stoll, E.: Menschliche Arbeit in der industriellen Produktion. Göttingen 1977.
Picot, A./Reichwald, R.: Bürokommunikation, Leitsätze für den Anwender. München 1985.
Portway, P. S.: What Teleconferencing Adds, Not Eliminates. In: Office 1984, S. 101 u. 114.
Pullig, K.-K.: Brevier der Konferenztechnik. Bern, Stuttgart 1981.
Pullig, K.-K./Schäkel, U./Scholz, J. (Hrsg.): Leistungsträger in der Krise? – Die Zukunft des mittleren Managements. Hamburg 1985.
Rauter, J.: Unsere Erfahrungen mit dem Informationsforum. In: io Management-Zeitschrift 1977, S. 303–306.
Rhodes, J.: Teleconferencing – A Management View. In: Telephone Engineer & Management 1984, S. 108–110.
Rüdenauer, M.: Durchsetzungsvermögen in Besprechungen und Konferenzen – Technik, Taktik, Psychologie. Kissing 1979.
Ruhleder, R. H.: Rhetorik – Fibel von A–Z. Bad Harzburg 1983.
Schnelle, E. (Hrsg.): Neue Wege der Kommunikation. Königstein/Ts. 1978.
Schnelle, E.: Metaplanung – Zielsuche... Lernprozeß der Beteiligten und Betroffenen. Quickborn o.J.
Schonkopf, H.: Reden, frei – verständlich – wirksam. Freiburg i. Br. 1984.
Stangl, A./Stangl, M.-L.: Dialektik am Verhandlungstisch. Düsseldorf/Wien 1973.
Steiger, R.: Vortragstechnik. Frauenfeld 1981.
Stiefel, R. T.: Konferenzführung und Organisationsklima. In: Fortschrittliche Betriebsführung und Industrial Engineering, 6, 1976, S. 347–350.
Tannenbaum, A. S.: Social Psychology of the Work Organization. Trowbridge 1973.
Tengelmann, C.: Die Kunst des Verhandelns. 3. A., Heidelberg 1972.
Töpfer, A./Funke, U.: Kinesik, Rhetorik, Verhandlungstechnik. In: Personalführung, 12/1983, S. 432–441.
Treier, P.: Vortragstechnik: Abfassung von Vorträgen. Köln 1981.
Türk, K.: Gruppenentscheidungen. In: ZfB, 1973, S. 295–322.
Wohlleben, H.-D.: Präsentationstechnik. 2. A., Gießen 1979.
Zimmermann, H.: Sprechen, Zuhören, Verstehen in Erkenntnis- und Entscheidungsprozessen. 2. A., Stuttgart 1992.

Konflikte als Führungsproblem

Stefan Titscher

[s. a.: Führungstheorien – Entscheidungstheoretische Ansätze; – Rollentheorie; Konflikthandhabung; Psychische Belastung von Führungskräften.]

I. Grundlagen; II. Differenzierung und Konflikt; III. Organisierte Konfliktpotentiale; IV. Aufgaben des Managements.

I. Grundlagen

1. Ansichten über Konflikt

Konflikte als problematisch zu bezeichnen, entspricht den üblichen Auffassungen: Sie werden meist als unerfreulich, kostenverursachend, unproduktiv oder gar gefährlich gesehen, also fast ausschließlich mit negativen Attributen belegt.

In Anleitungen für Führungskräfte führt dies zur Forderung: „Wir müssen herausfinden, wie wir die Zahl der Konflikte so gering wie möglich halten und wie wir die unvermeidlichen lösen können" (*Gordon* 1991, S. 155).

Aus psychologischer Perspektive werden Konflikte als intra- oder interpersonale Spannungszustände gesehen (→*Psychische Belastung von Führungskräften*), innerpsychische mit *Entscheidung* gleichgesetzt (*Thomae* 1974; *Feger/Sorembe* 1983). Die als Gegensatz zu interpersonalen Kontroversen aufgebauten Begriffe *Konsens* und *Kooperation* werden fast durchwegs positiv bewertet.

Seltener wird betont, daß Konflikte funktional ambivalent sind, also ebenso positive Effekte haben können (etwa als Anlaß für eigene Veränderungen, persönliche Vorteile, die Neugestaltung von Beziehungen oder organisatorischen Wandel), wie negative Folgen (Störung der Ordnung, Entscheidungsunfähigkeit etc.). Als unmittelbar Betroffener wird man dieser Perspektive wenig abgewinnen können, wenn die psychischen Kosten im Vordergrund stehen; bekannt ist, daß derartige Belastungen häufig zu psychosomatischen Krankheiten führen (s. z. B. *Bräutigam/Christian* 1981). Davon abgesehen kontrastiert die einseitige Sichtweise mit dem Faktum, daß Konflikte im sozialen Leben unvermeidlich sind. Sie dürfte darauf zurückzuführen sein, daß Konflikte eine Eigendynamik entwickeln, schwer zu steuern, regel- aber kaum lösbar sind, →*Konflikthandhabung* also schwierig und nicht als Lernfeld etabliert ist.

Es gibt zumindest drei Gründe, warum Konflikten eine „Eigendynamik" zugesprochen wird: Keine der Parteien hat den Verlauf allein in der Hand; wie in jedem Interaktionsgeschehen kann einer alleine die Konsequenzen seines Tuns nicht kontrollieren.

Eine realitätsangemessenere Ausweitung der Sichtweise auf mehr als zwei Beteiligte zeigt, daß nicht nur die direkten Beziehungen zwischen Beteiligten Bedeutung haben, sondern diese selbst wieder von Beziehungen beeinflußt werden, also Relationen von Relationen das Konfliktgeschehen beeinflussen. – So wird z. B. die Beziehung von Herstellern zu Lieferanten von deren Beziehung zu anderen Abnehmern mitgestaltet.

Dazu kommt, daß Dissens im Regelfall nicht auf rein kognitive Vorgänge beschränkt bleibt, sondern emotional wirksam ist. Und in diesen Fällen gilt wahrscheinlich, was *Simmel* (1923, S. 252) festgestellt hat: „Eine Bitte kann uns nur zu etwas bewegen, worüber der Wille Macht hat. Daß ich den besiegten Feind schone, daß ich auf jede Rache an meinem Beleidiger verzichte, das kann begreiflicherweise, da es von meinem Willen abhängt, auf eine Bitte hin geschehen; daß ich jenen aber verzeihe, d. h. daß das Gefühl des Antagonismus, des Hasses, der Trennung einem anderen Gefühl Platz mache – darüber scheint der bloße Entschluß so wenig verfügen zu können, wie über Gefühle überhaupt."

2. Definitionen

Sucht man nach einer Minimaldefinition über die weitgehend Einigkeit besteht, so können soziale Konflikte bezeichnet werden als Interaktionen, in denen mindestens zwei Personen, Gruppen, Organisationen oder Staaten einander widersprechende Interessen verfolgen und einander bei der Erreichung dieser Absichten behindern.

Daraus ergeben sich die üblichen Typen, mit denen Konflikte anhand der Dimension innen/außen unterschieden werden (z. B. Intra- versus Intergruppenkonflikte, organisationsinterne gegenüber interorganisatorischen Konflikten). Etwas anders liegt der Fall bei – hier nicht näher behandelten – intrapersonalen Konflikten, die als innerpsychische Spannungszustände keine unmittelbare soziale Dimension haben; sie wird erst bei interpersonalen Konflikten sichtbar. Beide Formen werden – unter dem Aspekt der sozialen Integration von Personen durch die Gesellschaft – im Rahmen der →*Rollentheorie* zusammengebracht.

Allgemein können soziale Konflikte als das Austragen von Differenzen definiert werden (*Krysmanski* 1993) oder als Kommunikation eines Widerspruchs (*Luhmann* 1984). Damit wird präzisiert, daß ein Konflikt Kommunikation erfordert: Er bedingt also die Äußerung einer Erwartung und eine Reaktion darauf, aus der das Nichtakzeptieren dieser Erwartung hervorgeht; damit entsteht offensichtliche Unvereinbarkeit. Schließt man sich dieser Sichtweise an, so sind drei in der Literatur (s. *Berkel* 1992) als wichtig bezeichnete Aspekte sozialen Konflikts nicht aufrecht zu halten: (a) Konflikte können somit nicht schon vor dem Handeln einer Partei existieren. (b) Das rein subjektive Gefühl, zu jemandem in Widerspruch zu stehen, reicht für eine Kontroverse noch nicht aus, dieses Erleben muß auch vermittelt werden. (c) Es gibt keine latenten (im Sinne von unterschwelligen, sich nicht äußernde) Konflikte. Daraus folgt, daß Interessengegensätze möglicherweise zu Dissens führen, aber „nicht zu vereinbarende Handlungstendenzen" (*Deutsch* 1981, S. 17) an sich noch keinen Konflikt bedeuten. Weiters stellen strukturelle Bedingungen (s. u.) ein mehr oder weniger großes Konfliktpotential dar, können aber (definitionsgemäß) nicht als latente Konflikte angesehen werden.

II. Differenzierung und Konflikt

Bedingung für die Möglichkeit von Spannungen sind Unterschiede. Als Vorbedingung für Konflikte gelten nicht nur Unterschiede, die gemacht werden, sondern auch solche, die geäußert, aber unterdrückt werden.

Unter diesem Aspekt sind pauschale Unterstellungen („Wir sitzen alle im selben Boot"), Appelle und Aktionen zur Schaffung einer Corporate Identity oder die Bemühung neuerer Schlagworte (Total Quality Management, Lean Production etc.) auch als Beispiele für Versuche zu sehen, interne Differenzen vor dem Horizont von Ideen (oder „Visionen") als unwesentlich verblassen zu lassen. Das ist in Krisenzeiten verständlich, da längere Erfolglosigkeit einer Organisation die Wahrscheinlichkeit interner Konflikte erhöht.

Differenzbildung ist aber nicht zu umgehen, sondern unerläßlich für zumindest folgende Prozesse:

(1) Wahrnehmung setzt eine Unterscheidung voraus, mit der das, was man konkret sieht, von einem Hintergrund abgehoben wird; und das, was man bezeichnet, muß von ähnlichen Bedeutungen unterscheidbar sein. – Wie Ludwig *Wittgenstein* formulierte, gibt es in einer Welt der Bläue keinen Begriff von blau.

(2) Kommunikation besteht aus und wird erst möglich durch eine Reihe von Selektionen (→*Kommunikation als Führungsinstrument*).

(3) Erkenntnis gewinnt man durch die Beurteilungsfähigkeit von Annahmen nach Differenzschemata, wie richtig/falsch, bewährt/unbestätigt. Nimmt man etwa an, daß eine Verkürzung der Arbeitszeit bei gleichzeitigen Lohnrestriktionen die wirtschaftliche Situation des Unternehmens deutlich verbessert, so kann man hoffen, im nachhinein zu einer Erkenntnis zu gelangen und mehr zu wissen. Und Wissen liegt vor, wenn Gründe für ein beobachtbares Phänomen (z. B. die Höhe des Cash flow) von Faktoren unterschieden werden können, die als Ursachen ausscheiden.

(4) Identitätsbildung und -erhaltung bedeutet auf individueller Ebene die physische und lebensgeschichtlich bedingte Unverwechselbarkeit des Individuums (personale Identität) und die Zugehörigkeit zu bestimmten – nicht anderen – Gruppierungen (soziale Identität). Es ist also selbstverständlich, Differenzen zu haben, bzw. aufzubauen und zu erhalten.

Als Individuum ist man sich seiner selbst bewußt, indem man sich von anderen erfahrbar unterscheidet. Identitätsbewahrung bedeutet einen Balanceakt zwischen Fremderwartungen, eigenen Bedürfnissen, Selbstdarstellung und Anerkennung durch andere (*Krappmann* 1969). Damit hängt der Umgang mit (sozialen) Widersprüchen auch vom Selbstkonzept (Selbstwahrnehmung, Selbstwertgefühl, Kontrollüberzeugung) ab. Nach *Tajfel* (1981) gewinnt man durch Kategorisierung der sozialen Umwelt Sicherheit; positive soziale Identität, wenn die eigene Gruppierung besser abschneidet als bedeutsame Vergleichsgruppen. Differenzierung wird angestrebt, um auf einer wichtigen Dimension besser zu sein. Ist der positive Vergleich gefährdet, sind Fehlinterpretationen möglich, Konflikte wahrscheinlich.

Aus Ergebnissen der Gruppenforschung (s. *Titscher* 1992) weiß man, welche Bedeutung Rollen- und Funktionsdifferenzierung für die Stabilität und Arbeitsfähigkeit von Gruppen haben. Beides wird über Konfliktepisoden erreicht, die somit zentrale und wiederkehrende Phasen der Gruppenentwicklung sind (*Tuckman* 1965). Identität bewahrt eine Gruppe über Zusammenhalt bzw. Ausgrenzung anderer (also ein „Wir-Gefühl") und längerfristig durch die Erhaltung zentraler Werte und Normen trotz Mitgliederwechsels.

Auch für Organisationen gilt, daß die Bewahrung der Grenzen (gegenüber Umwelten) eine Voraussetzung der Existenzsicherung ist, die wesentlich über Integration und interne Differenzierung erreicht wird.

Wirtschaftsorganisationen müssen sich am Markt von ihrer Konkurrenz unterscheiden und erarbeiten dafür eine entsprechende (an Kostenvorteilen, Markennamen etc. orientierte) Strategie, wählen aber auch Vergleichsunternehmen, die sie in wichtig erachteten Dimensionen (z. B. Serviceleistungen) nachahmen, um sich in der Folge von ihnen unterscheiden zu können. Die Erarbeitung einer CI oder von Leitbildern soll zu einer Selbstbeschreibung (Identitätsvorstellung) führen, die auch vorzeigbar ist.

III. Organisierte Konfliktpotentiale

Die notwendigerweise vorhandenen formalen und inoffiziellen Differenzierungen charakterisieren die Struktur, innerhalb der Führung ausgeübt wird. Sie ermöglichen und beschränken die Wahrnehmung der Beteiligten, die Interaktionsspielräume (Kommunikation) und die Bewertung von Handlungsweisen.

1. Divergenzen durch Organisierung von Arbeit

(1) Der Gegensatz zwischen Lohnabhängigen und Eigentümer bzw. ihren Beauftragten wird seit dieser Zweiteilung der erwerbstätigen Bevölkerung in der Theorie von Karl *Marx* häufig als Grundursache betrieblicher Konflikte angesehen.

Daß dieser Unterschied nie die einzige Ursache ist, zeigt sich z. B. an Rationalisierungsvorhaben (s. *Schumann/Wittemann* 1982); daß diese Form sozialer Ungleichheit aber ein

Grundwiderspruch ist, wird zumindest in Zeiten der Verknappung von Arbeitsmöglichkeiten offensichtlich. Damit ist die Chance, Konflikte einzugehen und durchzuhalten, ungleich verteilt (s. zur Diskussion etwa *Dahrendorf* 1992).

(2) Für alle bekannten Arbeitsorganisationen sind ungleich verteilte Einflußchancen und damit Machtprozesse konstitutiv, mit deren Hilfe die Umwandlung von Arbeitsfähigkeit in Arbeitsleistung kontrolliert und die Leistungserbringung der Mitglieder von deren individuellen Bedürfnissen unterscheidbar gehalten wird.

Mit der Etablierung von Ordnung wird eine Unterscheidung zwischen legitimer Machtausübung und Willkür möglich. Zugleich tragen diese Strukturen die Tendenz von Organisationen, auftretende Gegensätze zu personalisieren. Erwartungsdiskrepante Leistungen werden als individuelles Defizit, Widersprüche als persönliche Gegnerschaften oder mangelnder Kooperationswillen etikettiert – um die Organisation zu entlasten und sie im Zweifelsfall durch Personal- statt Strukturentscheidungen zu eliminieren.

(3) Mit der Aufgabendefinition werden zugleich Interaktionschancen bzw. Kooperationszwänge verteilt, also auch Spannungsfelder eröffnet oder unterdrückt.

Teamartige Zusammenarbeit fördert direkte Kommunikation, isolierte Einzelaufgaben verringern Kontaktmöglichkeiten. Einschränkungen des Interaktions- und Entscheidungsspielraums forcieren – je nach persönlicher Disposition, Vorerfahrung, Ergebnissen sozialer Vergleiche, Dauer und Ausmaß des einengenden Zustandes – Versuche, Freiräume zu gewinnen (Reaktanz) oder forcieren Lernen von Hilflosigkeit.

(4) Die Zuordnung von Tätigkeiten zu Stellen differenziert die Positionsinhaber anhand jeweils nachgefragter Kenntnisse und Fähigkeiten.

Daraus leitet sich ein internes Statusgefälle nach Kultur- und *Bildungskapital* (*Bourdieu* 1983) ab. Es werden aber auch Teilarbeitsmärkte mit je unterschiedlichen Ausgangslagen in Konfliktsituationen etabliert: Die verschiedenen Qualifiziertengruppen stehen – je nach Ausmaß betriebsspezifischer Qualifikation – in unterschiedlicher Abhängigkeit zum Unternehmen und haben damit auch auf externen Arbeitsmärkten unterschiedliche Beschäftigungschancen (*Lutz/Sengenberger* 1974).

(5) Darüber hinaus werden für Tätigkeitsbereiche unterschiedliche Rationalisierungschancen wahrgenommen, aus denen sich ebenfalls Ungleichheiten ergeben; davon sind zuallererst Frauen negativ betroffen und dann solche Bereiche, die nicht direkt marktbezogen agieren. Dazu kommt, daß neue Technologien die früher übliche Beziehung von Qualifikation und Positionsstärke im Betrieb lockern. Die Konsequenzen werden als „innerbetriebliche Belegschaftsspaltung" bezeichnet (*Baethge/Overbeck* 1986).

(6) Mit der Etablierung von Stellen und ihrer Zusammenfassung zu einzelnen Organisationsbereichen werden auch asymmetrische wechselseitige Abhängigkeiten im Prozeß der Leistungserstellung eingerichtet (etwa durch Unterscheidungen, wessen Arbeitsergebnis für wen Input zu sein hat, welcher Input an wessen Arbeitsforderungen auszurichten ist) und die Beiträge der Stellen für die Organisation unterschiedlich bewertet.

Im Arbeitsablauf nacheinander geschaltete Gruppen haben tendenziell spannungsgeladene Beziehungen. Die Einrichtung von Puffer-Lagern soll plötzlich wirksame Abhängigkeiten zwischen Funktionseinheiten in der Produktion vermeiden – also enge Kopplungen (s. *Orton/Weick* 1990) durch Zeitgewinn in losere umwandeln. Eine andere Schneidung von Arbeitsbeziehungen (z. B. durch Varianten von überlappender Gruppenarbeit) und Definition der Beziehungen (jeder ist jedes Kunden und Lieferant) ist ein modernes Beispiel für Versuche, wechselseitige Abhängigkeiten anders zu gestalten.

(7) Die Zahlungen konstituieren (nach Höhe und Form) Unterschiede zwischen den Mitgliedern. Das Anreizsystem der Organisation initiiert und ritualisiert Vergleichsprozesse, fördert Verteilungs- und Interessenkonflikte. Außerdem wird Dissens zwischen jenen möglich, die verrechenbare Leistungen erbringen und denen, die als nicht-produktiv bezeichnet werden.

In diesem Zusammenhang ist beispielsweise Personalrotation als Maßnahme zu sehen, durch Kennenlernen der Standpunkte und Arbeitssituationen anderer, die Wahrscheinlichkeit unproduktiver Konflikte zu verringern. Das ist eine Maßnahme, die die Innenseite der Organisation betrifft.

Das Anreizsystem holt aber auch die Außenwelt in den Betrieb, da sich Angehörige unterschiedlicher Lohngruppen auch als Konsumenten mit je unterschiedlicher Kaufkraft und Chance, diese zu erhalten, begegnen.

Für viele der aufgezählten Punkte gibt es, da sie weitgehend unabhängig von der konkreten Organisationsform Streitpotentiale darstellen, institutionalisierte Formen der Konfliktregelung, die Auseinandersetzungen eindämmen sollen und sie zugleich ermöglichen (BarVG, arbeits- und sozialrechtliche Regelungen, Schlichtungsstellen, Tarifrunden, Betriebsrat, Beurteilungswesen).

2. Organisation als Konfliktfeld

Die *formale Organisierung* legt einen Rahmen für Konflikte fest: an welchen Stellen mit welchen Erwartungen zu rechnen ist, wer an wen Forderungen richten muß, worum überhaupt gestritten werden kann. Die *Organisationskultur* (→*Organisationskultur und Führung*) regelt über *Normen* (→*Führungsprinzipien und -normen*) den Stil des Umgangs mit Widersprüchen. Die sog. *Aufbauorganisation* (→*Organisationsstruktur und Führung*) unterscheidet nicht nur zwischen Tätigkeitszusammenhängen, sondern definiert auch Interessensphären und zentriert die Wahrnehmung der Stelleninhaber/innen; damit werden als sinnvoll erachtete Differenzlinien zwischen Standpunkten und Sichtweisen gezogen. Die *Organisation* selbst etabliert entsprechend ihrer Verarbeitungskapazität und ihrer Sicht der Umwelt eine interne Gliederung, mit deren Hilfe sie ihre Grenzen aufrechterhalten und grundsätzliche Gegensätze (etwa zwischen Bestanderhaltung und ökonomischem Wachstum, Profitinteressen und ökologischen Restriktionen) bearbeiten oder (z. B. durch die Benennung von Kunden als Inhaber) verwischen kann.

Das jeweils gewählte Organisationsmodell, die Vorstellung von Integration und Differenzierung der Arbeit, kann daher als Versuch angesehen werden, die oben angeführten Spannungen (zwischen unterschiedsbedingten Erwartungen) zu managen. Jede Form interner Strukturierung schafft bestimmte Konfliktzonen und versucht andere zu vermeiden.

Mit der „*Anbaustrategie*" (s. *Luhmann* 1964) wird versucht, Forderungen der Außenwelt durch Bildung neuer Stellen nachzukommen; die Vermeidung von Konflikten mit der Umwelt geschieht um den Preis, sie nun im Inneren zu haben. *Stab-Linien-Modelle* implantieren, in der Absicht Entscheidungen qualitativ zu verbessern, bekannte Spannungsfelder zwischen den an Entscheidungsprozessen in unterschiedlicher Form beteiligten Mitgliedern (s. *Irle* 1971). Mehrdimensionale Organisationskonzepte (→*Matrixorganisation und Führung*) erzeugen mit der Idee, Differenzen dorthin zu verlagern, wo sie gemäß der Wahrnehmung unterschiedlicher Kompetenzen hingehören, einen dysfunktionalen Rollenstreß (s. *Knight* 1988). *MbO* (→*Führung im MBO-Prozeß*) geht zwar meist mit einer Sprachkultur Hand in Hand, die auf Konfliktvermeidung zielt (s. *Kappler* et al. 1979), verstärkt aber auch Spannungslinien zwischen den auf ihre eigenen Ziele Verpflichteten (Rollenträgern und/oder Geschäftsbereichen). Versuche, besondere und zeitlich begrenzte Aufgabenstellungen aus der Hierarchie auszulagern, führen notgedrungen zu Konflikten zwischen *Projekt* und *Organisation* (*Gareis/Titscher* 1992). Mit dem Konzept der „*Lean Production*" steigt der Druck auf die Belegschaft (z. B. durch höhere Anforderungen bei gleichzeitiger Zunahme betriebsgebundener Qualifikationsanforderungen), die Konfliktanfälligkeit der Beziehung zwischen Hersteller und Zulieferbetrieben wird erhöht (s. *Womack* et al. 1991), und die Interessengegensätze zwischen Produktionsbetrieben und regionaler Beschäftigungspolitik verschärfen sich.

In der betriebswirtschaftlichen Literatur ist es durchaus gängig, Konfliktvermeidung als einen wichtigen Maßstab für die Effizienz von Organisationsstrukturen anzusehen. Für diese Auffassung spricht, daß Dissens (auf Grund von Mißtrauen) die Kontrollkosten steigert und den Informationsaustausch reduziert, Konfliktaustragung häufig in unproduktive Gewinner/Verlierer-Situationen mündet. Gegen diese Behauptung sind z. B. folgende Argumente anzuführen: Mit neuen Ideen oder abweichenden Meinungen setzt man sich in Widerspruch zu Erwartungen. Eine konfliktvermeidende Organisationskultur stellt das Austragen von Widersprüchen unter negative Sanktionen und ist damit tendenziell innovationsfeindlich. Kontroversen beeinträchtigen zwar den Informationsfluß, in Anfangsphasen stimulieren sie aber auch die Suche nach und Überprüfung von Informationen.

Und allgemein gilt, daß jedes Handeln an verschiedenen, widersprüchlichen Werten orientiert ist, und der organisatorische Rahmen niemals Zwecke oder Wertorientierungen vorgeben kann, die Widersprüche beseitigen.

IV. Aufgaben des Managements

Führungskräfte sind als Repräsentanten der Organisation bzw. des von ihnen zu führenden Bereichs mit Konflikten in besonderem Maße konfrontiert. Auf Grund ihrer Koordinationsfunktion verstärkt sich mit zunehmender Positionshöhe das Gefühl, Entscheidungen gemeinsam treffen zu müssen und damit auch der Wunsch nach Dissensvermeidung. Der Druck auf gemeinsame Entscheidungsfindung erhöht aber wieder die Wahrscheinlichkeit von Konflikten zwischen Gruppen (s. *March/Simon* 1958).

Diese Annahmen lassen sich mit empirischen Studien über Aktivitäten von Managern verknüpfen, die den Schluß nahelegen, daß erfolgreiche Führungskräfte wesentlich mehr Zeit für den Umgang mit Konflikten aufwenden als weniger erfolgreiche Manager (*Luthans/Rosenkrantz/Hennessey* 1985).

Für Situationen, in denen Manager mit Widerstand umgehen müssen, werden folgende Aktionen empfohlen: Kommunikationsbeziehungen etablieren (Feedback ermöglichen); abschätzen, ob Konkurrenz zu Konflikt werden soll, d. h. Annahmen zu treffen, welche Effekte die Konflikte auf Effektivität und Stabilität der Organisation haben; beurteilen, welcher Dissens zuzulassen oder ev. zu forcieren ist; Gegensätze durch Verhandlungen zu bearbeiten und/oder zu entscheiden, wer im Recht ist.

Besonders schwierig ist dies, wenn sich vielfältige Differenzierungslinien überlagern (s. *Blau* 1978): Fallen an sich horizontale (regionale, geschlechtsspezifische, organisatorische etc.) Trennlinien mit vertikalen (z. B. Einkommens- und Karrierechancen) zusammen, so verschärft dies die Gegensätze. Die Folge sind vielfältige Interessenlagen, daher wenig eindeutige Konfliktlinien und damit auch Einschränkungen von Handlungsmöglichkeiten.

Literatur

Baethge, M./Overbeck, H.: Zukunft der Angestellten. Frankfurt/M. 1986.
Berkel, K.: Interpersonelle Konflikte. In: *Gaugler, E./Weber, W.* (Hrsg.): HWP. 2. A., Stuttgart 1992, Sp. 1085–1094.
Bourdieu, P.: Ökonomisches Kapital, kulturelles Kapital, soziales Kapital. In: *Kreckel, R.* (Hrsg.): Soziale Ungleichheit. SW, Sonderband 2, 1983, S. 183–198.

Bräutigam, W./Christian, P.: Psychosomatische Medizin. 3. A., Stuttgart 1981.
Dahrendorf, R.: Der moderne soziale Konflikt. Stuttgart 1992.
Deutsch, K.: Fünfzig Jahre Konfliktforschung. In: *Grunwald, W./Lilge, H.-G.* (Hrsg.): Kooperation und Konkurrenz in Organisationen. Bern/Stuttgart 1981, S. 15–49.
Feger, H./Sorembe, V.: Konflikt und Entscheidung. In: *Thomae, H.* (Hrsg.): Theorien und Formen der Motivation. Göttingen 1983, S. 536–711.
Gareis, R./Titscher, S.: Projektarbeit und Personalwesen. In: *Gaugler, E./Weber, W.* (Hrsg.): HWP. 2. A., Stuttgart 1992, Sp. 1938–1953.
Gordon, Th.: Manager-Konferenz. 6. A., München 1991.
Irle, M.: Macht und Entscheidung in Organisationen. Frankfurt/M. 1971.
Kappler, E./Sodeur, W./Walger, G.: Versuche zur sprachanalytischen Erfassung von „Zielkonflikten". In: *Dlugos, G.* (Hrsg.): Unternehmensbezogene Konfliktforschung. Stuttgart 1979, S. 137–164.
Knight, K.: Matrix-Organisation: Ein Überblick. In: *Reber, G./Strehl, F.* (Hrsg.): Matrix-Organisation. Stuttgart 1988 S. 83–106.
Krappmann, L.: Soziologische Dimensionen der Identität. Stuttgart 1969.
Krysmanski, H. J.: Soziologie und Frieden. Oplanden 1993.
Luhmann, N.: Funktionen und Folgen formaler Organisation. Berlin 1964.
Luhmann, N.: Soziale Systeme. Frankfurt/M. 1984.
Luthans, F./Rosenkrantz, St. A./Hennessey, H. W.: What Do Successful Managers Really Do? In: JABS, 1985, S. 255–270.
Lutz, B./Sengenberger, W.: Arbeitsmarktstrukturen und öffentliche Arbeitsmarktpolitik. Göttingen 1974.
March, J. G./Simon, H. A.: Organizations. New York 1958.
Orton, J. D./Weick, K. E.: Loosely Coupled Systems: A Reconceptualization. In: AMR, 1990, S. 203–223.
Schumann, M./Wittemann, K. P.: Beherrschung des Arbeitsprozesses als Interessenkonflikt zwischen Betrieb und Arbeitern. In: *Schmidt, G./Braczyk, H. J./von dem Knesebeck, J.* (Hrsg.): KZSS, Sonderheft 24, 1982, S. 145–156.
Simmel, G.: Soziologie. München/Leipzig, 3. A., 1923 (zuerst 1908).
Tajfel, H.: Human Groups and Social Categories. Cambridge, Mass. 1981.
Thomae, H.: Konflikt, Entscheidung, Verantwortung. Stuttgart 1974.
Titscher, S.: Gruppenforschung. In: *Gaugler, E./Weber, W.* (Hrsg.): HWP. 2. A., Stuttgart 1992, Sp. 1009–1030.
Tuckman, B. W.: Developmental Sequences in Small Groups. In: Psych. Bull., 1965, S. 384–399.
Womack, J. P./Jones, D. T./Roos, D./Carpenter, D. S.: Die zweite Revolution in der Autoindustrie. Frankfurt/M. 1991.

Konflikthandhabung

Stefan Titscher

[s. a.: Führungstheorien – Machttheorie; Gesprächs- und Verhandlungstechniken als Führungsmittel; Konferenztechniken; Konflikte als Führungsproblem.]

I. Eine Systematik von Handlungsmöglichkeiten;
II. Möglichkeiten der Konflikthandhabung;
III. Verknüpfung von Handlungsmöglichkeiten;
IV. Mögliche Effekte von Konflikten.

I. Eine Systematik von Handlungsmöglichkeiten

Die folgende Klassifikation unterscheidet drei Grundvarianten der Konflikthandhabung: Man kann einem bestehenden bzw. erwarteten Konflikt ausweichen, einen gegebenen eskalieren oder ihn austragen wollen (s. Abb. 1).

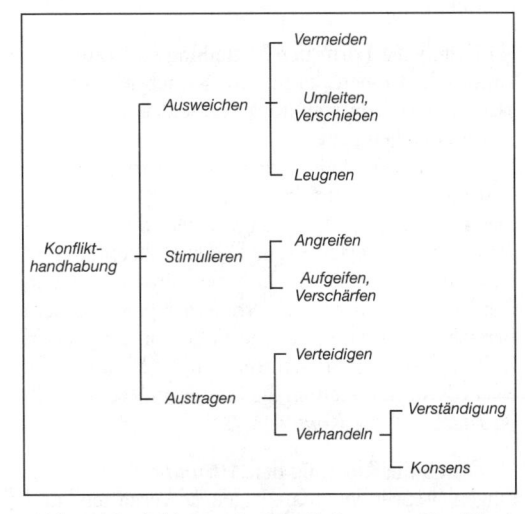

Abb. 1: Möglichkeiten der Handhabung von Konflikten

Alle Formen der *Konflikthandhabung* haben Gemeinsamkeiten: Ihre Effekte sind ungewiß. Jede Aktion bedarf der Interpretation, was beispielsweise vom einen als Ausweichen gemeint sein kann, faßt ein anderer möglicherweise als Aggression auf. Mit zunehmender Dauer steigt das Risiko, daß der Prozeß eine Eigendynamik entwickelt und mehr Interesse bindet als das Ergebnis, auf das es ankommt.

II. Möglichkeiten der Konflikthandhabung

1. Ausweichen

Wer Differenzen aus dem Wege gehen will, kann Situationen zu meiden versuchen, von denen er annimmt, daß sie zu Konflikten (→*Konflikte als Führungsproblem*) führen; er kann probieren, bereits existierende Widersprüche umzuleiten oder versuchen, sie zu leugnen.

a) Vermeiden

Will man in bestimmten Situationen Konflikte vermeiden, so bedeutet das, eigene Erwartungen, die in Widerspruch zu denen anderer stehen könnten, nicht zu äußern bzw. den Anforderungen anderer nicht zu widersprechen. Aber abgesehen davon, daß derartiges Verhalten auf Dauer nicht durchzuhalten ist, stimmt diese Feststellung dann nicht, wenn die Reaktion des anderen etwa lautet: „Ihre Nachgiebigkeit ist ärgerlich". Dann ist er da, der Konflikt: Jedes weitere Einlenken bedeutet ein weiteres Ärgernis, andere Reaktionen sind ebenfalls konfliktär.

Daher gibt es nur Versuche der Konfliktvermeidung:

(1) Durch die Form der Mitteilung in Kommunikationssituationen kann ein Sprachstil gepflegt werden, der Konfrontation vermeidet oder wenig Angriffsflächen bietet.

In diversen Anleitungen zur Verhandlungsführung wird empfohlen, statt „aber" (wann immer möglich) „und" zu sagen, also direkten Widerspruch zu verschleiern, Dissens akzeptabel zu machen (s. *Ury* 1992). Für die Vermeidung von Konfrontationen bieten Verhaltensregeln aus dem Bereich der Diplomatie eine Fülle von Hinweisen (z. B.: „Verhalten Sie sich rezeptiv." „Man soll die eigene Irritation nicht in die Hände anderer legen;" (s. *Titscher/Wille-Römer* 1992).

(2) Durch die Richtung der *Attribution:* In Mitteilungen begründet man eigenes Verhalten und schreibt beobachtetem Verhalten Begründungen zu. Diese Zuschreibung (Attribution) kann auf unterschiedliche Faktoren Bezug nehmen (s. dazu genauer →*Führungstheorien – Attributionstheorie*). In diesem Zusammenhang sind drei Aspekte bedeutsam: Man kann für eine Situation selbst die Verantwortung übernehmen, statt die Begründung bei anderen zu suchen; letzteres erhöht die Wahrscheinlichkeit eines Widerspruchs. Zweitens kann Dissens eher vermieden werden, wenn man von Bewertungen der Person des anderen absieht, also eher auf konkrete Verhaltensweisen Bezug nimmt statt auf Eigenschaften oder den „Charakter". – Begründungen und Beispiele für das Verbot, den Gesprächspartner abzuwerten, findet man z. B. in jeder Anleitung für Mitarbeitergespräche. – Drittens kann man davon ausgehen, daß jedes Verhalten von Persönlichkeitsfaktoren und Situationsbedingungen bestimmt wird, und daß üblicherweise Situationen leichter zu ändern sind als Personen.

Diese allgemeine Feststellung bedeutet etwa konkret: Bei der Präsentation eines Problems im Rahmen einer Konferenz oder vor einer Gruppe sollte das Problem in einer akzeptierbaren Form präsentiert werden und eher eine Darstellung der Situation umfassen als problematische Verhaltensweisen hervorzuheben. Werden von einem Vorgesetzten vor der Gruppe Probleme mit dem Verhalten von Mitarbeitern begründet, so sind unkonstruktive Reaktionen erwartbar (s. dazu die Prinzipien einer Problemlösungskonferenz bei *Maier* 1963).

(3) Versteht man Versuche der Konfliktvermeidung als Aufgreifen vermuteter Spannungen, die sich noch nicht zu Widersprüchen verhärtet haben, so gibt es vorbeugende Maßnahmen.

Zwei konkrete Beispiele für prophylaktische Maßnahmen: Die Befolgung der Regeln des *Vroom/Yetton-Modells* soll die Konfliktwahrscheinlichkeit nach Vorgesetztenentscheidungen verringern (→*Führungstheorien – Vroom/Yetton-Modell*).
Von einer Veranstaltungsform, mit der in Zeiten hoher organisatorischer Belastung die Organisationsleitung innerhalb weniger Stunden die Situation diagnostizieren und eigene Orientierung gewinnen kann, bevor es noch zu Konflikten kommt, berichtet *Beckhard* (1975). Vorausgesetzt wird allerdings, daß alle Beteiligten an einer konstruktiven Problembewältigung interessiert sind.

(4) Schlußendlich kann man versuchen, sich nicht in Situationen zu begeben, in denen eine Auseinandersetzung erwartbar ist, oder man kann aus dem (sozialen) Feld gehen, d. h. eine Konfrontation durch physischen Rückzug unterbrechen. Bei der Wahl dieses letzten Auswegs kann man sich auch auf eine alte Empfehlung berufen: „When in trouble travel". Damit wird zwar keine Regelung erreicht, der Konflikt meist nur zeitlich aufgeschoben, aber möglicherweise erreicht, daß sich der Widerspruch abkühlt oder von anderen Themen überlagert wird.

b) Umleiten, Verschieben

Der zuletzt genannten Möglichkeit des Aufschiebens ist durch die Taktik zu ergänzen, Konflikte auf der sachlichen Dimension (etwa durch Themenwechsel) zu verschieben. Bekannt ist etwa, daß Beschwerden über Kantinenessen, Lohnhöhe etc. geführt werden, häufig damit aber Unmut über Zustände geäußert wird, die nicht thematisierbar oder nicht koalitionsfähig sind. Versuche, einen Konflikt umzuleiten, liegen dann vor, wenn andere zu Problemträgern ernannt werden, um relativ unangenehmere Konfrontationen zu vermeiden.

Zwei Varianten sind häufig zu beobachten:
Einen *Sündenbock* zu kreieren bedeutet unter diesem Gesichtspunkt, jemandem die Rolle zuzuweisen, in Konfliktfällen die Schuld zu übernehmen. Dieser Mechanismus setzt voraus, daß in einer Gruppe (oder einem anderen Interaktionsgefüge) eine starre Rollenverteilung existiert. Das Opfer wird gebracht, um einen Konflikt zwischen dem verantwortlichen Leiter (oder einer anderen Autorität) und Gruppenmitgliedern zu vermeiden.
Die Schaffung eines Außenfeindes ist ein bekanntes Mittel, um von internen Spannungen abzulenken und den Zusammenhalt (der eigenen Gruppierung) – um den Preis einer neuen oder reaktivierten Konfliktlinie – aufrecht zu erhalten bzw. zu erhöhen.

Allen Taktiken des Umleitens oder Verschiebens ist gemeinsam, daß sie den Konflikt verlagern, aber keine Regelung des Ausgangsdissenses mit sich bringen.

c) Leugnen

eines Konflikts kann gegenüber dritten Personen oder Parteien eine erfolgversprechende Maßnahme sein, um ihnen gegenüber vorhandene Widersprüche zu verdecken, also ihre Einmischung zu verhindern. Voraussetzung für den Erfolg ist, daß alle beteiligten Konfliktparteien mitspielen. Leugnet man einem Kontrahenten gegenüber den Konflikt, so kann der jederzeit beweisen, daß sehr wohl unüberbrückbarer Dissens besteht.

Leugnen ist als Abwehr zu verstehen, mit der man nicht mehr versuchen kann, als momentanen Schaden abzuwenden; es ist keine Taktik, um positive Effekte zu erreichen (*Miller/Swanson* 1960).

Nicht jeden Widerspruch aufzugreifen, ist ein sinnvolles Prinzip, es gibt aber wenig Handlungsorientierung. Konfrontationen auszuweichen, mag aktuell notwendig sein (z.B., um eine Drohung nicht hören zu können, um den Gegner aus der Reserve zu locken und auf diese Art seinen Standpunkt zu erfahren), kann geringere emotionale Kosten und die Möglichkeit des Zeitgewinns bedeuten. Auf Dauer wird geringe Konfliktbereitschaft aber mit geringem Durchsetzungsvermögen Hand in Hand gehen. Die Vermeidung von Konfliktaustragung mündet nicht selten in ein dysfunktionales Vorgehen nach dem Motto nachtragen, statt austragen.

Für diese Annahme gibt es einige Hinweise:
Nicht ausgetragene Konflikte zwischen Autoritäten führen zu „auffälligem" Verhalten auf unteren Ebenen, wie: Konflikten zwischen Abteilungen, deren Vorgesetzte verfeindet sind oder Koalitionsbildungen gegen die Autoritäten, Barrieren in der Informationsweitergabe, Konkurrenz um der Konkurrenz willen etc.
Vermeiden von Konfrontationen kann Kosten verursachen, z.B., wenn es durch Schaffung neuer Positionen, nicht qualifikationsbezogene Beförderungen oder gehaltliche Zuwendungen erkauft wird. Überhöhte Kosten (für Personal, Investitionen etc.) sind – analog zu staatlichem Budgetdefizit – auch ein Indiz für Konfliktvermeidung. Die für Organisationsbereiche spezifischen Formen oder Muster des Absentismus – inkl. „echter" Krankenstände – sind als Strategie der Konfliktverschiebung zu interpretieren. Ebenso bieten verschiedene Formen der *Arbeits(un)zufriedenheit* Hinweise auf Konfliktvermeidung (s. *Bruggemann* et al. 1975).

2. Stimulieren

Mit der Äußerung von Dissens zu beginnen oder bestehenden aufzugreifen, ist eine der Strategien, um sich mit einer Gegenposition zu profilieren. Sie kann erforderlich sein, wenn man sich im Rahmen einer längeren Beziehung von anderen abgrenzen muß. Bei einer Konfliktverschärfung um der Differenzierung willen, wird das Thema zweitrangig.

„Die soziologisch sehr bedeutsame Erscheinung der ‚Achtung vor dem Feinde' pflegt da auszubleiben, wo die Feindschaft sich über frühere Zusammengehörigkeiten erhoben hat. Wo nun gar noch so viel Gleichheit weiter besteht, daß Verwechslungen und Grenzverwischungen möglich sind, da müssen die Differenzpunkte mit einer Schärfe herausgehoben werden, die oft gar nicht durch die Sache selbst, sondern nur durch jene Gefahr gerechtfertigt wird" (*Simmel* 1923, S. 209).

Abgesehen davon, daß durch unwissentliches oder unbeabsichtigtes Unterlassen einiger der oben erwähnten Formen der Vermeidung ein Konflikt provoziert werden kann, sind zwei Arten stimulierender Handlungsweisen unterscheidbar:

a) Angreifen

Das aus dem Arbeitsalltag bekannte Spektrum mikropolitischer Techniken (→*Mikropolitik und Führung*) der Stimulierung eines Konfliktes umfaßt z.B.: das Anhören bzw. die Weitergabe von Geheimnissen, Intrigieren und „Mobbing", allgemein das Schüren von Differenzen. In militärischer Terminologie ausgedrückt, bedeutet Angriff einen „Erstschlag", also nicht das Austragen, sondern das bewußte Beginnen einer Konfrontation mit derart massiven Mitteln, daß sich die Gegenseite gezwungen sieht, zu reagieren.

In diesem Zusammenhang ist auf die von *Kant* (1968, S. 374) erwähnte „sophistische Maxime" zu verweisen: „Fac et Excusa. Ergreife die günstige Gelegenheit zur eigenmächtigen Besitznehmung...: die Rechtfertigung wird sich weit leichter und zierlicher nach der That vortragen und die Gewalt beschönigen lassen..., als wenn man zuvor auf überzeugende Gründe sinnen und die Gegengründe darüber noch erst abwarten wollte."
Meist lautet die rechtfertigende Argumentation, einer Aggression der anderen Seite zuvorkommen zu müssen. Ergebnissen der Spieltheorie (s.u.) zufolge dürfte die Regel „Angriff ist die beste Verteidigung" allerdings keinen Allgemeinheitsanspruch haben; schon bei *Machiavelli* (1990) finden sich dazu differenziertere Betrachtungen.

b) Bestehende Konflikte aufgreifen und verschärfen

In sozialen Situationen auf Konfrontationskurs zu gehen, kann notwendig erscheinen, hat aber hohe emotionale Kosten und erfordert – soll die Handhabung konstruktiv sein →*soziale Kompetenz*. Aus der Fülle möglicher produktiver und destruktiver Vorgehensweisen seien erwähnt: Spielregeln der Eristik, der Kunst, ein Gespräch mit der primären Absicht zu führen, Recht zu behalten, zeigen, wie Diskussionen zu Streitgesprächen eskalieren können. – Eine klassische Sammlung von 38 „Kunstgriffen" bietet *Schopenhauer* (1985).

Einer davon ist das bereits erwähnte Personalisieren. Und da die Organisationshierarchie prinzipiell dazu neigt, Widerspruch als individuellen Konflikt zu interpretieren (*March/Simon* 1958), läßt sich die Behauptung aufstellen, daß in Organisationen bestehende Konflikte tendenziell eskalieren. Das dürfte einer der Gründe dafür sein, warum Versuche, Streitfälle offiziell zu regeln, riskant sind und informelle Spielarten häufig vorgezogen werden.

Die Gegnerschaft anderer – als Dritter (s. *Simmel* 1923) – zu forcieren, kann mit den Absichten verbunden sein, sich als Schiedsrichter aufzubauen, einen Koalitionspartner zu rekrutieren oder – etwa durch „divide et impera" – eine beherrschende Position auszubauen.

Einen unsicheren Ausgang hat auch der Versuch, einen Konflikt aufzugreifen, wenn man anspricht, was einen stört. Aber es ist der Beitrag, den der einzelne leisten kann, um einen Dissens nicht weiter eskalieren zu lassen.

3. Austragen oder Regeln

kann nur stattfinden, wenn ein Konflikt (offensichtlich) gegeben ist und Möglichkeiten gesehen werden, eine Veränderung der Situation herbeizuführen, die dem gegenwärtigen Spannungszustand vorzuziehen ist. Dann können auch Versuche des Abschwächens unternommen werden, d. h. jene Taktiken eingesetzt werden, die oben unter dem Stichwort Konfliktvermeidung erwähnt wurden, bzw. kann versucht werden, alle stimulierenden Aktionen zu unterlassen oder sie gezielt für eine Regelung einzusetzen.

Was dies für das konkrete Verhalten eines Akteurs bedeuten kann, fassen *Argyle/Henderson* (1986, S. 393) zusammen: „Man sollte aggressives Verhalten vermeiden und statt dessen ein vertretbares Maß an Selbstbehauptung einsetzen; man sollte den Standpunkt des anderen anhören und ihn verstehen wollen; man sollte nach einer Lösung suchen, die für beide annehmbar ist, und bereit sein, in gewissem Umfang nachzugeben. Die Einzelheiten sind je nach Beziehung unterschiedlich." – Aus der Formulierung ist ersichtlich, daß hier normative Feststellungen getroffen werden, denen ganz bestimmte Wert- oder Wunschvorstellungen zugrunde liegen: die (etwa auch im „New Age"-Denken übliche) Auffassung, daß Konflikte vor allem auf mangelndem Verständnis beruhen und durch tolerantere und verständnisvollere Kommunikation beseitigt werden können.

Prinzipiell setzt Konfliktaustragung voraus, daß die Existenz von Unterschieden akzeptiert wird und man versucht, einen Umgang mit bestehendem Dissens zu finden, statt Widersprüche gewaltsam eliminieren zu wollen. Eine Regelung wird erreicht, wenn die Beziehung aufrecht erhalten und eine Konflikt-Begrenzung vereinbart wird, die Brücken nicht abgebrochen werden. Unterschieden werden in diesem Abschnitt zwei Formen: Verteidigung als Strategie, die darauf abzielt, die möglichen eigenen Kosten eines Streites zu minimieren, und Verhandlungen, also Tauschprozesse. In seltenen Fällen kann eine Konfliktlösung erreicht werden. Warum ein derartiger Ausgang unwahrscheinlich ist, zeigt die Definition von *Galtung* (1972, S. 123): „Konfliktlösung heißt 1. zu entscheiden, a) wer der Gewinner und wer der Verlierer ist; b) wie die künftige Werteverteilung aussehen soll; 2. die vorgesehene Werteverteilung durchzusetzen ist; und 3. den Konflikt für beendet zu erklären." Dieser hohe Anspruch ergibt sich, wenn Konflikte als unvereinbare Widersprüche angesehen werden, eine Lösung also die Beseitigung des Gegensatzes (nicht den Umgang damit) bedeutet; weitere konfliktäre Aktionen und Reaktionen der Parteien sind dann nicht mehr möglich.

a) Verteidigung

Bei nicht-militärischen Verteidigungsstrategien lassen sich prinzipiell drei Arten unterscheiden (*Galtung* 1984): gegen den Gegner gerichtete, auf den Selbstschutz konzentrierte und solche, die das Ziel haben, den Gegner abzuschrecken. Eine offensive Verteidigung ist entweder aggressiv oder provozierend und daher nur schwer von einem Angriff zu unterscheiden. Mit Techniken der Abschreckung versucht man, die Handlungsmöglichkeiten anderer einzuschränken. Jemand beeinflußt die Erwartungen der anderen Partei hinsichtlich seines Verhaltens entweder durch Signale der Konfliktbereitschaft, der Drohung mit Vergeltung (s. u.) oder der Ankündigung eines wirkungsvollen Widerstandes im Angriffsfall. Beispiele für diese Verteidigungsvarianten bieten unterschiedliche Strategien der Positionierung am Markt und der Konkurrenz gegenüber.

b) Verhandlung

Verhandlungsprozesse werden aufgenommen, um herauszufinden, was die jeweils andere Partei als noch akzeptables Ergebnis ansieht. Sie verlaufen unterschiedlich, je nachdem, ob Konsens oder Verständigung angestrebt wird. Viele Empfehlungen lauten, an den *Beginn* von Verhandlungen einen Austausch der jeweiligen Sichtweisen zu setzen. Die Parteien sollen die ihrer Meinung nach bestehende Auffassung der jeweils anderen Seite äußern. Diese Technik ist beispielsweise bei sog. Konfrontationsmeetings üblich. Sie wird eingesetzt, weil erfahrungsgemäß häufig falsche Annahmen über die Sicht des Gegenüber existieren und die Standpunkte verhärten.

Dagegen betont etwa *Schelling* (1972) die Vorteile, eine Verhandlung „naiv" zu beginnen, nichts über die Erwartungen und die Verhandlungsposition der anderen Partei zu wissen: Unter dieser Bedingung kann man mit höheren Forderungen beginnen und muß nicht auf die Situation des anderen eingehen. Die Anwendung dieser riskanteren Taktik setzt zumindest voraus, daß keine sonstige (Arbeits-)Beziehung gegeben ist und die Notwendigkeit besteht, sich als harter Verhandler zu profilieren.

Im *Prozeß* der Verhandlung spielen Fragen nach der Wirksamkeit bestimmter Taktiken oder Mittel eine zentrale Rolle.

Drohungen oder Versprechen sollen beim Gegner die Vorstellung hervorrufen, man verfüge über mehr Macht. *Deutsch* (1981) zählt Faktoren auf, die ihre Wirksamkeit beeinflussen, wie: Legitimität, Glaubwürdigkeit, Zeitperspektive, Stil, Kosten und Nutzen etc.
Drohen bedeutet aber auch, wie *Schelling* (1972, S. 257) feststellt, die Verpflichtung zu einer Handlung, die man eigentlich nicht ausführen möchte. Auch aus diesem Grund empfiehlt er, „eine gefährliche Ein-für-allemal-Drohung, in eine weniger kostspielige und kontinuierliche Drohung umzuwandeln".
Eine Steigerung bedeutet der Einsatz von Machtmitteln (Druck durch Koalitionspartner ausüben, Wissen über verdeckte Schwachstellen des anderen einsetzen, „Scheckbuchdiplomatie" etc.), die dazu dienen, die andere Partei mindest zu bewegen, ein die eigenen Interessen störendes Verhalten aufzugeben.
Einigkeit dürfte darin bestehen, daß Drohungen selten das Verhandlungsergebnis verbessern. Statt zu drohen, ist es besser, mögliche Kosten einer Ablehnung und eventuelle Folgen eines Scheiterns aufzuzeigen.

Jede Verhandlung findet in einer bestimmten *Situation* statt, die im wesentlichen durch den Zeitpunkt, den Inhalt des Konfliktes, die Beziehung zwischen den Parteien, ihr soziales Umfeld oder Publikum und die geltenden Normen konstituiert wird.

Als *Ergebnis* kann entweder Konsens oder Verständigung angestrebt werden.

Eine handlungsrelevante Übereinstimmung der Meinungen *(Konsens)* wird erzielt, wenn sich alle Beteiligten verpflichten, von nun an im Sinne der Übereinkunft zu handeln. Der obigen Definition entsprechend liegt keine Konfliktlösung vor, wenn der Konsens nicht tragfähig ist, also z. B. durch Gruppendruck oder eine Abstimmung zustande kommt. In beiden Fällen liegt eine „Tyrannei der Mehrheit" vor, bei der man einer Mehrheit das zubilligt, was man einzelnen verweigert (*Tocqueville* 1976, S. 289).

Bei einer *Verständigung* wird versucht, die Konfliktbearbeitung in kleinere Schritte zu zerlegen und Anforderungen festzulegen, wie der Kontakt aufrecht erhalten werden kann. Schlichten von Streit oder Konfliktregelung stehen im Vordergrund der Bemühungen, vorläufige Übereinstimmungen in Teilergebnissen werden Versuchen vorgezogen, dauerhafte Gesamtlösungen zu erarbeiten. Es werden Themen ausgeklammert und damit auch festgelegt, was in weiteren Verhandlungsrunden zu behandeln ist. Es gibt keine Gewinner oder Verlierer, da der Prozeß andauert und eine Übereinkunft durch wechselseitige Zugeständnisse angestrebt wird. Verständigung ist als Form der Konfliktregelung dann besonders angebracht, wenn die Problem- bzw. Interessenlagen kompliziert und die Folgen von Entscheidungen schwer abschätzbar sind. Die Gefahr bei dieser Art des Tausches besteht darin, sich auf den kleinsten gemeinsamen Nenner, einen nicht sachgerechten Kompromiß, zu einigen.

Entscheidend für das angestrebte Ergebnis und die Wahl der Techniken und Mittel ist die generelle Orientierung der Verhandlungspartner. Damit sind allgemeine Maximen, generelle Einstellungen oder *Alltagstheorien* gemeint, mit denen man in den Prozeß eintritt.

Als Beispiel sei der häufig zitierte Spruch „nice guys finish last" erwähnt. *Deutsch* (1981) kommt in einer Zusammenfassung einschlägiger Studien zu dem Schluß, daß ein Vorgehen nach dieser Regel nicht empfehlenswert ist: Unnachgiebige Standpunkte verhindern zwar einen vorschnellen Kompromiß, bringen aber meist nur dann Erfolg, wenn sie von der Bereitschaft abgelöst werden, Zugeständnisse zu machen.

III. Verknüpfung von Handlungsmöglichkeiten

Die vorgestellte Systematik hat zumindest den Nachteil, Einzelaktionen in den Mittelpunkt zu stellen. Konflikte sind aber eine Folge von Aktionen und Reaktionen, Episoden in denen meist eine Reihe der vorher genannten Möglichkeiten miteinander verzahnt sind. Konflikte als Interaktion zu sehen, zieht die Auffassung nach sich, daß jede Handlung erst zusammen mit der nachfolgenden ihren (sozialen) Sinn erhält. Ein häufig diskutiertes Beispiel für die Abfolge von Sequenzen, die zu Kooperation bzw. Gewinn in Konfliktsituationen führen können, ist dem Bereich der kooperativen Spiele zu entnehmen. Die von *Axelrod* auf Grund eines über mehrere Runden angelegten Computer-Turniers gewonnenen Ergebnisse bieten eine einfache Antwort auf die Frage: „Wann sollte eine Person bei einer fortlaufenden Interaktion mit einer anderen Person kooperieren, und wann sollte sie sich selbstsüchtig verhalten?" (*Axelrod* 1987, S. VII).

Als Situation wurde das 1950 entwickelte *Gefangenendilemma* wiederholt vorgegeben, das als Paradebeispiel für die Problematik der Wechselwirkung individueller und kollektiver Rationalität gilt (*Rapoport* 1981; *Reber* 1981). Im Prinzip geht es dabei um eine Situation, in der zwei Personen in ein Spiel verwickelt sind, bei dem der Gewinn/Verlust des einen nicht einen Verlust/Gewinn des anderen in gleicher Höhe bedeutet; jedem Spieler steht nur eine Wahlmöglichkeit (zwei Strategien) zur Verfügung; der Erfolg der gewählten Strategie hängt von der (nicht vorhersehbaren) Aktion des Partners ab.

Dabei hat ein von *Rapoport* entwickeltes Programm am besten abgeschnitten: *„Tit for Tat"* („Wie Du mir, so ich Dir" oder „Auge um Auge") ist eine sog. robuste Strategie, d. h., ein Muster, das sich in verschiedenen Situationen (des Tausches oder der Konkurrenz) bewährt. Sie umfaßt im wesentlichen drei einfache Regeln: mit *Vertrauen* beginnen, andere nicht übervorteilen wollen, auf Schädigungsversuche mit begrenzter Vergeltung antworten. In der Zusammenfassung von *Hofstadter* (1988, S. 792): „Sei anständig, provozierbar und nachsichtig." Wichtig ist darüber hinaus, daß die Regeln einfach sind, d. h. eine Strategie soll nicht zu raffiniert, sondern für den Gegenpart durchschaubar sein.

Die Übertragbarkeit der (Labor-)Ergebnisse auf die Praxis wird u. a. deshalb angezweifelt, weil reale Situationen komplexer sind: sie umfassen mehr Handlungsalternativen und komplexe Interessenlagen, die den Konfliktverlauf wesentlich mitbestimmen. Und nicht zuletzt finden derartige Verhandlungen unter (z. B. organisatorischen) Rahmenbedingungen statt. Bisher gibt es aber kaum Verknüpfungen zwischen solchen Befunden und Überlegungen der Spieltheorie.

Für eine allgemeinere Analyse von Wechselwirkungen, die aber nicht in Empfehlungen einer konkreten Strategie einmündet, bietet sich die Unterscheidung in symmetrische/komplementäre Handlungsmuster an: erstere liegen dann vor, wenn eine Reaktion erfolgt, die der vorangehenden Aktion ähnlich ist; komplementäre Interaktionen setzen sich aus unterschiedlichen, aber sich ergänzenden Mustern zusammen.

So wäre beispielsweise ein Preiskampf symmetrisch; auf Preissenkungen eines direkten Konkurrenten nicht oder anders (etwa mit Qualitätsverbesserungen) zu antworten, wäre komplementär. Will man das, was der andere hat, ebenfalls haben, so liegt ein symmetrisches (Konkurrenz-)Verhalten vor, das zu Konflikten führt. – Die erwähnte „Tit for Tat"-Strategie versucht, ein symmetrisches Muster der Kooperation zu etablieren.

Der Wechsel der Perspektive, statt möglicher Aktions- und Reaktionsformen die Handlungsmuster zu betrachten, wird dem Gegenstand gerechter: Einen Konflikt kann man nicht ohne Gegenüber beginnen und nicht allein beenden. Versucht man, einen Punkt festzumachen, an dem ein Konflikt ausbricht, in verschiedenen Formen aufgenommen oder beendet wird, so zerstückelt man Interaktionsfolgen, setzt eine *Interpunktion*. Derartige Unterteilungen einer Konfliktepisode sind immer subjektiv und bieten Konflikten reiche Nahrung. – In der Familientherapie hat dieses (auf *Bateson* zurückgehende) Konzept eine herausragende Rolle und bildet eine der Grundlagen für eine spezielle Technik, das Umdeuten bzw. Refraiming (s. *Titscher* 1990).

IV. Mögliche Effekte von Konflikten

Eine differenzierte Betrachtung von Möglichkeiten der Konflikthandhabung zeigt, daß es keine seriösen Rezepte mit Erfolgsgarantien geben kann.

Auch die Frage, was denn als Erfolg zu bezeichnen ist, kann aus zumindest drei Gründen nicht allgemein beantwortet werden:

- Erfolg und Mißerfolg ergeben sich einerseits aus einem Vergleich der Eingangserwartungen, dem vorhergehenden Anspruchsniveau, mit dem erzielten Resultat, andererseits werden sie durch die Reaktionen (Bewertungen) nicht direkt involvierter Personen und Gruppierungen hergestellt.
- Die standpunktbestimmte (persönliche, subjektive) und von der sozialen Einbindung abhängige Bilanz läßt sich kaum auf meßbare Größen, etwa Geldbeträge, reduzieren.
- Jede Konfliktaustragung und Bewertung des Ausgangs ist von den geltenden Normen abhängig. So können z. B. Gebote der Fairneß den errungenen Gewinn fragwürdig erscheinen lassen, moralische Regeln bestimmte Methoden verbieten oder ihren Einsatz mit Imageverlust belegen; auch Gewinner müssen sich rechtfertigen.

Abstrakt gesprochen erweisen sich Erfolg/Mißerfolg eines Konflikts auf der zeitlichen, sozialen und sachlichen Ebene: Hohe Kosten einer Konfliktregelung können eher in Kauf genommen werden, wenn dafür die Beziehungen zwischen den Streitparteien aufrechterhalten bleibt. Mit dem Sieg über einen Gegner kann man einen potentiellen Partner verlieren oder sich selbst verletzen. Momentane Erfolge können längerfristig eine Niederlage bedeuten.

Bekannt sind Pyrrhos' Kommentar „Wenn wir noch eine Schlacht gegen die Römer gewinnen, werden wir ganz und gar verloren sein!" und der Wellington zugeschriebene Ausspruch bei Waterloo: „Außer einer verlorenen Schlacht kann nichts so traurig sei wie eine gewonnene."

Ernst zu nehmende Empfehlungen betonen im allgemeinen vier Punkte:

Die Bedeutung der jeweiligen Bedingungen, die Unterstützung durch Vermittler, die Wichtigkeit einer genauen Diagnose und sie raten, eine Gewinner/Verlierer-Situation zu vermeiden. Ein Beispiel für den ersten Punkt: „Die Konfliktlösung wird zugunsten der Partei (des Individuums oder der Untergruppe) sein, die in der Lage ist, ihre eigene Entwicklung zu gestalten, die die aktivste ist und für die gehalten wird, die das ‚angemessene' Verhalten wählt" (*Moscovici* 1979, S. 258). – Was „angemessen" ist, kann nur in der Situationsanalyse entschieden werden. Eine genauere Diagnose ist aber auch wichtig, weil sie eventuelle Fixierungen auf eine Lösung und vorschnelle Aktionen vermeiden helfen kann.

Die Bedeutung von Vermittlern liegt vor allem in der Versachlichung des Konflikts. Ein konkretes Beispiel dafür bietet das sog. „Ein-Text-Verfahren" (*Fisher/Ury* 1984). Zum Thema Gewinner/Verlierer weiß man, daß in der Realität Konflikte selten in Form von Null-Summen-Spielen auftreten, der Gewinn des einen nicht unbedingt von der Gegenseite in gleicher Höhe bezahlt werden muß. Daher ist es in den meisten Streitfällen zumindest theoretisch möglich, nach beiderseitigen Vorteilen zu suchen. Damit lassen sich Effekte vermeiden, die sich z. B. nach einem Gesichtsverlust einstellen und die Konfliktspirale weiter drehen. Einige häufig beobachtbare Reaktionen sind etwa: Gewinner sind tendenziell „fat and happy", neigen dazu, sich auf den Lorbeeren auszuruhen (*Kolb/Rubin/McIntyre* 1979). Erfolg erschwert in diesem Sinne *Lernen* und bildet die Grundlage für den Verlust, den man erleidet, wenn bisherige Erfolgsrezepte nicht mehr greifen. Als Umkehrschluß leitet sich daraus die gängige Behauptung ab, daß Gewinner die sind, die wissen was sie tun, wenn sie verlieren.

Aus Untersuchungen an Sportlern ist bekannt, daß sich Verlierer, obwohl sie die gleiche Anstrengung hinter sich haben, langsamer erholen, als die Gewinner. Unterlegene zeigen typischerweise eine Reihe von Abwehren, wie etwa: *Realitätsverleugnung* („Wir waren ohnehin gut"), *Umdeutung* („Wir sind die moralischen Sieger"), Ursachensuche bei anderen (etwa den Regeln oder Schiedsrichtern, die versagt haben) oder Abwertung der gegnerischen Seite. Letzteres kann entweder die Kohäsion der Gruppe steigern oder interne Konflikte (Schuldzuweisungen) forcieren. – Fällt das Ergebnis knapp aus, so verhalten sich Sieger häufig ähnlich wie Unterlegene. – Wie stark welche dieser Mechanismen auftreten, hängt von der Beziehung zwischen den Konfliktparteien ab, den Reaktionen des Umfeldes und von der Notwendigkeit, das Selbstbild aufrechtzuerhalten.

Literatur

Argyle, M./Henderson, M.: Die Anatomie menschlicher Beziehungen. Paderborn 1986.
Axelrod, R.: Die Evolution der Kooperation. München 1987.
Beckhard, R.: Die Konfrontationssitzung. In: *Bennis, W. G./Benne, K. D./Chin, R.* (Hrsg.): Änderung des Sozialverhaltens. Stuttgart 1975, S. 402–412.
Bruggemann, A./Groskurth, P./Ulich, E.: Arbeitszufriedenheit. Bern 1975.
Deutsch, K.: Fünfzig Jahre Konfliktforschung. In: *Grunwald, W./Lilge, H.-G.* (Hrsg.): Kooperation und Konkurrenz in Organisationen. Bern/Stuttgart 1981, S. 15–49.
Fisher, R./Ury, W.: Das Harvard-Konzept. Frankfurt/M. 1984.
Galtung, J.: Es gibt Alternativen! Opladen 1984.
Galtung, J.: Institutionalisierte Konfliktlösung. In: *Bühl, W. L.* (Hrsg.): Konflikt und Konfliktstrategie. München 1972, S. 113–177.
Hofstadter, D. R.: Das Gefangenendilemma. In: *Hofstadter, D. R.*: Metamagicum. Stuttgart 1988, S. 781–802.
Kant, I.: Zum ewigen Frieden. In: Kants Werke, Akademie-Textausgabe. Berlin 1968 (zuerst 1795).
Kolb, D. A./Rubin, I. M./McIntyre, J. M.: Organizational Psychology. 3. A., Englewood Cliffs 1979.
Krysmanski, H. J.: Soziologie und Frieden. Opladen 1993.
Machiavelli, N.: Discorsi. In: Politische Schriften. Frankfurt/M. 1990 (zuerst 1519).
Maier, N. R.: Problem-solving Discussions and Conferences. New York 1963.
March, J. G./Simon, H. A.: Organizations. New York 1958.
Miller, D. R./Swanson, G. E.: Inner Conflict and Defense. New York 1960.
Moscovici, S.: Sozialer Wandel durch Minoritäten. München 1979.
Rapoport, A.: Konflikt und Kooperation im Lichte der Entscheidungstheorie. In: *Grunwald, W./Lilge, H.-G.* (Hrsg.): Kooperation und Konkurrenz in Organisationen. Bern/Stuttgart 1981, S. 125–142.
Reber, G.: Individuelle Voraussetzungen von Kooperation und Konflikt. In: *Grunwald, W./Lilge, H.-G.* (Hrsg.): Kooperation und Konkurrenz in Organisationen. Bern/Stuttgart 1981, S. 108–124.
Schelling, T. C.: Versuch über das Aushandeln. In: *Bühl, W. L.* (Hrsg.): Konflikt und Konfliktstrategie. München 1972, S. 235–263.
Schopenhauer, A.: Eristische Dialektik. In: Der handschriftliche Nachlaß, Bd. 3, S. 666–695. München 1985 (zuerst 1830/31).
Simmel, G.: Soziologie. München/Leipzig. 3. A., 1923 (zuerst 1908).
Titscher, S.: Intervention. In: *Hofmann, M.* (Hrsg.): Theorie und Praxis der Unternehmensberatung. Heidelberg 1990, S. 309–343.
Titscher, S./Wille-Römer, G.: Außen – von innen. BMaA-Studie 1991/92. Unveröffentlichter Projektbericht. Wien 1992.
Tocqueville, A. de: Über die Demokratie in Amerika. München 1976 (zuerst 1835, 1840).
Ury, W. L.: Schwierige Verhandlungen. Wie Sie sich mit unangenehmen Kontrahenten vorteilhaft einigen können. Frankfurt/M. 1992.

Konsultative Führung

Rolf Wunderer

[s. a.: Delegative Führung; Kooperative Führung; Verantwortung.]

I. Begriffsabgrenzung; II. Anwendung konsultativer Führung in der Praxis; III. Beurteilung (Effizienz) konsultativer Führung; IV. Fazit.

I. Begriffsabgrenzung

Das Konzept konsultativer Führung kann am besten im Zusammenhang mit benachbarten Führungsstilen beschrieben werden.

Bezieht man dabei nur die Machtdimension („Willensbildung") ein, dann bildet sie die Vorstufe der →*kooperativen Führung*. Nach der breit verwendeten Interpretation von *Tannenbaum/ Schmidt* (1958) werden die Mitarbeiter dabei erst auf Initiative der Führungskraft beratend tätig (vgl. Abb. 1).

Bei zweidimensionaler Betrachtungsweise wird neben der Machtdimension die Beziehungsgestaltung einbezogen (vgl. Abb. 2). Bei konsultativer Führung ist die zwischenmenschliche Vertrauensebene geringer ausgeprägt als bei kooperativer Führung. Ein aktiver Führungseinfluß durch Mitarbeiter (→*Führung von unten*) wird grundsätzlich noch nicht erwartet bzw. geleistet. Damit ist die initiative und unternehmerische Beratung des Vorgesetzten durch seine Mitarbeiter (*Wunderer* 1994) ausgeklammert bzw. nur implizit einbezogen. Konsultative Führung wird damit als ein Spezialkonzept einer grundsätzlich auftragsbezogenen, also „reaktiven" Beratung der Führungskraft verstanden. Immerhin wird ab diesem Führungsstil der „Arbeitnehmer" eigentlich erst zum „*Mitarbeiter*", der nicht nur ausführt, sondern beratend mitdenkt (→*Unternehmerische Mitarbeiterführung*) – wenn auch grundsätzlich (noch) nicht auf eigene Initiative.

Daß konsultative Führung kein Kind des modernen Industriezeitalters ist, zeigt ein historisches Beispiel. Die heute noch gültigen →*Führungsgrundsätze* des hl. Benedikt (vgl. *Erzabtei Beuron* o. J.; *Wunderer* 1993) zeigen, daß diese Führungsform schon im Altertum als Norm- und wohl auch als Ist-Stil bei wichtigen Entscheidungen im Klosterleben verwendet wurde. Diese Regel wurde um 500 n. Chr. formuliert und gilt noch heute – wenn auch in zeitgemäßer Interpretation. Die dritte von 76 Regeln definiert das von Benedikt erwartete Entscheidungsverhalten des Abtes beachtlich präzise und schon im Sinne einer echten Führungsbeziehung. Denn das dabei erwartete Verhalten der „Klostergemeinde" im Beratungsprozeß wird ebenfalls normiert:

„So oft im Kloster eine wichtige Angelegenheit zu entscheiden ist, rufe der Abt die ganze Klostergemeinde zusammen und lege selber dar, worum es sich handelt. Und er höre den Rat der Brüder an, überlege dann bei sich und tue, was nach seinem Urteil das Nützlichste sei. Daß aber alle zur Beratung gerufen werden, bestimmen wir deshalb, weil der Herr oft einem Jüngeren offenbart, was das Beste ist. Freilich sollen dann die Brüder ihren Rat in aller Demut und Unterwürfigkeit geben und sich nicht herausnehmen, ihre Meinung hartnäckig zu verteidigen. Die Entscheidung bleibe

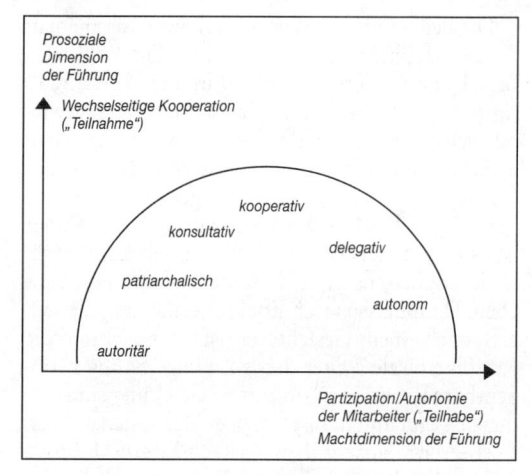

Abb. 2: Grundstile der Führung

	Willensbildung beim Vorgesetzten (V)						Willensbildung beim Mitarbeiter (MA)	
	1	2	3	4	5	6	7	
	V entscheidet ohne Konsultation der MA	V entscheidet; er versucht aber, die MA von seinen Entscheidungen zu überzeugen, bevor er sie anordnet	V entscheidet, er gestattet jedoch Fragen zu seinen Entscheidungen, um dadurch deren Akzeptanz zu erreichen	V informiert über beabsichtigte Entscheidungen; MA können ihre Meinungen äußern, bevor der V die endgültige Entscheidung trifft	MA/Gruppe entwickelt Vorschläge; V entscheidet sich für die von ihm favorisierte Alternative	MA/Gruppe entscheidet, nachdem V die Probleme aufgezeigt und die Grenzen des Entscheidungsspielraumes festgelegt hat	MA/Gruppe entscheidet, V fungiert als Koordinator nach innen und außen	
n	„Autoritär"	„Patriarchalisch"	„Informierend"	„Beratend"	„Kooperativ"	„Delegativ"	„Autonom"	Mittelwert
Führungskräfte:								
CH Ist 469	2	10	23	25	22	10	8	4,2
CH Soll 461	0	0	0	14	28	47	10	5,5
BRD Ist 888	5	11	14	35	16	15	4	4,1
BRD Soll 1025	0	0	1	23	22	43	10	5,4
Studenten:								
CH Soll 419	0	0	1	19	38	36	5	5,3

Angaben in %
Frage: Wie werde ich von meinem Chef geführt? (Ist)
Wie möchte ich von meinem Chef geführt werden? (Soll)

Abb. 1: Führungsstilabfrage mit dem Instrumentarium von Tannenbaum/Schmidt

vielmehr dem freien Ermessen des Abts überlassen, so daß ihm alle darin gehorchen, was nach seinem Urteil vorteilhafter ist. Aber wie es dem Jünger zukommt, dem Meister zu gehorchen, so ziemt es sich auch für diesen, alles umsichtig und gerecht anzuordnen" (*Erzabtei Beuron* S. 24).

II. Anwendung konsultativer Führung in der Praxis

Nach unseren empirischen Erhebungen (vgl. *Wunderer* 1993, S. 88 f., 90, 120; vgl. auch Abb. 1) mit den geschilderten eindimensionalen und zweidimensionalen Konzepten im Rahmen von →*Führungsanalysen* in Unternehmen sowie Fortbildungsveranstaltungen ergibt sich folgendes: Konsultative Führung wird von den Befragten als die am häufigsten erlebte Ist-Führungsbeziehung beurteilt. Als erwünschte Führungsstile werden von Führungskräften eindeutig kooperative und delegative Formen bevorzugt. Bei betrieblichen Umfragen wird dagegen häufig ein konsultativer Führungsstil erwartet, insbesondere wenn noch patriarchalische Führung praktiziert wird.

Zwischen konsultativer und delegativer Führung bewegt sich damit das Gros der Ist- und Soll-Führungsstile. Autoritärere wie auch autonomere Varianten werden von den Befragten kaum gewünscht, autoritärere aber noch häufig praktiziert.

Bezogen auf den „Führungsrhythmus" wird konsultative Führung v. a. bei der Entscheidungsvorbereitung sowie bei Problemen in der Umsetzungsphase eingesetzt.

Weiterhin wird diese Führungsbeziehung nicht selten kollektiv, d. h. auf die ganze Führungsgruppe bezogen. Dies geschieht bevorzugt im Rahmen von regelmäßigen oder themen- bzw. projektzentrierten Besprechungen, vor allem zur eigenen Meinungsbildung der Vorgesetzten sowie zum Abtasten von fachlichen und motivationalen Widerständen der Mitarbeiter bei der Umsetzung.

Besonders zeitsparend wird beratende Führung in Verbindung mit einer unpersönlichen, vorwiegend sachbezogenen Beziehungsqualität (vgl. *Wunderer* 1993, S. 90) eingesetzt. Die Führungskraft bittet hier z. B. zu bestimmten Aktenvorgängen um schriftliche Kommentierung und Vorschläge. Die Mitarbeiter erfahren oft selten oder viel später, wie weit ihre Beratung in die Entscheidung eingeflossen ist. Andererseits werden von ihnen auch keine sofortigen Antworten – wie in Besprechungen – erwartet. Damit bleiben mehr Zeit und Fundierung für die Beratungsrolle.

Auch das betriebliche Vorschlagswesen sowie neuere Konzepte von *Qualitäts-* oder *Werkstattzirkeln* bauen auf dieser Führungsbeziehung auf. Im japanischen „Ringi-System" ist dieser Führungsstil institutionalisiert. Hier werden bestimmte Führungsebenen oder Mitarbeiter gebeten, zu strategischen Überlegungen der Geschäftsleitung aus ihrer Sicht fachlich fundiert Stellung zu nehmen. Die Geschäftsleitung entscheidet dann „für sich" – wie schon der Abt im Altertum.

Mit Bezug auf die Führungshierarchie sind konsultative Führungsbeziehungen typisch für die sogenannte indirekte →*Führung durch den nächsthöheren Vorgesetzten* (*Weibler* 1994). Nur in Ausnahmefällen wird hier eine nicht direkt unterstellte Führungsebene von selbst aktiv. Konsultative Führung ist ebenso typisch für Stab-Linie-Beziehungen. Dies wird in entsprechenden Kompetenzregelungen der Führungsorganisation so kodifiziert.

Konsultative Führung kann schließlich auch als ein Übergangsstil von autoritären zu kooperativ-delegativen Formen charakterisiert werden. Wie in jeder Beziehung hängt es sowohl von sachlichen Situationsfaktoren wie von der spezifischen zwischenmenschlichen Beziehung in der Führungsdyade ab, welche spezielle Ausprägung gewählt wird. Bei dynamischer Betrachtung wird sogar zwischen einem bestimmten Vorgesetzten und einem speziellen Mitarbeiter der Führungsstil variiert – sowohl bei unterschiedlichen Aufgaben als auch mit wachsender Dauer der Zusammenarbeit.

III. Beurteilung (Effizienz) konsultativer Führung

Bei Verwendung unseres allgemeinen Bezugsrahmens für Führung (Abb. 3) könnte konsultative Führung damit in folgenden Situationskonstellationen bevorzugt werden:

Potential (Qualifikation): Wenn z. B. die Mitarbeiter mehr Fremdsteuerung erwarten und allenfalls über mittlere Fachqualifikation bzw. -erfahrung verfügen. Wenn die Führungskraft gute Fachkenntnisse und Einblick in die Arbeit der Mitarbeiter hat.

Umwelt (vorwiegend strukturelle Außeneinflüsse auf die Führungseinheit): Wenn z. B. eine zentralistische Marktlenkung und/oder Gesellschaftsordnung vorherrscht.

Umfeld (situative Außeneinflüsse): Bei z. B. begrenzt dynamischer oder bei turbulenter Marktsituation. Bei eher knapper Entscheidungszeit oder mehr zentralistisch-autokratischer Unternehmens- und Führungskultur.

Struktur (Aufbau- und Ablauforganisation): Z. B. bei einfachen, wenig komplexen und entkoppelten Prozeß-Strukturen.

Eine weitere Beurteilung der konsultativen Führung wird nun im Kontext zu den benachbarten Führungsstilen vorgenommen.

Vorteile konsultativer Führung gegenüber *autoritär-patriarchalischen* Varianten:

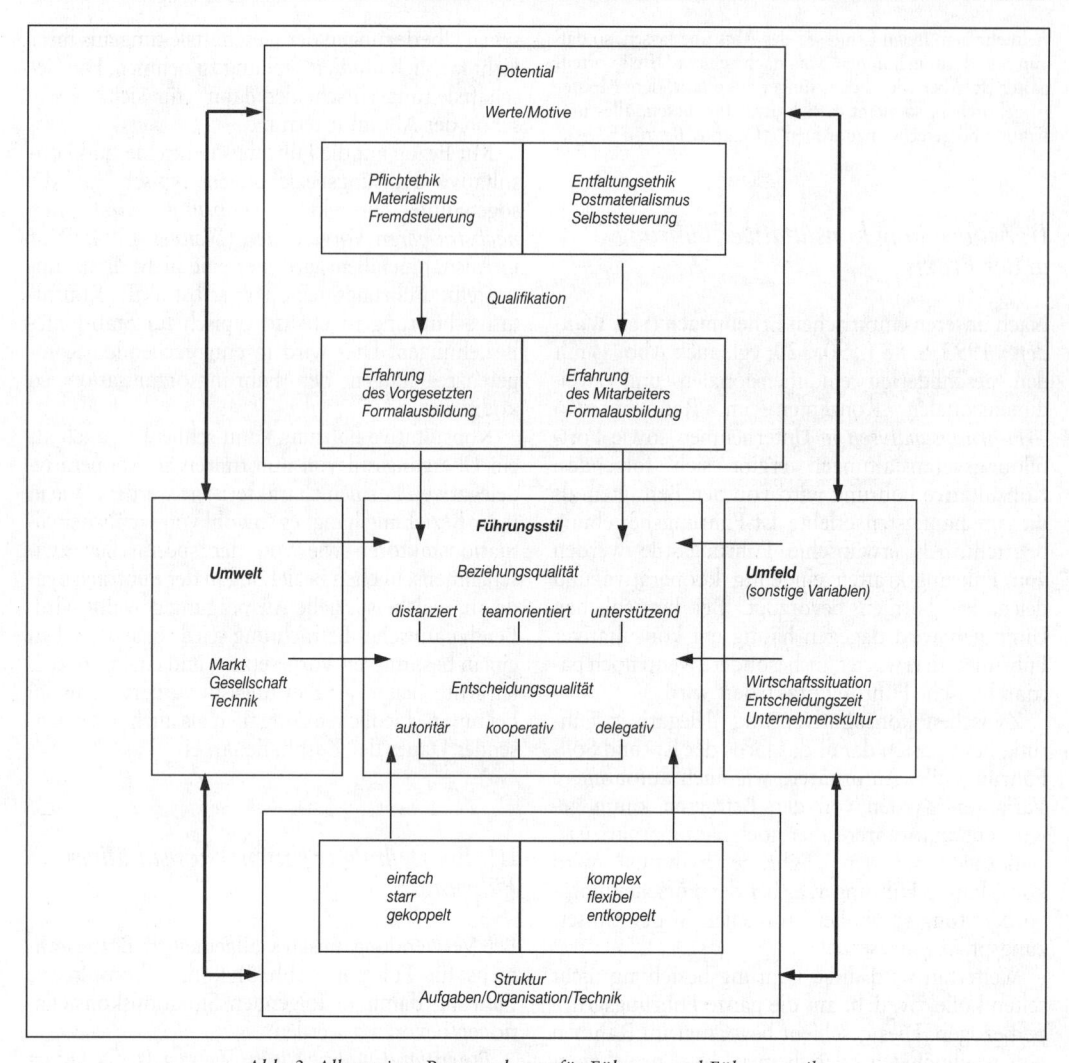

Abb. 3: Allgemeiner Bezugsrahmen für Führung und Führungsstile

- Sie entspricht in den deutschsprachigen Ländern den meisten offiziell formulierten Führungsgrundsätzen der letzten drei Jahrzehnte sowie den Erwartungen der meisten Mitarbeiter an das Führungsverhalten ihrer Chefs besser.
- Sie ist ein Vorbereitungs- und Übergangsstil für kooperative Führung, der die Mitarbeiter zum Mitdenken anregt.
- Das Spezialwissen von Mitarbeitern wird besser genutzt.
- Sie verbessert die Entscheidungsqualität durch zusätzliche Information und Argumentation. Implementationswiderstände können frühzeitiger erkannt werden.
- Die Mitarbeiterqualifikation wird durch Beschäftigung mit Entscheidungsproblemen der Vorgesetztenebene gefördert.
- Durch Einbezug in den Entscheidungsprozeß wird auch die Motivation der Mitarbeiter erhöht.
- Neue Vorgesetzte können sich gezielt und selektiv kundig machen, ohne zeitaufwendige Vorbereitungs- und Abstimmungsprozesse zu durchlaufen.
- Die Führungskraft muß weiterhin fachlich umfassend und aktuell informiert bleiben, kann damit auch nächsthöheren Ebenen oder Kunden selbständig fundiert Fragen beantworten.
- Relevante Programme des Personalmanagements (z. B. Qualitätszirkel und Vorschlagswesen) werden damit vorbereitet und unterstützt.

Gegenüber *kooperativ-delegativen* Führungsformen zeigt konsultative Führung folgende *Vorteile*:

- Größere Einheitlichkeit von strategischen und operativen Entscheiden, da sie in einer Hand liegen.
- Die Mitarbeiter sind in geringerer Unsicherheit darüber, ob, wann und inwieweit sie von sich

aus aktiv werden sollen. Der direkte und persönliche Abstimmungs- und Kommunikationsaufwand ist geringer, insbesondere bei schriftlichen Konsultationsverfahren.
- Weniger qualifizierte Mitarbeiter können so leichter eingesetzt werden.
- Sie erfordert weniger Kooperations- oder Delegationskompetenz der Führungskraft und geringere Initiative und Einsatzbereitschaft der Mitarbeiter.
- Kürzere Entscheidungszeiten sind möglich – v. a. bei der Entscheidungsvorbereitung.
- Es entstehen geringere Befürchtungen bei Vorgesetzten, die „Kontrolle" zu verlieren, denn diese ist leichter durchzuführen. Gleichzeitig werden dadurch die Kontrollkosten minimiert.
- Führungskräfte können unerwünschten (v. a. taktischen) Beeinflussungsversuchen von Mitarbeitern besser begegnen.

Nun werden noch kurz die *Nachteile und Grenzen* konsultativer Führung diskutiert – wieder im Zusammenhang mit den benachbarten Stilen:
Nachteile konsultativer Führung gegenüber *autoritär-patriarchalischen* Varianten:

- Sie kann zur Verantwortungsverschiebung auf Mitarbeiter führen, insbesondere bei unangenehmen oder kritischen Entscheiden der Führungskraft.
- Bei entsprechender Gesellschafts- oder Unternehmenskultur könnte der Vorgesetzte leichter als inkompetent oder unsicher eingeschätzt werden.
- Es ist mit höherem Zeitaufwand durch die Konsultation im *Entscheidungsprozeß* zu rechnen.

Insgesamt findet man aber aus Sicht des Vorgesetzten nur wenige Nachteile, da bzw. wenn die Konsultation der Mitarbeiter in dessen Belieben gestellt wird.

Nachteile und Grenzen konsultativer Führung gegenüber *kooperativ-delegativen* Formen.

- Qualifizierte und initiative Mitarbeiter fühlen sich nicht genügend einbezogen und damit weniger motiviert.
- Initiatives, unternehmerisches Verhalten der Mitarbeiter wird kaum unterstützt.
- Teambildung wird weniger gefördert, die Beziehungsgestaltung weniger berücksichtigt.
- Es bestehen deutlich geringere Möglichkeiten zur Personalentwicklung on-the-job, z. B. bei geplanter Vorbereitung für eine Stellvertretung.

IV. Fazit

Konsultative Führung bildet den Einstieg in eine wechselseitige Führungsbeziehung. Sie dürfte zumindest in Groß- und Mittelbetrieben der deutschsprachigen Länder am häufigsten praktiziert werden. Die Führungskraft behält dabei noch die volle Initiative und Kontrolle, die Mitarbeiter werden weniger bei der Mitwirkung beansprucht. Auch neuere Konzepte charismatischer bzw. transformationaler Führung (→*Führungstheorien – Charismatische Führung*) erwarten kaum mehr als die Realisierung dieses Stils, der schon im Altertum nachweisbar ist.

Bei nur begrenztem Reifegrad von Mitarbeitern und Vorgesetzten sowie in Streß-Situationen läßt sie sich effektiver einsetzen.

Andererseits bleibt festzuhalten, daß konsultative Führung das Potential qualifizierter und motivierter Mitarbeiter noch nicht befriedigend ausschöpfen kann. Für komplexe Aufgaben, für dezentrale unternehmerische Verhaltensweisen (→*Unternehmerische Mitarbeiterführung*; *Wunderer 1994*) auf allen Ebenen ist sie nicht optimal.

Konsultative Führung ist dafür aber eine sehr geeignete Vorphase zur Weiterentwicklung auf kooperativ-delegative Führungsformen.

Literatur

Erzabtei Beuron: Die Regel des hl. Benedikt. Beuron o. J.
Tannenbaum, R./Schmidt, W. H.: How to Choose a Leadership Pattern. In: HBR, 1958, S. 95–101.
Weibler, J.: Führung durch den nächsthöheren Vorgesetzten. Wiesbaden 1994.
Wunderer, R.: Führung und Zusammenarbeit. Stuttgart 1993.
Wunderer, R.: Der Beitrag der Mitarbeiterführung für unternehmerischen Wandel. In: *Gomez, P./Hahn, D./Müller-Stewens, G./Wunderer, R.* (Hrsg.): Unternehmerischen Wandel erfolgreich bewältigen. Wiesbaden 1994, S. 229–271.

Kontrolle und Führung

Helmut Kasper

[s. a.: Bürokratie, Führung in der; Controlling und Führung; Führungstheorien – Theorie der Führungssubstitution; Loyalität und Commitment; Menschenbilder und Führung; Organisationskultur und Führung.]

I. Vorbemerkungen und Begriffsarbeit; II. Historische Entwicklungslinien der Kontrolle; III. Neuere Entwicklungen.

I. Vorbemerkungen und Begriffsarbeit

Kontrolle in Verbindung mit Führung wird – grob vereinfacht – im allgemeinen in zweierlei Hinsicht verstanden: (1) im Sinne von Soll-Ist-Abweichungen auf quantitativer Ebene und somit mit allem was mit →*Controlling* zu tun hat und (2) im Sinne von personaler (Verhaltens-)kontrolle der Organisationsteilnehmer in der Ausrichtung auf eine gemeinsame Organisationsidentität, eine soziale, normative Kontrolle (vgl. *Türk* 1981). Dabei ist →*Controlling* immer nur als Teilaspekt von sozialer Kontrolle anzusehen.

1. Führung

Um *Kontrolle* noch stärker zu fokussieren, soll hier im Sinne der Substitutionstheorie der Führung (→*Führungstheorien – Theorie der Führungssubstitution*) (vgl. *Steyrer* 1993, S. 132) vorgegangen werden: Die Substitutionstheorie der Führung versucht, solche Variablen zu identifizieren, die die Bedeutung von Führung reduzieren bzw. überhaupt überflüssig machen: z. B. durch den Grad organisationaler Vorbestimmtheit (Formalisierung), durch Routinisierung und Wiederholung, oder eben auch durch exakte Kontrollierbarkeit bzw. durch die Professionalisierung der Mitarbeiter im Sinne berufsspezifischer Qualifikationen. *Türk* (1981, S. 65) sieht *Führung* überhaupt nur *als Residualfaktor*.

2. Soziale Kontrolle

Von einer einheitlichen Verwendung des Terminus *soziale Kontrolle* ist man weit entfernt: „Das Ziel der Organisationskontrolle ist es sicherzustellen, daß Vorschriften und Befehle befolgt werden" (vgl. *Etzioni* 1967, S. 110). Soweit besteht grundsätzlich Übereinstimmung: Soziale Kontrolle ist als konformitätssichernder Regelungsprozeß zu verstehen, der sich auf die Folgeleistung gegenüber bzw. die Verhinderung der Abweichung von sozialen *Normen* (→*Führungsprinzipien und -normen*) bezieht (*Sandner* 1990, S. 159; vgl. *Parsons* 1964, S. 206). Soziale Kontrolle wird ausgeübt von Trägern unter Anwendung von Kontroll- (besser: Steuerungs-)mitteln, wobei der „Bedarf an Kontrollaktivitäten seitens der Vorgesetzten ja ganz offenbar von dem Ausmaß und der Wirkungsweise anderer Formen sozialer Kontrolle abhängig ist" (*Türk* 1981, S. 45).

Häufig wird wie bei *Türk* (1981) zwischen *persönlicher* und *unpersönlicher Handlungskontrolle* unterschieden. Bei unpersönlicher Kontrolle tritt der Vorgesetzte (oder allgemein: die Organisationsherrschaft) dem einzelnen Unterstellten nicht direkt gegenüber, sondern versachlicht, objektiviert, so daß im Bewußtsein des Betroffenen er sich gleichsam *Sachzwängen* und nicht der Herrschaft durch Menschen unterworfen sieht. Nicht zu vernachlässigen ist die soziale Kontrolle durch die „peers", die Kollegen. Die soziale Kontrolle durch Kollegen kann dabei so weit gehen, daß dies bisweilen auch als „Führung" (*Bowers/Seashore* 1966, S. 238 ff. in *Türk* 1981, S. 51) bezeichnet wird. *Türks* Unterscheidung zwischen unpersönlicher und persönlicher sozialer Kontrolle zieht sich in der einschlägigen Literatur unter den verschiedensten Etiketten durch: *Schienstock/Flecker/Rainer* (1988) unterscheiden – in Anlehnung an die von *Hill* (1981, S. 16) getroffene Unterscheidung von *struktureller* und *normativer Kontrollfunktion* sowie der von *Lockwood* (1964) durchgeführten Differenzierung zwischen System- und Sozialintegration – zwischen *Struktur- und Sozialsteuerung*. Sie stützen sich dabei auf die von *Habermas* (1981, S. 226) hervorgehobenen zwei Arten von Handlungskoordination. *Sozialintegration* und *Systemintegration*. Charakteristisch für Sozialintegration ist eine Abstimmung der Handlungsorientierung der Beteiligten durch einen, sei es normativ gesicherten oder kommunikativ erzielten Konsens. Systemintegration heißt, Handlungsfolgen werden über nicht normative *Steuerungen* koordiniert. *Schienstock/Flecker/Rainer* bieten mit ihrer auf der Differenz zwischen Sozial- und Struktursteuerung basierenden Typologie der Kontrollformen die Möglichkeit, bisherige Ansätze übersichtlich zuzuordnen.

II. Historische Entwicklungslinien der Kontrolle

Die entscheidende Kontrollproblematik lautet für *Schienstock/Flecker/Rainer* (1988), inwieweit die Beschäftigten bereit sind, als Arbeitskraft im Rahmen bestehender Strukturen zu funktionieren (vgl. *Edwards* 1979; *Berger/Offe* 1982; vgl. auch *Seltz/Hildebrandt* 1985, S. 94 f.). Kontrollobjekt ist einerseits die Kontrolle des Arbeitsverhaltens (Arbeitskraft, Systemintegration) und andererseits die *Kontrolle der Leistungsbereitschaft* (Person, Sozialintegration). Systemintegration kann direkt und indirekt, Sozialintegration teilweise oder ganzheitlich erfolgen. Daraus ergeben sich vier Idealtypen.

Ein Extrem ist der *Taylorismus* (direkte Kontrolle des Arbeitsverhaltens, partielle Sozialintegration), das andere Extrem sind jene Formen, die *Schienstock/Flecker/Rainer* unter neueren Produktionskonzepten, partizipativen *Organisationsmodellen* (indirekte Kontrolle des Arbeitsverhaltens, umfassende Einbindung durch Person) zusammenfassen. Diesen vier Idealtypen lassen sich die verschiedensten Kontrollformen zuordnen.

1. Taylorismus

Als Kontrollstrategie konzentriert sich der *Taylorismus* im wesentlichen auf die Beschäftigten als Arbeitskraft. Das Management sammelt monopolartiges Wissen über den Arbeitsprozeß und kon-

	Kontrolle der Leistungsbereitschaft (Sozialintegration)	
	partiell	ganzheitlich
direkt	Taylorismus	Bürokratie
	Arbeitsteilung, rationelle Gestaltung von Arbeitsaufgaben	Festlegung spezifischer Rechte und Pflichten durch Arbeitsplatzbeschreibungen, Hierarchie
	homo oeconomicus (Lohnanreiz)	industriel citizenry
indirekt	menschengerechte Arbeitsgestaltung	neue Produktionskonzepte, Partizipationsmodelle
	Flexibilisierung der Arbeitsrollen (job enrichment, job enlargement, job rotation)	ganzheitlicher Aufgabenzuschnitt
	Leidensaspekt	entrepreneur Denken

(Kontrolle des Arbeitsverhaltens und der Verhaltensfolgen (Systemintegration))

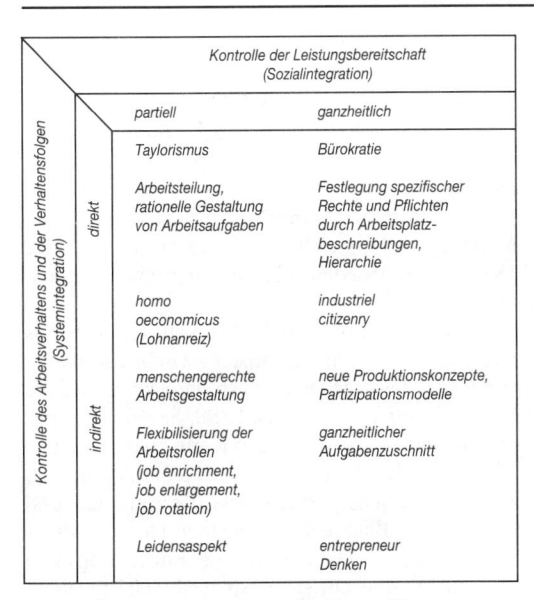

Abb. 1: Eine Typologie von Kontrollformen (Schienstock/Flecker/Rainer 1988)

trolliert die Folgen. Die Sozialintegration wurde über die Zahlung hoher Löhne angestrebt. Die weitgehende Kontrolle des Arbeitsprozesses durch das Management wird wissenschaftlich begründet. Managementstrategien für soziale Integration zielen auf ein vorgegebenen Regeln gemäßes Handeln. Der unmittelbare Einsatz soll, etwa durch Akkordsystem, stimuliert werden. Dem Taylorismus liegt das Menschenbild (→*Menschenbilder und Führung*) des *„homo oeconomicus"* zugrunde. Die Studien von F. W. *Taylor* (1856–1915) gingen unter dem Namen *Scientific Management* in die BWL ein. Jeder Schritt des Arbeitsprozesses und der Arbeitsführung wird einer Kontrolle unterworfen. Kontrolle im Sinne von Disziplinierung und Überwachung wird neben der Planung zur wichtigsten Managementaufgabe (*Staehle* 1989, S. 24).

Die Überlegungen *Taylors* setzen F. und L. *Gilbreth* (*Spriegel/Myers* 1953) durch ihre Untersuchung der Massen-Fließbandfertigung bei Ford fort (Fordismus: *Industrial Engineering*). Als Weiterführung des Scientific Management kann die Arbeitspsychologie angesehen werden (*Sandner* 1988, S. 43), die unter *Psychotechnik* (physiologisch-psychologische Ansätze) subsumiert wird (vgl. *Münsterberg* 1914). Es handelt sich dabei um eine instrumentell-psychologische Anpassung des Arbeitnehmers an Bedingungen des Arbeitsprozesses.

2. Bürokratische Kontrolle

Die meisten Arbeitsrollen sind durch Routinisierung, *Standardisierung* und Fragmentierung gekennzeichnet. Aufgabenstellungen, Verantwortlichkeiten und Leistungsanforderungen sind in detaillierten *Stellenbeschreibungen* festgelegt. Zu der abgestuften horizontalen Arbeitsteilung kommt eine stark vertikale Gliederung der Beschäftigten mit entsprechender Lohndifferenzierung. Soziale Integration bzw. Managementstrategien zielen auf Gesamtverhalten der Beschäftigten, also auch auf Zuverlässigkeit in neuartigen Situationen. Arbeitsmotivation soll über positive Anreize erzielt werden: über Aufstieg, innerbetriebliche Karriere, Treueprämien. Es liegt dem Menschenbild (→*Menschenbilder und Führung*) des „industrial citizenry" (*Burawoy* 1979, S. 109 f.), also des Industriebürgers, zugrunde. Ungleiche Entlohnung von ungleichen Tätigkeiten ist das zentrale ideologische Moment (vgl. *Hyman/Brough* 1975).

Diesem Idealtypus sind in der BWL die *Bürokratischen Ansätze* zuzuordnen, etwa die „administrativen Ansätze" (*Fayol* 1912), die auf die Analyse der Organisation insgesamt bzw. auf das obere Management abstellen. Bürokratische Ansätze fundierten häufig in dem von M. *Weber* (1972) entwickelten Begriff der bürokratischen Herrschaft (→*Bürokratie, Führung in der*), die als reinste Form legaler Herrschaft angesehen wird. Die *Steuerung* der Mitarbeiter erfolgt aufgrund der Bindung an die Regeln vor allem indirekt und unpersönlich (vgl. *Sandner* 1988, S. 45). Durch wachsende Verinnerlichung der *Regeln* kommt es letztlich zur *Selbstkontrolle* durch den Arbeitnehmer, die vor allem auch durch *Pflichtbewußtsein*, *Disziplin* und *Loyalität* (→*Loyalität und Commitment*) gekennzeichnet ist.

3. Kontrolle durch Humanisierung der Arbeit

Hierunter fallen Modelle des systematischen Arbeitsplatzwechsels *(Job rotation)*, Anreicherung von Arbeitsaufgaben *(Job enlargement)* und die Einsetzung *teilautonomer Gruppen*. Ausgelöst wurde die Suche danach durch das Ansteigen der „sozialen Kosten" durch Absentismus, Fluktuation, Sabotage oder Streik. Man sieht den Arbeitenden als „leidendes Wesen" (vgl. *Strauss-Fehlberg* 1978, S. 98).

Die *Human-Relations-Ansätze* knüpfen bei den *Hawthorne Experimenten* (Chicago 1924) an, bei denen man die Bedeutung zwischenmenschlicher Beziehungen erkennen mußte (*Roethlisberger/Dickson* 1939). Um das gewünschte Verhalten der Mitarbeiter herbeizuführen, richtet sich das Augenmerk des Vorgesetzten auf soziale Beziehungen und Zufriedenheit dieser Mitarbeiter. Er versucht, negative Auswirkungen bürokratischer Steuerung abzufedern. In der Folge wird versucht, mehr über Motive (→*Motivation als Führungsaufgabe*) herauszufinden.

Zusammenfassend ist den genannten Ansätzen eines gemeinsam: Trotz der je nach theoretischen, ökonomischen und politischen Positionierungen unterschiedlichen Schwerpunktsetzung rücken die Mitarbeiter in den Mittelpunkt. Mit der Neugestaltung der Arbeitsaufgabe sollen Leistungssteigerungen erreicht werden. Diese Neugestaltung führt bis zur Ausbildung von Gruppenmodellen (→*Beeinflussung von Gruppenprozessen als Führungsaufgabe*), die innerhalb eines gewissen Gestaltungsrahmens teilautonom entscheiden können.

4. Neue Produktionskonzepte und Kontrolle

Diese Humanisierungsansätze hatten klare Grenzen. Die mit den Humanisierungsprogrammen angestrebte soziale Integration und ideologische Kontrolle der Beschäftigten gelingt nur, solange Initiative, Planung und Ausgestaltung der Modelle in der Hand des Managements liegen (*Schienstock/Flecker/Rainer* 1988, S. 312). Sie bergen aber die Gefahr, daß die Humanisierungs-Ansprüche der Beschäftigten immer mehr wachsen und das auferlegte Kontrollkorsett sprengen. Trotz Produktivitätsgewinnen wurden derartige erfolgreiche Modelle eingestellt, wenn sie die Herrschaftssicherung in Frage stellten (vgl. *Clegg/Dunkerly* 1980; *Marglin* 1976).

Das Aufkommen völlig neuer Produktionskonzepte (Stichwort: technische Revolution durch Mikroelektronik) stärkt nach Meinung einiger Autoren die Verhandlungsmacht qualifizierter Mitarbeiter gegenüber dem Management. Ohne das Wissen der Spezialisten funktioniert die Technik nicht (→*Führungstheorien – Machttheorie*). Das Management ist vom Wissen der Experten gewissermaßen abhängig. Das Risiko, den Job zu verlieren, sinkt.

Mit dieser Entwicklung sehen Autoren wie *Kern/Schumann* (1984) einen grundlegenden Wandel in Richtung hegemonialer Kontrollformen gegeben. Unter *hegemonialer Kontrolle* ist die Bereitstellung des Arbeitsvermögens nicht durch Anwendung von Zwangsmaßnahmen, sondern durch Konsens und Legitimation gekennzeichnet (vgl. *Hill* 1981, S. 17). Eine Denkrichtung *(Kern/Schumann* 1984) geht nun davon aus, daß das Management eben versucht, die Konsensbasis mit neuen zusätzlichen Gratifikationen, wie etwa Gewinnbeteiligung, zu stärken, um bei den Beschäftigten eine Art Unternehmerdenken zu stimulieren (vgl. kritisch dazu *Düll* 1985, S. 144).

Mit der Verbreitung neuer Produktionstechniken wird (versteckt oder unverhüllt) angestrebt, *Fremdsteuerung* durch *Selbststeuerung* zu ersetzen. Die neuen Produktionstechniken rücken jedenfalls, so oder so, die Frage ins Zentrum, wie Konsensbildung entsteht. Damit geraten Phänomene der Konsensbildung im Arbeitsprozeß ins Blickfeld, die insbesondere von den deutschen Industriewissenschaften bisher nur peripher aufgegriffen wurden,

die sogenannten kontrolltheoretischen Diskussionen.

Die kontrolltheoretische Diskussion wurde nach Erscheinen von *Bravermans* Buch „*Labor and Monopoly Capital*" (1977) in England und USA entfacht und fand bis auf wenige Ausnahmen (u. a. *Jürgens* 1983; *Dörr/Hildebrandt/Seltz* 1983; *Naschold* 1983; *Seltz/Hildebrandt* 1985; *Seltz* 1986) kaum Niederschlag im deutschen Sprachraum.

Kern/Schumann (1984) nehmen Konsens als Basis für das Beziehungsmuster zwischen Management und Beschäftigten ernst (vgl. kritisch dazu *Schienstock/Flecker/Rainer* 1988, S. 297). Die politische Dimension ist für den Kontrollansatz zweifellos zentral, neben Kontrollproblematik kommen auch Phänomene wie Konsens, Legitimation und Ideologie ins Blickfeld (*Schienstock/Flecker/Rainer* 1988, S. 293). Diese sich mit Entstehung von Konsensbildung am Arbeitsplatz beschäftigenden Theorietraditionen gehen auf Durkheim zurück (*Schienstock/Flecker/Rainer* 1988, S. 318).

Kaum wurde der weiße Fleck in der deutschen industriewissenschaftlichen Forschung geortet, kristallisierten sich neue theoretische Diskussionsstränge heraus, die bisherige Planungs- und Kontrollformen zur Diskussion stellen: aus den USA kamen *organisationskulturelle Ansätze*, aus Europa die *neuere Systemtheorie*.

III. Neuere Entwicklungen

Organisationskulturelle Ansätze (→*Organisationskultur und Führung*) entlarven in der Regel den Rationalitäts-Mythos von Organisationen, der bis dahin unhinterfragt die Forschung determiniert. Noch stärker als einige organisationskulturelle Stränge stellten *Ansätze der neueren Systemtheorie* die Möglichkeit einer einseitigen Steuerung und Kontrolle grundlegend in Frage. Wegbereiter für diese neuen Denkansätze waren diverse Wissenschaftsdisziplinen, die von einer zunehmenden Komplexität sozialer Systeme ausgehen, so beispielsweise die Arbeiten von *Perrow* (1984) über *komplexe Interaktionen in Systemen mit enger und loser Koppelung* und von *Weick* (1979) mit *Kausalschleifen in Systemen, die sie decodieren können.*

1. Organisationskultur

Es gibt mehrere theoretische Ansätze zur *Organisationskultur* (→*Organisationskultur und Führung*) (*Kasper* 1987), die sich – grob vereinfacht – zwei gegensätzlichen Grundpositionen zuordnen lassen: die instrumentelle und die interpretative (vgl. *Kasper/Heimerl-Wagner* 1993, S. 155 ff.). Die *instrumentelle (auch funktionale) Auffassung* spricht Führungskräften die Aufgabe zu, neben der *Steuerung* über den formalen Organisationsaufbau auch organisationskulturelle *Symbole* wie z. B. organisationale Geschichten, Legenden, Riten, Rituale und Zeremonien zur zielorientierten Verhaltensbeeinflussung der Mitarbeiter einzusetzen. Dabei wird unterstellt, daß Manager Organisationskultur vor allem über *Symbole* „machen", „steuern" bzw. „gestalten" können. So verstandenes „Symbolisches Management" stößt allerdings unter anderem deshalb auf Kritik, weil es letztlich auf Manipulationsstrategien hinausläuft. Der *interpretative Ansatz* gründet in der Basis-Annahme, daß das gesamte organisationale Geschehen und somit auch der Führungsprozeß von organisationskulturellen Aspekten beeinflußt ist und daher nicht der einseitigen Steuerbarkeit durch das Management unterliegt.

Organisationskultur-Konzepte zielen letztlich auf eine *innere Kontrolle der Mitarbeiter* ab (→*Loyalität und Commitment*). „Innere Kontrolle heißt, daß sich eine Person durch internalisierte Normen und Werte, durch Aneignung geltender Deutungsmuster oder Paradigmen und Entwicklungen systemseitig geforderter Qualifikationen oder Kompetenzen selbständig steuert, also externer Beeinflussungsmaßnahmen nicht (mehr) bedarf" (*Türk* 1981, S. 133). Das Postulat der amerikanischen „Organisationskulturpioniere" *Peters/Waterman* (1982), wonach Organisationskultur „in Fleisch und Blut" der Mitarbeiter übergeht, wird von den meisten europäischen Rezipienten übernommen. Dies zeigt sich auch bei Anwendungen von Organisationskulturkonzepten in der Praxis, wie z. B. in *Slogans* („Man muß Humanicblut in den Adern haben"). Unübersehbar sind die Bemühungen, vor allem über starke Organisationskulturen die innere Kontrolle zu intensivieren. *Türk* (1989, S. 112) spricht in diesem Zusammenhang scharf von „Kulturalisierung" als Versuch einer totalisierenden Vereinnahmung von Beschäftigten. Durch personale Verinnerlichung von organisationalen *Werten* und *Normen,* Regelungen etc. sollen die Organisationsmitglieder Denk- und Fühlmuster ganz im Sinne der Organisation entwickeln. Führung und Kontrolle ist dann nur mehr ganz selten notwendig. Die *Organisationskultur* sollte nach dieser Annahme wie ein Autopilot wirken und ohne die Notwendigkeit des Eingreifens seitens des Managers das Mitglied führen und kontrollieren. Diese „Auflösung" der Individuen in die Organisationskultur kann auch als Radikalisierung des Bürokratie-Modells (→*Bürokratie, Führung in der*), als Renaissance von Totalität ähnlich der totalen Institutionen (*Foucault* 1977) bezeichnet werden.

2. Neuere systemtheoretische Ansätze

Anschaulich läßt sich das fundamental Neue am Theorieangebot der neueren Systemtheorie mit jenen Metaphern herausschälen, mit denen *v. Foerster* (1988, S. 20) die zwei grundverschiedenen Herangehensweisen im Umgang mit sozialen Systemen beschreibt: mit den Metaphern der „*trivialen*" bzw. der „*nichttrivialen Maschinen*". Die Organisation als „Trivialmaschine" ist vergleichbar mit der simplen Funktionsweise einer einfachen Maschine, bei der nach einem gezielten Input erwartet wird, daß damit der erhoffte Output sichergestellt ist. Vielfach sehen Manager die optimale Funktionsweise ihrer Organisation ähnlich einer „gut geölten Maschine", die uneingeschränkt gesteuert und kontrolliert werden kann. Kurzum: Auch moderne Organisationen werden – implizit oder explizit, in Theorie und Praxis – in ihren Funktionsweisen mit (Trivial-)maschinen gleichgesetzt (vgl. *Kasper/Heimerl-Wagner* 1990, S. 104 ff.; *Morgan* 1986).

Das Modell der „Trivialmaschine" unterschätzt aber Komplexität und Unvorhergesehenheit externer und interner Abläufe. Komplexe *Sozialsysteme*, wie es Organisationen sind, könnten vielmehr besser mit der Metapher der „Nicht-Trivialen Maschine" bezeichnet werden.

Formal organisierte Sozialsysteme sind geschichtsabhängig – es gibt so etwas wie ein „*Gedächtnis der Organisation*" (*Weick* 1979; *Kasper* 1990; *Walsh/Ungson* 1991) –, in ihren Verarbeitungsprozessen prinzipiell unvorhersagbar, sie können ihre inneren Zustände verändern und operieren prinzipiell strukturdeterminiert (vgl. *Wimmer* 1989, S. 135 f.). Die Fähigkeit einer Führung, das geführte System und seine Entwicklungsdynamik zu beherrschen, sind äußerst beschränkt (*Kirsch* 1990, S. 542).

Die neuere Systemtheorie (*Luhmann* 1984) geht von komplexen sozialen Systemen (Metapher: „nicht-triviale Maschinen") aus. Ein wesentlicher Eckpfeiler dieses Theorieangebotes ist der „*Explosivstoff Selbstreferenz*": Komplexe soziale Systeme handeln und beobachten sich dabei selbst (vgl. *Luhmann* 1984, S. 314). Sie reproduzieren ihre Einheit, ihre Strukturen und Elemente kontinuierlich und in einem operativ geschlossenen Prozeß mit Hilfe der Elemente, aus denen sie bestehen (vgl. *Willke* 1987, S. 6). Soziale Systeme schirmen sich gegen Umwelteinflüsse ab und stellen nur sehr selektiv Zusammenhänge her. Neuere systemtheoretische Ansätze bestreiten damit grundsätzlich, daß die bestehende Ordnung z. B. einer Unternehmung wie sie in der offiziellen *Unternehmungsstruktur* zum Ausdruck kommt, das Ergebnis planvoller absichtsgeleiteter Gestaltung i. S. von Fremdorganisation sei (vgl. auch die früheren Ansätze von *Hedberg/Nystrom/Starbuck* 1976; *Meyer/Rowan*

1977; *Weick* 1979). Jedes Handeln, nicht nur das von Managern und Organisatoren, ist strukturbildend, und somit ist die Ordnung in und von sozialen Gebilden immer auch das Resultat von selbstorganisierenden Prozessen aller Organisationsteilnehmer. Fremdorganisation kann in dieser Sichtweise nur ein Mythos, ein Wunschtraum von Gestaltern sein (*Staehle* 1989, S. 528).

„Führung" vor dem Hintergrund der neueren Systemtheorie ist Teil des (von ihr) beeinflußten Systems. Daher gehört Führung zur Selbststeuerung eines sozialen selbstreferentiellen Systems. Angesichts dieser Abhängigkeit des Führens wird vorgeschlagen, nicht mehr von *Steuerbarkeit* (→*Selbststeuerungskonzepte*), sondern – mit angemessener Bescheidenheit – lediglich von *Handhabung* zu sprechen. Gemeint ist damit der Aufbau einer systeminternen *Problemlösungskapazität* (→*Konflikthandhabung*), „die ein Unternehmen in die Lage versetzt, auch unter turbulenten Bedingungen erfolgreich handeln zu können" (*Wimmer* 1989, S. 138). Im Zentrum steht dabei die *Steigerung der Selbststeuerungskapazitäten* und erst in zweiter Linie der komplizierte wechselseitige Beeinflussungsprozeß über Systemgrenzen hinweg. Die Vorstellung einer einseitigen Kontrolle des Ganzen wird damit obsolet. Systeme müssen ihr Reflexionspotential aktivieren lernen mit dem Ziel, Realitäten ins Blickfeld zu bekommen, die noch nicht Realitäten des Systems sind, aber sein könnten (*Willke* 1987, S. 356). Der Aufbau von *Reflexionskapazitäten im sozialen System* ist somit vonnöten. Zweifellos sind ko-evolutiv dazu Reflexionskapazitäten auch auf seiten der psychischen Systeme – insbesondere (aber nicht nur!) der Kerngruppe der Manager – von Relevanz. Von besonderer Bedeutung sind die quer über das soziale System gestreuten *Reflexionskapazitäten*. Es kommt somit nicht auf die ausschließliche Kumulation von Reflexion bzw. Wissen (→*Führungskräfte als lernende Systeme*) beim jeweiligen personalen System der Manager an. Vielmehr ist es wichtig, die Selbstreflexionsfähigkeit im System selbst und diese möglichst nachhaltig aufzubauen und über das gesamte System zu verteilen. Über Selbstbeschreibung wird eine spezifische Form von *Selbstkontrolle* – über die Sprache – zumindest in die Wege geleitet.

Bisherige Annahmen über Steuerung und Kontrolle, übersetzt in die systemtheoretische Diktion, würden lauten: ein psychisches System (= Manager) müßte in einem sozialen System (= Organisation), und damit in einem grundsätzlich nicht beherrschbaren Feld eine kalkulierbare Wirkung erzielen (*Willke* 1987, S. 351). Gerade dies ist aber nicht möglich. Kein System kann über ein anderes einseitig oder gar vollständig Kontrolle ausüben. Daher muß Führung in komplexen *sozialen Systemen* akzeptieren, daß diese Systeme weder von außen noch für einzelne Teile im Inneren vollständig berechen- und kontrollierbar sind.

Literatur

Berger, J./Offe, C.: Die Zukunft des Arbeitsmarktes. In: *Schmidt, G./Bracyk, J. J./Knesebeck, J.* (Hrsg.): Materialien zur Industriesoziologie. In: KZSS, Sonderheft 24/1982.
Bowers, D. G./Seashore, S. E.: Predicting Organizational Effectiveness with a Four-Factor-Theory of Leadership. In: ASQ, 1966, S. 238 ff.
Burawoy, M.: Manufacturing Consent. Chicago, London 1979.
Clegg, S./Dunkerly, D.: Organization, Class and Control. Boston 1980.
Dörr, G./Hildebrandt, E./Seltz, R.: Kontrolle durch Informationstechnologien in Gesellschaft und Betrieb. In: *Jürgens, U./Naschold, F.* (Hrsg.): Arbeitspolitik. Leviathan Sonderheft 5, 1983, S. 171–197.
Düll, K.: Gesellschaftliche Modernisierungspolitik durch neue „Produktionskonzepte?". In: WSI-Mitteilungen 3, 1985.
Edwards, R.: Contested Terrain. London 1979.
Etzioni, A.: Soziologie der Organisationen. München 1967.
Foerster, H. v.: Abbau und Aufbau. In: *Simon, F.* (Hrsg.): Lebende Systeme. Berlin, Heidelberg, New York 1988, S. 19–33.
Foucault, M.: Überwachen und Strafen. Frankfurt/M. 1977.
Habermas, J.: Theorie des kommunikativen Handelns. Bd. 2. Frankfurt/M. 1981.
Hedberg, B./Nystrom, P./Starbuck, W. H.: Camping on Seesaws: Prescriptions for a Self-Designing Organization. In: ASQ, 1976, S. 41–65, 1976.
Hill, S.: Competition and Control at Work. Cambridge/Mass. 1981.
Hyman, R./Brough, J.: Social Values and Industrial Relations. Oxford 1975.
Jürgens, U.: Die Entwicklung von Macht, Herrschaft und Kontrolle im Betrieb als politischer Prozeß. In: *Jürgens, U./Naschold, F.* (Hrsg.): Arbeitspolitik. Leviathan Sonderheft 5, 1983, S. 58–91.
Kasper, H.: Organisationskultur. Wien 1987.
Kasper, H.: Die Handhabung des Neuen in organisierten Sozialsystemen. Berlin, Heidelberg, New York 1990.
Kasper, H./Mayrhofer, W. (Hrsg.): Management-Seminar Personal – Führung – Organisation. Band Organisation. Wien 1993, S. 1–157.
Kern, H./Schumann, M.: Das Ende der Arbeitsteilung. München 1984.
Kirsch, W.: Unternehmenspolitik und strategische Unternehmensführung. München 1990.
Lockwood, D.: Social Integration and System Integration. In: *Zollschau, G. K./Hirsch, W.* (Hrsg.): Explorations in Social Change, London 1964.
Luhmann, N.: Soziale Systeme. Frankfurt/M. 1984.
Marglin, S.: What do Bosses do? In: *Gorz, A.* (Hrsg.): The Division of Labor. Sussex 1976.
Meyer, J. W./Rowan, B.: Institutionalized Organizations. In: AJS, 1977, S. 340 ff.
Morgan, G.: Images of Organizations. Beverly Hills 1986.
Münsterberg, H.: Grundzüge der Psychotechnik, Leipzig 1914.
Naschold, F.: Politik und industrielle Arbeit. In: *Jürgens, U./Naschold, F.* (Hrsg.): Arbeitspolitik. Leviathan Sonderheft 5, 1983.

Neuberger, W./Kompa, A.: Wir, die Firma. Weinheim, Basel 1987.
Parsons, T.: The Social System. New York, London 1964.
Perrow, C.: Normal Accidents. New York 1984.
Peters, T. J./Waterman, R. Jr.: In Search of Excellence. New York 1982.
Roethlisberger, F./Dickson, W.: Management and the Worker. Cambridge/Mass. 1939.
Sandner, K.: Strukturen der Führung von Mitarbeitern. In: *Hofmann, M./Rosenstiel, L. v.* (Hrsg.): Funktionale Managementlehre. Berlin, Heidelberg, New York 1988, S. 38–58.
Sandner, K.: Prozesse der Macht. Berlin, Heidelberg, New York 1990.
Schienstock, R./Flecker, J./Rainer, G.: Kontrolle, Konsens und Ideologie. In: *Malsch, T./Seltz, R.* (Hrsg.): Die neuen Produktionskonzepte auf dem Prüfstand. 2. A., Berlin 1988, S. 293–322.
Seltz, R./Hildebrandt, E.: Produktion, Politik und Kontrolle. In: *Naschold, F.* (Hrsg.): Arbeit und Politik. Frankfurt/M./New York 1985.
Spriegel, W. R./Myers, C. E. (Hrsg.): The Writings of the Gilbreth. Homewood 1953.
Staehle, W.: Funktionen des Managements. Bern, Stuttgart 1983.
Staehle, W.: Management. 4. A., München 1989.
Steyrer, J.: Theorien der Führung. In: *Kasper, H./Mayrhofer, W.* (Hrsg.): Management-Seminar Personal – Führung – Organisation. Band Führung. Wien 1993, S. 99–208.
Strauss-Fehlberg, J.: Die Forderung nach Humanisierung der Arbeitswelt. Köln 1978.
Türk, K.: Personalführung und soziale Kontrolle. Stuttgart 1981.
Türk, K.: Neuere Entwicklungen in der Organisationsforschung. Stuttgart 1989.
Walsh, J. P./Ungson, G. R.: Organizational Memory. In: AMR, No. 1, 1991, S. 57–91.
Weber, M.: Wirtschaft und Gesellschaft. Tübingen 1972 (1. A. 1921).
Weick, K.: The Social Psychology of Organizing. 2. A., Reading/Mass. 1979.
Willke, H.: Systemtheorie. 2. A., Stuttgart, New York 1987.
Wimmer, R.: Die Steuerung komplexer Organisationen. In: *Sandner, K.* (Hrsg.): Politische Prozesse in Organisationen. Frankfurt/M., New York 1989, S. 131–156.

Kooperative Führung

Rolf Wunderer

[s. a.: Delegative Führung; Duale Führung; Effizienz der Führung; Familie, Führung in der; Führung von unten; Führungsebene und Führung; Führungsforschung, Inhalte und Methoden; Führungsgrundsätze; Führungskonzepte und ihre Implementation; Führungsmodelle; Führungsprinzipien und -normen; Führungstheorien – Kontingenztheorie, – Machttheorie, – Situationstheorie, – Weg-Ziel-Theorie; Helfendes Verhalten und Führung; Konsultative Führung; Menschenbilder und Führung; Moden und Mythen der Führung; Organisationsentwicklung und Führung; Organisationskultur und Führung; Personalentwicklung als Führungsinstrument; Philosophische Grundfragen der Führung; Selbststeuernde Gruppen, Führung in; Selbststeuerungskonzepte; Theologische Aspekte der Führung; Unternehmensverfassung und Führung; Verhaltensdimensionen der Führung; Vertrauen in Führungs- und Kooperationsbeziehungen.]

I. *Beschreibungsansätze*; II. *Erklärungsansätze*; III. *Gestaltungsansätze*; IV. *Problematische Aspekte*; V. *Entwicklungstendenzen*.

I. Beschreibungsansätze

1. Kooperative Führung (kF) in der deutschsprachigen Diskussion

Im deutschsprachigen Bereich befaßt man sich in der BWL erst seit den 60er Jahren eingehender mit kF. Zunächst veröffentlichen Praktiker zu diesem Thema (*Wunderer* 1981, S. 148). Ab den 70er Jahren erscheint dann eine beträchtliche Zahl wissenschaftlicher Monographien zu Fragen des Führungsstils – meist Dissertationen und Habilitationen –, so in der Soziologie (*Aschauer* 1970; *Zepf, G.* 1972; *Lukatis* 1972; *Nieder* 1974), in der Psychologie *(Neuberger* 1972, 1976; *Sarges* 1974; *Baumgarten* 1974; *Gebert* 1976; *Nachrainer* 1978; *Wilpert* 1977) sowie in der Betriebswirtschaftslehre (*Ziegler* 1970; *Klis* 1970; *Bürgin* 1972; *Guserl* 1973; *Lattmann* 1975; *Steinle* 1975; *Krüger* 1976; *Weder* 1976; *Gallati* 1977; *Kiechl* 1977, *Seidel* 1978; *Paschen* 1978; *Wunderer/Grunwald* 1980 b; *Wunderer* 1993). Grundlage dieser Diskussionen sind die Ergebnisse nordamerikanischer Führungsforscher (→*Führungsforschung/Führung in Nordamerika*), die sich seit den 40er Jahren normativ und empirisch mit Führung und Führungsstilen befassen (*Bass* 1990). Im Gegensatz zu damals viel beachteten nationalsozialistischen bzw. sozialistischen Führungs- und Führungsstilideologien wollen sie die Überlegenheit partizipativer („demokratischer") bzw. kooperativer Führungsformen über autoritäre Konzepte nachweisen. Nicht selten wird mit Aspekten führungstechnologischer Effektivität argumentiert, wenn als zentrale Triebfedern normativ-ethische bzw. gesellschaftspolitische Motive dominieren (dazu z. B. *Likert* 1967).

2. Begriffsbestimmung

Nach *Stogdill* (1974) gibt es über Führung nahezu so viele Definitionen wie Führungsforscher. Für die Teilmenge der kF gilt ähnliches. Literaturanalysen von *Seidel* (1978, S. 107) und *Wunderer/Grun-

wald 1980 b) ergaben, daß mit kF v. a. folgende Begriffsinhalte verbunden werden:

- An erster Stelle rangiert die Beteiligung am Entscheidungsprozeß;
- an zweiter Stelle steht die Qualität der interpersonellen Arbeits- und Führungsbeziehungen, v. a. i. S. von partnerschaftlicher bzw. gruppenbezogener Orientierung.

Empirische Befragungen und experimentelle Beobachtungen (vgl. v. a. *Neuberger* 1972; *Wunderer/Grunwald* 1980 b, S. 63) zur Qualität von kF konzentrierten sich ebenfalls auf die Dimensionen „Entscheidungspartizipation" und „Interpersonelle Beziehungsgestaltung". Dabei stand der Aspekt der Entscheidungspartizipation meist im Vordergrund. 1983 befragte *Wunderer* mit dem EMNID-Institut eine repräsentative Stichprobe der Bevölkerung der Bundesrepublik Deutschland zum Begriff kF. Wie Abbildung 1 zeigt, hatten rund 1/5 der Befragten keine Vorstellung zu diesem Begriff. Der Rest rangierte aber die Qualität interpersoneller Beziehungen (v. a. wechselseitige Hilfe) tendenziell höher ein als dies andere Befragungen *Wunderers* von Studenten der Wirtschaftswissenschaften und von Führungskräften der Wirtschaft in Deutschland ergaben (vgl. *Wunderer/Grunwald* 1980 b, S. 21 ff.).

Frage: Woran denken Sie beim Begriff „kooperative Führung"? Bitte suchen Sie aus den nachfolgenden Aussagen zwei heraus, die Sie für besonders zutreffend halten. (Antwortmöglichkeiten vorgegeben)	
	Total %
Der Vorgesetzte fragt seinen Mitarbeiter, bevor er eigene Entscheidungen fällt	27
Vorgesetzter und Mitarbeiter sind weitgehend gleichberechtigt	23
Der Mitarbeiter arbeitet weitgehend selbständig	11
Der Vorgesetzte kümmert sich um persönliche Probleme des Mitarbeiters	11
Vorgesetzter und Mitarbeiter unterstützen und helfen sich gegenseitig	54
weiß nicht keine Angabe	19
Summe	146
Basis	1010
Befragungszeitraum: 29. 6.–25. 7. 1983 BRD	

Abb. 1: *Demoskopischer Begriff kooperative Führung*

Auf der Grundlage literarischer und empirischer Analysen entwickelten *Wunderer/Grunwald* (1980 b) einen Beschreibungsansatz zur kooperativen Führung, der sich auf die Dimensionen „Partizipation" und „prosoziale Orientierung" konzentriert, neun konstitutive Merkmale und drei zentrale Grundwerte unterscheidet. Abbildung 2 gibt einen Überblick zu diesem Konzept.

II. Erklärungsansätze

Erklärungsansätze zum Führungsstilphänomen folgen der allgemeinen sozialwissenschaftlichen Diskussion sowie typischen Denkweisen der damit befaßten Disziplinen.

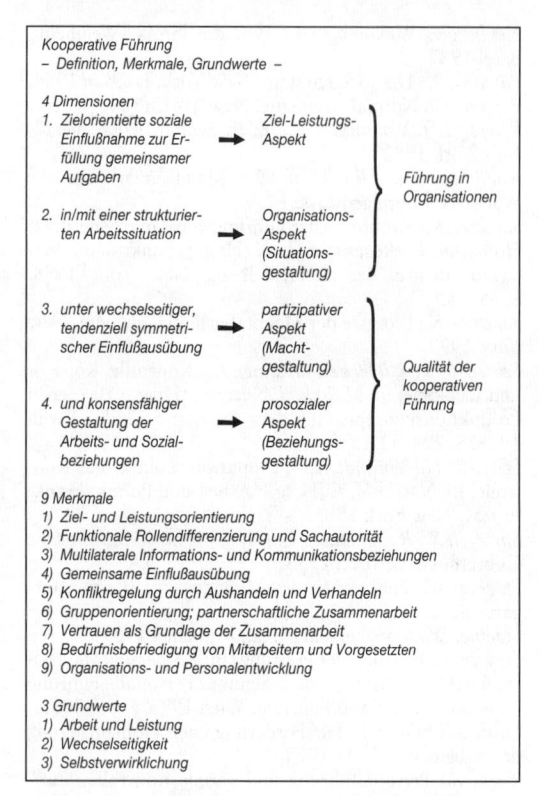

```
Kooperative Führung
– Definition, Merkmale, Grundwerte –

4 Dimensionen
1. Zielorientierte soziale        Ziel-Leistungs-   ⎫
   Einflußnahme zur Er-           Aspekt            ⎬
   füllung gemeinsamer                              ⎪  Führung in
   Aufgaben                                         ⎪  Organisationen
                                                    ⎪
2. in/mit einer strukturier-      Organisations-    ⎭
   ten Arbeitssituation           Aspekt
                                  (Situations-
                                  gestaltung)
                                                    ⎫
3. unter wechselseitiger,         partizipativer    ⎪
   tendenziell symmetri-          Aspekt            ⎪
   scher Einflußausübung          (Macht-           ⎬
                                  gestaltung)       ⎪  Qualität der
                                                    ⎪  kooperativen
4. und konsensfähiger             prosozialer       ⎪  Führung
   Gestaltung der                 Aspekt            ⎪
   Arbeits- und Sozial-           (Beziehungs-      ⎭
   beziehungen                    gestaltung)

9 Merkmale
1) Ziel- und Leistungsorientierung
2) Funktionale Rollendifferenzierung und Sachautorität
3) Multilaterale Informations- und Kommunikationsbeziehungen
4) Gemeinsame Einflußausübung
5) Konfliktregelung durch Aushandeln und Verhandeln
6) Gruppenorientierung; partnerschaftliche Zusammenarbeit
7) Vertrauen als Grundlage der Zusammenarbeit
8) Bedürfnisbefriedigung von Mitarbeitern und Vorgesetzten
9) Organisations- und Personalentwicklung

3 Grundwerte
1) Arbeit und Leistung
2) Wechselseitigkeit
3) Selbstverwirklichung
```

Abb. 2: *Kooperative Führung nach Wunderer/Grunwald*

(1) Die *individualpsychologische Perspektive* konzentriert sich auf die Persönlichkeit des Führers (*Wunderer* 1971). KF i. S. eines *Führerstils* wird als eine relativ stabile kooperative Persönlichkeitsdisposition des Vorgesetzten auf der Grundlage der *Eigenschaftstheorie* (→*Führungstheorien – Eigenschaftstheorie*) der Führung betrachtet. Die Mitarbeiter spielen in diesem Ansatz mehr die Rolle einer abhängigen Variablen.

Als Gegenkonzept dazu kann man die sog. Reifegradtheorie von *Hersey/Blanchard* (1977) verstehen. Hier ist die Fähigkeit und Motivation des Mitarbeiters, am Entscheidungsprozeß des Vorgesetzten zu partizipieren, die entscheidende unabhängige Variable für das (davon abhängige) effektive Führerverhalten des Vorgesetzten. Ist der Mitarbeiter „unreif", muß er autoritär, ist er „reif", soll er partizipativ bzw. delegativ geführt werden.

(2) Die *sozialpsychologische Betrachtungsweise* stellt Interaktionsprozesse zwischen Vorgesetzten und Mitarbeitern in den Mittelpunkt. Diese sind u. a. die Grundlage umfassender experimenteller Studien zu den Wirkungen von Führungsbeziehungen bei unterschiedlichen Führungsstilen des Vorgesetzten (vgl. die Synopsen von *Stogdill* 1974; *Bass* 1991; *Clark/Clark* 1990; *Neuberger* 1976; *Witte* 1974; *Wunderer/Grunwald* 1980 b). Die zwei wesentlichen Erfolgsgrößen sind „Effekti-

vität" (führungstechnologischer Erfolg) und „Effizienz" (Zufriedenheit der Mitarbeiter). Der Führungsstil wird damit zur zentralen Erklärungsvariablen für die →*Effizienz der Führung*. Die Auswertung experimenteller Studien zeigt, daß kooperative Führungsformen die Zufriedenheit der Mitarbeiter erhöhen. Vergleichbare Ergebnisse für die führungstechnologische Effektivität ergaben sich nicht (*Wunderer/Grunwald* 1980 b, S. 403 ff.). Diese Ergebnisse regten weiterführende Untersuchungen an. Im Zentrum stand nunmehr die Frage, wodurch Führungseffektivität zu erklären sei.

Die *Kontingenztheorie* bzw. *Situationstheorie* der Führung sind eine Antwort darauf. Am breitesten diskutiert wird dabei das Konzept von *F. Fiedler* (1967; →*Führungstheorien – Kontingenztheorie, – Situationstheorie*), das die Effektivität der Führung neben individual- (Führerorientierung) und sozial-psychologischen (Führer- und Mitarbeiterbeziehungen) auch mit organisatorischen Variablen (Positionsmacht und Aufgabenstruktur) zu erklären versucht (*Wunderer* 1979).

(3) Solche *organisationspsychologischen Betrachtungsweisen* erweitern also den *Objektbereich* der Führungsforschung beträchtlich und reduzieren zugleich die Bedeutung des Führungsstils – zumindest unter Aspekten der Effektivität.

(4) *Betriebswirtschaftliche Denkmuster* diskutieren die partizipative Qualität der Entscheidungsverteilung und -beteiligung sowie deren Sicherung durch institutionelle Maßnahmen (→*Führungsebene und Führung; Mitbestimmung, Führung bei; Unternehmensverfassung und Führung*). Auch hier werden zwei Erfolgsfaktoren differenziert: die Qualität der Entscheidungsfindung durch Partizipation sowie ihre Verträglichkeit mit menschlichen („prosozialen") Grundwerten (Humanisierung/Demokratisierung). Neben der *Humanisierung* der äußeren Arbeitsbedingungen sollen durch eine „innere Humanisierung" (*Sahm* 1982, hier v. a. kF) der Führungs- und Arbeitsbeziehungen menschenwürdigere und effektivere Führungsformen gefunden sowie eine Verbindung mit entsprechenden Gesellschafts- und Staatsformen sichergestellt werden. Dabei wird zwischen indirekter (→*Unternehmensverfassung und Führung*) und direkter Partiziption (Mitbestimmung am Arbeitsplatz) differenziert. Führungsorganisatorische Konzepte (→*Selbststeuernde Gruppen, Führung in*) sollen dies auf der Gruppenebene konkretisieren.

(5) Unter dem Einfluß der *soziologischen Rollentheorie* werden v. a. die Erwartungen der Mitarbeiter an die Führungskraft sowie die Erfüllung dieser Forderungen zum zentralen Forschungsthema (*Wunderer* 1993, S. 24 ff.). Führungserfolg hängt damit u. a. von der erwartungsgemäßen Erfüllung zentraler Führungsfunktionen ab. Die Mitarbeiter stellen dabei besondere Erwartungen an Funktionen der interpersonellen Beziehungsgestaltung (Gruppenaufbaurollen).

III. Gestaltungsansätze

1. Wissenschaftstheoretische Grundlagen

Wie in der wissenschaftstheoretischen Diskussion der Betriebswirtschaftslehre seit langem diskutiert (z. B. *Keinhorst* 1956; *Wunderer* 1967), beruhen die Vorschläge für die Gestaltung von Führungsbeziehungen auch auf „normativ-ethischen" und „praktisch-normativen" Betrachtungsweisen (→*Wissenschaftstheoretische Grundfragen der Führungsforschung*).

Die „normativ-ethische" Richtung stellt Forderungen an ein „ideales" Führungsverhalten bzw. an ideale Führungsbeziehungen. Die Wertgrundlagen des Humanismus, des Personalismus, christlicher Sozialentstehen und demokratischer Gesellschaftsvorstellungen stellen das Wesen des Menschen, die Grundrechte des Individuums, seine Mündigkeit und Menschenwürde sowie sozial erwünschte Beziehungsgrundlagen (Vertrauen, wechselseitige Unterstützung, Solidarität) in den Mittelpunkt. Die praktisch-normative Denkrichtung klammert solche Wertungen „im Aussagenzusammenhang" aus und konzentriert sich auf Wertungen im „Objektbereich" (*Albert* 1972), d. h. *gegebene* bzw. *vorgefundene* Ziele sollen „optimiert", also in zieloptimaler Weise instrumentell gestaltet werden.

Bei *normativ-ethischer Betrachtungsweise* gibt es eigentlich nur ein Führungsstil, eine ideale Führungs- und Kommunikationssituation. Abweichungen davon sind der Unvollkommenheit der menschlichen Natur oder ungünstigen Bedingungen zuzuschreiben. Diese legitimieren aber nicht dazu, grundsätzlich andere Konzepte anzustreben. Sollte die Verfolgung solch idealer Führungsbeziehungen die Realisierung ökonomischer oder technologischer Effektivität beeinträchtigen, so wäre dies infolge des Primats humaner Lebensgestaltung solange hinzunehmen, als die Funktionsfähigkeit der Institution noch gewährleistet ist. Dazu zwei gegensätzliche Thesen: „Es ist besser, Vollkommenheit anzupeilen und vorbeizuschießen, als auf Unvollkommenheit zu zielen und zu treffen" (*Watson* 1964) und „Der Versuch, den Himmel auf Erden einzurichten, produziert stets die Hölle" (*Popper* 1965). Bemerkenswert ist dabei, daß die utopiekritische Einschätzung von einem Wissenschaftler, die optimistische dagegen von einem erfolgreichen Unternehmer (IBM) stammt.

Aus „*praktisch-normativer*" Sicht gibt es keine Tabuisierung bestimmter Ziele. In Wirtschaftsordnungen mit Wettbewerbsprinzipien und der Dominanz ökonomischer *Zielgrößen* müßten somit Gestaltungsempfehlungen für Führungsformen darauf ausgerichtet werden. Die ökonomische oder technologische Effektivität wird zur zentralen Bewertungs- und Gestaltungsgröße, der ideale Führungsstil wandelt sich zum optimalen. Denn unterschiedliche Bedingungen erfordern unterschiedliche Führungsmuster. Der situative Führungsstil wird damit zum adäquaten Grundkonzept. KF stellt unter Effektivitätsaspekten *eine* Variation zur Maximierung des Outputs dar. Daneben treten gleichberechtigt andere Führungsformen.

2. Entwicklungstendenzen in der Praxis

a) Wesentliche Einflußfaktoren

In den letzten Jahren bewirkten verschiedene Faktoren eine Verstärkung kooperativer Denkmuster. Wesentliche Einflußfaktoren sind u. E.:

- Veränderte Werthaltungen der Mitarbeiter (*Wunderer* 1993, S. 113 ff.) mit wesentlichem Einfluß auf ihre Leistungs- und Beitrittsmotivation in Richtung kF. Gestützt und verstärkt wird dieser gesellschaftliche Wertewandel durch entsprechende Sozial- und Arbeitsgesetze.
- Die Zunahme qualifizierter Tätigkeiten im Rahmen des technologischen Wandels sowie die Besetzung von Positionen mit höher qualifizierten Mitarbeitern bilden eine weitere Grundlage für Forderungen nach kooperativeren Führungsformen (*Wunderer/Kuhn* 1993).
- *Strukturelle und instrumentelle Absicherung der kF.* Da Führungspraktiker oft vorsichtige bis skeptische Grundeinstellungen gegenüber einem von Natur aus „kooperativen Menschen" zeigen, sichern sie sich u. a. durch institutionelle und strukturelle Regelungen ab. Dies wird im folgenden ausführlicher diskutiert.

b) Strukturelle kF als bevorzugter Gestaltungsansatz der Praxis

Strukturelle Maßnahmen zur kF betreffen einmal ihre mehr „harten Faktoren". Dazu zählen i. w. S. die *Unternehmens- und Betriebsverfassung,* der „Sozialstil" zwischen Arbeitgebern und Arbeitnehmern, aber auch die Führungsorganisation (v. a. kollegiale und dezentrale sowie matrixorientierte Formen), institutionalisierte und formalisierte *Führungskonzepte* sowie damit verbundene Führungsinstrumente (z. B. →*Führungsgrundsätze*). Schließlich geht es darum, Managementkonzepte kooperativ zu gestalten (v. a. in Form von Zielvereinbarungen statt Zielvorgaben).

Diese strukturellen Maßnahmen zur Gestaltung günstiger Arbeits- und Führungssituationen für kF wurden im deutschsprachigen Raum intensiv diskutiert und auch im breiten Maße zu realisieren versucht (*Albach* 1983; *Wunderer* 1983; *Wunderer/Klimecki* 1990).

Zu den „weichen Faktoren" struktureller Führung zählen u. a. die *Führungsphilosophie* und *-kultur.* Hier geht es besonders um die „innere Verfassung" in den Köpfen der Organisationsmitglieder, z. T. durch langfristige, unspektakuläre, individuelle Lernprozesse. Bestimmte Gestaltungsforderungen und -maßnahmen wurden z. T. als Manipulation bzw. neue Mythenbildung kritisiert (z. B. *Kubicek* 1984; *Neuberger* 1984; →*Moden und Mythen der Führung*).

Ebenso wurden erhebliche Anstrengungen im Bereich des institutionellen Führungstrainings unternommen, um Vorgesetzte über Vorteile und Möglichkeiten kooperativer Führungsformen zu informieren. Damit verbundene Einstellungsveränderungen führten aber nicht immer oder vollständig zu Verhaltensänderungen (*Wunderer* 1984).

Mit Maßnahmen zur *Organisationsentwicklung* (→*Organisationsentwicklung und Führung*) versuchte man z. T. eine umfassende Veränderung von Organisationsstrukturen, Einstellungen und Verhaltensweisen zu erreichen. Zu weitgehende Forderungen, zu kurzatmige Zielsetzungen und mangelnde Unterstützung der Unternehmensleitungen bei auftauchenden Problemen führten oft zu Mißerfolgen. Zudem wurden diese Maßnahmen im Gefolge wirtschaftlicher Krisensituationen oft durch autoritäre Reorganisationsmaßnahmen ersetzt. Trotz allem kann man – insb. in den erfolgreichen Organisationen (z. B. *Peters/Waterman* 1983) – Wirkungen solch struktureller Strategien in Richtung kF erkennen. Zumindest verbesserten sie tendenziell die Führungssituation für alle, die nach einer Unterstützung und Legitimation der kF in ihrer Führungspraxis suchten.

IV. Problematische Aspekte

Weil kF als die sozial erwünschte Führungsbeziehung proklamiert und zu realisieren versucht wird, scheint es angebracht, ihre Grenzen nicht aus den Augen zu verlieren. Im folgenden werden sieben davon ausgewählt, die uns aus langjähriger Beschäftigung mit relevanten Fragen – auch in der Praxis – besonders bedeutsam erscheinen:

1. Wahl der zentralen Dimensionen

KF wird v. a. durch zwei Dimensionen geprägt (*Wunderer/Grunwald* 1980 b). Abbildung 3 veranschaulicht dies. Gerade in der betriebswirtschaftlichen und gesellschaftspolitischen Diskussion steht die *partizipative Dimension* der kF eindeutig im Vordergrund. Dabei dominieren „strukturelle Optimisten", die zugleich von tiefem Mißtrauen gegenüber der menschlichen Natur erfüllt sind („interaktionelle Pessimisten") – v. a. sofern mit Positionsmacht ausgestattet. Partizipation muß deshalb institutionell durch Gesetze, Verfassungen, Führungsorganisation, Führungsrichtlinien abgesichert werden. Selbst in der Beschreibungsebene wird dann nur der partizipative Aspekt berücksichtigt (vgl. z. B. das weitverbreitete Konzept von *Tannenbaum/Schmidt* 1958).

Die *prosoziale Dimension* wird dagegen bevorzugt von Psychologen und Soziologen thematisiert. Die Analyse von Gruppen- und Interaktionsprozessen zeigt, daß z. B. die bei kF erforderliche ten-

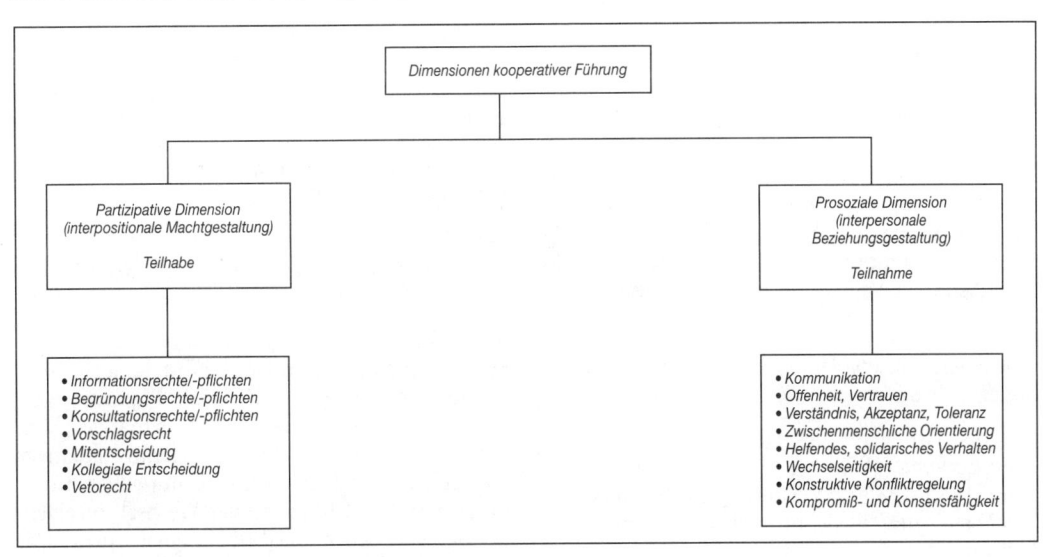

```
                    Dimensionen kooperativer Führung
                    ┌───────────────┴───────────────┐
         Partizipative Dimension              Prosoziale Dimension
      (interpositionale Machtgestaltung)       (interpersonale
                                              Beziehungsgestaltung)
               Teilhabe                            Teilnahme

    • Informationsrechte/-pflichten       • Kommunikation
    • Begründungsrechte/-pflichten        • Offenheit, Vertrauen
    • Konsultationsrechte/-pflichten      • Verständnis, Akzeptanz, Toleranz
    • Vorschlagsrecht                     • Zwischenmenschliche Orientierung
    • Mitentscheidung                     • Helfendes, solidarisches Verhalten
    • Kollegiale Entscheidung             • Wechselseitigkeit
    • Vetorecht                           • Konstruktive Konfliktregelung
                                          • Kompromiß- und Konsensfähigkeit
```

Abb. 3: Dimensionen kooperativer Führung

denziell symmetrische Partizipation nur bei wechselseitiger fachlicher und personeller Akzeptanz, gegenseitigem Vertrauen und dem gemeinsamen Willen zur Zusammenarbeit praktiziert werden kann. Von Kritikern wird diese Dimension gern als „Human Relations-Ideologie", z.T. als ideologische Legitimation für manipulativen oder mythenbehafteten Machteinsatz bewertet (z. B. *Kubicek* 1984).

Nur die Realisierung beider Dimensionen sichert kF; beide stellen also notwendige Bedingungen dieses Konzepts dar (*Wunderer* 1981). Während die Partizipation v. a. fachlichen Reifegrad erfordert, verlangt die prosoziale Dimension hohe Ausprägungen im sozialen Reifegrad bei Vorgesetzten und Mitarbeitern.

2. KF und Leistungsmotivation

B. Bass (1960) definiert Führung als „wahrgenommene Anstrengungen zur Veränderung der Motivation oder Gewohnheiten anderer". Neuere motivationsorientierte Führungstheorien postulieren, der Geführte bewerte Ziele und Wege seines Handelns rational im Lichte seiner jeweiligen Bedürfnisse. Der Führer hat dann motivationsgerechte Bedingungen zu schaffen bzw. ihre positive Bewertung durch die Mitarbeiter zu beeinflussen. Diese rationalen Kalküle lassen kooperativ gestaltete Aktivitäten direkter Vorgesetzter bzw. zentraler Stellen gerade für erfolgsorientierte kalkulative Mitarbeiter als nur begrenzt attraktiv erscheinen, weil die Führungspraxis in der Regel nur den Leistungserfolg bewertet. Eine Prämierung kooperativen Führungsverhaltens ist in der Praxis zudem nur schwer realisierbar, auch unüblich. Aus Sicht einer motivationsorientierten Führungstheorie erhält kF bei den gegebenen Gratifiktionssystemen somit nur eine geringe Instrumentalität.

Eng mit dieser kognitionstheoretischen Betrachtung ist die bedürfnistheoretische Bewertung von Führungsbeziehungen verknüpft. Die Unterscheidung *Herzbergs* übernimmt auch *Neuberger* (1976) in sein erweitertes *Weg-Ziel-Konzept der Führung* (→*Führungstheorien – Weg-Ziel-Theorie*). Danach wird der Führungsstil dem extrinsischen Bereich der Motivation zugerechnet. Er wirkt damit als „Hygienefaktor" und somit nur als „dissatisfier". Unterstellt man die Untersuchungsergebnisse Herzbergs als gültig und zuverlässig, dann ist kF kein „Motivator", der zu dauerhaften Verhaltenswirkungen bzw. intrinsischen Leistungsanreizen führen kann. Nicht erfüllte Erwartungen bezüglich kF wirken allerdings als „Frustratoren", welche die Leistungsmotivation einschränken können. Ob also kF tatsächlich den „größten motivationalen Anreizwert" (*Hoffmann* 1980, S. 527) zeigt, wäre dann noch nachzuweisen.

Die motivationale Wirkung von kF hängt auch wesentlich von der relativen Bedeutung der Führung in der realen Arbeitssituation ab. Bei hoher Arbeitsteilung und hochstrukturierter Ablauforganisation (z. B. Fließbandarbeit), bei überwiegender Abwesenheit des Vorgesetzten (z. B. in Vertriebsfunktionen) sowie bei hoch introvertierten Mitarbeitern dürfte die Bedeutung von kF für die Leistungsmotivation einen wesentlich niedrigeren Stellenwert einnehmen als bei extrovertierten Mitarbeitern mit hohen personellen Identifikationsbedürfnissen, bei geringer Arbeitsteilung bzw. hoher Anwesenheitsrate des Vorgesetzten. Weiterhin sind die schon diskutierten Kausalbeziehungen zwischen Zufriedenheit und Leistung bedeutsam. Mitarbeiter, die Leistungsmotivation erst entwickeln, wenn ihre personalen und sozialen Bedürfnisse befriedigt sind, werden auf kF anders reagieren als „Selbstläufer". Vorgesetzte, die kF nur als Belohnungskonzept für erfolgreiche Mitarbeiter interpretieren, werden kF anders gewichten als solche, die in ihr „den größten motivationalen Anreizwert" sehen. So erweisen sich unterschiedliche Attribuierungen zwischen kF und Leistungserfolg als wesentlich für die motivationalen Bewertungen bezüglich ihrer Valenz und Instrumentalität.

3. Rollenspezifische Differenzen zum Begriffsinhalt

Auf der Grundlage des Konzepts von *Tannenbaum/Schmidt* (1958) (vgl. Abb. 4) befragte *Wunderer* 1985–1986 255 Führungskräfte und 120 Studenten zum Bedeutungsgehalt kooperativer Führung.

Auf die Frage: „Definieren Sie kooperative Führung aus Sicht der Mitarbeiterrolle" rangierten die Befragten kF mit dem Mittelwert 5,4 und dem häufigsten Wert 5 („die Gruppe entwickelt Vorschläge, der Vorgesetzte entscheidet sich für die von ihm favorisierte Alternative"). Anschließend wurden die gleichen Personen gebeten, ihre Bewertung aus Sicht der Vorgesetztenrolle zu geben. Hier ergab sich der Mittelwert 4,3 und der häufigste Wert 4 („der Vorgesetzte informiert seine Mitarbeiter über beabsichtigte Entscheidungen, diese können ihre Meinung äußern, bevor der Vorgesetzte die endgültige Entscheidung trifft").

Diese bedeutungsvolle Bewertungsdifferenz der gleichen Personen zeigt rollenspezifische Bewertungsdifferenzen bei der Festlegung des Begriffsinhalts von kF (vgl. dazu auch die referierten Umfragen in den Beiträgen →*Delegative Führung* und →*Führung von unten*).

Die gleichen Befragten zeigen bezüglich kF anspruchsvollere Vorstellungen im „Nehmen" als im „Geben", damit ein asymmetrisches Erwartungs- und Austauschkonzept. Ähnliche Interpretationsdifferenzen – bei anderen Ursachen – ergab eine 1983 von *Wunderer* in Zusammenarbeit mit dem EMNID-Institut durchgeführte repräsentative Befragung der bundesdeutschen Bevölkerung zum Begriff kF bezüglich der Partizipation – wieder differenziert nach dem Konzept von *Tannenbaum/Schmidt* (Abb. 4):

- 27% interpretieren kF als konsultative Führungsbeziehung (Wert 4)
- 23% als partizipative Führungsbeziehung (Wert 5)
- 11% als delegatives Führungskonzept (Wert 6).

Diese empirischen Ergebnisse zeigen, daß kF vom Begriffsinhalt wie -umfang weite und z.T. sehr differenzierte Interpretationsspielräume (von konsultativ bis delegativ) aufweist. Dies kann in der Führungspraxis leicht zu Mißverständnissen und Konflikten führen.

4. KF als ideal-fixiertes oder situativ-variiertes Führungskonzept

In den letzten Jahren findet man besonders in der Führungspraxis veränderte Einstellungen zum Konzept kF. Frühere, mehr ideale Maximen werden abgelöst von Konzepten der „situativen Führung", z.T. auch solcher „kooperativ-situativer Führung". Der Übergang zu einem rein situativen Konzept stellt i. d. R. auch einen Wechsel von einem normativ-ethischen Idealstil zu einem praktisch-normativen Optimalstil dar. Für einen Übergang zu „kooperativ-situativer Führung" gilt anderes, wenn dabei kF als Wertgrundlage postuliert, zugleich aber eine situative Bandbreite bei der Realisierung akzeptiert würde. Deren Begrenzung verhindert, daß situative Führung auf „wertlose" Beliebigkeit reduziert wird. Die Definition von „Nebenbedingungen" kF (z. B. mittels wertorientierter Grenzpflöcke und Bandbreiten) scheint damit eine wesentliche Voraussetzung für eine theorie- und praxisgerechte Weiterentwicklung von Führungskonzepten zu sein.

5. Interpersonelle Variationen durch unterschiedliche Gerechtigkeitspostulate

Unter divergierenden Gerechtigkeitsaspekten „Jedem das Gleiche" oder „Jedem das Seine" werden auch unterschiedliche Forderungen an die Gestaltung von Führungsbeziehungen in der Arbeitsgruppe gestellt.

Bei eigenen Befragungen votierten Vorgesetzte überwiegend für das Konzept „Jedem das Seine", die Mitarbeitersicht bevorzugte bezüglich der

Willensbildung beim Vorgesetzten (V)						Willensbildung beim Mitarbeiter (MA)
1	2	3	4	5	6	7
V entscheidet ohne Konsultation der MA	V entscheidet; er versucht aber, die MA von seinen Entscheidungen zu überzeugen, bevor er sie anordnet	V entscheidet; er gestattet jedoch Fragen zu seinen Entscheidungen, um dadurch deren Akzeptierung zu erreichen	V informiert MA über beabsichtigte Entscheidungen; MA können ihre Meinungen äußern, bevor der V die endgültige Entscheidung trifft	MA/Gruppe entwickelt Vorschläge; V entscheidet sich für die von ihm favorisierte Alternative	MA/Gruppe entscheidet, nachdem V die Probleme aufgezeigt und die Grenzen des Entscheidungsspielraums festgelegt hat	MA/Gruppe entscheidet, V fungiert als Koordinator nach innen und außen
„Autoritär"	„Patriarchalisch"	„Informierend"	„Beratend"	„Kooperativ"	„Delegativ"	„Autonom"

Abb. 4: Das Führungskontinuum nach dem Konzept von Tannenbaum/Schmidt

Vorgesetztenbehandlung „Jedem das Gleiche". Im wechselseitigen Bemühen um kooperative Führungsbeziehungen im Team (*Wunderer* 1991) dürfte es nach dem Konzept „Jedem das Gleiche" grundsätzlich (vgl. auch →*Theologische Aspekte der Führung*) keine interpersonellen Differenzierungen geben – zumindest nicht in der prosozialen Dimension (*Bierhoff* 1980; *Staub* 1982). Aus unterschiedlichen Situationsbedingungen (u. a. unterschiedliche Aufgaben, fachliche Qualifikation und Leistungsmotivation) resultieren aber differenzierende Führungsbeziehungen gegenüber verschiedenen Mitarbeitern, insb. in der partizipativen Dimension. Ein besonderes Problem dabei ist die Akzeptanz von Abweichungen durch die Betroffenen. Schließlich spielen hier Konzepte der Austauschgerechtigkeit (z. B. „Wie Du mir, so ich Dir") eine zentrale Rolle. Kooperatives Verhalten kann auf Dauer nur wechselseitig realisiert werden – dies zeigten auch umfangreiche experimentelle Studien (*Axelrod* 1984).

6. Externe und strukturelle Beeinflussung von Führungsbeziehungen

Ein strategisches Gestaltungsproblem der Führungspraxis ist die Frage nach Fremd- oder Selbststeuerung bei der Gestaltung von kF. Bei der Kritik des *Harzburger Modells* (→*Führungsmodelle*) wurde z. B. von einer autoritären Einführung eines kooperativen Konzepts gesprochen. Darüber hinaus bevorzugt die Führungspraxis – wie schon dargelegt – bei der Implementierung von kF „harte" strukturelle Führungsmaßnahmen (Gesetze, Verfassung, Organisation, Richtlinien).

Generell kann strukturelle Führung aber nur als Bereitstellung einer für kF günstigen Führungssituation verstanden werden. Die Realisierung der kF hängt dagegen von der interaktionellen, gruppeninternen und individuellen Umsetzung ihrer zentralen Dimensionen (Partizipation, prosoziale Beziehungen) im täglichen Führungsprozeß ab.

7. Grenzen der Verhaltensmodifikation

Die Verhaltensmodifikation betrifft den zweiten Aspekt der Führungsdefinition von *Bass*, die „wahrgenommene Veränderung der Gewohnheiten". Sofern nicht schon etwa durch Personalselektion optimale Voraussetzungen bei Vorgesetzten und Mitarbeitern zur Praktizierung von kF bestehen, versucht man es mit Verhaltensmodifikation.

Die Philosophien zur Veränderbarkeit menschlichen Verhaltens lauten sehr unterschiedlich (*Keller/Ribes-Inesta* 1974; *Mahoney* 1977; *Wunderer* 1984). Der eigenschaftstheoretische Ansatz ist dabei eher pessimistisch, der behavioristische dagegen optimistisch. Bei der Verhaltensmodifikation in Richtung kF zeigen sich v. a. folgende Probleme:

1) Zu anspruchsvolle Formulierungen von kF – v. a. wenn sie nicht als Idealzustände charakterisiert werden – entmutigen gerade „Lernwillige".
2) KF wird meist zu wenig operationalisiert (selbst in sog. →*Führungsgrundsätzen*). Damit werden weder konkrete Lernziele noch konkrete Lerninhalte definiert. Meßbare Erfolgsbeurteilungen sind damit erschwert. Personalbeurteilungssysteme – zumindest im Bereich der Verhaltensbeurteilung auf solche Führungsgrundsätze ausgerichtet – fehlen ebenso. Damit mangelt es schon am instrumentellen Reifegrad für gezielte und effektive Modifikation.
3) Zu umfassende Realisierungsansprüche. Von der Information zur Delegation, von der Motivation zur Personalförderung, von der partizipativen bis zur prosozialen Dimension – all das soll möglichst mit dem Zeitpunkt der Ratifizierung der kF bei Vorgesetzten und Mitarbeitern realisiert werden.
4) Für die Entwicklung anspruchsvoller, intelligenter Produkte im technischen Bereich rechnen Fachleute mindestens vier bis zehn Jahre. Sie sind zudem bereit, dafür wesentlich höhere materielle und personelle Ressourcen einzusetzen. Bei Personalentwicklungsmaßnahmen geht man dagegen oft von naiv kurzen Zeitspannen aus, die manchmal gar auf den Besuch eines Führungsseminars beschränkt werden.
5) Der Verhaltensänderung des Vorgesetzten wird zu viel, der des Mitarbeiters zu wenig Bedeutung geschenkt. Aus diesem patriarchalischen oder gewerkschaftlichen Verantwortungskonzept („Ausschlaggebend ist fast immer der Führungsstil des Vorgesetzten, wenn die Zusammenarbeit zwischen Vorgesetzten und Mitarbeitern nicht funktioniert", *Dachrodt* 1976, S. 15) resultieren Überforderungen der Vorgesetzten und Unterforderungen der Mitarbeiter. So beschränkt sich Führungstraining – ganz nach dem Konzept des Führerstils – auf die Vorgesetzten und hier nur auf die Vorgesetztenrolle. Selbst wenn man dabei Lernfortschritte erreicht, können (und müssen) die am Arbeitsplatz verbliebenen Mitarbeiter keine gleichgerichteten und gleichzeitigen Lernfortschritte erzielen. Das Konzept des simultanen Führungstrainings in Arbeitsgruppen wird viel zu wenig praktiziert, meist aus kosten- oder arbeitstechnischen Gründen verworfen.
6) Verhaltensänderung wird zu stark als Aufgabe eines fremdinitiierten, institutionalisierten Führungstrainings außerhalb des Arbeitsplatzes verstanden. Gezielter Verhaltensentwicklung am Arbeitsplatz wird zu wenig Aufmerksamkeit gewidmet.
7) Institutionellen und formalisierten Verhaltensvorschriften wird für die Verhaltensmodifikation mehr Bedeutung zugeschrieben als informellen „Verhaltenskontrakten" (z. B. in Mitarbeitergesprächen formuliert).
8) Personalentwicklung wird häufig ohne Abstimmung mit begleitenden Maßnahmen der Organisationsentwicklung i. e. S. (Strukturentwicklung) betrieben. Damit wird der Gestaltung der günstigen Führungssituation zu wenig Gewicht beigemessen.

V. Entwicklungstendenzen

In den letzten 30 Jahren hatte man sich in der Diskussion um Führungsformen daran gewöhnt, kF als „den" Idealstil zu postulieren. Muß dies auch für die Zukunft gelten?

Im Bereich der Organisationsformen kann man schon seit 20 Jahren unter den Maximen der „Dezentralisierung", der „Humanisierung der Arbeitswelt" oder dem Einfluß der Systemtheorie

Konzepte der Selbststeuerung, Selbstorganisation teilautonomer Arbeitsgruppen, und Selbstentwicklung finden. Diese zeigten bisher erstaunlich wenig Auswirkungen auf die Führungsstildiskussion.

Auch nach unseren Prognosestudien in der Schweiz (*Wunderer/Kuhn* 1992) und der Bundesrepublik Deutschland (*Wunderer/Kuhn* 1993) zeichnet sich ein organisatorisches wie motivationales Bedürfnis nach selbststeuernden, delegativen Führungskonzepten (→*Delegative Führung*) ab – insb. bei komplexen, wenig strukturierten Aufgaben. In diesem Kontext könnte sich dann kF als ein historisches Übergangskonzept erweisen – von vorgesetztenzentrierten Einflußformen der Fremdsteuerung zu mitarbeiterzentrierten Konzepten der Selbstorganisation. Weiterhin dürfte die in der Praxis – auch in Führungsgrundsätzen – bevorzugte kooperativ-situative Führung wissenschaftlich intensiver und differenzierter (*Graeff* 1983) diskutiert werden, v. a. bezüglich der Nebenbedingungen, Grenzpflöcke oder Bandbreiten situativer Änderungen der Führungsform.

Abschließend sei noch ein Szenario zur künftigen Bedeutung von interaktionsintensiven Führungsbeziehungen diskutiert. In Wissenschaft und Praxis mehren sich die Anzeichen, daß sich der Anteil und die Bedeutung von interaktioneller (direkter) Mitarbeiterführung gegenüber der strukturellen (indirekten) Personalführung fortlaufend verringern, z. T. durch bewußte Gestaltungsmaßnahmen.

So diskutiert man in der Wissenschaft wieder (dazu vgl. *Gutenbergs* „Substitutionsgesetz der Organisation", 1951) mit wachsendem Interesse „*Führungssubstitute*" (*Kerr/Jermier* 1978) statt Führungsbeziehungen, beschreibt letztere als archaische „Residualkategorie" in heutigen Großunternehmen (*Türk* 1981), belegt deren begrenzte Bedeutung bei klarer Organisation und eindeutigen Anreizkonzepten (*Mitchell* 1981), beurteilt kritisch die Wirksamkeit von Personalentwicklungsmaßnahmen zur Verhaltensmodifikation (*Fiedler* 1967; *Fisch/Fiala* 1984), beargwöhnt wissenschaftliche und praktische Strategien zur kF als Verschleierungs-, bestenfalls mythische Legitimationskonzepte (*Kubicek* 1984) und plädiert für weitere strukturelle Maßnahmen zur Sicherung der Kooperation. Führung wird zunehmend machttheoretisch (*Pfeffer* 1981; *Mintzberg* 1983; *Neuberger* 1984) thematisiert. Die Managementpraxis tendiert – mit Unterstützung vieler Unternehmensberater – in die gleiche Richtung. Führungsspielräume werden durch juristische, vertragliche, organisatorische bzw. instrumentelle Regelungen fortlaufend eingeengt, u. a. durch Installation immer neuer und verfeinerter Planungs-, Steuerungs-, Rechnungs- und Kontrollinstrumente. Sie sollen menschliche Verhaltensvarianzen – ständige Quelle von Störungen, Abweichungen, Konflikten – zumindest im organisationsinternen Führungsalltag eliminieren. Diese sozialen Rationalisierungsstrategien sollten in ihren Auswirkungen auf die Unternehmens- und die Gesellschaftskultur intensiver diskutiert werden.

Literatur

Albach, H.: Zum Einfluß von Führungsgrundsätzen auf die Personalführung. In: *Wunderer, R.* (Hrsg.): Führungsgrundsätze in Wirtschaft und öffentlicher Verwaltung. Stuttgart 1983, S. 2–16.
Albert, H.: Konstruktion und Kritik. Hamburg 1972.
Aschauer, E.: Führung. Stuttgart 1970.
Axelrod, R.: The Evolution of Cooperation. New York 1984.
Bass, B.: Leadership, Psychology and Organizational Behavior. New York 1960.
Bass, B. (Hrsg.): Bass and Stogdill's Handbook of Leadership. 3. A., New York, London, 1990.
Baumgarten, R.: Betriebliche Führungsstile. Diss. Berlin 1974.
Bierhoff, H. U.: Hilfreiches Verhalten. Darmstadt 1980.
Bürgin, U. O.: Der kooperative Führungsstil. Bern, Stuttgart 1972.
Clark, K./Clark, M. (Hrsg.): Measures of Leadership. Greensboro 1990.
Dachrodt, H.-G.: Management und Menschenführung. Köln 1976.
Fiedler, F.: A Theory of Leadership Effectiveness. New York 1967.
Fisch, R./Fiala, S.: Wie erfolgreich ist Führungstraining? In: DBW, 1984, S. 193–203.
Gallati, A.: Der Führungsstil und seine Beeinflußbarkeit. Diss. St. Gallen 1977.
Gebert, D.: Zur Erarbeitung einer Führungskonzeption. Berlin 1976.
Graeff, C. L.: The Situational Leadership Theory: A Critical View. In: AMR, 1983, S. 285–291.
Guserl, R.: Das Harzburger Modell. Wiesbaden 1973.
Gutenberg, E.: Grundlagen der Betriebswirtschaftslehre, Bd. 1: Die Produktion. Berlin et al. 1951 (8./9. A. 1963).
Hersey, P./Blanchard, K. H.: Management of Organizational Behavior. Englewood Cliffs, N. J. 1977.
Hoffmann, F.: Führungsorganisation Bd. I. Tübingen 1980.
Keinhorst, H.: Die normative Betrachtungsweise in der Betriebswirtschaftslehre. Berlin 1956.
Keller, F./Ribes-Inesta, E. (Hrsg.) Behavior Modifikation. New York 1974.
Kerr, J./Jermier, J.: Substitutes for Leadership. In: OBHP, 1978, S. 375-403.
Kiechl, R.: Zur Autorität in der Unternehmensführung – Normative Überlegungen über die Autoritätsformen im kooperativen Führungsstil. Bern, Stuttgart 1977.
Klis, M.: Überzeugung und Manipulation. Wiesbaden 1970.
Krüger, W.: Macht in der Unternehmung. Stuttgart 1976.
Kubicek, H.: Führungsgrundsätze als Organisationsmythen und die Notwendigkeit von Entmythologisierungsversuchen. In: ZfB, 1984, S. 4–29.
Lattmann, Ch.: Führungsstil und Führungsrichtlinien. Bern/Stuttgart 1975.
Likert, R.: The Human Organization. New York 1967 (deutsch: Die integrierte Führungs- und Organisationsstruktur. Frankfurt/M. 1975).
Lukatis, J.: Organisationsstrukturen und Führungsstile in Wirtschaftsunternehmungen. Frankfurt/M. 1972.

Mahoney, M. J.: Kognitive Verhaltensmodifikation. München 1977.
Mintzberg, J.: Power in and around Organizations. Englewood Cliffs, N. J. 1983.
Mitchell, T. R. et al.: An Attributional Model of Leadership on the Poor Performing Subordinate. In: ROB, Greenwich 1981, S. 197-234.
Nachrainer, F.: Die Messung des Führungsverhaltens. Bern et al. 1978.
Neuberger, O.: Experimentelle Untersuchung von Führungsstilen. In: Gruppendynamik 3, 1972, S. 129-219.
Neuberger, O.: Führungsverhalten und Führungserfolg. Berlin 1976.
Neuberger, O.: Führung. Stuttgart 1984.
Nieder, P.: Führungsverhalten und Leistung. Erlangen/Nürnberg 1974.
Paschen, K.: Führerspezialisierung und Führungsorganisation. Köln 1978.
Peters, J./Waterman, H.: Auf der Suche nach Spitzenleistungen. Landsberg 1983.
Pfeffer, J.: Power in Organizations. Marshfield 1981.
Popper, K. R.: Das Elend des Historismus. Frankfurt/M. 1965.
Sahm, A.: Humanisierung der Arbeitswelt - Verhaltenstraining statt Verordnung. Frankfurt/M. 1982.
Sarges, W.: Empirische Untersuchungen zum Zusammenhang zwischen Führungsstil und Leistung in Arbeitsgruppen. Diss. Hamburg 1974.
Seidel, E.: Betriebliche Führungsformen. Stuttgart 1978.
Staub, E.: Entwicklung prosozialen Verhaltens. München u. a. 1982.
Steinle, C.: Leistungsverhalten und Führung in der Unternehmung. Berlin 1975.
Stogdill, R. M.: Handbook of Leadership. New York 1974.
Tannenbaum, R./Schmidt, W. H.: How to Choose a Leadership Pattern. In: HBR, 1958, H. 2, S. 95-101 (deutsch: Die Wahl eines Führungsstils. In: *Grochla, E.* (Hrsg.): Management. Düsseldorf, Wien 1974, S. 55-68).
Türk, K.: Personalführung und soziale Kontrolle. Stuttgart 1981.
Watson, Th. jr.: IBM - ein Unternehmen und seine Grundsätze. München 1964.
Weder, W.: Die Einstellung des Mitarbeiters zum Führungsstil der Unternehmung. Bern, Stuttgart 1976.
Wilpert, B.: Führung in deutschen Unternehmen. Berlin 1977.
Witte, E.: Zu einer empirischen Theorie der Führung. In: *Wild, J.* (Hrsg.): Unternehmensführung. Berlin 1974.
Wunderer, R.: Systembildende Betrachtungsweisen der Allgemeinen Betriebswirtschaftslehre und ihr Einfluß auf die Darstellung des Unternehmers. Berlin 1967.
Wunderer, R.: Bestimmungsgründe für den Erfolg von Führungskräften. In: Personal, 1971, S. 156-158.
Wunderer, R.: Das „Leader-Match-Concept" als Fred Fiedlers „Weg zum Führungserfolg". In: *Wunderer, R.* (Hrsg.): Humane Personal- und Organisationsentwicklung. Berlin 1979, S. 219-251.
Wunderer, R.: Kooperative Führung – ein realistisches und realisierbares Konzept? In: *Geist, M./Köhler, R. R.* (Hrsg.): Die Führung des Betriebes. Stuttgart 1981, S. 145-164.
Wunderer, R.: Führungsgrundsätze als Instrument der Unternehmens-/Betriebsverfassung. In: *Wunderer, R.* (Hrsg.): Führungsgrundsätze in Wirtschaft und öffentlicher Verwaltung. Stuttgart 1983, S. 35-72.
Wunderer, R.: Kritische Thesen zur verhaltensbezogenen Entwicklung von Führungskräften. In: *Günther, J.* (Hrsg.): Quo vadis Industriegesellschaft? Stuttgart 1984, S. 165-176.
Wunderer, R.: Führung wohin führst du? In: DU, 1985, H. 4, S. 79-92.
Wunderer, R. (Hrsg.): Kooperation - Gestaltungsprinzipien und Steuerung der Zusammenarbeit. Stuttgart 1991.
Wunderer, R.: Führung und Zusammenarbeit. Stuttgart 1993.
Wunderer, R./Grunwald, W.: Führungslehre, Bd. I: Grundlagen der Führung (a), Bd. II: Kooperative Führung (b). Berlin, New York 1980.
Wunderer, R./Klimecki, R.: Führungsleitbilder. Stuttgart 1990.
Wunderer, R./Kuhn, T.: Zukunftstrends in der Personalarbeit. Schweizerisches Personal-Management 2000. Bern et al. 1992.
Wunderer, R./Kuhn, T.: Unternehmerisches Personalmanagement – Konzepte, Prognosen, Strategien für das Jahr 2000. Frankfurt/M., New York 1993.

Krisensituationen, Führung in

William H. Starbuck/Paul C. Nystrom

[s. a.: Innovation und Kreativität als Führungsaufgabe; Loyalität und Commitment; Organisationskultur und Führung; Restrukturierung, Führung bei; Sprache in der Führung; Symbolische Führung.]

I. Problemstellung; II. Reaktionen der Führungskräfte auf Krisen; III. Krisen ausweichen und entgehen.

I. Problemstellung

Führungskräfte führen ihre Unternehmen oft in Krisen hinein, die den Bestand des Unternehmens gefährden. Es soll diskutiert werden, wie diese Krisen entstehen und wie Führungskräfte typischerweise auf sie reagieren. Neue Führungskräfte bewahren Unternehmen jedoch auch manchmal vor dem Untergang: Erfolgreiche Sanierungen vermitteln einige Vorstellungen darüber, wie kluge Führungskräfte Unternehmenskrisen vermeiden oder ihnen entgehen.

1. Unternehmenskrisen

Unternehmenskrisen lassen sich auf zwei, sich gegenseitig beeinflussende Faktoren zurückführen: auf bedrohliche Ereignisse in der Unternehmensumwelt und auf Mängel in dem Unternehmen selbst (*Starbuck* 1989).

Ein wesentliches Problem ist die *ungenaue Wahrnehmung* der Unternehmensumwelt. Verzerrte Wahrnehmungen tragen zu Krisen bei, weil sie Unternehmen dazu veranlassen, keine oder unangebrachte Maßnahmen zu ergreifen (*D'Aveni/ MacMillan* 1990). Unternehmen haben ungenaue Wahrnehmungen sowohl von ihrer Umwelt als auch von ihren eigenen Fähigkeiten. Sie beobachten einige Aspekte ihrer Umwelt und vernachlässigen andere. Ebenso interpretieren Unternehmen das Wahrgenommene im Lichte ihrer aktuellen Zielsetzungen, eingesetzten Methoden und Fähigkeiten. Die Ansichten von Unternehmen über ihre eigenen Eigenschaften sind in einem hohen Maße in sozialen Prozessen erwachsen und beinhalten viel Mythologisches. Die Wahrnehmungen der Führungskräfte sind besonders einflußreich: Die verzerrten Wahrnehmungen anderer Mitarbeiter gewinnen nur dann bedeutenden Einfluß auf die Geschicke des Unternehmens, wenn sie von den Führungskräften akzeptiert werden. Die Wahrnehmungen von Führungskräften tendieren zum Konservativen (*Jackson/Dutton* 1988), weil Seniorität und vergangene, ihnen zugeschriebene Erfolge die wichtigsten Karrierekriterien sind. Deshalb verstehen Führungskräfte die hergebrachten Verfahrensweisen und die alten Kunden am besten. Weil sie darüber hinaus im allgemeinen glauben, die gegenwärtigen Unternehmensziele und Verfahrensweisen seien von ihnen festgelegt worden, stehen sie zu diesen Entscheidungen, rechtfertigen und verteidigen sie auch im nachhinein (*Wildavsky* 1972). Weiterhin tendieren Mitarbeiter dazu, den Führungskräften zu berichten, was diese hören wollen (*Dunbar/Goldberg* 1978).

Verzerrte Wahrnehmungen werden schließlich zu Realitäten der Unternehmen und der Umwelt: Unternehmen begrenzen ihre Fähigkeiten schon allein dadurch, daß sie meinen, ihre Fähigkeiten zu kennen. Unternehmen verwandeln vorgestellte Umwelten in reale Umwelten, indem sie bestimmte Zulieferer, Produktmerkmale, Technologien oder Standorte *wählen* und indem sie ihre Umwelten durch Werbung, Weiterbildung der Mitarbeiter, Forschungsaktivitäten oder Verhandlungen *beeinflussen* (*Starbuck* 1976; *Weick* 1988).

2. Programmierung von Krisen

Ironischerweise werden Krisen durch *Erfolge* ausgelöst. Die meisten Unternehmen scheinen über die Fähigkeit zu verfügen, sich in Krisen zu bringen. Und die Prozesse, die zu Krisen führen, unterscheiden sich nur wenig von denen, die in Erfolge münden (*Hedberg* et al. 1976; *Miller* 1990; *Pauchant/Mitroff* 1992). Diese Ironie entspringt der Art und Weise, wie Unternehmen lernen und wie sie ihre Erfolge nutzen.

Wenn Organisationen feststellen, daß bestimmte Aktivitäten erfolgreich zu sein scheinen, dann *standardisieren* sie diese in *Programmen* (*Starbuck* 1983). Die Programme werden dann formalen Rollen zugeordnet und Unternehmensangehörigen übertragen. Die Programme und Rollendefinitionen bewirken, daß die Aktivitäten unabhängig von den ausführenden Personen über die Zeit konsistent bleiben. Weil Umweltereignisse zuvor gelernte Programme auslösen, können Unternehmen schnell reagieren.

Mittels Programmierung kommen Unternehmen häufig zu Erfolg, und Erfolg legt immer Programmierung nahe. Erfolg bringt auch Möglichkeiten zur Bildung von Reserven und Puffern mit sich. Beides erlaubt es Unternehmen, ihre Verbindungen zur Umwelt zu lockern (*Cyert/March* 1963; *Thompson* 1967). Unternehmen identifizieren Kundengruppen und standardisieren ihre Produkte. Sie richten Lager für Rohmaterialien und Produkte ein, sie rationalisieren die Fertigung und extrapolieren Fertigungszahlen in die Zukunft. Sie tätigen hohe Investitionen, mit denen sie ihre Fertigungstechnik festschreiben. Solche Puffer können effizienzsteigernd wirken und zur Bildung von Überschuß beitragen. Dieser Überschuß kann eingesetzt werden, um die Abhängigkeit des Unternehmens von seiner Umwelt zu verringern.

Programmierung, Pufferbildung und Überschuß können Manager in die Lage versetzen, Risiken einzugehen, zu experimentieren und sich neue Nischen in der Umwelt zu schaffen oder auszuwählen. Sie können aber auch dazu führen, daß Unternehmen weniger feinfühlig gegenüber Umweltereignissen werden. Unternehmen verlieren die Fähigkeit wahrzunehmen, was in ihrer Umwelt geschieht. Sie beginnen, über ihre Umwelt zu *phantasieren* (*Hambrick/D'Aveni* 1988). Unternehmen verlieren auch die Fähigkeit, auf die Umweltereignisse zu antworten, die sie wahrnehmen: sie überlegen zu wenig, bevor sie handeln, sie glauben zu sehr an die Richtigkeit ihrer Programme, sie vertrauen zu sehr ihrer Fähigkeit, autonom handeln zu können (*Hall* 1976; *Starbuck/Hedberg* 1977; *Miller* 1990).

II. Reaktionen der Führungskräfte auf Krisen

1. Nichtbeachtung von Signalen

Unternehmen, die sich in einem hohen Maß auf Berichte des Rechnungswesens verlassen, neigen dazu, erste Signale einer sich entwickelnden Krise zu übersehen, weil diese ersten Signale von Veränderungen ausgehen, die kaum zu beobachten sind und mündlich und informell übermittelt werden. Solche Unternehmen sind auch davon überzeugt, daß Anzeichen einer Krise in der Regel auf unüberlegte Änderungsmaßnahmen zurückzuführen sind, daß abrupte Änderungen unerwünschte Folgewirkungen nach sich ziehen. Solchen Interpretationen liegt die Annahme zugrunde, daß sich die

Leistung wieder normalisiert, sobald sich die Änderungen stabilisieren.

Die Ansicht, daß Unternehmen stabil bleiben sollten, begünstigt auch eine andere Interpretation erster Krisenanzeichen: daß ungenügende Leistung auf vorübergehende Umwelteinflüsse wie ökonomische Rezession, saisonale Veränderungen im Konsum oder alberne taktische Manöver von Konkurrenten zurückzuführen sind. Diese Interpretation impliziert, daß tiefgreifende strategische Umorientierungen von Übel seien.

2. Verspätetes Handeln

Der Leugnung sich entwickelnder Krisen oder der Notwendigkeit strategischer Umorientierung liegt oft eine feste Überzeugung zugrunde. Weithin wird die Ansicht bekräftigt, daß Maßnahmen erst nach rationaler Analyse veranlaßt werden sollten, und dies impliziert wiederum, daß Unternehmen stabile Bürokratien sein sollten. Die Manager, die sich auf Berichte des Rechnungswesens verlassen, glauben tatsächlich, daß sie nur auf der Basis verläßlicher Informationen handeln sollten und daß Kommunikation entlang offizieller Kanäle verlaufen sollte.

Aber nicht jede Leugnung einer Krise entspringt fester Überzeugung. Die Manager, die an der Entwicklung einer Strategie mitgewirkt haben, nehmen oft zutreffenderweise an, daß man sie verantwortlich macht, wenn diese Strategien scheitern. Diese Manager widersetzen sich strategischen Umorientierungen (→*Restrukturierung, Führung bei*), um *Macht* und *Status* zu bewahren, und sie versuchen, sich und andere zu überzeugen, daß ihre Strategien erfolgreich sind (*Normann* 1971; *Wildavsky* 1972).

Krisen bringen qualifizierte Mitarbeiter dazu zu kündigen, Kapitalgeber, sich zurückzuziehen und Lieferanten, die Kreditgewährung einzuschränken. In Antizipation dieser Probleme tendieren Manager dazu, *Propagandakampagnen* zu starten, die die Existenz einer Krise verleugnen. Solche Anstrengungen beinhalten immer Verzerrungen des Berichtswesens: Berichtsperioden können verlängert, Abschreibungen verschoben oder die Aktiva neu bewertet werden (*Hambrick/D'Aveni* 1988). Es ist jedoch ein Widerspruch, darauf zu bestehen, daß es keine Krisen gebe, und gleichzeitig Maßnahmen zu ergreifen, die auf eine Lösung von Krisen gerichtet sind. Um ihrer Propaganda Glaubwürdigkeit zu verleihen, argumentieren diese Führungskräfte, daß größere strategische Umorientierungen nicht notwendig seien.

Manager erachten *Verzögerung* häufig als wirkungsvolle Taktik: Verzögerungen können offene Maßnahmen überflüssig machen, und häufig wird erst nach einer Verzögerung deutlich, welche Maßnahmen angemessen sind. Wenn daher Manager auf erste Krisensignale nicht reagieren, so verhalten sie sich in einer Weise, die in vielen Situationen effektiv sein kann. Aber Situationen, in denen es aufgrund einer Verzögerungstaktik zu Verbesserungen kommt, sind keine Krise. Generell kann eine Situation dann nicht als Krise bezeichnet werden, wenn übliches Verhalten zu Verbesserungen führt. Krisen sind auch deshalb gefährlich, weil übliches Verhalten sie verschärft.

Krisen erfordern strategische Umorientierungen, doch Verzögerungen erhöhen sowohl den Umfang notwendiger Umorientierungen als auch ihre Dringlichkeit. Änderungen, die in kleinen Schritten unter mäßiger Belastung hätten vorgenommen werden können, eskalieren durch Verzögerungen zu größeren Umwälzungen, deren erfolgreiche Bewältigung kaum möglich erscheint.

3. Zentralisierte Steuerung

Verzögerungen werden durch straffe Budgets, Vermögensverzehr, zentralisierte *Steuerung* und Einschränkungen der Entscheidungsfreiheit erkauft (*D'Aunno/Sutton* 1992; *Nystrom* et al. 1976). Doch wenn die Führungskräfte, die straffe zentrale Steuerung einsetzen, wirklich die Fähigkeit hätten, verbessernd einzugreifen, dann gäbe es keine Krisen; eine Zentralisierung in Krisensituationen überträgt die Steuerung daher ungeeigneten Personen (*Starbuck/Hedberg* 1977). Straffe Budgets und *Einschränkungen der Entscheidungsfreiheit* beenden strategisches Experimentieren und vertreiben ehrgeizige, kreative Manager mit dem Ergebnis, daß das Unternehmen sowohl das für die Umorientierung nötige Wissen verliert als auch die Leute, die sie durchführen könnten. Vermögensverzehr führt dazu, daß die Organisationen über kein Polster verfügen, auf das sie zurückgreifen könnten, wenn Verzögerung nicht das gewünschte Ergebnis bringt und die Führungskräfte letztlich Handlungsbedarf erkennen.

Die Mitarbeiter erkennen zunehmend, daß die Voraussagen des Topmanagements falsch waren: *Zweifel* an der Fähigkeit des Topmanagements, Krisen zu bewältigen, tauchen auf und die Topmanager werden vielleicht zu guter Letzt sogar als inkompetente Bluffer angesehen. Idealismus und Bindung an die Unternehmensziele bröckeln; Zynismus und Opportunismus nehmen zu; Unsicherheit verschärft sich (*Jönsson/Lundin* 1977). Budgetkürzungen und Reorganisationen setzen Machtkämpfe in Gang, die die Zusammenarbeit allmählich untergraben.

Diese Prozesse der Desintegration sind rückgekoppelt und verstärken sich selbst. Die Leistungsfähigkeit einer Organisation hängt in hohem Maße von *Erwartungen* ab (*King* 1974): Wenn Leute Fehlschläge erwarten, werden Fehlschläge wahrscheinlicher und die Erwartung von Fehlschlägen vervielfacht sich. Die Leistung ist auch von Fähigkeiten und Anstrengungen abhängig. Beschäftigte, die anderswo Beschäftigungschancen sehen, finden Gründe, sie wahrzunehmen. Und da die Fähigeren auch eher andere Beschäftigungsmöglichkeiten angeboten bekommen, sinkt das Niveau. Denjenigen, die bleiben, wird gesagt, sie sollten härter arbeiten. Da sie jedoch ungewöhnte Tätigkeiten übernehmen müssen und kaum Anerkennung finden, vermindert sich ihre Leistung und ihre Zufriedenheit nimmt ab. Opportunistisches Handeln der Mitarbeiter führt zu Ermahnungen der Vorgesetzten – aber die Mahner werden als unglaubwürdige Zyniker angesehen. *Konflikte* und *Machtkämpfe* (→*Konflikte als Führungsproblem*) stimulieren zusätzliche zentrale Maßnahmen durch das Topmanagement, dem unterstellt wird, es strebe nach Macht, die es nicht zu nutzen weiß. Viele Unternehmen, die sich Krisen gegenübersehen, zersplittern ihre Kräfte, und es gelingt ihnen nicht, sie wieder zu bündeln.

4. Betonung der Rationalität

Üblicherweise bauen sich in Unternehmen gravierende *Lernhindernisse* auf. Weil Unternehmen kompliziert strukturiert sind, befürchten sie, daß ein grundlegender Wandel unvorhergesehene Nachteile mit sich bringen könnte. Weil Unternehmen rational sind, stützen sie die gültigen Programme und Rollen durch rechtfertigende Analysen. Diese Lernhindernisse sind in denjenigen Unternehmen am stärksten ausgeprägt, die rationale Analysen, verläßliche Informationen und logische Konsistenz betonen.

Unternehmen müssen ihr jeweiliges Wissen *entlernen*, bevor sie neues lernen können. Sie müssen das Vertrauen in ihre alten Führungskräfte verlieren, damit sie auf neue hören können. Sie müssen ihre alten Ziele aufgeben, bevor sie neue annehmen können. Sie müssen ihre Wahrnehmungsfilter verwerfen, um neue Ereignisse wahrzunehmen, die sie übersehen hatten. Sie müssen feststellen, daß ihre alten Methoden nicht mehr greifen, bevor sie neue entwickeln und einsetzen (*Cyert/March* 1963; *Nystrom* et al. 1976; *Hedberg* 1981). Unglücklicherweise können krisengeschüttelte Unternehmen feststellen, daß ihre alten Methoden nicht mehr greifen, und dennoch nicht in der Lage sein, neue brauchbare Methoden zu lernen.

III. Krisen ausweichen und entgehen

Wenn sich eine Krise richtig entwickelt hat, sind Organisationen mit ernsten Risiken des Scheiterns konfrontiert. Es ist oft schwer, diese Risiken auszuschalten, und die erforderlichen Maßnahmen sind sehr schmerzhaft. Folglich ist die beste Art, mit Krisen umzugehen, ihnen auszuweichen.

Es ist nicht einfach zu empfehlen, auf welche Weise Unternehmen Krisen ausweichen können. Wenn solche Empfehlungen einfach zu generieren und auszuführen wären, gäbe es kaum noch Krisen, doch die Realität spricht dagegen. Eine sinnvolle Regel ist die folgende: Wann immer Unternehmen eine Vorschrift einführen, sollten sie eine zweite einführen, die der ersten widerspricht. *Sich widersprechende Vorschriften* erinnern daran, daß jede Vorschrift eine irreführende Vereinfachung ist, die nicht übertrieben werden sollte. Organisationen sollten beispielsweise auf Konsens hinarbeiten, doch sollten sie Andersdenkende ermutigen, ihre Meinung zu äußern; Organisationen sollten versuchen, ihre strategischen Stärken zu nutzen, sollten aber auch versuchen, ihre strategischen Schwächen zu beseitigen; Organisationen sollten Pläne formulieren, sollten aber auch aus unvorhergesehenen Gelegenheiten Vorteile ziehen und unvorhergesehene Bedrohungen bekämpfen (*Hedberg* et al. 1976). Ein zentrales Problem von Organisationen besteht darin, daß sie nicht erkennen, daß gute Vorschriften zu schlechten werden, wenn sie zu lange angewendet werden.

Die Erstellung ausgewogener Vorschriften ist eine defensive Taktik, die diejenigen Organisationen nicht retten kann, die bereits in einer Krise stecken. Diese Organisationen haben sich zu lange – erfolglos – verteidigt; sie müssen offensiv vorgehen. Im folgenden werden Empfehlungen vorgestellt, wie Organisationen Krisen beenden können und wie sie wieder lebensfähige Formen aufbauen können.

1. Wahrnehmungen

Unternehmen, die sich in Krisen befinden, bedürfen neuer Wahrnehmungen der Realität, erfrischender strategischer Ideen und neuer Belebung. Da niemand wirklich weiß, welche Strategien erfolgreich sein werden, müssen neue Strategien durch Experimentieren entdeckt werden (*Nystrom/Starbuck* 1984b). Experimentieren bedingt Enthusiasmus und Risikobereitschaft; die Unternehmensangehörigen müssen die Zuversicht gewinnen, daß ihre Unternehmen neue Bedrohungen überwinden und Chancen ausnutzen können. Experimentieren ist auch darauf angewiesen, daß bislang nicht wahrgenommene Aspekte der Realität wahrgenommen und die eigene Leistung mit Hilfe von Kriterien bewertet werden, die sich von den überkommenen unterscheiden. Krisengeschüttelte Unternehmen haben bereits diejenigen Experimente gewagt, die im Rahmen ihres überkommenen Wahrnehmungsrasters vielversprechend erschienen. Und die Experimente, denen sie sich nicht zugewandt haben, sind solche, die sie als Unfug ansahen.

Sogar in krisengeschüttelten Unternehmen sind vielfältige, konfligierende Wahrnehmungen und verschiedenartige Bewertungskriterien anzutreffen. Jedoch sind solche Verschiedenartigkeiten in den unteren Schichten der Hierarchie mit monolithischer Spitze begraben. Übereinstimmung der Topmanager ist ein Grund dafür, daß diese Unternehmen überhaupt in Krisensituationen kommen. Wenn Krisen dann zu zentralisierter Steuerung und Kritik durch Außenstehende führen, schließt sich das Topmanagement noch stärker zusammen. *Abweichler* unter den Topmanagern widersprechen selten öffentlich. Auf diese Weise filtert das Topmanagement die Vielfältigkeit aus den Ideen, Vorschlägen und Ansichten ihrer Mitarbeiter.

Damit es zu einer Neubelebung kommen kann, müssen diese Filter entfernt werden. Die Auswechslung von ein oder zwei Managern reicht nicht hin (*Starbuck* et al. 1978). Wenn allmähliche Auswechslungen hinreichen würden, um Krisen zu beenden, dann würden Krisen automatisch enden, da allmähliche Auswechslungen von Führungskräften ohnehin passieren, während der Desintegrationsprozeß krisengeschüttelter Unternehmen weiter fortschreitet. Leider werden bei allmählichen Auswechslungen neue Führungskräfte in bereits bestehende, kohäsive Gruppen von Veteranen eingeführt. Die Neuen haben nur geringen Einfluß auf diese Gruppen, während diese ihrerseits einen großen Einfluß auf die Neuen ausüben. Topmanager erachten Wandel als schwierig, weil viele der *Annahmen*, auf denen ihre Wahrnehmungen und ihre Verhaltensweisen gründen, *implizit* sind. Explizite Annahmen können einfach identifiziert und diskutiert werden, so daß sie kritisiert und u.U. geändert werden können (*Nystrom/Starbuck* 1984a). Aber es könnte sein, daß implizite Annahmen von denen, die sie treffen, nie wahrgenommen werden, und auf unbestimmte Zeit weiterbestehen (*Weick* 1988).

2. Experimente

Um Krisen zu entkommen, müssen Organisationen experimentieren: mit neuen Märkten, neuen Produkten, neuen Techniken, neuen Verfahren oder neuem Personal.

Krisengeschüttelte Organisationen haben in hohem Maße verzerrte Wahrnehmungen, die sie für enorme Voraussagefehler anfällig machen. Solche Organisationen müssen eine Reihe von Maßnahmen ergreifen, um nur eine gute, erfolgträchtige *Alternative* zu entdecken (*Landau* 1973). Weil sie nicht über die erforderlichen Ressourcen verfügen, ist es für krisengeschüttelte Unternehmen schwierig, mehrere Alternativen gleichzeitig zu verfolgen. Solange es ihnen gut geht, beginnen nur wenige Unternehmen, neue Alternativen zu entwickeln. Die meisten zögern dies hinaus, bis sie ihre Reserven aufgelöst und ihre Kredite ausgeschöpft haben, ihre Leute demoralisiert und überarbeitet sind und ihre Aktivitäten auf das absolut Notwendige reduziert sind.

Es kann für Organisationen einfacher sein, materielle Ressourcen zu erlangen als die gleich wichtigen immateriellen, weil organisatorischen Desintegration die Beschäftigten ungeheuerer *Belastung* aussetzt. Belastung verstärkt die Unsicherheit und so mußten die Beschäftigten ein hohes Maß an Unsicherheit erfahren, lange bevor ihre Organisationen begannen, Alternativen zu entwickeln. Die Beschäftigten möchten daran glauben können, daß zuverlässige Gegenmittel gefunden wurden, sie möchten nichts von Risiken hören und sie möchten sich nicht an Experimenten beteiligen, die scheitern könnten.

Trotzdem: *Experimentieren* ist das richtige Thema (*Nystrom/Starbuck* 1984b).

Krisengeschüttelte Unternehmen kennen keine zuverlässigen Gegenmittel. Deshalb haben sie keine andere Wahl als zu experimentieren, und einige ihrer Experimente werden scheitern. Wenn die Mitarbeiter erkennen, daß experimentiert werden muß, dann können sie Experimente in einer Weise durchführen, die Verluste im Falle eines Scheiterns begrenzt (*Starbuck/Nystrom* 1981). Experimentierende Mitarbeiter können auch den Widerspruch akzeptieren, nun unter denjenigen Möglichkeiten nach Gegenmitteln zu suchen, die im Rahmen ihrer alten Wahrnehmungen und Überzeugungen nicht vielversprechend aussahen. Natürlich beinhaltet das Thema des Experimentierens die Gefahr, daß die Mitarbeiter ihre Tätigkeiten nicht ernst genug nehmen, und daß Experimente nur deshalb fehlschlagen, weil zu wenig an sie geglaubt wird. Diese Gefahr ist bedeutend, aber es ist eine Gefahr, die realistischer Skepsis entspringt und bekämpft werden kann. Darüber hinaus bietet eine Kampagne des Experimentierens langfristig Vorteile, weil Experimentatoren sich nicht mit den ersten Anzeichen von Erfolg zufriedengeben; sie versuchen, weitere Verbesserungen zu erreichen, weil sie wissen, daß Experimente auf Anhieb nie perfekt gelingen (*Hedberg* et al. 1976).

3. Ideologien

Topmanager werden in Krisen oft zu Buhmännern. Soweit Topmanager ihre Unternehmen in Krisen führen und die Krisen durch Zögern oder unangemessenes Handeln verschärfen, sind sie es tatsächlich. Und sie sind die symbolischen Buhmänner (→*Symbolische Führung*), die ausgewechselt werden müssen, bevor die Krisen enden. Wenn Unternehmen ihren Krisen entrinnen, dann sind Topmanager aber auch Helden. Sie heimsen den Beifall ein, und im großen und ganzen verdienen sie ihn auch, weil ihre Handlungen die entscheidenden gewesen sind.

Manchmal tragen Topmanager durch die Erfindung neuer Methoden und Strategien dazu bei, Krisen zu entkommen. Die beste Möglichkeit, dies in wirksamer Weise zu tun, haben Topmanager kleiner Unternehmen. Denn in kleinen Unternehmen gibt es zwischen Managern verschiedener Ebenen keine scharfen Abgrenzungen und auch nicht zwischen Führungskräften und Stabspersonal.

Demgegenüber beschäftigen große Unternehmen üblicherweise Stabspersonal, das eher als die Führungskräfte in der Lage ist, Strategien zu formulieren und neue Methoden zu erfinden. Wenn sich Topmanager mit Strategieentwicklung beschäftigen, kommen sie nicht zu der wichtigeren Arbeit, die ihrer besonderen Verantwortung unterliegt: dem *Management von Ideologie* (→*Symbolische Führung*). Manager der unteren und mittleren Ebenen schenken der Ideologie – den Werten – einige Aufmerksamkeit, ihr Hauptaugenmerk richtet sich jedoch auf sichtbare, physische Probleme – den Gebrauch von Maschinen, Ausführung und Verwaltungsarbeit, Materialfluß, Konferenzen, Berichte, Pläne wie Arbeits- und Konstruktionspläne oder Beschwerden der Arbeiter. Topmanager haben eine darüber hinausgehende Verantwortung: Wenn sich Topmanager auch in gewissem Maße um sichtbare, physische Phänomene kümmern müssen, sollten sie ihre Aufmerksamkeit doch vorwiegend auf ideologische Phänomene wie Arbeitsmoral, Enthusiasmus, Überzeugungen, Ziele, Werte und Ideen richten (*Beyer* 1981).

Das Management von Ideologien ist so schwierig, weil es so indirekt ist – wie der Versuch, ein Schiff dadurch zu steuern, daß man den Hafen beschreibt, den es anlaufen soll. Aber das Management von Ideologie ist sehr wichtig, weil ideologische Phänomene einen starken Einfluß auf die sichtbaren, physischen Phänomene ausüben (*Meyer* 1982). Neue Ideologien sollten Mitarbeiter ermutigen, mit den vorhergehenden zu brechen und implizite Annahmen sichtbar zu machen. Die beste Art, implizite Annahmen zu entkräften, ist, Analyse durch Experimente zu ersetzen, vorgeschlagene Strategien und Methoden zu bewerten, indem man sie ausprobiert, statt über ihre möglichen Ergebnisse zu spekulieren. Experimente sind auf Entusiasmus und Risikobereitschaft angewiesen. Und Risikobereitschaft ist wiederum darauf angewiesen, daß die Bestrafungen für Scheitern (→*Sanktionen als Führungsinstrumente*) milde sind (*Nystrom/Starbuck* 1984a).

Einige Topmanager haben die Wahrheit einer alten chinesischen Einsicht entdeckt. Das chinesische Symbol für Krise kombiniert zwei einfachere, das Symbol für *Gefahr* und das für *Chance*. Krisen sind Zeiten der Gefahr, aber auch Zeiten der Chancen.

Unternehmen können aus Krisen Vorteile ziehen, wenn sie ihre Chancen erkennen und den Mut und Enthusiasmus entwickeln, sie zu ergreifen (*Jönsson/Lundin* 1977). Es hängt weitgehend von den Topmanagern ab, ob Organisationen dies tun (*Meyer/Starbuck* 1993). Mit nicht viel mehr als Worten können Führungskräfte ideologische Handlungsräume schaffen, die Chancen offenbaren, Mut nähren und Enthusiasmus wecken. Indem sie durch Ideologien führen, können Topmanager ihren Organisationen helfen, Krisen zu vermeiden oder ihnen zu entkommen.

Literatur

Beyer, J. M.: Ideologies, Values, and Decision Making in Organization. In: *Nystrom, P. C./Starbuck*, W. H. (Hrsg.): Handbook of Organizational Design, Vol. 2. New York 1981, S. 167–202.
Cyert, R. M./March, J. G.: A Behavioral Theory of the Firm. Englewood Cliffs, N. J. 1963.
D'Aunno, T./Sutton, R. I.: The Responses of Drug Treatment Organizations to Financial Adversity: A Partial Test of the Threat-Rigidity Thesis. In: Journal of Management, 1992, S. 117–131.
D'Aveni, R. A./MacMillan, I. C.: Chrisis and the Content of Managerial Communications: A Study of the Focus of Attention of Top Managers in Surviving and Failing Firms. In: ASO, 1990, S. 634–657.
Dunbar, R. L. M./Goldberg, W. H.: Crisis Development and Strategic Response in European Corportions. In: Journal of Business Administration, 1978, S. 139–149.
Hall, R. I.: A System Pathology of an Organization: The Rise and Fall of the Old Saturday Evening Post. In: ASQ, 1976, S. 185–211.
Hambrick, D. C./D'Aveni, R. A.: Large Corporate Failures as Downward Spirals. In: ASQ, 1988, S. 1–23.
Hedberg, B. L. T.: How Organizations Learn and Unlearn. In: Nystrom, P. C./Starbuck, W. H. (Hrsg.): Handbook of Organizational Design, Vol. 1. New York 1981, S. 3–27.
Hedberg, B. L. T./Nystrom, P. C./Starbuck, W. H.: Camping on Seesaws: Prescriptions for a Selfdesigning Organization. In: ASQ, 1976, S. 41–65.
Jackson, S. E./Dutton, J. E.: Discerning Threats Opportunities. In: ASQ, 1988, S. 370–387.
Jönsson, S. A./Lundin, R. A.: Myths and Wishful Thinking as Management Tools. In: Nystrom, P. C./Starbuck, W. H. (Hrsg.): Prescriptive Models of Organizations. Amsterdam 1977, S. 157–170.
King, A. S.: Expectation Effects in Organizatonal Change. In: ASQ, 1974, S. 221–230.
Landau, M.: On the Concept of a Self-correcting Organization. In: PAR, 1973, S. 533–542.
Meyer, A. D./Starbuck, W. H.: Interactions Between Politics and Ideologies in Strategy Formation. In: *Roberts, K.* (Hrsg.): New Challenges to Understanding Organizations. New York 1993, S. 99–116.
Meyer, A. D.: Adapting to Environmental Jolts. In: ASQ, 1982, S. 515–537.
Miller, D.: The Icarus Paradox. New York 1990.
Normann, R.: Organizational Innovativeness: Product Variation and Reorientation. In: ASQ, 1971, S. 203–215.
Nystrom, P. C./Hedberg, B. L. T./Starbuck, W. H.: Interacting Processes as Organization Designs. In: *Kilmann, R. H./Pondy, L. R./Slevin*, D. P. (Hrsg.): The Management of Organization Design, Vol. 1. New York 1976, S. 209–230.

Nystrom, P. C./Starbuck, W. H.: Managing Belief in Organizations. In: JABS, 1984, S. 277–287.
Nystrom, P. C./Starbuck, W. H.: To Avoid Organizational Crises, Unlearn. In: Organizational Dynamics, 1984b, S. 53–65.
Pauchant, T./Mitroff, I.: Transforming the Crisis-Prone Organization. San Francisco 1992.
Starbuck, W. H./Greve, A./Hedberg, B. L. T.: Responding to Crises. In: Journal of Business Administration, 1978, S. 111–137.
Starbuck, W. H./Hedberg, B. L. T.: Saving an Organization from a Stagnating Environment. In: *Thorelli, H. B.* (Hrsg.): Strategy + Structure = Performance. Bloomington, Indiana 1977, S. 249–258.
Starbuck, W. H./Nystrom, P. C.: Why the World Needs Organizational Design. In: Journal of General Management, 1981, S. 3–17.
Starbuck, W. H.: Organizations and Their Environments. In: *Dunette, M. D.* (Hrsg.): Handbook of Industrial and Organizational Psychology. Chicago 1976, S. 1069–1123.
Starbuck, W. H.: Organizations as Action Generators. In: ASR, 1983, S. 91–102.
Starbuck, W. H.: Why Organizations Run into Crises... and Sometimes Survive Them. In: *Laudon, K. C./Turner, J.* (Hrsg.): Information Technology and Management Strategy. Englewood Cliffs, N. J. 1989, S. 11–33.
Thompson, J. D.: Organizations in Action. New York 1967.
Weick, K. E.: Enacted Sensemaking in Crisis Situations. In: Journal of Management Studies, 1988, S. 305–318.
Wildavsky, A.: The Self-evaluating Organization. In: PAR, 1972, S. 509–520.

Kulturabhängigkeit der Führung

Eugen von Keller

[s. a.: Entsendung von Führungskräften ins Ausland; Interkulturelle Unterschiede im Führungsverhalten.]

I. Problemstellung; II. Führungsstilpräferenzen und Führungsverhalten in verschiedenen Kulturen; III. Sozio-kulturelle Hintergrundfaktoren; IV. Zur Effizienz des autoritären und partizipativen Führungsstils unter verschiedenen kulturellen Bedingungen.

I. Problemstellung

Mit der zunehmenden Internationalisierung der Wirtschaft und dem Entstehen internationaler Unternehmen, der Gründung von Auslandsniederlassungen und Produktionsstätten außerhalb des angestammten Kulturkreises tritt die Kulturabhängigkeit des Führungsverhaltens und die Frage nach der universellen Anwendbarkeit von vornehmlich in den USA und in Europa entwickelten Führungstheorien zunehmend in den Vordergrund des Forschungsinteresses. Kultur wird hierbei im Sinne der „kognitiven Anthropologie" definiert, als ein System von erlernten Überzeugungen, Theorien und Regeln, mit denen die Welt interpretiert und das Zusammenleben in Organisationen und Institutionen organisiert wird. Jede Kultur besitzt demnach gewisse Vorstellungen über „richtiges" Verhalten in der Führungssituation – sowohl auf seiten des „Führers" als auch auf seiten des „Geführten". Derartige Vorstellungen werden im Prozeß der Enkulturation (Übernahme der kulturellen Werte, Normen und Verhaltensweisen auf dem Wege der Erziehung und frühkindlichen Konditionierung) geprägt und durch das tagtägliche Erleben der Autoritätsstrukturen in der Arbeitsumwelt verstärkt. Sie entwickeln normative Kraft und schlagen sich in der Führungssituation in bestimmten Rollenerwartungen (→*Führungstheorien – Rollentheorie;* →*Führungsrollen*) und Verhaltensweisen nieder.

Der *kulturvergleichenden Führungsstil*forschung geht es daher sowohl um eine vergleichende Beschreibung der führungsstilbezogenen Einstellungen und Verhaltensweisen in verschiedenen Kulturen als auch um die *Beurteilung der Effizienz verschiedener Führungsstilformen unter unterschiedlichen sozio-kulturellen Rahmenbedingungen* und damit auch um die Eingrenzung des kulturellen Gültigkeitsbereichs von verschiedenen *Führungsstiltheorien.* Als anwendungsorientierte Forschung will sie außerdem Hinweise geben, wie interkulturelle Konflikte in der Führungssituation entstehen und vermieden werden können.

II. Führungsstilpräferenzen und Führungsverhalten in verschiedenen Kulturen

Eine Durchsicht des bisher vorliegenden Forschungsmaterials aus annähernd 200 implizit oder explizit kulturvergleichenden Untersuchungen zu Führungsstilpräferenzen resp. zum Führungsverhalten von Managern aus aller Welt zeigt:

(1) In direkten Befragungen von Managern erklärt der Faktor Nationalität nur etwa 20 bis 30% der festgestellten Unterschiede hinsichtlich der Präferenzen für einen eher „partizipativen" oder „autoritativen" *Führungsstil.* Bei Verwendung von projektiven Instrumenten und simulationsähnlichen Fallstudien wurde die Wirkung kultureller Faktoren auf das Führungsverhalten quantitativ und qualitativ jedoch deutlicher erkennbar (*Bass/Barett* 1970).

(2) Nach den ausgedehnten Untersuchungen von *Hofstede* (1983) läßt sich das Führungsverhalten in verschiedenen Kulturen vor allem anhand der beiden Dimensionen „Machtdistanz" und „Individualismus/Kollektivismus" hinreichend beschreiben. Beide Dimensionen lassen sich anhand eines Vergleichs des japanischen und deutschen

Führungsstils inhaltlich gut verdeutlichen (*Kumar* 1991):

In Japan dominiert ein *Führungsstil*, der ein starkes Gruppendenken (→*Groupthink und Führung*) und eine Orientierung am gemeinsamen Ergebnis mit einem hohen Grad der Hierarchisierung und Machtdistanz verbindet. Das in japanischen Unternehmen praktizierte Entscheidungsverhalten nach dem sogenannten „Ringi-Prinzip" ist Ergebnis dieses Führungsstils: Am Zustandekommen von Entscheidungen sind alle Betroffenen auf der mittleren Führungsebene beteiligt, jedoch wird dem Vorgesetzten die vorbereitete Entscheidung zur endgültigen Zustimmung vorgelegt, um der hierarchischen Entscheidungsinstanz formale Reverenz zu erweisen.

Dagegen herrscht in deutschen Unternehmen ein *Führungsstil* vor, der einen geringeren Grad von Machtdistanz, aber einen hohen Grad von individueller Entscheidungsautonomie auf jeder Führungsebene miteinander verbindet. Entscheidungsprozesse verlaufen auf diese Weise schneller, aber das letzte Wort hat immer die nächsthöhere Machtinstanz.

(3) Eine adäquatere Darstellung der in den Untersuchungen enthaltenen Einzelergebnissen zum Führungsverhalten und den *Führungsstil*präferenzen von Managern orientiert sich daher an den Kategorien der Führungstheorie von *McGregor* (1970) (vgl. Abb. 1).

III. Sozio-kulturelle Hintergrundfaktoren

Neben der Beschreibung des Führungsverhaltens in verschiedenen Ländern geht es der kulturvergleichenden Führungsforschung auch um die Aufdeckung jener sozio-kulturellen Faktoren, die die Führungserwartungen und -einstellungen in Organisationen prägen und ihrerseits geprägt werden durch die Erziehung, die sozialen und familiären Strukturen und die tradierten Ansichten über Stellung und Aufgabe des Individuums innerhalb der Gesellschaft. Die in der Literatur am häufigsten identifizierten kulturellen Hintergrundfaktoren sind:

(1) *Autoritarismus:* Mit Autoritarismus bezeichnet man gewöhnlich das Ausmaß, in dem autoritäre Verhaltensformen in einer Gesellschaft allgemein als legitim empfunden und erwartet werden. Ein hoher Grad an Autoritarismus geht gewöhnlich einher mit einer hohen Machtdistanz zwischen den gesellschaftlichen Führungsschichten und findet seine Entsprechung in einer hohen Bereitwilligkeit, sich den Befehlen und Anordnungen, die von „oben" kommen, zu unterwerfen. Dies wird begleitet von einer ausgeprägten Tendenz zu konformem Verhalten.

Allerdings unterscheiden sich die Quellen, die innere Struktur und die äußere „Gestalt" des Autoritarismus von Kultur zu Kultur erheblich.

In Thailand wurzeln z. B. die Autoritätsverhältnisse in religiösen Normen, die jedem Individuum seinen „Lebensplatz" zuweisen und die strikte Einhaltung der daraus resultierenden Über- und Unterordnungsverhältnisse in allen Lebensbereichen fordern. Indische Autoritätsverhältnisse sind dagegen gekennzeichnet von autokratischen Einstellungen auf der einen und von Passivität und völliger Unterwerfung auf der anderen Seite. Der deutsche Autoritarismus hat seine Wurzeln vor allem in einem *autoritären Vater-Sohn-Verhältnis* und ist verbunden mit einem hohen „Pflichtbewußtsein" und einem Leistungsmotiv, das eher aus der Angst vor *Mißerfolg* und fehlender Anerkennung gespeist wird (*Ruedi/Lawrence* 1970). Dagegen ist der süd-

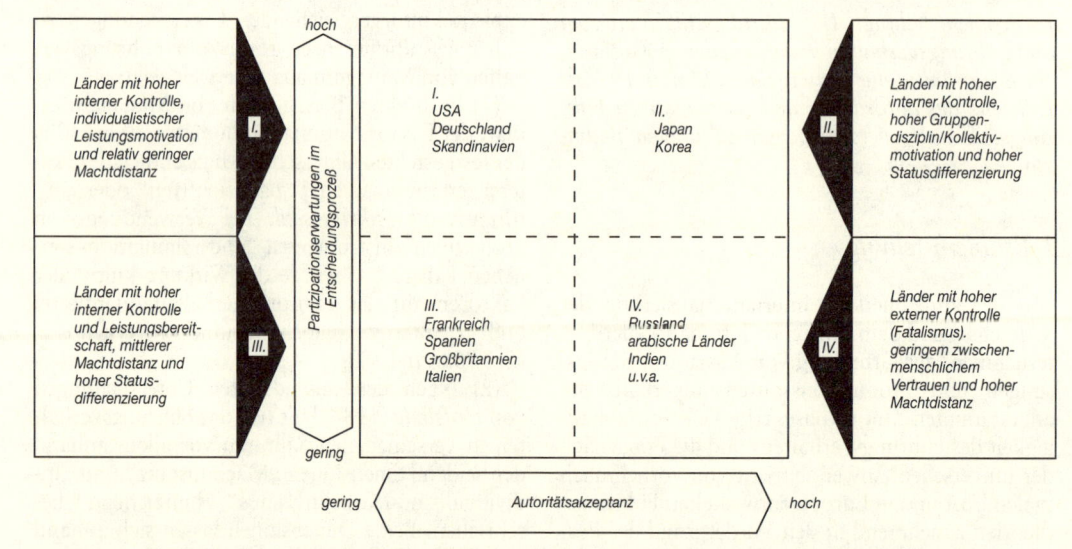

Abb. 1: Ländergruppen mit unterschiedlichen Motivationsmustern und Führungsstilpräferenzen

amerikanische und romanische Autoritarismus eher von der Art des wohlwollenden, schützenden „Pater familiae" und von einem starken gegenseitigen Loyalitätsverhältnis gekennzeichnet;

(2) *Individuelle vs. kollektive Orientierung:* In individualistischen Gesellschaften wird vom einzelnen erwartet, daß er sich in erster Linie um seine eigene Entwicklung und um die seines engsten Familienkreises kümmert. Dagegen sind kollektive Gesellschaften durch einen hohen Grad von Loyalität zwischen dem einzelnen und der Gruppe gekennzeichnet, der man zugehört (Familie, Clan, Organisation).

Die meisten westlichen Kulturen besitzen einen hohen Grad individualistischer Motivation. Anreizsysteme sind daher i. d. R. individuell orientiert. Diese individualistische Grundhaltung führt auch zu individuellem Wettbewerb um materiellen und ideellen Erfolg innerhalb der Organisation und behindert häufig die Suche nach sinnvollen gemeinsamen Lösungen. Der amerikanische „Team-Gedanke" überlagert die individuelle Orientierung der Mitarbeiter nur in Projektsituationen.

Dagegen spielt in den Ländern Ostasiens – Japan, Südkorea, Taiwan, Singapur und Hongkong – die Orientierung am Gruppenerfolg und an der Gemeinschaftsharmonie eine wesentlich größere Rolle.

(3) *Bedürfnis zur Vermeidung von Unsicherheit:* Dieses Bedürfnis manifestiert sich in dem Wunsch nach klar formulierten und allgemein akzeptierten Normen und Strukturen, um ambivalente Situationen zu vermeiden. Eine möglichst tief gestaffelte und formal dokumentierte hierarchische Kompetenzordnung dient als Sicherheit gebender Ordnungsrahmen. Typischerweise sind dies „spartanische" Kulturen, in denen der harten Arbeit ein hoher sinngebender und moralischer Wert beigemessen wird. In diesen Ländern – z. B. Deutschland – wird die persönliche Autorität einer Führungskraft häufig ersetzt durch ein *unpersönliches System von allgemein akzeptierten, formal festgeschriebenen Regeln;* Organigramme haben große Bedeutung. Das „ideale" Führungssystem gleicht der Vorstellung einer gut geölten Maschine (*Hofstede* 1980). Dazu paßt vor allem das in der BRD weitverbreitete Führungsmodell des MbO (→*Führung im MbO-Prozeß*), da durch dieses System die persönliche Autorität des einzelnen durch ein anonymes „Superego" von formalen Zielen ersetzt wird.

(4) *Interne vs. externe Kontrolle (Selbstvertrauen vs. Fatalismus):* Diese Grundhaltung wird in starkem Maße von den religiösen Vorstellungen einer Kultur geprägt. Kulturen, in denen der Glaube an die *Eigenbestimmtheit* der menschlichen Entwicklung vorherrscht, zeichnen sich durchwegs durch höhere Partizipationserwartungen von Führern und Geführten aus. Dazu gehören v. a. die protestantischen Gesellschaften der entwickelten westlichen Welt. Traditionelle Gesellschaften, in denen der Glaube an die Schicksalsbedingtheit des persönlichen Daseins und Fortkommens vorherrscht, hegen dagegen in aller Regel auch autoritäre *Führungsstil*präferenzen, die ihnen die „Last der eigenen Entscheidung" abnehmen. Dies trifft auch auf die meisten Länder der früheren Sowjetunion zu.

(5) *Zwischenmenschliches Vertrauen:* Je geringer das allgemeine zwischenmenschliche Vertrauen und die Einschätzung der Fähigkeiten/Qualitäten der Mitarbeiter/Mitmenschen, um so zentralistischer und autoritärer der Führungsstil und um so geringer der Informationsfluß von oben nach unten und zwischen den Abteilungen (→*Vertrauen in Führungs- und Kooperationsbeziehungen*). Jenes Menschenbild, das von *McGregor* (1970) als Theorie X beschrieben wird, durchdringt in starkem Maße auch heute noch die meisten traditionellen Gesellschaften (→*Menschenbilder und Führung*). Besonders ausgeprägt ist dieser Zusammenhang auch in den Nachfolgestaaten der Sowjetunion, d. h. in Rußland und in der Ukraine.

IV. Zur Effizienz des autoritären und partizipativen Führungsstils unter verschiedenen kulturellen Bedingungen

Im pragmatischen Sinne geht es der kulturvergleichenden *Führungsstil*forschung um die Frage, welcher Führungsstil unter bestimmten sozio-kulturellen Bedingungen der effizienteste sei und damit um die Überprüfung der transkulturellen Gültigkeit einiger – namentlich in den USA entwickelter – Führungsstiltheorien und -modelle. Die Kontingenztheorie (→*Führungstheorien – Kontingenztheorie*) der Führung von *Fiedler* (1967) konnte zumindest in Teilen bestätigt werden (*Oh* 1975). Bestätigt wurde jedoch das Vroom/Yetton-Modell der Führung (→*Führungstheorien – Vroom/Yetton-Modell*; *Vroom/Yetton* 1973) und damit die These, daß es keinen besten Führungsstil gibt, sondern daß die Wirkungen eines autoritären oder partizipativen *Führungsstils* in erster Linie abhängig sind von den kulturell geprägten Partizipationserwartungen der Unterstellten und darüber hinaus von der gesamten Führungssituation (→*Führungstheorien – Situationstheorie*) (vgl. Abb. 1). Je kleiner die subjektiv empfundene Diskrepanz zwischen den eigenen Partizipationserwartungen und dem organisatorischen Partizipationsangebot ist, um so mehr identifiziert sich – so kann man in grober Vereinfachung sagen – der Mitarbeiter mit seiner Arbeitsgruppe und deren Zielen, um so besser ist auch die Motivation, der Leistungswille und die Gruppenkohäsion. In Kul-

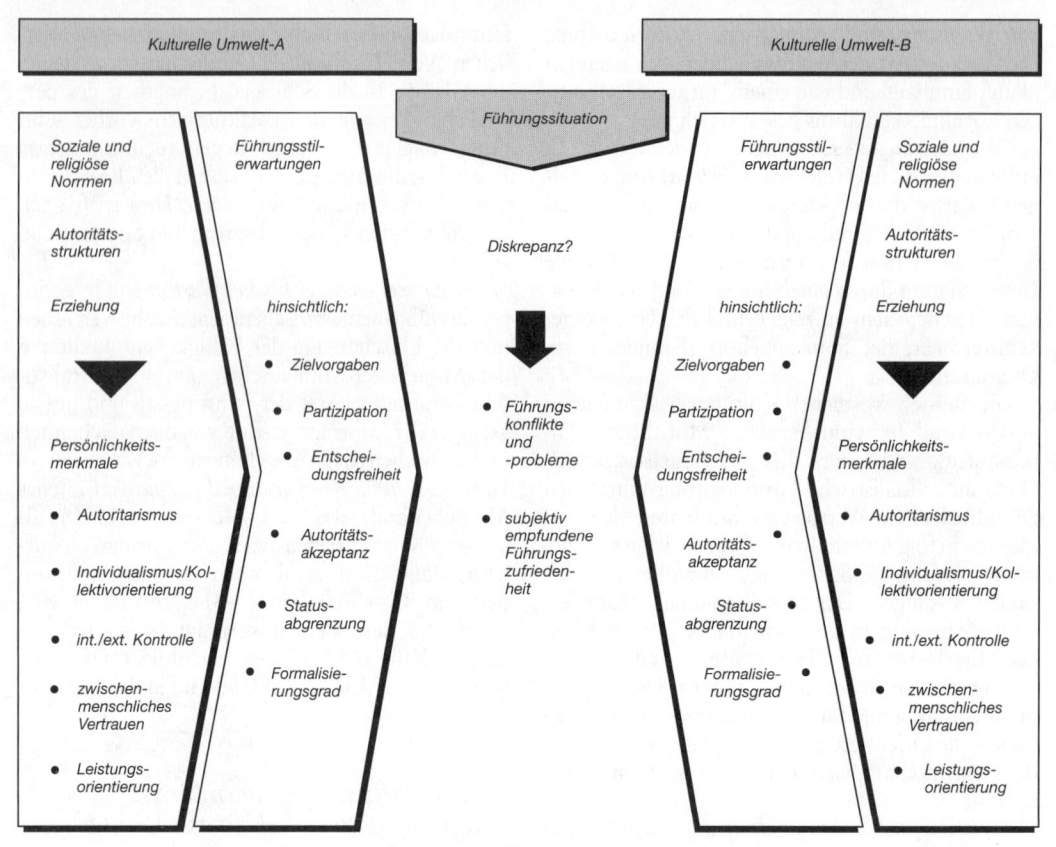

Abb. 2: Der Einfluß der Kultur auf Führungsstil, -erwartungen und -erfolg

turen, in denen autoritäre Beziehungsmuster und Führungspraktiken üblich sind und in der eine wenig durchlässige Sozialhierarchie existiert, sind auch die Partizipationserwartungen im Durchschnitt niedriger als in der pluralistischen, demokratisch-leistungsorientierten Kultur. So waren beispielsweise indische, peruanische oder türkische Mitarbeiter mit einem autoritären *Führungsstil* zufriedener als mit einem partizipativen Führungsstil (*Bass* 1968). Das gleiche gilt für andere südamerikanische Länder und auch für die Nachfolgestaaten der Sowjetunion, in denen die Übertragung von eigenen Entscheidungsbefugnissen zu großer Unsicherheit führt.

Probleme entstehen in der Praxis vor allem dann, wenn kulturell unterschiedlich geprägte Rollenerwartungen und Verhaltensweisen aufeinanderprallen, was beispielsweise beim *Management ausländischer Tochtergesellschaften* durch Führungskräfte der Muttergesellschaft regelmäßig der Fall ist. Teilweise führt der Versuch der Einführung von partizipativen Führungsmethoden in einer traditionell autoritären Umwelt sogar zu völlig kontraproduktiven Ergebnissen, wie erhöhter Fluktuation, Absentismus und verringertem Vertrauen in die Führung sowie sinkender Leistungsbereitschaft (vgl. Abb. 2). Eine Veränderung dieser kulturell geprägten Partizipationserwartungen scheint nur langfristig möglich zu sein. Erfahrungsberichte von Auslandsmanagern zeigen, daß eine grundsätzliche Anpassung des Führungsstils an die kulturellen Bedingungen und an die Partizipationserwartungen im Gastland meistens erfolgreicher ist, als die Durchsetzung des von anderen kulturellen Normen geprägten *Führungsstils* der ausländischen Muttergesellschaft, zumal dann, wenn der Führungsstil in einigen zentralen Punkten mit den Verhaltensnormen des Gastlandes kollidiert.

Richtiges Führungsverhalten im Ausland kann trainiert werden, erfordert aber vor allem Empathie, d.h. eine durch Erfahrung geschärfte kulturelle Sensibilität und die Fähigkeit, sich in die kulturelle Eigenartigkeit eines fremden Volkes hineinzufühlen und sie innerlich nachzuvollziehen (→*Auswahl von Führungskräften*).

Literatur

Bass, B.: A Preliminary Report on Manifest Preferences in Six Cultures for Participative Management. Technical Report 21. University of Rochester 1968.
Bass, B./Barrett, G.: Comparative Surveys of Managerial Attitudes and Behaviour. In: *Boddewyn, J.* (Hrsg.): Comparative Management: Teaching, Training and Research. New York 1970, S. 179–217.

Charih, M.: Culture and Management: A Bibliography. Monticello, Ill. 1991.
Davis, S.: Comparative Management. Englewood Cliffs 1971.
Dülfer, E.: Internationales Management in unterschiedlichen Kulturbereichen. München 1992.
Farris, G./Butterfield, A.: Are Current Theories of Leadership Culture-Bound? An Empirical Test in Brazil. In: *Fiedler, F.*: A Theory of Leadership Effectiveness. New York 1967.
Fleishman, A./Hunt, J. (Hrsg.): Current Developments in the Study of Leadership. Homewood, Ill. 1979, S. 105–138.
Haire, M./Ghiselli, E./Porter, W.: Managerial Thinking. New York 1966.
Hofstede, G.: Culture's Consequences: International Differences in Work-related Values. Beverley Hills, London 1980.
Hofstede, G.: Dimensions of National Culture in Fifty Countries and Three Regions. In. *Deregowski, J. B./Dziurawiec, S./Annis, R. C.* (Hrsg.): Expectations in Cross-Cultural Psychology. Lisse/NL, 1983, S. 335–355.
Hofstede, G.: Cultures and Organizations: Software of the Mind. London 1991.
von Keller, E.: Management in fremden Kulturen. Bern 1982.
Kumar, B.: Kulturabhängigkeit von Anreizsystemen. In: *Schanz, G.* (Hrsg.): Handbuch Anreizsysteme. Stuttgart 1991, S. 129–147.
McGregor, D.: Der Mensch im Unternehmen. Düsseldorf, Wien 1970.
Neghandi, A./Prasad, B.: Comparative Management. New York 1971.
Oh, S.: The Effect of Leadership Style on Group Interaction and Performance in a Korean Industrial Firm. Diss., Northwestern University, 1975.
Ruedi, A./Lawrence, P.: Organizations in Two Cultures. In: *Lorsch, J./Lawrence, P.* (Hrsg.): Organization Design. Homewood, Ill., 1970, S. 54–83.
Vroom, v. H./Yetton, P. W.: Leadership and Decision Making. Pittsburgh 1973.
Webber, R.: Culture and Management. Homewood, Ill. 1969.
Welge, M. K.: Globales Management. Stuttgart 1990.

Laterale Kooperation als Führungsaufgabe (Schnittstellenmanagement)

Rolf Wunderer

[s. a.: Familie, Führung in der; Führungstheorien – Austauschtheorie; Führungs- und Kooperations-Controlling; Intervention bei lateralen Konflikten; Konflikte als Führungsproblem; Netzwerkbildung und Kooptation als Führungsaufgabe; Personalentwicklung als Führungsinstrument; Selbststeuernde Gruppen, Führung in; Steuerungsinstrumente von Führung und Kooperation; Symbolische Führung; Verfügungsrechtstheorie, Transaktionskosten und Führung.]

I. Begriff und Problem der lateralen Kooperation; II. Grundlagen von Kooperation und Führung; III. Interaktionelle (direkte) Führung bei lateraler Kooperation; IV. Strukturelle (indirekte) Führung bei lateraler Kooperation; V. Ökonomische Konzepte zur Beeinflussung lateraler Kooperation.

I. Begriff und Problem der lateralen Kooperation

1. Begriffsanalyse

Laterale (horizontale) Kooperation wird verstanden als zielorientierte, arbeitsteilige Erfüllung von stellenübergreifenden Aufgaben in einer strukturierten Arbeitssituation durch hierarchisch formal etwa gleichgestellte Organisationsmitglieder. Dabei können – im Gegensatz zu vertikalen Führungsbeziehungen – Konflikte nicht mit dem Mittel der direkten Weisung gelöst werden, ohne die laterale Kooperation in eine hierarchische Beziehung zu überführen; vielmehr ist erfolgreiche Zusammenarbeit nur über wechselseitige Abstimmung und Konsens möglich. Neben formal eindeutig vertikalen oder horizontalen Formen der Zusammenarbeit findet man auch Arten *diagonaler Kooperation*. Sie kann in den folgenden Differenzierungen begründet sein: (1) formal (z. B. bei Matrixorganisation), (2) informell (z. B. Zusammenarbeit von formal gleichrangigen Stelleninhabern unterschiedlicher Seniorität oder Kapazität) oder (3) kombiniert.

Laterale Kooperationsbeziehungen befinden sich häufig in einem empfindlichen Gleichgewicht, auf dessen Veränderung die Betroffenen sensibel reagieren. Kollegenkooperation kann man als Prototyp für selbststeuernde Beziehungen verstehen, bei denen direkte Führungseingriffe die Ausnahme bilden sollten.

2. Zur Bedeutung lateraler Kooperationskonflikte

Bei Kooperationsanalysen in den achtziger Jahren in Unternehmen der Bundesrepublik stellten wir folgende Frage:

„Die Zusammenarbeit in Unternehmen läuft nicht immer ohne Konflikte ab. Probleme können dabei sachlich und persönlich begründet sein.

Frage: Wo treten für Sie persönlich – insgesamt gesehen – die stärksten Konflikte auf:

(1) In der Zusammenarbeit mit Ihren direkten Vorgesetzten oder mit Ihren Mitarbeitern (falls Sie eine Vorgesetztenfunktion ausüben),
(2) in Kooperationsbeziehungen zu Kollegen, welche Ihrem Vorgesetzten unterstellt sind,
(3) in Ihren Kooperationsbeziehungen zu anderen Organisationseinheiten (z. B. Zentralabteilungen, Geschäftsbereichen)?"

Darauf antworteten 746 Führungskräfte und Spezialisten eines Dienstleistungs- (11 000 Beschäftigte) bzw. 440 eines Industrieunternehmens (5500 Beschäftigte) folgendermaßen: Von den Führungsbeziehungen (Frage 1) werden 31% bzw. 25% am stärksten gestört. Friktionen in den abteilungsinternen Kooperationsbeziehungen (Frage 2) konstatieren 23% bzw. 12% der Befragten.

Von 46% bzw. 63% der Befragten werden aber die Kooperationsbeziehungen zu *anderen* Organisationseinheiten (Frage 3) als stärkste Konfliktquelle genannt.

Die laterale Kooperationsbelastung steigt nach den Befragungsergebnissen mit steigender Führungsebene.

Hier erweist sich die laterale Zusammenarbeit als *die* innerbetriebliche Konfliktdimension zwischen Organisationsmitgliedern. Eine Konfliktquelle zudem, die am wenigsten offen diskutiert und auch in der Wissenschaft weitgehend vernachlässigt wird. Daß – insb. bei der Kooperation *zwischen* Organisationseinheiten – kooperationshemmende Einstellungs- und Verhaltensmuster die kollegiale Zusammenarbeit besonders erschweren, wurde in anderen Beiträgen diskutiert (vgl. *Wunderer* 1991; *Wunderer/Walser* 1989).

3. Ursachen lateraler Kooperationskonflikte

Folgende Ursachen werden genannt (*Gouldner* 1957/58; *Walton* et al. 1966; *Wunderer* 1974, 1978; *Klimecki* 1985; *Bleicher* 1991; *Neuberger* 1991; *Ulrich* 1991):

- wachsende Betriebsgrößen
- wachsende horizontale Arbeitsteilung
- ausschließlich ökonomische Orientierung der Unternehmensspitzen im Kampf um die Profilierung am Markt, dabei zunehmende Distanzierung der Führungskräfte von den Unternehmensleitungen
- Rationalisierungs- und Leistungsdruck (gerade bei Führungskräften)
- Dominanz rationalistischer Führungskonzepte und -philosophien
- mangelnde Möglichkeiten zur personalen Identifikation (z. B. mit Kollegen als Vorgesetzten)
- Überlastung der Führungskräfte mit ihrem „Innensystem" sowie wachsender Außendruck durch erschwerte Marktbedingungen
- zunehmender Individualismus und wachsende Egozentrik sowie Förderung von „locals" bei Karriereentscheidungen
- zunehmende Entfremdung und Anonymisierung zwischen Führungskräften
- unterschiedliche Erfolgschancen bei gleichem Einsatz

Orientierung
1. Einseitige Orientierung auf die eigene Organisationseinheit
2. mangelnde Orientierung an gemeinsamen Zielen

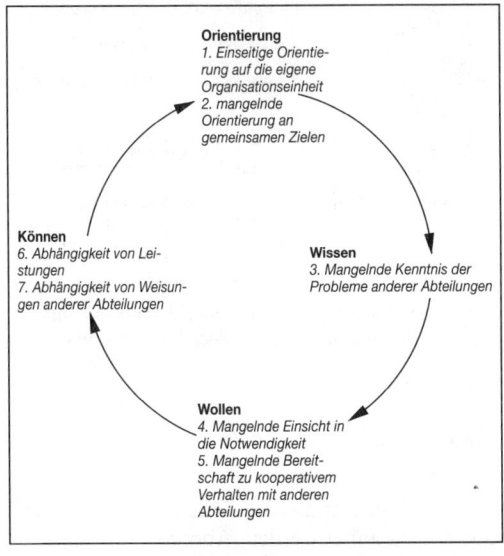

Können
6. Abhängigkeit von Leistungen
7. Abhängigkeit von Weisungen anderer Abteilungen

Wissen
3. Mangelnde Kenntnis der Probleme anderer Abteilungen

Wollen
4. Mangelnde Einsicht in die Notwendigkeit
5. Mangelnde Bereitschaft zu kooperativem Verhalten mit anderen Abteilungen

Abb. 1: Zentrale Konfliktursachen bei lateraler Kooperation

Die sieben stärksten Konfliktursachen lassen sich in vier zentralen Konfliktdimensionen aus der Sicht der befragten 1186 Führungskräfte und Spezialisten zusammenfassen (vgl. Abb. 1).

II. Grundlagen von Kooperation und Führung

Man kann die Gestaltung lateraler Kooperationsbeziehungen auch als eine Führungsaufgabe verstehen. Dies wurde bisher u. W. noch nicht monographisch diskutiert. Deshalb kann dieser Beitrag auch nur ein erster Ansatz sein. Folgende Punkte sind dabei zu klären:

- die relevanten Führungsdimensionen (1)
- Steuerungsphilosophien (2)
- typische Beziehungsgrundlagen (3)
- Steuerungsgrundlagen und -instrumente abteilungsinterner und -externer Kooperation (4)
- Forderungen für die Steuerung lateraler Kooperation (5).

1. Zwei Führungsdimensionen

Es wird zwischen zwei zentralen Führungsdimensionen unterschieden (vgl. *Wunderer* 1975). Die *strukturelle Führung* meint die indirekte Verhaltensbeeinflussung, v. a. durch Schaffung einer günstigen Kooperationssituation. Dies geschieht insb. durch eine entsprechende Kooperationsphilosophie, -politik und -kultur (im Sinne einer „weichen" Struktuführung) sowie durch die Gestaltung der Aufbau- und Ablauforganisation, durch Richtlinien, Programme sowie damit verbundene institutionalisierte Kooperationsinstrumente.

Dagegen bezieht sich die *interaktionelle Führung* auf die direkte Beziehungsgestaltung zwischen dem Vorgesetzten und seinen Mitarbeitern. Hier geht es v. a. um situative und individuelle bzw. zwischenmenschliche Verhaltensbeeinflussung zur aufgaben- und kollegengerechten Kooperation. Es geht also einmal um die Interpretation, die individuelle Anwendung, gegebenenfalls auch situative Modifikation struktureller Führung. Innerhalb dieses Handlungsspielraums gestaltet der Vorgesetzte die gruppendynamischen Kollegenbeziehungen. Dabei analysiert er spezielle Kooperationskonflikte und setzt individuell dosierte Konfliktvermeidungs- und -lösungsstrategien ein.

Bei *abteilungsinterner* Kooperation hat die direkte Führung einen dominanten Einfluß, dagegen hat für die *abteilungsübergreifende* Zusammenarbeit die strukturelle Dimension größere Bedeutung.

2. Steuerungsphilosophien

Sofern man bei lateraler Zusammenarbeit das Leitbild der Selbststeuerung und Selbstentwicklung von Kooperationsbeziehungen zugrunde legt, werden sich *Führungsmaßnahmen* v. a. auf die *Schaffung günstiger Kooperationssituationen* konzentrieren und unmittelbare Führungseingriffe nach dem Subsidiaritätsprinzip gestalten. Grundsätzlich müßte man deren Notwendigkeit als Versagen der Selbststeuerung interpretieren. Andererseits kann sich der Vorgesetzte bei manifesten Konflikten nicht auf die Rolle eines „Nachtwächters" zurückziehen.

3. Drei Beziehungsgrundlagen lateraler Kooperation

Die wesentlichen Beziehungsgrundlagen horizontaler wie vertikaler Zusammenarbeit kann man mit *Etzioni* (1964) drei Systemen zuordnen:

– Emotionen, freiwillige, internalisierte Kooperationsnormen und Verpflichtungen im *sozio-kulturellen System* (*Bambeck* 1989; *Bierhoff* 1980; *Derlega/Grzelak* 1982; *Ulrich* 1991);
– formale Autorität, Macht, Regeln und Programme im *organisations-politischen System* (*Blau* 1954; *Bleicher* 1991; *Brockhoff* 1989; *Likert* 1975; *Walton* et al. 1969);
– Anreize, Vorteile, materiell bewertbarer Leistungsaustausch im *ökonomischen System* (*Schmalenbach* 1948; *Homans* 1958; *Küpper* 1991; *Pondy* 1964).

Bei der abteilungsinternen Kooperation hat das sozio-kulturelle System eine zentrale Bedeutung. Das organisations-politische System wird v. a. für die Steuerung der abteilungsübergreifenden Zusammenarbeit eingesetzt.

Das ökonomische System wird bei der Steuerung lateraler Zusammenarbeit noch weitgehend vernachlässigt (*Pondy* 1964).

4. Steuerungsgrundlagen und -instrumente abteilungsinterner und -externer Kooperation

In Abbildung 2 sind Steuerungsgrundlagen bei lateraler Kooperation in idealtypischer Weise in Form einer Synopse dargestellt. Differenziert man direkte Führungsmaßnahmen nach abteilungsinterner und abteilungsübergreifender Zusammenarbeit, so zeigt sich vielfach, daß der direkte Vorgesetzte i. d. R. weit mehr an einer optimalen gruppeninternen Zusammenarbeit interessiert ist – soweit er sie nicht gegen sich gerichtet empfindet. Bei der abteilungsübergreifenden Kooperation wirkt er dagegen nicht selten eher als Konfliktverstärker denn als Konfliktlöser (*Blake* et al. 1964; *Deutsch* 1976; *Klimecki* 1985; *Krüger* 1973; *Neilsen* 1972; *Strauss* 1962; *Walton* 1969; *Walton/Dutton* 1969).

Kooperations- bzw. Führungsaspekte	Tendenz bei abteilungsinterner Kooperation	Tendenz bei abteilungsübergreifender Kooperation
funktionale Abhängigkeit	gering	hoch
Leistungsprogramm	einheitlich	verschieden
Ziele	übereinstimmend	oft konkurrierend
Sozio-kulturelle Prägung	kooperativ (Sippen-/Familienorientierung)	abgrenzend
Kooperationsphilosophie	kooperativ	konkurrierend
Organisationskultur	integrativ	distributiv
Austauschgrundlagen	sozio-emotional	sozio-funktional
Austauschanreize	Hilfe, Solidarität	organisat. Verpflichtung
Austauschverhältnis	leicht einschätzbar	schwer einschätzbar
Führungskonzept	interaktionelle Führung	strukturelle Führung
Koordinationsnorm	Selbstkoordination	Struktur und Vorgesetzten-Koordination
Gerechtigkeitsnorm/Statusdifferenzierung	jedem das Gleiche	jedem das Seine
Kommunikationspotential	hoch	gering
Berücksichtigung lat. Kooperation in Personalinstrumenten:		
– Leitsätze	Kooperation (K) Teamorientierung	Kooperation, basierend auf gesundem „Wettbewerb"
– Personalbeurteilung	K. beurteilt	K. nicht beurteilt
– Meinungsumfragen	K. thematisiert	selten thematisiert
– Personalentwicklung/Training	K. thematisiert	selten thematisiert
– Laufbahnförderung	K.-verhalten	eher „local-Verhalten"
– Mitarbeitergespräch	K. thematisiert	selten thematisiert
– Mitarbeiterauswahl	K.-verhalten berücksichtigt	selten berücksichtigt
– Entlohnung	K. implizit berücksichtigt	eher „local-Verhalten"

Abb. 2: Steuerungsgrundlagen und -instrumente abteilungsinterner und -externer Kooperation

5. Folgerungen für die Steuerung lateraler Kooperation

Laterale Kooperation kann durch zwei Steuerungskonzepte gestaltet werden (Abb. 3).

Die *Selbststeuerung* durch die beteiligten Kollegen im Rahmen vorgegebener oder dafür vereinbarter Kooperationsstrukturen (z. B. Aufbau- und Ablauforganisation, Richtlinien für die Zusammenarbeit) ist die genuine Steuerungskonzeption für laterale Kooperation. Die Kollegen sind dabei

```
         Selbststeuerung                              Fremdsteuerung
       (durch/mit Kollegen)                          (durch Vorgesetzte)
         Zusammenarbeit                                   Führung
        ┌──────┴──────┐                            ┌──────┴──────┐
   strukturell      interaktionell            strukturell      interaktionell
 (Vereinbarung und  (Praktizierung           (Gestaltung und   (Sicherung
  Förderung günstiger und Förderung           Sicherung günstiger und Förderung
  Kooperations-     kollegialen               Kooperations-    kollegialen
  situationen)      Verhaltens)               situationen)     Verhaltens)
```

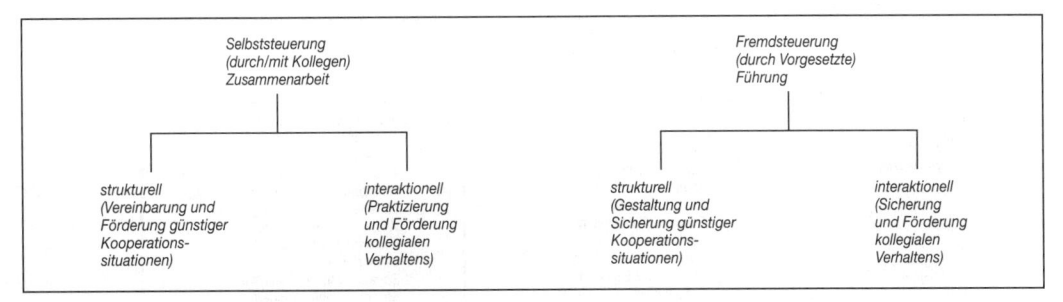

Abb. 3: *Steuerungskonzepte lateraler Kooperation*

zugleich persönlich Handelnde und Betroffene. Sie müssen versuchen, zu einem handlungsfähigen Konsens zu gelangen – selbst bei konfliktären Zielsetzungen, begrenzten oder widersprüchlichen Informationen oder Bewertungen, sogar bei persönlichen Antipathien.

Die *Fremdsteuerung* durch Vorgesetzte (Führung) konzentriert sich bei lateraler Kooperation auf zwei Zielsetzungen:

– Schaffen günstiger Kooperationssituationen, v. a. durch entsprechende kooperationsfördernde Gestaltung von Kooperationsstrukturen, -normen und -regeln (*strukturelle* Führung);
– Sicherung *günstigen Kooperationsverhaltens* bzw. günstiger Kooperationsbeziehungen durch entsprechende Beeinflussung der betroffenen Mitarbeiter, z. B. durch Information, Anreiz- und Sanktionsgestaltung, hierarchischer Konfliktregelungen (*interaktionelle* Führung);
– Mischformen können sich ergeben, wenn auf Wunsch von beteiligten Kooperationspartnern oder vorgesetzten Stellen auch nicht direkt vorgesetzte Stellen als „Schlichter"/„Schiedsrichter" oder strukturelle Gestalter (z. B. Organisation- und Personalabteilungen) tätig werden (strukturelle oder interaktionelle *Moderation*).

Im folgenden werden Möglichkeiten und Formen der interaktionellen und strukturellen Fremdsteuerung (Führung) zur Beeinflussung lateraler Kooperation behandelt. Abbildung 4 gibt dazu einen ersten Überblick im Sinne eines Bezugsrahmens.

III. Interaktionelle (direkte) Führung bei lateraler Kooperation

1. Direkte Führung zur abteilungsinternen Kooperation

Sie steht bei abteilungsinterner Kooperation im Vordergrund. Der direkte Führungseinfluß des Vorgesetzten wird sich auf die Handhabung von manifesten Kooperationskonflikten (→*Intervention bei lateralen Konflikten*) bzw. deren Vermeidung konzentrieren. Folgende Maßnahmen dazu werden besonders behandelt:

– Konfliktanalyse
– Konfliktverminderung
– Konflikthandhabung.

a) Zur Konfliktanalyse

Eine eingehende Diskussion typischer Kooperationskonflikte ist hier nicht möglich (*Wunderer* 1978). Von den vier typischen Konfliktdimensionen (individuelle, interpersonelle, innerorganisatorische und umweltbezogene Konflikte) haben die individuellen und interpersonellen besonderes Gewicht.

Bei *abteilungsinterner* Kooperation herrscht bei Mitarbeitern die Tendenz vor, Kooperationsprobleme erst im äußersten Fall „nach oben" zu tragen. Dies kommt den meisten Vorgesetzten auch entgegen.

So wird eine antizipative Konflikthandhabung im Vordergrund stehen. Hier bedarf es v. a. steten Augenmerks und sozialer Sensitivität, auch für schwächere Signale. Dies bezieht sich auf die Beobachtung kollegialen Verhaltens jedes Mitarbeiters, insb. bei der Übernahme von Sonderfunktionen und von unbeliebten Aufgaben. Direkte Versuche, etwa in individuellen Gesprächen mit Mitarbeitern Informationen über Kollegen zu erhalten, widersprechen allgemein akzeptierten Solidaritätsforderungen. Hinzu kommt die sorgsame Analyse eigener Verhaltenswirkungen auf die Mitarbeiter. Dabei sollte der Vorgesetzte auf verbale wie nonverbale Signale achten. Gerade vom Vorgesetzten induzierte Kooperationskonflikte erweisen sich bei dessen Analyse leicht als „blinde Flecke". So sind ein offenes Auge und Ohr gerade bei gemeinsamen Besprechungen und Zusammenkünften besonders ergiebig.

b) Zur Konfliktverminderung

Die *Konfliktverminderung* sollte sich zunächst auf die vom Vorgesetzten induzierten Kooperationskonflikte konzentrieren. Dies betrifft v. a.:

	Führungsdimensionen	
Führungs-bereiche	**strukturell**	**interaktionell**
abteilungs-intern	I – abteilungsinterne Normen, Regeln, Richtlinien zur lateralen Kooperation – laterale Auswahl- und Entwicklungskriterien und -verfahren – Anreiz- und Sanktions-systeme zur lateralen Kooperation	II (Führungsschwerpunkt) – Analyse der Kooperations-beziehungen und eigener Kooperationswirkungen – individuelle und inter-personelle Konfliktregelungen – Vermeidung konfliktpro-duzierenden Führungs-verhaltens – Schiedsrichter-, Schlichter-Moderatorenfunktionen des Vorgesetzten
abteilungs-übergreifend (Konfliktschwer-punkt)	III (Führungsschwerpunkt) – Förderung einer lateralen Kooperationskultur – Führungsorganisation – Ablauforganisation – Gestaltung führungs-politischer Instrumente (z.B. Analyse, Beurteilung, Entwicklung, Entlohnung)	IV – Sicherung und Durch-setzung der Kooperations-regeln – Motivation (Anreize und Sanktion) – Information/Kommunikation – indiv. Personalentwicklung – Konfliktregelungen – Schlichter-, Schiedsrichterrollen
	Verantwortlich: Vorgesetzte, Mitarbeiter, Organisations-, Personalabteilung, Geschäfts-leitung	Verantwortlich: Vorgesetzte, Mitarbeiter; in Schlichter-, Schiedsrichterrollen auch Fachabteilungen

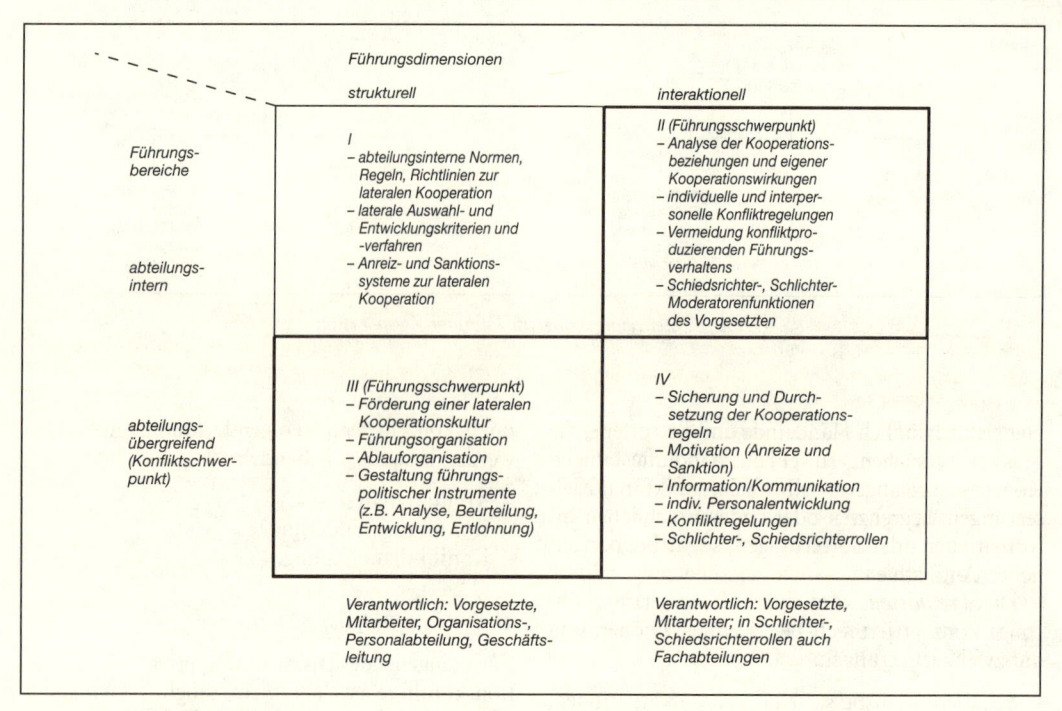

Abb. 4: Ein Rahmenkonzept zur Steuerung lateraler Kooperation durch Führung

– klare Entscheidungen und Verantwortlichkeits-regelungen gerade bei situativen Zuordnungen, insb. bei Sonderaufgaben;
– besondere Beachtung von Gerechtigkeitspostu-laten bei der individuellen und kollektiven Führung. Diese rangieren bei Erwartungen der Mitarbeiter an den Vorgesetzten an oberster Stelle. Dabei stehen allerdings zwei Gerechtig-keitspostulate in Konkurrenz. Nach der „austei-lenden Gerechtigkeit" („Jedem das Gleiche") erwarten Mitarbeiter, in gleicher oder vergleich-barer Weise belastet, belohnt und gegebenenfalls sanktioniert zu werden. Dazu gehört die Ver-meidung von sog. Günstlings- oder Favoriten-rollen und dadurch induzierten Rivalitätskon-flikten.
Daneben tritt aber das Postulat der zuteilenden Gerechtigkeit („Jedem das Seine"). Danach sol-len individuell begründete Unterschiede (z.B. nach Funktion, Bezahlung, Können, aber auch situativer, psychischer und physischer Befind-lichkeit) berücksichtigt werden.

Gerade in der abteilungsinternen Kooperation steht erfahrungsgemäß das Postulat der Gleichbe-handlung (austeilende Gerechtigkeit) im Vorder-grund – analog zu Familienkonstellationen (*Toman* 1974). *A. Zaleznik*, der sich an der Har-vard Business School solchen Fragen besonders widmete, hat dieses „Führungsdilemma" so be-gründet: „Der Urzustand der ausschließlichen oder eindeutig bevorzugten Verbindung zwischen Kind und Eltern, dieser paradiesische Zustand, dauerte in der Phantasie des Kindes ewig, hätte nicht ein Ri-vale, ein Geschwister diese Position verändert." Ein Lösungsschema: „Kann man sich nicht mehr als Mittelpunkt der Beziehungen zu den allmächtigen Eltern durchsetzen, dann verfällt man dem Gefühl, daß alle gleich behandelt werden sollten." So ent-wickelt sich das „Gleichheitsprinzip" als „Ersatz für die verlorene Stellung des Begünstigten und bil-det zugleich die Grundlage der Gruppenbildung" (*Zaleznik* 1975, S. 124).

Somit muß der Vorgesetzte zur Vermeidung in-terner Kooperationskonflikte – insb. bei horizon-taler Arbeitsteilung, also bei Mitarbeitern mit vergleichbaren Aufgaben – sehr sorgsam mit diffe-renzierenden Leistungsanreizen und -gratifikatio-nen (incl. offizieller Anerkennung) umgehen. Ein Grund für die Zurückhaltung gegenüber Forde-rungen höherer oder zentraler Stellen nach erkenn-bar differenzierender Leistungsbewertung (Perso-nalbeurteilung).

c) Zur Konflikthandhabung

Im interaktionellen Führungsbereich kann der Vor-gesetzte bei der *Konflikthandhabung* Schiedsrich-ter- und Schlichterfunktionen (*Walton* 1969) über-nehmen, sofern sein unparteiisches und gerechtes Verhalten die notwendige Akzeptanz sichert. *Hem-phill* hat diese Rollen als zentrale Aufgaben des

Vorgesetzten beschrieben (vgl. *Hemphill* 1949). In der Schiedsrichterrolle klärt der Vorgesetzte z. B. mehrdeutige Interpretationen von Verantwortlichkeiten oder kollegialen Verhaltensgrundsätzen. Dies setzt allerdings zuvor definierte Regelungen (z. B. *Führungs-* und Kooperations*grundsätze*) voraus. Die Schlichterrolle kommt bei Ressourcen-, Verteilungs- und Prioritätskonflikten zwischen Kollegen in Frage, bei denen ein Teilen des Streitwertes möglich ist und bei denen Betroffene eine aktive Konflikthandhabung bevorzugen, sich aber selbst nicht einigen können (vgl. *Blake* et al. 1964).

Offensichtliches und wiederholtes unkollegiales Verhalten eines Mitarbeiters – v. a., wenn Kollegen dagegen machtlos sind – erfordert aber schließlich direktes Eingreifen des Vorgesetzten. Allein diese Möglichkeit genügt oft schon, solche Verhaltensweisen zu verhindern oder zu mindern.

Nicht nur in solch eklatanten Fällen gehört es zur direkten Führungsaufgabe, allgemeine *Personalprogramme* des Unternehmens zur Konfliktanalyse, -vermeidung und -handhabung individuell anzuwenden (z. B. Mitarbeitergespräch, Personalbeurteilung, Award-Programm, Personalentwicklung, Mitarbeitereinsatz, Nachfolgeregelungen).

2. Direkte Führung zu abteilungsübergreifender Kooperation

Hier zeigt sich die Situation der Praxis z. T. januskopfig. Denn während bei interner Kooperation die üblichen Normen kollegiales Verhalten fordern und der Vorgesetzte an reibungsfreier Zusammenarbeit seiner Mitarbeiter interessiert ist, erweist er sich bei abteilungsübergreifender Kooperation leicht als ein „local" (*Gouldner* 1957/58), d. h. als einer, der v. a. die Interessen der eigenen Organisationseinheit wahren will. Damit werden dann Mitarbeiter mit extern unkollegialen Verhaltensweisen implizit oder auch explizit unterstützt.

Sofern sich der Vorgesetzte aber als Verbindungsglied zwischen Organisationseinheiten (vgl. das Konzept des „Linking-pin" von *R. Likert* 1975) und v. a. als Angehöriger des übergeordneten Systems („Unternehmung") versteht, wird er als „Cosmopolitan" (*Gouldner*) an kooperativer Zusammenarbeit mit anderen Einheiten interessiert sein. Bei Kooperationskonflikten eines Mitarbeiters mit Mitgliedern anderer Einheiten muß er schon bei deren Analyse mit Kollegen in Kontakt treten, um einseitige Informationen und Interpretationen zu vermeiden. Da das Verhalten von Mitgliedern anderer Organisationseinheiten bei hierarchischer Struktur nicht direkt gesteuert werden kann, reichen einseitige Führungsmaßnahmen nicht mehr. Erfolgreiche direkte Führung setzt hier zugleich eine effektive laterale Kooperation der Vorgesetzten voraus. Generell erweist sich prophylaktisches, konfliktvermeidendes Verhalten als besonders wirkungsvoll. Dabei sollte v. a. eine „diplomatische" Differenzierung zwischen zweckmäßiger Interessenwahrung und kollegialer Interessenvertretung gefunden werden.

IV. Strukturelle (indirekte) Führung bei lateraler Kooperation

Die strukturelle (indirekte) Führung soll hier eine günstige Kooperationssituation schaffen; sie soll laterale Selbststeuerung unterstützen. Sie entlastet den Vorgesetzten von direkten Führungsaktivitäten und bildet eine zweckmäßige Führungsstrategie zur Vermeidung von Kooperationskonflikten. Der Vorgesetzte muß so weniger auf konkrete Anlässe reagieren. Er kann sich auf die Gestaltung einer kooperationsfördernden Unternehmens- und Abteilungskultur, eine darauf abgestellte Ablauforganisation und kooperationsfördernde Personalprogramme konzentrieren.

1. Strukturelle Führung bei abteilungsübergreifender Kooperation

Strukturelle Maßnahmen stehen bei abteilungsübergreifender Kooperation im Vordergrund. Solche Aktivitäten beziehen sich auf das Kooperationsproblem in Organisationen. Wie an anderer Stelle dargelegt (vgl. *Wunderer* 1985), widerspricht die Forderung nach kollegialem Verhalten zwischen Organisationseinheiten verschiedenen psychologischen, soziologischen sowie soziobiologischen (*Axelrod* 1984; *Campell* 1972; *Neuberger* 1991; *Staub* 1982) Rollenmustern. Insb., wenn – wie in großen Organisationen – zwischen Organisationseinheiten kaum persönliche Kontakte bestehen, kooperationshemmende Organisationsformen vorherrschen (z. B. funktionale Unternehmensorganisation) und die Belohnungsmuster konkurrenzorientiertes Differenzierungsverhalten fördern.

In solchen Fällen bedarf es einer grundlegenden und umfassenden strategischen Kooperationsdiskussion. Diese sollte die Kooperationssituation analysieren, v. a. Art, Inhalt, Umfang und Gewicht typischer Kooperationskonflikte. Dann können Maßnahmen zur Handhabung solcher Probleme entwickelt werden (*Blake* et al. 1964; *Delhees* 1979; *Deutsch* 1976, *Krüger* 1973; *Küpper* 1991; *Neilsen* 1972, *Walton* 1969; *Wunderer* 1978).

Die breit diskutierten Konzepte der *Organisationsentwicklung* (→*Organisationsentwicklung und Führung*) eignen sich dafür besonders. Sie streben in langfristigen, integrierten und evolutorischen Lernprozessen Änderungen im Bereich der unternehmenstypischen Einstellungen, Werte und Verhaltenskonzepte sowie der offiziellen Grundsätze, Regeln, Programme und Organisationsstrukturen an.

Als größter Hemmfaktor solcher Änderungsprozesse erweist sich oft der fehlende ernste Wille der Verantwortlichen, sich mit diesem Problem tiefer zu beschäftigen, sich offiziell auch bei Konflikten dafür einzusetzen und mit gutem Beispiel voranzugehen. Ebenso wirken gegenläufige Verhaltenstraditionen kontraproduktiv.

Obgleich generelle Rezepte situativen Regelungen widersprechen, wird ein Katalog von Prinzipien und Gestaltungsinstrumenten aufgezählt:

- *Analyse:* Am Anfang muß die systematische Analyse manifester und latenter Konfliktpotentiale sowie der Versuch einer entsprechenden Ursachenermittlung stehen.
- *Artikulation:* In der Regel erweist es sich als vorteilhaft, ermittelte Kooperationskonflikte auch zu äußern, um damit Anlaß zur Diskussion über die Ursachen und Lösungsmöglichkeiten zu geben.
- *Kommunikation:* Gerade die horizontale Kommunikation ist in den meisten Organisationen sehr verbesserungsbedürftig. So können abteilungsübergreifende Führungsgespräche zum Abbau von problematischen Einstellungen und Verhaltensweisen beitragen (*Krüger* 1973).
- *Kooperationskultur:* Durch Einführung der „goldenen Regel" (Wie du mir, so ich dir, allerdings mit positivem Einstieg) kann der Nutzen kooperativen Handelns verdeutlicht werden (*Axelrod* 1984).
- *Motivation und Sanktion:* Über Anerkennung kooperationsfördernden Verhaltens und Kritik von Kooperationsstörungen und -störern mit Berücksichtigung bei Gehalts- und Karriereentscheidungen kann zu entsprechendem Verhalten motiviert werden.
- *Identifikation:* Über die Definition einer besonderen Verbindungsfunktion des Vorgesetzten als Angehörigen mehrerer organisatorischer Teilsysteme soll eine einseitige abteilungsegoistische Orientierung vermieden und eine übergreifende Identifikation erreicht werden.
- *Integration.* Durch Definition oder Betonung (z. B. „große Koalitionspolitik") gemeinsamer Normen, Ziele und Aufgaben („Wir sitzen alle in einem Boot") kann eine übergreifende Kooperationsorientierung erreicht werden.
- *Schlichtung:* Hier wird die Einschaltung von spezialisierten „Schiedsrichtern" und „Beratern" mit Gesprächs- statt Weisungsautorität vorgeschlagen.
- *Koordination:* Über den Einsatz von gemeinsamen Ausschüssen oder besonderen Koordinationsgremien (Komitees und Kollegien) sollen institutionelle Möglichkeiten zur abteilungsübergreifenden Koordination eingesetzt werden (*Walton* 1969).
- *Hierarchie:* Hier geht es um den Einsatz des zentralen Integrationsinstruments der übergeordneten Entscheidung nach dem Prinzip Weisung statt Abstimmung.
- *Organisation:* Über eine Neuverteilung von Zuständigkeiten können unnötige Kooperationsbelastungen gemildert werden.
- *Separation:* Hier geht es um die Organisation möglichst autonomer Abteilungen durch Minimierung gegenseitiger Beziehungen.
- *Personaleinsatz:* Über planmäßigen Stellenwechsel kann man eine einseitige Orientierung verhindern und Verständnis für Probleme anderer Abteilungen wecken. Bei unlösbaren und interpersonellen Konflikten steht schließlich das Mittel der Versetzung zur Diskussion.
- *Schulung:* Durch Information, Rollenspiele und Einübung von Verhaltensstrategien (*Fisher/Ury* 1984) können Einsichten vermittelt und Verhaltensbereitschaften verändert werden.
- *Ressourcenverteilung:* Durch Verstärkung des Verteilungsprinzips „Gerechtigkeit" statt des Prinzips „Mächtigkeit" können Ressourcenkonflikte gemildert werden (*Pondy* 1970).
- *Statusegalisierung:* Zumindest äußere Statussymbole könnten zwischen führungsorganisatorisch Gleichrangigen in möglichst gleicher Weise verteilt werden (*Galtung* 1972), um z. B. einen Rangausgleich zwischen Bowler- und Butlerstatus (*Wunderer* 1974) zu erreichen.
- *Kompensation:* Sind z. B. Unterschiede in der Ressourcen- oder Statusverteilung aus funktionalen oder institutionellen Gründen nicht vermeidbar, kann nach Möglichkeiten eines Nachteilausgleichs gesucht werden (*Schelling* 1972).
- *Individualpsychologische Konfliktlösungsmechanismen:* Hier können nur die Begriffe für einzelne Erscheinungsformen dargestellt werden: Verdrängung, Sublimierung, Verschiebung, Ersatzhandlung, Projektion, Kompensation, Rückzug, Akzeptanz, Rechtfertigung.

2. Strukturelle Maßnahmen zur Förderung abteilungsinterner Kooperation

Hierzu empfehlen sich folgende Maßnahmen:

- die Beeinflussung der abteilungsinternen „Kooperationskultur" (Symbole, Signale, Normen, Regeln) durch den Vorgesetzten;
- die Beachtung lateraler Kooperationsfähigkeit und -motivation bei Auswahl- und Entwicklungsverfahren (auch durch Einbezug zukünftiger Kollegen in Vorstellungsgespräche);
- die glaubwürdige Betonung des Arbeitsteams, auch durch institutionelle Maßnahmen (z. B. gemeinsame Besprechungen, Veranstaltungen);

– die institutionelle Ermutigung und Anerkennung kooperativer Kollegen.

Insgesamt stehen bei der Beeinflussung abteilungsinterner Kooperation die weichen strukturellen Führungsmaßnahmen zur Kooperationskultur im Vordergrund – im Gegensatz zu vielen Maßnahmen abteilungsübergreifender Kooperation.

V. Ökonomische Konzepte zur Beeinflussung lateraler Kooperation

In Organisationen, in denen ökonomische Menschenbilder und kalkulative Austauschkonzepte dominieren und wo zudem keine andere Kooperationskultur angestrebt wird, sollte man sich fragen: Wie kann man bei organisationsinternen wettbewerbswirtschaftlichen Verhaltensmustern die erforderliche laterale Kooperation sichern?

Auch wenn es hier v. a. noch an der instrumentellen Reife (z. B. im Rechnungswesen) fehlt, solche Austauschprozesse im erwünschten Maße meß- und rechenbar zu machen, sollte man sich gerade in der Betriebswirtschaftslehre näher mit Überlegungen befassen, auch Modelle einer „pretialen Lenkung" (*Schmalenbach* 1948; *Drumm* 1972; *Küpper* 1991) näher zu analysieren.

Diese betreffen einmal die Organisation von Einheiten zu weitgehend unabhängigen, selbständigen Profitzentren (z. B. Spartenkonzept). Sie beziehen sich zweitens auf den Versuch, den Leistungsaustausch von und zwischen Organisationseinheiten ökonomisch (z. B. mit Verrechnungs- oder Transferpreisen; vgl. *Ackelsberg/Yukl* 1979; *Lambert* 1979; *Beard/Caldwell* 1984) zu bewerten, um so auch funktionale Organisationseinheiten (z. B. EDV) zu ökonomisch selbständigen Leistungszentren zu entwickeln. Und sie beinhalten drittens Überlegungen, kooperationsfördernde Verhaltensweisen auch monetär zu prämieren.

Gerade bei den wachsenden individualistischen und kalkulativen Tendenzen in Organisationen könnte man Abteilungsegoisten zum kooperativen Leistungsaustausch anreizen, wenn dieses Verhalten mit sichtbaren und kalkulierbaren Vorteilen verknüpft wird. Jedenfalls sollte man auf die nähere Prüfung dieser dritten Steuerungsdimension für interorganisatorische Zusammenarbeit nicht verzichten.

Literatur

Ackelsberg, R./Yukl, G.: Negotiated Transfer-Pricing and Conflict Resolution in Organizations. In: Decision Science, July 1979, S. 387–398.
Axelrod, R.: The Evolution of Cooperation. New York 1984.
Bambeck, J.: Softpower – Gewinnen statt siegen. München 1989.
Beard, L. H./Caldwell, C. W.: Transfer-Pricing Can Improve Sales and Credit Cooperation. In: Management Accounting, March 1984, S. 60–65.
Bierhoff, H. W.: Hilfreiches Verhalten. Darmstadt 1980.
Blake, R./Shepard, H./Mouton, J.: Managing Intergroup Conflict in Industry. Houston, Texas 1964.
Blau, P.: Exchange and Power in Social Life. New York 1954.
Bleicher, K.: Kooperation als Teil des organisatorischen Harmonisierungsprozesses. In: *Wunderer, R.* (Hrsg.): Kooperation – Gestaltungsprinzipien und Steuerung der Zusammenarbeit in Organisationen. Stuttgart 1991, S. 143–157.
Brockhoff, U.: Schnittstellenmanagement: Abstimmungsprobleme zwischen Marketing und Forschung und Innovation. Stuttgart 1989.
Campell, D.: On the Genetics of Altruism and the Counter-Hedonic Components in Human Culture. In: JSI, 1972, S. 21–38.
Delhees, K. H.: Interpersonelle Konflikte und Konflikthandhabung in Organisationen. Bern 1979.
Derlega, V./Grzelak, J. (Hrsg.): Cooperation and Helping Behavior. New York 1982.
Deutsch, M.: Konfliktregelung. München/Basel 1976.
Drumm, H. J.: Theorie und Praxis der Lenkung durch Preise. In: ZfbF, 1972, S. 253–267.
Etzioni, A.: Modern Organization. Englewood Cliffs, N. J. 1964.
Fisher, R./Ury, W.: Sachgerecht verhandeln – erfolgreich verhandeln. Frankfurt 1984.
Galtung, J.: Institutionalisierte Konfliktlösung. In: *Bühl, W.* (Hrsg.): Konflikt und Konfliktstrategie. München 1972. S. 113–177.
Gouldner, A.: Cosmopolitans and Locals. In: ASQ, 1957/1958, S. 281–306, 444–480.
Hemphill, J. K.: Situational Factors in Leadership. Educational Research, Monographie No. 32, Ohio State University. Columbus, Ohio 1949.
Homans, G.: Social Behavior as Exchange. In: AJS, 1958, S. 597–606.
Klimecki, R. G.: Laterale Kooperation. Ansätze zu einem Analysemodell horizontaler Arbeitsbeziehungen in funktionalen Systemen. Bern 1985.
Krüger, W.: Konfliktsteuerung als Führungsaufgabe. München 1973.
Küpper, H.-U.: Betriebswirtschaftliche Steuerungs- und Lenkungsmechanismen organisationsinterner Kooperation. In: *Wunderer, R.* (Hrsg.): Kooperation – Gestaltungsprinzipien und Steuerung der Zusammenarbeit zwischen Organisationseinheiten. Stuttgart 1991, S. 175–203.
Lambert, D. R.: Transfer-Pricing and Interdivisional Conflict. In: CMR, Summer 1979, S. 70–75.
Likert, R.: Die integrierte Führungs- und Organisationsstruktur. Frankfurt/M./New York 1975.
Neilsen, E. H.: Understanding and Managing Intergroup Conflict. In: *Lorsch, J. W./Lawrence, P. R.* (Hrsg.): Managing Group and Intergroup Relations. Homewood/Ill. 1972, S. 329–343.
Neuberger, O.: Psychodynamische Aspekte der Zusammenarbeit zwischen Gleichrangigen. In: *Wunderer, R.* (Hrsg.): Kooperation – Gestaltungsprinzipien und Steuerung der Zusammenarbeit zwischen Organisationseinheiten. Stuttgart 1991, S. 39–68.
Pondy, L. R.: Budgeting and Intergroup Conflict in Organizations. In: Pittsburgh Business Review, 1964, S. 151–157.

Pondy, L. R.: Toward a Theory of Internal Resource Allocation. In: *Mayer, N. Zald* (Hrsg.): Power Organizations. Nashville 1970, S. 270–311.
Schelling, T.: Versuch über das Aushandeln. In: *Bühl, W.* (Hrsg.): Konflikt und Konfliktstrategie. München 1972, S. 235–263.
Schmalenbach, E.: Pretiale Wirtschaftslenkung. Bd. 1. Die optimale Geltungszahl. Bremen/Horn 1947. Bd. 2. Pretiale Lenkung des Betriebes. Bremen/Horn 1948.
Staub, G.: Entwicklung prosozialen Verhaltens. München 1982.
Strauss, G.: Tactics of Lateral Relationship. In: ASQ, 1962, S. 161–186.
Toman, W.: Familienkonstellationen. München 1974.
Ulrich, P.: Zur Ethik der Kooperation in Organisationen. In: *Wunderer, R.* (Hrsg.): Kooperation – Gestaltungsprinzipien und Steuerung der Zusammenarbeit zwischen Organisationseinheiten. Stuttgart 1991, S. 69–89.
Walton, R. E.: Interpersonal Peacemaking. Reading, Mass. 1969.
Walton, R. E./Dutton, J./Fitch, H.: A Study of Conflict in the Process, Structure and Attitudes of Lateral Relationships. In: *Haberstroh, C./Rubenstein, A.* (Hrsg.): Some Theories of Organisation. Homewood, Ill. 1966, S. 444–465.
Walton, R. E./Dutton, J.: The Management of Interdepartmental Conflict. In: ASQ, 1969, S. 73–84.
Walton, R. E./Dutton, J./Cafferty, T. P.: Organizational Context and Interdepartmental Conflict. In: ASQ, 1969, S. 522–542.
Wunderer, R.: Lateraler Kooperationsstil. In: Personal, 1974, S. 166–170.
Wunderer, R.: Personalwesen als Wissenschaft. In: Personal, 1975, S. 33–36.
Wunderer, R.: Laterale Kooperationskonflikte. In: Personalenzyklopädie, Bd. 2, München 1978, S. 407–411.
Wunderer, R.: Zusammenarbeit zwischen Organisationseinheiten – Zur Analyse von Grundmustern lateraler Kooperationsbeziehungen. In: *Probst, G. J. B./Siegwart, H.* (Hrsg.): Integriertes Management. Bern, Stuttgart 1985, S. 509–527.
Wunderer, R. (Hrsg.): Kooperation – Gestaltungsprinzipien und Steuerung der Zusammenarbeit zwischen Organisationseinheiten. Stuttgart 1991.
Wunderer, R./Walser, F.: Theoretische und empirische Analyse lateraler Kooperationsbeziehungen und -konflikte von und mit F&E-Abteilungen. Unveröffentlichter Forschungsbericht. 2 Bände, St. Gallen 1989.
Zaleznik, A.: Das menschliche Dilemma der Führung. Wiesbaden 1975.

Leistungsbewertung als Führungsinstrument

Eduard Gaugler/Matthias Mungenast

[s. a.: Beurteilungs- und Fördergespräch als Führungsinstrument; Coaching; Entgeltpolitik für Führungskräfte; Entgeltsysteme als Motivationsinstrument; Fortbildung, Training und Entwicklung von Führungskräften; Führung im MbO-Prozeß; Führungstheorien – Eigenschaftstheorie; Kontrolle und Führung; Mentoring; Personalbeurteilung von Führungskräften; Zielsetzung als Führungsaufgabe.]

I. Begriff und Bedeutung; II. Verfahren der Leistungsbewertung; III. Führungskontext der Leistungsbewertung.

I. Begriff und Bedeutung

1. Begründung der Leistungsbewertung (LB) als Führungsinstrument (FI)

Die Verwendung formalisierter LB-Verfahren in Organisationen hat eine lange Tradition; zugleich besitzen ihre Gestaltungs- und Anwendungsprobleme eine hohe Aktualität. Mittlere und größere, private und öffentliche Unternehmen führen zu ca. 80% *systematische Leistungsbewertungen* durch. Der Einsatz der LB in Organisationen wird damit begründet, daß sowohl die *Anforderungen der Arbeitsplätze* als auch die *Qualifikation* und die *Motivation der Mitarbeiter* unterschiedlich sind. In einer Leistungsgesellschaft wird *Chancengleichheit* durch das Leistungsprinzip verwirklicht. Die (materiellen) Lebenschancen werden durch Leistung erworben und anhand von LB zugeteilt. Die Führungskräfte müssen sich dennoch bewußt sein, daß selbst die fundierteste LB keine Aussagen über den *Wert menschlicher Personen* liefern kann.

2. Definition

In Literatur und Praxis besteht im Zusammenhang von Führung und LB eine große *Begriffsvielfalt*. Beides sind *interdisziplinäre* (Betriebswirtschaftslehre, Psychologie, Soziologie, Recht) und *multifaktorielle* (Führer/Geführte bzw. Beurteiler/Beurteilte, Situation) *Begriffe*.

Die *Führungsaufgabe* besteht darin, die *Mitarbeiter zum geordneten Vollzug arbeitsteilig organisierter Aufgaben, die zur Verwirklichung der Unternehmensziele geeignet erscheinen, anzuleiten* (Leadership).

Unter LB versteht man *den auf ein Beurteilungsverfahren gestützten, zweckgerichteten Versuch, den Leistungsbeitrag von Organisationsmitgliedern (Beurteilte) durch andere Mitglieder (Beurteiler) zu erfassen und zu bewerten*. LB ist somit ein Instrument neben anderen (z. B. Personaleinsatz, Entgelt, Sozialleistungen), das den Trägern der Personalpolitik (Unternehmensleitung, Personalabteilung, Führungskräfte, Betriebsrat) bei der Erreichung ihrer Ziele dienen soll.

3. Anforderungskriterien für LB-Systeme

Die kritische Analyse praktizierter LB-Verfahren gibt häufige *Mängel* bei der LB zu erkennen, die ihre Aussagekraft beeinträchtigen (*Becker* 1992; *Domsch* 1992; *Mungenast* 1990; *Neuberger* 1980). Die Leistungsfähigkeit von LB-Systemen läßt sich mit *Plausibilitätskriterien* überprüfen. Der *Evaluationsforschung* kann man dafür folgende Taxonomie entnehmen:

a) Entscheidungsfunktion

LB-Systeme sind positiv zu bewerten, wenn sich die Beurteilungsergebnisse direkt in konkrete Führungsentscheidungen umsetzen lassen.

b) Optimierungsfunktion

Es müssen Kriterien gefunden werden, die es ermöglichen, die LB für ihren Einsatz als FI zu verbessern.

c) Legitimationsfunktion

Weithin müssen Kriterien vorliegen, die *Führungsentscheidungen* mit und durch die LB-Ergebnisse begründen lassen.

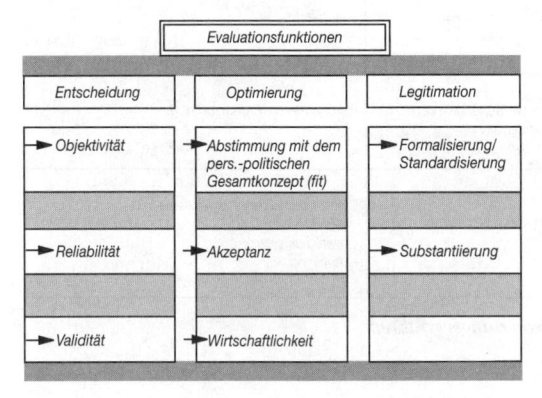

Evaluationsfunktionen		
Entscheidung	Optimierung	Legitimation
Objektivität	Abstimmung mit dem pers.-politischen Gesamtkonzept (fit)	Formalisierung/ Standardisierung
Reliabilität	Akzeptanz	Substantiierung
Validität	Wirtschaftlichkeit	

Abb. 1: Taxonomie effizienter LB-Verfahren

Das angewandte LB-Verfahren kann wesentlich zu *guten oder schlechten Beziehungen* zwischen Führungskräften und Mitarbeitern beitragen. Da eine völlig objektive LB *unmöglich* ist (*Neuberger* 1980), *experimentiert* die Beurteilungspraxis vielfach mit den eingesetzten LB-Verfahren oder *wechselt sie* sogar gänzlich (*Gaugler* 1981).

II. Verfahren der Leistungsbewertung

Abb. 2 gibt einen Überblick über unterschiedliche LB-Verfahren und zeigt ihre Bedeutung als Führungsinstrument.

1. Merkmalsorientierte Leistungsbewertung

In der Beurteilungspraxis und in der theoretischen Diskussion dominieren eindeutig *merkmalsorientierte Einstufungsverfahren* (EV), die relativ einfach handhabbar sind (*Gaugler/Kolvenbach/Lay* et al. 1978). Die weite Verbreitung der EV läßt nicht auf eine Zufriedenheit mit diesen Verfahren schließen. Die *Kritik* an ihnen richtet sich vor allem gegen die Verwendung *eigenschaftsorientierter Beurteilungsmerkmale* (traits). Die Bewertung von *Eigenschaften* (z. B. Führungsfähigkeit) ist problematisch, weil zum einen Eigenschaften begriffliche Konstrukte sind, die man *nicht direkt beobachten* kann (→*Führungstheorien – Eigenschaftstheorie*), und zum anderen, weil die Beurteiler vielfach *kein eindeutiges und einheitliches Verständnis* von traits besitzen. *Eigenschaftsurteile* sind deshalb stark beeinflußt „by a marked tendency to think of the person in general as rather good or rather inferior and to color the judgements of the qualities by this general feeling" (*Thorndike* 1920, S. 25).

2. Zielorientierte Leistungsbewertung

Die Mängel der EV veranlaßten dazu, die Wirkungsweise *zielorientierter* LB-Verfahren in der Beurteilungspraxis zu erproben. Insbesondere in der amerikanischen Literatur liegen zahlreiche theoretische und empirische Untersuchungen zur *Zielwirkungsforschung* vor, die es erlauben, von *Management by Objectives* (MbO) bzw. *Goal-Setting* als *robusten* Theorien für zielorientierte LB-Verfahren zu sprechen (*Locke/Latham* 1984). Zielorientierter LB liegt der Gedanke zugrunde, daß die Aktivitäten der Mitarbeiter auf Ziele „ausgerichtet" und am *Grad der Zielerreichung* beurteilt werden (→*Führung im MbO-Prozeß*). Zielorientierte LB versucht, den Mitarbeiter *intrinsisch zu motivieren (commitment)*. Dies wird u. a. dann erreicht, wenn das Aufgabenbündel des Mitarbeiters auch persönliche (Weiter-)*Entwicklungsziele* für den Mitarbeiter vorsieht. Ferner hilft *Zielorientierung* dem Vorgesetzten dadurch, daß sich Ziele strikt *aufgabenbezogen* formulieren lassen (im Gegensatz zu traits). Aufgrund ihrer *leichten Beobachtbarkeit* können sie außerdem besser beurteilt werden.

III. Führungskontext der Leistungsbewertung

1. Beurteilungsziele

Die LB hat eine *erhebliche Funktionsausweitung* erfahren. Ausgehend von dem nach wie vor wichtigen *Entlohnungszweck* kamen *Führungs- und Personalentwicklungszwecke* hinzu.

	Führungsprozeß	
	unterstützend	belastend
Strukturierte Verfahren		
a) Rangordnungsverfahren – Paarvergleich	– plausible Vergleiche möglich	– Demotivation bei den schlechter Beurteilten
– Concoursmethode – Methode des Abschälens – Methode der erzwungenen Verteilung	„ „ „ „ – die Quote bestimmt das Bewertungsergebnis	„ „ „ „ – Demotivation der unteren Plätze
– Person-to-person comparison Methode	– plausibler Vergleich möglich	– Aufwand
– Soziometrische Tests	– Klarheit über interpersonale Beziehungen	– Aufwand, Klima belastend
– Verhaltensrangprofil	„ „	„ „
b) Kennzeichnungsverfahren – Prüflisten	– das System bestimmt die Bewertung	– geringe Akzeptanz bei den Beurteilten
– Zwangswahlverfahren – Methode der kritischen Ereignisse	„ „ – wenig Aufwand	„ „ – Zufallsprinzip
c) Einstufungsverfahren – Eigenschaftsorientierte	– augenscheinlich einfach und praktikabel	– Angriff auf das Selbstwertgefühl der Beurteilten
– Aufgabenorientierte	– meßbar	– auf Führung kaum anwendbar
Freie Verfahren		
– Verbalurteile – Essays	– aussagefähig, nachvollziehbar „ „	– abhängig vom Sprachvermögen des Beurteilers – Aufwand
Weitere Verfahren		
a) Zielorientierte Verfahren – Management by Objectives – Work Planning and Review – Standards of Performance	– aufgabenorientiert, bewertbar, motivierend „ „ „ „	– Aufwand „ „ „ „
b) Verhaltensorientierte Verfahren – Verhaltenserwartungsskalen – Verhaltensverankerte Skalen – Verhaltensbeobachtungsskalen	– gute Grundlage für das Bewertungsgespräch „ „ „ „	– nur mittelbar Ergebnisbezug „ „ „ „
c) Sonstiges – Mehrdimensionale Skalierung – Assessment Center – Personalportfolios – Capolsche ganzheitliche Qualifikation – Field review Methode	– „wissenschaftlich" – z. T. beliebt – anschaulich, praktisch – ganzheitlich „ „	– von Laien nicht zu praktizieren – Aufwand – wenig differenziert – Aufwand „ „

Abb. 2: Leistungsbewertungsverfahren

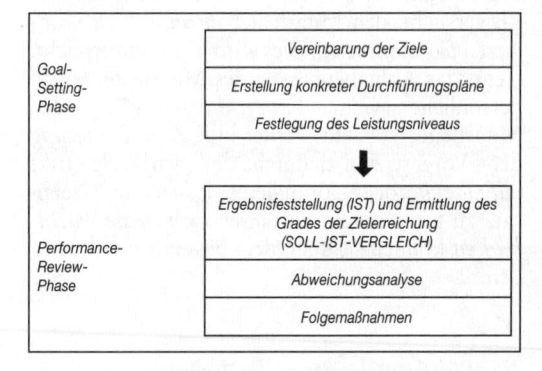

Abb. 3: Zielorientierte Leistungsbewertung

Die *Multifunktionalität* von LB stellt an die Beurteiler unterschiedliche, zum Teil widersprüchliche Anforderungen. Administrative Zwecke (z. B. Entlohnung) sind oft *konfliktär* zu motivationalen Zwecken (z. B. Führung).

2. Beurteilerkreis

Trotz der denkbaren Vielfalt unterschiedlicher *Beurteiler* bzw. Beurteilergruppen zeichnet nahezu immer der *direkte Vorgesetzte* für die LB verantwortlich. Die Beurteilung stellt insbesondere bei eigenschaftsorientierten Merkmalen eine für Vorgesetzte kognitiv schwer lösbare Aufgabe dar. Sie wird durch das teilweise *hilflose Einstufen* und das sich *anschließende Kommunizieren* mit dem Beurteilten (z. B. „Ihre Führungsfähigkeit hat Note 4") belastet. Ferner unterliegt der Beurteiler oft einem affektiven *Führungskonflikt (Rollenambiguität)*: Aufgrund des ihm zur Verfügung stehenden *Gratifikationspotentials* muß er beide Rollen, die des Richters wie auch des Helfers, bei konfligierenden Beurteilungszwecken gleichzeitig erfüllen.

Zur Unterstützung des direkten Vorgesetzten bei der LB kommen in Frage *Beurteilungen* durch *höhere Vorgesetzte, Experten, Kollegen, Untergebene, Sonstige* (z. B. Kunden).

```
Führung im weiteren Sinne

  Leistungsentlohnung
  – Förderung der Leistungsgerechtigkeit
  – Schaffung monetärer Leistungsanreize

  Personalförderung
  – Ermittlung von Ausbildungsbedarf und Entwicklungsmöglichkeiten
  – Planung von Ausbildungsmaßnahmen

  Personaleinsatz
  – Fundierung aktueller Personaleinsatzentscheidungen
    (z. B. Beförderung, Versetzung, Entlassung)
  – Vorbereitung künftiger Personalentwicklungsplanung
    (z. B. Karriere-, Nachwuchs-, Personalentwicklung)

Führung im engeren Sinne

  manifeste Funktionen
  – Festlegung von Leistungserwartungen (z. B. Ziele)
  – Individuelle Beratung der Mitarbeiter durch den Vorgesetzten
    (Feedback)
  – Generelle Verbesserung des Vorgesetzten-Mitarbeiter-Verhältnisses
    (Unternehmenskultur, Organisationsklima)
  latente Funktionen
  – Stabilisierung von Macht- und Statusstrukturen

Evaluierung führungspolitischer Maßnahmen

  – Personalbeschaffung, -einsatz
  – Personalentwicklung
  – Personalführung (z. B. Einhaltung der Führungsgrundsätze)
  – Aufgaben-, Zielerfüllung
  – Aufdecken von Schwachstellen (personal/strukturell)
```

Abb. 4: *Mögliche führungspolitische Bewertungszwecke*

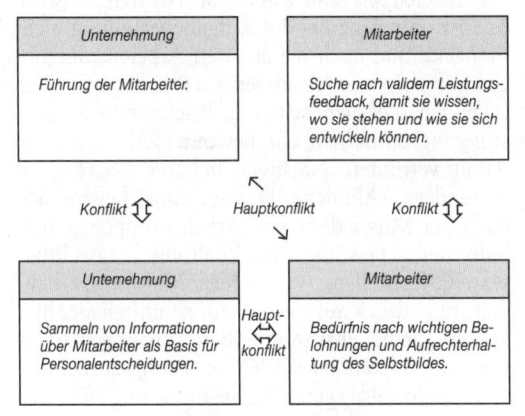

```
  Unternehmung                    Mitarbeiter

  Führung der Mitarbeiter.        Suche nach validem Leistungs-
                                  feedback, damit sie wissen,
                                  wo sie stehen und wie sie sich
                                  entwickeln können.

        Konflikt ⇕    Hauptkonflikt    Konflikt ⇕

  Unternehmung                    Mitarbeiter

  Sammeln von Informationen       Bedürfnis nach wichtigen Be-
  über Mitarbeiter als Basis für  lohnungen und Aufrechterhal-
  Personalentscheidungen.         tung des Selbstbildes.
```

Abb. 5: *Potentielle Zielkonflikte bei der Leistungsbewertung*

Für den *Führungsprozeß* kann eine *ergänzende Beurteilung durch Untergebene* (sog. *Vorgesetztenbeurteilung*) sinnvoll sein (z. B. Führungsverhalten des Vorgesetzten).

Die Eignung der o.g. Personengruppen zur Abgabe einer LB kann man mit vier *Kriterien* prüfen:

Gelegenheit: Der Beurteiler muß die Leistung des zu Beurteilenden ausreichend beobachten können.

Fähigkeit: Der Beurteiler muß in der Lage sein, die jeweilige Leistung in den spezifischen Kontext einzuordnen.

Motivation: Der Beurteiler muß zur Abgabe eines an Tatsachen orientierten Urteils bereit sein.

Akzeptanz: Der Beurteilte muß den Beurteiler akzeptieren.

3. Beurteilungsgespräch

Im *Beurteilungsgespräch* sieht man einen wesentlichen Bestandteil des Beurteilungsverfahrens (vgl. § 82 Abs. 2 BetrVG). Ihm kommt im Führungsprozeß eine herausragende Rolle als *Feedback-Quelle* zu. *Feedback* (FB) kann dem Mitarbeiter Aufschluß über die Güte seiner Aufgabenerfüllung geben und für den Mitarbeiter *drei Zwecke* erfüllen (*Ashford/Cummings* 1983): *Reduktion von Unsicherheit; Steuerungshilfe; Streben nach Kompetenz.*

Für diese Zwecke muß FB *spezifisch* und *erheblich* sein, *unverzüglich* und *häufig* erfolgen sowie *leistungs-* und *nicht personenbezogene* Inhalte haben (→*Coaching;* →*Mentoring*).

Zielorientierte LB-Verfahren mit FB sind daher *besser* als Einstufungsverfahren geeignet, die Führungsaufgabe in Organisationen zu unterstützen, weil sie die *vertrauensvolle Zusammenarbeit zwischen Führungskräften und Mitarbeitern* stärken können.

Literatur

Ashford, S. J./Cummings, L. L.: Feedback as Individual Resource: Personal Strategies of Creating Information. In: OBHP, 3/1983, S. 370–398.
Becker, F.: Grundlagen betrieblicher Leistungsbeurteilungen. Stuttgart 1992.
Domsch, M./Gerpott, T. J.: Personalbeurteilung. In: *Gaugler, E./Weber, W.* (Hrsg.): HWP. 2. A., Stuttgart 1992, Sp. 1631–1641.
Gaugler, E.: Kriterien für Leistungsbeurteilungsverfahren in der Zukunft. In: *Knebel, H.* (Hrsg.): Stand der Leistungsbeurteilung und Leistungszulagen in der Bundesrepublik Deutschland. Frankfurt/M. 1981, S. 161–170.
Gaugler, E./Kolvenbach, H./Lay, G. et al.: Leistungsbeurteilung in der Wirtschaft. Baden-Baden 1978.
Gaugler, E./Lay, G./Schilling, W.: Einführung und Auswertung von Leistungsbeurteilungssystemen. Baden-Baden 1979.
Gaugler, E./Ripke, M./Beyss, B. et al.: Erprobung neuer Beurteilungsverfahren. Baden-Baden 1981.
Levinson, H.: Management by Whose Objectives? In: Harvard Business Review, 7–8/1970, S. 125–134.
Levinson, H.: Appraisal of what Performance? In: Harvard Business Review, 7–8/1976, S. 30–46.
Locke, E. A./Latham, G. P.: Goal Setting a Motivational Technique that Works! New Jersey 1984.
McGregor, D.: An Uneasy Look at Performance Appraisal. In: Harvard Business Review, 5–6/1957, S. 89–94.
Mungenast, M.: Grenzen merkmalsorientierter Einstufungsverfahren und ihre mögliche Überwindung durch zielorientierte Leistungsbeurteilungsverfahren. Dissertation, München 1990.
Neuberger, O.: Rituelle (Selbst-)Täuschung, Kritik der irrationalen Praxis der Personalbeurteilung. In: DBW, 1/1980, S. 27–43.
Neuberger, O.: Führen und geführt werden. 3. A. von „Führung". Stuttgart 1990.

Thompson, P. H./Dalton, G. W.: Performance Appraisal Managers beware. In: Harvard Business Review, 1+2/1970, S. 149–157.
Thorndike, E. L.: A constant Error in Psychological Ratings. In: JAP, 1/1920, S. 25–29.

Leistungszurückhaltung, Führung bei

Lutz v. Rosenstiel

[s. a.: Anreizsysteme als Führungsinstrumente; Führungstheorien – Situationstheorie – Weg-Ziel-Theorie; Information als Führungsaufgabe; Konflikte als Führungsproblem; Motivation als Führungsaufgabe; Selbststeuernde Gruppen, Führung in; Zielsetzung als Führungsaufgabe.]

I. Begriff und Begriffsdifferenzierung; II. Analyse des Problems; III. Erklärungen individueller Leistungszurückhaltung; IV. Erklärungen von Leistungszurückhaltung in Gruppen; V. Laborexperimentelle Befunde; VI. Befunde der Feldforschung; VII. Handlungsmöglichkeiten des Führenden.

I. Begriff und Begriffsdifferenzierung

Leistungsverhalten wird wie anderes Verhalten auch von einer Mehrzahl von Bedingungen determiniert (*Vroom* 1964; *Campbell/Pritchard* 1976; *v. Rosenstiel* 1992). Bei Klassifikation der Determinanten auf einem mittleren Abstraktionsniveau läßt sich sagen, daß die erbrachte Leistung vom persönlichen Wollen (Motivation), vom individuellen Können (Wissen und Kompetenzen), vom sozialen Dürfen (formelle und informelle Normen und Regeln) sowie schließlich von der situativen Ermöglichung (förderliche und hinderliche äußere Bedingungen) abhängt. Abbildung 1 veranschaulicht das.

Von Leistungszurückhaltung bzw. Leistungsrestriktion soll nachfolgend dann gesprochen werden, wenn einzelne Personen oder Gruppen in ihren Leistungsergebnissen unter ihren Möglichkeiten bleiben und dies weder durch mangelndes individuelles Können noch durch unzureichende situative Ermöglichung (z. B. unzureichendes Arbeitsmaterial), noch durch emotionale Blockaden (z. B. leistungsmindernde Prüfungsangst) erklärt werden kann, sondern durch eine den handelnden Personen bewußte Motivation oder ihnen bewußte soziale Normen, deren Ziel bzw. Inhalt eine Minderleistung ist.

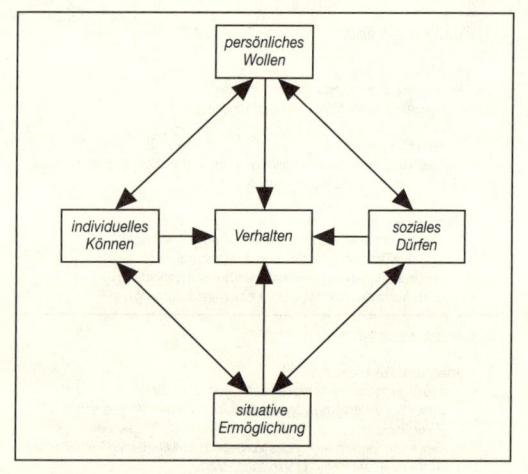

Abb. 1: Determinanten menschlichen Verhaltens

II. Analyse des Problems

Es wird häufig aus der Praxis berichtet und ist früh in der Fachliteratur dokumentiert worden (*Mathewson* 1931; *Roethlisberger/Dickson* 1939), daß einzelne Personen oder Arbeitsgruppen weniger leisteten, als man von ihnen erwartete, obwohl es an Kompetenz bei der Aufgabenerfüllung nicht mangelte und auch die äußeren Arbeitsbedingungen günstig waren. Analysen des Phänomens ließen erkennen, daß nicht selten die Rücknahme der Leistung bei einzelnen ein bewußter Akt war, um damit vermutete Nachteile höherer Leistung zu verhindern. Ähnliche Beweggründe ließen sich auch bei Mitgliedern von Arbeitsgruppen, innerhalb derer Leistungszurückhaltung beobachtbar waren, feststellen, wobei hier Majoritäts- bzw. Autoritätsdruck auf solche Gruppenmitglieder hinzukam, die bereit waren, höhere Leistungen zu erbringen (*Tannenbaum* 1969). Leistungszurückhaltung stellt also eine Herausforderung für den Führenden dar, zu dessen Aufgaben es gehört, die Leistung der ihm unterstellten Mitarbeiter bzw. Arbeitsgruppen zu sichern.

III. Erklärungen individueller Leistungszurückhaltung

Individuelle Leistungszurückhaltung kann unterschiedlich erklärt werden, wobei es hilfreich ist, die Ursachen entweder in überdauernden Persönlichkeitszügen oder in aktuell aktivierten Motiven zu suchen.

1. Sozialisation

Das Bedürfnis, gute Leistungen zu erbringen, wird vor allem in der mittleren Kindheit durch die elterliche Erziehung und andere sozialisierende Einflüsse geprägt (*McClelland* 1966). Die Erfahrung, Leistungsziele zu erreichen, ist für manche Personen im hohen Maße befriedigend, während es anderen eher gleichgültig ist. Schon *Warner/Meeker/Eells* (1949) wiesen darauf hin, daß die Leistungsorientierung in der aufstiegswilligen Mittelklasse ausgeprägter als in der Ober- oder Unterschicht ist. Auch die Schule spielt offensichtlich bei der Herausbildung entsprechender Bezugsnormen eine nicht unwesentliche Rolle (*Trudewind/Kohne* 1982).

2. Motivation

Zwei bekannte Theorien der Arbeitsmotivation erscheinen besonders geeignet dafür, aktuell beobachtbare Leistungszurückhaltung zu erklären, die *Equity*- oder Gerechtigkeits*theorie* von *Adams* (1963) und die *Wert-Instrumentalitäts-Erwartungstheorie* (VIE) von *Vroom* (1964). Adams geht – gestützt auf eine Vielzahl experimentell gewonnener Befunde – davon aus, daß ein Mensch ein ausgewogenes Verhältnis zwischen den Leistungen, die er erbringt und den Gegenleistungen, die er dafür erhält, anstrebt. Ob dieses Verhältnis ausgewogen ist, leitet er aus sozialen Vergleichen ab. Nimmt also eine Person wahr, daß eine andere, die gleiche oder ähnliche Arbeit leistet, dafür höhere Gegenleistungen (z. B. Geld, Ansehen, Anerkennung etc.) erhält, so wird sie ihre eigene Leistungsmenge oder -qualität reduzieren, um das erlebte Gleichgewicht wieder herzustellen.

Die Wert-Instrumentalitäts-Erwartungstheorie von *Vroom* (1964) geht davon aus, daß ein Mensch das mit Nachdruck tut, was seiner Meinung nach ein Mittel zum Zweck (subjektive Instrumentalität) für das Ereichen wesentlicher Ziele (Werte) ist, falls die subjektive Erwartung hinzukommt, das instrumentelle Verhalten auch ausführen zu können. Vermutet also jemand, daß reduzierte Leistungen ihm eher nützlich sind als hohe, weil z. B. dadurch kürzere Vorgabezeiten, der Wegfall gutbezahlter Überstunden oder gar die Streichung des eigenen Arbeitsplatzes verhindert werden, so wird er zur Leistungszurückhaltung neigen.

Bewußte Reduzierung des Leistungsverhaltens läßt sich in vielen Fällen motivationspsychologisch auch durch das Phänomen der *Reaktanz* erklären. Reaktanz (*Brehm* 1966) ist erlebter Widerstand gegen eine bewußtwerdende Einengung von Freiheit und Wahlmöglichkeiten. Leistungsdruck, der die Freiheit der Wahl zwischen den Anstrengungsniveaus drastisch reduziert, kann Reaktanz zur Folge haben. Ähnlich läßt sich auch die im Führungsmodell von *Triandis* (1959) dargestellte Verhaltenstendenz erklären, daß bei leichtem Druck die Leistung zunächst ansteigt, bei wachsendem Druck – etwa bei autoritärer Führung – wieder zurückgeht.

IV. Erklärung von Leistungszurückhaltung in Gruppen

In der Gruppensituation wird Leistungszurückhaltung zusätzlich durch die Ausbildung sozialer Normen, die Rollendifferenzierung und die Entstehung eines Wir-Gefühls (*v. Rosenstiel* 1992) beeinflußt. Aufgrund der arbeitsbedingt häufigen Kontakte (*Homans* 1961) und der aus gleicher Ausbildung und gleicher Arbeitserfahrung resultierenden wahrgenommenen Ähnlichkeit der einzelnen (*Schuler* 1975) bilden sich nun Arbeitsgruppen, die durchaus auch als Gruppen im sozialpsychologischen Sinne (*Sader* 1991) zu sehen sind.

Kennzeichnend für derartige Gruppen ist die Normbildung (*Irle* 1975). Derartige Normen werden von den Gruppenmitgliedern meist keineswegs als Zwang erlebt, sondern haben für sie entlastenden Charakter, da sie Sicherheit vermitteln. Der Prozeß der Neunormierung erfolgt um so rascher und wirkungsvoller, je kleiner die Gruppen sind und je höher der von den Gruppenmitgliedern erlebte Gruppenzusammenhalt, die Kohäsion, ausgeprägt ist (*v. Rosenstiel* 1992; kritisch *Greif* 1983).

Die dabei wirkende Dynamik veranschaulicht das „*Return-Potential-Model*" (RPM) nach *Jackson* (1966). Abbildung 2 zeigt es.

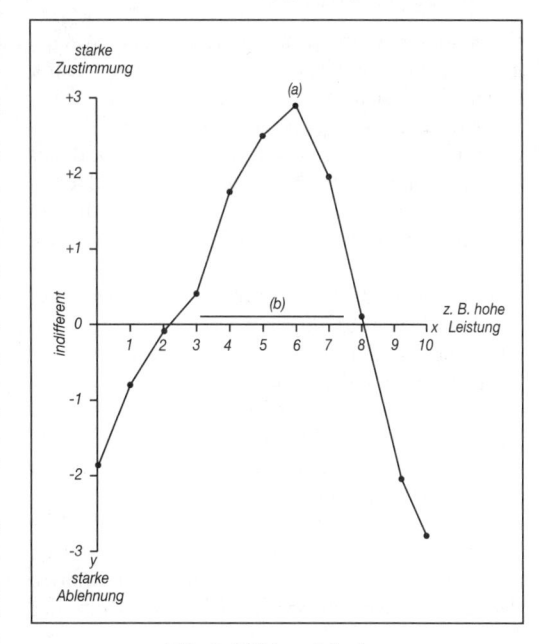

Abb. 2: RPM *nach Jackson*

Auf der Abszisse wird das relevante Verhalten der Gruppenmitglieder – bzw. das Leistungsverhalten – in seiner Ausprägung skaliert. Die wertenden Reaktionen der übrigen Gruppenmitglieder auf die wahrgenommene Verhaltensausprägung eines einzelnen werden auf der Ordinate skaliert. Jede Verhaltensausprägung, die die durchschnittlich höchste Zustimmung findet, entspricht weitgehend der in der Gruppe geltenden Norm.

Das RPM ist vor allem zur Quantifizierung normierten Verhaltens – z. B. des Leistungsverhaltens in Arbeitsgruppen – geeignet. *Jackson* schlägt dabei folgende Messungen vor:

(1) Der Punkt der höchsten Zustimmung – in der Abbildung (a).
(2) Die Weite des tolerierten Verhaltens, das noch keine negativen Sanktionen hervorruft – in der Abbildung (b).
(3) Die Belohnungsdifferenz, d. h. das Ausmaß an Belohnung und Bestrafung, das mit dem normierten Verhalten verbunden ist.
(4) Intensität, d. h. die Stärke der Reaktionen auf beobachtetes Verhalten. Der Wert wird aus der Summe der Reaktionen auf mögliche Verhaltensausprägungen ohne Berücksichtigung des Vorzeichens errechnet.
(5) Kristallisation, d. h. der Grad der Übereinstimmung der Gruppenmitglieder hinsichtlich ihrer Sanktionen positiver oder negativer Art auf Verhaltensausprägungen anderer Gruppenmitglieder. Streuungsmaße oder Indikatoren der Profilähnlichkeit können hier zur Quantifizierung herangezogen werden.

Leistungsverhalten ist in beinahe allen Arbeitsgruppen für die Gruppenmitglieder bedeutsam, daher bilden sich meist Normen auf diesem Feld, wenn die Leistung von der Anstrengung des einzelnen und nicht von situativen Bedingungen, z. B. der Geschwindigkeit des Fließbandes, abhängt. Derartige Normen erwachsen meist aus einem – häufig nicht abgesprochenen – Interessenausgleich innerhalb der Gruppe.

Sanktionen, die Gruppenmitgliedern gegenüber angewandt werden, deren Leistungen nach oben abweichen, sind meist eine Rücknahme an Zuwendung und Sympathie (*Neuberger* 1985), was insbesondere bei Gruppen mit hoher Kohäsion für den einzelnen schmerzlich ist. Sie können aber auch die Form der verbalen oder körperlichen Aggression oder der Behinderung bei der Arbeit annehmen.

Warum sich oft eine niedrigere informelle Leistungsnorm in der Gruppe entwickelt, läßt sich meist motivationspsychologisch durch die Analyse der Verhaltensintention der Mehrheit oder der Meinungsführer in der Gruppe erklären.

V. Laborexperimentelle Befunde

Es liegen vielfältige experimentalpsychologische Arbeiten vor, die zeigen, daß Individuen ihre Leistung deutlich reduzieren, wenn sie glauben, entweder im Vergleich zu anderen oder im Vergleich mit sich selbst zu einem früheren Zeitpunkt geringere Belohnungen zu bekommen, d. h. unterbezahlt zu sein (vgl. *Montada* 1993). Die Reduzierung der Leistung erwies sich – interpretiert man die Ergebnisse – als Mittel, subjektiv erlebte Gerechtigkeit und Fairneß wiederherzustellen. Aber auch Leistungszurückhaltung in Gruppen wurde in Laborexperimenten analysiert. Ausgehend von der Erkenntnis der allgemeinen Sozialpsychologie, daß Gruppennormen um so strenger beachtet werden, je höher die Gruppenkohäsion ist, untersuchten *Schachter* et al. (1951) und *Berkowitz* (1954) die Beachtung von *Leistungsnormen* in künstlich gebildeten Arbeitsgruppen bei systematischer Variation der *Gruppenkohäsion*. Durch Kombination von hoher bzw. niedriger Gruppenkohäsion und hoher bzw. niedriger Leistungsnorm ergaben sich vier Arbeitsbedingungen, deren Auswirkungen auf die Leistung Abbildung 3 zeigt.

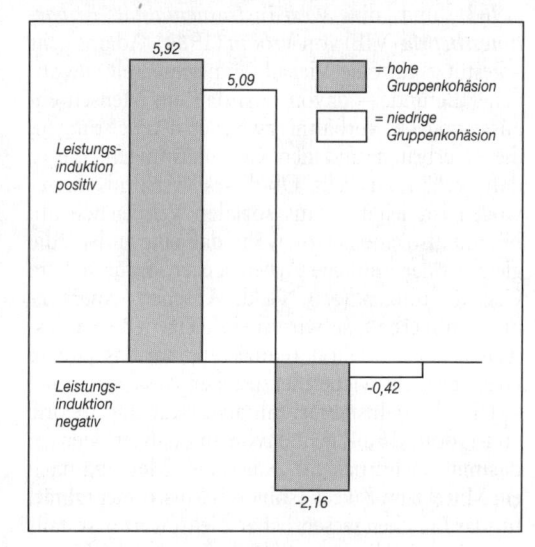

Abb. 3: Einfluß von Gruppennorm und Gruppenkohäsion auf die Leistung

Es wird deutlich sichtbar, daß Leistungszurückhaltung insbesondere dort wirkt, wo die Gruppenkohäsion hoch ist und niedrige Leistungsnormen bestehen. Interpretativ läßt sich folgern, daß Leistungszurückhaltung insbesondere dort auftreten dürfte, wo eng zusammenhaltende Cliquen sich gegen hohe Leistungsvorgaben der Organisation stellen und niedrigere Leistungsnormen entwickeln, als sie im Betrieb – z. B. bei vergleichbaren Gruppen – bestehen.

Bei grundsätzlich vergleichbarem Versuchsaufbau bestätigte *Berkowitz* (1954) die soeben referierten Ergebnisse von *Schachter* et al. (1951), wobei ihm darüber hinaus der Nachweis gelang, daß der gezeigte Effekt auf die Leistung auch anhält, wenn die Kommunikation zwischen den Gruppenmitgliedern beendet ist.

VI. Befunde der Feldforschung

Wegen der meist nicht gegebenen Erlebnisrepräsentanz im Forschungslabor sind in der Praxis der Führung Befunde der Feldforschung von besonderem Interesse. Diese bestätigen jedoch die soeben exemplarisch referierten Ergebnisse der Laborforschung.

Adams und *Rosenbaum* (1962) manipulierten bei unterschiedlichen beruflichen Tätigkeiten durch geschickt an die einzelnen Personen gespielte Information das Gefühl, überbezahlt bzw. unterbezahlt zu sein. Den Vorhersagen der *Equity-Theorie* von *Adams* (1963) entsprechend kam es insbesondere beim Gefühl der Unterbezahlung und bei Zeitlohn zur Leistungszurückhaltung, was Tabelle 1 in schematischer Form zeigt.

	Stundenlohn		Stücklohn	
	»über-bez.« Vpn (N=9)	angemess. bez. Vpn (N=9)	»über-bez.« Vpn (N=9)	angemess. bez. Vpn (N=9)
Anzahl über dem Median	8	4	1	5
Anzahl unter dem Median	1	5	8	4
Durchschnittliche Produktivität	.2723	.2275	.1493	.1961

Tab. 1: Leistung subjektiv über- bzw. unterbezahlter Personen bei Zeit- bzw. Stücklohn

Andrews (1967) zeigte bei ähnlich konzipierten Experimenten, daß die Empfindlichkeit des einzelnen auf Unterbezahlung deutlicher ausgeprägt als jene auf Überbezahlung ist.

Aber auch die aus der *VIE-Theorie* von *Vroom* (1964) ableitbare Annahme, daß die Auffassung, hohe Leistung behindere das Erreichen positiv bewerteter Ziele, Leistungszurückhaltung bedingen kann, wurde mehrfach in Felduntersuchungen nachgewiesen (z. B. von *Georgopoulos/Mahoney/Jones* 1957). Die Autoren konnten zeigen, daß Arbeiter dann auffällig niedrige Leistungen erbrachten, wenn sie auf Akzeptanz durch die Kollegen besonders hohen Wert legten und glaubten, daß hohe Leistungen sie beim Erreichen dieses Zieles behindern würden.

Leistungszurückhaltung aufgrund von Gruppendruck wurde vielfach beschrieben, so etwa von *Mathewson* (1931).

Gruppenmitglieder, deren Leistungen unter den informellen *Leistungsnormen* liegen, müssen mit Sanktionen (Beschimpfungen wie „Parasit") rechnen; stärkeren Sanktionen sind jedoch jene ausgesetzt, die die Normwerte überbieten.

Coch/French (1948) fanden in einem klassischen Feldexperiment, daß informelle Arbeitsgruppen ihre Produktivität herabsetzen, um dadurch Neuerungen im Arbeitsablauf zu sabotieren. Der Widerstand war dabei um so intensiver, je größer die Gruppenkohäsion war.

Leistungszurückhaltung zeigt sich insbesondere bei Gruppen mit hoher Kohäsion, denen Unterstützung „von oben" fehlt und die möglicherweise im Konflikt mit der Führung stehen. *Euler* (1973) zeigte, wie aus strukturell bedingten Konflikten im Betrieb Leistungszurückhaltung bei Industriearbeit entstehen kann. Aber auch bei kreativen Aufgaben (*Selter* 1991) oder bei Tätigkeiten im Pflegebereich (*Argote* 1989) wurden Auswirkungen der Gruppennorm auf das Leistungsverhalten festgestellt.

VII. Handlungsmöglichkeiten des Führenden

Leistungszurückhaltung bei einzelnen oder bei Arbeitsgruppen stellt eine Herausforderung des Führenden dar, der ja der Organisation gegenüber dafür verantwortlich ist, daß ihre Leistungsforderungen erfüllt werden.

Leistungszurückhaltung ist somit als latente oder gar manifeste Konfliktsituation zu interpretieren, die es aufzulösen gilt (→*Konflikte als Führungsproblem*; →*Konflikthandhabung*). Da – wie auf nahezu allen Gebieten – vor der Intervention die Diagnose stehen muß, sollte der Vorgesetzte prüfen, ob es Hinweise gibt, die für Leistungszurückhaltung sprechen. Sind bei einzelnen Personen oder bei Gruppen relativ rasch auftretende Leistungsminderungen beobachtbar, die nicht durch Krankheit, Ausfälle von Maschinen oder andere situative Einflußgrößen erklärbar sind?

Sprechen Indikatoren für Leistungszurückhaltung, so sollte zunächst auf individuellem Niveau im Sinne der *Weg-Ziel-Theorie* (→*Führungstheorien – Weg-Ziel-Theorie*) bzw. der *Equity-Theorie* oder der Reaktanzannahme nach den Gründen gesucht werden. Welche Ziele sind den Arbeitenden besonders wichtig (z. B. Sicherheit des Arbeitsplatzes, Erschwernis- oder Nachtzulagen, Beibehaltung der geltenden Überstundenregelung, Akzeptanz durch Kollegen, Gesundheit, Bewahrung der gewohnten Gruppenstruktur)? Was wird dem gegenüber gefürchtet oder abgelehnt (z. B. Rationalisierungsmaßnahmen, neue Vorgabezeiten)? Und nun sollte man sich überlegen oder in möglichst vertrauensvollen Gesprächen mit den Betroffenen oder ihren Interessenvertretern klären, ob reduzierte Leistungen als ein Weg zu dem Ziel gelten können, gewünschte Ziele zu erreichen bzw. zu bewahren und unerwünschte zu verhindern. Es ist aber auch sehr wohl denkbar, daß – im Sinne von Equity-Überlegungen – einige Personen glauben unterbezahlt zu sein, weil z. B. das berechtigte oder unberechtigte Gerücht umgeht, daß Neueingestellte, die auch keine höheren Leistungen erbringen, besser entlohnt werden oder es sich herumgesprochen hat, daß in einer Nachbarabteilung Vergünstigungen oder Privilegien geboten werden, auf die man auch glaubt Anspruch zu haben. Es ist aber auch denkbar, daß aufgrund eines erheblichen Leistungsdruckes im Sinne von Reaktanzannahmen sich Widerstand formiert, der sich in Leistungszurückhaltung artikuliert.

Besteht Anlaß zu der Annahme, daß die Leistungszurückhaltung sich aus der Dynamik in Arbeitsgruppen entwickelt, so ist zunächst ebenfalls zu prüfen, welche Motive und Beweggründe die einzelnen Gruppenmitglieder bzw. ihre informellen Sprecher für dieses Verhalten haben könnten. Es sollte aber zugleich untersucht werden, welche Gruppenprozesse im Sinne der Beeinflussung durch Meinungsführer, der Cliquenbildung im Sinne eines „gemeinsam sind wir stark" oder der Ausbildung informeller Leistungsnormen für Leistungszurückhaltung verantwortlich sind.

Im Zuge der Intervention ist es ratsam, einzelnen oder der Gruppe glaubhafte Information zu bieten, falls es Gerüchte oder Fehlannahmen sind, die die Leistungszurückhaltung bedingen. Sollten allerdings die Annahmen der Betroffenen zutreffen, z. B. in dem Sinne, daß aufgrund neuer technischer Ausstattungen die Vorgabezeiten tatsächlich gekürzt werden oder daß Personalabbau geplant ist, so ist eine offene und rechtzeitige Begründung dafür unumgänglich. Es können dadurch bestimmte Ziele neu ins Bewußtsein der Betroffenen gelangen und schließlich positiv bewertet werden, wie z. B. das Überleben der Organisation, das durch massive Leistungszurückhaltung gefährdet werden könnte. Verständnis für die geplanten Maßnahmen dürfte eher in offenen Diskussionen als in einer Information schriftlicher Art oder durch Vorträge zu erreichen sein.

Tritt die Leistungsrestriktion in Arbeitsgruppen mit hohem Gruppenzusammenhalt auf, so bewirkt die Überzeugung des einzelnen relativ wenig, da die Auffassung, Leistungszurückhaltung sei nicht funktional oder gar schädlich, für das Verhalten weniger bestimmend sein dürfte als die bei den Gruppenmitgliedern vermuteten Erwartungen. Daraus ist in besonders extremen Fällen die Forderung abzuleiten, die Gruppenstrukturen grundsätzlich zu ändern und mögliche informelle Meinungsführer zu versetzen. Die einzelnen Mitglieder der „Problemgruppe" sollten anderen leistungsbereiten Arbeitsgruppen (*Scharmann* 1972) zugeordnet werden, innerhalb derer höhere Leistungsnormen bestehen bzw. die betrieblichen akzeptiert werden. In Situationen weniger massiven Widerstands kann durch geeignete Teamentwicklungsmaßnahmen (*Gebert* 1976; *v. Rosenstiel* 1989) eine Anhebung der Leistungsnormen erreicht werden, z. B. dadurch, daß sich der Vorgesetzte ergänzend intensiv und aktiv in die Gruppenprozesse einbringt.

Wichtiger als Interventionsmaßnahmen nach Auftreten der Leistungszurückhaltung, die häufig als Symptom für vorausgehende Führungsfehler interpretiert werden muß, erscheinen prophylaktische Maßnahmen, die in der situationsadäquaten Führung zu suchen sind (→*Führungstheorien – Situationstheorien*). Insbesondere scheinen solche Führungsmaßnahmen ratsam, die eine Identifikation mit den Leistungszielen der Gruppe bzw. mit der gestellten Aufgabe ermöglichen. Derartige Prinzipien sind z. B. Führung durch Zielvereinbarung (→*Führung im MbO-Prozeß*; →*Delegative Führung*) und insgesamt partizipative Führungsmethoden, die gleichermaßen geeignet sind, die Qualität von Führungsentscheidungen zu verbessern und die Identifikation der Geführten mit der Führungsentscheidung und mit den betrieblichen Maßnahmen zu erhöhen. In besonderem Maße kann dies durch die Mitwirkung der Gruppenmitglieder in Qualitätszirkeln (*Bungard/Wiendieck* 1986) und in Lernstattgruppen (*Bednarek* 1985) gewährleistet werden. Mit diesen Konzepten ist gemeint, daß es sich um Gesprächsrunden mit einer überschaubaren Zahl von Teilnehmern handelt, die regelmäßig während oder nach der Arbeit zusammenkommen, vorwiegend unteren hierarchischen Gruppen angehören und eine gemeinsame Erfahrungsgrundlage aus der erlebten Arbeitssituation beziehen. Sie diskutieren unter der Leitung eines kundigen Moderators in der Regel betriebsrelevante Themen, und dazu können auch Konfliktsituationen, Befürchtungen, Gründe unzureichender Leistung, hohe Fehlzeiten etc. gehören. Die zur Lösung der Probleme entwickelten gemeinsamen Verbesserungsvorschläge sollten durch die Führenden aufgegriffen werden. Das dadurch sicherbare Wissen, daß eigene Ideen Einfluß haben und eine Veränderung der Realität bewirken können, ist ein Mittel neben vielen anderen, um Leistungszurückhaltung zu überwinden oder ihr vorzubeugen.

An strukturalen Maßnahmen empfiehlt sich bei Leistungszurückhaltung das Managementsystem PPM (*Pritchard/Kleinbeck/Schmidt* 1993), das empirisch mehrfach erprobt wurde. Hier erfolgt eine systematische Rückmeldung über die Produktivitätsentwicklung an die Mitarbeiter. Das System befördert die zielorientierte Selbstorganisation von Arbeitsgruppen und ist mit Zielvereinbarungs- und Entlohnungssystemen kombinierbar.

Literatur

Adams, J. S.: Toward an Understanding of Inequity. In: JAPS, Vol. 67, 1963, S. 422–436.
Adams, J. S./Rosenbaum, W. B.: The Relationship of Worker Productivity to Cognitive Dissonance about Wage Inequalities. In: JAP, Vol. 46, 1962, S. 161–164.
Andrews, I. R.: Wage Inequity and Job Performance: An Experimental study. In: JAP, Vol. 51, 1967, S. 39–51.

Argote, L.: Agreement about Norms and Work-Unit Effectiveness: Evidence from the field. In: Basic and Applied Social Psychology, Vol. 10, 1989, S. 131–140.
Bednarek, E.: Veränderung der Arbeitsmotivation durch Qualitätszirkel und Lernstatt, Diss. München 1985.
Berkowitz, L.: Group Standards, Cohesiveness and Productivity. In: HR, Vol. 7, 1954, S. 509–519.
Brehm, J. W.: In: A Theory of Psychological Reactance. New York 1966.
Bungard, W./Wiendieck, G. (Hrsg.): Qualitätszirkel als Instrument zeitgemäßer Betriebsführung. Landsberg a. Lech 1986.
Campbell, J. P./Pritchard, R. D.: Motivation Theory in Industrial and Organizational Psychology. In: *Dunnette, M. D.* (Hrsg.): Handbook of Industrial and Organizational Psychology. Chicago 1976, S. 63–130.
Coch, L./French, J. R.: Overcoming resistance to change. In: HR, Vol. 1, 1948, S. 512–532.
Euler, H. P.: Arbeitskonflikt und Leistungsrestriktion im Industriebetrieb. Düsseldorf 1973.
Gebert, D.: Zur Erarbeitung und Einführung einer neuen Führungskonzeption. Berlin 1976.
Georgopoulos, B./Mahoney, G./Jones, N.: A Path-Goal Approach to Productivitiy. In: JAP, Vol. 41, 1957, S. 345–353.
Greif, S.: Konzepte der Organisationspsychologie: Eine Einführung in grundlegende theoretische Ansätze. Bern 1983.
Homans, G. C.: Social Behavior: Its Elementary Forms. New York 1961.
Irle, M.: Lehrbuch der Sozialpsychologie. Göttingen 1975.
Jackson, J. M.: A Conceptual and Measurement Model for Norms and Roles. In: Pacific Sociological Review, Vol. 9, 1966, S. 37-47.
Mathewson, S.: Restriction of Output among Unorganized Workers. New York 1931.
McClelland, D. C.: Die Leistungsgesellschaft – Psychologische Analyse der Voraussetzungen wirtschaftlicher Entwicklung. Stuttgart 1966.
Montada, L.: Fallen der Gerechtigkeit: Zur Begründung der Umverteilungen von Ost nach West. In: *Montada, L.* (Hrsg.): Bericht über den 38. Kongreß der Deutschen Gesellschaft für Psychologie in Trier 1992, Bd. 2. Göttingen 1993, S. 31–50.
Neuberger, O.: Arbeit. Stuttgart 1985.
Pritchard, R.D./Kleinbeck, U./Schmidt, K.-H.: Das Managementsystem PPM. München 1993.
Roethlisberger, F. J./Dickson, W. J.: Management and the Worker. Cambridge, Mass. 1939.
Rosenstiel, L. v.: Innovation und Veränderung in Organisationen. In: *Roth, E.* (Hrsg.): Organisationspsychologie/Enzyklopädie der Psychologie, Bd. 3. Göttingen 1989, S. 652–684.
Rosenstiel, L. v.: Grundlagen der Organisationspsychologie: Basiswissen und Anwendungshinweise. 3. A., Stuttgart 1992.
Sader, M.: Psychologie der Gruppe. 3. A., München 1991.
Schachter, S./Ellertson, M./McBride, D./Gregory, S.: An Experimental Study of Cohesiveness and Productivity. In: HR, Vol. 4, 1951, S. 229–238.
Scharmann, T.: Teamarbeit in der Unternehmung. Bern 1972.
Schuler, H.: Sympathie und Gruppenentscheidung. In: ZfSP, H. 1, 1975.
Seashore, S.: Group Cohesiveness in the Industrial Work Group. Ann Arbor 1954.
Selter, J.: Kreativität und Gruppenentwicklung – Zur Wirkung von Normen in einer Kreativitätstrainingsgruppe. Diss., Jena 1991.
Tannenbaum, A. S.: Social psychology of the work organization. Belmont 1969.
Triandis, H. C.: A Critique and Experimental Design for the Study of the Relationship Between Producitivty and Job Satisfaction. In: Psych. Bull., Vol. 56, 1959, S. 309–312.
Trudewind, C./Kohne, W.: Bezugsnormen-Orientierung der Lehrer und Motiventwicklung. In: *Rheinberg, F.* (Hrsg.). Universität Bochum. Bochum 1982, S. 115–141.
Vroom, V. H.: Work and Motivation. New York 1964.
Warner, R. H./Meeker, M./Eells, K.: Social class in America. Chicago 1949.

Loyalität und Commitment

Alfred Kieser

[s. a.: Führungstheorien – Charismatische Führung; Identifikationspolitik; Neue Mitarbeiter, Führung von; Transaktionale und transformationale Führung.]

I. Was versteht man unter Loyalität ud Commitment? II. Welche Auswirkungen hat Commitment? III. Wie kann Commitment hergestellt werden?

I. Was versteht man unter Loyalität und Commitment?

1. Definitionen

Loyalität und Commitment bringen eine starke psychologische Bindung des Organisationsmitglieds an die Organisation zum Ausdruck und damit eine gewisse Bereitschaft, sich für diese Organisation in höherem Maße einzusetzen, als dies aufgrund formaler Vorgaben im Arbeitsvertrag oder in der Arbeitsrolle zu erwarten ist (*Matthieu/Zajac* 1990; *O'Reilly* 1989). Während im Begriff der Loyalität eine Bindung aus Pflicht und Berechnung mitschwingt, eine kritische „Rollen- und Organisationsdistanz" nicht ausgeschlossen werden kann – man ist loyal, obwohl es gute Gründe gibt, mit der Organisation unzufrieden zu sein –, bringt der Begriff des Commitments eine starke *emotionale Bindung* an die Organisation zum Ausdruck (*Hanft* 1991; *Lincoln/Kalleberg* 1990; *Mowday* et al. 1982; *Yoon* et al. 1994). Commitment umfaßt also in gewisser Weise Loyalität und soll deshalb im folgenden im Mittelpunkt der Analyse stehen.

In der amerikanischen Literatur wird generell zwischen einem *einstellungsorientierten und einem verhaltensorientierten Konzept des Commitments* unterschieden (*Oliver* 1990; *Mowday* et al. 1982).

In ersterem wird Commitment als Resultat einer positiven Identifikation mit und eines Engagements für eine bestimmte Organisation gesehen (→*Identifikationspolitik*), wobei die Identität mit der Organisation vor allem durch eine *Übereinstimmung des Individuums mit den Zielen und Werten der Organisation* zustandekommt. Aus dieser Übereinstimmung resultiert ein starkes Verlangen, sich für die Organisation einzusetzen und in der Organisation zu verbleiben (*Allen/Meyer* 1990; *Meyer/Allen* 1987; *Steers* 1977). Im verhaltensorientierten Konzept dagegen wird das *individuelle Verhalten als Ursache des Commitments* gesehen. Individuen, die ein engagiertes Verhalten für die Organisation entwickeln, sehen sich veranlaßt, Rechtfertigungen für dieses Verhalten zu entwickeln, und diese Rechtfertigungen prägen die Einstellungen (*Salancik* 1977). Das engagierte Verhalten stellt – im wörtlichen oder übertragenen Sinn – eine Investition des Individuums in die Organisation dar. Diese ist vergeblich, wenn das Engagement nicht fortgesetzt wird. Außerdem sind die eigenen und fremden Erwartungen an die Konsistenz des Verhaltens hoch (*Becker* 1960; *Staw* 1976). Durch welche Faktoren das engagierte Verhalten zunächst ausgelöst wird, ob etwa durch interessante Arbeit, das Charisma des Vorgesetzten oder die Arbeitsatmosphäre, ist zweitrangig.

Allen/Meyer (1990; *Meyer/Allen* 1987) legen ein drittes, auf moralische Prinzipien abstellendes Konzept vor, in dem *Commitment als Verpflichtung, als Ergebnis einer verinnerlichten grundlegenden Norm der Treue gegenüber einer Organisation* gesehen wird. Danach entwickeln Individuen Commitment, weil sie der Ansicht sind, es sei moralisch geboten (*Wiener* 1982).

Die Organisation ist nicht das einzige mögliche Objekt eines Commitments. Eine Person kann in besonderer Weise auch auf eine bestimmte Tätigkeit (Job Commitment; *Farrell/Rusbult* 1981; *Rusbult/Farrell* 1983), einen Beruf (Occupational Commitment, Career Commitment; *Meyer/Allen/Smith* 1993; *Quadagno* 1978; *Sheldon* 1971) oder bestimmte Werte (Freiheit, Sozialismus usw.) gerichtet sein (*Morrow* 1983). Ein Unternehmen kann Commitment gegenüber einer Strategie an den Tag legen (*Ghemawat* 1991).

Die Bedeutungen von Loyalität und Commitment werden auch in Abgrenzung zu anderen Konzepten deutlich: Loyalität und Commitment gehen über eine kalkulative, instrumentelle Beziehung des Individuums zur Organisation hinaus (*Etzioni* 1961). Sie bringen eine stärkere Beziehung zur Organisation als Arbeitszufriedenheit zum Ausdruck, denn ein zufriedener Mitarbeiter muß sich nicht unbedingt engagierter als ein unzufriedener für die Organisation einsetzen. Loyalität und Commitment stehen schließlich in einem schroffen Gegensatz zum Konzept der *Entfremdung* (*Conrad* 1988), indem sie ein Einverständnis mit den Zielen und Bedingungen der Organisation als eine wesentliche Voraussetzung haben.

2. Messung

Das weitestverbreite Instrument zur Messung von Commitment ist der auf 15 Items basierende OCQ – Organizational Commitment Questionnaire –, der eine Operationalisierung des Einstellungskonzepts des Commitments darstellt (*Mowday* et al. 1982). Einige seiner Items seien beispielhaft aufgeführt (eigene Übersetzung): „Ich bin bereit, mich über das erwartete Maß hinaus einzusetzen, und dazu beizutragen, daß das Unternehmen Erfolg hat"; „Gegenüber meinen Freunden bezeichne ich diese Unternehmung als eine großartige Arbeitsstätte"; „ich würde fast jede Arbeit in dieser Unternehmung annehmen, um weiter hier arbeiten zu können"; „Es bedarf keiner großen Änderung in den gegenwärtigen Bedingungen, um mich zu einem Verlassen dieser Unternehmung zu bewegen" (gegenläufige Codierung) (Antwortmöglichkeiten: stimme überhaupt nicht überein, stimme nicht überein, stimme eher nicht überein, weder noch, stimme schwach zu, stimme zu, stimme in hohem Maße zu).

Der Commitment-Begriff des verhaltensorientierten Konzepts wurde ursprünglich von *Hrebiniak/Alutto* (1972) operationalisiert. In einem schriftlichen Interview werden die Befragten aufgefordert, die Wahrscheinlichkeit eines Austritts aus der Organisation unter Berücksichtigung verschiedener Anreize des Wechsels zu anderen Organisationen wie höheres Entgelt, höherer Status, weniger Reglementierung sowie größere Aussichten auf Beförderung anzugeben. Es wurde jedoch bezweifelt, ob dieses Maß tatsächlich etwas anderes mißt als der OCQ, denn die Neigung, eine Organisation trotz attraktiver Alternativen nicht zu verlassen, kann eine Konsequenz einer starken emotionalen Bindung, d. h. einer positiven Einstellung gegenüber der Organisation, sein (*Meyer/Allen* 1984).

Allen/Meyer (1990) entwickelten deshalb ein alternatives Instrument der Operationalisierung des verhaltensorientierte Commitment-Begriffs, das insbesondere auf die Investitionen des Individuums in die Organisation abstellt, die, um nicht vergeblich gewesen zu sein, eine Fortsetzung des Engagements nahelegen. Einige Items seien aufgeführt: „Zuviel in meinem Leben käme durcheinander, wenn ich mich jetzt entscheiden würde, die Organisation zu verlassen"; „Im Moment ist das Verbleiben in meiner Organisation sowohl eine Sache der Notwendigkeit als auch der Neigung"; „Ich denke, ich habe zu wenige Optionen, um ein Verlassen der Organisation zu erwägen"

Zur Erfassung des „moralischen Commitment" entwickelten *Allen/Meyer* (1990) ein Instrument, in dem u. a. die folgenden Items enthalten sind: „Von Unternehmen zu Unternehmen zu hüpfen, finde ich überhaupt nicht unethisch" (gegenläufige Codierung); „Ich denke, Loyalität ist wichtig, und deshalb fühle ich eine gewisse moralische Verpflichtung, in diesem Unternehmen zu bleiben und für es weiterzuarbeiten"; „Ich bin so erzogen worden, daß ich in der Loyalität zu einem Unternehmen einen Wert an sich sehe"; „Als die Leute noch für den größten Teil ihres Berufslebens in einem Unternehmen blieben, war es noch um vieles besser bestellt".

Recht originell ist das Vorgehen von *Weiner/ Gechman* (1977), die Mitarbeiter baten, Tagebücher über ihre freiwilligen Leistungen für das Unternehmen zu führen, und aus diesen Aufzeichnungen einen Indikator für das Commitment gegenüber der Organisation ermittelten.

II. Welche Auswirkungen hat Commitment?

Abbildung 1 (in Anlehnung an *Mathieu/Zajac* 1990, die eine Metaanalyse von 48 empirischen Studien durchführten) zeigt eine Übersicht über Einflußfaktoren des Commitments, über Variablen, die mit ihm kovariieren, und Konsequenzen, die sich aus Commitment entwickeln. Einige ausgewälte Zusammenhänge sollen im folgenden etwas eingehender betrachtet werden.

Wenden wir uns zunächst den Konsequenzen und den kovariierenden Variablen zu. Einstellungs-Commitment ist eher positiv mit *Motivation* und *Leistung* korreliert, Verhaltens-Commitment eher negativ (*Meyer* et al. 1989; *Mathieu/Zajac* 1990). Da das Maß des Verhaltens-Commitments von *Allen/Meyer* (1990), das letzterer Korrelation zugrunde liegt, die Kosten des Verlassens hervorhebt, ist dies nicht verwunderlich. Commitment gegenüber der Organisation korreliert mit Commitment sowohl gegenüber dem Beruf als auch gegenüber der Tätigkeit, wobei Ursachen und Wirkungen nicht genau auszumachen sind. Plausibel erscheint, daß die verschiedenen Commitments sich wechselseitig verstärken (*Morrow* 1983).

Die Beziehungen zwischen *Arbeitszufriedenheit* und Commitment sind komplexer Natur. Während *Mathieu/Zajac* (1990) generell eine starke Korrelation über eine Reihe von Studien hinweg feststellen, legen *Tett/Meyer* (1993) eine differenziertere Analyse vor, in der sie drei Modelle unterscheiden: (a) Der Aufbau von Commitment dauert länger, Commitment ist aber auch stabiler als Arbeitszufriedenheit. Arbeitszufriedenheit wirkt auf Commitment und über Commitment auf Fluktuation. (b) Das zweite Modell dreht sozusagen die Beziehung zwischen Arbeitszufriedenheit und Commitment um. In ihm ist Commitment diejenige Variable, die sich früher herausbildet – u. U. schon vor Eintritt in die Organisation (*O'Reilly/Caldwell* 1980; *Schein* 1968) oder in den ersten Wochen –, und die dann Arbeitszufriedenheit beeinflußt und über die Arbeitszufriedenheit die Fluktuationsneigung. (c) Im dritten Modell werden Arbeitszufriedenheit und Commitment als zwei Variablen gesehen, die weitgehend unabhängig voneinander die Fluktuationsneigung beeinflussen. In einer auf 155 empirischen Studien aufbauenden Metaanalyse kommen *Tett/Meyer* (1993) u. a. zu folgenden Ergebnissen: (a) Arbeitszufriedenheit und Commitment sind deutlich voneinander unterscheidbare, wenn auch schwach aufeinander einwirkende Konstrukte. Beide tragen auf ihre Weise und weitge-

Einflußfaktoren		*Kovariationen*	*Folgen*
Persönlichkeitsfaktoren	*Stellengestaltung*	*Motivation (M)*	*Leistung*
Alter	Varietät der Tätigkeiten	intrinsische M.	Wahrnehmung von
Geschlecht	Autonomie	extrinsische M.	alternativen Jobs
Dienstalter	Herausforderung	Streß	Suche nach alternativen Jobs
Zeit in letzter Position	Umfang der Tätigkeiten	Commitment gegenüber	Fluktuationsneigung
Fähigkeiten		• Tätigkeit	Absentismus/
Entlohnung	*Gruppenmerkmale/*	• Beruf	Krankenstand
Status	*Beziehung zum Vorgesetzten*	• Gewerkschaft	Zuspätkommen
	Gruppenkohäsion		Fluktuation
Rollencharakteristika	gegenseitige Abhängigkeiten der	*Arbeitszufriedenheit (AZ)*	
Rollenambivalenz	Gruppenmitglieder	Gesamt-AZ	
Rollenkonflikte	Personenorientiertheit der Führung	intrinsische AZ	
Rollenüberlastung	Kommunikation mit Vorgesetzten	extrinsische AZ	
	Partizipation	Zufriedenheit mit	
		• Vorgesetzten	
	Organisationsmerkmale	• Kollegen	
	Größe	• Beförderungschancen	
	Zentralisierung	• Entlohnung	
		• Tätigkeit	

↓
Commitment →

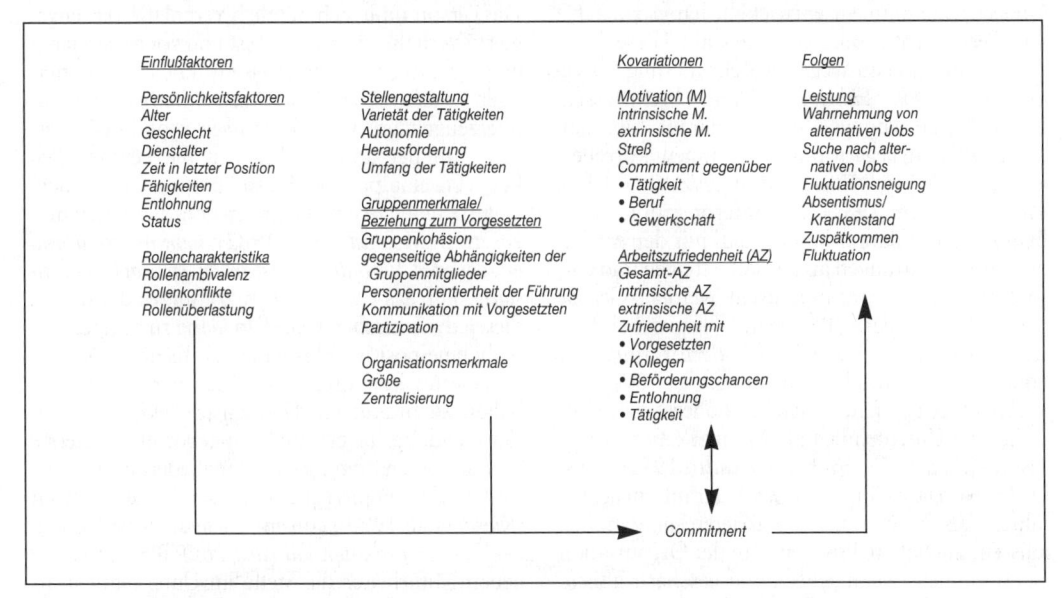

Abb. 1: Einflußfaktoren, kovariierende Variablen und Konsequenzen des Commitments

hend unabhängig zur Fluktuationsneigung bei. (b) Arbeitszufriedenheit korreliert stärker mit kognitiven Prozessen, die in einem Zusammenhang mit der Fluktuation stehen (Erwägung eines Austritts aus der Organisation, aktive Suche nach Alternativen usw.) als Commitment, was aber auch damit zusammenhängen kann, daß einige Items zur Erfassung kognitiver Prozesse im Zusammenhang mit Austritt aus der Organisation auch in Skalen der Arbeitszufriedenheit enthalten sind. (c) Das über die OCQ-Skala erfaßte Commitment hat einen signifikanten Einfluß auf die Fluktuation, der unabhängig von Arbeitszufriedenheit und Fluktuationsneigung bzw. Fluktuationskognitionen ist.

Commitment ist negativ mit Streß korreliert (*Mathieu/Zajac* 1990). Commitment führt offensichtlich auch dazu, daß die Beziehung zwischen Streß und Arbeitsunzufriedenheit abgefedert wird: Organisationsmitglieder mit hohem Commitment reagieren auf Streß in weit geringerem Maße mit Arbeitsunzufriedenheit als Organisationsmitglieder ohne Commitment (*Begley/Zajka* 1993).

Am relativ stärksten sind die Zusammenhänge des Commitments mit Variablen, die „Rückzugsverhalten" zum Ausdruck bringen: *Fluktuation, Absentismus* (Krankenstand), Zuspätkommen (*Cohen* 1993; *Jaros* et al. 1993; *Mathieu/Zajac* 1990; *O'Reilly/Chatman* 1986; *Pierce/Dunham* 1987; *Reichers* 1985; *Meyer* et al. 1989; *Griffin/Bateman* 1986).

III. Wie kann Commitment hergestellt werden?

1. Persönlichkeitseigenschaften

Ob sich Commitment entwickelt, hängt zunächst von Persönlichkeitseigenschaften ab. Diese kann die Organisation im Wege der Rekrutierung (→*Rekrutierung von Führungskräften*) beeinflussen. Einige Untersuchungen deuten darauf hin, daß die *Ausbildung* negativ mit Commitment korreliert ist (*Angle/Perry* 1981; *Mathieu/Zajac* 1990; *Morris/Sherman* 1981). Die Interpretation dieses Befundes läuft darauf hinaus, daß mit der Ausbildung die Erwartungen an die Stelle steigen und entsprechend auch öfter enttäuscht werden. Gerade bei hochqualifizierte Personen – bspw. bei Forschern – ist die *Bindung an die Berufsgruppe* oft höher als die an das Unternehmen.

Frauen zeigen tendenziell ein höheres Commitment zum Unternehmen als Männer (*Angle/Perry* 1981; *Gould* 1975; *Hrebiniak/Alutto* 1972; *Grusky* 1966). Dieses Ergebnis wird darauf zurückgeführt, daß Frauen mehr Barrieren überwinden müssen, um höhere Positionen in der Organisation zu erklimmen. Wenn sie es dann geschafft haben, fühlen sie sich dieser Position auch stärker verbunden – nicht zuletzt auch deswegen, weil sie es schwerer haben, vergleichbare Positionen in anderen Organisationen zu erringen.

Andere Persönlichkeitsmerkmale, die positive Korrelationen mit dem Commitment aufweisen, sind: Bedürfnis nach *Selbstverwirklichung* (*Morris/Sherman* 1981; *Rotondi* 1975; *Steers* 1977), *starke positive Arbeitsorientierung und Leistungsstreben* (*Buchanan* 1974; *Goodale* 1973; *Hall* et al. 1970; *McDade* 1980) *und der Rang, den die Arbeit in den Lebensinteressen einnimmt* (*Dubin* et al. 1975).

2. Der sich selbst verstärkende Prozeß des Aufbaus von Commitment, Loyalität und engagiertem Verhalten

Einige der oben aufgeführten Definitionen führen Commitment auf *Einstellungen* dem Unternehmen gegenüber zurück, andere auf *engagiertes Verhalten* für das Unternehmen. Es liegt nahe, diese beiden Konzepte auf der Basis der Theorie der *kognitiven Dissonanz* miteinander zu verbinden (*Frey* 1984; *Mowday* et al. 1982; *Reichers* 1985). Personen versuchen, ihre Einstellungen mit ihrem Verhalten in Übereinstimmung zu bringen. Somit ist anzunehmen, daß engagiertes Verhalten zu Commitment und Commitment zu engagiertem Verhalten führt: Wer – aus welchen Gründen auch immer, etwa um Prämien zu ergattern, Karriere zu machen oder sich selbst etwas beweisen zu können – dazu gebracht wird, sich für ein Unternehmen aktiv einzusetzen, tendiert dazu, positive Einstellungen gegenüber diesem Unternehmen zu entwickeln. Je schwächer die extrinsischen Anreize in ihrer Ausprägung und/oder je weniger anhaltend sie sind, desto stärker ist diese Tendenz paradoxerweise. Die Person fühlt sich nämlich veranlaßt, das engagierte Verhalten vor sich selbst und vor anderen mit gesellschaftlich legitimierten Gründen zu rechtfertigen. Je schwächer die äußeren Anreize sind, desto überzeugendere Gründe müssen mobilisiert werden. Auf der anderen Seite ist die Person auch bestrebt, eine positive Einstellung gegenüber dem Unternehmen in ein entsprechendes Verhalten umzusetzen (*Mowday* et al. 1982). *Commitment und engagiertes Verhalten verstärken sich also gegenseitig.* Für das Unternehmen kommt es darauf an, diesen dynamischen Prozeß in Gang zu bringen: sowohl eine positive Einstellung zu fördern als auch engagiertes Verhalten auszulösen und dieses Verhalten zu prämieren. Das Zustandekommen der Entscheidung für ein Stellenangebot und die erste Zeit der Beschäftigung – die Eingliederungsphase – sind, wie empirische Untersuchungen zeigen (*Kieser* et al. 1990), von entscheidender Bedeutung (→*Neue Mitarbeiter, Führung von*). Betrachten die neuen Mitarbeiter die Stelle im Unternehmen als Notlösung, erhalten sie kaum Möglichkeiten zu engagiertem Verhalten, und erfahren sie auf engagiertes Verhalten kein positives Feedback, besteht nur eine sehr geringe Chance, daß der beschriebene dynamische Prozeß in Gang kommt. Der Faktoren der Persönlichkeit sind allerdings als wichtige intervenierende Größen zu berücksichtigen.

3. Das Zustandekommen der Entscheidung für eine Stelle

Einige Untersuchungen weisen darauf hin, daß die Art des Zustandekommens der Entscheidung für eine Stelle einen erheblichen Einfluß auf das Commitment hat. Als wichtige Bedingungen werden vor allem *Freiwilligkeit, Unwiderrufbarkeit und Stärke der öffentlichen Verpflichtung* herausgehoben (*O'Reilly/Caldwell* 1980; *Salancik* 1977). Der Grad der Freiwilligkeit einer Entscheidung steigt mit der Zahl der verfügbaren Alternativen. Am geringsten ist sie, wenn nur eine Stelle zur Wahl steht und der Bewerber sich gezwungen fühlt, diese anzunehmen. Unter dieser Bedingung fühlt sich der Bewerber kaum verpflichtet, seine „Wahl" vor sich selbst zu rechtfertigen. Wenn er in der Organisation keinen Erfolg hat, kann er dies immer auf „die Zwänge" schieben. Anders derjenige, der eine Wahl freiwillig getroffen hat. Bei ihm führten „gute Gründe", nicht bloß der äußere Zwang der Verhältnisse, zu dieser Entscheidung. Wenn sich seine Erwartungen an die neue Stelle nicht erfüllen, macht er innere Konflikte durch. Diese Konflikte kann er zum einen lösen, indem er die negativen Aspekte der Stelle ab- und die positiven aufwertet. Da eine Kündigung meist nicht unproblematisch ist, wird oft der zweite Ausweg aus den inneren Konflikten gewählt. Das hat aber Auswirkungen auf das Commitment: Je positiver der neue Mitarbeiter die Stelle bewertet, desto stärker fühlt er sich an das Unternehmen gebunden und desto stärker ist er motiviert. Derjenige, der die Wahl der Stelle auf äußere Zwänge schieben kann, wird diese Wahl weniger stark mit positiven Erwartungen in Verbindung bringen. Er braucht nicht die positiven Aspekte zu betonen und die negativen herunterzuspielen, wenn er Enttäuschungen erlebt. Er wird sich eher als Opfer des Schicksals oder der Umstände sehen.

In ähnlicher Weise kann auch die Unwiderrufbarkeit der Entscheidung – die Schwierigkeit, die Entscheidung zu revidieren – eine Verstärkung der Bindung bewirken. Wenn eine Kündigung mit hohen finanziellen oder sozialen Kosten verbunden ist, bspw. weil attraktive Alterantiven nicht in Sicht sind, weil die Ehefrau eine Stelle am Ort gefunden hat, die sie woanders nicht gleich finden wird, weil man in einem lokalen Sportverein verwurzelt ist usw., dann benötigt man gute Gründe, um das Verbleiben in dieser Stelle vor sich selbst und anderen zu rechtfertigen. Gründe, die mit der Stelle und dem Unternehmen selbst verbunden sind, werden eher akzeptiert als die äußeren Zwänge.

Auch die starke öffentliche Verpflichtung bei der Entscheidung kann die Identifikation (→Identifikationspolitik) mit dem Unternehmen verstärken. Wer seine Entscheidung einem großen Kreis publik macht, fühlt sich eher an diese Entscheidung gebunden, fühlt sich auch eher veranlaßt, gute Gründe für diese Entscheidung sich selbst und anderen zu geben.

4. Enttäuschte Erwartungen

Mit hoher Übereinstimmung weisen verschiedene empirische Untersuchungen darauf hin, daß enttäuschte Erwartungen die Herausbildung von Commitment in der ersten Zeit der Beschäftigung erheblich beeinträchtigen (*Bray* et al. 1974; *Dunette* et al. 1973; *Louis* 1980; *Kieser* et al. 1990; *Krüger* 1983; *McDade* 1980; *Meyer/Allen* 1987; *Meyer* et al. 1989). Im Rahmen der Rekrutierung sind Unternehmen häufig bestrebt, die Vorteile der ausgeschriebenen Stelle und der Arbeitsumgebung herauszustreichen und eventuelle negative Aspekte zu verschweigen – die Stelle möglichst attraktiv darzustellen –, um viele Bewerber anzulocken und um ausgewählte Bewerber zu einer Zusage zu bewegen. Die Folge solcher Schönfärberei sind zu hochgespannte Erwartungen, die in der Einarbeitungsphase zwangsläufig enttäuscht werden. Um soche Erwartungsenttäuschungen zu verhindern, wird eine *realistische Personalrekrutierung* vorgeschlagen: Eine möglichst realistische Darstellung der zu besetzenden Stelle, bei der vor allem auch die negativen Aspekte der Tätigkeiten nicht verschwiegen werden (*Wanous* 1980). Realismus in der Rekrutierung hat die Funktion einer „Schutzimpfung": Sie wappnet den neuen Mitarbeiter gegen Enttäuschung, und sie *wirkt u. U. sogar positiv auf das anfängliche Commitment*: Wer sich trotz negativer Aspekte für eine Stelle entscheidet, muß dafür gute Gründe suchen. Der einsetzende Prozeß der Reduzierung von kognitiver Dissonanz führt zum Aufbau von Commitment.

5. Die Unternehmenskultur

Commitment ist, wie schon bei den Definitionen gezeigt, vor allem durch eine hohe Übereinstimmung zwischen den Werten des Unternehmens und den Werten des Individuums gekennzeichnet. Unternehmen, die keine Werte oder keine Unternehmensphilosophie zum Ausdruck bringen, begeben sich der Chance, daß Individuen sich mit den Werten des Unternehmens identifizieren. Von vielen Autoren wird eine der wichtigsten Funktionen der Unternehmensphilosophie und -kultur darin gesehen, daß sie eine starke – in *Etzionis* (1961) Begriffen eine wertmäßige im Gegensatz zu einer bloß kalkulativ-instrumentellen – Einbindung herbeiführt (*Peters/Waterman* 1982; *Deal/Kennedy* 1982). Die *Organisationskultur* (→*Organisationskultur und Führung*) umfaßt jedoch nicht nur die Unternehmensphilosophie mit den in ihr enthaltenen Grundwerten bezüglich Mitarbeitern, Kunden, Produkten, sondern auch deren einprägsame Vermittlung durch Legenden, Symbole und Rituale. Bestimmte Werte, Symbole und Rituale können den Eindruck vermitteln, für ein ganz besonderes Unternehmen tätig zu sein.

Die Übermittlung von Werten ist nach Meinung vieler Autoren gerade in der Einarbeitungsphase von Bedeutung: Die durch die ungewohnte Umgebung verunsicherten Mitarbeiter seien besonders bereit, Werte aufzugreifen, durch die sie ihr Eintreten in diese Organisation vor sich selbst rechtfertigen können. Zur Übermittlung von Werten in der Einarbeitunsphase werden vor allem *Orientierungsveranstaltungen, Informationsbroschüren* und *Seminare für neue Mitarbeiter* eingesetzt (*Kieser* et al. 1990; *Siehl/Martin* 1984).

6. Führung

Einen starken Einfluß auf die Herausbildung von Commitment hat das Verhalten von Vorgesetzten. Von Bedeutung ist hier vor allem die *Offenheit der Kommunikation* mit den Mitarbeitern (*Bruning/Snyder* 1983) und die *Beteiligung (Partizipation)* (*Jermier/Berkes* 1979; *Rhodes/Steers* 1981). Vor allem auch dem charismatischen Führungsstil (→*Führungstheorien – Charismatische Führung*) wird ein starker Effekt auf das Commitment zugesprochen (*Bryman* 1992; *Hanft* 1991; *Hopfl* 1992).

7. Die Arbeitsrolle

Anspruchsvolle Aufgaben erhöhen Commitment und Loyalität – eine entsprechende Qualifikation der Mitarbeiter vorausgesetzt (*Brown* 1969; *Buchanan* 1974; *Hall* et al. 1970; *Steers* 1977).

Mitarbeiter, die eine herausfordernde Tätigkeit auszuführen haben, können sich in dieser Arbeit eher verwirklichen. Sie empfinden dies als eine Belohnung – ihre Bindung an das Unternehmen steigt. Rollenkonflikte, Rollenunklarheit und Rollenüberlastung sind indessen negativ mit dem Commitment korreliert (*Griffin/Bateman* 1986; *Kieser* et al. 1990; *Morris/Koch* 1979; *Morris/Sherman* 1981; *Stevens* et al. 1978; *Walton* 1985).

8. Dienstalter

Das Dienstalter ist einer der Faktoren, die in empirischen Untersuchungen am stärksten mit dem Commitment korrelieren (*Angle/Perry* 1981; *Brown* 1969; *Hall* et al. 1970; *Lee* 1971; *Luthans* et al. 1987; *Morris/Sherman* 1981). Diese Beziehung ist von einer Reihe von Einflüssen geprägt, die nur schwer auseinanderzuhalten sind (*Mowday* et al. 1982): Mit dem Dienstalter steigt die Chance, daß das Organisationsmitglied Karriere machen – d. h. interessantere Aufgaben und einen höheren Status erhalten – kann. Zum anderen nehmen aber auch die *Investitionen des Mitarbeiters in das Unternehmen* zu. Der Mitarbeiter hat spezifisches Wissen erworben und seinen Status durch viele Manöver gefestigt. Er hat u. U. auch zahlreiche, von ihm als belohnend empfundene soziale Beziehungen aufgebaut. Diese Investitionen lassen sich nur schlecht auf andere Organisationen übertragen. Mit dem Alter nehmen generell auch die Chancen ab, andere Karrieren verfolgen oder Stellen in anderen Organisationen erobern zu können.

Diese Ursachen sind mit Prozessen der Reduzierung kognitiver Dissonanz verbunden: Das Eingeständnis, nur deswegen in der Organisation zu verbleiben, weil man es sich nicht leisten kann, Alternativen zu ergreifen oder weil die Chancen für ältere Bewerber generell schlecht sind, fällt schwer. Also sucht man in einem Prozeß der Rationalisierung nach positiven Gründen – das Commitment steigt.

Literatur

Allen, N. J./Meyer, J. P.: The Measurement and Antecedents of Affective, Continuance and Normative Commitment to the Organization. In: J. Occupat. Psychology, 1990, S. 1–18.
Angle, H./Perry, J.: An Empirical Assessment of Organizational Commitment and Organizational Effectiveness. In: ASQ, 1981, S. 1–14.
Becker, H. S.: Notes on the Concept of Commitment. In: AJS, 1960, S. 341–347.
Begley, Th. M./Czajka, J. M.: Panel Analysis of the Moderating Effects of Commitment on Job Satisfaction, Intent to Quit, and Health Following Organizational Change. In: JAP, 1993, S. 552–556.
Bray, D. W./Campbell, R. J./Grant, D. L.: Formative Years in Business. New York 1974.
Brown, M. E.: Identification and Some Conditions of Organizational Involvement. In: ASQ, 1969, S. 346–355.
Bruning, N. S./Snyder, R. A.: Sex and Position as Predictors of Organizational Commitment. In: AMJ, 1983, S. 485–491.
Bryman, A.: Charisma and Leadership. London 1992.
Buchanan, B.: Building Organizational Commitment: The Socialization of Managers in Work Organizations. In: ASQ, 1974, S. 533–546.
Cohen, A.: Organizational Commitment and Turnover: A Meta-Analysis. In: AMR, 1993, S. 1140–1157.
Conrad, P.: Involvement-Forschung. Berlin 1988.
Deal, T. E./Kennedy, A. A.: Corporate Culture the Rites and Rituals of Corporate Life. Reading, Mass. 1982.
Dubin, R./Champoux, J. E./Porter, L. W.: Central Life Interests and Organizational Commitment of Blue-Collar and Clerical Workers. In: ASQ, 1975, S. 411–521.
Dunnette, M. D./Arvey, R. D./Banas, P. A.: Why do They Leave? In: Personnel, 1973, S. 25–53.

Etzioni, A.: A Comparative Analysis of Complex Organizations. New York 1961.
Farrell, D./Rusbult, C. E.: Exchange Variables as Predictors of Job Satisfaction, Job Commitment, and Turnover. In: OBHP, 1981, S. 78–95.
Frey, D.: Die Theorie der kognitiven Dissonanz. In: *Frey, D./Irle, M.* (Hrsg.): Theorien der Sozialpsychologie. Bd. I: Kognitive Theorien, 2. A., Bern 1984, S. 243–292.
Ghemawat, P.: Commitment. The Dynamic of Strategy. New York 1991.
Goodale, J. G.: Effects of Personal Background and Training on Work Values of the Hard-Core Unemployed. In: JAP, 1973, S. 1–9.
Gould, S.: Correlates of Organization Identificaton and Commitment. Diss. Michigan State University. East Lansing, Mich. 1975.
Griffin, R. W./Bateman, T. S.: Job Satisfaction and Organizational Commitment. In: *Cooper, C. L./Robertson, I.* (Hrsg.): International Review of Industrial and Organizational Psychology. New York 1986, S. 157–188.
Grusky, O.: Career Mobility and Organizational Commitment. In: ASQ, 1966, S. 488–503.
Hall, D. T./Schneider, B./Nygren, H. T.: Personal Factors in Organizational Identification. In: ASQ, 1970, S. 176–190.
Hanft, A.: Identifikation als Einstellung zur Organisation. München 1991.
Hopfl, H.: The Making of the Corporate Acolyte: Some Thoughts on Charismatic Leadership and the Reality of Organizational Commitment. In: JMS, 1992, S. 23–34.
Hrebiniak, L. G./Alutto, J. A.: Personal and Role-Related Factors in the Development of Organizational Commitment. In: ASQ, 1972, S. 555–572.
Jaros, S. J./Jermier, J. M./Koehler, J. W. et al.: Effects of Continuence Affective, and Moral Commitment on the Misdrawal Process: An Evaluation of Eight Structural Equation Models. In: AMJ, 1993, S. 951–995.
Jermier, J. M./Berkes, L. J.: Leader Behavior in a Police Command Bureaucracy. In: ASQ, 1979, S. 1–23.
Kieser, A./Nagel, R./Krüger, K.-H. et al.: Die Einführung neuer Mitarbeiter in das Unternehmen. 2. A., Neuwied 1990.
Krüger, K. H.: Integrationsschwierigkeiten im Prozeß der Einarbeitung – Theoretische Konzeptualisierung und empirische Analyse von Konfliktfeldern bei der Eingliederung neuer Mitarbeiter. Diss. Mannheim 1983.
Lee, S. M.: An Empirical Analysis of Organizational Identification. In: AMJ, 1971, S. 213–226.
Lincoln, J. R./Kalleberg, A. L.: Work Organization and Workforce Commitment: A Study of Plants and Employees in the US and Japan. In: ASR, 1985, S. 738–760.
Louis, M. R.: Surprise and Sense Making: What Newcomers Experience in Entering Unfamiliar Organizational Settings. In: ASQ, 1980, S. 226–251.
Luthans, F./Baack, D./Taylor, L.: Organizational Commitment: Analysis of Antecedents. In: HR, 1987, S. 219–236.
Mathieu, J. E./Zajac, D. M.: A Review and Meta-Analysis of the Antecedents, Correlates and Consequences of Organizational Commitment. In: Psych. Bull., 1990, S. 171–194.
McDade, T.: Managerial Perceptions of the Cause of Employee Turnover: An Attribution Theory Perspective. Diss. University of Oregon 1980.
Meyer, J. P./Allen, N. J./Smith, C. A.: Commitment to Organizations and Occupations: Extensions and Test of a Three-Component Conceptualization. In: JAP, 1993, S. 538–551.
Meyer, J. P./Allen, N. J.: A Longitudinal Analysis of the Early Development and Consequences of Organizational Commitment. In: Canadian Journal of Behavioral Science, 1987, S. 199–215.
Meyer, J. P./Allen, N. J.: Testing the „Side-Bet-Theory" of Organizational Commitment. In: JAP, 1984, S. 375–378.
Meyer, J. P./Paunonen, S. V./Gellatly, I. R. et al.: Organizational Commitment and Job Performance: It's the Nature of the Commitment that Counts. In: JAP, 989, S. 152–156.
Morris, J./Koch, J.: Impacts of Role Perceptions on Organizational Commitment, Job Involvement and Psychosomatic Illness Among Three Vocational Groupings. In: JVB, 1979, S. 88–101.
Morris, J./Sherman, J. D.: Generalizability of an Organizational Commitment. In: AMJ, 1981, S. 512–526.
Morrow, P. C.: Concept Redundancy in Organizational Research: The Case of Work Commitment. In: AMR 1983, S. 486–500.
Mowday, R. T./Porter, L. W./Steers, R. M.: Employee – Organization Linkages. The Psychology of Commitment, Absenteeism, and Turnover. New York/London/Paris u. a. 1982.
O'Reilly, C./Caldwell, D.: Job Choice: The Impact of Intrinsic and Extrinsic Factors on Subsequent Satisfaction and Commitment. In: JAP, 1980, S. 559–565.
O'Reilly, C.: Corporations, Culture, and Commitment: Motivation and Social Control in Organizations. In: CMR, 1989, S. 9–25.
O'Reilly, C. A. III/Chatman, J.: Organizational Commitment and Psychological Attachment: The Effects of Compliance, Identification and Internalization on Prosocial Behavior. In: JAP, 1986, S. 492–499.
Oliver, N.: Rewards, Investments, Alternatives and Organizational Commitment: Empirical Evidence and Theoretical Development. In: J. Occupat. Psychology, 1990, S. 19–31.
Peters, H. J./Waterman, R. H. Jr.: In Search of Excellence. New York 1982.
Pierce, J. L./Dunham, R. B.: Organizational Commitment: Pre-Employment Propensity and Initial Work Experiences. In: Journal of Management, 1987, S. 163–178.
Quadagno, J. S.: Career Continuity and Retirement Plans of Men and Woman Physicians. In: Sociology of Work and Occupations 1978, S. 55–74.
Reichers, A. E.: A Review and Reconceptualization of Organizational Commitment. In: AMR, 1985, S. 465–476.
Rhodes, S. R./Steers, R. M.: Conventional vs. Worker-Owned Organizations. In: HR, 1981, S. 1013–1035.
Rotondi, T.: Organizational Identification and Group Involvement. In: AMJ, 1975, S. 892–897.
Rusbult, C. E./Farrell, D.: A Longitudinal Test of the Investment Model: The Impact of Job Satisfaction, Job Commitment, and Turnover of Variations in Rewards, Costs, Alternatives and Investments. In: JAP, 1983, S. 429–438.
Salancik, G. R.: Commitment and the Control of Organizational Behavior and Belief. In: *Staw, B. M./Salancik, G. R.* (Hrsg.): New Directions in Organizational Behavior. Chicago 1977, S. 1–54.
Schein, E. H.: Organizational Socialization and the Profession of Management. In: IMR, 1968, S. 1–16.
Sheldon, M. E.: Investments and Involvements as Mechanisms Producing Commitment to the Organization. In: ASQ, 1971, S. 142–150.
Siehl, C./Martin, J.: The Role of Symbolic Management: How Can Managers Effectively Transmit Organizational Culture? In: *Hunt, V. J. G./Hosking, D. M./Schriesheim,*

Ch. A. et al. (Hrsg.): Leaders and Managers. International Perspectives on Managerial Behavior and Leadership. New York 1984, S. 227–233.

Staw, B. M.: Knee-deep in the Big Muddy: A Study of Escalating Commitment to a Chosen Course of Action. In: OBHP, 1976, S. 27-44.

Steers, R. M.: Antecedents and Outcomes of Organizational Commitment. In: ASQ, 1977, S. 46–56.

Stevens, J. M./Beyer, J./Trice, H. M.: Asessing Personal Role, and Organizational Predictors of Managerial Commitment. In. AMJ, 1978, S. 380–396.

Tett, R. P./Meyer, J. P.: Job Satisfaction, Organizational Commitment, Turnover Intention, and Turnover: Path Analyses Based on Meta-Analytic Findings. In: PP, 1993, S. 259–294.

Walton, R. E.: From Control to Commitment: Transforming Work Force Management in the United States. In: *Clark, K. B./Hayes, R. H./Lorenz, Ch.* (Hrsg.): The Uneasy Alliance. Boston 1985, S. 237–265.

Wanous, J. P.: Organizational Entry: Recruitment, Selection and Socialization of Newcomers. Reading, Mass. 1980.

Weiner, Y./Gechman, A. S.: Commitment: A Behavioral Approach to Job Involvement In. JVB, 1977, S. 47–52.

Wiener, Y.: Commitment in Organizations: A Normative View. AMR, 1982, S. 418–428.

Yoon, J./Baker, M. R./Ko, J.-W.: Interpersonal Attachment and Organizational Commitment: Subgroup Hypothesis Revisited. In: HR, 1994, S. 329–352.

M

Manager- und Eigentümerführung

Elmar Gerum

[s. a.: Agency Theorie und Führung; Führungsgremien; Interessenvertretungen und Verbände der Führungskräfte; Mitbestimmung, Führung bei; Netzwerkbildung und Kooptation als Führungsaufgabe; Soziale Herkunft von Führungskräften; Spitzenverfassung der Führung; Unternehmensverfassung und Führung; Verfügungsrechtstheorie, Transaktionskosten und Führung.]

I. Problemstellung; II. Eigentümer und Unternehmensführung: Eine Situationsbeschreibung; III. Theorien zur Managerherrschaft; IV. Eigentümerunternehmen und Managerunternehmen im empirischen Vergleich; V. Diskusison.

I. Problemstellung

Die Trennung von *Eigentum* und *Verfügungsmacht* in *Großunternehmen* ist ein seit langem bekanntes und vielfach diskutiertes Phänomen. So analysierte und beklagte bereits *Adam Smith* (1776/1974) die Verselbständigung und Eigennützigkeit des Managements in der englisch-ostindischen Kompanie, und schon *Karl Marx* (1894/1964) behauptete eine systematische Neigung des kapitalistischen Systems zur Trennung von Eigentum und Kontrolle. Den Start- und Bezugspunkt der aktuellen Debatte bildet die Arbeit von *Berle/Means* (1932), durch deren empirischen Befund – Herrschaft der Manager in Großunternehmen – die Zielfunktion der gewinnmaximierenden eigentümerorientierten Unternehmung (EU) in Frage gestellt wurde. Ob und inwieweit dies zutrifft bzw. welche Maßnahmen zur Kontrolle der Manager ergriffen werden können und sollen, ist Gegenstand von unternehmens- und organisationstheoretischen sowie ordnungs- und rechtspolitischen Untersuchungen.

II. Eigentümer und Unternehmensführung: Eine Situationsbeschreibung

Die These von der Managerherrschaft kann an zwei Indikatoren, der Eigentümerstruktur und der Ausgestaltung der *Führungsorganisation*, empirisch überprüft werden.

1. Eigentümerstruktur

Zur Analyse der *Eigentümerstruktur* unterscheiden *Berle/Means* fünf Kategorien, wobei eine managergeleitete Unternehmung (MU) dann anzunehmen ist, wenn der Aktienbesitz einzelner Kapitaleigner unter 20% liegt. Bei Unternehmen, an denen andere Unternehmen beteiligt sind, wird die endgültige Klassifizierung nach Maßgabe der Kontrollsituation der beteiligten Unternehmen durchgeführt („ultimate control"). Im Ergebnis wurden für 1929/30 44% der 200 größten US-amerikanischen AG (non-financials) als MU eingestuft. Gemessen am Gesamtvermögen der untersuchten Gesellschaften betrug der Anteil 58%, was die wirtschaftliche Bedeutung der MU unterstreicht. Zahlreiche Folgeuntersuchungen konstatieren in den USA einen Trend zur *verstärkten* Managerkontrolle (*Larner* 1970; *Herman* 1981). Nach Larner waren 1963 trotz eines verschärften Kriteriums für *Managerherrschaft* (Aktienbesitz einzelner unter 10%) ca. 75% der fünfhundert größten US-Unternehmen als managerkontrolliert einzustufen.

Eine erste Analyse der *deutschen* Verhältnisse durch *Pross* (1965) ergab für die 110 größten Unternehmen im Jahre 1958 20% MU, incl. öffentlicher Unternehmen 37%, gemessen am Umsatz 27% bzw. 40%. Zu ähnlichen Ergebnissen gelangt *Cassier* (1962). Eine Längsschnittuntersuchung von *Schreyögg* und *Steinmann* für die 300 größten Unternehmen ließ die zunehmende Trennung von Eigentums- und Verfügungsmacht deutlich werden. 1972 waren bereits 50% managerkontrolliert, gemessen am Umsatz 57%; im Jahre 1979 waren die entsprechenden Werte auf 65% bzw. 73% angestiegen (*Schreyögg/Steinmann* 1981; *Steinmann/Schreyögg/Dütthorn* 1983). Eine diesbezügliche Überprüfung der *mitbestimmten Unternehmen* (AG, GmbH) bestätigt das Ergebnis (→*Mitbestimmung, Führung bei*); danach waren 66% der 451 Gesellschaften als managerkontrolliert einzustufen (*Gerum/Steinmann/Fees* 1988). Zu einer völlig gegensätzlichen Einschätzung gelangen jedoch *Thonet/Poensgen* (1979), wenn sie unter den 297 deutschen börsennotierten AG nur 15 MU und 47 EU identifizieren und dann konstatieren, daß es sich bei der MU um eine „ziemlich kleine Minderheit" mit noch dazu abnehmender

Tendenz (zwischen 1961 und 1970) handele. Da ca. 70% der untersuchten Firmen als keiner der beiden Kategorien zuordnenbar eingestuft wurden, erscheinen die Ergebnisse und Schlußfolgerungen jedoch wenig überzeugend.

Ganz eindeutig ist schließlich die Diagnose für die *japanischen* Großunternehmen. 89% der 189 Großunternehmen *Japans* im Jahre 1971 sind nach den Maßstäben von *Berle/Means* managerkontrolliert (*Ichihara/Kagono* 1977).

2. Führungsorganisation

Die vorgefundene Trennung von Eigentum und Verfügungsmacht spiegelt sich thesenkonform in der organisatorischen Ausgestaltung der Unternehmensführung wider (→*Führungsgremien;* →*Spitzenverfassung der Führung;* →*Unternehmensverfassung und Führung*), wie der internationale Vergleich zeigt (*Gerum* 1989). In großen *deutschen* AG dominieren klar die Vorstand-Aufsichtsrat-Konfigurationen, wo der *Aufsichtsrat* sich typischerweise aus nicht am Kapital des Unternehmens Beteiligten zusammensetzt und auch die Schlüsselposition des Aufsichtsratsvorsitzenden von einem Nichtaktionär besetzt wird (Repräsentationsaufsichtsrat 27%, unternehmenspolitischer Aufsichtsrat 37%). Faktisch entscheidet der *Vorstand* über die Vergabe der Aufsichtsratsmandate (→*Netzwerkbildung und Kooptation als Führungsaufgabe*) und ob bzw. inwieweit der Aufsichtsrat über unternehmenspolitische Kompetenz durch zustimmungspflichtige Geschäfte verfügt. In fast 2/3 der Fälle steht damit die Kontrollogik der deutschen Führungsorganisation von AG gleichsam auf dem Kopf. Der Aufsichtsrat ist zum Steuerungsinstrument des Vorstandes geworden (*Schreyögg* 1983; *Gerum* 1991). Für die organisatorische und personelle Ausgestaltung des *US-amerikanischen* Board of Directors, der ja bereits de jure die Managementfunktion und die Treuhänderfunktion gegenüber den Aktionären in sich vereinigt, existieren ganz im Gegensatz zum deutschen Fall kaum rechtliche Restriktionen. Der durchschnittliche Board setzt sich aus 14 Mitgliedern zusammen, davon 4 Insider und 10 Outsider (*Korn/Ferry* 1988). Häufig hat der Chief Executive Officer zugleich die Position des President inne; in fast 80% der Fälle ist er zugleich auch der Chairman des Boards. Insgesamt ergibt sich so das Bild eines stark direktorial, vom Management geprägten Entscheidungsgremiums (*Bleicher/Leberl/Paul* 1989). Mangels funktionsfähiger Kapitaleigner vergeben die Insider die restlichen Boardmandate gezielt zur Absicherung ihrer unternehmensstrategischen Ziele (→*Strategische Führung*) über personelle Verflechtungen mit anderen Großunternehmen (*Pfeffer/Salancik* 1978; *Pennings* 1980; *Mizruchi* 1983; *Lorsch/MacIver* 1989).

In der Führungsorganisation *japanischer AG* manifestiert sich die Managerherrschaft (folgerichtig) am deutlichsten. Der Board of Directors (Torishimariyarku-Kai) mit seiner umfassenden Geschäftsführungs- und Kontrollfunktion erweist sich nach einer Untersuchung des MITI für 1969 als fast lupenreiner Insiderboard (13,75 Insider zu 1,2 Outsider). Er ist intern vom Ehrenvorsitzenden bis zum einfachen Direktor fein hierarchisch durchstrukturiert; Schlüsselpositionen, wie der Generaldirektor oder Seniordirektor, die zugleich die Unternehmung nach außen vertreten, befinden sich ausschließlich in den Händen von Insidern. Die Outsider rangieren regelmäßig auf der letzten Hierarchieebene. Ferner ist die Position der Outsider dadurch entwertet, daß sich in fast allen AG ein gesetzlich überhaupt nicht vorgesehener „geschäftsführender Ausschuß" (Jomukai) herausgebildet hat. Er wiederum setzt sich aus den sogenannten vertretungsberechtigten Direktoren und weiteren Insidern zusammen. Er bildet das Macht- und Entscheidungszentrum der Unternehmungen und wird von dem Generaldirektor im Regelfall dominiert (*Takamiya* 1977).

III. Theorien zur Managerherrschaft

1. Managerialismustheorie

Kernthese dieser Ansätze ist, daß für MU die Gewinnmaximierungsannahme der klassischen Theorie der Unternehmung nicht gilt. Manager würden eigennützigen Zielen relativ zur Gewinnmaximierung den Vorrang einräumen. Die Managerialismustheorie geht dabei von der Annahme aus, daß die wirtschaftlichen Leistungen typischerweise durch große AG erbracht werden und diese Unternehmen auf relativ stark konzentrierten Märkten operieren (*Marris* 1964). Diese oligopolistischen Marktstrukturen eröffnen *Handlungsspielräume,* die auch die Verfolgung nicht gewinnmaximierender Unternehmensstrategien ermöglichen. Da Gewinnmaximierung somit nicht mehr Überlebensvoraussetzung für die Unternehmen ist, entsteht somit ein für die Verfolgung eigener Ziele notwendiger Freiraum für die Manager. Eine Bindung an das Gewinnziel entfiele bei diesen, da sie nicht am Unternehmensrisiko beteiligt und einer Kontrolle durch die Eigentümer auch nicht ausgesetzt wären.

a) Wachstumsmaximierung als Managerziel

Nach *Marris* (1964) können Manager ihren Nutzen am meisten steigern, wenn sie das Unternehmenswachstum maximieren. Die Wachstumsorientierung der Manager wird mit deren hoher Leistungsmotivation begründet, die schließlich zu einem Expansionsstreben führe, das nur durch

Wachstum befriedigt werden kann. Weiter bietet das Wachstumsziel für die Manager die beste Möglichkeit, die ihnen unklaren Erwartungen der Kapitaleigner, Kreditgeber, Arbeitnehmer, Kunden und Lieferanten etc. zu befriedigen. Das Wachstumsstreben des Managements werde, so Marris, nur durch die Gefahr potentieller Übernahmen begrenzt, da es hier Gefahr läuft, seine Stellung im Unternehmen zu verlieren.

b) Umsatzmaximierung als Managerziel

Zur Begründung seiner Umsatzmaximierungsthese verweist *Baumol* (1967) auf die Bedeutung, die dem Umsatz als Erfolgsmaßstab allgemein in modernen Industriegesellschaften beigemessen wird. Die Orientierung der Manager am Umsatzziel ergebe sich schon daraus, daß ihre Gehälter an die Umsätze gebunden seien. Ferner würden rückläufige Umsatzzahlen zu sinkenden Marktanteilen führen, die wiederum die Manager einer verstärkten Kontrolle durch die Märkte unterwerfen würden. Darüber hinaus würden sinkende Umsätze und der damit verbundene Beschäftigungsrückgang vielfältige Anpassungsmaßnahmen nach sich ziehen, die mit erheblichen Konfliktpotentialen und also Risiken für sie behaftet sind. Wenn Unternehmen in der Öffentlichkeit nach Umsatzkennzahlen beurteilt werden, so würde damit im schlechten Fall wegen des eingetretenen Vertrauensverlustes auch ihre eigene Position im Unternehmen gefährdet. Deshalb würden im Ergebnis die Manager das Umsatzziel verfolgen unter der Nebenbedingung, daß die Aktionäre einen befriedigenden Gewinn erhalten.

c) Nutzenmaximierung als Managerziel

In einer Verallgemeinerung der Baumolschen Analyse geht *Williamson* (1964) davon aus, daß die Nutzenfunktion des Managements zu maximieren ist. Dabei unterstellt er, daß der Nutzen der Manager positiv vom Bestand an Verwaltungs- und Marketingpersonal (Staff Model) beeinflußt wird. Weiter nimmt der Managernutzen zu, wenn der frei verfügbare „diskretionäre Gewinn" wächst, d. h. der Gewinn, der den von den Aktionären gewünschten und kontrollierten Mindestgewinn übersteigt. Insofern sind aus Sicht des Managements auch Gewinnverdeckungsstrategien sinnvoll.

2. Neoklassische Theorie

Im Gegensatz zu den Managerialismustheorien vertritt die *Neoklassik* die Auffassung, daß der Eigentümereinfluß und damit das Gewinnziel auch bei MU durch den Markt als Kontrollmechanismus erzwungen wird (*Leipold* 1981). Zum einen wird hier auf den *Kapitalmarkt* verwiesen. Schlechte Geschäftsergebnisse und negative Zukunftserwartungen von AG führten zu einer Abwanderung von Aktionären und ließen den Aktienkurs fallen. Ein Kursrückgang wiederum verschlechtert die Kredit- und Finanzierungsmöglichkeiten der Unternehmen und verringert insofern die finanziellen Handlungsspielräume des Managements. Gesunkene Aktienkurse würden darüber hinaus eine Chance und einen Anreiz zu *Unternehmensübernahmen* herstellen, wobei das alte Management Gefahr laufe, durch neue Führungskräfte ersetzt zu werden (*Manne* 1965; *Alchian* 1969). Ferner würden die Signale auf dem Kapitalmarkt zur Bewertung des Managements herangezogen und sich so auf die *Managerreputation* und die Chancen am *Arbeitsmarkt* für Manager auswirken (*Fama* 1980). Dieser Umstand habe den disziplinierenden Effekt, daß Manager selbst ein hohes Interesse am Unternehmenserfolg haben müßten.

3. Neoinstitutionalistische Ansätze

These der neoinstitutionalistischen Ansätze (→*Verfügungsrechtstheorie, Transaktionskosten und Führung; Agency Theorie und Führung*) ist es, daß Großunternehmen trotz der Trennung von Eigentum und Verfügungsgewalt und damit Verdünnung der Verfügungsrechtskonzentration allokationseffizient sind (*Jensen/Meckling* 1976; *Fama* 1980; *Ridder-Aab* 1980; *Fama/Jensen* 1983; *Picot/Michaelis* 1984). Zur Begründung wird darauf verwiesen, daß die *Transaktionskosten* einer Beteiligung an der Unternehmensführung für die einzelnen Aktionäre eine prohibitive Größenordnung erreichen würden. Deshalb sei der Übergang des Koordinationsrechts auf spezialisierte Manager nicht nur notwendig, sondern sogar allokativ höchst effizient. Dem durchschnittlichen Aktionär mangelt es nämlich nicht nur am erforderlichen professionellen Managementwissen (Informationsbeschaffungskosten), sondern darüber hinaus würden durch die Teilnahme einer großen Zahl von Aktionären an der Unternehmensführung die Kosten der Willens- und Entscheidungsbildung (Verhandlungskosten) wegen des zu unterstellenden opportunistischen Verhaltens aller Beteiligten ins Immense wachsen. Unter diesen Umständen Entscheidungen auf Manager zu übertragen, sei rational, da dies der Minimierung der Verhandlungskosten diene. So entstünden zwar Entscheidungsspielräume für die Manager, die diese in ihrem Eigeninteresse nützen können und die nur um den Preis hoher Kontrollkosten auf seiten der Eigentümer reduzierbar seien. Kompensatorisch würden aber nicht nur die genannten Marktmechanismen (Kapitalmarktkontrolle, Managermarkt) wirken, sondern weitere unternehmensinterne Kontrollmechanismen. So wird auf die Möglichkeit und Notwendigkeit finanzieller *Anreizsysteme,* wie erfolgsabhängige Entlohnung, Vermögensbeteiligung und Prämiensysteme für Manager verwiesen (*Baiman* 1982; *Baker/Jensen/Murphy* 1988; *Laux* 1990). Ferner könne das Management durch entsprechend ausgestaltete und besetzte Kontrollorgane, wie Board of Directors, Aufsichtsrat oder Beirat, zu disziplinieren versucht werden (*Fama/Jensen* 1983). Auch die *Divisionalisierung* würde der Anreizabschwächung auf seiten der Manager partiell entgegenwirken (*Williamson* 1983). Insgesamt würde so das abweichende Verhalten der angestellten Manager weitgehend verhindert, so daß die verbleibenden Kontrollkosten die behaupteten Effizienzvorteile nicht aufzehren würden.

IV. Eigentümer- und Managerunternehmen im empirischen Vergleich

Die These von der Managerherrschaft hat zahlreiche empirische Untersuchungen zu den Wirkungen unterschiedlicher Eigentümerstrukturen angeregt (Überblicke bei *Thonet* 1977; *Kaulmann* 1987; *Böbel* 1988). Im Mittelpunkt des Interesses stand dabei die Frage, ob MU weniger profitabel als EU sind bzw. inwieweit die Manager jenseits der Gewinnmaximierung eigene Ziele verfolgen, wie es die Managerialismustheorien und die Principal-Agent-orientierten Ansätze annehmen. Die Befunde der renditeorientierten Untersuchungen sind uneinheitlich:

- niedrigere Renditen für MU ergaben etwa die Studien von *Monsen/Chiu/Cooley* (1968); *Larner* (1970); *Palmer* (1973); *McEachern* (1975) und *Stano* (1976);
- keine Unterschiede bzw. höhere Renditen für MU stellten u.a. fest *Kamerschen* (1968); *Qualls* (1976); *Thonet* (1977); *McKean/Kania* (1978); *Witte* (1981a, 1981b); *Böbel/Dirrheimer* (1984); *Bühner* (1984, 1985) sowie *Schmitz* (1988).

Waren andere ökonomische Managerziele Gegenstand der Untersuchung, so ergaben sich überwiegend Unterschiede zwischen MU und EU. So wurde bei MU ein stärkerer Ausgleich von Gewinnschwankungen (*Kamin/Ronen* 1978; *Coenenberg/Schmidt/Werhand* 1983), ein höheres Umsatzwachstum (*Amihud/Kamin* 1979; *Schmitz* 1988), eine stärkere Ausgabenpräferenz für Gehälter und Ausstattungen (*Hannan/Mavinga* 1980), ein geringerer Verschuldungsgrad (*Schmitz* 1988) sowie ein höherer *Diversifikationsgrad* (*Bühner* 1984; *Gerum* 1995) festgestellt. Keine Unterschiede ergaben sich dagegen bei den Vorstandsbezügen (*Böbel/Dirrheimer* 1984).

Bezüglich organisationsstruktureller Sachverhalte ist das Bild wieder uneinheitlich. In MU findet keine stärkere Delegation von Entscheidungsbefugnissen statt (*Pugh/Hickson/Hinings/Turner* 1969). Bei steigender Umweltkomplexität und -dynamik infolge einer breiter diversifizierenden Unternehmensstrategie wählen EU die gleiche umweltorientierte Führungsorganisation (unternehmenspolitischer Aufsichtsrat) wie MU (*Gerum* 1995). Dagegen weisen MU wiederum ein deutlich höheres formales Mitbestimmungspotential als EU auf (*Steinmann/Fees/Gerum* 1985).

V. Diskussion

Die Trennung von Eigentum und Verfügungsmacht muß – auch in dem bestehenden Ausmaß – wohl als weitgehend irreversibles Faktum angesehen werden. Was die Wirkungen der alternativen Eigentümerstrukturen anbelangt, so sind die Befunde weiterhin widersprüchlich. Unabhängig davon bleibt die Frage, ob bzw. inwieweit und wie die Entscheidungsmacht der Manager kontrolliert werden kann.

Die Reichweite der unternehmensinternen Kontrollmechanismen erscheint recht eingeschränkt. Aufsichtsrat und Board of Directors vermögen ihre Kontrollaufgabe nur schwer wahrzunehmen, da sie durch die Kooptationspolitik des Managements zu einem Instrument der Umweltbeeinflussung umfunktioniert wurden. In deutschen AG stellt die Mitbestimmung der Arbeitnehmer im Aufsichtsrat die einzig verbleibende strukturell gesicherte interne Fremdkontrolle dar (*Gerum* 1991). Unter diesen Umständen gebührt der dem Kollegialitätsprinzip inhärenten sozialen Kontrolle verstärkte Aufmerksamkeit. Weiter verwundert es dann auch nicht, daß die postulierten finanziellen Anreizsysteme in der Praxis nicht erfolgsabhängig ausgestaltet sind (*Baker/Jensen/Murphy* 1988). Zur Begründung wird u.a. auf die dysfunktionalen Wirkungen für die Unternehmen verwiesen, wenn sich wegen der Erfolgsabhängigkeit der Entlohnung der Planungshorizont der Manager verkürzen würde.

Somit kommt den externen Kontrollmechanismen besondere Bedeutung zu. Jedoch wird hier der Stellenwert des Marktes für Unternehmenskontrolle für die Steuerung des Managerverhaltens mit dem Hinweis auf mangelnde Markteffizienz relativiert (*Ballwieser/Schmidt* 1981; *Stiglitz* 1985). Für deutsche Verhältnisse ist nicht nur die relative Bedeutungslosigkeit des Marktes für Unternehmenskontrolle festgestellt worden (*Kaiser* 1994), sondern auch, daß die übernehmenden Unternehmen mit hohen Renditeeinbußen rechnen müssen (*Bühner* 1990). Bezüglich der Effizienz des Arbeitsmarkts für Manager fehlt es an der erforderlichen Transparenz (*Ballwieser/Schmidt* 1981; *Swoboda/Walland* 1987).

Sind diese Einschätzungen zutreffend, so verbleiben als Instrumente der Managerkontrolle Gütermarkt und Unternehmenspublizität. Damit würde dem Wettbewerbsrecht bzw. dem Kartellamt eine überragende Rolle zukommen, um eine weitere Konzentration der Märkte zu verhindern bzw. die Marktzutrittsschranken abzubauen. Die allgemeine Voraussetzung für Kontrolle bildet jedoch die zwingende Verpflichtung für das Management zur differenzierten und umfassenden unternehmensinternen (*Gerum* 1985) und externen *Information*. Erst so können die entsprechenden marktlichen und sozialen Kontrollprozesse in Gang kommen.

Literatur

Alchian, A. A.: Corporate Management and Property Rights. In: *Manne, H.* (Hrsg.): Economic Policy and the Regulation of Corporate Securities. Washington D.C. 1969, S. 337–360.
Amihud, Y./Kamin, J.: Revenue vs. Profit Maximization: Differences in Behavior by the Type of Control and by Market Power. In: Southern Economic Journal, 1979, S. 838–846.
Baiman, S.: Agency Research in Managerial Accounting. In: Journal of Accounting Literature, 1982, S. 154–213.
Baker, G. P./Jensen, M. C./Murphy, K. J.: Compensation and Incentives: Practice vs. Theory. In: Journal of Finance, 1988, S. 593–616.
Ballwieser, W./Schmidt, R. H.: Unternehmensverfassung, Unternehmensziele und Finanztheorie. In: *Bohr, K.* et al. (Hrsg.): Unternehmungsverfassung als Problem der Betriebswirtschaftslehre. Berlin 1981, S. 645–682.
Baumol, W. J.: Business Behavior, Value and Growth. Rev. Ed. New York 1967.
Berle, A. A./Means, G. C.: The Modern Corporation and Private Property. New York 1932.
Blattner, N.: Volkswirtschaftliche Theorie der Firma. Berlin u. a. 1977.
Bleicher, K./Leberl, D./Paul, H.: Unternehmungsverfassung und Spitzenorganisation. Wiesbaden 1989.
Böbel, I.: Eigentum, Eigentumsrechte und institutioneller Wandel. Berlin et al. 1988.
Böbel, I./Dirrheimer, M.: Eigentumsrechte, Managermotivation und Marktverhalten. In: *Neumann, M.* (Hrsg.): Ansprüche, Eigentums- und Verfügungsrechte. Berlin 1984, S. 157–187.
Bühner, R.: Rendite – Risiko – Effekte der Trennung von Eigentum und Leistung im diversifizierten Großunternehmen. In: ZfB, 1984, S. 812–824.
Bühner, R.: Internal Organization and Return: Analysis of Large Diversified German Corporations. In: *Schmalenbach, J.* (Hrsg.): Industry Structure and Performance. Berlin 1985, S. 197–222.
Bühner, R.: Erfolg von Unternehmenszusammenschlüssen in der Bundesrepublik Deutschland. Stuttgart 1990.
Cassier, S.: Wer bestimmt die Geschäftspolitik der Großunternehmen? Frankfurt/M. 1962.
Coenenberg, A.G./Schmidt, F./Werhand, M.: Bilanzpolitische Entscheidungen und Entscheidungswirkungen in manager- und eigentümerkontrollierten Unternehmen. In: BFuP, 1983, S. 321–343.
Fama, E. F.: Agency Problems and the Theory of the Firm. In: Journal of Political Economy, 1980, S. 288–307.

Fama, E. F./Jensen, M. C.: Agency Problems and Residual Claims. In: Journal of Law and Economics, 1983a, S. 327–349.
Fama, E. F./Jensen, M. C.: Seperation of Ownership and Control. In: Journal of Law and Economics, 1983b, S. 301–325.
Frese, E.: Führung, Organisation und Unternehmensverfassung. In: *Wittmann, W.* u. a. (Hrsg.): HWB. 5. A., Stuttgart 1993, Sp. 1284–1299.
Gerum, E.: Information und Unternehmensverfassung. In: *Ballwieser, W./Berger, K.-H.* (Hrsg.): Information und Wirtschaftlichkeit. Wiesbaden 1985, S. 747–775.
Gerum, E.: Organisation der Unternehmensführung im internationalen Vergleich – Deutschland, USA, Japan. Arbeitspapier. Düsseldorf 1989.
Gerum, E.: Aufsichtsratstypen – Ein Beitrag zur Theorie der Organisation der Unternehmensführung. In: DBW, 1991, S. 719–731.
Gerum, E.: Führungsorganisation, Eigentümerstruktur und Unternehmensstrategie. In: DBW, 1995.
Gerum, E./Steinmann, H./Fees, W.: Der mitbestimmte Aufsichtsrat. Stuttgart 1988.
Hannan, T. H./Mavinga, F.: Expense Preference and Managerial Control: the Case of the Banking Firm. In: Bell Journal of Economics and Management Science, 1980, S. 671–682.
Herman, E. S.: Corporate Control, Corporate Power. Cambridge et al. 1981.
Ichihara, K./Kagono, T.: Unternehmensführung und Kapitaleigentum. In: *Ichihara, K./Takamiya, S.* (Hrsg.): Die japanische Unternehmung. Opladen 1977, S. 77–96.
Jensen, M. C./Meckling, W. H.: Theory of the Firm: Managerial Behavior, Agency Costs and Ownerships Structure. In: Journal of Financial Economics, 1976, S. 305–360.
Kaiser, D.: Finanzintermediäre am Markt für Unternehmenskontrolle. Diss. Hagen 1994.
Kamerschen, D. R.: The Influence of Ownership and Control on Profit Rates. In: American Economic Review, 1968, S. 432–447.
Kamin, J. R./Ronen, J.: The Effects of Corporate Control on Apparent Profit Performance. In: Southern Economic Journal, 1978, S. 181–191.
Kaulmann, Th.: Property Rights und Unternehmungstheorie. München 1987.
Korn/Ferry International: Board of Directors. Fifteenth Annual Study. New York 1988.
Koshal, R. K./Pejovich, S.: A Note on the Separation of Ownership from Control. In: MIR, 1978, Heft 4, S. 41–46.
Larner, R. J.: Management Control and The Large Corporation. New York 1970.
Laux, H.: Risiko, Anreiz und Kontrolle. Heidelberg 1990.
Leipold, H.: Eigentümerkontrolle und Managerverhalten. In: *Heldtkamp, G.* (Hrsg.): Anreiz- und Kontrollsysteme in Wirtschaftssystemen I. Berlin 1981, S. 29–66.
Lorsch, J. W./MacIver, E.: Pawns or Potentates. Boston 1989.
Manne, H. G.: Mergers and the Market of Corporate Control. In: Journal of Political Economy, 1965, S. 110–120.
Marris, R.: The Economic Theory of ‚Managerial' Capitalism. London 1964.
Marx, K.: Das Kapital, 3. Bd., MEW, Bd. 25. Berlin 1964.
McEachern, W. A.: Managerial Control and Performance. Lexington 1975.
McKean, J. R./Kania, J. J.: An Industry Approach to Owner-Manager Control and Profit Performance. In: JBus., 1978, S. 327–342.

Mizruchi, M. S.: Who Controls Whom? In: AMR, 1983, S. 426–435.
Monsen, R. J./Chiu, J. S./Cooley, D. E.: The effect of Separation of Ownership and Control on the Performance of the Largest Firm. In: The Quarterly Journal of Economics, 1968, S. 435–451.
Palmer, J. P.: The Profit-Performance Effects of the Seperation of Ownership from Control in Large U. S. Industrial Corporations. In: Bell Journal of Economics and Managementscience, 1973, S. 293–302.
Pennings, J. M.: Interlocking Directorates. San Francisco 1980.
Pfeffer, J./Salancik, G. R.: The External Control of Organizations. New York 1978.
Picot, A./Michaelis, E.: Verteilung von Verfügungsrechten in Großunternehmungen und Unternehmungsverfassung. In: ZfB, 1984, S. 252–272.
Pross, H.: Manager und Aktionäre in Deutschland. Frankfurt/M. 1965.
Pross, H./Boetticher, K. W.: Manager im Kapitalismus. Frankfurt/M. 1971.
Pugh, D. S./Hickson, D. J./Hinings, C. R./Turner, C.: The Context of Organization Structures. In: ASQ, 1969, S. 91–114.
Qualls, D. P.: Market Structure and Managerial Behavior. In: *Masson, R. D./Qualls, P. D.* (Hrsg.): Essays on Industrial Organisaton in Honor of Joe S. Bain. Cambridge 1976, S. 89–104.
Ridder-Aab, Chr.-M.: Die moderne Aktiengesellschaft im Lichte der Theorie der Eigentumsrechte. Frankfurt/M., New York 1980.
Schmitz, R.: Kapitaleigentum, Unternehmensführung und interne Organisation. Wiesbaden 1988.
Schneider, D.: Regulierungen zur Gewaltenteilung in Unternehmensverfassungen als Teil einer Ordnungspolitik unter Unsicherheit? In: *Cassel, D./Ramb, B. Th./Thieme, H. J.* (Hrsg.): Ordnungspolitik. München 1988, S. 185–205.
Schreyögg, G.: Der Aufsichtsrat als Steuerungsinstrument des Vorstandes. In: Die Aktiengesellschaft, 1983, S. 278–283.
Schreyögg, G./Steinmann, H.: Zur Trennung von Eigentum und Verfügungsgewalt. In: ZfB, 1981, S. 533–558.
Smith, A.: Der Wohlstand der Nationen. München 1974.
Stano, M.: Monopoly Power, Ownership Control, and Corporate Performance. In: Bell Journal of Economics and Management Science, 1976, S. 672–679.
Steinmann, H./Fees, W./Gerum, E.: Managerkontrolle und Mitbestimmung. In: ZfB, 1985, S. 992–1011.
Steinmann, H./Schreyögg, G./Dütthorn, C.: Managerkontrolle in deutschen Großunternehmen – 1972 und 1979 im Vergleich. In: ZfB, 1983, S. 4–25.
Stiglitz, J. E.: Credit Markets and the Control of Capital. In: Journal of Money, Credit and Banking, 1985, S. 133–152.
Swoboda, P./Walland, G.: Zur Erfolgsabhängigkeit der Managerentlohnung in Österreich und zur Transparenz des österreichischen Managermarktes. In: Journal für Betriebswirtschaft, 1987, S. 210–226.
Takamiya, S.: Organisation des Top-Management. In: *Ichihara, K./Takamiya, S.* (Hrsg.): Die japanische Unternehmung. Opladen 1977, S. 97–105.
Thonet, P. J.: Managerialismus und Unternehmenserfolg. Diss. Saarbrücken 1977.
Thonet, P. J./Poengsen, O. H.: Managerial Control and Economic Performance in Western Germany. In: Journal of Industrial Economics, 1979, S. 23–37.
Willamson, O. E.: The Economics of Discretionary Behavior. Englewood Cliffs, N. J. 1964.
Willamson, O. E.: Organization Form, Residual Claimant, and Corporate Control. In: Journal of Law and Economics, 1983, S. 351–366.
Witte, E.: Der Einfluß der Anteilseigner auf die Unternehmenspolitik. In: ZfB, 1981a, S. 733–779.
Witte, E.: Die Unabhängigkeit des Vorstandes im Einflußsystem der Unternehmung. In: ZfbF, 1981b, S. 273–296.

Marketingbereich, Führung im

Richard Köhler

[s. a.: Entgeltsysteme als Motivationsinstrument; Führungsforschung, Inhalte und Methoden; Führungstechniken; Kommunikation als Führungsinstrument; Kontrolle und Führung; Strategische Führung; Zielsetzung als Führungsaufgabe.]

I. *Besonderheiten der Führungsproblematik im Marketingbereich*; II. *Ziel- und Aufgabenmerkmale*; III. *Kontextabhängige Formen der marktorientierten Führung*; IV. *Zusammenfassung: Führungsstile im Marketingbereich*.

I. Besonderheiten der Führungsproblematik im Marketingbereich

Marketing bedeutet in ganz grundsätzlicher Auslegung eine Planungs- und Steuerungskonzeption zur Gestaltung von Austauschprozessen zwischen Marktteilnehmern (*Kotler/Bliemel* 1992). Aus einzelbetrieblicher Sicht geht es dabei um die „Planung, Koordination und Kontrolle aller auf die aktuellen und potentiellen Märkte ausgerichteten Unternehmensaktivitäten" (*Meffert* 1986, S. 31). Für die *Führung* als „zielorientierte soziale Einflußnahme zur Erfüllung gemeinsamer Aufgaben" (*Wunderer/Grunwald* 1980a, S. 52) ergeben sich im Marketingbereich einige *spezifische Anforderungen:*

1. Arten der sozialen Interaktionsbeziehung

Anders als z. B. in rein innerbetrieblich tätigen Organisationseinheiten bedingt die Marktorientierung eine zweifache Perspektive der ziel- und aufgabenbezogenen Einflußnahme. Führung ist einerseits zur Motivation und Koordination der Mitglieder *innerhalb* einer betrieblichen Marketingorganisation erforderlich. Andererseits bestehen aber auch Führungsprobleme in bezug auf *externe* Marktteilnehmer (*Tietz* 1976). Dies gilt in all jenen Fällen, bei denen mit Lieferanten, Nachfragern, selbständigen Handelsvertretern oder zwischengeschalteten Handelsbetrieben bestimmte

Vorhaben gemeinsam verfolgt werden (wie etwa bei engen Zulieferkooperationen auf der Beschaffungsseite, Referenzprojekten zur Erprobung von Produktinnovationen mit ausgewählten Verwendern, vertraglichen Vertriebssystemen zwischen Industrie und Handel). Das gleiche trifft für gemeinsame Marketingaktivitäten mit anderen Anbietern zu (z. B. beim Zusammenwirken mehrerer Anbieter im Anlagen-Systemgeschäft).

Führung im Marketingbereich eines Unternehmens kann also „*institutionsintern*" oder auch „*institutionsextern*" ausgerichtet sein (*Macharzina* 1974; S. 777).

2. Die Vielfältigkeit von Marketingzielen und -aufgaben

Die verschiedenen internen und externen Blickwinkel, unter denen Führungsprobleme im Marketing zu lösen sind, bedingen auch die Beachtung mehrerer *Zielebenen*. Innerbetriebliche Zielvorstellungen sind in Einklang mit den Interessenstandpunkten von Marktpartnern auf der Abnehmer- und Lieferantenseite zu bringen (*Köhler* 1984). Für die dauerhafte Sicherung von Erfolgspotentialen ist es deshalb wesentlich, daß *Zielgrößen* in die Führungsüberlegungen mit einbezogen werden, deren Erfüllungsgrad Zufriedenheitsniveaus bestimmter anderer Marktteilnehmer widerspiegelt (→*Zielsetzung als Führungsaufgabe*). Aus diesem Erfordernis können *Konflikte* zwischen kurz- und langfristigen, monetären und nichtmonetären Erfolgskriterien sowie zwischen Marketingorganisationseinheiten mit unterschiedlichen Zielprioritäten entstehen (→*Konflikte als Führungsproblem*). Ähnlich vielfältig sind die Prozesse der *Aufgabenerfüllung*, auf die im Rahmen der Marketingführung Einfluß zu nehmen ist. Gegensatzpaare wie „strategisch/taktisch", „Innovationsaufgabe/Routineaufgabe", „Außendienst/Innendienst" sind Stichwörter, die bereits die Unterschiedlichkeit der zu koordinierenden Tätigkeitsfelder andeuten. Im folgenden wird deshalb etwas näher auf die heterogenen Ziel- und Aufgabenmerkmale im Marketing eingegangen, um dann auf dieser Grundlage darstellen zu können, welche Führungsformen jeweils *kontextabhängig* angemessen erscheinen (*Belz* 1984) (→*Führungstheorien – Kontingenztheorie*; →*Führungstheorien – Situationstheorie*).

II. Ziel- und Aufgabenmerkmale

Marketingziele beziehen sich sowohl auf Soll-Ergebnisse, die die eigene Unternehmenssphäre kennzeichnen, als auch auf angestrebte Zustandsgrößen im Unternehmensumfeld. Im ersten Fall handelt es sich vorwiegend (wenn auch nicht ausschließlich) um *monetäre Ziele* wie Kosten, Umsatzerlöse, Deckungsbeiträge, Nettogewinne, Renditen.

In umfeldbezogener Hinsicht dominieren *nichtmonetäre Ziele*. Hier sind Sollgrößen zu nennen wie Bekanntheitsgrade, die numerische und gewichtete Distribution auf der Handelsstufe, die Marktpenetration, Wiederkaufraten, (mengenmäßige) Marktanteile, Einstellungen von Nachfragern bzw. Lieferanten gegenüber dem Unternehmen als Anbieter oder Beschaffer, Produktimages, konkurrentenbezogene Produktpositionierungen.

Der *Führung im Marketingbereich* stellt sich die Aufgabe, das Erreichen der für erforderlich gehaltenen Zielniveaus in kurzfristiger Betrachtung sicherzustellen, ohne die für eine langfristige Erfolgssicherung so wichtigen nichtgeldlichen Ziele zu vernachlässigen. Gerade für *strategische* Marketingüberlegungen ist es kennzeichnend, daß eine länger vorausschauende Ausrichtung an Intentionen erfolgt, deren Verwirklichung auf die gegenwärtigen unmittelbaren Gewinnmöglichkeiten einschränkend wirken kann (*Köhler* 1993). Je nachdem, anhand welcher Maßstäbe die Effektivität von Organisationseinheiten oder Mitarbeitern beurteilt wird, sind dabei Interessengegensätze möglich, deren Ausgleich ein vorrangiges Führungsproblem bedeutet.

Das Spektrum der *Marketingaufgaben* stellt differenzierte Anforderungen an die Führung, weil dabei Tätigkeiten mit erheblichen Unterschieden bezüglich Innovativität oder Routinisierbarkeit, Komplexität, Planungs- oder Ausführungscharakter, innerbetrieblichem oder außerbetrieblichem Interaktionsfeld vorkommen.

Ein hoher *Innovationsgrad* ist den Aufgaben der strategischen Konzeptionsentwicklung eigen (→*Strategische Führung*). Hierzu zählen beispielsweise die Suche nach künftig erfolgversprechenden Markt-Leistungs-Kombinationen, die Entwicklung unkonventioneller Marketing-Mix-Entwürfe (etwa im Rahmen eines besonderen vertraglichen Vertriebssystems zwischen Hersteller und Handel), die Erschließung eines neuen Beschaffungsweges.

Hingegen befaßt sich die „Routineführung... mit allen Maßnahmen, die für die Aufrechterhaltung und Förderung der bestehenden Leistungsprogramme eingesetzt werden müssen" (*Tietz* 1976, S. 744). Als *Routineaufgaben* in diesem Sinne lassen sich u. a. Standardbestellungen auf der Beschaffungsseite oder Auftragsabwicklungen im Massengeschäft auf der Absatzseite nennen.

Es ist davon auszugehen, daß die zielorientierte Einflußmöglichkeit auf Routineabläufe anderen Gesichtspunkten unterliegt als die Führung bei innovativen Projekten. Die *Komplexität* von Marketingaufgaben ergibt sich aus der Anzahl, Verschiedenartigkeit und Verknüpfungsvielfalt von Tätigkeitselementen. Umfassende objektorientierte Steuerungsaufgaben (z. B. für eine Produktgruppe,

Kundengruppe, Ländergruppe) sind komplexer als spezialisierte verrichtungsbezogene Tätigkeiten (wie etwa Auslieferungsdienste im Rahmen der Marketinglogistik). Die adäquaten Formen der Einflußnahme sind davon nicht unabhängig.

Der Unterschied zwischen *Planungs- und Ausführungsaufgaben* verdient unter Führungsaspekten Aufmerksamkeit, weil zu prüfen ist, inwieweit die Willensbildung anderen Interaktions- und Einflußkriterien folgt als die „willensdurchsetzende Führungstätigkeit" (*Magyar* 1985, S. 119).

Die Gegenüberstellung *innerbetrieblicher und außerbetrieblicher Interaktionsfelder* ist bisher im Marketing vor allem im Hinblick auf den Einsatz des Verkaufsaußendienstes thematisiert worden (*Goehrmann* 1984). Wenn auch die Führung von Außendienstmitarbeitern ohne Zweifel einen herausragenden Problemkreis darstellt, sind hier mit „außerbetrieblich" in erweiterter Fassung alle Beziehungen gemeint, bei denen es um die Verfolgung von Interessengemeinsamkeiten mit anderen Marktteilnehmern geht. Die angemessenen Einwirkungsmöglichkeiten unterliegen hierbei anderen Bedingungen als in unternehmensinterner Sicht.

III. Kontextabhängige Formen der marktorientierten Führung

Soziale Einflußnahmen im Hinblick auf gemeinsame Aufgaben und Ziele geschieht im persönlichen Kontakt, aber auch durch bestimmte Gestaltungen sachlicher Strukturen und Abläufe im Unternehmen. Im folgenden werden – stark zusammenfassend – die persönliche Interaktion, die Organisationsstruktur, Pläne, Verfahrensprogramme und Anreizsysteme als Einflußparameter betrachtet. Diese Einteilung lehnt sich an *Kieser/Kubicek* (1992) an, die u. a. Koordination auf persönlicher Basis, durch Pläne oder durch Programme unterscheiden. Darüber hinaus wird an die Darstellung bei *Bleicher/Meyer* (1976) angeknüpft, die das Organisationssystem und das Anreizsystem als weitere wichtige Bestandteile von Führungsformen hervorheben. Informations- und Kommunikationsprozesse stellen ebenfalls ein unabdingbares Merkmal der Führung dar. Sie sind hier nur deswegen nicht als gesonderter Gliederungspunkt angeführt, weil sie praktisch alle anderen Einflußdimensionen überlagern, also jeweils dort mit angesprochen werden können (→*Kommunikation als Führungsinstrument*).

Abbildung 1 gibt den *Führungskontext im Marketingbereich* wieder, wie er durch das Zusammenspiel von Aufgaben- bzw. Zielmerkmalen und Einflußformen entsteht.

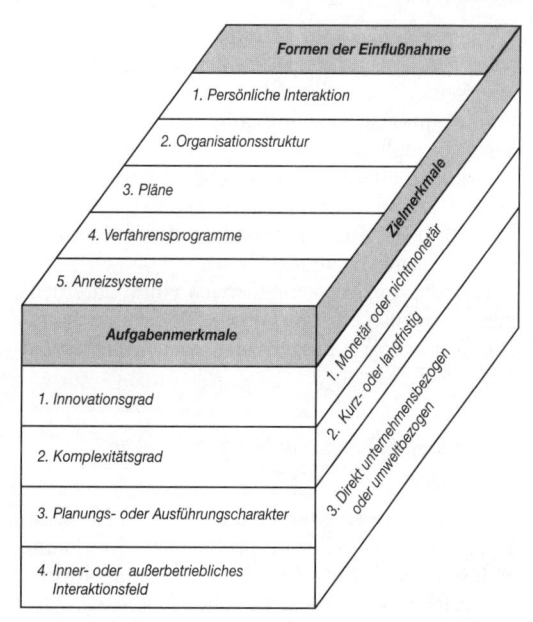

Abb. 1: Der Führungskontext im Marketingbereich

1. Persönliche Interaktion

Die führungstheoretische Literatur widmet Persönlichkeitseigenschaften der Führenden und der Geführten, Rollenverteilungen und Gruppenprozessen besondere Beachtung (*Reber* 1992; *Wunderer* 1993a; *Wunderer* 1993b) (→*Führungsforschung, Inhalte und Methoden*). Dabei geht es u. a. um die Frage, ob ein vorwiegend personenbezogener (interaktionsorientierter) oder ein stärker sachlich-aufgabenbezogener *Führungsstil* effektiver sei (→*Verhaltensdimensionen der Führung*). In dem vieldiskutierten und häufig kritisierten Kontingenzmodell von *Fiedler* beispielsweise wird die Beantwortung dieser Frage von den als gut oder schlecht empfundenen Beziehungen zwischen den Beteiligten, der formalen Positionsmacht des Führers und der Aufgabenstruktur abhängig gemacht (*Fiedler* 1967). Ausgeprägt personenbezogenes Führungsverhalten wird von *Fiedler* (→*Führungstheorien – Kontingenztheorie*) als wirkungsvoll eingestuft, wenn es sich um gut strukturierte Aufgaben bei bisher unbefriedigendem Beziehungsverhältnis zwischen den Beteiligten oder um nur schwach strukturierte Aufgaben, gute Beziehungsverhältnisse, aber geringe formale Positionsmacht des Führenden handelt. So anfechtbar die theoretische Grundlegung und die empirische Verallgemeinerbarkeit dieser Feststellungen auch sein mögen (*Macharzina* 1977; *Vroom/Jago* 1991), lassen sich doch für den *Marketingbereich* typische Situationen aufzeigen, bei denen die genannten Zusammenhänge plausibel erscheinen: Schwache Aufgabenstrukturierungen sind kennzeichnend für Tätigkeitsfelder mit hohem *Innovationsgrad,* oft aber auch bei hohen *Komplexitätsgraden*. Als Beispiele zu nennen sind strategische Überlegungen zur Suche und Auswahl künftiger Markt-Leistungs-Kombinationen des Unternehmens („Defining the Business"), Neuproduktplanungen, umfangreiche Projektierungen im Investitionsgütermarketing. In diesen Fällen, bei denen es oft zu *Teambildungen* ohne herausragende Positionsmacht einzelner Mitglieder kommt, gewinnt die *persönliche Interaktion* zur Bewältigung gemeinsamer Vorhaben besonderes Gewicht. Die *Zielorientierung* ist hierbei längerfristig und schließt wichtige nichtmonetäre bzw. umfeldbezogene Zielgrößen mit ein.

Wenn im *außerbetrieblichen Bereich* Einfluß auf gemeinsam mit anderen Marktteilnehmern verfolgte Vorhaben genommen werden soll, treffen oft ebenso die Merkmale der schwachen Aufgabenstrukturierung, gleichgestellter formaler Position (→*Führungsposition*) und positiver zwischenmenschlicher Beziehungen zusammen (Beispiel: Verhandlungen auf Geschäftsleitungsebene über Möglichkeiten des Kontraktmarketing). Der *persönliche wechselseitige Informationsaustausch* dominiert hier als Mittel der Einflußnahme.

Aber auch bei manchen klar strukturierten marktbezogenen Aufgaben mit *Ausführungscharakter* tritt die unmittelbar personenorientierte Führung als Mittel der Einflußnahme in den Vordergrund, gerade wenn die bestehende interpersonelle Beziehung als unbefriedigend wahrgenommen wird. Beispiele finden sich im *Außendienstbereich*. „It is important that good communications exist between each salesperson and his or her superior – unless it does, there is depressed morale and low productivity" (*Still/Cundiff/Govoni* 1988, S. 377; *Correll* 1988. Die persönliche Kommunikation mit selbständigen Handelsvertretern erörtern *Dichtl/Raffée/Niedetzky* 1985).

a) Persönlichkeitseigenschaften im Führungszusammenhang

Wenn auch persönliche *Eigenschaftsmerkmale* (→*Führungstheorien – Eigenschaftstheorie*) für sich allein genommen keine hinreichende Erklärung von Führungserfolg ermöglichen, gehören sie doch – gerade auch im Rahmen der unmittelbaren Interaktion – zu den wesentlichen Einflußfaktoren (*Stogdill* 1990). In einer Erhebung in der deutschen Unternehmenspraxis sind, aus der Sicht der *Marketingleiter* selbst, folgende allgemeine Fähigkeiten am häufigsten als vorrangig genannt worden: Denken in Zusammenhängen, Durchsetzungsvermögen, Kontaktfähigkeit, Kreativität, Menschenführungsfähigkeiten (*Heidrick and Struggles International Inc.* 1985).

Mehr ins Detail gehen, je nach engerer Abgrenzung des Aufgabengebietes, die Anforderungsbeschreibungen für *Mitarbeiter* in den verschiedenen Organisationseinheiten des Marketing (*Kramer/Bechtoldt* 1975). Dabei wird allerdings oft vernachlässigt, daß es für den Erfolg der Aufgabendurchführung nicht auf ein bestimmtes Fähigkeitsmerkmal der Mitarbeiter allein ankommt, sondern auf das Zusammenspiel zwischen Eigenschaften der Führungspersönlichkeiten und Charakteristika, Erwartungen, Bedürfnissen der Mitarbeiter (*Reber* 1984). *Informations- und Trainingsmaßnahmen*, die die Erfordernisse dieser zweiseitigen Beziehungen berücksichtigen, sind Bestandteil einer Führung auf personenbezogener Verhaltensgrundlage (*Gaugler* 1974).

b) Rollenverteilungen und Gruppenprozesse

Durch Rollenzuordnungen und -erwartungen „wird Verhaltens- und Umweltkomplexität reduziert" (*Wunderer/Grunwald* 1980a, S. 129) (→*Führungstheorien – Rollentheorie*).

Im Marketingbereich finden sich dementsprechend Gruppenbildungen mit verteilten Rollendefinitionen insbesondere bei komplexen und innovativen Aufgaben; z. B. in strategischen *Planungsteams* oder *Projektteams* zur Entwicklung und Einführung neuer Produkte. Die *Rollenverteilung* in einer Projektorganisation ist auch bei Kooperation mit anderen Unternehmen – z. B. im Anlagensystemgeschäft – führungsrelevant, d. h. bei umfassenden Aufgaben im *außerbetrieblichen Interaktionsfeld*.

Ein besonders bekanntes Beispiel der Gremiumsbildung im Beschaffungsmarketing ist die Zusammensetzung des sog. *Buying Centers*, in dem als Rollenträger (Informations-)„Gatekeeper", beeinflussende interne oder externe Berater, Verwender des Beschaffungsgutes, Einkäufer und die für die formale Beschlußfassung zuständigen Entscheidungsträger unterschieden werden (*Hammann/Lohrberg* 1986). Grundsätzlich läßt sich sagen, daß bei der nach innen wie der nach außen gerichteten Führung im Marketingbereich Teambildungen den geeigneten Rahmen schaffen, um Nichtroutineaufgaben in direkter *persönlicher Wechselbeziehung* zu erfüllen.

2. Organisationsstruktur

Wenn auch Führung eingangs als soziale Einflußnahme definiert woren ist, tragen formale Strukturen (→*Organisationsstrukturen und Führung*) der Aufgaben- und Kompetenzzuordnung sowie der Kommunikationsmöglichkeiten doch wesentlich zur Gestaltung von Einflußprozessen bei. Die Organisation als Rahmenbedingung der Führung läßt sich „als Struktur von Anreizen begreifen, durch die es mehr oder weniger gelingt, die Motive der Organisationsmitglieder so zu aktivieren, daß daraus Verhaltensintentionen im Sinne der vorgegebenen Zielsetzungen resultieren" (*v. Rosenstiel* 1992, S. 363; weiterhin u. a. *Bleicher/Meyer* 1976; *Neuberger* 1977; *Wunderer/Grunwald* 1980a; *Staehle* 1991).

Im Marketingbereich sind verschiedene *objektorientierte Organisationsformen* entwickelt worden, die zur besseren Handhabung einer hohen *Komplexität* absatzwirtschaftlicher Aufgaben dienen sollen. Bei vielfältigem Produktions- und Absatzprogramm, das eine große Heterogenität der Markt-Leistungs-Beziehungen bedingt, bietet es sich an, objektspezialisierte Organisationseinheiten für das *Produktmanagement* einzurichten (*Meffert* 1987; *Tietz* 1992; *Köhler* 1993). Den Produktmanagern obliegt es, die erforderlichen funktionalen Tätigkeiten für bestimmte Absatzgegenstände aufeinander abzustimmen, also „aus einem Guß" entsprechend einer übergreifenden Vermarktungskonzeption zu bündeln. Es geht dabei um Aufgaben der Informationsgewinnung und -auswertung, der Planung (insbes. auch der Produktpositionierung) sowie der Überwachung von Planungsausführungen und Ergebnissen. Dies geschieht entweder für einzelne Markenartikel *(Brand Management)* oder für eine Gruppe verwandter Produkte. In jüngerer Zeit zeichnet sich eine Weiterentwicklung des Produkt-(gruppen-)managements zum sog. *Kategoriemanagement (Category Management)* ab. Dabei gilt die objektbezogene Aufgabenbündelung für eine Mehrzahl von Produkten, die im Sinne einer umfassenden Bedürfniskategorie (z. B. Körperpflege) zusammengehören. Hiermit wird bereits sehr ausgeprägt auf Verbundbeziehungen aus Nachfragersicht eingegangen.

Wenn es direkte Kunden – insbesondere Großabnehmer – gibt, die als Käufer mehrerer Produkte aus dem Angebotsprogramm in Betracht kommen, so bietet sich das *Kunden(gruppen)management* bzw. *Key Account Management* an (*Diller* 1989; *Meffert* 1992). Es übt eine nachfragerbezogene Koordination von Maßnahmen quer über die betriebliche Produktpalette aus. Damit soll einerseits dem *Systembedarf* bestimmter Kunden besser entsprochen und andererseits auch ein Gegengewicht zur *Verhandlungsmacht* starker Marktpartner geschaffen werden (z. B. im Verhältnis zwischen Industrie und großen Handelsorganisationen). Produkt- und Kundenmanagement schließen sich nicht gegenseitig aus, sondern ergänzen sich mit jeweils anderem Koordinationsschwerpunkt.

Eine weitere objektorientierte Organisationsform ist das absatzwirtschaftliche *Projektmanagement* (→*Projektmanagement und Führung*). Es wird für zeitlich befristete, komplexe und verhältnismäßig neuartige Vorhaben eingerichtet, z. B. bei einem spezifischen Großauftrag im Investitionsgütermarketing.

Alle obengenannten Strukturformen sehen vor, daß die Stelleninhaber eine sog. *Querschnittskoordination* vornehmen, d. h. eine Einflußnahme auf Angehörige anderer Organisationseinheiten (insbesondere in den funktional gegliederten Abteilungen wie Marktforschung, Werbung, Verkauf), und zwar unter objektbezogenen Konzeptions- und Zielgesichtspunkten. Da aber praktisch oft die entsprechende Ausstattung der Produkt-, Kunden- oder Projektmanager mit formaler Positionsmacht fehlt, kommt es auf die persönliche und sachliche Überzeugungskraft des Querschnittskoordinators an. Seine Beziehungen zu den anderen betrieblichen Organisationseinheiten spielen sich, soweit er nicht nur reine Stabsaufgaben hat, in *Matrix-* oder *Tensorform* ab, d. h. mit einer wechselseitigen Aufgaben- und Interessenüberlagerung (→*Matrixorganisation und Führung*). Daß dabei →*Konflikte als Führungsproblem* zu erwarten sind, liegt auf der Hand. Es wird aber günstigenfalls davon ausgegangen, daß gerade durch die mit diesem Organisationsmuster verbundene Tendenz zur offenen →*Konflikthandhabung* eine letztlich wirkungsvolle Abstimmung hinsichtlich der gemeinamen Aufgaben erfolgt. Wenn dies dennoch innerhalb der Matrix nicht gelingt, verlagert sich die Koordinationszuständigkeit notgedrungen auf übergeordnete Führungsinstanzen oder Teams des Marketingbereichs (*Baumgartner* 1972; *Bauer* 1993).

Auch das Aufgabenmerkmal des *Innovationsgrades* (→*Innovation und Kreativität als Führungsaufgabe*) wirkt sich auf die unterschiedliche Eignung bestimmter Organisationsformen für eine effektive Marketingführung aus. Innovative absatzwirtschaftliche Aufgaben stellen sich vor allem in der *Neuproduktpolitik*, überhaupt bei Grundsatzüberlegungen zur *strategischen Marketingplanung* und dabei mitunter im Zusammenspiel mit *außerbetrieblichen* Partnern (z. B. beim geplanten Aufbau eines neuartigen Vertriebssystems). Handelt es sich um der Art nach wiederkehrende Problemstellungen, so findet sich in größeren Unternehmen nicht selten die Bildung einer festen, auf Innovationsobjekte bezogenen Abteilung (Beispiel: Neuproduktabteilung). Ansonsten aber sind es befristet projektorientierte oder regelmäßig in gewissen Zeitabständen zusammentretende *Teams*, in denen Spezialkenntnisse mehrerer Mitarbeiter durch assoziationsfördernde direkte Wechselbeziehungen zwischen mehreren Personen zusammengeführt werden. Ein *organisatorisches Dilemma* (→*Führungsdilemmata*) (*Wilson* 1966) besteht bei Innovationen darin, daß für verschiedene Stufen eines Neuerungsprozesses nicht jeweils dieselben Ausprägungen von Organisationsvariablen den besten Einfluß auf die Problemlösung gewährleisten. So geben empirische Studien Anhaltspunkte dafür, daß für die Phase der Ideengewinnung möglichst freie, unformalisierte Kommunikationsverbindungen in Gruppen mit weitgehend dezentralisierter Aufgabenwahrnehmung förderlich sind, während für eine effektive Umsetzung der gefundenen Innovation am Markt eher umgekehrte Bedingungen angemessen erscheinen. Der organisatorische Führungsrahmen wäre unter diesem Gesichtspunkt für verschiedene Neuerungsphasen flexibel zu gestalten (*Reber/Strehl* 1984; *Tebbe* 1990).

3. Pläne

„Jeder Beeinflussungsversuch, der eine vom Beeinflussenden bezweckte Verhaltensweise bewirkt, wird als Führung bezeichnet" (*Reinhard/Weidermann* 1984, S. 55). Planungsprozesse und Pläne gehören in diesem Sinne zum Führungsinstrumentarium (→*Budgets als Führungsinstrument*). Sie sind in enger Wechselbeziehung zur Organisationsstruktur zu sehen: Empirische Untersuchungen speziell im Marketingbereich haben wiederholt ergeben, daß bei objektorientierten Zuständigkeitsregelungen – wie Produktmanagement, Kundenmanagement, Projektmanagement – mehr Aktivitäten der Informationseinholung und -aufbereitung stattfinden, in größerem Umfang Planungstechniken zum Einsatz kommen und langfristige Ziele häufiger schriftlich festgelegt werden als bei rein funktionsbezogener Organisation (*Köhler/Tebbe/Uebele* 1983; *Köhler* 1993).

Marketingpläne haben unter zwei miteinander verknüpften Aspekten Auswirkungen auf die gemeinsame Verfolgung von Marketingaufgaben und -zielen im Unternehmen. Sie bilden zum einen die Grundlage für das sog. *Management by Objectives* (→*Führung im MbO-Prozeß*). Eine Führung durch das Setzen von Zielen (→*Zielsetzung als Führungsaufgabe*) findet im Absatzbereich überwiegend auf mittleren Ebenen der Organisationshierarchie bei objektbezogener Abgrenzbarkeit der Ergebnisgrößen Anwendung (*Hecking-Binder* 1974). Dieses Führungsmodell (→*Führungsmodelle*) kann motivationsfördernd (→*Motivation als Führungsaufgabe*) wirken, sofern es aus der Sicht der Geführten nicht vorwiegend als repressives Kontroll- und Beurteilungssystem empfunden wird (*Frese* 1987).

Zum anderen kommt Plänen im Marketing die wichtige Funktion zu, monetäre und nichtmonetäre sowie kurz- bzw. langfristige *Ziele aufeinander abzustimmen* und damit das Verhalten der Marketingmitarbeiter an einem Gesamtkonzept unter Einschluß strategischer Gesichtspunkte auszurichten. Im Planungsprozeß werden *Zielkonflikte* deutlich, z. B. zwischen einem an Umsatzsteigerungen für gängige Produkte interessierten Reisenden und einer für die langfristige Sortimentspolitik zuständigen Marketinginstanz, die personelle und finanzielle Mittel für eine auf kurze Sicht noch nicht gewinnbringende Produktneuerung abzweigen möchte. Im letzteren Fall können erst einmal Ziele in den Vordergrund treten, die umfeldbezogene Zustandsgrößen betreffen, wie Bekanntheitsgrade, Imagebildung, Marktpenetration auch gegen anfängliche Absatzwiderstände. Das Erarbeiten von Marketingplänen dient somit nicht nur einer *Zielvorgabe* (wie „Management by Objectives" mitunter zu eng ausgelegt worden ist), sondern vor allem der *Zielvereinbarung*.

4. Verfahrensprogramme

Verhaltenseinfluß wird auf die Mitglieder des Marketingbereiches auch durch die interne Einführung von Instrumenten zur Informationsgewinnung, -aufbereitung, -auswertung und -weitergabe genommen. Diese →*Führungstechniken* (*Macharzina* 1974) umfassen den Einsatz von Hilfsmitteln für die Problemerkennung, Planung und Kontrolle einschließlich EDV-gestützter Informationssysteme.

Auf die Fülle der im Marketing verwendbaren Ansätze dieser Art kann hier nicht eingegangen werden. Nur zur Illustration seien als Techniken der *Problemerkennung* die Stärken-Schwächen-Analyse oder die Cross-Impact-Analyse genannt. *Planungshilfen* schließen Verfahren der Ideen- und Alternativengenerierung (z. B. Brainstorming, Morphologische Methode), der Prognose und der Bewertung von Planalternativen (z. B. Wirtschaftlichkeitsrechnungen, Entscheidungsbaumanalysen) ein. *Kontrolltechniken* (→*Kontrolle und Führung*) beruhen im Marketing beispielsweise auf besonderen Konzepten der aufgegliederten Erfolgsanalyse, wie etwa der Absatzsegmentrechnung.

Heute stehen auch Hilfsmittel für die Behandlung von Aufgaben mit hohem *Innovationsgrad* (z. B. Kreativitätstechniken), hoher *Komplexität* (z. B. Simulationstechniken) und *langfristigem Planungscharakter* (z. B. Szenariotechnik) zur Verfügung. Diese Instrumente werden oft als „*technokratische*" Koordinationsmechanismen bezeichnet. Sie haben aber, wie empirische Studien im Absatzbereich zeigen, bemerkenswerte Auswirkungen auf die Problemwahrnehmung, den empfundenen Informationsbedarf und die Alternativenbeurteilung seitens der Organiationsmitglieder (*Uebele* 1980; *Köhler* 1989). Es ist keineswegs so, daß Führung durch persönliche Interaktion und *Führung durch Verfahrensprogramme* unbedingt im Gegensatz zueinander stehen. Vielmehr können das durch strukturierende Techniken erhöhte Problemempfinden und der dann deutlicher gesehene Informationsbedarf dazu führen, daß auch mehr ziel- und aufgabenbezogene interpersonelle Abstimmungen erfolgen. Ebenso stellen EDV-gestützte *Informationssysteme* im Grundsatz keine Substitution, sondern eine ergänzende Unterstützung persönlicher Wechselbeziehungen im Führungsprozeß dar. Dabei ist in der Informationsaufbereitung (z. B. Verdichtung) nach der Aufgabenbreite und -tiefe der verschiedenen Organisationsebenen sowie nach dem „Strukturierungs- bzw. Komplexitätsgrad der jeweils zu treffenden Entscheidungen" zu differenzieren (*Heinzelbecker* 1985, S. 26).

5. Anreizsysteme

„Als Anreize werden die in der Umgebung des handelnden Individuums wirkenden Aufforderungsgehalte bezeichnet. Anreize aktivieren Motive und richten das Verhalten auf eine Erfüllung dieser Bedürfnisse" (*Steinle* 1978, S. 61). Im betrieblichen Führungszusammenhang wird mit Anreizsystemen versucht, ein Verhalten der Organisationsmitglieder herbeizuführen, das sowohl den individuellen Ansprüchen als auch der gesamtbetrieblichen Aufgaben- und Zielerfüllung genügt. Ein solches *Anreizsystem* ist allerdings mit den bisher besprochenen Formen der Einflußnahme eng verknüpft und nicht als völlig eigenständige Führungskategorie zu sehen (*Bleicher/Meyer* 1976). Der soziale Kontakt durch persönliche Kommunikation, der durch Organisationsstrukturen oder Verfahrensregelungen bestimmte Aufgabengehalt und Handlungsspielraum sowie eine akzeptierte Zielausrichtung aufgrund von Plänen (s. oben, III. 1.–4.) haben positiv oder negativ auffordernde Wirkung. Dies gilt grundsätzlich für alle Aufgabenträger in einem Unternehmen.

Im *Marketingbereich* spielt indes das Problem der anreizabhängigen *Außendienststeuerung* eine besondere Rolle. Da es dabei um Mitarbeiter geht, die überwiegend im *außerbetrieblichen Interaktionsfeld* tätig sind und nur begrenzt der unmittelbaren innerbetrieblichen Einflußnahme unterliegen, ergeben sich besondere Koordinationserfordernisse (*Vanderhuck* 1981; *Albers* 1993).

Zur zielentsprechenden Steuerung der Außendiensttätigkeit kommen im wesentlichen drei Arten der Einflußnahme in Betracht: Ins einzelne gehende Aktivitätenregelungen wie Besuchsnormen, die sich auf einschlägige Planungsmodelle stützen (*Zentes* 1980); Zielvorgaben, die persönlichen Handlungsspielraum zur Zielerreichung offen lassen, und schließlich Entlohnungsanreize (diese Dreiteilung findet sich bei *Rudolphi* 1981).

Strikte *Aktivitätenregelungen* haben den scheinbaren Vorteil, daß eine den Unternehmenszielen entsprechende Tätigkeit des Außendienstes durch zentrale Planungen sichergestellt werden kann. In Wirklichkeit besteht aber die Gefahr, daß von derart detaillierten Eingriffen und Vorschriften auf Dauer eine demotivierende Wirkung ausgeht. Besuchsnormenmodelle sind nur dann ein effektives Führungsinstrument, wenn das betroffene Außendienstpersonal bereit und in der Lage ist, selbst an ihrer Verwendung im Planungsprozeß mitzuwirken und sich die dabei ermittelten Planvorgaben zu eigen zu machen.

Verhältnismäßig breiten Raum für eigenständiges Handeln lassen leistungsabhängige *Entlohnungssysteme* (*Wolter* 1978), die als Steuerungsmittel in der Praxis recht verbreitet sind (→*Entgeltsysteme als Motivationsinstrument*). Hier besteht jedoch das schwierige Problem, die Bemessungsgrundlage für die finanziellen Anreize so zu wählen, daß das Einkommensstreben der Außendienstmitarbeiter nicht letztlich doch mit den Unternehmenszielen kollidiert. Rein *umsatzabhängige* Provisionsanreize scheiden als adäquates Führungsmittel aus, weil sie eine zu einseitige Erlösorientierung ohne Berücksichtigung von Gewinn- oder Verlustkonsequenzen und anderer Zielgrößen herbeiführen. Eine Provisionsbemessung aufgrund erwirtschafteter *Deckungsbeiträge* stellt besondere Anforderungen an die rechnungstechnische Organisation des Anreizsystems und an die Gestaltung der vom Außendienst benötigten Informationen (z. B. Angabe, wieviel Provisions-„Punkte" der Verkauf eines bestimmten Produktes pro Mengen- oder Umsatzeinheit erbringt, statt ausdrücklicher Bekanntgabe von Artikel-Deckungsbeiträgen). Vor allem aber ist zu bedenken, daß die Anreizorientierung allein an Bruttogewinngrößen wiederum keine hinreichende Berücksichtigung aller wichtigen Marketingziele gewährleistet. Beispielsweise würden dann erfolgversprechende neue Produkte, die anfangs noch geringe Deckungsbeiträge abwerfen, im Verkauf zu wenig gefördert.

So besteht für die Führung und Anreizgestaltung im Außendienst eine Hauptschwierigkeit in der vollständigen Beachtung aller wesentlichen *Zielmerkmale*. Um sicherzustellen, daß auch nichtmonetäre umfeldbezogene Sollgrößen (z. B. Imageziele) und langfristige Vorhaben der Sortimentspolitik in die Außendienststeuerung mit einfließen, bietet sich die gemeinsam mit den Außendienstmitarbeitern abgestimmte *Zielplanung* und -vereinbarung als umfassendstes Führungsmittel an. Finanzielle Prämien und nichtgeldliche Anerkennungen für eine gelungene Zielverwirklichung kommen dabei als Anreizformen in Betracht (*Albers* 1989).

IV. Zusammenfassung: Führungsstile im Marketing

Ausgehend von einem allgemeinen Führungsbegriff wurden im vorliegenden Beitrag die unmittelbar persönlichen und die auf sachlichen Regelungen beruhenden Formen der ziel- und aufgabenbezogenen Einflußnahme (speziell im Marketingbereich) skizziert. Dabei zeigte sich, daß bestimmte *Ziel- und Aufgabenmerkmale* für die im Einzelfall wirkungsvolle Führungsform ausschlaggebend sind (s. Abbildung 1). Die Vielfältigkeit dieser Kriterien, wie sie in den verschiedenen marktgerichteten Tätigkeitsfeldern eines Unternehmens besteht, verlangt eine jeweils kontextentsprechende Ausgestaltung der Führungsteilsysteme. Es ist deshalb problematisch, für das Marketing ganz allgemein die Angemessenheit eines bestimmten Führungsstils – soweit er nach dem Gesichtspunkt der überwiegenden Mitarbeiter- oder Aufgabenorientierung definiert wird – zu behaupten (*Berndt* 1991) (→*Verhaltensdimensionen der Führung*).

Hervorzuheben bleibt aber, daß alle besprochenen Formen der Einflußnahme (persönliche Interaktion, Organisationsstruktur, Pläne, Verfahrensprogramme, Anreizsysteme) einen *kooperativen Führungsstil* nicht ausschließen. Die von *Wunderer* und *Grunwald* dargelegten „Neun Merkmale kooperativer Führung" (*Wunderer/Grunwald* 1980b, S. 99) sind auch erfüllbar, wenn Sachregelungen formaler Art zur Unterstützung und Ergänzung der direkten persönlichen Kommunikation und Einflußnahme eingesetzt werden.

Literatur

Albers, S.: Entscheidungshilfen für den Persönlichen Verkauf. Berlin 1989.
Albers, S.: Außendiensteinsatz. In: *Wittmann, W./Kern, W./Köhler, R.* et al. (Hrsg.): HWB. 5. A., Bd. 1, Stuttgart 1993, Sp. 228–240.
Bauer, H. H.: Marketing-Organisation. In: *Wittmann, W./Kern, W./Köhler, R.* et al. (Hrsg.): HWB. 5. A., Bd. 2, Stuttgart 1993, Sp. 2733–2751.
Baumgartner, U.: Marketing-Organisationen unter Berücksichtigung der neuen Führungs- und Motivationstheorien. Diss. Linz 1972.
Belz, Ch.: Marketing-Führungshilfen zwischen starrem Konzept und Aktionismus. In: IO 1984, S. 556–560.
Berndt, R.: Marketing 3: Marketing-Management. Berlin et al. 1991.
Bleicher, K./Meyer, E.: Führung in der Unternehmung. Reinbek bei Hamburg 1976.
Correll, W.: Motivation und Überzeugung in Führung und Verkauf. 4. A., Landsberg a. Lech 1988.
Dichtl, E./Raffée, H./Niedetzky, H. M.: Die Kommunikation zwischen Handelsvertretung und vertretener Unternehmung. Heidelberg 1985.
Diller, H.: Key-Account-Management als vertikales Marketingkonzept. In: Marketing ZFP, 1989, S. 213–223.
Fiedler, F. E.: A Theory of Leadership Effectiveness. New York 1967.
Frese, E. unter Mitarbeit v. *Mensching, H./v. Werder, A.*: Unternehmungsführung. Landsberg a. Lech 1987.
Gaugler, E.: Personalwesen in der Absatzwirtschaft. In: *Tietz, B.* (Hrsg.): HWA. Stuttgart 1974, Sp. 1599–1617.
Goehrmann, K. E.: Verkaufsmanagement. Stuttgart et al. 1984.
Hammann, P./Lohrberg, W.: Beschaffungsmarketing. Stuttgart 1986.
Hecking-Binder, E. E.: Führungsmodelle und Marketingorganisation. Wiesbaden 1974.
Heidrick and Struggles International Inc.: Der Marketing-Leiter in Deutschland 1985. Düsseldorf 1985.
Heinzelbecker, K.: Marketing-Informationssysteme. Stuttgart et al. 1985.
Hill, W.: Führung im Marketing. In: *Tietz, B./Köhler, R./Zentes, J.* (Hrsg.): HWM. 2. A., Stuttgart 1995, Sp. 732–742.
Hill, W./Rieser, I.: Marketing-Management. Bern et al. 1990.
Kieser, A./Kubicek, H.: Organisation. 3. A., Berlin et al. 1992.
Köhler, R.: Zur Problematik der Markteffizienz der Unternehmung. In: *Dlugos, G./Napierala, M.* (Hrsg.): Probleme der Unternehmungseffizienz im Systemvergleich. Bad Honnef 1984, S. 227–248.
Köhler, R.: Planungstechniken, Einsatzbedingungen von. In: *Szyperski, N.* mit Unterstützung v. *Winand, U.* (Hrsg.): HWPlan. Stuttgart 1989, Sp. 1528–1541.
Köhler, R.: Beiträge zum Marketing-Management. 3. A., Stuttgart 1993.
Köhler, R./Tebbe, K./Uebele, H.: Der Einfluß objektorientierter Organisationsformen auf die Gestaltung absatzpolitischer Entscheidungsprozesse. Arbeitspapier, Institut für Markt- und Distributionsforschung der Universität zu Köln 1983 (DBW-Depot 84-1-3).
Kotler, P./Bliemel, F.: Marketing-Management. 7. A., Stuttgart 1992.
Kramer, R./Bechtoldt, T.: Stellenbeschreibungen Marketing und Verkauf. München 1975.
Macharzina, K.: Führungstechniken im Marketing. In: Marketing Enzyklopädie. Bd. 1, München 1974, S. 775–796.
Macharzina, K.: Neuere Entwicklungen in der Führungsforschung. In: ZfO 1977, S. 7–16 u. S. 101–108.
Magyar, K. M.: Das Marketing-Puzzle. Rorschach 1985.
Meffert, H.: Marketing. 7. A., Wiesbaden 1986.
Meffert, H.: Produktmanagement und Führung. In: *Kieser, A./Reber, G./Wunderer, R.* (Hrsg.): HWFü. 1. A., Stuttgart 1987, Sp. 1731–1738.
Meffert, H.: Kundenmanagement(s), Organisation des. In: *Frese, E.* (Hrsg.): HWO. 3. A. Stuttgart 1992, Sp. 1215–1228.
Muser, V.: Führungsaufgaben und Organisation des Verkaufs. In: *Hermanns, A./Meyer, A.* (Hrsg.): Zukunftsorientiertes Marketing für Theorie und Praxis. Berlin 1984, S. 73–87.
Neuberger, O.: Führungsverhalten und Führungserfolg. Berlin 1976.
Neuberger, O.: Organisation und Führung. Stuttgart et al. 1977.
Reber, G.: Führung und Motivation. In: *Gamsjäger, H.* (Hrsg.): Die Bibliothek als Betrieb. Wien et al. 1984, S. 8–57.
Reber, G.: Führungstheorien. In: *Gaugler, E./Weber, W.* (Hrsg.): HWP. 2. A., Stuttgart 1992, Sp. 981–996.
Reber, G./Strehl, F.: Organisatorische Bedingungen von Produktinnovationen. In: *Mazanec, J./Scheuch, F.* (Hrsg.): Marktorientierte Unternehmungsführung. Wien 1984, S. 625–649.
Reinhard, W./Weidermann, P.: Planung als Voraussetzung der Führung. In: *Heinen, E.* (Hrsg.): Betriebswirtschaftliche Führungslehre. 2. A., Wiesbaden 1984, S. 51–137.
v. Rosenstiel, L.: Grundlagen der Organisationspsychologie. 3. A., Stuttgart 1992.
Rudolphi, M.: Außendienststeuerung im Investitionsgütermarketing. Frankfurt/M. et al. 1981.
Staehle, W. H.: Management. 6. A., München 1991.
Steinle, C.: Führung. Stuttgart 1978.
Still, R. R./Cundiff, E. W./Govoni, N. A. P.: Sales Management. 5. A., Englewood Cliffs, N. J. 1988.
Stogdill, R. M.: Handbook of Leadership. 3. A., New York 1990.

Tebbe, K.: Die Organisation von Produktinnovationsprozessen. Stuttgart 1990.
Tietz, B.: Die Grundlagen des Marketing. Bd. 3: Das Marketing-Management. München 1976.
Tietz, B.: Produktmanagement(s), Organisation des. In: *Frese, E.* (Hrsg.): HWO, 3. A., Stuttgart 1992, Sp. 2067–2077.
Uebele, H.: Einsatzbedingungen und Verhaltenswirkungen von Planungstechniken im Absatzbereich von Unternehmen. Diss. Aachen 1980.
Vanderhuck, R. W.: Führung und Motivation von Außendienst-Mitarbeitern. Landsberg a. Lech 1981.
Vroom, V. H./Jago, A. G.: Flexible Führungsentscheidungen. Stuttgart 1991.
Wilson, J. Q.: Innovation in Organization: Notes Toward a Theory. In: *Thompson, J. D.* (Hrsg.): Approaches to Organizational Design. Pittsburgh 1966, S. 193–218.
Wolter, F. H.: Steuerung und Kontrolle des Außendienstes. Gernsbach 1978.
Wunderer, R.: Führungstheorien. In: *Wittmann, W./Kern, W./Köhler, R.* et al. (Hrsg.): HWB. 5. A., Bd. 1, Stuttgart 1993a, Sp. 1323–1340.
Wunderer, R.: Führung und Zusammenarbeit. Stuttgart 1993b.
Wunderer, R./Grunwald, W.: Führungslehre. Bd. 1: Grundlagen der Führung. Berlin et al. 1980a. Bd. 2: Kooperative Führung. Berlin et al. 1980b.
Zentes, J.: Außendienststeuerung. Stuttgart 1980.

Matrixorganisation und Führung

Harvey F. Kolodny

[s. a.: Duale Führung; Effizienz der Führung; Entgeltpolitik für Führungskräfte; Forschung und Entwicklung, Führung in; Führungstheorien – Rollentheorie; Laterale Kooperation als Führungsaufgabe.]

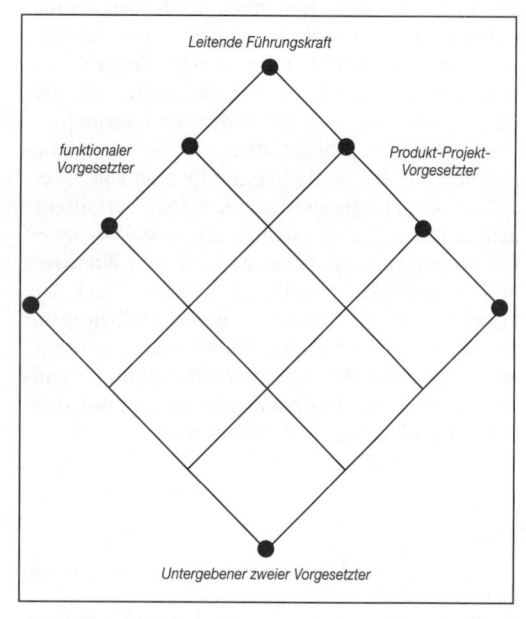

I. Die Schlüsselrollen in einer Matrixorganisation; II. Die leitende Führungskraft; III. Der Produkt-Vorgesetzte; IV. Der funktionale Vorgesetzte; V. Die sich selbst verstärkende Matrix.

I. Die Schlüsselrollen in einer Matrixorganisation

Die *Matrixorganisation* ist im wesentlichen durch vier *Schlüsselrollen* gekennzeichnet (*Davis/Lawrence* 1977, S. 32–46). Drei dieser Rollen sind eindeutig Führerrollen: Ein Geschäftsführungsmitglied oder eine andere hochrangige Person an der Spitze der Matrixorganisation (im folgenden als „leitende Führungskraft" bezeichnet); der *funktionale Vorgesetzte*; der *Produkt-/Projekt-Vorgesetzte*. Die vierte Rolle ist jene eines Untergebenen von einem oder mehreren Vorgesetzten. Diese Rolle kann allerdings auch eine Führungsrolle sein, sie kann aber ebenso von einem Experten oder Spezialisten eingenommen werden. Im folgenden wollen wir uns auf die Führungsfunktionen in den drei zuerst genannten Rollen (→*Führungsrollen*) beschränken.
Abbildung 1 gibt diese vier Rollen wieder.

Abb. 1: Schlüsselrollen in einer Matrixorganisation

Wir konzentrieren uns auf spezifische Verhaltensweisen, welche die drei Führerrollen unterscheidet. Das Verhalten ist unterschiedlich für jede Rolle und muß effizient ausgefüllt werden, wenn die gesamte Matrixorganisation *Effizienz* erreichen will. Diese Verhaltensweisen umfassen:

– Das Verhalten der leitenden Führungskraft an der Spitze der Matrixorganisation, Hauptziel ist die Sicherung des Machtausgleichs;
– das Verhalten der funktionalen Vorgesetzten, Hauptziel besteht darin, proaktiv zu sein;
– das Verhalten der Produkt-Vorgesetzten, Hauptziel besteht darin zu lernen, ein „Mini"-Geschäftsführer zu sein.

Für traditionelle Führer ist es schwierig, die jeweiligen Verhaltensformen zu lernen. Das Lernen geschieht am besten bei der Erledigung der Arbeitsaufgabe selbst.

II. Die leitende Führungskraft

Matrixorganisationen können unternehmensweit angelegt sein oder sie können innerhalb der Grenzen einer Sparte, einer Abteilung, einer Fabrik, einer Sektion usw. eingerichtet sein. Damit ergibt es sich, daß die Person an der Spitze der Matrix die unterschiedlichsten Titel haben kann: Vorstandsmitglied, Präsident, Geschäftsführer, Spartenleiter, Direktor, Fabrikationsleiter, Abteilungsleiter usw.

Der Erfolg einer Matrixorganisation hängt wesentlich davon ab, ob ihre leitenden Führungskräfte es verstehen, die Macht innerhalb der ihnen unterstellten Organisationseinheit auszubalancieren (→*Führungstheorien – Machttheorie*). Die *Macht* muß beweglich gehalten werden, ihre Vertiefung muß an die Veränderungen in der Umwelt anpassungsfähig sein. Wenn die Gesamtwirtschaftslage angespannt ist, dann muß die Macht auf die Produktseite verlagert werden. Dort sind es die Produktmanager, die die kurzfristige Gewinn- und Verlustorientierung besitzen, die für das Überleben notwendig ist. Wenn die Umwelt benevolent oder großzügig ist, dann sind es die Funktionsbereiche, die ihre Ressourcen erhöhen sollten, um ihr qualifiziertes Wissen in ihren Spezialbereichen ausbauen zu können. In solchen gesamtwirtschaftlichen Lagen investieren die Konkurrenten der Organisation ebenfalls in ihren funktionalen Bereichen. Die Organisation kann es sich nicht leisten, in diesem Qualitätswettbewerb zu weit hinter die Positionen der Konkurrenz zurückzufallen.

Die funktionalen Kompetenzen sind letztlich das, was die Organisation ausmacht; ihre Leistungen machen das aus, was die Organisation ihrer Umwelt anbieten kann, um sich selbst eine Rechtfertigung für ihre Existenz zu geben. Die funktionale Kompetenz kann gelegentlich vermindert werden, wenn ein kurzfristiges Überleben zum Problem wird, aber langfristig muß diese Kompetenz sorgfältig geschützt werden. Machtausgleich in einer Matrix ist eine Frage des Findens eines angepaßten Gleichgewichts an eine spezifische Situation.

Zur Aufrechterhaltung des jeweils geeigneten Gleichgewichts benötigt die leitende Führungskraft Werkzeuge – Organisationsmechanismen oder Hilfssysteme oder Prozesse –, die es ermöglichen, die notwendigen Akzentverlagerungen vornehmen zu können. Dabei gibt es allerdings kein spezielles Organisationsinstrument, das das jeweils geeignete Gleichgewicht herbeiführen kann. Es sind nicht einmal einige, es sind viele. Diese zu verstehen und die Fähigkeit zu haben, sie einzusetzen, ist das, was der leitenden Führungskraft die Chance zur Adjustierung der Gleichgewichtslage gibt. Abbildung 2 enthält typische Organisationsinstrumente, die die Machtstruktur in einer Produkt-Funktions-Matrix ausbalancieren können (*Larson/Gobeli* 1987). Für eine leitende Führungskraft, die ihre Anwendung versteht, sind dies die Hebel der Organisationsentwicklung.

Im folgenden werden einige der in Abbildung 2 aufgelisteten Konzepte erklärt und danach geordnet, ob sie entweder der funktionalen oder Produkt/Projekt-Seite der Matrixorganisationen Einfluß und Macht zufließen lassen.

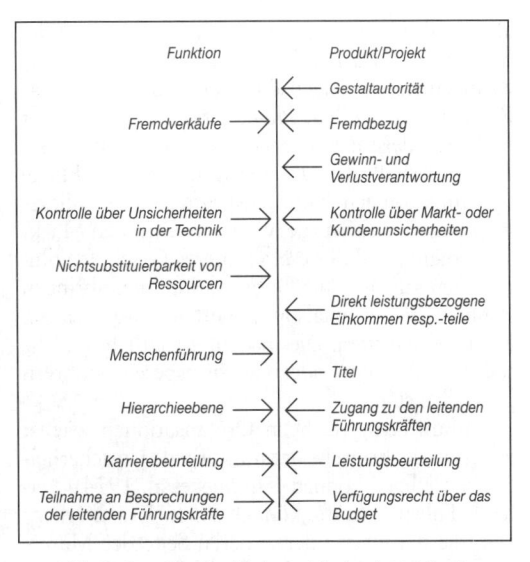

Funktion	Produkt/Projekt
	← Gestaltautorität
Fremdverkäufe →	← Fremdbezug
	← Gewinn- und Verlustverantwortung
Kontrolle über Unsicherheiten in der Technik →	← Kontrolle über Markt- oder Kundenunsicherheiten
Nichtsubstituierbarkeit von Ressourcen →	
	← Direkt leistungsbezogene Einkommen resp.-teile
Menschenführung →	← Titel
Hierarchieebene →	← Zugang zu den leitenden Führungskräften
Karrierebeurteilung →	← Leistungsbeurteilung
Teilnahme an Besprechungen der leitenden Führungskräfte →	← Verfügungsrecht über das Budget

Abb. 2: Das Machtgleichgewicht in einer Matrix.

Der Begriff der *Gestaltsautorität* bezieht sich auf den speziellen Einfluß, der mit der Verantwortung für ein gesamtes Produkt verbunden ist. Firmen, Sparten oder Abteilungen werden letztlich an ihrer Leistung gemessen, spezifische Produkt- oder Dienstleistungen erbringen zu können. Geschäftsberichte geben diese Leistung als Anzahl verkaufter Produkte oder erfüllte Aufträge oder die erbrachten Dienstleistungen und deren Beitrag zur Gesamtbilanz wieder. Produkt-, Programm-, Projekt- oder Bereichsleiter, die die Verantwortung für diese Schlüsselergebnisse tragen, genießen einen spezifischen Einfluß in der Organisation, da sie die *Gewinn- und Verlustverantwortung* tragen.

In Matrixorganisationen wird von Produkt- oder Projektleitern erwartet, daß sie Leistungen in den ihnen zugewiesenen Verantwortungsbereichen nachweisen können. Sie stehen nicht an, kundzutun, daß sie für hohe Leistungen nicht geradestehen können, wenn sie gezwungen sind, die Beiträge funktionaler Bereiche zu akzeptieren, über die sie keine Kontrolle haben. In ihrer plastischeren Terminologie könnten sie z.B. zu der leitenden Führungskraft folgendes sagen: „Sie können von mir nicht verlangen, das Blaue vom Himmel herunterzuholen, wenn sie meine Autonomie dadurch beschränken, daß sie meinen Produktionsoptionen Schranken auferlegen. Ich kann nicht leistungsfähig sein, wenn mir eine Hand auf den Rücken gebunden wird." „Sie fordern und, da ihre Argumente so überzeugend sind, erhalten auch das Recht, auch *Fremdbezüge* vornehmen zu können für Güter und Dienstleistungen, die auch innerhalb der Organisation verfügbar sind."

Funktionale Vorgesetzte antworten gewöhnlich hierauf, daß sie über eine höhere Kompetenz in bezug auf die Qualität ihrer Ressourcen verfügen, als die Produkt-Vorgesetzten anzuerkennen pflegen. Viele sind bereit, hier die Probe aufs Exempel zu machen und zeigen dies dadurch, daß sie das Recht haben wollen, *Fremdverkäufe* jener Güter und Dienstleistungen vornehmen zu dürfen, die sie auch innerhalb der Organisation anbieten. Einige der funktionalen Führungskräfte, denen dieses Recht zuerkannt wurde, waren im externen Markt so erfolgreich, daß sie ein höheres Geschäftsvolumen von außen in die Organisation hineinbringen konnten, als sie jemals innerhalb der Organisation abwickeln durften. Dies bedeutet letztlich, daß sie selbst zu Produkt- oder Geschäftsbereichsführern geworden sind.

Einfluß oder Macht in Organisationen wächst jenen zu, die kritische organisationale Unsicherheiten befriedigen können (*Hinings* et al. 1974). Leitende Führungskräfte können solche Kräfte erkennen, die der einen oder anderen Seite der Matrix Einfluß bringen. Produkt-, Projekt- oder Bereichsvorgesetzte haben wegen ihrer Nähe zu Kunden und Märkten Einfluß auf die Markt- oder Kundenunsicherheit. Funktionale Vorgesetzte üben im Gegensatz hierzu Einfluß auf technologische Unsicherheiten und andere ressourcenbezogene Unsicherheiten aus. Dies gibt ihnen einen spezifischen Einfluß in der Matrixstruktur, besonders, wenn diese Ressourcen innerhalb der Organisation entwickelt und verfeinert wurden und nicht substituierbar sind durch Alternativen, die Produkt- oder Projektmanager außerhalb der Organisation vorfinden. Manchmal stehen die Einflüsse auf diese Unsicherheitsfaktoren in der Matrix in einem Gleichgewicht. Manchmal wandert der Einfluß von der einen Seite der Matrix zur anderen, wenn eine spezifische Unsicherheit in einer spezifischen Zeitperiode oder Situation kritisch wird.

In einigen Organisationen gehen leitende Führungskräfte dazu über, die Bedeutung der Produktseite dadurch hervorzuheben, daß sie ihnen *Belohnungen* in einem höheren Maße gewähren als ihren funktionalen Kollegen. Dies hat sich gelegentlich als eine sehr sinnvolle Aktion herausgestellt, wenn die Macht der funktionalen Manager in der historischen Entwicklung einer Organisation so eingeprägt ist, daß auch unter Umständen etwas extreme Aktivitäten notwendig sind, das Gleichgewicht neu zu ordnen.

Die Titel von Produkt- oder Bereichsvorgesetzten stehen i. d. R. in Beziehung zu einer bestehenden Produktlinie, einer Technologie oder einer Dienstleistung. Diese Vorgesetzten werden in den Augen vieler Mitglieder der Matrixorganisation zu einer spezifischen Gruppe gerechnet. Die Ironie liegt darin, daß, wenn diese Wahrnehmung richtig ist und die Produktvorgesetzten eine kooperativ arbeitende Einflußgruppe formen würden, ihre Macht in der Organisation enorm wäre. In der Realität kommt es allerdings selten dazu, daß sie einen solchen Gruppengeist und eine hohe Kooperationsintensität entwickeln, da sie letztlich in Konkurrenz darüber miteinander stehen, die bessere Qualität aus den funktionalen Ressourcen jeweils für sich in Anspruch nehmen zu können.

Produkt-Vorgesetzte sind oft anderen Produkt-Vorgesetzten hierarchisch unterstellt. Die Spitzen dieser Produkthierarchie stehen häufig auf der gleichen Ebene wie die funktionalen Vorgesetzten. Dies führt dazu, daß die meisten Produkt-Vorgesetzten hierarchisch eine Ebene tiefer als die meisten funktionalen Vorgesetzten angesiedelt sind. Dessen ungeachtet, daß die funktionalen Vorgesetzten direkt den leitenden Führungskräften unterstellt sind, was ihnen ein hohes Maß an wahrgenommenem und tatsächlichem Einfluß gibt, haben Produktvorgesetzte gewöhnlich einen ebenso starken Zugang zu den leitenden Führungskräften. Dies kommt deshalb zustande, weil die generalistische Perspektive dem Produktvorgesetzten, der Perspektive der leitenden Führungskräfte nahesteht. Leitende Führungskräfte tendieren dazu, aufgeschlossen gegenüber den Problemen, Denkweisen und Bedürfnissen von Produktvorgesetzten zu sein. Die Türen der Leitenden sind deshalb in der Regel offen für die Produktseite; diese Bedingung gibt den Produktvorgesetzten einen Einfluß in der Organisation, der die höhere Hierarchieebene der funktionalen Vorgesetzten auszubalancieren in der Lage ist.

Kurzfristig gesehen wird die *Leistungsbewertung* (→*Leistungsbewertung als Führunginstrument*) von zweifach oder mehrfach unterstellten Personen von Produkt- oder Projekt-Vorgesetzten durchgeführt. Diese Machtposition wird durch das Faktum ausgeglichen, daß es zu den Aufgaben des funktionalen Vorgesetzten dieser Personen gehört, deren *Karrierebeurteilung* vorzunehmen.

Die funktionalen Vorgesetzten sind es, die sich mit den langfristigeren Ausbildungs- und Entwicklungszielen der einzelnen betroffenen Personen beschäftigen. Sie sind es, die im wesentlichen die Entscheidung beeinflussen, welcher funktionale Mitarbeiter oder Spezialist für eine bestimmte Aufgabe, Projekt oder Produkt eingesetzt wird und welcher Karriereveränderungen oder Weiterbildungsmaßnahmen notwendig sind, die Person fachlich auf dem laufenden zu halten und damit deren langfristige Leistungsfähigkeit bestimmen. All dies ist ein Teil des personenorientierten Führungsmandats der funktionalen Vorgesetzten, ein Mandat, das sie verantwortlich macht für die langfristige Entwicklung der menschlichen Ressourcen in einer Organisation.

Die letztgenannten Aspekte in Abbildung 2 beschäftigen sich mit dem Machtgleichgewicht zwischen der funktionalen und Produktseits der Matrix. Produkt-Vorgesetzte erreichen sehr schnell *Einfluß über das Budget* ihrer Projekte oder Programme. Dies gibt ihnen die Möglichkeit, mit der funktionalen Seite Verhandlungen über die Art, Qualität und Quantität der Ressourcen, die sie nötig haben, einzutreten und gelegentlich zu drohen, daß sie ihren Bedarf außerhalb der Organisation befriedigen. Funktionale Vorgesetzte haben im Gegensatz hierzu eine entgegenwirkende Machtchance. Mit ihrer langfristigen Perspektive und ihrer direkten, höheren Hierarchieebene sind sie es, die gewöhnlich an *Besprechungen der leitenden Führungskräfte* der Organisation teilnehmen und dabei aktiv die Planung zukünftiger Aktivitäten, das Setzen von Prioritäten und die Verteilung von Mitteln mitgestalten können. Dies gibt ihnen eine machtvolle Position im Entscheidungsprozeß der Organisation.

Die leitenden Führungskräfte können alle in der Abbildung 2 aufgelisteten Aspekte beeinflussen, um das Machtgewicht auf die eine oder andere Seite zu bewegen. Es ist wichtig, daß die leitenden Führungskräfte klar erkennen, daß ihre Entscheidungen, seien es routinehafte oder innovative, in jedem Falle das Gleichgewicht berühren und daß sie einsichtig genug sind zu verstehen, auf welchem Weg sie das Gleichgewicht verlagern können und welche Kompensationen möglich sind, wenn sie als Gegengewicht gebraucht werden.

III. Der Produkt-Vorgesetzte

Produkt- oder Programm- oder Projekt- oder Bereichs-Vorgesetzte gehören zu den wesentlichen Veränderungen, die traditionellen Organisationen zu adaptiveren, reaktionsfähigen Organisationen in der Form der Matrixstruktur machen. Diese Form entsteht normalerweise in einem evolutionären Prozeß (*Kolodny* 1979). Organisationen beginnen mit einem oder mehreren Projekten oder Programmen, um die Aufmerksamkeit auf eine spezielle Aufgabe, ein Produkt, ein Marktsegment oder einen Kunden zu lenken. Produkt-Manager, so lautet hier ein typischer Titel, können eingerichtet werden ohne spezifische Hilfsmittel, womit ihr Einfluß allein von ihrer Überredungskunst oder dem Spiel informaler Aktivitäten abhängt. Andererseits können sie aber auch eine fast totale organisationale Kraft anvertraut bekommen, um auf der Grundlage speziell zugewiesener administrativer und anderer Bedarfsspezialisten umfangreichere Budgets und einer Vielfalt von Hilfsprogrammen und Projektmanagern aus dem Bereich der funktionalen Bereiche, eigener Gebäude und anderer Hilfsmittel und Geräte ihre produktbezogenen Aufgaben erfüllen zu können. Es ist wahrscheinlich, daß Produkt-Vorgesetzte Bedingungen vorfinden, die zwischen diesen beiden Extremen stehen. Selbst innerhalb der gleichen Organisation kann es zu einer Vielfalt an Produktorganisationsstrukturen kommen, die der Vielfalt der Programme – in bezug auf das Stadium ihrer Entwicklung, das Stadium der eingesetzten Technologie, die Leistungsfähigkeit der beteiligten Personen, die Unterschiedlichkeit der versorgten Märkte usw. – entspricht.

Dies bedeutet, daß es schwierig ist, allgemeine Aussagen über den Führungsstil von Produkt-Vorgesetzten zu machen. Dessen ungeachtet gibt es eine Schlüsselanforderung, die für alle Vorgesetzte auf der Produktseite hervorsticht und in der Regel für die meisten von ihnen neu ist. Sie müssen lernen, umfassende Geschäftsführungseigenschaften zu entwickeln. Wenn leitende Führungskräfte erfolgreicher Matrixorganisationen gefragt werden, welche Eigenschaften der Matrix den größten Anteil am Erfolg hat, dann antworten sie gewöhnlich mit dem Hinweis auf die Existenz eines Teams von „Mini"-Geschäftsführern, die in einer holistischen Sicht sich den unterschiedlichen Aufgaben in einer Organisation zuwenden können, obwohl eine Reihe von Unsicherheiten aus einer komplexen, interdependenten Umwelt vorliegen.

Traditionelle Organisationen übernehmen gewöhnlich Matrixstrukturen, wenn sie feststellen müssen, daß sie unfähig sind, mit einer wachsenden Anzahl von *Informationen* (→*Information als Führungsaufgabe*) fertigzuwerden, die sie erfolgreich verarbeiten und auf deren Grundlage sie effizient entscheiden sollten (*Galbraith* 1973). Produkt-Vorgesetzte werden ernannt, die Kontrolle wiederzugewinnen, die auf höheren hierarchischen Stufen verloren wurde, da dort eine Überlastung der Informationsaufnahmekapazität und die Notwendigkeit besserer Entscheidungsvorbereitung erkannt wurde (*Kolodny* 1979). Produkt-Vorgesetzte stellen diese Kontrolle auf niedrigerer Ebene, auf der Ebene ihrer Produkte, Programme oder Projekte wieder her. Sie führen ihre Produktorganisation, verhandeln mit funktionalen Vorgesetzten und/oder externen Lieferanten über Aufträge und Mittel, berichten den leitenden Führungskräften über die Produktentwicklung und finanzielle Ergebnisse, reagieren auf Märkte und Kosten im Bereich der abzuwickelnden Aufträge und suchen ihre Chancen in gleichen oder anderen Märkten und Kunden für zusätzliche und zukünftige Aufträge. Sie sind mit der Situation innerhalb und außerhalb der Organisation vertraut, zu ihrem Aufgabenbereich gehören Menschen und Finanzen, Materialien und Märkte. Ihre Führungsrolle ist jene eines Geschäftsführers (*Mintzberg* 1973), und innerhalb ihrer Produktorganisation erfüllen sie alle Funktionen der leitenden Führungskräfte auf niedrigerer Ebene.

Geschäftsführereigenschaften wachsen den meisten Produkt-Vorgesetzten nicht auf eine natürliche Weise zu. Produkt- oder Programm-Vorgesetzte (PVs) kommen sehr häufig aus dem spezifischen funktionalen Bereich, der innerhalb einer Organisation dominiert. Dies bedeutet, daß in Ingenieurfirmen Ingenieure PVs werden; in Konsumgüterfirmen sind es Marketingspezialisten, die diese Aufgabe bekommen; usw. Es gibt viele Gründe, warum dies geschieht:

(1) PVs müssen aus dem dominierenden Spezialbereich kommen, wenn sie in der Organisation (in der die meiste Macht innerhalb der dominierenden Funktion oder Funktionen liegt) Anerkennung finden sollen;
(2) sie müssen in der Lage sein, die Probleme zu ordnen, aber nicht notwendigerweise sie zu lösen,
(3) sie können erkennen, was ein gutes Verhältnis zwischen den Anforderungen einer spezifischen Umwelt, der sie gegenüberstehen (Marktsektor), und den Ressourcen oder technischen Stärken der Organisation ist;
(4) die Kunden erwarten, daß ihr Partner gerade eine solche Person ist, die die Stärken einer Organisation mit ihren spezifischen Kundenwünschen im Zusammenhang sehen kann.

Gerade da die PVs so häufig aus dem Bereich der dominierenden Funktion kommen, ergibt sich eine Reihe von Problemen, die mit der Übernahme der neuen Aufgabe verbunden sind. Die PVs können nur dann effizient arbeiten, wenn sie nicht ihre eigenen Spezialisten – ihre eigenen Projektingenieure – werden. Es ist schwer für sie, nicht in diese Richtung zu gehen. Wenn sie diese Richtung allerdings einschlagen, wenden sie sich nicht den spezifischen Umwelten zu, zu deren Führung sie explizit eingesetzt wurden. Es bleibt ihnen nichts übrig, als diese Geschäftsführerfunktion zu entwickeln. Sie müssen einsichtig genug sein, ihr Wissen dazu zu benutzen, ihre Kenntnisse über die dominierende vorhandene Qualität der Organisation in Prioritäten im Bereich der Kunden einzusetzen; sie müssen eine Weite erreichen, sich selbst als verantwortlich für ein umfassendes Programm oder eine Produktlinie zu sehen, und nicht nur spezialisierte Aspekte dieser Produkte resp. Produktlinien im Auge zu haben.

IV. Der funktionale Vorgesetzte

Matrixorganisationen entstehen in der Regel aus funktionalen oder traditionalen oder bürokratischen Strukturen. Im Verlaufe der Transformation in eine Matrix kommt es zu vielfältigen Veränderungen. Es steht außer Zweifel, daß sie als funktionale Vorgesetzte bei dieser Transformation an Einfluß verlieren. Sie verlieren einiges an Identifikation mit den Hauptsachaufgaben der Organisation, da diese in den Verantwortungsbereich der Produkt-Vorgesetzten verlagert werden. Die Veränderungen in den Beziehungen zu den leitenden Führungskräften in bezug auf die Mitwirkung bei längerfristigen Planungen sind nicht so gravierend, da sie in die Verwirklichung der organisationalen Ziele eingebunden bleiben.

Funktionale Rollen ändern sich wesentlich bei der Überführung in eine Matrixorganisation. Die funktionalen Bezeichnungen bleiben die gleichen, aber der Inhalt der Führungsrollen bleibt nicht konstant, wie Abbildung 3 illustriert. In traditionellen Organisationsformen sind die funktionalen Vorgesetzten sowohl für die Entwicklung ihrer Ressourcen als auch für deren Anwendungsaspekte verantwortlich. In der Matrixstruktur übernehmen die Produkt-Vorgesetzten viele der Verantwortlichkeiten für die Anwendung.

Die wesentlichste Veränderung beim Übergang von der Rolle des funktionalen in einen produktorientierten Vorgesetzten liegt darin, daß eine Transformation einer reaktiven Verhaltenstradition in eine proaktive stattfinden muß. Sowohl in einer Matrix als auch in einer traditionellen Organisationsform befindet sich die funktionale Seite im Besitz der tagtäglichen und kritischen Ressourcen. In traditionellen Formen kommt diesen Bereichen zusätzlich die Verantwortung für die Anwendung dieser Ressourcen zu. Dies hat zur Folge, daß funktionale Manager gewöhnt sind, daß alle anderen Organisationsmitglieder zu ihnen kommen und ihre Hilfe oder Mitwirkung nachfragen.

	Ressourcen-Entwicklung	Ressourcen-Anwendungen
in traditionellen oder funktionalen Organisationen	funktionale Führung	funktionale Führung
in Matrix-Organisationen	funktionale Führung	Produkt-Management

Abb. 3: Die Veränderung in der Rolle der funktionalen Vorgesetzten

In Matrixorganisationen wird von den Produkt-Vorgesetzten erwartet, daß sie ihre spezifischen Umwelten auf eine Art bedienen, die leitende Führungskräfte niemals tun könnten, da sie sich niemals eng genug diesen spezifischen Subumwelten widmen können. Produkt-Vorgesetzte, die als für alles verantwortliche Geschäftsführer genügend Konzentration und Zeit aufbringen, um ihre Zeit und Anforderung jenen zuzuwenden, die über die Schlüsselfunktionen zur Erfüllung ihrer Aufgabe verfügen, werden zu hartnäckigen Partnern der ursprünglich allmächtigen funktionalen Vorgesetzten. Es ist leicht, sich vorzustellen, daß es hieraus zu einer Vielzahl von Friktionen kommen kann. Der wesentlichste Grund, um produktorientierte Führungsrollen ins Leben zu rufen, liegt darin, die relevanten Subumwelten enger zu berücksichtigen. Funktionale Vorgesetzte können zur Verwirklichung der mit der Einführung der

Matrixorganisation verbunden Ziele dadurch beitragen, daß sie nicht auf Nachfragen durch die Produktvorgesetzten warten, sondern aktiv ihre Hilfe anbieten und es damit erleichtern, ihre funktionale Kapazität zum Wohle der produkt- oder dienstleistungsorientierten Umwelt nutzbar zu machen. Eine solche Haltung wird z. B. in dem folgenden Zitat einer leitenden Führungskraft deutlich:

„Am Anfang ist es sehr sehr, schwer und frustrierend für sie. Das kann häufig zu einer Blockierung führen, da funktionale Vorgesetzte dies als Herausforderung ihrer sogenannten Vorrechte ansehen können. Ein Produkt-Verantwortlicher kann z. B. in die Einkaufsabteilung kommen und sagen: ‚Es paßt mir nicht, wie Sie meine Sachen einkaufen.' Und er mag hinzufügen: ‚Schauen Sie her, ich kann dies alles günstiger einkaufen als Sie.' Und dies auch tun.

Kurze Zeit später kann es sein, daß die Produktseite in ein sehr kompliziertes Einkaufsproblem geraten ist. In dieser Situation wird der funktionale Verantwortliche zu dem Produkt-Vorgesetzten gehen und etwa folgendes sagen. ‚Wie festzustellen ist, liegt hier ein kompliziertes Einkaufsproblem vor. Wir können dies auf verschiedenen Wegen ansehen. Wir können keinen, einen oder mehrerer unserer Mitarbeiter einsetzen. Wie möchten Sie, daß wir vorgehen?'

Beide Haltungen sind Extreme. Wir haben beide Extrempositionen längst verlassen. Keiner der funktionalen Vorgesetzten hängt noch an seinen alten Vorrechten. Sie haben gesehen, daß die echte Zufriedenheit daraus stammt, daß Mitarbeitern die Möglichkeit gegeben wird, so zusammenzuarbeiten, daß eine möglichst hohe Gesamteffizienz erreicht wird" (*Davis/Lawrence* 1977, S. 68).

Funktionale Vorgesetzte sind am ehesten dazu befähigt, die Aufgaben eines produktorientierten Vorgesetzten wahrzunehmen, wenn sie zu Besprechungen hinzugezogen werden, die Aspekte der leitenden Führungskräfte behandeln. Trotz eines solchen Einbezugs ist festzuhalten, daß der Wechsel von einem reaktiven zu einem proaktiven Führungsverhalten sehr schwierig ist. Fähig zu sein, zu einem produktorientierten Mitarbeiter zu gehen, der häufig jünger, weniger erfahren und mit geringerer Seniorität ausgestattet ist, und die Frage zu stellen: „Wie kann ich Ihnen helfen?" ist eine schwer zu erlernende Verhaltensart. Dessen ungeachtet ist festzuhalten, daß eine solche Verhaltensweise den Unterschied zwischen einer störungsfrei funktionierenden Matrixorganisation und einer mit Konflikten und Spannungen gesegneten ausmacht. Dies kann ein Zitat der gleichen leitenden Führungskraft, die oben zitiert wurde, demonstrieren:

„Heute ist es eine Freude, folgendes festzustellen: Man kann Personen beobachten, die eine Aufgabe antizipieren und besprechen, die andere haben könnten und zu der Frage kommen läßt, wie sie bei deren Lösung helfen könnten. Die funktionalen Bereiche erhalten heute schier unglaubliche Komplimente von Mitarbeitern des Produktbereichs. Es hat allerdings einige Zeit gedauert; aber heute ist es so, daß der durchschnittliche Mitarbeiter in einem funktionalen Bereich begriffen hat, daß seine Funktion von wesentlicher Bedeutung ist. Und er weiß heute, wie diese Funktion Bedeutung erhält, nämlich dadurch, daß sie für andere einen maximalen Nutzen schafft (*Davis/Lawrence* 1977, S. 68).

V. Die sich selbst verstärkende Matrix

Neben den angesprochenen wurden noch weitere Aspekte des Rollenverhaltens als wichtig oder effektiv für die Leistung leitender Führungskräfte in einer Matrixorganisation identifiziert. *Lawrence* et al. (1977) haben beispielsweise Bezug genommen auf die Gestaltung des Entscheidungskontexts und die Vorgabe von Standards als Schlüsselaspekte für die Rolle der Verwirklichung eines Machtgleichgewichts. Die extensive Literatur über das Projekt-Management (*Clelland/King* 1983) nimmt vielfältigen Bezug auf die Verhaltensaspekte eines Projektmanagers (*Slevin* 1983; *Stuckenbruck* 1981). Unser Beitrag hat sich konzentriert auf die Schlüsselverhaltensarten von drei Schlüsselführungsrollen in der Matrixorganisation. Diese drei Rollen sind interaktiv, und wenn ein Verhalten realisiert wird, das dem Beschriebenen sehr nahe kommt, geben sie der Matrixstruktur eine sich selbst verstärkende Qualität.

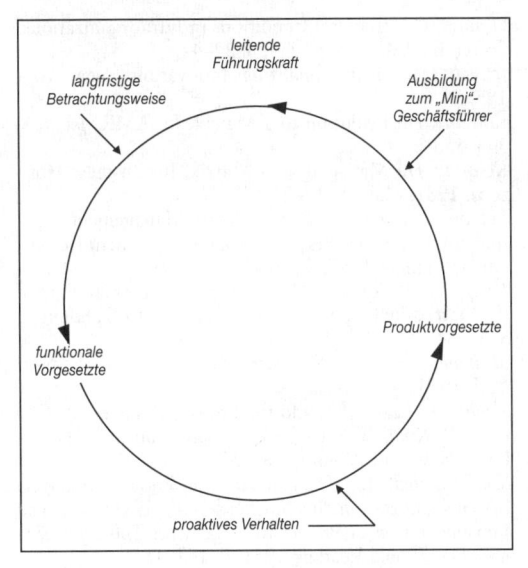

Abb. 4: Die sich selbst verstärkende Matrix

Abbildung 4 nimmt Bezug auf die sich selbst verstärkenden Merkmale. Wenn funktionale Vorgesetzte proaktiv agieren und Produkt-Vorgesetzten dabei helfen, die funktionalen Aspekte ihrer Produktstrukturen zu meistern, haben Produkt-Vorgesetzte mehr Zeit, sich der externalen Umwelt zu widmen und damit einen Schlüsselaspekt ihrer allgemeinen Geschäftsführerrolle zu erfüllen. Wenn Produkt-Vorgesetzte in der Lage sind, sich qualifiziert ihren Kunden, Märkten, Konkurrenten und Zukunftsaspekten ihrer Produkte und/oder Technologie zuzuwenden, dann ist es nicht notwendig, daß leitende Führungskräfte sich diesen Themen widmen. Dann haben die leitenden Führungskräfte genügend Zeit, sich der Planung der Zukunft der Organisation zuzuwenden. Diese Zuwendung inkludiert Maßnahmen, die die Matrixstruktur so ausbalancieren, daß sie reaktionsfähig für Veränderungen in der Umwelt ist. Eine solche Gleichgewichtspflege ist eine langfristige Aufgaben, und die leitenden Führungskräfte können diese nur in Zusammenarbeit mit jenen Führungskräften lösen, deren Orientierung langfristig ist, d. h. mit dem funktionalen Vorgesetzten. Die Rollen und Verhaltensweisen der Schlüsselmatrixvorgesetzten sind auf diesem Weg sich jeweils selbst verstärkend.

Literatur

Cleland, D./King, W. (Hrsg.): Project Management Handbook. New York 1983.
Davis, S./Lawrence, P.: Matrix. Reading 1977.
Galbraith, J.: Designing Complex Organizations. Reading, Mass. 1973.
Goggin, W.: How the Multi-Dimensional Structure Works at Dow Corning. In: HBR, 1974, Jan.–Febr., S. 54–65.
Hinings, C.: Structural Conditions of Intraorganizational Power. In: ASQ, März 1974, S. 22–44.
Jelinek, M.: Institutionalizing Innovation. New York 1979.
Kolodny, H.: Evolution to a Matrix. In: AMR, 1979, S. 543–553.
Kolodny, H.: Managing in a Matrix. In: Business Horizons, 1981, März, S. 17–21.
Larson, E. W./Gobeli, D. H.: Matrix Management: Contradictions and Insights. California Management Review, No. 4, Summer 1987, S. 126–138.
Lawrence, P./Kolodny, H./Davis, S.: The Human Side of the Matrix. In: Organizational Dynamics, 1977, Sommer, S. 43–61.
Mintzberg, H.: The Nature of Managerial Work. New York 1973.
Slevin, D.: Leadership and the Project Manager. In: *Cleland, D./King, W.* (Hrsg.): Project Management Handbook. New York 1983, S. 567–580.
Stuckenbruck, L.: The Job of the Project Manager: Systems Integration. In: *Stuckenbruck, L.* (Hrsg.): The Implementation of Project Management: The Professional's Handbook. Reading 1981, S. 141–155.
TRW Systems Group (A und B): Harvard Business School Case 1976, 9/476/111.

Menschenbilder und Führung

Ansfried B. Weinert

[s. a.: Delegative Führung; Effizienz der Führung; Führungstheorien – Entscheidungstheoretische Ansätze; Geschichte der Führung – Industrialisierung; Mitbestimmung, Führung bei; Zielsetzung als Führungsaufgabe.]

I. *Subjektive Situationsdiagnose;* II. *Annahmen über die Natur des Menschen;* III. *Menschenbilder;* IV. *A priori-Gesamtklassifikation;* V. *Explorative Politstudie;* VI. *Zukünftige Forschung;* VII. *Zusammenhang zwischen Menschenbildern und Führungsbeziehungen.*

I. Subjektive Situationsdiagnose

Führungsverhalten wird nicht allein durch objektiv nachweisbare Situationsdeterminanten beeinflußt, sondern – und in starkem Maße – auch vom *Urteil der Führungsperson* über die Kompetenz, die Erfahrung, die Fachkenntnisse, das Engagement, die Verpflichtung und freiwillige Einbindung, die Motivation und Zuverlässigkeit der Mitarbeiter und Untergebenen. Eine Reihe von empirischen Untersuchungen zu diesem Themenkomplex weist konsistent darauf hin, daß Führungspersonen denjenigen Mitarbeitern ein größeres Mitsprache- und Entscheidungsrecht einräumen, von denen sie *annehmen,* daß sie relevante Kenntnisse besitzen und sie mit der Führungsperson kooperieren werden. Mehr Verantwortung und Selbständigkeit wird an diejenigen Untergebenen delegiert (→*delegative Führung*), die als intelligent und reich an Kenntnissen, als verläßlich *wahrgenommen* bzw. *eingeschätzt* werden (vgl. u. a. *Ashour/England* 1972; *Dansereau* et al. 1975).

Die Persönlichkeit der Führungsperson beeinflußt nicht nur die Wahl ihres Verhaltens (Führungsstil), sondern auch die *Wahrnehmung* der an ihre Führungsrolle gestellten Forderungen und Erwartungen. *Die Bedürfnisse, Werte und Einstellungen einer Führungsperson haben Wirkung auf die Art und Weise, wie sie Ereignisse bemerkt, einschätzt und behandelt, wie sie Informationen interpretiert.* Empirische Untersuchungen konnten wiederholt belegen, daß die Art, wie eine Führungsperson die Ursachen für Arbeitsprobleme *diagnostiziert,* offensichtlich Auswirkungen darauf hat, wie sie handeln wird, um damit fertig zu werden (vgl. *Mitchell/Wood* 1980). Eine Führungsperson, die ihre Mitarbeiter im allgemeinen als kreativ, verantwortungsbewußt, maturiert und kooperativ *wahrnimmt,* wird demnach selbständiges Arbeiten und Teilnahme am Fällen relevanter Entscheidungen in höherem Maße ermuntern und unterstützen als eine Führungsperson mit negativen Stereotypen gegenüber ihren Mitarbeitern.

II. Annahmen über die Natur des Menschen

Diesen Wahrnehmungen, Diagnosen und Urteilen der Führungskraft liegen Annahmen über den Menschen zugrunde, die sowohl Erfahrungen als auch allgemeine Einstellungen und ein grobes Verständnis über die menschliche Natur widerspiegeln. Es sind in erster Linie *Erwartungen,* daß Menschen so oder so sein werden, sie bestimmte – vor allem soziale – Qualitäten besitzen und sich in gewisser Weise *verhalten werden;* sie müssen daher nicht notwendigerweise der Realität des menschlichen Verhaltens entsprechen. Viele unserer Handlungen, Forderungen, Situationsdiagnosen, vor allem aber unsere Reaktionen und Urteile über andere Menschen, finden auf diesem Hintergrund statt.

Diese allgemeinen Einstellungen über die sozialen Qualitäten des Menschen, über seine Intentionen, Ziele und Motive, die Überzeugungen darüber, was der Mensch eigentlich ist, werden als *Menschenbilder* bezeichnet. Sie dienen uns als Erklärungskonzepte für das menschliche Verhalten, in der Welt der Arbeit und in Alltagssituationen. Und so ist die belletristische Literatur genauso mit einer Vielzahl von Annahmen über die menschliche Natur (= *Menschenbilder*) „beladen", wie etwa die Literatur zur Psychoanalyse oder zu Organisations- oder Führungsthemen, zur Mitbestimmung, über Zielsetzung von Trainingsbemühungen u. a. m. Beinahe jede Bemühung in den Wirtschafts- und Sozialwissenschaften oder in der Psychologie beinhaltet letztendlich eine große Zahl von Annahmen über die Natur des Menschen. Jede psychologische und soziologische Theorie, jedes Führungs- und Organisationsmodell reflektiert diese Einstellungen und Überzeugungen in vielfältiger Weise. Sie basieren auf fundamentalen Annahmen über die Natur des Menschen, und diese Annahmen haben einen impliziten Einfluß auf diese Theorien.

III. Menschenbilder

Da nun die Vielfältigkeit vermuteter wie bestehender Annahmen über die menschliche Natur kaum zu einer sinnvollen Orientierung beitragen dürfte, sind schon seit langem wiederholt Versuche unternommen worden, ein Ordnungsprinzip zu erstellen und *Typologien vom Menschen* zu entwickeln. Wir sprechen hier von *Menschenbildern,* um damit auszudrücken, daß es sich um eine Typologisierung vom Menschen handelt, um Theorien, die implizit entwickelt, aufgestellt und später verfestigt wurden. Sie sollen dazu dienen, durch Abstraktion und Verallgemeinerung die Vielfalt von real existierenden Wesensmerkmalen, Wesensinhalten und Verhaltensmustern für die jeweilige Person überschaubarer zu machen, zu vereinfachen und zu ordnen. Es sind gleichzeitig Zielvorstellungen und Leitbilder menschlicher Existenz. Und so gibt es Typologien *allgemeiner Natur,* wie die Erlebnistypen von *Jung* (1921), die sechs idealen Lebensformen von *Spranger* (1914); *Kretschmers* (1921) Körperbau/Charaktertypen, aber auch die Typologien der gestaltpsychologischen Wertforschung (*Lewin* 1936; *Köhler* 1938) u. a. m.

Daneben existiert eine große Anzahl solcher Typologien, die sich auf *spezifische Situationen* der Arbeit, der Führung und der Organisation beziehen. Diese Menschenbilder befassen sich v. a. mit den *Annahmen von Führungskräften* über die Natur des Menschen in der Welt der Arbeit. Sie reflektieren – als implizite Theorien – die Betrachtungsweisen und Meinungen von Führungskräften gegenüber ihren Mitarbeitern und Untergebenen. Es handelt sich hier um die Arbeiten von *Argyris* (1964); *Likert* (1967); *Miles* et al. (1966); *McGregor* (1960); *Ouchi* (1981); *Schein* (1965) u. a. m. (für eine detaillierte Literaturübersicht vgl. *Weinert* 1984a).

Nun drängen sich bei dieser Vielfalt an Entwicklungen von Typologien sicherlich die Fragen auf, was denn der Sinn dieser vielen parallel zueinander angeordneten Modelle von Menschenbildern ist, worin ihre Basis besteht, wie sie entstanden sind, welchen Bezug sie zueinander haben und schließlich, ob sie in der Realität des Arbeitslebens, der Organisations- und Führungsprozesse eine empirisch nachweisbare Entsprechung haben? Da diese Menschenbilder und damit die Annahmen über die Wahrnehmungen, Motive, Fähigkeiten, Ziele, Wünsche und Werte des Menschen im Arbeitsleben Teil einer jeden Führungs- und Organisationstheorie sind, sie das Verhalten von Führungskräften beeinflussen, Auswirkungen haben auf die Zusammenarbeit zwischen den Menschen in der Organisation, auf die *Einschätzung der Führungskräfte* im Hinblick auf Mitarbeiter und Gruppen, auf *Entscheidungen* und Handlungen, auf das *Delegieren,* auf das *Setzen von Zielen, das Steuern von Macht und Einfluß,* auf die Wahl des zu *praktizierenden Führungsstils,* sollte die Beantwortung der obigen Fragen ganz im Vordergrund einer Diskusison über Menschenbilder stehen.

IV. A priori-Gesamtklassifikation

Zwar ist allen in der Führungs- und Organisationsliteratur angebotenen Typologien gemeinsam, daß sie versuchen aufzuzeigen, wie und in welcher Form Menschenbilder zur Entwicklung der heute vorhandenen Organisationsformen beigetragen haben, wie sie Führungs- und Entscheidungsprozesse beeinflussen. Daneben aber lassen sich erhebliche Unterschiede ausmachen, die sich schließlich in den Führungs-, Management- und Organisationsmodellen der letzten Jahrzehnte wiederfinden. Eine nähere Analyse der vielfältigen Annahmen, die den jeweiligen Typologien von Menschenbildern zugrunde liegen, ermöglicht es, diese Unterschiede, Überlappungen, Beziehungen und Entsprechungen für die *Erstellung einer ordnenden Systematik* zu verwenden. Diese könnte wie folgt konstruiert werden:

1. Traditionelle Modelle

Modelle über die menschliche Natur, wie sie dieser Kategorie angehören, liegen den klassischen Organisations- und Führungstheorien zugrunde (vgl. z. B. *Massie* 1965; *Weber* 1947; *Taylor* 1911). Hierbei können zwei wichtige traditionelle Modelle identifiziert werden: *Menschen als kognitive Wesen* und *Menschen als träge Wesen*.

a) Menschen als kognitive Wesen

Dieses Modell stellt den Menschen als rational und überlegt dar; er ist sich über die Determinanten seines Verhaltens voll bewußt. Dabei können zwei kognitive Modelle unterschieden werden: *Menschen als rational-ökonomische Wesen* und *Menschen als optimale Entscheidungsfäller*.

(1) Menschen als rational-ökonomische Wesen. Dieses Modell umschließt *Scheins* (1965) rational-ökonomischen Menschen und *Campbell* et al. (1970) *kognitive Theorie*. Einige der Annahmen, die von *Massie* (1965) aufgestellt werden, sind gleichfalls relevant für dieses Modell.

(2) Menschen als optimale Entscheidungsfäller. Dieses Modell reflektiert auf exakte Weise das klassische Modell des Entscheidungsfällens (vgl. z. B. *March/Simon* 1958).

b) Menschen als träge, inaktive Wesen

Dieses Modell ist der Theorie X von *McGregor* (1960) sehr ähnlich und schließt darüber hinaus das traditionelle Modell von *Miles* et al. (1966) und einige Annahmen, die bei *Massie* (1965) und bei *Leavitt* (1972) zu finden sind, ein.

2. Moderne Modelle

Jeder modernen Organisationstheorie (vgl. *Bennis* 1966) liegt ein „modernes Modell" über die menschliche Natur zugrunde. Es können insgesamt vier solcher Modelle über die menschliche Natur identifiziert werden: *Menschen als zufriedenstellende Entscheidungsfäller, Menschen als sich entwickelnde Wesen, Menschen als soziale Wesen* und *Menschen als komplexe Wesen*.

a) Menschen als zufriedenstellende Entscheidungsfäller

Dieses Modell ist eine moderne Version der Theorie des Fällens von Entscheidungen, wie sie von *March/Simon* (1958) entwickelt wurde.

b) Menschen als sich entwickelnde Wesen

Dieses Modell umschließt *McGregors* (1960) Theorie Y, *Scheins* (1965) selbstaktualisierenden Menschen, *Miles* et al. (1966) Human Ressources Modell und *Campbell* et al. (1970) affektive Theorie. Darüber hinaus enthält es *Argyris* (1964) Annahmen über den Menschen.

c) Menschen als soziale Wesen

Dieses Modell schließt *Scheins* (1965) sozialen Menschen und *Miles* et al. (1966) Human Relations Modell ein.

d) Menschen als komplexe Wesen

Dieses Modell ist dem *Schein*schen komplexen Menschen ähnlich.

V. Explorative Politstudie

1. Ausgangsposition und Ziele

So verlockend diese ordnende Systematik auch sein mag, so enthält sie doch ein sehr ernst zu nehmendes Problem. Dieses ist darin zu sehen, daß es sich bei den bisher erstellten, in der Literatur so ausgiebig wiedergegebenen – und allzu häufig wiederholten – „*impliziten Theorien* von Führungskräften über die Natur des Menschen in der Welt der Arbeit" um rein *subjektive Gedankengebäude* handelt, die wir zutreffender Weise eher als „Armsesseltheorien" bezeichnen sollten. Sie sind lediglich das Ergebnis der Überlegungen von an diesen Zusammenhängen interessierten Sozialwissenschaftlern und Praktikern. *Die bis heute vorgestellten Typologien von Menschenbildern entbehren jeglicher empirischer Basis.* Es muß deshalb systematisch herausgefunden werden, welche Annahmen Führungskräfte selbst über die Natur des Menschen machen, wie diese Annahmen in verschiedene Konstellationen gruppiert werden können, und ob sich die hier vorgelegten Konstrukte empirisch nachweisen lassen. Diesen Fragen ist *Weinert* (1984b) in einer ersten explorativen Studie nachgegangen. Das *Hauptziel dieser Studie bestand in einer systematischen Überprüfung der den Führungs- und Organisationstheorien zugrundeliegenden Menschenbilder.* Auf empirischem Wege sollte eine Taxonomie der impliziten Theorien von

Führungskräften über die Natur des arbeitenden Menschen entwickelt werden. Damit sollte es diese Studie möglich machen, nicht mehr wie bisher auf die Annahmen von Führungskräften nur aus ihrem Verhalten in Organisationen *schließen* zu müssen, sondern ihre Annahmen gegenüber dem arbeitenden Menschen direkt identifizieren und messen zu können. Es sollte weiter untersucht werden, ob Führungskräfte mit ihren Annahmen über ihre Mitarbeiter eine zufällige, undifferenzierte, strukturelle Zusammensetzung bilden würden oder ob sie in charakteristisch ausgeprägte Gruppierungen und Typen fallen [= Unterteilung der Gesamtzahl der (teilnehmenden) Führungskräfte in Gruppen, die – im Hinblick auf die von ihnen vertretenen impliziten Theorien – charakteristische Strukturen aufzuweisen haben]. Gegenüber den bisherigen Ansätzen ist es mit dieser Studie erstmals gelungen, eine Taxonomie der impliziten Theorien von Führungskräften über die Natur des Menschen in der Welt der Arbeit (= Menschenbilder) auf empirischem Wege zu entwickeln. Darüber hinaus werden – im Hinblick auf diese impliziten Theorien – auch spezifische Typen von Führungskräften identifiziert und Korrelate entwickelt, die eventuell Hinweise auf die Ursachen für die Entstehung bestimmter Menschenbilder geben.

2. *Methoden und Ergebnisse*

Auf der Basis von Interviews und anhand umfangreicher Recherchen der Führungs- und Organisationsliteratur, in der eine große Anzahl von Annahmen postuliert und Führungskräften *zugeschrieben* werden, wurde aus 135 Annahmen ein Fragebogen entwickelt und 293 Führungspersonen in acht verschiedenen Betrieben vorgelegt. Die Teilnehmer an diesem Projekt stuften nun jede dieser ihnen zugeschriebenen Annahmen – je nach persönlicher Zustimmung – ein. Ein Vergleich der *bestimmten Einstufungen* (1–3 und 5–7) mit den *neutralen Einstufungen* sowie eine Berechnung zwischen den *neutralen Einstufungen* (= 4) zu einem möglichen *Zufallsergebnis* schien Beweis dafür, daß Führungskräfte gegenüber diesen Annahmen Stellung beziehen, sie tatsächlich Annahmen über die menschliche Natur in der Welt der Arbeit machen. Eine Faktorenanalyse brachte *12 bedeutsame Dimensionen hervor*: (1) *der Mensch als passives und unselbständiges Wesen;* (2) *der Mensch als mechanisches Instrument;* (3) *der nach Selbstvervollkommnung strebende Mensch;* (4) *der Mensch als soziales Individuum;* (5) *der von der Arbeitssituation bestimmte Mensch;* (6) *der Mensch als optimaler Entscheidungsfäller;* (7) *der Mensch als begrenzter Entscheidungsfäller;* (8) *der Mensch als Teil sozialer Gruppen;* (9) *der nach Führung suchende Mensch;* (10) *der träge, ambitionslose Mensch;* (11) *der Mensch als Träger unterschiedlicher Motive;* (12) *der von innen gelenkte Mensch.*

Diese Dimensionen bilden nun eine neue, empirisch entwickelte *Taxonomie der impliziten Theorien von Führungskräften* über die Natur des Menschen in der Welt der Arbeit. Die Bezeichnungen der verschiedenen Dimensionen wurden auf der Basis der Inhalte der Items, die sie repräsentieren, gegeben (vgl. Weinert 1984b Tab. 4). Da jede dieser Dimensionen von einer Anzahl von miteinander in Beziehung stehenden impliziten Annahmen über die Natur des arbeitenden Menschen repräsentiert wird, kann man sagen, daß jede Dimension eine Art Theorie darstellt.

3. *Mischtypen*

Die auf diesem empirischen Wege entstandene Typologie läßt den Schluß zu, daß wohl keine Führungsperson im Hinblick auf ihre Annahmen über die Natur des Menschen nur in einer einzigen dieser 12 Dimensionen aufzufinden ist – und damit nicht nur eine einzige Theorie unterstützen wird, sondern daß sie – in *gradueller Abstufung* – mehrere dieser Menschenbilder vertreten wird. Um dieses Problem zu klären, wurden für jede Führungsperson sog. *Dimensionsscores errechnet* (Dimensionsscore einer Führungsperson an einer spezifischen Dimension $X_i = W_i \times R_i$, wobei $W_i = +1$ für Items mit positiver beziehungsweise -1 für Items mit negativer Ladung bei der Faktorenanalyse, und R_i die Einstufung in Form von Standardscores darstellt, die die Führungskraft einem Item des Fragebogens gegeben hat; vgl. das Ergebnis der Faktorenanalyse, Tb. 2, 3 und 4, Weinert 1984b). Schließlich wurden die Punktwerte der Führungspersonen an jeder der 12 Dimensionen standardisiert ($X = 50$; $SD = 10$).

4. *Clusteranalyse*

Es sollte nun herausgefunden werden, ob die so für jede Führungskraft entstandenen „Profile" (über die 12 Dimensionen) eine Ansammlung zufälliger, undifferenzierter Muster bilden würden oder ob sie in charakteristisch ausgeprägte Gruppierungen und Typen fallen.

Um dies festzustellen, wurde – im Hinblick auf die 12 impliziten Theorien – eine Clusteranalyse durchgeführt (= hierarchical condensation cluster analysis, *Tryon/Bailey* (1970). Der Effekt dieser Cluster-Methode besteht darin, daß die Gesamtzahl von Führungskräften in eine kleine Anzahl von Untergruppen klassifiziert wird, die ihrerseits charakteristische Strukturen über die impliziten Theorien von Führungskräften aufzuweisen haben. *Diese Analyse ergab sieben verschiedene, charakteristische und spezifisch ausgeprägte Typen von Führungskräften.* Die Mitglieder jedes Clusters besitzen (an den impliziten Theorien von Führungskräften) Profile, die einander ähnlich sind, die sich aber von den Profilen der Mitglieder der anderen Cluster unterscheiden. Für jedes dieser *sieben Cluster* wurden nun – auf der Basis des Gruppenprofils jedes Clusters – „Etiketten" gefunden. Diese Bezeichnungen sind wie folgt: *(1) väterlicher Führungstyp; (2) positivistischer-humanistischer Führungstyp; (3) schwer überzeugbarer, mittelmäßiger Führungstyp; (4) skeptischer Führungstyp; (5) klassischer Führungstyp; (6) sozial empfindsamer-realistischer Führungstyp; (7) Theorie Z-Führungstyp.*

Die den sieben Typen verliehenen „Etiketten" basieren auf einer Reihe von Merkmalen, von denen hier nur einige der wichtigsten wiedergegeben werden können (vgl. hierzu Abb. 1).

1. Der väterliche (paternalistische) Führungstyp. Das charakteristische Merkmal dieses Typs einer Führungskraft ist ihre Betonung des Menschenbildes (1) Der Mensch als passives und unselbständiges Wesen und ihr niedriger Stand an (3) Der nach Selbstvervollkommnung strebende Mensch. Zusätzlich haben Führungskräfte dieses Typs vergleichsweise hohe Mittelwerte an (9) Der nach Führung suchende Mensch und an (10) Der träge, ambitionslose Mensch.

2. Der positivistisch/humanistische Führungstyp. Dieser Typ von Führungskräften ist charakterisiert durch eine niedrige Position an all jenen impliziten Theorien von Führungskräften, die eine negative Wertigkeit oder Valenz über die menschliche Natur vermitteln. Dies sind: (1) Der Mensch als passives und unselbständiges Wesen, (2) Der Mensch als mechanisches Instrument, (9) Der nach Führung suchende Mensch, (10) Der träge, ambitionslose Mensch.

3. Der schwer überzeugbare, mittelmäßige Führungstyp. Die hervorstechendste Eigenschaft dieses Typs von Führungskräften ist die sehr niedrige Position an derjenigen impliziten Theorie, die die Menschen so beschreibt, daß sie unbeständige, veränderliche Motive besitzen. Darüber hinaus haben sie niedrige Mittelwerte an (8) Der Mensch als Teil sozialer Gruppen, (10) Der träge, ambitionslose Mensch, (1) Der Mensch als passives und unselbständiges Wesen.

4. Der skeptische Führungstyp. Diese Führungskräfte sind dadurch gekennzeichnet, daß sie eine mittlere Position an den meisten impliziten Theorien von Führungskräften einnehmen. Nur im Hinblick auf zwei Theorien (6) Der Mensch als optimaler Entscheidungsfäller und (3) Der nach Selbstvervollkommnung strebende Mensch haben sie vergleichsweise niedrige Mittelwerte.

5. Der klassische Führungstyp. Dieser Typ illustriert das traditionelle Image von Führungskräften. Sie haben relativ hohe Mittelwerte an den vier impliziten Theorien von Führungskräften, die eine negative Tönung über die menschliche Natur vermitteln: (1) Der Mensch als passives und unselbständiges Wesen, (2) Der Mensch als mechanisches Instrument, (9) Der nach Führung suchende Mensch, (10) Der träge, ambitionslose Mensch.

6. Der sozial empfindsame, realistische Führungstyp. Diese Personengruppe hat an den 12 impliziten Theorien von Führungskräften ein Profil, das völlig anders ist als dasjenige von traditionellen Führungskräften. Sie haben relativ hohe Mittelwerte an (3) Der nach Selbstvervollkommnung strebende Mensch, (8) Der Mensch als Teil sozialer Gruppen, (11) Der Mensch als Träger unterschiedlicher Motive.

Nr.	Cluster-Bezeichnung	Anzahl der Personen	1	2	3	4	5	6	7	8	9	10	11	12
1	Väterllicher Führungstyp	40	65 / 5	52 / 7	41 / 7	42 / 6	45 / 9	47 / 6	50 / 6	46 / 5	56 / 6	58 / 5	47 / 7	40 / 6
2	Positivistischer/ humanistischer Führungstyp	37	41 / 5	39 / 6	58 / 7	51 / 6	48 / 7	59 / 8	55 / 6	51 / 6	39 / 5	43 / 8	48 / 7	56 / 5
3	Schwer überzeugbarer/mittelmäßiger Führungstyp	24	45 / 7	50 / 5	53 / 6	50 / 6	54 / 5	46 / 8	53 / 7	43 / 9	52 / 5	43 / 7	41 / 6	55 / 6
4	Skeptischer Führungstyp	34	49 / 6	48 / 8	43 / 5	49 / 7	47 / 7	42 / 7	55 / 6	55 / 6	49 / 7	47 / 8	54 / 6	47 / 7
5	Klassischer Führungstyp	33	55 / 7	53 / 8	49 / 7	49 / 7	53 / 6	50 / 8	45 / 7	40 / 7	59 / 6	61 / 6	53 / 7	44 / 5
6	Sozial empfindsamer/ realistischer Führungstyp	30	47 / 9	46 / 6	60 / 5	62 / 7	57 / 6	43 / 6	57 / 7	63 / 5	45 / 7	43 / 5	65 / 7	59 / 8
7	Theorie Z-Führungstyp	38	39 / 6	35 / 7	51 / 6	64 / 8	60 / 5	50 / 6	60 / 7	60 / 7	36 / 6	40 / 5	65 / 8	60 / 7

Anm.: Die obere Reihe gibt die jeweiligen Mittelwerte an, die untere Reihe die Standardabweichungen.

Abb. 1: Mittelwerte, Standardabweichungen, Cluster-Bezeichnungen und die Anzahl der Teilnehmer in jedem Cluster

7. *Der Theorie Z-Führungstyp.* Dieser Führungstyp ist gekennzeichnet durch extrem hohe Mittelwerte an den Theorien (4) Der Mensch als soziales Individuum, (7) Der Mensch als begrenzter Entscheidungsfäller, (8) Der Mensch als Teil sozialer Gruppen, (11) Der Mensch als Träger unterschiedlicher Motive, die die interindividuellen Unterschiede unterstreichen. Diese Führungspersonen neigen zu kollektiven bzw. zu Konsens-Entscheidungen, sehen ihr Ziel im „satisfying", neigen zu „long-range-Planungen" und betonen eine starke, gegenseitige Mitarbeiter-Organisationsführung-Loyalität. Die Organisationsführung ist um eine starke Bindung und gegenseitige Verpflichtung (Bonding/Attachment) zwischen den Mitarbeitern und ihrer Organisation bemüht.

Aus Abbildung 1 kann entnommen werden, daß 236 – also 80% der ursprünglichen Stichprobe von 293 – Führungskräfte den so entwickelten Clustern zugeordnet sind. Dabei kann festgestellt werden, daß die Standardabweichungen in beinahe allen Zellen relativ gering sind. Dies weist auf die Tatsache hin, daß Führungskräfte, die einem entsprechenden Cluster angehören, an jeder der 12 verschiedenen Theorien Scores besitzen, an denen sie sich voneinander nicht sehr stark unterscheiden. Dieser Umstand wird in Abbildung 2 nochmals graphisch belegt.

Man kann sehen, daß sich das Profil jedes Clusters von Führungskräften von den Profilen der anderen Cluster sehr stark unterscheidet. Dieses Resultat bestätigt die Behauptung, daß sich die Profile von Führungskräften – im Hinblick auf ihre impliziten Annahmen – in charakteristisch ausgeprägte, unterscheidbare Typen gruppieren lassen.

VI. *Zukünftige Forschung*

Die hier kurz skizzierte Entwicklung von Menschenbildern und Typen ist das Ergebnis einer ersten empirischen Studie zum Thema „*Menschenbilder in Führungs- und Organisationstheorien*". Sie ist explorativer Natur, deren Generalisierung auf andere Situationen, Wirtschaftsbereiche, Gruppen von Führungskräften, Funktionsbereichen, Organisationen und Organisationsebenen nicht automatisch gegeben ist (wie sie aber in den bisher bekannten, nicht empirisch entwickelten Typologien (*Weinert* 1984a) schon seit vielen Jahren in unzulässiger Weise vorgenommen wird). Auch haften dieser Studie noch eine Reihe von methodischen und konzeptionellen Problemen an, die in weiterführenden Arbeiten geklärt werden müssen (z. B. „semi-empirischer" Charakter des Fragebogens; externe Validität; Verwendung einer Faktorenanalyse zur Entwicklung der Menschenbilder; fehlende Skalierung; Probleme, die jedem einfachen Rating-System anhaften, u. a. m.). Zukünftige Menschenbild-Forschung sollte sich deshalb der Lösung dieser Probleme zuwenden, wie auch den noch offenen Fragestellungen über *Ursachenfaktoren und Entstehung* von Menschenbildern unter Führungskräften, *Veränderungen* im Zusammenhang mit der Karriereentwicklung (→*Karriere und Karrieremuster von Führungskräften*), mit Training und Ausbildung (→*Fortbildung, Training und Entwicklung von Führungskräften*), mit der Schaffung einer bestimmten „Unternehmenskultur" (→*Organisationskulturen und Führung*) (vgl. *Peters/Waterman* 1982), mit Erfahrung im Berufsleben und mit Persönlichkeitsfaktoren. Erst dann scheint es sinnvoll, sich der Frage zuzuwenden, wie und wann Menschenbilder die Wahl des Führungsstils bedingen und wie konsistent und eng diese Zusammenhänge sind.

VII. *Zusammenhang zwischen Menschenbildern und Führungsbeziehungen*

Menschenbilder sind Leitbilder und Orientierungshilfen. Es sind Grundannahmen über die Ziele, Motive, Bedürfnisse und die zu erwartenden Verhaltensweisen des Menschen. Somit ist eine Reihe von Vorstellungen darüber, daß Menschenbilder – und dies läßt sich aus der sozialpsychologischen Literatur zur Einstellungsforschung ableiten – das Verhalten von Führungskräften beeinflussen, mehr als berechtigt. Diese Beeinflussung des Verhaltens kann sehr unterschiedliche Formen annehmen, indem sie sich auswirkt auf: die Reaktion gegenüber Mitarbeitern; die Einschätzung ihrer Fähigkeiten; das Entscheidungsverhalten; die Selektion, Wertung und Gewichtung von Information; das Setzen von Zielen; das Delegieren von Entscheidungen; das Steuern von Macht und Einfluß; den praktizierten Führungsstil. Daneben ist mehrfach darauf hingewiesen worden, daß Menschenbilder nicht nur Führungsverhalten, sondern auch die Entwicklung von Organisationsformen (Design) in starkem Maße beeinträchtigen. Solche „organisatorischen Konsequenzen" stellen etwa das Scientific-Management, das bürokratische Modell, stellen Leitungsspannen, Organisations-Hierarchien und -strukturen, aber auch Machtausgleich, Aufgabenerweiterung, partizipative Führung u. a. m. dar. Allerdings ist es, trotz der Vielfalt der in der Literatur vorhandenen Menschenbilder bzw. Typologien und Philosophien über die menschliche Natur in der Welt der Arbeit, mit Sicherheit nicht angebracht, von feststehenden Beziehungen – oder gar von Kausalbeziehungen – etwa zwischen Menschenbildern und dem praktizierten Führungsstil, oder zwischen Menschenbildern des Vorgesetzten und der Arbeitsleistung, den Fehlzeiten oder der Arbeitszufriedenheit der Mitarbeiter zu sprechen.

Beim gegenwärtigen Stand unseres Wissens handelt es sich im wesentlichen noch um Annahmen und Vermutungen, z. T. aber auch um Spekulationen, sowohl von Praktikern als auch von Theoretikern. Das Hauptproblem liegt hierbei im Bereich der Kriterienbestimmung sowie in der Quantifizierbarkeit und Meßbarkeit der postulierten Menschenbilder. Zwar ist über Menschenbilder viel geschrieben worden, aber es gibt bis dato nur sehr wenige empirische Versuche zur Lösung dieser Pro-

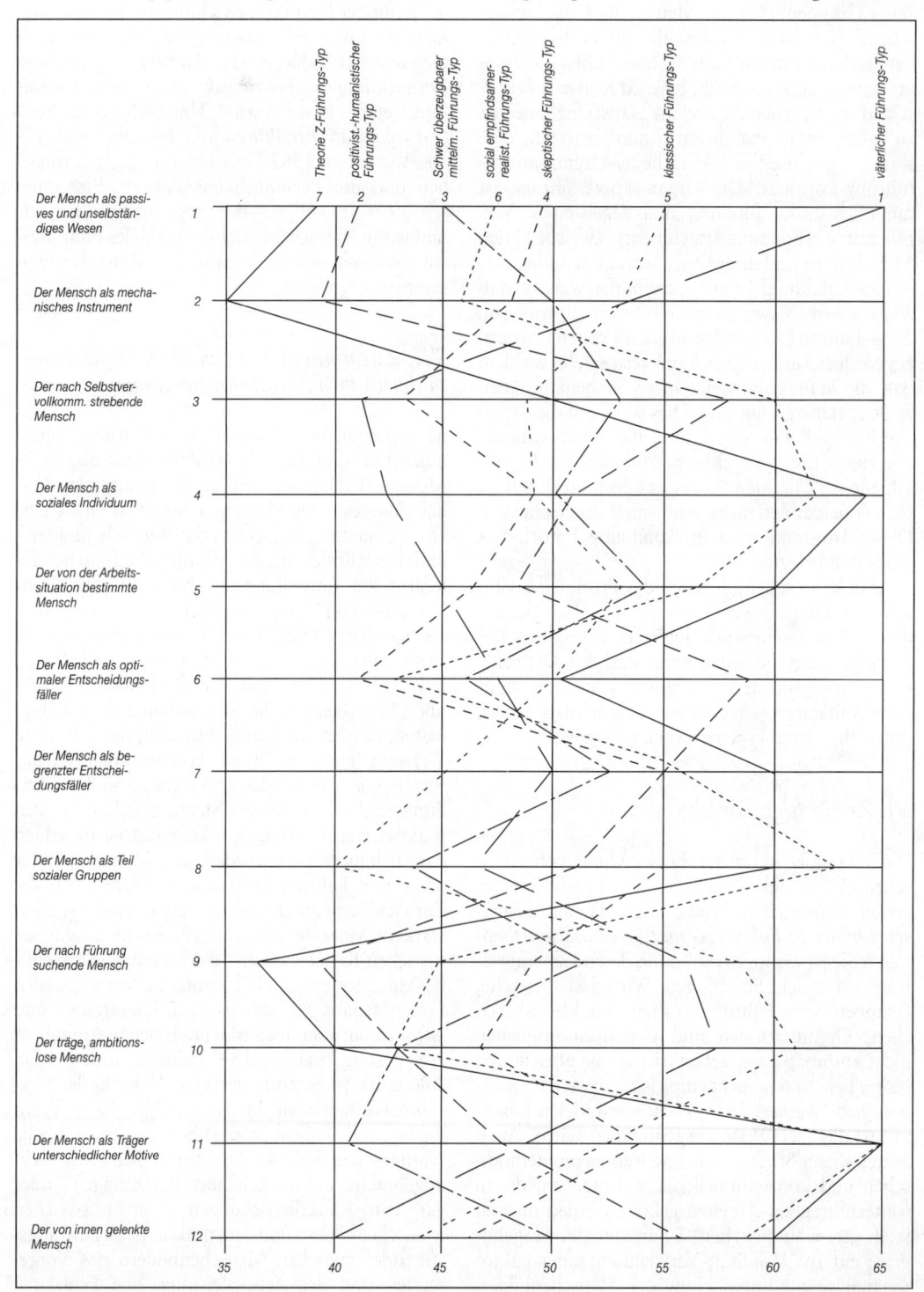

Abb. 2: Die sieben durch Clusterierung entstandenen Gruppenprofile (= Typen von Führungskräften) und die Position dieser Gruppen an jeder der zwölf impliziten Theorien

bleme. Die vermuteten Beziehungen – etwa zwischen Menschenbildern einerseits und dem Organisationsklima oder der Unternehmenskultur andererseits – könnten beispielsweise genauso in umgekehrter Richtung, zumindest aber einander wechselseitig beeinflussend verlaufen („machen" Organisationen den Menschen oder „machen" die Menschen ihre Organisationen?). Zudem wissen wir nichts über den Einfluß moderierender und intervenierender Variablen. Das Thema ist also weitaus komplexer als vielfach angenommen. Schließlich hat die oben dargestellte empirische Studie gezeigt, daß Führungskräfte mehrere verschiedene Theorien gleichzeitig vertreten, in gradueller Abstufung, wir es also mit „Mischtypen" zu tun haben (vgl. Abb. 2). Darüber hinaus ist zweifelhaft, ob die bisher vorgestellten bzw. vorgenommenen Generalisierungen bestimmter Typologien über ganze Organisationen (und damit über mehrere Hierarchien von Führungskräften) oder unterschiedliche Berufsgruppen gerechtfertigt sind. Auch hier sind empirische Nachweise nie erbracht worden; bislang wurde lediglich aus dem *Verhalten* von Führungskräften auf die (eventuell) von ihnen vertretenen Menschenbilder *geschlossen*. Kurzum: zwar gibt es berechtigte Vermutungen und Annahmen darüber, daß zwischen Menschenbildern und Führungsverhalten bzw. Mitarbeiterverhalten Beziehungen bestehen – vielleicht sogar kausaler Natur –, aber die empirischen Beweise hierfür stehen aus, insbesondere deshalb, weil wir noch weit davon entfernt sind, Menschenbilder in hinreichend klarer Form darstellen und empirisch messen zu können.

Literatur

Argyris, C.: Integrating the Individual and the Organization. New York 1964.
Ashour, A. S./England, G.: Subordinates' Assigned Level of Discretion as a Function of Leader's Personality and Situational Variables. In: JAP, 1972, S. 120–123.
Bennis, W. G.: Organizational Development and the Fate of Bureaucracy. In: JMR, 1966, S. 41–56.
Dansereau, F./Graen, G./Haga, W. J.: A Vertical Dyad Linkage Approach to Leadership Within Formal Organizations. In: OBHP, 1975, S. 46–78.
Jung, C. G.: Psychologische Typen. Zürich 1921.
Köhler, W.: The Place of Value in a World of Facts. New York 1938.
Kretschmer, E.: Körperbau und Charakter. Berlin 1921.
Leavitt, H. J.: Managerial Psychology. Chicago 1972.
Lewin, K.: Principles of Topological Psychology. New York 1936.
Likert, R.: The Human Organization: Its Management and Value. New York 1967.
March, J. G./Simon, H. A.: Organizations. New York 1958.
Massie, J. L.: Management Theory. In: *March, J. G.* (Hrsg.): Handbook of Organizations. Chicago 1965, S. 387–422.
McGregor, D.: The Human Side of Enterprise. New York 1960.
Miles, R. E./Porter, L. W./Craft, J. A.: Leadership Attitudes Among Public Health Officials. American Journal of Public Health, 1966, gesamte Nr. 12.
Mitchell, T. R./Wood, R. E.: Supervisor's Responses to Subordinate Poor Performance. In: OBHP, 1980, S. 123–138.
Ouchi, W.: Theory Z. Reading, Mass. 1981.
Peters, T. J./Waterman, R. H.: In Search of Excellence. New York 1982.
Schein, E. H.: Organizational Psychology. 3. A., Englewood Cliffs, N. J. 1965, 1980.
Spranger, E.: Lebensformen. Halle 1914.
Taylor, F. W.: Principles of Scientific Management. New York 1911.
Tryon, R. C./Bailey, D. E.: Cluster Analysis. New York 1970.
Weber, M.: Wirtschaft und Gesellschaft. Tübingen 1947.
Weick, K. E.: Managerial Behavior, Performance, and Effectiveness. New York 1970.
Weinert, A. B.: Menschenbilder als Grundlage von Führungstheorien. In: ZfO, 1984a, S. 117–123.
Weinert, A. B.: Menschenbilder in Organisations- und Führungstheorien. In: ZfB, 1984b, S. 30–62.

Mentoring

Rudi Stegmüller

[s. a.: Coaching; Frauen, Männer und Führung; Innere Kündigung und Führung; Karriere und Karrieremuster von Führungskräften; Loyalität und Commitment; Mikropolitik und Führung; Neue Mitarbeiter, Führung von.]

I. Problemstellung; II. Begriffliche Abgrenzung; III. Auswirkungen auf Protegé, Mentor und Organisation; IV. Kritische Betrachtung institutionalisierter Mentoring-Programme; V. Implikationen für die praktische Umsetzung.

I. Problemstellung

Das Mentoren-Konzept ist v. a. im anglo-amerikanischen Bereich weit verbreitet. In den siebziger Jahren wurde in den USA entdeckt, daß informalen Mentoren bei der (Karriere-)Entwicklung und Führung von neuen Mitarbeitern eine bedeutende Rolle zukam (*Dalton* 1968; *Roche* 1979). Diese Erkenntnis und die Einsicht, daß Integration und gezielte Förderung (neuer) Mitarbeiter (→*Neue Mitarbeiter, Führung von*) ein zunehmend wichtiger Grundbestandteil moderner Personalpolitik ist, führten dazu, die Rolle von Mentoren in verschiedenen Organisationen zu institutionalisieren (*Zey* 1990).

II. Begriffliche Abgrenzung

Der Begriff des Mentors stammt aus der griechischen Sagenwelt. König Odysseus übertrug während seiner Abwesenheit die Aufgabe der Erziehung seines Sohnes Telemach an Mentor, seinen Vertrauten. In der Folgezeit stellte Mentor für Telemach Vaterfigur, Vertrauter, Lehrer und Berater dar, in einer Beziehung, welche von gegenseitiger Achtung, Vertrauen und Zuneigung geprägt war.

In ihrer Form der Anwendung als Instrument der Förderung und Entwicklung von (neuen) Mitarbeitern erfährt die Rolle des Mentors eine sehr *breite* Auslegung. In vielen Publikationen und auch in der Praxis (*Farren* et al. 1984; *Arhén* 1992) wird sie den Rollen von Peers, Guides, Coaches (→*Coaching*), Paten, Sponsoren etc. ohne präzise Abgrenzung gegenübergestellt oder gar synonym verwendet. In Anlehnung an die ursprüngliche Bedeutung des Mentor-Konzeptes fassen andere Ansätze das Mentoring nicht in den Begriffen formaler Rollen, sondern in den Begriffen des Charakters der Beziehungen und der Funktionen, der sie dienen (*Kieser* et al. 1990). Mentoring wird hierbei als eine der *höchsten und komplexesten* Stufen in der Hierarchie der personenbezogenen Fähigkeiten gesehen (*Allemann* et al. 1984; *Shapiro* et al. 1978). Die Beziehung ist demnach neben *berufsbezogenen und karrierefördernden Aspekten* auch von einer *persönlichen, emotionalen Komponente* geprägt. Sie schließt gegenseitigen Respekt und Bewunderung ein und wird oft mit einem „Vater–Sohn"-Verhältnis verglichen (*Reich* 1985). Eine derartige Beziehung gestattet es dem Protegé, sich Diskussionen und Herausforderungen ohne Angstgefühle zu stellen, und ermöglicht es dem Mentor, mehr von sich einzubringen, als es üblicherweise in Beziehungen mit Untergebenen möglich ist. Der Mentor soll dem Protegé die Orientierung und Integration in der Organisation erleichtern, ihn auf seine zukünftige Rolle als Führungskraft vorbereiten und dabei neben Beratungs- und Führungs- auch Schutzfunktionen wahrnehmen.

Die Frage nach dem *organisatorischen Status des Mentors* ist nicht eindeutig bestimmt. Genannt werden Vorgesetzte einer anderen Abteilung; Manager, die sich zwei oder drei Management-Stufen über dem Protegé befinden; der eigene Vorgesetzte oder auch ältere, erfahrene Arbeitskollegen (*Levinson* 1981; *Farren* et al. 1984).

III. Auswirkungen auf Protegé, Mentor und Organisation

Der Mentor soll zunächst ein breites Spektrum an Aufgaben zur *Karriereförderung* übernehmen. Neben der Vermittlung aufgabenbezogenen Wissens und Feedbacks soll der Mentor dem Protegé sowohl die formalen als auch die informalen Regeln der Organisation aufzeigen, ihm beim Aufbau von Beziehungen behilflich sein, um das Weiterkommen in der Organisation zu ermöglichen und ihn dabei protegieren („Türen öffnen", „Fehler ausbügeln", „Herausforderungen schaffen", „Gelegenheiten schaffen, um Können zu zeigen") (*Kram* 1985; *Zey* 1990).

Die *persönlichen* Aspekte der Aufgabe des Mentors beziehen sich nicht auf direkt aufgaben- oder berufsbezogene, sondern eher auf psychosoziale Fähigkeiten, die der Mentor übermittelt, und auf Bedürfnisse, für deren Befriedigung er dem Protegé zur Verfügung steht, wie z. B. das Vorleben richtiger Verhaltensweisen, Vermitteln von Werten, Hilfe bei persönlichen Problemen, Schaffung von Akzeptanz und Bestätigung zur Steigerung des Selbstvertrauens etc. Diese Aspekte reichen weit über die Anforderungen der täglichen Arbeit hinaus und bedingen eine gewisse Intimität sowie Fürsorge durch den Mentor.

Vorteile für den Mentor können im emotionalen und psychologischen Bereich (z. B. Selbstwertgewinn) liegen; konkrete Vorteile kann er u. U. realisieren, wenn er sich als „Talententdecker" profiliert. Er kann auch über den Protegé zu seinem eigenen Nutzen Verbindungen aufbauen oder sich ein Sprachrohr in andere Unternehmensbereiche schaffen.

Die Organisation kann dadurch profitieren, daß die Einführung neuer Mitarbeiter sowie die Integration bislang benachteiligter Gruppen, aber auch die Besetzung von Führungspositionen mit eigenen Nachwuchskräften sowie die Kommunikation zwischen verschiedenen Ebenen und Abteilungen verbessert werden und die Fluktuationsrate gesenkt wird.

Gegenstand vieler empirischer Untersuchungen war der Versuch, diese Auswirkungen, insbesondere auf die Protegés, nachzuweisen. Mentoren wurden dabei von Führungskräften als Personen identifiziert, die persönliches Interesse an ihrer Karriere zeigten und wurden teilweise auch gleichgesetzt mit einer „Schlüsselfigur", die positiven Einfluß auf ihr Selbstkonzept und ihre *Karriereentwicklung* hatte (*Reich* 1985). Einige Untersuchungen kamen bezüglich der Unterstützung von Führungskräften durch Mentoren zu dem Ergebnis, daß jene im Vergleich zu Führungskräften ohne Mentoren zu einem früheren Zeitpunkt ein höheres Einkommen erzielten, besser ausgebildet waren, eher einem Karriereplan folgten und selbst Protegés sponsorten (*Collins/Scott* 1978; *Dreher/Ash* 1990; *Whitely* et al. 1991).

Ein Teil der Forschung bezieht sich auf den dynamischen Aspekt der Mentoring-Beziehung und untersucht die verschiedenen Phasen, die Mentor und Protegé durchlaufen (*Baird/Kram* 1983). In

Verbindung mit Konzepten der Lebenszyklen und *Karrierephasen* von Individuen (→*Karriere und Karrieremuster von Führungskräften*) wird versucht, die von Protegés in unterschiedlichen Karrierephasen benötigten Entwicklungsfunktionen herauszufinden, um Voraussetzungen einer günstigen Phasenkonstellation für eine erfolgreich verlaufende Beziehung sowohl von seiten des Mentors als auch des Protegés herzustellen (*Kram* 1983; *Hall/Goodale* 1986).

In empirischen Studien wird Mentoring meist auf sehr unterschiedliche Weise operationalisiert, was eine Erklärung für teilweise widersprüchliche Ergebnisse, bspw. bezüglich der Gehaltsfrage in den Untersuchungen von *Roche* (1979) und *Whitely/Coetsier* (1993), liefert. Ohne auf die Untersuchungsdesigns im einzelnen einzugehen, wird schon dadurch die Generalisierbarkeit der Aussagen bezüglich der Wirkungen von Mentoring-Beziehungen eingeschränkt.

Bezüglich des Nutzens der auch als amerikanische Management-Innovation bezeichneten Mentoring-Idee ist zu beachten, daß bislang hauptsächlich Studien aus amerikanischen Organisationen vorliegen. Aufgrund der in den Untersuchungen von *Laurent* (1989) und *Stewart* et al. (1994) aufgezeigten Unterschiede in den Strukturen, Tätigkeiten und Karrierepfaden des Managements in verschiedenen europäischen Ländern ist anzunehmen, daß auch Unterschiede zwischen amerikanischen und europäischen Organisationen bestehen, die den Nutzen, der aus diesem Konzept gezogen werden kann, länderspezifisch relativieren (→*Kulturabhängigkeit der Führung*).

IV. Kritische Betrachtung institutionalisierter Mentoring-Programme

In Anbetracht der potentiellen Vorteile des Mentoring haben zahlreiche Organisationen formale Mentoring-Programme eingeführt, darunter hauptsächlich US-amerikanische Unternehmen (Meryll Lynch, Jewel Company, AT&T, Johnson & Johnson) sowie Institutionen im Regierungs- und Bildungsbereich. Aber auch in einigen europäischen Ländern und in Australien sind solche Programme nicht unbekannt. Ziel dieser Institutionalisierung ist es, einem größeren Personenkreis die Möglichkeit zu bieten, in den Genuß einer solchen Beziehung zu kommen, und auch um spezielle Gruppen, wie z. B. weibliche Ingenieure, bei der Integration ins Berufsleben zu unterstützen (*Zey* 1990; *Arhén* 1992). Die Bandbreite der mit den jeweiligen Programmen verfolgten Ziele ist dabei, ebenso wie die unterschiedlichen Begriffsfassungen, sehr breit gestreut.

Die Anwendung des Mentoring findet allerdings nicht ausnahmslos nur Zuspruch. So sprachen sich in einer Befragung von Führungskräften durch *Reich* (1985) die Mehrheit (84%) gegen eine Einführung formaler Mentoring-Programme aus (vgl. auch *Baum* 1992). Die Ursachen für negative Auswirkungen können einerseits in der *Beziehung selbst* liegen, sich andererseits aber auch aus dem *formalen Charakter der Institutionalisierung* ergeben.

1. Gefahren der Mentor-Protegé-Beziehung

Eine mögliche Gefahr stellt eine Überproduktion durch den Mentor dar, d. h. der Protegé kann sich nur in geringem Maße selbst entfalten und wird zu wenig gefordert, Verantwortung für seine eigene Entwicklung zu übernehmen (*Murray* 1991).

Im sozialen und beruflichen Umfeld kann die Beziehung zu Problemen sowohl mit dem Vorgesetzten als auch mit den Kollegen des Protegé führen und sich negativ auf das soziale Klima auswirken. Der Mentor kann sich zu einem Ersatzvorgesetzten entwickeln und Aufgaben übernehmen oder an den Protegé delegieren, die in den Aufgabenbereich des Vorgesetzten fallen, wodurch sich Konflikte mit dem Vorgesetzten entwickeln können. Die Kollegen des Protegé können dessen bevorzugte Stellung mit Neid oder Mißgunst betrachten, was über Demotivation, innere Kündigung (→*Innere Kündigung und Führung*) bis hin zu mikropolitischen Tätigkeiten – wie bspw. Streuen von Gerüchten über den Kollegen oder Mentor – (→*Mikropolitik und Führung*) führen kann. Dieses Problem tritt vermehrt bei Mentor-Protegé-Beziehungen zwischen Frauen und Männern auf und wird zusätzlich verstärkt, wenn die eigenen Karrierechancen geringer erscheinen und die Mentoren-Unterstützung des Protegés als Lücke zwischen Karrierepraktiken und formal existierenden Programmen wahrgenommen wird (*Fitt/Newton* 1981; *Ragins* 1989).

2. Probleme formalisierter Mentoring-Programme

Ein besonders kritisches Problem liegt im *Zustandekommen* der Beziehung, denn trotz ausgefeilter Zuordnungsmechanismen harmonieren die gebildeten Paare unterschiedlich gut oder überhaupt nicht miteinander. Eine generelle Unzulänglichkeit liegt darin, daß sich in der Mehrzahl der existierenden formalen Mentoring-Konzepten die *genannten persönlichen Aspekte nur selten innerhalb der Laufzeit eines Programms bilden*. Die Intensität der „klassischen" Mentoring-Beziehung ist nur schwer zu erreichen, da Vertrauen, Offenheit und Intimität nicht verordnet werden können. Allein die Phase des Kennenlernens kann bis zu einem Jahr dauern, was die Zeitspanne vieler Mentorenprogramme bereits übersteigt. Somit besteht die Möglichkeit, daß hohe Erwartungen geweckt werden, die u.U. durch die jeweilige Programmkonzeption unmöglich erreicht werden können. Dies kann zu *Erwartungsenttäuschungen* führen, die sich negativ auf *Motivation* und *Bindung* (→*Loyalität und Commitment*) des Mitarbeiters auswirken können. Diese Wirkung wird bei denjenigen Teilnehmern, die zusätzlich mit einem „ungeeigneten" Partner konfrontiert sind, noch verstärkt. Man sollte daher berücksichtigen, daß die meisten Mentorenprogramme nicht die Qualität „natürlichen" Mentorentums erreichen, sondern in erster Linie „*training relationships*" schaffen (*Clawson* 1980; *Kram* 1985).

Ein weiteres Problem stellt die *begrenzte Anzahl von Mentoren* dar, weshalb die Anwendung dieses Instruments nur auf einen eher geringen Teil der Nachwuchskräfte beschränkt bleibt. Der somit entstehende elitäre Charakter kann bei nicht berücksichtigten Mitarbeitern Resignation nach sich ziehen. Der anfallende Zeitaufwand sowie die Verantwortung und die auf dem Spiel stehende Reputation bei Mißerfolgen des Protegés kann sich bei Führungskräften negativ auf die Bereitschaft, die Mentoren-Rolle zu übernehmen, auswirken.

Ist ein (neuer) Mitarbeiter stark in die Mentoring-Beziehung eingebunden, kann es dazu führen, daß weitere Beziehungen zu Kollegen, Mitarbeitern anderer Abteilungen etc. vernachlässigt werden. Der Aufbau eines solchen sozialen „*Netzwerkes*" kann ggf. durch seine große Vielfalt und stärkere Beeinflußbarkeit durch den einzelnen Betroffenen *gleichartige oder bessere* Hilfestellungen bieten als ein Mentor und dadurch sowohl für das eigene Weiterkommen als auch für die Kooperation in der Organisation von erheblicher Bedeutung sein (*Kram/Isabella* 1985; *Keele* 1986).

V. Implikationen für die praktische Umsetzung

Die genannten Probleme lassen Zweifel an der erhofften Wirkung des Mentoring aufkommen. Dennoch können Mentorenprogramme als Instrumente für die Förderung und Entwicklung von Nachwuchskräften eingesetzt werden. Aus den „training relationships", die sie meist darstellen, kann sich durchaus im Anschluß „echtes" Mentorentum anbahnen.

Bei der Durchführung sind die Vor- und Nachteile sorgfältig abzuwägen, und bei einer Entscheidung für ein Mentoring-Programm sollten die Ziele in einem angemessenen Rahmen gesetzt und kommuniziert werden, um Erwartungsenttäuschungen vorzubeugen. Die Betroffenen sollten bei der Auswahl durch die Organisation beteiligt werden, um die Wahrscheinlichkeit für den „Fit" der Partner zu erhöhen, was zusätzlich durch Schulungsmaßnahmen der Mentoren unterstützt werden sollte (*Zey* 1990). Das Mentoring muß in den organisatorischen Kontext eingebettet werden, wozu neben der Einbindung in die *Organisationskultur* (→*Organisationskultur und Führung*) die Integration in das System der personalpolitischen Instrumente (Mitarbeiterbeurteilung und -belohnung, Karriereplanung etc.) zählt.

Mentoring kann insbesondere als Mittel eingesetzt werden, Frauen (→*Frauen, Männer und Führung*) oder andere Minderheitengruppen in der Unternehmung zu fördern. Hier kann bereits die Anerkennung durch den Mentor dazu beitragen, diesen Gruppen Legitimation zu verleihen sowie bestehende Stereotypen oder Barrieren abzubauen (*Ragins* 1989; *Riley/Wrench* 1985).

Das Herstellen von Verbindungen und die Schaffung von Zugangsmöglichkeiten zu bestehenden Netzwerken stellen wichtige Funktionen des Mentoring dar (*Ibarra* 1993; *Moore* 1990). Dabei muß allerdings berücksichtigt werden, daß Mentoring für diesen Zweck nur *ein* mögliches Instrument ist. Den Mitarbeitern muß die Bedeutung des Aufbaus eines umfassenden sozialen Netzwerkes verdeutlicht und durch weitere Maßnahmen ermöglicht werden. Zudem können sich aus einem sozialen Netzwerk heraus Mentoring-Beziehungen auch ohne Zutun der Organisation bilden.

Literatur

Alleman, E. et al.: Enriching Mentoring Relationships. In: The Personnel and Guidance Journal, 1984, S. 329–332.
Arhén, G.: Mentoring in Unternehmen. Landsberg a. Lech 1992.
Baird, L./Kram, K.: Career Dynamics. In: Organizational Dynamics, 1983, S. 46–64.
Baum, H. S.: Mentoring Narcissistic Fantasies and Oedipal Realities. In: HR, 1992, S. 223–245.
Clawson, C. G.: Mentoring in Managerial Careers. In: *Derr, C. B.*: Work, Family and Career. New York 1980, S. 144–165.
Collins, E./Scott, P.: Everyone Who Makes it has a Mentor. In: HBR, 1978, S. 89–101.
Dalton, M.: Informal Factors in Career Achievement. In: *Glaser, B. G.* (Hrsg.): Organizational Careers. Chicago 1968, S. 230–235.
Dreher, G. F./Ash, R. A.: A Comparative Study of Mentoring Among Men and Women in Managerial, Professional and Technical Positions. In: JAP, 1990, S. 539–546.
Farren, C./Gray, J. D./Kaye, B.: Mentoring: A boon to Career Development. In: Personnel, 1984, S. 20–24.
Fitt, L. W./Newton, D. A.: When the Mentor is a Man and the Protegé a Woman. In: HBR, 1981, S. 56–60.
Hall, D. T./Goodale, J. G.: Human Resource Management. Glenview 1986.
Ibarra, H.: Personal Networks of Woman and Minorities in Management: A Conceptual Framework. In: AMR, 1993, S. 56–87.
Keele, R. L.: Mentoring or Networking? In: *Moore, L. L.* (Hrsg.): Not as Far as You Think. The Reality of Working Women. Lexington 1986, S. 53–68.

Kieser, A./Nagel, R./Krüger, K. H. et al.: Die Einführung neuer Mitarbeiter in das Unternehmen, 2. A., Neuwied/Frankfurt/M. 1990.
Kram, K. E.: Phases of the Mentoring Relationship. In: AMJ, 1983, S. 605–625.
Kram, K. E.: Mentoring at Work. Glenview 1985.
Kram, K. E./Isabella, L. A.: Mentoring Alternatives: The Role of Peer Relationships in Career Development. In: AMJ, 1985, S. 110–132.
Laurent, A.: A Cultural View of Organizational Change. In: *Evans, P./Doz, Y./Laurent, A.* (Hrsg.): Human Resource Management in International Firms. Basingstoke 1989, S. 83–94.
Levinson, H.: The Executive. Cambridge/London 1981.
Moore, G.: Structural Determinants of Men's and Women's Networks. In: ASR, 1990, S. 726–735.
Murray, M.: Beyond the Myths and Magic of Mentoring. San Francisco 1991.
Ragins, B. R.: Barriers to Mentoring: The Female Manager's Dilemma. In: HR, 1989, S. 1–22.
Reich, M.: Executive View from Both Sides of Mentoring. In: Personnel, 1985, S. 42–46.
Riley, S./Wrench, D.: Mentoring Among Woman Layers. In: Journal of Applied Social Psychology, 1985, S. 374–386.
Roche, G.: Much ado about Mentors. In: HBR, 1979, S. 14–28.
Shapiro, E./Haseltine, F. P./Rowe, M. P.: Moving up: Role Models, Mentors and the Patron System. In: SMR, 1978, S. 51–58.
Stewart, R./Barsoux, J. L./Kieser, A./Ganter, H. D./Walgenbach, P.: Managing in Britain and Germany. London 1994.
Whitely, W. T./Coetsier, P.: The Relationship of Career Mentoring to early Career Outcomes. In: OS, 1993, S. 419–443.
Whitely, W. T./Dougherty, T. W./Dreher, G. F.: Relationship of Career Mentoring and Socioeconomic Origin to Managers' and Professional Early Career Progress. In: AMJ, 1991, S. 331–351.
Zey, M. G.: The Mentor Connection. New Brunswick et al., 2. A., 1990.

Mikropolitik und Führung

Horst Bosetzky

[s. a.: Chaos und Führung; Karriere und Karrieremuster von Führungskräften; Führungstheorien – charismatische Führung, – Machttheorie; Netzwerkbildung und Kooptation als Führungsaufgabe.]

I. Mikropolitik im Rahmen einer ganzheitlichen Betrachtung großer Organisationen; II. Die funktionalen Folgen von Mikropolitik für den Führenden und die Organisation; III. Die dysfunktionalen Folgen von Mikropolitik für den Führenden; IV. Mikropolitik als funktional ambivalentes und überlebensnotwendiges Element großer Organisationen.

I. Mikropolitik im Rahmen einer ganzheitlichen Betrachtung großer Organisationen

Mit den Überschriften ‚Entthronung der Rationalität' (vgl. *Becker/Küpper/Ortmann* 1988), ‚Politisierung der Organisationstheorie' (vgl. *Türk* 1989), ‚Spiel-Metapher' (vgl. *Crozier/Friedberg* 1979; *Neuberger* 1988) und ‚Organisations- und Bürokultur' ist der Paradigmawechsel in den Organisationswissenschaften umrissen, der dem Phänomen der Mikropolitik – von *Bosetzky* (1972) in Deutschland zuerst thematisiert und von *Neuberger* (1984, 1989) im Anschluß daran auf die Führungsproblematik übertragen – in den letzten Jahren erhöhte Aufmerksamkeitswerte eingebracht hat (vgl. den Sammelband von *Küpper/Ortmann* 1988).

Organisationen sind in neuerer Sicht nicht mehr allein das, als was sie scheinen, wenn man ihre formale Struktur betrachtet, den hierarchischen Baum und das Netz anderer offizieller Muster, sie können nicht als voll berechenbare Apparate begriffen werden, in denen dem einzelnen nur die Chance des role-taking bleibt. Über das betriebswirtschaftlich und rechtlich fixierte Grundmuster ist eine weitere Folie zu legen, nämlich die ‚Landkarte' der Organisation, wie sie sich kognitiv und affektiv in der Wahrnehmung des einzelnen ergibt. Organisationen sind immer auch die stets ungewisse Endsumme vieler individueller Vorstellungen, Wünsche und Gefühle, eingegangener und wieder aufgelöster Zweckbündnisse mit anderen, gelungener und mißlungener Auftritte auf der ‚Bühne Büro' und gewonnener wie verlorener strategischer ‚Spiele' um Macht und Belohnungen, also das Ergebnis unkontrollierten role-makings.

→*Macht* ist hierbei für das einzelne Organisationsmitglied keine von oben unabänderlich festgesetzte Größe, sondern ein Potential, das durch eigene Aktivitäten, vor allem durch das Eingehen von Koalitionen, entscheidend vergrößert werden kann.

Das subjektive Organisationsbild wird dabei weithin von den empirisch vorfindbaren wie den vermuteten informellen Gruppen und Koalitionen bestimmt, den ‚trans-formalen' Einbindungen der anderen, wobei erstere per Definition eher wert- und letztere mehr zweckrational angelegt sein sollen.

Wer erfolgreich führen will, muß die ‚Schattenordnung' seiner Organisation möglichst weitgehend kennen und auch selber mikropolitisch denken und handeln.

„Mikropolitik meint den Versuch des einzelnen Organisationsmitgliedes, persönliche Ziele (organisationsbezogene wie individuelle) durch das Eingehen von Koalitionen (Seilschaften, Promotionsbündnissen) mit anderen Personen und Gruppierungen innerhalb und außerhalb der Organisation schneller und besser zu erreichen" (*Bosetzky* 1991).

Erfolgreich betriebene Mikropolitik erhöht die Chancen einer guten Führung ganz erheblich, ihr Mißerfolg verringert sie im selben Maße.

II. Die funktionalen Folgen von Mikropolitik für den Führenden und die Organisation

Das Machtpotential, das eine Organisation einem Führenden mit seiner Position zur Verfügung stellt, also die Summe aus hierarchischer und traditionaler Autorität, ist i. d. R. nur die ‚Grundausstattung' an Einfluß, aber auch wenn ein besonderes Fach- und Dienstwissen sowie eine gewisse Ausstrahlungskraft hinzukommen sollten (funktionale und charismatische Autorität) (→*Führungstheorien – Charismatische Führung*), reicht das nicht aus, um die Rolle des Führenden optimal auszufüllen. Der Vorgesetzte als ‚Einzelkämpfer', wie ihn Lehrbücher und Organisationsplaner noch immer weithin sehen, wird i. allg. nur mäßige bis mittlere Durchsetzungs- und Erfolgschancen haben, weil sich die eigenen Vorstellungen – auch in hierarchisch strukturierten Organisationen – fast immer nur in und mit *Koalitionen* verwirklichen lassen. Zwar sind auch Ad-hoc-Koalitionen denkbar und empirisch häufig anzutreffen, doch für den Machtgewinn und -erhalt wichtiger sind die festen und in der Zeit gewachsenen informellen Verbindungen mit bewußter mikropolitischer Zielsetzung. Dabei kann der mikropolitisch erfolgreich agierende Vorgesetzte mit einer Reihe von *Vorteilen* rechnen, nämlich dem *Gewinn* von:

1. *Informationen und tieferer Organisationserkenntnis*. Auszugehen ist davon, daß Informationen in einer Großorganisation tendenziell immer selektiv wahrgenommen und entsprechend subjektiv-partikularistischer Ziele manipuliert weitergegeben werden. Was die Spitze betrifft, so hat der Führende die bekannte ‚Informationsmonopolisierung' zu befürchten, während die Mitarbeiter zum ‚Schönen' unerfreulicher Zahlen und Fakten und zur Aufwertung des von ihnen Geleisteten neigen. Mit dem Wissen, daß dem Führenden von seiner Koalition zugeliefert wird, lassen sich nun die ‚offiziellen' Informationen ‚gegenchecken' und verifizieren, wie ihm die Bündnispartner in fernen Verästelungen seiner Organisation generell zu einer tieferen Erkenntnis ihres Ist-Zustandes und einer besseren Einschätzung der eigenen Handlungsmöglichkeiten verhelfen können.

2. *Status und Image*. Da in unserer Kultur, ‚Eigenbrötler' und ‚Einzelgänger' ebensowenig geschätzt werden wie das ‚Eigenlob' (das ja bekanntlich stinkt), ist schon die bloße Mitgliedschaft in einer informellen Gruppe ein positiv zu bewertender Nachweis von Soziabilität, vor allem aber übernehmen es die Freunde aus der Connection, die eigenen Fähigkeiten und Leistungen angemessen publik zu machen und alle Führungsqualitäten wirksam herauszustellen. Wer selber Koalitionen aufbaut, zusammenhält und zu Erfolgen führt, beweist Dynamik, stellt seine Persönlichkeit unter Beweis und empfiehlt sich für die Übernahme offizieller Leitungsaufgaben.

3. *Autonomie- und Selbstverwirklichungschancen*. Wissen Vorgesetzte wie Mitarbeiter/Untergebene von der Mitgliedschaft in einer (einflußreichen) Koalition, werden sie das betreffende Organisationsmitglied i. d. R. respektvoller behandeln. Mit einer machtvollen Koalition im Rücken lassen sich leichter persönliche Freiräume schaffen und der eigene Wille auch gegen den Widerstand anderer durchsetzen. Im Sinne der ‚neuen Werte' (vgl. *Klages* 1988) ist aber schon allein der Erfolg im mikropolitischen Spiel ein Stück Selbstverwirklichung.

4. *Karrierechancen* (→*Karriere und Karrieremuster von Führungskräften*). Da Führungspositionen in Großorganisationen i. allg. durch Kooptation (→*Netzwerkbildung und Kooptation als Führungsaufgabe*) und Kalkül bzw. Proporzüberlegungen der herrschenden Gruppierungen besetzt werden und Leistung nur ein Kriterium unter vielen ist (manchmal sogar ein hinderliches), wird die Zugehörigkeit zu einer Seilschaft bzw. einem Promotionsbündnis fast zur Conditio sine qua non. Mit den Karrierechancen des Führenden wachsen auch seine Möglichkeiten, die Mitarbeiter zu motivieren (→*Motivation als Führungsaufgabe*), da sie damit rechnen können, vom Chef bei dessen weiteren Aufstieg mitgenommen zu werden oder aber seine Position zu erhalten (‚zu erben'). Verschiedene Arbeiten zur Problematik des *neuen Chefs* (vgl. *Luhmann* 1962 und *Gouldner* 1976) zeigen, daß insbes. der neue Vorgesetzte, der als ‚Seiteneinsteiger' oder als ‚Vollstrecker' des Willens der Zentrale von außen kommt, schnell scheitert oder aber zu konfliktträchtigen bürokratischen Reglementierungen gezwungen ist, wenn er keine von ihm dominierten Koalitionen begründen kann oder es nicht schafft, in die bestehenden informellen Gruppen integriert zu werden.

5. *Machtvermehrungschancen*. Über seine Koalition (Seilschaft, Connection) kann der Führende seinen Einfluß netzwerkartig über die gesamte Organisation ausdehnen. Nach dem *Don Corleone-Prinzip* (*Bosetzky* 1974) hilft er anderen bei der Arbeit, der Entscheidungsfindung und der Förderung, um dafür, wenn es in seine Strategien paßt, deren Gegenleistung zurückzufordern. Seine Protegés können dann für ihn in anderen Subsystemen der Organisation eine Promotions-, Beeinflussungs-, Agenten-, Verzögerungs-, Ver-

änderungs-, Botschafter-, Blockierungs- und Revanche-Funktion übernehmen (vgl. *Bosetzky* 1972). Dies verweist auf eine ‚geniale' Supra-Führung, die sich nicht nur auf die offiziell zugewiesenen Mitarbeiter beschränkt, sondern sich auch auf Organisationsmitglieder in anderen Teilsystemen erstreckt.

6. *Gegen- und Blockiermacht.* Laufen die Weisungen und Entscheidungen der eigenen Vorgesetzten den Vorstellungen und strategischen Überlegungen eines Führenden stark zuwider, so kann er die Unterstützung seiner Koalitionspartner erwarten und damit viel eher Widerstand leisten als der ‚Einzelkämpfer'.

7. *Ressourcen für den eigenen Bereich.* Wo es um die Verteilung von Ressourcen geht, sind die im Vorteil, die im komplizierten Aushandlungsprozeß mit der Unterstützung anderer rechnen können.

8. *Externe Machtquellen.* Die Ausdehnung einer Koalition über die Grenzen der eigenen Organisation hinaus, d. h. die Einbeziehung von Mitarbeitern und Mitarbeiterinnen anderer Firmen oder Behörden, sichert zusätzlichen Prestigegewinn, da eine ‚kosmopolitische Orientierung' (vgl. *Gouldner/Newcomb* 1968) hoch bewertet wird, wie auch die eigene Mitgliedschaft in Parteien, Verbänden, Kirchen, Vereinen, Forschungsinstitutionen, Redaktionsstäben u. dgl. für mehr (Hintergrunds-) Informationen sorgt und im Konfliktfall Unterstützung erwartet läßt. Ob diese Hilfe wirklich gewährt wird, ist natürlich ein jedes Mal unsicher, aber oft reichen schon das Wissen um die Möglichkeit und geschicktes *Bluffen* aus, um den Gegner an Reaktionen und Überreaktionen zu hindern. Auf jeden Fall kann durch diese von außen ‚geliehene' Autorität das hauseigene Machtpotential des Führenden erheblich gesteigert werden.

9. *Usurpationschancen.* Mit Hilfe der Koalition wird es möglich, den eigenen Vorgesetzten zu stürzen und sich selber an seine Stelle zu setzen.

10. *Zugriffschancen auf die Persönlichkeit der Untergebenen.* Mitarbeiter/Untergebene, die derselben Koalition wie der Führende angehören, können nicht nur auf der formellen Ebene angesprochen werden, sondern auch auf der emotional-freundschaftlichen – und was dann ‚Herr Meyer' nicht zu tun bereit ist, das erledigt der Duzfreund Michael.

Aus all diesen Gründen *erhöhen sich* durch eine erfolgreich betriebene Mikropolitik des Führenden die *Steuerungs- und Durchsetzungschancen gegenüber seinen Untergebenen* ganz erheblich. Mikropolitik ist dann als *erfolgreich* zu bezeichnen, wenn eine innerorganisatorische Koalition durch zielgerichtetes Handeln erreicht, daß sich ihr Einfluß auf relevante Entscheidungen vergrößert, ihr mehr Ressourcen zugeteilt werden und sich für ihre Mitglieder größere Autonomie-, Aufstiegs- und Selbstverwirklichungschancen ergeben. Sie ist insbes. eine Angelegenheit derjenigen Organisationsmitglieder, die tendenziell Machiavellisten sind und ‚personalisierte Machtphantasien' an den Tag legen, sog. ‚p-Macht' (vgl. *Machiavelli* 1955 und *Grunwald* 1980).

III. Die dysfunktionalen Folgen von Mikropolitik für den Führenden

Als *mißlungen* ist Mikropolitik dann zu bezeichnen, wenn die eben genannten Ziele à la longue für die Koalition als informelle Gruppe wie für den einzelnen nicht nur verfehlt werden, sondern Mitglieder von ihr in „Affären" und „Skandale" verwickelt werden (z. B. Bestechungen, Industriespionage, private Verwendung oder Diebstahl von Firmeneigentum, sexuelle Übergriffe am Arbeitsplatz, Alkoholmißbrauch, Nähe zu verfassungsfeindlichen Organisationen oder auch ‚nur' häufiges, aber immer wieder vertuschtes Zuspätkommen und fehlerhaftes Arbeiten). Sehr schnell wird dann von ‚aufrechten' Organisationsmitgliedern, vor allem von gegnerischen Koalitionen, der Begriff *Mafia* gebraucht und von einem auf alle geschlossen.

Analog zu den möglichen Gewinnen können sich also für den Führenden, betreibt er erfolglos Mikropolitik, erhebliche *Verluste* ergeben. So verliert er an Status und Image und büßt Autonomie- und Selbstverwirklichungs-, Karriere-, Machtvermehrungs-, Gegenmacht- und Usurpationschancen ein.

Aber schon ganz generell drohen ihm als Mikropolitiker eine Reihe besonderer *Gefahren*.

1. *Imageverlust durch den Geruch von Günstlingswirtschaft.* Bei der in unserer Gesellschaft noch immer vorherrschenden Wertschätzung und teilweise auch Mythologisierung von Gemeinschaft, organisationaler Rationalität und ‚Einzelkämpfertum' (trotz des ‚Meta-Wertes' Teamarbeit sind ja z. B. abgelegte Prüfungen totale Einzelleistungen geblieben), werden interne Koalitionen weithin mit negativer Konnotation versehen und rufen ungute Assoziationen wie ‚Filz', ‚Beziehungen', ‚Vetternwirtschaft' und ‚Vitamin B' hervor, und populistische Sachbücher wie ‚Cliquen, Klüngel und Karrieren' von *Scheuch/Scheuch* (1992) finden regen Zuspruch und verstärken diesen Trend. Wer sich also offen zu einer organisationsinternen Koalition oder Seilschaft bekennt, läuft automatisch Gefahr, daß man ihn im Hinblick auf Kenntnisse und Fähigkeiten für so mediokcr hält, daß er das nötig hat. Jede Beförderung wird dann von übler Nachrede begleitet, insbes. bei weiblichen Organisationsmitgliedern.

2. *Substituierung von Leistung durch mikropolitische Aktivitäten.* Wer sich sicher sein kann, daß

ihn seine Koalition bei abweichendem Verhalten (Erbringen unterdurchschnittlicher Leistungen, Begehen und Vertuschen von Fehlern, Aggressionen gegenüber Kollegen, sexuellen Belästigungen, häufigem Fernbleiben vom Arbeitsplatz bei Bagatellen, Ausplaudern von Betriebsgeheimnissen, überhöhtem Alkoholkonsum u. dgl.) deckt, wird eher Gefahr laufen, sich auch tatsächlich abweichend zu verhalten. Sicherlich findet ein Teil der mikropolitischen Aktivitäten in der Freizeit statt, doch werden auch viele von der Organisation bezahlte Minuten dafür verwendet. In einem ‚Lehrsatz' des Organisationssatirikers *Paturi* (1972) wird das gut auf den Punkt gebracht: „Arbeite nicht, sondern baue dein Image auf." In unserem Zusammenhang hieße das: ‚Kümmere dich nicht um deine Mitarbeiter, sondern widme dich, wenn du aufsteigen willst, der Mikropolitik.' Aber nicht nur das, oft besteht bei Mikropolitikern auch die Neigung, die Mitarbeiter ‚auszubeuten' und deren Arbeitsergebnisse als eigene auszugeben.

3. *Role-overload.* Der Aufbau eines erfolgversprechenden informellen Beziehungsnetzes und die Arbeit für die eigene Seilschaft, die ja zu großen Teilen in der energieaufwendigen Konfliktaustragung mit anderen Koalitionen und der Wahrnehmung vieler Termine und Kontakte besteht, führt leicht zu einer zu starken zeitlichen und psychischen Überlastung (→*Psychische Belastungen von Führungskräften*) und gefährdet die privaten Beziehungen. Nimmt das mikropolitische Spiel noch Suchtcharakter an und folgen dann Niederlagen, drohen der Verlust des Selbstwertgefühls und in der Folge davon Alkohol- und Drogenmißbrauch, psychosomatische und psychische Erkrankungen und im Extremfall der Selbstmord.

4. *Abhängigkeit von Untergebenen und rangniederen Organisationsmitgliedern.* Bei rangübergreifenden mikropolitischen Koalitionen kann es passieren, daß die Stellung eines Vorgesetzten von Mitgliedern abhängig ist, die in der formalen Hierarchie unter ihm plaziert sind (→*Führung von unten*). Damit wird er ‚Diener der Beherrschten' und gefährdet, so die klassische These von *Max Weber* (1921), die Effizienz (→*Effizienz der Führung*) seiner Organisation. „Innerhalb einer technisch rationalen Bureaukratie hat er keine Stätte. Denn da er nicht von dem ‚Vorgesetzten' ernannt ist, nicht in seinen Avancementchancen von ihm abhängt, sondern seine Stellung der Gunst der Beherrschten verdankt, so ist sein Interesse an prompter Disziplin, um den Beifall der Vorgesetzten zu verdienen, gering…" (hier nach *Weber* 1964). Damit gerät er ständig in den streßreichen Intra-Rollenkonflikt (→*Psychische Belastung von Führungskräften; Konflikte als Führungsproblem*) zwischen den eigenen Vorgesetzten mit ihrer tendenziell ‚instrumentellen' und den Gruppenmitgliedern mit ihrer ‚expressiven Orientierung' (vgl. *Holm* 1968).

5. *Partikularistische Orientierung.* Auf Dauer dürfte bei den meisten Mikropolitikern die Neigung bestehen, die Interessen der eigenen Koalition vor die der Gesamtorganisation zu setzen, möglicherweise mit der Rechtfertigungstechnik, daß deren offiziellen Ziele sich nur so erreichen ließen. Die Seilschaften fühlen sich nur noch sich selbst verantwortlich, sie werden ‚selbstreferentiell' (vgl. *Scheuch/Scheuch* 1992), und Organisationsmitglieder, denen es um die unmittelbaren Zieltätigkeiten (die eigentliche Arbeit bzw. die Sache) geht, werden zunehmend als Störfaktor empfunden. Dem Führenden, der Mikropolitiker ist, fällt es zunehmend schwerer, seine Mitarbeiter gerecht zu behandeln, denn er wird und muß die Mitglieder seiner Koalition bei Beförderungen, attraktiven Dienstreisen und Kongreßteilnahmen oder der Zuteilung besonderer Ressourcen tendenziell bevorzugen. Zudem besteht eine erhöhte Wahrscheinlichkeit, daß er sich zum *Machiavellisten* entwickelt und seine Empathiefähigkeit verliert.

Aus all diesen Gründen dürften sich bei einem erfolglosen und ohne Selbstkontrolle agierenden Mikropolitiker die *Steuerungs- und Durchsetzungschancen gegenüber seinen Untergebenen* ganz erheblich *verringern*.

IV. Mikropolitik als funktional ambivalentes und überlebensnotwendiges Element großer Organisationen

Optimale Führung erscheint ohne erfolgreich betriebene Mikropolitik nicht möglich zu sein; jede Mikropolitik birgt aber die Gefahr des Scheiterns in sich. Für den Führenden ist es also ein essentielles Risiko, Koalitionen einzugehen, ein *Spiel* um Einfluß und Aufstieg. Spielt er es nicht, bleibt er ein durchschnittliches Organisationsmitglied, denn das Surplus an Macht (und Charisma), das notwendig ist, um aufzusteigen und eine außergewöhnliche Führungskraft zu sein, läßt sich nur im mikropolitischen Tauschgeschäft erwerben (vgl. *Friedberg* 1988). Verliert er aber, so ist damit i. d. R. ein erheblicher Verlust an Macht und an Einfluß auf die Untergebenen verbunden.

Mit der Mikropolitik gewinnt der Führende – wie die Organisation als Ganzes – die Qualität, die sie braucht, um der systemimmanenten Tendenz zur pathologischen Erstarrung entgegenzuwirken. Besonders bei der Durchsetzung von Innovationen ist der Gewinn von Koalitionspartnern zumeist unabdingbar.

Es sind die *Elemente des Spielerischen*, die das notwendige Gegengewicht zum rationalen Maschinenmodell bilden müssen (vgl. *Neuberger* 1988). Das mikropolitische Spiel hat aber neben der machtstrategischen immer auch eine Dimension von Lust und Suspense, also Entlastung und Abbau von Entfremdung und Vermeidung des Burn-out.

Mikropolitik mit ihrer Ungewißheit sorgt auch dafür, daß eine Organisation die Fähigkeit zum *Chaos* (→*Chaos und Führung*) gewinnt, zum ‚deterministischen Chaos'. Dieses – wenn aus festen Regeln eine unvorhersagbare Entwicklung entsteht – „erlaubt flexible Reaktionen auf kleinste Störungen und macht damit Anpassungsprozesse möglich: Es gibt dem Organismus eine Chance, den ‚Zufall' zu kanalisieren, ihn gleichsam kreativ zu nutzen, und damit eine starre Ordnung zu vermeiden" (*GEOwissen* 1990, S. 141).

Ebenso kommen durch mikropolitisches Agieren die für ihre Zielerreichung und ihr Überleben notwendigen *autopoietischen Elemente* in die Organisation. Durch Koalitionen mit anderen gewinnen Führende wie Subsysteme die Machtmargen hinzu, die notwendig sind, um sich Freiräume gegenüber der Zentrale zu schaffen.

Mikropolitik und Führung hängen also auf der Mikro-, der Meso- und der Makro-Ebene der Organisationsbetrachtung eng zusammen, d. h., das Maß an geschickter Mikropolitik in der Führung ist ein relevanter Faktor für den Erfolg bzw. Mißerfolg des Führenden, seiner Arbeitsgruppe und der gesamten Organisation.

Literatur

Becker, A./Küpper, W./Ortmann, G.: Revisionen der Rationalität. In: *Küpper, W./Ortmann, G.* (Hrsg.): Mikropolitik. Rationalität, Macht und Spiele in Organisationen. Opladen 1988, S. 89–113.
Bosetzky, H.: Die „kameradschaftliche Bürokratie" und die Grenzen der wissenschaftlichen Untersuchung von Behörden. In: Verwaltungsarchiv, 1972, S. 325–335.
Bosetzky, H.: Die instrumentelle Funktion der Beförderung. In: Verwaltungsarchiv, 1972, S. 372–383.
Bosetzky, H.: Das Don Corleone-Prinzip in der öffentlichen Verwaltung. In: Baden-Württembergische Verwaltungspraxis, 1974, S. 50–53.
Bosetzky, H.: Machiavellismus, Machtkumulation und Mikropolitik. In: ZfO, 1977, S. 121–125.
Bosetzky, H.: Mikropolitik, Machiavellismus und Machtkumulation. In: *Küpper, W./Ortmann, G.* (Hrsg.): Mikropolitik. Rationalität, Macht und Spiele in Organisationen. Opladen 1988, S. 27–38.
Bosetzky, H./Heinrich, P.: Mensch und Organisation. 5. A., Köln 1994.
Bosetzky, H.: Managementrolle: Mikropolitiker. In: *Staehle, W. H.* (Hrsg.): Handbuch Management. Wiesbaden 1991, S. 286–300.
Crozier, M./Friedberg, E.: Macht und Organisation. Königstein/Ts. 1979.
Friedberg, E.: Zur Politologie von Organisationen. In: *Küpper, W./Ortmann, G.* (Hrsg.): Mikropolitik. Rationalität, Macht und Spiele in Organisationen. Opladen 1988, S. 39–52.
GEOwissen: Chaos und Kreativität. Nr. 2/7. 5. 1990.
Gouldner, A. W./Newcomb, E. R.: Eine Untersuchung administrativer Rollen. In: *Mayntz, R.* (Hrsg.): Bürokratische Organisation. Köln et al. 1968, S. 239–248.
Gouldner, A. W.: Der neue Betriebsleiter und die soziale Struktur des Betriebs. In: *Conrad, W./Streeck, W.* (Hrsg.): Elementare Soziologie. Reinbek 1976, S. 162–175.
Grunwald, W.: Macht als Persönlichkeitsdisposition. In: *Reber, G.* (Hrsg.): Macht in Organisationen. Stuttgart 1980, S. 91–121.
Holm, K.: Der Intrarollenkonflikt des Werkmeisters. In: *Claessens, D.* (Hrsg.): Rolle und Macht. München 1968, S. 78–89.
Klages, H.: Wertedynamik. Zürich et al. 1988.
Küpper, W./Ortmann, G. (Hrsg.): Mikropolitik. Rationalität, Macht und Spiele in Organisationen. Opladen 1988.
Luhmann, N.: Der neue Chef. In: Verwaltungsarchiv, 1962, S. 11–24.
Machiavelli, N.: Der Fürst. Stuttgart 1955.
Neuberger, O.: Führung. Ideologie, Struktur, Verhalten. Stuttgart 1984.
Neuberger, O.: Spiele in Organisationen. Organisationen als Spiele. In: *Küpper, W./Ortmann, G.* (Hrsg.): Mikropolitik. Rationalität, Macht und Spiele in Organisationen. Opladen 1988, S. 53–86.
Neuberger, O.: Mikropolitik als Gegenstand der Personalentwicklung. In: Z. f. Arbeits- und Org.psych., 1989, S. 40–46.
Paturi, F. R.: Der Rollentreppeneffekt oder wie man mühelos nach oben kommt. Reinbek 1972.
Scheuch, E. K./Scheuch, U.: Cliquen, Klüngel und Karrieren. Reinbek 1992.
Türk, K.: Neuere Entwicklungen in der Organisationsforschung. Stuttgart 1989.
Weber, M.: Wirtschaft und Gesellschaft. 2 Bde., Köln et al. 1964.

Militär, Führung im

Claus Frhr. v. Rosen

[s. a.: Delegative Führung; Helfendes Verhalten und Führung; Innovation und Kreativität als Führungsaufgabe; Organisationsstrukturen und Führung; Verantwortung; Zielsetzung als Führungsaufgabe.]

I. Führung im Militär als Phänomen; II. Begründung für eine spezifisch militärische Führungslehre und Führungstheorie; III. Grundlagen einer funktionalen militärischen Führungstheorie.

I. Führung im Militär als Phänomen

1. Der Gebrauch des Begriffs Führen/Führung ist im Militär weder einheitlich noch eindeutig. Mit ihm werden sehr unterschiedliche Phänomene bezeichnet. In einer sehr einfachen, direkt auf einen anderen Menschen bezogenen Weise handelt es sich um ein mehr persönliches An-die-Hand-Nehmen wie etwa beim Riegenführer im Sport. Als zweites wird von Führen in Beziehung zu bestimmten Organisations- oder Institutionsformen wie der Gruppe, dem Zug oder einem ganzen Heer gespro-

chen. In einem umfangreicheren, fast gesamtgesellschaftlichen Sinne kann Führung auch als eine Art Prinzip verstanden werden, nach dem Tätigkeiten zu ordnen, zu strukturieren, zu gestalten und zu beurteilen sind. In der ersten Hälfte dieses Jahrhunderts hatte ein derartiges Führungsprinzip in Deutschland gesellschaftspolitische Bedeutung.

Gemeinsam ist diesen drei Arten von Führung, daß sie *ein anders geartetes, im Militär originäres Handeln und Erleben* voraussetzen und darauf bezogen sind, ohne dies jedoch ersetzen zu können. Führen im Militär ist demnach gegenüber dem Kämpfen oder Fechten bzw. Bedienen und Einsetzen von Kampfmitteln oder Mensch-Maschine-Systemen zum militärischen Zweck *eine eigentümliche, abgehobene Handlungs- und Erlebensform*. Diese ist zwar nicht unabhängig von originär militärischem Handeln zu sehen, aber sie läuft nach eigenen Gesetzen ab. Dies beinhaltet die Gefahr, daß Führung sich verselbständigt oder gar dem militärischen Zweck zuwiderläuft.

2. Die erste Art wird als helfendes Verhalten (→*Helfendes Verhalten und Führung*) mit dem Begriff *Menschenführung* umschrieben. Sie ist nicht mit Erziehung zu verwechseln. Neben unmittelbarer Führung von Menschen geht es auch mehr vermittelnd um *Führung von Führungskräften* durch Koordinieren zur selbständigen Kooperation zum militärischen Zweck (*Roghmann* 1968). Fast 25% der Offiziere und Unteroffiziere sowie ein Großteil der Mannschaften sind als Spezialisten zur Kooperation zu führen. Dies ist eine immer mehr in den Vordergrund tretende Aufgabe der Menschenführung. Grundsätze der Beteiligung haben dabei konstitutive Bedeutung.

3. Bei der zweiten Art Führung geht es um die Herstellung, den Erhalt und den Einsatz von organisierter Kampfkraft zum und im Einsatz im Gefecht. Dies wird durch den Ausdruck „*ein Gefecht führen*" umschrieben und hat als *Strategie* bzw. *Taktik* spezielle Ausprägungen (*Bundesminister der Verteidigung* 1987). Ob es zwischen diesen beiden eine operative Ebene gibt, ist strittig (→*Strategische Führung*) (*Kutz* 1990). Der weitaus größte Teil der Offiziere und Unteroffiziere, besonders in den höheren Dienstgraden, wird in dieser Art von Führung eingesetzt. Sie geschieht überwiegend durch *Planung* (*Luhmann* 1975a) in Stäben (→*Organisationsstrukturen und Führung*). Sie erfährt z.Zt. im Militär starke Veränderungen aufgrund der immer kürzer werdenden Zeiträume zwischen dem Auftreten eines Problems, der Verfügung über die Planungsdaten, Maßnahmen und Mittel für die Ausführung im Gefecht und den Rückwirkungen von Erfolg oder Mißerfolg im Gefecht. Sie wird immer stärker zeitlich und räumlich in das originäre militärische Erleben und Handeln miteinbezogen, so daß ihre notwendige Beschränkung auf die planerischen Arbeiten gelegentlich schon verloren zu gehen droht.

4. Bei der dritten Art Führung handelt es sich um Reaktionen, mit denen im Militär auf Umwelt geantwortet wird. Während diese Schnittstelle früher entweder prinzipiell durch bestimmte militärische Werte und Normen im Sinne eines Bereichs sui generis oder im Einzelfall auf allerhöchster Ebene entschieden werden konnte, wird heute deutlich, daß im Militär selber, sei es durch Nachweis von *Legitimität* und *Akzeptanz*, sei es durch *Innovationen* (→*Innovation und Kreativität als Führungsaufgabe*), die dafür notwendigen Handlungen ansetzen müssen. Führung in diesem Sinn bildet auch eine wesentliche Grundlage für die *Integration des Militärs in die Gesellschaft*; sie gibt den Maßstab für die kritische Betrachtung und Beurteilung der Streitkräfte durch deren Umfeld; sie begründet die Attraktivität des Militärs für Bewerber und die Motivation zur gewissenhaften Erfüllung des Dienstes. Im großen erfolgt derartige Führungsarbeit häufig an besonderen Stellen in der Hierarchie. Für diese Art von Führung gibt es im Militär bisher keinen einheitlichen Begriff. Sowohl interne *Innovation* als auch *Öffentlichkeitsarbeit* gehören zu dieser Art *reflektierenden Bezugs auf die Umwelt* des Militärs (*Luhmann* 1974, 1975b).

5. Die Realität im Führungsalltag kennt diese analytisch sinnvolle und um der Effektivität der Praxis willen notwendige Dreiteilung kaum. Es sind meist nur Schwerpunkte der einen oder anderen Art von Führung auszumachen. (Es wäre sogar falsch anzunehmen, daß Menschenführung mehr in die untere militärische Hierarchieebene gehöre, während Planung hauptsächlich in den Stäben der mittleren und oberen Führung stattfände und Innovationen und Öffentlichkeitsarbeit durch das Ministerium zu erfolgen habe). Führungskräfte sind *durch Ausbildung* darauf vorzubereiten und die *Führungsorganisation* im Militär ist dementsprechend einzurichten. Dazu bedarf es einer Führungstheorie und Führungslehre. Für deren weitere Betrachtung wird unter *Führung im Militär ein spezielles Handeln und Erleben in den drei dargestellten Arten verstanden, mit der originäres militärisches Erleben und Handeln in erhöhtem Maße möglich wird*. Dazu werden andere Personen und/oder Mensch-Maschine-Systeme an oder mit Sachen zu einem Ziel gebracht, das funktional aus dem übergeordneten System der Politik stammt und den militärischen Zweck bestimmt.

II. Begründung für eine spezifisch militärische Führungslehre und Führungstheorie

1. Trotz jahrhundertelanger Erfahrungen mit Führung im Militär und Versuchen, eine militäri-

sche Führungslehre oder gar Führungstheorie zu begründen, kann man heute zu beidem kaum mehr als Ansätze mit mehr oder weniger großen Defiziten feststellen (*Reinfried* 1978). Das liegt nicht zuletzt daran, daß Führung im Militär bis in unsere Tage immer mehr als *Kunst* denn als eine *wissenschaftlich fundierte Theorie* verstanden worden ist. Versuche, besonders um die Wende vom 18. zum 19. Jahrhundert, militärische Führung als exakte Wissenschaft in der Nähe der Mathematik zu begreifen, mögen das Ihre dazu beigetragen haben. Die meisten Aussagen zu Führung im Militär sind nur normative Kunstlehren oder durch militärische Traditionen verbindlich festgeschriebene, handwerkliche Gebrauchsanweisungen (z.B. *Clarke* 1978). Sie entsprechen weder heutigen Standards, noch genügen sie den komplexen Problemen, mit denen Führung im Militär heute konfrontiert ist.

2. Bemühungen um eine theoriefähige und -geleitete Führungslehre sind in der Unternehmensverfassung (→*Unternehmensverfassung und Führung*) der Bundeswehr, der Konzeption *Innere Führung* des Grafen *Baudissin* aus den Gründungstagen der Bundeswehr, auszumachen (*Baudissin* 1969, 1982). Diese Führungslehre ist Ausdruck für eine neuartige Systematisierung von Führung im Militär und wurde besonders auf Erkenntnissen der Sozialwissenschaften und der Pädagogik aufgebaut (z.B. auf dem damals in den USA bedeutsamen Human-Relations-Ansatz):

Die Konzeption Innere Führung (*Ilsemann* 1971; *Picht* 1965; *Simon* 1980) hatte ihre sachlichen Grundlagen in der politischen und strategischen Situation der Bundesrepublik Deutschland nach 1945, im zu erwartenden Kriegsbild sowie in der waffentechnischen Entwicklung, mit der der Zweite Weltkrieg beendet wurde. In ihr hatte die Einbindung des Militärs ins gesellschaftliche Umfeld Aufnahme gefunden, ausgedrückt in den Formeln Primat der Politik, Primat der Person und Kampf der Weltanschauungen. Dadurch konnten in den 50er Jahren Probleme im politischen Umfeld aufgefangen werden, wie z.B., daß die Bundeswehr mit ehemaligen Kriegsgegnern in einem Bündnis zusammenarbeiten würde, der damals in der Bundesrepublik weitverbreitete „Ohne-mich-Standpunkt", die offene politische Frage des geteilten Deutschlands oder der aufkommende Kalte Krieg. Angesichts der allgemeinen und besonders der sicherheitspolitischen Veränderungen seit Ende der 80er Jahre in und um Deutschland mit ihren unmittelbaren Konsequenzen für Auftrag und Struktur der Streitkräfte (z.B. Out-of-Area-Einsätze bzw. Rapid-Reaction-Forces) wird die Konzeption Innere Führung grundlegend neu zu formulieren sein.

3. Die Grundlinien der Konzeption Innere Führung haben bisher nur geringe Bedeutung für die Entwicklung einer *Führungslehre in der Bundeswehr* gehabt. Statt dessen wird meist von zwei parallel nebeneinander bestehenden Führungslehren ausgegangen: Von der „*Inneren Führung*" als Unternehmensphilosophie und der früher in bewußtem Gegensatz dazu sogenannten *äußeren Führung als Managementtheorie* für die taktische und strategische Führung. Letztere war immer prominenter als erstere und wird weitgehend als die eigentliche militärische „allgemeine" Führungslehre verstanden, in die Aussagen der Inneren Führung nur als Spezialgebiet aufzunehmen sind. Es fehlt aber auch nicht an bedeutenden Stimmen, die den wechselwirkenden Zusammenhang beider Führungslehren in einer sogenannten „allgemeinen Führungslehre" betonen (*Maizière* 1971).

4. Ab Mitte der 60er Jahre lassen sich intensive Bemühungen an namhaften Instituten der Bundeswehr feststellen, die Defizite bei der Herausbildung einer militärischen Führungslehre zu überwinden (*Bundesminister der Verteidigung* 1972, 1987; *Driftmann* 1986; *Führungsakademie der Bundeswehr* 1978; *Krause* 1991; *Schule der Bundeswehr für Innere Führung* 1980). Dabei sind im wesentlichen zwei Wege auszumachen:

a) Zum einen werden die Erkenntnisse über Führung aus anderen Bereichen wie Wirtschaft und Politik und entsprechenden Wissenschaften aufgenommen und auf die militärische Führungssituation übertragen. Dies bietet sich an, weil vielfältige Wechselbeziehungen zwischen militärischer, wirtschaftlicher und politischer Führung schon immer Anstöße für die Weiterentwicklung betriebswirtschaftlicher und politologischer Führungslehren und -theorien gegeben haben. Andere sozialwissenschaftliche Disziplinen werden ebenso nach Erkenntnissen für die Entwicklung der militärischen Führungslehre befragt. Führungsrelevante Aussagen, z.B. der Rechtswissenschaft, der Volkswirtschaft, der Ethik oder der technischen und naturwissenschaftlichen Disziplinen, finden dabei jedoch nur schwer Eingang. Insgesamt kann daraus nicht viel mehr als ein *Theoriekonglomerat* bzw. eine Vielzahl von Handlungslehren je nach der bevorzugten wissenschaftlichen Theorie entstehen. Die Zweiteilung der Führungslehre in der Bundeswehr wird dadurch nicht überwunden. Organisations- und wirtschaftswissenschaftliche Aussagen sowie solche der Kybernetik und Informatik werden eher für die Bearbeitung der äußeren Führungslehre herangezogen; soziologische, psychologische, anthropologische und pädagogische Erkenntnisse finden eher Aufnahme in die Lehre der Inneren Führung.

b) Der zweite Weg führt über sozialempirische Untersuchungen von einzelnen Aspekten der

Führung im Militär. Dabei ist kein durchgängiges Konzept auszumachen. Als Forschungsschwerpunkte lassen sich jedoch Fragen nach dem Führer (Führerbild, Charakter, Führungsstil u. ä.), dem Geführten (Motivation, Sozialisation u. ä.) sowie nach der Führungssituation (Organisationsstrukturen, Führungsabläufe, Ideologien u. ä.) ausmachen. Schon die geringe Zahl dieser Untersuchungen erschwert deren Verarbeitung zu einer Führungslehre im Militär. Schwerer wiegt jedoch, daß dabei nur selten Vergleiche mit Führung außerhalb des Militärs angestellt und deshalb Besonderheiten militärischer Führung kaum angesprochen werden.

5. In beiden Fällen fehlt eine speziell vom Betrachtungsgegenstand Militär und dem ihm originären, spezifisch ausdifferenzierten Handeln und Erleben hergeleitete Fragestellung, d. h. eine Art *wehrwissenschaftlicher Ansatz*, in dem Führung eine Funktion im militärischen Handlungssystem ist.

6. Sinn einer *militärischen Führungslehre* ist, daß Führung im Militär zweckgerichtet gestaltbar wird. Das bedeutet: Handlungen der und Erwartungen an die Führung sind sachlich so zu vereinheitlichen, so allgemeingültig zu machen und so auf Dauer auszurichten, daß sie z. B. auch dann erwartbar sind, wenn Führungskräfte ausfallen oder die Lage derart unklar ist, daß nicht auf gesicherten Erkenntnissen aufgebaut werden kann. Die Führungslehre kann zum einen die Form von *Zielbeschreibungen unter Berücksichtigung der Mittel-*Frage haben; sie wird dann als *Doktrin* bezeichnet. Meist gelten Doktrinen für die obersten Führungsebenen der militärischen Hierarchie. Zum anderen gibt es Führungslehren als Beschreibung von *Ursachen* und *Wirkungen;* sie befassen sich mit Möglichkeiten und Grenzen des Machbaren. Zum dritten gibt es Führungslehren, die anwendungsbezogen *Strukturen* und *Prozesse* der Führung beschreiben; Fragen nach Effizienz und Effektivität sowie nach Sinn und Legitimation der Führung werden dabei weniger behandelt. Die dritte Form ist die gängige auf der unteren und der mittleren Führungsebene im Militär.

7. Sinn einer *Führungstheorie* ist, Möglichkeiten dafür zu schaffen, daß Führung im Militär in Praxis und Lehre an begründbaren Normenbezug gebunden ist. Dadurch sind vorgeblich wertneutrale, normenunabhängige oder archetypische Vorstellungen von Führung auszuschließen: Militär als Staat im Staate oder als Subkultur ebenso wie sozialtechnizistische oder bloß militärtechnische Vorstellung sowie Formen, die als sozialer Militarismus zu bezeichnen sind.

III. Grundlagen einer funktionalen militärischen Führungstheorie

1. Die *funktionale Ausdifferenzierung* (*Luhmann* 1974, 1975b) des Handlungssystems militärische Führung wurde, wie bereits dargestellt, schon in den 50er Jahren von der Gruppe Inneres Gefüge betont. Sie folgte dabei den wehrwissenschaftlichen Überlegungen von *Clausewitz* (1980, S. 990), daß „der Krieg... nichts als eine Fortsetzung des politischen Verkehrs mit Einmischung anderer Mittel" ist. Systemtheoretisch geht es darum, die *Grenze* und die *Beziehungen* zwischen dem *System* Streitkräfte-Führung und dessen *Umwelt* zu beschreiben. Diese Grenze unterscheidet zwischen *Kompatibilität* und *Inkompatibilität* von gesellschaftlichen/Umweltfaktoren und dem, was für das System funktional und notwendig ist. Dabei können verschiedene Grenz-„Abschnitte" von Bedeutung sein, wie z. B. das Welt-, Menschen- und Gesellschaftsbild, das Verständnis und die reale Verfaßtheit von Staat, Verwaltung, Ökonomie, Wirtschaft und Technik sowie das Bild und die Bewertung von Strategie und Krieg als politische Mittel.

a) Bei Führung im Militär ist von *systemeigenen Umweltbezügen* oder – anders ausgedrückt – vom Grundwertbestimmungen auszugehen. Zur Feststellung sachlicher Identität des Systems muß im Sinne einer Definition auf diese Grenze verwiesen werden können, ebenso bedarf jedes Mitglied dieser Grenze, um sich mit dem System identifizieren und die Grenzen der Belastung durch seine Mitgliedschaft abschätzen zu können; nur durch derartige Verweisung bleibt das System auch auf Dauer berechenbar und legal. Vorstellungen, die in der Grenze nicht zugleich den Umweltbezug beachten, verkennen die Bedeutung des sozialen Umfeldes und können zeitlich und sachlich nur sehr begrenzte Antworten auf Führungserfordernisse geben.

(1) *Führungserfordernisse* ergeben sich aufgrund von *sachlicher Komplexität*, die durch verschiedene Hierarchieebenen, durch eine Vielzahl von Verknüpfungen oder durch unvermeidbare Grauzonen bzw. vorübergehende Leerstellen bedingt ist, so daß letztlich nur der funktional zu bewertende Erfolg Kriterium für die Richtigkeit von Führung ist. Zum anderen entstehen Führungserfordernisse aus der *Eigendynamik*, mit der Führung bereits die Umstände und Ziele, auf die sie ausgerichtet ist, ebenso beeinflußt wie mit den eingesetzten Führungsmitteln. Zum dritten verlangen Zufälligkeiten und Wahrscheinlichkeiten aus *sozialer Verschiedenheit* nach Führung. Dies fordert insgesamt mehr sachlichen Freiraum, mehr Berücksichtigung von Zeit und Ablaufverschiebungen und mehr Toleranz gegenüber sozialem Dissens um Ziele, Wege und Mittel von Führung, als technizistische Modelle zulassen.

(2) Führung im Militär muß demnach auf spezielle Problemkomplexe, Spannungsverhältnisse, Anomalien und *Paradoxien* (→*Führungsdilemmata*) aufgrund des sozialen Umfeldes Antwort geben:

- Traditionsbedingte abendländische und demokratische *Gesellschaftsordnung* mit ihren politischen Zielsetzungen, Herausforderungen und Voraussetzungen sowie rechtsstaatliche Staatsordnung mit ihren Gesetzen und den darin auch aufgenommenen internationalen Verpflichtungen des Völkerrechts begrenzen Führung im Militär (*Bundesminister der Verteidigung* 1975). Sie *humanisieren Krieg*. Sie verhindern, daß Politik auf die Spitze des Schwertes reduziert wird, was sich immer wieder als untauglich erwiesen hat.
- Persönliches Können, Selbstwert sowie Individualität sowohl des Führers in dessen Führungskunst als auch im mitdenkenden Gehorsam des Geführten entsprechen dem abendländischen Menschenbild und sind *in Gesetzen abgesichert*.
- Planung und Zentralisierung finden ihre Grenzen in den Eigenheiten, der Eigendynamik und dem Eigengewicht des originär militärischen Handelns im Kampf und Fechten an der *Basis der Hierarchie* sowie an der *Peripherie von Führung*.
- *Wertmäßig gebundener Erfolg* unter Beachtung der Nebenwirkungen ist der einzige Maßstab, an dem Führung gemessen werden kann; noch so saubere Routinearbeit oder Erfolg „um jeden Preis" können kontraproduktiv und sogar destruktiv sein.
- Um →*Verantwortung* und Vollmacht wirksam werden zu lassen, sind *Führung mit Aufträgen* (→*Delegative Führung*; *Zielsetzung als Führungsaufgabe*) seit zwei Jahrhunderten in deutschen Heeren entwickelte und erprobte Führungsmittel.
- Eigenheiten und Dynamik der Technik im elektronischen und atomaren Zeitalter verbieten, die dadurch gesteigerte militärische Macht, Feuer- und Zerstörungskraft gottgeben als Naturereignisse hinzunehmen, sie verlangen deren *ethische und moralische Bindung*: daß nicht alle verfügbare Macht einsetzbar und nicht alles erlaubt ist, was möglich wäre. Der so gebundene Führer und Geführte entspricht dem Leitbild *Staatsbürger in Uniform*.

b) Militärische Führung ist nur dadurch *funktional zu begründen*, daß sie als Handlungssystem aus Gesellschaft und Politik ausdifferenziert ist. Dadurch wird sie *legal*, gesellschaftlich *erwart- und berechenbar* sowie mit der notwendigen unverwechselbaren Eigentümlichkeit ausgestattet. Die Grenze bezeichnet somit die *Unvergleichbarkeit* und *Inkompatibilität* von militärischer Führung mit allen anderen gesellschaftlichen Subsystemen und begründet, warum militärische Führungsspezifika nicht Fehler, sondern *funktional notwendig* sind:

(1) Führung im Militär muß *bei, mit und trotz Ausfall* von Führungskräften und -strukturen erfolgen und daher z. B. spezielle Antworten für Stellvertretung, Ersatz, Nachrücken, Wechsel und Aufgabenüberschneidung haben, so daß *im Sinne der übergeordneten Führung* auch dann weiter gehandelt wird, wenn die übergeordnete Führung selbst nicht erreichbar ist.

(2) Führung im Militär findet, wie *Clausewitz* (1980, S. 263) gesagt hat, „*im erschwerenden Mittel*" statt. Dies ist von den vier Gebieten des Krieges geprägt: der Gefahr, den körperlichen Anstrengungen, der Ungewißheit und dem Zufall. Hinzu kommen *menschlich im allgemeinen unübliche Handlungsweisen* wie: in die Gefahr hinein handeln zu müssen (das fordert Tapferkeit vom Soldaten), mit der Gefahr handeln zu müssen, begrenzte Vernichtung zu wollen und das Leben persönlich Nahestehender nicht schonen zu können, ja sogar opfern zu müssen (d. h. legal kalkuliert zu vernichten, zu zerstören und zu töten).

(3) Da Führung im Militär auf den selbständigen und unabhängig wirkenden Willen des Gegners bezogen ist, steht sie unter einem realen und zeitlichen *Handlungszwang* – dieser wird noch durch das Bedürfnis der Geführten nach Führung verstärkt, je schwieriger die Situation, desto stärker ist dieses Bedürfnis. Auch Nicht-Führung oder Entscheidungen, nichts zu tun, erhalten dadurch Führungsqualität und haben als potentielle Möglichkeit (z. B. die Reserve einsetzen zu können) bisweilen stärkere Wirkung, als deren tatsächliche Durchführung haben könnte. So gibt es neben den beiden klassischen Gefechtsarten auch die Verzögerung, bei der bewußt keine Entscheidung gesucht wird, sondern nur die Voraussetzungen für Angriff oder Verteidigung geschaffen werden.

(4) Bei Führung im Militär hat die *Eigendynamik von Führung* einen unüblich hohen Wirkungsgrad. Psychische und soziale Rückbezüge und selffulfilling prophecies sind daher von kaum überbietbarer Bedeutung: „Nichts ist erfolgreicher als Erfolg". Gewinn oder Verlust einer Schlacht bzw. eines Gefechts hängen oft nur an einem seidenen Faden; ist dieser jedoch gerissen, erfüllt sich der Rest fast wie ein Naturgesetz.

c) Als dritter Aspekt der Ausdifferenzierung hat Führung im Militär auch für die *eigene Systemstabilität* zu sorgen. Dazu gehören einerseits garantierte Sicherheit gegenüber der Außenwelt für die konfliktfreie, reibungslose, schnelle und zuverlässige Binnenreaktion im Sinne des Auftrages, z. B. dadurch, daß Einordnung, Konformität, sichere Routine und entsprechende soziale Bindungen gewährleistet werden. Andererseits sind Kreativität, Flexibilität, Anpassungsfähigkeit, Möglichkeiten zur Informationsverarbeitung, rationales Krisen- und Konfliktmanagement sowie Selbstregulierungskräfte für geordnete Reaktionen auf Umweltdynamik notwendig.

2. Auch wenn die gegenseitige Nähe der drei zu Anfang dargestellten Arten von Führung im Militär unverkennbar ist, diese in der Praxis nicht voneinander zu trennen sind und sogar aufeinander bezogen werden, so ist *jede Art doch prinzipiell für sich abgeschlossen und nicht auf eine andere zurückzuführen:*

a) So bezeichnete *Menschenführung (Fritzscher 1986; Steer 1989)* hat aus dem *ungleichen asymmetrischen Verhältnis* von Führer und Geführten *Gefolgschaft* der zu Führenden zu ermöglichen (→*Führungstheorien – Austauschtheorie*). Sie hat Spannungen und Konflikte zu regeln, die in der sozialen Führungssituation aufgrund des freien Willens der beteiligten Menschen unvermeidbar sind. Sie hat insgesamt diszipliniertes Miteinander beim gestellten Auftrag zu garantieren. Dabei hat sie Probleme zu überwinden, die sich z. B. aus Mißtrauen ergeben, aus Intoleranz, Unverträglichkeit sowie Ablehnung oder auch nur aus sachlichem Unvermögen, der Führungsaufforderung zu folgen. So allgemein diese Aufgabe für militärische Führungskräfte gelten mag, so ist doch nicht zu übersehen, daß Menschenführung im Militär zunehmend zu einer Spezialtätigkeit für nur noch ca. 25% der Offiziere und Unteroffiziere als führende Vorgesetzte von Verbänden, Einheiten oder Teileinheiten wird.

b) Als *Planung (Thomas 1978; Gerber 1978)* soll Führung „Entscheidungsprämissen für künftige Entscheidungen" festlegen, wie *Luhmann* sagt (1975a, 1974). Dazu nimmt sie im Sinne einer gedanklichen Vorwegnahme die vorhersehbaren Führungsprobleme und -möglichkeiten auf der Grundlage der bekannten Ist-Daten auf und verarbeitet sie sachlich nach dem Schema *Beurteilung der Lage* und dem Kalkül *Takt des Urteils*. Sie dient damit im Sinne der Entlastung, indem sie Lösungsmöglichkeiten anbietet, ohne die Lösungen bereits im Konkreten zu leisten oder gar leisten zu müssen. Dies wird für alle Ebenen der Streitkräfte nach der Lehre von *Führen mit Aufträgen* behandelt, die starke Ähnlichkeit mit *Management-by-Konzepten* hat.

c) *Zusätzliche neuartige Forderungen,* seien es Motivationsprobleme der Soldaten, seien es Legitimationsdefizite gegenüber der Gesellschaft, sei es aufgrund von Fehlern „im System" oder z. B. bedingt durch Veränderungen in der technischen Umwelt, treffen das Führungssystem als Ganzes. Nur wenn es in der Lage ist, darauf *selbständig und flexibel zu reagieren,* bleibt es weiter funktional bezüglich der Aufgaben, für die es ausdifferenziert ist. Auch wenn militärische Strukturen starr zu sein scheinen, wird bei genauem Hinschauen doch vieles deutlich, was als *Systemlernen,* als Führung durch Innovation und Kreativität (→*Innovation und Kreativität als Führungsaufgabe*) und *Öffentlichkeitsarbeit* zu bezeichnen ist: z. B. Arbeitsgliederungen, informelle Dienstwege und informelle Führer, formale Revisionen, Reformen und selbständige Truppenversuche, sowie Planungsstäbe, Projektgruppen, Sonderbeauftragte oder Untersuchungsausschüsse, die losgelöst von der eigentlichen Aufgabe und den hierarchischen Gliederungen arbeiten.

3. Die drei Arten von Führung im Militär sind ständig in *zwei unterschiedlichen* Ausformungen *(Systemtypen)* wirksam: Die erste beruht auf der verbindlichen Kraft der *Interaktion,* die andere auf der strukturellen Kraft von *Organisation.* Auch wenn letztere im Militär oft prominenter ist, weil sie leichter faßbar und zumindest in Friedens- und relativ geordneten Zeiten für die Systemstabilität wesentlich von Bedeutung ist, so haben die militärpsychologischen Untersuchungen von *Marshall* (1951; s. a. *Bigler* 1963) bis zu den Auswertungen des Falklandkrieges belegt, daß im Ernstfall/Einsatz die weniger greifbaren Interaktionssysteme, z. B. in der kleinen Kampfgemeinschaft, der Kameradschaft, im informellen Bereich, erlebt als inneres Gefüge, als Verhältnis zum „Alten" oder als Esprit de Corps, von größerer Bedeutung sind: Gerade weil sie weniger greifbar sind, können sie auch nicht so leicht zerschlagen werden; umgekehrt: sie wachsen sogar an Belastungen und bei Gefahren, wie bereits bei der Ausbildung in physisch und psychisch stark fordernden Übungen festzustellen ist. Beide Ausformungen werden für die untere und mittlere Führungsebene – wie gesagt – meist unter dem Doppelaspekt Struktur – Prozeß behandelt.

a) Wesentliche *Strukturen für Führung als Interaktion* sind die *Führungsposition,* die Geführtenpositionen sowie die Führungssituation, meist beschrieben als Lage mit Aufforderung zu bestimmtem originären militärischen Handeln und Erleben, dem Auftrag, und als Möglichkeiten mit bereitgestellten personellen und materiellen Mitteln. Ein nicht geringer Teil dieser Strukturen ist z. B. als Aufgaben, Pflichten, Rechte sowie Aufforderung zum mitdenkenden Gehorsam für Führer und Geführte im *Soldatengesetz* und, darauf aufbauend, in Verordnungen, Vorschriften und Befehlen verankert, damit erwartbar und sogar einklagbar. Sie haben besondere Bedeutung, wenn es um Probleme außerhalb alltäglicher Routine geht.

In diesem Sinn sind die *Konfliktregelungsmechanismen* (→*Konflikte als Führungsproblem*) der Wehrdisziplinarordnung, der Wehrbeschwerdeordnung, des Erlasses „Erzieherische Maßnahmen" sowie die Regelungen des Innendienstes und des Inneren Gefüges festgelegt: Dem Geführten soll der Führer seine Entscheidung begründen. Zuständigkeiten, Kompetenzen und Verfügungsmöglichkeiten über Führungsmittel sind nach Gesichtspunkten der Arbeitsteilung geregelt (z. B. nur der Führer hat Karte und Kompaß, der Stellvertreter erhält diese erst, wenn er an die Stelle des Führers tritt). Informations- und Meldewege sind in der hierarchischen Struktur vorgegeben.

b) Die *prozessuale Komponente von Führung als Interaktion* wird zum einen durch die gesetzlich geregelte Kameradschaft ausgedrückt. Diese bedeutet Hilfestellung allgemein von Uniformträger zu Uniformträger über das persönliche Freundschaftsband hinaus. Vom Führer werden zusätzlich Führungseigenschaften wie *Beispiel* und *Autorität* erwartet, die mehr vom Charakter bestimmt, schwer erlernbar und auch nur wenig deutlich im „Bild des militärischen Führers" zu fassen sind. Dem entsprechen beim Geführten *Treue, Loyalität* und *Motivation*. Handlungen der Führer müssen zum anderen geeignet sein, deren Umsetzung durch die Geführten zu garantieren. D. h., neben der sachlichen Komponente steht zugleich die *vertrauensbildende* (→*Vertrauen in Führungs- und Kooperationsbeziehungen*). Das bedeutet für den Führer: Sein Handeln muß selbständig, zielbewußt, optimistisch, innovativ und vorausschauend wirken; er muß Ziele selber setzen; er muß Personal und Material schonend einsetzen und dabei das Ziel optimal erreichen; er muß anderen, besonders übergeordneten Stellen Informationen über die eigenen Sonderheiten zukommen lassen; er muß verantwortlich und repräsentierend dastehen; zusätzlich wird von ihm verlangt, daß er die Geführten nach sachlichen Gesichtspunkten in die unterschiedlichen Aufgaben einsetzt und koordiniert, daß er ihnen die notwendige Selbständigkeit im übertragenen Bereich läßt, d. h. ihnen Ziele zuweist, Mittel dafür bereitstellt und Verfahren und Wege vorschlägt, und daß er sie über Veränderungen der Lage laufend informiert.

c) Bei *Führung als Organisation* (*Bundesminister der Verteidigung* 1972, 1987) sind wesentliche *Strukturelemente* der Führer, Führung als Interaktion, originäres militärisches Erleben und Handeln, die Führungsmittel (dazu gehören auch die geführten Truppen) sowie der Auftrag, der immer stärker in seiner erwarteten als in seiner momentan vorhandenen Form Bedeutung hat. Dazu wird Führung häufig nach sogenannten *Führungsgrundgebieten* differenziert. Neben der friedensmäßigen und der Grundgliederung der Truppe für den Einsatz kann je nach Aufgabe eine abweichende Gefechtsgliederung im voraus festgelegt oder auch kurzfristig eingenommen werden.

d) *Führung als Organisation* erfolgt unabhängig von Führungsgrundgebiet und Auftrag weitgehend nach gleichen Formen, dem sogenannten *Führungsvorgang*. Dieser wird idealiter als eine Art kybernetischer *Regelkreis* eines zielgerichteten Denk- und Handlungsablaufes verstanden:

(1) Lagefeststellung im Soll-Ist-Vergleich;
(2) Beurteilung der Lage anhand vorgegebener Standards und allgemeiner Maßstäbe;
(3) Planung und Umsetzung durch Befehle zur Durchführung sowie
(4) Lagekontrolle in Form eines erneuten Soll-Ist-Vergleichs.

Literatur

Baudissin, W. Graf von: Nie wieder Sieg – Programmatische Schriften 1951–1981. München 1982.
Baudissin, W. Graf von: Soldat für den Frieden – Entwürfe für eine zeitgemäße Bundeswehr. München 1969.
Bigler, R. R.: Der einsame Soldat – Eine soziologische Deutung der militärischen Organisation. Frauenfeld 1963.
Bundesminister der Verteidigung – Führungsstab des Heeres – III 6 (Hrsg.): Führungssystem des Heeres (TF/S) – HDv 100/200. Bonn 1972.
Bundesminister der Verteidigung – Führungsstab des Heeres – III 6 (Hrsg.): Rechtsgrundlagen für die Truppenführung (TF/R) – HDv 100/600. Bonn 1975.
Bundesminister der Verteidigung – Führungsstab des Heeres – III 2 (Hrsg.): Truppenführung (TF) – HDv 100/100 VS-NfD.. 2. A., Bonn 1987.
Clarke, B. C.: Leitfaden für Führer und Kommandeure. Regensburg 1978.
Clausewitz, C. von: Hinterlassenes Werk – Vom Kriege. 19. A., Bonn 1980.
Driftmann, H. H. (Hrsg.): Allgemeine Führungslehre – Führung in der Bundeswehr – Leitfaden für Lehre und Praxis. Regensburg 1986.
Fritzscher, W. et al.: Truppenpsychologie – Psychologische Führungshilfen für die Truppenpraxis. München 1986.
Führungsakademie der Bundeswehr – Fachgruppe Betriebs- und Organisationswissenschaften (Hrsg.): Allgemeine Führungslehre – Gesamtkonzept. Regensburg 1978.
Gerber, J.: Beiträge zur Betriebswirtschaftslehre der Streitkräfte. Regensburg 1978.
Ilsemann, C.-G. von: Die Bundeswehr in der Demokratie, Zeit der Inneren Führung. Hamburg 1971.
Krause, A.: Das Führungs- und Organisationssystem der Bundeswehr – Modellprofile. Diss. Hamburg 1991.
Kutz, M.: Realitätsflucht und Aggression im deutschen Militär. Baden-Baden 1990.
Luhmann, N.: Soziologische Aufklärung (1) – Aufsätze zur Theorie sozialer Systeme. Opladen 1974.
Luhmann, N.: Politische Planung – Aufsätze zur Soziologie von Politik und Verwaltung. Opladen 1975a.
Luhmann, N.: Soziologische Aufklärung (2) – Aufsätze zur Theorie der Gesellschaft. Opladen 1975b.
Maizière, U. de: Bekenntnis zum Soldaten. Militärische Führung in unserer Zeit. 2. A., Hamburg 1971.
Marshall, S. L. A.: Soldaten im Feuer – Gedanken zur Gefechtsführung im nächsten Krieg. Frauenfeld 1951.
Picht, G. (Hrsg.): Studien zur politischen und gesellschaftlichen Situation der Bundeswehr. 3 Bde. Witten 1965.
Reinfried, H./Walitschek, H. F. (Hrsg.): Die Bundeswehr – Eine Gesamtdarstellung in 14 Bänden. Regensburg 1978.
Roghmann, K.: Führerschaft im Militär. In: KZSS 1968, Sonderheft 12, S. 221–238.
Schule der Bundeswehr für Innere Führung (Hrsg.): Menschenführung in den Streitkräften – Dokumentation eines Impulsseminars. Koblenz 1980.

Simon, U.: Die Integration der Bundeswehr in die Gesellschaft – Das Ringen um die Innere Führung. Diss. Heidelberg et al. 1980.
Steer, A. (Hrsg.): Menschen führen im Heer. Beitrag zur Menschenführung im Heer. Frankfurt/M. 1989.
Thomas, M. J.: Militärisches Führen und Entscheiden. Heidelberg et al. 1978.

Mitarbeiterführung – Entwicklungstendenzen

Rolf Wunderer

[s. a.: Führungsforschung – Führung in der Bundesrepublik Deutschland, in Österreich und in der Schweiz; Führungsforschung/Führung in Nordamerika; Führungsforschung und Betriebswirtschaftslehre; Moden und Mythen der Führung; Organisationskultur und Führung; Unternehmerische Mitarbeiterführung; Verhaltensdimensionen der Führung.]

I. Allgemeine Tendenzen; II. Entwicklungstendenzen; III. Überlegungen zur weiteren Entwicklung.

I. Allgemeine Tendenzen

In der Führungsforschung zeigte sich in den letzten fünf Jahren eher ein Stillstand in den konzeptionellen und methodischen Ansätzen. Im Vordergrund stand die Replikation von Modellen und Theorien in Sammelwerken (vgl. *Bass* 1990; *Neuberger* 1994; *v. Rosenstiel/Regnet/Domsch* 1993; *Wunderer* 1993a; *Wunderer* 1994b sowie diesen Band), die schon ab den sechziger Jahren entwickelt wurden (vgl. auch *Wunderer* 1985a, 1987). Evaluationsstudien, besondere Anwendungsbedingungen, breiterer Einbau in Konzepte der Unternehmensführung sowie in das Personalmanagement sind Beispiele dafür. Andere sind die verstärkte multikulturelle Perspektive, die Integration in Konzepte der Informationstechnologien oder die Analyse spezifischer Führungssituationen, z. B. Krisen.

Die Führungspraxis zeichnet sich durch eine vermehrte Berücksichtigung und Umsetzung der theoretischen Führungsdiskussion aus. Sie rangiert auch die Führungsaufgabe für die neunziger Jahre an die erste Stelle von 18 abgefragten Personalfunktionen (*Wunderer/Kuhn* 1993). Immer mehr akademisch ausgebildete Spezialisten für Führung und Personalmanagement sind in der Wirtschaft tätig. Dies gilt besonders für Unternehmens-, Management- und Personalberatungen. Hier wird der Nachwuchs überwiegend aus dem Hochschulbereich rekrutiert (→*Rekrutierung von Führungskräften*). Durch diese Entwicklung werden Lücken zwischen theoretischer Diskussion und praktischer Anwendung zunehmend verringert.

Schließlich sind die Hochschullehrer heute noch enger mit der Praxis verbunden. Dies fördert auch die Durchführung kooperativer Entwicklungsprojekte, z. T. in mehrjähriger Zusammenarbeit.

Neue Entwicklungen beginnen zumeist in den USA (→*Führungsforschung/Führung in Nordamerika*). Die größere Anzahl von Managementforschern, der Forschungs- und Veröffentlichungsdruck sowie die starke Betonung dieser Thematik im amerikanischen Sprachraum dürften die wesentlichen Gründe dafür sein. Leider findet man kaum langfristig verfolgte Fragestellungen oder Längsschnittstudien. Bei deutschsprachigen Hochschulen steht die Replikation und kritische Analyse bzw. Evaluation (vgl. *Reber/Böhnisch* 1987; *Reber/Jago/Böhnisch* 1993) sowie die Anwendung in Aus- und Fortbildung im Vordergrund.

II. Entwicklungstendenzen

Im folgenden werden wesentliche Entwicklungstendenzen in Form von – subjektiv ausgewählten – Thesen charakterisiert.

1. Der Fokus der Führungsdiskussion wird erweitert

In der Tradition der Sozialwissenschaften – v. a. der Psychologie (→*Führungsforschung und Organisations-/Sozialpsychologie*) – stehen die Führungsperson sowie deren Einflußbeziehungen auf die Mitarbeiter im Zentrum. Die Erweiterung der Perspektive betrifft drei Dimensionen: die vertikale und laterale sowie die organisationsbezogene.

In der vertikalen Perspektive ist es einmal die Einbeziehung nächsthöherer Vorgesetzter, die gerade in personalpolitischen Fragen oft mehr Einfluß als direkte Führungskräfte haben (→*Führung durch den nächsthöheren Vorgesetzten*; *Weibler* 1994). Zweitens wird zunehmend die aktive Einflußrolle von Mitarbeitern diskutiert. Die „Führung des Chefs" (→*Führung von unten*; *Wunderer* 1992a) hat gerade in High-Tech-Unternehmen ganz besondere Bedeutung, da die Führungskraft nicht mehr den fachlichen Einblick in alle Spezialgebiete ihrer Mitarbeiter haben kann. Die „Führung nach oben" wird nun vermehrt nach Einflußstrategien und -typen systematisch und empirisch erfaßt.

In der horizontalen Dimension steht die Beeinflussung von Kollegen und durch Kollegen im Mittelpunkt – v. a. bei der Zusammenarbeit mit anderen Organisationseinheiten. Sie gewinnt mit wachsender Dezentralisierung und Ausdifferenzierung an Bedeutung und stellt nach unseren Analysen die größte Konfliktquelle der Einflußbeziehungen dar (vgl. *Wunderer* 1985b, 1991a).

2. Führung wird in umfassendere Steuerungskonzepte integriert

Mitarbeiterführung wird nicht mehr nur als Problem einer dyadischen Vorgesetzten-Mitarbeiterbeziehung verstanden. Sie wird auch als integrierter Teil der Unternehmensführung gesehen (*Bleicher* 1992; *Macharzina* 1993). Dies zeigt sich schon bei der Formulierung von Unternehmensleitbildern und →*Führungsgrundsätzen*. Strategische Führung wird damit in ähnlicher Weise behandelt wie andere Teilfunktionen, z.B. strategisches Personalmanagement oder Marketing. Dazu gehören auch konzeptionelle Überlegungen, inwieweit man die Führungskraft als kleinste Wertschöpfungseinheit verstehen und entwickeln könnte (*Wunderer* 1994c).

3. Führung als Selbststeuerungskonzept wird zunehmend diskutiert

Mitarbeiterführung unter Aspekten der Selbststeuerung (→*Selbststeuernde Gruppen, Führung in*; →*Selbststeuerungskonzepte*) wird von folgenden Überlegungen gestützt; die *Systemtheorie* hat den Gesichtspunkt der Selbstorganisation (*Gomez* 1990; *Kieser* 1994; *Probst* 1987) besonders hervorgehoben; die *Lerntheorie* (*Manz* 1986; *Manz/Sims* 1987; *Sims/Lorenzi* 1992) thematisiert vermehrt die Funktion der Selbstentwicklung; Konzepte der →*delegativen Führung* stellen die bessere Anpassungsfähigkeit und größere Motivation der Mitarbeiter bei Übertragung selbständiger Kompetenzen heraus („Empowerment" vgl. *Thomas/Walter* 1993); führungsorganisatorische Ansätze zur vermehrten Bildung von Wertschöpfungseinheiten (*Wunderer* 1992b) thematisieren zusätzlich die Erfolgsverantwortung („Business-Dimension"). Daneben wächst die Einsicht, daß Führung von anderen eine befriedigende Selbstführung und -organisation voraussetzt; Titel einschlägiger Lehrbücher (z.B. *Kälin/Müri* 1985) zeigen dies an.

4. Interaktionelle Führung erhält größeres Gewicht

Man kann in der Führung zwei Dimensionen differenzieren; das wird auch in unserer Definition deutlich: Führung ist „zielgerichtete soziale Einflußnahme zur Erfüllung gemeinsamer Aufgaben in/mit einer strukturierten Arbeitssituation" (*Wunderer/Grunwald* 1980, S. 62). *Strukturelle Führung* geschieht v. a. über organisatorische Entscheide zur Aufbau- und Ablauforganisation („harte Strukturführung") sowie über die Formulierung und das Leben gemeinsam geteilter Werthaltungen, also die Förderung der Führungskultur („weiche Strukturführung"). Während in den achtziger Jahren Diskussionen zur strukturellen Führung sowie zur Substitution interaktioneller Führung durch strukturelle Maßnahmen („Substitutes for Leadership" – vgl. →*Führungstheorien – Theorie der Führungssubstitution*; *Weibler* 1993) im Vordergrund standen, zeichnet sich wieder ein Wandel ab. Nach unseren Prognosestudien (vgl. *Wunderer/Kuhn* 1992, 1993) mit Experten des Personalwesens wird die interaktionelle Führung wieder an Gewicht gewinnen. In der akademischen Diskussion ist dies mit dem Vordringen *charismatischer* und *transformativer* Führungskonzepte (→*Führungstheorien – Charismatische Führung*; →*Transaktionale und transformationale Führung*) zu belegen (vgl. *Avolio/Bass* 1988; *Bass* 1990). In die gleiche Richtung geht die vermehrte Diskussion kooperativer Führungsformen (→*Kooperative Führung*).

Generell wird für die Zukunft eine besondere Bedeutung der personen- und interaktionsorientierten „Leadership" prognostiziert, die allerdings nach der Einschätzung von Experten weniger befriedigend praktiziert bzw. entwickelt werden kann als klassische Managementfunktionen wie Planen, Entscheiden, Organisieren (*Wunderer/Kuhn* 1993). Wir sehen aber mehr in der strukturellen Führung einen wichtigen Gestaltungsansatz (vgl. III.).

5. Weiche Führungsmuster werden mehr beachtet

Im Kontext mit der stärker beachteten interaktionellen Führung wurden aber auch Werte der Führung und Kooperation zu einem Schwerpunkt der strukturellen Führungsforschung und -praxis (vgl. *Wunderer/Kuhn* 1993). Die besondere Betonung der Unternehmens-, Führungs- und Kooperationskultur (→*Organisationskultur und Führung*; *Deal/Kennedy* 1987; *Neuberger/Kompa* 1987) sowie Ansätze zur →*symbolischen Führung* (vgl. auch *Neuberger* 1988; *v. Rosenstiel* 1992) belegen dies. In die gleiche Richtung geht die Konzeption neuerer internationaler Studien (*House* et al.).

6. Die Kommunikationsfunktionen und -instrumente erhalten größeres Gewicht

Führung wird wieder zunehmend als Kommunikationsaufgabe verstanden (→*Kommunikation als Führungsinstrument*), die dabei möglichst persönlich sowie von und mit den direkten Vorgesetzten wahrgenommen werden muß. Dies erwarten auch die Mitarbeiter in zunehmendem Maße. Und der Einsatz von Führungsinstrumenten, wie z.B. regelmäßige Besprechungen, Mitarbeitergespräche, aber auch abteilungsübergreifende Kommunikation sind dafür ein weiterer Beleg. In die gleiche

Richtung geht die verstärkte Diskussion konsultativer und kooperativer Führungsstile (→*Konsultative Führung*; →*Kooperative Führung*), die wieder fast gleichberechtigt bzw. kombiniert mit delegativen Führungsleitbildern (→*Delegative Führung*) entwickelt und implementiert werden. Schließlich gehören dazu auch Überlegungen, die Mitarbeiterkommunikation in übergeordnete Kommunikationskonzepte (v. a. Unternehmenskommunikation) einzubinden; dies insbesondere im Rahmen des Personalmarketing (*Wunderer* 1991c).

7. Die Motivationsfunktion der Führung bleibt im Zentrum

B. Bass (1960) interpretierte Führung als „wahrgenommene Anstrengung zur Veränderung der Motivation oder Gewohnheiten anderer". In der akademischen Diskussion werden dabei Inhaltstheorien der Motivation (bei inhaltstheoretischer Betrachtung sollte aber nach den zentralen Rollen der Person differenziert werden – vgl. *Wunderer* 1993b) zunehmend von kognitiven Prozeßtheorien abgelöst. Wenn man mit diesen Beschreibungsansätzen argumentiert, dann steht die Beeinflussung der Valenz (v. a. Bedeutung von Werten und Zielen) im Vordergrund, z. B. über transformative Führung (*Avolio/Bass* 1988). Sinnstiftende bzw. -vermittelnde Aufgaben der Führung rücken damit zunehmend in den Mittelpunkt. Unternehmens- und Führungsleitbilder sollen dies über strukturelle Führung unterstützen (*Wunderer/Klimecki* 1990). Aber auch die Instrumentalität und Erfolgserwartung werden diskutiert – allerdings noch wenig inhaltlich und praxisorientiert. Weiter werden klassische Anreizkonzepte – meist auf extrinsische Belohnungen ausgerichtet – zunehmend in Frage gestellt (*Sprenger* 1991).

Auch wird gefordert, verstärkt Aspekte der Selbstmotivation zu berücksichtigen. Weiterhin sind Fragen der Motivierung von Führungskräften durch ihre Mitarbeiter zu diskutieren.

8. Führung als Personalentwicklungsansatz wird vermehrt diskutiert und praktiziert

Die Führungskräfte werden zunehmend als Personalverantwortliche verstanden. Dezentralisierung, Selbstorganisation, delegative Führung, Lean-Management sind Schlagworte dafür. Der Selbstentwicklungsansatz delegiert die Verantwortung für die Weiterentwicklung schließlich v. a. auf die Mitarbeiter selbst. Damit gewinnen On-the-job-Entwicklungsmaßnahmen besondere Bedeutung (vgl. *Wunderer/Kuhn* 1992, 1993), insbesondere solche, die ich als führungsorientiert bezeichne – also v. a. →*Coaching*; →*Mentoring* (vgl. *Wunderer* 1988). Auch der Führungsstil selbst wird verstärkt als zentrales Mittel zur Förderung der Personalentwicklung „on-the-job" diskutiert. Andererseits wird Personalentwicklung zunehmend in die Organisationsentwicklung integriert – häufig unter dem Schlagwort der „Lernenden Organisation" (*Sattelberger* 1991).

In den letzten Jahren haben Führungsfragen sowohl an Universitäten bzw. Fachhochschulen wie auch im Weiterbildungssektor deutlich an Gewicht gewonnen (→*Ausbildung an Managementinstitutionen*). Führung steht auch bei Umfragen und Prognosestudien zu Fortbildungsinhalten der Praxis und akademischen Ausbildung an oberster Stelle. Führung wird dabei zunehmend als lernbar postuliert. Die einschlägigen – meist amerikanischen – Bücher (z. B. *Bennis* 1989; *Conger* 1992; *Würtele* 1993) sowie die kaum noch überblickbaren Fortbildungsangebote sind Belege dafür. An seriöser und differenzierter Forschung dazu mangelt es allerdings immer noch.

9. Führungsmodelle werden vor allem organisationsspezifisch entwickelt

Während in der theoretischen Diskussion zu →*Führungsmodellen* in den letzten Jahren keine wesentlich neuen Ansätze mehr vorgelegt wurden, werden in der Führungspraxis vermehrt organisationsspezifische Führungskonzepte selbst entwickelt und eingeführt. „Konfektion" wird damit durch „Maßarbeit" zu ersetzen versucht.

10. Führung wird systematisch in das Controlling-Konzept integriert

Die bisher isolierte, wenig systematisch und selten regelmäßig (Ausnahmen sind Personalbeurteilungen [→*Personalbeurteilung von Führungskräften*] und „Assessments") durchgeführte Evaluation von Führungswissen, -einstellungen, -verhalten, -wirkungen und -instrumenten sowie von zentralen Situationsvariablen auf den Führungserfolg wird neuerdings in Wissenschaft und Praxis in umfassende Konzepte eines *Personal-Controlling* eingebaut (*Wunderer/Schlagenhaufer* 1994). Nur sehr wenige Unternehmen (vgl. z. B. *Steinbichler/Laber/Torka* 1994) haben solche Konzepte aber schon realisiert – noch wenigere in methodisch fundierter Weise.

11. Klassische Führungsansätze werden wieder modern

Mit dem Aufkommen führungsorientierter charismatischer Theorien (*Avolio/Bass* 1988; *Bass* 1990) hat auch der Eigenschaftsansatz (→*Führungstheorien – Eigenschaftstheorie*) wieder an Bedeutung gewonnen – dabei mit zunehmend situationsbezogener Ausrichtung. Es geht also um die besondere Begabung von Führern, andere zu inspirieren und zu begeistern. In diesem Zusammenhang werden Führungsanforderungen und Eigenschaften wieder vermehrt diskutiert (*Wunderer* 1994c). Ein Grund dafür sind die zuvor angesprochenen charismatischen Führungstheorien sowie die von den USA beeinflußte Neigung, Führungserfolg speziell mit bestimmten Führungseigenschaften zu erklären. Dabei stehen die Schlüsselqualifikationen der →*sozialen Kompetenz*, der Innovationsfähigkeit (→*Innovation und Kreativität als Führungsaufgabe*) und unternehmerischen Orientierung sowie der Mitarbeiterentwicklung und -auswahl im Vordergrund.

Es scheint zweckmäßig, die Voraussetzungen und Grenzen personalistischer – v. a. charismatischer – Führungstheorien auch empirisch näher zu erforschen.

Die früher beherrschende Situationstheorie der Führung (→*Führungstheorien – Situationstheorie*) wird nun nicht mehr so modellhaft generalisiert wie früher (z. B. *Fiedler* 1967; *Reddin* 1970), sondern findet spezifischere Anwendung, z. B. für Transformationsprozesse (*Wunderer* 1994c).

Ebenso werden rollentheoretische Ansätze (→*Führungstheorien – Rollentheorie*) zunehmend verwendet (vgl. z. B. *Staehle* 1991; *Neuberger* 1994; *Wunderer* 1991b). Die Anforderungen an eine Position (→*Stellenbeschreibung als Führungsinstrument*) können damit verhaltensbezogener, ganzheitlicher und zugleich anschaulicher definiert werden als mit Stellenbeschreibungen. Schließlich sind damit Konzepte der Rollendifferenzierung und interpersonellen Rollenteilung (z. B. in einer Führungs- oder Arbeitsgruppe) systematischer zu gestalten.

Relativ breit werden auch Aspekte mikropolitischen Verhaltens (*Neuberger* 1994) diskutiert, wobei aber fast nur Führungskräfte thematisiert sind (→*Mikropolitik und Führung*). Hier geht es um Beeinflussungstaktiken, die z. T. sogar machiavellistische Züge aufweisen. Die *ökonomische Theorie* zeigt immer noch wenig Einfluß auf die Erklärung von Führungsprozessen. Die Diskussion um „Lean-Leadership" könnte dazu einen Anstoß aus der Praxis geben. Die Transaktionskostentheorie sowie der Property-Rights-Ansatz wären dabei besonders geeignete Erklärungsmuster (*Wunderer* 1994a).

III. Überlegungen zur weiteren Entwicklung

Diese beziehen sich nicht auf spezielle Aspekte der Führungsforschung. Vielmehr werden ausgewählte und übergreifende Themen angesprochen, die Praxis und Theorie gleichermaßen betreffen.

Die wichtige Integration der Mitarbeiterführung in die Unternehmensführung kann u. E. noch nicht den Schlußstein bilden. Interessant wäre noch die Integration mit Konzepten der Wirtschaftsordnung und -politik. Daraus läßt sich z. B. ein Konzept →*unternehmerischer Mitarbeiterführung* ableiten, das sich die Aufgabe stellt, Mitarbeiter v. a. durch strukturelle Führungsmaßnahmen zu mehr innovativem, integrativem und selbständigem bzw. selbstverantwortlichem Handeln zu entwickeln und zu motivieren (*Wunderer* 1994c).

Auch in diesem Zusammenhang könnte die Diskussion um Selbstorganisation, Selbstführung und Selbstmanagement noch verstärkt und konkretisiert werden. Denn hier finden sich mehr normative Forderungen bzw. Konzepte als Vorschläge zur Umsetzung.

Ebenso wäre es sinnvoll, für die strategische Mitarbeiterführung geschlossenere Konzepte zu entwickeln. Damit würde auch die Mitarbeiterführung noch stärker in das Personalmanagement und die Unternehmensführung integriert.

Literatur

Avolio, B./Bass, B.: Transformational Leadership, Charisma, and Beyond. In: *Hunt, J. G./Baliga, B. R./Dachler, H. P./Schriesheim, C. A.* (Hrsg.): Emerging Leadership Vistas. Lexington 1988, S. 29–49.
Bass, B.: Leadership by Psychology and Organizational Behavior. New York 1960.
Bass, B. (Hrsg.): Bass & Stogdill's Handbook of Leadership. 3. A., New York/London 1990.
Bennis, W.: On Becoming a Leader. Reading/Mass. 1989 (deutsch: Führen lernen. Frankfurt/M. 1990).
Bleicher, K.: Das Konzept Integriertes Management. 2. A., Frankfurt/M. 1992.
Conger, J.: Learning to Lead. San Francisco 1992.
Deal, T./Kennedy, A.: Corporate Cultures – The Rites and Rituals of Corporate Life. Reading/Mass. 1982 (deutsch: Unternehmenserfolg durch Unternehmenskultur. Bonn 1987).
Fiedler, F.: A Theory of Leadership Effectiveness. New York et al. 1967.
Gomez, P.: Autonomie durch Organisation. In: *Bleicher, K./Gomez, P.* (Hrsg.): Zukunftsperspektiven der Organisation. Bern 1990, S. 99–113.
House, R. et al.: A Multi-Nation Cross Cultural Study of Leadership and Organizational Cultures (laufendes Forschungsprojekt).
Kälin, K./Müri, P.: Sich und andere führen. Thun 1985.
Kieser, A.: Fremdorganisation, Selbstorganisation und evolutionäres Management. In: ZfbF, 1994, S. 199–244.
Macharzina, K.: Unternehmensführung. Wiesbaden 1993.
Manz, C. C.: Self-Leadership: Toward an Expended Theory of Self-Influence Processes in Organizations. In: AMR, 1986, S. 585–600.
Manz, C. C./Sims, H. P.: Leading Workers to Lead themselves: The External Leadership of Self-Managing Workteams. In: ASQ, 1987, S. 106–128.
Neuberger, O.: Führung (ist) symbolisiert. Plädoyer für eine sinnvolle Führungsforschung. Düsseldorf 1988 (Schriften der Deutschen Gesellschaft für Personalführung, Bd. 52).
Neuberger, O.: Führen und geführt werden. 4. A., Stuttgart 1994

Neuberger, O./Kompa, A.: Wir, die Firma. Der Kult um die Unternehmenskultur. Weinheim 1987.
Probst, G. J. B.: Selbst-Organisation: Ordnungsprozesse in sozialen Systemen aus ganzheitlicher Sicht. Berlin et al. 1987.
Reber, G./Böhnisch, W.: Theoriegeleitete Führungstrainings – Eine Auseinandersetzung mit dem „Managerial Grid", dem „Leader Match Konzept Fiedler's" und dem „Vroom-Yetton-Modell". In: *Gaugler, E.* (Hrsg.): Betriebliche Weiterbildung als Führungsaufgabe. Wiesbaden 1987, S. 45–68.
Reber, G./Jago, A.G./Böhnisch, W.: Interkulturelle Unterschiede im Führungsverhalten. In: *Haller, M./Bleicher, K./Brauchlin, E.* et al. (Hrsg): Globalisierung der Wirtschaft. Einwirkungen auf die Betriebswirtschaftslehre. Bern et al. 1993, S. 217–241.
Reddin, W. J.: Managerial Effectiveness. New York 1970.
Rosenstiel, v. L.: Symbolische Führung. In: io-Managementzeitschrift, 1992, Heft 3, S. 55–58.
Rosenstiel, v. L./Regnet, E./Domsch, M. (Hrsg.): Führung von Mitarbeitern. 2. A., Stuttgart 1993.
Sattelberger, Th. (Hrsg.): Die lernende Organisation: Konzepte für eine neue Qualität der Unternehmensentwicklung. Wiesbaden 1991.
Sims, H.-P./Lorenzi, P.: The New Leadership Paradigm. Social Learning in Cognition in Organizations. Newbury Park, C. A. et al. 1992.
Sprenger, R. K.: Mythos Motivation. Frankfurt/M. 1991.
Staehle, W. (Hrsg.): Handbuch Management: Die 24 Rollen der exzellenten Führungskraft. Wiesbaden 1991.
Steinbichler, E./Laber, H./Torka, W.: Personal-Controlling in der Bayerischen Vereinsbank AG. In: *Wunderer, R./Schlagenhaufer, P.*: Personal-Controlling. Stuttgart 1994, S. 151–167.
Thomas, K./Walter, G.: Testing and Redefining an Interpretative Model of Empowerment. Unpubl. Paper, National Meeting of the Academy of Management 1993.
Töpfer, A./Poersch, M.: Aufgabenfelder des betrieblichen Personalwesens für die 90er Jahre. Frankfurt/M. 1989.
Weibler, J.: Neue Technologien und die Substitution von Führung – Einige Implikationen für die Organisationsentwicklung. In: *Fatzer, G.* (Hrsg.): Organisationsentwicklung für die Zukunft – Ein Handbuch. Köln 1993, S. 97–123.
Weibler, J.: Führung durch den nächsthöheren Vorgesetzten. Wiesbaden 1994.
Wunderer, R.: Führung – wohin führst du? In: DU, 1985a, S. 337–350.
Wunderer, R.: Zusammenarbeit zwischen Organisationseinheiten. Zur Analyse von Grundmustern lateraler Kooperationsbeziehungen. In: *Probst, G. J. B./Siegwart, H.* (Hrsg.): Integriertes Management. Bern, Stuttgart 1985b, S. 509–529.
Wunderer, R.: Entwicklungstendenzen in Führungsforschung und Führungspraxis. In: Personalführung, 1987, S. 148–152.
Wunderer, R.: Neue Konzepte der Personalentwicklung. In: DBW, 1988, S. 435–443.
Wunderer, R.: Kooperation – Gestaltungsprinzipien und Steuerung der Zusammenarbeit zwischen Organisationseinheiten. Stuttgart 1991a.
Wunderer, R.: Managementrolle: Führender. In: *Staehle, W.* (Hrsg.): Handbuch Management: Die 24 Rollen der exzellenten Führungskraft. Wiesbaden 1991b, S. 363–382.
Wunderer, R.: Personalmarketing. In: DU, 1991c, S. 435–443.
Wunderer, R.: Managing the boss – „Führung von unten". In: ZfP, 1992a, S. 287–311.

Wunderer, R.: Von der Wertschöpfungsadministration zum Wertschöpfungs-Center. In: DBW, 1992b, S. 201–215.
Wunderer, R.: Führung und Zusammenarbeit. Stuttgart 1993a.
Wunderer, R.: Motivationstheoretische und führungspraktische Aspekte der Führung und Kooperation. In: *Wunderer, R.*: Führung und Zusammenarbeit. Stuttgart 1993b, S. 53–70.
Wunderer, R.: Führung. In: *Hauschildt, J./Grün, O.* (Hrsg.): Ergebnisse betriebswirtschaftlicher Forschung. Stuttgart 1994a, S. 633–672.
Wunderer, R. (Hrsg.): Betriebswirtschaftslehre als Managment- und Führungslehre. 3. A., Stuttgart 1994b.
Wunderer, R.: Der Beitrag der Mitarbeiterführung für unternehmerischen Wandel. In: *Gomez, P./Hahn, D./Müller-Stewens, G./Wunderer, R.* (Hrsg.): Unternehmerischen Wandel erfolgreich bewältigen. Wiesbaden 1994c, S. 229–271.
Wunderer, R./Grunwald, W.: Führungslehre. Bd. I. Grundlagen der Führung. Berlin, New York 1980.
Wunderer, R./Klimecki, R.: Führungsleitbilder. Stuttgart 1990.
Wunderer, R./Kuhn, Th.: Zukunftstrends in der Personalarbeit. Bern et al. 1992.
Wunderer, R./Kuhn, Th.: Unternehmerisches Personalmanagement. Frankfurt/M., New York 1993.
Wunderer, R./Schlagenhaufer, P.: Personal-Controlling. Stuttgart 1994.
Würtele, G. (Hrsg.): Lernende Elite. Frankfurt/M., Wiesbaden 1993.

Mitarbeitermotivation in den neuen Bundesländern

Claus Steinle

[s. a.: Führung in der Transformation von planwirtschaftlichen zu marktwirtschaftlichen Systemen; Führungskonzepte und ihre Implementation; Krisensituationen, Führung in; Motivation als Führungsaufgabe; Restrukturierung, Führung bei; Sanierung und Turnaround, Führungsaufgaben bei.]

I. Mitarbeiter als „Planerfüllungskooperanten": die alte Situation; II. Motivation im Umbruch; III. Handlungsmotivierung durch veränderte Anreize; IV. Konsequenzen für Motivation und Führung; V. Führungspraktische Ratschläge; VI. Resümee: Komplexe Motivationssitationen erfordern komplexes Führungshandel.

I. Mitarbeiter als „Planerfüllungskooperanten": die alte Situation

Wird die ostdeutsche Situation hinsichtlich der Ursachen des Mitarbeiterhandelns analysiert, dann zeigen sich bezüglich der Vergangenheit in thesenartiger Verkürzung die nachfolgenden Sachverhalte (vgl. *Autorenkollektiv* 1972, S. 197 ff., 262 ff.; 1976, S. 160 ff.; *Friedrich* et al. 1976, S. 202 ff.):

- In bezug auf das WOLLEN, die personenbezogene Motivation, wurde das Postulat einer sozialistischen Bewußtseinsentwicklung in den Vordergrund gestellt. Entsprechende Motive aus dem „moralischen" Bereich sollten neben den vorhandenen Motiven aus dem materiellen Bereich vom Leiter und den anderen gesellschaftlichen Kräften herausgebildet werden.
- In bezug auf das DÜRFEN zeigt sich (vgl. *Autorenkollektiv* 1976, S. 10 ff.), daß das Prinzip des „Demokratischen Zentralismus" als Grundregulativ wirkte: Zentrale wissenschaftliche Leitung und kollektive Beratung im Leitungsprozeß. Dies wurde jedoch schnell auf die Forderung eindeutiger Weisungslinien reduziert, unter Hinweis auf die Notwendigkeit einer strengen Ordnung.
- Dem KÖNNEN und der Entwicklung von Fähigkeiten, Fertigkeiten und Gewohnheiten ist unter sozialistischen Bedingungen hohe Aufmerksamkeit geschenkt worden. Allerdings geschah dies stets unter dem Ziel einer Entfaltung gesellschaftlich nützlicher Fähigkeiten. Das bedeutete eine klare Abhängigkeit der Entwicklungsentscheidungen vom Arbeitskollektiv, von den entsprechenden Leitern und – unabdingbar – der Parteiorganisationen.
- Im Bereich der SITUATIONSMERKMALE waren – bezogen auf die Abteilungs- und Betriebsebene – die zentral vorgegebene, plandeterminierte Grundaufgabe und die extrem ausgeprägte Aufgabenteilung und -spezialisierung, ein strikt hierarchisches Autoritätssystem und eine steile Hierarchieform (vgl. auch *Pieper* 1989, S. 213 ff.) mit einem äußerst gering ausgeprägten Delegationsgrad zu nennen.
Umfeldfaktoren wurden insoweit ausgeblendet, als es eindeutige Grenzen zwischen Betrieb und Umfeld nicht gab (vgl. hierzu auch *Pieper* 1989, S. 238).

Insgesamt verdeutlichen diese Charakterisierungen eine dominante Orientierung an den materiell-sachtechnologisch bestimmten *Ursachen des Mitarbeiterverhaltens*, das letztlich über zweckrationale Steuerung beeinflußt und über das bürokratische Organisationsmodell reguliert werden sollte. In dieser Sicht- und Vorgehensweise wird der Mitarbeiter auf seine Rolle als *„Arbeitserfüller nach Planvorgabe"* und günstigenfalls auf eine Rolle als *„Planerfüllungskooperant"* reduziert.

II. Motivation im Umbruch

Die nachfolgende – empirisch gestützte – Betrachtung von *Motiven* und *Erwartungen/Einstellungen* ist eine selektive Weiterführung der Analyse, da die Verhaltensursachen KÖNNEN und DÜRFEN mangels vorliegender Untersuchungen weitgehend ausgeblendet werden.

Für die *ostdeutsche Situation* sind die nachfolgenden Sachverhalte festzustellen (vgl. dazu die empirischen Studien von *Stratemann* 1992, S.16 ff. sowie *Rosenstiel* 1992, S. 345 f. und *Macharzina* et al. 1993, S. 43):

- Gegenwärtig wird die Erfüllung der Motive soziale Anerkennung und Geborgenheit im Arbeitskollektiv durch die grundlegende Änderung der Arbeitsformen, individualisierte Leistungsanforderungen, „Verschlankung" von Strukturen und starke betriebliche Rationalisierungen immer stärker in Frage gestellt.
- Durch Gefährdung der materiellen Sicherheit (Arbeitsplatz und Gehaltshöhe) gewinnen Motive der unteren Kategorie (vgl. *Maslow* 1954) an Bedeutung.

Als Konsequenz daraus ist in kurzfristiger Sichtweise mit einer erneuten Konzentration auf die Erfüllung der „niedrigen" Bedürfnisklassen über eine alleinige Zentrierung auf *materielle Anreizangebote* („hoher Lohn") zu rechnen. (In ihrer empirischen Studie stellen *Macharzina* et al. 1993, S. 43 ff. allerdings die relativ gleich großen Gruppen von „Materialisten", „Wertesynthetikern und Postmaterialisten" fest.)

Charakteristisch ist weiter die hohe *Zentralität der Arbeit* für die Ostdeutschen (vgl. hierzu *Allensbach* 1990, S. 5) – möglicherweise als Nachklang der sozialistischen Vergangenheit („Arbeit als das wichtigste Lebensbedürfnis des Menschen"), aber auch aufgrund der Umbruchsituation. Das Streben nach Arbeitsplatzsicherheit und einer guten Bezahlung wird auch hierdurch belegt (vgl. dazu die empirische Studie von *Wilpert/Maimer/Cuvaj* et al. 1992, S. 205 f.).

In einem weiteren Bereich, dem des „aktiv steuernden" bzw. des „extern gesteuerten" Mitarbeiters, dürften sich Ost- und Westdeutsche stark unterscheiden. In der DDR war für die meisten beruflichen Gegebenheiten nur eine „externale" Ursachenzuschreibung *(„externale Attribuierung")* möglich, da alle wichtigen Entscheidungen von der Spitze bzw. anonymen und kaum beeinflußbaren Instanzen vorgenommen wurden (vgl. hierzu und zum folgenden *Stratemann* 1992, S. 16 f.). Ostdeutsche Mitarbeiter werden Erfolg und Mißerfolg deshalb wohl eher externen, außenstehenden Personen und Situationsbedingungen zurechnen und kaum eine entsprechende „interne" *Handlungsverantwortung* zeigen.

Die Vorbedingungen für einen Abbau entsprechender „Verbiegungen" in Erwartungen und Einstellungen, die sich in mangelndem Engagement, unzureichender Eigenverantwortung und gering ausgeprägtem selbständigem „Zupacken" zeigen, sind nicht ungünstig, da Selbstentfaltung und Selbständigkeit am Arbeitsplatz bestimmte Grundmerkmale des *calvinistischen Leistungsethos* als Ausgangsbasis erfordern. Die Untersuchung von *Becker* (1992, S. 33) zeigt, daß Ostdeutsche im Vergleich zu Westdeutschen diesbezüglich u. a. folgende verhaltensrelevante Facetten aufweisen (vgl. auch *Woyke* 1993, S. 148 ff.):

- höhere Wertigkeit von Ordnung und Befolgen von Prinzipien,
- höhere Verbindlichkeit von Normen,
- stärkere Zuverlässigkeit und Sparsamkeit,
- niedrigere Erlebnishungrigkeit,
- geringere Spontaneität und Offenheit.

In ihrer breit angelegten, im Oktober 1991 durchgeführten Untersuchung über Werteorientierungen der *Bürger* in den neuen Bundesländern resümiert *Macharzina* folgende, hier verkürzt dargestellten Befunde (1993, S. 103 f.):

(1) Der Schutz der natürlichen Umwelt wird als wichtigste Kategorie angesehen, von technischem Fortschritt wird nur wenig gehalten.
(2) Die Ergebnisse widerlegen die Annahme, daß die überwältigende Mehrzahl eine ausgeprägt materialistische Orientierung aufweist. „Moderne Arbeit" (anspruchsvoll, angesehen) dürfte eine hohe Bedeutung besitzen.
(3) Annahmen, die davon ausgehen, daß es der DDR gelungen ist, die dort lebenden Menschen über einen Leisten zu schlagen, sind nicht haltbar.
(4) Im einzelnen zeigt sich, daß Frauen eher postmaterialistisch, Männer eher materialistisch sowie jüngere Menschen postmaterialistischer orientiert sind als ältere. Arbeitslosigkeit sowie die Übernahme von Führungsverantwortung scheint materialismusstiftend zu sein.
(5) Auch in den neuen Bundesländern ist zu erwarten, daß eine deutliche Segmentierung und damit Individualisierung der Gesellschaft gegeben ist.

III. Handlungsmotivierung durch veränderte Anreize

Mit diesen Überlegungen sind grundlegende *Motivierungsbereiche* umrissen worden. Motivierung bedeutet, entsprechende Verhaltensgründe über die Gestaltung adäquater Anreizbündel zu aktivieren, um damit Leistungswirkungen im Sinne betrieblich erwünschter Ergebnisse über Führung zu induzieren. Leistungsverhalten wird durch ein komplexes und letztlich von Mitarbeiter zu Mitarbeiter recht unterschiedliches Ursachenbündel bedingt. Entsprechend gilt es, sehr unterschiedliche *Anreizbündel* bereitzustellen und über Führung zu nutzen, um ein hohes Leistungs- und Zufriedenheitsniveau zu erzielen (→*Anreizsysteme als Führungsinstrumente*).

Im Feld „Führer – Gruppe der Geführten" können insgesamt fünf große *Anreizfaktorgruppen* unterschieden werden (vgl. ausführlicher *Steinle* 1991):

- *institutionelle* Anreize (sie beziehen sich auf eine Variation von Umfeldfaktoren des Geführten-Handlungsfeldes, z. B. Veränderungen und Einsatz der Informations- und Weisungsstruktur oder unternehmungskultureller Sachverhalte);
- *interaktionelle* Anreize (sie umfassen die direkte Einflußnahme im Rahmen der Zielbildung, -durchsetzung und -sicherung);
- *strukturelle* Anreize (sie beschreiben die Variation von Handlungsfelddeterminanten wie die Arbeitsplatzgestaltung oder den Aufgabenzuschnitt);
- *kompensatorische* Anreize (materielle sowie immaterielle Kompensationen für die Leistungserbringung);
- *replizierende* Anreize (Umgang mit rückwirkenden Verhaltensweisen und -ergebnissen der Geführten durch Führungspersonen, z. B. bei informationeller „Türhüterschaft" der Mitarbeiter bei ausgeprägter Delegation).

IV. Konsequenzen für Motivation und Führung

Hinsichtlich einer *aktivierenden Anreizgestaltung* kann grundlegend folgende Gewichtung der relativen Verhaltenswirksamkeit der Anreizgruppen angenommen werden:

- In Arbeitserfüllungssituationen, die durch strukturelle Regelungen weitgehend „beherrscht" werden und die sich durch eine relative Stetigkeit und nur durch graduelle Veränderungen auszeichnen, kommt dem Einsatz und der Ausgestaltung *struktureller* Anreize (z. B. in Form einer herausfordernden, ganzheitlichen Aufgabengestaltung; hoher Delegationsgrad) eine zentrale Verhaltenswirksamkeit zu.
- In eher offenen, innovativen und durch hohe Turbulenz geprägten Aufgabenerfüllungssituationen dürfte dagegen dem personalen Führungshandeln und damit *interaktionellen* Anreizen, z. B. in Form von Partizipationsmöglichkeiten am Zielbildungsprozeß (vgl. hierzu

v. Rosenstiel et al. 1987), eine hohe Bedeutung zukommen.

Bezogen auf die Situation in Ostdeutschland, wo derzeit eher turbulente Umbruchsituationen vorherrschen, stehen damit *interaktionelle* Anreize und entsprechende Gestaltungsnotwendigkeiten im Vordergrund. Als zentrale Voraussetzung für die Arbeits- und Motivationssituation ist dabei die Aufrechterhaltung des Arbeitsverhältnisses anzusehen und damit untrennbar verbunden, der Erhalt der *kompensatorischen* Anreize („Entlohnung").

V. Führungspraktische Ratschläge

Grundlegend dürfte die Feststellung sein, daß es einfache, situationsübergreifende und mit hoher Zufriedenheits- und Leistungswirkungen verbundene, *generell gültige* Anreizaussagen nicht gibt. Der Versuch einer *Optimierung der Anreizaspekte* im Rahmen der Mitarbeiterführung ist vor diesem Hintergrund unter zwei Leitideen vorzunehmen:

- einer grundlegenden *Individualisierung* und situativen Bezugnahme, weil Mitarbeiter, Umbruchsituationen und primäre Aufgabenstellungen sehr unterschiedlich sind;
- einer „wohlgewogenen" *Kooperationsvorstellung* (→*Kooperative Führung*), die davon ausgeht, daß das autoritäre Kommandoleitungsprinzip „abgewirtschaftet" hat und gerade „im Osten" zunehmend von der partizipativen Grundvorstellung einer Mitbeteiligung an „gemeinsamen" Aufgabenerfüllungsprozessen abzulösen ist.

Führungsgestaltung in leistungs- und zufriedenheitsorientierter Absicht vollzieht sich somit in zwei fundamentalen Schritten: Schaffung einer Struktur im Sinne organisatorischer Rahmenbedingungen und dann die Entwicklung einer wohlgewogenen Kooperationsvorstellung im Sinne einer grundlegenden Prozeßregel.

Diese Gestaltung ist von der Unternehmungsspitze her zu initiieren und unter Einbezug eigener Träger bzw. externer Berater durchzuführen. Nach einer Erstgestaltung ist es jedoch Aufgabe jeder Führungskraft, eine mehrstufige Vorgehensweise (→*Führungskonzepte und ihre Implementation*, Abschnitt IV.) immer wieder zu durchschreiten, um weitere Anpassungen kennenzulernen, auszuloten und strukturwirksam für die Führung umzusetzen. Eine interessante Möglichkeit der Entwicklung *führungspraktischer Handlungsempfehlungen* für die direkte, tägliche Führungsinteraktion ist darin zu sehen, daß keine determinierende Führungsstilempfehlung entwickelt, sondern Führungspersonen eine *generelle Handlungsregel* empfohlen wird. Leistungs- und zufriedenheitsorientiertes *Führungsverhalten auf der Basis der goldenen Regel* („Wie Du mir, so ich Dir") zeigt sich hierbei als Werthaltung, die dem gemeinsamen Arbeitserfüllungsprozeß zugrundegelegt wird. Sie bleibt aber – in Abhängigkeit vom gezeigten Verhalten und den Ergebnissen der Mitarbeiter – anpassungsfähig („*Reziprozitätsprinzip*"). Die Spezifik der goldenen Verhaltensregel für den Führungsbereich liegt allerdings darin, stets mit einer „freundlichen" Grundhaltung, mit einem Kooperationsangebot zu beginnen und eine Orientierung am gemeinsam zu erzielenden Ergebnis herauszustellen (vgl. auch *Axelrod* 1984). Insgesamt wird es möglich, differenziert auf einzelne Mitarbeiter bzw. Mitarbeitergruppen einzugehen, wobei im Führungsprozeß Handlungsvariation, Kooperationsprovokation und Reaktionsfähigkeit erhalten bleiben.

Die Problematik dieser „wohlgewogenen Prozeßempfehlung" liegt allerdings darin, daß eine entsprechend kooperative Grundhaltung bei Führungskräften zunächst einmal hergestellt werden muß (vgl. hierzu *Ladensack* 1990). Dies kann nur über eine Personal- bzw. Persönlichkeitsentwicklung – die allerdings in Umbruchsituationen schwer zu erreichen ist – gelingen.

VI. Resümee: Komplexe Motivationssituationen erfordern komplexes Führungshandeln

Der Versuch, die derzeitige *Umbruchsituation* im Motivations- und Führungsbereich ostdeutscher Unternehmungen über einfache Rezepte und schlichte Anreizinstrumente anzugehen, muß scheitern. Dies gilt gleichfalls für die teilweise von „harten Sanierern" verfolgte Strategie, über die „autoritäre Brechstange" eine erfolgswirksame Umsteuerung herbeizuführen.

Um zu anreizenden Führungssituationen zu gelangen, sind die hier vorgestellten institutionellen, interaktionellen, strukturellen, kompensatorischen und replizierenden Anreizgruppen ausgewogen – im Sinne von leistungs- und zufriedenheitsorientiert – zusammenzustellen. Anschließend können eine Vorgehensmethodik und die „goldene Regel" angewendet werden, um zu einem wirkungsvollen Anreizgeflecht und einem unternehmungs-, mitarbeiter- und situationsspezifizierten Führungshandeln zu gelangen.

Literatur

Allensbach (Institut für Demoskopie Allensbach), (Hrsg.): Allensbacher Berichte, 1990, Nr. 9.
Autorenkollektiv: Leiter, Kollektiv, Persönlichkeit. Berlin 1972.
Autorenkollektiv: Leitungsorganisation in den Betrieben und Kombinaten. Berlin 1976.

Axelrod, R. M.: The Evolution of Cooperation. New York 1984.
Becker, P.: Ostdeutsche und Westdeutsche auf dem Prüfstand psychologischer Tests. In: Aus Politik und Zeitgeschichte. Beilage zur Wochenzeitung „Das Parlament", B 24, 5. Juni 1992, S. 27–36.
Eckardstein, D. v./Neuberger, O./Scholz, Ch. et al. (Hrsg.): Personalwirtschaftliche Probleme in DDR-Betrieben. Mering 1990.
Friedrich, G./Richter, H./Stein, H./Wittich, G. (Hrsg.): Leitung der sozialistischen Wirtschaft. Berlin 1976.
Ladensack, K.: Motivierung, Leistungen und Leiterentwicklung – untersucht vor der Wende in der DDR. In: *Eckardstein, D. v./Neuberger, O./Scholz, Ch.* et al. (Hrsg.): Personalwirtschaftliche Probleme in DDR-Betrieben. Mering 1990, S. 85–95.
Macharzina, K./Wolf, J./Döbler, Th.: Werthaltungen in den neuen Bundesländern. Wiesbaden 1993.
Maslow, A.: Motivation and Personality. New York 1954.
Pieper, R.: Leitungswissenschaft und Managementlehre – Ansätze eines Vergleichs aus Sicht der Managementlehre. In: *Pieper, R.* (Hrsg.): Westliches Management – Östliche Leitung. Berlin 1989, S. 193–238.
Rosenstiel, L. v.: Führungs- und Führungsnachwuchskräfte: Spannungen und Wandlungen in Phasen gesellschaftlichen Umbruchs. In: ZfP, 1992, S. 327–351.
Rosenstiel, L. v./Einsiedler, H. E./Streich, R. K./Rau, S. (Hrsg.): Motivation durch Mitwirkung. Stuttgart 1987.
Steinle, C.: Anreizaspekte der Mitarbeiterführung. In: *Schanz, G.* (Hrsg.): Handbuch Anreizsysteme in Wirtschaft und Verwaltung. Stuttgart 1991, S. 795–821.
Steinle, C.: Mitarbeitermotivation schwierig – leistungs- und zufriedenheitsorientierte Führung unmöglich? In: *Steinle, C./Bruch, H.* (Hrsg.): Führung und Qualifizierung – Handlungshinweise für die Praxis in den neuen Bundesländern. Frankfurt/M. 1993, S. 144–168.
Stratemann, I.: Psychologische Bedingungen des wirtschaftlichen Aufschwungs in den neuen Bundesländern. In: Aus Politik und Zeitgeschichte. Beilage zur Wochenzeitung „Das Parlament", B 24, 5. Juni 1992, S. 15–26.
Wilpert, B./Maimer, H./Cuvaj, L./Gensel, E./Raunitschke, L.: Meaning of Working. Erweiterung der deutschen Studie auf die neuen Bundesländer (unveröff. Projektbericht). Berlin 1992.
Woyke, W.: Staatliche Einheit geglückt – gesellschaftliche Einheit läßt auf sich warten. In: *Rosenstiel, L. v./Djarrahzadeh, M./Einsiedler, H. E./Streich, R. K.* (Hrsg.): Wertewandel. Stuttgart 1993, S. 139–156.

Mitbestimmung, Führung bei

Klaus Bartölke/Herbert Jorzik

[s. a.: Beeinflussung von Gruppenprozessen als Führungsaufgabe; Effizienz der Führung; Führung von unten; Führungsebene und Führung; Führungsgrundsätze; Führungskonzepte und ihre Implementation; Führungsphilosophie und Leitbilder; Führungstheorien – Attributionstheorie, – Kontingenztheorie; – Situationstheorie; Identifikationspolitik; Kooperative Führung; Loyalität und Commitment; Moden und Mythen der Führung; Organisationskultur und Führung; Philosophische Grundfragen der Führung; Selbststeuerungskonzepte; Unternehmensverfassung und Führung.]

I. Das Problem, II. Merkmale der Konfliktpartnerschaft; III. Mitbestimmung, Führungsentscheidungen und Vorgesetztenverhalten; IV. Perspektiven.

I. Das Problem

Führung wird in diesem Beitrag als Willensbildungs- und Willensdurchsetzungsprozeß verstanden (→*Philosophische Grundfragen der Führung*). Sie gewinnt ihre spezifische Ausprägung durch die Rahmenbedingungen, in der sie sich vollzieht (→*Führung von unten;* →*Führungsebene und Führung;* →*Selbststeuerungskonzepte*).

Hier wird die Existenz hierarchisch strukturierter – im wesentlichen privatwirtschaftlicher – Unternehmen unterstellt und der Blick auf *Führungsentscheidungen* und auf *Vorgesetztenverhalten* gelenkt. Als Führungsentscheidungen gelten in diesem Zusammenhang nicht nur Entscheidungen, die sich auf die Grundfunktionen des dispositiven Faktors beziehen (z. B. strategische Entscheidungen zur Unternehmenspolitik und Organisationsstruktur und Entscheidungen zur Besetzung der Führungsspitze), sondern auch für den Betrieb bedeutsame Entscheidungen, die auf mittlerer und unterer Führungsebene getroffen werden können (z. B. Entscheidungen zur Arbeitsgestaltung, personelle Einzelmaßnahmen, Entgeltregelungen).

Vorgesetztenverhalten wird, im Vergleich zur Entwicklung der allgemeinen Diskussion, einfach gefaßt. In Anlehnung an die klassische Arbeit von *Tannenbaum/Schmidt* (1958) wird das eindimensionale Kontinuum „Vorgesetzter entscheidet und setzt notfalls mit Zwang durch" (autoritär) bis „Gruppe entwickelt Vorschläge, Vorgesetzter hat das letzte Wort" (kooperativ) zugrunde gelegt (z. B. *Bartölke* 1967; *Wunderer/Grunwald* 1980; *Grunwald/Lilge* 1980). Kooperativ meint also ein Vorgesetztenverhalten, das die Untergebenen an sie betreffenden Entscheidungsprozessen beteiligt.

Mitbestimmung bezieht sich auf deutsche Mitbestimmungsregelungen wie BetrVG 1952, Montan-MitbG, MitbG 1976, BetrVG 1972 (siehe Gesetzestexte und z. B. *Wächter* 1983). Diese Gesetze regeln die Mitwirkung von gewählten *Arbeitnehmervertretern* in *Aufsichtsräten* und durch *Betriebsräte* als eine spezifische Form der Verfassung *industrieller Beziehungen* (→*Unternehmensverfassung und Führung*).

Im Falle der Mitbestimmung im Aufsichtsrat (Unternehmensmitbestimmung) wird ein potentieller *Einfluß* der Arbeitnehmervertreter über die Zahl ihrer jeweiligen Mitglieder, den Entscheidungsmodus (z. B. Unterparität beim Mitbestimmungsgesetz von 1976) und die Kompetenz des mitbestimmten Gremiums (z. B. Existenz zustimmungspflichtiger Geschäfte) definiert. Im für die Bundesrepublik Deutschland häufigsten Mitbestimmungsfall, der Mitbestimmung nach dem BetrVG 1972, erfolgt durch das BetrVG eine Eingrenzung der für Arbeitnehmervertreter mitbestimmungsfähigen Tatbestände.

Die deutschen institutionellen Regelungen zur Mitbestimmung enthalten keine unmittelbare Normierung von Führungsverhalten (z. B. *Oechsler* 1980). Die Regelungen zur Unternehmensmitbestimmung und auch die umfassende Enumeration von Gegenständen im BetrVG determinieren allerdings grundsätzlich kein inhaltliches Mitbestimmungsergebnis von Abstimmungs- bzw. Verhandlungsprozessen. Die tatsächliche Anwendung und die Reichweite von Mitbestimmung in der Praxis ist entscheidend durch Verhandlungen innerhalb der jeweils realisierten unternehmens- bzw. betriebseigenen *Konfliktpartnerschaft* (z. B. *Müller-Jentsch* 1991) geprägt.

Die Fragen, die zu diskutieren sind, lauten demnach, welche wesentlichen Merkmale diese Konfliktpartnerschaft kennzeichnen, welcher Einfluß auf führungsrelevante Entscheidungen zu erwarten ist und ob der Tatbestand der Mitwirkung von Arbeitnehmervertretern in Aufsichtsräten und die Interaktion von Management und Betriebsrat systematisch auf das in Unternehmen praktizierte Führungsverhalten wirken.

II. Merkmale der Konfliktpartnerschaft

Gegensätzlichkeit von *Interessen* und Versuche des Aufbaus von *Gegenmacht* innerhalb von Institutionen sind ein Grundthema der Geschichte deutscher Mitbestimmungsregelungen (kurze Zusammenfassung bei *Wächter* 1983; *Bartölke* et al. 1985; ausführlich z. B. *Muszynski* 1975), obwohl in dieser Geschichte auch Attributionen über die Bedingungen der Leistungsfähigkeit von Unternehmen immer gegenmachtbegrenzend gewirkt haben. Dies zeigen z. B. die Gebote der *Friedenspflicht* und der *vertrauensvollen Zusammenarbeit* im BetrVG 1972. Gegenüber einer Überzeichnung von Interessengegensätzen wird insbesondere die Bedeutung von Zielkompatibilitäten zwischen Arbeitnehmervertretern und Arbeitgebern als Grundlage zumindest partiell harmonischer *Verhandlungs*situationen und Kooperationsbeziehungen betont.

Kooperation impliziert die Akzeptanz der institutionellen Mitbestimmungsregelungen und kontinuierliche – auch informelle – Informationsangebote durch das *Management* sowie die prinzipielle Bereitschaft zur Modifikation von Führungsentscheidungen hinsichtlich artikulierter *Arbeitnehmerinteressen* (*Kompromiß*bildung). Arbeitnehmervertreter ihrerseits übernehmen innerhalb solcher Tauschprozesse personalwirtschaftliche Aufgaben, z. B. bei der Abwicklung personeller Einzelmaßnahmen, helfen bei der Klärung divergierender Interessen verschiedener Belegschaftsgruppen (Interessenbündelung) und sorgen innerhalb der Arbeitnehmer für die Legitimation und damit Durchsetzungsfähigkeit ausgehandelter Kompromisse (*Weltz/Schmidt* 1982; *Eberwein/Tholen* 1990).

Zweifellos existieren jedoch auch andere Beziehungsformen zwischen Management und Arbeitnehmervertretung. In der empirischen Mitbestimmungsforschung beschriebene Interaktionsmuster und Typologien verweisen auf ein breites Spektrum von Formen (*Osterloh* 1986).

Als herausragendes, kontinuierlich bestätigtes Merkmal der Mitbestimmung in der Bundesrepublik Deutschland (alte Bundesländer) gilt trotz aller Varianz der Mitbestimmungsbeziehungen der Verzicht auf formalisierte *Konflikte*. Als Führungsgrundsatz bei Mitbestimmung findet demzufolge offensichtlich eine von *Winschuh* 1923 formulierte Empfehlung auch gegenwärtig Beachtung:

„Es hat aber – das muß betont werden – gerade in der Betriebsrätepolitik wenig Zweck, juristisch zu arbeiten, anzugreifen und zu verteidigen. Damit fährt man gewöhnlich nicht gut, erkältet vielmehr die gegenseitigen Beziehungen zu einem korrekt mißtrauischen Verkehr ab und treibt nur zu oft die Dinge auf die Spitze, ohne daß es nötig und zweckmäßig ist. Viele Betriebsräte kennen das BRG (Betriebsrätegesetz, d. V.) nur sehr mangelhaft und sollten durch Hinweise auf die Paragraphen und Behelligung mit haarscharfen Paragraphenauslegungen nicht erst dazu gebracht werden, sich das Gesetz sehr genau anzusehen und ebenso kraß anzuwenden" (*Winschuh* 1923, S. 274).

III. Mitbestimmung, Führungsentscheidungen und Vorgesetztenverhalten

1. Einfluß auf führungsrelevante Entscheidungen

Die institutionalisierte Mitbestimmung in der Bundesrepublik ist in Anbetracht des gesetzlich gestützten Machtpotentials für Arbeitnehmervertreter hinsichtlich ihrer Funktion der Konfliktversachlichung gewürdigt worden, sie wird auch insbesondere in der theoretischen Diskussion häufig als Institution verstanden, die Führungsentscheidungen weitgehend in Richtung von Arbeitnehmerinteressen lenkt (*Heymann* et al. 1983).

Die Auffassung, daß z. B. Entscheidungen zum technisch-organisatorischen Wandel mit Hilfe der Mitbestimmung im Sinne der Arbeitnehmer zu modifizieren sind, ist auch Gegenstand arbeitspolitischer Zielvorstellungen der Gewerkschaften (*Bleicher* 1987; *DGB – Bundesvorstand* 1991). Die Frage, ob und wie weit die These tatsächlich zutrifft, „... daß Mitbestimmung den betrieblichen Zielbildungsprozeß über die Determinanten Zielbeziehungen und Machtstrukturen nachhaltig beeinflußt..." (*Seiwert* 1981, S. 322), ist Thema verschiedener empirischer Mitbestimmungsuntersuchungen.

Eine Studie von *Witte* zur Mitbestimmung der Arbeitnehmervertreter im Aufsichtsrat in 82 großen unabhängigen Aktiengesellschaften der Industrie (zum Untersuchungszeitpunkt 1976 unterlagen 77 Unternehmen neben dem BetrVG 1972 dem BetrVG von 1952 [„Drittelparität"] und 5 dem Montanmitbestimmungsgesetz) prüft den Einfluß auf die Unternehmenspolitik anhand von vier Entscheidungsprozessen: Einstellung von Führungskräften in mittleren Unternehmensebenen, jährlicher Investitionsplan, strategische Aspekte der inneren Unternehmensorganisation und die Verteilung des Jahresergebnisses. Witte ermittelt auf der Basis von Selbsteinschätzungen für die Arbeitnehmervertreter einen – gemessen am Einfluß anderer Gruppen – niedrigen Einfluß in allen vier Entscheidungsbereichen, was bedeutet, „daß nach Ansicht der Gesamtbetriebsratsvorsitzenden der Einfluß der Arbeitnehmer auf die Unternehmenspolitik als relativ gering eingeschätzt wird" (*Witte* 1980, S. 545). Wenn auch mit Abweichungen im Detail, wird dieses Urteil in den Fremdeinschätzungen durch andere Gruppen bestätigt. Wie damit kaum anders zu erwarten, fühlt sich insbesondere der Vorstand „... nur geringfügig bei der Gestaltung der Unternehmenspolitik beeinflußt" (Ebenda, S. 547). In einer 1981 wiederholten Messung, die auch die Auswirkungen der zu diesem Zeitpunkt gültig gewordenen Unternehmensmitbestimmung von 1976 umfaßt, sehen Arbeitnehmervertreter keinen Einflußzuwachs: „Die Betriebsräte beurteilen die Wirkung des Mitbestimmungsgesetzes auf die innere Machtverteilung in Unternehmen nüchtern und skeptisch" (*Witte* 1982, S. 425).

In einer anderen Untersuchung prüfen *Kirsch* et al. den Einfluß auf die Entscheidungsfelder Investitionsplanung und -politik und Personalplanung und -politik. Sie berücksichtigen unterschiedliche Mitbestimmungsformen, Montanmitbestimmung, Mitbestimmungsgesetz 1976, Mitbestimmung im Aufsichtsrat nach dem BetrVG von 1952 und das BetrVG 1972, u. a. in 259 größeren Unternehmen (*Kirsch* et al. 1984). Der Einfluß des Betriebsrates liegt bei Entscheidungen zur Investitionsplanung – der Gesetzeslage entsprechend – niedriger als im Falle von Personalplanung. Die aufgrund von Mitbestimmungsaktivitäten wahrgenommenen Entscheidungsänderungen sind allerdings sowohl aus Sicht des Managements als auch aus Sicht der Arbeitnehmervertreter klein (*Kirsch* et al. 1984; zu ähnlichen Ergebnissen bezüglich unterschiedlicher Entscheidungstatbestände s. a. *Bartölke* et al. 1985). In eher optimistischer Interpretation der erhobenen Ergebnisse führen *Kirsch* et al. am Beispiel der Personalmaßnahmen aus, „daß der Umfang und die Struktur der verschiedenen Maßnahmen nicht ausschließlich durch die Überlegungen des Personalmanagements geleitet werden, die die vielfältigen wirtschaftlichen, technischen und personellen Situationsbedingungen widerspiegeln, sondern daß auch die Betriebsräte mit Bedenken und Forderungen sich an den Überlegungen zur Personalpolitik in der gesamten Breite der möglichen Maßnahmen beteiligen und dabei in gewissem Umfang auch die letztlich getroffenen Maßnahmen mitgestalten" (*Kirsch* et al. 1984, S. 491).

Wie weitere Untersuchungen belegen, gewinnt die vorhandene, aber nicht gravierende Beeinflussung von Führungsentscheidungen durch Mitbestimmung auch im *technisch-organisatorischen Wandel* keine neue Qualität.

Nach Befragungen in 214 Unternehmen kommen *Töpfer/Lechelt* (1987) u. a. zu dem Schluß, daß eine über die Information hinausgehende Beteiligung nur in sehr wenigen Unternehmen praktiziert wird. Von *Bartölke* et al. (1991) in 28 Organisationen durchgeführte Fallstudien zeigen, daß in Betrieben, in denen Mitbestimmung praktiziert wird, Mitbestimmung Beteiligung in späten Planungsphasen bedeutet und für Arbeitnehmervertretungen mit größtenteils unzureichenden betriebswirtschaftlichen Hintergrundinformationen einhergeht. Der Einfluß der Arbeitnehmervertreter auf die Gestaltung des technisch-organisatorischen Wandels ist auch in diesen Fällen aus der Sicht des Managements und der Arbeitnehmervertretung gering. Betriebliche Vereinbarungen, z. B. zu Pausenregelungen an Bildschirmarbeitsplätzen, einem vorübergehenden Schutz vor Abgruppierungen oder zu Maßnahmen, die einen Schutz vor Verhaltens- und Leistungskontrolle darstellen, verfolgen vorwiegend den Zweck, ökonomische Entscheidungen sozial abzufedern. Eine direkte oder indirekte Beeinflussung der vom Management geplanten Nutzungsform neuer Technologien (insbesondere Aspekte der Organisations- und Arbeitsgestaltung) durch Mitbestimmung scheint demzufolge relativ unwahrscheinlich.

Demnach erzeugen die gesetzlichen Regelungen zur Mitbestimmung und ein damit verbundenes formalisiertes Machtpotential für Arbeitnehmervertreter in der Bundesrepublik keine wesentlichen Beeinträchtigungen von Führungsentscheidungen in der Praxis (siehe auch die Untersuchungsergebnisse zur Sozialplanpraxis von *Hemmer* [1988] und *Hase* et al. [1989]). Die Vermutung, daß unternehmerische *Macht* durch Mitbestimmung nicht eingeschränkt wird (*Schabedoth* 1992; *Clegg* 1983) oder nur eine graduelle Verbesserung der *Macht*positionen der Arbeitnehmervertreter erfolgen kann (*Fäßler* 1970) und ein wesentlicher Beitrag der Mitbestimmung in den Begründungszwängen des Managements gegenüber Arbeitnehmern liegt, findet empirisch weitgehend Bestätigung.

2. Mitbestimmung und Vorgesetztenverhalten

Die Konstruktionsidee der Mitbestimmung und die mit ihr verbundenen Attributionen sind relativ deutlich bestimmbar: Mitbestimmung wird als Mittel gesehen, die Interessenvertretung der abhängig Beschäftigten zu verbessern. Für das Führungsverhalten ist lediglich das Ziel der Leistungsfähigkeit des Unternehmens deutlich, die *Attributionen* über Führungsverhalten und seine Wirkungen sind es jedoch nicht (→*Führungstheorien – Attributionstheorie*).

Dieser Zusammenhang ist in Abbildung 1 dargestellt. Diese Abbildung veranschaulicht zwei weitere Relationen, die unklar sind, nämlich die zwischen Mitbestimmung und Führungsverhalten einerseits und kollektiver *Interessendurchsetzung* und individueller *Bedürfnisbefriedigung* andererseits.

Für die hier zentrale erste Relation gibt es gewerkschaftliche Äußerungen, die Vorgesetztenver-

```
┌─────────────────────────────────────────────────┐
│  Kollektive                Leistungsfähigkeit   │
│  Interessenvertretung      des Unternehmens     │
│         │                         │             │
│         ▼                         ▼             │
│  Mitbestimmung          –?– Führungsverhalten   │
│         │                         │             │
│         ▼                         ▼             │
│  Verbesserung der       –?– Individuelle Bedürfnis-│
│  Interessen-                befriedigung        │
│  durchsetzung                                   │
└─────────────────────────────────────────────────┘
```

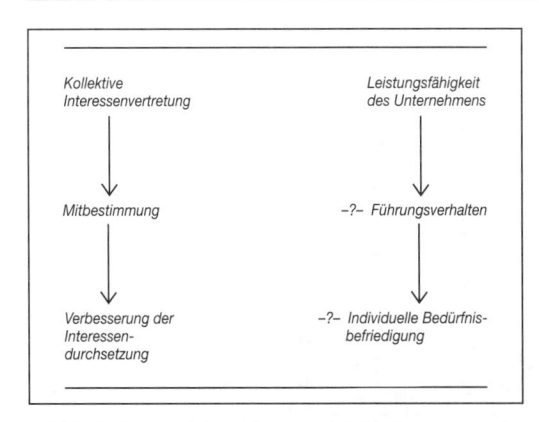

Abb. 1: Konstruktionsideen von Mitbestimmung und Führungsverhalten und Unbestimmtheit der Beziehungen ihrer Elemente

halten dann als mitbestimmungsadäquat auszeichnen, wenn mit ihm ein hoher Grad an Bedürfnisbefriedigung der Mitarbeiter und eine Abschwächung der hierarchischen Autoritätsstruktur verbunden ist. In der Sprache der Arbeitsgemeinschaft „Engere Mitarbeiter der Arbeitsdirektoren Eisen und Stahl" in der Hans-Böckler-Stiftung (1982, S. 18) ist der *„kooperative Führungsstil"* (→*Kooperative Führung*), der meint, „... daß die Entscheidungskompetenzen jedes Mitarbeiters möglichst umfangreich und der jeweiligen Aufgabenstellung entsprechend festgelegt werden", die geeignete Form. Aber es ist nicht ohne weiteres plausibel, warum in der Praxis *kooperatives Vorgesetztenverhalten* systematisch in Parallelität zur Mitbestimmung oder als ihre notwendige Ergänzung gedacht und behandelt werden sollte.

Die Unbestimmtheit der ersten Relation könnte versuchsweise dadurch aufgehoben werden, daß man danach fragt, ob Mitbestimmung die *Wertorientierung* der Unternehmensführung verändert. Es gibt Hinweise darauf, daß über Mitbestimmungsprozesse Angleichungen in Wertorientierungen von Arbeitnehmervertretern und Führungskräften entstehen, die auch Annäherungen der Führungskräfte an Arbeitnehmerpositionen einschließen (*Rosenkind* 1981; *Kirsch* et al. 1984).

Dieser Zusammenhang ist aber vermutlich nicht sehr stark. Er impliziert vor allem nicht, daß Vorgesetztenverhalten in Unternehmen sich konsistent identisch von oben nach unten durchsetzt (Beispiele bei *Kluge* et al. 1981). Die Diskussion um Einführung von *Führungsgrundsätzen* (→*Führungsphilosophie und Leitbilder*) und *Organisationskultur* (→*Organisationskultur und Führung*) belegt u. a. negativ, daß Einheitlichkeit von Grundorientierungen alltägliche Praxis ist. Empirische Evidenz zeigt eher, daß Verhaltensweisen von Vorgesetzten z. B. mit Personenmerkmalen und Entscheidungstatbeständen (*Wilpert* 1977) variieren und von Strukturvariablen wie der *Hierarchie* (*Bartölke* 1980) abhängig sind: Vorgesetzte in höheren Ebenen verhalten sich in der Regel kooperativer als Vorgesetzte in niedrigen Hierarchiestufen (→*Führungsebene und Führung*; IDE 1981; *Bartölke* 1986).

Die Beziehung zwischen Mitbestimmung und Führungsverhalten bleibt weiter mehrdeutig, weil auch die Mitbestimmungspraxis große Varianz aufweist. *Kotthoff* (1981) z. B. unterscheidet zwischen sieben Typen von Betriebsräten (ignorierter BR, isolierter BR, BR als Organ der Geschäftsleitung, respektierter zwiespältiger BR als Ordnungsfaktor, respektierter standfester BR, BR als kooperative Gegenmacht, klassenkämpferischer BR). Möglichkeit und Plausibilität solcher Typenbildung weisen – unabhängig von der Frage, ob die gleichen Typen mit anderen Stichproben reproduzierbar wären – auf inkonsistente oder fehlende Wirkungen von Prozessen der Mitbestimmung auf Prozesse der Gestaltung von Führungsverhalten. Inkonsistenz der Wirkungen zeigt z. B. explizit eine Untersuchung, in der der Einfluß des Betriebsrats positiv mit Wahrnehmungen von Vorgesetzten der untersten Ebene über ihre Einbeziehung in sie betreffende Fragen durch ihre eigenen Vorgesetzten variierte, jedoch negativ mit den Wahrnehmungen von Stelleninhabern der untersten Ebene über ihre Einbeziehung durch eben diese Vorgesetzten (*Bartölke/Flechsenberger* 1985). Diese Aussage impliziert jedoch nicht, daß auch auf einer höheren Aggregationsebene, etwa im interkulturellen Vergleich zwischen verschiedenen Systemen *industrieller Demokratie*, keinerlei Tendenz auszumachen sei: In der IDE-Untersuchung (*IDE* 1981) sind – wenn auch nicht sehr starke – Hinweise für eine Kovariation von Ausmaß rechtlich gesicherter Stärke der Arbeitnehmervertretungen und Ausmaß kooperativen Vorgesetztenverhaltens zu finden.

Fragt man nach der Bedeutung der Handlungsorientierung der Unternehmensführung für die Beziehung zwischen Mitbestimmung und Führungsverhalten (Ansatzpunkte dafür sind zu finden bei *Muszynski* 1975; *Weber* 1981), dann sind unter Plausibilitätsgesichtspunkten zwei extreme Fälle zu unterscheiden. Ist die *Unternehmensführung* nicht bereit, z. B. den Betriebsrat zu akzeptieren und mit ihm im vom Gesetz gewollten Sinn zusammenzuarbeiten (gesetzliche Regelungen regen Kooperation an, können sie aber nicht herstellen; *Theisen* 1980), so schließt dies kooperatives Vorgesetztenverhalten als Leitidee und Führungspraxis dann nicht aus, wenn solches Verhalten für notwendig gehalten wird, um Leistungsfähigkeit zu sichern und den Einfluß des Betriebsrats zurückzudrängen (→*Identifikationspolitik*; →*Loyalität und Commitment*). Kooperatives Vorgesetztenverhalten kann so zum Mitbestimmungssurrogat (*Wächter* 1983; s. a. *Budäus* 1978) werden. Umgekehrt, akzeptiert und bejaht die Unternehmensführung Regelungen und Sinn von Mitbestimmung, bezieht sie die Mitbestimmungsorgane vielleicht sogar über gesetzliche Regelungen hinaus ein, so schließt dies unkooperatives Vorgesetztenverhalten nicht aus, wenn Wirkungsvermutungen in bezug auf die Leistung *autoritäre Verhaltens*weisen nahelegen und Arbeitnehmervertreter sich diesen Attributionen anschließen. Mitbestimmung kann unter solchen Bedingungen Verhaltensweisen zusätzliche *Legitimation* verleihen, die Bedürfnisbefriedigungschancen in der Arbeit verringern und ohne sie möglicherweise auf Widerstand stoßen würden.

Diese Ungewißheit der Beziehungen zwischen Mitbestimmung und Führungspraxis gründet sich in der Ungewißheit, die aus der Interaktion verschiedener Handlungsorientierungen hinsichtlich Leistung, kollektiven Interessen und individuellen Bedürfnissen in einem gemeinsamen Handlungszusammenhang resultiert.

IV. Perspektiven

Unbestritten haben die in den letzten Jahrzehnten beobachtbaren Veränderungen von Arbeits- und Organisationsstrukturen die Bedeutung nicht-institutionalisierter *direkter Beteiligung* von Mitarbeitern erheblich verstärkt. *Partizipative* Elemente sind z. B. Bestandteil von Konzepten der Gruppenarbeit, Qualitätszirkeln, Projektmanagement, Management-by-Konzepten oder auch der ent-taylorisierten requalifizierten Arbeitsaufgabe. Derartig neue „freiwillige" Beteiligungsmöglichkeiten werden nicht nur als Unterstützung der gesetzlichen Mitbestimmung, sondern auch als Hinweis auf einen relativen Bedeutungsverlust der Mitbestimmung bzw. als Gefährdung („Aushöhlung") herkömmlicher friedensstiftender Mitbestimmungsverfahren interpretiert (*Wächter* 1990). Dafür, daß Mitbestimmung auch zukünftig als wichtige Führungsaufgabe gelten wird, spricht die Vermutung, daß mögliche, auf Flexibilität zielende Öffnungsklauseln in Tarifverträgen den betrieblichen Regelungsbedarf z. B. zu Fragen der Arbeitszeit oder Entlohnung erheblich erweitern und zentrale Entscheidungen damit potentiell stärker als bisher unter Mitbestimmungseinfluß geraten könnten (*Helfert* 1992). Auch die u. a. von *Kißler* (1992) vertretene These, daß zukünftig Interessengegensätze im Rahmen der institutionalisierten Mitbestimmung mehr als bisher das Bild der Verhandlung zwischen Arbeitnehmervertreter und Arbeitgeber prägen werden, verdeutlicht die Relevanz der Beziehung von Mitbestimmung und Führung.

Literatur

Arbeitsgemeinschaft „Engere Mitarbeiter der Arbeitsdirektoren Eisen und Stahl" in der Hans-Böckler-Stiftung (Fachausschuß 9): Das mitbestimmungsgemäße Führungsmodell. Düsseldorf 1982.
Bartölke, K.: Arbeitsgruppen, Vorgesetztenverhalten und Organisation. In: Arbeit und Leistung, 1967, S. 209–215.
Bartölke, K.: Hierarchie. In: *Grochla, E.* (Hrsg.): HWO. 2. A., Stuttgart 1980, Sp. 830–837.
Bartölke, K./Eschweiler, W./Flechsenberger, D. et al.: Participation and Control – A Comparative Study about Industrial Plants in Israeli Kibbutzim and the Federal Republic of Germany. Spardorf 1985.
Bartölke, K./Flechsenberger, D.: Correlates of Different Degrees of Influence of Works Councils in Plants in the Federal Republic of Germany. Arbeitspapier Nr. 84, Fachbereich Wirtschaftswissenschaft der Bergischen Universität – Gesamthochschule Wuppertal 1985.
Bartölke, K.: Federal Republic of Germany. In: *Tannenbaum, A. S./Rozgonyi, T.* (Hrsg.): Authority and Reward in Organizations: An International Study, Ann Arbor, Mi. 1986, S. 23–65.
Bartölke, K./Henning, H./Jorzik, H./Ridder, H.-G.: Neue Technologien und betriebliche Mitbestimmung. Opladen 1991.
Bleicher, S. (Hrsg.): Technik für den Menschen – Soziale Gestaltung des technischen Wandels. Köln 1987.
Budäus, D.: Grundfunktionen von Unternehmungen und ihre Beeinflussung durch partizipative Organisationsstrukturen. In: *Bartölke, K./Kappler, E./Laske, S./Nieder, P.* (Hrsg.): Arbeitsqualität in Organisationen. Wiesbaden 1978, S. 231–244.
Clegg, S.: Organizational Democracy, Power and Participation. In: *Crouch, C./Heller, F. A.* (Hrsg.): International Yearbook of Organizational Democracy, Vol. 1, Organizational Democracy and Political Processes. Chichester 1983, S. 3–34.
DGB-Bundesvorstand: Gewerkschaftliche Politik zur Gestaltung von Arbeit und Technik. Düsseldorf 1991.
Eberwein, W./Tholen, J.: Managermentalität. Frankfurt/M. 1990.
Fäßler, K.: Betriebliche Mitbestimmung. Wiesbaden 1970.
Grunwald, W./Lilge, H.-G. (Hrsg.): Partizipative Führung. Bern/Stuttgart 1980.
Hase, D./Neumann-Cosel, R./Rupp, R.: „Weit oberhalb der Belastungsgrenze" oder „weit unterhalb eines angemessenen Nachteilsausgleichs"? In: Die Mitbestimmung, 1989, S. 2–7.
Helfert, M.: Betriebsverfassung, neue Rationalisierungsformen, lean production. In: WSI-Mitteilungen, 1992, S. 505–521.
Hemmer, E.: Sozialplanpraxis in der Bundesrepublik. Köln 1988.
Heymann, H-H./Seiwert, L. J./Theisen, M. R.: Mitbestimmungsmanagement. Frankfurt/M. et al. 1983.
IDE – Industrial Democracy in Europe International Research Group: Industrial Democracy in Europe. Oxford 1981.
Kirsch, W./Scholl, W./Paul, G.: Mitbestimmung in der Unternehmenspraxis. München 1984.
Kißler, L.: Die Mitbestimmung in der Bundesrepublik Deutschland. Marburg 1992.
Kluge, M./Kneer, U./Schneider, G.-P.: Betriebsräte in der industriellen Provinz. Frankfurt/M./New York 1981.
Kotthoff, H.: Betriebsräte und betriebliche Herrschaft. Frankfurt/M./New York 1981.
Müller-Jentsch, W.: Vorwort. In: *Müller-Jentsch, W.* (Hrsg.): Konfliktpartnerschaft. München 1991, S. 7–10.

Muszynski, B.: Wirtschaftliche Mitbestimmung zwischen Konflikt und Harmoniekonzepten. Meisenheim 1975.
Oechsler, W. H.: Der organisatorisch-strukturelle Kontext partizipativer Führung. In: *Grunwald, W./Lilge, H. G.* (Hrsg.): Partizipative Führung. Bern/Stuttgart 1980, S. 232–244.
Osterloh, M.: Über die Unwirksamkeit von Beteiligungsrechten. In: *Diefenbacher, H./Nutzinger, H. G.* (Hrsg.): Mitbestimmung in Betrieb und Verwaltung. Heidelberg 1986, S. 151–176.
Rosenkind, A. H.: Werte und Macht. München 1981.
Schabedoth, H.-J.: Konsenszwänge im Gentleman-Gremium. Probleme und Perspektiven der Mitbestimmung. In: Die Mitbestimmung, 1992, S. 55–58.
Seiwert, L. J.: Mitbestimmung als Gegenstand betriebswirtschaftlicher Forschung. In: ZfbF, 1981, S. 307–332.
Tannenbaum, R./Schmidt, W. H.: How to Choose a Leadership Pattern. In: HBR, 1958, S. 95–101.
Theisen, M. R.: Die Aufgabenverteilung in der mitbestimmten GmbH. Königstein 1980.
Töpfer, A./Lechelt, F.: Bürokommunikation. Landsberg a. Lech 1987.
Wächter, H.: Mitbestimmung. München 1983.
Wächter, H.: Forschungsaufgaben der Personalwirtschaftslehre. In: ZfP, 1990, S. 55–60.
Weber, H.: Soziologie des Betriebsrats. Frankfurt/M./New York 1981.
Weltz, F./Schmidt, G.: Rationalisierung und Betriebsratstätigkeit. In: *Dohse, K./Jürgens, U./Russig, H.* (Hrsg.): Statussicherung im Industriebetrieb. Frankfurt/M. 1982, S. 55–90.
Wilpert, B.: Führung in deutschen Unternehmen. Berlin/New York 1977.
Winschuh, J.: Praktische Werkspolitik. Berlin 1923. Nachdruck. In: *Crusius, R./Schiefelbein, G./Wilke, M.* (Hrsg.): Die Betriebsräte in der Weimarer Republik, 1. Band. Berlin 1978.
Witte, E.: Der Einfluß der Arbeitnehmer auf die Unternehmenspolitik: In: DBW, 1980, S. 541–559.
Witte, E.: Das Einflußsystem der Unternehmung in den Jahren 1976 und 1981. In: ZfbF, 1982, S. 416–434.
Wunderer, R./Grunwald, W.: Führungslehre, Bd. 1 u. 2. Berlin/New York 1980.

Mobilität und Fluktuation von Führungskräften

Michel E. Domsch/Maria Krüger-Basener

[s. a.: Freisetzung als Vorgesetztenaufgabe; Führungstheorien – Soziale Lerntheorie; Karriere und Karrieremuster von Führungskräften; Personalbeurteilung von Führungskräften.]

I. Begriff; II. Erscheinungsformen; III. Bestimmungsgrößen; IV. Betriebliche Auswirkungen; V. Betriebliche Maßnahmen zur Beeinflussung.

I. Begriff

Bewegungen von Führungskräften innerhalb und zwischen Unternehmen haben personalwirtschaftliche Bedeutung. Unter Führungskräften werden dabei solche Mitarbeiter verstanden, die Personalführungsverantwortung tragen bzw. tragen sollen oder die über hohe Sachverantwortung verfügen (*Faßbender* 1992).

Der Begriff der *Mobilität*, ursprünglich ein Fachbegriff aus der Soziologie (*Sorokin* 1927), umfaßt in seiner allgemeinsten Form die „Bewegung von Personen aus einer sozialen Position in eine andere soziale Position" (*Bolte* 1969, S. 709). Auf- und Abstiege im sozialen System werden als *vertikale* Mobilität von den Formen der *horizontalen* Mobilität getrennt, die Bewegungen auf gleich hoch bewerteten sozialen Ebenen erfassen. Als eine weitere Form der Mobilität kann die *regionale oder Wohnortmobilität* unterschieden werden (*Caplow* 1954).

II. Erscheinungsformen

Aus diesen Grundformen der Bewegung lassen sich für die Mobilitätsvorgänge im Berufsleben folgende (Haupt-)Formen der Arbeitsplatzmobilität ableiten (*Reynolds* 1951; *Parnes* 1954; *Harloff* 1970; *Dedering* 1972; *Pippke/Wolfmeyer* 1976):

– Wechsel der Organisation bzw. des Arbeitgebers (Fluktuation)
– Wechsel der Hierarchieebene bzw. Auf- und Abstiege (vertikale Mobilität)
– Wechsel des Sachgebiets
– Wechsel nur des Arbeitsplatzes.

Unter *Fluktuation* i. e. S. oder zwischenbetrieblichem Arbeitsplatzwechsel wird in der betriebswirtschaftlichen Literatur i. d. R. ein Teilbereich der Mobilität, nämlich ein Wechsel des Mitarbeiters in eine andere Organisation bzw. zu einem anderen Arbeitgeber verstanden (*Rippke* 1974; *Weber* 1978; *Kaufhold* 1985; *Redlin* 1987). Zur Fluktuation i. w. S. werden allerdings auch Austritte aus dem Berufsleben gezählt, die sich in zeitlich begrenzte (z. B. Wehrdienst, Krankheit, Heirat, Schwangerschaft) und endgültige Austritte (z. B. durch Pensionierung, Invalidität, Tod) unterscheiden lassen (*Bornemann* 1967; *Marr* 1975; *Lütke-Bornefeld* 1977).

Fluktuationsmobilität ist die in Deutschland am stärksten betriebswirtschaftlich untersuchte Mobilitätsform, auch für Führungskräfte (*Rippe* 1974; *Pippke/Wolfmeyer* 1976; *Gaugler* et al. 1976, 1978; *Klingemann* 1977, 1979; *Domsch/Krüger* 1981; *v. Hauff/Nowag* 1981).

Neben der Fluktuationsmobilität wird insbesondere für Führungskräfte die *vertikale Mobilität*, also Auf- und Abstiege in der betrieblichen Hierarchie diskutiert. Aus personalwirtschaftlicher Sicht wird sie im Rahmen von Personalentwicklungsplanung, Laufbahnentwicklung und Karrierepfaden erörtert (z. B. in Deutschland *v. Eckartstein* 1971; *Isler* 1974; *Maier* 1980; *Koch* 1981, 1985; *Sauder* 1991; *Mentzel* 1992). US-amerikanische Industriepsychologen und -soziologen (*Hall* 1976; *Schein* 1978; *London/Stumpf* 1982), aber auch deutsche Soziologen (*Daheim* 1970; *Busch* 1973; *König* 1990) beschreiben vertikale Mobilität aus individueller Sicht (→*Karriere und Karrieremuster von Führungskräften*). Im Rahmen von Karriereverläufen wurden i. d. R. auch Wechsel des Sachgebietes (beispielsweise vom Personalwesen in die Organisation) und Wechsel (nur) des Arbeitsplatzes (beispielsweise in eine andere Abteilung) untersucht (*Rippe* 1974; *Pippke/Wolfmeyer* 1976; *Gaugler* et al. 1976; *Vardi* 1980; *Keller/Holland* 1981; *Nicholson* 1984; *König* 1990).

Die bisher erörterten Formen der Mobilität können des weiteren auch nach ihrem Realisierungsgrad unterschieden werden in (*Parnes* 1954; *Dedering* 1972; *Werth* 1974; *Brandes* 1980; *Franz* 1984):

- *Mobilitätsfähigkeit* (Flexibilität) als Eigenschaft der Un-/Beweglichkeit. Beweglichkeit als generelle Voraussetzung für einen möglichen Wechsel ist einerseits bedingt durch die Ausstattung der Person mit Ressourcen, wie z. B. berufliche Qualifikation, andererseits durch die allgemeine und überdauernde Einstellung zu Veränderungen i. S. einer Flexibilität als Persönlichkeitseigenschaft;
- *Mobilitätseigenschaft* als die in einer bestimmten Wechselsituation unter spezifischen Umgebungsbedingungen vorhandene (kurzfristige) Einstellung zu einem konkreten Wechsel;
- *(tatsächliche) Mobilität* als realisierte Wechsel.

Alle drei personenbezogenen Mobilitätskonstrukte werden als kontinuierliche Größen aufgefaßt, deren Ausprägungen von mobilitätshemmend bzw. immobil bis mobilitätsfördernd bzw. mobil verlaufen können. In der Regel korrelieren Eigenschaft, Bereitschaft und tatsächlicher Wechsel positiv miteinander (*Harloff* 1970; *Sell/Dejong* 1983; *Franz* 1984), was zur Erfassung von Eigenschaften und (z. T. hypothetischer) Bereitschaft als Ersatzkriterien bzw. Prognoseinstrument für tatsächlichen Wechsel geführt hat (*Werth* 1974). Allerdings ist kein eindeutiger Zusammenhang gegeben, so daß auch der Rückschluß von tatsächlich gezeigter Mobilität auf vorangegangene Mobilitätsfähigkeit und -bereitschaft problematisch sein kann (z. B. im Fall einer versteckten unfreiwilligen Mobilität).

III. Bestimmungsgrößen

Mobilitätsphänomene können anhand von Entscheidungen erklärt werden, die die beteiligten nach Kosten-Nutzen-Überlegungen treffen (*March/Simon* 1985; *Adams* 1963, 1965; ähnlich z. B. auch *Dincher* 1989): Unternehmen und ihre Führungskräfte tauschen Leistungen aus, indem das Unternehmen für die erbrachte Arbeit der Führungskraft seine Belohnungen materieller (Gehalt, Sozialleistungen etc.) und immaterieller Art (Anerkennung etc.) abgibt. Nimmt einer der beiden Partner ein Ungleichgewicht in diesem Austauschverhältnis wahr, indem beispielsweise die Höhe der Leistungen (Kosten) die Höhe der Belohnungen (Nutzen) übersteigt, so wird er unzufrieden und denkt an Veränderungen. Dieses Ungleichgewicht wird nicht nur anhand des (bisherigen) eigenen Anspruchsniveaus ermittelt, sondern kann auch im Vergleich zu „günstigeren" Austauschverhältnissen bei anderen festgestellt werden (→*Führungstheorien – Soziale Lerntheorie*). Damit kann zum einen das aktive Aufsuchen neuer Alternativen (z. B. hinsichtlich eines anderen Arbeitgebers oder hinsichtlich einer anderen Position im bisherigen Unternehmen) erklärt werden. Zum anderen kann so die Annahme eines bisher nicht bekannten Positionsangebotes verstanden werden, bei dem der Führungskraft ein günstigeres Austauschverhältnis angeboten wird (z. B. durch höheres Gehalt), ohne daß sie bisher mit ihrer Tätigkeit unzufrieden sein mußte. Die *Anreiz-Beitrags-Theorie* (*March/Simon* 1958) wurde zwar überwiegend zur Erklärung von Fluktuationsphänomenen genutzt (*Weber* 1978; *Gaugler/Martin* 1979; *Dincher* 1992), sie läßt sich aber auch für die Erklärung der anderen Mobilitätsformen heranziehen (z. B. für vertikale Mobilität oder Arbeitsplatzwechsel (*Jackowsky/Peters* 1983)).

Als Bestimmungsgröße der Mobilität ließ sich nicht nur die Unzufriedenheit mit der Arbeitssituation ermitteln (z. B. *Biasion* 1993), sondern darüber hinaus auch dominante Einzelvariablen.

Für eine Erhöhung der Fluktuationsmobilität standen in bisherigen Untersuchungen (auch) bei Führungskräften eindeutig die Anreize „Einkommensverbesserung", „Aufstiegsmöglichkeiten" und „attraktives Aufgabenfeld" im Vordergrund (*Pippke/Wolfmeyer* 1976; *Domsch/Krüger* 1981). Die Reihenfolge der Bedeutung war allerdings umstritten. Neuere Untersuchungen zum Wertewandel zeigen jedoch, daß die grundlegende Bedeutung von Beruf und damit auch von Einkommensverbesserungen zugunsten von Freizeit und Familie gesunken ist, besonders bei jüngeren Führungskräften (*v. Rosenstiel/Stengel* 1987; *Beermann/Stengel* 1992). Inwieweit sich das negativ auf die zwischenbetriebliche Wechselbereitschaft heutiger Führungskräfte auswirkt, wurde bislang eher über Einzelbeobachtungen von Personalberatungen ermittelt (z. B. o.V. 1990). Im übrigen läßt sich wohl weiterhin zwischen Alter und Fluktuation eine negative Beziehung feststellen. Das gilt ebenfalls für die Länge der bisherigen Unternehmenszugehörigkeit. Auch Ausbildungsrichtung und -höhe, Spezialisierungsgrad, Sachgebiet, Karrierezyklusstadium und Familienstand wirken auf die Fluktuation ein (für Wissenschaftler z. B. *Klingemann* 1977, 1979).

Als Einfluß auf die *vertikale Mobilität* werden zahlreiche soziodemographische und psychologische Variablen wie Familienherkunft, Ausbildungsniveau und Anspruchsniveau diskutiert (*Busch* 1973; *König* 1990). Inwieweit das Geschlecht eine entscheidende Bestimmungsgröße für die vertikale Mobilität von Führungskräften darstellt, wird erst in den letzten Jahren und sehr kontrovers diskutiert (z. B. *Autenrieth/Chemnitzer/Domsch* 1993; *Friedel-Howe* 1993). Das Konzept des Karrierezyklus versucht, (bislang männliches) Karriereverhalten mit denen dem Alter zugeordneten Erscheinungen zu verbinden und Mobilitätsvorgänge daraus abzuleiten (*Levinson* 1978; *Schein* 1978; *Friedrich/Kamp* 1978; *Gould* 1978; zusammenfassend *Mayrhofer* 1992).

Sachgebiets- und (bloße) Arbeitsplatzwechsel sind wie auch die regionale Mobilität überwiegend als Bestandteile der Fluktuationsmöglichkeit oder aber der vertikalen Mobilität mit untersucht worden. Als alleinige oder im Vordergrund stehende Mobilität wurde bisher die *regionale Mobilität* überwiegend anhand des Auslandseinsatzes analysiert (*v. Eckartsberg* 1978; *Fritz* 1982; *Djarrahzadeh* 1993; *Mayrhofer* 1993). Erst allmählich wird überprüft, inwieweit bei Wohnortwechseln nicht zusätzliche Bestimmungsfaktoren berücksichtigt werden müssen, da hier in weitaus größerem Umfang auch die Familie unmittelbar betroffen ist (*Domsch/Krüger* 1984; *Domsch/Krüger-Basener* 1988, 1989; *EMNID* 1992; auch *Autenrieth/Chemnitzer/Domsch* 1993). Familienstand, Kinderzahl, bisherige Erfahrungen mit Wohnortwechseln, verwandtschaftliche und andere Bindungen an den Wohnort wie auch die karriereorientierte Berufstätigkeit des Ehepartners scheinen größeren Einfluß auszuüben (*Wagner* 1989).

IV. Betriebliche Auswirkungen

Die betrieblichen Auswirkungen sind insbesondere für die Mobilität in Form der *Fluktuation* früh und ausführlich diskutiert worden (*Marr* 1975; *Lütke-Bornefeld* 1977; *Mobley* 1982; *Streim* 1982; *Kaufhold* 1985; *Langmaak* 1987). Dabei kann man in die für das Unternehmen eher positiven Folgen (z. B. Weggang eines unerwünschten Mitarbeiters) und in die eher negativen Folgen (z. B. Weggang des Mitarbeiters kurz nach der Einarbeitung) unterscheiden.

Generell lassen sich folgende Kosten der Fluktuation feststellen (*Mobley* 1982; *Kieser* 1985; *Kaufhold* 1985; *Dincher* 1989):

– Aufwendungen für den neuen Mitarbeiter
 • Anwerbung, Auswahl, Einarbeitung
– Aufwendungen für den ausscheidenden Mitarbeiter
 • Entlassung, Minderleistung vor und während der Fluktuationsentscheidung
 • Verlust der bisherigen Investitionen in den ausscheidenden Mitarbeiter
– Aufwendungen für die verbliebenen Mitarbeiter
 • Unterbrechung der Kommunikation
 • zumindest vorübergehende Einschränkung der Leistungskraft.

Diese Kosten, zu deren Ermittlung bereits Rechenbeispiele vorliegen (*Streim* 1982; *Pillat* 1990), treten in abgemilderter Form ebenfalls bei den übrigen Formen des Arbeitsplatzwechsels auf: Wenn auch bei innerbetrieblichen Wechseln die Eingewöhnung in das Unternehmen als Ganzes für den neuen Stelleninhaber entfällt, so sind doch auch hier z. B. interne Anwerbe- und Einarbeitungskosten in Rechnung zu stellen. Die Mobilitätskosten vervielfachen sich dann, wenn durch eine Umsetzung sog. „Versetzungsketten" ausgelöst werden.

Bei Mobilitätsformen, die mit einem *Ortswechsel* verbunden sind, entstehen außerdem noch Kosten, die durch die vom Unternehmen veranlaßte örtliche Bewegung verursacht werden (Umzugskosten etc.). Die sozialen Kosten, die mobile Mitarbeiter tragen, sind insbesondere für die regionale Mobilität (*House* et al. 1968; *Seidenberg* 1973; *Pinder/Das* 1978; *Neuberger* et al. 1982; *Hormuth* 1990) und für vertikale Mobilität (*Evans/Bartolomé* 1980; *Freudenberger* 1980) beschrieben worden. Eine besondere Form solcher sozialen Kosten wird bei sog. Dual Career Couples (DCCs) diskutiert (*Rapoport/Rapoport* 1969). Hier sind beide Partner karriereorientiert tätig und müssen deshalb für ihre Mobilität mit längerfristigen räumlichen Trennungen und/oder Karriereeinbußen rechnen (*Domsch/Krüger-Basener* 1988; *Hauser* 1990).

Zur Bestimmung einer – betrieblich gesehen – optimalen Verweildauer auf Positionen werden die Phasen „Eingewöhnung", „volles Engagement" und „Auslaufenlassen" bei einer absehbaren Versetzung mit ihren Leistungen einander gegenübergestellt (*Isler* 1974; *Marr* et al. 1980).

Diesen Kosten der Mobilität steht auch ein Nutzen gegenüber: *Fluktuation* als zwischenbetrieblicher Wechsel schafft für das abgebende Unternehmen nicht nur die Möglichkeit, sich weniger erwünschter Führungskräfte zu entledigen (Outplacement), wobei man allerdings damit rechnen muß, daß gerade die qualifizierten und initiativenreicheren Mitarbeiter eher Erfolg am Arbeitsmarkt haben werden. Darüber hinaus ermöglicht Fluktuation auch höhere interne Mobilität (Auflösung von Aufstiegsstaus), höhere interne Flexibilität, Möglichkeiten zur Kostenreduzierung (Abbau von

Überhängen im Führungsbereich) und Hilfen zur Lösung verhärteter Konflikte.

Für das aufnehmende Unternehmen besteht der Nutzen der Mobilität nicht nur in der Besetzung einer Vakanz, sondern auch in der Gewinnung neuen Know-hows und neuer Impulse (*v. Manen/Schein* 1979; *Nicholson* 1984; *Brett* 1984; *Pinder/Walter* 1984; *Dincher* 1989), was einer entsprechenden Demotivierung der nicht gewählten internen Kandidaten gegenüberzustellen ist.

Vertikale Mobilität hat einen Nutzen darin, daß sie als Anreiz für Leistung auf den unteren Ebenen eingesetzt werden kann. Ein weiterer Nutzen besteht darin, möglichst geplant die Vorteile interner Kandidaten für den Aufstieg auszunutzen (*Thom* 1987; *Sauder* 1981). Allerdings müssen bei einer ausschließlichen innerbetrieblichen vertikalen Mobilität die Nachteile im Hinblick auf die ständige Festschreibung unternehmensspezifischer Verhaltens- und Problemlösungsprozesse berücksichtigt werden; und auch hier muß eine etwaige Demotivierung konkurrierender Kollegen bedacht werden.

Regionale Mobilität kann bei regional diversifizierten Unternehmen nicht nur zur Besetzung von Vakanzen dienen, sondern sie kann auch ganz bewußt dazu herangezogen werden, die Ausbildung der Führungskräfte zu fördern oder die Vermittlung von Know-how und das Herstellen einer einheitlichen Geschäftsführung zu erreichen (*Hoffmann* 1973; *v. Roessel* 1988; *Djarrahzadeh* 1993). Ähnliches gilt für *Sachgebiets- und bloße Arbeitsplatzwechsel*, auch wenn sie nicht mit einem regionalen Wechsel verbunden sind.

V. Betriebliche Maßnahmen zur Beeinflussung

Voraussetzung für eine erfolgversprechende Mobilitätspolitik ist eine *Erfassung* der Mobilität und ihrer Vorstufen, der Mobilitätsbereitschaft bzw. des Mobilitätspotentials.

Zur Ermittlung der Mobilität wurden für die Fluktuation bereits frühzeitig Berechnungssysteme geschaffen, die die unterschiedlichen Fluktuationsformen detailliert voneinander trennten. Als sichere Abgänge kann dann das Unternehmen die Fluktuation aus vorhersehbaren Ereignissen (z. B. Pensionierung) berechnen. Mit Hilfe von Erfahrungswerten lassen sich zukünftige Veränderungen durch Krankheit, Invalidität, Tod und zwischenbetriebliche Wechsel ermitteln. Auch die Abgänge als Auswirkungen getroffener Dispositionen wie Frühpensionierungen oder Outplacement (→*Freisetzung als Vorgesetztenaufgabe*) lassen sich in ihrer Gesamtheit statistisch abschätzen. Die sogenannte freiwillige Fluktuation i.e.S. als durch die Führungskraft selbst initiierter Wechsel in ein anderes Unternehmen läßt sich für den Einzelfall jedoch schwer sicher voraussagen. Kennzahlensysteme, die Fluktuation z. B. nach Mitarbeitergruppen oder nach Fluktuationsart unterscheiden (*Grünefeld* 1981), geben auch erste Anhaltspunkte für eine Ursachenanalyse. Frühwarnsysteme wie z. B. Mitarbeiterbefragungen (*Domsch/Schneble* 1992) können über Unzufriedenheit und Störungen im Betriebsklima Ursachen für potentielle Fluktuation direkt erfassen.

Zur Ermittlung von vertikaler Mobilität werden von Unternehmen nicht nur rückwirkend (und selten) betriebliche Karriereverläufe und ihre Regelmäßigkeiten untersucht, sondern insbesondere vorwärtsplanend und laufbahnsteuernd das Mobilitäts- bzw. Nachwuchspotential erfaßt: Die Potentialbeurteilung (→*Personalbeurteilung von Führungskräften*) versucht, fachlich und persönlich geeignete und zum Aufstieg motivierte Mitarbeiter zu bestimmen, um dann ihre Ausbildung und/oder ihre Laufbahn gezielt im Sinne der Unternehmensbedürfnisse unter Berücksichtigung der individuellen Vorstellungen der Führungsnachwuchskraft zu steuern. Das Instrument des Mitarbeitergesprächs enthält in der Regel einen Personalentwicklungs- bzw. -förderteil, in dem in besonderer Weise auch die Aufstiegswünsche des Mitarbeiters angesprochen und diskutiert werden sollen (*Kremer* 1983; *Vollmer* 1984). Aber auch Veränderungsvorstellungen hinsichtlich des Sachgebiets oder (nur) des Arbeitsplatzes können hier angesprochen werden. Dabei muß jedoch eine offene Gesprächsatmosphäre gewährleistet sein.

Ähnliches gilt für das regionale Mobilitätspotential. Auch dafür ist die Erfassung Ausgangspunkt einer erfolgreichen Mobilitätspolitik; allerdings kommt hier dem familiären Umfeld, das fast immer den Mobilitätsvorgang mitvollziehen muß, eine vielleicht noch größere Bedeutung zu (*Domsch/Krüger* 1984).

Nach der Erfassung der Mobilität folgt die *Ursachenanalyse*, die Voraussetzung für eine effiziente Beeinflussungsstrategie und damit für konkrete Maßnahmen ist.

Ursachenanalyse für Fluktuationsphänomene wird nicht nur von wissenschaftlichen Untersuchungen betrieben (für deutsche Führungskräfte z. B. bei *Rippe* 1974; *Gaugler* et al. 1976; *Pippke/Wolfmeyer* 1976; *Domsch/Krüger* 1981), sondern findet auch in Unternehmen anhand der Kennzahlensysteme statt. Allerdings lassen sich hier wegen der oft geringen Zahl von betroffenen Führungskräften aus festgestellten Unterschieden im Fluktuationsverhalten keine zuverlässigen Ursache-Wirkungs-Zusammenhänge aufdecken. Ergebnisse aus Austrittsinterviews können nur bedingt herangezogen werden, da die Befragten zu ihren Austrittsgründen erst nach der getroffenen Entscheidung befragt werden und auch deshalb zu

Mobilität	Erhöhung	Verminderung
Voraussetzung	gültige Personalplanung	

Fluktuationsmobilität	• Outplacement-Beratung
	• Vorruhestand
	• Abfindung
		• Informationspolitik über das Anreizsystem
		• Abbau von Unzufriedenheit
		• Marktgehälter/Sozialleistungen
		• Aufstiegsmöglichkeiten/Laufbahnplanung
		• Bindung durch
		  – Betriebsrente
		  – langfristige Darlehen
		• Sicherheit des Arbeitsplatzes
		• Attraktivität der Aufgaben
		• Einarbeitung
		• Einbindung in das soziale Umfeld im Unternehmen

vertikale Mobilität	• Karriereplanung • Nachfolgeplanung • Laufbahnsteuerung • Versetzungspolitik • Informationspolitik • Flexibilisierungsmaßnahmen (z.B. Arbeitszeit) • Wiedereingliederungspolitik • Karriereberatung	• Karriereplanung • Parallellaufbahnen/Fachlaufbahnen
Sachgebiets- und Arbeitsplatzveränderungen	• Traineeprogramm • job rotation • task forces • Sonderteams • Projektmitarbeit	• externe Rekrutierung • Training von bisherigen Stelleninhabern

regionale Mobilität	• Übernahme der Mehraufwendungen
	• Mobilitätsklauseln
	• Laufbahnsteuerung
	• Versetzungspolitik
	• Integration der Familie
	• Unterstützung des Partners bei Arbeitsplatzsuche
	• Flexibilisierungsmaßnahmen (bei räumlichen Trennungen)
		• Bindung durch
		  – Hausdarlehen
		  – Integration oder Familie

Tab. 1: Maßnahmen zur Beeinflussung der Mobilität von Führungskräften (Auswahl)

bewußter oder unbewußter Verfälschung neigen können.

Eine Ursachenanalyse für vertikale Mobilität muß sich zum einen auf die Frage nach einer anforderungsgerechten Personalauswahl konzentrieren. Zum anderen muß sie die bewußte Steuerung des Mitarbeitereinsatzes im Zeitablauf, verbunden mit gezielter Anreizvergabe, überprüfen – auch im Hinblick auf veränderte und individuell unterschiedliche Wertestrukturen (*Beermann/Stengel* 1992), um die tatsächlichen Ursachen für einen Aufstieg von Mitarbeitern im Unternehmen zu ermitteln.

Für die regionale Mobilität sind zusätzlich die verschiedenen Einflußfaktoren im familiären Umfeld bei der Ursachenanalyse zu berücksichtigen. Diese Faktoren, wie z. B. Schulsituation der Kinder und Berufstätigkeit und/oder Karriereorientierung des (Ehe-)Partners, sind für das Unternehmen häufig nicht direkt erkennbar oder nachgewiesenermaßen noch nicht bekannt (*Domsch/Krüger-Basener* 1989). Befragungen bei den betroffenen Führungskräften können zwar größere Informationen beschaffen. Allerdings müssen auch hier nicht notwendigerweise immer die wahren oder ausschlaggebenden Ursachen genannt werden, sondern es können auch sozial akzeptable Scheingründe vorgeschoben werden.

Die Menge möglicher *Maßnahmen*, die auch vorübergehende Austritte aus dem Unternehmen berücksichtigen, kann hier nicht detailliert diskutiert werden, sondern es wird exemplarisch eine Auswahl in Tabelle 1 vorgestellt.

Literatur

Adams, J. S.: Injustice in Social Exchange. In: *Berkowitz, L.* (Hrsg.): Advances in Experimental Social Psychology, Vol. 2, New York 1965.
Adams, J.: Toward an Understanding of Inequity. In: JAP, 1963, S. 422–436.
Autenrieth, C./Chemnitzer, K./Domsch, M.: Personalauswahl und -entwicklung von weiblichen Führungskräften. Frankfurt/M. 1993.
Beermann, L./Stengel, M.: Werte. In: Bergemann, N./Sourisseaux, L. J. (Hrsg.): Psychologische Aspekte des internationalen Managements. Berlin 1992, S. 211–246.
Biasion, A.: Kündigen – auf der Suche nach dem Weg. In: Personalwirtschaft, 1993, S. 12–16.
Bolte, K. M.: Mobilität. In: Bernsdorf, W. (Hrsg.): Wörterbuch der Soziologie. Stuttgart 1969, S. 706–716.
Bornemann, E.: Betriebspsychologie. Wiesbaden 1967.
Brandes, H.: Flexibilität und Qualifikation. Darmstadt 1980.
Brett, J. M.: Job Transitions and Personal and Role Development. In: Rowland, K./Ferris, G. (Hrsg.): Research in Personnel and Human Resources Management. Greenwich 1984, S. 155–185.
Busch, D. W.: Berufliche Wertorientierung und berufliche Mobilität. Stuttgart 1973.

Caplow, T.: The Sociology of Work. New York et al. 1954.
Daheim, H. J.: Der Beruf in der modernen Gesellschaft. 2. A., Köln et al. 1970.
Dedering, H.: Arbeitsmobilität – Diskussion und Systematik ihrer Begriffsinhalte. In: KZSS, 1972, S. 46–67.
Dincher, R.: Die Fluktuation kaufmännisch ausgebildeter Abiturienten und ihre personalpolitische Beeinflussung durch das ausbildende Unternehmen. Frankfurt/M. 1989.
Dincher, R.: Fluktuation. In: *Gaugler, E./Weber, W.* (Hrsg.): HWP. 2. A., Stuttgart 1992, Sp. 872–883.
Djarrahzadeh, M.: Internationale Personalentwicklung. Ausländische Führungskräfte in deutschen Stammhäusern. Wiesbaden 1993.
Domsch, M./Krüger, M.: Mobilität von Führungskräften und Personalberatung. In: Interview und Analyse, 1981, S. 488–492.
Domsch, M./Krüger, M.: Regionale Mobilität von Fach- und Führungskräften in Klein- und Mittelbetrieben. In: Management Forum, 1984, S. 119–141.
Domsch, M./Krüger-Basener, M./Schneble, A.: Zeitliche Abstimmungsprobleme der Laufbahnentwicklung von „Dual Career Couples". In: *Hax, H./Kern, W./Schröder, H.-H.* (Hrsg.): Zeitaspekte betriebswirtschaftlicher Theorie und Praxis. Stuttgart 1988, S. 331–348.
Domsch, M./Krüger-Basener, M.: Laufbahnentwicklung von Dual Career Couples. In: Personalführung, 1989, S. 285–289.
Domsch, M./Schneble, A. (Hrsg.): Mitarbeiterbefragungen. 2. A., Heidelberg 1992.
v. Eckartsberg, C. H.: Auslandseinsatz von Stammhauspersonal. Frankfurt/M. 1978.
v. Eckartstein, D.: Laufbahnplanung für Führungskräfte. Berlin 1971.
EMNID-Institut: Mobilitäts- und Wohnortkriterien von Manager-Frauen in Deutschland. Bielefeld 1992.
Evans, P./Bartolomé, F.: Must Success Cost So Much? New York 1980.
Faßbender, S.: Führungskräfte. In: *Gaugler, E./Weber, W.*: HWP. 2. A., Stuttgart 1992, Sp. 937–947.
Franz, P.: Soziologie der räumlichen Mobilität. Frankfurt/M. 1984.
Freudenberger, H. J.: Burn Out. The High Cost for High Achievement. New York 1980.
Friedel-Howe, H.: Frauen und Führung. Mythen und Fakten. In: *v. Rosenstiel, L./Regnet, E./Domsch, M.* (Hrsg.): Führung von Mitarbeitern. Stuttgart 1993, S. 455–467.
Friedrich, J./Kamp, K.: Methodologische Probleme des Konzeptes „Lebenszyklus". In: *Kohle, M.* (Hrsg.): Soziologie des Lebenslaufes. Darmstadt 1978, S. 173–190.
Fritz, J.: Wiedereingliederung höherer Führungskräfte nach einem Auslandseinsatz. Mannheim 1982.
Gaugler, E./Martin, A.: Fluktuation und krankheitsbedingte Fehlzeiten als Indikatoren für Arbeitszufriedenheit. In: *Wunderer, R.* (Hrsg.): Humane Personal- und Organisationsentwicklung. Berlin 1979, S. 93–112.
Gaugler, E./Schilling, W./Staude, J.: Die Suche von Führungskräften, Band II: Methoden der Ansprache aus Sicht der Unternehmen. München et al. 1978.
Gaugler, E./Weber, W./Martin, A./Staude, J.: Die Suche von Führungskräften, Band I: Methoden der Ansprache aus Sicht der Führungskräfte. München et al. 1976.
Gould, R. L.: Transformations. Growth and Change in Adult Life. New York 1978.
Grünefeld, H.-G.: Personal-Kennzahlensystem. Planung, Kontrolle, Analyse von Personalaufwand und -daten. Wiesbaden 1981.
Hall, D. T.: Careers in Organisations. Los Angeles 1976.

Harloff, H.-J.: Der Einfluß psychischer Faktoren auf die Mobilität der Arbeit. Berlin 1970.
v. Hauff, M./Norwag, W.: Determinanten für die Bleibe- und Arbeitsmotivation bei Führungskräften in der Wirtschaft. In: ZfbF, 1981, S. 792–803.
Hauser, R.: Zwei Karrieren in einer Partnerschaft. In: Management Wissen, 1990, S. 16–33.
Hoffmann, D. D.: Die Personalpolitik der internationalen Unternehmung. Meisenheim a. G. 1973.
Hormuth, S. E.: The Ecology of the Self. Relocation and Self-Concept Change. Cambridge et al. 1990.
House, H. W./Thuborn, H. M./Ruddy, S. A. et al.: Mobility and the Northern Business Manager. Papers in Migration and Mobility in Northern England No. 8. University of Newcastle upon Tyne 1968.
Isler, K.: Der systematische Arbeitsplatzwechsel als Mittel zur Ausbildung des Führungsnachwuchses der Unternehmung. Winterthur 1974.
Jackowsky, E. F./Peters, L. H.: Job Runover Versus Company Runover: Reassessment of the March and Simon Participation Hypotheses. In: JAP, 1983, S. 490–495.
Kaufhold, K.: Die wirtschaftlichen Wirkungen der Fluktuation in der Einzelwirtschaft. Frankfurt/M. 1985.
Keller, R. T./Holland, W. E.: Job Change – A Naturally Occuring Field Experiment. In: HR, 1981, S. 1053–1067.
Kieser, A.: Die Einführung neuer Mitarbeiter in das Unternehmen. Frankfurt/M. 1985.
Klingemann, H.: Karriereentscheidungen von Wissenschaftlern. Bedingungen der Organisationsmobilität im Bereich der Großforschung. Diss. Köln 1977.
Klingemann, H.: Organisationsmobilität in der Großforschung. Eine Analyse inner- und außerorganisatorischer Determinanten der individuellen Bereitschaft zur Organisationsmobilität am Beispiel der Kernforschungsanlage Jülich. In: Zeitschrift für Soziologie, 1979, S. 230–253.
Koch, H.-E.: Grundlagen und Grundprobleme der betrieblichen Karriereplanung. Frankfurt/M. et al. 1981.
Koch, H.-E.: Neue Instrumente der Karriereplanung. In: Harvard Manager, 1985, S. 7–11.
König, W.: Berufliche Mobilität in Deutschland und Frankreich. Frankfurt/M. et al. 1990.
Kremer, H.: Beurteilungspraxis in einem Großunternehmen – Erfahrungen und Folgerungen. In: Congenatexte, 1983, S. 52–56.
Langmaak, H.: Personalfluktuation. Bedeutung, statistische Erfassung und Steuerungsmöglichkeiten. In: Krankenhaus-Umschau, 1987, S. 723–731.
Levinson, D.: The Seasons of a Man's Life. New York 1978.
London, M./Stumpf, S.: Managing Careers. Reading 1982.
Lütke-Bornefeld, P.: Fluktuation in der KKB. In: *Büschges, G./Lütke-Bornefeld, R.* (Hrsg.): Praktische Organisationsforschung. Reinbek bei Hamburg 1977, S. 366–384.
v. Manen, J./Schein, E. H.: Toward a Theory of Organisational Socialization. In: *Staw, B. M.* (Hrsg.): Research in Organisational Behaviour. Greenwich 1979, S. 209–264.
Maier, K.-D.: Organisationale Karriereplanung. Frankfurt/M. 1980.
March, J. G./Simon, H. A.: Organizations. New York 1958.
Marr, R./Friedel-Howe, H./Schultes-Jaskolla, G. et al.: Mobilität in den Streitkräften. Arbeitspapier der Hochschule der Bundeswehr. München 1980.
Marr, R.: Fluktuation. In: *Gaugler, E.* (Hrsg.): HWP. Stuttgart 1975, Sp. 845–855.
Mayrhofer, W.: Lebenszyklus, Individueller und Lebensplanung. In: *Gaugler, E./Weber, W.* (Hrsg.): HWP. 2. A., Stuttgart 1992, Sp. 1240–1254.

Mayrhofer, W.: Der Wechsel ins Ausland. Auf der Suche nach einem neuen Bezugspunkt personalwirtschaftlichen Handelns beim Auslandseinsatz. In: *Eschenbach, R.* (Hrsg.): Forschung für die Wirtschaft. Im Mittelpunkt: Der Mensch. Wien 1993, S. 407–416.
Mentzel, W.: Unternehmenssicherung durch Personalentwicklung. 5. A., Freiburg i. Br. 1992.
Mobley, W. H.: Employee Turnover: Careers, Consequences and Control. Reading et al. 1982.
Neuberger, O./Huyer, V./Kompa, A. et al.: Mobilität in der Bundeswehr. In: Wehrpsychologische Untersuchungen, 1982.
Nicholson, N.: A Theory of Work Role Transition. In: ASQ, 1984, S. 172–191.
o.V.: Manager lehnen Karrieresprung auf Kosten der Familie ab. In: Handelsblatt-Karriere v. 23./24. 10. 1992.
Parnes, H. S.: Research on Labor Mobility. New York 1954.
Pillat, R.: Neue Mitarbeiter erfolgreich anwerben, auswählen und einsetzen. 5. A., Freiburg i. Br. 1990.
Pinder, C. C./Das, H.: An Assessment of Some Hidden Costs and Benefits of Employee Transfers. Working Paper, University of British Columbia. Faculty for Commerce and Business Administration 1978.
Pinder, C. C./Walter, G. A.: Personnel Transfers and Employee Development. In: *Rowland, K./Ferris, G.* (Hrsg.): Research in Personnel and Human Resources Management. Greenwich 1984, S. 187–218.
Pippke, W./Wolfmeyer, P.: Die berufliche Mobilität von Führungskräften in Wirtschaft und Verwaltung. Baden-Baden 1976.
Rapoport, R./Rapoport, R. N.: The Dual Career Family. In: HR, 1969, S. 3–30.
Redlin, M.: Personalfluktuation. Eine multivariate Analyse ihrer individuellen Determinanten. Diss. Hamburg 1987.
Reynolds, L.: The Structure of Labor Markets – Wages and Labor Mobility in Theory and Practice. New Haven 1951.
Rippe, W.: Die Fluktuation von Führungskräften der Wirtschaft. Berlin 1974.
v. Roessel, R.: Führungskräftetransfer in internationalen Unternehmen. Köln 1988.
v. Rosenstiel, L./Stengel, M.: Identifikationskrise? Zum Engagement in betrieblichen Führungspositionen. Bern 1987.
Sauder, G.: Führungskräfteentwicklung und Unternehmensentwicklung. In: Personalführung, 1991, S. 650–656.
Schein, E. H.: Career Dynamics. Matching Individual and Organisational Needs. Reading 1978.
Seidenberg, R.: Corporate Wives – Corporate Casualities? New York 1973.
Sell, R. R./Dejong, G. F.: Deciding Whether to Move: Mobility, Wishful Thinking and Adjustment. In: Sociology and Social Research, 1983, S. 146–165.
Sorokin, P. A.: Social Mobility. New York 1927.
Streim, H.: Fluktuationskosten und ihre Ermittlung. In: ZfbF, 1982, S. 128–146.
Thom, N.: Personalentwicklung als Instrument der Unternehmensführung. Stuttgart 1987.
Vardi, Y.: Organizational Career Mobility. An Integrative Model. In: AMR, 1980, S. 341–355.
Vollmer, G. R.: Das Mitarbeitergespräch – eine wirksame Alternative zur Leistungsbeurteilung. In: Personal, 1984, S. 271–274.
Wagner, M.: Räumliche Mobilität im Lebensverlauf. Eine empirische Untersuchung soziologischer Bedingungen der Migration. Stuttgart 1989.

Weber, W.: Fördert Flexibilität die Fluktuation? In: Personal, 1977, S. 239–242.
Weber, W.: Betriebliche Fluktuations- und Mobilitätspolitik – Maßnahmeplanung im Zeichen eines Zielkonflikts. In: *Ehreiser, H.-J./Nick, F. R.* (Hrsg.): Betriebs- und Arbeitsmarkt. Wiesbaden 1978, S. 113–131.
Werth, M.: Analyse mobilitätshemmender Motivationen. Göttingen 1974.

Moden und Mythen der Führung

Oswald Neuberger

[s. a.: Effizienz der Führung; Führungstheorien – Theorie der Führungssubstitution; Geschichte der Führung – Altertum, – Industrialisierung, – Mittelalter und Frühe Neuzeit; Symbolische Führung.]

I. Moden der Führung; II. Mythos: Begriff und Identifizierung; III. Mythen der Führung; IV. Schluß.

I. Moden der Führung

Was das Theorieangebot in Sachen Führung anbelangt, ist es schwierig, sich auf dem laufenden zu halten. Tabelle 1 bietet eine Zusammenstellung der wichtigsten aktuellen Erklärungs- und Gestaltungsansätze. Zählt man in den Spalten 1980 bis 2000 die dort aufgeführten Ansätze, *Theorien*, Modelle etc., so kommt man auf über 40, die in diesem Zeitraum in Gebrauch waren oder sind (und es sind ohnehin nur die verbreitetsten berücksichtigt!).

Die Aufstellung belegt, daß fast alle heutigen Ansätze früher schon einmal Hoch-Zeiten hatten und daß bestimmte Themen immer wieder auftauchen. Die Tabelle ist zu grobmaschig, als daß man aus ihr ersehen könnte, daß manche Modelle über einige Jahre hinweg wie kollektive Epidemien alle Lehrbücher und Ausbildungsprogramme infiziert haben. Das Auftauchen, Dominieren und Untergehen von Theorieansätzen kann mit Modeerscheinungen verglichen werden; wie bei *Moden* gilt, daß die beobachteten Variationen

- auf Sättigung und Abwechslungsbedürfnis zurückgehen;
- die Oberfläche oder Außenansicht der Erscheinungen betreffen;
- eine demonstrative Absicht haben, d. h. der profilierenden Abhebung (von anderen und von früher) dienen;
- konkurrierende Muster zwar zulassen, aber als veraltet oder rückständig etikettieren;

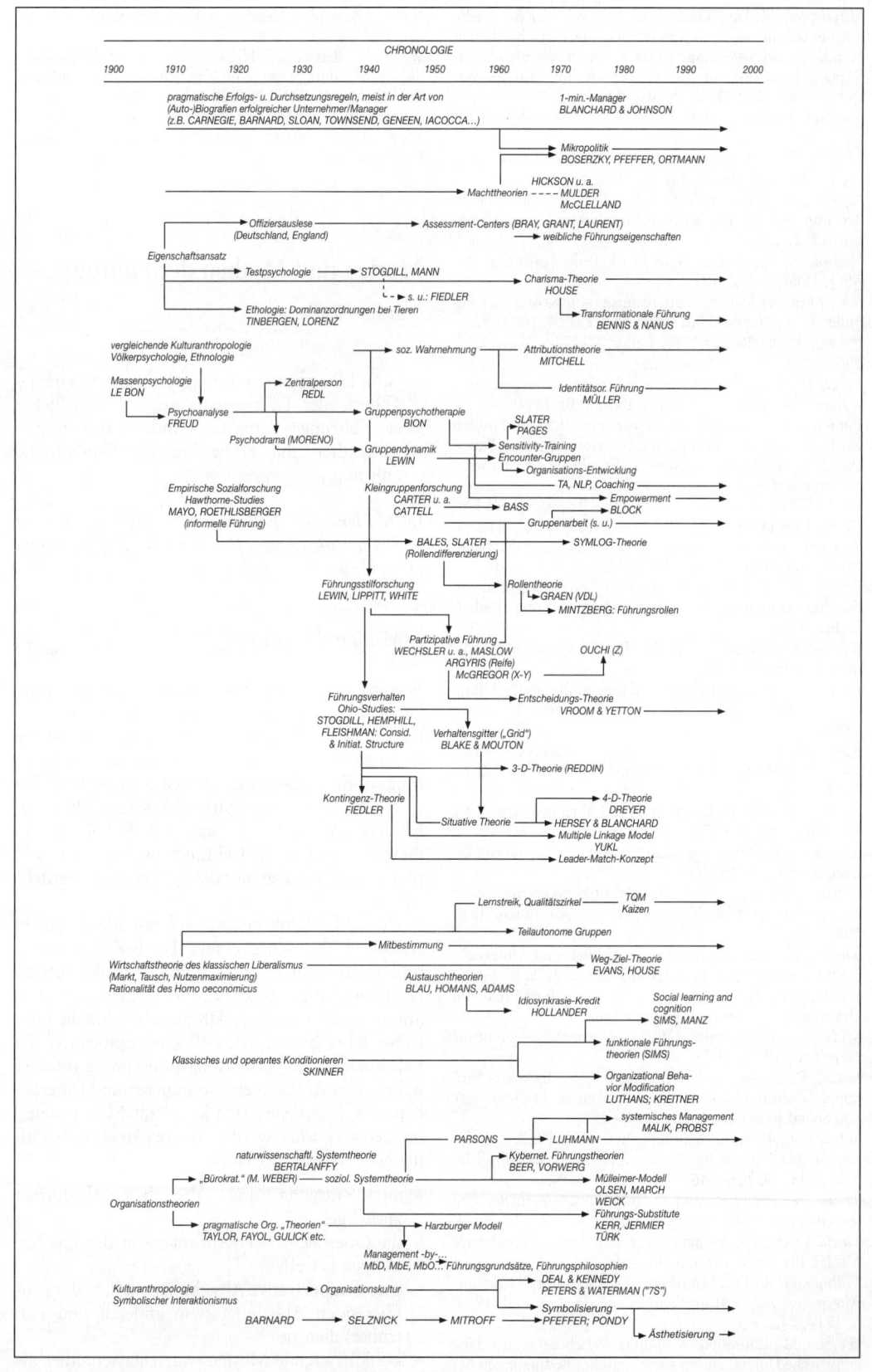

Tab. 1: Eine Chronologie von Führungstheorien

- in bestimmten Modezentren gemacht und von einer Avantgarde vorgeführt werden (die Haute Couture der Führungstheorie ist in den USA), um dann von konservativeren Schichten übernommen zu werden;
- mit einem kommerziellen Interesse an künstlicher Veralterung in Verbindung gebracht werden können.

Es wird dabei unterstellt, daß es Konstanz im Wandel gibt, weil es bestimmte gleichbleibende Themen sind, die immer wiederkehrend neu gestaltet werden (bei der Kleidermode sind solche Ansatzpunkte z. B. Farbe, Muster, Länge, Weite, Stoffe usw.). Betrachtet man Abfolge und Nebeneinandervorkommen von verschiedenen Führungstheorien als Moden, dann gewinnt man ein heuristisches Prinzip: Was in einer Epoche als Muß oder Selbstverständlich gilt, wird in der nächsten vergessen oder ganz anders dargestellt. Es sind darum zwei Aufgaben zu lösen: Zum einen muß durch Theorie*vergleich* herausgefunden werden, welche Aspekte oder Kerne variiert werden, und zum zweiten ist darüber nachzudenken, warum zu bestimmten Zeiten bestimmte Aspekte/Kerne (nicht) im Schwange sind.

In der folgenden Analyse sollen – nach einer Klärung des Mythos-Begriffs – beide Aufgabenstellungen zusammen bearbeitet werden. Es wird im ersten Schritt jeweils untersucht, welche Selbstverständlichkeiten bestimmten Ansätzen zugrunde liegen, um dann im eng verknüpften, parallel behandelten zweiten Schritt Vermutungen darüber anzustellen, warum (und das heißt im Regelfall: aus welchen Gründen, zu welchem Zweck und wessen Gunsten) die Akzentsetzung erfolgte.

II. Mythos: Begriff und Identifizierung

Die Rede von den „Selbstverständlichkeiten" gibt das *Stichwort*, auf den zweiten Titelbegriff (Mythen) näher einzugehen. Die Abfolge der Führungstheorien als Moden zu verstehen, hilft einem, wichtige Themen zu identifizieren; dabei bleibt man an der *Oberfläche* der Erscheinungen stehen; nennt man aber das, was (ausgebliebenen) Veränderungen *zugrundeliegt*, „Mythen", Strukturkerne, Basismetaphern, Fundamentalannahmen, dann wird eine Tiefendimension sichtbar, die sich der scheinbar beliebigen Variation entzieht, weil in ihr wichtige überindividuelle Anliegen verborgen sind.

Es ist Mode (!) geworden, in der Organisationsforschung von Mythen zu reden (*Michelson* 1972; *Cleverly* 1973; *Mitroff* et al. 1974; *Jönsson/ Lundin* 1977; *Kamens* 1977; *Meyer/Rowan* 1977; *Broms/Gahmberg* 1981; *Westerlund/Sjöstrand* 1981; *Boje* et al. 1982; *Koprowski* 1983; *Pondy* 1983; *Kornreich* 1984; s. aber auch *Böhler* 1965; *Myers* 1968; *Neuberger/Kompa* 1993; *Scholz/ Hofbauer* 1990), insbesondere seit sich der „organizational culture"-Ansatz durchzusetzen begann (auf breiter Front gefördert durch Bestseller wie die von *Deal/Kennedy* 1982 und *Peters/Waterman* 1982; aus organisationstheoretischer Perspektive haben dazu Stellung genommen u. a. *Schreyögg* 1984; *Ebers* 1985; *Dülfer* 1988; *Berger* 1988; *Bardmann/Franzpötter* 1990).

Dabei zeigt sich auch das Doppelgesicht des Mythenbegriffs:

In der ursprünglichen Variante ist *Mythos* (griech.: das Wort) eine tradierte heilige Geschichte, in der – verlagert in archaische Zeiten – letzte Fragen, meist in anthropomorphisierender Form, beantwortet werden (wie etwa Erschaffung und Ende der Welt und des Menschen, Begründungen für Altern, Tod, Krankheiten, Schicksalsschläge und das Böse, Entstehung und Kampf der Geschlechter, Verhältnis des Menschen zur belebten und unbelebten Natur, Leben nach dem Tod...).

Auch in einer scheinbar säkularisierten Moderne gibt es einen Bedarf an Mythen, die freilich – zeitentsprechend – kommerziell ausgebeutet werden, wenn z. B. der Mythos bestimmter Stars (Greta Garbo, Marilyn Monroe, Humphrey Bogart, Boris Becker) in Heldengeschichten aus unseren Tagen erzählt wird oder wenn von Star-Firmen (z. B. Mythos Mercedes) die Rede ist. Mythos ist hier das in einer quasi numinosen Aura betrachtete und verehrte einzelne „Objekt", das als unbegreiflich-überwältigend verklärt wird.

Gemessen am Versuch eines logisch-rationalen und an empirischer Begründbarkeit orientierten Denkens enthalten Ur-Geschichten soviel Unfaßbares, Unwirkliches, Ungereimtes, ja sogar Unglaubliches, daß schon früh – in der Hesiod-Kritik – dem *Mythos* der *Logos* gegenübergestellt wurde.

Aus dieser Kontrastierung entwickelte sich die andere, verbreitete Auffassung von *Mythos* als Täuschung, Illusion, Lüge. „Der Mythos ist immer die Rückseite, das andere des wahren Diskurses, des logos..." (*Vernant* 1984; s. a. *Djuric* 1979; *Rosen* 1984), er ist das Unglaubwürdige oder Skandalöse, das Hinzugedichtete, Absurde, Trügerische, Unwahre, Fiktive – das, was im Grunde unaussprechlich, unwortbar, unlogisch ist. Dieses Verständnis von Mythos wird Arbeiten auf verschiedensten Gebieten zugrunde gelegt, in denen „die Realität" Mythen über diese Realität entgegengestellt wird, etwa für Frauen in Führungspositionen (z. B. *Friedel-Howe* 1993), für *PE-Evaluation* (*Davis/Easterby-Smith* 1985), für *Personalberatung* (*Gazdar* 1992), für *Mikropolitik im Management* (*Klein* 1988), für →*Führungsgrundsätze* (*Kubicek* 1984), für *Arbeitsanalyse* (*Quaid* 1993), für Motivation (*Sprenger* 1991), für *Assessment-Center* (*Neuberger* 1989). In ihrer Literaturrecherche zum Mythos-Begriff in Management-Artikeln fanden *Ingersoll/Adams* (1986), daß bei den gefundenen 85 Titeln ein Verhältnis von 16 : 1 hinsichtlich negativer bzw. positiver Konnotation bestand.

Smith (1984) macht hierbei auf einen für die spätere Analyse wichtigen Sachverhalt aufmerksam: „Die Mythen sind vor allem die Mythen der anderen – der anderen, insofern sie uns sowohl kollektiv als auch in ihrem ureigensten Denken als anders erscheinen". Wenn das, was man selbst für wahr hält, von anderen als (Selbst-)Betrug oder Mythos entlarvt wird, so wird diese „Aufklärung" nicht sachlich-„logisch" geprüft, sondern mit hoher affektiver Beteiligung zurückgewiesen – der Prüfstein dafür, daß es sich nicht um ein theoretisches Argument, sondern um einen Mythos handelte (*Locker* 1977; *Kornreich* 1984; s. a. *Bowles* 1989).

Der Mythos kann somit durch den Alternativ-Mythos entlarvt werden. Methodisches Prinzip ist es, zu diesem Zweck die Selbstverständlichkeit mit ihrem Gegenteil zu konfrontieren, um zu prüfen, ob diese „Möglichkeit des Andersseins" Perspektiven eröffnet, die die bisherige Sichtweise verborgen hielt. (Mythen-)Aufklärung lebt von Widerspruch und Negation, sie muß sich jedoch immer vergegenwärtigen, daß sie selbst wiederum ein Mythos ist (*Horkheimer/Adorno* 1972). Wenn z. B. *Kubicek* (1984) glaubt, *Führungsgrundsätze* „entmythologisieren" zu können, dann unterstellt er, daß eine rationale, wahre Sicht möglich sei: Ein Anti-Mythos, aber auch ein Mythos!

Für den *Mythos* gilt, was auch für jede *Theorie* gilt: Jede Hinsicht ist eine Wegsicht. Wirklichkeit läßt sich in Worten nicht verdoppeln, sie kommt vereinfacht, gefiltert, strukturiert zum Ausdruck, enthält und entbehrt Zutaten und zeigt sich in ihrer Besonderheit erst, wenn andere Beschreibungen dagegengesetzt werden. Werden die „Mythen der anderen" mit unseren Mythen konfrontiert, so erschließt sich nicht die wahre Sicht der Dinge, sondern eine neue (oder auch nur: eine andere).

Für die Mythen werden neben dieser wirklichkeitsdeutenden Funktion noch weitere Leistungen geltend gemacht (s. *Neuberger/Kompa* 1993; *Bowles* 1989):

– Etwas scheinbar objektiv Bestehendes wird auf etwas anderes, dahinterliegendes, meist ein allgemeines Prinzip, das hohe gesellschaftliche Wertung findet, zurückgeführt. Das Unverstandene, Belastende oder Befremdliche wird auf diese Weise legitimiert.
– Mythen verdichten auf ein Bild oder eine Formel, was ansonsten weitschweifiger Erläuterungen bedürfte. In dieser Komprimierung werden dann auch Begründungszwänge gelockert: Mythen rechtfertigen, sie haben es nicht nötig, sich zu rechtfertigen.
– Mythen haben eine identitätsstiftende soziale Funktion, weil sie als einigendes Band für eine Vielzahl ansonsten heterogener Personen oder Gruppierungen wirken. Der gemeinsame Glaube eint ansonsten heterogene Interessen.
– In Mythen sind Prinzipien angelegt, die Handeln modellieren können. Damit werden Entscheidungen wenn nicht vorgegeben, so doch kanalisiert.

Wer in einer kulturellen Tradition steht, tut sich sehr schwer, die eigenen Mythen zu erkennen, er muß ja das unbefragt Geltende in Zweifel ziehen. Folgende methodische Zugänge stehen ihm offen:

– Die Analyse von Variationen, um die *Bandbreite* des Zulässigen herauszufinden, das noch nicht Tabuisierung erfährt oder Zurückweisung herausfordert (s. die gewollte Schockwirkung der Gammler- oder Punk-Moden, durch die Selbstverständlichkeiten wie „Gepflegtheit", „Sauberkeit", „Harmonie" etc. provozierend durchs Gegenteil ersetzt wurden). Um Theoriemoden zu erkennen, kann man z. B. Lehrbuchtexte auswerten: Auf wieviel bzw. wie wenig Zeilen werden jeweils welche Themen (z. B. Macht, Zufriedenheit, Leistung, Politik etc.) behandelt? Wofür liegen Systematisierungen, formale Modelle oder Meßinstrumente vor?
– Auffällige *Abweichungen vom Üblichen* oder Normalen, z. B. die Nichterwähnung bestimmter Eigenschaften in Stellenanzeigen für Führungskräfte, die Behandlung der Figur „*Manager*" in der Literatur; Inhaltsanalyse von Polemiken in der Management-Literatur; Auswertung von Unternehmerbiographien; die versteckten Botschaften („Erfolgsgeheimnisse") von Management-Bestsellern...
– Die Formulierung von *Blasphemien*, die für Anhänger der herrschenden Meinungen geradezu unaussprechlich wären (z. B.: Abschaffung der Hierarchie oder der Entgeltdifferenzierung).
– Analyse organisatorischer *Rituale*, um Abweichungen vom Alltagsleben zu erkennen und in sachlich völlig überflüssigen Prozeduren verborgene Anliegen zu entschlüsseln (z. B. Einführung neuer Mitarbeiter, Inszenierungen bei Beförderungen, Verabschiedungen, Vorstandsbesuchen, Einweihungen, Jubiläen...).
– Wiederkehrende oder verdrängte Ängste bzw. Wünsche aus *Träumen, Phantasien oder Zwangshandlungen* der Akteure erschließen und mit ihren „Rationalisierungen" konfrontieren (z. B. der Traum vom Aussteigen, die Tellerwäscher-Millionärs-Phantasie, die Angst vorm Ausbrennen). Auch Interaktions-Übungen in gruppendynamischen Trainings legen verdeckte Mythen frei (wenn Gruppen z. B. gemeinsam Collagen ihrer Arbeitssituation erstellen, ein Gruppen-Bild zeichnen oder eine Gruppengeschichte schreiben).

- Dazu gehört auch der Vergleich von Erklärungen für auffällige Unterschiede zu anderen (oder früheren) *Kulturen* (z. B. Deutungen für das japanische oder deutsche Wirtschaftswunder; s. *Kinias* 1992).
- Analyse von *Firmengeschichten und -legenden*, also in der Unternehmung weitererzählten „wahren" Begebenheiten, in denen z. B. Taten des Gründers, die Bewältigung von drohenden Krisen, unerwartete Leistungen einzelner als exemplarisch und nachahmenswert dargestellt werden (*Broms/Grahmberg* 1981; *Martin/Siehl* 1983; *Martin/Power* 1983).

III. Mythen der Führung

Wenngleich die folgenden Ergebnisse primär auf die Analyse von *Führungstheorien* gestützt sind, so habe ich, wo immer es sich anbot, auch Informationen aus anderen Quellen genutzt.

In Tabelle 2 sind die Mythen, die mir besonders diskussionswürdig erscheinen, im Überblick zusammengestellt. Die Tabelle ist in drei Spalten gegliedert:

Mythos und Antimythos	Führungstheorien	
	die diesen Mythos enthalten (Beispiele)	die den Anti-Mythos enthalten (Beispiele)
1. Es geht rational zu (Rationalitätsmythos) vs. Es geht emotional, chaotisch, zufällig zu	Situative bzw. Kontingenz-Theorie Weg-Ziel-Theorie Vroom-Yetton-Theorie	Charisma-Theorie (House) Gruppendynam. Theorie Organis.-Kultur-Ansätze Machiavellist. Ansätze Mülleimer-Theorie
2. Führen heißt „machen" (Machbarkeits-Mythos) vs. Führen heißt loslassen, geschehenlassen, (Vertrauen in Selbstorganisation)	pragmat. „Theorie" (Erfolgsregeln) Führungsstil-Theorie (v.a.: Initiating Structure) Rollen-Theorien Macht-Theorien SLC-Theorien	Attributions-Theorie Systemtheorie
3. Vorgesetzte(r) wird man aufgrund erwiesener Überlegenheit (Der/die-Beste-setzt-sich-durch-Mythos) vs. Vorgesetzte(r) wird man mit Glück, Beziehungen, Dienstalter, Mikropolitik	Eigenschafts-Theorien Charisma-Theorien funktionale (Lern-)Theorien Etholog. Dominanz-Ordnung	Organis.-Kultur-Ansätze Attributions-Theorie Mülleimer-Ansatz Mikropolitische Ansätze
4. Es kommt auf den einzelnen – den Führer – an! (Helden-Mythos) vs. Es kommt auf die Gemeinschaft (oder: Strukturen) an	Eigenschafts-Theorien (Assessment-Center-Ansatz) Macht-Theorie Machiavellistische Theorie pragmatische Ansätze	System-Theorie (Führungs-Substitute!) Partizipat. Führung, Teilautonome Gruppen Weg-Ziel-Theorie Gruppendynamische Ansätze Kontingenz-Theorien
5. Der/die Vorgesetzte hat alles im Griff (Kontroll-Mythos) vs. Komplexe Systeme steuern sich selbst	Lern-Theorie Machiavellistische Theorie Macht-Theorie	Gruppendynamische Theorie Weg-Ziel-Theorie Führungs-Substitute Rollendifferenzg.-Theorie Organis. Anarchie
6. Das Ziel allen Handelns ist: Erfolg! (Erfolgs-Mythos) vs. Ziel ist Bestandssicherung, Überleben	Situative Führungs-Theorie Kybernet. Führungs-Theorie Lern-Theorie	Gruppendynamische Theorie Charisma-Theorie Organis.-Kultur-Ansätze
7. Es gibt Gesetzmäßigkeiten des Führungserfolgs (One-Best-Way-Mythos) vs. Es gibt viele verschiedene Wege zum Erfolg	Vroom-Yetton-Theorie Situative Theorie Lern-Theorie	Transformationale Führung Organis.-Kultur-Ansätze Organisierte Anarchie
8. Menschen brauchen Führer (Hierarchie-Mythos) vs. Menschen wollen Selbstbestimmung	Macht-Theorie Attributions-Theorie Charisma-Theorie Psychoanalyt. Führungs-Theorie	Führungs-Substitute Partizipative Führung (Teilautonome Gruppen) System. Selbstorganisation
9. Wir sitzen alle in einem Boot (Gemeinschafts-Mythos) vs. Der Mensch ist des Menschen Wolf	Organisationsentwicklung Blake & Mouton Kybernet. Führ.-Theorie Gruppendyn. Theorie (?)	Mülleimer-Ansatz Mikropolitische Ansätze
10. Führung ist Menschenführung (Mensch-im-Mittelpunkt-Mythos) vs. Führung ist Systemsteuerung	Gruppendyn. Ansätze Führungs-Stil-Ansätze Organisat.-Entwicklung	System-Theorie Machiavellistische Ansätze Kontingenz-Theorien
11. Es geht ums Ganze (Gesamtsystem-Mythos) vs. Alle verfolgen nur eigene Interessen	System-Theorie Führungs-Stil-Ansätze Organis.-Kultur-Ansätze	Mülleimer-Ansatz Macht-Theorien

Tab. 2: Führungsmythen und Führungstheorien

(1) In der ersten Spalte werden in Slogan-Form Mythen genannt, denen jeweils in ebensolcher Form *Anti-Mythen* gegenübergestellt werden.

Geht man davon aus, daß in den Mythen *Wünsche und Phantasien* zum Ausdruck kommen, dann wären in Anti-Mythen als deren Gegenstück jene tiefsitzenden Ängste, Bedrohungen und Gefährdungen zu identifizieren, die durch bzw. in Mythen bewältigt oder abgewehrt werden sollen. Das Ängstigende oder Verdrängte des Mythos kann als impliziter Wunsch des Anti-Mythos (der ein Alternativ-Mythos ist) gelesen werden. Beispiel: Der „Rationalitäts-Mythos" vermeidet Emotionalität; eine impulsive und spontane Emotionalität könnte die „Phantasie" eines alternativen „Irrtionalitäts-Mythos" sein. Unter Mythen verstehe ich – wie gesagt – nicht absichtliche Täuschungen, Irrtümer oder gar Lügen (das würde das Besserwissen der Wahrheit voraussetzen!), sondern weithin akzeptierte, aber unreflektierte Selbstverständlichkeiten, die gerade durch die Formulierung ihres Widerparts in ihrer Einseitigkeit entlarvt werden können. Diese Übung in dialektischem Denken erlaubt es, die jeweiligen Positionen schärfer herauszuarbeiten.

(2) In der zweiten Spalte sind Führungstheorien (aus Tabelle 1 entnommen) aufgeführt, die die jeweiligen Mythen bzw.

(3) die Anti-Mythen enthalten.

IV. Schluß

Die vorliegende Darstellung von Führungsmythen beansprucht nicht, erschöpfend zu sein. Sie will lediglich dazu anregen, hinter die Kulissen der *Führungstheorien* zu schauen und sie nicht nur nach ihrer Formalisiertheit, Ableitungsstringenz, Ästhetik, Praktikabilität und Instrumentiertheit zu bewerten. Sie soll das Unausgesprochene von Führungstheorien ans Tageslicht bringen, im ursprünglichen Sinn des Wortes aufklären und damit anregen, das Gegebene nicht nur nachzuzeichnen, sondern es mit Alternativen zu konfrontieren. Die dargestellten Mythen scheinen mir nicht gleichwertig zu sein. Ich glaube, daß es drei zentrale Mythen sind, um die sich die anderen herumlagern, nämlich

– der *Rationalitätsmythos,*
– der *Heldenmythos* und
– der *Gemeinschaftsmythos.*

Der *Rationalitätsmythos,* den *Ingersoll/Adams* den ‚managerial metamyth' nennen, charakterisiert jene technizistischen oder „situativen" Ansätze der Führungstheorie, in denen unterstellt wird, Führung sei logifizierbar, programmierbar und auf ein Ziel (Effizienz) zu beziehen.

Im *Heldenmythos* wird demgegenüber die personalistische Komponente des Führungsgeschehens verabsolutiert: Führung wird vermenschlicht und individualisiert: Die *einzelne* Person ist es, die dem Geschehen ihren Stempel aufdrückt und der Macht des blinden (!) Schicksals widersteht oder tragisch scheitert (s. dazu *Neuberger* 1994; *Fengler* 1989). Führung wird unter dem Blickwinkel persönlicher Initiative und Wahrhaftigkeit gesehen.

Der *Gemeinschaftsmythos* betont demgegenüber die Bedeutung des Kollektivs, das Ziele vorgibt und Mittel zuläßt. Führung wird hier als kommunikatives moralisches und politisches Handeln gesehen, bei dem es um die *soziale* Entwicklung und Absicherung von Werten, Zielen und Handlungsprogrammen geht. *Ulrike Popp* (1989) hat u. a. die Gemeinschaftsideologien oft zugrunde liegenden ‚Mythen und Motive autoritären Handelns' herausgearbeitet.

Diese drei Perspektiven (technisch-instrumentell, personal-idiosynkratisch, sozial-normativ) stehen in einem unauflöslichen Spannungsverhältnis zueinander. Jeder einzelne Akt der Führung ist ein Versuch, dieses Trilemma zu bewältigen. Denk- und Handlungsmodelle, die eine dieser Perspektiven vernachlässigen oder ausblenden, laufen Gefahr zur (ideologischen?) Karikatur zu werden.

Literatur

Bardmann, T./Franzpöttner, R.: Unternehmenskultur. Ein postmodernes Organisationskonzept? In: Soziale Welt, 1990, S. 424–439.
Berger, U.: Rationalität, Macht und Mythen. In: *Küpper, W./Ortmann, G.* (Hrsg.): Mikropolitik. Opladen 1988, S. 115–130.
Böhler, E.: Der Mythos in Wirtschaft und Wissenschaft. Freiburg i. Brsg. 1965.
Boje, D. M./Fedor, D. B./Rowland, K. M.: Myth Making: A Qualitative Step in OD Interventions. In: JABS, 1982, S. 17–28.
Bowles, M. L.: Myth, Meaning and Work Organization. In: Organization Studies, 1989, S. 405–421.
Broms, H./Gahmberg, H.: The Mythology of the Chrysler Crisis. In: Kodicas/Code, 1981, S. 233–240.
Cleverley, G.: Managers and Magic. Harmondsworth 1973.
Davis, J./Easterby-Smith, M.: Organizational Myths from the Perspective of Evaluation. In: *Hammond, V.* (Hrsg.): Current Research in Management. London/Dover 1985, S. 39–55.
Deal, T. E./Kennedy, A.: Corporate Cultures: The Rise and Rituals of Corporate Life. Reading, Mass. 1982.
Djuric, M.: Mythos, Wissenschaft, Ideologie. Ein Problemaufriß. Amsterdam 1979.
Dülfer, R. (Hrsg.): Organisationskultur. Phänomen – Philosophie – Technologie. Stuttgart 1988.
Ebers, M.: Organisationskultur. Ein neues Forschungsprogramm? Wiesbaden 1985.
Fengler, J.: Held und Mythos in der Führungstheorie. In: Gruppendynamik, 1989, S. 54–66.
Friedel-Howe, H.: Frauen und Führung: Mythen und Fakten. In: *v. Rosenstiel, L./Regnet, E./Domsch, M.*

(Hrsg.): Führung von Mitarbeitern. Stuttgart 1993, S. 455-467.

Gazdar, K.: Köpfe jagen. Mythos und Realität der Personalberatung. Wiesbaden 1992.

Horkheimer, M./Adorno, T.: Dialektik der Aufklärung. Frankfurt/M. 1972.

Ingersoll, V. H./Adams, G. B.: Beyond Organizational Boundaries. Exploring the Managerial Myth. In: Administration & Society, 1986, S. 360-381.

Jönsson, S. A./Lundin, R. A.: Myths and Wishful Thinking as Management Tools. In: *Nystrom, P. C./Starbuck, W. H.* (Hrsg.): Prescriptive Models of Organizations. Amsterdam 1977, S. 157-170.

Kamens, D. H.: Legitimating Myths and Educational Organizations: The Relationship between Organizational Ideology and Formal Structure. In: ASR, 1977, S. 208-219.

Kinias, C.: Mythos Japan und die Realität der ‚lean Production'. In: io Management Zeitschrift, 1992, Heft 3, S. 48-51.

Klein, J.: The Myth of the Corporate Political Jungle: Politization as a Political Strategy. In: JMS, 1988, S. 1-12.

Koprowski, E. J.: Cultural Myths: Clues to Effective Management. In: Organizational Dynamics, 1983, Autumn, S. 39-51.

Kornreich, J. S.: Myths. In: PJ, 1984, S. 66-70.

Kubicek, H.: Führungsgrundsätze als Organisationsmythen und die Notwendigkeit von Entmythologisierungsversuchen. In: ZfB 1984, S. 4-29.

Locke, E. A.: The Myths of Behavior Modification in Organizations. In: AMR, 1977, S. 543-553.

Martin, J./Power, M. E.: Organizational Stories: More Vivid and Persuasive than Quantitative Data. In: *Staw, B.* (Hrsg.): Psychological Foundations of Organizational Behavior. Glenview 1983, S. 161-168.

Martin, J./Siehl, C.: Organizational Culture and Counterculture: An Uneasy Symbiosis. In: Organizational Dynamics, 1983, Autumn, S. 52-64.

Meyer, J. W./Rowan, B.: Institutionalized Organizations: Formal Structure as Myth and Ceremony. In: AJS, 1977, S. 340-363.

Michelson, L. C.: The Myths and Realities of Management. Cleveland 1972.

Mitroff, I. I./Nelson, J./Mason, R. O.: On Management Myth-Information Systems. In: Man. Sc., 1974, S. 371-382.

Myers, R. C.: Myth and Status Systems in Industry. In: *Merton, R.* (Hrsg.): Reader in Bureaucracy. Glencoe 1968, S. 273-281.

Neuberger, O.: Assessment Center – Ein Handel mit Illusionen? In: *Lattmann, Ch.* (Hrsg.): Das Assessment-Center-Verfahren der Eignungsbeurteilung. Heidelberg 1989, S. 291-307.

Neuberger, O.: Führen und geführt werden. 4. A., Stuttgart 1994.

Neuberger, O./Kompa, A.: Wir, die Firma. Der Kult um die Unternehmenskultur. 2. A., München 1993.

Peters, T. J./Watermann, R. H.: In Search of Excellence. New York 1982.

Pondy, L. R.: The Role of Metaphors and Myths in Organization and in the Facilitation of Change. In: *Pondy, L. R./Frost, P. J./Morgan, G.* (Hrsg.): Organizational Symbolism. Greenwich/London 1983, S. 157-166.

Popp, U.: Mythen und Motive autoritären Handelns. Frankfurt/M. 1989.

Quaid, M.: Job Evaluation as Institutional Myth. In: JMS, 1993, S. 239-260.

Rosen, M.: Myth and Reproduction: The Contextualization of Management Theory, Method and Practice. In: JMS, 1984, S. 303-322.

Sandner, G.: ... von Mythen und Märchen. Kulturpflege und Sinnmanagement. In: DBW, 1988, S. 651-678.

Scholz, Ch./Hofbauer, W.: Organisationskultur. Die vier Erfolgsprinzipien. Wiesbaden 1990.

Schreyögg, G.: Mythen und Magie in der Unternehmensführung. In: Management Forum, 1984, S. 167-179.

Smith, P.: Stellungen des Mythos. In: *Levi-Strauss, C./Vernant, J. P.* et al. (Hrsg.): Mythos ohne Illusion. Frankfurt/M. 1984, S. 47-83.

Sprenger, R.: Mythos Motivation. Frankfurt/M. 1991.

Vernant, J.-P.: Der reflektierte Mythos. In: *Levi-Strauss, C./Vernant, J. P./Detienne, M.* et al. (Hrsg.): Mythos ohne Illusion. Frankfurt/M. 1984, S. 7-11.

Westerlund, G./Sjöstrand, S.-E.: Organisationsmythen. Stuttgart 1981.

Motivation als Führungsaufgabe

Gerhard Reber

[s. a.: Anerkennung und Kritik als Führungsinstrumente; Anreizsysteme als Führungsinstrumente; Beurteilungs- und Fördergespräch als Führungsinstrumente; Entgeltsysteme als Motivationsinstrument; Führungsdilemmata; Führungsmotivation; Führungsprinzipien und -normen; Führungstheorien – Weg-Ziel-Theorie; Helfendes Verhalten und Führung; Information als Führungsaufgabe; Innere Kündigung und Führung; Kommunikation als Führungsinstrument; Konflikte als Führungsproblem; Mitarbeiterführung – Entwicklungstendenzen; Sanktionen als Führungsinstrumente; Vertrauen in Führungs- und Kooperationsbeziehungen; Zielsetzung als Führungsaufgabe.]

I. Phänomen der Motivation; II. Umwelt und Motivation; III. Einflüsse des Führers auf die Motivation der Geführten.

I. Phänomene der Motivation

Abbildung 1 versucht, die Grundbestandteile der Motivation auf ihrem Weg vom Motiv bis zum Verhalten und seine Konsequenzen darzustellen.

1. Motive

Zur Beschreibung der Grundmerkmale des Motiverlebens verwendet *Thomae* (1965a, S. 43) die Begriffe *Energetisierung* und *Gerichtetheit*; *Atkinson* (1981, S. 262) hebt als weiteres Merkmal die *Stabilität* der Motivausprägung hervor. Die Energetisierung kann unterschiedliche Stärke (Intensität) annehmen (zur Motivstärkemessung vgl. z.B. *McClelland* 1971; *Schmalt* 1976; *Heckhausen* 1980) und aus unterschiedlichen „Quellen" (Antriebe, Gefühle, Vorsatz, Entscheidung, Willensakt) stammen; zwischen den Energetisierungsquellen kann es zu (intrapersonalen) Konflikten kommen. Klassisch wird dies z.B. in der Freudschen Psychologie (*Freud* 1965) mit den Konflikten zwischen „Es", „Ich" und „Über-Ich" beschrieben, wobei energetisierte *Motive* durch die Stärke einer anderen motivationalen Kraft blockiert werden und damit im äußeren Verhalten nicht zum Ausdruck kommen können.

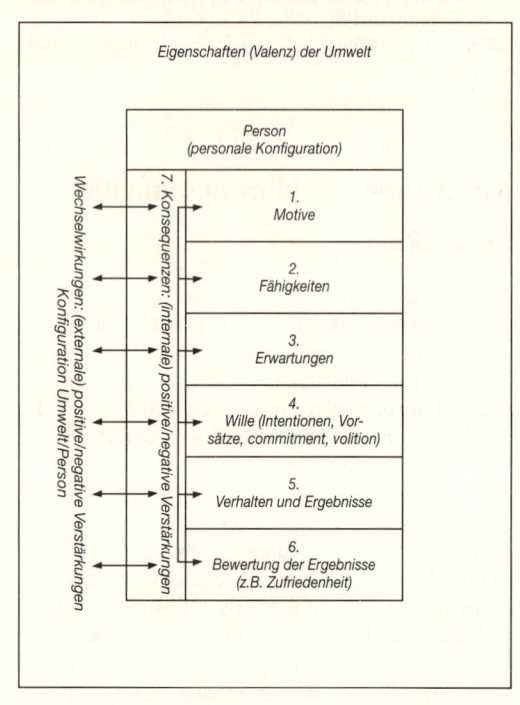

Abb. 1: Grundbestandteile der Motivation

Das Merkmal der Gerichtetheit soll hervorheben, daß das Erleben des Mangelzustandes nicht blind, inhalts-, themenlos ist, sondern mit einem bestimmten differenzierten Auf-Etwas-Gerichtetsein verbunden ist, spezifische (Motiv-)Inhalte hat (*Thomae* 1965b). Hunger ist von Durst und dem Streben nach Anerkennung unterschieden.

Die Ausdifferenzierung der menschlichen Motivklassen ist das Eldorado der sog. „*Inhaltstheorien*" unter den Motivationstheorien.

Mit der modernen Entwicklung der Motivationstheorien von den Inhalts- zu den kognitiven (Erwartung-/Valenz-)Theorien hat das Interesse an der Bestimmung und Klassifiktion der Motivinhalte sehr nachgelassen. Unter den Einzelinhalten hat das *Leistungsmotiv* mit großem Abstand zu allen anderen Inhalten die stärkste Aufmerksamkeit und Bearbeitung erfahren (*Heckhausen* 1980).

Die Gründlichkeit der Forschungen im Bereich des Leistungsmotivs gibt auch Aufschluß über den *Ursprung* und die *Stabilität* der individuellen Motivausprägungen. Nach *Heckhausen* (1981) liegt der Ursprung des Leistungsmotivs im Alter von drei bis dreieinhalb Jahren. In diesem Alter sind Gefühle des Erfolgs oder Mißerfolgs als Selbstverstärker festzustellen, womit „... die soziale Verstärkung durch Zustimmung oder Mißbilligung nicht eine *notwendige* Bedingung beim Erwerb und dem fortlaufenden Aufbau der Leistungsmotivation ist" (*Heckhausen* 1981, S. 281).

Die oben angesprochene, von McClelland und Atkinson angenommene *Stabilität* der Motivausprägungen nach der Kindheit wurde von McClelland in seinen späteren Arbeiten relativiert; die Möglichkeiten der Beeinflussung haben *McClelland/Winter* (1969) durch Trainingskurse im indischen Bundesstaat Andrah Pradis spektakulär demonstriert. Spätere Überlegungen haben allerdings wiederum große Zweifel erweckt, ob in den Kursen tatsächlich die Motivdominanzen oder das Lernen des Lernens und relevante Fähigkeiten erfolgreich trainiert wurden (*McClelland* 1972, 1978). Die absolute Stabilität von Motivausprägungen im Wechselspiel zwischen Fremd- und Selbstverstärkung ist sicherlich nicht anzunehmen. Daß Änderungsbemühungen aber eine hohe individuelle Schwerkraft (*Atkinson/Cartwright* 1964, S. 581) entgegensteht, dürfte sowohl theoretische Erkenntnis als auch Alltagserfahrung sein.

2. Fähigkeiten

In klassischen Darstellungen eines Motivationsprozesses (z.B. *Graumann* 1968) wird unterstellt, daß Energetisierung, inhaltliche Gerichtetheit und relative Stabilität die Person zum Tätigwerden, zu äußerlich beobachtbarem Verhalten veranlassen. Implizit wird hierbei unterstellt, daß Instrumente vorliegen, die einen Weg zum Zielerreichen, nämlich zum Abbau des Mangelzustandes mit Erfolgsaussichten markieren.

In beruflichen, betrieblichen Situationen ist diese implizite „selbstverständliche" Annahme eine wesentliche und komplexe Voraussetzung für die Überführung gerichteter und stetiger Motivationsenergie im Verhalten. Dimensionen der Begabung – z.B. des Intelligenzgrades – bzw. Aufbau von Fachwissen bleiben allerdings aus der motivationstheoretischen Diskussion weitgehend ausgeschlossen bzw. werden als „Rahmen" angesehen. Vgl. hierzu beispielsweise *Locke/Latham* 1990, S. 6 f:

„Es ist offensichtlich, daß die Fähigkeit die Kapazität des Individuums limitiert, auf Herausforderungen reagieren zu können. Die Theorie der Zielsetzung kann zeigen, daß die Beziehung zwischen Zielschwierigkeit und Leistung nach dem Erreichen der Fähigkeitsgrenzen einen abnehmenden Verlauf zeigt. Außerdem gibt es einige Befunde, daß Zielsetzen stärkere Wirkungen bei Individuen mit hohen gegenüber niedrigen Fähigkeiten hat und die Fähigkeit stärkere Einflüsse auf hohe Ziele setzende Individuen hat als jene, die sich niedrigere Ziele setzen."

3. Erwartungen

Unter Erwartungen versteht *Vroom* (1964) die Wahrscheinlichkeit, mit der eine Person annimmt, daß ein bestimmtes Verhalten zu einem bestimmten Ergebnis führt. *Atkinson* (1981, S. 262) spricht von einer „kognitiven Antizipation", daß die Durchführung einer Aktivität eine bestimmte Konsequenz nach sich ziehen wird. Die Stärke der *Erwartung* wird mit Hilfe wahrscheinlichkeitstheoretischer Konventionen im Rahmen folgender Extremwerte symbolisiert: „Eine maximale Stärke, gekennzeichnet durch die Zahl 1, entspricht der subjektiven Gewißheit, daß auf die Handlung das betreffende Ergebnis folgen wird; seine minimale Stärke, gekennzeichnet durch die Zahl 0, entspricht der subjektiven Gewißheit des Nicht-Eintritts dieses Ergebnisses nach der Handlung" (*Lawler* 1981, S. 203).

Gerade für Arbeitssituationen ist es wesentlich, die Ergebniserwartung im Zusammenhang mit einer Fähigkeitserwartung zu sehen. *Lawler* (1981) tut dies, indem er zwei Erwartungsstufen unterscheidet: Zum einen die sogenannte Einsatz-Leistungs-Erwartung und zum anderen die Leistungs-Ergebnis-Erwartung. Unter ersterem versteht er die Erwartung, ob Einsatz zu einer gewünschten Leistung führt, ob die Person sich z. B. für fähig hält, eine bestimmte Arbeitsaufgabe zu erfüllen. Der zweitgenannte Erwartungszusammenhang bezieht sich darauf, ob mit dem Erreichen der Leistung auch das gewünschte Ergebnis (z. B. eine Prämie) erlangt wird.

Für *Bandura* (1986, S. 393) ist die Einsatz-Leistungs- bzw. Fähigkeitserwartung der zuverlässigere Verhaltensprädikator als die Leistungs-Ergebnis-Erwartung in solch „... unterschiedlichen Aktivitäten wie Phobien, Selbstbehauptung, Versuche zum Abgewöhnen des Rauchens, athletische Rekordleistungen, Verkaufsleistungen und die Fähigkeit, Schmerzen ertragen zu können." Für diese „Fähigkeitserwartung" führt er eine eigene Bezeichnung ein, nämlich „self-efficacy", und definiert sie als „... das Urteil einer Person über ihre Fähigkeit, Handlungsverläufe organisieren und durchführen zu können, die notwendig sind, bestimmte Leistungen erzielen zu können" (*Bandura* 1986, S. 391): „Der Glaube, daß jemand zwei Meter überspringen kann, ist die Fähigkeitserwartung, die antizipierte soziale Anerkennung, der Applaus, die Trophäe und Selbstzufriedenheit für eine solche Leistung machen die Ergebniserwartung aus."

Was natürlich zu erklären bleibt, sind die Einflüsse auf die Entwicklung der Fähigkeitserwartung.

Bandura unterscheidet hier vier Hauptinformationsquellen (*Bandura* 1986, S. 399 ff.): *(1) Selbst erworbene Erfolge* (enactive attainment); *(2) Stellvertretende Erfahrungen* (vicarious experience), *(3) Überredung* (verbal persuasion), *(4) Physiologischer Zustand* (physiological state).

Trotz aller Bedeutung der Fähigkeitserwartung kann – gerade im betrieblichen Zusammenhang – der Einfluß der Leistungs-Ergebnis-Erwartung auf die Verhaltensdisposition nicht vernachlässigt werden. Personen mögen alle notwendigen Fähigkeiten besitzen und über eine hohe Sicherheit darüber verfügen, daß sie ihre Kapazität auch erfolgreich zur Geltung bringen können, aber dennoch ein Handeln unterlassen, da sie keine Belohnungen (→*Entgeltsysteme als Motivationsinstrument*) erwarten können. Dies gilt auch dann, wenn keine oder unzureichende Werkzeuge und Betriebsmittel vorhanden sind. Hier werden der betrieblichen Anreiz- und Kommunikationspolitik (→*Anreizsysteme als Führungsinstrumente;* →*Kommunikation als Führungsinstrument*) sowie der Arbeitsplatzgestaltung als Informationsquelle für die entsprechende Erwartungsbildung die Bewährungsprobe abverlangt (*Reber* 1982).

4. Wille

Für Jahrzehnte waren der Begriff Wille (*Ach* 1965) und verwandte Begriffe wie Vorsatz (*Lewin* 1926) und Intention aus der Psychologie verschwunden. In der kognitiven Dissonanztheorie *Festingers* (1957) – taucht als Schlüsselbegriff „commitment" auf. Ebenso findet man in diesem Theoriebereich den Begriff „volition" (*Brehm/Cohen* 1962, S. 188), der auch in der deutschsprachigen Psychologie – unter der Bezeichnung „Volition" (*Kleinbeck/Schmidt* 1990; *Kuhl/Beckmann* 1989) – wiederzukehren scheint.

Verwunderlich ist es nicht, daß der Begriff „commitment" in Konflikt- bzw. „dissonanten" Situationen benötigt wird. Falls beispielsweise ein Motiv akut ist (Durst) und auch die Erwartung/Erfahrung vorliegt, daß durch Handeln der zum Abbau des Mangelzustandes notwendige Gegenstand (Wasser) herbeigeschafft werden kann, scheint kein Hindernisgrund zum (instrumentellen) „Verhalten" (Gang zum Brunnen oder Wasserhahn) vorzuliegen. Was ist, wenn die betroffene Person aber gleichzeitig in einer Examensklausur sitzt und bestehen will und sie sich dies ihrer Fähigkeiten gemäß auch zutraut? Dann muß entschieden werden, was will ich wirklich? Die Entscheidung obliegt nach *Ach* (1965, S. 153) der Willensenergie: „Der Willensakt (Vorsatz) ist ein seelisches Gebilde von besonderer Struktur. Zwei Momente kennzeichnen ihn in erster Linie: 1. Das gegenständliche Moment des Vorsatzes mit dem Inhalt der Aufgabe... 2. Das aktuelle Moment, das in dem Erlebnisteil ‚ich will wirklich' seinen Ausdruck findet und durch das Hervortreten der Ichseite des seelischen Geschehens besonders charakterisiert ist... In diesem aktuellen Moment wird neben dem ‚Erledigungsbewußtsein', d. h., neben dem Tatbestand des Vorsatzes, daß das beabsichtigte Tun unter allen Umständen unter Ausschluß jeder anderen Möglichkeit ausgeführt werden wird, zugleich noch das Verhältnis des Ichs zum Gegenstand des Wollens, zum Inhalt der Absicht erlebt,..."

Erwartungen vollziehen sich im kognitiven, „denkerischen" Bereich, *Wille* bzw. *Commitment* gehören dem energetisierenden Bereich an und werden insbesondere benötigt, wenn Motive und/oder Erwartungen nicht eindeutig sind bzw. Konflikte, Unsicherheiten vorliegen.

5. Verhalten und Verhaltensergebnisse

Das äußerlich wahrnehmbare Verhalten (z. B. Arbeitsvorgang) und sein objektives Ergebnis (z. B. die erzielte Arbeitsleistung) sind psychologisch gesehen der uninteressanteste Teil des Motivationsprozesses; für den Betriebswirt steht dieses Ergebnis im Mittelpunkt seines Interesses für den Motivationsvorgang. Psychologisch interessieren die Beweggründe für das Verhalten, das Erleben des Verhaltensvorgangs – z. B. Arbeitsfreude, -leid – sowie die Beurteilung des Ergebnisses und die hieraus entstehenden Konsequenzen.

6. Bewertung der Verhaltensergebnisse

Zur Klassifikation des Verhaltens und seiner Konsequenzen hat gerade jene Psychologie, die sich an äußerlich Wahrnehmbarem, an Stimulus und Reaktion orientierte, die wohl einflußreichsten Denkschemata geliefert. Diese werden allerdings eher unter dem Namen Lern- an Stelle von Motivationstheorien geführt, da man mit einem Minimum an intrapersonalen Konzepten, wie eben Motive, auszukommen versuchte. Im Mittelpunkt steht das Verstärkungsschema.

Das Verhalten wird in ein instrumentelles und ein konsumatorisches eingeteilt. Ersteres – z. B. der Gang zum Kühlschrank, der Ruf nach der Kellnerin – hat in bezug auf das motivationale Anliegen, einen Mangelzustand abzubauen, Mittelcharakter; es kann mehr oder weniger zufällig zustande kommen und mehr oder weniger zweckmäßig sein. Ist das instrumentelle Verhalten an seinem Ziel angelangt, d. h., wird der Mangelzustand abgebaut, kann konsumatorisches Verhalten seinen Lauf nehmen. Es wirkt positiv verstärkend (belohnend) und erhöht die Wahrscheinlichkeit, daß beim gleichen Mangelzustand das gleiche, den befriedigenden Endzustand (satisfying state of affaires; *Thorndike* 1932) herbeiführende Verhalten wieder eingesetzt wird. Bleibt die Konsumation aus, d. h., führt das Verhalten zu einem negativ verstärkenden (bestrafenden) und damit unbefriedigenden Endzustand (annoying state of affairs; *Thorndike* 1932), so sinkt die Wahrscheinlichkeit der Wiederholung des eingesetzten Verhaltens bei dem gleichen Mangelzustand (*Foppa* 1968). Aufgrund dieser Belohnungen/Bestrafungen *lernt* das Individuum die Wege und Möglichkeiten der Bedürfnisbefriedigung kennen.

Analog zu seinen Überlegungen zur Erwartungsbildung in bezug auf die Einschätzung der eigenen Fähigkeiten spürte *Bandura* (1986, S. 401 ff.) einer Vielzahl von Einflüssen auf die Beurteilung von Verhaltensergebnissen nach.

In bezug auf die Einschätzung *selbsterworbener Erfolge* spielen die Beurteilung der Schwierigkeit der Aufgabe, der Höhe der eingesetzten Anstrengungen sowie der Wirkung von Umweltfaktoren eine wichtige Rolle. Banduras Ergebnisse laufen häufig parallel zu jenen der Attributionstheorie, insbesondere angewandt auf leistungsbezogene Situationen (*Weiner* et al. 1971): Je schwieriger die Aufgabe eingeschätzt wird, desto höher werden der Erfolg und die eigene Fähigkeit eingeschätzt. Erfolge bei minimalen Anstrengungen erhöhen zumindest die Fähigkeitseinschätzung, während Erfolge bei großen Anstrengungen sowohl den Wert dieser Erfolge als auch die Einschätzung der eigenen Fähigkeiten beeinträchtigen. Menschen, die sich als effizient ansehen, schreiben Mißerfolge ungenügenden Anstrengungen zu, während jene, die sich als ineffizient ansehen, für Mißerfolge mangelnde Fähigkeiten verantwortlich machen. Schlechte Leistungen haben wenig Einfluß auf die Einschätzung der eigenen Fähigkeiten, wenn die Einschätzung entwickelt wird, daß solche Ereignisse unter ungünstigen äußeren Bedingungen, kurzfristiger Mutlosigkeit oder physischer Behinderung zustande kamen. Menschen mit mangelndem Selbstbewußtsein weisen Erfolge eher der Wirkung externer Faktoren und kaum ihren eigenen Fähigkeiten zu.

Die Selbsteinschätzung erzielter Ergebnisse ist häufig solange unsicher, bis in soziale Vergleichsprozesse (*Festinger* 1954) die Erfolge anderer, insbesondere als ähnlich – z. B. in bezug auf das Leistungsvermögen – eingeschätzter Personen wahrgenommen werden. Auf diesem Weg spielt das *stellvertretende* Lernen eine wesentliche Rolle bei der Beurteilung der eigenen Verhaltensergebnisse.

Dort, wo auch Beobachtungen keine klaren Beurteilungshilfen des Verhaltensprozesses und seiner Ergebnisse erbringen, kommt der „*Überredung*" durch andere eine wesentliche Rolle zu. Dabei kommt es dann zur Übernahme der Implikationen von Aussagen wie „bei einem solchen Verhalten kannst Du Dich doch nicht wohl gefühlt haben"; oder „für Dich kann dies doch keine befriedigende Leistung sein". Da jeder Erfahrungen mit solchen Überredungen hat, mag ein hohes Maß an Zurückhaltung bzw. Skeptizismus gelernt worden sein. Damit läuft alles auf die Einschätzung der Glaubhaftigkeit (→*Vertrauen in Führungs- und Kooperationsbeziehungen*) und die vermuteten Kenntnisse und Einsichten des Überredenden hinaus. Da aber häufig eine hohe Unsicherheit über die eigene Leistungsfähigkeit besteht und gute Ergebnisse auch häufig mehr vom Einsatz als von der Begabung abhängen, ist ein positiver Beistand (→*Anerkennung und Kritik als Führungsinstrumente*) durch geschätzte Andere eine wesentliche Quelle für eigene Erfolgserlebnisse. Die Qualität und Quantität der „Überredung" von Selbstzweifel unterstreicht die Bedeutung eines angemessenen *Feedbacks* (z. B. *Locke/Latham* 1990, S. 9 f.) (→*Beurteilungs- und Fördergespräch als Führungsinstrument*).

Im Zusammenhang mit *physiologischen* Zuständen werden eine Vielzahl von Einflüssen der Aktivationshöhe, von Stimmungen, *Emotionen* auf Erfolgserlebnisse nachgewiesen, aber kaum in praktische Motivationsüberlegungen einbezogen. In bezug auf Emotionen macht hier allerdings die Frage nach der Entstehung und Wirkung von *Zufriedenheit/Unzufriedenheit* eine Ausnahme. Für die Forschungen zur Arbeitsmotivation liegt hier ein Schlüsselbegriff vor; der mit ihm verbundene komplexe Zustand wurde häufig als Voraussetzung für eine positive/negative Erfolgserwartung und -einschätzung und entsprechende Produktivitätsentwicklung angesehen. Diese Sichtweise hat sich in ihr Gegenteil verkehrt: „Einerseits konnte gezeigt werden, daß Zufriedenheit das Ergebnis und nicht die Ursache hoher Leistung ist, wenn diese Leistung angemessen belohnt wird. Andererseits gibt es zwischen Zufriedenheit und nachfolgender Leistung nur einen indirekten Zusammenhang dadurch, daß die Person sich gegenüber der Organisation verpflichtet fühlt und bereit ist, ihre Zusammenarbeit fortzusetzen" (*Locke/Latham* 1990, S. 18).

7. Konsequenzen positiver/negativer Verstärkungen und personale Konfiguration

Die als Konsequenzen bereits angesprochenen Lernwirkungen beziehen sich nicht lediglich auf die Wahrscheinlichkeit der Wiederholung des instrumentellen Verhaltens, sondern auf alle Bestandteile des Motivationsprozesses: Positiv/negativ verstärkt werden die Willenseinsätze ebenso wie die Erwartungsbildung, auch nicht erfolgreiches Verhalten hat über den Übungseffekt Konsequenzen für die Fähigkeiten, Motive werden konsumatorisch befriedigt und klingen in ihrer aktuellen Wirksamkeit ab oder drängen bei ihrer Nichterfüllung verstärkt auf Berücksichtigung und müssen u. U. unter Konflikten „verdrängt" werden.

Die Einwirkung von Verstärkungen auf alle Teilbereiche des Motivationsprozesses berührt auch die Frage nach dem Verhältnis dieser Teilbereiche zueinander. Eine ganzheitliche Betrachtung der Zusammenhänge ist in der Theorie relativ selten zu finden, obgleich auch hier im Gestalt- bzw. Konfigurationskonzept bewährte Anhaltspunkte seit geraumer Zeit vorliegen (*Köhler* 1947).

Betrachtet man diese Zusammenhänge, so fallen drei Konfliktregionen ins Auge:

(1) Die kognitiv betonte Problematik der Einschätzung der Zusammenhänge zwischen Aufgabenschwierigkeit, Begabung/Fähigkeit, Anstrengung und Erfolg: Gerade z. B. Hochbegabte, die ohne Anstrengung schnell schwierige Aufgaben erfolgreich bewältigen können, können es schwer haben, ihre Begabung einzuschätzen, wenn sie vor Aufgaben gestellt werden, die lediglich durch Fleiß, Anstrengung und Ausdauer zu bewältigen sind. Krasse Mißerfolge stehen – objektiv gesehen – ungewöhnlichen Erfolgen entgegen, die subjektiv abgewertet werden, da sie „leicht" erzielt wurden und – da öfters wiederholt – „nichts besonderes" darstellen. Ganz anders ist der Fall, wenn in blühender Phantasie Fähigkeiten und Erfolge erträumt werden, die nie oder selten zu realisieren sind, aber deshalb am Leben gehalten werden, weil vermieden wird – z. B. durch Flucht –, ihre Realisierung konsequent und nachhaltig anzugehen.

(2) Ein zweiter Konfliktbereich liegt im Widerstreit zwischen Motiven unterschiedlichen Inhalts, die mit gleicher Stärke energetisiert sind, aber nicht durch das gleiche instrumentelle Verhalten realisiert werden können. Dies reicht vom Ruhebedürfnis und Leistungsstreben bis zum Sozialmotiv und dem Streben nach individueller Anerkennung und Sonderstellung oder Beherrschung/Macht von/ über andere.

(3) Die dritte Konfliktregion ist die seit der Psychoanalyse Freuds bekannte Auseinandersetzung zwischen seelischen Energiezentren wie Motiv und Wille, Es und Ich, Neigung und Pflicht usw.

Neben den Konfliktherden sind Balance-, Konsonanztendenzen (*Heider* 1958; *Festinger* 1957) im personalen System wirksam, die dissonante Verhältnisse mit Hilfe kognitiver Tricks – z. B.: Ich rauche; Rauchen ist gesundheitsschädlich; meine Großmutter war Kettenraucherin und wurde 82 Jahre alt, mein Erbgut ist widerstandsfähig, deshalb kann ich ruhig weiterrauchen – „entschärfen" und zu keinen schwer einlösbaren Verhaltensänderungen – z. B. das Einstellen des Rauchens – zwingen. Selbst höchste emotional Spannungszustände – z. B. in Frustrations-Aggressions-Karthasis-Zusammenhang (*Berkowitz* 1962) – zeigen keine immerwährenden Eskalationen, sondern „Entladungen" oder „Beruhigungen" nach einem angemessenen Zeitablauf. Beide Verhaltenstendenzen – konfliktaufbauende und ab- und ausgleichende Phänomene – werden in der Aktivations- (*Reber* 1973, 1974) und Streßtheorie (z. B. *Laux* 1983; *Seyle* 1977; *Glass* 1977; *Lazarus* 1966) (→*Psychische Belastungen von Führungskräften*) zusammengefaßt zur Konzeption eines optimalen Aktivationsgrades, der eine bestmögliche Disponiertheit zur externen Leistungsabgabe (Arbeitseinsatz) darstellt.

II. Umwelt und Motivation

Motivationstheoretische Betrachtungen neigen dazu, das „Innere" der Person zu ihrem bevorzugten Objektbereich zu machen; die Einflüsse der Umwelt stehen am Rande bzw. werden in expliziter Gegensätzlichkeit behandelt. Ihren Höhepunkt erreicht diese Gegensätzlichkeit in der Gegenüberstellung zwischen „intrinsischer" und „extrinsischer" Motivation (insbesondere *Herzberg/Mausner/Snyderman* 1959; *Deci* 1975) bzw. in der Unterscheidung zwischen „Motivation" und „Motivierung" durch *Sprenger* (1993), wobei mit erster der Begriff der Eigen- und mit letzter der Begriff der Fremdsteuerung verbunden wird (*Sprenger* 1993, S. 20). Bei dieser Begriffsanlage sind moralische Kategorien nicht weit: Obgleich Sprenger zuerst keine moralische Wertung vornehmen will, setzt er unmittelbar danach Motivierung mit „(verabscheuungswürdiger) Manipulation" gleich, der eine „(legitime) Motivation" gegenübergestellt wird (S. 21). Eine solche Vorgehensweise macht gleich zwei Schritte in einem: Neben der Annahme der Abgrenzungsmöglichkeit zwischen Eigen- und

Fremdsteuerung wir simultan etwas über Absicht der Fremdbestimmung gesagt und unterstellt, daß hierbei „... der andere zur Bedürfnisbefriedigung des einen ‚benutzt' werden (soll)" (S. 20). Natürlich kann nicht geleugnet werden, daß Manipulationsversuche und -erfolge an der Tagesordnung sind, allein als generelle Annahme scheint sie eher populistisch als realistisch zu sein. Die Entscheidung darüber, ob *Manipulation* erfolgreich ist, wird vor allem dadurch erschwert, daß diese strikte Trennung zwischen extrinsischer und intrinsischer Motivation nicht aufrecht zu erhalten ist, es kann realistisch nur danach gefragt werden, in welchen Situationen der Eigenanteil aus Verhalten „objektiv" größer ist als der Fremd-(Umwelt-)Anteil (*Reber* 1978) bzw. der Person in Selbstinterpretation (d. h. subjektiv) die Ursachen ihres Verhaltens eher sich selbst oder Umweltfaktoren zuschreibt (im Sinne der oben angesprochenen Attributionstheorie (*Thierry* 1990). Prinzipiell ist dies keine neue Erkenntnis, sondern lediglich ein Ernstnehmen der Lewinschen Verhaltensformel (*Lewin* 1964): V=f(P,U), die sich als Wechselwirkung in allen Teilbereichen des Motivationsprozesses bestätigen läßt: Die Arbeiten zur Klärung der *Motivausprägung* und *-festigung* enthalten viele Hinweise zur Wirkung frühkindlicher Beeinflussungswirkungen. Im Zusammenhang mit dem Leistungsmotiv unterscheidet Heckhausen zwischen zwei Umweltfaktoren, den Eltern einerseits und den übrigen („ökologischen") Einflüssen andererseits, und kommt zu folgenden Schlußfolgerungen: „Die günstigste Konstellation ist,... ein geringerer elterlicher Leistungsdruck mit hohem Anregungsgehalt der Umwelt. Eine solche Bedingungspaarung eröffnet dem Kind die meisten Möglichkeiten zu eigenständiger Kompetenzerprobung. In vielfältiger Auseinandersetzung mit dem Umweltangebot können sich persönliche Standards herausbilden, die dem jeweiligen Entwicklungsstand angemessen sind. Schon früh wird so das Gewicht elterlicher Fremdbewertung und ihrer ungünstigen Wirkungen bei Über- und Unterforderung vermindert zugunsten einer Motiventwicklung in Richtung auf ein autonomes ‚Selbstbewertungssystem' (*Heckhausen* 1980, S. 694). Darüber, inwieweit die „Umwelt" auch ohne Interesse der Eltern eine Überforderung bereithält und damit Mißerfolgsmeidungstendenz induziert, lagen allerdings *Heckhausen* keine empirischen Befunde vor.

Daß die Entwicklung von Anlagen zu *Fähigkeiten* nicht ohne Auseinandersetzung mit dem „Reibebaum" von umweltbeeinflußten Aufgaben möglich ist, wird wohl kaum bezweifelt werden. Der Einfluß von Umwelteinflüssen auf die *Erwartungsbildung* wurde oben bereits angesprochen. Der Zusammenhang zwischen sozialen Normen („Über-Ich") und *Willensbildung* („Ich") gehört zu den Zentralthemen der Freudschen Psychologie; die Feststellung von Befindlichkeiten während des *Verhaltensvorgangs* und der Wahrnehmung eines *Ergebnisses* ist oben ebenso als umweltbeeinflußt angesprochen worden wie die *Bewertung* der Verhaltensergebnisse. Feedback-Inhalte, -häufigkeiten und -eindeutigkeiten spielen gerade bei den Bewertungsprozessen von Arbeitsleistungen (→*Beurteilungs- und Förderungsgespräch als Führungsinstrument*) und der mit ihnen verbundenen Belastungen eine große Rolle. Im Führungszusammenhang wichtig ist jener Teil der Umweltbedingungen, die vom Führer beeinflußt werden können, wobei immer zu berücksichtigen ist, wie diese Beeinflussungschancen und -versuche mit den in anderen Umweltbedingungen (vgl. die oben von Heckhausen vorgenommene Unterscheidung von „Eltern" und „übrige" [ökologische] Umwelt) interagieren (Konfiguration Umwelt/Person) und zu der entwickelten (internalen) Konfiguration des/der Geführten passen.

III. Einflüsse des Führers auf die Motivation der Geführten

1. Motive

Die Beeinflussung von Motivausprägungen von Mitarbeitern ist eher indirekt als direkt möglich. Dies liegt an dem relativ stabilen Charakter, den Motive in der Sozialisation der Einzelpersönlichkeit erreicht haben. Motive sind allerdings vom aktuellen Verhalten in der Kette der Motivationsbedingungen (Erwartungsbildung, Beurteilung von Verhaltensergebnissen usw.) am weitesten entfernt (*Locke/Henne* 1986); letztere bieten damit die besseren Beeinflussungschancen. Dies bedeutet allerdings nicht, daß die Motivausprägungen irrelevant für die Führungsmotivation sind. Der Führer hat sie als Basis seiner Beeinflussungsbemühungen eher hinzunehmen bzw. die Arbeitsumwelt an sie anzupassen als sie zu verändern; gefordert ist insbesondere seine Fähigkeit, die Besonderheiten dieser Ausprägungen bei jedem seiner Mitarbeiter zu diagnostizieren. Motive beinhalten einerseits die immer wiederkehrenden Themen und Interessen, die eine Person in einer Rangordnung bewegen; sie drängen bei mangelnder Befriedigung zur aktuellen Verhaltensbestimmung – dies hat bereits *Maslow* (1981) besonders betont – und werden „unsichtbar", wenn sie befriedigt sind. So kann beispielsweise eine dominant machtorientierte Person sehr soziale Aktivitäten entfalten – etwa als zweitdominanteste Motivthematik –, die aber u. U. abrupt abgebrochen werden, wenn die Befriedigung des Machtmotivs gefährdet erscheint. Das Erkennen dieser Motivdominanzen stellt bis heute die wissenschaftliche Diagnostik vor große Probleme; Praktiker haben oft den Vorteil, zur Einschätzung ihrer Mitarbeiter eine längere Beobachtungszeit und unterschiedliche Anforderungssituationen als Reaktionsbasis für unterschiedliche Verhaltensweisen der Mitarbeiter zur Verfügung zu haben. Die Nutzung dieser Diagnosechance macht es möglich, Mitarbeiter u. U. nicht vor Aufgaben zu stellen, die „gegen ihre Natur" sind, z. B. dominant Leistungsorientierte mit immer wiederkehrenden Aufgaben zu betrauen, kontaktscheue Menschen zum Kundenberater zu machen, mehrere dominant Machtmotivierte zu einer Projektgruppe zusammenzustellen usw.

2. Fähigkeiten

Bei den Kernelementen der Fähigkeitsentwicklung, den individuellen Begabungen liegen die Beeinflussungschancen ähnlich wie bei den Motiven. Begabungen begrenzen die Fähigkeitsentwicklung, sie sind für den Führer eher zu akzeptieren und zu diagnostizieren als offen für Veränderungen, sie sind verhaltensfern und definieren das Potential für die berufliche Arbeit. Bei der Entwicklung dieses Potentials zu den aktuellen Fähigkeiten sind die Mit- und Einwirkungsmöglichkeiten des Führers groß. Diese Möglichkeiten können allerdings sehr beschränkt sein durch technologische Vorentscheidungen sowohl im Produktionsbereich (z. B. Fließbandproduktion) als auch in jenem der Informationstechnologie. Die „Job-Enrichment"- sowie „Quality of Working Life"-Bemühungen haben gerade in der Auseinandersetzung mit dysfunktionalen Folgen von „tayloristischen" Technologieeinsätzen das Wissen zur Fähigkeitsentwicklung durch motivierende Arbeitsplatzgestaltung wesentlich erhöht. Das Job Characteristics Model von *Hackman/Oldham* (1975, 1980) zieht zur Bestimmung des „Motivation Potential Score" einer Arbeitsaufgabe fünf Kernelemente heran: Aufgabenvielfalt (skill variety), Aufgabenidentität (task identity), Bedeutung der Aufgabe (task significance), Autonomie (autonomy) und aufgabenbezogenes Feedback (job feedback). Durch die Beeinflussung dieser Elemente werden gleichzeitig Fähigkeitsentwicklung und positive Motivationspotentiale der Arbeitsaufgabe gefördert.

3. Erwartungen

Der Begriff der „Erwartungen" enthält ein sehr zukunftsbezogenes Flair; da die Erwartungen aber aus Erfahrungen gebildet werden, ist die Vergangenheit durch die Konstituierung der Erwartungen in der Lage, die Zukunft einzuholen. Bei allen Einwirkungsversuchen auf die Erwartungsbildung trifft der Führer auf den individuellen Erfahrungsschatz seiner Mitarbeiter, oft ist der Vorgesetzte bzw. ein generelles Vorgesetztenbild aktiver Bestandteil der individuellen Erfahrungsausprägung.

Eine Neugestaltung der Erwartungen setzt eine Auseinandersetzung mit diesen Erfahrungen voraus. Dabei kann der Vorgesetzte darauf bauen, daß die individuellen Erfahrungen häufig nicht eindeutig sind, Widersprüche enthalten und begrenzt sind, wenn etwa die betroffenen Personen in neuartige, vorher nie gekannte Situationen geraten. In solchen unerfahrenen, unsicheren Situationen ist die Offenheit gegenüber direkten Einwirkungen groß; gerade beim Vorgesetzten werden Hinweise zum Abbau der Unsicherheit gesucht. Dies gilt sowohl gegenüber der Einsatz-Leistungs- als auch der Leistungs-Ergebnis-Erwartung (*Lawler* 1981).

Auf die Beeinflußbarkeit der Einsatz-Leistungs-Erwartung geht insbesondere *Bandura* (1986, S. 390 ff.) unter dem Begriff der self-efficacy ein.

Die Entwicklung der Leistungs-Ergebnis-Erwartungen hängt häufig von der Qualität des betrieblichen Anreiz-/Entlohnungssystems (→*Anreizsysteme als Führungsinstrumente*; →*Entgeltsysteme als Führungsinstrument*) und seiner Nähe zur individuell erzielten Leistung ab. Der Führer kann gravierende Unzulänglichkeiten in diesem System nicht ungeschehen machen oder überdecken, dennoch kann er korrigierend durch die Zuerkennung anderer als finanzieller Ergebnisse – insbesondere durch Lob und Tadel (→*Anerkennung und Kritik als Führungsinstrumente*) – eingreifen. Der Betrieb kann hier durch die Installation relevanter Systeme – z. B. MbO (→*Führung im MbO-Prozeß*), Installation von Beurteilungsgesprächen (→*Beurteilungs- und Fördergespräch als Führungsinstrument*) – Anlaßfälle konstituieren; ihr Potential kann aber nur dann ausgeschöpft werden, wenn der Vorgesetzte tatsächlich mit Leistungseinsätzen und -ergebnissen vertraut ist und positive Fähigkeits- und Ergebniserwartungen – etwa durch den Einsatz der eigenen Hilfe (→*Helfendes Verhalten und Führung*) – aufbauen kann.

4. Wille

Wie die Diskussion des Entstehens und der Bedeutung von „commitment" in der kognitiven Dissonanztheorie (*Brehm/Cohen* 1962) sowie der Rechtfertigungstheorie *Shaws* (1980) zeigt, setzt jede „Selbstverpflichtung" einen subjektiv erlebten Freiheitsspielraum voraus. Andererseits zeigt bereits die klassische Diskussion Trends zum Verhältnis zwischen dem Über-Ich und dem Ich, die Abhängigkeit des Ichs von den Normen der sozialen Umwelt. Beide Aspekte kreieren ein →*Führungsdilemma*, das z. B. bei der Zielsetzung (→*Zielsetzung als Führungsinstrument*) deutlich zum Ausdruck kommt: Zielklarheit ist etwas, was jeder Mitarbeiter anstrebt; erst sie reduziert das Risiko des Auseinanderklaffens von Arbeitseinsatz, Leistung und Ergebnis. Wird aber das Ziel aufoktroyiert, kann kein „commitment" entstehen, da das Erlebnis des subjektiven Freiheitsrahmens fehlt. In diesem Sinne stellen *Locke/Latham* (1990, S. 7) im Rahmen ihrer Zielsetzungstheorie eindeutig fest:

„Herausfordernde Ziele führen nur dann zu hoher Leistung, wenn das Individuum sich diesen verpflichtet (committed) fühlt... Es konnte gezeigt werden, daß mit abnehmender Verpflichtetheit als Reaktion auf die Zunahme der Schwierigkeit von Zielen die Leistung eher ab- als zunahm."

Daneben berichten Locke/Latham allerdings auch von Befunden, nach denen Selbstverpflichtung vor allen anderen Einflußfaktoren durch den Einsatz legitimer Autorität (→*Sanktionen als Führungsinstrumente*) entsteht:

„Ziele, die von Autoritätspersonen zugewiesen werden, werden typischerweise vom Individuum als seine personalen Ziele übernommen. Instruktionen, sich um ein spezifisches Ziel zu bemühen, behalten ihre Wirkungen auch in Situationen, in denen das Individuum völlig frei ist, seine Ziele zu setzen" (*Locke/Latham* 1990, S. 7)

Mit Zuhilfenahme des Begriffs der „legitimen" Macht (→*Führungstheorie – Machttheorie*) verlagert sich die angesprochene Problematik lediglich, da zu klären ist, welche Machtformen von der jeweils involvierten Person als legitim angesehen werden. Allgemein bleibt die Einsicht, daß es sowohl auf die Quantität als auch die Qualität der Einflußnahme ankommt; auf keinen Fall aber Extremformen – völlige Abwesenheit bzw. völliges Diktat – individuelle Selbstverpflichtung erzeugen können.

5. Verhalten und Verhaltensergebnisse

Hierbei geht es um die Herstellung der Bedingungen, daß gewolltes Verhalten mit positiver Leistungs- und Ergebniserwartung auch tatsächlich ablaufen kann, der Verlauf nicht external unterbrochen wird und ein Ergebnis feststellbar ist. *Herzberg* (1981) hat hier mit seinen „Hygienefaktoren" – von den Arbeitsbedingungen, Betriebsmittel- und Informationsversorgung bis zu sozialen Konflikten – auf solche Behinderungsmöglichkeiten hingewiesen. Die Einflußmöglichkeiten des jeweiligen Vorgesetzten werden von Betrieb zu Betrieb unterschiedlich sein; ihre Wirkung macht mit Recht Herzberg dadurch deutlich, daß er die Befriedigung dieser Hygienefaktoren als Voraussetzung für das Entstehen von „Zufriedenheit" am Arbeitsplatz kenntlich macht.

6. Bewertung der Ergebnisse

Bei Erfolgsfeststellungen geht es um die Beurteilung des Zusammenhanges eines objektiven Ergebnisses mit dem individuellen Selbst, seinen Motiven/Werten und seinem Anteil am Entstehen dieses Ergebnisses. Speziell Attributionstheorien (*Weiner* et al. 1971) haben sich mit den kognitiven Bemühungen jedes einzelnen befaßt, eine Erklärung des Eigenanteils am entstandenen Ergebnis zu finden. Dieser Prozeß ist wie bei der Erwartungsbildung sowohl mit intensiven Erfahrungen (Attributionsschemata) als auch mit Zweifel und Unsicherheiten verbunden. Soweit letztere bestehen, sind die Einwirkungsmöglichkeiten des Vorgesetzten relativ groß. Von entscheidender Bedeutung sind dann Feedback-Prozesse während des Verhaltensprozesses und über die erzielten Ergebnisse. Voraussetzung für die Akzeptanz von Rückmeldungen über erzielte Leistungen ist allerdings, ob Absprachen über die zu erreichenden Ziele vorlagen: „Zielsetzung und Feedback zusammen ergeben höhere Leistungen als eine der beiden Aktivitäten für sich gesehen" (*Reber/Wallin* 1984). „Die gemeinsamen Vorteile von Zielsetzung und Feedback mögen darin liegen, daß beide unterschiedliche, aber wesentliche Funktionen erfüllen: Ziele lenken und energetisieren Aktionen, während die Informationen über den Leistungsstand Auskunft über die Fortschritte in der Zielannäherung geben" (*Locke/Latham* 1990, S. 9). Eine wesentliche Fragestellung ist auch der Einfluß des zeitlichen Abstandes zwischen Ergebnis und Feedback. Der Grundsatz des engen und regelmäßigen Zeitabstandes fördert sicherlich den individuellen Beurteilungsprozeß; andererseits bereitet aber ein weniger unmittelbares Feedback besser auf den Fall vor, daß einmal eine externe Rückmeldung ausfällt. Die Fortsetzung der Bemühungen wird durch den Ausfall weniger geschädigt als bei der Gewöhnung an unmittelbare Reaktionen. „Arbeit wird damit ein wenig wie das Fischen: Du wirfst immer wieder die Angel aus, weil Du weißt, daß Du ab und zu einen Fang machst, aber Du weißt nicht, ob dies beim nächsten, übernächsten oder fünften Wurf der Fall ist. Aber solange die Fische gelegentlich kooperieren, setzt Du das Auswerfen fort; in Fachausdrücken: Du zeigst Resistenz gegen eine Extinktion" (*Hackman/Oldham* 1980, S. 36).

7. Wechselwirkungen externaler Verstärkungen; Konfiguration Umwelt/Person

Einführend haben wir festgehalten, daß die Gegenüberstellung extrinsischer/intrinsischer Motivation an der Realität vorbeigeht; im individuellen Verhalten sind beide Einflußquellen verschmolzen. Insbesondere bei der Diskussion des Willens- bzw. „Commitment"-Phänomens wurde deutlich, daß externale (Über-)Beeinflussungsversuche den Motivationsprozeß abwürgen können. Für die Führungsmotivation ist die Diagnosefähigkeit des Führers darüber, wie der Selbstorganisations- bzw. Selbstmotivationsprozeß verläuft, die wohl wichtigste Führungsqualität. Bei diesen Selbstaktivitäten der Geführten ist vor allem mit deren (Selbst-)Lernen am Modell zu rechnen (*Bandura* 1986).

Wie bei jedem Lernen am Modell bedeutet dies nicht eine einfache Imitation des Verhaltens des Vorgesetzten, sondern den Einsatz höchst komplizierter Auswahlprozesse bei der Wahl des Führermodells und bei der Interpretation seines Verhaltens. Alles was der Vorgesetzte tut, wird dabei unter dem Aspekt beurteilt, ob dies „Vorbildcharakter" hat; außerdem wird eine individuelle Erklärung entwickelt, warum der Vorgesetzte eine bestimmte Verhaltensweise an den Tag legt. Diese Interpretation wird u.U. selten mit den tatsächlichen Beweggründen des Vorgesetzten völlig übereinstimmen bzw. kann zu ganz gegensätzlichen subjektiven Annahmen führen. Neben die Diagnosefähigkeit tritt damit die Notwendigkeit der aktiven Offenheit und Transparenz der Führungsbemühungen. Durch die Eigenaktivitäten der Geführten im Führungsprozeß (→*Führung durch die Geführten*) bleibt dieser immer „zweiseitig" (→*Führungstheorien – Austauschtheorie*), in dem weder einseitige Passivität noch einseitige Dominanz realisiert werden können. Diese Suche nach →*Effizienz der Führung* – nach welchen Kriterien immer – ist dabei die Suche nach der „guten Gestalt" bzw. Konfiguration im Zusammenwirken zwischen Führer und Geführten im Rahmen der „anderen", von ihnen mehr oder weniger beeinflußbaren betrieblichen Umweltfaktoren.

Literatur

Ach, N.: Über den Willensakt und die Willensbildung. In: *Thomae, H.* (Hrsg.): Die Motivation menschlichen Handelns. Köln/Berlin 1965a, S. 149–155.
Atkinson, J. W.: Motivationale Determinanten des Verhaltens bei Risiko. In: *Ackermann, K.-F./Reber, G.* (Hrsg.): Personalwirtschaft. Stuttgart 1981, S. 261–279.
Atkinson, J. W./Cartwright, D.: Some Neglected Variables in Contemporary Conceptions of Decision and Performance. In: Psychological Reports, 1964, S. 575–590.
Bandura, A.: Social Foundations of Thought and Action. Englewood Cliffs 1986.
Berkowitz, L.: Agression. New York 1962.
Brehm, J. W./Cohen, A. R.: Explorations in Cognitive Dissonance. New York 1962.
Campbell, J. C./Pritchard, R. D.: Motivation Theory in Industrial and Organizational Theory. In: *Dunnette, M. D.* (Hrsg.): Handbook of Industrial and Organizational Psychology. Chicago 1976, S. 63–130.
De Charms, R.: Personal Causation. New York 1968.
Deci, E. L.: Intrinsic Motivation. New York 1975.
Festinger, L.: A Theory of Cognitive Dissonance. Stanford 1957.
Festinger, L.: A Theory of Social Comparison Process. In: HR, 1954, S. 117–140.
Foppa, K.: Lernen, Gedächtnis, Verhalten. 4. A., Köln/Bern 1968.
Freud, S.: Das Unbewußte und die Motivation. In: *Thomae, H.* (Hrsg.): Motivation menschlichen Handelns. Köln/Berlin 1965b, S. 97–100.
Glass, D. C.: Behavior Patterns, Stress and Coronary Disease. Hillsdale 1977.
Graumann, C. F.: Motivation. Frankfurt/Bern 1969.
Hackman, J. R./Oldham, G. R.: Development of the Job Diagnostic Survey. In: JAP, 1975, S. 159–170.
Hackman, J. R./Oldham, G. R.: Work Redesign. Reading 1980.
Heckhausen, H.: Motivation und Handeln. Berlin et al. 1980.
Heckhausen, H.: Der Ursprung des Leistungsmotivs. In: *Ackermann, K.-F./Reber, G.* (Hrsg.): Personalwirtschaft. Stuttgart 1981, S. 280–288.
Heider, F.: The Psychology of Interpersonal Relations. New York 1958.
Herzberg, F.: Die Motivation-Hygiene-Theorie. In: *Ackermann, K.-F./Reber, G.* (Hrsg.): Personalwirtschaft. Stuttgart 1981, S. 109–126.
Herzberg, F./Mausner, B./Snyderman, B. B.: The Motivation to Work. New York 1959.
Kleinbeck, U./Schmidt, K.-H.: The Translations of Work Motivation into Performance. In: *Kleinbeck, U./Quast, H.-H./Thierry, H.* et al.: Work Motivation. Hillsdale 1990, S. 27–39.
Köhler, W.: Gestalt Psychology. Toronto 1947.
Kuhl, J./Beckmann, J. (Hrsg.): Volition and Personality. Seattle et al., 1994.
Kuhl, J.: Motivational Over Functional Helplessness: The Motivation Effect of State Versus Action Orientation. In: JPSP, 1981, S. 155–170.
Laux, L.: Psychologische Streßkonzeptionen. In: *Thomae, H.* (Hrsg.): Theorien und Formen der Motivation. Göttingen et al. 1983, S. 453–535.
Lazarus, R. S.: Psychological Stress and Coping Process. New York 1966.
Lawler, E. E.: Erwartungstheorie. In: *Ackermann, K.-F./Reber, G.* (Hrsg.): Personalwirtschaft. Stuttgart 1981, S. 202–214.
Lewin, K.: Behavior and Development as a Function of the Total Situation. In: *Cartwright, D.* (Hrsg.): Field Theory in Social Science. New York 1964, S. 238–308.
Lewin, K.: Vorsatz, Wille und Bedürfnisse. Berlin 1926.
Locke, E. A./Henne, D.: Work Motivation Theories. In: *Cooper, C./Robertson, I.* (Hrsg.): International Review of Industrial and Organizational Psychology. Chichester 1986, S. 1–35.
Locke, E. A./Latham, G. P.: Work Motivation: The High Performance Cycle. In: *Kleinbeck, U./Quast, H.-H./Thierry, H.* et al. (Hrsg.): Work Motivation. Hillsdale 1990, S. 3–25.
Maslow, A. H.: Motivation and Personality. New York 1954.
Maslow, A. H.: Eine Theorie der menschlichen Motivation. In: *Ackermann, K.-F./Reber, G.* (Hrsg.): Personalwirtschaft. Stuttgart 1981, S. 154–160.
McClelland, D. C.: Assessing Human Motivation. New York 1971.
McClelland, D. C./Winter, D. G.: Motivating Economic Achievement. New York 1969.
McClelland, D. C.: What is the Effect of Achievement Motivation Training in the Schools? In: Teachers College Record, 1972, S. 129–145.
McClelland, D. C.: Managing Motivation to Expand Human Freedom. In: Am. Psych., 1978, S. 201–210.
Reber, G.: Personales Verhalten im Betrieb. Stuttgart 1973.
Reber, G.: Die minimale personale Arbeitsaufgabe. In: WIST, 1974, S. 217–223.
Reber, G.: Individuum, Individuum über alles... In: DBW, 1978, S. 83–102.

Reber, G.: Lohn als Motivation. In: *Ackermann* et al. (Hrsg.): Verantwortliche Personalführung. Mannheim 1982, S. 59–79.

Reber, R. A./Wallin, J. A.: The Effects of Training, Goal-Setting, and Knowledge of Results on Safe Behavior: A Component Analysis. In: AMJ, 1984, S. 544–560.

Seyle, H.: Streß. Hamburg 1977.

Shaw, B. M.: Rationality and Justification in Organizational Life. In: *Shaw, B. M./Cummings, L.* (Hrsg.): Research in Organizational Behavior. Greenwich 1980, S. 45–80.

Schmalt, H. D.: Methoden der Leistungsmotivmessung. In: *Schmalt, H. D./Meyer, W. U.* (Hrsg.): Leistungsmotivation und Verhalten. Stuttgart 1976, S. 165–191.

Sprenger, R. K.: Mythos Motivation. 5. A., Frankfurt/M./New York 1993.

Thierry, H.: Intrinsic Motivation Reconsidered. In: *Kleinbeck, U./Quast, H.-H./Thierry, H.* et al. (Hrsg.): Work Motivation. Hillsdale 1990, S. 67–82.

Thomae, H.: Die Bedeutung des Motivationsbegriffs. In: *Thomae, H.* (Hrsg.): Handbuch der Psychologie, Bd. II, Motivation. Göttingen 1965b, S. 3–44.

Thondike, E. L.: The Fundamentals of Learning. New York 1932.

Vroom, V.: Work and Motivation. New York 1964.

Weiner, B./Frieze, I. H./Kulka, A. et al.: Perceiving the Causes of Success and Failure. New York 1971.

N

Narzißmus und Führung

Manfred F. R. Kets de Vries/Danny Miller

[s. a.: Führungstheorien – Charismatische Führung; – Eigenschaftstheorie; – tiefenpsychologische.]

I. Die narzißtische Disposition; II. Drei Typen des Narzißmus: Objektbeziehungen, Abwehrsysteme und Manifestationen; III. Organisationale Funktionsweisen; IV. Organisationale Therapie.

I. Die narzißtische Disposition

Während des Studiums von Führungspersönlichkeiten erkannten wir bald, daß eine entscheidende Komponente ihrer Orientierung die Qualität und Intensität ihrer narzißtischen Entwicklung ist. Falls es eine bestimmte *Persönlichkeitskonstellation* gibt, zu der Führer neigen, so ist es die narzißtische. *Freud* (1921, S. 123–124) bestätigte dies bereits in seiner Studie über die Beziehung zwischen Führern und Anhängern, indem er folgendes feststellte: „Der Führer selbst braucht niemand anderen zu lieben, er kann von herrischer Natur sein, absolut narzißtisch, selbstbewußt und unabhängig" (→*Führungstheorien, tiefenpsychologische*). Später führte Freud eine narzißtisch-libidinöse Persönlichkeit ein, ein Individuum, dessen Hauptinteresse die Selbsterhaltung ist, das unabhängig und nicht einzuschüchtern ist. Signifikante Aggressivität ist möglich, welche sich manchmal in einer konstanten Bereitschaft zur Aktivität äußert. Menschen, die zu diesem Typ gehören, beeindrucken andere als starke Persönlichkeiten. Sie sind besonders geeignet um anderen als moralisch-ideologische Bastionen zu dienen, kurz als „wahre Führer" (*Freud* 1931, S. 21).

In einem ähnlichen Zusammenhang bezieht sich Wilhelm Reich auf einen phallisch-narzißtischen Charakter, den er porträtiert als „selbstbewußt, meist arrogant, spannkräftig, energisch und oft imponierend… Die freimütigen Typen streben danach, Führungspositionen zu erreichen und lehnen Unterordnung ab… Wenn ihre Eitelkeit verletzt wird, reagieren sie entweder mit kalter Zurückhaltung, tiefer Depression oder lebhafter Aggression" (*Reich* 1949, S. 201).

Narzißmus wurde ein Untersuchungsthema von besonderer Bedeutung, als neue Entwicklungen in der psychoanalytischen Theorie auftraten. Die Einführung von Objekt-Beziehungs-Theorie und Ich-Psychologie war besonders fruchtbar. Die bedeutendsten Revisionen bezüglich Narzißmus wurden von Klinikern, wie Otto *Kernberg* (1975) und Heinz *Kohut* (1971) vorgenommen.

Oft ist Narzißmus die treibende Kraft, die hinter dem Wunsch steht, eine Führungsposition zu erreichen. Vielleicht sind Individuen mit stark narzißtischen Persönlichkeitsmerkmalen eher gewillt, die mühsame Prozedur zur Erreichung einer Machtposition auf sich zu nehmen.

Narzißten meinen, daß sie sich eher auf sich selbst, als auf andere verlassen müssen, um die Lebensbedürfnisse zu befriedigen. Sie leben mit der Überzeugung, daß sie sich nicht sicher auf die Liebe oder Treue von irgend jemand verlassen können. Sie geben vor, sich zu genügen, aber in der Tiefe ihres Wesens verspüren sie ein Gefühl von Verlust und Leere. Um mit diesen Gefühlen fertig zu werden und, vielleicht als ein Deckmantel für ihre Unsicherheit, sind Narzißten damit beschäftigt, ihre Adäquanz, Macht, Schönheit, ihren Status, ihr Prestige und ihre Überlegenheit nachzuweisen. Gleichzeitig erwarten Narzißten von anderen, die hohe Einschätzung, die sie von sich selbst haben, attestiert zu erhalten, und daß die anderen sich um ihre Bedürfnisse bemühen. Was im Verhalten dieser Menschen auffällt, ist ihre Bereitschaft zu zwischenmenschlicher Ausbeutung. Narzißten leben in der Illusion, daß sie darauf Anspruch hätten, bedient zu werden, daß ihre eigenen Wünsche Vorrang gegenüber denen anderer hätten. Sie glauben, besondere Beachtung im Leben zu verdienen.

II. Drei Typen des Narzißmus: Objektbeziehungen, Abwehrsysteme und Manifestationen

Wir werden drei Typen narzißtischer Orientierung diskutieren, dabei gehen wir von dem bösartigsten oder pathologischsten aus und kommen letztlich zum eher anpassungsfähigen oder funktionellen Typus. Wir werden sie reaktiv, selbsttäuschend und konstruktiv nennen. Tabelle 1 faßt unsere Haupterkenntnisse zu jedem dieser drei Typen zusammen.

	Reaktiv	Selbsttäuschend	Konstruktiv
Frühe Objektbezeichnungen	Ablehnende, unempfängliche Eltern	Überlistende Eltern	Fürsorge „gut genug"
	Fehlen sicherer Zuneigung	Fehlen sicherer Zuneigung	Gefühl von Anerkennung
Abwehrreaktionen (Spaltung, projektive Identifikation, Idealisierung/ Abwertung)			
	Durchdringend	Manifestation (Häufigkeit und Intensität variieren)	Vereinzelt
	Heftig		Mild
	Häufig		Nicht häufig
	Ausbeutungstendenz	Manipulation	
Symptomatologie			
	Exhibitionismus	Mangel an Einfühlungsvermögen	Sinn für Humor
	Überheblichkeit	Machiavellismus	Kreativität
	Unbarmherzigkeit	Angst vor Versagen	Selbstvertrauen
	Kälte	„Hungrig nach Idealen"	Ehrgeiz
	Anspruch (Wille zu dominieren)	Beschäftigt mit eigenen Belangen (will geliebt werden)	Eigensinn, Energie Stolz (will etwas erreichen)
Manifestation in organisationalen Funktionen			
(1) Führung	Transformationale Orientierung	Transaktionale Orientierung	Transformationale/ transaktionale Orientierung
	Verdrängende Art	Bindende Art	Reziproke Art
	Toleriert nur Schmeichler	Bevorzugt unkritische Untergebene	Verdienstvoll
	Unbarmherziger Aufseher	Diplomatisch	Inspirierend
	Ignoriert die Bedürfnisse der Untergebenen	Betrachtet Untergebene als Hilfsmittel	Mentor-Rolle
	Beleidigt durch Kritik	Durch Kritik verletzt	Lernt durch Kritik
(2) Treffen von Entscheidungen	Große, riskante, spektakuläre Projekte	Konservativ, risikoscheu, übervorsichtig	Beratung durch Informationssammlung, unabhängig in der Entscheidung
	Fragt niemanden um Rat	Fragt zu viele	Nach innen gerichtet
	Vernichtet Gegner	Mangel an Entschlußkraft	
	Benutzt Sündenböcke		
	Gesteht nie Niederlagen ein		

Tab. 1: „Idealtypische" Varianten des Narzißmus

1. Objektbeziehungen

Es kann davon ausgegangen werden, daß Führer verschiedene Positionen auf einem Spektrum besetzen, das von gesundem Narzißmus bis zur Pathologie reicht. Die Faktoren, die zwischen Gesundheit und Dysfunktion unterscheiden, sind die intrapsychischen und zwischenmenschlichen Aktivitäten des Führers.

Mit der Zeit entwickeln fast alle Menschen relativ stabile Methoden, um ihre Erfahrungen und die von anderen zu verarbeiten. Die psychischen Darstellungen in der eigenen privaten Innenwelt sind als *internale Objekte* bekannt; bestehen aus akkumulierten Wahrnehmungen. Sie setzen sich aus Phantasien, Idealen, Gedanken und Bildern zusammen, die eine Art von *kognitiver Landkarte* schaffen (*Klein* 1948; *Fairbairn* 1952; *Jacobson* 1964; *Guntrip* 1969; *Mahler* et al. 1975; *Kernberg* 1976). Der Terminus „Objektbeziehungen" bezieht sich auf Theorien oder Aspekte von Theorien, die sich mit der Untersuchung von Beziehungen zwischen realen, externalen Menschen, den mentalen Bildern, die man von diesen Menschen erhält, und mit der Bedeutung dieser geistigen Residuen für die psychische Funktion beschäftigen (*Greenberg/Mitchell* 1983). Unser Zusammenleben mit realen Menschen hängt nicht nur davon ab, wie wir sie sehen, sondern auch von unserer Sicht des Inneren anderer. Diese psychischen Darstellungen beeinflussen unsere Gefühlshaltung ebenso tief wie unser Verhalten. Gute internale Objekte haben eine fruchtbare und restaurierende Funktion und dienen als eine Energiequelle für den Umgang mit den Mißgeschicken des Lebens. Sie bilden den Unterbau für ein gesundes Funktionieren. Bei Nichtvorhandensein solcher guten internalen Objekte treten jedoch verschiedene Dysfunktionen auf. Krankhafter Narzißmus hat hierin seine Wurzeln. Natürlich sind die frühesten „Objekte" die Eltern, deren Erziehung verschiedene Arten „internaler Welten" hervorruft. Da Eltern nicht immer konsequent im Umgang mit ihren Kindern sind, kann diese Welt sehr komplex und turbulent sein. Wir diskutieren im folgenden die frühen Objektbeziehungen von drei Typen narzißtischer Führer.

Reaktiver Narzißmus: Mittels Beschreibung messianischer und charismatischer Führer (→*Führungstheorien – Charismatische Führung*) erörtert *Kohut* (1971), daß solche Führer an einer krankhaften Entwicklung leiden. Er führt dies auf ihre Unfähigkeit während ihrer frühen Kindheit zurück, zwei wichtige Sphären des Ichs zu integrieren – das *grandiose Ich* und das *idealisierte Elternbild* (*Kohut* 1978, S. 826). Das erste Konstrukt bezieht sich auf frühe Gefühle grandioser Allmacht, wenn ein Kind seine entstehenden Fähigkeiten zum besten geben und dafür bewundert werden möchte. Das zweite Konstrukt bezieht sich auf die gleichfalls illusorischen Wünsche hinsichtlich der idealisierten Macht, die den Eltern zugeschrieben wird. Der Wunsch herrscht vor, eine Vereinigung mit einer idealisierten Person zu spüren. Bezeichnenderweise wandelt sich das „Ich bin perfekt, und du bewunderst mich" des Kindes langsam ein in: „Du bist perfekt, und ich bin ein Teil von dir".

Wir sollten daran denken, daß frühe Erfahrungen selten einen direkten Einfluß auf das Wirken des Erwachsenen haben. Es gibt viele indirekte Erfahrungen im Leben. Frühe Erfahrungen spielen jedoch eine wesentliche Rolle bei der Formung des

Persönlichkeitskerns, welcher die Art der Umwelt beeinflußt, die sich das Individuum aussucht. Dies hat eine Wirkung auf die Erfahrungsbildung und wird in der Folge die Persönlichkeit beeinflussen. Wir reden daher von einem interaktiven Zyklus der Persönlichkeit, des Verhaltens und der Situation (*Erikson* 1963; *McKinley Runyan* 1982).

Selbsttäuschender Narzißmus: Wir finden oft einen zweiten Typ narzißtischer Führer mit einer anderen Art früher Kindheitsentwicklung. Diese Personen wurden einst von einem oder von beiden Elternteilen dazu geführt zu glauben, daß sie völlig liebenswert und perfekt seien, ohne Rücksicht auf ihre Taten und ungeachtet irgendeiner realen Grundlage. Solche selbsttäuschenden Führer leiden unter dem, was *Kohut/Wolf* (1978) als ein überstimuliertes und überlastetes Ich beschreiben. Weil die Reaktion der Gestalten der frühen Kindheit im Hinblick auf das Alter der Kinder ungeeignet waren, lernen diese nie, ihre überhebliche Selbsteinschätzung oder ihre idealisierten Elternbilder einzuschränken. Die Idealvorstellungen von Perfektion sind zu fordernd, als daß sie erlauben würden, besänftigende, stabilisierende internale Objekte zu verinnerlichen. Diese Kinder werden die Stellvertreter ihrer *Eltern*, betraut mit der Mission, viele unerfüllte Hoffnungen der Eltern zu erfüllen. Was als Verwöhnung seitens der Eltern erscheinen mag, ist in Wirklichkeit genau das Gegenteil. Die Eltern benützen ihre Kinder dazu, ihre eigenen Bedürfnisse zu befriedigen, und überlasten sie dabei mit ihren impliziten Wünschen. Wenn Eltern ihre unrealistischen Hoffnungen ihren Kindern aufbürden, verursachen sie Selbsttäuschungen. Sie verwirren die Kinder hinsichtlich ihrer wahren Fähigkeiten.

Selbsttäuschende Narzißten werden wahrscheinlich unter zwischenmenschlichen Problemen leiden, die durch ihren Wunsch verursacht werden, der nunmehr internalisierten elterlichen Illusion des Selbstwertes zu entsprechen. Sie neigen zu emotioneller Oberflächlichkeit und Gefühlsarmut. Ihr Verhalten ist von einer nach Idealen hungernden Qualität, die aus Schwierigkeiten in der Identitätsbildung entstanden sind.

Konzeptionell sind wir in der Lage, zwischen der reaktiven und der selbsttäuschenden Erscheinungsform des Narzißmus unterscheiden zu können. In der Praxis jedoch ist eine Unterscheidung schwieriger zu treffen. Jeder Elternteil könnte anders auf das sich entwickelnde Kind reagiert haben. Ein Elternteil könnte eine kalte, feindselige, ablehnende Haltung eingenommen haben, während der andere unterstützend gewesen sein könnte. So könnten verschiedene Nuancen gütiger und bösartiger internaler Objekte geschaffen worden sein, welche die Ursache für Mischungen narzißtischer Stile bilden. Hinzu kommt, daß das Kind, statt frustriert zu sein, wenn ehrgeizige Erwartungen der Eltern nicht der Realität entsprechen, sich manchmal erfolgreich darum bemühen kann, seine Fähigkeiten bis zur wahrgenommenen Kapazität zu steigern. Darüber hinaus können, wie wir schon gezeigt haben, Lernerfahrungen im späteren Leben ebenfalls eine abpuffernde oder mildernde Wirkung haben.

Konstruktiver Narzißmus: Bei der Beschreibung der Objektbeziehungen in der Kindheit gesunder oder konstruktiver Narzißten stellte *Miller* fest:

„Aggressive Impulse wurden neutralisiert, weil sie das Vertrauen und das Selbstwertgefühl der Eltern nicht erschütterten.

Das Streben nach Selbständigkeit wurde nicht als Angriff empfunden.

Dem Kind wurde erlaubt, gewöhnliche Regungen wie Eifersucht, Wut, Trotz usw. zu verspüren und auszudrücken, weil die Eltern nicht von ihm verlangten, etwas Besonderes zu sein, um z. B. ihre eigene ethische Haltung zu präsentieren.

Es war nicht nötig, jemand zu gefallen (unter optimalen Bedingungen), und das Kind konnte entwickeln und zur Schau stellen, was immer in ihm steckte, während jeder Entwicklungsphase...

Weil das Kind ambivalente Gefühle äußern konnte, konnte es lernen, beide, sich selbst und das Subjekt (der andere) als „beides gut und schlecht" zu betrachten und mußte das „gute" nicht vom „schlechten" Objekt trennen.

(*Miller* 1981, S. 33–34)

Die konstruktiven Narzißten zeigen kein reaktives oder selbsttäuschendes Verhalten. Sie fühlen nicht die gleiche Notwendigkeit, die Realität zu verzerren, um mit den Frustrationen des Lebens zurecht zu kommen, noch neigen sie so sehr zur Angst. Sie bedienen sich seltener primitiver Abwehrmechanismen und sind weniger entfremdet von ihren Gefühlen, Wünschen und Gedanken. Tatsächlich entwickeln sie oft ein Gefühl positiver Vitalität, das einem Vertrauen in ihren persönlichen Wert entspringt. Diese Menschen haben relativ stabile und gute Objekte internalisiert, die sie angesichts der Mißgeschicke des Lebens aufrechterhalten. Sie sind gewillt, ihre Wünsche auszudrücken und hinter ihren Taten zu stehen ohne Rücksicht auf die Reaktionen anderer. Wenn sie enttäuscht werden, reagieren sie nicht boshaft, sondern sind fähig, sich für eine wiedergutmachende Aktion zu engagieren. Das heißt, sie haben Geduld zu warten, den Moment auszusuchen, wenn ihre Talente benötigt werden (*Erikson* 1978). Kühne Handlungsweisen, Introspektion und Rücksichtnahme gehören zu ihrem normalen Verhalten.

2. Abwehrsysteme

Wie wenden diese drei Typen narzißtischer Führer ihre Abwehrsysteme an? Was uns am meisten bei der Beobachtung ihres Verhaltens erstaunte, war, wie primitiv die Abwehrsysteme der ersten beiden Typen sind (*Kernberg* 1975). Den Kern der Abwehrsysteme bildet ein geistiger Prozeß, „*Splitting*" genannt. Alle anderen Abwehrsysteme können als Derivate dieser sehr primitiven Mechanismen betrachtet werden.

Was wir mit „Splitting" meinen, ist die Tendenz, alles entweder als ideal (alles gut) oder als lästig (alles schlecht) zu betrachten. Wenn das Individuum die gegensätzlichen Qualitäten internaler Objekte nicht genügend integriert oder künstlich hergestellt hat, werden diese Darstellungen getrennt gehalten, um die Verunreinigung von „gut" mit „böse" zu vermeiden. Individuen mit einer Tendenz zum Splitting besitzen affektive und kognitive Vorstellungen von sich selbst und von anderen, welche dramatische Vereinfachungen sind.

Nahe verwandt mit dieser Abwehr sind primitive *Idealisierung* und *Abwertung*. Als erstes besteht ein Bedürfnis unrealistische, völlig gute, allmächtige Darstellungen anderer zu schaffen. Dieser Prozeß kann als ein Schutz gegen verfolgende Objekte sein. Ein Gefühl starker Hilflosigkeit und Bedeutungslosigkeit erzeugt das Bedürfnis nach allmächtigen Beschützern. Auf lange Sicht kann jedoch niemand diese übertriebenen Erwartungen ertragen. Eine rachsüchtige Abwertung der idealisierten Figur findet statt, wenn die Bedürfnisse nicht erfüllt werden.

Andere Abwandlungen des Splittings sind die *Projektion* und die *projektive Identifikation* (*Ogden* 1982). Diese Abwehrmechanismen dienen als Verteidigung gegen eine Verfolgung durch schlechte internale Objekte. Die Person versucht, sich von ungewollten Aspekten des Ichs zu befreien. Folglich werden internale Vorstellungen des Ichs und anderer veräußerlicht und auf andere projiziert. Die Schuld wird immer einem anderen oder etwas anderem gegeben. Es besteht nie ein Gefühl persönlicher Verantwortlichkeit. Wieder ist dies alles mit einer Verzerrung der Realität verbunden.

Wie wir aus Tabelle 1 entnehmen können, variieren die Häufigkeit, die Schärfe und die Intensität der Abwehrmechanismen innerhalb der Typen des Narzißmus. Der reaktive Typ zeigt die größte Häufigkeit und Intensität, der konstruktive Typ die niedrigste.

3. Symptome des Narzißmus

Die extremsten Symptome dieses Entwicklungsvermächtnisses und dieser Abwehrsysteme sind in der DSM II (American Psychiatric Association 1980, S. 137) zusammengefaßt, welche die folgenden diagnostischen Kriterien für narzißtische Persönlichkeitsstörungen auflistet:

(1) Überhebliches Gefühl des Selbstwertes oder Einzigartigkeit, z.B. Übertreibung von Leistungen und Talenten, im Mittelpunkt steht die besondere Natur der eigenen Probleme.
(2) Voreingenommen auf der Grundlage von Phantasien von unbegrenztem Erfolg, Macht, Pracht, Schönheit, oder idealer Liebe.
(3) Exhibitionismus: Die Person verlangt konstante Aufmerksamkeit und Bewunderung.
(4) Kalte Gleichgültigkeit oder markante Gefühlsausprägungen mit Inhalten wie Zorn, Minderwertigkeit, Scham, Demütigung oder Leere als Reaktion auf Kritik, Gleichgültigkeit anderer oder Niederlagen.
(5) Wenigstens zwei der folgenden Charakteristika von Störungen zwischenmenschlicher Beziehungen:
(a) *Anspruch:* Erwartung spezieller Gefälligkeiten ohne Übernahme gegenseitiger Verpflichtungen, z.B. Überraschung und Ärger, daß Leute nicht das tun wollen, was man will.
(b) Zwischenmenschliche Ausbeutung: andere werden zur Erfüllung der eigenen Wünsche oder zur Selbst-Erhöhung benutzt, ohne Rücksicht auf die persönliche Integrität und die Rechte anderer.
(c) Beziehungen, die charakteristischerweise zwischen extremer Über-Idealisierung und Abwertung alternieren.
(d) Mangel an Einfühlungsvermögen: Unfähigkeit zu erkennen, wie andere fühlen, z.B. die Qual von jemand wahrzunehmen, der schwer krank ist.

Einmal mehr ist es wichtig zu erkennen, daß besonders die ersten beiden Typen narzißtischer Führer viele dieser klinischen Indikationen aufweisen, aber jeder in einem anderen Ausmaß. Nach unserer Erfahrung sind reaktive Narzißten kalt, unbarmherzig, überheblich und exhibitionistisch. Sie zeigen den Wunsch, zu dominieren und zu kontrollieren und sind meist extreme Ausbeuter. Selbsttäuschende Narzißten sind milder, sie wollen geliebt werden und sind weniger tyrannisch. Dennoch mangelt es ihnen an Einfühlungsvermögen, sie sind hauptsächlich mit ihren eigenen Bedürfnissen beschäftigt und neigen zu einem diskreten Machiavellismus. Ihr Verhalten hat eine „als ob" Qualität, weil sie eines starken Gefühles innerer Überzeugung und Identität entbehren (*Deutsch* 1965). Letztlich sind auch konstruktive narzißtische Führer sehr ehrgeizig und können manipulierend und überempfindlich in bezug auf Kritik sein. Sie besitzen aber genügend Selbstvertrauen, Anpassungsfähigkeit und Humor, um wirkliche Leistungen hervorheben zu können. Sie kommen aufgrund ihres Differenzierungsvermögens in bezug auf soziale Beziehungen gut mit anderen zurecht.

III. Organisationale Funktionsweisen

1. Der reaktive Führer

Wir werden zwei Führungssituationen beschreiben, in denen wir die reaktive narzißtische (RN) Persönlichkeit in Aktion gesehen haben. Die erste betrifft *zwischenmenschliche Beziehungen*. Die zweite bezieht sich auf ihr Verhalten bei der *Einschätzung von Umweltlagen*, der *Analyse* und *Entscheidung*. Der reaktive Narzißt kann ein extrem fordernder Aufseher sein. Seine Überheblichkeit und sein Exhibitonismus lassen ihn sich zu Untergebenen hingezogen fühlen, die Schmeichler sind. Die Argumente anderer werden ignoriert, wenn sie den Gedanken des Chefs entgegenlaufen. Um ihn besorgte Untergebene scheinen die einzigen zu sein, die von einem reaktiven Narzißten toliert werden, alle anderen sind „ausgeschlossen". Ein starker machiavellistischer Zug läuft durch diese Situationen: als Vorgesetzter kümmert er sich wenig um die Verletzung und Ausbeutung anderer in der Verfolgung seiner eigenen Karriere. Die Untergebenen spielen mit, einfach nur um zu überleben. Der RN-Führer übertrifft alle anderen Typen in seinem völligen Mangel an Mitgefühl. Er ignoriert vollständig die Bedürfnisse von Untergebenen, wie auch die von hierarchisch Gleichgestellten, und beachtet nur Dinge, die ihn und ihn allein betreffen. Die Schwankungen in der Haltung seinen Leuten gegenüber sind extrem. Folglich ist der Fluktuationsgrad häufig sehr hoch. Projekte, die Teamwork oder Initiative der Untergebenen erfordern, sind ernsthaft gefährdet.

Der RN-Führer weist charakteristische Disfunktionen beim Fällen von Entscheidungen für seine Organisation auf. Er neigt dazu, die innere und äußere Umwelt sehr wenig zu prüfen und zu analysieren, bevor er Entscheidungen trifft. Der RN-Führer meint, er könne seine Umwelt manipulieren und auf sie einwirken, so daß er sie nicht näher zu untersuchen braucht. Die Umwelt steht irgendwie „unter ihm", es wird angenommen, daß sie keine Forderungen stellt, denen nicht leicht entsprochen werden könne. Die Überheblichkeit des RNs, der Exhibitionismus und die Beschäftigung mit Phantasien unbegrenzten Erfolges verleiten zur Übernahme extrem kühner und riskanter Projekte. Die Qualität seines Führungsstils ist eher transformational, als transaktional (*Burns* 1978) (→*Führungstheorien – Charismatische Führung*; →*Transaktionale und transformationale Führung*). Es möchte die Aufmerksamkeit eines unsichtbaren Publikums auf sich ziehen, um seine Überlegenheit und Brillanz zu demonstrieren. Es werden Projekte in einem großen Rahmen übernommen, die aber oft dazu verurteilt sind, fehlzuschlagen. Erstens spiegelt der übertriebene Rahmen eher die Wünsche des Führers wider als die Realität der Situation; zu viele Mittel werden für eine zu geringe Ursache eingesetzt. Zweitens hat der Führer nicht auf seine Ratgeber, Gleichgestellte oder Untergebene gehört. Er meint, nur er sei genügend informiert, um Urteile fällen zu können. Dadurch geht ein möglicherweise entscheidendes Forum verloren. Drittens gibt der RN-Führer sogar, wenn es klar ist, daß die Dinge bei dem Projekt nicht gut stehen, nur widerstrebend diese Tatsache zu. Er wird nicht zugeben, Fehler gemacht zu haben und wird besonders streng und sensibel gegenüber Kritik. So gibt er Aktivitäten ein Momentum, das schwer aufzuhalten ist (*Miller/Friesen* 1980, 1984). Wenn der Führer schließlich erkennt, wie schnell die Situation sich verschlechtert, verleitet ihn sein Hang zum Splitting dazu, anderen die Schuld zu geben. Er sieht sich selbst nie als verantwortlich für irgend etwas, das völlig negativ ist.

2. *Der selbsttäuschende Führer*

Diese Personen besitzen viele der Züge der reaktiven Führer, doch treten ihre Charakteristika in Führungssituationen weniger deutlich hervor. Wir können wieder die Kategorien interpersonale Beziehungen, Umweltanalyse und Entscheidungsverhalten untersuchen. Selbsttäuschende (ST) Führer sind in bezug auf soziale Beziehungen viel zugänglicher als ihre RN-Pendants. Sie kümmern sich mehr um ihre Untergebenen, sind eher geneigt, auf die Meinungen von anderen zu hören, und sind nicht annähernd so ausbeutend wie die RNs. Sie zeigen jedoch die gleiche Überempfindlichkeit gegenüber Kritik, extreme Unsicherheit und ein starkes Bedürfnis nach Liebe. ST-Führer sind abweichenden Meinungen gegenüber toleranter, indem sie wohlwollender reagieren, wenn Meinungen geäußert werden. Aber sie neigen dazu, mißgünstig zu sein, sind weniger zugänglich für Kritik und begünstigen willensschwächere Untergebene gegenüber ihren stärkeren Gleichgestellten.

Wenn der ST-Führer oft Interesse an den Tätigkeiten seiner Untergebenen zum Ausdruck bringt, wird dies eher aus dem Wunsch heraus geschehen, einfühlsam zu erscheinen als aus einem echten Gefühl der Anteilnahme heraus. Der ST-Führer kann, im Gegensatz zu seinem RN-Pendant, sehr darauf erpicht sein, Chancen und besonders Gefahren in seiner Umwelt zu entdecken. Er ist unsicher und wird daher viel für die Untersuchung der inneren und äußeren Umwelt tun, um sicher zu sein, Gefahren neutralisieren zu können und teure Fehler zu vermeiden, Konkurrenten werden beobachtet, Kunden befragt und Informationssysteme eingerichtet. Es wird soviel für Analyse und Beurteilung getan, daß manchmal die Handlungsfähigkeit gelähmt wird.

Bei strategischen Entscheidungen zeigt der ST-Führer Vollzugsangst. Er möchte bestmögliche Arbeit leisten, damit er anerkannt und bewundert wird, sorgt sich aber darum, ob seine Fähigkeiten ausreichen, diese Ziele zu erreichen. Er fürchtet sich vor dem Versagen. Dies macht ihn meist konservativer als den reaktiven Führer. Der ST-Führer studiert die Situation sehr gründlich und bittet um die Meinung von anderen. Entscheidungen werden als Ausfluß vielfältiger Meinungsabwägungen getroffen.

Der ST-Narzißt möchte von den Menschen, mit denen er verkehrt, geliebt und bewundert werden. Ebenso werden seine Symptome, entsprechend seinem Grad von Angst, in einem größeren Ausmaß zu- und abnehmen als diejenigen des RN-Führers.

3. Der konstruktive Führer

Diese Führer stehen Manipulation nicht fremd gegenüber und sind auch nicht frei von gelegentlichen opportunistischen Handlungen. Aber sie sind im allgemeinen fähig, recht gut mit Untergebenen umzugehen. Konstruktive Narzißten besitzen einen hohen Grad an Vertrauen in ihre Fähigkeiten und sind hochgradig aufgaben- und zielorientiert (→*Verhaltensdimensionen der Führung*). Daher mögen sie oft den Eindruck erwecken, es fehle ihnen an Wärme und Rücksichtnahme.

Obwohl konstruktive Führer es genießen, bewundert zu werden, haben sie eine realistische Einschätzung ihrer Fähigkeiten und Grenzen. Ihre Haltung ist die eines Gebens und Nehmens und sie anerkennen die Kompetenz anderer. Konstruktive Führer sind gute Zuhörer und schätzen die Meinung ihrer Untergebenen, obwohl sie bereit sind, die letzte Verantwortung für kollektive Handlungen zu übernehmen. Sie scheuen sich nicht, ihren Standpunkt zu vertreten und an ihren Entscheidungen festzuhalten. Diese Haltung könnte Untergebenen Ursache zu der Klage geben, KLs seien reserviert und unkooperativ. Tatsächlich fehlt konstruktiven Führern manchmal wahres Einfühlungsvermögen und sie sind geneigt, andere als bloße Instrumente zur Erreichung ihrer eigenen Ziele zu benutzen.

Diese Führer besitzen innere Zielgerichtetheit und Selbstbestimmung, beides gibt ihnen Zuversicht. Sie haben die Fähigkeit, andere zu inspirieren und eine Sache zu einer gemeinsamen zu machen, und geben dadurch Gelegenheit, niedrigere Eigeninteressen zu übersteigen. Ihre Bestimmtheit kann sich ebenso durch Kälte, Arroganz oder unbeugsame Unempfindlichkeit für die Bedürfnisse anderer äußern. Abstrakte Belange, wie „dem Wohl der Gesellschaft zu dienen" oder „dem Arbeiter zu helfen", können Gegenseitigkeit in zwischenmenschlichen Beziehungen und den Aufbau eines Teams ersetzen. Gewöhnlich haben konstruktive Narzißten aber Sinn für Humor, der es ihnen ermöglicht, die Dinge richtig zu sehen. Ihre Unabhängigkeit kann wesentlich sein zur Entwicklung jener Kreativität und Visionskraft, die notwendig ist, Untergebene dazu anzuspornen, sich für ehrgeizige Projekte einzusetzen.

Die konstruktiven Führer wechseln großteils ihren Entscheidungsstil, diese Varianz ist eher auf Veränderungen der Firmensituation zurückzuführen als auf Schwächen des Führers. Ihre Flexibilität erlaubt es, umfangreiche Analysen und Untersuchungen der Umwelt vorzunehmen sowie eine Beratung anzufordern, bevor sie strategische Entscheidungen mit weitreichenden Konsequenzen treffen. Aber sie sind auch in der Lage, Routinesituationen schnell zu bewältigen, indem sie Untergebene mit diesen Angelegenheiten betrauen. Sie neigen auch dazu, Extreme in bezug auf Risiken und Konservatismus zu vermeiden, indem sie mehr „im mittleren Bereich" agieren.

IV. Organisationale Therapie

Konstruktive Führer werfen wenige organisationale Probleme auf. Aber was können die gesunden Führungskräfte einer Firma hinsichtlich der beiden eher disfunktionalen Typen von Führern tun? Wenn in stark zentralisierten Organisationen ein narzißtischer Führer dominiert, ist seine Kündigung aufgrund geringer Leistung durch einen starken Vorstand die einzige Kraft zugunsten eines Wandels. Und selbst diese Korrektur scheidet aus, wenn der Führer über eine starke finanzielle Position verfügt. Die Aussichten sind viel günstiger, wenn die organisationale Macht breiter verteilt ist und wenn der Narzißt in der Organisationshierarchie weniger hoch angesiedelt ist.

Tatsächlich gibt es eine Reihe organisatorischer Instrumente, die dazu benutzt werden können, den Schaden zu verringern, der durch narzißtische Führer auf *niedrigeren Ebenen* verursacht wird. Das erste müßte der Versuch sein, ihre Existenz wahrzunehmen. Zu diesem Zweck kann es hilfreich sein, daran zu denken, daß einzelne Anzeichen eines neurotischen Verhaltens nicht genügen, eine Narzißmus-Diagnose mit Sicherheit zu stellen. Aber wenn sie sich diese Anzeichen zu einem Syndrom verdichten, zeigt dies Schwierigkeiten an.

Es ist sehr schwierig, die Persönlichkeit eines Narzißten zu ändern. Nachdruck ist auf die Versetzung der betreffenden Person von einem Platz, an dem sie Schaden anrichten kann, zu legen oder es ist sein Einfluß zu reduzieren. Eine Reihe struktureller Mittel kann angewandt werden, um letzteres zu realisieren. Z.B. kann Macht in der Organisation breiter verteilt werden, so daß viele Personen in strategische Entscheidungen einbezogen werden und Vorgesetzte auf niedrigeren Ebenen veranlaßt werden, Verantwortung für Routine-Belange zu übernehmen. Ausschüsse mit funktional übergreifenden Aufgaben, Sondergruppen und Besprechungen mit der Geschäftsführung können ein nützliches Forum bilden, in welchem eine große Zahl von Managern ihre Ansichten äußern kann. Dies schafft Gelegenheit für die narzißtischen Führer (und besonders für ihre Untergebenen), dabei zu lernen, und ihr Einfluß wird durch andere verringert. Monolithische und unrealistische Perspektiven werden dadurch entmutigt.

Regelmäßige Vorgesetzten-Beurteilungen, bei denen Untergebene eine Chance haben, ihre Meinung über ihren Chef gegenüber einer dritten Partei zu äußern, können ebenfalls nützlich sein. Wenn ein Konsens bezüglich einer Unzufriedenheit auftaucht, besonders wenn er mit einer geringen Leistung der betroffenen Organisationseinheit zusammenfällt, mag es Zeit sein, den Führer zu entlassen. Eine solche Beurteilungspolitik kann offensichtliche narzißtische Ausbeutung einschränken.

Wenn die obersten Führungskräfte einer Organisation die narzißtische Neigung einiger ihrer Mitarbeiter erkennen, können sie diese Information zugunsten personalpolitischer Maßnahmen verwenden. Gelegenheit hierzu ist besonders bei der Zuweisung Untergebener an narzißtische Vorgesetzte gegeben. Eine der größten Gefahren besteht darin, unsichere unerfahrene Mitarbeiter für die Arbeit mit dem Narzißten einzusetzen. Diese Mitarbeiter werden zu wenig Stärke oder Entschlossenheit besitzen, um mit der vorliegenden Führungssituation fertig zu werden, und noch weniger fähig sein, als nützliche Gegenkraft zu agieren. Im Gegensatz hierzu wäre es sinnvoll, starke, zuversichtliche und sichere Persönlichkeiten zur Arbeit mit dem narzißtisch geneigten Führer einzusetzen, solche, die sich nicht fürchten, ihre Meinung zu sagen und die dazu beitragen mehr „Realität" in den Prozeß der Entscheidungsfindung einzubringen.

Es ist besonders wichtig auf Zeichen eines exzessiven Narzißmus bei der Einstellung und der Beförderung zu achten. Psychologische Tests durch geübte Kliniker und Gespräche mit früheren Vorgesetzten und Untergebenen des Kandidaten könnten eine narzißtische Person erkennbar machen. Es gibt keinen Zweifel, daß der einfachste Weg im Umgang mit diesen Personen derjenige ist, es zu vermeiden, sie einzustellen, oder, wenn man diese Auslese versäumt hat, es zu unterlassen, ihnen zuviel Macht zu geben.

Literatur

American Psychiatric Association (Hrsg.): DSM III: Diagnostic and Statistical Manual of Mental Disorders. 3. A., Washington 1980.
Burns, J. M.: Leadership. New York 1978.
Deutsch, H.: Neuroses and Character Types. New York 1965.
Erikon, E. H.: Childhood and Society. New York 1963.
Erikson, E. H.: Life History and the Historical Moment. New York 1978.
Fairbairn, W. R. D.: An Object-Relations Theory of Personality. New York 1952.
Freud, S.: Group Psychology and the Analysis of Ego. The Standard Edition of the Complete Psychological Works of Sigmund Freud, London 1921.
Freud, S.: Libidinal Types. The Standard Edition of the Complete Psychological Works of Sigmund Freud, London 1931.
Greenberg, J. R./Mitchell, S. A.: Object Relations in Psychoanalytic Theory. Cambridge, Mass. 1983.
Guntrip, H.: Schizoid Phenomena, Object Relations and the Self. New York 1969.
Jacobson, E.: The Self and the Object World. New York 1964.
Kernberg, O.: Borderline Conditions and Pathological Narcissism. New York 1975.
Kernberg, O.: Object Relations Theory and Clinical Psychoanalysis. New York 1976.
Kernberg, O.: Regression in Organizational Leadership. In: Psychiatry, 1979, S. 29–39.
Kets de Vries, M. F. R.: Leadership in a Narcissistic Age. Arbeitspapier Faculty of Management, McGill University. Montreal 1980.
Kets de Vries, M. F. R./Miller, D.: The Neurotic Organization: Diagnosing and Changing Counterproductive Styles of Management. San Francisco 1984.
Klein, M.: Contributions to Psychoanalysis, 1921–1945. London 1948.
Kohut, H.: The Analysis of the Self. New York 1971.
Kohut, H./Wolf, E. S.: The Disorders of the Self and Their Treatment: An Outline. In: The International Journal of Psychoanalysis, 1978, S. 413–426.
Kohut, T. H.: Creativeness, Charisma, Group Psychology. In: *Ornstein, P. H.* (Hrsg.): The Search for the Self. New York 1978.
Mahler, M. S./Pine, F./Bergman, A.: The Psychological Birth of the Human Infant. New York 1975.
McKinley Runyan, W.: Life Histories and Psychobiography. New York 1982.
Miller, A.: Prisoners of Childhood. New York 1981.
Miller, D./Friesen, P. H.: Momentum and Revolution in Organizational Adaptation. In: AMJ, 1980, S. 591–614.
Miller, D./Friesen, P. H.: Organizations: A Quantum View. Englewood Cliffs 1984.
Ogden, T. H.: Projective Identification and Psychotherapeutic Technique. New York 1982.
Reich, W.: Characteranalysis. New York 1949.
Zaleznik, A.: Managers and Leaders: Are they Different? In: HBR, 1977, S. 67–78.
Zaleznik, A./Kets de Vries, M. F. R.: Power and the Corporate Mind. Boston 1975.

Netzwerkbildung und Kooptation als Führungsaufgabe

Jörg Sydow

[s. a.: Arbeitsverhalten von Managern, empirische Untersuchungen zum; Mikropolitik und Führung; Unternehmenskooperation und Führung (Fusion, Allianz, Joint Ventures).]

I. Netzwerke sind ‚in' – in und zwischen Organisationen; II. Bildung interorganisationaler Netzwerke; III. Bildung (intra-)organisationaler Netzwerke; IV. Kooptation als personale Strategie der Netzwerkbildung.

I. Netzwerke sind ‚in' – in und zwischen Organisationen

Seit ehedem knüpfen Führungskräfte (personale) Netzwerke, um innerhalb oder über die Grenzen der Organisation hinweg Informationen zu sammeln, Sichtweisen zu verbreiten, Konsens zu erzielen oder Macht auszuüben. Jüngeren Ursprungs ist hingegen das Bestreben, die Netzwerkbildung nicht nur zu einem personalen Führungsprinzip, sondern auch zu einem strukturalen Organisationsprinzip zu erheben. Entsprechende Bestrebungen richten sich darauf, die zumeist hierarchischen Strukturen von Organisationen in Netzwerkstrukturen zu transformieren, die den Organisationsmitgliedern mehr Autonomie, größere Verantwortung und direktere Kommunikation ermöglichen. Damit wird vor allem beabsichtigt, die Innovationsfähigkeit und Flexibilität von Organisationen zu steigern (*Kanter* 1983).

Mit der Entwicklung von Netzwerkstrukturen innerhalb von Organisationen geht häufig die Bildung organisationsübergreifender interorganisationaler Netzwerke einher. Dabei entsteht – nicht zuletzt bei gleichzeitig intensiver informationstechnischer Vernetzung – eine Organisationsform, die als Netzwerkorganisation bzw. -unternehmung bezeichnet wird, aber auch unter Begriffen wie „cluster organization" (*Quinn Mills* 1991), „high value enterprise" (*Reich* 1991), „virtual corporation" (*Davidow/Malone* 1991) oder „intelligent enterprise" (*Quinn* 1992) firmiert. Derartige Netzwerkstrukturen gelten gar als Merkmal „postmoderner Organisation" (*Reed* 1992). Der Führungs- bzw. der Strukturierungsprozeß, in dem sie geschaffen werden, wird häufig als ‚networking' oder – treffender – als ‚network building' (Netzwerkbildung) bezeichnet.

1. Ausgewählte Merkmale von Netzwerken

Im organisationalen Kontext bezeichnet der Begriff des Netzwerkes eine Organisationsform, in der mehr als zwei Akteure (Individuen, Gruppen oder auch Organisationen) über relativ viel Autonomie verfügen, gleichwohl über strukturierte Beziehungen miteinander verknüpft sind. Diese Struktur wird durch das praktische Handeln der Akteure produziert und reproduziert (*Giddens* 1988).

In Netzwerken organisierte Akteure sind dementsprechend *loser gekoppelt* als in (idealtypischen) Hierarchien, gleichwohl fester als in (idealtypischen) Märkten. Die Kopplung selbst erfolgt über personell-organisatorische und/oder technisch-organisatorische Strukturen (z. B. durch Einsatz von Informationstechnik). Einen großen Teil der organisatorischen Integrationsfunktion übernehmen zudem die von den Akteuren mehr oder minder geteilten Deutungsmuster, interpretativen Schemata und Wertesysteme.

Während Märkte idealiter durch diskrete Transaktionen gekennzeichnet sind, schließen die Austauschbeziehungen in Netzwerken an frühere Interaktionen an und sind nicht zuletzt deshalb, aber auch weil auf *Reziprozität* basierend, ungleich stabiler (*Powell* 1990). Die Reziprozitätserwartung ist Ausdruck des für die Stabilität von Netzwerken vielfach ausschlaggebenden *Vertrauens* (*Loose/Sydow* 1994). Ein Mindestmaß an Vertrauen ermöglicht z. B. den frühzeitigen Austausch strategisch bedeutsamer Informationen und trägt zudem zur Senkung der Transaktionskosten bei. Dieses Vertrauen basiert nicht notwendigerweise auf persönlichen Sympathien, sondern kann auch aus einer positiv verlaufenden Transaktionsepisode oder aus einer genauen Prüfung beispielsweise der Leistungsfähigkeit der Kooperationspartner resultieren (*Zucker* 1986).

Nicht zuletzt aufgrund der in dieser Organisationsform den Akteuren verbleibenden Autonomie werden Netzwerke im Vergleich zu hierarchischen Organisationen als *polyzentrisch* charakterisiert und entziehen sich einer durchgreifenden Kontrolle durch einen oder mehrere der Netzwerkakteure. Die mit dieser Polyzentriertheit einhergehende Herausbildung von Netzwerken wird treffend als Netzwerk*formation* bezeichnet.

2. ‚Networking', Netzwerkbildung und Kooptation

Die Bemühungen um eine Netzwerkbildung in und zwischen Organisationen werden manchmal auch als ‚networking' bezeichnet, wobei dieser Begriff insbesondere auf die Entwicklung personaler Netzwerke in und zwischen Organisationen abstellt. Die Entwicklung personaler Netzwerke innerhalb, vor allem aber zwischen Organisationen ist auch das Ziel der *Kooptation,* d. h. der gezielten Aufnahme von Personen, die anderen Organisationen bzw. Organisationseinheiten angehören, in eine Organisation bzw. Organisationseinheit. (Pendant der Kooptationsstrategie ist im übrigen das Bemühen von Mitgliedern anderer Organisationen bzw. Organisationseinheiten, von sich aus Kontakt zu einer Zielorganisation bzw. Zieleinheit aufzunehmen.)

Netzwerkbildung umfaßt sowohl die intentionale, proaktive Netzwerkgestaltung durch die Führung als auch die eher emergente Netzwerkformation auf der Grundlage selbstorganisierender Prozesse (*Monge/Eisenberg* 1987; *Chisholm* 1989; *Ibarra* 1992). Netzwerkbildung hat dabei in der Führungspraxis immer einen politischen oder mikropolitischen Aspekt (→*Mikropolitik und Führung*): Netzwerke werden geknüpft, um innerhalb und außerhalb der Organisation Einfluß auszuüben, bestimmte Interessen durchzusetzen oder Ressourcen für zukünftige Machtausübung zu sichern. „The network gives one power", wie *Kotter* (1982, S. 78) treffend feststellt. Schon das Wissen über die Netzwerke anderer ist für das politische Handeln in und zwischen Organisationen von Wichtigkeit, weil bereits existierende Netzwerke entsprechende Möglichkeiten der Einflußnahme bieten oder auch beschränken.

Vor dem Hintergrund der Bedeutung, die selbstorganisierenden und politischen Prozessen bei der Netzwerkbildung zukommen, verwundert es nicht, daß die Netzwerkbildung bzw. das ‚networking' vor allem Gegenstand neuerer systemtheoretischer und mikropolitischer Ansätze ist; aber auch die (zumeist noch strukturalistisch orientierte) Netzwerkanalyse und -theorie befaßt sich mit der Untersuchung organisationaler und interorganisationaler Netzwerke (zu einem Überblick *Sydow* 1992).

3. Netzwerktypen

Während sich ‚networking' und Kooptation im Ergebnis vor allem in *personalen* Netzwerken niederschlagen, kann sich die Netzwerkbildung generell auch, um eine Unterscheidung von *Scott* (1991) aufzugreifen, auf *geschäftliche* und *finanzielle* Netzwerke und darüber hinaus – im Fall multiplexer Beziehungen durchaus gleichzeitig – auch auf *informationelle bzw. informationstechnische* Netzwerke erstrecken. Ganz in diesem Sinne wird derzeit „elektronischen Netzwerken" (*Griese* 1992) bzw. der „networked organization" (*Rockart/Short* 1991; *Sproull/Kiesler* 1991) große Aufmerksamkeit durch die Wirtschaftsinformatik zuteil.

Diese Typologisierung nach dem Transaktionsinhalt bzw. den Transaktionsmedien wird häufig ergänzt um eine Typenbildung nach den Eigenschaften der Netzwerkbeziehungen und der Netzwerkakteure (*Fombrun* 1982). Eine Typologisierung nach den *Netzwerkbeziehungen* erfolgt beispielsweise in Hinblick auf ihre Stabilität, Multiplexität, Sichtbarkeit oder Enge der Kopplung. Eine Typologisierung nach den *Netzwerkakteuren* wird z. B. nach ihrer Ähnlichkeit in Hinblick auf Alter, Status oder Interessen vorgenommen.

Erstreckt sich die Netzwerkbildung auf Strukturierungen innerhalb einer Organisation, soll von organisationalen Netzwerken gesprochen werden; überschreitet sie hingegen die Grenzen einer Organisation und bezieht andere Organisationen mit ein, entsteht ein interorganisationales Netzwerk. Die Unterscheidung von organisationalem (internem) und interorganisationalem (externem) Netzwerk ist gleichwohl nicht unproblematisch, ist es doch gerade ein wesentliches Differenzierungsmerkmal des Netzwerkkonzepts gegenüber konventionellen Organisationstheorien, ohne eine (vermeintlich) klare Bestimmung von Organisationsgrenzen auszukommen.

II. Bildung interorganisationaler Netzwerke

Interorganisationale Netzwerke, zu denen insbesondere *Unternehmungsnetzwerke* zu rechnen sind, stellen eine intermediäre Organisationsform ökonomischer Aktivitäten zwischen Markt und Hierarchie dar, die sich durch komplex-reziproke, eher kooperative denn kompetitive und relativ stabile Beziehungen zwischen rechtlich selbständigen, wirtschaftlich jedoch zumeist abhängigen Organisationen auszeichnet (*Sydow* 1992). Art und Umfang der Strukturiertheit der Netzwerkbeziehungen ermöglicht den Netzwerkorganisationen die Konzentration auf ihre Kernkompetenzen und somit ein hohes Maß an Spezialisierung, ohne daß das Gesamtsystem an Flexibilität einbüßt. Im Gegenteil: Interorganisationale Netzwerke sind Ausdruck „flexibler Spezialisierung" (*Piore/Sabel* 1985).

1. Typen interorganisationaler Netzwerke

Interorganisationale Netzwerke werden im allgemeinen entlang betriebswirtschaftlicher Funktionen typologisiert (z. B. F&E-Kooperationen, Produktionsverbünde oder Zuliefernetzwerke). Bedeutsam ist zudem eine übergreifende Unterscheidung: Wird das Netzwerk von einer fokalen Organisation strategisch geführt, soll es als *strategisches Netzwerk* bezeichnet werden (*Jarillo* 1988). Strategisch meint in diesem Zusammenhang die proaktive, vor allem von marktökonomischen Erfordernissen und technologischen Möglichkeiten bedingte und auf die dauerhafte Erschließung wettbewerbsrelevanter Potentiale gerichtete Organisation des Netzwerkes. Die strategische Führung äußert sich z. B. darin, daß der Markt, auf dem das strategische Netzwerk tätig ist, im wesentlichen von der fokalen Unternehmung definiert wird. Diese Unternehmung, unter den Bedingungen eines Käufermarktes zumeist ein Endprodukthersteller oder eine Handelsunternehmung, bestimmt mehr als andere Art und Inhalt der Strategie, mit der dieser Markt bearbeitet wird, sowie die Strukturierung der Interorganisationsbeziehungen. Obwohl der polyzentrische Charakter des Netzwerkes grundsätzlich erhalten bleibt, betreibt die fokale Unternehmung eine Art strategische Metakoordination der ökonomischen Aktivitäten. Prototypen strategischer Netzwerke sind Franchisingnetzwerke und japanische Keiretsus (*Sydow* 1992).

Regionale Netzwerke zeichnen sich im Gegensatz zu strategischen, oft international orientierten Netzwerken durch eine räumliche Agglomeration der dem Netzwerk angehörenden, zumeist kleineren und mittleren Unternehmungen aus. Die Beziehungen in diesem Netzwerk sind nicht ganz so stabil wie in strategischen Netzwerken, weil sie – je nach Auftragslage – mal diesen, mal jenen Partner in der Region einbeziehen. Von strategischen Netzwerken unterscheiden sie sich zudem durch eine andere Geschichte, insbesondere durch eine größere Bedeutung emergenter Netzwerkformation. Diese resultiert aus der polyzentrischen Organisation von Entscheidungen, verbunden mit dem Fehlen einer strategischen Führerschaft. Prototypische regionale Netzwerke finden sich im mittleren Norditalien (insbesondere Emilia Romagna), in Südfrankreich, im Silicon Valley, im M 4 Korridor Englands sowie entlang der Route 128 in Massachusetts und in Baden-Württemberg (*Piore/Sabel* 1985).

Sowohl beim regionalen als auch beim strategischen Netzwerk handelt es sich um Idealtypen. Hinzu kommt, daß realiter beide Netzwerktypen miteinander verwoben sind. Dies wird in der Region Baden-Württemberg deutlich, wo strategische, z. B. von Automobilherstellern geführte Netzwerke, mit regionalen Netzwerken nicht nur koexistieren, sondern auch kooperieren.

2. *Netzwerkbildung durch Quasi-Internalisierung und -externalisierung*

Interorganisationale Netzwerke entstehen durch Ausgliederung oder *Externalisierung* betrieblicher Funktionen aus der Hierarchie oder durch Intensivierung der Zusammenarbeit mit anderen Organisationen (→*Unternehmenskooperation und Führung (Fusion, Allianz, Joint Ventures)*). Weder die Funktionsexternalisierung noch die Funktionsinternalisierung wird dabei so weit getrieben, daß Hierarchie durch Markt bzw. Markt durch Hierarchie substituiert wird. Streng genommen sind interorganisationale Netzwerke das Ergebnis einer *Quasi-Externalisierung* bzw. einer *Quasi-Internalisierung* von Funktionen.

Im äußersten Fall lösen sich beispielsweise vertikal integrierte und diversifizierte Unternehmungen durch Funktionsausgliederung oder -externalisierung in derartige Netzwerke auf. Dies geschieht z. B., um marktlichen Kräften bei der hierarchischen Koordination ökonomischer Aktivitäten mehr Geltung zu verschaffen (Praxisbeispiele finden sich bei *Magidson/Pochla* 1992). Was bleibt, ist schon vor einigen Jahren plastisch als „hollow organization" (Business Week vom 3. 3. 1986) bezeichnet worden: eine Unternehmung, die Ideen aufkauft, die die Produktion von Subkontraktunternehmungen ausführen läßt und die die Distribution mittels selbständiger, gleichwohl in das Netzwerk (z. B. mittels Franchising) eingebundener Absatzmittler organisiert.

Während die Bedingungen und Wirkungen der Quasi-Internalisierung als nicht zuletzt auch durch die betriebswirtschaftliche Kooperationsforschung vergleichsweise gut erforscht gelten können (einen Überblick vermittelt *Schrader* 1992), gilt dies nicht für die Quasi-Externalisierung, deren Untersuchung allenfalls auf Einzelfallstudien aus einigen wenigen Branchen beruht (z. B. *Mayer/Paasch* 1990; *Wirth* 1994). Insbesondere betriebswirtschaftliche Studien tragen dieser sehr aktuellen Form der Netzwerkbildung zu wenig Rechnung.

3. *Führungsaufgaben in interorganisationalen Netzwerken*

Durch Quasi-Externalisierung und Quasi-Internalisierung verändern sich Führungsaufgaben. Insbesondere entstehen Aufgaben, die die Grenzen einer Organisation überschreiten und als ‚boundary-spanning roles' bezeichnet werden (zu anderen Management-Rollen siehe *Staehle* 1991). Hauptaufgaben von Führungskräften in diesen sog. ‚boundary-spanning roles' sind

- die Suche und Weitergabe führungsrelevanter Informationen innerhalb und außerhalb des Unternehmungsnetzwerkes;
- die Repräsentation und Pufferung der Netzwerkunternehmungen;
- das Aushandeln von Verträgen sowie die Überwachung ihrer Einhaltung;
- die Motivation und Kontrolle von Netzwerkunternehmungen (statt einzelner Mitarbeiter) und
- die Führung von Mitarbeitern, die ihrerseits ‚boundary spanning'-Rollen bekleiden.

Die Wahrnehmung dieser und anderer Aufgaben erfolgt vor allem mittels der Entwicklung und Unterhaltung *personaler* Netzwerke, die ebenfalls die Grenzen der einzelnen Unternehmung transzendieren. Bei dezentralen Formen der Unternehmungsorganisation, wie beispielsweise Profit Center- und Holdingkonzepten, verwischt sich zudem die scheinbar klare Unterscheidung interorganisationaler und organisationaler Netzwerke. Etwas überspitzt formuliert: „There is no ‚inside' and ‚outside' the corporation, but only different distance from its strategic center" (*Reich* 1991, S. 96).

Besonders deutlich wird dies bei international tätigen Unternehmungen, die immer häufiger ihre Strategien im Konzern organisatorisch über Netzwerkstrukturen entwickeln und implementieren (*Sydow* 1993).

III. *Bildung (intra-)organisationaler Netzwerke*

Auch die Netzwerkbildung inerhalb von Organisationen stellt eine Führungsaufgabe dar, der sowohl von der Managementpraxis als auch mittlerweile von der Management- und Führungslehre zunehmend Bedeutung zugemessen wird. Netzwerkbildung, bzw. ihr strukturelles Ergebnis, das organisationale Netzwerk, gilt vielen als viel Flexibilität und Anpassungsfähigkeit versprechendes Substitut, mindestens aber als notwendiges Komplement streng hierarchischer Organisationsstrukturen (*Kanter* 1983; *Mueller* 1986; *Charan* 1991; *Gomez/Zimmmermann* 1992). Die sich dabei herausbildenden Strukturen sind dem schon vor Jahrzehnten von *Burns* und *Stalker* (1961) beschriebenen organischen System nicht unähnlich.

1. Besondere Merkmale organisationaler Netzwerke

Die Bildung organisationaler Netzwerke läßt sich im Regelfall auf das Interesse der Akteure an gegenseitig nützlichen Beziehungen zurückführen, die entweder dauerhaft bestehen oder durch einen konkreten Anlaß (z. B. Einführung einer neuen Technologie) aktiviert werden. Akteure solcher organisationalen Netzwerke sind vor allem Individuen; gegebenenfalls bilden auch Gruppen oder andere Organisationseinheiten die ‚Knoten' im Netzwerk.

Im Unterschied zur Hierarchie als idealtypisch zentralistischen Organisationsform mit einer steilen Konfiguration sind organisationale Netzwerke eine dezentrale, genauer polyzentrische Strukturform. Dennoch ist ein organisationales Netzwerk – ebensowenig wie ein interorganisationales Netzwerk – kein hierarchiefreier Raum. Ein Netzwerk ergänzt hierarchische Organisationsstrukturen im Sinne einer Innovationen erleichternden, mehr oder weniger formalisierten Sekundärorganisation; hierarchische Elemente der Primärorganisation aber leben in jedweder Form der Sekundärorganisation fort. Tatsächlich werden organisationale Netzwerke häufig ‚von oben' initiiert (*Charan* 1991), zumindest aber – positiv wie negativ – sanktioniert. Nicht zuletzt unterliegen Netzwerke latent der Gefahr, sich netzwerkintern hierarchisch zu strukturieren und ein Zentrum auszubilden.

Immer häufiger wird eine Netzwerkbildung, so sie denn als Führungsaufgabe begriffen wird, in Überwindung der nur Bildung bzw. Nutzung informaler Netzwerke bewußt zum (Selbst-)Organisationsprinzip erhoben, um auf diese Weise die Unzulänglichkeiten formaler Organisation zu kompensieren. Mündet dieser Entwicklungsprozeß in eine stärkere Angleichung der formalen Strukturen an die informalen, emergenten Netzwerke, ist eine Stärkung der Handlungsfähigkeit der Organisation zu erwarten (*Ibarra* 1992). Die Offenlegung und Formalisierung informaler Netzwerke birgt jedoch die Gefahr in sich, daß jene Netzwerke einen Teil des selbstorganisatorischen und mikropolitischen Leistungspotentials einbüßen.

2. Funktionen und Varianten organisationaler Netzwerke

Organisationale Netzwerke erfüllen sehr unterschiedliche Funktionen, in organisationaler wie in individueller Perspektive. Aus Sicht des einzelnen *Individuums* erfüllen organisationale Netzwerke neben expressiven, für den Aufbau von Vertrauensbeziehungen besonders wichtigen sozialen Unterstützungsfunktionen vor allem instrumentelle Informations-, Entwicklungs-, Macht- und Karrierefunktionen. Eine erste *organisationale* Funktion solcher Netzwerke besteht in der Aufdeckung und Lösung von Konflikten, die entlang funktionaler oder divisionaler Differenzierungen erwachsen (*Charan* 1991). Dabei erfüllen organisationale Netzwerke eine Querschnittsfunktion, indem sie bestehende funktionale oder divisionale Strukturen miteinander verknüpfen. Zudem erlauben sie eher als hierarchische Koordinationsformen organisatorisches Probehandeln, ja laden sogar dazu ein, nicht zuletzt weil sie – wie soziale Netzwerke im allgemeinen – den Individuen Optionen eröffnen und dennoch gleichzeitig soziale Verankerungsmöglichkeiten bieten (*Boos/Exner/Heitger* 1992). Organisationale Netzwerke erfüllen schließlich nicht nur den Zweck der Informationsübermittlung, sondern sind zudem ein potentieller Wissensgenerator und -träger.

Eine weitere Funktion organisationaler Netzwerke besteht in der Unterstützung der Strategieentwicklung und -implementierung. Diese Funktion betont *Kotter* (1982) in seiner empirischen Untersuchung des Arbeitsverhaltens von Managern (→*Arbeitsverhalten von Managern, empirische Untersuchungen zum*), das er als interaktiven, aus ‚agenda setting', ‚network building' und ‚execution: getting networks to implement agendas' bestehenden Prozeß konzeptualisiert. Erfolgreiche (General) Manager ziehen s.E. ‚agenda setting' der Ausarbeitung formaler Pläne vor. Eine Agenda beinhaltet eine Fülle oft recht vager, aber auch sehr spezifischer, zumeist personenbezogener und nur lose miteinander verbundener Ziele und Handlungspläne, die nur teilweise mit den formalen Plänen übereinstimmen. ‚Network building' umfaßt bei Kotter den Aufbau sowie die Pflege von persönlichen Kontakten innerhalb (und auch außerhalb) der Organisation. Die Entwicklung dieser Netzwerke benötigt anfangs einen großen Teil der Arbeitszeit von Managern und erstreckt sich – ganz im Sinne des Netzwerkbegriffs – auch auf die Entwicklung von Beziehungen zwischen Dritten (*Kotter* 1982). Einmal gebildet, stellen diese Netzwerke, einschließlich auch der schwachen Verbindungen, die sich im entscheidenden Moment als stark erweisen können (*Granovetter* 1982), eine günstige Ausgansposition zur raschen Implementierung der Agenda dar. Das sich durch ‚network building' ergebende Netzwerk unterscheidet sich von der formale Organisations- bzw. Netzwerkstruktur, ist mit dieser aber nicht notwendigerweise inkompatibel. Damit sie diese Funktionen erfüllen, müssen organisationale Netzwerke informal und wenig sichtbar bleiben.

Varianten organisationaler Netzwerke können z. B. nach personalen Merkmalen (z. B. Alter, Geschlecht, Ethnie, Ausbildung) und situativen Merkmalen (z. B. Aufgabenstellungen, Informationstechniknutzung) unterschieden werden. Entsprechend können in der organisationalen Wirklichkeit z. B. aus bestimmten Alterskohorten stammende, aber auch mit bestimmten Aufgaben betraute Personen ein Netzwerk bilden. Des weiteren finden sich hierarchieübergreifend sog. ‚old boy networks'; auch die Leiter innovativer Geschäftsbereiche bilden informale Netzwerke, um ihre Interessen durchzusetzen. Als stärker formalisierte Netzwerke können die Modelle überlappender Gruppen, des lebensfähigen Systems, der Cluster-Organisation und der zirkulären Organisation angesehen werden (dazu *Gomez/Zimmermann* 1992).

3. Strategische Überlegungen zur Netzwerkbildung in Organisationen

Die – zum Teil auch indirekten – Wirkungen organisationaler Netzwerke sind alles andere als offensichtlich. Die für Netzwerke tpyischen Koexistenz von Kooperation und Konkurrenz, von Autonomie und Abhängigkeit, von Vertrauen und Kontrolle sowie von Stabilität und Wandel erschwert ihre gezielte Strukturierung durch die Führung. Dennoch entzieht sich die Netzwerkbildung nicht strategischen Überlegungen.

Kotter (1982) findet in seiner empirischen Untersuchung des Arbeitsverhaltens von General Managern u. a. folgende, zur Bildung personaler Netzwerke genutzte Verhaltensweisen:

- gezielte Ankopplung an bereits bestehende Netzwerke;
- Aktivierung formal bereits vorhandener Beziehungen bzw. Intensivierung bislang nur schwacher Verbindungen;
- Aufbau von Verpflichtungen bzw. Reziprozitätserwartungen;
- Etablierung sonstiger Abhängigkeiten und
- gegebenenfalls Modifikation auch formaler Organisationsstrukturen.

Für eine erfolgreiche Netzwerkbildung dürften des weiteren von Bedeutung sein:

- die Zahl sowie die Qualität der Gelegenheiten zum sozialen Kontakt als auch die dafür zur Verfügung stehenden Ressourcen (die gleichzeitig aber auch über Netzwerkbildung verfügbar gemacht werden können);
- die (Selbst-)Selektion geeigneter Netzwerkakteure, insbesondere solcher, die bereits in anderen Netzwerken Mitglied sind;
- die Einbeziehung von Mitgliedern der dominanten Koalition;
- die kompetente Verknüpfung der ‚cosmopolits' mit ‚gatekeepern' und ‚liasons', um nur einige typische, im Netzwerk vorzufindende Rollen zu benennen;
- die interpersonalen Fähigkeiten sowie die Vorbildfunktion, die die Führungskraft als ‚networker' ausübt;
- ein Einbezug der ‚networking'-Fähigkeiten in die individuelle Leistungsbeurteilung sowie deren Berücksichtigung bei der Karriereplanung;
- ein delegativ-unterstützender Führungsstil gegenüber den Netzwerkmitgliedern;
- eine die Netzwerkbildung fördernde Organisationskultur sowie
- eine prozeßbegleitende Verständigung über Funktion, Arbeitsweise und angestrebtes Ergebnis des Netzwerkes.

Mit Blick auf diese ‚Erfolgsfaktoren' gilt es jedoch mindestens dreierlei zu bedenken: Erstens wird die Netzwerkbildung von Kontingenzen beeinflußt, die von einer Führungskraft nicht oder nicht vollkommen kontrolliert werden können. Zweitens sind organisationale, besonders personale Netzwerke, mehr noch als formale Organisationsstrukturen, für ihre (Weiter-)Existenz auf ihre Reproduktion im alltäglichen Führungshandeln angewiesen (*Giddens* 1988). Drittens kann aufgrund des Selbstorganisationspotentials dieser Organisationsform nicht davon ausgegangen werden, daß die reale Netzwerkbildung vollständig den Intentionen der Netzwerkmitglieder (oder auch der Vorgesetzten) folgt; vielmehr wird die für Netzwerke charakteristische Interaktionsdichte einen Großteil emergente Strukturierung bewirken. Diese kann auch durch eine mehr oder weniger gezielte Kooptation ausgelöst werden.

IV. Kooptation als personale Strategie der Netzwerkbildung

Kooptation im allgemeinen bezeichnet die Selbstergänzung eines sozialen Systems. Die Entscheidung darüber liegt bei den kooptierenden Mitgliedern dieses Systems; der Kooptierte erhält letztlich einen den Kooptierenden vergleichbaren Status (*Ziegler* 1987). Die Fähigkeit der Akteure, die auf diese Weise geknüpfte Netzwerkbeziehung zu unterhalten, entscheidet mit über den Erfolg der Kooptationsstrategie.

1. Kooptation auf interorganisationaler Ebene

Im interorganisationalen Kontext bezeichnet Kooptation die Strategie, gezielt wichtige Personen, die im Regelfall selbst Mitglieder einer Organisation sind, in eine bestimmte Organisation aufzunehmen. Damit entstehen personelle Verflechtungen zwischen Organisationen, die häufig durch andere Beziehungen (z. B. Kapitalbeteiligungen, aber auch persönliche Bekanntschaft) veranlaßt sind und sich z. B. auf geschäftliche Interorganisationsbeziehungen (z. B. Lieferbeziehungen) auswirken (*Pappi* 1992). Personelle Verflechtungen manifestieren sich z. B. in *verschachtelten Aufsichtsratsmandaten* (*Ziegler* 1987) bzw. – in angelsächsischen Unternehmungen mit Board-Verfassung – in ‚*interlocking directorates*' (*Scott* 1991). Konkret bezieht sich Kooptation auf interorganisationaler Ebene auf eine entsprechende Besetzung der Geschäftsleitung, auf die Schaffung verschachtelter Aufsichtsratsmandate und/oder auf die personelle Zusammensetzung verschiedener Beiräte und Gremien; gleichwohl sind nicht alle personellen Verflechtungen auf dieser Ebene Ergebnis zielgerichteter Koptation. *Ziegler* (1987) schätzt, daß nur etwa ein Viertel aller personellen Verflechtungen zwischen Unternehmungen unmittelbares Resultat bewußter Kooptation sind.

Mit der Kooptation wird auf interorganisationaler Ebene vor allem die Absicht der *Umweltkontrolle* verbunden (*Selznick* 1949; *Ziegler* 1987). Dazu werden zunächst organisationsfremde Personen kooptiert, die für den Erfolg einer Organisation von ausschlaggebender Bedeutung sind bzw. sein können, etwa indem sie gezielt Informationen weitergeben, sich für die Legitimation von eingeschlagenen Strategien stark machen und/oder zur Koordination interorganisationaler Aktivitäten beitragen. Des weiteren wird mittels Kooptation versucht, bestimmte Personen genereller in die Pflicht zu nehmen oder auch nur von ihrem Renommee zu profitieren. Praktisch spielt in der Bundesrepublik auf interorganisationaler Ebene die vor allem finanzpolitisch motivierte Kooptation von Bankenvertretern in die Aufsichtsräte von Großunternehmungen eine große Rolle (*Biehler/Ortmann* 1985; *Pappi* 1992).

2. Kooptation auf organisationaler Ebene

Die Kooptation stellt auf organisationaler Ebene zunächst einmal eine Strategie der *Selbstrekrutierung* dar (*Ziegler* 1987). Insbesondere in Organisationen mit einer ausgeprägten Netzwerkstruktur räumt das Management seinen Untergebenen faktisch das Recht ein, Mitarbeiter selbst zu rekrutieren. Zudem spielt die Kooptation bei der Führungsnachfolge eine große Rolle. In beiden Fällen fördert die Kooptation einen kulturangepaßten Selektions- und Sozialisationsprozeß, dient aber auch der Stabilisierung bereits bestehender Macht- und Herrschaftsstrukturen.

Die Anwendung der Kooptationsstrategie auf organisationaler Ebene führt zu engeren *personellen Beziehungen* zwischen Personen, die derselben oder auch unterschiedlichen Organisations*einheiten* angehören. Damit werden unter anderem folgende Absichten verfolgt:

– eine möglichst reibungslose Informationsweitergabe sowohl an die aufgenommene Person als auch – über diese – an weitere Organisationsmitglieder;
– eine umfassende Information der aufnehmenden Organisationseinheit durch – auch unbewußtes – Aushorchen der aufgenommenen Person sowie
– eine frühe Einbindung der aufgenommenen Person und über diese möglicherweise weiterer Interessierter in Entscheidungsprozesse, aber auch die indirekte Einflußnahme auf Willensbildungsprozesse in anderen Organisationseinheiten.

Diese Beispiele verdeutlichen noch einmal den politischen Charakter der Netzwerkbildung im allgemeinen und der Kooptation im besonderen. Und es ist nicht zuletzt dieser politische Charakter, der die Netzwerkbildung zu einem niemals vollkommen beherrschbaren Instrument der Führung macht.

Literatur

Biehler, H./Ortmann, R.: Personelle Verbindungen zwischen Unternehmen. In: DBW, 1985, S. 4–18.
Boos, F./Exner, A./Heitger, B.: Soziale Netzwerke sind anders. In: Organisationsentwicklung, 1992, S. 55–61.
Burns, T./Stalker, G. M.: The management of innovation. London 1961.
Charan, R.: How networks reshape organizations – for results. In: HBR, 1991, S. 104–115.
Chisholm, D.: Coordination without hierarchy. Berkeley 1989.
Davidow, W./Malone, M.: The virtual corporation. New York 1991.
Fombrun, C. J.: Strategies for network research. In: AMR, 1982, S. 280–291.
Giddens, A.: Die Konstitution der Gesellschaft. Frankfurt/M. et al. 1988.
Gomez, P./Zimmermann, T.: Unternehmensorganisation. Frankfurt/M. et al. 1992.
Granovetter, M.: The strength of weak ties: A network theory revisited. In: *Marsden, P. V./Lin, N.* (Hrsg.): Structure and network analysis. Beverly Hills 1982, S. 105–130.
Griese, J.: Auswirkungen globaler Informations- und Kommunikationssysteme auf die Organisation weltweit tätiger Unternehmen. In: *Staehle, W. H./Conrad, P.* (Hrsg.): Managementforschung 2. Berlin, New York 1992, S. 163–175.
Ibarra, H.: Structural alignments, individual strategies, and managerial action: Elements toward a network theory of getting things done. In: *Nohria, N./Eccles, R. G.*

(Hrsg.): Networks and organizations. Boston 1992, S. 165–188.
Jarillo, J. C.: On strategic networks. In: SMJ, 1988, S. 31–41.
Kanter, R. M.: The change masters. New York 1983.
Kotter, J. P.: The general managers. New York 1982.
Loose, A./Sydow, J.: Vertrauen und Ökonomie in Netzwerkbeziehungen – Strukturationstheoretische Betrachtungen. In: Sydow, J./Windeler, A. (Hrsg.): Management interorganisationaler Beziehungen. Opladen 1994, S. 160–193.
Magidson, J./Pochla, A.: Creating market economies within organizations. A conference on ‚internal markets'. In: Planning Review, 1992, S. 37–40.
Mayer, U./Pasch, U.: Ein Schein von Selbständigkeit: Ein-Personen-Unternehmen als neue Form der Abhängigkeit. Köln 1990.
Monge, P. R./Eisenberg, R. M.: Emergent communication networks. In: Jablin, F. M./Putnam, L. L./Robert, K. H. (Hrsg.): Handbook of organizational communication. Beverly Hills, S. 304–342.
Mueller, R. K.: Betriebliche Netzwerke. Freiburg 1986.
Pappi, F. U.: Personelle Verflechtungen. In: Frese, E. (Hrsg.): HWO. 3. A., Stuttgart 1992, Sp. 1962–1977.
Piore, M. J./Sabel, C. F.: Das Ende der Massenproduktion. Köln 1985.
Powell, W. W.: Neither market nor hierarchy: Network forms of organization. In: Staw, B. M./Cummings, L. L. (Hrsg.): Research in organizational behavior 12. Greenwich 1990, S. 295–336.
Quinn, J. B.: Intelligent enterprise. New York 1992.
Quinn Mills, D.: Rebirth of the corporation. New York 1991.
Reed, M. I.: The sociology of organizations. New York et al. 1992.
Reich, R. B.: The work of nations. New York 1991.
Rockart, J. F./Short, J. E.: The networked organization and the management of interdpendence. In: Scott Morton, M. S. (Hrsg.): The corporation of the 1990's. New York et al., S. 189–219.
Schrader, S.: Kooperation. In: Hauschildt, J./Grün, O. (Hrsg.): Zu einer Realtheorie der Unternehmung. Stuttgart 1992, S. 229–254.
Scott, J.: Networks of corporate power: A comparative assessment. In: Annual Review of Sociology, 1991, S. 181–203.
Selznick, P.: TVA and the grass roots. Berkeley 1949.
Semlinger, K.: Autonomie und Effizienz in Zulieferungsnetzwerken. In: Staehle, W. H./Sydow, J. (Hrsg.): Managementforschung 3. Berlin et al. 1993, S. 309–354.
Sproull, L./Kiesler, S.: Connections: New ways of working in the networked organization. Cambridge et al. 1991.
Staehle, W. H. (Hrsg.): Handbuch Management. Wiesbaden 1991.
Sydow, J.: Strategische Netzwerke. Wiesbaden 1992.
Sydow, J.: Strategie und Organisation international tätiger Unternehmungen – Managementprozesse in Netzwerkstrukturen. In: Ganter, H.-D./Schienstock, G. (Hrsg.): Wiesbaden 1993, S. 47–82.
Wirth, C.: Neue Unübersichtlichkeit im Einzelhandel – Belegschaftsstrukturen, Externalisierung von Arbeit und Interessenvertretung. Münster 1994.
Ziegler, R.: Netzwerke und Kooptation. In: Kieser, A./Reber, G./Wunderer, R. (Hrsg.): HWFü. Stuttgart 1987, Sp. 1557–1566.
Zucker, L. G.: Production of trust. In: Staw, B. M./Cummings, L. L. (Hrsg.): Research in organizational behavior 8. Greenwich 1986, S. 53–111.

Neue Mitarbeiter, Führung von

Alfred Kieser/Rudi Stegmüller

[s. a.: Feedback und Monitoring als Führungsinstrumente; Innere Kündigung und Führung; Karriere und Karrieremuster von Führungskräften; Loyalität und Commitment; Mentoring; Organisationskultur und Führung.]

I. *Problemstellung*; II. *Ziele der Einarbeitung*; III. *Probleme der Führung im Einarbeitungsprozeß*; IV. *Maßnahmen der Führung im Einarbeitungsprozeß.*

I. Problemstellung

Personalentscheidungen zählen zu den zentralen Entscheidungen in Organisationen. Obwohl die meisten Unternehmen ein aufwendiges Personalmarketing betreiben (Beauftragung von Personalberatern, Durchführung von Tests und Assessment-Centern), haben empirische Untersuchungen gezeigt, daß in den ersten 12 Monaten die Wahrscheinlichkeit der Kündigung signifikant höher ist (*Parsons* et al. 1985; *Wanous* 1992). Eine Kündigung neuer Mitarbeiter kann zwar auch darin begründet sein, daß sich das Unternehmen oder der Bewerber bei ihrer Wahl irrten. Häufig liegen aber Mängel in der Einarbeitungs- und Sozialisationsphase vor. Diese sind nicht nur sehr kostspielig – Einstellungskosten belaufen sich je nach Qualifikation auf 50–200% eines Jahresgehalts (*Stiefel* 1979; *Gottschall* 1983) –, sondern sie bescheren dem Unternehmen auch Mitarbeiter, die sich in eine „*Innere Kündigung*" zurückziehen, d. h. unzufrieden und demotiviert sind sowie nur einen Teil der möglichen Arbeitsleistung bringen (→*Innere Kündigung und Führung*) (*Faller* 1991). Weitere Nachteile können Imageverluste für das Unternehmen oder Belastungen für die Kollegen oder Arbeitsgruppe sein. Der Einarbeitung, *Sozialisation* und insbesondere Führung von neuen Mitarbeitern kommt somit eine erhebliche Bedeutung zu, welche jedoch oft nicht gesehen wird.

II. Ziele der Einarbeitung

Während der Einarbeitung werden für die spätere *Motivation* und die *Bindung* an die Organisation (→*Loyalität und Commitment*) wichtige Weichen gestellt. Eine erfolgreich verlaufende Einarbeitung zeigt sich daran, daß der neue Mitarbeiter nach der Einarbeitungsphase weiß, was von ihm erwartet wird, und in der Lage ist, seine Aufgaben souverän zu meistern, daß er die Normen und Werte des Unternehmens – die „Kultur" (→*Organisationskultur und Führung*) – internalisiert hat sowie eine positive Bindung an das Unternehmen entstanden ist (*Kieser* et al. 1990; *Rehn* 1990). Die Sozialisation verläuft als wechselseitiger Anpassungsprozeß mit gegenseitiger Beeinflussung, wobei es nicht darum gehen sollte, dem Neuling die Regeln einzubläuen, sondern einen sensiblen, situations- und zielgerechten Umgang mit den Regeln („ein Spiel mit den Regeln") einzutrainieren. Als Idealtyp des erfolgreich sozialisierten Mitarbeiters wird der „*kreative Individualist*" angesehen (*Van Maanen/Schein* 1979; *Allen/Meyer* 1990) – ein Mitarbeiter, der die genannten Voraussetzungen erfüllt, jedoch gleichzeitig kritisch an der Verbesserung betrieblicher Prozesse mitarbeitet und somit ein Innovationspotential für organisatorische Aufgaben und Abläufe darstellt.

III. Probleme der Führung im Einarbeitungsprozeß

Für die ersten Tage – die Phase des Eintritts – in das Unternehmen wurden aus Beobachtungen der Praxis unterschiedliche Induktionsstrategien, denen neue Mitarbeiter durch ihre Vorgesetzten ausgesetzt sind, identifiziert („Wirf-ins-Wasser"-Strategie, „Schon"-Strategie, Strategie des „Grenzenaufzeigen", Strategie des „arbeitsbegleitenden Trainings", „vollzeitliches Einführungstraining" etc.) (*Schein* 1964; *Kieser* et al. 1990). Gegenstand dieser Strategien ist die Konfrontation mit dem „rauhen Alltag" sowohl für Berufseinsteiger als auch für Job- oder Unternehmenswechsler in ihrer neuen Umgebung. Je unvermittelter diese Konfrontation ausfällt, desto größer sind die Anpassungsprobleme. Häufig sind Entwurzelung, Erniedrigung, Verunsicherung oder Destabilisierung Erfahrungen in dieser Phase. Der bei einer negativ verlaufenden Eingliederung entstehende sog. „*Praxis-Schock*" kann zu Überraschungen oder Enttäuschungen führen und sich nachhaltig negativ auf die Motivation und Bindung oder gar den Verbleib des Mitarbeiters im Unternehmen auswirken (*Van Maanen* 1976). Empirische Analysen haben gezeigt, daß sich vor allem zwei zentrale Faktorenbündel negativ auf den Verlauf der Einarbeitung auswirken können (*Kieser* et al. 1990; *Rehn* 1990):

Erstens besteht die Gefahr, daß gerade in der Einarbeitungszeit Erwartungen auf beiden Seiten enttäuscht werden. Die anfängliche Beziehung zwischen dem neuen Mitarbeiter und dem Unternehmen erstreckt sich während der Rekrutierunsphase, in welcher sich beide kennenlernen und füreinander entscheiden, i. d. R. auf wenige schriftliche und mündliche Kontakte. Da sich auf deren Basis oft *hohe* und *unrealistische* Erwartungen herausbilden, ist die Gefahr von *Erwartungsenttäuschungen* groß.

Zweitens können aufgrund ungeeigneter Einführungsstrategien in der Anfangszeit *Konflikte* auftreten. Auslöser sind z. B. Unklarheit des neuen Mitarbeiters über seine *Aufgaben* oder seine *Rolle*, bedingt durch mangelndes *Feedback* (→*Feedback und Monitoring als Führungsinstrumente*), ungenaue Rollenvorgaben, zu einfache als auch zu schwierige Aufgaben (Über- oder Unterforderungen) und Führungsdefizite bei Vorgesetzten. Sowohl bei starken Erwartungsenttäuschungen als auch bei starken *Rollenkonflikten* kommt es nicht zur Ausprägung einer dauerhaften und langfristigen Bindung des Mitarbeiters an das Unternehmen (zum Problem der Bindung siehe *Mowday* et al. 1982; *Allen/Meyer* 1990).

IV. Führung im Einarbeitungsprozeß

Jones (1986) fand in seiner Untersuchung über die Auswirkungen unterschiedlicher *Eingliederungsstrategien*, welche er in Anlehnung an *Van Maanen/Schein* (1979) in die Pole „institutionalisiert" (eher kollektiv ohne spezifische Ausrichtung auf den einzelnen Mitarbeiter) und „individualisiert" (eher individuell auf den einzelnen Mitarbeiter zugeschnitten) differenzierte, heraus, daß aus ersteren eher konservativ-konformistische Haltungen mit einer starken Bindung resultierten, während letztere eher Kreativität, Innovation, aber auch Konflikt und Mehrdeutigkeit und damit eine geringere Bindung an die Organisation produzierten. *Allen/Meyer* (1990) relativierten in ihrer Untersuchung dieses Ergebnis dahingehend, daß man durchaus Sozialisationsstrategien gestalten kann, die sowohl eine Bindung an das Unternehmen als auch Eigenschaften eines individualisierten Mitarbeiters („kreativer Individualist") fördern.

In verschiedenen Untersuchungen zeigte sich (*Morrison* 1993; *Kieser* et al. 1990; *Louis* et al. 1983), daß den sozialen Agenten im Einarbeitungsprozeß (Vorgesetzte, Kollegen) die größte Bedeutung zukommt und daß formale Verfahren und Programme (schriftliches Material, Massenveranstaltungen) wesentlich negativer beurteilt werden.

Die folgenden Maßnahmen sind an dem Idealtyp des „kreativen Individualisten" ausgerichtet.

1. Das Unternehmen realistisch darstellen

Bereits im *Auswahlverfahren* sollte das Unternehmen bemüht sein, sich dem Bewerber so realistisch wie möglich zu präsentieren, d. h. sowohl die mit der Tätigkeit verbundenen Vorzüge als auch die Nachteile angemessen darzustellen. Dies ist bereits beim Anwerben von Kandidaten (Stellenanzeige) wichtig, gewinnt aber zusätzlich bei der Beschreibung des Unternehmens, der zu besetzenden Stelle und den damit verbundenen Anforderungen im Rahmen des Auswahlgesprächs an Bedeutung (*Colarelli* 1984; zum Problem des Kommunikationsverhaltens während des *Einstellungsgespräches* siehe *Babbitt/Jablin* 1985). Der direkte Vorgesetzte sollte bei der Auswahl anwesend und beteiligt sein, ggf. kann ein Gespräch mit den zukünftigen Kollegen sowie eine Besichtigung des zukünftigen Arbeitsplatzes helfen, dem Bewerber einen realistischen Eindruck zu vermitteln (*Rehn* 1990). Realistische Rekrutierung wirkt wie eine „Schutzimpfung": Der Bewerber erhält einen Vorgeschmack der Realität, vor allem auch der negativen Seiten und kann sich wappnen (*Premack/Wanous* 1985; *Jablin* 1987).

2. Rolle des Vorgesetzten

Trotz einer realistischen Rekrutierung können Überraschungen während der Konfrontationsphase nicht ausgeschlossen werden. Die skizzierten Probleme weisen darauf hin, daß dem Vorgesetzten eine zentrale Rolle im Einarbeitungsprozeß zukommt. Von seinem Führungsverhalten hängt der Erfolg einer Einarbeitung neuer Mitarbeiter in entscheidendem Maße ab. Wichtig ist, daß der Vorgesetzte dem Mitarbeiter einen Überblick über das Unternehmen, über Geschichte, Strategie, „Unternehmenskultur" wie auch Grundprinzipien der Führung vermittelt und ihm die Bedeutung der Stelle und der Abteilung für das Unternehmen deutlich aufzeigt. Darüber hinaus sollten Vorgesetzte neue Mitarbeiter ermuntern, Fragen zu stellen, wann immer sie Probleme in der Einarbeitung haben, aber auch eigene Gedanken und Ideen einzubringen, um eine wechselseitige Anpassung zu ermöglichen und das Innovationspotential des Mitarbeiters zu nutzen (*Kieser* et al. 1990; *Rehn* 1990).

Ein Mitarbeiter, der neu in ein Unternehmen eintritt, ist vor allem auf differenziertes und häufiges *Feedback* vom Vorgesetzten angewiesen: nur so kann er lernen, sich und die Situation angemessen einzuschätzen. Empirische Untersuchungen zeigen auch, daß neue Mitarbeiter Gespräche mit dem Vorgesetzten während der Einarbeitung als wichtige Hilfe ansehen (*Louis* et al. 1983; *Kreß/Lünendonk* 1984). Zwei Arten von Feedback lassen sich unterscheiden: Ad-hoc-Feedback und geplantes Feedback am Ende der einzelnen Phasen der Einarbeitung oder in periodischen Abständen. Ad-hoc-Feedback heißt, daß der Vorgesetzte ständig ansprechbar sein und sich häufig nach Fortschritten und Schwierigkeiten erkundigen sollte. Auf Arbeitsergebnisse des neuen Mitarbeiters sollte er mit spontanem Feedback und präziser Information reagieren und deutlich machen, was ihm gefällt und was nicht. Geplante Feedback-Gespräche dagegen sollten ausführlicher sein und am Ende der einzelnen Phasen des Einarbeitungsprogramms oder in regelmäßigen Abständen stattfinden. Diese Gespräche lassen sich durch Leitfäden unterstützen.

Um einen kreativen Individualisten zu fördern, sollten dem Mitarbeiter generell *Partizipationschancen* eingeräumt werden. Empirische Untersuchungen haben gezeigt, daß vor allem hochqualifizierte Mitarbeiter, die relativ autonomes und kreatives Arbeiten gewohnt sind, sich in ihrem Handlungsspielraum eingeschränkt fühlen, wenn Mitwirkungsmöglichkeiten fehlen. *Partizipation* heißt nicht, daß jede Entscheidung ausführlich diskutiert werden sollte; umgekehrt werden Mitarbeiter, deren Einschätzungen den Vorgesetzten nicht interessieren, sich auch langfristig nicht äußern, wenn sie brauchbare Ideen haben, so daß Innovationspotential verlorengeht (*Kieser* et al. 1990).

Um Vorgesetzte auf das notwendige „Fingerspitzengefühl" bei der Führung neuer Mitarbeiter vorzubereiten, empfiehlt sich die Durchführung von *Trainingsmaßnahmen*. Richtiges Timing und die richtige Art, Feedback zu geben, können in interaktivem Training erworben werden. In diesem Training sollten Vorgesetzte Orientierungs- und Feedback-Gespräche in Rollenspielen üben. In die Rolle eines neuen Mitarbeiters zu schlüpfen, kann für Vorgesetzte eine ebenso wertvolle Erfahrung sein, wie selbst übungsweise Feedback-Gespräche zu führen, die anschließend vom Trainer und von den anderen Seminarteilnehmern analysiert werden. Mit diesen Trainings läßt sich die Sensitivität von Vorgesetzten für die eigenen Verhaltensweisen und das Verhalten anderer erhöhen (*Stiefel* 1979; *Phillips* 1987).

Neben dem Vorgesetzten spielen die Kollegen und weitere Vorgesetzte eine bedeutende Rolle für die Sozialisation. Die Aufgabe, den Mitarbeiter mit den jeweiligen Personen bekannt zu machen, um ihm erste Kontakte zu erleichtern, obliegt ebenfalls dem Vorgesetzten.

3. Ein Einarbeitungsprogramm erstellen

In einem *Einarbeitungsprogramm* sollte der Vorgesetzte mit dem neuen Mitarbeiter zusammen festlegen, in welcher Reihenfolge die Teilaufgaben zu übernehmen sind und in welchen Zeiträumen die Beherrschung dieser Teilaufgaben möglich erscheint. Weiterhin ist festzulegen, welche zusätzlichen Qualifikationen der neue Mitarbeiter evtl. benötigt und wie er sie erwerben kann. Am Ende der einzelnen Teilabschnitte sollten ausführliche Feedback-Gespräche vorgesehen werden. Das Einarbeitungsprogramm darf jedoch nicht zu starr sein, d. h., wenn der neue Mitarbeiter eine Aufgabe bereits früher beherrscht, sollten Teilabschnitte verkürzt, bei Bedarf auch verlängert werden. Insgesamt ist darauf zu achten, daß eine extreme

Überforderung, aber auch eine Unterforderung vermieden wird. Insbesondere *reine qualitative Unterauslastung führt zu Demotivation und Frustration*. Ein Einarbeitungsprogramm dagegen, das eine Herausforderung darstellt, wirkt eher motivierend und verstärkt die Bindung des Mitarbeiters an das Unternehmen. Auch sollte dem neuen Mitarbeiter deutlich gemacht werden, daß er das Recht hat, Fehler zu machen – ein Mitarbeiter, der Angst vor Fehlern hat, ergreift keine Initiative und entwickelt sich eher zu einem „Verwalter" der Stelle als zu einem „kreativen Individualisten" (*Nicholson/Arnold* 1989).

Neben dem On-the-Job-Training stellen, insbesondere für Hochschulabgänger, *Traineeprogramme* eine inzwischen weitverbreitete, relativ spezielle Einarbeitungsvariante dar (*Neuberger* 1991). Neben dem Kennenlernen der Arbeitstechniken der betrieblichen Praxis sowie der Struktur und Philosophie des Unternehmens stellt die Verdeutlichung der funktionsbezogenen Zusammenhänge und damit die Erhöhung der Verwendungsbreite des Mitarbeiters wesentliche Ziele und Aufgaben dieses Instruments dar. Aus diesem Grunde, jedoch auch wegen des hohen (finanziellen) Aufwandes, sind Traineeprogramme eher für große Unternehmen relevant und geeignet (*Kieser* et al. 1990; zu Problemen von Trainee-Programmen siehe *Neuberger* 1991).

Im Rahmen von Traineeprogrammen, aber auch unabhängig davon, stellen *Einführungsseminare* ein wirksames Instrument dar, die Inhalte der Unternehmenskultur dem Mitarbeiter nahezubringen (*Siehl/Martin* 1984; als Bsp. für eine intensive Einführungsveranstaltung bei Nixdorf siehe *Rüßmann* 1985).

Einarbeitungsprogramme können strukturell dadurch unterstützt werden, daß dem neuen Mitarbeiter ein *Mentor* – ein hierarchisch höherstehendes Organisationsmitglied, welcher als Ansprechpartner bei Einarbeitungsproblemen zur Verfügung steht (→*Mentoring*) – oder ein *Pate*, ein erfahrener Kollege, der den neuen Mitarbeiter betreut, zugeteilt wird (*Stiefel* 1979; *Zey* 1990).

Die Maßnahmen stellen Anregungen dar; ein konkretes Einarbeitungsprogramm bedeutet letztendlich Maßarbeit, welche die Problemsituation des Bewerbers und des Unternehmens widerspiegeln muß. Hier kommt es auf eine intensive Zusammenarbeit zwischen Personal- und Fachabteilung an, um ein solches Programm zu realisieren. Es sollte mit den gesamten Personalentwicklungsmaßnahmen des Unternehmens abgestimmt sein, um damit die oft bestehende Lücke zwischen Personalrekrutierung und Personalentwicklung oder Karriereförderung zu schließen.

Literatur

Allen, N. J./Meyer, J. P.: Organizational Socialization Tactics: A Longitudinal Analysis of Links to Newcomers' Commitment and Role Orientation. In: AMJ, 1990, S. 847–858.
Babbitt, L. V./Jablin, F. M.: Characteristics of Applicant's Questions and Employment Screening Interview Outcomes. In: HCR, 1985, S. 507–535.
Colarelli, S. M.: Methods of Communication and mediating Processes in Realistic Job Previews. In: JAP, 1984, S. 633–642.
Faller, M.: Innere Kündigung. München 1991.
Gottschall, D.: Eingestellt und abgelegt. In: Manager Magazin, 1983, S. 86–89.
Jablin, F. M.: Organizational Entry, Assimilation and Exit. In: *Jablin, F. M./Putnam, F. L./Roberts, K. H.* et al. (Hrsg.): Handbook of Organizational Communication. Newbury Park 1987, S. 679–740.
Jones, G. R.: Socialization Tactics, Self-Efficacy, and Newcomers' Adjustment to Organizations. In: AMJ, 1986, S. 262–279.
Kieser, A./Nagel, R./Krüger, K. H./Hippler, G.: Die Einführung neuer Mitarbeiter in das Unternehmen. 2. A., Neuwied/Frankfurt/M. 1990.
Kreß, H./Lünendonk, T.: Starthilfe für die neue Führungskräfte. SCS-Studien, Hamburg 1984.
Louis, M./Posner, B./Powell, G.: The Availability and Helpfulness of Socialization Practices. In: PP, 1983, S. 857–866.
Morrison, E. W.: Newcomer Information Seeking: Exploring Types, Modes, Sources, and Outcomes. In: AMJ, 1993, S. 557–589.
Mowday, R. T./Porter, L. W./Steers, R. M.: Employee-Organization Linkages. New York 1982.
Neuberger, O.: Personalentwicklung. Stuttgart 1991.
Nicholson, N./Arnold, J.: Graduate Entry and Adjustment to Corporate Life. In: Personnel Review, 1989, S. 23–35.
Parsons, C. K./Herld, D. M./Leatherwood, M. L.: Turnover During Initial Employment: A Longitudinal Study of the Role of Causual Attributions. In: JAP, 1985, S. 337–341.
Philips, J. J.: Recruiting, Training and Retaining New Employees. San Francisco 1987.
Premack, S. L./Wanous, J. P.: A Meta-Analysis of Realistic Job Previews Experiments. In: JAP, 1985, S. 706–179.
Rehn, M. L.: Die Eingliederung neuer Mitarbeiter. München 1990.
Rüßmann, K. H.: Wettkampf nach Mitternacht. In: Manager Magazin, 1985, S. 160–169.
Schein, E. H.: How to Break in the College Graduate. In: HBP, 1964 (6), S. 68–76.
Siehl, C./Martin, J.: The Role of Symbolic Management: How Can Managers Effectively Transmit Organizational Culture. In: *Hunt, J. G./Hosking, D.-M./Schriesheim, C. A./Stewart, R.*: Leaders and Managers. New York 1984, S. 227–233.
Stiefel, R. T.: Planung und Durchführung von Induktionsprogrammen. München 1979.
Van Maanen, J.: Breaking in: Socialization to Work. In: *Dubin, K.* (Hrsg.): Handbook of Work, Organization and Society. Chicago 1976, S. 61–130.
Van Maanen, J./Schein, E. H.: Toward a Theory of Organizational Socialization. In: *Staw, B. M.* (Hrsg.): Research in Organizational Behavior. Greenwich 1979, S. 209–264.
Wanous, J. P.: Organizational Entry. 2. A., Reading, Mass. 1992.
Zey, M. G.: The Mentor Connection. 2. A., New Brunswick et al. 1990.

O

Ökologie und Führung

Ulrich Steger

[s. a.: Führungsethik; Führungsphilosophie und Leitbilder; Innovation und Kreativität als Führungsaufgabe; Laterale Kooperation als Führungsaufgabe (Schnittstellenmanagement); Organisationsentwicklung und Führung; Organisationskultur und Führung; Strategische Führung.]

I. Ökologie als Faktor in der Unternehmensführung; II. Umweltschutz – zwischen Rahmenbedingungen und Marktfaktor; III. Ökologie im Zielsystem der Unternehmung; IV. Umweltorientierte Strategieentwicklung; V. Organisationsgestaltung für Umweltschutzaufgaben; VI. Engpaßfaktoren einer ökologischen Unternehmensevolution.

I. Ökologie als Faktor in der Unternehmensführung

Nach den klassischen, aber noch immer gültigen Kriterien von Gutenberg zeichnen sich echte Führungsentscheidungen durch ein qualitatives Gefälle zwischen den unternehmerischen Entscheidungen aus, sind nur aus dem Unternehmen als Ganzes heraus zu treffen und können nicht an andere Personen delegiert werden (*Gutenberg* 1983). Daraus entwickelt sich ein Katalog *echter Führungsentscheidungen,* die

- die Festlegung der Unternehmenspolitik auf weite Sicht;
- die Koordinierung der großen betrieblichen Teilbereiche;
- geschäftliche Maßnahmen von außergewöhnlicher betrieblicher Bedeutung;
- Beseitigung von Störungen außergewöhnlicher Art und
- die Besetzung der Führungsstellen im Unternehmen umfassen.

Prüft man die Rolle und die Bedeutung des Umweltschutzes für Unternehmen in Europa anhand dieses Kataloges, so ergibt sich zumindest für weite Teile der Industrie und daran gebundenen Dienstleistungen folgende Zuordnung:

Das neue Wirtschaftsparadigma der *nachhaltigen Entwicklung („sustainable development"),* zu dem sich Unternehmen wie Verbände bekennen, erfordert eine gleichgewichtige Beachtung von ökologischen und ökonomischen Kriterien bei Unternehmensentscheidungen. Politik und Öffentlichkeit werden dies zunehmend „einklagen", für besonders risikoexponierte Unternehmen kann dies zu einer Existenzfrage werden. Daher muß der Umweltschutz bei der Festlegung der langfristigen Unternehmenspolitik einbezogen werden. Umweltschutz ist eine *Querschnittsaufgabe,* die alle betrieblichen Teilfunktionen umfaßt und die als solche auch gemanagt werden muß, soll es nicht zu kostenaufwendigen Teillösungen unter akutem Problemdruck kommen. Die *Internalisierung externer Effekte,* d. h. die Bepreisung von Umweltgütern, kann zu einer Verschiebung der Preisrelationen führen, die andere Technologien wirtschaftlicher werden läßt, zur Veränderung der Marktaussichten führt oder zur Diversifizierung zwingt, so daß hier weitreichende Entscheidungen erforderlich werden. Wie einige spektakuläre Fälle der letzten Zeit zeigen, können auch *Störungen auf der technisch-betrieblichen Ebene* den konzentrierten Einsatz der Unternehmensspitze erfordern, und schließlich erfordert die gestiegene *Komplexität* von Unternehmensentscheidungen bei Einbeziehung des Umweltschutzes auch bei der Personalauswahl Konsequenzen, indem z. B. neben den fachlichen auch bestimmte Zusatzqualifikationen wie etwa Kommunikationsfähigkeit oder gesellschaftspolitische Sensibilität gefordert werden.

Aus all dem ergibt sich, daß es sich beim Umweltschutz um Existenzfragen oder langfristig wirksame Grundsatzentscheidungen von Unternehmen handelt, die das gesamte Unternehmen betreffen und daher auch von der Unternehmensleitung nicht delegierbar sind, es mithin sich um *echte Führungsentscheidungen* im Sinne Gutenbergs handelt. Diese Erkenntnisse spiegeln sich auch in der populären Forderung wider, daß „Umweltschutz Chefsache" sein sollte. Jedoch ist es keineswegs selbstverständlich, daß Unternehmen als zweckgerichtete soziale Organisationen diese Anforderungen erfüllen können.

II. Umweltschutz – zwischen Rahmenbedingungen und Marktfaktor

Zweck von Unternehmen – so jedenfalls das betriebswirtschaftliche Grundverständnis – ist die Befriedigung von kaufkräftiger Nachfrage, die über Märkte vermittelt wird. Solange die Nutzung von Umweltgütern gratis ist oder nichtregenerierbare Ressourcen, gemessen an ihrer langfristigen Knappheit, zu billig sind, wird dies in einer Marktwirtschaft immer zu einer Übernutzung führen. Die Unternehmen haben keinen Anreiz, diese Güter so sparsam einzusetzen, wie dies mit Gütern geschieht, deren Marktpreise die vollen Kosten widerspiegeln. Die *Umwelt- und Ressourcen-Ökonomie* hat daraus das Konzept der „*Internalisierung externer Effekte*" bzw. der optimalen Verbrauchsraten entwickelt (z. B. *Baumol/Oates* 1979; *Endres* 1985). Populär ausgedrückt: die Preise sollen auch die „ökologische Wahrheit" ausdrücken (*v. Weizsäcker* 1992). Dazu bedarf es bei Umweltgütern, die Kollektivgüter sind, eines externen Dritten – den Staat –, der durch umweltpolitische Instrumente diese Internalisierung sicherstellt. Denn selbst wenn die Individuen, die in den Unternehmen handeln, subjektiv davon überzeugt sind, daß unsere *Produktions- und Konsumstrukturen* in Richtung auf „sustainable development" (zu den ökonomischen Bedingungen: *Feess-Dörr* et al. 1993) verändert werden müssen, könnten sie dies nicht realisieren: wegen des bekannten „Trittbrettfahrer-Problems" bei Kollektivgütern, deren Kennzeichen es ja gerade ist, daß es keine marktfähige Nachfrage nach ihnen gibt, würde es aus dem Wettbewerb geworfen, wenn es Kosten auf sich nähme, die andere nicht tragen wollten und von denen sie keinen Nutzen hätten (ähnlichen Dilemmas sehen sich Staaten bei globalen Umweltproblemen gegenüber).

Nun ist dieser Fall sehr hypothetisch, denn seit Ende der 60er Jahre haben alle OECD-Staaten in nur graduell verschiedenen *Umweltpolitiken* diese Internalisierung von externen Effekten vorangetrieben, und heute überzieht ein dichtes Regelwerk die Unternehmen. Die Reaktion darauf ist keineswegs ein triviales Problem. Die Frage, wo und wie weit Umweltauswirkungen zu tolerieren sind, ist eine politisch-normative Entscheidung, die sich in einer Demokratie oft in einer sehr schwer zu kalkulierenden Weise vollzieht. Ein Unternehmen, das passiv die staatliche Regulierung abwartet, kann sehr schnell unter „Vollzugsdruck" geraten und oft – mit hohen Kosten – umwelttechnische Nachrüstungen („end-of-the-pipe-technology") vornehmen müssen. Ein mehr vorausschauendes Handeln hätte evtl. die *Integration des Umweltschutzes* bei einer Investition kostengünstiger ermöglicht (durch „clean technology"). Zum anderen verschieben sich durch die Internalisierung die *Preisrelationen,* so daß jetzt andere Verfahren kostengünstiger werden (etwa Recycling statt Deponierung von Abfällen, geschlossene Kreislaufsysteme statt Filter oder Kläranlagen). Zum anderen ist Umweltschutz nicht immer ein Kollektivgut, wie z. B. saubere Luft, die – einmal produziert – von allen genutzt werden kann. Durch die gestiegene Umweltsensibilität der Konsumenten gibt es auch zahlreiche Konstellationen, wo der Nutzen des Umweltschutzes für den Konsumenten individualisierbar ist und dadurch Umweltschutz zu einem *Marktfaktor* wird, insbesondere wo Gesundheitsrisiken, Kostenvorteile oder Prestige wahrgenommen werden. In der Regel sind solche Produkte in ihren Umweltwirkungen vorher breit publiziert worden (vgl. ausführlicher *Meffert/Kirchgeorg* 1993; *Tiebler* 1992).

III. Ökologie im Zielsystem der Unternehmung

Die intensive Diskussion um die *Unternehmenskultur* (→*Führungsphilosophie und Leitbilder*) hat die *normative Dimension* des Managements und seine prägende Rolle für das Verhalten von Unternehmen herausgearbeitet (zu einem Forschungsüberblick *Dierkes* et al. 1993). Die generellen Ziele des Unternehmens – seine Visionen und Missionen –, die Prinzipien, Normen und Spielregeln begründen Strategie und operative Programme und können – zu einem Leitbild verdichtet – die Orientierung für die erfolgreiche *Überlebens- und Entwicklungsfähigkeit* von Unternehmen vermitteln. Auch die Aufnahme und Verarbeitung von neuen Informationen wird durch die normativen Vorprägungen gesteuert (*Bleicher* 1991). Dieser normative „Überbau" der Unternehmung ist nicht als Konstante zu betrachten, sondern er entwickelt sich durch Interaktionen mit den verschiedenen „stakeholdern" – Kunden, Lieferanten, Mitarbeitern, Öffentlichkeit – sowie durch eigene Erkenntnisse weiter, so daß ein „Fließgleichgewicht" zwischen den (Wert-)Vorstellungen des Unternehmens und seines Umweltfeldes entsteht (→*Organisationskultur und Führung*). Dieser keineswegs konflikt- oder machtfrei ablaufende Prozeß läßt sich auch bei der *Diffusion des Umweltschutzes* in die *Unternehmenskulturen,* die dadurch ausgedrückten Leitbilder, Missionen und Ziele, beobachten (*Dierkes/Marz* 1992). Implizit und explizit wird Umweltschutz zu einem Element im Zielsystem der Unternehmung. Dies zu unterdrücken, würde nicht nur eine Entfremdung zum Umfeld der Unternehmung bewirken, sondern auch zur Frustration der Mitarbeiter, insbesondere des Führungsnachwuchses, führen (ausführlicher *Staehle* 1992; *v. Rosenstiel* 1992). Dieser Prozeß ist – wie die Entwicklung der *Unter-*

nehmenskultur insgesamt – nur schwer von der Unternehmensführung zu steuern. Bestenfalls stellt sich die Frage, ob sie den Prozeß aktiv vorantreiben soll – etwa durch Erarbeitung von Umweltschutzleitbildern oder Strategien – oder ob sie ihn *passiv erdulden* soll.

Wichtig ist dabei für Unternehmen die Frage, wie dieses Ziel sich zu den anderen betriebswirtschaftlichen Zielen verhält.

Entgegen der neoklassischen Annahme einer monistischen Zielsetzung zeichnen sich Unternehmen durch *pluralistische Zielsysteme* aus. Aus den generellen Zielsetzungen werden im Planungsprozeß strategische Ziele und aus diesen wieder operative Ziele abgeleitet. *Markt- und Ertragsziele* sind die „klassischen" betriebswirtschaftlichen Ziele, während *Leistungsziele* die langfristige Autonomie- und Existenzsicherung des Unternehmens gewährleisten sollen. Umweltschutz wird von den Unternehmen vornehmlich als Leistungsziel eingeordnet. Während *Markt- und Ertragsziele* auf mittlere Frist *positiv korrelieren*, ist der Zusammenhang mit den *Leistungszielen unklarer*. Einmal kann Umweltschutz auch ein Markt- und Ertragsziel sein (vgl. Kap. II), wenn sich dadurch Produkte mit einem (individualisierbaren) Zusatznutzen ausstatten lassen oder zu einer (relativen) Kostensenkung führen. Ob aber über diese „Schnittmenge" hinaus sich Umweltschutz komplementär oder konfliktär zu den Markt- und Ertragszielen verhält, läßt sich nicht allgemein sagen. Ein wichtiges Ergebnis der bisherigen betriebswirtschaftlichen Diskussion sowie der empirischen Forschung dazu ist, daß dies strategieabhängig ist (so auch *FUUF* 1992; *Meffert/Kirchgeorg* 1993). Genauer: Unternehmen versuchen ihre Strategien so zu formulieren, daß eine zumindest *befriedigende Zielerreichung* über das gesamte Zielbündel angestrebt wird.

Gegenwärtig werden *weniger neue Markt- und Innovationschancen* wahrgenommen, sondern es dominieren *risiko-orientierte Motive*, insbesondere die Sicherung der Unternehmensexistenz bzw. der Standorte, und dafür hat wiederum die Erfüllung gesetzlicher Auflagen Priorität. In diesem Rahmen wurde jedoch dem Umweltschutz überwiegend eine *komplementäre Beziehung* gegenüber den anderen betriebswirtschaftlichen Zielen zugeschrieben – sicherlich ein Beleg für die *Diffusion* auch *gesellschaftlicher Anliegen* in das Zielsystem von Unternehmen. Zugleich zeigen die empirischen Ergebnisse aber auch, daß vorwiegend dort *strategisch ausgerichtete Umweltschutzaktivitäten* der Unternehmen sich entwickelten, wo der Umweltschutz explizit im Zielsystem der Unternehmen verankert war (etwa durch Aufnahme in die Unternehmensgrundsätze) und dies vom Top-Management auch glaubwürdig kommuniziert und praktiziert wurde.

IV. Umweltorientierte Strategieentwicklung

Als Ergebnis der Integration des Umweltschutzes auf der normativen Steuerungsebene kommt seiner Umsetzung in die Strategieentwicklung und -implementation entscheidende Bedeutung zu.

Wie aus Planungstheorie und -praxis bekannt, ist die mit den Planungsprozessen verbundene interne Verständigung über Probleme, Aufgaben und Ziele, die Kompromißfindung über Prioritäten und Ressourcenzuweisung oft wichtiger als das Ergebnis selbst (→*Strategische Führung*). Von daher sollte das Top-Management der *Gestaltung des Arbeitsprozesses* für die Entwicklung von *umweltorientierten Strategien* hohe Aufmerksamkeit widmen und über Projektgruppen, Kommunikationsforen etc. eine breite Partizipation zu erreichen versuchen. Denn im Kern geht es beim Umweltschutz um die Handhabung von höherer *Komplexität* durch zusätzliche Entscheidungskriterien, Überprüfung bisheriger Strategien und Technologien, Umgang mit neuen Informationskategorien (z. B. Öko-Bilanzen) sowie um veränderte Verhaltensweisen, nicht nur was die Sortierung von Abfall betrifft, sondern auch die *Kommunikation* und *Kooperation* zwischen betrieblichen Teilfunktionen, um Umweltschutz als *Querschnittsaufgabe* effizient zu managen. Es geht – kurz gesagt – bei der Integration des Umweltschutzes auch um organisatorisches Lernen und um Organisationsentwicklung.

V. Organisationsgestaltung für Umweltschutzaufgaben

Neben der Globalisierung der Märkte und einem Anwendungsschub von neuen Technologien stellt Umweltschutz einen weiteren Faktor dar, der von den Unternehmen eine Veränderung in ihren Strategien und Verhaltensweisen fordert, d. h. die Unternehmen müssen zum Überleben unter turbulenten Markt- und Rahmenbedingungen ständig lernen – d. h. auch alte Verhaltensweisen entlernen – und ihre Fähigkeit auf die neuen Anforderungen hin entwickeln (Steger 1991) (→*Organisationsentwicklung und Führung*). Strategieentwicklung wird in diesem Sinne als ein *antizipatorischer Lernprozeß* verstanden, der bestimmte unternehmenskulturelle und organisatorische Voraussetzungen erfordert. Dazu gehört zunächst eine *Offenheit* gegenüber *neuen Entwicklungen*, um auch „schwache Signale" im Sinne Ansoffs aufzunehmen und zu verarbeiten; zum zweiten eine *Innovationsorientierung*, die die Bereitschaft zum permanenten Wandel umfaßt. Dritte Voraussetzung ist eine größere *Flexibilität* zur Anpassung an neue Bedingungen, die sich in der Regel nur mit *dezentralen Organi-*

Umweltbeauftragter	Haltung des Top-Managements		
	regressiv	tolerant	progressiv
Innovator (Umweltschutz als Veränderung der Unternehmenskultur)	starke Konflikte, Konstellation nicht dauerhaft	bei taktischem Geschick entstehen umweltorientierte Handlungsspielräume	Öko-evolutionäre Unternehmensentwicklung
Manager (Umweltschutz als technische Aufgabe)	Konflikte bei Produktinnovationen und vorsorgeorientierten Investitionen	neben Vermeiden von Umweltrisiken auch marktbezogene Einzelaktionen bei Produkten möglich, aber kaum umfassender Strategieansatz	Strategie des Umweltschutzes als Erfolgsfaktor wahrscheinlich
Techniker (Umweltschutz als technische Aufgabe)	Vereinbarung auf Erfüllung gesetzlicher Auflagen	Schwergewicht auf Risikominderung	Umweltverantwortlicher als „Bremser", Konstellation nicht dauerhaft

Abb. 1: Konfliktkonstellationen im Umweltmanagement

sationsstrukturen erreichen läßt – Strukturen, in denen sich auch *Initiative und Kreativität* von Mitarbeitern entfalten können (die Motivation für Umweltschutzaktivitäten ist meistens vorhanden) und in denen ein offener und rascher Informationsfluß eine Existenzvoraussetzung ist (→*Innovation und Kreativität als Führungsaufgabe*).

Zu diesen Veränderungsnotwendigkeiten steht als – notwendiger – *Stabilisierungsfaktor* die gewachsene Organisationsstruktur des Unternehmens in einem gewissen Spannungsverhältnis. Die „*Führungskunst*" besteht darin, in das „organisationale Lego" (*Mintzberg* 1989) den *Umweltschutz* so einzubauen, daß er nicht als „Fremdkörper" isoliert und doch *als Veränderungsdruck* wirksam wird. Als Modell hat sich dazu das *Machtpromotoren-Modell* bewährt, in dem ein Machtpromotor einen Fachpromotor gegen die Beharrungswiderstände aus der Organisation stützt. In der Bundesrepublik findet dieses Modell seine Stütze im § 52 a Bundesimmissionsschutzgesetz, wonach ein namentlich benanntes Mitglied der Geschäftsführung oder des Vorstandes für den Umweltschutz verantwortlich ist. Dadurch soll der „*Umweltschutzbeauftragte*" die ihm übertragenen Aufgaben besser wahrnehmen können:

Die Überwachung der Einhaltung von Gesetzen, Verordnungen und behördlichen Anordnungen, die Mitwirkung bei der Entwicklung und Einführung von umweltfreundlichen Produkten und Produktionsverfahren, die Information der Unternehmensleitung und der Mitarbeiter über Umweltrisiken und die Kontakte zu Behörden und zur Öffentlichkeit.

Allerdings können sich aus dieser Funktion des Umweltschutzes als „*change agent*" auch Konflikte ergeben, die je nach Aufgabenverständnis und Haltung des Top-Managements zu unterschiedlichen Konstellationen führen (s. Abb. 1).

VI. Engpaßfaktoren einer ökologischen Unternehmensevolution

Zweifellos hat seit Beginn der siebziger Jahre in den Unternehmen der wichtigsten OECD-Länder der Umweltschutz – unabhängig von Konjunkturen – einen erheblich *höheren Stellenwert* erhalten, und viele – vor allem sichtbare – Umweltprobleme wurden gelöst. Ebenso ist aber wohl unstrittig, daß noch eine lange Entwicklung notwendig ist, um das neue Paradigma der „*sustainable development*" glaubwürdig auszufüllen. Daher sollen abschließend die sieben wichtigsten *Hemmnisse für die ökologische Evolution* skizziert werden, die eine Unternehmensführung zu beachten hat:

Unternehmen unterschätzen oft die *zeitliche Dynamik*. Sowohl die Gesetzgebung als auch die Änderung des Verbraucherverhaltens sind in ihrem zeitlichen Ablauf nicht konstant. Eher baut sich über eine gewisse Zeit ein „Spannungsfeld" auf, das sich dann relativ rasch „entlädt". Es besteht „*Regulierungsdruck*". Die umweltpolitische Gesetzes- und Verordnungsproduktion läßt mittlerweile nahezu kein Detail mehr ungeregelt. Für die Unternehmen erhöht sich dadurch das Risiko, daß frühzeitige Investitionen nicht den rechtlichen Vorschriften entsprechen. Der *Attentismus*, das Warten auf den Gesetzgeber, wird so zu einem rationalen Verhalten der Unternehmen. Das *Unterschätzen der Zeitdauer für neue Technologien*, denn selbst bei einer im Prinzip bekannten Technologie dauert es bis zur dominanten *Verbreitung im Markt* etwa eine Dekade. Auch neue Märkte (z. B. für Sekundär-Rohstoffe aus Recycling) brauchen Zeit für ihre Entwicklung und das *Einspielen von Angebots- und Nachfragestrukturen*. Diese immanente „Trägheit" steht den dynamischen Veränderungsfaktoren diametral entgegen und führt zu höchst unwirtschaftlichen bis ökologisch zweifelhaften Entwicklungen. Die *Ambivalenz des Verbraucherverhaltens* erschwert es sehr, umweltfreundliche Produktinnovationen *am Markt durchzusetzen*.

Umweltschutz als *Organisationsentwicklung* ist eine typische Querschnittsaufgabe, die alle Bereiche des Unternehmens erfaßt. Gerade funktional organisierte Unternehmen haben aber mit diesem *übergreifenden Problemlösungsverhalten* erhebliche Schwierigkeiten, weil es nicht in die klassischen hierarchischen Entscheidungsmuster paßt.

Viele Manager fürchten sich vor einer *„Kulturrevolution"*. Sie befürchten, daß *Umweltschutz* als *„change agent"* weitreichende Veränderungen in der Unternehmenskultur und -organisation, den Erwartungen von Anspruchsgruppen, den Kommunikationsformen nach innen und außen auslöst – und dies nicht ohne Grund.

Ein weiterer Engpaßfaktor liegt im Management von *Komplexität*. Die Integration des Umweltschutzes bedeutet für das Unternehmen ja nicht, daß die „klassischen" betriebswirtschaftlichen Markt- und Ertragsziele bedeutungslos werden. Vielmehr tritt zu diesen Entscheidungskriterien ein weiteres hinzu – mit der Folge, daß der *Entscheidungsprozeß komplexer* wird. Die Illusion einer technokratischen Steuerung des Unternehmens wird offensichtlicher – ebenso die Notwendigkeit, im Rahmen der dann mehr evolutionär orientierten Unternehmensführung Instrumente zum Management der gestiegenen Komplexität zuzulassen. Dies heißt auch immer, daß neben den „harten" (Finanz-)Faktoren eher „weiche", *qualitative Faktoren* berücksichtigt werden müssen.

Bei dem „Aufweiten" dieser *Engpaßfaktoren* muß eine zukunftsorientierte Unternehmensführung ansetzen, um eine langfristige Existenzsicherung des Unternehmens zu gewährleisten.

Literatur

Baumol, W. J./Oates, W. E.: Economics, Environmental Policy, and the Quality of Life. Englewood Cliffs 1979.
Bleicher, K.: Das Konzept Integriertes Management. Frankfurt/M. et al. 1991.
Dierkes, M./v. Rosenstiel, L./Steger, U. (Hrsg.): Unternehmenskultur in Theorie und Praxis. Frankfurt/M. et al. 1993.
Dierkes, M./Marz, L.: Umweltorientierung als Teil der Unternehmenskultur. In: *Steger, U.* (Hrsg.): Handbuch des Umweltmanagements. München 1992, S. 223–240.
Endres, A.: Umwelt- und Ressourcenökonomie. Darmstadt 1985.
Feess-Dörr, E./Steger, U./Weihrauch, P.: „Sustainable development". In: *Steger, U./Timmermann, M.* (Hrsg.): Mehr Ökologie durch Ökonomie. Berlin et al. 1993.
FUUF/Forschungsgruppe Umweltorientierte Unternehmensführung (Hrsg.): Bericht zu den Befragungsergebnissen des Modellversuchs „Umweltorientierte Unternehmensführung", UBA-Forschungsvorhaben 10901041. Berlin 1992.
Gutenberg, E.: Grundlagen der Betriebswirtschaft. Bd. 1, 24. A., Berlin et al. 1983.
Meffert, H./Kirchgeorg, M.: Marktorientiertes Umweltmanagement. 2. A., Stuttgart 1993.
Meffert, K./Kirchgeorg, M.: Grundlagen des Umweltschutzes aus wettbewerbsstrategischer Perspektive. In: *Hansmann, K. W.* (Hrsg.): Marktorientiertes Umweltmanagement. Wiesbaden 1994.
Mintzberg, H.: Inside our strange world of Organisations. New York et al. 1989.
Raffée, H./Förster, F./Fritz, W.: Umweltschutz im Zielsystem von Unternehmen. In: *Steger, U.* (Hrsg.): Handbuch des Umweltmanagements. München 1993, S. 241–256.
Staehle, W. H.: Umweltschutz und Theorie der Unternehmung. In: *Steger, U.* (Hrsg.): Handbuch des Umweltmanagements. München 1992, S. 67–82.
Steger, U.: Future Management. Frankfurt 1991.
Steger, U.: Umweltmanagement. 2. A., Frankfurt et al. 1993.
Steger, U.: Umweltschutz und Marktbedingungen. In: *Hansmann, K. W.* (Hrsg.): Marktorientiertes Umweltmanagement. Wiesbaden 1994.
Tiebler, P.: Umwelttrends im Konsumverhalten. In: *Steger, U.* (Hrsg.): Handbuch des Umweltmanagements. München 1992, S. 183–206.
v. Rosenstiel, L.: Der Führungsnachwuchs und die Umwelt. In: *Steger, U.* (Hrsg.): Handbuch des Umweltmanagements. München 1992, S. 83–105.
v. Weizsäcker, E. U.: Erdpolitik. 3. A., Darmstadt 1992.

Organisationsentwicklung und Führung

Rüdiger Klimecki

[s. a.: Beeinflussung von Gruppenprozessen als Führungsaufgabe; Fortbildung, Training und Entwicklung von Führungskräften; Führung in der Transformation von planwirtschaftlichen zu marktwirtschaftlichen Systemen; Führungstheorien – Machttheorie; Konflikte als Führungsproblem; Leitziele der Führung; Mikropolitik und Führung; Organisationskultur und Führung; Organisationsstrukturen und Führung; Projektmanagement und Führung; Sanierung und Turnaround, Führungsaufgaben bei; Selbststeuerungskonzepte.]

I. Organisationsentwicklung; II. Rahmenbedingungen von OE-Prozessen; III. Wechselwirkungen zwischen OE und Führung; IV. Funktionen der Führung im OE-Prozeß; V. Einsatzmöglichkeiten und -grenzen von OE bei fundamentalem Wandel.

I. Organisationsentwicklung

Organisationsentwicklung (OE) ist ein *normativ-reedukativer* Ansatz zur *geplanten* und integrativen Veränderung von Organisationen mit dem Ziel, deren *Problemlösungs- und Entwicklungsfähigkeit* zu verbessern (*Cummings/Huse* 1989; *French/Bell* 1990). Besondere Kennzeichen dieses Ansatzes sind (*Gebert* 1974; *Filley/House/Kerr* 1976; *Sievers* 1977; *Becker/Langosch* 1986):

- Das vorgenannte Ziel wird durch eine Veränderung von *Verhalten* sowie *Werten* und *Normen* angestrebt. Die Formalstruktur spielt eine untergeordnete Rolle. Vorgefertigte Musterlösungen werden abgelehnt.
- Die *normative* Leitidee der „Reedukation" ist die Entwicklung von veränderungsoffenen Problemlösungen, die sowohl den Organisationszielen als auch den Interessen ihrer Mitglieder dienen.
- Bezeichnet man diese dominierenden Problemlösungsmuster als *Organisationskultur* (*Schein* 1985), so stellt OE ein *Konzept zur Kulturentwicklung* dar (→*Organisationskultur und Führung*).
- Der Interessenausgleich soll durch eine *partizipative* Gestaltung des Veränderungsprozesses sichergestellt werden. OE basiert damit weitgehend auf Ideen der Selbstentwicklung und -steuerung (→*Selbststeuerungskonzepte*).
- Durch diese Selbststeuerung soll auch die *Integration* der verschiedenen Veränderungsschritte (Problemanalyse, Lösungsentwicklung, Implementation, Evaluation und Modifikation) erreicht werden.
- Als kulturorientiertes Konzept verfolgt OE eine *langfristige* und *antizipative* Perspektive.
- Ein wesentliches Medium zur Kulturbeeinflussung ist die Interaktion. Die *Interventionstechniken* von OE sind deshalb auf Interaktions*prozesse* ausgerichtet, die *diskursiv* (*Pieper* 1988) und *konsensorientiert* (*Ulrich* 1987) zu gestalten sind. Solche Prozesse lassen sich nicht organisationsweit, sondern nur *gruppenbezogen* steuern. Die Veränderung der gesamten Organisation soll durch eine Vernetzung und Multiplikation von Gruppenlösungen erreicht werden.
- OE wird dabei vorwiegend als *Projekt* (*Krüger* 1993) mit unterschiedlichen *Veränderungsphasen* organisiert und durch (externe) Experten (change agents) unterstützt, die „Hilfe zur Selbsthilfe" geben sollen (*Wohlgemuth* 1991).

Die *theoretischen Bezüge* von OE sind diffus (*Kubicek/Leuck/Wächter* 1979), da vorwiegend Gestaltungsabsichten und kaum Erklärungsinteressen verfolgt werden: Das zugrunde liegende Organisationsverständnis bleibt unscharf („offene" Systeme) und der Entwicklungsbegriff (Problemlösungs- und Lernfähigkeit) wird kaum thematisiert (*Klimecki/Probst* 1992). Wichtige Grundlagen der OE sind Aktionsforschung und Feldtheorie (*Lewin* 1947, 1958) sowie Gruppendynamik. Diese Ansätze bieten die Grundlage für den „change-agent"-Einsatz, die Phasenmodelle und die Interventionstechniken. Die Orientierung an der „Human-Relations-Bewegung" sowie (in Deutschland) an der Mitbestimmungs- und Humanisierungsdiskussion (*Kappler* 1980) ist offensichtlich.

Zusammenfassend läßt sich OE als eine *humanpsychologisch fundierte Sozialtechnologie des Veränderns* kennzeichnen (*Klimecki/Probst/Eberl* 1994).

II. Rahmenbedingungen von OE-Prozessen

Nach der Phase der Skepsis findet OE in der Praxis heute zunehmend Akzeptanz (*Bennis/Benne/Chin* 1985). Folgende „Kontingenzen" begünstigen diese Entwicklung (*Cummings/Huse* 1989): die zunehmende Verbreitung von *Kulturansätzen* in der Managementpraxis und, damit verbunden, eine stärkere Gewichtung *subjektiver, prozeß-* und *implementationsbezogener* Perspektiven sowie beschleunigte *Wandlungsprozesse* in der Organisationsumwelt (z. B. politische Veränderungen, Globalisierung, Wertewandel). Als Folge werden *Lern- und Entwicklungsfähigkeit* sowie *Flexibilisierung* zunehmend als strategischer „Mega"-Erfolgsfaktor angesehen. Damit verbunden steigt auch die Einsicht, daß diese nur durch exzellent ausgebildete und motivierte „*Humanressourcen*" zu realisieren sind. Die wachsende Verbreitung von *Selbststeuerungsmodellen* (z. B. Teamkonzepte, zielorientierte und delegative Führung) schafft einen Erfahrungshintergrund, der auch für OE genutzt werden kann. OE erweist sich in diesem Szenario als ein (fast) universell einsetzbares *Implementationskonzept*, das zudem wichtige Nebenleistungen (z. B. in der Personalentwicklung) liefern kann. Dabei ist OE der Management*praxis* durch eine pragmatischere Ausrichtung der Leitideen und Methoden „entgegengekommen" (*Mirvis* 1988). Dennoch darf nicht übersehen werden, daß die vorgenannten Faktoren nicht nur begünstigend wirken, sondern vielfach unverzichtbare *Anwendungsvoraussetzungen* für OE darstellen. Als wichtige „Moderatorvariablen" erweisen sich insbesondere *Vertrauen* (als „Schlüsselelement" der Organisationskultur und Qualitätsmerkmal von Führungsbeziehungen), *flexible* und unbürokratische Strukturen sowie eine langfristige und *präventive* Ausrichtung der Veränderungsmaßnahmen mit einer darauf abgestimmten *Projektorganisation*. OE ist also ein *voraussetzungsvolles* Konzept: Inkonsistenzen und „Brüche" in diesem *Netzwerk* aus Rahmenbedingungen und Moderatorvariablen beeinflussen die Leistungsfähigkeit des Ansatzes. Mögliche Folgen sind:

- OE wird zu einem „Sonnenscheinkonzept", das nur dann eingesetzt wird, wenn es *nicht* darauf ankommt. Oder es kommt zu einer
- „Pseudo"-OE, wenn (z. B. bei Rationalisierungsprojekten) die Betroffenen nur beteiligt werden, um sich selbst wieder zu Betroffenen zu machen.

Ob die vorgenannten Rahmenbedingungen optimal auf OE abgestimmt werden können, wird wesentlich durch die Organisation der entsprechenden Projekte bestimmt, deren Aufgabe darin besteht, einen „organisationsspezifischen Fit" zwischen Rahmenbedingungen und Veränderungsabsichten herzustellen und damit eine OE zu ermöglichen, die „zur Organisation paßt". Für die Führung werden damit zugleich wichtige *Vorsteuerungsgrößen* definiert und Handlungsspielräume determiniert. Die wichtigsten Führungsfunktionen in OE-Projekten werden i. d. R. von folgenden Gruppen übernommen:

- Die *Aktionsgruppe* übernimmt die Steuerung und Koordination aller OE-relevanten Aktivitäten und damit die operative Projektverantwortung. Sie ist bei größeren Projekten bereichsübergreifend aus Mitgliedern der mittleren Managementebenen zusammengesetzt, kann jedoch z. B. auch alle Mitglieder einer Abteilung umfassen. Der (externe) „change agent" ist ebenfalls Mitglied dieser Gruppe.
- *Leitungsgruppe:* Diese Gruppe, die aus Mitgliedern des oberen Managements und Externen bestehen kann, trägt die konzeptionelle Verantwortung für das OE-Projekt. Aufgabenschwerpunkte liegen in der Gestaltung OE-freundlicher Rahmenbedingungen, der Einbindung in die Gesamtstrategie sowie in der Entwicklung der OE-Ziele und der Promotion des Veränderungsprozesses.
- *Mutliplikatorengruppe:* In dieser Gruppe sollten Vertreter der wichtigsten Interessengruppen an der OE-Maßnahme zusammengefaßt werden (also z. B. Vertreter anderer Abteilungen, Managementebenen und des Betriebsrates). Diese Gruppe ist für die organisationsweite Akzeptanz der OE-Projekte besonders wichtig, da sie für einen Informations- und Meinungsaustausch zwischen dem OE-Projekt und der Organisation sorgt und damit einen wichtigen Katalysator für die organisationsweite Vermittlung der Lernergebnisse darstellt.

III. Wechselwirkungen zwischen OE und Führung

Aufgrund der „Theorieoffenheit" von OE ist es konzeptionell kaum möglich, konkrete Bezüge zu *Führungstheorien* herzustellen. Es bieten sich jedoch vielfältige plausible und pragmatische Anknüpfungspunkte, um die Zusammenhänge zwischen Führung und Organisationsentwicklung aufzuzeigen. Folgende Sichtweisen sollen unterschieden werden:

1. Führung als Steuerungsmedium von OE

Aufgrund der Prozeß- und Interaktionsorientierung von OE kann Führung als das *wichtigste Steuerungsmedium* dieses Konzepts angesehen werden. Die humanistische Grundausrichtung von OE bedingt eine partizipative und prosoziale (→*Kooperative Führung*) aber auch delegative (→*Delegative Führung*) Ausgestaltung der Führungsbeziehungen. Es handelt sich prinzipiell um eine *Führung von und in Projekten* (→*Projektmanagement und Führung*), die multipersonell zu erbringen ist und dezentrale wie zentrale Komponenten aufweist. *Multipersonelle* Führung bedeutet, daß die entsprechenden Steuerungsleistungen nicht dem direkten Vorgesetzten allein zufallen, sondern in einem *Abstimmungsprozeß* flexibel auf Projektmitglieder sowie direkt und indirekt beteiligte Führungskräfte zu verteilen sind. Der *zentralen* Führung *von* Projekten kommt dabei die Aufgabe zu, OE-freundliche Rahmenbedingungen (Leitbilder, Strukturen, Mitarbeiterqualifikationen usw.) zu schaffen. Die *dezentrale* Führung *in* Projekten übernimmt die (Fein-)Steuerung des Veränderungsprozesses.

2. OE als Führungskonzept

Aus dieser Perspektive wird OE zu einem *Orientierungskonzept* für Führung. Ziel ist es, den Führungs-„Alltag" weitgehend nach OE-Prinzipien zu gestalten. Diese Sichtweise ist insofern sinnvoll, als Organisationen immer mehr zu „Chronical Unfrozen Systems" (Weick) werden und somit auch die Bewältigung von Veränderungsprozessen zunehmend „veralltäglicht" wird. Zusätzlich entspricht das OE-spezifische Bild, *Führung als partizipativen Gruppenprozeß* (→*Beeinflussung von Gruppenprozessen als Führungsaufgabe*) anzusehen, den Werthaltungen moderner Mitarbeiter. Diese Sichtweise bedeutet allerdings keine Absage an eine klassisch-projektbezogene Ausrichtung des Konzepts. Denn umfassendere Änderungsaufgaben benötigen eine übergreifende Organisationsform und auch zeitliche Begrenzungen („Einfrier-Phasen"), um Implementation und Evaluation der neuen Problemlösungen sicherstellen zu können. Vielmehr ist ein Zusammenwachsen der beiden Perspektiven zu kontinuierlich ablaufenden „OE-Episoden" als sinnvoll anzusehen.

IV. Funktionen der Führung im OE-Prozeß

Aus den bisherigen Ausführungen lassen sich drei Gruppen von Führungsaufgaben ableiten, die multipersonell zu erfüllen sind: politisch-strategische (Rahmengestaltung, Zielausrichtung), operativ-phasenbezogene (Projektsteuerung) und unterstützungs- und implementationsbezogene (Beratung, Multiplikation) Aufgaben. Diese können wie folgt konkretisiert werden:

1. „Politische" Führungsfunktionen

Daß OE-Prozesse macht- und interessenpolitische Dimensionen aufweisen (*Sandner* 1990), wird in der klassischen OE-Literatur zugunsten eines (implizit) unterstellten „Harmoniemodells" gern übersehen (→*Führungstheorien – Machttheorie*). Insbesondere bei massiven Veränderungsproblemen und/oder hohem Konfliktpotential dürfte sich dies als unrealistisch erweisen. Den politischen Funktionen kommt also eine hohe Bedeutung zu. Sie lassen sich primär den Themenbereichen (a) *Leitideen* und *Zielfindung*, (b) Förderung der *Diskursfähigkeit* und (c) *Mikropolitik* und *Konflikthandhabung* zuordnen:

Zu (a): Leitideen und Zielfindung: OE startet vielfach in einer noch wenig definierten Problemlage mit entsprechend offenen Zielvorstellungen. Zur Reduktion der Komplexität sind deshalb Orientierungshilfen in Form von Leitideen und Zielgrößen notwendig. Die *Leitideen* können sich dabei sowohl auf die angestrebten Ziele (z. B. Kundenorientierung) als auch auf den Veränderungsprozeß (z. B. dezentrale Lösungen in Eigenverantwortung aller Beteiligten) beziehen. Leitideen formulieren somit die *normativen Handlungsgrundlagen* von OE. *Zielgrößen* haben hingegen die Funktion, das OE-Projekt *inhaltlich abzugrenzen* (z. B. durch Definition von Indikatoren der Kundenorientierung und Konkretisierung der OE-Aktivitäten).

Zu (b): Förderung der Diskursfähigkeit: Damit OE *in sich* entwicklungsfähig bleiben und der Interessenausgleich auf der *Zielebene* verankert werden kann, ist es notwendig, eine „diskursive OE" (*Pieper* 1988) als politischen Auftrag zu formulieren, den für Diskurse notwendigen institutionellen Rahmen zu schaffen und die Diskurse selbst zu initiieren. Diskurse haben dabei die (gelegentlich widersprüchliche) Funktion, den OE-Prozeß einerseits für laufende Veränderungen offen zu halten, ihn andererseits jedoch schrittweise zu konkretisieren (und damit zu begrenzen).

Zu (c): Mikropolitik und Konflikthandhabung: Daß dieser Prozeß harmonisch und konfliktfrei verläuft, ist nicht anzunehmen. Gerade das Anfangsstadium von OE und die Phasen, in denen erste Lösungen (und damit mögliche „Gewinner und Verlierer") sichtbar werden, sind besonders anfällig für „mikropolitische Spiele" (→*Mikropolitik und Führung*; Crozier/Friedberg 1979; Küpper/Ortmann 1988). Diese können weder vermieden noch gelöst werden, und sie zu ignorieren, hätte dysfunktionale Folgen. Deshalb ist es notwendig, sie aktiv zu „handhaben". Dies bedeutet sowohl, Interessengegensätze offenzulegen und dem Diskurs zugänglich zu machen, als auch Konfliktentscheidungen zu treffen und durchzusetzen. Gerade in solchen Situationen bieten Leitbilder und Zielgrößen wichtige Entscheidungshilfen.

2. Promotion des OE-Prozesses

Da OE ein Selbststeuerungsmodell darstellt, ist der Spielraum für direkte Führungsinterventionen gering. Führung hat deshalb als eine „nicht-direktive" *Promotion des Veränderungsprozesses* zu erfolgen. In Anlehnung an das „*Promotorenmodell*" von *Witte* (1973) können die damit verbundenen Funktionen wie folgt gekennzeichnet werden: *Machtpromotion*: Veränderungsmaßnahmen lassen sich nicht ohne die nachhaltige Unterstützung der Hierarchie erzeugen. *Ansoff* (1984) spricht in diesem Zusammenhang von einem „big bang", der den Entwicklungsmaßnahmen vorauszugehen habe, um sie nachhaltig zu verankern. Machtpromotion spielt zudem eine wichtige Rolle für die *Glaubwürdigkeit* der Entwicklungsabsichten und die Durchsetzung von Veränderungsmaßnahmen. Während des OE-Prozesses eindeutig und kontinuierlich „Position" zu beziehen, organisationsweit Akzeptanz zu erzeugen und die Aktionen aktiv zu unterstützen (*Bennis/Nanus* 1987), ist deshalb eine wichtige Erfolgsvoraussetzung.

Fachpromotion: Dieser Aufgabenbereich bezieht sich sowohl auf die *sachbezogene Richtlinienkompetenz* („was" zu verändern ist) als auch auf die *soziale Steuerung* des Entwicklungsprozesses („wie" verändert werden soll). Aufgrund der partizipativen Ausrichtung von OE sind diese Promotionsfunktionen mehrdeutig und weisen *Konfliktpotentiale* auf. So sind Vorgaben für und Eingriffe in den Prozeß aus Gründen der „organisationalen Rationalität" unvermeidbar. Sie können jedoch den Spielraum für eine OE-typische Selbstentwicklung von Problemlösungen konterkarieren. Eine „Feinabstimmung" von Fremd- und Selbststeuerung ist deshalb unerläßlich. Das jeweils optimale Gleichgewicht zwischen Vorgabe und Freiraum muß organisationsspezifisch (in Abhängigkeit vom Reifegrad) ausgehandelt werden.

3. Früherkennungs- und Initiativfunktion

OE ist ein *Krisenvermeidungskonzept*. Erst die Früherkennung des Entwicklungsbedarfs sowie die entsprechenden Initiativaktionen ermöglichen deshalb einen konzeptgerechten OE-Einsatz (*Heimerl-Wagner* 1992). Managementinstrumente wie etwa das strategische Controlling können wichtige Hilfestellungen bieten. Es bleibt jedoch die Aufgabe der unmittelbaren (interaktiven) Führung, den Veränderungsbedarf zu konkretisieren, Einsicht in die Notwendigkeit von Entwicklungsmaßnahmen zu erzeugen und entsprechende operative Maßnahmen einzuleiten.

4. Phasenbezogene Führungsfunktionen

Der OE-Prozeß wird üblicherweise in Phasen (*Glasl/de la Houssaye* 1975) unterteilt, die unterschiedliche Führungsanforderungen mit sich bringen (*Schein* 1975). Die gängigen Phasenkonzepte lassen sich auf ein dreistufiges Modell von *Lewin* (1947, 1958) zurückführen, das nachfolgend zugrunde gelegt wird.

„*Unfreezing*": Das generelle Ziel dieser Phase besteht darin, die nach Veränderung strebenden Kräfte zu stärken und gemeinsame Problemdefinitionen für den Entwicklungsprozeß zu erarbeiten. Das Dilemma zwischen Selbst- und Fremdführung in der OE (→*Führungsdilemmata*) wird in dieser Phase besonders deutlich. So kann einerseits ein partizipativer Entwicklungsprozeß nicht verordnet werden, er darf andererseits aber auch nicht dem Zufall überlassen bleiben. In dieser Phase wird sowohl Fach- als auch Machtpromotion erforderlich. Die nach Veränderung strebenden Kräfte lassen sich primär über Machtpromotion fördern, während Fachpromotion insbesondere bei der Definition des Entwicklungsproblems von Bedeutung ist. Die Führung wird in dieser Phase durch *antizipative Ausrichtung von OE* erschwert, denn es gilt, den Entwicklungsprozeß frühzeitig und damit aufgrund „weicher Signale" einzuleiten. Solche Frühinformationen sind jedoch notwendigerweise interpretationsbedürftig und auslegungsfähig. Die Entwicklungsziele werden deshalb entsprechend „visionär" und mehrdeutig ausfallen. Die Führung wird sich deshalb nicht an rein partizipativen Verhaltensmustern ausrichten können. Um jedoch eine kontraproduktive „Verordnung" zu vermeiden, werden hohe Anforderungen an die Kommunikationsfähigkeit und Sinnvermittlungskompetenz der Führungskräfte gestellt (→*Soziale Kompetenz*). Wichtige Unterstützungsfunktionen sind deshalb: frühzeitige Veränderung als eigenständigen Wert in Organisationsleitbildern zu institutionalisieren und durch flexibilitätsfreundliche Strukturen zu fördern sowie auf „Gewinner-Verlierer-Spiele" weitgehend zu verzichten (→*Helfendes Verhalten und Führung*).

„*Moving*": Diese Phase ist durch die Entwicklung von Lösungen gekennzeichnet. Sie bildet einen eigenständigen *instrumentellen Kern*, der OE von anderen Veränderungskonzepten unterscheidet. Da OE für diesen Schritt gruppendynamisch ausgerichtete Analyse- und Gestaltungsinstrumente vorsieht, ist (im Rahmen der Fachpromotion) insbesondere die soziale und die methodenbezogene Führungskompetenz bedeutsam. Hier wird besonders deutlich, daß Führung in der OE im Kern *Prozeßsteuerung* bedeutet. Insgesamt ist diese Phase der partizipativen und delegativen Führung gut zugänglich: OE-Methoden bauen grundsätzlich auf einer gleichberechtigten Beteiligung aller Teilnehmer auf, und die delegative Abgrenzung selbstgesteuerter Teilprojekte ist schon aus Gründen der Zeitökonomie empfehlenswert.

„*Re-freezing*": Das Ziel dieser Phase besteht in der Implementation der gefundenen Problemlösungen und damit in der (zeitweisen) Beendigung des Veränderungsprozesses. Diese Anwendungsphase ist für die lernpsychologischen Effekte von OE besonders wichtig. Diese „kreative Ruhe" trägt zu einer *Verbesserung des organisationalen Reflexionsvermögens* bei. Die „Kunst der Führung" liegt hier in der Fähigkeit zu erkennen, wann Lösungen erprobungsreif sind und/oder wann die Änderungsmotivation der Gruppe erschöpft ist, sowie in der Steuerung des Implementationsprozesses. Das „Handwerk der Führung" besteht aus *Dokumentations- und Evaluationstechniken*, die eine bewußt kritische Anwendung und eine optimale Auswertung der Maßnahmen ermöglichen.

5. „Change agent"-Funktionen in der Führung

Für eine Unterstützung durch externe „change agents" sprechen u. a. die folgenden Gründe:

(a) *Neutralisierung mikropolitischer Effekte*: Führungskräfte sind nicht nur distanzierte Gestalter sondern Interessenträger und somit aktiv an den „mikropolitischen Spielen" beteiligt. Externe „Spielleiter" können dann vermittelnd und ausgleichend wirken, wenn sie ihre Neutralität glaubhaft machen können.

(b) *Aufbau von OE-„Know-how"*: OE-Methoden gehören (noch) nicht zur Standardausbildung von Führungskräften und werden entsprechend selten angewandt. Ihre Akzeptanz und sachgerechte Anwendung muß also durch externe Experten unterstützt werden.

(c) *Einbringen externer Erfahrungen*: Das Lernen „am Modell" (*Bandura* 1979) ist als eine erfolgversprechende Veränderungsstrategie anzusehen. Erfolgskonzepte anderer können jedoch nicht fraglos kopiert werden. Das „fremde Wissen" soll vielmehr *heuristisch* eingesetzt werden und somit Anregungen für die Entwicklung eigenständiger Lösungen bieten.

(d) *Förderung der Lern- und Veränderungsmotivation*: Da Veränderungen von Unsicherheit begleitet werden, kann eine hohe Entwicklungsmotivation nicht zwangsläufig unterstellt werden. Durch *organisationsübergreifende Erfahrungen* und *konzeptionelle* sowie *kommunikative* Kompetenz können externe Experten motivierend wirken und den Abbau von Veränderungsbarrieren fördern. Als neutrale Instanz und Kommunikationsexperten tragen sie dazu bei, *Diskurse* zu strukturieren, Interessengegensätze frühzeitig transparent zu machen sowie Lösungsansätze „auf den Punkt" zu bringen und kritisch zu hinterfragen. Diese „Coaching"-Funktionen vermitteln der OE-Gruppe Erfolgserlebnisse und nehmen somit wichtige Motivationsfunktionen wahr.

Externe Experten sind jedoch auf eine *gute Einbindung in die Organisation* angewiesen, da sie „nur" eine Begleiterrolle spielen. Dieses sicherzustellen, ist eine Aufgabe der Führung, die somit an den vorgenannten „Change Agent"-Funktionen aktiv beteiligt ist. Idealerweise sollten externe Experten und Führungskräfte eine *„Change Agency"* bilden, in der interne und externe Veränderungsrollen synergetisch zusammenwirken, *organisations- und veränderungsbezogenes Wissen* abgestimmt und somit die Kontinuität des OE-Prozesses durch →*duale Führung* sichergestellt wird.

6. Sicherung des Lernerfolgs und Verbesserung der organisationalen Wissensbasis

OE ist ein wichtiges Instrument zur Förderung des organisationalen Lernens (*Klimecki/Probst/Eberl* 1994). Durch die besondere Betonung der Kommunikation bietet dieses Konzept eine wichtige Voraussetzung für die organisationsweite Verbreitung des (neu-)gewonnenen Veränderungswissens und kann zu einem gezielten Ausbau der *organisationalen Wissensbasis* (*Duncan/Weiss* 1979; *Pautzke* 1989) genutzt werden. Der damit verbundene Zugewinn an *institutioneller* Problemlösungsfähigkeit fördert nicht nur das *Folgelernen auf höherem Niveau* (*Klimecki/Laßleben/Riexinger-Li* 1994), sondern bietet auch Chancen zur Rationalisierung, da erfolgreiche Konzepte für ähnlich gelagerte Problemstellungen eingesetzt werden können. Dazu bieten sich *interaktionsbezogene* und *strukturorientierte* Unterstützungsmaßnahmen an:

Die *Interaktion* kann im Rahmen der Multiplikationsfunktion der Führung unterstützt werden, wenn diese gezielt auf die Auswertung und Verbreitung des vorhandenen Wissens ausgerichtet wird. Dies ist *strukturell* sowohl durch eine schnelle Umsetzung der neugewonnenen Erfahrungen in „Routinen" (z.B. Organisationsgrundsätze und -standards) als auch durch eine Förderung des organisationsweiten Erfahrungsaustausches zu fördern.

V. Einsatzmöglichkeiten und -grenzen von OE bei fundamentalem Wandel

Daß OE ein *prinzipiell* erfolgversprechendes Änderungskonzept darstellt, dürfte außer Frage stehen (*Fatzer* 1993). Der mit diesem Konzept verbundene Anspruch auf universelle Einsetzbarkeit muß jedoch kritisch beurteilt werden. Bisher wurde deutlich, daß OE günstige organisations*interne* Rahmenbedingungen benötigt, um die Leistungsversprechen erfüllen zu können. Zusätzlich scheint die Anwendbarkeit des Ansatzes jedoch auch durch organisations*externe* Faktoren begrenzt zu werden, die aus der OE-„Optik" weitgehend ausgeklammert werden. Umweltveränderungen stellen jedoch ein *komplexes Phänomen* dar, das durch *Vielfalt, Dynamik* und *Diskontinuität* (*Klimecki/Probst/Eberl* 1994) gekennzeichnet ist. Dabei ist zwischen quantitativen und qualitativen Aspekten des Wandels zu unterscheiden:

(a) Aus *quantitativer Sicht* scheint die *Anzahl der sich wandelnden Elemente* (z.B. Werte, politische und ökonomische Rahmenbedingungen) bei gleichzeitig *erhöhter Änderungsgeschwindigkeit* zuzunehmen. Daraus folgt, daß Organisationen zunehmend schneller (re-)agieren sowie differenziertere und „umweltbewußtere" Änderungsmodelle einsetzen müssen.

(b) Aus *qualitativer* Sicht ist zwischen *inkrementalem* und *fundamentalem* Wandel zu unterscheiden. Letzterer kennzeichnet eine *diskontinuierliche* Veränderungssituation, die *neue* Handlungsmodelle und *Veränderungs- statt Verbesserungslernen* erfordert. Fundamentaler Wandel verlangt *revolutionäre* Änderungsstrategien. Im Zuge einer umfassenden „organizational transformation" (*Levy/Merry* 1986) sind neue Handlungskonzepte und Visionen zu entwickeln, was mit einer abrupten Veränderung der *Organisationskultur* einhergeht. Als „Entwicklungsmodell" ist OE jedoch auf *evolutionäre* Veränderungen ausgerichtet. Für diesen *radikalen Teil* der organisationalen Transformation scheint der Ansatz damit wenig geeignet. Erst nach erfolgtem „Bombenwurf" des neuen Handlungskonzepts, in der anschließenden Implementierungsphase („Organizational Transition"), bieten sich Spielräume für OE (*Beckhard/Harris* 1987). Damit entsteht die paradoxe Situation, „Bombenwurf" und OE in *einem* Veränderungskonzept zu integrieren. Für die *Führung* entsteht ein Zwang zu *widersprüchlichem Handeln* (*Neuberger* 1985). Dieser wird (zumindest aus OE-Sicht) durch die Forderung nach einer „visionsstarken" transformativen Führung (*Tichy/Devanna* 1986) noch verstärkt ... es sei denn, man unterstellt, daß zur Bewältigung solcher Widersprüche ohnehin nur „charismatische" Führungspersönlichkeiten (*Conger* 1989) in der Lage sind.

Literatur

Ansoff, H. I.: Implanting Strategic Management. Englewood Cliffs, N. J. 1984.
Bandura, A.: Sozial-kognitive Lerntheorie. Stuttgart 1979.

Becker, H./Langosch, I.: Produktivität und Menschlichkeit – Organisationsentwicklung und ihre Anwendung in der Praxis. Stuttgart 1986.
Beckhard, R./Harris, R. T.: Organizational Transitions: Managing Complex Change. 2. A., Reading, Mass. 1987.
Bennis, W. G./Benne, K. D./Chin, R. (Hrsg.): The Planning of Change. 4. A., New York et al. 1985.
Bennis, W. G./Nanus, B.: Führungskräfte. 3. A., Frankfurt/M./New York 1987.
Conger, J. A.: The Charismatic Leader. San Francisco/London 1989.
Crozier, M./Friedberg, E.: Macht und Organisation: Die Zwänge kollektiven Handelns. Königstein 1979.
Cummings, Th. G./Huse, E. F.: Organizational Development and Change. 4. A., St. Paul et al. 1989.
Duncan, R./Weiss, A.: Organizational Learining: Implications for Organizational Design. In: ROB, 1979, 1, S. 75–123.
Fatzer, G. (Hrsg.): Organisationsentwicklung für die Zukunft: Ein Handbuch. Köln 1993.
Filley, A. C./House, R. J./Kerr, St.: Managerial Process and Organizational Behavior. 2. A., Glenview, Ill. 1976.
French, W. L./Bell, C. H.: Organisationsentwicklung. 3. A., Stuttgart 1990.
Gebert, D.: Organisationsentwicklung. Stuttgart et al. 1974.
Glasl, F./Houssaye de la, L.: Organisationsentwicklung. Bern/Stuttgart 1975.
Heimerl-Wagner, P.: Strategische Organisations-Entwicklung: Inhaltliche und methodische Konzepte zum Lernen in Organisationen. Heidelberg 1992.
Kappler, E.: Aktionsforschung. In: *Grochla, E.* (Hrsg.): HWO. 2. A., Stuttgart 1980.
Klimecki, R./Probst, G.: Personal- und Unternehmensentwicklung – Skizzen zu einer integrativen Sichtweise. In: *Lattmann, Ch./Probst, G./Tapernoux, F.* (Hrsg.): Die Förderung der Leistungsbereitschaft des Mitarbeiters als Aufgabe der Unternehmensführung. Heidelberg 1992, S. 3–25.
Klimecki, R./Laßleben, H./Riexinger-Li, B.: Zur Analyse organisationaler Lernprozesse im öffentlichen Sektor. In: *Bussmann, W.* (Hrsg.): Lernen in Verwaltungen und Policy-Netzwerken. Chur/Zürich 1994.
Klimecki, R./Probst, G./Eberl, P.: Entwicklungsorientiertes Management. Stuttgart 1994.
Krüger, W.: Organisation der Unternehmung. 2. A., Stuttgart 1993.
Kubicek, H./Leuck, G. H./Wächter, H.: Organisationsentwicklung. In: Gruppendynamik, 1979, S. 297–318.
Küpper, W./Ortmann, G. (Hrsg.): Mikropolitik. Opladen 1988.
Levy, A./Merry, U.: Organizational Transformation: New York 1986.
Lewin, K.: Frontiers in Group Dynamics. In: Human Relations, 1947, S. 5–41.
Lewin, K.: Group Decisions and Social Change. In: *Maccoby, E. E./Newcomb, T./Hartley, E.* (Hrsg.): Readings in Social Psychology. 3. A., New York 1958.
Mirvis, P. H.: Organization Development (Part I). In: *Pasmore, W. A./Woodman, R. W.* (Hrsg.): Research in Organizational Change and Development. Greenwich 1988, 2, S. 1–57.
Neuberger, O.: Führung. Ideologie – Struktur – Verhalten. 2. A., Stuttgart 1985.
Pautzke, G.: Die Evolution der organisatorischen Wissensbasis. Herrsching 1989.
Pieper, R.: Diskursive Organisationsentwicklung. Berlin/New York 1988.
Sandner, K.: Organization Development as a Political Process. In: *Massarik, F.* (Hrsg.): Advances in Organization Development. Norwood/New York 1990, S. 42–56.
Schein, E. H.: Wie vollziehen sich Veränderungen? In: *Bennis, W. G./Benne, D. D./Chin, R.* (Hrsg.): Änderung des Sozialverhaltens. Stuttgart 1975, S. 128–139.
Schein, E. H.: Organizational Culture and Leadership. San Francisco et al. 1985.
Sievers, B. (Hrsg.): Organisationsentwicklung als Problem. Stuttgart 1977.
Tichy, N. M./Devanna, M. A.: The Transformational Leader. New York et al. 1986.
Ulrich, P.: Transformation der ökonomischen Vernunft. Bern/Stuttgart 1987.
Witte, E.: Organisation für Innovationsentscheidungen. Göttingen 1973.
Wohlgemuth, A. C.: Das Beratungskonzept der Organisationsentwicklung. Bern/Stuttgart 1991.

Organisationskultur und Führung

Mark Ebers

[s. a.: Entpersonalisierte Führung; Führungsethik; Führungsphilosophie und Leitbilder; – Führungstheorien – Charismatische Führung, – Machttheorie, – Rollentheorie, – Soziale Lerntheorie, – Weg-Ziel-Theorie; Kulturabhängigkeit der Führung; Sprache in der Führung; Symbolische Führung.]

I. Organisationskultur als Bedingung und Folge von Führungsinteraktionen; II. Begriff der Organisationskultur, theoretische Perspektiven und methodische Zugänge; III. Charakterisierung und empirische Erfassung von Organisationskulturen; IV. Entstehung, Vermittlung, Wirkungen und Wandel von Organisationskulturen; V. Die Bedeutung von Organisationskultur für Führungsprozesse.

I. Organisationskultur als Bedingung und Folge von Führungsinteraktionen

Organisationskultur und Führung beeinflussen sich wechselseitig: Einerseits vollziehen sich Führungsprozesse in Organisationen immer unter spezifischen organisationskulturellen Bedingungen, welche die Art der Führung, den Verlauf der Führungsprozesse und ihre Ergebnisse beeinflussen. Bspw. hängt es u. a. von der jeweiligen Organisationskultur ab, welche Führungserwartungen sich herausbilden, welches Führungsverhalten gezeigt wird und welche Führungsansprüche sich in welcher Weise durchsetzen lassen. Andererseits entsteht, entwickelt und verfestigt sich eine Organisationskultur umgekehrt aber auch in und durch

(Führungs-)Interaktionen der Organisationsmitglieder. Bspw. beeinflussen Vorgesetzte die Orientierungsmuster, an denen sich ihre Untergebenen ausrichten, indem sie Interpretationen von Ereignissen anbieten, Bedeutungszusammenhänge schaffen, Erwartungen äußern, Ziele formulieren, deren Erreichung kontrollieren und sanktionieren.

Sowohl für die Führungstheorie als auch für die Führungspraxis kommt der Analyse von Organisationskulturen damit eine zweifache *Bedeutung* zu. Einerseits kann ein besseres Verständnis der Art und Weise, in der Organisationskultur auf das Denken, Fühlen, Verhalten und Handeln von Organisationsmitgliedern wirkt, zu einem besseren Verständnis des Verlaufs, Gelingens und Scheiterns von Führungsprozessen beitragen. Andererseits kann ein besseres Verständnis der Art und Weise, in der sich Organisationskultur in und durch (Führungs-)Interaktionen formt und entwickelt, helfen, die Wirkungen und Konsequenzen von Führungsverhalten besser bestimmen zu können. Eine Analyse der Organisationskultur trägt somit dazu bei, daß Vorgesetzte wie Nachgeordnete ihre Führungsinteraktionen besser verstehen und bewußter handhaben können.

II. Begriff der Organisationskultur, theoretische Perspektiven und methodische Zugänge

Das Konzept „Organisationskultur" wird aus sehr unterschiedlichen Erkenntnisinteressen, theoretischen Perspektiven und mit verschiedenen Methoden erforscht. Das Forschungsgebiet kann noch keineswegs als konsolidiert angesehen werden (Überblicke über den Forschungsstand bieten *Dierkes/von Rosenstiel/Steger* 1993; *Alvesson/Berg* 1992; *Frost* et al. 1991; *Dülfer* 1991a; *Lattmann* 1990; *Barley/Meyer/Gash* 1988; *Sandner* 1988; *Weber/Mayrhofer* 1988; *Heinen* 1987; *Kasper* 1987; *Smircich/Calás* 1987).

1. Begriff

Obwohl hinsichtlich der positiven Bestimmung des Begriffs „Organisationskultur" keineswegs Einigkeit besteht, weisen viele Konzeptualisierungen gleichwohl eine Reihe gemeinsamer Elemente auf, die als *begrifflicher Kern des Konzeptes* angesehen werden können: Organisationskultur umfaßt demnach die Denk- und Verhaltensmuster, die im Laufe der Zeit in einer Organisation entstanden sind und in ihr gelten (*Martin* 1992; *Schreyögg* 1992; *Dülfer* 1991b; *Rousseau* 1990, *Scholz/Hofbauer* 1990; *Kahle* 1988; *Heinen* 1987; *Neuberger/Kompa* 1987; *Schein* 1985; *Bleicher* 1984). Das in der Literatur häufig angeführte Modell von *Schein* (1985) ordnet die Elemente einer Organisationskultur in drei aufeinander aufbauenden Ebenen an: (1) Die Basisannahmen über die Welt, welche die Organisationsmitglieder als fraglos gültig akzeptieren; (2) die Werte und Normen, welche für die Organisationsmitglieder gelten; und (3) die Verhaltensweisen und Artefakte, welche als Ergebnis der jeweiligen Weltanschauungen und Werte von den Organisationsmitgliedern hervorgebracht werden.

2. Theoretische Perspektiven auf Organisationskultur

In einer großen Differenzierung werden häufig zwei (in sich wiederum vielfältig differenzierte) theoretische Perspektiven der Organisationskulturforschung unterschieden: funktionalistische und interpretative (*Wollnik* 1993; *Alvesson/Berg* 1992; *Neuberger/Kompa* 1987; *Ebers* 1985).

Funktionalistische Ansätze legen häufig eine objektivierende Sicht der sozialen Realität an. Sie konzeptualisieren Organisationskultur als eine organisatorisch relevante Variable neben anderen (z. B. Technik, Art der Arbeitsteilung, Konfiguration und Strategie). Die Ausprägung einer Organisationskultur wird vornehmlich aus den Funktionen und Wirkungen verstanden und erklärt, welche mit der Organisationskultur verbunden sind (*Schein* 1985; *Smircich* 1983a).

Interpretative Ansätze hingegen betrachten Organisationen als Kulturen (*Smircich* 1983b) und diese wiederum als Ausdrucksformen besonderer Lebenswelten. Das Konzept der Organisationskultur beschreibt hier nicht ein einzelnes Element der Organisation, sondern charakterisiert – sämtliche organisatorischen Phänomene umfassend – die besondere Art und Weise, in der Mitglieder einer Organisation ihre Realität sozial konstruieren. Die Ausprägung einer Organisationskultur wird vornehmlich aus den subjektiv wahrgenommenen Bedingungen sowie dem Prozeß der sozialen Interaktionen der Organisationsmitglieder verstanden und erklärt.

3. Methodische Zugänge

Vertreter *interpretativer Ansätze* der Organisationskulturforschung stützen sich in ihren empirischen Untersuchungen überwiegend auf (Einzel-)Fallstudien. Die Forscher begeben sich für längere Zeit in die zu untersuchende Organisation, um deren besondere Kultur zu erfahren und zu verstehen. Sie bedienen sich qualitativer, ethnographischer Methoden, um die Charakteristika der jeweils untersuchten Organisationskultur zu bestimmen (*Linstead* 1993; *Martin* 1992; *Kunda* 1991; *Sackmann* 1991). Dabei kommen insbesondere die Methoden der Verhaltensbeobachtung (teilnehmend oder als unbeteiligter Beobachter), offene Tiefen-Interviews sowie hermeneutische

Analysen von sprachlichen Äußerungen, symbolischen Handlungen und Artefakten zur Anwendung (*Osterloh* 1991; *Rosen* 1991; *Gagliardi* 1990; *Turner* 1990; *Morey/Luthans* 1984). Diese methodische Herangehensweise ist insbesondere geeignet, die individuellen Besonderheiten einer Organisationskultur inhaltlich genau zu erfassen. Sie wirft jedoch das Problem auf, daß aus diesen Studien kaum allgemeinere Erkenntnisse gewonnen werden können, weil die erhobenen kulturellen Kategorien und Interpretationen sich oft nur schwer auf andere organisationskulturelle Kontexte übertragen lassen.

Von Vertretern *funktionalistischer Ansätze* wurden in jüngerer Zeit auch großzahlig vergleichende, quantitative Untersuchungen der Kulturen von Organisationen durchgeführt (*O'Reilly/Chatman/Caldwell* 1991; *Zammuto/Krakower* 1991; *Denison* 1990; *Hofstede* et al. 1990; *Rousseau* 1990). Diese stützen sich auf standardisierte Erhebungsinstrumente, die häufig in schriftlichen oder mündlichen Befragungen eingesetzt werden. Erfaßt werden dabei überwiegend Einstellungen und Werthaltungen der Organisationsmitglieder, seltener organisatorische Praktiken oder individuelle Verhaltensweisen. Die Studien geben meist einen Kanon möglicher kultureller Grundannahmen und Werte vor, aus dem dann durch Befragung von Organisationsmitgliedern organisationsspezifische Kulturprofile gewonnen werden (*Scholz/Hofbauer* 1990, *Kobi/Wüthrich* 1986). Hier ist durch die Methode eine gemeinsame begriffliche Bezugsbasis gegeben, die interkulturelle Vergleiche und damit allgemeinere Aussagen möglich macht. Problematisch bleibt bei diesem methodischen Vorgehen jedoch, ob und inwieweit die vorgegebenen Kategorien die zu beschreibenden Organisationskulturen tatsächlich vollständig und inhaltlich valide erfassen.

Nur wenige Studien suchen die Vorteile zu nutzen, die durch eine Kombination der beiden genannten Arten von methodischen Zugängen realisiert werden können (z. B. *Zammuto/Krakower* 1991; *Denison* 1990; *Hofstede* et al. 1990).

III. Charakterisierung und empirische Erfassung von Organisationskulturen

Generell können *zwei Vorgehensweisen* bei der Charakterisierung und empirischen Erfassung von Organisationskulturen unterschieden werden:

(1) Charakterisierung über die Inhalte einer Kultur. Bei dieser Vorgehensweise werden Aussagen über die (unterschiedlichen) Bestimmungsfaktoren, Wirkungen oder Funktionsweisen von Organisationskulturen auf die (unterschiedliche) inhaltliche Ausprägung organisationskultureller Annahmen, Werte, Symbole, Artefakte, etc. bezogen und gegründet. Die folgende Tabelle zeigt auf, über welche *Inhalte* Organisationskulturen charakterisiert worden sind.

(2) Charakterisierung über formale Merkmale einer Kultur. Bei dieser Vorgehensweise werden Aussagen über die (unterschiedlichen) Bestimmungsfaktoren, Wirkungen oder Funktionsweisen von Organisationskulturen, nicht selten ungeachtet der besonderen kulturellen Inhalte, auf die (unterschiedlichen) Ausprägungen verschiedener formaler Merkmale von Organisationskulturen bezogen und gegründet (z. B. *Schreyögg* 1992; *Denison* 1990; *Hoffmann* 1989; *Heinen* 1987). Zu diesen formalen Merkmalen gehören bspw. die Stärke oder Schwäche einer Organisationskultur, die Einheitlichkeit oder Diversität, historische Stabilität oder Instabilität, Kohärenz oder Inkohärenz der verschiedenen Elemente einer Organisationskultur sowie die Kongruenz oder Inkongruenz einer Organisationskultur mit den Wünschen der Organisationsmitglieder und externer Interessengruppen.

IV. Entstehung, Vermittlung, Wirkungen und Wandel von Organisationskulturen

Welche Kultur eine Organisation entwickelt und wie diese Kultur die Organisation und ihre Mitglieder prägt, hängt von vielen Faktoren ab: Von den individuellen Eigenheiten der Organisationsmitglieder, den Eigenarten der Organisation und den besonderen Umweltbedingungen. Das folgende Modell reduziert die komplexen Zusammenhänge im Interesse einer einfacheren Darstellung auf einige wichtige, in empirischen Forschungen ermittelte Faktoren und Prozesse.

1. Entstehung

Damit die Mitglieder einer Gruppe (hier: die Mitglieder einer Organisation) sinnvoll interagieren können, müssen sie über eine gemeinsame Begrifflichkeit und ein gemeinsames Repertoire von Orientierungsmustern verfügen (*Berger/Luckmann* 1970). Insofern besitzt jede Organisation eine Organisationskultur. Diese entsteht vor dem Hintergrund gemeinsamer Problemlagen und Erfahrungen in der *sozialen Interaktion* der Gruppenmitglieder als Ergebnis *sozialer Lernprozesse*. Bewähren sich die Orientierungs- und Verhaltensmuster in der Gruppe und für ihre Außenbeziehungen, so werden sie bald für selbstverständlich erachtet, d. h. fraglos akzeptiert (*Föhr/Lenz* 1992; *Gagliardi* 1986; *Schein* 1985). Indem die Orientierungs- und Verhaltensmuster in Form von Programmen, Ritualen, formalen Regelungen u. ä. institutionalisiert werden und sich in Artefakten manifestieren, stabilisiert sich die Organisationskultur (*Pfeffer* 1981).

Drei Bereiche lassen sich unterscheiden, welche die spezifischen Gehalte einer Organisationskultur gleichzeitig beeinflussen: individuelle, organisatorische und Umwelteinflüsse. Obwohl sich diese Bereiche wiederum wechselseitig beeinflussen, seien sie hier getrennt behandelt.

Autoren	Bezugspunkte	Typen oder Dimensionen von Organisationskulturen
1. Theoretisch-konzeptionelle Studien		
Deal/Kennedy (1982)	Branchencharakteristika (Ausmaß des wirtschaftlichen Risikos; Schnelligkeit des Feedback); Entscheidungsstile	Harter Kerl/Macho-Kultur Prozeß-Kultur Risiko-Kultur Schwere Arbeit/schweres Vergnügen-Kultur
Jones (1983)	Inhalte und Verteilung von Verfügungsrechten; kostengünstige Gestaltung von Austauschbeziehungen	Produktions-Kultur Bürokratische Kultur Professionelle Kultur
Bleicher (1986)	Strategische Ausrichtung; Organisation	Zentralistische Einheitskulturprägung vs. differenzierte Subkulturprägung Ökonomische vs. soziale Kulturprägung Technologie- vs. Marktorientierung Stabilitätssuchende vs. innovationsorientierte Kulturprägung
Kets de Vries/Miller (1988)	Psychische Orientierungsmuster; neurotische Stile von Führungspersönlichkeiten/dysfunktionale Organisationskulturen	<u>Führungspersönlichkeit</u> <u>Dysfunktionale Organisationskultur</u> Mißtrauisch Paranoide Kultur Depressiv Ausweich-Kultur Dramatisch Charismatische Kultur Zwanghaft Bürokratische Kultur Schizoid Politische Kultur
Wiener (1988)	Wertefoki; Wertebasen	Funktional-traditionale Kulturen Funktional-charismatische Kulturen Elitär-traditionale Kulturen Elitär-charismatische Kulturen
Schneider/Shrivastava (1988)	Grundannahmen über Individuen, Gruppen und Organisationen	Drangsalierend Exorzierend Abhängig Verbindend Größe und Macht anstrebend Philosophierend Schuldig Beeinflussend Nihilistisch
2. Empirisch fundierte Studien		
Hofstede et al. (1990)	Wahrnehmung organisatorischer Praktiken	Prozeß- vs. Ergebnisorientierung Mitarbeiter- vs. Aufgabenorientierung Identität verbunden mit der Organisation vs. Identität verbunden mit der Aufgabe Organisation ist offenes System vs. Organisation ist geschlossenes System Lockere vs. enge bürokratische Steuerung und Kontrolle Normativ-/binnenorientiert vs. pragmatisch-/marktorientiert
	Zentrale Werte	Arbeitsorientierung: intrinsisch vs. extrinsisch motiviert Identifikation: mit der Organisation vs. mit anderen Interessen persönliche Ziele: gerichtet auf Geld und Karriere vs. Familie und Kooperation
	Werte + Praktiken	Bürokratische Kultur Professionelle Kultur Bewahrende Kultur
Rousseau (1990)	Zentrale Werte	Aufgabenorientierte Kultur Soziale Beziehungen-Kultur Individual-Kultur
Denison (1990)	Interner-externer Fokus; Flexibilität-Stabilität	Anpassungs-Kultur Einbindungs-Kultur Missions-Kultur Konsistenz-Kultur
Zammuto/Krakower (1991)	Zentrale Werte	Gruppen-Kultur Entwicklungs-Kultur Hierarchische Kultur Rationale Kultur
O'Reilly/Chatman/Caldwell (1991); Sheridan (1992)	Zentrale Werte	Innovationsorientierte Kultur Ergebnisorientierte Kultur Detailorientierte Kultur Teamorientierte Kultur Aggressive Kultur

Tab. 1: Inhaltliche Charakterisierungen von Organisationskulturen

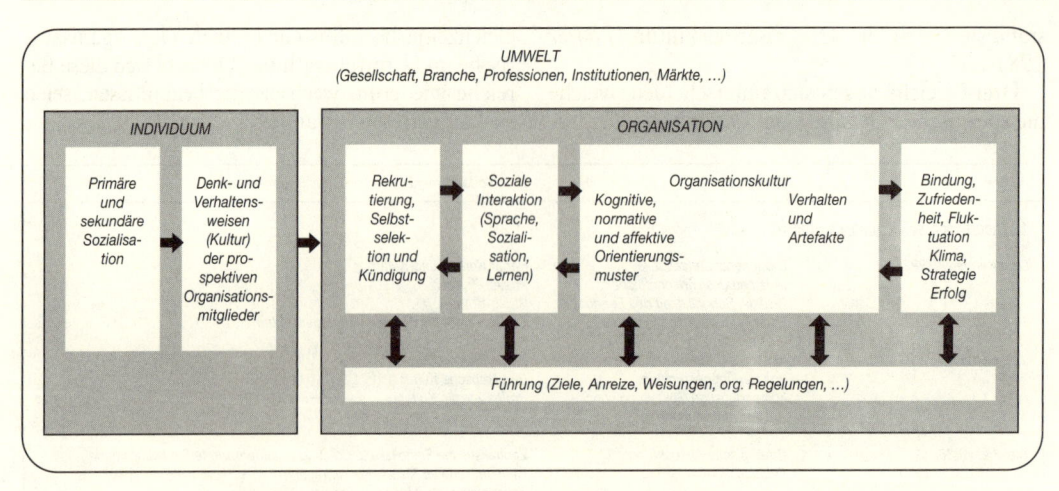

Abb. 1: Entstehung, Vermittlung und Wirkungen von Organisationskultur

a) Indviduelle Einflüsse

Führungseinflüsse stellen die wohl am häufigsten genannte Erklärung für die spezifische Ausformung einer Organisationskultur dar. Die besonderen Gehalte einer Organisationskultur werden dabei auf die individuellen Visionen, Werte, Grundannahmen oder die Psychostruktur der Gründer, Eigentümer oder Führungskräfte der Organisation zurückgeführt (*Kets de Vries/Miller* 1986; *Deal/Kennedy* 1982; *Schein* 1983). Es gibt unterschiedliche Ansichten, wie groß der Einfluß ist, den Führungskräfte auf die Organisationskultur, die ja die Mehrzahl der Organisationsmitglieder teilt, besitzen. Einige Autoren vertreten die Meinung, daß die Inhaber formeller Führungspositionen – wenn sie wollten – sehr großen Einfluß geltend machen könnten (*Sathe* 1983; *Peters/Waterman* 1982). Doch wollen sie erfolgreich sein, so sind sie sicherlich in ähnlicher Weise wie die Inhaber informeller Führungspositionen auf die Willfährigkeit derer angewiesen, deren Denk- und Verhaltensweisen sie zu beeinflussen suchen (*Smircich/Morgan* 1982; →*Führungstheorien – Machttheorie*). Denn wie die Führungskräfte haben auch die anderen Mitglieder einer Organisation im Verlauf ihrer primären und sekundären Sozialisation bestimmte kulturelle Orientierungsmuster, Werte und Verhaltensmuster erworben, welche sie als Organisationsmitglieder nicht einfach ablegen können oder wollen, und die daher die Kultur einer Organisation mit prägen. Andere schätzen daher den Einfluß von Führungskräften geringer und betonen die Notwendigkeit bewußten oder unbewußten Einverständnisses der Nachgeordneten (*Neuberger/Kompa* 1987; *Pondy* 1978). *Schein* (1984) schließlich vereinigt beide Positionen in einem Phasenmodell, das Führungskräften in der Gründungsphase großen Einfluß zuspricht, der sich dann jedoch zugunsten der Gruppe(n) der Organisationsmitglieder abschwächt. Gemäß der Untersuchung von *Hofstede* et al. (1990) scheint der Einfluß von Führungskräften überdies in der Weise beschränkt zu sein, daß die Werte der Führungskräfte nicht unmittelbar die Werthaltungen der ihnen Untergebenen beeinflussen, sondern vornehmlich deren Verhalten.

Welche Werthaltungen und Verhaltensweisen in einer Organisationskultur vertreten werden, hängt daneben weitgehend von der *demographischen Zusammensetzung der Organisationsmitglieder* ab. Große Bedeutung besitzen u. a. die Ausbildung, das Alter und die Seniorität der Organisationsmitglieder sowie deren geschlechtliche Zusammensetzung (*Hofstede* et al. 1990).

b) Organisatorische Einflüsse

Die Gestaltung der *Personalauswahl* sowie die *Rekrutierungs- und Kündigungsentscheidungen* der Organisationsmitglieder bestimmen, welche individuellen Einflüsse sich letztlich in Organisationskulturen niederschlagen (können). Daneben beeinflussen, aufgrund ihrer verhaltenssteuernden Wirkungen, auch verschiedene Merkmale von Organisationsstrukturen die Ausprägung von Organisationskulturen (*Kieser* 1990). Empirische Studien zeigen auf, daß Organisationskulturen insbesondere in Abhängigkeit von den *Eigentumsverhältnissen*, der *Größe* der Organisation, ihrem *Spezialisierungs-*, *Formalisierungs-* und *Zentralisierungsgrad* sowie der *Länge des Planungshorizonts* divergieren (*Zammuto/Krakower* 1991; *Hofstede* et al. 1990). Gemäß der Untersuchung von *Hofstede* et al. (1990) beeinflussen diese organisatorischen Faktoren vornehmlich die Verhaltensmuster der Organisationsmitglieder, nicht jedoch deren Werthaltungen. Letztere können eher durch die individuell-demographischen und Umwelteinflüsse erklärt werden.

c) Umwelteinflüsse

Organisationskulturen unterliegen auch immer dem prägenden Einfluß ihrer Umwelt. In ihrer international vergleichenden Studie stellen *Hofstede* et al. (1990) fest, daß Unterschiede in den Kulturen der untersuchten Organisationen vor allem auf die Unterschiede der *nationalen Kulturen* zurückgeführt werden können, denen die Organisationen zugehören (→*Kulturabhängigkeit der Führung*).

Der Einfluß der gesellschaftlich-kulturellen Umwelt auf Organisationskulturen macht sich auf unterschiedliche Weise geltend. Zum einen werden gesellschaftliche Orientierungs- und Verhaltensmuster über die Organisationsmitglieder *unmittelbar personal* in Organisationen hineingetragen. Zum zweiten machen Organisationsmitglieder, *um Unsicherheit zu bewältigen,* für ihre Organisationskultur Anleihen bei ihrer gesellschaftlich-kulturellen Umwelt. Denn letztere bietet mit ihren Institutionen, den in ihnen kodifizierten Werten und den sie begleitenden Ideologien stabile Orientierungs- und Legitimationsmuster, durch die sich Verhaltensweisen, organisatorische Strukturen, Gepflogenheiten und Entscheidungen stützen lassen (*Allaire/Firsirotu* 1984; *Meyer/Rowan* 1977). Schließlich können Organisationsmitglieder drittens auch aus bestimmten *Interessen* solche kulturellen Werte vertreten und Verhaltensweisen zeigen, die in ihrer relevanten Umwelt positiv sanktioniert werden *(DiMaggio/Powell* 1983).

2. Vermittlung

Rekrutierungsentscheidungen seitens der Organisation und Selbstselektionsprozesse prospektiver Organisationsmitglieder beeinflussen, ob und in welchem Ausmaß die organisationskulturellen Orientierungs- und Verhaltensmuster neuen Organisationsmitgliedern überhaupt vermittelt werden müssen. Die verantwortlichen Entscheider werden in der Regel bestrebt sein, vor allem solche Individuen als neue Mitglieder zu gewinnen, die kulturell in die Organisation passen, d. h. ähnliche oder zumindest kompatible Grundüberzeugungen, Werte und Verhaltensmuster aufweisen. Umgekehrt werden Individuen den Beitritt zu solchen Organisationen präferieren, die ihren Vorstellungen entsprechen (*Schneider* 1987). Durch *Rekrutierungs- und Selbstselektionsprozesse* wird somit von vornherein eine gewisse kulturelle Übereinstimmung der Organisationsmitglieder hergestellt.

Gleichwohl werden regelmäßig Differenzen zwischen den kulturellen Orientierungs- und Verhaltensmustern neuer Organisationsmitglieder und der herrschenden Organisationskultur bestehen. Neuen Organisationsmitgliedern wird die besondere Kultur einer Organisation in der Kommunikation und Interaktion mit den Organisationsmitgliedern über Prozesse der *Sozialisation* (*Van Maanen/Schein* 1979) und des *sozialen Lernens* (→*Führungstheorien – Soziale Lerntheorie*) vermittelt.

Führungsprozesse spielen hierbei eine große Rolle (*Neuberger/Kompa* 1987; *Scholz/Hofbauer* 1987; *Heinen/Dill* 1986; *Kerr/Slocum* 1987; *Schein* 1985; *Smircich/Morgan* 1982; *Pfeffer* 1981). Führungskräfte verdeutlichen den Organisationsmitgliedern durch ihr Führungsverhalten zentrale Elemente der Organisationskultur, indem sie

- „richtige" Überzeugungen und Verhaltensweisen herausstellen (z. B. in Führungsgrundsätzen, Zielsystemen oder Unternehmensleitbildern) (→*Sprache in der Führung;* →*Führungsphilosophie und Leitbilder*) und beispielhaft vorführen (→*Führungstheorien – Charismatische Führung*);
- bestimmten Phänomenen Aufmerksamkeit schenken, sie messen und kontrollieren (→*Symbolische Führung*);
- Rollenvorgaben machen und direkte Verhaltensanweisungen geben (→*Führungstheorien – Rollentheorie, – Weg-Ziel-Theorie*);
- organisatorische Regelungen und Strukturen schaffen, die Verhalten regulieren (z. B. Stellenbeschreibungen, Abteilungsgliederungen oder das Berichtswesen) (→*Entpersonalisierte Führung*);
- Anreize und Sanktionen einsetzen, um Verhalten zu steuern (z. B. bei der Personalbeurteilung, der Gestaltung von Entgeltsystemen, bei Beförderungsentscheidungen oder in der Planung und Kontrolle).

3. Wirkungen

Organisationskulturen bieten Orientierungsmuster, gemäß derer die Organisationsmitglieder ihr Verhalten und Handeln, die Organisation und ihre Umwelt wahrnehmen, interpretieren und beurteilen (*Sackmann* 1991; *Daft/Weick* 1984). Sie beinhalten Problemerkennungs-, Problemlösungs-, Bewertungs- sowie Legitimationsmuster und beeinflussen daher Entscheidungen, Handeln und Verhalten der Organisationsmitglieder (*Schein* 1985).

Es gibt viele Vermutungen darüber, welche Wirkungen bestimmte Inhalte oder bestimmte formale Merkmale von Organisationskulturen im einzelnen auf individueller und organisatorischer Ebene zeitigen und wie stark ihr Einfluß jeweils ist (vgl. z. B. *Schreyögg* 1992; *Kasper* 1987). In frühen populärwissenschaftlichen Arbeiten wurde bspw. nachdrücklich und mit großem publizistischem Erfolg postuliert, daß einheitliche, starke Organisationskulturen, die auf bestimmte Werte wie Kundenorientierung, Innovation u. a. m. ausgerichtet sind, einen wesentlichen Beitrag zum Erfolg von Organisationen leisten würden (*Deal/Kennedy* 1982; *Peters/Waterman* 1982). Aber erst in jüngster Zeit wurde versucht, diese und andere Thesen systematisch empirisch zu überprüfen (zu den Problemen der empirischen Bestimmung der Wirkungen von Organisationskulturen vgl. *Drumm* 1991 und *Saffold* 1988). Daher liegen nur relativ wenige empirisch gestützte Aussagen zu den Wirkungen von Organisationskulturen vor.

a) Auf individueller Ebene

Die Übereinstimmung der Wertepräferenzen einzelner Organisationsmitglieder mit den Wertegehalten der Organisationskultur führt nach einer Längsschnittstudie von *O'Reilly/Chatman/Caldwell* (1991) bei den Individuen zu einer größeren normativen *Bindung* an die Organisation und einer größeren generellen *Arbeitszufriedenheit*. Die Individuen beabsichtigen überdies seltener, die Organisation zu einem späteren Zeitpunkt zu verlassen, und weisen in der Tat nach einem Jahr auch signifikant geringere *Kündigungsraten* auf. Mit Hilfe desselben Instrumentariums stellte *Sheridan* (1992) fest, daß die *mittlere Verweilzeit* von Individuen in Organisationskulturen, die aufgabenorientierte Werte betonten, um 50% unter der von Organisationskulturen lag, die personenorientierte Werte hervorhoben; dies galt sowohl für leistungsstarke als auch für leistungsschwache Organisationsmitglieder.

b) Auf organisatorischer Ebene

Zammuto/Krakower (1991) stellten in ihrer Studie signifikante Zusammenhänge zwischen den Inhalten einer Organisationskultur und verschiedenen Indikatoren des *Organisationsklimas* (Vertrauen, Arbeitsmoral, Konfliktintensität u. a. m.) fest. Die untersuchten Arten von Organisationskulturen wiesen überdies unterschiedliche *strategische Ausrichtungen* auf. In einem der wenigen Versuche, in einer großzahlig vergleichenden Untersuchung mögliche Zusammenhänge zwischen Charakteristika von Organisationskulturen und dem organisationalen *Erfolg* aufzudecken, stellte *Denison* (1990) fest, daß von den vier von ihm gemessenen Merkmalen von Organisationskulturen (persönliche Einbindung, Konsistenz, Anpassungsfähigkeit, Zielorientierung) allein die Zielorientierung nennenswert positiv mit den erhobenen objektiven Erfolgsmaßen (Umsatzwachstum, Gewinn und Kapitalrentabilität) korrelierte. Alle vier Kulturcharakteristika wiesen jedoch signifikant positive Zusammenhänge mit den gemessenen subjektiven Erfolgsindikatoren auf (Qualität, Leistung und Mitarbeiterzufriedenheit).

Theoretisch-konzeptionelle Arbeiten führen den möglichen *Erfolgsbeitrag von einheitlichen Organisationskulturen* überwiegend auf zwei Aspekte zurück: Durch die gemeinsamen Werte, Orientierungs- und Verhaltensmuster kann erstens der organisatorische Koordinations- und Führungsbedarf gesenkt und zweitens das Verhalten der Organisationsmitglieder effektiv auf die erfolgsrelevanten Faktoren ausgerichtet werden (*Föhr/Lenz* 1992; *Camerer/Vepsalainen* 1988; *Saffold* 1988). Wenn die Werte, Orientierungs- und Verhaltensmuster, welche die Kultur einer Organisation ausmachen, hingegen nicht (mehr) den Anforderungen der Organisationsmitglieder oder des Marktes entsprechen und diesen aufgrund ihrer festen kulturellen Verankerung auch nicht angepaßt werden können, so kann eine starke, einheitliche Organisationskultur aber auch erhebliche *Erfolgsrisiken* mit sich bringen, u. a. weil neue Herausforderungen nicht wahrgenommen werden, falsche Entscheidungen erfolgen und notwendige Anpassungen unterbleiben (*Schreyögg* 1989; *Bleicher* 1986; *Shrivastava* 1985).

4. Wandel

Da eine Organisationskultur als Ergebnis sozialen Lernens entsteht und in Sozialisationsprozessen vermittelt wird, ist sie prinzipiell wandelbar. Denn soziales Lernen impliziert, daß bestehende Orientierungsmuster evaluiert und aufgrund neuartiger Erfahrungen u. U. geändert werden. Darüber hinaus müssen die in Sozialisationsprozessen angebotenen Rollen und Deutungsmuster nicht vollständig übernommen, sondern können vom Sozialisanden auch beeinflußt werden (*Van Maanen/Schein* 1979). Jeder Wandel in den internen und externen Bedingungen, jedes neue Organisationsmitglied und jede Änderung des Verhaltens und der Einstellungen einzelner Organisationsmitglieder können daher Anstoß zu organisationskulturellem Wandel geben. Wenn die Werthaltungen, Orientierungsmuster und Verhaltensweisen, die eine Organisationskultur kennzeichnen, den Wünschen und Ansprüchen ihrer Träger nicht mehr genügen, so können sie versuchen, die kulturellen Bedingungen ihrer Interaktionen zu verändern. Hierzu können sie bspw. an den o. e. Einflußfaktoren auf die Gehalte einer Organisationskultur ansetzen (vgl. zu kulturellen Wandlungsprozessen *Wilkins/Dyer* 1988; *Gagliardi* 1986; *Dyer* 1985).

Ob und inwieweit sich ein organisationskultureller Wandel zielorientiert steuern läßt und „Kulturpolitik" daher zum Instrument der Unternehmenspolitik werden könnte und sollte (*Kilman/Saxton/Serpa* 1985; *Bleicher* 1984; *Schuster/Widmer* 1984), ist allerdings sehr umstritten (*Alvesson/Berg* 1992; *Schreyögg* 1991). Denn zum einen bestehen erhebliche *praktische Gestaltungsprobleme*, aufgrund derer organisationskultureller Wandel nur begrenzt planbar und beschränkt beherrschbar ist.

Eine effektive Gestaltung von Organisationskulturen würde voraussetzen, daß die Gestalter

- wissen, welche Inhalte und Charakteristika von Organisationskulturen bei welchen Rahmenbedingungen welche invididuellen und organisatorischen Wirkungen zeitigen,
- eine genaue Ist-Analyse der bestehenden Situation erstellen können, d. h. die Inhalte und Charakteristika einer gegebenen Organisationskultur sowie die durch den Kulturwandel zu beeinflussenden Zielgrößen (z. B. Bindung, Zufriedenheit, Erfolg) valide messen können,
- wissen, welche kulturbeeinflussenden Maßnahmen unter welchen Rahmenbedingungen in welcher Richtung und Intensität auf die Inhalte und Charakteristika einer Organisationskultur wirken, und
- die Möglichkeit besitzen, diese kulturbeeinflussenden Maßnahmen zu implementieren.

Diese Voraussetzungen sind derzeit nicht gegeben. Jeder Versuch, effektives Kulturmanagement zu betreiben, steht daher theoretisch wie methodisch auf einem schwachen Fundament.

Zum anderen erscheint es *ethisch problematisch*, die Kultur einer Gruppe interessengeleitet manipulieren zu wollen (*Willmott* 1993; *Weßling* 1992; *Bendixen* 1989; *Ulrich* 1984). Effektive Kulturgestaltung käme letztlich dem Versuch gleich, die Organisationsmitglieder einer totalitären Kontrolle zu unterwerfen. Denn nicht nur das Handeln und Verhalten der Organisationsmitglieder, sondern auch ihr Denken, Urteilen und Fühlen, ihre Identitäten und Persönlichkeiten sollen manipuliert und den partikularen Interessen der Kulturgestalter dienstbar gemacht werden.

V. Die Bedeutung von Organisationskultur für Führungsprozesse

Das Verständnis der jeweiligen Organisationskultur und die kritische Reflexion ihrer Grundlagen, Funktionsweisen und Wirkungen können auf verschiedene Weise dazu beitragen, daß Vorgesetzte wie Nachgeordnete ihre (Führungs-)Interaktionen besser verstehen und bewußter handhaben können.

1. Führung vermittels Organisationskultur

Organisationskultur stellt in gewisser Hinsicht ein Führungssubstitut dar. Denn Führung wie Organisationskultur bewirken soziale Integration und beeinflussen die Art, in der eine Gruppe ihre Ziele zu erreichen sucht. Die kulturellen Orientierungen, denen die Organisationsmitglieder folgen, können daher an die Stelle einer gezielten Steuerung und Koordination von Verhalten durch persönliche oder unpersönliche Führung treten (→*Entpersonalisierte Führung*). Die Organisationskulturforschung weist damit erneut auf die Bedeutung hin, welcher der informalen Organisation im Rahmen von Führungsprozessen zukommt (*Ebers* 1991).

Die durch eine gründliche Kulturanalyse zu erwerbende Kenntnis der spezifischen Orientierungsleistungen und Auswirkungen einer gegebenen Organisationskultur kann dazu beitragen, das eigene (Führungs-)Verhalten besser zu planen und zu steuern. Eine einheitliche Organisationskultur, die den Anforderungen ihrer Träger und der relevanten Umwelt entspricht, verringert bspw. den Führungsbedarf (*Scholz/Hofbauer* 1987). Inkompatible Subkulturen können hingegen zusätzliche Führungsanstrengungen notwendig machen (*Bleicher* 1986).

Organisationskultur ist aber kein vollständiges Äquivalent der persönlichen Führung. Denn Organisationskultur ist nur in engen Grenzen gezielt und kurzfristig beeinflußbar und damit nur begrenzt instrumentalisierbar.

2. Kulturbewußte Führung

Weil Organisationskultur persönliche Führung einerseits nicht ersetzen kann, andererseits aber neben Führungseinflüssen verhaltensbeeinflussend wirkt, besteht die besondere Herausforderung darin, in (Führungs-)Interaktionen *kulturbewußt zu handeln*, sowohl als Vorgesetzter wie als Nachgeordnete(r).

Organisationskulturen bilden sich in (Führungs-)Interaktionen heraus und verändern sich u. a. in und durch (Führungs-)Interaktionen. Die Organisationskultur stellt insofern das geronnene Ergebnis von (Führungs-)Interaktionen da. Daher bietet die Analyse der jeweiligen Organisationskultur eine gute Möglichkeit, die direkten und indirekten Auswirkungen und dauerhaften Konsequenzen des jeweils geübten (Führungs-)Verhaltens und der ihm zugrundeliegenden Werte und Orientierungsmuster kritisch zu reflektieren und zu evaluieren. Aus diesen Analysen können dann Konsequenzen für das eigene (Führungs-)Verhalten gezogen werden, von einer intensiveren Diskussion der wünschenswerten Orientierungsmuster, über Verhaltensänderungen bis zur Kündigung. Kulturbewußtes Handeln heißt daher zum einen, sich der eigenen Werte, Orientierungs- und Verhaltensmuster bewußt zu sein und diese kritisch zu reflektieren.

Kulturelle Unterschiede führen zu unterschiedlichen Wahrnehmungen, unterschiedlichen Interpretationen und Beurteilungen des Wahrgenommenen und zu Unterschieden im Verhalten von Individuen und Gruppen. Daher ist es für die effektive Gestaltung von (Führungs-)Interaktionen wichtig, die jeweilige Organisationskultur und ihre Besonderheiten zu verstehen und zu beachten. Die Mißachtung kultureller Unterschiede kann bspw. Konflikte zwischen Gruppen intensivieren, Kommunikationsprobleme verstärken, die Eingliederung neuer Mitarbeiter mißlingen und Fusionen scheitern lassen, die Integration neuer Technologien behindern und zu Produktivitätseinbußen führen (*Schein* 1991). Kulturbewußtes Handeln bedeutet daher zweitens, den Eigensinn einer gewachsenen Organisationskultur und anderer Kulturen zu verstehen und zu respektieren. Ob, inwieweit und auf welcher Basis gerechtfertigt werden kann, wann kulturbewußtes Handeln drittens auch Eingriffe umfassen kann, die darauf gerichtet sind, eine gegebene Organisationskultur gezielt zu verändern, bleibt ein schwieriges und umstrittenes Problem (→*Führungsethik*).

Literatur

Allaire, Y./Firsirotu, M. E.: Theories of Organizational Culture. In: OS, 1984, S. 193–226.
Alvesson, M./Berg, P. O.: Corporate Culture and Organizational Symbolism. Berlin 1992.
Barley, S. R./Meyer, G. W./Gash, D. C.: Cultures of Culture. In: ASQ, 1988, S. 24–60.
Bendixen, P.: Über die Machbarkeit der Unternehmenskultur – Über die Verantwortbarkeit des Machens. In: DBW, 1989, S. 199–214.
Berger, P. L./Luckmann, T.: Die gesellschaftliche Konstruktion der Wirklichkeit. 2. A., Frankfurt/M.
Bleicher, K.: Strukturen und Kulturen der Organisation im Umbruch. In: ZFO, 1986, S. 97–108.
Bleicher, K.: Unternehmungspolitik und Unternehmungskultur. In: ZFO, 1984, S. 494–500.
Camerer, C./Vepsalainen, A.: The Economic Efficiency of Corporate Culture. In: SMJ, 1988, S. 115–126.
Daft, R. L./Weick, K. E.: Toward a Model of Organizations as Interpretation Systems. In: AMR, 1984, S. 284–295.
Deal, T. E./Kennedy, A. A.: Corporate Cultures. Reading, MA 1982.
Denison, D. R.: Corporate Culture and Organizational Effectiveness. New York 1990.
Dierkes, M./von Rosenstiel, L./Steger, U. (Hrsg.): Unternehmenskultur in Theorie und Praxis. Frankfurt/M. 1993.
DiMaggio, P. J./Powell, W. W.: The Iron Cage Revisited. In: ASR, 1983, S. 147–160.
Drumm, H. J.: Probleme der Erfassung und Messung von Unternehmungskultur. In: *Dülfer, E.* (Hrsg.): Organisationskultur. 2. erw. A., Stuttgart 1991, S. 163–171.
Dülfer, E. (Hrsg.): Organisationskultur. 2. erw. A., Stuttgart 1991a.
Dülfer, E.: Organisationskultur: Phänomen – Philosophie – Technologie. In: *Dülfer, E.* (Hrsg.): Organisationskultur. 2. erw. A., Stuttgart 1991b, S. 1–20.
Dyer, W. G. jr.: The Cycle of Cultural Evolution in Organizations. In: *Kilman, R. H./Saxton, M. J./Serpa, R.* (Hrsg.): Gaining Control of the Corporate Culture. San Francisco, CA 1985, S. 200–229.
Ebers, M.: Der Aufstieg des Themas „Organisationskultur" in problem- und disziplingeschichtlicher Perspektive. In: *Dülfer, E.* (Hrsg.): Organisationskultur. 2. erw. A., Stuttgart 1991, S. 39–63.
Ebers, M.: Organisationskultur: Ein neues Forschungsprogramm? Wiesbaden 1985.
Föhr, S./Lenz, H.: Unternehmenskultur und ökonomische Theorie. In: *Staehle, W. H./Conrad, P.* (Hrsg.): Managementforschung 2. Berlin 1992, S. 111–162.
Frost, P. J./Moore, L. F./Louis, M. R./Lundberg, C. C./Martin, J. (Hrsg.): Reframing Organizational Culture. Newbury Park, CA 1991.

Gagliardi, P. (Hrsg.): Symbols and Artifacts. Berlin 1990.
Gagliardi, P.: The Creation and Change of Organizational Culture. In: OS, 1986, S. 117–134.
Heinen, E. (Hrsg.): Unternehmenskultur. München 1987.
Heinen, E./Dill, P.: Unternehmenskultur. In: ZfB, 1986, S. 202–218.
Hoffmann, F.: Erfassung, Bewertung und Gestaltung von Unternehmenskulturen. In: ZFO, 1989, S. 168–173.
Hofstede, G./Neuijen, B./Ohayv, D. D./Sanders, G.: Measuring Organizational Cultures. In: ASQ, 1990, S. 286–316.
Jones, G. R.: Transaction Costs, Property Rights, and Organizational Culture. In: ASQ, 1983, S. 454–467.
Kahle, E.: Unternehmensführung und Unternehmenskultur. In: ZfB, 1988, S. 1228–1241.
Kasper, H.: Organisationskultur. Wien 1987.
Kerr, J./Slocum, J. W. jr.: Managing Corporate Culture through Reward Systems. In: Academy of Management Executive, 1987, S. 99–108.
Kets de Vries, M. F. R./Miller, D.: Personality, Culture, and Organization. In: AMR, 1986, S. 266–279.
Kieser, A.: Von der Morgensprache zum „Gemeinsamen HP-Frühstück". In: *Dülfer, E.* (Hrsg.): Organisationskultur. 2. erw. A., Stuttgart 1991, S. 253–271.
Kieser, A.: Organisationsstruktur, Unternehmenskultur und Innovation. In: Zukunftsperspektiven der Organisation, Festschrift für *Robert Staerkle*. Bern 1990, S. 157–178.
Kilman, R. H./Saxton, M. J./Serpa, R. (Hrsg.): Gaining Control of the Corporate Culture. San Francisco, CA 1985.
Kobi, J.-M./Wüthrich, H. A.: Unternehmenskultur verstehen, erfassen und gestalten. Landsberg a. Lech 1986.
Kunda, G.: Engineering Culture, Control and Commitment in a High-Tech Corporation. Philadelphia, PA 1991.
Lattmann, Ch. (Hrsg.): Die Unternehmenskultur. Heidelberg 1990.
Linstead, S. A.: From Postmodern Anthropology to Deconstructive Ethnography. In: HR, 1993, S. 97–119.
Martin, J.: Cultures in Organizations. New York 1992.
Meyer, J. W./Rowan, B.: Institutionalized Organizations. In: AJS, 1977, S. 340–363.
Morey, N. C./Luthans, F.: An Emic Perspective and Ethnoscience Methods for Organizational Research. In: AMR, 1984, S. 27–36.
Neuberger, O./Kompa, A.: Wir, die Firma. Weinheim 1987.
O'Reilly, C. A. III/Chatman, J./Caldwell, D. F.: People and Organizational Culture. In: AMJ, 1991, S. 487–516.
Osterloh, M.: Methodische Probleme einer empirischen Erforschung von Organisationskulturen. In: *Dülfer, E.* (Hrsg.): Organisationskultur. 2. erw. A., Stuttgart 1991, S. 173–185.
Peters, T. J./Waterman, R. H. jr.: In Search of Excellence. New York 1982.
Pfeffer, J.: Management as Symbolic Action. In: *Cummings, L. L./Staw, B. M.* (Hrsg.): Research in Organizational Behavior. Vol. 3, Greenwich, CT 1981, S. 1–52.
Pondy, L. R.: Leadership Is a Language Game. In: *McCall, M. W. jr./Lombardo, M. M.* (Hrsg.): Leadership: Where Else Can We Go? Durham, NC 1978, S. 87–99.
Rosen, M.: Coming to Terms with the Field. In: JMS, 1991, S. 1–24.
Rousseau, D.: Quantitative Assessment of Organizational Culture. In: *Schneider, B.* (Hrsg.): Frontiers in Industrial and Organizational Psychology, Vol. 3. San Francisco, CA 1990, S. 153–192.
Sackmann, S.: Culture and Subcultures. In: ASQ, 1992, S. 140–161.

Sackmann, S.: Cultural Knowledge in Organizations. Newbury Park, CA 1991.
Saffold, G. S. III: Culture Traits, Strength, and Organizational Performance. In: AMR, 1988, S. 546–558.
Sandner, K.: ... von Mythen und Märchen, Kulturpflege und Sinn-Management. In: DBW, 1988, S. 651–670.
Sathe, V.: Implications of Corporate Culture. In: Organizational Dynamics, 1983, S. 5–23.
Schein, E. H.: Organisationskultur – ein neues unternehmenstheoretisches Konzept. In: *Dülfer, E.* (Hrsg.): Organisationskultur. 2. erw. A., Stuttgart 1991, S. 23–37.
Schein, E. H.: Organizational Culture and Leadership. San Francisco, CA 1985.
Schein, E. H.: Coming to a New Awareness of Organizational Culture. In: Sloan Management Review, 1984, Winter, S. 3–16.
Schein, E. H.: The Role of the Founder in Creating Organizational Culture. In: Organizational Dynamics, 1983, S. 13–28.
Schneider, B.: The People Make the Place. In: Personnel Psychology, 1987, S. 437–453.
Schneider, S. C./Shrivastava, P.: Basic Assumptions Themes in Organizations. In: HR, 1988, S. 493–515.
Scholz, C./Hofbauer, W.: Organisationskultur: Die 4 Erfolgsprinzipien. Wiesbaden 1990.
Scholz, C./Hofbauer, W.: Unternehmenskultur und Personalführung. In: ZfP, 1987, S. 461–482.
Schreyögg, G.: Organisationskultur. In: *Frese, E.* (Hrsg.): HWO. 3. A., Stuttgart 1992, Sp. 1525–1537.
Schreyögg, G.: Kann und darf man Unternehmenskulturen ändern? In: *Dülfer, E.* (Hrsg.): Organisationskultur. 2. erw. A., Stuttgart 1991, S. 201–214.
Schreyögg, G.: Zu den problematischen Konsequenzen starker Unternehmenskulturen. In: ZfbF, 1989, S. 94–113.
Schuster, L./Widmer, A. W.: Theorie und Praxis der Unternehmungskultur. In: ZFO, 1984, S. 489–493.
Sheridan, J. E.: Organizational Culture and Employee Retention. In: AMJ, 1992, S. 1036–1056.
Shrivastava, P.: Integrating Strategy Formulation with Organizational Culture. In: Journal of Business Strategy, 1985, S. 103–111.
Smircich, L.: Concepts of Culture and Organizational Analysis. In: ASQ, 1983a, S. 339–358.
Smircich, L.: Studying, Organizations as Cultures. In: *Morgan, G.* (Hrsg.): Beyond Method – Strategies for Social Research. Beverly Hills, CA 1983b, S. 160–172.
Smircich, L./Calás, M. B.: Organizational Culture. In: *Jablin, F./Putnam, L. L./Roberts, K./Porter, L. W.* (Hrsg.): Handbook of Organizational Communication. Newbury Park, CA 1987, S. 228–263.
Smircich, L./Morgan, G.: Leadership. In: JABS, 1982, S. 257–273.
Turner, B. A. (Hrsg.): Organizational Symbolism. Berlin 1990.
Ulrich, P.: Systemsteuerung und Kulturentwicklung. In: DU, 1984, S. 303–325.
Van Maanen, J./Schein, E. H.: Toward a Theory of Organizational Socialization. In: *Staw, B. M.* (Hrsg.): Research in Organizational Behavior. Vol. 1, Greenwich, CT 1979, S. 209–264.
Weber, W./Mayrhofer, W.: Organisationskultur. In: DBW, 1988, S. 555–566.
Weßling, M.: Unternehmensethik und Unternehmenskultur. Münster 1992.
Wiener, Y.: Forms of Value Systems. In: AMR, 1988, S. 534–545.
Wilkins, A. L./Dyer, W. G. jr.: Toward Culturally Sensitive Theories of Culture Change. In: AMR, 1988, S. 522–533.
Willmott, H.: Strength is Ignorance; Slavery is Freedom. In: JMS, 1993, S. 515–552.
Wollnik, M.: Interpretative Ansätze in der Organisationstheorie. In: *Kieser, A.* (Hrsg.): Organisationstheorien. Stuttgart 1993, S. 277–295.
Zammuto, R. F./Krakower, J. Y.: Quantitative and Qualitative Studies of Organizational Culture. In: *Woodman, R. W./Pasmore, W. A.* (Hrsg.): Research in Organizational Change and Development, Vol. 5. Englewood Cliffs, NJ 1991, S. 83–114.

Organisationsstrukturen und Führung

Peter Walgenbach

[s. a.: Entpersonalisierte Führung; Führungstheorien – Charismatische Führung, – Eigenschaftstheorie, – Situationstheorie, – Theorie der Führungssubstitution, – Weg-Ziel-Theorie; Selbststeuernde Gruppen, Führung in; Stellenbeschreibung als Führungsinstrument.]

I. Führung als Koordinationsleistung; II. Führungsmechanismen; III. Bedingungen der Dominanz einzelner Führungsmechanismen; IV. Effizienz der Führungsmechanismen.

I. Führung als Koordinationsleistung

Führung wird hier verstanden als eine Koordinationsleistung, die Handlungen von Individuen aufeinander abstimmt und auf ein oder mehrere Ziele hinlenkt, wobei die Ziele nicht unbedingt mit den Zielen des einzelnen identisch sein müssen.

II. Führungsmechanismen

Führung als eine Koordinationsleistung wird in der Regel personalisiert. Eine Vielzahl von Führungstheorien postuliert explizit einen Zusammenhang zwischen der Effektivität der Führung und den Eigenschaften, Fähigkeiten oder Verhaltensweisen der Person des Führenden. Diesbezüglich besonders herausstechende Theorien sind die Eigenschaftstheorie der Führung (→*Führungstheorien – Eigenschaftstheorie*) oder solche Theorien, die das Charisma des Führenden als wichtigste Einflußgröße auf den Führungserfolg betrachten (→*Führungstheorien – Charismatische Führung*). Die Koordination der Handlungen gelingt dem Führenden in letzteren schon wesentlich dadurch, daß die Geführten ihre Handlungen bereitwillig auf die Vorstellungen, Visionen und Ziele des Führenden ausrichten, da sie quasi dessen Ziele zu ihren eigenen machen (*Burns* 1978; *Bass* 1985).

Führung benötigt aber nicht unbedingt einen Führenden, sondern kann auch durch Selbstführung erfolgen (*Hackman* 1986). Ziele können zwischen Individuen vereinbart werden, Handlungen können gemeinsam aufeinander abgestimmt und die Steuerung und Überwachung der erforderlichen Schritte zur Zielerreichung gemeinsam vollzogen werden.

Beide Formen der Führung stoßen jedoch in ihrer reinen Form spätestens dann auf Grenzen, wenn die Zahl der zu koordinierenden Handlungen eine kritische Größe übersteigt. Die Koordination von Handlungen wird dann extrem zeitaufwendig. Beide bisher vorgestellten Führungsformen stellen zudem im Hinblick auf die zu erbringende Koordinationsleistung zu weiten Teilen auf interaktive Prozesse zwischen Individuen ab. Beide setzen damit entsprechende Fähigkeiten, Eigenschaften und Bereitwilligkeiten der an diesen Prozessen beteiligten Individuen voraus. Strukturelle Momente von Organisationen und die mit diesen Momenten verbundenen handlungsbegrenzenden und -ermöglichenden Eigenschaften bleiben jedoch hier wie dort weitgehend ausgeblendet (siehe hierzu *Giddens* 1984).

Betrachtet man Organisationen hingegen als Handlungssysteme, die eingerichtet werden, um eine Entkopplung vom Individuum zu ermöglichen – eine Perspektive, die sich insbesondere in strukturalistischen Ansätzen der Organisationstheorie, wie z. B. der Managementlehre (*Gulick/Urwick* 1969) und zum Teil in der Kontingenztheorie (siehe hierzu *Pugh* (1981) oder auch im Bürokratiemodell von Max *Weber* (1972) findet –, sind die Menschen – und damit auch die Führenden –, die Handlungen in Organisationen vollziehen, nicht Bestandteil des Systems. Personen werden in dieser Betrachtungsweise ebenso als Umwelt der Organisation gefaßt, wie die physische oder soziale Umwelt (*Barnard* 1938; *Berger/Bernhard-Mehlich* 1993). Umwelt bedeutet jedoch immer auch eine Quelle von Unsicherheit. Insofern verwundert es nicht, daß man in Organisationen versucht, sich eben von dieser Unsicherheit, d. h. von der Störbarkeit und der Instabilität personaler Motivationen, Qualifikationen und Fähigkeiten unabhängig zu machen, indem man die zu Führenden, aber auch die Führungskraft in eine Vielzahl von Zwängen durch Formalisierung, Differenzierung und Hierarchisierung einbindet (*Neuberger* 1990). Ziel ist dabei, Individuen durch strukturelle Mechanismen zu führen (→*Führungstheorien – Theorie der Führungssubstitution*). Es bedarf dann nicht notwendigerweise eines charismatischen Führers, um Handlungen von Individuen auf ein Ziel zu lenken.

Allein die hierarchische Überordnung innerhalb des Stellengefüges einer Organisation und die mit dieser Überordnung verbundene Positionsmacht im Sinne von Weisungs- und Kontrollbefugnissen kann ausreichen, um die erforderliche Koordinationsleistung in erheblichem Umfang zu erbringen, auch wenn die Effizienz dieses Mechanismus von einigen Autoren durch die bewußte Unterscheidung zwischen „leadership" und „management" in Frage gestellt wird (siehe exemplarisch *Kotter* 1990). Hierarchisierung heißt hier, daß umfassende Koordinationsprobleme auf einer höheren Hierarchieebene gelöst, in Teilprobleme gegliedert und dann via Anweisung zur Lösung an untergeordnete Ebenen weitergegeben werden. Dabei kann die Hierarchisierung auch durch die Gruppe vorgenommen werden, die bspw. einen Vertreter wählen oder bestimmen kann und diesen mit den entsprechenden Kompetenzen ausstattet (*Likert* 1961). Doch führt Nur-Hierarchisierung auch hier schnell zu einer Überlastung der übergeordneten Koordinationsinstanz. Zudem verbleibt immer noch eine weitreichende Abhängigkeit von der Koordinationsfähigkeit des einzelnen. Diese Abhängigkeit von personaler Führung kann durch den Einsatz von technokratischen Führungsinstrumenten (z. B. Technik oder Verfahrensrichtlinien) reduziert werden. Vereinzelt kann personale Führung, verstanden als eine Funktion, mit der eine Konformität des Handelns mit bestehenden systembezogenen Handlungsmustern zu erreichen versucht wird, durch solche funktionalen Äquivalente oder sog. Führungssubstitute fast vollständig ersetzt werden (*Türk* 1981) (→*Entpersonalisierte Führung*). Ein Beispiel für ein solches Führungssubstitut ist die Stellenbeschreibung (→*Stellenbeschreibung als Führungsinstrument*), in der die Weisungs- und Entscheidungsbefugnisse sowie die Rechte und Pflichten des Stelleninhabers festgelegt sind. Stellenbeschreibungen enthalten oft auch Hinweise auf die anzuwendenden Programme und die maßgeblichen Pläne, welche ebenfalls als Führungsinstrumente zu begreifen sind, die das Ausmaß erforderlicher personaler Führung durch übergeordnete Instanzen reduzieren. Auch Technik stellt ein solches Führungssubstitut dar, durch das das Handeln von zu Führenden im Hinblick auf ein bestimmtes Ziel gesteuert werden kann. Der Arbeiter an einer Maschine muß diese in einer bestimmten Art und Weise bedienen; Benutzer von EDV-Systemen müssen Daten in einer bestimmten Art und Weise eingeben und erhalten Daten und Vorgaben nach Maßgabe der Computerprogramme (*Kieser/Kubicek* 1992).

III. Bedingungen der Dominanz einzelner Führungsmechanismen

Personale Führung durch einen charismatischen Führer und Führung durch technokratische Handlungssteuerungsmechanismen, verstanden als Bestandteile der Organisationsstruktur, stellen nur extreme Ausprägungen eines Spektrums von Führungsmöglichkeiten dar.

Beobachtungen und Erfahrungen in Organisationen zeigen nun, daß in der Regel eine Kombination aus den oben skizzierten Koordinationsmechanismen in Organisationen zum Einsatz kommt, um die Aktivitäten der Organisationsmitglieder aufeinander abzustimmen und so auf die Ziele hinzuführen (*Van de Ven/Delbecq/Koenig* 1976; *Walgenbach* 1994). Selbst in organisatorischen Einheiten (z. B. Abteilungen), in denen die Handlungen der Organisationsmitglieder weitgehend durch technokratische Steuerungsmechanismen wie Programme oder Verfahrensrichtlinien gelenkt werden, findet sich ein (Rest-)Bedarf an personaler Führung, der sich darauf zurückführen läßt, daß Regeln – auch solche, die schriftlich fixiert sind – nicht für sich selbst sprechen, sondern interpretationsbedürftig und -fähig sind. Wenn man bspw. Mitglieder einer organisatorischen Einheit über die Verteilung von Kompetenzen oder von Arbeitsgebieten befragt, kann sich herausstellen, daß die Vorstellungen voneinander abweichen, zum Teil sogar widersprüchlich sind (*Wollnik* 1984). Dem oder den Führenden fällt dann die Aufgabe zu, diese Interpretationen zumindest soweit zu kanalisieren, daß die Handlungen der Geführten nicht dem übergeordneten Ziel zuwiderlaufen (*Barnard* 1938). Vertikale Koordination i. S. einer persönlichen Weisung kann auch dann notwendig werden, wenn sich Probleme ergeben, deren Lösung nicht durch technokratische Steuerungsinstrumente abgedeckt ist. Und selbst in stark hierarchisierten, weitgehend technokratisch gesteuerten Organisationseinheiten findet sich häufig ein Rest an Selbstführung (*Mintzberg* 1979) (→*Selbststeuernde Gruppen, Führung in*). Arbeiter in der Fertigung geben nicht jedes Teilproblem an die Meister weiter, sondern versuchen, einen Teil selbst zu lösen. Damit deutet sich an, daß die skizzierten Führungsmechanismen nicht als reine Substitute zu verstehen sind, sondern daß diese Mechanismen sich auch wechselseitig ergänzen können. Es stellt sich jedoch die Frage, unter welchen Bedingungen nun welcher Form der Führung ein größeres Gewicht zukommt.

Ein wichtiger – wenn nicht gar der wichtigste – Faktor dürfte hierbei die *Struktur der Aufgaben* sein (*Tosi* 1992), die in einer organisatorischen Einheit (z. B. Stelle, Abteilung oder Arbeitsgruppe) zu bewältigen sind. Die Struktur der Aufgaben als Einflußfaktor findet in einer Vielzahl von Führungstheorien Beachtung, so zum Beispiel in Fiedlers Kontingenzmodell der Führung (*Fiedler* 1967) (→*Führungstheorien – Situationstheorie*) oder auch in der Weg-Ziel-Theorie von *House* (1971) (→*Führungstheorien – Weg-Ziel-Theorie*). Aufgabenstruktur bezeichnet das Ausmaß, in dem die Aufgabe klar definiert ist, die Ziele verdeutlicht sind und der Weg zur Zielerreichung festgelegt ist. Eine empirische Untersuchung von *Van de Ven/Delbecq/Koenig* (1976; siehe auch die Studien von *Aiken/Hage* 1968; *Tushman/Nadler* 1978) zeigt z. B. deutlich auf, daß mit zunehmender Aufgabenunsicherheit in einer organisatorischen Einheit, d. h. unter einer Bedingung, die die Möglichkeiten einer umfassenden Aufgabenstrukturierung begrenzt, der Einsatz technokratischer Handlungssteuerungsmechanismen zurückgeht, während personale Handlungssteuerung, insbesondere in Form horizontaler Koordination, signifikant zunimmt.

Neben der Aufgabenstruktur spielt die *Interdependenz der Aufgaben* einzelner organisatorischer Einheiten eine bedeutende Rolle. *Thompson* (1967) unterscheidet zwischen

- „gepoolter" Interdependenz, bei der jede organisatorische Subeinheit (z. B. Geschäftsbereich) einen Beitrag zum Gesamtsystem leistet und vom Gesamtsystem unterstützt wird,
- sequentieller Interdependenz, bei der die Leistung der ersten organisatorischen Subeinheit Voraussetzung für das Tätigwerden der zweiten ist (z. B. Fließband), und
- reziproker Interdependenz, die in Situationen vorliegt, in denen der Output der einen organisatorischen Einheit zum Input der anderen wird und umgekehrt (z. B. Teamarbeit).

Insbesondere Aufgaben mit reziproker Interdependenz – so läßt sich vermuten – bedürfen einer ständigen Interaktion und Anpassung der beteiligten organisatorischen Einheiten, die um so erforderlicher wird, je mehr die Variabilität der Aufgaben zunimmt (*Staehle* 1991). In der empirischen Untersuchung von *Van de Ven/Delbecq/Koenig* (1976) findet sich diese Vermutung bestätigt. Die Ergebnisse der Studie zeigen, daß der Einsatz technokratischer Handlungssteuerungsinstrumente (Programme und Verfahrensrichtlinien) bei reziproker Interdependenz geringer ist als bei „gepoolter" und sequentieller Interdependenz, dafür findet erheblich mehr Selbstführung, d. h. horizontale Abstimmung statt, die durch regelmäßige und ad hoc anberaumte Besprechungen erfolgt.

IV. Effizienz der Führungsmechanismen

Unpersönliche Formen der Handlungssteuerung und persönliche Weisung werden von vielen Autoren unterschiedlichster Theorierichtungen als die effizientesten Formen der Führung angesehen (siehe exemplarisch *Fayol* 1929, *Weber* 1972). Technokratische Handlungssteuerung, bspw. durch Verfahrensrichtlinien oder Programme, basiert in Idealform auf der einmaligen Entwicklung von dauerhaften Lösungen für Koordinationsprobleme. Diese Lösungen sollen, dadurch daß sie sowohl die Problemausgangsbedingungen als auch die zur Problemlösung erforderlichen Handlungen kategorisieren, die Komplexität der Realität für den Handelnden reduzieren und zugleich eine routinemäßige Ausführung erlauben. Die Effizenz der Verhaltenssteuerung wird so erhöht. Allerdings: wenn sich die von der Umwelt an die Organisation oder Organisationseinheit herangetragenen Probleme ändern, dann zeigen sich solche technokratischen Instrumente der Handlungssteuerung als nicht mehr angemessen. Problematisch dabei ist vor allem, daß sich bei Organisationsmitgliedern dann häufig das Verhalten beobachten läßt, die Regeln und Verhaltensvorgaben nun besonders buchstabengetreu auszuführen, statt sie zu ändern oder deren Änderung zu fordern (*Crozier* 1964). Führung durch persönliche Weisung zeigt sich hingegen als äußerst flexibel. Lediglich die Entscheidungskompetenzen müssen vorgegeben werden, die Inhalte der Koordinationsentscheidungen bleiben offen. Der große Nachteil der Führung durch persönliche Weisung ist jedoch, daß sich die Koordinationsleistung des Führenden aufgrund begrenzter persönlicher Ressourcen nur auf wenige Variablen beschränken kann. Diese erforderliche Beschränkung der Koordinationsleistung in Form grober, auf nur wenige Variablen bezogener Vorgaben oder Anweisungen wird um so notwendiger, je größer die mit den Aufgaben verbundenen Unsicherheiten und Abhängigkeiten sind, die in einer organisatorischen Einheit bewältigt werden müssen. Beide Formen der Führung stoßen also dann an Grenzen, wenn die Aufgaben wenig strukturiert sind und/oder hohe Interdependenzen zwischen Aufgaben verschiedener organisatorischer Einheiten bestehen. In solchen Fällen erweist sich Selbstführung als effizienter.

Selbstführung verbessert die Anpassungsfähigkeit der organisatorischen Einheiten, und zudem kann Selbstführung die Motivation und das Verantwortungsbewußtsein der Organisationsmitglieder erhöhen (*Kieser/Kubicek* 1992). Dies spricht vor dem Hintergrund einer zunehmend dynamischer werdenden Umwelt dafür, daß unpersönliche oder technokratische Führungsinstrumente, wie z. B. Programmierung und Formalisierung, auch dort zurückhaltend eingesetzt bzw. zurückgenommen werden sollten, wo die Aufgaben einer organisatorischen Einheit nur mit geringen Unsicherheiten und Abhängigkeiten verbunden sind, also dort, wo zumindest kurzfristig Koordination von Handlung durch unpersönliche Handlungssteuerung und Anweisung durch hierarchisch übergeordnete Instanzen am effizientesten erscheint.

Literatur

Aiken, M./Hage, J.: Organizational interdependence and intra-organizational structure. In: ASR, 1968, S. 912–930.
Barnard, C. I.: The functions of the executive. Cambridge, MA 1938.
Bass, B. M.: Leadership and performance beyond expectations. New York et al. 1985.
Berger, U./Bernhard-Mehlich, I.: Die Verhaltenswissenschaftliche Entscheidungstheorie. In: *Kieser, A.* (Hrsg.): Organisationstheorien. Stuttgart et al. 1993, S. 127–159.
Burns, J. M.: Leadership. New York 1978.
Crozier, M.: The bureaucratic phenomenon. Chicago 1964.
Fayol, H.: Allgemeine und industrielle Verwaltung. München et al. 1929.
Fiedler, F. E.: A theory of leadership effectiveness. New York 1967.
Giddens, A.: The constitution of society – Outline of the theory of structuration. Oxford 1984.
Gulick, L. H./Urwick, L. F. (Hrsg.): Papers on the science of administration. New York 1969.
Hackman, J. R.: The psychology of self-management in organizations. In: *Pallak, M. S./Perloff, R. O.* (Hrsg.): Productivity, change, and employment. Washington 1986, S. 89–136.
House, R. J.: Path goal theory of leader effectiveness. In: ASQ, 1971, S. 321–338.
Kieser, A./Kubicek, H.: Organisation. 3. A., Berlin et al. 1992.
Kotter, J. P.: A force for change – How leadership differs form management. New York 1990.
Likert, R.: New patterns of management. New York et al. 1961.
Mintzberg, H.: The structuring of organizations. Englewood Cliffs, NJ 1979.
Neuberger, O.: Führen und geführt werden. 3. A., Stuttgart 1990.
Pugh, D. S.: The Aston program perspective. In: *Van de Ven, A. H./Joyce, W. F.* (Hrsg.): Perspectives on organization design and behavior. New York et al. 1981, S. 135–166.
Staehle, W. H.: Management. 6. A., München 1991.
Thompson, J. D.: Organizations in action. New York et al. 1967.
Tosi, H.: The environment/organization/person contingency model: A meso approach to the study of organizations. Greenwich 1992.
Türk, K.: Personalführung und soziale Kontrolle. Stuttgart 1981.
Tushman, M. L./Nadler, D. A.: Information processing as an integrating concept in organizational design. In: AMR, 1978, S. 613–624.
Van de Ven, A. H./Delbecq, A. L./Koenig, R. Jr.: Determinants of coordination modes within organizations. In: ASR, 1976, S. 322–338.
Walgenbach, P.: Mittleres Management, Aufgaben – Funktionen – Arbeitsverhalten. Diss., Wiesbaden 1994.
Weber, M.: Wirtschaft und Gesellschaft. 5. A., Tübingen 1972.
Wollnik, M.: Organisation in der Praxis. Trier et al. 1984.

Pädagogik und Führung

Rolf Dubs

[s. a.: Ausbildung an Institutionen und Hochschulen; Ausbildung an Managementinstitutionen; Coaching; Fortbildung, Training und Entwicklung von Führungskräften; Führungskräfte als lernende Systeme; Mentoring.]

I. Problemstellung; II. Die Notwendigkeit ganzheitlicher Betrachtung; III. Die pädagogische Rolle von Führungskräften; IV. Probleme der künftigen Forschung.

I. Problemstellung

Seit Jahren erwartet die Wirtschaftspraxis von den Erziehungswissenschaften eine Antwort auf drei Fragen: (1) Ist Führung, und in den letzten Jahren auch Leadership, lernbar? (2) Ist die *Führungsausbildung* in Unternehmungen wirksam, d. h. führt sie zu einer Leistungsverbesserung bei den Führungskräften und zu einem Return on Investment? (3) Welche pädagogischen Aufgaben haben – wenn überhaupt – die Führungskräfte im Interesse ihrer Mitarbeiterinnen und Mitarbeiter wahrzunehmen? Vor allem zu den ersten beiden Fragen liegen weltweit Tausende von Untersuchungen vor, die allerdings sehr widersprüchlich sind (*Tannenbaum/Yukl* 1992). Für diese Widersprüchlichkeiten ist die Forschung zu einem guten Teil selbst verantwortlich, denn zu lange hat sie sich mit vereinfachenden linearen Beziehungen beschäftigt. Typisches Beispiel dafür sind die vielen Untersuchungen zur Wirksamkeit von Lehr- und Lernmethoden in der Führungsschulung oder die Studien zur Frage, ob Führungsschulung stärker auf die fachlichen oder die psychologischen Aspekte der Führungstätigkeit auszurichten sind. Solche lineare Untersuchungen lassen sich wohl empirisch sehr sorgfältig durchführen und begründen. Sie tragen aber nicht zu einem generalisierbaren Erkenntnisgewinn bei, weil inzwischen bekannt ist, daß die Wirksamkeit der Führungsschulung nur im Zusammenhang mit ihrem gesamten Umfeld beurteilt werden kann.

II. Die Notwendigkeit ganzheitlicher Betrachtung

Abbildung 1 zeigt ein Modell, das einer ganzheitlichen Betrachtung der Führungsschulung zugrunde gelegt werden kann (ausführlicher *Dubs* 1994). In der Vergangenheit befaßte sich die Forschung vor allem mit der Beziehung zwischen der Gestaltung der *Ausbildungskonzeption* in der Unternehmung (I) und der Wirksamkeit der Führungsschulung. Dabei lassen sich trotz der vielen widersprüchlichen Erkenntnisse wenigstens vier Forschungserkenntnisse verallgemeinern. Die Wirksamkeit im Sinne der Verbesserung des Führungsverhaltens ist wahrscheinlich, wenn (1) die Führungsschulung systematisch und kontinuierlich erfolgt, (2) ein guter *Theorie-Praxis-Bezug* gefunden wird (unternehmungsrelevante Probleme werden theoretisch gut fundiert bearbeitet), (3) mehrere Schulungsmethoden (Methodenmix) eingesetzt werden und (4) die Führungsschulung auf einem einheitlichen Bezugsrahmen aufbaut (d. h. die Unternehmungsleitung legt fest, wie sie Führung versteht) (*Fisch/Fiala* 1984; *Wexley/Latham* 1991). Die beste Ausbildungskonzeption führt indessen zu einer geringeren Wirksamkeit, wenn nicht auch das *Umfeld der Unternehmung* (II) für die Ausbildung günstig ist: Die Visionen der Unternehmungsleitung und die Unternehmungspolitik müssen in die Führungsschulung einfließen; die Unternehmungsleitung muß zu Veränderungen bereit sein (andernfalls kann Führungsschulung kontraproduktiv werden, weil den Lernenden die Probleme und Schwächen erst recht bewußt werden); die Vorgesetzten müssen sich zur Führungsschulung und Veränderung positiv einstellen; und offensichtlich scheint auch das Image der Unternehmung die Wirksamkeit von Schulung zu beeinflussen (*Saxer* 1986). Erst in neuerer Zeit wurde die Bedeutung der *Persönlichkeit der Auszubildenden* (III) im Hinblick auf die Wirksamkeit der Führungsausbildung beachtet. Offensichtlich beeinflussen Faktoren wie Motivation, Erwartungen an die Schulung, Ängste, Offenheit zu Neuem, eigene Zielorientierung und Selbstvertrauen in das eigene Können und Lernen den Erfolg einer wie auch immer gearteten Führungsausbildung ganz wesentlich (*Kanfer/Ackerman* 1989). Im weiteren werden in den meisten Unternehmungen keine systematischen *Transfermaßnahmen* (IV) für die Übertragung des Gelernten in den Führungsalltag (sei es in

Follow-up-Kursen oder unter Aufsicht des Vorgesetzten am Arbeitsplatz) durchgeführt, obschon deren Wirksamkeit belegt ist. Schließlich fehlen die Ansätze zu einem *organisatorischen Lernen* (V) in Ausbildungskonzeptionen noch weitgehend (siehe unter III.).

Diese Zusammenfassung zeigt, daß mit Führungsschulung das Führungsverhalten verbessert werden kann und damit Führung bis zu einem gewissen Grad lernbar ist. Diese Relativierung der Aussage ist auf drei Restriktionen zurückzuführen: (1) Wenn auch belegbar ist, daß sich mittels Schulung das Führungsverhalten verbessern läßt, ist noch kein *Return on Investment* für diese Ausbildung bestätigt. Leider wird er sich für die Führungsausbildung nie ermitteln lassen, weil es nicht gelingt, die unabhängige variable Führungsausbildung so zu isolieren, daß gezeigt werden kann, was sie zum Umsatz oder Gewinn einer Unternehmung beiträgt. (2) Persönlichkeitsmerkmale prägen das Führungsverhalten mit. Sie allein genügen aber nicht, um ein bestimmtes Führungsverhalten und den Führungserfolg zu erklären (*Yukl* 1989). Diese Persönlichkeitsmerkmale beeinflussen auch die Einstellung zur und die Übernahme von Fähigkeiten und Erkenntnissen aus der Führungsschulung. Deshalb ist zu vermuten, daß nicht alle Lernenden durch diese Ausbildung in gleicher Weise gefördert werden können. (3) Wie Abbildung 1 zeigt, hat das Umfeld der Unternehmung und damit die Einstellung aller Vorgesetzten zur Führungsausbildung ganz entscheidende Bedeutung. Oder anders ausgedrückt: Je besser die Führungskräfte neben allen anderen Aufgaben ihre *pädagogische Rolle* wahrnehmen, desto wahrscheinlicher ist es, daß die Führungsausbildung wirksamer sein wird.

III. Die pädagogische Rolle von Führungskräften

Deshalb muß sich die herkömmliche Führungsausbildung, die sich weitgehend auf ein Lehren und Lernen in Kursen ausrichtete, zu einer Führungskräfteentwicklung ausweiten, die nicht mehr nur eine Aufgabe von Ausbildungsspezialisten ist, sondern zu einer Verpflichtung für alle Führungskräfte wird. Diese pädagogische Rolle von Führungskräften aller Stufen läßt sich – beginnend mit traditionellen und fortführend zu neuen Aufgaben – wie folgt beschreiben.

(1) *Die Führungskraft als Vollzieherin der Ausbildungskonzeption:* Im Rahmen eines traditionellen Ausbildungskonzeptes steuern Vorgesetzte die Führungsausbildung ihrer unterstellten Führungskräfte, indem sie mit ihnen die Ausbildung planen und nach erfolgter Schulung die Durchführung des Transfers überwachen, indem sie nach Weisung der Ausbildungsverantwortlichen anhand von Kursprogrammen oder (wirksamer) von *Checklists* sicherstellen, daß das Gelernte in der Führungsposition angewandt wird. Dies erfordert von den Vorgesetzten ein genügendes Interesse an dem, was in der Führungsschulung bearbeitet wird, sowie eine hohe Bereitschaft zur eigenen Verhaltensänderung, wenn sich zeigt, daß das Bestehende aufgrund der Erkenntnisse aus der Führungsschulung revisionsbedürftig ist.

(2) *Mentorkonzept* (→*Mentoring*): Der Vorgesetzte übernimmt die Rolle des Beraters und Förderers der ihm unterstellten Führungskräfte in gezielter Weise, indem er nicht nur ihre formale Führungsausbildung fördert, sondern auch eine geschickte Aufgabenzuteilung sowie durch systematische Verhaltensmodifikation, d. h. Vorgesetzte beeinflussen durch ihr eigenes Verhalten, das von den Mitarbeitenden beobachtet und anschließend diskutiert werden kann, deren eigenes Verhalten. Letztlich handelt es sich hier um eine anspruchsvolle Form der Ausbildung am Arbeitsplatz.

(3) *Coaching-Konzept* (→*Coaching*): Hier entwickeln die Mitarbeitenden ihr eigenes Entwicklungsprogramm, das vom Vorgesetzten genehmigt und systematisch betreut wird. Schwergewichtig geht es um ein selbstgesteuertes Lernen, das durch Vorgesetzte wiederum über die

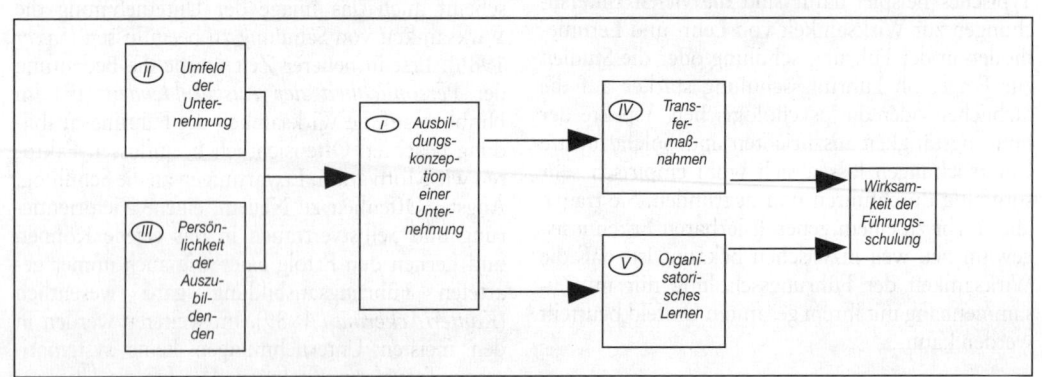

Abb. 1: Ganzheitliches Modell zur Betrachtung der Führungsschulung

Aufgabenzuteilung und -betreuung sowie durch gezielte Anleitungen gesteuert wird (*Goldstein* 1993).

(4) *Organisatorisches Lernen:* In Schulungsveranstaltungen oder in der beruflichen Realität bringen die einzelnen Lernenden zu konkreten Problemen der Unternehmung ihr Wissen in die Schulungs- oder Arbeitsgruppe ein, kollektivieren es und konstruieren neues Wissen, um damit zu innovativen Problemlösungen zu kommen *(Konstruktivismus).* Diese neue Form von Lernen eignet sich besonders für Unternehmungsspitzen (*konzeptionelle Führungsschulung,* in welcher die Grundlagen für die Unternehmungsentwicklung anhand der realen Probleme geschaffen werden), wobei erste Erfahrungen zeigen, daß dazu eine Moderation durch einen außenstehenden Spezialisten effizienzerhöhend wirkt.

Es ist zu vermuten, daß nur ein solches erweitertes Rollenverständnis für Vorgesetzte die Wirksamkeit der Führungausbildung erhöht. Deshalb müssen die herkömmlichen Ausbildungskonzepte mit ihren „Managementkursen" um diese neuen Formen ergänzt werden. Dabei ist aber der zunehmenden Psychologisierung entgegenzutreten; nur gute betriebswirtschaftliche Voraussetzungen machen die Anwendung psychologischer Erkenntnisse wirksam.

IV. Probleme der künftigen Forschung

Die ganzheitliche Sicht der Führungsausbildung erfordert einen *Paradigmawechsel* in der Forschung. Traditionelle Untersuchungen mit der Fragestellung, welches Konzept und welche Form von Führungsausbildung am besten ist, sind als lineare Untersuchungen zu wirklichkeitsfern. Die Fragestellung muß vielmehr lauten: *Welche Formen dieser Schulung sind für welche Unternehmung, zu welchem Zweck und Zeitpunkt und für welche Führungskräfte am geeignetsten?* Dabei muß auch der Blickpunkt verändert werden, indem angesichts der zunehmenden Komplexität der Führung vor allem der kognitiven Konzeption mehr Aufmerksamkeit zu schenken ist. Dies wiederum setzt voraus, daß man sich nicht mit Fähigkeitsbeschreibungen von erfolgreichen Führungskräften im behavioristischen Sinn begnügen darf, sondern zu klären ist, wie systematisch konstruierte Wissensstrukturen und Verhaltensweisen zu kombinieren sind, damit Transferwirkungen entstehen, insbesondere nachdem sich immer deutlicher zeigt, daß das Training von Verhaltensweisen und Fertigkeiten kaum Transferwirkungen bringt. Und schließlich ist das Verhältnis von Führungsausbildung in Kursen und Ausbildung am Arbeitsplatz zu überdenken, wobei die schwierigste Problematik darin liegt, wie es gelingen kann, Manager von der Wichtigkeit ihrer pädagogischen Rolle in der Führung zu überzeugen.

Literatur

Dubs, R.: Management-Ausbildung: ein altes Thema neu betrachtet. In: *Hasenböhler, R.* et al. (Hrsg.): Zukunftsorientierte Management-Ausbildung. Zürich 1994.
Fisch, R./Fiala, S.: Wie erfolgreich ist Führungstraining? In: DBW, 1984, S. 193–203.
Goldstein, I. L.: Training in Organizations. 3. A., Belmont 1993.
Kanfer, R./Ackerman, P. L.: Motivation and Cognitive Abilities: An Integrative Aptitude-treatment Interaction Approach to Skill Acquisition. In: J. Appl. Psychol., Monogr. 1989, S. 657–690.
Saxer, U.: Konzeptionelle Veranstaltungen für eine wirksame Führungsausbildung. Diss. Hochschule St. Gallen 1986.
Tannenbaum, S. I./Yukl, G.: Training and Development in Work Organizations. In: Annu. Rev. Psychol., 1992, S. 399–441.
Wexley, K. N./Latham, G.: Development and Training Human Resources in Organizations. 2. A., Glenview 1991.
Yukl, G.: Leadership in Organizations. Englewood Cliffs 1989.

Personalbeurteilung von Führungskräften

Torsten J. Gerpott/Michel E. Domsch

[s. a.: Auswahl von Führungskräften; Fortbildung, Training und Entwicklung von Führungskräften.]

I. Begriffliche Abgrenzung; II. Stand der Personalbeurteilung in der Praxis; III. Forschungsansätze zur Personalbeurteilung; IV. Integration der Forschung zur Personalbeurteilung mittels eines komplexen Prozeßmodells.

I. Begriffliche Abgrenzung

Unter *Personalbeurteilung (PB)* wird hier verstanden

– die planmäßige formalisierte Bewertung eines Organisationsmitglieds
– im Hinblick auf bestimmte Kriterien
– auf Basis von Informationsverarbeitungsprozessen,
– die auf Wahrnehmungen des Beurteilers im Arbeitsalltag beruhen.

Die unter dem Begriff der PB subsumierten Themenkomplexe werden wie folgt abgegrenzt:

(1) PB wird als Oberbegriff für die Beurteilung von Organisationsmitgliedern (= Personal) im Gegensatz zur Bewertung von Dingen (z. B. Arbeitsbewertung) verwendet. Der Begriff „*PB von Führungskräften*" weist darauf hin, daß Personen, die zu einer bestimmten Mitarbeitergruppe (Mitarbeiter, die Personalverantwortung tragen oder die in Spezialistenfunktionen für die Erreichung von Organisationszielen von wesentlicher Bedeutung sind, d. h. Führungskräfte) gehören, Objekt der PB sind, ohne daß damit zugleich das Subjekt der PB (der Beurteiler) festgelegt wird. Abbildung 1 skizziert ein dreidimensionales Schema, in das die in der Literatur enthaltene Vielzahl von Beurteilungsbegriffen (s. *Gaugler* et al. 1978; *Becker* 1994) eingeordnet werden können.

(2) Von PB ist nur zu sprechen, wenn eine wertende Stellungnahme über einen Mitarbeiter überwiegend regelmäßig im Rahmen eines *standardisierten* Verfahrens *schriftlich* festgehalten wird. Grundlage von PB sind die vom Beurteiler innerhalb der *alltäglichen* Berufspraxis über den Beurteilten gemachten Beobachtungen. Besondere eignungsdiagnostische Verfahren zur →*Auswahl von Führungskräften* (z. B. Assessment Center) werden somit hier nicht berücksichtigt.

(3) Die PB von Führungskräften kann nicht verkürzend als Meßvorgang, der primär vom Meßinstrument in Gestalt des Beurteilungsformulars abhängt, verstanden werden, sondern ist als komplexer *Informationsverarbeitungsprozeß* im Arbeitsalltag zu konzeptualisieren, der den Strukturen anderer Prozesse sozialer Urteilsbildung entspricht. Aufgrund der multikausalen Determinierung dieses Prozesses ist eine *generelle* Aussage über das Ausmaß, in dem sich PB-Systeme für Führungskräfte von Systemen für Nicht-Führungskräfte unterscheiden nicht sinnvoll.

II. Stand der Personalbeurteilung in der Praxis

Empirische Studien zum Stand der Personalbeurteilungspraxis in Organisationen im deutschen

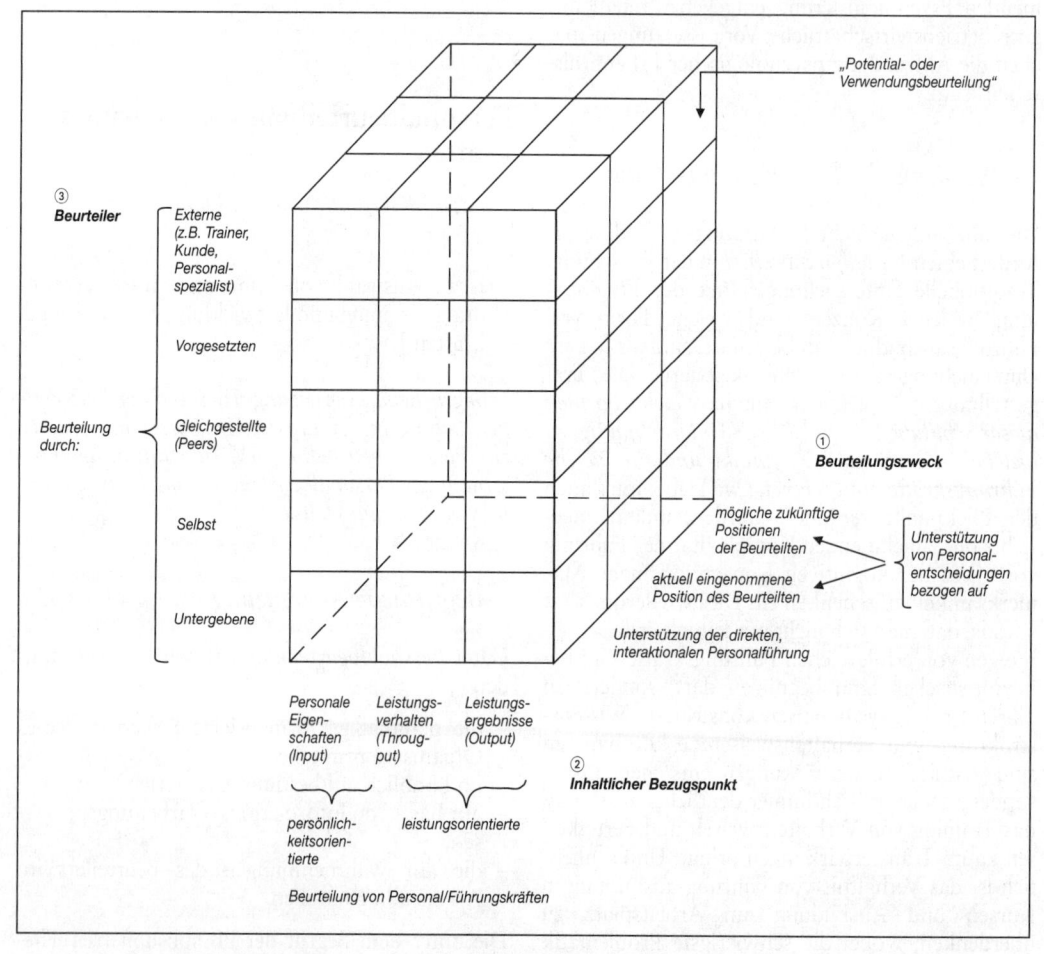

Abb. 1: Dreidimensionales Schema zur Gliederung und Beschreibung von Ansätzen zur Personalbeurteilung

Sprachraum (z. B. *Gaugler* et al. 1978; *Batz/ Schindler* 1983; *Liebel* 1987; *Rübling* 1988) in den USA (z. B. *Fombrun/Laud* 1983; *Bretz* et al. 1992) und in Großbritannien (*Gill* 1977) sind thesenartig wie folgt zusammenzufassen:

(1) Mehr als die Hälfte aller Unternehmen mit mindestens 1000 Mitarbeitern verwenden formalisierte PB-Systeme. Je größer ein Unternehmen ist, desto eher werden dort PB-Systeme für mittlere und obere Führungskräfte eingesetzt. Im Trend ist eine Ausdehnung von PB auf alle Mitarbeitergruppen erkennbar.

(2) Zur PB werden überwiegend *analytische Einstufungsverfahren* (ratings) eingesetzt, bei denen Beurteiler einmal pro Jahr für einen vorgegebenen Katalog von Merkmalen (Durchschnitt: 12) den Grad der Ausprägung eines Merkmals beim Beurteilten auf im Mittel 5-stufigen Skalen zu markieren haben.

(3) Mitarbeiter verschiedener Ebenen und Funktionsbereiche werden überwiegend anhand desselben *Standardmerkmalskatalogs* beurteilt, der für Führungskräfte oft durch einige Zusatzkriterien (z. B. Delegation) erweitert wird. Ergebnisorientierte Kriterien finden sich in PB-Systemen für Führungskräfte etwas häufiger als für andere Mitarbeitergruppen.

(4) Die Rollenverteilung ist in fast allen PB-Systemen gleich: Vorgesetzte beurteilen die ihnen direkt unterstellten Mitarbeiter. In diese Führungsdyade wird oft eine höhere Führungskraft miteinbezogen, der die Überprüfung der erstellten PB obliegt. Der Beurteilte kann i.d.R. die PB aus seiner Sicht kommentieren.

(5) Die Auswahl von PB-Kriterien in PB-Bögen beruht selten auf systematisch-empirischen Untersuchungen arbeitsplatzspezifischer Leistungsinhalte. Die Kriterienauswahl, die in der Bundesrepublik regelmäßig unter Beteiligung der Mitarbeitervertretungen erfolgt, basiert auf Plausibilitätsüberlegungen. Daher finden sich bei aller Vielfalt im Detail in fast allen PB-Systemen ähnliche, auf hohem Abstraktionsniveau formulierte PB-Kriterien (z. B. Arbeitseinsatz, Initiative).

(6) PB von Führungskräften werden zunehmend weniger als Mittel zur informatorischen Fundierung von Personalentscheidungen (z. B. Entgeltdifferenzierung) und zunehmend mehr als Mittel zur Unterstützung der direkten interaktionalen Personalführung sowie als Diagnoseinstrument für Verhaltensentwicklungsbedarf beim Beurteilten verstanden. In fast allen Unternehmen ist ein „Mitarbeitergespräch" Bestandteil des PB-Verfahrens.

III. Forschungsansätze zur Personalbeurteilung

In der unüberschaubaren PB-Literatur (vgl. u. a. *Brandstätter* 1970; *Landy/Farr* 1983; *Bernardin/ Beatty* 1984; *Murphy/Cleveland* 1991; *Cardy/ Dobbins* 1993; *Becker* 1994) lassen sich idealtypisch zwei Forschungsansätze zur PB unterscheiden (1) ein *sozialpsychologischer Ansatz* (PB als interpretativer, sozialer Informationsverarbeitungsprozeß, der mit Hilfe psychometrischer Analysen zu erhellen ist; s. z. B. *Ilgen/Feldman* 1983; *DeNisi/Williams* 1988) und (2) ein *betriebswirtschaftlich-administrativer Ansatz* (PB als Hilfsmittel zur Fundierung von Personal-Managementmaßnahmen; s. z. B. *Lattmann* 1975; *Lessmann* 1980; *Mungenast* 1990).

IV. Integration der Forschung zur Personalbeurteilung mittels eines komplexen Prozeßmodells

Aufgrund der unbefriedigenden Aussagekraft einer eklektizistischen PB-Forschung haben verschiedene Autoren (*Kane/Lawler* 1979; *Landy/Farr* 1983; *Murphy/Cleveland* 1991) *heuristische Modelle* vorgelegt, die als Grundlage für eine synoptische Betrachtung der im Rahmen der zwei o.g. Forschungsansätze gewonnenen Erkenntnisse zur formalen PB von Führungskräften (und anderen Mitarbeitergruppen) dienen können. In den Modellen wurden die in den oberen zwei Dritteln der Abbildung 2 umrissenen 4 Variablenkomplexe als wesentliche Einflußfaktoren auf die der PB zugrundeliegenden Prozesse sozialer Urteilsbildung herausgearbeitet. Stichwortartig wird nachfolgend die Bedeutung der vier Variablenklassen für das in Abbildung 2 umrissene Modell des Urteilsprozesses im Arbeitsalltag skizziert.

1. Beurteilungszwecke

PB-Systeme sind zweckorientiert zu gestalten. Grundsätzlich lassen sich zwei (weiter differenzierbare) Zweckklassen unterscheiden (*Domsch/Gerpott* 1992, Sp. 1633): PB bezwecken die Gewinnung von Informationen über Führungskräfte, die zur

- Unterstützung von Personalentscheidungen
- Unterstützung von Führung und Zusammenarbeit

dienen sollen (Abb. 2). Motivationstheoretische Überlegungen lassen vermuten, daß Führungskräfte PB dann eher akzeptieren, wenn PB-Ergebnisse dezentral zur Verbesserung der Zusammenarbeit mit dem Vorgesetzten und zur Entwicklung der Beurteilten eingesetzt werden.

Organisationaler Kontext

Arbeitsaufgabenmerkmale der Beurteilten

- Abgrenzbarkeit/Interdependenz
- Komplexität
- Spezialisierungsgrad
- Beobachtbarkeit des Aufgabenvollzugs
- Äquifinalität von Arbeitsverhaltensweisen
- Bestimmbarkeit von eindeutig spezifizierbaren Arbeitszielen
- •
- •

Gesamtorganisations-/Organisationssegmentmerkmale

- Mechanistische vs. organische Strukturen
- Organisationsklima (Vertrauen, Offenheit)
- Führungsgrundsätze
- (De-) Zentralisierungsgrad von Personalentscheidungen
- Entwicklungsgrad personalwirtschaftlicher Instrumente (insbes. Arbeitsanalyse, Stellenbeschreibung)
- Anreizvergabepraktiken
- Kontrollspannen
- •
- •
- •

Beurteilungsverfahren

- Partizipationsgrad von unmittelbar Betroffenen bei Verfahrensentwicklung u. -anwendung
- Kriterieninhalte u. -gewinnung
- Skalentypen (z.B. nominale Checkliste, Einstufungsskala)
- Skalenanker
- Transparenz für unmittelbar Betroffene
- Aggregationsniveau (Individual- vs. Gruppenbeurteilung)
- Anwendungshäufigkeit
- Beurteilertraining
- Periodische Überprüfung
- •
- •

Beurteilungszwecke

- Unterstützung von Personalentscheidungen (PE)
  + Personaleinsatz (z.B. Versetzungen, Nachwuchsplanung)
  + Entgeltdifferenzierung
  + Trainingsbedarfsermittlung
  + Erfolgskontrolle von PE (z.B. Auswahlverfahren, Trainingsprogramme)
- Unterstützung von Führung und Zusammenarbeit
  + Informationsfluß
  + Verhaltens-/Ergebniserwartungen
  + Beratung u. Förderung
- •
- •
- •

Unmittelbar durch Beurteilung Betroffene

- Kreis der Beurteiler u. Beurteilten
  + hierarchische Einordnung
  + demographische Merkmale (z.B. kognitive Komplexität)
  + Funktionsverständnis
  + Aufgabenkenntnis

- Interaktionen zwischen Beurteiler- u. Beurteiltenmerkmalen
- Qualität interpersonaler Beziehungen
  + Zusammenarbeitsdauer u. -intensität
  + Ähnlichkeit u. Sympathie
- •
- •
- •

Beurteilungsprozeß im Arbeitsalltag

| Beobachtung | Kategorisierung u. Speicherung | Rückgewinnung u. Integration |

Intrapersonaler kognitiver Prozeß der Verarbeitung beurteilungsrelevanter Informationen

Formale Personalbeurteilung (PB)

Kommunikation der PB
- zwischen unmittelbar Betroffenen (Beurteilungsgespräch)
- an andere Instanzen (z.B. Personalabteilung)
- •
- •
- •

Konsequenzen der PB
- Entgeltdifferenzierung
- Einsatz
- Training
- Leistungserwartungen
- •
- •
- •

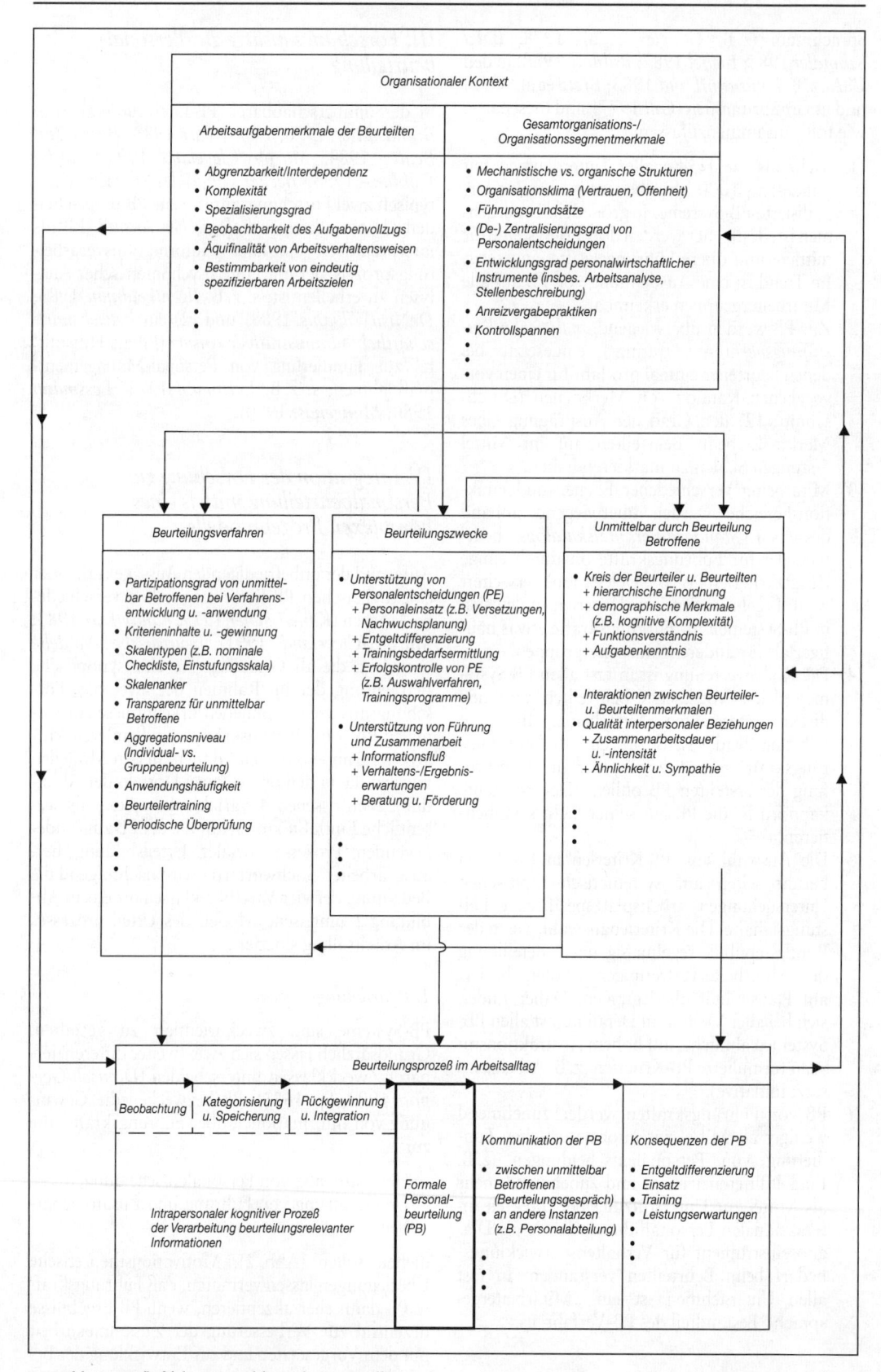

Abb. 2: Einflußfaktoren auf formale Personalbeurteilungen in Organisationen – ein komplexes Prozeßmodell

2. Organisationaler Kontext

Auf Gesamtorganisationsebene sind u. a. realisierte Strukturkonzepte (z. B. Profit-Center Organisation) für die Gestaltung von PB-Systemen relevant. In Abhängigkeit von Arbeitsstrukturen (z. B. Arbeit in Teams) ist auf Organisationssegmentebene (z. B. Produktion) zu entscheiden, ob mehrere unterschiedliche PB-Systeme in einer Organisation notwendig sind. Der Festlegung der Inhalte eines PB-Verfahrens sollte eine systematische empirische Analyse der Arbeitsaufgabenmerkmale von Führungskräften vorausgehen.

3. Unmittelbar durch die Beurteilung Betroffene

Eine Situationsanalyse kann zu der Erkenntnis führen, daß direkte Vorgesetzte z. B. aufgrund zu großer Kontrollspannen nicht (allein) geeignete Beurteiler sind. Dann kann eine ergänzende Beurteilung einer Führungskraft durch ihre Untergebenen (*Vorgesetztenbeurteilung*; *Reinecke* 1983) Informationen für eine Führungsverhaltensdiagnose und -entwicklung liefern. Ob im Führungskräftebereich eine PB durch hierarchisch gleichrangige Kollegen (*Gleichgestelltenbeurteilung*; *Gerpott* 1992) in der Praxis sinnvoll eingesetzt werden kann, kann ohne zukünftige *empirische* Forschung nicht fundiert abgeschätzt werden. Überzeugende Nachweise hingegen liegen für die positiven Führungswirkungen von *Selbstbeurteilungen* vor, die als Basis für die Vorbereitung von entwicklungsorientierten PB-Gesprächen zwischen Vorgesetztem und Mitarbeiter eingesetzt werden (*Campbell/Lee* 1988).

4. Beurteilungsverfahren

Sie sind die methodischen Hilfsmittel, mit denen die Beobachtungen des Beurteilers in schriftliche und i. d. R. auf einem wertenden Kontinuum (schlecht – gut) quantifizierend eingeordnete Aussagen umgesetzt werden. Unter den Begriff des PB-Verfahrens fallen drei verschiedene Vorgänge:

a) Festlegung der inhaltlichen Bezugspunkte (Kriterieninhalte) der PB

Hier lassen sich abstrakte personale Eigenschaften (z. B. Risikobereitschaft), konkrete Leistungsverhaltensweisen und Leistungsergebnisse unterscheiden. Für PB, die zur Unterstützung der unmittelbaren Personalführung dienen sollen, wird ein Verzicht auf den Einbezug personaler Eigenschaftskriterien empfohlen (s. u. a. *Liebel* 1987). Für Potentialbeurteilungen (Erfolgsprognosen) sind dagegen auch Eigenschaftskriterien zu erwägen (*Schuler* 1989). Fundierte Belege für die Wirksamkeit der im Zusammenhang mit der Konzeption des „Management by Objectives" viel beachteten ergebnisorientierten PB-Verfahren sind selten (*Becker* 1994).

b) Entwicklung von Skalen, die geeignet sind, Beurteilungsinhalte metrisch abzubilden

Skalen dienen zur Umsetzung der Beobachtungen des Beurteilers in eindeutige Aussagen. Bezüglich der Eigenschaften verschiedener Skalen muß auf die einschlägige Literatur verwiesen werden (s. z. B. *Brandstätter* 1970, S. 677–689; *Bernardin/Beatty* 1984, S. 62–127, *Schuler* 1991; S. 20–32).

c) Analyse der methodischen Qualität des PB-Verfahrens

Methodische Gütekriterien sind u. a. die *Zuverlässigkeit* und *Gültigkeit* von PB-Ergebnissen (vgl. *Brandstätter* 1970, S. 703–715; *Bernardin/Beatty* 1984, S. 128–162). Maße *beurteilerspezifischer Urteilstendenzen* (z. B. Tendenz zur Milde) haben aufgrund von Operationalisierungs- und inhaltlichen Problemen nur beschränkte Aussagekraft (*Saal* et al. 1980; *Murphy/Balzer* 1989).

5. Beurteilung im Arbeitsalltag – Informationsverarbeitungs- und Interaktionsprozesse

Ein mikroanalytischer Forschungsansatz versucht unter Nutzung von Wissen aus der Sozialpsychologie und der verhaltenswissenschaftlich orientierten Entscheidungstheorie zu erfassen, was innerhalb der „black box" Beurteiler bei der PB abläuft. PB von Führungskräften werden hier als Ergebnis von im Führungsalltag ablaufenden *Interaktionsprozessen* zwischen Beurteiler und Beurteilten und dem damit einhergehenden intrapersonalen Prozeß der Verarbeitung beurteilungsrelevanter Informationen angesehen (vgl. *DeNisi/Williams* 1988; *Bretz* et al. 1992). Die idealtypisch unterscheidbaren Stufen dieses Prozesses, für den attributionstheoretische Überlegungen (*Ilgen/Feldman* 1983) besondere Relevanz haben, findet man in Abbildung 2. An den intrapersonalen Informationsverarbeitungsprozeß schließt sich i. d. R. die *Kommunikation von PB-Ergebnissen* an eine Führungskraft im PB-Gespräch an. Das Gesprächsverhalten des Beurteilers ist dabei unter Berücksichtigung von Merkmalen des Beurteilten (z. B. Berufserfahrung) und seiner Arbeitsaufgaben sowie der alltäglichen Beurteiler-Beurteilten-Beziehung situativ zu variieren (*Cederblom* 1982), um eine maximale Führungswirksamkeit des PB-Gesprächs zu erzielen.

Literatur

Batz, M./Schindler, U.: Personalbeurteilungssysteme auf dem Prüfstand. In: ZfO 1983, S. 424–427, 430–432.
Becker, F.: Grundlagen betrieblicher Leistungsbeurteilungen. 2. A., Stuttgart 1994.
Bernardin, H. J./Beatty, R.W.: Performance Appraisal: Assessing Human Behavior at Work. Boston 1984.
Brandstätter, H.: Die Beurteilung von Mitarbeitern. In: *Mayer, A./Herwig, B.* (Hrsg.): Handbuch der Psychologie – Bd. 9: Betriebspsychologie. 2. A., Göttingen 1970, S. 668–734.
Bretz, R. D./Milkovich, G. T./Read, W.: The Current State of Performance Appraisal Research and Practice: Concerns, Directions, and Implications. In: Journal of Management 1992, S. 321–352.
Campbell, D. J./Lee, C.: Self-Appraisal in Performance Evaluation: Development versus Evaluation. In: AMR 1988, S. 302–314.
Cardy, R./Dobbins, G. H: Performance Appraisal: Alternative Perspectives. Cincinnati 1993.
Cederblom, D.: The Performance Appraisal Interview. In: AMR 1982, S. 219–227.
DeNisi, A. S./Williams, K. J.: Cognitive Approaches to Performance Appraisal. In: *Ferris, G. R./Rowland, K. M.* (Hrsg.), Research in Personnel and Human Resources Management, Vol. 6. Greenwich 1988, S. 109–155.
Domsch, M./Gerpott, T. J.: Personalbeurteilung. In: *Gaugler, E./Weber, W.* (Hrsg.), HWP. 2. A., Stuttgart 1992, Sp. 1631–1641.
Fombrun, C. J./Laud, R. L.: Strategic Issues in Performance Appraisal: Theory and Practice. In: Personnel 1983, Nr. 6, S. 23–31.
Gaugler, E./Kolvenbach, H./Lay, G./Ripke, M./Schilling, W.: Leistungsbeurteilung in der Wirtschaft. Baden-Baden 1978.
Gerpott, T. J.: Gleichgestelltenbeurteilung: Eine Erweiterung traditioneller Personalbeurteilungsansätze in Unternehmen. In: *Selbach, R./Pullig, K.-K.* (Hrsg.), Handbuch Mitarbeiterbeurteilung. Wiesbaden 1992, S. 211–254.
Gill, D.: Appraising Performance. London 1977.
Ilgen, D. R./Feldman, J. M.: Performance Appraisal: A Process Focus. In: *Cummings, L. L./Staw, B. M.* (Hrsg.), ROB, Vol. 5. Greenwich 1983, S. 141–197.
Kane, J. S./Lawler, E. E.: Performance Appraisal Effectiveness: Its Assessment and Determinants. In: *Staw, B. M.* (Hrsg.), ROB, Vol. 1. Greenwich 1979, S. 425–478.
Landy, F. J./Farr, J. L.: The Measurement of Work Performance. New York 1983.
Lattmann, C.: Leistungsbeurteilung als Führungsmittel. Bern 1975.
Lessmann, K. G.: Personalbeurteilung als Instrument der Führungskräfteentwicklung. Diss. Essen 1980.
Liebel, H. J.: Personalführung durch Verhaltensbewertung – Aktuelle Probleme mit langer Tradition. In: *Liebel, H. J./Oechsler, W. A.* (Hrsg.), Personalbeurteilung. Bamberg 1987, S. 89–162.
Mungenast, M.: Grenzen merkmalsorientierter Einstufungsverfahren und ihre mögliche Überwindung durch zielorientierte Leistungsbeurteilungsverfahren. München 1990.
Murphy, K. R./Balzer, W. K.: Rater Errors and Rating Accuracy. In: JAP 1989, S. 619–624.
Murphy, K. R./Cleveland, J. N.: Performance Appraisal: An Organizational Perspective. Boston 1991.
Reineke, P.: Vorgesetztenbeurteilung. Köln 1983.
Rübling, G.: Verfahren und Funktionen der Leistungsbeurteilung in Unternehmen. Konstanz 1988.
Saal F. E./Downey, R. G./Lahey, M. A.: Rating the Ratings: Assessing the Psychometric Quality of Rating Data. In: Psych. Bull. 1980, 88. Jg., S. 413–428.
Schuler, H.: Leistungsbeurteilung. In: *Roth, E.* (Hrsg.), Organisationspsychologie, Enzyklopädie der Psychologie D/III/3. Göttingen 1989, S. 399–430.
Schuler, H.: Leistungsbeurteilung – Funktionen, Formen und Wirkungen. In: *Schuler, H.* (Hrsg.), Beurteilung und Förderung beruflicher Leistung. Stuttgart 1991, S. 11–40.

Personalentwicklung als Führungsinstrument

Hans-Christian Riekhof

[s. a.: Anreizsysteme als Führungsinstrumente; Beurteilungs- und Fördergespräch als Führungsinstrument; Coaching; Fortbildung, Training und Entwicklung von Führungskräften; Mentoring; Motivation als Führungsaufgabe; Personalentwicklungs-Controlling; Strategische Führung.]

I. *Personalentwicklung im Wandel*; II. *Personalentwicklung im Führungsalltag: die motivationstheoretische Perspektive*; III. *Personalentwicklung im Führungsalltag: die strategische Perspektive*; IV. *Schlußfolgerungen für die Managemententwicklung.*

I. Personalentwicklung im Wandel

Personalentwicklung ist dem herkömmlichen Verständnis zufolge Aufgabe einer zentralen Aus- und Weiterbildungsabteilung, die durch Bildungsbedarfsanalysen und entsprechende Seminarprogramme die erforderliche Qualifikation der Mitarbeiter und der Führungskräfte sicherstellt (vgl. zur Methodik und Konzeption der Personalentwicklung *Conradi* 1983; *Kitzmann/Zimmer* 1982; *Kossbiel* 1982; *Mentzel* 1983; *Figge/Kern* 1982; die empirischen Studien von *Thom* 1987 sowie den Sammelband von *Wunderer* 1979). Die Personalentwicklung ist in der klassischen Form als Teilbereich des Personalwesens organisiert und wird i. d. R. als zentrale Stabsstelle mit zentralem Bildungsbudget aktiv.

Eine derartige Personalentwicklungskonzeption erweist sich allerdings als mit gewissen unbeabsichtigten Nebenwirkungen verbunden. So zeigt sich beispielsweise, daß in Seminaren erzielte Lernerfolge oftmals nur teilweise in den Alltag umgesetzt werden können. Der Lerntransfer (zur Problematik des Lerntransfers vgl. *Wilkening* 1992) ist schwierig, wenn der Vorgesetzte des Betroffenen in die Umsetzung der Lerninhalte am Arbeitsplatz nicht einbezogen wird.

Die Erforschung von Qualifikationserfordernissen und Bildungsbedarf (vgl. hierzu z. B. *Leiter et al.* 1982) erfolgt in den meisten Unternehmen zentral, z. B. durch die PE-Abteilung. Ein derartiges Verfahren geht aber bisweilen am tatsächlichen Qualifikationsbedarf vorbei. Zentrale, formalisierte Bedarfserhebungen können in der Regel nicht die Detailkenntnis des betroffenen Vorgesetzten hinsichtlich des Personalentwicklungsbedarfs ersetzen.

Vor diesem Hintergrund wird zunehmend eine stärkere Einbeziehung des Vorgesetzten in die Prozesse der Personalentwicklung vorgesehen (vgl. z. B. *Stiefel/Mühlhoff* 1983; *Riekhof* 1985; →*Coaching;* →*Mentoring*). Der Vorgesetzte kennt die Ausgangssituation des betroffenen Mitarbeiters, seine Qualifikationsdefizite wie auch seine motivationale Disposition in der Regel sehr gut, und er hat auch die Gelegenheit, nach Abschluß von Qualifizierungsmaßnahmen Hilfestellung beim Umsetzen des Gelernten in den Alltag zu leisten.

Damit wird deutlich, daß die Rolle des Vorgesetzten im Prozeß der Personalentwicklung einem Wandel unterliegt. Personalentwicklung kann, dies ist die zugrundeliegende These, zum Instrument der Mitarbeiterführung und -motivation werden.

Während auf der Ebene des Arbeitsplatzes der Vorgesetzte bei der Erforschung des Personalentwicklungsbedarfs und auch der Personalentwicklungswünsche einen wichtigen Beitrag leisten kann, gilt es, auch die Ziele der gesamten Organisation im Auge zu behalten. Die klassische Personalentwicklung hat im wesentlichen Abweichungen zwischen Anforderungs- und Eignungsprofil im Blick (vgl. z. B. die Darstellung bei *Mentzel* 1983). Die Ziele des Unternehmens im Sinne einer strategischen Ausrichtung auf bestimmte Kernkompetenzen finden sich hingegen in der strategischen Planung eines Unternehmens oder eines Geschäftsbereiches wieder. Die Unternehmensstrategie beinhaltet in der Regel Aussagen darüber, welche *Lernprozesse in einer Organisation* zu absolvieren sind, wenn bestimmte Wettbewerbspositionen aufgebaut oder verteidigt werden sollen. Mit anderen Worten lassen sich aus der *Unternehmenstrategie* Vorgaben für eine *strategisch ausgerichtete Personalentwicklung ableiten: Personalentwicklung wird zum Instrument der strategischen Führung.*

II. Personalentwicklung im Führungsalltag: die motivationstheoretische Perspektive

Aus der Sicht der betroffenen Mitarbeiter heraus beinhaltet Personalentwicklung in der Regel die Chance, die eigenen Qualifikationen wie auch unter Umständen die eigenen Karrieremöglichkeiten zu verbessern. Wird Personalentwicklung vornehmlich unter diesem Aspekt betrachtet, dann rücken automatisch Fragen des persönlichen Lernfortschritts und Lernerfolgs, der individuellen Erwartungsstrukturen und Motivationsdispositionen in den Mittelpunkt.

Die Interpretation der Personalentwicklung als Instrument der Mitarbeiterführung ist vor dem Hintergrund eines motivationstheoretischen Rahmens (→*Motivation als Führungsaufgabe*) durchaus naheliegend: nur wenn die individuellen Erwartungen und Bedürfnisse der Betroffenen entsprechende Berücksichtigung finden und auch die situativen Gegebenheiten vor Ort einbezogen werden, ist mit erfolgreichen Lernprozessen im Rahmen der Personalentwicklung zu rechnen (zu den *verhaltenstheoretischen Grundlagen der Personalentwicklung* vgl. *Schanz* 1992).

Ein motivationstheoretischer Rahmen als Grundlage der folgenden Betrachtungen wird im vorliegenden Abschnitt II skizziert, und es werden praktische Konsequenzen beleuchtet.

1. Personalentwicklung als Gratifikationspotential

Nimmt der Vorgesetzte seine Rolle im Rahmen der organisationalen Personalentwicklung aktiv wahr, dann wird die Personalentwicklung zu einem neuen bzw. weiteren Führungsinstrument. Aus verhaltenstheoretischer Sicht versucht der Vorgesetzte, durch die Beeinflussung der Erwartungen seiner Mitarbeiter wie auch durch die Eröffnung von Gratifikationspotentialen die Motivation der Mitarbeiter zu erhöhen und das individuelle Verhalten zu kanalisieren (vgl. hierzu *Schanz* 1978 und 1982).

Bei den *Gratifikationspotentialen* ist an materielle Anreize wie Gehalt und Prämien (→*Entgeltsysteme als Motivationsinstrument*) zu denken, aber auch an die Vergabe interessanter Aufgaben und herausfordernder Zielsetzungen. Die Teilnahme von Mitarbeitern an Personalentwicklungsprogrammen und individuellen Fördermaßnahmen hat für den einzelnen ebenfalls eine gratifizierende Wirkung: Personalentwicklungsaktivitäten beinhalten in der Regel Anreizpotentiale, da sie Lernprozesse ermöglichen, da sie ferner in der Regel als soziale Aktivität organisiert sind und da sie auch Karrierechancen verbessern können. Nicht zuletzt können sie auch einem Geltungsbedürfnis entsprechen, wenn z. B. jemand auf Firmenkosten zu einem renommierten Managementkurs in die USA entsandt wird.

Soweit die gratifizierende Wirkung eher in den jeweiligen Programmen und Maßnahmen selbst begründet ist, kann man von intrinsischen Anreizen sprechen, etwa wenn das Bedürfnis nach Selbstentwicklung und die Freude am Lernen angesprochen sind. Unter extrinsischen Anreizen versteht man solche, die eher als äußere Begleiterscheinung zu verstehen sind, wie das durch Beförderungen steigende Gehalt oder die damit verbundene soziale Anerkennung.

Diese Gratifikationspotentiale stellen für den Vorgesetzten eine zusätzliche Möglichkeit dar, das Mitarbeiterverhalten in der gewünschten Richtung zu beeinflussen. Der jeweiligen Situation und den Bedürfnissen des Mitarbeiters entsprechend wird der Vorgesetzte Personalentwicklungsmaßnahmen so einsetzen, daß sie z. B. die Anerkennung besonderer Leistungen zum Ausdruck bringen. Personalentwicklung kann auch als Element der langfristigen Karriereentwicklung des betroffenen Mitarbeiters wirksam werden und damit der Langzeitmotivation dienen.

2. Personalentwicklung als Erwartungsdeterminante

Neben der gratifizierenden Wirkung hat die Personalentwicklung aus verhaltenstheoretischer Sicht auch eine die individuellen Erwartungsstrukturen beeinflussende Wirkung. Im Rahmen der Personalentwicklung sind Erfahrungen möglich, die die späteren Erwartungen bezüglich der Gratifikationen im Unternehmen – z. B. hinsichtlich der potentiellen Karrierechancen – beeinflussen. Gerade hier hat der Vorgesetzte natürlich eine besondere Aufgabe, kann und muß er doch ggf. falsche Erwartungen des Mitarbeiters vor oder nach der Teilnahme an PE-Programmen korrigieren.

Indem die Personalentwicklungsmaßnahmen Erwartungsstrukturen verändern und Anreizstrukturen sichtbar machen, nehmen sie auch auf das organisationale Normen- und Wertesystem Einfluß. Gerade der Einsatz interner Referenten im Rahmen der Weiterbildung kann dazu dienen, die organisationalen Werte zu vermitteln (vgl. *Riekhof* 1985): *Personalentwicklung* wird damit *zum Transporteur der Unternehmenskultur* (vgl. Abb. 1).

3. Auf dem Wege zur individualisierten Personalentwicklung

Die gerade skizzierten Überlegungen, Personalentwicklung sowohl als Gratifikationspotential wie auch als Erwartungsdeterminante zu interpretieren, basieren auf der sog. *Erwartungs-Wert-Theorie der Motivation* (vgl. die ausführliche Darstellung von *Schanz* 1978, S. 51 ff.), derzufolge individuelle Motivationsprozesse durch das Zusammentreffen positiver Erwartungen eines bestimmten Ergebnisses und der positiven Bewertung dieses Ergebnisses vor dem Hintergrund persönlicher Bedürfnisstrukturen erklärt werden.

Auf die Gestaltung von Organisationen angewandt, läßt sich aus diesem theoretischen Konzept ableiten, daß die *Individualisierung von Organisationen* (vgl. *Schanz* 1977) zu einer hohen Motivation und damit auch zu organisationaler Effizienz führt. Die Implementierung einer individualisierten Organisation erfordert die Schaffung einer Vielzahl unterschiedlicher Anreizstrukturen in Organisatio-

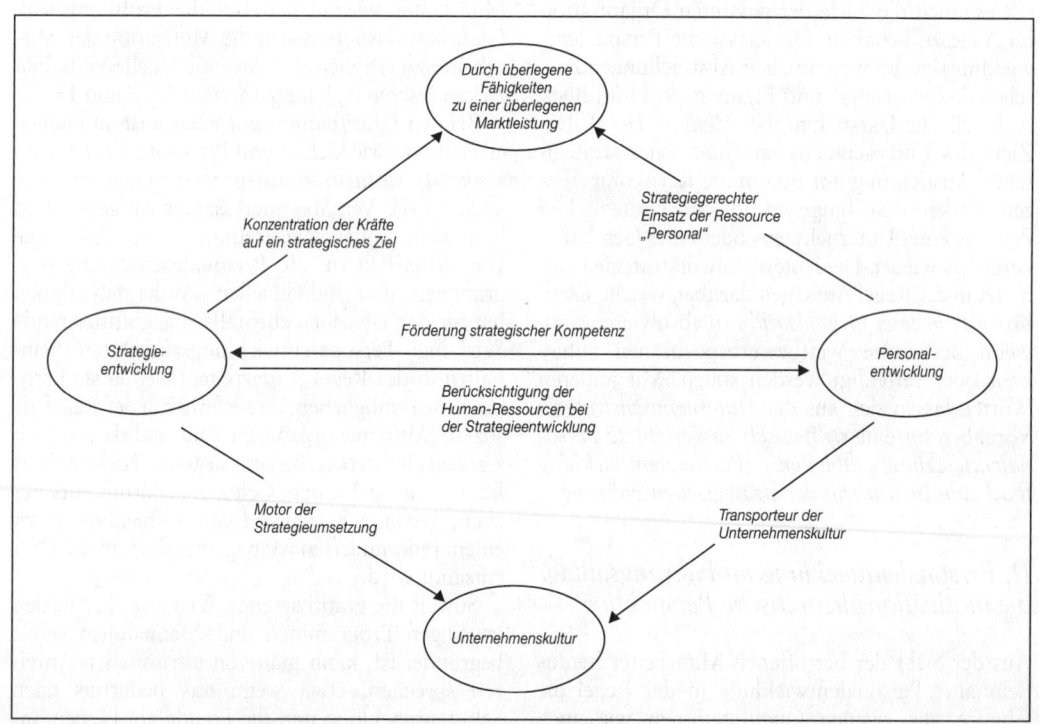

Abb. 1: Strategieentwicklung und Personalentwicklung im Überblick

nen und gleichzeitig die Förderung von *Prozessen der Selbstselektion.*

Das Gestaltungsprinzip der Individualisierung läßt sich auch auf die Personalentwicklung anwenden: eine diesem Prinzip folgende Personalentwicklung zielt auf die *Individualisierung von Karrierepfaden* (vgl. *Schanz* 1992) bzw. allgemeiner: *von Personalentwicklungsprogrammen,* die in hohem Maße durch Prozesse der Selbstselektion begleitet werden.

Auch an dieser Stelle wird deutlich, daß Personalentwicklungsmaßnahmen und -programme ein hohes Maß an Beteiligung der direkt Betroffenen und der jeweiligen direkten Vorgesetzten erfordern. Ferner ist eine Vielzahl möglichst unterschiedlicher PE-Programme und Karrierepfade vorzusehen, um den individuellen Erwartungen und Bedürfnisstrukturen Rechnung tragen zu können.

4. Praktische Konsequenzen

a) Erwartungssteuerung in Beurteilungsprozessen

Formalisierter und in der Regel durch die zentrale Personalentwicklung vorgegebener Ausgangspunkt vieler Personalentwicklungsmaßnahmen ist das (jährliche) *Beurteilungsgespräch* (→*Beurteilungs- und Fördergespräch als Führungsinstrument*), das der Vorgesetzte zumeist anhand von Beurteilungsbogen zu führen hat. Es läßt sich dazu nutzen, die Erwartungsstrukturen der Mitarbeiter zu erforschen und diese – soweit erforderlich – ggf. auch zu korrigieren.

Der Beurteilungsprozeß initiiert einen Dialog über die Anforderungen an den Mitarbeiter – die Erwartungen der Organisation also – und die Erwartungen des Mitarbeiters an die Organisation hinsichtlich persönlicher Entwicklungswünsche. Die Motivation des Mitarbeiters wird davon abhängen, ob der Vorgesetzte die Erwartung aufbauen kann, daß die individuellen Entwicklungsbedürfnisse des Mitarbeiters mittelfristig befriedigt werden können. Klare und verbindliche Verabredungen helfen, realistische Erwartungen und ein Klima des Vertrauens zu schaffen. Konkrete Vereinbarungen über Fördermaßnahmen und individuelle Personalentwicklungsprogramme sind zumeist Bestandteil des Beurteilungsgespräches. Prozesse der individuellen Selbstselektion werden gefördert, wenn der Vorgesetzte Optionen und Entwicklungswege aufzeigt. Dies setzt natürlich ein erhebliches Wissen und einige Erfahrungen seitens des Vorgesetzten voraus.

Neben den jährlichen Beurteilungsprozessen werden – vor allem in Großunternehmen – *Assessment Center* (vgl. *Jeserich* 1981) dazu eingesetzt, das Fähigkeitsprofil und die Entwicklungspotentiale der Mitarbeiter zu erforschen. Hier begibt sich die Organisation in einen Prozeß der Klärung von Erwartungen. Der einzelne Mitarbeiter erhält ein sehr detailliertes Feedback über seine Stärken und Schwächen und auch über die ihm offenstehenden Entwicklungsmöglichkeiten im Unternehmen, und die Organisation erhält Einblick in die vorhandenen Fähigkeitspotentiale, Bedürfnisstrukturen und Entwicklungserfordernisse. Dabei kann es durchaus zu Erwartungsenttäuschungen kommen, wenn unrealistische Vorstellungen seitens der Mitarbeiter korrigiert werden müssen. Erfahrungsgemäß zeigen sich gerade hier oftmals unbeabsichtigte Nebenwirkungen von Assessment Centers.

Assessment Centers werden in der Praxis vor allem dann eingesetzt, wenn der alltägliche Dialog zwischen Vorgesetztem und Mitarbeitern keine befriedigenden Aussagen über die Erwartungen und Bedürfnisse ermöglicht. Die Alltagssituation läßt sich nämlich durchaus dazu nutzen, Mitarbeiterverhalten in kritischen Situationen wahrzunehmen und zu beurteilen und auch Prognosen über Entwicklungspotentiale abzugeben.

Die in Großunternehmen zunehmend verbreitete *Nachfolgeplanung* ist ein weiteres Hilfsmittel, um bei den Mitarbeitern realistische Erwartungen hinsichtlich potentieller Karrierechancen zu entwickeln. Ferner werden der Besetzungsbedarf und die Notwendigkeit, mittelfristige Entwicklungsplanungen zu erstellen, rechtzeitig sichtbar.

b) Gratifikationssteuerung in Beförderungsprozessen

Personalentwicklungsmaßnahmen beinhalten ein sehr hohes Maß ganz unterschiedlich gearteter Gratifikationspotentiale und bedürfen daher der sorgfältigen Abstimmung auf die Bedürfnisstruktur der Betroffenen. Zunächst ist typischerweise an Karriereanreize zu denken: die Beförderung aus den eigenen Reihen ist inzwischen in vielen Unternehmen als Personalentwicklungsgrundsatz verankert.

Aber auch die systematische und weitere Entwicklungsschritte vorbereitende *Job Rotation* kann motivierende Wirkungen entfalten, wenn dadurch Lernprozesse ermöglicht werden, der persönliche Erfahrungshintergrund erweitert und die Chance auf hierarchischen Aufstieg verbessert wird. So ist in vielen Unternehmen inzwischen vorgesehen, daß Marketingmitarbeiter Vertriebserfahrungen aufweisen müssen und daß F&E-Mitarbeiter auch in die Produktion wechseln.

Als Sonderform der Job Rotation kann die *Auslandsentsendung von Mitarbeitern* (vgl. hierzu z. B. *Robinson/Riekhof* 1992) interpretiert werden. Soweit internationale Erfahrungen im Anforderungsprofil von Führungskräften verankert sind, ist eine Auslandsentsendung die Gelegenheit, um einschlägige Erfahrungen zu sammeln (→*Entsendung von*

Führungskräften ins Ausland). Auch hier liegt der Bezug zur individuellen Personalentwicklung auf der Hand.

Auch das klassische *Job Enrichment* ist nicht allein als organisatorische Form der Erweiterung von Handlungs- und Verantwortungsspielräumen zu interpretieren, sondern kann auch als Option im Rahmen der Personalentwicklung zum Tragen kommen: die Erweiterung von Freiräumen und die Erhöhung des Autonomiegrades kann zur Förderung von Lern- und Entwicklungsprozessen genutzt werden. Man spricht inzwischen von der Organisation ad personam, die die Organisation ad rem zunehmend ablöst.

Erst in der jüngsten Zeit wird die Übertragung von *Projektverantwortung* auf Mitarbeiter auch *als Option der Personalentwicklung* betrachtet. Gerade die Übernahme von Projektverantwortung kann die Chance sein, Fähigkeiten unter Beweis zu stellen und sich in kritischen Situationen zu bewähren. Ferner bietet sich die Gelegenheit, in interdisziplinären bzw. bereichsübergreifend zusammengesetzten Teams zu arbeiten und dabei wertvolle Erfahrungen hinsichtlich des Zusammenwirkens der Unternehmensbereiche zu sammeln.

III. Personalentwicklung im Führungsalltag: die strategische Perspektive

1. Strategische Lernprozesse in Organisationen

Zunächst ist darauf aufmerksam zu machen, daß in der jüngeren Vergangenheit die Lernfähigkeit und damit auch die Überlebensfähigkeit von Organisationen stärker in den Blickpunkt theoretischer wie empirischer Betrachtungen gerückt ist (vgl. etwa *Henderson* 1984 zum Erfahrungskurvenkonzept; *Pümpin* 1983 zur Idee der strategischen Erfolgspositionen und *Porter* 1985 zum Konzept der Wettbewerbsvorteile). Lernprozesse sind in dieser Interpretation Ausdruck der Fähigkeit, sich an Umweltveränderungen dynamisch anzupassen. Die effiziente *Organisation von Lernprozessen* in einem Unternehmen ist damit unmittelbare Quelle von Wettbewerbsvorteilen; sie führt zum Aufbau von strategischen Kernkompetenzen bzw. sog. *strategischen Erfolgspositionen* (vgl. *Pümpin* 1983). Dies sind Fähigkeiten einer Organisation (z.B. Qualität zu produzieren, Innovationen schnell in den Markt zu bringen etc.), die zu Überlegenheit im Wettbewerb führen können.

Lernprozesse sind – dies legt die verhaltenstheoretische Perspektive nahe – immer Lernprozesse der in Organisationen tätigen Individuen; die individuelle Personalentwicklung erhält damit einen strategischen Hintergrund. Die Mitarbeiter und deren Entwicklung werden zu einer der wichtigsten Ressourcen eines Unternehmens (vgl. hierzu *Riekhof* 1992), und die effiziente Organisation von Lernprozessen in einem Unternehmen steht in unmittelbarem Zusammenhang mit dem Aufbau von Wettbewerbsvorteilen.

2. Die strategische Ausrichtung der Personalentwicklung

Die *strategische Dimension der Personalentwicklung* ist allerdings in den Unternehmen unterschiedlich ausgeprägt (zur strategischen Ausrichtung des Personalmanagements vgl. z.B. die Beiträge in *Weber/Weinmann* 1989). Schon ein grober Vergleich der Personalentwicklungskonzeptionen einiger Großunternehmen zeigt (vgl. hierzu die Fallstudien in *Riekhof* 1992 und *Schanz* 1991), daß der Personalentwicklung in der Praxis nicht immer eine ausgeprägte strategische Bedeutung zukommt.

Die Optionen zur Ausgestaltung der Personalentwicklung lassen sich anhand der Dimensionen interne vs. externe Ausrichtung sowie reaktive vs. aktive Ausrichtung klassifizieren (vgl. *Riekhof* 1989, 1992):

	interne Ausrichtung	externe Ausrichtung
reaktiv	1 Personalentwicklung als fallweise Troubleshooting-Aktivität	2 Personalentwicklung nach branchenüblichem Muster
aktiv	3 Personalentwicklung als Instrument der Strategieumsetzung	4 Personalentwicklung als Quelle von Wettbewerbsvorteilen

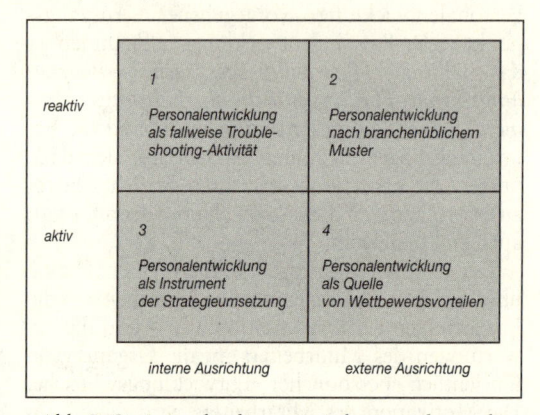

Abb. 2: Optionen für die strategische Ausrichtung der Personalentwicklung

Dabei zielt die neutral-reaktive PE auf die eher fallweise Beseitigung individueller Qualifikationsdefizite, ohne daß eine durchgängige, mit der Unternehmensstrategie koordinierte Personalentwicklungskonzeption sichtbar wäre. Die reaktive, aber extern ausgerichtete PE orientiert sich stark an branchenüblichen PE-Programmen, ohne dabei einen signifikanten Beitrag zur Entwicklung unternehmensspezifischer Qualifikationen zu leisten. Im Zweifelsfall ist nicht erkennbar, welchem Unternehmen PE-Programme zuzuordnen sind.

Die Austauschbarkeit der PE-Programme führt im Einzelfall – konsequenterweise – dazu, daß die PE-Abteilung als Profit Center verselbständigt und das Angebot ggf. sogar externen Teilnehmern geöffnet wird.

Eine aktiv-unterstützende und gleichzeitig interne Ausrichtung liegt dann vor, wenn Personalentwicklung als Instrument zur Umsetzung der Unternehmensstrategie interpretiert wird. Dies bedeutet, daß PE-Programme auf die strategischen Kernkompetenzen und auch Geschäftsfeldstrategien abgestimmt sind. Damit werden unternehmensstrategische Prioritäten zum Kriterium für die Ausgestaltung der Personalentwicklung in den einzelnen Geschäftseinheiten.

Die konkreten Zielsetzungen für Qualifizierungsprogramme und auch der Einsatz wie auch die Aufstockung oder Kürzung von PE-Budgets werden damit in gewisser Weise vereinfacht: Die Strategie des Unternehmens kann bei der Ausrichtung der Personalentwicklung zum Maßstab werden. Dies setzt natürlich voraus, daß die Verantwortlichen in der Personalentwicklung in den Prozeß der Strategieentwicklung und auch der Strategieimplementierung involviert sind.

Dabei erschließen sich für die Personalentwicklung neue Dimensionen: Nicht allein die einzelnen Qualifizierungsmaßnahmen, sondern auch Anforderungsprofile, Beurteilungsprozesse, Transferprozesse und sogar Anreizsysteme (vgl. hierzu *Becker* 1990) werden um eine strategische Dimension erweitert.

Eine aktive und gleichzeitig externe Ausrichtung der PE ist dann zu erwarten, wenn das Mitarbeiter- und Managementpotential die eigentliche Quelle strategischer Wettbewerbsvorteile ist. Dies ist zum Beispiel typischerweise in Consulting-Unternehmen der Fall. Wenn der Unternehmenserfolg in so direktem Zusammenhang mit der Personalentwicklung steht, dann wird in der Regel versucht, durch besondere Maßnahmen eine enge Bindung zwischen dem Unternehmen und den Mitarbeitern zu schaffen, etwa indem die Mitarbeiter materiell beteiligt werden oder z. B. in Beratungsfirmen zu Partnern ernannt werden.

3. Aufbau strategischer Kernkompetenzen durch Personalentwicklung

Im folgenden geht es primär um Fragen der Abstimmung von Unternehmensstrategie und Personalentwicklung: In welchen Bereichen strebt das Unternehmen eine überlegene Position im Wettbewerb an, und welche Fähigkeiten müssen dazu im Unternehmen langfristig aufgebaut werden? (Zur Integration von strategischer Führung und Personalentwicklung siehe z. B. *Hahn* 1986; *Galosy* 1983; *Laukamm/Walsh* 1985; *Wohlgemuth* 1986; *Riekhof* 1992).

Derartige strategische Fähigkeiten werden in der Regel in der Unternehmensstrategie beschrieben. Diese Fähigkeiten zielen darauf ab, eine im Wettbewerbsvergleich überlegene Leistung zu erstellen und bestimmte kritische Prozesse besser zu beherrschen, um dem Kunden einen besonderen Nutzen bieten zu können.

Hierzu kann beispielsweise die Fähigkeit zählen, Prozesse schneller als die Konkurrenz zu durchlaufen (z. B. Innovationsprozesse oder Vermarktungsprozesse), Prozesse mit weniger Fehlern zu absolvieren (z. B. Produktionsprozesse) oder auch Prozesse simultan ablaufen zu lassen (z. B. weltweite Vermarktung).

Die Realisierung derartiger strategischer Kernkompetenzen setzt Lernprozesse der Organisation voraus. Personalentwicklung wird damit zur strategischen Notwendigkeit und zum strategisch ausgerichteten Programm.

Die konzeptionelle wie auch die methodische Vorgehensweise der Personalentwicklung ändert sich in der Regel sehr nachhaltig, wenn unternehmensstrategische Zielsetzungen den Ausgangspunkt bilden. Nicht mehr die klassische Bildungsbedarfsanalyse, gefolgt von der Formulierung und Durchführung von Seminarprogrammen und einer anschließenden Transferunterstützung, stehen im Mittelpunkt, sondern der Ausbau strategischer Kompetenzfelder ist die wichtigste Zielsetzung. Wenn etwa in einem Unternehmen eine auf den Prinzipien des Total Quality Management basierende Strategie zu implementieren ist, dann resultieren daraus unmittelbar Aus- und Fortbildungserfordernisse.

IV. Schlußfolgerungen für die Managemententwicklung

Soweit die Personalentwicklung systematisch als Führungsinstrument neben die übrigen Führungsinstrumente gestellt wird, ist bei den betroffenen Führungskräften eine entsprechende Kompetenz erforderlich, individuelle Personalentwicklungsprogramme zu entwerfen und sie auf die Erwartungen und Bedürfnisse der Mitarbeiter abzustimmen.

Damit wird die *Personalentwicklungskompetenz* zum Element des Anforderungsprofils von Führungskräften. Der nächsthöhere Vorgesetzte wird also darauf zu achten haben, wie die Aufgabe der Personalentwicklung von den einzelnen Führungskräften wahrgenommen wird. Konsequenterweise wird in der Praxis die Beurteilungsdimension „Förderung und Training der Mitarbeiter" oder auch „Coaching" bereits verwandt.

Auch für den Ablauf von Strategieentwicklungsprozessen hat die strategische Ausrichtung der Personalentwicklung Konsequenzen. So wird z. B. vorgeschlagen (vgl. *Servatius* 1989), das Management Consulting und das Management Development stärker zu integrieren, um gewissermaßen den Prozeß der Unternehmensberatung als Lern-

und Entwicklungsprozeß für die betroffenen Manager zu nutzen.

Literatur

Becker, F. G.: Anreizsysteme für Führungskräfte. Stuttgart 1990.
Conradi, W.: Personalentwicklung. Stuttgart 1983.
Figge, H./Kern, M.: Konzeptionen der Personalentwicklung. Frankfurt/M./Bern 1982.
Galosy, J. R.: Meshing Human Resources Planning with Strategic Business Planning: one Company's Experience. In: Personnel, 1983, S. 26–35.
Hahn, D.: Integrierte Organisations- und Führungskräfteplanung im Rahmen der strategischen Unternehmensplanung. In: *Hahn, D./Taylor, B.:* Strategische Unternehmensplanung. Stand und Entwicklungstendenzen. 4. A., Heidelberg/Wien 1986, S. 368–390.
Henderson, B. D.: Die Erfahrungskurve in der Unternehmensstrategie. 2. A., Frankfurt/M./New York 1984.
Jeserich, W.: Mitarbeiter auswählen und fördern. München/Wien 1981.
Kitzmann, A./Zimmer, D.: Grundlagen der Personalentwicklung. Weil der Stadt 1982.
Kossbiel, H.: Personalentwicklung. Sonderheft 14 der ZfbF, 1982.
Laukamm, Th./Walsh, I.: Strategisches Management von Human-Ressourcen. Die Einbeziehung der Human-Ressourcen in das Strategische Management. In: *A. D. Little International* (Hrsg.): Management im Zeitalter der Strategischen Führung. Wiesbaden 1985, S. 80–100.
Leiter, R./Runge, Th./Burschik, R./Grausam, G.: Der Weiterbildungsbedarf im Unternehmen. München/Wien 1982.
Mentzel, W.: Unternehmenssicherung durch Personalentwicklung. 2. A., Freiburg 1983.
Porter, M. E.: Competitive Advantage. New York 1985.
Pümpin, C.: Management strategischer Erfolgspositionen. 2. A., Bern/Stuttgart 1983.
Riekhof, H. C.: Personalentwicklung als Führungsaufgabe. In: Personal, 1985, S. 186–190.
Riekhof, H. C.: Die Personalentwicklung strategisch ausrichten. Von der Problemlösung im Einzelfall zum strategischen Wettbewerbsvorteil. In: ZFO, 1989, S. 293–300.
Riekhof, H. C.: Strategieorientierte Personalentwicklung. In: *Riekhof, H. C.* (Hrsg.): Strategien der Personalentwicklung. 3. A., Wiesbaden 1992, S. 49–75.
Robinson, B./Riekhof, H.-C.: Internationale Managemententwicklung im VW-Konzern. In: *Riekhof, H.-C.* (Hrsg.): Strategien der Personalentwicklung. 3. A., Wiesbaden 1992, S. 323–338.
Schanz, G.: Wege zur individualisierten Organisation. Teil 1: Ein theoretisches Modell, Teil 2: Praktische Konsequenzen. In: ZFO, 1977, S. 183–192 und S. 345–351.
Schanz, G.: Verhalten in Wirtschaftsorganisationen. München 1978.
Schanz, G.: Organisationsgestaltung. Struktur und Verhalten. München 1982.
Schanz, G. (Hrsg.): Handbuch Anreizsysteme in Wirtschaft und Verwaltung. Stuttgart 1991.
Schanz, G.: Verhaltenswissenschaftliche Aspekte der Personalentwicklung. In: *Riekhof, H. C.* (Hrsg.): Strategien der Personalentwicklung. 3. A., Wiesbaden 1992, S. 3–21.
Servatius, H. G.: Implementation eines Venture Managements. In: *Riekhof, H.-C.* (Hrsg.): Strategieentwicklung. Konzepte und Erfahrungen. Stuttgart 1989, S. 313–331.
Stiefel, R. Th./Mühlhoff, W. R.: Chefs müssen Mitarbeiter wieder selbst trainieren. Landsberg a. Lech 1983.
Thom, N.: Personalentwicklung als Instrument der Unternehmensführung. Stuttgart 1987.
Weber, W./Weinmann, J. (Hrsg.): Strategisches Personalmanagement. Stuttgart 1989.
Wilkening, O.: Bildungs-Controlling – Instrumente zur Erfolgssteuerung der Personalentwicklung. In: *Riekhof, H.-C.* (Hrsg.): Strategien der Personalentwicklung. 3. A., Wiesbaden 1992, S. 423–451.
Wohlgemuth, A. C.: Human Resources Management aus unternehmungspolitischer Sicht. In: Management Forum, 1986, S. 85–103.
Wunderer, R. (Hrsg.): Humane Personal- und Organisationsentwicklung. Berlin 1979.

Personalentwicklungs-Controlling

Cäcilia Innreiter-Moser

[s. a.: Controlling und Führung; Personalentwicklung als Führungsinstrument; Personalinformation für Führungskräfte.]

I. Zu den Begriffen; II. Die Bedeutung des Controlling für den Bereich der Personalentwicklung; III. Ansätze des Controlling im Personalentwicklungsbereich; IV. Controlling-Instrumente und ihre Anwendbarkeit im Personalentwicklungsbereich.

I. Zu den Begriffen

Die Literatur bietet eine Vielzahl an Definitionen zum Thema *Personalentwicklung* an. Eine vergleichende Darstellung von Begriffserklärungen mehrerer Autoren findet sich in *Neuberger* (1991). Sehr deutlich sieht *Neuberger* (1991, S. 3) selbst Personalentwicklung als „... die Umformung des unter Verwertungsabsicht zusammengefaßten Arbeitsvermögens". Zwei Aspekte fallen bei dieser Definition besonders ins Auge. Zum einen steht nicht der einzelne Mensch, sondern das „Personal" im Mittelpunkt der Betrachtung; zum anderen und folgend aus dem einen geht es bei Personalentwicklung um die Verfolgung und Erreichung der Ziele der Organisation und nicht der des einzelnen Menschen (s. a. *v. Rosenstiel* 1992). Andere Sichtweisen wiederum stellen die Personen in den Mittelpunkt. Somit bewegt sich der Bereich Personalentwicklung zwischen zwei Zielkomponenten – einerseits den Personen, andererseits aus der Perspektive von Organisationen, dem „Personal". Personalentwicklung als ein Aufgabenfeld des Personalmanagements kann ihrerseits in Teilbereiche wie Fortbildung, Weiterbildung, Ausbildung, Nachwuchsförderung sowie Aufstiegsplanung und Führungskräfteentwicklung gegliedert werden (*Schulte* 1989) (→*Fortbildung, Training und Ent-*

wicklung von Führungskräften; →Karriere und Karrieremuster von Führungskräften).

Auch der Begriff „→Controlling" erfährt in der Literatur kein einheitliches Verständnis (*Kronast* 1989). Hier soll folgendes Begriffsverständnis zugrundegelegt werden: Controlling wird als Subsystem der Unternehmensführung gesehen und umfaßt die Unterstützung der Führungsverantwortlichen bei der Planung, Steuerung und Kontrolle der Teilsysteme der Organisation sowie deren Koordination (*Weber* 1988) durch Bereitstellen entsprechender Informationen, Methoden und Instrumente.

Bezogen auf das Aufgabenfeld des Personalwesens wird Controlling nach *Hoss* (1989, S. 28) verstanden als „... ein Subsystem der Führung – insbesondere der Personalleitung –, das die Personalplanung und Personalplankontrollen sowie die relevante Informationsversorgung systembildend und systemkoppelnd koordiniert und auf diese Weise eine Adaption und Koordination des Personalsystems und damit des Unternehmenssystems unterstützt" (→*Personalentwicklung als Führungsinstrument*; →*Personalinformation für Führungskräfte*). Zum einen unterstützt Controlling die Führungsverantwortlichen bei ihrer Tätigkeit, zum anderen kann es Führung insofern ersetzen (→*Führungstheorien – Theorie der Führungssubstitution*), als es Betroffenen Informationen (→*Führungserfolg-Messung*) liefert, die Verhaltensänderungen auslösen und Lernprozesse einleiten können.

II. Die Bedeutung des Controlling für den Bereich der Personalentwicklung

Die Berechtigung, das in anderen Funktionsbereichen einer Organisation bereits als selbstverständlich verwendete Konzept des Controlling auch für das Personalwesen (und damit auch für Personalentwicklung) nutzbar zu machen, resultiert aus dem Zusammenspiel folgender Faktoren (*Fröhling* 1990):

- steigende Bedeutung der Mitarbeiter/innen als strategisches Erfolgspotential einer Organisation; die Umsetzung anspruchsvoller Unternehmensstrategien ist zunehmend abhängig vom Wissen und der Lernfähigkeit und -bereitschaft des Personals.
- steigende Personalkosten und hohe Kapitalbindung im Personalbereich erfordern eine ökonomische Ausrichtung der Personalarbeit.

Bedenkt man, daß eine systematische Planung und Ausgestaltung von Personalentwicklungs-Konzeptionen im Rahmen einer umfassenden Unternehmensstrategie in den meisten Organisationen fehlt oder zumindest mangelhaft ist, kann auch nicht festgestellt werden, ob die in diesen Bereich investierten Ressourcen effizient und effektiv genutzt werden. Controlling eingesetzt im Personalbereich hat somit „das Personal" zum Untersuchungsgegenstand.

Der Einsatz eines Controlling-Instrumentariums soll das in der Praxis meist ungeplante, unkoordinierte und oft kurzfristige Vorgehen beseitigen helfen. Weiters soll es die Realisierung der Ziele von Personalentwicklungsaktivitäten, nämlich Kenntnis- und Fähigkeitsdefizite entsprechend den Anforderungen der zu bewältigenden Aufgaben abzubauen und den Transfer der Lerninhalte am Arbeitsplatz sicherzustellen (*Borszcz/Papmehl* 1990), unterstützen. Personalentwicklung bindet Kapital und verursacht auch wie alle anderen Unternehmensbereiche Kosten, die es wie den Erfolg zu planen, rechtfertigen und kontrollieren gilt (*Feldbauer-Durstmüller* 1991). Die Aktualität dieses Themas ist zwar in der wissenschaftlichen Diskussion sehr groß, Untersuchungen in Deutschland, der Schweiz (*Wunderer/Schlagenhaufer* 1993) und auch in Österreich (*Böhnisch* et al. 1994) zeigen aber, daß kaum eine Umsetzung in der Praxis erfolgt. Ausschlaggebend dafür könnte sowohl die Problematik im Zusammenhang mit dem Begriffsverständnis von „Personal" als auch von „Controlling" sein.

Die Konzeption eines Controlling im Personalentwicklungsbereich ist geprägt von der Bedeutung, die der Personalentwicklung in der Gesamtorganisation beigemessen wird. Je nach Personalentwicklungsphilosophie (PE als Zukunftsinvestition oder als Aufwand) wird auch die Controlling-Konzeption für diesen Bereich aussehen (*Neuberger* 1991). Insbesondere spielt hier die Grundeinstellung des Topmanagements hinsichtlich Sinn und Zweck der Personalentwicklung eine bedeutende Rolle. Für ein effektives und effizientes Controlling-Konzept im Personalentwicklungsbereich ist eine Integration der gesamten Personalmanagementaktivitäten in die strategische Geschäftsplanung unabdingbare Voraussetzung. Erst diese integrative Koppelung verringert zum einen das Risiko an den Anforderungen vorbei zu qualifizieren, zum anderen stellt es eine Koordination der Teilbereiche sicher und erleichtert die Implementierung strategischer Vorhaben (*Golden/Ramanujam* 1985; *Riekhof* 1989).

III. Ansätze des Controlling im Personalentwicklungsbereich

Bronner/Schröder (1983) unterscheiden zwischen pädagogisch-psychologischen und ökonomischen Ansätzen der Erfolgsermittlung von PE-Maßnahmen. Erstere beziehen sich auf die Beurteilung von Veränderungen bei Teilnehmern/innen von Weiterbildungsveranstaltungen. Sie setzen bei der Ermittlung des organisatorischen Weiterbildungsbedarfes an und verfolgen über pädagogische Ziele den Lernerfolg und dessen Auswirkungen am Arbeitsplatz (*Thierau* et al. 1992). Diese Ansätze verfolgen die Funktion, die Zielerreichung nachzuweisen, nach Verbesserungen durch Alternativenvergleiche und Erfahrungen zu suchen, Änderungsimpulse zu schaffen sowie eine Erfolgsbeurteilung dauerhaft zu installieren, Informationen für unternehmerische Entscheidungen zur Verfügung zu stellen und Erfahrungswerte für künftige Vorhaben zu sammeln (*Nork* 1989). Die pädagogisch-psychologischen Ansätze werden auch als qualitative Ansätze bezeichnet, da die verwendeten Kriterien nicht-monetärer Art sind (ein Überblick und Vergleich dieser Ansätze findet sich in *Thierau* et al. 1992).

Bei den ökonomischen Ansätzen des Personal-Controlling stehen quantitative oder monetäre Kriterien im Mittelpunkt. Damit soll der Bereich des Personalwesens, dessen Erfolgskriterien vorwiegend qualitativer Natur sind, einer ökonomischen Steuerung zugänglich gemacht werden. Durch eine bewußte, systematische und integrierte Planung (SOLL) und Kontrolle (IST) von personalwirtschaftlichen Tatbeständen in Form meßbarer oder zumindest objektiv erfaßbarer Daten sollen Abweichungen auf ihre Ursachen hin analysiert und im weiteren Planungsprozeß berücksichtigt, sowie Maßnahmen zur Verbesserung eingeleitet werden (*Wunderer/Sailer* 1987). Motive dieser Ansätze sind Ressourcen-Gewinnung und -Bemessung, Rechenschaftslegung und Effizienznachweis (*Bronner/Schröder* 1983).

Für ein effektives und effizientes Controlling im Personalentwicklungsbereich ist die integrative Anwendung beider Ansätze unabdingbar.

IV. Controlling-Instrumente und ihre Anwendbarkeit im Personalentwicklungsbereich

Unternehmens- und daraus abgeleitete Bereichsstrategien bestimmen wesentlich die personalwirtschaftlichen Planungen. Eine systematische Personalentwicklung läßt sich durch Phasen beschreiben:

– *Zielplanung und Bedarfsanalyse:* abgeleitet von den strategischen Zielen der Gesamtorganisation und den Teilbereichen gilt es Personalentwicklungsziele und -adressaten festzulegen. In dieser Phase müssen auch Meßkriterien, anhand derer die Ergebnisse der Entwicklungsmaßnahmen überprüft werden können, festgelegt werden (Soll-Zustand).

– *Maßnahmen- und Budgetplanung:* aufbauend auf die Entwicklungsbedarfsfeststellung müssen konkrete Personalentwicklungsmaßnahmen geplant und budgetiert werden.
– *Durchführung der Maßnahmen*
– *SOLL-IST-Vergleich mit Abweichungsanalyse.*

Diese einzelnen Phasen müssen dynamisch als permanenter Prozeß gesehen werden.

In Anlehnung an *Anthony* (1988, S. 80) lassen sie sich in einem Kreislauf auf folgende Art darstellen:

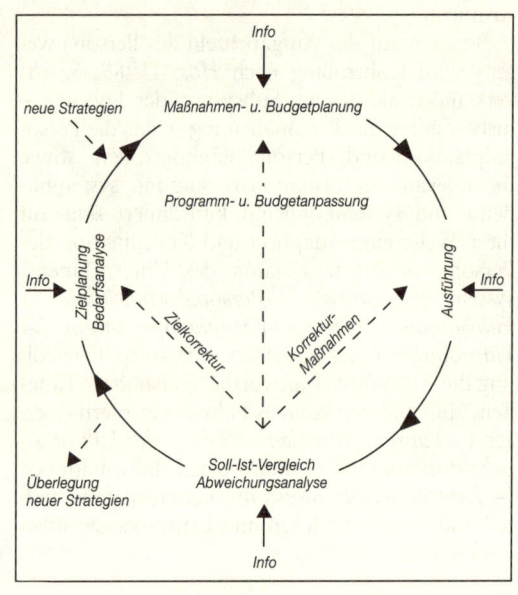

Abb. 1: Phasen einer controllingorientierten Personalentwicklung nach Anthony

Dem Controlling kommt in diesem zirkulären Ablauf die Aufgabe zu, in den einzelnen Phasen die relevanten Informationen und Methoden sowie Instrumente bereitzustellen und zu betreuen. Diese Informationen sind auf den einzelnen Ebenen einer Organisation in differenzierter Dichte relevant.

Auswirkungen von PE-Maßnahmen können auf unterschiedlichen organisatorischen Ebenen ihren Niederschlag finden (Individuum, Gruppe, Abteilung, ... Gesamtorganisation). Der Schwierigkeitsgrad der Erfolgsermittlung steigt dabei mit zunehmender Aggregationsstufe, wobei es gilt, jeweils entsprechend aussagekräftige Meßindikatoren zu finden (*Eichenberger* 1992).

Effektive Personalentwicklung muß in die unternehmensstrategische Arbeit integriert sein, um daraus für den operativen Bereich sinnvolle Aufgaben ableiten zu können. Es bieten sich für das strategische und operative Controlling im PE-Bereich unterschiedliche Instrumente an.

1. Strategisches PE-Controlling

Aufgabe des strategischen Personalentwicklungs-Controlling ist es, ein Qualifikationspotential in der Organisation sicherzustellen, um den künftigen Anforderungen der internen und externen Umwelt gewachsen zu sein.

Durch die Erstellung eines *Chancen-/Risikenprofiles* werden die organisationsexternen Determinanten (Technologie, Arbeitsmarkt, ...) des Personalentwicklungsbedarfes untersucht und durch die Koppelung mit einem organisationsinternen *Stärken-/Schwächenprofil* Informationen über den zukünftig notwendigen Bedarf an PE-Investitionen gewonnen. Die Entwicklung eines Stärken/Schwächenkataloges ist als Ausgangspunkt für eine Potentialanalyse unumgänglich. Als problematisch gilt hier die Quantifizierung der im Personalbereich dominierenden immateriellen qualitativen Potentiale wie Ideenreichtum, Flexibilität etc.

Mit Hilfe einer *Potentialanalyse* sollen jene betrieblichen Faktoren analysiert und bewertet werden, die die Leistungsfähigkeit einer Organisation bestimmen. Sich ändernde Umfeldanforderungen, die die Gesamtunternehmensziele und -strategien beeinflussen, müssen somit auch in die PE-Planung miteinbezogen werden. Die Entwicklungsfähigkeit und -bereitschaft der Mitarbeiter/innen sind für die Wettbewerbsfähigkeit einer Organisation von strategischer Bedeutung. Eine diagnostizierte „strategische Lücke" zwischen Qualifikationsangebot und Qualifikationsbedarf gilt es u. a. durch systematisch geplante und gezielte Weiterbildungsmaßnahmen zu schließen (*Grochla* et al. 1983).

Die aus anderen Organisationsbereichen (z. B. Absatz, Finanz) bekannte *Portfolio-Analyse* kann auch für den Personalbereich genutzt werden (erstmalige personalbezogene Darstellung in *Odiorne* 1984). In einer zweidimensionalen Matrix werden derzeitige und geplante Personalressourcen mit Hilfe verschiedener Kriterien positioniert. Analyse- und Planungseinheiten müssen dabei vorab festgelegt werden, wie z. B. Strategische Geschäftseinheiten, Funktionsbereiche, Hierarchieebenen etc. (*Heinrich* 1990; *Papmehl/Porsczc* 1989).

Aus dem Vergleich des IST-Portfolios mit dem Ziel-Portfolio lassen sich je nach Positionierung der Analyseeinheit Normstrategien für eine grundsätzliche personalpolitische Ausrichtung ableiten (*Heinrich* 1990).

Einen hohen Stellenwert für das Controlling im PE-Bereich nehmen *Frühwarnindikatoren* ein, die frühzeitig Änderungen im externen und internen Organisationsumfeld signalisieren und zum rechtzeitigen Agieren und Reagieren hinweisen müssen.

2. Operatives PE-Controlling

Geplante PE-Strategien können nur dann zielführend sein, wenn sie auf operativer Ebene auch realisierbar sind. Das bedeutet, wenn operative Aufgaben aus der Strategie ableitbar sind und ihre Ergebnisse wieder zu den Indentionen der Strategie führen. Dem Controlling kommt hier die Aufgabe zu, die Planung und Ausführung von PE-Aktivitäten mit relevanten Informationen sowie entsprechenden Methoden und Instrumenten in regelmäßigen Soll-Ist-Vergleichen und Abweichungsanalysen zu begleiten. Wirtschaftlichkeits- und Erfolgskontrolle stehen im Mittelpunkt, wobei einerseits einmal festgelegte Bildungsziele mit geringstmöglichem Kostenaufwand (ökonomische Erfolgsermittlung) erreicht werden sollen, andererseits der Entwicklungs- und Lernerfolg (pädagogische Erfolgsermittlung) aufgezeigt werden soll.

Zur Feststellung des Personalentwicklungsbedarfes werden Anforderungsprofile und Stellenbeschreibungen (→*Stellenbeschreibung als Führungsinstrument*) herangezogen (Soll-Qualifikation). Mitarbeiter- und Leistungsbeurteilungen sowie Mitarbeiterbefragungen liefern Informationen bezüglich Eignungspotential (Ist-Qualifikation) und persönliche Entwicklungsbedürfnisse der Mitarbeiter/innen.

Die Planung, Überwachung und Steuerung der *Effizienz* von Bildungsinhalten und -methoden soll eine Verschwendung von Ressourcen verhindern und somit eine kosteneffiziente Realisierung von geplanten PE-Aktivitäten gewährleisten. Hierfür ist der Reifegrad der in der Organisation verwendeten *Kostenrechnung* von entscheidender Bedeutung. Eine saubere Erfassung und Abgrenzung der Kostenarten, ihre Zuordnung auf die betroffenen Kostenstellen (z. B. Abteilungen) sowie auf Kostenträger (einzelne Bildungsmaßnahmen) erhöht die Aussagekraft und Kostentransparenz von PE-Maßnahmen.

Die Kostenrechnung dient als Grundlage für die Planung und Erstellung künftiger Bildungsbudgets und bietet in Form einer *Kostenvergleichsrechnung* ein Kriterium für die Entscheidung zwischen alternativen Bildungsmaßnahmen oder zwischen Eigenfertigung und Fremdbezug (make or buy!) (*Mentzel* 1989).

Der regelmäßige SOLL-IST-Vergleich erfolgt mit Hilfe des *Bildungsbudgets*. Die Planbudgets für PE-Maßnahmen entstehen in der Praxis durch die Orientierung an Bezugsgrößen wie z. B. Prozentsatz des Umsatzes oder Gewinnes des Vorjahres, Fortschreibung des Vorjahresbudgets, fester Betrag oder festes Zeitbudget pro Mitarbeiter/in (*Schulte* 1989). Die Orientierung an solchen Bezugsgrößen ist vergangenheitsorientiert und vernachlässigt somit den künftigen Bildungsbedarf. Einer effektiven PE-Budgetierung muß deshalb eine systematische am Bedarf orientierte Konzeption eines PE-Programmes mit Prioritätensetzung vorangehen (*Mentzel* 1989).

Ein Modell, qualitative Komponenten von PE-Maßnahmen zu quantifizieren, bieten Mirvis/Marcy (in *Hoss* 1989) in Form einer verhaltensorientierten Kosten-Nutzen-Analyse an. In der Kosten-Analyse werden dabei jene Kostenarten verfolgt, die durch verändertes Verhalten nach PE-Maßnahmen tangiert werden, wie Lohn- und Gehaltskosten für Ausfallzeiten, Kosten für Ersatz, Entwicklungskosten etc. Auf der Nutzen-Seite müssen Verhaltensindikatoren definiert werden, die auf einen geänderten ökonomischen Nutzen schließen lassen, z. B. Kosteneinsparungen, die durch verändertes Leistungs-, Fehlzeiten- und Fluktuationsverhalten erzielt wurden. Die einzelnen Indikatoren werden durch Befragung (der Betroffenen, Dritter, ...) vor und nach einer PE-Maßnahme erhoben und mittels statistischer Methoden ausgewertet.

Der Lernerfolg von PE-Maßnahmen hängt davon ab, inwieweit die gesetzten Bildungsziele im Lernfeld erreicht wurden und der Transfer ins Funktionsfeld gelungen ist. Neben der allgemeinen Problematik der Quantifizierbarkeit der Erfolge von PE-Maßnahmen gilt es hier zu beachten, daß eine Zurechenbarkeit von positiven Qualifikations- und/oder Verhaltensänderungen einzig auf bestimmte PE-Maßnahmen kaum gelingt (*Schulte* 1989). Ein Erfolg im Lernfeld (Erreichen des Lernzieles) gewährleistet nicht automatisch den Erfolg im Funktionsfeld (Transfererfolg). Außerdem erfolgt die Umsetzung der gelernten Qualifikationen und Verhaltensweisen zeitversetzt.

Die Erfolgsermittlung im Lernfeld überprüft anhand des Grades der Lernzielerreichung den Lernerfolg. Als Instrumente finden vor allem Interviews, Fragebögen und Tests Verwendung. Die Beobachtung des Lernprozesses während Bildungsveranstaltungen läßt eventuelle Konzeptionsschwächen oder Trainerverhaltensmängel erkennen und durch entsprechende Gegensteuerungsmaßnahmen noch verbessern. Erfolgskontrolle im Lernfeld liefert wichtige Informationen für die Planung künftiger Bildungsveranstaltungen (*Mentzel* 1989). Ob die Personalentwicklungszie-le erreicht wurden, läßt sich durch die Transferevaluierung feststellen. Als Instrumente schlagen *Thierau* et al. (1992) Mitarbeitergespräche (→*Beurteilungs- und Fördergespräche als Führungsinstrument*), Fragebögen, Tests, Kennziffern (s. dazu *Schulte* 1989) und Leistungsbeurteilungen (→*Leistungsbewertung als Führungsinstrument*) vor.

Die Chancen eines Personalentwicklungs-Controlling liegen in der Unterstützung einer Integration der Personalarbeit in die Gesamtunternehmensplanung, der Transparenzschaffung der ökonomischen Auswirkungen der Personalarbeit sowie einer stärkeren Integration personalorientierter Aspekte (Brückenfunktion) in sämtliche Bereiche einer Organisation. Schwierigkeiten bereitet zum einen die multikausale Beeinflussung externer und interner Situationsvariablen auf den Bildungserfolg, zum anderen die Quantifizierbarkeit aufgrund der Besonderheiten des Personalbereiches. Die Gefahr, auf der Suche nach quantifizierbaren Kriterien, Qualität zu verdrängen, muß besonders beachtet werden.

Literatur

Anthony, R. N.: The Management Control Function. Boston 1988.
Böhnisch, W./Eisner, R./Nöbauer, B. et al.: Stand und Entwicklung im Personalmanagement in Oberösterreich. Projektbericht, Universität Linz 1994.
Borsczc, A./Papmehl, A.: Profit-Center-Ergebnisrechnung in der Personal-Entwicklung (PE). In: controller magazin, 1990, Nr. 3, S. 131–133.
Bronner, R./Schröder, W.: Weiterbildungserfolg. Modelle und Beispiele systematischer Erfolgssteuerung. München/Wien 1983.
Eichenberger, P.: Betriebliche Bildungsarbeit. Return on Investment und Erfolgscontrolling. Wiesbaden 1992.
Feldbauer-Durstmüller, B.: Controlling von Personalentwicklungsmaßnahmen. In: *Bayer, M./Stiegler, H.* (Hrsg.): Personalentwicklung in der Wirtschaftspraxis. Linz 1991, S. 102–123.
Fröhling, O.: Integriertes Personal-Controlling. In: controller magazin, 1990, Nr. 3, S. 117–122.
Golden, K. A./Ramanujam, V.: Between a Dream and a Nightmare: On the Integration of the Human Resource Management and Strategic Business Planning Processes. In: Human Resource Management, Winter 1985, No. 4, S. 429–452.
Grochla, E./Thom, N./Strombach, M. E.: Personalentwicklung in Mittelbetrieben. Köln 1983.
Heinrich, D.: Personal-Portfolio-Analyse. In: Personal, 1990, Nr. 6, S. 228–231.
Hoss, G.: Personalcontrolling im industriellen Unternehmen: Controlling auf der operativen und taktischen Problemebene des Personalsystems. Krefeld 1989.
Kronast, M.: Controlling. Notwendigkeit eines unternehmensspezifischen Selbstverständnisses. München 1989.
Mentzel, W.: Unternehmenssicherung durch Personalentwicklung: Mitarbeiter motivieren, fördern und weiterbilden. Freiburg i. Brsg. 1989.
Neuberger, O.: Personalentwicklung. Stuttgart 1991.
Nork, M.: Management Training. Evaluation, Probleme, Lösungsansätze. München/Mehring 1989.
Papmehl, A./Porsczc, A.: Strategische Human-Ressourcen-Entwicklung: Mit Personal-Portfolio-Modellen. In: Personalführung, 1989, Nr. 3, S. 290–298.
Riekhof, H.-Chr.: Strategieorientierte Personalentwicklung. In: *Riekhof, H.-Chr.* (Hrsg.): Strategien der Personalentwicklung. Wiesbaden 1989, S. 49–75.
Rosenstiel, L. v.: Entwicklung von Werthaltungen und interpersonaler Kompetenz – Beiträge der Sozialpsychologie. In: *Sonntag, K.-H.* (Hrsg.): Personalentwicklung in Organisationen. Göttingen 1992, S. 83–105.
Schulte, Chr.: Personal-Controlling mit Kennzahlen. München 1989.

Thierau, H./Stangel-Meseke, M./Wottawa, H.: Evaluation von Personalentwicklungsmaßnahmen. In: *Sonntag, K.*: Personalentwicklung in Organisationen. Göttingen 1992, S. 229–249.
Weber, J.: Einführung in das Controlling. Stuttgart 1988.
Wunderer, R./Sailer, M.: Personal-Controlling – eine vernachlässigte Aufgabe des Unternehmenscontrolling. In: Personalwirtschaft, 1987, Nr. 8, S. 177–182.
Wunderer, R./Schlagenhaufer, P.: Die Personalabteilung als Wertschöpfungs-Center – Ergebnisse einer Umfrage. In: Personal, 1993, Heft 6, S. 280–283.

Personalinformation für Führungskräfte

Michel E. Domsch/Désirée Ladwig

[s. a.: Effizienz der Führung; Führungsgrundsätze; Führungsphilosophie und Leitbilder; Führungstechniken; Personalbeurteilung von Führungskräften; Personalentwicklung als Führungsinstrument.]

I. Einführung und begriffliche Abgrenzung; II. Ausgewählte Aspekte von Personalinformationen; III. Auswahl besonderer Problembereiche.

I. Einführung und begriffliche Abgrenzung

Personalinformationen stellen zweckorientierte (hier: für die Personalführung relevante), personen- und arbeitsplatzorientierte Daten dar. *Personalführung* (Abb. 1) – als Teil der Unternehmensführung – umfaßt die Aktivierung, Lenkung und Kontrolle der Mitarbeiter zur Erfüllung ihrer im Rahmen der Planung festgelegten Aufgaben, die von *Führungskräften* wahrgenommen wird (*Domsch* 1993).

Der effektive, zielgerichtete Umgang (Aufnahme, Verarbeitung, Speicherung, Verwendung) mit einer wachsenden Vielfalt an Personalinformationen bedingt eine effiziente Personalführung (*Bena* 1988) (→*Effizienz der Führung*). Grundsätzlich ist es möglich, daß neben der Führungskraft auch andere Unternehmensbereiche auf bestimmte Personalinformationen im Rahmen ihrer Aufgabenbereiche zurückgreifen (z. B. Personalabteilung, Unternehmensleitung, andere Fachabteilungen/ Führungskräfte). Sie können sowohl als Nachfrager, aber auch als Anbieter von Personalinformationen fungieren.

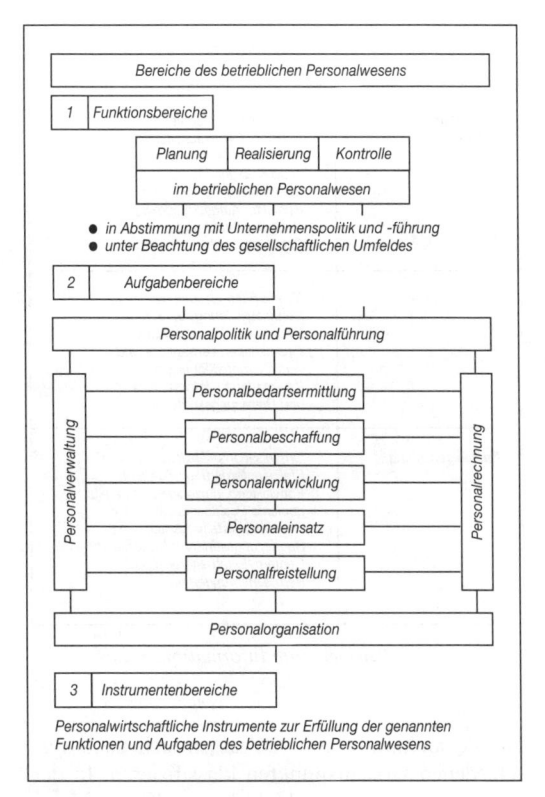

Abb. 1: *Funktionen und Teilaufgaben der Personalführung*

II. Ausgewählte Aspekte von Personalinformationen

1. Bedarf an Personalinformationen

Der Bedarf bezüglich Umfang und Detaillierungsgrad der Personalinformationen richtet sich nach der objektiven Problemstellung (Führungsaufgabe) und dem subjektiven Informationsstand (aktueller Wissensstand) der Führungskraft. Die erklärte Relevanz spezieller Personalinformationen für die Führungsentscheidung ist abhängig von der unternehmensspezifischen *Führungsphilosophie* (→*Führungsphilosophie und Leitbilder*). So ist das Führungsverhalten geprägt durch spezielle →*Führungstechniken*, die auf vorhandenen →*Führungsgrundsätzen* basieren.

Die zunehmende Komplexität der Führungsaufgaben in bezug auf z. B. Personalbedarfsermittlung, Personalbeschaffung, Personalauslese und -einsatz, Personalentwicklung (→*Personalentwicklung als Führungsinstrument*) erfordert eine nahezu simultane Berücksichtigung einer Vielzahl von Personalinformationen. Abb. 2 verdeutlicht anhand der Beispiele ‚Integration neuer Mitarbeiter', ‚Auslandseinsatz' und ‚Nachfolgeplanung' die für diese speziellen Personalprobleme erforderlichen Informationen.

Personalaufgabe	Erforderliche Personalinformationen (Auswahl)
Integration neuer Mitarbeiter	Name, Alter, Geschlecht, Titel, Position, Berufsausbildung, -erfahrung, neues Arbeitsumfeld, neue Kollegen/innen, Mitarbeiter/innen, Positionsziele, Konflikte, Aufgabenspektrum, Budgets, Coach/Pate, Schulungsmaßnahmen etc.
Auslandseinsatz	Name, Alter, Geschlecht, Berufsausbildung, -erfahrung, Einsatzland, Einsatzposition, Einsatzdauer, vertragliche und versicherungstechnische Informationen, Informations- und Betreuungskontakte etc.
Nachfolgeplanung	Organisations-/Stellenplan/ Stellenanforderung und deren Entwicklung, derzeitige und bereits geplante Positionsbesetzungen, Potentialbeurteilungsdaten aus Beurteilungsverfahren/Assessment Centren, Mitarbeitergespräche, Berufserfahrungen etc.

Abb. 2: Beispiele zum Informationsbedarf

Die Personalinformationen lassen sich nach verschiedenen Gesichtspunkten klassifizieren. In der Literatur existiert eine Vielzahl von Klassifikationen. Die in Abb. 3 dargestellten Informationsklassen sollen als ein Beispiel dienen (vgl. auch *Domsch* 1980; *Finzer* 1992).

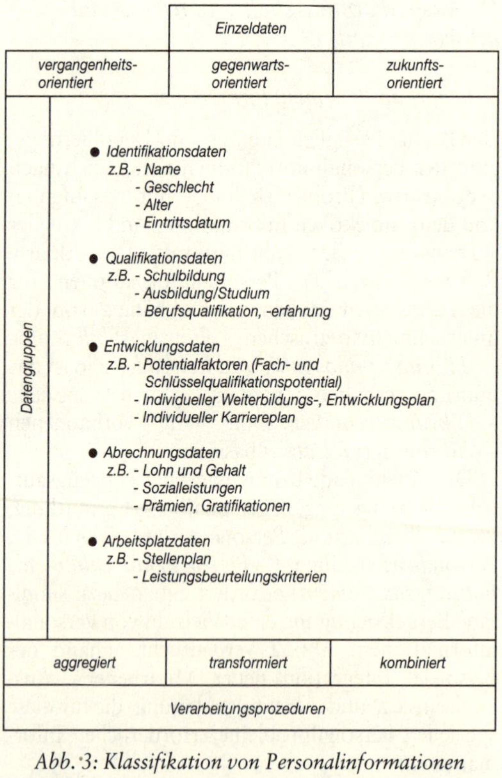

Abb. 3: Klassifikation von Personalinformationen

2. Gewinnung von Personalinformationen

Personalinformationen sollten die Gütekriterien „Objektivität", „Validität", und „Reliabilität" erfüllen. Aus dieser Zielsetzung läßt sich für die Datengewinnung die Notwendigkeit eines hinreichend fundierten und sorgfältigen methodischen Vorgehens ableiten. Um die personale Situation eines Unternehmens, seine organisatorischen Strukturen und Prozesse beschreiben, erklären, beurteilen, prognostizieren und aktiv gestalten zu können, ist es sinnvoll, hierzu insbesondere die Methoden zur *Personalforschung* einzusetzen, um relevante Informationen über Kenntnisse, Fähigkeiten, Erfahrungen, Einstellungen, Erwartungen, soziales Verhalten etc. der im Unternehmen beschäftigten Personen gewinnen zu können.

Der Personalinformationsbedarf kann entweder von der Führungskraft selbst *(selbständige Informationsgewinnung)* oder durch *Fremdbezug* gedeckt werden.

In bezug auf die zeitliche Dimension können Personalinformationen einen *statischen*, d. h. einmaligen (z. B. Identifikationsdaten) oder einen *dynamischen* Charakter haben (kontinuierliche Erfassung und Abgleich/Aktualisierung, z. B. Leistung, Vergütungsentwicklung, Krankheit).

Je nach Klassifikation der Information (siehe Abb. 3) empfehlen sich zur systematischen Gewinnung der benötigten Personalinformationen unterschiedliche Methoden und Quellen (vgl. Abb. 4).

Methoden	Quellen
Dokumentenanalyse	z.B. intern (Fehlzeiten, Fluktuationen) extern (Arbeitsmarkt-, Berufs- und Mobilitätsforschung)
Mitarbeiterbefragungen	z.B. Betriebsklimaanalysen Vorgesetztenbeurteilung Schwachstellenanalysen Innovationsideen
Tests	z.B. Individual-/Gruppentests Intelligenz-, Persönlichkeits- und Leistungstest
Mitarbeitergespräche	z.B. Vorstellungsgespräch Beurteilungsgespräch Gespräche mit Mitarbeiterkollegen, ehemaligen Vorgesetzten, Personalabteilung

Abb. 4: Methoden und Quellen der systematischen Gewinnung von Personalinformationen (Auswahl)

Von diesen sollen insbesondere zwei Methoden hervorgehoben werden: Die Mitarbeiterbefragung und die Dokumentenanalyse.

– Im Rahmen einer Mitarbeiterbefragung können primär Informationen über die Befragten selbst oder über andere personalrelevante Themen erhoben werden (z. B. Wissen, Einstellungen, Erwartungen, soziographische Daten, Bildungsbedarf, Arbeitsabläufe, Kündigungsursachen etc.) (*Domsch/Schneble* 1992).

Grundsätzlich unterscheidet man zwischen schriftlicher und mündlicher Befragung. Die *schriftliche* Befragung bietet den Führungskräften den Vorteil, gleichzeitig ggf. anonyme und damit evtl. wahrheitsgetreuere Aussagen zu identischen Fragen zu sammeln und vergleichend auszuwerten. Die *mündliche* Befragung bietet den Vorteil, spontane Reaktionen der Mitarbeiter oder auftretende Verständnisprobleme sofort, direkt im Gespräch, aufzunehmen und darauf als Führungskraft reagieren zu können. Allerdings dürfen Verfälschungen durch den Einfluß der Führungskraft, z. B. durch suggestives Verhalten oder durch Sanktionsängste der Befragten, nicht unterschätzt werden.

– Im Rahmen von Dokumentenanalysen werden vorhandene unternehmensinterne und -externe Daten (Sekundäranalyse) im Hinblick auf die aktuelle Führungsaufgabe herangezogen und ausgewertet. Unternehmensinterne Personalinformationen können z. B. Personalstatistiken, Personalakten, anderen Arbeitsplatz- und Personalinformationssystemen, Organisations- und Stellenplänen entnommen werden. Externe Informationen können z. B. aus der Arbeitsmarkt-, Berufs- und Mobilitätsforschung herangezogen werden. Die Vorteile von Dokumentenanalysen gegenüber Mitarbeiterbefragungen liegen in den möglichen Zeit- und Kostenvorteilen, zum Teil auch in dem erforderlichen Detaillierungsgrad. Aktualität, Übertragbarkeit und Anwendbarkeit dieser Daten in bezug auf aktuelle Führungsaufgaben können auf der anderen Seite gegen eine Dokumentenanalyse sprechen.

3. Speicherung von Personalinformationen

Die Speicherung gewonnener Personalinformationen kann aus unterschiedlichen Gründen notwendig werden. Dazu gehören:

– Wiederholte Nutzung derselben Informationen (z. B. Identifikation eines Mitarbeiters anhand seines Namens, seiner Personalnummer etc.);
– Nutzung gleicher Informationen für unterschiedliche Verwendungszwecke (z. B. Nutzung der betrieblichen Fehlzeiten, zum einen für die individuelle Lohnabrechnung und zum anderen für die Betriebsproduktivitätsmessung);
– zeitliche Bedarfsverschiebung zwischen der Gewinnung und der Nutzung von Informationen (z. B. Aggregation der monatlichen Lohnkosten für die Jahresaufstellung);
– rechtliche Aufbewahrungspflichten für bestimmte Informationen (z. B. Mitarbeiterbeurteilungen etc.).

Die Speicherung der Personalinformationen kann grundsätzlich:

– schriftlich (z. B. Personalakte, -kartei)
– audiovisuell (z. B. Filmaufnahmen)
– EDV-gestützt (z. B. Personalinformationssysteme)
– kognitiv (z. B. im „Kopf" der Führungskraft) erfolgen.

Welche Form der Speicherung von Personalinformationen für welche Personalinformationen gewählt wird, hängt davon ab, welche Anforderungskriterien an die Speicherung gelegt werden. Insbesondere:

– eine schnelle *Zugriffsmöglichkeit*, d. h. die augenblickliche Bereitstellung von Personalinformationen im Fall eines bestimmten Informationsbedarfs;
– eine sichere/schnelle *Erreichbarkeit*, d. h. eine logische und transparente Informationsanordnung;
– eine gute *Datensicherung*, d. h. keine Datenverluste, z. B. bei Fehlbedienung oder einem Zusammenbruch des Rechnersystems durch ein spezielles Sicherungssystem (vorgangsbezogene, tägliche, monatliche Sicherungsroutinen) (*Abel/Schmölz* 1987);
– umfassender Datenschutz, d. h. die Verhinderung eines Mißbrauchs von Personalinformationen durch z. B. besondere Zugriffskontrollen, Password-Systeme etc. (*Dworatschek/Büllesbach* 1990);
– benötigte *Speicher- und Verarbeitungskapazität*, d. h. die Archivierung tausender von Personalinformationen auf möglichst kleinem Raum und schnelle Rechnerprozessoren, um diese Datenmengen in tolerierbaren Zeiten verarbeiten zu können;
– *Fehlerfreiheit*, d. h. eine laufende Kontrolle aller eingegebenen Daten auf Richtigkeit, Wahrheitsgehalt etc.;
– *Bedienerfreundlichkeit*, d. h. eine möglichst menügesteuerte, intuitive Erlernbarkeit und Nutzung der relevanten Hard- und Softwarekonfigurationen (vgl. ausführlicher *Lechelt* 1988; *Finzer* 1992).

4. Verarbeitung von Personalinformationen

Personalinformationen müssen von Führungskräften häufig erst aufbereitet, d. h. verarbeitet werden. Diese Informationsverarbeitung kann sowohl manuell als auch EDV-gestützt erfolgen (*Seibt* 1990). Historisch hat sich die Verbreitung von Personalinformationen von früher rein manuellen Tätigkeiten hin zu heutzutage überwiegend EDV-gestützter Verarbeitung entwickelt. Die gegenläufige Entwicklung einer einerseits rasanten Erhöhung der

Leistungsfähigkeit von Soft- und Hardware und der auf der anderen Seite stetig sinkenden Kosten ermöglichte und ermöglicht einen immer stärker werdenden Einsatz von EDV auch im Personalwesen. Softwarepakete für fast alle Bereiche des Personalwesens werden mit teilweise sehr differierenden Leistungsmerkmalen angeboten (*Finzer* 1992; *Vatteroth* 1991; *Vatteroth* 1992). Zunehmend werden z. B. Großrechner ersetzt oder ergänzt durch leistungsfähige PC-Netzwerke. Unternehmensinterne, nationale und internationale Datentransfer-Netzwerke ermöglichen es, über E-Mail auch mit Tochterunternehmen im Ausland oder externen Informationsdiensten Online-Kontakte zu pflegen (*Evans* 1986; *Bühner/Kleinschmidt* 1989).

Mit Hilfe statistischer Verfahren können Personalinformationen durch Verarbeitungsprozeduren (z. B. Datenverknüpfung, -aggregation, -transformation, -kombination etc.) in Statistiken/Kennzahlen verdichtet werden. Die Führungskräfte müssen bei der Verarbeitung von Personalinformationen beachten, daß die herangezogenen Verarbeitungsprozeduren zulässig sind und daß die Informationen durch die Art ihrer Verarbeitung nicht verfälscht werden etc. (*Maxwell* 1989).

Bearbeitete Personalinformationen können in vielfältigen Formen ausgegeben werden, z. B.:

- Grafiken: Business Charts, Torten-, Linien-, Balkendiagramme
- Übersichten/Tabellen.

Personalinformationen werden in unterschiedlichsten *Einsatzbereichen* verarbeitet (*Grossman/Magnus* 1988; *Hentschel* 1989). Vielfältig wird in der Literatur eine Untergliederung in administrative und dispositive Aufgaben vorgenommen. Beispiele für die erste Gruppe sind:

- Zeiterfassung
- Lohn- und Gehaltsabrechnung
- Reisekosten- und Spesenabrechnung
- Personal- und Stellenbewertung
- Betriebliches Vorschlagswesen.

Die dispositiven Tätigkeiten untergliedern sich in Planungsaufgaben und Entscheidungsunterstützungsaufgaben, z. B.

- Bewerberauswahl/-verwaltung (*Koy-Seemann/Wagner* 1993)
- Aus- und Weiterbildungsplanung
- Stellenbesetzungsplanung
- Nachfolgeplanung
- Evaluation der Personalentwicklung (Seminare, AC's)
- Personalbestands- und -qualifikationsentwicklung
- Individuelle Laufbahn- und Weiterbildungsplanung
- Personalstrategieentwicklung.

Im Zuge einer mit Ende der 80er Jahre zunehmenden Dezentralisierung des Unternehmenscontrollings werden diese Aufgaben oft auch unter dem Begriff ‚Personalcontrolling' subsumiert (*Scherm* 1992).

5. Integration von Personalinformationen

Personalinformationen der unterschiedlichsten Kategorien sollten im Rahmen eines unternehmensumfassenden Managementinformationssystems integriert werden (*Hichert/Moritz* 1992). Eine *organisatorische* Integration würde unternehmensintern einen Austausch von Personalinformationen innerhalb der Personalabteilung sowie zwischen Personalabteilung und Führungskräften und Personalabteilung und Unternehmensleitung ermöglichen. Von einer überregionalen Integration von Personalinformationen wird dann gesprochen, wenn z. B. Filialen, nationale/internationale Konzernverbände (Mutter-Töchter) Personaldaten austauschen. Diese theoretisch geforderte Integration, die in der praktischen Umsetzung eines softwareunterstützten Gesamtkonzeptes bedarf, ist laut der *Cranfield-Studie* (1991) in den meisten Unternehmen noch nicht realisiert worden (*Hilb* 1993). Unter einer *funktionalen* Integration versteht man die Vernetzung von Personalinformationen mit Daten aus der Produktion, dem Vertrieb, der Beschaffung, dem Marketing etc. als Basisinformationen für eine strategische Unternehmensführung.

III. Auswahl besonderer Problembereiche

Personalinformationen sind ein unverzichtbares Instrument zur Personalführung. Die systematische Erfassung, Speicherung, Verarbeitung und Verwendung von Personalinformationen kann mit Problemen verbunden sein. Im folgenden werden einige Problembereiche exemplarisch erörtert.

1. Widerstände

Voraussetzung für einen effizienten Einsatz von Personalinformationen für die Führungsaufgaben von Führungskräften ist eine hohe Akzeptanz der Mitarbeiter bezüglich der Verwendung von Personalinformationen und insbesondere bezüglich des systematischen Einsatzes von EDV-gestützten Personalinformationssystemen. Um mögliche Ängste und Widerstände der Mitarbeiter abzubauen, sollte eine umfassende, ehrliche Informationspolitik über die Ziele, die Inhalte, die Arten der Verarbeitung und Verwendung von Personalinformationen betrieben werden. Insbesondere in bezug auf EDV-gestützte Personalinformationssysteme sollte den Beschäftigten die Angst vor gesteigerten Lenkungs- und Kontrollmöglichkeiten genommen werden.

Besonders sollte der individuelle Nutzen (z. B. beim Einsatz von Personalinformationssystemen für die Personalentwicklungsplanung) verdeutlicht werden. Bei der Einführung von Personalinformationssystemen sollten der Betriebsrat und eine Gruppe von Mitarbeitern partizipativ beteiligt werden.

2. Objektivität und Aktualität

Die Führungskraft sollte sich ihrer Subjektivität bei der Verwendung und den Möglichkeiten der Fehlinterpretation der Personalinformationen bewußt sein und entsprechend gegensteuern. Mögliche Kontextverluste sind zu berücksichtigen, wenn die Personalinformationen nicht kontinuierlich auf ihre zeitliche und sachliche Gültigkeit hin überprüft werden. Im Rahmen von komfortablen Softwareprogrammen sind laufende Aktualisierungsroutinen kein Problem mehr. Die Änderung einer Eintragung in einer bestimmten Datei führt dann durch die komplexen softwarebedingten Vernetzungen zu einer automatischen Angleichung verbundener Dateien, ohne daß sich die Führungskraft darum kümmern muß. Aber auch das komfortabelste Softwareprogramm kann nicht die persönliche Kommunikation der Führungskraft mit seinen Mitarbeitern und der Personalabteilung ersetzen, um z. B. mißverständliche oder mehrdeutige Angaben zu diskutieren und zu klären. Außerdem können nur diejenigen Informationen benutzt werden, die grundsätzlich in das System aufgenommen werden.

3. Kosten-Nutzen-Analyse

Für ein Unternehmen ist nicht nur die Vielfalt aller Möglichkeiten der Erfassung, Speicherung, Verarbeitung von Personalinformationen interessant, sondern auch die damit verbundenen Kosten, die in Relation zu den in Aussicht gestellten Nutzengrößen beurteilt werden müssen. Die Bewertung der Kostengröße ist im Vergleich zur Bewertung der Nutzengrößen relativ einfach. In die Kostenbewertung gehen Personalkosten und Sachmittelkosten ein. Personalkosten fallen nicht nur bei der Gewinnung, Speicherung, Verarbeitung und Verwendung von Personalinformationen an, sondern auch bei der Schulung über den technischen und fachlichen Umgang mit Personalinformationen. Unter den Sachmittelkosten sind sowohl die Kosten für die Installation, Wartung, Pflege und Aktualisierung der Hard- und Software zu rechnen als auch Kosten der Datenfernübertragung, Kosten der Visualisierung und Vervielfältigung von aufgearbeiteten Personalinformationen etc.

Die Bewertung der Nutzengrößen ist nach streng quantifizierbaren Größen schwer einzuschätzen. Der qualitative Nutzen des Einsatzes von Personalinformationen liegt in einer Verbesserung der Entscheidungshilfen für die Führungskraft und einer möglichen Objektivierung der Entscheidung durch den systematischen Einsatz computergestützter Personalinformationssysteme. Die Abwägung, mit welcher Hard- und Softwarekonfiguration ein Unternehmen Personalinformationen systematisch bearbeitet, hängt von der Unternehmensgröße, der Anzahl der Mitarbeiter, der Branche und vielen anderen, situativen Merkmalen ab (→*Personalentwicklungs-Controlling*).

Der Nutzen des Einsatzes von *Expertensystemen* (*Beerel* 1987; *Becker-Töpfer/Rödiger* 1990), die nicht nur eine Vielzahl vernetzter Probleme nach starren, vorgegebenen Algorithmen lösen können, sondern auch in der Lage sind, komplexe Führungsprobleme heuristisch, nach bestimmten Entscheidungsregeln zu lösen, die lernfähig sind und sich Erfahrungen merken können, bleibt derzeit, gerade auch unter Kosten-Nutzen-Gesichtspunkten hinsichtlich der konkreten Nachweisbarkeit umstritten (*Becker-Töpfer/Rödiger* 1990; *Geilhardt* 1990).

4. Datenschutzproblematik

Die Verwendung von Personalinformationen generell und der Einsatz von computergestützten Personalinformationssystemen speziell wurde und wird seit Jahren kontrovers diskutiert. Der heutige Stand der aktuellen Diskussion basiert auf folgenden gesetzlichen Vorschriften:

- Betriebsverfassungsgesetz
- Datenerfassungs- und Datenübermittlungsverordnung DEVO/DÜVO
- Bundesdatenschutzgesetz (BDSG) u. a. Rechtsvorschriften.

Das neue Bundesdatenschutzgesetz (BDSG) vom 1. Juni 1991 beinhaltet die gesetzlichen Vorschriften über die Rechtmäßigkeit der Erhebung, der Verarbeitung oder Nutzung personenbezogener Daten zum Schutz des einzelnen vor Beeinträchtigung seines Persönlichkeitsrechts (vgl. genaue Gegenüberstellung alt/neu *Dreier* 1991).

Betroffene von datenschutzrechtlichen Vorschriften in einem Unternehmen sind:

- der Datenschutzbeauftragte
- der Betriebsrat
- die Personalabteilung
- jede Führungskraft
- alle sonstigen Mitarbeiter.

Der Datenschutzbeauftragte hat die Ausführung des BDSG sowie anderer Vorschriften über den Datenschutz sicherzustellen, die ordnungsgemäße Anwendung der Datenverarbeitungsprogramme zu überwachen und das Datengeheimnis sicherzustellen (*Koch* 1992).

Dem Betriebsrat werden Überwachungsrechte (§ 75 Abs. 2 BetrVG), Kontrollbefugnisse (§ 80 Abs. 1 BetrVG), Informationsansprüche (§ 80 Abs. 1 BetrVG) und datenschutzbezogene Mitbestimmungsrechte gewährt (*Bartosch* 1992; *Herberger* 1991). Die Personalabteilung hat die Aufgabe der Verarbeitung und Nutzung der Daten, Erfüllung der Aufzeichnungs-, Bescheinigungs- und Meldepflichten (*Bellgardt* 1992).

Eine nicht nur oberflächliche Kenntnis der relevanten Vorschriften und Gesetze ist für alle Führungskräfte notwendig, da auch Führungskräfte bei einer Verletzung der Vorschriften unter dem Tatbestand der Verletzung des Persönlichkeitsrechts haftbar gemacht werden können (Freiheits- und Geldstrafen) (*Gola/Wronka* 1989; *Dörr/Schmidt* 1992; GDD 1992).

Literatur

Abel, H./Schmölz, W.: Datensicherung für Betriebe und Verwaltungen. München 1987.
Bartosch, D.: Datenschutz im Personalwesen. In: Personalführung, 1992, S. 802–829.
Becker-Töpfer, E./Rödiger, K.-H.: Expertensysteme und Mitbestimmung. In: WSI Mitteilungen, 1990, S. 660–667.
Beerel, A. C.: Expert Systems: strategic implications and applications. Chichester 1992.
Bellgardt, P.: Datenschutzpraxis im Personalbereich. Heidelberg 1992.
Bena, B.-G.: Manipulate HRIS Data for Better Decisions. In: Personnel Journal, 1988, S. 57–63.
Bühner, R./Kleinschmidt, P.: Mehr Produktivität durch rechnerunterstützten Personaleinsatz. In: Personalwirtschaft, 1989, S. 29–31.
Dörr, E./Schmidt, D.: Neues Bundesdatenschutzgesetz. 2. A., Köln 1992.
Domsch, M.: Personal. In: *Bitz, M.* et al.: Vahlens Kompendium der Betriebswirtschaftslehre. 3. A., München 1993, S. 521–580.
Domsch, M./Schneble, A.: Mitarbeiterbefragung, 2. A., Heidelberg 1992.
Domsch, M.: Systemgestützte Personalarbeit. Wiesbaden 1980.
Dreier, M.: Das neue Datenschutzrecht. In: Personalführung, 1991, S. 340–349.
Dworatschek, S./Büllesbach, A./Koch, H.-D.: Personal Computer und Datenschutz. 4. A., Köln 1990.
Evans, A.: Computerizing personnel systems: A basic guide. London 1986.
Finzer, P.: Personalinformationssysteme für die betriebliche Personalplanung. München 1992.
Geilhardt, T.: Expertensysteme im Personalwesen. In: Personal, 1990, S. 70–74.
Gesellschaft für Datenschutz und Datensicherung GDD: Einführung in das Bundesdatenschutzgesetz. Bonn 1992.
Grossman, M.-D./Magnus, M.: The Growing Dependence on HRIS. In: Personnel Journal, 1988, S. 52–59.
Gola, P./Wronka, G.: Handbuch zum Arbeitnehmerdatenschutz, Rechtsfragen und Handlungshilfen für die betriebliche Praxis. Köln 1989.
Hentschel, B.: Personaldatenverbreitung im Spannungsfeld von Arbeitgeberwünschen und Arbeitnehmerschutz. In: Personalführung, 1989, S. 802–804.
Herberger, M.: Personalinformation und Mitbestimmung. In: Zeitschrift für Personalforschung, 1991, S. 175–187.
Hichert, R./Moritz, M. (Hrsg.): Management-Informationssysteme. Berlin u. a. 1992.
Hilb, M.: Ein strategisches und integriertes Konzept ist gefragt. – Voraussetzungen für computergestützte Personalmanagement-Informationssysteme. In: Personalführung, 1993, S. 192–197.
Koch, H.-D.: Der betriebliche Datenschutzbeauftragte, Aufgaben – Voraussetzungen – Anforderungen. 3. A., Köln 1992.
Koy-Seemann, U./Wagner, W.: Das Zentrale Bewerbersystem: Ein Baustein im Human Resource Management. In: Personalführung, 1993, S. 198–209.
Lechelt, F.: PC-Software in der Personalabteilung: Eine Marktübersicht. In: Personalwirtschaft, 1988, S. 137–147.
Maxwell, B.: Improving the Quality of HRIS Data. In: Personnel, 1989, S. 48–58.
Scherm, E.: Personalwirtschaftliche Kennzahlen – Eine Sackgasse des Personalcontrollings? In: Personal 1992, S. 522–525.
Seibt, D.: Computergestützte Personalinformationssysteme. In: *Kurbel, K./Strunz, H.* (Hrsg.): Handbuch Wirtschaftsinformatik. Stuttgart 1990.
Vatteroth, H.-Ch.: Das Angebot an Standard-Software für die PC-gestützte Personalplanung – Die aktuelle Marktübersicht. Arbeitsbericht Nr. 40 des Industrieseminars der Universität zu Köln. Köln 1991.
Vatteroth, H.-Ch.: Marktübersicht für die computergestützte Personalplanung auf der Basis von Personalinformationssystemen – Das aktuelle Angebot an Standard-Software. Arbeitsbericht Nr. 38 des Industrieseminars der Universität zu Köln. 2. A., Köln 1992.

Personalplanung für Führungskräfte

Hugo Kossbiel/Thomas Spengler

[s. a.: Auswahl von Führungskräften; Fortbildung, Training und Entwicklung von Führungskräften; Karriere und Karrieremuster von Führungskräften; Mobilität und Fluktuation bei Führungskräften; Rekrutierung von Führungskräften.]

I. Einführung; II. Problembereiche der Führungskräfteplanung; III. Besondere Probleme der Personalplanung für Führungskräfte; IV. Modelle zur Personalplanung für Führungskräfte; V. Schlußbemerkung.

I. Einführung

Die Formulierung ‚Personalplanung für *Führungskräfte*' kann auf zweierlei Weise interpretiert werden: als *Personalplanung* (vor allem *Basiskräfteplanung*) zur Unterstützung von Führungskräften und als Planung individueller *Karriereverläufe* von Führungskräften *(Führungskräfteplanung)*.

Wir wollen in diesem Beitrag die zweite Sichtweise aufgreifen. Dabei verstehen wir unter Führungskräften auch die sog. *Führungsnachwuchskräfte* (*Welge* 1992).

II. Problembereiche der Führungskräfteplanung

In Analogie zur allgemeinen Personalplanung (*Kossbiel* 1988) bezeichnen wir

(a) die Art und Anzahl *benötigter* Führungskräfte *(Führungskräftebedarf)*;
(b) die Art und Anzahl *verfügbarer* Führungskräfte *(Führungskräfteausstattung)* und
(c) die *Zuordnung* der verfügbaren Führungskräfte zu einzelnen organisatorischen Einheiten oder Tätigkeiten *(Führungskräfteeinsatz)*

als Problembereiche der Führungskräfteplanung.

Ad (a): Während der Bedarf an Basiskräften relativ einfach ermittelt werden kann, ist die Bestimmung des Führungskräftebedarfs aufgrund der schwierigeren Feststellung bzw. Festlegung des von Führungskräften zu erfüllenden Leistungsprogramms und ihrer *Arbeitsproduktivität* wesentlich komplizierter. Die Probleme liegen u. a. darin begründet, daß nicht eindeutig festgestellt werden kann, inwiefern in künftigen (konkreten) Situationen überhaupt *Führungsbedarf* bestehen wird oder ob nicht andere Formen sozialer Kontrolle *(Führungssubstitute)* (→*Führungstheorien – Theorie der Führungssubstitution*) eingesetzt werden (sollten) (*Kossbiel/Spengler* 1992; *Türk* 1981). Damit ist (auch) die Tatsache angesprochen, daß Führungskräftebedarfe zum einen von Art, Anzahl und Verhalten der nachgeordneten Arbeitskräfte (bottom up-Zusammenhang) und zum anderen von bestimmten Vorfestlegungen bzgl. maximaler *Kontrollspannen* (top down-Zusammenhang) abhängen.

Ad (b): Die Führungskräfteausstattung kann induzierten *(Einstellung, Freisetzung, Schulung, Beförderung, Degradierung, Versetzung)* und autonomen *(Fluktuation, Absentismus,* freiwillige *Weiterbildung)* Änderungen unterliegen. Ohne näher auf die einzelnen Maßnahmen bzw. Einflußfaktoren eingehen zu können, wollen wir hier lediglich die besondere Bedeutung gradualer und sektoraler Veränderungen der Personalausstattung unterstreichen und betonen, daß *Karriereplanung* (→*Karriere und Karrieremuster von Führungskräften*) einen wichtigen Beitrag zur Reduktion von Fluktuationsraten (→*Mobilität und Fluktuation bei Führungskräften*) leisten kann.

Ad (c): Personalplanungen sind überhaupt nur dann erforderlich, wenn Alternativen der *Allokation* von Arbeitskräften existieren. Im Kontext der Führungskräfteplanung werden die Allokationsprobleme zusätzlich dadurch erschwert, daß nicht nur aktuelle Führungskräftebedarfe gedeckt werden müssen, sondern auch den Führungskräften *Karrierepfade* zuzuordnen sind.

Jeder der Problembereiche der Führungskräfteplanung ist vierfach dimensioniert: Während die quantitative Dimension jeweils Aussagen über die Anzahl von Arbeitskräften macht, betrifft die qualitative Dimension deren *Qualifikation, zeitliche Verfügbarkeit, (Dienst-)Alter* und/oder *Geschlecht*. Mit der lokalen Dimension ist der Aspekt der Verortung von Arbeitskräften hinsichtlich *Rang, Sektor* und/oder geographischem Einsatzgebiet angesprochen. Die temporale Dimension betrifft den (kalendarischen) Zeitbezug. Die vier Dimensionen weisen vielfältige Interdependenzen auf, von denen einige hier stichwortartig angerissen werden sollen (*Friedel-Howe* 1992; *Kossbiel* 1979; *Parkin/Hearn* 1987; *Sadowski* 1977): Zusammenhänge zwischen Lebensalter und Qualifikation, *Seniorität*saspekte bei Beförderungsstrategien, *Flexibilisierung* von *Altersgrenzen,* Gewährung von Kindererziehungspausen, *dual career couples.*

III. Besondere Probleme der Personalplanung für Führungskräfte

Bei der Führungskräfteplanung geht es primär um die Lösung eines betrieblichen Ressourcen-*Verfügbarkeitsproblem*s (sekundär um die Lösung eines Ressourcen-*Wirksamkeitsproblem*s [*Kossbiel* 1991]). Im Mittelpunkt stehen Fragen der optimalen Versorgung von Betrieben mit Führungskräften (einschließlich qualifikatorischer Anpassungen) sowie der optimalen Zuordnung von Führungskräften zu *Positionen* in der betrieblichen *Hierarchie*.

Betrachtet man die Beschäftigung von Mitarbeitern als Investition, so fällt auf, daß bei Führungskräften i. d. R. sowohl größere Investitionsvolumina als auch längere Zeitperspektiven als bei Basiskräften zu berücksichtigen sind. Das Investitionsvolumen und die Zeitperspektive schlagen sich in der Breite und Länge der die Investition kennzeichnenden Auszahlungs- und Einzahlungsströme nieder. Auszahlungen fallen in der Beschäftigungsphase von Führungskräften und in den voraus- und nachlaufenden Phasen der Beschaffung und Freisetzung an: *Beschaffungsphase:* Auszahlungen für Suche, Auswahl und Eingliederung (z. B. auch für *Headhunting, Executive Search*); *Beschäftigungsphase:* Vergütungen, Auszahlungen für Weiterbildung und Betreuung (z. B. auch für →*Coaching*); *Freisetzungsphase:* Honorare für *Outplacement-Beratung, Abfindungen, Betriebsrenten* (*Zander* 1987).

Während die Auszahlungen, die im Zusammenhang mit der Beschäftigung von Führungskräften entstehen, trotz aller Probleme, die mit der ungewissen Beschäftigungsdauer einhergehen, relativ gut eingeschätzt und teilweise auch direkt zugerechnet werden können, ergeben sich bei der Prognose und Zurechnung der Einzahlungsreihe i.d.R. kaum lösbare Probleme: So hängen die positiven Wirkungen, die eine Führungskraft auf den (Netto-)Einzahlungsstrom eines Unternehmens ausüben kann, nicht allein von ihrer Kompetenz und ihrem Engagement, sondern auch von der Entwicklung der wirtschaftlichen, technischen, politisch-rechtlichen und sozio-kulturellen Rahmenbedingungen ab. Organisationsintern wirken zusätzlich technologische, personelle und organisatorische Veränderungen sowie Veränderungen im Leistungsprogramm, die selten von einer einzelnen Führungskraft alleinverantwortlich gestaltet werden. Angesichts der Komplexität, der Kontingenz und Dynamik der internen und externen Entwicklungen, die mit wachsender Zeitperspektive eher zu- als abnehmen, erscheint eine Prognose der Einzahlungsströme, auf die eine Führungskraft Einfluß ausüben kann, schwer, wenn nicht unmöglich. Aber selbst dann, wenn solche Einzahlungsströme prognostiziert werden könnten, wäre der einer einzelnen Führungskraft zurechenbare Teil wegen bestehender *Verbund-* und *Synergieeffekte* nicht zu bestimmen. Die ökonomische Effizienz als Entscheidungskriterium für die Beschäftigung von Führungskräften ist somit zumindest nicht direkt meßbar (weder prognostizierbar noch zurechenbar); an ihre Stelle müssen Indikatoren oder Ersatzkriterien treten.

Hinzu kommt als weiteres Problem die Koordination der betrieblichen Verfügbarkeitsinteressen, der individuellen *Karriereversprechen* und der persönlichen Wünsche von Führungskräften. Die betrieblichen Verfügbarkeitsinteressen beziehen sich auf die Entwicklung des Führungskräftebedarfs und die Möglichkeiten seiner Deckung. Relativ unabhängig davon versuchen die Unternehmen, durch Karriereversprechen Führungskräfte zu gewinnen und zu binden. Es treten m.a.W. Abstimmungsprobleme zwischen kollektiver und individuenbezogener Personalplanung auf, die nicht selten dazu führen, daß zwecks Vermeidung von Frustration Führungspositionen geschaffen werden, für die kein aktueller Bedarf besteht („Warte-Positionen", „Positionen des geachteten Verweilens") bzw. mit denen keinerlei Führungsfunktion verbunden ist (s.a. *„Dual-Ladder"-Konzept*). Den betrieblichen Bemühungen um Deckung des Führungskräftebedarfs und Sicherung des Führungskräftepotentials stehen die *Karrierewünsche* der Führungskräfte gegenüber, die von den betrieblichen Erfordernissen abweichen können. Dabei ist nicht nur an die Extreme „Karriereverweigerung" und „Karrieresucht" von (potentiellen) Führungskräften zu denken (*v. Rosenstiel* et al. 1993; *Weitbrecht* 1992). Auch bei „normalem" *Karrierestreben* können Divergenzen zwischen betrieblichen Möglichkeiten und persönlichen Wünschen auftreten, die durch Verhandlungen zwischen Unternehmensleitung und betroffenen Führungskräften über alternative Karrieremuster möglichst ausgeräumt werden sollten. Andernfalls droht *Kündigung*, die „innere" oder die „äußere".

IV. Modelle zur Personalplanung für Führungskräfte

1. Schätzung der Führungskräfteausstattung mit Hilfe von Markoff-Ketten-Modellen

Führungskräfteausstattungsentwicklungen lassen sich unter bestimmten Bedingungen mit Hilfe von *Markoff-Ketten-Modellen* prognostizieren (*Bartholomew* et al. 1991). Allgemeine Voraussetzung für den Einsatz solcher Modelle ist die Kenntnis der *Matrix der Übergangswahrscheinlichkeiten* [W]. Es handelt sich dabei um eine quadratische IxI-Matrix mit dem repräsentativen Element $w_{i,j}$ ($i = 1,2,\ldots,I$; $j = 1,2,\ldots,I$), das die Wahrscheinlichkeit angibt, mit der ein Element des betrachteten Systems (hier: der Ausstattung mit Führungskräften), das sich in der Teilperiode t im Zustand (hier: in Position) i befindet, in Teilperiode t + 1 im Zustand (hier: in Position) j sein wird. Für $i \neq j$ ($i = j$) gibt $w_{i,j}$ die Wahrscheinlichkeit eines Wechsels von Position i zu Position j (des Verharrens auf Position i) an.

$$v_i = (1 - \sum_{j=1}^{I} w_{ij})$$

gibt die Wahrscheinlichkeit an, mit der ein Element von Position i aus das System verläßt. Bei Gültigkeit der Matrix der Übergangswahrscheinlichkeiten [W] lassen sich eine Reihe von Prognoseproblemen im Bereich der Führungskräfte mit Hilfe von Markoff-Ketten bearbeiten. Um dies exemplarisch zu zeigen, führen wir zunächst folgende weitere Symbole ein:

$\overline{PA}_t := (PA_{1t}, PA_{2t}, \ldots, PA_{it}, \ldots, PA_{It})$ bezeichnet einen Vektor, der die Ausstattung eines Betriebes mit Führungskräften auf der Position i ($i = 1,2,\ldots,I$) in Periode t (t = $0,1,2,\ldots,T$) zum Ausdruck bringt.
$\overline{g}_t := (g_{1t}, g_{2t}, \ldots, g_{it}, \ldots, g_{It})$ bezeichnet einen Vektor, der für $g_{it} > 0$ die Anzahl der für Position i einzustellenden, für $g_{it} < 0$ die Anzahl der von Position i auszustellenden Führungskräfte angibt.
$\overline{v} := (v_1, v_2, \ldots, v_i, \ldots, v_I)$ bezeichnet den Vektor der Ausscheidungswahrscheinlichkeiten von den verschiedenen Positionen i.
$\overline{r} := (r_1, r_2, \ldots, r_i, \ldots, r_I)$ bezeichnet einen Vektor, der die angestrebte Verteilung für Ersatz- und Zusatzeinstellungen angibt und für den gilt:

$0 \leq r_i \leq 1$ für alle i und

$$\sum_i r_i = 1.$$

z_t: = zusätzliche Einstellungen in Periode t
E: = Einheitsmatrix

Die den Schätzungen zugrunde liegende Basisformel ist wie folgt aufgebaut:

$$\overline{PA}_t = \overline{PA}_{t-1}[W] + \overline{g}_t = \underbrace{\overline{PA}_0[W]^t}_{\substack{\text{Fortschreibung} \\ \text{der Anfangs-} \\ \text{ausstattung}}} + \underbrace{\sum_{\tau=0}^{t-1} \overline{g}_{t-\tau}[W]^\tau}_{\substack{\text{Fortschreibung der} \\ \text{Einstellungen und} \\ \text{Freisetzungen}}}$$

Ausgehend von dieser Grundlage können folgende Prognoseprobleme untersucht werden (*Kossbiel* 1988):

(1) Schätzungen zur Entwicklung der Führungskräfteausstattung im Zeitablauf ($\overline{PA}_t$) – prospektive Betrachtung, wobei für g_t folgende Annahmen gelten können:
 a) $\overline{g}_t = \vec{0}\ \forall\ t$ [Verzicht auf Einstellungen und Freisetzungen]
 b) $\overline{g}_t = (\overline{PA}_{t-1} \cdot \vec{v}') \cdot \overline{r}\ \forall\ t$ [reine Bestandserhaltung]
 c) $\overline{g}_t = (\overline{PA}_{t-1} \cdot \vec{v}' + z_t) \cdot \overline{r}\ \forall\ t$ [Bestandserhaltung und -erweiterung]
 d) $\overline{g}_t = (\overline{PA}_{t-1}[E - [W]]\ \forall\ t$ [Bestands- und Strukturerhaltung]
 e) $\overline{g}_t = \overline{g}\ \forall\ t$ [konstante Ein- und Ausstellungspolitik]

(2) Schätzungen zur Entstehung einer (angestrebten) Führungskräfteausstattung in einer Periode t ($\overline{PA}_t$) – retrospektive Betrachtung:
 a) gesuchte Anfangsausstattung bei gegebener Ein- und Ausstellungspolitik $\overline{g}$:

$$\overline{PA}_0 = \left(\overline{PA}_t - \overline{g}\sum_{\tau=0}^{t-1}[W]^\tau\right)[W]^{-t}$$

 b) gesuchte Ein- und Ausstellungspolitik bei gegebener Anfangsausstattung:

$$\overline{g} = \left[\overline{PA}_t - \overline{PA}_0[W]^t\right]\left[\sum_{\tau=0}^{t-1}[W]^{-\tau}\right]$$

(3) Schätzungen zur Gleichgewichtsausstattung mit Führungskräften ($\overline{PA}_t = \overline{PA}$ für t >> 0) bei einheitlicher Ein- und Ausstellungspolitik:
 a) bei gegebener Ein- und Ausstellungspolitik ($\overline{g}$): $\overline{PA} = \overline{g}[E - [W]]^{-1}$
 b) bei gesuchter Ein- und Ausstellungspolitik ($\overline{g}$): $\overline{g} = \overline{PA}[E - [W]]$

Der Matrix der Übergangswahrscheinlichkeiten [W] kommt nicht nur eine herausragende Bedeutung zu, sie steht zugleich im Zentrum der Kritik an der Verwendung von Markoff-Ketten-Modellen. So stellt sich etwa die Frage, ob bzw. wann aus vergangenen Entwicklungen abgeleitete relative Häufigkeiten von Positionswechseln als Übergangswahrscheinlichkeiten interpretiert werden dürfen und ob sie für den Prognosezeitraum als stabil unterstellt werden können. Die Skepsis gründet sich vor allem auf die Tatsache, daß die Entwicklung einer Führungskräfteausstattung in der Realität kaum als Zufallsprozeß, sondern vornehmlich als Ergebnis betrieblicher Enscheidungen anzusehen ist. Stellt man dieses Argument in den Vordergrund, dann sollte man von vornherein nicht prognostizieren, sondern planen. Markoff-Ketten-Modelle könnten dann z.B. der Simulation verschiedener Politiken der Führungskräfteentwicklung, denen man in hypothetischen Matrizen von Übergangswahrscheinlichkeiten Ausdruck geben könnte, vorbehalten bleiben.

2. Führungskräfteplanung bei gegebenem Bestand an Führungskräften

Betrachtet man die Führungskräfteplanung als ein betriebswirtschaftliches Entscheidungsproblem, bei dem es darum geht, Führungskräften innerhalb einer Planungsperiode Positionen in verschiedenen Bereichen und auf verschiedenen Ebenen eines Betriebes optimal zuzuordnen, dann liegt es nahe, für seine Lösung ein *dynamisches Zuordnungsmodell* zu formulieren. Ein solches Modell sollte für eine Planungsperiode zeigen, zu welchem Zeitpunkt welche Führungsperson welche Position einnehmen sollte, und sicherstellen, daß jede ausgewiesene Führungsposition jederzeit besetzt ist, jede verfügbare Führungskraft jederzeit eingesetzt ist und eine mit der Zuordnung verfolgte Zielvorstellung verwirklicht wird. Für die Formulierung des Modells (zu alternativen Modellen vgl. *Charnes* et al. 1969; *Schneider* 1980) gehen wir von folgenden Annahmen aus:

(1) Die gesamte Planungsperiode ist in T Teilperioden (t = 1,2,...,T) gegliedert.
(2) Der Betrieb verfügt über I Positionen (i = 1,2,...,I), die in verschiedenen Bereichen und auf verschiedenen Ebenen der Organisation angesiedelt sind, von Führungskräften besetzt werden können und sich innerhalb der Planungsperiode nicht ändern (stabile *Organisationsstruktur*).
(3) Der Betrieb verfügt über R Führungskräfte (r = 1,2,...,R), die innerhalb der Planungsperiode nicht ausscheiden (stabiles *Personalausstattungsniveau*).
(4) Das Tupel $(i_1, i_2, ..., i_t)$ mit $i_1, i_2, ..., i_t \in I$ [I: = {1,2,...,I}] bezeichnet eine Sequenz von Positionen, die in den Teilperioden 1 bis t eingenommen werden können.
(5) Der Einfachheit halber soll davon ausgegangen werden, daß R = I gilt.

Mit $PE_{r,i_1,i_2,\ldots,i_T}$ wird eine Binärvariable eingeführt, für die gilt:

$$PE_{r,i_1,i_2,\ldots,i_T} = \begin{cases} 1, \text{ wenn Führungskraft r bis} \\ \quad \text{zur Periode T die } \textit{Positionssequenz} \\ \quad (i_1,i_2,\ldots,i_T) \text{ durchläuft;} \\ 0, \text{ sonst} \end{cases}$$

Mit $e_{r,i_1,i_2,\ldots,i_T}$ wird ein der Binärvariablen $PE_{r,i_1,i_2,\ldots,i_T}$ zugeordneter Koeffizient bezeichnet, der die Wirkung auf das verfolgte Ziel (z. B. Ausschöpfung des Eignungspotentials der Führungskräfte) zum Ausdruck bringt, die dann eintritt, wenn Führungskraft r innerhalb der Planungsperiode die Positionssequenz $(i_1,i_2,\ldots,i_T)$ durchläuft. Das Modell ist wie folgt aufgebaut (vgl. auch *Kossbiel* 1992):

Zielfunktion:

$$\sum_{r=1}^{R} \sum_{i_1=1}^{I} \cdots \sum_{i_t=1}^{I} \cdots \sum_{i_T=1}^{I} e_{r, i_1, \ldots, i_t, \ldots, i_T} \cdot PE_{r, i_1, \ldots, i_t, \ldots, i_T} \overset{!}{=} \max.$$

d. h. die Summe der Wirkungen aller realisierten Zuordnungen von Positionssequenzen zu Führungskräften auf die verfolgte Zielsetzung soll maximiert werden.

Nebenbedingungen:

(1)

$$\sum_{r=1}^{R} \sum_{i_1=1}^{I} \cdots \sum_{i_{t-1}=1}^{I} \sum_{i_{t+1}=1}^{I} \cdots \sum_{i_T=1}^{I} PE_{r, i_1, \ldots, i_t, \ldots, i_T} = 1 \quad \forall i_t, t.$$

d. h. für jede in Periode t zu besetzende Position i_t wird genau eine Positionssequenz aus ingesamt $R \times I^{T-1}$ möglichen Positionssequenzen ausgewählt.

(2)

$$\sum_{i_1=1}^{I} \cdots \sum_{i_t=1}^{I} \cdots \sum_{i_T=1}^{I} PE_{r, i_1, \ldots, i_t, \ldots, i_T} = 1 \quad \forall r$$

d. h. für jede Arbeitskraft r wird genau eine Positionssequenz aus I^T möglichen Positionssequenzen ausgewählt; sie führt zu der von ihr in Teilperiode t eingenommenen Position i_t.

(3) $0 \leq PE_{r,i_1,\ldots,i_T} \leq 1$ und ganzzahlig $\forall r,t,i_t$, d. h. $PE_{r,i_1,\ldots,i_T}$ kann nur die Werte 0 oder 1 annehmen.

Das hier vorgestellte Modell enthält insgesamt $R \times I^T$ PE-Variable und e-Koeffizienten sowie $I \times T + R$ Nebenbedingungen, außer den Variablenbedingungen. Für 10 Führungskräfte, 10 Positionen und 5 Teilperioden bedeutet dies 1 Mio. PE-Variable und eine gleiche Anzahl von e-Koeffizienten bei insgesamt 60 Restriktionen. Für die Lösung von Führungskräfteplanungsproblemen mit realistischen Größenordnungen für die Stellen, die Führungskräfte und die Teilperioden kann ein solches Modell wegen des Formulierungsaufwandes und wohl auch wegen der Rechenzeit nicht herangezogen werden. Um seine Komplexität zu reduzieren, bieten sich folgende Schritte an.

(1) Ausschluß nicht sinnvoller Positionssequenzen: Das Modell sieht vor, daß jede der R Führungskräfte im Prinzip zu jeder Zeit jede der I Positionen einnehmen kann. Dies schließt ein, daß Führungskräfte planmäßig degradiert und von einer Periode zur anderen über mehrere Ebenen hinweg befördert werden können. Ist das nicht gewollt, dann können die e-Koeffizienten der entsprechenden PE-Variablen entweder prohibitiv niedrig angesetzt oder die entsprechenden Variablen von vornehrein ausgeschlossen werden.

(2) Explizite Vorgabe einer beschränkten Anzahl wählbarer Positionssequenzen (gewünschte Karrierepfade): Bei dieser Vorgehensweise können Karrierepfade, die sich z. B. in der Vergangenheit als gangbar bzw. als besonders vorteilhaft erwiesen haben, vorgegeben werden. Die in Erwägung gezogenen Karrierepfade können darüber hinaus für einzelne Führungskräfte in Abhängigkeit von der Einschätzung ihres Entwicklungspotentials spezifisch eingegrenzt bzw. hinsichtlich der Verweildauern auf einzelnen Zwischenpositionen spezifisch aufgebaut sein. Dabei lassen sich auch Weiterbildungsmöglichkeiten in Form von *training off the job* berücksichtigen. Beispiele für (wünschenswerte) Positionssequenzen:

(1) (1,1,1,7,7,7,7,7,7): 3 Teilperioden in Position 1; ab Teilperiode 4 in Position 7
(2) (5,5,7,7,8,8,9,9,9,9): je 2 Teilperioden in den Positionen 5, 7, 8; ab Teilperiode 7 in Position 9

Eine Gefahr bei der hier vorgeschlagenen Vorgehensweise besteht darin, daß die vorgegebenen und wählbaren Positionssequenzen zu keiner zulässigen Lösung bzw. nicht zum tatsächlichen Optimum führen.

(3) Zusammenfassung von Einzelpositionen der ursprünglichen Positionssequenzen zu Positionsgruppen: Im einfachsten Fall könnte die Gruppenbildung so erfolgen, daß die Positionen einer hierarchischen Ebene zu einer Positionsgruppe zusammengefaßt werden. Unter der Annahme, daß in den beiden Beispielen zu (2) die Positionen $i = 1,2,\ldots,6$ der *Hierarchiestufe* $p = 1$, die Positionen $i = 7,8$ der Hierarchiestufe $p = 2$ und die Position $i = 9$ der Hierarchiestufe $p = 3$ zugeordnet sind, können die Positionssequenzen $(i_1,i_2,\ldots,i_T)$ in folgende *Positionsgruppensequenzen* $(p_1,p_2,\ldots,p_T)$ überführt werden:

(1) Beispiel: (1,1,1,2,2,2,2,2,2,2)
(2) Beispiel: (1,1,2,2,2,2,3,3,3,3)

Bei dieser Vorgehensweise muß natürlich eine kompatible Gruppierung der Führungskräftebedarfe auf den einzelnen Ebenen vorgenommen werden.

(4) Zusammenfassung von Einzelpersonen zu Personengruppen mit ähnlichem Entwicklungspotential: In den vorangehenden Variationen konnte wie im ursprünglichen Modell für jede einzelne Führungskraft („Namensebene'!) bei Existenz wenigstens einer zulässigen Lösung angegeben werden, welche Positions- bzw. Positionsgruppensequenz für sie gelten soll. Der vierte Vereinfachungsvorschlag läßt nur noch Aussagen darüber zu, für wie viele Arbeitskräfte einer Arbeitskräftegruppe eine bestimmte Sequenz aus dem Satz wählbarer Positions(gruppen)sequenzen gelten soll.

3. Führungskräfteplanung bei wählbarer Ausstattung mit Führungskräften

Ersetzt man das T-Tupel einer Positionssequenz $(i_1, i_2, \ldots, i_T)$ durch den Index i^*, dann kann man mit $I^*_{i_t}$ die Menge aller (zulässigen) Positionssequenzen i^* bezeichnen, bei denen in Periode t die Position i eingenommen wird. Die Menge aller Indices i^* wollen wir mit dem Symbol I^* versehen und können nun die Restriktionen (1) und (2) ersetzen durch:

(1') $\sum_{r=1}^{R} \sum_{i^* \in I^*_{i_t}} PE_{ri^*} = 1 \quad \forall t, i_t$ und

(2') $\sum_{i^* \in I^*} PE_{ri^*} = 1 \quad \forall r$

Beispiele zu den Mengen I^* und $I^*_{i_t}$: der Planungszeitraum umfasse drei Teilperioden und es sollen insgesamt vier Karrierepfade i^* relevant sein, die wie folgt definiert sind: $i^* = 1 := (1,2,3); \; i^* = 2 := (1,2,2); \; i^* = 3 := (3,3,4); \; i^* = 4 := (3,4,5)$. Hier gilt z. B.: $I^*_{i_t=2} = \{i^* = 1,2\}, I^*_{i_t=4_3} = \{i^* = 3\}$.

Das soeben besprochene dynamische Zuordnungsmodell basiert auf der Annahme, der Betrieb habe bereits den (optimalen) Bestand an (potentiellen) Führungskräften und den (optimalen) Führungskräftebedarf festgelegt. Wir wollen nun diese Prämisse aufheben und gleichzeitig die ‚Namensebene' bezüglich der Arbeitskräfte verlassen. Relevante Bezugskategorien sind nunmehr Gruppen von Stellen (annähernd gleicher Anforderungen) und Gruppen von Führungskräften (annähernd gleicher Fähigkeiten). Geht man davon aus, daß die stellenbezogenen Führungskräftebedarfe als Daten bekannt sind und die optimale Führungskräfteausstattung sowie der optimale Führungskräfteeinsatzplan gesuchte Größen darstellen, dann läßt sich unter Verwendung folgender Symbole das Restriktionensystem (4)–(9) formulieren:

I^*_t: = Menge der Karrierepfade i^*, bei denen in Periode t irgendeine Stelle zugewiesen wird

$\overline{I}_t [I^+_t]$: = Menge der Karrierepfade i^*, bei denen in Periode t die Freisetzung (Einstellung) vorgesehen wird

I^*_r: = Menge der Karrierepfade i^*, die für Arbeitskräfteart r in Betracht kommen

R_i: = Menge der Führungskräftearten, die Stellen vom Typ i besetzen können

$\overline{PB}^t_i$: = Bedarf an Führungskräften zur Besetzung von Stellen der Art i in Periode t (Datum)

δ_r: = *Fluktuationsrate* von Führungskräften der Art r

PA^t_r: = (Personal-)Ausstattung mit Führungskräften der Art r in Periode t

$h^t_r [f^t_r]$: = Anzahl von Führungskräften der Art r, die in Periode t eingestellt (freigesetzt) werden

PE_{ri^*}: = Anzahl von Führungskräften der Art r, denen der Karrierepfad i^* zugewiesen wird

Anmerkung: Die Karrierepfade i^* stehen für T-Tupel von i_t-Indices. Nimmt ein Index i_t den Wert 0 an, dann gehört eine Führungskraft, der der Karrierepfad i^* zugeordnet wird, in der Periode t nicht zur Personalausstattung des Betriebes. Existiert beispielsweise in einem 7 Teilperioden umfassenden Planungszeitraum folgendes 7-Tupel (0,1,0,0,0,0,2), so kann dies dahingehend interpretiert werden, daß eine Führungskraft, der dieser Karrierepfad zugeordnet wird, erst zur zweiten Periode eingestellt wird und in t = 2 eine Position der Gruppe i = 1 einnimmt, daß sie anschließend für 4 Perioden freigestellt wird (z. B. für ein Universitätsstudium, für einen Auslandsaufenthalt oder wegen einer von der Führungskraft beabsichtigten Babypause), in t = 7 in das Unternehmen zurückkehrt und auf einer Position der Gruppe i = 2 eingesetzt wird.

Basisrestriktionen:

(4) $\overline{PB}^t_i = \sum_{r \in R_i} \sum_{i^* \in \{I^*_r \cap I^*_t\}} PE_{ri^*} \quad \forall i, t$

(5) $\sum_{i^* \in \{I^*_r \cap I^*_t\}} PE_{ri^*} \leq PA^t_r \quad \forall r, t$

(6) $\sum_{i^* \in \{I^*_r \cap I^+_t\}} PE_{ri^*} \leq h^t_r \quad \forall r, t$

(7) $\sum_{i^* \in \{I^*_r \cap \overline{I}_t\}} PE_{ri^*} \leq f^t_r \quad \forall r, t$

(8) $PA^t_r = (1 - \delta_r) \cdot PA^{t-1}_r + h^t_r - f^t_r \quad \forall r, t$

(9) $PA^t_r, PE_{ri^*}, h^t_r, f^t_r \geq 0 \quad \forall$ relevanten r, t, i^*

Restriktion (4) garantiert, daß in jeder Teilperiode die stellenbezogenen Führungskräftebedarfe exakt durch den Einsatz geeigneter Führungskräfte gedeckt werden, wobei über die zweite Summationsvorschrift nur solche Karrierepfade berücksichtigt werden, die für die jeweilige Arbeitskräfteart r überhaupt in Betracht kommen *und* die in der jeweiligen Periode t den Einsatz auf dem entsprechenden Positionstyp i vorsehen. Restriktion (5) gewährleistet, daß nicht mehr Mitarbeiter den verschiedenen Positionen zugeordnet werden, als dem Betrieb zur Verfügung stehen. Über Restriktion (6) [bzw. (7)] wird gesichert, daß mindestens so viele Führungskräfte eingestellt [bzw. freigesetzt] werden, wie eingestellten [bzw. freigesetzten] Führungskräften Karrierepfade zugeordnet werden. Nebenbedingung (8) dient der Fortschreibung der Führungskräfteausstattung: die Ausstattung der aktuellen Periode ergibt sich aus der (um den Fluktuationsanteil verminderten) Führungskräfteausstattung der Vorperiode zuzüglich der aktuellen Einstellungen abzüglich der aktuellen Freisetzungen.

Erweiterungsmöglichkeiten: Das Restriktionensystem (4)–(9) ist in mehrfacher Hinsicht erweiterbar: (a) Z. B. kann die Anzahl zulässiger Einstellungen und Freisetzungen durch selbst auferlegte Beschränkungen oder durch Marktkonditionen nach oben begrenzt werden. *Rekrutierungspotentiale* können von der Unternehmung in Grenzen dadurch beeinflußt werden, daß sie Signale an den Arbeitsmarkt sendet, inwieweit Beförderungen für die Zukunft vorgesehen sind. Das Planungsmodell kann in solchen Fällen um den Ansatz entscheidungsabhängiger Einstellungsobergrenzen ergänzt werden (Spengler 1993a). (b) Da die *Beförderungspolitik* des Unternehmens nicht nur die Beitritts-, sondern auch die Verbleibensentscheidungen der Individuen maßgeblich beeinflußt, können anstatt der einfachen Fluktuationsraten δ_r alternative *(entscheidungsabhängige)* Fluktuationsraten verwendet werden. (c) Bisher sind wir davon ausgegangen, daß mit Erreichen des *Planungshorizontes* T die Überlegungen der Entscheidungsträger abgeschlossen sind. Damit das Modell gegen Ende des Planungszeitraumes überhaupt sinnvolle Beschäftigungspolitiken empfehlen kann, ist es naheliegend, auch die potentiellen Karrierepfade der spät rekrutierten Arbeitskräfte differenziert in Ansatz zu bringen (z. B. durch Berücksichtigung unscharfer Personalbedarfe für einige weitere Perioden jenseits von T). (d) Durch die Erweiterung des Ansatzes zu einem Modell der simultanen Personal- und *Stellenplanung* kann nicht nur das auf den einzelnen Stellen zu erledigende *Leistungsprogramm* nach Umfang und Struktur festgelegt werden, sondern es ist vor allem auch möglich, die maximalen Kontrollspannen der diversen Führungskräfte(arten) differenziert zu integrieren (*Hanssmann* 1970; *Domsch* 1970; *Kossbiel* 1972; *Kossbiel* 1980; *Spengler* 1993b).

Zielfunktionen:
Damit der Betrieb zu einer Entscheidung über die Ausprägungen der PA-, h-, f- und PE-Variablen gelangt, bedarf es der Formulierung (mindestens) einer geeigneten Zielfunktion. Bezeichnet man die Zielfunktionskoeffizienten mit e_{ri^*}, dann kann die Zielfunktion für unser Modell zur Führungskräfteplanung wie folgt formuliert werden:

$$(10) \quad \sum_{t=1}^{T} \sum_{i=1}^{I} \sum_{r \in R_i} \sum_{i^* \in \{I_{i_i} \cap I_{r}\}} e_{ri^*} \cdot PE_{ri^*} \stackrel{!}{=} \max \text{ oder min}$$

Bei der konkreten Belegung der e_{ri^*}-Koeffizienten kann man sich an Zielen des Betriebes (direkte [Nettoeinzahlungsreihen] oder indirekte [Erfolgsindikatoren] Erfassung des ökonomischen Erfolgs), aber auch an Zielen der Führungskräfte (direkte oder indirekte Erfassung der Mitarbeiterzufriedenheit) orientieren (*v. Eckardstein* 1971; *Franke* 1978; *Fuchs* 1977; *Kossbiel* 1992). Sofern die Präferenzvorstellungen von Führungskräften und Betrieb in Konflikt zueinander stehen, ist ein angemessener Kompromiß zu suchen (Ambivalenz- und soziale Konflikte). In vielen Fällen wird die Machtkonstellation (→*Führungstheorien – Machttheorie*) derart beschaffen sein, daß man die Interessen aller Parteien (wenn auch durchaus mit unterschiedlichem Gewicht) berücksichtigen muß. Es liegt dann nahe, anstatt einer einzigen Zielfunktion einen Vektor zu optimierender Teilzielfunktionen zu verwenden, die z. B. die Maximierung der Eignungsgradsumme und die Minimierung der anfallenden Kosten (Arbeitgeberperspektive), aber auch die Minimierung der Verweildauern auf niedrigeren hierarchischen Rängen und die Maximierung der Gehaltszahlungen (Arbeitnehmerperspektive) anstreben.

In der Literatur werden vor allem drei Modelltypen zur Lösung von *Vektoroptimierungs*problemen angeboten: *Goal programming*-Ansätze, klassische *Nutzenmodelle* und *interaktive Verfahren* (*Zimmermann/Gutsche* 1991). Wir wollen hier, ohne näher darauf eingehen zu können, die Verwendung von auf der *Fuzzy Set-Theorie* basierenden (interaktiven) Nutzenmodellen empfehlen, da diese relativ einfach konstruiert sind (jedes [ursprüngliche] Teilziel geht als Nebenbedingung in das *Kompromißprogramm* ein; maximiert wird das Niveau der Gesamtzufriedenheit) und der Entscheidungsträger *nicht* gezwungen wird, seine Nutzenbewertungen (überprägnant) auf einwertige Größen zu beschränken (*Leberling* 1983; *Rommelfanger* 1988).

V. Schlußbemerkung

Führungskräfteplanung ist bedeutsam und kompliziert zugleich. Sie sollte u. a. deshalb mit aller Sorgfalt durchgeführt werden, weil von ihr nicht nur diejenigen Individuen betroffen sind, deren Karrieren geplant werden, sondern in besonderem Maße auch die den Führungskräften unterstellten *Mitarbeiter* (Integration von Führungs- und Basiskräfteplanung). Der Unternehmenserfolg ist ganz wesentlich von der Effizienz der Führungskräfteplanung abhängig, denn wenn die Führungskräfteausstattung nicht das erforderliche Flexibilitäts- und Entwicklungspotential aufweist und falsche Allokationsentscheidungen getroffen werden, können die Erfolgschancen für den Betrieb auf lange Sicht verbaut werden.

Literatur
Bartholomew, D. J./Forbes, A. F./McClean, S.: Statistical techniques for manpower planning. 2. A., Chichester et al. 1991.
Charnes, A./Cooper, W. W./Niehaus, R. J./Stedry, A.: Static and dynamic assignment models with multiple objectives and some remarks on organization design. In: Man. Sc., 8, 1969, S. B-365–B-375.
Domsch, M.: Simultane Personal- und Investitionsplanung im Produktionsbereich. Bielefeld 1970.
Eckardstein, D. v.: Laufbahnplanung für Führungskräfte. Berlin 1971.
Franke, G.: Stellenplanung im Spannungsfeld von Arbeitgeber- und Arbeitnehmerinteressen. In: *Reber, G.* (Hrsg.): Personal- und Sozialorientierung der Betriebswirtschaftslehre. Stuttgart 1978, S. 316–331.
Friedel-Howe, H.: Arbeitnehmer, Weibliche. In: *Gaugler, E./Weber, W.* (Hrsg.): HWP. 2. A., Stuttgart 1992, Sp. 232–241.
Fuchs, K.: Laufbahnplanung für Führungskräfte. München 1977.
Hanssmann, F.: Optimierung der Organisationsstruktur. In: ZfB, 1970, S. 17–30.
Kossbiel, H.: Kontrollspanne und Führungskräfteplanung. In: *Braun, W.* et al. (Hrsg.): Grundfragen der betrieblichen Personalpolitik. Wiesbaden 1972, S. 89–111.
Kossbiel, H.: Betriebswirtschaftliche Überlegungen zur (Weiter-)Beschäftigung älterer Arbeitnehmer. In: ZfB, 1979 (2), S. 127–133.
Kossbiel, H.: Überlegungen zur Verbindung von Stellen- und Personalplanung. Unveröffentl. Vortragsmanuskript. Hamburg 1980.

Kossbiel, H.: Personalbereitstellung und Personalführung. In: *Jacob, H.* (Hrsg.): Allgemeine Betriebswirtschaftslehre. 5. A., Wiesbaden 1988, S. 1045–1257.
Kossbiel, H.: Personalwirtschaft. In: *Bea, F. X./Dichtl, E./Schweitzer, M.* (Hrsg.): Allgemeine Betriebswirtschaftslehre. Bd. 3: Leistungsprozeß. 6. A., Stuttgart 1994, S. 395–479.
Kossbiel, H.: Personaleinsatz und Personaleinsatzplanung. In: *Gaugler, E./Weber, W.* (Hrsg.): HWP. 2. A., Stuttgart 1992, Sp. 1654–1666.
Kossbiel, H./Spengler, T.: Personalwirtschaft und Organisation. In: *Frese, E.* (Hrsg.): HWO. 3. A., Stuttgart 1992, Sp. 1949–1962.
Leberling, H.: Entscheidungsfindung bei divergierenden Faktorinteressen und relaxierten Kapazitätsrestriktionen mittels eines unscharfen Lösungsansatzes. In: ZfbF, 1983, S. 398–419.
Parkin, P. W./Hearn, J.: Frauen, Männer und Führung. In: *Kieser, A./Reber, G./Wunderer, R.* (Hrsg.): HWFü. Stuttgart 1987, Sp. 326–339.
Rosenstiel, L. v./Djarrahzadeh, M./Einsiedler, H. E. et al. (Hrsg.): Wertewandel. 2. A., Stuttgart 1993.
Rommelfanger, H.: Entscheiden bei Unschärfe. Berlin et al. 1988.
Sadowski, D.: Pensionierungspolitik. Stuttgart 1977.
Schneider, G.: Karriereplanung als Aufgabe der Personalplanung. Wiesbaden 1980.
Spengler, T.: Humankapitaltheoretische Fundierung von Personalplanungsmodellen bei terminologischer und relationaler Unschärfe. Unveröffentl. Diskussionspapier. Frankfurt 1993a.
Spengler, T.: Lineare Entscheidungsmodelle zur Organisations- und Personalplanung. Heidelberg 1993b.
Türk, K.: Personalführung und soziale Kontrolle. Stuttgart 1981.
Weitbrecht, H.: Karriereplanung, individuelle. In: *Gaugler, E./Weber, W.* (Hrsg.): HWP. 2. A., Stuttgart 1992, Sp. 1114–1126.
Welge, M. K.: Führungskräfte. In: *Gaugler, E./Weber, W.* (Hrsg.): HWP. 2. A., Stuttgart 1992, Sp. 937–947.
Zander, E.: Freisetzung von Führungskräften. In: *Kieser, A./Reber, G./Wunderer, R.* (Hrsg.): HWFü. Stuttgart 1987, Sp. 348–357.
Zimmermann, H. J./Gutsche, L.: Multi-Criteria Analyse. Berlin et al. 1991.

Philosophische Grundfragen der Führung

Wolfgang Scholl

[s. a.: Führungsdefinitionen; Führungsethik; Führungsgrundsätze; Führungsphilosophie und Leitbilder; Leitziele der Führung; Menschenbilder und Führung; Theologische Aspekte der Führung; Wissenschaftstheoretische Grundfragen der Führungsforschung.]

I. Problemstellung; II. Philosophische Grundannahmen; III. Konsequenzen für die Führungsforschung; IV. Konsequenzen für die Führungspraxis; V. Ausblick.

I. Problemstellung

Reflexionen über Führung, sei es in der Praxis oder in der Wissenschaft, stehen – wie alle Reflexionen – immer in einem gedanklichen Kontext, der ihre Bedeutung festlegt; zu diesem Kontext gehören *Grundannahmen* und *Wertungen,* d. h. *Sinnkonstruktionen,* die einer direkten empirischen Überprüfung nicht zugänglich sind (*Israel* 1972). Es ist Aufgabe der Philosophie, solche Sinnkonstruktionen zu explizieren, kritisch zu diskutieren und ggf. neu zu formulieren. Dies soll im folgenden exemplarisch geschehen; leider fehlen bisher entsprechende Analysen in der Literatur.

II. Philosophische Grundannahmen

Unterschiedliche *Sinnkonstruktionen,* die die Führungspraxis und -forschung beeinflußt haben, finden sich bereits in der antiken Philosophie (→*Geschichte der Führung – Altertum*):

1. Kollektivismus versus Individualismus

Eine markante, bereits im Altertum restaurative Auffassung vertritt *Platon*:

„Das erste Prinzip von allen ist dieses: Niemand, weder Mann noch Weib, soll jemals ohne Führer sein. Auch soll niemandes Seele sich daran gewöhnen, etwas ernsthaft oder auch nur im Scherz auf eigene Hand allein zu tun. Vielmehr soll jeder, im Krieg und auch mitten im Frieden, auf seinen Führer blicken und ihm gläubig folgen. Und auch in den geringsten Dingen soll er unter der Leitung des Führers stehen. Zum Beispiel – er soll aufstehen, sich bewegen, sich waschen, seine Mahlzeiten einnehmen... nur, wenn es ihm befohlen wurde... kurz, er soll seine Seele durch lange Gewöhnung so in Zucht nehmen, daß sie nicht einmal auf den Gedanken kommt, unabhängig zu handeln und daß sie dazu völlig unfähig wird" (*Platon,* Gesetzte 942 a f., zitiert nach *Popper* 1957, S. 148).

Ca. 50 Jahre davor wurde von *Perikles*, dem Begründer und Verfechter der athenischen *Demokratie*, eine ganz andere Auffassung vorgetragen:

„Unsere Verwaltung begünstigt die vielen und nicht die wenigen: daher wird sie eine Demokratie genannt. Die Gesetzte gewähren allen in gleicher Weise Gerechtigkeit,... aber wir ignorieren nicht die Ansprüche der Vortrefflichkeit. Wenn sich ein Bürger hervortut, dann wird er vor anderen gerufen werden, um dem Staat zu dienen... Obgleich nur wenige eine politische Konzeption entwerfen und durchführen können, so sind wir doch alle fähig, sie zu beurteilen. Wir halten die Diskussion nicht für einen Stein des Anstoßes, sondern für eine unentbehrliche Vorbereitung zum weisen Handeln" (*Thukydides* II 37–41, zitiert nach *Popper* 1957, S. 249 f.).

Nach *Perikles* können Menschen ihre Geschicke selbst gemeinsam in die Hand nehmen und dabei die besonderen *Befähigungen* einzelner nutzen, die als führend (an)erkannt werden. Für *Platon* ist diese Abhängigkeit der *Führer* von den *Geführten* eine erschreckende, ordnungsgefährdende Vorstellung, richtig ist vielmehr die total(itär)e Abhängigkeit der *Geführten* von ihren *Führern*.

Worin sind diese unterschiedlichen Sichtweisen begründet? Nach *Poppers* Analyse vertritt *Platon* eine *kollektivistische Auffassung,* die an dem – von ihm definierten – *Interesse des Ganzen,* des Staates, orientiert ist. Was dem Ganzen dient, ist legitim und läßt sich rechtfertigen, auch wenn es um Unfreiheit, „natürliche" Privilegien, öffentliche Lügen oder eine rassistische Politik geht; *Platon* legt damit die philosophischen Grundlagen für den modernen *Totalitarismus. Perikles* vertrat demgegenüber eine *individualistische Anschauung,* in der die *Freiheit* jedes einzelnen nur in der *Freiheit* der anderen ihre Schranke findet. Oder wie *Demokrit,* ein Zeitgenosse des *Perikles,* den *Individualismus* ausdrückt: „Die Tugend beruht zu allererst darauf, daß man den anderen respektiert... Jeder Mensch ist eine kleine Welt für sich selbst" (zitiert nach *Popper* 1957, S. 249). Individualismus im hier gemeinten Sinne stützt sich auf das normative Prinzip der Freiheit als Ziel und Grenze der Ethik, denn „Freiheit ist erst wirklich im praktischen Vollzug, in der handelnd realisierten Anerkennung von fremder Freiheit als Bedingung meiner Freiheit" (*Pieper* 1985, S. 105 und Kap. 5 passim). Individualismus im hier gemeinten Sinn ist also nicht mit Egoismus gleichzusetzen; gerade solidarisches Handeln liegt dem Individualismus als Hilfe zur Wiederherstellung fremder Freiheit viel näher als dem Kollektivismus, der meist als Gruppenegoismus unsolidarisch gegen Fremde und Abweichler mobilisiert wird.

Diese beiden Grundauffassungen – *Individualismus* vs. *Kollektivismus* – werden auch in der weiteren Philosophiegeschichte immer wieder vertreten, der *Individualismus* z. B. von *Kant* und der *Kollektivismus* von *Hegel,* aus dessen Philosophie die Legitimationsfiguren für Marxismus-Leninismus (*Demokratischer Zentralismus* u. ä.) und Faschismus *(Führerprinzip*[1]) entwickelt wurden. Wenn auch meist subtiler, so finden sich im Denken über Organisation und Führung ebenfalls individualistische und kollektivistische Tendenzen.

2. Annahmen über Organisation und Führung

Organisationen werden häufig als Gebilde bzw. Systeme zur Erreichung von Zielen konzeptualisiert, wobei eine *hohe Zielerreichung* leicht zum *dominierenden Wert* wird (s. *Etzoni* 1967; *Kieser/Kubicek* 1978; *Perrow* 1986). Welche *Interessen* sich vorrangig in diesen Zielen widerspiegeln oder wie freiwillig die Mitarbeiter ist, solche wichtigen Tatsachen- und Wertfragen werden dabei nachrangig oder übehaupt nicht behandelt (*Keeley* 1983). *Kollektivziele* erhalten Priorität vor *Individualzielen.* Führung wird dadurch legitimiert, daß sie zur Systemerhaltung und organisatorischen *Zielerreichung* als notwendig angesehen wird (→*Leitziele der Führung*). Die *Führer* bzw. die Führungshierarchie verkörpern sozusagen das Ganze, und mit den – von ihnen definierten – *Organisationszielen* werden dann auch fragwürdige Mittel gerechtfertigt; Kritik anhand ethischer Prinzipien bleibt demgegenüber äußerlich, wird als unrealistische „Gesinnungsethik" abgetan.

Eine *individualistische Perspektive* liegt dagegen den *Vertragsansätzen* zugrunde, in denen organisatorische Prozesse und Strukturen unter Bezugnahme auf Verhandlungen und Verträge erklärt werden (*Vanberg* 1982). Im Zentrum dieser Betrachtungsweise steht die Frage, welche Chancen bestehen, *individuelle Ziele* und *Interessen* in *korporative Strukturen* einzubringen und damit auch, wie die *Freiheit* der einen durch die *Macht* der anderen eingeschränkt wird. Notwendigkeit und Grenzen organisatorischer Führung leiten sich daraus ab, daß *Ressourcen* nicht im Sinne von individuell zu kalkulierender Leistung und Gegenleistung auf Märkten getauscht werden, sondern *zusammengelegt* und *kollektiv disponiert* werden. Daraus ergibt sich (1) ein *Entscheidungs- und Herrschaftsproblem:* Wer disponiert wie die Ressourcen und damit auch Personen? Und (2) ein *Verteilungs- und Anreizproblem:* Wie erfolgt die Verteilung des korporativen Ertrags und wie können dadurch die Beteiligten zum Einbringen ihrer Ressourcen gebracht werden? Damit müssen die zu formulierenden *Organisationsziele* sowie die dafür einzusetzenden Mittel an den Zielen der beteiligten und betroffenen Individuen gemessen und legitimiert werden; die *Individualziele bilden den kritischen Maßstab für die Kollektivziele*: Einschränkungen ihrer Entscheidungs- und Handlungsfreiheit, die sich die Individuen bei kollektiver Disposition gefallen lassen müssen, sind dann immer wieder neu daraufhin zu prüfen, (1) ob sie nicht verringert werden können bzw. ob die individuelle *Autonomie* erweitert werden kann, und (2) ob der potentiell größere Ertrag kollektiver Ressourcendisposition die jeweiligen individuellen Einschränkungen und die damit einhergehenden Belastungen aufwiegen kann.

III. Konsequenzen für die Führungsforschung

Diese Reflexion der philosophischen Grundlagen hat für die Definition von Führung, für die Theo-

---

[1] Das Wort „*Führer*" wird mit Blick auf die deutsche Vergangenheit hier nur im Zusammenhang mit der *kollektivistischen Auffassung* verwendet, im Rahmen individualistischen Denkens werden unbelastetere Begriffe wie Führende/r oder Führungskraft benutzt.

riebildung und für die Auswahl der Forschungsthemen Konsequenzen:

1. Führungsdefinitionen

In gängigen →*Führungsdefinitionen* und -operationalisierungen (*Steiner* 1972, S. 174; *Neuberger* 1984, S. 2) taucht am häufigsten das Merkmal ‚*Beeinflussung*' auf, die ‚*zielorientiert*' innerhalb einer ‚*Gruppe*' stattfindet. Dies ist freilich nicht sehr bestimmt, denn *Beeinflussung* findet bei allen Interaktionen statt, die meist auch irgendwie zielorientiert sind und sich oft in Gruppen abspielen. Solche Definitionen bieten wenig Orientierung, wenn man nicht als Vorverständnis voraussetzt, daß es um die *Oganisationsziele* geht, die durch geeignete Beeinflussung durchgesetzt und gesichert werden sollen. Damit wird jedoch der *Vorrang kollektiver Ziele*, wie wir ihn schon bei *Platon* finden, definitorisch vorbereitet.

Aus einer *individualistischen, vertragstheoretischen Perspektive* sieht das praktische Problem, das durch Führung bewältigt werden soll, etwas anders aus: Wenn mehrere Personen gemeinsam an der Erstellung eines Produktes beteiligt sind, dann wird *Koordination* nötig, besonders dann, wenn – wie so oft in Organisationen – nicht gleiche Ziele vorliegen. *Führungsaktivitäten* wären dann definitorisch alle Aktivitäten, die der *Koordination von Zielen und Mitteln in Gruppen und Organisationsformen dienen*. Das Forschungsinteresse wird dadurch präziser auf die Vielfalt von Koordinationsformen, von autoritärem Befehl und Gehorsam bis zu wechselseitiger Selbstabstimmung, auf die Minimierung des Herrschaftsproblems und auf die Verteilungskonsequenzen für alle Betroffenen gelenkt.

2. Theoriebildung

Die verschiedenen Ansätze zur Theoriebildung in der Führungsforschung waren zunächst stark von *kollektivistischen Grundannahmen* gekennzeichnet, haben sich aber zunehmend in Richtung auf ein *individualistisches Verständnis* entwickelt. So verweist die Konzentration auf die Person des *Führers* in vielen Führungstheorien gerade nicht auf die beteiligten und betroffenen Individuen, sondern auf das *Kollektivziel Systemerfolg*, denn man fragte nur, wie *erfolgreiche* Führer beschaffen sein müssen. Aber auch die Geführten werden oft *rein instrumentell* in bezug auf die Organisationsziele betrachtet: Wie lassen sie sich entsprechend motivieren (vgl. z. B. →*Führungstheorien – Weg-Ziel-Theorie*) oder wie läßt sich ihr Verhalten entsprechend beeinflussen?

Demgegenüber sind theoretische Ansätze angemessener, die alle Personen, Führende wie *Geführte*, als *eigenständig handelnde, interagierende Individuen* konzipieren (→*Führungstheorien – Austauschtheorie;* – *Idiosynkrasiekreditmodell;* →*Partizipation und Führung/1. A.*). Dies ist nicht nur philosophisch angemessener, weil es der *individualistisch-vertragstheoretischen Perspektive* entspricht, sondern auch empirisch, weil die relevanten Faktoren des Führungsgeschehens breiter erfaßt werden. Auch die Möglichkeit verteilter *Koordinations-* bzw. Führungsaktivitäten (→*Führung von unten;* →*Selbststeuerungskonzepte*) bietet sich als Alternative an, mit der die *Herrschaftsproblematik* entschärft werden kann, weil niemand nur Untergebener ist.

3. Auswahl der Forschungsthemen

In der Praxis der *Führungsforschung* spielen kollektivistische oder individualistische Grundannahmen eine bedeutende Rolle, weil sie bestimmte *Wertungen* implizieren, die sich in der Wahl der Forschungsthemen bzw. der abhängigen Variablen widerspiegeln: Bei *kollektivistischer Orientierung* sind vor allem Effizienzmaße (→*Effizienz der Führung*) interessant, weil es um die Organisation geht, sowie *Zufriedenheits*maße, die oft weniger ein Interesse am einzelnen widerspiegeln, sondern mehr der Besorgnis um eine Gefährdung des Systems entspringen. Leider begnügt sich ein großer Teil der Führungsforschung mit diesen beiden Variablen.

Eine *individualistische Orientierung* ist demgegenüber an allen Konsequenzen für Beteiligte und Betroffene interessiert, und zwar um so mehr, je gravierender sie für diese sind. Neben *Effizienz* und *Zufriedenheit* werden dann folgende Kriterien ebenso relevant: *Handlungs*spielräume, *Identitäts*änderungen, psycho-soziale *Belastungen*, Lern- und *Qualifikation*smöglichkeiten, Auswirkungen auf die Familie und auf andere Personen (z. B. Kunden); relevant sind natürlich auch Kollektivmerkmale wie Abbau oder Festigung sozialer *Ungleichheit*, politische Sozialisation, Umweltbelastung u. ä., weil sie Konsequenzen für Individuen haben. (Individualismus im hier gemeinten Sinn hat also nichts mit *Reduktionismus* zu tun!)

IV. Konsequenzen für die Führungspraxis

Auch das Verhalten von Führungskräften in der Praxis wird von unausgesprochenen oder unbewußten Grundannahmen und Sinnvorstellungen geprägt; daher wirken sich individualistische oder kollektivistische Tendenzen auch hier aus und liegen mancher scheinbaren Selbstverständlichkeit zugrunde. Einige Aspekte sollen kurz zur Diskussion gestellt werden.

1. Zur Grundbedeutung von Führung

Führer im *kollektivistischen Sinn* suchen eine möglichst *dauerhafte, unangreifbare Legitimation*. Früher galt Führung als gottgegeben, heute wird sie oft als naturgegeben gesehen, aber in jedem Fall verkörpert sie das jeweilige Ganze, und damit wird jeder Führer inhärent mehr wert als alle Untergebenen. In Organisationen, die *Hierarchie* und *Status* durch vielerlei materielle und symbolische *Gratifikationen* besonders betonen, wird dies unausgesprochen, aber deutlich vermittelt. *Führern* wird überlegenes *Wissen* zugeschrieben (wie den Philosophen-Königen durch *Platon*); den Untergebenen wird es abgesprochen, so daß sie kein Recht haben, die Weisheit der *Führer* zu bezweifeln, und deshalb ihren Weisungen einfach zu folgen haben – dies ist der Kern *autoritärer Führung*.

Führung im *individualistischen Sinn* versteht sich als *Dienst an der Gemeinschaft*, weiß um den Vertrauensvorschuß, der Vortrefflichkeit im Sinne des *Perikles* unterstellt und immer neu – samt der damit verbundenen Anerkennung – zu erarbeiten ist. Ob und vor allem zu welchen Aspekten Führende besseres *Wissen* haben, muß sich immer neu in Diskussionen und an den Ergebnissen erweisen. Neben Sachwissen und Erfahrung zeichnen sie sich vor allem durch ihre *Fähigkeit* zur *Moderation* aus, indem sie die *Interessen* und das *Wissen* der Betroffenen ernst nehmen, in die Entscheidungen einbeziehen und so ihre *Koordinationsaufgabe* bestmöglich erfüllen.

2. Wer ist auserwählt?

Führer im *kollektivistischen Sinne* werden immer von oben ausgewählt, mit „höheren Weihen" ausgestattet und den anderen „vorgesetzt".

Führung im *individualistischen Sinn* ist dagegen eine *Aufgabe für jedermann und jede Frau*, tendenziell unabhängig von hierarchischen Positionen, weil potentiell alle die Notwendigkeit einer Führungs- bzw. Koordinierungsaktivität erkennen, d. h., die Initiative ergreifen können und/oder gute inhaltliche Vorschläge haben können. Daher wird *informelle Führung* gefördert, und die Akzeptanz formeller und informeller Führungskativitäten durch die Beteiligten ist eine wichtige, immer neu zu suchende *Legitimation*squelle. Da sich nicht alle um alles kümmern und über alles gut informiert sein können (und wollen), wird *Arbeitsteilung* und *organisatorische Strukturierung* bejaht; gleichzeitig versucht man den Umstand zu nutzen, daß das *Wissens*- und *Fähigkeit*spotential in der Organisation viel größer ist als das der formellen Führungskräfte. Führende zeichnen sich als *Koordinatoren* dadurch aus, daß sie das große Potential von Untergebenen, Kollegen/innen, Vorgesetzten und Externen zum allseitigen Vorteil zu mobilisieren, zu koordinieren und zu erweitern wissen.

3. Die Funktion von Hierarchien

Im *kollektivistischen Verständnis* soll die organisatorische Hierarchie in ihrer *Pyramidenform* die Übermacht und Unerschütterlichkeit der Führungsspitze symbolisieren. Diese Ordnung ist entgegen allen Beteuerungen stets wichtiger als die *Effektivität*, wie viele erfolgreiche und trotzdem abgebrochene Versuche mit *selbststeuernden Gruppen* (→*Selbststeuernde Gruppen, Führung in*) zeigen.

Mit wachsender *Komplexität* innerhalb und außerhalb der Organisation reicht die hierarchische *Koordination* jedoch immer weniger aus; Führungskräfte verwenden mehr als die Hälfte ihrer Koordinations- bzw. Führungstätigkeit auf laterale, diagonale und externe Kontakte und Abstimmungen, wo sie keine Weisungsbefugnis haben. Im *individualistischen Verständnis* ist die *Weisungsbefugnis* ein letztes Mittel, ein Notbehelf, wenn anders keine *Koordination* mehr zu erreichen ist. Dementsprechend wird *Hierarchie* wenig betont, anstelle der Pyramide ist *multilaterale Vernetzung* ein geeigneteres Sinnbild.

4. Ethische Maßstäbe für Führungsaktivitäten

Kollektivistisches Denken rechtfertigt sich immer mit dem „*Wohl des Ganzen*", das freilich von den Führern definiert wird, so daß es noch etwas anderes ist als das *Wohl aller* (*Rousseau* lieferte mit seiner Unterscheidung von „volonté générale" und „volonté de tous" eine hierzu passende Argumentionsfigur). Wird das *Wohl des Ganzen* dem Wohl vieler einzelner entgegengestellt, dann bleibt das Wohl der einzelnen meist auf der Strecke, sofern es nicht mit den Interessen der Führer übereinstimmt. Da diese das Interpretationsmonopol haben, schaffen sie es meist recht gut, das *Wohl des Ganzen* so zu definieren, daß ihre eigenen *Interessen* dabei vorrangig berücksichtigt werden. Daß man zum *Wohl des Ganzen Opfer* bringen müsse, diese Botschaft richtet sich immer an *Untergebene*. Unabhängig davon, ob diese sich mit solchen schiefen Argumenten einbinden lassen oder nicht, die *Opfer* werden ihnen abverlangt, und die *Führer* fühlen sich dabei moralisch voll gerechtfertigt.

In der *individualistischen Tradition* gilt dagegen – implizit oder explizit – *Demokrits* eingangs zitierter Grundsatz oder *Kants* Maxime: „Handle so, daß du die Menschheit, sowohl in deiner Person als in der Person eines jeden anderen, jederzeit zugleich als Zweck, niemals bloß als Mittel brauchest" (*Kant* 1960, Bd. 6, S. 61). Die Führungs- bzw. *Koordinationsaufgabe* besteht also darin, *Opfer* überhaupt zu vermeiden oder, wenn dies doch nicht gelingt, sie durch *gerechte Verteilung*, die die Bessergestellten mehr belastet als die Schlechtergestellten, in ihren Auswirkungen für jeden einzelnen zu minimieren (s. a. *Rawls* 1975). Diese Aufgabe wird durch die differenzierende Berücksichtigung aller individuellen Interessen natürlich schwerer lösbar als durch die bloße Berufung auf das (kollektivistische) Wohl des Ganzen, aber es wird dadurch wesentlich mehr für das Wohl aller erreicht.

V. Ausblick

In Absetzung von kollektivistischen Strömungen bietet die *individualistisch-vertragstheoretische Tradition* eine Sinnorientierung, die die *Würde des einzelnen Menschen* ins Zentrum stellt, ohne sozialstrukturelle Aspekte zu vernachlässigen. Die Definition von Führung als koordinierende Aktivität könnte darüber hinaus dafür nützlich sein, den Begriff der Führung zu entmythologisieren (was Führende oft nicht wollen, obwohl es ihnen gut täte).

Sicher können aus der Philosophie noch weitere Anregungen gewonnen werden, z. B. aus der Diskussion über Grundprinzipien der *Gerechtigkeit* (s. *Rawls* 1975; *Walzer* 1992), mit denen sich die *ethische Diskussion* vertiefen läßt. Dazu müßte freilich die Beschäftigung mit philosophischen Grundfragen der Führung in der Wissenschaft zuerst einmal intensiver betrieben werden.

Literatur

Etzioni, A.: Soziologie der Organisationen. München 1967.
Israel, J.: Stipulations and Construction in the Social Sciences. In: *Israel, J./Tajfel, H.* (Hrsg.): The Context of Social Psychology. London/New York 1972, S. 123–211.
Kant, Immanuel: Werke in zehn Bänden, hrsg. v. W. Weischedel. Darmstadt 1960.
Keeley, M.: Values in Organizational Theory and Management Education. In: ARM, 1983, S. 376–386.
Kieser, A./Kubicek, H.: Organisationstheorien I/II, 2 Bde., Stuttgart 1978.
Neuberger, O.: Führung, Ideologie, Struktur, Verhalten. Stuttgart 1984.
Perrow, C.: Complex Organizations – A Critical Essay. 3. A., New York et al. 1986.
Pieper, A.: Ethik und Moral. Eine Einführung in die praktische Philosophie. München 1985.
Popper, K. R.: Die offene Gesellschaft und ihre Feinde. 2 Bde., Bern 1957/1958.
Rawls, J.: Eine Theorie der Gerechtigkeit. Frankfurt/M. 1975.
Steiner, I.D.: Group Process and Productivity. New York/London 1972.
Vanberg, V.: Markt und Organisation. Tübingen 1982.
Walzer, M.: Sphären der Gerechtigkeit. Ein Plädoyer für Pluralität und Gleichheit. Frankfurt/M. 1992.

Physische Belastung von Führungskräften

Peter Bärenz

[s. a.: Psychische Belastung von Führungskräften.]

I. Die Begriffe Belastung und Beanspruchung; II. Das Grenzwertkonzept; III. Mehrfachbelastung; IV. Der Gesundheitsbegriff.

I. Die Begriffe Belastung und Beanspruchung

Die Begriffe *Belastung* und *Beanspruchung* haben erst in den vierziger Jahren Eingang in die Arbeitswissenschaft gefunden (*Schönpflug* 1987). Der Begriff wird zum ersten Mal von Bornemann in seinen klassischen Untersuchungen zur geistigen Beanspruchung empirisch zugänglich gemacht (*Bornemann* 1959). Bis in die siebziger Jahre werden die Begriffe uneinheitlich verwendet. *Rohmert* (1984) hat die Unterschiede beider Begriffe herausgearbeitet. Unter Belastung werden alle von außen auf den Menschen einwirkenden Faktoren verstanden. Mit Beanspruchung wird die Auswirkung dieser äußeren Einflüsse im Menschen umschrieben. Die beiden Begriffe finden sich inzwischen auch in den deutschen Industrienormen wieder. Die DIN 33.400 zw. 33.405 definieren die Begriffe „Arbeitsbelastung", „psychische Belastung", „Arbeitsbeanspruchung" und „psychische Beanspruchung". Der Belastungs-/Beanspruchungs-Ansatz ist eng verwandt mit dem Streßkonzept (→*Psychische Belastung von Führungskräften*). Einige Autoren glauben, nicht zwischen den Begriffen Belastung/Beanspruchung einerseits und Stressor/Streß andererseits unterscheiden zu können (*Antoni/Bungard* 1987), andere dringen auf eine Differenzierung (*Greif* 1991).

Physische und psychische Belastungen sind nicht unabhängig voneinander zu sehen. Das Handeln unter physischer Belastung kann zu psychischer Beanspruchung führen. Nach den handlungstheoretischen Streßmodellen (*Schönpflug* 1983) können die der Handlungsausführung vorausgehenden Phasen der Modellbildung, Zielbildung und Strategiebildung wesentliche Ursachen psychischer Beanspruchung darstellen. Körperliche Belastung kann möglicherweise zu einer Handlungseinschränkung führen, die mit Müdigkeitsgefühlen, Konzentrationsminderung und Antriebsminderung einhergeht. Als physische Belastung werden hier Einwirkungen verstanden, die aus der physikalischen, biologischen und chemischen Umwelt auf den Menschen einwirken. Bei der Beurteilung von physischen Belastungen ist vor allem das Grenzwertkonzept und der Begriff *Mehrfachbelastungen* zu diskutieren.

II. Das Grenzwertkonzept

Die Grenzbelastung für physische Einwirkungen am Arbeitsplatz ist durch zahlreiche Vorschriften reglementiert. Für Stoffe der Atemluft sind sogenannte Luftgrenzwerte festgelegt (*Gefahrstoffe,* 1993): Maximale Arbeitsplatzkonzentrationen *(MAK),* Technische Richtkonzentrationen *(TRK)* und vorläufige Arbeitsplatzrichtwerte *(ARW).* Sie werden in Deutschland vom Ausschuß für Gefahrstoffe, oder supranational von der Europäischen Gemeinschaft festgelegt.

Das Grenzwertkonzept für Luftinhaltsstoffe birgt mehrere arbeitsmedizinische Probleme. Der MAK-Wert bezieht sich auf eine mittlere Belastung, bezogen auf eine achtstündige Arbeitsschicht. Konzentrationsspitzen werden durch sogenannte Kurzzeitwerte reglementiert, die jeweils ein Mehrfaches des MAK-Wertes ausmachen. Es ist zu beachten, daß nicht für alle Stoffe, die am Arbeitsplatz Verwendung finden, ein MAK-Wert angegeben werden kann, und nicht für alle Stoffe ausreichende toxikologische, arbeitsmedizinische und arbeitshygienische Erfahrungen vorliegen. Die Dosis-Wirkungs-Beziehung ist für viele Stoffe noch nicht geklärt. Schließlich berücksichtigt dieses Grenzwertkonzept nicht die individuellen Dispositionen des Menschen. Gesundheitliche Vorschädigungen werden nicht ausreichend berücksichtigt.

Unter Technischer Richtkonzentration *(TRK)* versteht man diejenige Konzentration eines Stoffes, die nach dem Stand der Technik erreicht werden kann. Die Problematik dieser Werte liegt darin, daß bei Einhaltung der Werte eine gesundheitliche Beeinträchtigung nicht ausgeschlossen werden kann und daß sich die festgelegten Grenzwerte am technisch Machbaren und nicht an dem tatsächlichen Gesundheitsrisiko orientieren. Für Stoffgemische wird ein pragmatischer Summengrenzwert angegeben. Die wechselseitige Wirkung von stofflichen Einwirkungen ist aber weitgehend unerforscht. Eine generelle Vorhersage der Wirkung solcher Gemische läßt sich nicht treffen, insofern sind Summengrenzwerte kritisch zu sehen.

Biologische Arbeitsplatztoleranzwerte *(BAT)* werden für Stoffe angegeben, die über die Lunge und/oder die Körperoberfläche eindringen können, und dort bei biologischen Parametern Abweichungen hervorrufen. Kritisch ist anzumerken, daß die biologische Wirkung von Arbeitsstoffen individuell sehr verschieden ist und von genetischen und konstitutionellen Faktoren, aber auch vom Stoffwechsel- und Ausscheidungsverhalten sowie von der Schwere der Arbeit (Atemminutenvolumen) abhängt.

Das Grenzwertproblem betrifft auch die Beurteilung der Belastung durch körperliche Arbeit. Die klassischen Parameter, wie Grundumsatz oder Pulsfrequenz, die man zur Beurteilung der Belastung heranzieht, schwanken inter- und intraindividuell sehr stark. Zur Erhöhung der Validität einer solchen Beurteilung zieht man meist mehrere Parameter heran. *Stork* (1993) verwendet einen Blutdruck-Herzfrequenzquotienten, der Schlaf- und Belastungswerte in Beziehung setzt. Für mikrobiologische Einflüsse gibt es keine Grenzwerte, da sie für dynamische biologische Systeme schwer abschätzbar sind.

III. Mehrfachbelastung

Das Arbeitssystem ist determiniert durch die Elemente: Arbeitsaufgabe, Mensch, Arbeitsmittel, Arbeitsablauf und Arbeitsumgebung (DIN 33 400). Aus dieser Definition ergibt sich, daß an allen Arbeitsplätzen mit Mehrfachbelastungen zu rechnen ist; dies gilt in besonderem Maße für Führungskräfte. Bei Belastungsanalysen ist es sinvnoll, zwischen der Belastungsart, der Belastungsintensität, der Zeitdauer und der Verlaufsform einer Belastung zu unterscheiden (*Greif* 1983). Von Mehrfachbelastung wird gesprochen, wenn an einem Arbeitsplatz mehrere Belastungsfaktoren oder -arten gleichzeitig und dauerhaft auf die Leistungsvoraussetzungen einer Person einwirken (*Dunckel* 1991).

Das „*Sick-Building-Syndrome*" ist ein typisches Beispiel für Mehrfachbelastung. Es beschreibt meist unspezifische Gesundheitsbeeinträchtigungen, wie Kopfschmerzen, Unwohlsein, trockene Augen oder trockene Zunge, Reizungen der Schleimhäute, vorzeitige Ermüdung oder Kreislaufprobleme, die auf eine Vielzahl von äußeren Einwirkungen in Bürogebäuden zurückgeführt werden. Als Belastungsfaktoren weden diskutiert: Die Art der Klimatisierung (Klimaanlagen, Luftwaschanlagen, natürliche Klimatisierung), chemische und mikrobiologische Luftinhaltsstoffe, Duftstoffe, Ionisierung, Beleuchtung und psychologische Einflüsse. Psychologische Faktoren haben insofern einen Einfluß, als die individuelle Bewertung, quasi die persönliche „Theorie" bzw. das „Plausible Modell" (*Kanfer* 1991) des Zusammenwirkens von Belastungen, die sich aus der Beurteilung der Mikroumwelt ergibt, mit Beanspruchung korreliert. Es wurden vielfach Versuche gemacht, das subjektive Empfinden von äußeren Faktoren zu quantifizieren. Olesen und Fanger schlagen zur Beurteilung des Raumklimas einen PPD-Index (Predicted Percentage of Dissatisfied) vor, der sechs physikalische Größen einschließt, die das Klimaempfinden beeinflussen. Basis ist die Beurteilung der „Behaglichkeit" eines Raumklimas durch eine größere Stichprobe von Personen (*Olesen/Fanger*

1990). Ähnliche Überlegungen werden auch für Geruchsbelastungen angestellt (*Fanger* 1988).

Auch der individuellen Kontrolle über Umgebungsbedingungen werden im Hinblick auf eine mögliche Beanspruchung Bedeutung beigemessen. Kontrollierbare Umgebungsbedingungen (mögliche Fensterlüftung, individuelle Arbeitsplatzleuchte) sind aus dem Blickwinkel des Wohlbefindens sehr oft der ausgereiften Technik von „intelligent buildings" (*Çakir* 1993) vorzuziehen.

Der besondere Handlungsspielraum von Führungskräften wirkt sich im Hinblick auf die Kontrolle von physischen Belastungen nur dann positiv aus, wenn er auch wahrgenommen wird. Wirtschaftliche Interessen des Betriebes beschränken oft die Handlungsmöglichkeiten.

Nicht nur Kontrolle, sondern auch die subjektive Bewertung von Belastungen ist zu beachten. Das Geräusch eines Lüfters, eines ansonsten geräuschlosen Computers wird lästiger bewertet als das viel lautere Geräusch einer Tastatur. *Çakir* (1993) vermutet, daß die Geräuscheinschätzung vom subjektiven „Nutzen" der Geräuschquelle abhängt.

IV. Der Gesundheitsbegriff

Die klassischen arbeitsmedizinischen Konzepte verstehen unter *Gesundheit* mehr oder weniger die Verhinderung einer Berufskrankheit, wobei nach deutschem Recht der Begriff „Berufskrankheit", definiert durch die Reichsversicherungsordnung, sehr eng gefaßt ist. Er ist nicht zu verwechseln mit „berufsbedingte Erkrankung" oder gar mit „Gesundheit am Arbeitsplatz" (*Schulte/Bieneck* 1990).

Der Gesundheitsbegriff hat sich gerade in den letzten Jahren sehr stark gewandelt. Unter Gesundheit wird weit mehr als die Verhinderung einer Krankheit verstanden. Die WHO definiert Gesundheit als umfassendes körperliches, seelisches und soziales Wohlbefinden (*Ottawa-Charta* 1986).

Was die Gesundheit am Arbeitsplatz anbetrifft, wird in Zukunft europäisch gedacht werden müssen. In der Richtlinie *83/391/EWG*, die in das jeweilige nationale Recht umgesetzt werden muß, wird von „Sicherheit und Gesundheitsschutz" gesprochen. Gesundheit im Sinne dieser Richtlinie ist mehr als die Verhütung von „Unfällen" oder „Berufskrankheiten". Dies wird in Artikel 6 „Allgemeine Pflichten des Arbeitgebers" deutlich, wo es heißt: „Planung der Gefahrenverhütung mit dem Ziel einer kohärenten Verknüpfung von Technik, Arbeitsorganisation, Arbeitsbedingungen, soziale Beziehungen und Einfluß der Umwelt auf den Arbeitsplatz" (a. a.O.).

Im Anhang 1 der *Richtlinie 89/392/EWG* wird sogar gefordert, daß psychischen Beanspruchungen bei der Gestaltung von Maschinen Rechnung getragen werden muß. Die Berücksichtigung von „psychischen Belastungen" im EG-Recht zielt offenbar auf einen umfassenden, vorbeugenden Gesundheitsschutz ab (*Schulte/Bieneck* 1990).

Präventive Ansätze haben zum Ziel, physische Belastungen so weit abzubauen, daß das Krankheitsrisiko eingeschränkt wird, oder die individuellen Ressourcen so zu fördern, daß die Gesundheit am Arbeitsplatz verbessert wird. Es lassen sich individuumzentrierte von umweltorientierten und systemischen Präventionsansätzen unterscheiden. Individuumorientierte Ansätze beziehen sich auf Einzelpersonen. Typisch hierfür sind Gesundheitsförderungsprogramme für Beschäftigte. Erfolgversprechend erscheinen in diesem Zusammenhang besonders Programme auf der Grundlage des Selbstmanagements (*Kanfer* 1991). Umweltorientierte Ansätze zielen auf eine Gestaltung der Arbeitsplätze ab. Interaktionistische, systemorientierte bzw. passungstheoretische Ansätze (*Becker* 1990) versuchen die beiden erstgenannten Ansätze zu vereinigen (*Schulte/Bieneck* 1990. *Arbeitssicherheitsgesetz...* 1992).

Literatur

Antoni, C./Bungard, W.: Beanspruchung und Belastung. In: *Roth, E.*: Enzyklopädie der Psychologie, Band 1. Göttingen 1989.
Arbeitssicherheitsgesetz. Betriebsärztliche Betreuung von Kleinbetrieben. In: Bundesarbeitsblatt, 1992, 7–8, S. 66–69.
Bornemann, E.: Untersuchungen über den Grad der geistigen Beanspruchung. Meisenheim/Glan 1959.
Çakir, A.: Das Sick-Building-Syndrome. In: Verwaltungs-Berufsgenossenschaft (Hrsg.): Sicherheitsreport 1993, Heft 2, S. 4–13.
Dunckel, H.: Mehrfachbelastung und psychosoziale Gesundheit. In: *Greif, S.*: Psychischer Streß am Arbeitsplatz. Göttingen 1991, S. 154–167.
Fanger, P. O. et al.: Air turbulence and sensation of draught. In: Energy and Buildings 1988, S. 21–39.
o.V.: Gefahrstoffe 1993. (hrsg. v. Universum Verlagsanstalt) Wiesbaden 1993.
Greif, S.: Streß und Gesundheit. In: Z. f. Sozialisationsforschung und Erziehungspsychologie, 1983, Bd. 3, S. 41–58.
Greif, S.: Streß in der Arbeit. In: *Greif, S.*: Psychischer Streß am Arbeitsplatz. Göttingen 1991, S. 1–28.
Kanfer, F. H. et al.: Selbstmanagement – Therapie. Berlin 1991.
Nitsch, J. R. (Hrsg.): Streß. Bern 1981.
Olesen, B. W./Fanger, P. P.: Behaglichkeitsklima. In: *Bundesanstalt für Arbeitsschutz* (Hrsg.): Klima am Arbeitsplatz. Dortmund 1990, S. 201–223.
Richtlinie 89/391/EWG des Rates vom 12. 6. 1989 über die Durchführung von Maßnahmen zur Verbesserung der Sicherheit und des Gesundheitsschutzes der Arbeitnehmer bei der Arbeit. In: Amtsblatt der Europäischen Gemeinschaften, Nr. L 183/1.
Richtlinie 89/392/EWG des Rates vom 14. 6. 1989 zur Angleichung der Rechtsvorschriften der Mitgliedstaaten für Maschinen. In: Amtsblatt der Europäischen Gemeinschaften, Nr. 183/9.

Rohmert, W.: Das Belastungs-Beanspruchungskonzept. In: Z. f. Arb. wiss. 1984, Nr. 4, S. 193–200.
Schönpflug, W.: Coping efficiency and situational demands. In: *Hockey, R.* (Hrsg.): Stress and fatigue in human performance. Chichester 1983, S. 299–330.
Schönpflug, W.: Beanspruchung und Belastung bei der Arbeit – Konzepte und Theorien. In: *Kleinbeck, U./Rutenfranz, J.* (Hrsg.): Enzyklopädie der Psychologie, Band 1. Göttingen 1987, S. 130–184.
Schulte, A./Bieneck, H.-J.: Baustein für ein soziales Europa. In: Bundesarbeitsbl. 1990, Nr. 3, S. 12–17.
Stork, J. et al.: Verschiedene Reaktionsmuster von Blutdruck und Herzfrequenz bei körperlicher und psychomentaler Belastung. In: Z. Arb. wiss. 1993, Bd. 1, S. 11–15.
Ottawa-Charta zur Gesundheitsförderung (= 1. internationale Konferenz zur Gesundheitsförderung am 21. 11. 1986 in Ottawa).

Produktionsbereich, Führung im

Horst Wildemann

[s. a.: Entgeltsysteme als Motivationsinstrument; Qualitätsmanagement als Führungsaufgabe.]

I. Einleitung; II. Einflußfaktoren der Führung im Produktionsbereich; III. Führungsmaßnahmen im Produktionsbereich; IV. Aspekte des Führungsstils in der Produktion.

I. Einleitung

Ziel eines Unternehmens ist es, Produkte oder Dienstleistungen erfolgreich am Markt abzusetzen. Dabei gilt es, den Innovations- und Wertschöpfungsprozeß sowie die notwendigen Planungs-, Koordinierungs- und Kontrollaufgaben mit dem Ziel einer marktorientierten Gesamtoptimierung der Aktivitäten zu organisieren und zu führen. Vor dem Hintergrund einer zunehmenden Dynamik im Wettbewerbsumfeld genügt es nicht mehr, die Dilemmata zwischen Produktivität und Flexibilität, Produktivität und Zeit sowie Produktivität und Qualität einseitig nach einem der Parameter aufzulösen und Organisations- und Führungsmaßnahmen danach auszurichten. Vielmehr ist zu beobachten, daß nur der Betreiber einer Fabrik Wettbewerbsvorteile erzielen kann, der die Ziele schneller und besser als der Mitwettbewerber erreicht und entsprechend der Bedarfslage und den Kundenwünschen ausrichtet (*Wildemann* 1994). Dabei sind Organisations- und Führungsmaßnahmen so zu gestalten, daß eine auf die Produkt-, Zeit- und Kundenperspektive ausgerichtete Fabrik entsteht, die Anpassungsfähigkeit und -geschwindigkeit zu einem inhärenten Organisationsmerkmal werden läßt und Wege zur Mobilisierung und Motivation der Mitarbeiter aufzeigt, um über veränderte Strukturen in Verbindung mit einer Verhaltensänderung die Realisierung von Effizienzsteigerungspotentialen und letztlich ein Lernen der Organisation als Ganzes ermöglicht (*Wildemann* 1993a). Hierbei stellt sich für die Führung in der Produktion die Aufgabe, die sach- und mitarbeiterorientierten Ziele der Produktion unter Berücksichtigung der Einflußvariablen der Unternehmung in Einklang zu bringen (vgl. Abb. 1).

Als interne Einflußvariablen sind die Situations- und Strukturmerkmale der Unternehmung wie die Betriebsgröße, die Produkt- und Produktionsstruktur und die Art der Arbeitsverteilung zu berücksichtigen. Neben diesen Einflußfaktoren sind Entwicklungen und Einflüsse aus dem Unternehmensumfeld, wie gesetzliche Regelungen und Wertvorstellungen der Mitarbeiter, zu beachten. Dabei geht es nicht nur um eine Anpassung an veränderte Rahmenbedingungen, sondern um die aktive Gestaltung eines personalpolitischen Gesamtkonzeptes (*Wollert/Bihl* 1983). Führung im Produktionsbereich beinhaltet somit die Art und Weise, wie der betriebliche Vorgesetzte auf seine Mitarbeiter Einfluß nimmt, die Gestaltung und Verteilung von Aufgaben, Verantwortung und Kompetenz sowie die Partizipation der Mitarbeiter am Informations- und Entscheidungsprozeß.

II. Einflußfaktoren der Führung im Produktionsbereich

Damit die Einflußgrößen Erklärungen und Prognosen der Wirkungszusammenhänge zwischen Führungsmaßnahmen und Zielerreichung erlauben, müssen diese erfaßt und systematisiert werden. Schwierigkeiten ergeben sich, weil Führungsmaßnahmen eine Vielzahl von heterogenen Wirkungen auslösen und nicht angenommen werden kann, daß bei unterschiedlichen Mitarbeitern dieselben Reaktionen auftreten. Deshalb ist es kaum möglich, die Wirkung aller Einflußgrößen isoliert zu erfassen. Hinzu kommt, daß die Wirkungen im Zeitablauf nicht konstant bleiben. Tendenziell ist die Spanne der Beeinflussung der Ziele und Führungsmaßnahmen dort am größten, wo die Situations- und Strukturmerkmale stark differenziert sind, häufig wechseln und miteinander verflochten sind. Daraus folgt eine Unüberschaubarkeit der Planungs- und Steuerungsprozesse sowie eine große Varianz im Produktionsablauf, die eine Vielzahl von Eingriffen durch Führungskräfte erforderlich machen (*Ellinger/Wildemann* 1985).

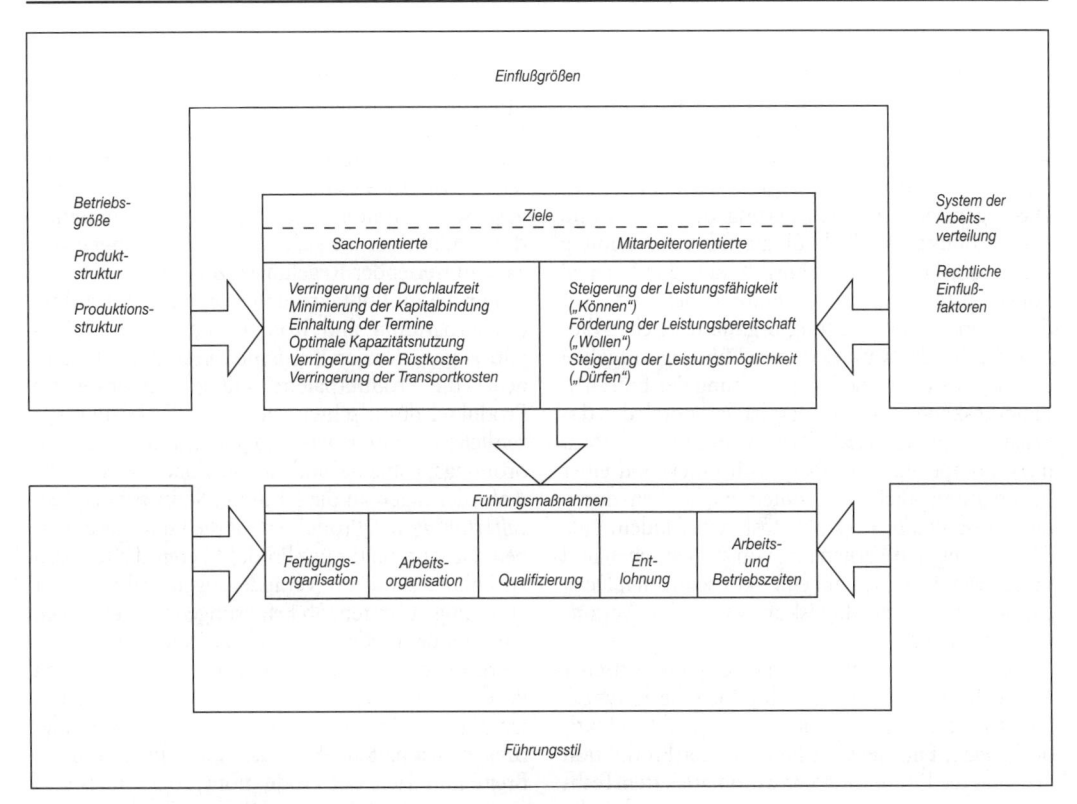

Abb. 1: *Wirkzusammenhang von Führungsmaßnahmen im Produktionsbereich*

1. Betriebsgröße

Die Betriebsgröße determiniert die Zahl der Zuordnungsprozesse und die Menge der Störgrößen, woraus sich wiederum Auswirkungen auf den Spezialisierungsgrad der einzelnen Stellen in der Produktion und auf den erforderlichen Koordinierungsaufwand ergeben. Dieser Sachverhalt und mangelnde Transparenz bei steigenden Betriebsgrößen führen zu einer höheren Formalisierung der Abläufe, zu einer größeren Zahl genereller Regelungen und höheren Anforderungen an die Führungskräfte. Auch hat die sich aus der Betriebsgröße ergebende räumliche Ausdehnung und Anordnung der Systeme Konsequenzen für die Führung. Kurze Informationswege, die Möglichkeit zur Situationsbeurteilung und sofortigen Reaktion bei Störungen sowie psychologische Aspekte wie gleicher Informationsstand bei den betrieblichen Entscheidungsträgern sind zu berücksichtigen.

2. Produkt- und Produktionsstruktur

Umfang und Inhalt der erforderlichen Führungsaufgaben hängen wesentlich von den Merkmalen der Produktions- und Produktstruktur ab. Bei der Produktionsstruktur sind dies insbesondere der Organisationstyp der Fertigung und der Automatisierungsgrad. Die Bedeutung der Produktmerkmale als Einflußfaktor auf die Führung kommt in den Größen Auftragstyp, Fertigungstyp, Produktionsprogramm, Komplexität des Produktes und Qualitätsanforderungen zum Ausdruck.

a) Produktionsstruktur

Der Produktionsablauf bei *Werkstattfertigung* erfordert – aufgrund der geringen Konstanz – eine Vielzahl von Eingriffen der Führungskräfte und der Mitarbeiter. Diese können sich sowohl auf die personellen Einsatzfaktoren (z. B. Personalumsetzung) als auch auf die technischen Einsatzfaktoren (Kapazitätsabstimmung, Verfahrenswahl, Lösung des Transportproblems) beziehen. Bei der *Fließfertigung* werden die erforderlichen Anpassungsmaßnahmen von Produktionsbeginn abgeschlossen. Bei laufender Produktion sind weniger Zuordnungsentscheidungen zu fällen als in einem Betrieb mit Werkstattfertigung. Die verbliebenen Führungsentscheidungen beziehen sich auf den zweckmäßigen Einsatz von Inputfaktoren sowie auf das Reagieren bei Störungen. Im Gegensatz zu dem der Werkstattfertigung zugrundeliegenden Organisationsprinzip der Verrichtungsorientierung basiert die Fertigungssegmentierung auf dem Prinzip der Objektorientierung. Unter Fertigungssegmenten werden produktorientierte Einheiten verstanden, die durch eine spezifische Wettbewerbsstrategie, die Integration mehrerer Stufen der logistischen Kette, der Integration indirekter Funktionen sowie einem hohen Grad an Kosten- bzw. Ergebnisverantwortung gekennzeichnet sind (vgl. *Wildemann* 1994). Die organisatorische Gliederung der Produktion nach Produkt und Technologie führt zur Bildung von „Fabriken in der Fabrik", die durch einen hohen Autonomiegrad gekennzeichnet sind. Mit der autonomen Gestaltung organisatorischer Einheiten geht ein Wandel in den Führungsaufgaben einher, der durch eine Neugestaltung der Entscheidungskaskade charakterisiert ist und durch den das bislang geltende *Vertikalprinzip* mit einer Anordnungskompetenz von oben nach unten und einer Informationspflicht von unten nach oben durch das *Horizontalprinzip* abgelöst wird, indem eine Abgrenzung und Vernetzung von strategischen und operativen Aufgaben mit einer konsequenten Delegation von Entscheidungskompetenz und Verantwortung erfolgt.

Neben der Einführung neuer organisatorischer Konzepte führt auch die technologische Entwicklung zur Veränderungen der Führung im Produktionsbereich. Für die Mitarbeiter in der Produktion bedeutet die Einführung von automatisierten Technologien häufig eine Loslösung von taktgebundener, ergonomisch belastender Arbeit, aber auch die Notwendigkeit zur höheren Qualifikation. Ausschlaggebend für die Effizienz der Produktion wird die Gewährleistung eines störungsfreien Auftrags- und Materialflusses, um die kapitalintensiven Produktionsmittel zu nutzen. Dies läßt sich erreichen, wenn die enge Ausrichtung der Mitarbeiter auf den eigenen Arbeitsplatz abgelöst wird durch das Mitdenken und Handeln im Sinne einer Optimierung des gesamten Fertigungsablaufs, was durch Methoden wie *Total Productive Maintenance (TPM)* unterstützt werden kann (vgl. *Nakajima* 1989). Die Vielzahl der durchgeführten Untersuchungen zu den Auswirkungen der Automatisierung auf die Organisationsstruktur liefert bislang weder einheitliche noch vergleichbare Ergebnisse (*Woodward* 1965; *Burack* 1967; *Drumm* 1970; *Schiller* 1973; *Hickson* et al. 1969; *Mohr* 1971; *Child/Mansfield* 1972; *Khandwalla* 1974; *Kieser* 1974; *Blau* et al. 1976).

b) Produktstruktur

Die Analyse der Produktmerkmale als Einflußfaktor auf die Anforderungen an die Führung bezieht sich auf die Gleichartigkeit und den Wiederholungsgrad der Produkte ohne Änderungen der Produktionsbedingungen. Die *Auftragsfertigung* ist dadurch gekennzeichnet, daß wesentliche qualitative und quantitative Daten in Abstimmung auf die Gegebenheiten einer Fremdunternehmung erfolgen (z. B. Liefertermine). Da bisher keine Lösungsverfahren zur Abstimmung der Planung im Sinne einer optimalen Adäquanz existieren, müssen permanent Eingriffe vorgenommen werden. Bei der *Vorratsfertigung* führt die Zwischenschaltung des Puffers zwischen Produktion und Absatz zu einer gewissen Autonomie der Planung und Steuerung der Produktion, die sich auch in der geringen Anzahl zu treffender Regelungen zeigt.

Für die Einflußfaktoren Fertigungstyp, Produktionsprogramm und Komplexität des Produktes gilt: Je geringer der *Wiederholungsgrad*, je heterogener die Produktpalette und je komplexer die Produkte, desto schwieriger wird die Lösung der zeitlichen, räumlichen und mengenmäßigen Zuordnungsprobleme und um so höher werden die Anforderungen an die Führung. So ist bei der *Einzelfertigung* von Produkten für die Führungsaufgaben relevant, ob für das Produkt bereits Unterlagen vorhanden sind, ob Veränderungen während der Fertigung auftreten, ob Erfahrungen über eventuell auftretende Fertigungsprobleme und damit über Störgrößen vorliegen. Störgrößen erfordern den Produktionsprozeß begleitende Führungsaktivitäten, die eine Anpassung an externe Datenveränderungen beinhalten. Bei *Massenfertigung*, geringer Breite und Tiefe des Produktionsprogrammes und einstufigen Produkten wird die Lösung des Zuordnungsproblems einfacher, da der Produktionsablauf bei entsprechenden Planungen den Anforderungen des Produktes für längere Zeiträume in einem viel höheren Maße entsprechen. Führungsmaßnahmen bei der Serien- und Massenfertigung werden ferner durch den im Vergleich zur Einzelfertigung tendenziell stärkeren Einsatz angelernter Mitarbeiter und den höheren Grad der *Arbeitsteilung* beeinflußt.

3. System der Arbeitsverteilung

Geprägt wird das System der *Arbeitsverteilung* von der Art des Dispositions- und Steuerungssystems und von der Frage, ob diese Aufgaben zentral oder dezentral durchgeführt werden.

a) Zentrale Arbeitsverteilung

Bei *zentraler Produktionssteuerung* werden die für die termingerechte Fertigung notwendigen Informationen, die auf der Basis einer zentralen Auftragsplanung erstellt werden, an einen Leitstand übermittelt. Im Leitstand wird die Abstimmung der Auftragsreihenfolge vorgenommen. Ziel ist es, vor allem den Meister von terminlichen Entscheidungsaufgaben zu entbinden und ihm für die Fachberatung, Menschenführung und Ausbildung mehr Raum zu lassen.

Als Vorteile der zentralen Arbeitsverteilung gegenüber *dezentraler Arbeitsverteilung* sind zu nennen (*Bendeich* 1974): Die geringe Beeinflussung der Disposition durch persönliche Prioritäten der Mitarbeiter, keine Zurückstellung von Arbeiten, besserer Überblick über Kapazität und Arbeitsfortschritt in sämtlichen Bereichen, kürzere Reaktionszeit auf unvorhersehbare Störungen, bessere Integration verschiedener Betriebsbereiche, die Entbindung der Meister von dispositiven Tätigkeiten sowie ein aktueller Überblick über den Arbeitsvorrat.

Trotz der fortgeschrittenen Entwicklung in der Informationsverarbeitung und dem Versuch der Einrichtung unterschiedlicher Organisations- und Führungsformen im Rahmen der *Werkstattsteuerung* weisen die auf der Basis zentraler Systeme entstandenen Lösungsformen mangelnde Kongruenz von Plan und Realität, selten erhöhte Motivation der Mitarbeiter zur Termineinhaltung sowie geringe Entlastung des Führungspersonals in der Werkstatt von zeitintensiven Dispositionstätigkeiten auf. Zwangsläufig geht mit dieser Kritik eine Verschiebung der Gewichtung bei den Zielgrößen der Werkstattsteuerung einher. Stand früher die hohe Kapazitätsauslastung als wesentliches Ziel im Vordergrund, erfolgt heute eine Gleichgewichtung von Bestandreduzierung, Durchlaufzeitminimierung und Termintreue. Die demotivierende Wirkung fremdbestimmter Arbeitszuteilung soll durch dezentrale Konzeptionen vermindert werden.

b) Dezentrale Arbeitsverteilung

Charakteristisches Merkmal der *dezentralen Arbeitsverteilung* ist, daß der Auftragsbestand für eine organisatorische Einheit von dieser selbst verwaltet wird. Sämtliche Informationen und Anweisungen laufen dabei über den für den Bereich verantwortlichen Meister. Die Reihenfolge der Abarbeitung ist dabei frei in das Ermessen des Meisters gestellt, wobei lediglich die Ecktermine als Kriterium für die Planungsgenauigkeit gelten. Vorteilhaft ist, daß aufgrund der ausführungsnahen Entscheidungskompetenz ein größtmöglicher Überblick über Kapazität und Qualitätsniveau der einzelnen Arbeitsplätze innerhalb dieses Bereiches besteht. Organisatorisch sind Lösungen realisiert, bei denen sowohl von einer zentralen Stelle innerhalb des Bereiches Aufträge an eine gesamte Maschinengruppe übermittelt werden, als auch Konzepte, die auf dem internen Kundenprinzip basieren, bei denen eine horizontale Selbstabstimmung erfolgt. Eine effiziente Methode stellt hierbei das *KANBAN-System* dar (*Wildemann* 1984). Den Mitarbeitern wird in einem solchen System die Verantwortung für Menge, Qualität, Prozeß- und Anlageverfügbarkeit übertragen sowie ein hohes Maß an Entscheidungsspielraum zugebilligt. Mit der diesem System inhärenten Eigenschaft der Selbstregelung werden steuernde Eingriffe lediglich bei einer Systemneudimensionierung notwendig.

4. Rechtliche Einflußfaktoren

Rechtliche Rahmenbedingungen für die Führung in der Produktion werden durch die Ordnung des Arbeitsmarktes, Regelungen zur Einkommens- und Vermögensverteilung, das System der sozialen Sicherung, Normen des Arbeitnehmerschutzes und das Gesetz zur Mitwirkung und Mitbestimmung der Arbeitnehmer am Entscheidungsprozeß gesetzt.

Nach dem *Betriebsverfassungsgesetz* werden in Betrieben mit in der Regel mindestens fünf ständig wahlberechtigten Arbeitnehmern, von denen drei wählbar sind, Betriebsräte gewählt. Führungsmaßnahmen haben insbesondere die Mitwirkung und Mitbestimmung des Betriebsrats in sozialen Angelegenheiten (§ 87), bei der Gestaltung von Arbeitsplatz, Arbeitsablauf und Arbeitsumgebung (§§ 90, 91), in personellen Angelegenheiten (§§ 92–105) und in wirtschaftlichen Angelegenheiten (§§ 106–113) zu berücksichtigen. Hierbei ist zwischen Mitwirkungsrechten und Mitbestimmungsrechten zu unterscheiden.

Mitwirkungsrechte beinhalten das Recht auf Information (z. B. §§ 90, 92, 99 Abs. 1 BetrVG), das Recht auf Einsicht in Unterlagen (z. B. §§ 2; 92 Abs. 1 BetrVG), das Recht auf Anhörung (z. B. § 102 Abs. 1 BetrVG), das Recht auf Beratung und Verhandlung (z. B. §§ 90, 92 Abs. 1 BetrVG) und das Recht des Betriebsrats, Vorschläge zu unterbreiten (z. B. § 92 Abs. 2 BetrVG).

Demgegenüber beziehen sich die Mitbestimmungsrechte auf Widerspruchsrechte (z. B. §§ 99 Abs. 2; 102 Abs. 3 BetrVG), Vetomitbestimmung (z. B. § 94 BetrVG) und Initiativmitbestimmung (z. B. § 87 BetrVG).

5. Anforderungen an die Führung im Produktionsbereich

Die sich aus den Einflußgrößen ergebenden Anforderungen an die Führung im Produktionsbereich lassen sich in folgenden Punkten zusammenfassen:

- höhere Flexibilitätsanforderungen, die sich aus zunehmender Umweltdynamik mit abnehmender Prognosesicherheit ergeben und in Verbindung mit einer verkürzten Halbwertzeit des Wissens ein lebenslanges Lernen erfordern;
- zunehmende Interdependenzen und steigende Komplexität erfordern ein interdisziplinäres Denken und Handeln, das verstärkt die Teamfähigkeit in den Vordergrund rückt;
- veränderte Wertvorstellungen der Mitarbeiter sowie ein steigender Autonomiegrad aufgrund der Reintegration indirekter Funktionen in die Produktion erhöhen die Anforderungen an die intrinsische Motivation und die Entwicklung von gemeinsamen Wertvorstellungen als Basis einer kontinuierlichen Innovation;
- erhöhte kommunikative Kompetenz, in deren Mittelpunkt die Vermittlung von Visionen und

das Aufzeigen von Wegen zur Verwirklichung dieser Visionen steht;
- kooperatives Konfliktmanagement zur Überwindung von Kommunikationsbarrieren und konstruktiven Konfliktbewältigung;
- die zunehmende autonome Gestaltung von organisatorischen Einheiten erfordert ein systematisches, ganzheitliches und unternehmerisches Denken und Handeln in Unternehmensnetzwerken.

Diesen Anforderungen wird mit Führungsmaßnahmen im Produktionsbereich zu begegnen versucht.

III. Führungsmaßnahmen im Produktionsbereich

1. Fertigungsorganisation

Die Strategie der Markt- und Kundenorientierung erfordert die Schaffung einer zeitsensiblen flexiblen Fertigungsorganisation, die auf den Gestaltungsprinzipien der *Fertigungssegmentierung* basiert. Als marktorientiertes Steuerungskriterium kommt das Cost- oder Profit-Center-Prinzip zur Anwendung. Das *Cost-Center-Prinzip* erfordert die Übertragung weitestgehender Entscheidungskompetenz bezüglich der Ressourcen zur eigenverantwortlichen Erfüllung der Leistungs- und Zielvereinbarung. Kongruenz von Kostenverantwortung und Kostenbeeinflussung und eine funktionsfähige Abgrenzung des Leistungs-Centers, Integration von kerngeschäftsrelevanten und kostenbestimmenden Funktionen (*Wildemann* 1992a).

2. Arbeitsorganisation

a) Arbeitsstrukturierungsmaßnahmen

Mit zunehmender Automatisierung, Dezentralisierung und Flexibilisierung der Fertigung kommt es sowohl bei der Massen- als auch bei der Einzelfertigung zu einer Veränderung der Arbeitsaufgaben durch Wegfall von Arbeiten, quantitativer und qualitativer Aufgabenverschiebung und Hinzufügung neuer Arbeitsaufgaben (*Bühner* 1985). Betroffen von der Aufgabenumgestaltung in der Produktion sind sowohl die ausführenden Mitarbeiter als auch die Führungskräfte. Aufgrund der komplexeren Produktion werden die Arbeitselemente der Planungs-, Fertigungs- und Kontrollaufgaben so zusammengefaßt, daß der Mitarbeiter eine größere Anzahl unterschiedlicher Arbeitsvorgänge ausführt und beispielsweise für die Qualitätskontrolle seiner Arbeit, für die Einrichtung und Instandhaltung seiner Maschine und für die Festlegung seiner Ausbringung selbst verantwortlich ist. Neben der Erweiterung des Arbeitsinhaltes wird eine Beteiligung der ausführenden Mitarbeiter an dispositiven Tätigkeiten wie Arbeitsverteilung, Fertigungsfortschrittsüberwachung und Betriebsmittelprüfung erwartet (*Hall* 1981). Bisher werden diese Funktionen primär vom Werkstattführungspersonal oder von den speziellen Bereichen (z. B. Qualitätssicherung) durchgeführt. Die Übertragung von dispositiven Tätigkeiten auf Mitarbeiter bedeutet jedoch, daß diese Aufgaben übernehmen, die sich auf den gesamten Fertigungsprozeß und nicht nur auf den einzelnen Arbeitsgang oder die für die Bearbeitung notwendigen Arbeits- und Betriebsmittel und Informationen beziehen. Voraussetzungen hierfür sind eine entsprechende Eignung der Mitarbeiter und eine transparente Gestaltung der Produktionsstruktur. Den Mitarbeitern wird hierbei eine breitere Einsatzmöglichkeit durch „Job-rotation", „Job-enlargement" und „Job-enrichment" ermöglicht.

Durch den Wandel der Arbeitsinhalte ändern sich die Anforderungen an die Mitarbeiter im Fertigungsbereich. Die Tätigkeiten eines Anlagen- und Maschinenbedieners erfordern z. B. eine Doppelqualifikation für Mechanik und Elektronik (Mechatronik). An Bedeutung verlieren Anforderungen aus Umgebungseinflüssen durch die Abnahme der Unfallgefahr aufgrund der Entkopplung des Menschen vom Betriebsmittel. In den Vordergrund der Arbeitsbewertung treten die benötigte Qualifikation, die Kompliziertheit der Aufgabe und die Entscheidungsfreiheit des Mitarbeiters am Arbeitsplatz. Dem Werkstattführungspersonal wird durch die Aufgabengestaltung ein großer Teil dispositiver Aufgaben entzogen, der aber durch Aufgaben der Koordination, der Betreuung, Beratung und Schulung von Mitarbeitern und eine vermehrte Verfahrensentwicklung kompensiert wird (*Maier/Frieling* 1982).

b) Gruppenarbeit

Der Einführung von *Gruppenarbeit* liegt zumeist die Intention einer vermehrten Delegation von Verantwortung, einer besseren Nutzung der vor Ort existierenden Fachkenntnisse, einer Erhöhung der Qualität durch mehr Eigenverantwortung in kleinen Regelkreisen einer gegenseitigen Unterstützung in der Gruppe und gruppenübergreifend, einer Förderung und Entwicklung der Mitarbeiter durch Nutzung vorhandener Innovations- und Problemlösungspotentiale, einer höheren Arbeitszufriedenheit und Verantwortung durch größere Arbeitsumfänge und ergänzende Umfeldaufgaben, einer Reduzierung von Schnittstellen und Verbesserung des Informationsflusses, einer Einbindung der Mitarbeiter in die System- und Arbeitsplatzgestaltung, einer Vereinbarung bereichsbezogener Ziele zugrunde. Die Gruppenaufgaben weisen zwei Dimensionen auf (*Jürgens* et al. 1989). Die arbeitsorganisatorische Dimension umfaßt Verantwortung für Qualitätssicherung, Instandhaltung und Material, Leistungsverantwortung und -regulierung, im Sinne der Vorgabenerfüllung hinsichtlich Menge, Qualität und Termin, sowie Kostenverantwortung. Die personelle Dimension umfaßt Vertretung der Gruppeninteressen, Fehlzeitenregelung, Personalrekrutierung/-Ausleihungen, Qualifizierung und Arbeitsplatzeinweisung. Eine optimale Gruppengröße liegt häufig zwischen 6 und 12 Mitarbeitern. Einhergehend mit der abgegrenzten Arbeitsaufgabe ist ein gemeinsamer, erweiterter Kompetenzbereich und Verantwortungsumfang zu definieren. Jede Gruppe stellt sozusagen einen Regelkreis dar, indem die gestellte Aufgabe eigenverantwortlich gelöst wird. Als Regelglied dient der Gruppensprecher, der die Koordination und Aufgabenerfüllung für seine Gruppe sicherstellt. Zugleich hat jede Gruppe eine Managementaufgabe, indem sie die für sie relevanten Ziele aus den Unternehmenszielen kooperativ mit den betrieblichen Führungskräften festlegt und die Zielerreichung sicherstellt. Im Sinne von Kunden-Lieferanten-Verhältnissen sind die Gruppen in die gesamte Fertigungsorganisation eingebunden. Durch die Elemente der Identität von Durchführung einer Aufgabe und Verantwortung für das Ergebnis, der Prozeßorientierung als organisatorisches Gestaltungsprinzip, der Prävention als Maßgabe für den optimalen Einsatzpunkt qualitätssichernder Maßnahmen und dem Prinzip des internen Kunden wird dem Konzept des Total Quality Management (→Qualitätsmanagement als Führungsaufgabe) entsprochen, das zu einer permanenten, kundenorientierten Verbesserung der Qualitätsmerkmale führt (*Wildemann* 1992b, 1993).

c) Spezifische Problemlösungsgruppen

Der ständige Verbesserungsprozeß wird durch die Ergänzung und Überlagerung der *Primärorganisation* durch sekundäre Strukturen begünstigt (*Wildemann* 1993b). Im Rahmen dieser *Sekundärorganisation* haben Problemlösungsgruppen der unterschiedlichsten Art (wie *Qualitätszirkel, Werkstattzirkel, Lernstatt, Vorschlagsgruppen*) in den vergangenen Jahren zunehmende Bedeutung erfahren (*Corsten* 1986; *Ackermann* 1989). Grundgedanke eines *Qualitätszirkels* ist die Einbeziehung der Mitarbeiter in den Prozeß der Planung und Kontrolle der eigenen Tätigkeit. Qualitätszirkel werden nach dem ursprünglichen Modell als Kleingruppenaktivität auf Mitarbeiterebene verstanden, die sich hauptsächlich mit der Lösung von Qualitätsproblemen beschäftigen. Heute gibt es ähnliche Aktivitäten problemorientiert, aber bereichsübergreifend auch in Führungsebenen. Die Themen, die in den Qualitätszirkeln behandelt werden, sollten möglichst dem direkten Einfluß der Mitglieder unterliegen, wobei gegebenenfalls Spezialisten aus Service-Abteilungen und Stäben unterstützend zur Seite stehen. Gegenstand des Problemlösungsprozesses können Arbeitsverfahren, Arbeitsmittel, der abteilungsspezifische Materialfluß, Materialschwierigkeiten, Arbeitsumgebung und Schnittstellen zu anderen Abteilungen sein. Nach der allgemeinen Grundkonzeption setzen sich Qualitätszirkel aus 5 bis 10 Mitarbeitern zusammen, die aus dem gleichen Arbeitsbereich kommen, der gleichen Hierarchiestufe angehören und über eine gemeinsame Erfahrungsgrundlage verfügen. Die Existenz der Qualitätsgruppe ist auf Dauer angelegt. Die Aufgabe der Qualitätszirkelgruppe besteht darin, systematisch Probleme aus dem eigenen Arbeitsbereich auszuwählen, zu analysieren, Lösungsvorschläge zu erarbeiten, diese zu präsentieren und, sofern möglich, selbst umzusetzen. In Ausnahmefällen kann eine Themenvorgabe auch durch das Management erfolgen. *Werkstattzirkel* sind kleinere Gruppen von 8–12 Werkern und Meistern, die sich auf freiwilliger Basis wiederholt treffen, um Probleme zu beseitigen. Zunächst werden die Themen der Zirkel von den Betroffenen mit dem Management ausgewählt. Die betroffenen Meister, Vorarbeiter, Einrichter und Mitarbeiter treffen sich für 90 Minuten in wöchentlichem Abstand. Nach etwa fünf Zusammenkünften werden die Zirkel i.d.R. wieder aufgelöst. Ursprüngliches Ziel des *Lernstatt-Konzeptes* bei seiner Einführung Anfang der 70er Jahre war es, die Integration ausländischer Mitarbeiter zu erleichtern. Seitdem traten die kulturelle Integration und die Sprachschulung immer mehr in den Hintergrund, und die Lernstatt entwickelte sich zu einem umfassenden Instrument der Information, der Weiterbildung, des Erfahrungsaustausches und der Lösung konkreter Probleme (vgl. *Einsiedler/Knura* 1984). Hauptziel der Lernstatt ist die Vermittlung von elementarem Fachwissen, die Einübung von grundlegenden Verhaltensformen und die Verbesserung des gegenseitigen Verständnisses. Die Lernstatt richtet sich dabei an den konkreten Bedarf der Arbeits- und Lernsituation des Mitarbeiters vor Ort. Die Lernstattgruppen stellen das wesentliche und konstitutive Element der Lernstatt-Organisation dar. Sie bestehen aus 5 bis 12 Mitarbeitern. Die Teilnahme ist freiwillig. Die Lernstattgruppen treffen sich in einer Phase von 2 bis 3 Monaten in der Regel einmal pro Woche. Die behandelten Themen werden entweder vom Betriebsleiter als globale Vorschläge formuliert oder von der Gruppe selbst eingebracht.

Das *betriebliche Vorschlagswesen* ist eine betriebliche Einrichtung zur Förderung, Begutachtung, Anerkennung und Verwirklichung von Verbesserungsvorschlägen. Ziel ist es, die Mitarbeiter über ihren betrieblichen Aufgabenbereich hinaus zur aktiven Mitwirkung am Betriebsgeschehen zu motivieren (vgl. *Grochla/Thom* 1980). Im Rahmen des Betrieblichen Vorschlagwesens werden diese Sonderleistungen mit einer (Erfolgs-)Prämie honoriert. Ein Verbesserungsvorschlag ist jede eingereichte Idee eines Mitarbeiters aus sämtlichen Bereichen eines Unternehmens, wenn er sowohl eine Beschreibung des verbesserungswürdigen Zustandes als auch eine möglichst genau dargestellte Lösung zur Verbesserung enthält. Weiterhin muß der Verbesserungsvorschlag zumindest für den vorgesehenen innerbetrieblichen Verwendungsbereich eine nutzbringende (z. B. rentable, sicherheitsverbessernde, umweltschützende, prestigesteigernde) Neuerung darstellen. Inhaltlich können sich Verbesserungsvorschläge auf technische, qualitative, prozessuale, fertigungstechnische und administrative Abläufe beziehen. Im allgemeinen sind sämtliche Mitarbeiter eines Unternehmens berechtigt, Verbesserungsvorschläge einzureichen (vgl. *Deutsches Institut für Betriebswirtschaft e.V. 1985*).

3. Qualifizierung

Veränderungen der Arbeitsorganisation setzen sowohl bei der Einführung als auch bei der Umsetzung bestimmte Qualifikationen bei Mitarbeitern voraus. Die Qualifikationsanforderungen lassen sich in funktionale und extrafunktionale Qualifikationsanforderungen unterteilen (vgl. *Marr 1987*). Unter *funktionalen Qualifikationsanforderungen* werden Anforderungen, die sich auf die spezifische Arbeitssituation des Mitarbeiters sowie auf dessen Einsatzbreite, also insgesamt auf den Tätigkeitsinhalt beziehen, verstanden. *Extrafunktionale Qualifikationsanforderungen* sind dagegen Anforderungen, die sich nicht auf Tätigkeitsinhalte beziehen, sondern im Bereich der sozialen Kompetenz liegen, sowie Anforderungen, die sich auf die Lernfähigkeit und -bereitschaft beziehen. Der mit der Gruppenarbeit verbundene Aufgabenwechsel *(Job rotation)* und die Aufgabenerweiterung *(Job enlargement)* verlangen ein Mehr an fachlichen Qualifikationen auf gleichem Niveau, die Aufgabenanreicherung *(Job enrichment)* erfordert höhere Qualifikationen. Dabei ist es nicht zwingend erforderlich, daß jeder Mitarbeiter jede Tätigkeit ausführen kann, sondern es besteht die Möglichkeit, innerhalb der Gruppe ein abgestuftes *Qualifikationsprofil* einzuführen (→*Personalentwicklung als Führungsinstrument*), so daß jeder Mitarbeiter einer Qualifikationsstufe zugeordnet wird. Damit ist sichergestellt, daß auch Einsteiger mit niedriger Qualifikation in eine Gruppe aufgenommen werden können und kein Mitarbeiter überfordert wird. Zusätzlich ist eine Weiterqualifizierungsmöglichkeit für alle Mitarbeiter gegeben. Weiterhin müssen die Beschäftigten die Funktion von Produktions- und Verwaltungsbereichen kennen, die der eigenen Tätigkeit vor- und nachgelagert sind, um objektorientiert arbeiten und ihre eigene Tätigkeit flexibel in den Gesamtprozeß einordnen zu können. Aufgrund der gestiegenen Verantwortung des einzelnen Mitarbeiters werden von diesem insbesondere Fähigkeiten zur Problemanalyse und -lösung, die Kenntnis von Planungs- und Entscheidungsverfahren, Fertigkeiten zur Entfaltung der eigenen Kreativität, die Fähigkeit zum eigenständigen Lernen u. a. m. verlangt. Menschliche Fähigkeiten, über die der Mitarbeiter im Alltag wie selbstverständlich verfügt, müssen für den Arbeitsprozeß aktiviert werden. Vor diesem Hintergrund ist die Vermittlung spezieller →*Arbeitstechniken* und -methoden erforderlich. Eine wesentliche Anforderung im Rahmen der Gruppenarbeit ist die Kooperationsfähigkeit. Probleme, die sich durch Gruppenarbeit ergeben können (Gruppendruck, informelle Führerschaft, Benachteiligungen durchsetzungsschwächerer oder weniger leistungsfähiger Gruppenmitglieder etc.) und deren Ursachen müssen bekannt, angemessene Strategien zur Problemlösung eingeübt, Methoden des Interessenausgleichs und der Konfliktlösung vertraut sein. Die Qualifizierung ist nicht nur auf einen Teil der Beschäftigten beschränkt. Die neuen Qualifikationsanforderungen gelten, mit unterschiedlichen Schwerpunkten für alle Mitarbeiter, d. h. über den Produktionsbereich hinaus auch für den Verwaltungsbereich genauso wie für höhere Managementebenen.

4. Entlohnung

Ziel der Gestaltung von *Entlohnungssystemen* ist es, die Leistungsbereitschaft der Mitarbeiter durch monetäre Anreize zu erhöhen. Wesentliche Bedeutung kommt hierbei *leistungsorientierten Entgeltsystemen* zu (→*Entgeltsysteme als Motivationsinstrument*), die in der Produktion überwiegen. Beim Leistungslohn, dem Akkord- oder Prämienlohn, dient der vom ausführenden Mitarbeiter bestimmbare Leistungsanteil als Entlohnungsgrundlage. Man erreicht damit – im Gegensatz zum Zeitlohn, bei dem schwankende Leistungen unberücksichtigt bleiben – einerseits mehr Lohngerechtigkeit, andererseits auch Leistungsanreize (vgl. *Saugeon 1980*). Mit zunehmender Übertragung indirekter Arbeitsfunktionen wird der Anteil der vom Mitarbeiter beeinflußbaren Hauptzeiten geringer, hingegen steigt die Einflußnahmemöglichkeit auf die Nebenzeiten. Die Aufgabe des Mitarbeiters besteht darin, die Anlagen durch Verhütung von Störungen und Stillstandszeiten optimal auszunutzen. In diesem Zusammenhang wird eine andere Bezugsbasis als die reine Mengenleistung benötigt. Aus diesem Grund werden zu Lasten der Akkordsysteme zunehmend Zeitlohnsysteme oder Leistungslohnsysteme mit qualitativen Leistungszielen, wie das *Prämienlohnsystem* auf Grundlage des Qualitätsniveaus oder der optimalen Nutzung von Betriebsmittelkapazitäten, eingesetzt (vgl. *Schmitt* 1985). Die Wahl der Entlohnungsform wird – neben der Berücksichtigung von qualitativen Leistungszielen – von der Aufrechterhaltung der Flexibilität mitbestimmt. Dem Führungspersonal in der Produktion wird mit der individuellen Leistungszulage ein erweitertes Führungsinstrument in die Hand gegeben, die Mitarbeiter zur Beseitigung von Fehlern und Mängeln an Betriebsmitteln und Erzeugnissen und zur termingerechten und einwandfreien Arbeitserledigung zu veranlassen.

Vor dem Hintergrund der Erkenntnisse über konventionelle Leistungslohnsysteme gewinnt ein alternatives Entlohnungskonzept, eine „*Entlohnung nach Zielvereinbarung*" an Bedeutung (→*Führung im MbO-Prozeß*). Dabei erhalten die Mitarbeiter zusätzlich zum tariflichen Grundlohn einen Bonus, der sich am Erfüllungsgrad vereinbarter Ziele orientiert. Die Besonderheit dieses Konzeptes liegt darin, daß die Ziele den Mitarbeitern nicht vorgegeben werden, sondern diese aktiv in die Zielvereinbarung miteinbezogen werden. Die Zielvereinbarung erfolgt periodisch zwischen Mitarbeitern und Vorgesetzten. Durch die Einbeziehung der Mitarbeiter soll erreicht werden, daß diese die Zielerreichung nicht nur wegen des damit verbundenen Bonus anstreben, sondern sich auch mit diesen Zielen identifizieren. Im Gegensatz zu einer konventionellen Leistungsentlohnung, die an feste Bezugsgrößen geknüpft ist, die im Zeitablauf nicht geändert werden, gestattet eine Entlohnung nach Zielvereinbarung durch die periodisch wiederkehrende Neufestlegung eine Veränderung der entgeltrelevanten Ziele. Die entgeltrelevanten Ziele können daher dynamisch an die aktuelle Situation angepaßt werden. Die Möglichkeit zur dynamischen Anpassung der Ziele gestattet eine direkte Kopplung der Entlohnung mit dem kontinuierlichen Verbesserungsprozeß, da, ausgehend vom jeweils erreichten Niveau im Verbesserungsprozeß, neue Ziele definiert und neue Vorgaben für bestehende Ziele vereinbart werden können.

5. Arbeits- und Betriebszeiten

Flexible Arbeits- und betriebszeiten bewirken eine Unterstützung bei der Erschließung von Flexibilitäts- und Effizienzpotentialen. Mit der Einführung flexibler Arbeits- und Betriebszeiten werden ökonomische, personalwirtschaftliche und soziale Ziele verfolgt. Bei den ökonomischen Zielen wird vor allem die Verbesserung der Betriebsmittelnutzung, die Reduktion der Kapitalkosten sowie die Steigerung der Produktivität und Flexibilität angestrebt. Personalwirtschaftliche Ziele stehen in dem Maße im Vordergrund, wie flexible Arbeits- und Betriebszeiten Potentiale zur Steigerung der Motivation und der Autonomie der Mitarbeiter beinhalten, die bei Berücksichtigung der Bedürfnisse der Mitarbeiter und einer geeigneten Arbeitszeitkoordination auch zu einer stärkeren Motivation zur eigenständigen Lösung betrieblicher Probleme erschlossen werden können. Flexible Arbeits- und Betriebszeiten bedingen Einsatzvoraussetzungen, die sich in personelle und organisatorische Rahmenbedingungen unterteilen lassen (*Wildemann* 1992b). In personeller Hinsicht sind vor allem höhere Qualifikationsanforderungen zu nennen.

IV. Aspekte des Führungsstils in der Produktion

Die produktivitätsorientierte Betrachtung der Produktion (*Gutenberg* 1962) stellt die Sachaufgabe in den Mittelpunkt und unterstellt rationales Verhalten der Mitarbeiter. Da die Menschen nicht alle ökonomisch rationell handeln, sind Führungsstile und -prinzipien (→*Führungsprinzipien und -normen*) für die Effizienz von besonderer Bedeutung. Die Auswahl geeigneter Führungsstile und -prinzipien orientiert sich an organisatorischen Überlegungen (*Lawrence/Lorsch* 1967), an theoretischen Verhaltensmodellen (*Rosenstiel* 1975) und in der Produktion vor allem an Erfahrungen von Führungskräften und ihren Expertenurteilen (*Ulrich/Krieg* 1974). Tendenzen zur organisatorischen Verselbständigung von Gruppen und zur Rückführung dispositiver Tätigkeiten in den ausführenden Bereich lassen einen partizipativen, mitarbeiterorientierten *Führungsstil* erfolgversprechender als einen rein sach- und kennzahlenorientierten erscheinen (*Likert* 1961; *Neuberger* 1972; *Seidel* 1978; *Ouchi* 1981). Das Informations- und Entscheidungssystem des *partizipativen Führungsstils* wird geprägt von einer klaren Zielvorgabe und einer kooperativen Beschlußfassung (*Rüßmann* 1981). Die Maßnahmen zur Durchsetzung der Ziele werden mit den Mitarbeitern in Arbeitsgruppen besprochen und eine gemeinsame Entscheidung zur Vorgehensweise gefällt. Auf diesem Wege ist eine Beteiligung der Mitarbeiter und Berücksichtigung ihres Wissens und ihrer Erfahrung möglich (*Fürstenberg* 1981). Wichtig beim partizipativen, kooperativen Führungsstil ist, daß der Zielvorgabeprozeß im *Top-Down-Prinzip* und der Entscheidungs- bzw. Durchsetzungsprozeß im *Bottom-Up-Prinzip* abläuft (*Gaugler/Zander* 1981). Eine wesentliche Unterstützungsfunktion erhält hierbei das Konzept der Visualisierung (vgl. *Wildemann* 1994). Dadurch wird eine größere Transparenz über interne und externe Leistungen und Prozesse, stärkere Identifikation mit dem eigenen Arbeitsbereich und den erzeugten Leistungen, stärkere Aktivitäten zur Zielerreichung und kontinuierlichen Verbesserung, Vermeidung von Verschwendung, Steigerung der Produktivität und

Erhöhung der Wettbewerbsfähigkeit angestrebt. Durch dieses Informations- und Entscheidungssystem wird gewährleistet, daß die Mitarbeiter aktiv in den Produktionsprozeß einbezogen werden und das System von den Mitarbeitern „getragen" wird.

Insgesamt bedeutet dies für die Führung im Produktionsbereich die stärkere Verknüpfung von unternehmensbezogenen Leistungszielen und persönlichen Entwicklungszielen auf der Basis eines konsistenten Zielhierarchie- und Wertesystems. Führung wird damit zu einer permanenten Entwicklungsaufgabe mit dem Streben nach einer kontinuierlichen kundenorientierten Innovation.

Literatur

Ackermann, M. P.: Quality Circles in der Bundesrepublik Deutschland. Frankfurt/M. et al. 1989.
Bendeich, E.: Fertigungssteuerung mit Systemen der zentralen Arbeitsvorbereitung. In: Arbeitsvorbereitung 1974, Heft 6, S. 167–172.
Blau, P. A. et al.: Technology and Oganization in Manufacturing. In: ASQ 1976, S. 20–40.
Bühner, R.: Arbeitsbewertung und Lohnfindung bei neuen Fertigungstechniken. In: WiSt 1985, S. 433–438.
Burak, E. H.: Industrial Management in Advanced Production Systems. In: ASQ 1967, S. 479–500.
Child, J./Mansfield, R.: Technology, Size and Organizational Structure. In: Soc. 1972, S. 369–393.
Corsten, H.: Mitarbeiterorientierte Qualitätsförderungskonzepte – Charakterisierung und vergleichende Gegenüberstellung. Braunschweig 1986.
Deutsches Institut für Betriebswirtschaft (Hrsg.): Führen und Rationalisieren durch Betriebliches Vorschlagswesen. Berlin 1985.
Drumm, H. J.: Automation und Leistungsstruktur. Berlin 1970.
Einsiedler, H. E./Knura, B.: Die „Lernstatt" – eine Alternative zum Quality Circle? In: ZfbF 1984, S. 748–755.
Ellinger, T./Wildemann, H.: Planung und Steuerung der Produktion. 2. A., München 1985.
Fürstenberg, F.: Erfolgskonzept der japanischen Unternehmensführung und was wir daraus lernen können. 2. A., Zürich 1981.
Gaugler, E./Zander, E. (Hrsg.): Haben uns die Japaner überholt? Heidelberg 1981.
Grochla, E./Thom, N.: Das Betriebliche Vorschlagswesen als Führungs- und Personalentwicklungs-Instrument. In: ZfbF 1980, S. 769–780.
Gutenberg, E.: Unternehmensführung. Wiesbaden 1962.
Hall, W. W.: Driving the Productivity Machine – Production Planning and Control in Japan. Indiana University, March 31, 1981.
Hickson, D. J. et al.: Operations Technology and Organizational Structure. In: ASQ 1969, S. 378–397.
Jürgens, U./Malsch, T./Dohse, K.: Moderne Zeiten in der Automobilindustrie. Berlin et al. 1989.
Khandwalla, P. N.: Mass Output Orientation of Operations Technology and Organizational Structure. In: ASQ 1974, S. 74–97.
Kieser, A.: Der Einfluß der Fertigungstechnologie auf die Organisationsstruktur industrieller Unternehmungen. In: ZfbF 1974, S. 569–590.
Lawrence, P. R./Lorsch, J. W.: Organization and Environment. Boston 1967.
Likert, R.: New Patterns of Management. New York 1961.
Maier, W./Freiling, E.: Zur Übertragung dispositiver Aufgaben auf die Werkstattmitarbeiter. In: Fortschrittliche Betriebsführung und Industrial Engineering 1982.
Marr, R.: Arbeitsflexibilisierung und Personalentwicklung. In: *Marr, R.* (Hrsg.): Arbeitszeitmanagement – Grundlagen und Perspektiven der Gestaltung flexibler Arbeitszeitsysteme, Berlin 1987, S. 255–266.
Mohr, L. B.: Organizational Technology und Organizational Structure. In: ASQ 1971, S. 444–459.
Nakajima, S.: Implementing Total Productive Maintenance. Cambridge/MA 1989.
Neuberger, O.: Experimentelle Untersuchungen von Führungsstilen. In: Gruppendynamik 1972, S. 192–219.
Ouchi, W. G.: Theory Z, How American Business Can Meet the Japanese Challenge. Reading et al. 1981.
Rosenstiel, L. v.: Die motivationalen Grundlagen des Verhaltens in Organisationen. Berlin 1975.
Rüßmann, K. H.: Konsens statt Konflikt. In: Manager magazin 8/1981, S. 36–40.
Saugeon, L.: Entlohnung des Prüfpersonals. In: *Masig, M.* (Hrsg.): Handbuch der Qualitätssicherung. München et al. 1980, S. 121–131.
Schiller, W.: Der Einfluß der Technologie auf die Organisation industrieller Unternehmungen. Bern 1973.
Schmitt, W.: Der Mitarbeiter im Mittelpunkt einer „just-in-time-Produktion". Weinheim 1985.
Seidel, H.: Betriebliche Führungsformen. Stuttgart 1978.
Ulrich, A./Krieg, W.: Das St. Gallener Management-Modell. 3. A., Bern 1974.
Wildemann, H.: Flexible Werkstattsteuerung durch Integration von KANBAN-Prinzipien. München 1984.
Wildemann, H.: Die modulare Fabrik. 4. neub. A., München 1994.
Wildemann, H.: Gestaltungsaspekte indirekter Funktionen in Fertigungssegmenten: Die Bestimmung des Autonomiegrades. In: DBW 1992a, S. 777–801.
Wildemann, H.: Qualitätsentwicklung in F&E, Produktion und Logistik. In: ZfB 1992c, S. 17–41.
Wildemann, H.: Arbeitszeitmanagement. München 1992b.
Wildemann, H.: Unternehmensqualität: Einführung einer kontinuierlichen Qualitätsverbesserung. München 1993.
Wildemann, H.: Fertigungsstrategien: Einführungsstrategien für eine schlanke Produktion und Zulieferung. 2. neub. A., München 1994
Wollert, A./Bihl, G.: Werteorientierte Personalpolitik. In: Personalführung 1983, Heft 8 und 9.
Woodward, J.: Industrial Organization. London 1965.

Projektmanagement und Führung

Wilfried Krüger

[s. a.: Forschung und Entwicklung, Führung in; Konflikte als Führungsproblem; Matrixorganisation und Führung; Selbststeuernde Gruppen, Führung in.]

I. Grundlagen; II. Führungsfunktionen im Projekt; III. Personalmanagement als Mitarbeiterintegration; IV. Einflußmanagement als Integration von Promotoren und Opponenten; V. Schlußfolgerungen.

I. Grundlagen

1. Begriff und Bedeutung von Projekten

Allgemein formuliert sind Projekte *zeitlich befristete, außergewöhnliche Vorhaben* (*Frese* 1988; *Madauss* 1990; *DIN* 69 901). Projektaufgaben sind, verglichen mit den Daueraufgaben der Unternehmung, relativ komplex und neuartig, oft auch einmalig, und sie erfordern funktionsübergreifendes Wissen. Richtig organisiert und geführt, können Projekte erhebliche Wirkungen entfalten (z. B. Hierarchieauflockerung, Personalentwicklung, Flexibilisierung, Innovierung). Sie stellen im Erfolgsfall einen Kristallisationspunkt für die *lernende Organisation* dar und übernehmen die Funktion eines *Katalysators* des Unternehmungswandels.

2. Begriff und Aufbau des Projektmanagements

Projektmanagement (PM) läßt sich kurzgefaßt als *Führungskonzept für komplexe Vorhaben* (→*Führungskonzepte und ihre Implementation*) definieren. Es umschließt drei Aufgabenebenen (vgl. *Krüger* 1994): Management *des* Projekts (z. B. Projektleiter, Teilprojektleiter), Management *von* Projekten (z. B. Projektgruppenleiter, Projektoberleitung, Lenkungsausschuß), Management *durch* Projekte (z. B. Top Management). Die Aufgabengebiete dieser drei Ebenen lassen sich einteilen in: *funktionelles* PM (Bestimmung von Aufgaben, Abläufen, Methoden, Techniken, Tools), *institutionelles* PM (interne und externe Aufgaben- und Kompetenzverteilung) sowie *personelles* PM (personenbezogene Führungsaufgaben: Personalführung, Einflußmanagement). Institutionell ist folgende Arbeitsteilung weithin typisch:

Planer: Führt die Untersuchung durch. Ermittelt Schwachstellen vorhandener Systeme, entwirft, baut und dokumentiert neue Systeme. Planer in diesem Sinne sind der Projektleiter und das Projektteam resp. Teilteams, ggf. unterstützt durch Berater.

Entscheider: Löst die Untersuchung durch einen entsprechenden Auftrag aus. Formuliert Vorgaben, Ziele, Termine, Budgets und gibt Ressourcen für die Projektdurchführung frei, fällt Zwischen- und Abschlußentscheidungen. Entscheider können externe Auftraggeber oder/und interne Instanzen (z. B. Leiter von Fachabteilungen, Top Management, Lenkungsgremien) sein.

Benutzer: Diejenigen Personen bzw. Einheiten, die mit dem späteren Projektergebnis arbeiten. Es kann sich um unternehmungsexterne Stellen (z. B. Kunden) oder um interne Einheiten handeln. Die Betroffenen können zu Beteiligten gemacht werden, indem sie direkt im Kernteam oder den Teilteams mitwirken. Sie können aber auch über Repräsentanten (z. B. Verbindungspersonen) oder mit Hilfe eigener Arbeitsgruppen ihre Ideen einbringen. Nicht zuletzt ist auf die Mitbestimmungsregelungen zu verweisen, insbesondere auf die Mitbestimmung des Betriebsrates, z. B. bei Betriebsänderungen.

Serviceeinheiten: Entsprechende Projektgröße oder Anzahl von Projekten vorausgesetzt, können zusätzliche *Serviceeinheiten* gebildet werden (z. B. Projektbüros, Projektassistenten). Sie übernehmen spezielle Dienstleistungen, wie z. B. Schulung, Methodenunterstützung, Dokumentation, Abrechnung.

Das Ausmaß an Arbeitsteilung hängt von der Größe des Projekts ab, aber auch vom Ausmaß an Partizipation und Delegation. Bei einer stark *partizipativen Projektarbeit* sowie Konzepten der *Organisationsentwicklung* verwischen sich die Grenzen zwischen Planer und Benutzer, ggf. auch Entscheider.

Die beschriebene Arbeitsteilung kann aufbauorganisatorisch unterschiedlich geregelt sein. Generell gilt, daß die *Primärorganisation* der Unternehmung, die auf die Bewältigung des Tagesgeschäfts konzentriert ist, in zunehmendem Maße um eine *Sekundärorganisation* ergänzt wird, die auf Anpassungs- und Entwicklungsprozesse ausgerichtet ist. Eine typische Aufbaustruktur größerer Projekte zeigt Abb. 1.

Neben *Teams* und *Ausschüssen* als organisatorischen Bausteinen des Projektmanagements werden verstärkt auch *Workshops* eingesetzt. Sie dienen in sachlicher Hinsicht vor allem der Informationssammlung (→*Information als Führungsaufgabe*) und Problemstrukturierung, in personeller Hinsicht der Motivation und Akzeptanzsicherung, also dem *Einflußmanagement*. Nicht zuletzt sind *Konferenzen* zu erwähnen, die dazu bestimmt sind, einer großen Teilnehmerzahl fertige Ergebnisse zu präsentieren.

II. Führungsfunktionen im Projekt

1. Managementaufgaben im Projektablauf

Die PM-Aufgaben besitzen in den einzelnen Lebensphasen eines Projekts unterschiedliche Bedeutung. Sachbezogene Aufgaben („Fachführung"), hier kurz als *Ressourcenmanagement* bezeichnet (z. B. Terminplanung, Budgetüberwachung), besitzen ihren Schwerpunkt in der „Mitte" des Projektablaufs. Das gleiche gilt für das *Personalmanagement,* das vor allem das Verhältnis des Projektleiters zu seinen Mitarbeitern, aber auch die personelle Führung des Projektleiters durch seine Vorgesetzten betrifft. Dazu im Gegensatz stehen die Aktivitäten im Rahmen mikropolitischer Prozesse. Diesen Aufgaben des *Einflußmanagements*

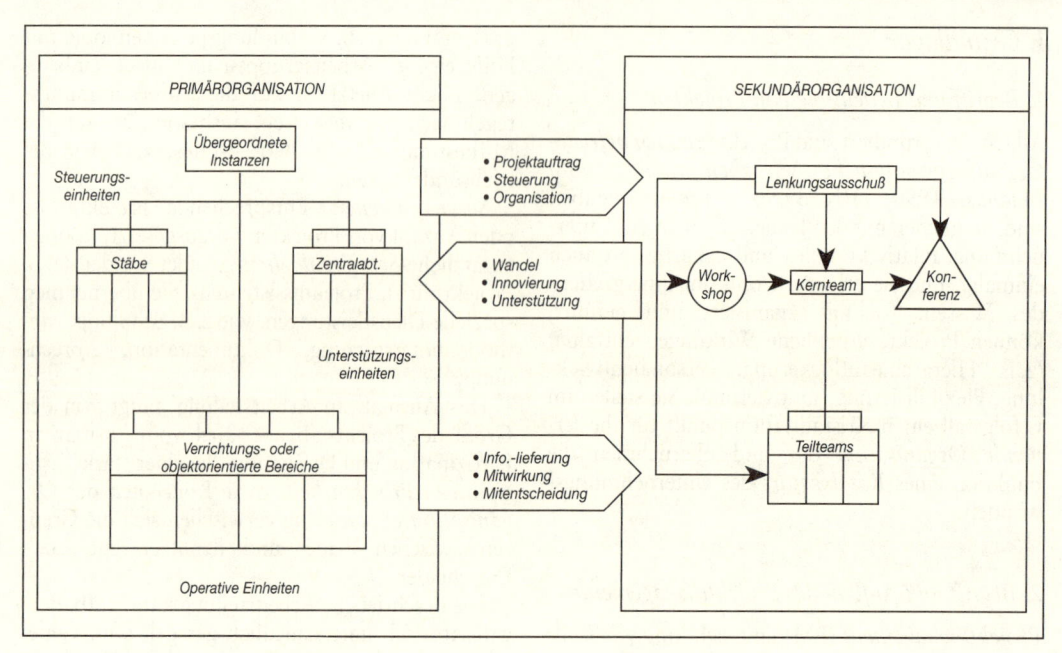

Abb. 1: Typische Aufbaustruktur größerer Projekte

kommt am Beginn und Ende eines Projekts besonders hohe Bedeutung zu. Graphisch ergibt sich das Bild einer „Aktivitäts-Hantel" des Projektmanagements (vgl. Abb. 2). Personal- und Einflußmanagement und damit die Fragen des *personalen* PM bilden den Gegenstand der folgenden Überlegungen.

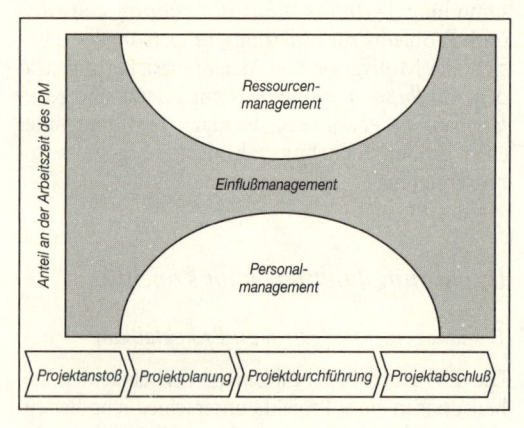

Abb. 2: „Aktivitäts-Hantel" des Projektmanagements

2. Führungssituation und personelle Führungsaufgaben

Für die Aufgabenschwerpunkte wie den Führungsstil des Projektleiters gilt, daß sie situationsabhängig zu gestalten sind. Ein Vorstellungsmodell hierzu zeigt Abb. 3. Zur Führungssituation in Projekten gehören außer der Persönlichkeit des *Projektleiters* zunächst Einflußgrößen, die aus *Projektaufgaben* und *-zielen* herrühren. Insbesondere die Neuartigkeit und Komplexität der Aufgabe, ihre Bedeutung sowie die Zeit zu ihrer Erledigung, nicht zuletzt auch Klarheit und Verträglichkeit der Projektziele, wären zu nennen. Neben den Eigenschaften und Fähigkeiten der *Projektmitarbeiter* und den aufbau- und ablauforganisatorischen Regelungen der *Projektorganisation,* wird in letzter Zeit verstärkt die Rolle der *Projektkultur* thematisiert. Die genannten Situationskomponenten wirken auf die projekt*interne* Interaktion und prägen dadurch das *Personalmanagement* des Projektleiters. „Projektaufgabe" und „Projektorganisation" sind Variablenkomplexe, die daneben den Zusammenhang zur Projektumgebung herstellen, mithin die projekt*externe* Interaktion tangieren. Davon ist das *Einflußmanagement* betroffen. Hierfür sind nicht zuletzt auch die *Organisation* und *Kultur* der *Unternehmung* wichtig. In einer projektungewohnten Umgebung, die durch hierarchiespezifische Strukturen und Verhaltensweisen gekennzeichnet ist, ist die Arbeit des Projektleiters besonders schwierig.

Je vielfältiger und anspruchsvoller die Führungssituation aufgrund der beschriebenen Einflußgrößen für den Projektleiter ist, desto stärker tritt eine Besonderheit des Projektmanagements hervor: die *Integrationsorientierung.* Mit diesem Begriff läßt sich leitbildhaft die Rolle des Projektleiters charakterisieren. Projektintern sind unterschiedliche Mitarbeiter zu führen und in ein Team zu integrieren (vgl. *Staerkle* 1987; *Slevin/Pinto* 1988;

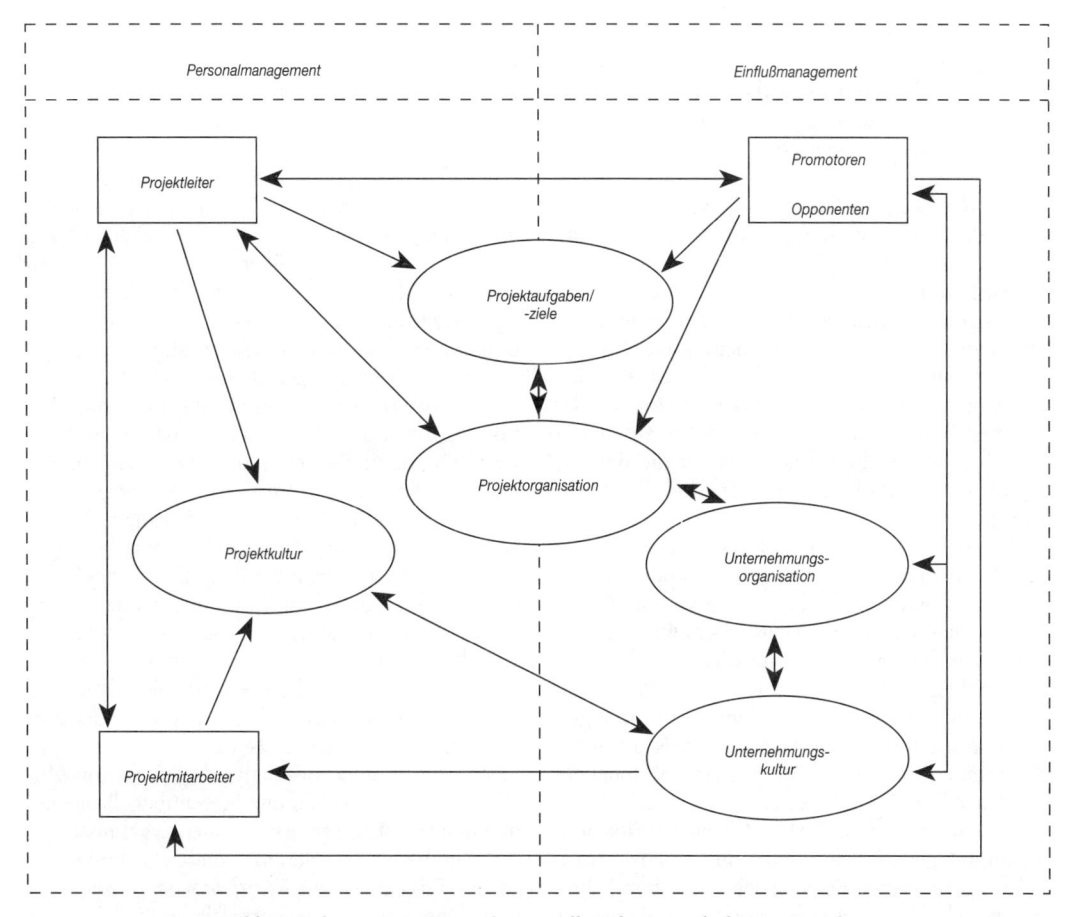

Abb. 3: Führungssituation und personelle Führungsaufgaben im Projekt

Gareis/Titscher 1992). Projektextern müssen die verschiedenen Anspruchsgruppen und ihre Repräsentanten beachtet und zur Akzeptanz der Projektergebnisse gebracht werden. Dadurch kann der Projektleiter erheblich dazu beitragen, daß ein Projekt nicht als „Störfaktor", sondern als „Katalysator" wirkt (vgl. Abb. 4).

		Projektarbeit ist	
		selten	häufig
Projekte sind in die Hierarchie	gut integriert	„Additiv"	„Katalysator"
	schlecht integriert	„Exot"	„Störfaktor"

Abb. 4: Rolle der Projektarbeit in der Unternehmung

III. Personalmanagement als Mitarbeiterintegration

Aus Sicht des Integrationsgedankens ist der wesentliche Aspekt des Personalmanagements die *Mitarbeiterintegration*. Ihre verschiedenen Formen und Möglichkeiten lassen sich auf Basis eines allgemeinen *Grundmodells der Einbindung* (vgl. *Krüger* 1994) entwickeln (vgl. Abb. 5). Die Projektaufgaben und -ziele liefern den Anknüpfungspunkt für die *ergebnisorientierte Einbindung*. Es gilt, anspruchsvolle, aber realistische Ziele zu setzen sowie ihre Erreichung zu steuern, zu überwachen und zu gratifizieren. Die Aufgaben, die der einzelne Projektmitarbeiter übernimmt, ihr Inhalt sowie ihr Handlungsspielraum, führen zur *professionalisierten Einbindung*. Gerade hochkarätige Spezialisten reizt an Projekten die in der Aufgabe liegende Herausforderung. Die Regelungen der Aufbau- und Ablauforganisation ergeben die *strukturelle Einbindung* des einzelnen. Je innovativer eine Projektaufgabe, desto weniger läßt sich ihre Erreichung exakt planen und organisieren. Relativ zu anderen Einbindungsformen verliert die strukturelle Einbindung in die Projektarbeit daher an Bedeutung. Eine um so stärkere Rolle spielt dann die Projektkultur und die darauf basierende *wertorientierte Einbindung*. Sie prägt die *wertmäßig-kulturelle Dimension ("Wertebene")* der Zusammenarbeit. Die konstitutierenden Komponenten der Projektkultur sind die gleichen wie im Falle der Unternehmungskultur (vgl. *Schwarz* 1987; *Scholz* 1991). Das Wirkungsspektrum der Projektkultur ist beträchtlich (vgl. zu den Kulturwirkungen allg. *Krüger* 1989). Hohe Leistungsbereitschaft, Identifikation mit dem Projekt sowie Sinnstiftung sind mögliche Folgen. Dem Projektleiter kommt die Rolle eines *Kulturpromotors* zu, der Normen, Werte und Spielregeln des Teams maßgeblich prägt. Nicht zuletzt ist er für die Balance zwischen Projekt- und Umgebungskultur verantwortlich.

Auf die Person des Projektleiters konzentriert sich die *personale Einbindung*. Insbesondere solche Eigenschaften und Fähigkeiten, die von der Gruppe bzw. dem einzelnen als besonders wichtig oder sogar vorbildlich angesehen werden, führen zu einer hohen *personalen Autorität*. Der Projektleiter, dessen formale Autorität (Amtsautorität) regelmäßig begrenzt ist, muß sich sehr stark auf diese Autoritätsform stützen. Als weiterer personengebundener Einbindungsmechanismus ist die *soziale Einbindung* zu nennen. Das Zugehörigkeits- und Zusammengehörigkeitsgefühl in einem Team ("Teamgeist") gibt dem einzelnen Geborgenheit und verschafft ihm Anerkennung, stimuliert aber auch die gemeinsame Aktion. Den Zusammenhalt zu fördern, Engagement und Vertrauen aufzubauen sowie das Fähigkeitenmix und die Fähigkeitsniveaus im Team zu optimieren, stellen wesentliche Aufgaben der Teamführung dar (vgl. *Katzenbach/Smith* 1993).

IV. Einflußmanagement als Integration von Promotoren und Opponenten

Projektmanagement ist zu einem erheblichen Teil ein Management der Projekt-Umwelt-Beziehungen. Bei betriebspolitisch brisanten und umstrittenen Projekten ist dies offenkundig. Die übliche Arbeitsteilung zwischen „Planer", „Entscheider" und „Benutzer" enthält darüber hinaus bei praktisch allen Projekten spezielle Interaktionsprobleme. Abb. 6 zeichnet ein Bild des Geschehens auf der Grundlage typisierten Rollenverhaltens (z. B. Entscheider typisiert als „Macher").

Für den Projektleiter ergibt sich eine Reihe charakteristischer Probleme, deren Analyse und Bewältigung tief in die Sozio- und Wertebene hineinreichen. So z. B., wenn das Verlangen der Entscheider nach raschen, kostengünstigen Lösungen, der Wunsch der Planer nach technischen Bestlösungen und die Angst der Benutzer vor nachteiligen Folgen des Projektes aufeinandertreffen. *Projektziele* von herausragender Bedeutung und vielfältig konfliktären Beziehungen sind Kosten, Termine, Qualität und Akzeptanz. Sie bilden eine Art magisches Viereck („Teufelsquadrat") der Projektarbeit (vgl. *Krüger* 1994).

Wie die Interaktionsanalyse zeigt, ist mit Zustimmung und Ablehnung gegenüber Projekten und den von ihnen zu erwartenden Ergebnissen zu rechnen. Verallgemeinert man diesen Gedanken, so ist das Projekt als ein *Kraftfeld* von *Promotoren* und *Opponenten* zu interpretieren (vgl. *Krüger* 1994). Einflußmanagement ist demgemäß auch *Konfliktmanagement* (→*Konflikte als Führungsproblem*). Wer Änderungen durchsetzen will, muß entweder selbst Promotoreneigenschaft erlangen oder vorhandene Promotoren für sich zu gewinnen suchen. Es sind Interessen zu bündeln und *Koalitionen* zu schmieden. Promotoren und Opponenten können sich dabei auf verschiedene Macht-

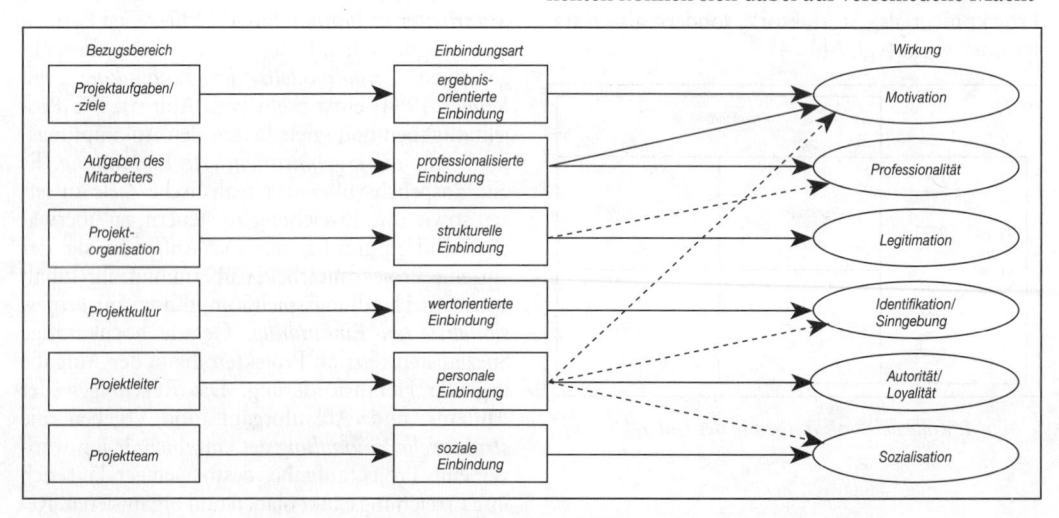

Abb. 5: Mitarbeitereinbindung

basen stützen (vgl. *Krüger* 1992). Besonders wichtig ist die Verfügung über Belohnungen und Bestrafungen, gemeinsam als Sanktionsmacht bezeichnet. Sie kennzeichnet den *Machtpromotor*, wogegen der *Fachpromotor* von seinem Spezialwissen, der Informationsmacht, Gebrauch macht. Machtpromotoren können Willensbarrieren überwinden, Fachpromotoren Fähigkeitsbarrieren. Besonders wirkungsvoll ist es, wenn sich Macht- und Fachpromotor verbünden und die sog. *Gespannstruktur* entsteht (vgl. zum Promotorenmodell *Witte* 1973).

Hauschildt (1993) identifizierte für Innovationsprozesse als weitere wichtige Kategorie den *Prozeßpromotor*. Er verfügt über Organisationskenntnisse, kommunikative Fähigkeiten und diplomatisches Geschick. Ein Projektleiter könnte in besonderer Weise diesem Promotorentyp entsprechen.

Einflußmanagement kann in Form *persönlicher Beeinflussung* stattfinden. Dabei geht es vor allem um die Veränderung von Bewußtseinslagen („Überzeugungsarbeit") und das Management von Emotionen (vgl. *Krüger/Ebeling* 1991). Ängste müssen abgebaut, Hoffnungen geweckt werden. Vielfältige *Kommunikationsbarrieren* sind zu überwinden. So sind, wenn möglich, Veränderungen der Motivation, der Werte, Einstellungen und Überzeugungen der Schlüsselpersonen zu erreichen. Im günstigsten Fall kann man Opponenten zu Befürwortern machen, sie also als Teil der eigenen Koalition gewinnen. Im ungünstigsten Fall entstehen Machtkämpfe mit ungewissem Ausgang oder Pattsituationen, als deren Ergebnis das Projekt verschoben oder abgebrochen wird.

Je ausdifferenzierter und geregelter ein Projekt abläuft, desto wichtiger wird daneben die Beeinflussung von *Prozeß* und *Struktur* des Projektes.

Entscheider	Typ: „Macher"

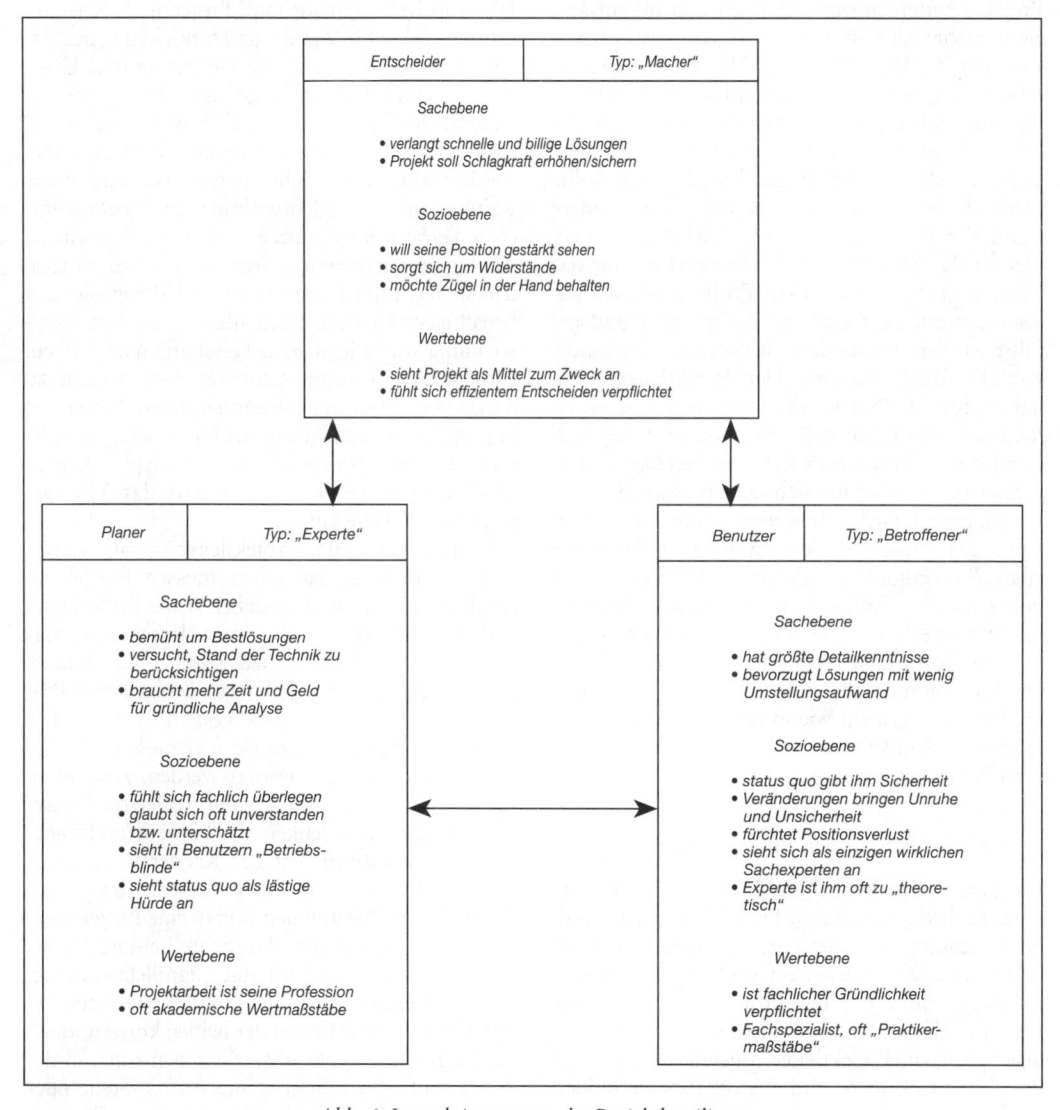

Sachebene
- verlangt schnelle und billige Lösungen
- Projekt soll Schlagkraft erhöhen/sichern

Soziebene
- will seine Position gestärkt sehen
- sorgt sich um Widerstände
- möchte Zügel in der Hand behalten

Wertebene
- sieht Projekt als Mittel zum Zweck an
- fühlt sich effizientem Entscheiden verpflichtet

Planer	Typ: „Experte"

Sachebene
- bemüht um Bestlösungen
- versucht, Stand der Technik zu berücksichtigen
- braucht mehr Zeit und Geld für gründliche Analyse

Soziebene
- fühlt sich fachlich überlegen
- glaubt sich oft unverstanden bzw. unterschätzt
- sieht in Benutzern „Betriebsblinde"
- sieht status quo als lästige Hürde an

Wertebene
- Projektarbeit ist seine Profession
- oft akademische Wertmaßstäbe

Benutzer	Typ: „Betroffener"

Sachebene
- hat größte Detailkenntnisse
- bevorzugt Lösungen mit wenig Umstellungsaufwand

Soziebene
- status quo gibt ihm Sicherheit
- Veränderungen bringen Unruhe und Unsicherheit
- fürchtet Positionsverlust
- sieht sich als einzigen wirklichen Sachexperten an
- Experte ist ihm oft zu „theoretisch"

Wertebene
- ist fachlicher Gründlichkeit verpflichtet
- Fachspezialist, oft „Praktikermaßstäbe"

Abb. 6: Interaktionsmuster der Projektbeteiligten

Dies kann insbesondere an den verschiedenen Entscheidungspunkten geschehen. Dabei sind Negativentscheidungen häufig besonders typisch, also Entscheidungen, die sich darauf richten, bestimmte Personen, Probleme oder Lösungen aus der Untersuchung auszuklammern. Im übrigen wird je nach Interessenlage der Prozeß beschleunigt oder verlangsamt, die Themenbehandlung erweitert oder eingegrenzt, das Klima freundlich oder frostig gestaltet. Es gibt kaum eine Sachfrage, die nicht zugleich Machtfrage ist oder dazu gemacht werden kann.

V. Schlußfolgerungen

1. Projekte als Geschäfte interpretieren und führen

Projekte entfernen sich inhaltlich und organisatorisch mehr oder weniger stark vom operativen Geschäft der Unternehmung. Der Projektleiter ist unabhängig von den jeweiligen Unterstellungsverhältnissen sowohl funktionsspezifisch als auch zeitlich und räumlich von der ihn führenden Instanz getrennt. Diese Eigenart der Projektarbeit sollte nicht als Führungslücke, sondern als besondere Chance und Herausforderung begriffen werden, dies für das Management *des* Projekts wie für das Management *durch* Projekte. Projekte können wie eigene, neuartige *Geschäfte* interpretiert und geführt werden, wobei den „Benutzern" der Status von „Kunden" zukommt. Der Projektleiter ist gehalten, für das Projekt die Rolle eines *Geschäftsführers* zu übernehmen. Projekte wären demgemäß Plattformen für *internes Unternehmertum (Intrapeneurship)*, auf denen sich der unternehmerische Führungsnachwuchs beweisen und entwickeln kann. Die Projektoberleitung fungiert dann wie eine „*Projektholding*", deren Aufgabe es ist, die notwendigen Controllingaktivitäten durchzuführen sowie die erforderliche Unterstützung zu gewähren. Top Manager übernehmen die Funktion von Promotoren und Paten des Projekts. Dies setzt im Top Management wie in der Projektleitung ein erhebliches Umdenken und ein verändertes Rollenverständnis voraus.

2. Konsequenzen für den Projektleiter

Die personellen Führungsaufgaben sind von besonderer Bedeutung für die Projektleitung. Sie sind, im Gegensatz zu sachbezogenen Aufgaben, nicht delegierbar. Wünschenswert sind daher *Personalführungserfahrungen* der Projektleiter. Der reine Fachspezialist ist für die Projektleiterfunktion weniger geeignet. Projektleiter müssen außerdem in Projektmanagement- und Moderationstechniken geschult sein, um die Rolle des *Prozeßpromotors* übernehmen zu können. Es geht nicht um die „Abwicklung von Projekten", sondern um die „*Moderation von Problemlösungsprozessen*".

Besonders wichtig und zugleich kritisch ist die Forderung, daß sich Projektleiter wie Geschäftsführer bzw. interne Unternehmer verhalten sollten. Dies setzt ein hohes Maß an Eigeninitiative sowie Mut zur Übernahme von Verantwortung voraus (vgl. *Pinchot* 1988). Projektleiter erfüllen nicht in erster Linie ausformulierte Projektaufträge, sondern sie erarbeiten Projektergebnisse, die sie wie ein Produkt an die Projektumgebung „verkaufen" müssen. Direktiven und Unterstützung der Projektoberleitung sollten nicht abgewartet, sondern aktiv akquiriert werden („Holschuld" statt „Bringschuld").

3. Konsequenzen für das obere Management

Das Top Management muß Projekte als Kristallisationspunkte für Wandel und Innovierung der Unternehmung begreifen. Die Definition und Übertragung von Projektaufträgen ist außerdem als ein wesentlicher Teil der Personal- bzw. Managemententwicklung zu sehen. Von unteren Ebenen, insbesondere auch der Ausführungsebene, wird heute weithin die aktive Mitwirkung am *kontinuierlichen Verbesserungsprozeß* (jap. Kaizen) erwartet. Analog ist von oberen Führungskräften zu fordern, daß sie nicht nur bestehende Geschäfte erfolgreich bewältigen, sondern auch über deren Weiterentwicklung sowie über neue Geschäfte nachdenken. Es geht darum, *organisatorische Lernprozesse* zu initialisieren und zu institutionalisieren. Managern kommt dabei, verallgemeinert formuliert, die Rolle von *Evolutionspromotoren* zu (vgl. *Krüger* 1993b). Dazu gehört nicht zuletzt das Management *durch* Projekte.

In dem Maße, wie Projektleiter initiativfreudig und risikobewußt sein sollen, müssen Top-Manager ihnen Freiräume zugestehen sowie Ermutigung und Unterstützung zukommen lassen. Um das Führen *durch* Projekte zu stimulieren, könnte Führungskräften ein Teil ihres Budgets für Projektzwecke zur Verfügung gestellt werden. Die Führung *von* Projekten sowie *des* Projekts sollte soweit möglich auch honoriert werden, z. B. durch Aufnahme in das *Bonussystem*. In letzter Konsequenz ist daran zu denken, das Führen von Projekten als integrativen Teil der Karrierewege anzusehen. Denkbar ist zum einen, daß eine *Projekthierarchie* und demgemäß eine *Projektlaufbahn* neben die Führungslaufbahn (Leitungshierarchie) und die Fachlaufbahn (Parallelhierarchie) tritt. Zum anderen ist im Einzelfall zu prüfen, ob eine Karriere im Rahmen der beiden konventionellen Laufbahnen nicht über Zwischenstufen in der Projektlaufbahn führen sollte. An die Stelle oder neben die „Schornsteinkarriere" tritt die „Wendeltreppe", also ein Karriereweg, der eine Job Rotation zwischen verschiedenen Laufbahnen enthält.

Literatur

Burghardt, M. et al.: Projektmanagement. Berlin et al. 1988.
Cleland, D. I./King, W. R.: Project Management Handbook. New York 1988.
DIN 69901.
Frese, E.: Projektorganisation. In: *Grochla, E.* (Hrsg.): HWO. 2. A., Stuttgart 1980, Sp. 1960–1974.
Gareis, R.: Handbook of Management by Projects. Wien 1990.
Gareis, R./Titscher, S.: Projektarbeit und Personalwesen. In: *Gaugler, E.* (Hrsg.): HWP. Stuttgart 1992, Sp. 1938–1953.
Gemünden, H. G.: Erfolgsfaktoren des Projektmanagements. In: Projekt Management, 1990, S. 4–15.
Grün, O.: Projektorganisation. In: *Frese, E.* (Hrsg.): HWO. 3. A., Stuttgart 1992, Sp. 2102–2116.
Haberfellner, R.: Projektmanagement. In: *Frese, E.* (Hrsg.): HWO. 3. A., Stuttgart 1992, Sp. 2090–2102.
Hauschildt, J.: Innovationsmanagement. München 1993.
Katzenbach, J. R./Smith, D. K.: Teams. Wien 1993.
Krüger, W.: Problemangepaßtes Management von Projekten. In: ZFO 1987, S. 207–216.
Krüger, W.: Unternehmenskultur – ein strategischer Erfolgsfaktor. In: *Sattelberger, T.* (Hrsg.): Innovative Personalentwicklung. Wiesbaden 1989, S. 269–280.
Krüger, W./Ebeling, F.: Psychologic: Topmanager müssen lernen, politisch zu handeln. In: Harvard Manager 1991, S. 47–56.
Krüger, W.: Zusammenarbeit im Projekt. In: RKW (Hrsg.): Projektmanagement-Fachmann. Bd. 2, 1991, S. 859–943.
Krüger, W.: Macht. In: *Gaugler, E./Weber, W.* (Hrsg.): HWP. 2. A., Stuttgart 1992, Sp. 1313–1324.
Krüger, W.: Projektmanagement. In: *W. Wittmann* et al. (Hrsg.): HWB. Stuttgart 1993a, Sp. 3559–3570.
Krüger, W.: Organisation als Kunstwerk. In: *Scharfenberg, H.* (Hrsg.): Strukturwandel in Management und Organisation, Baden-Baden 1993b, S. 489–501.
Krüger, W.: Organisation der Unternehmung. 3. A., Stuttgart et al. 1994.
Madauss, B.: Handbuch Projektmanagement. 3. A., Stuttgart 1990.
Manz, C. C./Sims, H. P.: Selbststeuernde Gruppen, Führung in. In: *Kieser, A.* et al.: HWFü. Stuttgart 1987, Sp. 1805–1823.
Pinchot, G.: Intrapreneuring. Wiesbaden 1988.
Rationalisierungs-Kuratorium der Deutschen Wirtschaft (RKW) e.V.: Projektmanagement-Fachmann. 2 Bde., Eschborn 1991.
Reschke, H./Schelle, H./Schnopp, R.: Handbuch Projektmanagement. Bd. 2, Köln 1989.
Scholz, Ch.: Projektkultur. In: ZFO 1991, S. 143–150.
Schwarz, G.: Unternehmungskultur als Element des Strategischen Managements. Berlin 1989.
Slevin, D. P./Pinto, J. K.: Critical Success Factors in Effective Project Implementation. In: *Cleland/King* (Hrsg.): Project Management Handbook. New York 1988, S. 479–512.
Staerkle, R.: Projektorganisation und Führung. In: *Kieser, A.* et al.: HWFü. Stuttgart 1987, Sp. 1739–1748.
Witte, E.: Organisation für Innovationsentscheidungen. Göttingen 1973.

Psychische Belastung von Führungskräften

Cary L. Cooper/Bruce D. Kirkcaldy/ Adrian Furnham

[s. a.: Physische Belastung von Führungskräften; Führungstheorien – Rollentheorie; Leistungsbewertung als Führungsinstrument; Soziale Kompetenz.]

I. Einführung; II. Definition und ein Modell; III. Ursachen von Streß; IV. Umgang mit Streß.

I. Einführung

Der Beruf von Managern wird in dem Maß komplizierter, in dem auch gesellschaftliche und Arbeitsumwelten unüberschaubarer werden. Viele Menschen sehen die Gagen von mittleren und besonders oberen Führungskräften mit Neid. Doch die Höhe der Gehälter entspricht oft den hohen *persönlichen Kosten*. In diesem Artikel wollen wir einen Blick auf einige dieser Schattenseiten, Schwierigkeiten und Nachteile der Führungskräfte- und Managementberufe werfen und uns besonders auf *Streß* konzentrieren. Manager sind laufend mit einer Reihe von potentiell gefährlichen Stressoren konfrontiert; einige davon werden im folgenden aufgelistet:

– In multinationalen Unternehmungen wird von Führungskräften erwartet, daß sie „um die Welt jetten"; daher sind sie häufig mit ungewohnten Umwelten konfrontiert, und diese Mobilität führt möglicherweise zu „kultureller Erschöpfung".
– Manager erleben massive strukturelle und organisatorische Änderungen, die notwendig sind als Ergebnis des Strebens nach Effizienz und ökonomischer Gesundheit.
– In der Bundesrepublik sind politische und gesellschaftliche Spannungen seit der Wiedervereinigung gewachsen und auch der politische und ökonomische Druck in Richtung europäischer Union hat zugenommen.
– Aus Fusionen und Unternehmenskäufen und -zusammenlegungen entstehen Konflikte.
– Der Einfluß der ökonomischen Rezession mit ungenügender Planung(smöglichkeit) und Personalmangel ist ebenso zu erwähnen wie
– Probleme, die einhergehen mit dem „Herunterfahren von Unternehmen" („downsizing"), die besonders das mittlere Management treffen (Kündigung, um Kosten zu sparen).

II. Definition und ein Modell

Die bekannteste Definition von Streß durch *McGrath* (1976) verfolgt einen interaktiven Ansatz, in dem sie herausstellt, daß „ein Potential für Streß dann vorliegt, wenn eine Situation als so herausfordernd wahrgenommen wird, daß sie die Fähigkeiten und Fertigkeiten eines Individuums, sie zu bewältigen zu übersteigen droht und dies unter Bedingungen, unter denen das Individuum einen substantiellen Unterschied bei Belohnungen und Kosten in Abhängigkeit von der Bewältigung der Herausforderung erwartet" (S. 352). Diese Definition ermöglicht die Entwicklung des unten angeführten Modells, das drei verschiedene aber gleich wichtige Teile enthält. *Erstens* zeigt es, daß sowohl interne (personale, demographische Merkmale, Können, Attitüden) und externe (stellenbezogene, familiäre) Faktoren von Bedeutung sind. Das heißt, Streß ist normalerweise in Persönlichkeitscharakteristika *und* den besonderen Umständen der Arbeit begründet (→*Demographie und Führung; Führungstheorien – Eigenschaftstheorie*). *Zweitens* erfahren zwei ähnliche Menschen in ähnlichen Situationen nicht notwendig ähnlichen Streß, weil individuelle Unterschiede in der Beurteilung dessen bestehen, was eine Bedrohung darstellt. Obwohl also *zu Streß führende Faktoren* völlig objektiv sind (Überlastung, Krankheit usw.), ist es die subjektive Wahrnehmung des einzelnen über die Lage der Dinge, die tatsächlich zu Streß führt. *Drittens* resultiert Streß zwar aus einer wahrgenommenen Bedrohung, aber die Konsequenzen von Streß hängen sehr stark von der individuellen Reaktion oder der Wahl von Handlungsalternativen ab. Hat nämlich das Individuum eine Anzahl nützlicher Handlungsmöglichkeiten, kann er oder sie normalerweise negativen Streßfolgen entrinnen oder mindestens die gefährlichsten Effekte abmildern. Sowohl interne als auch externe Stressoren führen Individuen zu einer kognitiven Wahrnehmung ihrer Situation, die gleichzeitig ihre Gefühle und psychologischen Reaktionen beeinflußt.

III. Ursachen von Streß

Was Streß bestimmt, hängt – intern – von der Person und – extern – von der Umwelt ab. Obwohl diese Faktoren gesondert erörtert werden müssen, seien drei Punkte besonders herausgestellt: Erstens können Streßursachen nicht nach ihrer Wichtigkeit gereiht werden, weil jeder Stressor von Beruf zu Beruf und von Zeit zu Zeit verschieden ist. Darüber hinaus sind Stressoren für die meisten Menschen nicht immer gleich. In der Tat könnte es zutreffen, daß sie für manche Manager nicht existieren. Zweitens sind viele der streßerzeugenden Faktoren voneinander abhängig: Obwohl sie also als unabhängige Größen aufgezählt werden, ist es sehr wahrscheinlich, daß sie eng miteinander verknüpft sind. Drittens sind Aufzählungen nicht vollständig, da wahrscheinlich bestimmte Faktoren nur bestimmte Jobs betreffen.

1. Ursachen im Arbeitskontext

(a) *Rollenkonflikt und Ambiguität:* Streß resultiert aus konfligierenden Anforderungen und Unsicherheit. Für viele Führungskräfte ist es erforderlich, zwischen Rollen zu jonglieren, das heißt, imstande zu sein, schnell von einer Rolle (→*Führungstheorien – Rollentheorie*) in die andere zu schlüpfen. Es ist dies gewöhnliches Verhalten arbeitender Müt-

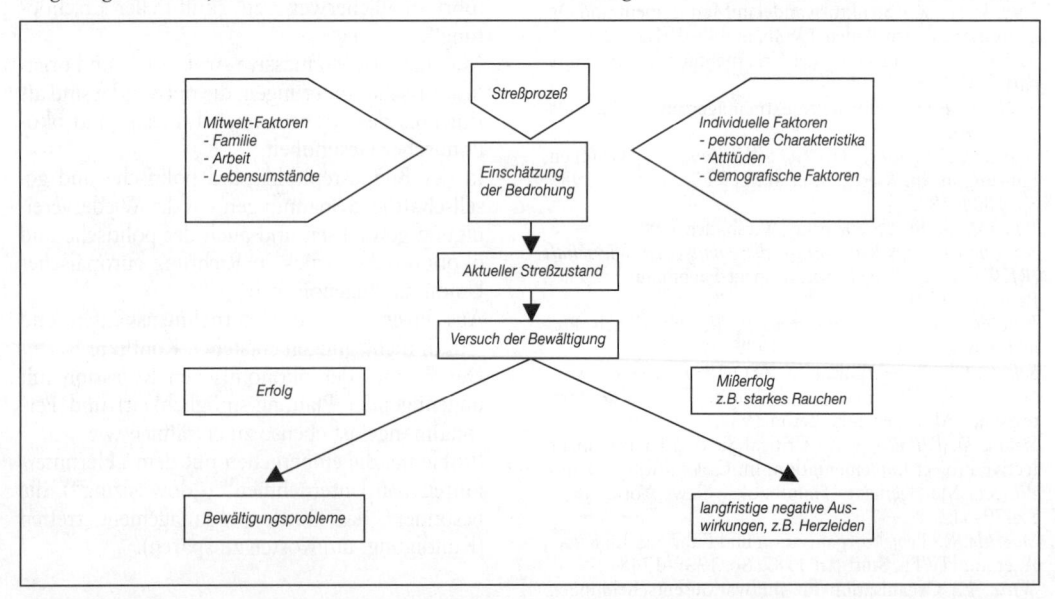

Abb. 1: Der Streßprozeß (Cooper et al. 1988, mit Erlaubnis)

ter, aber auch von Personaldirektoren. Die nachteiligen Effekte von Rollenkonflikten (→*Konflikte als Führungsproblem*) kommen weniger in solchen Arbeitssituationen zum Tragen, die gekennzeichnet sind von Freundlichkeit und wechselseitiger Unterstützung, als dort, wo diese Bedingungen fehlen.

Rollenkonflikte und Ambiguität führen zu verminderter Zufriedenheit, erhöhter Angstbereitschaft und manchmal zu Herzrhythmusstörungen (→*Physische Belastung von Führungskräften*) (*Cooper* et al. 1988).

Unsicherheit über Rollenerwartungen entsteht aus Ungewißheit hinsichtlich der Anforderungen an eine bestimmte Stelle wie z. B. das Ausmaß an Verantwortung, der Erwartungsdruck oder der Zeiteinteilung für verschiedene Aufgaben. Bisweilen entsteht Unsicherheit, weil keine klaren Stellenbeschreibungen, Zielvorgaben oder besondere Richtlinien hinsichtlich der Selbständigkeit vorliegen, häufig auch auf Grund von organisatorischen Änderungen oder umfangreichen Änderungen am Markt.

(b) *Überlastung*: Streß, weil zuviel oder zuwenig zu tun ist. *Arbeitsüberlastung* kann qualitativer oder quantitativer Art sein. Quantitative Überlastung liegt vor, wenn von Managern verlangt wird, in vorgegebener Zeit mehr zu arbeiten, als sie zu leisten in der Lage sind. Qualitative Überlastung liegt vor, wenn Manager meinen, verlangte Fähigkeiten, Qualifikationen oder Ressourcen nicht zu besitzen, um in einem Job entsprechende Leistungen zu erbringen. *French/Caplan* (1970) fanden heraus, daß quantitative Überlastung häufig verbunden ist mit Zigarettenkonsum, der einen wichtigen Risikofaktor für Coronarerkrankungen darstellt. Mitarbeiter, die in Telefongesprächen, Sitzungen und Besuchen ersticken, neigen zu höherem Zigarettenkonsum als solche in weniger hektischen Situationen.

(c) *Fehlen sozialer Unterstützung*: Streß aus sozialer Isolation. Freunde und Helfer in schwierigen Zeiten lassen Managern streßhafte Situationen weniger bedrohlich und kontrollierbarer erscheinen. Freunde und nahestehende Personen können oft auch nützliche Vorgehensweisen empfehlen, um mit Streßverursachern umzugehen. Sie sind auch oft in der Lage, jene in Streßsituationen auftretenden negativen Empfindungen und Gefühle zu lindern. Überhaupt ist auch menschliche Unterstützung qualitativ und quantitativ; letztere ist eher ersterer zu opfern, wobei idealerweise beide unbegrenzt als Vorbeugungsmaßnahme zur Verfügung stehen sollten (vgl. Abb. 2).

Kirkcaldy/Furnham (1994) fanden in einer Untersuchung von Managern der öffentlichen Verwaltung Beweise für die „Hypothese der Zweischneidigkeit" der sozialen Unterstützung, daß sie nämlich gleichzeitig als Puffer gegen mögliche Stressoren dienen kann, aber auch selbst Streß-

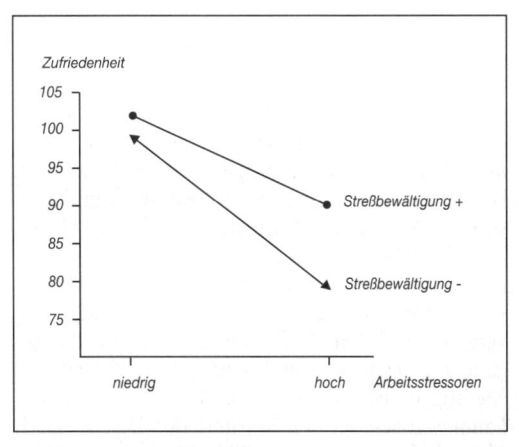

Abb. 2: Arbeitszufriedenheitswerte von Personen mit hohen oder niedrigen Streßbewältigungseigenschaften bei Bedingungen hoher und niedriger Arbeitsstressoren (Kirkcaldy und Furnham, 1994)

quelle darstellt. Aus der Reziprozität der sozialen Unterstützung ergibt sich also eine schwere Last für das Individuum, denn je mehr Hilfe man erfährt, um so mehr wird auch erwartet.

(d) *Zu geringe Partizipation an Entscheidungen*: Streß aus Hilflosigkeit. Viele mittlere Führungskräfte sind, oder glauben es zu sein, Opfer von Entscheidungen auf einer höheren Ebene, auf die sie keinen Einfluß haben. Die häufige Ursache liegt darin, daß Manager weder zu wichtigen Entscheidungen, die ihren Job betreffen, zugezogen werden noch ihr Entstehen mitverfolgen können.

(e) *Seltene Leistungsbeurteilung*: Streß durch ungenügendes Feedback. Aus Problemen bei der Leistungsbeurteilung (→*Leistungsbewertung als Führungsinstrument*) resultieren mindestens zwei Arten von Streß, einmal, wenn keine Beurteilung gegeben wird und man daher nicht weiß, wie man eingeschätzt wird, und zum anderen, wenn negatives Feedback zwar gegeben wird, aber keine Hinweise darauf, wie man es besser machen könnte (→*Anerkennung und Kritik als Führungsinstrumente*). In einer Organisation ohne durchdachtes Beurteilungswesen können Manager stark unter Streß stehen.

(f) *Organisatorische Änderungen*: Streß, resultierend aus Anpassungserfordernissen. Besonders für mittlere Führungskräfte entwickelt sich Streß entsprechend der Geschwindigkeit, der Art und dem Ausmaß organisatorischer Änderungen. Wechsel der Firmenpolitik, Reorganisation, Fusionen und Verzögerungen in der Zielerreichung führen zu geänderten Strukturen und anderen klimatischen Bedingungen, wenn nicht überhaupt eine Organisation, die hohe Änderungsbereitschaft verlangt, selbst eine wichtige Streßursache ist.

(g) *Karriereentwicklung*: Streß, steckengeblieben zu sein. Die meisten Organisationen „hängen

Karotten vor die Nase" ihrer Führungskräfte indem der Aufstieg auf Grund von Leistung oder Seniorität suggeriert wird. Manager entwickeln daher Erwartungen hinsichtlich ihrer Karriere (→*Karriere und Karrieremuster von Führungskräften*). Wenn diese Erwartungen enttäuscht werden, ist dies in der Tat eine Quelle von Streß und Frustration. So erwähnt beispielsweise *Cooper* (1985, S. 247), daß in dem Maß, in dem „attraktive Arbeitsmöglichkeiten geringer werden, auch die noch verfügbaren schwerer zu meistern sind, weil vergangene (falsche?) Entscheidungen nicht rückgängig gemacht werden können, altes Wissen und Methoden obsolet werden, Energien von der Familie abgesaugt werden und der Druck durch Nachwuchskräfte (mittlere Führungskräfte zu überholen) wächst". Diese Lebensphase hat *Constandse* (1972) als männliche Menopause etikettiert.

Kay (1974) meint, das Mittelmanagement sei unter Druck gesetzt durch ein Gefühl des Eingeschlossenseins, mit wenig realer Autorität, unter Gehaltsdruck und der unentrinnbaren Drohung des Damoklesschwertes des Arbeitsplatzverlustes oder dem Ansinnen, in den vorzeitigen Ruhestand zu treten.

(h) *Einfluß der Arbeit auf die Privatsphäre:* Streß resultierend aus zwei Berufen. Zeit- und Loyalitätskonflikte zwischen den Anforderungen des Privat- und Berufslebens. Frauen sind häufiger mit Doppelrollen belastet, die Haushalt und Beruf mit sich bringen (*Kirkcaldy/Thomé/Thomas* 1986). Besonders bei Führungskräften können ernste Konflikte zwischen beruflichen und privaten Anforderungen erwartet werden, wenn sich kein Bereich dem anderen gegenüber tolerant oder gar unterstützend erweist und das selbstverständliche Resultat Streß darstellt.

2. Ursachen in der Persönlichkeitsstruktur und im Lebensstil

Ist es denkbar, daß manche Personen ihren eigenen Streß in sich tragen? Wenn auch Arbeitsbedingungen und Privatsphäre Streß beeinflussen, kann es auch stimmen, daß *Streß durch persönliche Faktoren* beeinflußt ist. Es gibt eine Menge von unterschiedlichen individuellen Faktoren, die Menschen mehr oder weniger anfällig für Streß machen, so z. B. optimistische oder pessimistische Einstellung, kognitive Flexibilität, Emotionalität, gelernte Hilflosigkeit (oder gelernter Einfallsreichtum), „Härte" bzw. Robustheit, Risikoverhalten, soziale Kompetenz (→*Soziale Kompetenz*), finanzielle Sicherheit usw.; vgl. *Horwarth/Dusseyer* (1993). Neben anderen individuellen Dispositionen haben die nachfolgend angeführten die meiste Aufmerksamkeit gefunden.

(a) *Neurotizismus und Stabilität:* Der ängstliche Besorgte. Es herrscht weitgehend Übereinstimmung, daß Menschen mit „negativem Affekt", besonders jene mit einer Mischung aus Ängstlichkeit, Reizbarkeit, Neurotik und Selbstbenachteiligung, eher weniger produktiv, weniger mit ihrer Arbeit zufrieden sind, und eher zu Absentismus neigen (*Furnham* 1992). Darüber hinaus sind sie weniger leistungsorientiert und zeigen geringere Identifikation mit der Organisation bzw. deren Erfolg: „Sehr ängstliche Individuen, die dazu neigen, pessimistischer zu sein als weniger ängstliche Personen [zweifeln eher] an der Wahrscheinlichkeit, eine Aufgabe erfolgreich zu bewältigen" (*Kirkcaldy/Furnham/Lynn* 1992, S. 53). Neurotische Menschen neigen dazu, in ihren Fehlschlägen, Enttäuschungen und Unzulänglichkeit zu leben und generell eher die negativen Seiten zu sehen. Sie scheinen anfälliger für Streß und unfähiger, damit umzugehen.

(b) *Locus of Control:* „Der Handelnde und der Fatalist". Diese Variable oder Dimension der Persönlichkeit verweist auf das Vertrauen in interne bzw. externe Verstärkung, d. h. die Begründung für Folgen von Verhalten. Es wird unterstellt, daß Individuen allgemeine Erwartungen über ihre Fähigkeit, ihr Leben zu bestimmen, entwickeln. Von Menschen, die glauben, daß ihre Entwicklung das Resultat ihres eigenen Verhaltens und/oder ihrer Anstrengungen ist, wird gesagt, daß ihre Persönlichkeit und ihr Potential das Resultat interner Erwartungssteuerung und -beherrschung ist. Dem gegenüber sagt man von Menschen, sie seien extern gesteuert, wenn sie glauben, daß ihr Leben bestimmt ist von Glück, Zufall, Schicksal, Gott, Mächten außerhalb ihrer Kontrolle oder Manipulation. Selbstbestimmte Manager sehen Bedrohungen als weniger mit Streß beladen und können besser damit umgehen als mehr Fremdbestimmte. Der „*Locus of Control*" hat zu tun mit dem Wunsch nach Bestimmung, begriffen als eine Fähigkeit, die das Ausmaß widerspiegelt, zu dem Menschen ihr Leben bestimmen und steuern möchten. Menschen mit dem Wunsch nach Selbstbestimmung verfügen eher über interne Steuermechanismen, um sich leichter zu begeistern, ausdauernder zu sein, eher sich herausfordern zu lassen und sich selbst als die Quelle ihres Erfolgs zu sehen (*Burger* 1985); *Kirkcaldy/Cooper/Furnham* et al. (1993) berichten, Internalisierung sei mit guter Anpassungsfähigkeit verbunden: Manager mit hohem *Selbstbestimmungs*vermögen sind gesund, kraftvoll, charismatisch und zeigen weniger beruflichen Streß verbunden mit insgesamt größerer Arbeitszufriedenheit.

Spector (1982) wendete das Locus of Control-Konzept auf Verhalten in Organisationen an. Es wurde festgestellt, daß Selbst- oder *Fremdbestimmung* verbunden sind mit Motivation, Anstrengung, Leistung, Zufriedenheit, Arbeitsauffassung, Einverständnis mit Autorität und Kontrolle, aber auch wichtige Mittlerfunktionen haben zwischen Anreizen und Motivation, Zufriedenheit und Unzufriedenheit. So bevorzugen z. B. internal gesteuerte Menschen Akkordsyteme, während external gesteuerte eher direkte Kontrolle präferieren, eher sich aufgezwungenen Vorgesetzten fügen und besorgter um soziale Belange sind als internal gesteuerte.

(c) *Typ A-Verhalten:* Der wetteifernde Hektiker. Vor 25 Jahren begannen sich Psychiater dafür zu interessieren, ob Herzinfarktpatienten ähnliche psychologische Eigenschaften aufweisen. Tatsächlich konnte in verschiedenen Studien ein Muster identifiziert werden, der „Typus A", der anfänglich charakterisiert wurde durch auffallende und eifernde Dranghaftigkeit und gesteigertes Gefühl, unter Zeitnot zu stehen. Dieses Verhaltensmuster ist aber multidimensional, mit zahlreichen Ausdrucksvarianten wie ein intensives anhaltendes Bedürfnis nach Leistung, Wettbewerbseifer, überdauernder Wunsch nach Anerkennung, dauernde Verstrickung in Terminprobleme, gewohnheitsmäßigen Hang, Funktionen und Aufgaben anzuhäufen und nicht nachlassende Alarmbereitschaft. Neben anderen Merkmalen dieses Typus A ist darauf hinzuweisen, daß dieses Verhalten gelernt ist. *Price* (1982) meinte, daß es gelernt wird in offenen wettbewerbsorientierten Gesellschaften, in denen Mobilität (nach oben) möglich ist, Erfolg als Ergebnis individueller Anstrengungen gilt und Fortschritt am besten definiert ist mit Begriffen materieller Errungenschaften. Vorbedingungen sind z. B. Erziehungssystem, Urbanisierung und sozioökonomische Faktoren. Menschen vom Typus A reagieren oft negativ auf manche Managementprogramme, z. B. auf Veranstaltungen, die beträchtliche Zeit für „Mitbestimmung" erfordern, Reisen zu und von Seminarveranstaltungen und Abhängigkeit von der Hilfe des Ehepartners (*Andrew* et al. 1981; *Kirkcaldy/Shephard* 1990).

Jüngst haben *Kirkcaldy/Furnham/Cooper* (1993) in einer größeren Untersuchung von Führungskräften in Großbritannien und der Bundesrepublik signifikante Zusammenhänge zwischen Typus A-Verhalten und Locus of Control gefunden, die erweisen, daß die Verbindung von Typus A und Externalität zu Frustration, schlechter Gesundheit und Unglücklichsein führt (Abb. 3).

(d) *Bewältigungsstrategien:* Der unglückliche Kämpfer. Wie aus Abb. 1 ersichtlich, bestimmt der Erfolg der Bewältigungsversuche, ob eine Person an Streß leidet oder nicht. Psychologen haben verschiedene Strategien beschrieben und kategorisiert, von denen einige erfolgreich sein sollen und andere nicht. *Folkman/Lazarus* (1980) unterscheiden zwischen problembezogener Bewältigung (gemeint als Problemlösen oder irgend etwas unternehmen, um den Streß zu vermindern) und gefühlsbezogener Bewältigung (gemeint als Verminderung oder Lösung der emotionalen Beunruhigung, die verbunden ist mit [oder geheilt werden kann durch einer bestimmten Situation). Manche sagen, diese Unterscheidung sei zu einfach. So haben *Carver/Scheier/Weintrader* (1989) beide Typen von Bewältigung weiter entwickelt:

Einige emotionsbezogene Strategien schließen Verneinung ein, andere verlangen positive Reinterpretation von Vorfällen, und noch einmal andere verlangen die Suche nach sozialer Unterstützung. Ganz ähnlich können problemorientierte Bewältigungsstrategien verschiedene unterschiedliche Aktivitäten vorsehen, so z. B. Planung, direkte Aktion, Unterstützung suchen, besondere Überwachung bestimmter Aktivitäten und manchmal sogar das Stoppen irgendwelcher Aktivitäten für eine längere Zeitspanne. Die folgende Aufzählung enthält sowohl adaptive als auch nicht adaptive Bewältigungsstrategien (*Carver* et al. 1989): Positive Reinterpretation; aktive Bewältigung; Planung; Aufsuchen sozialer Unterstützung für emotionale Probleme; Suche nach sozialer Unterstützung für instrumentelle Probleme: Unterdrückung von wettbewerbsorientierten Aktivitäten; Religion, Akzeptanz, Aufgabe mentalen Engagements; Aufmerksamkeit legen auf Emotionen – sich Luft machen; Haltungs- bzw. Gewohnheitsänderungen; ablehnende Strategien; beschränkende Strategien; Alkohol und Humor.

In jüngster Zeit haben sich Forscher eher auf die Messung der Streßbewältigung an Hand multidimensionaler Instrumente konzentriert (*Endler/Parker* 1990; *Kirkcaldy/Cooper* 1992). Viele Studien haben gezeigt, wie Bewältigungsstrategien und -gewohnheiten zwischen verschiedenen Variablen vermitteln.

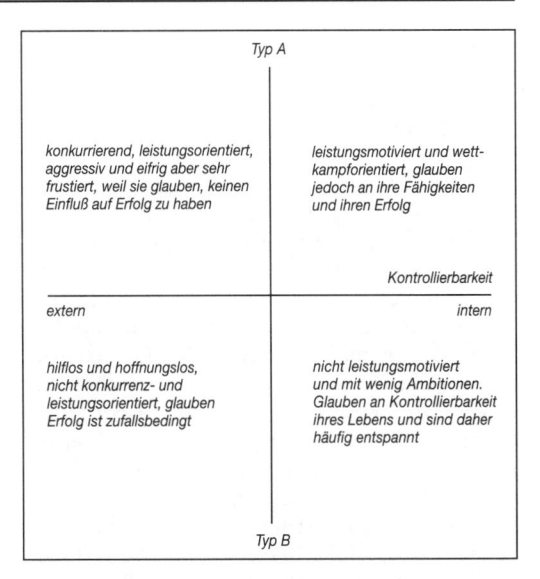

Abb. 3: Die Interaktion zwischen zwei Persönlichkeitsmerkmalen bezogen auf Arbeitsverhalten (adaptiert aus: Kirkcaldy/Furnham/Cooper 1992)

	Typ A	
konkurrierend, leistungsorientiert, aggressiv und eifrig aber sehr frustiert, weil sie glauben, keinen Einfluß auf Erfolg zu haben		leistungsmotiviert und wettkampforientiert, glauben jedoch an ihre Fähigkeiten und ihren Erfolg
extern	Kontrollierbarkeit	intern
hilflos und hoffnungslos, nicht konkurrenz- und leistungsorientiert, glauben Erfolg ist zufallsbedingt		nicht leistungsmotiviert und mit wenig Ambitionen. Glauben an Kontrollierbarkeit ihres Lebens und sind daher häufig entspannt
	Typ B	

Parker/Brown (1982) z.B. verwenden einen sechsdimensionalen Fragebogen und zeigen, wie manche Streßbewältigungsgewohnheiten die Beziehung zwischen Lebensumständen und Depression reduzierten und andere verschärften (vgl. *Kirkcaldy/Cooper/Eysenck* 1994).

(e) *Optimismus:* Ein Puffer gegen Streß. Ein personaler Faktor, der eine wichtige Rolle in der Bestimmung der Streßresistenz zu spielen scheint, ist die bekannte Dimension *Optimismus – Pessimismus.* Optimisten sind hoffnungsfroh in ihren Lebensansichten, interpretieren Situationen in einem positiven Licht und neigen dazu, angenehme Ergebnisse und Resultate zu erwarten. Dem gegenüber legen Pessimisten viele Situationen als unvorteilhaft aus, was indiziert, daß Optimisten viel eher streßresistent sind als Pessimisten.

So werden Optimisten viel weniger wahrscheinlich über körperliche Beschwerden etwa während streßbeladener Situationen wie z.B. Schlußexamen (*Seligman* et al. 1968), klagen. Optimismus ist auch beschrieben worden als eine Art des Denkens, das der Ängstlichkeit keine Chance lassen will (*Perlott* 1983). Es hat den Anschein, daß Optimisten und Pessimisten entgegengesetzte Strategien einsetzen, mit Streß umzugehen. Optimisten ziehen problemorientierte Strategien vor – indem sie besondere Pläne machen und umsetzen, mit Streßverursachern fertig zu werden. Dazu suchen sie soziale Unterstützung – den Rat und die Hilfe von Freunden und Bekannten – und vermeiden, sich anderen Tätigkeiten zuzuwenden, bevor nicht anstehende Probleme gelöst sind und Streß reduziert ist. Im Gegensatz dazu tendieren Pessimisten zur Anwendung unterschiedlicher Strategien wie der Aufgabe ihrer mit Streß verbundenen Anstrengungen zur Erreichung von Zielen und der Leugnung der Existenz stressiger Begebenheiten. Die beiden nehmen auch unterschiedliche Attributierungen vor: Optimisten schreiben Erfolge sich selbst zu und Mißerfolge anderen und vice versa (→*Führungstheorien – Attributionstheorie*).

(f) *Ausdauer, Robustheit:* Streß als Herausforderung. Eine andere individuelle Differenz, an der sich streßresistente Menschen von jenen unterscheiden, die empfindlicher sind für seine schmerzhaften Effekte, kann als *Robustheit.* bezeichnet werden. Die Eigenschaft meint eher ein Bündel von Eigenschaften, durch deren Besitz sich robuste Menschen von anderen unterscheiden. Einmal zeigen robuste Menschen höhere Begeisterungsfähigkeit, d.h. mehr Engagement in ihrem Beruf und anderen Aktivitäten. Zum anderen meinen sie, daß sie ihr Leben unter Kontrolle haben und mit ihren Erfahrungen umgehen können, und schließlich lieben sie die Herausforderung und nehmen etwa auch Änderungen als solche an und als Gelegenheit, um zu wachsen, und nicht als Bedrohung für ihre Sicherheit. Zusammengenommen erweisen sich diese Charakteristika als gute Panzerung für robuste Personen, Streß zu begegnen. Zähe, ausdauernde Menschen verfügen über bessere Gesundheit sogar dann, wenn sie mehrere streßbehaftete Änderungen im Leben hinnehmen mußten. Robustheit ist ein guter Ansatzpunkt, um die Wirkung von Streß zu verstehen. Jüngste Erfahrungen zeigen, daß Engagement und ein Gefühl, sein Leben unter (Eigen)Kontrolle zu haben, die entscheidenden Ingredienzien für Robustheit sind, und künftige Forschung sollte ihre Rolle bei der Streßbewältigung stärker in die Betrachtung einbeziehen.

IV. Umgang mit Streß

In ihrem Modell für Streßmanagement fordern *De Frank/Cooper* (1993), daß „Arbeitgeber, Forscher und Vorsorgeeinrichtungen ihre Konzeptualisierung für Interventionen bei Streß erweitern müssen und auch den Umfang möglicher Resultate. Dies ist erforderlich, weil Maßnahmen, die nur auf individuelle Reaktionen auf streßhafte Umstände zielen und nicht auch auf die Änderung der Umstände selbst gerichtet sind, nicht geeignet sind, negative legale Folgewirkungen [dieser Umstände] zu verhindern" (S. 4). Dem entspricht die Forderung von *Reynolds/Taylor/Shapiro* (1993), daß Werkzeuge zur Verfügung stehen müssen, um den negativen Einfluß von Berufsstreß auszugleichen: Diese Werkzeuge „zielen auf zwischenmenschliche Beziehungen am Arbeitsplatz (z.B. Gruppenbildung), Arbeitscharakteristika (z.B. Verstärkung der Einflußmöglichkeiten des Arbeiters durch Neugestaltung des Arbeitsplatzes oder Schulung) oder Interventionen auf organisatorischer Ebene (z.B. Struktur- oder klimatische Änderungen)" (S. 111).

Drei Arten von Interventionen mit ihren Folgen können vorgeschlagen werden:

(a) Intervenierende Strategien, die auf die *Verringerung von Berufsstreß* gerichtet sind, setzen beim Individuum an und betreffen somatische Therapien (Meditation, autogenes Training, Biofeedback und Entspannungstechniken), die (auch) auf physische Begleiterscheinungen von Streß wie Verspannungen und Blutdruck zielen (vgl. *Kirkcaldy/Shephard* 1990). Zusätzlich sind die kognitiv-verhaltensbezogenen psychotherapeutischen Methoden anzuführen, die auf die Änderung von Stimmungslagen gerichtet sind, auf die Heilung psychosomatischer Beschwerden, auf (Selbst)Bewußtseinstraining, Wut- und Angstkontrolle, kognitive Umstrukturierung, Streßmanagement, Selbstbehauptung, Problemlösen etc.).

(b) Eine zweite Art von Intervention focusiert das *„Interface" Individuum-Organisation,* und betrifft Person-Umweltbeziehungen, das Verhältnis zu Mitarbeitern, Rollenkonflikte und Autonomie.

Diese Größen beeinflussen zu einem gewissen Grad wahrgenommenen Berufsstreß, Zufriedenheit, Produktivität, Absentismus, Nutzung von Vorsorgeeinrichtungen und dgl. mehr. Methoden, die hier einzusetzen sind, schließen Konfliktbewältigung (→*Konflikthandhabung*), Training in interpersonaler Kompetenz, Erfahrungsgruppen und Qualitätszirkel ein.

(c) Schließlich steht im Mittelpunkt der dritten Interventionsmöglichkeit *die Organisation*. Ihre Struktur, physische und umweltbezogene „Eigenschaften" und Strategien wie Arbeitsplatzänderung, strukturelle Reorganisation, Job-rotation, Schichtarbeit, Training, Verstärkung der Mitbestimmung bei der Planung von Änderungen, Gesundheitsdienst sind alles Faktoren, die einen Einfluß auf Fluktuation, Absentismus, Produktivität und Gesundheitserfordernisse haben.

Mit dem Ansteigen von gerichtlichen Auseinandersetzungen über streßerzeugende Faktoren am Arbeitsplatz und den steigenden Kosten für die Gesundheitsvorsorge für Beschäftigte stellen einige Unternehmen bereits Gesundheitsservice, Streßvorbeugemaßnahmen und „Keep-Fit-Programme" für ihre Beschäftigten zur Verfügung.

Die Mehrheit der europäischen Unternehmen hat Anläufe zur Einführung von „streßprophylaktischen Programmen" genommen, ohne sich wirklich ernsthaft mit dem Problem auseinanderzusetzen. Viele Manager in leitender Position bezweifeln den Wert streßmindernder Kurse und Seminare und meinen, daß ihre „Verantwortlichkeit in der Erzielung von Gewinnen für die Aktionäre liege, nicht in der Verhätschelung unserer Mitarbeiter". Für solche – skeptisch geführte – Organisationen sollte das Argument der Kostensenkung schlagend sein, um doch streßvorbeugende Maßnahmen zu ergreifen (hohe Krankenstände, Fluktuation, Alkoholismus, verlorene Arbeitstage, verfrühtes Sterben, schlechte Leistung, Mangel an Qualitätsprodukten usw.). In Amerika z.B. haben das Kostenargument und gesetzliche Implikationen eines kumulativen Traumas Vorsorgemaßnahmen Glaubwürdigkeit verliehen.

Für diese Gesundheits- und Streßreduktionsprogramme sind bunte Etiketten gefunden worden: „Lifestyle Change", „Wellness Program", „Employee Assistance Program" usw. Sie beinhalten normalerweise Diätkurse, Entspannungsübungen, psychologische Beratung und Betätigung in sportlichen Einrichtungen. Umfassende Forschungsarbeiten durch z.B. die Control Data Corporation, New York Telefon Company, Kennecott haben gezeigt, daß systematische Programme für Streßberatung, Fitneßtraining, Änderung der Rauch- und Trinkgewohnheiten, Gewichts- und Diätprogramme und dgl. mehr substantielle Reduktionen in Absentismusraten sowie auch eine Verringerung von medizinischen Kosten erzielbar machen. In solchen Programmen gehen die Beschäftigten normalerweise durch einen vertraulichen Check Up, um ihre potentiellen Stressoren festzustellen, der auch eine körperliche Durchuntersuchung einschließt. Nach einer ausführlichen Information werden Programme vorgeschlagen, die genau auf die Bedürfnisse des einzelnen Mitarbeiters zugeschnitten sind.

Literatur

Burger, J.: Desire for control and achievement related behaviours. In: Journal of Personality & Social Psychology, 1985, S. 1520–1533.
Carver, C./Scheier, M./Weintraub, J.: Assessing coping strategies: A theoretically based approach. In: Journal of Personality & Social Psychology, 1989, S. 267–283.
Constandse, W. J.: A neglected personnel problem. In: Personnel Journal 1972, S. 129–133.
Cooper, C. L.: Stress. In: *Cooper, C. L./Makin, P.* (Hrsg.): Psychology for Managers. London/Basingstoke 1985.
Cooper, C./Cooper, R./Eaker, L.: Living in stress. Middlesex 1988.
De Frank, R. S./Cooper, C. L.: Worksite stress management interventions: Their effectiveness and conceptualisation. In: Journal of Management Psychology, 1985, S. 4–10.
Endler, N./Parker, J.: Multidimensional assessment of coping. In: JPSP 1990.
Folkman, S./Lazarus, R.: An analysis of coping in a middle-aged community sample. In: Journal of Health and Social Behavior, 1980, S. 219–239.
French, J. R. P./Caplan, R. D.: Psychosocial factors in coronary heart disease. In: Industrial Medicine, 1970, S. 383–397.
Furnham, A.: Personality at work. London 1992.
Kay, E.: Middle management. In: *O'Toole, J.* (Hrsg.): Work and the Quality of Life. Cambridge, Mass. 1974.
Kirkcaldy, B.D./Cooper, C. L./Eysenck M./Brown, J.,: The relationship between coping and anxiety among managers. Personality & Individual Differences (in press).
Kirkcaldy, B. D./Cooper, C. L.: Cross-cultural differences in occupational stress among British and German managers. In: Work & Stress, 1992, S. 177–190.
Kirkcaldy, B. D./Cooper, C. L./Furnham, A. et al.: Personality, job satisfaction and well-being among public sector (police) managers. In: European Review of Applied Psychology, 1993, S. 1–12.
Kirkcaldy, B. D./Furnham, A./Cooper, C. L.: The relationship between Type A, internality–externality, emotional distress and perceived health. Unpubl. Res. Rep., University College London, London 1993.
Kirkcaldy, B. D./Furnham, A.: Coping, seeking social support and stress among German police officers. In: European Review of Applied Psychology, 1994.
Kirkcaldy, B. D./Furnham, A./Lynn, R.: Individual differences in work attitudes. In: Personality and Individual Differences, 1992, S. 49–55.
Kirkcaldy, B. D./Shephard, R. J.: Therapeutic implications of exercise. In: International Journal of Sport Psychology, 1990, S. 165–184.
Kirkcaldy, B. D./Thomé, E. P./Thomas, W.: Job satisfaction amongst psychosocial workers. In: Personality and Individual Differences, 1989, S. 191–196.
McGrath, J.: Stress and behaviour in organisations. In: *Dunnette, M.* (Hrsg.): Handbook of Industrial and Organisational Psychology. Chicago 1976.

Patterson, J./McCubbin, H.: Adolescent coping style and behaviours. In: Journal of Adolescence, 1987, S. 163–186.

Parker, G./Brown, L.: Coping behaviours that mediate between life events and depression. In: Archives of General Psychiatry, 1982, S. 1386–1392.

Perloff, L. S.: Perceptions of vulnerability to victimisation. In: Journal of Social Issues 1983, S. 41–61.

Price, V.: Type A behaviour pattern: A model for research and practice. London 1982.

Reynolds, S./Taylor, E./Shapiro, D. A.: Session impact in Stress Management Training. In: Journal of Occupational and Organization of Psychology, 1993, S. 99–113.

Seligman, M./Schulman, P.: Explanatory style as a predictor of productivity and quitting among life insurance agents. In: Journal of Personality & Social Psychology, 1986, S. 832–840.

Q

Qualitätsmanagement als Führungsaufgabe

Andreas Kreuter

[s. a.: Forschung und Entwicklung, Führung in; Motivation als Führungsaufgabe; Produktionsbereich, Führung im; Restrukturierung, Führung bei; Selbststeuernde Gruppen, Führung in.]

I. Wandel von Qualitätsbegriff und betrieblichem Qualitätswesen; II. Führungsaspekte des Übergangs und der Einführung von Total Quality Management (TQM); III. Führungsaspekte eines dauerhaften Total Quality Management (TQM); IV. Ausblick.

Die Bedeutung des strategischen Wettbewerbsfaktors Qualität hat in den vergangenen Jahren sowohl bei Industrie- als auch bei Dienstleistungsunternehmen stetig zugenommen (*Schildknecht* 1992; *Oess* 1991). Die Gründe hierfür liegen in dem Zusammenwirken verschiedenster ökonomischer und sozialer Faktoren: Das quantitativ dominierte Wachstum der Nachkriegszeit weicht bei vielfach gesättigten Märkten einem qualitativen Wachstum (*Schildknecht* 1992). Die gleichzeitige zunehmende Internationalisierung der Märkte und Unternehmen führt zu verschärftem Wettbewerb (*Simon* 1988). Qualitätsansprüche und Qualitätsbewußtsein der Kunden sind gestiegen (*Feigenbaum* 1991), rechtliche Bedingungen und Produkthaftung haben sich verschärft (*Oess* 1991). Daraus erwächst die Herausforderung eines umfassenden Qualitätsmanagements, das sich in den zahlreichen Ansätzen und Konzepten unter dem Schlagwort Total Quality Management (TQM) widerspiegelt (zu einer detaillierten Beschreibung der verschiedenen Begriffe und Konzepte siehe *Zink/Schildknecht* 1992; *Oess* 1991). Nach einer kurzen Darstellung der Entwicklung zum TQM wird die Diskussion der Führungsaspekte unterteilt in Einführung von TQM sowie Führungsaspekte eines dauerhaften TQM.

I. Wandel von Qualitätsbegriff und betrieblichem Qualitätswesen

Schon von der frühen Menschheitsgeschichte an war Qualität durch die Möglichkeit des Vergleichs von Gütern und der sich verbreitenden Akzeptanz von Maßen und Gewichten von Bedeutung (*Banks* 1989; *Lerner* 1988). Bis zum Beginn der industriellen Revolution bedingte die Herstellung von Gütern mit kleinen Stückzahlen vorwiegend in Handwerksbetrieben eine Selbstkontrolle der Gesellen bzw. Kontrolle der Meister. Der Qualität wurde insofern eine wichtige Bedeutung beigemessen, als mit der Qualität einer Ware Ansehen und Leistungsfähigkeit von Gesellen und Meistern verknüpft war (*Garvin* 1988). Durch Maschinisierung und Massenproduktion schwand die personale, gesamtheitliche Verantwortung des einzelnen für ein Produkt, so daß eine externe *Qualitätskontrolle* durch Inspektoren notwendig wurde. Im Rahmen des Scientific Management-Konzepts von Taylor etwa war der Prüfmeister als einer von 5 Funktionsmeistern für die Qualität und Kontrolle der Arbeitsprodukte verantwortlich (*Kieser* 1993). Die in den 30er Jahren dieses Jhs. einsetzende Verwendung von statistischen Verfahren und die Optimierung von Meß- und Überwachungsinstrumentarium kennzeichnete die Phase der statistischen Qualitätskontrolle (*Garvin* 1988). Das sich bis dahin in absoluten Produkteigenschaften manifestierende Qualitätsverständnis wich den durch die neuen Methoden erreichbaren Akzeptanzniveaus (*Garvin* 1988), womit durch die Berücksichtigung von Kundenanforderungen zum ersten Mal ein über Produkteigenschaften hinausgehender Qualitätsbegriff verwendet wurde. Betriebliches Qualitätswesen bedeutete jedoch noch ausschließlich Prüfwesen in der Produktion, bisweilen wurden Qualitätsprobleme unter dem Eindruck der Faszination technischen Fortschritts gar als vorübergehende, sich selbst lösende Probleme angesehen (*Zeller* 1970). Die Erkenntnis, daß Qualität nicht in Produkte hinein*kontrolliert* werden kann, bedeutete den Übergang zur *Qualitätssicherung*. Durch eine Quantifizierung der Qualitätskosten (*Steinbach* 1988) und eine Verstärkung der Anstrengungen zur frühzeitigen Vermeidung von Fehlern konnte der Gesamtaufwand für das Qualitätswesen reduziert werden (*Zink* 1992). Konsequenterweise wurden Qualitätsaspekte dann auch bereits in F&E berücksichtigt. Der Schritt hin zum umfassenden Qualitätsmanagement beinhaltete eine weitestgehende Prozeß- statt Produktorientierung (*Striening* 1988), die alle Bereiche des Unternehmens als für Qualität verantwortlich einschließt, vorgelagerte Stellen wie Zulieferer gleichfalls einbezieht und sich durch eine konsequente Kundenorientierung kennzeichnet. Im Mittelpunkt des Qualitätsverständnisses von TQM steht der Mitarbeiter, der wesentliche Aufgaben wie Kontrolle und Verantwortlichkeit für Qualität selbst übernimmt (*Schildknecht* 1992) und dessen Motivation und Arbeitsumfeld Teil eines erweiterten Qualitätsverständnisses ist, das den gesamten Prozeß der Leistungserbringung beinhaltet. Qualitätsverbesserungen werden nicht als einmalige Anstrengung verstanden, sondern als eine ständige Herausforderung (*Oess* 1991). Die Aufgaben des betrieblichen Qualitätswesen liegen bei TQM vorzugsweise in der Koordination der unternehmensweiten Qualitätsanstrengungen, der Schulung und Beratung von Mitarbeitern und Management (*Frehr* 1988). Im Rahmen von TQM stellt Qualität nicht länger ein „derivatives", sondern ein eigenständiges Unternehmensziel (*Schildknecht* 1992, S. 173) dar.

II. Führungsaspekte des Übergangs und der Einführung von Total Quality Management (TQM)

Die Einführung von TQM ist ein umfangreiches und weitgehendes Unterfangen, für das es keine Patentrezepte gibt (*Garvin* 1988), da die Unterschiedlichkeit von Unternehmen, die Individualität von Unternehmenskulturen (→*Organisationskultur und Führung*) und Mitarbeitern sowie die verschiedensten Anforderungen von Märkten und Kunden eine Standardisierung ausschließen. Zunächst geht es darum, eine verbindliche Qualitätsphilosophie zu finden, *die von den Führungskräften getragen wird* (*Scharrer* 1991). Diese Qualitätsphilosophie beinhaltet die grundsätzliche Einstellung des Unternehmens zu Qualität, strategische Prämissen und Visionen (*Schildknecht* 1992) und kann etwa als Element der Unternehmensgrundsätze oder auch in Form eigenständiger Qualitätsgrundsätze formuliert werden. Die Formulierung von Qualitätsgrundsätzen alleine genügt jedoch nicht, solange diese nicht in eine konkrete Qualitätspolitik umgesetzt werden. Weiterhin gilt es, geeignete Methodiken der Qualitätsarbeit zu entwickeln und ein Vorgehen zur Information und Einbindung der Mitarbeiter zu planen (*Oess* 1991). *Wildemann* (1991), der eine Studie über Defizite des Qualitätsmanagements in deutschen Unternehmen durchführte, empfiehlt einen Stufenplan zur sukzessiven Einbeziehung aller Bereiche, da angesichts der Komplexität und Bedeutung der Einführung von TQM weder eine Entwicklung in kleinen Schritten noch eine sprunghafte Veränderung nach einem Top-Down-Ansatz zweckmäßig ist. Im Rahmen einer Einführung von TQM lassen sich konkrete Führungsaspekte erkennen, die nun diskutiert werden sollen.

Als entscheidender Faktor für die erfolgreiche Umsetzung eines umfassenden Qualitätsmanagements wird das *Engagement des Top Managements* genannt (*Schildknecht* 1992; *Berry* 1990; *Banks* 1989; *Feigenbaum* 1991). Empirische Studien von *Cottrell* (1992); *Saraph* et al. (1989) und *Benson* et al. (1991) belegen einen eindeutigen Zusammenhang zwischen persönlichem Engagement der oberen Führungskräfte und dem Erfolg von TQM. Dieses Engagement ist deshalb so wichtig, weil ein umfassendes Qualitätsmanagement im Sinne von TQM ein verändertes Qualitätsbewußtsein der Mitarbeiter erfordert. Dieses Qualitätsbewußtsein der Mitarbeiter nun wird wesentlich geprägt durch die Vorbildfunktion der Führungskräfte und die Bedeutung, die Führungskräfte dem Faktor Qualität beimessen (*Garvin* 1988). *Derrick* et al. (1989) konnten ein in wesentlichen Punkten unterschiedliches Qualitätsverständnis auf den verschiedenen Hierarchieebenen nachweisen, was sich in unterschiedlichen Definitionen von Qualität ebenso zeigte wie in der Beurteilung der Wichtigkeit von Faktoren, die Qualitätskosten verursachen oder Qualitätsverbesserungen erzielen könnten. Dieses Ergebnis unterstreicht die Wichtigkeit einer ausgeprägten Kommunikation zwischen den verschiedenen Hierarchieebenen und die Notwendigkeit der Entwicklung eines gemeinsamen Qualitätsverständnisses. *Benson* et al. (1991) zeigen in einer empirischen Studie, daß das Qualitätsverständnis der Mitarbeiter vom Engagement des Top Managements beeinflußt wird. In einer Untersuchung zum Qualitätsmanagement in F&E-Abteilungen (→*Forschung und Entwicklung, Führung in*) von 37 deutschen Industrieunternehmen (*Specht/Schmelzer* 1992) ließ sich eine signifikante Verbesserung der Motivation der Mitarbeiter aufgrund des persönlichen Engagements des Top Managements feststellen. Worin drückt sich dieses Engagement aus? Offizielle Bekundungen, Slogans und Hochglanzbroschüren sind sicherlich nicht ausreichend (*Garvin* 1988), sondern es geht vor allem um den *persönlichen Einsatz* von Führungskräften, der den Mitarbeitern die Bedeutung des veränderten Qualitätsbewußtseins vermittelt. Die persönliche, nicht delegierbare Teilnahme des Top Managements am Einführungsprozeß, die sich vor allem durch die Investition von Arbeitszeit und Ressourcen kennzeichnet, ist entscheidend. Eine Abstinenz des Top Managements bei Maßnahmen und Aktivitäten im Rahmen von TQM wie etwa beim Prozeß der Formulierung einer Qualitätspolitik wird wenig Mitarbeiterinteresse und -engagement dafür hervorrufen (*Oess* 1991). In einigen Unternehmen etwa besuchte das Top Management als erste die Schulungsmaßnahmen (*Garvin* 1988). Weiterhin müssen Qualitätsaspekte und Informationen aus dem Qualitätsprozeß tatsächlich bei anstehenden Entscheidungen berücksichtigt werden, um eine Demotivation der Mitarbeiter zu vermeiden (*Saraph* et al. 1989). Die Führungskräfte sollten bereit sein, Verantwortung für Fortschritte in puncto Qualität zu übernehmen, die sich etwa in einer an Qualitätsentwicklungen orientierten Gehaltskomponente oder Bonussystem äußern kann (*Saraph* et al. 1989).

Wichtiges Element und Führungsaufgabe eines umfassenden Qualitätsmanagements ist die *Generierung von Qualitätszielen* (→*Zielsetzung als Führungsaufgabe*), die bis auf die Ebene des einzelnen Mitarbeiters heruntergebrochen werden müssen (*Oess* 1991). Durch diese Verknüpfung zur individuellen Leistung soll ein gemeinsames Engagement aller Mitarbeiter gefördert werden. Die Ziele sollten systematisch für feste Perioden entwickelt werden und eindeutig quantitativer Natur sein (*Garvin* 1988). Das erfordert ein entsprechendes *Instrumentarium*, um Qualität bzw. Qualitätsverbesserungen meßbar zu machen. TQM-Konzepte bieten eine ganze Palette an Möglichkeiten zur Operationalisierung von Qualitätsaspekten, wie bspw. Fehlerraten, Qualitätskosten, Durchlaufzeiten oder Termintreue bis hin zu Anzahl der Beschwerden oder Kundenzufriedenheitsziffern (*Banks* 1989). In der Praxis läßt sich jedoch erkennen, daß Unternehmen gerade in diesem Bereich große Defizite aufweisen. Viele Unternehmen sind bspw. nicht in der Lage, ihre Qualitätskosten zu quantifizieren (*Steinbach* 1988). Aufgabe des Managements ist es nun, in Zusammenarbeit mit den betreffenden Mitarbeitern ein relevantes Set an Qualitätsparametern zu entwickeln. Die durch die Auswertung dieser Parameter gewonnenen Informationen müssen eine relevante Größe bei Entscheidungen der Führungskräfte sein, weshalb sich der Aufbau eines *Informationssystems* bzw. die Integration von Qualitätsinformationen in bestehende Informationssysteme für Führungskräfte empfiehlt (*Garvin* 1988). *Saraph* et al. (1989) konnten bei ihrer Studie eine positive Korrelation zwischen einer effizienten Erhebung und Weitergabe von Qualitätsdaten und erfolgreichem Qualitätsmanagement nachweisen. Die Effizienz drückte sich in der termingerechten Erfassung der Qualitätsdaten, der Verfügbarkeit und Berücksichtigung der Daten bei Entscheidungen sowie in der Zugänglichkeit und der Rückmeldung dieser Qualitätsdaten für den einzelnen Mitarbeiter aus.

Die *Einbeziehung/Partizipation der Mitarbeiter* sowie deren *Motivierung* (→*Motivation als Führungsaufgabe*) stellen weitere wesentliche Führungsaufgaben eines umfassenden Qualitätsmanagements dar. Die aktive Einbeziehung der Mitarbeiter schon in der Einführungsphase wird als wesentliche Voraussetzung betrachtet, um deren Kreativitätspotential zu aktivieren und Qualitätsverbesserungen zu erzielen (*Cole* et al. 1993). Dazu können eine Reihe von Maßnahmen gehören: *Qualitätszirkel* oder andere Formen der systematischen Generierung und Evaluierung von Mitarbeiterideen (*Feigenbaum* 1991; *Oess* 1991), Führung durch Zielvereinbarung (→*Führung im MbO-Prozeß*), Einrichtung qualitätsbezogener Bonus- und Anreizsysteme (*Berry* 1990), Einbeziehung der Mitarbeiter in Entscheidungen (*Saraph* et al. 1989) u.a. Wesentlich für die Motivation der Mitarbeiter ist die Transparenz der Konzepte und Qualitätsdaten (*Striening* 1988). Kenngrößen über die Qualitätsentwicklung, wie bspw. Stillstandszeiten oder Fehlerraten, können sichtbar für alle Mitarbeiter in großen Tafeln an den Arbeitsplätzen aufgehängt werden (*Ishikawa* 1985).

Ein weiteres wichtiges Element der Einführungsphase von TQM ist die *Qualifizierung* von Mitarbeitern *und Führungskräften* durch Aus- und Weiterbildung (*Saraph* u.a. 1989; *Berry* 1990), die Kenntnisse und Fähigkeiten über die Methodiken und das neue Qualitätsverständnis vermitteln sollen.

Daneben ergeben sich noch einige *strukturelle Änderungen* als Aufgabe für Führungskräfte: Eine *Neuorientierung des Qualitätswesens,* ggf. verstärktes *teamorientiertes Arbeiten* (→*Selbststeuernde Gruppen, Führung in*), *Verlagerung von Aufgaben aus dem indirekten Bereich in den direkten Bereich* (→*Produktionsbereich, Führung im*). Der Aufgabenbereich des Qualitätswesens im TQM liegt weniger in Inspektion und Kontrolle, sondern in der Beratung und Unterstützung von Mitarbeitern und Führungskräften in der Umsetzung der Qualitätskonzeption (*Engelhard/Schütz* 1991) als eine Art Know-How-Zentrum für Qualität (*Frehr* 1988). Kleingruppenkonzepte sowie die Einbeziehung der Mitarbeiter in Qualitätszirkel können dabei eine wichtige Rolle zur Aktivierung des Engagements der Mitarbeiter spielen (*Ritter/Zink* 1992; *Oess* 1991). Die Zuordnung von Aufgaben indirekter Bereiche wie Wartung und Qualitätskontrolle zu den direkten Bereichen erhöht die Verantwortlichkeit des einzelnen Mitarbeiters für Qualität. Dadurch ergeben sich Einsparungen durch Wegfall von Stellen in indirekten Bereichen, die Flexibilität in den direkten Bereichen kann erhöht werden und im Sinne eines „job enrichment/job enlargement" erfahren die Arbeitsplätze in direkten Bereichen eine Aufwertung.

III. Führungsaspekte eines dauerhaften Total Quality Management (TQM)

TQM kann nicht als ein Programm verstanden werden, das sich nach einer einmaligen Anstrengung von selbst trägt (*Oess* 1991). Die Änderung des Qualitätsverständnisses der Mitarbeiter ist ein langfristiger Prozeß, der in eine Bereitschaft zur ständigen Qualitätsverbesserung (continuous improvement) münden sollte (*Imai* 1986; *Juran* 1991). Deshalb bleibt das Engagement der Führungskräfte auch nach der Einführungsphase dringend erforderlich. Motivierung der Mitarbeiter, Erkennen von Defiziten und weitere Qualifizierung der Mitarbeiter sowie die Definition von Qualitätspolitik und -zielen stellen ständige Führungsaufgaben dar. In manchen Unternehmen läßt sich jedoch nach einiger Zeit ein sogenanntes „Burnt-out-Syndrom" (*Zink* 1992, S. 47) feststellen. Die anfängliche Euphorie weicht einer breiten Frustration, die Mitarbeiter verfallen wieder in ihren alten Trott und TQM wird als ein weiteres gescheitertes Organisationsprogramm angesehen. Die Gründe dafür sind vielfältig: Häufig werden TQM-Konzepte nur teilweise oder halbherzig umgesetzt oder das Interesse der Führungskräfte läßt nach (*Zink* 1992; *Oess* 1991). Vielfach werden auch zu hohe Erwartungen geweckt (*Doyle* 1992) oder zu viele Probleme gleichzeitig angegangen (*Wilkinson/Witcher* 1991), was der Komplexität und Langfristigkeit von TQM nicht gerecht wird. Realistische, kurzfristig erreichbare Ziele wie etwa die konkrete Verbesserung eines Qualitätsparameters sollten kombiniert werden mit einer langfristigen Perspektive, die beispielsweise die Erringung von Auszeichnungen oder Preise oder die Zertifizierung des Qualitätssystems (*Engelhard/Schütz* 1991) beinhaltet.

IV. Ausblick

Empirische Studien (*Schildknecht* 1992; *Cottrell* 1992) haben gezeigt, daß umfassendes Qualitätsmanagement im Sinne von TQM an Wichtigkeit für Unternehmen gewinnt. Dennoch werden in der Praxis häufig nur einzelne Elemente von TQM umgesetzt, die für sich alleine nicht die gewünschte Wirkung erzielen und dann zu Frustrationen und Demotivation der Mitarbeiter führen können (*Mikulaschek* 1991), was sich in einer hohen Quote an nicht erfolgreichen TQM-Programmen widerspiegelt (*Cottrell* 1992; *Doyle* 1992). Die Entscheidung für ein umfassendes Qualitätsmanagement beinhaltet eine umfassende Umorientierung im Unternehmen und erfordert deshalb das entschiedene Engagement der Führungskräfte.

Literatur

Banks, J.: Principles of Quality Control. New York 1989.
Benson, P. G./Saraph, J. V./Schroeder, R. G.: The Effects of Organizational Context on Quality Management. An Empirical Investigation. In: Man. Sc. Vol. 37, No. 9, Sept. 1991, S. 1107–1124.
Berry, T. H.: Managing the Total Quality Transformation. New York 1990.
Bühner, R.: Der Mitarbeiter im Total Quality Management. Stuttgart 1993.
Cole, R. E./Bacdayan, P./White, B. J.: Quality, Participation, and Competitiveness. In: CMR, Spring 1993, S. 68–81.
Cottrell, J.: Favourable Recipe. In: Total Quality Management, February 1992, S. 17–20.
Doyle, K.: Who's killing Total Quality? In: Incentive, Iss. 6, August 1992, S. 12–19.
Derrick, F. W./Desai, H. B./O'Brian, W. R.: Survey Shows Employees at Different Organizational Levels Define Quality Differently. In: Industrial Engineering, No. 4, 1989, S. 22–27.
Engelhard, W. H./Schütz, P.: Total Quality Management. In: WiSt Heft 8, August 1991, S. 394–399.
Feigenbaum, A. V.: Total Quality Control. 4. A., New York 1991.
Frehr, H.-U.: Unternehmensweite Qualitätsverbesserung. In: *Masing, W.* (Hrsg.): Handbuch der Qualitätssicherung. 2. A., München/Wien 1988, S. 797–814.
Garvin, D. A.: Managing Quality. New York 1988.
Horváth, P./Urban, G. (Hrsg.): Qualitätscontrolling. Stuttgart 1990.
Imai, M.: Kaizen. München 1986.
Ishikawa, K.: What is Total Quality Control? Englewood Cliffs, N. J. 1985.
Juran, J. M.: Handbuch der Qualitätsplanung. 3. A., Landsberg a. Lech 1991.
Kieser, A.: Managementlehre und Taylorismus. In: *Kieser, A.* (Hrsg.): Organisationstheorien. Stuttgart/Berlin/Köln 1993.
Lerner, F.: Geschichte der Qualitätssicherung. In: *Masing, W.* (Hrsg.): Handbuch der Qualitätssicherung. 2. A., München/Wien 1988, S. 19–32.
Mikulaschek, E.: Blindgänger TQM. In: Qualität und Zuverlässigkeit 37, 1992, S. 512–513.
Oess, A.: Total quality management: die ganzheitliche Qualitätsstrategie. 2. A., Wiesbaden 1991.
Ritter, A./Zink, K. J.: Differenzierte Kleingruppenkonzepte als wesentlicher Bestandteil eines umfassenden integrierten Qualitätsmanagements. In: *Zink, K. J.* (Hrsg.): Qualität als Managementaufgabe. 2. A., Landsberg a. Lech 1992, S. 245–270.
Saraph, J. V./Benson, P. G./Schroeder, R. G.: An Instrument for Measuring the Critical Factors of Quality Management. In: Decision Sciences, Nr. 4, 1989, S. 810–829.
Scharrer, E.: Qualität – ein betriebswirtschaftlicher Faktor. In: ZfB, 61, 1991, S. 695–720.
Schildknecht, R.: Total Quality Management: Konzeption und state of the art. Frankfurt/Main/New York 1992.
Simon, H.: Management strategischer Wettbewerbsvorteile. In: ZfB, 58. Jg. (1988), H. 4, S. 461–480.
Specht, G./Schmelzer, H. J.: Instrumente des Qualitätsmanagements in der Produktentwicklung. In: ZfbF, 44, 6/1992, S. 531–541.
Stauss, B.: Dienstleistungsqualität contra Kostensenkung?. In: Betriebswirtschaftliche Blätter, 2/1992, S. 111–116.
Steinbach, W.: Qualitätskosten. In: *Masing, W.* (Hrsg.): Handbuch der Qualitätssicherung. 2. A., München/Wien 1988, S. 879–900.

Striening, H.-D.: Prozeß-Management. Frankfurt/M. 1988.

Wildemann, H.: Qualitätsentwicklung in F&E, Produktion und Logistik. In: ZfB, 62. Jg. (1992), H. 1, S. 17–41.

Wilkinson, A./Witcher, B.: Fitness for Use? Barriers to full TQM in the UK. In: Management Decision, 29,8; 1991, S. 46–51.

Willenbacher, K.: Qualitätsmanagement in der Praxis. In: *Zink, K. J.* (Hrsg.): Qualität als Managementaufgabe. 2. A., Landsberg a. Lech 1992, S. 53–72.

Zeller, H.: Qualitätssteuerung als Führungsaufgabe. Bad Wörishofen 1970.

Zink, K. J.: Total Quality Management. In: *Zink, K. J.* (Hrsg.): Qualität als Managementaufgabe. 2. A., Landsberg a. Lech 1992, S. 9–52.

Zink, K. J./Schildknecht, R.: Total Quality Konzepte – Entwicklungslinien und Überblick. In: *Zink, K. J.* (Hrsg.): Qualität als Managementaufgabe. 2. A., Landsberg a. Lech 1992, S. 73–108.

Rekrutierung von Führungskräften

Rainer Marr/Petra Seisl

[s. a.: Auswahl von Führungskräften; Beurteilungs- und Fördergespräch als Führungsinstrument; Fortbildung, Training und Entwicklung von Führungskräften; Karriere und Karrieremuster von Führungskräften; Personalbeurteilung von Führungskräften; Personalplanung für Führungskräfte.]

I. Bedeutung und Problematik der Führungskräfterekrutierung; II. Phasen des Rekrutierungsprozesses; III. Externe Rekrutierung von Führungskräften, IV. Fazit.

I. Bedeutung und Problematik der Führungskräfterekrutierung

Hinter jeder Innovation, jedem Wettbewerbsvorteil eines Unternehmens steht dessen *Humankapital*. Diese Ressource bildet den eigentlichen Erfolgsfaktor eines Unternehmens. Eine Schlüsselstellung nehmen dabei die Führungskräfte ein: Durch ihren Einfluß auf die Entwicklung und Implementierung von Geschäftsfeld- und Wertschöpfungsstrategien, die Herausbildung des betrieblichen Normen- und Wertesystems (→*Organisationskultur und Führung*), die Diffusion von Neuerungen, die Organisationsentwicklung (→*Organisationsentwicklung und Führung*) etc. sind sie maßgeblich an Bildung und Weiterentwicklung des Sozialpotentials der gesamten Unternehmung wie auch des individuellen Potentials jedes einzelnen Mitarbeiters beteiligt.

Eine *Fehlbesetzung von Führungspositionen* ist daher nicht nur kurzfristig kostenwirksam (Personalkosten, Opportunitätskosten der Fehlbesetzung, ggf. Abfindungen, Kosten für die Neubesetzung über den knappen Führungskräftemarkt etc.), sondern kann auf das gesamte Unternehmen oder einzelne Betriebsteile erhebliche Auswirkungen (z. B. Demotivation der Mitarbeiter, Veränderung der Unternehmenskultur; →*Motivation als Führungsaufgabe*) haben, die nur schwer wieder rückgängig zu machen sind.

Es lassen sich daher wesentliche Unterschiede zwischen der Rekrutierung von Führungskräften und von Nicht-Führungskräften ableiten. Planung, Durchführung und Steuerung des Rekrutierungsprozesses sollten

- *langfristiger* bzw.
- *vorausschauender* (d. h. unter Berücksichtigung sich ändernder Umfeldanforderungen),
- *umfassender* (im Sinne der Berücksichtigung unterschiedlicher Aufgabenfelder) und
- *individuumzentrierter* bzw. persönlichkeitsorientierter

erfolgen als bei der Rekrutierung von Nicht-Führungskräften.

II. Phasen des Rekrutierungsprozesses

Hinsichtlich der Abgrenzung des Rekrutierungsprozesses läßt sich zwischen einer engen und einer weiten Begriffsauffassung unterscheiden, deren wichtigste Phasenelemente Abb. 1 wiedergibt. Legt man einen *weiten Rekrutierungsbegriff* zugrunde, umfaßt der Prozeß der Führungskräfterekrutierung alle Phasen von der Bedarfsanalyse bis zur Personalauswahl und Rekrutierungskontrolle. Die *Rekrutierung i. e. S.* geht von einem vorgegebenen Personalbedarf aus, den es zu decken gilt.

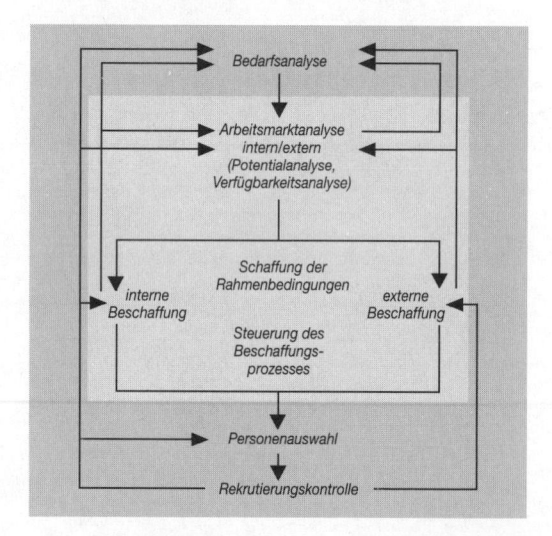

Abb. 1: Phasen des Rekrutierungsprozesses

Die Hauptaufgabe liegt letztendlich darin, jene bereits im Unternehmen beschäftigten, noch im Ausbildungsprozeß befindlichen oder in anderen Organisationen tätigen Führungskräfte auf aktuell freie oder künftig freiwerdende Führungspositionen aufmerksam zu machen und zu einer Bewerbung zu veranlassen, die geeignet erscheinen, das mit der Führungsfunktion verbundene (→*Stellenbeschreibung als Führungsinstrument*) Anforderungsprofil zu erfüllen. Der Rekrutierungsprozeß ist i. e. S. dann erfolgreich, wenn für die Personalauswahl ein Pool an geeigneten Bewerbern zur Verfügung steht, i. w. S. dann, wenn nach hinreichend langem Einsatz der neu eingestellten oder beförderten Führungskräfte im Rahmen der Rekrutierungskontrolle deutlich wird, daß diese die an sie gestellten Erwartungen erfüllen.

1. Bedarfsanalyse

a) Qualitativer Führungskräftebedarf

Der *qualitative Personalbedarf* ergibt sich aus dem aus den Anforderungen des Leistungsprozesses abgeleiteten Anforderungsprofil (Bruttopersonalbedarf) bzw. aus der Differenz zwischen diesem und den vorhandenen aktuellen/potentiellen Eignungsprofilen (Nettopersonalbedarf). Es lassen sich daher zwei verschiedene Bedarfsdimensionen unterscheiden:

- eine *Zeitdimension* (aktuelles vs. potentielles Profil) und
- eine *Inhaltsdimension* (Anforderungs- [SOLL] vs. Eignungsprofil [IST]).

Bei der Bestimmung des *Anforderungsprofils* geht es um die möglichst genaue Beantwortung der Frage, welche Führungsanforderungen im Unternehmen im allgemeinen (→*Führungsphilosophie und Leitbilder;* →*Führungsprinzipien und -normen*) und für die zu besetzende Stelle im speziellen von Bedeutung sind und wie sich diese im Zeitablauf verändern könnten. Die Problematik liegt dabei – neben der Prognoseschwierigkeit – in der konkreten Identifikation, Formulierung sowie Gewichtung der relevanten Kriterien (→*Führungsrollen*).

Bei der Bestimmung des *Eignungsprofils* (vgl. *Becker* 1991 und 1992; *Neuberger* 1980) steht neben den erforderlichen fachlichen Fähigkeiten die Evaluation der Führungskompetenz (→*Soziale Kompetenz*) sowie die Potentialbeurteilung im Vordergrund.

b) Quantitativer Führungskräftebedarf

Die Feststellung des *quantitativen Führungskräftebedarfs* ist problembehafteter als die Bedarfsermittlung von Nicht-Führungskräften, weil (im Gegensatz z. B. zu ausführenden Tätigkeiten im Produktionsbereich) eine logische Ableitung des Bruttopersonalbedarfs aus der Aufgabenanalyse nicht möglich ist. Der Bedarf an Führungskräften richtet sich nach der von den zentralen Entscheidungsträgern in der Unternehmensleitung vertretenen Koordinations„philosophie" (Koordination durch Hierarchie, Koordination durch Programme, Selbstkoordination von Arbeitsgruppen etc.). Seine Festlegung erfolgt daher nach subjektiven Effizienzkriterien. Dieses subjektive Element bestimmt auch den Umfang der für notwendig gehaltenen *Reserven*, insbesondere dann, wenn nur ein knappes Führungskräfteangebot zur Verfügung steht und eine kurzfristige Auswechselbarkeit von Führungskräften über den externen Arbeitsmarkt nur beschränkt möglich ist. Eine nicht auf den tatsächlichen Bedarf abgestimmte, als Reservebildung gedachte Entwicklung von (Nachwuchs-)Führungskräften kann bei fehlenden Einsatz- und Aufstiegsmöglichkeiten *(Blindentwicklung)* jedoch zu Demotivation und schließlich zu Abwanderung führen und sich somit als eine Fehlinvestition (Qualifikation für die Konkurrenz) erweisen.

Dem ermittelten qualitativen/quantitativen Führungskräftebedarf ist das aktuell und potentiell verfügbare unternehmensinterne und -externe Arbeitsmarktangebot gegenüberzustellen.

2. Arbeitsmarktanalyse

Ergibt die Untersuchung des unternehmensinternen Beschaffungspotentials, daß kein adäquater, den Anforderungen entsprechender Führungskräftemarkt vorhanden ist, sind die Gründe hierfür aufzudecken und das Personalentwicklungskonzept zu überdenken. Mängel in einer nicht abgestimmten →*Personalplanung für Führungskräfte* können die Existenzfähigkeit einer Unternehmung gefährden. Rekrutierung aus dem unternehmensinternen Potential setzt *antizipative Potentialentwicklung* voraus (z. B. Traineeprogramme, polyvalente Weiterbildung, systematischer horizontaler und vertikaler Stellenwechsel, Laufbahn- und Nachfolgeplanung; →*Fortbildung, Training und Entwicklung von Führungskräften;* →*Beurteilungs- und Fördergespräch als Führungsinstrument*) sowie ein ausreichend differenziertes *Personalinformationssystem*. Die bei Nicht-Führungskräften übliche Rekrutierungsmethode der internen *Stellenausschreibung* wird sich nur bei der Suche unterer Führungskräfte empfehlen, um Konflikte zu vermeiden.

Auch wenn aus Gründen strategieorientierter stetiger Entwicklung von Führungspotential interne Rekrutierung der externen vorzuziehen ist, wird es unumgänglich sein, fallweise Führungskräfte vom *externen Arbeitsmarkt* zu beschaffen. Hilfreich hierfür ist eine detaillierte Strukturanalyse (sozio-demographische Daten, Motivstrukturen etc.) des externen Führungskräftemarktes auf der Basis einer Gliederung in Teilmärkte (vgl. *Eichenberger* 1988):

- *offener Beschaffungsmarkt* (Arbeitskräfte, die in keinem bindenden Arbeitsverhältnis stehen);
- *latent offener Beschaffungsmarkt* (Führungskräfte, die den Arbeitsplatz wechseln würden, sich aber nicht aktiv darum bemühen);
- *latenter Beschaffungsmarkt* (Führungskräfte, die erst unter bestimmten situativen Bedingungen gewonnen werden können);
- *Potentieller Beschaffungsmarkt* (z. B. Hochschulabsolventen).

Bei der Suche nach Führungskräften kann auch eine Untergliederung nach geographischen Märkten (regional, national, international) wichtige Informationen für das weitere Vorgehen, z. B. über die Wahl der Beschaffungsinstrumente und -wege, liefern.

3. Beschaffung von Führungskräften

Kriterien zur Beurteilung der beiden Alternativen interner und externer Führungskräfterekrutierung (vgl. *Kador* et al. 1989) sind:

- *Kosten/Zeit,*
- *Beurteilungssicherheit,*
- *Innovationsfähigkeit,*
- *Auswirkungen auf das Betriebsklima.*

Die direkten Rekrutierungskosten sind bei externer Besetzung i. d. R. höher als bei interner; hinzu kommen ferner eine meist höhere Vergütung (→*Entgeltpolitik für Führungskräfte*) sowie die Kosten der Integrationsphase (fachliche Einarbeitung, Sozialisationsphase). Diese Kosten sind mit dem Nutzen der Informationen und Erfahrungen aus anderen Wertschöpfungsprozessen und Unternehmenskulturen und dem daraus ableitbaren höheren *Innovationspotential* (→*Innovation und Kreativität als Führungsaufgabe*) abzuwägen. Durch neue, nicht betriebliche Führungskräfte lassen sich leichter „blinde Flecken" aufdecken und innovative Änderungen realisieren. Externe Führungskräfte werden wegen ihrer Erfahrung häufig auch eher anerkannt als ein Mitarbeiter „aus den eigenen Reihen". Allerdings läßt sich das Potential eines langjährigen Mitarbeiters besser beurteilen als das eines externen Bewerbers.

Werden Führungspositionen vorrangig extern besetzt, führt das langfristig mit hoher Wahrscheinlichkeit zu negativen Auswirkungen auf das Betriebsklima und die Unternehmenskultur. Aufgrund des fehlenden Aufstiegsanreizes sinken die *Motivation* und die Bindung an den Betrieb. Die *Fluktuation* steigt.

4. Personalauswahl

Typische Auswahlverfahren bei der Auswahl von Führungskräften sind Interviews und Assessment-Center (→*Auswahl von Führungskräften*). Die stärker standardisierten Verfahren wie psychologische Testverfahren, biographische Fragebögen etc. verlieren mit zunehmender Hierarchieebene an Bedeutung.

5. Rekrutierungskontrolle

Eine Erfolgskontrolle des Rekrutierungsprozesses kann nicht anhand operationaler Zielerreichungsgrade der gewählten Maßnahmen durchgeführt werden. Der (Miß-)Erfolg einer Stellenbesetzung zeigt sich oft erst mit erheblicher Zeitverzögerung und kann wegen der multikausalen und überstrahlenden Ursache-Wirkungs-Zusammenhänge nicht eindeutig begründet werden. Eine Analyse einzelner Entscheidungsfelder und übergreifender (vermuteter) Zusammenhänge kann jedoch dazu beitragen, Schwachstellen auf heuristischem Wege aufzudecken und den Rekrutierungsprozeß effektiver zu gestalten.

III. Externe Rekrutierung von Führungskräften

1. Personalwerbung

(a) Direkte versus indirekte Personalwerbung

- Die *unmittelbare Personalwerbung* verfolgt die Zielsetzung, genau jene Bewerber anzusprechen, die den gewünschten Anforderungen genügen, d. h. sie ist „Werbung um Bewerbung" (*Wunderer* 1975) und ihr Erfolg z. B. anhand der Kennziffer „Bewerberzahl pro Stellenanzeige" ermittelbar. Die Erfolgswahrscheinlichkeit ist jedoch gering, wenn das Firmenimage der nachfragenden Unternehmung in der Wahrnehmung der Anzusprechenden nicht positiv ist.
- Die *mittelbare Personalwerbung* zielt auf die Imagepflege einer Unternehmung und ist Teil der unternehmensbezogenen Public-Relations-Politik. Ein Erfolgsindikator hierfür kann die Anzahl an Blindbewerbungen, verglichen mit denen der Konkurrenz bzw. anderer Betriebe, sein (vgl. die Beispiele bei *Simon* o. Jg.).

(b) Entscheidungsfelder der Personwerbung

Ziel der Personalwerbung ist es, bei (potentiell) geeigneten Führungskräften ein aktives Verhalten i. S. eines Bemühens um die freie bzw. freiwerdende Position auszulösen. Hierzu sind Gestaltungsmaßnahmen in drei Entscheidunsfeldern notwendig:

- *Festlegung des Teilarbeitsmarktes bzw. der Zielgruppe,*
- *Wahl der Kommunikationskanäle und Werbeträger* und
- *Gestaltung der Werbebotschaft.*

Zwischen den Entscheidungsfeldern bestehen erhebliche Interdependenzen, insbesondere determiniert die Wahl des Teilarbeitsmarktes das weitere Vorgehen: Will man potentielle Führungskräfte ansprechen, erscheinen Hochschulmessen, das Anbieten von qualifizierten Praktika etc. zielführend, während der latente Arbeitsmarkt i.d.R. nur über persönliche Kontakte oder Headhunter zu erreichen ist.

Zusätzliche Entscheidungen sind über

- den *Ressourceneinsatz* sowie
- die *Kontrolle*

der eingesetzten Maßnahmen zu treffen.

Eine Erfolgskontrolle der durchgeführten Maßnahmen ist nur schwer bzw. auf langfristiger Ebene möglich. Allerdings wurde der Entwicklung geeigneter Kontrollmethoden bislang weder in der Theorie noch in der Praxis besondere Aufmerksamkeit geschenkt.

2. Instrumente der externen Führungskräfterekrutierung

Die wichtigsten Instrumente der externen Führungskräfterekrutierung sind die Direktansprache, die Personalanzeige und der Einsatz von Personalberatern bzw. der Zentralstelle für Arbeitsvermittlung (ZAV).

a) Direktansprache

Unter *Direktansprache,* die bei der Besetzung von Positionen im Topmanagement sehr häufig gewählt wird, aber auch bei der Suche nach Führungsnachwuchskräften immer stärker in den Vordergrund rückt, versteht man die aktive Kontaktaufnahme zu (potentiellen) Führungskräften über

- die Nutzung des Beziehungsnetzes von z. B. Aufsichtsrats-, Vorstands-, Beirats-, Geschäftsführungsmitgliedern;
- Messen, Symposien (insbesondere Hochschulmessen, Firmenkontaktgespräche oder ständige Kooperation mit Ausbildungsstätten);
- Personalberater oder die Zentralstelle für Arbeitsvermittlung (vgl. unten).

b) Personalanzeige

Wichtige Entscheidungsfelder beim Einsatz von *Personalanzeigen* sind die *Gestaltung des Inhalts* und die *Wahl des Mediums, d.h.* meist der Zeitungen bzw. *Fachzeitschriften.* Neben der Nutzung von Printmedien steigt gerade für die Rekrutierung von Führungskräften die Bedeutung von elektronischen Medien, z.B. Bildschirmtext-Systeme (vgl. *Brungs* 1992).

Reaktives Vorgehen im Sinne einer Prüfung von *Stellengesuchen* spielt bei Führungskräften eine meist eher untergeordnete Rolle.

Für einen Vergleich der angesprochenen Maßnahmen sind verschiedene Kriterien heranzuziehen: Während die *Kosten je Werbekontakt* bei der Personalanzeige niedrig, bei der Direktansprache hoch sind, zeichnet sich letztere durch einen wesentlich *geringeren Streuverlust* aus. Nicht zuletzt daraus folgt häufig eine hierarchieabhängige Wahl der Instrumente (vgl. *Gaugler* 1980). Während bei der Bewerbersuche zur Besetzung der ersten Führungsebene Personalanzeige (z.T. über Personalberatungen) und Direktansprache mit je einem guten Drittel dominieren, steigt mit abnehmender Hierarchieebene die Bedeutung der Personalanzeige (vom Unternehmen selbst) und der Anteil der Direktansprache sinkt.

3. Rekrutierung von Führungskräften über die ZAV bzw. Personalberater

a) Die *Zentralstelle für Arbeitsvermittlung* (ZAV) wurde 1980 von der Bundesanstalt für Arbeit (BfA) eingerichtet, um der wachsenden Bedeutung der Führungskräftevermittlung effizient und arbeitsmarktorientiert Rechnung zu tragen. Unterorganisationen der ZAV sind das „Büro Führungskräfte zu internationalen Organisationen" (BFIO) sowie das „Büro Führungskräfte der Wirtschaft" (BFW).

Es wird seit längerem intensiv diskutiert, inwieweit das Monopol der BfA für Arbeitsvermittlung und Berufsförderung gem. §4 Arbeitsförderungsgesetz aufgehoben werden soll. Allerdings ermöglichen die ‚Grundsätze zur Abgrenzung von Personalberatung und institutioneller Arbeitsvermittlung' eine private Arbeitsplatzvermittlung, die auf Führungskräfte beschränkt ist. Für eine Liberalisierung des Arbeitsmarktes sprechen effizientere Modelle im europäischen Ausland, eine Angleichung an die EG-Rechtsnormen sowie die Tatsache, daß mittlerweile nur mehr 12% der Führungskräfte über die BfA vermittelt werden (*Schmidt* 1992), während die Direktansprache über Personalberater stetige Wachstumsquoten verzeichnet.

b) Die Unterstützung bei der Ansprache, Suche und Auswahl von Führungskräften durch *Personalberater* wird auch als Headhunting, Body-Snatching oder – weniger wertend – als Systematic Search, Direktsuche, Executive Search bzw. Executive Recruiting bezeichnet.

Während *Headhunting* die gezielte Suche und Abwerbung einer bestimmten Person für ein anderes Unternehmen beschreibt, versteht man unter *Executive Search* die Suche sowie das Finden eines geeigneten Kandidaten für eine vakante Stelle. Die beiden Begriffe werden jedoch gerade im deutschen Sprachgebrauch zumeist gleichgesetzt.

Die Personalberatungsbranche entstand in den 20er Jahren in den USA nach einer Idee von Thorndike Deland (*Byrne* 1986). Nach ersten Anfängen in der Bundesrepublik in den 60er Jahren teilen sich mittlerweile über 1000 Personalberater den deutschen Markt mit einem Volumen von 1,5 Mrd. DM für 1992 (*Netta* 1989). Langfristig ist auch für die Bundesrepublik Deutschland zu erwarten, daß sich die Entwicklung der in den USA angleicht. Dort werden mittlerweile Positionen mit einem Jahreseinkommen über 100 000 $ zu 80% intern und der Rest über Personalberater besetzt (*Thorborg* 1989).

Kriterien zur Auswahl eines geeigneten Personalberaters sind Bekanntheitsgrad, Größe, Gesellschaftsform, internationale Präsenz, Wirkungsfeld (Branchenspezialist vs. Generalist) und Reputation.

Der *Ablauf der Führungskräftesuche* – in Abhängigkeit von der zu besetzenden Position wird meist ein Zeitraum zwischen einem Monat und einem Jahr veranschlagt – erfolgt in folgenden Phasen: Problemanalyse; Erstellung des Anforderungsprofils; darauf aufbauend: Definition der Zielgruppen und -branchen; Festlegung der Suchmethode (Annonce, Personaldatei, Telephonresearch); erste telephonische Kontaktaufnahme; erstes Interview mit Erstellung der sog. Shortlist; Präsentation der geeignetsten Kandidaten; evtl. Unterstützung bei der Auswahlentscheidung sowie der Vertragsgestaltung; u.U. Anschlußbetreuung.

Als *Vergütung* erhält der Personalberater ca. 25–35% des künftigen Jahresbruttoeinkommens in Form eines Leistungs-, Zeit- oder Erfolgshonorars.

Personalberatung als unternehmerische Dienstleistung kann nach verschiedenen Kriterien beurteilt werden, wobei hier ethisch-moralische Aspekte ausgeklammert bleiben:

- *volkswirtschaftlicher Nutzen* (bessere Ressourcenallokation, Erhöhung der Informationstransparenz auf dem Markt für Führungskräfte);
- *volkswirtschaftliche Kosten* (beschleunigter Anstieg der Arbeitskosten);
- *einzelwirtschaftlicher Nutzen* (Outsourcing-Vorteile für den Klienten; schneller und ggf. qualifiziertere Stellenbesetzung);
- *einzelwirtschaftliche Kosten* (beschleunigter Anstieg der Arbeitskosten, Loyalitätsabnahme, negative Auswirkungen auf Unternehmenskultur, steigende zwischenbetriebliche Konfliktpotentiale und Konfliktkosten aufgrund rücksichtslosen Einsatzes von „Führungskräftemaklern/Kopfgeldjägern");
- *individueller Nutzen* für die betroffene Führungskraft durch Anreizverbesserung;
- *individuelle Kosten* (Streß durch Entscheidungsdruck).

IV. Fazit

Auch konzeptionell gut geplante und ggf. kostenintensiv unterstützte Rekrutierungsaktivitäten für Führungskräfte sind langfristig nicht effizient, wenn sie nicht in ein *ganzheitliches, aber zielgruppenbezogen differenziertes personalpolitisches Konzept* (Anreizsystem, Personalentwicklung, Management Development etc.; Einführungs- bzw. Einarbeitungsprogramme) eingebettet sind.

Andererseits spielen Reflexionen zu einer effizienteren Rekrutierung von Führungskräften auch für andere (personalpolitische) Entscheidungsfelder eine wichtige Rolle. So kann z. B. die Definition des Anforderungsprofils zu einer Überarbeitung der Anreizstruktur für Führungskräfte führen oder eine fehlgeschlagene Suche nach Führungskräften zu Maßnahmen des Corporate Design.

Der notwendigen Balance zwischen den Kriterien der ökonomischen und der sozialen Effizienz (vgl. *Marr/Stitzel* 1995) trägt die interne Entwicklung des Führungskräftepotentials am ehesten Rechnung, die es dann auch ermöglicht, bei der Rekrutierung von Führungskräften den Blick zunächst „nach innen" zu richten.

Literatur

Becker, F.: Potentialbeurteilung – eine kafkaeske Komödie!? In: Zeitschrift für Personal, 1/1991, S. 63–78.
Becker, F.: Grundlagen betrieblicher Leistungsbeurteilungen. Stuttgart 1992.
Brungs, H.: Gute Mitarbeiter finden. In: Personalwirtschaft 4/1992, S. 42.
Byrne, J. A.: The Headhunters. New York 1986.
Eichenberger, H.: Management-Potential – Angebot und Nachfrage. Erfahrungen eines Headhunters. In: *Linder, W./Zehnder, C.* (Hrsg.): Stille Reserven im Management-Potential aktivieren. Zürich 1988, S. 33–41.
Gaugler, E.: Personalberatung bei der Besetzung von Führungskräften. In: Personal 1980, S. 262–267.
Kador, F. J. et al.: Handlungsanleitung zur betrieblichen Personalplanung. Eschborn 1989.
Marr, R./Stitzel, M.: Personalwirtschaft – ein konfliktorientierter Ansatz. 2. A., München 1995.
Netta, C.: Personalvermittlung durch Private im Bereich der Führungskräfte und das Vermittlungsmonopol der Bundesanstalt für Arbeit. Wuppertal 1989.
Neuberger, O.: Rituelle (Selbst-)Täuschung – Kritik der irrationalen Praxis der Personalbeurteilung. In: DBW, 1980, S. 27–43.
Schmidt, R.: Suche und Auswahl von Führungskräften. Wiesbaden 1992.
Simon, H.: Die Attraktivität von Großunternehmen beim kaufmännischen Führungsnachwuchs. Bielefeld o. Jg.
Thorborg, H.: Direktansprache. In: *Strutz, H.* (Hrsg.): Handbuch Personalmarketing. Wiesbaden 1989, S. 209–214.
Wunderer, R.: Personalwerbung. In: *Gaugler, E.* (Hrsg.): HWP. Stuttgart 1975, Sp. 1689–1708.

Restrukturierung, Führung bei

Alfred Kieser/Paul Bomke

[s. a.: Konflikte als Führungsproblem; Krisensituationen, Führung in; Loyalität und Commitment; Organisationsentwicklung und Führung; Projektmanagement und Führung; Sanierung und Turnaround, Führungsaufgaben bei; Symbolische Führung.]

I. Restrukturierung – eine fundamentale Herausforderung an die Führung; II. Die Wahl der Reorganisationsstrategie; III. Die Generierung einer Vision als zentrale Aufgabe zum Start einer Restrukturierung; IV. Die Wahl der Projektorganisation; V. Symbolische Führung; VI. Die Handhabung von Konflikten.

I. Restrukturierung – eine fundamentale Herausforderung an die Führung

Unter Restrukturierung soll eine umfassende Neugestaltung der Organisation verstanden werden, etwa Umrüstung von einer funktionalen auf eine divisionale Organisationsstruktur (*Chandler* 1962; *Williamson* 1975), Dezentralisierung in Verbindung mit einem Abbau zentraler Stäbe und Einrichtungen von Profit Centern, die u. U. mit rechtlicher Selbständigkeit ausgestattet werden (s. das Beispiel ABB in *Koerber* 1993 oder die Geschäftssegmentierung bei Hoechst, *Dormann* 1993), ein umfassendes Programm zur Einführung von Lean Management (*Womack/Jones/Roos* 1991), die Durchführung eines Programms zur Geschäftsprozeßoptimierung bzw. zum Reengineering (*Hammer/Champy* 1993) oder die Umstellung von Massenproduktion auf Gruppenfertigung (*Ulich* 1992). Der solchen umfassenden Restrukturierungen zugrundeliegende Prozeß ist (1) *innovativ*, denn organisatorische Lösungen „von der Stange", die universell einsetzbar sind, gibt es nicht: jedes Unternehmen weist andere Bedingungen auf, an die Konzepte angepaßt werden müssen; (2) *hochkomplex und nur schlecht beherrschbar*, u. a. weil er die Zusammenarbeit zwischen verschiedenen Abteilungen, zwischen verschiedenen Hierarchieebenen und zwischen Stab und Linie erforderlich macht und Änderungen in Stellen, Abteilungszuordnungen, Kommunikationsbeziehungen sowie in den eingesetzten Techniken impliziert; (3) *in einem hohen Maße „politikbehaftet"*, weil Machtpositionen verändert werden, weil potentielle Gewinner möglichst viel gewinnen und potentielle Verlierer möglichst wenig verlieren wollen. Aufgrund der hochgradigen Komplexität und der sich gegenseitig paralysierenden politischen Kräfte kommen viele Restrukturierungsprozesse erst gar nicht richtig in Gang, versanden, werden vorzeitig abgebrochen oder zeitigen Ergebnisse, die viel näher an der Ausgangssituation liegen, als ursprünglich geplant. D. h., Restrukturierungen sind im besonderen Maße mit dem Problem der *organisatorischen Trägheit* (*Hannan/Freeman* 1984) bzw. einem *organistorischen Konservativismus* (*Child/Ganter/Kieser* 1987) konfrontiert. Für die Unternehmensleitung, auf die sich dieser Beitrag konzentriert, besteht die Führungsaufgabe demnach vor allem darin, Restrukturierungsprozesse wirkungsvoll in Gang zu bringen, in Gang zu halten und darauf zu achten, daß die konzipierte Umstrukturierung auch tatsächlich weitgehend realisiert, d. h. nicht durch Kompromisse verwässert oder gar vereitelt wird.

Die Unternehmensleitung kann den Restrukturierungsprozeß nicht in allen Einzelheiten planen und durchsetzen; sie kann weitgehend nur durch *Grundsatzentscheidungen* und die *Gestaltung von Rahmenbedingungen* auf ihn einwirken. Von grundlegender Bedeutung ist zunächst die Wahl des Restrukturierungstyps, denn dadurch werden viele Folgeentscheidungen beeinflußt. Ob die Restrukturierung ausreichende Unterstützung von den Mitgliedern des Unternehmens erhält, hängt ganz entscheidend davon ab, inwieweit es der Unternehmensleitung zu Beginn gelingt, eine überzeugende *Vision* zu entwickeln. Der Verlauf des Restrukturierungsprozesses wird weiterhin stark von der gewählten *Projektorganisation* und dem praktizierten *Projektmanagement* beeinflußt, wozu auch die Wahl des Projektleiters und der übrigen maßgeblichen Projektbeteiligten gehört. Mit Hilfe von *symbolischem Management* (→*Symbolische Führung*) kann die Unternehmensleitung versuchen, den Stellenwert des Projekts deutlich zu machen und präsent zu halten. Da *mikropolitische Manöver und Konflikte* unvermeidlich sind, hängt der Erfolg des Restrukturierungsprozesses schließlich maßgeblich von der Art der Handhabung solcher Konflikte ab.

Bevor diese Einflußfaktoren von Restrukturierungsprozessen etwas näher analysiert werden, ist kurz zu klären, was eigentlich unter Erfolg von Restrukturierungsmanagement verstanden werden soll. Es ist kaum möglich, die Auswirkungen von Änderungen der Organisationsstruktur auf den Unternehmenserfolg zu evaluieren (*Knopf/Esser/Kirsch* 1976; *Scholz* 1992). Unternehmensberater werben zwar immer wieder damit, daß von ihnen durchgeführte Restrukturierungen bestimmte quantifizierbare Kosteneinsparungen, Qualitätsverbesserungen, Reduzierungen der Reaktionszeit usw. gezeitigt hätten. Vorher-/Nachher-Vergleiche sind aber außerordentlich problematisch; es ist schwierig zu klären, ob der Erfolg überhaupt aufgetreten ist, und wenn er aufgetreten ist, ob er auf die Restrukturierung zurückzuführen ist (und nicht etwa auf höhere Motivation der Mitarbeiter oder Einsatz neuer Technologien). Aus diesem Grund verstehen wir unter Erfolg von Restrukturierung lediglich die tatsächliche Umsetzung von Restrukturierungsvorhaben sowie damit verbundene Effizienzaspekte und das Maß, in dem intendierte Effekte, wie etwa hohe Unzufriedenheit bei betroffenen oder gar anhaltender Widerstand und Sabotage gegen Änderungen, vermieden werden können (vgl. *Lamont/Williams/Hoffman* 1994).

II. Die Wahl der Restrukturierungsstrategie

Nimmt man den Partizipationsgrad als Kriterium, so bildet die *synoptisch-rationale Strategie* den einen Pol einer möglichen Skala von Restrukturierungsstrategien und die *konsensorientierte Strategie* den anderen. Die synoptisch-rationale Strategie geht von der Annahme aus, daß eine umfassende „beste" Organisationsstruktur ermittelt werden kann, wobei der folgende Weg zu beschreiben ist: Nach der Identifizierung der Probleme, die die vorhandene Struktur aufwirft, werden auf der Basis von Organisationstheorien alternative Lösungen entwickelt und Vor- und Nachteile dieser Lösungen analysiert (Synopse). Diese Analyse mündet in die Identifizierung einer situativ besten Alternative, worauf sich die Unternehmensleitung an die Um- bzw. Durchsetzung macht. Im Verlauf des Durchsetzungsprozesses sind die Betroffenen von der Vorteilhaftigkeit der gefundenen Lösung zu überzeugen.

Das synoptisch-rationale Konzept beruht auf der Annahme, daß die Komplexität des Reorganisationsprozesses voll beherrschbar ist. Die Organisation wird als Maschine gesehen, bei der man relativ leicht einzelne wesentliche Teile erneuern bzw. auswechseln kann und die nach solchen Austauschen wieder relativ leicht in Gang gesetzt werden kann (*Staehle* 1991). Weiter wird angenommen, daß Akzeptanz der neuen Struktur kein größeres Problem darstellt, weil sich die Betroffenen als (wie die Unternehmensleitung) rational Handelnde der Rationalität der Gesamtlösung letztlich nicht verschließen können. Sollte sich Einsicht wider Erwarten nicht einstellen, wird der Rückgriff auf die formale Macht der Hierarchie (da der Effizienz dienend) nicht als problematisch angesehen.

Tendenziell kompatibel mit dem synoptisch-rationalen Ansatz ist die *Bombenwurfstrategie* der Implementierung (*Kirsch/Esser/Gabele* 1978). Denn: Widerstand gegen Änderungen kann nur irrational sein und Überrumpelung wird grundsätzlich als ein legitimes Mittel gegen diese Irrationalität angesehen: Die Überrumpelten werden sich mit der Zeit – wenn sich der aufgewirbelte Staub gelegt hat – der Rationalität der Lösung nicht verschließen können. Allerdings: kompatibel mit dem synoptisch-rationalen Ansatz ist auch der Einsatz von Workshops, um den Betroffenen Mitwirkungsmöglichkeiten bei der *Detaillierung* der Lösung einzuräumen, was die Berücksichtigung lokaler Bedingungen und zugleich auch die Akzeptanz der Gesamtlösung fördert.

Die grundlegenden Annahmen des synoptisch-rationalen Ansatzes, und darin liegt eine fundamentale Kritik, sind nicht aufrechtzuerhalten: Organisationstheorien sind nicht so leistungsfähig, als daß sie die eindeutige Identifikation optimaler Lösungen gestatteten (*Kieser* 1993), demzufolge ist auch Einsicht von Betroffenen in die „rationale" Lösung nicht zu erwarten. Es gibt immer verschiedene, sich z. T. widersprechende Theorien, auf die man sich mit guten Gründen stützen kann. Aufgrund einer nicht zu bewältigenden Komplexität des Restrukturierungsprozesses ist demzufolge mit nicht intendierten Wirkungen zu rechnen. Widerstand gegen geplante organisatorische Änderungen ist genauso rational oder nicht-rational wie die Planung dieser Restrukturierung selbst. Lösungen sind zwangsläufig immer Stückwerk und können damit ex definitione nicht synoptisch-rational sein.

Am anderen Ende der Skala der nach der Partizipation gereihten Restrukturierungsstrategien stehen *verständigungsorientierte, auf Konsens bedachte Strategien*. Die weitestgehende Form, ein am Konzept des kommunikativen Handelns von *Habermas* (1981) angelehnte Vorgehensweise, stellt ein nicht erreichbares Ideal dar (*Kirsch* 1992). Auch die von *Kirsch* (1992) und St. Galler Forschern (*Malik/Probst* 1981; *Gomez/Probst* 1991) entwickelten Konzepte der *evolutionären Organisationsentwicklung*, die eine intentionale Organisationsgestaltung minimieren wollen, da sie zwangsläufig fehlerhaft ist und „gewachsene" Strukturen zerstört und auf die *Selbstorganisation* der Organisationsmitglieder setzen, gehen z. T. von unrealistischen Annahmen aus (*Kieser* 1994).

Praktikabel ist dagegen ein Konzept, das als „strukturale Organisationsentwicklung" (OE) bekanntgeworden ist. Es geht von folgender Grundüberlegung aus: Wenn es wegen der hohen Komplexität des Problems der organisatorischen Gestaltung nicht möglich ist, analytisch-rational zu ermitteln, welche Lösung die angemessene ist, liegt es dann nicht nahe, die Organisationsmitglieder in die Lage zu versetzen, ihre Probleme selbst lösen zu können? Ein solcher Ansatz impliziert im einzelnen: Organisationsmitglieder sollen Beziehungen in und zwischen Gruppen, aber auch formale organisatorische Regelungen variieren und in trial-and-error-Prozessen feststellen, welche Lösungen ihren spezifischen Bedingungen und Problemlagen am besten angepaßt sind. Organisationsmitglieder brauchen dazu jedoch Hilfestellung. Sie müssen in die Lage versetzt werden, die vorhandenen sozialen Beziehungen und Organisationsstrukturen zu analysieren, alternative Lösungen für Verhalten und formale Strukturen zu generieren und sich auf bestimmte Lösungen zu einigen, die dann kooperativ implementiert werden (Hilfe zur Selbsthilfe).

Im Rahmen dieses Ansatzes beschränken sich die Aufgaben der Führung darauf, sicherzustellen, daß der Prozeß der Restrukturierung dem Konzept der strukturalen OE entsprechend abläuft. Es ist dann garantiert – so die zentrale Annahme dieses Konzepts –, daß die gefundenen Lösungen die relativ besten sind, eben weil sie einen *tragfähigen Konsens der verschiedenen Interessengruppen* verkörpern. Zum Ablauf des Reorganisationsprozesses werden folgende Vorgaben gemacht (*Kieser* 1987):

(1) *Die von der Restrukturierung Betroffenen sind in allen Phasen des Prozesses zu beteiligen:* Sowohl die (interne) Führungsgruppe als auch die (externen) Berater sind auf Informationen der Betroffenen angewiesen. Veränderungen der Organisationsstruktur werden von diesen aber meist als eine Bedrohung des Status quo und der erarbeiteten Position empfunden. Informationsverzerrung, unvollständige Angaben und Leistungszurückhaltung sind die Folge. Durch Aufklärung über Ziele und geplante Schritte sowie durch die Zusicherung der Führungsgruppe, die Interessen der Betroffenen zu wahren, kann die Akzeptanz der Reorganisation zwar verbessert, es kann aber nicht sichergestellt werden, daß die Betroffenen tatsächlich ihre Interessen soweit, wie möglich, berücksichtigt sehen. Den Betroffenen muß deshalb die Möglichkeit eingeräumt werden, ihre Interessen selbst wahrzunehmen (*Mumford/Welter* 1984) und aktiv an der Erzielung eines Konsens mitzuarbeiten *(Partizipation).*

(2) *Die Beteiligung der Betroffenen muß durch Methoden unterstützt werden:* Da die Betroffenen nur über eine begrenzte zeitliche Kapazität zur Mitwirkung verfügen und da ein Know-how-Gefälle zwischen Experten und Betroffenen existiert, ist eine fruchtbare Zusammenarbeit nur dann zu erwarten, wenn transparente Methoden und Techniken zur Verfügung stehen, die es den Betroffenen ermöglichen, die Probleme (methodisch) verstehen zu lernen. Das Verständnis der Methoden (Überblick z. B. bei *Hilb* 1984) erleichtert auch die Reflexion über und die daran anschließende Kritik der Analyseergebnisse der Experten.

(3) *Die Zusammenarbeit zwischen Experten, Betroffenen und der Führungsgruppe bedarf der Einbettung in eine Projektorganisation:* Die Partizipation muß handhabbar sein. Dazu ist eine Regelung der Aufgabenverteilung, der Kommunikationsbeziehungen, der Entscheidungskompetenzen, der Mitwirkungsrechte, der Konfliktlösungsmechanismen usw. erforderlich. Die Projektorganisation legt also fest, welche Interessen in welcher Weise zum Zuge kommen. Über die Projektorganisation entscheidet sich, in welchem Umfang der Anspruch auf Beteiligung von Betroffenen tatsächlich eingelöst wird.

(4) *Die Beteiligten des Restrukturierungsprozesses sind zu einem teamfähigen Verhalten anzuleiten:* Die Absicherung eines konsensorientierten Restrukturierungsprozesses durch normative Vorstellungen, Instrumente und formale Regelungen reicht u. U. nicht aus, eine effiziente Arbeit in der Gruppe zu erzielen.

Ob in der Gruppe ein Abbau von hierarchischen Beziehungen und von Kommunikationsbarrieren gelingt, ob eine konstruktive Konflikthandhabung, Motivation und Betreuung einzelner Mitglieder durch die Gruppe geleistet werden können – ob die Effizienz der Gruppenarbeit gesteigert werden kann –, hängt in einem hohen Maße von der „*Teamfähigkeit*" der Gruppenmitglieder ab. Wie die Protagonisten solcher Ansätze versichern, kann diese in entsprechenden Trainings gefördert werden (z. B. *Schein* 1969; *Thom* 1992).

Dieses praktizierbare Konzept der Organisationsentwicklung kann nicht verhindern, daß Beteiligte *Mikropolitik* einsetzen. Wird dies soweit, wie möglich, negiert, etwa mit dem Hinweis darauf, daß die Herstellung eines Machtgleichgewichts und einer Interessenharmonie zu den erklärten Zielen der Organisationsentwicklung gehöre, so handelt sich dieser Ansatz mit Recht den Vorwurf der Verschleierung und der Manipulation ein (*Neuberger* 1991). Die Manipulation besteht eben darin, daß suggeriert wird, die von der Unternehmensleitung angeheuerten Berater („change agents") seien neutrale und faire Vermittler zwischen den Interessen der Unternehmensleitung und denen der Betroffenen. Tatsächlich besteht durch das Abhängigkeitsverhältnis der Berater zur Unternehmensleitung die Gefahr, daß die Auftraggeber – u. U. mehr verdeckt als offen – den Beratern die Auswahl der relevanten Problemfelder und präferierte Lösungsrichtungen vorgeben. Eine Beeinflussung der Berater ist um so leichter, als weder die vorgeschlagenen Prozeßschritte noch die angewendeten Techniken ausreichend theoretisch abgesichert sind. Die „change agents" werden somit von keiner Theorie wirksam abgehalten, sich den Wünschen der Unternehmensleitung zu fügen (vgl. *Pieper* 1988; *Staehle* 1991). Durch die Auswahl bestimmter Berater, die Beeinflussung von Beratern, die Wahl von Projektstrukturen, Sozialtechniken usw. besteht immer die Möglichkeit, Konzepte der Organisationsentwicklung für die Erreichung der eigenen Ziele zu instrumentalisieren. Die Autonomie der vom Restrukturierungsprozeß Betroffenen ist vor allem dort eingeschränkt, wo komplexe, dem Laien nur schwer zugängliche organisatorische Probleme gelöst werden müssen (z. B. bei der Gestaltung von EDV-Systemen). Auch wenn sie geschult werden, können Betroffene das Know-how-Gefälle zu den Experten nicht völlig überwinden, sich angeblichen Sachzwang-Argumenten und dem aufgebauten Harmoniedruck nicht immer entziehen. *Kubicek* (1980) fordert deshalb, Betroffene müßten ein einklagbares Recht darauf haben, eigene Experten auswählen zu können, um mit ihnen zusammen alternative, die eigenen Interessen widerspiegelnde Konzepte zu entwickeln. Zur Lösung der dabei anfallenden Konflikte verweist er auf die gesetzliche Mitbestimmung, die ggf. auszuweiten sei. *Schienstock/Müller* (1978) sind ebenfalls der Ansicht, daß die Interessen der verschiedenen Gruppen in der Unternehmung zu verschieden seien, so daß von der Möglichkeit einer harmonischen Lösung nicht immer ausgegangen werden könne. Das Harmoniekonzept der Organisationsentwicklung sei folglich um ein (politisches) Verhandlungskonzept zu ergänzen.

Zusammenfassend kann festgehalten werden, daß die *strukturale Organisationsentwicklung* die Chance bietet, die Einsichten und Erfahrungen der Betroffenen im Reorganisationsprozeß zum Tragen zu bringen. Auf dieser Basis können Probleme der organisatorischen Gestaltung einer konsensuellen Problemlösung zugeführt werden. Für Probleme, die sich einer solchen Lösung verschließen, können immer noch politische Lösungen versucht werden.

Man kann die Meinung vertreten, daß das Problem der Manipulation in Organisationsentwicklungsprozessen weniger prekär für die Betroffenen ist als eine Nichtbeteiligung: Die Betroffenen haben die Möglichkeit, die Partizipationsmöglichkeiten dazu zu nutzen, Manipulationsversuche als solche aufzudecken und die Unternehmensleitung zu einer Auseinandersetzung über konfligierende Interessen zu bringen.

III. Die Generierung einer Vision als zentrale Aufgabe zum Start einer Restrukturierung

Erfolgreiche Restrukturierungen werden häufig mit charismatischen Führern (→*Führungstheorien – Charismatische Führung*) und ihrer Fähigkeit, überzeugende *Visionen* entwickeln zu können, in Verbindung gebracht (*Peters/Austin* 1985; *Kotter* 1990; *Nadler/Tushman* 1990; *Bryman* 1992). Beispiele sind etwa Iacocca (Chrysler) (*Taylor* 1991), Carlzon (SAS) (*Betts* et al. 1991), Welsh (General Electric) (*Stewart* 1991) oder Anderson (NCR) (*Rosenbloom* 1988).

Eine gelungene Vision zeigt den durch die Restrukturierung zu erreichenden Endzustand in wenigen Strichen auf, bringt ihn mit Werten in Verbindung, die von allen Betroffenen geteilt und als in hohem Maße verfolgenswert angesehen werden. Der zu erreichende Endzustand wird mit dem beklagenswerten Ist-Zustand kontrastiert. Es wird aufgezeigt, mit welchen positiven Konsequenzen im Vergleich zum vorhandenen Ist-Zustand gerechnet werden kann. Durch diese Gegenüberstellung schafft der visionäre Führer eine *starke Identifikation mit dem Restrukturierungskonzept und den dahinterstehenden Zielen*. Er macht aber auch deutlich, daß die Erreichung des gewünschten Endzustandes außergewöhnlich hohe Anstrengungen von allen Beteiligten erfordern wird. Er erwartet diese Anstrengungen von allen, aber er traut sie ihnen auch zu. Durch diese Vertrauensbezeugung werden →*Loyalität und Commitment* geschaffen. Rhetorische Fähigkeiten zur Kommunikation der Vision werden als wesentlich angesehen. Wichtig ist auch, daß die erforderlichen Maßnahmen im Lichte der Vision und der hinter ihr stehenden Werte interpretiert werden (*Eccles/Nohria* 1992). In dem Maße, in dem dem charismatischen Führer die Entwicklung und Kommunikation einer geeigneten Vision gelingt, kann er darauf hoffen, daß die Beteiligten eine hohe Motivation zur Umsetzung der Vision entfalten, ihr Eigeninteresse zurückschrauben, Konflikte konstruktiv überwinden und sich auch durch Rückschläge im Restrukturierungsprozeß nicht demotivieren lassen (*Schirmer/Smentek* 1994). Gerade bei solchen Rückschlägen und Krisen (→*Krisensituationen, Führung in*) wird ferner eine kräftige Re-Mobilisierung der Vision für erforderlich gehalten (*Angle/Van de Ven* 1989).

Visionen als Instrumente der Restrukturierung sind nicht ohne negative Aspekte. Sie erschweren eine Umkehr, falls sich der eingeschlagene Weg bei der Restrukturierung als unrealisierbar erweist. Es besteht die Gefahr, daß die Restrukturierung Züge einer religiösen Bewegung annimmt, daß die Personen, die die Vision zu verinnerlichen beginnen, sich bei Nichteintreten der versprochenen Wirkungen verraten fühlen und daß hieraus resultierende kritische Stimmen, auch wenn sie berechtigt sind, als Häresien gebrandmarkt werden. Nicht zu vernachlässigen ist die Gefahr, daß die Unternehmensleitung den Kontakt zur Realität verliert und um so entschlossener – und diktatorischer – an der Vision festhält, je mehr sich deren Unangemessenheit herausstellt oder je divergierender die Inhalte von den Mitarbeitern interpretiert und folglich falsch umgesetzt werden (*Bryman* 1992; *Nadler/Tushman* 1990).

Der Niedergang der Fluggesellschaft People Express, die mit einer völlig neuen Strategie zunächst beachtliche Anfangserfolge verbuchte, dann aber in Konkurs ging, wird auf einen solchen Prozeß der sektiererischen Verhärtung zurückgeführt (*Byrne* 1985). Und Smith's Fehlschlag bei General Motors ist für *Eccles/Nohria* (1992) ein Beweis dafür, daß eine erfolgversprechende Vision durch mangelhafte Kommunikation und fehlende Anpassung an neue Bedingungen fehlschlagen kann.

Auch ist der Einwand, daß durch Einsatz von Ideologie – eine Vision ist vor allem eine ideologisch eingefärbte Interpretation von Vergangenheit und Zukunft – Betroffene manipuliert werden, nicht ohne weiteres von der Hand zu weisen. Gandhi und Martin Luther King waren ebenso rhetorisch geschickte Visionäre wie Adolf Hitler. Letztlich kommt es wohl darauf an, daß die der Vision zugrundeliegenden Werte ethisch zu rechtfertigen sind. *Bryman* (1992) weist ferner darauf hin, daß die Rolle des „visionären Führers" bisweilen überbewertet wird. In Reorganisationsprozessen spielen die mit dem Initiator verbundenen Teams und Stäbe eine entscheidende Rolle. Erfolgreiche Restrukturierungen sind durch die Tatsache gekennzeichnet, daß die Unternehmensleitung sich mit speziellen Teams zur Unterstützung umgibt und daß die Verantwortlichen ggf. entscheidende Positionen mit Personen ihres Vertrauens besetzt. Bei den betroffenen Organisationsmitgliedern – vor allem dem mittleren Management – ist nicht auszuschließen, daß solche personalpolitischen Maßnahmen auf Ablehnung stoßen, da sie im organisatorischen Alltag von anderen, nicht auf die unumstößliche Anerkennung einer Vision, eines heroischen Führers abzielenden Kriterien (Kompetenz, Erfahrung etc.) ausgehen konnten. Sie fühlen sich u. U. regelrecht „entmachtet" (vgl. *Nadler/Tushman* 1990; *Schirmer/Smentek* 1994). Auch die weiter oben angesprochene identifikationsstiftende Wirkung von Visionen kann, muß aber nicht, wie *Berger* (1993) nachweist, eintreten. Inhärente Widersprüchlichkeiten unternehmerischen Handelns (Zielambivalenzen und -konflikte, Diskrepanzen zwischen kurz- und langfristigen Erfolgen, Innovations- und Stabilitätsbedarfe) und Interessengegensätze bleiben auch bei Reorganisationsprozessen bestehen. Werden diese Inkonsistenzen und Konflikte mit Hilfe einer Vision überdeckt bzw. integriert, muß sie zwangsläufig vage und wenig handlungsleitend für die Akteure bleiben. Gelingen dennoch Handlungsanweisungen, können sie Beweis für die „Macht der Vision" im Sinne einer bewußten Unterdrückung anderslautender Interpretationsvorstellungen sein (vgl. auch *Pfeffer* 1992).

IV. Die Wahl der Projektorganisation

Eine weitere wichtige Aktivität der Unternehmensführung zur Gestaltung des Restrukturierungsprozesses ist die Wahl der *Projektorganisation* (→*Projektmanagement und Führung*). In der Literatur findet sich eine große Zahl von Gestaltungsvorschlägen (SIEMENS 1974; *Frame* 1987; *Hansel/Lomitz* 1987; *Heintel/Krainz* 1990; *Litke* 1990; *Madauss* 1993).

Eine Basisstruktur, die mit dem strukturalen OE-Ansatz kompatibel ist, besteht aus einem *Planungsteam*, in dem Vertreter der Betroffenen und Experten zusammenarbeiten und in dem die Konzipierung der Restrukturierung erfolgt, sowie aus einem *Steering-Committee*, in dem unter Mitwirkung der Unternehmensleitung Entscheidungen zu den Rahmenbedingungen (Grundsatzentscheidungen) und zur Umsetzung getroffen werden. Diese Grundstruktur kann um *Beraterausschüsse* – u. a. zur Einbindung des einflußreichen höheren/mittleren Managements, das durch diese offizielle Mitarbeiter an der Entfaltung von Untergrundarbeit gehindert wid – sowie um Informationsgruppen zur Präsentation vor einem größeren Kreis von Betroffenen – erweitert werden (SIEMENS 1974).

Kubicek (1980) zeigt Alternativen der Projektorganisation auf, die stärker die unterschiedlichen Interessenlagen der beteiligten Gruppen zur Geltung bringen. In einem Typ der Projektorganisation arbeiten z. B. Betroffene und Experten des Unternehmens nicht in einem Team zusammen. Um zu verhindern, daß die Experten ihr Fachwissen einsetzen, um die Betroffenen im Sinne der Unternehmensleitung zu manipulieren, wird den Betroffenen – u. U. sogar mehreren Gruppen von Betroffenen – die Möglichkeit eingeräumt, eigene Arbeitsgruppen zu bilden, in denen sie unter Berücksichtigung ihrer spezifischen Problem- und Interessenlage ihre Restrukturierungskonzepte erarbeiten und dazu Experten ihrer Wahl hinzuziehen. Während das gemischte Planungsteam auf der Annahme basiert, daß Konsens grundsätzlich möglich ist, geht das Modell der getrennten Teams von der Annahme aus, daß grundsätzlich Konflikt zwischen den Interessengruppen besteht, den herauszuarbeiten von Anfang an wichtig ist. Besondere Bedeutung kommt einem speziellen Lenkungsausschuß zu. Er ist paritätisch mit den Vertretern aller Betroffenen besetzt und soll als „Clearing-Stelle" zwischen den diversen Lösungsvorschlägen vermitteln, Konflikte konstruktiv lösen helfen, die aussichtsreichsten Problemlösungen herausselektieren und sich mit der Führungsspitze, die die endgültige Entscheidungskompetenz besitzt, abstimmen. Ebenso wichtig ist die Besetzung der Planungsteams, des Lenkungsausschusses sowie die Regelung der Leitungsfunktionen in den Gruppen. Hilfreich ist nach *Kubicek* (1980), – insbesondere unter Akzeptanz- und Effektivitätsgesichtspunkten – bei der Besetzung der Gruppen und des Lenkungsausschusses die Mitarbeit der betrieblichen Interessenvertretungsorgane und der im Unternehmen vertretenen Gewerkschaften sicherzustellen. Weiter schlägt er vor, daß ein von allen Mitgliedern gewählter Sprecher die Teamsitzungen moderiert und als Ansprechpartner fungiert. Auch ist es denkbar – zur besseren Einbindung in die laufenden Projekte –, Mitglieder des Lenkungsausschusses mit der Leitung der Gruppen zu beauftragen.

Schirmer/Smentek (1994) stellen für die in der Realität anzutreffenden Lenkungsausschüsse fest, daß sowohl fachliche Heterogenität als auch der gemeinsame Glaube an die neuen Erfordernisse bzw. an die neue Vision kennzeichnend für solche Koordinationsgremien sind. Wird aufgrund einer partizipationsorientierten Grundeinstellung allerdings an einer umfassenden Beteiligung von Repräsentanten divergierender Interessen festgehalten, läßt sich von einer schon zu Beginn vorhandenen wertorientierten Übereinstimmung nur begrenzt ausgehen. Die dann in diesem Gremium notwendig werdende Überzeugungsarbeit kann jedoch eine gewisse Multiplikationswirkung für die anderen Projektgruppen entfalten. Durch dieses Vorgehen wird im übrigen potentieller Widerstand schon frühzeitig erkannt, kanalisiert und in die Institutionen gelenkt, die für die Handhabung dieser Probleme am besten geeignet sind.

V. Symbolische Führung

Ein wichtiger Hebel zur Beeinflussung des Restrukturierungsprozesses besitzt die Unternehmensleitung in Form der Symbolischen Führung. →*Symbolische Führung* zielt im wesentlichen darauf ab, das Geschehen im Unternehmen mit (neuem) Sinn zu unterlegen. Die Unternehmensleitung macht durch Einsatz symbolischer Führung deutlich, wie sie selbst die vergangene und zukünftige Situation des Unternehmens interpretiert und wie sie wünscht, daß auch andere die Situation interpretieren sollten, um daraus die richtigen Schlüsse für ihr Handeln abzuleiten. Es geht bei der symbolischen Führung um das Herauslesen von (neuem) Sinn aus alten Fakten bzw. die Schaffung neuer Fakten und deren „richtige" Deutung, für die entsprechende Dechiffrier-Anleitungen zur Verfügung gestellt werden (*Pfeffer* 1981; *Neuberger* 1990).

Im Zusammenhang mit umfassenden Restrukturierungen sind etwa folgende Aktivitäten mit entsprechenden Interpretationen als Bestandteile der symbolischen Führung von Bedeutung.

- Durch die *Wahl geeigneter Veröffentlichungsformen* unterstreicht die Unternehmensleitung die Bedeutung des Vorhabens für die Zukunft des Unternehmens. Vertreter der Unternehmensleitung treten auf Einführungsseminaren auf und/oder nehmen bei anderen öffentlichen und unternehmensinternen Veranstaltungen auf die Restrukturierung Bezug und erläutern ihre Notwendigkeit und die dahinterstehenden Intentionen. In hausinternen oder auch externen Verlautbarungen kann die Unternehmensleitung ebenfalls zu der Restrukturierung Stellung nehmen. Diese Aktivitäten stehen in einem engen Zusammenhang mit dem Entwurf einer Vision, auf die bei solchen Gelegenheiten rekurriert werden kann.
- Die *Unternehmensleitung besetzt wichtige Positionen in der Projektorganisation mit Personen, die die „neue Linie" glaubwürdig vertreten können*, weil sie etwa an anderer Stelle – in einem anderen Unternehmen oder in einem Tochterunternehmen – ähnliche Restrukturierungen mit Erfolg durchgeführt haben. Die Unternehmensleitung zieht externe Experten zu dem Projekt hinzu, die in besonderer Weise für das Restrukturierungsprogramm stehen.
- Die *Unternehmensleitung interessiert sich in besonderer Weise für die Projektarbeit*. Mitglieder der Unternehmensleitung besuchen Projektsitzungen, kommentieren, ja „zelebrieren" Zwischenerfolge, heben Mitarbeiter hervor, die sich um den Fortschritt des Projekts besonders verdient gemacht haben.
- Es werden, um die Bedeutung des Projekts zu unterstreichen, wichtige *Schlüsselpersonen in die Projektarbeit involviert*, wenn auch z.T. nur „symbolisch" („Schirmherrschaft für Teilprojekte").
- Es werden *Symbole herausgestellt, die das neue Denken auch nach außen hin dokumentieren* und diejenigen, die sich mit dem Symbol identifizieren, in besonderer Weise verpflichten. Ein Beispiel dazu: als Ignacio López eine neue „Philosophie" bei VW implementieren wollte, sollten alle, die das „neue Denken" teilten, ihre Armbanduhr am rechten Handgelenk tragen! Ferner wird nicht versäumt, in dramatischen Inszenierungen alte Denkgewohnheiten und Vorgehensweisen „symbolisch" zu brandmarken und für unzulässig zu erklären.

VI. Die Handhabung von Konflikten

Größere Restrukturierungen bedrohen die Besitzstände bestimmter Betroffener: Bei „Verschlankungsprogrammen" sind Stellen, auch im mittleren Management, gefährdet, die Leiter der von Stelleneinsparungen betroffenen Abteilungen befürchten einen durch eine schwindende Zahl von Mitarbeitern bedingten Statusverlust; bei Dezentralisierungsprogrammen werden zentrale Stäbe abgebaut und Entscheidungskompetenzen auf Linienstellen verlagert; bei einer Divisionalisierung werden funktionale Abteilungen aufgeteilt, neue einflußreiche Stellen von Spartenleitern werden geschaffen usw. Betroffene, die nachteilige Auswirkungen auf ihre Stellen/Abteilungen erwarten, sind kaum zu einer kreativen, motivierenden Mitarbeit bereit. Im Gegenteil: Sie werden mikropolitische Aktivitäten entwickeln, um die Restrukturierung zu verhindern oder zumindest die negativen Konsequenzen auf ihren Bereich abzufedern (*Frost/Egri* 1991; *Schirmer/Smentek* 1994). Auch Betroffene, die keine offensichtlichen Nachteile der Restrukturierung für sich erkennen können, sind häufig skeptisch eingestellt, weil sie seit vielen Jahren mit den bestehenden Strukturen und Prozessen vertraut sind und mit ihnen Erfolge für sich persönlich und für das Unternehmen erzielt haben. Der Abschied von alten Denkgewohnheiten, vertrauten Aufgaben und Prozeduren, Positionen und Einflußbeziehungen fällt ihnen schwer.

Das Arsenal an mikropolitischen Aktivitäten, das von Widerständlern eingesetzt werden kann, ist fast unerschöpflich: Es reicht von der Forcierung begründeter Zweifel an der Restrukturierung über Verzerrung von Informationen, Zurückhaltung von Ressourcen, die zur Konzipierung und Umsetzung der neuen Struktur erforderlich sind, Bildung von Widerstandskoalitionen, die auch Kooperationen mit externen Stakeholders umfassen kann (Berater, Politiker, Gewerkschaften usw.), bis hin zur Diskreditierung von Änderungsbefürwortern (*Neuberger* 1990).

Häufig versucht die Unternehmensleitung, durch frühe Umbesetzungen in Schlüsselpositionen diesem „informell organisierten" Widerstand die Spitze zu brechen. An die Stelle von prominenten Saboteuren werden aktive Unterstützer gesetzt. Durch solche Umbesetzungen können größeren Gruppen von Widerständlern auf nachgelagerten Ebenen wichtige persönliche Einflußkanäle und Schutzräume entzogen und ihre Machtposition geschwächt werden. Der Beginn des Wandels wird durch Personen symbolisiert.

Diese Strategie, so sinnvoll sie für den Beginn sein mag, kann in den Phasen der eigentlichen Problemlösung und bei der Implementierung erhebliche Probleme hervorrufen. Die bemühte symbolische Kraft von Handlungen wirkt in den Augen der Betroffenen nicht nur positiv, sondern auch negativ. Rigide personalpolitische Maßnahmen im Vorfeld, die häufig zu beobachtende Angewohnheit, die Leitungsfunktion in den Planungsteams mit einer als eiskalter und ehrgeiziger „Sanierer" bekannten Person zu besetzen, kann während der eigentlichen Projektphasen dysfunktionale Wirkungen entfalten (vgl. *Berger* 1984). Eine alternative Strategie besteht darin, die Konflikt-, aber auch Kompromißfähigkeit auf beiden Seiten zu fördern (vgl. *Kieser* 1990). So kann versucht werden, *Gewinner-Verlierer-Spiele* zu vermeiden und sie durch *Gewinner-Gewinner-Spiele* oder zumindest durch *Gewinner-Entschädigter-Spiele* zu ersetzen: Die Unternehmensleitung signalisiert häufig sehr frühzeitig die Bereitschaft zu einem Interessenausgleich und zur Reduzierung von Reibungsverlusten und weist darauf hin, daß eine Entkoppelung von unternehmensnotwendigen Veränderungen und persönlicher Betroffenheit beabsichtigt ist.

Häufig werden den von negativen Folgen bedrohten Managern *individuelle Ausgleichsangebote* gemacht (*Schirmer/Smentek* 1994): Sie werden bis zum altersbedingten Ausscheiden mit Repräsentationsaufgaben betraut. Eine solche „Marginalisierung" wird besonders bei solchen „oppositionellen" Managern eingesetzt, die über ein geringes Drohpotential verfügen, meist älter und für den Arbeitsmarkt nicht mehr so attraktiv sind. Manager mit größerem Drohpotential versucht man, durch Einweisung auf neue Stellen und Betreuung mit neuen Aufgaben einzubinden und auf diese Weise den Wissenstransfer zwischen der „alten" und der „neuen" Managergeneration zu sichern. Die Möglichkeit, Titel, Dienstwagen und geldwerte Vorteile erhalten zu können („das Gesicht wahren"), erleichtert beiden Gruppen die Annahme solcher Offerten, womit Drohpotentiale weitgehend neutralisiert sind.

Literatur

Angle, H. L./Van de Ven, A. H.: Suggestions for managing the innovation journey. In: *Van de Ven, A. H./Angle, H. L./Poole, M. S.* (Hrsg.): Research on the management of innovation. New York 1989, S. 663–697.
Berger, U.: Organisationskultur und der Mythos der kulturellen Integration. In: *Müller-Jentsch, W.* (Hrsg.): Profitable Ethik – effiziente Kultur. München/Mering 1993, S. 11–38.
Berger, U.: Wachstum und Rationalisierung der industriellen Dienstleistungsarbeit. Frankfurt/M. 1984.
Betts, P./Taylor, R./Tait, N.: British Airways and SAS act to cut costs. In: Financial Times 26. Januar 1991, S. 22.
Bryman, A.: Charisma and leadership. London/Newbury/New Delhi 1992.
Byrne, J. A.: Up, up and away?. In: Business Week, 25. November 1985, S. 58–65.
Chandler, A.: Strategy and structure. Boston 1962.
Child, J./Ganter, H. D./Kieser, A.: Technolgoical innovation and organizational conservatism. In: *Pennings, J. M./Buitendam, A.* (Hrsg.): New technology as organizational innovation. Cambridge, MA 1987, S. 87–115.
Dormann, J.: Geschäftssegmentierung bei HOECHST. In: ZfbF, 1993, S. 1068–1077.
Eccles, R. G./Nohria, N.: Beyond the hype. Harvard 1992.
Frame, J. D.: Managing projetcs in organizations. San Francisco 1987.
Frost, P. J./Egri, C. P.: The political process of innovation. In: ROB, 1991, S. 229–295.
Gomez, P./Probst, G.: Thinking in networks to avoid pitfalls of managerial thinking. In: *Maruyama, M.* (Hrsg.): Context and complexity. New York 1991, S. 91–108.
Habermas, J.: Theorie des kommunikativen Handelns. Bd. I. Frankfurt/M. 1981.
Hammer, M./Champy, J.: Re-engineering the cooperation. New York 1993.
Hannan, M. T./Freeman, J.: Structural inertia and organizational change. In: ASR, 1984, S. 149–164.
Hansel, J./Lomnitz, G.: Projektleiter-Praxis. Berlin 1987.
Heintel, P./Krainz: Projektmanagement. 2. A., Stuttgart 1990.
Hilb, M.: Diagnose-Instrumente zur Personal- und Organisationsentwicklung. Bern et al. 1984.
Kieser, A.: Der strukturale Ansatz. In: *v. Rosenstiel, L./Einsiedler, H. E./Streich, R. K./Rau, S.* (Hrsg.): Motivation durch Mitwirkung. Stuttgart 1987, S. 48–59.
Kieser, A.: Organisationsstruktur, Unternehmenskultur und Innovation. In: *Bleicher, K./Gomez, P.* (Hrsg.): Zukunftsperspektiven der Organisation. Bern 1990, S. 157–178.
Kieser, A.: Anleitung zum kritischen Umgang mit Organisationstheorien. In: *Kieser, A.* (Hrsg.): Organisationstheorien. Stuttgart et al. 1993, S. 1–35.
Kieser, A.: Fremdorganisation, Selbstorganisation und evolutionäres Management. In: ZfbF, 1994, S. 199–228.
Kirsch, W./Esser, W. M./Gabele, E.: Reorganisation. München 1978.
Kirsch, W.: Kommunikatives Handeln, Autopoiese, Rationalität. München 1992.
Knopf, R./Esser, W.-M./Kirsch, W.: Der Abbruch von Reorganisationsprozessen. München 1976.

Koerber, E. v.: Geschäftssegmentierung und Matrixstruktur im internationalen Großunternehmen. Das Beispiel ABB. In: ZfbF, 1993, S. 1060–1067.
Kotter, J. P.: A force for change. New York/London 1990.
Kubicek, H.: Interessenberücksichtigung beim Technikeinsatz im Büro- und Verwaltungsbereich. München et al. 1980.
Lamont, B. T./Williams, R. J./Hoffman, J. J.: Performance during „M-form" reorganization and recovery time. In: AMJ, 1994, S. 153–166.
Litke, H.-D.: Projektmanagement. München 1990.
Madauss, B.: Handbuch Projektmanagement. 5. A., Stuttgart 1993.
Malik, F./Probst, G.: Evolutionäres Management. In: DU, 1981, S. 122–140.
Mumford, E./Welter, G.: Benutzerbeteiligung bei der Entwicklung von Computersystemen. Berlin 1984.
Nadler, D. A./Tushman, M. L.: Beyond the charismatic leader. In: CRM, 1990, S. 77–97.
Neuberger, O.: Führen und geführt werden. Stuttgart 1990.
Neuberger, O.: Personalentwicklung. Stuttgart 1991.
Peters, T./Austin, N.: A passion for excellence. London et al. 1985.
Pfeffer, J.: Managing with power. Boston, MA. 1992.
Pfeffer, J.: Power in organizations. Marschfield, MA. 1981.
Pieper, R.: Diskursive Organisationsentwicklung. Berlin 1988.
Rosenbloom, R: From gears to chips. Cambridge, MA. 1988.
Schein, E.: Process consultation. Reading, MA. 1969.
Schienstock, G./Müller, V.: Organisationsentwicklung als Verhandlungsprozeß. In: SW, 1978, S. 375–393.
Schirmer, F./Smentek, M.: Management contra „Neue Managementkonzepte"? In: Industrielle Beziehungen, 1994, S. 62–90.
Scholz, J.: Effektivität und Effizienz, organisatorische. In: *Frese, E.* (Hrsg.): HWO. 3. A., Stuttgart 1992, Sp. 533–552.
SIEMENS AG: Organisationsplanung. Berlin 1974.
Staehle, W.: Management. 6. A., München 1991.
Stewart, T. A.: GE keeps those ideas coming. In: Fortune, 12. August 1991, S. 19–25.
Taylor, A.: Can Iacocca fix Chrysler – again? In: Fortune, 8. April 1991, S. 40–44.
Thom, N.: Organisationsentwicklung. In: *Frese, E.* (Hrsg.): HWO. 3. A., Stuttgart 1992, Sp. 1477–1491.
Ulich, E.: Arbeitspsychologie. Stuttgart 1992.
Williamson, O.: Market and hierarchies. New York 1975.
Womack, J. P./Jones, D. T./Roos, D.: Die zweite Revolution in der Autoindustrie. Frankfurt/M. 1991.

Rückentwicklung von Organisationen und Führung

Victor V. Murray

[s. a.: Arbeitszeitverteilung als Führungsaufgabe; Autorität; Coaching; Freisetzung als Vorgesetztenaufgabe; Führungsdilemmata; Führungstheorien – Machttheorie, – Situationstheorien; Konflikte als Führungsproblem; Krisensituationen, Führung in; Restrukturierung, Führung bei; Sanierung und Turnaround, Führungsaufgaben bei; Verhaltensdimensionen der Führung; Verhandlungstechniken als Führungsinstrument.]

I. Einleitung; II. Ein einfaches Gerüst für die Analyse von organisationaler Rückentwicklung und Führung; III. Die Auswirkungen der Rückentwicklung auf das Führungsverhalten; IV. Organisationale Führung während Perioden der Rückentwicklung; V. Schlußbemerkung.

I. Einleitung

Als die erste Auflage des Handwörterbuchs der Führung veröffentlicht wurde, befanden sich die meisten industrialisierten westlichen Länder inmitten einer Periode ökonomischen Aufschwungs. Dieser Artikel über Führung und Rückentwicklung von Organisationen baute vorrangig auf Forschungen und Veröffentlichungen auf, die nach Perioden relativ geringer Rezession Mitte der 70er und in den frühen 80er Jahren erschienen. Bei der Veröffentlichung mag er vielleicht als interessant erschienen sein, aber als kaum relevant für die Anliegen der meisten führungsinteressierten Trainer und Praktiker.

Jetzt, da die zweite Auflage des Handwörterbuchs in Druck geht, befindet sich der Großteil der Welt in einer tiefen und langen *Rezession*, in der die Arbeitslosigkeit Ausmaße erreicht, wie sie seit der großen Depression der 30er Jahre nicht mehr aufgetreten sind. Um zu überleben, mußten Unternehmen und staatliche Organisationen alle nur erdenklichen Maßnahmen finden, um Kosten zu senken. Viele sind, was die Belegschaft und die Anzahl ihrer Hierarchieebenen betrifft, jetzt nur mehr fahle Schatten ihrer selbst.

Die Erstfassung dieses Artikels hatte eine relativ enge, akademische Perspektive, die sich primär auf die Auswirkungen von organisationaler Rückentwicklung auf das Führungsverhalten konzentrierte. Für die zweite Auflage wurde der Artikel überarbeitet und erweitert. Es ist nun die Besprechung der umgekehrten Fragestellung mit eingeschlossen: Wie kann Führung auf eine sich rückentwickelnde Organisation einwirken? Ferner ist die Fragestellung über eine bloße Erörterung des Verhaltens, mit dem der Führer die Mitarbeiter zu beeinflussen versucht, hinaus erweitert worden; jetzt betrachten wir den Führer als Kopf der gesamten Organisation und fragen: Wie sollte der Spitzenmanager mit einer Organisation umgehen, die von einer großen ökonomischen Rezession bedroht ist?

II. Ein einfaches Gerüst für die Analyse von organisationaler Rückentwicklung und Führung

Obwohl in den letzten 15–20 Jahren eine Menge Forschung und theoretische Arbeit an das Phänomen der Rückentwicklung verschwendet wurde, gibt es noch immer Vieles, das unsicher, widersprüchlich oder überhaupt nicht untersucht ist (*Whetten* 1987; *McKinley* 1993; *Rosenblatt* et al. 1993). Unter den theoretisch und empirisch am wenigsten erforschten Gebieten befindet sich die Wechselwirkung von Rückentwicklung und Führungsverhalten.

In seiner einfachsten Erscheinungsform läßt sich organisationale Rückentwicklung als negatives Wachstum definieren: Eine Situation also, in der die Nachfrage nach den von den Kapitalgebern festgelegten Gütern und Dienstleistungen der Organisation niedriger ist als in der unmittelbar vorhergegangenen Periode. Im Falle privater Unternehmungen sind natürlich die Hauptkapitalgeber die Kunden einer Organisation, so daß Rückentwicklung einem Nachfragerückgang nach den Produkten (dem Produkt) einer Unternehmung weitgehend gleichzusetzen ist. Im Falle von Nonprofit- oder staatlichen Organisationen ist die Situation etwas komplexer, da hier, wie *Downs* (1967) ausgeführt hat, die Geldgeber nicht unbedingt jene sind, für die die Dienstleistungen bereitgestellt werden. So ist eine Situation denkbar, in der die Dienstleistungsnachfrage der Zielgruppen (Studenten, Kranke, Sozialleistungsempfänger) hoch ist, aber der Staat (oder ein anderer Geldgeber) trotzdem eine Budgetkürzung für die betreffende Organisation beschließt. In der Tat ist Rückentwicklung im öffentlichen/staatlichen Sektor durch die Input-Geber bestimmt und nicht durch die Konsumenten des Output.

In beiden Fällen drängt sich die Frage auf, was die *Bedeutung* einer Rückentwicklung für die Manager einer Organisation ausmacht und was die Grundelemente einer darauf folgenden Reaktion sind. Im allgemeinen ist der bedeutsamste Aspekt einer Rückentwicklung bezüglich des potentiellen Einflusses auf das Führungsverhalten, das Ausmaß, in dem sie eine *Krise* für die Entscheidungsträger darstellt (→*Krisensituationen, Führung in*). Nach *Hermann* (1963) ist eine Krise eine Situation, die zwei Hauptdimensionen in sich birgt: *Ernsthaftigkeit* und *Unmittelbarkeit*. Ernsthaftigkeit ist ein Maß für die Gefährdung von zentralen Lebenszielen oder Werten durch ein Ereignis (hier organisationale Rückentwicklung). Unmittelbarkeit bezieht sich auf die Länge der Vorwarn- und der zur Verfügung stehenden Reaktionszeit.

Demnach ist etwa ein einprozentiger Rückgang der staatlichen Budgetmittel für eine Universität, der sechs Monate zuvor mit großer Wahrscheinlichkeit vorherzusehen war und auf den erst in weiteren sechs Monaten endgültig reagiert werden muß, substantiell anders zu sehen als ein völlig unerwarteter 25%iger Verkaufsrückgang der Hauptproduktlinie eines Unternehmens. Demnach bestehen vier Grundtypen von Rückentwicklung, die in Tab. 1 unterschieden werden.

	Ernsthaftigkeit der Bedrohung grundlegender Ziele und Werte	
Unmittelbarkeit (Vorwarn- und Reaktionszeit)	Hoch	Niedrig
Hoch	„Große Bombe"	„schnellzündender Knallkörper"
Niedrig	„Zeitbombe"	„zeitverzögerter Knallkörper"

Tab. 1: Rückentwicklung als Krise – 4 Grundtypen

Eine Krise ist am stärksten bei plötzlich auftretender Gefahr von großer Heftigkeit („große Bombe"); dieser am nächsten kommt eine ernsthafte, aber vorangekündigte Gefahr („Zeitbombe"). Bereits wesentlich weniger krisenhaft ist ein Ereignis, das zwar unmittelbar auftritt und rasches Handeln erfordert, die aber ansonst eine geringe Gefährdung darstellt (schnellzündender Knallkörper). Am ungefährlichsten ist natürlich jene Art der Rückentwicklung, die weder zentrale Ziele gefährdet noch schnelles Reagieren erfordert (zeitverzögerte Knallkörper).

Um das Phänomen der Rückentwicklung mit dem *Führungsverhalten* in Beziehung setzen zu können, bedarf es einer Bestimmung der fünf Grundelemente im *Reaktionsverhalten* auf organisationale Rückentwicklung (*Murray/Jick* 1985):

(1) *Subjektives Erkennen des Vorhandenseins der Rückentwicklung und Einschätzung des Krisenausmaßes:* Mit anderen Worten, erst wenn Manager eine Situation als Rückentwicklung *definieren* und subjektiv das Ausmaß der Gefährdung grundlegender Ziele und Werte feststellen, werden sie Gegenmaßnahmen ergreifen. Die Geschichte enthält viele Fälle von Organisationen, die ihre eigene Rückentwicklung solange nicht zu erkennen vermochten, bis es zu spät war.

(2) *Schuldzuweisung:* Entscheidend für den Umgang mit Rückentwicklung ist die angenommene *Ursache* des Problems; die Antwort auf die Frage „warum?". Der wesentlichste Bestimmungsfaktor ist das Ausmaß, in dem Rückentwicklung externalen Umständen zugeschrieben wird, die nicht durch organisationale Handlungen beeinflußt werden können (*Levine* 1978; *Zamutto/Cameron* 1982). Eine Rückentwicklung, die als Folge einer tiefen allumfassenden weltweiten Rezession betrachtet wird (d.h. external, schwer beeinflußbar), wird ganz andere Reaktionen hervorrufen als

eine, die primär auf einen Fehler in der eigenen Marketingstrategie oder auf zu hohe Produktionskosten zurückgeführt wird (internal, beeinflußbar).

(3) *Wahl einer bestimmten Reaktionsstrategie:* Hierzu wurden in der Literatur verschiedenste Taxonomien von Reaktionsverhalten entwickelt (z. B. *Zamutto/Cameron* 1983; *Levine* 1978; *Jick/Murray* 1982; *Whetten* 1981; *Stevens/McGowan* 1983; *McKinley* 1993). Sie werden in den folgenden Kapiteln behandelt.

(4) *Implementierung der gewählten Maßnahmen:* Forschungsarbeiten auf dem Gebiet der Rückentwicklung haben sich intensiv mit der Frage beschäftigt, wie sich die *Art* der Implementierung von Reaktionsstrategien auf die Mitarbeiter auswirkt (z. B. *Rubin* 1984; *Jick/Murray* 1982; *DeWitt* 1993; *Freeman/Cameron* 1993).

(5) Die Wahl der Reaktionsstrategie und der gewählte Implementierungsprozeß zusammen mit situativen Elementen sind für die *Folgen* für die Organisation und die Personen in ihr verantwortlich: Die Rückentwicklung kann abnehmen oder sich verschärfen, und die Organisationsmitglieder können mehr oder weniger mit der Situation zu Rande kommen und in unterschiedlicher Weise reagieren. Diese Folgen müssen in einem neuerlichen Entscheidungsprozeß durch das Management erkannt und bewertet werden und eine entsprechende Reaktion nach sich ziehen.

III. Die Auswirkungen der Rückentwicklung auf das Führungsverhalten

In Anbetracht der Vielfalt der Modelle und Konzeptionen zur Kategorisierung des Führungsverhaltens, werden wir uns hier bewußt auf die beiden am längsten und genauesten erforschten Dimensionen konzentrieren: das sind die „Mitarbeiter-" und die „Aufgabenorientierung" (*Fleishman* 1973; →*Verhaltensdimensionen der Führung;* →*Verhaltensgitter der Führung*) und verwandte Konzeptionen wie „mitarbeiterzentriert" und „arbeitszentriert" (*Likert* 1961) bzw. „beziehungs-" und „aufgabenmotiviert" (*Fiedler* 1967; →*Führungstheorien – Kontingenztheorie*) etc. Aufgrund der gegenwärtigen Auffassung der Führung als Beeinflussungsprozeß, werden wir zusätzlich verschiedene „Beeinflussungsstrategien" behandeln; also jene Verhaltensweisen die von Führungskräften angewendet werden, um Zustimmung zu ihren Wunschvorstellungen zu erhalten. Die wahrscheinlich umfangreichste und wissenschaftlich am besten ausgearbeitete Liste solcher Strategien findet sich bei *Kipnis* et al. (1980).

Sie ermittelten sieben Grundarten von Beeinflussungsstrategien: *Vernunft* (Gebrauch von Informationen, Logik und Überzeugungskraft); *Freundlichkeit* (Anwendung von „referent power", →*Führungstheorien – Machttheorie*); *Koalition* (Einbeziehung Dritter als Verbündete, um Einfluß auf andere auszuüben); *Aushandeln* (→*Verhandlungstechniken als Führungsinstrument*) (der tatsächliche oder angekündigte Tausch von etwas für den anderen Wertvollem für das eigene Gewünschte); *Bestimmtheit* (kraftvolles Auftreten, Forderungen, starke Emotionen); *Berufung auf höhere Autoritäten* (die Einbeziehung Dritter unter Berufung auf deren höhere legitimierte →*Autorität*); →*Sanktionen* (Drohungen oder tatsächliche Bestrafungen, um eine Einwilligung zu erhalten).

Tab. 2 zeigt das angenommene Verhältnis von Führungsverhalten und zwei unterschiedlichen Ausprägungen von Wahrnehmung der Rückentwicklung: der subjektiven Empfindung einer hochbedrohlichen Krisensituation (eine unmittelbare und ernsthafte Gefährdung der zentralen Ziele und Werte durch die Rückentwicklung) und der Wahrnehmung einer mäßigen Krise (weniger unmittelbar und ernsthaft). Ein nach oben gerichteter Pfeil deutet eine erwartete Zunahme im entsprechenden Führungsverhalten an, ein nach unten gerichteter Pfeil eine Abnahme. Die Länge des Pfeils weist auf das Ausmaß der Zu- bzw. Abnahme hin.

Die der Tab. 2 zugrundeliegenden Annahmen leiten sich im wesentlichen von den Untersuchungen über die Auswirkungen von Panik (*Janis/Mann* 1977); Krise *(Hosti* 1978) und Rückentwicklung (*Kolarska/Aldrich* 1980; *Levine* 1980; *Starbuck* et al. 1978; *Whetten* 1980) ab. Demzufolge steigert eine akute Krisensituation die Tendenz der Führungskräfte, sich auf engbegrenzte und kurzfristige Eigeninteressen zu konzentrieren. Die Berücksichtigung der Mitarbeiterbedürfnisse nimmt zugunsten einer verstärkten Orientierung auf Aufgaben, die der Führungskraft selbst nützen, ab.

Betrachtet man die Beeinflussungsstrategien, so zeigt sich die Tendenz, daß sich die Führungskräf-

Intensität der empfundenen Krise	Mitarbeiterorientierung	Aufgabenorientierung	Führungsstrategien der Beeinflussung						
			Vernunft	Freundlichkeit	Koalitionen	Aushandeln	Bestimmtheit	Höhere Autorität	Sanktionen
Hoch	↓	↑	↓	↓	↓	↑↓	↑	↑	↑
Niedrig	↓↑	↑	↑	↓	↓↑	↑↓	↑	↑	↑

Tab. 2: Subjektiv empfundene Krisen als Resultat von Rückentwicklung und Führungsstrategien ihrer Beeinflussung

te weniger auf die Vernunft berufen (wegen des Gefühls, daß die Krise ohnehin offensichtlich ist, und daß daher keine Zeit für langwierige Erklärungen bleibt, zu erkennen, mit denen sie zur Erreichung der Ziele kooperieren könnten. Je nach Mächtigkeit (Ressourcenverfügung) der anderen (Untergebene, Kollegen) kann es zu einer verstärkten Anwendung der Strategie des Aushandelns kommen: Sie wächst in dem Maße, wie die anderen als Träger von bedeutenden Verfügungsgewalten über benötigte Ressourcen betrachtet werden. Allerdings wird die Aushandlungsstrategie selten gewählt, wenn die Machtposition der anderen nicht völlig offensichtlich ist und zugunsten eines vermehrten Gebrauchs von „Bestimmtheit", „Berufung auf höhere Autoritäten" und „Sanktionen" vernachlässigt.

Wenn man die Auswirkungen der subjektiv wahrgenommenen Krisensituaton auf das Führungsverhalten betrachtet, so ist man versucht anzunehmen, daß eine kleinere Krise *dieselben* Verhaltensweisen wie eine große und bedrohliche Krise nach sich zieht – nur eben von etwas geringere Intensität. Forschungsarbeiten von *Murray* et al. (1983; 1984) lassen den Schluß zu, daß dies nicht der Fall ist. Sie zeigen die Auswirkungen von wahrgenommenen kleineren Einschnitten in ein staatlich finanziertes Krankenhauswesen. Sie sind in der zweiten Zeile der Tab. 2 zusammengefaßt.

In einigen untersuchten Krankenhäusern nahm die Mitarbeiterorientierung etwas ab, während sie in anderen leicht zunahmen und man bestrebt war, mehr mit den Beschäftigten zu kommunizieren, und deren Feedback zu den beabsichtigten Maßnahmen gesucht wurde. Generell war eine Zunahme der Aufgabenorientierung zu verzeichnen, da eine Reihe von Sparmaßnahmen die stärkere Betonung der aufgabenbezogenen Aktivitäten erforderte. Intensität/Umfang der Maßnahmen waren allerdings geringer, als man unter den Umständen einer schweren Krise annehmen würde. Der Einsatz der Strategie „Gebrauch der Vernunft" *stieg leicht;* wiederholt versuchte man die Situation, des Spitals zu erklären (staatliche Mittelkürzungen) und darzustellen, warum verschiedene ergriffene Maßnahmen zur Kostensenkung nötig waren. Da die getroffenen Entscheidungen doch als unangenehm empfunden wurden (Einstellungsstop), Budgetkürzungen kleineren Ausmaßes), konnte man die Strategie „Freundlichkeit" nicht so sehr anwenden; in einigen Fällen nahmen Koalitionsaktivitäten zu, in anderen ab. Auch der Strategie des „Aushandelns" bediente man sich je nach Situation unterschiedlich, eine *leichte* Tendenz in Richtung „Bestimmtheit", „Berufung auf höhere Autoritäten" und „Sanktionen" (besonders die Androhung von Entlassungen, tatsächliche kamen nur selten vor) war festzustellen.

Es ist wichtig festzuhalten, daß die obigen Ausführungen über die Auswirkungen der wahrgenommenen Krisenintensität auf das Führungsverhalten lediglich *allgemeine Tendenzen* darstellen.

Tatsächliches Verhalten unter gegebenen Umständen kann durchaus davon abweichen. Nicht alle Führungskräfte nehmen eine „objektive" Rückentwicklung gleichermaßen wahr. Noch bedeutsamer ist der Fall einer Organisation, in der eine starke Führungskultur vorherrscht. Diese kann dem Druck einer Krisensituation durchaus standhalten. Folglich wird eine Kultur, die gleichermaßen die Erreichung der Organisationsziele und die Erfüllung der Mitarbeiterbedürfnisse betont, eine Führungskraft davon abhalten, „die Zügel zu straffen", wenn harte Zeiten aufkommen. Unglücklicherweise sprechen jüngste Daten dafür, daß je länger ungünstige Umweltbedingungen anhalten, es um so schwieriger wird, den größten Krisenauswirkungen, wie sie in der ersten Zeile der Abb. 2 dargestellt sind, entgegenzuwirken (*Dumaine* 1993).

IV. Organisationale Führung während Perioden der Rückentwicklung

Unter Bezugnahme auf das einfache Gerüst von Reaktionen des Management auf organisationale Rückentwicklung, wie es zu Beginn des Artikels umrissen wurde, ist die Unterscheidung von drei grundlegenden Reaktionsszenarien möglich, die von Führungskräften in Anbetracht organisationaler Rückentwicklung gewählt werden: (1) „Härte zeigen", (2) „Schlauer werden" und (3) „Minimalismus". Diese sind als Idealtypen unter der Berücksichtigung gedacht, daß jede konkrete Situation Aspekte aller drei Szenarien enthält. Es wird allerdings angenommen, daß das Top-Management einer Organisation jeweils in eine Richtung besonders tendiert. Forschungsarbeiten (*Cameron* et al. 1987; *Freeman/Cameron* 1993; *Rosenblatt* et al. 1993) zeigen übrigens, daß das erste und das dritte Szenario sehr häufig vorkommen. Das erste als Ergebnis einer objektiv plötzlichen und ernsthaften Rückentwicklung („Große Bombe") und die dritte als eine übliche Reaktion auf leichte und gemäßigte Rückentwicklungen („Knallkörper"). Das zweite Szenario, obwohl normativ vielleicht das wünschenswerteste, tritt weit weniger häufig auf. Die drei Grundtypen sind in Tab. 3 angeführt. Sie werden durch sieben Schlüsseldimensionen des Handlungsfeldes von Führungskräften beschrieben.

(1) *Einschätzung der Rückentwicklung durch die Unternehmensführung.* Die erste Dimension hat etwas mit der Wahrnehmung und Interpretation der Unternehmensspitze zu tun. Jene, die dem Ansatz des Einsatzes von Härte folgen, tendieren

Handlungsfelder der Unternehmungsführung	Grundszenarien des Management von Rückentwicklung		
	„Härte zeigen"	„Schlauwerden"	„Minimalismus"
1. Einschätzung der Rückentwicklung durch die Unternehmungsführung	Betrachtung als „Große Bombe", aber als abwendbar	Betrachtung als „Zeitbombe", aber als abwendbar	Betrachtung als „Feuerwehrskörper" und/oder als nicht abwendbar
2. Führungsstil	„Manager"	„Charismatiker"	„Administrator"
3. Strategische Stoßrichtung	„Verteidiger"	„Revolutionär"	„Passivität"
4. Umgang mit knappen Ressourcen	Kostenreduktion	Steigerung der Erträge	geringere Kostenreduktion
5. Art der Kostenreduktion	undifferenzierte Kürzungen	strategische Kürzungen	oberflächliche Kürzungen
6. Entscheidungsprozeß	zentralisiert	Einbeziehung der Betroffenen	zentralisiert
7. Implementierungsprozeß	Top-down; unpersönlich, rational	Einbeziehung der Mitarbeiter; symbolisch und rational	Top-down, rethorisch

Tab. 3: Drei Grundszenarien der Bewältigung von Rückentwicklung

dazu, eine Krise als erstens äußerst ernst und zweitens mit wenig verbleibender Reaktionszeit (eine „Große Bombe" in unserer Terminologie) zu sehen. Führungskräfte, deren Strategie „Schlauwerden" ist, betrachten eine Rückentwicklung ebenso als ernst, aber sehen keine so engen Vorgaben für die Reaktionszeit. Die „minimalistischen" Führer sehen mit hoher Wahrscheinlichkeit eine Rückentwicklung als nicht so dramatisch (ein „Knallkörper") *oder* als zwar ernsthaft, aber als Folge von Ursachen, die die Organisation, was immer sie auch unternimmt, nicht vermeiden kann.

(2) *Führungsstil*. Eine der Schlüsselentscheidungen, die die Führungskräfte einer Organisation in Anbetracht einer Rückentwicklung treffen müssen, ist jene über die Rollen, die sie selbst einnehmen wollen. In den letzten Jahren haben Führungsforscher wie *Bennis* (1989); *Kouzes/Posner* (1987); *Kanter* et al. (1983) zwischen Führern als (a) „Manager", (b) „Charismatiker" und (c) „Administratoren" unterschieden. Die „Manager" folgen den vorliegenden Zielen oder Strategien und versuchen, diese in einer rationalen und effizienten Weise zu verwirklichen, welche Management-Techniken dafür auch immer nötig sind. Der „charismatische" Zugang zur Führung (→*Führungstheorien – Charismatische Führung*) umfaßt die Fähigkeit, bestehende Strategien in Frage zu stellen und eine Zukunftsvision so lebendig zu schildern, daß andere Organisationsmitglieder sie als ihre eigene internalisieren können. Die Führungskraft handelt dann als Ratgeber (→*Coaching*; →*Helfendes Verhalten und Führung*) eines hochmotivierten Teams, in dem alle die selben Ziele zu erreichen versuchen. „Administratoren" unternehmen kaum mehr, als den Praktiken und Abläufen zu folgen, die andere festgelegt haben. In Verwendung dieser Rollenunterscheidungen kann man aus der Tab. 3 entnehmen, daß die „Härte" ganz wesentlich eines „Manager" als Führer bedarf; das „Schlauwerden" erfordert einen „Charismatiker" und der „Minimalismus" paßt zur Rolle eines „Administrators". Diese selbstgewählten Führungsansprüche beeinflussen wesentlich das Verhalten eines Führers in bezug auf die anderen Handlungsfelder der Unternehmensführung.

(3) *Strategische Stoßrichtung*. Hier treten die größten Unterschiede bezüglich des Umgangs mit auftauchenden Rückentwicklungserscheinungen zutage. *Miles/Cameron* (1982) waren die ersten, die übergreifende „Meta-Strategien" identifizierten, die Organisationen in Anbetracht schwerer Umweltbedrohungen übernehmen. Seither haben andere Autoren ihre Arbeit angewendet und modifiziert, wie z. B. *Tushman/Romanelli* (1985); *Pettigrew* (1985) und *Hoffman* (1989). Das am häufigsten zu erwartende Antwortverhalten ist die Verteidigung. Der Kern dieser Strategie kann in folgender Aussage zusammengefaßt werden: „Wir müssen so weitermachen wie bisher, nur schneller, billiger und mit besserer Qualität". Grundannahmen über die Organisationsziele, wie die Kundenstruktur, hergestellte Güter und Dienstleistungen oder die Produktionsverfahren, werden nicht in Frage gestellt. Wie wir sehen werden, führt dies vorrangig zu Kosteneinsparungen im Umgang mit der Rückentwicklung, aber auch Qualitätssteigerungen oder eine Verbesserung der Kundenbetreuung sind denkbar.

Der zweite meta-strategische Ansatz zur Bewältigung einer schweren Rückentwicklung wird als „transformatorisch" (*Kilman* 1985), „revolutionär" (*Miller/Freeman* 1980) oder als „Neuorientierung" (*Tushman/Romanelli* 1985) bezeichnet. Er ist durch den Versuch charakterisiert, den Organisationsauftrag, die Prioritäten, den Produkt- und Dienstleistungs-Mix, die Konsumenten-Zielgruppe und den *Modus operandi* völlig neu zu überdenken. Dies kann zum Abstoßen oder aber zur Aufnahme von neuen Organisationsteilen führen, zur Einstellung von Produkten oder zu Neuentwicklungen, zu weitreichenden technologischen Innovationen oder zu neuen Managementstilen. Es handelt sich häufig um eine äußerst riskante Strategie, da der Erfolg einer derartig radikalen Veränderung schwer vorherzusehen ist. Aber wenn die Bedrohung groß genug ist, kann es die einzige Chance zum Überleben sein.

Jene Strategie, die zum „Minimalismus" paßt, kann als „Passivität" bezeichnet werden. Da die Führungskräfte in dieser Situation der Überzeugung sind, daß nichts getan werden kann, um die für die organisationale Rückentwicklung verantwortlichen unwirtlichen Umweltbedingungen zu verändern, ist die gebräuchliche Reaktion eine mehr oder weniger halbherzige Variante der Verteidigungsstrategie: eine symbolische Kostensenkung, um die Hauptgeldgeber (z. B. den Staat) zu beschwichtigen.

(4) *Umgang mit knappen Ressourcen*. Wenn eine schwere Rückentwicklung eine Organisation trifft, ergreifen die meisten Unternehmensleitungen *irgendwelche* Maßnahmen als Reaktion auf die Einnahmenausfälle. Die Führungskräfte, die „Härte" gelernt haben, werden primär durch Kosteneinsparungen versuchen, die Konten auszugleichen. Jene, die Schlauwerden als Strategie wählen, werden ebenso Kosten senken, aber sie werden höchstwahrscheinlich auch mehr Energie aufwenden, um unbekannte Ertragsmöglichkeiten über neue Produkte und Märkte zu finden. Selbst eine Kostensenkung wird in dieser Situation als eine Marketing-Taktik angesehen: Die Preissenkungen sollen zu Steigerungen im Umsatzvolumen führen. Der „minimalistische" Führer wird wiederum ein fahler Schatten derer sein, die die Zügel straffen, indem er ihnen lediglich auf dem Weg der Kostensenkung folgt.

(5) *Art der Kostenreduktion*. Unter der Voraussetzung, daß *irgendeine* Kostenreduktion notwendig ist, um mit Einnahmeausfällen fertig zu werden, bleibt die Frage bestehen, wie dies zu bewerkstelligen ist. Führungskräfte, die Härte zeigen wollen, vertreten normalerweise die Position, daß die Lasten gleichmäßig verteilt werden müssen. Dies führt zu einheitlichen Budgetreduktionen „quer durch die Reihen" und zu Belegschaftsabbau durch *Entlassungen* und *Kündigungen*. In manchen Fällen unterstüzen die Gewerkschaften diese Vorgangsweise im Namen der Gerechtigkeit: Die Belastungen müssen gleichmäßig verteilt werden und Entlassungen dürfen nur strikt nach dem *Senioritätsprinzip* vorgenommen werden.

Führungskräfte, die schlauer werden wollen, nehmen mit höherer Wahrscheinlichkeit Abmagerungen nach strategischen Gesichtspunkten vor, indem sie versuchen, die am meisten und die am wenigsten benötigten Funktionen und die besten und die schlechtesten Arbeitskräfte zu identifizieren. Es besteht auch eine größere Aussicht, daß die Personalkosten mit anderen Mitteln als durch großangelegte Kündigungen gesenkt werden: Z. B. durch die Schaffung von Anreizen für einen freiwilligen vorzeitigen Ruhestand, durch *Work-Sharing* oder durch Lohn- oder Arbeitszeitkürzungen.

(6) *Entscheidungsprozesse*. Eine der interessantesten Debatten in der jüngsten Literatur zu organisationaler Rückentwicklung ist jene über das Ausmaß, in dem Krisenerscheinungen Führungskräfte in eine Art „Bunkermentalität" versetzen (*McKinley* 1993; *Bolton* 1993). In dieser Lage verbarrikadiert sich die Führungsspitze gegen eintreffende schlechte Nachrichten. Die Abwärtskommunikation wird ebenso verringert. Handlungsentscheidungen werden unter minimaler Information und Beratung im Bunker getroffen. Die Ereignisse rund um Hitlers letzte Tage in seinem Berliner Bunker zu Ende des Zweiten Weltkrieges sind ein schreckliches Metapher für diese Verhaltensweisen in Anbetracht ernsthafter Krisensituationen.

Trotzdem wird eingeräumt, daß diese Bunkermentalität nicht *immer* auftritt. Die gegenteilige Vorgangsweise verdeutlicht sich im Sprichwort „Not macht erfinderisch". Führungskräfte mit dieser Einstellung überdenken ihre grundlegenden Strategien, indem sie weitreichende Informationen und Ideen darüber einholen, was und warum etwas geschehen ist, und was unternommen werden kann. Das Verhalten wird in der Hoffnung auf neue Wege aus der Sackgasse offener und partizipativer.

Die Bunkermentalität wird vermutlich öfter als Teil des Szenarios „Härte" auftreten, während die Einbeziehung anderer Teil des Ansatzes von Intelligenz und Schlauheit ist. Wie bereits oben erwähnt, handelt ein Minimalist in einer Art Ergebenheit gegenüber seinem Schicksal bzw. übermächtigen Kräften, und wenn Handlungen notwendig sind, werden diese zentral bei geringster Partizipation entschieden.

(7) *Implementierungsprozeß* (→*Führungskonzepte und ihre Implementierung*). Wie auch immer die Entscheidungen über die Reaktionen auf die Krisensituation zustande gekommen sind, es bleibt die Frage der Umsetzung: Werden tatsächlich Arbeitnehmer entlassen, kommt es zur Einführung neuer Produkte oder werden Technologien verändert etc.? Viele jüngere praxisorientierte Veröffentlichungen befaßten sich mit dieser Frage. Die Anhänger der „Härte" folgen dem kühl-rationalen Weberschen Ansatz. Die Veränderungsentscheidungen werden an der Unternehmensspitze getroffen und den untergeordneten Stellen zusammen mit sorgfältigen Erläuterungen präsentiert. Die Mitarbeiter werden dann angewiesen, wie die neuen

Pläne und Vorgangsweisen zu implementieren sind. In anderen Worten: Der Implementierungsprozeß läuft von oben nach unten, ist unpersönlich und rational.

Auf der anderen Seite tendieren „schlauere" Führungskräfte, die die Beweglichkeit des Unternehmens erhöhen wollen, dazu, sich mit den zukünftig Betroffenen bereits im voraus zu beraten. In manchen Fällen werden die Untergebenen die Möglichkeit erhalten, die Entscheidungen völlig selbständig zu treffen. In ähnlicher Weise sind sie in die Implementierungsprozesse miteinbezogen, wo eine Unzahl kleinerer Entscheidungen zur erfolgreichen Umsetzung von allgemeinen Strategien in konkrete Handlungen notwendig sind. Ein weiterer signifikanter Unterschied betrifft die Fähigkeit der Führungskraft, die rational entwickelten Argumente für Veränderungen in einer gefühlsbetonteren Art und Weise vorzustellen und an die Herzen zu appellieren. Durch den Gebrauch von Symbolen, Zeremonien, Metaphern und anderen Mitteln kann der Glaube an die Notwendigkeit des Wandels und die Verbindlichkeit neuer Arbeitsweisen erreicht werden. Diese Art der „Leidenschaft" für Verbesserungen ist oft verantwortlich dafür, ob eine Implementierung erfolgreich ist oder nicht.

Es steht außer Zweifel, daß minimalistische Führer keinen Anlaß sehen, an Gefühle zu appellieren, obwohl sie sich in hohlen Phrasen über die Notwendigkeit einer Veränderung auslassen werden. Diese Phrasen können rasch als leer entlarvt werden, da ihnen keine Taten folgen, und jene, die in der Lage wären, Problemlösungen anzubieten, nicht konsultiert werden.

V. Schlußbemerkungen

„Es ist erstaunlich, wie wenig Aufmerksamkeit Rückentwicklungsforschung der Führung gewidmet hat" (*Rosenblatt* et al. 1993). Gewissenhafte Gelehrte werden einwenden, daß es zu stark vereinfacht, Handlungen, die Führungskräfte zur Begegnung der Rückentwicklung tätigen, in lediglich drei Grundtypen einzuteilen: „Härte", „Schlauheit" und „Minimalismus". In der Tat muß zugestanden werden, daß es keine systematische Begründung dafür gibt, daß die hier erörterten sieben Handlungsfelder immer in der beschriebenen Weise zusammengefügt werden. Die einzigen im Moment anführbaren Nachweise haben den Charakter von Anekdoten: Fallstudien und Artikel in Management-Magazinen über charismatische Führungskräfte, die Rückentwicklungstendenzen offenbar erfolgreich abgewendet haben, zeigen, daß diese eine Kombination von Handlungen setzen, die dem Ansatz der „Schlauheit" sehr nahe kommt.

Andererseits sind viele Situationen der Rückentwicklung denkbar, die *nicht* in Manager-Magazinen publiziert sind, und in denen „Härte" erfolgreich angewendet wurde. Um es noch einmal zu betonen, eine definitive Erforschung über die Zweckmäßigkeit dieses Ansatzes ist noch ausständig. Angenommen, eine Führungskraft ist überzeugt, daß die gesamte Branche (nicht nur einige wenige Betriebe), der die Organisation angehört, schrumpft, dann ist eine Erhöhung der „Schlauheit" zweckmäßig. Umgekehrt, wenn der Wettbewerb rasche Verbesserungen der Kosten, der Qualität oder des Service *bestehender* Produktlinien erfordert, wird das „Härtezeigen" völlig adäquat sein. Obwohl die Maßnahmen von oben herab durchgesetzt werden, braucht dies nicht als inhuman bezeichnet werden, und es kann durchaus rasch und effektiv sein.

Es ist bedauerlicherweise ein Klischee, daß jeder Artikel, der das gesammelte Wissen zu einem Thema aufarbeitet, mit der Schlußbemerkung enden muß, daß unser Verständnis unvollständig bleibt und daß daher weitere Forschungsanstrengungen notwendig sind. Im Fall von Führung und Rückentwicklung ist diese Aussage teilweise richtig. Man muß kein geborener Pessimist sein, um die vielen Entwicklungen in der Welt zu erkennen, die weiterhin Unternehmen ebenso wie staatlich und private Non-Profit-Organisationen bedrohen werden. Wir wissen, daß die Führung einer von Rückentwicklung bedrohten Organisation eine besondere und schwierige Aufgabe ist. Es muß jede Anstrengung unternommen werden, mehr über die Charakteristik und die Auswirkungen von Führung unter diesen Situationen hinzuzulernen.

Literatur

Bennis, W.: Why Leaders Can't Lead. San Francisco 1989.
Bolton, M.: Organizational Innovation and Substandard Performance: When Is Necessity the Mother of Innovation. In: OS, 1993, S. 57–75.
Cameron, K./Sutton, R. I./Whetten, D. A.: Issues in Organizational Decline. In: *Cameron, K./Sutton, R. I./Whetten, D. A.* (Hrsg.): Readings in Organizational Decline: Frameworks, Research and Prescription. 1987, S. 3–19.
Downs, A.: Inside Bureaucracy. Boston 1967.
Dumaine, B.: American's Toughest Bosses. In: Fortune, 1993, S. 38–54.
Fiedler, F.: A Theory of Leadership Effectiveness. New York 1967.
Fleishman, E. A.: Twenty Years of Consideration and Structure. In: *Fleishman, E. A./Hunt, J. G.* (Hrsg.): Current Developments in the Study of Leadership. Carbondale 1973, S. 3.
Freeman, S./Cameron K. S.: Organizational Downsizing: A Convergence and Reorientation Framework. In: OS, 1993, S. 10–29.
Hermann, C. F.: Some Consequences of Crisis Which Limit the Viability of Organizations. In: ASQ, 1963, S. 61–82.

Hoffman, R. C.: Strategies for Corporate Turnarounds: What Do We Know About Them. In: Journal of General Management, 1989, S. 46–66.

Holsti, O. R.: Limitations of Cognitive Abilities in the Face of Crisis. In: *Smart, C. F./Stanbury, W. T.* (Hrsg.): Studies in Crisis Management. Toronto 1978, S. 35–52.

Janis, I./Mann, L.: Emergency Decision-Making: A Theoretical Anlaysis of Responses to Disaster Warnings. In: Journal of Human Stress, 1977, 1977, S. 35–48.

Jick, T. D./Murray, V. V.: The Management of Hard Times: Budget Cutbacks in Public Sector Organizations. In: OS, 1982, S. 141–170.

Kanter, R.: The Changemasters. New York 1983.

Kerr, S./Jermier, J.: Attributes of Leadership: Their Meaning and Measurement. In: OBHP, 1978, S. 573–591.

Kilman, R.: Gaining Control of the Corporate Culture. San Francisco 1985.

Kipnis, D./Schmidt, S./Wilkinson, I.: Intraorganizational Influence Tactics: Explorations in Getting One's Way. In: JAP, 1980, S. 440–452.

Kolarska, L./Aldrich, H.: Exit Voice and Silence: Consumers and Manager's Responses to Organizational Decline. In: OS, 1980, S. 41–58.

Kouzes, J. M./Posner, B.: The Leadership Challenge. San Francisco 1987.

Levine, C. H. (Hrsg.): Managing Fiscal Stress. Chatham 1980.

Levine, C. H.: Organizational Decline and Cutback Management. In: PAR, 1978, S. 316–325.

Likert, R.: New Patterns of Management. New York 1981.

McKinley, W.: Organizational Decline and Adaptation. In: OS, 1993, S. 1–9.

Miles, R. H./Cameron, K.: Coffin Nails and Corporate Strategies. Englewood Cliffs 1982.

Miller, D./Freeman, P. H.: Momentum and Revolution in Organizational Adaptation. In: AMJ, 1980, S. 591–614.

Murray, V. V./Jick, T. D./Bradshaw, P.: To Bargain or Not to Bargain: The Case of Hospital Budget Cuts. In: *Bazerman, M./Lewicki, R.* (Hrsg.): Negotiating in Organizations. Beverley Hills 1983, S. 272–295.

Murray, V. V./Jick, T. D.: Taking Stock of Organizational Decline Management. In: Journal of Management, 1985, S. 103–116.

Murray, V. V./Jick, T. D./Bradshaw, P.: Hospital Funding Constraints: Strategic and Tactical Decision Responses to Substained Moderate Levels of Crisis in Six Canadian Hospitals. In: Social Science and Medicine, 1984, S. 211–219.

Pettigrew, A. M.: The Awakening Giant: Continuity and Change at ICI. Oxford 1985.

Rosenblatt, Z. et al.: Toward a Political Framework for Flexible Management of Decline. In: OS, 1993, S. 76–107.

Rubin, I. S.: Measures of Recovery: The Effects of Cutbacks in Federal Agencies. In: Social Science Quarterly, 1984, S. 74–88.

Smart, C./Vertinsky, I.: Designs for Crisis Decision Units. In: ASQ, 1977, S. 640–657.

Starbuck, W. H./Greve, A./Hedberg, B.: Responding to Crisis: Theory and the Experience of European Business. In: *Smart, C. F./Stanbury, W. T.* (Hrsg.): Studies in Crisis Management. Toronto 1978.

Stevens, J./McGowan, R.: Managerial Strategies in Municipal Governmental Organizations. In: AMJ, 1983, S. 527-534.

Tushman, M. L./Romanelli, E.: Organizational Evolution: A Metamorphosis Model of Convergence and Reorientation. In: *Cummings, L. L./Staw, B./Greenwich, C. T.* (Hrsg.): Research in Organizational Behaviour, 1985.

Whetten, D. A.: Organizational Decline: Sources, Responses and Effects. In: *Kimberly, J. R./Miles, R. H. u. M.* (Hrsg.): The Organizational Life Cycle. San Francisco 1980.

Sanierung und Turnaround, Führungsaufgaben bei

Björn Böckenförde

[s. a.: Krisensituationen, Führung in; Restrukturierung, Führung bei.]

I. Problemstellung; II. Begriffsdefinitionen; III. Konzeptionelle Vorgehensweise bei der Sanierung und dem Turnaround; IV. Sanierungsmanagement.

I. Problemstellung

Die Sanierung und der Turnaround sind unternehmerische Sonderanlässe und stellen höchste Ansprüche an die Unternehmensführung. Sie resultieren aus einer Disharmonie zwischen Unternehmens- und Umfeldentwicklung. Nur in den seltensten Fällen können einmalige Ereignisse, wie z. B. Devisenspekulationen, zu einer existenzbedrohlichen Unternehmenskrise führen. Der Sanierungsbegriff wird in der deutschsprachigen Literatur nicht einheitlich definiert. Auch werden i. a. im deutschen Sprachgebrauch die Begriffe Sanierung und der Turnaround synonym verwandt. Es bleibt der Wissenschaft vorbehalten, eine einheitliche Definition zu finden, die dem alltäglichen Gebrauch dieser Begriffe die Basis gibt.

II. Begriffsdefinitionen

Die unternehmerische Praxis bediente sich in der Vergangenheit höchst ungern des Terminus „Sanierung". Eigentlich tauchte dieser Begriff nur in der Wirtschaftspresse auf, wenn es galt, sublime Kritik an der bisherigen Geschäftsführung zu üben oder Vorschußlorbeeren an die neue Führung auszuteilen. Die Wirtschaftspraktiker können der ausgewählten Bezeichnung „Sanierung" deshalb wenig abgewinnen, weil der Makel des Mißerfolgs, sicherlich auch bedingt durch seine Nähe zum Insolvenzrecht, dem Begriff so überaus deutlich anhaftet, daß die Betroffenen fast unvermeidlich in eine Defensivhaltung gedrängt werden. Deshalb ist es nicht verwunderlich, wenn sich die Praktiker bemühen, statt „Sanierung" nun Euphemismen wie Turnaround oder *Restrukturierung* (→*Restrukturierung, Führung bei*) zu verwenden, die aber inhaltlich nicht deckungsgleich sind. Dennoch ist festzustellen, daß die Verwendung des Begriffes Sanierung seit der Öffnung des Ostens und mit der Gründung der Treuhandanstalt in der Wirtschaftspresse häufiger und gewöhnlicher verwandt wird. Es ist kein Begriff mehr, der Kritik, Angst oder Schrecken ausstrahlt, sondern Assoziationen wie unternehmerische Herausforderung oder Abenteuer frei werden läßt.

1. Sanierung

Der Begriff der Sanierung stammt ethymologisch betrachtet vom lateinischen sanare ab, was mit Heilen oder Gesundmachen übersetzt werden kann. Betriebswirtschaftlich betrachtet wird auch die Sanierung als ein Bündel von Maßnahmen zur Heilung eines notleidenden Unternehmen gesehen, doch sind Art und Umfang der Maßnahmen verschieden weit gefaßt. In Anbetracht eines von einer bevorstehenden Zahlungsunfähigkeit und Verschuldung bzw. Überschuldung bedrohten und somit sanierungsbedürftigen Unternehmens, das als rechtlich selbständige Wirtschaftseinheit erhalten werden soll, lassen sich verschiedenste Maßnahmen unter dem heutigen Sanierungsbegriff subsumieren. Die Sanierung ist die Summe aller, aus ganzheitlicher strategischer Perspektive entstammender, führungsorientierter, organisatorischer, finanz-, leistungs- und sozialwirtschaftlicher Maßnahmen, die einerseits zur Beseitigung einer zeitraumbezogenen Illiquidität und der entstandenen Kapitalverluste ergriffen werden und andererseits die Wiederherstellung existenzerhaltender Rentabilität, Innovationskraft oder Produktivität zur Folge haben, so daß mittel- bis langfristig die Leistungsfähigkeit bzw. die Überlebensfähigkeit des Unternehmens gegeben ist.

2. Turnaround

Donald Hambrick von der Columbia University definiert den Turnaround: „As a starting point, a Turn Around situation is defined as one in which business performance is persistently below some minimally acceptable level" (*Hambrick* 1985, S. 10.2). Im deutschen Sprachgebrauch wird der Begriff oft mit „Herumreißen" im Sinne von „das Steuer herumreißen" übersetzt. Der Turnaround umfaßt eine eingeleitete drastische Kursänderung eines Unternehmens als Reaktion auf eine konstatierte operative und strategische *Unternehmenskrise* (→*Krisensituationen, Führung in*). Der Turnaround beginnt demnach in dem Moment, in dem der Geschäftserfolg unter einem nicht akzeptablen Niveau liegt. Die Bestimmung des Niveaus ist abhängig von den Unternehmenszielen. Somit entstehen die Voraussetzungen für einen Turnaround definitionsgemäß in einem früheren Krisenstadium mit der strategischen und operativen Krise eines Unternehmens.

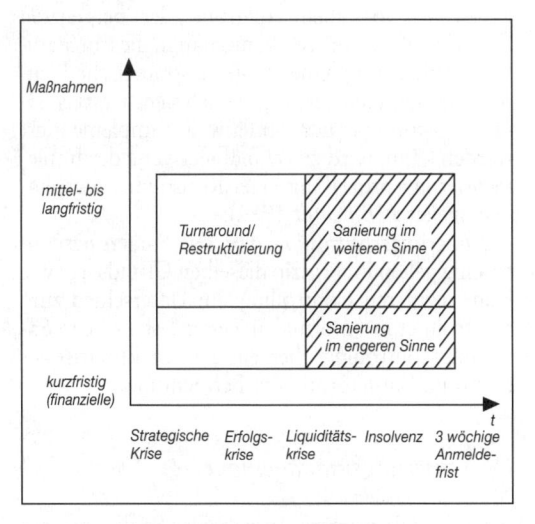

Abb. 1: Unternehmenssanierung
(Böckenförde, B. 1990, S. 14)

III. Konzeptionelle Vorgehensweise bei der Sanierung und dem Turnaround

Grundsätzlich läßt sich sagen, daß der Unterschied in der Vorgehensweise bei der Sanierung und bei dem Turnaround in der zeitlichen Dimension liegt. Bei der Sanierung gilt es zunächst, durch Sofortmaßnahmen die Liquidität zu sichern und die Überschuldung abzuwenden. Für den Turnaround ist das Ergreifen von Sofortmaßnahmen definitionsgemäß nicht erste Priorität.

Vernachlässigt man in der nun folgenden konzeptionellen Vorgehensweise im Rahmen der Unternehmenssanierung die Phase der „Sofortmaßnahme", so ist auch diese Vorgehensweise für den Turnaround anwendbar.

Der Sanierungs- bzw. Turnaroundprozeß wird in sieben einzelne Phasen zerlegt. Die einzelnen Phasen stellen dabei weniger eine strenge zeitliche Abfolge dar, sondern geben vielmehr die logische Ordnung der im Zuge der Sanierungen zu vollziehenden Handlungen wieder. Diese Vorgehensweise umfaßt somit eine Auflistung von Tätigkeitsphasen, die durchlaufen werden müssen, um eine Sanierung strukturiert und systematisch durchzuführen. Dabei können Schnelligkeit und Gründlichkeit, mit denen die einzelnen Phasen bzw. Teilschritte ausgeführt werden, variieren. Der Sanierungsprozeß stellt aufgrund der knappen Zeit einerseits und der Informationsdiffusität andererseits weniger eine klar definierte Abfolge von in sich geschlossenen Teilschritten dar, sondern bildet einen Problemlösungszyklus, dessen einzelne Teilschritte sich überschneiden und vor allem mehrmals durchlaufen werden können (*Müller* 1982).

Die sieben einzelnen Phasen sind: Krisenerkennung und -initiierung, Grobanalyse, Sofortmaßnahmen, Detailanalyse, Entwicklung des Sanierungskonzeptes, Implementierung des Sanierungskonzepets, Sanierungscontrolling.

Im folgenden gilt es, die einzelnen Phasen kurz zu beschreiben.

Krisenerkennung und -initiierung: Die erste Voraussetzung zur Sanierung bzw. zum Turnaround eines Krisenunternehmens ist die bewußte Wahrnehmung einer existenzbedrohenden Entwicklung, damit eine Initiierung eines Krisenbewältigungsprozesses einsetzen kann. Es gibt mannigfaltige Ursachen – Wunschdenken, Realitätsverlust, blinder Wachstumsglaube, ungenügende Fähigkeit zur Selbstkritik und mangelnde Fachkenntnis – dafür, daß Krisensymptome in ihrer Bedeutung falsch eingeschätzt werden und der Ernst der Lage nicht erkannt wird (*Lüthy* 1988).

Grobanalyse: Im Rahmen einer Sanierung oder eines Turnaround steht für die Analyse nur wenig Zeit zur Verfügung. Daher ist es zu Beginn eines Sanierungsprozesses unumgänglich, durch eine erste grobe Analyse ein übersichtlicheres Bild von dem krisenbefallenen Unternehmen zu gewinnen. Dadurch erhält man die für die Kurskorrekturen bzw. Gegenmaßnahmen erforderlichen Informationen. Im einzelnen kommt es bei der Grobanalyse darauf an festzustellen, welche Auswirkungen die Krise bislang für das Unternehmen gehabt hat und wie sich die Krise voraussichtlich ohne einschneidende Gegenmaßnahmen weiterentwickeln wird. Im Rahmen einer Sanierungsfähigkeits- und -würdigkeitsprüfung gilt es, objektiv und zuverlässig abzuklären, ob das Unternehmen überhaupt über genügend Erfolgs- und Nutzenpotentiale für eine Sanierung verfügt, und ob aus Sicht der unterschiedlichen Interessengruppen überhaupt ein Interesse besteht, das Unternehmen zu sanieren. Im Vordergrund der Sanierungsfähigkeitsprüfung steht die Ermittlung der Stärken und Schwächen des Unternehmens. Die Unternehmensanalyse erstreckt sich von den leistungswirtschaftlichen, finanzwirtschaftlichen und sozialen Bereichen bis hin zum Führungsbereich. Die Sanierungsfähigkeit ist nicht nur anhand des lebensfähigen Kerns des Unternehmens zu bestimmen, sondern hängt auch in entscheidendem Maße von der Befähigung des Managements, welches die Sanierung durchführt. Es ist zu prüfen, ob dem Management die erfolgreiche Sanierung überhaupt zugetraut werden kann.

Sofortmaßnahmen: Nachdem eine erste grobe Lagebeurteilung des Krisenunternehmens vorgenommen und der Sanierungsprozeß grob strukturiert wurde, muß in einem weiteren Schritt der Einsatz von Sofortmaßnahmen festgelegt werden. Hier werden folgende Maßnahmen angesprochen:

- Führungsorientierte Sofortmaßnahmen: Die Rolle der bisherigen Führung im Sanierungsprozeß;
- Finanzwirtschaftliche Sofortmaßnahmen: Finanzielle Maßnahmen sollen generell dazu dienen, eine unkontrollierte Eskalation der finanziellen Ereignisse zu verhindern und einen unmittelbaren Zusammenbruch des Unternehmens zu vermeiden.
- Leistungswirtschaftliche Sofortmaßnahmen: Bei diesen Maßnahmen stehen die Senkung der Kosten und die Verbesserung der Qualität von Leistungsentwicklung, -erstellung und -verwertung im Vordergrund. Kurzum handelt es sich darum, eine kurzfristige betriebliche Effizienz- und Effektivitätssteigerung durchzuführen, um den weiteren Liquiditätsabfluß zu reduzieren bzw. zu stoppen;
- Soziale Sofortmaßnahmen: Die Krise wirkt sich nicht nur im ökonomischen Bereich des Unternehmens aus. Sie wirkt auch im sozialen Bereich und erzeugt vor allem Verunsicherung, Vertrauensschwund und Resignation im Management und in der Belegschaft. Die sozialen Sofortmaßnahmen sollen dazu dienen, Leistungsbereitschaft, Einsatzbereitschaft und Begeisterung der Mitarbeiter im Anfangsstadium des Sanierungsprozesses zu fördern bzw. wiederherzustellen und die Abwanderung qualifizierter Mitarbeiter zu stoppen. Im Rahmen der organisatorischen Sofortmaßnahmen gilt es, die grobe Struktur des Krisenbewältigungsprozesses, die in der Phase der Grobanalyse festgelegt wurde, im Detail auszuarbeiten und umzusetzen;
- Informatorische Sofortmaßnahmen: Die von einer Unternehmenskrise betroffenen Interessengruppen bedrohen durch auffällige negative Reaktionen die laufende Betriebstätigkeit und u. U. die weitere Existenz des Unternehmens. Deshalb sind informatorische Sofortmaßnahmen einzuleiten, um einerseits das Vertrauen gegenüber den Interessengruppen zu stärken bzw. aufzubauen und andererseits dem pessimistischen Krisengerede entgegenzuwirken.

Detailanalyse: Auf der Basis der Grobanalyse konnten Sofortmaßnahmen eingeleitet werden. Für die Gestaltung des Sanierungskonzeptes bzw. für die strategische Neuorientierung und für den Einsatz operativer Sanierungsmaßnahmen hingegen ist eine detailliertere Analyse der Unternehmenssituation erforderlich (*Krystek* 1981). In der Detailanalyse geht es darum, die Potentiale bzw. Ressourcen detailliert darzustellen, die Frage der mittel- und langfristigen Wettbewerbsfähigkeit zu beantworten sowie die künftige Marschrichtung des Unternehmens festzulegen.

Implementierung des Sanierungskonzeptes: Das Vorgehen bei der Implementierung des Sanierungskonzeptes stellt eine schwierige und komplexe Aufgabe dar. Vor allem aufgrund der begrenzten finanziellen Ressourcen kann man in diesem Stadium der Sanierung eine sofortige strategische Neuorientierung nicht in Angriff nehmen. Da das Sanierungskonzept nur stufenweise implementiert werden kann, wird zweckmäßigerweise der Implementierungsprozeß mit einer Konsolidierungsphase eingeleitet (*Bibeault* 1982).

Sanierungscontrolling: Für das Sanierungscontrolling gelten im Prinzip dieselben Grundsätze wie beim regulären Controlling. Im Unterschied zum Controlling in „Normalen Zeiten" steht beim Sanierungscontrolling eher ein zeitlich kurzfristiger Fokus im Vordergrund der Betrachtung.

IV. Sanierungsmanagement

Aufgabe: Die primäre Aufgabe des Sanierungsmanagements ist es, die Unternehmung aus der Krise zu führen und auch die langfristige Überlebensfähigkeit zu sichern.

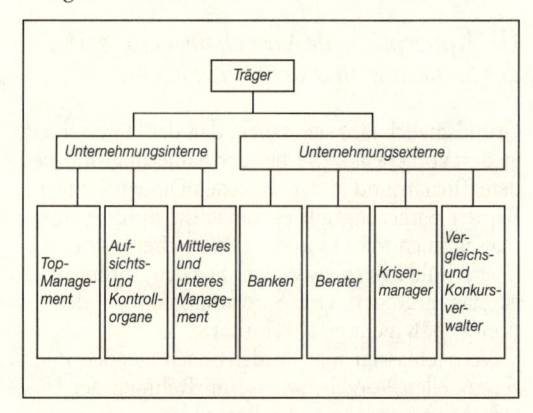

Abb. 2: Träger des Sanierungsmanagements

Im einzelnen muß es die Liquidität stetig sichern und für die Aufrechterhaltung und Pflege eines dem Zweck des Unternehmens genügenden Potentials sorgen.

Träger des Sanierungsmanagement: In der Sanierungspraxis zeigen sich sehr unterschiedliche Sanierungsmanagementkonstellationen mit einer Bandbreite von nur einem Träger bis zur Kombination mehrerer Träger des Sanierungsmanagements.

Grundsätzlich kommen die in Abbildung 2 genannten Träger in Frage. Daneben können weitere Institutionen und Personen, Zulieferer, Kunden, Verbände oder der Betriebsrat, eine wichtige Rolle bei der Krisenbewältigung spielen. Sie sind dabei nicht aktiv, sondern eher unterstützend tätig.

Anforderungen an das Sanierungsmanagement: Die Sanierungssituation stellt sowohl an die fachliche Qualifikation als auch an die Persönlichkeitsstruktur des Sanierers besondere Anforderungen. Der Sanierungsmanager sollte, damit er die beste Voraussetzungen für die erfolgreiche Sanierung eines notleidenden Unternehmens hat, über das erforderliche Denkmuster, über einen hohen Erfahrungswert und ein hohes Durchsetzungsvermögen verfügen.

Entscheidungen von Sanierungsmanagern werden nicht aufgrund von Tatsachen, sondern aufgrund von Meinungen über Tatsachen gefällt. Ihre Werthaltungen (Denkmuster) prägen also ihre Handlungen entscheidend (*Turnheim* 1988). Die Entscheidungsträger, die den Sanierungsmanager bestellen, sollten daher überprüfen, inwiefern ihre Werthaltungen mit jenen des zu bestellenden Managers harmonisieren. Die Werthaltungen des Sanierungsmanagers beeinflussen die Zielsetzung des Sanierungsprozesses und damit die wirtschaftspolitischen Entscheidungen für ein zu sanierendes Unternehmen. Die Überprüfung der Werthaltung des zu bestellenden Managers ist ein wichtiges Anliegen bei dessen Auswahl. Die Fähigkeit zur erfolgreichen Bewältigung einer Sanierung hängt auch von der konzeptionellen systemischen Gestaltungsfähigkeit eines Sanierungsmanagers ab. Systemdenken spiegelt Flexibilität und Erfahrungsschatz des Managers wider. Gestaltungsfähigkeit erfordert Kreativität und Dynamik.

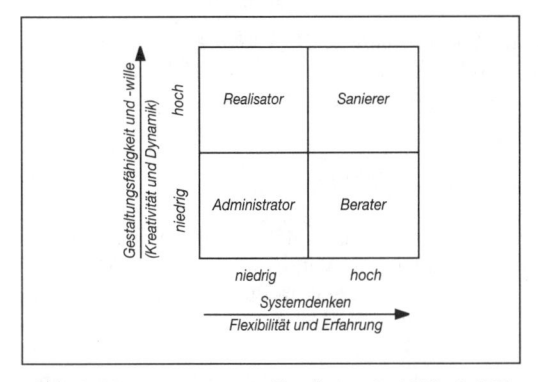

Abb. 3: Managementtypen (Turnheim, G. 1988, S. 137)

Aus Abbildung 3 läßt sich klar entnehmen, daß der Manager, der über die Fähigkeiten Systemdenken und Gestaltungsfähigkeit und -wille in hohem Maße verfügt, als Sanierer bezeichnet wird und somit die besten Voraussetzungen für eine erfolgreiche Sanierung mitbringt. Zusammenfassend lassen sich die Auswahlkriterien für den Sanierungsmanager aufführen, die als Voraussetzung für ein erfolgreiches Agieren in Sanierungssituationen gelten sollen. Die Auswahlkriterien sind: Sachkompetenz, soziale Intelligenz, Kooperationsbereitschaft, Erfolgsstreben, Erfahrungspotential, Gestaltungsfähigkeit, Systemdenken, Flexibilität, Wertvorstellungen, Robustheit und Selbstvertrauen.

Bei der Ausgestaltung des Sanierungsmanagements als Team muß man neben den oben beschriebenen Anforderungen an die Aufgaben eines Sanierungsmanagers weitere teamspezifische Faktoren berücksichtigen, weshalb die Zusammensetzung des Sanierungsmanagements als Sanierungsteam nicht einzeln anhand obiger Kriterien erfolgen darf. Man muß also zusätzlich darauf achten, daß die einzelnen Wertvorstellungen harmonisieren und gruppendynamische Prozesse die nötige Berücksichtigung finden. Gerade in einem Sanierungsmanagement ist es wichtig, daß die einzelnen Sanierungsmitglieder sich gegenseitig akzeptieren oder, besser noch, sich mögen, damit sie zumindest hinsichtlich der Wertvorstellungen den gleichen Sanierungskurs verfolgen. Ein Sanierungsteam, besetzt mit Führungskräften unterschiedlicher Wertvorstellungen, hat nicht selten unterschiedliche Zielsetzungen. In einer solchen Situation können die Kräfte sich gegenseitig hemmen und damit die Chancen sinken, strategische Positionen aufzubauen oder zu erhalten.

Die Zusammensetzung des gesamten Sanierungsteams aus unterschiedlichen Manager-Typen ist sehr wünschenswert. Besonders erfolgreich kann eine ausgewogene Mischung aus effizienten Managern, „Konzeptionsriesen" und „Arbeitstieren" sein. Für diese interpersonelle Zusammensetzung des Sanierungsmanagements sprechen auch die Merkmale der Persönlichkeitsprofils eines Sanierungsmanagers, die im Verlauf der Sanierung eine wechselnde Gewichtung erlangen. Es besteht also eine Abhängigkeit zwischen Sanierungsphasen und Anforderungsprofil. Im Stadium der Sofortmaßnahmen sind Macherqualitäten und Führungsqualitäten für das erfolgreiche schnelle Handeln ausschlaggebend, während in der Phase der Entwicklung eines Sanierungskonzeptes Fähigkeiten zur Analyse und Entwicklung von Strategien erfolgreich sind.

Organisation der Führung: Die Ein-Mann-Führung, die sogenannte direktoriale Ein-Mann-Führung, ist vorwiegend bei sanierungsbedürftigen Unternehmen anzutreffen, die den klassischen Charakter eines kleinen bis mittleren Unternehmens aufweisen. Hier steht ein mit voller Linienkompetenz ausgestatteter Sanierungsmanager dem zu rettenden Unternehmen vor. Er übernimmt entweder den Vorsitz der Geschäftsleitung oder ersetzt die bisherige Geschäftsleitung und führt das Unternehmen in alleinverantwortlicher Art und Weise.

In mittleren bis größeren Unternehmen ist oft ein ganzes Team für die Sanierung eines notleidenden Unternehmens verantwortlich. Hier erfolgt die Entscheidungsfindung durch die Gruppe, und zwar nach dem Kollegialitätsprinzip. Unternehmen mit dominierenden Eigentumsanteilen, vielfach Gründerfirmen und Familiengesellschaften mit Tradition, weisen oft spezielle Charakteristika auf, welche die Sanierung, besonders die führungsmäßige Sanierung, erschweren können. Gerät nun ein solches Unternehmen in den Zustand der Sanierungsbedürftigkeit, so stellt sich auch hier die Frage nach der Managementqualität. Kommt man zur Erkenntnis, daß das Management selbst nicht über die nötige Fähigkeit verfügt, das Unternehmen sanieren zu können bzw. daß es sogar die Hauptkrisenursachen darstellt, so muß man, wenn zudem beschränkte Sanierungsfähigkeit und Sanierungswürdigkeit vorhanden sind, in erster Linie führungsorientierte Maßnahmen ergreifen, um die nötige Managementkapazität wiederherzustellen. Eine Gesellschaft mit Personaldisunion von Kapitaleigner und Führung hat in einer solchen Situation die Möglichkeit, das bisherige Management einfach zu entlassen. Bei Eigentümer-Unternehmen ergibt sich jedoch das Problem, daß der Eigentümer bzw. Miteigentümer sowohl rechtlich legitimierter Entscheidungsträger als auch zugleich Top-Manager ist. In dieser Situation müßte sich der Eigentümer selbst entlassen, rechtlich besteht keine andere Lösungsmöglichkeit. Vor diesem Hintergrund stellen sich in der heutigen Unternehmenspraxis folgende Alternativen:

(a) Das bisherige Management bleibt bestehen und vollzieht die Sanierung autonom.
(b) Das bisherige Management bleibt bestehen, wird aber durch externe beratende Manager ohne Entscheidungskompetenz ergänzt.
(c) Das bisherige Management bleibt bestehen, und das Führungsdefizit wird durch Hinzuziehen von Managern mit Entscheidungskompetenz behoben.
(d) Das bisherige Management verliert im Innenverhältnis die Entscheidungsbefugnis. Ein neues Management übernimmt die Führung. Im Außenverhältnis behält das bisherige Management formell seine Top-Managementfunktion. Man spricht in diesem Zusammenhang auch von Schattenmanagement.
(e) Das bestehende Management verläßt formell und materiell die Unternehmensführung und wechselt in das Aufsichts- bzw. Beiratsgremium des Unternehmens. Ein neues Management übernimmt die Aufgabe der Unternehmensführung.

Alle diese Handlungsalternativen unterliegen den Forderungen der Banken und den verbleibenden potentiellen Eigenkapitaleignern. Erstere sind in der Position, ihr u. a. finanzielles Engagement von einzelnen Maßnahmen, besonders aber von den führungsmäßigen Maßnahmen, abhängig zu machen.

Heute finden sich am häufigsten die Alternativen (d) und (e) (*Siegwart* 1990).

Literatur

Bibeault, D.: Corporate Turnaround. How managers turn losers into winners. New York 1982.
Hambrick, D.: Turnaround Strategies. In: *Guth, W.* (Hrsg.): Handbook of Business Strategy. Boston 1985.
Krystek, U.: Krisenbewältigungsmanagement und Unternehmensplanung. Wiesbaden 1981.
Lüthy, M.: Unternehmenskrisen und Restrukturierungen. Bern, Stuttgart 1988.
Müller, R.: Krisenmanagement in der Unternehmung. Ein Beitrag zur organisatorischen Gestaltung des Prozesses der Krisenbewältigung. Frankfurt/M. 1982.
Siegwart, H./Mahari, J./Caytas, I./Böckenförde, B.: Restrukturierungen und Turnarounds. In: *Siegwart, H.* et al. (Hrsg.): Meilensteine im Management. Bd. II, Stuttgart 1990.
Turnheim, G.: Sanierungsstrategien. Mit strategischer Planung aus der Unternehmenskrise. Wien 1988.

Sanktionen als Führungsinstrumente

Rolf Dubs

[s. a.: Anerkennung und Kritik als Führungsinstrumente; Interventionen und Führungseffizienz.]

I. Problemstellung; II. Verhalten von Führungskräften; III. Einflußvariablen effektiver Sanktionen; IV. Forschungsfragen.

I. Problemstellung

Sanktionen, d. h. Maßnahmen gegen unerwünschtes Verhalten von Mitarbeiterinnen und Mitarbeitern, werden meistens im Zusammenhang mit *Strafen* beurteilt. Weil heute Strafen von vielen als negative Verhaltensweise gesehen werden, sprechen Führungskräfte nicht gerne darüber, und häufig werden fünf Argumente gegen Sanktionen angeführt (*Organ/Bateman* 1991; *Ivancevich/Matteson* 1987): (1) Damit Sanktionen wirksam sind, müssen sie in konsequenter Weise erfolgen. Dies erfordert eine genaue Überwachung der Belegschaft. Im Verhältnis zu den Wirkungen lohnt sich dafür der kostspielige Zeitaufwand nicht. (2) Sanktionen unterdrücken ein bestimmtes unerwünschtes Verhalten nur für eine bestimmte Zeit. Dieses Verhalten tritt sofort wieder auf, wenn die Bedrohung durch die Sanktionen nicht mehr vorhanden ist. (3) Sanktionen haben unerwünschte emotionale Nebenerscheinungen (z. B. Angst, steigende Aggressivität gegen Vorgesetzte, in schwerwiegenden Fällen Sabotage). (4) Sie führen zu einem Ausweichverhalten, indem die Betroffenen die Stelle wechseln, mehr Fehlzeiten haben oder innerlich kündigen. (5) Sie verleiten zu negativen Reaktionen innerhalb von Arbeitsgruppen, indem das Sanktionsverhalten gegen andere beobachtet und später nachgeahmt wird und allenfalls bestimmte Verhaltensweisen zum Spott werden, so daß Sanktionen unerwünschtes Verhalten innerhalb einer Arbeitsgruppe geradezu fördern. Deshalb schlagen Gegner von Sanktionen aus ihrer Sicht wirksamere Maßnahmen gegen Fehlverhalten vor: (1) Übersehen von unerwünschtem Verhalten und systematische, auf das Individuum ausgerichtete Verstärkung von gutem Verhalten in der Hoffnung, schlechtes Verhalten verschwinde. (2) Veränderung der unternehmerischen Umweltbedingungen, damit das unerwünschte Verhalten hinfällig wird. (3) Förderung der Persönlichkeitsentwicklung, damit das Fehlverhalten aus Einsicht entfällt.

II. Verhalten von Führungskräften

Tatsächlich werden aber Sanktionen in Unternehmungen sehr häufig eingesetzt. Vor allem Vorgesetzte größerer Arbeitsgruppen (→*Gruppengröße und Führung*), die keine Möglichkeit zum Einsatz von positiven Verstärkern (Lohnerhöhungen, Beförderungen, Veränderungen der Arbeitsbedingungen [→*Anreiz-Systeme als Führungsinstrumente*]) haben, greifen immer wieder auf Sanktionen zurück, um ein erwünschtes Verhalten herbeizuführen. *Wheeler* (1976) ermittelte aufgrund von Schiedsgerichtsverfahren folgende Ursachen für Sanktionen: Absentismus und Unpünktlichkeit; Unehrlichkeit, Diebstahl und Fälschung von Berichten; Arbeitsniederlegung; Alkohol- und Drogenmißbrauch; Streit- und Unruhestiftung; Insubordination; Verletzung von Betriebsvorschriften. Der Entscheid, in solchen Fällen Sanktionen zu ergreifen, hängt sehr stark mit der erbrachten Leistung zusammen. Je schlechter sie ist, desto wahrscheinlicher werden Sanktionen im Zusammenhang mit den erwähnten Ursachen (*Arvey* et al. 1982). In größeren Arbeitsgruppen setzen Vorgesetzte häufiger formale Sanktionen ein, während in kleineren Einheiten informelle Maßnahmen persönlicher Einflußnahme häufiger sind, weil bei engeren persönlichen Beziehungen Sanktionen vom Vorgesetzten als etwas eher Unangenehmes empfunden werden. Generell scheinen Sanktionen erst ergriffen zu werden, wenn andere Maßnahmen keine Wirkung zeitigten. In Unternehmungen, in denen klare Vorstellungen über unerwünschtes Verhalten (bzw. erwünschte Disziplin) und Maßnahmenkataloge bestehen, ergreifen Vorgesetzte eher Sanktionen, wahrscheinlich weil sie genauer wissen, was als richtiges Verhalten gewünscht ist, und daß das Sanktionsverhalten eher gedeckt wird. Leider lassen sich beim gegenwärtigen Forschungsstand noch keine abschließenden Aussagen über die Wirkung von Sanktionen machen. Wahrscheinlich ist sie sehr situationsabhängig, was generalisierende Wirkungsaussagen nahezu unmöglich macht. Zu vermuten sind komplizierte Wechselwirkungen zwischen der Qualität der Beziehung zwischen Vorgesetzten und Untergebenen, der Grundhaltung der Untergebenen, der Form und Gestaltung der Sanktion und der konkreten Arbeitssituation. Die wenigen bisher vorliegenden zusammenfassenden Studien (*Johnston* 1972; *Kazdin* 1975) deuten indessen darauf hin, daß Sanktionen nicht wirkungslos sind, sofern sie überlegt und gezielt eingesetzt werden. Trotz dieser Erkenntnis ist aber zu fragen, ob Sanktionen mit modernen Führungsauffassungen vereinbar sind. Die Antwort muß positiv ausfallen. Erstens gibt es immer wieder Verhaltensweisen, die nicht akzeptierbar sind, und die mit einer auf positives Verhalten der betroffenen Person ausgerichteten Verstärkung oder mit einer Veränderung der Umweltbedingungen nicht zu beseitigen sind (z. B. ein alkoholabhängiger Lastwagenfahrer oder ein schlafender Nachtwächter). Zweitens gibt es Verhaltensweisen von uneinsichtigen Menschen, die sich zu deren Nachteil auswirken, so daß eine Sanktion als letztes Mittel für sie vorteilhaft sein kann. Deshalb müssen Führungskräfte Sanktionen in korrekter und wirksamer Weise anwenden dürfen. Ganz abgesehen davon ist es ethisch sinnvoller, sich mit Sanktionen zu beschäftigen und Führungskräften Hilfen in deren Anwendung zu geben (→*Führungsethik*), wenn schon davon auszugehen ist, daß in der Realität der Unternehmung immer formelle und informelle Sanktionen ergriffen werden.

III. Einflußvariablen effektiver Sanktionen

Arvey/Ivancevich (1980) ermittelten sechs Vorschläge zur Handhabung von Sanktionen mit dem Ziel, sie in menschlich korrekter Form wirksam zu machen:

1. Zeitpunkt der Sanktion

Sie ist effektiver, wenn sie sofort nach dem unerwünschten Verhalten getroffen wird. Verspätete Sanktionen verlieren an Wirkung. Ganz falsch scheint das immer wieder beobachtete Sanktionsverhalten von Vorgesetzten zu sein, die anfänglich großzügig sind und alles tolerieren, weil sich in diesem Fall das Fehlverhalten verstärkt und irgendwann zu einer unkontrollierten Sanktion führt.

2. Intensität der Sanktion

Gemäßigte Sanktionen scheinen wirksamer zu sein als Sanktionen von zu geringer oder zu hoher Intensität, sofern sie sofort bei Eintreten des unerwünschten Verhaltens ergriffen werden. Bei zu geringer Intensität wird keine Herausforderung zur Überwindung des Fehlverhaltens geschaffen, während zu starke Sanktionen übermäßige Angst erzeugen und jeden Lernprozeß zur Verbesserung von Fehlern behindern.

3. Beziehung der beteiligten Personen

Sanktionen sind wirksamer, wenn der Vorgesetzte zum/zur betroffenen Mitarbeiter(in) eine relativ enge und gute Beziehung hat. Dann sollte es möglich sein, daß sich die Sanktion auf der sachlichen Ebene abspielt und die persönlichen Beziehungen davon nicht grundsätzlich betroffen werden. Sobald die Sanktion die persönliche Ebene zu betreffen beginnt, steigt die Gefahr menschlich nicht mehr zu rechtfertigender Sanktionen.

4. Systematik der Sanktionen

Sie sind wirksamer, wenn sie nicht von Zeit zu Zeit, sondern nach jedem unerwünschten Verhalten erfolgen; wenn sie vom einzelnen Vorgesetzten in konsistenter Weise und in gleicher Art gegenüber allen Untergebenen verwendet werden; und wenn alle Vorgesetzten einer Unternehmung gleiche Sanktionen für gleiches Fehlverhalten anwenden. Dies setzt voraus, daß in Unternehmungen etwa die gleichen Vorstellungen über die gewünschte Disziplin bestehen. Deshalb wurde schon vorgeschlagen, in Unternehmungen Disziplinarprogramme zu entwerfen, mit denen Gleichheit im Sanktionsverhalten geschaffen wird.

5. Kognitiver Aspekt der Sanktion

Die Wirksamkeit kann erhöht werden, wenn den Betroffenen Zweck und Sinn einer Sanktion erklärt und Konsequenzen für künftiges Verhalten aufgezeigt werden. Dies versachlicht die Kommunikation und schafft Verständnis. Es scheint sogar, daß die Begründung von verspäteten Sanktionen deren Wirksamkeit erhöht, und weniger intensive Sanktionen mehr Wirkung bekommen.

6. Alternative Vorschläge

Mit Sanktionen sollten positive Vorschläge verbunden werden, die geeignet sind, das unerwünschte Verhalten zu überwinden. Je mehr das bessere, andere Verhalten anschließend verstärkt wird, desto wirksamer ist die Sanktion, weil die Aufmerksamkeit auf ein neues Verhalten und nicht auf die Abwehr einer Fehlentwicklung gerichtet wird.

Bislang wurde keine *Taxonomie von Sanktionen* entworfen. In der unternehmerischen Praxis reichen Sanktionen von vertretbaren offenen, formalen Maßnahmen (nonverbale und verbale Ermahnung, Maßregelung, andere Delegationsbereiche, Versetzung, finanzielle Konsequenzen, Nichtbeförderung, Entlassung) bis zu (ethisch meistens sehr fragwürdigen) weniger offenen und informellen Maßnahmen (Vertrauensentzug, Zuteilung unangenehmer Aufgaben, Aufheben von informellen Privilegien, Verzicht auf Förderung, nicht mehr zur Kenntnis nehmen, verdeckte Kritik, lächerlich machen).

IV. Forschungsfragen

Aus vermutlich zwei Gründen liegen bisher wenige und nur ältere Forschungsergebnisse zum Problem von Sanktionen in Unternehmungen vor. Einerseits zögern wahrscheinlich die Forscher, diese umstrittene Problematik zu untersuchen, und andererseits dürfte es aus forschungsmethodischen und menschlichen Gründen (wer läßt sich bei einer eher wenig geschätzten Führungstätigkeit schon gerne beobachten?) recht schwierig sein, in Unternehmungen systematische Untersuchungen durchzuführen. Forschungsmethodisch geht es um drei Aspekte: Wie könnte das Forschungsdesign aussehen, und wie lassen sich die abhängigen und unabhängigen Variablen definieren und erfassen (*Arvey/Ivancevich* 1980)?

Eine realistische Möglichkeit für ein *gutes Forschungsdesign* ließe sich in einer Unternehmung finden, die im Rahmen ihrer Führungsausbildung (→*Pädagogik und Führung*) den Bereich Sanktionen bearbeitet. Aus dem Vergleich von Pre- und Post-Test-Ergebnissen einer ausgebildeten und einer nicht ausgebildeten Gruppe ließen sich Rückschlüsse über die Verbesserung des Sanktionsverhaltens und über die Folgen für das Geschehen in der Unternehmung (weniger unerwünschtes Verhalten) ableiten. Denkbar wären auch Feldstudien, in denen mit Hilfe von Regressionsanalysen in Unternehmungen mit und ohne Vorstellungen über ein Disziplinarprogramm die Wirkung von verschiedenartigem Sanktionsverhalten beobachtet würde. Solche Feldstudien erfordern allerdings anspruchsvolle Meßinstrumente. Diese Problematik ließe sich mit *qualitativen Fallstudien* umgehen, bei denen Vorgesetzten und Untergebenen Situationen mit unerwünschtem Verhalten mit der Aufforderung vorgelegt werden, ihre bzw. die vom Vorgesetzten zu erwartende Sanktion zu umschreiben und die Folgen daraus zu beurteilen, um anschließend die auf diese Weise gewonnenen Erkenntnisse mit der betrieblichen Realität zu vergleichen.

Für quantitative Studien muß für die *unabhängige Variable* zuerst eine Taxonomie möglicher Sanktionen (systematisierte Gliederung aller Sanktionsmaßnahmen nach einem bestimmten Ordnungsschema) entwickelt werden. Diese ließe sich am ehesten aus Critical Incidents ableiten, wobei das Problem der unterschiedlichen Wahrnehmung und damit die Wirkung einer bestimmten Sanktion auf verschiedene Personen quantitative Untersuchungen sehr erschweren. Besonders wichtig ist, daß nicht nur die Sanktionen, sondern auch deren Zeitpunkt, Intensität und Systematik erfaßt werden.

Schließlich ist zu bestimmen, welche unerwünschten Verhaltensweisen als *unabhängige Variablen,* gegen die Sanktionen ergriffen werden, zu erfassen sind. Diese Problematik hat eine stark normative Komponente, denn die Vorstellungen über ein vernünftiges Maß von geforderter Disziplin gehen immer weiter auseinander.

Literatur

Arvey, R. D./Ivancevich, J. M.: Punishment in Organization: A Review, Propositions, and Research Suggestions. In: AMR, 1980, S. 123–132.
Arvey, R. D./Jones, A. P.: The Use of Discipline in Organizational Settings: A Framework for Future Research. In: Cummings, L. L./Staw, B. M. (Hrsg.): Research in Organizational Behavior. Greenwich 1982, S. 367–408.
Arvey, R. D./Davis, G. A./McGowen, S.: Discipline in Organization: A Field Study. University of Houston, TR 2, September 1982.
Ivancevich, J. M./Matteson, M. T.: Organizational Behavior and Management. Plano, Tx 1987.
Johnston, J. M.: Punishment of Human Behavior. In: Am.Psych., 1972, S. 1033–1054.
Kazdin, A. E.: Behavior Modification in Applied Settings. Homewood, Ill. 1975.
Organ, D. W./Bateman, T. S.: Organizational Behavior, 4. A., Homewood/Ill. 1991.
Wheeler, H. N.: Punishment Theory and Industrial Discipline. In: Industrial Relations, 1976, S. 234–243.

Selbststeuernde Gruppen, Führung in

Charles C. Manz/Henry P. Sims Jr.

[s. a.: Coaching; Führungstheorien – Soziale Lerntheorie, – von Dyaden zu Teams; Konflikte als Führungsproblem; Motivation als Führungsaufgabe.]

I. Selbststeuernde Gruppen; Führung selbststeuernder Gruppen; III. Relevante Ansätze; IV. Kombinierter Rahmen für die Führung selbststeuernder Gruppen; V. Gruppenführerverhalten: ein empirischer Bericht.

I. Selbststeuernde Arbeitsgruppen

Selbststeuernde Gruppen treten in verschiedenen Varianten auf und haben verschiedene Bezeichnungen, wie z. B. Autonome Arbeitsgruppen, Selbstbestimmte Gruppen oder einfach „Teams". Eines aber haben sie gemeinsam: Nämlich den Versuch, ein hohes Maß an Entscheidungsautonomie und Verhaltenskontrolle den Arbeitsgruppen selbst zu übertragen. Im allgemeinen wurde diese Organisationsstruktur entwickelt, um sowohl die Input-Output-Produktivität als auch die Qualität der Arbeits-/Lebensverhältnisse von Einzelpersonen innerhalb der Gruppe zu steigern.

Üblicherweise wird davon ausgegangen, daß der Begriff der selbststeuernden Gruppen im Rahmen des „sozio-technischen Systemansatzes" (STS) entwickelt wurde (*Emery/Trist* 1969; *Susman* 1976). Im Falle selbststeuernder Arbeitsgruppen kommt es zu einer Verlagerung von individuellen Arbeitsmethoden zu gruppendeterminierten Arbeitsmethoden. Das zugrundeliegende Prinzip für diese Verlagerung beruht nach *Susman* auf der Annahme, daß eine *Gruppe* den Einsatzort und -zeitpunkt ihrer Ressourcen wesentlich effizienter bestimmen und somit alle Möglichkeiten besser ausschöpfen kann als ein Aggregat von Einzelpersonen, von denen jede für sich einer bestimmten Teilaufgabe zugeteilt ist" (*Susman* 1976, S. 183). In selbststeuernden Arbeitsgruppen tendieren die Gruppenmitglieder eher dazu, ihren Arbeitsbeitrag dahingehend zu definieren, inwieweit er einen konstruktiven Beitrag zum Gelingen der Gesamtaufgabe der Gruppe leistet, als nur den Bezug auf einen einzigen bestimmten Teilbereich der Gesamtaufgabe zu sehen. Selbststeuernde Arbeitsgruppen sind vielerorts untersucht worden, wie z. B. in einem Betrieb für Hundefuttererzeugung (*Walton* 1977), in Kohlebergwerken (*Trist/Susman/Brown* 1977), in einem Farbenwerk (*Poza/Markus* 1980), bei der Herstellung von Kleinmaterialien (*Manz/Sims* 1982, 1984; *Sims/Manz* 1982), in einem Lagerhaus (*Manz/Keating/Donnellon* 1990) und in einem Versicherungsunternehmen (*Manz/Angle* 1986) untersucht werden. In unserem 1993 erschienenen Buch *Business Without Bosses* geben wir einen historischen Überblick über die Entwicklung von Gruppen und stellen detailliert den Einsatz von Gruppen anhand von Fallbeispielen aus Unternehmungen dar, wie z. B. General Motors Corporation, IDS Financial Services, Lake Superior Paper Company.

II. Führung selbststeuernder Gruppen

Ein wichtiger Diskussionspunkt im Zusammenhang mit dem Konzept selbststeuernder Arbeitsgruppen betrifft die Absteckung von Rolle und Aufgabengebiet der Führer selbststeuernder Gruppen. In diesem Kapitel wollen wir das Konzept der „*Superführung*" (Super-Leadership) als adäquate Form der Führung von selbststeuernden Gruppen vorschlagen. Einen „Superführer" definieren wir als jemanden, der andere führt, damit diese führen (*Manz/Sims* 1989; 1990, 1991, 1993). Im Gruppenkontext würde ein Superführer eine *Gruppe* dazu hinführen, sich selbst zu führen.

In unseren früheren Forschungsarbeiten (*Manz/Sims* 1987) haben wir Verhaltensunterschiede zwischen externen Gruppenführern (Koordinatoren) und gewählten internen Führern behandelt. Jeder dieser verschiedenen Positionen stellt entsprechende charakteristische Anforderungen an die Führungspersönlichkeiten; wir beschäftigen uns hauptsächlich mit einer Führerrolle, die besonders typisch für jene US-Arbeitssysteme ist, in denen selbststeuernde Gruppen anzutreffen sind – nämlich externe, vom Management bestellte Führer selbststeuernder Gruppen, wobei verschiedene Titel diese Personen bezeichnen können, wie z. B. Koordinator, Coach oder Förderer (→*Coaching*).

In unseren Untersuchungen über selbststeuernde Arbeitsgruppen (*Manz/Sims* 1982, 1984, 1987, 1993; *Sims/Manz* 1982) hat sich gezeigt, daß das einzig wirklich schwierige Problem bei der Implementierung solcher Arbeitsgruppen die unklare, widersprüchliche Rolle ernannter externer Führungskräfte ist. Wir haben herausgefunden, daß Vorgesetzte externer Führer, aber auch Mitarbeiter mit persönlicher Erfahrung in selbststeuernden Gruppen im großen und ganzen mit den Resultaten sehr zufrieden waren. Trotzdem bleibt unserer Erfahrung nach die Frage nach der Rolle externer Führer besonders schwierig zu beantworten. Für Vorgesetzte, die diese externen Führungskräfte auswählen, ausbilden, beraten und beurteilen müssen, sind diese Fragen nicht nur bloß Theorie, sondern von unmittelbar pragmatischem Wert.

Es gibt theoretische Ansätze, die eine gewisse Klärung der genannten Problemkreise versprechen. Um das Problem der Führung von selbststeuernden Gruppen genau zu erforschen, erscheinen zwei unterschiedliche Ansätze besonders relevant zu sein: Der Ansatz der sozio-technischen Systeme (STS) und der →*sozialen Lerntheorie* (SLT). Früher war für das Entstehen selbststeuernder Gruppen der STS-Ansatz von größerer Bedeutung, der SLT-Ansatz jedoch hat unsere eigene Sicht der Führung von Gruppen nachhaltiger beeinflußt.

III. Relevante Ansätze

1. Der STS-Ansatz

Entwickelt man ein Arbeitsdesign vom STS-Ansatz aus, richtet sich die Konzentration auf das Arbeitssystem, im Gegensatz zur traditionellen Konzentration auf individuelle Jobs (*Davis* 1975). Außerdem werden sowohl die sozialen wie auch die technischen Komponenten eines Arbeitssystems mit einbezogen (*Cummings* 1978; *Emery/Trist* 1969; *Susman* 1976). Es soll also eine Arbeitsstruktur entworfen werden, die gleichzeitig die sozial/psychologischen Bedürfnisse der Mitarbeiter und die Aufgabenstellungen, die sich aus der vorhandenen Technologie ableiten, optimiert (*Cummings* 1978). Folglich hebt sich dieser Ansatz stark gegen traditionelle, technisch orientierte Ansätze ab (die dazu neigen, psychologische Bedürfnisse zu ignorieren) und steht auch im Gegensatz zu psychologischen Ansätzen, die technologische und Umweltfaktoren vernachlässigen (*Hackman* 1977).

Ein Schlüsselelement des STS Ansatzes liegt darin, daß Organisationen als Systeme gesehen werden. Genauer gesagt als offene Systeme, wobei der Einfluß, der vom externen Umfeld ausgeht, als sehr wichtig anerkannt wird (*Emery/Trist* 1969). Als einen der wichtigsten Beiträge des STS-Ansatzes sehen wir die Tatsache, daß der traditionellen Entscheidungskette – die oberen Hierarchien entscheiden, die unteren führen aus – ein klares Konzept entgegengestellt wurde. Trotzdem muß aber angemerkt werden, daß im STS-Ansatz das Problem der Führung in gewisser Weise vernachlässigt wurde. Eine Ausnahme ist *Susman* (1976), demnach der Führer selbststeuernder Gruppen zwei Systeme überwacht: Das soziale und das technische. Je nachdem, welchem dieser beiden Systeme entsprochen werden muß, wird unterschiedliches Führungsverhalten gefordert. Der Gegenstand der Führung ist eher die Gruppe als Einzelpersonen.

Trotz Susman ist im STS-Ansatz eigentlich nichts vorgesehen, was einen *externen Führer* legitimieren würde, in internes Gruppenverhalten einzugreifen. Eine der wichtigsten Forderungen des STS-Ansatzes ist es, daß das Team die Führungs-/Führerrolle übernimmt – was eigentlich bedeutet, daß das Team selbstgesteuert ist. Unsere praktische Erfahrung und unsere empirischen Untersuchungen jedoch haben einen wesentlichen Unterschied zwischen Theorie und angewandter Praxis erkennen lassen.

Im wesentlichen sind selbststeuernde Gruppen so gestaltet, daß viele der Funktionen, die traditionell externen Führern zukommen (z. B. Zuteilung von Aufgaben, Entscheidungen darüber, wie eine Arbeit durchzuführen ist), von der Gruppe selbst übernommen werden (*Cummings* 1978). Folglich wird ein unterstützender/beratender Führungsstil im allgemeinen als geeigneter angesehen als ein direktiver (*Cummings* 1978; *Cummings/Malloy* 1977). Trotzdem hat externe Führung noch immer mehrere Funktionen, wie z. B.: Zurverfügungstellen von technischem und sozialem Wissen, das die Gruppe nicht besitzt (*Susman* 1976); Herstellen von Kontakten zum Umfeld der Arbeitsgruppe, um Input-/Outputunsicherheit zu reduzieren; Vermittlungstätigkeiten zu anderen Einheiten der Organisation (*Cummings* 1978).

In einer der wenigen Arbeiten, die sich direkt mit der Position des externen Führers in partizipativen (selbststeuernden) Arbeitssystemen auseinandersetzten, haben *Walton/Schlesinger* (1979) auf eine Reihe von Schwierigkeiten hingewiesen, die mit dieser Rolle verbunden sind. Sie halten ein eher konsultatives Führungsverhalten im allgemeinen für wünschenswert; erstens aufgrund einer möglichen Qualitätssteigerung entscheidungsrelevanter Informationen und zweitens wegen einer gesteigerten Identifikation der Arbeitnehmer mit ihrer Arbeit bzw. ihrem Arbeitsplatz. Aufgrund ihrer Erfahrung mit zwölf verschiedenen Produktionsbetrieben fanden sie heraus, daß externe Führer wiederholt ihre Zufriedenheit zum Ausdruck brachten und in hohem Maß verunsichert schienen. Andere unter ihnen deuteten an, daß sie sich im Vergleich zu den Untergebenen in ihren eigenen Belangen vernachlässigt fühlten. In fast allen Fällen war auf der Ebene externer Führer ein geringerer Grad an Zufriedenheit fezustellen als in höheren oder niedrigeren Positionen.

Walton/Schlesinger (1979) und *Cherry* (1981) weisen darauf hin, daß in einem selbststeuernden Arbeitssystem die traditionellen Funktionen externer Führer soweit wie möglich delegiert werden „müßten". Ihrem Vorschlag nach kann das allmählich über eine längere Zeitspanne hin getan werden, in dem Maße nämlich, in dem die Gruppe die Fähigkeiten entwickelt, sich selbst zu steuern. Außerdem verweisen sie auf eine Anzahl möglicher Schwierigkeiten bei der Implementierung dieses Arbeitssystems, stellen aber auch einige erfolgreiche, offensichtlich brauchbare Strategien bereit. *Walton/Schlesinger* und *Cherry* geben Einblicke in die Schwierigkeiten, die bei der Definition der Rolle von Führern selbststeuernder Grupen entstehen. Ein Führer – so wird klargemacht – muß viele seiner üblichen Verantwortungsbereiche an die Untergebenen delegieren (in gewisser Weise analog zur Vorstellung, daß man sich aus einem Job „herausarbeitet"). Trotzdem bleibt die Frage nach den spezifischen Führungsverhalten, die am besten geeignet sind, Gruppen zur Selbststeuerung zu bringen, offen.

Nach *Cummings* (1978) enthält die Aufgabenstellung eines externen Führers zwei Hauptfunktionen: Die Gruppenmitglieder für das selbststeuernde System zu befähigen und der Gruppe dabei zu helfen, ihre Grenzen abzustecken und zu festigen. Um diese Punkte noch weiter auszuführen, wird nun auf zwei Hauptkategorien des „Superführer"-Verhaltens näher eingegangen. Mit beiden Kategorien kann zwischen den Verhaltensweisen an den Randbereichen der Gruppe und innerhalb der Gruppe unterschieden werden. Wir bezeichnen diese beiden Klassen als „gruppenperiphere Verhaltensmuster" bzw. als „interne Verhaltensmuster". Die innerhalb jeder Kategorie aufgelisteten Verhaltensweisen stammen im wesentlichen aus der STS-Literatur.

(a) Interne Verhaltensmuster: Verschiedene potentielle Verhaltensformen von externen Führern können als sogenannte interne Verhaltensweisen klassifiziert werden. Ein Führer kann interne Gruppenkommunikation fördern. Wenn er eine Gruppe zu offenem Ideenaustausch anleitet und er außerdem ungelöste Probleme und Fragen anspricht, steigert er die Funktionsfähigkeit dieser Gruppe. Ein Führer kann darüber hinaus auch Gruppentraining für unerfahrene Mitarbeiter initiieren, um so das Potential der Gruppe zu maximieren.

Ein anderes potentiell internes Führungsverhalten ist die Förderung von Problemlösungsverfahren innerhalb der Gruppe. Dabei soll sichergestellt werden, daß die Arbeitsgruppe, während sie ihre Arbeit ausführt, ihre eigenen Probleme herausfindet und dann lösen kann. Die Aufteilung der einzelnen Arbeitsaufgaben durch die Gruppe selbst kann dazu führen, daß die Gruppe die einzelnen Arbeitsaufgaben den Gruppenmitgliedern effizient zuordnet. Schließlich kann durch die Anleitung zu und Steuerung von Gruppenplanungsverfahren der Gruppe geholfen werden, ihre weiteren Schritte vor deren Ausführung zu koordinieren und zu planen.

(b) Gruppenperiphere Verhaltensmuster: Manche Verhaltensformen von Führern konzentrieren sich auf die Gruppenperipherie. Zunächst einmal kann ein Führer als Kommunikationsvermittler zwischen Teilen des Arbeitssystems agieren. Durch das Übermitteln der Kommunikation zu und von vorgesetzten Stellen kann ein Führer z. B. die Gruppe über den Diskussionsstand dieser Stellen unterrichten (was der Gruppe wiederum hilft, in ihren Vorgangsweisen entsprechend zu reagieren), und genauso kann er dazu beitragen, daß die Gruppe auf das Arbeitssystem sensibel reagiert und umgekehrt. Darüber hinaus kann ein Führer als Kommunikationsvermittler zwischen den Arbeitsgruppen fungieren. Das ist besonders dann unumgänglich, wenn die eingesetzte Technologie eine unmittelbare wechselseitige Abhängigkeit der Arbeitsgruppen zur Folge hat – ein für viele Organisationen typischer Faktor.

Weiter kann zum Aufgabenbereich eines Führers gehören, die Verfügbarkeit der Ressourcen zu optimieren, die für den Arbeitsprozeß benötigt werden, und den Produktionsfluß zwischen den Gruppen zu steuern. Die Förderung der Kommunikation zwischen den Gruppenführern (d. h. zwischen ihm und anderen externen Gruppenführern) sollte schließlich zu einer Koordination gemeinsamer Anstrengungen führen und die Gruppenleistung dadurch steigern, daß den Bemühungen der einzelnen Gruppen, sich innerhalb des gegebenen Arbeitssystems zu ergänzen, Rechnung getragen wird.

2. Der SLT-Ansatz

Neben dem STS-Ansatz wurden wir durch eine komplementäre, eher psychologisch angelegte theoretische Perspektive beeinflußt. Die →*soziale Lerntheorie* (SLT) (*Bandura* 1977; *Davis/Luthans* 1980; *Manz/Sims* 1980) ist eine umfassende Lehre von Erwerb und Veränderung menschlichen Verhaltens.

Die Theorie kennt eine Anzahl von interagierenden Prozessen, die menschliches Verhalten beeinflussen können. Eine Grundthese der SLT ist, daß Personen, ihr Verhalten sowie das externe Umfeld (z. B. der Arbeitskontext) gegenseitige Determinanten sind (reziproker Determinismus). Von primärem Interesse auf dem Gebiet der selbststeuernden Arbeitsgruppen ist die Behandlung der selbstregulierenden Prozesse innerhalb des Rahmens der SLT (*Thoresen/Mahoney* 1974; *Luthans/Davis* 1979; *Manz/Sims* 1980, 1989, 1990; *Manz* 1983).

Selbststeuerung kann als Konzentration auf eine selbstauferlegte Einflußnahme beschrieben werden, die die Auswahl des Individuums zwischen alternativen Verhaltensweisen bestimmt (*Thoresen/Mahoney* 1974; *Manz/Sims* 1980, 1989, 1990). Analog dazu kann Gruppenselbststeuerung als aktive Kontrolle der Gruppenmitglieder über ihr unmittelbares Umfeld und über sich selbst beschrieben werden. Diese Kontrolle resultiert in produktivem, zielgerichtetem Verhalten und tritt theoretisch ohne externe Beeinflussung oder Kontrolle auf (z. B. auch in Abwesenheit eines Vorgesetzten – das allerdings führt zu einigen interessanten Fragen, die mit dem Paradox des Superführers zusammenhängen (*Manz/Sims* 1989, 1990).

(a) Selbstbeobachtung: Selbstbeobachtung ist ein besonders wichtiges Instrument der Selbststeuerung, das die Grundlage für einige weitere Strategien bildet. Das Sammeln von Informationen über die eigenen Aktivitäten und die eigene Leistung ist für eine Gruppe wichtig, um zu einer konstruktiven Bewertung ihrer Anstrengungen zu gelangen und um notwendige Veränderungen und Angleichungen durchzuführen. Selbstbeobachtung kann z. B. die Informationen liefern, die nötig sind, um einen rationalen Vergleich der Gruppentätigkeit mit ihren Produktionszielen anzustellen. Sie kann die Basis für eine positive Verstärkung durch die Gruppe selbst darstellen, wenn die Ziele erreicht werden.

(b) Selbständige Zielsetzung: Ist eine weitere Technik, die zur effizienten Selbststeuerung der Gruppe beitragen kann. Untersuchungen weisen im allgemeinen nach, daß gesetzte Ziele die Arbeitsleistung positiv beeinflussen, wenn sie genau und herausfordernd, aber doch erreichbar sind (*Locke* et al. 1981). Eine Arbeitsgruppe, die sich genaue, realistische und herausfordernde Ziele setzt, erhält Arbeitsvorgaben, die es sich lohnt, anzustreben. Außerdem wird die Grundlage zur positiven Selbstverstärkung gelegt, wenn diese Ziele erreicht werden.

(c) Modifikation des Leistungsansporns: Sie kann in zwei spezifische Vorgänge unterteilt werden: *Selbstverstärkung* und *Selbstbestrafung* (d. h. Selbstkritik). Es besteht aller Grund zur Annahme, daß positive Selbstverstärkung eine effiziente Selbststeuerungstechnik darstellt (*Mahoney/Arnkoff* 1978). Im System einer selbststeuernden Arbeitsgruppe bietet die positive Selbstverstärkung der Gruppe das Potential, aus dem heraus das Leistungsniveau durch Zuerkennen selbstgesetzter Belohnungen erhöht werden kann. Der Ansporn zur Leistung kann ganz wesentlich aus der Gruppe selbst heraus motiviert werden (z. B. durch positive Verstärkung einzelner Gruppenmitglieder untereinander) und braucht nicht auf Belohnungen oder Prämien von außen beschränkt zu bleiben. Die Mitglieder der Gruppe können einander z. B. zu den erwünschten Verhaltens- und Leistungsnormen anspornen und damit auch die Motivation für weitere Anstrengungen in dieser Richtung geben. Genauso könnte ein System gegenseitiger Anerkennung – wie z. B. das Zugestehen zusätzlicher Pausen u. ä. – ein wirkungsvolles Mittel zur Leistungssteigerung des einzelnen Gruppenmitgliedes wie auch der gesamten Gruppe sein.

Während die Technik der positiven *Selbstverstärkung* als potentiell sehr effizient zu bezeichnen ist, scheint das für die Technik der Bestrafung (Selbstkritik) - eine Art der Modifizierung des Leistungsansporns - nicht zuzutreffen. Während positive Selbstverstärkung erwünschte Verhaltensweisen unterstützt und fördert, ist es das Ziel der Selbstbestrafung, unerwünschte Verhaltensweisen durch selbstauferlegte negative Konsequenzen zu reduzieren. Ein Problem im Zusammenhang mit Selbstkritik liegt aber z. B. darin, daß sie auch selbstbestimmt vermieden werden kann, da die negativen Konsequenzen für unerwünschtes Verhalten eben selbstauferlegt sind (*Thoresen/Mahoney* 1974). Auch kann eine wiederholte Anwendung dieses Mittels leicht zu Problemen in bezug auf Motivation, Leistung und Zufriedenheit von Gruppenmitgliedern führen.

Richtig eingesetzt, kann aber auch *Selbstkritik* trotzdem ihre Berechtigung im Gesamtsystem der

Selbststeuerung von Gruppen haben. Wenn Gruppenmitglieder einander offen und konstruktiv kritisieren, können damit zwischenmenschliche Probleme transparent gemacht und notwendige Anpassungen in der Arbeitsweise erreicht werden.

(d) Probehandeln: Probehandeln ist eine Strategie, die man als systematisches Üben einer gewünschten Handlungsweise bezeichnen könnte (*Mahoney/Arnkoff* 1979). Indem eine Gruppe z. B. potentielle Lösungsstrategien für ein Produktionsproblem durchspielt, kann sie schon vor der Ausführung der betreffenden Schritte eventuelle Fehlerquellen erkennen und ihr Verhalten dementsprechend anpassen. Damit kann unnötige Zeitvergeudung vermieden und eine allgemeine Leistungssteigerung erreicht werden. Um ein konkretes Beispiel zu nennen: Einzelne Gruppenmitglieder spielen durch, wie sie einem anderen Gruppenmitglied gegenüber auftreten wollen, von dem sie annehmen, daß er die Leistungsfähigkeit der Gruppe beeinträchtigt.

(e) Kognitive Strategien: Zusätzlich zum bisher Gesagten können Selbstführungsstrategien auch dazu benützt werden, Denkmuster zu effektivieren. Zunächst können effiziente Selbstführer ihre Arbeit mental und physisch so neu gestalten, daß sie von sich aus lohnender wird. Das heißt, sie können die Ausführung ihrer Aufgaben so gestalten, daß ein gewisser lohnender Wert schon aus der bloßen Tatsache gewonnen wird, daß die genannten Aufgaben selbst übernommen und durchgeführt werden. Eine Art natürlicher Belohnung bei der Durchführung von Aufgaben liegt darin, daß man dabei ein Gefühl von Kompetenz, Selbstkontrolle und Zweck/Sinnhaftigkeit erfährt (*Manz* 1992).

Andere kognitive Strategien helfen, konstruktive und effiziente Denkverhalten oder Denkmuster zu entwickeln – wie z. B. „Möglichkeitsdenken" im Gegensatz zu „Hindernisdenken". Indem man z. B. seine eigenen Überzeugungen und Meinungen, seine internen Dialoge und mentalen Vorstellungsmuster analysiert, entwickelt man die Fähigkeit, in jeder neuen Arbeitsaufgabe Möglichkeiten und Herausforderungen zu entdecken. Solange beispielsweise Manager ihre Mitarbeiter nicht als wichtige Partner für den Erfolg ihres Betriebs akzeptierten, wurden viele Möglichkeiten für Fortschritt einfach verschwendet.

Zusammenfassend ist zu betonen, daß wir Selbstführung zunächst an uns selbst praktizieren müssen, ehe wir andere anleiten, Selbstführer zu werden/zu sein. Will man jemanden führen, ist der erste und wichtigste Schritt, sich selbst zu führen.

(f) Wie Gruppenführer die Gruppenselbststeuerung anregen

Die Rolle des Führers beim Implementieren dieser Strategien ist ein wichtiges Problem. Die Grundfrage dabei lautet: „Wie kann ein Führer den Gebrauch dieser Strategien durch die Gruppenmitglieder beeinflussen?". Die von uns vorgeschlagene Vorgangsweise der Superführung ist hier relevant (vgl. *Manz/Sims* 1980, 1989, 1990, 1991).

Von einem Prozeßstandpunkt aus gesehen, bedeutet das, daß die Führungskraft erstens spezifische Selbststeuerungsstrategien ausarbeiten kann, zweitens die Gruppe dazu ermuntern und anleiten kann, diese Strategien auch umzusetzen, und drittens die Gruppe positiv verstärken kann, wenn sie die erwähnten Strategien anwendet. Durch beispielhaftes Vorgehen könnte eine Führungskraft eine Gruppe dazu bringen, ihre Ziele selbst zu setzen (indem sie z. B. spezifische, herausfordernde Ziele vorschlägt), könnte dann die Gruppe zur Übernahme einer Zielsetzung bewegen und schließlich die Gruppe positiv verstärken, wenn entsprechende Verhaltensweisen beobachtet werden.

Von diesem Standpunkt aus betrachtet, nimmt die Führungskraft die Rolle eines Animators ein, dessen Aufgabe es ist, eine positive Atmosphäre für Selbststeuerungsverfahren zu schaffen; d. h., sie stimuliert die Anwendung der oben besprochenen Strategien. Bei einer Führungsrolle dieser Art kommt einigen Faktoren besondere Bedeutung zu:

(1) Die Funktion des Beurteilens und des positiven Verstärkens, die zunächst von außerhalb der Gruppe wahrgenommen wird, geht allmählich auf die Arbeitsgruppe selbst über.

(2) Fortschritte im selbstregulierenden Verhalten der Gruppe werden unterstützte.

(3) Die Ziele und Erwartungen der Gruppe selbst und nicht die externer Quellen (z. B. des externen Führers) gewinnen im gesteigerten Maße an Bedeutung. Der wichtigste Punkt in diesem Zusammenhang ist die Kompatibilität von externem, kontrollierendem Führungsverhalten mit der widersprüchlichen Rolle des „Superführers", der selbststeuernde Gruppen zu führen hat. An ein solches Führungsverhalten sollte so besonnen wie möglich herangegangen werden, um den Selbststeuerungsprozeß der Gruppe nicht zu unterlaufen. Andererseits soll auch festgehalten werden, daß externe Einflußnahme, besonders im Fall der positiven Verstärkung für gut geleistete Arbeit, nicht unbedingt im Gegensatz zu Selbststeuerungsvorgängen steht, sondern diese vielfach sogar unterstützt. *Susman* (1976, S. 197) z. B. weist darauf hin, daß „Selbststeuerung erst dann greifen kann, wenn die Mitglieder der Arbeitsgruppe Grund haben anzunehmen, daß ihre Anstrengungen von der Organisation anerkannt und unterstützt werden".

Trotzdem sollte der Einsatz externer Kontingenzfaktoren zugunsten von Mitarbeiterselbststeuerung zurücktreten, besonders in fortgeschrittenen Stadien selbststeuernder Gruppen. Logischerweise wird sich auch die Betonung von Zielsetzung und Administration der Folgen entscheidend verschieben. Wichtiger nämlich als die Konzentration auf Arbeitsverhalten und Leistung wird jetzt die Unterstützung und Verstärkung von Selbststeuerungsverhalten. So könnte man sich z. B. einen Führer selbststeuernder Gruppen vorstellen, der der Gruppe hilft, ihre Ziele für ihren Selbststeuerungsprozeß abzustecken. Es können auch Fälle von grobem Fehlverhalten eines Mitarbeiters auftreten, die die Anwendung des Mittels der Bestrafung rechtfertigen könnten; aber wir haben auch in unserer eigenen Forschungstätigkeit beobachtet, daß die Selbstdisziplin einer Gruppe eine äußerst effiziente Alternative gegenüber externer Überwachung und Bestrafung darstellt.

IV. Kombinierter Rahmen für die Führung selbststeuernder Gruppen

In Abbildung 1 wird versucht, einen Rahmen aufzuzeigen, um die Rolle eines Führers selbststeuernder Gruppen besser zu verstehen. Das Modell sieht mehrere potentiell relevante Führungsverhaltensweisen vor und ist so strukturiert, daß die einzelnen Verhaltensmuster kategorisiert werden können. In Übereinstimmung mit der STS-Literatur unterscheidet das Modell z. B. zwischen „gruppeninternen" und „gruppenperipheren" Verhaltensweisen. Darüber hinaus werden – in Übereinstimmung mit dem SLT-Ansatz – Verhaltensweisen nach ihrer jeweiligen Beziehung zu momentanen Aktivitäten der Arbeitsgruppe unterschieden. D. h., Führungsverhaltensweisen werden entweder als Ausgangsbedingungen (als dem Gruppenverhalten vorgeschaltet) oder als Konsequenzen (als dem Gruppenverhalten nachgeschaltet) gesehen. Natürlich ist diese Unterscheidung etwas willkürlich gewählt, wenn man die Verhaltensweisen nicht isoliert, sondern in zeitlicher Aufeinanderfolge betrachtet, was bedeutet, daß nachgeschaltete Verhaltensweisen gleichzeitig die vorgeschalteten für zukünftiges Verhalten sind (*Luthans/Kreitner* 1975). Andererseits hält gerade der SLT-Ansatz diese Positionen stark auseinander (*Bandura* 1977), ein Ansatz, den wir als nützlich ansehen, um die Analyse mit einer zeitlichen Abfolgelogik ausstatten zu können.

Eine Untersuchung von a)–e) (Kapitel III) gibt auch Aufschluß über einige Prinzipien von allgemeinem Interesse. Vom SLT-Ansatz abgeleitetes Führungsverhalten der Selbststeuerung z. B. bezieht sich eher auf gruppeninternes Verhalten. STS-Führungsverhalten andererseits zielt auf eine Ausgeglichenheit zwischen „gruppeninternen" und „gruppenperipheren" Verhaltensweisen ab. STS-Verhaltensweisen fallen vorwiegend unter die Kategorie „vorgeschaltete Verhaltensweisen" (was wiederum konsistent mit der Absicht ist, einen geeigneten Kontext für Selbststeuerung zu schaffen), während SLT-Verhalten eher ausgeglichen zwischen vor- und nachgeschalteten Verhaltensweisen angesiedelt ist. Am signifikantesten scheint noch eine Unterscheidung nach den zugrundeliegenden Prinzipien des genannten Führungsverhaltens zu sein.

V. Gruppenführerverhalten: Ein empirischer Bericht

In diesem Abschnitt werden wir die Resultate einer Untersuchung präsentieren, die wir in der Fitzge-

Führungsverhalten auf der Grundlage des soziotechnischen Systems		Innerhalb der Gruppengrenze		
	Ausgangsbedingungen			Konsequenzen
- Kommunikation von der Geschäftsleitung - Kommunikationen von anderen Gruppen - Kommunikationen von anderen Gruppenführern - Produktionsfluß von anderen Gruppen - Training unerfahrener Mitarbeiter - zur Verfügung stehende Betriebsmittel und Materialien - flexible Aufgabengestaltung	Unterstützung leisten: - für die Kommunikation in der Gruppe - für das Training unerfahrener Mitarbeiter durch die Gruppe - für das Lösen von Problemen in der Gruppe - für die Aufgabenverteilung innerhalb der Gruppe	*an der Gruppengrenze*	Gruppen Verhalten/ Aktivitäten	*an der Gruppengrenze*	- Kommunikation mit der Geschäftsleitung - Kommunikation mit anderen Gruppen - Kommunikation mit anderen Gruppenführern - Gestaltung des Produktionsflusses zugunsten anderer
Auf der sozialen Lerntheorie aufbauendes Führerverhältnis Ziele setzen (zur Gruppenleistung)	Modell zur Unterstützung der Gruppe: - Selbstbeobachtung - eigene Zielsetzung - Selbstverstärkung - Selbstkritik - Wiederholung		Verstärkung der Gruppe in: - Selbstbeobachtung - eigene Zielsetzen - Selbstverstärkung - Selbstkritik - Wiederholung	Belohnung (der Gruppenleistung) Bestrafung

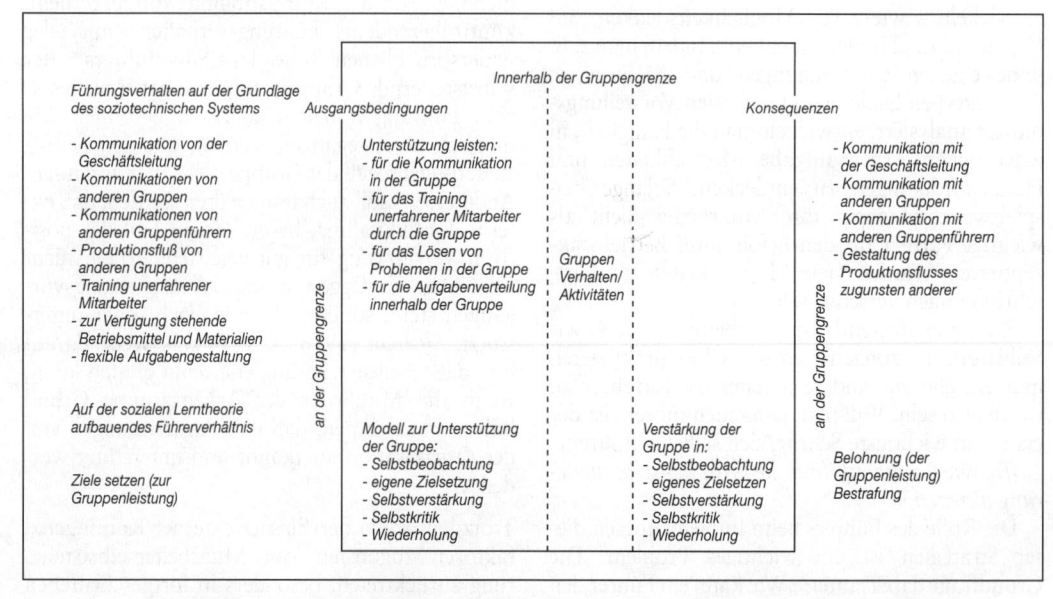

Abb. 1: Eine integrative Perspektive einer Führerrolle in einer sich selbst führenden Gruppe

rald Battery Plant of General Motors Corporation durchgeführt haben und die in *Manz/Sims* (1984, 1993) beschrieben wurde. Im besonderen wurden die Rollen der Koordinatoren oder externen Gruppenführer untersucht.

Was machen „Koordinatoren" eigentlich? Was sind die Verhaltensweisen und Tätigkeiten effizienter *Koordinatoren*? Wenn Arbeitsgruppen von Mitarbeitern „partizipativ" oder „selbststeuernd" sein sollen, wozu sind dann Koordinatoren nötig?

Wir haben eine Untersuchung der Rolle des Koordinators durchgeführt, die der Frage nachgehen sollte: „Welche wichtigen Verhaltensweisen können Koordinatoren in dieser Arbeit anwenden?" Zunächst stellten wir diese Frage der Versuchsgruppe (höheres Management eines Produktionsbetriebes), wobei wir eine Art „Nominal-Gruppen-Interview-Technik" (nominal group elicitation technique) anwendeten.

Folgende interessante Erkenntnisse konnten u. a. ermittelt werden: Erstens stehen Verhaltensweisen im Vordergrund, die Gruppen dazu bringen, ihre eigenen Anstrengungen zu steuern. Das geht z. B. aus Aussagen hervor, wie z. B. „bringt die Gruppe dazu, eigenständig ein Problem zu lösen", „fragt eher nach der Lösung eines Problems statt vorzuschlagen..." oder „ermutigt Gruppen, sich Ziele zu setzen".

Wir haben diese Betonung der Weitergabe der Kontrolle der Arbeitsgruppen auch während unserer zahlreichen Beobachtungen im Unternehmen selbst feststellen können. Bisweilen haben die Koordinatoren absichtlich Antworten verweigert oder haben bewußt keine Anweisungen an die Mitarbeiter erteilt, auch wenn sie es hätten tun können – manchmal bis zur Frustrationsgrenze der Mitarbeiter. In einem Fall z. B. hatte ein Arbeitnehmer ein Problem beim Verschweißen eines Schutzgeländers mit einer Rampe und wandte sich an den Koordinator um Rat. Dieser reagierte, indem er die Frage an den Mitarbeiter zurückgab, worauf der Mitarbeiter einen Moment überlegte, seine Meinung zum Problem äußerte und schließlich dann auch handelte.

Ein weiterer Schwerpunkt in den Verhaltensweisen ist die Betonung gewisser Formen der Kommunikation, wie die folgenden Beispiele zeigen: „den Leuten sagen, wenn sie etwas gut machen", „die Wahrheit sagen, auch wenn sie unangenehm sein mag", „Gruppenmitglieder ermutigen, Probleme offen zu diskutieren", „Bedürfnisse des Unternehmens kommunizieren..." oder „als Kommunikationsmittel fungieren...". Beobachtungen im Betrieb selbst legen nahe, daß Kommunikation nicht stark genug betont werden kann, sowohl was die direkte Kommunikation des Koordinators mit Gruppenmitgliedern betrifft als auch in bezug auf die Kommunikation innerhalb und zwischen den Gruppen. So haben Koordinatoren manchmal den zeitlich begrenzten Austausch von Mitgliedern mehrerer Gruppen gefördert, um die Kommunikation zwischen den Teams zu verbessern.

Probleme, die auf der unteren Ebene des Betriebes beobachtet und in Gruppensitzungen diskutiert werden, haben sich oft um Phänomene der Kommunikation bewegt: Sowohl als Ursache als auch als mögliche Lösung dieser Probleme.

Schließlich haben viele Verhaltensweisen direkt bestätigt, was sie bisher indirekt vermuten ließen: Ein Koordinator sollte auch ein Förderer sein. Dies spricht aus solchen Beschreibungen von Verhaltensweisen wie z. B.: „Eine Gruppe beim Konfliktlösen fördern...", „eine Hilfe und Quelle für eine Gruppe darstellen" oder „Gruppen jene Informationen geben, die sie brauchen, um ihre Arbeit zu tun". In dem Fall, den wir früher erwähnten, baten z. B. Mitarbeiter einen Koordinator, eine Entscheidung zu treffen, um damit den Konflikt zu lösen, wer eine besonders unangenehme Arbeit ausführen sollte. Der Koordinator weigerte sich und berief statt dessen eine Sitzung zur Lösung des Konflikts ein, was der Gruppe half, ihre eigene Entscheidung zu treffen.

Dieselbe Frage wurde auch an intern gewählte Gruppenführer gestellt. Auch hier scheinen Gruppenführer besondere Bedeutung der Förderrolle beizumessen und weniger der direktiven Rolle eines Koordinators. Zwei der drei höchstgereihten Verhaltensweisen bestätigen dies: „Nach Problemlösungen fragen" und „eine Quelle/Hilfe für die Gruppe zur Verfügung stellen (sein)". Auch andere Nennungen gehen in dieselbe Richtung: „Werkzeuge, Materialien und Nachschub (für eine Gruppe) besorgen" oder „(der Gruppe) Informationen zukommen lassen, um ein Problem zu lösen".

Unsere Beobachtungen belegen ganz allgemein, daß Gruppenführer dem fördernden Verhalten von Koordinatoren große Bedeutung beimessen und ganz offensichtlich externe Weisungen ablehnen. Aus Interviews und Diskussionen mit Gruppenmitgliedern (auch mit Gruppenführern) und aus unseren Beobachtungen ist abzuleiten, daß Gruppenmitglieder oft einfach den Wunsch hegen, alleingelassen zu werden und ihre Probleme selbst zu lösen. Ganz allgemein war in dem von uns untersuchten Betrieb festzustellen, daß Gruppen zu direktives Verhalten der Koordinatoren ablehnten, wie z. B. einen Koordinator, der Anordnungen und Anweisungen in bezug auf Problemlösungen gab. Diese Meinung wurde auch in Gesprächen mit Mitgliedern der Versuchsgruppe und mit mehreren Koordinatoren bestätigt.

Manche Meinungen und Reihungen der Gruppenführer jedoch ließen ihr Unbehagen für manche Situationen erkennen, in denen Gruppen völlig auf sich gestellt Probleme lösen sollten. Wir sahen auch einige Fälle, in denen Gruppenmitglieder ihre Frustration und Unzufriedenheit mit schwierigen Situationen zum Ausdruck brachten, in denen ein Koordinator mit einer – ihrer Meinung nach – unnötigen und nicht angebrachten Weisung auftrat.

Wir schließen daraus, daß die Linie zwischen überdirektivem und unterdirektivem Verhalten seitens der Koordinatoren sehr dünn ist. Einerseits ist es für Gruppenmitglieder äußerst wichtig, unabhängig zu agieren und sich selbst zu steuern, andererseits wollen sie, wenn nötig, in manchen Fällen aber auch auf Führung und Unterstützung zurückgreifen können. Demnach kommen Koordinatoren nicht umhin, auf Basis jedes einzelnen Falles, über den Grad ihrer direkten Einflußnahme jeweils selbst zu entscheiden.

1. Superführerverhalten

Nach unserem Wissensstand wurden bisher nicht alle in unserem Kapitel behandelten Führerverhaltensweisen empirisch getestet. In einem Test von Superführerverhaltensstrategien haben wir das Verhältnis von ausgewählten Superführer-Gruppenverhaltensweisen und ihre Effizienz untersucht.

Tabelle 1 zeigt die Ergebnisse dieser Analyse. Es ist darauf hinzuweisen, daß die hier aufgezeigten Korrelationen von unabhängigen Quellen stammen, sie sind also nicht Varianten auf Grund von überlagerten Wahrnehmungen. Zwei Gruppen von Korrelationen gehen aus der Tabelle hervor: Korrelationen zwischen Koordinatorenverhaltensweisen und zugehörige Effizienzreihungen durch Gruppenführer einerseits und durch Gruppenmitglieder andererseits. Die Resultate zeigen generell einen äußerst starken Zusammenhang zwischen Superführerverhalten und Führungseffizienz. Diese Studie bezieht sich zwar nur auf einen Produktionsbetrieb, sie zeigt aber deutlich, daß Superführerverhaltensweisen in enger Beziehung zu allgemeiner Führungseffizienz in einem selbststeuernden Gruppenumfeld stehen.

Beurteilung des Koordinators		
Verhaltensweisen des Superführers	durch den Gruppenführer	durch die Gruppenmitglieder
Koordinator ermutigt zu:		
Selbstbelohnung	.78***	.55***
Selbstkritik	.09	.36***
Eigenständige Zielsetzung und Selbstbeobachtung	.65***	.53***
Selbstbeurteilung	.81***	.58***
Selbsterwartung	.74***	.47***
Probehandeln	.69	.61***

*** $p<.001$

Tab. 1: Verhältnis zwischen Verhaltensweisen der Superführer und Beurteilung durch die Koordinatoren

2. Kontingenzfaktoren und Grenzen des Führungsrahmens

Die bisherige Diskussion stellt den Versuch dar, einen normativen Rahmen für die Beschreibung einer geeigneten Rolle von Führungskräften selbststeuernder Gruppen – im Grunde genommen eine Form von Superführung – zu entwerfen. Die Entwicklung eines Gesamtrahmens ist ein wichtiger erster Schritt, um die herausfordernde Aufgabe der Führung selbststeuernder Gruppen näher zu definieren. Trotzdem bedarf es einer weiteren eingehenden Analyse, um die Effizienzwirkung sowohl der genannten als auch hier weiter nicht genannter Führungsmuster abzusichern.

Wie in der Führungspraxis im allgemeinen wird auch die Effizienz von Führungsverhalten in einer konkreten Situation wesentlich von den Fertigkeiten und Fähigkeiten der Führungskraft und der beteiligten Mitarbeiter bestimmt. Dabei stellt sich auch die entscheidende Frage nach der Art dieser Fertigkeiten und Fähigkeiten und wie sie entwickelt werden können. Der in diesem Artikel entwickelte Rahmen ist ein Versuch, einen „Verhaltensmix" herauszukristallisieren, den Führungspersönlichkeiten zur Steigerung ihrer eigenen Effizienz ihrem Verhaltensrepertoire hinzufügen könnten.

Ein weiterer Faktor, der mit großer Wahrscheinlichkeit die spezifischen Handlungsweisen einer Führungskraft beeinflußt, ist das Ausmaß der zur Verfügung stehenden Zeit. *Manz/Sims* (1980, 1989, 1990) z. B. meinen, daß der Grad der Selbststeuerung, zu dem Mitarbeiter fähig sind, in direktem Zusammenhang mit dem Ausmaß an Zeit steht, das der Führungskraft zum Aufbau dieser Selbststeuerung zur Verfügung steht. Wir meinen, daß ein derartiges Verhalten hohe Priorität haben müßte, denn alle Anstrengungen in Richtung Selbststeuerungsfähigkeit von Mitarbeitern sind als erfolgbringende Investition der Organisation für die Zukunft zu betrachten.

Genauso hängt das entsprechende Führungsverhalten und die Effizienz vom Grad der Identifizierung mit dem Prinzip der Selbststeuerung bzw. von der allgemeinen Organisationsphilosophie in bezug auf Selbststeuerung ab. Um organisatorische Änderungen und Innovationen erfolgreich zu gestalten, bedarf es der Unterstützung des gesamten organisatorischen Systems (*Katz/Kahn* 1978). Ein Gruppenführer, der aufrichtig bemüht ist, Mitarbeiter zur Selbststeuerung zu befähigen, wird seine Anstrengungen unterlaufen sehen, wenn das übergeordnete Arbeitssystem „echte" Selbststeuerung nicht ebenfalls billigt oder unterstützt (bzw. sogar ablehnt). Ohne derartige Unterstützung werden die Verhaltensweisen der Führungspersönlichkeiten wesentlich geringeres Gewicht haben, um hoch motivierte engagierte selbststeuernde Mitarbeiter zu erreichen.

Der Entwicklungsstand einer Arbeitsgruppe (→*Führungstheorien, von Dyaden zu Teams*) ist ein weiterer, ähnlich bedeutender Kontingenzfaktor. Es wurde schon darauf hingewiesen, daß im frühen Stadium der Entwicklung der Fähigkeit zur Selbststeuerung die Führungsmuster eher denen des traditionellen, externen Führungsstils entsprechen (*Walton/Schlesinger* 1979; *Cherry* 1981). Im gleichen Maße, in dem die Gruppe ihre Fähigkeit zur Selbststeuerung entwickelt, kann die Führungsautorität auf die Arbeitsgruppe übertragen werden, der Führer selbst wird sich mehr und mehr der indirekten Steuerung und Optimierung der Gruppenselbststeuerung zuwenden. Mit der Entwicklung der Gruppe wird sich ihr Entscheidungsfeld parallel zu dem des Führers entwickeln (*Susman* 1976). Der Grad an Autonomie, den eine Arbeitsgruppe zu einem bestimmten Zeitpunkt erreicht hat, wird seinerseits den passenden „Verhaltensmix" der Führungspersönlichkeit beeinflussen.

Ein weiteres Element, das einen unmittelbaren Einfluß auf das Führungsverhalten in einer konkreten Situation haben kann, ist die Art der verwendeten Technologie. Nach *Slocum/Sims* (1980) z. B. ist das Potential für Selbstregulierung unter den Bedingungen zeitlich aufeinanderfolgender Interdependenz im allgemeinen niedriger als unter Bedingungen reziproker oder gemeinsamer Interdependenz. In ähnlicher Weise argumentieren Van de Ven und Kollegen (*Van de Ven/Delbecq* 1974; *Van de Ven* et al. 1976 und *Van de Ven* 1979):

Kontrollverfahren, die auf unterschiedlichen Ebenen technologischer Unsicherheit und gegenseitiger Abhängigkeit beruhen, beeinflussen den Grad an Selbstregulierung, den ein Arbeitssystem zuläßt; d. h., systematisierte, freiere bzw. entwicklungsfähige Kontrollmethoden werden dementsprechend einen jeweils geringeren, mittleren bzw. hohen Grad an Selbstregulierung ermöglichen. Das impliziert, daß die Art der im Betrieb eingesetzten Technologie das Ausmaß an Selbststeuerung limitiert, zu der eine Führungskraft Gruppen anleiten kann. *Slocum/Sims* (1980) setzten sich damit auseinander, wie die zur Verfügung stehende Technologie beschaffen oder verändert werden müßte, um das Selbststeuerungspotential zu fördern bzw. zu bremsen. Auch nach dem STS-Ansatz können dieselben Aufgabenstellungen in ziemlich unterschiedlicher Art organisiert werden, wodurch organisatorische Auswahlmöglichkeiten in bezug auf mögliche Kontrollorientierungen geschaffen werden (z. B. das sich Verlassen auf selbststeuernde Gruppen).

Susman (1976) verweist außerdem auf ein weiteres wichtiges Element in der Rolle einer Führungskraft: Ihr fällt es zu, die Unsicherheit von Transaktionen an der Gruppenperipherie zu reduzieren, da die Gruppe dazu üblicherweise selbst nicht in der Lage ist. Nach *Susman* ist eine Führungskraft durch das Übernehmen von Funktionen, wie sie von *Thomson* (1967) vorgeschlagen wurden (Abpuffern – Ausgleichen – Vorhersagen – Rationieren) potentiell in der Lage, einen abschätzbaren Fluß akzeptabler Inputs und Outputs zu schaffen; damit kann ein externer Führer die Gruppe befähigen, einen effizienteren Produktionsplan zu erstellen. Eines ist offensichtlich: Je höher die Unsicherheit von Transaktionen an der Peripherie in einer konkreten Situation ist, desto wichtiger werden alle jene Maßnahmen, die diese Unsicherheit reduzieren können (z. B. Optimierung des Produktionsflusses, Ermöglichung der Kommunikation zwischen Gruppen – besonders unter den Bedingungen zeitlich aufeinanderfolgender Interdependenz).

Damit sind noch nicht alle möglichen Fälle relevanter Kontingenzfaktoren genannt. *Trist* (1977) z. B. weist darauf hin, daß es oft viel schwieriger ist, einen Selbststeuerungsansatz in etablierten Produktionsbetrieben zu realisieren als in neuen, da dort die Abneigung oder Unfähigkeit gegenüber Veränderungen und alte, ersessene Rechte einiger Mitarbeiter sich oft als besonders hinderlich herausstellen. Angesichts solcher Schwierigkeiten wird die Rolle der Führungskraft immer beschwerlicher, macht aber den Einsatz der Führungsrolle, die allmählich auf Gruppenselbststeuerung ausgerichtet ist, notwendiger. Die Übereinstimmung in den Zielen der Gruppenmitglieder mit denen der Organisation ist ein weiterer wesentlicher Faktor. Ein hohes Maß an Inkongruenz in den Zielsetzungen bedeutet ein wesentliches Hindernis in der Etablierung und Förderung extensiver Gruppenselbststeuerung.

Ein bisher noch nicht erwähnter Kontingenzfaktor bezieht sich auf den komplementären Charakter (im Gegensatz zum supplementären Charakter) der von STS-SLT-Konzeptionen hergeleiteten Führungsverhalten. In dem Maße, in dem „STS-Führungsmuster" (im wesentlichen Arbeitskontext bezogen) vernachlässigt werden, ist auch „SLT-Führungsverhalten" (im wesentlichen auf Selbstmotivation und Selbststeuerung ausgerichtet) von merklich geringerer Effizienz und umgekehrt. Wenn das Arbeitssystem nicht auch adäquat nach STS-Prinzipien ausgerichtet ist, reichen auch eine effiziente Gruppenselbststeuerung und Selbstmotivation nicht aus. Für effiziente Gruppenleistung bedarf es eines Arbeitskontextes, in dem alle materiellen, technischen und den Informationsfluß betreffenden Bedürfnisse der Gruppe erfüllt werden, und es liegt am Gruppenführer, alles daran zu setzen, daß ein derartiges Arbeitsumfeld vorhanden ist. Ein optimaler Arbeitskontext garantiert ein effizientes Funktionieren von Gruppen jedoch nicht, wenn die Gruppenmitglieder nicht in ausreichendem Maße über selbststeuernde, selbstmotivierende Fähigkeiten verfügen, um unter autonomen Bedingungen zu arbeiten. Folglich sind STS und SLT-Verhaltensformen wesentliche Kontingenzfaktoren füreinander.

Von	*Zu*
Externe Beobachtung	Gruppenselbstbeobachtung
Kontrolle	Selbstkontrolle
Vorgeschriebene Ziele	Selbstgesetzte Ziele durch die Gruppe
Externe Verstärkung für erreichte Leistungen	Gruppenselbstverstärkung und externe Verstärkung für Gruppenselbststeuerung
Motivation durch Kompensation	Motivation auch durch „natürliche" Belohnung aus der Arbeit heraus
Externe Kritik Externes Problemlösen	Gruppenselbstkritik Selbstlösen von Problemen durch die Gruppe
Externe Aufgabenzuweisung	Selbständiges Zuweisen der Aufgaben durch die Gruppe
Externes Planen	Selbständiges Planen durch die Gruppe
Externe Aufgabenbeschreibung	Selbständiges Festlegen des Aufgabendesigns durch die Gruppe
Hindernisdenken	Möglichkeitsdenken

Abb. 2: Wandel von externer Kontrolle zur Gruppenselbststeuerung

Selbststeuernde Arbeitsgruppen bieten viele Möglichkeiten, stellen aber auch eine signifikante Herausforderung dar. Frühe Implementierungen von selbststeuernden Gruppen exemplifizieren dieses Muster. Von den zahlreichen Herausforderungen im Zusammenhang mit der Entwicklung solcher Arbeitssysteme ist die Definition und Implementierung geeigneter Rollen für Gruppenführer die wohl bei weitem schwierigste.

Gruppenrollen und Verantwortlichkeit: Hier wollen wir einige der Selbststeuerungspraktiken des Betriebes beschreiben. Die Informationen bezogen wir aus Interviews und Beobachtungen, die ein paar Jahre nach der Implementierung des Systems getätigt wurden. D. h., der Betrieb befand sich auf einer schon ziemlich fortgeschrittenen Entwicklungsstufe. Von Anfang an wurde ausdrücklich darauf Wert gelegt, den Arbeitsgruppen Rollen- und Verantwortungsbereiche zu übertragen, die traditioneller- und typischerweise in traditionelleren Betrieben Aufgaben des Managements sind. Dadurch, daß viele Verantwortungsbereiche auf die Gruppe übergegangen waren, waren traditionelle Abteilungsleiter überflüssig geworden.

Es folgen nun – in keiner besonderen Reihenfolge – einige Details, die jene konkrete Arbeit der Gruppen beschreiben, die üblicherweise von Vorgesetzten wahrgenommen würde.

- Festsetzen von Pausen/Arbeitsunterbrechung;
- Auswählen und Entlassen von Gruppenführern;
- kleinere/größere Reparaturen an Ausrüstung und Maschinen initiieren;
- innerhalb der Gruppe spezielle Aufgaben verteilen;
- neue Gruppenmitglieder ausbilden;
- für den nötigen Materialnachschub sorgen;
- Arbeitszeit der einzelnen Gruppenmitglieder dokumentieren;
- Ersatzteile sichern;
- Qualitätskontrollen durchführen und dokumentieren;
- Material- und Arbeitsbudgets erstellen;
- tägliche Produktionsmenge bestimmen und benötigtes Rohmaterial vorbereiten;
- technische Änderungen der Ausstattung, des Produktionsprozesses und des Produktes empfehlen;
- neue Gruppenmitglieder auswählen;
- Gruppenmitglieder entlassen;
- Gruppenmitglieder beurteilen und für Lohnerhöhungen vorschlagen;
- Sitzungen über Sicherheitsmaßnahmen durchführen;
- Den Prozeß stoppen, wenn die Qualität nicht stimmt;
- die Produktion aussetzen, um Prozeß- oder Qualitätsprobleme zu lösen;
- wöchentliche Gruppensitzungen durchführen;
- vierteljährlich die Leistung des Betriebes und der Gruppe besprechen;
- Gruppenmitglieder wegen zu häufigen Fehlens oder wegen Unpünktlichkeit disziplinieren;
- neue Mitarbeiter für den Betrieb auswählen.

Literatur

Bandura, A.: Social Learning Theory. Englewood Cliffs 1977.
Cherry, R.: Supervisory Roles at Greenfield Sites. (Präsentiert: QWL and the 80s, Toronto). 1981.
Cummings, T.: Self-Regulating Work Groups: A Sociotechnical Synthesis. AMR, 1978, S. 625–634.
Cummings, T./Malloy, E. S.: Improving Productivity and the Qualitative Work Life. New York 1977.
Davis, L. E.: Developments in Job Design: In: *Warr, P. B.* (Hrsg.): Personal Goals and Work Design. London 1975.
Emery, F. E./Trist, E. L.: Socio-Technical Systems. In: *Emery, F. E.* (Hrsg.): Systems Thinking. London 1969.
Hackmann, J. R.: Work Design. In: *Hackmann, J./Suttle, J.* (Hrsg.): Improving Life at Work. Santa Monica 1977.
Katz, D./Kahn, R. L.: The Social Psychology of Organizations. New York 1978.
Luthans, F./Davis, T. R. V.: Behavioral Self-Management – The Missing Link in the Managerial Effectiveness. In: Organizational Dynamics, 1979, S. 42–60.
Luthans, F./Kreitner, R.: Organizational Behavior Modification. Glenview 1975.
Mahoney, M. J./Arnkoff, D. B.: Self-Management: Theory, Research and Application. In: *Brady, J. P./Pomerleau, D.* (Hrsg.): Behavioral Medicine: Theory and Practice. Baltimore 1979.

Manz, C. C.: The Art of Self-Leadership. Englewood Cliffs 1983.
Manz, C. C.: Mastering Self-Leadership: Empowering Yourself for Personal Excellence. Englewood Cliffs 1992.
Manz, C. C.: Self-Leading Work Teams: Moving Beyond Self-Management Myths. In: HR, 1992, S. 1119–1140.
Manz, C. C./Angle, H. L.: Can Group Self Management Mean a Loss of Personal Control: Triangulating on a Paradox. In: Group and Organization Studies, 1986, S. 309–334.
Manz, C. C./Keating, D./Donnellon, A.: Preparing for an Organizational Change to Employee Self-Management: The Mangerial Transition. In: Organizational Dynamics, 1990, S. 15–26.
Manz, C. C./Sims, H. P., Jr.: Self-Management as a Substitute for Leadership: A Social Learning Theory Perspective. In: AMR, 1980, S. 105–113.
Manz, C. C./Sims, H. P., Jr.: The Potential of Groupthink in Autonomous Work Groups. In: HR, 1982, S. 409–424.
Manz, C. C./Sims, H. P., Jr.: Searching for the Unleader: Organizational Member Views on Leading Self-Managing Groups. In: HR, 1984, S. 409–424.
Manz, C. C./Sims, H. P., Jr.: Leading Workers to Lead Themselves: The External Leadership of Self Managing Work Teams. In: ASQ, 1987, S. 106–128.
Manz, C. C./Sims, H. P., Jr.: SuperLeadership: Leading others to lead themselves. Englewood Cliffs 1989.
Manz, C. C./Sims, H. P., Jr.: SuperLeadership, (Paperback). New York 1990.
Manz, C. C./Sims, H. P., Jr.: SuperLeadership: Beyond the Myth of Heroic Leadership. In: Organizational Dynamics, 1991, S. 18–35.
Manz, C. C./Sims, H. P., Jr.: Business without Bosses: How Self-Managing Teams are Building High Performance Companies. New York 1993.
Poza, E. J./Markus, L.: Success Story: The Team Approach to Work Restructuring. In: Organizational Dynamics, 1980, S. 3–25.
Sims, H. P., Jr./Manz, C. C.: Conversations within Self-Managed Work Groups. In: National Productivity Review, 1982, S. 261–269.
Sims, H. P., Jr./Manz, C. C.: The Greenfield Case. King of Prussia. In: Organization Design and Development, 1990.
Sims, H. P., Jr./Manz, C. C.: Greenfield Revisited. King of Prussia. In: Organization Design and Development, 1993.
Slocum, J. W./Sims, H. P., Jr.: A Typology of Integrating Technology, Organization and Job Design. In: HR, 1980, S. 193–212.
Susman, J. I.: Autonomy at Work: A Socio-Technical Analysis of Participative Management. New York 1976.
Thompson, J. D.: Organizations in Action. New York 1967.
Thoresen, E. E./Mahoney, M. J.: Behavioral Self-Control. New York 1974.
Trist, E.: Collaboration in Work Settings: A Personal Perspective. In: JABS, 1977, S. 268–278.
Trist, E. L./Susman, G. I./Brown, G. R.: An Experiment in Autonomous Working in an American Underground Coal Mine. In: HR, 1977, S. 201–236.
Van de Ven, A.: A Revised Framework for Organizational Assessment. In: Lawler, E./Nadler, D./Cammann, C. (Hrsg.): Organizational Assessment: Perspectives on the Measurement of Organizational Behavior and the Quality of Working Life. New York 1979.
Van de Ven, A./Delbecq, A.: A Task Contingent Model of Work-Unit Structure. In: ASQ, 1974, S. 183–197.
Van de Ven, A./Delbecq, A./Koenig, R.: Determinants of Co-Ordination Modes Within Organizations. In: ASR, 1976, S. 322–328.
Walton, R. E.: Work Innovations at Topeka: After six Years. In: JABS, 1977, S. 422–433.
Walton, R. E./Schlesinger, L. A.: Do Supervisors Thrive in Participative Work Systems? In: Organizational Dynamics, 1979, S. 25–38.

Selbststeuerungskonzepte

Andreas Alioth

[s. a.: Beeinflussung von Gruppenprozessen als Führungsaufgabe; Führung im MbO-Prozeß; Selbststeuernde Gruppen, Führung in.]

I. *Begriffsklärungen;* II. *Soziotechnischer Ansatz;* III. *Formen und Ausprägung der Selbststeuerung;* IV. *Führung und Selbststeuerung.*

I. Begriffsklärungen

Systemtheoretisch kann man grundsätzlich die folgenden drei Arten von Führung unterscheiden: (a) Die *direkte* Führung durch direkte Steuerung bzw. Anweisung des Vorgesetzten; (b) die *indirekte* Führung durch Systeme (z. B. ein verhaltenswirksamer Incentive im Lohnsystem) und Techniken (z. B. Just-in-time-Regelungen, die die Durchlaufzeiten steuern); (c) *Führung durch Selbststeuerung,* der produktiv tätigen Mitarbeiter. Im konkreten Fall werden i. d. R. alle drei Arten von Führung parallel praktiziert – je nach Markt- und Produktionsbedingungen und je nach Unternehmenskultur in unterschiedlicher Ausprägung. Die heutigen Marktanforderungen wie auch die Technologieentwicklung bedingen qualifiziertes Mitdenken und reaktionsschnelles Handeln aller Mitarbeiter. Die direkte wie auch die indirekte Führung müssen daher gerade heute noch vermehrt ergänzt werden durch die Selbststeuerung der Mitarbeiter. Tatsächlich verfolgen in jüngster Zeit immer mehr Unternehmen Managementstrategien, die explizit auch *Elemente der Selbststeuerung* beinhalten. Aus kybernetischer Sicht entspricht diese Tendenz der Fähigkeit sozialer Systeme zur Selbstorganisation im Sinne der Autopoiese (vgl. z. B. *Probst* 1987).

Konzepte der Selbststeuerung sind ursprünglich in Form von autonomen Arbeitsgruppen bekannt geworden. Im Programm zur „Industriellen Demokratie" in Norwegen, wo in den 60er Jahren die Funktionsweise autonomer Arbeitsgruppen erstmals systematisch in verschiedenen Industriezweigen quasi-experimentell untersucht wurde, wurde der Begriff der selbstgesteuerten Arbeitsgruppe geprägt (*Emery/Thorsrud* 1976; *Lattmann* 1972). Das Konzept autonomer Gruppenarbeit selbst stammt aus dem soziotechnischen Ansatz, der in den 50er Jahren am *Tavistock Institute of Human Relations* in London entwickelt wurde (*Trist/Bamforth* 1951, *Emery* 1959; *Herbst* 1962; *Trist* et al. 1963). Für die Umsetzung von Konzepten der Selbststeuerung liefern die neueren Entwicklungen auf der Grundlage des soziotechnischen Ansatzes konkrete Gestaltungshinweise, die den Bedingungen westlicher Industrienationen eher entsprechen als etwa das Kopieren japanischer Modelle (*Pasmore* 1988; *Alioth/Frei* 1990; *Frei* et al. 1993).

II. Soziotechnischer Ansatz

Selbststeuerung setzt ein Konzept voraus, das die dafür notwendigen Handlungs- und Gestaltungsspielräume organisatorisch und technisch sicherstellt. Der soziotechnische Ansatz liefert Gestaltungsregeln für die *gemeinsame Optimierung* von Technologie und Organisation (*Emery/Trist* 1960). Dabei sollen organisatorische Einheiten relativ unabhängige, d. h. selbständig steuer- und regulierbare Systeme bilden. Das Organisationsproblem besteht dann vor allem darin, eine Balance zwischen der Selbständigkeit der einzelnen soziotechnischen Subsysteme und der Koordination der Subsysteme auf die Organisationsziele hin zu finden. Die entsprechenden Grenzbedingungen und Freiheitsgrade müssen konkret spezifiziert werden. Während aber in bürokratischen Organisationen möglichst viele Fälle durch vorbestimmte Handlungsweisen etwa in der Form von Pflichtenheften, Stellenbeschreibungen etc. reguliert werden (→*Bürokratie, Führung in der*), sollen sich die Spezifikationen für ein Subsystem gemäß dem vorliegenden Ansatz auf das *kritische Minimum* beschränken (*Herbst* 1974). Das gestalterische Ziel ist dabei, den nötigen Freiraum für die selbststeuernde und selbstregulierende Bewältigung von Störungen vor Ort vorzusehen.

Das Kriterium für die Optimierung soziotechnischer Systeme ist die *Primäraufgabe,* die aus der Zielhierarchie einer Organisation abgeleitet werden kann. Die Primäraufgabe ist systemkonstituierend, sie bezeichnet den Transformationsprozeß des betreffenden (Sub-)Systems und kann durch die Festlegung des Input-Output-Verhältnisses quantitativ bestimmt werden (*Rice* 1958). Aus der Primäraufgabe können vorerst die ausführenden, dann „sekundär" die der Systemerhaltung dienenden (z. B. Unterhalt und Wartung, Schulung etc.) sowie die regulierenden Tätigkeiten (die Steuerung des Inputs, die Koordination der ausführenden Tätigkeiten etc.) abgeleitet werden (*Miller/Rice* 1967).

Die Primäraufgabe stellt im soziotechnischen Ansatz ein *heuristisches Konzept* dar. Mit der Formulierung von Primäraufgaben sollen Einheitsoperationen ausgegrenzt werden, die unter Einschluß relevanter Sekundäraufgaben einen in sich abgerundeten, ganzheitlichen Aufgabenbereich bilden. Psychologisch hat die Primäraufgabe eine orientierende Funktion als Steuergröße für die Regulation der individuellen und kollektiven Aufgabenvollzüge innerhalb einer Organisationseinheit. Dabei wird davon ausgegangen, daß Motivation durch *Aufgabenorientierung* entsteht, indem aus der Aufgabe Kräfte entstehen, die auf deren Vollendung bzw. Weiterführung hinwirken – vorausgesetzt, daß (a) die Ziele realistisch und durchschaubar sind, (b) die Regulation der Aufgabenerfüllung unter Kontrolle der Systemmitglieder steht und (c) die Systemmitglieder i. S. einer internen Systemredundanz polyvalent einsetzbar sind (*Emery* 1974). Im Sinne einer strukturellen Voraussetzung sollten die einzelnen Operationen in einer Arbeitsgruppe einen inneren *Aufgabenzusammenhang* haben, der gegenseitige Unterstützung und Teamarbeit fördert (*Alioth* 1980).

Die wesentlichen Elemente und Merkmale der Gestaltung soziotechnischer Systeme sind in Abbildung 1 idealtypisch dem „tayloristisch-bürokratischen" Ansatz gegenübergestellt.

	Tayloristisch-bürokratischer Ansatz	soziotechnischer Ansatz
1. Gestaltungseinheit	‚one man – one task'	integrierter Aufgabenbereich, i.d.R. eine Arbeitsgruppe
2. Kontrollrelevanter Informationsfluß	Dienstweg, außerhalb des Arbeitsplatzes	selbststeuernd informell, vor allem innerhalb der Arbeitsgruppe
3. ‚Locus of control' (bezügl. operativer Entscheidungen/ Schwankungen)	die Linie hinauf	auf der operativen Ebene, Arbeitsgruppe selbstregulierend
4. Gestaltungsprinzip	1. totale Spezifikation (aller Operationen)	1. kritische Spezifikation (Gestaltungsspielräume)
	2. Redundanz der Teile (z.B. Springer)	2. funktionale Redundanz (Mehrfachqualifikationen)
5. Technologie	technischer Imperativ. Mensch als Erweiterung der Maschine	soziotechnische Optimierung. Mensch komplementär zur Maschine
6. Merkmale der Arbeit	Fragmentierung repetitiv Isolation kurze Anlernzeit fremdbestimmt	Ganzheitlichkeit Anforderungsvielfalt Kooperation kontinuierliches Lernen Autonomie
7. Vorgesetztenrolle	ständige Aufsicht, direktes Eingreifen in die Tätigkeiten	Erfolgskontrolle und Feedback „Beratung zur Selbststeuerung"
8. Motivation	kalkulativ instrumentell extrinsisch individuell	aufgabenorientiert berufliche Identität intrinsisch mit soz. Unterstützung
9. Berufliche Entwicklung	hierarchischer Aufstieg, Posten mit Titeln	Kompetenzerweiterung auch horizontal, Polyvalenz und Multifunktionalität

Abb. 1: Paradigmen der Arbeitsorganisation

III. Formen und Ausprägung der Selbststeuerung

Die praktische Verwirklichung von Selbststeuerung und Selbstregulation findet ihren Ausdruck in vielfältigen Organisationsformen. Das Konzept autonomer Gruppenarbeit stellt nicht einen neuen ‚one best way' der Selbststeuerungskonzepte dar. Seit den ersten Studien über autonome Arbeitsgruppen in England und in Skandinavien sind in unterschiedlichen Betrieben Selbststeuerungskonzepte weiter entwickelt und differenziert worden. Gemeinsam ist all diesen Formen, daß Selbststeuerung und Selbstregulation in Organisationen als ein vorwiegend kollektiver Prozeß betrachtet werden muß. Damit steht im vorliegenden Zusammenhang naturgemäß die Arbeitsgruppe, das Team, im Vordergrund.

Wesentliches Merkmal der Selbststeuerung und Selbstregulation und gleichzeitig Voraussetzung für deren Funktionieren ist die *polyvalente Qualifikation* der Systemmitglieder, sowohl hinsichtlich operativer wie auch dispositiver Tätigkeiten. Hinsichtlich des Ausmaßes und der Art der Polyvalenz unterscheiden sich die betrieblichen Selbststeuerungskonzepte entsprechend den praktischen Anforderungen:

- Das ursprüngliche Konzept autonomer Gruppenarbeit sieht eine *vollumfängliche Polyvalenz* vor, mit dem Ziel, daß die Mitglieder einer Gruppe sich alle gegenseitig unterstützen und ersetzen können.
- Bei komplexeren, größeren Aufgabenbereichen kann Polyvalenz im Sinne von *überlappenden Qualifikationen* genügen. Dabei ist wichtig, daß jede geforderte Qualifikation mehrfach besetzt ist, damit die Gruppe genügend eigene Ressourcen für die Selbstregulation von Störungen und Schwankungen hat.
- Für Arbeitsbereiche, in denen verschiedenartige Spezialkenntnisse gefordert sind, eignet sich die *Matrixgruppe*. Die Matrixgruppe besteht aus vielleicht 2–4 Subgruppen mit entsprechenden speziellen Qualifikationen, wobei allgemeine, kein Spezialwissen erfordernde Tätigkeiten von allen Gruppenmitgliedern ausgeführt werden.

Der Grad der Selbststeuerung wird schließlich im wesentlichen durch die *Autonomie der Arbeitsgruppe* bzw. deren Entscheidungsmöglichkeiten bestimmt. Nach *Susman* (1976) kann man grundsätzlich unterscheiden:

(1) *Entscheidungen betreffend Selbstregulation*
Diese Entscheidungen beziehen sich auf Fragen der Systemregulation, die insbesondere folgende Aspekte umfaßt:

- Koordination der Arbeitsabläufe und der Zusammenarbeit hinsichtlich der Zielerreichung;
- Zuteilung der Arbeit auf die einzelnen Gruppenmitglieder, Materialdisposition wie auch Entscheidungen bezüglich Wartung, Zeiteinteilung, Arbeitspausen usw.;
- Grenzregulation, d. h. die Organisation von Input und Output im Austausch mit anderen Organisationseinheiten.

(2) *Entscheidungen betreffend Arbeitsplanung*
Diese Entscheidungen beziehen sich auf Fragen der Disposition und Planung:

- Entscheidungen darüber, wann ein bestimmter Produkteteil oder eine bestimmte Dienstleistung hergestellt wird;
- Entscheidungen über die Reihenfolge, in der die Aufträge ausgeführt werden (Voraussetzung: die Abfolge ist nicht durch die Technologie vorbestimmt);
- Entscheidungen über die Reihenfolge, in der die verschiedenen zur Erledigung der einzelnen Aufträge notwendigen Arbeitsaufgaben ausgeführt werden (Voraussetzung: die Aufgabenabfolge ist nicht vorbestimmt und läßt alternative Vorgehensweisen zu).

(3) *Entscheidungen betreffend Selbstbestimmung*
Diese Entscheidungen beziehen sich auf die materiellen Interessen der Gruppenmitglieder und auf die organisatorische Selbständigkeit der Gruppe als solche. Der Grad der möglichen Einflußnahme der Gruppenmitglieder auf diese Entscheidungen wird durch die arbeitsrechtlich und vertraglich festgelegten Bedingungen beeinflußt, die die Beziehungen zwischen der Organisation und den Beschäftigten und ihrer Vertretung (Gewerkschaft, Betriebsrat) regeln. Der Entscheidungsspielraum in dieser Dimension wird vor allem auch vom Wertsystem und von der Unternehmensstrategie des Managements abhängig sein. Hierbei handelt es sich um folgende Art von Entscheidungen:

- Entscheidungen über die Selektion von neuen Mitarbeitern sowie Entscheidungen darüber, wie Disziplinarprobleme gehandhabt werden sollen;
- Entscheidungen über die Art des Produkts bzw. der Dienstleistung;
- Entscheidungen betreffend die Menge der zu erbringenden Leistungen in Abhängigkeit der Bezahlung.

In der Praxis sind schließlich i. S. der Wahrnehmung von technologischen Optionen verschiedene Formen der Selbststeuerung entwickelt worden:

- In Abkehr von der Fließbandproduktion sind in verschiedenen Betrieben Formen der *Gruppenfertigung und -montage*, auch Nestmontage genannt, entwickelt worden. Technisch handelt es sich hierbei darum, verkettete Linien in mehrere *Parallelgruppen* aufzubrechen, die zwar immer

noch dem Fließprinzip entsprechen, aber durch Puffer und Zwischenlager verselbständigt, untereinander verbunden sind. Dazu waren entsprechende Transport- und Handlingsysteme, wie z. B. der Robocarrier, zu entwickeln.
- Ein anderes, ebenfalls für die Montage, aber vorwiegend im elektronischen Bereich eingesetztes Konzept besteht in der *sternförmigen Verbindung von Montageinseln*, in dem Sinne, daß – bildlich gesprochen – an den Sternspitzen die einzelnen Module eines Aggregats gefertigt und montiert werden und in der Sternmitte die Module zum Fertigprodukt zusammengebracht werden.
- Besonders im Bereich der Teilefertigung sind unterschiedliche *Modelle gruppentechnologischer Art* entwickelt worden. Dabei handelt es sich um eine Maschinenkonfiguration, in der, in Abkehr vom Werkstattprinzip, verschiedenartige Operationen zusammengefaßt werden. Neuere Anwendungen fassen CNC-Technik mit konventionellen Maschinen in flexiblen Fertigungszellen zusammen. Technologisch weitergehende, in den Möglichkeiten der Selbststeuerung i. d. R. eingeschränktere Strukturen, gibt es in Form von vollautomatisierten „Flexiblen Fertigungssystemen".
- In der chemischen Produktion führt das sog. *Straßenkonzept* zur Integration von Anlagenbedienung und Meßwartentätigkeit in eine Arbeitsgruppe, die für ein spezifisches Produktespektrum verantwortlich ist.
- Im Dienstleistungsbereich werden Konzepte der Selbststeuerung und -regulation vor allem mit einem *Kundenfokus* implementiert, so daß alle bzw. die wesentlichen Tätigkeiten produkt- bzw. kundenorientiert zusammengefaßt sind.

Eine weitere Ebene der Selbststeuerung kann in übergeordneten, funktionalen Einheiten stattfinden. Eine solche Einheit kann ein Produktbereich sein, in dem zum Beispiel jede Abteilung einen Teil des Produkts herstellen läßt, oder es handelt sich um einen zentralen Dienstleistungsbereich, dessen Aufgaben sinnvollerweise nicht dezentralisiert werden können. Die Übernahme von Aufgaben in solchen Arbeitssystemen – rotationsweise auf Zeit oder im Rahmen einer entsprechenden Laufbahnplanung – bietet für die Entwicklung der Selbststeuerung wichtige Möglichkeiten der Qualifizierung (z. B. Qualitätskontroll-, Wartungs- und Administrationsfunktionen oder auch Planungs- und Entwicklungsaufgaben). Damit können neue Berufswege eröffnet und umfassende Arbeitsrollen statt einfacher, eng begrenzter Aufgaben geschaffen werden. Dies ist um so wichtiger, je flacher die Hierarchien bzw. je spärlicher die herkömmlichen Positionen im Zuge der neueren Entwicklungen in den Unternehmen werden. Sich überschneidende Mitgliedschaften und die Teilhabe am größeren sozialen System verringert zudem die Gefahr der zu starken Identifikation mit einer kleinen Arbeitsgruppe und erhöht den Einfluß des funktionalen Arbeitssystems innerhalb des Betriebs. Die Zugehörigkeit zur größeren Organisationseinheit wirkt auch der Entstehung von Arbeitsgruppenkonkurrenz und partikulären Gruppeninteressen entgegen.

IV. Führung und Selbststeuerung

In herkömmlichen Arbeitsorganisationen sind die Vorgesetzten während eines großen Teils ihrer Arbeitszeit mit Anweisungen und Kontrollen beschäftigt, vor allem dann, wenn die einzelnen Arbeitsschritte in einer Art und Weise miteinander verknüpft sind, in der die Handlungs- und Entscheidungsspielräume der einzelnen Mitarbeiter sehr eng begrenzt sind (vgl. Abb. 2). Die linke Hälfte der Abbildung 2 zeigt die Beziehung zwischen Mitarbeitern, ihren Aufgaben und dem Vorgesetzten in einer traditionellen Arbeitsorganisation. Der Vorgesetzte kontrolliert die Mitarbeiter/innen A, B und C, indem er sie mit der Ausführung der Arbeitsschritte X, Y und Z individuell beauftragt. Die aus der Aufteilung in einzelne Arbeitsschritte resultierende Koordinationsnotwendigkeit ist Sache des Vorgesetzten. Die rechte Hälfte in Abbildung 2 stellt die Beziehung zwischen Führung und Selbststeuerung dar. Eine Gruppe von Mitarbeitern, A, B und C ist verantwortlich für die Ausführung der Arbeiten X, Y und Z, die eine relativ unabhängige, jedoch miteinander verknüpfte Folge von Arbeitsaktivitäten darstellen. Die Gruppenmitglieder entscheiden selbst, wer welche spezifische Aufgabe übernimmt. Zusätzlich zu Koordinationsaufgaben nimmt sich die Gruppe auch der Störungen, Schwankungen und Produktionsprobleme an. In diesem Umfeld haben die Vorgesetzten die *Funktion eines Bindegliedes* zu anderen Arbeitsgruppen und zur übergeordneten Organisation.

Neben dieser Funktion kann man grundsätzlich vier Rollensegmente unterschieden:

(1) die Kontrolle der Systemschwankungen
(2) die Qualifizierung der Mitarbeiter
(3) die Förderung und Implementation von Neuerungen
(4) die Führung der Mitarbeiter.

Das Ausmaß, in dem der Vorgesetzte eine Arbeitsgruppe bei der *Bewältigung der Systemschwankungen* unterstützen muß, hängt vom Grad der Ungewißheit der Situation ab: In Fällen hoher Ungewißheit bewirkt – scheinbar paradox – die Unterstützung durch den Vorgesetzten, daß der Grad der Selbstregulation der Mitarbeiter erhöht wird.

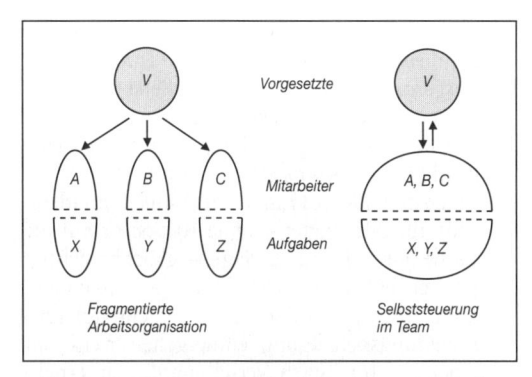

Abb. 2: Beziehungen zwischen Mitarbeitern, Aufgaben und Vorgesetzten

Sich selbst überlassen wäre eine Arbeitsgruppe u. U. überfordert.

Das zweite Rollensegment beinhaltet die *Entwicklung und Erweiterung der qualifikatorischen Ressourcen*. Durch Redundanz der Funktionen innerhalb eines soziotechnischen Systems kann eine Art kollektive Kompetenz zur Bewältigung außerordentlicher Situationen erreicht werden.

Die *Förderung und Implementation von Neuerungen* als drittes Rollensegment findet ihren Ausdruck in einer Moderatorenrolle zur Unterstützung von Problemlösungsprozessen, heute vor allem im Zusammenhang mit Total Quality Management-Ansätzen. Dafür eignen sich z. B. Formen, wie Arbeitskreise, Lernstatt oder auch Qualitätszirkel.

Hinsichtlich der *Führung der Mitarbeiter* muß der Vorgesetzte schließlich die Primäraufgabe so vermitteln, daß sich die Arbeitsgruppe realistische Ziele setzen kann und die Bedingungen kennt, unter denen die Aufgaben als erfüllt gelten; dazu gehört ein entsprechendes Feedback. Bei Unstimmigkeiten in der Gruppe bzw. Unklarheiten hinsichtlich der Zielerreichung in der täglichen Arbeit muß der Vorgesetzte als *Teamcoach* wirken können. Für die Kommunikation zwischen Vorgesetzten und Gruppe hat sich die Institution eines Gruppensprechers bewährt. Damit sich aber keine informellen Unterstellungsverhältnisse einschleichen und unbemerkt alte Vorarbeiterrollen wieder entstehen, ist es angezeigt, die Rolle des Gruppensprechers rotieren zu lassen.

Wenn Vorgesetzte entsprechende Schulung und Unterstützung erhalten, dann wird eine erfolgreiche Umsetzung von Selbststeuerungskonzepten neue, interessantere und verantwortungsvollere Vorgesetztenrollen, die einer wirklichen Führungsaufgabe entsprechen, hervorbringen.

Literatur

Alioth, A.: Entwicklung und Einführung alternativer Arbeitsformen. Bern 1980.
Alioth, A./Frei, F.: Soziotechnische Systeme: Prinzipien und Vorgehensweisen. In: Organisationsentwicklung, 1990, S. 28–39.
Emery, F. E.: Characteristics of Socio-Technical Systems. Tavistock Documents No. 527, London 1959.
Emery, F. E.: Bureaucracy and Beyond. In: Organizational Dynamics, Winter 1974, S. 3–13.
Emery, F. E./Thorsrud, E.: Democracy at Work. Leiden 1976.
Emery, F. E./Trist, E. L.: Socio-Technical Systems. In: Churchman, C. W./Verhulst, M. (Hrsg.): Management Science, Models and Techniques. Oxford 1960, S. 83–97.
Frei, F./Hugentobler, M./Alioth, A./Duell, W./Ruck, L.: Die kompetente Organisation. Zürich/Stuttgart 1993.
Herbst, P. G.: Autonomous Group Functioning. London 1962.
Herbst, P. G.: Socio-Technical Design. London 1974.
Lattmann, Ch.: Die selbstgesteuerte Arbeitsgruppe. Betriebswirtschaftliche Mitteilungen 56, Bern 1972.
Miller, E. J./Rice, A. C.: Systems of Organization. London 1967.
Pasmore, W. A.: Designing Effective Organizations. New York 1988.
Probst, G. J. B.: Selbst-Organisation. Berlin 1987.
Rice, A. C.: Productivity and Social Organization: The Ahmedabad Experiment. London 1958.
Susman, G. I.: Autonomy at Work. New York 1976.
Trist, E. L./Bamforth, K. W.: Some Social and Psychological Consequences of the Longwall Method of Coal-getting. In: Human Relations, 1951, S. 3–38.
Trist, E. L./Higgin, G. W./Murray, H./Pollock, A. B.: Organizational Choice. London 1963.

Selbstverwaltungsbetriebe und Genossenschaften, Führung in

Hans G. Nutzinger

[s. a.: Mitbestimmung, Führung bei; Selbststeuerungskonzepte.]

I. *Organisationsmerkmale von Selbstverwaltungsbetrieben und Genossenschaften*; II. *Interne Organisation von Selbstverwaltungsbetrieben und Genossenschaften*; III. *Perspektiven.*

I. Organisationsmerkmale von Selbstverwaltungsbetrieben und Genossenschaften

1. Grundlegende Charakteristika

Die Begriffe „Selbstverwaltungsbetriebe" und „Genossenschaften" umfassen ein außerordentlich weites, in sich selbst sehr heterogenes Feld verschiedenartigster Unternehmensformen, die zudem sehr unterschiedliche nationale Ausprägungen aufweisen. Hinzu kommt, daß Genossenschaften und

Selbstverwaltungsbetriebe in ganz entgegengesetzten Wirtschaftsordnungen auftreten und in verschiedenartigster Weise rechtlich normiert sind: Wir finden diese Unternehmensformen sowohl in primär marktwirtschaftlich orientierten Volkswirtschaften mit überwiegend privatem Eigentum an den Produktionsmitteln als auch in primär planwirtschaftlich organisierten Lenkungssystemen mit Dominanz staatlicher Eigentumsformen. Überdies sind Genossenschaften und Selbstverwaltungsbetriebe nicht nur in entwickelten, industrialisierten Volkswirtschaften, sondern auch (vor allem im Agrarsektor und im Handwerk) in weniger entwickelten Ländern anzutreffen.

Diese Vielgestaltigkeit macht es außerordentlich schwierig, verallgemeinernde Aussagen über diese Unternehmensformen zu machen. Gleichwohl kann man in erster Annäherung einige *generelle Charakteristika* von Selbstverwaltungsbetrieben und Genossenschaften festhalten, wenn man sich auf drei grundlegende Prinzipien dieser Organisationsformen bezieht:

(1) Das *Förderungsprinzip* weist ihnen als primäre Aufgabe zu, ihre Mitglieder durch Befriedigung wirtschaftlicher Bedürfnisse zu fördern. Konkretisiert wird dieser Gedanke – vor allem in den während der letzten Jahre entstandenen selbstverwalteten und alternativen Betrieben (vgl. unten Abschnitt III.1) – auch als Subsistenzprinzip, wonach die Mitglieder durch ihre Tätigkeit in solchen Betrieben ihren Lebensunterhalt sichern sollen.

(2) Nach dem *Identitätsprinzip* sollen die Mitglieder von Selbstverwaltungsbetrieben sowohl an der Leistungserstellung als auch an der Eigentumsnutzung und der Willensbildung beteiligt sein. Inwieweit die gemeinsame Eigentumsnutzung auch (private) Eigentumsanteile der Mitglieder impliziert, läßt sich jedoch nicht generell sagen, da auch Formen kollektiven Eigentums (ohne transferierbare Eigentumsanteile einzelner Mitglieder) anzutreffen sind, so etwa ein – negativ definiertes – „gesellschaftliches Eigentum" in den jugoslawischen Selbstverwaltungsunternehmen oder auch Formen der „Kapitalneutralisierung" in marktwirtschaftlichen Systemen, etwa durch Einbringung des Unternehmensvermögens in eine Stiftung. Eine genauere Untersuchung dieser Frage zeigt (vgl. unten Abschnitt II.2), daß die adäquate Gestaltung der Eigentumsrechte, die der *Doppelnatur* solcher Unternehmen als *Personenvereinigung* und als *Gemeinschaftsbetrieb* Rechnung trägt, für die Funktionsfähigkeit selbstverwalteter und genossenschaftlicher Unternehmensformen von zentraler Bedeutung ist.

Franz Oppenheimer (1896, S. 45) hat das Spannungsverhältnis zwischen Eigentümer- und Arbeiterfunktion aufgrund empirischer Erfahrungen pessimistisch als *Transformationsgesetz* formuliert: „Nur äußerst selten gelangt eine Produktionsgenossenschaft zu Blüte. Wo sie aber zu Blüte gelangt, hört sie auf, eine Produktivgenossenschaft zu sein."

(3) Nach dem *Demokratieprinzip* sollen (im Idealfall) alle Mitglieder – ohne Rücksicht auf die Höhe ihrer Kapitaleinlage – gleichberechtigt am betrieblichen Entscheidungsprozeß teilnehmen. Inwieweit diese (gleichberechtigte) Entscheidungsbeteiligung einhergehen muß mit einer gleichmäßigen Verteilung des Unternehmensergebnisses unter den Mitgliedern, ist in der Literatur umstritten; als Mindestbedingung wird man jedoch festhalten müssen, daß Einkommensdifferenzierungen auf gemeinsamen Beschlüssen aller Unternehmensmitglieder beruhen sollten.

Die drei genannten Prinzipien stehen ersichtlich in einem engen Zusammenhang: Das *Demokratieprinzip,* das von der grundsätzlichen Gleichberechtigung aller Mitglieder ausgeht, ist Ausdruck der Tatsache, daß eine *Identität* zwischen Arbeitenden einerseits und Eigentümern oder Eigentumsnutzern andererseits angestrebt wird. Auf der Grundlage dieser Merkmale rückt das *Förderungsprinzip* konsequent die Interessen und Bedürfnisse der Mitglieder, und nicht die Verwertung des eingesetzten Kapitals, in den Vordergrund. Besonders deutlich wird dies beim *Subsistenzprinzip* der in jüngster Zeit entstandenen selbstverwalteten und alternativen Betriebe, das auf die Sicherung des Lebensunterhalts der Mitglieder und nicht auf rasches Unternehmenswachstum abstellt.

Sucht man aus dieser abstrakten Zielbestimmung einen kleinsten gemeinsamen Nenner, so läßt er sich in der *Mitgliederbezogenheit* von Selbstverwaltungsunternehmen und Genossenschaften finden, die sich in den Prinzipien der Selbstverwaltung, Selbstverantwortung und Selbsthilfe widerspiegelt. Negativ lassen sich diese Unternehmensformen abgrenzen gegen kapitalistische und staatssozialistische Unternehmen, die wesentlich durch die Trennung in (abhängig) Beschäftigte und (private oder auch staatliche) Eigentümer gekennzeichnet sind. Dieser Trennung entspricht in traditionellen Unternehmen auch in aller Regel eine hierarchische Organisation mit weitgehender personeller Trennung zwischen Entscheidungsfindung und Entscheidungsvollzug. In Abgrenzung dazu streben selbstverwaltete und genossenschaftliche Betriebe einen Abbau hierarchischer Entscheidungsstrukturen an.

Schon diese generelle Charakterisierung zeigt einige grundsätzliche Probleme, denen sich solche Unternehmensformen gegenübersehen: Soweit innerbetriebliche Hierarchisierung in traditionellen

Unternehmen zu Effizienzgewinnen durch vermehrte Arbeitsteilung führt (und nicht einfach Ausdruck von Eigentümer- oder Managementinteressen ist), muß der (partielle) Verzicht auf solche Formen der Leistungssteigerung, die mit den Grundprinzipien der Selbstverwaltung in Widerspruch stehen, an anderer Stelle kompensiert werden, sei es durch verbesserte Leistungsmotivation der Mitglieder (→*Motivation als Führungsaufgabe*) und/oder durch entsprechende Einkommensverzichte. Darüber hinaus wird aber der Gestaltungsraum selbstverwalteter und genossenschaftlicher Betriebe durch Konkurrenz- und Kooperationsbeziehungen mit anderen Unternehmensformen sowie durch staatliche Vorgaben (Gesellschafts- und Gewerberecht, Haftungsrecht, Steuerrecht, Arbeits- und Sozialrecht usw.) in vielfältiger Weise eingeschränkt. Die – in gewissen Grenzen langfristig erforderliche – Anpassung an solche äußeren Bedingungen beschwört die Gefahr der „Transformation" von Selbstverwaltungsbetrieben und Genossenschaften in traditionelle Unternehmensformen herauf, während umgekehrt unterlassene Anpassung an solche Vorgaben die ökonomische oder rechtliche Funktionsfähigkeit dieser Unternehmen gefährdet. Ein besonders plastisches Beispiel dafür bildet in Deutschland die Entwicklung des Genossenschaftsrechtes selbst, das sich weitgehend an das traditionelle Gesellschaftsrecht angepaßt hat und heute z. B. eine eigenverantwortliche Leitung durch den Vorstand der Genossenschaft (§ 27 Abs. 1 Satz 1 GenG) vorsieht; aus diesen und anderen Gründen wählen heute in der Bundesrepublik selbstverwaltete Betriebe nur noch ausnahmsweise diese Gesellschaftsform (vgl. unten Abschnitt III.1).

2. Historische Entwicklung und Formen

In ideen- wie in realgeschichtlicher Hinsicht zeigt sich eine enge Verbindung zwischen der Durchsetzung der „kapitalistischen Fabrik" als Prototyp einer streng hierarchisch gegliederten Unternehmung und dem Entstehen genossenschaftlich-selbstverwalteter Betriebe seit dem Ende des 18. Jahrhunderts; in gewisser Weise lassen sie sich als „Antwort" auf die scharfe Gegenüberstellung von weisungsbefugten, produktionsmittelbesitzenden „Unternehmerkapitalisten" einerseits und eigentumslosen, lohn- und weisungsabhängigen Arbeitern andererseits verstehen. Ideen und praktische Anstöße zur Gründung genossenschaftlicher und selbstverwalteter Betriebe kamen von ganz unterschiedlichen Seiten: Hier sind die französischen Frühsozialisten (*Buchez, Blanc* u. a.) und englische Sozialreformer wie *Robert Owen* und *John Stuart Mill* ebenso zu nennen wie sozialistische Theoretiker (*Ferdinand Lassalle, Karl Marx* u. a.) und Genossenschaftsführer wie *Hermann Schulze-Delitzsch* und *Friedrich Wilhelm Raiffeisen*, aber auch Vertreter der christlichen Soziallehre (z. B. *Wilhelm Emannuel von Ketteler*).

Für die folgende Betrachtung ist es sinnvoll, jene Genossenschaften auszuschließen, die nicht – wie die *Produktivgenossenschaften* – durch die (weitgehend) Identität von Arbeitenden und Eigentümern bzw. Eigentumsnutzern gekennzeichnet sind; dies sind vor allem die *Bezugsgenossenschaften*, die von der eigenen Genossenschaftsunternehmung Waren und/oder Dienstleistungen beziehen (Genossenschaften des Handels, des Handwerks, der Landwirtschaft und andere Berufsgruppen; Wohnungsbaugenossenschaften; Kredit- und andere Dienstleistungsgenossenschaften; Konsumgenossenschaften für private Haushalte) sowie *Absatzgenossenschaften*, die vor allem in der Landwirtschaft Absatz und zum Teil Weiterverarbeitung bestimmter Produkte organisieren (z. B. in Winzer- und in Molkereigenossenschaften). Auf die hierbei in der Realität häufig anzutreffenden Kombinationen von Bezugs- und Absatzgenossenschaften gehen wir gleichfalls nicht ein.

Die *Produktivgenossenschaften* als historisch älteste Form von Selbstverwaltungsbetrieben realisieren das Förderungsprinzip durch Bereitstellung von Arbeitsplätzen für ihre Mitglieder; sie sind also Beschäftigte im „eigenen Unternehmen" (wobei sie entweder private Eigentumsanteile halten oder, wie im Falle der französischen Nationalwerkstätten [1848] und der jugoslawischen Selbstverwaltungsunternehmen [1949–1991], kollektive Nutzungsrechte besitzen). Als Anwort auf die Probleme der Industrialisierung, insbesondere die schlechten Arbeitsbedingungen in der „kapitalistischen Fabrik", wurden im Zeitraum von 1820 bis 1850 vor allem in Frankreich zahlreiche Produktivgenossenschaften (Produktivassoziationen) gegründet. Einen Höhepunkt erfuhr diese Bewegung im Revolutionsjahr 1848 durch die – kurzelebige – Einrichtung staatlich finanzierter *Nationalwerkstätten* (Ateliers Nationaux). Trotz genereller Befürwortung von Produktivgenossenschaften durch Vertreter der unterschiedlichsten Richtungen im Deutschland des 19. Jahrhunderts konnten sich hier bis heute nur wenige Genossenschaften dieses Typs behaupten. Anders ist die Situation in Ländern wie Frankreich und Italien, die eine lange Tradition von Produktivgenossenschaften mit entsprechenden Dachverbänden besitzen.

Der französische Dachverband, die Confédération Générale des Sociétés Coopératives Ouvrières de Production (SCOP) umfaßte 1978 556 Produktivgenossenschaften mit etwa 31 000 Beschäftigten. In den drei italienischen Dachverbänden (der kommunistisch orientierten Lega, der christdemokratisch ausgerichteten Confederazione Cooperative Italiane und der republikanisch-sozialdemokratisch orientierten Associazione Generale delle Cooperative Italiane) waren 1977 zusammen rund 2700 Arbeiter-Produktivgenossenschaften mit rund 150 000 Beschäftigten zusammengeschlossen. In der EG gab es 1989 nach Angaben des Dachverbands CECOP rund 45 000 Produktionsgenossenschaften mit insgesamt 731 200 Mitgliedern; rund ein Drittel davon gehörte der CECOP an.

Unter dem Druck der lang anhaltenden wirtschaftlichen Rezession einerseits, der zunehmenden Attraktivität partizipativer Organisationsformen andererseits war in Frankreich und Italien, aber auch EG-weit eine deutliche Zunahme zu beobachten (wobei das verfügbare Zahlenmaterial allerdings recht ungenau ist). Eine besondere Bedeutung haben die seit Anfang dieses Jhs. gegründeten Kibbuzim, die auf der Grundlage kollektiven Eigentums vor allem im Landwirtschaftssektor tätig sind; ihre Gesamtzahl beträgt etwa 230 mit rund 50 000 Mitgliedern und einer Bevölkerung von 100 000 (etwa 2,5% der Gesamtbevölkerung). In den USA haben im Rahmen staatlich geförderter „Employee Stock Ownership Plans" (ESOPs) bis 1989 etwa 7000 Unternehmen insgesamt 7 Mio. Beschäftigte am Firmeneigentum beteiligt; während die durchschnittliche Mitarbeiterbeteiligung bei etwa 10% des Kapitals liegt, gab es 1989 schon gut 1500 Firmen, an denen die Mitarbeiter eine Mehrheitsbeteiligung besaßen.

Eine nicht unerhebliche Bedeutung hatten auch Produktivgenossenschaften (vor allem in der Landwirtschaft und im Handwerk) in der Sowjetunion und den staatssozialistischen Ländern. In der DDR (1960) bewirtschafteten die landwirtschaftlichen Produktionsgenossenschaften (LPG) 90% der Nutzfläche; auch im Bereich des Handwerks war die genossenschaftliche Produktionsform (PGH) vorherrschend. Mit einem Anteil von rund einem Drittel des Neubauvolumens hatten schließlich die Wohnungsbaugenossenschaften in der DDR eine nicht zu unterschätzende Bedeutung. Ein Großteil der PGH und der LPG ist nach dem Ende der DDR seit 1990 in andere Rechtsformen, bes. der GmbH, aber auch der eG, überführt worden; der weiter bestehende Einfluß genossenschaftlicher Vorstellungen zeigt sich nicht zuletzt darin, daß der Anteil der LPG- und PGH-Mitglieder, die sich bisher selbständig gemacht haben, überraschend gering geblieben ist.

Von großer Bedeutung, vor allem in der Landwirtschaft, sind Produktivgenossenschaften für zahlreiche „Länder der Dritten Welt", und zwar sowohl in Lateinamerika als auch in Asien und Afrika. Die Steigerung der landwirtschaftlichen Produktion und – langfristig – die Überwindung des „Dualismus" zwischen modernem (industriellem) Sektor und traditionellem (agrarisch-subsistenzwirtschaftlichem) Sektor wird in vielen Ländern durch staatlich geförderten Aufbau von leistungsfähigen Genossenschaften zu erreichen versucht. Aus einer Vielzahl von Gründen – wie mangelnder Bildungsstand, Fortbestand monopolistischer Eigentums-, Produktions- und Finanzierungsstrukturen, staatlicher Bevormundung und Gängelung – sind jedoch häufig die erwarteten Erfolge ausgeblieben. Gleichwohl dürften auch in Zukunft landwirtschaftliche und handwerkliche Produktionsgenossenschaften von großer Bedeutung für die künftige Entwicklung dieser Länder sein.

II. Interne Organisation von Selbstverwaltungsbetrieben und Genossenschaften

1. Demokratieprinzip und Partizipation

Für Selbstverwaltungsunternehmen und Produktivgenossenschaften ist das *Demokratieprinzip* im doppelten Sinne konstitutiv: Es grenzt diese Unternehmensformen von anderen, mehr hierarchisch gegliederten Produktionsorganisationen ab (also auch von anderen Genossenschaftsformen, die sich besonders in Deutschland sehr stark in Richtung traditioneller Unternehmen entwickelt haben). Grundsätzlich basiert dieses Prinzip auf der Regel „gleiches Stimmrecht für alle", die jedoch in einer Vielzahl von Fällen faktisch, nicht selten auch rechtlich, durchbrochen wird. Solche abgeschwächten Formen der Entscheidungsbeteiligung werden in der Regel unter den Begriff der *Partizipation* subsumiert. Demzufolge versteht man unter *partizipativen Unternehmungen* solche Produktionsorganisationen, in denen das Demokratieprinzip nicht vollständig verwirklicht wird. Die Abgrenzung zwischen selbstverwalteten und partizipativen Unternehmen ist in der Regel sehr schwierig, besonders wenn man faktische Ungleichheiten mit einbezieht. Angesichts der in den letzten 100 Jahren in nahezu allen Industriestaaten verwirklichten Einschränkungen unternehmerischer Weisungsbefugnisse durch rechtliche Normierungen (etwa im Arbeitsrecht, durch Mitbestimmung usw.), durch Kollektivvereinbarungen und durch Formen *partizipativen Managements* (→*Mitbestimmung, Führung bei;* →*Organisationsentwicklung und Führung*) ist es häufig noch schwieriger, partizipative Unternehmen von traditionellen, hierarchisch strukturierten Produktionsorganisationen abzugrenzen.

Das *Demokratieprinzip* ist auch konstitutiv für die mit Selbstverwaltungsbetrieben verbundenen Hoffnungen und Probleme: Der Gedanke der Selbstverantwortung und Selbststeuerung (→*Selbststeuerungskonzepte*) entspricht sicherlich dem Bedürfnis vieler Menschen, sich im Produktionsprozeß, d. h. im zielgerichteten Zuammenwirken mit anderen Menschen, möglichst weitgehend entfalten zu können. Die Gedanke der „Selbstverwirklichung in der und durch die Arbeit" spielt nicht nur eine zentrale Rolle bei sozialistischen und liberalen Kritikern „entfremdeter Lohnarbeit", er ist auch durch zahlreiche Untersuchungen in den letzten 30 Jahren empirisch gut belegt (*Fitz-Roy/Nutzinger* 1975). Zugleich resultieren aus diesem Demokratieanspruch eine Reihe spezifischer Probleme, die sich aus funktionalen Erfordernissen des Leistungserstellungsprozesses, Bedingungen der äußeren Umwelt und unterschiedlichen Qualifikationen und Neigungen der Organisationsmitglieder ergeben.

a) Funktionale Probleme des Leistungserstellungsprozesses

Der Gedanke des gleichen Stimmrechts für alle stammt aus dem Bereich politischer Entscheidungen und läßt sich nur begrenzt auf Produktionsorganisationen übertragen: Im Gegensatz zu politischen Gremien, wie etwa Parlamenten und Ausschüssen, muß eine Unternehmung nicht nur Entscheidungen treffen, sondern diese auch ausführen; die politische Trennung in – demokratisch strukturierte – Legislative und – zumeist hierarchisch gegliederte – Exekutive ist für den Produktionsbereich nicht anwendbar. Der „Output" eines politischen Gremiums ist die Entscheidung, nicht ihr Vollzug; der Output eines Wirtschaftsunternehmens ist dagegen der Entscheidungsvollzug in einem Leistungserstellungsprozeß. Überdies verfügen Betriebe in aller Regel in dem Bereich, in dem sie tätig werden, nicht über ein Monopol, wie es politische Institutionen für ihren Handlungsbereich beanspruchen und in der Regel auch durchsetzen. Dagegen gilt auch im Fall der reinen Selbstverwaltungsunternehmen, daß dieselben Arbeiter, die (sei es unmittelbar oder über ein Delegationssystem) die grundlegenden Entscheidungen des Betriebes treffen, diese Entscheidungen selbst wieder in einem arbeitsteiligen Leistungserstellungsprozeß in zielgerichtete Aktivitäten umsetzen müssen. Dies führt zu einem *dualistischen Unternehmensmodell,* das dieser Zweiteilung in Entscheidung und Ausführung Rechnung trägt. Theoretisch wurde es vor allem von *Branko Horvat* (1973) entwickelt. Dabei wird das Unternehmen gedanklich getrennt in eine *politische Einheit,* in der die Grundsatzentscheidungen (z. B. über Investitionen, Einkommensverteilung, Arbeitsplätze) nach den Prinzipien politischer Demokratie (in überschaubaren Arbeitseinheiten und im gewählten Arbeiterrat) getroffen werden, und in eine *wirtschaftliche Einheit,* in der nach dem Gesichtspunkt fachlicher Kompetenz und gegliederter Expertenhierarchie die dann notwendigen laufenden Entscheidungen getroffen und vollzogen werden (Abb. 1). Dieselben Arbeitseinheiten, die als politische Institutionen demokratisch entschieden haben, erscheinen im operativen Bereich als *Wirtschaftseinheiten,* die nach funktional bestimmten Regeln und Anweisungen die konkrete betriebliche Leistung erstellen und miteinander durch ein System betrieblicher Verrechnungspreise verbunden sind.

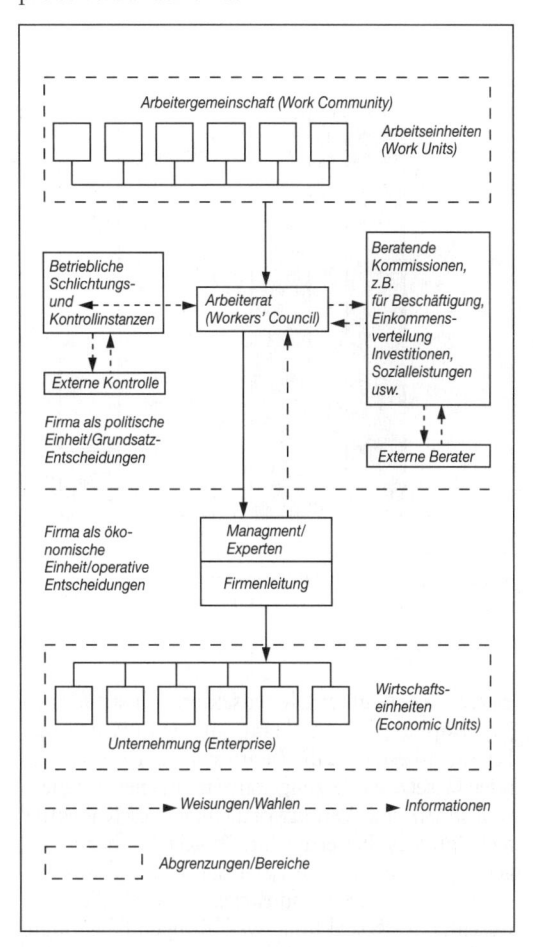

Abb. 1: *Das dualistische Firmenmodell (nach B. Horvat)*

Die Schwierigkeit, politische (grundlegende) Entscheidungen von fachlichen (laufenden) Entscheidungen zu trennen, sowie der Informations- und Qualifikationsvorteil des Managements und der Experten bedingen in der Praxis eine faktische Ungleichverteilung, wie Abb. 2 am Beispiel der Besetzung von Entscheidungsgremien einer jugoslawischen Firma (etwa 1976) zeigt.

Da es allerdings zu den funktionalen Aufgaben des Managements gehört, Entscheidungsvorlagen vorzubereiten und getroffene Entscheidungen umzusetzen, muß der gemessene Einfluß des Managements danach relativiert werden, inwieweit der Belegschaft eine effektive Kontrollmöglichkeit („ultimate power" nach *Eames* (1987) bleibt.

b) Umwelteinflüsse

Mit demokratischen Entscheidungsstrukturen können auch Erfordernisse der Außenwelt konfli-

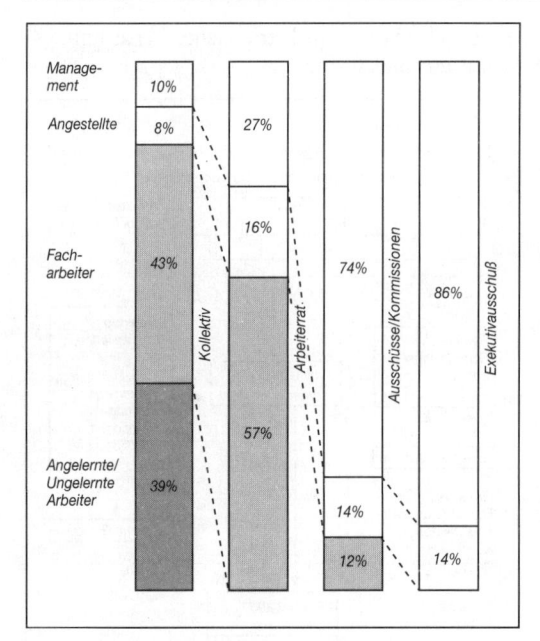

Abb. 2: *Empirische Einflußverteilung in einer jugoslawischen Firma (Zementwerk USJE, nach Soergel 1979)*

gieren, wenn unternehmensexterne Institutionen (wie Kapitalgeber und Staat) auf verantwortlichen Personen bestehen, die sie im Falle einer Vertrags- oder Gesetzesverletzung haftbar machen können, weil ihnen eine Verantwortlichkeit des Kollektivs nicht praktikabel erscheint. Angesichts der geringen Eigenkapitaldecke vieler Selbstverwaltungsbetriebe in westlichen Industrieländern ist dies eine wesentliche Restriktion, weil dringend benötigte Kredite meist nur gegeben werden, wenn einzelne Individuen dafür mit ihrem Privatvermögen bürgen. Im Innenverhältnis entsteht daraus ein gesteigertes Interesse solcher Verantwortlicher, ihre Vorstellungen durchzusetzen, da sie von einem Mißerfolg in besonderer Weise betroffen sind. Generell ist die unterschiedliche Mobilität der Unternehmensmitglieder und ihr unterschiedliches Engagement (hinsichtlich eingebrachtem Kapital, geleisteter Arbeit, Erwartung langfristiger Kooperation usw.) ein empirisch wichtiges Differenzierungsmerkmal, das mit dem Demokratieprinzip in Widerspruch geraten kann.

c) Unterschiedliche Qualifikationen und Neigungen

Nicht nur unter dem Gesichtspunkt der Expertenhierarchie sind unterschiedliche Qualifikationen und Neigungen der Unternehmensmitglieder von großer Bedeutung; auch im Bereich grundlegender Entscheidungen gibt es aus diesen Gründen eine unterschiedlich starke tatsächliche Beteiligung der verschiedenen Unternehmensmitglieder. Die (fakti-

sche) Delegation von Entscheidungsrechten der Mitglieder an die Unternehmensführung kann mit individuellen Präferenzen vereinbar sein und ist insoweit hinzunehmen; sie ruft jedoch die Gefahr hervor, daß sich längerfristig die Unternehmensführung gegenüber der Mitgliedschaft verselbständigt und keine effektive Kontrolle mehr möglich ist.

2. Eigentumsrechte

Schon seit dem 19. Jahrhundert ist ein struktureller Konflikt zwischen den Mitgliedern als Vereinigung von Arbeitenden einerseits und als Vereinigung von Kapitaleigentümern und/oder Kapitalnutzern andererseits angelegt. Da es den Produktivgenossenschaften aufgrund ihrer schmalen Kapitalbasis oder ungeklärten Haftungsfrage meist nicht gelang, das für Investitionen erforderliche Fremdkapital zu erhalten, mußten Betriebserweiterungen überwiegend mit Eigenkapital – d. h. meist Einkommensverzichten der Mitglieder – finanziert werden. Dies behindert seit jeher den Zutritt neuer Mitglieder, da die bisherigen Mitglieder häufig nicht bereit sind, die von ihnen durch Einkommensverzichte finanzierten Investitionen mit neu hinzutretenden Arbeitern zu teilen; diese würden, wenn überhaupt, dann nur mit geringeren Ansprüchen, häufig als Lohnarbeiter (ohne Ertragsansprüche) beschäftigt, was die Transformation in eine kapitalistische Unternehmung begünstigte. Umgekehrt wird auch der Betriebsaustritt dadurch behindert, daß dies mit einem Verlust der (impliziten) Nutzungsrechte am teilweise mitfinanzierten Unternehmenskapital einhergeht. Zusätzlich entsteht bei kollektivem Eigentum eine Tendenz zugunsten kurzfristiger Ausschüttungen (bei denen die Eigentümer die vollen Nutzungsrechte behalten) und gegen selbstfinanzierte Investitionen (die nur beschränkte Nutzungsrechte für die Dauer der Mitgliedschaft begründen). In Verbindung damit können interne Konflikte zwischen verschiedenen Mitgliedergruppen entstehen (mobile vs. immobile, reiche vs. arme, junge vs. alte Mitglieder). Das jugoslawische Selbstverwaltungssystem, das sich seit 1990 ebenso wie die gesamte staatliche Ordnung aufgrund der ethnischen Streitigkeiten im Zustand der Auflösung befindet, zeigte deutlich diese Konfliktkonstellation: Soweit sich dort das Management in den Betrieben – mit Deckung des Staats- und Parteiapparates – gegen die Ausschüttungswünsche der Belegschaftsmehrheit durchsetzen konnte (und damit selbstfinanzierte Investitionen ermöglichte), ging dies notwendig zu Lasten des Selbstverwaltungsgedankens. Ähnliche Konflikte lassen sich auch bei Selbstverwaltungsunternehmen in westlichen Industrieländern beobachten und führen häufig zu einer Abschwächung, wenn nicht gar Aufgabe des ursprünglichen Selbstverwaltungsgedankens (vgl. z. B. die westdeutschen „Modellbetriebe" *Joh. Friedrich Behrens*, Ahrensburg oder die Glashütte Süssmuth, Immenhausen). Eine theoretisch mögliche vollständige Fremdfinanzierung würde solche Probleme zwar vermeiden, sie ist aber aus vielerlei Gründen nicht realistisch (*Nutzinger* 1976).

Für die Lösung dieser Eigentumsrechts- und Finanzierungsfragen gibt es eine Vielzahl von Vorschlägen, die alle auf dem Grundgedanken beruhen, daß zwischen dem Recht auf Kapitalnutzung für die Mitglieder und dem Recht auf Verzinsung und Auszahlung von Kapitalanteilen für die Eigentümer zu unterscheiden ist, unabhängig davon, ob dies die Mitglieder selbst, Individuen, Stiftungen oder auch der Staat sind. Letztlich läuft dieser Gedanke auf eine Art von „Kapitalneutralisierung" hinaus in dem Sinne, daß die Entscheidungsrechte der Mitglieder durch ihre Arbeitstätigkeit im Unternehmen und nicht durch ihre Kapitalanteile definiert sind. Bei jeder konkreten Lösung, die diesem Prinzip entspricht, ist allerdings zu berücksichtigen, daß der legitime Entscheidungs- und Autonomieanspruch der Mitglieder in Konflikt mit dem berechtigten Kontrollanspruch der jeweiligen Kapitalgeber geraten kann.

Einen besonders gelungenen Fall richtiger Eigentumszuweisungen hat eine Gruppe von selbstverwalteten Unternehmen in der baskischen Stadt Mondragon verwirklicht, die ein Netz von Produktivgenossenschaften und Selbstverwaltungsunternehmen mit mehr als 15 000 Beschäftigten umfaßt und von einer genossenschaftlichen Bank (der *Caja Laboral Popular*) mit Finanz- und Beratungsdienstleistungen gestützt wird. Der bemerkenswerte ökonomische Erfolg dieser Unternehmensgruppe beruht auf einer Vielzahl von Faktoren, nicht zuletzt aber darauf, daß hier der kapitalistische „Kauf und Verkauf der Ware Arbeitskraft" durch einen – nach festgesetzten Regeln verlaufenden – Kauf und Verkauf der Ware „Arbeitsplatz" charakterisiert ist: Neu hinzutretende Mitglieder erwerben durch Lohnverzichte Mitgliedsanteile am Unternehmen, Kapitalansprüche werden beim Wechsel innerhalb des Unternehmensverbundes transferiert, beim Verlassen desselben, etwa durch Pension, in bestimmten Fristen ausbezahlt. Eine wichtige Finanzierungsquelle der Unternehmensgruppe sind darüber hinaus die traditionell hohen Ersparnisse der Bevölkerung. Im übrigen ist die Mondragon-Gruppe – anders als die in jüngster Zeit entstandenen selbstverwalteten und alternativen Betriebe in der Bundesrepublik – durch relativ strenge Arbeitsdisziplin, Anwendung modernster Technologien, eine ausgeprägte Expertenhierarchie und ein hohes Maß an Professionalität (gestützt auf ein eigenes Politechnikum) charakterisiert. Gleichzeitig sind die Einkommensunterschiede äußerst gering (das Verhältnis zwischen den niedrigsten und den höchsten Arbeitsentgelten beträgt rd. 1 : 3).

3. Entscheidungsfindung und Management

Wird das demokratische Entscheidungsprinzip ernstgenommen, so kann die Entscheidungsfindung wesentlich komplizierter und langwieriger sein als in traditionellen Unternehmen; die daraus entstehenden Nachteile werden aber häufig überbewertet. Einen unbestreitbaren Vorteil haben Selbstverwaltungsbetriebe dadurch, daß demokratisch zustande gekommene Entscheidungen in aller Regel eine höhere Akzeptanz haben und daher oft mit geringeren Reibungsverlusten umgesetzt werden können als in hierarchischen Unternehmen, in denen übergangene Interessen sich in Leistungszurückhaltung (→*Leistungszurückhaltung, Führung bei*) und -verweigerung mit entsprechenden Reibungsverlusten äußern können. Angesichts des Demokratieanspruchs ist jedoch die Rolle des Managements, der Experten und der unmittelbaren Vorgesetzten erheblich schwieriger: Sie müssen jetzt mehr auf Überzeugung und Einsicht als auf formale Autorität setzen und bei unpopulären Entscheidungen die Möglichkeit, ab- oder nicht wiedergewählt zu werden, in Rechnung stellen. Im Rahmen des funktionalen Leistungserstellungsprozesses bleiben ihre Aufgaben weitgehend unverändert, aber ihre Sanktionsmöglichkeiten sind eingeschränkt. Dies kann dazu führen, daß Risikobereitschaft und unternehmerisches Engagement des Managements zu wenig entwickelt werden – mit entsprechenden wirtschaftlichen Nachteilen für alle Mitglieder. Sofern zwischen Unternehmensführung und den Vertretern der Mitglieder kein Vertrauensverhältnis besteht, kann es – aufgrund unzureichender Information und Mißtrauen – zur Blockade wichtiger Entscheidungen kommen. Andererseits können Führungsentscheidungen infolge des demokratischen Willensbildungsprozesses auch an Qualität gewinnen, wenn nämlich durch den partizipativen Beratungsprozeß wichtige, ansonsten vernachlässigte Gesichtspunkte berücksichtigt werden.

Wie der Willensbildungs- und Entscheidungsprozeß im Detail abläuft, differiert von Fall zu Fall sehr und hängt nicht zuletzt von der Anzahl und der Qualifikation der Beteiligten ab. Auch der Grad demokratischer Delegation an das (gewählte) Management ist sehr unterschiedlich. Ein sehr hohes Maß an Delegation, wie es etwa die in der Weltwirtschaftskrise entstandenen selbstverwalteten Sperrholzfabriken mit „von außen gekauften" Managern praktizierten, birgt die (in diesem Fall eingetretene) Gefahr, daß die motivationale Bindung (→*Loyalität und Commitment*) an das Demokratieprinzip verlorengeht und der Betrieb, etwa durch Verkauf an einen gut zahlenden Konkurrenten, seine *Selbstverwaltungsfunktion* aufgibt.

Daß die meisten Selbstverwaltungsbetriebe klein sind, hängt mit dem begrenzten Kapitalmarktzugang und der demokratischen Entscheidungsprinzipien förderlichen Überschaubarkeit kleiner Betriebsgrößen zusammen; die meisten Ausnahmen in westlichen Industrieländern basieren auf besonderen Umgebungsbedingungen, wie etwa in Mondragon. Kleine Betriebsgrößen erleichtern sicherlich die Führungs- und Managementaufgaben, aber beschränken die selbstverwalteten Unternehmen meist auf wenige ausgewählte Tätigkeitsfelder. Die Übertragung des Selbstverwaltungsgedankens auf größere Einheiten hängt daher von der Schaffung spezifischer Umgebungsbedingungen, aber auch adäquater Organisationsstrukturen ab, die einen Ausgleich zwischen Demokratieanspruch und Leitungserfordernissen herstellen.

III. Perspektiven

1. Neue soziale Bewegungen

In den letzten zehn Jahren war in zahlreichen westlichen Industrieländern, so auch in der Bundesrepublik, eine Gründungswelle selbstverwalteter und *alternative Betriebe* zu beobachten, die z.T. den alten Genossenschaftsgedanken wieder neu beleben wollten (*Flieger* 1984). Die bisherigen Erfahrungen in der Bundesrepublik zeigen folgende Muster:

(1) Selbstverwaltete und alternative Betriebe sind vor allem im Wirtschaftsbereich Handel/Verkehr sowie im Dienstleistungsbereich angesiedelt; je nach Definition wird ihre Zahl auf 2000 bis 18 000 geschätzt, die durchschnittliche Mitgliederzahl auf zwischen 5 bis 8. Da ein großer Teil der Mitglieder ehrenamtlich oder nur gelegentlich arbeitet, liegt die Zahl der geschätzten Arbeitsplätze, die sich selbst finanzieren, zwischen 10 000 und 40 000.

(2) In diesen Zahlen zeigt sich der nach wie vor beschränkte Zugang zum Kapitalmarkt, aber auch der Wunsch nach Überschaubarkeit in kleineren Einheiten. Deshalb werden häufig „Marktnischen" wahrgenommen, die wenig Geld-, jedoch relativ viel Humankapital erfordern und auch bei kleineren Betriebsgrößen wirtschaftliche Produktion erlauben.

(3) Die ursprünglich starke Abgrenzung zur „kapitalistischen Außenwelt" ist einer gewissen Professionalisierung und einem Nebeneinander gewichen, besonders bei den Projekten, die über längere Zeit Bestand haben.

(4) Die Sicherung personeller Stabilität der Mitgliedschaft durch Akzeptanz gemeinsamer Werte und/oder Aufbau personaler Beziehungen ist von großer Bedeutung, beschränkt aber zugleich den Handlungsspielraum dieser Betriebe, z. B. durch Selbstbeschränkungen in der Auswahl von Kunden und Lieferanten.

(5) Die genossenschaftliche Rechtsform wird, u. a. wegen der eigenverantwortlichen Leitung des Genossenschaftsvorstandes und der Zwangsmitgliedschaft in (konservativen) Prüfungsverbänden, als wenig geeignet betrachtet; größere Gestaltungsmöglichkeiten bieten die Gesellschaftsformen GmbH und GdbR.

(6) Aufgrund unterschiedlicher Erwartungen der Mitglieder sind viele Neugründungen kurzlebig, während die Fluktuation bei länger bestehenden Projekten als eher durchschnittlich eingestuft wird.

(7) Die ursprünglich hohen normativen Erwartungen an alternative Produktionsformen (Stichworte: *Rotationsprinzip*, ökologische Verträglichkeit, *Basisorientierung*) sind im allgemeinen, nicht zuletzt unter dem Zwang ökonomischer Verhältnisse, zurückgeschraubt worden.

(8) Gegen erheblichen wirtschaftlichen und politischen Widerstand konnte 1989 die ökologisch und partizipativ ausgerichtete „Ökobank" eG in Frankfurt/M. ihre Tätigkeit aufnehmen. Sie hat bisher die schwierige Gratwanderung zwischen ökologischen Ansprüchen (z. B. bei Investitionsfinanzierungen und Investmentfonds), partizipatorischen Gestaltungswünschen der Belegschaft und der Genossenschaftsmitglieder sowie den Anforderungen des Marktes und der Bankenaufsicht an Professionalität und leistungsgerechten Service erfolgreich gemeistert; dies wird nicht zuletzt an ihrer immer stärkeren räumlichen Ausbreitung über die Region Frankfurt hinaus deutlich.

(9) In der ehemaligen DDR haben sich seit 1990 etwa 250 neue Produktivgenossenschaften gebildet, die in einer schwierigen wirtschaftlichen Lage mit hoher Arbeitslosigkeit versuchen, ihren Mitgliedern langfristige Beschäftigungsmöglichkeiten zu bieten. Ähnlich sind auch zahlreiche Versuche sog. *„gemischte Management Buy-Outs"* zu sehen, bei denen ehemals volkseigene DDR-Betriebe gemeinsam von Teilen der Betriebsleitung und der Belegschaft übernommen werden, wobei erstere typischerweise GmbH-Geschäftsführerfunktionen übernehmen und letztere ihr Kapital in Form einer Beteiligungs-GmbH in das Unternehmen einbringen. Beide Formen „gemeinwirtschaftlicher Arbeitsplatzerhaltung" sehen sich – ähnlich wie die traditionellen Unternehmensformen – einer außerordentlich schwierigen Wirtschaftslage gegenüber, so daß kaum vernünftige Prognosen über ihr langfristiges Überleben möglich sind.

Neben diesen neugegründeten selbstverwalteten und alternativen Betrieben sind etwa im gleichen Zeitraum eher traditionell ausgerichtete Selbstverwaltungsunternehmen entstanden, sei es durch Sanierung konkursreifer traditioneller Unternehmen (die in Österreich u. a. von der Österreichischen Studien- und Beratungsgesellschaft gefördert werden), sei es durch Entscheidung der bisherigen Inhaber (wie im Fall der Fa. Opel-Hoppmann in Siegen). Im letztgenannten Fall – einem Kfz-Betrieb mit rund 300 Beschäftigten – wird erfolgreich Entscheidungsbeteiligung in (insgesamt 18) überschaubaren Arbeitsgruppen praktiziert. Durch begleitende organisationspsychologische Betreuung gelang es, schwierige Führungs- und Rollenkonflikte bei der Einführung des Modells zu meistern. Eine weitere Ausdehnung hat dieses erfolgversprechende Arbeitsgruppenmodell bisher jedoch noch nicht gefunden.

2. Ausblick

Das Spannungsverhältnis zwischen normativen Ansprüchen und wirtschaftlichen Zwängen, zwischen Demokratieprinzip und Leitungsfunktionen, zwischen Selbstverwirklichung in der Arbeit und wirtschaftlichen Restriktionen begleitet die Geschichte von Selbstverwaltungsbetrieben und Produktivgenossenschaften seit ihrem Anbeginn. An üblichen Kriterien gemessen ist ihre Bedeutung auch heute noch eher bescheiden. Gegenwärtig besteht ihre wesentliche Bedeutung darin, daß sie – als Reaktion auf eine weitverbreitete Unzufriedenheit mit „entfremdeten Arbeitsbedingungen" – versuchen, eine konkrete Alternative selbstbestimmten Wirtschaftens entgegenzusetzen. Neue Konzeptionen von Unternehmensführung und Organisationsentwicklung zeigen, daß auch traditionelle Unternehmen sich dem Anspruch gegenübersehen, den Gestaltungsspielraum ihrer Mitarbeiter zu erhöhen. Da Ansprüche auf Selbstbestimmung und Selbstverwirklichung in den letzten Jahren an Bedeutung gewonnen haben, dürfte das Gewicht dieser Organisationsformen – trotz aller Probleme und ihrer empirisch i.d.R. geringen Verbreitung – in Zukunft eher noch zunehmen.

Literatur

Eames, A.: The Yugoslav System of Self-Management. Brüssel 1987.
FitzRoy, F. R./Nutzinger, H. G.: Entfremdung, Selbstbestimmung und Wirtschaftsdemokratie. In: *Vanek, J.* (Hrsg.): Marktwirtschaft und Arbeiterselbstverwaltung. Frankfurt/M. et al. 1975, S. 165–223.
Flieger, B. (Hrsg.): Produktivgenossenschaften oder der Hindernislauf zur Selbstverwaltung. München 1984.
Horvat, B.: Arbeiterselbstverwaltung im Betrieb. In: *Hennicke, P.* (Hrsg.): Probleme des Sozialismus und der Übergangsgesellschaft. Frankfurt/M. 1973, S. 243–257.
Nutzinger, H.G.: Ökonomische Aspekte der Willensbildung im selbstverwalteten Betrieb. In: *Albach, H./Sadowski, D.* (Hrsg.): Die Bedeutung gesellschaftlicher Veränderungen für die Willensbildung im Unternehmen. Berlin 1976, S. 563–606.
Oppenheimer, F.: Die Siedlungsgenossenschaft. Leipzig 1896.
Soergel, W.: Arbeiterselbstverwaltung oder Managersozialismus? München 1979.
Teichert, V. (Hrsg.): Entwicklungstendenzen informeller und alternativer Ökonomie. Opladen 1988.
Vanek, J. (Hrsg.): Self-Management: Economic Liberation of Man. Harmondsworth 1975.
Voigt-Weber, L.: Alternative Betriebe. Frankfurt/M. 1984.

Self-Fulfilling Prophecy im Führungsprozeß

Richard H. G. Field

[s. a.: Fortbildung, Training und Entwicklung von Führungskräften; Führungstheorien, – Charismatische Führung, Soziale Lerntheorie, – von Dyaden zu Teams, – Weg-Ziel-Theorie; Transaktionale und Transformationale Führung.]

I. Self-Fulfilling Prophecy; II. Erwartungen im Rahmen von Managementtheorien; III. Bestätigungen für die Wirksamkeit der Self-Fulfilling Prophecy.

I. Self-Fulfilling Prophecy

In der griechischen Mythologie war Pygmalion ein Bildhauer, der eine so schöne Elfenbeinstatue eines jungen Mädchens schuf, daß er sie behandelte, als wäre sie wirklich lebendig. Aphrodite, die Göttin der Liebe, hatte Mitleid mit Pygmalion, erweckte die Statue zum Leben und erfüllt so Pygmalions Voraussage. Diesem Mythos verdanken wir den *Pygmalion-Effekt:* Es kommt zu einem positiven Ergebnis, weil eine Voraussage gemacht worden ist. Die Handlung der Voraussage führt dazu, daß sie sich auch tatsächlich erfüllt.

Der Pygmalion-Effekt ist eine sich selbst erfüllende Prophezeiung mit positivem Ergebnis. Wenn aber eine pessimistische Voraussage getroffen und dann erfüllt wird, ist das Ergebnis negativ. Neben diesen beiden sich selbst erfüllenden Prophezeiungen (SFPs) sind zwei selbst zerstörende Prophezeiungen (SDPs) möglich. Bei einer ist die Voraussage der Führungskraft positiv, das vom Mitarbeiter erreichte Ergebnis jedoch negativ. Zu einem solchen Ergebnis könnte es kommen, wenn aufgrund der positiven *Erwartung* der Führungskraft der Mitarbeiter so reagierte, daß er das Versagen selbst herbeiführt. Bei der anderen sich selbst zerstörenden Voraussage kann eine pessimistische Voraussage beim Mitarbeiter dazu führen, daß er ein Verhalten an den Tag legt, das zum Ziel hat, daß der Voraussagende im Falle eines Erfolges alles Gesagte zurücknimmt. Es ist schon eine Reihe von Modellen des SFP-Pygmalion-Effekts in der pädagogischen Literatur und der des Management vorgestellt worden. Eines der ersten stammte von *Rosenthal* (1973), der vorschlug, daß hohe Erwartungen einer Führungskraft zu vier bestimmten Verhaltensweisen derselben gegenüber Mitarbeitern führt, und zwar: (1) *Klima* – eine Umgebung, in der man sich als Mitarbeiter wohlfühlen kann; (2) *Input* – dem Mitarbeiter wird mehr und schwierigere Arbeit übertragen; (3) *Rückmeldung* – sie erhält mehr und differenziertere Rückmeldung; und (4) *Output* – mehr Reaktionen werden dem Mitarbeiter abverlangt.

Das erste SFP-Modell in der Managementliteratur stammte von *Eden* (1984). In diesem Modell führen die Erwartungen des nächsthöheren Vorgesetzten zu Führungsverhaltensweisen, die zu einer Erhöhung der Selbsterwartung beim Mitarbeiter beitragen. Das hat dann eine Zunahme der Motivation und der Leistung zur Folge. Höhere Leistung bewirkt dann in einem Rückkopplungseffekt eine Zunahme der Erwartungen auf seiten sowohl des Mitarbeiters als auch des unmittelbaren Vorgesetzten hinsichtlich zukünftiger Leistungen. Dieser Kreislauf, der von der Selbsterwartung des Mitarbeiters über die Motivation zur Leistung führt, zeigt den *Galatea-Effekt*. Dieser hat seinen Namen von jener Statue, die in Pygmalions Ehefrau verwandelt wurde, und zeigt, wie erhöhte Selbsterwartungen zu vermehrter persönlicher Leistung führen können.

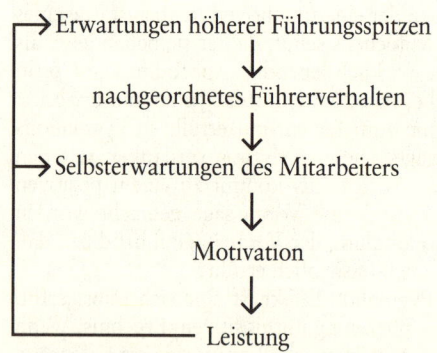

```
┌→ Erwartungen höherer Führungsspitzen
│           ↓
│   nachgeordnetes Führerverhalten
│           ↓
├→ Selbsterwartungen des Mitarbeiters
│           ↓
│      Motivation
│           ↓
└──────── Leistung
```

1989 stellte ich ein neues Modell einer SFP-Führungskraft vor (*Field* 1989), das Teile der vorhergehenden SFP-Modelle miteinander verband und auch neue Elemene hinzufügte (siehe Modell rechte Spalte oben).

Ein wichtiger Zusatz in diesem Modell war der Gedanke, daß Verhaltensweisen von Führungskräften, die von hoher Erwartung getragen werden, nicht unbedingt zu einer hohen Selbsterwartung und positivem Selbstkonzept beim Mitarbeiter in allen erdenklichen Führer-Geführten-Situationen führen müssen. Es könnte Fälle geben, in denen es der Führungskraft an den Fertigkeiten mangelt, die zur Mitteilung von hohen Erwartungen erforderlich sind, in denen die Situation derartig restriktiv ist, daß das Führerverhalten

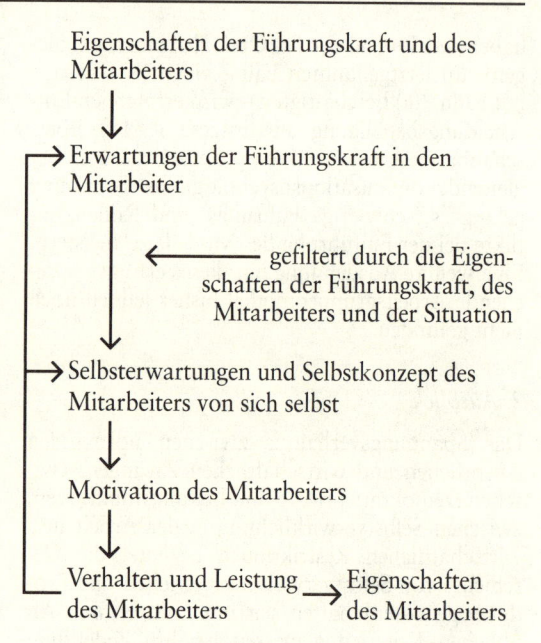

```
        Eigenschaften der Führungskraft und des
        Mitarbeiters
                    ↓
┌→ Erwartungen der Führungskraft in den
│   Mitarbeiter
│        ↓
│        ←────── gefiltert durch die Eigen-
│                schaften der Führungskraft, des
│                Mitarbeiters und der Situation
│        ↓
├→ Selbsterwartungen und Selbstkonzept des
│   Mitarbeiters von sich selbst
│        ↓
│   Motivation des Mitarbeiters
│        ↓
└── Verhalten und Leistung   →  Eigenschaften
     des Mitarbeiters            des Mitarbeiters
```

entkräftet wird (z. B. *Howell* et al. 1986), oder der Mitarbeiter nicht empfänglich ist für das, was die Führungskraft sagt und tut.

In diesem Modell ist auch die Vorstellung enthalten, daß diese dyadischen Beziehungen (→*Führungstheorien, von Dyaden zu Teams*) zwischen Führungskraft und Mitarbeiter in den Kontext der gruppensozialen Situation eingebettet sind. Gruppenmitglieder könnten den Einfluß der Führungskraft dadurch ausdehnen, daß sie die Erwartungen der Führungskraft in verschiedene Gruppenmitglieder in Erfahrung bringen und dann diese Erwartungen weiterhin aufrecht erhalten, selbst wenn die Führungskraft abwesend ist. Ferner ist zu erwarten, daß sich die Voraussagekraft vergrößert, wenn die Führungskraft und die Gruppenmitglieder in ihren Erwartungen in ein Mitglied Übereinstimmung zeigen.

Schließlich zog dieses Modell ausdrücklich in Erwägung, daß Erwartungen auf der dyadischen Ebene und auf der Gruppenebene zu Auswirkungen auf organisatorischer Ebene, auf das Klima und die Kultur des Unternehmens insgesamt führen. Die Möglichkeit, daß die Mitarbeiter von Führungskräften mit hohen Erwartungen eben diese Erwartungen ihrer Führungskräfte bekräftigen werden, nannte man den *Metharme-Effekt* (nach dem Kind von Pygmalion und Galatea). Erwartungen können daher an einer Stelle in der Organisation entstehen und sich dann auf andere Organisationseinheiten auswirken. Der Metharme-Effekt ist gekennzeichnet von einem Organisationsklima des Erfolgs, von hohen Erwartungshaltungen und von einem sich selbst verstärkenden Prozeß, in dem die hohen Erwartungen einer Führungskraft Erfolge auf seiten der Mitarbeiter bewirken, die dann ihrerseits Mitarbeiter noch mehr an weitere Voraussagen der Führungskraft glauben läßt.

Das neueste Modell des SFP-Prozesses stammt von *Eden* (1992). In diesem hat die Führung unmittelbaren Einfluß auf die Leistung, indem sie die Arbeit der Mitarbeiter fördert (z.B. *House/Mitchell* 1974), und die Organisationskultur unmittelbar die Erwartungen sowohl der Führungskraft als auch der Mitarbeiter beeinflußt.

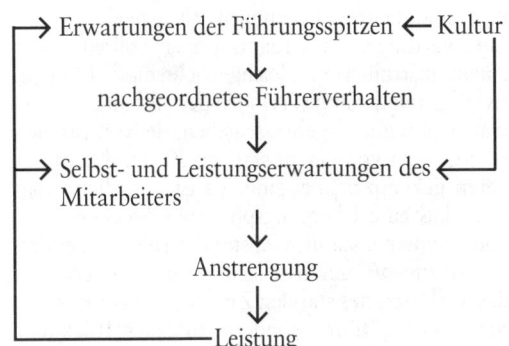

```
→ Erwartungen der Führungsspitzen ← Kultur
            ↓
     nachgeordnetes Führerverhalten
            ↓
→ Selbst- und Leistungserwartungen des ←
         Mitarbeiters
            ↓
         Anstrengung
            ↓
         Leistung
```

Die Modelle sowohl von Field als auch von Eden berücksichtigen die Auswirkung der Organisationskultur auf die Erwartungen. Für welche Gesellschaftskulturen gelten aber diese Modelle? (→*Kulturabhängigkeit der Führung; interkulturelle Unterschiede im Führungsverhalten*)

Hofstede (1993) hat vier kulturelle Dimensionen festgelegt: *Machtgefälle* (das Ausmaß, in dem weniger mächtige Mitglieder einer Gesellschaft ungleiche Machtverteilung akzeptieren); *Individualismus – Kollektivismus* (in individualistischen Gesellschaften würden die Menschen dazu neigen, auf sich selbst zu achten und eher als Individuen zu handeln, während in kollektivistischen Kulturen die Menschen dazu neigen würden, auf einander zu achten und eher als Mitglieder von Gruppen zu handeln); *Maskulinität/Feminität* (Maskuline Kulturen schätzen Erfolg, Geld und materielle Güter und pochen auf Durchsetzungskraft und Konkurrenzfähigkeit, während feminine Kulturen Wert legen auf die Sorge für die Mitmenschen, auf die Aufrechterhaltung herzlicher persönlicher Beziehungen und auf die Lebensqualität); *Vermeidung von Unsicherheit* (das Ausmaß, in dem Menschen in der Gesellschaft Situationen vermeiden wollen, in denen ihr Verhalten nicht vorhersehbar ist); und langfristige gegenüber kurzfristiger Orientierung (Kulturen mit langfristiger Orientierung würden zukunftsorientierte Verhaltensweisen schätzen, wie z.B. Ausdauer und Sparsamkeit, während Kulturen mit kurzfristiger Orientierung ihre Werte mehr auf die Vergangenheit, d.h. auf Traditionen, und auf die Gegenwart ausrichten). Die Erwartungen der Führungskraft in ihre Mitarbeiter sollten wichtig sein für die letzteren, wenn (1) der Machtunterschied gering ist – weil sich dann die Mitarbeiter ermächtigt fühlen würden, ihr eigenes Verhalten und Ergebnisse zu verändern; (2) der Individualismus sich mittelmäßig bis stark entfalten kann – weil in hochindividualistischen Kulturen die Handlungen einer Person ihre eigene Situation verändern würden, in Kulturen mit mäßig ausgeprägter Individualität die Gruppenerwartungen einen verstärkenden Effekt auf die einzelnen Mitglieder der Gruppe haben würden; (3) die Kultur eine femininere Ausrichtung hat – weil eine größere Betonung der Beziehungen die Mitteilung der Erwartungen der Führungskraft an den Mitarbeiter fördern würde; (4) Unsicherheit nicht in hohem Maß ausgeschaltet wird – weil die Erwartungen sich am besten auswirken würden, wenn das Verhalten des Mitarbeiters sich frei verändern kann; und (5) die zeitlich Orientierung längerfristig ist – weil Erwartungen zukunftsorientiert sind.

II. Erwartungen im Rahmen von Managementtheorien

Auf der Ebene der Einzelperson stellt die Erwartungstheorie (*Vroom* 1964) ausdrücklich fest, daß die Entscheidungen von Menschen über das Ausmaß ihrer Anstrengungen in Organisationen auf ihrer Einschätzung der Erwartung beruht, daß Anstrengung zu Leistung und Leistung zu hochgeschätzten Ergebnissen führen wird.

Auf der dyadischen Ebene bildet die Erwartungstheorie die Grundlage für die Weg-Ziel-Theorie (*House/Mitchell* 1974; →*Führungstheorien – Weg-Ziel-Theorie*). Sie besagt, daß Führungskräfte sich direktiv, rücksichtsvoll, partizipativ oder leistungsorientiert in Situationen und bei Mitarbeitern verhalten sollen, die solche Verhaltensweisen zur Klärung der Wege zu den Zielen brauchen, die vom Mitarbeiter geschätzt werden.

Transformationale Führungstheorien (→*Transaktionale und Transformationale Führung*) versuchen zu erklären, wie Mitarbeiter durch Handlungen von Führungskräften verändert oder „transformiert" werden (→*Führungstheorien – Charismatische Führung*).

Nadler/Tushman (1990) führen uns „über den charismatischen Führer hinaus" und auf die Ebene der Gesamtorganisation, indem sie diese Ideen von der transformationalen Führung auf das Gebiet des organisatorischen Wandels ausdehnen. In ihrem Modell wird der instrumentellen Führung (Aufgabenstrukturierung, Kontrolle, Belohnung) die charismatische Führung (Entwicklung von Vorstellungen, Ansporn, Ermöglichung) hinzugefügt und in eine Theorie des organisatorischen Wandels eingebracht. Ihre Ansicht über die *charismatische Führung* enthält mehrere Elemente, die ganz wesentlich sind für den Begriff der Self-Fulfilling Prophecy in der Führung. Die Entwicklung einer Vision wird beschrieben als deutliche Kundmachung einer verlockenden Zukunftsvorstellung, das Setzen von hohen Erwartungen und das Modellernen konsistenter Verhaltensweisen. Ansporn besteht darin, daß die Führungskraft persönliche Begeisterung an den Tag legt, persönliche Zuversicht zum Ausdruck bringt und Erfolg sucht, findet und davon Gebrauch macht. Befähigung ist Ausdruck persönlicher Unterstützung und bedeutet, für andere Einfühlungsvermögen zu zeigen und Vertrauen in Menschen zum Ausdruck zu bringen.

Theorien über *Organisationskultur* (→*Organisationskultur und Führung*) weisen oft darauf hin, daß hohe Erwartungen ein erforderlicher Teil einer Unternehmenskultur sind, die sich auf dem heutigen weltweiten Markt im Wettbewerb behaupten kann. *Schein* (1992) hält fest, daß Führung der fundamentale Prozeß ist, durch den Organisationskulturen gestaltet und verändert werden. Es ist klar, daß die Erwartungen, die Führungskräfte haben und mitteilen, für den Führungsprozeß wesentlich sind und daher auch für den Prozeß der Schaffung und Veränderung der Organisationskultur.

Totales Qualitätsmanagement (TQM) zielt darauf ab, eine Organisationsänderung zu bewirken, die häufig das Setzen von hohen Erwartungen institutionalisieren. Der Begriff der Erstellung von Vergleichsmaßstäben (benchmarking) besteht im wesentlichen darin, die besten Leistungsträger zu finden und diese mit dem Ziel in den Mittelpunkt zu stellen, ihre Erfolge nacheifernswert zu machen. Eine derartige Vorgangsweise setzt die Erwartung voraus, daß hohe Leistungsniveaus möglich sind. Die Begriffe „Nullfehlerprogramm" und „Six-Sigma Quality" beruhen auch auf dem Setzen von äußerst schwierigen und herausfordernden Zielen mit der Erwartung, daß solche Ziele von der Organisation und ihren Mitarbeitern erreicht werden können.

Theorien der *Organisationsentwicklung* enthalten auch das Konzept der sich selbst erfüllenden Prophezeiung. *Eden* (1988, 1990a) hat ausdrücklich festgehalten, daß aktiv Innovierende die Haltung einnehmen, daß als Folge der Durchführung des Wandels hohe Leistung erwartet wird.

Als letztes Thema sollen in diesem Abschnitt die Mechanismen erörtert werden, durch die sich Prophezeiungen in Organisationen selbst ändern. Selbsterfüllende Voraussagen bestehen wahrscheinlich als stabile Zustände, entweder positiver Art, wenn sowohl Erwartungen als auch Resultate hoch sind, oder negativer Art, wenn beide niedrig sind. In beiden Fällen kann ein stabiles System der Erwartung der Führungskraft und der Leistung des Mitarbeiters bewirkt werden, wobei beide Komponenten einander bewirken und verstärken. In lebensfähigen Organisationen sollten die meisten Führer-Geführten-Beziehungen zu Kategorien positiver Leistungs-Ergebnis-Erwartungen gehören. Das ist ein stabiler Zustand mit Ergebnissen, die in der Organisation geschätzt werden. In dem anderen stabilen Zustand mit negativen Erwartungen und negativen Ergebnissen ist zu erwarten, daß die sozialen Beziehungen instabil sind und dies dadurch sichtbar wird, daß Mitarbeiter kündigen oder entlassen werden. Sich zerstörende Voraussagen bestehen wahrscheinlich nur als instabile Zustände. In den angesprochenen beiden Fällen gibt es ein Ungleichgewicht zwischen Erwartungen und Ergebnissen. Wenn Erwartungen positiv und Ergebnisse negativ sind, werden entweder Erwartungen sich in negative verwandeln, damit sie zu den Ergebnissen passen, oder der Mitarbeiter wird von den hohen Erwartungen der Führungskraft angeregt werden, positive Ergebnisse zu bewerkstelligen. Wenn Erwartungen negativ sind und Ergebnisse positiv, werden sich entweder die Erwartungen der Führungskraft ändern, um den Ergebnissen zu entsprechen, die der Mitarbeiter erreicht hat, oder der Mitarbeiter wird resignieren angesichts der niedrigen Erwartungen der Führungskraft und niedrige Leistungen erbringen.

Erwartungen in Organisationen sollten daher einem abstrahierten Gleichgewichtsmodell folgen. Es sollte relativ lange Perioden der Stabilität der Erwartungen und Ergebnisse geben, die von raschen Übergängen von einem stabilen Zustand zum anderen gekennzeichnet sind. Es ist natürlich möglich, daß eine Übergangsphase ins Stocken gerät und in einem instabilen Zustand verbleibt oder daß Erwartungen/Ergebnisse sich rasch verändern und das Verlassen des stabilen Zustandes nicht zu einer Veränderung führt, sondern zu einer Rückkehr zum ursprünglichen Zustand.

III. Bestätigungen für die Wirksamkeit der Self-Fulfilling Prophecy

Der Pygmalion-Effekt gehört seit 25 Jahren zur Managementliteratur (z. B. *Livingston* 1969/1988, der die Schlußfolgerung zog, daß es wesentlich darauf ankommt, welche Leistungserwartungen Manager in ihre Mitarbeiter setzen). Erwartungsbildung gehört zu dem Standardmerkmal von Trainingsprogrammen (→*Fortbildung, Training und Entwicklung von Führungskräften*) in Organisationen. Aber *Sutton/Woodman* (1989) behaupteten, daß „der Begriff Pygmalion-Effekt zu etwas geworden ist, was man als Managerfolklore bezeichnen könnte" (S. 949). Es ist daher wichtig, das empirische Beweismaterial zu prüfen, um zu entscheiden, ob der SFP-Pygmalion-Effekt Folklore oder Tatsache ist. *Rosenthal/Jacobson* waren mit ihrer grundlegenden Studie (1968) im Kontext der Lehrer-Schüler-Interaktion die Väter des Pygmalion-Effekts. Lehrern in dieser Studie wurde weisgemacht, daß bestimmte Schüler, die aber eigentlich aufs Geratewohl ausgewählt worden waren, „Intelligenzbestien" seien. Rosenthal und Jacobson stellten fest, daß Schüler, die für solche gehalten wurden, bei Intelligenztests tatsächlich größere Fortschritte machten als andere Mitschüler. Während der folgenden 15 Jahre entstand viel Literatur über SFP in der Erziehung, und es gibt keinen Zweifel, daß der Pygmalion-Effekt in diesem Kontext existiert. Der SFP-Effekt hat sich jedoch nicht als sehr wirkungsvoll herausgestellt, da er nur 5% der beobachteten Varianz im Schülerverhalten erklären konnte.

In der Managementliteratur sind einige Berichte über Studien veröffentlicht worden, die sich mit dem SFP-Pygmalion-Effekt bei Trainingsprogrammen beschäftigen. Diese haben die typische pädagogische Methodologie mit Trainern in der Rolle von Lehrern verwendet und die Auswirkung von positiven Erwartungen auf Auszubildende bestätigt. Eden und seine Mitarbeiter (*Eden* 1990b; *Eden/Ravid* 1982; *Eden/Shani* 1982) testeten israelisches Militärpersonal in kurz dauernden Trainingskursen, und *King* (1971) bestätigte die Erwartungsauswirkungen in Trainingskursprogrammen für benachteiligte Arbeiter.

Der Pygmalion-Effekt in ausgesprochenen Managementsituationen ist nur viermal getestet worden. *King* (1974) stellte fest, daß Zunahmen im Output eher Managererwartungen eines Outputzuwachses infolge einer Änderung im Job Enrichment als dem Typus des verwendeten Enrichmentprogramms zuzuschreiben waren. Sicherlich kann diese Studie so interpretiert werden, daß sie den SFP-Effekt demonstriert, von einer Manipulation der Erwartungen von Führungskräften kann aber keine Rede sein. *Crawford/Thomas/Fink* (1980) manipulierten die Erwartungen von Schiffspersonal mit chronisch schwachen Arbeitsleistungen, indem sie es wiederholt zu überzeugen versuchten, daß es zu guter Leistung imstande sei, und Besuche des Schiffskapitäns vorsahen, die es für Leistung begeistern sollten. Ihre Führer waren auch darauf eingestellt, von den Matrosen gute Leistung zu erwarten. Die jeweiligen Vorgesetzten waren auch in einer Reihe von Führungsmethoden unterwiesen und dazu ermutigt worden, sie auch zu verwenden. Unter der Vielfalt der unterrichteten Programme war auch eines der positiven Verstärkung (→*Führungstheorien – soziale Lerntheorie*). Bei dieser Vielfalt kann daher unmöglich mit Sicherheit beantwortet werden, wie wichtig Erwartungen für das Erzielen der Endergebnisse waren. In einem dritten Test gelang es *Sutton/Woodman* (1989) nicht, statistisch signifikante Ergebnisse für positive Erwartungen zu finden, dabei ist allerdings festzuhalten, daß ihre Erwartungsmanipulation schwach war. Eine Studie von *Field/Evans* (1993) über 113 Filialen einer von Kanadas größten Reisebüroketten kam zu dem Schluß, daß der endgültige Unterschied zwischen positiven und negativen Erwartungen der Vorgesetzten signifikant mit der Absatzverbesserung zusammenhing. Beim Vergleich der oberen Hälfte aller von den Managern angegebenen positiven Erwartungen mit denen der unteren Hälfte fand man auch signifikante und wirklich sinnvolle Unterschiede für den Absatz in den einzelnen Filialen. Die Gesamtergebnisse waren jedoch nicht überzeugend; positive Erwartungen beeinflußten eher den Grad der Zufriedenheit der Mitarbeiter als die Ergebnisse in harten Dollars. Es gibt daher in Unternehmen wenige Tatsachen zur Aufrechterhaltung der Pygmalionfolklore, wenngleich es reichlich Beweismaterial für den Pygmalion-Effekt in schulischen Situationen gibt. Dafür mag es folgende Gründe geben: (1) Manager arbeiten in einer Gruppe gewöhnlich über lange Zeiträume, während Lehrer und Trainer im allgemeinen in jeder Klasse mit einer neuen Gruppe beginnen. – Vielleicht ist es daher schwieriger, die Erwartungen von Managern in ihre derzeitigen Mitarbeiter durch Interventionen zu erhöhen, wie sie in Untersuchungen im schulischen Bereich und durch externe Trainer angewendet werden; (2) im Vergleich mit den ausgeprägten Unterschieden zwischen Lehrern und Schülern hinsichtlich Rolle, Status, Alter und Reife kann die Manager-Mitarbeiter-Dyade oft ähnlich sein hinsichtlich beruflicher Verantwortung, Status, Bezahlung und Rolle in der Organisation. Erwartungen von seiten der Führungskraft werden möglicherweise dem Mitarbeiter kaum bewußt; und (3) in einigen Unternehmensorganisationen ist die Aufgabe vielleicht so einfach und die äußerlichen Belohnungen so niedrig, daß die hohen Erwartungen des Managers von der Situation zunichte gemacht werden.

Zweifellos ist die Self-Fulfilling Prophecy ein wesentlicher Bestandteil der Management- und Führungstheorien. Einheitlich wird in ihrem Geltungsbereich festgehalten, daß die Ewartungen der Führungskräfte in ihre Mitarbeiter erwartungsgemäß das Verhalten und die Leistung der letzteren beeinflussen. Aber bis jetzt haben wir wenig zwingende Beweise für diese Erwartungseffekte in Unternehmen. Einerseits ist es unerläßlich, die Wichtigkeit der Self-Fulfilling Prophecy im Führungsprozeß anzumerken, andererseits ist es auch notwendig, unsere unkritische Akzeptanz dieser Ideen mit einem gewissen Maß an Vorsicht zu mäßigen, bis genug Beweismaterial in Bereichen der täglichen Arbeit zur Unterstützung dieser Theorien erbracht werden kann.

Literatur

Crawford, K. S./Thomas, E. D./Fink, J. J.: Pygmalion at Sea: Improving the Work Effectiveness of Low Performers. In: JABS, 1980, S. 482–505.
Eden, D.: Self-Fulfilling Prophecy as a Management Tool: Harnessing Pygmalion. In: AMR, 1984, S. 64–73.
Eden, D.: Creating Expectation Effects in OD: Applying Self-Fulfilling Prophecy. In: Research in Organizational Change and Development, 1988, S. 235–267.
Eden, D.: Pygmalion in Management: Productivity as a Self-Fulfilling Prophecy. Lexington 1990a.
Eden, D.: Pygmalion without interpersonal contrast effects: Whole groups gain from raising manager expectations. In: JAP, 75, 1990b, S. 394–398.
Eden, D.: Leadership and Expectations: Pygmalion Effects and other Self-Fulfilling Prophecies in Organizations. In: Leadership Quarterly, 1992, S. 271–305.
Eden, D./Ravid, G.: Pygmalion Versus Self-Expectancy: Effects of Instructor and Self-Expectancy on Trainee Performance. In: OBHP, 1982, S. 351–364

Eden, D./Shani, A. B.: Pygmalion Goes to Boot Camp: Expectancy, Leadership, and Trainee Performance. In: JAP, 1982, S. 194–199.
Field, R. H. G.: The Self-Fulfilling Prophecy Leader: Achieving the Metharme Effect. In: JMS, 1989, S. 151–175.
Field, R. H. G./Evans, M. G.: Pygmalion at Work: Manager and Corporation Expectation Effects on Travel Agency Outcomes. In: *Bruning, N. S.* (Hrsg.): Proceedings of the Annual Conference of the Administrative Sciences Association of Canada – Organizational Behaviour Division, 1993, S. 102–111.
Hofstede, G.: Cultural Constraints in Management Theories. In: Academy of Management Executive, 1993, S. 81–94.
House, R. J./Mitchell, T. R.: Path-Goal Theory of Leadership. In: Journal of Contemporary Business, 1974, S. 81–97.
Howell, J. P./Dorfman, P. W./Kerr, S.: Moderator Variables in Leadership Research. In: AMR, 1986, S. 88–102.
King, A. S.: Self-Fulfilling Prophecies in Training the Hard-Core: Supervisors' Expectations and the Underprivileged Workers' Performance. In: Social Science Quarterly, 1971, S. 369–378.
King, A. S.: Expectation Effects in Organizational Change. In: ASQ, 1974, S. 221–230.
Livingston, J. S.: Pygmalion in Management. In: HBR, 1969/1988, S. 81–89.
Nadler, D. A./Tushman, M. L.: Beyond the Charismatic Leader: Leadership and Organizational Change. In: CMR, 1990, S. 77–97.
Rosenthal, R./Jacobson, L.: Pygmalion in the Classroom. New York 1968.
Rosenthal, R.: The Mediation of Pygmalion Effects: A Four Factor „Theory". In: Papua New Guinea Journal of Education 1973, S. 1–12.
Schein, E. H.: Organizational Culture and Leadership. 2. A., San Francisco 1992.
Sutton, C. D./Woodman, R. W.: Pygmalion Goes To Work: The Effects of Supervisor Expectations in a Retail Setting. In: JAP, 1989, S. 943–950.
Vroom, V. H.: Work and Motivation. New York 1964.

Social Information Processing Theory

Martin Kleinmann/Dieter Frey

[s. a.: Fortbildung, Training und Entwicklung von Führungskräften; Frauen, Männer und Führung; Führungsebene und Führung; Führungsforschung/Führung in Japan; Führungsforschung/Führung in Nordamerika; Führungstheorien – Attributionstheorie; Kulturabhängigkeit der Führung.]

I. Gegenstandsbereich; II. Informationsverarbeitungsprozesse; III. Social Information Processing Theory; IV. Implikationen.

I. Gegenstandsbereich

Ein wesentliches Element von Führung besteht darin, andere zu beeinflussen und zu überzeugen. Die Fähigkeit, auf andere Einfluß ausüben zu können, ist nicht nur abhängig vom Verhalten der Führungskraft, sondern auch von der Wahrnehmung und Bewertung dieses Verhaltens durch andere Personen in ihrer Umgebung. Wird eine Person als Führungskraft wahrgenommen, kann sie mehr Einfluß auf andere ausüben, bedingt durch die ihr zugeschriebene persönliche und fachliche →*Autorität* und Glaubwürdigkeit. Eine Führungskraft, die beispielsweise bereits mit einem kurzen Mienenspiel Einfluß auf den Verlauf einer Diskussion ausüben kann, wird über die formale Rollendefinition hinaus von ihrer Umwelt in ihrer „Führungspersönlichkeit" akzeptiert, unabhängig davon, ob die Akzeptanz auf Belohnung, Bestrafung oder anderen Kriterien beruht. Entsprechend dieser Logik definieren *Lord/Maher* (1991, S. 11) „*Führung als den Prozeß, der dazu führt, von anderen als Führungskraft wahrgenommen zu werden*".

Die Implikation dieser Definition (→*Führungsdefinitionen*) ist, daß Führung als Ergebnis kognitiver Verarbeitungsprozesse der Interaktionspartner einer Führungsperson zu verstehen ist. Die Wahrnehmung der Interaktionspartner ist dabei wie ein Filter zu verstehen. Solche kognitiven Verarbeitungsprozesse bei der Wahrnehmung und Bewertung von Führungskräften und ihrer Managemententscheidungen werden von der „Social Information Processing Theory" analysiert, die Mitte der achtziger Jahre von einer Forschergruppe um *Lord* entwickelt wurde (*Lord* 1985; *Lord/Foti/De Vader* 1984; *Lord/Maher* 1991). Im Gegensatz zu diesem eher beobachterorientierten Ansatz (d. h. die Führungskraft wird aus der Sicht des Beobachters analysiert) besteht ein in der Führungsforschung weitverbreitetes Vorgehen darin, „akteurorientiert" zu sein: Eigenschaften und Verhaltensweisen von Führungskräften und deren Auswirkungen auf den Führungserfolg werden untersucht (vgl. dazu *Frey/Müller* 1985).

Im folgenden werden nun zuerst die Grundlagen menschlicher Informationsverarbeitung skizziert, anschließend wird die Social Information Processing Theory von *Lord/Maher* (1991) vorgestellt und die Implikationen werden diskutiert.

II. Informationsverarbeitungsprozesse

Um die *Wahrnehmung des komplexen Prozesses von Führung* adäquat beschreiben zu können, empfiehlt es sich, zunächst die Verarbeitung von Informationen in sozialen Situationen, wenn auch stark vereinfacht, zu betrachten (vgl. auch

Lilli/Frey 1993). Die begrenzte Informationsverarbeitungsfähigkeit unseres Gehirns, insbesondere des Kurzzeitgedächtnisses, führt dazu, daß bei einer Informationsflut, wie wir sie täglich erleben, wir auf erworbene *kognitive Schemata* (Wissensstrukturen über spezifische Gegenstandsbereiche) unseres Langzeitgedächtnisses angewiesen sind (vgl. *Schwarz* 1985; *Strack* 1985). Informationen werden im Lichte bereits bestehender Schemata – die wie Filter wirken – bewertet und verarbeitet. Ein Schema – z. B. über einen Top Manager in der Industrie – ist eine Repräsentation unseres Wissens über das, was diese Person an Aktivitäten entwickelt, wie sie gekleidet ist, wie lange diese Person arbeitet, wie ihr Umgangston ist, wie alt sie ist, wie sie sich in Meetings verhält etc. Was bedeutet dies nun für die Wahrnehmung von Führung?

III. Social Information Processing Theory

Bei diesem Ansatz handelt es sich nicht im strengeren Sinne um eine Theorie (*Albert* 1980; *Popper* 1973), sondern um eine Reihe von Modellen, die die Wahrnehmung und Bewertung von Führungsverhalten zum Thema haben (vgl. *Lord/Maher* 1991).

Die Social Information Processing Theory unterscheidet zwischen zwei grundsätzlichen Arten von Datenquellen, die zur Wahrnehmung von Führung genutzt werden: a) das *Verhalten* bzw. *Eigenschaften* von Personen (z. B. Abteilungsleiter A gibt einem Mitarbeiter B eine direkte Anordnung) sowie b) Konsequenzen des Verhaltens in Form von *Ereignissen* (z. B. Abteilungsleiter A bekommt ein wichtiges Projekt übertragen) bzw. in Form von wahrgenommenen *Handlungsergebnissen* (z. B. der Etat der Abteilung A wird erhöht). Je nach Art der Datenquelle läuft der Wahrnehmungsprozeß unterschiedlich ab. Besteht direkter Kontakt mit einer Führungskraft bzw. wird über Verhaltensweisen von Führungskräften durch Dritte berichtet, wird das erlebte bzw. berichtete Verhalten im Lichte bestehender Schemata über adäquates Führungsverhalten bewertet. Falls keine Daten über das direkte Verhalten oder Eigenschaften von Führungskräften vorliegen, wird eine Einschätzung der Führungsqualitäten aufgrund von vorliegenden Ereignissen/Handlungsergebnissen vorgenommen. Letztere werden daraufhin untersucht, ob jemand für sein Zustandekommen verantwortlich ist. Kann eine spezifische Person als Ursache identifiziert werden, werden dieser, je nach Ereignis/Handlungsergebnis in unterschiedlichem Maße Führungsqualitäten zugeschrieben. Ein Beispiel mag diesen Vorgang verdeutlichen: Nach der Neueinstellung einer Führungskraft wird bekannt, daß in ihrem Bereich 30% der Produktionskosten eingespart wurden. Auch wenn der Beobachter die Führungskraft nicht kennt, wird er ihr aufgrund ihres Handlungsergebnisses hohe Führungskompetenz zuschreiben.

Allgemein kann die Wahrnehmung von Führungsqualitäten entweder ohne die Beteiligung bewußter kognitiver Prozesse, sozusagen *automatisiert*, oder sie kann *kontrolliert*, bewußt und zielorientiert ablaufen (vgl. auch *Petty/Cacioppo* 1981). Kommen neue, unerwartete Handlungsergebnisse bzw. Verhaltensweisen hinzu, läuft die Bewertung bewußter und kontrollierter ab als bei erwartungskonformen Ereignissen (vgl. *Lord/Maher* 1991). Eine Zusammenfassung dieses Modells von Lord und Maher (1991) ist Abbildung 1 zu entnehmen.

Art des Wahrnehmungsprozesses	Daten	Art der kognitiven Verarbeitung	
		automatisch	kontrolliert
wiedererkennend	Verhalten und Eigenschaften	schemaorientiert in direkter Interaktion	schemaorientiert bei Informationen über Dritte
erschließend	Ereignisse und Ergebnisse	vereinfachte Ursachenanalysen	logisch aufgebaute Ursachenanalysen

Abb. 1: Informationsverarbeitungsprozesse bei der Wahrnehmung von Führung (leicht modifiziert nach Lord/Maher 1991)

Auf Forschungsarbeiten, die sich mit den beiden Prozessen Wahrnehmung von *Verhalten/Eigenschaften* und *Ereignissen/Ergebnissen* im Rahmen des Modells von *Lord* und *Maher* (1991) befaßt haben, soll im folgenden näher eingegangen werden.

1. Wahrnehmung von Verhalten und Eigenschaften

Nach dem Klassifikationssystem aus Abb. 1 wird erwartet, daß Personen Schemata *bei der Wahrnehmung von Verhalten* entwickeln und anwenden. Solch eine Kategorisierung von Verhaltensweisen in Schemata im Langzeitgedächtnis hat den Vorteil, daß die Komplexität der Welt reduziert wird (vgl. *Schwarz* 1985). Einzelne Verhaltensweisen eines Vorgesetzten, wie z. B. eine konkrete Arbeitsanweisung, werden im Lichte bestehender Schemata über adäquates Vorgesetztenverhalten betrachtet und bewertet. Sollte diese Annahme richtig sein, so müßten Kinder, die aufgrund ihres Lebensalters noch keine Führungsschemata entwickelt haben, Verhalten weniger schemaorientiert verarbeiten als ältere Personen. *Matthews/Lord/Walker* (1990) konnten diese Annahme auch empirisch bestätigen. Jüngere Kinder beschreiben Verhalten gegenständlicher und weniger kategorisierend als ältere Personen. Ausdifferenzierte Schemata zur Wahrnehmung von Führungsverhalten werden also erst im Laufe des Lebens entwickelt.

Wie sind nun die Schemata im Langzeitgedächtnis kategorisiert? *Lord/Foti/De Vader* (1984) nehmen an, daß *Führungsschemata* hierarchisch organisiert sind. Auf dem abstraktesten Niveau ist Führung ein allgemeines Schema, bei dem Verhaltensweisen lediglich danach kategorisiert werden, ob sie in dieses Schema passen oder nicht. Das Wissen, daß eine Person gerne spazierengeht, aktiviert kein Führungsschema im Gegensatz zu dem Wissen, daß diese Person täglich elf Stunden arbeitet. Hier werden schnell weitergehende Schlußfolgerungen gezogen, wie z. B., daß diese Person ehrgeizig ist, eine verantwortungsvolle Position innehat etc.

Hierarchisch darunter angeordnet werden Schemata gebildet, die Führungsverhalten für verschiedene situative Kontexte spezifizieren (z. B. Führungsfelder wie Militär, Industrie oder Politik). Auf der untersten hierarchischen Ebene finden sich dann Schemata, die Verhalten klassifizieren bezüglich der Zugehörigkeit zu verschiedenen Führungsebenen in den einzelnen Führungsfeldern.

Ein solches Modell der Organisation von Führungsschemata wurde in einer Studie von *Lord/Maher* (1990) überprüft (vgl. ebenso *Offermann/Kennedy/Wirtz* 1989; *Lord/Maher* 1991).

Sowohl Experten als auch Laien wurden gebeten, die Charakteristika von Führungskräften zu beschreiben. Dabei solle nach sieben unterschiedlichen Arbeitsfeldern (Politik, Religion, Sport, Militär etc.) sowie unterschiedlichen Hierarchiestufen differenziert werden. Nach einer Aufbereitung der Daten mit Hilfe von hierarchischen Clusteranalysen zeigte sich, daß unterschiedliche Verhaltensweisen für die einzelnen Arbeitsfelder erwartet werden und daß innerhalb eines Arbeitsfeldes je nach Hierarchieebene (→*Führungsebene und Führung*) ebenfalls unterschiedliche Erwartungen bestehen. So werden beispielsweise von Topmanagern in der Industrie andere Verhaltensweisen erwartet als von Abteilungsleitern im gleichen Bereich (z. B. mehr Durchsetzungsvermögen, mehr vorausschauendes Planen etc.). Interessant und hypothesenkonform in diesem Zusammenhang ist auch, daß die Erwartungen für unterschiedliche Hierarchiestufen innerhalb eines Arbeitsfeldes ähnlicher sind als die wahrgenommenen Verhaltensähnlichkeiten zwischen verschiedenen Arbeitsfeldern. Faires Verhalten wird beispielsweise von Führungskräften im geistlichen Bereich weitaus mehr erwartet als von wichtigen Politikern. Dementsprechend müßte eine Führungskraft, die sich in unterschiedlichen Kontexten (Führungsfeldern) bewegt, ihre Verhaltensweisen variieren, um unterschiedlichen Aufgaben gerecht zu werden. Diese Befunde stehen in Einklang mit kontingenztheoretischen Überlegungen der Führung (*Fiedler/Garcia* 1987), bei denen ebenfalls die Bedeutung unterschiedlicher Situationen (unstrukturiert vs. strukturiert etc.) für wechselnde Führungsanforderungen betont wird. Zusammenfassend läßt sich festhalten, daß die Wahrnehmung von Führung durch ausdifferenzierte Schemata geleitet wird.

2. Wahrnehmung von Ereignissen und Ergebnissen

Liegt weder berichtetes noch direkt beobachtbares Verhalten vor, sondern Information über Ereignisse/Verhaltensergebnisse, postuliert die Social Information Processing Theory andere Informationsverarbeitungsprozesse. In diesem Fall werden Führungskräften auf der Basis von Attributionsprozessen (Schlußfolgerungen über vermutete Ursachen von Ereignissen/Ergebnissen) Führungsqualitäten zugeordnet (*Kelley* 1972). Eine Studie, die diesen Prozeß verdeutlicht, führten beispielsweise *Rush/Phillips/Lord* (1981) durch. Studenten wurde eine Gruppendiskussion zu einer Problemlöseaufgabe gezeigt, die auf Video festgehalten war, mit der Bitte, die Führungsfähigkeit der einzelnen Gruppenmitglieder einzuschätzen. Bevor die Beobachter jedoch die Bewertung der Gruppenmitglieder vornahmen, wurde ihnen mitgeteilt, daß die Gruppe, die sie gerade beobachtet hatten, entweder die zweitbeste oder die zweitschlechteste von insgesamt 24 Gruppen gewesen sei (induziertes Ergebnis). Die Eindrucksbildung der Beobachter wurde von dieser fiktiven Rückmeldung substantiell beeinflußt. Sowohl direkt nach der Darbietung des Videos, als auch zwei Tage später wurden die Gruppenmitglieder bzgl. ihrer Führungsfähigkeit besser bewertet, von denen angenommen wurde, daß ihr Ergebnis bei der Problemlöseaufgabe das zweitbeste war. Wahrgenommene Führungsfähigkeit war demnach die Folge des manipulierten Handlungsergebnisses. Einen Überblick über weitere Studien innerhalb dieses Paradigmas gibt *Lord* (1985). Attributionsprozesse dieses Musters sind vor allem dann zu erwarten, wenn nur selten persönlicher Kontakt zu den Führungskräften besteht. Deren Führungsqualitäten wird dementsprechend fast ausschließlich aufgrund des mangelnden Kontakts aus ihnen zugeschriebenen Ergebnissen erschlossen.

IV. Implikationen

Zur Wahrnehmung von Führung werden das *Verhalten* bzw. *Eigenschaften* von Personen sowie Konsequenzen des Verhaltens in Form von *Ereignissen* herangezogen. Die Wahrnehmung von Führungskräften verändert sich nun aber im Laufe der Zeit, sie verfestigt sich, wird wieder modifiziert.

In der Regel läuft eine Mixtur der beschriebenen Wahrnehmungsprozesse bei den Beobachtern ab. Beispielsweise kann eine erste Einschätzung einer Person durch den Vergleich mit prototypischen Verhaltensweisen von Führungskräften erfolgen. Diese Einschätzung kann dann später durch die Verarbeitung von Handlungsergebnissen ergänzt werden. Kommen neue, unerwartete Handlungsergebnisse bzw. Verhaltensweisen hinzu, läuft die Ursachenzuschreibung bewußter und kontrollierter ab als bei erwartungskonformen Ereignissen (vgl. *Lord/Maher* 1991). Die Einschätzung wird möglicherweise weiter spezifiziert oder wiederum verändert.

Aus diesen Konzepten zur Wahrnehmung von Führung lassen sich nun eine Reihe von Folgerungen ableiten. So ist aufgrund obiger Befunde zu erwarten, daß es *Frauen in Führungsrollen* (→*Frauen, Männer und Führung*) auch bei gleichen Verhaltensweisen, wie sie ihre männlichen Kollegen zeigen, ungleich schwerer haben, Akzeptanz zu finden, da bei ihrer Wahrnehmung für die Beobachter Geschlechtsrollenschemata und Führungsschemata inkongruent sind (*Spreemann/Graff/Busse/Stahlberg* 1993). So müssen Frauen, um Akzeptanz als Führungskraft zu finden, sich in einem eng gesetzten Rahmen von Verhaltensweisen bewegen. Frauen, die Mitarbeiter lautstark Anordnungen geben, gelten als überlastet, Männer als durchsetzungsfähig (vgl. *Morrison/White* 1987).

Im Zeitalter zunehmender Internationalisierung der Wirtschaftsmärkte werden Manager oft in ihnen fremden Kulturen eingesetzt. Interessant in diesem Zusammenhang ist, daß beispielsweise japanische Studenten völlig andere Erwartungen an das Verhalten von Führungskräften besitzen als amerikanische Studenten (*O'Connell/Lord/O'Connell* 1990; →*Kulturabhängigkeit der Führung*). Um als Führungskraft wahrgenommen und akzeptiert zu werden, ist die Kenntnis der Erwartungen der Umwelt eine notwendige Bedingung. Dies ist auch konsistent mit Befunden von *Kleinmann* (1991), nach denen Bewerber für Führungskräftepositionen in Assessment-Center-Verfahren besonders dann gut abschneiden, wenn sie die exakten Vorstellungen der Beobachter kennen und ihr Verhalten nach diesen Erwartungen ausrichten. So fordern auch *Lord* und *Maher* folgerichtig (1991), daß zukünftig in *Führungskräftetrainings* (→*Fortbildung, Training und Entwicklung von Führungskräften*) die Prozesse der Wahrnehmung von Führung verdeutlicht werden. Je nach Situation und Führungsfeld sind die Erwartungen der Umwelt unterschiedlich. Dementsprechend müssen Führungskräfte, die sich in unterschiedlichen Kontexten bewegen, über ein breit angelegtes Verhaltensrepertoire verfügen sowie über die Fähigkeit, die Erwartungen der Umwelt zu erkennen. Insbesondere ist es notwendig, Diskrepanzen zwischen Fremd- und Selbstbild ihres Führungsverhaltens abzubauen, um die eigene Verhaltenswirkung realistisch einschätzen zu können.

Zusammenfassend betrachtet besteht der Verdienst von *Lord* und seinen Kollegen/innen sicherlich darin, daß sie integrativ eine Reihe etablierter sozialpsychologischer Modelle der sozialen Informationsverabeitung auf die Prozesse bei der Wahrnehmung von Führung anwandten. So integrierten sie Erkenntnisse der Hypothesentheorie der Wahrnehmung (vgl. *Lilli/Frey* 1993), der Attributionstheorie (*Kelley* 1973; →*Führungstheorien – Attributionstheorie*), des Elaboration-Likelihood-Modells (*Petty/Cacioppo* 1981) sowie verschiedener Theorien konzeptgesteuerter Informationsverarbeitung (*Schwarz* 1985) zur Erklärung der Prozesse, die bei der Wahrnehmung von Führung relevant sind.

Literatur

Albert, H.: Die Wissenschaft und die Suche nach Wahrheit. In: *Radnitzky, G./Andersson, G.* (Hrsg.): Fortschritt und Rationalität in der Wissenschaft. Tübingen 1980, S. 221–247.
Fiedler, F. E./Garcia, J. E.: New Approaches to Effective Leadership: Cognitive Resources and Organizational Performance. New York 1987.
Frey, D./Müller, G. F.: Führungstheorien. In: *Frey, D./Irle, I.* (Hrsg.): Gruppen- und Lerntheorien. Bern 1985, S. 159–182.
Kelley, H. H.: The processes of causal attribution. In: Am. Psych., 1973, S. 107–127.
Kleinmann, M.: Reaktivität von Assessment-Centern. In: *Schuler, H./Funke, U.* (Hrsg.): Eignungsdiagnostik in Forschung und Praxis. Stuttgart 1991, S. 159–162.
Lilli, W./Frey, D.: Die Hypothesentheorie der sozialen Wahrnehmung. In: *Frey, D./Irle, M.* (Hrsg.): Kognitive Theorien. Bern 1993, S. 49–78.
Lord, R. G.: An Information Processing Approach to Social Perceptions, Leadership, and Behavioral Measurement in Organizations. In: *Staw, B. M./Cummings, L. L.* (Hrsg.): Research in Organizational Behavior. Greenwich 1985, S. 87–128.
Lord, R. G./Foti, R./De Vader, C.: A Test of Leadership Categorization Theory: Internal Structure, Information Processing, and Leadership Perceptions. In: OBHP, 1984, S. 343–378.
Lord, R. G./Maher, K. J.: Leadership Perceptions and Leadership Performance: Two Distinct but Interdependent Processes. In: *Carroll, C.* (Hrsg.): Applied Social Psychology and Organizational Settings. Hillsdale 1990, S. 129–154.
Lord, R. G./Maher, K. J.: Leadership and Information Processing. Boston 1991.
Matthews, A. M./Lord, R. G./Walker, J. B.: The Development of Leadership Perceptions in Children. Unpublished manuscript. Arcon 1990.
Morrison, A. M./White, E. V.: Breaking the Glass Ceiling: Can Women Reach to Top of America's Largest Corporations? Reading 1987.
O'Connell, M. S./Lord, R. G./O'Connell, M. K.: An Empirical Comparison of Japanese and American Leadership Prototypes: Implications for Overseas Assignment of Managers. Unpublished manuscript. o. O. 1990.

Offermann, L. R./Kennedy, J. K./Wirtz, P. W.: Implicit Leadership Theories: Content, Structure, and Generalizability. Unpublished manuscript. o. O. 1989.
Petty, R. E./Cacioppo, J. T.: Attitudes and Persuasion. Dubuque 1981.
Popper, K. R.: Objektive Erkenntnis. Ein evolutionärer Entwurf. Hamburg 1973.
Porter, M. C.: Remembering. In: *Osherson, D. N./Smith, E. E.* (Hrsg.): Thinking: An Invitation to Cognitive Science. Cambridge 1990, S. 3–32.
Rush, M. C./Phillips, J. S./Lord, R. G.: Effects of a Temporal Delay in Rating on Leader Behavior Descriptions: A Laboratory Investigation. In: JAP, 1981, S. 442–450.
Schwarz, N.: Theorien konzeptgesteuerter Informationsverarbeitung. In: *Frey, D./Irle, M.* (Hrsg.): Motivations- und Informationsverarbeitungstheorien. Bern 1985, S. 269–291.
Spreemann, S./Graff, B./Busse, S. et al.: Frauen am Kopfende des Tisches – das Nichterkennen weiblicher Führungspersonen. Vortrag. Bern 1993.
Strack, F.: Urteilsheuristiken. In: *Frey, D./Irle, M.* (Hrsg.): Motivations- und Informationsverarbeitungstheorien. Bern 1985, S. 239–267.

Soziale Herkunft von Führungskräften

Karl H. Hörning/Carlo J. Burschel

[s. a.: Auswahl von Führungskräften; Karriere und Karrieremuster von Führungskräften; Soziale Kompetenz.]

I. Problemstellung; II. Konzepte der Eliteforschung; III. Empirische Ergebnisse; IV. Zur Konsistenz der sozialen Gruppe der Führungskräfte.

I. Problemstellung

Die Bedeutung der *sozialen Herkunft* für individuelle Erwerbsbiographien und die gesellschaftliche Verortung von Führungskräften ist auf das engste mit der *Sozialstruktur* (*Schäfers* 1990) der modernen Industriegesellschaft verknüpft. Die Sozialstruktur stellt einen vielschichtigen und zentralen Untersuchungsgegenstand der Soziologie dar. Elementarer Ausgangspunkt der theoretischen Beschreibung und Analyse der Sozialstruktur (*Hörning* 1976; *Lüdtke* 1989) ist die empirische Verteilung *sozialer Ungleichheit*, die Auskunft über die Relevanz der sozialen Herkunft der Gesellschaftsmitglieder gibt. „Struktur" bedeutet in diesem Zusammenhang keinen statischen, wie auch immer konstituierten „Gleichgewichtszustand" einer Gesellschaft, sondern vielmehr das spezielle historische Substrat einer dynamischen Entwicklung. So ist der Umfang und die Richtung *sozialer Mobilität* (*Boudon/Bourricaud* 1992) im Ungleichheitsgefüge der Sozialstruktur ein wichtiger Indikator für die individuelle und gesellschaftliche Relevanz sozialer Herkunft. In einer „Leistungsgesellschaft" gehört es z. B. zum gesellschaftlichen Selbstverständnis, daß primär individuelle Leistungen und nicht die soziale Herkunft über den Zugang zu den Entscheidungszentren der Gesellschaft entscheiden. Schließlich sind Tendenzen *sozialen Wandels* von großer Bedeutung, die beispielsweise an veränderten Lebensstilen und biographischen (Arbeits-)Zeitmustern deutlich werden, wie sie etwa durch den Typus der „*Zeitpioniere*" repräsentiert werden (*Hörning/Gerhard/Michailow* 1990). Ebenso können verstärkt wirksam werdende „Individualisierungsschübe" in der „*Risikogesellschaft*" (*Beck* 1986) und sich wandelnde Milieustrukturen in der „*Erlebnisgesellschaft*" (*Schulze* 1992) als aktuelle Trends sozialen Wandels interpretiert werden.

II. Konzepte der Eliteforschung

In den Sozialwissenschaften wird die soziale Herkunft der von der übrigen Bevölkerung durch diverse Merkmale (z. B. Macht, Einkommen, Prestige, Zeitsouveränität) abgrenzbaren *sozialen Gruppe* der Führungskräfte unter verschiedenen Problemstellungen im Rahmen der Sozialstrukturanalyse (*Hradil* 1987) und vorwiegend in den sog. „Elitetheorien" (*Felber* 1986) thematisiert. Elite bezeichnet einen Personenkreis, der bezüglich seines relativ hohen Verfügungsgrades über gesellschaftliche (Macht-)Ressourcen gekennzeichnet werden kann. An dieser Stelle wird deutlich, daß „Führungskräfte" aus der Perspektive der Sozialstruktur vorwiegend in wirtschaftlichen Organisationen tätig sind, aber „Führung" keinen auf den ökonomischen Bereich beschränkten *sozialen Sachverhalt* darstellt (*Neuberger* 1985). Aus der Komplexität moderner Gesellschaften resultiert, daß soziale Macht (*Weber* 1985) in ihr annähernd kontinuierlich verteilt und überwiegend auf das Segment legitimer Machtausübung beschränkt ist (*Hoffmann-Lange* 1990) (→*Entpersonalisierte Führung*). Dies wird durch die Ausdifferenzierung der Industriegesellschaft in eine Vielzahl gesellschaftlicher Institutionen deutlich, die Eliten „hervorbringen" und von diesen maßgeblich geprägt werden (*Bolte/Hradil* 1988). Der institutionellen Vielfalt der Gesellschaft entspricht die Vielfalt der beobachtbaren *Eliteformen* (s. Abb. 1).

Die *Machtelite* bezeichnet allgemein die Träger der gesellschaftlichen Macht, mit anderen Worten, den Personenkreis an der Spitze „der" gesellschaftlichen Hierarchie. Die weitaus größte Anzahl theoretischer und empirischer Eliteuntersuchungen stellt die Machtelite in das Zentrum des Erkenntnisinteresses. Innerhalb der Machtelite werden ver-

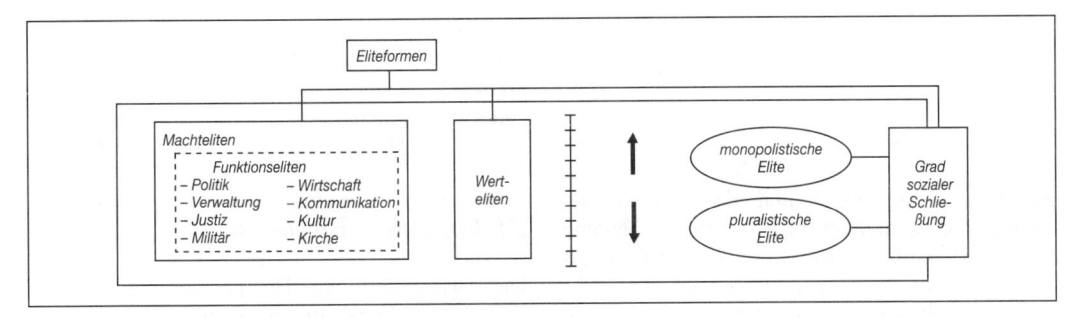

Abb. 1: Eliteformen

schiedene *Funktionseliten* unterschieden, die in den jeweiligen Institutionen die einflußreichsten Entscheidungsträger umfassen. *Dahrendorf* (1968) unterscheidet acht Funktionseliten in den Institutionen Politik, Verwaltung, Justiz, Militär, Wirtschaft, Kommunikation, Kultur und Kirche. Unter *Werteliten* wird eine Minderheit verstanden, die durch soziale, geistige oder politische Qualitäten von der Mehrheit der Gesellschaft abgehoben ist. Dabei wird sie durch ein System von allgemein anerkannten Werthaltungen gestützt und nimmt ihrerseits durch wertsetzende bzw. wertdurchsetzende Entscheidungen auf die Entwicklung der Gesellschaft Einfluß (*Fuchs* et al. 1988). Die *Elitestruktur* läßt sich schließlich mit den Kategorien *pluralistische* versus *monopolistische Elite* beschreiben. Diese Unterscheidung geht auf die amerikanischen Soziologen *Mills* (1956) und *Riesman* (1953) und ihre Analyse der Elitestruktur bzw. der Machtverhältnisse in den USA zurück. *Riesman* geht von einer dezentralen Verteilung auf verschiedene Machtzentren aus, während *Mills* eine homogene und sozial geschlossene Elite konstatiert. Beide Idealtypen erscheinen im übrigen auch geeignet, die Verhältnisse in den alten und neuen Bundesländern zu umschreiben. Die Elite der alten Bundesrepublik läßt sich als pluralistische Elite beschreiben, währed die der ehemaligen DDR einer monopolistischen Elite entsprach (zu empirischen Daten der sozialen Herkunft von „DDR-Eliten": *Geißler* 1992).

Eliteuntersuchungen verfügen über eine lange Tradition. Klassiker der sozialwissenschaftlichen Eliteforschung sind *Robert Michels* (1925), *Vilfredo Pareto* (1919) und *Gaetano Mosca* (1950), die ihre Konzepte als Gegentheorien zum Marxismus entwickelten (*Lenk* 1982), sowie im weiteren Sinn *Max Weber* (1985) (→*Geschichte der Führung – Industrialisierung*). In der Bundesrepublik sind die theoretischen und empirischen Eliteuntersuchungen von *Ralf Dahrendorf* (1965), *Wolfgang Zapf* (1965), *Erwin K. Scheuch* (1972) und *Urs Jaeggi* (1961) aufzuführen, ferner die empirischen Elitestudien einer Mannheimer Forschungsgruppe, deren Untersuchungen in den Jahren 1968, 1972 und 1981 zu den wichtigsten und umfangreichsten empirischen Arbeiten auf diesem Gebiet gehören (*Enke* 1974; *Hoffmann-Lange* et al. 1980; *Wildenmann* et al. 1982). Für die deutsche Verwaltungselite hat *Derlien* (*Derlien/Pippig* 1990) im Rahmen einer Vollerhebung und Längsschnittanalyse (1949–1984) die Bonner Verwaltungselite untersucht (→*Öffentliche Verwaltung, Führung in der*).

Zusammenfassend läßt die Eliteforschung hinsichtlich der erhobenen Daten drei grundlegende Forschungsziele erkennen:

– Soziale Charakteristika und Karrieremuster von Eliten;
– Perzeption und Einstellung von Eliten, z. B. Demokratieverständnis und Rollenverständnis und
– soziale Netzwerke, d. h. Informationen über Kontaktmuster der Eliten (*Hoffmann-Lange* 1990).

Zur Identifizierung des zur Elite zu zählenden Personenkreises werden drei unterschiedliche Methoden herangezogen:

– der Reputationsansatz,
– der Entscheidungsansatz und der
– Positionsansatz.

Beim *Reputationsansatz* werden Elitemitglieder aufgrund der Befragung von Experten ermittelt, denen eine besondere Beurteilungskompetenz zugesprochen wird. Der *Entscheidungsansatz* hingegen ermittelt Elitemitglieder auf der empirischen Basis von teilnehmender Beobachtung, Protokollanalyse bzw. Aktenanalyse. Der *Positionsansatz* schließlich geht von zentralen Organisationen einer Gesellschaft aus und identifiziert die dort tätigen Führungskräfte als Eliten (*Hoffmann-Lange* 1983).

Die Variable „soziale Herkunft" wird im Rahmen der oben genannten Arbeiten, je nach spezifischem Erkenntnisinteresse, unterschiedlich operationalisiert. Folgende Indikatoren mit unterschiedlichen Vor- und Nachteilen für die statistische Messung sozialer Herkunft werden herangezogen:

- Beruf des Vaters,
- Schichtzugehörigkeit der Eltern,
- Bildungsgrad der Eltern,
- materielle Verhältnisse im Elternhaus
- und Konfession.

Abschließend ist festzuhalten, daß Eliteuntersuchungen i. d. R. an übergeordneten politischen und gesellschaftlichen Problemstellungen und Entwicklungstrends orientiert sind. Untersuchungen, die ausschließlich soziale Herkunft, Konsistenz und Selbstverständnis der Gruppe der Führungskräfte zum Thema haben, wie die umfangreiche französische Analyse von *Boltanski* (1990), stellen eine Ausnahmeerscheinung dar. Bevor empirische Ergebnisse bezüglich der sozialen Herkunft von Führungskräften bzw. Eliten dargestellt werden, ist es notwendig, den Status quo sozialer Ungleichheit in der Bundesrepublik zu skizzieren (s. Abb. 2).

Das Modell in Abb. 2 gibt einen Versuch von *Geißler* wieder, das Dahrendorfsche Modell aus den 60er Jahren zu modernisieren. Empirische Grundlage sind die zusammengefaßten Daten des sozio-ökonomischen Panels aus den Jahren 1984 und 1986. Es ist wichtig anzumerken, daß es sich bei den angegebenen Schichten nicht um scharf abgrenzbare Konglomerate von Personen handelt, sondern vielmehr um idealtypisch gezogene und damit „durchlässige Grenzen" (*Geißler* 1992).

III. Empirische Ergebnisse

Die Aussagekraft von Untersuchungsergebnissen zur sozialen Herkunft von Führungskräften entwickelt sich nur im Lichte der empirischen Verteilung sozialer Ungleichheit (s. Abb. 2), die ihrerseits aus Prozessen sozialen Wandels und sozialer Mobilität resultiert.

Tab. 1 stellt die soziale Herkunft anhand der Variable „Beruf des Vaters" und das Qualifikationsniveau westdeutscher Eliten für den Beginn der 80er Jahre dar. Die dargestellten Ergebnisse verdeutlichen, daß die westdeutschen Eliten weder eine hermetisch abgeschlossene soziale Gruppe, noch ein annähernd repräsentatives Spiegelbild der Sozialstruktur darstellen, wie sie in Abb. 2 wiedergegeben ist. Der Personenkreis der Führungskräfte in Westdeutschland wird – cum grano salis – durch

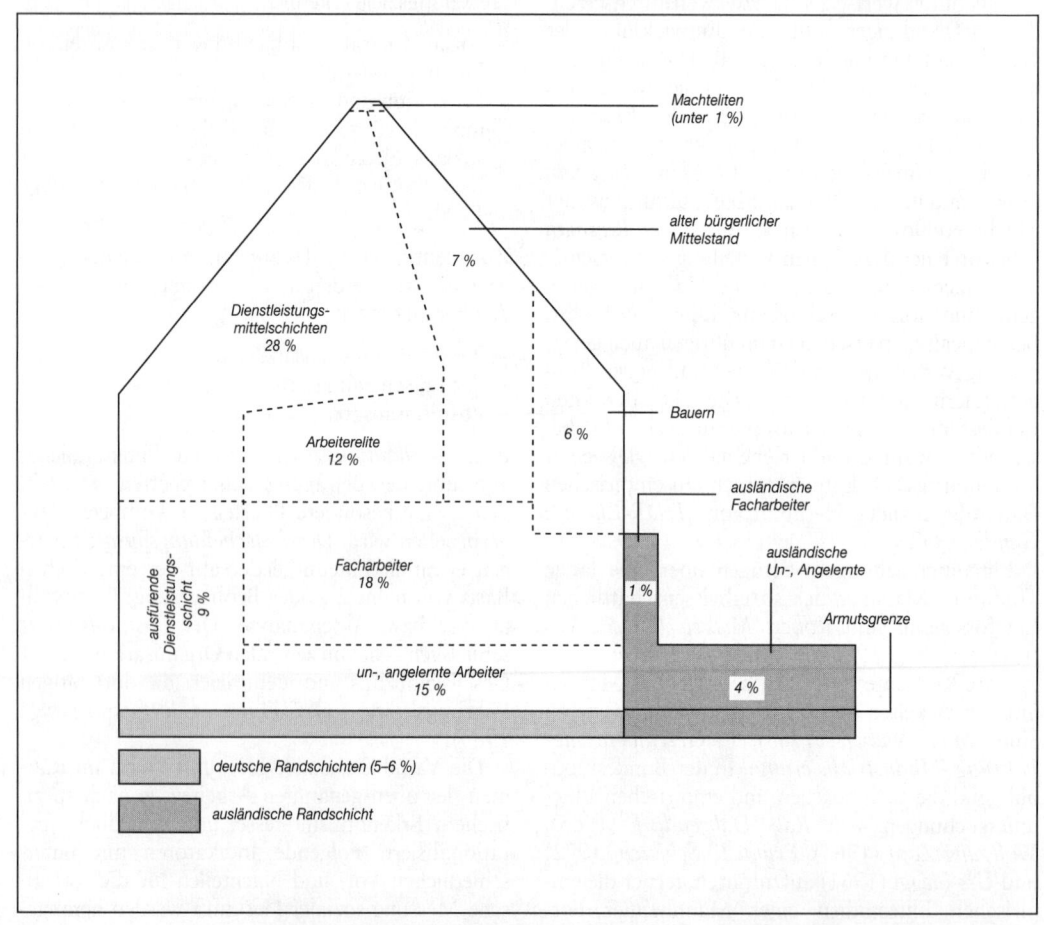

Abb. 2: Soziale Schichtung in Westdeutschland der 80er Jahre (Geißler 1992, S. 76)

sozialen Aufstieg konstituiert, allerdings mit dem deutlichen Trend, daß der Aufstieg an die Hierarchiespitze um so unwahrscheinlicher wird, je größer die Distanz zur Herkunftsgruppe ist. Die bedeutendste Urache hierfür ist, daß der Weg in die soziale Gruppe der Führungskräfte i.d.R. über das Abitur, meistens aber über einen Hochschulabschluß führt. Letzterer ist allerdings nur noch eine notwendige, aber immer weniger eine hinreichende Bedingung für einen vorhersehbaren Karriereverlauf (*Beck* 1986). Neben dem „Selbstverständnis" guter bis sehr guter Abschlußnoten tritt zunehmend die Forderung nach „sozialen Qualifikationen". Diese korrelieren ihrerseits erheblich mit den unterschiedlichen „Sozialisationsstilen", die wiederum eine Konsequenz sozialer Herkunft darstellen. Ungleiche Bildungschancen sind ein wichtiger Grund für die Disproportionen im Sozialprofil der Eliten. Hierbei ist zu beobachten, daß *Frauen* (→*Frauen, Männer und Führung*) der soziale Aufstieg in die Machteliten noch seltener möglich ist, als Personen aus den unteren Schichten (*Winkler* 1990). 1968 waren es 40% und 1981 noch 31% (*Wildenmann* et al. 1982), denen der Aufstieg ohne Hochschulabschluß gelang.

Es existieren aber auch Eliten mit relativer sozialer Schließung, dies gilt z.B. für Führungspositionen in Wirtschaftsverbänden, in der FDP und im Militär (→*Militär, Führung im*). Der *Adel* ist noch immer überproportional im diplomatischen Dienst und in der Generalität vertreten (*Dornheim* 1990). Am ehesten gelingt der soziale Aufstieg aus der Unterschicht in die Führungsbereiche der Gewerkschaften und der SPD. 41% der führenden Gewerkschaftsfunktionäre und 42% der SPD-Funktionäre stammen aus der Arbeiterschaft bzw. den unteren Angestellten-Milieus. Dieser Entwicklungstrend läßt sich auch bei der Betrachtung gesamtgesellschaftlicher Mobilitätsprozesse bestätigen. Bezüglich der Generationsmobilität lassen sich die Entwicklungen in drei Thesen zusammenfassen (*Geißler* 1992):

– Die Gesellschaft der Bundesrepublik ist seit den 60er Jahren mobiler geworden.
– In den 70er Jahren sind insbesondere die Aufstiegschancen gestiegen, während die Bedrohung durch den sozialen Abstieg geringer geworden ist. Dieser Trend ist allerdings durch das erhöhte Arbeitslosigkeitsrisiko und das „System flexibel-pluraler Unterbeschäftigung" (*Beck* 1986) Ende der 80er und zu Beginn der 90er Jahre zu relativieren.
– Die zurückgelegten „Entfernungen nach oben" sind in den 70er Jahren größer geworden. Der Anteil der Söhne, die in der Herkunftsschicht ihrer Väter verblieben, sank von 70% (1955) auf 56% im Jahr 1969 (*Kaelble* 1983).

Anhand von Kohortenanalysen (Analyse von Geburtsjahrgängen) ist in den 70er Jahren ein erheblicher Schub der Aufwärtsmobilität bei gleichzeitigem Rückgang der Abwärtsmobilität zu beobachten gewesen. 1970 standen einem Abstieg 1,8 Aufstiege gegenüber, 1979 bereits 2,5 (*Noll* 1987). Hinter der geschilderten Entwicklung der Berufs- und Schichtungsstruktur ist einerseits die Expansion der Dienstleistungsberufe zu sehen (zur „Dienstleistungsgesellschaft": *Gross* 1983), und andererseits die Auswirkungen der „Bildungsexpansion", die breiten Bevölkerungskreisen eine

Eliten[1]	Beruf des Vaters							Ausbildung		Frauen-anteil
	Großunternehmer (mindest. 10 Beschäftigte) %	Spitzenbeamte u. -angestellte %	höhere Beamte u. leitende Angestellte %	mittlere u. kleine Selbständige (0-9 Beschäft.) %	mittlere Beamte und Angestellte %	Arbeiter u. kleine Angestellte %	Arbeiter %	Abitur %	Hochschulabschluß %	%
Politik (SPD)	0	5	20	11	22	42	32	65	55	5
Politik (CDU/CSU)	7	3	14	32	25	19	15	81	74	6
Politik (FDP)	17	21	25	21	13	4	–	84	68	12
Verwaltung	3	4	31	21	32	9	–	97	94	1
Wirtschaft	17	10	23	16	23	12	–	87	75	1
Wirtschaftsverbände	21	12	24	25	16	3	–	86	68	1
Gewerkschaften	0	1	7	13	18	61	46	20	8	7
Massenmedien	7	7	32	18	25	10	–	94	47	2
Wissenschaft	5	5	35	22	21	12	–	100	96	1
Militär	5	7	49	7	29	2	–	93	33	0
Kultur	8	11	30	22	20	10	–	89	71	7
Sonstige	5	3	32	22	25	14	–	83	71	7
Eliten insgesamt	9	7	27	20	24	15	11	85	69	3,4
Bevölkerung[2]	–[3]	–[3]		4	22	14	60	57	12	6

1) Der Fragebogen wurde an 3165 Inhaber von Spitzenpositionen in verschiedenen Funktionsbereichen verschickt, von denen 1744 ausgewertet werden konnten.
2) Diese Stichprobe umfaßt 444 Männer ab 40 Jahren. Sie ist also im Hinblick auf Alter und Geschlecht den Eliten vergleichbar. Ihr Sozialprofil weicht deutlich von der Berufsgruppenstruktur der Gesamtbevölkerung ab.
3) Wegen zu niedriger Zahlen wurden die Großunternehmer der Gruppe der Selbständigen und die Spitzenbeamten und -angestellten der Gruppe der höheren Beamten und leitenden Angestellten zugeschlagen.

Tab. 1: Soziale Herkunft westdeutscher Eliten 1981 (Geißler 1992, S. 84)

höhere Ausbildung und damit den Zugang zu qualifizierteren Berufen ermöglichten.

Bezüglich der *Perzeption* sozialer Ungleichheit, als Spiegelbild der gesellschaftlich wahrgenommenen *Legitimität* sozialer Ungleichheit, ergibt sich in der Bundesrepublik folgendes Bild. Aus der ALLBUS 1991 (Allgemeine sozialwissenschaftliche Umfrage) lassen sich folgende Untersuchungsergebnisse heranziehen. 51% der Befragten schätzten soziale Herkunft als wichtigen bis sehr wichtigen Einflußfaktor für die erwerbsbiographische Entwicklung ein. Ein relativ geringer Prozentsatz, im Vergleich zu „Bildung, Intelligenz und Fleiß", die von über 90% der Befragten als besonders wichtig eingeschätzt wurden (*Noll* 1992).

IV. Zur Konsistenz der sozialen Gruppe der Führungskräfte

Nachdem empirische Verteilung und Bezugsgrößen sozialer Herkunft skizziert wurden, bleibt festzuhalten, daß die Perzeption sozialer Herkunft im Alltag die jeweiligen Wirkungsvermutungen der Verortung von Individuen in der Sozialstruktur manifestiert. Je nach vermuteter Schichtzugehörigkeit bzw. Sozialisationserfahrung werden in der Sphäre der Erwerbsarbeit Rückschlüsse auf das aktuelle und zukünftige Leistungsverhalten von Personen gezogen. Dieses ist wiederum bedeutungsvoll für die Besetzung von Führungspositionen. Durch das stark gestiegene Qualifikationsniveau weiter Bevölkerungskreise wird soziale Herkunft in der „Leistungsgesellschaft" trotzdem nicht gegenstandslos. Im Gegenteil, soziale Herkunft dürfte im Rahmen der *Personalauswahl* (→*Auswahl von Führungskräften*) und *Personalentwicklung* (z.B. beim Assessment Center; *Kompa* 1985; →*Personalentwicklung als Führungsinstrument*) zu einem wichtigen, „bürokratisch verborgenen" Selektionskriterium geraten. Lediglich die Bedeutungsdimension sozialer Herkunft hat sich gewandelt: War die „richtige" soziale Herkunft in der Vergangenheit eine notwendige Bedingung zur Erlangung einer Führungsposition, ist sie heute (indirekt) das scheinbar notwendig gewordene Differenzierungskriterium für breite, hochqualifizierte Bevölkerungskreise zur Erlangung von Führungspositionen. Dem erhöhten Qualifikationsniveau steht nach wie vor eine begrenzte Anzahl von Führungspositionen in den gesellschaftlichen Institutionen gegenüber. Durch die Forderung nach „sozialen Zusatzqualifikationen" (→*Soziale Kompetenz*) für potentielle Führungskräfte – Qualifikationen, die in Bildungsorganisationen nur schwer vermittelbar sind – erhält soziale Herkunft, sozusagen „durch die Hintertür" der Personalabteilungen, eine entscheidende Bedeutung. Soziale Qualifikationen können aus der Perspektive der personalnachfragenden Organisation auch als Extrakt unterschiedlicher *Sozialisationsstile* wahrgenommen werden, die ihrerseits durch das System sozialer Ungleichheit entstehen.

Die abschließende Frage lautet, ob Führungskräfte eine eigenständige soziale Gruppe im gesellschaftlichen Gefüge darstellen. *Boltanski* (1990) hat, gestützt auf Interviews und eine umfangreiche Sekundäranalyse, die Gruppe der „*cadres*" (leitende Ingenieure) in Frankreich untersucht. Wichtiges Untersuchungsergebnis ist, daß für die Konstituierung der sozialen Gruppe der Führungskräfte neben „objektiven Merkmalen", wie Macht und Einkommen, insbesondere auch organisatorische und repräsentative Arbeit im sozialen Raum für ihre Entstehung von Bedeutung ist. Dies unterstreicht die Bedeutung sozialer Herkunft als Indikator für die Verfügbarkeit „sozialer Qualifikationen", wie Kommunikations- und Repräsentationsfähigkeit.

Literatur

Beck, U.: Risikogesellschaft. Frankfurt/M. 1986.
Boltanski, L.: Die Führungskräfte. Frankfurt/M. et al. 1990.
Bolte, K. M./Hradil, St.: Soziale Ungleichheit in der Bundesrepublik Deutschland. 6. A., Opladen 1988.
Boudon, R./Bourricaud, F.: Soziologische Stichworte. 2. A., Opladen 1992.
Dahrendorf, R.: Gesellschaft und Demokratie in Deutschland. 2. A., München 1968 (1. A.: 1965).
Derlien, H.-U./Pippig, G.: Die administrative Elite. In: *Landeszentrale für politische Bildung Baden-Württemberg* (Hrsg.): Eliten in der Bundesrepublik Deutschland, Reihe: Bürger im Staat. Stuttgart et al. 1990, S. 98–108.
Dornheim, A.: Adel. Selbstverständnis, Verhalten und Einfluß einer traditionellen Elite. In: *Landeszentrale für politische Bildung Baden-Württemberg* (Hrsg.): Eliten in der Bundesrepublik Deutschland, Reihe: Bürger im Staat. Stuttgart et al. 1990, S. 142–163.
Enke, E.: Oberschicht und politisches System in der Bundesrepublik Deutschland. Frankfurt/M. 1974.
Felber, W.: Eliteforschung in der Bundesrepublik Deutschland. Stuttgart 1986.
Fuchs, W. et al. (Hrsg.): Lexikon zur Soziologie. 2. A., Opladen 1988.
Geißler, R.: Die Sozialstruktur Deutschlands. Opladen 1992.
Gross, P.: Die Verheißungen der Dienstleistungsgesellschaft. Opladen 1983.
Hoffmann-Lange, U./Neumann, N./Steinkemper, B.: Konsens und Konflikt zwischen den Führungsgruppen in der Bundesrepublik Deutschland. Frankfurt/M. 1980.
Hoffmann-Lange, U.: Eliteforschung in der Bundesrepublik Deutschland. In: Das Parlament. Beilage: Aus Politik und Zeitgeschichte, B 47/83, 1983, S. 11–25.
Hoffmann-Lange, U.: Eliten in der modernen Demokratie. In: *Landeszentrale für politische Bildung Baden-Württemberg* (Hrsg.): Eliten in der Bundesrepublik Deutschland, Reihe: Bürger im Staat. Stuttgart et al. 1990, S. 11–27.
Hörning, K. H.: Gesellschaftliche Entwicklung und soziale Schichtung. München 1976.
Hörning, K. H./Gerhard, A./Michailow, M.: Zeitpioniere. Frankfurt/M. 1990.

Hradil, St.: Sozialstrukturanalyse in einer fortgeschrittenen Gesellschaft. Stuttgart 1987.
Jaeggi, U.: Die gesellschaftliche Elite. Bern 1961.
Kaelble, H.: Soziale Mobilität und Chancengleichheit im 19. und 20. Jahrhundert. Göttingen 1983.
Kompa, A.: Personalbeschaffung und Personalauswahl. 2. A., Stuttgart 1989.
Lenk, K.: „Elite" – Begriff oder Phänomen? In: Das Parlament, Beilage: aus Politik und Zeitgeschichte, B 42/82, 1982, S. 27–37.
Lüdtke, H.: Expressive Ungleichheit. Opladen 1989.
Michels, R.: Zur Soziologie des Parteiwesens in der modernen Demokratie. 4. A., Stuttgart 1989 (1. A. 1925).
Mills, C. W.: The Power Elite. New York 1956.
Mosca, G.: Die herrschende Klasse. München 1950.
Neuberger, O.: Führung. 2. A., Stuttgart 1985.
Noll, H.-H.: Schichtung und soziale Mobilität. In: Datenreport, 1987, Stuttgart 1988, S. 449–457.
Noll, H.-H.: Zur Legitimität sozialer Ungleichheit in Deutschland. In: *Mohler, P. Ph./Bandilla, W.* (Hrsg.): Blickpunkt Gesellschaft. 2, Opladen 1992, S. 1–20.
Pareto, V.: Traité de sociologie générale. 2 Bde., Lausanne 1917-1919.
Riesman, D.: The Lonely Crowd. New York 1953.
Schäfers, B.: Gesellschaftlicher Wandel in Deutschland. 5. A., Stuttgart 1990.
Scheuch, E. K.: Abschied von den Eliten. In: *Gossner, K.* et al. (Hrsg.): Das 19. Jahrhundert. München 1972, S. 326–344.
Schulze, G.: Die Erlebnisgesellschaft. Frankfurt/M. et al. 1992.
Weber, M.: Wirtschaft und Gesellschaft. 5. A., Tübingen 1985 (1. A. 1922).
Wildenmann, R. et al.: Führungsschichten in der Bundesrepublik Deutschland 1981. Mannheim 1982.
Winkler, G. (Hrsg.): Frauenreport '90. Berlin 1990.
Zapf, W.: Wandlungen der deutschen Elite. München 1965.

Soziale Kompetenz

Wolf Böhnisch, Brigitta Nöbauer

[s. a.: Arbeitsverhalten von Managern, empirische Untersuchung zum; Ausbildung an Managementinstitutionen; Effizienz und Führung; Fortbildung, Training und Entwicklung von Führungskräften; Führungsforschung, Inhalte und Methoden; Führungstheorien – Soziale Lerntheorie; Social Information Processing Theory; Vertrauen in Führungs- und Kooperationsbeziehungen.]

I. Problembezug; II. Begriff; III. Psychologische Konzepte sozialer Kompetenz; IV. Soziale Kompetenz in Organisationen.

I. Problembezug

Die Forderung nach besonderer Beachtung und Förderung sozialer (bzw. interpersonaler) Kompetenz wird vielfach im Zusammenhang mit bestimmten organisatorischen Konzepten, Instrumenten oder Aufgabenstellungen erhoben, in denen es darum geht, daß Vorgesetzte, Kollegen und Mitarbeiter erfolgreich interagieren. Gemeint ist damit meist eine nicht spezifizierte interaktive, kommunikative, auch emotionale Qualität, die zumindest implizit auch bestimmte Werthaltungen anderen Menschen gegenüber widerspiegelt.

Im organisationalen Zusammenhang wird soziale Kompetenz häufig mit Fragen wie Matrixorganisation, Projektmanagement, Gruppenfertigung, kollegiale Führungsgremien, Selbststeuerungskonzepte, MbO u. a. m. in Verbindung gebracht. Daneben werden besondere Aufgabenstellungen wie der Umgang mit schlechtstrukturierten Problemen, Konflikte in und zwischen Gruppen, gemeinsame Zielvereinbarungen, Mitarbeiterbeurteilung usw. hervorgehoben. In allen Fällen verspricht man sich von hoher sozialer Kompetenz, daß bestimmte betriebliche Problemstellungen auf einem qualitativ höheren Niveau einer Lösung zugeführt werden können. Damit verbindet sich gleichzeitig die Hoffnung, daß getroffene Entscheidungen nicht laufend zu revidieren sind.

Schließlich sollte das Ausmaß an sozialer Kompetenz bewirken, daß die Art der Problemlösung den Beteiligten auch in Zukunft ermöglicht, konstruktiv zusammenzuarbeiten.

II. Begriff

Soziale Kompetenz ist als relationaler Begriff zu verstehen, der die Anforderungen einer konkreten sozialen Situation und die spezifischen sozialen Fähigkeiten einer Person in Beziehung setzt. Er wurde erstmals von *White* (1959) als motivationale Quelle erkundenden Verhaltens definiert und als Persönlichkeitsmerkmal gesehen – eine Betrachtungsweise, die in neueren Ansätzen durch eine transaktionale Sichtweise ersetzt worden ist (z. B. *Meichenbaum* 1981; *Wrubel* et al. 1981; →*Transaktionale und Transformationale Führung*).

Heute können zwei generelle Ansätze differenziert werden: Ein „molarer" Ansatz definiert Kompetenz als die Fähigkeit, effektiv mit der Umwelt zu interagieren (z. B. *Wine* 1981; *Greif* 1983). Der Begriff schließt damit implizit oder explizit formulierte allgemeingültige Kriterien ein, an denen Kompetenz gemessen werden soll. In dieser allgemeinen Definition impliziert soziale Kompetenz nicht zwangsläufig prosoziales Verhalten. *Döpfner* (1989) formuliert ein allgemeines Kriterium für Effektivität und definiert soziale Kompetenz „als die Verfügbarkeit und angemessene Anwendung von aktionalen (d. h. verbalen und nonverbalen), kognitiven und emotionalen Verhaltensweisen zur effektiven sozialen Interaktion in einem spezifischen sozialen Kontext, so daß dieses Verhalten kurz- und langfristig ein Maximum an positiven und ein Minimum an negativen Konsequenzen hat und von der Umwelt als positiv, zumindest aber als akzeptabel bewertet wird" (*Döpfner* 1989, S. 2). Eine weniger an direkter externer Verstärkung orientierte Definition schlägt *Phillips* (1985) vor, der einerseits eigene Rechte, Bedürfnisse des Handelnden erfüllt sehen will, ebenso jedoch jene der sozialen Umwelt. Er betont damit Teilen, Reziprozität und Verantwortung und schließt manipulatives Verhalten ebenso wie Aggression, Druck usw. aus.

Diesen „molaren" Ansätzen stehen Komponentenmodelle sozialer Kompetenz gegenüber. Sie orientierten sich an konkreten situations-, aufgaben- und altersspezifischen Fähigkeiten unter Aspekten der Meß- und Trainierbarkeit (*Walters/Sroufe* 1983; →*Fortbildung, Training und Entwicklung von Führungskräften*). Die Effektivität einer Interaktion bestimmt sich hier am konkreten Kontext der Interaktion (*Hersen/Bellack* 1977; *Argyle* 1986; *Binsted* 1989).

Die Operationalisierung effektiven Handelns gilt als zentrale Schwierigkeit im Konzept sozialer Kompetenz. Ein möglicher Beitrag findet sich in der *Spieltheorie*. *Axelrod* (1988) sowie *Bierhoff/Müller* (1993) zeigen am klassischen Beispiel des Gefangenendilemmas, daß ein unter dem Gesichtspunkt des Selbstinteresses optimales Handlungsresultat nur durch Kooperation erreicht werden kann, wenn Handelnde interdependente, jedoch partiell konfligierende Ziele verfolgen und ihre Interaktionen sich über längere Zeit erstrecken.

III. Psychologische Konzepte sozialer Kompetenz

Der theoretische Kontext der Konzepte bestimmt sowohl Definitionen wie auch Analyse- und Trainingsmethoden sozialer Kompetenz. Psychologische Ansätze werden allgemein in verhaltenszentrierte und kognitive Konzepte differenziert (z. B. *Hollin/Trower* 1986; *Hinsch/Pfingsten* 1991). Diese Unterscheidung wird hier übernommen, jedoch relativiert bzw. weiter präzisiert.

1. Verhaltenszentrierte Konzepte

Diese Konzepte sind entweder den Theorien Watsons und Pawlovs zuordenbar, wie etwa *Salter* (1949) und *Wolpe* (1958), oder dem Paradigma des operanten Lernens verpflichtet, wie z. B. *Feldhege/Krauthan* (1979) und *Goldstein* (1978). Sie bewerten und trainieren soziale Kompetenz unter dem Aspekt *sichtbarer Verhaltensweisen*. *Wolpe* (1958) ging davon aus, daß Angst der entscheidende Faktor für mangelnde Selbstbehauptung sei und baute seine Trainings auf dem Prinzip der Gegenkonditionierung auf. Sein Anliegen war die *Beseitigung* der unangemessenen Verhaltensweisen. Im Gegensatz dazu zielen die an *Skinner* orientierten Verhaltenstrainings darauf ab, daß Personen effektive Verhaltensweisen *lernen* (*Keßler* 1982). Sie gehen davon aus, daß Individuen Handlungen in Abhängigkeit von deren Konsequenzen setzen bzw. unterlassen. *Feedback* erfüllt in diesem Modell die Rolle eines Verstärkers. Führungskräfte werden demnach als effektiv angesehen, wenn sie in der Lage sind, ihren Mitarbeitern ihre Erwartungen, Bewertungen der Leistungen und Konsequenzen gewünschter bzw. unerwünschter Verhaltensweisen zu signalisieren (*Komaki/Zlotnick* 1985). Auf Konditionierungsprozessen aufbauende Konzepte für Managementtrainings haben z. B. *Blanchard/Johnson* (1982) sowie *Blanchard/Lorber* (1984) entwickelt.

Auch die frühen Arbeiten Banduras (→*Führungstheorien – Soziale Lerntheorie*) dienen verhaltensorientierten Trainings als theoretische Basis (*Hinsch/Pfingsten* 1991; *Komaki/Zlotnick* 1985).

2. Kognitive Konzepte

Im Rahmen kognitiver Konzepte ist das Ausführen situationsadäquater Verhaltensweisen nur eine Komponente sozialer Kompetenz (*Meichenbaum* 1981). In diesem Zusammenhang wird zwischen „*skills*" und „*competence*" unterschieden (z. B. *Schlundt/McFall* 1985; *Meichenbaum* 1981; *Hollin/Trower* 1986). Während erstere nur die Verhaltensfertigkeiten bzw. das Verhaltensrepertoire bezeichnen, beinhaltet „competence" unter anderem auch die Fähigkeit, Fertigkeiten situationsadäquat zu koordinieren sowie aktiv ein positives soziales Umfeld zu gestalten bzw. zu erhalten.

Nach *Döpfner* (1989, S. 2) manifestiert sich soziale Kompetenz auf drei sich untereinander beeinflussenden Ebenen: kognitive, emotionale und aktionale soziale Kompetenz, wobei jeder dieser Ebenen unterschiedliche Komponenten („skills") zugeordnet werden können (Abb. 1).

a) Modelle der (sozialen) Informationsverarbeitung (Meichenbaum und Bandura)

Das Konzept Meichenbaums (→*Empirische Führungsforschung, Methoden der*) besteht aus folgenden interagierenden und voneinander abhängigen Komponenten: Verhalten, kognitive Prozesse und kognitive Strukturen. Kognitive Prozesse beziehen sich auf kognitive Fähigkeiten, Ewartungen sowie die Informationsverbeitung in sozialen Situationen, während kognitive Strukturen das Bedeutungssystem und damit die motivationalen und affektiven Strukturen einer Person umfassen und

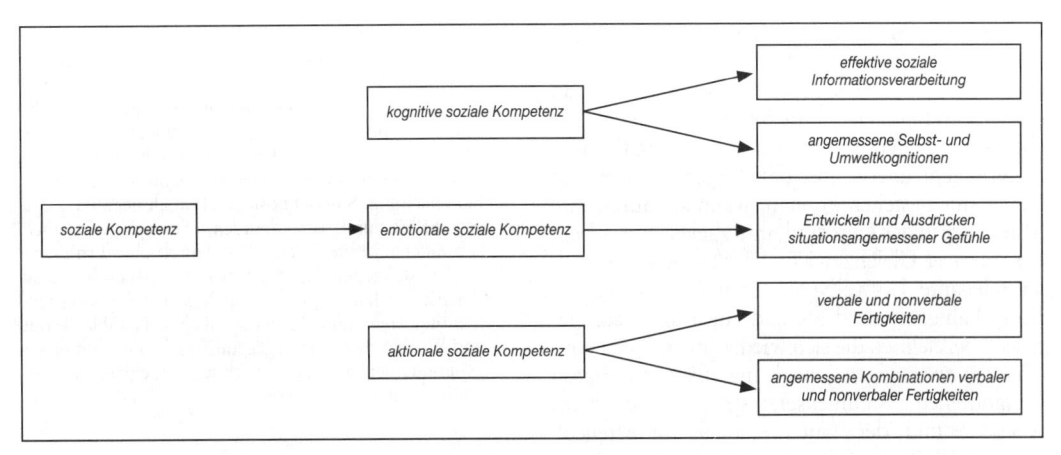

Abb. 1: Soziale Kompetenz auf kognitiver, emotionaler und aktionaler Ebene.

kognitiven Prozessen zugrunde liegen. Ziel des Trainings ist es, die automatisierten Kognitionen durch Bewußtmachen zu unterbrechen (*Meichenbaum* et al. 1981).

In Einklang mit Meichenbaum stehen auch Banduras Arbeiten zum reziproken Determinismus sowie zur Kompetenzerwartung (self-efficacy theory). Letztere besteht in der Überzeugung, ein bestimmtes Verhalten ausführen oder nicht ausführen zu können, und legt damit fest, ob kognitive Prozesse auch in Verhalten münden (*Bandura* 1977, 1979). Das ist insofern bedeutsam, als das Modell von einer laufenden wechselseitigen Beeinflussung von Bedeutungssystemen, Handlungen, kognitiven Prozessen und der Umwelt ausgeht und vollzogene Handlungen auf diese Elemente zurückwirken und sowohl eine Veränderung der Selbstwahrnehmung als auch eine geänderte Sichtweise der Umweltbedingungen nach sich ziehen können (*Bandura* 1977; *Meichenbaum* 1981). Einen wichtigen Ansatzpunkt für Trainings stellt daher auch die Veränderung der Kompetenzerwartung dar.

b) Modelle der Handlungssteuerung

(1) Argyle. Für *Argyle* (1981, 1986) entstehen soziale Fertigkeiten nach einem analogen Modell wie sensumotorische Fertigkeiten. Sein Ansatz basiert auf der Analyse der Merkmale von Interaktionssituationen, das sind vor allem Zielstruktur, Rollen, Regeln, Handlungselemente und -abfolgen sowie die physische Umgebung. Er entwirft, ähnlich wie später die *Handlungstheorie* (*Hacker* 1976; *Volpert* 1974; *Greif* 1983), ein Prozeßmodell der zielgerichteten bewußten Handlung. Das Individuum antizipiert die angestrebten Ergebnisse seines Handelns und entwirft auf dieser Grundlage Aktivitäten, die eine schrittweise Annäherung an dieses Ziel bewirken sollen. Die Rückmeldung über den Zielzustand (feed-back) ist ein wichtiges Element in diesem kybernetisch orientierten Modell (*Argyle* 1986). Sein Training ist auf die Bewältigung spezifischer Situationen gerichtet, die von der jeweiligen Trainingsgruppe als problematisch identifiziert werden (*Argyle* 1972, 1986).

(2) *Argyris*. Im Zentrum seiner Konzeption stehen handlungsleitende Hypothesen („theories of action"), die Annahmen über das Selbst, andere, Situationen, Beziehungen zwischen Handlung, Situation und Konsequenz beinhalten (*Argyris* 1990, 1992; *Argyris/Schön* 1977, 1989). Die Verfügbarkeit solcher adäquater Hypothesen ist ebenso wie das konkrete Verhalten selbst Bestandteil seiner Vorstellung von „skills". Handlungstheorien sind geleitet von Prämissen, die der Handelnde berücksichtigt, steuert und konstant zu halten versucht (*Argyris/Schön* 1989). Auch an sich effektive (im Sinne der Realisierung von Absichten und Zielen) handlungsleitende Theorien können kontraproduktiv sein, wenn sie auf Prämissen aufbauen, die zu nicht intendierten Konsequenzen führen (*Argyris* 1992). Effektivität im Sinne einer Zielerreichung ist somit ein unzureichendes Kriterium für adäquates Handeln bzw. Lernen. Veränderungen müssen vielmehr auch auf der Ebene der Handlungsprämissen stattfinden, ein Prozeß, den Argyris in Anlehnung an *Bateson* (1962) als *„double-loop learning"* bezeichnet (→*Interventionen und Führungseffizienz*).

IV. Soziale Kompetenz in Organisationen

Soziale Komptenz zeigt sich immer in einem situationsspezifischen Kontext. In diesem Zusammenhang ist es daher sinnvoll, neben allgemeinen Aussagen zu Inhalt, Messung, Veränderbarkeit sozialer Kompetenz die angesprochenen Konzepte auch im Kontext wirtschaftlich orientierter Organisationen zu betrachten. Am ehesten leisten hier die Arbeiten von Argyris einen Beitrag (*Argyris* 1962, 1965, 1971; *Argyris/Schön* 1974, 1978).

Grundlage des Konzeptes (*Argyris* 1962) sind die wechselseitigen Einflüsse zwischenmenschlicher Beziehungen und der formalen Organisation. Argyris geht davon aus, daß Organisationen auf Dauer nur bestehen können, wenn sie durch ihre Mitglieder in der Lage sind, ihre Ziele zu erreichen, ein internes Gleichgewicht herzustellen und sich an relevante Umweltveränderungen anzupassen. Diese Fähigkeit wird als „administrative competence" bezeichnet, die sich wiederum aus zwei voneinander abhängigen, jedoch analytisch trennbaren Bestandteilen zusammensetzt, der „technical competence" und der „interpersonal competence" (*Argyris* 1962).

In seinem Gedankengebäude zur interpersonalen Kompetenz behandelt Argyris im wesentlichen vier Kernfragen: das Wesen zwischenmenschlicher Beziehungen, den Einfluß sozialer Normen auf die interpersonale Kompetenz, das Wesen formaler Organisationen und schließlich die Veränderbarkeit der interpersonalen Kompetenz.

1. Zum Wesen zwischenmenschlicher Beziehungen

Hier verdeutlicht *Argyris* (1962, 1965) sein Grundverständnis von interpersonaler Kompetenz:

(a) Menschliches Verhalten in Gruppen bzw. in Organisationen vollzieht sich nicht wahllos, sondern unterliegt Gesetzmäßigkeiten und zeigt eine bestimmte Kontinuität. Die dem Verhalten zugrunde liegende Einheitlichkeit von Werten, Bedürfnissen, Fähigkeiten und Abwehrmechanismen des Menschen konstituiert als organisiertes Ganzes seine Persönlichkeit (*Argyris* 1962).

(b) Die Entwicklung der menschlichen Persönlichkeit ist vor allem ein zwischenmenschliches Phänomen, wobei Argyris dem Sozialisationsprozeß in der Familie besondere Bedeutung beimißt. Hier entwickeln sich die wesentlichen Züge des Selbst, und die Erfahrungen der kindlichen Sozialisation werden später auf neue Situationen wie Freundeskreis, Arbeitskollegen usw. übertragen (*Argyris* 1959, 1962; *Argyris/Schön* 1977).

(c) Nachdem das Individuum ein relativ stabiles Selbst aufgebaut hat, entwickelt es einen Filtermechanismus, durch den es seine Umwelt wahrnimmt und bewertet. Es wird tendenziell jene Erlebnisse akzeptieren, die mit seinem Selbst vereinbar sind und solche ablehnen, die zu zentralen Normen und Werten in Widerspruch stehen bzw. schwer in das Selbst integrierbar sind.

(d) Selbst- und Fremdakzeptanz sind untrennbar miteinander verbunden und gehören zu den Grundbedürfnissen des Menschen. Je größer die Bedrohung des Selbst und je schmerzhafter die bisherigen Bemühungen um Selbstakzeptanz, desto defensiver wird sich das Individuum verhalten. Damit vergibt es sich die Chance, hilfreiches Feedback zu erhalten. Individuelles Wachstum und Lernen sind also an soziale Beziehungen gebunden (*Argyris* 1962, 1965).

(e) Zwischenmenschliche Beziehungen, die die Qualität der Selbst- und Fremdakzeptanz erhöhen, sieht *Argyris* als entscheidende Quelle des Persönlichkeitswachstums an. Haben gleichzeitig auch andere Menschen in dieser Beziehung die Chance, ihre eigene Sensibilität zu steigern, so wird diese Beziehung als authentisch bezeichnet. Diese Beziehungen bauen auf ein wechselseitiges Geben und Nehmen auf und vermitteln dem andern kaum das Gefühl von Ausbeutung, Unterwerfung oder Beherrschung. Sowohl positive als auch negative Züge des Selbst und des anderen, Stärken wie auch Schwächen werden akzeptiert. Durch eine Erhöhung der Selbstakzeptanz eröffnen sich dem Menschen neue Wachstumschancen, indem die Person zu ihrer eigenen Identität steht und ihre tatsächlichen Gefühle, Ideen und Werte äußert, ihnen gegenüber offen ist, mit ihnen experimentiert und damit auch Risiken einzugehen bereit ist (*Argyris* 1962, 1965).

2. Zur Bedeutung sozialer Normen für das Verhalten und das Ausmaß an interpersonaler Kompetenz

Zentrales Konstrukt des Gedankengebäudes von Argyris sind soziale *Normen* in ihrem Effekt auf menschliches Verhalten. In diesem Sinne sind Normen Steuerungsgrößen, die das Verhalten des einzelnen in einem bestimmten sozialen Kontext massiv beeinflussen. Soziale Normen können die interpersonale Kompetenz fördern oder hemmen (*Argyris* 1962, 1965).

Entsprechend seiner theoretischen Basis entwirft *Argyris* (1965) drei dichotome Kategorien von Normen:

(a) *Individualität versus Konformität* bestimmt das Ausmaß, in dem eine Person sich selbst treu bleibt, d. h. sich des eigenen Verhaltens bewußt ist, Verantwortung für eigene Handlungen übernimmt und zu seinen individuellen Ideen, Werthaltungen und Gefühlen steht und diese mitteilt.

Individualität bedingt ein hohes Maß an Zivilcourage, wenn erwartet werden muß, daß das eigene Verhalten mit den Erwartungen und Wünschen der Umwelt in Widerspruch steht. Dies bedeutet auch, anderen die Chance zu eröffnen, sich selbst in ihrer Einzigartigkeit zu artikulieren und einzubringen.

Konformität bewirkt statt dessen ein angepaßtes, unkritisches Verhalten. Sie verhindert Verhaltensweisen, durch die Menschen ihre Ideen und Gefühle ehrlich ausdrücken und trägt damit zur Unterdrückung der Einzigartigkeit des einzelnen bei.

(b) *Anteilnahme versus Antagonismus* betrifft das Ausmaß an Offenheit für neue – möglicherweise unorthodoxe – Ideen und Gefühle und spricht damit vor allem die Chance zu lernen an.

Anteilnahme bedeutet, sich für andere tatsächlich zu interessieren und sie verstehen zu wollen. Dies ist von besonderer Bedeutung, wenn der einzelne mit dissonanten Informationen konfrontiert wird. Andere Personen werden ermutigt, neue Ideen und Sichtweisen einzubringen, wodurch die Erweiterung des eigenen Horizontes ermöglicht wird (*Argyris* 1962).

Antagonismus bezieht sich auf eine Sichtweise, in der andere Personen als Gegenspieler, Konkurrenten oder Feinde erlebt werden. Neue Informationen werden abgeblockt, herabgewürdigt oder widerlegt. Dadurch wird verhindert, sich mit neuen Ideen, Einstellungen und Gefühlen echt auseinanderzusetzen und die Grenzen des eigenen Bewußtseins zu erweitern (*Argyris* 1962, 1965, 1966).

(c) *Vertrauen versus Mißtrauen* bestimmt das Ausmaß, in dem die Person bereit ist, Risiken einzugehen und sich im eigenen Verhalten und dem Verhalten Dritter auf experimentelle Situationen einzulassen.

Vertrauen gestattet dem einzelnen, neuartige und bisher ungewohnte Verhaltensweisen zu erproben, die es ermöglichen, neue Informationen zu gewinnen und neue Erfahrungen zu sammeln. Das Risiko experimenteller Verhaltensweisen liegt darin, daß die Selbstakzeptanz des einzelnen in Frage gestellt wird. Konkret könnte dies bedeuten, durch andere übervorteilt, verlacht oder ausgenützt zu werden.

Umgekehrt bewirkt Mißtrauen ein Verhalten, durch welches die Person Situationen mit ungewissem Ausgang ausweicht. Sie vermeidet es, ungewohnte Pfade zu verlassen, versucht, sich abzusichern bzw. Schaden zu minimieren und vermag dadurch die sich bietenden Chancen nicht zu nutzen (*Argyris* 1962, 1965; *Argyris/Schön* 1989).

Insgesamt wird unterstellt, daß Individualität, Anteilnahme und Vertrauen Verhaltensweisen bewirken, die die soziale Kompetenz erhöhen. Als besonders bedeutsam werden von Argyris hier Anteilnahme, vor allem jedoch Vertrauen angesehen. Diese Ansicht deckt sich mit Ergebnissen aus der Spieltheorie. Hier wird – u.a. im klassischen „Prisoners Dilemma" – für kooperative Nichtnullsummenspiele Vertrauen als die zentrale Schlüsselgröße der Effektivität angesehen (*Axelrod* 1988).

Mit seinem Kategorienschema glaubt Argyris ein valides Instrument geschaffen zu haben, mit dem es gelingt, durch Zuordnung von Diskussionsbeiträgen in Problemlösungsgruppen die Frage nach dem Ausmaß sozialer Kompetenz zu beantworten. Jeder Diskussionsbeitrag wird sowohl auf der Ebene der Normen als auch auf jener des äußeren Verhaltens zugeordnet. Äußeres Verhalten kann entweder personal oder interpersonal orientiert sein. „Personal" meint das Verhalten des einzelnen in bezug auf sich selbst; „interpersonal" hinterfragt, inwieweit der einzelne dieses Verhalten bei anderen fördert. Des weiteren wird unterschieden, inwieweit Verhaltensweisen eher intellektuellen oder emotionalen Charakter aufweisen. „i-Beiträge" berücksichtigen ein Verhalten, das auf einer möglichst rationalen Argumentation aufbaut, „e-Beiträge" beziehen sich ausdrücklich auf Emotionen und explizite Gefühlsäußerungen (*Argyris* 1965).

3. Das Wesen formaler Organisationen

Organisationen entwickeln eigene Annahmen darüber, wie sich ihre Mitglieder zum Wohle des Ganzen zu verhalten haben. Diese Annahmen über „richtiges" Verhalten stellen Imperative dar, denen gegenüber sich die Person verpflichtet fühlt oder zumindest zu fügen hat und fungieren als Prämissen, unter denen sich menschliches Handeln in Organisationen vollzieht (*Argyris/Schön* 1989). In formalen Organisationen liegen nach Argyris dem Handeln typischerweise folgende Werte (Prämissen) zugrunde (*Argyris/Schön* 1977, 1989):

(a) Zwischenmenschliche Beziehungen sind allein auf das Erreichen der Ziele bzw. Aufgaben der Organisation auszurichten.
(b) Effektivität nimmt zu, wenn sich die Mitglieder rational und intelligent verhalten; sie nimmt ab, wenn die Mitglieder Gefühle beachten bzw. sich emotional verhalten.
(c) Zwischenmenschliche Beziehungen werden am effektivsten beeinflußt durch Anordnungen, Überwachung und Zwang sowie durch Belohnungen und Bestrafungen, die der Unterstützung rationalen Verhaltens dienen.

	Ebene I			Ebene II	
	Personal		Interpersonal	Soziale Normen	
+	experimentierfreudig	i/e	hilft anderen, experimentierfreudig zu sein i/e	Vertrauen	i/e
	offen	i/e	hilft anderen, offen zu sein i/e	Anteilnahme	i/e
	mitteilsam, getreu	i/e	hilft anderen, mitteilsam und getreu zu sein i/e	Individualität	i/e
0			———— Nullinie ————		
	nicht mitteilsam und getreu	i/e	hilft anderen nicht, mitteilsam und getreu zu sein i/e	Konformität	i/e
	nicht offen	i/e	hilft anderen nicht, offen zu sein i/e	Antagonismus	i/e
–	nicht experimentierfreudig	i/e	hilft anderen nicht, experimentierfreudig zu sein i/e	Mißtrauen	i/e

Abb. 2: Schema der Verhaltenskategorien nach Argyris (1965)

Beziehungen, die von diesen Werten (Prämissen) geleitet sind, bezeichnet Argyris als „Muster A-Welt". Diese Werte stehen einerseits im Widerspruch zum individuellen Bedürfnis nach authentischen Beziehungen und begründen einen Konflikt zwischen Individuum und Organisation, bei dem die Organisation die Oberhand behält und in ihren Mitgliedern immer eine mehr oder weniger große Frustration erzeugt (organizational dilemma). Diese Normen behindern jedoch auch die Effektivität der Interaktion innerhalb der Organisation und damit die Fähigkeit der Organisation, ihre Ziele zu erreichen.

Im wesentlichen gelingt es Argyris, seine Thesen empirisch zu stützen. Er konnte zeigen (*Argyris* 1962, 1965, 1966), daß Teilnehmer in Arbeitsgruppen dazu tendieren, ihre Beiträge so zu gestalten, daß sie mit den Normen Anteilnahme an und Konformität mit rationalen Argumentationen übereinstimmten. Die Anteilnahme war jedoch meist nur äußerlicher Natur: Die Personen waren selten tatsächlich offen für neue Anregungen, sondern brachten ihre eigenen Vorschläge in Übereinstimmung mit individualistischen und antagonistischen Normen ein. Nur selten wurde beobachtet, daß Personen in den Gruppensitzungen Gefühle zum Ausdruck brachten oder sich gegenseitig halfen, mitteilsam, offen oder experimentierfreudig zu sein.

Reber (1973) faßt diese Ergebnisse wie folgt zusammen:

Die Mitglieder der beobachteten Gruppen sprachen nur selten aus, was sie dachten, wenn es um wichtige Fragen ging und sie annahmen, daß ihre Beantwortung für ein Mitglied eine Bedrohung darstellte. Sie zogen es vor, „diplomatisch" zu sein. Unter diesen Bedingungen kommt es dazu, daß Informationen über unwichtige Dinge ungeschminkt weitergegeben werden. Bei der Diskussion wichtiger Themen war es schwer, exakte, vollständige und offene Informationen zu erhalten. Ebenso kam es nur selten vor, daß den Verantwortlichen die Wahrheit gesagt wurde, wenn sich eine Entscheidung als Fehlschlag herausgestellt hatte.

Insgesamt bleibt festzuhalten, daß es in den beobachteten Gruppen nur selten gelang, auf wichtige Fragen eine qualitativ hochwertige Antwort zu finden. Die geringe Qualität der akzeptierten Lösungen führte dazu, daß die Entschlüsse nicht lange aufrechterhalten werden konnten und daher die gleichen Probleme immer wieder zur Debatte standen.

4. Zur Veränderung sozialer Kompetenz

Organisationen stellen sich als Wissenssysteme dar. *Organisationales Wissen* ist in instrumentellen Handlungstheorien gespeichert, die ebenso wie wissenschaftliche Theorien die Form von Wenn-Dann-Aussagen besitzen. *Argyris/Schön* (1974, 1977) differenzieren zwischen Handlungstheorien, die die Organisationsmitglieder zu haben glauben bzw. vorgeben („espoused theory") und den tatsächlich handlungsleitenden Vorstellungen („theory-in-use"). Erstere verkörpern eher das Selbstbild der Organisation bzw. ihrer Mitglieder, während letztere implizite, meist unbewußte Handlungsstrategien darstellen. Den instrumentellen Handlungstheorien der Akteure sind Prämissen vorgelagert, die bestimmte Handlungsstrategien, Ziele und Sichtweisen in das Blickfeld rücken und andere verwehren. Diese Prämissen sind einerseits Produkte der Gestaltung hierarchischer Organisationsstrukturen und der damit verbundenen Koordination und Kontrolle, andererseits Produkt von Sozialisationsprozessen der Organisationsmitglieder. Sie finden einen bedeutenden Niederschlag in den typischen Normen der interpersonalen Welt, die durch Mißtrauen, Kontrolle, Konformität gekennzeichnet sind („Muster A-Welt").

Individuelle Lernprozesse sind eine notwendige, jedoch keine hinreichende Bedingung für organisationales Lernen (*Argyris/Schön* 1978). Lernen bedeutet ein offenes Testen und Neustrukturieren instrumenteller Handlungstheorien; das erfordert einerseits die Offenlegung der handlungsleitenden Vorstellungen, andererseits die Bereitschaft zur Verhaltensänderung (*Argyris/Schön* 1989). Das Bemühen nach sozialer Offenheit, Veränderung, Innovation usw. wird nur dann zu erwarten sein, wenn es gelingt, die den interpersonalen Beziehungen zugrunde liegenden Normen zu ändern. Dadurch wird es möglich, neue handlungsleitende Theorien zu generieren, die auch auf neuen Prämissen aufbauen. Argyris/Schön bezeichnen diesen Prozeß als „double-loop-learning" (*Argyris/Schön* 1974, 1989).

Argyris (1962, 1965, 1971) empfiehlt Individualität, Anteilnahme, vor allem jedoch Vertrauen in

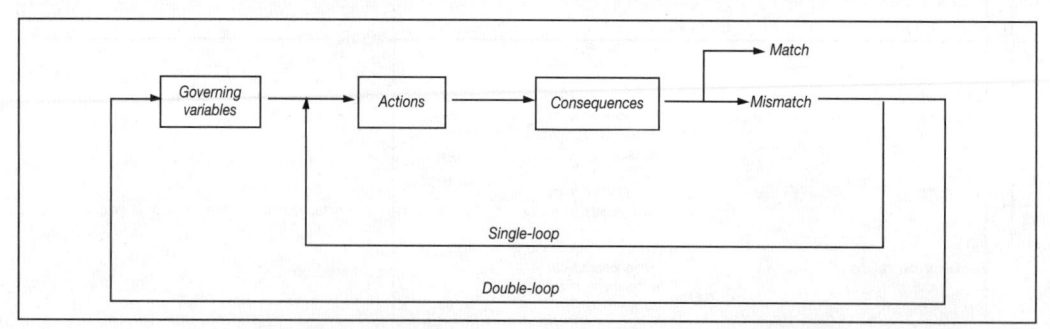

Abb. 3: Single-loop und Double-loop Lernen (Argyris 1993)

einem sozialen Erziehungsprozeß zu den gesellschaftlich allgemein akzeptierten Normen zu erheben. Dann, und nur dann, kann es einerseits gelingen, auf den höchsten Stufen menschlicher Bedürfnisse Befriedigung zu finden und andererseits die Effizienz interpersonaler Problemlösungsprozesse nachhaltig zu steigern.

Sein alternatives Modell („Muster B-Welt") zielt vor allem auf die Initiierung von Double-loop-Lernprozessen. Double-loop-Lernprozesse setzen die Verfügbarkeit und Kommunizierbarkeit alternativer Bezugsrahmen und Handlungsstrategien voraus. Vor allem in früheren Arbeiten sah Argyris *T-Gruppen* sowie non-direktive Therapieformen als adäquate Mittel für die Initiierung von Veränderungsprozessen an (*Argyris* 1962, 1964), sie wurden allerdings hinsichtlich der Transfer- und „back home"-Problematik vielfach kritisiert (z. B. *Argyle* 1972; *Argyle/Kendon* 1967). Somit ist bislang ein instrumentelles Vakuum geblieben.

Literatur

Argyle, M.: Social Skills and the Analysis of Situations and Conversations. In: *Hollin, C. R./Trower, P.* (Hrsg.): Handbook of Social Skills Training. Oxford 1986, S. 185–216.
Argyle, M.: Soziale Interaktion. Köln 1972.
Argyle, M.: The Contribution of Social Interaction Research to Social Skills training. In: *Wine, J. D./Smye, M. D.* (Hrsg.): Social Competence. New York et al. 1981, S. 261–286.
Argyris, C./Schön, D. A.: Organizational Learning: A Theory of Action Perspective. Reading et al. 1977.
Argyris, C./Schön, D. A.: Theory in Pratice: Increasing Professional Effectiveness. 10. A., San Francisco et al. 1989.
Argyris, C.: On Organizational Learning. Oxford 1922, 2. A., 1993.
Argyris, C.: Interpersonal Barriers to Decision Making. In: HBR, 1966, S. 84–97.
Argyris, C.: Interpersonal Competence and Organisational Effectiveness. Homewood, Ill. 1962.
Argyris, C.: Management and Organizational Development. New York 1971.
Argyris, C.: Organization and Innovation. Homewood 1965.
Argyris, C.: T-Groups for Organizational Effectiveness. In: HBR, 1964, S. 60–74.
Argyris, C.: „The Incompleteness of Social-Psychological Theory." In: Am. Psych., 1969, S. 893–908.
Axelrod, R.: Die Evolution der Kooperation. München 1988.
Bandura, A.: Principles of Behavior Modification. New York 1969.
Bandura, A.: Self-efficacy: Toward a Unifying Theory of Behavioral Change. In: PR, 1977, S. 191–215.
Bandura, A.: Sozial-kognitive Lerntheorie. Stuttgart 1979.
Bateson, G.: Steps to an Ecology of Mind. New York 1972.
Bierhoff, H. W./Müller, G. F.: Kooperation in Organisationen. In: Zeitschrift für Arbeits- und Organisationspsychologie, 1993, S. 42–51.
Binsted, D.: Developments in Interpersonal Skills Training. 2. A., Aldershot 1989.

Blanchard, K./Lorber, R.: Putting the One Minute Manager to Work: How to Turn Three Secrets into Skills. New York 1984.
Blanchard, K./Johnson, S.: The One Minute Manager. New York 1982.
Borgart, E. J.: Kognitive Teilprozesse sozialer Kompetenz. Diss. Universität Münster 1982.
Döpfner, M.: Soziale Informationsverarbeitung – ein Beitrag zur Differenzierung sozialer Inkompetenzen. In: Zeitschrift für pädagogische Psychologie, 3, 1989, S. 1–8.
Feldhege, F.-J./Krauthan, G.: Verhaltenstrainingsprogramm zum Aufbau sozialer Kompetenz (VTP). Berlin et al. 1979.
Goldstein, A. P.: Strukturierte Lerntherapie. München 197.
Greif, S.: Soziale Kompetenzen. In: *Frey, H./Greif, S.* (Hrsg.): Sozialpsychologie. München 1983, S. 312–320.
Hersen, M./Bellack, A. S.: Assessment of Social Skills. In: *Ciminero, A. R./Calhoun, M. S./Adams, H. E.* (Hrsg.): Handbook of Behavioral Assessment. New York 1977, S. 509–554.
Hinsch, R./Pfingsten, U.: Gruppentraining sozialer Kompetenzen (GSK). 2. A., Weinheim 1991.
Hollin, C. R./Trower, P.: Social Skills Training: Critique and Future Development. In: *Hollin, C. R./Trower, P.* (Hrsg.): Handbook of Social Skills Training. Oxford 1986. S. 237–257.
Keßler, E.: Zur Effektivität von Verhaltenstraining und rational-emotiver Therapie im Selbstsicherheitstraining. Diss. Münster 1982.
Komaki, J. L./Zlotnick, S.: Toward Effective Supervision in Business and Industry. In: *L'Abate, L./Milan, M. A.* (Hrsg.): Handbook of Social Skills Training and Research. New York 1985, S. 539–554.
Meichenbaum, D./Butler, L./Gruson, L.: Toward a Conceptual Model of Social Competence. In: *Wine, J. D./Smye, M. D.* (Hrsg.): Social Competence. New York et al. 1981, S. 36–60.
Meichenbaum, D.: Cognitive Behavior Modification. In: *Kanfer, F. H./Goldstein, A. P.* (Hrsg.): Helping People Change. New York 1986, S. 346–380.
Metcalfe, B. M. A./Wright, P.: Social Skills Training for Managers. In: *Hollin, C. R./Trower, P.* (Hrsg.): Handbook of Social Skills Training. Oxford 1986, S. 125–154.
Phillips, E. L.: Social Skills: History and Prospect. In: *L'Abate, L./Milan, M. A.* (Hrsg.): Handbook of Social Skills Training and Research. New York 1985, S. 3–21.
Reber, G.: Personales Verhalten im Betrieb. Stuttgart 1973.
Salter, A.: Conditioned Reflex Therapy. New York 1949.
Schlundt, D. G./McFall, R. M.: New Directions in the Assessment of Social Competence and Social Skills. In: *L'Abate, L./Milan, M. A.* (Hrsg.): Handbook of Social Skills Training and Research. New York 1985, S. 22–49.
Walters, E./Sroufe, L. A.: Social Competence as a Developmental Construct. In: Developmental Review, 1983, S. 79–97.
White, R. W.: Motivation Reconsidered: The Concept of Competence. In: PR, 1959, S. 297–333.
Wine, J. D.: From Defect to Competence Models. In: *Wine, J. D./Smye, M. D.* (Hrsg.): Social Competence. New York et al. 1981, S. 3–35.
Wolpe, J.: Psychotherapy by Reciprocal Inhibition. Stanford 1958.

Spitzenverfassung der Führung

Knut Bleicher

[s. a.: Delegative Führung; Effizienz der Führung; Führungsgrundsätze; Kooperative Führung; Leitziele der Führung; Manager- und Eigentümer-Führung; Mitbestimmung, Führung bei; Organisationskultur und Führung; Organisationsstrukturen und Führung; Unternehmungsverfassung und Führung.]

I. Wesen und Elemente der Unternehmungsverfassung; II. Grundprobleme der Gestaltung von Spitzenverfassungen; III. Aktuelle und zukünftige Anforderungen an eine entwicklungsorientierte Spitzenverfassung von Unternehmungen.

I. Wesen und Elemente der Unternehmungsverfassung

1. Die rahmengebende Wirkung der Unternehmungsverfassung für die Führung der Unternehmung

Die *Unternehmungsverfassung* (→*Unternehmungsverfassung und Führung*) läßt sich als *Grundsatzentscheidung über die gestaltete Ordnung* einer Unternehmung verstehen. Sie steht dabei in enger Bindung zur gesamtgesellschaftlichen Ordnung. Abhängig von der *Rechtsform* einer Unternehmung ist die Unternehmungsverfassung selbst zunächst als *Summe von Rechtsnormen* zu sehen, die in der für die Unternehmung relevanten Gesetzgebung schriftlich verankert ist. Sie legt somit nach Maßgabe des Handels-, Gesellschafts- und Mitbestimmungsrechts eine von außen vorgegebene, dem unmittelbaren Einfluß der Unternehmung entzogene Rahmenordnung fest. Innerhalb des verbleibenden Autonomiebereichs der Unternehmung können diese Vorgaben durch weitere interne, *eigen-gesetzte* Regelungen konkretisiert werden. Soweit dieser Ordnungsrahmen formalisiert ist, findet er seinen Niederschlag in Statuten, in *Leitlinien,* in der Geschäftsordnung, in Geschäftsverteilungsplänen und anderen Dokumenten (*Chmielewicz* 1981) (→*Führungsgrundsätze*). Die Unternehmungsverfassung bestimmt somit quasi als „Grundgesetz" der Unternehmung über ihre *konstitutiven,* normativen Vorgaben die Gestaltungsfreiräume und -grenzen für die Unternehmungsmitglieder. Die Verfaßtheit einer Unternehmung wirkt dabei zunächst nach *außen* und beeinflußt hier über die Generalisierung von Verhaltenserwartungen den Umgang von Mitgliedern der Umsysteme mit der Unternehmung. Nach *innen* entfaltet sie ihre Wirkung, indem sie inhaltliche und formelle Freiräume und Formen der Zusammenarbeit für die Mitglieder einer Unternehmung definiert (→*Führungsrollen;* →*Kooperative Führung*), die Orientierung und Ordnung vermitteln. Die Unternehmungsverfassung regelt *Kompetenzen* und schafft *Legitimation* für Organe und Personen und greift damit grundlegend in die *Machtstruktur* (→*Führungstheorien – Machttheorie*) einer Unternehmung ein. Zusammen mit der sozio-emotional orientierten, informal wirkenden *Unternehmungskultur* (→*Organisationskultur und Führung;* →*Führungsphilosophie und Leitbilder*) steckt dann die eher sach-rational und formal ausgelegte Unternehmungsverfassung den Rahmen für die intendierten normativen Vorgaben der *Unternehmungspolitik* ab.

2. Der Regelungsauftrag der Spitzenverfassung

Im normativen Gestaltungsverbund von Unternehmungspolitik, Unternehmungskultur und Unternehmungsverfassung im Zuge einer *integrierten Unternehmungsführung* (*Bleicher* 1992) interessieren für die Unternehmungsverfassung insbesondere die *konstitutiven Regelungen* von Rechten und Beziehungen, die dem Prozeß des *externen Interessenausgleichs* aller an der Unternehmung beteiligten Interessengruppen zugrunde liegen, sowie die Art der dabei erstrebten *Konfliktregelung* (→*Konflikte als Führungsproblem*). Hinzu tritt die *Ausgestaltung des inneren Aufbaus* der Unternehmung unter Nutzung rechtlicher und organisatorischer Gestaltungsmöglichkeiten zur Verfolgung ökonomischer Zwecke. Im ersten Fall beginnt sich die Bezeichnung „Spitzenverfassung der Unternehmung" durchzusetzen, dem im Englischen der Begriff der „corporate governance" entspricht. Für die stärker auf den konstitutiven Binnenaufbau der Unternehmung zielende Beziehungsgestaltung spielt das Kriterium der gewährten internen Autonomie in rechtlicher, wirtschaftlicher und sozialer Hinsicht die entscheidende Rolle. Diese mehrheitlich strukturell wirkenden Teiltatbestände der Verfaßtheit einer Unternehmung lassen sich unter dem von Klaus *Chmielewicz* (1984) geprägten Begriff der *Organisationsverfassung* einer Unternehmung zusammenfassen und wirken direkt in den realisierten *Leitungsstrukturen* (→*Organisationsstrukturen und Führung*) einer Unternehmung weiter.

II. Grundprobleme der Gestaltung von Spitzenverfassungen

Die Gestaltung der *Spitzenverfassung* von Unternehmungen wirft eine Reihe von Fragen auf, die teils den Gesetzgeber, teils den autonomen Gestaltungsbereich der Unternehmung betreffen. *Regelungsdichte, Monismus* oder *Pluralismus* der Interessenberücksichtigung, *Ein- oder Mehrstufigkeit* von Geschäftsführung und Überwachung sowie *Kollegialität oder Direktorialität* der Führung sind dabei grundlegende Fragen für die Ausgestaltung einer Spitzenverfassung.

1. Regelungsdichte

Bei der organisatorischen Gestaltung der Führungsspitze stellt sich insbesondere die Frage, inwieweit diese durch zwingende gesetzliche Vorschriften vorgegeben oder im Autonomiebereich der Unternehmung geregelt werden soll (*Rühli* 1979). Zum einen kann das Gesetz *zwingend* bestimmen, welchen Organen in welcher Zusammensetzung Geschäftsführung, Überwachung und Vertretung der Unternehmung zustehen. Zum anderen kann ein Gesetz *subsidiär* die gesetzlichen Regelungen nur dann greifen lassen, wenn keine Entscheidungen über die Führungsorganisation getroffen werden.

2. Monismus/Pluralismus

Die Entwicklung von Unternehmungsverfassungen in einzelnen europäischen Ländern legte zunächst Entscheidungen über die allgemeine Zielsetzung und Politik der Unternehmung ausschließlich in die Hände der *Kapitaleigner* (*Steinmann/Gerum* 1978). Allein das Kapitaleigentum legitimierte Entscheidungen und Herrschaft in der Unternehmung und bedingte die Einordnung der Mitarbeiter in eine zumeist autoritär-patriarchalisch geprägte Leitungsstruktur. Eine derartig *monistische Auffassung* läßt für die Kooperation verschiedener Interessen keinen Platz. Die Geschäftsführung verlangt jedoch besondere Fähigkeiten und Fertigkeiten, die durch das Eigentum an der Unternehmung nicht automatisch gegeben sind. Mit fortschreitender Industrialisierung und einem wachsenden Interesse einer *pluralistischen* Gesellschaft an der Unternehmung wurden die interessenmonistischen Strukturen zunehmend obsolet (*Ulrich* 1977), was auch in einer stärkeren Streuung des Aktienbesitzes zum Ausdruck kam. Die institutionelle Verankerung dieser Interessen ist mittlerweile Gegenstand der Theorie einer *pluralistischen Unternehmungsverfassung* (*Krüger* 1979; *Steinmann* 1969; *Steinmann/Gerum* 1978; *Raisch* 1973; *Ulrich* 1977). Insbesondere mit dem rechtlich kodifizierten Ausbau der *Mitbestimmung* (→*Mitbestimmung, Führung bei*) fand eine grundlegende Umgestaltung der Verfassungsstrukturen statt. Den gesellschaftlichen Forderungen nach „... weitergehender Humanisierung und Demokratisierung der Arbeitswelt..." (*Ulrich* 1987, S. 163) wurde durch eine *partizipativ-kooperative Beteiligung* der Mitarbeiter bzw. ihrer Interessenvertreter am unternehmungspolitischen Prozeß durch ihre Einbindung in die Spitzenorganisation Rechnung getragen (z. B. durch eine paritätische Besetzung des Aufsichtsrats).

3. Einstufigkeit/Mehrstufigkeit

Obwohl die Rahmenstrukturen für die Organisation der Unternehmungsspitze in einzelnen Ländern nach Art und Umfang unterschiedlich geregelt sind (vgl. unter 1.), ist in den Aktiengesetzen der verschiedenen Länder dennoch eine *gemeinsame Überlegung erkennbar*: Wenn – wie gesehen – nicht sichergestellt werden kann, daß die besonderen Fähigkeiten und Fertigkeiten zur Geschäftsführung durch das Eigentumsrecht an einer Unternehmung automatisch gegeben sind, müssen die Verfügungsrechte über die Unternehmungsressourcen einem *professionalisierten Management* übertragen werden können, das hauptsächlich mit der *Geschäftsführung* betraut wird. Im Sinne von „*Checks and Balances*" (→*Kontrolle und Führung*) verlangt eine derartige teilautonome Delegation von Rechten (→*Delegative Führung*) jedoch gleichzeitig die Einbindung in einen Pflichtenkatalog, etwa der Information und Rechenschaftslegung sowie die unabdingbare Anbindung dieses Personenkreises an Personalentscheidungen der Delegierenden. Damit diese sinnvoll den Delegationsbereich der Geschäftsführung handhaben können, stehen ihnen neben der *Personalhoheit* vor allem *Überwachungsrechte* und – in einigen verfassungsrechtlichen Rahmen – auch *Genehmigungs- und Mitentscheidungsrechte* bei zentralen Sachfragen zu.

Bis zu diesem Punkt kann eine Gemeinsamkeit der Einschätzungen im internationalen Rahmen (→*Kulturabhängigkeit der Führung*) vermutet werden. Von hier ab divergiert jedoch die weitere Argumentation: Während im *angelsächsischen Bereich* der verschiedenen Corporate Laws und auch im *schweizerischen Obligationenrecht ein* Organ geschaffen wird, das die Interessen der Anteilseigner sowohl im Hinblick auf die Überwachung als auch auf die Geschäftsführung wahrnimmt (Board of Directors, bzw. Verwaltungsrat), wird das *deutsche Modell* von *zwei Organen* getragen: Der *Vorstand* übernimmt die Geschäftsführung, der *Aufsichtsrat* die Überwachung der Geschäftsführung des Vorstandes, wozu er auch mit der Personalhoheit über den Vorstand ausgestattet wird (*Koontz* 1971). Im angelsächsischen Modell werden Überwachungs- und Geschäftsführungsfunktionen von einem Spitzenorgan, dem *Board of Directors*, wahrgenommen. Im *schweizerischen Obligationenrecht* findet sich eine *besondere Variante des Vereinigungsmodells*. Hier sind zwar grundsätzlich Überwachungs- und Geschäftsführungsfunktionen in einem Organ, dem *Verwaltungsrat*, vereinigt. Da es diesem jedoch offensteht, Funktionen der Geschäftsführung einem oder mehreren Delegierten zu übertragen, engt sich die Tätigkeit des Verwaltungsrats weitgehend auf die Überwachung ein. Damit nimmt das schweizerische Modell im Vergleich der beiden Grundmodelle der Spitzenverfassung eine mittlere Stellung ein.

4. Kollegial-/Direktorialprinzip

Die Organisation der Spitzenleitung wirft auch die Frage nach ihrer personalen Besetzung auf. Damit werden auch die Vor- und Nachteile des *Kollegialprinzips*, wie es im deutschen Aktiengesetz verwirklicht wurde, gegenüber dem *Direktorialprinzip* (*Gutenberg* 1962; *Kosiol* 1976), wie es sich im CEO-Prinzip der Board-Verfassung (*Thomée* 1974) amerikanischer Gesellschaften fast durchweg findet, thematisiert.

Direktoriale Arbeitsformen der Führungsspitze sind zwangsläufig verwirklicht, wenn die oberste Instanz nur mit einer Person besetzt ist *(Singularinstanz)* (*Kosiol* 1976). Die *kollegiale* Arbeitsform der Führungsspitze ist in ihrer reinsten Form dann realisiert, wenn deren Mitglieder gleichberechtigt sind und sie Entscheidungen nach dem Einstimmigkeits- oder dem Mehrheitsgrundsatz treffen *(Pluralinstanz)* (*Gutenberg* 1962). Die Vorteile des Kollegialprinzips liegen in der Möglichkeit der *Selbstkontrolle* (→*Kontrolle und Führung*), die das Entstehen einer omnipotenten dominierenden Stellung einer Person im Ansatz verhindert. Auch ist die Möglichkeit gegeben, in Zeiten gestiegener *Komplexität* Entscheidungen in stärkerem Maße *arbeitsteilig* zu bewältigen. Die Nachfolge ist im kollegialen Vorstand, der eine *Kontinuität* der Entscheidungsbildung stärker sichert als eine direktoriale Führungsform, an sich leichter zu lösen. Nachteilig wirkt sich das Kollegialprinzip jedoch aus, indem es Entscheidungen durch *Politisieren und Taktieren* verzögern kann, *Ressortinteressen* vor ganzheitliche Unternehmungsbetrachtungen stellt und die Zuweisung von *Verantwortlichkeiten* mit den einzelnen Entscheidungen innerhalb des Spitzenorgans erschwert. Zur Bewältigung gestiegener *Dynamik* ist das Kollegialprinzip somit wenig geeignet.

Im Vergleich zum Kollegialprinzip liegen die Vorteile des Direktorialprinzips in der Vereinheitlichung der Willensbildung und damit in *eindeutigen Entscheidungen,* seiner *raschen* Aktions- und Reaktionsfähigkeit, einer *straffen Unternehmungsführung* sowie der *Erleichterung* der Beziehungen zwischen Führung und Überwachung (*Arbeitskreis Dr. Krähe* 1971; *Kosiol* 1976). Als Nachteil läßt sich insbesondere die recht *umfangreiche Führungsarbeit* nennen, die von einer einzelnen Person zu bewältigen ist. Hierunter leidet zumeist auch die unternehmungspolitisch-strategische Entwicklung der Unternehmung (*Bleicher* 1983). Hinzu tritt, daß einer einzelnen Person an der Spitze der Unternehmung eine zu *große Machtstellung* eingeräumt wird, die nur sehr schwer ausreichend überwacht werden kann (*Deppe* 1973) und zumeist eine kooperative Führung erschwert. Nicht selten sind mit einer ausgeprägten direktorialen Führung *Nachfolgeprobleme* (→*Führungsnachfolge*) verbunden.

III. Aktuelle und zukünftige Anforderungen an eine entwicklungsorientierte Spitzenverfassung von Unternehmungen

Die Gestaltung der Spitzenverfassung der Unternehmung ist derzeit aus verschiedenen Anlässen heraus problematisiert worden.

1. Gesellschaftliche Verantwortung als Problemfeld einer Gestaltung der Spitzenverfassung

Immer häufiger wird die berechtigte Frage gestellt, ob Unternehmungen mit ihren vergangenheitsgeprägten und heute noch weitgehend vorfindbaren Spitzenstrukturen ihrer *gesellschaftlichen Verantwortung* gerecht werden (*Dyllick* 1982). Es nimmt daher nicht wunder, daß von verschiedenen Seiten versucht wird, Einfluß auf die Gestaltung der Unternehmungsverfassung zu nehmen, um auf diesem Weg die gesellschaftliche Verantwortung der Unternehmung zu institutionalisieren. Dies geschieht über die Realisierung zweier prinzipieller Forderungen:

a) Pluralistische Konzepte zur Interesseneinbindung wesentlicher Bezugsgruppen in die Unternehmungsverfassung

Hier ist zunächst mit R. E. *Freeman* (1984) auf die Diskussion um den sog. „*stakeholder*"-Ansatz (als Gegenpol zum traditionellen „*shareholder*"-Ansatz) zu verweisen (→*Manager- und Eigentümerführung*). Gefordert wird hierbei entweder qua gesetzlicher Regelung eine Verankerung von Personen in die Spitzenorgane von Unternehmungen, die als Repräsentanten von gesellschaftlichen Bezugsgruppen gelten können, wie dies z. B. über die Mitbestimmungsgesetze realisiert wurde, oder eine Interesseneinbindung durch die freiwillige Aufnahme von Konsumentenanwälten, Umweltschützern, Minoritäten etc., wie sie vor allem in der Spitzenverfassung amerikanischer Corporations bereits praktiziert wird.

Interessengruppen zu berücksichtigen und ihre Vertreter in Unternehmungen zu bestellen, ist aber nach wie vor eine der problembehafteten Fragen der Spitzenverfassung von Unternehmungen. Im Zuge der *zunehmenden Vernetzung von Wirtschaft und Gesellschaft* verlangen sowohl die Binnenbeziehungen von *Arbeitnehmern, Anteilseignern und Management* als auch die Außenbeziehungen zu *Lieferanten, Verbrauchern* und die Einordnung in das gesamte *politisch-gesellschaftliche System* nach einer gebührenden Berücksichtigung in der Normvorgabe einer zukunftsführenden, interessenverpflichteten Unternehmungsverfassung (*Bleicher* 1992).

b) Schließen der Überwachungslücke gegenüber der Spitzenführung

Um sicherzustellen, daß das obere Management aus gesellschaftspolitischem Verantwortungsbewußtsein heraus handelt, ist eine *Intensivierung der Überwachung* seiner Tätigkeit geboten. Dabei ist die zunehmende Professionalisierung des Managements herauszustellen, die nicht immer von einer gleichgerichteten Entwicklung bei den Trägern der Überwachungsaufgabe (→*Kontrolle und Führung*) getragen wird. Auf der einen Seite steht eine zunehmende *Professionalisierung des Managements* im Vordergrund, die sich in der Erfüllung seiner Führungsaufgaben, der Bereitstellung ständig weiterentwickelter Strukturen, Systeme, Methoden und Instrumente des Managements und wachsender intimer Kenntnisse der innerbetrieblichen Verhältnisse ausdrückt. Hinter dieser Entwicklung bleiben die *Mitglieder des Überwachungsorgans* auf der anderen Seite zunehmend zurück.

Als Fazit bleibt festzuhalten, daß sich zwischen Führung und Überwachung eine zunehmend deutlicher werdende *Lücke* in der realistischen Abschätzung der effektiven Unternehmungsentwicklung und der Machbarkeit unternehmungspolitischer und strategischer Vorhaben auftut (*Bleicher* 1987).

Als Ansätze für eine Intensivierung der Überwachung des oberen Managements durch das Spitzenorgan (Verwaltungs- oder Aufsichtsrat) können die positiven Erfahrungen amerikanischer Corporations mit der Arbeitsweise eines „*sounding boards*" herangezogen werden, der sich im Vorfeld mit „emergenten" Problemen auseinandersetzt und somit als „Reflektionsboden" für die unternehmungspolitischen und strategischen Vorhaben dient, die durch das Management zu lösen sind (*Baumberger* 1990).

2. Flexibilisierung von Strukturen als Problemfeld einer Gestaltung der Spitzenverfassung

Ein weiterer aktueller Problemkreis einer Gestaltung der Spitzenverfassung von Unternehmungen ist in der Flexibilisierung von Strukturen der Unternehmung zu sehen.

Viele Unternehmungen waren bislang nach dem rechtlichen Prinzip der *Einheitsgesellschaft* strukturiert. Um die entstandenen komplexen Unternehmungsstrukturen zu flexibilisieren und die Unternehmungsspitze zu entlasten, wird auf der normativen Ebene der Unternehmungsverfassung zunehmend von der Form der (*Management-)Holding* Gebrauch gemacht, welche die Unternehmungsentwicklung lenkt und gestaltet (*Bühner* 1992; *Keller* 1990; *Schulte* 1992). Die einzelnen rechtlich-organisatorischen Einheiten sollen so autonomer und flexibler agieren und eine positive Motivationswirkung bei den Leistungen rechtlich selbständig agierender Einheiten erzeugt werden. Als nicht unwesentlicher Nebeneffekt werden damit Anpassungen an die wirtschaftliche Entwicklung über den Kauf und Verkauf ganzer – rechtlich selbständiger – Bereiche erleichtert.

Literatur

Arbeitskreis Dr. Krähe: Arbeitskreis Dr. Krähe der Schmalenbach-Gesellschaft: Die Organisation der Geschäftsführung – Leitungsorganisation. 2. A., Opladen 1971.
Baumberger, H. U.: Ansätze für einen wirkungsvollen Verwaltungsratseinsatz in schweizerischen Aktiengesellschaften. In: *Bleicher, K./Schmitz-Dräger, R.* (Hrsg.): Unternehmerisches Handeln – Wege, Konzepte und Instrumente. Festschrift zum 65. Geb. v. H. Siegwart. Bern 1990, S. 63–84.
Biland, Th.: Die Rolle des Verwaltungsrats im Prozeß der strategischen Unternehmungsführung. Diss. St. Gallen 1989.
Bleicher, K.: Organisationskulturen und Führungsphilosophien im Wettbewerb. In: ZfbF, 1983, S. 135–146.
Bleicher, K.: Der Aufsichtsrat im Wandel. Gütersloh 1987.
Bleicher, K.: Das Konzept Integriertes Management. 2. A., Frankfurt/M. et al. 1992.
Bleicher, K./Leberl, D./Paul, H.: Unternehmensverfassung und Spitzenorganisation. Wiesbaden 1989.
Brose, P.: Erkenntnisstand und Perspektiven von Unternehmensverfassungen aus interdisziplinärer Sicht. In: AG, 1984, S. 38–48.
Bühner, R.: Management-Holding. Landsberg a. Lech 1992.
Chmielewicz, K.: Unternehmungsverfassung. In: DBW, 1981, S. 484–486.
Chmielewicz, K.: Aktuelle Probleme der Unternehmensverfassung aus betriebswirtschaftlicher Sicht. In: DBW, 1984, S. 11–24.
Chmielewicz, K./Forster, K.-H. (Hrsg.): Unternehmensverfassung und Rechnungslegung in der EG. ZfbF, Sonderheft 29. Düsseldorf et al. 1991.
Deppe, W.: Vorrang, Arten und Einflußfaktoren der Willensbildung in betrieblichen Führungskollegien. Herne et al. 1973.
Dyllick, Th.: Gesellschaftliche Instabilität und Unternehmungsführung. Bern et al. 1982.
Freeman, R. E.: Strategic Management: A Stakeholder Approach. Boston 1984.
Gutenberg, E.: Unternehmensführung, Organisation und Entscheidungen. Wiesbaden 1962.
Keller, Th.: Unternehmungsführung mit Holdingkonzepten. Köln 1990.
Koontz, H.: The Corporate Board and Special Interests. In: Business Horizons, 1971, S. 75–82.
Kosiol, E.: Organisation der Unternehmung. 2. A., Wiesbaden 1976.

Krüger, W.: Stand und Entwicklung der Lehre von der Unternehmungsverfassung. In: DBW, 1979, S. 327–346.
Raisch, P.: Unternehmensrecht 1. Reinbek bei Hamburg 1973.
Rühli, E.: Rechtsnormen als Determinante der Leitungsorganisation und des Führungshandelns in der Unternehmung. In: *Heigl, A./Wecker, P.* (Hrsg.): Betriebswirtschaftslehre und Recht. Wiesbaden 1979, S. 153–170.
Schulte, Ch.: Holding – Strategien – Erfolgspotentiale realisieren durch Beherrschung von Größen und Komplexität. Wiesbaden 1992.
Steinmann, H.: Das Großunternehmen im Interessenkonflikt. Stuttgart 1969.
Steinmann, H./Gerum, E.: Reform der Unternehmungsverfassung. Methodische und ökonomische Grundüberlegungen. Köln et al. 1978.
Theisen, M. R.: Die Überwachung der Unternehmungsführung. Stuttgart 1987.
Thomée, F.: Das Boardsystem – Eine Alternative zum Aufsichtsrat? In: ZFO, 1974, S. 185–191.
Ulrich, H.: Unternehmungspolitik. 2. A., Bern et al. 1987.
Ulrich, P.: Die Großunternehmung als quasi-öffentliche Institution. Eine politische Theorie der Unternehmung. Stuttgart 1977.
Witte, E.: Die Verfassung der Unternehmen als Gegenstand betriebswirtschaftlicher Forschung. In: BW, 1978, S. 331–340.

Sport, Führung im

Hans Lenk

[s. a.: Anerkennung und Kritik als Führungsinstrumente; Autorität; Konflikte als Führungsproblem; Konflikthandhabung; Kontrolle und Führung; Sanktionen als Führungsinstrumente; Zielsetzung als Führungsaufgabe.]

I. Problemstellung; II. Mannschaftsführung: autoritär oder demokratisch geleitetes Training; III. Mannschaftsinterne Führungsprobleme.

I. Problemstellung

Im Bereich des Sports kann man vier grundlegende Fragestellungen zur Führung unterscheiden: (1) *Führung in Verbänden;* (2) *Vereinsführung;* (3) *Mannschafts- und Gruppenführung von außen* (durch Betreuer, Trainer, Lehrer usw.); (4) *gruppen- und mannschaftsinterne Führungsstrukturen*.

Die Fragen der Führung in den Sportverbänden stellen sich ebenso wie jene der Führung in Verbänden allgemein. Dieser Beitrag beschränkt sich folglich auf die Führungsprobleme (3) und (4) (Hinweise auf einige Sonderprobleme des Sports bei den Problemen (1) und (2) finden sich bei *Lenk* 1972 und bei *Timm* 1979).

II. Mannschaftsführung: *autoritär oder demokratisch geleitetes Training?*

Die Führungsprobleme zwischen Betreuern, Trainern und in geführten Sportgruppen sollen exemplarisch am Beispiel des Hochleistungsmannschaftssports und hier besonders der Rudermannschaften diskutiert werden. Dabei werden eigene Erfahrungen als Aktiver sowie als Trainer von Meistermannschaften zugrunde gelegt.

Die Ergebnisse zahlreicher amerikanischer sozialpsychologischer Untersuchungen von Leistungs-, Diskussions- und Freizeitgruppen (*Lippitt/White* 1952; *Lewin/Lippitt* 1955; *Fiedler* 1958; *Myers/Fiedler* 1966) lassen sich kurz so skizzieren: Man unterschied drei Führungsstile: den ‚autoritären‘, den ‚demokratischen‘ und den ‚*Laissez-faire-Typ*‘. (Beim letzteren wurde nur die Aufgabe gestellt, der Lösungsweg mußte von der Gruppe ganz selbständig gesucht werden.)

Als Ergebnis fand sich: ‚Autoritäre‘ Führer erwiesen sich typischerweise als stärker aufgaben- und leistungsorientiert als ‚demokratische‘, die eher personenorientiert waren und eine „gute Stimmung" in der Gruppe der hohen Leistung vorzogen. Die ‚autoritären‘ Führer bewerteten darüber hinaus die ‚am wenigsten geschätzten Mitarbeiter‘ (→*Führungstheorien – Situationstheorie*) viel niedriger als die ‚demokratischen‘.

Die *Leistung* war in ‚demokratischen‘ und ‚autoritär‘ geführten Gruppen im Durchschnitt etwa gleich. Es ergab sich als feinerer Unterschied, daß bei äußerst scharfer direkter Kontrolle und bei extrem wenig direkten Kontrollmöglichkeiten aufgabenorientierte sowie ‚autokratische‘ Führung einen höheren Gruppenerfolg verbürgte, während bei einem mittleren Maß direkter Kontrolle eher eine personenorientierte bzw. ‚demokratische‘ Führung eine hohe Gruppenleistung ermöglichte.

Die *Gruppenstimmung* war in ‚demokratisch‘ geführten Gruppen freundlicher. Auf die ‚autoritäre‘ Führung reagierten die Versuchspersonen unzufrieden – und zwar entweder aggressiv gegen die Führer und gegeneinander – oder mit apathischer Unterwerfung. Im ersten Fall war die Leistung oft etwas höher als beim ‚demokratischen‘ Führungsstil, nämlich bei sehr scharfer Kontrolle. – Wer aber apathisch reagierte, zeigte kaum noch Leistungswillen. Hierauf setzte schnell ein Leistungsschwund ein. Weitaus am geringsten blieb der Leistungsstand beim Laissez-faire-Typ: Den gar nicht Angeleiteten gelang es nicht, kooperativ zu planen und eine Gruppenentscheidung zu finden.

Da der Laissez-faire-Typ im Mannschaftstraining selten vorkommt, lassen sich hier in erster Linie die beiden Typen ‚autoritäre‘ (oder verschärft die ‚*autokratische*‘) *Trainingsführung* und ‚demokratische‘ (partizipatorische) Anleitung unterscheiden.

Ihre Diskussion soll hier auf der Basis einiger Untersuchungen von Spitzenrudermannschaften erfolgen.

Bei der ‚autoritären' Trainingsleitung dirigiert der Trainer allein durch Befehle jede Trainingsfahrt der Mannschaft – bis hin zur einzelnen Bewegung (genaues Vorschreiben des Pensums und jeder Art und Maßnahme jedes Trainings). Nicht nur das Trainingsprogramm, sondern auch die Wettkampfstarts und die Mannschaftszusammensetzung werden den Sportlern von außen her – vom Trainer und vom Vereinsvorstand – unwiderruflich vorgeschrieben. Die Athleten haben auf jede Selbständigkeit, auf jede Mitsprache zu verzichten. Diese ‚autoritäre' Form der Trainingsleitung war und ist am weitesten verbreitet.

Bei der *‚demokratischen'* oder partizipatorischen *Trainingsart* trainiert die Mannschaft sehr häufig allein. Sie trifft oft überhaupt nur am Wochenende an einem gemeinsamen Trainingsort zusammen (sog. „Ferntraining"). Anhand einer groben Rahmenanweisung gestalten die Sportler ihr Trainingsprogramm und kontrollieren sich auch selbst. Die taktischen Vorbereitungen leisten gemeinsame Gespräche. Beobachtungen und Vorschläge der Ruderer, Erfahrung und Rat des Trainers münden zu gleichen Teilen in die Strategie, ohne die Spitzenrennen heute nicht mehr erfolgreich bestritten werden können.

Der ‚demokratische' Stil der Trainingsleitung wird allerdings nicht so häufig gepflegt, obwohl er bereits vor drei Jahrzehnten durch das Schlagwort des englischen Trainers Fairbairn bekannt wurde: „Trainiere den Mann, sich selbst zu trainieren!" In der Realität kommen meist Mischformen vor: der Akzent ist mehr oder weniger zu einem der Pole hin verschoben. Entscheidend ist, ob die Trainierten eine Möglichkeit der *Mitgestaltung,* der selbständigen Beeinflussung des Trainings durch Diskussion, haben oder nicht. Die Athleten können sich den Trainingsvorschlägen des Trainers und dessen Erfahrung u. U. auch ohne Diskussion fügen: Wissen sie dabei, daß ihre Stimme gehört und gleichberechtigt in der Diskussion berücksichtigt würde, falls sie einmal anderer Meinung sein sollten, so ist der Stil bereits dem ‚demokratischen' sehr nahe gekommen.

Welcher der beiden Stile, ein Training zu leiten, ist im Hochleistungssport, etwa im Rudern, zweckentsprechender, erfolgreicher? Welche Vor- und Nachteile hat jeder?

In den letzten Jahrzehnten errangen sowohl ausgeprägt ‚autoritär' (mit starker direkter Kontrolle) (→*Kontrolle und Führung*) als auch ‚demokratisch' (mit einem mittleren Maß an direkter Kontrolle) geführte Rudermannschaften höchste internationale Erfolge. Als ein wesentlicher Einflußfaktor ist zu berücksichtigen, eine wie starke unmittelbare Kontrolle der Trainer ausüben will, und ob er dieses Vorhaben durchhalten kann.

Nicht dagegen bestätigte sich im Rudertraining, daß ‚demokratische' Führer (Trainer) eher personen- als aufgaben- und leistungsorientiert seien (Bales, Fiedler) – im Gegenteil ist die Leistungsorientierung des Trainers durchaus mit der ‚demokratischen' Führung vereinbar, und bei den einzelnen ‚demokratisch' Geführten ist die Leistungsorientierung sogar größer als in ‚autoritär' geleiteten Mannschaften. Personenorientierung kann auch anders gedeutet werden: als persönliches Vertrauen des Trainers zu jedem seiner Sportler, daß dieser auch allein (etwa im Ferntraining) das vereinbarte Trainingspensum absolviert, ohne sich zu ‚schonen'. In diesem Falle schlössen sich Personen- und Leistungsorientierung keineswegs aus. Dagegen scheint es charakteristisch bei ‚autoritär' geleiteten Trainingsgruppen, daß viele Trainingsleute sofort den ‚Spargang' einschalten, wenn der Trainer nur einmal wegblickt! Das ‚demokratisch' geleitete Training ist natürlich anstrengender. Dennoch zogen alle befragten Ruderer entschieden den ‚demokratischen' Stil vor, selbst wenn sie an den ‚autoritären' Trainingsstil gewöhnt und unter ihm sehr erfolgreich waren. Bei den ‚autoritär' geführten Mannschaften stellte sich oft sogar eine oppositionelle Haltung gegen die Trainingsleitung ein. Die Ruderer fühlten sich unterdrückt – und nur, um nicht aus dem Leistungsverband ausgeschlossen zu werden, gehorchten sie murrend. Affekte, Aggressionen wurden nun vermehrt auf den Trainer projiziert, und dieser übertrug die bei ihm entstehende Gereiztheit, seine Affekte auf die Ruderer zurück.

In manchen ‚autoritär' gelenkten Mannschaften bildete sich übrigens eine mehr oder weniger heimliche, also von der Trainingsleistung weder geplante noch gewünschte, *innere ‚demokratische' Opposition* aus: Z. B. in zwei international erfolgreichen Vierermannschaften, in denen der Schlag- bzw. der Steuermann die eigentlichen ‚demokratischen' Trainingsleiter waren. Die Ruderer spielten nach außen Gehorsam, entschieden aber dennoch davon unabhängig ‚demokratisch' über die Fragen der Renn- und Trainingstaktik.

Ein Konflikt zwischen den Athleten und der äußeren ‚autoritären' Leitung beschwört fortwährend die Gefahr herauf, daß der Leistungswille durch eine apathische Reaktion geschwächt wird.

Auch in vielen ‚demokratisch' geführten Mannschaften entstanden zwar Spannungen und Konflikte (→*Konflikte als Führungsproblem*). Es bildete sich meist eine innere Konkurrenz oder ein Konflikt zwischen den Ruderern heraus, aber selten ein Autoritätskonflikt zur Trainingsleitung, wenn der Trainer eine achtungsgebietende Persönlichkeit war. Innere Kokurrenz stachelt zudem die Leistungsmotivation an. Die Gefahr, daß die Mannschaft in Leistungsapathie verfällt oder auch nur in der Leistungsmotivation nachläßt, ist viel geringer. Da die Spitzenmannschaften heute nahezu gleich gut veranlagt und gleich gut trainiert sind, entscheidet immer mehr die psychische Leistungsbereitschaft, die Motivation, über den Erfolg. Die psychische Beanspruchung im Training ist heute derart hoch, daß die einsichtige innere Beteiligung des Sportlers, das volle Einverständnis immer wichtiger werden, damit alle Motivationsreserven freigesetzt werden können. Einverständnis ist unter ‚demokratischen' Formen leichter zu erzielen als unter ‚autoritären'. Der einzelne Ruderer ist selbst an der Diskussion und der Entscheidung über die taktische Rennplanung und die Trainingsprobleme beteiligt. Daher identifiziert er sich stärker mit dem Lösungsweg, auf den sich die Mannschaft geeinigt hat, als es unter Befehlszwang möglich wäre. Er erlebt diese Mannschaftsentscheidung zumindest teilweise als seine eigene Entscheidung.

In den allermeisten Fällen ist es dem Trainer nur möglich, ein mittleres Maß an direkter Kontrolle (→*Kontrolle und Führung*) auszuüben. Er kann einfach nicht immer da sein und seine Augen überall haben. Dann aber führt nach den praktischen Erfahrungen die ‚demokratische' Leitung des Trainings zu höherer Gruppenleistung.

Insgesamt und auf lange Sicht ist für den Trainer die ‚demokratische' Leitung doch zeitsparender. Es lassen sich auch mit dem einmal eingeübten ‚demokratischen' Stil viel mehr Mannschaften zugleich anleiten als mit dem ‚autoritären'. ‚Demokratische' Anleitung erzieht zur Selbständigkeit und bereitet den Athleten besser als die Gewöhnung an Vorschriften darauf vor, plötzlich auftretende Zwischenfälle im Wettkampf allein zu meistern. Denn dort steht ihm kein Trainer zur Seite.

Zweifellos stellt jedoch die *‚demokratische' Methode höhere Anforderungen an Trainer und Athleten*. Daher kann sie nicht als Allgemeinrezept empfohlen werden. Sie ist keineswegs für alle Mannschaften zweckvoll. Für intelligente Studentenmannschaften einer höheren Leistungsklasse mag sie angebracht sein, aber nicht für eine Jugend-Anfängermannschaft. Hier muß der Akzent mehr hin zum autoritären Pol gesetzt werden.

Das Problem der Trainingsführung ist in Mannschaftssportarten wie etwa dem Rudern viel schwieriger zu lösen als etwa bei Einzelkämpfern der Leichtathletik. Eine Mannschaft muß immer gelenkt werden, damit eine erfolgreiche Aktion überhaupt zustande kommt, insbesondere auch dann, wenn sich ein Führungskonflikt in der Mannschaft selbst ausprägt.

III. Mannschaftsinterne Führungsprobleme

In Mannschaften entwickeln sich charakteristischerweise Vorzugs- oder gar Cliquenstrukturen, denen unterschiedliche Typen von Konflikten entsprechen, auf die hier nicht eingegangen werden kann (vgl. *Lenk* 1970). Im folgenden kann nur auf die Führungskonflikte und damit verbundenen internen Regulationsproblemen (→*Konflikthandhabung*) von Sportmannschaften eingegangen werden. Als hilfreich erwies sich dabei die Soziometrie nach *Moreno* (*Naschold* 1954). Cliquenstrukturen, Ablehnungskonstellationen sowie Führungskonkurrenzen lassen sich mit ihrer Hilfe plastisch herausarbeiten. Untersucht wurden bundesdeutsche Meisterachter (so etwa der Olympiasieger 1960, Weltmeister 1962 und 1966, Europameister 1963, Olympiazweiter 1964). Die Diskussion muß hier auf die Führungsprobleme beschränkt werden. Cliquenkonflikte in Mannschaften gehen oft mit Führungskonflikten Hand in Hand. Vielfach läßt sich gar nicht entscheiden, ob die konkurrierenden Führungspersonen in der Mannschaft um sich herum eine Clique sammeln oder ob sie erst von den bestehenden Cliquen in die offenstehende Rolle ihres Anführers gedrängt werden. Manchmal aber sind der Cliquenkonflikt und der Führungskonflikt von so verschiedener Stärke, daß der eine von ihnen den anderen völlig überspielt. So hatte im Olympiasiegerachter von 1960 der Führungskonflikt, der sich in der soziometrischen Kapitänswahl andeutete, neben dem übergewichtigen Konflikt zwischen den gleichstarken Vereinscliquen praktisch keine Bedeutung.

Anders im Weltmeisterachter von 1962–63: Erst durch die Spannungen zwischen den beiden Ruderern, die eine Führungsrolle beanspruchten, kam ein vorher nur verdeckt angelegter Cliquenkonflikt zur Entwicklung und zum offenen Ausbruch. – Die Kapitänswahl weist hier ein bedeutungsvolles Kuriosum auf: Im *Soziogramm* treten die Führungskandidaten in völlig gleichartiger Stellung auf (Abb. 1). Die beiden Kandidaten d und e wurden jeweils von zwei anderen Ruderern gewählt, und beide wählten sich auch selbst.

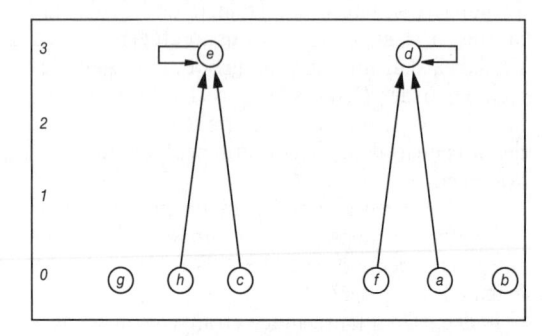

Abb. 1: Kapitänswahl Weltmeisterachter 1962

Auffällig ist fernerhin, daß die Ruderer c und f ihre Stimme über die Grenze der bestehenden vollständigen Leistungsclique der Mitglieder a, b, c, d hinweg abgaben. Das zeigt: die Cliquenbildung war

1962 noch nicht in Antipathiegefühlen verfestigt und der Führungskonflikt war von der Auftrennung der Mannschaft in Clique und Ausgeschlossene wenigstens zum Teil noch unabhängig. Die völlige Stellungsgleichheit der beiden Führungskandidaten in diesem Achter offenbart, wie labil die Führung, die Autoritätsverteilung, innerhalb der Mannschaft war. Uneinigkeiten mußten entstehen, wenn sich die Mannschaft selbständig entscheiden sollte und sich die Vorschläge der beiden Leitruderer unterschieden. Der Weltmeisterachter von 1962 war somit nicht in der Lage, sich selbständig zu entwickeln und zu leiten. Hier konnte nur eine äußere Autorität (der Trainer) die Mannschaft führen und als Einheit zusammenhalten. Es ließ sich 1962 voraussagen, daß die Mannschaft sich noch in zwei einander bekämpfende Gegencliquen aufspalten würde. Die Leistungsablehnungen müßten sich zu Antipathien verschärfen – besonders zwischen den Leitruderern, und die Mannschaft würde heftigen Führungskämpfen ausgesetzt. Genau dies trat ein, wie die Ablehnungssoziogramme derselben Mannschaft 1963 zeigten. Die Ablehnungen hatten sich nun deutlich verschärft. Sämtliche Außenstehenden (jetzt nur noch drei an der Zahl: e, f, g) erhielten zwischen drei und fünf ablehnende Stimmen aus der Leistungsclique: Bis auf eine einzige rein emotionelle Nennung kreuzten jetzt alle Ablehnungen die Cliquengrenzen. Die Ablehnungen waren nun ausgeprägt gruppendynamisch. Der Cliquenkonflikt war ausgebrochen – und ineins damit der Führungskampf. Denn die Führungspersonen lehnten sich nun in allen Ablehnungssoziogrammen scharf gegenseitig ab. Tatsächlich standen sich jetzt zwei miteinander konkurrierende und einander bekämpfende Cliquen gegenüber, die sich jeweils um die beiden Leitruderer e und d scharten. Wegen der entnervenden Führungskämpfe wurden die beiden Ruderer e und d sowohl als Boots- wie als Zimmerkameraden erheblich deutlicher abgelehnt als 1962. Besonders das Soziogramm der Kapitänswahl hatte sich gegenüber dem Vorjahr entscheidend gewandelt (Abb. 2).

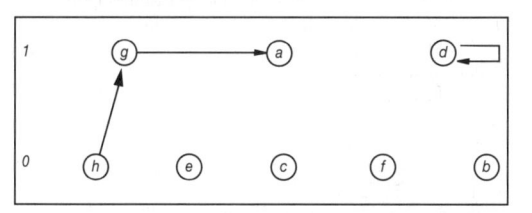

Abb. 2: Kapitänswahl Europameisterachter 1963

Zeigt bereits die verstärkte Ablehnung der Führungspersonen, daß die Mannschaft 1963 die Führungskonflikte nicht mit Anerkennung honorierte, so offenbart sich dies erst recht im Soziogramm der Kapitänswahl von 1963: Die Mannschaft hat das Zutrauen zu den 1962 gewählten Führungsruderern verloren, nachdem die Konflikte offen ausgebrochen waren. Fünf Ruderer scheuten sich, überhaupt einen anderen zum Kapitän zu wählen. Einer von ihnen, und zwar der Cliquenführer d, gab sich selbst die Stimme. Der andere Führungsruderer e enthielt sich jeder Nennung. Die Mannschaft hatte gar keine innere Führung, keine klare Autoritätsverteilung, aufzuweisen. Sie konnte also nur noch durch die Autorität des Trainers im gemeinsamen Hinarbeiten auf das erstrebte Ziel (Europameisterschaft und Aussicht auf Olympiateilnahme im nächsten Jahr) zusammengehalten werden.

Trotz des heftigen Führungskonflikts errang die Mannschaft die Europameisterschaft – wiederum gegen den schärfsten Gegner der vorjährigen Weltmeisterschaft. Sie war, an den Trainingszeiten gemessen, sogar etwas leistungsstärker geworden. Und dies trat trotz aller Konflikte ein. Selbst heftige Führungskonflikte brauchen also die Leistungsstärke der Mannschaft nicht merklich zu mindern. Dieses Ergebnis widerspricht manche z.T. heute noch gängigen harmonistischen Thesen von Sozialpsychologen.

Ein ähnliches, fast symmetrisches Führungsdual so wie im Weltmeisterachter 1962, und Führungsspannungen entwickelten sich auch im sonst allerdings wesentlich harmonischeren Weltmeisterachter von 1966. In diesem Weltmeisterachter bildete sich das Führungsdual im Gegensatz zum Titelvorgänger nicht parallel oder in Wechselwirkung mit einem Cliquenkonflikt heraus. Die Führungsspannung in diesem Weltmeisterachter von 1966 beruhte ausschließlich auf der persönlichen Konkurrenz der beiden gleichermaßen routinierten Führungskandidaten, die jeder die Führungsrolle für sich beanspruchten. Deshalb hatte der Führungskonflikte nicht ein so entscheidendes Gewicht wie der im Welt- und Europameisterachter von 1962–63. Vielleicht kam er auch deswegen nicht zum offenen Ausbruch. Der Führungskonflikt schwelte untergründig. Er wirkte sich aber ebenfalls nicht nachteilig auf die Leistung aus.

In den meisten untersuchten leistungsstarken Achtermannschaften bildete sich ein Führungsdual, eine Führungsspannung oder gar ein Führungskonflikt heraus. Finden sich in einer Mannschaft zwei Ruderer, welche die Rolle eines Leitruderers oder Wortführers beanspruchen, so geraten sie in der Regel in eine typische Führungskonkurrenz.

Allerdings gilt das nicht in jedem Fall: Eine Führungsspannung muß sich nicht notwendig entwickeln, selbst dann nicht, wenn zwei soziometrisch ausgezeichnete Spitzenpersonen in dem Achter sitzen, wie das Beispiel eines anderen Renngemeinschaftsachters, des aus Spandau von 1964, zeigte.

Überhaupt ist die in Zwangsgruppen (wie Schulklassen) übliche Rollenspaltung und -spannung zwischen den Beliebtesten und dem Tüchtigsten in Sportmannschaften eher die Ausnahme (auch bei Ballmannschaften [Veit]): In mehr als vier Fünfteln der Fälle gehört einer der Leistungsstärksten zu den Beliebtesten und nur etwa zur Hälfte zu den am wenigsten beliebten. Die Einflußstärke eines Mannschaftsmitgliedes wächst anscheinend sowohl mit der Beliebtheit als auch mit der Tüchtigkeit (Leistungsstärke, Routine) – mit der letzteren sogar etwas stärker. Führungskonflikte in Sportmannschaften entzünden sich kaum an diesen Eigenschaften.

Übrigens zeigt sich am Spandauer Beispiel ganz deutlich, was auch in den anderen, leistungsstärkeren Mannschaften als Tendenz sichtbar wurde und was sich inzwischen an englischen Ligafußballmannschaften bestätigt hat: Leistungsorientierte Mannschaften neigen dazu, sich Mannschaftskapitäne zu wählen, die sich besonders stark um die Beziehungen unter den Mannschaftskameraden kümmern, die eine hohe *interaktive Orientierung* aufweisen.

Führungskonflikte erzeugen besondere Aufgaben für den Trainer (Betreuer). Ein nicht allzu starker Führungskonflikt vermindert zwar die Leistungsstärke der Mannschaft nicht, wenn der Trainer geschickt die Entscheidung anstehener Fragen steuert, wenn also keine Situation zu lange ohne die nötige Entscheidung andauert. Selbst *demokratische Trainer,* die den Ruderern eine beträchtliche Mitbestimmung einräumen, müssen aber bei Mannschaften mit Führungskonflikten für die Sportler entscheiden, wenn die inneren Führer der Mannschaft uneinig sind. Dies läßt sich relativ leicht bewerkstelligen, denn angesichts des Entscheidungsvakuums drängt die Mannschaft selbst darauf, die Entscheidung einer äußeren, vom Führungskonflikt unvoreingenommenen Autorität (des Trainers) anzunehmen, die den orientierungslosen Zustand beendet. Auch die rivalisierenden Leitpersonen ordnen sich schnell dieser Entscheidung unter, wenn sie merken, daß die Mannschaft ihnen die Gefolgschaft versagt oder daß der gleich starke Rivale doch nicht zum Zurückweichen zu veranlassen ist. In Mannschaften mit Führungskonflikten hat es der *demokratische* Trainer eher leichter, seine Pläne zu verwirklichen, ohne strikt befehlen zu müssen und ohne den psychischen Widerstand zu erzeugen, den streng autoritäre Maßnahmen hervorrufen.

Insgesamt läßt sich zu den Führungskonflikten und ihrer Regelung in Mannschaften *zusammenfassend* sagen: Führungskonflikte treten typischerweise auf und stellen sich häufig in soziometrischen Führungsdualen dar. Diese Konflikte lassen sich nicht endgültig lösen – weder von der Mannschaft selbst noch durch autoritativen Eingriff des Trainers, sie lassen sich sinnvollerweise nur regulieren und steuern – wie die meisten Gruppenkonflikte. Die Führung von Sportmannschaften (Trainer) sollte darauf achten, daß die Mannschaftsmitglieder sich aktiv bei der Konfliktregelung beteiligen. Dabei ist Offenheit und objektivierte Information nötig und Rückmeldung zwischen Mannschaft und Leitung in beiden Richtungen lassen sich am besten im *demokratischen* Führungsstil realisieren. Der Trainer sollte mit *psychagogischem Geschick die Mannschaft lenken* – aber dennoch so, wie die Sportler es selbst als richtig empfinden und wofür sie sich entschieden haben. Selbst wenn es nicht für jede Maßnahme des Trainings rationale Begründungen gibt, muß die Führung die Verbindung zur rationalen Diskussion halten. Wenn der Trainer funktionale Leistungs- und Erfahrungsautorität besitzt, braucht er nicht als Autokrat aufzutreten. Im übrigen kann er nicht immer direkt vollständig kontrollieren. Schon deshalb muß er aus Leistungsgründen (*Myers/Fiedler* 1966) „demokratische Elemente in das Training einbauen. Der Autokrat muß perfekt und dauernd kontrollieren, um eine hohe Gruppenleistung zu sichern."

Ein Trainer sollte baldmöglichst testen, wieviel Selbständigkeit er einer Mannschaft ohne Nachteil für Gruppenklima und Leistung zumuten kann. Die Erziehung zur demokratischen Mannschaftsführung und teilweisen Selbstregulierung ist ein diffiziler Prozeß, der Flexibilität und Einführung vom Trainer verlangt.

Literatur

Fiedler, F. E.: Leader Attitudes and Group Effectiveness. Urbana, Ill. 1958.
Gibb, C. A.: Leadership. In: *Lindzey, G.* (Hrsg.): Handbook of Social Psychology. Cambridge 1954, S. 877–920.
Günther, K.-D.: Einstellungen und Führungsstile von Trainern im Leistungssport. Dargestellt am Beispiel des Deutschen Ruderverbandes. Dipl.-Arb. Psychologie, Universität Konstanz 1978.
Hofstätter, P. R.: Gruppendynamik. Hamburg 1957.
Hofstätter, P. R.: Sozialpsychologie. Berlin 1956.
Lenk, H.: Die achte Kunst. Leistungssport – Breitensport. Osnabrück, Zürich 1985.
Lenk, H.: Eigenleistung. Osnabrück, Zürich 1983.
Lenk, H.: Leistungsmotivation und Mannschaftsdynamik. Schorndorf 1970, 2. A., 1977.
Lenk, H.: Materialien zur Soziologie des Sportvereins. Ahrensburg 1972.
Lenk, H.: Team Dynamics. Champaign, Ill. 1977.
Lenk, H.: Zur Sozialphilosophie des Leistungshandelns. Stuttgart 1976.
Lewin, K./Lippitt, R.: An Experimental Approach to the Study of Autocracy and Democracy: A Preliminary Note. In: *Hare, P./Borgotta, E. F./Bales, R. F.* (Hrsg.): Small Groups. New York 1955, S. 516–522.
Lippitt, R./White, R. K.: An Experimental Study of Leadership and Group Life. In: *Swanson, G./Newcomb, T./*

Hartley, E. (Hrsg.): Readings in Social Psychology. New York 1952.
Lüschen, G. (Hrsg.): Kleingruppenforschung und Gruppe im Sport. Sonderheft 10 der KZSS, Köln/Opladen 1966.
Lüschen, G.: Sport und Sportvereine. Materialberichte aus der Untersuchung „Freizeit in der Gesellschaft und ihre Beziehung zum Sport". O.O., o.J. (unveröffentlicht).
Myers, A. E./Fiedler, F. E.: Theorie und Probleme der Führung unter spezieller Berücksichtigung des Mannschaftssports. In: Lüschen, G. (Hrsg.): Kleingruppenforschung und Gruppe im Sport. Sonderheft 10 des KZSS. Köln, Opladen 1966, S. 92–105.
Naschold, F.: Sociometry. New York 1951. (dt. Die Grundlagen der Soziometrie. Köln, Opladen 1954.)
Schelsky, H.: Funktionäre. Gefährden sie das Gemeinwohl. Stuttgart 1982.
Schlagenhauf, K.: Sportvereine in der Bundesrepublik Deutschland. Bd. I: Strukturelemente und Verhaltensdeterminanten im organisierten Freizeitbereich. Schorndorf 1977.
Smith, C./Freedman, A.: Voluntary Associations. Cambridge 1972.
Timm, W.: Sportvereine in der Bundesrepublik Deutschland. Bd. II: Organisations-, Angebots- und Finanzstruktur. Schorndorf 1979.
Veit, H.: Untersuchungen zur Gruppendynamik von Beispielmannschaften. Schorndorf 1971.

Sprache in der Führung

Peter Winterhoff-Spurk/Theo Herrmann/Kathrin Funk-Müldner

[s. a.: Frauen, Männer und Führung; Führungsforschung und Organisations-/Sozialpsychologie; Führungstechniken; Kommunikation als Führungsinstrument; Verhandlungstechniken als Führungsinstrument.]

I. Kommunikation und Führung: Theoretische und empirische Aspekte; II. Sprache und nonverbale Kommunikation: Kommunikationspsychologische Voraussetzungen; III. Macht: Das Verhalten von Vorgesetzten; IV. Selbstdarstellung: Die Strategien der Mitarbeiter; V. Kommunikations- und Organisationspsychologie: Perspektiven.

I. Kommunikation und Führung: Theoretische und empirische Aspekte

Führung läßt sich aus unterschiedlichen Perspektiven (*Neuberger* 1990) und Forschungsrichtungen (*Kieser/Reber/Wunderer* 1987) beschreiben. Nahezu allen neueren Ansätzen gemeinsam ist jedoch die Betonung des kommunikativen Aspekts (vgl. *Neuberger* 1984, 1990). So definiert *Weinert* (1989, S. 555) beispielsweise:

„*1. Führung ist ein Gruppenphänomen;*
2. Führung ist intentionale Einflußnahme (wobei es wiederum Differenzen darüber gibt, wer in einer Gruppe auf wen Einfluß ausübt und wie dieser ausgeübt wird u. a. m.);
3. Führung zielt darauf ab, durch Kommunikationsprozesse Ziele zu ereichen."

Führung wird demnach im wesentlichen als zielgerichtete Beeinflussung des Verhaltens von Menschen in Gruppen durch Kommunikation verstanden.

Empirische Untersuchungen zum Führungsverhalten bestätigen diese Auffassung: Führungstätigkeit besteht zwischen 75% und 90% aus interaktiver, meist dyadischer Kommunikation (*Neuberger* 1984; *Baskin/Aronoff* 1980), die meist mündlich vollzogen, überwiegend von Vorgesetzten initiiert wird und selten länger als drei Minuten dauert. Telefongespräche beanspruchen dabei rund 40%, geplante und ungeplante „Face-to-face"-Gespräche etwa 30% der Arbeitszeit (*Mintzberg* 1980). Nach Inhalten klassifiziert nehmen Routinekommunikationen ca. 30%, traditionelle Managementfunktion ebenfalls etwa 30%, Beziehungspflege rund 20% und „Human-Resource-Management" ca. 20% der Arbeitszeit ein (*Luthans* et al. 1988).

II. Sprache und nonverbale Kommunikation: Kommunikationspsychologische Voraussetzungen

Die Beschreibung und Interpretation des kommunikativen Verhaltens von Führungskräften aus kommunikationspsychologischer Perspektive geht von folgenden Prämissen aus:

(a) Interaktive, dyadische („Face-to-face"-)Kommunikation findet nicht kontextfrei, sondern immer in einer „sprachlichen Gesamtsituation" statt, d. h. die Gesprächspartner verfügen über eine kognitive Repräsentation ihres Gegenübers und der Situation, und sie integrieren den Interaktionsverlauf in ihr aktiviertes Weltwissen (vgl. *Herrmann* 1985).
(b) Voraussetzung dafür ist eine gemeinsame Wissensbasis bzw. ein Mindestmaß an gemeinsamer Information (= „Common ground"; vgl. u. a. *Clark/Brennan* 1993). Zur Koordination einer gemeinsamen Handlung bedarf es des „Grounding", d. h. des kontinuierlichen Abgleichprozesses des „Common ground" (vgl. u. a. *Clark/Schaefer* 1987).
(c) Zu diesem Zweck müssen die Interaktionspartner gegenseitige Aufmerksamkeit zeigen und ihre Handlungen auf die vorangegangenen Aktionen des Partners abstimmen. Außerdem müssen sie ein temporäres, zielgerichtetes Inein-

andergreifen der Handlungspläne der Partner zu Zeitpunkten vornehmen, in denen die Verfolgung eines Handlungszieles eine Interaktion mit dem Partner erfordert (vgl. dazu u. a. *Graumann/Herrmann* 1990; *Winterhoff-Spurk* 1993; *Winterhoff-Spurk/Vitouch* 1989).

Grundlegende Funktionen der verbalen Kommunikation sind die *Informations- und Instrumentalitätsfunktion*. Das bedeutet, daß zum einen der Kommunikationspartner den mitgeteilten Sachverhalt richtig verstehen und zum anderen, daß er das aufgrund der Mitteilung vom Sprecher Intendierte tun soll (vgl. *Herrmann* 1985).

Für das nonverbale Verhalten postulieren *Giles* und *Robinson* (1993) darüber hinaus folgende drei Basisfunktionen: Nonverbales Verhalten drückt *(a) die Vertrautheit zwischen Kommunikationspartnern aus, (b) es reguliert die Interaktion und (c) liefert Informationen* (vgl. *Ekman/Friesen* 1975; *Siegman/Feldstein* 1987). Auch diese Kategorien lassen sich den beiden genannten allgemeinen Funktionen der Informativität und Instrumentalität zuordnen.

Um die Funktion einer Äußerung richtig bestimmen zu können, muß in der Regel die verbale und die nonverbale Äußerung gemeinsam berücksichtigt werden (vgl. dazu auch *Herrmann/Grabowski*, in Druck; *Wiemann/Giles* 1990). Eine adäquate Interpretation von Kommunikation ist demnach nur dann möglich, wenn der gesamte Zusammenhang der begleitenden und gleichzeitig ablaufenden Prozesse der Sprachproduktion, der Gestik, der Mimik, der Körperhaltung, der Stimmqualität etc. berücksichtigt werden (vgl. dazu u. a. *Herrmann* 1985; *Kendon* 1983; *Scherer/Wallbott* 1979; *Winterhoff-Spurk* 1983). Wir werden dies nachfolgend zu den beiden Themen der *Machtdarstellung* und der *Selbstdarstellung* ausführen, wobei wir die Befunde aus didaktischen Erwägungen nach Untersuchungen zur verbalen, zur nonverbalen und (soweit vorhanden) zur verbal-nonverbalen Kommunikation gruppieren.

III. Macht: Das Verhalten von Vorgesetzten

Ein zentraler Aspekt des Führungsverhaltens ist die *Manifestation sozialer Macht* (vgl. *Ellyson/Dovidio* 1985). Insbesondere in Situationen, in denen status- und machtdefinierende Merkmale fehlen oder unklar sind, muß die beanspruchte Position durch entsprechendes verbales und nonverbales Verhalten dem Kommunikationspartner gegenüber demonstriert werden.

Zu den verbalen Macht-Indikatoren zählt auf der Wortebene das *Sprachschichtniveau* (*Herrmann* 1982). Je größer die soziale Distanz zwischen Sprecher und Kommunikationspartner ist oder sein soll, um so höher ist das gewählte Sprachschichtniveau. Die Wahl ist dabei nicht symmetrisch zwischen den Kommunikationspartnern verteilt, nur der Statushöhere kann sich im Gespräch einen Wechsel erlauben. Auf der Wort- und Satzebene dienen firmen- oder organisationsspezifische Sprachregelungen der Machtdemonstration, die eine verbergende Funktion für Außenseiter haben (vgl. *Levine/Moreland* 1989). Beispielsweise werden firmenspezifische Abkürzungen oder Wortspielereien („Bedarfe" statt Bedarf, „Chance" statt Problem etc.) genutzt, um zwischen Vollmitgliedern der Gemeinschaft und Außenstehenden zu differenzieren (*Neuberger/Kompa* 1987).

Auf der Ebene der *Ein- und Mehrsatzäußerungen* zeigen Untersuchungen zu den direktiven Äußerungen des Anordnens, Aufforderns und Befehlens (sie machen fast 30% aller Äußerungen von Vorgesetzten aus, vgl. *Mahoney* et al. 1965), daß die Strategie „direkt aber höflich" besonders erfolgversprechend ist (*Winterhoff-Spurk* et al. 1987). Bei nahezu jeder Einzeläußerung besteht ferner die Möglichkeit, sie mit Hilfe sog. „Downgraders" („bitte", „wohl") oder „Upgraders" („gefälligst", „endlich") mehr oder weniger höflich erscheinen zu lassen (*Blum-Kulka* et al. 1986). Insgesamt reden Statushöhere in Besprechungen und Diskussionen mehr und länger, ihre Beiträge haben größeres Gewicht und werden positiver beurteilt (vgl. *Wahren* 1987).

Noch deutlicher werden Macht- und Dominanzunterschiede im Bereich des *nonverbalen Verhaltens* (*Ellyson/Dovidio* 1985). Unter dem Stichwort Körperbewegungen findet sich in der Literatur: Statushöhere nehmen bevorzugt eine aufrechte und zugleich entspannte Körperhaltung ein, wählen asymmetrische Positionen des Körpers und der Glieder sowie dynamische, schnelle und weit ausholende Bewegungen vor allem der Arme sowie zum Körper zeigende Handflächen (*Harper* 1985).

Durch ihr *räumliches Verhalten* drücken Statushöhere Machtdifferenzen aus, indem sie eine nicht vollständig dem Interaktionspartner zugewandte Körperhaltung einnehmen sowie die Kontrolle über den „Personal space" durch das Anfassen und Zeigen verdeutlichen. Auch durch die Wahl des Sitzplatzes – meist am Kopf eines Tisches – unterstreichen Statushöhere ihren Machtanspruch (*Knapp* et al. 1987).

Zum *Blickverhalten* werden allgemein längere Blickkontakte, aber zugleich kürzerer Kontakt während des Zuhörens dem Statushöheren zugeschrieben, während der Statusniedrigere umgekehrt häufiger den Blick abwendet – nur nicht, während der Statushöhere spricht (*Henley* 1977; *Funk-Müldner* et al. 1991). Außerdem werden bei statushöheren Interaktionspartnern ein schnelleres

Sprechtempo und eine geringere Lachfrequenz angeführt (vgl. *Forgas* 1987).

Zu den wenigen Arbeiten zum Zusammenhang verbaler und nonverbaler Indikatoren von Macht zählen Untersuchungen zum *Auffordern in unterschiedlich schwierigen situativen Kontexten*. Sie zeigen u. a., daß Vorgesetzte bei der Verwendung sprachlich direkter Aufforderungen Lächeln und Frageintonation begleitend einsetzen, um die Befolgensmotivation der Aufgeforderten zu erhöhen (*Grabowski-Gellert/Winterhoff-Spurk* 1988). Erwarten sie hingegen Widerstände beim Untergebenen, so zentrieren Vorgesetzte ihre Bewegungen auf den Untergebenen hin, suchen den Blickkontakt und warten die Reaktion ihres Interaktionspartners ab, um dann entsprechend reagieren zu können. Solange der Untergebene keinen offenen Widerstand zeigt, sucht der Vorgesetzte den Blickkontakt, und seine Bewegungsaktivität reduziert sich. Diese Taktik der „*wachsamen Situationskontrolle*" ermöglicht dem Sprecher eine schnelle Reaktion auf Unverständnis bzw. Spannungsentladung von seiten des Gesprächspartners (vgl. dazu *Funk-Müldner* et al. 1991). Ferner werden Bitten dann eher erfüllt, wenn Blicke oder Berührung folgen (*Patterson* et al. 1986). Ein neuerdings häufiger in diesem Zusammenhang diskutierter Apsekt ist die Frage unterschiedlicher Kommunikations- und Führungsstile von Männern und Frauen (→*Frauen, Männer und Führung*) (vgl. erstmals *Henley* 1977). So finden *Duran* und *Carveth* (1990), daß ein aggressiver, „instrumentally controlled", „talkative" Kommunikationsstil von Frauen und Männern als kompetenter wahrgenommen wurde als ein (eher Frauen zugeschriebener) passiver und emotional reagierender Stil. Andere Untersuchungen zeigen, daß weibliche Vorgesetzte sich häufiger selbst offenbaren (*Hyman* 1980); engagierter und unterstützender führen und Untergebene besser informieren (*Baird/Bradley* 1979). Männliche Führungskräfte sollen hingegen dominanter, selbstsicherer, direktiver, präziser agieren und schneller Ideen von anderen übernehmen (vgl. aber auch *Terborg* 1977). Grundsätzlich erscheint es jedoch angemessener, von einem „*Continuum of gender orientation*" als von zwei völlig getrennten Verhaltensmustern zu sprechen (*Duran/Carveth* 1990; *Flaake* 1991).

IV. Selbstdarstellung: Die Strategie der Mitarbeiter

Ein weiterer, hier relevanter Aspekt stellt das sog. „Impression management" von Untergebenen dar, mit dem diese einen spezifischen Eindruck oder ein spezifisches Verhalten bei ihrem jeweiligen Kommunikationspartner evozieren wollen. Es kann somit auch als komplementäres Verhalten zur Machtausübung von Vorgesetzten interpretiert werden.

Bei den *verbalen Äußerungsweisen* verwenden Untergebene verstärkt indirekte, ausweichende Antworten vor allem in Situationen, in denen ein Gesichtsverlust erwartet wird. Diese indirekten Äußerungen werden von Gesprächspartnern als freundlicher und höflicher wahrgenommen als direkte Antworten, sie werden jedoch bei nachfolgenden Überlegungen nicht weiter berücksichtigt (vgl. *Holtgraves* 1991; *Goguen/Linde* 1983).

Zielt die Äußerung darauf ab, sich dem Kommunikationspartner gegenüber gefällig darzustellen, so lassen sich verschiedene Einschmeichelstrategien unterscheiden (*Forgas* 1987). Diese Strategien, wie die Aufwertung des Partners durch Komplimente oder Schmeicheleien, Demonstration von Konformität in Einstellungen und Verhalten, Selbstaufwertung durch positive Selbstdarstellung und Erweisen von Gefälligkeiten, müssen jedoch variabel verwendet werden, um glaubwürdig zu erscheinen (*Tedeschi* 1981). Besonders riskant ist dabei die „*Self-disclosure*"-Strategie (Selbstenthüllung), bei der Untergebene Mitteilungen, die normalerweise erst bei großem gegenseitigen Vertrauen auftreten (z. B. über Partnerbeziehungen, Krankheiten), ihrem Vorgesetzten offenbaren, um so dessen Interesse und Zuwendung zu gewinnen. Je besser die Partner sich kennen und je länger das Gespräch gedauert hat, je ähnlicher sie sich im Lebensalter sind und je mehr die Äußerung zum Gespräch paßt, um so eher führt „Self-disclosure" zu dem gewünschten positiven Effekt. Geschieht es aber zu voreilig, kann es auch Antipathien auslösen (vgl. *Forgas* 1987; *Holtgraves* 1991).

Andere, hier einschlägige Strategien befassen sich mit dem Verhalten in Situationen, in denen man etwas vom Kommunikationspartner will (*Forgas* 1987). Nach der „*Foot-in-the-door-Technik*" werden zunächst nur kleine Forderungen gestellt; gibt der Gesprächspartner nach, so ist er später auch eher bereit, größere Verpflichtungen einzugehen. Genau entgegengesetzt ist die „*Door-in-the-face-Technik*", nach der der Sprecher zunächst eine sehr hohe Forderung stellt, um nach deren Ablehnung die eigentliche, aber deutlich kleinere durchsetzen zu können.

Auch das „*Impression management*" innerhalb betrieblicher Kommunikationsprozesse ist in gewissem Maße geschlechtsspezifisch unterschiedlich (*Friedel-Howe* 1990): Frauen tendieren stärker zur Kommunikation gefühlsthematischer Inhalte, während Männer einen sachlichen Stil präferieren. Diese neigen in Entscheidungssituationen stärker zu Mehrheitsentscheidungen, während Frauen sich eher um Konsens bemühen und – falls sie sich übergangen fühlen – sich innerlich mit höherer Wahrscheinlichkeit von der Gruppe distanzieren. Sie bemühen sich auch stärker darum, die Beziehungen und das Klima in der Arbeitsgruppe zu pflegen (*Dion* 1985). Das weibliche Ausdrucksverhalten löst in der Regel auch seltener Mißverständnisse als das der Männer aus (*v. Rosenstiel* 1993).

Eine zentrale nonverbale Komponente der Eindrucksbildung ist das *Lächeln:* Es wird u. a. als Ausdruck von Höflichkeit (*Winterhoff-Spurk* 1983), von Überspielen von Erregung (*Ekman/Friesen* 1982) und als einschmeichelndes Verhalten (*Lefebvre* 1975) verwendet. So beurteilen denn auch Vorgesetzte diejenigen Bewerber in Vorstellungsgesprächen positiver, die durch Lächeln, verstärkten Blickkontakt und durch Kopfbewegungen ein engagiertes Interesse zeigen (*Forbes/Jackson* 1980).

Eine weitere Möglichkeit der positiven Selbstdarstellung ist das *Lügen,* bei dem vor allem die nonverbalen Äußerungsweisen empirisch untersucht wurden. Es zeigt sich, daß Lügenabsichten allgemein zu größerer Erregung und zur Konzentration auf diejenigen Kommunikationsweisen führt, von denen der Lügner glaubt, daß sie vom Kommunikationspartner besonders beachtet werden (vgl. *Friedman/Trucker* 1990). Die höhere Erregung des Lügners führt aber zu häufigerem Lidschlag, höherer Grundfrequenz der Stimme, mehr Sprechpausen und -fehlern. Zudem läß die Konzentration auf einige Kommunikationskanäle diskrepante Zeichen auf anderen Kanälen häufiger passieren. Dieses Phänomen wird als *„Kanaldiskrepanz"* bezeichnet: Bei einander widersprechenden verbalen und nonverbalen Äußerungsweisen verläßt sich der Partner im allgemeinen auf die nonverbale Aussage, die dann zur Identifikation der Lüge führt. Allerdings gibt es auch erfolgreiche Lügner: Sie sind dominant und selbstbewußt, expressiv, haben wenig Furcht vor Entdeckung und haben schon öfter mit Erfolg gelogen (*Friedman/Tucker* 1990).

V. Kommunikations- und Organisationspsychologie: Perspektiven

Es zeigt sich in den referierten empirischen Befunden, daß die oben angeführte Definition von Führung als zielgerichtete Beeinflussung des Verhaltens anderer durch Kommunikation und Interaktion angebracht ist. Konkretes Führungsverhalten ist überwiegend kommunikatives Verhalten, das sich mit dem begrifflichen Instrumentarium der Sprach- und Kommunikationspsychologie sinnvoll beschreiben und erklären läßt. Allerdings überrascht angesichts dieser Sachlage, daß in der entsprechenden Literatur (*Jablin* 1982; *Schuler* 1993; *Wahren* 1987; *Weinert* 1989) bis heute noch immer vergleichsweise wenige empirische Untersuchungen zur Frage vorliegen, mit welchen verbalen und nonverbalen Mitteln sich dies im Detail realisiert. Die rasante Enwicklung neuer Organisationsstrukturen (Stichworte: Dezentralisierung in Funktionsbereiche, Reduzierung der Hierarchieebenen und Bildung von funktionalen Netzwerken) erfordert aber noch stärker als bisher die Optimierung von Kommunikationsprozessen. Demgegenüber ist das Forschungsfeld von Sprache und Führung insgesamt auch weiterhin als „... undertheorized and underresearched..." (*Porter/Roberts* 1976) zu bezeichnen oder – wie *Weinert* (1987, S. 324) resümiert –:

„Überraschenderweise ist das Gebiet der Kommunikation innerhalb der Organisationspsychologie bis heute ein noch vielfach unerforschtes, z. T. stark vernachlässigtes Feld trotz seiner Wichtigkeit für Arbeits- und Organisationsprozesse... Dies trifft in besonderem Maße auch für die nonverbale Kommunikation zu."

Literatur

Baskin, O. W./Aronoff, C. E.: Interpersonal communication in organizations. Santa Monica 1980.
Biard, J. E./Bradley, P. H.: Styles of management and communication: A comparative study of men and women. In: Communication Monographs, 1979, S. 101–111.
Blum-Kulka, S./Danet, B./Gherson, R.: The language of requesting in Israel society. In: *Forgas, J. P.* (Hrsg.): Language and social situations. New York 1986, S. 113–140.
Clark, H. H./Brennam, S. E.: Grounding in communication. In: *Resnick, L. R.* (Hrsg.): Perspectives in socially shared cognition. Washington 1993.
Clark, H. H./Schaefer, E. F.: Concealing one's meaning from overhearers. In: Journal of Memory and Language, 1987, S. 209–225.
Dion, K. L.: Sex, gender and groups: Selected issues. In: *O'Leary, V. E./Kesler-Unger, R./Strudler-Wallstron, D.* (Hrsg.): Women, gender and social psychology. Hillsdale, N. J. 1985.
Duran, R. L./Carveth, R. A.: The Effects of Gender-Role Expectations upon Perceptions of Communicative Competence. In: Communication Research Reports, 1990, S. 25–33.
Ellyson, S. L./Dovidio, J. F.: Power, dominance, and nonverbal behavior. New York 1985.
Ekman, P./Friesen, W. V.: Unmasking the face. Englewood Cliffs, N. J. 1975.
Ekman, P./Friesen, W. V.: Felt, false and miserable smiles. In: Journal of Nonverbal Behavior, 1982, S. 238–252.
Flaake, K.: Weibliches und männliches Denken – Differenzen und Komplementaritäten am Beispiel des Verhältnisses zu Einflußnahme und Machtausübung. In: *Herzog, W./Violi, E.* (Hrsg.): Beschreiblich weiblich. Zürich 1991.
Forbes, R. J./Jackson, P. R.: Nonverbal behavior and the outcome of selection interviews. In: Journal of Occupational Psychology, 1980, S. 65–72.
Forgas, J. P.: Sozialpsychologie. München 1987.
Friedel-Howe, H.: Ergebnisse und offene Fragen der geschlechtsvergleichenden Führungsforschung. In: Zeitschrift für Arbeits- und Organisationspsychologie, 1990, S. 3–16.
Friedman, H. S./Trucker, J. S.: Language and deception. In: *Giles, H./Robinson, W. P.* (Hsg.): Handbook of language and social psychology. Chichester, UK 1990.

Funk-Müldner, K./Dorn-Mahler, H./Winterhoff-Spurk, P.: Nonverbales Verhalten beim Auffordern – ein Rollenspielexperiment. In: Arbeiten aus dem Sonderforschungsbereich 245 „Sprechen im sozialen Kontext" Heidelberg/Mannheim, Bericht 42. Heidelberg/Mannheim 1991.
Giles, H./Robinson, W. P. (Hrsg.): Handbook of Language and Social Psychology. Chichester 1993.
Goguen, J. A./Linde, C.: Linguistic methodology for the analysis of aviation accidents. Palo Alto, CA 1983.
Grabowski-Gellert, J./Winterhoff-Spurk, P.: Your smile is my command. In: Arbeiten der Forschergruppe „Sprechen und Sprachverstehen im sozialen Kontext". Heidelberg/Mannheim, Bericht 26. Heidelberg/Mannheim 1988.
Graumann, C. F./Herrmann, Th. (Hrsg.): Speakers: The role of the listener. Clevedom 1990.
Harper, R. G.: Power, dominance and nonverbal behavior: An overview. In: *Ellyson, S. L./Dovidio, J. F.* (Hrsg.): Power, dominance and nonverbal behavior. New York 1985.
Henly, N. M.: Body politics. Power, sex and nonverbal communication. New York 1977.
Herrmann, Th.: Sprechen und Situation. Berlin 1982.
Herrmann, Th.: Allgemeine Sprachpsychologie. München 1985.
Herrmann, Th./Grabowski, J.: Sprechen – Psychologie der Sprachproduktion. Heidelberg 1994.
Holtgraves, Th.: Interpreting Questions and Replies: Effects of Face-Threat, Question Form, and Gender. In: Social Psychology Quaterly, 1991, S. 15–24.
Hyman, B.: Responsive Leadership: The woman manager's asset or liability? In: Supervisory Management, 1980, S. 40–43.
Jablin, F. M.: Organizational Communication: An Assimilation. In: *Roloff, M. E./Berger, C. R.* (Hrsg.): Social Cognition and Communication. Beverly Hills 1982.
Kendon, A.: Gesture and speech: how they interact. In: *Wiemann, J. M./Harrison, R. P.* (Hrsg.): Nonverbal Interaction. Beverly Hills 1983.
Kieser, A./Reber, G./Wunderer, R. (Hrsg.): Handwörterbuch der Führung. Stuttgart 1987.
Knapp, M. L./Cody, M. J./Reardon, K. K.: Nonverbal signals. In: *Berger, C. R./Chaffee, S. H.* (Hrsg.): Handbook of communication science. Newbury Park 1987.
Lefebre, L. M.: Encoding and decoding of ingratiation in modes of smiling and gaze. In: British Journal of Social and Clinical Psychology, 1975, S. 33–42.
Levine, J. M./Moreland, R. L.: Culture and sozialisation in work groups. In: *Resnick, L. B./Levine, J. M./Teasley, S. D.* (Hrsg.): Perpsektives on socially shared cognition, Sage 1989.
Luthans, F./Hodgetts, R./Rosenkrantz, S.: Real Managers. Cambridge, Mass. 1988.
Mahoney, T. A./Jerdee, Th. H./Carrol, S.: The job(s) of Management. In: IR, 1965, S. 97–110.
Mintzberg, H.: The nature of managerial work. Englewood-Cliffs, N. J. 1980.
Neuberger, O.: Führung. Stuttgart 1984.
Neuberger, O.: Führen und Geführt werden. Stuttgart 1990.
Neuberger, O./Kompa, A.: Wir die Firma: der Kult um die Unternehmenskultur. Weinheim 1987.
Patterson, M. L./Powell, J. L./Lenihan, M. G.: Touch, compliance, and interpersonal affect. In: Journal of Nonverbal Behavior, 1986, S. 41–50.
Proter, L. W./Roberts, K. H.: Communication in organizations. In: *Dunette, M. D.* (Hrsg.): Handbook of industrial and organizational psychology. Chicago 1976.
Rosenstiel, L. v.: Kommunikation und Führung in Arbeitsgruppen. In: *Schuler, H.* (Hrsg.): Lehrbuch Organisationspsychologie, Bern 1993.
Scherer, K./Wallbott, H. G. (Hrsg.): Nonverbale Kommunikation. Forschungsberichte zum Interaktionsverhalten. Weinheim 1979.
Schuler, H. (Hrsg.): Lehrbuch Organisationspsychologie. Bern 1993.
Siegman, A. W./Feldstein, S. (Hrsg.): Nonverbal behavior and communication. Hillsdale, N. J. 1987.
Tedeschi, J.: Impression Management. Theory and social research. New York 1981.
Terborg, J. R.: Women in management: A research review. In: Journal of Applied Psychology, 1977, S. 647–664.
Wahren, H.-K. E.: Zwischenmenschliche Kommunikation und Interaktion im Unternehmen. Berlin 1987.
Weinert, A. B.: Lehrbuch der Organisationspsychologie. München 1987.
Weinert, A. B.: Führung und soziale Steuerung. In: *Roth, E.* (Hrsg.): Organisationspsychologie, Enzyklopädie der Psychologie D/III/3 Göttingen 1989, S. 552–577.
Wiemann, J. M./Giles, H.: Interpersonale Kommunikation. In: *Stroebe, W.* (Hrsg.): Sozialpsychologie. Eine Einführung. Berlin 1990.
Winterhoff-Spurk, P.: Die Funktion von Blicken und Lächeln beim Auffordern. Frankfurt/M. 1983.
Winterhoff-Spurk, P.: Ergebnisse der Kommunikationspsychologie. In: *Jarren, O.* (Hrsg.): Medien und Journalismus: Fachwissen für Journalisten. Freie Universität Berlin 1993, S. 67–95.
Winterhoff-Spurk, P./Geißler, J./Grabowski-Gellert, J.: Vom Lob der Direktheit: Wirkungen sprachlicher Merkmale des Führungsverhaltens. In: Zeitschrift für Arbeits- und Organisationspsychologie, 1987, S. 55–62.
Winterhoff-Spurk, P./Vitouch, P.: Mediale Individualkommunikation. In: *Groebel, J./Winterhoff-Spurk, P.* (Hrsg.): Empirische Medienpsychologie. München 1989.

Stellenbeschreibung als Führungsinstrument

Wilfried Krüger

[s. a.: Delegative Führung; Führungsmodelle; Führungskonzepte und ihre Implementation; Führungsrollen; Steuerungsinstrumente von Führung und Kooperation; Verantwortung.]

I. Einordnung und Inhalte; II. Typen und Einflußgrößen der Stellenbeschreibung; III. Unterstützung einzelner Führungsaufgaben.

I. Einordnung und Inhalte

Die Stellenbeschreibung (Funktions-, Dienstposten-, Arbeitsplatzbeschreibung) ist eine schriftliche Darstellung der auf eine Person (Stelleninhaber) bezogenen positionellen Aufgabengebiete. Wichtige Organisationstechniken im Umfeld sind *Arbeitsanweisungen, Funktionendiagramme* und

Organigramme. Außerdem ergeben sich vielfältige Wechselwirkungen zur Personalwirtschaft und Personalführung und den dort eingesetzten Techniken, insbesondere im Rahmen der Arbeitsbewertung, Personalbedarfsbestimmung, *Personalauswahl, Personalbeurteilung* und *Personalentwicklung.*

Die Stellenbeschreibung ist ein weit verbreitetes Instrument, das als ein Ausdruck formalisierter struktureller Regelungen schlechthin gelten kann. In dem Maße, wie die „dauerhafte Ordnung" der Organisation neue Herausforderungen bestehen muß (z. B. Wandel, Flexibilisierung, Innovationsfähigkeit), sind auch Stellenbeschreibungen traditionellen Typs weiterzuentwickeln. Welche Inhalte in welcher Detailliertheit in einer Stellenbeschreibung zu erfassen sind, hängt von *situativen Einflußgrößen* ab. Hinzuweisen ist dabei auf externe Einflußgrößen, insbesondere Gesetze und Verordnungen, die teils Inhalte, Abläufe und Rahmenbedingungen von Einzelaufgaben betreffen, teils auch ganze Stellen vorschreiben (z. B. Datenschutzbeauftragte). In jüngster Zeit spielt die Qualitätsnorm ISO 9000 eine wachsende Rolle. Zu ihrer Umsetzung werden vielfach Stellenbeschreibungen und Arbeitsanweisungen eingeführt bzw. überprüft und verbessert. Daneben ist an interne Einflußgrößen zu denken, auf die unter II. näher eingegangen wird. Für die situationgerechte Differenzierung wird hier die folgende Einteilung der möglichen Inhalte vorgeschlagen:

Instanzenbild
- Bezeichnung und Inhaber der Stelle, Stellenvertretung
- Über- und untergeordnete Stellen

Aufgabenbild
- Haupt-, Einzel-, Sonderaufgaben
- Arbeitsort, Arbeitszeit, Ausstattung
- Richtlinien, Vorschriften, Verfahren

Kompetenzbild (Befugnisse)
- Verfügungsrechte über Geld und Sachmittel
- Entscheidungsrechte, Unterschriftsbefugnisse
- Einflußrechte auf Personen/Stellen
- Sonderrechte

Informations- und Kommunikationsbild
- Ein- und ausgehende Berichte
- Information anderer Stellen
- Konsultation, Beratung, Genehmigung
- Gemeinsame Entscheidungen

Kooperationsbild
- Zusammenarbeit mit un-/gleichrangigen Stellen
- Mitwirkung in internen/externen Arbeitsgruppen, Teams, Gremien

Anforderungen (Anforderungsbild)
- Vorbildung, Ausbildung, Erfahrung
- Persönlichkeit, Verhalten
- Fachliche und soziale Fähigkeiten
- Interaktions- und Kommunikationsfähigkeit

Ziele der Stelle (Zielbild)
- Standardziele
- Sonder- und Innovationsziele
- Persönliche Entwicklungsziele

Bewertungsmaßstäbe (Beurteilungsbild)
- Quantität/Qualität der Zielerreichung/Aufgabenerfüllung
- Individuelles Verhalten und äußere Erscheinung
- Verhalten gegenüber Kollegen, Mitarbeitern, Vorgesetzten sowie externen Stellen

II. Typen und Einflußgrößen der Stellenbeschreibung

1. Stellen- und Tätigkeitsfeldbeschreibungen

Analytisch sind der Anwendung von Stellenbeschreibungen keine Grenzen gesetzt: Jede Stelle, die gebildet wurde, kann auch beschrieben werden. Dabei dürften sich zukünftig verstärkt verschiedene *Inhaltsvarianten* als zweckmäßig erweisen, um auf situative Unterschiede differenziert zu reagieren (vgl. Abb. 1). Situations- und damit variantenunabhängig ist wohl allein das Instanzenbild. Die traditionelle Stellenbeschreibung besitzt daneben im Aufgaben- und Kompetenzbild ihren inhaltlichen Schwerpunkt. Dieser Beschreibungstyp wird hier als *funktionsorientierte* Stellenbeschreibung bezeichnet. Er umfaßt meist auch, zumindest kursorisch, Aussagen zum Anforderungsprofil des Stelleninhabers.

Bei größerem Handlungsspielraum verlieren Aufgaben- und Kompetenzbild an Bedeutung. Das Stellensoll wird dann durch das Zielbild repräsentiert, die Überprüfung erfolgt anhand des Beurteilungsbildes. Zur Orientierung des Stelleninhabers ist außerdem das Informations- und Kommunikationsbild hilfreich. Ein Beschreibungstyp mit diesen Schwerpunkten stellt vorrangig auf die zu erzielenden Ergebnisse und die erbrachte Leistung ab und sei demgemäß als *leistungs-* bzw. *zielorientierter* Typ bezeichnet. Wenn Aufgaben und Ziele sehr unspezifiziert sind und/oder häufig wechseln, dann besteht die Möglichkeit, die Anforderungen an den Stelleninhaber, insbesondere auch die jeweiligen Verhaltenserwartungen (z. B. Kommunikationsfähigkeit, Interaktionsfähigkeit, soziale Fähigkeit), zur Beschreibungsbasis zu machen. Aus den verschiedenen Erwartungen der Interaktionspartner entstehen *Arbeitsrollen* (z. B. „Intrapreneur", „Coach", „Innovator", „Prozeßpromotor", vgl. *Staehle* 1991), die der einzelne zu übernehmen und auch bei wechselnden Aufgabeninhalten auszufüllen hat. Die Charakteristik dieser Arbeitsrollen ließe sich im *Anforderungs-* und *Beurteilungsbild* sowie im *Kooperationsbild* ausdrücken. Es entstünde als weiterer Typ die *rollenorientierte* Stellenbeschreibung. Die Stellenbeschreibung würde damit, zugespitzt formuliert, zu einer *Rollenbeschreibung.*

Bei allen Formen der Gruppen- und Teamarbeit entstehen stellenübergreifende Tätigkeitsfelder mit einem breiten Spektrum zugehöriger Anforderungen. Dominierend ist nicht mehr die effiziente Einzelarbeit, sondern die wirkungsvolle Interaktion einer Gruppe von Stellen. Denkbar ist, demgemäß die Stellen- zu einer *Stellengruppen-* bzw. *Tätigkeitsfeldbeschreibung* auszuweiten. Eine derartige Dokumentation läßt sich ebenfalls funktions-, leistungs- oder rollenorientiert denken.

2. Einflüsse von Führungsstil und Führungskonzept

Extrem direktive Führung, wie sie in autoritären, patriarchalischen oder auch charismatischen Varianten auftritt, ist durch die Person(en) an der Spitze geprägt.

Organisatorische Regelungen spielen keine (große) Rolle. *Funktionsorientierte Stellenbeschreibungen* sind nicht einsetzbar. Das gleiche gilt für den Gegentyp einer *betont nondirektiven* Führung, die vorwiegend auf Selbstregelung setzt.

Denkbar wäre allerdings in beiden Extremfällen der Führung, daß *rollenorientierte* Beschreibungen zum Einsatz kommen. Dies setzte allerdings voraus, daß sich über die vorherrschende „Adhocratie" hinaus ein Mindestmaß an definierten Verhaltenserwartungen angeben ließe, das für die jeweilige Stellenkategorie verbindlich wäre.

Auch Führungskonzepte wirken auf Stellen- und Tätigkeitsfeldbeschreibungen ein. Im „*Harzburger Modell*" (Höhn 1979; →*Führungsmodelle*) besitzt etwa die *funktionsorientierte* Beschreibung eine herausragende Bedeutung. Sie soll das zentrale *Führungsprinzip der Delegation* (→*Delegative Führung*) in jeder einzelnen Stelle organisationstechnisch verankern und wird als Instrument zum Abbau des strikt direktiven (autoritären) Führungsstils dargestellt. Die Vorwürfe der Starrheit, des Bürokratismus und der Hierachiezementierung, die gegen das *Harzburger Modell* erhoben werden, treffen indirekt auch die Stellenbeschreibung, allerdings nur in der Form des traditionellen, *funktionsorientierten* Typs.

Andere Führungsmodelle wie die „Führung durch Ziele" (→*Führung im MbO-Prozeß*) konzentrieren sich auf einen *institutionalisierten Zielbildungs-, Planungs- und Kontrollprozeß*. Die Wege zum Ziel und damit die Einzelaufgaben und -kompetenzen sind nicht im Detail vorgeschrieben. Angaben über das Stellenziel und die Beurteilungskriterien der Leistung des Stelleninhabers sind dagegen eine wichtige Grundlage für die regelmäßigen Ziel-Ergebnis-Analysen und die Leistungs- und *Personalbeurteilung*. Sie können als *Zielbild* und *Beurteilungsbild*, ergänzt um das *Informations- und Kommunikationsbild* in die so entstehende *leistungsorientierte* Stellenbeschreibung integriert werden.

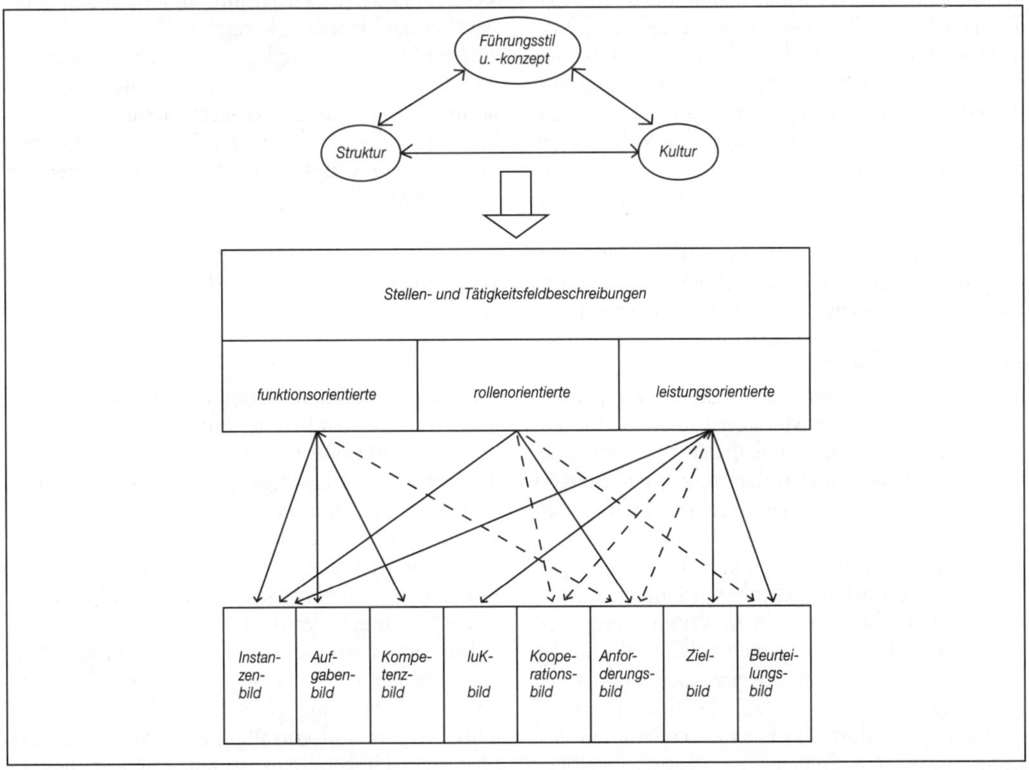

Abb. 1: Einflußgrößen, Typen und Inhalte von Stellen- und Tätigkeitsfeldbeschreibungen

3. Strukturelle Einflußgrößen

Funktionsorientierte Stellenbeschreibungen sind desto umfassender und detaillierter einsetzbar, je größer das Ausmaß an Arbeitszerlegung und Standardisierung. Als Einsatzschwerpunkt ergeben sich Ausführungs- sowie Leitungshilfsstellen (Stäbe, Dienstleistungsstellen). Auch für untere und mittlere Führungsebenen sind sie gut einsetzbar. Auf oberen Ebenen, deren Aufgaben weniger dauerhaft und weniger geregelt sind, geht es dann mehr darum, ggf. das Verhältnis zur Satzung und Geschäftsordnung sowie den Aufsichts- und Beiratsaufgaben deutlich zu machen (*Schwarz* 1990). Durch detaillierte Aufgaben- und Kompetenzregelungen fühlen sich obere Führungskräfte unzulässig eingeengt. Um die Interaktion nicht zu einem freien Spiel der Kräfte werden zu lassen, wäre der Einsatz *rollenorientierter* Beschreibungen denkbar (→*Führungsrollen*), dies vor allem im Falle unressortierter Kollegialinstanzen.

Tendenzen der Entstandardisierung und Aufgabenerweiterung (z. B. Job Enrichment, Job Rotation), wie sie vielfach zu beobachten sind, führen zu einer abnehmenden Detailliertheit bzw. Verwendbarkeit funktionsorientierter Beschreibungen. Dies wird durch die Weiterentwicklung der Qualifikation der Stelleninhaber noch verstärkt. Vollends problematisch ist die Anwendung dieses Beschreibungstyps bei allen Formen der Gruppen- und Teamarbeit, wie z. B. selbststeuernden Arbeitsgruppen, Quality Circles, Entwicklungsteams. Vernetzung, Integration und Wechsel von Tätigkeiten erschweren die Abgrenzung und Zuordnung von Aufgaben, Anforderungen, aber auch Leistungen einzelner Stellen. *Leistungsorientierte* Stellen- bzw. Tätigkeitsfeldbeschreibungen mit besonderem Akzent auf dem *Kooperationsbild* wären hierfür ein adäquates Instrument.

In Tätigkeitsfeldern, die hochgradig innovativ und/oder durch Einzelfallentscheidungen gekennzeichnet sind, lassen sich auch leistungsorientierte Beschreibungen, wenn überhaupt, nur sehr unspezifiziert anwenden. Es bleibt die Anwendung des rollenorientierten Beschreibungstyps zu prüfen, z. B. um die Rolle von Managern zu strukturieren. Neben diesen Veränderungen der Mikrostruktur sind auch Entwicklungen der Makrostruktur von Bedeutung. Der Trend zu flacheren Hierarchien führt zu mehr Befugnissen, aber auch Kooperations- und Koordinationsaufgaben der einzelnen Stellen. Das Profil der Stellenbeschreibung entfernt sich dadurch ebenfalls vom funktionsorientierten Typ. Wenn die Untereinheiten relativ selbständig geführt werden und durch eine lose strukturelle Kopplung verbunden sind (z. B. Profit Center, Holdingkonzepte), dürfte sich eine Tendenz zur *leistungsorientierten* Stellen- und Tätigkeitsfeldbeschreibung ergeben.

4. Kulturelle Einflußgrößen

Bleibt abschließend die Frage, welche Auswirkungen ein Abbau struktureller Kopplungen und ihr Ersatz durch Regelungen der Unternehmungskultur besitzt. Die damit derzeit typischerweise angestrebte Verstärkung von Flexibilität und Innovationsfähigkeit der Unternehmungen sowie die Installierung kontinuierlicher Wandlungs- und Verbesserungsprozesse korrespondieren mit losen Gruppen- und Teamstrukturen, mit Netzwerken, mit Heterarchien. Diesen Entwicklungen kann eine funktionsorientierte Stellenbeschreibung allein nicht Rechnung tragen. Leistungsorientierte Beschreibungen sind zwar anwendbar, besonders aussichtsreich erscheint aber auch hier der Einsatz *rollenorientierter* Typen.

Die erwünschten Werte, Verhaltensregeln und Verhaltensweisen, wie sie in vielfältiger Weise z. B. in Handlungsmaximen und Firmenleitbildern festgelegt sind, wären eine Grundlage hierfür. Ähnlich wie Oberaufgaben und Oberziele zu Stellenaufgaben und Stellenzielen heruntergebrochen werden, müßten die allgemeinen Verhaltensstandards einer Unternehmungskultur insbesondere hinsichtlich ihrer Auswirkungen auf das *Anforderungs-, Bewertungs-* und *Kooperationsbild* der einzelnen Stellentypen überprüft werden.

Für Werte und Verhaltensmuster gilt allerdings in ganz besonderem Maße, daß sie nicht auf dem Verordnungswege eingeführt und verändert werden können. Insofern könnte auch eine rollenorientierte Stellenbeschreibung lediglich das geltende Soll dokumentieren. Der Prozeß der Rollenformulierung, -übernahme und -veränderung (role making/role taking) ist dagegen Teil des Führungs- und Kooperationsgeschehens (→*Führungstheorien – Rollentheorie*).

III. Unterstützung einzelner Führungsaufgaben

Die Brauchbarkeit der Stellenbeschreibung für den einzelnen Vorgesetzten hängt zwangsläufig vom jeweils verwendeten Beschreibungstyp ab. Die traditionelle, funktionsorientierte Stellenbeschreibung hat ihren Wirkungsschwerpunkt im Bereich *sachbezogener* Führungsaufgaben („Fachführung"). Leistungsorientierte, vor allem aber rollenorientierte Beschreibungen erreichen dagegen auch das Feld der *personenbezogenen* resp. verhaltensbezogenen Führung („Personalführung").

Interessant ist auch ein Vergleich mit den Aufgabenebenen der normativen, strategischen und operativen Führung (*Bleicher* 1992). Stellenbeschreibungen sind vorrangig zwar als Instrument operativer Führung einzustufen. Der leistungsorientierte Typ weist allerdings im Ziel- und Beurteilungsbild eine mögliche Schnittstelle zur strategischen Führung auf. Der rollenorientierte Typ könnte eine instrumentelle Nutzung im Rahmen des normativen Managements erfahren.

Zu den *sachbezogenen* Führungsaufgaben eines Vorgesetzten auf allen Ebenen gehören zunächst organisatorische *Gestaltungsaufgaben*. Stellenbeschreibungen angemessenen Inhalts und adäquater Detailliertheit unterstützen Arbeitsteilung und Koordination der verschiedenen Stellen. Kompetenzstreitigkeiten und Machtkämpfe werden reduziert (→*Laterale Kooperation als Führungsaufgabe [Schnittstellenmanagement]*). Für die Leitungsstellen resultiert daraus eine erhöhte Transparenz und verbesserte Handhabbarkeit der unterstellten Bereiche.

Stellenbeschreibungen erleichtern dem Vorgesetzten auch die Wahrnehmung seiner laufenden *Planungs-*, *Steuerungs-* und *Kontrollaufgaben*. Dies immer unter der Voraussetzung, daß ein übertriebenes Ausmaß an Regulierung vermieden wird und eine regelmäßige Anpassung erfolgt. Sonst besteht die Gefahr der Einengung und Starrheit. Erster Aufgabenbereich ist die *Willensbildung*. Das Vorbereiten und Fällen von Entscheidungen wird vereinfacht, wenn die Zusammenarbeit der Beteiligten eindeutig definiert, der Informationsaustausch klar geregelt ist. Dies wird sich positiv im Entscheidungsergebnis niederschlagen. Auch die *Willensdurchsetzung* des Vorgesetzten ist betroffen. Das Formulieren von Aufträgen und Anordnungen sowie die Koordination ist von Reibungsverlusten durch Kompetenzstreitigkeiten bzw. mangelnder Entscheidungsakzeptanz entlastet.

Die Aufsicht und Kontrolle im Rahmen der *Willenssicherung* ist ebenfalls berührt. Die in der Stellenbeschreibung fixierten Anforderungen helfen dem Vorgesetzten, die Aufgabenerledigung bzw. das Arbeitsverhalten zu kontrollieren (→*Kontrolle und Führung*) und zu beurteilen. Stellenbeschreibungen objektivieren diese Tätigkeiten und tragen damit zur Versachlichung der Führungsbeziehungen bei.

Damit sind bereits *personenbezogene* Führungsaufgaben angesprochen. Im Großbetrieb sind Kernelemente der Stellenbeschreibung in Stellendatenbanken gespeichert, die ein wichtiges Hilfsmittel der *Personalplanung* darstellen. Aber auch jede einzelne Stellenbeschreibung ist für sich vielfältig nutzbar. Auf der Grundlage insbesondere des Anforderungsbildes wird die *Personalauswahl* erleichtert. Zusammen mit dem Beurteilungsbild, ggf. auch dem Zielbild, liefert dieser Teil der Stellenbeschreibung wesentliche Grundlagen für die *Entlohnung* und für *Anreizsysteme*. Jede Form der Stellenbeschreibung erleichtert die *Einweisung* und *Anleitung* neuer Mitarbeiter, baut Verhaltensunsicherheiten ab und hilft, realistische Erwartungen aufzubauen. Zielbild und Beurteilungsbild weisen durch ihre Inhalte Querbeziehungen zur *Motivation* der Mitarbeiter (→*Motivation als Führungsaufgabe*) auf, erleichtern ihnen aber auch die *Selbstkontrolle*. Nicht zuletzt sind ausgeprägte Zusammenhänge zur *Personalbeurteilung* und *-entwicklung* vorhanden. Auf der Grundlage der Anforderungen und Beurteilungskriterien sind sowohl Leistungsstand als auch Über- oder Unterforderungen klarer erkennbar. Mögliche Konsequenzen sind das Aufzeigen von Schulungs- und Entwicklungsbedarf, aber auch die Veränderung von Aufgaben und Kompetenzen innerhalb der Stelle sowie ein geplanter Stellenwechsel.

Insgesamt wird daraus deutlich, daß Stellen- und Tätigkeitsfeldbeschreibungen eine wichtige instrumentale Aufgabe bei der *Einbindung* bzw. Integration der Mitarbeiter in die Unternehmung (vgl. *Krüger* 1994) übernehmen können. Zielt die funktionsorientierte Beschreibung noch auf den traditionellen Bereich der strukturellen Einbindung ab (Einbindung durch Aufgaben- und Kompetenzregelung), trägt eine leistungs- bzw. zielorientierte Stellenbeschreibung auch zu einer ergebnisorientierten und in Teilen auch professionalisierten Einbindung bei. Rollenorientierte Beschreibungen unterstützen dagegen die wertorientierte, personale und vor allem auch soziale Einbindung.

Literatur

Bleicher, K.: Das Konzept integriertes Management. 2. A., Frankfurt/M. et al. 1992.
Hamel, W.: Diskrepanz zwischen Kompetenz und Verantwortung – organisatorisches Übel oder Führungsinstrument? In: *Jakob, H.* (Hrsg.): Schriften zur Unternehmensführung. Bd. 25. Wiesbaden 1978, S. 103–128.
Höhn, R.: Stellenbeschreibung und Führungsanweisung. Bad Harzburg 1979.
Knebel H./Schneider H.: Die Stellenbeschreibung. 5. A., Heidelberg 1993.
Kosiol, E.: Organisation der Unternehmung. Wiesbaden 1962.
Krasemann, B.-J.: Aktuelle Daten zur Stellenbeschreibung in der Bundesrepublik. In: ZfO, 1973, S. 94–101.
Kreikebaum, H.: Stellen- und Arbeitsplatzbeschreibung. In: *Grochla, E.* (Hrsg.): HWO. 2. A., Stuttgart 1980, Sp. 2138–2148.
Krüger, W.: Organisation der Unternehmung. 3. A., Stuttgart 1994.
Landau, K./Rohnert, W.: Stellenbeschreibungen mit dem AET. In: ZfO, 1980, S. 169–174.
Probst, G. J. B.: Organisation. Landsberg a. Lech 1993.
Reiß, M.: Defekte Stellenbildung – Organisatorische Wirklichkeit für das Personalmanagement. In: ZfO, 1984a, S. 89–94.
Reiß, M.: Varianten der Stellenbeschreibung. In: ZfO, 1984b, S. 361–370, 441–444.
Reiß, M.: Stellenbeschreibung. In: *Gaugler, E./Weber, W.* (Hrsg.): HWP. 2. A., Stuttgart 1992, Sp. 2132–2141.
Schmidt, G.: Methode und Techniken der Organisation. 9. A., Gießen 1991.
Schwarz, H.: Arbeitsplatzbeschreibungen, 12. A., Freiburg 1990.

Seibel, H.: Stellenbeschreibung für Führungskräfte. In: Management Enzyklopädie. Das Managementwissen unserer Zeit. 2. A., Bd. 8, Landsberg a. Lech 1984, S. 678–692.
Simm, A.: Führen durch Stellenbeschreibungen. In: Personalwirtschaft 4/1992, S. 45–47.
Staehle, W.: Handbuch Management. Wiesbaden 1991.
Thom, N.: Stelle, Stellenbildung und -besetzung. In: *Frese, E.* (Hrsg.): HWO. 3. A., Stuttgart 1992, Sp. 2321–2333.
Wiswede, G.: Sozialisation. In: *Frese, E.* (Hrsg.): HWO. 3. A., Stuttgart 1992, Sp. 2269–2274.
Zander, E.: Personal- und Organisationsabteilung, Zusammenarbeit zwischen. In: *Frese, E.* (Hrsg.): HWO. 3. A., Stuttgart 1992, Sp. 1914–1923.

Steuerungsinstrumente von Führung und Kooperation

Hans-Ulrich Küpper

[s. a.: Budgets als Führungsinstrument; Controlling und Führung; Führung im MbO-Prozeß; Kooperative Führung; Laterale Kooperation als Führungsaufgabe (Schnittstellenmanagement).]

I. Steuerung in Führung und Kooperation; II. Steuerungsinstrumente der Personalführung; III. Steuerungsinstrumente der Kooperation; IV. Systeme der umfassenden Steuerung von Führungs- und Kooperationsprozessen; V. Entwicklungslinien für Steuerungssysteme zwischen hierarchischer Führung und gleichrangiger Kooperation.

I. Steuerung in Führung und Kooperation

1. Das Spannungsverhältnis von Führung und Kooperation

Führung und *Kooperation* sind typische Phänomene sozialer Prozesse. Als „zielorientierte soziale Einflußnahme" dient Führung „zur Erfüllung gemeinsamer Aufgaben" (*Wunderer/Grunwald* 1980, S. 52). Mit ihr kann ein auf das Zieloptimum ausgerichtetes, koordiniertes Verhalten von Unternehmungen erreicht werden. Durch den Aspekt der interpersonellen Einflußnahme begründet Führung stets eine hierarchische Beziehung.

Kooperation enthält demgegenüber den Aspekt einer zumindest weitgehenden Gleichberechtigung zwischen zwei oder mehr Partnern und einer gewissen Freiwilligkeit ihrer Zusammenarbeit. Wenn man sie „als zielorientierte, arbeitsteilige Erfüllung von stellenübergreifenden Aufgaben in einer strukturierten Arbeitssituation" (*Wunderer* 1991) definiert, kommt darin sowohl die Aufteilung von Aufgaben als auch deren beide Partner betreffender übergreifender Charakter zum Ausdruck.

Kooperationsbeziehungen sind häufig weniger stabil, da Konflikte in ihnen durch wechselseitige Abstimmung und Konsens gelöst werden müssen. Sie befinden sich oft in einem empfindlichen Gleichgewicht. Dagegen sind Führungsbeziehungen meist durch Machtgrundlagen (z. B. Unternehmensverfassung und Verträge, Wissen, Charisma) abgesichert.

Führung und Kooperation schließen sich nicht gegenseitig aus. Die Führung von Menschen erfordert i. d. R. auch ein gewisses Maß an Zusammenarbeit zwischen Führendem und Geführtem. Umgekehrt bildet sich in typischen Kooperationen häufig eine (informale) Rangordnung heraus.

Formen und Probleme der Kooperation werden in der Betriebswirtschaftslehre vor allem für die Kooperation zwischen Unternehmungen analysiert, z. B. im Zusammenhang mit Unternehmenszusammenschlüssen und Strategischen Allianzen (*Backhaus/Piltz* 1990).

2. Ansatzpunkte der Steuerung in Führung und Kooperation

Als Entscheidungsdurchsetzung beinhaltet *Steuerung* einmal einen Teilaspekt der Führung, die interaktionelle *Verhaltensbeeinflussung* von Mitarbeitern. Er ist der Personalführung als einem Führungsteilsystem zuzurechnen (*Küpper* 1993). Zum anderen bezieht sie sich auf übergreifende Controllingsysteme, mit denen die verschiedenen Führungsteilsysteme auf ein Zielsystem hin koordiniert werden. Das Verhältnis von Steuerung und Kooperation ist komplexer. Der Versuch einer Steuerung von Kooperationspartnern birgt die Gefahr eines Scheiterns der Kooperation in sich. Jedoch lassen sich Kooperationen indirekt beeinflussen, z. B. durch übergreifende Steuerungssysteme.

II. Steuerungsinstrumente der Personalführung

Die Personalführung dient der unmittelbaren Verhaltenssteuerung von Mitarbeitern. Durch Aktivitäten der Information, Instruktion, Entscheidung, Motivation und Konfliktlösung soll eine zielorientierte Willensdurchsetzung erreicht werden (*Berthel* 1989). Als wichtigste Instrumente einer deratigen Verhaltenssteuerung lassen sich Führungsprinzipien und Führungsgrundsätze, Führungsstil, Anreiz- sowie Personalentwicklungssysteme unterscheiden.

1. Führungsprinzipien und Führungsgrundsätze

In Führungsprinzipien (→*Führungsprinzipien und -normen*) bringt man allgemeine Handlungsmaximen für die Mitarbeiterführung zum Ausdruck, während →*Führungsgrundsätze* die Führungsbeziehungen im Rahmen einer Führungskonzeption normieren sollen. Beide können als Leitbilder für die Personalführung verstanden werden. Damit bilden sie die Richtschnur für die Auswahl und Gestaltung der nachfolgend skizzierten Steuerungsinstrumente.

2. Führungsstil

Der *Führungsstil* kennzeichnet „ein zeitlich überdauerndes und in bezug auf bestimmte Situationen konsistentes Führungsverhalten von Vorgesetzten gegenüber Mitarbeitern" (*Wunderer/Grunwald* 1980, S. 221). Mit ihm wird also die Art und Weise gekennzeichnet, in welcher der Führende dem Untergebenen gegenübertritt und ihn beeinflussen möchte. Unterschiedliche Ausprägungen des Führungsstils lassen sich durch ein- bis vieldimensionale Ansätze beschreiben. Damit kann man das Spektrum von autoritären bis zu kooperativen, partizipativen und demokratischen Führungsstilen klassifizieren (*Wunderer/Grunwald* 1980; *Berthel* 1989).

3. Motivations- und Anreizsysteme

Das Verhalten von Mitarbeitern kann maßgeblich durch Motivatoren und Anreize beeinflußt werden. Während der Führungsstil vom jeweils individuellen Verhalten gestaltet wird, sind Motivations- und Anreizsysteme für die gesamte Unternehmung weitgehend einheitlich festzulegen. Sie bilden insofern ein von der Unternehmensleitung stärker gestaltbares Instrument. Dies zeigt sich besonders an der *Leistungsabgeltung*. Sie unterliegt Gerechtigkeitspostulaten, die bei aller Unklarheit ein Mindestmaß an Gleichbehandlung fordern, das auch durch die Mitbestimmung sichergestellt wird. Als wesentliche Komponenten gehören zu ihr die Arbeits(platz)bewertung, die Gestaltung der Lohnform einschließlich Prämien oder Leistungszulagen, die Gewährung von Sozialleistungen und ggf. Erfolgs- oder Gewinnbeteiligungen.

Motivations- und Anreizwirkungen gehen auch von den Mitsprache- und Mitgestaltungsrechten aus, die insbesondere durch die betriebliche *Mitbestimmung* festgelegt werden. Ferner können die Arbeitsbedingungen, die (nachfolgend betrachteten) Entwicklungsmöglichkeiten und das *Betriebsklima* Anreize bieten.

4. Personalentwicklungssystem

Weitere Instrumente zur Steuerung des Mitarbeiterverhaltens bietet die Personalentwicklung, die sich in Maßnahmen der *Bildung, Arbeitsstrukturierung* und *Laufbahnplanung* gliedern läßt (*Berthel* 1989). Zum ersten Bereich gehören die (Be-rufs-, Trainee- und Anlern-)Ausbildung sowie die Fortbildung. Sie können im oder teilweise auch außerhalb des Betriebs erfolgen. Durch die Arbeitsstrukturierung wird das Arbeitsfeld verändert. Seine Vergrößerung verlangt eine Personalentwicklung. Deshalb beinhalten Job Rotation, Job Enlargement, Job Enrichment und teilautonome Arbeitsgruppen auch Aspekte der Personalentwicklung. Schließlich zeigt die Laufbahnplanung die Aufstiegsmöglichkeiten in einer Unternehmung und die Anforderungen, die der Mitarbeiter erfüllen muß, um in die entsprechenden Positionen zu gelangen.

III. Steuerungsinstrumente der Kooperation

Instrumente zur Beeinflussung von Kooperationen sind weniger ausgebaut als Führungsinstrumente. Dennoch gibt es eine Reihe von Möglichkeiten, um Kooperationen zu fördern, abzusichern und in bestimmte Richtungen zu lenken.

1. Formale Instrumente zur Steuerung von Kooperationen

Kooperationen beruhen auf dem Interesse der Partner zur Zusammenarbeit. Um davon ausgehenden Schwankungen zu begegnen, kann man über formale Instrumente versuchen, der Kooperation eine festere Basis zu geben. Hierzu dienen u. a. Absprachen, Verträge, Ordnungen, Kapitalbeteiligungen sowie die Errichtung von Gemeinschaftsunternehmungen (*Müller-Stewens* 1993). Absprachen und Verträge werden vor allem in der zwischenbetrieblichen Kooperation geschlossen. Sie können Einzelregelungen und Grundsätze beinhalten, die sich z. B. auf das Verhalten untereinander und/oder Außenstehende beziehen. Hierdurch binden die Betroffenen ihr Handeln. Eine stärkere Absicherung gewährleisten Verträge. In ihnen kann man den Gegenstand und die Bedingungen der Kooperation vereinbaren. Damit verschaffen sich die Partner eine gewisse Sicherheit der Zusammenarbeit. Weiter gehen Ordnungen und satzungsmäßige Regelungen, die den Gegenstand und die Art der Kooperation bestimmen. Sie können sich beispielsweise bei Unternehmenszusammenschlüssen auf zwischenbetriebliche Kooperationen beziehen, aber auch dazu dienen, die innerbetriebliche Kooperation zwischen Sparten, Bereichen und Abteilungen zu fördern. Dann setzen sie einen Rahmen, in dem sich die laterale Kooperation bewegen soll.

2. Soziale Instrumente zur Steuerung von Kooperationen

Der Charakter von Kooperationen wird durch die in ihnen tätigen Personen bestimmt. Deshalb kann ihre Entwicklung über diese beeinflußt werden. Im Hinblick auf eine inner- oder eine zwischenbetriebliche Kooperation können die betroffenen Unternehmungen die in diesen tätigen Personen so auswählen, daß bestimmte Kooperationsziele erreicht werden. Dabei können sie anstreben, in der Kooperation zu einem möglichst hohen Grad an Gemeinsamkeit oder eher zu einer Durchsetzung eigener Interessen zu gelangen.

IV. Systeme der umfassenden Steuerung von Führungs- und Kooperationsprozessen

1. Gesamt- und einzelwirtschaftliche Steuerungssysteme

Für *zwischenbetriebliche Kooperationen* bildet die Wirtschaftsordnung den Rahmen, in dem sie sich vollziehen. Ihre Ausprägungen reichen von der Zentralverwaltungswirtschaft bis zu den unterschiedlichen Formen einer freien und/oder sozialen Marktwirtschaft.

Der Wirtschaftsordnung entspricht auf Unternehmensebene das System zur Koordination des betrieblichen *Führungssystems*. Seine Ausprägungen erstrecken sich ebenfalls von der rein hierarchischen Lösung in zentralistischen Führungssystemen bis zu marktähnlichen Lösungen einer Steuerung über Lenkungspreise. Gesamt- wie einzelwirtschaftlich zeigt sich ein Kontinuum von Systemgestaltungen, bei denen die Gleichrangigkeit und der Freiheitsraum der verschiedenen Markt- bzw. Unternehmensteilnehmer immer mehr zunehmen.

2. Komponenten betriebswirtschaftlicher Steuerungssysteme

Betriebliche Steuerungssysteme sind als *Controlling*instrumente auf die *Koordination* des Führungssystems gerichtet (*Küpper* 1994). Daher können sie durch eine Untersuchung der einzelnen Komponenten von Führungssystemen näher gekennzeichnet werden. Zweckmäßigerweise unterscheidet man dabei Organisations-, Planungs-, Kontroll-, Informations- und Personalführungskomponenten (*Küpper* 1991).

Aus organisatorischer Sicht lassen sich *unternehmensinterne Kooperations*beziehungen vor allem durch die Verteilung der Entscheidungs- und Weisungsrechte beeinflussen. Mit ihnen werden Strukturmerkmale der hierarchischen und der gleichrangigen Kooperation bestimmt. Von den Eigenschaften des *Planungssystems* sind für die Gestaltung des Steuerungssystems die Differenzierung der Planung, die Verteilung der Planungsaufgaben und die Reihenfolge der Planentstehung besonders relevant. Durch das *Kontrollsystem* soll die Zielerreichung sichergestellt werden. Eine zielorientierte Steuerung von Kooperationen wird vor allem durch die Kontrollform (als Ergebnis-, Verfahrens- oder Verhaltenskontrolle sowie Eigen- oder Fremdkontrolle), die Verteilung der Kontrollaufgaben und -kompetenzen sowie die Regelmäßigkeit und Häufigkeit von Kontrollen erreicht. Auf die Informationsverteilung und die Kommunikationsbeziehungen kann durch das betriebliche *Informationssystem* eingewirkt werden. Es bietet die Möglichkeit, die Kooperationspartner z. B. über Kosten- und Investitionsrechnung, geeignete Datenbanken, Softwaresysteme u. ä., gezielt mit Informationen zu versorgen. Diese Komponenten werden durch Instrumente der *Personalführung* ergänzt, deren Ausprägung auf die Gestaltung der anderen Führungsteilsysteme ausgerichtet sein sollte. Die Vielfalt an Komponenten und ihrer möglichen Ausprägungen verdeutlichen die Komplexität dieses Steuerungsproblems.

3. Typen betriebswirtschaftlicher Steuerungssysteme

In Praxis und Wissenschaft haben sich bisher verschiedene betriebswirtschaftliche Steuerungssysteme herausgebildet. Wichtige Ausprägungen ihrer Führungskomponenten sind in Abb. 1 zusammengestellt.

Bei *zentralistischen Führungssystemen* erfolgt die Abstimmung vorwiegend in hierarchischen Beziehungen. Reine Führungsbeziehungen überwiegen gegenüber der Kooperation. Sie sind insoweit ein Grenzfall der „Zusammenarbeit". Das Steuerungsproblem verlagert sich auf die Durchsetzung von Anweisungen als explizite Verhaltensnormen (*Hax* 1965).

Das gemeinsame Merkmal von *Budgetierungssystemen* liegt darin, daß organisatorische Einheiten für jeden Planungszeitraum schriftlich fixierte und in Geldeinheiten bewertete Plangrößen (z. B. Einnahmen und Ausgaben, Deckungsbeiträge, Gewinne) als Vorgaben erhalten. Da man nicht Maßnahmen, sondern Rahmenbedingungen vorgibt, verbleibt dem Verantwortungsbereich ein Handlungsspielraum. Er muß selbst entscheiden, wie er seine Handlungsvariablen kombiniert, um das Budget zu erfüllen.

Demgegenüber entwickelt man in *Zielvorgabesystemen* eine Hierarchie von *Kennzahlen* als Zielgrößen, an denen die Handlungen der Bereiche und Hierarchieebenen ausgerichtet und gemessen werden. Sie zeigen an, nach welchen Größen die Alternativen auszuwählen sind. Als Ziele können neben

	Zentralistische Führungssysteme	Budgetierungssysteme	Zielvorgabesysteme	Bereichserfolgssysteme	Lenkungspreissysteme
Organisation					
- Entscheidungsrechte	zentralisiert	Budgetfestlegung zentral operative Maßnahmen delegiert	Durchführung dezentral Partizipation durch Zielvereinbarung	Starke Delegation Partizipation bei zentralen Entscheidungen	Verrechnungspreisentscheidung zentral andere Entscheidungen delegiert
- Weisungsrechte	Einliniensystem			z. T. Mehrliniensystem	
Planung					
- Differenzierung	eher funktional	funktional oder divisional	funktional oder divisional	divisional	funktional oder divisional
- Verteilung der Planungsaufgaben	zentrale Planung	zentral: strategisch und taktisch dezentral: operativ	Dezentralisierung	zentral: strategisch dezentral: operativ	zentral: Verrechnungspreise dezentral: Mengenentscheidungen
- Planungsfolge	Top-to-down	z. T. Bottom-up z. T. Gegenstromverf.	Gegenstromverfahren	Gegenstromverfahren	
Kontrolle					
- Kontrollformen	Ergebniskontrollen	Ergebniskontrollen (Budget-Ist-Vergleich)	Ergebnis- und Verhaltenskontrollen	Ergebnis- und Verhaltenskontrollen	
Personalführung					
- Führungsstil	eher autoritär	weniger autoritär	eher kooperativ	kooperativ	
- Belohnungssystem		ggf. Koppelung an Budgets	Koppelung an Zielerreichung	Koppelung an Bereichserfolg	
Informationssystem	(simultane Planungsmodelle)		Kennzahlensystem	(Bereichserfolgsrechnung)	(Dekompositionsmodelle)

Abb. 1: Wichtige Merkmale betriebswirtschaftlicher Steuerungs- und Lenkungssysteme

Wertgrößen wie Gewinnen oder Kapitalwerten auch Mengengrößen für Produkte, Durchlaufzeiten oder qualitative und soziale Komponenten (z. B. Arbeitsplatzsicherheit) ausgewählt werden. Die Vorgabe oder Vereinbarung eines auf die organisatorische Gliederung gerichteten Zielsystems ermöglicht eine Dezentralisierung von Planung und Kontrolle sowie eine Anbindung des Anreizsystems an die Ziele. Dieses Steuerungssystem, das in Form des „Management by Objectives" (→*Führung im MbO-Prozeß*) besonders bekannt wurde, kann mehr als Budgetierungssysteme zu relativ selbständigen Einheiten führen. Die Kooperation ist durch ein höheres Maß an Eigenverantwortlichkeit gekennzeichnet.

Die Ziele bilden ebenfalls den Ansatzpunkt für die Systeme der *Bereichserfolgssteuerung*. Dabei werden weitgehend selbständige Einheiten, wie sie insbesondere bei *Profit-Center-Organisationen* vorliegen, über dezentrale Erfolgsgrößen auf das Gesamtziel hin koordiniert (*Welge* 1975; *Wolf* 1985). Wegen der meist produkt- oder marktorientierten Gliederung bestehen weniger Verflechtungen zwischen den Organisationseinheiten als bei funktionalem Aufbau (*Frese* 1987). Das zentrale Steuerungsinstrument ist der kurz- oder langfristige *Bereichserfolg* (*Kah* 1994). Darüber hinaus behält sich die Zentrale vielfach wichtige Investitions- und besonders Finanzierungsentscheidungen vor. Über den Bereichserfolg sollen die dezentralen Einheiten motiviert, die Interdependenzen der Gesamtunternehmung berücksichtigt, ihr Erfolgsbeitrag erfaßt und die Managementleistungen gemessen werden. Diese verschiedenen Anforderungen lassen sich über eine einzige Größe schwer erfüllen. Deshalb verwendet man vielfach mehrere Beurteilungsgrößen nebeneinander und mißt dem Bereichserfolg den Charakter eines Indikators zu (*Wolf* 1985).

Mit *Lenkungspreissystemen* versucht man, den Marktmechanismus auf die *unternehmensinterne Kooperation* zu übertragen. Im Idealkonzept sind die Entscheidungsrechte bis auf die Festlegung von Verrechnungspreisen für innerbetriebliche Güter an die Bereiche delegiert. Hierdurch sollen diese motiviert werden. Zugleich vereinfachen sich Planung, Kontrolle und Informationsversorgung. Das zentrale Problem besteht darin, wie man Verrechnungspreise findet, die eine Erreichung des Gesamtziel(system)s der Unternehmung gewährleisten, ohne die Vorteile der Dezentralisierung aufzugeben. Dieses Problem ist trotz wichtiger Erkenntnisse der mathematischen Optimierungstheorie bisher nicht praxisnah gelöst (*Hax* 1965).

4. Theoretische Ansätze zur Analyse betriebswirtschaftlicher Steuerungssysteme

Um ein Steuerungssystem für die jeweiligen betrieblichen Situationsbedingungen auszuwählen, benötigt man allgemeingültige Aussagen über ihre Wirkungen auf die unternehmensinterne Kooperation. Einen hierfür geeigneten theoretischen Bezugsrahmen kann man durch eine Verbindung der Komponenten unternehmensinterner Kooperationsbeziehungen mit den Komponenten der Steuerungssysteme entwickeln (*Küpper* 1991). Die in ihm enthaltenen Beziehungen zwischen den Komponenten des Steuerungssystems, den externen Situationsbedingungen, den Einflußgrößen der Kooperationssituation, der Struktur der Kooperationsbeziehungen und ihren Auswirkungen auf die Unternehmensziele lassen sich durch unterschiedliche Theorieansätze fundieren.

So vermitteln die formal-analytischen Modelle der *pretialen Lenkung* Einsichten in die Wirkungszusammenhänge marktähnlicher Beziehungen. Sie liefern Orientierungspunkte für die Herleitung von Verrechnungspreisen. Die Berücksichtigung der Datenunsicherheit, der längerfristigen Wirkung von Entscheidungen sowie von Informationsasymmetrie und Motivation führt zu Ansätzen, über die sich die in der Empirie überwiegend beobachtbare Orientierung der Verrechnungspreise an Marktpreisen sowie Vollkosten (*Drumm* 1973; *Weilenmann* 1989) eher erklären läßt. Umfassendere Ansätze für die Analyse betriebswirtschaftlicher *Steuerungssysteme* stellt die *Agency-Theorie* bereit. Dies deutet eine Reihe von Arbeiten nicht nur zur Gestaltung von Belohnungssystemen (*Laux* 1990), sondern auch zur Bestimmung von Verrechnungspreisen (*Wagenhofer* 1992), zur Steuerung von Profit-Center-Systemen (*Ewert* 1992; *Kah* 1993) und zur Gestaltung von Informationssystemen für die Budgetierung (*Pfaff* 1993) an.

Zu den übertragbaren empirisch-theoretischen Ansätzen gehören Hypothesen der *Transaktionskosten* (*Picot* 1990), der Organisations- (*Frese* 1980) und der Verhaltenstheorie sowie empirische Erhebungen insbesondere zu Verrechnungspreisen und *Profit-Center-Organisationen* (*Wolf* 1985).

V. Entwicklungslinien für Steuerungssysteme zwischen hierarchischer Führung und gleichrangiger Kooperation

Vergleicht man die betriebswirtschaftlichen *Steuerungssysteme* und ihre idealtypischen Merkmale, so wird eine Reihe von Entwicklungslinien erkennbar, wie sie in Abb. 2 schematisch wiedergegeben ist.

Von den zentralistischen Führungssystemen bis zur Lenkungspreisvorgabe wird die hierarchische Vorgabe immer mehr durch eine gleichrangige Kooperation ersetzt. Die organisatorische Komponente ist durch eine zunehmende Delegation gekennzeichnet. Damit geht bis zu Bereichserfolgssystemen eine Tendenz zur Partizipation einher. Die Planungsfolge entwickelt sich in Richtung einer gegenseitigen Abstimmung. Bei den Extremformen zentralistischer und marktwirtschaftlicher Führungssysteme herrschen ergebnisorientierte Kontrollen vor, während für Budgetierungs, Zielvorgabe- und Bereichserfolgssysteme Verhaltenskontrollen immer wichtiger werden. Diesen weitgehend einheitlichen Tendenzen entspricht ein Übergang von autoritären zu kooperativen Formen der Personalführung.

Steuerungs- und Lenkungsinstrument:	Zentralistische Führungssysteme	Budgetierungssysteme	Zielvorgabe- und Kennzahlensysteme	Bereichserfolgs-Systeme	Lenkungspreissysteme
	Explizite Normen	Fixierte Ziele als Rahmenbedingungen	Ziele	Bereichserfolg (-Indikatoren)	Verrechnungspreise
Delegationsgrad					
Partizipationsgrad					
Wechselseitigkeit der Planungsfolge					
Ergänzung der Ergebniskontrolle durch Verhaltenskontrolle					
Kooperationsgrad des Führungsstils					

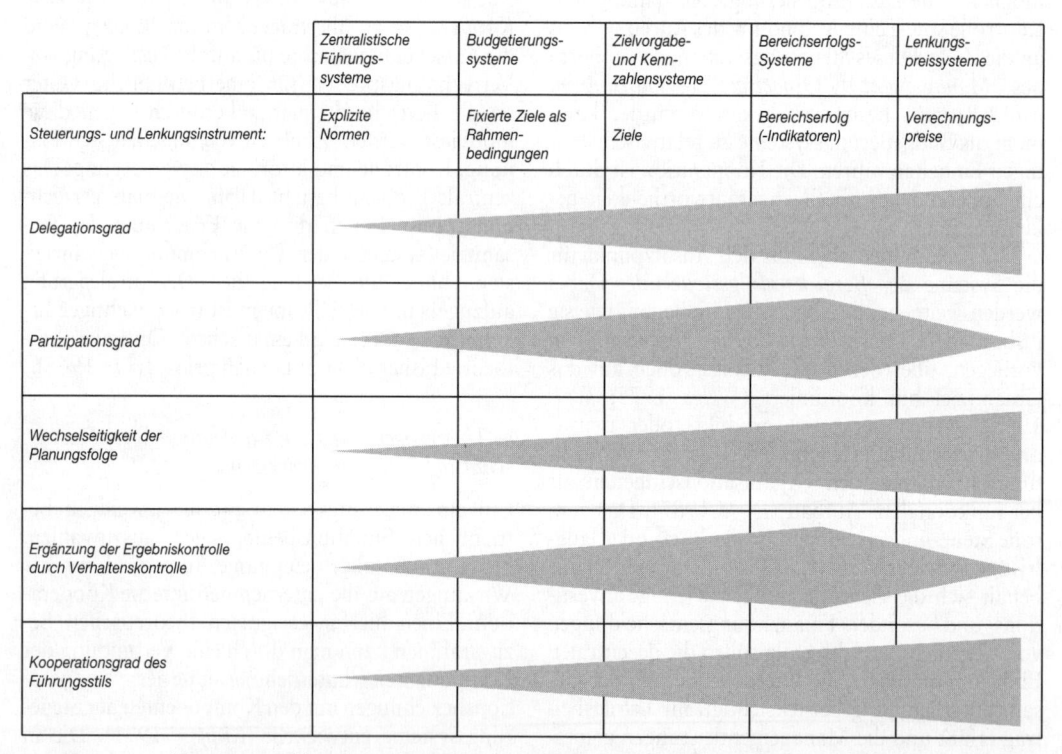

Abb. 2: Entwicklungslinien betriebswirtschaftlicher Steuerungs- und Lenkungssysteme

Die Entwicklungslinien von der zentralistischen Führung über zunehmend kooperative Systeme bis zur marktähnlichen Lösung zeigen die Einbettung in einen größeren Zusammenhang von Steuerungsmechanismen. Sie lassen sich grundsätzlich auch auf gesamtwirtschaftliche Ordnungssysteme übertragen. Darüber hinaus kann man ähnliche Linien für politische Systeme von der Diktatur bis zur Demokratie nachzeichnen. Dies deutet an, daß soziale Systeme der unterschiedlichsten Kulturbereiche in dem Kontinuum und Spannungsfeld zwischen Hierarchie und Kooperation angesiedelt sind.

Literatur

Backhaus, K./Piltz, K. (Hrsg.): ZfbF, Sonderheft 27: Strategische Allianzen, 1990.
Berthel, J.: Personalmanagement. Stuttgart 1989.
Drumm, H. J.: Zu Stand und Problematik der Verrechnungspreisbildung in deutschen Unternehmen. In: *Danert, G./Drumm, H. J./Hax, K.* (Hrsg.): Verrechnungspreise. Zwecke und Bedeutung für die Spartenorganisation in der Kostenrechnung. Opladen 1973, S. 91–107.
Ewert, R.: Controlling, Interessenkonflikte und asymmetrische Information. BFuP, 1992, S. 277–303.
Frese, E.: Grundlagen der Organisation. Die Organisationsstruktur der Unternehmung. Wiesbaden 1980.
Hax, H.: Die Koordination von Entscheidungen. Köln 1965.
Kah, A.: Profitcenter-Steuerung. Ein Beitrag zur theoretischen Fundierung des Controlling anhand des Principal-agent-Ansatzes. Stuttgart 1994.
Küpper, H.-U.: Industrielles Controlling. In: *Schweitzer, M.*: Industriebetriebslehre. 2. A. München 1994, S. 853–959.
Küpper, H.-U.: Betriebswirtschaftliche Steuerungs- und Lenkungsmechanismen organisationsinterner Kooperation. In: *Wunderer, R.* (Hrsg.): Kooperation. Stuttgart 1991, S. 175–203.
Küpper, H.-U.: Controlling. In: *Wittmann, W./Kern W./Köhler, R.* et al. (Hrsg.): HWB. 5. A., Stuttgart 1993, Sp. 647–661.
Laux, H.: Risiko, Anreiz und Kontrolle. Berlin et al. 1990.
Müller-Stewens, G.: Strategische Partnerschaften. In: *Wittmann, W./Kern, W./Köhler, R.* et al. (Hrsg.): HWB. 5. A., Stuttgart 1993, Sp. 4063–4075.
Pfaff, D.: Kostenrechnung, Unsicherheit und Organisation. Heidelberg 1993.
Picot, A.: Organisation. In: *Bitz, M./Dellmann, K./Domsch, M.* et al. (Hrsg.): Vahlens Kompendium der Betriebswirtschaftslehre. Bd. 2, 2. A., München 1990, S. 99–208.
Wagenhofer, A.: Verrechnungspreise zur Koordination bei Informationsasymmetrie. In: *Spremann, K./Zur, E.* (Hrsg.): Controlling. Wiesbaden 1992, S. 637–656.
Weilenmann, P.: Dezentrale Führung: Leistungsbeurteilung und Verrechnungspreise. In: ZfB, 1989, S. 932–956.
Welge, M. K.: Profitcenter. In: *Grochla, E./Wittmann, W.* (Hrsg.): HWB. 4. A., Stuttgart 1975, Sp. 3179–3188.
Wolf, M.: Erfahrungen mit Profit-Center-Organisationen. Frankfurt/M. et al. 1985.
Wunderer, R./Grunwald, G.: Führungslehre, Bd. I: Grundlagen der Führung. Berlin, New York 1980.
Wunderer, R.: Laterale Kooperation als Selbststeuerungs- und Führungsaufgabe. In: *Wunderer, R.* (Hrsg.): Kooperation. Stuttgart 1991, S. 205–219.

Strategische Führung

Hartmut Kreikebaum

[s. a.: Führungsphilosophie und Leitbilder; Theologische Aspekte der Führung; Unternehmungsverfassung und Führung; Verantwortung; Zielsetzung als Führungsaufgabe.]

I. Grundlagen; II. Genuine Aufgaben der Strategischen Führung; III. Anforderungen an die Unternehmensleitung; IV. Organisation und Implementierung der Strategischen Führung; V. Ethische Aspekte der Strategischen Führung.

I. Grundlagen

In der Literatur werden die Begriffe „Strategische Führung" (SF), „Strategisches Management", „Management strategischer Programme", „Strategische Planung" und „Strategische Entscheidungen" nicht immer genau differenziert. Zu dieser begrifflichen Verwirrung trägt nicht zuletzt auch der inflationistische Gebrauch des Adjektivs „strategisch" bei.

1. Begriffliche Abgrenzungen

Die Begriffe strategische Planung, strategisches Management und SF sind zunächst inhaltlich zu präzisieren. Die *strategische Planung* bildet den Kernpunkt der SF. Das Ziel der strategischen Planung liegt insb. in der systematischen Suche und Durchsetzung von *strategischen Erfolgspotentialen* im Produkt-/Marktbereich (*Gälweiler* 1989).

Der Begriff des „strategischen Managements" wurde von *Ansoff* in die Literatur eingeführt (*Ansoff* et al. 1976). Strategisches Management wird mit der *Steuerung und Koordinierung* der langfristigen Evolution eines Unternehmens unter Berücksichtigung der Interessen aller von den Unternehmensaktivitäten direkt oder indirekt Betroffenen identifiziert. Kernstück eines strategischen Managements ist mit anderen Worten die *strategische Planung* (*Kirsch* et al. 1979; *Kirsch/Roventa* 1983). Als wichtiger Bestandteil des strategischen Managements wird die *Bewältigung von Diskontinuitäten durch eine „strategische Frühaufklärung"* gezählt (*Hammer* 1988). *Ansoff* spricht in diesem Zusammenhang vom *„strategic issue management"* (*Ansoff* 1980; *Trux* et al. 1984, zur Kritik siehe *Kreikebaum* 1989).

Die SF kann funktional (prozessual) und institutional verstanden werden. Funktional bezeichnet sie die Vorbereitung, das Treffen und die Durchführung von sach- wie auch personenbezogenen (*Staehle* 1991) strategischen *Führungsentscheidun-*

gen durch die Unternehmensleitung. Institutional umfaßt SF die auf der Ebene des Vorstands zu treffenden Führungsaufgaben: Die *Festlegung der Unternehmenspolitik* und deren *Planung, Organisation* und *Kontrolle.*

2. Einordnung in das Führungssystem

Unter dem *„Führungssystem"* kann die Gesamtheit der Regeln und Prozesse verstanden werden, mit deren Hilfe *Führungsaufgaben* erfüllt werden. Das Führungssystem umfaßt das Planungs- und Zielbildungssystem, das Organisations- und Kontrollsystem sowie das Anreiz- und Personalentwicklungssystem. Kernpunkt des strategischen Führungssystems ist die strategische Planung (vgl. Abb. 1).

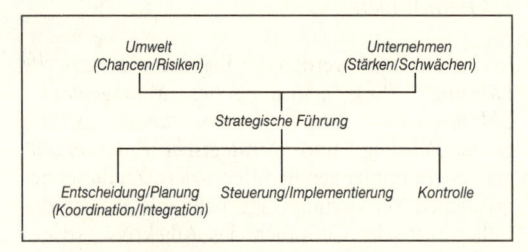

Abb. 1: Strategische Führung im Unternehmen (in Anlehnung an Hahn 1991)

3. Rahmenbedingungen und Notwendigkeit der strategischen Führung

Bedingt durch tiefgreifende *Strukturveränderungen in den Umweltbedingungen* haben sich für das Management des modernen Unternehmens neuartige Anforderungen ergeben, denen mit spezialisierten →*Führungstechniken* allein nicht mehr beizukommen ist. Die zunehmende *Komplexität und Dynamik der Umwelt,* der tiefgreifende *Wertewandel* in der Gesellschaft sowie strukturelle *technologische Veränderungen* machen ein unternehmerisches Führungsverhalten erforderlich, das an grundsätzlichen Einsichten und umfassenderen Instrumenten ausgerichtet ist. Das Management muß demnach heute vielfach mit Anforderungen fertig werden, die den traditionellen Rahmen unternehmerischer Aktivität weit überschreiten.

II. Genuine Aufgaben der Strategischen Führung

Es hat im englischen, aber auch im deutschen Sprachraum nicht an Versuchen gefehlt, die Funktionen des Managements herauszuarbeien (Überblick bei *Staehle* 1991). Hervorzuheben ist in diesem Zusammenhang insbesondere der „Katalog echter Führungsentscheidungen" von Gutenberg *(Gutenberg* 1983). Gutenbergs Katalog ist in eindrucksvoller Weise empirisch bestätigt worden *(Gemünden* 1983). Dies schließt jedoch nicht aus, daß der Katalog prinzipiell erweiterungsfähig und auch stärker differenzierbar ist. Aus der Sicht der SF erweist es sich z. B. als notwendig, die Bemühungen der Unternehmen um ein einheitliches Erscheinungsbild *(„Corporate identity")* oder die *Wahrnehmung ökologischer Verantwortung* als echte Führungsentscheidungen einzubeziehen. Ebenso ist die „Festlegung der Unternehmenspolitik auf lange Sicht" (→*Unternehmungsverfassung und Führung)* durch konkrete Angaben stärker zu differenzieren. Dieser Konkretisierung dient die strategische Unternehmensplanung. Planung beinhaltet nicht nur die geistige Vorwegnahme der zukünftigen Entwicklung, sondern schließt auch die Entscheidung für eine bestimmte Aktionsrichtung ein. SF und strategische Planung können in diesem Sinne inhaltlich gleichgesetzt werden.

Die strategische Planung beginnt mit der Formulierung qualitativer Absichten. Das Top-Management hat zunächst darüber zu entscheiden, in welchen Produkt-/Marktbereichen das Unternehmen auch in Zukunft tätig sein soll und welcher langfristigen Leitlinie bzw. Verhaltensnorm dabei gefolgt werden soll. Aus Gründen der Klarheit und Übersichtlichkeit empfiehlt es sich, zwischen generellen und speziellen Absichten zu differenzieren *(Kreikebaum* 1993).

Generelle Absichten umfassen diejenigen Willenserklärungen, die auch als *„Unternehmensphilosophie", „Geschäftsgrundsätze"* oder *„Charta"* bezeichnet werden. Die Formulierung genereller Absichten dient der Ausformung der „corporate identity" und manifestiert das Selbstverständnis des Unternehmens. Damit wird bezweckt, alle geschäftlichen Aktionen zur Vermeidung von Widersprüchlichkeiten unter ein einheitliches Konzept zu stellen, an dem sich alle strategischen Entscheidungen zu orientieren haben.

III. Anforderungen an die Unternehmensleitung

1. Anforderungen an das Commitment des Top Managements

Aufbau und Durchsetzung einer SF im Unternehmen sind an bestimmte Anforderungen geknüpft, diem Bereich der Unternehmensleitung selbst liegen. Dazu gehört zunächst die *Selbstverpflichtung des Top Managements,* dem strategischen Denken einen Vorrang gegenüber der Lösung von Detailproblemen einzuräumen. Dieses ‚commitment' schließt ein, daß der Chefentscheider gleichzeitig auch Chefplaner ist. Schon ein sehr fein nuanciertes Sich-Distanzieren von der strategischen Planung wird von denjenigen Führungskräften aufmerksam registriert, für die strategische Planung eine lästige Pflichtübung darstellt.

2. Einsatz von Stäben bei der Analyse, Prognose und Kontrolle

Jede Unternehmensleitung bedarf des Einsatzes von *Stäben* als individuelle Führungshilfen, Zentrale Koordinierungsstäbe oder spezialisierte Stabsabteilungen. Unbestritten erscheint dabei die Mithilfe der Stäbe bei der Analyse und Prognose von Umweltbedingungen und im Rahmen der Kontrolle im engeren Sinne (Revision, Prüfung). Probleme und praktische Schwierigkeiten im Hinblick auf den Einsatz von Stäben entstehen immer noch im Bereich des Controlling, das als „Strategisches Controlling" über den reinen Soll-Ist-Vergleich hinaus auch Führungs- und Steuerungsfunktionen übernimmt (*Günther* 1991; *Hahn* 1991).

3. Erstellung von Unternehmenskonzeptionen

Die Unternehmensleitung ist auch für die Festlegung der *speziellen Absichten im Hinblick auf die Verfolgung langfristiger Ziele* verantwortlich (z. B. die Ausweitung des Marktanteils auf ein bestimmtes Produkt-/Marktsegment). Dabei wird von der Unternehmensleitung die Förderung eines konzeptionellen Handelns erwartet, d. h. eines Denkens vom Ende her, das z. B. die ökologischen Konsequenzen des wirtschaftlichen Handelns berücksichtigt.

4. Integration der nachgeordneten Führungsebenen

Die zentrale Führungsaufgabe der Koordinierung der großen betrieblichen Teilbereiche ruft besondere Probleme hervor bei einer *Dezentralisierung der Unternehmensstruktur* und bei weitgehender *Delegation* von Entscheidungen (→*Delegative Führung*). Hier ist es Aufgabe des Top Managements, eine *Integrationsklammer* zu schaffen, um strategische Entscheidungen auf allen Ebenen des Unternehmens durchzusetzen. Ein besonderes Integrationsproblem stellt dabei die Beseitigung auftretender *Konflikte zwischen der Linienorganisation und den Stäben* dar. Integrationsschwierigkeiten entstehen erfahrungsgemäß auch bei der Matrixstruktur (→*Matrixorganisation und Führung*) infolge sich überschneidender Kompetenzen.

IV. Organisation und Implementierung der strategischen Führung

1. Organisatorische Metaentscheidungen

Probleme der organisatorischen Durchsetzung und Implementierung der SF ergeben sich für die Unternehmensleitung insbesondere auf der Metaebene. Das Top Management ist mit anderen Worten dafür verantwortlich, die organisatorischen Entscheidungen über den Aufbau eines strategischen Planungssystems und die Implementierung des Führungsprozesses zu treffen.

a) Aufbau einer strategischen Planung

Zu den in diesem Zusammenhang auftretenden Problemen und Schwierigkeiten liegen inzwischen empirisch gesicherte Forschungsergebnisse vor (*Suffel* 1981; *Kreikebaum/Suffel* 1980; *Kreikebaum/Grimm* 1978; *Kreikebaum* 1983; *Kirsch* et al. 1979; *Kirsch/Roventa* 1983; *Link* 1992). Die Untersuchungsbefunde deuten übereinstimmend darauf hin, daß strategische Planungssysteme nicht auf dem Reißbrett entworfen werden, sondern sich evolutorisch/schrittweise aus einer praktizierten strategischen Planung heraus entwickeln (→*Führungstheorien – Evolutionstheorien der Führung*). Die daraus resultierende Konsequenz lautet: Die Unternehmensleitung muß immer wieder als *Fach-, Macht-* und als *Prozeßpromotor* auf den Prozeß der Einführung und Weiterentwicklung eines strategischen Planungssystems einwirken (*Witte* 1973; *Hauschildt/Chakrabarti* 1988).

b) Schaffung eines strategischen Organisationsklimas

SF hat es stets mit der Lösung von Sach- und Personalproblemen zu tun. Zwischen dem Management und den Mitarbeitern besteht ein spannungsvolles Gefälle hierarchischer und funktionaler Art, ein Miteinander von Nähe und Distanz (*Affemann* 1983). Das in einem Unternehmen bestehende *Organisationsklima* (→*Organisationskultur und Führung*) wird für die Durchsetzung einer SF um so günstiger sein, je mehr es dem Top-Management gelingt, sachliche Aspekte und mitmenschliche Beziehungen miteinander zu verknüpfen. Das Organisationsklima hängt dabei von der *Wertebasis der Führungskräfte* ebenso ab wie von deren Ausstrahlung auf die Mitarbeiter. Die Personalfunktion wird infolge des gesellschaftlichen Wertewandels zunehmend schwieriger (*Strümpel* 1985). Diese Gesichtspunkte gewinnen zunehmend an Bedeutung, je internationaler ein Unternehmen ausgerichtet ist. Durch das Top-Management erfolgt eine interkulturelle Abstimmung zwischen Auslandsgesellschaften und der Zentrale (*Kumar* 1991). Hier gilt es, entsprechende *Anreizsysteme* zur Verfolgung strategischer Ziele zu schaffen (*Schanz* 1988; *Becker* 1990; *Bleicher* 1985).

c) Grundlagen für eine Flexibilisierung der Unternehmung

Gedacht ist in diesem Zusmmenhang nicht so sehr an eine Verstärkung der Planungsflexibilität (*Flexi-*

bilität im Sinne der Eigenschaften der Pläne), sondern der *Handlungsflexibilität*. Im Gegensatz zu der defensiven Absicherung des Unternehmens durch Maßnahmen der Risikovorsorge sollen dem Unternehmen größere Aktionsfreiräume eröffnet werden (*Meffert* 1985). Maßnahmen zur Erhöhung der Flexibilität zielen auch darauf ab, die strategische Position des „Verteidigers" aufzulockern und eine mehr traditionelle Grundhaltung der Führungskräfte aufzuweichen (*Schreyögg* 1984).

d) Verknüpfung mit der operativen Ebene

SF bleibt als Beschäftigungstherapie für kostspielige Planungsstäbe auf dem Papier stehen, wenn es der Unternehmensleitung nicht gelingt, strategisches und operatives Denken zu integrieren und dies auch im praktischen Planungsgeschehen zum Ausdruck zu bringen (*Thanheiser/Patel* 1977; *Kreikebaum* 1993).

2. Organisatorische Implementierung

Das Top-Management ist für den Aufbau einer *strategiegerechten Organisationsstruktur* verantwortlich. Die Bildung von *strategischen Geschäftseinheiten* stellt einen Versuch dar, die Schwächen der divisionalen Organisationsstruktur im Hinblick auf die Implementierung der SF zu überwinden (*Gälweiler* 1979; *Hinterhuber* 1992; *Szyperski/Winand* 1979; *Link* 1985, 1992). Der Grundgedanke dabei ist, die aus strategischen Gesichtspunkten resultierenden Produkt-/Marktkombinationen auch institutionell zu verankern.

V. Ethische Aspekte der Strategischen Führung

1. Strategische Führung unter Beachtung ökologischer und sozialer Rahmenbedingungen

Angesichts der wie auch immer gearteten Grenzen des Wachstums sieht sich die SF sowohl aus ökologischen wie auch aus ökonomischen Gründen vor das Problem gestellt, „Grundsätze umweltgerechter Strategien" festzulegen und im Unternehmen durchzusetzen. Diese Aufgabe erfordert einen individuellen *Bewußtseinswandel* auf der Ebene des Managements im Sinne einer „*Umweltethik*" (*Rich* 1984; *v. Weizsäcker* 1978; *Jonas* 1979; *Kreikebaum* 1988 und 1992a). Notwendig sind auch verstärkte Bemühungen, das soziale Bewußtsein der Konsumenten zu wecken (*Bruhn* 1978). Auf Maßnahmen zur weiteren Erhöhung der Anspruchsmentalität sollte weitgehend verzichtet werden. Möglichkeiten eines „*Marketing Assessment*" (*Utz* 1978) sind dabei ebenso zu prüfen wie die Einrichtung von Verbraucherabteilungen im Unternehmen zur Berücksichtigung *externer Interessen* (*Fornell* 1978, *Hansen/Stauss* 1985; *Hansen* 1992). Obwohl die Auffassungen über Inhalt und Ausmaß der *sozialen →Verantwortung* des Unternehmens weit auseinandergehen, besteht im wesentlichen Einigkeit darüber, daß es über die Eigentümer und Kapitalgeber hinaus weitere Interessenträger gibt, die bestimmte Ansprüche an das Unternehmen stellen. Dazu gehören außer den Kunden, Lieferanten und Mitarbeitern die örtliche Gemeinde sowie die Gesellschaft im Ganzen (*Kreikebaum* 1993 und die dort angegebene Literatur; *Hansen* 1992).

2. Probleme der strategischen Führung unter der Zielsetzung eines qualitativen Wachstums

Die Forderung nach qualitativem Wachstum zielt ab auf eine Steigerung der Energie- und Rohstoffproduktivität und damit auf eine Entkoppelung von Sozialproduktwachstum und Ressourcenverbrauch (*Binswanger/Frisch/Nutzinger* 1988). Die zunehmende *Begrenzung der Ressourcen* auf der Inputseite und eine wachsende *Umweltverschmutzung* auf der Outputseite stellen *ökologische Grenzen* des unternehmerischen Handelns dar. Ein sparsamer Umgang mit den benötigten Energien und natürlichen Rohstoffen ist gleichermaßen aus ökonomischen und ökologischen Gründen gefordert. Besonders kritisch erweist sich dabei der Verbrauch von nicht erneuerbaren Rohstoffen und Bodenschätzen. Auf der Outputseite werden die Lebensbedingungen des „Raumschiffs Erde" durch die ständig zunehmende Umweltbelastung beeinträchtigt. Der mit der Bedarfsdeckung durch Güter beabsichtigte Nutzen kann allein durch die mit dem massenhaften Gebrauch verbundenen Verstopfungstatbestände „Kontraproduktivitäten" entstehen lassen und dadurch wieder aufgehoben werden (*Illich* 1978; *Kreikebaum* 1988). Gefordert wird deshalb eine Umorientierung der Unternehmensleitung im Sinne einer Verlagerung von einem rein quantitativen Wachstum auf ein ressourcenschonendes und im ökologischen Sinne rationales qualitatives Wachstum. Für die SF beinhaltet dies die Durchsetzung einer umweltpolitischen Konzeption, die Veränderungen in der *Produktlebensdauer* und *Produktgestaltung*, im Produktionsprogramm, in der Wahl der Einsatzstoffe, in der Auswahl und Gestaltung der Produktionsverfahren sowie Recyclingmaßnahmen einschließt (*Strebel* 1980; *Kreikebaum* 1993, 1992b und 1992c; *Thomé* 1981; *Türck* 1991). Dies hat insbesondere Konsequenzen für die Produktion, den Marketingbereich (→*Marketingbereich, Führung im*) sowie die Forschungs- und Entwicklungsaktivitäten des Unternehmens.

Literatur

Affemann, R.: Führen durch Persönlichkeit. Selbsterfahrungsgruppen berichten. Landsberg a. Lech 1983.
Ansoff, H. I.: Strategic Issue Management. In: Strategic Management Journal, 1980, S. 131–148.
Ansoff, H. I./Declerck, R. P./Hayes, R. L. (Hrsg.): From Strategic Planning to Strategic Management. London et al. 1976.
Becker, F. G.: Anreizsysteme für Führungskräfte. Stuttgart 1990.
Binswanger, H. C./Frisch, H./Nutzinger, H.: Arbeit ohne Umweltzerstörung. Strategien einer neuen Wirtschaftspolitik. 2. A. Frankfurt/M. 1988.
Bleicher, K.: Zur strategischen Ausgestaltung von Anreizsystemen für die Führungsgruppe in Unternehmen. In: ZfO, 1985, S. 21–27.
Bruhn, M.: Das soziale Bewußtsein von Konsumenten. Wiesbaden 1978.
Fornell, C.: Corporate Consumer Affairs Departments – A Communication Perspective. In: Journal of Consumer Policy, 1978, S. 289–302.
Gälweiler, A.: Strategische Geschäftseinheiten (SGE) und Aufbauorganisation der Unternehmung. In: ZfO, 1979, S. 252–260.
Gälweiler, A.: Unternehmensplanung – Grundlagen und Praxis. 3. A., Frankfurt/M. et al. 1989.
Gemünden, H. G.: „Echte Führungsentscheidungen" – Empirische Beobachtungen zu Gutenbergs Idealtypologie. In: DBW, 1983, S. 49–64.
Günther, T.: Erfolg durch strategisches Controlling? München 1991.
Gutenberg, E.: Grundlagen der Betriebswirtschaftslehre, Bd. 1: Die Produktion. 24. A., Berlin et al. 1983.
Hahn, D.: Strategische Führung und Strategisches Controlling. In: ZfB-Ergänzungsheft 3/91: Controlling. Wiesbaden 1991, S. 121–146.
Hammer, R.: Strategische Planung und Frühaufklärung. München et al. 1988.
Hansen, U.: Unternehmerische Verantwortung und Risikomanagement. In: *Wagner, G. R.* (Hrsg.): Ökonomische Risiken und Umweltschutz. München 1992, S. 109–128.
Hansen, U./Stauss, B.: Funktionen einer Verbraucherabteilung und Kriterien ihrer Einrichtung. In: *Hansen, U./Schoenheit, I.* (Hrsg.): Verbraucherabteilungen in privaten und öffentlichen Unternehmen. Frankfurt/M. et al. 1985, S. 149–172.
Hauschildt, J./Chakrabarti, A. K.: Arbeitsteilung im Innovationsmanagement. In: ZfO, 1988, S. 378–388.
Hinterhuber, H. H.: Strategische Unternehmensführung. 5. A., Berlin et al. 1992.
Illich, I. D.: Forschungsmythen. Reinbek b. Hamburg 1978.
Jonas, H.: Das Prinzip Verantwortung. Frankfurt/M. 1979.
Kirsch, W./Esser, W.-M./Gabele, E. (Hrsg.): Das Management des geplanten Wandels von Organisationen. Stuttgart 1979.
Kirsch, W./Roventa, P. (Hrsg.): Bausteine eines Strategischen Managements. Berlin et al. 1983.
Kreikebaum, H.: Einführung und Weiterentwicklung strategischer Planungssysteme. In: *Koch, H.* (Hrsg.): ZfbF-Sonderheft 15/83: Unternehmensstrategien und strategische Planung. Wiesbaden 1983, S. 83–86.
Kreikebaum, H.: Kehrtwende zur Zukunft. Neuhausen, Stuttgart 1988.
Kreikebaum, H.: Strategic Issue Analysis. In: *Szyperski, N.* (Hrsg.): HWPlan. Stuttgart 1989, Sp. 1876–1885.
Kreikebaum, H.: Strategische Unternehmensplanung. 5. A., Stuttgart et al. 1993.

Kreikebaum, H.: Unternehmensethik und strategische Planung. In: *Hahn, D./Taylor, B.* (Hrsg.): Strategische Unternehmensplanung – Strategische Unternehmensführung. 6. A., Heidelberg 1992a, S. 838–851.
Kreikebaum, H.: Umweltgerechte Produktion. Wiesbaden 1992b.
Kreikebaum, H. (Hrsg.): Integrierter Umweltschutz. 3. A., Wiesbaden 1992c.
Kreikebaum, H./Grimm, U.: Strategische Unternehmensplanung. Ergebnisse einer empirischen Untersuchung, Seminar für Industriewirtschaft, Johann Wolfgang Goethe-Universität Frankfurt/M. 1978.
Kreikebaum, H./Suffel, W.: Der Entwicklungsprozeß der strategischen Planung. Thun et al. 1980.
Kumar, B. N.: Kulturabhängigkeit von Anreizsystemen. In: *Schanz, G.* (Hrsg.): Anreizsysteme in Wirtschaft und Verwaltung. Stuttgart 1991, S. 127–148.
Link, J.: Organisation der strategischen Planung. Heidelberg 1985.
Link, J.: Organisation der strategischen Planung. In: *Hahn, D./Taylor, B.* (Hrsg.): Strategische Unternehmensplanung – Strategische Unternehmensführung. 6. A., Heidelberg 1992, S. 609–634.
Meffert, H.: Größere Flexibilität als Unternehmungskonzept. In: ZfbF, 1985, S. 121–137.
Rich, A.: Wirtschaftsethik. Gütersloh 1984.
Schanz, G.: Verhaltenssteuerung im strategischen Management. In: *Henzler, H. A.* (Hrsg.): Handbuch strategische Führung. Wiesbaden 1988, S. 777–799.
Schreyögg, G.: Unternehmensstrategie. Berlin et al. 1984.
Staehle, W.: Management. 6. A., München 1991.
Strebel, H.: Umwelt und Betriebswirtschaft. Berlin 1980.
Strümpel, B.: Arbeitsmotivation im sozialen Wandel. In: DBW, 1985, S. 42–50.
Suffel, W.: Widerstand von Geschäftsbereichsleitern im Entwicklungsprozeß der strategischen Planung. Thun et al. 1981.
Szyperski, N./Winand, U.: Duale Organisation – Ein Konzept zur organisatorischen Integration der strategischen Geschäftsplanung. In: ZfbF, 1979, S. 195–205.
Thanheiser, H./Patel, P.: Strategische Planung in diversifizierten Unternehmen. Wiesbaden et al. 1977.
Thomé, G.: Produktgestaltung und Ökologie. München 1981.
Trux, W./Müller, G./Kirsch, W.: Das Management Strategischer Programme. München 1984.
Türck, R.: Das ökologische Produkt. 2. A., Ludwigsburg et al. 1991.
Utz, H. W.: Umweltwandel und Unternehmungspolitik. München 1978.
v. Weizsäcker, C. F.: Deutlichkeit. Beiträge zu politischen und religiösen Gegenwartsfragen. München et al. 1978.
Witte, E.: Organiation für Innovationsentscheidungen. Göttingen 1973.

Symbolische Führung

Jürgen Weibler

[s. a.: Führungsethik; Moden und Mythen der Führung; Organisationskultur und Führung; Steuerungsinstrumente von Führung und Kooperation.]

I. Zur Problematik; II. Begriff des Symbolischen; III. Symbole in der Organisations- und Führungsforschung; IV. Führung als Symbol und Führung durch Symbole; V. Besondere Anwendungsfelder; VI. Kritische Würdigung.

I. Zur Problematik

Warum liegen die Büros des Top-Managements oftmals in der *obersten* Etage eines Gebäudes? Was bedeutet es, wenn der Einkaufschef seine Mitarbeiter *persönlich* statt schriftlich über neue Strategien informiert? Wieso fährt der neue Forschungsleiter als erstes demonstrativ zu den *Kunden*, bevor er sich über die Weiterführung laufender Projekte äußert? Warum verlangte IBM-Gründer Thomas J. Watson Sr. von seinen Mitarbeitern, *konservativ* gekleidet zu sein? Was bedeutet es, wenn in einem Unternehmen die automatische Arbeitszeiterfassung *ersatzlos* gestrichen wird? Gemeinsam ist allen den hier beispielhaft aufgeführten Fragen, daß hinter dem Faktischen noch mehr verborgen zu sein scheint. Das Forschungsfeld der *Symbolischen Führung* möchte diese hinter dem Offensichtlichen liegenden Bedeutungen beschreiben und erklären sowie auch mit Blick auf die Praxis untersuchen, ob, wann und wie diese Erkenntnisse gestalterisch in den Führungsprozeß einzubringen sind.

II. Begriff des Symbolischen

Die Verwendung von Symbolen läßt sich bereits in den Frühkulturen der Menschheit nachweisen (*Meier-Seethaler* 1993). *Cassirer* (1944) bezeichnet den Menschen gar als ein „animal symbolicum" und der Tiefenpsychologe *C. G. Jung* (1964) betrachtet *Symbole* u. a. als eine Verkörperung des archetypischen Materials des Menschen (Symbole als Urbilder der Seele).

Symbol meint in seiner *ursprünglichen* Wortbedeutung „*Zusammenfügung*". Paßten die Teile eines auseinandergebrochenen Gegenstandes (z. B. einer Tontafel) bei ihrer erneuten Zusammenfügung zusammen, galt dies als gegenseitiges Erkennungszeichen ihrer Besitzer. Dieser ursprüngliche Wortsinn hat sich jedoch bis heute erweitert. Geblieben ist allerdings, daß „Symbolisches" *stets über sich selbst hinausweist und so immer auch für etwas anderes steht* (vgl. *Neuberger* 1994). So soll z. B. die eingangs angesprochene konservative Kleidung der IBM-Mitarbeiter dem Kunden gleichbleibend hohe Qualität der Produkte und Seriosität der Unternehmensmitarbeiter signalisieren (vgl. auch *Bass* 1990, S. 209). Das „Andere" kann dabei allerdings oftmals weder intersubjektiv eindeutig noch zwangsläufig abgeleitet werden, sondern bedarf der (stillschweigenden) Vereinbarung oder gemeinschaftlichen Interpretation. So kann eine vom Vorgesetzten vorgenommene *persönliche* Information der Mitarbeiter über neue Strategien als Ausdruck einer in den Augen des Vorgesetzten wichtigen Veränderung gedeutet werden (deshalb informiert er nicht schriftlich), aber auch lediglich auf ein inhaltlich belangloses Darstellungsbedürfnis hinweisen. Objektiv Identisches kann in unterschiedlichen (Sub-)Kulturen durchaus andere symbolische Bedeutung besitzen. Eine *Begehung des Arbeitsbereichs* durch den nächsthöheren Vorgesetzten (→*Führung durch den nächsthöheren Vorgesetzten*) kann in einer Abteilung als Ausdruck des Mißtrauens gegenüber dem direkten Vorgesetzten interpretiert werden, in einer anderen Interesse und Verbundenheit signalisieren.

Zentrale Symbole für das Führungsgeschehen in Organisationen sind einer Zusammenstellung *v. Rosenstiels* (1993, S. 22; Untertitel der Abbildung verändert) nach *Neuberger* (1985) zu entnehmen. Diese in Gesprächen bzw. im gemeinsamen Tun liegenden oder objektivierten Symbole sind mit *v. Ro-*

verbale	interaktionale	artifizielle (objektivierte)
Geschichten	Riten, Zeremonien, Traditionen	Statussymbole
Mythen	Feiern, Festessen, Jubiläen	Abzeichen, Embleme, Geschenke, Fahnen
Anekdoten		
Parabeln	Conventions	Logos
Legenden, Sagen Märchen	Konferenzen Tagungen	Preise, Urkunden, Incentive-Reisen
Slogans, Mottos Maximen, Grundsätze	Vorstandsbesuche Revisorbesuche	Idole, Totems, Fetische
	Organisationsentwicklung	Kleidung, äußere Erscheinung
Sprachregelungen		Architektur Arbeitsbedingungen
Jargons, Argot, Tabus	Auswahl u. Einführung neuer Mitarbeiter; Beförderung	Plakate, Broschüren Werkszeitung
Lieder, Hymnen	Degradierung, Entlassung, freiwillige Kündigung, Pensionierung, Tod	schriftlich fixierte Systeme (der Lohnfindung, Einstufung, Beförderung)
	Beschwerden	
	Magische Handlungen (Mitarbeiterauswahl, Strategische Planung usw.)	
	Tabus	

Abb. 1: Symbole/Symbolisches in Organisationen

senstiel (1987, S. 317) vor allem als Medien zur Vermittlung von Werten, Normen, Überzeugungen und Zielen zu verstehen.

Symbolisches spricht dabei sowohl die kognitive als auch die emotionale Ebene beim Individuum an. Darüber hinaus liegt hierin eine Inspiration, eine Aufforderung, im Extrem ein Zwang (vgl. *Cohen* 1974) zum symbolentsprechenden Handeln.

III. Symbole in der Organisations- und Führungsforschung

Symbole haben für die betriebswirtschaftliche Organisations- und Führungsforschung bis Ende der 70er Jahre eine höchst untergeordnete Rolle gespielt. Das erste, auch im Titel so benannte Konzept zum *„Organizational symbolism"* wurde von *Dandridge* et al. 1980 vorgelegt (*Alvesson/Berg* 1992, S. 118). Die bisher traditionell stärker an Persönlichkeitseigenschaften und am direkt beobachtbaren Verhalten interessierte Führungsforschung schenkte dieser Thematik aus zwei Gründen erhöhte Aufmerksamkeit: Zum einen wird der Vorgesetzte zunehmend als entscheidender Träger und Vermittler der Organisationskultur angesehen (z. B. *Peters* 1978; *Pondy* 1978; *Deal/Kennedy* 1982; *Peters/Waterman* 1982; *Pondy* et al. 1983; *Schein* 1985; *Kouzes/Posner* 1987); zum anderen wird die Organisationskultur selbst klarer als wichtige Variable der Führungssituation aufgefaßt (→*Organisationskultur und Führung*). Damit wurden Symbole auch für die sich Kulturfragen zuwendende Führungsforschung wichtig – unabhängig davon, ob man Kultur selbst als ein System von Symbolen betrachtet (*Geertz* 1973) oder Symbole dem umfassenderen Kulturbegriff unterordnet.

Diese angesprochene Vernachlässigung des Symbolischen in der Organisations- und Führungsforschung ist im besonderen durch die Dominanz des gerade in der Ökonomie einflußreichen „rationalistischen Paradigmas" begründet. Mit der Popularisierung des alternativen „interpretativen" Paradigmas (vgl. *Burrell/Morgan* 1979) erweiterte sich diese Betrachtungsperspektive (→*Wissenschaftstheoretische Grundfragen der Führungsforschung*). Neben ethnomethodologischen, hermeneutischen und phänomenologischen Ansätzen gewann innerhalb des interpretativen Paradigmas vor allem der *Symbolische Interaktionismus* (vgl. *Blumer* 1969; mit deutlichen inhaltlichen Differenzen vgl. auch *Mead* 1973) besondere Aufmerksamkeit. Hiernach handelt der Mensch „in einer für ihn bedeutungshaltigen Welt [Symbole sind hier Dinge mit Bedeutungen, J. W.], deren Bedeutungen aus Interaktionsprozessen resultieren und einem vom Subjekt durchgeführten interpretativen Prozeß unterzogen werden" (*Kompa* 1992, S. 15).

Letztlich werden so durch Symbole individuelle und soziale Handlungen mitgesteuert, wobei diese Interaktionen wiederum auf die Symbole einwirken.

Organisationen werden nun nicht mehr bildhaft als „Maschinen" oder „Organismen" gesehen (vgl. *Morgan* 1986), wo das Zusammenspiel von Strukturen, Abläufen und Technologien im Mittelpunkt des Interesses steht. Vielmehr werden Organisationen primär als „systems of shared meanings and beliefs" (*Pfeffer* 1981, S. 1) begriffen. Hierbei geht es dann um Fragen der Abgrenzung und des Zusammenhalts menschlicher Kollektive und deren Ausrichtung auf ein gemeinsames Ziel (vgl. *Gomez/Zimmermann* 1993, S. 17). Werte, Normen, Überzeugungen und Legitimationsfragen werden damit auch für die Führungsforschung zu zentralen Beobachtungs-, Erklärungs- und Steuerungsgrößen. Symbolen kommt als (geronnenen) Sinnträgern hier eine exponierte Funktion zu. Die primäre Funktion von Führung (und von Organisationen überhaupt) liegt aus dieser Perspektive – verkürzt – in der Sinnstiftung (vgl. z. B. *Weick* 1979; *Morgan/Frost/Pondy* 1983). Es geht also nicht mehr so sehr um eine direkte Verhaltensänderung durch den Vorgesetzten (vgl. *Pondy* 1978), z. B. durch Anweisung und Kontrolle. Vielmehr soll bei den Mitarbeitern insgesamt ein Gefühl des Überzeugtseins hinsichtlich des eigenen Tuns und des Organisationszweckes entwickelt werden. Damit werden *Loyalität*, *Commitment* und *Selbstvertrauen* zu zentralen Zielvariablen. Insgesamt ist hier eine deutliche Nähe zu dem Konzept der transformationalen Führung zu erkennen (*Bass* 1990). Wichtig sind aber auch indirekte *Handlungshilfen*. Beispielsweise kann der Vorgesetzte seinen Mitarbeitern schon durch die *Zeit*, die er einer Angelegenheit widmet, Bedeutung vermitteln und in der Folge auch ihre Tätigkeiten stärker hierauf ausrichten (oder allgemein dadurch, daß er bestimmte Dinge beachtet, bestimmte Ereignisse auswählt oder seine Entscheidungs- und Bewertungskriterien offenlegt; vgl. *Schein* 1985).

IV. Führung als Symbol und Führung durch Symbole

Eine geschlossene Theorie zur *Symbolischen Führung* oder zum verwandten Begriff des *Symbolischen Managements* (vgl. *Siehl/Martin* 1984; *Neuberger* 1988; *Ulrich* 1990) liegt bislang nicht vor. Symbolische Führung ist ein „Label", welches für unterschiedliche Facetten der Verbindung von Führung mit Symbolen steht. Im Schwerpunkt wird sich zur Beschreibung von Führungsprozessen entweder eher lose am Symbolischen Interaktionismus orientiert (*Wiswede* 1991, S. 269) oder Symbole werden stärker als eine Gestaltungsgröße im

```
┌─────────────────────────────┐
│  Führung als Symbol         │
│  • Führer ist Symbol        │
│  • Führungsverhalten ist Symbol │
└─────────────────────────────┘
              ↕
        ( Symbolische Führung )
              ↕
┌─────────────────────────────┐
│  Führung durch Symbole      │
│  • Symbol ist entpersonalisierte Führung │
│  • Symbol ist Führungsinstrument │
└─────────────────────────────┘
```

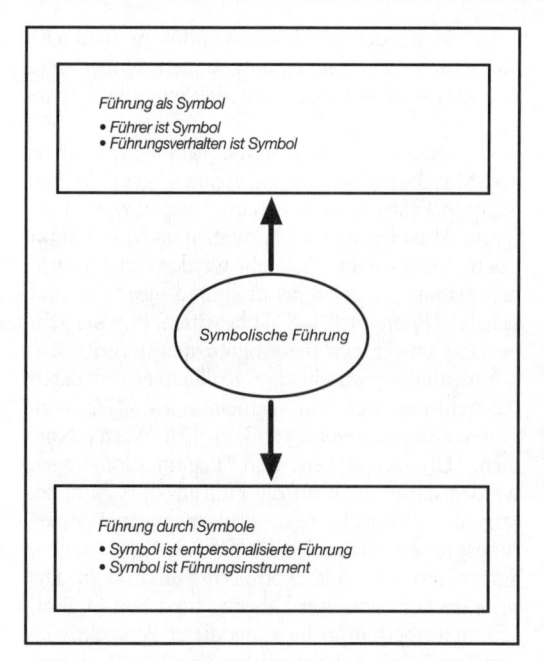

Abb. 2: Interpretationsspektrum Symbolischer Führung

Sinne eines Führungsinstrumentes aufgefaßt. Zweckmäßig erscheint unter heuristischer Perspektive folgende Differenzierung der auf verschiedenen Ebenen stattfindenden Diskussion.

1. Führung als Symbol

a) Der Führer ist Symbol

Nach *Meindl* (1990) besteht bei Individuen grundsätzlich die Neigung, Führung zu romantisieren. Individuen versuchen hiernach, Vorgesetzte *unabhängig* von kausalen Wirkungsketten für bestimmte Ereignisse/Ergebnisse verantwortlich zu machen. Hintergrund ist, daß eine personale Zuschreibung von Verantwortung Sinnhaftigkeit produziert, Kontrollüberzeugungen, also den Glauben an Einwirkungsmöglichkeiten auf die Umwelt, stabilisiert und moralisch entlastet. *Der Führer wird hier selbst zu einem Symbol* (positiv: von Ordnung/Sicherheit, negativ: von Schuld/Versagen) und dies, obgleich ihm nach Meindl kaum tatsächliche Effekte auf die in einer Organisation relevanten Verfahren und erzielten Ergebnisse zuerkannt werden können.

b) Das Führungsverhalten ist Symbol

Neuberger weist den Handlungen des Vorgesetzten eine vermittelnde *(symbolisierende)* Funktion zu. Vorgesetzte führen Handlungen aus, „die von anderen (sinnvoll) gedeutet werden und geregeltes (regeltreues) Anschlußhandeln auslösen" (1989, S. 454). Z.B. können Mitarbeiter aufgrund eines *kooperativen Verhaltens* ihres Vorgesetzten zu seinen Kollegen aus anderen Abteilungen auch indirekt Rückschlüsse auf den von ihnen selbst erwarteten Verhaltensstil ziehen (Vorgesetzte als *Vorbild*). Dieses symbolisierende Verhalten ist insbesondere bei der Veränderung von Gewohntem und der Initiierung wie Implementation von Wandlungsprozessen von Belang. *Pfeffer* (1981) hatte bereits verdeutlicht, daß die *eigentliche* Aufgabe des Managers darin liegt, organisationale Handlungen konsistent zu den Werten, Normen und Erwartungen der Organisation zu *rationalisieren* und zu *legitimieren* (vgl. auch *Smircich/Morgan* 1982, S. 269; *Dyllick* 1983), da er den sachbezogenen Handlungsspielraum von Führern (Managern) als gering einstuft (aufgrund ihrer Abhängigkeit von vorgegebenen Ressourcen und anderen schwer oder gar nicht beeinflußbaren Umweltvariablen wie Technologie, Marktkräfte usw.). Er ist demnach aufgerufen, die Vergangenheit („wie war es bisher") und die Zukunft („wie wird/soll es sein") so für die Mitarbeiter zu *interpretieren,* daß *Eindeutigkeit* in der Bewertung von Zielen, Aufgaben, Instrumenten und Handlungen besteht. Eindeutigkeit wird hier zu einer zentralen Kategorie, da sie nach dieser Argumentation funktional für die organisationale Zielerreichung ist. Zusätzlich fördert sie das für (Arbeits-)Gruppen wichtige Gemeinschaftsgefühl und kann überdies „die kreativen Zweifel in den Dienst der angestrebten Ziele" (*v. Rosenstiel* 1992, S. 58) stellen.

2. Führung durch Symbole

a) Symbol ist entpersonalisierte Führung

Die Führungsforschung hat sich lange Zeit auf die Führung durch Personen konzentriert. *Neuberger* (1989) weist neben anderen jedoch darauf hin, „daß jeder Handelnde in einer Organisation von Führungs-Ersatz gleichsam umstellt ist, weil in den organisatorischen Tat-Sachen (Gebäude, Umgangsformen, Ritualen, Sprachkodex usw.) Führung geronnen *(symbolisiert)* ist" (S. 454, Hervorhebung verändert). So zeigt beispielsweise die ausgefallene postmoderne *Architektur* eines High-Tech-Unternehmens an, daß auf Innovation in diesem Hause großer Wert gelegt wird. Eine institutionalisierte *Vorgesetztenbeurteilung* gibt Führungskräften wie Mitarbeitern einen klaren Hinweis auf die gewünschte Offenheit im gegenseitigen Umgang. Werden *Vorstandsbesuche* in Tochterunternehmen hingegen zelebriert, symbolisiert dies möglicherweise autoritäre, hierarchieverhaftete Führungsbeziehungen im gesamten Unternehmen und signalisiert, „so ist es gut, so soll es auch bleiben".

Unter diesem Blickwinkel sind auch Medien einer →*entpersonalisierten Führung* (z.B. Karrierenleiter, Bürokratie, Technologie) sowie zahlreiche Elemente einer *strukturellen Führung* (→*Führungsgrundsätze*, Führungsorganisation, Aufgabenverteilung; *Wunderer* 1975) als Ausdruck symbolisierter Führung aufzufassen. Es ist insofern von einer allgemeinen Führung durch Symbole zu sprechen, als diese Symbole allgegenwärtig sind und in aller Regel nicht nur auf eine spezifische Führungssituation ausgerichtet werden. Wenngleich sich diese symbolisierten Formen auch unbeabsichtigt herausbilden können, sind sie teilweise bewußt zu *entwickeln* und zu *pflegen*.

b) Symbol ist Führungsinstrument

Vorgesetzte können gezielt Symbole einsetzen, um Mitarbeitern ihr Anliegen nachhaltig zu verdeutlichen (vgl. z. B. *Peters* 1978; *Jung* 1992). Nach dieser Argumentation, die ein gemeinsames (un)bewußtes Verständnis oder doch zumindest Evidenz symbolischer Handlungen voraussetzt, sind Symbole als *Führungsinstrumente* anzusehen. Ihre Verwendung kann dabei gezielt und einer spezifischen Situation angemessen erfolgen. So kann bereits eine *Bahnreise* anstelle der Inanspruchnahme des Dienstwagens samt Chauffeur in einer finanziell kritischen Situation zur Förderung eines kostenbewußten Verhaltens genutzt werden. Eine in der Unternehmung bewußt kolportierte *Geschichte* (z. B.: Der Firmengründer sieht eine Büroklammer auf dem Boden und fragt den Mitarbeiter, was dies denn sei. Als er antwortet: „Eine Büroklammer", sagt der Inhaber: „Nein, mein Geld") drückt ebenso anschaulich eine geforderte, handlungsleitende Werthaltung aus. Möchte eine Führungskraft zentrale Visionen/Ziele formulieren, benutzt sie leicht verständliche *Slogans* (klassisch hier Apple-Mitgründer Steve Jobs: „one person – one computer").

Der bewußte Einsatz von Symbolen ist aber auch aus einer anderen Warte heraus wichtig. Führung wird nach *Calder* (1977) von Geführten dem Vorgesetzten *zuerkannt* (→*Führungstheorien – Attributionstheorie*). Die Geführten besitzen stereotype Vorstellungen darüber, was einen Führer und was Führung ausmacht (sog. Prototypen, vgl. *Lord/Maher* 1991). Entsprechen die wahrgenommenen Eigenschaften und Verhaltensweisen diesem Bild, wird Führung attribuiert. Symbole bzw. symbolische Handlungen sind dabei besonders geeignet, um einen Vorgesetzten in den Augen seiner Mitarbeiter als „Führer" zu *qualifizieren*.

Halten wir fest: Je nach Perspektive können unterschiedliche Aspekte unter dem Begriff der Symbolischen Führung subsumiert werden. Aus der Diskussion geht aber mehrheitlich auch hervor, daß sich das Ziel einer Symbolischen Führung *in letzter Konsequenz nicht* von denen anderer Führungsaktivitäten unterscheidet (z. B. Leistungssicherung). Wird Führung nun als eine „*Einflußnahme*" (vgl. z. B. *Wunderer/Grunwald* 1980) verstanden, erscheint es zur Begriffsreduktion zweckmäßig, unter Symbolischer Führung eine *zielgerichtete soziale Einflußnahme zu verstehen, die Symbole einsetzt und/oder die selbst symbolisch gedeutet wird*. Dabei setzt diese Einflußnahme nicht bei dem unmittelbaren Verhalten der Geführten an, sondern richtet sich auf die der Verhaltensebene vorgelagerten Wirklichkeitsbilder, Überzeugungen oder Einstellungen. Deshalb ist es notwendig, daß organisationale Strukturen und Prozesse symbolkonform ausgerichtet sind (z. B. Anreizpolitik, Selektion), um ein stabiles, voraussagbares Verhalten zu provozieren und um der Schaffung einer Pseudowelt vorzubeugen (vgl. *Alvesson/Berg* 1992, S. 171, 192; *v. Rosenstiel* 1992). Ferner werden vor allem im Fall einer *bewußten* Einflußnahme zusätzliche (z. B. sprachliche oder dramaturgische) als die üblicherweise herausgehobenen *Managerfähigkeiten* benötigt, soll dieser Versuch überzeugend gelingen (vgl. *Pfeffer* 1981).

V. *Besondere Anwendungsfelder*

Aufgrund der Literaturdiskussion lassen sich bestimmte Situationen benennen, in denen eine Symbolische Führung besonders wichtig ist (vgl. z. B. auch *Smircich/Morgan* 1982; *Neuberger* 1988, 1994; *v. Rosenstiel* 1992; *Alvesson/Berg* 1992). Dies ist dort der Fall, wo

- Unsicherheit über das zu Erreichende besteht;
- Zweifel bei der Bewertung zu erreichender Ziele aufkommen;
- die Akzeptanz erhöht werden soll;
- Mitarbeiter inhaltlich durch den Vorgesetzten kaum noch gesteuert werden können;
- es fraglich ist, ob allgemeine ethische Prinzipien automatisch das betriebliche Handeln legitimieren;
- Organisationen, z. B. in Krisen, insgesamt eine veränderte Identität gegeben werden soll oder muß;
- einzelne, bisher etablierte Ansichten/Bedeutungen/Ziele zu verändern sind;
- Führer und Geführte in einem verminderten persönlichen Kontakt zueinander stehen;
- eine Selbststeuerung beim Geführten erwünscht ist, diese sich jedoch in einem zuvor verbindlich definierten Rahmen zu bewegen hat;
- Loyalität, Commitment und Konsens wichtiger als Fachkenntnisse für den Erfolg sind;
- besonders Kollektive denn einzelne Individuen angesprochen werden sollen.

VI. Kritische Würdigung

Die Diskussion zur Symbolischen Führung hat die Organisations- und Führungsforschung zweifelsfrei bereichert. Die Hinterwelt und den Hintersinn von Äußerungen, Ereignissen und Verhaltensweisen zu erkennen und ihre Bedeutung für das Erleben und Verhalten offenzulegen, ist für das Verständnis komplexer Organisationswirklichkeiten hilfreich und manchmal der einzige Weg, *scheinbar* Überflüssiges, Antiquiertes und Irrationales zu begreifen. Manager können prinzipiell Symbole als ein zusätzliches Führungsinstrument nutzen, welches gegenwärtigen Aufgaben/Entwicklungen in Organisationen (z. B. Schaffung von verbindenden Visionen) besonders gerecht wird. Eine Symbolische Führung ist hiernach dazu geeignet „klassische" Führung zu ergänzen und/oder zu unterstützen (vgl. auch *Bolman/Deal* 1991).

Dennoch sind mehrere kritische Anmerkungen zu machen: *Erstens* bewegt sich die Argumentation vielfach im Bereich des Anekdotischen (vgl. auch *Wiswede* 1991). Dies deshalb, weil nur wenige *empirische* Studien zur differenzierenden Wirkungsanalyse verschiedener Symbolklassen im Führungskontext vorliegen (vgl. hier *Siehl/Martin* 1984; *Ornstein* 1986). Besonders fällt der eklatante Mangel an *empirischen* Studien auf, die die erfolgsgrößenbezogenen Effekte einer Symbolischen Führung systematisch zu denen einer „klassischen" Führung (z. B. Weg-Ziel-Führung, lerntheoretisch konzipierte Führung) in Beziehung setzen.

Zweitens ist darauf hinzuweisen, daß die von manchen Autoren vorgenommene Instrumentalisierung von Symbolischer Führung wieder zu einem zweckrationalen Umgang mit dem Vorrationalen (*Ulrich* 1990, S. 290) führt. Dies ist aus zwei Gründen bedenklich: Zum einen stellt sich die Frage nach der ethischen Legitimation eines Vorgesetzten, der dem Mitarbeiter bestimmte Deutungen seiner Lebens-/Arbeitswelt mangels unterstellter eigener Kompetenzen verbindlich nahebringen möchte. *Ulrich* (1984, 1990) schlägt in diesem Zusammenhang vor, diesem Ansatz des simplifzierenden Kulturmanagements dem des „kulturbewußten Managements" entgegenzusetzen. Zum anderen wird ungeprüft unterstellt, daß der Manager, der Symbole bewußt einsetzt, außerhalb dieses Prozesses, scheinbar selbst unbeeinflußt, steht. Nach *Wiendieck* (1989) ist die Annahme einer einseitigen Unterstellung von Schwierigkeiten bei der Sinnfindung nur auf Mitarbeiterseite problematisch. Aus dieser Warte wird der Manager (erneut) als ein omnipotenter „Macher" gesehen, der sich zur Mitarbeiterführung jetzt auch noch versteckter Botschaften aus seinem „Symbolkasten" bedient (vgl. auch *Alvesson* 1991).

Drittens wären in Anlehnung an *Türk* (1988) Situationen zukünftig zu präzisieren, in denen eine unternehmensweite Beeinflussung der Mitarbeiter durch Symbole erfolgversprechend ist. Zu bedenken ist hier, daß unterschiedliche, teilweise abgeschottete Subkulturen in Unternehmen oftmals ungleiche Erfahrungen haben und spezifische Kommunikationsformen pflegen.

Abschließend dürfte spekuliert werden, ob die nun breiter einsetzende Diskussion zur Symbolischen Führung im Sinne einer Führungstechnologie nicht den Keim zu ihrer eigenen Zerstörung ansatzweise in sich trägt. Möglicherweise ist es nämlich so, daß die rationale Kenntnis über die irrationale Welt deren Effekte – erinnert sei an tiefenpsychologische Erkenntnisse – dann deutlich abschwächt (vgl. auch *Pfeffer* 1981).

Literatur

Alvesson, M./Berg, P. O.: Corporate Culture and Organizational Symbolism. Berlin et al. 1992.
Alvesson, M.: Organizational Symbolism and Ideology. In: JMS, 1991, S. 207–225.
Bass, B. M.: Bass and Stogdill's Handbook of Leadership. New York et al. 1990.
Blumer, H.: Symbolic Interactionism: Perspectives and Method. Englewood Cliffs 1969.
Bolman, L. G./Deal, T. E.: Reframing Organizations: Artistry, Choice and Leadership. San Francisco 1991.
Burrell, G./Morgan, G.: Sociological Paradigms and Organizational Analysis. London 1979.
Calder, B. J.: An Attribution Theory of Leadership. In: *Staw, B. M./Salancic, G. R.* (Hrsg.): New Directions in Organizational Behavior. Chicago 1977, S. 179–204.
Cassirer, E.: An Essay on Man. New Haven 1944.
Cohen, A.: Two-Dimensional Man. An Essay on the Anthropology of Power and Symbolism in Complex Society. London 1974.
Dandridge, T. C./Mitroff, I. I./Joyce, W. F.: Organizational Symbolism. In: AMR, 1980, S. 77–82.
Deal, T. E./Kennedy, A. A.: Corporate Cultures. Reading 1982.
Dyllick, Th.: Management als Sinnvermittlung. In: gdi-impuls, 1983, (3), S. 3–12.
Geertz, C.: The Interpretation of Cultures. New York 1973.
Gomez, P./Zimmermann, T.: Unternehmensorganisation. 2. A., Frankfurt/M. et al. 1993.
Jung, C. G.: Symbole der Wandlung. Ges. Werke, Bd. 5. Zürich 1964.
Jung, W.: Symbolische Führung: Wie Sie versteckte Botschaften einsetzen. In: Gablers Magazin, 1992, (2), S. 32–35.
Kompa, A.: Sozialbehaviorismus und Symbolischer Interaktionismus: Perspektiven für die Arbeits- und Organisationspsychologie? In: Augsburger Beiträge zu Organisationspsychologie und Personalwesen 1992, (14).
Kouzes, J. M./Posner, B. Z.: The Leadership Challenge: How to Get Extraordinary Things Done in Organizations. San Francisco 1987.
Lord, R. G./Maher, K. J.: Leadership and Information Processing. London et al. 1991.
Mead, G. H.: Geist, Identität und Gesellschaft. Frankfurt/M. 1973.
Meier-Seethaler, C.: Von der göttlichen Löwin zum Wahr-

zeichen männlicher Macht. Ursprung und Wandel großer Symbole. Zürich 1993.
Meindl, J. R.: On Leadership: An Alternative to the Conventional Wisdom. In: ROB, 1990, S. 159–203.
Morgan, G.: Images of Organization. Beverly Hills et al. 1986.
Morgan, G./Frost, P. J./Pondy, L. R.: Organizational Symbolism. In: *Pondy, L. R./Frost, P. J./Morgan, G.* et al. (Hrsg.): Organizational Symbolism. London 1983, S. 3–35.
Neuberger, O.: Unternehmenskultur und Führung. Augsburg 1985.
Neubeger, O.: Symbolische vs. Situative Führung. In: WiSt, 1989, S. 452–457.
Neuberger, O.: Symbolisches Management als Vermittlung zwischen Individualisierung und Organisierung. In: *Drumm, H. J.* (Hrsg.): Individualisierung der Personalwirtschaft: Grundlagen, Lösungsansätze und Grenzen. Bern 1988, S. 69–81.
Neuberger, O.: Führen und geführt werden. 4. A., Stuttgart 1994.
Ornstein, S.: Organizational Symbolism: A Study of their Meanings and Influences on Perceived Psychological Climate. In: OBHDP, 1986, (38), S. 207–229.
Peters, Th. J.: Symbols, Patterns, and Settings: An Optimistic Case for Getting Things Done. In: OD, 1978, (2), S. 2–23.
Peters, Th. J./Waterman, R. H.: In Search of Excellence. New York 1982.
Pfeffer, J.: Management as Symbolic Action: The Creation and Maintenance of Organizational Paradigms. In: ROB, 1981, S. 1–52.
Pondy, L. R.: Leadership is a Language Game. In: *McCall, M. W./Lombardo, M. M.* (Hrsg.): Leadership. Where Else Can We Go?. Durham 1978, S. 87–99.
Pondy, L. R./Frost, P. J./Morgan, G. et al. (Hrsg.): Organizational Symbolism. London 1983.
Rosenstiel, L. v.: Grundlagen der Organisationspsychologie. 2. A., Stuttgart 1987.
Rosenstiel, L. v.: Symbolische Führung. In: io Managementzeitschrift, 1992, (3), S. 55–58.
Rosenstiel, L. v.: Grundlagen der Führung. In: *Rosenstiel, L. v./Regnet, E./Domsch, M.* (Hrsg.): Führung von Mitarbeitern. 2. A., Stuttgart 1993, S. 3–25.
Schein, E. H.: Organizational Culture and Leadership. San Francisco et al. 1985.
Siehl, C./Martin, J.: The Role of Symbolic Management: How Can Managers Effectively Transmit Organizational Culture? In: *Hunt, J. G./Hosking, D. M./Schriesheim, Ch. A.* et al. (Hrsg.): Leaders and Managers. New York et al. 1984, S. 227–239.
Smircich, L./Morgan, G.: Leadership: The Management of Meaning. In: JABS, 1982, S. 257–273.
Türk, K.: Herstellung von Konsens durch Führung? In: *Wunderer, R.* (Hrsg.): Die Betriebswirtschaftslehre als Management- und Führungslehre. 2. A., Stuttgart 1988, S. 85–96.
Ulrich, P.: Systemsteuerung und Kulturentwicklung. In: DU, 1984, S. 303–325.
Ulrich, P.: Symbolisches Management. In: *Lattmann, Ch.* (Hrsg.): Die Unternehmenskultur. Heidelberg 1990, S. 277–302.
Weick, K. E.: Cognitive Processes in Organizations. In: ROB, 1979, S. 41–74.
Wiendieck, G.: Zur Einfalt des Sinn-Managements: In: Gruppendynamik, 1989, S. 56–60.
Wiswede, G.: Einführung in die Wirtschaftspsychologie. München et al. 1991.
Wunderer, R.: Personalwesen als Wissenschaft. In: Personal, 1975, (8), 33–36.
Wunderer, R./Grunwald, W.: Führungslehre, Bd. 1. Berlin et al. 1980.

Theologische Aspekte der Führung

Albert Ziegler

[s. a.: Führungsethik; Menschenbilder und Führung; Soziale Kompetenz; Verantwortung; Vertrauen in Führungs- und Kooperationsbeziehungen.]

I. Vorbemerkungen: Begriffe; II. Theologische Aspekte des Menschenbildes; III. Theologische Aspekte des Führungsgeschehens; IV. Theologischer Ausblick für eine freiheitlichere Führung (Theologie der Befreiung).

I. Vorbemerkungen: Begriffe

Führung ist eine (mindestens auch) menschliche Verhaltensweise. Damit gerät sie ins Blickfeld der Theologie. Denn Theologie ist Lehre nicht nur von Gott und seinem Wirken, sondern auch vom Menschen und seinem Verhalten. Der Zusammenhang zwischen Theologie und Anthropologie sowie die Bedeutung der theologischen Anthropologie für eine Theorie und Praxis der Führung muß allerdings durch eine vorgängige Begriffsklärung erst einsichtig gemacht werden.

1. Theologie

Theo-logie ist die Lehre (logos) von jenem Gott (theos), der den Menschen nicht nur ins Dasein, sondern auch zu Selbstverwirklichung und Selbstverantwortung ruft. Als *christliche* Theologie versteht sie Gott als den Vater Jesu Christi. Als Geschwister Jesu sind alle Menschen Gottes in unbedingter Liebe angesprochen, aber ebenso unbedingt in Anspruch genommene Kinder. Als Geschwister untereinander tragen sie Verantwortung füreinander.

Daraus erhellt: Christliche Theologie redet nicht nur vom Geheimnis Gottes in sich selbst (Dreifaltigkeit), sondern auch vom Geheimnis Gottes im Menschen und seiner Welt, sei es im Gottmenschen Jesus Christus, sei es in jedem Menschen als dessen Schwester oder Bruder. Mithin ist christliche Theologie nicht nur Theo-logie im engeren Sinne, sondern auch weithin Anthropo-logie, das heißt Lehre vom Menschen.

Als Anthropologie entfaltet sich christliche Theologie in zweifacher Richtung. Zum einen entwickelt sie (in der Dogmatik) eine Lehre vom *gottgeschaffenen Menschen* (christliches Menschenbild). Zum andern erarbeitet sie (in der Moraltheologie oder theologischen Ethik) eine Lehre vom *gottgemäßen Handeln*. In beiden Bereichen wird sie für die Führungslehre und Führungspraxis bedeutsam.

Negativ wehrt sie einer Verkürzung des Menschenbildes (die etwa in Ausdrücken wie „der Mensch ist nichts anderes als..." zum Vorschein kommt). *Positiv* ist es ihr Anliegen, den Menschen in seiner Weite und Abgründigkeit begreifen zu lassen und ihn nicht nur als Rätsel einer abschließenden Lösung zuzuführen, sondern als Geheimnis für die Begegnung mit jenem größeren Geheimnis offenzuhalten, das die Theologie als Gott in sich selbst (Dreifaltigkeit) und als Gott in der Welt (Jesus Christus) benennt.

Ihre grundlegenden Einsichten gewinnt theologische Anthropologie aus *drei Quellen*. Sie bedenkt (1) die menschlichen Selbsterfahrungen, wie sie in der Bibel (des Alten und Neuen Testamentes) und in der Glaubensgeschichte der Christen offenbar werden. Sie tritt (2) in ein kritisches Gespräch mit der Philosophie. Immer mehr Erkenntnisse verdankt sie (3) der Auseinandersetzung mit den Humanwissenschaften. Eben darum darf sie auch nicht in einem theologischen Elfenbeinturm verharren. Sie muß sich in die Gesprächsgemeinschaft *aller* Menschen einbringen.

2. Theologische Aspekte

Theologische Aspekte besagt: Weder wird ein umfassendes theologisches Menschenbild entworfen. Noch wird eine theologische Führungslehre vorgelegt. In beidem geht es nur um Aspekte. Diese Aspekte aber sind *theologische*. Das heißt: Zu den vielen Aspekten, unter denen man Führung betrachten kann, gehört auch der theologische. Ob er sich für die Theorie und Praxis der Führung als hilfreich erweist, muß sich freilich erst zeigen.

3. Theologische Aspekte der Führung

Bekanntlich herrscht „in der Literatur zum Führungsphänomen eine geradezu babylonische Begriffsverwirrung" (*Wunderer/Grunwald* 1980, S. 53). Theologie tut sich in der Umschreibung von Führung besonders schwer. Denn sie sollte so unterschiedliche Verhaltensweisen wie Lebensführung, Gesprächsführung, Mitarbeiterführung, Unternehmensführung, Staatsführung auf einen Nenner bringen, von der göttlichen Führung ganz zu schweigen. Immerhin zeigt sich in dreifacher Richtung ein großes Maß an Übereinstimmung.

(1) Führen heißt – herkunftsmäßig – „fahren machen". (Denn „führen" ist ein altes Veranlassungswort zu „fahren" [so wie „leiten" Veranlassungswort zu ursprünglich „gehen, fahren, reisen" ist].) Mithin geht es beim Führen wortgemäß um eine Einflußnahme, die in Fahrt bringt und in Fahrt bleiben läßt, bis das Ziel erreicht ist.

So hat führen mit fahren und fahren (1) mit *Bewegung* zu tun. (2) Jede Fahrt hat ihr Ziel. (Denn selbst die Fahrt ins Blaue hat „im Blauen" ihr vorgefaßtes Ziel.) Darum hat führen mit *Zielbestimmung* zu tun. (3) Damit das Ziel erreicht wird, muß die Fahrt immer wieder auf dieses Ziel bezogen und auf dieses Ziel hin gerichtet werden. Deshalb hat „führen" mit einer zielbestimmten und richtungweisenden *Steuerung* der Bewegung zu tun. – Kurzum: *Führung ist jene Einflußnahme, die eine zielgerichtete Bewegung auslöst und bis zur Zielerreichung in Gang hält.*

Theologisch steht bei Führung die *Menschen*führung im Vordergrund (selbst wenn die *sach*bezogenen Führungsaufgaben keineswegs zu vernachlässigen sind). Auch Menschenführung ist – je nach dem unmittelbaren Führungsziel – unmittelbar entweder mensch- oder sachbezogen. *Mensch*bezogene Führung kann Führung des eigenen Lebens bedeuten, aber auch zwischenmenschlich von Mensch zu Mensch geschehen (wie in der Erziehung der Kinder, in der Psychotherapie oder als geistliche „Seelenführung"). Beide Führungsweisen tragen dazu bei, daß der Mensch sein *persönliches* Lebensziel erreicht, indem er in Selbstbestimmung und Selbstverantwortung sich selber verwirklicht.

*Sach*bezogen ist die Führung im gesellschaftlichen, wirtschaftlichen und politischen Bereich. Ein gemeinsames Ziel (Werk) ist durch gemeinsame Anstrengung und darum durch eine entsprechende auch gemeinsam zu unternehmende Fahrt zu erreichen (teamwork). Damit ist eine dreifache Führungsaufgabe gegeben. (1) Die Handlungen der einzelnen sind zu veranlassen (Lokomotion). (2) Die einzelnen Handlungen sind aufeinander hinzuordnen (Koordination). (3) Die Handelnden müssen so weit gebracht werden, daß nicht nur einer zusammen mit anderen arbeitet, sondern daß sie *zusammen*arbeiten (Kohäsion).

Theologie vermag zu einer derart menschlichen Führungslehre und -praxis in doppelter Weise beizutragen. Zum einen kann sie mitreden, wo das jeder Führung zugrundeliegende *Menschenbild* zur Sprache kommt (II). Denn sobald man sich nicht damit begnügt, den Menschen abschließend natur- und sozialwissenschaftlich zu erklären, kommt man um eine philosophische und auch theologische Fragestellung nicht herum. (Auch theologisch gilt: Sage mir, welches Bild du vom Menschen hast oder dir machst, und ich sage dir, wie du Menschen führst.) Bei der Frage des Menschenbildes ist Theologie vor allem als *dogmatische* Theologie beteiligt. Zum andern kann sich Theologie zu Worte melden, wo das *Führungsgeschehen* selbst bedacht wird (III). Hier kommt die *theologische Ethik oder Moraltheologie* ins Spiel.

II. Theologische Aspekte des Menschenbildes

1. Theologische Grundlagen

Theologie entnimmt der Bibel drei *anthropologische Konstanten*. (1) Der Mensch ist als Gottes Bild gut geschaffen und in seinem letzten Grund auch gut geblieben. (2) Er hat sich, seine Freiheit mißbrauchend, in Schuld und Sünde zum Zerrbild verkehrt. (3) Doch aufgrund der verbliebenen Gutheit ist er durch Jesus Christus von Sünde und Tod befreit worden, und zwar so, daß er nun auch selber als Erlöster an der Befreiung seiner selbst und seiner Welt mitarbeiten soll.

Die drei theologischen Grundaussagen haben *Konsequenzen* für die menschliche Führung. Möglicherweise gelangt man zu gleichen oder ähnlichen Konsequenzen auch aufgrund anderer Voraussetzungen. Folglich kann man einzelnen Aussagen der Theologie zur Führung auch dann zustimmen, wenn man deren theologische Voraussetzungen nicht teilt. Dies zeigt sich nicht zuletzt im Gespräch über die für die Führung bedeutsamen Menschenbilder und damit über das menschliche Selbstverständnis.

2. Der theologische Beitrag zum menschlichen Selbstverständnis

Die der heutigen Führungslehre und Führungspraxis zugrundeliegenden Menschenbilder kritisch bedenkend, begegnet Theologie einer dreifachen Gefahr, nämlich der Gefahr der Verkürzung und Verzweckung, der Verhimmlung oder Verteufelung, der Über- oder Unterschätzung des Menschen.

(1) Gegenüber jeder Verkürzung, Vereinseitigung und einer daraus folgenden Verzweckung weist Theologie darauf hin, daß der Mensch nicht nur ein Rätsel ist, das dank wachsender Kenntnisse über kurz oder lang endgültig gelöst sein wird. Er bleibt eine offene Frage und ein abgründiges (weil im Geheimnis Gottes gründendes) Geheimnis. Deshalb ist weder die Frage nach dem Menschenbild endgültig zu beant-

worten, noch ist über einen bestimmten Menschen ein abschließendes Urteil zu fällen. Derart ergänzt Theologie die Aussage der Führungsphilosophie vom „komplexen Menschen" (→*Führungsphilosophie und Leitbilder*) und wehrt einer Auffassung, die den Menschen lediglich als Arbeitskraft wertet und verzweckt.

(2) Gegenüber der Verhimmlung oder Verketzerung erinnert Theologie daran, daß der Mensch weder Engel noch Teufel ist, sondern seltsam zwiespältig bleibt. Es gibt nicht nur das Gute, sondern auch das Böse im Menschen und um ihn. Dennoch ist er nicht unverbesserlich. So ist und bleibt er auf dem Weg mit und zu sich.

(3) Gegenüber der Über- oder Unterschätzung betont Theologie drei Merkmale des Menschen: (a) Von Gott persönlich angesprochen, ist der Mensch zwar immer und ganz Person mit dem Anspruch auf unbedingte Achtung seiner Würde. Aber zur Persönlichkeit muß er erst psychologisch reifen. Die Reifung kann gestört sein. Vielleicht muß der Mensch einen Abbau oder (fast) einen Verlust seiner Persönlichkeit erleiden. Immer aber und unverlierbar bleibt er Person. (b) Innerhalb solcher leibhaft-zeitlicher und persönlicher Grenzen ist der Mensch zu Selbsterkenntnis und Selbstbestimmung (Freiheit) fähig. Aber er muß dazu – in Fremd- und Selbsterziehung – befähigt werden. (c) Als erwachsener und mündiger Mensch erfährt sich der Mensch für seine Freiheit (zunächst gegenüber seiner Vernunft) verantwortlich. Als zu verantwortende ist seine Freiheit die Fähigkeit zur Selbstverfügung, der die Beliebigkeit genommen ist (weil die eigene Vernunft sie zur Rechenschaft auffordert).

III. Theologische Aspekte des Führungsgeschehens

1. Theologische Grundlagen

Theologisch zeigt sich das Führungsgeschehen vorab unter dem Verantwortungsaspekt. Damit wird sie zur Frage auch der theologischen Ethik oder Moraltheologie als der Lehre verantwortbaren menschlichen Handelns (→*Führungsethik*). Unter welchen Voraussetzungen läßt sich Führung also verantworten?

Verantwortbar erscheint Führung, wenn sie einerseits in lauterer und wohlwollender Gesinnung geschieht, anderseits in richtiger Weise zum richtigen Ziele führt und sich derart gesamthaft lebensfördernd erweist. Bei der Frage nach der richtigen Art und Weise des Führens ist theologische Ethik weithin auf die Erkenntnisse der Führungslehre angewiesen. Umgekehrt betont theologische Ethik, daß verantwortbare Führung der Ganzheitlichkeit, Zwiespältigkeit und Eigenständigkeit Rechnung tragen muß, die sich aus dem christlich begründeten Menschenbild ergeben.

(1) Der Mensch muß um seiner (im Geheimnis gründenden) *Ganzheit* willen auch ganzheitlich geführt werden. Deshalb gehört zur Führung auch die Berücksichtigung der persönlichen Eigenart, der sozialen Umstände und der individuellen Lebensgeschichte eines Menschen. Insofern tut zwar vernetztes Denken not, ist aber als bloß rationales Denken noch lange keine ganzheitliche (und damit auch herzhafte) Führung. Führung braucht Raum für Individualität und Emotionalität.

(2) Im Blick auf die bleibende menschliche *Zwiespältigkeit* muß Führung zwar an das Gute im Menschen glauben und darum vertrauensvoll sein. Aber sie darf nicht blind vertrauensselig werden. Auch bei der Führung gilt: Wer nie hereinfällt, hat kein Herz, wer immer hereinfällt, keinen Verstand. Daher muß Führung in einem Raum des Vertrauens geschehen, innerhalb dessen man volles Vertrauen schenkt, der aber – je nach Vertrauenswürdigkeit – kleiner oder größer sein kann.

Bei allem Vertrauen wird Führung indes nicht den Blick vor der Schuldhaftigkeit des Menschen und der Leidhaftigkeit der Welt verschließen, nüchtern mit dem Bösen rechnen und nicht eine konfliktfreie Gesellschaft ins Auge fassen. Auf diese Weise trägt theologische Ethik der wachsenden Einsicht Rechnung: „Die von Wissenschaft und/oder Beratung angebotenen Handlungsmodelle suggerieren beruflichen Erfolg (und stillschweigend persönliches Glück) und verdrängen, daß das Leidensproblem allen Führungsprozessen innewohnt und unaufhebbar ist. Ein Führungsparadigma, das dieses Problem thematisiert, steht noch aus" (*Wesser/Grunwald* 1985) (→*Führungsdilemmata*).

(3) Mit Rücksicht auf die *Eigenständigkeit* des Menschen muß Führung zur Persönlichkeitsentwicklung beitragen. Denn der Mensch soll in Selbstbestimmung und Selbstverantwortung zur eigenständigen Persönlichkeit reifen. Darum ist der Mensch nicht nur entsprechend zu erziehen. Man muß ihm auch Gelegenheit bieten, das Erworbene und Erlernte anzuwenden und weiterzuentfalten (transformative Führung [*Schreyögg* 1993]). Dies besagt für den Führungsvorgang:

(a) Der zu *Führende* ist zunächst als Eigentümer und Besitzer von Arbeitskraft und Humankapital zu sehen. Das heißt: Er *ist* weder Arbeitskraft noch Humankapital. Aber er *besitzt* solches *zu eigen*. In freier Selbstverfügung gibt

er sein Eigentum in den Besitz anderer – unter der Voraussetzung, sie achten ihn als Eigentümer und setzen den Besitz so ein, daß es sowohl anderen als auch ihm selbst nützt (Intrapreneurship).
(b) Der *Führende* ist *Treuhänder* von Arbeitskraft und Humanvermögen. In eigener Verantwortung setzt er es als Humanpotential im Interesse des Unternehmens wie des Mitarbeiters ein.
(c) Die Beziehung zwischen *Führenden* und zu *Führenden* soll persönlich fördern, darf aber nicht vereinnahmen. Mitarbeiter sind höchstenfalls treue Gefolgsleute, keinesfalls folgsame Jünger. Daher hat der *Führende* alles zu unterlassen, was die Mitarbeiter sektiererisch an ihn oder ans Unternehmen bindet (→*Loyalität und Commitment*).

2. Der theologische Beitrag zur Lehre und Praxis der Führung

Von diesen Grundlagen her hat theologische Ethik darauf aufmerksam zu machen, daß eine die Ganzheitlichkeit, Zwiespältigkeit und Eigenständigkeit des Menschen berücksichtigende Führung relativ, subsidiär und vorbildhaft sein muß.

(1) Alle menschliche Führung ist *relativ*. – Sie bleibt unvollkommen und muß keine Unfehlbarkeit beanspruchen, weder in der Findung des Zieles noch in der Bereitstellung der Mittel, noch in der Einflußnahme auf Menschen. Das heißt: Bereits von Gott unbedingt angesprochen und in Anspruch genommen, kann ein Mensch den anderen Menschen nur noch so ansprechen und in Anspruch nehmen, daß *Gottes größerer Anspruch* gewahrt bleibt. Darum ist Menschenführung als Führung von Menschen durch Menschen in dreifacher Weise relativ:
(a) Sie ist relativ zu *Gott,* d. h. auf Gottes unbedingten (die Unbedingtheit menschlicher Würde begründenden) Anspruch bezogen, so daß der Mensch dem anderen Menschen letztlich entzogen bleibt. *Merke:* Wir sind menschlich, nicht der liebe Gott. Darum brauchen wir ihn auch nicht zu spielen. Mehr noch: Wir dürfen es nicht.
(b) Sie ist relativ zum Geheimnis des Menschen, d. h. so auf den Mitmenschen bezogen, daß man in der persönlichen Menschenführung dem Menschen zwar auf die Spur kommen und mit ihm auf dem Weg bleiben kann, aber nicht beanspruchen darf, hinter alle seine Schliche zu kommen und in jede seiner Karten zu gucken. *Merke:* Wir sind persönlich zwar der Schwester und des Bruders Hüter, aber nicht Psychoanalytiker ihres abgründigen Geheimnisses.
(c) Sie ist relativ zum beabsichtigten Ziel, d. h. als betriebliche Menschenführung unmittelbar auf das beabsichtigte Werk und darum nur mittelbar auf die Mitwirkenden bezogen. *Merke:* Betrieblich sind wir eine Arbeits- und Werkgemeinschaft und keine psychotherapeutische Auffangstation.
(2) Menschliche Führung ist *subsidiär*. – Schon *erzieherische* Führung muß auf die Mündigkeit der zu Erziehenden abzielen und damit darauf, sich selbst überflüssig zu machen. Erst recht trifft dies für *soziale* Führung zu. Es gilt: So viel Freiheit in Selbstbestimmung und Selbstverantwortung wie immer nur möglich, so viel Fremdbestimmung in Befehl und Verordnung wie notwendig. Das heißt einerseits: nicht zu früh, nicht zu viel, nicht zu straff; anderseits: wenn schon, dann zielklar, zweckmäßig durchgreifend und gerade so auch für die zu Führenden hilfreich.

Subsidiäre Führung ist häufig *indirekt*. Sie sorgt nämlich vorrangig für einen *Führungsraum,* d. h. für Arbeitsverhältnisse, in denen der Führende zwar eine Hauptrolle, aber keinesfalls die einzige Rolle spielt. Derart steht der Führende nicht so sehr einsam am Kommandopult. Er lebt vielmehr mit den zu Führenden in einem gemeinsamen Arbeitsraum. Damit dieser Arbeitsraum zu einem auch menschenwürdigen Lebensraum wird, wird er sich um folgende drei Haltungen besonders bemühen.

(a) *Sich persönlich einsetzen*. – Der Führende muß sich selber ins Spiel bringen. Aber im Spiel muß er sich so zurückhalten, daß die anderen zum Zuge kommen und es ein Mannschaftsspiel wird. Derart steht der Führende nicht nur *vor,* sondern auch *hinter* den Mitspielern. Er ist nicht nur Kapitän, sondern auch Trainer, Coach (→*Coaching*) und Moderator (*Wohlgemuth* 1993): *Merke:* „Beim Waschen der Erste, beim Essen der Letzte, im Einsatz der Tapferste."
(b) *Vertrauen schenken*. – Der Führende muß Vertrauen schenken, um Vertrauen zu finden (→*Vertrauen in Führungs- und Kooperationsbeziehungen*). Ohne naiv zu sein, muß er an das Gute in den Mitarbeitern glauben und keinen als unverbesserlich abstempeln. *Merke:* Ertappe deine Mitarbeiter bei ihren guten Seiten.
(c) *Andere zur Geltung bringen*. – Im Mühen um dieses gegenseitige Vertrauen muß er nicht nur (durch seine gewinnende Menschlichkeit und die nötige Fachkompetenz) sich selber Geltung verschaffen, sondern ebenso sehr die anderen in ihrer Eigenart gelten lassen und in ihren (vielleicht bisher noch gar nicht entdeckten) guten Eigenschaften zur Geltung bringen.

Derart wird der *Führungsraum zu einem Lebensraum*, in dem jeder sich selber und den anderen in seiner Eigenart wahrzunehmen vermag, so daß jeder in seiner Identität geachtet und gefördert wird. Ein solcher Führungsraum bietet genügend Spielraum zum Leben und nicht zuletzt dadurch die besten Voraussetzungen für das gemeinsam angestrebte Arbeitsziel. Damit ist sowohl dem Unternehmen als auch den Mitarbeitern gedient. Denn es kommt dadurch zu Personalentwicklung und Intrapreneurship.

(a) Dank *Personalentwicklung* werden die Mitarbeiter fähig und bereit, den ihnen zugemuteten technischen, organisatorischen und gesellschaftlichen Wandel nicht nur mitzugestalten, sondern auch als einen Teil des eigenen Lebenswandels und der Lebensführung zu begreifen (→*Personalentwicklung als Führungsinstrument*).

(b) Dank *Intrapreneurship* oder dem Unternehmertum im Unternehmen stellen die Mitarbeiter ihr Humankapital dem Unternehmen in höherem Maße zur Verfügung, als wenn sie nur Befehlsempfänger und Ausführungsgehilfen sind (→*Intrapreneuring und Führung*).

(3) Führung muß *vorbildhaft* geschehen. – Vorbild ist nicht, zu wem man aufschaut, sondern wer einem so vorangeht, daß man ihm nachfolgt, ohne ihn zu kopieren oder nur Mitläufer zu sein (→*Identifikationspolitik*). Insofern kommt es zuletzt doch auf die Persönlichkeit des Führenden an. Darum darf sich der Führende nicht hinter bestimmte lern- und trainierbare *Führungskonzepte* (→*Führungskonzepte und ihre Implementation*) zurückziehen, sondern muß – über alles Schul- und Seminarwissen hinaus – um seine eigene Persönlichkeitsbildung bemüht bleiben. Deshalb muß der Führende auch seine eigene Lebensführung (in Arbeit und Familie, in Freizeit und Gesellschaft) immer wieder überdenken und sich dafür entsprechend Zeit nehmen (→*Gesundheitliche Belastungen von Führungskräften*; →*Psychische Belastung von Führungskräften*). Dabei gilt es, nicht zuletzt folgendes zu bedenken.

(a) Er muß nicht nur die anderen ermutigen, sondern auch selber Mut schöpfen. *Frage:* Was oder wer macht mir Mut? Wo (oder bei wem) schöpfe ich Kraft?

(b) Er muß nicht nur nachsichtig anderen vergeben, sondern auch sich selber die nötige Geduld schenken. *Frage:* Was muß ich mir selber zuerst vergeben, damit ich – nicht unverbesserlich – mich bessern kann?

(c) Er muß nicht nur den anderen die Vergeblichkeit manches Mühens tragen helfen, sondern sich auch selber die Vorläufigkeit allen Tuns in Erinnerung rufen. Oft hilft dabei gelassene Heiterkeit. *Frage:* Wann habe ich zum letzten Mal von Herzen gelacht und ein fröhliches Fest der Freundschaft gefeiert? Wo es nichts mehr zu lachen und feiern gab, sondern nur noch zu weinen und zu trauern galt, hat schon manchem *das Gebet* geholfen. Aus ihm wuchs wieder jenes Selbstvertrauen, das tiefer im Gottvertrauen gründet. Das Gebet hilft vor allem dann, wenn es nicht nur als vertrauensvolle Bitte, sondern auch als freudiges Lob und herzlicher Dank geschieht. Bittend, dankend und lobend geht es darum, sich gelassen, doch vertrauensvoll, Gottes Führung anheimzugeben: *Frage:* Wann habe ich als Führender mich zum letzten Mal im Gebet Gottes Führung anheimgegeben?

3. Ergebnis

(1) Theologisch ist alle menschliche Führung nur *relativ und nur relativ richtig*:

(2) Theologisch ist menschliche Führung nur *subsidiär* und (im Mühen um einen Führungsraum und Intrapreneurship) häufig eher indirekt.

(3) Die Einsicht in die Relativität und Subsidiarität menschlicher Führung bewahrt die Führenden vor einem *Verantwortungskomplex* (→*Verantwortung*) und die zu Führenden vor einem *Bevormundungskomplex*. Denn sie lehrt, mit jenem Geist zu rechnen, der weht, wo er will, und der deshalb sowohl im Führenden als auch in den zu Führenden wirken kann. Im Vertrauen auf diesen größeren Geist wird daher eine wahrhaft menschliche Menschenführung besonders auf einen guten Geist im Führungsraum bedacht sein.

IV. Theologische Ausblicke für eine freiheitlichere Führung (Theologie der Befreiung)

Gegenwärtig entfaltet sich christliche Theologie in besonderer (freilich nicht unbestrittener Weise) als Theologie der Befreiung. Zu ihrem Anliegen gehört, daß jene Befreiung (Erlösung), die Gott uns in Jesu Christus geschenkt hat, nicht nur der Befreiung der Herzen aus Sünde und Tod gilt, sondern auch der Welt mit ihren vielfachen Zwängen und Leiden. So sehr deshalb die Erlösung der Freiheit sich erst nach dem Tode vollenden wird, so sehr soll sie sich schon jetzt allenthalben auswirken. – Daraus folgt *theologische Führungsethik*, daß verantwortbare Führung auf mehr Freiheit zielt und darum auch möglichst freiheitlich geschehen soll.

(1) *Führung zur Freiheit*. Verantwortbare Führung muß freiheitlichere Verhältnisse anzielen

und damit auch materielle Daseins- und Arbeitsbedingungen, die ein menschenwürdiges Leben ohne Angst und Druck, aber in Frieden und Freiheit ermöglichen helfen, wenn auch keineswegs schon gewährleisten.
(2) *Führung in Freiheit*. Auch das Führungsgeschehen soll möglichst freiheitlich sein. Nur darf es den Menschen nicht überfordern. Darum ist zu bedenken, daß der Mensch den verantwortlichen Umgang mit der Freiheit erst lernen muß, und zwar schrittweise und mitunter recht mühsam. Deshalb wird es zum immer wichtigeren Gebot der Führung, die Menschen behutsam *zur* Freiheit zu führen, damit man sie *in* Freiheit zu führen vermag und sie selber in geordneter und wirksamer Freiheit zu verantwortlich Führenden werden. Dies ist nicht möglich, ohne daß man den Menschen die Angst vor Freiheit und Verantwortung nimmt und sie ermutigt, ihre Freiheit wahrzunehmen und eigenständig zu verantworten.
(3) *Freiheit in der Kirche*. Theologische Ethik kann allerdings im Gespräch mit den Human- und Sozialwissenschaften und im Bereich von Wirtschaft, Gesellschaft und Politik nur dann glaubwürdig für eine Führung eintreten, die der Freiheit des Menschen mehr Rechnung trägt, wenn sie nachdrücklich dafür eintritt, daß auch die *innerkirchliche* Führung freiheitlicher geschieht. Vor allem im Bereich der katholischen Kirche ist es noch immer zu sehr ein heiliger *Vater*, der seine lieben *Töchter* und *Söhne* führt und damit einen patriarchalischen Führungsstil vertritt, der aus der hierarchischen Verfaßtheit der Kirche noch keineswegs folgt (*Ziegler* 1991; *Stecher* 1993).
(4) *Freiheit für die Führenden*. Theologische Ethik wird endlich unter dem Aspekt der Befreiung an die Freiheit nicht nur der zu Führenden, sondern auch der Führenden denken. Statt in Freiheit zur Freiheit zu führen, stehen sie nur zu oft unter dem Druck wirklicher oder vermeintlicher Sachzwänge (*Hirschmann* 1955). Gerade darum sollte sich der Führende nicht als „Führungs*kraft*" verstehen, der neben den Pferdestärken" der Maschinen führungsmäßige Kraftakte zu vollbringen hat. Vielmehr ist auch er ein Mitmensch, der sich selber so geführt wissen darf, daß er seine Führungsaufgabe als Dienst am Mitmenschen versieht. Das Wort des Paulus ist auch im weltlichen Führungsbereich bedenkenswert: „Nicht daß wir Herren über euren Glauben wären, sondern wir sind Mitarbeiter an eurer Freude" (Kor 1,24).

Literatur

Bitzer, M.: Intrapreneurship – Unternehmertum in der Unternehmung. Stuttgart 1991.
Bundesministerium für Verteidigung (Hrsg.): Handbuch für innere Führung. 2. A., Bonn 1960.
Dietzer, K.-H.: Führungsverhalten – ein wichtiger Aspekt einer Suizidprävention? In: Militärseelsorge. Zeitschrift des katholischen Militärbischofsamts, 1985, S. 7–27.
Duquoc, C.: Mensch/Ebenbild Gottes. In: *Eicher, P.* (Hrsg.): Neues Handbuch theologischer Grundbegriffe. Bd. 3, München 1991, S. 337–348.
Evangelisches Kirchenamt für die Bundeswehr (Hrsg.): De Officio. Zu den ethischen Herausforderungen des Offizierberufs. Bonn/Hannover 1985.
Grunwald, W.: Führung in der Krise: Rückbesinnung auf die Tugend-Ethik! In: io-Management Zeitschrift, 1993, H. 9, S. 34–39.
Herms, E.: Mensch, Menschenbild. In: *Enderle, G.* et al. (Hrsg.): Lexikon der Wirtschaftsethik. Freiburg i. Br. 1993, S. 676–687.
Hirschmann, J. B.: Geistliche Not der Führenden. In: Geist und Leben 1955, S. 374–377.
Kaufmann, F.-X./Kerber, W./Zulehner, P. M.: Ethos und Religion bei Führungskräften. München 1986.
von Nell-Breuning, O.: Macht – für den Christen ein Problem. In: Stimmen der Zeit, 1985, S. 374–388.
Rich, A.: Wirtschaftsethik. Grundlagen in theologischer Perspektive. Gütersloh 1984.
v. Rosenstiel, L./Regnet, E./Domsch, M.: Führung von Mitarbeitern. Stuttgart 1991.
Schreyögg, G.: Führung. In: *Enderle, G.* et al. (Hrsg.): Lexikon der Wirtschaftsethik. Freiburg i. Br. 1993, S. 325–330.
Sievernich, M.: Befreiungstheologie. In: *Enderle, G.* et al. (Hrsg.): Lexikon der Wirtschaftsethik. Freiburg i. Br., S. 121–124.
Stecher, R.: Integrieren und motivieren. Gedanken eines Bischofs zum Führungsstil in der Kirche. In: Herder-Korrespondenz. 47. Jhg. (1993) S. 511–514.
Tschirky, H./Suter, A.: Führen mit Sinn und Erfolg. Bern 1990.
Ulrich, E.: Selbstverständnis und zukünftige Aufgaben des Managers. In: Menschen – Karrieren – Strukturen. Herbsttagung 1981, Sperry Univac. Zürich 1981, S. 27–37.
Wesser, W./Grunwald, W.: Das Dilemma der Führung. In: Harvard Manager, 1985, I, S. 46–50.
Wohlgemuth, A. C. (Hrsg.): Moderation in Organisationen. Bern 1993.
Wunderer, R.: Managementrolle: Führender. In: *Staehle, W. H.* (Hrsg.): Handbuch Management. Wiesbaden 1991, S. 363–382.
Wunderer, R./Grunwald, W.: Führungslehre Bd. I und II. Berlin 1980.
Ziegler, A.: Kirche: Bewährungsort gehorsamer Freiheit. In: *Amherd, M.* (Hrsg.): Wolfgang Haas: Bischof ohne Volk – Volk ohne Bischof. Zürich 1991.
Ziegler, A.: Verantwortungssouveränität. Unternehmensethik heute, Bayreuth 1992.

Transaktionsanalyse und Führung

Karl Kälin

[s. a.: Anerkennung und Kritik als Führungsinstrumente; Autorität; Effizienz der Führung; Führungsmodelle; Führungsmotivation; Führungstechniken; Helfendes Verhalten und Führung; Konflikte als Führungsproblem; Kooperative Führung; Menschenbilder und Führung; Organisationsentwicklung und Führung; Verhaltensgitter der Führung (Managerial Grid); Vertrauen in Führungs- und Kooperationsbeziehungen.]

I. Einführung in die Transaktionsanalyse; II. Die Strukturanalyse; III. Egogramm und Führungsstil; IV. Analyse von Transaktionen; V. Spiele der Erwachsenen; VI. Der unbewußte Lebensplan oder das Skript; VII. Transaktionsanalyse und Organisationsentwicklung.

I. Einführung in die Transaktionsanalyse

Bei der Transaktionsanalyse oder Transaktionalen Analyse „handelt es sich um eine an der praktischen *Psychotherapie* und Beratung orientierten Betrachtungsweise menschlichen Erlebens und Verhaltens und der Möglichkeit deren Beeinflussung, die psychoanalytische, individualpsychologische, aber auch kommunikations- und verhaltenspsychologische Gedankengänge sinnvoll miteinander verknüpft" (*Schlegel* 1988).

Begriffe und theoretische Grundlagen der Transaktionsanalyse (TA) beruhen auf den Erkenntnissen des Psychoanalytikers Eric Berne. Anfänglich wurde die Transaktionsanalyse in persönlichen Beratungen angewandt, um Patienten eine bessere Einsicht in die unterschiedlichen Beziehungen zu anderen Personen zu vermitteln (*Berne* 1973).

Die TA hat sich seit Berne stark weiterentwickelt (*Barnes* et al. 1979, 1980, 1981; *Schmid* 1990; *Stewart/Joines* 1990) und wird heute als Erklärungsmodell menschlichen Verhaltens auch in der Pädagogik, der Erwachsenenbildung, in der *Ausbildung von Führungskräften* und in Organisationen angewandt (*Jongeward* 1973; *Meininger* 1974; *James* 1975; *Fox* 1975; *Fiore/Strauss* 1976; *Novey* 1976; *Bennett* 1977; *Morrison/O'Hearne* 1977; *Wagner* 1987; *Kälin/Müri* 1993; *Hablitz/Stingelin* 1990).

Leitziele der TA sind u. a. (*Blakeney* 1978; *Schlegel* 1988):

– *Selbstkenntnis* (Wissen und Verstehen der eigenen Geschichte, des persönlichen Stils);
– *Eigene Wertschätzung und Wertschätzung anderer* (sich und andere mit Stärken und Schwächen gernhaben);
– *Einflußnahme und flexible Kontrolle* (Prozesse in allen Lebensbereichen im eigenen und fremden Interesse beeinflussen);
– *Wachstumsperspektiven* (sich selbst und andere als wandlungsfähig betrachten);
– *Selbstmotivation* (Wille und Fähigkeit zum Handeln).

Nach Berne beruht die TA auf vier Säulen:
– die *Strukturanalyse* befaßt sich mit der Persönlichkeitsstruktur des Menschen. Im Mittelpunkt steht die Frage: Was geht im Menschen vor?;
– die *Analyse von Transaktionen* untersucht die zwischenmenschliche Kommunikation;
– die *Spielanalyse* beschäftigt sich mit komplizierten Kommunikationsketten, die in „Standardversionen" immer wieder ablaufen und zu Frustrationen führen;
– die *Skriptanalyse* geht der Frage nach, wie die Art und Weise des Verhaltens mit der persönlichen Vergangenheit (unbewußten Lebensplänen) eines Menschen zusammenhängt.

II. Die Strukturanalyse

Unter allen TA-Begriffen ist das Ich-Zustands-Modell das populärste. Ein Ich-Zustand ist eine Gesamtheit von zusammenhängenden Verhaltensweisen, Denkmustern und Gefühlen. Ein und dieselbe Person gibt sich einmal wie ein Kind, unbefangen oder unsicher, dann wieder wie ein Elternteil kritisierend oder wohlwollend und ein drittes Mal wie ein Erwachsener sachlich und rational auf die Realität bezogen.

Die TA geht davon aus, daß wir uns in einem bestimmten Augenblick entweder in einem Kind-Ich-Zustand, in einem Eltern-Ich-Zustand oder in einem Erwachsenen-Ich-Zustand befinden. Dieser Zusammenhang wird häufig als Struktur-Modell (vgl. Abb. 1) dargestellt (*Stewart/Joines* 1990; *Hagehülsmann* 1992).

EL	Eltern-Ich-Zustand	Haltungen, Verhalten, Gedanken und Gefühle, die von den Eltern oder anderen Autoritäten übernommen wurden.
ER	Erwachsenen-Ich-Zustand	Haltungen, Verhalten, Gedanken und Gefühle als direkte Antwort auf das Hier und Jetzt.
K	Kind-Ich-Zustand	Haltungen, Verhalten, Gedanken und Gefühle, die die Person früher einmal hatte. Das Kind-Ich ist so, wie die Person einmal war.

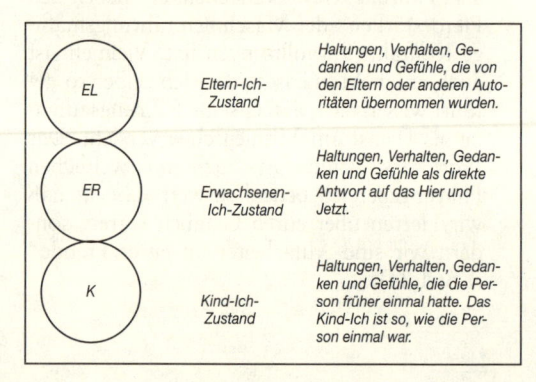

Abb. 1: Strukturmodell

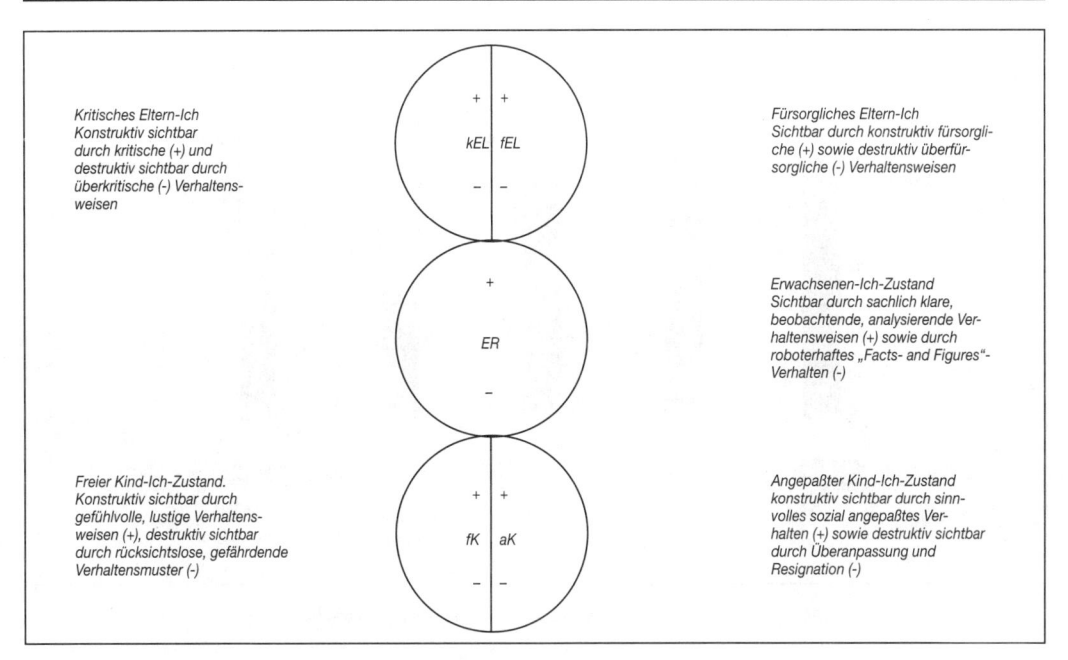

```
┌─────────────────────────────────────────────────────────────────┐
│  Kritisches Eltern-Ich              + +            Fürsorgliches Eltern-Ich
│  Konstruktiv sichtbar           kEL   fEL          Sichtbar durch konstruktiv fürsorgli-
│  durch kritische (+) und                           che (+) sowie destruktiv überfür-
│  destruktiv sichtbar durch        – –              sorgliche (-) Verhaltensweisen
│  überkritische (-) Verhaltens-
│  weisen
│
│                                    +               Erwachsenen-Ich-Zustand
│                                                    Sichtbar durch sachlich klare,
│                                   ER               beobachtende, analysierende Ver-
│                                                    haltensweisen (+) sowie durch
│                                    –               roboterhaftes „Facts- and Figures"-
│                                                    Verhalten (-)
│
│  Freier Kind-Ich-Zustand.           + +            Angepaßter Kind-Ich-Zustand
│  Konstruktiv sichtbar durch                        konstruktiv sichtbar durch sinn-
│  gefühlvolle, lustige Verhaltens- fK   aK          volles sozial angepaßtes Ver-
│  weisen (+), destruktiv sichtbar                   halten (+) sowie destruktiv sichtbar
│  durch rücksichtslose, gefährdende  – –            durch Überanpassung und
│  Verhaltensmuster (-)                              Resignation (-)
└─────────────────────────────────────────────────────────────────┘
```

Abb. 2: Funktions-Modell

Während das Struktur-Modell zeigt, wodurch sich die verschiedenen Ich-Zustände auszeichnen (= Inhalt), differenziert das Funktions-Modell (Abb. 2) die Ich-Zustände nach Einsatzarten (= Prozeß).

Häufigkeit und Intensität der verschiedenen Ich-Zustände eines Menschen werden häufig in einem *Egogramm* (vgl. Abb. 3 und 4) graphisch dargestellt (*Dusay* 1977).

Die Säule des Erwachsenen-Ichs illustriert, inwieweit die betreffende Person sachlich-rational an Probleme herangeht und sie eigenständig löst.

Das kritische Eltern-Ich zeigt, inwiefern eine Person an überlieferten und unreflektiert übernommenen Grundsätzen und Regeln festhält. Ein hoher Wert wird von anderen oft als „schulmeisternd" erlebt. Das stützende Eltern-Ich drückt aus, wie stark die Person wohlwollende, fürsorgliche, unterstützende Verhaltensweisen zeigt. Das natürliche Kindheits-Ich veranschaulicht, inwieweit die Person ihre Bedürfnisse und Gefühle ungehemmt wahrnimmt und äußert, sich intuitiv und spontan verhält. Das angepaßte Kindheits-Ich entspricht der Fähigkeit, Kompromisse einzugehen und sich unterzuordnen. Eine Untersuchung des Selbstbildes bei deutschsprachigen Führungskräften zeigte die in Abb. 3 dargelegte Verteilung (*Kälin/Müri* 1993).

Eine neuere Untersuchung im Zeitraum 1992/1993 (*Kälin* 1993) mit 800 Führungskräften erbrachte, daß sich diese heute im kritischen Eltern-Ich, im stützenden Eltern-Ich und im angepaßten Kindheits-Ich tiefer einstufen, sich jedoch im Erwachsenen-Ich und im natürlichen Kindheits-Ich höhere Werte geben (s. Abb. 4).

III. Egogramm und Führungsstil

Im organisationalen Kontext wird vielfach eine Verbindung zwischen TA-Konzepten und →*Führungsmodellen* hergestellt.

So haben *Goldhaber/Goldhaber* (1973) die TA mit McGregors X-Y-Theorie (*McGregor* 1970) in Beziehung gesetzt. Sie nehmen an, daß beim *Theorie-X*-Manager primär das kritische Eltern-Ich (*Novey* 1976) wirksam wird (Ausüben von autoritärer Macht, Anweisen und Kontrollieren, Ein-Weg-Kommunikation von oben nach unten), während der *Theorie-Y*-Manager vor allem aus dem Erwachsenen-Ich führt (Realität als solche wahrnehmen, Daten sammeln und verwerten, Informationen geben und holen im Sinne der Zwei-Weg-Kommunikation). *Novey* (1976) hat die TA mit Herzbergs Zweifaktoren-Theorie (*Herzberg* et al. 1976) verbunden und deutlich gemacht, daß echte *Motivation* der Mitarbeitenden Verhaltenselemente des Erwachsenen-Ichs und des natürlichen Kind-Ichs erfordert.

Das von *Blake/Mouton* (1964) und von *Blake/McCanse* (1992) weiterentwickelte →*Verhaltensgitter der Führung (Managerial Grid)* korreliert hoch mit dem Egogramm (Abb. 5).

Schon bei der X-Y-Theorie führen sowohl *Novey* (1976) als auch *Morrison/O'Hearne* (1977) das TA-Konzept der „OK-heit" in die Diskussion ein. Ob ein Führungsverhalten überzeugend wirkt, hängt u. a. auch davon ab, welche *Lebensgrundeinstellung* eine Führungskraft sich selbst und den Mitarbeitenden gegenüber hat (→*Menschenbilder und Führung*). *Berne* (1967, 1973) hat die Begriffe

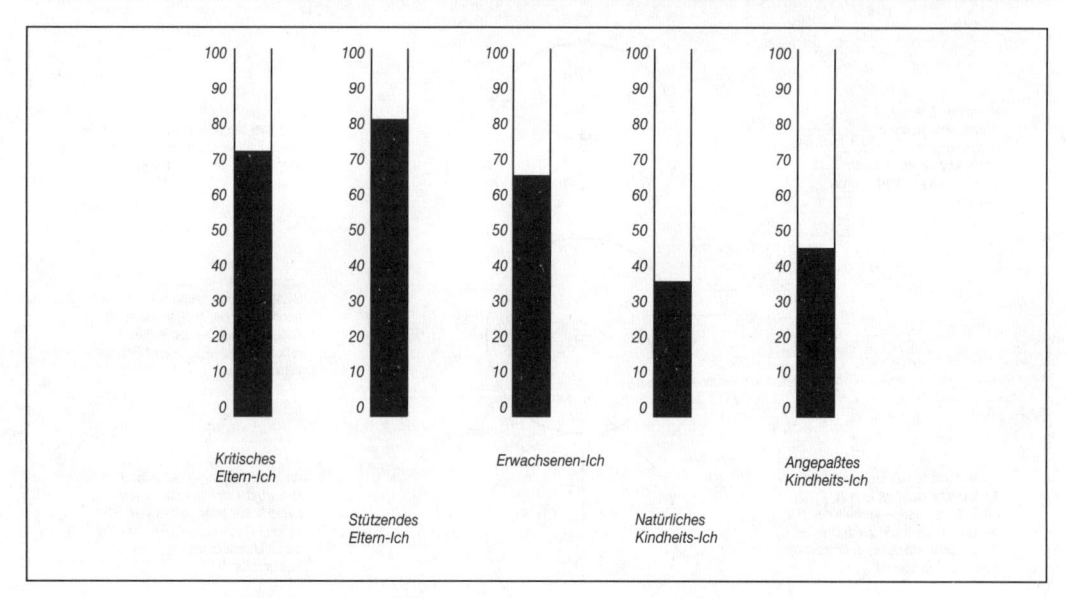

Abb. 3: Selbsteinschätzung deutschsprachiger Führungskräfte (1985)

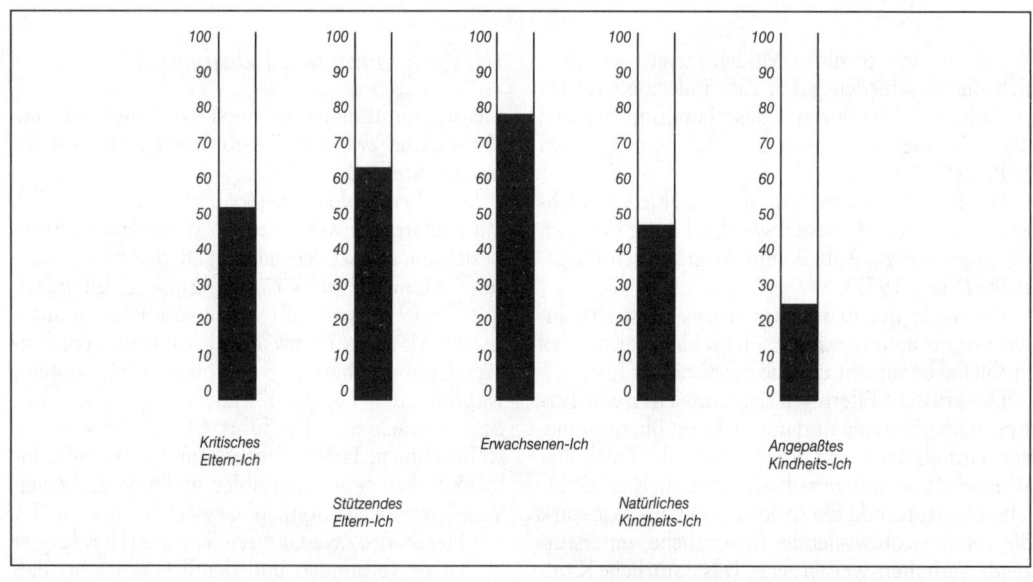

Abb. 4: Selbsteinschätzung von Führungskräften 1992/1993

„o.k." und „nicht o.k." eingeführt, um die existentielle Grundeinstellung eines Menschen zu kennzeichnen. Diese Grundeinstellung ist eine weitgehend konstante Haltung. Sie kommt dann deutlich zum Ausdruck, wenn jemand in Schwierigkeiten gerät. Es gibt vier fundamentale Lebenspositionen, die mit folgenden Formeln umschrieben werden:

– Ich bin o.k./Du bist (die anderen sind) o.k. (+ +)
– Ich bin nicht o.k./Du bist (die anderen sind) o.k. (– +)
– Ich bin o.k./Du bist (die anderen sind) nicht o.k. (+ –)
– Ich bin nicht o.k./Du bist (die anderen sind) nicht o.k. (– –)

Führungskräfte mit der (+ +)-Grundposition können eine Situation realistisch bewerten, *Entscheidungen* selbständig treffen, die Folgen von Entscheidungen abschätzen und die Konsequenzen tragen. Sie vertrauen den Menschen in ihrer Umgebung, solange dieses Vertrauen nicht in krasser Weise zerstört wird. *James/Jongeward* (1974) be-

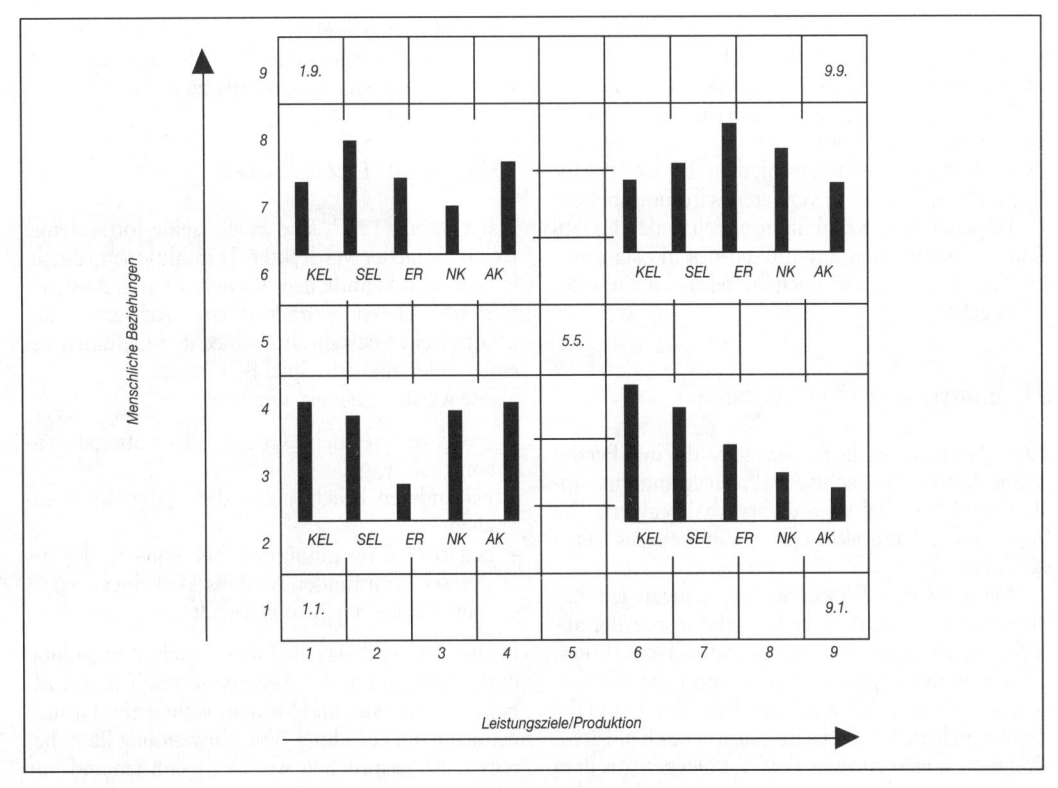

Abb. 5: Managerial-Grid und Egogramm

zeichnen solche Menschen als „Gewinner". Sie korrelieren hoch mit dem 9.9 Grid-Stil.

Führungskräfte mit der (+ –)-Grundposition verlassen sich lieber auf sich selbst als auf andere. Sie fühlen sich in ihrem Selbstwert bedroht, wenn Fehler und Irrtümer unterlaufen. So gestehen sie solche gar nicht ein oder lasten sie anderen an. Solche Führungskräfte korrelieren hoch mit dem 9.1 Grid-Stil.

Führungskräfte mit der (– +)-Grundposition glauben sich anderen gegenüber oft unterlegen. Nach Möglichkeit versuchen sie, zwischenmenschliche Konflikte zu vermeiden. Um die Zuwendung der anderen nicht zu verlieren, sagen sie oft „ja", wenngleich sie „nein" meinen. Diese Grundposition korreliert hoch mit dem 1.9-Stil.

Führungskräfte mit der (– –)-Grundposition betrachten alles als sinn- und wertlos. Sie können ihrer Arbeit, dem Kontakt mit den anderen und dem Leben an sich wenig Freude abgewinnen. Diese Grundhaltung hängt oft mit einer Lebenskrise zusammen. Ein Zusammenhang mit dem 1.1 Grid-Stil ist häufig zu beobachten.

Ernst (1971) hat den Zusammenhang der verschiedenen Grundeinstellungen in einem Diagramm aufgezeichnet (Abb. 6), um zu zeigen, welche dieser vier Kategorien in der Auseinandersetzung mit Bezugspersonen bevorzugt wird (→*Vertrauen in Führungs- und Kooperationsbeziehungen*).

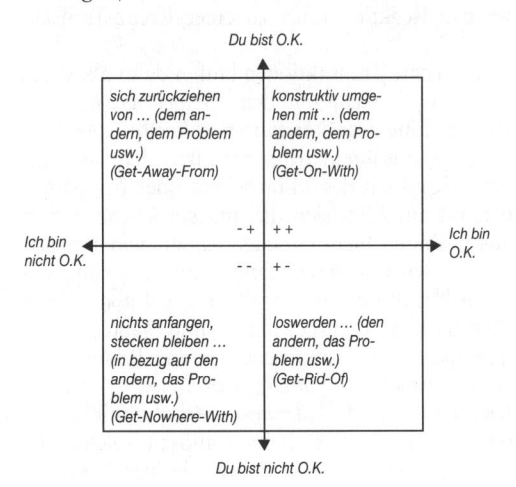

Abb. 6: O.K.-Gitter oder O.K.-Korral

Novey (1976) kombiniert das Konzept der Lebensgrundeinstellungen mit dem *Grid-Führungsstil* und dem von *Hersey/Blanchard* (1969, 1987) entwickelten *situativen Führungskonzept* der Effektivität.

So kann ein 9.9-Stil effektiv sein, wenn die Grundhaltung (+ +) dahinter steht, ineffektiv wird er, wenn eine Führungskraft aus der (+ –)-Haltung heraus „pseudokooperativ" operiert. So wird auch zwischen effektiven 9.1-Stilen (+ +) und ineffektiven 9.1 Stilen (+ –) unterschieden. 1.9 ist effektiv, wenn der Stil mit (+ +) vertreten wird und ineffektiv bei einer (+ –)-Kombination. Selbst der 1.1-Stil kann in bestimmten Situationen des „Loslassens" effektiv sein (+ +), aber auch ineffektiv im Sinne des „Weggehens" (– –).

IV. Analyse von Transaktionen

Eine Transaktion liegt vor, sobald eine Person etwas verbal oder nichtverbal anregt und eine andere darauf verbal oder nichtverbal reagiert. Die Analyse von Transaktionen ist ein weiteres Kernstück der TA.

Wenn die eine Person aus demjenigen Ich-Zustand reagiert, auf den der Interaktionspartner abzielt, spricht man von einer Parallel-Transaktion. Dies ist zum Beispiel der Fall, wenn jemand einen lustigen Witz erzählt (natürliches Kind-Ich) und die angesprochene Person lacht (natürliches Kind-Ich). Wenn die angesprochene Person hingegen aus dem kritischen Eltern-Ich reagiert, zum Beispiel mit den Worten „Ich finde das überhaupt nicht komisch", handelt es sich um eine sogenannte Kreuztransaktion.

Eine Parallel-Transaktion findet also dann statt, wenn eine erwartete Reaktion erfolgt. Ein unerwartete Reaktion führt zu einer Kreuz-Transaktion.

Verdeckte Transaktionen laufen dann ab, wenn das Gesagte nicht mit dem Gemeinten übereinstimmt. Eine autoritär führende Person spricht in der Regel aus ihrem kritischen Eltern-Ich das angepaßte Kind-Ich des Mitarbeiters oder der Mitarbeiterin an. Muß sich die angesprochene Person aus Gründen hierarchischer Abhängigkeit unterordnen, wird sie diese unangenehmen Gefühle des Unterdrücktwerdens – ähnlich wie Rabatt- oder Wertmarken – aufbewahren und später gegen „Gratisprämien" eintauschen. So eine Prämie kann zum Beispiel eine *innere Kündigung* (→*Innere Kündigung und Führung*), Alkoholmißbrauch oder Diebstahl sein. Beim Einlösen solcher destruktiven Prämien tritt kein schlechtes Gewissen auf. Sie sind insofern „gratis".

Die →*kooperative Führung* bedient sich vor allem der parallelen ER-ER- und nK-nK-Transaktionen.

Die Analyse von Transaktionen wird in der Ausbildung von Mitarbeiterinnen und Mitarbeitern, die in direktem Kundenkontakt sind, in großem Ausmaß angewandt (*Hablitz/Stingelin* 1990). Es wird gelernt, in ER-ER-Parallelstransaktionen zu kommunizieren und kritische Auseinandersetzungen zwischen kritischem Eltern-Ich und Kind-Ich zu vermeiden oder konstruktiv zu lösen.

V. Spiele der Erwachsenen

Nach *Berne* (1967) sind Spiele „eine fortlaufende Reihe einfacher verdeckter Transaktionen, die zu einem gut erkenntlichen, vorhersehbaren Ausgang führen". Dieser vorhersehbare Ausgang oder „Nutzeffekt" besteht aus schlechten Gefühlen bei einem oder allen am Spiel Beteiligten.
Spiele werden gespielt, um

– etwas zu erreichen, das man nicht offen auszusprechen wagt;
– bei anderen Beachtung und Bestätigung zu suchen;
– negative Zuwendung zu bekommen, die als „besser" empfunden wird als gar keine;
– echte Beziehungen zu vermeiden.

In der TA wird das Bedürfnis nach Zuwendung und Anerkennung (→*Anerkennung und Kritik als Führungsinstrumente*) zu den wichtigsten Grundbedürfnissen gerechnet. Von Zuwendung kann bereits dann gesprochen werden, wenn jemand nur schon mit neutralem Blick Kenntnis von der Anwesenheit des anderen nimmt. Die Analyse der Beachtung (Strokemuster) hat bei der Förderung der Arbeitsmotivation (→*Motivation als Führungsaufgabe*) ihren bevorzugten Platz. Das Fehlen von *Anerkennung* und Beachtung kann zu Spielen führen. Die Spieler nehmen dabei eine bestimmte Rolle ein, durch die andere Personen aufgefordert werden, eine komplementäre Rolle zu übernehmen. „Im Rahmen dieser Rollen tauschen die Spielpartner nach jenen Mustern Zuwendung und Beachtung aus, die sie in früher Kindheit gelernt haben" (*Hagehülsmann* 1992).

In der Führungsausbildung wird vielfach das Drama-Dreieck von *Karpman* (1968, 1971) sehr wirkungsvoll zur Analyse von Spielabläufen eingesetzt (Abb. 7).

Dabei zeigt sich, daß Führungskräfte mit Vorliebe die Retter- und Verfolger-Rolle übernehmen. Zusammenhänge bestehen überdies zwischen den Rollen und den Grundeinstellungen: (+ –) = Verfolger und Retter, (– +) = Opfer, sowie den Ich-Zuständen: negativ kritisches Eltern-Ich (Verfolger), negativ wohlwollendes Eltern-Ich (Retter) und angepaßtes Kind (Opfer).

Schlegel (1988) betont mit Bezug auf *James/Jongeward* (1974) den manipulativen Charakter dieser Rollen. Dennoch wäre es verfehlt, anzunehmen, daß jeder, der einem anderen hilft, in einer Retter-Rolle gefangen ist, daß jede, die als Führungskraft Grenzen setzt, eine Verfolger-Rolle einnimmt, und jene, die Hilfe sucht, als Opfer zu betrachten ist.

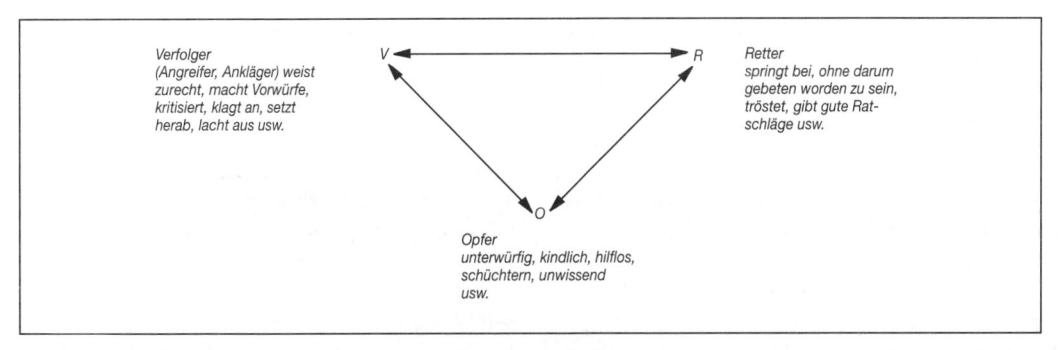

Verfolger
(Angreifer, Ankläger) weist zurecht, macht Vorwürfe, kritisiert, klagt an, setzt herab, lacht aus usw.

Retter
springt bei, ohne darum gebeten worden zu sein, tröstet, gibt gute Ratschläge usw.

Opfer
unterwürfig, kindlich, hilflos, schüchtern, unwissend usw.

Abb. 7: Drama-Dreieck

Die (+ +)-Grundposition ist spielfrei, weil jemand in dieser Grundhaltung nicht indirekt durch die Übernahme manipulativer Rollen Zuwendung suchen muß.

VI. Der unbewußte Lebensplan oder das Skript

Die TA hat wie andere psychotherapeutische Konzepte nachgewiesen, daß wir viele Entscheidungen nach dem unbewußten Lebensplan fällen, der in unserer Kindheit unter dem Einfluß der elterlichen Erziehung entstanden ist. Für ein kleines Kind sind das Befolgen der elterlichen Ge- und Verbote, Prinzipien und Regeln Überlebensstrategien, die die Zuwendung der Eltern sichern. Noch als Erwachsene reifen Alters befolgen wir unbewußt viele dieser elterlichen Botschaften. Zum Teil wirken solche unterstützend, vor allem diejenigen, die wir aus dem stützend-fürsorglichen Eltern-Ich unserer Eltern oder Bezugspersonen übernommen haben (zum Beispiel „Laß Dir Zeit"). Andere sind hingegen einengend und belastend. Dazu zählen insbesondere die aus dem kritischen Eltern-Ich unserer Bezugspersonen resultierenden Skripts. Typisches Beispiel: „Nur wer schuftet, hat Erfolg."

Von den Skript-Themen ist bei Führungskräften vor allem das „Bevor-Skript" häufig sehr ausgeprägt. In der griechischen *Mythologie* ist dieses Skript in der Geschichte des Herkules enthalten. Ihm wurde versprochen, daß er König werde. Vorher müsse er aber schwer arbeiten, z. B. Ställe ausmisten. In abgeschwächter Form wird dieses Skript durch den Ausspruch „Zuerst die Arbeit, dann das Vergnügen" vermittelt. Führungskräfte, bei denen dieses Skript im Vordergrund steht, gönnen sich weder Vergnügen noch Ruhe, bevor nicht die Karriereziele erreicht sind, bevor nicht die erste Million voll ist, bevor nicht die Villa steht, bevor nicht die Kinder „draußen" sind usw. Sie neigen dazu, ihr Leben zu verschieben. *Kahler/Capers* (1974) weisen auf fünf grundlegende elterliche Forderungen in unserer Leistungsgesellschaft hin, die sie als „Antreiber" bezeichnen:

(1) „*Sei immer pefekt*" oder „*Mach keine Fehler*". Dieser Antreiber verlangt Perfektion, Vollkommenheit und Gründlichkeit in allem, was getan wird. Dieser Antreiber ist ein Aufruf zur Übererfüllung der Ziele.

(2) „*Sei immer liebenswürdig*", „*Mach es allen recht*" oder „*Mit dem Hut in der Hand, kommt man durch das ganze Land*". Bei diesem Antreiber ist der andere wichtiger als man selbst. Wer unter diesem Antreiber steht, fühlt sich für das Wohl der anderen verantwortlich. Es ist ihm wichtig, von den anderen geschätzt zu werden und beliebt zu sein. Dieser Antreiber ist ein Aufruf zu Freundlichkeit, Harmonie und Konfliktvermeidung.

(3) „*Mach immer schnell*" oder „*Beeil Dich*" oder „*Schau immer vorwärts*". Dieser Antreiber ist Anlaß, alles rasch zu erledigen, rasch zu antworten, rasch zu sprechen, rasch zu essen, letztlich rasch „durch das Leben zu joggen".

(4) „*Streng Dich immer an*" oder „*Müh Dich bis zum letzten ab*" oder „*Im Schweiße Deines Angesichts*". Wer diesem Antreiber folgt, macht aus jedem Auftrag ein Jahrhundertwerk. Er folgt dem Aufruf „Nur nicht locker lassen". Vor den Erfolg haben die Götter den Schweiß gesetzt.

(5) „*Sei immer stark*" oder „*Beiß die Zähne zusammen*" oder „*Zeig keine Gefühle*". Dieser Antreiber verlangt, sich keine Blöße zu geben, Vorbild zu sein, Haltung zu bewahren, eiserne Konsequenz zu zeigen, alles allein durchzustehen und keine fremde Hilfe in Anspruch zu nehmen. Er ist ein Aufruf zum Heldentum und eine Warnung davor, Gefühle zu zeigen und traurig zu sein.

Das Abbauen von Antreibern wird dadurch erschwert, daß sie einen emotionalen Hintergrund haben: die Bindung an die Eltern und wichtige Bezugspersonen. Das Überdenken folgender Fragen erleichtert das Loslassen der Antreiber:

- Inwieweit ist ein Antreiber heute für mich noch gerechtfertigt?
- Inwieweit verzerrt ein Antreiber meine Wahrnehmung der gegenwärtigen Situation?
- Was würde geschehen, wenn ich einen Antreiber in sämtlichen Situationen ernst nähme?
- Was würde passieren, wenn ich einen Antreiber vollends über Bord werfe?
- Welche Vor- und Nachteile bringt die Befolgung eines Antreibers in der jetzigen Situation?

Wer mit dem Wissen um die Antreiber Management-*Entscheidungen* beobachtet, wird überrascht feststellen, wie stark sie kriterienbildend sein können.

VII. Transaktionsanalyse und Organisationsentwicklung

Die TA bietet mit ihren Modellen, wie zum Beispiel Ich-Zustände, Lebensgrundpositionen, Skript und Antreiber gute „Landkarten" zur Erfassung und Veränderung gesamtorganisatorischer Verhaltens- und Einstellungsmuster (*Fox* 1975; *Berne* 1979; *Vogelauer* 1991; →*Organisationsentwicklung und Führung*). Das Ich-Zustands-Modell eignet sich gut zur Ermittlung der „Organisations-Persönlichkeit" (Verhaltensschwerpunkte der Organisationsmitglieder). So können sich verbale oder nichtverbale Botschaften, Sprüche, Leitsätze der Unternehmensgründer auch in der Gegenwart noch in Form eines Organisations-Skripts auswirken (*Jongeward* 1973; *Novey* 1976). Überlieferte Aussagen wie „man muß dienen" oder „der Kunde ist König" sind Hinweise auf Gebote und Verbote des Eltern-Ichs. Die Verstärkung des Organisations-Skripts im Alltag erfolgt bei den Mitarbeitenden durch negative Sanktionen bei zuwiderlaufendem Verhalten bzw. durch die materielle und immaterielle Belohnung „richtiger" Verhaltensmuster.

Analog dem Ziel der Autonomie in der TA-Therapie schlägt *Blakeney* (1978, 1980) als Kriterium *Effizienz* vor. Er stellt fest, daß Organisationen, genau wie einzelne Individuen, dysfunktionale oder ineffiziente Verhaltensmuster entwickeln können, die dem skriptgebundenen Verhalten eines Menschen ähnlich sind.

Das Aussteigen aus dem Organisations-Skript manifestiert sich vielfach in einer Verbesserung der Effizienz, mit der die Organisation die gewünschten Ziele erreicht.

Die *systemische Betrachtungsweise* in der Organisationsentwicklung, die heute zunehmend Verbreitung findet, kann *Schlegel* (1988) bereits bei *Berne* (1967) ausfindig machen. *Schmid* (1991) hat sich eingehend mit einer systemischen Auffassung der TA befaßt.

Die Konzepte der TA sind in der Lage, verständlich zu machen, was zwischen miteinander interagierenden Organisationsmitgliedern vorgeht, und sie kann deutlich machen, warum Menschen destruktiv miteinander umgehen. Diese Kenntnisse sind Voraussetzungen für eine effektive Selbst-, Team- und Organisationsentwicklung (→*Organisationsentwicklung und Führung*).

Literatur

Barnes, G. et al.: Transaktionsanalyse seit Berne. Berlin 1979, Bd. 1, 1980 Bd. 2, 1981 Bd. 3.
Bennett, D.: Im Kontakt gewinnen. Heidelberg 1977.
Berne, E.: Spiele der Erwachsenen. Hamburg 1967.
Berne, E.: Transactional Analysis in Psychotherapy. New York 1973.
Berne, E.: Struktur von Organisationen und Gruppen. München 1979.
Blakeney, R.: A TA-System Model for Management. In: TA Journal 1978, S. 259–263.
Blakeney, R.: Organizational Cure, or Organizational Effectiveness. In: TA Journal, 1980, S. 154–157.
Blake, R./McCanse, A.: Das Grid-Führungsmodell. Düsseldorf 1992.
Blake, R./Mouton, J.: The Managerial Grid. Houston 1964.
Dusay, J. M.: Egograms. New York 1977.
Ernst, F.: The OK Corral: The Grid For Get-on-with. In: TA Journal, 1971, S. 231–235.
Fiore, M. V./Strauss, P. S.: Transactional Awareness for Managers. Fairfield 1976.
Fox, E. R.: Eric Berne's Theory of Organizations. In: TA Journal, 1975, S. 345–353.
Goldhaber, M./Goldhaber, G.: A Transactional Analysis of McGregor's Theory X-Y. In: *Jongeward, D.*: Everybody Wins. Reading 1973, S. 267–273.
Hablitz, H./Stingelin, U.: Die TA in der innerbetrieblichen Aus- und Weiterbildung. IAP – Studienarbeit. Zürich 1990.
Hagehülsmann, U.: Transaktionsanalyse. Wie geht das? Paderborn 1992.
Hersey, P./Blanchard, K. H.: Management of Organizational Behavior. Englewood Cliffs 1969.
Hersey, P.: Situatives Führen. Landsberg a. Lech 1987.
Herzberg, F. et al.: The Motivation to Work. 2. A., New York 1969.
James, M.: The ok Boss. London 1975.
James, M./Jongeward, D.: Spontan leben. Hamburg 1974.
Jongeward, D.: Everybody Wins. Reading 1973.
Kahler, T./Capers, H.: The Miniscript. In: TA Journal 1974, S. 26–34.
Kälin, K./Müri, P.: Sich und andere führen. Thun 1985 (7. A. 1993).
Kälin, K.: Selbst-Diagnose-Instrument zur Transaktionsanalyse. 1993 (unveröffentlicht).
Karpman, S.: Fairy Tales and Script Drama Analysis. In: TA Bulletin, 7, 1968, S. 39–43.
Karpman, S.: Options. In: TA Journal 1971, S. 79–87.
McGregor, D.: Der Mensch im Unternehmen. Düsseldorf 1970.
Meininger, J.: Die neue Methode erfolgreicher Menschenführung. München 1974.
Morrison, J. H./O'Hearne, J. J.: Practical TA in Management. Reading 1977.
Novey, T. B.: TA for Management. Sacramento 1976.

Schlegel, L.: Die Transaktionale Analyse. Tübingen 1988.
Schmid, B. A.: Eine neue TA. In: Ztschr. für TA, 1990, S. 156–172.
Schmid, B. A.: Systemische TA. Wiesloch 1991.
Stewart, I./Joines, V.: Die Transaktionsanalyse. Eine neue Einführung in die TA. Freiburg 1990.
Vogelauer, W.: Unternehmenskultur aus transaktionsanalytischer Sicht. Ztschr. f. TA, 1991, S. 193–206.
Wagner, A.: Besser Führen mit TA. Wiesbaden 1987.

Transaktionale und transformationale Führung

Bernhard M. Bass/Johannes Steyrer

[s. a.: Führungstheorien – Charismatische Führung, – Kontingenztheorie, – Weg-Ziel-Theorie; Verhaltensdimensionen der Führung; Verhaltensgitter der Führung.]

I. Einführung; II. Der Multifactor Leadership Questionnaire (MLQ) zur Messung transformationaler/transaktionaler Führung; III. Empirische Befunde mit dem Multifactor Leadership Questionnaire (MLQ); IV. Zusammenfassung.

I. Einführung

Der Begriff „*transformationale Führung*" wurde in Abgrenzung zur sogenannten „*transaktionalen Führung*" erstmals von *Burns* (1978) in einer Arbeit über politische Führer verwendet. Transaktionale Führung ist nach Burns auf Aushandlungsprozessen aufgebaut, wo ein Führender Geführte dazu veranlaßt, Ziele im Austausch von Belohnungen/Vorteilen zu verfolgen, die von diesen als wertvoll erlebt werden. Transaktionale Führung liegt dann vor: „(...) wenn eine Person in Kontakt zum Zweck des Austausches wertvoller Güter tritt. Dieser Austausch kann ökonomischer, politischer oder psychologischer Natur sein (...)" (*Burns* 1978, S. 19). Transformationale Führung liegt hingegen vor: „(...) wenn eine oder mehrere Personen einander derart verpflichtet sind, so daß Führende und Geführte sich gegenseitig zu höheren Ebenen der Motivation und Moralität heben" (*Burns* 1978, S. 20). Der Unterschied zwischen transformationaler/transaktionaler Führung ist anhand der *Weg-Ziel-Theorie* (→*Führungstheorien – Weg-Ziel-Theorie*) zu verdeutlichen, wie sie von *House/Mitchell* (1974) entwickelt wurde und ihre Wurzeln in der Erwartungstheorie der Motivation nach *Vroom* (1964) hat. Mit der Erwartungs- bzw. Weg-Ziel-Theorie ist transaktionale Führung insofern gleichzusetzen, als mit ihr Aktivitäten des Führenden beschrieben werden, die im Rahmen des Arbeitsverhaltens nützlich für Untergebene sind, damit diese *existierende Ziele* erreichen, und zwar durch das Offert eines Tauschgeschäftes. Implizit wird damit aber ein Führungsverhalten beschrieben, das Ziele, Werte und Wünsche der Geführten als gegeben ansieht. Transformationale Führung beschäftige sich hingegen mit jenen Aktivitäten des Führenden, die eine *Veränderung der Ziele, Bedürfnisse und Ansprüche* der Untergebenen bewirken. Ihre spezifische Wirkung fängt gewissermaßen dort an, wo Belohnung und Bestrafung oder andere instrumentelle Effekte aufhören, nämlich bei der Veränderung des Bedürfnis- und Anspruchsniveaus der Geführten, indem sie z. B. dazu motiviert werden, sich für höhere Ziele, die über ihre Eigeninteressen hinausgehen, einzusetzen.

Bass (1985/86) und seine Mitarbeiter haben das Konzept theoretisch weiterentwickelt und in Form eines standardisierten Fragebogens, dem sogenannten „*Multifactor Leadership Questionnaire*" (MLQ), empirisch erfaßbar gemacht.

II. Der Multifactor Leadership Questionnaire (MLQ) zur Messung transformationaler/transaktionaler Führung

1. Die Entwicklung des MLQ

Zunächst wurde in einer Pilot-Studie eine schwach strukturierte Befragung von 70 leitenden Führungskräften durchgeführt, anhand der gezeigt werden konnte, daß das Konzept auch in Wirtschaftsorganisationen von realer Bedeutung ist (*Bass* 1986, S. 45). Der nächste Schritt bestand darin, spezifische transformationale bzw. transaktionale Aussagen zusammenzutragen, die als Items in einem Fragebogen verwendet werden können, was einerseits auf Grundlage der Pilotstudie und andererseits durch eine Literaturauswertung erfolgte. Insgesamt wurden daraufhin 142 Items zusammengestellt, die Absolventen von Business-Schools zur Beurteilung vorgelegt wurden. Jeder erhielt eine detaillierte Definition transformationaler/transaktionaler Führung und wurde gebeten, einschlägige Literatur zum Thema zu lesen. Anhand eines Klassifikationsschemas wurden in weiterer Folge die 142 Items drei Kategorien zugeteilt: „transformational", „transaktional" und „weiß nicht". Schließlich wurden 73 der 142 Items aufgrund dieser Prozedur zu einem revidierten Fragebogen zusammengestellt. Der Fragebogen wurde 104 Offizieren zur Beschreibung ihrer unmittelbaren Vorgesetzten vorgelegt. Das erzielte Datenmaterial wurde daraufhin einer explorativen Faktoranalyse unterzogen, wobei drei transformationale (Charisma, Individuelle Bedachtnahme und Geistige Anregung) sowie zwei transaktionale Faktoren (Bedingte Verstärkung und Management-by-Exception) unterschieden wurden. Anhand einer Befragung von 362 Personen, die 56 Vorgesetzte einer Dienstleistungsorganisation zu beschreiben hatten, konnte diese Faktorstruktur bestätigt werden (*Hater/Bass* 1988).

Die Originalversion des Fragebogens wurde einer mehrfachen Überarbeitung unterzogen. Die bis dato letzte veröffentlichte Version des Instruments (MLQ-5) wurde von *Bass/Avolio* (1990) vorgelegt und besteht aus 7 Skalen, die auf statistischen und theoretisch/konzeptionellen Überlegungen basieren. Der ursprünglichen Version wurden zwei weitere Skalen hinzugefügt, und zwar eine Skala Inspiration und eine Skala Laissez-faire-Führung. Das Ziel lag darin, mit dem Fragebogen das *„gesamte Führungsspektrum"* entlang eines Kontinuums abbilden zu wollen, an dessen einem Ende Charisma und am anderen Ende Laissez-faire-Führung steht.

2. Skalendefinition des MLQ

Im einzelnen stellen sich die Inhalte der Skalen des MLQ folgendermaßen dar: *„Transformationale" Führung* wird repräsentiert durch die Skalen (1) *„Charisma"* (→*Führungstheorien – Charismatische Führung*), (2) *„Inspiration"*, (3) *„Geistige Anregung"* und (4) *„Individuelle Bedachtnahme"*. Die Items der Skala *„Charisma"* beziehen sich auf den Grad des Vertrauens und Respekts gegenüber dem Führenden; auf den Stolz, mit diesem zusammenarbeiten zu können; auf das Ausmaß der Vermittlung, einer Berufung zu folgen; auf den von ihm angeregten Enthusiasmus und auf das Vertrauen in die Fähigkeiten des Führenden, alle Schwierigkeiten meistern zu können. Die Skala *„Inspiration"* beinhaltet Aussagen, inwieweit vom Führenden anspornende Zukunftsvisionen vermittelt werden; mit denen die Art und Weise der kommunikativen Vermittlung von Zielen beurteilt werden können und die die emotionalisierende Aktivierung der Mitarbeiter durch Formulierung hoher Erwartungen zeigen. Die Skala *„Geistige Anregung"* setzt sich aus Items zusammen, die darauf verweisen, ob das Führungsverhalten des Vorgesetzten zum Aufbrechen eingefahrener Denkmuster anregt; ob auf eine sorgfältige Lösung von Problemen Wert gelegt wird und neue Einsichten vermittelt werden. Die Items der Skala *„Individuelle Bedachtnahme"* bestehen aus Aussagen, mit denen das Eingehen des Führenden auf die Einzelperson des Geführten; die Berücksichtigung individueller Bedürfnisse und die Bereitstellung von Hilfe, Rat und Anleitung im Arbeitsprozeß beurteilt werden können.

„Transaktionale Führung" wird durch die Skalen (5) *„Bedingte Verstärkung"* und (6) *„Management by Exception"* (MBE) repräsentiert: Im Rahmen der Skala *„Bedingte Verstärkung"* kann darauf Bezug genommen werden, ob es Übereinkünfte zwischen dem Führenden und dem Geführten darüber gibt, was letzterer zu tun hat, um Belohnungen zu erlangen; ob diese Belohnungen auch tatsächlich gegeben werden und ob ein beidseitiges Verständnis vorliegt, was jeder für den anderen zu tun bereit ist. Die Skala *„Management by Exception"* zeigt, ob der Führende nur dann in den Arbeitsprozeß einzugreifen bereit ist, wenn Abweichungen passieren oder ob ausschließlich die Aufrechterhaltung des Status quo im Auge behalten wird. Die siebente Skala thematisiert ein *Laissez-faire*-Führungsverhalten. Die Skala *„Laissez-faire"* mißt, inwieweit sich der Vorgesetzte nicht um Resultate und Arbeiten der Mitarbeiter kümmert; Anweisungen nicht gibt; von sich aus nicht zu Kontakten bereit ist; seine Standpunkte nicht darlegt und im Problemfall immer schwer zu erreichen ist.

Bis auf die Skala Inspiration, die aus 7 Items besteht, werden die einzelnen Skalen jeweils durch 10 Items repräsentiert, die auf einer fünfstufigen Likert-Skalierung von „überhaupt nicht" bis „fast immer" beantwortet werden können. Des weiteren werden vom Fragebogen verschiedene Erfolgsindikatoren abgefragt, und zwar *„Effektivität"* (Bsp.: „Wie effektiv gelingt es der Führungskraft, die Anforderungen der Organisation zu erfüllen?"), *„Zufriedenheit"* (Bsp.: „Alles in allem, wie zufrieden sind Sie mit den Führungsqualitäten dieser Führungskraft?") und *„Extra-Leistung"* (Bsp.: „Bringt mich dazu, mehr zu leisten, als ich von mir selbst erwarten konnte").

Eine deutschsprachige Übersetzung des MLQ wurde von *Steyrer* (1993) vorgelegt. Im Rahmen einer von *Geyer/Steyrer* (1994) durchgeführten Studie konnte anhand einer explorativen Faktorenanalyse folgende Struktur ermittelt werden: Ein Hauptfaktor ist als transformationale Führung zu charakterisieren und besteht aus Items der Skala Charisma, Inspiration und Geistige Anregung. Der zweite Faktor besteht aus Items der Skala Individuelle Bedachtnahme sowie aus Items der Skala Charisma, die Beziehungsaspekte zwischen Führenden und Geführten thematisieren, ein dritter Faktor aus Items der Skala Bedingte Verstärkung. Der vierte Faktor subsumiert die Skala MBE und Laisse-faire. Somit konnte die Basisannahme der Theorie, wonach zwischen transformationaler/transaktionaler Führung zu unterscheiden ist, faktoranalytisch verifiziert werden. Allerdings war eine Differenzierung in die einzelnen Subdimensionen nicht möglich.

III. Empirische Befunde mit dem Multifactor Leadership Questionnaire (MLQ)

Bryman spricht dem MLQ eine ähnliche Bedeutung in der Führungsforschung zu, wie sie der auf die *Ohio-State Studien* (→*Empirische Führungsforschung, Methoden der;* →*Verhaltensdimensionen der Führung*) zurückgehende *LBDQ (Leader Behavior Description Questionnaire)* in den 50er/60er und 70er Jahren hatte (*Bryman* 1992, S. 121). Drei Forschungsfragen wurden bis dato untersucht, und zwar Zusammenhänge zwischen den einzelnen MLQ-Skalen und *subjektiven/objektiven Erfolgsindikatoren* sowie verschiedenen *allgemeinen Variablen* (z. B. Streßsymptomen, anderen Führungsdimensionen usw.).

Als subjektiv soll ein Indikator dann bezeichnet werden, wenn vom Proband sowohl das Führungsverhalten als auch die Erfolgsindikatoren beschrieben werden, wie sie im MLQ enthalten sind (Effektivität/Zufriedenheit/Extra-Leistung). Beide Urteile basieren hier auf subjektiven Einschätzungen ein und derselben Person. Weiter sollen zu dieser Kategorie auch jene Studien zählen, in denen nicht nur die Erfolgsindikatoren des MLQ abgefragt werden, sondern auch andere subjektive Urteilsvariablen (z. B. Leistungsbeurteilungen) herangezogen werden, die nicht von den Geführten, sondern von anderen Personen stammen.

Objektive Erfolgsindikatoren liegen dann vor, wenn es sich um quantitativ meßbare Ergebnisvariablen handelt, denen kein subjektives Urteil von Probanden zugrunde liegt. Bis dato wurde in drei Fällen die Beziehung zwischen MLQ-Skalen und derartigen Indikatoren ermittelt, und zwar einmal im Rahmen eines Management-Simulationsspiels mit Studenten (*Avolio/Waldman/Einstein* 1988), das andere Mal in Form von Zielerreichungen im Rahmen eines MBO-Systems (*Howell/Avolio* 1993) und schließlich in einer von *Geyer/Steyrer* (1994) durchgeführten Studie in österreichischen Bankbetrieben.

1. Zusammenhänge zwischen MLQ-Skalen und subjektiven Erfolgsindikatoren

Zusammenfassend kann zu den bis dato über 20 durchgeführten empirischen Befunden zum Zusammenhang zwischen MLQ-Skalen und subjektiven Erfolgsindikatoren folgendes festgestellt werden: Charismatische Führung (inklusive Inspiration) korreliert regelmäßig hoch mit den einzelnen Erfolgsindikatoren bzw. wird am durchgängigsten hoch mit wünschenswerten Output-Variablen wie Effektivität (von 0,19 bis 0,88), Zufriedenheit (von 0,62 bis 0,91) oder Extra-Leistung (von 0,17 bis 0,88) assoziiert. Individuelle Bedachtnahme und Geistige Anregung bilden gewöhnlich die zweitwichtigsten Verhaltensweisen, die mit den Erfolgsindikatoren hoch korrelieren, wobei Individuelle Bedachtnahme (z. B. Effektivität von 0,24 bis 0,79) in der Regel höhere Koeffizienten erzielt, als dies bei Geistiger Anregung der Fall ist (z. B. Effektivität von 0,08 bis 0,79). Im Bereich der Ergebnisvariable Extra-Leistung liegt jedoch der umgekehrte Fall vor. Bedingte Verstärkung korreliert ebenfalls in den meisten Fällen positiv mit den einzelnen Erfolgsindikatoren (z. B. Effektivität von 0,05 bis 0,71). Die Ergebnisse zu MBE sind inkonsistent: In einigen Fällen korreliert dieses Führungsverhalten mit den Ergebnisvariablen relativ hoch, wobei allerdings sowohl positive als auch negative Koeffizienten festzustellen sind (z. B. Effektivität von − 0,17 bis 0,50). Laissez-faire-Führung korreliert in allen Fällen negativ mit Erfolgsindikatoren (z. B. Effektivität von − 0,46 bis − 0,60). Generell zeigt sich, daß transformationale Führung stärker positiv mit Erfolgsindikatoren korreliert als Skalen transaktionaler Führung.

In jenen Fällen, wo zusätzlich andere subjektive Effektivitätsmaße herangezogen wurden, die nicht auf den Urteilen der Geführten basieren, kommt es zu einer Reduktion der Korrelationen. Im Fall der Untersuchung von *Yammarino/Bass* (1990a/b) betrug die mittlere Korrelation zwischen Charisma und den Effektivitätsurteilen der Geführten 0,87. Als jedoch die Effektivität auf Basis von diversen Urteilen von Vorgesetzten der Führenden (frühe Beförderungen, Leistungsbeurteilungen, Beförderungsempfehlungen) gemessen wurde, fiel die Korrelation auf 0,34. Bei *Hater/Bass* (1988) fiel der Wert von 0,81 auf 0,37 für Top-Leistungsmanager und von 0,88 auf 0,47 für Normal-Leistungsmanager. Als Indikatoren wurden auch hier subjektive Urteile der Vorgesetzten der Führenden herangezogen, die über die individuelle Effektivität als Manager und über die Gruppeneffektivität der durch den Manager geleiteten Einheit aussagen.

2. Zusammenhänge zwischen MLQ-Skalen und allgemeinen Variablen

In einer Untersuchung von *Seltzer/Numerof/Bass* (1989) wurden die MLQ-Skalen mit einer Überlastungsskala, die „Burnout-Syndrome" abfragt und mit einem „Streß-Symptom-Test" korreliert. Es zeigte sich, daß „Burnout-Syndrome" negativ mit den transformationalen Führungsdimensionen (Charisma − 0,52, Individuelle Bedachtnahme − 0,46, Geistige Anregung − 0,36) und der Dimension Bedingte Verstärkung (− 0,43) korrelieren. Die Dimension Management-by-Exception korreliert hingegen positiv mit dieser abhängigen Variable (0,22). Ein ähnlicher Trend − jedoch mit niedrigeren Koeffizienten − war im Bereich von Streß-Symptomen festzustellen.

Eine Arbeit von *Bass/Waldman/Avolio/Bebb* (1987) beschäftigte sich mit dem sogenannten „Domino-Effekt" der Führung und ging der Frage nach, inwieweit die Anzahl an „first-level" Managern, die entweder transaktional oder transformational führen, in einer positiven Relation zu der Anzahl der „second-level" Manager stehen, die ebenfalls hohe oder niedrige Werte in diesen Dimensionen aufweisen. Die Werte für Charisma im „first-level"-Bereich korrelieren danach mit 0,35 im „second-level"-Bereich. Für individuelle Bedachtnahme und Geistige Anregung wurden Korrelationen von 0,26 und 0,28 festgestellt. Transaktionale Führung korrelierte im Bereich Bedingte Verstärkung mit 0,51 und im Bereich Management-by-Exception mit 0,04.

Eine Arbeit von *Bass/Avolio* (1989) versuchte, den Zusammenhang zwischen den MLQ-Skalen und dem subjektiven Leader-Ideal (Attribute waren z. B.: Hingabebereitschaft, Entschlossenheit, Vertrauenswürdigkeit, Loyalität, Zielorientiertheit) von Probanden zu ermitteln. Charisma korreliert mit diesem Leader-Ideal mit 0,83, Individuelle Bedachtnahme mit 0,75 und Geistige Anregung mit 0,79, während die Koeffizienten für Bedingte Verstärkung 0,61 und Management-by-Exception 0,34 betragen.

Seltzer/Bass (1990) gingen in einer empirischen Analyse der Frage nach, ob transformationale Führung gegenüber den klassischen *Ohio-State Variablen (Aufgaben- und Mitarbeiterorientierung)*, die anhand des LBDQ-12 erhoben wurden, in der Lage ist, zusätzliche Varianz im Rahmen der verschiedenen subjektiven Erfolgsindikatoren (Effektivität, Zufriedenheit, Extra-Leistung) zu erklären. Regressionsanalysen zeigten, daß Mitarbeiter- und Aufgabenorientierung 22% (Effektivität), 50% (Zufriedenheit) und 26% (Extra-Leistung) der Varianz dieser Ergebnisvariablen erklärt. Die drei transformationalen Führungsdimensionen fügten allerdings zusätzlich 12% (Effektivität), 8% (Zufriedenheit) und 28% (Extra-Leistung) Varianzerklärung hinzu. Weiter erhalten die Autoren für Effektivität eine Korrelation von 0,5 mit transformationaler Führung, aber nur 0,37 (0,44) für Aufgabenorientierung (Mitarbeiterorientierung).

Howell/Higgins (1990a/b) gingen in einer Studie dem Zusammenhang zwischen dem Auftreten von Innovations-Champions in Organisationen und charismatischer Führung nach. Die aufgrund qualitativer Interviews ermittelten Personen, denen der Status eines Innovations-Champions zugesprochen wurde, hatten eine reduzierte Version des MLQ auszufüllen, die sich ausschließlich auf die Skalen transformationaler Führung bezog (Selbstbeschreibungsform des MLQ). Innovations-Champions konnten von Nicht-Champions entlang der Skalen Inspiration und Geistige Anregung voneinander differenziert werden. Die Skala Charisma verfehlte nur knapp das Signifikanzkriterium. Im Rahmen der Dimension Individuelle Bedachtnahme waren keine Divergenzen feststellbar.

3. Zusammenhänge zwischen MLQ-Skalen und objektiven Erfolgsindikatoren

Bei 27 Teams, die aus MBA-Studenten bestanden, korrelierten *Avolio/Waldman/Einstein* (1988) im Rahmen eines Management-Simulationsspiels das Führungsverhalten des Gruppenleiters mit vier Effektivitätsmaßen (Marktanteil, Return on assets, Gewinn pro Aktie und Aktienkurs). Die gemittelte Korrelation der fünf Maße zeigt folgende Werte: Charisma 0,39, Individuelle Bedachtnahme 0,44, Geistige Anregung 0,48, Bedingte Verstärkung 0,42, MBE 0,08.

Howell/Avolio (1993) führten mit 78 Managern einer kanadischen Versicherungsgesellschaft, die sich zum Zeitpunkt der Erhebung großen Umweltturbulenzen ausgesetzt sah, folgende Studie durch: Die in der Stichprobe enthaltenen Manager waren entweder verantwortlich für eine strategische Geschäftseinheit oder als Linienvorgesetzte in den einzelnen funktionalen Abteilungen tätig. Jeder dieser Manager unterlag einem detaillierten MBO-System, das auf mehreren Kennziffern basierte (Produktivitätsverbesserung, Budgeteinhaltung, Gehaltskosten zu Erträgen, Projektkosten, Erträge pro Einheit usw.). 80% dieser Maße bestanden aus objektiven Kennzahlen. Die eruierten Ergebnisvariablen bezogen sich schließlich darauf, inwieweit die Zielvorgaben von der Gruppe bzw. der Einheit des beschriebenen Vorgesetzten erreicht oder überschritten werden konnten. Der indirekte korrelative Zusammenhang zwischen Performance und den einzelnen Skalen war: MBE – 0,11/– 0,19 (aktives/passives MBE), Bedingte Verstärkung – 0,31, Individuelle Bedachtnahme 0,12, Geistige Anregung 0,28 und Charisma 0,19. Entsprechend den Erwartungen der Autoren korrelierte transformationale Führung positiv mit Performance. Entgegen den Erwartungen zeigte jedoch Bedingte Verstärkung, als wichtigste Dimension transaktionaler Führung, eine negative Korrelation.

Geyer/Steyrer (1994) analysierten den Zusammenhang zwischen Skalen des MLQ sowie des *FVVB (Fragebogen zur Vorgesetzten-Verhaltens-Beschreibung; →Verhaltensdimensionen der Führung)*, wie er auf *Fittkau-Garthe/Fittkau* (1971) zurückgeht, und objektiven Erfolgsindikatoren bei Bankbetrieben. Der verwendete Indikator bezog sich auf den Grad der Ausschöpfung des Kunden- und Marktpotentials von 116 Sparkassen-Geschäftsstellen und zeigte die relative Positionierung einzelner Geschäftsstellen unter Berücksichtigung verschiedener situativer Ausgangsbedingungen (Kunden- und Marktstruktur) an. Die Korrelationsanalysen zwischen den einzelnen Skalen des MLQ, die das Führungsverhalten des Geschäftsstellenleiters abbildeten, und diesem Erfolgsindikator führte zu folgenden Befunden: Charisma 0,27, Inspiration 0,27, Geistige Anregung 0,26, Individuelle Bedachtnahme 0,30, Bedingte Verstärkung 0,24, MBE – 0,21 und Laissez-faire – 0,17. Mitarbeiter- und Aufgabenorientierung korrelierte jeweils mit 0,17 mit der latenten Variable Erfolg.

IV. Zusammenfassung

Das neue Führungskonzept, das zwischen transformationaler/transaktionaler Führung differenziert und das gesamte Führungsspektrum abzubilden versucht, wurde in zahlreichen empirischen Analysen bestätigt. Die Ergebnisse deuten auf eine Überlegenheit des transformationalen gegenüber dem transaktionalen Führungsverhalten im Hinblick auf die Erfolgswirksamkeit hin. Die selbe Aussage kann im Verhältnis zu den klassischen Führungsdimensionen Mitarbeiter-/Aufgabenorientierung gemacht werden.

Von Bass und seinen Mitarbeitern wurde ein Führungskräfte-Training entwickelt, das aus zwei dreitägigen Workshops besteht und u. a. eine intensive Auseinandersetzung mit den einzelnen Führungsdimensionen beinhaltet, das Eigen- und Fremdbild bezüglich der verschiedenen Führungsmuster analysiert und auf die Entwicklung einer beruflichen und persönlichen Vision abzielt. Evaluierungsbefunde der Trainingsauswirkungen zeigen, daß transformationale Führung lehr- und lernbar ist.

Literatur

Avolio, B. J./Waldman, D. A./Einstein, W. O.: Transformational leadership in a management game simulation. In: Group & Organization Studies, 1988, 13. Jg., 1, S. 59–80.
Bass, B. M.: Leadership and performance beyond expectations. New York 1985. Deutsch: Charisma entwickeln und zielführend einsetzen. Landsberg a. Lech 1986.
Bass, B. M./Avolio, B. J.: Potential biases in leadership measures: How prototypes, leniency, and general satisfaction relate to ratings and rankings of transformational and transactional leadership constructs. In: Educational and Psychological Measurement, 1989, S. 509–527.
Bass, B. M./Waldman, D. A./Avolio, B. J. et al.: Transformational leadership and the falling dominoes effect. In: Group & Organization Studies, 1987, 1, S. 73–87.
Bass, B./Avolio, B. J.: Transformational leadership development. Manual for the Multifactor Leadership Questionnaire. Palo Alto 1990.
Bryman, A.: Charisma & leadership in organizations. London et al. 1992.
Burns, J. M.: Leadership. New York 1978.
Fittkau-Garthe, H./Fittkau, B.: Fragebogen zur Vorgesetzten-Verhaltens-Beschreibung (FVVB). Göttingen 1971.
Geyer, A./Steyrer, J.: Transformationale Führung, klassische Führungstheorien und objektive Erfolgsindikatoren von Bankbetrieben. In: ZfB, 1994, 64, 8, S. 961–979.
Hater, J. J./Bass, B. M.: Supervisors' evaluations and subordinates' perceptions of transformational and transactional leadership. In: JAP, 1988, 73. Jg., 4, S. 695–702.
House, R. J./Mitchell, T. R.: Path-Goal Theory of Leadership. In: Journal of Contemporary Business, 1974, S. 81–97.
Howell, J. M./Avolio, B. J. (1993): Transformational leadership, transactional leadership, locus of control and support for innovation: Key predictors of consolidated business unit performance. In: JAP, 1993, 78, 6, S. 891–902.
Howell, J. M./Higgins, C. A.: Champions of technological innovation. In: ASQ, 1990a, 3, S. 317–341.
Howell, J. M./Higgins, C. A.: Leadership behaviors, influence tactics, and career experiences of champions of technological innovation. In: Leadership Quarterly, 1990b, 4, S. 249–264.
Seltzer, J./Bass, M. B.: Transformational Leadership: Beyond initiation and consideration. In: Journal of Management, 1990, 4, S. 693–703.
Seltzer, J./Numerof, R. E./Bass, B. M.: Transformational leadership: Is it a source of more or less burnout or stress. In: Journal of Health and Human Resources Administration, 1989, 4, S. 174–185.
Steyrer, J.: Charisma in Organisationen – sozial-kognitive und psychodynamisch-interaktive Aspekte von Führung. Habilitationsschrift eingereicht an der Wirtschaftsuniversität. Wien 1993.
Vroom, V. H.: Work and motivation. New York 1964.
Yammarino, F. J./Bass, B. M.: Transformational leadership and multiple levels of analysis. In: HR, 1990a, 10, S. 975–995.
Yammarino, F. J./Bass, B. M.: Long-term forecasting of transformational leadership and its effects among naval officers: Some preliminary findings. In: *Clark, K. E./ Clark, M. B.* (Hrsg.): Measures of Leadership. West Orange. 1990b, S. 151–169.

U

Unternehmenskooperation und Führung (Fusion, Allianz, Joint Ventures)

Günter Müller-Stewens

[s. a.: Beeinflussung von Gruppenprozessen als Führungsaufgabe; Führungsgrundsätze; Identifikationspolitik; Konflikte als Führungsproblem; Laterale Kooperation als Führungsaufgabe (Schnittstellenmanagement); Motivation als Führungsaufgabe; Organisationskultur und Führung; Selbststeuernde Gruppen, Führung in.]

I. Begriffliche Abgrenzung und Ausprägungsformen; II. Koordinations- und Führungsanforderungen; III. Möglichkeiten und Grenzen der Mitarbeiterführung; IV. Konfliktpotentiale und Konflikthandhabung bei Unternehmenskooperationen; V. Führungsanforderungen und -probleme in der Integrationsphase.

I. Begriffliche Abgrenzung und Ausprägungsformen

Für den Begriff der Unternehmenskooperation ist in der Literatur, trotz des stark ansteigenden Interesses an diesem Thema, noch keine einheitliche Definition erarbeitet worden. Erschwert durch die Vielzahl von in der Unternehmenspraxis beobachtbaren Kooperationsvarianten, beschränken sich die meisten Abgrenzungsversuche auf die Angabe kontextspezifischer Einzelkriterien. Versucht man einen gemeinsamen Kern der zahlreichen Definitionsversuche auszumachen, so können folgende Merkmale als konstitutiv für Unternehmenskooperationen gesehen werden (*Müller-Stewens* 1991; *Tröndle* 1987).

(1) rechtliche Selbständigkeit der Kooperationspartner, die in eine bewußt gesuchte Zusammenarbeit eintreten, um Kooperationsziele zu verwirklichen, welche sich aus den jeweils verfolgten Unternehmenszielen konsistent ableiten lassen.
(2) einzelne Teile der Entscheidungsautonomie der in die Partnerschaft eingebundenen (Teil-)Organisationen werden an die gemeinsame Kooperationsinstanz abgetreten.
(3) strategisch-instrumenteller Charakter des Kooperationsverbundes. Die Beziehung ist i. d. R. auf Zielerreichung und nicht auf Dauer angelegt.

Sollte mit diesen Kooperationen eine strategische Dimension verbunden sein, so wird auch von *Strategischen Allianzen/Partnerschaften* gesprochen. Das Spektrum interorganisationaler Kooperationsformen reicht – je nach Formalisierungsgrad und Intensität der Ressourcen- und Kompetenzverflechtung – von einer losen Verkoppelung der Partner auf der Basis einer informellen Vereinbarung, über vertraglich geregelte Allianzen bis hin zur Gründung eines Gemeinschaftsunternehmens (Joint Ventures) (*Lorange/Roos* 1992; *Müller-Stewens/Hillig* 1992).

II. Koordinations- und Führungsanforderungen

Ausmaß und Art der Koordinations- und Führungsanforderungen bei Unternehmenskooperationen werden maßgeblich durch die Verflechtungsintensität zwischen den Kooperationsparteien und der sich daraus ergebenden Komplexität der Führungsfunktionen bestimmt. Die spezifische Situation für die Führung von interorganisationalen Partnerschaften, als spezieller Form der *lateralen Kooperation* (→*Laterale Kooperation als Führungsaufgabe* [*Schnittstellenmanagement*] *Wunderer* 1991), ergibt sich daraus, daß die Aufgabenerfüllung zielorientiert durch gleichgestellte Partner erfolgt, die über eine partnerschaftliche Beziehung ihre individuellen Interessen zu realisieren versuchen. Die kooperierenden Unternehmen bewegen sich somit in einem Spannungsfeld von relativer Autonomie und gegenseitiger Abhängigkeit, so daß jene Interaktionsprozesse ausgeklammert werden, die auf formale Weisungsanordnungen einer hierarchisch übergeordneten Instanz beruhen. Die Partner gehen in der Erwartung eines höheren Zielerreichungsgrades ein gegenseitiges Abhängigkeitsverhältnis ein, innerhalb dessen die erfolgreiche Zusammenarbeit durch wechselseitige Abstimmung und Konsensfindung zu erreichen ist. Gerade aber dieses Spannungsfeld von Selbständigkeit und Interdependenz führt häufig dazu, daß der für die Stabilität der Kooperationsbeziehung unverzichtbare Gleichgewichtszustand zwischen den Parteien nur labilen Charakter aufweist. Geringfügige Störungen können somit zu einer Gefahr für die Kooperation werden.

Neben der Interdependenz der Partner sind noch drei weitere, für das Ausmaß und die Gestaltung der Koordinations- und Führungsaufgaben entscheidende Dimensionen von Unternehmenskooperationen zu differenzieren (vgl. Abb. 1).

```
┌─────────────────────┐            ┌─────────────────────┐
│   Interdependenz    │            │  Kooperationsumwelt │
└─────────────────────┘            └─────────────────────┘
Verflechtungsintensität              kontextuelle
                         ↘       ↙   Rahmenbedingungen
                    ┌──────────────────┐
                    │ Kooperationsspezifische │
                    │ Führungs- und Koordinationsaufgaben │
                    └──────────────────┘
                         ↗       ↖
┌─────────────────────┐            ┌─────────────────────┐
│ Kooperationsaufgabe │            │ Kooperationspartner │
└─────────────────────┘            └─────────────────────┘
Neuartigkeit/Komplexität            Größe
Wertigkeit bezogen auf die          Unternehmenskultur
jeweiligen Unternehmensziele        Organisationstruktur
                                    Leistungsprogramm
```

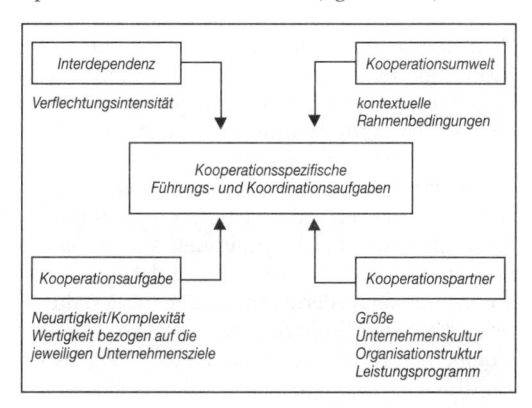

Abb. 1: *Zentrale Bestimmungsfaktoren der Führungsaufgaben bei Unternehmenskooperationen (in Anlehnung an Tröndle 1987)*

Zur Bewältigung der Koordinationsaufgaben stehen den kooperierenden Unternehmen verschiedene Kontroll- und Koordinationsmechanismen zur Verfügung (→*Führungs- und Kooperations-Controlling*). Denkbar sind multipersonale Schnittstellen, wie z. B. eigenständige Koordinationsabteilungen oder paritätisch besetzte ‚steering committees‘ aber auch unipersonale Koordinatoren (Kontakt- oder Verbindungsstelle) für den Fall, daß kein institutionalisiertes Gremium vorhanden ist (*Bronder* 1993). Für die *Effizienz* des Koordinationsprozesses ist allerdings zu berücksichtigen, daß strukturelle und technokratische Koordinationsmechanismen stets nur unterstützende Wirkung für den *interpersonalen* (Selbst-)Koordinationsprozeß der am Kooperationsprojekt beteiligten Mitarbeiter haben. Den interorganisationalen Teilgruppen (z. B. dem gemeinsamen Vertrieb) kommt somit bei der Führung von Unternehmenskooperationen eine entscheidende Bedeutung zu (→*Selbststeuernde Gruppen, Führung in*).

III. Möglichkeiten und Grenzen der Mitarbeiterführung

In Anlehnung an *Marr* (1992) können im Rahmen des Kooperationsmanagements drei Determinanten ausgemacht werden, deren Handhabung für den Erfolg oder Mißerfolg einer Kooperation ausschlaggebend sind. Es sind dies die *funktionalen*, *personalen* und *interaktionalen* Bestimmungsgrößen. Die funktionale Dimension stellt auf die Art und die Aufgabe des Kooperationsprozesses ab. Bei der personalen Dimension geht es um die von den entscheidenden Kooperationsträgern in den Prozeß eingebrachte Kooperationsbereitschaft und -fähigkeit – sowohl in fachlicher als auch sozialer (→*Soziale Kompetenz*) Hinsicht. Beide Dimensionen sind in der Literatur bereits von mehreren Seiten behandelt worden (z. B. *Bronder/Pritzl* 1992; *Lewis* 1991; *Staudt* et al. 1992). Für den Führungsaspekt aus gruppendynamischer Sicht bedeutender ist die interaktionale Dimension, die sich mit der Analyse und Gestaltung der interpersonellen Strukturen und Prozesse bei Unternehmenskooperationen befaßt. Für sie ist – bis auf einige Ausnahmen, die in Form von ‚Checklisten‘ die dringendsten Probleme aufzeigen – nach wie vor ein Defizit in der Literatur zu verzeichnen.

1. Die Gruppe im Kontext der Unternehmenskooperation

Kooperation ist primär ein Interaktionsprozeß der beteiligten Personen und Gruppen. In den Vordergrund rücken somit die Persönlichkeitsstruktur der Geführten, die Struktur und Funktion der Gruppe (→*Gruppengröße und Führung*) sowie die spezifische, durch organisationsinterne und -externe Rahmenbedingungen geprägte Situation, in der sich eine Gruppe befindet (*Steinmann/Schreyögg* 1991). Im Kontext überbetrieblicher Kooperationsbeziehungen erhalten Intensität und Komplexität gruppenspezifischer Führungsprobleme eine zusätzliche Qualität, da sich die Kooperationseinheit im Regelfall aus Mitgliedern aller beteiligten Partnerunternehmen zusammensetzt. Die Interaktionsdichte, als Schlüsselfaktor für die Kohäsion der Kooperationsgruppe, wird dabei im wesentlichen durch folgende Faktoren bestimmt:

Komplexität	– Anzahl der beteiligten Kooperationsträger
	– Veränderungen im Mitgliederbestand
	– zeitliche Stabilität der Kooperationsbeziehung
	– Heterogenität der Kooperationsziele
Stärke der Kooperationsbeziehung	– Art, Häufigkeit und Dauer der Interaktionsprozesse
	– kooperationsspezifische Beziehungs- und Aufgabeninhalte
Machtverhältnisse und Konflikthandhabungsansätze	– Regeln der Entscheidungsfindung
	– Verteilung der Machtgrundlagen
	– verfügbare Kontrollmechanismen
	– Kommunikationspolitik

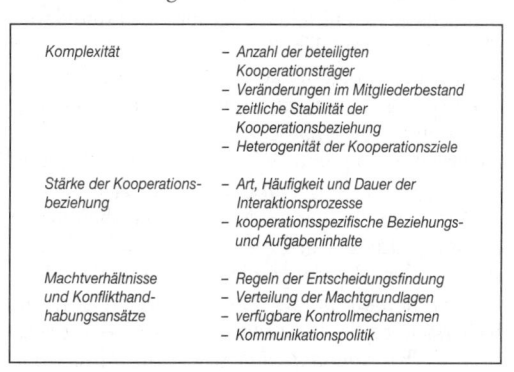

Tab. 1: *Bestimmungsgrößen der Interaktionsdichte*

Die Ausprägungen dieser Interaktionsdimensionen und damit Ausmaß und Art der Interaktionen in der Kooperationsgruppe variieren mit der durch die jeweilige Assoziationsform implizierten Verflechtungsintensität zwischen den Partnern. Handelt es sich um eine lose Form der Zusammenarbeit, wie etwa einer informellen Kooperationsvereinbarung, ist mit einer niedrigeren Komplexität, einer geringeren Interaktionsstärke und mit einer geringeren Konflikthäufigkeit (→*Konflikte als Führungsproblem*) zu rechnen als bei einem Gemeinschaftsunternehmen. Unabhängig von der jeweiligen Kooperationsform bedarf es jedoch einer *Beeinflussung der Gruppenprozesse* (→*Beeinflussung von Gruppenprozessen als Führungsaufgabe*), damit die im Sinne der Kooperationszielerreichung ‚richtigen' Interaktionen stattfinden. Dabei kann im Rahmen der zwischenbetrieblichen Kooperation prinzipiell auf zwei →*Führungsgrundsätze* zurückgegriffen werden (*Wunderer* 1991): die *Selbststeuerung* (→*Selbststeuernde Gruppen, Führung in*) durch die an der Zusammenarbeit beteiligten Personen vor dem Hintergrund vorgegebener Kooperationsstrukturen und die *Fremdsteuerung* durch übergeordnete Führungsinstanzen. Bei Unternehmensallianzen kommt der Fremdsteuerung vorrangig die Aufgabe zu, durch zusammenarbeitsfördernde Gestaltung der Kooperationsstrukturen und Sicherung eines günstigen Kooperationsverhaltens bei den Mitarbeitern, ein konstruktives Kooperationsklima (*Lewis* 1991; *Wunderer* 1991) herzustellen. Zwei Ebenen des Kooperationsklimas sind dabei zu differenzieren (*Tröndle* 1987): Die erste betrifft die Unterstützung und Führung des Kooperationssystems durch die beteiligten Muttergesellschaften. Im Mittelpunkt stehen hier die Rahmenbedingungen für den Kooperationsprozeß und die Integration des Kooperationsprojektes in den organisationalen Gesamtzusammenhang (→*Organisationsstrukturen und Führung*). Die zweite Ebene zielt auf das Klima *innerhalb* des Gemeinschaftsunternehmens ab. Unmittelbar angesprochen sind damit die sozioemotionalen Beziehungen zwischen den Kooperationsträgern. Folgende Dimensionen des Kooperationsklimas sind dabei zu unterscheiden: Autonomie, Symmetrie, Harmonie, Innovation, Zielorientierung und *Vertrauen* (→*Vertrauen in Führungs- und Kooperationsbeziehungen*).

Zur Beeinflussung des Mitarbeiterverhaltens, in Richtung auf ein geeignetes Kooperationsklima, stehen der Führungsspitze insbesondere die →*Kommunikation als Führungsinstrument,* die Sicherstellung des Informationsflusses (→*Information als Führungsaufgabe*) sowie die *Motivation* der Mitarbeiter (→*Motivation als Führungsaufgabe*) des Kooperationssystems als Gestaltungsvariablen zur Verfügung (*Wunderer* 1991).

2. Kommunikation und Information

Der Gestaltung der Kommunikationsbeziehungen kommt im Zusammenhang mit dem Abbau von zwischenbetrieblichen Kooperationsbarrieren eine entscheidende Bedeutung zu (*Müller-Stewens/ Salecker* 1991). Dem Bedarf an Information auf seiten der Kooperationsträger über Legitimität bzw. Zielsetzung der Allianz und deren Folgen in personaler und organisationaler Hinsicht ist zur Vermeidung eines Motivationsverlustes durch die Realisation eines umfassenden Kommunikationskonzeptes zu beggnen. *Offenheit* gegenüber abweichenden Auffassungen des Kooperationspartners und gegenüber den Kooperationsmitarbeitern, *Unvoreingenommenheit* gegenüber dem Partner, verbunden mit einer gegenseitigen Informationsbereitschaft sowie die Übermittlung von *kooperationsorientiertem Feedback* sind dabei als die drei Mindestanforderungen bei der Ausgestaltung eine derartigen Konzeptes zu erfüllen (*Müller/ Goldberger* 1986; *Krystek/Minke* 1990; *Kobi* 1990).

3. Motivation

Die *Motivation* zur Kooperation wird durch den Grad bestimmt, in dem individuelle Bedürfnisse und Erwartungshaltungen der Mitarbeiter, wie etwa das Bedürfnis nach Leistung, sozialer Anerkennung oder Machtausübung, durch die Tätigkeit in dem Kooperationsprojekt erfüllt werden können. Da sich die Mitarbeiter je nach Form der Zusammenarbeit in einem mehr oder weniger starken Spannungsfeld zwischen Mutterunternehmen und Kooperationseinheit befinden, sind verschiedene kooperationsspezifische Anreize zur Motivationsförderung geboten. So liegt Rahmen einer losen Zusammenarbeit der Schwerpunkt der Motivationssteigerung eher darin, die Mitarbeiter von der Notwendigkeit zu überzeugen, sich regelmäßig mit Vertretern der Partnerunternehmen zu treffen, um die gemeinsmen Kooperationsziele zu verfolgen. Der Motivation ist gerade hier zentrale Bedeutung beizumessen, damit die größtenteils in den Muttergesellschaften tätigen Mitarbeiter die Aufgabe in der Kooperationsgruppe nicht als „notwendiges Übel" sehen und ohne Leistungsbereitschaft und Energie „quasi nebenbei" erledigen. Bei verflechtungsintensiven Kooperationen (Joint Ventures), die i.a. über einen längeren Zeitraum angelegt sind, bietet sich ein differenziertes *Anreizsystem* (→*Anreizsysteme als Führungsinstrumente*) zur Motivationssteigerung bei den Kooperationsträgern, an. Um etwaigen Friktionen vorzubeugen, ist bei der Gestaltung eines solchen Systems vor allen Dingen auf die Harmonie mit den Anreizsystemen der beteiligten Muttergesellschaften und auf die Gleichbehandlung der Mitarbeiter aus den einzelnen Partnerunternehmen zu achten (*Bleicher/Hermann* 1991). Auch sollte aus motivationalen Gründen bei der Entsendung von Mitarbeitern in das Joint Venture eine Rückkehr in die Muttergesellschaft nicht von vornherein ausgeschlossen werden.

4. Grenzen der Mitarbeiterbeeinflussung

Den beschriebenen Maßnahmen zur Verhaltensbeeinflussung der Mitarbeiter sind vor allem durch die mit zunehmender Dauer des Kooperationsverhältnisses wachsenden Autonomiebestrebungen der Kooperationseinheit Grenzen gesetzt (*Harrigan* 1987; *Hermann* 1989). Diese Tendenz äußert sich dabei in der Vernachlässigung der eigentlichen Kooperations(zwischen)ziele. Zur Verfolgung individueller Ziele wird die Gruppe von einzelnen Mitgliedern, über Aufbau und Einsatz von Machtpotentialen instrumentalisiert. *Sydow* (1992) bezeichnet eine interorganisationale Beziehung auch als geeignete Arena für die Austragung „mikropolitischer Spiele" (→*Mikropolitik und Führung*), die sich in Intrigen, Koalitionsbildung, Manipulation u. ä. niederschlagen. Den dysfunktionalen Wirkungen von Autonomisierungstendenzen der Kooperationstochter kann die Führungsspitze der Muttergesellschaften durch strukturelle Maßnahmen, wie dem Ausbau der Informations- und Kontrollsysteme oder der geeigneten →*Auswahl von Führungskräften* bei der Besetzung der *Führungspositionen*, begegnen (*Lei/Slocum* 1991).

IV. Konfliktpotentiale und Konflikthandhabung bei Unternehmenskooperationen

1. Konfliktpotentiale

Die Eigenheit einer Unternehmenskooperation als stark interaktionsorientierte Form der Zusammenarbeit macht sie zu einer Organisationsform mit einem inhärent hohen Konfliktpotential (→*Konflikte als Führungsproblem*). Dieses resultiert aus der manifesten oder latenten Gegensätzlichkeit und Unvereinbarkeit bestimmter Verhaltensweisen und Werte, Entscheidungen oder Machtinteressen der Partnerunternehmen oder einzelner ihrer Kooperationsträger (*Wunderer/Grunwald* 1980). Konflikte im Rahmen von kooperativen Verbindungen können in unterschiedliche Richtungen (*vertikal* oder *horizontal*) verlaufen und auf unterschiedlichen Ebenen angesiedelt sein.

Empirische Untersuchungen belegen, daß vertikale Konflikte *zwischen* den Muttergesellschaften und der Kooperationseinheit besonders aufgrund von Schnittstellenproblemen, als Folge einer unklaren Abgrenzung der Entscheidungskompetenzen, oder aufgrund einer mangelnden Harmonisierung der Zielvorstellungen (→*Zielsetzung als Führungsaufgabe*) entstehen (z. B. *Kumar/Steinmann* 1987; *Harrigan* 1987; *Haspeslagh/Jemison* 1992). Bei horizontalen Konflikten ist zwischen Konflikten *innerhalb* der Kooperationseinheit und „übergelagerten" Konflikten auf der Ebene der jeweiligen Mutterunternehmen zu unterscheiden. Die vergleichsweise hohe Interaktionsintensität der Kooperationsmitglieder machen Konflikte innerhalb der Kooperationsinstanz besonders bei Assoziationsformen mit hohem Verflechtungsgrad wahrscheinlich. „Übergelagerte" horizontale Konflikte zwischen den Mutterunternehmen zeichnen sich i. a. durch Konfliktfelder aus, die ihre Wurzeln typischerweise im *strategischen* und *kulturellen Misfit* zwischen den Allianzpartnern haben. So können Veränderungen im Unternehmensumfeld den zu Beginn des kooperativen Verbundes noch bestehenden strategischen Fit stören und Neuformulierungen in der strategischen Grundausrichtung der Partnerunternehmen bzw. des Kooperationsprojektes notwendig machen (→*Strategische Führung; Kumar/Steinmann* 1987). Unter dem Eindruck der Führungsprobleme bei internationalen Kooperationen wird vermehrt auch auf die Gefahr eines kulturellen Misfit zwischen den Partnern und damit auf die →*Kulturabhängigkeit der Führung* hingewiesen. (Unternehmens-)Kulturell bedingte Konflikte werden dabei besonders innerhalb der Kooperationsgruppe virulent (→*Organisationskultur und Führung; Buono/Bowditch* 1989; *Kiechl* 1993). Die Besetzung von →*Führungspositionen* ist ebenfalls ein klassischer Bereich, innerhalb dessen Konflikte zwischen den Partnern eines Gemeinschaftsunternehmens auftreten (*Killing* 1983).

2. Maßnahmen zur Konflikthandhabung

Das breite Spektrum potentieller Kooperationskonflikte macht deutlich, daß ein umfassendes Konfliktmanagement zu einer der zentralen Aufgaben der Führung von Unternehmenskooperationen zählt. Es sollte neben der frühzeitigen Identifikation von Konfliktherden die antizipative Schaffung struktureller Voraussetzungen zur Konflikthandhabung *(präventive Konflikthandhabung)* und die Bereitstellung von Lösungsansätzen für offen ausgebrochene Konflikte *(kurative Konflikthandhabung)* umfassen (*Bronder* 1993).

Im Bereich der präventiven Konflikthandhabung geht es darum, über die Definition von Konfliktverhaltensregeln den Mitarbeitern Anhaltspunkte zu geben, um auftretende Konflikte in prinzipiell selbstorganisierten Prozessen (→*Selbststeuerungskonzepte*) zu versachlichen und konstruktiv im Sinne der partnerschaftlich verfolgten Ziele zu lösen. So weisen etwa *Katzenbach/Smith* (1992) darauf hin, daß ein echtes „Teamwork" in der Kooperationsgruppe nur dann zu erwarten ist, wenn sich ihre Mitglieder an einem klar kommunizierten Zweck und wohldefinierten Erfolgsmaßstäben orientieren können, für deren Erreichen sie auch als Ganzes verantwortlich zeichnen (→*Identifikationspolitik*). Zur Herstellung und Sicherung einer konfliktmindernden Kooperationsatmosphäre ist von seiten der Mitarbeiterführung eine förderung des Kooperationsdenkens zu initiieren und eine Stabilisierung des *Vertrauens* (→*Vertrauen in Führungs- und Kooperationsbeziehungen*) zwischen den Kooperationsträgern anzustreben. *Holtmann* (1989) empfiehlt in diesem Zusammenhang einen Transfer von Führungspersonen zwischen Stamm- und Gemeinschaftsunternehmen zur Reduzierung von Konflikten.

Bei der kurativen Konflikthandhabung (→*Intervention bei lateralen Konflikten*) wird in akuten Konfliktfällen durch den Einsatz entsprechender Konfliktbereinigungsstrategien versucht, situationsspezifisch für beide Seiten akzeptable Lösungen zu generieren, die auch dauerhaft wirksam bleiben.

V. Führungsanforderungen und -probleme in der Integrationsphase

Analog zu Fusionen oder Übernahmen bildet auch bei Strategischen Allianzen die Integrationsphase, wegen des noch labilen Charakters der Kooperation, aus evolutorischer Perspektive den kritischen Zeitraum der Verbindung. Gegliedert nach unterschiedlichen Integrationsebenen lassen sich die in der Integrationsphase anfallenden Führungs- und Koordinationsanforderungen systematisieren (vgl. Abb. 2).

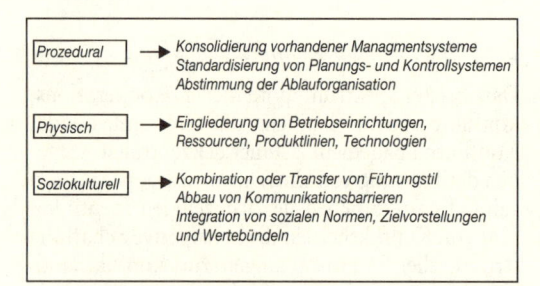

Prozedural	→	Konsolidierung vorhandener Managmentsysteme Standardisierung von Planungs- und Kontrollsystemen Abstimmung der Ablauforganisation
Physisch	→	Eingliederung von Betriebseinrichtungen, Ressourcen, Produktlinien, Technologien
Soziokulturell	→	Kombination oder Transfer von Führungstil Abbau von Kommunikationsbarrieren Integration von sozialen Normen, Zielvorstellungen und Wertebündeln

Abb. 2: Integrationsebenen und Integrationsaufgaben (in Anlehnung an Shrivastava 1986)

Empirische Studien zeigen, daß vorwiegend in der soziokulturellen Integrationsebene die Ursachen für das Scheitern von Unternehmenskooperationen zu suchen sind (*Jemison/Sitkin* 1986; *Datta* 1991; *Cascio/Serapio* 1991). Das für die Führung zentrale Integrationsproblem liegt dabei zunächst in der Anpassung der Erwartungen der betroffenen Mitarbeiter hinsichtlich ihrer eigenen Rolle und der Zielsetzung (→*Zielsetzung als Führungsaufgabe*) der Kooperation. Besonders bei Allianzen, bei denen einer der Partner aufgrund eines stärkeren kapitalmäßigen Engagements die dominierende Rolle einnimmt, ist auf seiten des „schwächeren" Partners mit einem Gefühl der Unsicherheit und einem Motivationsverlust bei den Mitarbeitern zu rechnen. Diese, objektiv meist unbegründeten Vorbehalte bergen die Gefahr der *Inneren Kündigung* (→*Innere Kündigung und Führung*) einzelner Leistungsträger in sich, die gerade in der Aufbauphase einer Allianz von entscheidender Bedeutung sind. Die Aufgabe der Unternehmensleitung ist es hier, über ein richtiges Maß an institutioneller Führung, etwa durch Formulierung einer handlungsweisenden Vision (→*Führungsphilosophie und Leitbilder*) für die Kooperationseinheit, das Ziel der Zusammenarbeit für alle Beteiligten glaubwürdig zu vermitteln, um eine gemeinsam akzeptierte Zweckbestimmung für das Projekt zu gewinnen (*Bleicher* 1992). Diese Leitidee schafft eine *Identität* für die Kooperationseinheit und trägt dazu bei, kulturbedingt unterschiedliche Vorstellungen als Quelle für Mißverständnisse und Konflikte zu kanalisieren. *Haspeslagh/Jemison* (1992) haben in einer Untersuchung von Unternehmenszusammenschlüssen in Europa und den USA festgestellt, daß nur in den wenigsten Fällen den gebotenen Führungsanforderungen entsprochen wurde. Der Rückzug der Führungsspitze aus dem Integrationsprozeß und die Delegation der Integrationsaufgaben (→*Delegative Führung*) an die mittlere Managementebene führten zu einem Führungsvakuum bei den Mitarbeitern in den Kooperationseinheiten und äußerte sich in gravierenden Problemen in der Integrationsphase. *Harrigan* (1987) ermittelte für amerikanische Joint Ventures eine durchschnittliche Erfolgsrate von nur 45%, bei einer durchschnittlichen Lebensdauer von nur 3,5 Jahren. Die Hauptgründe für dieses Ergebnis lagen auch hier in der mangelnden Aufmerksamkeit, die der Integrationsphase zuteil wurde. Entscheidend für die erfolgreiche Bewältigung der „kritischen" Phase ist ferner eine weitgehende organisatorische Autonomie der Allianz, so daß im Zeitablauf eine organisations- und führungsmäßige Anpassung an veränderte Anforderungen relativ problemlos vorgenommen werden kann. Die schlecht strukturierte Problemsituation in der Startphase erfordert eigenständige *Führungskonzepte* (→*Führungskonzepte und ihre Implementation*) für das Kooperationsprojekt (*Sherman* 1992). Ein Transfer von Organisations- und *Führungsprinzipien* (→*Führungsprinzipien und -normen*) aus den Partnerunternehmen stellt zwar meist die kurzfristig weniger aufwendige Alternative dar, langfristig jedoch erweist er sich oft als der falsche Weg.

Literatur

Bleicher, K.: Der Strategie-, Struktur- und Kulturfit Strategischer Allianzen als Erfolgsfaktor. In: *Bronder, C./Pritzl, R.* (Hrsg.): Wegweiser für Strategische Allianzen. Wiesbaden 1992, S. 267–292.
Bleicher, K./Hermann, R.: Joint-Venture-Management. Zürich 1991.

Bronder, C.: Kooperationsmanagement. Frankfurt/M. 1993.
Bronder, C./Pritzl, R. (Hrsg.): Wegweiser für Strategische Allianzen. Frankfurt/M. 1992.
Buono, A. F./Bowditch, J. L.: The Human Side of Mergers and Acquisitions. San Francisco, Cal. 1989.
Cascio, W. F./Serapio, M. G.: Human Resources Systems in an International Alliance. In: Organizational Dynamics, 1991, S. 63–74.
Datta, D. K.: Organizational Fit and Acquisition Performance. In: Strategic Management Journal, 1991, S. 281–297.
Harrigan, K. R.: Strategies for Joint Ventures. 2. A., Lexington, MA. 1987.
Haspeslagh, P. C./Jemison, D. B.: Akquisitonsmanagement. Frankfurt/M. 1992.
Hermann, R.: Joint-Venture Management. Diss. Hochschule St. Gallen; Gießen 1989.
Holtmann, M.: Personelle Verflechtungen auf Konzernführungsebene. Wiesbaden 1989.
Jemison, D. B./Sitkin, S. B.: Corporate Acquisitions – a Process Perspective. In: AMR, 1986, S. 145–163.
Katzenbach, J. R./Smith, D. K.: Why Teams Matter. In: The McKinsey Quarterly, 1992, Heft 3, S. 3–27.
Kiechl, R.: Im multikulturellen Betrieb ist der gegenseitige Respekt wichtig. In: io Management Zeitschrift, 1993, Heft 4, S. 22–25.
Killing, J.: Strategies for Joint Venture Success. New York 1983.
Kobi, J.-M.: Human Ressources im kulturellen und strategischen Kontext. In: Die Orientierung, 1990.
Krystek, U./Minke, M.: Strategische Allianzen. In: Gablers Magazin, Nr. 9 1990, S. 30–34.
Kumar, B./Steinmann, H.: Führungskonflikte in internationalen Joint Ventures des Mittelstandes. In: *König, W./Peters, J./Ullrich, W.* (Hrsg.): Betriebliche Kooperationen mit den Entwicklungsländern. Tübingen 1987, S. 81–97.
Lei, D./Slocum, J. W.: Global Strategic Alliances. In: Organization Dynamics, 1991, S. 44–62.
Lewis, J. D.: Strategische Allianzen. Frankfurt/M. 1991.
Lorange, P./Roos, J.: Stolpersteine beim Management strategischer Allianzen. In: *Bronder, C./Pritzl, R.* (Hrsg.): Wegweiser für Strategische Allianzen. Wiesbaden 1992, S. 341–376.
Marr, R.: Kooperationsmanagement. In: *Gaugler, E.* (Hrsg.): HWP. 2. A., Stuttgart 1992, Sp. 1154–1164.
Müller, K./Goldberger, E.: Unternehmenskooperation bringt Wettbewerbsvorteile. Zürich 1986.
Müller-Stewens, G.: Strategische Allianzen. In: M&A Review, 1991, S. 311–320.
Müller-Stewens, G./Hillig, A.: Motive zur Bildung Strategischer Allianzen. Die aktivsten Branchen im Vergleich. In: *Bronder, C./Pritzl, R.* (Hrsg.): Wegweiser für Strategische Allianzen. Wiesbaden 1992, S. 63–101.
Müller-Stewens, G./Salecker, J.: Kommunikation – Schlüsselkompetenz im Akquisitionsprozeß. In: Absatzwirtschaft 1991, Heft 10, S. 104–113.
Sherman, S.: Are Strategic Alliances working? In: Fortune, 21. September 1992, S. 47-48.
Shrivastava, P.: Post-Merger Integration. In: Journal of Business Strategy, 1986, S. 65–76.
Staudt, E./Toberg, M./Linné, H. et al.: Kooperationshandbuch. Stuttgart 1992.
Steinmann, H./Schreyögg, G.: Management. 2. A., Wiesbaden 1991.
Sydow, J.: Strategische Netzwerke. Wiesbaden 1992.
Tröndle, D.: Kooperationsmanagement. Bergisch-Gladbach 1987.
Wunderer, R.: Laterale Kooperation als Selbststeuerungs- und Führungsaufgabe. In: *Wunderer, R.* (Hrsg.): Kooperation. Stuttgart 1991, S. 205–219.
Wunderer, R./Grunwald, W.: Führungslehre Bd. 2. Berlin 1980.

Unternehmungsverfassung und Führung

Klaus Chmielewicz †

[s. a.: Führungsgrundsätze; Führungsphilosophie und Leitbilder; Individualrechtliche Bedingungen der Führung; Organisationsstrukturen und Führung; Manager- und Eigentümerführung; Mitbestimmung, Führung bei; Spitzenverfassung der Führung.]

I. Begriff der Unternehmungsverfassung; II. Mitgliedergruppen der Unternehmung; III. Organisatorische Gremien der Unternehmung.

I. Begriff der Unternehmungsverfassung

Unter der *Verfassung* einer sozialen Institution (Staat, Unternehmung) kann die *Gesamtheit seiner grundlegenden (konstitutiven) und langfristig gültigen Strukturregelungen* verstanden werden (vgl. auch →*Organisationsstrukturen und Führung*). In juristischer Terminologie gehört dazu sowohl die sog. *Betriebsverfassung* (z. B. Betriebsrat) als auch die sog. *Unternehmungsverfassung* (z. B. Mitbestimmung im Aufsichtsrat).

Die Unternehmungsverfassung regelt insbes. die Macht-, Einkommens- und Risikoverteilung in der Unternehmung. Machtregelung bedeutet einerseits die *Zuordnung von Leitungs- bzw. Führungskompetenzen* auf Gremien oder Einzelpersonen (→*Spitzenverfassung der Führung*), andererseits *Machtkontrolle* (→*Führungstheorien – Machttheorie*) und Schutz wirtschaftlich Schwacher (besonders bei Groß-Unternehmungen). Machtkontrolle bezieht sich sowohl auf die Macht der Unternehmung nach außen (Außenmacht) als auch auf die unternehmungsinterne Machtverteilung (Innenmacht). Analog hat die *Einkommensverteilung* eine externe (Marktpreise, Branchenlohntarife, Zins- und Steuersätze) und eine interne Komponente (interne Verrechnungspreise, firmenindividuelle Lohnhöhe, Gewinnbeteiligung und -einbehaltung, Dividenden). Die Risikoverteilung erfolgt unternehmungsintern oder -extern über Einkommensrisiken (Residual- statt Kontrakteinkommen), Kapitalrisiken (Kapitalverlust, Nachschußpflicht, Vollhaftung) und Vertragsverlängerungsrisiken (Nichtverlängerung von Kauf-, Darlehens- oder Arbeitsverträgen). Im letzteren Fall entsteht ein Arbeitsplatzrisiko.

II. Mitgliedergruppen der Unternehmung

Die Unternehmungsverfassung wird durch die Entscheidungsgremien der Unternehmung (Abschnitt III; →*Führungsgremien*), durch außenstehende Interessenten (Staat, Gewerkschaften, andere Unternehmungen, Konsumenten) und durch die Mitgliedergruppen geprägt (Anteilseigner, Manager, Arbeitnehmer).

Die marktwirtschaftliche Unternehmung ist ursprünglich durch *Alleinbestimmung der Anteilseigner* (Eigenkapitalgeber, Gesellschafter) und damit als *interessenmonistisch* gekennzeichnet. Die Anteilseigner haben bezogen auf die Unternehmung alle Rechte (Herrschaft, Kompetenzen, Chancen) und Pflichten (Haftung, →*Verantwortung*, Risiken). Sie sind Träger der *Verfügungsrechte* (Vermögens- und Veräußerungsrecht, Gewinn- und Entscheidungsrecht) und als Kehrseite Träger der Einkommens- und Kapitalrisiken. Wie alle Mitgliedergruppen haben sie Individualziele, Motivationsprobleme und Konflikte zwischen Individuum und Organisation.

Als Untergruppe der Anteilseigner tritt (1) der *Eigentümer-Unternehmer* auf (→*Manager- und Eigentümerführung*). Er ist aus rechtlicher, finanzieller und organisatorischer Sicht Mitglied der Unternehmung, hat alle genannten Verfügungsrechte und übt insb. die *Leitung* (Führung) der Unternehmung und damit Herrschaft über Menschen aus. Solange die Unternehmung existiert, hat er kein Arbeitsplatz-, wohl aber ein hohes Einkommensrisiko. Bei Einzelkaufleuten, Personengesellschaften und KGaA ist eine Vollhaftung mit dem Privatvermögen vorgesehen. Bei der GmbH und AG erfolgt dagegen eine Haftungsbeschränkung auch für Eigentümer-Unternehmer (außerdem auch eine Wahl und Berufung als Leiter der Unternehmung).

Eigenkapitalanleger (2) verzichten dagegen aus dem Bündel der Verfügungsrechte auf die Entscheidungsrechte (keine Einflußnahme auf die Geschäftsführung oder darüber hinaus faktischer oder sogar rechtlicher Verzicht auf Stimmrechtsausübung in der Gesellschafterversammlung [z. B. bei stimmrechtslosen Aktien]). Sofern man *Führungsentscheidungen* als wesentlich für den *Unternehmerbegriff* ansieht, sind sie nur Eigenkapitalanleger statt (Eigentümer-)Unternehmer. Wegen der fehlenden Entscheidungskompetenzen ist ihre Haftung beschränkt (z. B. als Kommanditist, Aktionär oder auch GmbH-Gesellschafter).

Neben den bisher berücksichtigten natürlichen Personen können auch juristische Personen (Institutionen) die Anteilseignerrolle spielen (z. B. (3) Konzernmütter, (4) Kapitalanlagegesellschaften oder andere institutionelle Anleger, (5) Staat und (6) Gewerkschaften. Als Anteilseigner der (3) Konzernmütter oder (4) Kapitalanlagegesellschaften können aber wieder (1) private Eigentümer-Unternehmer auftreten.

Die *Manager* bilden aus organisatorischer und finanzieller (nicht: juristischer) Sicht eine zweite Mitgliedergruppe der Unternehmung. Sie gehen durch hierarchischen Aufstieg aus der Arbeitnehmerschaft (→*Soziale Herkunft von Führungskräften*) hervor. Sie haben immer Instanzenstellen, mit dem Hierarchierang (außertarifliche Angestellte, leitende Angestellte, Top-Manager) wachsende Entscheidungskompetenzen, aber auch →*Verantwortung* für Fehlentscheidungen und ein hohes Arbeitsplatzrisiko (→*Freisetzung als Vorgesetztenaufgabe*). Sie haben i. d. R. aus Motivationsgründen eine Gewinnbeteiligung und damit auch Einkommensrisiken, aber keine Kapitalverlustrisiken (außer wenn sie Eigenkapitaltitel ihrer Unternehmung erworben oder als Tantieme erhalten haben).

Manager können (a) die Eigentümer-Unternehmer entlasten, indem sie in einer mindestens dreistufigen Hierarchie im Wege der *Entscheidungsdelegation* (→*Delegative Führung*) als außertarifliche oder leitende Angestellte an der Führung mitwirken. Die oberste Leitung (z. B. Vorstand) bleibt den Eigentümer-Unternehmern vorbehalten.

Top-Manager können (b) neben den Eigentümer-Unternehmern *gleichberechtigt* in die oberste Leitung berufen werden (sog. Fremd- oder Drittorganschaft, nicht bei Personengesellschaften zulässig). Beide Gruppen haben dann formal gleiche Kompetenzen, aber verschiedene Risiken (Kapitalverlustrisiko nur beim Eigentümer-Unternehmer, Arbeitsplatzrisiko nur beim Manager).

Die Manager können auch (c) *allein* in der obersten Leitung erscheinen. Die Eigentümer-Unternehmer ziehen sich dann im Fall der AG aus dem Vorstand in den Aufsichtsrat oder sogar in die Hauptversammlung zurück (evtl. lassen sie sich dort noch vertreten). Sie können sich damit vom Tagesgeschäft befreien, bei Bedarf in mehreren Unternehmungen mit Grundsatzentscheidungen unternehmerisch tätig sein und damit ihre Kontrollspanne vergrößern. Die Unternehmerrolle wird auf Eigentümer-Unternehmer außerhalb der Unternehmungsleitung (Grundsatzentscheidungen) und Top-Manager in der Unternehmungsleitung (Durchsetzung der Grundsatzentscheidungen und Tagesgeschäft) aufgeteilt. Diese Rollenverteilung hat fließende Übergänge und ist zeitlich instabil.

Ähnliches gilt (d), wenn Konzernmütter, Kapitalanlagegesellschaften, Staat oder Gewerkschaften statt Eigentümer-Unternehmer als Anteilseigner auftreten. Die Existenz von Managern mit Vorstandsrang ist dann wahrscheinlich; der Managereinfluß hängt aber ab von den Beteiligungsquo-

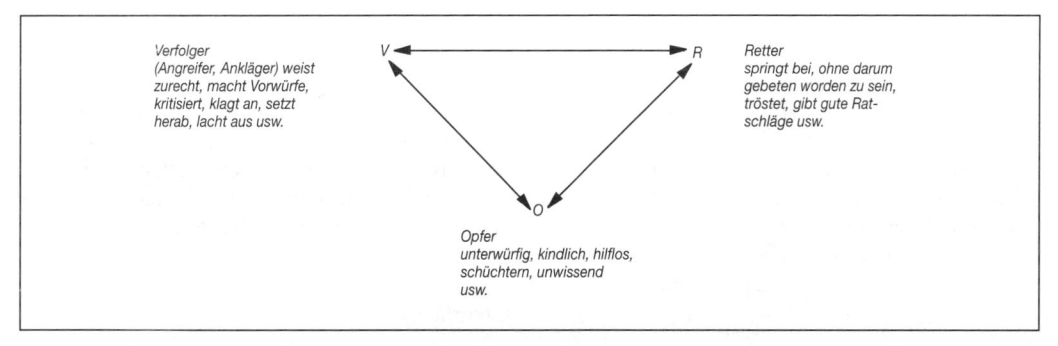

```
Verfolger                    V ◄──────────► R    Retter
(Angreifer, Ankläger) weist                      springt bei, ohne darum
zurecht, macht Vorwürfe,                         gebeten worden zu sein,
kritisiert, klagt an, setzt                      tröstet, gibt gute Rat-
herab, lacht aus usw.                            schläge usw.
                                   O
                                 Opfer
                                 unterwürfig, kindlich, hilflos,
                                 schüchtern, unwissend
                                 usw.
```

über potentielle Tauschpartner), Vereinbarungskosten (Verhandlungskosten), Abwicklungskosten (Durchführung der Transaktion), Kontrollkosten (Überwachung von Terminen, Qualitäten, Mengen, Preisen, Geheimhaltung) und Anpassungskosten (Durchsetzung von Termin-, Qualitäts-, Mengen- oder Preisänderungen aufgrund veränderter Bedingungen während der Laufzeit der Vereinbarung) (z. B. *Picot* 1982, S. 270; *Picot* 1991b, S. 344). Die Grundaussage besteht nun darin, daß stets die Vereinbarungsform zu wählen ist, die ceteris paribus die geringsten Transaktionskosten aufweist. Deren Höhe ist von den situationsbedingten Einflußgrößen abhängig. Im Mittelpunkt stehen die Spezifität und die strategische Bedeutung der zu bewältigenden Aufgabe, die die Höhe der Transaktionskosten und damit die Vereinbarungsform bestimmen (z. B. *Picot* 1982, S. 271 ff.; *Picot* 1991b, S. 345 ff.). Hochstandardisierte, strategisch weniger bedeutende Leistungen sind sehr gut beschreibbar und aufgrund ihrer vielfältigen Verwendungsmöglichkeiten leicht bewertbar. Sie lassen sich deshalb in vielen Fällen in Form von spontanen, kurzfristigen Ad hoc-Verträgen über den Markt beschaffen. Strategisch bedeutende sowie sehr spezifische, anderweitig kaum verwertbare Leistungen, deren Einzelheiten sich u. U. auch aufgrund bestehender Unsicherheiten erst nach und nach genauer beschreiben lassen, verursachen erhebliche Bewertungsschwierigkeiten und Absicherungsbedürfnisse bei der Vereinbarung des Leistungsaustauschs. Die Transaktionskosten zur Erzielung einer bis in die einzelnen Leistungsdetails gehenden Vereinbarung wären (u. U. prohibitiv) hoch. Zu empfehlen sind statt dessen – insbesondere mit zunehmender Häufigkeit der zugrundeliegenden Aufgabenerfüllung – längerfristige Rahmenvereinbarungen als Grundlage für die laufende Koordination der spezifischen Aufgabenerfüllung. Typisch für derartige Rahmenverträge sind unternehmensintern Arbeitsverträge oder unternehmensextern Rahmenverträge zwischen an sich rechtlich selbständigen Unternehmen, die eine enge Integration erlauben.

2. Auswirkungen für die Führungsproblematik

Deutlich wird zunächst: Der hier nur angedeutete Transaktionskostenansatz erweitert das Blickfeld der Führungsproblematik. Führung verstanden als zielorientierte Einflußnahme zur Erfüllung gemeinsamer Aufgaben kann sich nun nicht nur auf die – meist implizit unterstellte – unternehmensinterne Führungssituation beziehen. Gleichfalls betrifft sie die gemeinsame Aufgabenerfüllung mit unternehmensexternen, rechtlich selbständigen Partnern, die über Rahmenverträge kurz- oder mittelfristig vertraglich eingebunden sind. Der Ansatz macht ferner darauf aufmerksam, daß der vertragliche Rahmen, innerhalb dessen Führungsprozesse stattfinden, Vereinbarungssache ist, die von beiden Seiten in prinzipiell unabhängiger Weise getragen wird. Aus der Sicht einer Führungslehre käme es in der Praxis darauf an, in Abhängigkeit von den zuvor nur angedeuteten Einflußgrößen der Transaktionskosten herauszufinden, ob eine Aufgabenstellung tatsächlich einer globalen Rahmensetzung mit der Notwendigkeit interner Führung bedarf oder ob Aufgaben sich in eine Richtung entwickeln, die eine stärkere Autonomisierung der Aufgabenerfüllung bis hin zur rechtlichen Ausgliederung des Kooperationspartners aus dem arbeitsrechtlichen Vertragsgeflecht der Unternehmung ermöglicht. Dies führt gleichzeitig zu einer Verlagerung interner Führungsaufgaben auf den Bereich der externen Aufgabenabwicklung. An die konkrete Ausgestaltung von Führungsprozessen stellen sich damit zweifellos neuartige Anforderungen, die in Praxis und Literatur bisher in dieser Form weniger thematisiert wurden, im Zuge neuerer Organisationsformen aber stärker zu problematisieren sind.

Mit dem Zustandekommen von internen arbeitsrechtlichen Rahmenverträgen vereinbaren die Beteiligten aus transaktionskostentheoretischer Sicht zugleich, daß sich der Arbeitnehmer den Regelungen und Anweisungen der Führungskräfte in einem bestimmten Ausmaß unterwirft. Das allgemeine Arbeitsrecht läßt sich in diesem Zusammenhang als transaktionskostensparende Hilfe interpretieren, die das Zustandekommen von als gerecht erachteten Leistungsaustauschvereinbarungen i. S. von Arbeitsverträgen erleichtert. Institutionelle Regelungen erweisen sich somit als Rationalisierungsinstrumente für Transaktionskosten: Durch generelle Regelungen substituieren sie individuellen Vereinbarungsaufwand. Vor diesem Hintergrund gewinnt auch die Diskussion um Unternehmungskultur und wertorientierte Führung in Unternehmen eine ökonomische Dimension (z. B. *Föhr/Lenz* 1992, S. 128 ff.): Es handelt sich dabei nämlich um eine Art der Programmierung des Verhaltens durch gemeinsame organisationsbezogene Werte, die gegenseitiges Vertrauen erzeugt und damit das Zustandekommen von Vereinbarungen erleichtert. Dies ist insbesondere bei einer sehr stark veränderlichen Aufgabenumwelt von Bedeutung, da die Anpassung der Führung nun unbürokratischer und mit geringeren Regelungskosten gelingen kann. Institutionen wie Vertrauen und Wertkonsens substituieren aufwendige organisatorische Regelungen und formale Vereinbarungen. Die Transaktionskosten der Koordination sinken; die Führung wird entlastet (z. B. *Ouchi* 1980; *Picot* 1993a). Dies gilt sicherlich nicht nur untenemensintern. Bezieht sich Führung – wie oben schon angedeutet – auch auf die gemeinsame Aufgabenerfüllung mit externen Partnern, kommt Vertrauen in den zugrundeliegenden Geschäftsbeziehungen eine stabilisierende Wirkung zu. Durch den gezielten Aufbau einer Vertrauensbasis lassen sich Vereinbarungs-, Abwicklungs- und Anpassungskosten senken. Auf einen transaktionskostentheoretisch positiven Zusatzeffekt mag ein kurzer Hinweis genügen. Gelingt es der Führung, die intern gelebte Unternehmenskultur glaubhaft nach außen zu signalisieren, lassen sich möglicherweise Anbahnungskosten senken, wenn sich dadurch der Kreis potentieller Vertragspartner entsprechend einschränkt (Selfselection, →Agency Theorie und Führung). Die Durchführung unternehmerischer Aufgaben erfordert insgesamt ein Geflecht höchst unterschiedlicher Vertrags- und Vereinbarungsformen mit externen und internen Beteiligten. Führung ist innerhalb dieses Geflechtes vor allem dort nötig, wo auf der Grundlage von längerfristigen Rahmenverträgen die konkrete Aufgabenerfüllung sicherzustellen ist. Insofern sind die Kosten der Führung nichts anderes als Transaktionskosten zur Ausfüllung und Abwicklung von Vereinbarungen. Diese Kosten durch geeignete Maßnahmen zu verringern (aufgabenabhängige Veränderung des Vereinbarungs- und Vertragsrahmens, Substitution durch generelle Regeln und Werte, Aufbau einer Vertrauensbasis) wäre demnach eine Anforderung an jede wirtschaftlich orientierte Führungsgestaltung.

IV. Würdigung

In diesem Abschnitt wurden zwei Theorieansätze der Neuen Institutionenökonomik auf Führungsprobleme bezogen. Beide legen explizit realitätsnahe Verhaltensannahmen zugrunde, so daß sich aus ihrer Anwendung auf konkrete Führungsprozesse wertvolle Hinweise für ihre Gestaltung ableiten lassen. Wichtig erscheint zudem, daß sowohl die Theorie der Verfügungsrechte als auch der Transaktionskostenansatz auf die institutionellen Rahmenbedingungen, die auf den Führungsprozeß einwirken, ja diesen überhaupt erst ermöglichen, intensiv eingehen. Zugleich erlauben sie eine nüchterne Analyse der wirtschaftlichen Existenzberechtigung dieser institutionellen Arrangements, die interindividuelle Führungsprozesse umgeben. Insofern können sie die Führungsforschung bereichern, die allzu häufig von derartigen Rahmenbedingungen abstrahiert oder sie nur implizit berücksichtigt.

Literatur

Albach, H.: Verfassung folgt Verfassung. In: *Bohr, K.* et al. (Hrsg.): Unternehmungsverfassung als Problem der Betriebswirtschaftslehre. Berlin 1981, S. 53–79.
Alchian, A. A.: Corporate Management and Property Rights. In: *Manne, H. C.* (Hrsg.): Economic Policy and the Regulation of Corporate Securities. Washington 1969, S. 337–360.
Alchian, A. A./Demsetz, H.: Production, Information Costs and Economic Organisation. In: American Economic Review, 62, 1972, S. 34–39.
Berle, A. A./Means, G. C.: The Modern Corporation and Private Property. New York 1932.
Cheung, S. N. S.: The Contractual Nature of the Firm. In: The Journal of Law and Economics, 26, 1983, S. 1–21.
Coase, R. H.: The Nature of the Firm. In: Economica, 4, 1937, S. 186–405.
Commons, J. R.: Institutional Economics. In: The American Economic Review, 21, 1931, S. 648–657.
Demsetz, H.: Towards a Theory of Property Rights. In: American Economic Review, 57, 1976, S. 347–359.
Föhr, S./Lenz, H.: Unternehmenskultur und ökonomische Theorie. In: *Staehle, W. H./Conrad, P.* (Hrsg.): Managementforschung 2. Berlin et al. 1992, S. 111–162.
Furubotn, E. G./Pejovic, S.: Property Rights and Economic Theory. In: The Journal of Economic Literature, 10, 1972, S. 1137–1162.
Furubotn, E. G./Pejovic, S.: Introduction: The New Property Rights Literature. In: *Furubotn, E. G./Pejovich, S.* (Hrsg.): The Economics of Property Rights, 1974.
Heinen, E.: Betriebswirtschaftliche Führungslehre. 2. A., Wiesbaden 1984.
Marris, R.: The Economic Theory of „Managerial" Capitalism. London 1964.
Michaelis, E.: Organisation unternehmerischer Aufgaben – Transaktionskosten als Beurteilungskriterium. Frankfurt/M. et al. 1985.
Ouchi, W. G.: Markets, Bureaucracies and Clans. In: ASQ, 25, 1980, S. 129–141.
Picot, A.: Der Beitrag der Theorie der Verfügungsrechte zur ökonomischen Analyse von Unternehmungsverfassungen. In: *Bohr, K.* et al. (Hrsg.): Unternehmungsverfassung als Problem der Betriebswirtschaftslehre. Regensburg 1981, S. 153–197.
Picot, A.: Transaktionskostenansatz in der Organisationstheorie: Stand der Diskussion und Aussagewert. In: DBW, 1982, S. 267–284.
Picot, A.: Verfügungsrechte und Wettbewerb als Determinanten des Verwaltungsbereichs von Organisationen. In: Jahrbuch für Neue Politische Ökonomie. Bd. 3, 1984, S. 198–222.
Picot, A.: Ökonomische Theorien der Organisation – Ein Überblick über neuere Ansätze und deren betriebswirtschaftliches Anwendungspotential. In: *Ordelheide, D./Rudolph, B./Büsselmann, E.* (Hrsg.): Betriebswirtschaftslehre und Ökonomische Theorie. Stuttgart 1991a, S. 143–170.
Picot, A.: Ein neuer Ansatz zur Gestaltung der Leistungstiefe. In: ZfbF, 43, 1991b, S. 336–357
Picot, A.: Organisation. In: *Bitz, K.* et al. (Hrsg.): Vahlens Kompendium der Betriebswirtschaftslehre. Bd. 2, 3. A., München 1993a, S. 101–174.
Picot, A.: Transaktionskostenansatz. In: *Wittmann, W./Kern, W./Köhler, R./Küpper, H.-U./Wysocki, K. v.* (Hrsg.): HWB. Stuttgart 1993b, Sp. 4194–4204.
Picot, A./Kaulmann, Th.: Industrielle Großunternehmen in Staatseigentum aus verfügungsrechtlicher Sicht. In: ZfB, 37, 1985, S. 956–980.
Picot, A./Michaelis, E.: Verteilung von Verfügungsrechten in Großunternehmungen und Unternehmungsverfassung. In: ZfB, 54, 1984, S. 252–272.
Picot, A./Schneider, D.: Unternehmerisches Innovationsverhalten, Verfügungsrechte und Transaktionskosten. In: *Budäus, D./Gerum, E./Zimmermann, G.*: Betriebswirt-

schaftslehre und Theorie der Verfügungsrechte. Wiesbaden 1988, S. 91–118.
Tietzel, M.: Die Ökonomie der Property Rights: Ein Überblick. In: Zeitschrift für Wirtschaftspolitik. Bd. 30, 1981, S. 207–243.
Wenger, E.: Die Verteilung und Entscheidungskompetenzen im Rahmen von Arbeitsverträgen. In: Neumann, M. (Hrsg.): Schriften des Vereins für Sozialpolitik. Bd. 140, Berlin 1984, S. 199–217.
Williamson, O. E.: The Economics of Discretionary Behavior. London 1967.
Williamson, O. E.: Markets and Hierarchies: Analysis and Antitrust Implications. New York 1975.
Williamson, O. E.: Transaction Cost Economics: The Governance of Contractual Relations. In: The Journal of Law and Economics, 22, 1979, S. 233–261.
Williamson, O. E.: Die ökonomischen Institutionen des Kapitalismus: Unternehmen, Märkte, Kooperationen. Tübingen 1990.
Wunderer, R./Grunwald, W.: Führungslehre. Bd. I, Berlin, New York 1980.

Verhaltensdimensionen der Führung

Friedhelm Nachreiner/Günter F. Müller

[s. a.: Empirische Führungsforschung, Methoden der; Fortbildung, Training und Entwicklung von Führungskräften; Führungsforschung, Inhalte und Methoden; Führungsforschung/Führung in Nordamerika; Verhaltensgitter der Führung (Managerial Grid).]

I. *Die Entwicklung der Skalen und der Konstrukte*; II. *Zur Bedeutung der Konstrukte*; III. *Zur Kritik an der C und IS Forschung*; IV. *Ausblick*.

I. Die Entwicklung der Skalen und der Konstrukte

Nach dem Scheitern eigenschaftstheoretischer Ansätze (→*Führungstheorien – Eigenschaftstheorie*) dokumentiert in einer Literaturübersicht von *Stogdill* (1948), in der er auf die Fruchtbarkeit verhaltensorientierter Studien hinweist, setzte eine interdisziplinär zusammengesetzte Forschergruppe an der Ohio State University im Jahre 1945 an genau diesem Verhaltensaspekt an, um Probleme der Führung im Zusammenhang ihrer Bedingungen und Wirkungen nachzugehen. Zentrales Anliegen der *Ohio State Leadership Studies* war damit von Anfang an die Konzentration auf die *Beschreibung* und die *Bewertung* des Führungs*verhaltens* als Interaktionsgeschehen zwischen Führern und Geführten in seiner Abhängigkeit von, Parallelität mit und Wirkung auf individuelle und Gruppenfaktoren (*Morris/Seeman* 1950; *Shartle* 1957), mit Priorität auf die *Beschreibung* des Führungsverhaltens. Konsequenterweise resultierten daraus Bemühungen, das Führungsverhalten als zentrale Variable *differenziert, objektiv* und *standardisiert* erfaßbar zu machen. Zu diesem Zweck wurde ein Fragebogen entwickelt, mit dem Geführte und Führer (als diejenigen mit der größten Vertrautheit mit dem zu erfassenden Gegenstand) das Führungsverhalten auf neun theoretisch als bedeutsam erachteten Dimensionen anhand vorgegebener Merkmale beschreiben sollten (*Hemphill/Coons* 1957). Die Merkmalssammlung resultierte zunächst in 1790 derartigen Verhaltensbeschreibungen, von denen 150 für den Fragebogen ausgewählt wurden. Auf der Basis einer ersten, eher unsystematischen Anwendung dieses Fragebogens (*LBDQ = Leader Behavior Description Questionnaire*) in Form von Selbst- und Fremdbeschreibungen wurden Item- und Dimensionsanalysen durchgeführt, die unerwartet hohe Korrelationen zwischen den theoretisch als mehr oder weniger unabhängig betrachteten Dimensionen und mit der gleichzeitig erhobenen Bewertung des Vorgesetzten erkennen ließen. Eine Faktorenanalyse auf der Basis der Skaleninterkorrelationen ergab drei Faktoren, die von *Hemphill/Coons* (1957) als „Maintenance of Membership Character", „Objective Attainement Behavior" und „Group Interaction Facilitation" bezeichnet wurden. Danach deuten sich in dieser ersten Analyse solche Verhaltensweisen als Grunddimensionen der Führung an, die auf die Aufrechterhaltung sozialer Beziehungen mit den Gruppenmitgliedern, die Erreichung von Gruppenzielen und die Strukturierung der Interaktion in der Gruppe zielen. *Halpin/Winer* (1957) setzten daraufhin einen adaptierten LBDQ im militärischen Bereich ein und erhielten auch hier hohe Skaleninterkorrelationen, die sie zu einer Faktorenanalyse auf Itembasis veranlaßte. Es resultierten 4 Faktoren, die sie mit „Consideration", „Initiating Structure", „Production Emphasis" und „Sensitivity (Social Awareness)" bezeichneten. *Mitarbeiterorientierung* (Consideration [C]) mit 49% und *Aufgabenorientierung* (Initiating Strcuture [IS]) mit 33,6% erklärte rund 4/5 der gemeinsamen Varianz in den Verhaltensbeschreibungen. Sie stellten damit offensichtlich *die* relevanten Dimensionen des Führungsverhaltens dar, während die beiden restlichen Faktoren eher als Aufsplitterung der beiden erstgenannten erschienen. *Halpin/Winer* charakterisierten die Dimensionen durch Angabe hochladender Items, ohne jedoch selbst eine präzise Beschreibung der Konstrukte anzubieten. C wird positiv gekennzeichnet durch freundschaftliches Verhalten, gegenseitiges Vertrauen, Respekt und Wärme und negativ durch autoritäre, unpersönliche Beziehungen zwischen Führern und Geführten. C drückt damit aus, inwieweit der Führer bei der Erfüllung seiner Führungsaufgaben Rücksicht auf die Geführten nimmt, ohne daß dies

Laxheit in der Aufgabenerfüllung bedeutet (*Halpin/Winer* 1957). IS ist gekennzeichnet durch Verhaltensweisen, mit denen der Führer die Beziehungen zwischen sich und den Geführten definiert, Aufgaben und Rollen zuweist und die Interaktion der Gruppe strukturiert. *Halpin/Winer* (1957, S. 43) halten dies für die eigentliche Führungsfunktion, zu deren Erfüllung die anderen, einschließlich C, nur unterstützend beitragen. Korrelationskoeffizienten der Skalenwerte für C mit Zufriedenheit und für IS mit Leistungsbeurteilungen bestätigten sich auch in weiteren Analysen, weshalb *Halpin* (1957) zu dem Schluß kommt, daß Führer, die auf beiden Führungsdimensionen über dem Mittelwert liegen, sowohl ihre Geführten wie ihre Vorgesetzten zufriedenzustellen vermögen. Damit sind C und IS als Grunddimensionen des Führungsverhaltens – zunächst im militärischen Bereich – mit differentiellen Relationen zu Effizienzkriterien benannt.

Die Übertragung und Überprüfung dieses Ansatzes auf den industriellen Bereich (*Fleishman* 1953a, 1957a) lag daher nahe. *Fleishman* setzte zu diesem Zweck einen auf die industriellen Verhältnisse angepaßten Fragebogen (SBD = Supervisory Behavior Description) ein, der zunächst ebenfalls nach 4 Dimensionen ausgewertet wurde. Aufgrund der erhaltenen Ergebnisse erschien jedoch die Zweifaktorenstruktur mit C und IS angemessener, da sie hier praktisch die gesamte gemeinsame Varianz erklärte und der Versuch, die restlichen beiden Faktoren per Rotation varianzstärker zu erhalten, aufgegeben werden mußte. Der auf diese Weise entwickelte Fragebogen enthielt schließlich 48 Items (28 für C, 20 für IS) und machte beide Dimensionen nun auch als Skalen unkorreliert (r = 0.02) und mit ausreichender Zuverlässigkeit erfaßbar. Auch in der industriellen Form zeigten sich wieder deutliche Korrelationen zwischen C und IS als Verhaltensdimensionen und gleichzeitig erhobenen Effizienzkriterien (*Fleishman* 1957a). Die Analyse einer parallel zur SBD entwickelten Einstellungsversion des Fragebogens (LOQ = Leadership Opinion Questionnaire; *Fleishman* 1953b, 1957b) ergibt ebenfalls zwei unabhängige Skalen mit je 20 Items für C und IS. *Fleishman* konnte damit belegen, daß C und IS nicht nur im Verhaltens-, sondern auch im Einstellungsbereich von Bedeutung sind.

Neben den hier dargestellten finden sich weitere Anwendungen des Ansatzes in anderen Bereichen, z. B. in der Führung akademischer Departments (*Hemphill* 1955), in denen ebenfalls die Zweifaktorenstruktur bestätigt wurde (vgl. *Stogdill/Coons* 1957). Damit erschien zunächst die Generalisierbarkeit beider Dimensionen gegeben. Verschiedene Versuche, mit differenzierteren Skalen zu arbeiten, ließen keine wesentlichen Vorzüge erkennen (*Seeman* 1957). Die beiden Grunddimensionen setzten sich immer wieder durch. Auch die hierarchische Position der Beschriebenen oder der Beschreibenden schienen der Allgemeinheit der Konstrukte nichts zu nehmen, sowohl auf höheren wie auf niedrigeren hierarchischen Ebenen ließen sich C und IS als Verhaltens- und als Einstellungsdimensionen nachweisen, wobei sich allerdings Unterschiede in der Varianzaufklärung und der Reliabilität der Skalen in Abhängigkeit vom Status der Beschreibenden und der Beschreibungsrichtung ergaben. Die berichteten Beziehungen zu den Effizienzkriterien wiesen ebenfalls eine gewisse Konsistenz der Richtung, wenn auch nicht der Stärke auf. Mitarbeiterbezogene Karrieren wie Zufriedenheit mit den Vorgesetzten, aber auch Beschwerden, Fehlzeiten und Fluktuation zeigten deutliche Beziehungen zur Dimension C, (Leistungs-)Beurteilungen durch Vorgesetzte hingegen kovariierten im wesentlichen mit IS, wobei diese Beziehungen besonders deutlich hervortraten, wenn die Beschreibungen des Vorgesetztenverhaltens und die Effizienzkriterien von den selben Befragten erhoben wurden (*Fleishman* 1957a; *Halpin* 1957; *Fleishman* et al. 1955; *Fleishman/Harris* 1962 und zusammenfassend *Korman* 1966).

II. Zur Bedeutung der Konstrukte

Kaum ein weiterer Ansatz in der Führungsforschung dürfte in seiner Folge mehr Aufmerksamkeit in Wissenschaft und Praxis gefunden haben als die Herausarbeitung der beiden Konstrukte C und IS (→*Führungsforschung/Führung in Nordamerika*). Als Folge ergab sich ein regelrechter Boom an Untersuchungen unter mehr oder weniger explizitem Rückgriff auf diese Konzepte (*Korman* 1966; *Fleishman* 1973; *Kerr/Schriesheim* 1974; *Stogdill* 1974). Auch heute noch, nachdem der erste Impetus abgeklungen ist und durch neue Moden und Gags abgelöst wurde (z. B. *Blake/Mouton* 1964; *Hersey/Blanchard* 1977; *Reddin* 1970), gibt es eine beachtliche Menge an Forschungsarbeiten, die sich der Konstrukte C und IS offen oder verdeckt bedienen. Die Gründe für die breite Akzeptanz und Popularität dieses Ansatzes dürften sehr verschieden sein. Zunächst einmal handelt es sich um einen Ansatz, der von der Intention her ausgesprochen verhaltensnah ist und damit dem Kern des Phänomens Führung besonders nahe kommt, wenn man Führung als Interaktion zwischen Führer und Geführten versteht und nicht als Attribut einer der beiden Parteien oder der Situation. Wenn es sich hier um Grunddimensionen des Führungsverhaltens handelt, die nahezu die gesamte gemeinsame Varianz der Verhaltensbeschreibungen (und der Einstellungsreaktionen) binden, so mußte es zwingend erscheinen, diesen Konstrukten und ihren Beziehungen nachzugehen. Dabei war besonders förderlich, daß diese Konstrukte operational verfügbar, und damit sofort in empirische Untersuchungen umsetzbar waren.

Es fällt auf, daß die Operationalisierung vor der Explikation der Konstrukte liegt, eine detailliertere Explikation findet sich erst bei *Fleishman/Harris* 1962 (für den deutschen Sprachbereich vgl. *Neuberger* 1976) waren sie doch nicht hypothetisch deduktiv, sondern, wie der gesamte Ansatz, induktiv ermittelt worden.

Nicht zu unterschätzen in diesem Zusammenhang dürften außerdem die von den Autoren der Ohio Studien berichteten Korrelationen mit *Effizienzkriterien* (→*Empirische Führungsforschung, Methoden der*) gewesen sein, legten diese Ergebnisse doch nahe, daß die Konstrukte über kriterienbezogene Validität verfügten. Es fällt jedoch auf, daß sich die berichteten Zusammenhänge in der Regel auf gleichzeitige Erhebungen beziehen, Überprüfungen der Vorhersagevalidität fehlen dagegen. Die gefundenen Zusammenhänge sind auch kaum geeignet, Konstruktvalidität zu demonstrieren, da theoretische Konstrukte über zu erwartende Beziehungen zwischen C und IS und den Kriterien nirgendwo expliziert wurden. Allerdings, und das dürfte entscheidend sein, waren die berichteten Zusammenhänge plausibel und nachvollziehbar. Der Ansatz erschien daher augenscheinlich valide.

Es kommt hinzu, daß neben den Ergebnissen der Ohio Studien auch andere Forschungsergebnisse in Richtung auf eine Zweidimensionalität des Führungsverhaltens deuten, wobei die Frage der (Un-)Abhängigkeit der Dimensionen zunächst unberücksichtigt bleiben kann. So weisen auch die zeitlich parallelen Studien der Michigan Gruppe (*Katz* et al. 1950) auf die Bedeutung der Unterscheidung zwischen mitarbeiter- und aufgabenorientiertem Führungsverhalten hin, ebenso wie die von *Bales/Slater* (1955) nachgewiesene Aufgaben- und Rollendifferenzierung in führerlosen Experimentalgruppen, in denen Aufgaben zur Erreichung des Gruppenzieles und Aufgaben zur emotionalen Stabilisierung der Gruppe erfüllt wurden. Zu denken wäre aber auch an die von *Lewin* et al. (1939) eingeführte Unterscheidung von demokratischer und autokratischer Führung, die ebenfalls an Aspekten mitarbeiterbezogenen und aufgabenbezogenen Führungsverhaltens orientiert war und in der diese Differenzierung auch auf der Kriterienseite durch Berücksichtigung von Leistung und sozialen Beziehungen in der Gruppe fortgeführt wurde. In der Folgezeit wurde die Zweifaktorenstruktur des Führungsverhaltens, auch unabhängig von den in den Ohio Studien verwendeten Methoden, immer wieder empirisch repliziert (*Rambo* 1958; *Ritti* 1964) bzw. theoretisch gefordert (vgl. die Übersicht bei *Nieder/Naase* 1977, S. 19), oder aber als Dimensionen der motivationalen Grundorientierung eines Führers postuliert (*Fiedler* 1967). Diese Aufgliederung des Führungsverhaltens, die dem in der Arbeitspsychologie mit langer Tradition behandelten Dual von Leistung und Zufriedenheit (*Wiendieck* 1977) auf der Seite der abhängigen Variablen gut entspricht, bildet so eine plausible Ausgangsbasis für Analysen des Führungsverhaltens als unabhängiger Variablen und liefert Belege für Zusammenhänge zwischen beiden dualen Variablenkomplexen. Sie ermöglicht ein Denken in theoretisch unkomplizierten, sparsamen Modellkonstruktionen, insbesondere in der von der Ohio Schule vertretenen Variante der Unabhängigkeit der beiden Dimensionen C und IS. Denn damit sind sämtliche Kombinationen der Ausprägung beider Dimensionen zugelassen, womit eine Vielfalt von Führungsstilen erfaßbar sein sollte.

Es ist in diesem Zusammenhang interessant festzustellen, daß die Autoren der Michigan-Schule bei der Differenzierung von Mitarbeiter- und Aufgabenorientierung zunächst von einer eindimensionalen Polarität ausgingen, später aber ihre Auffassung in Richtung auf die von der Ohio Schule vertretene Unabhängigkeit der beiden Orientierungen revidierten (*Kahn* 1960).

Bei den Gründen, die für die weite Akzeptanz der Ohio Ergebnisse sprechen, sollte nicht vergessen werden, daß die oben dargestellte Plausibilität der Konstrukte und Zusammenhänge eine direkte Umsetzbarkeit in Trainingsmaßnahmen (→*Fortbildung, Training und Entwicklung von Führungskräften*) und deren Kommerzialisierung (wie im Verhaltensgitter von *Blake/Mouton* 1964) erlaubt (→*Verhaltensgitter der Führung [Managerial Grid]*).

Die starke Resonanz, die die Ergebnisse im anglo-amerikanischen Sprachbereich fanden, prädestinierten die Skalen für eine Übersetzung in andere Sprachen und ihre Überprüfung in anderen Kulturkreisen (→*Kulturabhängigkeit der Führung; →Führungsverhalten im interkulturellen Bereich*). Etwa ab Mitte der 60er Jahre tauchen daher Ergebnisse mit in andere Sprachen übertragenen Skalen auf (*Nachreiner* 1978). Neben niederländischen (*Philipsen* 1965), schwedischen (*Lennerlöf* 1966) und japanischen Adaptationen (*Misumi/Tasaki* 1965; *Fleishman* 1973) werden darüber hinaus über hebräische, finnische, polnische und türkische Fassungen berichtet. Zu Beginn der 70er Jahre werden auch zwei deutsche Adaptationen der SBD vorgelegt (*Tscheulin/Rausche* 1970; *Fittkau-Garthe* 1970; *Fittkau-Garthe/Fittkau* 1971) die alle die Zweifaktorenstruktur des Führungsverhaltens unter den jeweils gegebenen kulturellen und sozialen Bedingungen replizieren können. Gelegentlich werden, wie auch mit den amerikanischen Versionen, in Faktorenanalysen mehr als zwei Dimensionen (gesucht und) gefunden (*Philipsen* 1965; *Fittkau-Garthe* 1970), häufig handelt es sich dann aber um Artefakte oder um ausgesprochen varianzschwache Faktoren (*Nachreiner* 1978; *Titscher/Titscher* 1977) oder um politisch geforderte oder gefundene (*Ling* 1989). Die generelle Struktur der Konstrukte bleibt hingegen gleich, auch wenn sich die Ladungsmuster einzelner Items der verschiedenen Fragebogen zum Teil recht deutlich von der Originalform unterscheiden, worin sich kulturspezifische Bedeutungszuordnungen ausdrücken dürften.

Neben der vergleichbaren Faktorenstruktur, die auf die Universalität der Konstrukte hinweist, zeigen auch die mit den adaptierten Fragebogen gewonnenen Ergebnisse über Beziehungen zu Zufriedenheit und Leistung eine den Originaluntersuchungen vergleichbare Struktur (*Fittkau-Garthe* 1970). Auch in Deutschland sind Mitarbeiter, die ihre Vorgesetzten als hoch in C beschreiben, zufriedener als Mitarbeiter unter Vorgesetzten mit geringem C. Und auch hier beurteilen Vorgesetzte die ihnen unterstellten Führungskräfte günstiger, wenn diesen mehr IS zugeschrieben wird. Insgesamt drängt sich damit der Schluß auf, daß es sich bei C und IS um kulturunabhängige, fundamentale Kategorien oder Basisdimensionen des Führungsverhaltens handelt (*Neuberger* 1976), deren Bedeutung nicht hoch genug eingeschätzt werden kann.

III. Zur Kritik an der C und IS Forschung

Es ist nun allerdings nicht verwunderlich, daß ein derart herausragender Forschungsansatz auch auf kritische Einwände gestoßen ist. Die Kritik läßt sich dabei im Prinzip in drei Hauptpunkten zusammenfassen, und zwar in Bedenken bezüglich der Angemessenheit der theoretischen Modellvorstellungen, der Konsistenz der berichteten Zusammenhänge und der psychometrischen Qualitäten der verwendeten Instrumente.

Campbell et al. (1970); *Vroom* (1976) sowie *Yukl/van Fleet* (1982) haben die Frage aufgeworfen, ob eine zweidimensionale Betrachtung des Führungsverhaltens tatsächlich ausreichend sei, um die Komplexität und Variabilität des zur Diskussion stehenden Verhaltensbereiches angemessen abzubilden. Zwar repräsentieren C und IS den größten Teil der *gemeinsamen* Varianz bei Beschreibungen des Vorgesetztenverhaltens, aber es bleibt zu fragen, welcher Anteil denn *gemeinsame* und welcher *spezifische* Varianz ist. Darüber hinaus erscheint mehr als fraglich, welcher Anteil an der Kriteriumsvarianz unter Rückgriff auf C und IS erklärt wird. Die Höhe der Korrelationen läßt jedenfalls erkennen, daß nur ein relativ geringer Anteil der Varianz in den Kriterienwerten durch C oder IS erklärbar ist. Läßt dies darauf schließen, daß Führungsverhalten nur diesen relativ geringen Einfluß auf die Kriterien hat, oder ist die Berücksichtigung lediglich von C und IS zur Indizierung des Führungsverhaltens selbst defizient, weil dadurch spezifische Varianz und differenziertere Relationen unberücksichtigt bleiben müssen? Ob allerdings mehrdimensionale Ansätze, wie sie bereits am Beginn der Ohio Studien standen (*Hemphill/Coons* 1957) und danach immer wieder auftauchen (*Stogdill* 1969; *Morgan* 1989), zu günstigeren Ergebnissen führen, kann nach den vorliegenden Ergebnissen bezweifelt werden. Darüber hinaus ist fraglich, wie Inkonsistenzen des Führungsverhaltens über Situationen, Zeitpunkte und Mitarbeiter berücksichtigt werden sollen oder könnten. Die Anwendung der Konstrukte in der traditionellen Art sieht dies nicht vor, hier wird neben der Mitteilung über die in den Items angesprochenen unterschiedlichen Verhaltensweisen über alle drei Bereiche gemittelt, wobei der Mittelungsprozeß selbst und seine Berechtigung theoretisch unklar sind. Als Resultat ergibt sich so ein dem Führer in personalistischer Weise zugeschriebenes Attribut, ganz im Gegensatz zur ursprünglichen Intention des Ansatzes. Auch die unterstellte Kausalrichtung der Wirkungszusammenhänge ist keineswegs eindeutig belegbar, zeitparallel erhobene Korrelationen lassen dazu keine Aussagen zu. Andererseits konnten *Lowin/Craig* (1968) anhand experimenteller Befunde die umgekehrte Kausalrichtung belegen: Führungsverhalten war danach *abhängig* von der Leistung der Gruppe.

Zur Frage der Konsistenz und Stärke der Beziehungen ist anzumerken, daß diese reichlich inkonsistent sind, wie alle Übersichtsreferate immer wieder belegen (*Korman* 1966; *Fleishman* 1973; *Kerr/Schriesheim* 1974; *Neuberger* 1976). Auch die Berücksichtigung von Moderatorvariablen, wie sie immer wieder zu recht gefordert wird, macht trotz der damit verbundenen erhöhten Komplexität keinen großen Unterschied, selbst wenn durch Berücksichtigung der Datenquellen (Mitarbeiter oder Vorgesetzte) und der Art der verwandten Kriterien einige der Beziehungen konsistenter werden (*Korman* 1966).

Schließlich wird von einer Reihe von Autoren die psychometrische Qualität der Skalen kritisiert (*Schriesheim/Kerr* 1974, zusammenfassend *Luhr* 1984). Neben unzureichenden und oft respondentenspezifischen Reliabilitäten für die jeweiligen Skalen, die auf gruppenspezifische Beurteilungsmuster hinweisen, hat insbesondere die Frage ihrer Validität im Zentrum des Interesses und der Kritik gestanden (*Nachreiner* 1978). Bereits *Hemphill/Coons* (1957) wiesen bei der Entwicklung des LBDQ darauf hin, daß hier unter Umständen nicht das *Führungsverhalten* erfaßt wird, sondern eine generelle, *subjektive Bewertung* des Führers aus der Sicht des Beschreibenden. Diesem Problem glaubte man in der Folgezeit durch Hinweise auf die Differenzierbarkeit zwischen verschiedenen Führern und die Beziehungen zu Effizienzkriterien begegnen zu können. Allerdings sind die dazu vorgestellten Belege weder theoretisch, methodisch noch empirisch überzeugend (*Nachreiner* 1978). So haben *Lennerlöf* (1966, 1968); *Nachreiner* (1978) und *Allerbeck* (1978) anhand von Feldstudien sowie *Ilgen/Fujii* (1976) anhand von Laborstudien nachweisen können, daß die mit derartigen Fragebogen erhobenen Informationen weitaus mehr über den *Beschreibenden* als über den *Beschriebenen* aussagen, wenn, wie in der Realität üblich, Beschreibende und Beschriebene in einer sozialen Beziehung zueinander stehen und die Beschreibung nicht durch Unbeteiligte anhand kurzer Videoaufzeichnungen erfolgt. Nach den Ergebnissen von *Nachreiner* (1978) beträgt der Anteil der gesuchten Information, je nach Fragebogen und Skala, lediglich 2 bis 8% an der Gesamtvarianz in den „Beschreibungen" des Vorgesetztenverhaltens, so daß, wie nach theoretischen Überlegungen und empirischen Ergebnissen zur Personenwahrnehmung zu erwarten, die *Methode* selbst als *invalide* zur Erfassung des Führungsverhaltens zu betrachten ist. Was mit derartigen Fragebogen erhoben wird, ist ganz offensichtlich die *Einstellung des Beschreibenden* zum Beschriebenen, dessen implizite Persönlichkeitstheorie oder allenfalls eine bei diesem subjektiv repräsentierte, an subjektiven Wertvorstellungen relativierte *Beurteilung* des Verhaltens des ‚beschriebenen' Vorgesetzten, nicht aber dessen tatsächliches *Führungsverhalten*, und es erscheint wichtig, Verhalten, wahrgenommenes oder beurteiltes Verhalten und Effekte des Führungsverhaltens konzeptuell, methodisch und empirisch auseinanderzuhalten, um nicht zu Fehlschlüssen zu kommen (*Nachreiner* 1978; *Uleman* 1991). Die Beziehungen zwischen C und Zufriedenheit bei Mitarbeitern und IS und Leistungsbeurteilung durch Vorgesetzte dürften demnach Artefakte darstellen, weil hier zweimal derselbe Sachverhalt, zum Teil sogar mit derselben Methode der sozialen Urteilsbildung von Interaktionspartnern, erhoben wird. Die festgestellten Zusammenhänge, die theoretisch als Beziehungen zwischen der *unabhängigen* Variablen Vorgesetztenverhalten und der *abhängigen* Variablen Zufriedenheit des Mitarbeiters postuliert werden, stellen damit faktisch Beziehungen zwischen *zwei – voneinander abhängigen – abhängigen* Variablen dar. Nicht das (unabhängige) Vorgesetztenverhalten, sondern bereits davon abhängige Effekte beim Beschreibenden (dessen Einstellung zum Beschriebenen in verschiedenen Varianten) werden hier in Beziehung zueinander gesetzt, und dies macht die gefundenen Korrelationen durchaus erklärlich. Derartige theoretische und empirisch begründete Argumente wurden inzwischen vereinzelt aufgegriffen und untersucht. Die vermutete Vermittlerfunktion, die Einstellungen bei der Beziehung zwischen Führungsverhalten und Zufriedenheit von Mitarbeitern haben sollten, konnten weitgehend erhärtet werden (*Skaret/Bruning* 1986). Allerdings wird der Erkenntnis, daß Daten aus sozialen Urteilsprozessen die Realität nur „interpretiert" oder subjektiv verzerrt abbilden (*Lord* et al. 1978; *Uleman* 1991) und daher vom tatsächlichen Verhalten zu unterscheiden sind, überwiegend noch so Rechnung getragen, über Verbesserungen oder Veränderungen der Meßtechnik nachzudenken (*Schriesheim* et al. 1979; *Larson* 1982; *Larson* et al. 1984) und dann nach neuen oder anderen Moderatorvariablen zu suchen und zur „bewährten" Vorgehensweise überzugehen (*Schriesheim* et al. 1976; *Schriesheim/Murphy* 1976), bzw. Führung zum Attributionsphänomen (→*Führungstheorien – Attributionstheorie*) zu erklären und entsprechend zu behandeln (*Philips/Lord* 1981; *Philips* 1984; *Skaret/Bruning* 1986). Dabei zeigt sich dann, daß die Beschreibung des Führungsverhaltens von der Qualität (*Crouch/Yetton* 1988) und der Dauer der Zusammenarbeit zwischen Führungskraft und Mitarbeiter (*Mossholder* et al. 1990) beeinflußt sein können, was unter den oben dargestellten Perspektiven jedoch kaum überraschen dürfte.

IV. Ausblick

Trotz aller Einwände bleibt festzuhalten, daß C und IS empirisch gesicherte Konstrukte und keine methodenspezifischen Artefakte sind. Wie *Ilgen/Fujii* (1976); *Lennerlöf* (1968) und *Wirdenius* (1958) anhand von Daten *unbeteiligter Beobachter* nachweisen konnten, lassen sich unter Ausschluß eigener „Betroffenheit" (*Sodeur* 1972) und ohne Verwendung der Ohio-Skalen C und IS als Dimensionen des Vorgesetztenverhaltens aus Daten systematischer Beobachtung extrahieren, ähnlich wie bei *Bales* (1949) oder *Bass* (1954) (vgl. auch die Video-Validierungsversuche mit unbeteiligten Beobachtern durch *Stogdill* 1969). Und sie sind auch in der Eltern-Kind- und der Schüler-Lehrer-Interaktion nachweisbar (*Lukesch* 1975; *Tausch/Tausch* 1979). Und auch für ihre Wirksamkeit als unabhängige Variablen gibt es experimentelle Belege (*Gilmore* et al. 1979), sogar wenn Unterschiede in C und IS von den Geführten dabei nicht einmal wahrgenommen werden. Die Universalität der beiden Grunddimensionen ist und bleibt verblüffend. Daher ergibt sich die Frage, ob es sich hier nicht doch um fundamentale *Kategorien interpersonalen Verhaltens* (*Foa* 1961) oder aber um fundamentale *Kategorien der Beurteilung* bzw. der *kognitiven Repräsentation interpersonalen Verhaltens* (und ggf. seiner Effekte: Leistung und Zufriedenheit) handelt. Wie auch immer dies zu entscheiden sein wird, und diese Entscheidung ist bisher leider nicht möglich, so verdienen die Grunddimensionen weitere Beachtung, allerdings unter einer neu zu entwickelnden theoretischen Perspektive. Dazu wäre es notwendig, die Konstrukte, auf der abhängigen wie auf der unabhängigen Seite, und die zwischen ihnen angenommenen Wirkungszusammenhänge hinreichend zu explizieren, angemessen und valide zu operationalisieren und daraus prüf- und falsifizierbare Prädikationen zu generieren. Dabei wären Probleme intraindividueller Stabilität/Variabilität des Führungsverhaltens über Situationen, Zeiträume und Interaktionspartner hinweg explizit zu berücksichtigen und in das theoretische Modell einzubeziehen. Eine adäquate Überprüfung derartiger Modelle könnte dann wieder interessante Ergebnisse versprechen. So belegen etwa neuere Untersuchungen (*Johnson/Luthans* 1990), daß die Aufnahme jeweils spezifischer Führungs-Aktivitäten in das jeweilige Führungsmodell die aufgeklärte Gesamtvarianz in den als abhängig betrachteten Leistungs- und Zufriedenheitsvariablen deutlich erhöht.

Literatur

Allerbeck, M.: Fragebogen zur Vorgesetzten-Verhaltens-Beschreibung. Probleme und Ergebnisse. In: Psychologie und Praxis, 1978, S. 69–83.
Bales, R. F.: Interaction Process Analysis: A Method For the Study of Small Groups. Reading 1949.
Bales, R. F./Slater, P. E.: Role Differentiation in Small Decision-Making Groups. In: *Parsons, T./Bales, R. F.* (Hrsg.): Family, Socialization, and Interaction Process. Glencoe 1955.
Bass, B.: The Leaderless Group Discussion. In: Psych. Bull., 1954, S. 465–492.
Blake, R. R./Mouton, J. S.: The Managerial Grid. Houston 1964,
Campbell, J. P./Dunnette, M. D./Lawler, E. E. et al.: Managerial Behavior, Performance, and Effectiveness. New York 1970.
Crouch, A./Yetton, P.: Manager-Subordinate Dyads: Relationships among tasks and Social Contact, Manager Friendliness and Subordinate Performance in Management Groups. In. OBHDP, 1988, S. 65–82.
Fiedler, F. E.: A Theory of Leadership Effectiveness. New York 1967.
Fittkau-Garthe, H.: Die Dimensionen des Vorgesetztenverhaltens und ihre Bedeutung für die emotionalen Einstellungsreaktionen der unterstellten Mitarbeiter. Diss. Hamburg 1970.
Fittkau-Garthe, H./Fittkau, B.: Fragebogen zur Vorgesetzten-Verhaltens-Beschreibung (FVVB). Göttingen 1971.
Fleishman, E. A.: A Leader Behavior Decription for Industry. In: *Stogdill, R. M./Coons, A. E.* (Hrsg.): Leader Behavior: Its Description and Measurement. Columbus, Ohio 1957a, S. 103–119.
Fleishman, E. A.: The Description of Supervisory Behavior. In: JAP, 1953a, S. 1–6.
Fleishman, E. A.: The Leadership Opinion Questionnaire. In: *Stogdill, R. M./Coons, A. E.* (Hrsg.): Leader Behavior: Its Description and Measurement. Columbus, Ohio 1957b, S. 120–133.
Fleishman, E. A.: The Measurement of Leadership Attitudes in Industry. In: JAP, 1953b, S. 153–158.
Fleishman, E. A.: Twenty Years of Consideration and Structure. In: *Fleishman, E. A./Hunt, J. G.* (Hrsg.): Current Developments in the Study of Leadership. Carbondale 1973, S. 1–37.

Fleishman, E. A./Harris, E. F.: Patterns of Leadership Behavior Related to Employee Grievances and Turnover. In: PP, 1962, S. 43–56.
Fleishman, E. A./Harris, E. F./Burtt, H. E.: Leadership and Supervision in Industry. Monograph No. 33, Bureau of Educational Research. Columbus, Ohio 1955.
Foa, U. G.: Convergences in the Analysis of the Structure of Interpersonal Behavior. In: PR, 1961, S. 341–353.
Gilmore, D. C./Beehr, T. A./Richter, D. J.: Effects of Leader Behavior on Subordinate Performance and Satisfaction: A Laboratory Experiment With Student Employees. In: JAP, 1979, S. 166–172.
Halpin, A. W.: The Leader Behavior and Effectiveness of Aircraft Commanders. In: *Stogdill, R. M./Coons, A. E.* (Hrsg.): Leader Behavior: Its Description and Measurement. Columbus, Ohio 1957, S. 52–64.
Halpin, A. W./Winer, B. J.: A Factorial Study of the Leader Behavior Descriptions. In: *Stogdill, R. M./Coons, A. E.* (Hrsg.): Leader Behavior: Its Description and Measurement. Columbus, Ohio 1957, S. 39–51.
Hemphill, J. K.: Leader Behavior Associated With the Administrative Reputation of College Departments. In: J. Educational Psychol., 1955, S. 385–401.
Hemphill, J. K./Coons, A. E.: Development of the Leader Behavior Description Questionnaire. In: *Stogdill, R. M./Coons, A. E.* (Hrsg.): Leader Behavior: Its Description and Measurement. Columbus, Ohio 1957, S. 6–38.
Hersey, P./Blanchard, K. H.: Management of organizational behavior. Utilizing human resources. Englewood Cliffs 1977.
Ilgen, D. R./Fujii, D. S.: An Investigation of the Validity of Leader Behavior Descriptions Obtained From Subordinates. In: JAP, 1976, S. 642–651.
Johnson, A. L./Luthans, F.: The relationship between leadership and management: An empirical assessment. In: Journal of Managerial Issues, 1990, S. 13–25.
Kahn, R. L.: Productivity and Job Satisfaction. In: PP, 1960, S. 275–287.
Katz, D./Maccoby, N./Morse, N. C.: Productivity, Supervision, and Morale in an Office-Situation. Ann Arbor 1950.
Kerr, S./Schriesheim, C. A.: Consideration, Initiating Structure, and Organizational Criteria – An Update of Korman's 1966 Review. In: PP, 1974, S. 555–568.
Kerr, S./Schriesheim, C. A./Murphy, C. J. et al.: Toward a Contingency Theory of Leadership Based Upon the Consideration and Initiating Structure Literature. In: OBHP, 1974, S. 62–82.
Korman, A. K.: „Consideration", „Initiating Structure" and Organizational Criteria – A Review. In. PP, 1966, S. 349–361.
Larson, J. B.: Cognitive Mechanisms Mediating the Impact of Implicit Theories of Leader Behavior on Leader Behavior Ratings. In: OBHP, 1982, S. 129–140.
Larson, J. R./Lingle, J. H./Scerbo, M. M.: The Impact of Performance Cues on Leader-Behavior Ratings: The Role of Selective Information Availability and Probabilistic Response Bias. In. OBHP, 1984, S. 323–349.
Lennerlöf, L.: Dimensions of Supervision. Swedish Council for Personnel Administration, Report No. 39. Stockholm 1966.
Lennerlöf, L.: Supervision: Situation, Individual, Behavior, Effect. Swedish Council for Personnel Administration, Report No. 57, Stockholm 1968.
Lewin, K./Lippit, R./White, R. K.: Patterns of Aggressive Behavior in Experimentally Created „Social Climates". In: J. Social Psychol., 10. Jg., 1939, S. 271–299.
Ling, W. Q.: Pattern of leadership behavior assessment in China. In: Psychologia – An International Journal of Psychology in the Orient, 1989, S. 129–134.

Lord, R. G./Binning, J. F./Rush, M. C. et al.: The Effect of Performance Cues and Leader Behavior on Questionnaire Ratings of Leadership Behavior. In: OBHP, 1978, S. 27–39.
Lowin, A./Craig, J. R.: The Influence of Performance on Managerial Style: An Experimental Object-Lesson in the Ambiguity of Correlational Data. In: OBHP, 1968, S. 440–458.
Luhr, R.: Diagnostik des Führungsverhaltens. Frankfurt/M. 1984.
Lukesch, H.: Die Identifikation von Familientypen. In: Lukesch, H. (Hrsg.): Auswirkungen elterlicher Erziehungsstile. Göttingen 1975, S. 50–60.
Misumi, J./Tasaki, T.: A Study of Effectiveness of Supervisory Patterns in a Japanese Hierarchical Organization. In: Japanese Psychological Research, 1965, S. 151–162.
Morgan, R. B.: Reliability and validity of a factor analytically derived measure of leadership behavior and characteristics. In: Educational and Psychological Measurement, 1989, S. 911–919.
Morris, R. T./Seemann, M.: The Problem of Leadership: An Interdisciplinary Approach. In: AJS, 1950, S. 149–155.
Mossholder, K. W./Niebuhr, R. E./Norris, D. R.: Effects of dyadic duration on the relationship between leader behavior perceptions and follower outcomes. In: Journal of Organizational Behavior, 1990, S. 379–388.
Nachreiner, F.: Die Messung des Führungsverhaltens. Bern 1978,
Neuberger, O.: Führungsverhalten und Führungserfolg. Berlin 1976.
Nieder, P./Naase, C.: Führungsverhalten und Leistung. Bern 1977.
Philipsen, H.: Het meten van leiderschap. In: Mens en Onderneming, 1965, S. 153–171.
Phillips, J. S.: The Accuracy of Leadership Ratings: A Cognitive Categorization Perspective. In: OBHP, 1984, S. 125–138.
Phillips, J. S./Lord, R. G.: Causal Attributions and Perceptions of leadership. In. OBHP, 1981, S. 143–163.
Rambo, W. W.: The Construction and Analysis of a Leader Behavior Rating Form. In: JAP, 1958, S. 409–415.
Reddin, W. J.: Managerial effectiveness. New York 1970.
Ritti, R. R.: Control of „Halo" in Factor Analysis of a Supervisory Behavior Inventory. In: PP, 1964, S. 305–318.
Schriesheim, C. A./House, R. J./Kerr, S.: Leader Initiating Structure: A Reconciliation of Discrepant Research Results and Some Empirical Tests. In: OBHP, 1976, S. 297–321.
Schriesheim, C. A./Kerr, S.: Psychometric Properties of the Ohio State Leadership Scales. In: Psych. Bull., 1974, S. 756–785.
Schriesheim, C. A./Kinicki, A. J./Schriesheim, J. F.: The Effect of Leniency on Leader Behavior Descriptions. In: OBHP, 1979, S. 1–29.
Schriesheim, C. A./Murphy, C.: Relationships Between Leader Behavior and Subordinate Satisfaction and Performance: A Test of Some Situational Moderators. In: JAP, 1976, S. 634–641.
Seeman, M.: A Comparison of General and Specifical Leader Behavior Decriptions. In: Stogdill, R. M./Coons, A. E. (Hrsg.): Leader Behavior: Its Description and Measurement. Columbus, Ohio 1957, S. 86–102.
Shartle, C. L.: Introduction. In: Stogdill, R. M./Coons, A. E. (Hrsg.): Leader Behavior: Its Description and Measurement. Columbus, Ohio 1957, S. 1–5.
Skaret, D. J./Bruning, N. S.: Attitudes about the work group: An added moderator of the relationship between leader behavior and job satisfaction. In: Group and Organization Studies, 1986, S. 254–279.
Sodeur, W.: Wirkungen des Führungsverhaltens in kleinen Formalgruppen. Meisenheim 1972.
Stogdill, R. M.: Personal Factors Associated With Leadership: A Survey of the Literature. In: Journal of Psychology, 1948, S. 35–71.
Stogdill, R. M.: Manual for the LBDQ Form XII. Columbus, Ohio: Bureau of Business Research, 1963.
Stogdill, R. M.: The Handbook of Leadership: A Survey of Theory and Research. New York 1974.
Stogdill, R. M.: Validity of Leader Behavior Descriptions. In: PP, 1969, S. 153–158.
Stogdill, R. M./Coons, A. E. (Hrsg.): Leader Behavior: Its Description and Measurement. Research Monograph No. 88, Bureau of Business Research, Ohio State University. Columbus, Ohio 1957.
Tausch, R./Tausch, A.: Erziehungspsychologie. Göttingen 1979.
Titscher, E./Titscher, S.: Dimensionen des Vorgesetzten-Verhaltens – eine faktorenanalytische Überprüfung des „Fragebogens zur Vorgesetzten-Verhaltens-Beschreibung" (FVVB). In: Psychologie und Praxis, 1977, S. 154–166.
Tscheulin, D./Rausche, A.: Beschreibung und Messung des Führungsverhaltens in der Industrie mit der deutschen Version des Ohio-Fragebogens. In: Psychologie und Praxis, 1970, S. 49–64.
Uleman, J. S.: Leadership ratings: Toward focusing more on specific behaviors. In: Leadership Quarterly, 1991, S. 175–187.
Vroom, V.: Leadership. In: Dunnette, M. D. (Hrsg.): HIOP. Chicago 1976, S. 1527–1551.
Wiendieck, G.: Arbeitsleistung und Arbeitszufriedenheit: Eine kritische Übersicht. In: Gruppendynamik, 8. Jg, 1977, S. 415–430.
Wirdenius, H.: Supervisors at Work. Description of Supervisory Behavior. Development of a Time Sampling Observation Method. Swedish Council for Personel Administration. Stockholm 1958.
Yukl, G. A./Fleet, D. J. v.: Cross-Situational Multimethod Research on Military Leader Effectiveness. In: OBHP, 1982, S. 87–108.

Verhaltensgitter der Führung (Managerial Grid)

Emil Lux

[s. a.: Fortbildung, Training und Entwicklung von Führungskräften; Führungsforschung – Führung in Nordamerika; Verhaltensdimensionen der Führung.]

I. Das Verhaltensgitter: Übersicht und Grundcharakteristika; II. Fünf reine Ziele; III. Drei weitere GRID-Stile; IV. Dominierende und Ersatz-Annahmen; V. Die Grenzen der Objektivität bei der Selbsteinschätzung; VI. Prinzipien der 9,9-Orientierung; VII. Die Aufgabe der GRID-Entwicklung.

I. Das Verhaltensgitter: Übersicht und Grundcharakteristika

Gute Führung sichert den Organisationserfolg, schlechte Führung führt zum Mißerfolg. Ein erfolgversprechender Ansatz zur Untersuchung des Phänomens der Führung ist die Anwendung des obengenannten Modells: Die 3 Rs der Führung (Abb. 1).

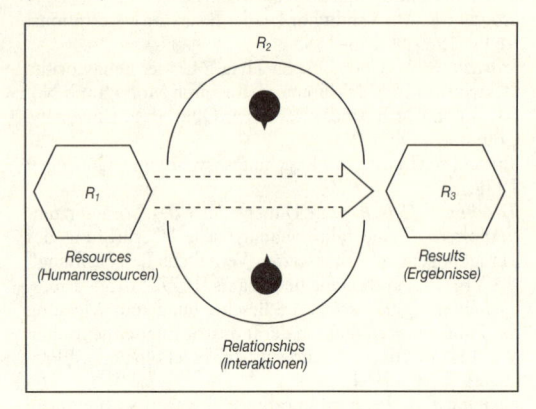

Abb. 1: Die 3 Rs der Führung (Blake/McCanse, 1991)

Je nach dem, wie sich ein Führer in diesem Kontext verhält, kann dies über Erfolg und Mißerfolg der Organisation entscheiden.

R1-Humanressourcen: Gemeint sind die Beiträge jedes einzelnen Mitarbeiters, dies sind Humanressourcen wie Wissen, Fähigkeiten, Fertigkeiten und die Motivation der Mitarbeiter, welche zur Aufgabenbewältigung eingebracht werden.

R2-Interaktionen beschreibt die Beziehungen zwischen den Individuen, symbolisiert durch 2 Köpfe, die sich anschauen. Natürlich sind in vielen Interaktionen mehr als 2 Personen involviert, R2 charakterisiert jedoch das Ausmaß der Einbindung von einzelnen bzw. Gruppen in Situationen interpersonaler Kommunikation, sei dies zwischen Kollegen, zwischen Abteilungen, sei sie im Umgang mit Kunden, Klienten. Interaktionen bilden auch einen Bestandteil der Organisationskultur; sie zeigt „wie wir Aufgaben erledigen".

R3-Ergebnisse werden durch Gruppenarbeit und Problemlösung erzielt. Sie sind meßbar anhand der Produktivität, des Gewinns, der Kreativität, der Innovationen, des Umsatzes, der Servicequalität usw. Sie zeigen das Ausmaß, in dem der Organisationszweck erfüllt wird.

Wir konzentrieren uns auf R2. Dabei geht es darum zu zeigen, welche Arbeitsweise eine hervorragende Gruppe im Vergleich zu einer mittelmäßigen auszeichnet in bezug auf die optimale Nutzung der Humanressourcen, um den Organisationszweck bestmöglich zu erfüllen. Ein guter Führer ist in der Lage, alle eingebrachten Humanressourcen optimal zu kombinieren, um beste Ergebnisse zu erzielen. Die Eingriffsmöglichkeit des Führers ist also bei R2 am größten, wenn auch in klarer Abhängigkeit von den Ressourcen, die die einzelnen Mitarbeiter einbringen. Das in Abb. 2 gezeigte Führungs-GRID liefert einen umfassenden Rahmen, in dem die wichtigsten in der Praxis verwendeten Führungstheorien erkannt und verglichen werden können.

Eine vollständige Übersicht über die dem GRID zugrundeliegenden Untersuchungen geht aus der Literatur (*Blake/Mouton* 1968, 1980, 1985b) hervor (→*Führungsforschung – Führung in Nordamerika*). Sie kommen zu dem Ergebnis, daß die Führungsstrategie 9,9 optimal ist. Ihre Anwendung variiert je nach den vorliegenden Umständen. Die theoretischen Grundlagen, auf denen GRID und andere Konzeptionen beruhen, sind intensiv verglichen und bewertet worden (*Blake/Mouton* 1983, 1985). Da unter den Führungskräften keine übereinstimmende Meinung über den besten Führungsstil vorherrscht, ist es für den Praktiker wichtig, zwischen den Theorien unmittelbare Vergleiche anzustellen, um für die eigene Person zu Schlußfolgerungen zu kommen, wie optimal geführt werden kann.

Das GRID stellt einen dreidimensionalen Rahmen dar, der acht verschiedene Führungsstile herausstellt. *Betonung der Produktion,* das heißt, das Erzielen von Ergebnissen ist eine Dimension, die zweite ist die *Betonung der Menschen,* Vorgesetzten, Kollegen und Mitarbeiter, mit deren Hilfe Ergebnisse erzielt werden (→*Verhaltensdimensionen der Führung*). „Betonung von" bezieht sich nicht auf die erzielte Produktion und das Verhältnis gegenüber Menschen, sondern auf die Art und die Stärke von Annahmen, die jeder Führungsmethode zugrunde liegen. Eine dritte Dimension, die sich auf die dem GRID zugrundeliegenden Motivationen bezieht, wird später beschrieben.

Betonung der Produktion: Betonung der *Produktion* (oder *Ergebnisse, Leistungen, Gewinn* oder *Mission*) liegt z. B. vor, wenn eine Führungskraft dem Wachstum ihrer Organisation neue Richtung durch Firmenkäufe oder gesteigerte Forschung und Entwicklung gibt. Diese Betonung der Produktion kann sich zeigen durch den Umfang und die Qualität von Entscheidungen, die Zahl kreativer Ideen, die sich über die Produktentwicklung in verkäufliche Produkte niederschlagen, das Einziehen von Forderungen oder die Qualität und die Gründlichkeit der durch den Stab erbrachten Dienstleistungen. Wenn es sich um körperliche Tätigkeiten handelt, bedeutet Betonung der Produktion die Verwendung zweckmäßiger Kriterien wie Anzahl der produzierten Stückzahlen, die für einen Produktionsgang aufgewandte Zeit, Umsatzzahlen oder die Erreichung eines festgelegten Qualitäts-Niveaus.

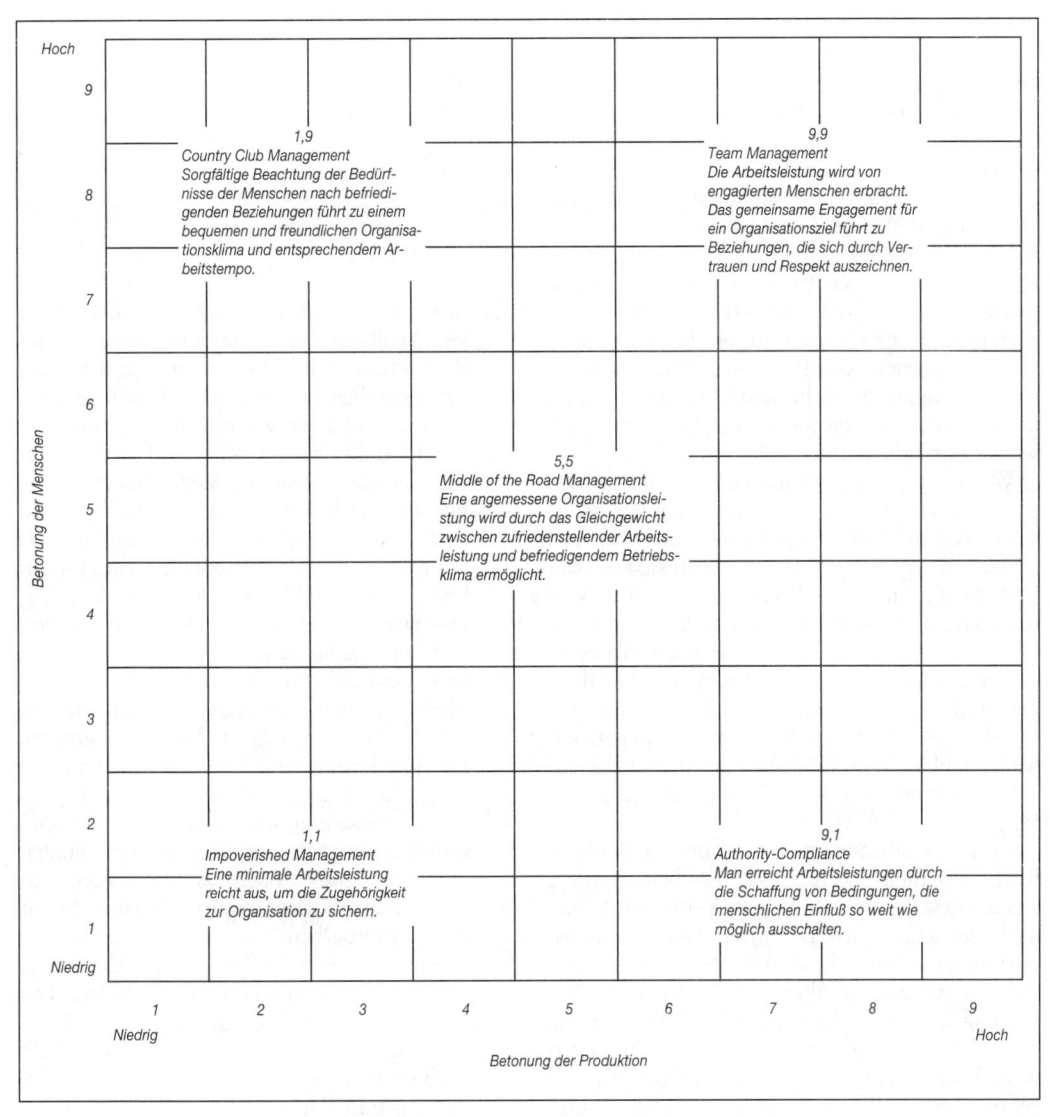

Abb. 2: Das Führungs-GRID (Blake/McCanse 1991)

Hoch
9
1,9 Country Club Management
Sorgfältige Beachtung der Bedürfnisse der Menschen nach befriedigenden Beziehungen führt zu einem bequemen und freundlichen Organisationsklima und entsprechendem Arbeitstempo.

9,9 Team Management
Die Arbeitsleistung wird von engagierten Menschen erbracht. Das gemeinsame Engagement für ein Organisationsziel führt zu Beziehungen, die sich durch Vertrauen und Respekt auszeichnen.

5,5 Middle of the Road Management
Eine angemessene Organisationsleistung wird durch das Gleichgewicht zwischen zufriedenstellender Arbeitsleistung und befriedigendem Betriebsklima ermöglicht.

1,1 Impoverished Management
Eine minimale Arbeitsleistung reicht aus, um die Zugehörigkeit zur Organisation zu sichern.

9,1 Authority-Compliance
Man erreicht Arbeitsleistungen durch die Schaffung von Bedingungen, die menschlichen Einfluß so weit wie möglich ausschalten.

Betonung der Menschen (y-Achse: Niedrig 1 – Hoch 9)
Betonung der Produktion (x-Achse: Niedrig 1 – Hoch 9)

Betonung der Menschen: Da Führungskräfte Ergebnisse mit und durch andere erreichen, sind ihre Annahmen über Menschen in der Bewertung ihrer Wirksamkeit wichtig. Manche Vorgesetzte zeigen ihre Vorliebe durch ihr Streben, sich bei den Mitarbeitern beliebt zu machen. Andere legen Wert darauf, daß Mitarbeiter eine volle Arbeitsleistung erbringen.

Ob man nun Ergebnisse durch Vertrauen und Respekt oder Gehorsam, Sympathie, Verständnis und Unterstützung erzielt, immer handelt es sich um Betonung der Menschen. Annahmen der Betonung der Menschen zeigen sich durch Arbeitsbedingungen, Lohnstrukturen, Sozialleistungen und Arbeitsplatzsicherheit. Je nach der Eigenschaft der Betonung können Mitarbeiter mit Begeisterung oder Unwillen, Einbeziehung oder Apathie, innovatorischem oder abgestumpftem Denken, Engagement oder Gleichgültigkeit und Freude über Abwechslung oder Widerstand gegen Wechsel reagieren.

In welchem Zusammenhang stehen diese Betonungen? Die beiden Betonungen werden auf 9-Punkt-Skalen ausgedrückt, die im rechten Winkel zueinander stehen. *1* bedeutet niedrige Betonung, *5* durchschnittliche Betonung und *9* hohes Interesse. Die anderen Zahlen 2–4 und 6–8 beschreiben Zwischenpositionen.

Wenn ein Vorgesetzter mit und durch Mitarbeiter führen will, muß er sich der zur Verfügung stehenden Führungsoptionen bewußt sein. Eine Option ist eine Denkweise bei der Behandlung oder Analyse eines Problems, wobei eine Option durch eine andere ersetzt werden kann. Deshalb ist die eigene Orientierung nicht an Charakterzüge gebunden, die fixiert und unveränderbar sind. Um seine Führungsqualität zu erhöhen, muß ein Vorgesetzter die verschiedenen Orientierungen kennen und aus ihnen die beste auswählen, um optimal zu führen. Von 81 Schnittpunkten zwischen diesen beiden Orientierungen zeigen nur acht signifikante Unterschiede in bezug auf die Ausübung von Führung. Jede dieser Theorien beruht auf einem anderen Bündel von Annahmen, wie Führungsmacht und Autorität eingesetzt werden, um Menschen zu produktiver Arbeit zu veranlassen. Die zugrundeliegenden Prozesse zeigen sich in Arbeitsaktivitäten durch Initiative, Fragestellungen, das Eintreten für eine Sache, Konfliktlösung, Entscheidungsfindung und Kritik.

Wenn man diese Dimensionen auf eine geometrische Fläche, wie in Abbildung 2 gezeigt, überträgt, werden die Interdependenzen zwischen den Größen X und Y durch ein zwischen sie gesetztes Komma wie in einem Rechensystem unter Verwendung kartesischer Koordinaten ausgedrückt (*Korzbski* 1933). Da die Analyse des Führens an diesem Punkt beginnt, beruht eine aussagefähige Beschreibung des Führungsprozesses auf der Vorstellung der Interaktion zwischen *interdependenten* Variablen (,), im Gegensatz zu einer arithmetischen Verbindung von unabhängigen Elementen (±) (*Fleishman* 1973).

Falls Aufgabenorientierung und menschliche Rücksichtnahme arithmetisch gesehen werden, werden sie als zwei unabhängige Verhaltensweisen nach der klassischen Definition von Paternalismus/Maternalismus behandelt. Nach einem solchen Verständnis behalten 9 Einheiten von „Anweisungen" ihren Charakter, gleichgültig, ob sie mit einer (9 + 1) oder mit neun (9 + 9) Einheiten menschlicher Zuwendung verbunden werden. Die verantwortliche Person erhält Rezepte, wie oft und wann gelobt oder getadelt werden soll, um Gehorsam zur Erfüllung des erwarteten Zieles zu erreichen. Diese Art der Konzeptformulierung spaltet ein an sich nicht teilbares Phänomen auf und fügt die Teile in willkürlicher Weise zusammen. Diese Vorgehensweise ist charakteristisch für die Arbeiten von *Fleishman* (1973); *Hersey/Blanchard* (1982); *Blanchard* (1982); *Reddin* (1970) und *Fiedler* (1964).

Im Gegensatz dazu gleicht die Interaktion gemäß dem GRID-Führungskonzept einer chemischen Verbindung, in der die Variablen aufeinander einwirken. In der interaktiven Verbindung von chemischen Elementen verlieren die vorher eigenständigen Komponenten durch die hergestellte Verbindung ihre frühere Identität. So hat Wasser als eine Verbindung von Wasserstoff und Sauerstoff (H_2O) eine sehr verschiedene Eigenschaft von den beiden gasförmigen Elementen, aus denen es besteht. Es kann nicht als eine arithmetische Verbindung (wie in dem Führungskonzept nach Fleishman) als H + H + O = Wasser verstanden werden.

Auf die gleiche Weise kann man die zwei interdependenten Dimensionen des 9,9 orientierten Führungsprozesses nicht in Isolierung voneinander behandeln oder messen.

II. Fünf reine Ziele

9,1 In der unteren rechten Ecke des GRID wird laut Abbildung 2 eine maximale Betonung der Produktion (9) mit einer minimalen Betonung der Menschen (1) kombiniert. Eine Führungskraft konzentriert sich auf die Maximierung der Produktion und schreibt Untergebenen vor, was und wie sie zu arbeiten haben.

1,9 Führung nach 1,9 erscheint oben links, wo eine minimale Betonung der Produktion (1) mit einer maximalen Betonung der Menschen kombiniert wird (9). Hier dominiert die Pflege positiver Gefühle anstelle der Erzielung von Leistungsergebnissen.

1,1 Eine minimale Betonung von Produktion und Menschen wird durch 1,1 in der unteren linken Ecke ausgedrückt. Die 1,1-orientierte Führungskraft tut nur so viel, um nicht aus der Organisation ausgeschlossen zu werden.

5,5 Die Mittelstellung des GRIDs ergibt die 5,5 Orientierung. Sie kann beschrieben werden durch das Streben nach Kompromissen, dem Mitmachen und dem Streben „es sich nicht mit anderen verderben".

9,9 Im Führungsstil 9,9 in der oberen rechten Ecke sind Betonung von Produktion und Menschen auf einem hohen Niveau integriert. Dieses Team-Konzept ist zielorientiert und strebt nach Fortschritten durch Partizipation, Einbeziehung und Engagement derer, die Beiträge leisten können.

III. Drei weitere GRID-Stile

Drei weitere Möglichkeiten der Verbindung von zugrundeliegenden Annahmen durch *gleichzeitige* Kombination von zwei oder mehr GRID-Stilen bezeichnet man als Paternalismus oder Maternalismus, Opportunismus und Fassadenbildung.

Paternalismus/Maternalismus: Ein Bogen zwischen den 9,1- und 1,9-Ecken verbindet hohe Betonung für Produktion mit hoher Betonung für Menschen in *additiver* Weise. Die Befolgung von Anweisung des Vorgesetzten wird durch Lob belohnt, die Nichtbefolgung wird kritisiert und bestraft.

Opportunismus: Dieser liegt vor, wenn man drei oder mehr GRID-Stile anwendet, und zwar jeweils verschieden, je nachdem mit welcher Person man es zu tun hat. Man schmeichelt sich bei wichtigen Leuten nach 1,9 ein; mit Kollegen oder Gleichgestellten versucht man, anderen einen Gefallen zu tun (5,5), um sie zu verpflichten; man verwendet 9,1-orientierte Führung, also Herrschaft, Gewalt und Kontrolle im Umgang mit Untergebenen.

Fassadenbauer: Man verläßt sich auf eine Fassade, um seine tatsächlichen Absichten zu verstecken, um auf indirektem Wege etwas zu erreichen, was man durch die offene Anwendung von GRID-Stilen für nicht erreichbar hält. Die Fassade ist meist eine 9,9-Orientierung, um einen 9,1-Paternalismus oder Opportunismus zu verstecken.

Es ist wichtig zu verstehen, daß es zwischen dem Intelligenzgrad und dem GRID-Stil keine enge Relation gibt. Intelligente oder weniger intelligente Menschen verwenden alle GRID-Stile oder anders ausgedrückt: Ein 1,9-orientierter Manager braucht nicht weniger intelligent als ein 9,1- oder 9,9-orientierter Manager zu sein. Die Intelligenzhöhe sagt etwas über Leistung aus, hat aber wenig Wirkung, wenn sie mit einem ineffektiven GRID-Stil verknüpft wird. In diesem Sinne liefert GRID ein Bündel von Theorien, wie Menschen ihre Intelligenz und Fähigkeiten in der Zusammenarbeit mit anderen Menschen einsetzen.

IV. Dominierende und Ersatz-Annahmen

Der Führungsstil eines Vorgesetzten ist in einer großen Zahl von Situationen gleichbleibend. Es stimmt aber, daß Menschen ihre Annahmen von Zeit zu Zeit wechseln. Die meisten Vorgesetzten haben nicht nur einen erkennbar dominierenden GRID-Stil, sondern auch einen vorhersehbaren GRID-Ersatzstil, manchmal sogar einen dritten und einen vierten. Ein Ersatzstil tritt dann in Erscheinung, wenn es schwierig oder unmöglich wird, den dominierenden Stil anzuwenden, „weil er nicht funktioniert". Mit anderen Worten kann man einen Ersatzstil als einen solchen betrachten, den der Vorgesetzte verwendet, wenn er unter Druck, Spannung oder in Konfliktsituationen (→*Konflikte als Führungsproblem*) steht und glaubt, solche Probleme nicht auf andere Weise lösen zu können. Um dominierende und Ersatzstile verstehen zu können, ist es notwendig, über längere Zeit und in verschiedenen Situationen zu beobachten. Es gibt Vorgesetzte, die oft, und andere, die weniger oft wechseln. Verbindungen zwischen dominierenden und Ersatzführungsstilen kann man leicht erkennen, z. B. wenn der Vorgesetzte es mit einem widerspenstigen Untergebenen zu tun hat. Er beginnt mit Vernunft und Logik nach 9,9. Das funktioniert nicht. Dann versucht er hart zu werden und den anderen lächerlich zu machen. Beides sind 9,1-Methoden, um Gehorsam zu erreichen. Nachdem durch dieses Vorgehen Unwille und Abwehr zum Vorschein kommen, wechselt man auf Freundlichkeit und Ermutigung, in der Hoffnung, daß diese 1,9-Verhaltensweise zum Ziel führe. Nachdem auch auf diese Weise keine Zusammenarbeit erreicht wird, kann der Vorgesetzte wieder in die 9,1-Strategie von Drohen und Strafen zurückfallen oder sich auf 1,1-Weise zurückziehen und damit zum Ausdruck bringen: „Vergessen Sie die Sache. Es lohnt sich nicht, sich weiter darüber Gedanken zu machen."

Jeder GRID-Stil kann durch einen anderen ersetzt werden. Ein 1,9-orientierter Vorgesetzter zieht es vor, nachzugeben und nicht zu drängen. Wenn der Druck zu groß wird, kann er stur und herausfordernd (9,1) werden. Ein Vorgesetzter, der Kontrolle und Macht auf eine 9,1-Weise sucht und auf dauernden Widerstand bei seinen Mitarbeitern stößt, kann in eine Teamarbeit-Basis nach 9,9 wechseln, um zu gemeinsamen Problemlösungen zu kommen. Man kann auch einen Wechsel vom dominierenden zum Ersatzstil beobachten, wenn ein Vorgesetzter in seiner täglichen Arbeit mit Mitarbeitern nach 9,9 verfährt, jedoch wechselt, wenn eine Krisensituation auftaucht. Ein Reservestil 9,1 erscheint, wenn ein Vorgesetzter eine Aufgabe übernimmt, ohne über die Mittel derjenigen zu verfügen, die zur Lösung eines Problems am besten beitragen können.

Die große Vielzahl von dominierenden und Ersatzkombinationen beweist, daß jeder Mensch ein einzigartiges Individuum ist (siehe Abb. 3).

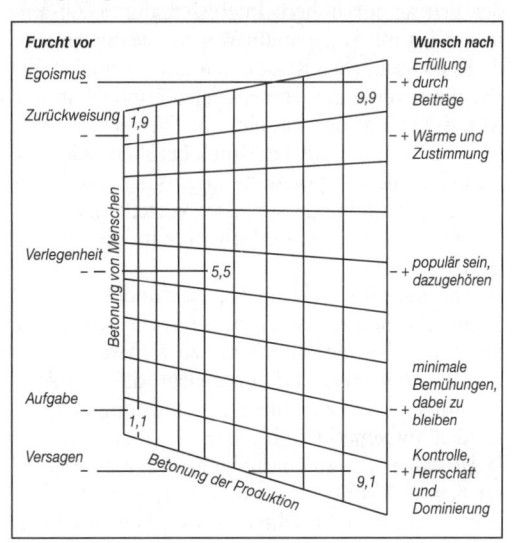

Abb. 3: Persönliche Motivation nach GRID-Stilen (Blake/McCanse 1991)

Das Plus-Ende der 9,1-orientierten Motivationsskala (wonach ein 9,1-orientierter Mensch strebt), steht für „Kontrolle, Herrschaft und *Dominierung*" und weist aus, daß eine 9,1+-orientierte Person Erfüllung durch den Einsatz von Menschen als Werkzeuge bei der Erreichung von Produktion erzielen will. Das Minus-Ende spiegelt „Furcht vor Versagen" wider. Für eine 9,1⁻-orientierte Person entspricht ein Versagen in der Erreichung von Leistungsergebnissen dem Eingeständnis eigener Schwäche und persönlichen Versagens. Zwischenpositionen um den Nullpunkt herum sagen aus, daß die Person keine Ambitionen in der einen oder anderen Richtung hat.

Für eine 1,9-orientierte Person heißt die Plus-Motivation (1,9+), von anderen geliebt und anerkannt zu werden. Das ist das höchste Lebensziel. Man fürchtet am meisten, Zurückweisung zu erleben.

Die Plus-Motivation einer 1,1-orientierten Person ist das Streben nach Fortsetzung der Aktivitäten, an denen sie beteiligt ist, und zwar mit der geringsten Anstrengung. Der Minus-Pol heißt die Vermeidung von Aktivitäten, die enthüllen könnten, daß die 1,1-orientierte Person so teilnahmslos geworden ist, daß sie eine Kündigung befürchten muß.

Für den 5,5-orientierten Manager heißt das Plus-Ende der Skala, akzeptiert zu werden und beliebt zu sein, d. h. eine Person, die dazugehört und den Status und das Prestige anstrebt, die das System anbieten kann. Der Minus-Pol drückt Angst vor Kritik, Überwachung, „Nichtdazugehören" und Statusverlust durch soziale Demontage aus.

Die Plus-Motivation einer 9,9-Orientierung ist der Beitrag für höhere Interessen durch Zusammenarbeit mit anderen auf Wegen, die die Anwendung menschlicher Ressourcen zur optimalen Erreichung von Unternehmenszielen ermöglicht. Die Minus-Motivation besteht im Vermeiden von Handlungen, die auf Egoismus beruhen, wie z. B. wenn jemand eine Situation nur aus dem Blickwinkel der Erreichung persönlicher Vorteile sieht.

Die Plus- und Minus-Motivation für die anderen GRID-Stile sind:

Paternalismus: (+) heißt, Bewunderung und Schmeicheleien zu erreichen; (–) ist die Furcht, die Kontrolle über die Mitarbeiter zu verlieren.

Opportunismus: (+) überwiegt alles andere. „Nummer 1 sein zu wollen"; (–) unbedingt zu vermeiden, unbemerkt zu bleiben.

Fassaden: (+) auf indirektem Wege das zu erreichen, was sonst unerreichbar ist; (–) zu vermeiden, die eigenen Absichten und Gedanken zu enthüllen.

V. Die Grenzen der Objektivität bei der Selbsteinschätzung

Wenn man herausfinden will, wie ein Vorgesetzter führt, kann man ihn ganz einfach fragen. Wer könnte es denn besser wissen?

Obwohl es widersprüchlich klingt, ist diese Methode die schlechteste. Untersuchungen haben gezeigt, daß Führungskräfte ihren eigenen GRID-Stil selten kennen. In etwa 50% aller Fälle überwiegt die Subjektivität solcher Urteile (*Blake/Mouton* 1985a). Dafür gibt es mehrere Gründe.

Zum einen steht die Hierarchie im Wege. Je höher eine Person in der Hierarchie angesiedelt ist, um so größer ist die Selbsttäuschung. Bekannte Sprüche belegen dieses Phänomen: „Um so höher der Boß angesiedelt ist, um so lustiger sind seine Witze"; „je höher der Rang eines Bosses, um so tiefsinniger sind seine Sprüche." Je höher ein Boß steigt, um so mehr Ehrfurcht bringt man ihm entgegen. Was wird schon ein Vorarbeiter dem Vorstandsvorsitzenden antworten, wenn dieser einen dummen Witz macht oder Sprüche klopft, die mit der Sache nichts zu tun haben? Negativer Feedback wird auf diese Weise vermieden, obwohl dies nicht in der Absicht der Führungskraft liegt, sondern auf die Zurückhaltung der Mitarbeiter zurückzuführen ist. Der vom Boß erhaltene Feedback kann den objektiven Fakten widersprechen. Je lauter gelacht wird, um so mehr kommt beim Boß das Gefühl auf: „Mein Humor kommt wirklich an!"

Eine weitere Quelle dieses blinden Flecks besteht darin, daß Vorgesetzte oft ihre guten Absichten mit den realen Absichten verwechseln. Man verweigert z. B. einem Mitarbeiter eine Beförderung. Der Vorgesetzte rationalisiert: „Er hat wirklich nicht die Leistung gebracht, die ich erwartete." Die wirkliche Absicht war, den Mitarbeiter ganz klar wissen zu lassen, daß das Mitarbeiterverhalten bedrohlich erscheint, wie es oft passiert, wenn ein 9,1-orientierter Boß einen Konflikt mit einem 9,1-Untergebenen hat. Der Boß sagt zu seinem Mitarbeiter: „Ich denke nur an Ihr Wohl. Sie brauchen noch Zeit, um sich zu bewähren", anstatt sich über die unter der Oberfläche operierende Motivation Klarheit zu verschaffen. Für solche Schwierigkeiten gibt es weitere Gründe, so, wenn man Dinge als selbstverständlich ansieht, weil man sie so gut kennt, dabei aber nicht darüber nachdenkt und sich nicht klar macht, welche Voraussetzungen den eigenen Handlungen zugrunde liegen.

VI. Prinzipien der 9,9-Orientierung

Die Verhaltensprinzipien, die guter Führung zugrunde liegen, stützen sich auf viele verhaltenswissenschaftliche Disziplinen: Sozialpsychologie, Soziologie, Anthropologie, Psychiatrie, politische Wissenschaft, Geschichte und auf Felduntersuchungen zu wirtschaftlichen Problemen. Negative Folgen durch die Nichtbeachtung dieser Prinzipien ergeben sich aus Forschungen im Bereich des Strafvollzugs, durch Studien über Kolonialismus und erzwungene Unterwürfigkeit, gar nicht zu reden von

Apathie, Indifferenz und Problemen niedriger Produktivität in vielen modernen Unternehmungen. Die Prinzipien sind die folgenden:

(1) Erfüllung von auf übergeordnete Interessen gerichtete Beiträge leitet menschliche Aktivität und unterstützt die Produktivität.
(2) Offene und ehrliche Kommunikation erleichtert die Ausübung von Verantwortung.
(3) Gegenseitiges Verstehen und Einverständnis sind die Grundlagen für kooperative Bemühungen.
(4) Konflikte werden durch direkte Gegenüberstellung und die Beseitigung ihrer Ursachen gelöst.
(5) Verantwortung für die eigenen Handlungen durch eine weitgehende Delegation von Macht und Autorität schafft ein hohes Niveau von Initiativen.
(6) Gemeinsame Teilnahme an Problemlösungen und Entscheidungsfindungen führt zu aktivem Engagement bei Problemlösungen und fördert die Kreativität.
(7) Führung ist zielorientiert.
(8) Leistung ist die Grundlage für Einkommen und Aufstieg.
(9) Lernen aus der Praxis wird durch Kritik gefördert.
(10) Normen und Standards, die Querverbindungen und -leistungen koordinieren, unterstützen persönliche und organisatorische Höchstleistungen.

Insgesamt stellen diese Prinzipien die verschiedenen Facetten einer 9,9-orientierten Management-Strategie dar. Jedes Prinzip spiegelt die grundsätzliche Aussage wider, daß es *einen* besten Weg zum erfolgreichen Führen gibt. Die vollständige Anwendung dieser Prinzipien führt zu Vertrauen und Respekt unter den Mitarbeitern und damit zu einer produktiven und schöpferischen Organisation.

Die genannten zehn Prinzipien bilden die Grundlage für „gesundes" Verhalten. Diese sind im Bereich des menschlichen Verhaltens genauso zu beachten, wie im Bereich der Technik die physikalischen Gesetze beachten werden müssen. Die Verletzung technischer Gesetze beim Bau von Brücken oder Gebäuden führt zur Katastrophe. Die Verletzung der Prinzipien für vernünftiges Verhalten führt zu ähnlichem Unheil: Die Organisation bricht zusammen.

Das Konzept der Vielseitigkeit zeigt, wie Führen nach guten verhaltenswissenschaftlichen Prinzipien auf kreativem und konstruktivem Wege zur Erhöhung der Rentabilität, zur Optimierung von Problemlösungen und Produktivität führt, negative Nebenwirkungen vermieden werden, die Mitarbeiter zu höherer Reife geführt und Lösungen für besondere Situationen gefunden werden können. Der 9,9-orientierte Vorgesetzte sucht nach Wegen, um diese Prinzipien auf jede Situation anzuwenden, wobei die Prinzipien unverändert bleiben. Technische Anwendungen (Taktik) beziehen sich auf bestimmte Situationen. Bei sich verändernden Situationen werden die Prinzipien nicht verletzt, sondern nur die spezielle Anwendung auf die Situation ausgerichtet. So wird der Boß in der Anleitung eines reifen Kollegen eine andere Taktik als bei einem unreifen Anfänger anwenden. Die 9,9-Orientierung sichert die Strategie von Vertrauen, Respekt, Offenheit und die Fähigkeit, Meinungsunterschiede offenzulegen. Es mag Unterschiede in taktischen Bereichen geben, wie dem Zeitaufwand in Gesprächen mit Mitarbeitern, dem Umfang der Anwendung von Kritik als Lernhilfe und dem Charakter der gesetzten Ziele.

VII. Die Aufgabe der GRID-Entwicklung

Es kommt darauf an, dem Trend zur Unordnung und abnehmender Produktivität in Organisationen entgegenzuwirken. Deshalb ist es für leitende Mitarbeiter und andere wichtig zu verstehen, daß Organisationen nicht nur auf Menschen bezogen sind, sondern historisch gewachsene Strukturen haben. Jede Organisation hat ihre von anderen unterschiedlichen Traditionen, wie Präzedenzfälle, Gebräuche und Rituale, die in der Vergangenheit entstanden sind und in die Gegenwart und Zukunft hineinreichen.

Die Weiterentwicklung von Organisationen verlangt sechs Phasen, die im folgenden erläutert werden:

Phase 1: Führungskräfte, Manager, Vorarbeiter und möglicherweise gewöhnliche Angestellte und Arbeiter lernen die GRID-Theorie in Wochenseminaren. Solche Seminare werden durch Linienmanager mit Hilfe der Ausbildungsabteilung oder Außenstehender geleitet. GRID-Seminare ermöglichen den Teilnehmern, ihre eigenen GRID-Stile genau zu verstehen und ihre Verhaltenspotentiale durch aktive Partizipation zu praktizieren.
Phase 2: Beginnend an der Unternehmensspitze setzt jedes Management-Team GRID-Theorien zur Kritik und Verbesserung der Führung auf allen Unternehmensebenen ein.
Phase 3: Unternehmensbereiche, die Arbeitsbeziehungen miteinander haben, setzen das GRID zur Stärkung ihrer Problemlösungen und Verbesserung der Produktivität ein.
Phase 4: Über eine längere Zeitspanne, manchmal ein Jahr oder mehr, werden Diagnosen, Untersuchungen oder Analysen und Kritik von der Unternehmensführung eingesetzt, um ein ideales strategisches Modell aufzubauen, das sich auf sechs Bereiche bezieht: Hauptfinanzziele, Natur des Unternehmens, Natur der Märkte, Organisationsstruktur, Grundformulierung der Unternehmenspolitik und Entwicklungsbedürfnisse. Dieses Modell wird wie eine Blaupause zur Umformung der betrieblichen Arbeit eingesetzt.
Phase 5: Das in Phase 4 entstandene Modell wird umgesetzt, indem eine maximale Anzahl von Profit-Centers in der Organisation gebildet wird, deren Leistungen mit den Anforderungen des Modells verglichen werden. diejenigen Profit-Centers, die den Anforderungen des Modells entsprechen, werden gestärkt, diejenigen, die den Anforderungen nicht entsprechen, werden geändert oder verkauft.
Phase 6: In dieser abschließenden Phase konzentriert man sich auf die Stabilisierung der Änderungsprozesse und die Absicherung des Entstehens vernünftiger Ziele, Standards und eines guten Betriebsklimas. Es erfolgen Korrekturen, um auftauchende Schwierigkeiten zu überwinden.

Das GRID-Konzept kann als eine angewandte Management-Wissenschaft charakterisiert werden, die ihre Prinzipien aus den wichtigsten verhaltenswissenschaftlichen und akademischen Disziplinen ableitet. GRID liefert die Grundlage für ein systematisches Vorgehen, das seine konzeptionelle und empirische Richtigkeit bewiesen hat (→*Führungsforschung – Führung in Nordamerika; Verhaltensdimensionen der Führung*).

Literatur

Blake, R. R./Mouton, J. S.: Corporate Excellence Through GRID Organization Development. Houston/Texas 1968.
Blake, R. R./Mouton, J. S.: Executive Achievement: Making It to the Top. New York 1985a.
Blake, R. R./Mouton, J. S.: Foundations for Strengthening Leadership. In: General Semantics Bulletin, 1983, S. 93–139.
Blake, R. R./Mouton, J. S.: GRID Approaches to Managing Stress. Springfield/Ill. 1980.
Blake, R. R./Mouton, J. S.: The Managerial GRID III. Houston/Texas 1985b.
Blake, R. R./McCanse, A. A.: Leadership Dilemmas – GRID Solutions. Houston 1991.
Fiedler, F. E.: A Contingency Model of Leadership Effectiveness. In: Berkowitz, L. (Hrsg.): Advances in Experimental and Social Psychology. New York 1964.
Fleishman, E. A.: Twenty Years of Consideration and Structure. In: Fleishman, E. A./Hunt, J. G. (Hrsg.): Current Developments in the Study of Leadership. Carbondale 1973.
Hersey, P. G./Blanchard, K. H.: Management of Organizational Behavior: Utilizing Human Ressources. 4. A., Englewood Cliffs, N. J. 1982.
Korzbski, A.: Science and Sanity. An Introduction to Non-Aristotelian Systems and General Semantics. 4. A., Lakeville, Conn. 1933, 1958.
Reddin, W. J.: Managerial Effectiveness. New York 1970.

Verhandlungstechniken als Führungsinstrument

Earl Hill

[s. a.: Konflikte als Führungsproblem; Konflikthandhabung; Kommunikation als Führungsinstrument.]

I. Die Bedeutung des Verhandelns im Rahmen des Führungsverhaltens; II. Verhandlungsstile; III. Verhandlungshilfen.

I. Die Bedeutung des Verhandelns im Rahmen des Führungsverhaltens

Führung in den 90er Jahren und Folgejahren wird eine deutliche Verschiebung/Verlagerung ihres Schwerpunktes erfahren. Die Betonung wird nicht länger darauf liegen, Risiken zu minimieren, Pläne einzuhalten, und (Umsatz-)Zahlen zu erreichen. Statt dessen werden die Energien dafür eingesetzt werden, Erfolge aus dem Meistern von *Unsicherheiten* und *Konflikten* zu erzielen.

Es gibt deutliche Anzeichen dafür, daß Organisationen in Zeiten der Veränderung ohne effiziente Führung gefährdet sind. Die Menschen fühlen sich verunsichert, verwundbar, und reagieren nur widerwillig, wenn rasche Veränderungen in den Organisationsstrukturen, den Marktbedingungen und im Konkurrenzumfeld stattfinden.

Konfliktvermeidung an der Spitze überträgt sich auf alle Führungsebenen. Genau dies sind die Zeiten, in denen starke Führer den Durchblick bewahren und entschlossen handeln, um das nötige Vertrauen zur Überwindung der organisationalen Lähmung aufzubauen.

Führung erfordert eher Interdependenz (→*Führungstheorien, von Dyaden zu Teams*) denn Individualismus. Herausragende Führungskräfte besitzen die Fähigkeit, in der gesamten Organisation Beziehungen aufzubauen und zu erhalten. Eine übereifrige Philosophie, individueller Gewinner zu sein, kann aufgrund von anfallenden Ausgaben für Rechtsstreitigkeiten, erhöhten Kündigungsraten von Mitabeitern und der Bearbeitung von Beschwerden der Mitarbeiter enorme Summen kosten. Zu diesen Geldern kommt die große Anzahl an verlorenen Produktionsstunden von Managern und Mitarbeitern, die in diesen Beschwerdeprozeß involviert sind oder unwissentlich Konfliktsituationen perpetuieren.

In den kommenden Jahren werden jene Organisationen erfolgreich sein, deren Führer *Konflikte* (→*Konflikte als Führungsproblem*) am Arbeitsplatz lösen sowie Mitarbeiterteams und Management durch Konsens effizient nutzen können.

Einer der effizientesten Wege, dies zu erreichen, ist das Beherrschen der Kunst des Verhandelns. Verhandeln ist ein der Konfliktlösung (→*Konflikthandhabung*) dienender *Prozeß*. Keinesfalls ist es etwa ein Ergebnis oder ein Zufallsprodukt. Es involviert den Gebrauch von Informationen und der Macht (→*Führungstheorien – Machttheorie*), Verhalten zu beeinflussen. Dennoch ist Verhandeln von der Kommunikation (→*Kommunikation als Führungsinstrument*) abhängig eines unserer am geringsten beherrschten Werkzeuge. Darüber hinaus ist unser *Verhandlungsgeschick* zum Großteil durch unsere persönliche Erfahrung limitiert. Im Gegensatz zur verbreiteten Meinung ist Verhandeln mehr als Stil und Charisma. Ganz gleich wie Persönlichkeit oder Charakter aussehen, kann man seine Verhandlungsqualitäten durch das Beherrschen bestimmter Verhaltensweisen verbessern. Die erste Gruppe von hier relevanten Verhaltensweisen helfen dem Führer, die die Verhandlung beeinflussenden Bedingungen zu interpretieren. Der Verhandler muß sich auch selbst beobachten, um seine Stärken nutzen und seine Schwächen kompensieren zu können. Unbedingt erforderlich ist, zuhören zu können. Die Bedeutung und Signifikanz einer *Verhandlung* erwächst aus der großen Zahl an sich überschneidenden Verantwortungen, welche die meisten von uns besitzen, beachtliche Interdependenzen, die allen Plänen, Zielen und Anforderungen inhärenten Irrtümer, große Unterschiede in bezug auf die Fähigkeiten und das Wissen der Mitarbeiter und unsere enorme Mobilität sowie die sich daraus ergebenden neuen Beziehungsstrukturen. Verhandlung ist mehr als ein Austausch von Ideen oder von materiellen Objekten. Ganz ähnlich wie Führung im allgemeinen ist es eine Art des Verhaltens, das Verstehen, Akzeptanz, Respekt, Vertrauen und Glaubwürdigkeit beinhaltet und entwickeln kann (→*Soziale Kompetenz*). Wenn man sich mit den Gefühlen und Bedürfnissen der anderen Seite befaßt, wird man kollaborative Gewinner-Gewinner-Resultate zustande bringen.

Der effiziente Führer versteht eindeutig, was Verhandlung *nicht* bedeutet. Sie bedeutet nicht Einschüchterung, Betrügen, ein Spiel oder Krieg. Sie ist das Analysieren von Informationen, Zeit und der Macht, Verhalten zu beeinflussen. Sie ist das Aufeinandertreffen von unterschiedlichen Bedürfnissen, um Dinge so geschehen zu lassen, wie man sie beabsichtigt.

II. Verhandlungsstile

Thomas/Kilman (1974) bestimmten fünf Grundverhandlungsstile: Vermeiden, Anpassen, Kompromißfinden und Zusammenarbeiten. Hinzu kommt ein (einseitiges) Durchsetzen („Take it or leave it").

(1) *VERMEIDEN:* Dies geschieht, wenn eine Lösung nicht unmittelbar weiterverfolgt wird. Die Kernpunkte des Konfliktes werden nicht angesprochen. Dieser Stil kann in Form von diplomatischem Umgehen einer Streitfrage auftreten, einem Verschieben des Themas auf einen besseren Zeitpunkt, oder einfach einem Rückzug von einer unangenehmen Situation. Ein Wort der Warnung ist hier jedoch angebracht. Eine kontinuierliche Anwendung dieses Stils könnte als Unentschlossenheit aufgefaßt werden und vermindert die Effektivität des Führers wesentlich. Eine effiziente Anwendung könnte für die folgenden Situationen zutreffen: Die Fragen sind von trivialer Natur oder von nur vorübergehender Bedeutung, andere Themen sind gerade wichtiger, der potentielle Schaden einer direkten Konfrontation überwiegt die Vorteile seiner Lösung, den Parteien wird die Zeit gegeben, Fassung und Perspektive wiederzugewinnen, weitere Informationen zu sammeln, um den Konflikt effizienter lösen zu können, oder die Chance eröffnet, die eigentliche Ursache zu finden und damit effizienter entscheiden zu können.

(2) *DURCHSETZEN („TAKE IT OR LEAVE IT"):* Dies ist der kompetitive Stil, Zwang wird ausgeübt, Gewinner-Verlierer-Ergebnisse werden angestrebt. Typisch für diesen Stil sind hartnäckige, „nicht verhandelbare" Forderungen zu Beginn, häufige emotionelle Ausbrüche, wenige – wenn überhaupt – Zugeständnisse, und möglicherweise eine Verschleierung der wahren Absichten. Dieser Stil mag jedoch in gewissen Fällen angemessen sein: Wenn es sich um eine einmalige Situation handelt, wenn die Beziehung nicht wichtig ist, rasches, entschlossenes Handeln entscheidend ist oder wenn höhere Vorgesetzte dem Verhandler keinen Spielraum für Änderungen zugestanden haben.

(3) *ANPASSEN:* Dieser Stil führt zu Verlierer-Gewinner-Ergebnissen. Dies ist das „Netter Mensch"-Syndrom, die Person unterbewertet vielleicht ihren eigenen Wert und Leistungen. Erste Priorität ist eine gute Beziehung zu anderen. Das Gefühl könnte dominieren, „keine Umstände machen". Es könnte ein geeigneter Weg sein, als Zeichen des guten Willens Zugeständnisse bei unwesentlichen Punkten zu machen, um sich den Weg für die wichtigeren Fragen zu ebnen.

(4) *KOMPROMISSFINDUNG:* Besser bekannt als „Teile in der Mitte", kann dieser Stil zu Verlierer-Gefühlen auf beiden Seiten führen (keine Partei ist völlig zufrieden). Keine der Parteien ist von den involvierten Werten überzeugt, und jeder ist mit seinen eigenen Bedürfnissen beschäftigt. Daher wird nach einer zweckmäßigen, gegenseitig akzeptierbaren Lösung gesucht, die die Bedürfnisse teilweise befriedigt. Dieser Stil ist wiederum dann angebracht, wenn die Fortsetzung des Disputes kostenintensiver ist als eine komplette Übereinkunft, oder die Parteien sind voneinander abhängig.

(5) *ZUSAMMENARBEIT:* Dies ist der problemlösende Ansatz. Die Bedürfnisse beider Parteien werden untersucht, verschiedene Lösungsmöglichkeiten betrachtet und die Bedürfnisse jeder beteiligten Partei können vernünftig befriedigt werden. Dies ist das echte Gewinner-Gewinner-Resultat, bei dem die Kontinuität der Beziehungen wichtig ist. Parteien mit diesem Stil sind der gegenseitigen Befriedigung verpflichtet. Sie stellen Lösungen und nicht Personen gegenüber und vermeiden damit Konkurrenzdenken. Ihr Ziel ist für beide Seiten zu gewinnen, und damit gewinnt simultan die Organisation. Der Gewinner-Gewinner-Stil des Verhandlers inkludiert bestimmte Faktoren: Vertrauen aufbauen, Übereinstimmung im Hinblick auf das Problem erzielen, auf Ender-

gebnisse konzentrieren, gemeinsame Gefühle und Wünsche/Bedürfnisse offenlegen, Lösungen nur dann akzeptieren, wenn sie den Bedürfnissen beider Seiten dienen, gegenseitige Übereinstimmung im Verhandlungsergebnis festzustellen und die Verbindlichkeit der Lösung zu gewähren.

Führer müssen erkennen, daß die meisten Verhandlungen dazu tendieren, kompetitiv und nicht kollaborativ zu sein. Bei der kompetitiven Form dominieren Verdächtigung, Mißtrauen und „Spielchen spielen". Die erste Forderung oder das erste Angebot beeinflußt das Klima der Verhandlung. Es kann die Basis für das Endergebnis bilden. Die Art des Angebotes bzw. der Forderung liefert wesentliche Anhaltspunkte und beeinflußt die Erwartungen entscheidend. Die meisten Übereinkünfte kommen nahe des Zeitlimits für ihre Austragung zustande. Pattsituationen machen die verhandelnden Parteien unglücklich und unzufrieden. Das Ausmaß der Kollaboration steht in Relation zum Grad der allgemeinen Befriedigung. Ein weitverbreiteter Fehler des Verhandlers ist das Unterschätzen seiner Macht.

III. Verhandlungshilfen

Verhandeln kann definiert werden als ein Prozeß, bei dem zwei oder mehr Parteien mit gemeinsamen und gegensätzlichen Interessen zusammenkommen, um explizite Vorschläge vorzubringen und mit dem Ziel zu diskutieren, zu einer Einigung zu gelangen. Das Wissen um die vier Stadien/Stufen einer Verhandlung kann den Verhandler dazu befähigen, die Verhandlung zu erfolgreichen Ergebnissen zu führen. *Die Vorstufe* umfaßt alles, was man zur Vorbereitung der eigentlichen Verhandlung unternimmt. Dazu gehören alle Informationen über die andere Partei, wo und wann die Verhandlung stattfinden wird, wer anwesend sein wird etc. Bei der *Eröffnungsstufe* legt jede Partei ihre Position bzw. Forderungen dar. Kritisch ist die *Untersuchungsstufe*, da der Versuch gemacht wird, hinter die den Forderungen zugrunde liegenden Bedürfnisse zu kommen. Es wird nach Gemeinsamkeiten gesucht und Wege zur Befriedigung der Bedürfnisse beider Seiten untersucht. Bei der *Schlußphase* wird eine Einigung erreicht, und die Parteien verpflichten sich, die zugestimmten Aktionen auszuführen. Ungeübte Verhandler tendieren dazu, sich bei der Eröffnungsstufe festzufahren, weil sie sich auf ihre Position versteifen. Erfahrene Verhandler bemühen sich, weitere Möglichkeiten zu betrachten, nach für beide vorteilhaften Alternativen zu suchen.

Der wichtigste Aspekt zur Verbesserung der Verhandlungsqualitäten ist das Planen für die Verhandlung. Auch wenn dies nicht immer möglich ist, sind die daraus zu gewinnenden Vorteile doch signifikant. Planen involviert eine Analyse von mindestens folgendem: Wie soll meine Eröffnungsposition aussehen? Wie wird die Eröffnungsposition der anderen Partei aussehen? Was sind meine Interessen? Die Interessen der anderen? Wie sieht meine Machtposition bzw. jene des Verhandlungspartners aus? Wie kann ich die primären Interessen des Partners befriedigen? Wie kann er meine Interessen befriedigen? Welche Alternativen habe ich, wenn wir zu keiner Übereinstimmung gelangen? Welche Alternativen hat der Partner? Welches Anspruchsniveau habe ich/der andere? Widerstandspunkte? Welche Taktiken sollte ich anwenden, um ein gegenseitig akzeptierbares Übereinkommen zu beeinflussen? *Jeder* dieser Punkte sollte *vor* Beginn der Verhandlung gewissenhaft durchdacht und entschieden werden. Das Sprichwort „Wissen ist Macht" ist ganz sicher wahr, wenn es ums Verhandeln geht.

Führer mit Visionen werden eine Umwelt schaffen, in der Konflikt als eine Chance für positives Wachstum und Veränderung gesehen wird. Dies kann durch *Verhandlungstraining* für Manager und Mitarbeiter erreicht werden. Die positive Einstellung, die dieses Training bewirken kann, kann auf andere Bereiche übertragen werden, etwa, Entscheidungen und Ziele durch Konsensus zu erreichen. Es erübrigt sich zu sagen, daß dies eine wesentliche Erfahrung für Mitarbeiter sein kann, wenn sie feststellen können, daß sie ihre eigenen Dispute in einer Weise lösen können, die zu gegenseitig vorteilhaften Ergebnissen führt. Der Führer, der den Verhandlungsprozeß studiert und versteht, kann ihn für seine Mitarbeiter „modellieren". Dies beinhaltet im allgemeinen

(1) *Ein Verhandlungs-Denkschema entwickeln:* Ein wichtiger Aspekt ist die Evaluierung seines persönlichen Stils, Konflikte anzugehen, und das Verständnis dafür, wie traditionelle, am Gewinner-Verlierer-Schema orientierte Ansätze die Chancen für eine optimale Konfliktlösung beeinträchtigen.
(2) *Kommunikationsfähigkeiten entwickeln:* Weil Kommunikation der Schlüssel für erfolgreiches Verhandeln ist, muß aktives Zuhören geübt und demonstriert werden. Erste Eindrücke können irreführend sein, wenn man bei der Verhandlung versucht, vorschnelles Urteilen zu vermeiden. Aus diesem Grund sind die Körpersprache und aufmerksames Zuhören entscheidend.
(3) *Konsensfinden:* Die Dynamik des Verstehens von Geben und Nehmen ist der Schlüssel für die Konsensbildung und für das Herbeiführen eines Gewinner-Gewinner-Ergebnisses.
(4) Vielleicht die schwierigste Fähigkeit für einen effizienten Verhandler ist das *Erkennen von*

Auffassungsunterschieden. Jeder entwickelt Vorurteile in der einen oder anderen Form, die auf den jeweils gesammelten Erfahrungen, beginnend bei der Geburt, basieren. Bewußtsein für und Erkennen dieser verschiedenen Hintergründe und Erfahrungen beanspruchen konzentrierte Aufmerksamkeit.

Menschen neigen dazu, optimale Leistungen zu erbringen, wenn sie sich in ihrer Arbeitsumgebung wohlfühlen. Ein Führer, der Verhandlungsvermögen demonstriert und lehrt, liefert die Voraussetzungen dafür, daß Mitarbeiter ihre eigenen Konflikte zu lösen imstande sind (→*Führungskräfte als lernende Systeme*). Diese Art der Atmosphäre fördert die Produktivität, Loyalität, und führt zu geringerer Fluktuation. Und wenn es einen Konflikt gibt, wird er häufig in kurzer Zeit zur *Zufriedenheit* aller Parteien gelöst.

Wie kann die Führungsperson direkten, positiven Einfluß auf den Verhandlungsprozeß ausüben?

Schritt 1 – Die Lage stabilisieren
Parteien bringen oft starken Ärger und Frustration mit in die Verhandlung. Diese Gefühle können sie davon abhalten, die Austragung ihres Disputes produktiv anzugehen. Der Führer sollte versuchen, das Vertrauen der anderen Partei zu gewinnen. Er sollte die Lage durch Höflichkeit stabilisieren und zeigen, daß er alles unter Kontrolle hat und daß er sich für die Beschwerden und Gefühle der anderen Partei interessiert.

Schritt 2 – Mithilfe beim Kommunizieren mit der anderen Partei
Wenn die Lage stabilisiert ist und die andere(n) Partei(en) dem Verhandlungsführer und dem Verhandlungsprozeß zu trauen scheinen, kann er vorsichtig damit beginnen, Vertrauen zwischen den Parteien aufzubauen. Beide müssen Aussagen darüber machen, was ihre jeweiligen Punkte und Forderungen sind. Meist ist es ratsam, wesentlichen Fragen auf den Grund zu gehen, um zu sehen, ob die Wurzel des Disputes woanders liegen könnte.

Schritt 3 – Der anderen Partei Hilfestellung beim Verhandeln geben
Die Bereitschaft zu kooperieren ist notwendig für Verhandlungen, die zu einer Übereinkunft führen sollen. Kooperation erfordert einen stabilen Rahmen, das Ausschalten von Unterbrechungen und den Austausch von Informationen, um gegenseitiges Vertrauen aufzubauen. Unter diesen Bedingungen können die Parteien zwar bereit sein zu kooperieren, sich jedoch dennoch zu einem konkurrierenden Verhalten veranlaßt sehen. Der Verhandlungsführer kann diesen Tendenzen durch geduldiges Helfen beim Suchen von Alternativen und durch das Lenken der Aufmerksamkeit auf ihre Fortschritte bei kooperativen Initiativen entgegenwirken:

- Jede Partei kann gebeten werden, alternative Möglichkeiten für eine Einigung aufzulisten;
- Ergebnisse können reformuliert und die Alternative zusammengefaßt werden;
- gemeinsam mit jeder Partei kann die Realisierbarkeit jeder einzelnen Alternative überprüft werden;
- sinnvoll ist es oft zu wiederholen, ob die Alternative durchführbar ist;
- im Falle einer Pattsituation erweist sich häufig der Vorschlag einer anderen Alternative auf allgemeinem Niveau als nützlich;
- ein Blick auf bereits erzielte Fortschritte kann zeigen, daß Erfolg wahrscheinlich ist;
- sollte sich der tote Punkt fortsetzen, ist der Vorschlag einer Pause oder einer zweiten Verhandlungssitzung angebracht;
- die Parteien bedürfen oft der Ermutigung zur Wahl jener Alternative, die realisierbar erscheint;
- Hilfe leistet das Erstellen eines Aktionsplanes zur Umsetzung der Alternative.

Schritt 4 – Erläuterung der Vereinbarung
Die Verhandlung sollte die Einstellung jeder Partei zur jeweils anderen ändern. Wenn beide anzeigen, daß für sie das Ergebnis verbindlich ist, wird jede Partei stärker an der Vereinbarung festhalten. Eine Abmachung, die sich als haltbar erweist, wird jede Komponente der Einstellung gegenüber den Partnern – das Denken, Fühlen und Handeln – positiv beeinflussen. Die Parteien werden sich gegenüber den anderen nicht nur anders *verhalten*, sondern wahrscheinlich auch anders – positiver – über ihre Beziehung zueinander *fühlen* und *denken*.

- Die Punkte/Bedingungen der Abmachung/Übereinkunft zusammenfassen;
- nochmals, gemeinsam mit der anderen Partei, deren Verständnis der Übereinkunft überprüfen;
- fragen, ob weitere Punkte diskutiert werden müssen;
- helfen, die Bedingungen der gegenseitigen Zustimmung zu spezifizieren;
- die Rolle jeder Person bei der Abmachung klären;
- mit jeder Partei überprüfen, *wann, wo* und *wie* bestimmte Dinge getan werden können;
- die Nachbearbeitung des Prozesses erklären;
- mit jeder Partei einen Zeitrahmen zur Nachbearbeitung bestimmen;
- betonen, daß es *unser* gemeinsames Übereinkommen ist, nicht das einer einzelnen Partei;
- die andere Partei zur Tragbarkeit und Realisierbarkeit ihrer Lösungen beglückwünschen.

Internationale Verhandlungen werden im allgemeinen von mehreren Grundüberlegungen beeinflußt (*Salacuse* 1988):

(a) *Politische und rechtliche Unterschiede:* Das Verhandeln einer internationalen Transaktion

involviert stets das Entsprechen bzw. das Vermeiden einer Vielzahl verschiedener nationaler Gesetze, Regeln und Verfahrensweisen.
(b) *internationale Geldsysteme:* Die globale Wirtschaft umfaßt viele Währungen und monetäre Systeme. Es gibt keine „Weltwährung". Der relative Wert der verschiedenen Währungen fluktuiert ständig, was zu speziellen Risiken im internationalen Geschäft führt. Die Profitabilität jedes Geschäfts kann auch durch zahlreiche Kontrollen der nationalen Währung und des Fremdwährungsflusses durch die jeweiligen Regierungen beeinflußt werden.
(c) *Ziele nationaler Regierungen bzw. ihrer Ministerien:* Eine ganze Reihe verschiedener Einstellungen und Ansätze können bei internationalen Verhandlungen an einem Tisch aufeinandertreffen. Gewinnmaximierung muß nicht das Ziel sein, eher jedoch soziale oder politische Erfolge.
(d) *Instabilität und plötzliche Veränderung:* In den vergangenen Jahren konnten wir viele Beispiele von Kriegen, Revolutionen, von Handelsabkommen, Währungsabwertungen, beobachten, die schwerwiegende und weitreichende Konsequenzen für alle internationalen Geschäfte hatten.
(e) *Ideologie:* Die ideologischen Differenzen bei internationalen Transaktionen können von privaten Investitionen über Gewinnerzielung bis hin zu individuellen Rechten reichen.
(f) *Kulturelle Unterschiede:* Menschen verschiedener Kulturen sprechen meist verschiedene Sprachen, und ihr Handeln wird von unterschiedlichen Werten, Annahmen und Philosophien beeinflußt (→*Kulturabhängigkeit der Führung;* →*Interkulturelle Unterschiede im Führungsverhalten*).

Alle oben angeführten Faktoren müssen bei jeder internationalen Verhandlung berücksichtigt werden; gerade dadurch werden sie um so interessanter und herausfordernder.

Es gibt keinen leichten Weg zur Perfektion. Keine gepflasterte Straße von hier zur besten Lösung eines Konfliktes. Es gibt keine Straßenkarten, keine Hinweisschilder. Führer müssen sich selbst und ihren Mitarbeitern beibringen, zu Experimenten bereit zu sein und Risiken einzugehen. Da Verhandeln das Begehen von Fehlern und Versagen miteinschließt, müssen sie lernen, unvermeidbare Enttäuschungen zu akzeptieren und sie als Lernmöglichkeiten zu betrachten.

Literatur

Salacuse, J. W.: A Beginner's Guide to International Business Negotiations. In: Negotiation Journal, 1988.
Thomas, K. W./Kilman, R. H.: Thomas and Kilman Conflict Mode Instrument. Tuxedo NY, 1974.

Vertrauen in Führungs- und Kooperationsbeziehungen

Hans W. Bierhoff

[s. a.: Führungstechniken; Führungstheorien – Attributionstheorie, – Austauschtheorie; Führung in der dualen Hierarchie; Information als Führungsaufgabe; Kommunikation als Führungsinstrument; Kontrolle und Führung; Organisationskultur und Führung.]

I. Problemstellung; II. Facetten des Vertrauens, seine Entwicklung und seine Aufrechterhaltung; III. Bedingungen des Vertrauens in Organisationen; IV. Kommunikation in Organisationen; V. Schlußkommentar.

I. Problemstellung

In einer Befragung von 143 Managern privater und öffentlicher Organisationen in Michigan ergab sich, daß 79,4% der Befragten glaubten, daß die mangelnde Effektivität einer Organisation zum großen Teil das Ergebnis weitverbreiteten Mißtrauens unter ihren Angestellten ist (*Mishra/Morrissey* 1990). Außerdem gaben 96,2% an, daß ein Klima des Vertrauens der Organisation Glaubwürdigkeit verleiht und die Bereitschaft der Kunden erhöht, in Zukunft wieder bei dem Unternehmen zu kaufen. Als typischer Faktor, der Vertrauen untergräbt, wurde genannt, daß jemand die Schwäche einer anderen Person ausnutzt (75,6%). Als typischer Faktor, der Vertrauen in Organisationen fördert, wurde offene Kommunikation genannt (96,4%).

Vertrauen zwischen den Mitgliedern in Firmen und Organisationen gilt als Voraussetzung für eine effektive Arbeit, obwohl vielfach die Förderung von interpersonellem Vertrauen in Organisationen kaum mehr als ein Lippenbekenntnis ist (*Sinetar* 1988). Die Qualität der Bewältigung der unvermeidbaren Konflikte, die z. B. in abteilungsübergreifenden Teams auftreten können, wird oft mehr oder weniger dem Zufall überlassen, obwohl in Organisationen die Möglichkeit besteht, durch Organisationsentwicklungs-Interventionen eine Atmosphäre hohen Vertrauens aufzubauen (*Kieser* 1991; *Taylor* 1990).

Diese Hinweise zeigen, daß Vertrauen nicht nur die Grundlage jeder funktionierenden zwischenmenschlichen Beziehung ist, sondern daß es auch in Organisationen erforderlich ist, Vertrauen unter den Mitgliedern und zwischen Kunden und Mitarbeitern aufzubauen. Vertrauen wirkt als Katalysator der Abläufe in Organisationen und ermöglicht die konstruktive Bewältigung von Konflikten (*Sinetar* 1988).

Nachdem bisher in einem globalen Sinn von „Vertrauen" die Rede war, soll im folgenden versucht werden, den Begriff des Vertrauens zu analysieren, um dann Bedingungen des Vertrauens und Effekte des Vertrauens auf die Kommunikation in Organisationen zu untersuchen.

Der Begriff des Vertrauens hat unterschiedliche Bedeutungen, so daß er mit Recht als multidimensionales Konzept verstanden worden ist (*Taylor* 1990). Daher lassen sich verschiedene Facetten des Vertrauens unterscheiden, die weiter unten beschrieben werden. Vertrauen wird definiert als „das Übertragen von Zutrauen auf Personen oder abstrakte Systeme, das auf der Grundlage eines schlagartigen Zuschreibens von Glaubwürdigkeit (leap into faith) erfolgt, das Unwissenheit oder Informationsmangel überbrückt" (*Giddens* 1991). Die grundlegenden Merkmale des Vertrauens sind (vgl. *Taylor* 1990): eine hoffnungsvolle Einstellung trotz riskanter Unsicherheit, Echtheit/Ehrlichkeit und das Geben von unverfälschten Informationen. Die Unvorhersehbarkeit zukünftiger Ereignisse und die hohe Komplexität sozialer Systeme erzeugt ein Klima der Unsicherheit (*Luhmann* 1973), das durch die Bildung von Vertrauen in subjektive Sicherheit verwandelt werden kann.

Bevor das Problem des Vertrauens im Zusammenhang mit der Kommunikation in Organisationen genauer analysiert wird und Bedingungen genannt werden, die die Entwicklung von Vertrauen fördern, soll zunächst der Versuch unternommen werden, eine inhaltliche Bestimmung von „Vertrauen" zu geben. In diesem Zusammenhang werden auch einige Hypothesen im Hinblick auf die Entstehung und Aufrechterhaltung von Vertrauen besprochen.

II. Facetten des Vertrauens, seine Entwicklung und seine Aufrechterhaltung

Vertrauen stellt einen multidimensionalen Begriff dar, der mehrere interpersonelle Themen beinhaltet. *Lindskold* (1978) trennt zwischen vier Facetten des Vertrauens: (1) A vertraut in B aufgrund wahrgenommener Echtheit und Ehrlichkeit des Verhaltens von B. (2) A unterstellt B eine wohlwollende Intention, da B den Eindruck hervorruft, rücksichtsvoll zu sein. (3) A hat keinen Anlaß, B eine manipulative Absicht zu unterstellen. (4) A verläßt sich auf B, weil B große Nachteile in Kauf nehmen müßte, wenn es zu einem Vertrauensbruch käme.

Diese Facetten des Vertrauens verweisen auf die Bedingungen, die in Organisationen Vertrauen fördern oder aufrechterhalten (s. unten). Dabei kommt den drei zuerst genannten Facetten eine besondere Bedeutung zu.

Eine Theorie des Vertrauens muß sich mit den Fragen befassen, wie Vertrauen entsteht und wie es aufrechterhalten wird (*Bierhoff* 1983). An dieser Stelle soll versucht werden, einige Hinweise auf die Beantwortung beider Fragestellungen zu geben.

Was die *Entwicklung* des Vertrauens von A in B angeht, so ist zu vermuten, daß durchschnittliche, allgemein erwartete Verhaltensweisen von B weniger aufschlußreich für A im Hinblick auf die Verläßlichkeit von B sind als *Handlungsmuster von B, die A positiv oder negativ überraschen*. Solche für A unerwarteten Verhaltensweisen lenken am ehesten die Aufmerksamkeit auf die Person von B (Welche Persönlichkeit hat B? Ist B im allgemeinen verläßlich oder nicht?). Allerdings ist zu berücksichtigen, daß unerwartetes Verhalten von B häufig nicht eindeutig interpretierbar ist und daher bei A Skeptizismus hervorruft. Insofern ist der Bereich, innerhalb dessen ein überraschendes Verhalten von B das Vertrauen von A steigern kann, zweifelsohne relativ eng. Tatsächlich finden sich Hinweise darauf, daß Beobachter (in der Rolle von A) frühzeitig mit Skeptizismus reagieren, wenn ein Verhaltensmuster der Zielperson B eine *niedrige a-priori*-Wahrscheinlichkeit besitzt (*Bierhoff/Buck* 1984). In diesem Zusammenhang ist ein komplementäres Phänomen zu erwähnen: Wenn Person A die Person B intensiv bei der Bearbeitung einer Aufgabe überwacht, wird ein geringeres Vertrauen ausgelöst, als wenn die Überwachung nicht stattgefunden hat (s. *Adams* 1976). In dieser Situation sorgt die Überwachung dafür, daß das konforme Verhalten der Zielperson eine hohe *a-priori*-Wahrscheinlichkeit hat (vgl. *Organ* 1971), so daß es nicht der Verläßlichkeit der Zielperson „gutgeschrieben" wird. Kontrolle von A gegenüber B ist also nicht nur sehr aufwendig in der Verwirklichung (im Vergleich mit Vertrauen von A in B), sondern hat auch den großen Nachteil, daß das Vertrauen von A in B untergraben wird.

Was die *Aufrechterhaltung* des Vertrauens angeht, so kann man Hinweise darauf finden, daß Beobachter dazu neigen, optimistische Schlußfolgerungen zu ziehen (*Bierhoff/Buck* 1984). Während ein Vertrauensbruch besonders wenig der Persönlichkeit der Zielperson angelastet wurde (und statt dessen eher mit situativen Umständen erkärt wurde), bestand andererseits die Neigung, unerwartete Verläßlichkeit der Zielperson ihrer Person zuzuschreiben. Diese *Asymmetrie der Attribution* sollte dazu beitragen, daß Vertrauen gegenüber Enttäuschungen stabilisiert wird.

Andererseits ist zu bedenken, daß Vertrauen in Organisationen im allgemeinen nur langsam aufgebaut wird (*Taylor* 1990). Das hängt damit zusammen, daß Vertrauen nur indirekt gefördert werden kann, indem z. B. die Konsistenz der Entscheidungen erhöht wird und die Offenheit der Kommunikation verbessert wird (s. unten). Konsistenz und Offenheit garantieren aber nicht die Entstehung von Vertrauen, sondern schaffen nur die Rahmenbedingungen, in denen sich ein Klima vertrauensvoller Zusammenarbeit entwickeln kann. Sie sind zwar notwendige, aber keine hinreichenden Voraussetzungen für die Entwicklung von Vertrauen.

III. Bedingungen des Vertrauens in Organisationen

Mißtrauen scheint in der Arbeitswelt relativ weit verbreitet zu sein (*Mishra/Morrissey* 1990). Die Auswertung von Interviews mit einer unausgelesenen Stichprobe der Marburger Bevölkerung zeigt, daß Arbeits- und Studienkollegen der Befragten unter den Personen, denen gegenüber sie Mißtrauen empfinden, überrepräsentiert sind (verglichen mit den Personen, denen Vertrauen geschenkt wird; *Bierhoff/Buck* 1984). Interpersonelle Beziehungen im Arbeitsbereich scheinen häufig durch eine gewisse Vorsicht und Zurückhaltung, aber auch durch die Erwartung gekennzeichnet zu sein, daß Interaktionspartner manipulative Techniken einsetzen könnten.

Das läßt vermuten, daß das Vertrauen einer Person in einer Organisation gegenüber anderen von situativen Bedingungen abhängt. Wie schon erwähnt, handelt es sich dabei um notwendige, aber nicht hinreichende Bedingungen der Entwicklung von Vertrauen. Welche Bedingungen schaffen die Rahmenbedingungen für die Entwicklung von Vertrauen? In einer Untersuchung von *Butler* (1991) wurden 84 amerikanische Manager, die meist auf der mittleren Führungsebene arbeiteten (9 hatten leitende Funktionen), befragt, welche kritischen Ereignisse bei ihnen Vertrauen oder Mißtrauen auslösen. Die Inhaltsanalyse der Antworten führte zu 280 unterscheidbaren positiven Ereignissen (bezogen auf Vertrauen) und 174 negativen Ereignissen (bezogen auf Mißtrauen), die in 10 Kategorien nach Ähnlichkeit zusammengefaßt wurden. Diese 10 Kategorien stehen für unterschiedliche Bedingungen, die bei Person A in einem Organisationskontext Vertrauen oder Mißtrauen gegenüber einer anderen Person B entstehen lassen:

- *Konsistenz des Verhaltens* der Person B, die von A als Vorhersehbarkeit bzw. Verläßlichkeit wahrgenommen wird;
- *Erfüllung von Versprechen* durch Person B, die bei A dadurch den Eindruck hervorruft, daß sie zu ihrem Wort steht;
- A nimmt Person B als fair wahr;
- A sieht in B eine loyale Person, die gegenüber A *wohlwollende Intentionen* hat;
- A schätzt B als *ehrlich* und *integer* ein;
- A glaubt, daß B in bezug auf geheime Informationen *vertrauenswürdig* und *diskret* ist;
- A glaubt, mit B *offen* über Ideen und Meinungen sprechen zu können;
- A hält B für seine/ihre Ideen für ansprechbar;
- A hält B für *kompetent* bei der Bewältigung der anstehenden Aufgaben;
- A weiß, daß B *anwesend* ist, wenn B gebraucht wird.

In einer weiteren Studie (*Butler* 1991) wurde ein Fragebogen (CTI für Conditions of Trust Inventory) entwickelt, der die zehn genannten Bedingungen für Vertrauen erfaßt. In einer der Untersuchungen wurden die 10 Bedingungen des Vertrauens mit dem tatsächlichen Vertrauen in eine Person korreliert. Dazu beantworteten die befragten Studenten sowohl den CTI im Hinblick auf eine ihnen bekannte Person als auch einen Vertrauensfragebogen von *Johnson-George/Swap* (1982), dessen deutsche Version von *Buck/Bierhoff* (1986) bearbeitet wurde. Dieser Vertrauensfragebogen erfaßt die Einschätzung der Verläßlichkeit und Vertrauenswürdigkeit. *Butler* (1991) konnte zeigen, daß sein CTI hoch mit dem Vertrauensfragebogen korrelierte. Wenn also die genannten Bedingungen des Vertrauens bei der beurteilten Person eher positiv ausgeprägt waren, bestand die Tendenz, sie als vertrauenswürdig und verläßlich einzuschätzen.

Mit dem CTI wurde auch die Frage der Gegenseitigkeit in Manager-Mitarbeiter-Beziehungen untersucht (*Butler* 1991). Die Ergebnisse verweisen auf allen 10 Skalen in die Richtung von positiver Reziprozität: Wenn ein Manager einem Mitarbeiter eher die Bedingungen für Vertrauen zuschrieb, glaubte der Mitarbeiter auch, daß der Manager eher die Bedingungen für sein Vertrauen in ihn verwirklichte. Die höchsten Intra-Paar-Korrelationen fanden sich für die Ansprechbarkeit und für die wahrgenommene Fairneß.

Außerdem tendierten die Einschätzungen der Manager dazu, positiver als die der Mitarbeiter auszufallen. Das hängt möglicherweise damit zusammen, daß die Manager eher bestimmen können, wer ihre Mitarbeiter sind als umgekehrt die Mitarbeiter, wer ihre Manager sind. Die Auswahl bestimmter Mitarbeiter könnte also schon auf der Basis eines anfänglichen Vertrauens erfolgt sein. Außerdem sind Manager i. a. besser über die Organisation informiert, so daß ihre Mitarbeiter ihnen gegenüber eine größere Informationsabhängigkeit wahrnehmen.

IV. Kommunikation in Organisationen

Vertrauen spielt eine zentrale Rolle für Kommunikation (s. *Taylor* 1990) und Kooperation (s. *Bierhoff* 1991, 1993). Aus Platzgründen gehen wir im folgenden primär auf den Einfluß des Vertrauens auf Kommunikationsprozesse in Organisationen ein.

Erfolgreiche Kommunikation ist für Organisationen ein zentrales Thema, das eng mit der effektiven Aufgabenbewältigung zusammenhängt. Die Frage, ob in einer Organisation Informationen alle Stellen erreichen, für die sie nützlich sind, hat schon lange die sozialpsychologische Forschung beschäftigt (→*Information als Führungsaufgabe*). Insbesondere wurde die Frage untersucht, ob negative oder ungünstige Kommunikationen in der Hierarchie (→*Duale Führung*) auf dem Weg von unten nach oben tendenziell unterdrückt werden. Eine Zusammenfassung dieser Untersuchungen (*Porter/Roberts* 1976) zeigte, daß Personen, die untere Ränge in der Hierarchie einnehmen, dazu neigen, Informationen zurückzuhalten, die negative Reaktionen ihrer Vorgesetzten hervorrufen würden (z. B. Tatbestände, die bei den Vorgesetzten unbeliebt sind) (→*Kommunikation als Führungsinstrument*).

Die Kommunikation in einer Organisation sollte offener zwischen Personen sein, die sich gegenseitig Vertrauen schenken. In einer bedeutsamen Untersuchung (*Mellinger* 1956) wurden Angehörige einer staatlichen Forschungsorganisation gefragt, welche Meinung sie zu einer umstrittenen Entscheidung, die in der Organisation getroffen worden war (nämlich die Forschungstätigkeit in bestimmte Bereiche auszuweiten), hatten und welche Meinung sie ihren Mitarbeitern, Vorgesetzten und Untergebenen unterstellten. Außerdem wurden Daten über das gegenseitige Vertrauen erhoben und über den tatsächlichen Austausch von Meinungen über das in Frage stehende Thema (ob Kommunikation darüber stattgefunden hatte oder nicht).

Die Ergebnisse zeigten, daß Kommunikation nur dann zu einer *größeren Genauigkeit der angenommenen Meinung der Zielperson* (verglichen mit ihrer wirklichen Meinung) beitrug, wenn die Zielperson Vertrauen in den Akteur hatte. Dieses Resultat beruhte vor allem darauf, daß Untergebene die Einstellung ihrer Vorgesetzten besser einschätzen konnten, wenn diese ihnen vertrauten. Das weist auf eine Verzerrung der eigenen Meinung bei geringem Vertrauen hin, die nicht in der Kommunikation von unten nach oben, sondern in der von oben nach unten erfolgt.

In einer anderen Untersuchung mit Mitgliedern des mittleren Managements in drei großen Organisationen (*Read* 1962) wurde versucht, Bedingungen zu finden, die das Ausmaß der Beeinträchtigung der aufwärts gerichteten Kommunikation erklären. Anhand von 30 möglichen Problemen der Angestellten wurde festgestellt, inwieweit die Vorgesetzten über das Vorhandensein bestimmter Probleme, mit denen ihre Untergebenen zu kämpfen hatten, unterrichtet waren. Außerdem wurde der Wunsch der Angestellten erfaßt, ihre Position zu verbessern (Aufwärtsmobilität), und ihr Vertrauen in ihren Vorgesetzten. Die Ergebnisse zeigten, daß die Kommunikation über Problembereiche *um so ungenauer war, je größer der Wunsch nach Mobilität ausgeprägt* war. Das galt aber vor allem für die Angestellten, die kein Vertrauen in ihre Vorgesetzten hatten. Diese Resultate zeigen, daß die Gefahr von dysfunktionalen Kommunikationsmustern in Organisationen reduziert werden kann, wenn die interpersonellen Beziehungen durch Vertrauen gekennzeichnet sind. In einer Simulationsstudie (*O'Reilly/Roberts* 1974) wurde festgestellt, daß generell die Tendenz bestand, mehr positive Informationen nach oben als nach unten weiterzugeben. Das galt vor allem auch für wichtige Informationen. Außerdem wurde eine Tendenz sichtbar, unangenehme Informationen auf gleicher Ebene weiterzugeben (und weniger nach oben oder nach unten). Darüber hinaus wurde festgestellt, daß weniger Informationen gefiltert wurden, wenn der Sender dem Empfänger Vertrauen schenkte. Das war besonders deutlich für die nach oben gerichtete Kommunikation.

Wenn man nach den praktischen Konsequenzen aus diesen Ergebnissen fragt, so ergibt sich der Hinweis, daß sich Vertrauen unter den Mitgliedern der Organisation positiv auf den Kommunikationsfluß auswirken sollte. Wenn Vertrauen entwickelt worden ist, entsteht ein *sich-selbst-verstärkendes System* (s. *Zand* 1972). Das läßt sich vor allem auf das Prinzip der Reziprozität zurückführen. So fand sich bei einer Untersuchung von Anwälten (und ähnlichen Berufsgruppen) und ihren Sekretärinnen, daß die wichtigste Determinante des Vertrauens das Vertrauen des Interaktionspartners war (*Butler* 1983). Während Persönlichkeitsmerkmale keine große Bedeutung für das konkrete Vertrauen in eine bestimmte Person hatten, zeigte sich sowohl für die Chefs als auch für ihre Sekretärinnen, daß das Vertrauen dann hoch war, wenn eine reziproke Beziehung bestand (s. oben).

Weitere Untersuchungen zeigten, daß ein Organisationsklima, in dem die gegenseitige Unterstützung betont wurde (hohe Gruppenunterstützung), einer erfolgreichen individuellen Arbeit förderlich war (*O'Reilly* 1977) und daß eine effiziente Kommunikation einen positiven Einfluß auf den Erfolg einer Organisation hatte (*Snyder/Morris* 1984). Vertrauen kann dazu beitragen, daß die Motivation der Zielpersonen erhalten bleibt, so daß sie nicht „innerlich kündigen".

Abschließend sei noch einmal daran erinnert, daß Vertrauen das Risiko beinhaltet, enttäuscht zu werden. Außerdem kann die Entwicklung von Vertrauen nur über die Rahmenbedingungen gefördert werden, die Vertrauen ermöglichen, und entzieht sich der direkten Beeinflussung. Daher ist die Herstellung von Vertrauen in Organisationen kein einfacher Prozeß. Vielmehr muß sorgfältig geprüft werden, wie Vertrauen entwickelt werden kann (vgl. *Sinetar* 1988).

Vertrauen unter den Mitgliedern einer Organisation fördert Leistungsbereitschaft und die erfolgreiche Aufgabenbewältigung. Es ist seit langem bekannt, daß laufende Kontrolle und eine Atmosphäre des Wettbewerbs häufig mit niedriger Produktivität in Zusammenhang stehen. Vorgesetzte, die kooperative interpersonelle Beziehungen betonen und ihre Mitarbeiter an Entscheidungen über Probleme teilhaben lassen, sind vielfach erfolgreicher als Vorgesetzte, die die Handlungsfreiheit der Mitarbeiter durch Vorschriften weitgehend einschränken und durch Kontrolle zu gewährleisten versuchen, daß alle Vorschriften im Detail eingehalten werden (*Bierhoff/Müller* 1993).

Die Funktionen der Führung lassen sich in einer groben Einteilung in zwei Kategorien unterteilen: Einerseits handelt es sich um sozial unterstützende, vertrauensbildende Aktivitäten und andererseits um Aktivitäten, die auf die Lösung und Bearbeitung der Aufgabe gerichtet sind. Eine einseitige Betonung der Aufgabenorientierung erweist sich als leistungshemmend. Erst im Kontext einer unterstützenden Atmosphäre, in der gegenseitiges Vertrauen besteht, hat eine Aufgabenorientierung der Führung den gewünschten Erfolg (*Katz/Kahn* 1978) (→*Verhaltensgitter der Führung [Managerial Grid]*). Ein erfolgreicher Führungsstil beruht also auf kooperativen interpersonellen Beziehungen, die die erfolgreiche Aufgabenlösung fördern (→*Kooperative Führung*).

V. Schlußkommentar

Viele Hinweise sprechen dafür, daß Kooperation und Vertrauen nur erreicht werden können, wenn das Prinzip der Gegenseitigkeit beachtet wird (s. *Gouldner* 1984) und insbesondere die Leitung der Organisation in ihrem Verhalten die Merkmale realisiert, die wir weiter oben Bedingungen des Vertrauens genannt haben (*Mishra/Morrissey* 1990). Wer erreichen will, daß andere zu einer vertrauensvollen Zusammenarbeit bereit sind, muß selbst das Risiko wagen, diesen Personen zu vertrauen. Vertrauen entsteht also nur dann, wenn es insbesondere von der Unternehmensleitung und den mittleren Managern vorgelebt wird. Das impliziert u. a., daß auf häufige Routinekontrollen verzichtet wird und daß man den Mitarbeitern zutraut, daß sie ihre Kompetenzen erfolgreich einsetzen können. Die Betonung sollte auf dem Ergebnis liegen.

Darüber hinaus wird Vertrauen ermutigt durch Hinweise auf die gegenseitige Abhängigkeit und durch Kommunikationen, in denen eine kooperative Intention deutlich gemacht wird (*Bierhoff* 1991;

→*Kooperative Führung*). Auch Hinweise darauf, daß eine Person in der Vergangenheit mit Dritten kooperiert hat, sind für die Entstehung einer vertrauensvollen Zusammenarbeit förderlich. Die Herstellung der Bedingungen des Vertrauens, die von *Butler* (1991) diskutiert werden, tragen dazu bei, daß der Arbeitsplatz Teil einer konsistenten, verläßlichen, vorhersagbaren sozialen Umgebung ist, in der Vertrauen zwischen Angestellten und Vorgesetzten entstehen kann (*Taylor* 1990). Da der Zusammenhang zwischen Vertrauen einerseits und Kommunikation, Kooperation und sozialer Unterstützung andererseits sehr eng ist (vgl. *Bierhoff* 1992), kommt der Entwicklung einer sozialen Umgebung am Arbeitsplatz, die durch hohes Vertrauen gekennzeichnet ist, eine hohe Priorität zu. Eine solche Atmosphäre hohen Vertrauens dient nicht nur der erfolgreichen Aufgabenbewältigung, sondern stellt auch einen individuellen Schutzfaktor gegen Streß und Überlastung dar (vgl. *Giddens* 1991, der Vertrauen als Kokon bezeichnet, der das Individuum gegen Frustration und Unsicherheit schützt).

Literatur

Adams, J. S.: The Structure and Dynamics of Behavior in Organizational Boundary Roles. In: *Dunnette, M. D.* (Hrsg.): HIOP. Chicago 1976, S. 1175–1199.
Bierhoff, H. W.: Vertrauen und soziale Interaktion. In: *Lüer, G.* (Hrsg.): Bericht über den 33. Kongreß der Deutschen Gesellschaft für Psychologie in Mainz 1982, Bd. 2. Göttingen 1983.
Bierhoff, H. W.: Soziale Motivation kooperativen Verhaltens. In: *Wunderer, R.* (Hrsg.): Kooperation. Stuttgart 1991, S. 21–38
Bierhoff, H. W.: Trust and Trustworthiness. In: *Montada, L./Filipp, S. H./Lerner, M. J.* (Hrsg.): Life Crisis and Experiences of Loss in Adulthood. Hillsdale, NJ 1992, S. 411–433.
Bierhoff, H. W.: Sozialpsychologie. Stuttgart 1993.
Bierhoff, H. W./Buck, E.: Vertrauen und soziale Interaktion: Alltägliche Bedeutung des Vertrauens. In: Berichte aus dem Fachbereich Psychologie der Philipps-Universität Marburg, Nr. 83, 1984.
Bierhoff, H. W./Müller, G. F.: Kooperation in Organisationen. In: Zeitschrift für Arbeits- und Organisationspsychologie, 1993, S. 42–51.
Buck, E./Bierhoff, H. W.: Verläßlichkeit und Vertrauenswürdigkeit: Skalen zur Erfassung des Vertrauens in eine konkrete Person. In: Z. f. Diff. u. Diagnost. Psych., 1986, S. 205–223.
Butler, J. K.: Reciprocity of Trust between Professionals and their Secretaries. In: Psychological Reports, 1983, S. 411–416.
Butler, J. K.: Toward Understanding and Measuring Conditions of Trust: Evolution of Conditions of Trust Inventory. In: Journal of Management, 1991, S. 643–663.
Giddens, A.: Modernity and Self-Identity. Cambridge 1991.
Gouldner, A. W.: Etwas gegen nichts. Reziprozität und Asymmetrie. In: *Gouldner, A. W.* (Hrsg.): Reziprozität und Autonomie. Frankfurt/M. 1984.
Johnson-George, C./Swap, W. C.: Measurement of Specific Interpersonal Trust: Construction and Validation of a

Scale to Assess Trust in a Specific Other. In: JPSP, 1982, S. 1306–1317.
Katz, D./Kahn, R. L.: The Social Psychology of Organizations. New York 1978.
Kieser, A.: Innovation und Kooperation. In: *Wunderer, R.* (Hrsg.): Kooperation. Stuttgart 1991, S. 159–174.
Lindskold, S.: Trust Development, the GRIT Proposal, and the Effect of Concilatory Acts on Conflict and Cooperation. In: Psych. Bull., 1978, S. 772–793.
Luhmann, N.: Vertrauen. Stuttgart 1973.
Mellinger, D. G.: Interpersonal Trust as a Factor in Communication. In: JASP, 1956, S. 304–309.
Mishra, J./Morrissey, M. A.: Trust in Employee/Employer Relationship: A Survey of West Michigan Managers. In: Public Personnel Management, 1990, S. 443–485.
O'Reilly, C. A.: Supervisors and Peers as Information Sources, Group Supportiveness, and Individual Decision-Making Performance. In: JAP, 1977, S. 632–635.

O'Reilly, C. A./Roberts, K. H.: Information Filtration in Organizations: Three Experiments. In: OBHP, 1974, S. 253–265.
Organ, D. W.: Some Variables Affecting Boundary Role Behavior. In: Sociometry, 1971, S. 524–537.
Porter, L. W./Roberts, K. H.: Communication in Organizations. In: *Dunnette, M. D.* (Hrsg.): HIOP. Chicago 1976, S. 1553–1589.
Read, W.: Upward Communication in Industrial Hierarchies. In: HR, 1962, S. 3–16.
Sinetar, M.: Building Trust into Corporate Relationships. In: Organizational Dynamics, 1988, S. 73–79.
Synder, R. A./Morris, J. H.: Organizational Communication and Performance. In: JAP, 1984, S. 461–465.
Taylor, R. G.: Trust and Influence in the Workplace. In: Organization Development Journal, 1990, S. 33–36.
Zand, D. E.: Trust and Managerial Problem Solving. In: ASQ, 1972, S. 229–239.

W

Wechsel von Topmanagern – Folgerungen für die Führung

Andrew Ward/Jeffrey Sonnenfeld

[s. a.: Agency Theory und Führung; Auswahl von Führungskräften; Effizienz der Führung; Freisetzung als Vorgesetztenaufgabe; Führungsnachfolge; Führungsposition; Führungsrollen; Führung von Führungskräften; Rekrutierung von Führungskräften; Spitzenverfassung der Führung.]

I. *Kommt es auf die Führer an?*; II. *Einflüsse auf Nachfolgeereignisse*; III. *Machteffekte*; IV. *Kategorisierung von Nachfolgeereignissen*; V. *Effekte von Nachfolgeereignissen*; VI. *Auf der Suche nach dem Sündenbock*; VII. *Beurteilung und zukünftige Entwicklungen.*

I. Kommt es auf die Führer an?

Die Untersuchungen über die Wirkungen der Nachfolge von Spitzenmanagern laufen in irgendeiner Form auf die immer wiederkehrende Frage hinaus: Kommt es auf die Führer an?

Bei den Versuchen, diese Frage zu beantworten, haben viele Forscher das Element der Führung durch den Unterschied zwischen einander nachfolgenden Führern von Organisationen operationalisiert; die Situation der Nachfolge wird damit besonders kritisch, da sie eine Vergleichschance ermöglicht.

Die Arbeit von *Lieberson/O'Connor* (1972) stellt für diese Betrachtung eine erste Schlüsselstudie dar. In ihr wird in 167 großen Organisationen über 20 Jahre hinweg der „administrative" Effekt – die Wirkung der Führung auf die Organisation als Nachfolgeeffekt – am Ereignis des Wechsels des Spitzenmanagers gemessen. Trotz der Grobheit dieser Methode, den Gesamtumfang der Führungseinwirkung nur am Nachfolgeereignis zu messen und dadurch lediglich den marginalen bzw. „Grenznutzen" des Übergangs zu einem Nachfolger festhalten zu können, fanden *Lieberson/O'Connor* bedeutsame Führungseffekte, insbesondere als Gewinnveränderungen. Sie hielten fest (S. 123):

„Dies bedeutet, daß es auf den Führungseffekt ankommt. Obgleich Umsatz- und Ertragsvarianzen auch unabhängig von Führung zu erklären sind, verbleiben Führungsmuster (Veränderungen in der Führung) verantwortlich für einen wesentlichen Teil dieser ansonsten unerklärten Varianzen."

Sie erkennen auch die Grenzen ihres Forschungsansatzes (S. 128):

„Der Forschungsansatz erreicht den Einfluß der Führung auf die Leistungsvariablen nur teilweise. Eine wesentliche Veränderung in der Qualität des Topmanagements – sowohl zum Besseren als auch zum Schlechteren – setzt eine langfristige Bewegung in Gang, die unmittelbar nicht sichtbar wird.

Letztlich untersucht unsere Studie den Prozeß der Selektion des neuen Führers nicht. Da Führer nicht zufällig aus der großen Anzahl aller Beschäftigten ausgewählt werden, kann man annehmen, daß der Einfluß der Führer auf niedrigeren Hierarchieebenen auf den Umsatz und die Erträge, die allgemeine und konsistente Urteilskraft der Firma in bezug auf die Auswahl der Führungskräfte reflektiert. Dessen ungeachtet bedeutet ein wichtiger Führungseffekt auf die Gewinnentwicklung, daß der *Führungsnachfolge*prozeß eine Varianz im Führungsvermögen bewirkt. Dessen ungeachtet haben wir uns nicht mit den Problemen des Nachfolgeprozesses in Organisationen und der Führungsvarianz beschäftigt."

Die Studie von *Lieberson/O'Connor* hat ein fruchtbares Feld für zukünftige Forschungen aufbereitet (→*Führungsnachfolge*).

II. Einflüsse auf Nachfolgeereignisse

In bezug auf die Ursachen der Topmanagernachfolge liegen viele Forschungsbemühungen vor. Diese führten relativ weit weg von der Annahme des gesunden Menschenverstands, daß schlechte Leistungen eine Nachfolge verursachen. Obgleich diese „Commun-Sense"-Meinung in der Literatur wiederzufinden ist, muß beachtet werden, daß viele Faktoren die Leistung bestimmen und die Definition von Leistung nicht so klar ist, als dies auf den ersten Blick sein mag (→ *Führungserfolg – Messung*). Da gibt es außerdem Effekte des Machtgleichgewichts zwischen dem Topmanager und seinem Aufsichtsrat/Vorstand bzw. dem klassischen Eigentümer und Konflikte, wie sie in der *Agency Theory* (→*Agency Theory und Führung*) behandelt werden, die die Entscheidung über Verbleib oder Ersatz über die kalten Leistungszahlen hinaus beeinflussen.

James/Soref (1981) untersuchten für das Jahr 1964 286 der 300 größten Unternehmen der USA unter dem Aspekt des Zusammenhangs zwischen Eigentümerstruktur und potentiellen Gründen für die Ablöse des Spitzenmanagers. Ihre Ergebnisse zeigen, daß schwache Gewinnausweise die Wahrscheinlichkeit der Ablöse erhöhten; ein Ergebnis, das für alle sechs in der Studie differenzierten Eigentümerstrukturen ebenso galt wie bei der Zusammenlegung aller Differenzierungsvariable.

Schwartz/Menon (1985) untersuchten die Topmanager-Ablöse retrospektiv in Firmen die bankrott gingen, und verglichen diese ungesunden Firmen mit gesunden, paarweise. Sie fanden, daß finanzielle Bedrängnisse mit der Tendenz, den/die Spitzenmanager auszutauschen, verbunden ist und diese Tendenz mit der Stärke der Schwierigkeiten zunimmt.

Die relativ in sich geschlossene Welt von Berufssportarten wurde in jüngster Zeit in den USA für Studien über Leistung und Ablöse benutzt. Diese Populationen bieten angenehme, zugängliche und leicht meßbare Beispiele mit einem engen, geschlossenen Netzwerk ähnlicher Organisationen, die in exklusiver Interaktion miteinander stehen und geringen Einflüssen von außerhalb ausgesetzt sind. Dies gewährt ein saubere, laborähnliche Situation, ohne daß von aktuell handelnden Organisationen abgesehen werden muß, die sowohl klar definierte und meßbare Erfolgsstandards haben und es ermöglichen, den Einfluß von Einzelpersonen zu isolieren mit einem hohen Grad an Kontrolle über Variable. Solch eine „pure" Situation hat natürliche Grenzen der Generalisierbarkeit der gefundenen Ergebnisse auf „normalere" organisationelle Umwelten. Eine solche Studie über die Führungsnachfolge von Spitzenmanagern (der „Head Coach") im Bereich von Baseball wurde von *Allen/Panian/Lotz* (1979) durchgeführt.

Die Ergebnisse der Studie von *Allen/Panian/Lotz* scheinen darauf hinzuweisen, daß Mannschaften einen Punkt erreichen, an dem die Leistung so schlecht ist, daß eine Nachfolge sie nicht verbessern kann, sondern sie verschlechtert. Dies scheint auf den ersten Blick unlogisch zu sein, da nach einer Ebbe, nur eine Zunahme eintreten kann. Demgegenüber kann es aber sein, daß Mannschaften, die sehr schlechte Leistungen bringen, jene sind, die am grundlegendsten verändert werden müssen und diese Veränderung zu zeitweise noch schlechteren Leistungen führt, aber mit der Zeit eine verbesserte Struktur zu erhöhter Leistung führt und der Zeitrahmen der Studie nicht lang genug war, diese Verbesserung einzufangen.

Über solche Studien hinaus, die rein objektive Leistungsdaten und Eigentümerstrukturen beachten, haben *Frederickson/Hambrick/Baumrin* (1988) in einer theoretischen Arbeit ein Modell der Spitzenmanagerablöse entwickelt, in das sie die Annahmen inkludieren, daß der Einfluß der Organisationsleistung zwar vorhanden, nicht aber ein direkter sei, sondern von vier Einflußgrößen gemildert wird: (1) Erwartungen und Attributionen der übergeordneten Entscheider (Eigentümer, Aufsichtsräte), (2) die Treue und Werte dieser Entscheider (bzw. Entscheidungsgremien), (3) die Verfügbarkeit alternativer Kandidaten für eine Nachfolge, (4) die Macht (personale und strukturelle/eigentümerseitige) des Positionsinhabers.

Puffer/Weintrop (1991) verwenden das Modell von *Frederickson/Hambrick/Baumrin* und fügen hinzu, daß es nicht auf die absolute Leistung ankommt, sondern auf die Abweichung von den Erwartungen der vorgesetzten Entscheider (bzw. des Entscheidungsgremiums). In einem Beispiel von 408 Spitzenmanagern unterhalb des Pensionierungsalters benutzten sie die Vorhersage von Finanzanalysten als Ersatz für die Erwartungen von Boardmitgliedern. Sie fanden, daß dann, wenn die tatsächliche Dividende die Erwartungen unterschritten hatte, dies ein Prediktor für eine Ablöse war, während traditionelle Kennzahlen aus der Finanzierungs- und Kostenrechnungslehre keine Prediktorwirkung hatten. Dies ist ein beachtenswertes Ergebnis, und das mit ihm verbundene Konzept der nicht erfüllten Erwartungen als reale Antriebskraft für eine Ablöse eher als tatsächliche Erfolge ist intuitiv einleuchtend; unklar bleibt allerdings, warum externe Analysten akkurat die Erwartungen der Boardmitglieder reflektierten. *Puffer/Weintrop* argumentierten, daß es – zumindest teilweise – diesen Einfluß der Analysten auf die Erwartungsbildung gibt. Wenn man allerdings bedenkt, daß die Analysten Außenseiter sind und die Boardmitglieder über bessere interne Daten verfügen, die ihre Erwartungen realistischer machen können, bleiben offene Erklärungsfragen.

III. Machteffekte

Das empfindliche Machtgleichgewicht (→*Führungstherorien – Machttheorie*) innerhalb einer Organisation, insbesondere zwischen dem Spitzenmanager und den Boardmitgliedern, hat einen wesentlichen Einfluß auf seine Ablöse. Entsprechende Untersuchungen haben sich über das anfänglich viel benutzte und leicht zu messende Verhältnis zwischen In- und Außenseiter im Board in Richtung auf komplexere Maße für das Machtgleichgewicht weiterentwickelt. Der erste Fortschritt hierbei war die Beachtung der Eigentümerstruktur als Surrogat für den Grad an Einfluß, den Manager im Verhältnis zu jenem der Eigentümer haben. *Allen/Panian* (1982) untersuchten die Wahrscheinlichkeit der Managernachfolge in 242 Großunternehmen in den Jahren 1971 bis 1990. Sie überprüften die Einflüsse der Managermacht und der organisationalen Leistung auf die Länge der Dienstzeit (wie lange der Spitzenmanager seine Position begleitete) und die des erreichten Lebensalters beim Ausscheiden. Die Managermacht, definiert als Mitgliedschaft zur Eigentümerfamilie, stand im direkten Zusammenhang zur Dienstzeit und Lebensalter und war sogar wichtiger als Einflüsse, die von der Organisationsleitung hätten ausgehen können. Dies demonstriert, daß Spitzenmanager ihre Position auch bei schlechter Organisationsleistung halten können. Spitzenmanager von profitableren Unternehmen und solche, die Mitglieder der kontrollierenden Eigentümerfamilien waren, waren normalerweise länger im Dienst und älter, bis für sie eine Nachfolge eintrat als Spitzenmanager in weniger profitablen Firmen oder dort, wo sie nicht Angehörige der kontrollierenden Familie waren. In Zeiten schwacher Leistung entwickelte sich die Managermacht invers zur Wahrscheinlichkeit ihrer Ablöse. Diese inverse Beziehung stimmte überein mit der Stärke der Managermacht, d. h. dem Ausmaß des Aktienbesitzes der kontrollierenden Familie.

Salancik/Pfeffer (1980) untersuchten ebenso die Beziehung zwischen Macht auf der Grundlage von Eigentümerschaft und Dauer des Verbleibens in der Position als Spitzenmanager in 84 US-Unternehmen. Sie folgten einer Einteilung von *McEachern* (1975) und unterteilten die Eigentümersituation in drei Kategorien (→*Manager- und Eigentümer-Führung*): von Eigentümern geführte Firmen, extern kontrollierte und vom Management kontrollierte Firmen. Auf der Grundlage ihrer Analyse kamen sie zu folgenden Ergebnissen: Vom Management kontrollierte Firmen werden vom Kapitalmarkt diszipliniert; die Ablöse steht in Beziehung zum Preis der Aktie. In extern kontrollierten Firmen disziplinierten Eigentümer die Länge des Verbleibens in der Position nach der Gewinnleistung der Firma, während Eigentümer kontrollierter Firmen keine positive Beziehung zur Dauer der Positionsinnehabe aufwiesen; die leicht negative Beziehung zwischen diesen Größen impliziert nach *Salancik/Pfeffer* eine geringe Disziplin bzw. Leistungskonsequenz in diesen Firmen. Dem kann man entgegenhalten, daß von Eigentümern geführte Firmen unterschiedliche Erfolgsmaßstäbe haben als andere Firmen. Für viele Unternehmer oder Eigentümer-Manager liegt der Zweck ihres Einsatzes gerade darin, selbständig und den kurzfristigen Perspektiven des Kapitalmarkts entronnen zu sein; häufig interpretieren Unternehmer Erfolg in nichtmonetären Kriterien wie neue Produkte, Marktanteil, Wachstum oder selbst in so flüchtigen Begriffen wie „Unterschiedlich-Sein", „Wohlbefinden der Mitarbeiter" oder „Beeindrucken der sozialen Umwelt".

In der oben erwähnten Studie von *Schwartz/Monon* (1985) über erfolglose Unternehmen wird berichtet, daß eine Anzahl von Firmen vor ihrer Konkurserklärung die Spitzenposition häufig neu besetzten, was eine „Flüchtigkeit der Macht in Verlustzeiten" anzeigt.

Neuere Studien haben multiple Maße zur Feststellung von Macht (→ *Führungstheorien – Machttheorie*) benutzt sowie untersucht, wie Macht innerhalb von Organisationen zur Anwendung kommt. *Boeker* (1992) wählte einen ungewöhnlichen Weg zur Ermittlung von Macht und Einfluß auf die Ablöse von Spitzenmanagern. Er wählte eine Sündenbock-Perspektive und entwickelte die Hypothese und fand für sie Bestätigung, daß in Zeiten schlechter Organisationsleistung machtvolle Spitzenmanager mit geringerer Wahrscheinlichkeit abgelöst werden als machtlose und deshalb ihre Position behalten, weil sie gegenüber dem Board und anderen Einflußgruppen in der Lage sind, die Schuld für schlechte Leistungen auf Untergebene abzuladen, die abgelöst werden, während sie an der Spitze ihre Position behalten. *Boeker* benutzt verschiedene Machtmaße, welche die Wahrscheinlichkeit der Ablöse oder die Chance, Sündenböcke vorschieben zu können, beeinflussen; zu diesen gehören der Anteil von internen Boardmitgliedern, die Verteilung der Eigentümerschaft, Loyalität im Board (Anteil der Boardmitglieder, die im Zeitpunkt der Ernennung des Spitzenmanagers im Amt waren). Er fand heraus, daß diese Machtfaktoren die Ablöseentscheidung beeinflussen und zeigt damit, daß Spitzenmanager im Bedrohungsfalle durch schlechte Organisationsergebnisse all ihre Machtfaktoren einsetzen; diese Bedrohungen aber keinen Einfluß auf freiwillige Positionsaufgaben – wie etwa Pensionierungen – haben und damit freiwillige von erzwungenen Nachfolgeereignissen zu unterscheiden sind.

IV. Kategorisierung von Nachfolgeereignissen

Viele Studien sind zu dem Ergebnis gekommen, daß nicht alle Nachfolgeereignisse von Spitzenmanagern Ähnlichkeiten aufweisen. Dies gilt nicht nur für einfache Unterscheidungen zwischen erzwungenen und freiwilligen, Routine- oder Nichtroutineabgängen, sondern innerhalb dieser Kategorien bzw. zwischen Pensionierungstypen.

Friedman/Singh (1989) kategorisierten Nachfolgeereignisse in vier Typen: (1) Pensionierung in Übereinstimmung mit einer feststehenden Regel, Übereinkunft oder Sitte; (2) auf Initiative des Boards oder Ablöse durch die Aktionäre; (3) auf Initiative eines Spitzenmanagers oder vorzeitiger Pensionsantritt; (4) Tod oder gesundheitsbezogener Unfähigkeit des Spitzenmanagers oder andere Ereignisse, die zufällig eintreten.

Eine der wenigen Studien, die eher eine dispositive als eine situative Perspektive einnehmen, wurde von *Sonnenfeld* (1988) durchgeführt. Er beschäftigt sich spezifisch mit Spitzenmanagern, die vor der Situation des Überwechselns in den Ruhestand stehen. Diese Manager werden auf der Grundlage der beiden Begriffe „heroische Mission" und „heroische Statur" in vier Typen eingeteilt: *Monarchen, Generäle, Botschafter* und *Gouverneure*. Heroische Statur wird verstanden als jene spezielle Auszeichnung, die eine Führungsposition hat, die es der Person ermöglicht, eine Gruppe zu überragen und in ihre eine einzigartige Rolle zu spielen. Heroische Mission wird als das Gefühl angesehen, daß einer Person eine einzigartige Rolle zukommt, die allein der Spitzenmanager (oder Held) fähig ist, verantwortlich auszufüllen.

Monarchen, die durch hohe Werte auf beiden Dimensionen heroischer Mission und heroischer Statur gekennzeichnet sind, zeigen große persönliche Barrieren gegenüber einem Ausscheiden; sie verlassen ihre Position nicht, bis sie dazu gezwungen werden, sei dies entweder durch ihren Tod oder durch die Macht des Boards. *Generäle,* die hohe Werte in heroischer Statur und geringe in bezug auf heroische Mission erreichen, verlassen ihre Position auch nur widerwillig und versuchen ihre Nachfolger zu sabotieren, um zurückgerufen zu werden, um ihre Organisation vom Untergang zu retten. *Botschafter,* die geringe Werte auf beiden Dimensionen aufweisen, verlassen ihre Position in Würde und dienen in der Pension als Mentoren (→*Mentoring*). Sie verbleiben für einige Zeit als Boardmitglieder und nützen diese Kontinuität nicht zur Sabotage, sondern als Berater des Nachfolgers. *Gouverneure,* die einen hohen Grad an heroischer Mission aufweisen, aber einen geringen an heroischer Statur, regieren für eine fixierte Zeitspanne und wechseln nach ihrer Pension in eine gänzlich andere berufliche Aufgabe und behalten nur geringen oder keinerlei Kontakt mit ihrer früheren Organisation.

Entgegen intuitiver Annahmen fand *Sonnenfeld,* daß der Führungsstil während der aktiven Zeit kein Prediktor für das Verhalten angesichts einer Ablöse ist, so daß damit zu rechnen ist, daß in Zeiten des Übergangs bzw. der Ablöse andere Phänomene auftreten als während einer Amtsperiode. Allerdings hat der Stil des Ausscheidens Konsequenzen für den Nachfolger. Monarchen tendieren dazu, einen Nachfolgeplan zu haben, und unterminieren oder verhindern potentielle Nachfolger mit allen ihnen zur Verfügung stehenden Mitteln. Generäle behindern bewußt keine Nachfolgepläne, entwickeln aber starke Führer, gegen die sie sich aber bei Bedrohung zur Wehr setzen. Botschafter sind wesentlich weniger besorgt über das Schicksal ihrer Organisationen nach dem Ausscheiden und setzen sich dafür ein, eine gelungene Nachfolge sicherzustellen und stehen ihren Nachfolgern als „elder statesman" mit Rat und Tat zur Verfügung. Gouverneure zeigen zwar die geringste Anhänglichkeit an die Führung ihrer Firma, fühlen sich aber ihrer heroischen Mission verpflichtet, dem Bedürfnis, eben ein beachtenswertes Vermächtis zu hinterlassen. Dieses Vermächtnis hat mit ihrer Person zu tun, der in dieser „Mission" niemand gleichwertig nachfolgen kann. Sie brechen deshalb häufig jeden Kontakt mit ihrer Firma ab und bewegen sich weiter auf neuen Weiden und Herausforderungen.

1. Die disruptive Natur der Nachfolge von Spitzenmanagern

Wie aus der Sonnenfeld-Typologie deutlich wird, hat die Art und Weise des Abschieds von Spitzenmanagern bedeutsame Konsequenzen für die Organisation und ihre Nachfolger in bezug auf die Unterbrechungsintensität, die durch die Neubesetzung verursacht wird. Andere Forscher haben sich um die Kennzeichnung anderer Unterschiede bei der Führungsnachfolge bemüht.

Beatty/Zajac (1987) haben zwischen dem Akt der Nachfolge (führerunabhängig) und der Wirkung des Unterschieds zwischen dem Vorgänger und Nachfolger (führerabhängig) unterschieden. In einer Untersuchung von 209 großen Unternehmen fanden sie die Bestätigung dafür, daß die Nachfolge generell ein disruptives Ereignis darstellt. Dies bestätigt *Gruskys* (1960) Auffassung, daß Spitzenmanager eben in großen Unternehmen „einen Unterschied" ausmachen. *Grusky* (1963) verfolgte seine Disruptionsthese weiter mit dem Argument, daß eine geringe organisationale Leistung zu Führungsablösen führt, die ihrerseits die Organisation disruptiv weiter durcheinanderbringen, ihre Leistungsfähigkeit weiter herabsetzen und dies zu immer schnelleren Ablösen im Sinne eines „vicious circle" führt.

Friedman/Singh (1989) bemerken, daß theoretisch die Nachfolge von Spitzenmanagern zwei Formen von Störungen zur Folge haben kann. Erstens kann eine Nachfolge aus einer puren ökologischen Sicht die Übereinstimmung der Organisation mit ihrer Umwelt zerstören. Zweitens kann aus der Sicht der Bürokratietheorie die Nachfolge die internen Autoritätsbeziehungen stören, die Einheit der Auftragserteilung und die Muster der Arbeitsteilung unterbrechen. Die Studie von *Friedman/Singh* zeigte allerdings, daß die Nachfolge von Spitzenmanagern in Großunternehmen im allgemeinen keine Störungen verursacht.

Diese Schlußfolgerungen, daß Nachfolgeereignisse keine Störungen verursachen, wird von *Singh/House/Tucker* (1986) bestätigt, welche eine Population von nicht gewinnorientierten Dienstleistungsbetrieben aus der Sicht der „ecological population, adaption and random organizational theory" untersuchten. Sie fanden, daß die Nachfolge im allgemeinen eher von adaptiver als von disruptiver Natur waren.

Diese vorliegenden Ergebnisse spezieller Untersuchungen über die disruptive Natur von

Führungsnachfolgen bestätigen keinesfalls, daß solche Ereignisse ihrer Natur nach Störungscharakter haben bzw. schädlich für die betroffenen Organisationen sind. Es mag allerdings Nachfolgeereignisse geben, die disruptiver sind oder denen größere Organisationsveränderungen vorangehen als andere Formen. Einer dieser Unterschiede wurde eingehender untersucht und zwar jener einer Nachfolge interner Art (eine Person aus der Organisation) gegenüber einer externen Nachfolge (eine Person von außerhalb der Organisation).

2. Interne gegenüber externer Nachfolge

In ihrer Studie über gescheiterte Firmen fanden *Schwartz/Menon* (1985) häufiger den Fall externer Nachfolge bei untergegangenen als bei gesunden Firmen. Sie fanden außerdem im Gegensatz zu gesunden Firmen bei den gescheiterten einen Größeneffekt: Größere gescheiterte Firmen wiesen häufiger eine externe Nachfolge auf als kleinere. Dieser Größeneffekt wird in entsprechenden Studien konsistent berichtet, obgleich er der intuitiven Annahme widerspricht, daß größere Firmen sowohl über eine größere Anzahl talentierter Manager für die Spitzenposition verfügen als auch mehr Ressourcen für eine bessere Personalarbeit zur Entwicklung und Auswahl von Nachfolgern zur Verfügung haben müßten. Es kann allerdings sein, daß die Studien häufig die größten Unternehmen bevorzugen und diese auf der Grundlage ihrer Prominenz und größerer finanzieller Mittel in der Lage sind, Nachfolgebewerber aus vielen anderen Organisationen anzuziehen, was weniger prominenten und kleineren Firmen nicht möglich ist.

In bezug auf die Entscheidung zugunsten externer Nachfolgebewerber kamen *Dalton/Kesner* (1985) zu etwas anderen Ergebnissen als *Schwartz/Menon*. In einer Studie, die alle Firmen der New Yorker Börse umfaßte, die innerhalb eines Jahres einen Wechsel an der Spitze hatten (n = 96), fanden sie einen kurvenlinearen Effekt: Wie erwartet, wählten Firmen mit guter Leistung keine externen Nachfolger; dies taten aber auch alle Firmen am anderen Ende der Leistungsskala, jene mit schlechten Ergebnissen. Nur Firmen im Mittelbereich auf dem Leistungskontinuum optierten für eine externe Nachfolge. Eine mögliche Erklärung hierfür kann darin liegen, daß Firmen mit extrem schlechter Leistung nicht in der Lage sind, externe Spitzenmanager anzuziehen und sie in Ermangelung geeigneter Kandidaten auf Insider zurückgreifen. Wenn dies allerdings der Fall ist, dann tritt ein Gegensatz zu den Ergebnissen von *Schwartz/Menon* auf, die in ihrer Studie über gescheiterte Firmen gerade die schlechtesten Leistungsträger im Visier hatten und dort fanden, daß diese Firmen externe Nachfolgebewerber haben und diese Insidern vorziehen.

Zusätzlich zu Größen- und Leistungsvariable bezogen *Boeker/Goodstein* (1993) Machtvariable in der Eigentümerstruktur in ihren Studien zur Frage der externen gegenüber internen Nachfolge ein, die 67 Halbleiter produzierende Firmen über eine 22 Jahre-Periode umfaßte. Sie fanden, daß bei Firmen mit einem hohen Anteil von Insidern im Board und jene mit einer hohen Eigentümerkonzentration eine signifikant geringere Neigung nach der Besetzung mit Außenseitern bestand. *Boeker/Goodsteins* Hauptbefund zeigt auf, daß geringe Leistung eine notwendige, aber nicht ausreichende Bedingung der Spitzennachfolge war, daß aber geringe Leistung in Wechselwirkung mit der Boardzusammensetzung und Eigentümerkonzentration signifikante Prädiktoren einer Ablöse und Nachfolgeselektion waren.

Im Zusammenhang mit der vorangehenden Diskussion des disruptiven Charakters von Nachfolgeereignissen fanden *Helmich/Brown* (1972) in einer Studie von 208 Chemieunternehmen über 10 Jahre hinweg, daß Organisationen, die Insider als Nachfolger ausgewählt hatten, geringere Veränderungen insbesondere in bezug auf die obere Führungsmannschaft vorgenommen hatten als externe Nachfolger. Dies bestätigt empirisch die Alltagsweisheit, daß Insider den Status quo bewahren, während Außenseiter nach ihrer Positionsübernahme ihre Vertrauensleute in Spitzenpositionen berufen. Ein zweiter Effekt, der in die gleiche Richtung weist, besteht in der Reaktion der bei der Nachfolge übergangenen Insider: Sie werden wohl häufig ihre Karrierechancen (→*Karriere und Karrieremuster von Führungskräften*) in ihrer Organisation überdenken und keine Weiterentwicklung in ihr sehen und sich deshalb aktiv um einen Firmenwechsel bemühen.

Möglicherweise bietet die Studie von *Helmich/Brown* eine Lösung des Gegensatzes zwischen den Ergebnissen von *Schwartz/Menon* und *Dalton/Kesner*: Wenn Außenseiter höhere negative Unterbrechungen auslösen, kann *Gruskys* (1963) Hypothese über den Circulus Vitiosus für Firmen zur Geltung kommen, die bereits auf dem Weg zum Absturz sind und damit die Ergebnisse von *Schwartz/Menou* bestätigen. Die Beispiele Dalton/Kesner an der New Yorker Börse am hinteren Ende des Leistungskontinuums hingegen mögen nicht unmittelbar der Vergessenheit anheimfallen, sondern zu jenen gehören, die *Meyer/Zucker* (1989) als „permanent untergehende Organisationen" nannte. Das sind Organisationen, die konsistent unter den Erwartungen bleiben, aber für lange Zeit, u. U. permanent überleben, weil sie über einen hohen, über lange Zeit angewachsenen Kapitalstock verfügen oder aus nicht ökonomischen Gründen z. B. institutionaler Schwerkraft insbesondere im Falle gemeinwirtschaftlicher bzw. öffentlicher Institutionen. Solche Organisationen haben trotz schwacher Leistungen keinen Anreiz, unnötigerweise disruptive Ereignisse zu riskieren; sie bevorzugen bei Nachfolgeentscheidungen Insider; dies könnte die Ergebnisse von *Dalton/Kesner* erklären.

V. Effekte von Nachfolgeereignissen

Es liegen eine Reihe von Studien vor, welche die Reaktionen von Aktionären auf Ablöse- und Nachfolgeentscheidungen von Spitzenmanagern thematisieren. *Friedman/Singh* (1989) fanden, daß schlechte Leistungen vor einer Ablöse und Neubesetzung durch das Board als Reaktion angesehen wurden, die von den Aktionären positiv beurteilt wurden. Eine Nachfolgeentscheidung nach guten Organisationsleistungen resultierte in einer negativen Reaktion der Aktionäre. Eine gewöhnliche Pensionierung, welche die häufigste Form im untersuchten Sample darstellte, war mit keiner signifikanten Reaktion der Aktionäre verbunden.

Lubatkin et al. (1989) kümmerten sich um besonders gewinnreiche Unternehmen in einem Sample von 477 Nachfolgeereignissen und untersuchten Reaktionen nach verschiedenen Zeitperioden: Einen 2-Tage-Nachfolgeeffekt, einen 51-Tage-Vor-Nachfolgeeffekt, einen 50-Tage-Nach-Nachfolgeeffekt, einen 10 Tage kumulativen Effekt und einen 200 Tage langfristigen Führungseffekt. Ihre Ergebnisse weisen darauf hin, daß im allgemeinen Aktionäre die Ablöse des Spitzenmanagers besorgt beobachten und einen generell negativen Effekt mit einer durchschnittlichen Abnahme von 1% des Aktionenpreises während der Ablöseankündigungsperiode und weiter 3,5% während der 50 Tage nach der vollzogenen Ablöse auslösen. Dies zeigt zumindest, daß Investoren die Nachfolge des Spitzenmanagers nicht als unbedeutendes Ereignis oder als Sündenbockritual ansehen. Die Ausnahme von der generell negativen Reaktion auf Ablöse- und Nachfolgeentscheidungen war das intuitiv nicht einleuchtende Ergebnis, daß Aktionäre eine positive Reaktion zeigten, wenn hochverdienende Firmen einen externen Nachfolger bestimmten.

Zusätzlich und im Gegensatz zu den Ergebnissen von *Friedman/Singh* (1989), die gefunden hatten, daß eine Nachfolge bei vorangehender guter Organisationsleistung negative Reaktionen der Aktionäre hervorgerufen hatten, kamen *Lubatkin* et al. (1989) zu dem Ergebnis, daß je besser die Firma vor einer Nachfolge verdient hatte, desto positiver die Aktionäre auf den Wechsel reagiert hatten. *Lubatkin* et al. interpretieren dieses Ergebnis als Hinweis, daß erfolgreichere Firmen einen externen Nachfolger als Kraft wahrnehmen, die nicht nur Veränderungen vorantreibt, sondern auch die positiven Seiten des laufenden Betriebs belohnen werden. Sie argumentieren, daß im Vergleich zu weniger erfolgreichen Firmen die zur Verfügung stehende Anzahl von höchst qualifizierten Kandidaten größer sei und die Wahl des Außenseiters die Absicht reflektiert, die Firma adaptiv zu erhalten.

Die früher schon erwähnte Studie von *Beatty/Zajac* (1987) zeigt auch, daß die Ankündigung eines Wechsels des Spitzenmanagers eine negative Reaktion bei den Aktionären auslöst, welche den Wert des Unternehmens vermindert. Ihre Ergebnisse gelten für eine Nachfolge von innen und von außen.

Reinganum (1985) untersuchte Firmen, deren Aktien an der New Yorker und American Börse gehandelt werden, und Nachfolgeereignisse in den Jahren 1978 oder 1979 zu verzeichnen hatten. Er fand, daß der Markt dieses Ereignis nur dann als Verbesserung betrachtete, wenn der neue Spitzenmanager ein Außenseiter war, die Firma zu den kleineren gehörte und der bisherige Positionsinhaber von der Firma einen vollständigen Abschied nahm. In großen Firmen wurde kein signifikanter Nachfolgeeffekt festgestellt, unabhängig vom Typ der Nachfolge. In kleinen Firmen mit einem externen Nachfolgeereignis hing der Effekt vollständig davon ab, ob der frühere Positionsinhaber die Firma komplett verlassen hatte; wenn der Abschied des früheren Spitzenmanagers nicht bekanntgegeben wurde, entstand keine ungewöhnliche Aktienpreisänderung.

Zusammenfassend kann man sagen, daß die Nachfolge im allgemeinen als negatives Ereignis gesehen wird. Es gibt jedoch eine Reihe von Ausnahmen, so zeigen die vorliegenden Studien, daß diese dann vorkommen, wenn die Nachfolge als Signal des Boards gesehen wird, daß Änderungen in schlecht leistenden Firmen unterwegs sind (*Friedman/Singh*), eine Firma mit guter Leistungsfähigkeit adaptiv bleiben will (*Lubatkin* et al.), eine unterbrechende Änderung in kleinen Firmen geschieht (*Reinganum*) oder ein Nachfolger eine erfolgreiche Vergangenheit nachweisen kann (*Pfeffer/Davis-Blake*).

VI. Auf der Suche nach dem Sündenbock

Die prominenteste alternative Erklärung der Beweggründe, Effekte und Bedeutung der Ablöse und Nachfolge von Spitzenmanagern ist die Sündenbockhypothese. Sie besteht im Kern in der Annahme, daß der Führer im wesentlichen als Symbolfigur agiert und keinen Einfluß auf die Leistung der Organisation hat. Der Führer ist im wesentlichen dazu da, als Personifizierung der Organisation zu dienen und deshalb, wenn die Leistung der Organisation nachläßt, das rituelle Opfer des Spitzenmanagers dazu dient, die Notwendigkeit eines Wechsels zu symbolisieren und jene besänftigt, die an die Wirksamkeit eines Führers glauben und die

Symbolfigur auszutauschen. Mit der Durchführung dieser Aktion wird das Symbol für Mißerfolg beseitigt und durch ein neues Symbol der Hoffnung und Veränderung ersetzt, das eine neue Ära im Schicksal der Organisation repräsentiert.

In die rituelle Sündenbocksuchhypothese scheint aber ein Paradox eingewoben zu sein. Wie *Gamson/Scotch* (1964) feststellen, beginnt diese Hypothese mit der Annahme, daß die Effekte des Managers auf die Organisationsleistung unwichtig sind. Trotz dieser Grundlegung werden Manager aufgrund schlechter Organisationsleistungen entlassen, damit jemand die Schuld zugewiesen bekommen kann; der Manager wird so für die schlechte Organisationsleistung verantwortlich gemacht, obwohl die Annahme gelten soll, daß der Manager keinen „Unterschied" bringt und er deshalb nichts zu verantworten hat, er also Haftung ohne Verantwortung trägt.

Die dieser Theorie zugrundeliegende nichtartikulierte Annahme ist, daß nur die Menschen, welche die Entlassung und Neubesetzung vornehmen (Eigentümer in den Begriffen der agency theory), wissen, daß der Manager für die Leistung unwichtig ist, während sonst jeder glaubt, daß der Manager tatsächlich Einfluß auf das Organisationsergebnis hat. Wie *Gamson/Scotch* (1964) festhalten, ist das Finden des Sündenbocks lediglich ein angstreduzierender Akt, um jene partizipierenden Parteien zu befriedigen, die an die Wirksamkeit von Managern glauben. Jene, die an diese Wirksamkeit glauben, müssen eine Basis hierfür haben und behalten, so daß die Hoffnung bleibt, daß ein Auswechseln des Managers einen Leistungseffekt bringt. Seine Leistungsänderung nach einer Nachfolge kann das Ergebnis von drei Effekten sein. (1) Ein purer Effekt der Nachfolge als solcher, oder (2) es kann der Kompetenzunterschied zwischen zwei beteiligten Managern, oder (3) ein Unterschied in dem „fit" oder der „Chemie" zwischen dem Manager und dem Team sein.

Unabhängig davon, welche dieser Erklärungen zutrifft, bleibt die Grundfrage nach der Wirksamkeit des Managers. Auch für den gläubigsten Eigentümer an die Nullwirkung eines Managers müßte einsichtig sein, daß selbst wenn die Funktion des Managers ausschließlich symbolisch ist, diese Symbolik (→ *Symbolische Führung*), die der Manager repräsentiert, selbst eine wichtige Quelle von Varianz darstellt und nicht als eine rein triviale irrelevante Funktion abgetan werden kann.

Deshalb ist die Annahme, daß die Nachfolge lediglich einen angstreduzierenden Akt bedeutet, schwer aufrechtzuerhalten. Dies gilt besonders bei solchen Gelegenheiten, die in *Gamson/Scotchs* Welt des Baseballs altbekannt sind, wenn der Eigentümer, also genau der Mensch, welcher die Ablöse durchführt (nicht daran glaubend, daß ein Manager einen „Unterschied" macht), unmittelbar danach einen neuen Manager anstellt, der von einer anderen Organisation gefeuert wurde (angenommenerweise unter der selben Annahme durch einen anderen Eigentümer) mit dem artikulierten Glauben, daß der neue Manager eine erhöhte Leistung in der eigenen Organisation zustande bringen wird. Tatsächlich wird gewöhnlich die Erklärung abgegeben, daß es an dem wahrgenommenen besseren „fit" zwischen der Organisation und dem neuen Manager liegen wird und die schwache Leistung des Managers in der vorigen Organisation durch die schlechte „Chemie" mit dieser Organisation lag, aber der Manager besser in die neue Organisation passen und die Leistung steigern wird.

VII. Beurteilung und zukünftige Entwicklungen

Die Literatur über die Nachfolge von Spitzenmanagern hat einen langen Weg hinter sich seit der Studie von *Lieberson/O'Connor* 1972. Aber jede gute Forschungsarbeit bzw. jede gefundene Antwort führt zu vielfältigen neuen Fragen, die erforscht werden müssen. In bezug auf die Arbeiten zu den Determinanten des Nachfolgeereignisses ist die jüngste Arbeit von *Puffer/Weintrop* (1991) vielversprechend. Die Bezugnahme auf Erwartungen scheint eine plausiblere Erklärung für den Wechsel an der Führungsspitze zu sein als absolute Leistungskriterien. Allerdings verbleibt die Aufgabe, die Meßinstrumente für die Boarderwartungen zu verfeinern sowie die Beachtung anderer externaler Signale wie z. B. die Beurteilung des Boards und die Berichterstattung in den Medien über die Firma.

Der Artikel von *Allen/Paniou/Lotz* (1979) führt ebenfalls zu einer noch unbeantworteten interessanten Frage: Gibt es einen Punkt, an dem die Leistung der Organisation so schlecht ist, daß sie nicht mehr verbessert werden kann? Eine solche Frage scheint auf den ersten Blick gegen die einfache Logik zu sein, daß in schlechten Situationen jede Veränderung nur eine Verbesserung sein kann. Dem steht die Erfahrung gegenüber, daß mit jeder nachfolgenden Veränderung eine Abwärtsperiode in Gang gesetzt werden kann, die letztlich zum Tode der Organisation führt.

Es scheint klar zu sein, daß Macht als Moderatorvariable bei der Nachfolge eine wesentliche Rolle spielt (*Boeker* 1992). Zukünftige Forschungen sollten den Aspekt der Macht mit jenem der Erwartungen in einen engeren Zusammenhang bringen.

Die Kategorisierung der Nachfolgeereignisse hat sich als wertvoll erwiesen, dennoch ist es überraschend, daß nur wenige Typologien wie jene von *Sonnenfeld* (1988) entwickelt wurden.

Das gegenwärtig vorliegende Problem über die unterbrechende Wirkung der Nachfolge liegt darin, daß „Unterbrechung" als notwendige negative Konsequenz einer Neubestellung gesehen wird, während sie ebenso eine erwünschte, herbeigesehnte Konsequenz darstellen kann. Zukünftige Forschungen sollten den Begriff Unterbrechung von diesen negativen Werturteilen entlasten. Außerdem sollten diese Studien einen mehr mikrosozialen, organisationsspezifischen Ansatz einsetzen, um die internen Konsequenzen einer „Unterbrechung" durch eine Nachfolge hervortreten zu lassen.

Die Diskussion über die unterschiedlichen Wirkungen einer Nachfolge durch externe oder interne Personen führt in ein Gebiet, das noch relativ wenig entwickelt ist, nämlich in Fragen über die Probleme, die den neuen Spitzenmanager nach seiner Bestellung erwarten. *Gordon/Rosen* haben hierfür bereits 1981 einen theoretischen Beitrag geliefert, dennoch wurde diese Fragestellung bis auf zwei jüngste Arbeitspapiere eigenartigerweise vernachlässigt (*Gilmore/Ronchi* 1994; *Ward/Sonnenfeld* 1994).

Die vielfältigen Studien über die Nachfolgeeffekte insbesondere auf die Reaktion der Aktionspläne bedürfen der weiteren Verfeinerung. Die Arbeit von *Pfeffer/Davis-Blake* (1986), die ein Meßinstrument für die Kompetenz des Nachfolgers einführten, ist sicherlich ein Fortschritt. Entsprechend müßte es gelingen, auch die Kompetenz des Positionsvorgängers festzuhalten, so daß die Differenz zwischen beiden unabhängig von dem durch die Reaktion des Marktes gemessenen Unterschied festgestellt werden kann.

Ein Bereich der Spitzenmanagernachfolge blieb kurioserweise in den bisherigen Forschungen ein Aspekt völlig unbeachtet: Was geschieht mit dem abgelösten Spitzenmanager in Situationen eines erzwungenen Rücktritts? Die vorliegenden Arbeiten haben sich mit den Konsequenzen für die Organisation beschäftigt, wenig Interesse fand das Individuum, insbesondere wenn der Abschied von der Organisation unter keinen amikalen Umständen verlief. Wie in *Sonnenfelds* (1988) Arbeit sichtbar wird, hat die individuelle Lage und Reaktion insbesondere in Situationen eines erzwungenen Ausscheidens (z.B. bei Monarchen und Generälen in seiner Typologie) Konsequenzen nicht nur für die betroffene Einzelperson, sondern auch für die Organisation. Dies gilt für die verlassene und es ist naheliegend, daß auch jene Organisation von den früher erlebten Umständen betroffen wird, in welche der entlassende Manager eintritt. Auch für diese Fragen der Interaktion zwischen individuellen und organisationalen Wirkungen sind verfeinerte Forschungskonzepte über Nachfolgeereignisse notwendig.

Literatur

Allen, M./Panian, S.: Power, Performance and Succession in the Large Corporation. In: ASQ, 1982, S. 538–547.
Allen, M./Panian, S./Lotz, R.: Managerial Succession and Organizational Performance: A Recalcitrant Problem Revisited. In: ASQ, 1979, S. 167–180.
Beatty, R./Zajac, E.: CEO Change and Firm Performance in Large Corporations: Succession Effects and Manager Effects. In: Strategic Management Journal, 1987, S. 305–317.
Boeker, W.: Power and Managerial Dismissal: Scapegoating at the Top. In: ASQ, 1992, S. 400-421.
Boeker, W./Goodstein, J.: Performance and Successor Choice: The Moderating Effects of Governance and Ownership. In: AMJ, 1993, S. 172–186.
Brown, M. C.: Administrative Succession and Organizational Performance: The Succession Effect. In: ASQ, 1982, S. 1–16.
Dalton, D./Kesner, I.: Organizational Performance as an Antecedent of Inside/Outside Chief Executive Succession: An Empirical Assessment. In: AMJ, 1985, S. 749–762.
Frederickson, J./Hambrick, D./Baumrin, S.: A Model of CEO Dismissal. In: AMR, 1988, S. 255–270.
Friedman, S./Singh, H.: CEO Succession and Stockholder Reaction: The Influence of Organizational Context and Event Content. In: AMJ, 1989, S. 718–744.
Gamson, W./Scotch, N.: Scapegoating in Baseball. In: AJS, 1964, S. 69–76.
Gilmor, T./Ronchi, D.: Actively Managing Predecessors' Shadows in Leadership Transitions. Arbeitspapier Emory Business School. Atlanta 1994.
Gordon, G./Rosen, N.: Critical Factors in Leadership Succession. In: OBHP, 1981, S. 227–254.
Grusky, O.: Administrative Succession in Formal Organizations. In: SF, 1960, S. 105–115.
Grusky, O.: Managerial Succession and Organizational Effectiveness. In: AJS, 1963, S. 21–31.
Helmich, D./Brown, W.: Successor Type and Organizational Change in the Corporate Enterprise. In: ASQ, 1972, S. 371–381.
James, D./Soref, M.: Profit Constraints on Managerial Autonomy: Managerial Theory and the Unmaking of the Corporation President. In: ASR, 1981, S. 1–18.
Lieberson, S./O'Connor, J.: Leadership and Organizational Performance: A Study of Large Corporations. In: ASR, 1972, S. 117–130.
Lubatkin, M./Chung, K./Rogers, R./Owers, J.: Stockholder Reactions to CEO Changes in Large Corporations. In: AMJ, 1989, S. 47–68.
McEachern, W.: Managerial Control and Performance. Lexington 1975.
Meyer, M./Zucker, L.: Permanently Failing Organizations. Newbury Park 1989.
Pfeffer, J./Salancik, G.: The External Control of Organizations: A Resource Dependence Perspective. New York 1978.
Pfeffer, J./Davis-Blake, A.: Administrative Succession and Organizational Performance: How Administrator Experience Mediates the Succession Effect. In: AMJ, 1986, S. 72–83.
Puffer, S./Weintrop, J.: Corporate Performance and CEO Turnover: A Comparison of Performance Indicators. In: ASQ, 1991, S. 1–19.
Reinganum, M.: The Effect of Executive Succession on Stockholder Wealth. In: ASQ, 1985, S. 46–60.
Salancik, G./Pfeffer, J.: Effects of Ownership and Performance on Executive Succession in U.S. Corporations. In: AMJ, 1980, S. 653–664.

Singh, J./House, R./Tucker, D.: Organizational Change and Organizational Mortality. In: ASQ, 1986, S. 587–611.
Schwartz, K./Menon, K.: Executive Succession in Failing Firms. In: AMJ, 1985, S. 680–686.
Sonnenfeld, J.: The Hero's Farewell: What Happens when CEOs Retire. Oxford 1988.
Ward, A./Sonnenfeld, J.: Determinants of CEO Reentry: What Happens To The Displaced CEO in Non-Routine Executive Departure Events. Arbeitspapier Emory Business School. Atlanta 1994.

Wertewandel

Lutz v. Rosenstiel

[s. a.: Anreizsysteme als Führungsinstrumente; Führungsphilosophie und Leitbilder; Identifikationspolitik; Kulturabhängigkeit der Führung; Loyalität und Commitment; Menschenbilder und Führung; Motivation als Führungsaufgabe; Neue Mitarbeiter, Führung von; Organisationskultur und Führung.]

I. Begriffliche Klärungen; II. Wandel der Wertorientierungen; III. Individuum und Organisation; IV. Konsequenzen für die Führung; V. Identifikation mit dem Unternehmen und Attraktivität des Unternehmens.

I. Begriffliche Klärungen

Werte sind die in einer Gesellschaft geteilten Auffassungen von Wünschenswerten (*Kluckhohn* 1951); sie liegen an der Schnittstelle zwischen der Gesellschaft und dem Individuum. Ihre Repräsentanz beim einzelnen wird als Werthaltung oder -orientierung bezeichnet. Von einem Wandel der Werte bzw. der Wertorientierungen (*Klages* 1984) spricht man nicht nur dann, wenn „neue" Werte in der Gesellschaft sich bilden und andere verschwinden, sondern auch dann, wenn die Intensität bestimmter Werte zu- oder abnimmt oder die Präferenzfolge sich ändert.

Der Wertewandel ist relevant für die Führung. Führung wird nachfolgend als personale Führung verstanden, d. h. als bewußte und zielbezogene Beeinflussung von Unterstellten durch ihre unmittelbaren Vorgesetzten.

II. Wandel der Wertorientierungen

Es gibt eine Vielzahl von Hinweisen darauf, daß sich in jüngerer Zeit die Wertorientierungen in vielen westlichen Industriestaaten, insbesondere aber auch in der Bundesrepublik Deutschland, gewandelt haben (*Kmieciak* 1976; *Inglehart* 1977; *Klages* 1984; *Klages/Hippler/Herbert* 1992), was man sich bei Betrachtung auf der abstrakteren gesellschaftlichen Ebene als Wertewandel bezeichnen kann. Dieser Wandel läßt sich unter vielerlei Aspekten beschreiben, so unter jenen der Indikatoren, der Richtung, der Träger, der Zeit und der Ursachen.

1. Indikatoren des Wandels

Werte bzw. Wertorientierungen sind Konstrukte, die nicht unmittelbar beobachtbar sind. Will man sie erfassen, so ist man auf die Messung von Indikatoren angewiesen. Derartige Indikatoren für den Wandel sind Objektivationen, d. h. von Menschen Geschaffenes, menschliches Verhalten selbst oder die Inhalte von menschlichen Aussagen. Dies sei an Beispielen erläutert. Sucht man z. B. nach Indikatoren für den Wert des Religiösen, so lassen sich z. B. als Objektivationen die Zahlen der Kirchenbauten pro Jahr ermitteln, als Verhaltensweisen die Häufigkeit des Kirchenbesuchs, als Aussagen der relative Anteil von Personen eines repräsentativen Querschnittes, der die Frage „Glauben Sie an Gott?" mit „Ja" beantwortet. Die Beispiele zeigen zugleich, daß die Indikatoren nicht mit dem Wert identisch sind, sondern durch eine Vielzahl weiterer Variablen mitbedingt sein können. Die in der empirischen Werteforschung erhobenen Daten bedürfen also der kritischen Interpretation.

2. Richtung des Wandels

Die am stärksten beachteten Befunde der empirischen Werteforschung stammen aus repräsentativen Befragungen der Bevölkerung. Die gleichen Fragen wurden Jahr für Jahr vorgelegt und die dabei erhobenen Antworten als Zeitreihe dargestellt, aus der man Stabilität oder Wandel der entsprechenden Werte zu erkennen sucht. Das sei an zwei Beispielen gezeigt. *Inglehart* (1977, 1989) legte in verschiedenen Staaten repräsentativen Bevölkerungsstichproben politische Ziele mit der Bitte vor, die drei wichtigsten auszuwählen. Wurden diese von der befragten Person ausschließlich aus dem inhaltlichen Bereich der Versorgung und der Sicherheit gewählt, so wurde die Person als „Materialist" bezeichnet, wurden sie dagegen ausschließlich aus dem Bereich der Solidarität und der Selbstentfaltung genommen, so sprach man von einem „Postmaterialisten". Generell ließ sich dabei ein Wandel vom Materialismus zum Postmaterialismus diagnostizieren, der in einigen Ländern schwach, in anderen, darunter die Bundesrepublik Deutschland, stark ausgeprägt war, wie Abb. 1 zeigt.

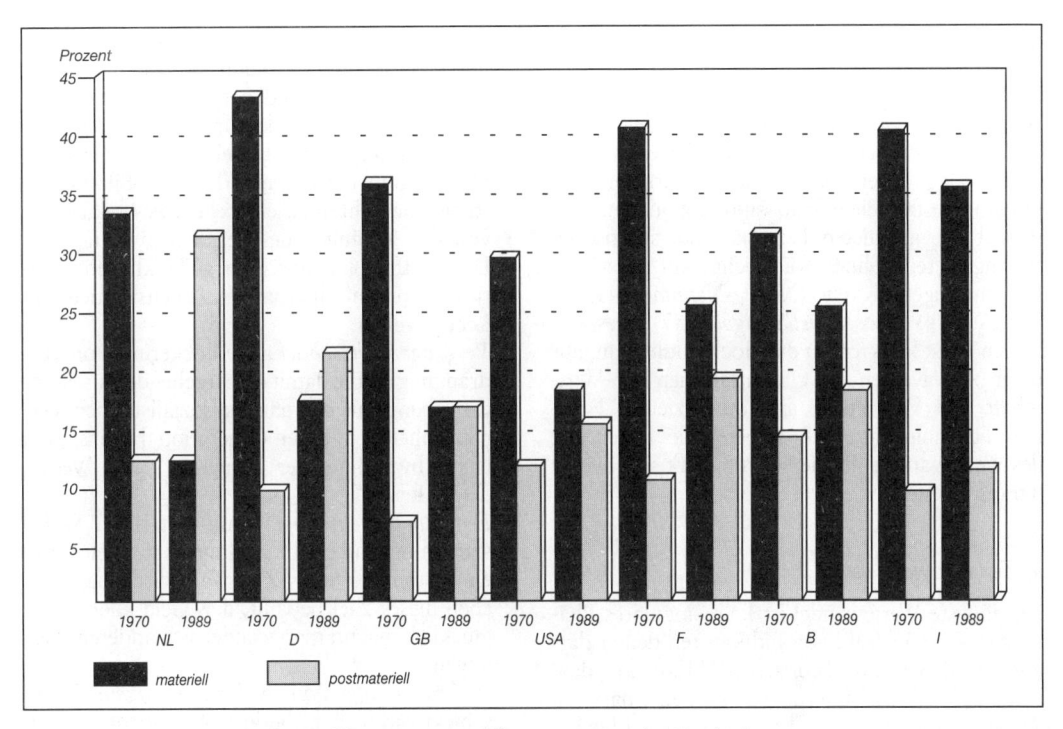

Abb. 1: Wertewandel im internationalen Vergleich

Das zweite Beispiel: Analysiert man, welchen Erziehungswerten Eltern besondere Bedeutung zumessen, so ergibt sich ein Bild, wie es Abbildung 2 zeigt.

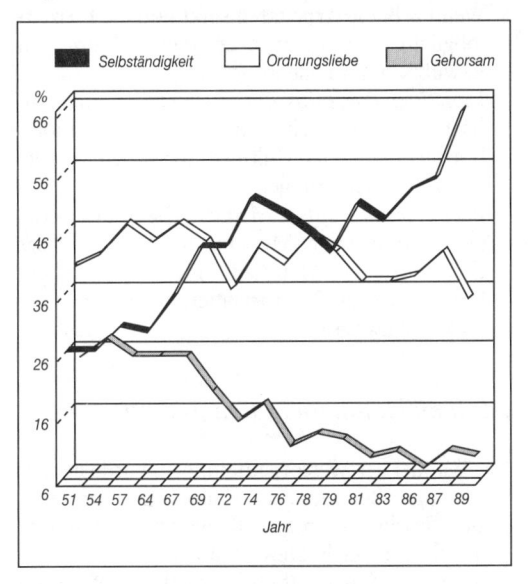

Abb. 2: Erziehungsziele im Zeitablauf

Man erkennt, daß „Selbständigkeit" stark angestiegen ist, während die Bedeutung von „Gehorsam" absank.

Faßt man auf etwas abstrakterem Niveau die Ergebnisse derartiger Untersuchungen zusammen, so läßt sich diagnostizieren:

- Säkularisierung nahezu aller Lebensbereiche
- Abwendung von der Arbeit als einer Pflicht
- Unterstreichung des Wertes der Freizeit
- Ablehnung von Bindung, Unterordnung und Verpflichtung
- Betonung des eigenen (hedoistischen) Lebensgenusses
- Erhöhung der Ansprüche in bezug auf eigene Selbstverwirklichungschancen
- Bejahung der Gleichheit und Gleichberechtigung zwischen Geschlechtern
- Betonung der eigenen Gesundheit
- Hochschätzung einer ungefährdeten und bewahrten Natur
- Skepsis gegenüber den Werten der Industrialisierung wie z. B. Gewinn, Wirtschaftswachstum, technischer Fortschritt.

Bei noch stärker verallgemeinerder Betrachtung spricht *Klages* (1984) davon, daß die „Pflicht- und Akzeptanzwerte" abgesunken, dagegen die „Selbstentfaltungswerte" angestiegen seien, wobei diese beiden Wertdimensionen faktoriell von einander unabhängig sind.

3. Träger des Wandels

Nicht bei allen Bevölkerungsgruppen zeigt sich der Wandel der Wertorientierungen zeitgleich und auch nicht mit gleicher Intensität. Vorreiter dieses Wandels, bei denen er auch mit der stärksten Ausprägung festzustellen war, sind die jungen und formal gut gebildeten Personen aus städtischen Wohngebieten ohne Rücksicht auf die Geschlechtszugehörigkeit (*Noelle-Neumann* 1978; *Klages* 1984; *v. Rosenstiel/Stengel* 1987). Dies wiederum weist konkret auf die Hochschulen hin, aus deren Absolventen die Organisationen der Wirtschaft und Verwaltung ihre qualifizierten Fach- und Führungskräfte rekrutieren. Die Bedeutung des Wertewandels für die Führung läßt sich bereits daraus ableiten.

4. Zeit des Wandels

Der jüngste Wertewandel ist kein singuläres Phänomen. Eine Vielzahl von Indikatoren deutet darauf hin, daß es im historischen Verlauf auf dem Feld der Wertorientierungen Phasen massiven Wandels und relativer Ruhe gegeben hat. Eine besonders virulente Veränderungsphase liegt – orientiert man sich an den Daten – unmittelbar hinter uns (*Klages* 1984). Man darf annehmen, daß dieser Wandel zu Beginn der sechziger Jahre einsetzte und in seiner Dynamik Mitte der siebziger Jahre endete. Danach allerdings kam es nicht zu einem „Rückschlag des Pendels", sondern zu einer Stabilisierung auf verändertem Niveau.

5. Ursachen des Wandels

Der Wertewandel ist nicht monokausal erklärbar. Eine Vielzahl von Ursachen, die zum Teil empirisch erkundet, z.T. spekulativ angenommen werden, wird häufig beschrieben (*v. Rosenstiel* 1989):

– *Altersstruktur:* Wertorientierungen sind mit dem Lebensalter korreliert. Die Bevölkerungsstruktur in Deutschland zeigt Anomalien. Aufgrund des „Babybooms" in den fünfziger und sechziger Jahren ist die Bevölkerung (noch) relativ jung, was in der Gesamtbevölkerung zu einer Intensivierung postmaterieller, auf Selbstentfaltung gerichteter Orientierungen führt.
– *Bedürfnisbefriedigung:* Die aufgrund des generellen Wohlstands gegebene Befriedigung basaler Bedürfnisse lenkt die Aufmerksamkeit auf andere „höhere" Lebensthematiken.
– *Sozialisation:* Wer in Zeiten des Mangels aufwächst, wird andere Wertorientierungen entwickeln als derjenige, der Wohlstand von allem Anfang an kennenlernte (*Inglehart* 1977).
– *Bildungsinhalte:* Werte wie Selbstentfaltung, Emanzipation von Autoritäten, Mitsprache, Toleranz werden in den Lehrplänen der Schulen und Hochschulen zu Bildungszielen mit entsprechenden Inhalten und begünstigen einen entsprechenden Wandel der Orientierungen.
– *Bildungsdauer:* Immer mehr junge Menschen bleiben immer länger innerhalb des Bildungssystems und führen so ein Leben, das relativ frei von den Zwängen des beruflichen Alltags ist. Dies eröffnet Chancen zum gedanklichen Experimentieren mit alternativen Lebensformen und Lebenswelten.
– *Vergangenheitsschock:* Die Lockerung von Verdrängungen, die damit einhergehende Auseinandersetzung mit der nationalsozialistischen Vergangenheit der älteren Generation, begünstigten eine Abwendung der „Jüngeren" von Werten der „Älteren".
– *Defizitwahrnehmung:* Wenn materieller Wohlstand aufgrund erlebten Mangels für viele Jahre ein erstrebenswertes Ziel war, wird mit Erreichen dieses Ziel bewußt, daß Geld allein nicht glücklich macht; man wendet sich anderen Werten zu.
– *Wahrnehmung von Nebenwirkungen:* Wenn Objektivationen bisheriger Wertorientierungen unerwünschte Nebenwirkungen zeigen, neigt man zur Umorientierung, z.B. durch die Erkenntnis, daß Industrialisierung und Vollmotorisierung das Überleben des Waldes gefährden zu einer gesteigerten Beachtung der Umweltverträglichkeit.
– *Strukturwandel:* Das Sein prägt das Bewußtsein. Wenn z. B. die Arbeitszeit sinkt und die Freizeitmöglichkeiten steigen, so gewinnt die Freizeit im Bewußtsein an Bedeutung.
– *Erziehung durch Institutionen:* Die emanzipatorisch gesinnten Lehrer der „68er-Generation" beschleunigten als Multiplikatoren den Wandel der Wertorientierungen.
– *Beeinflussung durch Medien:* Die Journalisten als Vertreter der Meinungen, die jenen der „schweigenden Mehrheit" nicht entsprechen, beeinflussen die Wertorientierungen breiter Bevölkerungskreise.

III. Individuum und Organisation

Der Wandel der Wertorientierungen wurde in aller Regel durch Befragungen an Individuen ermittelt. In der Gesellschaft bestehende Strukturen ändern sich nicht zeitgleich. Dies gilt auch für die Organisationen der Wirtschaft und Verwaltung. Wir können sie als das von ihren Gründern Gewünschte und damit als „geronnene Werte" (*v. Rosenstiel* 1984) interpretieren. Bei einem Wandel der Wertorientierungen begegnen in objektivierter Form die zur Struktur gewordenen Wertorientierungen früherer Generationen den jüngeren; *v. Klip-*

stein/Strümpel (1985) stellen in diesem Sinne „gewandelten Werten" „erstarrte Strukturen" gegenüber. Der vielbesprochene Konflikt zwischen dem einzelnen und der Organisation (*Argyris* 1975) kann dadurch nachhaltig intensiviert werden. Beispielsweise können die neu in das Unternehmen eingetretenen Personen jene Unternehmensziele, Führungskonzepte, Produktionsprogramme, Fertigungsmethoden, Unternehmenskulturen etc. nachhaltig ablehnen, die von der Generation der Älteren als selbstverständlich akzeptiert wurden. Identifikationskrisen und Wertkonflikte im Unternehmen können die Folge sein und die Bindung der Mitarbeiter, auch der jüngeren Führungskräfte, an das Unternehmen reduzieren (*v. Rosenstiel/Stengel* 1987).

Sieht man eine Führungsaufgabe auch darin, die soeben beschriebene Kluft zwischen dem einzelnen und der Organisation zu überbrücken, so bilden sich im Unternehmen drei Möglichkeiten des Handelns an:

- Selektion derjenigen bei der Einstellung und beim Aufstieg, die zu den vorherrschenden Wertorientierungen des Unternehmens passen.
- Sozialisation im Sinne der Sozialwerdung und Sozialmachung (*Fend* 1969). Die Mitarbeiter werden so beeinflußt, daß ihre Wertorientierungen sich jenen angleichen, die im Unternehmen tradiert sind.
- Organisationsentwicklung, d.h. Wandel von Struktur und Kultur des Unternehmens in einer Weise, die es den Grundhaltungen einer Mehrheit der Mitarbeiter annähert (*v. Rosenstiel* et al. 1993).

IV. Konsequenzen für die Führung

Der Wertewandel ist unter zumindest doppelter Perspektive für die Führung bedeutsam. Zum einen sind die jungen Führungskräfte als von der Hochschule kommenden Betriebswirte, Ingenieure, Juristen, Natur- oder Sozialwissenschaftler etc. selbst Personen, die in der sozialisierenden Welt der Hochschule jene Orientierungen entwickeln, die den Wertewandel kennzeichnen. Zum anderen fordert die aus dem Wandel der Wertorientierungen entstehende Kluft zwischen der Organisation und dem Menschen zum aktiven Handeln der Führenden heraus, z. B. zur gezielten Auswahl und Ausbildung des Nachwuchses, zur Gestaltung der Arbeitssituationen und Anreizsysteme und schließlich zur Ausrichtung des eigenen Führungsverhaltens.

1. Wertorientierungen des Führungsnachwuchses

Träger des Wertewandels waren und sind die jungen Gebildeten, aus denen sich zunehmend die Führungskräfte der Wirtschaft und Verwaltung rekrutieren. Sie unterscheiden sich entsprechend nachhaltig von den Wertorientierungen ihrer älteren Kollegen (*Ulrich/Probst/Studer* 1985; *v. Rosenstiel/Stengel* 1987, *v. Rosenstiel* 1993) und den impliziten Strukturen und der Kultur des Unternehmens. Daraus können nachhaltige Spannungen und Konflikte erwachsen. Während sich bei den älteren Führungskräften meist eine ausgesprochene Karriereorientierung feststellen läßt, verbunden mit einer nachhaltigen Bejahung der beruflichen Arbeit, des wirtschaftlichen Wachstums, des technischen Fortschritts etc., sind für den Führungsnachwuchs in seiner Mehrheit Freizeitorientierung oder alternatives Engagement bei einer eher skeptischen Einstellung zur Arbeit als Lebensziel, zum Wachstum oder zum technischen Fortschritt feststellbar. Insgesamt gilt, daß die Nachwuchskräfte – bei aller interindividuellen Unterschiedlichkeit der Haltungen – eher postmaterialistisch im Sinne von *Inglehart* (1977) orientiert sind und die Karriere, den beruflichen Aufstieg, ambivalent erleben. Dies überrascht nicht. Wer eine Führungsposition einnimmt, von dem wird allgemein erwartet, daß er die Ziele des Unternehmens expansiv nach innen und außen vertritt. Dies ist beim Führungsnachwuchs nicht der Fall, wie Abbildung 3 zeigt.

Erfragt wurden bei Führungs- und Führungsnachwuchskräften jeweils jene drei wahrgenommenen IST- und SOLL-Ziele von Organisationen, die ihnen besonders bedeutsam erscheinen. Selbst bei bereits „gestandenen" Führungskräften erkennt man eine zum Teil nachhaltige Differenz zwischen dem wahrgenommenen IST und dem gewünschten SOLL. Beim Führungsnachwuchs wird diese Diskrepanz noch größer. Je größer sie aber ist, desto weniger ausgeprägt ist die Identifikationsbereitschaft der Person mit dem Unternehmen. Man darf also bei nicht wenigen fachlich Qualifizierten eine innere Distanz zu dem erwarten, was im Unternehmen gewollt wird und was implizit oder explizit durch Strukturen und Prozesse festgelegt erscheint.

2. Selektion und Sozialisation des Nachwuchses

Wenn bei vielen jüngeren Mitarbeitern, den fachlich qualifizierten aber im besonderen Maße, Wertorientierungen feststellbar sind, die nur schlecht mit den tradierten Werten des Unternehmens korrespondieren, dann ergibt sich daraus Handlungsbedarf. Ein denkbarer besteht darin, daß man gezielt nur solche Personen für das Unternehmen aussucht, insbesondere aber für den Aufstieg vorschlägt, die – fachliche Qualifikation einmal vorausgesetzt – in ihren Einstellungen und Wertorientierungen dem entsprechen, was „man" im Unternehmen denkt und tut, die also der Unternehmenskultur entsprechen. Es gibt eine Vielzahl

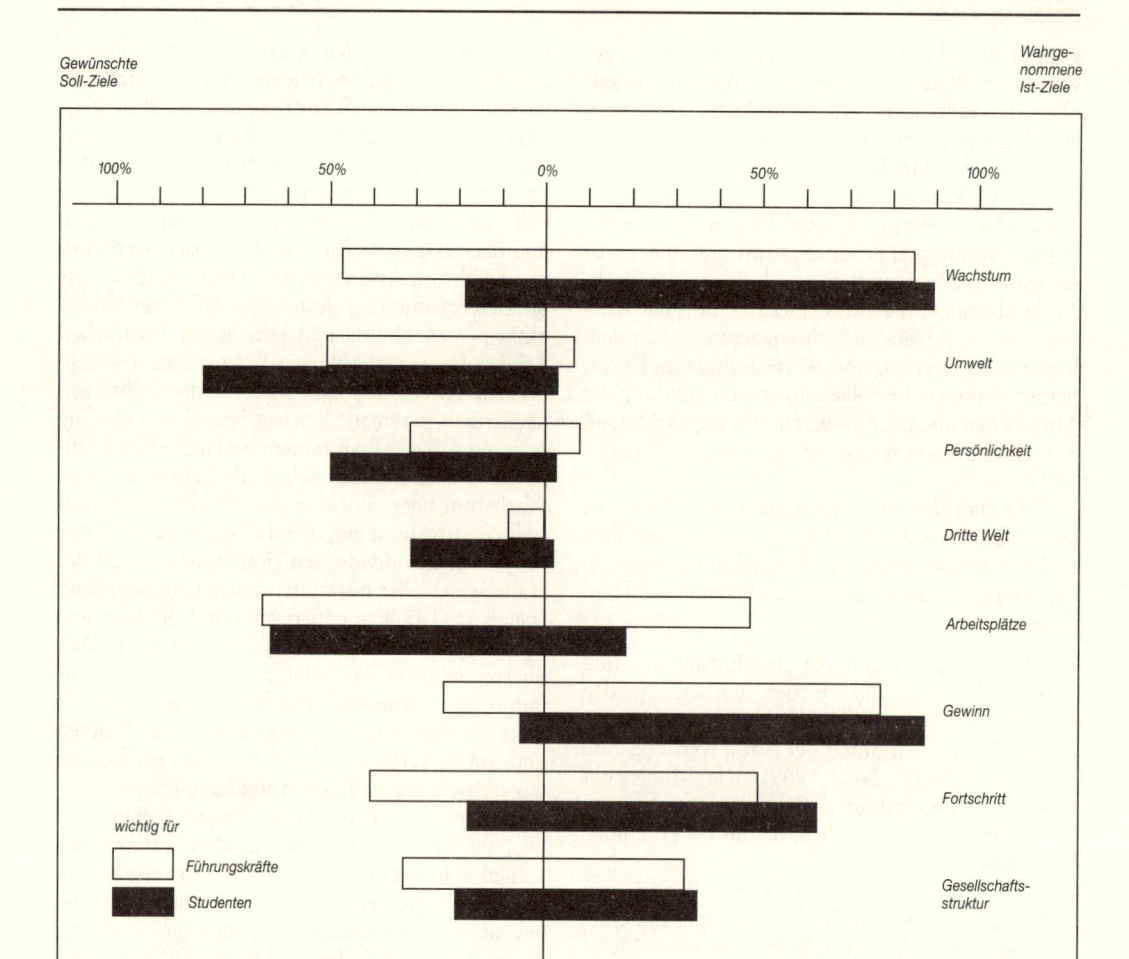

Abb. 3: Ist- und Soll-Ziele von Organisationen nach Auffassung von Führungs- und Führungsnachwuchskräften

empirischer Hinweise dafür, daß in den Unternehmen auch so gehandelt wird (*Windolf/Hohn* 1984; *v. Rosenstiel/Nerdinger/Spieß/Stengel* 1989).

Längsschnittstudien (*v. Rosenstiel* 1989) zeigten etwa, daß, unabhängig von der fachlichen Qualifikation, alternativ engagierte Personen geringere Chancen haben eine Stellung zu finden und daß karriereorientierte mit höherer Wahrscheinlichkeit im Unternehmen aufsteigen. Es scheint im Zuge der Vorstellungsgespräche und der Auswahlverfahren – z. B. beim Assessment Center – zu gelingen, nicht nur fachliche Qualifikation zu erkennen, sondern auch Wertorientierungen zu diagnostizieren. Die genannten Längsschnittstudien zeigten aber auch, daß die Wertorientierungen des qualifizierten Nachwuchses sich im Zuge einer längeren Zugehörigkeit zum Unternehmen häufig wandeln. Die Karrriereorientierten bleiben karriereorientiert, was kaum überrascht, da ihre Haltung durch das Belohnungssystem des Unternehmens gestützt wird. Die Freizeitorientierten werden häufig karriereorientiert, die Alternativ Engagierten dagegen wenden sich häufig der Freizeit zu. Dies kann nicht überraschen, wenn man bedenkt, daß ihre Veränderungswünsche häufig am Selbstverständnis und an den Widerständen im Unternehmen scheitern. Dann ist eine resignative Zuwendung zu anderen Lebensbereichen, eben denen der Freizeit, ein häufig beobachtbarer „Coping"-Mechanismus (*Lazarus* 1966). Führungskräfte können durch ihr Vorbildverhalten, durch die Art und Weise, wie sie bestimmte Aussagen oder Handlungen kommentieren, belohnen oder bestrafen, den Nachwuchs prägen. Durch Entsendung zu Seminarveranstaltungen, die auch Werte des Unternehmens thematisieren, wird die Sozialisation gezielt beeinflußt.

Wird durch Selektion und Sozialisation eine rasche Anpassung des Nachwuchses an das Unternehmen erreicht, wird zwar einerseits soziale Konfliktspannung vermieden und die Kultur des Unternehmens tradiert. Auf der anderen Seite besteht die Gefahr, daß Innovation unterdrückt wird und sich das Unternehmen immer mehr von der

Gesellschaft entfernt, von der es ein Teil und in der sich auch seine Kunden befinden.

3. Gestaltung der Arbeitssituation und des Anreizsystems

Motivation ergibt sich aus dem Zusammenspiel von motivierter Person und motivierender Situation. Die motivierte Person ist durch die inhaltliche Ausrichtung ihrer relevanten überdauernden Handlungsmotive bestimmbar, die motivierende Situation durch die Anreize, die in ihr liegen. Ändert sich das nachhaltig, was den Mitarbeitern in einem Betrieb wichtig ist und woran sie sich orientieren, dann muß – inhaltlich damit abgestimmt – auch das Anreizsystem modifiziert werden. So wird man – um dies am Beispiel zu belegen – auf jeweils andere Anreize Wert legen, wenn im ökonomischen Wohlstand und der sozialen Sicherheit die zentralen Orientierungen liegen, als wenn auf individueller Selbstverwirklichung besonders hoher Wert gelegt wird.

An diesem Grundgedanken orientiert hat man vielfach versucht (*Wollert/Bihl* 1983; *Marr* 1989; *Ulich* 1991; *Bihl* 1993) Arbeitssituationen und Anreizsysteme zu differenzieren, gelegentlich sogar zu individualisieren und dabei jene Änderungen besonders zu berücksichtigen, die sich aus dem Wandel der Wertorientierungen ergeben. Dies sei exemplarisch am Konzept der „Wertorientierten Personalpolitik" bei BMW (*Bihl* 1993) gezeigt. Ausgehend von dem Gedanken, daß der Erfolg japanischer Unternehmen möglicherweise auch darauf zurückgeführt werden kann, daß die Kluft zwischen der beruflichen und der privaten Lebenswelt in Japan kleiner als bei uns ist, suchte man die in Deutschland feststellbare Distanz zwischen den Orientierungen im privaten Leben und den betrieblichen Orientierungsmöglichkeiten dadurch zu reduzieren, daß man zentrale Wertbereiche, innerhalb derer es große Wandlungen gegeben hatte, konkret benannte und sich dann darum bemühte, Anreizsysteme und Arbeitssituationen so zu gestalten, daß sie den neuen Werthaltungen der Mitarbeiter eher entsprachen. Wie dabei die Ziele, die Strategien und die konkreten Instrumente oder Maßnahmen aussehen können, zeigt Tabelle 1 am Beispiel der in der Gesellschaft nachhaltig gestiegenen Wertorientierungen „Selbständigkeit" und „Individualität".

Leitend bei der Konzeption der operativen Maßnahmen war der Gedanke, daß die Auswirkungen in einer höheren Bedürfnisberücksichtigung der Mitarbeiter bestehen, zum anderen aber auch dem betrieblichen Interesse entsprechen. So betrachtet kann der zunächst für die Unternehmen bedrohlich erscheinende Wandel der Wertorientierungen durchaus als Chance interpretiert werden (*v. Rosenstiel* et al. 1993).

Ein sehr konkretes Beispiel dafür ist die in Tabelle 1 aufgeführte Trennung zwischen Arbeits- und Betriebszeit, die nicht nur dem gestiegenen Wert der Selbständigkeit, sondern auch dem der Freizeit entgegenkommt. Die Mitarbeiter im produktionsnahen Bereich arbeiten nur an 4 Tagen wöchentlich, dann aber neun Stunden am Tag. Dadurch entstehen der Selbstbestimmung offene Freizeitblöcke, u. a. jeden Monat einmal 5 freie Tage in Folge, ohne daß dafür ein Urlaubstag genommen werden muß. Der Samstag ist allerdings Arbeitstag. Geht man nun von drei Schichtgruppen aus, so ist das Werk an allen sechs Arbeitstagen 18 Stunden

Gesellschaft/ Mitarbeiter Grundwerte	Ziele	Personal- Politik Strategien/ Konzepte	Instrumente/Maßnahmen
• Selbständigkeit und Individualität	• Schaffung persönlicher Freiräume und Wahlmöglichkeiten	• Flexibilisierung des Zusatzleistungsprogramms • Flexibilisierung der Arbeitszeit	• Cafeteria-System • Teilzeit • Trennung Arbeitszeit/ Betriebszeit • Gleitzeit • Brückentageregelung • Vorzeitige Pensionierung • Alternative Schichtpläne
	• Förderung der Selbständigkeit	• Förderung der Übernahme persönlicher bzw. gemeinsamer Verantwortung	• Führungsstil • Prinzipien der Delegation (Übertragen von Aufgaben, Befugnissen und Verantwortung) • Projektmanagement/ Teamarbeit
		• System der Zielvereinbarung • Beteiligung der Betroffenen an Entscheidungen	• Beteiligung der Mitarbeiter an der Zielvereinbarung • Lernstatt/Qualitätszirkel • Organisationsentwicklungsmaßnahmen • Einbeziehung der Mitarbeiter in Arbeitsgestaltungskreise

Abb. 4 Wertorientierte Personalpolitik bei BMW (Ausschnitt)

lang in Betrieb (die Restzeit wird als Rüstzeit benötigt), was angesichts der hohen Investitionen zu einem im Unternehmensinteresse liegenden guten „return of investment" führt. Mitarbeiter- und Betriebsinteressen kommen also zur Deckung. Berücksichtigt werden zudem die Interessen der Kommune und der Umwelt, da die Infrastruktur im geringeren Maße belastet wird. Die Mitarbeiter fahren nur noch vier- und nicht fünfmal in der Woche zur Arbeit.

4. Ausrichtung des Führungsverhaltens

Wenn der Erziehungswert des Gehorsams zurückgeht, dagegen jener der Selbständigkeit steigt, so prägt dies die Erwartungen und Ansprüche der Mitarbeiter. Wenn immer mehr Personen aufgrund einer höheren Bildung Zusammenhänge durchschauen oder doch zu durchschauen suchen, so erwarten sie eine Begründung für das, was sie tun sollen. Die Beispiele zeigen, daß das konkrete Führungsverhalten sich angesichts eines Wandels der Wertorientierungen ändern muß, wenn es akzeptiert oder erfolgreich sein soll. Zielführend erscheinen hier Konzepte wie die der Delegation, der Partizipation an Entscheidungsprozessen, der Anregung von Veränderungsvorschlägen bei den Unterstellten, die Initiierung von hierarchiefreien Projektgruppen und die Einleitung von Organisationsentwicklungsprozessen, die umfassende Information und die Begründung betrieblicher Maßnahmen auch aus übergreifenden Zusammenhängen der gesamtbetrieblichen und der gesellschaftlichen Notwendigkeiten heraus etc. Bedacht werden sollte allerdings dabei, daß die Ansprüche und Wünsche der Mitarbeiter nicht immer ihrer Qualifikation und Erfahrung entsprechen. Nicht jeder, der weitgehend selbständig arbeiten möchte, ist dazu befähigt. Eine wichtige, konkrete Führungsaufgabe liegt also auch darin, durch geeignete Maßnahmen und beständiges Coaching die Geführten dazu zu befähigen, daß sie das können, was sie erreichen möchten. Dies wiederum erlaubt dann langfristig die Installation der häufig geforderten „schlanken" Organisationskonzepte.

V. Identifikation mit dem Unternehmen und Attraktivität des Unternehmens

Wird durch die Unternehmensführung und die konkrete Personalführung der Wertewandel durch die Gestaltung von Strukturen und Verhaltensweisen berücksichtigt, so haben die Mitarbeiter die Chance, im Unternehmen und seinen Zielen das wiederzuerkennen, was ihre private Lebenswelt und ihre individuellen Zielvorstellungen kennzeichnet. Dies erleichtert die Bindung an das Unternehmen und die Identifikation mit ihm. Darüber hinaus wird auch auf dem externen Personalmarkt die darin deutlich werdende Bedürfnisberücksichtigung der Mitarbeiter bekannt. Das macht das Unternehmen für potentielle Bewerber attraktiver und gibt ihm die Chance, besonders qualifizierte auszuwählen.

Literatur

Argyris, C.: Das Individuum und die Organisation. In: *Türk, K.* (Hrsg.): Organisationstheorie. Hamburg 1975, S. 215–233.
Bihl, G.: Unternehmen und Wertewandel: Wie lauten die Antworten für die Personalführung? In: *Rosenstiel, L. v./ Djarrahzadeh, M./Einsiedler, H. E./Streich, R.* (Hrsg.): Wertewandel. Herausforderung für die Unternehmenspolitik in den 90er Jahren. 2. A., Stuttgart 1993, S. 83–84.
Fend, H.: Sozialisierung und Erziehung. Weinheim 1969.
Inglehart, R.: The silent revolution. Changing values and political styles among western politics. Princeton, N. J. 1977.
Inglehart, R.: Kultureller Umbruch. Frankfurt/M. 1989.
Klages, H.: Wertorientierungen im Wandel. Rückblick, Gegenwartsanalyse, Prognosen. Frankfurt/M. 1984.
Klages, H./Hippler, H. J./Herbert, W. (Hrsg.): Werte und Wandel. Ergebnisse und Methoden einer Forschungstradition. Frankfurt/M. 1992.
Klipstein. M. v./Strümpel, B.: Gewandelte Werte – Erstarrte Strukturen. Wie die Bürger Wirtschaft und Arbeit erleben. Bonn 1985.
Kluckhohn, C.: Values and value-orientation in the theory of action: An exploration in definition and classification. In: *Parson, T./Shils, E.* (Hrsg.): Toward a general theory of action. Cambridge, Mass. 1951, S. 388–433.
Kmieciak, P.: Wertstrukturen und Wertewandel in der Bundesrepublik Deutschland. Grundlagen einer interdisziplinären empirischen Wertforschung mit einer Sekundäranalyse von Umfragedaten. Göttingen 1976.
Lazarus, R. S.: Psychological stress and the coping process. New York 1966.
Marr, R.: Mitarbeiterorientierte Unternehmenskultur. Berlin 1989.
Noelle-Neumann, E.: Werden wir alle Proletarier? Zürich 1978.
Rosenstiel, L. v.: Wandel der Werte – Zielkonflikte bei Führungskräften? In: *Blum, R./Steiner, M.* (Hrsg.): Aktuelle Probleme der Marktwirtschaft in gesamt- und einzelwirtschaftlicher Sicht. Berlin 1984, S. 203–234.
Rosenstiel, L. v.: Kann eine wertorientierte Personalpolitik eine Anwort auf den Wertewandel in der Gesellschaft sein? In: *Marr, R.* (Hrsg.): Mitarbeiterorientierte Unternehmenskultur. Berlin 1989, S. 45–73.
Rosenstiel, L. v.: Was erstreben deutsche Führungskräfte nach dem Wertewandel? In: Management Zeitschrift, H. 2, 1993, S. 87–90.
Rosenstiel, L. v.: Wandel der Karrieremotivation – Neuorientierung in den 90er Jahren. In: *Rosenstiel, L. v./Djarrahzadeh, M./Einsiedler, H. E./Streich, R.* (Hrsg.): Wertewandel. Herausforderung für die Unternehmenspolitik in den 90er Jahren. Stuttgart 1993, S. 47–82.
Rosenstiel, L. v./Nerdinger, F./Spieß, E./Stengel, M.: Führungsnachwuchs im Unternehmen. München 1989.
Rosenstiel, L. v./Djarrahzadeh, M. Einsiedler, H. E./ Streich, R. (Hrsg.): Wertewandel. Herausforderung für die Unternehmenspolitik in den 90er Jahren. Stuttgart 1993.

Rosenstiel, L. v./Stengel, M.: Identifikationskrise? Zum Engagement in betrieblichen Führungspositionen. Bern 1987.
Ulich, E.: Arbeitspsychologie. Stuttgart 1991.
Ulrich, H./Probst, G. J./Studer, H. P.: Konstanz und Wandel in den Werthaltungen Schweizerischer Führungskräfte. Bern 1985.
Windolf, P./Hohn, H. W.: Arbeitsmarktchancen in der Krise: Betriebliche Rekrutierung und soziale Schließung. Frankfurt/M. 1984.
Wollert, A./Bihl, G.: Wertorientierte Personalpolitik. In: Personalführung, H. 8, 1983, S. 1–4.

Wissenschaftstheoretische Grundfragen der Führungsforschung

Günther Schanz

[s. a.: Philosophische Grundfragen der Führung; Wissenschaftstheoretische Grundfragen der Führungsforschung – Phänomenologie und Konstruktivismus.]

I. Allgemeines zur Wissenschaftstheorie; II. Führungsforschung in wissenschaftstheoretischer Perspektive.

I. Allgemeines zur Wissenschaftstheorie

1. Wissenschaftstheorie als Technologie des wissenschaftlichen Problemlösungsverhaltens

Die Wissenschaftstheorie (auch: Wissenschaftslehre bzw. Methodologie) ist als Teilgebiet der allgemeinen *Erkenntnislehre* – der Lehre vom Wissen und den Voraussetzungen menschlicher Erkenntnis – zu betrachten, die ihrerseits einen Zweig der Philosophie darstellt. Ihr Gegenstand sind die in den verschiedenen einzelwissenschaftlichen Disziplinen (Mathematik, Physik, Biologie, Jurisprudenz, Ökonomie, Soziologie usw.) erzielten Erkenntnisse und die dabei zur Anwendung kommenden Methoden. Insofern handelt es sich um eine *Metadisziplin*, die man als Technologie des (zweckmäßigen) Problemlösungsverhaltens in der Wissenschaft bezeichnen kann (*Albert 1978*).

Will man die in den verschiedenen wissenschaftlichen Disziplinen erzielten Erkenntnisse und die Methoden systematisieren, deren man sich bei ihrer Gewinnung bedient, dann ist dabei zunächst die Differenzierung zwischen *Formalwissenschaften* (Logik, Mathematik) und *Realwissenschaften* (Physik, Ökonomie usw.) hilfreich. Unterscheidungskriterium ist die syntaktische Form der jeweils verwendeten Sätze. Formalwissenschaftliche Aussagen sind *analytisch*. Sie beziehen sich nicht auf tatsächlich existierende (oder im Prinzip existenzfähige) Objekte. Die Prüfung ihrer Richtigkeit kann sich darauf beschränken, nach logischen Widersprüchen zu suchen. Realwissenschaftliche Aussagen bezeichnet man als *synthetisch*. Zu ihrer Überprüfung ist zusätzlich eine Faktenanalyse erforderlich.

Innerhalb der Realwissenschaften pflegt man zwischen *Naturwissenschaften* (Physik, Biologie usw.) und *Sozialwissenschaften* (Soziologie, Ökonomie usw.) zu unterscheiden. Während man sich in ersteren um ein allgemeines Verständnis der unbelebten oder belebten Natur bemüht, geht es in letzteren um Erkenntnisse über das Verhalten bzw. Handeln des einzelnen Menschen (Psychologie), Interaktionen zwischen Personen (Sozialpsychologie) oder das Funktionieren ganzer Gesellschaften (Soziologie). Besondere Bedeutung gewinnen ferner die von Menschen geschaffenen Institutionen (z. B. Unternehmungen bzw. Betriebe als Objekt der Betriebswirtschaftslehre).

Eine nach wie vor sehr kontrovers diskutierte Frage besteht darin, ob sich die Naturwissenschaften von den Sozialwissenschaften derart grundlegend unterscheiden, daß von unterschiedlichen Zielsetzungen und Methoden der Erkenntnisgewinnung ausgegangen werden muß und es insofern auch einer speziellen sozialwissenschaftlichen Wissenschaftstheorie bedarf. Eine derartige Überzeugung kann in der Regel bereits dann vermutet werden, wenn bewußt nicht von *Sozialwissenschaften*, sondern von *Geistes-* bzw. *Kulturwissenschaften* gesprochen und damit implizit u. a. zum Ausdruck gebracht wird, daß in diesen Bereichen die in den Naturwissenschaften übliche und bewährte Suche nach allgemeinen Gesetzmäßigkeiten eine verfehlte Strategie ist.

Damit ist angedeutet, daß die Wissenschaftstheorie gegenwärtig nicht in der Lage ist, den Einzelwissenschaften ein allseits akzeptiertes Instrumentarium für das Problemlösungsverhalten zur Verfügung zu stellen. Es ist vielmehr davon auszugehen, daß es auch hier – wie übrigens in jeder lebendigen Wissenschaft – unterschiedliche Standpunkte gibt (→*Wissenschaftstheoretische Grundfragen der Führungsforschung – Phänomenologie und Konstruktivismus*). Die diesem Beitrag zugrunde liegende Perspektive basiert auf dem Gedankengut des *Kritischen Rationalismus*.

2. Ziele der Wissenschaft und das Problem der Wahrheit

Die erwähnte Beurteilung von Erkenntnissen und Methoden muß vor dem Hintergrund der von einer speziellen Disziplin oder der Wissenschaft insgesamt angestrebten Ziele erfolgen. Dabei erweist es sich als zweckmäßig, zunächst global zwischen einem *kognitiven* und einem *praktischen Ziel* zu unterscheiden. Das *kognitive Ziel* ist Ausfluß der (intellektuellen) Neugier. Isoliert betrachtet steht das Erkennen um des Erkennens willen im Mittelpunkt, eine Zielsetzung, die in ihrer Ausschließlichkeit für das Wissenschaftsverständnis im antiken Griechenland charakteristisch war. Es kann von einem die Forschungsaktivitäten leitenden *Erkenntnisinteresse* gesprochen werden, allerdings ohne daß dabei ausschließlich von dem erwähnten Selbstzweckcharakter ausgegangen werden müßte. Dieses Erkenntnisinteresse dominiert dort, wo es sich um Grundlagenforschung bzw. um eine sog. reine Wissenschaft (theoretische Physik usw.) handelt.

Die zweite umfassende Zielrichtung wissenschaftlicher Betätigung betrifft den praktischen Nutzen der zutage geförderten Ergebnisse. Insofern liegt ein die Forschung leitendes *Gestaltungsinteresse* zugrunde, das im Zusammenhang mit dem Streben des Menschen nach Verbesserung seiner Lage bzw. seiner Lebensbedingungen steht. Die Ergebnisse der Wissenschaft sind in diesem Zusammenhang als Mittel zum Zweck zu werten. In den entsprechenden Wissenschaftsbereichen wird angewandte Forschung betrieben. Im Zusammenhang mit der praktischen Verwertung der Ergebnisse von angewandter Forschung taucht ferner das *Ideologieproblem* auf, denn die Verwertung wissenschaftlicher Ergebnisse kann einseitig in dem Sinn erfolgen, daß sie den Machterlangungs- oder Machterhaltungsinteressen ausgewählter Gruppen innerhalb einer Gesellschaft dient.

Das Problem der wissenschaftlichen Wahrheit (als regulative Idee) stellt sich auf offenkundige Weise im Zusammenhang mit der Verfolgung des kognitiven Ziels. Speziell innerhalb der Realwissenschaften spielt dabei die auf *Aristoteles* zurückgehende *Korrespondenztheorie* eine Rolle, die Wahrheit als Übereinstimmung mit der Wirklichkeit definiert. In ihrer (modernen) kritisch-rationalen Version (als *Approximationstheorie*) besteht der Kerngedanke darin, in immer tiefere Schichten der Realität einzudringen und auf diese Weise der Wahrheit näher zu kommen; freilich ohne je die Gewißheit zu erlangen, die absolute Wahrheit zu entdecken (*Popper* 1963). Im Rahmen dieser speziellen Wahrheitstheorie stellt sich *Erkenntnisfortschritt* als Prozeß der Ablösung weniger informativer (inhaltlicher) Theorien (vgl. Abschnitt I.3) durch solche mit größerer Erklärungskraft dar. Eine Voraussetzung zur Feststellung des Fortschritts ist dabei die Vergleichbarkeit der konkurrierenden Theorien. In Gestalt der sog. *Inkommensurabilitätsthese* wurde bezweifelt, ob sie in allgemeiner Form erfüllt ist (*Feyerabend* 1976), allerdings ohne daß dabei von einer totalen Unvergleichbarkeit ausgegangen werden müßte (*Spinner* 1974).

Eine weitere „klassische" Wahrheitstheorie ist die *Kohärenztheorie*, nach der eine Aussage dann wahr ist, wenn sie sich (widerspruchsfrei) in ein theoretisches System einordnen läßt. Ihr Ursprung ist der Zweifel, daß Wahrheit sinnvoll als Übereinstimmung mit der Wirklichkeit definiert werden kann.

Andere, von vornherein ganz auf die praktische Zielsetzung ausgerichtete Vorstellungen von Wahrheit kommen ins Spiel, wenn Wissenschaft rein instrumentalistisch als Mittel der Lebensbewältigung aufgefaßt wird. In diesem Zusammenhang ist an erster Stelle die dem wissenschaftlichen Pragmatismus (Dewey u. a.) verpflichtete *Konsequenztheorie*, aber auch die *Konsenstheorie der Wahrheit* zu nennen, auf die sich Konstruktivisten (Lorenzen u. a.) und Vertreter der kritischen Theorie (Habermas u. a.) gemeinsam beziehen. Letztere definiert die Wahrheit einer Aussage als Übereinstimmung von Meinungen (vernunftbegabter Menschen), als allgemeine Akzeptanz also (→*Wissenschaftstheoretische Grundfragen der Führungsforschung – Phänomenologie und Konstruktivismus*). Die Vielfalt der Wahrheitstheorien ist ein Indiz dafür, daß in der Wissenschaft verschiedene „Spiele" stattfinden und mithin auch unterschiedlichen „Spielregeln" (im Sinne von: wissenschaftstheoretischen Postulaten) gefolgt wird.

3. Aspekte realwissenschaftlicher Begriffs- und Theoriebildung

Im Zusammenhang mit der Verfolgung des kognitiven Ziels geht es in den Realwissenschaften darum, die Eigenschaften der interessierenden Wirklichkeitsausschnitte auf möglichst realistische Weise zu erfassen. Ist innerhalb der jeweiligen Disziplin erst einmal eine gewisse Reife erreicht, dann beschränkt man sich dabei nicht auf eine bloße Anhäufung von unmittelbar zu beobachtenden Tatbeständen. Charakteristisch ist vielmehr das Bemühen um *Theoriebildung*.

Theorien sind semantische Systeme; die theoretische Erfassung der relevanten Wirklichkeitsausschnitte erfolgt mit sprachlichen Mitteln. Dabei erweist es sich als notwendig, gewisse *Begriffe* einzuführen, deren Bedeutung man durch *Definitionen* festlegt. Nach mittlerweile weitverbreiteter Ansicht können solche Definitionen weder wahr noch falsch, sondern nur mehr oder weniger zweckmäßig gewählt sein *(Begriffsnominalismus)*. Im Unterschied dazu suchte man früher mit Hilfe von sog. essentialistischen bzw. Realdefinitionen das „Wesen" eines Gegenstands bzw. Phänomens zu bestimmen.

In den Realwissenschaften gehen Begriffe in *Theorien* ein. Theorien lassen sich mit Netzen vergleichen, die „wir auswerfen, um ‚die Welt' einzufangen – sie zu rationalisieren, zu erklären und zu beherrschen. Wir arbeiten daran, die Maschen des Netzes immer enger zu machen" (*Popper* 1973,

S. 31). Diese Beschreibung der Vorgehensweise in den Erfahrungswissenschaften ist deshalb so eindrucksvoll, weil darin in einem Atemzug das Bestreben um Systematisierung („rationalisieren"), um Verständnis („erklären"), um Gestaltung („beherrschen") und schließlich auch die Idee des Erkenntnisfortschritts („die Maschen des Netzes immer enger... machen") angesprochen wird.

Einer (nicht unumstrittenen) wissenschaftstheoretischen Interpretation zufolge faßt man Theorien als Systeme von Gesetzesaussagen *(nomologische Hypothesen)* über einen bestimmten Gegenstandsbereich auf. Der Informationsgehalt (auch: empirischer Gehalt), den sie besitzen (sollen), ergibt sich u.a. aus der Eigenschaft, daß die behaupteten Zusammenhänge empirisch überprüft werden können. Insofern sind realwissenschaftliche Theorien stets dem Risiko des Scheiterns ausgesetzt (zu Relativierungen vgl. Abschn. II.3 und II.4).

Neben dem primär vom Erkenntnisinteresse geleiteten Streben, reale Phänomene verstehen bzw. erklären zu können, eröffnen sich weitere Verwendungsmöglichkeiten, die in einem engen Zusammenhang mit praktischen Interessen stehen. Von einer *Erklärung* wird gesprochen, wenn es gelingt, den interessierenden Sachverhalt (Explanandum) aus Gesetzesaussagen und konkreten Rand-, Anfangs- oder Anwendungsbedingungen (Explanans) logisch abzuleiten. Um eine wissenschaftliche *Prognose* handelt es sich, wenn mit Hilfe theoretischer Aussagen und ebenfalls unter Bezug auf konkrete Rand-, Anfangs- oder Anwendungsbedingungen ein künftiges Ereignis vorausgesagt wird. Schließlich sind Theorien auch *technologisch verwertbar.* In stark vereinfachter Form kann man diesen Umsetzungsprozeß als eine *tautologische Transformation* begreifen, womit natürlich nicht die gesamte Problematik der technologischen Verwendung theoretischen Wissens erfaßt, sondern lediglich ein logischer Aspekt herausgestellt wird. Zusätzlich sind insbesondere Probleme der Selektion und der in diesem Zusammenhang notwendigen schöpferischen Phantasie zu bedenken.

II. Führungsforschung in wissenschaftstheoretischer Perspektive

1. Wissenschaftstheoretische Einordnung der Führungsforschung

Im allgemeinen kann man davon ausgehen, daß Führung immer dann Bedeutung gewinnt, wenn Tätigkeiten von Personenmehrheiten planvoll geleitet, koordiniert und kontrolliert werden sollen. Aus dem Tatbestand, daß leitungs-, koordinations- und kontrollbedürftige Gemeinschaftsaufgaben praktisch seit Beginn der Menschheitsgeschichte zu verzeichnen sind, erklärt sich das frühe Interesse an diesem Phänomen (→*Geschichte der Führung – Altertum, – Industrialisierung, – Mittelalter und Frühe Neuzeit*). Der in Tätigkeiten von Personenmehrheiten lokalisierte Ursprung von Führung macht gleichzeitig deutlich, daß es sich um ein Phänomen handelt, das in verschiedenen Einzelwissenschaften eine Rolle spielt. Insofern kann von einem interdisziplinären Aspekt gesprochen werden.

Für die Beurteilung des bislang erreichten Standes der Führungsforschung sind die *Grundregeln einer realwissenschaftlichen Vorgehensweise* maßgebend. Ferner ist Führung ein in den *sozialwissenschaftlichen* (bzw. kultur- oder geisteswissenschaftlichen) *Bereich* fallendes Phänomen. Der sich aus dieser Festlegung ergebende *Minimalkonsens* kann darin gesehen werden, daß die erzielten bzw. zu erzielenden Erkenntnisse einen Bezug zur „Realität" der Führung als einem sozialen Aspekt haben müssen.

Die verschiedenen wissenschaftstheoretischen Standpunkte suchen diesen Bezug auf teilweise unterschiedliche Weise herzustellen (→*Wissenschaftstheoretische Grundfragen der Führungsforschung – Phänomenologie und Konstruktivismus*).

Soweit dabei das Erkenntnisinteresse (vgl. Abschn. I.2) eine Rolle spielt, geht es um ein grundlegendes Verstehen, um Erörterungen über den „Sinn" bzw. um Erklärungen von Führungsphänomenen sowie ggf. um darauf aufbauende Gestaltungsüberlegungen (vgl. Abschn. II.2). Daneben hat sich eine sehr pragmatische, ausschließlich an Gestaltungsfragen interessierte Betrachtungsweise entwickelt, die ihren deutlichsten Niederschlag in verschiedenen →*Führungstechniken;* →*Führungsprinzipien und -normen* findet.

2. Stand der Führungsforschung auf den ersten Blick

Der gegenwärtige Stand der Führungsforschung ist selbst für diejenigen, die sich damit professionell befassen, in seinem gesamten Spektrum nur schwer zu überblicken. Das hängt zum einen damit zusammen, daß auch hier die wissenschaftliche Spezialisierung längst Einzug gehalten und zu ganz verschiedenen Sichtweisen bzw. „Theorien" geführt hat (→*Führungstheorien – Attributionstheorie, – Austauschtheorie, – Charismatische Führung, – Eigenschaftstheorie, – Kontingenztheorie, – Machttheorie, – Rollentheorie, – Situationstheorie, – Soziale Lerntheorie, – Theorie der Führungssubstitution, – tiefenpsychologische, – Weg-Ziel-Theorie*). Teilweise lassen sich dabei ausgesprochene „Tendenzen zur Zerforschung" konstatieren (Schanz 1988, S. 133). Zum anderen sind massive Verwertungsinteressen im Spiel, was sich an den zahlreichen „Führungsmodellen" ablesen läßt (→*Delegative Führung;* →*Führungstheorien – Vroom/Yetton-Modell;* →*Verhaltensgitter der*

Führung (Managerial Grid); →*Zielsetzung als Führungsaufgabe*). Sie können als Indiz für den gelegentlich mit der Formulierung „Servilität der Führungsforschung" (*Neuberger* 1984, S. 69) umschriebenen Tatbestand gelten. Zumindest auf den ersten Blick erweckt die Führungsforschung den Eindruck eines desolaten Zustands.

3. Pluralistische Tendenzen in der Führungsforschung

Dieser Eindruck wird relativiert, wenn von einer prinzipiellen Fehlbarkeit der menschlichen Erkenntnis ausgegangen (*Popper* 1989; *Albert* 1968) und daraus die Konsequenz gezogen wird, daß es zweckmäßig ist, sich dem vielschichtigen Phänomen der Führung mit Hilfe *mehrerer* Standpunkte bzw. Theorien zu nähern. Weil man nie sicher sein kann, daß eine einzige Sichtweise die Realität zutreffend zu erfassen in der Lage ist, lohnt es sich offensichtlich, Alternativen bewußt zuzulassen bzw. deren Entwicklung normativ zu fordern. Damit ist gleichzeitig die als *theoretischer Pluralismus* bezeichnete wissenschaftstheoretische Position angesprochen (*Feyerabend* 1976; *Spinner* 1974).

Beiträge zu theoretischen und praktischen Fortschritten innerhalb der Führungsforschung sind von dieser Position allerdings nur dann zu erwarten, wenn die verschiedenen Führungsansätze, -theorien oder -modelle nicht unverbindlich nebeneinander existieren, sondern wenn die Forschungsbemühungen als aktive *Ideenkonkurrenz* organisiert sind. Auf der Grundlage wechselseitiger Kritik können Schwachstellen der jeweiligen Konzepte offengelegt und möglicherweise überwunden werden.

Der wissenschaftstheoretische Pluralismus stellt gleichzeitig eine Absage an jene nicht selten zu beobachtende totale Kritik dar. Das kommt besonders deutlich darin zum Ausdruck, daß das *Prinzip der Proliferation,* der Grundsatz also, zu existierenden Standpunkten Alternativen zu erfinden, durch ein *Prinzip der Bewahrung* ergänzt wird. Dieses sieht vor, momentan nicht besonders leistungsfähige (oder sich gerade nicht „in Mode" befindliche) Konzepte nicht vorschnell aus der Ideenkonkurrenz auszusondern bzw. zu „vergessen".

Ein Nebenergebnis dieser Problemsicht besteht in der Erkenntnis, daß es nicht ganz einfach ist, (Führungs-)Theorien zu falsifizieren bzw. mit rationalen Argumenten aus dem Wissenschaftsspiel zu eliminieren. Die folgenden Überlegungen werden diesen Aspekt weiter verdeutlichen.

4. Führungsforschung im Licht einer Methodologie wissenschaftlicher Erkenntnisprogramme

Als Technologie des Problemlösungsverhaltens muß die Wissenschaftstheorie den realen Bedingungen der Erkenntnisgewinnung Rechnung tragen. In diesem Zusammenhang erlangt die historische Rekonstruktion der Entwicklung wissenschaftlicher Leistungen Bedeutung. Eine derartige Hinwendung der Wissenschaftstheorie zur Wissenschaftsgeschichte hat sich in der jüngeren Vergangenheit vollzogen. Dabei stieß man auf den unübersehbaren Tatbestand, daß es keineswegs isolierte Theorien oder einzelne Teilfragen sind, die entworfen und auf ihre empirische Bewährung überprüft werden. Das Interesse der jeweiligen Fachvertreter pflegt sich vielmehr auf relativ breite Problemkomplexe zu konzentrieren, in die Theorien eingebettet sind (oder eingebettet werden können). Im Rahmen dieser neuen wissenschaftstheoretischen Orientierung spricht man von *Forschungsprogrammen* (*Lakatos* 1974), von *Paradigmen* (*Kuhn* 1976) oder auch von *Erkenntnisprogrammen* (*Albert* 1967) und erblickt darin die für methodologische Beurteilungen geeigneten Einheiten. Obwohl sich das diesbezügliche Interesse bislang vorrangig auf die Situation in den theoretisch fortgeschrittenen Naturwissenschaften bezogen hat, kann damit auch der Erkenntnisstand (und dessen Entwicklungsmöglichkeiten) in den Wirtschafts- und Sozialwissenschaften analysiert werden (*Schanz* 1977). Zur Beurteilung des gegenwärtigen Standes der Führungsforschung bildet die Methodologie wissenschaftlicher Erkenntnisprogramme einen idealen Ansatzpunkt.

Erkenntnisprogramme lassen sich zunächst durch gewisse *Leitideen* charakterisieren (*Bohnen* 1975). In ihnen kommt die grundsätzliche methodologische, theoretische und gelegentlich auch praktische Orientierung zum Ausdruck. Sie haben eine *heuristische Funktion,* indem der an der Verdeutlichung eines Programms arbeitenden Gemeinschaft von Wissenschaftlern die allgemeine Richtung vorgegeben wird. *Lakatos* unterscheidet in diesem Zusammenhang zwischen einer negativen und einer positiven Heuristik. Während erstere signalisiert, welche Pfade der Forschung zu vermeiden sind, liefert letzterer Hinweise auf erfolgversprechende Wege. Dabei ist zu beachten, daß derartige Regeln im Wissenschaftsbetrieb kaum explizit niedergelegt werden. Ihr forschungslenkender Einfluß wird aber implizit wirksam und kann im Rahmen einer *Rekonstruktion* sichtbar gemacht werden.

Was die erwähnten Leitideen anbelangt, so sind diese i.d.R. *metaphysischer Natur* und entziehen sich daher von vornherein einer unmittelbaren empirischen Überprüfung. Zwar handelt es sich um Aussagen über die Beschaffenheit der Realität; diese sind aber entweder so allgemein, daß sie an der Erfahrung nicht scheitern können, oder sie haben (in Form von „es gibt"-Sätzen) einen speziellen logischen Charakter, der dies von vornherein ausschließt. Der besondere Stellenwert solcher metaphysischer Ideen zeigt sich u. a. daran, daß sie die in ihrem Kontext entwickelten Theorien *überdauern* können, wenn sich letztere als Fehlentwicklungen erweisen. Die an der Verdeutlichung eines Erkenntnisprogramms arbeitenden Personen sind mithin nicht zwangsläufig an eine *bestimmte* realwissenschaftliche Theorie gebunden.

Im Licht dieser sowohl liberalen als auch kritischen wissenschaftstheoretischen Position erscheinen Teile der Führungsforschung, die gegenwärtig nahezu ausschließlich als völlig falsche Perspektiven dargestellt werden, *partiell verteidigungswürdig*. Das trifft beispielsweise sowohl für die sog. *Eigenschaftstheorie der Führung* (→*Führungstheorien – Eigenschaftstheorie*) als auch für die *Kontingenztheorie* oder die *Situationstheorie der Führung* (→*Führungstheorien – Kontingenztheorie, – Situationstheorie*) zu. Sie basieren auf forschungleitenden Grundannahmen, die sich logischer Gründe wegen nicht falsifizieren lassen (*Meleghy* 1980), die aber, unbeschadet verschiedener Fehlentwicklungen im Detail, nach wie vor als wichtige Orientierungspunkte für die Erforschung des komplexen Problems der Führung zu betrachten sind. Ähnlich kann im Hinblick auf weitere Ansätze bzw. Führungstheorien argumentiert werden. Das Ausmaß des Fortschritts der künftigen Führungsforschung dürfte nicht zuletzt davon abhängen, ob und inwieweit man dem bislang erreichten Erkenntnisstand mit einer ausgewogenen *Mischung von Toleranz und Kritik* gerecht wird.

Literatur

Albert, H.: Marktsoziologie und Entscheidungslogik. Neuwied a. Rhein et al. 1967.
Albert, H.: Traktat über kritische Vernunft. Tübingen 1968.
Albert, H.: Traktat über rationale Praxis. Tübingen 1978.
Bohnen, A.: Individualismus und Gesellschaftstheorie. Tübingen 1975.
Feyerabend, P.: Wider den Methodenzwang. Frankfurt/M. 1976.
Kuhn, T. S.: Die Struktur wissenschaftlicher Revolutionen. Frankfurt/M. 1967.
Lakatos, I.: Falsifikation und die Methodologie wissenschaftlicher Forschungsprogramme. In: *Lakatos, I./Musgrave, A.* (Hrsg.): Kritik und Erkenntnisfortschritt. Braunschweig 1974, S. 89–189.
Meleghy, T.: Die Kontingenztheorie effektiver Führung nach Fiedler. In: *Morel, J./Meleghy, T./Preglau, M.* (Hrsg.): Führungsforschung. Göttingen et al. 1980, S. 74–119.
Neuberger, O.: Führung. Stuttgart 1984.
Popper, K. R.: Conjectures and Refutations. London 1963.
Popper, K. R.: Logik der Forschung. 9. A., Tübingen 1989.
Schanz, G.: Grundlagen der verhaltenstheoretischen Betriebswirtschaftslehre. Tübingen 1977.
Schanz, G.: Erkennen und Gestalten. Stuttgart 1988.
Spinner, H.: Pluralismus als Erkenntnismodell. Frankfurt/M. 1974.

Wissenschaftstheoretische Grundfragen der Führungsforschung – Kritische Theorie

Peter Ulrich

[s. a.: Führungsethik; Führungsphilosophie und Leitbilder; Menschenbilder und Führung; Organisationskultur und Führung; Philosophische Grundfragen der Führung; Unternehmungsverfassung und Führung.]

I. *Kritik als rationale Argumentationsform;* II. *Entwicklungsstufen Kritischer Theorie;* III. *Perspektiven und praktische Implikationen kritischer Führungstheorie;* IV. *Zum Verhältnis von kritischer und verhaltenswissenschaftlicher Führungsforschung.*

I. Kritik als rationale Argumentationsform

Kritik bringt die wertende Einstellung und die Einwände einer Person zu einer Idee, einer Handlungsweise oder einem Tatbestand zur Sprache, sei es argumentativ (d. h. mit guten Gründen) oder bloß rhetorisch. Von diesem alltäglichen Begriff von Kritik als *sozialer Interaktionsform* (*Schülein* 1979) ist der strengere philosophische Begriff von Kritik als *rationaler Argumentationsform* zu unterscheiden; ihn nimmt auch die Kritische Theorie in Anspruch. ‚Kritisch' wird ein Denken oder Reden genannt, das sich seiner *normativen* Voraussetzungen (Kriterien, Wertstandards) bewußt ist und sich vorbehaltlos den Ansprüche ihrer argumentativen Begründung stellt.

Das Problem rationaler Kritik fällt methodisch mit dem Problem praktischer Vernunft, d. h. der (Letzt-)Begründung von Normen zusammen. Unbegründete Kritik ist beliebig und daher philosophisch und wissenschaftlich nichtig. Ein unbegrenzter Kritizismus im Sinne normativ begründungsfreier Kritik, wie sie der *Kritische Rationalismus* postuliert, ist logisch unmöglich (*Habermas* 1972; *Apel* 1973). Der Kritische Rationalismus fällt mit seinem naturalistisch verkürzten Verständnis von Kritik hinter Kant zurück.

Kant (1781, 1788) hat das kritische Denken mit seiner berühmten „kopernikanischen" Wendung philosophisch entfaltet, indem er erkannt hat, daß für die Lösung des Problems rationaler Begründung allein der Weg der *kritischen Selbstreflexion der Vernunft* offenbleibt, wenn jeder dogmatische oder dezisionistische Begründungsabbruch (bzw. der unendliche Regreß deduktiver Begründungsketten) vermieden werden soll: Da sich die kritische Vernunft des Menschen auf keine Instanz außerhalb ihrer selbst stützen kann, sind ihre normativen Grundlagen in den denknotwendigen *Bedingungen der Möglichkeit vernünftigen Argumentierens* selbst zu suchen. Kritik im Sinne Kants ist die Selbstkritik der Vernunft.

Die äußerste reflexiv einsichtige Voraussetzung kritischer Vernunft sieht *Kant* (1788) in der Idee der Freiheit des Willens und des selbstverantwortlichen Handelns des Menschen. Kritisch (vernünftig) denken und reden kann nur, wer nicht bevormundet wird und *mündig* ist, d. h. wer „für sich selbst spricht, weil er für sich selbst gedacht hat und nicht bloß nachredet" (*Adorno* 1971, S. 10). Von da her ist kritisches Denken das zentrale Postulat der *Aufklärung* und der auf ihr beruhenden Leitidee einer demokratischen Gesellschaft mündiger Bürger. Aufklärung als emanzipatorischer Prozeß zielt auf das kritische Aufdecken von Aberglaube, Täuschung, Ideologie und Bevormundung. Sie umfaßt damit sowohl die Ebene der Erkenntniskritik als auch die der Gesellschaftskritik.

II. Entwicklungsstufen Kritischer Theorie

In der systematischen Vermittlung von *emanzipatorischer Gesellschaftskritik* und *Erkenntniskritik* kann das aufklärerische Grundmotiv Kritischer Theorie gesehen werden (*Künzli* 1970/71). Es geht um den methodischen Versuch, praktische Vernunft in die gesellschaftliche Lebenspraxis zu bringen. In dem Maß, wie die Praxis der fortgeschrittenen Industriegesellschaft der (unkritisch vorangetriebenen) Verwissenschaftlichung unterliegt, rückt die Wissenschaftskritik selbst ins Zentrum der Gesellschaftskritik.

Unter dieser Leitidee lassen sich bisher im wesentlichen zwei Entwicklungsstufen der Kritischen Theorie unterscheiden: die frühere Kritische Theorie der sog. Frankfurter Schule (*Horkheimer, Adorno, Marcuse* u. a.), und die sprachpragmatisch gewendete Konzeption von Habermas.

1. Die Kritische Theorie der Frankfurter Schule

Der Begriff der Kritischen Theorie ist von *Horkheimer* (1937) geprägt worden, in Abgrenzung sowohl gegenüber der „traditionellen Theorie" als auch gegenüber dem Marxschen Paradigma der Kritik der politischen Ökonomie. Angesichts der totalitären Entartungen sowohl der bürgerlichen Gesellschaften (Faschismus) als auch des Marxismus galt es, die Gesellschaftskritik tiefer und umfassender anzusetzen, um die gesellschaftliche Entwicklungsdynamik zu verstehen, die das kritisch-emanzipatorische Potential der Aufklärung im Sinne Kants in sein Gegenteil verkehren konnte. Die *„Dialektik der Aufklärung"* (*Horkheimer/Adorno* 1947), die *„Kritik der instrumentellen Vernunft"* (*Horkheimer* 1947) und schließlich *„Der eindimensionale Mensch"* (*Marcuse* 1967) können als die Kulminationspunkte der Frankfurter Schule gelten. Ihr Paradigmakern baut wesentlich auf *Max Webers* Theorie des weltgeschichtlichen Rationalisierungsprozesses auf (speziell *Marcuse* 1965). Durch den schrittweisen Übergang vom Marxschen zum Weberschen Paradigma entfaltet die Frankfurter Schule eine umfassende Technokratiekritik der modernen Industriegesellschaft.

Die *methodische Grenze* und fundamentale Schwäche dieser Kritik kann darin gesehen werden, daß sie in der Tradition Webers (ebenso wie Marxens) selbst noch einem „eindimensionalen" Konzept des historischen Rationalisierungsprozesses verhaftet bleibt. Deshalb ist Horkheimer, Adorno und Marcuse der methodische Zugang zu der von ihnen selbst vage postulierten „anderen Rationalität" (*Marcuse* 1967, S. 181) und damit zu einem tragfähigen normativen Fundament rationaler Kritik versperrt.

2. Kritische Theorie als sprachpragmatisch fundierte Theorie gesellschaftlicher Rationalisierung (Habermas)

Es blieb *Jürgen Habermas* vorbehalten, über den „steinigen Weg immanenter Wissenschaftskritik" (1981, Bd. 1, S. 502 f.) ein unverkürztes Paradigma gesellschaftlicher Rationalisierung und Verwissenschaftlichung aufzudecken. Kritische Theorie ist für ihn zunächst der methodische Versuch, das selbstreflexive Moment kritischer Vernunft (im Sinne Kants) gegen die dominierende Wissenschaftstheorie des Kritischen Rationalismus zur Geltung zu bringen.

„Meine Kritik richtet sich nicht gegen die Forschungspraxis strikter Erfahrungswissenschaften, auch nicht gegen die einer verhaltenswissenschaftlichen Soziologie – soweit es sie gibt... Meine Kritik richtet sich ausschließlich gegen die positivistische Deutung solcher Forschungsprozesse... *Popper* reflektiert das technische Erkenntnisinteresse nicht, ja er wehrt pragmatische Auffassungen entschieden ab" (*Habermas* 1972, S. 235 ff.).

„Daß wir Reflexion verleugnen, *ist* der Positivismus." (*Habermas* 1973, S. 9).

Da der Kritische Rationalismus seine Bezüge zu lebenspraktischen „Erkenntnisinteressen" (*Max Weber* 1904!) ausblendet, erliegt er dem Selbstmißverständnis, reine, wertfreie Theorie hervorzubringen, die allenfalls praktisch *anwendbar* sei. In pragmatischer Deutung läßt sich empirisch-analytische Wissenschaft dagegen als methodisch disziplinierter Prozeß der Gewinnung von technologischem *Verfügungswissen* deuten. Das verdeckte normative Fundament des Kritischen Rationalismus ist das erkenntnisleitende Interesse an der technischen Verfügbarmachung und Kontrolle von Objekten (*Habermas* 1968). Das setzt Erkenntnisse über empirische Wirkungszusammenhänge (Naturgesetze) im Umgang mit Objekten voraus.

Der *Szientismus* überträgt dieses naturwissenschaftlich-technologische Erkenntnisinteresse unkritisch auf den sozialen Bereich. Szientistische Sozialwissenschaft versteht sich als wertfreie Theorie, der die *sozialtechnische* Anwendbarkeit bloß nachgeordnet sei. In Wirklichkeit liegt der Suche nach sozialwissenschaftlichen „Gesetzen" das pragmatische Interesse an der Verfügung von Menschen über Menschen immer schon zugrunde, bewußt oder unbewußt. Die unreflektierte Ausdehnung des technischen Rationalitätsmusters auf den Bereich sozialer Interaktion fördert *technokratische* Bewußtseins- und Machtstrukturen, in denen die sozialtechnologische Rationalisierung der Gesellschaft gedanklich zu einer „falschen Totalität" (*Habermas* 1981, Bd. 1, S. 491) wird. Zwar ist eine komplex organisierte Gesellschaft auf ein bestimmtes Maß an sozialtechnologischer Steuerung ihrer arbeitsteiligen Prozesse durchaus angewiesen; es kommt in einer freiheitlichen Gesellschaft jedoch darauf an, daß entsprechende Verfügungsrechte von Menschen über Menschen durch herrschaftsfreie Verständigung unter den Beteiligten bzw. Betroffenen demokratisch legitimiert sind und damit grundsätzlich aufhebbar bleiben.

Aus dem pragmatischen Interesse an der freien Verständigung zwischen *mündigen* (münd-igen!) Bürgern leitet *Habermas* (1968) das von *Horkheimer*, *Adorno* und *Marcuse* nicht gefundene „andere" Paradigma gesellschaftlicher Rationalisierung ab: die *regulative Idee der rationalen Konsensfindung* in „entschränkter" Kommunikation *(Diskurs)*, in der allein „der eigentümlich zwanglose Zwang des besseren Argumentes" herrscht (*Habermas* 1971, S. 137). Konstitutiv für die ideale Diskurssituation ist die wechselseitige Anerkennung der Beteiligten als Argumentationssubjekte. Der kontrafaktische Vorgriff auf eine ideale Verständigungssituation ist als *unausweichliche* Unterstellung jedes ernsthaften Argumentationsversuchs zu verstehen. Das jeder argumentativen Rede immer schon implizite Ziel der vernunftgeleiteten Verständigung läßt sich nämlich rational nicht bestreiten, da jeder, der dagegen zu argumentieren beginnt, es durch sein Tun gerade voraussetzt und damit in einen pragmatischen Selbstwiderspruch gerät. Dieses *Apriori der idealen Kommunikationsgemeinschaft* (*Apel* 1973) kann daher als nicht bezweifelbares normatives Fundament praktischer Vernunft – und damit kritischer Sozialwissenschaft – begriffen werden. Damit ist eine sprachpragmatische Transformation der Kantschen Idee der reflexiven Selbstbegründung kritischer Vernunft vollzogen.

Die pragmatische Leitidee kritischer Sozialwissenschaft ist es folgerichtig, im Spannungsfeld zwischen dem normativen Apriori der idealen Argumentationsgemeinschaft und den (nie idealen) realen gesellschaftlichen Kommunikationsverhältnissen methodisch zu vermitteln, indem sie einerseits die Beschränkungen und Verzerrungen dieser realen Verhältnisse empirisch-historisch rekonstruiert und andererseits möglichen Fortschritten in der *kommunikativen Rationalisierung* gesellschaftlicher Institutionen die Richtung weist. In diesem Sinn rekonstruiert *Habermas'* „*Theorie des kommunikativen Handelns*" (1981) das historisch sich entfaltende Spannungsverhältnis zwischen Prozessen der Funktionsrationalisierung relativ autonomer gesellschaftlicher *Subsysteme* (Wirtschaft, Staat, Wissenschaft), wie sie sich in der modernen Industriegesellschaft herausgebildet haben, und Prozessen kommunikativer Rationalisierung der sozialen *Lebenswelt* (→*Wissenschaftstheoretische Grundfragen der Führungsforschung – Phänomenologie und Konstruktivismus*).

III. Perspektiven und praktische Implikationen kritischer Führungstheorie

Auf dem Hintergrund des zweidimensionalen Paradigmas gesellschaftlicher Rationalisierung läßt sich der herkömmliche betriebswirtschaftliche Rationalisierungsbegriff unschwer als technizistisch verkürzt durchschauen. Vom *Scientific Management* F. W. *Taylors* (1911) bis hin zu umfassenden Konzepten der →*strategischen Führung* ist die Verwissenschaftlichung des Managements weitgehend eindimensional als sozialtechnische Rationalisierung der *Planungs-, Entscheidungs-, Führungs-, Organisations- und Kontrolltechniken* (→*Kontrolle und Führung*) verstanden und vorangetrieben worden. Unternehmensführung im allgemeinen wurde vorwiegend als Problem der *Systemsteuerung* (systemorientierte Managementlehre), die Mitarbeiterführung im besonderen als Problem der *Verhaltenssteuerung* aufgefaßt (verhaltenswissenschaftlicher Ansatz).

Die möglichen kontraproduktiven Effekte überschießender sozialtechnischer System- und Verhaltenssteuerung auf Erfolgsvoraussetzungen des Managements, die nur in *kommunikativen Verständigungsprozessen* gesichert werden können, lassen sich im Rahmen der herkömmlichen Führungstheorien und Führungskonzepte (→*Führungskonzepte und ihre Implementation*) in der Regel nicht als Symptome eines systematischen Rationalitätsdefizits der Führung verstehen. Zeittypische Akzeptanz-, Motivations-, Legitimations- und Effizienzprobleme der Unternehmensführung dürften weniger auf einem Mangel an funktionsrationalen →*Führungstechniken* beruhen als vielmehr gerade ihre Folgen sein. Werden sie dennoch „eindimensional" durch den Einsatz von immer noch *mehr* Sozialtechnologien bekämpft, so droht ein *technokratischer Circulus vitiosus*. Es kommt zu „pathologischen" Auswirkungen auf die *nor-*

mative *Sozialintegration* des Unternehmens nach innen (Mitarbeiter) und außen (externe Bezugsgruppen). In der sozialen „Lebenswelt" des Unternehmens beginnt die *Unternehmenskultur* (→*Organisationskultur und Führung*) ihre zuvor für selbstverständlich gehaltenen Funktionen der Handlungs- und Sinnorientierung zu versagen. Damit werden zugleich die Grenzen technokratischer „Komplexitätsbeherrschung" in sozialen Systemen offenkundig (*Ulrich* 1984).

Eine kritische Führungstheorie auf der Grundlage des Habermas'schen Paradigmas kann den Ansatz für ein unverkürztes Verständnis der *Rationalitätsproblematik der Führung* bieten. Neben die Dimension sozialtechnologischer Führungsmethoden tritt gleich- oder vorrangig die Dimension *kommunikativer Rationalisierung der Führungskonzeption*, in der es um den Aufbau und die Pflege tragfähiger *Verständigungspotentiale* geht, d. h. um die Entwicklung der strukturellen und kulturellen Voraussetzungen für die argumentative Konsensfindung über konfligierende Wertvorstellungen, Interessen und Ansprüche mit allen internen und externen Gruppen, auf deren Kooperationsbereitschaft die Unternehmung zur Existenz- und Erfolgssicherung angewiesen ist. Verschiedene bereits entwickelte Ansätze *konsensorientierter Führung* (wie →*Organisationsentwicklung und Führung*; →*Selbststeuernde Gruppen, Führung in*) lassen sich überhaupt erst in der kommunikativen Dimension als systematische Ansätze rationalen Managements erfassen (*Ulrich* 1983).

Die regulative Idee der idealen Kommunikationsgemeinschaft verweist auf die Voraussetzungen fairer und vernünftiger Verständigung. Als kontrafaktische Leitidee kann sie freilich immer nur annäherungsweise in Praxis umgesetzt werden; sie zeigt die Richtung, in der pragmatische Verbesserungen stets noch möglich sind, beispielsweise in folgenden Spannungsfeldern zwischen der kommunikativen und der sozialtechnologischen Rationalisierungsperspektive der Führung:

(1) *Handlungsvereinbarung vs. Verhaltenssteuerung*: Statt nur als einseitige Verhaltensbeeinflussung kann Führung als dialogischer Prozeß der Verständigung über situationsgerechte Handlungsfreiräume und Methoden der Handlungskoordination begriffen werden. Die Geführten werden als intentional handelnde Subjekte ernst genommen (→*Führungsethik*), nicht bloß als außengesteuerte Objekte aufgefaßt. Das hat weitreichende Konsequenzen für zeitgemäße betriebswirtschaftliche Rationalisierungskonzepte (*Ulrich* 1991).

(2) *Sinnerfüllung vs. Motivation*: Objektivistische Motivationstheorien werden durchschaubar als verhaltenswissenschaftliche Konstrukte im Hinblick auf die sozialtechnologische Lösung des Sinnproblems in einer Arbeitswelt, deren traditionelle Sinnzusammenhänge durch (neo-)tayloristische Systemrationalisierung weitgehend zerstört worden sind. Äußerlich stimulierte Motivation dient als funktionalistisches Surrogat für den ausfallenden Eigen-Sinn der Arbeit (*Sievers* 1986). Sinn kann jedoch nicht sozialtechnologisch erzeugt werden (*Hartfelder* 1984). Es kommt statt dessen vermehrt auf die Entwicklung kommunikativ erzielter *Sinngemeinschaft* (Konsens) an.

(3) *Konsensorientierte vs.* →*symbolische Führung*: Modische Ideen einer „symbolischen Führung" versuchen aus der Not der Desillusionierung eines technokratischen Führungsverständnisses die Tugend einer mythologischen Konzeption nichtrationaler Führung zu machen. Als rationale Alternative zu diesen „archaischen" (und tendenziell zynischen) Ansätzen erweist sich die Idee der konsensorientierten Führung; sie eröffnet u. a. die Möglichkeit der kritischen Selbstreflexion der Führungskräfte bezüglich des symbolischen Gehalts ihres Wirkens und des konsensuellen Umgangs mit bewußt gepflegten Symbolen und Ritualen. Es geht um ein kulturbewußtes Management, nicht um ein technokratisches Management der Unternehmenskultur (*Ulrich* 1984, 1993b).

(4) *Dialogische vs. monologische Unternehmenspolitik*: Die gängige Verkürzung von Unternehmenspolitik auf strategische Unternehmensführungstechnik („policies" statt „politics") wird überwunden und Unternehmenspolitik als Politik der Unternehmung einem kritischen Verständnis zugänglich (*Kappler* 1976; *Ulrich* 1980). Die „monologische" Idee der sozial verantwortlichen Unternehmensführung (Entscheiden *für* die Betroffenen) wird abgelöst durch die regulative Idee eines fairen unternehmenspolitischen Dialogs (Entscheiden *mit* den Betroffenen). Die dafür notwendige Entschränkung der unternehmenspolitischen Kommunikationssituation verweist auf die regulative Idee einer „offenen", grundrechteorientierten Unternehmensverfassung (→*Unternehmungsverfassung und Führung*; *Kappler* 1980b; *Ulrich* 1993a).

IV. Zum Verhältnis von kritischer und verhaltenswissenschaftlicher Führungsforschung

Die kritische Führungstheorie, wie sie hier in Ansätzen skizziert wurde, versteht sich nicht als erschöpfende Alternative, sondern als *komplementär* zur verhaltenswissenschaftlichen Führungstheorie. So nachdrücklich sie auf die theoretischen und praktischen Defizite einer eindimensionalen Konzeption von Führung als sozialtechnologischer System- und Verhaltenssteuerung aufmerksam macht, so sehr geriete sie in Widerspruch zum selbstreflexiven Moment kritischer Vernunft, würde sie Führung ihrerseits auf eine eindimensionale Konzeption kommunikativer Verständigung reduzieren.

Der kritische Ansatz läßt dem verhaltenswissenschaftlichen Ansatz seine Berechtigung als theoretische Erklärungsmethode, soweit menschliches Tun tatsächlich den Charakter außengeleiteten, quasi-natürlichen *Verhaltens* hat. Es gibt jedoch, soweit der Mensch ein Kulturwesen ist, keine invarianten sozialen Verhaltensgesetze. Die Grenzen quasi-natürlichen Verhaltens sind auch die Grenzen verhaltenstheoretischer Erklärung und sozialtechnologischer Verhaltenssteuerung. Aus kritischer Perspektive werden diese Grenzen weniger als theoretisches Problem denn als praktische

Chance begriffen: Nicht-reflektiertes Verhalten kann potentiell in argumentationsvorbereitetes *Handeln* übergeführt werden (*Schreyögg/Steinmann* 1980). Die kritische Führungsforschung stellt erkannte empirische Verhaltensregelmäßigkeiten (soweit es sie gibt) nicht in den Dienst ihrer sozialtechnologischen Anwendung und Stabilisierung für beliebige vorgegebene Zwecke, sondern dient ihrer diskursiven Hinterfragung und potentiellen Aufhebung in einer aufgeklärten Kooperationsform, die durchaus auch den konsensuell legitimierten Einsatz von Sozialtechnologien einschließt. Kritischer Führungsforschung kommt es jedoch darauf an, nicht als „Verfügungswissenschaft" zur bedingungslosen Ausweitung der Verfügung und Kontrolle von Menschen über Menschen zu fungieren, sondern „*Verständigungswissenschaft*" (*Apel* 1973) zu sein, die auf das vernünftige Zusammenarbeiten mündiger Bürger zielt und diese entsprechend „zu Wort" kommen läßt.

Literatur

Adorno, Th. W.: Kritik. In: *Adorno, Th. W.* (Hrsg.): Kritik. Kleine Schriften zur Gesellschaft. Frankfurt/M. 1971, S. 10–19.
Apel, K.-O.: Transformation der Philosophie, Bd. 2: Das Apriori der Kommunikationsgemeinschaft. Frankfurt/M. 1973.
Bormann, C. von: Kritik. In: *Krings, H./Baumgartner, H. M./Wild, C.* (Hrsg.): Handbuch philosophischer Grundbegriffe. München 1973, S. 807–823.
Brunkhorst, H.: Paradigmakern und Theoriendynamik der Kritischen Theorie der Gesellschaft. In: SW, 1983, S. 22–56.
Habermas, J.: Technik und Wissenschaft als ‚Ideologie'. Frankfurt/M. 1968.
Habermas, J.: Vorbereitende Bemerkungen zu einer Theorie der kommunikativen Kompetenz. In: *Habermas, J./Luhmann, N.* (Hrsg.): Theorie der Gesellschaft oder Sozialtechnologie – Was leistet die Systemforschung? Frankfurt/M. 1971, S. 101–141.
Habermas, J.: Gegen einen positivistisch halbierten Rationalismus. In: *Adorno, Th. W./Dahrendorf, R./Pilot, H.* et al.: Der Positivismusstreit in der deutschen Soziologie. 2. A., Darmstadt/Neuwied 1972, S. 235–266.
Habermas, J.: Erkenntnis und Interesse. Mit einem neuen Nachwort. Frankfurt/M. 1973.
Habermas, J.: Moralbewußtsein und kommunikatives Handeln. Frankfurt/M. 1983.
Habermas, J.: Theorie des kommunikativen Handelns. 2 Bde., Frankfurt/M. 1981.
Hartfelder, D.: Management als Sinnvermittlung? In: DU, 1984, S. 373–395.
Horkheimer, M.: Eclipse of Reason. New York 1947. Dt.: Zur Kritik der instrumentellen Vernunft. Frankfurt/M. 1967.
Horkheimer, M.: Kritische Theorie. 2 Bde., hrsg. v. *Schmidt, A.* Frankfurt/M. 1968.
Horkheimer, M.: Traditionelle und kritische Theorie. In: Zeitschrift für Sozialforschung, 1937, S. 245–294.
Horkheimer, M./Adorno, Th. W.: Dialektik der Aufklärung. Amsterdam 1947.
Kant, I.: Kritik der praktischen Vernunft. Riga 1788.
Kant, I.: Kritik der reinen Vernunft. Riga 1781.
Kappler, E.: Zum Theorie-Praxis-Verhältnis einer noch zu entwickelnden kritischen Theorie der Betriebswirtschaftspolitik. In: *Ulrich, H.* (Hrsg.): Zum Praxisbezug der Betriebswirtschaftslehre in wissenschaftstheoretischer Sicht. Bern, Stuttgart 1976, S. 107–133.
Kappler, E.: Brauchen wir eine neue Betriebswirtschaftslehre? Vorbemerkungen zur kritischen Betriebswirtschaftslehre. In: *Bartölke, K./Wächter, H./Briefs, U.* et al. (Hrsg.): Betriebswirtschaftl. Probleme der Mitbestimmung. 2. A., Frankfurt/M. 1980a, S. 177–201.
Kappler, E.: Grundwerte und Grundrechte in der Unternehmensverfassung. In: *Kappler, E.* (Hrsg.): Unternehmensstruktur und Unternehmensentwicklung. Freiburg i. Br. 1980b, S. 290–307.
Künzli, A.: Die „Kritische Theorie": Versuch einer Vermittlung zwischen Erkenntnis und Gesellschaft. In: Studia Philosophica, 1970/71, S. 60–79.
Marcuse, H.: Industrialisierung und Kapitalismus im Werk Max Webers. In: *Marcuse, H.:* Kultur und Gesellschaft 2. Frankfurt/M. 1965, S. 107–129.
Marcuse, H.: Der eindimensionale Mensch. Darmstadt, Neuwied 1967.
Schreyögg, G./Steinmann, H.: Wissenschaftstheorie. In: *Grochla, E.* (Hrsg.): HWO. 2. A., Stuttgart 1980, Sp. 2394–2404.
Schülein, J. A.: Soziologische und sozialpsychologische Aspekte von Kritik. In: SW, 1979, S. 246–255.
Sievers, B.: Beyond the Surrogate of Motivation. In: OS, 1986, S. 335–351.
Taylor, F. W.: The Principles of Scientific Management. New York 1911.
Ulrich, P.: Konsensus-Management: Die zweite Dimension rationaler Unternehmensführung. In: BFuP, 1983, S. 70–84.
Ulrich, P.: Plädoyer für unternehmungspolitische Vernunft. In: IO, 1980, Nr. 1, S. 32–38.
Ulrich, P.: Systemsteuerung und Kulturentwicklung. In: DU, 1984, S. 303–325.
Ulrich, P.: Betriebswirtschaftliche Rationalisierungskonzepte im Umbruch – neue Chancen ethikbewußter Organisationsgestaltung. In: DU, 1991, S. 146–166.
Ulrich, P.: Transformation der ökonomischen Vernunft. Fortschrittsperspektiven der modernen Industriegesellschaft. 3. A., Bern/Stuttgart/Wien 1993a.
Ulrich, P.: Unternehmenskultur. In: HWB. 5. A., Stuttgart 1993b, Sp. 4351–4366.
Weber, M.: Die „Objektivität" sozialwissenschaftlicher und sozialpolitischer Erkenntnis. In: Archiv für Sozialwissenschaft u. Sozialpolitik, 1904. Wiederabgedr. in: *Weber, M.* (Hrsg.): Gesammelte Aufsätze zur Wissenschaftslehre. 4. A., Tübingen 1973, S. 146–214.
Wellmer, A.: Praktische Philosophie und Theorie der Gesellschaft. Zum Problem der normativen Grundlagen einer kritischen Sozialwissenschaft. Konstanz 1979.

Wissenschaftstheoretische Grundfragen der Führungsforschung – Phänomenologie und Konstruktivismus

Bernd Schauenberg/Silvia Föhr

[s. a.: Empirische Führungsforschung, Methoden der; Organisationskultur und Führung;

Sprache in der Führung; Symbolische Führung; Wissenschaftstheoretische Grundfragen der Führungsforschung.]

I. Interpretative Perspektiven; II. Grundzüge der Phänomenologie und des Konstruktivismus; III. Phänomenologische und konstruktivistische Ansätze in der Führungsforschung; IV. Probleme und Konsequenzen.

I. Interpretative Perspektiven

In den Sozialwissenschaften, in der Organisationstheorie und ansatzweise auch in der Führungsforschung werden in den letzten beiden Jahrzehnten immer mehr interpretative Ansätze verwendet. Man kann inzwischen schon von einer übergreifenden interpretativen Perspektive, wohl auch schon von einem interpretativen *Paradigma* (*Wollnik* 1993) sprechen. Gemeinsam ist diesen Ansätzen, daß sie an einer dem Menschen objektiv vorgegebenen, von seinen eigenen Handlungen unabhängigen Wirklichkeit zweifeln. Gemeinsam ist ihnen zudem, daß sie an den subjektiven Determinanten des Handelns von Akteuren ansetzen. Diese Determinanten sollen durch *Interpretationen* (oder auch Deutungen oder Konstruktionen) aufgedeckt werden. Das hat weitreichende Konsequenzen. Da sich das Handeln von Akteuren immer auch auf andere Akteure, auf *Interaktionen* bezieht, können in ihm Verhaltensregularitäten und damit auch soziale Ordnung angelegt sein. Ohne *Kommunikation* (→*Sprache in der Führung*) zwischen den Akteuren können Verhaltensregularitäten nicht entstehen und vor allem Interpretationen nicht auf ihre Brauchbarkeit hin überprüft werden. Von „objektiver" Wirklichkeit kann dann nur und insoweit gesprochen werden, wie Interpretationen einzelner Akteure von anderen geteilt werden. Damit verändert sich nicht zuletzt auch die Rolle von Wissenschaft, die ebenso wie die Akteure selbst mit ihren Interpretationsversuchen an Bestätigung durch Kommunikation gebunden ist. Deshalb werden von Vertretern interpretativer Ansätze auch regelmäßig qualitative Methoden (→*Empirische Führungsforschung, Methoden der*), vor allem *teilnehmende Beobachtung* und *offene Interviews*, gewählt. Interpretative Ansätze sind an ganz unterschiedlichen Theorien orientiert (*Wollnik* 1993). Die Orientierung an der Phänomenologie hat eine lange Tradition. Die Orientierung am Konstruktivismus ist jüngeren Datums (*Probst* 1987a), möglicherweise auch nicht evident, kann aber durchaus angenommen werden (*Kasper* 1987; *Klimecki/ Probst* 1990).

II. Grundzüge der Phänomenologie und des Konstruktivismus

Phänomenologische Arbeiten gehen auf das Werk von *Edmund Husserl* (1859–1938) zurück (*Husserl* 1982). *Husserl* suchte nach sicheren Grundlagen menschlicher Erkenntnis. An die Stelle der *klassischen Evidenzlehre* (→*Wissenschaftstheoretische Grundfragen der Führungsforschung*) setzte er ein Verfahren, das von der Wahrnehmung und dem Handeln der Menschen möglichst *unabhängig* sein sollte. Da Wahrnehmung nicht ohne Bewußtsein denkbar sein kann, Bewußtsein sich aber stets auf etwas beziehen und deshalb *intentional* sein muß, mußte er zudem von allen denkbaren Einflüssen auf die Intention abstrahieren. Für die Verbreitung phänomenologischer Ansätze sorgten die Arbeiten von *Alfred Schütz* (1899–1959) zunächst in den USA, später auch in Europa (*Schütz* 1974; *Brauner* 1978). *Schütz* wollte soziale Zusammenhänge, ausgehend von im Alltag bewußt handelnden Akteuren, analysieren. Handeln ist für ihn nur über den Sinn verstehbar, der den Handlungen von handelnden Akteuren selbst zugesprochen wird. Von vorrangiger Bedeutung sind die lebensweltlichen Erfahrungen der handelnden Personen. In ihnen spiegelt sich nicht nur das jeweilige individuelle Schicksal mit seinen besonderen biographischen Momenten wider, sondern auch das individuelle Erleben von gesellschaftlichen Regeln, Traditionen und Institutionen. Der Versuch, Handlungen zu verstehen, ermöglicht dem Forscher demnach auch einen Zugriff auf jene Vorkehrungen, die gesellschaftliche und/oder organisatorische Ordnung erst ermöglichen.

Phänomenologie und das Lebenswerk von *Schütz* bilden einen wesentlichen Hintergrund interpretativer Arbeiten (*Wollnik* 1993). Zu bemerkenswerten organisationstheoretischen Anwendungen kam es durch die hauptsächlich durch *Garfinkel* (1967) und *Cicourel* (1974) begründete *Ethnomethodologie*. Ethnomethodologen sind an jenen Verfahren und Methoden interessiert, die von Menschen im Alltag eingesetzt werden, um für sich und andere Ordnung zu schaffen. In diesem Alltagshandeln decken „normally competent members of society" (*Bittner* 1973, S. 268) genau jenes Hintergrundwissen auf, das die Schaffung von Ordnung erst ermöglicht. In Organisationen bildet die Formalstruktur der Organisation, die *Regeln der Organisation*, einen Rahmen, der von den Akteuren interpretiert wird. Handeln in Organisationen hängt dann nicht nur von den Regeln, sondern auch von den Interpretationen, Interaktionen und Kommunikationen der beteiligten Akteure ab (→*Selbststeuerungskonzepte*).

Konstruktivismus bezeichnet insbesondere in der deutschen Literatur zwei Denkansätze – die Erlanger Schule und den Radikalen Konstruktivismus (*Janisch* 1992). Nur der letztere soll hier behandelt werden. Dieser Denkansatz ist in einem interdisziplinären Diskussionszusammenhang aus der theoretischen *Kybernetik* heraus entwickelt und inzwischen in fast alle Einzelwissenschaften getragen worden. Konstruktivisten lehnen die Vorstellung davon, daß es eine objektive (d. h. von den Menschen unabhängige) Wirklichkeit gibt, radikal ab. Erkennen ist für sie nur als zweckorientiertes Konstruieren (bzw. Interpretieren, *Schmidt* 1987, S. 18) der Wirklichkeit möglich. Konstruktionen werden über das Vermuten von Regelmäßigkeiten im Alltag gewonnen. Über die individuelle Akzeptanz von Konstruktionen entscheidet ihre *Brauchbarkeit*, ihre Viabilität (*Glasersfeld* 1990). Über Interaktions- und Kommunikationsprozesse vermittelt, *können* Konstruktionen verallgemeinert werden. Von besonderem Interesse sind konstruktivistische Thesen zu Selbstorganisationsprozessen (→*Selbststeuerungskonzepte*). Ausgehend von naturwissenschaftlichen Erkenntnissen über die Entstehung von Ordnung in dynamischen Systemen aus (nachhaltigen) Ungleichgewichten heraus wird versucht, die Mechanismen der Konstruktion von Ordnung in solchen Systemen aus dem Verhalten des Systems selbst zu erklären (*Paslack* 1992). Organisation bezieht sich damit nicht nur auf den Tatbestand, daß in dem betreffenden System Ordnung von einem Organisationsgestalter hergestellt wird, sondern auch darauf, daß die Bedingungen der Organisation von dem Organisationsgestalter beeinflußt werden können, also Selbstreferenz vorliegt. Daraus folgt natürlich auch, daß für Konstruktivisten der Organisationsgestalter darüber entscheiden kann, ob und inwieweit er Prozesse der *Selbstorganisation* toleriert, begünstigt oder behindert (*Probst* 1987a). Wesentlich ist es, diejenigen Mechanismen möglichst präzise zu bestimmen, die bei Selbstorganisation zur Entstehung von Ordnung führen (*Krohn/Küppers* 1989).

III. Phänomenologische und konstruktivistische Ansätze in der Führungsforschung

An den klassischen Fragen der Führungsforschung, vor allem am Zusammenhang von Führungsstil und Erfolg, sind die Vertreter interpretativer Ansätze nicht mehr interessiert. Statt dessen fragt man nach den Bedingungen der Möglichkeiten von Führung, nach dem Stellenwert von Interpretationsleistungen in immer kommunikativ ablaufenden Interaktionsprozessen zwischen Führer und Geführtem.

Phänomenologisch inspirierte Ansätze setzen sich fast immer kritisch mit der Reichweite von Regeln der *formalen Organisationsstruktur* auseinander. Sie zweifeln daran, daß das, was Führer unter Regeln verstehen, mit den Interpretationen der Geführten übereinstimmen kann. *Bittner* (1973) weist darauf hin, daß Handeln für die Geführten erst über eine Interpretation der Regeln möglich werden kann. *Zimmermann* (1973) weist in einer empirischen Untersuchung nach, daß situations*un*abhängig formulierte (also allgemeine und abstrakte) Regeln *erst* durch die Interpretationsleistung von Akteuren an neue Situationen angepaßt werden. Wenn diese Akteure über hinreichend viel Erfahrung verfügen und den Sinn der Regeln verstehen, wird es erst durch Abweichungen von den Regeln möglich, den eigentlichen „Sinn" der Regeln zu bewahren (→*Effizienz der Führung*). *Roy* (1973) weist ähnliche Effekte in einer Organisation nach, die den Akteuren in einer hochgradig monotonen Arbeitssituation erheblichen Spielraum belassen hat. Als Ergebnis einer längeren teilnehmenden Beobachtung beschreibt er, wie es die Akteure erreichen, durch Interpretationen ihrer Arbeitssituation – die Etablierung von Aufmerksamkeit bindenden Interaktionsritualen u. ä. – die monotone Arbeitssituation für sich erträglich zu gestalten. Im Extrem können solche Forschungsansätze dazu führen, daß erste Beobachtungen und Interpretationen *nach* teilnehmender Beobachtung vollkommen aufgegeben werden müssen. Über ein bemerkenswertes Beispiel berichtet *Clegg* (1987):

Auf einer Großbaustelle arbeitet unter der Aufsicht eines Bauleiters eine Arbeitsgruppe einer Fremdfirma. Ein Forscher beobachtet, daß der Sprecher der Arbeitsgruppe bei strahlendem Sonnenschein eine Schlechtwettersituation konstatiert und sich mit seiner Gruppe ohne das Eingreifen des Bauleiters zu einer Pause begibt. Das spontane Urteil des Beobachters erweist sich nach teilnehmender Beobachtung als falsch: Die Arbeitsgruppe wird leistungsabhängig bezahlt. Der Bauleiter hat nicht für eine ausreichende Versorgung mit Baumaterial gesorgt. Die Arbeitsgruppe kann sich nur durch einen Rückgriff auf die Schlechtwetterregel dagegen wehren, daß aus einer Fehlleistung des Managements ein negativer Einfluß auf ihre Entlohnungsgrundlage ausgeübt wird. Dies wiederum wird vom Bauleiter toleriert, der um die eigene Verantwortung für das Handeln der Arbeitsgruppe weiß.

Konsequenzen für die Führungsforschung liegen auf der Hand: Der Sinn von Regeln teilt sich nicht notwendigerweise durch die sprachliche Formulierung von Regeln mit (→*Sprache in der Führung*). Regeln werden erst durch Interpretationen der Akteure zu Handlungen transformiert. Deshalb ist über Kommunikation sicherzustellen, daß die Interpretationen der Führer und die der Geführten übereinstimmen (→*Symbolische Führung*). Diese Kommunikationspflicht ist als eine permanente Aufgabe, vor allem beim Auftreten neuer Situationsbedingungen, zu sehen.

Konstruktivistisch inspirierte Ansätze dürften Probleme der Handhabung von Führungsprozessen nicht grundsätzlich anders sehen (*Probst*

1987b). Der entscheidende Unterschied zu phänomenologisch inspirierten Ansätzen liegt wohl darin, daß Konstruktivisten die Ursache von Kommunikationsproblemen vor allem in den Prozessen des Wissenserwerbs sehen, die zu der Prägung und Ausdifferenzierung von Konstruktionen und Systemen von Konstruktionen (i. S. v. Weltbildern) führen. Führung ist dann vorrangig mit der Aufgabe beschäftigt, *übereinstimmende Interpretationen* zwischen Führern und Geführten herzustellen. Bezüglich des Umgangs mit organisatorischen Regeln dürften sich, wie *Probst* (1987a) betont, keine Differenzen ergeben.

Empirische Befunde für die entscheidende Relevanz von tief konstruierten Weltbildern sind aus den Berichten einer Schweizer Forschungsgruppe über autobiographisch-narrative Interviews mit Schweizer Führungskräften zu entnehmen (*Dachler* 1988; *Müller* 1988):

In den offen geführten Interviews berichten Führungskräfte in eigenen Worten über selbstgewählte Episoden aus ihrem Leben und vor allem aus ihren Führungserfahrungen. Die Auswertung sollte Hinweise darauf geben, ob und wie Konstruktionen das Führungsverhalten beeinflussen. Die Befunde sind als sehr bemerkenswert einzustufen: Zum einen prägen kulturelle Effekte – vor allem die für Schweizer wichtigen und besonderen militärischen Erfahrungen sowie die aus dem Erleben einer direkten Demokratie heraus deutbare geringe Toleranz von Machtgefällen – massiv das Führungsverhalten; zum anderen spielen frühe Führungserfahrungen und vor allem früher Führungserfolg eine weitreichende Rolle in der Karriere der befragten Führungskräfte. Außerdem wird deutlich, daß das Führungshandeln erfolgreicher Führer auf eine Vielzahl impliziter Regeln, dadurch beeinflußte Interpretationen und Konstruktionen einer eigenen Führungsrealität, eines eigenen Weltbildes, zurückzuführen ist. Diese Weltbilder können zudem bei ziemlich homogenen Randbedingungen für unterschiedliche Führungskräfte vollkommen unterschiedlich ausfallen sowie zur Konstruktion verschiedener und miteinander unvereinbarer Wertsysteme und Organisationskulturen (→*Organisationskultur und Führung*) führen (*Dachler/Dyllick* 1988).

Es ist sicherlich keine Überinterpretation, wenn angesichts dieser Befunde starke Prägungs-, Orientierungs- und Selbstorganisationseffekte in Führungssituationen unterstellt werden. Es schließt sich jedoch die Frage an, ob Führung auf die Herstellung von Gemeinsamkeiten der Weltbilder ausgerichtet werden kann (→*Führungskonzepte und ihre Implementation*). Eine derartige Vermutung hätte weitreichende Konsequenzen. Wenn man wie *Dachler* (1988, S. 304) auf die Notwendigkeit verweist, die impliziten Grundlagen solcher Weltbilder aufzudecken und dadurch möglicherweise auch zu ihrer Veränderung beizutragen, ist noch nichts darüber gesagt, ob implizite Regeln und die daraus konstruierten Weltbilder auch veränderbar *sind*. Zu fragen ist dann nämlich, ob und inwieweit solche Interventionen in tiefe Prägungen *verantwortbar* sind (→*Führungsethik*).

IV. Probleme und Konsequenzen

Zweifellos können die unterschiedlichen interpretativen Ansätze für sich in Anspruch nehmen, daß sie zu einer Fülle von produktiven Einsichten geführt haben. Das gilt nicht nur für die Problematisierung von Sprache in Organisationen, sondern auch für die Betonung von Kommunikations-, Deutungs- und Selbstorganisationseffekten. Nach wie vor offen aber ist die Frage nach der Beurteilung der verwendeten Methoden (→*Empirische Führungsforschung, Methoden der*). Dies kann an zwei Beispielen verdeutlicht werden: a) Bei teilnehmender Beobachtung hängt die Bewertung eines Forschungsergebnisses allein davon ab, ob man dem Bericht eines Forschers folgt. Überprüfungskriterien gibt es kaum. b) Bei Verwendung von Interviews reduzieren sich die Methodenprobleme nicht. Üblicherweise werden die umfangreichen Interviews von mehreren Mitgliedern einer Forschungsgruppe ausgewertet. Interpretationen gelten in Verfahren der Konsensvalidierung dann als zutreffend, wenn sie von mehreren Mitgliedern einer Forschungsgruppe bestätigt werden (*Osterloh* 1991). Zu fragen ist allerdings, ob und inwieweit die Urteile von Mitgliedern ein und derselben Forschungsgruppe unabhängig sind. Forscher, die einem interpretativen Ansatz verpflichtet sind, werden mutmaßlich solche Einwände mit dem Verweis darauf abtun, daß sie einem grundsätzlich anderen Wissenschaftsverständnis folgen (*Astley/Zammuto* 1992; *Donaldson* 1992; *Sandelands/Srivatsan* 1993) und deshalb Fragen nach Objektivierung nur eine nachrangige Bedeutung zuweisen können. Das mag so sein. Die Frage allerdings, ob interpretative Ansätze nur als Ergänzung oder als eine grundsätzliche Alternative zu klassischen Forschungsansätzen verstanden werden können, wird genau von der Beantwortung dieser Frage abhängen (*Wollnik* 1993).

Literatur

Astley, W. G./*Zammuto*, R. F.: Organization Science, Managers, and Language Games. In: Organization Science, 1992, S. 443–460.
Bittner, E.: The Concept of Organization. In: *Salaman*, G./*Thompson*, K. (Hrsg.): People and Organizations. London 1973, S. 264–276.
Brauner, H.: Die Phänomenologie Edmund Husserls und ihre Bedeutung für soziologische Theorien. Meisenheim a. G. 1978.
Cicourel, A. V.: Methode und Messung in der Soziologie. Frankfurt/M. 1974.
Clegg, St. R.: The Language of Power and the Power of Language. In: OS, 1987, S. 61–70.
Dachler, H. P.: Führungslandschaft Schweiz: Erfahrungen und Konsequenzen für die Praxis. In: DU, 1988, S. 297–307.
Dachler, H. P./*Dyllick*, H.: „Machen" und „Kultivieren". In: DU, 1988, S. 283–295.

Donaldson, L.: The Weick Stuff: Managing Beyond Games. In: Organization Science, 1992, S. 461–466.
Garfinkel, H.: Studies in Ethnomethodology. Englewood Cliffs, N. J. 1967.
Glasersfeld, E. v.: Einführung in den radikalen Konstruktivismus. In: *Watzlawick, P.* (Hrsg.): Die erfundene Wirklichkeit. 6. A., München 1990, S. 16–38.
Husserl, E.: Die Krisis der europäischen Wissenschaften und die transzendentale Phänomenologie. 2. A., Hamburg 1982.
Janisch, P.: Die methodische Ordnung von Konstruktionen. In: *Schmidt, S. J.* (Hrsg.): Kognition und Gesellschaft. Frankfurt/M. 1992, S. 24–41.
Kasper, H.: Organisationskultur. Wien 1987.
Klimecki, R. G./Probst, G. J. B.: Entstehung und Entwicklung der Unternehmenskultur. In: *Lattmann, Ch.* (Hrsg.): Die Unternehmenskultur. Heidelberg 1990, S. 41–65.
Krohn, W./Küppers, G.: Die Selbstorganisation der Wissenschaft. Frankfurt/M. 1989.
Müller, W. R.: Führungslandschaft Schweiz. In: DU, 1988, S. 246–262.
Osterloh, M.: Methodische Probleme einer empirischen Erforschung von Organisationskulturen. In: *Dülfer, E.* (Hrsg.): Organisationskultur. 2. A., Stuttgart 1991, S. 173–185.
Paslack, R.: Ursprünge der Selbstorganisation. In: *Rusch, G./Schmidt, S. J.* (Hrsg.): Konstruktivismus. Frankfurt/M. 1992, S. 59–90.
Probst, G. J. B.: Selbst-Organisation. Berlin et al. 1987a.
Probst, G. J. B.: Führungstheorien – Biokybernetik und Führung. In: *Kieser, A./Reber, G./Wunderer, R.* (Hrsg.): Handwörterbuch der Führung. 1. A., Stuttgart 1987b, Sp. 727–735.
Roy, D. F.: Banana Time: Job Satisfaction and Informal Interaction. In: *Salaman, G./Thompson, K.* (Hrsg.): People and Organisations. London 1973, S. 205–222.
Sandelands, L. E./Srivatsan, V.: The Problem of Experience in the Study of Organizations. In: OS, 1993, S. 1–22.
Schmidt, S. J.: Der Radikale Konstruktivismus: Ein neues Paradigma im interdisziplinären Diskurs. In: *Schmidt, S. J.* (Hrsg.): Der Diskurs des Radikalen Konstruktivismus. Frankfurt/M. 1987, S. 11–88.
Schütz, A.: Der sinnhafte Aufbau der sozialen Welt. Frankfurt/M. 1974.
Wollnik, M.: Interpretative Ansätze in der Organisationstheorie. In: *Kieser, A.* (Hrsg.): Organisationstheorien. Stuttgart 1993, S. 277–295.
Zimmermann, D.: The Practicalities of Rule Use. In: *Salaman, G./Thompson, K.* (Hrsg.): People and Organizations. London 1973, S. 250–263.

Zeitmanagement

Peter Walgenbach

[s. a.: Arbeitstechniken; Arbeitsverhalten von Managern, empirische Untersuchungen zum; Netzwerkbildung und Kooptation als Führungsaufgabe.]

I. Einleitung; II. Kritische Betrachtung der Annahmen, des methodischen Vorgehens und der Techniken im Zeitmanagementkonzept; III. Resümee.

I. Einleitung

Bücher, Videobänder, Filme, Hörkassetten und Seminare zum Zeitmanagement erfreuen sich großer Popularität. Sie versprechen Erfüllungsmöglichkeiten für das offensichtliche Bedürfnis einer Vielzahl von Führungskräften, einen effizienten und effektiven Umgang mit der eigenen Arbeitszeit zu erreichen. *Mackenzie* (1991, S. 24) verspricht bspw. täglich „zwei zusätzliche Stunden", und *Seiwert* (1993) verspricht mal eine Stunde, „die goldene Stunde" (S. 18), mal „30 Minuten" (S. 87) und an anderer Stelle zwischen „10 und 20%" der Arbeitszeit (S. 116), die man unter Nutzung „bewährter Arbeitstechniken" zusätzlich gewinnen kann (→*Arbeitstechniken*). Darüber hinaus werden dem Manager „Aufgabenerledigung mit weniger Aufwand, bessere Organisation der eigenen Arbeit, bessere Arbeitsergebnisse, weniger Hektik und Streß, größere Arbeitszufriedenheit, höhere Arbeitsmotivation, Qualifikation für höhere Aufgaben, geringerer Arbeits- und Leistungsdruck, weniger Fehler bei der Aufgabenerledigung, besseres Erreichen der Arbeits- und Lebensziele" (*Seiwert* 1993, S. 17) in Aussicht gestellt. Manager, die jetzt noch nicht überzeugt sind, daß sie Zeitmanagementtechniken benötigen, werden typischerweise mit Fragen konfrontiert in der Art wie „Haben Sie sich je gesagt: Mein Tag hat einfach nicht genügend Stunden?… Kommt es vor, daß Sie auf die Uhr schauen und mit einem Gefühl der Panik feststellen, daß es beinahe 17 Uhr ist und Sie mit der Arbeit an den Projekten, die Sie sich für den heutigen Tag vorgenommen hatten, noch nicht einmal begonnen haben?" (*Mackenzie* 1991, S. 14). Wer die Mehrzahl dieser Fragen mit „Ja" beantwortet – was bei Formulierungen mit „je" und „kommt vor" schier unvermeidlich sein dürfte –, erfährt, daß er keine erfolgreiche Führungskraft ist, denn: „Erfolgreiche Führungskräfte haben verschiedene Charakterzüge und Eigenschaften. Ein Merkmal ist ihnen jedoch gemeinsam: Sie nutzen ihre Zeit bewußt und systematisch – und werden frei für echte Führungsaufgaben und auch für mehr Freizeit" (*Seiwert* 1993, S. 22). Eigentlich aber – und dies schimmert in den Ausführungen der Protagonisten des Zeitmanagements immer wieder durch – geht es weniger unmittelbar um den einzelnen Manager und dessen Bedürfnisse, sondern vielmehr um eine Erhöhung der Systemrationalität, die durch eine effektive und effiziente Nutzung der Arbeitskraft des Managers zu erreichen versucht wird. Dies zeigt sich bspw. darin, daß *Mackenzie* (1991, S. 126) dem Manager, wie *Taylor* (1911) dem Arbeiter, Leistungszurückhaltung unterstellt: „Sie enthalten Ihrem Unternehmen wichtigere Leistungen vor, die Sie erbringen könnten, wenn Sie keine Unterbrechungen zulassen."

II. Kritische Betrachtung der Annahmen, des methodischen Vorgehens und der Techniken im Zeitmanagementkonzept

Nun beginnt die Arbeit des Managers an seiner Arbeitszeitgestaltung. „Seien Sie Ihr eigener REFA-Mann" fordert *Beyer* (1992, S. 181) und offenbart so die dem Zeitmanagement zugrundeliegende mechanistische Vorstellung von der Arbeit von Managern. Ganz im Sinne *Taylors* (1911) wird jetzt der Manager – weil der REFA-Mann bei „Kopfarbeitern" die „Zeitverschwender" oder „Zeitfresser" unter den Tätigkeiten der Manager nur schwerlich erkennen und „verbannen" (*Mackenzie* 1991, S. 9) kann – aufgefordert, eine systematische Tätigkeits- und Zeitanalyse über mehrere repräsentative Arbeitstage hinweg durchzuführen, um so die Basis zur Selbstrationalisierung zu schaffen. Dazu sollen in einem ersten Schritt alle Tätigkeiten des Managers sowie deren Anfangs- und Endzeitpunkte in einem Zeittagebuch festgehalten werden. *Seiwert* fordert zudem, daß der Manager zusätzlich ein „Tages-Störblatt" führt, in das alle Störungen und Unterbrechungen eingetragen werden sollen, die ihn im Arbeitsfluß der geplanten oder planmäßig durchgeführten Tätigkeiten hemmen oder beeinträchtigen.

Im Anschluß daran gilt es für den Manager, die eigenen, kodierten Tätigkeiten hinsichtlich der Stärken und Schwächen auszuwerten. Dies ist jedoch nicht unproblematisch, es setzt nämlich einen Bezugspunkt und damit eine Vergleichsmöglichkeit voraus. Drei grundsätzliche Möglichkeiten stehen offen (s. a. *Eilon* 1993): Erstens der Vergleich der eigenen Tätigkeiten und des auf diese entfallenden Zeitverbrauchs mit ‚optimalen' Standards, zweitens der Vergleich der eigenen Tätigkeiten und des mit diesen verbundenen Zeitaufwands mit dem Tätigkeitsmuster von Kollegen in ähnlichen Positionen und drittens der Vergleich der ausgeführten Tätigkeiten und der auf diese entfallenden Zeitanteile mit den eigenen Erwartungen und Zielvorstellungen. Die beiden ersten Methoden erscheinen aus unterschiedlichen, jedoch nicht voneinander unabhängigen Gründen wenig realistisch, praktizierbar und hilfreich. Die erste impliziert nämlich, daß sich die Arbeit von Managern so weit standardisieren läßt, daß sie weitgehend programmiert werden könnte und insofern automatisierbar wäre. Die zweite unterstellt – ließe sich das Problem, tatsächlich vergleichbare Stellen zu identifizieren, beheben –, daß man erstens aus der Zeitverteilung anderer Manager in ähnlichen Positionen herauslesen könnte, ob die eigene Zeiteinteilung weniger effektiv und effizient ist, und zweitens, daß der Manager, wenn er das eigene Tätigkeitsmuster und Zeitbudget dem Tätigkeitsmuster und Zeitbudget anderer, d. h. effektiver und effizienter Manager anpassen würde, ebenso effektiv und effizient wäre. Dabei wird jedoch durch die Beschränkung der Analyse auf Tätigkeiten und der Zeitanteile, die auf die einzelnen Tätigkeiten entfallen, eine Vielzahl von anderen Faktoren, wie bspw. der Führungsstil, die im Hinblick auf die Effizienz und Effektivität einer Führungskraft von erheblicher Bedeutung sein dürften, ausgeblendet. Gegen diesen vereinfachenden Beziehungszusammenhang sprechen auch die empirischen Befunde von *Martinko/Gardner* (1990), die in ihrer Untersuchung keine systematischen Unterschiede in den Tätigkeiten und der Gestaltung der Arbeitszeit zwischen effektiven und weniger effektiven Managern finden.

Obwohl also eigentlich nur der Vergleich mit den eigenen idealisierten Vorstellungen als Bewertungsgrundlage verbleibt, findet sich der problematische Vergleich mit anderen Führungskräften bei den Autoren, die das Zeitmanagement propagieren, durch den Rekurs auf sog. Erfahrungswerte und -regeln in ihren Ausführungen zu den →*Arbeitstechniken*, die dem Manager bei der idealen Gestaltung ihres Arbeitstages verhelfen sollen, jedoch implizit wieder (s. u.).

Bei der Auswertung der Tätigkeitsaufschreibungen nach den eigenen, idealisierten Vorstellungen wird dem Manager regelmäßig Hilfestellung gegeben. Dies geschieht bspw. bei *Seiwert* (1993, S. 31) anhand folgender Fragen: „War die Tätigkeit notwendig?", „War der Zeitaufwand gerechtfertigt?", „War die Ausführung zweckmäßig?", „War der Zeitpunkt der Ausführung sinnvoll?" Diese Fragen sollen vom Manager mit „Ja" oder „Nein" beantwortet werden. In einem nächsten Schritt soll der Manager ermitteln, in welchem Verhältnis der Zeitanteil nicht notwendiger Tätigkeiten oder vom Zeitaufwand nicht gerechtfertigter Tätigkeiten zur Gesamtdauer aller Tätigkeiten steht. Liegt der jeweils ermittelte Wert nicht notwendiger Tätigkeiten, vom Zeitaufwand nicht gerechtfertigter Tätigkeiten, nicht zweckmäßiger Tätigkeiten oder vom Zeitpunkt der Ausführung nicht sinnvoller Tätigkeiten über 10%, werden Probleme bei der Delegation, beim Setzen von Zielen, bei der Planung, der Organisation, der Selbstrationalisierung oder gar der Selbstdisziplin diagnostiziert.

Allerdings zeigt sich bei genauerem Hinsehen, daß die Diagnose auf einer sehr oberflächlich durchgeführten Anamnese basiert und daß die Hilfestellung so hilfreich gar nicht ist. Einerseits ist es nämlich, wenn (objektive) Vergleichsmaßstäbe fehlen, genauso einfach wie unmöglich zu sagen, daß eine Tätigkeit, bspw. eine Besprechung, zu lang gedauert hat. Andererseits – sollen die eigenen idealisierten Vorstellungen wirklich die einzige Bewertungsgrundlage sein – setzt diese Methode den Menschen voraus, den sie erst zu schaffen versucht. Der Manager muß nicht nur ein stabiles und konfliktfreies Zielsystem haben, sondern muß auch sämtliche in der Zukunft liegenden Konsequenzen seiner Tätigkeiten antizipieren können, andernfalls kann er die Fragen nach der Notwendigkeit der Tätigkeit, nach der Angemessenheit des Zeitaufwands, der Zweckmäßigkeit der Ausführung und der Richtigkeit des Zeitpunkts der Ausführung nicht ohne weiteres mit „Ja" oder „Nein" beantworten, sondern allenfalls zeitpunktbezogene Einschätzungen vornehmen; ob diese jedoch im Hinblick auf eine ungewisse Zukunft „richtig" sind, sei dahingestellt.

In ähnlicher Weise erfolgt auch die Analyse des Tages-Störblatts. Anhand einer Checkliste, die bspw. bei *Seiwert* (1993) 50 Fragen umfaßt, soll der Manager überprüfen, in welchen Bereichen er Zeit verliert oder dazu neigt, Zeit zu verlieren. Regelmäßig werden dann die größten „Zeitfresser" oder „Zeitverschwender" präsentiert. Je nach Autor umfaßt die Liste mal 30 (*Seiwert* 1993), mal 20 (*Mackenzie* 1991) Ursachen von Zeitverlusten. Dazu gehören, um nur einige zu nennen: Unterbrechungen durch das Telefon, unangemeldete Besucher, privater Schwatz, zuviel Kommunikation, Bummelei oder auch die Unfähigkeit, nein zu sagen. Mit Ratschlägen an die Manager, wie man die „Zeitfresser" bekämpft, halten die Autoren nicht zurück: „Stöpseln Sie das Telefon während entscheidender Arbeitsphasen einfach aus" (*Mackenzie* 1991, S. 97), „Verschieben Sie das Gespräch auf einen späteren Zeitpunkt" (S. 134), „Das Gespräch von vornherein auf eine dienstliche Grundlage stellen" (S. 100). Solche Ratschläge sind zwar schnell gegeben, aber aus mehreren Gründen nicht unproblematisch.

Zum einen wird dem Manager anfänglich suggeriert, daß die Gestaltung seines Arbeitstages allein in seiner Hand liegt – „Sie müssen nicht andere von den Vorteilen ihrer Maßnahmen und Methoden überzeugen" (*Seiwert* 1993, S. 17) – und damit vermittelt, er könne sich über bestehende Erwartungen von Vorgesetzten, Kollegen und Mitarbeitern problemlos hinwegsetzen. Wird dieses Problem in den späteren Ausführungen in die Betrachtung einbezogen, ist es die Aufgabe des Managers, Vorgesetzte, Kollegen, Mitarbeiter und Kunden davon zu überzeugen, daß eine „stille Stunde", d. h. eine Stunde ohne Unterbrechungen (*Mackenzie* 1991; *Seiwert* 1992), für jeden und damit insgesamt auch für die Organisation nutzbringend ist. Sollte ihm das gelingen, hat er jedoch nur einen Teil des Problems gelöst. Eine „stille Stunde" kann ihren optimalen Nutzen nur entfalten, wenn sie von allen Kontaktpartnern des Managers, d. h. Vorgesetzten, Kollegen, Mitarbeitern und auch Organisationsexternen, zur gleichen Zeit veranstaltet wird, andernfalls besteht die Gefahr, daß immer nur ein Teil der Kontaktpartner erreichbar ist, weil der andere Teil gerade die „stille Stunde" praktiziert. Die Folge wäre, daß Informationsflüsse unterbrochen und Arbeitsprozesse verlangsamt würden. Gegen die Vereinbarung einer gemeinsamen „stillen Stunde" spricht aber, daß das Zeitmanagementkonzept die Führungskräfte auch auffordert, den Arbeitstag an der persönlichen Leistungskurve auszurichten und die „stille Stunde" in die Phase höchster Leistungsfähigkeit zu legen. Allerdings gibt es, wie *Seiwert (*1992, S. 64) einräumt, eine „Reihe individueller Unterschiede" in den Leistungskurven. Falls es dem einzelnen Manager also gelingen sollte, seine Kontaktpartner vom Zeitmanagementkonzept und dem Nutzen der „stillen Stunde" zu überzeugen, sieht er sich mit dem Problem konfrontiert, daß diese die „stille Stunde" möglicherweise zu einer ganz anderen Zeit durchführen möchten, weil auch sie – einmal überzeugt – den vollen Nutzen aus der „stillen Stunde" ziehen wollen.

Zum anderen werden neuere Erkenntnisse der empirischen Managementforschung (→*Arbeitsverhalten von Managern, empirische Untersuchungen zum*) von den Protagonisten des Zeitmanagements nicht zur Kenntnis genommen. So zeigt *Kotter* (1982) in einer empirischen Untersuchung zum Arbeitsverhalten von General Managern (Manager ohne funktionale Spezialisierung), daß diese in ihren Gesprächen häufig ein weites Spektrum von Themen behandeln; daß aber viele dieser Themen jedoch oft in keinem oder keinem unmittelbaren Zusammenhang mit den Aufgaben der Manager stehen. *Kotter* hält sogar fest, daß die Gesprächsinhalte häufig unbedeutend für ein Geschäft oder die Organisation sind. Deshalb sind diese Gespräche jedoch nicht überflüssig: Sie dienen dem Aufbau und Erhalt eines Netzwerks (→*Netzwerkbildung und Kooptation als Führungsaufgabe*) kooperativer Beziehungen zu Personen, auf die die Manager angewiesen sind, um die mit ihrer Stelle verbundenen Aufgaben umsetzen zu können. Die Gefahr, daß Manager sich durch die Eliminierung scheinbar überflüssiger Tätigkeitsbestandteile diese Basis entziehen, läßt sich nicht von der Hand weisen.

Dennoch müssen die „Zeitfresser" – so die Protagonisten des Zeitmanagements – verbannt, Störungen und Unterbrechungen beseitigt werden. Dazu müssen die Ursachen der Störungen bekämpft werden und diese sind nach *Mackenzie* (1991, S. 16) – und hier zeigt sich eine weitere Parallele zu *Taylor* (1911) – „im menschlichen Wesen begründet". „Das eigene Ich. Der Wunsch, anderen einen Gefallen zu tun. Die Angst, andere zu verletzen. Die Angst vor neuen Herausforderungen" (S. 17), „Bummelei" (S. 20), „die vielen persönlichen Schwätzchen" (S. 65), das sind die wirklichen Ursachen für den verschwenderischen Umgang mit der Zeit.

Allerdings – so *Mackenzie* – „praktisch alle Zeitmanagement-,Regeln' laufen den Gesetzen der menschlichen Natur zuwider" (1991, S. 16). Wer sich also gegen seine „Natur" entscheidet und Zeitmanagementtechniken anwenden will, muß sich darüber im klaren sein, daß diese bei der Ursachenbekämpfung nur helfen können. Und wer nach Anwendung der Techniken immer noch das Gefühl hat, daß sein Tag „einfach nicht genügend Stunden hat", weiß, wo er die Schuld zu suchen hat, nicht in den Techniken, sondern bei sich selbst.

Bei den Techniken, die der Manager nun zur rationalen Gestaltung seines Arbeitstages heranziehen soll, handelt es sich um Konzepte, die zum Teil in anderen Zusammenhängen entwickelt wurden und die hier für das Management der eigenen Zeit nutzbar gemacht werden sollen. Besonders häufig finden sich die Pareto-Regel, die ALPEN-Methode und die ABC-Analyse. Ohne tiefer auf jede einzelne Methode einzugehen, sei angemerkt, daß bestimmte Techniken durch die (teilweise sehr unglückliche) Übertragung höchst merkwürdige Kapriolen schlagen. Dies sei anhand der ABC-Analyse exemplifiziert. Bei der ABC-Analyse handelt es sich um eine erfahrungsbasierte Technik, in der tatsächliche Zeitverwendung (Aufwand, Aufgabenvolumen) und der Wert der Tätigkeit (Aufgabenwert, Ertrag) zueinander in Beziehung gesetzt werden (*Seiwert* 1992, 1993). Es wird davon ausgegangen, „daß die Prozentanteile der wichtigen und weniger wichtigen Aufgaben an der Menge aller Aufgaben im allgemeinen konstant sind" (*Seiwert* 1993, S. 133). Die Buchstaben A, B und C teilen die Einzelaufgaben in drei Kategorien ein, und zwar nach deren Wichtigkeit für die Erreichung der beruflichen und persönlichen Ziele. A-Aufgaben sind wichtig und – nach *Seiwert* (1993), der jedoch nicht weiter begründet, warum – nicht delegierbar. Sie haben einen Wert von 65%, nehmen jedoch erfahrungsgemäß nur 15% der tatsächlich verwendeten Zeit ein. Welche Aufgaben und Tätigkeiten jedoch wichtig sind, wird ins Ermessen des Managers gestellt. Damit weist das Zeitmanagementkonzept abermals das Merkmal der Beliebigkeit auf. B-Aufgaben sind wichtig und bedeutsam, aber delegierbar. Sie haben einen Wert von 20% und beanspruchen 20% der tatsächlich verwendeten Zeit. C-Aufgaben sind weniger wichtig, unbedeutend und auf jeden Fall delegierbar. Sie bringen nur einen Ertrag von 15%, nehmen jedoch 65% der tatsächlich verwendeten Zeit ein. *Seiwert* fordert nun die Führungskräfte auf, ihre Zeitpläne dahingehend zu korrigieren, daß den Aufgaben in Zukunft die ihrer Wichtigkeit entsprechende Zeit eingeräumt wird. Von der verplanbaren Zeit, das sind nach *Seiwert* (1993) 60% der Arbeitszeit, sollen 65% auf A-Aufgaben entfallen, auf B-Aufgaben weiterhin 20% und auf C-Aufgaben 15%. Bei einem Konzept, das Effizienz und Effektivität propagiert, erstaunt ein solcher Vorschlag. Warum sollen Manager auf Aufgaben – seien sie auch noch so wichtig –, die in Seiwerts Modellrechnung bisher in 45 Minuten erledigt werden konnten, drei Stunden verwenden? Und findet sich dann wenige Zeilen später der Hinweis, „daß es sich bei den C-Aufgaben nicht um grundsätzlich entbehrliche Aufgaben handelt", die – auch wenn sie auf jeden Fall delegiert werden können – „ebenfalls getan werden müssen" (S. 135), weil „die Prozentanteile der wichtigen und weniger wichtigen Aufgaben an der Menge aller Aufgaben im allgemeinen konstant sind" (S. 133), entsteht eine Ahnung, mit welchen Tätigkeiten die „goldene Stunde" gefüllt sein könnte, falls es dem Manager nicht gelingen sollte, Aufgaben, deren Bewältigung – seien sie auch noch so unwichtig – erfahrungsgemäß drei Stunden benötigt, in 45 Minuten abzuarbeiten.

III. Resümee

Trotz aller Kritik soll nicht in Abrede gestellt werden, daß es für Führungskräfte sinnvoll sein kann, durch eine systematische Analyse ihrer Tätigkeiten und der Zeitanteile, die auf einzelne Tätigkeiten entfallen, ihr eigenes Arbeitsverhalten zu reflektieren. Die normativen Konzepte des Zeitmanagements, im Sinne von Erfahrungsregeln, anhand derer Führungskräfte ihren Arbeitstag ausrichten sollen, erscheinen jedoch sehr vorläufig und wenig abgesichert. Die Übertragung und Anwendung auf die eigene Arbeitssituation und -gestaltung sollte insofern kritisch und vorsichtig erfolgen.

Die große Popularität des Zeitmanagementkonzepts in der jetzigen Form, so läßt sich abschließend feststellen, ist wohl weniger ein Indikator für dessen Güte als dafür, daß eine große Nachfrage nach Konzepten besteht, die Führungskräfte bei der Bewältigung der täglichen Arbeit nutzbar machen können, jedoch zur Zeit noch keine umfassenden, wissenschaftlich abgesicherten Konzepte existieren, die diesen Bedarf befriedigen könnten.

Literatur

Beyer, G.: Zeitmanagement. Düsseldorf et al. 1992.
Eilon, S.: Time Management. In: Omega, 1993, S. 255–259.
Kotter, J. P.: The General Managers. New York 1982.
Mackenzie, A.: Die Zeitfalle. 10. A., Heidelberg 1991.
Martinko, M. J./Gardner, W. L.: Structured Observation of Managerial Work: A Replication and Synthesis. In: JMS, 1990, S. 329–357.
Seiwert, L. J.: Das 1×1 des Zeitmanagement. 9. A., München et al. 1992.
Seiwert, L. J.: Mehr Zeit für das Wesentliche. 15. A., Landsberg a. Lech 1993.
Taylor, F. W.: The Principles of Scientific Management. New York 1911.

Zielsetzung als Führungsaufgabe

Gary P. Latham/Edwin A. Locke

[s. a.: Führungserfolg – Messung; Kommunikation als Führungsaufgabe; Mitbestimmung, Führung bei; Motivation als Führungsaufgabe.]

I. Übergeordnete Ziele; II. Spezifische Ziele; III. Partizipation beim Setzen der Ziele; IV. Identifikation mit dem Ziel; V. Leistung unter multiplen Zielen; VI. Ablaufziele gegenüber Ergebniszielen; VII. Arbeitsbeziehungen; VIII. Zusammenfassung und Folgerung.

Die zentrale Annahme der Zielsetzungstheorie ist, daß *Ziele* die unmittelbaren Regulatoren menschlichen Handelns sind. Diese Theorie beschäftigt sich mit leistungsorientierten Handlungen in bezug auf Arbeitsaufgaben. *Zielinhalte,* das heißt die angestrebten Objekte oder Resultate, lassen sich qualitativ in Karriere-, Aufgaben- und finanzielle Ziele unterscheiden. Quantitativ unterschiedliche Zielinhalte ergeben sich durch die Anzahl der Ziele eines Mitarbeiters und durch verschiedene Zeithorizonte von Zielen (kurz- und langfristige Ziele). Ziele können bezüglich ihrer Konkretheit von „Verbessern Sie die Produktivität um 5%" bis zu „Geben Sie Ihr Bestes" variieren. Ziele eines Mitarbeiters können in Übereinstimmung oder Widerspruch mit den Zielen des oberen Managements sein.

I. Übergeordnete Ziele

Die Zielsetzungstheorie macht keine Vorhersagen über die relative Wirksamkeit kurzfristiger gegenüber langfristiger Ziele. Ziele, die zu kurzfristig gesetzt werden, werden wahrscheinlich als störend wahrgenommen und daher abgelehnt. Zu entfernt liegende Ziele werden wahrscheinlich als unrealistisch angesehen und erfordern keine unmittelbare Aufmerksamkeit. Andererseits zeigt sich, daß die Etablierung eines übergeordneten Zieles, oft als *Vision* bezeichnet, ein wesentliches Merkmal ist, das effektive von weniger effektiven Führungskräften unterscheidet (*Bennis/Nanus* 1985). Ein übergeordnetes Ziel versorgt Organisationsmitglieder mit einer Vorstellung von einer realistischen, glaubwürdigen und attraktiven Zukunft. Während des Zweiten Weltkrieges zeichnete Churchill das Bild, daß in 1000 Jahren Menschen in den Geschichtsbüchern zurückblättern und lesen werden, daß in dieser Zeit Englands größte Stunde schlug. Martin Luther King drückte eloquent seinen Traum aus, daß eines Tages weiße und schwarze Kinder Hand in Hand zur Schule gehen würden. Lee Iaccocca rief mit seinem demonstrativen Aufruf „beat the Japanese" Stolz und Entschlossenheit in der gewerkschaftlich organisierten Mitarbeiterschaft Chryslers hervor.

Der Nachteil eines übergeordneten Zieles liegt in seiner Abstraktheit und Allgemeinheit. Es gibt keinen zeitlichen Rahmen an dem Fortschritte in Richtung des Zieles bewertet werden können und weil sie so allgemein sind, kann es schwierig sein, sie zu messen (→*Führungserfolg – Messung*). Im noch schlechteren Fall kann ein übergeordnetes Ziel falsche Hoffnungen und Erwartungen bei den Mitarbeitern wecken, die später nicht erfüllt werden. Folglich kann ein übergeordnetes Ziel, als ungewollter Nebeneffekt, Zynismus am Arbeitsplatz fördern.

II. Spezifische Ziele

Führungskräfte, die effektiv in der Formulierung übergeordneter, die Mitarbeiter anstachelnder Ziele sind, müssen gleichermaßen effektiv in der Übersetzung dieser Ziele in spezifische, konkrete Ziele für die Organisation, ihre Geschäftsfelder, Abteilungen und Individuen sein. Spezifische, konkrete Ziele wirken Zynismus bei Mitarbeitern, die übergeordnete Ziele als leeres Gerede betrachten, entgegen. *Kotters* (1982) Studie zeigte, daß erfolgreiche Manager zunächst generelle und danach immer spezifischere Ziele für ihre Geschäftsfelder entwickelten. *Yukl* (1989) schließt daraus, daß das Setzen und das Klären von Zielen zu den wichtigsten Formen des Führungsverhaltens gehört, die ein Führer zeigen muß, um effektiv zu sein. *Boyatzis* (1982) zeigte, daß die Fähigkeit zur Zielsetzung und Planung zu den Schlüsselfaktoren für Führungserfolg gehört.

Kernan und Lord (1989) zeigten, warum das Setzen spezifischer Ziele der Schlüssel guter Entscheidungsfindung ist. Generelle Ziele führen oft dazu, daß Personen eine gleichbleibende Menge von Ressourcen für eine Problemlösung bereitstellen, unabhängig vom vorangegangenen Ausmaß an Erfolg. Spezifische Ziele befähigen Personen zu einer systematischen Verarbeitung von Feedback. Damit werden seltener zusätzliche Ressourcen für Vorgangsweisen, die sich als nicht erfolgreich erwiesen haben (*Ross/Staw* 1993), verwendet. Mit generellen Zielen können leicht die Vorteile des Zweifelhaften ausgenutzt werden. Damit Feedback eine positive Wirkung auf Leistung hat (→*Beurteilungs- und Fördergespräche als Führungsinstrument*), muß es in bezug auf spezifische Ziele interpretiert werden (*Latham/Mitchell/Dossett* 1978).

Churchill übersetzte sein übergeordnetes Ziel in die spezifische Ziele, erstens, materielle Hilfe von den Vereinigten Staaten nach England zu bringen und, zweitens, die Vereinigten Staaten selbst als Verbündeten in den Krieg zu ziehen. Martin Luther King setzte konkrete Ziele in bezug auf die Eintragung von Afro-Amerikanern in Wählerlisten bei politischen Wahlen. Iaccoca setzte spezifische Ziele hinsichtlich Erhöhung der Qualität und Senkung der Kosten bei der Automobilproduktion. In jedem Fall wurde ein übergeordnetes, in allgemeinen Werten formuliertes Ziel, in spezifische Handlungsschritte übertragen.

III. Partizipation beim Setzen der Ziele

Aus erschöpfenden Literaturanalysen (z. B. *Locke/Schweiger* 1979) und ausgefeilten Meta-Analysen (z. B. *Wagner* et al. 1987) kann geschlossen werden, daß *Partizipation* keinen konsistenten und starken Effekt auf Mitarbeiterleistung hat (→*Mitbestimmung, Führung bei*). Die wichtigste Ausnahme davon ergibt sich, wenn Ziele nur durch kurze Schilderung der Zielinhalte („tell") gesetzt werden. Dies führt zu geringer Identifikation mit dem Ziel und, als weitere Folge, schwächerer Leistung, im Vergleich zu einem Setzen von Zielen, bei dem das Ziel nicht nur geschildert, sondern auch verkauft und eine Begründung für dieses Ziel geliefert wird („tell and sell") (*Latham/Erez/Locke* 1989).

Kognitive Vorteile der partizipativen Entscheidungsfindung (PEF) betreffen die Förderung des Auffindens und der Verbreitung aufgabenrelevanten Wissens. *Latham* et al. (1984) fanden in einem Laborexperiment mit Wirtschaftsstudenten die kognitiven Vorteile von PEF bestätigt. Die Aufgabe war dabei kognitiv komplex, während Anstrengung und Ausdauer von geringer Bedeutung für die erfolgreiche Bewältigung der Aufgabe war. *Partizipation* in Form von Gruppendiskussionen führte zur Entwicklung effektiver Lösungsstrategien und zu erhöhtem *Selbstbewußtsein*. Diese beiden Variablen beeinflussen sich zweifellos wechselseitig, das heißt einerseits erhöht die Entdeckung der geeigneten Lösungsstrategie das Selbstbewußtsein, und andererseits wird eine Person mit hohem Selbstbewußtsein beharrlicher bis die richtige Strategie gefunden wurde. Das kognitive Konzept Selbstbewußtsein („Ich glaube, daß ich... kann") wirkt sich positiv auf die Motivation über höhere Selbstverpflichtung, höhere Anstrengung und höheres Beharrungsvermögen, aus (*Bandura* 1986; *Latham* et al. 1993).

IV. Identifiktion mit dem Ziel (Selbstverpflichtung)

Verschiedene Formen des Führungsverhaltens wurden zur Verstärkung der Selbstverpflichtung gegenüber dem Ziel vorgeschlagen. *Ronan* et al. (1973) beobachteten, daß Vorarbeiter in Holzfällergruppen, die nach dem Setzen der Ziele bei der Gruppe blieben, höhere Produktivität erzielten als solche, die die Gruppe verließen. Die physische Präsenz des Vorgesetzten vergrößerte die Identifikation mit dem Ziel. *Latham/Yukl* (1975) fanden keine Wirkung für die Zielsetzung, wenn die Holzfäller den Eindruck eines gegenüber diesen Zielen gleichgültigen Managements hatten, egal ob die Ziele gesetzt oder vereinbart wurden. In ähnlicher Weise zeigten *Anderson/O'Reilly* (1981), daß die wahrgenommene Unterstützung eines Zielsetzungssystems in der Unternehmensleitung signifikant mit der Leistung von Produktionsmanagern zusammenhängt. In Übereinstimmung mit der Führungstheorie von *Likert* (1961, 1967) wurde von *Latham/Saari* (1979) festgestellt, daß höhere Ziele gesetzt werden, wenn die Führungskraft als unterstützend wahrgenommen wurde. Ein weiterer Faktor, der die Verpflichtung in bezug auf Ziele beeinflußt, ist Vertrauen. In einer Untersuchung in England, wo das Vertrauen in Gewerkschaftsfunktionäre höher ist als in Vorgesetzte, erzielten erstere, durch Erklärung der Gründe für ein Ziel, höhere Identifikation als letztere (*Earley* 1986).

Das Setzen eines Zieles impliziert, daß der betroffene Mitarbeiter fähig ist, dieses Ziel auch zu erreichen (*Salancik* 1977). Das wiederum erhöht das Selbstbewußtsein und Selbstvertrauen dieses Mitarbeiters. Darüber hinaus enthält ein Ziel normative Informationen für den Mitarbeiter, indem damit ein möglicher oder angebrachter Leistungsstandard vorgeschlagen wird.

Weitere Attribute oder Verhaltensformen von Führungskräften, die die Verpflichtung an das Ziel beeinflussen können, betreffen die Sympathie des Führers. Diese kann durch Gefälligkeiten oder Komplimente den Mitarbeitern gegenüber (*Cialdini* 1984), vor allem aber durch das wahrgenommene Fachwissen des Führers erhöht werden.

Auch das Ausüben von Druck auf Mitarbeiter kann deren Verpflichtung gegenüber dem Ziel beeinflussen.

Andrews/Ferris (1972) und *Hall/Lawler* (1971) fanden einen positiven Zusammenhang zwischen Druck von Vorgesetzten und der Leistung von Ingenieuren und Wissenschaftlern. Erwartungsgemäß erwies sich jedoch exzessiver Druck als dysfunktional.

Nach *Latham/Locke* (1990) können Führungskräfte die Verpflichtung gegenüber einem Ziel erhöhen, wenn

(1) die Führungskräfte als legitimiert angesehen werden;
(2) die Ziele das Selbstbewußtsein fördernde Informationen enthalten;
(3) die Ziele normative Informationen über Leistungsstandards enthalten;
(4) die Ziele Leistungserlebnisse fördern;
(5) die Führungskräfte
    (a) physisch präsent,
    (b) unterstützend,
    (c) vertrauenswürdig sind,
    (d) einen überzeugenden Grund für das Ziel liefern,
    (e) angemessenen Druck ausüben, das Ziel zu erreichen,
    (f) kompetent und sympathisch sind.

V. Leistung unter multiplen Zielen

Die menschliche *Informationsverarbeitung*skapazität ist begrenzt. Wenn kognitive Ressourcen einer Aufgabe zugewiesen werden, müssen sie zum Teil von anderen Aufgaben abgezogen werden; dies sogar dann, wenn eine neue Aufgabe nur gedanklich vorweggenommen wird (*Kanfer/Ackerman* 1989). In den meisten organisationalen Zusammenhängen müssen Ziele nicht simultan im buchstäblichen Sinne verfolgt werden. Üblicherweise beziehen sich Ziele auf Zeiträume von Wochen, Monaten oder Jahren und ein Mitarbeiter kann

Ziele sequentiell oder zyklisch verfolgen. In diesem Sinne können Mitarbeiter multiple Ziele offensichtlich bewältigen. Wie hoch die Anzahl der Ziele sein kann hängt, gemäß *Locke/Latham* (1990), von folgenden Merkmalen ab:

(1) der kognitiven Kapazität oder Fähigkeit der Person;
(2) der insgesamt verfügbaren Zeit für die Zielerreichung;
(3) der Komplexität der Ziele und Aufgaben;
(4) der Schwierigkeit der Ziele und Aufgaben;
(5) dem Ausmaß, in dem das Erreichen eines bestimmten Zieles die Erreichung anderer Ziele beeinflußt;
(6) dem Ausmaß, in dem die Verantwortung für zielorientierte Leistung delegierbar ist;
(7) dem Ausmaß, in dem Ziele sequentiell statt simultan verfolgt werden können;
(8) der Qualität oder Angemessenheit der Aufgabenstrategie einer Person.

VI. Ablaufziele gegenüber Ergebniszielen

Wenn die Motivation (→*Motivation als Führungsaufgabe*) der Mitarbeiter wichtiger für höhere Leistung ist als Schulung, dann sollten Vorgesetzte *Ergebnisziele* setzen, die spezifisch, hoch, jedoch erreichbar sind. Wenn Training wichtiger für gesteigerte Leistung ist als Motivation, dann sollten Führungskräfte Ablaufziele oder *Entwicklungsziele* für ihre Mitarbeiter setzen. Wenn Kenntnisse und Fähigkeiten fehlen und Ergebnisziele gesetzt wurden, erbringen Mitarbeiter, die angehalten werden, ihr Bestes zu geben, bessere Leistungen als jene, mit spezifischen, hohen Zielen (*Earley* et al. 1989). Im Unterschied zu Personen mit einer „Gib-dein-Bestes"-Orientierung, wechseln Personen mit spezifischen Zielen ihre Strategien in unangemessener Weise. Wood/Bandura (1989) zeigen, daß Personen, denen gesagt wurde, sich einer Simulationsaufgabe in lernender Haltung zu nähern, bessere analytische Strategien verwendeten und bessere Ergebnisse erbrachten als jene, denen man sagte, sie sollen an die Aufgabe vom Standpunkt eines wirklich guten Managers herangehen. Wenn eine Aufgabe für Mitarbeiter komplex ist, dann sind die direkten Zielmechanismen von Anstrengung, Beharrlichkeit und Wahlmöglichkeit nicht ausreichend, um hohe Leistung sicherzustellen, weil Mitarbeiter zunächst das erforderliche Wissen und die notwendigen Fähigkeiten erwerben müssen, um die Leistung ausführen zu können. Wenn Mitarbeiter keine Erfahrung haben oder ungeübt sind in der Erledigung der Aufgabe, kann auf bewährte Problemlösungsstrategien oder Abläufe nicht zurückgegriffen werden. Spezifische und hoch gesetzte Ergebnisziele lassen den Mitarbeitern sofort Leistungsdruck spüren. Sie erhalten wenig Gelegenheit zu lernen oder zu experimentieren. Derartige Ziele fördern Scheuklappendenken („tunnel vision") als ungewollten Nebeneffekt. Mitarbeiter konzentrieren sich eher darauf, schnelle Resultate zu erzielen, als den besten Weg zur Erledigung der Aufgabe zu lernen.

In solchen Situationen ist es nicht das Setzen von Zielen an sich, das negative Effekte auf die Leistung hat, sondern die Art des gesetzten Zieles. Wenn Fähigkeit statt Motivation das Problem darstellt, sollten Entwicklungsziele statt Ergebnisziele gewählt werden. *Winters/Latham* (1993) zeigten, daß lernorientierte Ziele eher als Ergebnisziele gesetzt werden sollen, wenn Fähigkeit wichtiger ist als Motivation. Personen, denen spezifische, schwierige Ziele gesetzt wurden hinsichtlich der Entdeckung geeigneter Strategien, erbrachten bessere Leistungen als jene Personen, denen entweder Ergebnisziele gesetzt wurden oder die angehalten wurden, ihr Bestes zu geben. Diese Ergebnisse unterstützen die Arbeiten von *Wood/Bandura* (1989), die feststellten, daß Personen, die einer heuristischen Aufgabe mit einer experimentellen, lernorientierten Haltung begegnen, bessere Strategien wählen als jene, die zeigen wollen, wie kompetent sie sind. Entwicklungsziele motivieren Mitarbeiter nach geeigneten Aufgabenstrategien zu suchen und die entdeckten Strategien zu planen und umzusetzen.

VII. Arbeitsbeziehungen

Eine besondere Herausforderung für Führungskräfte in den 90er Jahren stellt die Gestaltung der Beziehung zwischen Arbeitnehmer- und Arbeitgebervertretung dar. Im folgenden werden dafür systematische Prozesse unter Anwendung von Zielsetzungsprinzipien geschildert.

1. Relations by Objectives (RbO)

In Analogie zu *Management by Objectives* (MbO) (→*Führung im MbO-Prozeß*) kann dies mit „Beziehungsgestaltung durch Ziele" übersetzt werden. Den Kern von RBO bildet Zielsetzung. Jeder Vertreter der Arbeitgeber und der Arbeitnehmer wird durch einen neutralen Außenstehenden individuell und unter Zusicherung von Vertraulichkeit interviewt. Die Rolle des neutralen Außenstehenden übernehmen oft Prozeßberater bzw. Personen, die Wissen im Umgang mit Gruppen- und Konfliktlösungsprozessen (→*Konflikthandhabung*) haben. Nach den Interviews stellt der Prozeßbegleiter die Antworten zusammen und gruppiert sie nach Themen. Danach wird die erste Sitzung zur Zielsetzung abgehalten.

Die Themen (z. B. Sicherheit, Vertrauen, Stellenplanung) werden von der Gruppe aus Management- und Arbeitnehmervertretern kategorisiert und mit Prioritäten versehen. Nach erreichtem Konsens werden spezifische Handlungschritte sowie die durchführenden Personen und der Zeitplan vereinbart. Am Ende der Sitzung wird ein weiterer Sitzungstermin festgelegt zur Überprüfung des Fortschritts und zur Setzung neuer Ziele. Derart wird dieser Gruppenansatz zu einem kontinuierlichen, andauernden Prozeß, statt einer einmaligen Maßnahme mit definierbarem Beginn und Ende.

Die wichtigsten Vorteile dieses Ansatzes der Zielbildung liegen in verbesserter *Kommunikation* (→*Kommunikation als Führungsinstrument*), kürzeren Problemlösungszeiten, wesentlich selteneren Beschwerden, konstruktiven und effizienten Gremien und Bilanzen mit schwarzen Zahlen bei Verlusten in vergleichbaren Unternehmen.

2. Richtlinien zur Erlangung von Unterstützung bei den Arbeitnehmervertretern für Zielsetzung

Latham/Baldes (1975) beschäftigten sich mit Lastwagenfahrern im Südwesten der Vereinigten Staaten, die ihre LKWs nicht bis zur maximalen Kapazität, sondern nur zu ca. 60% beluden. Durch tägliches Feedback war dies allen Fahrern bekannt. Die Ausstattung der LKWs mit Waagen war nicht kosteneffizient, da die Autos ständig auf schlechten Straßen fuhren, wodurch die Waagen beschädigt wurden. Permanentes Ermahnen der Fahrer über drei Monate hinweg, sich mehr Mühe zu geben und die Lademenge zu erhöhen, ohne die gesetzlichen Beschränkungen zu überschreiten, führte zu keiner Produktivitätssteigerung. Als letzten Ausweg sprach die Unternehmensleitung die Gewerkschaft mit einem Programm zur Zielsetzung an.

Dieses Produktivitätsproblem wurde der Gewerkschaft unter Betonung, daß keine Belohnungen für Erreichung und keine Bestrafungen für Nichterreichung des Zieles gegeben werden, erklärt. Damit wurden 90% der maximal zulässigen Ladegewichtes zwischen dem Unternehmen und der Gewerkschaft als vernünftiges und spezifisches Ziel für die Fahrer vereinbart. Die Produktivität erhöhte sich ab der ersten Woche, in der dieses Ziel den Fahrern zugewiesen wurde. Innerhalb von neun Monaten ersparte das Unternehmen über eine Viertelmillion Dollar durch den Produktivitätszuwachs.

3. Selbstmanagement

Zielsetzung ist zentraler Bestandteil des Trainings in Selbstmanagement. Zum Beispiel *F. Kanfers* (1970, 1975, 1980) Trainingsprogramm lehrt Personen, ihre eigenen Probleme zu analysieren, spezifische und hohe Ziele in bezug auf diese Probleme zu setzen, fördernde und hemmende Kräfte in der Umwelt zu beobachten und mögliche Belohnung für Arbeit an der Zielerreichung oder Bestrafungen für mangelnde Arbeit zu identifizieren und selbst zu verabreichen. Im Grunde lehrt dieses Programm Fähigkeiten der Selbstbeobachtung, Verhalten mit den gesetzten Zielen zu vergleichen, und Verstärker und Bestrafungen selbst zu steuern, um die Verpflichtung dem Ziel gegenüber zu erzeugen und zu erhalten (*Karoly/Kanfer* 1982). Belohnungen und Bestrafungen sind kontingent zum Ausmaß, in dem ein Verhalten näher zum Ziel führt. Training der Selbststeuerung wurde im Labor und in Feldstudien rigoros evaluiert. In organisationalen Zusammenhängen sind keine empirischen Studien über die Effizienz von Trainings in Selbstmanagement bekannt geworden. Eine Ausnahme stellt die Studie von *Frayne/Latham* (1987) dar, in der deren Effizienz in bezug auf die Erhöhung der Anwesenheit gewerkschaftlich organisierter Beamte geprüft wurde. Sowohl Kontrollgruppe als auch Untersuchungsgruppe dieser Studie waren andauernden Sanktionen (Verwarnungen, Auferlegung von Probezeiten, Kündigungen) für unbegründete Abwesenheit ausgesetzt. Als Anreiz für Erscheinen am Arbeitsplatz konnten die Mitarbeiter in jedem Monat acht Stunden Krankenstand verdienen. Diese Regelungen waren zwölf Jahre in Kraft. Die Abwesenheit war dennoch hoch. Das Trainingsprogramm bestand aus acht wöchentlichen, einstündigen Gruppensitzungen (je 10 Mitarbeiter), gefolgt von acht dreißigminütigen Einzelsitzungen. Mit den Einzelsitzungen sollte das Training auf die spezifische Situation jedes individuellen Mitarbeiters maßgeschneidert werden. Weiters konnten darin Probleme behandelt werden, die eine Person in der Gruppe möglicherweise nicht offenlegen würde.

Im Vergleich mit einer Kontrollgruppe (Varianzanalyse; $n = 20$), konnte das Training von Fähigkeiten zur Selbststeuerung die Teilnehmer lehren, personale und soziale Hindernisse, bei der Arbeit zu erkennen. Darüber hinaus erhöhte es das Selbstbewußtsein (*Bandura* 1986), das eigene Verhalten beeinflussen zu können. Als Folge war die Anwesenheit in der Trainingsgruppe wesentlich höher als in der Kontrollgruppe. Je höher das wahrgenommene Selbstbewußtsein, desto höher die nachfolgende Anwesenheit.

VIII. Zusammenfassung und Folgerung

Trotz der Probleme, denen sich Führungskräfte im Umgang mit ihren Mitarbeitern gegenübersehen, gibt es zentrale Verhaltensweisen zur Gewinnung des Engagements und der Identifikation der Mitarbeiter mit den Organisationszielen. Erstens sollten Führungskräfte eine Vision oder ein übergeordnetes, Mitarbeiter inspirierendes Ziel artikulieren. Diese Vision muß die Werte der Mitarbeiter berücksichtigen und ihre Eigeninteressen ansprechen.

Für die Umsetzung der Vision müssen spezifische und herausfordernde Ziele gesetzt werden. Das übergeordnete Ziel ist in spezifische, zu expliziten Resultaten führende Ziele zu übersetzen. Eine Führungskraft kann die Wahrscheinlichkeit der Akzeptanz der Vision und der sich daraus ergebenden spezifischen Ziele durch unterstützendes, vertrauenerweckendes, informiertes Verhalten und, am wichtigsten, durch Begründung der Ziele erhöhen.

Die Erreichung multipler Ziele kann durch Delegation (→Delegative Führung) an verschiedene Mitarbeiter, Funktionen, Abteilungen und Geschäftsfelder gesichert werden. Delegation fördert die Autonomie der Mitarbeiter, weil dadurch diese Ziele zu den Zielen der Mitarbeiter werden.

Partizipation sollte nicht zur Etablierung des übergeordneten Zieles verwendet werden, da eine Vision üblicherweise die alleinige Fähigkeit des Führers widergibt, die Zukunft zu erkennen und die Richtung anzugeben, in welche die Organisation gehen soll.

Andererseits sollten Mitarbeiter mit relevantem Wissen, wegen der Vorteile des Wissenstransfers zwischen Manager und Mitarbeiter, sowie den positiven Folgen einer in bezug auf das Erreichen spezifischer Ziele und dem Einsatz der notwendigen Strategien und Taktiken partizipieren.

Für Mitarbeiter, die mit einem neuen Arbeitsplatz und neuen Aufgaben betraut werden, wo Fähigkeiten kritischer als Motivation sind, sollten Entwicklungsziele gesetzt werden, um sie zu motivieren, optimale Wege der Aufgabenerfüllung zu finden. Nachdem die Entwicklungsziele und eine gewisse Meisterschaft bei der Beherrschung der Abläufe erreicht wurden, sollten Leistungsergebnisziele gesetzt werden.

Nötigenfalls können entsprechende Ziele auch die Verbesserung der Beziehungen unter den Mitarbeitern bzw. zwischen Mitarbeitern und Management zum Inhalt haben. Dies ist insbesondere bei Konflikten zwischen Organisationsmitgliedern (→Konflikte als Führungsproblem) angebracht. Die Lösung solcher Konflikte fördert die Kooperation aller Mitarbeiter bei der Erreichung der Organisationsziele.

Das fortgeschrittene Stadium der Führung wurde als „Superführung" (Manz/Sims 1989) bezeichnet, wo Mitarbeiter der organisationalen Vision so verpflichtet und so wissensreich und kompetent sind, daß sie sich selbst durch Setzen ihrer eigenen Ziele und Wahl der notwendigen Mittel führen. Selbstmanagement dieser Art repräsentiert den höchstmöglichen Grad an Befähigung (→Selbststeuernde Gruppen, Führung in).

Literatur

Anderson, J. C./O'Reilly, C. A.: Effects of an Organizational Control System on Managerial Satisfaction and Performance. In: HR, 34, 1981, S. 491–501.
Andrews, F. M./Farris, G. F.: Time Pressure and Performance of Scientists and Engineers: A five-year study. In: OBHP, 8, 1972, S. 185–200.
Bandura, A.: Social Foundations of Thought and Action: A social-cognitive view. Englewood Cliffs 1986.
Bartlem, C. S./Locke, E. A.: The Coach and French study: A critique and reinterpretation. In: HR, 34, 1981, S. 555–566.
Bennis, W./Nanus, B.: Leaders. New York 1985.
Boyatzis, R. E./Nanus, B.: The Complete Manager. New York 1982.
Cialdini, R. B.: Influence. New York 1984.
Coch, L./French, J. R. P.: Overcoming Resistance to Change. In: HR, 1, 1948, S. 512–532.
Earley, P. C.: Perceived legitimacy of worker participation: A comparison between subsidiaries of a heavy manufacturing company in the United States and England. In: Cross-Cultural Psychology Bulletin, 20, 1986, S. 15–20.
Earley, P. C./Connolly, T./Ekegren, G.: Goals, Strategy Development and Task Performance: Some limits of the efficacy of goal setting: In: JAP, 74, 1989, S. 24–33.
Erez, M.: Feedback: A necessary condition for the goal setting-performance relationship. In: JAP, 62, 1977, S. 624–627.
Erez, M./Earley, P. C./Hullin, C. L.: The impact of participation on goal acceptance and performance: A two-step model. In: AMJ, 28, 1985, S. 50–66.
Frayne, C. A./Latham, G. P.: Application of social learning theory to employee self-management of attendance. In: JAP, 72, 1987, S. 387–392.
Hall, D. T./Lawler, E. E.: Job pressures and research performance. In: American Scientist, 59, 1971, S. 64–73.
Kanfer, F. H.: Self-Regulation: Research issues and speculations. In: *Neuringer, C./Michael, J.* (Hrsg.): Behavior modifications in clinical psychology. New York 1970.
Kanfer, F. H.: Self-management methods. In: *Kanfer, F. H.* (Hrsg.): Helping people change. New York 1975.
Kanfer, R./Ackerman, P. L.: Motivation and Cognitive Abilities: An integrative/aptitude-treatment interaction approach to skill acquisition. In: JAP, 74, 189, S. 657–690.
Karoly, P./Kanfer, F. H.: Self management and behavior change: From theory to practice. New York 1982.
Kernan, M. G./Lord, R. G.: The effects of explicit goals and specific feedback on escalation processes. In: JASP, 19, 1989, S. 1125–1143.
Kotter, J. P.: The general managers. New York 1982.
Latham, G. P./Baldes, J. J.: The „practical significant" of Locke's theory of goal setting. In: JAP, 60, 1975, S. 122–124.
Latham, G. P./Erez, M./Locke, E. A.: Resolving scientific disputes by the joint design of crucial experiments by the antagonists: Application to the Erez-Latham dispute regarding participation in goal setting. In: JAP, 73, 1988, S. 753–772.
Latham, G. P./Kinne, S. B.: Improving Job Performance through Training in Goal Setting. In: JAP, 59, 1973, S. 187–191.
Latham, G. P./Mitchell, T. R./Dossett, D. L.: Importance of participative goal setting and anticipated rewards on goal difficulty and job performance. In: JAP, 63, 1978, S. 163–171.

Latham, G. P./Locke, E. A.: Increasing producitivty with decreasing time limits: A field replication of Parkinson's law. In: JAP, 60, 1975, S. 524–526.

Latham, G. P./Saari, L. M.: Importance of supportive relationship in goal setting. In: JAP, 64, 1979, S. 151–156.

Latahm, G. P./Winters, D. W./Locke, E. A.: Cognitive and motivational effectis of participation: A mediator study. In: JOB, 14, 1993.

Latham, G. P./Yukl, G. A.: Assigned versus participative goal setting with educated and uneducated wood workers. In: JAP, 60, 1975, S. 299–302.

Likert, R.: New patterns of management. New York 1961.

Likert, R.: The human organizations. New York/McGras-Hill 1967.

Locke, E. A./Latham, G. P.: Goal setting: A motivational technique that works. Englewood Cliffs 1984.

Locke, E. A./Latham, G. P.: A theory of goal setting and task performance. Englewood Cliffs 1990.

Manz, C./Sims, H.: Superleadership. Englewood Cliffs 1989.

Ronan, W. W./Latham, G. P./Kinne, S. B.: Effects of goal setting and supervision on worker behavior in an industrial situation. In: JAP, 58, 1973, S. 302–307.

Ross, J./Staw, B.: Organizational escalation and exit: Lessons from the Shoreha nuclear power plant. In: AMJ, 1993, 36, S. 701–732.

Salancik, G. R.: Commitment and the control of organizational behavior and belief. In: *Staw, B. M./Salancik, G. R.* (Hrsg.): New directions in organizational behavior. Chicago/St. Clair Press 1977.

Wagner, J. A./Gooding, R. Z.: Shared influence and organizational behavior: A meta-analysis of situational variables expected to moderate participation-outcome relationships. In: AMJ, 30, 1987, S. 524–541.

Winters, D. W./Latham, G. P.: The effect of learning versus outcome goals on a simple versus complex task. Unpublished manuscript, 1993.

Wood, R. E./Bandura, A.: Impact of conceptions of ability on self-regulatory mechanism and complex decision-making. In: JPSP, 56, 1989, S. 407–415.

Yukl, G. A.: Leadership in organizations. Englewood Cliffs 1989.

PERSONENREGISTER

Die Namen der Autoren von Beiträgen im Handwörterbuch der Führung sind durch Fettdruck hervorgehoben; der Anfang des Beitrages ist ebenfalls durch Fettdruck der Spaltenzahl gekennzeichnet

A. D. Little International 1715
Abel, H. 1730, 1735
Abel, W. 1101
Abgeordnetenhaus von Berlin 191
Aburdene, P. 91, 102
Ach, N. 1594, 1605
Ackelsberg, R. 1421
Ackerman, P. L. 1690, 1694, 2226, 2232
Ackermann, A. 1181, 1185
Ackermann, K.-F. 72, 78 ff., 82, 88 f., 306, 751, 759, 773, 784 f., 1605 ff., 1773
Ackermann, M. P. 1779
ACM 256, 261
Adair, J. 596, 606
Adams, G. B. 1583, 1587, 1589
Adams, H. E. 1958
Adams, J. S. 962, 964, 1006, 1019, 1433, 1437, 1440, 1568, 1574, 2150, 2156
Adler, A. 1035
Adler, N. J. 109, 111, 1246, 1251
Adorno, Th. W. 1036, 1039, 1043, 1583, 1589, 2199, 2205
Affemann, R. 2010, 2013
Agthe, K. 215, 225
Aguren, S. 645, 650
Aiken, M. 1686, 1688
Aït-el-Hadj, S. 471, 477
Akademie des deutschen Beamtenbundes 446, 448 f., 452
Al-Tuhaih, S. 813, 815
Albach, H. 581, 584, 724, 726, 734, 796, 1212, 1299 ff., 1304, 1307 f., 1375, 1384, 1917, 2080, 2108, 2111
Albach, R. 1307
Alban Metcalfe, B. M. 602, 605 f., 1958
Albers, S. 1479 ff.
Albers, W. 275
Albert, H. 677, 1374, 1384, 1929, 1934, 2189, 2195 ff.
Albert M. 906
Albrecht, K. 748
Alcaide-Castro, M. 470, 474, 477 f.
Alchian, A. A. 1462, 1465, 2107, 2111 f.
Alderfer, C. P. 309, 313, 327
Aldrich, H. E. 63, 70, 919, 925, 1848, 1857
Alewell, D. 20, 21
Alexander, L. D. 2, 7, 9, 67, 69
Alexander, R. A. 14
Alfred, T. M. 796
Alioth, A. **1894**, 1895 f., 1902
Allaire, Y. 1673, 1679
Alleman, E. 1511, 1516

Allen, M. P. 796, 2174, 2172, 2161 f.
Allen, N. J. 1450, 1452 ff., 1637 f., 1642, 1443 f., 1446
Allen, R. W. 506, 511, 1047, 1058
Allen, T. J. 371 f., 378 f., 437, 439 f., 443, 1206, 1211,
Allensbach 1550, 1554
Allerbeck, M. 513, 522, 2121, 2123
Alliger, D. M. 294, 688, 697
Allin, J. A. 1021
Allport, F. M. 622, 635
Alt, W. 720
Alter, N. 476, 477
Alutto, J. A. 1444, 1447, 1453
Alvares, K. M. 293
Alvarez, R. 933, 938
Alvesson, M. 1665 f., 1676, 1679, 2017, 2022 ff.
Ambady, N. 120
Ambrose, M. 1252
Amelang, M. 897 f., 905
American Psychiatric Association 1615, 1621
Amherd, M. 2038
Amietta, P. L. 477
Amihud, Y. 1463, 1465
Amir, Y. 106, 111
Ammelburg, G. 1320, 1327
Ammon, G. 471, 477
Amshoff, B. 211, 225
Anderson, C. 796
Anderson, J. C. 2225, 2232
Anderson, L. R. 425
Anderson, N. 704, 706
Andersson, G. 1934
Andrews, F. M. 372 f., 375, 378, 380, 1205, 1212, 2226, 2232
Andrews, I. R. 1437, 1440
Anell, B. 640, 650
Angle, H. L. 1047, 1058, 1447, 1451 f., 1836, 1842, 1874, 1893
Annis, R. C. 1405
Anonyou, C. 294
Ansoff, H. I. 347, 350, 1658, 1662, 2006, 2013
Anthony, R. N. 212, 219 f., 225, 1720, 1724
Antle, R. 558, 560
Antoni, C. 1327, 1578, 1762
Anyane-Ntow, K. 159, 162
Apel, K.-O. 2198, 2201, 2205
Aram, J. D. 536, 540
Arbeitsgemeinschaft – Engere Mitarbeiter der Arbeitsdirektoren Eisen und Stahl" in der Hans-Böckler-Stiftung 1564
Arbeitskreis Dr. Krähe 1963, 1966

Arbeitsring der Arbeitgeberverbände der Deutschen Chemischen Industrie e.V. 723, 734
Archibald, K. A. 1310, 1317
Archier, G. 471, 477
Ardelt, E. 130, 132, 137, 1139, 1146
Argote, L. 1438, 1441
Argyle, M. 1343, 1349, 1947, 1949 f., 1957
Argyris, C. 160, 162, 461, 465, 599, 606, 923, 925, **1253**, 1254, 1258, 1266, 1272, 1498, 1500, 1509, 1950 ff., 1957, 2181, 2188
Arhén, G. 1511, 1513, 1516
Armenakis, A. A. 1021
Arndt, H.-J. 81, 89
Arnkoff, D. B. 1880, 1892
Arnold, H. J. **276**, 1089, 1090, 1641
Arnold, J. 1642
Aronoff, C. E. 1978, 1984
Aronoff, J. 1154
Aronson, E. 719, 892, 894
Arrow, K. J. 16, 21, 1251
Arthur, B. 796
Arthur, M. 896
Arvey, R. D. 1080, 1090, 1297, 1452, 1869 f., 1872, 1873
Asanger, R. 416
Aschauer, E. 1370, 1384
Ash, R. A. 1512, 1516
Ashford, S. J. 1430
Ashour, A. S. 635, 1496, 1509
Aspling, A. 645, 650
Aßmann, G. 465
Astley, W. G. 966, 2212
Atchley, R. C. 4, 12
Athos, A. G. 314, 328, 721 f., 735, 767, 772
Atkinson, J. W. 204, 210, 884, 894, 1590, 1592 f., 1605
Atteslander, P. 498 f.
Atwell, J. 1241, 1252
Aubert, N. 470, 477
Auchter, E. 1292, 1296
Auer-Rizzi, W. **256**
Auffarth, F. 487
Austin, N. 1835, 1843
Austin, W. G. 896
Autenrieth, C. 1569, 1574
Autorenkollektiv 1549, 1554
Avolio, B. J. 237, 240, 289, 292, 426, 501, 511, 555, 560, 625, 636, 883, 885, 891, 894 f., 1542 ff., 1546, 2055, 2057 ff., 2061 f., 2090, 2094
Axelrod, R. M. 1346, 1349, 1381, 1384, 1418 f., 1421, 1554, 1955, 1947, 1953, 1957
Axmith, M. 201, 210

Aydin, C. 282, 295
Ayman, R. 894 f.

Baack, D. 1453
Babbitt, L. V. 1639, 1642
Bacdayan, P. 1816
Bach, O. 303, 306, 941
Bachmann, H. R. 777, 785
Backhaus, K. 465, 1996, 2005
Backman, C. W. 965
Badawy, M. K. 378
Baddeley, S. 602, 606
Badura, B. 1317
Baecker, D. 165, 173, 1312, 1317
Baeker, R. M. 179
Bärenz, P. 1758
Bärsch, H. G. 723, 734
Baethge, M. 569, 571, 1333, 1336
Baetz, M. L. 620, 636, 655, 658, 665, 927, 939, 1058
Bahrdt, H. P. 545, 550
Baier, H. 128
Bailey, D. E. 1502, 1510
Baillod, J. 71, 78
Baiman, S. 1463, 1465
Baird, L. 1512, 1516, 1981
Baker, D. 1017, 1019 f.
Baker, G. P. 1463 ff.
Baker, M. R. 1456
Baldes, J. J. 2229, 2232
Baldwin, M. W. 282, 292
Bales, R. F. 135, 137, 250 f., 255, 395, 407, 659, 665, 685, 696, 715, 719, 829, 837, 867, 874, 894, 961 f., 964, 988 f., 991, 993, 1976, 2117, 2122 f.
Baliga, B. R. 240, 511, 876, 895, 905, 1057, 1546, 2094
Ballachey, E. L. 274
Ballwieser, W. 1464 ff.
Baltes, P. B. 8 f., 12 f.
Balzer, W. K. 1702 f.
Bambeck, J. 1411, 1421
Bamberg, G. 350
Bamforth, K. W. 313, 328, 1895, 1902
Banas, P. A. 1297, 1452
Bandilla, W. 1945
Bandler, R. 203, 210
Bandura, A. 116, 120, 464 f., 776, 778 ff., 784, 863, 874, 885, 894, 1007 f., 1019, 1024, 1033, 1047, 1056, 1593, 1596, 1602, 1604 f., 1660, 1662, 1879, 1884, 1892, 1949, 1957, 2225, 2227 f., 2230, 2232, 2234
Banfield, E. C. 976, 979
Banks, J. 1810, 1812 f., 1816
Banks, W. C. 854, 860
Bannister, B. D. 296
Bar-Tal, D. 1153
Baravelli, M. 469, 477
Barczak, G. 375, 378
Bardmann, T. 1582, 1588
Bargehr, B. 451 f.
Barley, S. R. 1665, 1679

Barnard, C. I. 823, 1585, 1683, 1688
Barnes, G. 2039, 2052
Barnes, L. B. 796
Barnett, G. A. 168, 180
Barnowe, J. T. 373, 378
Barocci, T. A. 327
Baron, R. A. 1147, 1154
Barrett, G. V. 1152 f., 1404
Barrick, M. R. 905
Barron, R. 393, 405
Barrow, J. C. 308, 327, 748, 868, 876
Barsoux, J.-L. 68, 71, 1517
Barth, C. 1284
Barth, S. 1272, 1274
Barthel, E. 120 f., 149, 154
Bartholomew, D. J. 1740, 1748
Bartlem, C. S. 2232
Bartlett, C. A. 359, 814
Bartölke, K. 1555, 1556 f., 1559 f., 1562, 1564, 2206
Bartol, K. 399, 405
Bartolomé, F. 812, 814, 1570, 1575
Bartosch, D. 1735
Bartscher, S. 906 f., 915
Bartussek, D. 897 f., 905
Baskin, O. W. 1978, 1984
Bass, B. M. 237, 240, 243, 248, 267, 273 ff., 280 f., 289, 292, 399, 405, 426, 464 f., 501, 511, 524 ff., 532, 560, 606, 635 ff., 658 f., 665, 669, 675, 677, 682, 696, 748, 878, 885, 888, 891, 894, 898, 901 f., 904 f., 940, 953, 959, 962, 964, 996, 999, 1004, 1025, 1033, 1079, 1090, 1092, 1145, 1152 f., 1372, 1377, 1384, 1398, 1403 f., 1539, 1542 ff., 1546, 1683, 1688, 2015, 2018, 2024, 2053 ff., 2058 f., 2061 f., 2090, 2094, 2122 f.
Bastianutti, L. M. 258, 262
Bastine, R. 1143, 1145
Basu, R. 1051, 1056
Bateman, T. S. 1447, 1451, 1453, 1868, 1873
Bateson, G. 753 f., 756, 759, 1315, 1317, 1347, 1950, 1957
Bátori, I. 1120
Batz, M. 1697, 1703
Baudissin, W. Graf von 1529, 1538
Bauer, G. 1320, 1327
Bauer, H. H. 1481, 1476
Bauer, L. 925
Bauer, R. 200
Baugut, G. 744, 748
Baum, H. S. 205, 210, 1514, 1516
Baumberger, H. U. 1965 f.
Baumgarten, R. 183, 191, 748, 840, 843, 846, 1370, 1384
Baumgartner, H. M. 1476, 2205
Baumgartner, U. 1476, 1481
Baumol, W. J. 1461, 1465, 1645, 1651

Baumrin, S. 2161 f., 2174
Baumüller, K. 1175, 1185
Bayer, H. 571
Bayer, M. 1724
Bazermann, M. 1242, 1251 f., 1858
Bea, F. X. 1749
Beach, B. H. 941, 952
Beach, L. R. 860, 952
Beal, T. E. 292
Beard, L. H. 1421 f.
Beatty, C. A. 606
Beatty, R. 147, 153 f., 2166, 2170, 2174
Beatty, R. W. 1698, 1702 f.
Beaven, J. H. 34
Beavin, J. H. 182, 993, 1318
Bechmann, A. 350
Bechtoldt, T. 1474, 1482
Beck, Th. 1120
Beck, U. 570 f., 1936, 1941 f., 1945
Becker, A. 966, 1518, 1525
Becker, F. 151, 154, 1425, 1430, 1695, 1698, 1702 f., 1821, 1828
Becker, F. G. 34, 35, 41 f., 44, 306, 1207, 1211, 1713, 1715, 2010, 2013
Becker, G. 560
Becker, H. 414, 416, 1652, 1663
Becker, H. L. 56, 60
Becker, H. S. 1443, 1452
Becker, P. 1551, 1555
Becker-Töpfer, E. 1734 f.
Beckerath, P. G. v. 825
Beckhard, R. 1340, 1349, 1662, 1663
Beckmann, J. 1594, 1606
Beckurts, K.-H. 172, 174, 179
Bedeian, A. G. 1021
Bednarek, E. 1440 f.
Bednix, J. 121
Bee, A. 105, 111
Beehr, T. A. 2124
Beer, M. 148, 151, 153 f., 327
Beer, S. 803, 808
Beerel, A. C. 1734 f.
Beermann, L. 1568, 1573 f.
Begley, Th. M. 1447, 1452
Behling, O. 999, 1004
Beisheim, M. 487
Beishon, J. R. 63, 69
Belgrad, J. 991 f.
Bell, C. H. Jr. 952, 1652, 1663
Bellack, A. S. 1947, 1958
Bellen, H. 1098, 1101
Bellgardt, P. 1735
Beltran, A. 477
Belz, Ch. 1469, 1481
Bem, D. J. 1146
Ben-Yoav, O. 938
Bena, B.-G. 1725, 1735
Bendeich, E. 1769, 1779
Bendixen, P. 712, 719, 1202, 1211, 1677, 1679
Benford, S. D. 262
Benne, K. D. 1349, 1654, 1663 f.
Bennett, D. 2039, 2052

Bennett, J. L. 179
Bennis, W. G. 428, 435, 604, 606, 734, 864, 874, 878, 881 f., 894, 1004, 1022, 1033, 1349, 1499, 1509, 1544, 1546, 1654, 1658, 1663 f., 1851, 1856, 2223, 2232
Benson, P. G. 1812, 1816
Bentz, V. J. 558, 560
Berg, I. A. 940
Berg, P. O. 649 f., 1665 f., 1676, 1679, 2017, 2022, 2024
Bergemann, N. 1574
Berger, C. R. 1985
Berger, D. 1277, 1283
Berger, G. 481, 488
Berger, J. 1360, 1368
Berger, K.-H. 1466
Berger, P. L. 1668, 1679
Berger, U. 1582, 1588, 1683, 1688, 1837, 1841 f.
Bergman, A. 1622
Bergmann, K. 1127, 1129
Bergqvist, L. 650
Berk, R. 155
Berk, R. A. 562
Berkel, K. 147, 154, 1330, 1336
Berkes, L. J. 1451, 1453
Berkowitz, L. 122, 635, 930, 938 f., 952, 1004, 1019, 1034, 1436, 1441, 1574, 1598, 1605, 2139
Berle, A. A. 1457, 1459, 1465, 2080, 2107, 2112
Berlew, D. E. 882, 894
Bermardi, H. J. 120
Bernadis, L. 666
Bernardin, H. J. 113, 147, 153 f., 555, 560, 1698, 1702 f.
Berndt, R. 1481
Berne, E. 33, 2039, 2042, 2048, 2051 f.
Bernhard-Mehlich, I. 1683, 1688
Bernsdorf, W. 128, 814, 1574
Berridge, J. 467, 477 f., 480
Berry, S. 105, 110, 111
Berry, T. H. 1812, 1814, 1816
Berthel, J. 35 f., 44, 225, 412, 415 f., 488, 717, 719, 796, 816, 821, 823, **1285**, 1296, 1996 f., 2005
Berthoin Antal, A. 387, 390
Berthold, H.-J. 796
Besseyre des Horts, Ctt. 473, 477
Bethel, J. 256
Bettermann, A. 821, 823
Betts, P. 1835, 1842
Beyer, G. 2216, 2222
Beyer, H.-T. 71, 77 f.
Beyer, J. 1455
Beyer, J. M. 1395 f.
Beyme, K. v. **968**, 972, 979
Beynon, H. 393, 405
Beyss, B. 1430
Biard, J. E. 1984
Biasion, A. 1568, 1574
Bibeault, D. 1864, 1868
Bibring, E. 1043 f.

Biddle, B. J. 980, 982, 991 f.
Biedermann, Ch. 579, 584
Biehler, H. 1633 f.
Bielenski, H. 71, 78
Bieneck, H.-J. 1761 ff.
Bierfelder, W. 798
Bierhoff, H. W. **1147**, 1148, 1153, 1381, 1384, 1411, 1422, 1947, 1957, 2148, 2150, 2155 f., 2156
Bigelow, J. D. 920, 925
Bigler, R. R. 1536, 1538
Bihl, G. 819, 825, 1764, 1780, 2185, 2188 f.
Biland, Th. 1966
Bilden, H. 992
Binning, J. F. 294, 2125
Binsted, D. 1947, 1957
Binstock, R. H. 13
Binswanger, H. C. 2012 f.
Bion, W. R. 961, 964
Birk, R. 1167 f., 1174
Birke, M. 957, 964
Birkenbihl, M. 991 f.
Birkenbihl, V. 150, 154
Birnberg, J. G. 161 f.
Birren, J. E. 13 f.
Bisani, F. 89
Bischof, N. 680, 696
Bittner, E. 2208, 2210, 2212
Bitz, M. 21, 1735, 2005, 2112
Bitzer, M. 236, 240, 2038
Black, J. S. 356, 359
Black Rose 404, 407
Blackburn, R. 393, 405
Blake, R. 598 f., 606, 635, 691, 696, 748, 962, 965, 1411, 1247, 1251, 1417 f., 1422, 2052, 2116, 2118, 2123, 2128, 2134, 2136, 2139
Blake, St. B. 1200, 1211
Blakeney, R. 2039, 2051, 2052
Blalock, H. M. 247 f.
Blanchard, K. H. 228, 233, 240, 533, 539 f., 599, 602, 607, 658, 665, 693, 696, 748, 818, 824, 962, 966, 1000, 1004, 1384, 1958, 1948, 2046, 2052, 2116, 2124, 2131, 2139
Bland, L. 402, 405
Blank, W. 279, 292, 600, 606
Blankenship, L. V. 635
Blankert, C. B. 1238
Blaschke, D. 246, 248, 1295 f.
Blattner, N. 1465
Blau, P. A. 1767, 1779
Blau, P. M. 602, 606, 862, 864, 874, 962, 965, 1336, 1411, 1422
Bleicher, E. 1074
Bleicher, K. 303, 306, 425 f., 507, 511 f., 677 ff., 707 ff., 719, 727, 730, 734 f., 740, 748, 765, 772, 823 f., 1301, 1308, 1409, 1411, 1422, 1459, 1465, 1471, 1475, 1479, 1481, 1541, 1546, 1646, 1651, 1665, 1676, 1678 f., 1842, **1959**, 1960, 1963, 1965 f., 1992, 1994,
2010, 2013, 2068, 2072, 2100, 2105
Bleicher, S. 1558, 1564
Blickle, G. 536, 539 f.
Bliemel, F. 1468, 1482
Bliesener, T. 117, 120
Block, B. 1275, 1282
Block, P. 959, 965
Block, Z. 1283
Blohm, H. 342, 349 f.
Blomberg, J. 650
Blondel, J. 973, 979
Blood, M. R. 285, 295
Blossfeld, H.-P. 245, 248
Blümle, E.-B. 1217, 1225
Blum-Kulka, S. 1980, 1984
Blum, R. 2188
Blumberg, H. 992
Blumenfeld-Jones, K. 1252
Blumer, H. 2017, 2024
Boam, R. 597, 606
Boari, C. 473, 477
Bochner, S. 602, 606, 635, 875
Bock, J. 380, 1201 f., 1204, 1207 ff., 1211 ff.
Bock, K. 1307
Boddewyn, J. 1404
Bodiguel, J. L. 477
Böbel, I. 1463, 1465
Böckenförde, B. **1859**, 1861, 1868
Böckenholt, I. 1296
Bögel, R. 695, 696
Böhler, E. 1581, 1588
Böhm, H. 2102, 2105
Böhme, G. 238, 240, 824, 1176, 1185
Böhnisch, W. 270, 274, 557, 560, 666, 670, 674 f., 678, 693, 696, 777, 785, 813, 815, 1067, 1072, 1074, **1226**, 1227, 1238, 1540, 1547, 1718, 1724, **1945**
Böhret, C. 184, 191, 744, 748
Boeker, W. 2164, 2168, 2172, 2174
Boerger, M. 523
Boettcher, E. 2080
Boetticher, K. W. 1467
Bohländer, E. 166, 180
Bohlen, F. N. 796
Bohm, R. J. 718 f.
Bohnen, A. 2196 f.
Bohr, K. 1465, 2080, 2111 f.
Bohren, J. F. 283, 294
Boisot, M. 587, 589, 591, 594
Boje, D. M. 1581, 1588
Boldizzoni, D. 473 477
Bolin, E. 640 ff., 650
Bollinger, D. 467, 478
Bollinger, G. 1141, 1145
Bollinger, H. 177, 181
Bolman, L. G. 289, 292, 2023 f.
Bologh, R. W. 395, 405
Boltanski, L. 1939, 1945
Bolte, K. M. 1566, 1574, 1935, 1945
Bolton, M. 1854, 1856
Bomers, G. 1252
Bomke, P. 915, **1829**

Bonami, M. 476 f.
Bond, F. A. 798, 1295, 1298
Bond, M. H. 592, 594
Boni, M. A. 293
Bono, E. de 350
Bons, P. M. 283, 292, 946, 952
Boog, H. 1095, 1101
Boone, M. E. 165, 179
Boos, F. 1630, 1634
Boqué, J. M. 476 f.
Borgart, E. J. 1958
Borgotta, E. F. 886, 894, 1976
Boring, E. G. 680, 696
Borkenau, P. 117, 120
Bormann, C. von 2205
Bornemann, E. 1566, 1574, 1758, 1762
Borsczc, A. 1718, 1724
Borzeix, A. 472, 476 f.
Bosch, M. 1128 f.
Bosetzky, H. 182, 185 ff., 189, 191 f., 957, 965, 1517 ff., 1525
Bosl, K. 1113, 1120
Bosler, R. 1185
Bottger, P. C. 1071, 1074
Bottomore, T. B. 969, 979
Boudon, R. 1935, 1945
Boulgarides, J. D. 397, 405
Bourdieu, P. 1333, 1336
Bournois, F. 467, 476 f.
Bourricaud, F. 1935, 1945
Boutillier, R. G. 928, 940
Bowdell, T. 406
Bowditch, J. L. 2070, 2073
Bowers, D. G. 205, 598, 606, 700, 705, 1360, 1368
Bowers, J. M. 262
Bowles, M. L. 1583, 1588
Bowles, S. 702, 705
Bownas, D. A. 113, 120
Boyacigiller, N. 354, 359
Boyatzis, R. E. 115, 122, 597, 606, 881, 896, 2224, 2232
Boyd, N. K. 934, 938
Boydell, T. 391
Boyer, L. 468, 477
Brabet, J. 476 f.
Bracyk, J. J. 1368
Braczyk, H. J. 1337
Bradford, D. L. 402, 405, 601, 606
Bradley, G. W. 851, 854, 860
Bradley, P. H. 1981, 1984
Bradshaw, P. 1858
Brady, J. P. 1892
Bräutigam, G. 1175, 1180, 1185
Bräutigam, W. 1329, 1337
Brakelmann, G. 569, 571
Brambring, M. 114, 120
Brandes, H. 1567, 1574
Brandstätter, H. 112, 114, 118, 120,
Brandstätter, V. 112
Brauchitsch, E. v. 80 f., 89
Brauchlin, E. 340, 350, 678, 744, 748, 1074, 1323, 1327
Braudel, F. 1123 f., 1126, 1129
Braun, A. 1183, 1185
Braun, G. E. 963, 965

Braun, W. 1044, 1748
Braune-Krikau, M. 132, 137
Brauner, H. 2208, 2212
Braverman, H. 393, 405, 545, 550, 701, 705, 965, 1364
Bray, D. W. 1291, 1296, 1450, 1452
Brecht, B. 2091, 2094
Brecht, H. 61
Brehm, J. W. 1433, 1441, 1594, 1602, 1605
Breisig, T. 149, 154, 485 ff., 577, 584, 813 f.
Brennam, S. E. 1978, 1984
Bresnen, M. 292
Brett, J. M. 1240 ff., 1252, 1571, 1574
Bretz, H. 391
Bretz, R. D. 1697, 1702 f.
Brewer, E. 64, 69
Brickenkamp, R. 114, 121
Brickner, M. 554, 561
Brief, A. P. 952, 993, 1147 f., 1150, 1153
Briefs, U. 2206
Brien, G. E. 13
Brim, O. G. 12
Brislin, R. W. 814
Brittain, J. 1252
Brittan, A. 402, 405
Brockhoff, K. 376, 378, 1212
Brockhoff, U. 1411, 1422
Brockmeyer, N. 1097, 1101
Broedling, L. A. 67, 70
Broms, H. 649 f., 1581, 1585, 1588
Bronder, C. 2065, 2070, 2072 f.
Bronfenbrenner, U. 366, 368
Bronner, R. 271, 274, 1320, 1327, 1718 f., 1724
Brose, P. 500, 699, 706, 810, 814, 1966
Brough, J. 1362, 1368
Brousseau, K. R. 372, 378
Brower, A. M. 132, 137
Brown, A. 824
Brown, D. H. 594
Brown, F. W. 1073, 1067, 1074
Brown, G. R. 1874, 1893
Brown, J. 1803, 1806
Brown, J. S. 372, 378
Brown, L. 1807
Brown, M. 797
Brown, M. C. 2174
Brown, M. E. 1451 f.
Brown, W. 2168, 2174
Brownell, P. 161 f.
Bruch, H. 466, 1555
Brüderl, J. 1295, 1297
Brüggemeier, M. 447, 452
Brünner, Ch. 749
Bruggemann, A. 176, 178, 182, 1341, 1349
Bruggemann, H. 1186, 1199
Bruhn, M. 2011, 2013
Brun, E. 196, 200
Brundson, C. 405
Brungs, H. 1826, 1828

Bruning, N. S. 1451 f., 1927, 2121 f., 2125
Brunkhorst, H. 2205
Brunner, O. 1093, 1101, 1113, 1120
Brunsein, I. 477
Brunsson, N. 649 f.
Brunstein, I. 466, 467, 471, 477 f., 480
Bryman, A. 278, 283, 289, 292, 596 ff., 603 ff., 606, 1451 f., 1835 ff., 1842, 2056 f., 2062
Buchanan, B. 1448, 1451 f.
Buchner, H. 1173 f.
Buck, E. 2150 ff., 2156
Buckle, Th. W. 1123
Buckley, A. 159, 162
Buckley, W. 648, 650
Budäus, D. 264, 274, 1562, 1564, 2112
Budner, S. 1085, 1090
Bühl, W. L. 1349 f., 1422 f.
Bühler, K. 33
Bühler, W. 749
Bühner, R. 1463 ff., 1731, 1735, 1771, 1779, 1816, 1966
Büllesbach, A. 1730, 1735
Bürgin, U. O. 1370, 1384
Büschges, G. 1576
Büsselmann, E. 21, 249, 2112
Bütler, H.-P. 1100 f.
Buggert, W. 160, 162
Buitendam, A. 1842
Bullen, C. V. 179, 1327 f.
Bullinger, H.-J. 171, 173, 179
Bundesanstalt für Arbeit 104, 111
Bundesanstalt für Arbeitsschutz 1762
Bundesarbeitsgericht 1169
Bundesminister der Verteidigung 1527, 1530, 1533, 1537 f., 2038
Bundesminister für Forschung und Technologie 78
Bundesministerium der Justiz 2080
Bundesministerium für Arbeit und Sozialordnung 5, 12
Bundesministerium für Wirtschaft 1308
Bundesverband Dt. Unternehmensberater BDU e.V. 499
Bundesvereinigung der deutschen Arbeitgeberverbände 723, 734
Bungard, W. 1440 f., 1758, 1762
Bunge, G. 88 f.
Buono, A. F. 2070, 2073
Burack, E. H. 311, 319, 327, 1767, 1779
Burawoy, M. 338 f., 702, 705, 1362, 1368
Burckhardt, J. 1126, 1129
Bureau of Business Research 1021
Burens, P.-C. 360
Burgelman, R. A. 920, 925
Burger, J. 1800, 1806
Burghardt, M. 350, 1793

Burgoyne, H. 391
Burgoyne, J. 391
Burisch, M. 1186, 1199
Burke, M. 475, 478, 951
Burke, P. J. 251, 255
Burke, W. W. 284 f., 295
Burkhardt, J. 1113, 1115, 1120
Burkolter-Trachsel, V. 954, 965
Burla, S. 579, 584
Burnham, J. 974, 979
Burns, J. M. 167, 179, 501, 511, 603, 606, 864, 874, 882, 894, 957, 1046, 1051, 1056, 1079, 1090, 1617, 1621, 1683, 1688, 2053, 2062
Burns, T. M. 63, 69, 965, 1010, 1019, 1629, 1634
Burrell, G. 402, 405, 2017, 2024
Burschel, C. J. **1935**
Burschik, R. 1715
Burtt, H. E. 636, 2124
Busch, D. W. 1567, 1569, 1574
Busse, S. 1307, 1933, 1935
Bussmann, W. 1663
Butler, J. K. 2151 f., 2154, 2156
Butler, L. 1958
Butler, R. J. 960, 965 f.
Butler, W. 952
Butterfield, A. 1405
Buttler, F. 244, 249
Buzzotta, V. R. 201, 210
Byrne, J. 91, 95, 101 f.
Byrne, J. A. 1827 f., 1836, 1842

Cacioppo, J. T. 1930, 1934 f.
Cafferty, T. P. 1423
Çakir 1761 f.
Calás, M. B. 1665, 1681
Calder, B. J. 624, 635, 661, 665, 827, 837, 848, 860, 2021, 2024
Caldwell, C. W. 1421 f.
Caldwell, D. 1446, 1449, 1454
Caldwell, D. F. 1667, 1675, 1680
Calhoun, M. S. 1958
Callaway, M. 1132, 1137
Camerer, C. 1676, 1679
Cameron, K. S. 919, 926, 1846 f., 1850, 1856
Camillus, J. C. 225
Cammann, C. 1893
Campbell, A. 1200
Campbell, D. J. 1701, 1703
Campbell, D. T. 277, 291 f., 556, 560, 562, 919, 925, 1056, 1058, 1422
Campbell, E. J. 399, 401, 407
Campbell, J. C. 1605
Campbell, J. P. 293, 561, 864, 875, 1023, 1029, 1033 f., 1418, 1431, 1449, 2119, 2123
Campbell, J. R. 635
Campbell, N. 594
Campbell, R. J. 1296, 1452
Campos e Cunha, R. 475, 478
Camuffo, A. 469, 473, 478
Capers, H. 2049, 2052
Caplan, R. D. 1797, 1806
Caplow, T. 1566, 1575

Cardy, R. 152, 154, 1698, 1703
Carlson, S. 62, 69, 644, 650, 830, 837
Carnevale, P. 938, 1247, 1251
Caroll, G. R. 829, 1295, 1297
Carpenter, D. S. 1337
Carrol, S. 1985
Carroll, C. 1934
Carroll, J. S. 294
Carroll, St. J. 62, 65, 69 f., 405, 837, 992
Cartwright, D. 327, 601, 606 f., 829, 837, 962, 965, 967, 1592, 1605 f.
Carver, C. 1802, 1806
Carveth, R. A. 1981, 1984
Cascio, W. F. 558 ff., 2071, 2073
Cashman, J. F. 269, 274, 293, 426, 603, 607, 868, 875, 1001, 1004, 1034, 1046, 1057, 1090
Cassel, D. 1467
Cassier, S. 1458, 1465
Cassirer, E. 2015, 2024
Castaneda, M. B. 280 f., 292
Cattell, R. B. 122, 901, 905, 961, 965
Cavanaugh, M. 601, 606
Cayer, M. 287, 296
Caytas, I. 1868
Cazal, D. 467, 469, 473 f., 478
Cazamian, P. 472, 478
CED 1223
Cederblom, D. 1702 f.
Centers, R. 369
Chadwick, I. 884, 895
Chaffee, S. H. 1985
Chakrabarti, A. K. 2010, 2013
Chalupsky, A. B. 1207, 1212
Champoux, J. E. 1452
Champy, J. 498 f., 1829, 1842
Chandler, A. 1829, 1842
Chandler, A. D. jr. 1103, 1108, 1111
Chandler, T. A. 1047, 1056
Change, J. E. 785
Chanlat, A. 476, 478
Chapanis, A. 167, 169, 180
Charan, R. 1629 f., 1634
Charih, M. 1405
Charnes, A. 1742, 1748
Charters, W. W., Jr. 809, 812, 814
Chatman, J. 1149 f., 1154, 1447, 1454, 1667, 1675, 1680
Checkland, P. 350
Chemers, M. M. 283 f., 292 f., 618, 636, 691, 696, 748, 945, 948, 950, 952, 1025, 1034
Chemmers, M. 894 f.
Chemnitzer, K. 1569, 1574
Chen, D. D. 289, 292, 588, 594
Cherns, A. B. 313, 327
Cherry, R. 1877, 1889, 1892
Cheung, S. N. S. 2108, 2112
Chhokar, J. S. 1017, 1021
Child, J. 545, 550, **586**, 587 f., 591 f.,
Chin, R. 1349, 1654, 1663 f.
Chisholm, D. 1624, 1634

Chiu, J. S. 1463, 1467
Chmielewicz, K. 1959 f., 1966, **2074**, 2081
Chong, C. H. 589, 595
Chow, I. H. 589, 594
Christian, H. 797
Christian, P. 1329, 1337
Christie, B. 166, 182
Christie, R. 961, 965
Chung, K. 2174
Chung, T. S. 589, 594
Churchman, C. W. 1902
Churchman, W. 806, 808
Cialdini, R. B. 2226, 2232
Cicourel, A. V. 698, 706, 2208, 2212
Ciminero, A. R. 1958
Claassen, J. J. 513, 522
Claessens, D. **123**, 128, 1526
Clampitt, P. G. 168, 180
Clark, A. W. 606, 635, 875
Clark, H. H. 1979, 1984
Clark, K. B. 374, 378, 1456
Clark, K. E. 294 ff., 606, 669, 677, 1056, 1058, 1092, 1384, 2062
Clark, M. B. 294 ff., 606, 677, 1056, 1058, 1092, 1372, 1384, 2062
Clarke, B. C. 596, 602, 1529, 1538
Clausewitz, C. von 1533, 1538
Clawson, C. G. 1515 f.
Clawson, D. 335, 339
Clegg, S. 1363, 1368, 1560, 1564
Clegg, St. R. 2210, 2212
Cleland, D. I. 1494 f., 1793
Clement, S. D. 604, 607
Cleveland, J. N. 148, 154, 1698, 1703
Cleverley, G. 1581, 1588
Cloyd, H. 1325, 1327
Coase, R. H. 14, 21, 2108, 2112
Coates, C. A. 1289, 1297
Cobb, A. T. 602, 606
Coberly, S. 13
Coch, L. 1437, 1441, 2232
Cockburn, C. 401, 405
Cody, M. J. 1985
Coelho, P. 475, 478
Coenenberg, A. G. 160, 162, 350, 1463, 1465, 2081
Coetsier, P. 1513, 1517
Cohen, A. 1447, 1452, 2016, 2024
Cohen, A. R. 316, 327, 601, 606, 1594, 1602, 1605
Cohen, M. D. 910, 915
Cohen, S. 135, 137, 961, 964
Cohn, R. C. 363, 368
Colamosca, J. V. 938, 1154
Colarelli, S. M. 1639, 1642
Colbe, W. v. 1307
Cole, R. E. 1814, 1816
Colella, A. 436
Coleman, J. S. 979
Coleman, K. S. 243, 248
Colford, J. P. 212, 226

Collins, B. E. 709, 714, 719
Collins, E. 1512, 1516
Collins, F. 162
Collins, R. 105, 111
Collinson, D. 401, 406
Comelli, G. 115, 121
Commons, J. R. 2108, 2112
Confédération Européenne des Cadres (CEC) 1217, 1225
Conger, J. A. 501, 511, 603, 606, 609, 625, 635, 827, 837, 878, 882 ff., 886, 894 ff., 904, 905, 1004, 1544, 1546, 1662 f.
Conlon, D. 1242, 1251
Connellan, T. K. 1017, 1019
Connolly, M. 797
Connolly, T. 435, 2232
Connolly, W. E. 979
Conrad-Betschart, H. 42, 45
Conrad, P. 820, 824, 1156, 1165, 1443, 1452, 1634, 1679, 2112
Conrad, W. 1526
Conradi, W. 666, 966, 1704, 1715
Consalvi, C. 930, 939
Constandse, W. J. 1799, 1806
Controller Verein e.V. 211, 225
Cook, T. D. 277, 291 f., 556, 560
Cooley, D. E. 1463, 1467
Coons, A. E. 268, 274 f., 278, 293 f., 296, 636, 2114 f., 2120, 2123 ff.
Cooper, C. L. 240, 397 f., 406 f., 478, 555, 604, 606, 636, 1453, 1606, **1794**, 1796, 1799 f., 1806
Cooper, R. 1806
Cooper, W. H. 258, 262
Cooper, W. W. 1748
Coote, A. 401, 406
Corbett, S. L. 4, 12
Cordero, R. 373 f., 376, 378, 441 ff.
Correll, W. 1473, 1481
Corsten, H. 44, 1211 f., 1773, 1779
Costa, G. 469, 473, 477 f.
Cotton, J. L. 1159, 1165
Cottrell, J. 1812, 1815 f.
Couch, A. S. 894
Council of Europe 105, 111
Courtright, J. 1132, 1137
Covey, St. R. 56, 60
Covin, T. J. 925 f.
Cox, C. J. 604, 606
Craft, J. A. 1510
Craig, J. R. 602, 608, 637, 661, 666, 868, 876, 1047, 1058, 2120, 2125
Craighead, W. E. 324, 327
Cramer, F. 200
Crawford, K. S. 1925 f.
Cromwell, R. E. 361, 368 f.
Cronbach, L. J. 554, 560
Cronshaw, S. F. 860
Crouch, A. 1047, 1056, 2122 f.
Crouch, C. 1564

Crowe, B. J. 602, 606, 635, 868, 875
Crozier, M. 395, 399, 406, 476, 478, 703, 706, 958, 965, 1518, 1525, 1657, 1663, 1687 f.
Crusius, R. 1565
Crutchfield, R. S. 274
Cummings, L. L. 154, 249, 294, 426, 785, 838, 875, 966, 1058, 1252, 1430, 1607, 1635, 1680, 1703, 1858, 1873, 1876 f., 1934
Cummings, Th. G. 1652, 1654, 1663, 1892
Cundiff, E. W. 1473, 1482
Cunningham, J. B. 264, 274
Cunnison, S. 393, 406
Curien, N. 473, 478
Curphy, G. J. 883, 895
Cuvaj, L. 1550, 1555
Cyert, R. M. 36, 44, 160, 162, 668, 677, 910, 915, 1388, 1396
Czajka, J. M. 1452

Dachler, H. P. 240, 511, 573, 584, 876, 895, 905, 1057, 1546, 2094, 2211 f.
Dachrodt, H.-G. 1382, 1384
Daenzer, W. F. 344, 350
Daft, R. L. 167, 180, 182, 1674, 1679
Daheim, H. J. 1567, 1575
Dahl, R. A. 971, 979
Dahlberg, L. 640 ff., 650
Dahmer, H. 1043
Dahms, K. 953, 965
Dahremöller, A. 1303, 1308
Dahrendorf, R. 809, 811, 813 f., 975, 979, 1333, 1337, 1397, 1945, 2205
Dainty, P. 595, 604 ff., 608
Dale, E. 824
Dalton, D. 2167 ff., 2174
Dalton, G. W. 1431
Dalton, M. 68 f., 1289, 1297, 1510, 1516
Dambrowski, J. 156, 162
Damiani, E. 957, 965
Dandridge, T. C. 2017, 2024
Danert, G. 2005
Danet, B. 1984
Daniel, O. 514, 519, 522
Danielsson, C. 648, 650
Danis, J. H. 1146
Dansereau, F. 269, 274, 426, 633, 635, 864, 868, 875, 1025, 1034, 1047, 1056, 1496, 1509
Das, H. 1570, 1577
Datta, D. K. 2071, 2073
D'Aunno, T. 1390, 1396
D'Aveni, R. A. 1387 ff., 1396
Davidow, W. H. 178, 180, 1623, 1634
Davidson, M. 397 f., 406, 478
Davies, M. 992
Davis-Blake, A. 2170, 2173 f., 2174 ff.
Davis, D. B. 1094, 1101
Davis, G. A. 1873, 1876, 1879
Davis, J. 1582, 1588

Davis, L. E. 1892
Davis, S. M. 813 f., 1405, 1483, 1493 ff.
Davis, T. R. V. 1008 f., 1018 ff., 1892
Day, D. V. 289, 293, 951
Day, R. C. 552, 560
De Charms, R. 1605
De Frank, R. S. 1806
De Geer, G. 650
De George, R. T. 568, 571
de Geus, A. P. 384, 390
de Hennin 476
De Long, D. W. 165, 174, 182
De Long, T. J. 1290, 1297
De Pay, D. 1207, 1212
De Robertis, F. 1097, 1101
De Salvia, D. 1297
De Vader, C. L. 294, 1928, 1931, 1934
Deal, T. E. 289, 1451 f., 1542, 1546, 1582, 1588, 1671, 1674, 1679, 2017, 2023 f.
Dearden, I. 225
DeCharms, R. 961, 965, 1029, 1034
Deci, E. L. 1029, 1598, 1605
Declerck, R. P. 2013
Dedering, H. 1566, 1575
Deemer, D. 1240, 1253
Defoe, D. 239 f.
Defrenne, J. 472, 478
Dehr, G. 1202, 1212
Dejong, G. F. 1567, 1577
Delbecq, A. L. 1034, 1685 f., 1688, 1889, 1893
Delhees, K. H. 897, 901, 905, 1418, 1422
Delin, G. 382, 390
Dellmann, K. 2005
Delphy, C. 401, 406
Deluga, R. J. 506, 511, 1051, 1056
Delvaux, C. 472, 478
Demokrit 1751, 1756
Demosthenes 1094
Demsetz, H. 2107, 2112
Den, J. E. 609
DeNisi, A. S. 152, 154, 1698, 1702 f.
Denison, D. R. 1667 f., 1675, 1679
Deppe, J. 487
Deppe, W. 1964, 1966
Deregowski, J. B. 1405
Derlega, V. 1411, 1422
Derlien, H.-U. 1938, 1945
Derr, C. B. 1516
Derrick, F. W. 1812, 1816
Desai, H. B. 1816
DeSalvia 1289
DeSanctis, G. 173, 180, 257, 262
Deschwanden, E. 751, 759
Dessler, G. 629, 636, 1026
Detienne, M. 1590
Deutsch, H. 1616, 1621
Deutsch, K. 1331, 1337, 1345, 1349

Deutsch, M. 866, 875, 1411, 1418, 1422
Deutsches Institut für Betriebswirtschaft e.V. 1775, 1779
DeVader, C. L. 688, 697, 860
Devanna, M. A. 603 f., 609, 1662, 1664
DeWitt 1847
Dex, S. 393, 406
Dexter, C. 234, 240
Deyhle, A. 212, 225, 499
Deym, A. v. 713, 716, 719
DGB 1558, 1564
Dichtl, E. 360, 1473, 1481, 1749
Dick, P. 487, 957, 965
Dickson, W. J. 668, 678, 682, 697, 1362, 1369, 1432, 1441
Diefenbacher, H. 488, 1565
Diekmann, A. 1295, 1297
Dienesch, R. M. 1047, 1056
Dienstbier, R. A. 120
Dierkes, M. 696, 1646, 1651, 1665, 1679
Dietl, H. 16, 21
Dietrich, Th. 1174
Dietzer, K.-H. 2038
Diezmann, U. 339
Dill, D. D. 372, 374, 378
Dill, F. 940
Dill, P. 1674, 1680
Dillehay, R. C. 1039, 1044
Diller, H. 1475, 1481
Dilthey, W. 680, 696
DiMaggio, P. J. 1673, 1679
Dincher, R. 1568 f., 1571, 1575
Dion, K. L. 135, 137, 1151, 1154, 1983 f.
Diprete, T. A. 797
Dirrheimer, M. 1463, 1465
Dittmann-Kohli, F. 12
DIW 249
Dixon, R. 12
Djarrahzadeh, M. 1166, 1555, 1569, 1571, 1575, 1749, 2095, 2188
Djuric, M. 1582, 1588
Dlugos, G. 249, 560, 1238, 1337, 1482
Dobbins, G. H. 1698, 1703
Dobler, C. 264, 274
Docherty, P. H. G. 645, 650
Döbler, Th. 1555
Döpfner, M. 1946 ff., 1958
Doering, M. 7, 12
Dörner, D. 114, 121, 342, 351, 912 ff., 915
Dörr, E. 1735
Dörr, G. 1364, 1368
Dörrie, U. 1328
Dohse, K. 5, 9, 12, 1565, 1779
Dolff, P. 156, 162
Domsch, M. E. 155, 249, 356, 359, **369**, 370, 372 ff., 378 f., **437**, 438, 441, 443, 497, 499, 513, 522, 578, 584, 696, 821, 824, 903, 905, 1208, 1212, 1289, 1297, 1425, 1430, 1539, 1547, **1565**, 1566, 1568 ff., 1572 ff., 1588, **1694**, 1698,
1703, **1725**, 1727, 1729, 1735, 1747 f., 2026, 2038
Domschke, W. 342, 351
Donaldson, L. 2212 f.
Donnell, S. M. 397, 406
Donnellon, A. 1874, 1893
Donnert, R. 348, 351
Doppelfeld, V. 712, 719
Dorfman, P. W. 813 f., 1927
Dormann, J. 1829, 1842
Dorn-Mahler, H. 1985
Dornbusch, S. M. 551, 560
Dornheim, A. 1941, 1945
Dorow, W. 560, 666, 1238
Dossett, D. L. 380, 2223, 2232
Dougherty, T. W. 1517
Douquoc, C. 2038
Dovidio, J. F. 1979 f., 1984 f.
Dowling, P. J. 13, 354, 356, 359
Downey, R. G. 1704
Downs, A. 1845, 1856
Doyle, K. 1815 f.
Doz, Y. 359, 814, 1517
Dreher, G. F. 1512, 1516 f.
Dreier, M. 1734 f.
Dress, A. 760
Dressler, G. 599, 607
Driftmann, H. H. 1530, 1538
Driskell, J. E. 136 f.
Dröll, D. 1295, 1297
Dröll, R. 1297
Droysen, J. G. 1123, 1129
Drucker, P. F. 824, 1094
Drukarczyk, J. 2080
Drumm, H.-J. 38, 44 f., 409, 416, 425 f., 1421 f., 1675, 1679, 1767, 1779, 2003, 2005, 2025, 2080
Dubin, K. 1642
Dubin, R. 63, 69, 1146, 1448, 1452
Dubs, R. 1689, 1690, 1694, 1868
Duch, K. C. 820, 824
Duchon, D. 378, 874 f., 1047, 1056
Dudorkin, J. 1226
Dülfer, E. 47, 61, 360, 577, 584, 1405, 1665, 1679 ff., 2213
Dülfer, R. 1582, 1588
Düll, K. 1363, 1368
Duell, W. 1902
Dütthorn, C. 1458, 1467
Dufour, M. 476, 478
Dukench, J. M. 861
Dukerich, J. M. 608
Dumaine, B. 1850, 1856
Dun 560
Dun Bradstreet 556
Dunbar, R. L. M. 1387, 1396
Duncan, R. 1661, 1663
Dunckel, H. 1760, 1762
Dunegan, K. J. 373 f., 378
Dunette, E. 1033
Dunette, M. D. 293, 635, 838, 875, 992, 1034, 1057, 1090, 1146, 1291, 1297, 1397, 1441, 1450, 1452, 1605, 1806, 1985, 2123, 2126, 2156, 2158

Dungerly, D. 406
Dunham, R. B. 1447, 1454
Dunk, A. S. 160 ff.
Dunkerly, D. 1363, 1368
Dunlop, C. 179
Dunne, E. J. 601, 606
Duran, R. L. 135, 137, 1981, 1984
Durand, C. 545 f., 550
Dusay, J. M. 2041, 2052
Duttenhofer, M. 719
Dutton, J. 1411, 1423
Dutton, J. E. 1387, 1396
Dutton, J. K. 1309
Duwe, F. 339
Dworatschek, S. 1730, 1735
Dycke, A. 41, 45
Dyer, J. L. 874 f., 1676
Dyer, W. G. jr. 1679, 1682
Dyllick, H. 2111 f.
Dyllick, Th. 577, 584, 751, 759, 920, 925, 1964, 1966, 2020, 2024
Dziurawiec, S. 1405

Eagly, A. H. 136 f., 277, 293
Eaker, L. 1806
Eames, A. 1910, 1917
Earley, P. C. 428, 435, 2225, 2227, 2232
Easterby-Smith, M. 1582, 1588
Ebadi, Y. M. 270, 275, 375, 378
Ebel, H. 365, 368
Ebeling, F. 1790, 1793
Eberl, P. 925, 1654, 1661 ff.
Ebers, M. 577, 584, 1582, 1588, **1664,** 1666, 1677, 1679
Eberwein, W. 547, 550, 1558, 1564
Ebner, H. G. 499
Eccles, R. G. 178, 181, 1634, 1836, 1842
Eckardstein, D. v. 465 f., 487, 515, 522, 578, 584, 785 f., 797, 1555, 1567, 1575, 1747 f.
Eckartsberg, C. H. v. 1569, 1575
Eckert, D. 1202, 1212
Economides, B. 111
Edeling, T. 458, 465
Eden, D. 152, 154, 282, 293, 884, 895, 1045 f., 1056, 1919, 1921, 1923, 1925 ff.
Edgren, J. 645, 650
Edinger, E. J. 969, 979
Edström, A. 353, 359, 642, 650
Edwards, J. E. 436, 598, 607
Edwards, M. T. 939
Edwards, P. 701 f., 706
Edwards, R. 336 f., 339, 706, 958, 965, 1360, 1368
Eells, K. 1433, 1442
Eggeling, W. J. 107, 109 ff.
Egido, C. 262
Egri, C. P. 1840, 1842
Ehreiser, H.-J. 1578
Ehrlich, C. 404, 406
Ehrlich, S. B. 608, 861
Eibl-Eibesfeldt, I. 680, 696

Eichenberger, H. 1823, 1828
Eichenberger, P. 1720, 1724
Eicher, P. 2038
Eilon, S. 2217, 2222
Einsiedler, H. E. 1290, 1297, 1555, 1749, 1774, 1779, 1842, 2188
Einsiedler, H. G. 1166
Einstein, W. O. 2057, 2060 f.
Eisdorfer, C. 14
Eisenberg, R. M. 1624, 1635
Eisenführ, F. 161 f.
Eisenhardt, K. M. 16, 18, 21
Eisenstein, Z. R. 400, 406
Eisner, R. 1724
Ekeberg, S. E. 427, 436
Ekegren, G. 435, 2232
Ekman, P. 1979, 1983 f.
Elangovan, A. R. V. 1239, 1247, 1251
Elkouri, E. 1247, 1251
Elkouri, F. 1251
Ellertson, M. 1441
Ellinger, T. 1764, 1779
Ellwein, Th. 585
Ellyson, S. L. 1979 f., 1984 f.
Elsea, S. W. 1074
Elshtain, J. B. 403, 406
Elton, G. R. 1125, 1129
Emerson, R. M. 963, 965
Emery, F. E. 645, 651, 1874, 1876, 1892, 1894 ff., 1902
EMNID-Institut 1569, 1575
Enderle, G. 571, 2038
Endler, K. 670, 677
Endler, N. 1802, 1806
Endres, A. 1645, 1651
Endruweit, G. 112, 488, 814
Engelhard, H. 1215, 1225
Engelhard, W. H. 1814 ff.
Engfer, A. 366 f., 368
England, G. 1496, 1509
Enke, E. 1938, 1945
Enriquez, E. 476, 478
Epstein, S. 900, 905
Equilbey, N. 468, 477
Erdmannsdörffer, B. 1128 f.
Erez, M. 2225, 2232
Ergenzinger, R. 77 f.
Erikson, E. H. 1613 f., 1621
Ernst, F. 2045, 2052
Erzabtei Beuron 1351, 1353, 1358
Eschenbach, R. 1577
Eschweiler, W. 1564
Esser, H. 106, 111, 989, 992, 1132, 1830 f.
Esser, J. 1137
Esser, W. M. 1842, 2013
Etienne, R. 1098, 1101
Ettling, J. T. 1074
Etzioni, A. 252, 255, 544, 550, 577, 584, 601, 606, 797, 1359, 1368, 1411, 1422, 1443, 1450, 1453, 1752, 1757
Euler, F. W. 1118, 1420
Euler, H. P. 1441, 1438
Eurich, N. 91, 102

Evangelisches Kirchenamt für die Bundeswehr 2038
Evans, A. 1731, 1735
Evans, C. R. 135, 137, 1151, 1154
Evans, M. G. 285, 293, 599, 606, 658, 665, 695 f., 824, 965, 1075, 1078, 1080, 1082, 1086 f., 1089 f., 1925, 1927
Evans, P. 385, 390, 812, 814, 819, 1517, 1570, 1575
Evers, H. 41, 45, **297**, 306
Ewert, R. 2003, 2005
Ewing, D. 566, 571
Exner, A. 1630, 1634
Eysenck, M. 1803, 1806
Eyssette, F. 480

Faber, K. G. 1129
Fabi, B. 469, 478
Fabricius, F. 487 ff.
Facoaru, C. 121
Fäßler, K. 1560, 1564
Fagenson, A. 205, 797
Fagenson, E. 210
Fairbairn, W. R. D. 1612, 1621
Fairhurst, G. T. 1047, 1056
Falbe, C. M. 505 f., 512, 601, 609, 956, 967
Falbo, T. 956, 965
Falkenberg, T. 825
Faller, M. 1186, 1188 ff., 1199, 1636, 1642
Fallon, B. J. 939
Fama, E. F. 1462 f., 1465 f.
Fanger, P. O. 1760 ff.
Fanger, P. P. 1762
Farh, J.-L. 436
Farr, J. L. 859 f., 1698, 1703
Farrell, D. 1240, 1251, 1443, 1453 f.
Farrell, P. 402, 406
Farren, C. 1511, 1516
Farris, G. F. 372 ff., 376, 378 f., 441 ff., 635, 868, 875, 1047, 1057, 1405, 2232
Farrow, L. 404, 406
Fasolo, P. 1242, 1251
Faßbender, S. 1566, 1575
Faßnacht, W. 719
Fatzer, B. 1547, 1661, 1663
Fayol, H. 668, 677, 824, 829, 837, 1362, 1687 f., 2098, 2105
Fazio, R. 861
Featherman, D. L. 13
Federn, P. 1041, 1043
Fedor, D. B. 1588
Fees, W. 1458, 1464, 1466 f.
Fees-Dörr, E. 1645, 1651
Feger, H. 1144 f., 1329, 1337
Fehlbaum, R. 810, 814
FEI 215
Feigenbaum, A. V. 1809, 1812, 1814, 1816
Feiland, F. M. 1303, 1308
Fein, H. 750
Feix, W. E. 1199
Felber, W. 1936, 1945

Feldbauer-Durstmüller, B. 1718, 1724
Feldhege, F.-J. 1947, 1958
Feldman, J. M. 149, 154, 1698, 1702, 1703
Feldstein, S. 1979, 1986
Fend, H. 2181, 2188
Fengler, J. 1588
Fennekles, G. 500
Ference, R. 1138
Ferguson, K. E. 395, 406
Fernandez Cavela, A. 474, 478
Fernandez Rios, M. 474, 478
Ferris, G. R. 154, 1046, 1057, 1091, 1574, 1577, 1703, 2226
Ferry International 1466
Festinger, L. 258, 262, 316, 327, 778, 784, 894, 1594, 1596, 1598, 1605
Feuchthofen, J. 93, 100, 102
Feurer, W. 1185
Feyerabend, P. 2191, 2195, 2197
Fiala, S. 87, 89, 1383 f., 1690, 1694
Fiedler, F. E. 167, 180, 269, 274, 283 f., 293, 295, 356, 359, 426, 493, 499, 575, 560, 584, 613, 618, 629, 635 f., 656, 664 f., 670, 677, 691, 696, 700, 706, 721, 726, 748, **940**, 943, 945 f., 950 ff., 965, 995, 1004, 1022, 1025, 1034, 1144 f., 1373, 1383 f., 1402, 1405, 1472, 1481, 1545 f., 1686, 1688, 1847, 1856, 1931, 1934, 1968, 1976 f., 2117, 2123, 2131, 2139
Fiedler, H. 734
Field, R. H. G. 600, 606, 998, 1004, 1067, 1074, 1918 f., 1925, 1927
Fields, M. W. 425
Figge, H. 1704, 1715
Filipp, S. H. 2156
Filley, A. C. 274, 379, 713, 719, 1034, 1247, 1251, 1652, 1663
Fink, C. F. 715, 720
Fink, J. J. 1925 f.
Finn, D. W. 162
Finstuen, K. 1073 f.
Finzer, P. 1727, 1730 f., 1735
Fiol, C. M. 886, 895
Fiore, M. V. 2039, 2052
Firestone, I. J. 935, 938, 1152, 1154
Firestone, S. 401, 406
Firsirotu, M. E. 1673, 1679
Fisch, R. 87, 89, 1383 f., 1690, 1694
Fischer, E. P. 351
Fischer, G. 797
Fischer, L. 828, 837
Fischer, S. 486, 488
Fischer, T. 1202, 1212
Fischer, T. M. 155
Fishbein, M. 284, 293, 945, 952, 1146
Fisher, B. M. 598, 607
Fisher, C. D. 1091

Fisher, R. 1247, 1251, 1349, 1420, 1422
Fisher, S. 1038, 1043
Fiske, D. W. 560
Fiske, S. E. 847, 854, 861
Fitch, H. G. 1017, 1019, 1423
Fitt, L. W. 797, 1514, 1516
Fitting, K. 487
Fittkau, B. 34, 690, 2060, 2062, 2118, 2123
Fittkau-Garthe, H. B. 690, 696, 2060, 2062, 2118 f., 2123
Fitz-Roy, F. R. 1909, 1917
Fixard, D. 468, 478
Flaake, K. 1981, 1984
Flanagan, J. C. 113, 121, 557, 560
Flechsenberger, D. 1562, 1564
Fleck, L. 126, 128
Flecker, J. 1360, 1363 f., 1369
Fleemor, C. P. 646, 650
Fleet, D. J. v. 2126
Fleishman, E. A. 113, 121, 278, 293, 607, 625 f., 636, 696, 698, 706, 1405, 1847, 1856, 2115 f., 2120, 2123 f., 2131, 2139
Flieger, B. 1915, 1917
Florez-Saborido, I. 470, 474, 478
Flowers, M. 1132, 1136, 1138
Fluri, E. 799, 803, 807 f., 817, 825
Foa, E. B. 862, 875
Foa, U. G. 875, 2122, 2124
Fodor, E. M. 1047, 1057
Föhr, S. 20 f., 1668, 1676, 1679, 2110, 2112, **2206**
Förderreuther, R. 513, 522
Förster, F. 244, 1652
Foerster, H. v. 759, 1368
Förster, M. 249
Fogarty, M. 397, 406
Folger, J. 1252
Folkman, S. 1801, 1806
Fombonne, E. 472, 478
Fombrun, C. J. 1625, 1634, 1697, 1703
Foppa, K. 1595, 1605
Forbes, A. F. 1748
Forbes, J. B. 797
Forbes, R. J. 1983 f.
Ford, J. K. 292, 871, 877
Forgas, J. P. 13, 1981 f., 1984
Fornell, C. 2012 f.
Forrester, J. 345, 351
Forsblad, P. 645, 650
Forschungsgruppe Umweltorientierte Unternehmensführung 1651
Forst, M. 1304, 1308
Forster, K.-H. 1966
Forum 4x4 1224 f.
Foti, R. J. 296, 860, 1928, 1931, 1934
Foucault, M. 1365, 1368
Fox, E. R. 2039, 2051 f.
Fox, W. M. 284, 293
Fraas, L. A. 935, 939
Frame, J. D. 1837, 1842

Franke, G. 1747 f.
Franke, H. 244, 249, 822, 824
Franke, J. 733 f.
Franke, R. 351 f.
Franz, P. 1565, 1575
Franzpöttner, R. 1582, 1588
Frayne, C. A. 2230, 2232
Frederickson, J. 2161, 2174
Frederiksen, L. W. 1006, 1019 ff.
Frederiksen, N. 114, 121
Fredrickson, J. W. 860, 2162
Freedman, A. 1977
Freeman, J. 919, 925, 1830, 1842, 1847
Freeman, P. H. 1856, 1850, 1852, 1857
Freeman, R. E. 1964, 1966
Frehr, H.-U. 1811, 1814, 1816
Frei, F. 569, 572, 1895, 1902
Freiling, E. 1780
French, D. C. 1152, 1154
French, J. C. 884, 895
French, J. R. P. 60, 314, 317, 327, 607, 955, 963, 965, 1437, 1441, 1797, 1806, 2232
French, W. L. 327, 1652, 1663
Frenkel-Brunswik, E. 1043
Frese, D. 379
Frese, E. 162, 178, 180 ff., 489, 719 f., 737, 748 f., 815, 837, 1113, 1120, 1466, 1477, 1481 ff., 1635, 1681, 1749, 1781, 1793, 1843, 1995, 2001, 2003, 2005, 2081
Freud, A. 1043 ff.
Freud, S. 1036, 1038, 1040, 1042 ff., 1591, 1605, 1609, 1621 f. 1035
Freudenberger, H. J. 1570, 1575
Freund, W. 796, 1300, 1304, 1307 ff.
Frey, D. 155, **1272**, 1453, **1927**, 1928 f., **1934** f.
Frey, H. 1448, 1958
Fridrichs, H. 89
Friedberg, E. 476, 478, 703, 706, 958, 965, 1518, 1524 f., 1657, 1663
Friedel-Howe, H. 77, 79, 247, 249, 903, 905, 1569, 1575 f., 1582, 1588, 1738, 1748, 1982, 1984
Friedman, A. 701, 706, 958, 965
Friedman, D. 797
Friedman, H. S. 1983 f.
Friedman, S. 2164, 2166, 2169 f., 2174
Friedmann, G. 545, 550
Friedrich, C. 665
Friedrich, G. 455, 465, 1549, 1555, 1569
Friedrich, J. 1575
Friedrich, R. 73, 179
Friedrichs, Chr. R. 1119 f.
Frieling, E. 113, 121, **138**, 377, 379, 438, 440, 442 f., 1772
Frier, D. 122

Friesen, P. H. 454, 465, 1277, 1283, 1618, 1622, 1979, 1983
Friesen, W. V. 1984
Frieze, I. H. 861, 1608
Frisch, H. 2012 f.
Fritz, J. 358 f., 1569, 1575
Fritz, W. 413, 416 f., 1652
Fritzscher, W. 1535, 1538
Fröhlich, E. 2104 f.
Fröhling, O. 1717, 1724
Fromm, E. 651, 1038 f., 1044
Frost, P. J. 625, 636, 883, 895, 1589, 1665, 1679, 1840, 1842, 2018, 2025
Fuchs, H. 33
Fuchs, J. 244, 249
Fuchs, K. 1747 f.
Fuchs, P. 810, 814, 1312, 1317
Fuchs, W. 1937, 1945
Fuchs-Wegner, G. 816, 824
Führungsakademie der Bundeswehr 1530, 1538
Fürstenberg, F. 75, 79, 1778 f.
Fujii, D. S. 2121 f., 2124
Fujimoto, T. 374, 378
Fulk, J. 166 f., 180, 748, 1087, 1090
Funk-Müldner, K. **1977**, 1980 f., 1985
Funke, U. 117, 120 ff., 497, 500, 513, 517, 523, 688, 697, 914 f., 1322, 1328, 1934
Furnham, A. **1794**, 1797 f., 1800 ff., 1806
Furth, P. 982, 992
Furubotn, E. G. 2107, 2112
FUUF 1647, 1651

Gaastra, F. S. 1114, 1120
Gabele, E. 580 584, 699, 706, 726, 734, 743, 748, 824, 1831, 1842, 2013
Gael, S. 120
Gälweiler, A. 548, 2006, 2011, 2013
Gaertner, J. F. 160, 163
Gagliardi, P. 1667 f., 1676, 1680
Gahmberg, H. 1581, 1588
Galambaud, B. 476, 478
Galbraith, J. R. 324, 327, 353, 359, 545, 1490, 1495
Galegher, J. 262
Gall, I. 1127 ff.
Gallati, A. 1370, 1384
Gallupe, R. B. 173, 180, 262
Galosy, J. R. 1713, 1715
Galtung, J. 1343 f., 1349, 1420, 1422
Galuppe 257 f.
Gamberg, H. 649 f.
Game, A. 393, 406
Gamillscheg, F. 1173 f.
Gamsjäger, H. 1482
Gamson, W. 2171, 2174
Ganter, H.-D. **61**, 1517, 1635, 1830, 1842
Garand, D. 469, 478
Garcia Echevarria, S. 469, 478

Garcia, J. E.   426, 439, 443, 637, 948, 951 f., 1931, 1934
Gardner, W. L.   62, 70, 830, 838, 847, 854, 859, 861, 1047, 1057, 2217, 2222
Gareis, R.   1335, 1337, 1793
Gareis Titscher   1784
Garfinkel, H.   2208, 2213
Garson, R. C.   1019
Garvin, D. A.   1810 ff., 1816
Gash, D. C.   1665, 1679
Gassert, H.   225
Gast, W.   1168, 1174
Gaugler, E.   34, 89, 105 ff., 111 f., 118, 121, 306, 353, 359 f., 488 f., 500, 678, 706, 748, 750, 796, 798, 824, 846, **1175**, 1176, 1185, 1225, 1286, 1297, 1307 f., 1336 f., **1423**, 1425, 1430, 1474, 1481 f., 1547, 1566 ff., 1572, 1575 f., 1695, 1697, 1703, 1748 f., 1778 f., 1793, 1826, 1828, 1994, 2073, 2081
Gaulejac, V. de   470, 477
Gaulhofer, M.   **453**, 464, 466
Gautrat, J.   471, 479
Gaworek-Behringer, M.   111
Gazdar, K.   1582, 1589
Gebert, D.   238, 240, **426**, 420, 432, 435 f., 494, 497, 499, 532, 658, 665, 679, 681, 696, 730, 734, 739, 744, 746, 748, 796, 823 f., 1138 ff., 1145 f., 1190, 1199, 1370, 1384, 1439, 1441, 1652, 1663
Gechman, A. S.   1445, 1456
Geertz, C.   556, 561, 2017, 2024
Gehlen, A.   124, 128
Geibel, R.   257, 262
Geilhardt, T.   1734 f.
Geis, F. L.   961, 965
Geißler, E. E.   4, 12
Geißler, J.   1986
Geißler, R.   1937, 1940, 1942, 1945
Geissner, H.   1320, 1327
Geist, M. N.   275, 666, 1385
Gellatly, I. R.   1454
Gellerman, S. W.   571
Gemmill, G. R.   132, 137, 374, 380, 601, 609, 1289, 1297
Gemünden, H. G.   274, 1793, 2008, 2013
Gensel, E.   1555
George, A. L.   909, 915
George, J.   901, 905
George, R.   1275, 1282
Georgopoulos, B. S.   1075, 1090, 1437, 1441
GEOwissen   1525
Gerber, J.   1535, 1538
Gerfen, W.   718 f.
Gergen, K. J.   607, 862, 866, 875 f., 1057
Gergen, R.   896
Gerhard, A.   71, 76 f., 79, 1936,. 1945
Gerken, G.   185, 192

Gerlach, K.   94, 102
Gerpott, T. J.   **369**, 370 ff., 378 f., 437, 442 f., 1201 f., 1212, 1289, 1297, 1430, **1694**, 1698, 1701, 1703
Gerum, E.   **1457**, 1458 f., 1463 f., 1466 f., 1961, 1967, 2081, 2112
Gesellschaft für Arbeitsmethodik (GfA)   56, 61
Gesellschaft für Datenschutz und Datensicherung GDD   1735
Geyer, A.   2056 f., 2060, 2062
Ghandi, M.   885, 887
Ghemawat, P.   1443, 1453
Gherson, R.   1984
Ghiselli, E. E.   277, 293, 561, 651, 656, 665, 699, 706, 1405
Ghoshal, S.   359
Giacalone, R. A.   1058
Gibb, C.   696
Gibb, C. A.   255, 624, 906, 991, 1976
Gibbons, R.   558, 561
Giddens, A.   704, 706, 958, 965, 1623, 1632, 1634, 1683, 1688, 2149, 2156
Gierke, O. v.   1112, 1120
Gilbreth   1361
Giles, H.   1979, 1984 ff.
Gilgenmann, K.   751, 759
Gill, D.   1697, 1703
Gille, G.   111
Gillen, D. J.   62, 65, 69, 829, 837
Gilmore, D. C.   2122, 2124, 2173 f.
Gilovich, T.   886, 895
Ginsburg, S.   426, 1090
Gintes, H.   702, 705
Glaser, B. G.   797, 1516
Glasersfeld, E. v.   752, 754 f., 759, 2209, 2213
Glasl, F.   351, 581, 584, 840, 846, 1659, 1663
Glass, D. C.   1598, 1605
Glaubrecht, H.   71, 79
Gleno, T.   280 , 293
Glidden, P.   1241, 1252
Glinow, M. A.   443, 599, 609
Glueck, W. F.   65, 70
Gmür, M.   76, 78, 79
Gobdel, B. C.   750, 870, 877, 1002, 1005
Gobeli, D. H.   374 f., 377, 380, 1485, 1495
Gochman, I.   952
Godet, M.   471, 478
Göbel, U.   103
Goecke, R.   **164**, 165, 180
Goehrmann, K. E.   1471, 1481
Göpfert, I.   161, 163
Goffee, R.   396, 406
Goffmann, E.   886, 895
Goggin, W.   1495
Gogoll, W. D.   46, 61
Goguen, J. A.   1982, 1985
Gola, P.   1735
Goldberg, L. R.   117, 121, 899, 905

Goldberg, W. H.   1396, 1387
Goldberger, E.   2068, 2073
Golden, K. A.   1718, 1724
Goldhaber, G. M.   168, 180, 2042, 2052
Goldman-Eisler, F.   1036, 1044
Goldman, M.   935, 939
Goldner, F. H.   439 f.,443
Goldstein, A. P.   1947, 1958
Goldstein, I. L.   1693 f.
Gollwitzer, P. M.   116, 121
Gomez, P.   343, 345, 351, 507, 511 f., 679, 803, 808, 1358, 1541, 1546, 1548, 1629, 1631, 1634, 1832, 1842, 2018, 2024, 2096
Gonzalez-Rendón, M.   470, 474, 477 f.
Goodale, J.   1077, 1090, 1448, 1453, 1513, 1516
Gooding, R. Z.   637, 2234
Goodson, J. R.   279, 293
Goodstadt, B.   867, 875
Goodstein, J.   2168, 2174
Goossens, F.   717, 719
Gora, W.   166, 180
Gordon, F.   405, 407
Gordon, G.   179 f., 896, 2173 f.
Gordon, J. R.   132, 137
Gordon, Th.   363, 369, 1311, 1317, 1322, 1327, 1329, 1337
Gorz, A.   1368
Gossner, K.   1945
Gottman, J. M.   867, 875
Gottschall, D.   1636, 1642
Gould, M.   404, 406
Gould, R. L.   1569, 1575
Gould, S.   1447, 1453
Gouldner, A. W.   124, 128, 1290, 1297, 1409, 1417, 1422, 1520, 1525 f., 2155 f.
Govindarajan, V.   160, 163, 225
Govoni, N. A. P.   1473, 1482
Grabowski-Gellert, J.   1981, 1985 f.
Grabowski, J.   1979, 1985
Grady, J. J.   378
Graeber, A.   1102
Gräber, H.-J.   61
Graeber, J.   92, 102
Graeff, C. L.   1000, 1004, 1383 f.
Graen, G. B.   **269**, 274, 285, 293, 425, 426, 603, 607 f., 635, 660 f., 820, 824, 828, 838, 862, 864 ff., 868 f., 875 ff., 985, 988, 992, 1001, 1004, 1025, 1034, 1045 ff., 1052 ff., 1056 ff., 1078, 1089 f., 1509
Graen, M. R.   875, 877
Grätz, F.   306
Graf, O.   1325, 1327
Graff, B.   1933, 1935
Graham, J. W.   888, 895
Graham, W. K.   280, 293
Grandi, A.   473, 477
Granick, D.   797
Granovetter, M.   1631, 1634
Grant, C. W.   378

Grant, D. L.   1296, 1452
Gratton, L.   561, 607
Graumann, C. F.   815, 1145 f., 1592, 1606, 1979, 1985
Graumann, F.   993
Grausam, G.   1715
Gray, J. D.   1516
Gray, M.   179 f.
Gray, R.   158, 163
Green, S.   875, 1047, 1056
Green, S. G.   284, 292 f., 606, 827, 838, 858, 860, 867, 876
Green, Th.   206, 210
Greenberg, J.   1080, 1090, 1147, 1154
Greenberg, J. R.   1612, 1622
Greenberg, M. S.   607, 875 f., 1057
Greenberg, R. P.   1038, 1043
Greenberger, D. B.   294
Greene, C. M.   596, 1089 f.
Greene, C. N.   279, 293, 374, 380, 596, 607, 636, 876, 1001, 1004
Greenwich, C. T.   1858
Gregory, S.   1441
Greif, S.   999, 1004, 1141, 1145, 1434, 1441, 1758, 1760, 1762, 1946, 1949, 1958
Greiner, L. E.   1301, 1308
Greve, A.   1397, 1858
Griese, J.   1625, 1634
Griffin, G.   1138
Griffin, R. W.   1447, 1451, 1453
Griffiths, D.   441, 443
Grimes, A. J.   601, 607
Grimm, U.   2010, 2014
Grimmer, H.   156, 163
Grinder, J.   203, 210
Grint, K.   393, 406
Grochla, E.   33, 137, 163, 225, 230, 240, 275, 677, 719 f., 749, 823 f., 841, 846, 1146, 1185, 1212, 1225, 1303, 1308, 1385, 1564, 1663, 1721, 1724, 1774, 1779, 1793, 1994, 2005, 2105, 2206
Groebel, J.   1986
Groenewald, H.   256, 398 f., 306
Groffmann, K. J.   120
Groh, D.   1124 f., 1129
Groskurth, P.   176, 178, 182, 1199, 1349
Gross, A. E.   1151, 1154
Gross, P.   759, 1942, 1945
Grossman, M.-D.   1731, 1735
Grossman, S. J.   15, 21
Grote, G.   168, 170, 180
Grover, R. A.   1091
Grubrich-Simitis, I.   1035, 1044
Grün, O.   180, 271, 274 ff., 1548, 1635, 1793
Grünefeld, H.-G.   1572, 1575
Grüneisen, V.   367, 369
Grundwald, W.   90
Grunow, D.   148, 154
Grunt, M.   545, 547, 549, 550
Grunwald, G.   2005

Grunwald, W.   14, 21, 87, 234, 238, 240, 245, 249, 254, 256, 267, 273, 276, 449, 453, 501 f., 512, 516, 518, 523, 536, 540, 574, 576, 585, 669 f., 674, 679, 688, 698, 717, 719, 724, 730, 736 f., 748 ff., 772, 799, 802, 808 f., 812, 815 ff., 825, 898, 906, 953, 959 f., 965, 967, 996, 1005, 1095 ff., 1102, 1183, 1185, 1337, 1349 f., 1370 ff., 1376, 1386, 1483, 1468, 1474 f., 1481, 1522, 1526, 1541, 1548, 1556, 1564 f., 1995, 1997, 2022, 2026, 2028, 2032, 2038, 2069, 2074, 2082, 2086, 2096, 2106, 2113
Grusky, O.   797, 1447, 1453, 2166, 2168, 2174
Gruson, L.   1958
Grzelak, J.   1411, 1422
Günther, E.   158, 163
Günther, J.   1385
Günther, K.-D.   1976
Günther, T.   2009, 2013
Guest, R. H.   63, 69
Guetzkow, H.   709, 711, 714, 719
Guilford, J. P.   961, 965, 1202, 1207, 1212
Guitton, C.   469 f., 478
Gujarati, D. N.   379
Gulick, L. H.   824, 1683, 1688
Gullath, B.   1102
Gumbert, K.   600, 607
Guntern, G.   364, 369
Guntrip, H.   1612, 1622
Gunz, H. P.   439, 443
Gupta, R.   2087
Guserl, R.   228, 240, 580, 584, 674, 677, 723, 727, 734, 1370, 1384
Gustafsson, C.   644, 650
Gutek, B. A.   403, 406
Gutenberg, E.   653 f., 665, 1214, 1225, 1299, 1308, 1383 f., 1643, 1651, 1778 f., 1963, 1966, 2008, 2013
Guth, W.   1868
Gutsche, L.   1748 f.
Gutteridge, J. W.   1286, 1298
Guzzo, R. A.   433, 436
Gyllenhammar, P. G.   645, 651
Gzuk, R.   263, 265, 274

Haberfellner, R.   1793
Haberkorn, K.   499
Haberland, G.   351
Habermas, J.   991 f., 1043, 1044, 1360, 1368, 1832, 1842, 2198, 2200 ff., 2205
Haberstroh, C.   1423
Hablitz, H.   2039, 2047, 2052
Hacker, A.   975, 979
Hacker, W.   33, 1949
Hackman, B.   234, 240
Hackman, J. R.   309, 311, 327 f., 877, 1053, 1057, 1084, 1090, 1140, 1146, 1601, 1604, 1606, 1683, 1688, 1876, 1892
Hackman, R.   1028, 1031, 1034
Hackstein, R.   143, 146
Hacmann, M.   1112, 1120
Häsing, H.   1039, 1044
Häusler, J.   748
Haga, W. J.   269, 274, 635, 875, 1047, 1056, 1509
Hage, J.   1686, 1688
Hagehülsmann, U.   2040, 2048, 2052
Hahn, D.   214, 216 ff., 220 f., 223, 225, 357, 360, 679, 1358, 1548, 1713, 1715, 2007, 2009, 2013 f., 2096
Haire, M.   646, 651, 1405
Haken, H.   200
Hales, C. P.   62, 69
Halisch, F.   115, 121
Hall, D. T.   102, 389, 390, 397, 1028, 1034, 1187, 1199, 1448, 1451, 1453, 1513, 1516, 1567, 1575, 2226, 2232
Hall, E. T.   478
Hall, J.   403, 406
Hall, M.   406
Hall, M. R.   468, 478
Hall, R. I.   1388, 1396
Hall, T.   796 f.
Hall, W. W.   1772, 1779
Hallein, I.   1074
Haller, M.   360, 678, 785, 815, 1074, 1238
Halm, D.   351
Halpin, A. W.   268, 274, 278, 293, 626, 636, 2114 ff., 2124
Hambleton, R. K.   600, 607
Hamblins   936
Hambrick, D.   1388 f., 1396, 1860, 1868, 2161 f., 2174
Hamel, W.   1994, 2098, 2105
Hamer, F.   80 f., 89
Hammann, P.   1474, 1481
Hammer, M.   498 f., 1829, 1842
Hammer, R.   2006, 2013
Hammer, T.   601, 607
Hammer, W. C.   324, 327
Hammond, V.   1588
Hampp, R.   154
Hanau, P.   1174
Hanft, A.   1156, 1165, 1442, 1451, 1453
Hannan, M. T.   919, 925, 1830, 1842
Hannan, R. L.   1010, 1021
Hannan, T. H.   463, 1466
Hannaway, J.   64, 69
Hansard Society for Parliamentary Government   396, 406
Hansel, J.   1837, 1842
Hansen, U.   2012 f.
Hansmann, K. W.   1652
Hanssmann, F.   351, 1747 f.
Harbison, F.   1103, 1107, 1111
Hardy, R. C.   283, 294
Hare, A. P.   395, 406, 992
Hare, P.   1976
Harloff, H.-J.   1566 f. 1576

Harlow, D. N. 797
Harper, R. G. 1980, 1985
Harpine, F. 294
Harrigan, K. R. 2069, 2072 f.
Harris, D. 895
Harris, E. F. 636, 2116 f., 2124
Harris, G. 886, 895
Harris, M. M. 555, 561
Harris, R. J. 866, 876
Harris, R. T. 1662 f.
Harris, T. A. 500
Harrison, F. 372, 379
Harrison, R. P. 1985
Hart, O. D. 15, 21
Hartfelder, D. 2204 f.
Hartfiel, G. 123 f., 128
Hartke, D. D. 637, 948, 952
Hartley, E. 1663, 1977
Hartley, E. L. 874
Hartley, F. L. 665
Hartmann, H. 124 ff., 128, 546, 550, 959, 965, 1121
Harvey-Jones, J. 596, 604, 607
Harvey, O. J. 930, 939
Hase, D. 1560, 1564
Haseltine, F. P. 1517
Hasenböhler, R. 1694
Haspeslagh, P. C. 2069, 2072, 2073
Hassbender, S. 89
Hatch, G. 293, 952
Hater, J. J. 2055, 2058, 2062
Hauff, M. v. 1566, 1576
Haug, F. 991, 992
Haugrund, S. 378 f.
Hauke, Ch. 155
Hauschildt, J. 180, 271, 275 f., 1274, 1282, 1548, 1635, 1789, 1793, 2010, 2013, **2097**, 2099 ff., 2105
Hauser, E. 695, 696
Hauser, R. 1570, 1576
Havemann, H. 1295, 1297
Hax, H. 1163, 1305, 1308, 1575, 2000, 2002, 2005
Hax, K. 1165, 2005, 2080
Hayden, Th. 976, 979
Hayer 945
Hayes, J. 1090
Hayes, R. H. 1456
Hayes, R. L. 2013
Haynes, R. S. 1017, 1019
Head, T. C. 281, 294
Heard, R. 588, 594
Hearn, J. **392**, 394, 399, 401 f., 406, 1738, 1749
Hearnshaw, L. S. 11 f.
Heckert, V. 146
Heckhausen, H. 33, 430, 436, 753, 759, 775, 779, 784, 960, 965, 1591 f., 1599, 1606
Hecking-Binder, E. E. 1477, 1481
Hedberg, B. L. T. 648, 651, 1366, 1368, 1387 f., 1390 ff., 1394, 1396 f., 1858
Hedlund, G. 813 f.
Heerwagen, J. H. 858, 860
Hegel 1751

Hegner, F. 71, 75 ff., 78 f., 186, 192, 444, 453
Hehn, W. 825
Heibült, U. 721, 731, 736
Heider, F. 934, 939, 1598, 1606
Heidrick and Struggles International Inc. 1473, 1481
Heigl, A. 1967
Heimerl-Wagner, P. 1364, 1366, 1658, 1663
Hein, H. 149, 154
Heinen, E. 21, 181, 351, 575, 577, 584, 668, 677, 749, 1482, 1665, 1668, 1674, 1680, 2106, 2112
Heiner, V. 1327
Heinold, E. 56, 61
Heinrich, D. 1721, 1724
Heinrich, L. J. 181, 185
Heinrich, P. 192, 1525
Heintel, P. 813, 1837, 1842
Heinze, B. 118, 121
Heinzel, F. 33
Heinzel, H. 33
Heinzelbecker, K. 1479, 1481
Heiss, R. 784
Heitger, B. 1630, 1634
Heither, F. 487
Hejl, P. M. 752, 759
Helbig, H. 1112, 1121
Held, Th. 1308
Heldtkamp, G. 1466
Helfert, M. 1563 f.
Helfrecht, M. 61
Helgesen, S. 578, 584
Hell, W. 140, 142, 146
Heller, A. 1025, 1034
Heller, F. 915
Heller, F. A. 588, 595, 627, 636, 962, 965, 1564
Hellgren, B. 650
Hellwig, H. 89
Helmich, D. 2168, 2174
Hemmer, E. 1560, 1564
Hemphill, J. K. 277 f., 294, 981, 992, 1416 f., 1422, 2114 f., 2120, 2124
Henderson, B. D. 1711, 1715
Henderson, M. 1344, 1349
Hendrichs, H. 760
Hendry, C. 665
Heneman, R. L. 290, 294
Henessey, H. W. 838
Henly, N. M. 1980 f., 1985
Henne, D. 1600, 1606
Hennessey, H. W. 1013, 1020, 1336 f.
Hennicke, P. 1917
Hennin, B. de 477
Henning, H.-J. 961, 966, 1564
Henschel, H. 351
Hensley, T. 1138
Hentschel, B. 1735
Hentze, J. 459, 465, 500, 699, 706, 810, 814
Henzler, H. A. 2014
Herberger, M. 1735 f.
Herbert, W. 2176, 2188
Herbolzeimer, E. 474, 479

Herbst, P. G. 1895, 1902
Herek, G. 909, 915
Heresbach, K. 1101
Herkner, W. 1141, 1146
Herld, D. M. 1642
Herman, E. S. 1458, 1466
Hermann, C. F. 1845, 1856
Hermann, N. 351
Hermann, R. 2068 f., 2072 f.
Hermann, T. 368
Hermanns, A. 1482
Hermel, P. 467, 471 f., 478
Herms, E. 2038
Herold, D. M. 636, 876, 1029, 1047, 1057
Herrmann, T. 681, 696, **1977**, 1978 f., 1985
Herrmann, W. M. 13
Herschel, W. 1174
Hersen, M. 1947, 1958
Hersey, P. G. 228, 233, 240, 533, 539 f., 599, 602, 657, 658, 665, 693, 696, 748, 818, 824, 962, 966, 1000, 1004, 1384, 2046, 2052, 2116, 2124, 2131, 2139
Hershon, S. A. 796
Herterich, K. W. 471, 478
Herwig, B. 682, 697, 906, 1185, 1703
Herzberg, F. 309, 318, 327, 1598, 1603, 1606, 2042, 2052
Herzka, H. S. 351
Herzog, W. 1984
Hesiod 1093
Hesler, A. v. 352
Hess, M. 77, 79
Hetzler, H. W. 481, 488
Hewlett-Packard GmbH 61
Hewstone, M. 121
Heymann, H.-H. 1558, 1564
Heyns, R. W. 884, 894
Hichert, R. 1732, 1736
Hickson, D. J. 963, 966, 992, 1464, 1467, 1767, 1779
Hiebsch, H. 992
Hiesler, G. 61
Higgin, G. W. 328, 1902
Higgins, C. A. 289 f., 294, 883 ff., 895, 2059, 2062
Higley, J. 979
Hilb, M. 383, 390, 513, 515, 522, 1155, 1165, **1185**, 1186, 1197, 1199, 1732, 1736, 1833, 1842
Hildebrand, K. 1128 f.
Hildebrandt, E. 959, 966, 1360, 1364, 1368 f.
Hildebrandt, H. W. 589, 594
Hildebrandt, R. **1111**, 1116, 1119, 1121
Hilgard, E. R. 753, 759
Hilgenfeld, C. 154
Hilger, M.-L. 1170, 1174
Hilker, J. 459, 465
Hill, E. **2139**
Hill, R. E. 372, 379
Hill, S. 1360, 1363, 1368
Hill, S. C. 379

Hill, W. 575, 584, 797, 810, 814, 998, 1004, 1482
Hilleke, K. 92, 102
Hiller, E. 1320, 1327
Hillier, F. 350 f.
Hillig, A. 2064, 2073
Hiltz, S. R. 173, 180, 262
Hinings, C. R. 1464, 1467, 1487, 1495
Hinkin, Th. 955, 966
Hinnings, C. R. 966
Hinsch, R. 1947 f., 1958
Hinterhuber, H. H. 2011, 2013
Hinterwäller, H. 1204, 1213
Hinton, B. L. 868, 876
Hintze, O. 1128 f.
Hippler, G. 1297, 1642
Hippler, H. J. 2176, 2188
Hirsch, W. 1368
Hirschmann, J. B. 2037 f.
Hirst, M. K. 161, 163
Hirzel, M. 56, 61
Hisrich, R. D. 1275, 1277 f., 1282
Hobson, D. 405
Hockey, R. 1763
Hodgetts, R. M. 65, 70, 838, 1985
Hodson, N. 179 f.
Hoefer, H. W. 665
Höffe, O. 563, 572
Höhn, R. 4, 228 f., 238, 240, 723, 734, 764, 772, 819, 824, 1199, 1989, 1994, 2100, 2106
Hoel, W. 1046, 1057
Höller, H. 160, 163, 178, 180, 257, 262
Hölterhoff, H. 514, 522
Hören, M. von 1213
Hörmann, H. 774, 780, 784
Hörning, K. H. 71, 76 f., 79, **1935**, 1945
Hofbauer, W. 577, 585, 1582, 1590, 1665, 1667, 1674, 1678, 1681
Hoff, A. 72, 78, 79
Hoff, E. H. 367, 369
Hoffer, W. 1043 f.
Hoffman, J. J. 1831, 1843
Hoffman, R. C. 1852, 1857
Hoffmann, D. D. 1571, 1576
Hoffmann, F. 1378, 1384, 1668, 1680
Hoffmann-Lange, U. 972, 979, 1936, 1938, 1945
Hoffmann, R. 500
Hoffmann, V. 115, 121
Hofmann, M. v. 78 f., 580, 584, 695 f., 749, 846, 1044, 1350, 1369 1043
Hofstadter, D. R. 1347, 1350
Hofstätter, P. R. 124, 128, 250, 255, 673, 684, 686, 696, 809, 989, 992, **1035**, 1041, 1044, 1139, 1146, 1976
Hofstede, G. 159, 163, 467, 478, 578 f., 582, 584, 592, 594, 646, 651, 776, 784, 1226 f., 1230, 1233, 1237 f., 1398, 1401, 1405, 1667, 1672 f., 1680, 1921, 1927
Hofstetter, H. 695 f.
Hogan, J. 886, 895
Hohn, H. W. 2183, 2189
Holland, J. L. 116, 121
Holland, W. E. 1567, 1576
Hollander, E. P. 282, 289, 294, 555, 561, 603, 607, 633, 636, 864, 866, 876, 886, 895, **926**, 932 f., 935 f., 938 f., 1049, 1057
Holleis, W. 547, 550
Holley, Jr. W. H. 1021
Hollin, C. R. 1947,1957 f.
Holling, H. 129
Hollmann, H. 120 f.
Holm, K. F. 513, 522, 1526
Holmberg, I. 641 f., 651
Holsti, O. R. 1857
Holtgraves, Th. 1982, 1985
Holtmann, M. 2071, 2073
Homans, G. C. 124, 128, 824, 862, 864, 876, 929, 939, 962, 966, 989, 992, 1139, 1146, 1411, 1422, 1434, 1441
Homburg, C. 1296
Homer 1093
Homs, O. 474, 479
Hopf, Chr. 187, 192
Hopfenbeck, W. 817, 824
Hopfl, H. 1451, 1453
Hoppmann, M. 1325, 1327
Hor, P. 211
Horkheimer, M. 1039, 1044, 1583, 1589, 2199, 2205
Hormuth, S. E. 1570, 1576
Horn, R. 114, 121
Horne, J. H. 63, 65, 69, 830, 838
Horst, H. 1211, 1213
Horvat, B. 1909, 1917
Horváth, P. 156 f., 160, 163, 213 ff., 218, 225 f., 489, 500, 1816
Horwarth 1799
Hosking, C. A. 295
Hosking, D. M. 607, 609, 704, 706, 829, 838, 874, 876, 1020, 1047, 1057, 1454, 1642, 2026
Hoss, G. 1717, 1723 f.
Hossiep, R. 120, 123
Hosti 1848
Hotz-Hart, B. 486, 488
Hough, L. M. 1057
House, H. W. 1570, 1576
House, J. S. 877
House, R. J. 268, 274, 289, 294 ff., 372, 379, 599, 601, 603, 607, 620, 624, 629, 636, 655, 658, 661, 663, 665, 695 f., 819, 824, **878**, 880 ff., 891, 895 f., 902, 904 f., 927, 939, 962, 966, 999, 1004, 1025 f., 1034, 1058, 1076 f., 1079 f., 1082, 1086, 1090, 1092, 1542, 1546, 1652, 1663, 1686, 1688, 1921 f., 1927, 2053, 2062, 2125, 2166, 2175

Houssaye de la, L. 1659, 1663
Hout, T. M. 497, 500
Howell, J. M. 289 ff., 294, 625, 636, 883 ff., 895, 904 f., 2057, 2059 f., 2062
Howell, J. P. 813 f., 1920, 1927
Hoyer, W. J. 9, 12
Hoyningen-Huene, G. v. 1173 f.
Hoyos, C. Graf 113, 121
Hradil, St. 1936, 1945
Hrebiniak, L. G. 1444, 1447, 1453
Hromadka, W. 488
Huber, D. 990, 992
Huck, J. R. 597, 607
Hübl, G. 63, 70
Hübner, G. 128
Hueck, G. 1170, 1174
Hürlimann, W. 1325, 1327
Huesmann, L. R. 862, 876
Hugentobler, M. 1902
Hugh-Jonses, E. M. 1090
Hughes, E. C. 809, 814
Hugo-Becker, A. 416
Hui, C. H. 813, 814
Hullin, C. L. 2232
Hults, B. M. 372, 377, 379 f.
Humble, J. W. 229, 240, 749, 762, 772
Hunold, W. 411, 416, 1171, 1174
Hunsdiek, D. 1301, 1305, 1308
Hunt, J. G. 240, 280, 294 ff., 296, 511, 607 ff., 635 ff., 659, 665, 666, 696, 706, 738, 749, 824, 838, 875 f., 895, 905, 964, 967, 1004, 1020, 1033 f., 1057, 1090, 1092, 1405, 1546, 1642, 1856, 2026, 2094, 2123, 2139
Hunt, V. J. G. 1454
Hunter, J. E. 114, 121, 433, 436
Huse, E. F. 1652, 1654, 1663
Huse, F. 1034
Husserl, E. 2208, 2213
Hussey, D. E. 101 f.
Huston, T. L. 863, 867, 876
Huth, P. 908, 915
Huyer, V. 1577
Hyman, B. 1981, 1985
Hyman, R. 702, 706, 1362, 1368

IAB 249
Iaccoca, L. 317, 327
Ibarra, H. 1516, 1624, 1634
Ichihara, K. 1459, 1466 f.
Icks, A. 1306, 1308
IDE 1562, 1564
Ilgen, D. R. 149, 152, 154, 293, 857, 860, 1091, 1698, 1702 f., 2124
Illich, I. D. 2012 f.
Ilsemann, C.-G. von 1529, 1538
Imai, M. 498, 500, 708 f., 711, 719, 1815 f.
Indvik, J. 599, 607, 630, 636
Ingersoll, V. H. 4, 1583, 1587, 1589

Inglehart, R. 244 f., 249, 2176, 2179, 2182, 2188
Ingold, F. 512
Innreiter-Moser, C. 444, 1716
Institut der deutschen Wirtschaft 104, 111
Institut für Mittelstandsforschung 1307 ff.
Institut für Technik und Betriebsführung im Handwerk 1308
Institut für Wirtschafts- und Gesellschaftspolitik 1290, 1297
Iribarne, P. d' 467, 471 f., 479
Irle, I. 1934
Irle, M. 155, 681, 696, 902, 906, 1139, 1145 f., 1335, 1337, 1434, 1441, 1453, 1934 f.
Isabella, L. A. 207, 211, 1515, 1517
Isenberg, D. J. 962, 964, 1135, 1138
Ishikawa, K. 1814, 1816
Isler, K. 1567, 1570, 1576,
Israel, J. 12, 1750, 1757
Issing, O. 360
Ivancevich, J. M. 1080, 1090, 1868, 1870, 1872 f.

Jablin, F. M. 1635, 1639, 1642, 1681, 1983, 1985
Jacklin, C. N. 397, 407
Jackowsky, E. F. 391, 1568, 1576
Jackson, D. D. 34, 170, 182, 1318
Jackson, D. N. 897, 906
Jackson, H. D. 993
Jackson, J. 887, 1140, 1146
Jackson, J. H. 215, 226
Jackson, J. M. 980, 992, 1434, 1441
Jackson, P. R. 1983 f.
Jackson, S. 881, 895
Jackson, S. E. 1387, 1396
Jacob, H. 33, 1749
Jacobi, O. 481, 488
Jacobs, A. 1008, 1020
Jacobs, T. O. 601, 603, 607, 632, 636, 862, 864, 876, 935, 939
Jacobsen, L. 884, 896
Jacobson, E. 809, 812, 814, 1612, 1622
Jacobson, L. 1081, 1091, 1924, 1927
Jaeggi, U. 1937, 1945
Jago, A. G. 269 f., 274 f., 397, 407, 500, 600, 609, **619**, 620, 630 f., 636 f., 655, 666, 670, 674 f., 678, 693, 696, 700, 706, 750, 775, 785, 813, 815, 998, 1005, **1058**, 1061, 1067, 1069 ff., 1074 f., **1226**, 1227 f., 1235 f., 1238 f., 1472, 1483, 1540, 1547
Jakob, H. 1994
James, D. 2160, 2174
James, K. 602, 605 f.

James, M. 2039, 2044, 2048, 2052
James, S. 607
Janis, I. L. 261 f., 664 f., 907 ff., 913, 915, 1130 ff., 1135 f., 1138, 1146, 1848, 1857
Janisch, P. 2209, 2213
Jantsch, E. 196, 200, 752, 759
Jaques, E. 596, 604, 607
Jarillo, J. C. 359 f., 1626, 1635
Jaros, S. J. 1447, 1453
Jarren, O. 1986
Jecker, J. 1151, 1154
Jeffmar, C. 645, 651
Jelinek, M. 1495
Jemison, D. B. 2069, 2071 ff.
Jenkins, T. 1326 f.
Jensen, M. C. 15 f., 21, 130 f., 137, 876, 1462 ff., 1465 f.
Jerdee, T. H. 65, 70, 867, 877, 992, 1985
Jermier, J. M. 333, 339, 663, 665, 966, 1025 f., 1028, 1034, 1077, 1090, 1383 f., 1451, 1453, 1857
Jeserich, W. 118, 121, 500, 513, 522, 1709, 1715
Jetta, R. D. 436
Jick, T. D. 1846 f., 1857 f.
Jochmann, W. 1290, 1297
Jochum, E. 443, 1212
Jönsson, S. A. 648, 651, 1390, 1396, 1581, 1589
Johansen, R. 1327 f.
Johansson, J. 650 f.
Johnson, A. L. 2123 f.
Johnson, B. T. 277, 293
Johnson-George, C. 2152, 2156
Johnson-Lenz, P. 262
Johnson-Lenz, T. 262
Johnson, S. 1948, 1958
Johnson, T. 1046, 1057
Johnson, T. W. 875
Johnston, J. M. 1870, 1873
Joines, V. 2039 f., 2053
Jomin, H. 759
Jonas, H. 2011, 2013, 2102, 2106
Jones, A. P. 1873
Jones, D. T. 550, 720, 1337, 1829, 1843
Jones, E. 861, 1044
Jones, E. E. 862, 876, 929, 934, 939
Jones, G. R. 1638, 1642, 1680
Jones, L. 405, 407
Jones, N. 1437, 1441
Jones, N. W. 1090
Jones, T. 1252
Jongeward, D. 2039, 2044, 2048, 2051 f.
Joost, N. 271, 274
Jorzik, H. 1555, 1564
Joschke, H. K. 841, 846
Jouvenenel, B. de 659, 665
Joyce, W. F. 1688, 2024
Jürgens, U. 12, 1364, 1368, 1565, 1772, 1779
Jüsche, M. 745, 749

Julian, J. W. 866, 876, 929 f., 935, 939
Jung, C. G. 1035, 2015 1498, 1509, 2024
Jung, R. 690, 697
Jung, R. H. 240, 527, 533
Jung, W. 2021, 2024
Junkers, M.-Th. 184, 191, 744, 748
Juran, J. M. 1815 f.

Kadel, P. 484, 488, 1181, 1185
Kador, F. J. 1823, 1828
Kaelble, H. 1942, 1945
Kälin, K. 1541, 1546, **2039**, 2041, 2052
Kagono, T. 1459, 1466
Kah, A. 2001, 2003, 2005
Kahle, E. 1665, 1680
Kahler, T. 2049, 2052
Kahn, R. L. 828, 838, 865, 876, 984, 992, 1046, 1048, 1058, 1075, 1090, 1888, 1892, 2118, 2124, 2155, 2157
Kahn, W. A. 1186, 1199
Kahneman, D. 1245, 1251
Kaiser, D. 1464, 1466
Kaiser, H. 487
Kaiser, H. J. 1146
Kaiser, W. 181
Kakabadse, A. P. 595, 596, 601 f., 604, 606, 608
Kalb, L. S. 861
Kalczyk, H. 1102
Kalleberg, A. L. 1442, 1453
Kallmann, A. 275, 1298
Kaltenstadler, W. 1093, 1097 f., 1100 f., 1102
Kamens, D. H. 1581, 1589
Kamerschen, D. R. 1463, 1466
Kamin, J. R. 1463, 1465 f.
Kaminski, G. 695 f.
Kammerer, K. 1112, 1121
Kamp, K. 1569, 1575
Kanai, T. 615, 617 f.
Kane, J. S. 1698, 1703
Kanfer, F. H. 1760, 1762, 1958, 2229, 2232
Kanfer, R. 1690, 1694, 2226, 2230, 2232
Kania, J. J. 1463, 1466
Kanouse, D. 861
Kanowski, S. 13
Kant, I. 564, 572, 1342, 1350, 1751, 1756 f., 2198 f., 2205
Kanter, R. M. 399 f., 407, 694, 696, 1623, 1629, 1635, 1851, 1857
Kantor, R. M. 1275, 1282
Kanungo, R. N. 501, 511, 609, 625, 635, 827, 837, 878, 882 ff., 886, 894 ff., 904 f., 1004, 1156, 1165, 1186, 1199
Kaplan, A. 975, 977, 979
Kappler, E. 458, 465, 566, 572, 795, 797, 1335, 1337, 1564, 1653, 1663, 2204, 2206
Karambayya, R. 1240 ff., 1252
Karau, S. J. 136 f.

Karlshaus, M. 360
Karmel, B. 596, 608
Karoly, P. 2203, 2232
Karpik, L. 813 f.
Karpman, S. 2048, 2052
Karren, R. J. 436
Karylowski, J. 1153
Kasper, H. 155, 536, 540, 810, 814, **1358**, 1364, 1366, 1368 f., 1665, 1674, 1680, 2207, 2213
Katz, D. 268, 274, 625, 636, 828, 838, 865, 876, 1046, 1048, 1058, 1888, 1892, 2117, 2124, 2155, 2157
Katz, R. 371 ff., 378 ff., 437, 439 f., 443, 599, 608
Katzell, R. A. 436
Katzenbach, J. R. 178, 180, 342, 351, 1788, 1793, 2070, 2073
Kauffmann, M. 122
Kaufhold, K. 1566, 1569, 1576
Kaufmann, F.-X. 572, 1179, 1185, 2038
Kaufmann, P. 2092, 2094
Kaulmann, Th. 1463, 1466, 2108, 2112
Kavanaugh, M. J. 867, 876
Kay, E. 1799
Kaye, B. 1516
Kayser, G. **1298,** 1300, 1302, 1308
Kazdin, A. E. 327, 1870, 1873
Keating, D. 1874, 1893
Keele, R. L. 1515 f.
Keeley, M. 1753, 1757
Keinhorst, H. 1374, 1384
Kejner, M. 1165
Keller, E. v. 527, 532, **1397,** 1406
Keller, F. 1381, 1384
Keller, R. T. 372 ff., 377, 379, 636, 1567, 1576
Keller, Th. 1966
Kellerman, B. 405
Kellerwessel, P. 1299, 1308
Kelley, H. H. 709, 719, 851, 860 ff., 866, 876 f., 929, 940, 962, 967, 1932, 1934
Kelly, J. 1135, 1138
Kelly, L. 135, 137
Kelsey, B. L. **276**
Kemmetmüller, W. 737, 749
Kemmler, H. W. 712, 719
Kempe, J. 150, 154
Kempen, R. W. 1017, 1020
Kendall, L. M. 557, 561
Kendon, A. 1957, 1979, 1985
Kennedy, A. A. 1451 f., 1542, 1546, 1582, 1588, 1671, 1674, 1679, 2017, 2024
Kennedy, J. F. 884, 887
Kennedy, J. K. 944, 952, 1931, 1935
Kennedy, J. R. Jr. 289, 295
Kenny, D. A. 118, 122, 296
Kent, V. 992
Kenter, M. E. 358, 360
Kentler, H. 403, 407
Kerber, W. 2038

Kerlinger, F. N. 277, 294
Kern, H. 569, 572, 1363 f., 1368
Kern, M. 1704, 1715
Kern, W. 163, 181, 240, 369 f., 374 f., 379, 437, 439, 443, 1201, 1212, 1481, 1483, 1575, 2005, 2112
Kernan, M. G. 431, 436, 871, 876, 2224, 2232
Kernberg, O. 1610, 1612, 1614, 1622
Kerr, E. B. 262
Kerr, J. 1383 f., 1674, 1680
Kerr, J. L. 382, 384, 391, 558, 561
Kerr, S. 277 f., 280 f., 284, 294 ff., 443, 506, 511, 626, 636 f., 663, 665, 952, 966, 996, 1004, 1021, 1023, 1025 f., 1028 f., 1031, 1034, 1077, 1090, 1857, 1927, 2116, 2120, 2124 f.
Kerr, S. T. 274
Kerr, St. 333, 339, 1652, 1663
Kerres, M. 152, 155
Kesler-Unger, R. 1984
Kesner, I. 2167 ff., 2174
Keßler, E. 1948, 1958
Kets de Vries, M. F. R. 695, 696, **1609,** 1622, 1671, 1680
Keupp, H. 992
Keutgen, F. 1112, 1121
Khandwalla, P. N. 1767, 1779
Kiechl, R. 1370, 1384, 2070, 2073
Kienbaum, J. 306, 500
Kienbaum, M. 453
Kieselbach, Th. 412, 416
Kieser, A. 33, 45, 68, 71, 164, 175 ff., 180, 261, 339, 378, 417, 419, 426, 465 f., 512, 526, 532 f., 542, 550, 652, 665, 696, 772, 814 f., 846, 917, 919, 925, 957, 966, 980, 981, 992, 1058, 1200, 1204, 1212, 1225, 1291, 1297, 1442, 1448, 1450 f., 1453, 1482, 1511, 1516 f., 1541, 1546, 1569, 1576, 1635 f., 1637 ff., 1642, 1680, 1682, 1684, 1687 f., 1749, 1752, 1757, 1767, 1779, 1793, 1810, 1816, **1829,** 1830, 1832 f., 1841 f., 1977, 1985, 2105, 2148, 2157, 2214
Kiesler, S. 173, 182, 258 f., 262, 1625, 1635
Killing, J. 2070, 2073
Kilman, R. H. 922, 925 f., 1396, 1676, 1679 f., 1852, 1857, 2094, 2141, 2147
Kimberly, J. R. 1166, 1858
King, A. S. 1390, 1396, 1925, 1927
King, B. 965
King, M. L. 887
King, W. 1494 f., 1793
Kinias, C. 1585, 1589
Kinicki, A. J. 296, 2125
Kinne, S. B. 2232, 2234

Kipnis, D. 502 ff., 507, 512, 601, 608, 855, 860, 867, 875, 956, 961, 966, 1047, 1152, 1154, 1848, 1857
Kippendorf, E. 979
Kirchgässner, B. 1114, 1121
Kirchgeorg, M. 1646, 1651
Kirckhoff, M. 351
Kirkcaldy, B. D. **1794,** 1797 ff., 1806
Kirkpatrick, S. A. 887, 895
Kirsch, W. 21, 81, 89, 173, 180, 486, 488, 528, 533, 737, 749, 817, 824, 907, 915, 921 f., 925, 1322, 1328, 1366, 1368, 1559, 1561, 1564, 1830 ff., 1842, 2006, 2010, 2013 f.
Kirscht, J. P. 1039, 1044
Kiser, B. 845, 846
Kißler, L. 1563 f.
Kitzmann, A. 56, 61, 1704, 1715
Klages, H. 185, 192, 244 f., 249, 453, 508, 512, 1193, 1199, 1520, 1526, 2175 f., 2178 f., 2188
Klees, H. 1094 ff., 1102
Klein, H. J. 271, 274, 377, 379, 427 f., 431, 436, 438, 440, 442 ff.
Klein, H. K. 173, 178, 180
Klein, J. 1582, 1589
Klein, M. 1612, 1622
Klein, S. 182
Kleinbeck, U. 785, 1441, 1594, 1606, 1608, 1763
Kleinmann, M. **1272, 1927,** 1933 f.
Kleinschmidt, P. 1731, 1735
Klemp 886, 888, 895
Kliem, O. 497, 500
Klimecki, R. G. **71,** 76, 78 f., 231, 240, 508, 512, 721, 723, 726 f., 731, 733, 736, 750, 825, 923 ff., 1375, 1386, 1409, 1411, 1422, 1543, 1548, **1652,** 1653 f., 1661 ff., 2207, 2213
Klimoski, R. 554, 561, 1088 ff.
Kling, R. 179
Klingemann, H. 1566, 1569, 1576
Klingenberg, H. 167, 180
Klipstein, M. v. 2180, 2188
Klis, M. 1370, 1384
Klockhaus, R. 267, 274
Kluckhohn, C. 2175, 2188
Kluge, M. 1561, 1564
Kluth, H. 124, 128
Kmieciak, P. 791, 797, 2176, 2188
Knapp, M. L. 1980, 1985
Knebel, H. 306, 522, 721, 735, 797, 823, 1430, 1994
Kneer, U. 1564
Knesebeck, J. 1337, 1368
Knight, K. 1335, 1337
Knights, D. 967
Knippen, J. 206, 210
Knopf, R. 1830, 1842

Knorpp, J. 274
Knorr-Cetina, K. 698, 706
Knowlton, W. A. 855, 860
Knura, B. 1774, 1779
Knyphausen, D. zu 528, 533, 921, 925
Ko, J.-W. 1456
Kobayashi, T. 159, 163
Kobi, J.-M. 577, 585, 825, 1667, 1680, 2068, 2073
Kobrin, S. J. 352, 360
Koch, H.-D. 1734 ff.
Koch, H.-E. 1286, 1296 f., 1567, 1576, 2013
Koch, J. 1451, 1454
Kochan, T. A. 327, 1247
Kock, S. E. 642, 651
Kocka, J. 1103, 1108, 1111, 1114, 1119 ff.
Köhler, C. 1297
Köhler, H. 710, 719
Koehler, J. W. 1453
Köhler, R. 163, 181, 240, 275, 666, 1385, **1468**, 1469 f., 1475, 1477 f., 1481 ff., 1498, 2005, 2081, 2112
Köhler, W. 1509, 1597, 1606
König, H. 721, 735
König, M. 1108, 1111
König, R. 128, 1111, 1298
Koenig, R. 1893
Koenig, R. Jr. 1034, 1685 f., 1688
König, W. 1567, 1569, 1576, 2073
Königswieser, R. 664, 666, 1317 f.
Koerber, E. v. 1829, 1843
Körber, K. A. 519, 522
Köstermann, H. 484, 488
Kogan, N. 1146
Koh, E. 174, 182
Kohle, M. 1575
Kohne, W. 1433, 1442
Kohut, H. 1610, 1612 f., 1622
Kolabinska, M. 973, 979
Kolarska, L. 1848, 1857
Kolb, D. A. 1239 ff., 1245, 1252, 1349, 1350
Koll, P. 173, 179
Kolodny, H. F. 310, **1483**, 1489 f., 1495
Kolvenbach, H. 1426, 1430, 1703
Komaki, J. L. 867, 876, 1080, 1087, 1080, 1948, 1958
Kompa, A. 118, 122, 790, 797, 1369, 1542, 1547, 1582 f., 1589, 1665 f., 1671, 1674, 1680, 1944 f., 1980, 1985, 2017, 2024, 2082, 2094
Kompampa, A. 1577
Koontz, H. 167, 180, 733, 735, 824, 1962, 1966
Kopperschmidt, J. 1320, 1328
Koppert, W. 1181, 1185
Koprowski, E. J. 1581, 1589
Korda, M. 400, 407

Korman, A. K. 276, 294, 555, 561, 599, 602, 608, 688, 697, 884, 896, 2116, 2120, 2124
Korn/Ferry International 1459, 1466
Kornegger, P. 404, 407
Kornreich, J. S. 1581, 1583, 1589
Kornwachs, K. 165, 180
Kortzfleisch, G. v. 675, 677, 1202, 1212
Korzbski, A. 2131, 2139
Koshal, R. K. 1466
Kosiol, E. 707, 709 f., 719, 810, 814, 1963, 1966, 1994
Kossbiel, H. 22, 33, 81, 89, 721, 735, 1044, 1704, 1715, **1736**, 1737 f., 1747 ff.
Kotler, P. 1468, 1482
Kotsch-Faßhauer, L. 720
Kotter, J. P. 68 ff., 601, 604, 608, 833, 838, 1625, 1630 f., 1635, 1684, 1688, 1835, 1843, 2219 f., 2222, 2224, 2232
Kotthoff, H. 1562, 1564
Kousnes, J. M. 886, 896
Kouzes, J. M. 1851, 1857, 2017, 2024
Koy-Seemann, U. 1731, 1736
Kozlowski, S. W. 372, 377, 379 f.
Kracht, P. J. 156, 163
Kraemer, K. L. 257, 259, 262
Kränzle, H.-P. 167, 180
Kräuchi, S. J. 797
Kraft, A. 483, 485, 487 ff.
Krainz 813, 1837, 1842
Krakower, J. Y. 1667, 1672, 1675, 1682
Krallmann, H. 165, 181
Kram, K. E. 205, 207, 210 f., 797, 1512 f., 1515 ff.
Kramer, E. A. 1166, 1172 ff.
Kramer, R. 150, 154, 1181, 1185, 1474, 1482
Krapp, A. 122
Krappmann, L. 991 f., 1332, 1337
Krasemann, B.-J. 1994
Krause, A. 1530, 1538
Krauss, R. M. 866, 875
Kraut, A. 829, 838
Kraut, R. E. 262
Krauthan, G. 1947, 1958
Krcmar, H. A. O. 166, 173, 181
Krebsbach-Gnath, C. 390
Krech, D. 269, 274
Kreckel, R. 1336
Kreikebaum, H. 1994, **2006**, 2008, 2010, 2013 f.
Kreitner, R. 1006, 1013, 1017 ff., 1031, 1020, 1034, 1884, 1892
Kreklau, C. 89
Krell, G. 246, 249, 499
Kremer, H. 1572, 1576
Kremer, M. 107, 111

Kren, L. 558, 561
Kreß, H. 1639, 1642
Kressel, K. 1252
Kretschmer, E. 1498, 1509
Kreuter, A. 1809
Krichevskii, R. L. 989, 992
Krieg, W. 668, 678, 750, 765, 772, 1778, 1780
Kriegesmann, B. 380, 1201 f., 1205 ff., 1212 f.
Kriesberg, L. 797
Kriesberg, M. 711, 719
Krings, H. 2205
Kriz, J. 500
Kroeber-Riel, W. 492, 499 f.
Kröll, M. 1203, 1213
Krohn, W. 1317 f., 2209, 2213
Kronast, M. 1717, 1724
Krüger-Basener, M. 1565, 1569 f., 1573, 1575
Krüger, K.-H. 1297, 1453, 1516, 1642
Krüger, M. 1566, 1568 f., 1572, 1575
Krüger, S. 744, 748
Krüger, W. 716, 719, 954, 966, 1370, 1384, 1411, 1418 ff., 1422, 1450, 1653, 1663, **1780**, 1781, 1786, 1788 f., 1792 f., 1961, 1967, **1986**, 1994
Kruglanski, A. W. 955, 967
Krupinski, B. 105, 110 f.
Krupinski, G. 578, 584
Krupp, A. 722
Kruse, A. 797
Krysmanski, H. J. 1330, 1337, 1350
Krystek, U. 1864, 1868, 2068, 2073
Krzystofiak, F. 152, 154
Kubicek, H. 33, 175 f., 178, 180, 257, 261 f., 419, 426, 450, 453, 542, 550, 652, 665, 721, 735, 813 f., 817, 824, 957, 966, 980, 992, 1375, 1377, 1383 f., 1482, 1582 f., 1589, 1653, 1663, 1684, 1687 f., 1752, 1757, 1835, 1838, 1843
Kucher, E. 92, 102
Kübler, H. 183, 192
Küchle, E. 824
Kühlmann, T. 733 f.
Kühn, D. 6, 9, 12
Kühne, R. J. 357, 360
Küller, H. D. 721, 723, 735
Künzli, A. 2199, 2206
Küpper, H.-U. 214, 226, 1411, 1418, 1422, **1995**, 1996, 1999, 2002, 2005, 2112
Küpper, W. 335, 339, 814, 958, 966, 1518, 1525 f., 1588, 1657, 1663
Küppers, G. 760, 1317 f., 2209, 2213
Küppers, W. 702, 706
Kuhl, J. 116, 122, 1594, 1606
Kuhn, A. 737, 749
Kuhn, Th. 667, 670, 679, 1163, 1166, 1375, 1383, 1386, 1539,

1542 f., 1548, 2091, 2096, 2196 f.
Kulik, C. T.   1252
Kulka, A.   861, 1608
Kumar, B. N.   355, 360, 1399, 1406, 2010, 2014, 2069 f., 2073
Kuncik, M.   674, 677
Kunda, G.   1666, 1680
Kunkel, W.   121
Kunze, O.   2080
Kupsch, P. U.   14, 21
Kurbel, K.   1736
Kurke, L. B.   63, 70
Kurtz, H. J.   391
Kutz, M.   1527, 1538

La Van, H.   14
La Voie, L.   118, 122
Laaksonen, O.   592, 594
Laan, J. v. d.   149, 154
L'Abate, L.   1958
Laber, H.   1544, 1547
Labouvie-Vief, G.   8, 13
Lacoursiere, R. B.   130, 137
Ladensack, K.   458, 465, 1554 f.
Ladwig, D.   1725
Lahey, M. A.   1704
Lakatos, I.   2196 f.
Lambert, D. R.   1421 f.
Lamm, H.   939, 1322, 1328
Lammers, C.   992
Lammers, F.   129
Lamnek, S.   809, 814
Lamont, B. T.   1831, 1843
Lampe, J.   1112, 1118, 1121
Landau, K.   1994
Landau, M.   1393, 1396
Landeszentrale für politische Bildung   1945, 2094
Landsberg, G. v.   497, 500
Landsberger, H. A.   63, 70
Landy, D.   1151, 1154
Landy, E.   293, 952
Landy, F. J.   859 f., 1698, 1703
Lang, H.   152, 155
Lang, R.   459, 465
Lange, D.   514, 519, 522
Langecker, F.   750 f., 759
Langmaack, B.   132, 137
Langmaak, H.   1569, 1576
Langosch, I.   1652, 1663
Laplanche, J.   1033, 1044
Larner, R. J.   1458, 1463, 1466
Larson, E. W.   374 f., 377, 380, 1485, 1495
Larson, J. A.   650
Larson, J. B.   2122, 2124
Larson, L. L.   294, 296, 607 f., 635 ff., 665 f., 749, 824, 875, 895, 946, 952, 964, 967, 1004, 1020, 1033 f., 1057, 1090, 1092
Lasden, M.   205, 211
Laske, S.   795, 797, 1564
Laßleben, H.   1661, 1663
Lasswell, H. D.   973, 975, 977, 979
Laszlo, E.   916, 925
Latané, J. G.   1151, 1154

Latham, G. P.   149, 154, 325, 327, 373, 376, 380, 427, 429 f., 436, 555, 557, 561, 775 f., 785, 1426, 1430, 1592, 1596 f., 1603 f., 1606, 1690, 1694, **2222**, 2224 ff., 2232 ff.
Lattmann, Ch.   118, 122, 306, 432, 436, 513, 522, 564, 572, 574, 578, 584 f., 721, 735, 749, 803, 808, 824, 843 ff., 846, 925, 1140, 1146, 1179, 1185, 1214, 1370, 1384, 1589, 1663, 1665, 1680, 1698, 1804, 1902, 2026, 2213
Lau, A. W.   67, 70, 372 f., 380
Laud, R. L.   1697, 1703
Laudon, K. C.   1397
Laukamm, Th.   1713, 1715
Laurent, A.   1513, 1517
Laurent, H.   558, 561
Laurig, W.   145, 146
Lauterbach, G.   670, 677
Laux, E.   184, 192, 444, 453
Laux, H.   16, 18 f., 21, 351, 1463, 1466, 2005
Laux, L.   1598, 1606, 2003
Laville, J. L.   468, 471, 479
Lawler, E. E.   38, 45, 149, 155, 307 ff., 328, 555, 561, 635, 776, 785, 1006, 1021, 1028, 1033 f., 1165, 1187, 1199, 1593, 1602, 1606, 1698, 1703, 1893, 2123, 2226, 2232
Lawler III, E. E.   64, 70, 712, 719, 875, 877, 1324, 1328, 1330
Lawrence, B. S.   796, 1292, 1297
Lawrence, P.   463, 465, 1400, 1406, 1483, 1493 ff.
Lawrence, P. R.   327, 813 f., 1422, 1778 f.
Lax, D.   1247, 1252
Lay, G.   1426, 1430, 1703
Lay, R.   563, 572, 824
Lazarus, R. S.   1598, 1606, 1801, 1806, 2184, 2188
Le Boterf, G.   479
Le Goff, J. P.   470, 476, 479
Le Mouel, J.   470, 479
Lea, M.   258 f., 262
Leana, C.   1136, 1138
Leatherwood, M. L.   1642
Leavitt, H. J.   682, 697, 1499, 1509
Leavitt, J. A.   396, 407
Leberl, D.   1459, 1465, 1966
Leberling, H.   1748 f.
LeBoterf   473
Lechelt, F.   1560, 1565, 1730, 1736
Lee, C. A.   966, 1701, 1703
Lee, D. M.   379
Lee, G. L.   601, 606
Lee, J. A.   608
Lee, S. M.   1451, 1453
Lefebre, L. M.   1983, 1985
Lehmann, F. O.   157, 163
Lehmann, H.   33, 240, 1308
Lehmann, K.   1112, 1121
Lehner, F.   339

Lehner, J.   550
Lehner, J. M.   115, 122, 783, 785
Lehr, U. M.   1, 3 ff., 11, 13 f., 142, 146
Lei, D.   2069, 2073
Leif, Th.   979
Leifer, R.   370, 380
Leipold, H.   1461, 1466
Leiter, R.   1705, 1715
Leitherer, E.   667, 677
Lengel, R. H.   167, 182
Lenihan, M. G.   1985
Lenk, H.   817, 824, **1967**, 1972, 1976
Lenk, K.   1937, 1945
Lennerlöf, L.   645, 651, 2118, 2121 f., 2124
Lentz, B.   94, 102
Lentz, C. W.   440, 443
Lenz, G.   152, 155
Lenz, H.   1668, 1676, 1679, 2110, 2112
Leonhardt, W.   153 f., 797
Lepsinger, R.   296
Lerner, D.   979
Lerner, F.   1810, 1816
Lerner, M. H.   849, 861
Lerner, M. J.   2156
Lerner, R. M.   13
Lessmann, K. G.   1698, 1703
Letsch, B. H.   674, 677, 724, 735, 749
Leuck, G. H.   1653, 1663
Leuz, N.   720
Levenson, B.   797
Levi-Strauss, C.   1590
Leviathan, U.   282, 293
Levine, C. H.   1846 f., 1857
Levine, J. M.   134 f., 137, 1980, 1985
Levinger, G.   862, 876
Levinson, D.   1043, 1567, 1576
Levinson, H.   1430, 1511, 1517
Levinthal, D.   551, 561
Levy, A.   922 f., 925, 1662 f.,
Lewenhak, S.   393, 407
Lewicki, R.   1247, 1251 f., 1858
Lewin, A. Y.   555, 561
Lewin, K.   657, 659, 665, 689, 697, 1498, 1509, 1594, 1599, 1606, 1653, 1659, 1663, 1668, 1976, 2117, 2124
Lewis, G. H.   989, 992
Lewis, J. D.   2066 f., 2073
Lichtenberger, B.   109, 111, 356, 359
Lichtman, C. M.   938, 1154
Lidell, W. W.   1067, 1074
Liden, R. C.   269, 274, 603, 857 f., 860, 868, 876, 1046 f., 1056, 1057 ff.
Liebel, H. J.   151, 153, 155, 447, 453, 734, 824, 1697, 1701, 1703
Lieberman, S.   809, 814
Liebermann, G.   350 f., 812
Lieberson, S.   552, 561, 2160, 2172, 2174
Lievegoed, B. C. J.   840, 846

Likert, J. G. 749
Likert, R. 268, 274, 598, 608, 616, 618, 670, 677, 749, 994, 1004, 1147, 1150, 1154, 1247, 1252, 1370, 1384, 1411, 1417, 1422, 1498, 1509, 1684, 1688, 1778 f., 1847, 1857, 2225, 2233
Lilge, H.-G. 245, 249, 748 f., 1337, 1349 f., 1556, 1564 f.
Lilli, W. 1929, 1934
Lim, F. G. 635, 868, 875, 1047, 1057
Lin, N. 1634
Lincoln, J. R. 1442, 1453
Lincoln, L. 887
Lind, E. A. 1242, 1252
Lindblohm, Ch. E. 351
Lindblom, C. 751, 759
Linde, C. 1982, 1985
Linden, R. C. 608
Linder, W. 1828
Lindert, K. 459, 465
Lindestad, L. 645, 651
Lindholm, C. 659, 665
Lindskold, S. 2149, 2157
Lindström, A. 642, 651
Lindzey, G. 719, 1976
Ling, W. Q. 2119, 2124
Lingenfelder, M. 416
Lingle, J. H. 2124
Linhart, D. 472, 476 f.
Lininger, C. A. 1239
Link, J. 2010 f., 2014
Linné, H. 2073
Linstead, S. A. 1666, 1680
Lippert, E. 966
Lippitt, R. 657, 665, 689, 697, 962, 967, 1968, 1976, 2124
Lipset, S. M. 972, 979, 1118, 1121
Lissak, R. I. 1240, 1252
Litke, H.-D. 351, 1837, 1843
Litterer, J. 1247, 1252
Littler, C. R. 339
Liu, J. 589, 594
Livian, Y. F. 477, 479
Livingston, J. S. 1924, 1927
Locke, E. A. 427 ff., 436, 506, 512, 628, 637, 657, 665, 775 f., 785, 1006, 1020, 1059, 1074, 1079, 1090, 1426, 1430, 1592, 1589, 1596 f., 1600, 1603 f., 1606, 1880, **2222**, 2224 ff., 2232 f.
Lockett, M. 595
Lockwood, D. L. 285, 288, 295, 1009, 1019 f., 1360, 1368
Lodahl, T. M. 1165
Löber, H.-G. 355, 360
Löffler, H. 523
Löhnert, W. 1186 f., 1190, 1195, 1199
Löhr, A. 567 f., 571 ff., 578, 585
Lohmann, N. 339
Lohrberg, W. 1474, 1481
Lombardo, M. M. 557, 561, 596, 608, 1680, 2025
Lometsch, A. 147, 155

Lomnitz, G. 1837, 1842
Londer, P. 1019
London, M. 1567, 1576
Loose, A. 1624, 1635
Looss, W. 201 f., 211
Lorange, P. 2064, 2073
Lorber, F. 1948, 1958
Lord, R. G. 280, 282, 289 f., 293 ff., 431, 436, 552, 560, 634, 637, 663, 665, 688, 697, 778, 785, 847 f., 859 ff., 864, 866, 871, 876, 1928 ff., 1934 f., 2021, 2024, 2122, 2125, 2232
Lorenz, Ch. 195, 1456
Lorenzen, P. 568, 572
Lorenzi, P. 1541, 1547
Lorenzoni, G. 473, 477, 479
Loritz, K.-G. 1167, 1169, 1172, 1174
Lorsch, J. W. 154, 1406, 1422, 1459, 1466, 1778 f.
Lortz, E. 367, 369
Lotz, E. 796
Lotz, R. 2161, 2172, 2174
Louis, M. R. 1450, 1453, 1638 f., 1642, 1679
Lowe, T. R. 555, 561
Lowell Field, G. 979
Lowenstein, E. R. 715, 719
Lowin, A. 602, 608, 637, 661, 666, 868, 876, 1047, 1058, 2120, 2125
Lu, Y. 586, 588, 592, 594
Lubatkin, M. 2169 f., 2174
Lucas, D. 605 f.
Lucas, P. R. 281, 294
Luckmann, T. 1668, 1679
Lucton, T. 1301, 1308
Ludz, P. Ch. 971, 979
Luechauer, d. 1138
Lüchinger, R. 2094
Lück, H. 680, 697
Lücke, W. 226, 436
Lueder, D. C. 600, 608
Lüder, K. 342, 349 f.
Lüdtke, H. 1935, 1945
Lüer, G. 2156
Lueger, G. 147, 148 f., 151, 153, 155, 791, 797
Lühring, H. 1186, 1200
Lünendonk, T. 1639, 1642
Lüschen, G. 1977
Lüthy, M. 1862, 1868
Lütke-Bornefeld, P. 1566, 1569, 1576
Luhmann, N. 124, 128, 186, 192, 330, 332 f., 351, 810 ff., 814, 955, 966, 980, 992, 1312, 1317, 1330, 1335, 1337, 1366, 1368, 1520, 1526 ff., 1532, 1535, 1538, 2149, 2157, 2205
Luhr, R. 2120, 2125
Lukas, A. v. 1297
Lukasczyk, K. 685, 697, 820, 824
Lukatis, J. 1370, 1384
Lukesch, H. 362, 369, 2122, 2125
Lullies, V. 177, 181

Lundberg, C. C. 387, 391, 1679
Lundin, R. A. 648, 651, 1390, 1396, 1581, 1589
Lupton, T. 63, 65, 69, 830, 838
Luthans, F. 65, 70, 285, 288, 295, 459, 466, 824, 829, 833 f., 838, 1005 f., 1008 f., 1013 f., 1017 f., 1019 ff., 1031, 1034, 1336 f., 1451, 1453, 1667, 1680, 1879, 1884, 1892, 1978, 1985, 2123 f.
Luther, D. 162 f.
Lutz, B. 1333, 1337
Lutz, E. 1112, 1121
Lux, E. 2126
Lydka, H. 1156, 1165
Lyne, S. R. 159, 163
Lynn, R. 1800, 1806
Lytle, A. 1252

Maanen, J. van 1571, 1576
Mabile, J. 472, 479
Maccoby, E. E. 397, 407, 665, 874, 1663
Maccoby, M. 642, 651, 827, 838, 1039, 1044
Maccoby, N. 274, 636, 2124
Macharzina, K. 352, 357, 359 f., 485, 488, 737, 749, 798, 1005, 1215, 1225, 1469, 1472, 1478, 1482, 1541, 1546, 1550 f., 1555
Machiavelli, N. 777, 785, 956, 966, 1342, 1350, 1522, 1526
Maciag, W. S. 1017, 1019 f.
Macintosh, N. B. 167, 180
MacIver, E. 1459, 1466
Mackenzie, A. 2215 f., 2218 ff., 2222
MacKinnon, C. 402, 407
MacMillan, I. C. 1275, 1282 f., 1387, 1396
Macualay, J. R. 930, 938
Maczynski, J. 1226
Madauss, B. J. 351, 1781, 1793, 1831, 1843
Madison, D. L. 511
Mächler, A. 1120
Mag, W. 708, 719
Magidson, J. 1627, 1635
Magnus, M. 1731, 1735
Magyar, K. M. 1471, 1482
Mahar, L. 293, 636, 691, 696, 748, 951 f.
Mahari, J. 102, 808, 1868
Maher, K. J. 282, 294, 634, 637, 866, 871, 876, 1928 ff., 1933 f., 2021, 2024
Maher, L. 618
Mahler, M. S. 864, 1612, 1622
Mahoney, G. 1437, 1441
Mahoney, M. J. 327, 1006, 1008, 1020 f., 1024, 1034, 1381, 1385, 1892 f.
Mahoney, T. M. 1090
Mahoney, Th. A. 65, 70, 829, 831, 838, 990, 992, 1979 ff., 1985
Mai-Dalton, R. R. 944, 952

Maib, J. 1140, 1146
Maier, K.-D. 1297, 1567, 1576
Maier, N. 151, 155
Maier, N. R. 627, 630, 637, 657, 659, 666, 714, 719, 775, 785, 958, 962, 966, 1340, 1350
Maier, W. 666, 966, 1772, 1780
Maimer, H. 1550, 1555
Mainiero, L. A. 439, 443
Maizière, U. de 1530, 1538
Makin, P. 1806
Mali, P. 427, 436
Malik, F. 803, 808, 919, 925, 1832, 1843
Malinsky, A.-H. 749
Malloy, E. S. 1877, 1892
Malone, M. S. 178, 180, 1623, 1634
Malsch, T. 1369, 1779
Mamkoottam, K. 474, 479
Mandela, N. 887
Mangham, I. L. 601, 608
Mann, L. 664 f., 1848, 1857
Mann, R. D. 395, 408, 688, 697, 898, 906
Manne, H. C. 2111
Manne, H. G. 1462, 1465 f.
Mansfield, R. 1767, 1779
Mantel, S. J. 375, 380
Manz, C. C. 604, 608, 868, 877, 1024, 1034, 1047, 1058, 1138, 1541, 1546, 1793, **1873**, 1874 f., 1879, 1881 f., 1885, 1888, 1893, 2231, 2233
Manzoni, J.-F. 160, 163
March, J. E. 14, 21
March, J. G. 36, 39, 44 f., 160, 162, 550, 606, 910 f., 915, 1336 f., 1342, 1350, 1388, 1391, 1396, 1499 f., 1509, 1568, 1576
March, M. 668, 677
Marcus, P. M. 877
Marcuse, H. 2199 f., 2206
Marettek, A. 156, 163
Margerison, C. J. 604, 608, 836, 838, 1196, 1199
Margerison, Ch. 838, 1199
Marglin, S. 1363, 1368
Marglin, St. A. 335, 337, 339
Marhold, R. 1216, 1225
Markham, H. 875
Markus, L. 1874, 1893
Marquis, D. G. 753, 759
Marr, R. 14, 21, 71 ff., 76 f., 79, 488, 500, 1566, 1569 f., 1576, 1775, 1780, **1819**, 1828, 2065, 2073, 2185, 2188
Marriott, R. 1137
Marris, R. 1460, 1466, 2107, 2112
Marrow, A. J. 657, 666
Marsden, P. V. 1634
Marshall, J. 397, 407
Marshall, S. L. A. 1536, 1538
Martens, H. 488
Martens, K.-P. 1170, 1174
Martin, A. 111, 247, 249, 906 f., 914 f., 1286, 1297, 1568, 1575

Martin, J. 1451, 1454, 1585, 1589, 1641 f., 1665, 1679 f., 2018, 2023, 2026
Martin, R. 1097, 1102
Martinet, A. C. 476, 479
Martinez, J. I. 359 f.
Martinko, M. J. 62, 70, 830, 838, 847, 854, 859, 861, 1019 f., 1047, 1057, 2217, 2222
Maruani, M. 469 f., 478
Maruyama, M. 1842
Marx, A. 797
Marx, K. 989, 992, 1457, 1466
Marz, L. 1646, 1651
Maschke, E. 1119, 1121
Masig, M. 1780
Masing, W. 1816
Maslow, A. H. 1006, 1020, 1324, 1328, 1550, 1555, 1600, 1606
Mason, R. O. 1589
Massarik, F. 1664
Massie, J. L. 1499, 1509
Masson, R. D. 1467
Mateos Villegas, E. 474, 479
Mathews, C. S. 1021
Mathewson, S. 1432, 1437, 1441 f.
Mathieu, J. E. 1445 ff., 1453
Matiaske, W. 245, 249, 577, 584
Matis, H. 925
Matteson, M. T. 1868, 1873
Matthews, A. M. 1930, 1934
Mattsson, L.-G. 650 f.
Maturana, H. R. 200, 752 f., 757, 759
Mausner, B. 327, 1598, 1606
Mavinga, F. 1463, 1466
Maxwell, B. 1731, 1736
May-Strobl, E. 1301, 1305, 1308
Mayer, A. 682, 697, 906, 1185, 1703
Mayer, K. W. 1297
Mayer-Maly, Th. 1170 f., 1174
Mayer, N. 1423
Mayer, U. 1628, 1635
Mayer, V. 1118, 1121
Mayes, S. S. 399, 407
Mayntz, R. 192, 809 f., 814, 1525
Mayo, E. 395, 399, 407, 668
Mayrhofer, W. 155, 414, 417, **809**, 1368 f., 1569, 1576 f., 1665, 1681
Mazanec, J. 1482
Mc Bridge, D. 1335, 1441
Mc Mahon 996
McCall, M. W. Jr. 67, 70, 557, 561, 596, 608, 1010, 1021, 1680, 2025
McCann, D. 1196, 1199
McCann, J. 836, 838
McCanse, A. A. 2042, 2052, 2134, 2139
McClean, S. 1748
McClelland, D. C. 115, 122, 774, 781, 785, 881, 883, 886,

888, 895 f., 960 f., 966, 1433, 1441, 1591 f., 1606
McConnell, S. R. 11, 13
McCubbin, H. 1807
McDade, T. 1448, 1450, 1453
McDougall, W. 682, 697
McEachern, W. A. 1463, 1466, 2163, 2174
McElroy, J. C. 749, 847, 861
McFall, R. M. 1958
McFarland, D. E. 560, 825
McFillen 855
McGee, G. W. 293
McGowan, R. 1847, 1858
McGowen, S. 1873
McGrath, J. E. 130, 137, 1135, 1138, 1795, 1806
McGregor, D. 24, 33, 598, 608, 819, 825, 834, 1399, 1402, 1406, 1430, 1509, 2042, 2052
McGuigan, F. J. 1008, 1021
McGuire, T. W. 258, 262
McInnes, M. 161 f.
McIntyre, J. M. 1349 f.
McKean, J. R. 1463, 1466
McKelvey, B. 919, 925
McKendrick, J. E. 72, 79
McKenna, E. 159, 162
McKenzie, G. 706
McKenzie, S. B. 896
McKibbin, L. E. 99, 103
McKinley Runyan, W. 1613, 1622
McKinley, W. 1845, 1847, 1854, 1857
McKinnon, P. D. 373, 380, 439, 443
McLane, H. J. 397, 407
McLaughlin, M. 1057
McLian Smith, D. 1272
McMahon, J. T. 637, 1004
McNally, F. 400, 407
McNamara, V. D. 952
McReynolds, P. 876
Mead, G. H. 2017, 2024
Means, G. C. 1457, 1459, 1465, 2080, 2107, 2112
Meckling, W. H. 15 f., 21, 1462, 1466
Meeker, M. 1433, 1442
Meffert, H. 1468, 1475, 1482, 1651, 2011, 2014
Meffert, K. 1646 f., 1651
Mehdorn, H. 497, 500
Mehrabian, A. 169, 181
Mehrhoff, F. 1170, 1174
Mehrländer, U. 111
Meichenbaum, D. 1006, 1008, 1021, 1946, 1949, 1958
Meier, B. 1212
Meier, R. 721, 735
Meier-Seethaler, C. 2015, 2024
Meignant, A. 472, 479
Meindl, J. F. 848 f., 861
Meindl, J. R. 289, 292, 426, 596, 608, 891, 896, 2019, 2025
Meininger, J. 497, 500, 2039, 2052
Meir, G. 887

Meissner, H. G. 2081
Meissner, M. 1143, 1146
Meixner, H. E. 246, 249
Melcher, S. C. 1300, 1308
Meleghy, T. 814 f., 992, 2197
Melhart, L. J. 606
Mellinger, D. G. 2153, 2157
Mendel, G. 1039, 1044
Mendenhall, M. 356, 359 f.
Mendes, P. 475, 479
Menon, K. 2161, 2167 f., 2175
Mensching, H. 1481
Mento, A. J. 428 ff., 436
Mentzel, W. 494, 500, 822, 825, 842, 846, 1567, 1577, 1704 f., 1715, 1722 ff.
Mentzos, S. 153
Merchant, K. A. 160, 163
Merei, F. 685, 697
Merfort, M. 378
Merk, R. 751, 759
Merry, U. 922 f., 925, 1662 f.
Mertens, P. 81, 89
Mertens, W. 152, 155
Merton, R. 1589
Messé, L. A. 1154
Messine, P. 475, 479
Messner, P. E. 294
Metzos, S. 155
Meyer, A. 1482
Meyer, A. D. 1395 f.
Meyer, E. 425 f., 677, 730, 734, 740, 748, 824, 1471, 1475, 1479, 1481
Meyer-Faje, A. 569, 572
Meyer, H. 285, 295, 656, 666, 773, 774, 785
Meyer, H. H. 328
Meyer, J. P. 1443 ff., 1450, 1452 ff., 1637 f., 1642
Meyer, J. W. 1366, 1368, 1581 f., 1589, 1665, 1673, 1679, 1680
Meyer, M. 2168, 2174
Meyer, M. W. 602, 608
Meyer-Piening, A. 157, 163
Meyer, W. U. 116, 122, 1607
Mia, L. 160, 163
Michael, J. 2232
Michaelis, E. 1462, 1467, 2107 f., 2112
Michailow, M. 71, 76 f., 79, 1936, 1945
Michel, L. 120
Michels, R. 969, 971, 979, 1937, 1945
Michelson, L. C. 1581, 1589
Middlemist, R. D. 162, 163
Mieck, I. 1120
Mikela, J. 851, 853, 860
Mikulaschek, E. 1815 f.
Milan, M. A. 1958
Milana, C. 473, 479
Milani, K. 161, 163
Miles, R. E. 635, 1498 ff., 1510
Miles, R. H. 394, 407, 1166, 1852, 1857 f.
Milgram, S. 551, 561, 666
Milgrom, P. 15, 21
Milkovich, T. 796, 1703

Miller, D. 106, 111, 454, 465, 851, 854, 861, 1277, 1283, 1387 f., 1396, **1609**, 1614, 1618, 1622, 1571, 1680, 1852, 1857
Miller, D. R. 1341, 1350
Miller, E. J. 1895, 1902
Miller, K. I. 430, 436, 637
Miller, L. M. 324, 328, 1006, 1021
Mills, A. 395, 407
Mills, C. W. 975, 979, 1937, 1945
Minami, T. 1034
Miner, J. B. 596, 608, 825, 1024, 1028, 1034, 1068, 1074
Minke, M. 2068, 2073
Minor, J. B. 633, 635, 637
Minton, J. 1252
Mintzberg, H. 62 ff., 70, 174, 181, 285, 295, 384, 391, 546 f., 550, 589 f., 594, 601, 608, 658, 663, 666, 829 ff., 838, 963, 966, 1011, 1021, 1383, 1490, 1495, 1649, 1652, 1685, 1688, 1978, 1985
Mintzberg, J. 1385
Mirman, R. 1017, 1021
Mirvis, P. H. 1654, 1663
Mischel, W. 666, 892, 896, 1006, 1021
Mishra, J. 2148, 2151, 2155, 2157
Misumi, J. 612, 618, 2118, 2125
Mitchell, S. A. 1612, 1622
Mitchell, T. R. 280, 295, 356, 359, 380, 599, 601, 607, 609, 827, 838, **847**, 850, 855 ff., 860 f., 867, 877, 952, 1025 f., 1034, 1047, 1058, 1076, 1086, 1090, 1092, 1383, 1385, 1496, 1510, 1921 f., 1927, 2053, 2062, 2223, 2232
Mitrenga, B. 1327 f.
Mitroff, I. I. 1387, 1397, 1581, 1589, 2024
Mitscherlich, A. 1041, 1044
Mittmann, J. 670, 679, **1155**, 1163, 1165 f.
Mizruchi, M. S. 1459, 1467
Mobley, W. H. 1569, 1577
Mohler, A. 759
Mohler, P. Ph. 1945
Mohr, L. B. 1767, 1780
Mohrman, A. 149, 155
Moisdon, J. C. 468, 478
Molt, W. 37, 45, 682, 697
Mommsen, W. F. 128
Money, W. H. 296
Monge, P. R. 430, 436, 637, 1624, 1635
Monsen, R. J. 1463, 1467
Montada, L. 1436, 1441, 2156
Montaglione, Ch. J. 13
Montanari, J. R. 1132, 1135, 1138
Monte-Robl, I. de 93 f., 99 f., 102
Moore, G. 1516 f.

Moore, L. L. 1516
Moorhead, G. 1130, 1132, 1135, 1138
Morasch, B. 403, 406
Moravec, M. 440 ff., 443
Morel, J. 812, 814 f., 980, 992 f., 2197
Moreland, R. L. 134 f., 137, 1980, 1985
Morey, N. C. 1019, 1021, 1667, 1679 f.
Morgan, G. 1366, 1368, 1589, 1671, 1674, 1681, 2017 f., 2020, 2022, 2025 f.
Morgan, R. B. 2120, 2125
Morin, E. 476, 479
Morin, P. 476, 479
Moritz, M. 1732, 1736
Morley, I. 874, 876, 1047, 1057
Morris, J. 1447 f., 1451 f., 1454
Morris, J. H. 2154, 2158
Morris, R. T. 536, 540, 1156, 1165, 2113, 2125
Morrison, A. J. 359 f.
Morrison, A. M. 1010, 1021, 1933, 1934
Morrison, E. W. 1639, 1642
Morrison, J. H. 2039, 2042, 2052
Morrissey, M. A. 2148, 2151, 2155, 2157
Morrman, R. H. 896
Morrow, P. C. 1159, 1165, 1443, 1446, 1454
Morse, J. J. 285, 295, 833, 838
Morse, N. C. 274, 628, 637, 2124
Mosca, G. 975, 979, 1937, 1945
Moscovici, S. 7, 475, 479, 1141, 1146, 1350
Moss-Kanter, R. 317, 328
Mossholder, K. W. 2122, 2125
Motowidlo, S. J. 1147 f., 1150, 1153
Mottaz, C. J. 1159, 1165
Moullet, M. 472, 479
Mount, M. K. 905
Mouton, J. S. 598 f., 606, 635, 691, 696, 748, 962, 965, 1247, 1251, 2042, 2052, 2116, 2118, 2123, 2128, 2136, 2139
Mowday, R. T. 1047, 1058, 1156, 1165 f., 1442, 1444, 1448, 1452, 1454, 1638, 1642
Mowen, J. C. 162 f.
Mownday, R. T. 1187, 1199
Moyer, B. 401, 407
Mucchielli, R. 479
Muckler, F. A. 875
Mühlemeyer, P. 380, **1200,** 1204 ff., 1211 ff.
Mühlhoff, W. R. 1705, 1715
Mülhaupt, L. 162
Müller, A. 347, 351
Müller-Böling, D. 63, 70, 168, 181
Müller, C. 19 ff.
Müller, D. B. 251, 255, 990, 993
Müller, G. 1174, 1212, 2014

Müller, G. F. 1928, 1934, 1947, 1957, **2113**, 2155 f.
Müller-Jentsch, W. 481, 487 f., 1557, 1564, 1842
Müller, K. 2068, 2073
Müller, M. 487
Müller, R. 1862, 1868
Mueller, R. K. 1629, 1635
Müller-Schienstock 1202
Müller-Stewens, G. 382, 391, 679, 1358, 1548, 1998, 2005, **2063**, 2067, 2073, 2096
Müller, V. 1835, 1843
Müller, W. 13
Müller, W. R. 460, 466, 569, 572 f., 575, 579, 584 f., 961, 966, 998, 1004, 2211, 2213
Müller-Wolf, H.-M. 34
Münsterberg, H. 681, 697, 1361, 1368
Müri, P. **193**, 194, 197 ff., 200, 1541, 1546, 2039, 2041, 2052
Mulder, H. 961, 963, 966
Mullen, B. 136 f.
Mullin, R. 881, 896
Mumford, A. 605, 608
Mumford, E. 1833, 1843
Mumford, M. D. 636
Mummendey, H. 153, 155
Mungenast, M. 149, 151, 155, **1423**, 1425, 1430, 1698, 1703
Munter, P. 162
Murphy, C. J. 294, 1004, 1034, 2122, 2124 f.
Murphy, K. J. 148, 154, 1463 ff.
Murphy, K. M. 558, 561
Murphy, K. R. 1698, 1702 f.
Murray, H. 328, 1902
Murray, M. 1514, 1517
Murray, V. V. **1843**, 1846 f., 1849, 1857 f.
Muser, V. 1482
Musgrave, A. 2197
Muszynski, B. 1557, 1562, 1565
Muzzio, D. 877
Myers, A. E. 1968, 1976 f.
Myers, C. A. 1103, 1107, 1111
Myers, C. E. 1361, 1369
Myers, R. C. 1582, 1589
Myritz, R. 456, 464, 466

Naase, Ch. 267, 269, 274, 2117, 2125
Nacamulli, R. 470, 473, 479
Nachreiner, F. 543, 550, 658, 666, 670, 677, 690, 697, 1370, 1385, **2113**, 2118, 2120 f., 2125
Nadig, P. 1215, 1225 f., 1298
Nadler, D. A. 603, 608, 877, 888, 896, 926, 1688, 1835 ff., 1843, 1893, 1922, 1927
Naegele, G. 3 ff., 7 f., 13
Näser, Ch. 306
Nagel, K. 1214, 1225
Nagel, R. 1297, 1453, 1516, 1642
Naisbitt, J. 91, 102
Nakagawa, K. 1105, 1111
Nakajima, S. 1767, 1780

Nanus, B. 428, 435, 604, 606, 878, 881 f., 894, 1004, 1033, 1658, 1663, 2223, 2232
Napierala, M. 1482
Narashima, P. N. 1275, 1283
Narr, W.-D. v. 351
Naschold, F. 1364, 1368 f., 1972, 1977
Nastansky, L. 165, 181
Naujoks, H. **915**
Naujoks, W. 1302, 1308
Naumann, E. 360
Neale, M. 1240 ff., 1252
Nealey, S. M. 285, 295, 1077 f., 1090
Near, J. P. 1166
Nebeker, D. M. 293, 867, 876
Neck, C. P. **1130**, 1138
Negandhi, A. R. 352, 360, 1406
Neilsen, E. H. 1411, 1418, 1422
Neisser, U. 754, 759
Nell-Breuning, O. v. 2038
Nelson, J. 1589
Nemeroff, W. E. 285, 288, 296, 1089, 1092
Nerdinger, F. W. 122, 249, 1298, 2183, 2188
Nerge, S. 903, 906
Netta, C. 1827 f.
Neubauer, H. 1304, 1309
Neubauer, R. 121
Neubeiser, M.-L. 201, 211
Neuberger, O. 33, 62, 70, 113, 122, 147, 150, 153, 155, 162 f., 171, 181, 245, 249, 267 f., 274, 500, 513, 522, 531, 533 f., 536, 540, 574, 583, 585, 655, 658, 666, 670 f., 673, 677, 685, 687 ff., 693 f., 697, 700, 706, 744, 749, 797, 809, 811 f., 814 f., 822, 825, 828, 834, 838, 898, 901, 906, **952**, 954, 956, 959, 962, 966, **979**, 980, 990, 993 f., 1001, 1004, 1310 f., 1317, 1369 ff., 1375, 1378, 1383, 1385, 1409, 1418, 1422, 1425, 1430, 1435, 1441, 1475, 1482, 1518, 1524, 1526, 1539, 1542, 1545, 1546 f., 1555, 1570, 1577 f., 1582 f., 1588, 1589, 1641 f., 1662 f., 1665 f., 1671, 1674, 1680, 1683, 1688, 1716, 1718, 1724, 1753, 1757, 1778, 1780, 1821, 1828, 1834, 1839, 1841, 1843, 1936, 1945, 1977 f., 1980, 1985, 2016, 2018 ff., 2022, 2025, 2082, 2094, 2117, 2119 f., 2125, 2195, 2197
Neuburger, R. **14**
Neuhaus, J. 437, 443
Neuijen, B. 1680
Neuman, G. A. 433, 436
Neumann-Cosel, R. 1564
Neumann, M. 1465, 2113
Neumann, N. 1945
Neumann, P. 150, 155
Neuringer, C. 2232
Newcomb, E. R. 1525

Newcomb, T. 258, 262, 1663, 1976
Newcomb, T. M. 665, 874
Newell, A. 910, 915
Newman, A. R. 67, 70
Newman, J. 152, 154
Newman, W. H. 926
Newton, D. A. 797, 1514, 1516
Ng, S. H. 961, 964, 966
Nicholson, N. 1567, 1571, 1577, 1641 f.
Nick, F. R. 1578
Nicklisch, H. 668, 677
Niebuhr, R. E. 2125
Nieder, P. 267, 269, 274, 1370, 1385, 1564, 2117, 2125
Niederfeichtner, F. 33, 267, 274
Niederfranke, A. **1**, 3 ff., 8 f., 11, 13
Niedetzky, H. M. 1473, 1481
Niehaus, R. J. 1748
Nielsen, R. P. 567, 572
Niemi, R. G. 877
Nienhüser, W. **241**, 249, 2412
Niethammer, L. 1124, 1129
Nietsche, F. 777, 785
Nilsson, W. P. 100, 102
Nioche, J. P. 468, 479
Nippa, M. 167, 176, 181, 380, 1205, 1212
Nitsch, J. R. 1762
Noble, D. F. 335, 337, 339
Nöbauer, B. 1724, **1945**
Noelle-Neumann, E. 245, 249, 819, 823, 825, 2179, 2188
Nohria, N. 178, 181, 1634, 1836, 1842
Noll, H.-H. 1942, 1944 f.
Noll, P. 777, 785
Norbäck, L. E. 650
Norburn, D. 604, 608
Nord, W. 929, 940, 1006, 1021
Norges Offentlige Utredninger, NOU 650 f.
Nork, M. 96, 102, 1719, 1724
Normann, R. 648, 651, 1389, 1396
Norris, D. R. 2125
Norris, G. 393, 405
Norse, N. 636
Norwag, W. 1576
Notarius, C. 875
Notz, W. W. 1241, 1252
Novak, M. A. 875, 1004, 1012
Novak, W. 317, 327
Novarra, V. 392, 407
Novey, T. B. 2039, 2042, 2046, 2051 f.
Numerof, R. E. 2058, 2062
Nutzinger, H. G. 488, 1565, **1902**, 1909, 1913, 1917, 2012 f.
Nye, F. J. 364, 366, 369
Nygren, H. T. 1453
Nystrom, P. C. 444, 651, 966, 993, 1034, 1366, 1368, **1386**, 1390 ff., 1396 f., 1589

Oates, W. E. 1645, 1651

Oberbeck, H. 569, 571
Obermann, C. 500
Oberndorfer, P. 749
Oberquelle, H. 262
O'Brian, W. R. 1816
O'Brien, E. J. 900, 905
O'Brien, G. E. 293
O'Brien, M. 403, 407
Ochsner, M. 56, 61
O'Connell, M. K. 1934
O'Connell, M. S. 1933 f.
O'Connor, J. F. 552, 561, 2160, 2172, 2174
O'Creevy, M. F. 1156, 1165
Oddou, G. 356, 360
Odiorne, G. S. 229, 427, 436, 749, 762, 772, 821, 825, 1195, 1199, 1721
O'Donnell, C. 167, 180, 733, 735, 824
Oechsler, W. A. 33, 155, 447, 452, 453, 734, 749, 824, 1703
Oechsler, W. H. 1557, 1565
Oehme, W. 1177, 1185
Oeser, E. 916, 925
Oess, A. 1809, 1813 ff., 1816
Offe, C. H. 351, 1360, 1368
Offermann, L. R. 13, 282, 284, 289, 294 f., 938 f., 1931, 1935
Ogden, T. H. 1615, 1622
Ogilvie, J. R. 1163, 1166
Oh, S. 1402, 1406
Ohayv, D. D. 1680
O'Hearne, J. J. 2039, 2042, 2052
Oldham, G. R. 309, 327, 1028, 1034, 1084, 1088 ff., 1601, 1604, 1606
O'Leary, V. E. 1984
Olesen, B. W. 1760, 1762
Oliver, C. 328
Oliver, N. 1442, 1454
Olmsted, B. 76, 79
Olsen, J. P. 910 f., 915
Olson, D. H. 361, 368 f.
Ondrack, D. A. 40, 45, **307**, 310, 314, 328
Opgenoorth, E. 1122, 1127, 1129
Opgenoorth, W. P. 513, 522
Opinion Research Corporation 805, 808
Opp, K.-D. 28, 34
Oppenheimer, F. 1903, 1917
Ordelheide, D. 21, 249, 2112
O'Reilly, C. 850, 861, 1142, 1149 f., 1154, 1442 f., 1449, 1454
O'Reilly, C. A. 102 f., 1454, 1667, 1675, 1680, 2154, 2157 f., 2225, 2232
Organ, D. W. 374, 380, 868, 877, 1166, 1868, 1873, 2150, 2158
Organisationsforum Wirtschaftskongreß e.V. OFW 488
Orme, J. E. 877
Ornati, O. A. 1275, 1282
Ornstein, P. H. 1622

Ornstein, S. 2023, 2025
Orris, D. 1046, 1057
Orris, J. B. 293, 875
Ortmann, G. 338, 339, 702, 706, 958, 814, 966, 1518, 1525 f., 1588, 1657, 1663
Ortmann, R. 1633, 1634
Orton, J. D. 1334, 1337
Osborn, R. M. 636, 738, 749
Osherson, D. N. 1935
Ossadnik, W. 156, 163
Ostendorf, F. 117, 120
Oster, D. 797
Osterloh, M. 246, 249, 485, 488, 1558, 1565, 1667, 1680, 2212 f.
Oswald, W. D. 13
Otley, D. T. 161, 163
O'Toole, J. 1806
Ottawa-Charta 1761, 1763
Otteman, R. 1014, 1021
Ouchi, W. G. 314, 328, 873, 877, 1498, 1510, 1778, 1780, 2108, 2110, 2112
Overbeck, H. 1333, 1336
Owers, J. 2174

Pack, L. 81, 89
Palladius 1100
Pallak, M. S. 1688
Pallez, F. 468, 478
Palmer, A. W. 63, 69
Palmer, J. P. 1463, 1467
Palomeque Lopez, M. C. 470, 479
Panian, S. K. 796, 2161 f., 2172, 2174
Paolillo, J. P. G. 67, 70
Papke, J. 181
Papmehl, A. 489, 500, 1718, 1721, 1724
Pappi, F. U. 1633, 1635
Pareto, V. 970, 979, 1937, 1945
Park, K. 112
Parker, C. 606
Parker, G. 1807
Parker, J. 1802 f., 1806
Parkin, P. W. 392, 395, 399, 402, 406, 1738, 1749
Parkinson, A. E. 1074
Parnes, H. S. 1566 f., 1577
Parson, T. 395, 407, 2188
Parsons, C. K. 1636, 1642
Parsons, T. 267, 274, 540, 837, 993, 1359, 1369, 2123
Partridge, B. 545, 550
Pascale, R. T. 314, 328, 735, 767, 772
Pasch, U. 1628, 1635
Paschen, K. 250, 255 f., 581, 585, 721, 735, 990, 993, 1370, 1385
Paslack, R. 2209, 2214
Pasmore, W. A. 1663, 1682, 1895, 1902
Patchen, M. 601, 608
Patel, P. 2011, 2014
Patrick, D. 952
Patterson, J. 1807

Patterson, M. L. 1981, 1985
Patton, M. J. 378
Paturi, F. R. 1523, 1526
Pauchant, T. 1387, 1397
Paul, C. E. 13
Paul, G. 486, 488, 1564
Paul, H. 1459, 1465, 1966
Paul, R. 1017, 1019 f.
Paul, R. J. 270, 275
Paulus, P. B. 118, 122
Paunonen, S. V. 1454
Pausenberger, E. 355, 360
Pautzke, G. 383, 391, 922, 925, 1661, 1663
Pavett, C. M. 372 f., 380
Pavett, L. M. 67, 70
Pawlowsky, P. 244, 249
Pearson, A. W. 372, 374, 378
Pearson, J. 607
Peat, F. D. 758, 759
Pedler, M. 386, 391, 406
Pejovich, S. 1466, 2107, 2112
Pellegrin, R. J. 1289, 1297
Pelz, D. C. 373, 375, 380, 426, 1078, 1090, 1205, 1212
Pennings, J. M. 608, 966, 1465, 1467, 1842
Penno, M. 160, 163
Penrose, E. T. 1301, 1309
Pepinsky, P. 927, 934, 940
Pepitone, A. 258, 262
Perelman, C. 1320, 1328
Peretti, J. M. 467, 469 f., 473 f., 478
Perikles 1750 f., 1755
Perloff, L. S. 1807
Perloff, R. O. 1057, 1688
Perridon, L. 162 f.
Perrin, D. 476, 479
Perrow, C. 1364, 1369, 1752, 1757
Perry, J. 1447, 1451 f.
Peter, G. 488
Peter, L. J. 233, 240
Peters, H. J. 1451, 1454
Peters, J. 522, 1376, 1385, 2073
Peters, L. H. 637, 948, 952, 1568, 1576
Peters, M. P. 1275, 1282
Peters, T. J. 178, 181, 317, 328, 500 f., 512, 1078, 1091, 1365, 1369, 1506, 1510, 1582, 1589, 1674, 1680, 1835, 1843, 2017, 2021, 2025, 2082, 2094
Petersen, J. 1251
Petersen, T. 19 ff.
Peterson, R. 1240, 1252, 1277, 1283
Petrovic, O. 718 f.
Petrulle, L. 636
Pettigrew, A. M. 601, 605, 608 f., 1852, 1858
Petty, R. E. 1930, 1934 f.
Petzold, H. 991, 993
Pfaff, D. 2003, 2005
Pfeffer, J. 242, 246, 249, 426, 552, 561, 601, 609, 663, 666, 694, 697, 867, 877, 963, 967, 1383, 1385, 1459,

1467, 1669, 1674, 1680, 1837, 1839, 1843, 2018, 2020, 2022, 2024f., 2163, 2170, 2173f.
Pfeiffer, W. 1201, 1212, 1325, 1328
Pfingsten, U. 1947f., 1958
Phares, E. J. 785
Pheysey, D. C. 65, 70
Philips, J. J. 1640, 1642
Philipsen, H. 2118, 2125
Phillips, E. L. 1947, 1958
Phillips, J. S. 282, 295, 848, 860f., 1932, 1935, 2122, 2125
Piasecki, M. 122
Pichler, H. 2104f.
Picht, G. 1529, 1538
Picot, A. 14
Pieper, A. 1751, 1757
Pieper, R. 455, 462, 466, 578, 585, 1549, 1555, 1653, 1657, 1663, 1834, 1843
Pierce, J. L. 1447, 1454
Pietsch, J. 1175, 1185
Pilisuk, M. 976, 979
Pillai, R. 891, 896
Pillat, R. 1570, 1577
Pillhofer, G. 151, 155
Pilot, H. 2205
Piltz, K. 1996, 2005
Pinchot, C. 382, 391
Pinchot, G. 502, 512, 1273ff., 1281, 1283, 1792f., 2092f.
Pinder, C. C. 1570f., 1577
Pine, F. 1622
Pine, R. D. 1017, 1019
Pinkley, R. 1252
Pinsonneault, A. 257, 259f., 262
Pinto, J. K. 375, 380, 1784, 1793
Piore, M. J. 1626f., 1635
Piotet, F. 472, 479
Pippig, G. 1938, 1945
Pippke, W. 1295, 1297, 1566ff., 1572, 1577
Plamper, H. 445, 453
Plasschaert, S. R. F. 594
Platon 1750f., 1753, 1755
Pleitner, H. J. 1309
Pobel, K. 96, 103
Pochla, A. 1627, 1635
Podsakoff, P. M. 431, 436, 885f., 888f., 896, 962, 967, 1087, 1091
Poensgen, O. H. 797f., 1291, 1295, 1297, 1458, 1467
Poersch, M. 499f., 670, 678, 1547
Pössnecker, F. 440ff., 443
Pogash, R. 122
Pohl, H. C. 1308
Pohlmann, J. T. 637, 948, 952
Pollack, M. S. 1057
Pollard, S. 1103ff., 1108, 1110f.
Pollard, W. E. 601, 609
Pollert, A. 393, 400, 407
Pollock, A. B. 328, 1902
Pomberger, G. 181
Pomerleau, D. 1892

Ponder, Q. D. 63, 70
Pondy, L. R. 1396, 1411, 1420, 1422f., 1581, 1589, 1671, 1680, 2017f., 2025
Pontalis, J. B. 1036, 1044
Poole, M. S. 916, 926, 1842
Popp, U. 1588f.
Popper, K. R. 675, 677, 1043f., 1374, 1385, 1750f., 1757, 1929, 1935, 2191f., 2195, 2197
Porsczc, A. 1721, 1724
Portele, G. 753f., 759f.
Porter, L. W. 64, 70, 99, 103, 328, 511, 651, 860, 1006, 1021, 1047, 1058, 1156, 1165f., 1187, 1199, 1452, 1454, 1510, 1642, 1681, 1984f., 2153, 2158
Porter, M. C. 1935
Porter, M. E. 473, 479, 1711, 1715
Porter, W. 1405
Portway, P. S. 1327f.
Posner, B. Z. 886, 896, 1642, 1851, 1857, 2017, 2024
Potthoff, E. 500
Powell, G. N. 397, 407, 1642
Powell, J. L. 1985
Powell, W. W. 1624, 1635, 1673, 1679
Power, M. E. 1585, 1589
Poza, E. J. 1874, 1893
Pracher, C. 448, 453
Prahalad, C. K. 359
Prange, J. 918, 925
Prasad, B. 1406
Pratt, J. W. 21
Preglau, M. 812, 814f., 991ff., 2197
Preisendörfer, P. 1295, 1297
Preiser, S. 2086, 2094
Premack, S. L. 1639, 1642
Prenzel, M. 116, 122
Presse- und Informationsamt der Landesregierung Nordrhein-Westfalen 1308
Presthus, R. 976, 979, 1289, 1297
Preuschoff, F. 439ff., 443
Price, M. 403, 407
Price, V. 1801, 1808
Price-Waterhouse-Cranfield-Project 670, 677, 1732
Prigogine, I. 195, 197, 200
Prince, J. B. 372, 378
Pringle, R. 393, 402, 406f.
Pritchard, R. D. 1023, 1034, 1431, 1441, 1605
Pritzl, R. 2072f.
Probst, G. 76, 78f., 803, 808, **915**, 919, 923f., 1653, 1661ff., 1832, 1842f.
Probst, G. J. 343, 345, 351, 577, 584, 585, 905, 925, 1423, 1541, 1547, 1894, 1902, 1994, 2182, 2207, 2209ff., 2213f.
Probst, J. 670, 678
Productivity Promotion Council of Australia 110, 112

Prognos AG 244
Promberger, K. 448, 452f.
Pross, H. 1467, 1458
Prothero, J. 283, 295
Pruitt, D. G. 862, 877, 1150, 1154, 1252
Pryor, L. S. 387, 391
Pümpin, C. 577, 585, 820, 825, 918f., 925, 1711, 1715
Puffer, S. M. 1147, 1154, 2162, 2172, 2174
Pugh, D. S. 1464, 1467, 1683, 1688
Puhlmann, M. 240, 1308
Pullig, K.-K. 709, 719, **1318**, 1324ff., 1328, 1703
Pulling, K. 154
Purcell, E. D. 561
Putnam, L. L. 1635, 1642, 1681
Putnam, R. 1272

Qian, Y. 587, 593, 594
Quadagno, J. S. 1443, 1454
Quaid, M. 1582, 1589
Quaintance, M. K. 113, 121
Qualls, D. P. 1463, 1467
Quast, H.-H. 785, 1606, 1608
Quinlan, M. 111
Quinn, J. B. 402, 832ff., 919, 1623, 1635
Quinn Mills, D. 1632, 1635
Quinn, P. R. 992
Quinn, R. 407
Quinn, R. E. 838, 926

Radnitzky, G. 1934
Raffée, H. 674, 678, 1473, 1481, 1652
Ragan, J. W. 560, 636, 1238
Ragan, P. D. 13
Ragins, B. R. 1514, 1516f.
Raidt 1187, 1191, 1199
Rainer, G. 1360, 1363f., 1369
Rainer, R. K. Jr. 174, 182
Raisch, P. 1961, 1967
Raju, N. S. 436
Ramanujam, V. 1718, 1724
Ramb, B. Th. 1467
Rambo, W. W. 2117, 2125
Ramey, D. W. 157, 164
Ramirez 891, 896
Ramme, I. 63, 70, 168, 181, 829, 838, 981, 993
Ramos, R. A. 558ff.
Rapaport, R. N. 406
Rapoport, A. 561, 552, 1346, 1350
Rapoport, R. 1570, 1577
Rationalisierungs-Kuratorium der Deutschen Wirtschaft (RKW) e.V. 410, 417, 1307, 1309, 1793
Rau, K.-H. 165, 181
Rau, S. 1555, 1842
Raunitschke, L. 1555
Raus, S. 1297
Rausche, A. 2118, 2126
Rauter, A. E. 80, 89
Rauter, J. 1321, 1328

Raven, B. H. 317, 327, 362, 365, 369, 601, 607, 955, 965, 967
Ravid, G. 1925 f.
Rawls, J. 1757
Read, P. B. 934, 940
Read, S. 605, 609
Read, W. 1703, 2153, 2158
Reardon, K. K. 1985
Reber, G. 45, 164, 270, 274, 378, 417, 465 f., 512, 527, 532 f., 560, 580, 585, **652**, 656, 663, 666, 670, 672, 674 f., 678, 693, 696, 723, 735, 737 f., 749, 755, 760, 772 f., 777, 784 f., 813 ff., 846, 965 f., 1044, 1058, 1067, 1072, 1074, 1207, 1212, 1225 f., 1237, 1238, 1337, 1346, 1350, 1472, 1474, 1477, 1482, 1526, 1540, 1547, 1590, 1594, 1598 f., 1604 ff., 1635, 1748 f., 1955, 1958, 1977, 1985, 2105, 2214
Reber, R. A. 1607
Rebok, G. W. 7, 9, 13
Rebora, G. 468, 479
Reddin, W. J. 599, 658, 666, 693, 697, 749, 962, 967, 1000, 1005, 1545, 1547, 2116, 2125, 2131, 2139
Redding, S. G. 587, 593 f.
Redel, W. 240, 533, 690, 697, **706,** 707 ff., 714 ff., 719 f., 1143, 1146
Redlin, M. 1566, 1577
Reed, M. I. 1623, 1635
Regan, D. T. 854, 861
Regnet, E. 155, 249, 522, 578, 584, 696, 903, 905, 1539, 1547, 1575, 1588, 2026, 2038
Regueira, C. 475, 479
Rehmann, B. 796
Rehn, M. L. 1637, 1639, 1642
Reich, K. H. 351
Reich, M. 1511 f., 1514, 1517
Reich, R. B. 1623, 1628, 1635
Reich, W. 1609, 1622
Reichers, A. E. 1160, 1166, 1447 f., 1454
Reichmann, G. 736, 744, 749
Reichmann, T. 214, 226
Reichwald, R. 164, 165, 167 f., 172 ff., 178 ff., 380, 1205, 1212, 1327 f.
Reimann, B. C. 264, 275
Reimann, H. 111
Reimer, E. 628, 637
Reinecke, P. 497, 499 f., 513 f., 519, 522, 821, 824, 1701, 1703
Reineke, W. 56, 61, 716 f., 720
Reinermann, H. 736, 744, 749
Reinfried, H. 1529, 1538
Reinganum, M. 2170, 2174
Reinhard, W. 1477, 1482
Reiß, M. 1994
Remer, A. 191 f., 453, 670, 678, 735, 1163, 1166
Rendahl, J. E. 650
Renner, A. 453

Reschke, H. 1793
Reschke, P. 351
Resnick, L. B. 1984 f.
Resnick-West, S. 149, 155
Reuter, E. 2, 13
Reykowski, J. 1153
Reynaud, E. 469 f., 478
Reynolds, L. 1566, 1577
Reynolds, S. 1804, 1808
Rheinberg, F. 1442
Rhenman, E. 647, 650 f.
Rhodes, J. 1326, 1328
Rhodes, S. R. 12, 1451, 1454
Ribes-Inesta, E. 1381, 1384
Rice, A. C. 1895, 1902
Rice, R. E. 174, 181
Rice, R. W. 282 f., 295, 637, 945, 952
Rich, A. 402, 407, 806, 808, 2011, 2014, 2038
Richard, C. 665
Richter, D. J. 2124
Richter, H. 455, 465, 1555
Richter, M. 821, 825
Richter, W. 1100, 1102, 1307, 1309
Ridder-Aab, Chr.-M. 1462, 1467
Ridder, H.-G. 1564
Ridgeway, C. L. 928, 940
Riedesel, P. L. 989, 993
Riedl, R. 806, 808
Rieger, B. 165, 181
Riekhof, H.-C. 1704, 1705, 1708, 1710, 1712 f., 1715 f., 1718, 1724
Rieser, I. 1482
Riesman, D. 313, 328, 1937, 1945
Rietschel, E. 146
Riexinger-Li, B. 1661, 1663
Riley, S. 1516 f.
Rimmer, M. 111
Ringlstetter, M. 921, 926
Rinza, P. 347, 351
Ripke, M. 1430, 1703
Rippe, W. 1290, 1297, 1566 f., 1572, 1577
Rippke 1566
Rischar, K. 147, 155
Ritter, A. 1814, 1816
Ritti, R. R. 439 f., 443, 2117, 2125
Roadman, H. E. 555, 561
Robbins, S. 1247, 1252
Robers, J. 21
Robert, E. A. 1071, 1074
Robert, K. H. 1635
Roberts, K. H. 15, 1396, 1642, 1681, 1984 f., 2153 f., 2158
Robertson, I. T. 7, 13, 240, 554, 561, 1453
Robertson-Wensauer, C. Y. 111
Robinson, B. 356, 360, 1710, 1715
Robinson, G. 608
Robinson, P. K. 2 f., 5, 7, 13
Robinson, W. P. 1979, 1984 f.
Robl, K. 1302, 1309
Roche, G. 1510, 1513, 1517

Rock, R. 569, 572
Rockart, J. F. 165, 174, 182, 221, 226, 1625, 1635
Rodgers, R. H. 361, 369, 433, 436
Rodrigues, A. 369
Röber, M. 578, 585
Rödiger, K.-H. 1734 f.
Römer, H. 149, 154
Röpke, J. 920, 926
Roessel, R. v. 1571, 1577
Rössler, H. 1120
Roethlisberger, F. J. 668, 678, 682, 697, 1362, 1369, 1441
Rogers, C. 203, 211
Rogers, L. E. 1047, 1056
Rogers, R. 2174
Roghmann, K. 1527, 1538
Rohmert, W. 1763
Rohnert, W. 1994
Rohracher, H. 680, 697
Rojot, J. 474, 479
Rokeach, M. 881, 896
Rolander, D. 813 f.
Rolf, G. 3, 13
Roloff, M. E. 1985
Romanelli, E. 1852, 1858
Rommelfanger, H. 1748 f.
Romney, A. K. 962, 964
Ronan, W. W. 2225, 2234
Ronchi, D. 2173 f.
Ronen, J. 1463, 1466
Roos, D. 550, 720, 1337, 1843
Roos, J. 2064, 2073
Roos, L. L. jr. 985, 993
Roselle, P. F. 372, 379
Rosemann, B. 152, 155
Rosen, B. 867, 877
Rosen, C. Frhr. v. 1526
Rosen, M. 1582, 1590, 1667, 1680
Rosen, N. 2173 f.
Rosenbach, W. E. 608
Rosenbaum, J. E. 798, 1295, 1298
Rosenbaum, W. B. 1437, 1440
Rosenblatt, Z. 1845, 1850, 1855, 1858
Rosenbloom, R. 1835, 1843
Rosener, J. 904, 906
Rosenfeld, R. H. 609, 1058
Rosenham, D. 1019
Rosenkind, A. H. 1561, 1565
Rosenkrantz, S. A. 65, 70, 838, 1005, 1013, 1017, 1019 f., 1336 f.
Rosenstiel, L. v. 34, 37, 45, 115, 121 f., 129, 135, 137, 155, 163, 171, 182, 245, 249, 435, 494, 497, 499 f., 522, **679,** 680 ff., 694 ff., 796, 820, 823 ff., 1139 f., 1144, 1146, 1155, 1166, 1297 f., 1369, **1431,** 1434, 1441, 1439, 1475, 1482, 1539, 1542, 1550, 1552, 1555, 1568, 1575, 1577, 1588, 1646, 1651 f., 1665, 1679, 1716, 1724, 1739, 1749, 1778, 1780,

1842, 1983, 1986, 2016, 2020, 2022, 2026, 2038, **2175**, 2179 ff., 2186, 2188 f.
Rosenthal, R. A. 120, 696, 884, 896, 992, 1081, 1091, 1547, 1919, 1924, 1927
Rosenzweig, M. 860
Rosette, C. 798
Roskin, R. 599, 609
Ross, E. A. 682, 697
Ross, J. 2224, 2234
Ross, M. 106, 111, 851, 854, 861
Ross, S. A. 15, 21
Roth, W. 57 f., 61
Roth, B. 670, 677
Roth, E. 698, 719, 1145 f., 1441, 1704, 1762, 1986
Roth, G. 752, 760
Roth, H. 137
Roth, J. 1252
Roth, K. 359 f.
Roth, L. M. 91, 103
Rothenberger, P. 88 f.
Rothstein, M. 897, 906
Rothwell, C. 979
Rotondi, T. 1448, 1454
Rotter, J. B. 779, 785, 961, 967
Rouban, L. 477
Rousseau, D. 1665, 1667, 1680, 1756
Rouvé, A. 471, 479, 1229, 1238
Roventa, P. 2006, 2010, 2013
Rowan, B. 1366, 1368, 1581, 1589, 1673, 1680
Rowe, M. P. 1517
Rowland, K. M. 154, 946, 952, 1091, 1574, 1577, 1588, 1703
Roy, D. F. 2210, 2214
Rozogonyi, T. 1564
Rubenstein, A. 1423
Rubin, I. M. 1349 f., 1847
Rubin, I. S. 1858
Ruck, L. 1902
Ruddy, S. A. 1576
Rudolph, B. 21, 249, 2112
Rudolphi, M. 1479, 1482
Rüber, A. 1187, 1200
Rübling, G. 148, 155, 1697, 1703
Rüdenauer, M. 749, 1322, 1325, 1328
Ruedi, A. 1400, 1406
Rühle, H. 46, 61
Rühli, E. 226, 721, 735, 737, 749, **760**, 769, 772, **839**, 843, 846, 1961, 1967
Rüßmann, K. H. 1641 f., 1778, 1780
Rüttinger, B. 37, 45, 682, 697
Ruffat, M. 477
Ruhleder, R. H. 1320, 1328
Rumpf, H. 737, 749
Runge, Th. 1715
Rupp, R. 1564
Rusbult, C. E. 1443, 1453 f.
Rusch, G. 2214
Rush, M. C. 282, 294 f., 848, 861, 1932, 1935, 2125

Russig, H. 12, 1565
Rutenfranz, J. 1763
Ruth, S. 402, 407
Ryan, C. W. 294
Ryf 576, 585

Saal, F. E. 1702, 1704
Saaman, W. 500
Saari, L. M. 1090, 2225, 2233
Saba, L. 469, 480
Sabath, G. 930, 940
Sabel, C. F. 1626 f., 1635
Sabel, H. 153, 155, 1307
Sachs, G. 275, 1298
Sachs, L. B. 1008, 1020
Sack, S. 294
Sackmann, S. 1666, 1674, 1680 f.
Sader, M. 134, 137, 809, 811, 815, 991, 993, 1143, 1146, 1434, 1441
Sadowski, D. 20 f., 243, 249, 481, 488, 1738, 1749, 1917, 2080
Sadri, G. 7, 13
Saehle, W. 34
Saffold, G. S. III 1675 f., 1681
Sahm, A. 725, 735, 1373, 1385
Sailer, M. 490, 501, 1719, 1725
Sainsaulieu, R. 470, 476, 480
Saint-Exupéry, A. de 237
Salacuse, J. W. 2146 f.
Salaman, G. 2212, 2214
Salancik, G. R. 426, 552, 561, 635, 665, 860, 867, 877, 963, 967, 1443, 1449, 1454, 1459, 1467, 2024, 2163, 2174, 2226, 2234
Salas, E. 136, 874, 877
Salecker, J. 2067, 2073
Sales, E. 137
Salter, A. 1947, 1958
Sample, J. A. 946, 952
Samuelson, L. A. 159, 164
Samuelson, W. 1246, 1252
Sanday, P. R. 392, 407
Sandberg, A. 654, 651
Sandberg, T. 651
Sandelands, L. E. 2212, 2214
Sander, D. 1040, 1044
Sanders, G. 1680
Sandner, G. 1590
Sandner, K. 1359, 1361 f., 1369, 1657, 1664 f., 1681
Sanford, R. N. 1043
Saraph, J. V. 1812 ff., 1816
Sargent, A. 405
Sarges, W. 120 ff., 1370, 1385
Sarr, R. A. 1047, 1056
Sashkin, M. 284 f., 295, 604, 609, 878, 882 ff., 896
Sathe, V. 1671, 1681, 2082, 2094
Sattelberger, T. 206, 211, **380**, 382, 384 ff., 388 f., 391, 487 f., 1206, 1212, 1544, 1547, 1793
Sauder, G. 1567, 1571, 1577
Sauer, M. 413, 415, 417

Sauermann, P. 825
Saugeon, L. 1776, 1780
Saunders, D. R. 121
Sauter-Sachs, S. 771 f.
Sax, G. 952
Saxer, U. 1690, 1694
Saxton, M. J. 1676, 1679 f.
Sayles, L. 62, 68, 70
Scandura, T. A. 828, 838, 868 f., 875, 1046, 1049
Scase, R. 396, 406
Scerbo, M. M. 2124
Schabedoth, H.-J. 1560, 1565
Schachter, S. 1436, 1441
Schade, M. 93, 102
Schaefer, E. F. 1978, 1984
Schäfers, B. 1935, 1945
Schäkel, U. 1328
Schaie, K. W. 13 f.
Schanz, G. 38 ff., 45, 306, 379, 391, 443, 488, 533, 1207, 1212, 1406, 1555, 1706, 1708 f., 1712, 1715, 2010, 2014, **2189**, 2194, 2196 f.
Scharfenberg, H. 1793
Scharmann, T. 389, 391, 1144, 1146, 1439, 1441
Scharrer, E. 1811, 1816
Schaub, G. 483, 488, 1174
Schaubroeck, J. 555, 561
Schauenberg, B. 2206
Schauer, R. 181
Scheier, M. 1802, 1806
Schein, E. H. 168, 182, 808, 819, 825, 1290, 1298, 1446, 1454, 1498 ff., 1510, 1567, 1569, 1571, 1576 f., 1637 f., 1642, 1653, 1659, 1664 ff., 1668, 1671, 1674, 1676, 1679, 1681, 1834, 1843, 1923, 1927, 2017 f., 2026
Schelle, H. 1793
Schelling, T. C. 1344 f., 1350, 1420, 1423
Schelsky, H. 1977
Schendl-Mayrhuber, M. 368 f.
Schenk-Mathes, H. Y. 19 ff.
Schepanski, N. 1209, 1213
Scherer, K. R. 1314, 1317, 1979, 1986
Scherm, E. 1732, 1736
Schettgen, P. 963, 967, 993
Scheuch, E. K. 192, 1526, 1937, 1945
Scheuch, F. 1482
Scheuch, U. 189, 192, 1522, 1524, 1526
Schieder, Th. 1126, 1129
Schiefelbein, G. 1565
Schieferle, H. 122
Schiemann, W. 820, 824, 1047, 1057
Schiemenz, B. 47, 61
Schienstock, G. 698, 829, 838, 959, 967, 1360, 1363 ff., 1835, 1843
Schienstock, R. 1369
Schienstock, V. 1212
Schildbach, T. 351

Schildknecht, R. 1809, 1811 f., 1815 f., 1818
Schilit, W. K. 506, 512·
Schiller, W. 1767, 1780
Schilling, W. 1430, 1575, 1703
Schimank, U. 185, 192
Schimke, E. 828, 838
Schindel, V. 744, 749
Schindler, U. 96, 103, 1697, 1703
Schinnerl, R. 749
Schircks, A. 1298
Schirmer, F. 62, 64, 70, 829, 831 ff., 838, 981, 993, 1836 ff., 1840 f., 1843
Schlaffke, W. 89, 103, 112
Schlagenhauf, K. 1977
Schlagenhaufer, P. 1165 f., 1544, 1547 f., 1718, 1725
Schlegel, L. 2039, 2048, 2051, 2053
Schleich, Th. 1120
Schlenke, M. 1129
Schlesinger, L. A. 1877, 1889, 1894
Schleypen, K. 146
Schlicksupp, H. 351, 1142, 1146, 1202, 1213
Schluchter, W. 128
Schlundt, D. G. 1958
Schmähl, W. 4, 13
Schmalenbach, E. 1411, 1421, 1423
Schmalenbach, J. 1465
Schmalt, H. D. 774, 785, 1591, 1607
Schmeisser, W. 1202, 1213
Schmelzer, H. J. 1812, 1816
Schmid, B. A. 2039, 2051, 2053
Schmid, G. 124, 128
Schmid, J. 339
Schmidt, A. 1304, 1309, 2205
Schmidt, D. 1735
Schmidt-Dorrenbach, H. 798
Schmidt, E. 362, 369
Schmidt, F. 1463 ff.
Schmidt, G. 470, 475, 480, 1337, 1368, 1556, 1558, 1565, 1735, 1994
Schmidt, H. 7, 13
Schmidt, K.-H. 1441, 1594, 1606
Schmidt, P. F. 817, 825
Schmidt, R. 475, 482, 488, 1826, 1828
Schmidt, R.-B. 2081
Schmidt, R. H. 1465
Schmidt, S. 966, 1857
Schmidt, S. J. 759, 1318, 2209, 2213 f.
Schmidt, S. M. 503 ff., 512, 608
Schmidt, W. 562, 572, 627, 637, 657, 666, 1025, 1034
Schmidt, W. H. 328, 670, 678, 700, 706, 1247, 1253, 1351 f., 1358, 1376, 1379, 1385, 1565
Schmidtchen, S. 361, 368 f.
Schmitt, E. 1120
Schmitt, M. 120, 122
Schmitt, W. 1777, 1780

Schmitz-Dräger, R. 1966
Schmitz, H. 347, 351
Schmitz, R. 1463, 1467
Schmölz, W. 1730, 1735
Schmoller, G. 1112, 1121
Schneble, A. 497, 499, 513, 522, 1572, 1575, 1729, 1735
Schneck, R. E. 966
Schneevoigt, I. 382, 391
Schneevoigt, J. 513, 518, 523
Schneewind, K. 117, 122, 367 ff.
Schneider, B. 1453, 1673, 1680 f.
Schneider, C. 4, 14
Schneider, D. 667, 671, 678, 1467, 2108, 2112
Schneider, D. J. 282, 295
Schneider, G. 1742, 1749
Schneider, G.-P. 1564
Schneider, H. 721, 735, 1994
Schneider, K. 369
Schneider, S. C. 1681
Schnelle, E. 1321, 1325, 1328
Schnellinger, F. 515, 522
Schnopp, R. 1793
Schnorr, G. 1172, 1174
Schön, D. A. 461, 465, 923, 925, 1254, 1272, 1950 ff., 1956 f.
Schoenheit, I. 2013
Schönpflug, W. 1758, 1763
Schörder, G. 122
Scholl, W. 486, 488, 1564, **1749**
Scholz, C. 494, 500, 577, 585, 694, 697, 1555, 1582, 1590, 1665, 1667, 1674, 1678, 1681, 1788, 1793, 1830, 2095
Scholz, J. 1328, 1843
Schonkopf, H. 1320, 1328
Schoonhoven, C. B. 995, 1005
Schoonover, R. A. 1008, 1021
Schopenhauer, A. 1342, 1350
Schrader, S. 1628, 1635
Schramm, F. 465 f.
Schreiber, S. **408**, 410, 417
Schrempp, J. 102, 103
Schreyögg, G. 63, 67, 70, 674, 678, 993, 996, 1003, 1005, 1215, 1225, 1458 f., 1467, 1582, 1590, 1665, 1668, 1674, 1676, 1681, 2011, 2014, 2032, 2038, 2066, 2073, 2082, 2095, 2205 f.
Schriesheim, C. A. 240, 277 f., 280 f., 284, 294 ff., 441, 511, 599, 607, 609, 626, 636 f., 905, 955, 964, 966, 1004, 1020, 1034, 1057, 1454, 1546, 1642, 2026, 2094, 2116, 2120, 2122, 2124 f.
Schriesheim, J. F. 296, 443, 2125
Schröder, H.-H. 369 f., 374, 379, 437, 439, 443, 1201, 1212, 1575
Schröder, K. 2102, 2106
Schröder-Lembke, G. 1102
Schroeder, R. G. 1816
Schröder, W. 1718 f., 1724
Schröter, E. 578, 585
Schülein, J. A. 981, 993, 2198, 2206

Schütz, A. 1814 f., 2208, 2214
Schütz, P. 1814 ff.
Schule der Bundeswehr für Innere Führung 1530, 1538
Schuler, H. 117 f., 120 ff., 137, 154, 497, 500, 513, 522 f., 688, 697, 824, 1139, 1141, 1146, 1434, 1441, 1701 f., 1704, 1934, 1983, 1986
Schuler, R. 1086, 1091
Schuler, R. S. 354, 356, 359, 993
Schulman, P. 1808
Schult, E. 360
Schulte, A. 1761 ff.
Schulte, Ch. 41, 45, 1716, 1722 ff., 1966 f.
Schultes-Jaskolla, G. 1576
Schulz, D. 413, 415 ff.
Schulz, H.-J. 966
Schulz, M. 146
Schulz von Thun, F. 34, 150, 155, 1311, 1318
Schulze, G. 1936, 1945
Schulze, W. 1117, 1121
Schumann, M. 569, 572, 1332, 1337, 1363 f., 1368
Schumpeter, J. 1213, 1273, 1284
Schuppert, D. 416 f.
Schuster, F. E. 328
Schuster, L. 1676, 1681
Schuster, M. 12
Schwartz, K. 2161, 2163, 2167 f., 2175
Schwartz, R. D. 562, 940
Schwarz 1929 f., 1934
Schwarz, G. 1788, 1793
Schwarz, H. 1991, 1994
Schwarz, N. 152, 155, 1935
Schwarz, P. 1217, 1225
Schwarz, W. 1174
Schweiger, D. M. 359 f., 628, 637, 657, 665, 1059, 1074, 2224
Schweitzer, A. 887
Schweitzer, M. 226, 1749, 2005
Schweizer, J. 1019, 1020
Schweizerische Kaderorganisation (SKO) 1225
Schweizerische Management-Gesellschaft (SMG) 1225
Schweizerische Volksbank 79, 825
Schwerdtner, P. 1173 f.
Schwester Teresa 887
Schwuchow, K. **90,** 91, 96, 100, 102 f., 379
Scontrino, M. P. 650
Scotch, N. 2171, 2174
Scott, B. R. 1301, 1309
Scott, J. 1625, 1635
Scott Morton, M. S. 1633, 1635
Scott, P. 1512, 1516
Scott, W. R. 184, 192, 551, 560
Searfoss, D. G. 160, 164
Seashore, S. E. 598, 606, 700, 705, 1360, 1368, 1441
Sebenius, J. 1247, 1252
Sechrest, L. 562
Secker, H. 798

Secord, P. 965
Seelbach, H. 81, 89
Seemann, M. 282, 296, 536, 540, 1187, 1200, 2113, 2115, 2125
Seers, A. 1052, 1058
Segler, T. 919, 926
Segrestin, D. 470, 480
Segrist, C. A. 67, 70
Seibel, H. D. 1186, 1200, 1995
Seibt, D. 1730, 1736
Seidel, E. 240, 267, 275, 527 f., 531, 533, 574, 585, 669, 678, 689 f., 697, 708 f., 720, 737, 749, 1143, 1146, 1370, 1385, 2095
Seidel, H. 1778, 1780
Seidenberg, R. 1570, 1577
Seifge-Krenke, I. 1213
Seisl, P. 1819
Seiwert, L. J. 45, 47, 49, 51, 54, 56 ff., 61, 415, 417, 1177, 1185, 1559, 1564 f., 2215 f., 2218 f., 2221 f.
Sekaran, U. 964
Selbach, R. 154, 1703
Selg, H. 255, 256
Seligman, M. E. 116, 122, 961, 967, 1186, 1200, 1803, 1808
Sell, R. R. 1567, 1577
Selter, J. 1438, 1442
Seltz, R. 959, 966, 1360, 1364, 1368 f.
Seltzer, J. 273, 275, 2058, 2062
Selznick, P. 647, 651, 1633, 1635
Semler, R. 569, 572
Semlinger, K. 488, 1635
Senge, P. 923, 926
Sengenberger, W. 1333, 1337
Serapio, M. G. 2071, 2073
Serieyx, H. 471, 477
Serpa, R. 1676, 1679 f.
Servant-Schreiber, J. J. 80, 89
Servatius, H. G. 1714 f.
Seyle, H. 1598, 1607
Shaftel, F. 991, 993
Shaftel, G. 993
Shamir, B. 878, 880 f., 892 f., 895 f.
Shanas, E. 13
Shani, A. B. 1925, 1927
Shapira, Z. 962, 967
Shapiro, D. A. 1804, 1808
Shapiro, E. 1511, 1517
Sharpley, D. 561
Shartle, C. L. 598, 1011, 1021, 2113, 2125
Shaw, B. M. 1602, 1607
Shaw, K. M. 1090
Shaw, M. E. 714 f., 720
Sheldon, M. E. 1443, 1454
Sheldrake, R. 200
Shepard, H. A. 437, 439, 441 f., 444, 1422
Shephard, R. J. 1801, 1804, 1806
Sheppard, B. H. 1239 f., 1242, 1247, 1251 f.

Sheppard, D. 406
Sheridan, J. E. 601, 1675, 1681
Sheriff, P. 499, 407
Sherman, J. D. 1447 f., 1451 f., 1454
Sherman, S. 387, 391, 2072, 2073
Shiflett, S. C. 637, 948, 952, 996, 1005
Shils, E. A. 407, 891, 2188
Shipley, T. E. 884, 896
Shirakashi, S. 612 ff., 618 f., 945
Shlechter, T. M. 12
Short, J. E. 166, 182, 1625, 1635
Shrivastava, P. 1676, 1681, 2071, 2073
Shuter, R. 813, 815
Sieben, G. 351
Siedenbiedel, G. 786, 798
Siegel, J. 258, 262
Siegel, T. 360
Siegman, A. W. 1979, 1986
Siegrist, H. 1102, 1111
Siegwart, H. 159, 164, 584, 905, 1423, 1547, 1868
Siehl, C. 1451, 1454, 1585, 1589, 1641 f., 2018, 2023, 2026
Siehlmann, G. 91, 103
Siemens AG 31, 1837 f., 1843
Siemers, S. 379, 443
Sievernich, M. 2038
Sievers, B. 1652, 1664, 2203, 2206
Sigl, H. 76 f., 79
Silberschmidt, W. 1112, 1121
Siltanen, J. 408
Simm, A. 1995
Simmel, G. 334, 339, 1130, 1337, 1342 f., 1350
Simon, F. 1368
Simon, H. 102 f., 379, 541, 550, 1809, 1816, 1824, 1828
Simon, H. A. 14, 21, 36, 39, 45, 668, 678, 910, 915, 1336 f., 1342, 1350, 1499 f., 1509, 1576
Simon, U. 1529, 1539, 1568
Simonet, J. 480
Sims, H. P. Jr. 868, 877, 962, 967, 1024, 1034, 1047, 1058, 1138, 1541, 1546 f., 1793, **1873,** 1874 f., 1879, 1882, 1885, 1888 f., 1893, 2231, 2233
Sinetar, M. 2148, 2155, 2158
Singh, J. 2164, 2166, 2169 f., 2174 f.
Siren 404, 407
Sirianni, C. A. 473, 480
Sisson, K. 481, 488
Sitkin, S. B. 2071, 2073
Six, B. 961, 966
Sjöstrand, S.-E. 644, 651, 832, 838, 1581, 1590
Skärvad, P. H. 650
Skaret, D. J. 2121 f., 2125
Skinner, B. F. 1006, 1021, 1024, 1034, 1058, 1948

SKO 1216, 1220
Skrzypek, G. J. 283 f., 292, 948, 952
Slater, P. E. 251, 255, 685, 696, 829, 837, 988, 991, 2117, 2123
Slater, R. 387, 391
Slavin, N. 378
Slaw, B. M. 838
Slevin, D. P. 1396, 1494 f., 1784, 1793
Slocum, J. W. jr. 966, 1023, 1026, 1029, 1031, 1034, 1674, 1680, 1889, 1893, 2069, 2073
Smart, C. F. 1857 f.
Smentek, M. 1836 ff., 1840 f., 1843
SMG 1221
Smircich, L. 1665 f., 1671, 1674, 1681, 2020, 2022, 2026
Smith, A. 560, 1457, 1467
Smith, B. J. 883, 885, 896
Smith, C. 132, 137, 1977
Smith, C. A. 1163, 1166, 1443, 1453
Smith, D. H. 586, 594
Smith, D. K. 178, 180, 351, 1788, 1793, 2070, 2073
Smith, E. E. 1935
Smith, E. J. 663, 665, 847 f., 859, 861
Smith, P. 1583, 1590
Smith, P. C. 557 f., 561
Smith, R. D. 311, 319, 327
Smith, S. 76, 79, 1138
Smye, M. D. 1957 f.
Smyser, C. 1092
Snoek, J. D. 992
Snyder, C. A. 1017, 1019, 1021
Snyder, N. H. 65, 67, 70
Snyder, R. A. 1451 f.
Snyderman, B. B. 327, 1598, 1606
Sodeur, W. 1337, 2122, 2126
Södergren, B. 646, 651
Söllner, A. 1168, 1174
Soergel, W. 1917
Solaro, D. 225
Solomon, R. H. 280, 296
Sommer, B. 244, 249
Sommer, S. M. 459, 466
Sommerkamp, P. 875, 1001, 1004, 1046
Sonnenfeld, J. 2159, 2164 f., 2172 f., 2175
Sonntag, K.-H. 1724
Soref, M. 2160, 2174
Sorembe, V. 1329, 1337
Sorokin, P. A. 1566, 1577
Sorrentino, R. M. 928, 939 f.
Soulier, M. 861
Sourisseaux, L. J. 1574
Spangenberg, H. 107, 111
Spangler, W. 289, 294, 296, 637, 883 f., 895 f.
Sparrow, P. 597, 606
Spears, R. 258 f., 262
Specht, G. 1812, 1816
Specht, K. G. 798
Spector, B. 154, 327, 1800

Spence, J. T.   1019
Spengler, T.   1736, 1737, 1747, 1749
Spieß, E.   122, 249, 1298, 2183, 2188
Spinner, H.   2191, 2195, 2197
Sprague, M.   405
Spranger, E.   1498, 1510
Spray, S. L.   63, 69
Spreemann, S.   1933, 1935
Spremann, K.   164, 2005
Sprenger, H.-P.   739, 749
Sprenger, R.   1582, 1590
Sprenger, R. K.   43, 45, 1543, 1547, 1598, 1608
Spriegel, W. R.   1361, 1369
Springer, R.   545, 550
Sproull, L.   173, 182, 258 f., 262, 1625, 1635
Sprüngli, R. K.   919, 926
Sridhar, B.   1051, 1058
Srinivas, K. M.   314, 328
Srivatsan, V.   2212, 2214
Sroufe, L. A.   1947, 1958
Staats, A. W.   1006, 1021
Staatsministerium Baden-Württemberg   12 f.
Stacey, M.   403, 407
Stachowicz, J.   460, 466
Staehle, W.   46, 61 f., 70, 112, 120, 457, 463 f., 466, 488, 502, 509, 512, 574, 585, 667, 671, 678, 743 f., 748 f., 803, 808, 814, 816 f., 819 f., 825, 829, 832 f., 838 f., 925, 959, 967, 1177, 1185, 1215, 1225, 1361, 1367, 1369, 1475, 1482, 1525, 1545, 1547, 1628, 1634 f., 1646, 1652, 1679, 1686, 1688, 1831, 1834, 1843, 1988, 1995, 2006 f., 2014, 2038, 2102, 2106, 2112
Staerkle, R.   1680, 1784, 1793
Staffelbach, B.   563, 572
Stagner, R.   2, 6 f., 14
Stahl, M. J.   606
Stalk, G.   497, 500
Stalker, G. M.   1629, 1634
Stammer, O.   550
Stampp, K. M.   1094, 1102
Stanbury, W. T.   1857 f.
Standard Poors   556, 562
Stangel-Meseke, M.   1724
Stangl, A.   1322, 1328
Stangl, M.-L.   1328
Stanley, J. C.   277, 292
Stano, M.   1463, 1467
Stanworth, M.   408
Starbuck, W. H.   444, 651, 966, 993, 1034, 1301, 1309, 1366, 1368, **1386,** 1390, 1392 ff., 1396 f., 1589, 1848, 1858
Starke, F. A.   985, 999, 1004, 1241, 1252
Starke, Fr. A.   993
Statistisches Bundesamt   14, 104, 112
Staub, E.   1153, 1381, 1385
Staub, G.   1418, 1423

Staude, J.   1575
Staudt, E.   375 f., 380, **1200,** 1212 f., 2066, 2073
Stauss, B.   1816, 2012 f.
Staw, B. M.   154, 249, 294, 426, 635 ff., 665, 785, 837, 860, 875, 939, 966 f., 1058, 1074, 1443, 1252, 1454 f., 1576, 1589, 1635, 1642, 1680 f., 1703, 1858, 1873, 1934, 2024, 2224, 2234
Stecher, R.   2037 f.
Stedry, A. C.   161, 164, 1748
Steel, R. P.   436
Steele, R. S.   884, 896
Steer, A.   1535, 1539
Steers, R. M.   1070, 1074, 1156, 1165 f., 1187, 1199, 1443, 1448, 1451, 1454 f., 1642
Stefan, U.   1308
Steger, U.   1643, 1648, 1651 f., 1665, 1679
Stegmüller, R.   1510, 1636
Stehle, W.   117 f., 122, 513, 515, 522 f., 824
Steiger, R.   1320, 1328
Stein, H.   455, 465, 1555
Steinbach, W.   1810, 1813, 1816
Steinbichler, E.   1544, 1547
Steiner, G. A.   1213
Steiner, I. D.   930, 939, 1146, 1753, 1757
Steiner, J.   1142, 1146, 1300, 1309
Steiner, M.   162 f., 2188
Steinfield, C.   166 f., 180
Steinkemper, B.   1945
Steinle, C.   228, 240, 425 f., 456, 465 f., **523,** 527 f., 530, 533, 574, 585, 674, 678, 698, 700, 706, 724, 735 ff., 739 f., 744 f., 748 ff., 761, 772, 799, 802, 808, 1370, 1385, 1479, 1482, **1548,** 1552, 1555
Steinmann, H.   67, 70, 355, 360, 567 f., 571 ff., 578, 585, 1215, 1225, 1458, 1464, 1466 f., 1961, 1967, 2066, 2069 f., 2073, 2081 f., 2095, 2205 f.
Steinmetz, L. L.   1301, 1309
Stengel, M.   115, 122, 1156, 1166, 1298, 1568, 1573 f., 1577, 2179, 2181 ff., 2188 f.
Stengers, I.   200
Stephenson, T.   602, 609
Sternberg, R. J.   895
Sterns, H. L.   2, 7, 9, 14
Stevens, J.   1847, 1858
Stevens, J. M.   1451, 1455
Stevens, S. S.   559, 562
Stevens, W. L.   439, 443
Stewart, I.   2039 f., 2053
Stewart, R.   62 ff., 67 f., 70 f., 547 f., 550, 605, 607, 609, 830, 833, 838, 990, 993, 1513, 1517, 1642
Stewart, S.   589, 595 f.
Stewart, T. A.   1835, 1843

Stewart, W.   595
Steyrer, J.   1359, 1369, **2053,** 2056 f., 2060, 2062
Stiefel, R. T.   1326, 1328, 1636, 1640 f., 1642, 1705, 1715
Stiegler, H.   1724
Stieler, B.   456, 466
Stifterverband für die Deutsche Wirtschaft   80, 89, 1201, 1213
Stiglitz, J. E.   1464, 1467
Still, R. R.   1473, 1482
Stingelin, U.   2039, 2047, 2052
Stinson, J. E.   285, 296, 637
Stitzel, M.   9, 11, 14, 1828
Stjernberg, T.   650
Stocker-Kreichgauer, G.   1146
Stoebe, F.   415, 417
Stogdill, R. M.   167, 182, 267 f., 274 f., 278, 280, 285, 293 f., 296, 408, 495, 596 f., 609, 636, 655, 666, 669, 678, 688, 697, 826, 830, 838, 898, 902, 906, 1010, 1021, 1143, 1146, 1370, 1372, 1385, 1473, 1482, 2113, 2115 f., 2120, 2122 ff.
Stoll, E.   1328
Stoll, F.   146
Stolle, U.   1106, 1111
Stolpe, H.   640, 651
Stolz, H.-J.   330, 339
Stone, K.   335 f., 339
Stork, J.   1760, 1763
Storms, M. D.   854, 861
Strack, F.   1929, 1935
Stradling, D.   608
Strametz, D.   147, 155
Strasser, G.   921, 926
Strasser, R.   1174
Stratemann, I.   461, 466, 1550, 1555
Straumann, L.   578, 585
Straus, E.   861
Strauss-Fehlberg, J.   1362, 1369
Strauss, G.   1411, 1423
Strauss, P. S.   2039, 2052
Strebel, H.   2012, 2014
Streeck, W.   1526
Strehl, F.   444, 446, 452 f., 1337, 1477, 1482
Streib, G.   4, 14
Streich, R.   695, 697, 2188
Streich, R. K.   1166, 1555, 1842, 2188
Streim, H.   1569 f., 1577
Streitferdt, L.   157, 164
Streufert, S.   965
Streuffert, S.   114, 122
Strieder, J.   1118, 1121
Striening, H.-D.   1811, 1814, 1817
Stright, A. L.   1152, 1154
Strober, M.   405, 407
Strodtbeck, F. L.   395, 408
Stroebe, R. W.   56, 61
Stroebe, W.   121, 1986
Strombach, M. E.   1724
Stromer, W. v.   1119, 1121
Strube, A.   822, 825
Strube, M. J.   637, 948, 952

Strudler-Wallstron, D.   1984
Strümpel, B.   696, 819, 823, 825, 2010, 2014, 2181, 2188
Strunz, H.   1736
Strutz, H.   500, 1199, 1828
Strzelewicz, W.   124, 128
Stuckenbruck, L.   1494 f.
Studer, H. P.   670, 678, 808, 2182, 2189
Stumpf, H.   1174
Stumpf, S.   1567, 1576
Stymne, B.   638, 640, 645, 647, 650 f.
Suffel, W.   2010, 2014
Sulaman, G.   406
Sullivan, J. L.   877
Sulzer-Azaroff, B.   1021
Sundstrom, E.   952
Susman, J. I.   1874, 1876 f., 1882, 1889, 1893, 1897, 1902
Suter, A.   2038
Suttle, J. L.   327, 1892
Sutton, C. D.   1927
Sutton, R. I.   1390, 1396, 1856
Swaffing-Smith, C.   512, 608
Swaminethan, A.   1295, 1297
Swanson, G.   1341, 1350, 1976
Swap, W. C.   2152, 2156
Swezey, R. W.   874, 877
Swingle, P.   967
Swinyard, A. W.   798, 1295, 1298
Swoboda, P.   1464, 1467
Sydow, J.   70, **453,** 464, 466, 502, 512, 814, 820, 824, 925, 967, 998, 1005, 1119, 1121, 1622, 1625 f., 1628, 1635, 2069, 2073
Synder, R. A.   2158
Szilagyi, A. D.   877
Szyperski, N.   178, 181 f., 1180, 1185, 1482, 2011, 2013 f.

Taber, T.   875, 1047, 1056
Tafertshofer, A.   812, 815
Taha, H. A.   350, 351
Tait, N.   1842
Tajfel, H.   1332, 1337, 1757
Tajima, M.   610
Takamiya, S.   1460, 1466 f.
Tancred, P.   395, 406 f.
Tannenbaum, A. S.   1324, 1328, 1432, 1442, 1556, 1564
Tannenbaum, R.   328, 362, 369, 627, 637, 657, 666, 670, 678, 700, 706, 1025, 1034, 1351 f., 1358, 1376, 1379, 1385, 1565
Tannenbaum, S. I.   1689, 1694
Tapernoux, F.   925, 1663
Tasaki, T.   2118, 2125
Tatchell, P.   403, 408
Tausch, A. M.   369
Tausch, R.   363, 368 f., 2122, 2126
Taylor, A.   1835, 1843
Taylor, B.   351, 1715, 2014
Taylor, C. W.   1212
Taylor, E.   1804, 1808

Taylor, F. W.   408, 667, 678, 825, 1361, 1499, 1510, 2202, 2206, 2216, 2220, 2222
Taylor, J.   395, 408
Taylor, L.   1017, 1020, 1453
Taylor, M. S.   1080, 1091
Taylor, R.   1842
Taylor, R. G.   2148 ff., 2152, 2156, 2158
Taylor, R. L.   608
Taylor, S. T.   847, 854, 861
Teasley, S. D.   1985
Tebbe, K.   1477, 1482 f.
Tedeschi, J.   1982, 1986
Teichert, V.   1918
Templeton, L. B.   718 f.
Tengelmann, C.   1322, 1328
Tennenbaum, A.   64, 70
Tenzler, J.   121
Terberger, E.   16, 18, 21
Terborg, J. R.   1981, 1986
Teriet, B.   76, 79
Terry, G. R.   825
Tessaring, M.   244 f., 250
Tetlock, P. E.   1138
Tett, R. P.   897, 906, 1446, 1455
Teulings, A. W. M.   958, 967
Tews, H. P.   3, 14, 141 f., 146
Thambain, H. J.   374, 380, 601, 609
Thanheiser, H.   2011, 2014
Theato, E.   716 f., 720
Theis, U.   114, 122
Theisen, M. R.   56, 61, 1562, 1564 f., 1967
Thibaut, J. W.   709, 719, 862, 866, 877, 929, 940, 962, 967, 1019
Thiele, W.   487 ff.
Thielemann, U.   568, 572, 578, 585
Thiem, J.   2082, 2095
Thieme, H. J.   1467
Thierau, H.   1719, 1723 f.
Thierry, H.   779, 785, 1599, 1606, 1608
Thimm, A. L.   275
Tholen, J.   547, 550, 1558, 1564
Thom, N.   419, 426, 711, 720, 809 f., 815, 1202, 1208, 1213 ff., 1225, 1286, 1298, 1571, 1577, 1704, 1716, 1724, 1774, 1779, 1834, 1843, 1995, 2081
Thomae, H.   5 ff., 9, 13 f., 1329, 1337, 1590 f., 1605 f., 1608
Thomas, A. B.   552, 562
Thomas, E. D.   1925 f.
Thomas, E. J.   715, 720, 980, 991 f.
Thomas, J. C.   295
Thomas, K.   1247, 1252 f., 1541, 1547
Thomas, K. W.   2141, 2147
Thomas, M. J.   1535, 1539
Thomas, W.   1799, 1806
Thomé, E. P.   1799, 1806
Thomé, G.   2012, 2014
Thomée, F.   1963, 1967

Thommen, A.   1180, 1185
Thommen, J.-P.   226
Thompson   1029
Thompson, J. D.   339, 1388, 1397, 1483, 1686, 1688, 1893
Thompson, K.   2212, 2214
Thompson, P. H.   1431
Thon, M.   244, 250
Thonet, P. J.   1458, 1463, 1467
Thorborg, H.   1827 f.
Thorelli, H. B.   1397
Thoresen, C. E.   1008, 1021, 1024, 1034, 1879 f., 1893
Thorndike, E. L.   1426, 1431, 1595, 1608
Thorndike, R. L.   554, 562
Thorsrud, E.   645, 651, 1894, 1902
Thuborn, H. M.   1576
Thukydides   1750
Tiafel, H.   881, 896
Tichy, N. M.   387, 391, 603 f., 609, 1662, 1664
Tiebler, P.   1646, 1652
Tierney, P.   378
Tietz, B.   697, 1468, 1470, 1475, 1481 ff.
Tietzel, M.   2107, 2113
Tillman, R. Jr.   713, 715, 720
Timm, W.   1967, 1977
Timmermann, M.   1651
Titscher, S.   658, 664, 666, **1309,** 1310, 1317 f., **1329,** 1332, 1335, 1337, 1339, 1347, 1350, 1793, 2118, 2126
Tjosvold, D.   1067, 1074, 1240, 1253
Toberg, M.   2073
Tocqueville, A. de   1345, 1350
Todor, W. D.   1091
Tölke, A.   4, 14
Töpfer, A.   219, 226, 449, 453, **489,** 497, 499 f., 513 ff., 517, 522 f., 670, 678, 721, 726 f., 735, 737, 744 f., 750, **815,** 821 ff., 825, 828, 838, 1322, 1328, 1547, 1560, 1565
Toglia, M. P.   12
Toivonen, S.   648, 650
Tolson, J.   425
Toman, W.   1415, 1423
Tomlinson, J. W. C.   64, 69
Torka, W.   1544, 1547
Torrance, E. P.   1207, 1213
Torrington, D.   65, 71
Tosi, H.   1685, 1688
Tosi, H. L. Jr.   327, 1028, 1034
Totten, J.   854, 861
Touraine, A.   545 f., 550
Toyne, B.   357, 360
Tracy, L.   637
Trau, F.   469, 480
Trebesch, K.   709 f., 714, 720
Treiber, H.   124, 128
Treier, P.   1320, 1328
Trescher, K.   500
Trevino, L.   167, 182
Triandis, H. C.   356, 359, 875, 1433, 1442

Trice, H. M.   1455
Trinczek, R.   482, 488
Triscari, T.   370, 380
Trist, E. L.   313, 328, 1874, 1876, 1890, 1892 f., 1895, 1902
Tröndle, D.   2063, 2067, 2073
Troll, l. E.   12
Trommsdorf, G.   814
Troßmann, E.   156, 164
Trow, M. A.   979
Trower, P.   1947, 1957 f.
Trucker, J. S.   1983 f.
Trudewind, C.   1433, 1442
Trux, W.   2006, 2014
TRW Systems Group   1495
Tryon, R. C.   1502, 1510
Tscheulin, D.   2118, 2126
Tschirky, H.   580, 585, 721, 735, 843, 846, 2038
Tsui, A.   796
Tubbs, M. E.   428 ff., 436
Tucker, D.   1983, 2166, 2175
Tuckman, B. W.   130 f., 137, 961, 967, 1332, 1337
Türck, R.   2012, 2014
Türk, K.   242 f., 250, 328, 330, 332 f., 335, 338 f., 458, 466, 535, 540, 575, 582, 585, 916, 926, 967, 1004 f., 1322, 1328, 1359 f., 1365, 1369, 1383, 1385, 1518, 1526, 1684, 1688, 1737, 1749, 2023, 2026, 2188
Tuleja, T.   571 f.
Turner   881, 1464, 1667
Turner, B. A.   1681
Turner, C.   1467
Turner, J.   1397
Turner, J. C.   896
Turner, R. H.   896
Turnheim, G.   1865, 1868
Turoff, M.   173, 180
Tushman, M. L.   375 f., 379 f., 603 f., 608, 888, 896, 923, 926, 1686, 1688, 1835 ff., 1843, 1852, 1858, 1922, 1927
Tuttle, A.   401 f., 407
Tversky, A.   1251
Tyler, T. R.   1242, 1252
Tyrstrup, M.   645, 652

Uebele, H.   1477 f., 1482 f.
Uhl-Bien, M.   864, 866, 1045, 1052, 1054, 1057 f.
Uleman, J. S.   2121 f., 2126
Ulich, E.   42, 176, 178, 182, 572, 1199, 1349, 1829, 1843, 2185, 2189
Ullrich, W.   2073
Ulmann, G.   1207, 1213
Ulrich, A.   1778, 1780
Ulrich, E.   2038
Ulrich, G. H.   1289, 1298
Ulrich, H.   575, 577 f., 585, 668, 670, 678, 750, 765, 772, 791, 798 f., 802 ff., 807, 808, 810, 817, 1185, 1961, 1967, 2182, 2189, 2203 f., 2206
Ulrich, J. G.   429, 432, 436
Ulrich, P.   562 f., 565 ff., 569, 572, 585, 799, 803, 807 f., 814, 817, 825, 1409, 1411, 1423, 1653, 1664, 1677, 1681, 1961, 1967, 2018, 2023, 2026, 2102, 2106, **2198**, 2206
Ulrich, W.   806, 808
Umapathy, S.   159, 164
Ungson, G. R.   1366, 1369
UNIC University Connection   89
Union der Leitenden Angestellten (ULA)   1216, 1218, 1223, 1225
Unverferth, H. J.   759
Urabe, K.   616 f., 619
Urban, C.   1212
Urban, G.   1816
Ure, A.   337, 339
Urwick, L. F.   733, 735, 824 f., 1683, 1688
Ury, W. L.   1247, 1251, 1311, 1318, 1349 f., 1420, 1422
Uttal, B.   1289, 1298
Utterback, J. M.   375, 378
Utz, H. W.   2012, 2014

Vahle, M.   240, 1308
Valenzi, E. R.   962, 964, 1025, 1033
Valley, K. L.   1243, 1253
Vallone, C.   165, 182
Van Beinum   310
Van de Ven, A. H.   916, 926, 1031, 1034, 1685 f., 1688, 1836, 1842, 1889, 1893
Van Fleet, D.   287, 296, 813, 815, 2119
Van Maanen, J.   1298, 1637, 1642, 1674, 1676, 1681
Vanberg, V.   1753, 1757
Vance, R. J.   431, 436
Vanderhuck, R. W.   1479, 1483
Vanek, J.   1917 f.
VanSell, M.   986, 993
Vardi, Y.   1567, 1577
Varela, F. J.   200
Vatteroth, H.-Ch.   1731, 1736
Vaubel, L.   1307
Veblen, T.   974
Vecchio, R. P.   629, 637, 750, 870, 877, 996, 1000, 1002, 1005, 1047, 1058
Veiga, J. F.   798
Veit, H.   1977
Veith, M.   578, 585
Veltz, P.   476, 480
Vepsalainen, A.   1676, 1679
Verba, S.   928, 940
Verhulst, M.   1902
Vernant, J.-P.   1582, 1590
Veroff, J.   884, 896
Verroll, J.   894
Vertinsky, I.   1858
Vester, F.   351 f.
Vetterli, R.   1105, 1111
Vidal, F.   473, 480
Ville, G.   480
Vinnicombe, S.   400, 408
Violi, E.   1984
Vitouch, P.   1979, 1986
Vlachoutsicos, C.   463, 465
Vogel, Ch.   958, 967
Vogel, H. C.   267, 275
Vogelauer, W.   2051, 2053
Vogt, J.   1102
Voigt-Weber, L.   1918
Volk, H.   823
Vollmer, G. R.   1572, 1577
Volpatto, O.   468, 480
Volpert, W.   572, 1949
Voltaire   1123
Vorweg, M.   992
Vorwerg, G.   989, 993
Voß, G. G.   244 f., 250
Vredenburgh, D. J.   601, 609
Vroom, V. H.   269 f., 275, 397, 407, 427, 436, 500, 533, 539, 540, 575, 585, 600, 602, 609, 630 f., 637, 655, 666, 670, 678, 693, 697 f., 700, 706, 735, 750, 775, 777, 781, 785, 998, 1005 f., 1021, 1025, 1034, 1059 ff., 1064, 1067, 1070 ff., 1074 f., 1092, 1144, 1146, 1227 ff., 1233 ff., 1238 f., 1340, 1402, 1406, 1431, 1433, 1437, 1442, 1472, 1483, 1593, 1608, 1922, 1927, 2053, 2062, 2119, 2126

Wächter, H.   1556 f., 1562, 1565, 1653, 1663, 2206
Wagenhofer, A.   2003, 2005
Wagner, A.   2053
Wagner, D.   41, 45, 71, 79, 306
Wagner, F. R.   285, 295, 833, 838
Wagner, G.   3, 13
Wagner, G. R.   2013, 2039
Wagner, H.   46 ff., 56 ff., 61, 155
Wagner, J. A.   637, 2224, 2234
Wagner, M.   1569, 1577
Wagner, R. K.   896
Wagner, W.   1731, 1736
Wahba, M. A.   1077, 1092
Wahl, A.   644, 652
Wahren, H.-K.   150, 155, 167, 182, 1980, 1983, 1986
Wainwright, H.   404, 308
Wakabayashi, M.   865, 869, 875, 877, 1045 ff., 1057
Wakenhut, R.   966
Wald, P.   459, 465
Walder, A. G.   588, 595
Waldman, D. A.   426, 891, 896, 2057 f., 2060 ff.
Walgenbach, P.   **61**, 1517, **1682**, 1685, 1688, **2215**
Walger, G.   1337
Walitschek, H. F.   1538
Walker, J. B.   1930, 1934
Walker, J. W.   1286, 1293 f., 1298
Wall, S.   296
Wallace, M. J.   877, 1030
Wallach, F.   1289, 1298
Wallach, M. A.   1141, 1146
Walland, G.   1464, 1467
Wallander, S.   640, 652

Wallas, G. 343, 352
Wallbott, H. G. 1317, 1979, 1986
Wallin, J. A. 1017, 1604, 1607
Walser, F. 1409, 1423
Walsh, I. 1713, 1715
Walsh, J. P. 1366, 1369
Walter-Busch, E. 670, 678
Walter, G. 1541, 1547
Walter, G. A. 1571, 1577
Walter, H. 567, 573
Walters, E. 1947, 1958
Walton, M. 873, 877
Walton, R. E. 1028, 1034, 1156, 1166, 1247, 1253, 1409, 1411, 1416, 1418, 1420, 1423, 1451, 1456, 1874, 1877, 1889, 1894
Walz, H. 416, 1274, 1284
Walzer, M. 1757
Wand, B. 121
Wang, Z.-M. 588, 592, 595
Wanous, J. P. 119, 123, 1450, 1456, 1636, 1639, 1642
Ward, A. 2159, 2173, 2175
Warnecke, H. J. 178, 182
Warner, R. H. 1433, 1442
Warnke, Th. 1307
Warr, P. B. 1892
Warschkow, K. 157, 164
Warwick, D. P. 1230, 1239
Washington, G. 887
Waterman, R. H. Jr. 317, 328, 500 f., 512, 522, 1078, 1091, 1365, 1369, 1376, 1385, 1451, 1454, 1506, 1510, 1582, 1589, 1671, 1674, 1680, 2017, 2025, 2082, 2094
Waters, J. A. 571, 573
Watson, H. J. 174, 182
Watson, Th. jr. 519, 523, 725, 734 f., 805, 808, 1374, 1385
Watzlawick, P. 34, 170, 182, 751, 760, 988, 993, 1309, 1318, 2213
Weathers, J. E. 1152, 1154
Webb, E. J. 553, 562
Webber, R. 1406
Weber, H. 1562, 1565
Weber, J. 157, 164, 214, 226, 1717, 1725
Weber, M. 123, 126, 128, 183, 185, 192, 340, 395, 408, 501, 512, 668, 678, 776 f., 785, 881, 883, 891, 896, 969 f., 979, 1040, 1044, 1112, 1121, 1369, 1499, 1510, 1523, 1526, 1683, 1687 f., 1936 f., 1945, 2089, 2095, 2200, 2206
Weber, W. 40, 44 f., 81, 89, **103**, 105 ff., 111 f., 146, 360, 488 f., 500, 666, 678, 706, 748, 750, 796, 798, 1185, 1225, 1336 f., 1430, 1482, 1566, 1568, 1575 f., 1578, 1665, 1681, 1703, 1712, 1716, 1748 f., 1793, 1994
Wecker, P. 1967
Weder, W. 670, 678, 1370, 1385
Wedley, W. C. 1074

Weed, S. 1086, 1092
Weertz, K. 146
Weibler, J. 417 f., 420, 426, 503, 512, 676, 678, 956, 967, 1354, 1358, 1540, 1542, 1547, **2015**
Weick, K. E. 635, 811 f., 815, 920, 926, 1334, 1337, 1364, 1366 f., 1369, 1387, 1393, 1397, 1510, 1674, 1679, 2018, 2026
Weidemann, H. 1174
Weidermann, P. 1477, 1482
Weiermair, K. 249, 560, 1238
Weightman, J. 65, 71
Weihrauch, P. 1651
Weilenmann, G. 716, 720
Weilenmann, P. 2003, 2005
Weiner, B. 851, 861, 1596, 1603, 1608
Weiner, N. 552, 562
Weiner, Y. 1445, 1456
Weinert, A. B. 117, 123, 682, 685, 698, 750, 819, 825, **1495**, 1498 f., 1500, 1502, 1505, 1510, 1977, 1983 f., 1986
Weinmann, J. 1712, 1716
Weintraub, J. 1802, 1806
Weintrop, J. 2162, 2172, 2174
Weiss, A. 1661, 1663
Weiss, D. 471 f., 480
Weiss, H. M. 885, 897
Weiß, R. 90, 103
Weiße, W. 225, 226
Weitbrecht, H. 480, 481, 484, 486 ff., 798, 1739, 1749
Weitzel, J. R. 292, 606
Weizsäcker, C. F. v. 1645, 2011, 2014
Weizsäcker, E. U. v. 1645, 1652
Welch, H. P. 14
Weldon, E. 1151, 1154
Welge, M. K. 226, 358 ff., 798, 1214, 1225, 1406, 1737, 1749, 2001, 2005
Wellmer, A. 2206
Wells, T. 400, 408
Welsh, D. H. B. 459, 466
Welsh, W. A. 968, 970, 979
Welter, G. 1833, 1843
Weltz, F. 177, 181, 545, 550, 1558, 1565
Wendler, E. R. 748, 1087, 1090
Wenger, E. 16, 18, 21, 744, 749, 2108, 2113
Wenger, K. 749
Wenninger, G. 416
Wenzel, M. 670, 677
Werbick, H. 1146
Werder, A. v. 1481
Werhand, M. 1463, 1465
Werhane, P. H. 566, 568, 573
Werth, M. 1567, 1578
Wesser, W. 87, 90, 536, 540, 2032, 2038
Weßling, M. 1677, 1681
Westedt, H. H. 355, 360
Westerlund, G. 645, 652, 832, 838, 1581, 1590
Westermann, F. 147, 155

Wexley, K. N. 149, 151, 153 ff., 325, 327, 557, 561 f., 597, 609, 1690, 1694
Wheelen, T. L. 67, 70
Wheeler, H. N. 850, 861, 1869, 1873
Whetten, D. A. 1845, 1847 f., 1856, 1858
White, B. J. 1816
White, E. V. 1933 f.
White, K. D. 1099, 1102
White, P. 605, 609
White, R. K. 665, 689, 691 f., 697, 1968, 1976, 2124
White, R. W. 957, 967, 1946, 1958
Whitely, W. T. 1512 f., 1517
Whitley, R. 587, 595
Whyte, G. 1138, **1239**
Wicker, A. W. 926
Wickert, F. R. 560
Widmann, R. 784, 785
Widmer, A. W. 1676, 1681
Wiedemann, H. 1174
Wiegmann, V. T. 496, 500
Wieland, J. 567, 573
Wieland, K. 144 ff.
Wiemann, J. M. 1979, 1985 f.
Wiendieck, G. 339, 576, 585, 1440 f., 2023, 2026, 2118, 2126
Wiener, Y. 1443, 1456, 1681
Wiese, G. 484 f., 489, 1174
Wiggenhorn, W. 91, 103
Wiggins, J. A. 930, 940
Wilber, K. 200, 756, 760
Wild, C. 2205
Wild, J. 35, 45, 213, 226, 234, 240, 269, 275, 425 f., 671, 678 f., 730, 735, 737, 740, 748, 750, 799 f., 808, 816, 825, 1385
Wildavsky, A. 1387, 1389, 1397
Wildemann, H. 178, 182, **1763**, 1767, 1769, 1771, 1773, 1778 ff., 1811, 1817
Wildenmann, R. 1938, 1941, 1945
Wilemon, D. 375, 378
Wilke, M. 1565
Wilkens, I. 785
Wilkes, G. W. 846
Wilkes, M. W. 846
Wilkins, A. L. 1676, 1682
Wilkinson, A. 1815, 1817
Wilkinson, I. 503 f., 512, 608, 966, 1047, 1857
Wille, F. 1095, 1099, 1101 f.
Wille-Römer, G. 1310, 1318, 1339, 1350
Willenbacher, K. 1817
Willi, J. 366, 369
Williams, E. 166, 182
Williams, E. E. 592, 595
Williams, R. J. 148, 152, 154, 183, 1698, 1702, 1843
Williamson, O. E. 1461, 1463, 1467 f., 1829, 1843, 2107 f., 2113
Willis, R. H. 875 f., 1057

Willis, R. S. 607
Willke, H. 1366 f., 1369
Willkening, O. 1704, 1716
Willmott, H. 967, 1677, 1682
Willner, A. R. 886, 897
Willson, J. D. 212, 226
Wilms-Herget, A. 4, 14
Wilpert, B. 112, 488, 670, 678, 690, 698, 737, 750, 1370, 1385, 1550, 1555, 1561, 1565
Wilson, D. C. 609, 966
Wilson, J. Q. 1476, 1483
Wilson, T. R. 946, 952
Wimmer, R. 1366 f., 1369
Winand, U. 1482, 2011, 2014
Windelband, D. 680, 698
Windeler, A. 966, 1635
Windolf, P. 2183, 2189
Wine, J. D. 1946, 1957 f.
Winer, B. J. 268, 274, 278, 293, 2114 f., 2124
Winkler, G. 1941, 1945
Winkler, K.-O. 146
Winschuh, J. 1558, 1565
Winter, D. G. 960, 967, 1592, 1606
Winterhoff-Spurk, P. 1977, 1979 ff., 1983, 1985 f.
Winters, D. W. 2228, 2233 f.
Wippermann, W. 1128 f.
Wippler, E. 61
Wirdenius, H. 645, 652, 2122, 2126
Wirth, C. 1628, 1635
Wirth, E. 352, 360
Wirtschaftsforum der Führungskräfte (WdF) 1222, 1225
Wirtz, P. W. 13, 1931, 1935
Wiswede, G. 37, 45, 339, 585, 817, 823, 825 f., 828 f., 838 f., 980, 993, 1995, 2018, 2023, 2026
Witcher, B. 1815, 1817
Witt, F. H. 569, 572
Witt, F.-J. 168, 182
Witte, E. H. 130, 132 f., 137, 165, 176, 182, 206, 211, **263**, 270 ff., 275, 549, 550, 667 ff., 671, 673, 676 f., 679, 717, 720, 788, 798, 1139, 1146, 1280, 1284, 1290, 1295, 1298, 1372, 1385, 1463, 1468, 1565, 1559, 1658, 1664, 1789, 1793, 1967, 2010, 2014, 2081
Wittemann, K. P. 1332, 1337
Wittich, G. 455, 465, 1555
Wittkämper, G. W. 102
Wittmann, W. 181, 240, 585, 677, 719 f., 824, 1175, 1185, 1466, 1481, 1483, 2005, 2112
Wlotzke, O. 1174
Wöhrl, H. G. 141 f., 146
Wohlgemuth, A. C. 1206, 1214, 1653, 1664, 1713, 1716, 2034, 2038
Wohlleben, H.-D. 1320, 1328
Wolf, E. S. 1613, 1622
Wolf, G. 864, 869 f., 877
Wolf, J. 353, 355, 360, 1555

Wolf, M. 2001 f., 2004 f.
Wolfe, D. M. 992
Wolfmeyer, P. 1295, 1297, 1566 ff., 1572, 1577
Wollert, A. 817, 819, 825, 1764, 1780, 2185, 2189
Wollnik, M. 543, 550, 1666, 1682, 1685, 1688, 2207 f., 2212, 2214
Wolpe, J. 1947, 1958
Wolter, F. H. 1480, 1483
Womack, J. P. 548, 550, 708, 718, 720, 1335, 1337, 1829, 1843
Women in Management Association 396, 408
Wood, R. E. 855 f., 861, 867, 877, 1496, 1510, 2227 f., 2234
Woodman, R. W. 1663, 1682, 1924 f., 1927
Woodward, J. 332, 340, 1767, 1780
Worchel, S. 896
Wortman, M. 399, 405
Wottawa, H. 120, 123, 1724
Woycke, J. 294, 883, 895
Woyke, W. 1551, 1555
Wrench, D. 1516 f.
Wright, E. O. 702, 705
Wright, P. M. 430, 436, 1958
Wronka, G. 1735
Wrubel 1946
Würtele, G. 1544, 1548
Wüthrich, H. A. 577, 585, 825, 1667, 1680
Wunder, B. 1118, 1122
Wunder, R. 814
Wunderer, R. 14, 21, 45, 90, 164, 167, 182, **227**, 237 ff., 240, 254, 256, 267, 269, 273, 276, 378, 417 f., 426, 432, 436, 449, 452 f., 459, 465 f., 481, 489 ff., 501 f., 506, 508, 512 f., 516, 518 f., 523, 531 ff., 572, 574, 576, 584 ff., **666**, 667 ff., 674, 678 f., 688, 696, 698, **720**, 721 ff., 726 ff., 730 f., 733 ff., 737, 750, 772, 798, 799, 802, 808 f., 812, 815 ff., 825 f., 836, 839, 841 f., 846, 898, 906, 953, 956, 959, 967, 996, 1005, 1058, 1095 ff., 1102, **1155** f., 1163, 1165 f., 1183, 1185, 1225, **1350**, 1351, 1353, 1358, **1369**, 1370 ff., 1381, 1383 ff., **1407**, 1409 f., 1414, 1418, 1420, 1422 f., 1468, 1472, 1474 f., 1481 ff., **1539** ff., 1543 ff., 1547 f., 1556, 1565, 1575, 1635, 1704, 1716, 1718 f., 1725, 1749, 1824, 1828, 1977, 1985, 1995, 1997, 2005, 2021 f., 2026, 2028, 2038, 2064, 2067, 2069, 2074, **2081**, 2082, 2084, 2086, 2091, 2095 f., 2105 f., 2113, 2156 f., 2214
Wunderlich, W. 512

Wuppertaler Kreis e.V. 109 f., 112, 458, 466
Wysocki, K. v. 2112

Xing, G. L. 589, 591, 594
Xu, C. 587, 593, 594

Yammarino, F. J. 273, 276, 625, 637, 1079, 1092, 2058, 2062
Yetton, P. W. 270, 275, 533, 539, 540, 575, 585, 609, 630, 637, 693, 698, 775, 777, 785, 998, 1005, 1025, 1034, 1047, 1056, 1059 f., 1064, 1074 f., 1144, 1146, 1227, 1229, 1233, 1239, 1402, 1406, 2122 f.
Yoon, J. 1442, 1456
Young, E. 70
Yukl, G. A. 277, 284 ff., 296, 505 f., 512, 562, 596 f., 599 ff., 609, 627, 636, 839, 898, 906, 956, 959, 967, 990, 993, 1002, 1005, 1025, 1034, 1089, 1092, 1421, 1689, 1691, 1694, 2119, 2126, 2224 f., 2233 f.
Yunker, G. W. 280, 296

Zaccaro, S. J. 280, 296, 636
Zackhauser, R. 1246, 1252
Zagare, F. C. 866 f., 877
Zahn, G. L. 864, 869 f., 877
Zajac, D. M. 1442, 1445 ff., 1453
Zajac, E. 2166, 2170, 2174
Zalesny, M. D. 661, **862**, 871, 874, 877, 1046 f., 1058
Zaleznik, A. 839, 1043 ff., 1416, 1423, 1622
Zammuto, R. F. 212, 920, 926, 1667, 1672, 1675, 1682, 1846 f.
Zand, D. E. 2154, 2158
Zander, A. F. 327, 829, 837, 967
Zander, E. 71, 79, 155, 306, 410, 417, 497, 499 f., 513 ff., 517, 522 f., 726 ff., 735, 744 f., 750, 821, 825 f., 1182, 1184 f., 1738, 1749, 1778 f., 1995
Zannetti, G. 469, 480
Zapf, W. 1937, 1945
Zarifian, P. 476, 480
Zavrel, J. 1226
Zebrowitz, L. A. 118, 123
Zeckhauser, R. J. 21
Zedeck, S. 293, 561
Zedler, R. 112
Zehnder, C. 1828
Zeidner, J. 607
Zelditch, M. 989, 993
Zelger, I. 954, 968, 980, 993
Zeller, H. 1810, 1818
Zentes, J. 1479, 1482 f.
Zentralstelle für Arbeitsvermittlung 1826
Zepf, G. 1370
Zerres, P. 351 f.
Zetterberg, H. L. 402, 408, 1118, 1121, 1289, 1298
Zey, M. G. 1510, 1512 f., 1516 f., 1641 f.

Ziegler 1370
Ziegler, A. 2027, 2037 f.
Ziegler, R. 1632 f., 1635
Zielcke, A. 978
Zielke, W. 56, 61
Zimbalist, A. 339
Zimmer, D. 1704, 1715
Zimmer, R. J. 1067, 1075
Zimmermann, D. 2196, 2210
Zimmermann, G. 2112
Zimmermann, H. 1323, 1328
Zimmermann, H. J. 1748 f.
Zimmermann, T. 1629, 1631, 1634, 2024
Zink, K. J. 485, 489, 708, 720, 1293, 1298, 1809 f., 1814 ff.
Zlotnick, S. 876, 1948, 1958
Zöllner, W. 1167, 1169, 1172 ff.
Zollschau, G. K. 1368
Zuboff, S. 178, 182
Zucker, L. G. 1624, 1635, 2168, 2174
Zünd, A. 214, 226
Zündorf, L. 69, **540**, 543, 545, 547, 549 f.
Zürn, P. 562, 573
Zulehner, P. M. 2038
Zur, E. 164, 2005
Zwany, A. 555, 561
Zwicker, E. 427, 436
Zwicky, F. 349, 352

SACHREGISTER

Stichworte selbständiger Beiträge sind durch Fettdruck hervorgehoben, fett gedruckte Spaltenzahlen bezeichnen den Anfang eines selbständigen Beitrages. Um den Benutzer das Auffinden von Sachverhalten zu erleichtern, die durch Synonyme bezeichnet werden, wurden bei verschiedenen Stichworten auch die Spaltenzahlen der verwandten Stichworte oder Oberbegriffe angegeben.

ABC-Analyse 52, 347, 1319
Abfindungen 1738
Abhängigkeit, gegenseitige 1147
Absatzgenossenschaften 1906
Absentismus 1447, 1737
Abwechslungsreichtum 377
Abwerbung 1119
Administration 319
Ältere Mitarbeiter, Führung von 1
Äußere Führung als Managementtheorie 1530
Agency-Theorie 2003, 2160
Agency Theorie und Führung 14
Aggregate 901
Akteur- versus Strukturdebatte 698
Aktionsplanung 100
Aktivitätenregelungen 1479
Akzeptanz 109, 711, 1062, 1528
Akzeptanzkapital 928
Allokation 1737
Alltagstheorien 1346
Altersgrenzen 1738
Ambiguitätstoleranz 373, 716
Amtsautorität 124
Anbaustrategie 1335
Ancienitätsprinzip 1116
Anerkennung 22, 927, 2048
Anerkennung und Kritik als Führungsinstrumente 22
Anforderungsprofil 1821
Angestellte, außertarifliche 1218
Anpassungsfähigkeit 469
Anreiz-Beitrags-Theorie 1568
Anreizangebote, materielle 1550
Anreizbündel 1552
Anreize 376
Anreizgestaltung, aktivierende 1552
Anreizkonzept 1155
Anreizmanagement 1208
Anreizpolitik, flexible 75
Anreizsystem, betriebliches 1207
Anreizsystem, immaterielles 40
Anreizsystem, materielles 40
Anreizsysteme 34, 109, 235, 238, 510, 1463, 1479, 1993, 1997, 2068
Anreizsysteme als Führungsinstrumente 34
Anspruchsniveau 108, 160
Anti-Mythen 1587
Approximationstheorie 2191
Arbeitnehmerinteressen 1558
Arbeitnehmervertreter 1556
Arbeits- und Betriebszeiten 1777
Arbeitsanalyse 1582
Arbeitsanalyse, Fragebogen zur 113
Arbeitsaufgabe 1082

Arbeitsgruppe, Autonomie der 1897
Arbeitsgruppe, Produktivität der 1147
Arbeitsgruppe (s. a.: Gruppen; Teams) 545 f.
Arbeitsgruppen, zeitautonome 75
Arbeitsklima 131
Arbeitsmarkt 1462
Arbeitsmigranten 103
Arbeitsorganisation 72, 75, 111, 708, 1771
Arbeitsorientierung 1448
Arbeitsplatzsicherheit 311
Arbeitsproduktivität 133, 1737
Arbeitsrollen 1988
Arbeitssituationen 546
Arbeitsstrukturierung 42, 1771, 1997
Arbeitstechniken 45, 2215
Arbeitsteilung 128, 1755, 1768
Arbeitsüberlastung 1797
Arbeitsverhalten von Managern 2219
Arbeitsverhalten von Managern, empirische Untersuchungen zum 61
Arbeitsverteilung 1768
Arbeitsverteilung, dezentrale 1768 f.
Arbeitsvertragsrecht 1166
Arbeitszeitmanagement 71
Arbeitszeitmodelle 72
Arbeitszeitschutz 1172
Arbeitszeitverteilung als Führungsaufgabe 71
Arbeitszufriedenheit 108, 1341, 1446, 1675
Arbeitszufriedenheitsforschung 1186
Assessment Center 118, 790, 1582, 1709
Attribuierung, externale 1550
Attribution 106, 1339, 1560
Attributionstheorien 669, 962
Audio-Telekonferenz 1326
Aufbauorganisation 199, 1334
Aufgaben 524
Aufgabengestaltung 377
Aufgabenorientierung 130, 278, 372, 625, 2114
Aufhebungsvertrag 415
Aufsichtsrat 1459, 1556, 1962
Auftragsautorität 124
Auftragsfertigung 1767
Aufwärtsinformation 1181
Aufwandsanalysen 495
Aus- und Weiterbildung, betriebliche 90

Ausbildung 1447
Ausbildung an Institutionen und Hochschulen 79
Ausbildung an Managementinstitutionen 90
Ausbildungsdefizit der Führungskräfte 475
Ausbildungskonzeption 1690
Ausländische Arbeitnehmer 103
Ausländische Mitarbeiter, Führung von 103
Auslandsentsendung von Mitarbeitern 1710
Außendienststeuerung 1479
Austausch, ökonomischer 862
Austausch, sozialer 862
Austauschtheorie, soziale 601, 929
Auswahl von Führungskräften 112
Auswahlverfahren 1638
Autonomie 373, 551, 752, 1752
Autonomiebedürfnisse 184
Autonomieforschung 1186
Autorität 123, 1035, 1537
Autorität, charismatische 189
Autorität, funktionale 125, 2101

Basiskräfteplanung 1736
Basisorientierung 1916
Basissysteme 707
Bedachtnahme, individuelle 2055
Bedürfnisbefriedigung 1560
Beeinflussung 1753
Beeinflussung, inkrementelle 865, 1046
Beeinflussung von Gruppenprozessen als Führungsaufgabe 129
Beeinflussungsprozeß, bidirektionaler 864
Beeinflussungsprozeß, interpersonaler 1052
Befähigungen 1750
Beförderung 119, 1737
Beförderungspolitik 1747
Begriffliche Abklärung 809
Behinderte und Leistungsgewandelte, Führung von 138
Belastungen 1754
Belegschaftsstruktur 107
Belohnung 862
Belohnung, extrinsische 309
Belohnung, intrinsische 309
Beobachtung 276
Beobachtung, teilnehmende 2207
Berater 202
Bereichserfolgssteuerung 2001
Beschäftigungsphase 1738
Beschaffungsphase 1738
Beteiligung, direkte 1563

Betriebe, alternative 1915
Betriebsgröße 1287, 1765
Betriebsklima 820, 1997
Betriebsklimaanalyse 497
Betriebsräte 110, 1556
Betriebsrenten 1738
Betriebsverfassung 723, 2074
Betriebsverfassungsgesetz 1770
Betriebsverfassungsrechtliche Informationspflichten 1181
Betriebswirtschaftliche Führungslehren 574
Beurteiler 1428
Beurteilung 497
Beurteilungs- und Fördergespräch als Führungsinstrument 147
Beurteilungsgespräch 147, 1430, 1709
Beurteilungsmerkmale 1426
Bewegungswirkung 953
Bewertungstechniken 349, 1319
Bewußtsein 1312
Beziehungen, soziale 863
Bezugsgenossenschaften 1906
Bildung 750, 1997
Bildungsexpansion 471
Bildungsprogramme, externe 91
Bildungsprogramme, interne 90
Bindung 1515, 1636, 1675
Biologisch-evolutionäre Ansätze 919
bisoziative Methoden 1320
Bluffen 1521
Board of Directors 1962
Bombenwurfstrategie 1831
Bottom-Up-Prinzip 1778
Brainstorming 349, 1320
Branchen- und Zielgruppenorientierung 100
Brand Management 1475
Budget 156
Budgetierungssystemen 2000
Budgeting 217
Budgets als Führungsinstrument 155
Bürokommunikationstechnik und Führung 164
Bürokratie 183
Bürokratie, Führung in der 182
Bürokratie, Idealtypus der 186 f.
Bürokratisierung 545
Bürokultur 188, 190
Bundeswehr, Führungslehre in der 1530
Buying Center 1474

Cadres 1944
Category Management 1475
Chancengleichheit 1424
Change agent 1649, 1651
Chaos-Management 198
Chaos und Führung 193
Charisma 2055
Checklist 1692
Cliquen 547
Coach 1988
Coaching 200, 1053, 1206, 1738
Coaching-Konzept 1692
Cognitique 476

Commitment 1426, 1595
Computer-Konferenz 1326
Computer Supported Cooperative Work 256
Consideration 372, 829
Controller Verein 211
Controlling 211, 489, 1999
Controlling und Führung 211
Corporate identity 2008
Cost-Center-Prinzip 1771
Counselling 510 f., 1164

Datenschutz 567
Degradierung 1737
Deindividualisierung 1151
Delegation 818, 821, 1990
Delegationskonzepte 229
Delegationsprozeß 2100
Delegative Führung 227, 2009
Delphimethode 1320
Demographie 241
Demographie und Führung 241
Demokratie 1750
Demokratieprinzip 1904
Demotivation 1641
(Dienst-)Alter 1738
Dienst-nach-Vorschrift-Mentalität 1186
Dienst, Schwächen des öffentlichen 468
Dilemma 535
Dilemma, organisatorisches 1476
Direktansprache 1825
Direktorialprinzip 1963
Diskursfähigkeit 1657
Disziplinarmaßnahmen, betriebliche 1173
Divergenz der Führerrolle 251
Diversifikationsgrad 1463
Divisionalisierung 1463
Dokumentenanalyse 556
Don Corleone-Prinzip 189, 1520
Dual career couples 1738
Dual-Ladder-Konzept 1739
Duale Führung 250, 1040
Duale Hierarchie 437
Duales System 481
Durchbruchziele 199
Durchsetzungswiderstände 711
DV-Unterstützung von Gruppenprozessen und Führung 256
Dyaden 864, 1051
Dynamik, zeitliche 1650

Effektivität 263, 446, 1756
Effektivitäts-Controlling 491
Effizienz 263, 446, 663, 709, 1253, 1484, 1754, 2051, 2101
Effizienz-Controlling 490
Effizienz der Führung 263
Effizienzkriterien 2117
Effizienzkriterien, organisatorische 710
Effizienzmessung 263
Effizienzsystem 265
Egogramm 2041
Eigenschaftsmerkmale 1473
Eigenschaftstheorie 1022, 1372
Eigenschaftsurteile 1426

Eigentümerstruktur 1458
Eigentum 1457
Eignungsdiagnostik 497
Eignungsprofil 1821
Einarbeitungsprogramm 1640
Einflüsse, soziale 1148
Einfluß 1556
Einfluß, gegenseitiger 863
Einflußfaktoren 1446
Einflußnahme, unidirektionale 864
Eingliederungsstrategien 1638
Einkommensverteilung 2074
Einlinienlösungen 441
Einstellung 1737
Einstellungsgespräch 1639
Einwanderer 104
Einzel- und Gruppenassessments 496
Einzelfertigung 1768
Elitetheorien 1936
Eltern 1613
Emotionen 1596
Empirische Führungsforschung, Methoden der 276
Employee Rights 566
Engpaßfaktoren 1651
Entfremdung 1156, 1443
Entgelt 297
Entgeltpolitik für Führungskräfte 297
Entgeltsystem, leistungsorientiertes 1776
Entgeltsysteme 733, 1118
Entgeltsysteme als Motivationsinstrument 307
Entlassung 409, 1853
Entlohnung 1993
Entlohnung nach Zielvereinbarung 1777
Entlohnungssysteme 321, 1480, 1776
Entpersonalisierte Führung 328, 329, 1106
Entscheidungen 1317, 1329, 2044, 2051
Entscheidungs- und Herrschaftsprobleme 1752
Entscheidungsbaum 1319
Entscheidungseffizienz 1062
Entscheidungsgremien 2078
Entscheidungsmatrix 1319
Entscheidungspolarisierung 258
Entscheidungsprozeß 1117
Entscheidungsqualität 1062
Entscheidungssituation 1060
Entscheidungsspielräume 1114
Entscheidungsspielraum für Führungskräfte 1117
Entscheidungsstrategien 1233
Entscheidungstechniken 340
Entsendung von Führungskräften ins Ausland 352
Entwickler 1206
Entwicklungsorientierter Ansatz 923
Entwicklungspotential 1744
Entwicklungsziele 1426
Equity-Theorie 1433, 1437

Ereignisanalysen 495
Ereignisgeschichte 1122, 1124f.
Erfahrungsaustausch 97
Erfahrungswissen 246
Erfinder 1206
Erfolgsfaktoren, kritische 221
Ergebnisanalysen 496
Ergonomie 318
Erkenntnisinteresse 2191
Ersetzung 1737
Erwartungen 773, 1497, 1593, 1918
Erwartungen/Einstellungen 1550
Erwartungs-Wert-Theorie 614
Erziehungssystem 471
Ethik 563, 570
Ethikkodex 570
Ethische Diskussion 1757
Ethnischen Identität 109
Ethnomethodologie 2208
Evaluationsforschung 1425
Evidenzlehre, klassische 2208
Executive Search 1738
Explorationsstudie 419

Face-to-face-Situation 710
Fachautorität 374
Fachhierarchien/-laufbahnen 437
Fachkompetenz 373
Fachpromotoren 549
Fähigkeit 1076, 1755
Fähigkeiten 773, 1215
Familie, Führung in der 361
Feedback 1310, 1430, 1596, 1638, 1948
Feldforschung 291
Fertigungsorganisation 1771
Fertigungssegmentierung 1771
Firmenkultur 477
Flexibilisierung 1738
Flexibilität 712
Flexibilitätsvorsorge 711
Fließfertigung 1766
Fluktuation 1294, 1447, 1737, 1823
Fluktuationsrate 1745
Fördergespräch 497
Förderungsprinzip 1903
Formalisierung 716
Formalwissenschaften 2189
Formierungsphase 714
Forscher 370, 1206
Forschung und Entwicklung, Führung in 369
Forschungsdefizit 475
Fortbildung 487
Fortbildung, Training und Entwicklung von Führungskräften 380
Fragebogen 113, 276
Framing 1243
Franco-Regime 473
Frauen 205, 1447
Frauen, Männer und Führung 392, 644
Freiheit 1751f.
Freisetzung 408, 1737
Freisetzung als Vorgesetztenaufgabe 408

Freisetzungsphase 1738
Fremdarbeiter 103
Fremdbestimmung 1800
Fremdsteuerung 1363
Friedenspflicht 1557
Frustration 1641
Frustrationstoleranz 716
Führen mit Aufträgen 1535
Führer 1751ff., 1755f.
Führer, Einfluß des 1046
Führer, externe 1876
Führer, formaler 136
Führer-Geführten-Beziehung, direkte 610
Führer-Geführten-Verhältnis 660
Führer-Mitarbeiter-Partnerschaft 1045
Führerprinzip 1751
Führerverhalten 870, 1045
Führung 331, 751, 1359, 1995, 2089
Führung, Abgrenzung von 527
Führung, Abgrenzungsinhalte von 524
Führung als Interaktion 1536
Führung als kulturelles Phänomen 577
Führung, autoritäre 1755
Führung, charismatische 603, 644, 669, 904, 1922
Führung, direkte 2083, 2085, 2094
Führung, direkte (interaktionelle) 721
Führung durch den nächsthöheren Vorgesetzten 417
Führung durch Verfahrensprogramme 1478
Führung, Eigendynamik von 1534
Führung, Entpersönlichung der 184
Führung im MbO-Prozeß 426
Führung in der dualen Hierarchie 437
Führung in der öffentlichen Verwaltung 444
Führung in der Transformation von planwirtschaftlichen zu marktwirtschaftlichen Systemen 453
Führung, indirekte 2082 f.
Führung, indirekte (strukturelle) 721
Führung, informelle 1755
Führung, Inhaltsmerkmale von 524
Führung, interaktionelle 574, 582, 653, 1410, 1541, 2086, 2089
Führung, Interaktionelle (direkte) 1413
Führung, konsensorientierte 569
Führung, partizipative 268, 471
Führung, Personalisierung der 583
Führung, Prozeßcharakter der 652
Führung, strukturelle 239, 576, 582, 721, 1375, 1410, 1541, 2082, 2086 f., 2094,

Führung, strukturelle (indirekte) 1418
Führung und Führungsforschung in romanischen Ländern 466
Führung und kollektive Arbeitsregelungen 480
Führung von unten 501, 532
Führung, weibliche 578
Führungpraxis 573
Führungs- und Kooperations-Controlling 489
Führungsanalysen 513
Führungsanspruch 530, 738
Führungsattribution 583
Führungsaufgabe 1424
Führungsaufgaben, Abgrenzung der 1115
Führungsausbildung 1689
Führungsaustausch 868
Führungsautorität 468
Führungsbedarf 242, 332, 1737
Führungsbegriff, institutionaler 799
Führungsbegriff, personaler 799
Führungsbeziehungen, dyadische 1052
Führungsbildung 1053
Führungsdefinitionen 523
Führungsdilemmata 207, 533, 536
Führungsduale 250, 829, 989
Führungsdyaden, Theorie der 603
Führungsebene und Führung 540
Führungseffizienz 531, 700
Führungseffizienz, Kontingenzmodell der 995
Führungseigenschaften 699
Führungsentscheidungen 1425, 1556, 2075
Führungsentwicklung 579, 1052
Führungsentwicklung, Modell der 1052
Führungserfolg 273, 551, 556, 1151
Führungserfolg - Messung 550, 2160
Führungserfordernisse 1532
Führungsethik 473, 562
Führungsforschung 1754
Führungsforschung, empirische 577
Führungsforschung, Inhalte und Methoden 652
Führungsforschung, Stand der 2194
Führungsforschung und Betriebswirtschaftslehre 666
Führungsforschung und Organisations-/Sozialpsychologie 679
Führungsforschung und Organisationssoziologie 698
Führungsforschung/Führung in China 586
Führungsforschung/Führung in der Bundesrepublik Deutschland, in Österreich und in der Schweiz 573
Führungsforschung/Führung in Großbritannien 595

Führungsforschung/Führung in Japan 610
Führungsforschung/Führung in Nordamerika 619
Führungsforschung/Führung in Skandinavien 638
Führungsgestaltung 1553
Führungsgremien 706 f.
Führungsgrundgebiete 1537
Führungsgrundsätze 484, 580, 720, 1161, 1417, 1561, 1582 f., 1997, 2093
Führungsgruppen 1112, 1119
Führungsinstrumente 24, 34, 147, 156, 1117, 1167, 2021
Führungskompetenz, arbeitsrechtliche 1169
Führungskonflikt 1428
Führungskontext 575
Führungskontext im Marketingbereich 1471
Führungskonzept 200, 576, 1989
Führungskonzept, situatives 2046
Führungskonzepte, Abgrenzung von 740
Führungskonzepte, Implementationsweg von 746
Führungskonzepte, Inhalt von 738
Führungskonzepte und ihre Implementation 736
Führungskräfte 751, 786, 1214, 1216, 1736
Führungskräfte als lernende Systeme 750
Führungskräfte, Führung von 1527
Führungskräfte-Gewerkschaft 1222
Führungskräfte, weibliche 578
Führungskräfteausstattung 1737
Führungskräftebedarf 1737, 1821
Führungskräfteberatung 463
Führungskräfteeinsatz 1737
Führungskräfteentwicklung 209, 1286 f.
Führungskräfteplanung 1736
Führungskräftetraining 462
Führungskräftetransfer 464
Führungskraft, charismatische 2089
Führungskultur 233 f., 501, 510 f., 723, 724
Führungskunst 1649
Führungslehre, militärische 1531
Führungsmacht, individualrechtliche Schranken der 1169
Führungsmedien und -substitute 243
Führungsmethoden, klassische 475
Führungsmodelle 579, 728, 730, 743 f., 760, 1544
Führungsmodelle, Grundvorstellungen von 742
Führungsmotivation 773
Führungsmotivationstest 773
Führungsmotivmuster 115
Führungsnachfolge 785, 2160

Führungsnachwuchskräfte 1737
Führungsnormen 818
Führungsorganisation 707, 1458, 1528
Führungspersönlichkeit in der Bürokratie 190
Führungspersonen 524
Führungsphänomen 526
Führungsphänomen, Begreifbarmachung des 532
Führungsphilosophie 463, 724, 1161, 1375, 1726
Führungsphilosophie und Leitbilder 798
Führungsposition 809
Führungspositionen, Charakteristika von 811
Führungspraxis 579
Führungsprinzipien 724
Führungsprinzipien und -normen 815
Führungsprozesse 196, 1429
Führungsrollen 136, 206, 537, 826, 1143, 1398
Führungsschemata 1931
Führungsschulung, konzeptionelle 1693
Führungsselbstverständnis 77
Führungssituation 940
Führungsspektrum, gesamtes 2055
Führungsstil 227 ff., 231, 234, 238 f., 372, 502, 510 f., 537, 625, 657, 699, 724, 821, 871, 942, 1070, 1160 f., 1226, 1398 f., 1402 ff., 1472, 1480, 1778, 1989, 1997
Führungsstil, autoritärer 611
Führungsstil, demokratischer 611
Führungsstil, partizipativer 373, 1778
Führungsstil, patriarchalischer 1116 f.
Führungsstilanalyse 497
Führungsstiltheorien 1398
Führungsstrategie, integrierte 472
Führungsstrukturen, gruppen- und mannschaftsinterne 1967
Führungssubstitute 1737
Führungssystem 1999
Führungssystem, autonomes 616
Führungssystem, gruppenorientiertes 616
Führungssysteme, zentralistische 2000
Führungstechniken 839
Führungstheorien 475, 644, 995, 1586 f., 2164
Führungstheorien - Attributionstheorie 583, 847
Führungstheorien - Austauschtheorie 862, 929
Führungstheorien - Charismatische Führung 878
Führungstheorien - Eigenschaftstheorie 897, 934
Führungstheorien - Entscheidungstheoretische Ansätze 906

Führungstheorien - Evolutionstheorien der Führung 915, 2010
Führungstheorien - Idiosynkrasiekreditmodell 926
Führungstheorien - Kontingenztheorie 940
Führungstheorien - Machttheorie 953, 2162
Führungstheorien - politikwissenschaftliche 968
Führungstheorien - Rollentheorie 979
Führungstheorien - Situationstheorie 993, 1111
Führungstheorien - Soziale Lerntheorie 1005
Führungstheorien, subjektive 579
Führungstheorien - Theorie der Führungssubstitution 1021
Führungstheorien, tiefenpsychologische 1035
Führungstheorien, von Dyaden zu Teams 1045
Führungstheorien - Vroom/Yetton-Modell 1058, 657
Führungstheorien - Weg-Ziel-Theorie 1075
Führungsverantwortung 570
Führungsverhalten 362, 699, 1846
Führungsverhalten auf der Basis der goldenen Regel 1553
Führungsverhalten, Determinanten des 577
Führungswirklichkeit 579
Funktionalistische Ansätze 1666
Funktionseliten 969
Fuzzy Set-Theorie 1748
FVVB 2060

Galatea-Effekt 1919
Gastarbeiter 103
Gebot der Gleichbehandlung 1170
Gefangenendilemma 866, 1346
Gefühlsbesetzung 198
Geführte 524, 1750, 1751, 1753
Gegenmacht 1557
Gegenseitigkeit der Hilfe 1149
Geisteswissenschaften 2190
Geistige Anregung 2055
Geld 336
Gemeinschaftsmythos 1587
Generalistentum 199
Gerechtigkeit 1757
Gesamtarbeitsvermögens 243
Gesamtentwürfe 1123
Geschäftsverteilungsplan 1115
Geschichte der Führung - Altertum 1093
Geschichte der Führung - Industrialisierung 1102
Geschichte der Führung - Mittelalter und frühe Neuzeit 1111
Geschichte, politische 1128
Geschichtsverständnis 1123

Geschichtswissenschaftliche
  Theorie und Führung 1122
Geschlecht 1738
Gesellschaftsordnung 1533
Gestaltungsinteresse 2191
Gesundheit 1761
Gesundheitsschutz 1172
Gewinnbeteiligung als Führungs-
  instrument 1118
Gewinnmaximierung 475
Gruppendynamische Analyse
  497
Globalisierungstrends 873
Goal Programming 1748
Goal Setting 1426
Gratifikation 1169, 1755
Gratifikationspotentiale 1706
Gremiengröße 715
Großunternehmen 1457
Groupthink und Führung 1130
Groupware 256
Gründungsforschung 1301
Gruppen, informelle 546 f.
Gruppen (s. a. Arbeitsgruppe;
  Teams) 129, 1040, 1874
Gruppen, teilautonome 1362
Gruppenarbeit 1772
Gruppendynamik 1040
Gruppeneigene Normen 131
Gruppenentwicklung 130
Gruppengröße und Führung 1138
Gruppenklima 133
Gruppenkohärenz 135
Gruppenkohäsion 1140, 1436
Gruppenmerkmale 1446
Gruppenmitsprachesystem 472
Gruppenprozesse 130, 864

Halo-Effekt 282
Handlungsempfehlungen, führungs-
  praktische 1553
Handlungsfähigkeit 922
Handlungsspielräume 1460
Handlungstheorie 1949
Handlungsverantwortung 1550
Harzburger Modell 228 f., 580,
  723, 726, 1381, 1989 f.
Hauswirtschaft 1113
Headhunting 1738
Heldenmythos 1587
**Helfendes Verhalten und Führung
  1147**
Herkunft, soziale 1935
Herrschaft 124, 526
Herrschaftsproblematik 1754
Hi-Hi Paradigma 614
Hierarchie 1562, 1738, 1755 f.,
  2098
Hierarchie, vielstufige 471
Hierarchiestufe 1744
Hilflosigkeitsforschung 1186
Hochleistungsteams 1054
Horizont, zeitlicher 469
Horizontalprinzip 1767
Human-Relations-Ansätze 1362
Human Resources 1207
Human-Resources-Politik 1163
Humanisierung der Arbeit 569
Humankapital 560, 1819

Hypothesen, nomologische 2193

Identifikation 1035, 1039 f., 1155
Identifikation, projektive 1615
Identifikation, Stärkung der 1177
Identifikations- und Entfremdungs-
  forschung 1186
Identifikationscontrolling 1165
Identifikationsdispositionen 1155
Identifikationskonzept 1156,
  1161
Identifikationspolitik 1155
Identifikationspotentiale 1163
Identifikationsproblem 1159,
  1190
Identität 569, 991, 1754
Identitätsprinzip 1903
Idiosynkrasiekredit 1049
Imperativ, kategorischer 564
Implementationskonzeption 744
Individualisierung 37
Individualismus 1751
**Individualrechtliche Bedingungen
  der Führung 1166**
Individualziele 1752
Industrielle Beziehungen 1556
Industrielle Demokratie 1562
Industrielle Distrikte 473
Information 1312 f., 1315, 1465,
  1490, 2067
**Information als Führungsaufgabe
  1175**
Information, innerbetriebliche
  1176
Information, Instrumentarium der
  innerbetrieblichen 1180
Information, rechtzeitige 1180
Information, schriftliche 1180
Informationen, verfrühte 1180
Informationen von oben nach unten
  1176
Informationsangebot 717
Informationsbedarf 717
Informationsbedarf,
  aufgabenbedingter 1179
Informationsbedarf der Mitarbeiter
  1179
Informationsbegriff 1175
Informationsbegriff, Tätigkeits-
  aspekt des 1175
Informationsbereitschaft 1179
Informationserfolg 1179
Informationsfluß von unten nach
  oben 1176
Informationshelfer und -vermittler
  1180
Informationsinhalte 1179
Informationskapazität 1179
Informationsnachfrage 717
Informationspflichten aus dem
  Arbeitsvertrag 1181
Informationssystem 2000
Informationsverarbeitung 847,
  2226
Informationsversorgung 219, 717
Informationsverteilung 717
Informationswünsche, subjektive
  1180
Informationsziele 1180

Informationszwecke 1177
Inhaltstheorien 1591
Initiating-structure 372, 829
Innendynamik 198
Innere Führung 1529
Innere Führung als Unternehmens-
  philosophie 1530
Innere Kündigung 1195, 1636
**Innere Kündigung und Führung
  1185**
Innere Kündigung, Ursachen und
  Folgen der 1188
Innerliche Emigration 1187
Innovation 927, 1200
**Innovation und Kreativität als
  Führungsaufgabe 1200**
Innovationsfähigkeit von Unter-
  nehmen 1201
Innovationsmanagement, betrieb-
  liches 1208
Innovationspotential 1823
Innovationsprozesse 711
Innovationsprozesse, Träger
  betrieblicher 1202
Innovationsvorhaben 711
Innovationswiderstände 1209
Innovationswiderstände,
  organisatorisch bedingte 1211
Inspiration 2055
Institutionengeschichte 1129
Inter-ethnische Kontakte 108
Inter-Gruppen-Kooperation 1145
Interaktion 363, 1536
Interaktion, persönliche 1473
Interaktion, soziale 313
Interaktion, soziale 1148
Interaktionsfelder, innerbetriebliche
  und außerbetriebliche 1471
Interaktionsprozeß 530
Interaktionsregel 716
Interessen 1557, 1751 f., 1755 f.
Interessendualismus 2078
Interessendurchsetzung 1560
Interessenmonismus 2075
Interessenvertretung 1217
**Interessenvertretungen und
  Verbände der Führungskräfte
  1214**
**Interkulturelle Unterschiede im
  Führungsverhalten 1226**
Internalisierung externer Effekte
  1645
Interpretative Ansätze 1666
**Intervention bei lateralen
  Konflikten 1239**
**Interventionen und Führungs-
  effizienz 1253**
Interview 113
Interview, offenes 2207
Intra-ethnische Kontakte 108
Intrapeneurship 1791
Intrapreneur 1988, 2092
Intrapreneuring 510
**Intrapreneuring und Führung
  1272**
Invention 1200
Investitionsrechnung 349

Japan 1459

Job-enlargement 616, 1711, 1775
Job-rotation 90, 1206, 1710, 1775

Kaizen 498
Kameradschaftliche Bürokratie 187, 190
KANBAN-System 1769
Kapitallogik 701
Kapitalmarkt 1462
Karriere 205, 314
Karriere und Karrieremuster von Führungskräften 1285
Karriereentscheidungen 1288
Karriereentwicklung 377, 437, 1512
Karriereförderung 1511
Karriereorientierung 371, 1290, 1292
Karrierepfade 1736, 1738
Karrierepfade, Individualisierung von 1709
Karrierephasen 1513
Karriereplanung 1737
Karrierestreben 1740
Karrieresystem 42
Karriereversprechen 1739
Karrierewünsche 1739
Kategoriemanagement 1475
Katholizismus 468
Kennzahlen 2000
Key Account Management 1475
Klein- und Mittelbetriebe, Führung in 1298
Know-how und Technologietransfer 1205
Koalitionen 1519
Kognitive Fähigkeitstests 114
Kognitive Landkarte 1612
Kognitive Psychologie 847
Kognitive Schemata 1929
Kohärenz 134
Kohärenztheorie 2191
Kohäsion 134
Kohäsion der Gruppe 1151
Kohäsionsfunktion 713
Kollegialprinzip 1963
Kollektivismus 1751
Kollektivziele 1752 f.
Kommunikation 109 f., 147, 375, 383, 716, 1309, 1542, 2067, 2229
Kommunikation als Führungsinstrument 1309
Kommunikation, vertikale 147
Kommunikationsmuster 715
Kommunikationsnetze 546 f.
kommunikative Rationalisierung 569
Kompetenz 927, 2097
Kompetenzen 1215, 1960
Kompetenzmotiv 961
Kompetenznetzwerk 1052
Kompetenzverteilung 374
Komplexität 1470, 1648, 1651, 1756
Kompromiß 1558
Kompromißprogramm 1748
Konferenztechniken 1318

Konfliktanalyse 1414
Konflikte 198, 1239, 1310, 1317, 1391, 1558, 2140
Konflikte als Führungsproblem 1329
Konflikthandhabung 364, 1337 f., 1416, 2069 f.
Konfliktpartnerschaft 1557
Konfliktpotentiale 2069
Konfliktregelungsmechanismen 1536
Konfliktregulierung 2099
Konfliktsensibilität 199
Konfliktsituationen 110
Konfliktverarbeitungskapazität 716
Konfliktvermeidung 1070, 1238, 2140
Konfliktverminderung 1414
Konformität 927, 1151 f.
Konsens 716, 1329, 1345
Konservativismus, organistorischer 1830
Konsistenz, transsituative 900
Konsistenz, zeitliche 900
Konsortialprogramme 91
Konstrukte, hypothetische 898
Konstruktivismus 982, 1693
Konstruktvalidität 279
Konsultative Führung 1350
Kontakthypothese 106
Kontingenzansätze 700
Kontingenzkonzept 652
Kontingenzmodell 628, 941, 1060
Kontingenztheoretische Ansätze 699
Kontingenztheorie 612, 995, 1373, 1402
Kontrollaspekt 701
Kontrolle 338, 551, 1359
Kontrolle, entpersonalisierter 338
Kontrolle, soziale 1359
Kontrolle und Führung 1358
Kontrollspannen 1737
Kontrollstrategien 701
Kontrollstrukturen 702
Kontrollsystem 2000
Konzept, heuristisches 1895
Kooperation 331, 1317, 1329, 1557, 1995
Kooperation, unternehmensinterne 1999, 2002
Kooperation, zwischenbetriebliche 1999
Kooperationskonflikte 1408 f.
Kooperative Führung 227, 485 f., 518, 732, 1107, 1369, 1561
Kooptation 2220
Koordination 1753 f., 1756, 1999
Koordinationsaufgabe 1755 f.
Koordinationsmechanismen, technokratische 1478
Koordinatoren 1755, 1885
Korrespondenztheorie 2191
Kosten-Controlling 490
Kosten, persönliche 1794
Kovariationen 1446

Kreative Entwicklung 199
Kreativitätsforschung 1202
Kreativitätstechniken 349, 1319
Krise 203, 1845
Krisen, Programmierung von 1387
Krisensituationen, Führung in 1386
Kritischer Rationalismus 2190
Kündigung 409, 1740, 1853
Kündigungsraten 1675
Kulturabhängigkeit der Führung 1397
Kulturkrise 470
Kulturrevolution 1651
Kulturwissenschaften 2190
Kunden(gruppen)management 1475
Kybernetik 341, 2209

Laborforschung 291
Laissez faire Führungsstil 373, 2056
Laterale Kooperation als Führungsaufgabe (Schnittstellenmanagement) 1993, 1407
Laufbahnplanung 1997
Leader Behavior Description Questionnaire LBDQ 2057
Leader match-Modell 613
Leadership 1215
Lean Production 547, 1335
Lebensgrundeinstellung 2042
Lebenszyklen im Führungsprozeß 1051
Lebenszykluskonzepte 917
Lebenszyklusmodell 1050
Lebenszyklustheorie 612
Legitimation 1563, 1755, 1960
Legitimität 564
Leistung 322, 941, 1076, 1445 f.
Leistungsabgeltung 1997
Leistungsanreiz 786
Leistungsbedingungen, unterstützende 1053
Leistungsbeitrag, Förderung des 1177
Leistungsbereitschaft, kalkulierte 187
Leistungsbewertung als Führungsinstrument 557, 1423
Leistungseffizienz 263
Leistungsethos, calvinistischer 1551
Leistungsfeedback 373
Leistungsmotiv 1591
Leistungsmotivation 1040
Leistungsnormen 1436 f.
Leistungsprinzip 1288
Leistungsprogramm 1747
Leistungsstreben 1448
Leistungsverhalten 1205
Leistungsziele 1647
Leistungszurückhaltung, Führung bei 1431
Leitende Angestellte 1216
Leitlinien 1959
Leitungswissenschaft 578
Lenkung, pretiale 2003

Lenkungspreissystemen 2002
Lern- und Entwicklungschancen 312
Lernen 923, 1311, 1349
Lernen, On-the-job- 1256
Lernen, organisatorisches 1691
Lernen, soziales 1006
Lernfähigkeit 922
Lernhindernisse 1391
Lernmethoden 93
Lernprozesse in einer Organisation 1705
Lernprozesse, Organisation von 1711
Lernprozesse, soziale 1668
Lernstatt-Konzept 110, 1773, 1774
Lerntheorie 833, 1022
Lerntransfer 99, 1017
Linguistik 476
Locus of Control 1800
Lösungsansätze 1195
Lohn- und Gehaltssysteme 1118
Lohndifferenzierung 336
Lokomotion 251
Lokomotionsfunktion 713
Loyalität 1362, 1537
Loyalität, kritische 568
Loyalität und Commitment 568, **1442**
Loyalitätszwänge 188

Machiavellisten 1524
Macht 551, 703, 1485, 1560, 1752
Machtbasen, klassische 955
Machtbegriff, naturwissenschaftlicher 954
Machtmotiv 774
Machtmotiv, Entwicklungstheorie des 960
Machtpromotoren 549
Machtpromotoren-Modell 1649
Machtressourcen 703
Machtstruktur 1960
Machttaktiken 956
Management 545f., 548, 1215, 1557
Management-buyout 1304, 1916
Management by Exception 2055
Management by-Konzepte 83, 1535
Management by Objectives 229, 1426, 1477, 2001, 2228
Management, evolutionäres 919
Management-(Holding) 1966
Management, symbolisches 2018
Management von Ideologien 1395
Management von Nicht-Routineprozessen 1202
Managementaufgaben 1215
Managementhierarchie 437
Managementinformationssysteme 1177
Managementkonferenzen 98
Managementkontrolle 959
Managementprinzipien 816
Manager 544f., 547, 1584

Manager- und Eigentümerführung 1457
Managerfähigkeiten 2022
Managerherrschaft 1458
Managerial Work-Forschung 830, 833
Managerreputation 1462
Managerrollen 546
Manipulation 1313, 1599
Mannschafts- und Gruppenführung von außen 1967
Marketing 1468
Marketingbereich, Führung im 1468
Marketingpläne 1477
Marketingziele 1469
Markoff-Ketten-Modelle 1740
Massenfertigung 1768
Matrix der Übergangswahrscheinlichkeiten 1740
Matrixorganisation 1476, 1483
Matrixorganisation und Führung 1483, 2009
Matrixstrukturen 374
Mehrfachbelastungen 1759
Mehrlinienmodellen 441
Meinungsbefragung 520f.
Meister, Eigeninitiativen des 546
Meister, Handlungskontext des 546
Menschenbilder 24, 732, 1497
Menschenbilder und Führung 1495
Menschenführung 1527, 1535
Mentor 204
Mentoring 383, **1510**
Mentorkonzept 1692
Messung 551
Metaplantechnik 348
Metharme-Effekt 1920
Methoden, morphologische 1320
Mikropolitik 189f., 382, 676, 957, 1582, 2069
Mikropolitik und Führung 1012, **1517**
Mikropolitik und Konflikthandhabung 1657
Militär, Führung im 1526
Minderheiten 109
Mitarbeiter 1748
Mitarbeiter-Informationen 1181
Mitarbeiter, Motivierung der 456
Mitarbeiter, qualitative Einbindung des 1157
Mitarbeiter, Unterrichtung der 1175
Mitarbeiterbefragung 497, 514, 520, 821
Mitarbeiterbeurteilung 822
Mitarbeiterführung 147
Mitarbeiterführung - Entwicklungstendenzen 1539
Mitarbeitergespräch 110
Mitarbeitermotivation in den neuen Bundesländern 1548
Mitarbeiterorientierung 278, 372, 625, 2114
Mitarbeiterrechte 566
Mitbestimmung 470, 1997

Mitbestimmung, Führung bei 1555
Mitbestimmung, gesetzliche 2077
Mitgliederbezogenheit 1904
Mitteilung 1312f.
Mittel und Kleinbetriebe 469
Mittelstand 1300
Mobilität 314, 1294
Mobilität und Fluktuation von Führungskräften 1565
Modellbetriebe 1913
Modellernen 1017
Moden und Mythen der Führung 1578
Moderation 1755
Moderator 713
Motivation 115, 307, 1076, 1155, 1433, 1445f., 1515, 1537, 1543, 1636, 1823, 2042, 2067f.
Motivation als Führungsaufgabe 1590
Motivation, Erwartungs-Wert-Theorie der 1708
Motivationsangebote 1155
Motivationsmuster 945
Motivationssysteme 1997
Motivationswirkung 25
Motive 773, 1550, 1591
Motivierungsbereiche 1551
Motivmessung 774
Multifactor Leadership Questionnaire 2054
Multisystemposition 707, 712
Mythen 1317, 1581
Mythologie 2049
Mythos 540, 1581ff.

Nachfolgeplanung 1710
Narzißmus 1610
Narzißmus und Führung 1609
Naturwissenschaften 2190
Neigungen, individuelle 1152
Neoklassik 1461
Netzplantechniken 1320
Netzwerkbildung 2220
Netzwerkbildung und Kooptation als Führungsaufgabe 1622
Netzwerke, regionale 1626
Neue Mitarbeiter, Führung von 1636
Nonkonformität 928
Normen 107, 1314, 1334, 1359, 1365, 1952
Nutzenmaximierung 1461
Nutzenmodelle 1748

Objekte, internale 1612
Öffentlichkeitsarbeit 1528, 1536
Ökologie und Führung 1643
Oganisationsziele 1753
Ohio-State Studien 372, 2057
Ohio-State Variablen (Aufgaben- und Mitarbeiterorientierung) 2059
Opportunismusproblem 570
Organisation 331, 542f., 545f., 1316, 1334, 1536
Organisation, fortschrittsfähige 921

Organisation, Individualisierung von 1708
Organisation, informelle 187
Organisationen 541
Organisationen, Pluralität der gewerkschaftlichen 469
Organisationsanalyse 497
Organisationsentwicklung 76, 238, 463, 497, 509, 729, 732, 1272, 1376, 1418, 1651, 1923
Organisationsentwicklung, evolutionäre 1832
Organisationsentwicklung, strukturale 1832, 1835
Organisationsentwicklung und Führung 1652
Organisationsformen, objektorientierte 1475
Organisationsklima 1675
Organisationskultur 577, 732, 820, 1292, 1334, 1364f., 1451, 1516, 1561, 1922, 2017
Organisationskultur und Führung 339, 1664
Organisationskulturelle Ansätze 1364
Organisationsmodelle 1360
Organisationspathologie 540
Organisationspsychologie 681f.
Organisationsstruktur 544, 547, 549, 1084, 1287, 1742
Organisationsstruktur, formale 2209
Organisationsstruktur, Veränderungen in der 1327
Organisationsstrukturen, dezentrale 1648
Organisationsstrukturen und Führung 1682
Organisationsziele 1752
Organisieren, Prozeß des 920
Organizational symbolism 2017
Ostdeutsche Situation 1550
Outplacement 413
Outplacement-Beratung 1738

Pädagogik und Führung 1689
Parallelhierarchien/-laufbahnen 437
Partizipation 160, 712, 1002, 1059, 1227, 1640, 1833, 2224f.
Partizipation, versteckte 472
Partizipationserwartung 712
Partnerschaft, betriebliche 1178
Partnerschaftsnetzwerke 1052
Peer-Beziehung 207
Persönliche Probleme, Bewältigung der 1147
Persönlichkeitseigenschaften 654
Persönlichkeitsentwicklung 208
Persönlichkeitsfaktoren 1446
Persönlichkeitskonstellation 1609
Persönlichkeitsunterschiede 372
Personal-Controlling 489, 1544
Personalanzeigen 1825
Personalausstattungsniveau 1742
Personalauswahl 440, 1987, 1993
Personalbedarf, qualitativer 1821

Personalberater 1826
Personalberatung 119, 1582
Personalbeurteilung 238, 514, 516, 519f., 733, 1987, 1990, 1994
Personalbeurteilung von Führungskräften 1694
Personalbewertung 497
Personalentwicklung 42, 497, 510, 729, 1202, 1543, 1716, 1987, 1994
Personalentwicklung als Führungsinstrument 1704
Personalentwicklung, strategisch ausgerichtete 1705
Personalentwicklung, strategische Dimension der 1712
Personalentwicklung, verhaltenstheoretische Grundlagen der 1706
Personalentwicklungs-Controlling 1716
Personalentwicklungskompetenz 1714
Personalentwicklungsprogramme 1709
Personalführung 528, 2000
Personalinformation für Führungskräfte 1725
Personalinformationssysteme 1177
Personalmanagement, internationales 109
Personalplanung 1736, 1993
Personalplanung für Führungskräfte 1736
Personalstruktur 242
Personalwerbung 731, 1824
Personen der Arbeitswelt 1155
Personenattribution 583
Personeneffizienz 264
Pflicht- und Akzeptanznormen 244
Pflichtbewußtsein 1362
Philosophie der Mitarbeiterführung 800
Philosophische Grundfragen der Führung 1749
Physische Belastung von Führungskräften 1758
Planung 1535
Planung, operative 217
Planungs- und Ausführungsaufgaben 1471
Planungshorizont 1747
Planungssystem 2000
PM-Theorie 612
Population-Ecology-School 919
Positionen 1738
Positionsdyade 417
Positionsgruppensequenzen 1744
Positionssequenz 1743
Positionstriade 417
Potentialanalyse 497
Prämienlohnsystem 1776
Präsentationstechnik 1320
Primärorganisation 707, 712, 1773
Privilegien 310

Problemanalyse 1319
Problemlöser 1271
Problemlösungskapazität 1367
Problemlösungsverhalten, wissenschaftliches 2189
Produkt- und Produktionsstruktur 1765
Produktionsbereich, Führung im 1763
Produktionsformen, traditionelle 474
Produktionssteuerung, zentrale 1768
Produktionstechnologie, Modernisierung der 474
Produktivgenossenschaften 1906
Produktmanagement 1475
Profit Center 92
Profit Center-Organisation 2001, 2004
Prognoseverfahren 1320
Programme, firmenspezifische 91
Programme, modulare 99
Projekt 1335
Projektgruppe 548
Projektgruppen 548, 707, 712
Projektleiter 374, 544, 548f.
Projektmanagement 344, 548, 1475
Projektmanagement und Führung 1780
Projektverantwortung 1711
Promotorengespann 272
Promotorenmodell 1280, 1658
Prozeß, politischer 705
Prozeßanalysen 494
Prozeßkettenanalyse 497
Prozeßmodelle 130
Prozeßsteuerung 1659
Psychische Belastung von Führungskräften 1794
Psychische Distanz 25
Psychologie 680
Psychotechnik 1361
Psychotherapie 2039
Punktbewertungsverfahren 1319
Pygmalion-Effekt 1918
Pyramidenform 1756

Qualifikation 105, 1738, 1754
Qualifikation, polyvalente 1897
Qualifikationsanforderungen, extrafunktionale 1775
Qualifikationsanforderungen, funktionale 1775
Qualifikationsprofil 1775
Qualitätsmanagement 873
Qualitätsmanagement als Führungsaufgabe 1809
Qualitätszirkel 1353, 1773, 1814
Querschnittsaufgabe 1648
Querschnittskoordination 1476

Raster, heuristische 531
Rationalitätsmythos 1587
Re-engineering 498, 874
Realisationsvorsorge 711
Realitätsverleugnung 1349

Realwissenschaften 2189
Rechtsform 1959
Reduktionismus 1754
Reflexionskapazitäten 1367
Regeln 1362
Regulierungsdruck 1650
Reife der Partnerbeziehung 1048
Reifegradtheorie 1372
Rekrutierung von Führungskräften 1819
Rekrutierungspotentiale 1746
Reliabilität 277
Residualfaktor 1359
Responsiveness 922
Ressourcen, organisationale 863
Restrukturierung 1859
Restrukturierung, Führung bei 1829
Return on Investment 1691
Return-Potential-Model 1434
Rezession 1844
Reziprozität 1149, 1152
Reziprozitätsprinzip 1554
Risky-shift-Phänomen 1141
Rituale 1584
Robustheit 1803
Rolle 135, 828
Rolle, pädagogische 1691
Rollenakkumulation 188
Rollenambiguität 1428
Rollenbegriff 980
Rollenbildungsprozesses 1046
Rollencharakteristika 1446
Rollenepisode 984
Rollenerwartungen 107, 109, 980
Rollengestaltung, aktive 988
Rollenkonflikte 984, 1638, 1797
Rollenorientierungen 371
Rollentheorie 1373
Rollenverteilung 1474
Rollenzumutungen 107
Rotationsprinzip 1916
Rückentwicklung von Organisationen und Führung 1843

Sanierung und Turnaround, Führungsaufgaben bei 1859
Sanktionen 1868, 2099
Sanktionen als Führungsinstrumente 1395, 1868
Sanktionen, Taxonomie von 1872
Satellitenfirmen 473
Schichtmerkmale 106
Schlüsselqualifikationen 2084
Schlüsselrollen 1483
Schmetterlingseffekt 197
Schnittstellenmanagement 76
Schulung 1737
Schutzpflichten des Arbeitgebers 1172
Sekundärorganisation 707, 712, 1773
Selbständigkeit 195
Selbstattribution 855
Selbstbestimmung 1800
Selbstbestrafung 1880
Selbstbewußtsein 2225
Selbstkontrolle 1018, 1362, 1367

Selbstorganisation 196, 1832, 2209
Selbstreferenz 1366
Selbstselektion, Prozesse der 1709
Selbststeuernde Gruppen 1756
Selbststeuernde Gruppen, Führung in 1873
Selbststeuerung 959, 1363
Selbststeuerung, Elemente der 1893
Selbststeuerung, Führung durch 1893
Selbstverstärkung 1880
Selbstverwaltungsbetriebe und Genossenschaften, Führung in 1902
Selbstverwaltungsfunktion 1914
Selbstverwirklichung 1448, 2101
Selbstverwirklichungsbedürfnisse 185
Self-Fulfilling Prophecy im Führungsprozeß 1918
Seniorität 322, 1738
Senioritätsprinzip 1289, 1853
Sensitivity Training 716
Single loop 1254
Sinnkonstruktionen 1750
Situationale Ansätze 699, 700
Situationsanalyse 1319
Situationstheorie 1402
Situationsvariablen 373
Situative Betrachtung 710
Sitzungsunterlagen 717
Slogans 1365
Social Information Processing Theory 1927
Soziale Herkunft von Führungskräften 1935
Soziale Kompetenz 1310, 1945
Soziale Praktiken 704
Sozialisation 371, 1432, 1636
Sozialpsychologie 681
Sozialstruktur 1935
Sozialsysteme 1366
Sozialwissenschaften 2190
Sozio-anthropologischer Ansatz 476
Sozio-psychologischer Ansatz 475
Soziotechnischer Ansatz 1895
Spezialisierungsniveau 372
Spezialistenhierarchien/-laufbahnen 437
Spielkonzept 703
Spieltheorie 1947
Spitzenverfassung 1960
Spitzenverfassung der Führung 1959
Splitting 1614
Sport, Führung im 1967
Sprache in der Führung 1977
Staatsbürger in Uniform 1533
Stab-Linien-Modelle 1335
Stäbe 2009
Standardisierung 1361
Status 107, 1755
Stellenausschreibung 1822
Stellenbeschreibung 723, 1362
Stellenbeschreibung als Führungsinstrument 1986

Stellengestaltung 1446
Stellenmarkt 1119
Stellenplanung 1747
Steuerung 1362, 1360, 1365, 1996
Steuerung, zentralisierte 1390
Steuerungsinstrumente von Führung und Kooperation 1995
Steuerungssysteme 2003 f.
Stimmstrategien 716
Strafen 1868
Strategie 1527
Strategie, konsensorientierte 1831
Strategie, synoptisch-rationale 1831
Strategie, umweltorientierte 1648
Strategische Ausrichtungen 1675
Strategische Führung 2006
Strategische Planung 217, 2006
Strategische Unternehmensführung 548
Strategischen Erfolgspositionen 1711
Streß 271, 1794 f., 1799
Streß, Ursachen von 1796
Streßforschung 1186
Strukturgeschichte 1122
Strukturierung, organisatorische 1755
Subsistenzprinzip 1904
Subsysteme 712
Sündenbockhypothese 2170
Superführung 1875
Sustainable development 1644, 1650
Symbole 1315, 1317, 1365, 2015
Symbolische Führung 1394 f., 2015, 2018, 2171
Symbolischer Interaktionismus 982, 2017
Synergieeffekte 1739
Synergiefelder 199
System 752
System, soziales 1367
Systeme, personale 751
Systemische Betrachtungsweise 2051
Systemischer Ansatz 476
Systemlernen 1536
Systems Engineering 344
Systemtheorie 668
Systemtheorie, neuere 1364

T-Gruppen 1957
Tagebuch 113
Taktik 1527
Taylorismus 701, 1360
tayloristischen Rationalität 471
Team (s. a. Arbeitsgruppe; Gruppen) 864, 1048
Team, integriertes 1056
Team-Interdependenzen 1055
Team Leadership-Making Theory 1045
Team, rollenkonformes 1056
Teambildung 1052
Teambildungsprozeß 1049
Teamdesignphase 1055

Teamfähigkeit 1834
Teamfindungsprozeß 1054
Teammitglieder, Verhalten der 1045
Teamrollen 1055
Teams, bürokratische 1054
Teamtransformationsphase 1056
Telefonkonferenz 1326
Telekommunikation 718, 1326
Telekonferenz, audiografische 1326
Theologische Aspekte der Führung 2027
Theorie-Praxis-Bezug 1690
Theorie X 834, 2042
Theorie Y 834, 2042
Theoriebildung, realwissenschaftliche 2192
Theorien, kontingente 620
Top-Down-Prinzip 1778
Total Productive Maintenance (TPM) 1767
Total Quality Management 873, 1773
Totalitarismus 1751
Trägheit, organisatorische 1830
Traineeprogramme 1641
Training off the job 1744
Trainingsart, demokratische 1969
Trainingsführung, autokratische 1968
Trainingsmaßnahmen 1640
Transaktionale Führung 603, 1051, 2053, 2055
Transaktionale und Transformationale Führung 938
Transaktionale und transformationale Führung 2053
Transaktionsanalyse 497
Transaktionsanalyse und Führung 2039
Transaktionskosten 1462, 2003
Transfermaßnahmen 1690
Transformationale Führung 603, 2053, 2055, 2089
Transformationale Führungstheorien 669
Transformationsansätze 922
Transformationsprozeß 1051
Treue 1537

Überlebens- und Entwicklungsfähigkeit 1646
Überlebensstrategie 472
Überqualifikation 378
Umbruchsituation 1554
Umdeutung 1349
Umsatzmaximierung 1461
Umsetzungsorientierung 101
Umwelt 1599
Umweltbedingungen 662
Umweltschutz, Integration des 1645
Umweltschutzbeauftragte 1649
Ungleichheit 1754
Ungleichheit, soziale 1935
Unsicherheiten 2140
Unsicherheitszone 703

Untergebene 1756
Unternehmen, mitbestimmte 1458
Unternehmensethik 578
Unternehmensführung 1562
Unternehmensgrundsätze 2105
Unternehmenskommunikation 98
Unternehmenskooperation und Führung (Fusion, Allianz, Joint Ventures) 2063
Unternehmenskrisen 1361, 1386
Unternehmenskultur (s. a. Organisationskultur) 547, 576, 820, 1160 f., 1289, 1646, 1960, 2082
Unternehmensmodell, dualistisches 1909
Unternehmenssteuerung 212
Unternehmenstrategie 1705
Unternehmensübernahmen 1462
Unternehmensverfassung 481, 723
Unternehmensverfassungen 2104
Unternehmenswerte 1160
Unternehmerische Mitarbeiterführung 2081
Unternehmungen, partizipative 1908
Unternehmungsführung 528
Unternehmungsführung, integrierte 1960
Unternehmungsführungsphilosophie 800
Unternehmungspolitik 1960
Unternehmungsstruktur 1366
Unternehmungsverfassung 1959, 2074
Unternehmungsverfassung und Führung 2074
Unterstützungssysteme 1053
Unverantwortlichkeit, organisierte 570
Ursachenanalyse 1319

Validität 277, 554
Vektoroptimierung 1748
Verantwortung 2012, 2097
Verantwortung der Führungskräfte, ethische 578
Verantwortung, Diffusion der 1151
Verbände, Führung in 1967
Verbraucherverhalten, Ambivalenz des 1650
Verbundeffekte 1739
Vereinsführung 1967
Verfahren, interaktive 1748
Verfassung 2074
Verfügbarkeit, zeitliche 1738
Verfügbarkeitsproblem 1738
Verfügungsmacht 1457
Verfügungsrechtstheorie, Transaktionskosten und Führung 2106
Vergütung 297
Verhalten, autoritäres 1563
Verhalten, nonverbales 150, 1980

Verhalten, Normalisierung des individuellen 471
Verhalten, primäre Determinanten des 897
Verhaltensbeeinflussung 1996
Verhaltensdimensionen 657
Verhaltensdimensionen der Führung 2113
Verhaltensergebnisse und ihre Bewertung 773
Verhaltensgitter der Führung (Managerial Grid) 743, 2126
Verhaltenskorrekturen 25
Verhaltensrichtlinien 1254
Verhaltenszyklen 870
Verhandlung 1321, 1557, 2141
Verhandlungsgeschick 2140
Verhandlungspflicht 472
Verhandlungstechniken als Führungsinstrument 150, 2139
Verhandlungstraining 2144
Verlagswesen 1114
Vernetzung 1756
Verspätete Informationen 1180
Verständigung 1345
Verstärkung, bedingte 2055
Verstärkung, negative 662
Verstärkung, positive 662
Verstärkungen, externale 773
Verstärkungen, internale 773
Verstehen 1312 f.
Verteilung, gerechte 1757
Verteilungs- und Anreizproblem 1752
Vertikalprinzip 1767
Vertrag, psychologischer 307
Vertrauen 863, 1347, 1402, 1953, 2067, 2071
Vertrauen in Führungs- und Kooperationsbeziehungen 1178, 2148
Vertrauensbasis, Schaffung und Erhaltung einer 1178
Verwaltungsgeschichte 1127
Verwaltungsrat 1962
Video-Konferenz-Systeme 718
Video-Konferenzen 1326
VIE-Theorie 614, 1437
Vision 199, 880, 1835, 2223
Vorgesetzte, Beziehung zu 1446
Vorgesetzte, Hilfsbereitschaft von 1147
Vorgesetzten-Verhaltens-Beschreibung, Fragebogen zur 2060
Vorgesetztenbeurteilung 497, 514, 516, 519, 1429
Vorgesetztenverhalten 1556
Vorgesetztenverhalten, kooperatives 1561
Vorratsfertigung 1768
Vorschlagsgruppen 1773
Vorschlagswesen, betriebliches 1774
Vorstand 1459, 1962
Vorstellungsgespräch 117
Vortragstechnik 1320
Vorurteile 106
Vroom/Yetton-Modell 600, 613,

998, 1073, 1144, 1229, 1238, 1402
Wachstumsbedürfnisse 1050
Wachstumsmaximierung 1460
Wahrheit, wissenschaftliche 2191
Wahrnehmung 848
Wandel, technisch-organisatorischer 1559
Wechsel von Topmanagern - Folgerungen für die Führung 2159
Wechselbeziehungen 863
Weg-Ziel-Theorie 613, 743, 819, 998, 1378
Weisungen, individuelle 1168
Weisungen, organisationsbedingte 1169
Weisungsbefugnis 1756
Weisungskette 417
Weiterbildung 750, 1737
Weiterbildung der Firmenmitglieder 474
Weiterbildung, universitäre 92
Werkmeister 544 ff.
Werkstattfertigung 1766
Werkstattsteuerung 1769
Werkstattzirkel 1353, 1773 f.
Wert-Instrumentalitäts-Erwartungstheorie 1433
Wertanalyse 346

Werte, familiengebundene 469
Werteverfall 245
Wertewandel 577, **2175**
Wertkonflikt 316
Wertorientierung 1561
Wertschöpfungs- und Nutzenanalysen 495
Wertschöpfungseinheit 1541
Wertungen 1750, 1754
Wertvorstellungen 1114
Whistle-blowing 568
Wiederholungsgrad 1768
Wille 773, 1595
Wirksamkeitsproblem 1738
Wirtschaftslogik, produktivistische 470
Wissen 1755
Wissen, organisationales 1956
Wissen, zweckorientiertes 1175
Wissenschaftstheoretische Grundfragen der Führungsforschung 2196
Wissenschaftstheoretische Grundfragen der Führungsforschung _ Kritische Theorie 2205
Wissenschaftstheoretische Grundfragen der Führungsforschung - Phänomenologie und Konstruktivismus 2189

Work-Sharing 1854
Würde des einzelnen Menschen 1757

Zeitdruck 271
Zeitmanagement 2215
Zeitplan-Tools, elektronische 57
Zentralabteilungen 712
Zentralisierung 471
Zentralismus, demokratischer 1751
Zentralstellen 707, 712
Ziele 524, 2222
Ziel, kognitives 2190
Zielerreichung 1751 f.
Zielinhalte 2222
Zielkonflikte 1477
Zielsetzung als Führungsaufgabe 2222
Zielsetzung, Führung durch 580
Zielsystem 1646
Zielsysteme, pluralistische 1647
Zielvereinbarung 821
Zielvorgabesystemen 2000
Zufriedenheit 712, 1076, 1596, 1754, 2145
Zuordnungsmodell, dynamisches 1742
Zustandsanalysen 495
Zwischensysteme 707